ISBN 978-0-332-35147-6
PIBN 11221071

FB &c Ltd, Dalton House, 60 Windsor Avenue, London, SW19 2RR.
Company number 08720141. Registered in England and Wales.

For support please visit www.forgottenbooks.com

Geistlicher Liederschatz.

Sammlung

der

vorzüglichsten geistlichen Lieder

für

Kirche, Schule und Haus

und

alle Lebensverhältnisse.

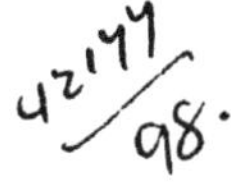

Berlin, bei Samuel Elsner.

Gedruckt bei Trowitzsch und Sohn.

1832.

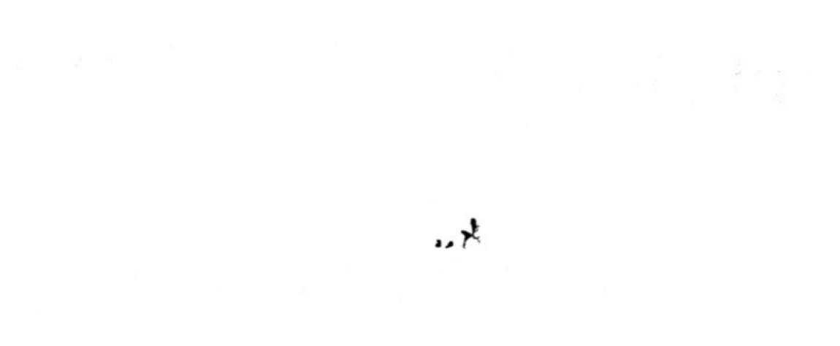

Im Namen des dreieinigen Gottes! Amen.

Alles, was Odem hat, lobe den Herrn, Hallelujah! Psalm 150, v. 6.

Psalm 89, v. 2. Ich will singen von der Gnade des Herrn ewiglich, und seine Wahrheit verkündigen mit meinem Munde für und für.

Psalm 96, v. 1. 2. Singet dem Herrn ein neues Lied; singet dem Herrn alle Welt; singet dem Herrn, und lobet seinen Namen; prediget einen Tag am andern sein Heil.

Psalm 103, v. 1—4. Lobe den Herrn, meine Seele! und was in mir ist, seinen heiligen Namen. Lobe den Herrn, meine Seele! und vergiß nicht, was er dir Gutes gethan hat.

Ps. 104, v. 33. Ich will dem Herrn singen mein Lebenlang, und meinen Gott loben so lange ich bin.

Psalm 106, v. 12. Da glaubten sie an seine Worte, und sangen sein Lob.

Psalm 118, v. 15. Man singet mit Freuden vom Sieg in den Hütten der Gerechten: die Rechte des Herrn behält den Sieg.

Jesaias 6, v. 3. Heilig, heilig, heilig ist der Herr Zebaoth, alle Lande sind seiner Ehre voll.

Matthäi 26, v. 30.; Marci 14, v. 36. Und da sie den Lobgesang gesprochen hatten, gingen sie hinaus an den Oelberg. (Vor dem Passahmahl sprach oder sang man: Psalm 113 u. 114; nach demselben: Psalm 115 — 118, welche zusammen das große Hallelujah (Lob) heißen.)

Lucä 10, v. 46. Meine Seele erhebet den Herrn, und me
Geist freuet sich Gottes, meines Heilandes.

Colosser 3, v. 16. Lasset das Wort Christi unter euch rei
lich wohnen, in aller Weisheit; lehret und vermahnet euch sell
mit Psalmen und Lobgesängen und geistlichen lieblichen Lieder
und singet dem Herrn in eurem Herzen.

Offenb. Joh. 5, v. 9. 10. Und sangen ein neues Lied, un
sprachen: Du bist würdig zu nehmen das Buch, und aufzuth
seine Siegel; denn du bist erwürget, und hast uns Gott erkau
mit deinem Blut aus allerlei Geschlecht und Zungen, und Vo
und Heiden, und hast uns unserm Gott zu Königen und Prieste
gemacht, und wir werden Könige seyn auf Erden. (V. 12. 13.)

Vorwort.

Jesus Christus
gestern und heute, und derselbe auch in Ewigkeit.

Ebräer 13, v. 8.

Jesus Christus ist der Kern und Stern dieser Sammlung. So bezeichnete die Ankündigung vom 17. Dezember 1831 den Geistlichen Liederschatz, welcher, durch Gottes Gnade nun vollendet, der Gemeine unsers Herrn Jesu Christi, Freunden und Beförderern des christlichen Gesanges gewidmet ist, zu einem Haupt-Erbauungs- und Beförderungsmittel christlicher Erkenntniß und christlichen Glaubens. (2 Petr. 3, v. 18.)

Man hat es seit der Reformation als eine ganz besondere Gnaden-Vorsorge Gottes für seine Evangelische Kirche betrachtet, daß aus derselben ein so großer und theurer Schatz geistlicher und erbaulicher Lieder hervorgegangen ist.

Der Gottesmann Luther *) bahnte den Weg durch Uebersetzung vorhandener und Ausarbeitung neuer Lieder und sagt über den Zweck und Nutzen derselben Folgendes:

„Daß geistliche Lieder singen, gut und Gott angenehm sey, achte ich, sey keinem Christen verborgen, dieweil Jedermann nicht allein das Exempel der Propheten und Könige im alten Testament (die mit Singen und Klingen, mit Dichten und allerlei Saitenspiel Gott gelobet haben) sondern auch solcher Brauch sonderlich mit Psalmen, gemeiner Christenheit von Anfang kund ist. Ja, auch St. Paulus solches 1 Corinth. 14, v. 15. eingesetzt, und Coloss. 3, v. 16. gebeut: von Herzen dem Herrn zu singen geistliche Lieder und Psalmen, auf daß dadurch Gottes Wort und christliche Lehre auf allerlei Weise getrieben und geübt werde."

---

*) Der sel. Dr. Luther hat im Jahre 1523 den Anfang zu unsern deutsch-evangelischen Liedersammlungen gemacht, indem er folgende 2 Lieder auf ein Paar Blätter in Quart drucken ließ: „Nun freut euch, lieben Christ'n gemein," (von ihm selbst) und „Es ist das Heil uns kommen her" von Paul Speratus. Beiden waren die Noten der Melodieen hinzugefügt. 1524 kamen 8 Lieder mit Noten und Anmerkungen ebenfalls in Quart heraus; 1526 eine Sammlung von 39 Liedern in Octav zu Erfurt; 1546 erschien eine Ausgabe in Magdeburg mit beigefügten Noten. Die Sammlung enthielt 83 Lieder ohne die Psalmen.

„Demnach hab' ich auch, mit sammt etlichen Andern, zum guten Anfang, und Ursach zu geben denen, die es besser vermögen, etliche geistliche Lieder zusammen bracht, das heilige Evangelium, so itzt von Gottes Gnaden wieder aufgangen ist, zu treiben und in Schwang zu bringen, daß wir auch uns möchten rühmen, wie Moses in seinem Gesang thut, 2 Mos. 15, v. 1. 2.; daß Christus unser Lob und Gesang sey, und nicht wissen sollen, zu singen noch zu sagen, denn Jesum Christum, unsern Heiland, wie Paulus sagt: 1 Corinth. 2, v. 2. rc." (Siehe Luthers Vorrede zu der Liedersammlung: Geistliche Lieder und Psalmen, durch Dr. Martin Luther und viele fromme Christen zusammengelesen; Magdeburg 1553.)

Ein Zeugen-Haufe (Ebr. 12, v. 1.), getrieben durch den heiligen Geist, folgte und besang die Wahrheiten des theuren, werthen Wortes (1 Tim. 1, v. 15.) in geistlichen, lieblichen Liedern. (Coloss. 3, v. 16.)

Aus den Zeiten, wo der Glaube in der Evangelischen Kirche am lebendigsten sich zeigte, schreibt sich auch der größte Theil dieses Schatzes her.

Um dazu beizutragen, diese theuren Schätze der Evangelischen Kirche in ihrer Lauterkeit (2 Corinth. 2, v. 17.) zu erhalten, vereinigten sich im Jahre 1830 einige christliche Freunde, diese Sammlung zu veranlassen, und können die ewige Liebe nicht genug preisen für den göttlichen Gnadenbeistand, der ihnen bei dieser Arbeit so fühlbar und reichlich zu Theil geworden ist; der auf ihr anhaltendes Flehen die schwachen Hände stärkte, willige Herzen zur Unterstützung geneigt und es möglich machte: die vorzüglichsten seit der Reformation erschienenen Liedersammlungen zu benutzen.

Obgleich nun anzunehmen, daß der geistliche Liederschatz den Kern der vorzüglichsten geistlichen Lieder enthält, so ist gern zuzugeben, daß wohl manches Lied sich noch zur Aufnahme in diese Sammlung geeignet hätte. Doch wird jeder Christ, welcher ein ihm bekanntes Lied vermissen sollte, dasselbe reichlich ersetzt finden, weil Alles aufgenommen worden, was von uns, nach dem vom Herrn verliehenen Maaße der Einsicht, als das Werthvollste erkannt wurde.

Einzelne Verse aus Liedern zu nehmen, oder ohne dringende Noth eine Veränderung zu machen, war gegen den Plan des Werks.

Da, wo der veraltete Ausdruck oder ein unangemessenes Bild die Erbauung gestört haben würde, ist eine dem Sinn des christlichen Dichters gemäße, zarte Aenderung gemacht, und dazu die Verbesserung in älteren Liedersammlungen benützt worden.

Wo es nöthig wurde, einen Vers wegzulassen, ist dies mit einem — bezeichnet, und bei zweifelhaften Angaben über den Verfasser eines Liedes ein ? beigefügt.

Mit herzlichem Dank werden Verbesserungen, oder geschichtliche Berichtigungen angenommen werden.

In mehreren älteren Liedern sind die sonst gewöhnlich weggelassenen Verse nach den Originalen hinzugefügt, dagegen Wiederholungen, wie z. B. im Porst'schen Gesangbuch das Lied 416 eine abgekürzte Wiederholung des 521. Liedes ist, sorgfältig vermieden worden.

Das Sachregister ist alphabetisch geordnet, um das Aufsuchen der verschiedenen Gegenstände zu erleichtern und es möglich zu machen, mehrere Rubriken aufzunehmen, auch selbst dem Ungeübteren Gelegenheit zu geben, für jeden Gegenstand oder für jedes Verhältniß ein geeignetes Lied leicht zu finden.

Hinsichtlich der Sprüche, welche über den Liedern stehen, muß bemerkt werden, daß man unter Gebet und Flehen um den Geist, der vom Vater und Sohn ausgehet und uns in alle Wahrheit leitet, bemüht gewesen ist, aus der unerschöpflichen und unversiegbaren Quelle des göttlichen Wortes solche Stellen zu wählen, die vorzüglich geeignet sind, entweder den Hauptinhalt des Liedes anzugeben, oder das Herz des Sängers für die Sache Jesu Christi zu begeistern und es zum Gebet und Gesang geschickt zu machen. Ist hin und wieder dieser zweifache Zweck nicht vollkommen erreicht worden, so liegt die Ursache darin: daß man a) die Wiederholung eines und desselben Spruchs möglichst vermeiden wollte, obgleich nicht selten mehrere Lieder über einen und denselben Spruch verfaßt worden sind; b) daß in vielen Liedern mancherlei Gegenstände vorkommen, also daß fast jede Strophe oder Vers einen besondern Spruch verlangt. Bei solchen Liedern konnte man entweder nur die Hauptsache oder die besondern Umstände und Zeit- oder andere Verhältnisse, für welche das Lied gemacht worden ist, im Auge behalten. Der Hauptzweck dieser Sprüche soll jedoch der seyn: daß ungeübte Christen eine Gelegenheit bekommen, das Wort Gottes auf eine angenehme, leichte Art und Weise ins Gedächtniß zu fassen, und dadurch im Glauben, in der Liebe und in der Hoffnung im Leben, Leiden und Sterben fest begründet zu werden; geübte Christen hingegen, die da wissen, daß jeder Bibelspruch eine glühende Kohle aus dem Heiligthume Gottes ist, durch welche der Herr ihr Herz zum Singen und Loben entzünden will, werden sich freuen, wenn ihnen Jesus Jehovah, ehe sie das Hallelujah angestimmt haben, ans Herz tritt, mit ihnen redet und ihrem Geiste durch sein Bibelwort Freudigkeit einflößt, durch den

Gesang des Liedes ihm wieder ans Herz zu treten, und zuversichtlich, kindlich und recht vertraulich mit ihm zu reden.

So dürfen wir hoffen, daß diese Sprüche Jedermann eine willkommene Gabe seyn und Tausende veranlassen werden, im heiligen Bibelbuche nachzuschlagen und zu forschen, ob sich's also verhalte. Damit dies leichter von Statten gehe, haben wir alle im Liederschatze befindlichen Sprüche in ein alphabetisches Register gebracht und dasselbe dem Liederschatze beigefügt.

Das darauf folgende Spruchregister wird jeden Bibelleser in den Stand setzen, die Stellen der heiligen Schrift (auch die der Sonn- und Festtags-Evangelien und Episteln der christlichen Kirche) leicht zu finden, bei welchen die Nummern der darauf bezüglichen Lieder bemerkt sind.

Den Liedern sind die Grundmelodieen übergesetzt und ein besonderes Melodieen-Register zur Vermehrung der Brauchbarkeit dem Werke beigefügt worden.

Ein Choralbuch wird baldmöglichst nachfolgen und neben den bekannten auch die Melodieen enthalten, welche zu mehreren im Liederschatze vorkommenden Liedern besonders componirt sind.

In das Register der Lieder-Verfasser sind absichtlich reichhaltigere Nachrichten über dieselben aufgenommen worden, um den Liederfreund in den Stand zu setzen, die christlichen Dichter, und die Zeit und die Umstände näher kennen zu lernen, in welchen die Lieder verfaßt wurden.

Da der Liederschatz selbst eine große Anzahl Gebets-Lieder enthält, so war die Hinzufügung noch mehrerer Gebete für diesen Zweck nicht erforderlich.

Zum Schluß noch die Worte der Ankündigung: „So möge denn dieser geistliche Liederschatz zur Erkenntniß und Lobpreisung Gottes, unsers himmlischen Vaters, zur Verherrlichung des allein seligmachenden Namens Jesu beitragen, und das unter Anrufung und dem Beistand des heiligen Geistes begonnene und geförderte Werk durch den Anfänger und Vollender des Glaubens (Ebräer 12, v. 2.) auch nach Seinem Wohlgefallen weiter gefördert werden. (2 Cor. 13, v. 13.) Ihm, der da ist der Weg und die Wahrheit und das Leben (Joh. 14, v. 6.), unserm hochgelobten Herrn und Heiland Jesus Christus sey Dank und Lob und Ruhm und Preis in Zeit und Ewigkeit! Amen.“ (Ephes. 6, v. 24.)

Offenb. Joh. 22, v. 21.: Die Gnade unsers Herrn Jesu Christi sey mit euch Allen! Amen.

Berlin, den 11. Dezember 1832.

Register,

worin die Lieder nach ihrem Inhalt zusammengestellt, die Gegenstände aber alphabetisch geordnet sind.

Gebet

Der Apostolische Glaube.

	Altes Testament.	Neues Testament.
Ich glaube	Habakuk 2, v. 4.	Römer 4, v. 5.
an Gott	5 Mose 6, v. 4.	1 Corinth. 8, v. 6.
den Vater,	Psalm 89, v. 27.	Matthäi 7, v. 11.
allmächtigen	1 Mose 17, v. 1.	2 Corinth. 6, v. 18.
Schöpfer Himmels und der Erden:	Psalm 33, v. 6.	Joh. 5, v. 17.
Und an Jesum	Sacharja 9, v. 9.	Matthäi 1, v. 21.
Christum,	Daniel 9, v. 24.	Joh. 1, v. 41.
seinen einigen	Sacharja 13, v. 7.	Joh. 1, v. 14.
Sohn,	Psalm 2, v. 7.	Matthäi 16, v. 16.
unsern Herrn,	Jeremia 23, v. 6.	Joh. 20, v. 28.
der empfangen ist	Jeremia 31, v. 22.	Lukas 1, v. 31.
von dem heiligen Geist,	Jesaia 61, v. 1.	Matthäi 1, v. 20.
geboren	Jesaia 9, v. 6.	Lukas 2, v. 7.
von der Jungfrau Maria,	Jesaia 7, v. 14.	Lukas 2, v. 34.
hat gelitten	Jesaia 50, v. 6.	Lukas 22, v. 44.
unter Pontio Pilato,	Psalm 2, v. 2.	Matthäi 27, v. 2.
ist gekreuziget,	Psalm 22, v. 17.	Lukas 23, v. 33.
gestorben und	Daniel 9, v. 26.	Römer 5, v. 8.
begraben,	Jesaia 53, v. 9.	Mtth. 27, v. 59. 60.
niedergefahren zur Höllen,	Hosea 13, v. 14.	1 Petri 3, 19. 20.
am dritten Tage	Hosea 6, v. 2.	Matthäi 16, v. 21.
auferstanden von den Todten,	Hiob 19, v. 25.	2 Timoth. 2, v. 8.
aufgefahren gen Himmel,	Psalm 68, v. 19.	Lukas 24, v. 51.
sitzet zur Rechten Gottes,	Psalm 110, v. 1.	Markus 16, v. 19.
des allmächtigen Vaters,	5 Mose 32, v. 6.	Eph. 3, v. 14. 15.
von daher er kommen wird	Jesaia 66, v. 15.	Geschichte 1, v. 11.
zu richten	Psalm 96, v. 13.	Geschichte 17, v. 31.
die Lebendigen und die Todten.	Daniel 12, v. 2.	1 Cor. 15, v. 51.
Ich glaube an den heiligen Geist,	Sacharja 12, v. 10.	Johannis 15, v. 51.
eine heilige	Psalm 45, v. 14.	Epheser 5, v. 26.
christliche Kirche,	Psalm 22, v. 26.	Matthäi 4, v. 19.
die Gemeine der Heiligen,	2 Mose 19, v. 5.	Epheser 4, v. 3.
Vergebung der Sünden,	Psalm 32, v. 1.	Geschichte 10, v. 43.
Auferstehung des Fleisches,	Jesaia 26, v. 19.	Joh. 5, 28. 29.
und ein ewiges Leben,	Psalm 16, v. 11.	1 Petri 1, v. 4.
Amen.	Psalm 72, v. 19.	2 Cor. 1, v. 20.

Gebet.

Gal. 4, v. 6. Weil ihr denn Kinder seyd, hat Gott gesandt den Geist seines Sohnes in eure Herzen, der schreiet: Abba, lieber Vater!

Mel. Gott des Himmels und der Erden ꝛc.

1. Abba! lieber Vater, höre, wenn dein Kind gen Himmel schreit, rette deines Namens Ehre, denn du bist voll Gütigkeit. Unsre Herzen halten dir unsers Jesu Namen für.

2. Herr! wer kann dich g'nug erheben? Wie dein Name, so dein Ruhm, ach! erhalt' in Lehr' und Leben deines Namens Heiligthum. Diesen Namen laß allein unsers Herzens Freude seyn.

3. Komm' zu uns mit deinem Reiche, König! dem kein König gleich; daß das Reich des Satans weiche, bau' in uns dein Gnadenreich! führ' uns auch nach dieser Zeit in das Reich der Herrlichkeit.

4. Lasse deinen guten Willen, lieber Gott! bei uns geschehn, daß wir ihn mit Lust erfüllen, und auf dein Gebot nur sehn; so stimmt Erd' und Himmel ein, wenn wir deines Willens seyn.

5. Geber aller guten Gaben! gieb uns das bescheidne Theil; du weißt, was wir müssen haben, und bei dir steht unser Heil. Hat man Gott und täglich Brot, o so hat man keine Noth.

6. Großer Gott von großen Gnaden, ach! vergieb die Sündenschuld, die wir täglich auf uns laden, habe nur mit uns Geduld, laß uns andern auch verzeihn, sonst kannst du nicht gnädig sein.

7. Sucht der Satan uns zu sichten, und versucht uns Fleisch und Welt, hilf, daß wir den Kampf verrichten, bis der Geist den Sieg behält: laß uns fest im Glauben stehn und in keiner Angst vergehn.

8. Alle Noth und Trübsal wende, daß sie uns nicht schädlich sei; und mach' uns an unserm Ende auch von allem Uebel frei. Dein ist Reich und Kraft und Ehr', Amen! großer Gott! erhör'.

Benjamin Schmolck.

Gebet.

Röm. 8, v. 15. Ihr habt einen kindlichen Geist empfangen, durch welchen wir rufen: Abba, lieber Vater.

Mel. Meinen Jesum lass' ich nicht ꝛc.

2. Abba! Vater! der du dich immer so an mir bewiesen, sey von mir herzinniglich für dein Vaterherz gepriesen, das viel mehr an mir gethan, als der treuste Vater kann.

2. Nirgends hat's ein Kind so gut, als in deiner treuen Pflege. Wer es weiß, wie sanft sich's ruht, so man dir im Schooße läge, der ließ' alles andre seyn, wär' ein Kind, und legt' sich drein.

3. Abba! ruft mein Herz in mir. Und dein Geist, der dich verkläret, schreit im Innersten zu dir: Abba! Vater! sei geehret! richte kindlich meinen Sinn zu dem Vaterherzen hin!

Christ. Karl Ludw. v. Pfeil.

Gebet.

Luc. 11, v. 2. 3. 4. Wenn ihr betet, so sprechet: Unser Vater im Himmel ꝛc.

Mel. Herr! ich habe mißgehandelt.

3. Abba, Vater von uns allen, der du in dem Himmel bist, höre deiner Kinder Lallen, welches aus dem Herzen fließ't. Höre doch von deinem Throne, höre Vater in dem Sohne.

2. Lasse deinen theuren Namen auch bei uns geheiligt seyn. Streue deines Wortes Saamen in die Herzen reichlich ein, daß wir auch in unserm Leben deine Heiligkeit erheben.

3. Dein Reich komme hier in Gnaden, dorten in der Herrlichkeit. Bringt das Reich des Satans Schaden, so zerstör' es weit und breit, wirf ihn unter unsre Füße, daß man deinen Zepter küsse.

4. Schaffe, daß wir deinen Willen, wie im Himmel es geschieht, auch auf Erden hier erfüllen. Will gleich Welt und Teufel nicht, sucht das Fleisch zu widersprechen, hilf du ihren Willen brechen.

5. Unser täglich Brot gieb heute, und was noch dazu gehört, daß man nicht umsonst arbeite, und dein Segen sich vermehrt. Segne des Berufes Werke, Seel' und Leib, gieb Kraft und Stärke.

6. Sind wir gleich in Schuld gerathen, so vergieb uns gnädiglich. Groß sind unsre Missethaten, aber, Herr, erbarme dich, laß uns auch beflissen leben, unsern Schuldnern zu vergeben.

7. Wenn wir in Versuchung fallen, so ergreif' uns bei der Hand. Wenn die Trübsalsfluthen wallen, ach! so leiste Widerstand,

daß wir keinen Schiffbruch leiden, und den Untergang vermeiden.

8. Endlich wollst du uns vom Bösen, das uns in der Welt gedrückt, durch den sanften Tod erlösen. Mach' uns auch alsdann geschickt, allem Uebel zu entgehen, und vor deinem Thron zu stehen.

9. Dein ist Reich und Kraft und Ehre, und es bleibt auch ewig dein; darum, lieber Vater, höre, Jesu Blut wird für uns schrei'n, und in dessen süßem Namen sprechen wir getrost das Amen. Benj. Schmolck.

Abendlied.

3 Mose 26, v. 6. Ich will Friede geben in eurem Lande, daß ihr schlafet, und euch Niemand schrecke.

Mel. O du Liebe meiner Liebe.

4. Abend, heller als der Morgen, weil mein Jesus bei mir ist. Gute Nacht, ihr müden Sorgen! sanfte Ruhe, sey gegrüßt! weil mich Gottes Flügel decket, und sein Auge für mich wacht, ach! so werd' ich nicht erschrecket vor der sonst betrübten Nacht.

2. Kommt ihr angenehmen Schatten! wieget meine Glieder ein, daß sie ihre Kraft erstatten, wann sie wie gestorben seyn. Deckt, ihr schwarzen Finsternisse, dieses Tages Fehler zu, und wenn ich mein Bette grüße, so befördert meine Ruh'.

3. Aber du, mein Herze, wache, denn dein Jesus klopfet an, daß er sich ein Lager mache, wo er bei dir ruhen kann. Laß die Glaubenslampe brennen, gieß das Oel der Andacht ein; so wirst du den Freund erkennen, der dir will zur Seite seyn.

4. Laß mein Opfer dir gefallen, o du ew'ger Gnadenthron! höre meines Mundes Lallen, und der Lippen schwachen Ton. Ach! durchstreich' mit deinem Blute des vergangnen Tages Schuld! schone meiner mit der Ruthe, und erzeige mir Geduld.

5. Treuer Hirte deiner Schafe, Wächter mitten in der Nacht, decke mich in meinem Schlafe, gieb mir deiner Engel Wacht. Sei du meine Feuersäule, daß der arge Feind erschrickt, wenn er die vergift'ten Pfeile auf mein schlafend Herze drückt.

6. Deine Wagenburg umschließe alles, was mir angehört, daß man nichts von Grauen wisse, welches sonst die Ruhe stört. Laß an unser Bette schreiben: Gottes Kinder schlafen hier, und Gott wird bei ihnen bleiben. O wie sanfte schlafen wir!

Benjamin Schmolck.

Neujahrslied.

Sprüche Sal. 3, v. 1. 2. Vergiß meines Gesetzes nicht, und dein Herz behalte meine Gebote; denn sie werden dir langes Leben, und gute Jahre und Friede bringen.

Mel. Meinen Jesum laß' ich nicht.

5. Abermal ein Jahr erlebt! sei, o Jesu! hoch gepriesen, daß, da ich dir widerstrebt, du mir dennoch Gnad' erwiesen; daß ich mich bis diesen Tag deiner Gnade rühmen mag.

2. Ach, wie groß ist die Geduld, die mich bis hieher getragen! O, wie groß ist deine Huld! was für Dank soll ich dir sagen? Ewig, ewig sei nun dir, liebster Jesu, Dank dafür.

3. O! vergieb, und decke zu, was im alten Jahr begangen; was noch künftig, führe du; laß mich neue Gnad' erlangen: daß ich dieses Jahr aufs neu voller Lob und Rühmens sei.

4. Mehre täglich, Herr, in mir Buße, Glauben, Hoffnung, Liebe; halt' uns unverrückt in dir: daß uns ja kein Fall betrübe. Mehre täglich Ernst und Treu: daß ich immer wacker sei.

5. Laß, o Jesu! mich im Licht, weil ich's habe, immer wallen: daß die Finsterniß mich nicht könn' erreichen und befallen. Laß mich täglich weiter gehn, bis wir dort vollendet stehn.

6. Laß mich im Gebet und Wort, und vor dir im Geiste wandeln. Gieb nur Treu' an jedem Ort, nach Beruf und Pflicht zu handeln, dies zu thun, was du mir heißt, und allein durch deinen Geist.

7. Hilf mir, Zeit und Kraft allein nur in dir recht anzuwenden. Hilf im Kreuz geduldig seyn; hilf mir seliglich vollenden. Nimm mich endlich, wohl bereit't, friedlich in die Ewigkeit. Karl Heinrich v. Bogatzky.

Neujahrslied.

Hiob 32, v. 7. Laß die Jahre reden und die Menge des Alters laß Weisheit beweisen.

Mel. Freu dich sehr, o meine Seele.

6. Abermal ein Jahr verflossen, näher zu der Ewigkeit, wie ein Pfeil wird abgeschossen, so vergehet meine Zeit; o getreuer Zebaoth, unveränderlicher Gott, ach! was soll, was soll ich bringen, deiner Langmuth Dank zu singen?

2. Ich erschrecke, mächtig Wesen, Angst und Furcht bedecket mich, denn mein Beten, Singen, Lesen, ach das ist so schläferig. Heilig, Heilig, Heiliger! großer

Seraphinen Herr! wehe mir, ich muß vergehen, denn wer kann vor dir bestehen?

3. Schrecklich ist es ja zu fallen, in die Hand von solchem Gott, der rechtfertig zuruft allen: niemand treibe mit mir Spott; irret nicht! wo das geschicht, ich Jehovah leid' es nicht, ich bin ein verzehrend Feuer, vor dem Lachen wird gar theuer.

4. Aber du bist auch sanftmüthig, o getreues Vaterherz, in dem Bürgen bist du gütig, der gefühlt des Todes Schmerz; steh' ich nicht in deiner Hand angezeichnet als ein Pfand, so du ewig willst bewahren vor des bösen Feindes Schaaren?

5. Auf! mein Herz, gieb dich nun wieder ganz dem Friedensfürsten dar, opfre dem der Seelen Lieder, welcher krönet Tag und Jahr. Fang' ein neues Leben an, das dich endlich führen kann, mit Verlangen nach dem Sterben, da du wirst die Kron' ererben.

6. Soll ich denn in dieser Hütten mich ein' Zeitlang plagen noch, so wirst du mich überschütten mit Geduld, das weiß ich doch. Setze denn dein Herz auf mich, Jesu Christe, du und ich wollen ewig treu verbleiben und von neuem uns verschreiben.

7. An dem Abend und dem Morgen, o mein Rath, besuche mich; laß der Heiden Nahrungssorgen nimmer scheiden mich und dich. Prüf' in jedem Augenblick meine Nieren und mich schick, schick mich, daß ich wachend flehe, ehe denn ich schnell vergehe.

Joachim Neander.

Liebe zu Jesu.

Philipper 3, v. 7. Aber was mir Gewinn war, das habe ich um Christi Willen für Schaden geachtet.

In eigener Melodie.

7. Ach alles, was Himmel und Erde umschließet, sei von mir im Glauben recht innig gegrüßet; was hören kann, höre, ich will sonst nichts wissen, als meinen gekreuzigten Jesum zu küssen.

2. Ich rühme mich einzig der blutigen Wunden, die Jesus an Händen und Füßen empfunden, sie will ich betrachten, um christlich zu leben, damit ich stets himmelan fröhlich kann streben.

3. Es mag die Welt stürmen, und wüthen und toben, den lieblichen Jesum will dennoch ich loben. Ja, ob es gleich blitze, ob Donner erschallen, so will ich von Jesu doch nimmermehr fallen.

4. Und sollte gleich alles in Trümmer zergehen, daß nichts auf der Erde mehr bliebe bestehen: so soll doch mein Herze bei Jesu verbleiben, von welchem mich ewig kein Teufel soll treiben.

5. Denn Jesus betrachtet die schmachtenden Herzen, versüßet mit Freuden die bitteren Schmerzen, das weiß ich nun alles, drum will ich nicht lassen von meinem Herz-Jesu, ich muß ihn umfassen.

6. Ach sehet, mein Jesus kommt freundlich gegangen, und will mich in Liebe so innig umfangen. O Liebe, o Freude, o liebliches Leben! wer wollte an Jesu nicht immerdar kleben.

7. Auf Jesum sind alle Gedanken gerichtet, dem hab' ich mich gänzlich mit allem verpflichtet, den hab' ich mir einzig vor allem erlesen, so lange mich träget das irdische Wesen.

8. Wenn Augen und Herze im Tode sich neigen, so will ich doch endlich mit Seufzen bezeugen, daß Jesus allein nur **mein** Jesus soll heißen, von welchem mich ewig kein Teufel soll reißen.

Sehnsucht nach dem Tode.

Jona 4, v. 3. So nimm doch nun, Herr, meine Seele von mir; denn ich wollte lieber todt seyn, denn leben.

Mel. Herzlich thut mich verlangen.

8. Ach auserwählte Stunde, wann trittst du endlich ein? Das Herz ruft gleich dem Munde: ich will erlöset seyn; der Erden bin ich müde, zum Himmel will ich hin, wo ich in Ruh' und Friede bei meinem Jesu bin.

2. Mich hat die Welt betrogen, noch täglich thut sie dies, so ist das Herz umzogen mit lauter Kümmerniß, und scheinen meine Sinnen von außen gleich vergnügt, so fühl' ich doch von innen, was da für Sorge liegt.

3. Geduld muß zwar inzwischen zum Troste bei mir stehn, die Thränen abzuwischen, die aus den Augen gehn; doch ist der Trost am größten, wenn ich im Himmel bin; drum wäre mir am besten, ich käme bald dahin.

4. Herr Jesu, mach's ein Ende, komm, schließ' die Lebensthür, komm, reiche mir die Hände, und führe mich von hier! du nur bist meine Freude, so laß den Wunsch geschehn, daß dich zu seiner Weide mein Auge möge sehn.

5. Zerfällt der Leib im Staube, wenn er ins Grab muß gehn, so saget doch mein Glaube, daß er wird auferstehn; du wirst

ihn nicht vergessen, wo und wie lang' er liegt, g'nug, daß sich unterdessen die Seel' an dir vergnügt.

6. So wart' ich mit Verlangen, bis sich dies Leben schließt, und jenes angegangen, das in dem Himmel ist; so sterb' ich alle Tage, bis ich gestorben bin, und endlich freudig sage: Gott Lob! nun bin ich hin.

M. Erdmann Neumeister.

Gebet.

Luc. 18, v. 7. 8. Sollte aber Gott nicht retten seine Auserwählten, die zu ihm Tag und Nacht rufen, und sollte Geduld darüber haben? Ich sage euch: Er wird sie erretten in einer Kürze.

Mel. Auf meinen lieben Gott 2c.

9. Ach bet', wer beten kann, eh' denn der Tod kommt an, eh' oft vor Angst und Schmerzen nichts will aus Mund und Herzen, eh' der Verstand zerrinnet, und man sich nicht besinnet.

2. Bet' Herz, ohn' Unterlaß, und Jesum gläubig faß', durch dessen Blutvergießen kannst du die Hülf' genießen, und Seel'- und Leibesgaben durch seine Fürbitt' haben.

3. An's Vaterherz klopf' an, es wird dir aufgethan, bitt', es wird dir gegeben, und such', du find'st das Leben, wag's nur, in Jesu Namen ist alles Ja und Amen.

4. Nun denn getrost drauf los, ich werf' in Jesu Schooß mich, daß er für mich spreche, das Vaterherze breche, mein Jesu! lehr' mich beten, ich will zum Vater treten.

5. Ach Vater, durch dein Lamm *) geheiligt werd' dein Nam', zu komm' dein Reich, dein Wille gescheh', und ihn erfülle, gieb Brot, vergieb die Sünde, daß Kampf und Noth verschwinde.

*) Joh. 1, v. 36.

6. Dein Blut, das besser red't als Abels, mich vertret', mein Jesu, daß ich finde Vergebung meiner Sünde, dich stets in Herz und Armen, und meines Gott's Erbarmen.

7. Seufz', heil'ger Geist für mich, den Glauben mehr', bitt' ich, mit Zeugnißmeinem Geiste, und diesen Trost mir leiste, daß ich sei, und auch sterbe ein Gotteskind und Erbe.

8. Hilf Gott, daß fest und stet, ich halt' an am Gebet, mit Beten früh aufstehe, mit Beten schlafen gehe, mit Beten auch arbeite, mit Beten leid' und scheide.

9. Ich bet' denn für und für: Herr, hilf durch Jesum mir, Herr, hilf durch Jesu Wunden, Herr, hilf in Todesstunden, Herr, hilf mir vor Gerichte, Herr, hilf zum ew'gen Lichte.

10. Du sollst denn sein geehrt, wenn mein Gebet erhört, das sich auf Christum gründet, und Gnade bei Gott findet; ich will dich hier und droben für diese Gnade loben.

Wort Gottes.

Amos 8, v. 11. Siehe, es kommt die Zeit, spricht der Herr, Herr, daß ich einen Hunger in das Land schicken werde; nicht einen Hunger nach Brot, oder Durst nach Wasser, sondern nach dem Wort des Herrn.

Mel. Erhalt' uns, Herr, bei deinem Wort.

10. Ach bleib bei uns Herr Jesu Christ, weil es nun Abend worden ist, dein göttlich Wort, das helle Licht, laß ja bei uns auslöschen nicht.

2. In dieser letzt'n betrübten Zeit, verleih' uns, Herr, Beständigkeit, daß wir dein Wort und Sacrament rein behalt'n bis an unser End'.

3. Herr Jesu, hilf, dein' Kirch' erhalt', wir sind gar sicher, träg' und kalt, gieb Glück und Heil zu deinem Wort, damit es schall' an allem Ort.

4. Erhalt' uns nur bei deinem Wort, und wehr' des Teufels Trug und Mord. Gieb deiner Kirche Gnad' und Huld, Fried', Einigkeit, Muth und Geduld.

5. Ach Gott! es geht gar übel zu, auf dieser Erd' ist keine Ruh', viel Sekten und viel Schwärmerei auf einen Haufen komm'n herbei.

6. Den stolzen Geistern wehre doch, die sich mit G'walt erheben hoch, und bringen stets was Neues her zu fälschen deine rechte Lehr.

7. Die Sach' und Ehr', Herr Jesu Christ, nicht unser, sondern dein ja ist, darum so steh' du denen bei, die sich auf dich verlassen frei.

8. Dein Wort ist unsers Herzens Trutz, und deiner Kirche wahrer Schutz, dabei erhalt' uns, lieber Herr, daß wir nichts Anders suchen mehr.

9. Gieb, daß wir leb'n nach deinem Wort, und darauf ferner fahren fort von hinnen aus dem Jammerthal zu dir in deinen Himmelssaal.

D. Nikolaus Selnecker.

Gebet.

1. Mose 18, v. 3. Herr, habe ich Gnade gefunden vor deinen Augen, so gehe nicht vor deinem Knechte über.

Mel. Christus, der ist mein Leben.

11. Ach! bleib' mit deiner Gnade bei uns, Herr Jesu Christ, daß uns hinfort nicht schade des bösen Feindes List.

2. Ach! bleib' mit deinem Worte bei uns, Erlöser werth, daß uns beid' hier und dorte sey Güt' und Heil beschert.

3. Ach! bleib' mit deinem Glanze bei uns, du werthes Licht, dein' Wahrheit uns umschanze, damit wir irren nicht.

4. Ach! bleib' mit deinem Segen bei uns, du reicher Herr, dein' Gnad' und all's Vermögen in uns reichlich vermehr'.

5. Ach! bleib' mit deinem Schutze bei uns, du starker Held, daß uns der Feind nicht trutze, noch fäll' die böse Welt.

6. Ach! bleib' mit deiner Treue bei uns, mein Herr und Gott! Beständigkeit verleihe, hilf uns aus aller Noth.

D. Josua Stegmann.

Sehnsucht nach dem Tode.

Röm. 8, v. 22. Denn wir wissen, daß alle Kreatur sehnet sich mit uns, und ängstet sich noch immerdar.

Mel. O du Liebe meiner Liebe.

12. Ach, daß nicht die letzte Stunde meines Lebens heute schlägt! mich verlangt von Herzens-Grunde, daß man mich zu Grabe trägt. Denn ich darf den Tod nicht scheuen; ich bin längst mit ihm bekannt; führt er doch aus Wüsteneien mich in das gelobte Land.

2. Hätte gleich mein ganzes Leben Friede, Ruh' und Sicherheit: macht die Sünde doch daneben lauter Unruh', Furcht und Streit. Diese Plage, dies Verderben weicht von mir nicht eher hin, als bis durch ein sanftes Sterben ich bei Gott im Segen bin.

3. Ach! das Grab in kühler Erde ist des Himmels Vorgemach; und wenn ich zu Staube werde, so zerstäubt mein Weh und Ach. Ja, verlier' ich Leib und Glieder, so verlier' ich nichts dabei, denn Gott machet alles wieder aus den alten Stücken neu.

4. Meine Seele zieht indessen in die Hütten Gottes ein. O! wer mag die Lust ermessen, welche da wird ewig seyn? Jetzt entzückt mich schon das Sehnen; was wird erst alsdann geschehn, wenn mich Gottes Hand wird krönen, und ich ihn kann selber sehn?

5. Ach! ich weiß nichts mehr zu sagen, denn ich bin ganz außer mir. Kommt, ihr Engel! bringt den Wagen, führet ihn vor meine Thür. Ich will fahren, ich will scheiden; scheiden will ich aus der Welt; fahren will ich zu den Freuden, die mein Jesus hat bestellt.

6. Gute Nacht, ihr Eitelkeiten! falsches Leben, gute Nacht! gute Nacht ihr schweren Zeiten! denn mein Abschied ist gemacht. Weil ich lebe, will ich sterben, bis die Todesstunde schlägt, da man mich, als Gottes Erben, durch das Grab zum Himmel trägt.

M. Erdmann Neumeister.

Zeitlicher Friede.

Ps. 85, v. 9. Ach, daß ich hören sollte, daß Gott der Herr redete, daß er Friede zusagte seinem Volke.

Mel. Erquicke mich, du Heil der Sünder.

13. Ach! daß wir Friede sollten hören, in unsers Gottes Heiligthum, so wird uns keine Furcht bethören, denn Gott ist unser Sieg und Ruhm. Wir stimmen ein mit unserm Liede: du Friedefürst, gieb Friede, Friede!

2. Laß Güt' und Treue sich begegnen, es küsse Fried' und Recht sich hier, laß Sieg und Glück vom Himmel regnen, auf Erden wachse Treu' herfür. Wir stimmen bei mit unserm Liede: du Friedefürst, gieb Friede, Friede!

3. So singt man in gerechten Hütten, so klingt, was deinen Ruhm erhöht; du wirst mit Gutem uns beschütten, daß unser Land im Wachsthum steht. Wir stimmen bei mit unserm Liede: du Friedefürst, gieb Friede, Friede!

Benjamin Schmolck.

Gebrauch irdischer Güter.

Philipper 4, v. 11. Ich habe gelernt, bei welchem ich bin, mir genügen zu lassen.

Mel. Allein Gott in der Höh' sey Ehr'.

14. Ach Gott des Himmels! lasse mir und allen auf der Erden, den uns so väterlich von dir beschiednen Theil stets werden, gieb jedem täglich und nach Noth sein zugedachtes täglich Brot, und ein genügsam Herze.

2. Gieb Mäßigkeit und Dankbarkeit, wann du uns viel beschieden; sind wir mit wenigem erfreut, so mach' uns doch zufrieden, leg' uns nur deinen Segen zu; wo man dir traut, erstattest du durch Segen alle Mängel.

3. Gieb, daß uns keine Sorge frißt; laß

ein abgöttisch Geizen, das alles Uebels Wurzel ist, uns nicht zu Lüsten reizen. Laß mich die Lügen nicht zum Schild, den Bauch mir nicht zum Götzenbild, das Geld zum Trost nicht machen.

4. Laß mich nicht Ehre, Lust und Geld zu meinem Strick verlangen; gebrauch' ich etwa diese Welt, laß mich nicht daran hangen. Die Zeit ist kurz, uns ruft das Grab; laß mich das haben, was ich hab', als wenn ich es nicht hätte. 1. Tim. 6, v. 9.

5. Ach präge mir stets in den Sinn, daß ich um Haus zu halten, im Lehnen deiner Güter bin, sie redlich zu verwalten. Es eilt ja schon der Tag herzu, da willst du, daß ich Rechnung thu von allen deinen Gütern.

6. Gieb Frieden und Zufriedenheit, laß Alles einig leben, verleih' uns fromme Obrigkeit, laß sie im Segen schweben; die Untern lehre insgemein gewissenhaft, gehorsam seyn, und für die Obern beten.

7. Laß deiner Gnade Sonnenschein in unserm Lande glänzen; laß keine Feinde bei uns ein, und schütze unsre Grenzen; laß deiner Engel starke Schaar, um uns bei drohender Gefahr zur festen Mauer werden.

M. Philipp Friedrich Hiller.

Nach dem Abendmahl.

Ebr. 3, v. 14. Denn wir sind Christi theilhaftig geworden, so wir anders das angefangene Wesen bis ans Ende fest behalten.

Mel. O Gott, du frommer Gott.

15. Ach Gott, du liebster Gott, wie groß ist deine Treue! ach, sie ist allezeit, und alle Morgen neue! gar keines Menschen Witz, noch Herz, noch Sinn, noch Muth, kann sattsam sprechen aus, was deine Güte thut.

2. Mein Gott, mein frommer Gott, sey hoch von mir gepriesen, weil du mir diesen Tag viel Wohlthat hast erwiesen; und nahmst mich Armen auf. Ich kam voll Schand' und Sünd', nun bin ich, dir sey Dank! dein auserwähltes Kind.

3. O Gott, du reicher Gott, wie voll bist du der Gnaden, zu deinem Gnadentisch hast du mich eingeladen, du tränkst und speisest mich mit Christi Leib und Blut, das labet meine Seel', macht meinem Herzen Muth.

4. O Jesu, Schönster du, mit dir bin ich verlobet, du bist mein Eigenthum, ob Tod und Teufel tobet: ich achte ihrer nicht, ich bin durch dich erlöst, weil du mir deinen Leib und Blut hast eingeflößt.

5. Ach Jesu, Liebster du, bleib' doch in meinem Herzen, du bist mein schönstes Gut, vertreibest Sünd' und Schmerzen, die mich zum öftern nagt. Ach bleib', bleib' doch bei mir, ich hange Reben gleich, mein Jesu! stets an dir.

6. Und du, Gott heil'ger Geist, du Tröster aller Frommen, du bist nun abermal aus Gnaden zu mir kommen. Ach, heilige mein Herz, vertreib' den bösen Geist, du bist's, der mir den Weg hinauf gen Himmel weist.

7. Wohlan, weil ich nun bin mit Jesu fest verbunden, und Gott der Vater hat sich bei mir eingefunden mit seinem heil'gen Geist, so bin ich wohl daran, weil Welt und Teufel mich von Gott nicht reißen kann.

8. Dir, Gott, sey ewig Dank, für solche große Güte! ach liebstes Vaterherz! auch künftig mich behüte vor allem Herzeleid; ach schone, Vater! schon', und denke, was für mich gelitten hat dein Sohn!

9. Ach, Vater, höre doch, dies mein so heißes Flehen, und laß genädiglich dies alles mir geschehen, so will ich auch dein Lob erheben allezeit, sowohl in dieser Welt, als in der Ewigkeit.

Zur Pestzeit.

Klagelieder Jer. 3, v. 37. Wer darf denn sagen, daß solches geschehe ohne des Herrn Befehl?

Mel. In dich hab' ich gehoffet, Herr.

16. Ach Gott du unsers Lebens Licht! Herr unsre Burg und Zuversicht, du Trost und Heil der Armen, wir bitten dich demüthiglich, erzeig' uns doch Erbarmen.

2. Wir hören, Herr! daß jetzt die Pest sich hin und wieder merken läßt, und sehr beginnt zu wüthen, drum flehen wir, du wollst allhier uns gnädiglich behüten.

3. Ach! straf' uns nicht, du höchstes Gut! errette uns durch Christi Blut von dieser bösen Seuche; ach! sey uns nah' und wehr' ihr ja, daß sie nicht zu uns schleiche.

4. Zwar möchtest du, o treuer Hort, wohl unser Land und diesen Ort, durch selb'ge auch verheeren, und ganz und gar, uns deine Schaar, aufreiben und verzehren.

5. Denn sieh'! wir haben ja vor dir bisher sehr arg gelebt allhier, und Bosheit g'nug verübet, wir haben dich oft freventlich mit Uebelthun betrübet.

6. Doch handle jetzund nicht, o Gott! Ach handle nicht, o Zebaoth! mit uns nach unsern Sünden; nein, Vater, nein! laß uns allein für Recht Genade finden.

7. Ach schenk' uns doch aus Gütigkeit die Schuld, die uns von Herzen leid, und laß uns nicht verderben, ach sprich uns frei und steh' uns bei, daß wir nicht plötzlich sterben.

8. Nim̃ unsers armen Lebens wahr, und schütz' uns gnädig vor Gefahr des Leibes und der Seelen; laß, ew'ges Licht! kein Uebel nicht, sich nähern uns zu quälen.

9. Laß, Höchster, deine starke Hand beschirmen uns und unser Land, sammt allem was wir haben. Erfüll' uns früh, ja je und je, mit deinen Gnadengaben.

10. So wollen wir zur Dankbarkeit, allhier Gott immer Herz-erfreut dich rühmen, ehren, preisen und dann auch dort, o werther Hort! dir ew'ges Lob erweisen.

Joh. Georg Ahl.

Gebet.

Tit. 3, v. 14. Laß aber auch die Unsern lernen, daß sie im Stande guter Werke sich finden lassen, wo man ihrer bedarf, auf daß sie nicht unfruchtbar seyn.

Mel. Kommt her zu mir, spricht Gottes Sohn.

17. Ach Gott! gieb du uns deine Gnad', daß wir all' Sünd' und Missethat bußfertiglich erkennen, und glauben fest an Jesum Christ, der unsre Hülf' und Meister ist, wie er sich selbst thut nennen.

2. Hilf, daß wir auch nach deinem Wort gottselig leben immerfort, zu Ehren deinem Namen, daß uns dein guter Geist regier', auf ebner Bahn zum Himmel führ' durch Jesum Christum, Amen.

D. Samuel Zehner.

Fürbitte.

Sirach 42, v. 17. Meine Kinder, wenn es euch wohl gehet, so sehet zu, und bleibet in Gottesfurcht.

Mel. Ach Gott vom Himmel sieh' darein.

18. Ach Gott! laß dir befohlen seyn, zu diesen bösen Zeiten den theuren Schatz, die Kinderlein, thu' sie zum Guten leiten, gar bald die Jugend wird verführt, ja bald ein Alter sich verirrt in diesen letzten Zeiten.

2. Dein' Vatertreu' sie mir behüt', dein' Gnad' sie mir regiere, dein guter Geist leit' ihr Gemüth, daß Niemand sie verführe; dir Herr, ich sie befehlen thu', die Engelwach' gieb ihnen zu, daß kein' Plag' sie berühre.

3. Und weil man dir, Herr, dienen soll in allen dreien Ständen, so mach' sie deiner Weisheit voll, daß Weg und Weis' sie finden, zu dienen dir in der Gemein', du, Herr, am besten weißt allein, ihr Thun zu Nutz' anwenden.

4. Dir, mein Gott, ich erziehe sie, in deiner Furcht und Treue, schaff', daß kein' Arbeit, Sorg' und Müh' ins künftig' mich gereue, sondern vielmehr in Ewigkeit meiner Kinder Gottseligkeit, mich inniglich erfreue.

M. Josua Wegelin.

Rechenschaft.

1. Petri 4, v. 5. Welche werden Rechenschaft geben dem, der bereit ist zu richten die Lebendigen und die Todten.

Mel. Aus tiefer Noth schrei ich zu dir.

19. Ach Gott, ich soll dir Rechenschaft von allen Dingen geben, ich bin mit großer Schuld behaft't in meinem ganzen Leben. Wenn du willst in's Gerichte gehn, so kann ich nimmermehr bestehn, und ist mit mir verloren.

2. Ich weiß mir keinen andern Rath in dieser Angst zu fassen, als den mir Jesus Christus hat zum Troste hinterlassen. Ich bringe sein Verdienst vor dich, er selber will damit für mich die ganze Schuld bezahlen.

3. So laß dir Gott, sein theures Blut im Glauben überreichen. Ein einz'ger Tropfen ist schon gut die Rechnung auszustreichen. Quittire mich, und sprich zu mir: sey nur getrost, ich habe dir die Schuld und Straf' erlassen.

In theurer Zeit.

Psalm 37, v. 19. Sie werden nicht zu Schanden in der bösen Zeit, und in der Theurung werden sie genug haben.

Mel. Warum betrübst du dich rc.

20. Ach Gott! in dieser Hungersnoth verlangt uns nach dem lieben Brot, wie dem verlornen Sohn, der, als er hungrig in sich schlug, nach Vaters Brot Verlangen trug.

2. Wir sind des Brotes zwar nicht werth, das unser Hunger sehr begehrt, denn unsre Sünd' ist groß, man lebte sicher und verrucht, drum sind wir billig heimgesucht.

3. Doch hast du noch ein Vaterherz, das fühlt ja deiner Kinder Schmerz. Weil wir nun Kinder sind, so leben wir der Zuversicht: dein Vaterherz verläßt uns nicht.

4. O Vaterherz! erbarme dich, die Kinder weinen bitterlich, sie weinen nur um

Brot. Hörst du der jungen Raben Schrei'n, so wirst du Kindern Brot verleih'n.

5. Ach öffne bald dein Vorrathshaus, und gieb uns Brot zur Gnüg' heraus. Gedenk' an Israel, was du auf dessen Wallfahrtsbahn in großer Hungersnoth gethan.

6. Gedenk' an jenes Mehl im Fad, das deine Kraft vermehret hat, zu des Elias Zeit, als er zu einer Wittwe kam, die ihn in Theurung zu sich nahm.

7. Du bist ja noch derselbe Gott, wer dir vertraut wird nicht zu Spott. Herr, wir vertrauen dir, ernähr' uns in der theuren Zeit mit zugesagter Mildigkeit.

8. Ja Vater, schon von Alters her, wir leiden nichts von ungefähr, du schickst die Leiden zu: drum werden sie erträglich seyn und mit zu unserm Heil gedeih'n.

M. Fried. Conrad Darnmann.

Freudigkeit des Glaubens.

Philipper 4, v. 4. Freuet euch in dem Herrn allewege, und abermal sage ich: Freuet euch!

Mel. Herr Jesu Christ, mein's Lebens Licht.

21. Ach Gott, in was für Freudigkeit schwingt sich mein Herz zu dieser Zeit, so oft ich nur an Jesum denk', und mich in seine Wunden senk'.

2. Wie freuet sich mein Geist in dir, was Ruh' und Freude schenket mir der Glaub' an dich, o Jesu Christ, der du mein Ein und Alles bist.

3. Wenn ich dich recht und wohl betracht', mein Herz all' Lust der Welt veracht't, wenn mein Sinn zu dir ist gericht't, die Erd' mir graut, ich acht' ihr'r nicht.

4. In was für Liebe setzet mich die Liebe, so bezwungen dich, daß du des Todes für mich stirbst, mir Gnade, Leben, Fried' erwirbst.

5. Das Herz wird ganz in mir entzünd't, aus Lieb' zu dir und Haß der Sünd', so bald es deiner wird gewahr, wie du dich mir giebst ganz und gar.

6. Es wünschet nur dich, und allein in dich ganz tief zu sinken ein, nur dich, nur dich es haben will, eh' ruht es nicht, noch steht es still.

7. Nun was für Trost und Zuversicht erweckt zu dir der Glaube nicht? Ich trau' und trotze ungescheut auf dich, mein Jesu! allezeit.

8. Wenn ich im Glauben bei dir steh', und deine heil'gen Wunden seh', die du für mich trägst; fällt mir ein: sollt' mir mein Gott nicht gnädig seyn?

9. Ja, er ist gnädig, er kann nicht mehr zürnen. Sein Sohn hat verricht't, was zur Versöhnung nöthig war, mit mir hat es nun kein' Gefahr.

10. Wiewohl ich noch ein Sünder bin, so nimmt die Sünd' doch Jesus hin, und schenkt mir sein' Gerechtigkeit, hebt zwischen Gott und mir den Streit.

11. Bin ich durch ihn gerecht vor Gott, ist mir all' Anklag' nur ein Spott; wenn Jesus mich vertritt, schweigt still der Feind, der mich verdammen will.

12. Wenn ich mit Gott den Frieden hab', des wahren Glaubens Frucht und Gab': so ruh' und schlaf' ich sanft und still in's Vaters Schooß, will, was er will.

13. Und bin gewiß, daß kein' Gefahr, kein' Noth, Tod, ja der Teufel gar von meinem Gott mich scheiden werd', so lang ich leb' auf dieser Erd'.

14. Denn Herr, dein Geist selbst tröstet mich, und schreiet: glaub' nur festiglich, du bist ein Kind, du erbst das Heil, bist Jesu, nicht des Satans Theil.

15. Der Feind find't an dir keine Macht, du wirst bei Tag und Nacht bewacht durch meinen und der Engel Schutz, was dir begegnet, ist dein Nutz.

16. Gott ist dein Vater, bitt' und schrei, er läßt dich nicht, er steht dir bei; verzag' in deiner Schwachheit nicht, was du nicht kannst, er selbst verricht't.

17. Dein Seufzen all'zeit Gott gefällt, das gläubig ist zu ihm gestellt, schweigt gleich der Mund, er hört die Bitt' sein's Geistes, der dich wohl vertritt.

18. Ob diesem Trost ganz innerlich mein' Seel' und Geist erfreuet sich, wenn Jesu Name, Kraft und Geist so mächtig sich in mir erweist.

19. Welch' herrlich, mächtig Werk doch ist der Glaub' an dich, Herr Jesu Christ, er machet heilig, freudig's Muth's, er schafft und wirket alles Gut's.

20. Wer ihn nicht hat, der wird verdammt, mit ihm die Heuchler allesammt, und wer ihn hat, schon selig ist, er lebt und stirbt als wahrer Christ.

21. Drum Jesu, stärke für und für den wahren Glauben, daß ich dir vertrau, dich lieb', dir leb' und sterb', so bleibt die Seligkeit mein Erb'.

22. So lang' ich denn als Pilger werd' noch wallen hier auf dieser Erd', so lange will ich deinen Ruhm ausbreiten ferner um und um.

23. Wenn aber sich das Leben schließt, und meine Seel' sich ganz ergießt in dich, Herr Jesu, mit was Freud' werd' ich dich lob'n in Ewigkeit! M. Joh. Kaspar Schade.

Gebet.

Menschliches Verderben.

Römer 7, v. 21. So finde ich in mir nun ein Gesetz, der ich will das Gute thun, daß mir das Böse anhanget.

Mel. Herr Jesu Christ, ich weiß gar wohl.

22. Ach Gott, ist noch dein Geist bei mir, der mir kann Zeugniß geben, ich sey dein Kind? Ich zweifle schier, wenn ich beschau' mein Leben, nichts ist an mir, das mich entzünd't in wahrer Buß' zu seyn gesinnt, wie du von mir begehrest.

2. Den guten Geist, den du mir hast versprochen, mich zu führen, treib' ich von mir, und halt' für Last sein himmlisches Regieren: die Freud' in Gott, die wahre Ruh', kann ich mir nimmer eignen zu, weil nur mein Fleisch mich leitet.

3. Daß du ein großer Herrscher seyst, der alles hier regieret, bedenk' ich zwar; doch, daß du dräu'st der Sünd' wie ihr gebühret mit schwerer Straf', betracht' ich nicht. Den Richter weiß ich, das Gericht will ich doch nicht erwägen.

4. Die vielen Gaben dieser Welt lieb' ich mehr als den Geber, Gesundheit, Wollust, Ehr' und Geld sind solche süße Träber, wonach ich meine Wünsche stell', daß meine Seel' die wahre Quell' verlieret, ihren Schöpfer.

5. Ich meine zwar, ich liebe dich, wünsch' auch dein Gegenlieben; was aber scheidet dich und mich, scheu' ich mich nicht zu üben: ich halte dich für meinen Gott; will doch nicht halten dein Gebot, entzieh' mich deinem Joche.

6. Du gabst aus Lieb' mir deinen Sohn, mich Armen zu erlösen, was geb' ich dir für einen Lohn? Ich laufe nach dem Bösen; die Sünden, die du hast verbannt, in die bin ich so sehr entbrannt, daß ich dein gar vergesse.

7. Ja, großer Gott, es saget mir der Zeuge, mein Gewissen: ich geb' dir nichts, ich raube dir die Seel', die du gerissen mit solcher Müh' aus ihrer Noth, ich stürz' sie willig in den Tod, verrath' sie deinen Feinden.

8. Die Gaben, die von deiner Hand sie dankbarlich sollt' nehmen, die sind's, die sie von dir gewandt, und ihren Glauben lähmen, sie an die Erd' so heften an, daß sie sich nicht mehr schwingen kann zum Ursprung ihres Wesens.

9. Weil denn mein Geist so irdisch ist, so hab' ich leicht empfunden, daß mich mein Fleisch und Satan's List an diese Welt gebunden. Lös' du mich, Gott! der du mich hast vormals erlöst von Sündenlast, und meiner dich erbarme.

10. Den guten Geist, den ich nunmehr so lang' nicht hab' gefühlet, den laß mir kommen wieder her, und wehr' dem, der da zielet auf mich mit tödtlichem Geschoß, damit kein Zweifelmuth nicht stoß' die Seel' in das Verderben.

11. Es soll der schwere Sündenwust mich nicht kleinmüthig machen. Des Sünders Reu' ist deine Lust, der Engel Freud' und Lachen. Dein guter Geist geb' für und für ein Zeugniß meinem Geist in mir, daß ich sey Gottes Erbe.

Anton Ulrich, Herzog zu Braunschweig.

Vorbereitung zum Tode.

Nehemia 13, v. 22. Mein Gott, gedenke mir deß auch und schone meiner nach deiner großen Barmherzigkeit.

Mel. Herr Jesu Christ, ich weiß gar wohl.

23. Ach Gott, mein Leben steht bei dir, du hast es abgemessen, du wirst die Liebe gegen mich im Tode nicht vergessen, drum sorge für die kurze Frist, und wenn das Ziel vorhanden ist, so denke mein im besten.

2. Du bist mein Vater, ich dein Sohn, warum willst du mich lassen? kann doch ein Töpfer seinen Thon nicht gern verderben lassen, denn weil doch selbst die Ehre treibt, daß dein Geschöpf in Ehren bleibt, so denke mein im besten.

3. Dein Jesus ist mein Licht und Heil, den kannst du nicht betrüben; er hat mir sein erworb'nes Heil, vom Himmel zugeschrieben; Er ist mein bestes Ehren-Kleid, mein Pfand der theuren Seligkeit, drum rc.

4. Ich merke deinen Freuden-Geist, wenn er im Herzen schreiet, und dich den rechten Vater heißt, der sich des Lebens freuet, wenn dieser Tröster was verspricht, so wanket deine Wahrheit nicht, drum rc.

5. Hab' ich in meiner Sicherheit bisweilen dein vergessen, und hab' ich bei der Eitelkeit dir zum Verdruß gesessen, so trage noch mit mir Geduld, vergiß die schwere Sündenschuld, und denke mein im besten.

6. Du hast ja schon an mich gedacht, eh' ich von mir was wußte, dein Jesus hat mich werth gemacht, der mich vertreten mußte; drum denke nochmals in der Zeit der ewigen Barmherzigkeit, und 2c.

7. Ich denke zwar an meinen Tod, und wünsche wohl zu sterben, doch laß mich in der letzten Noth, nicht unverseh'ns verderben, ja wenn ich nicht mehr reden kann, so nimm den letzten Seufzer an, und denke mein im besten.

8. Wohlan, hat Jesus nichts gespart, wird er auch für mich beten, und wird nach seiner Himmelfahrt sein Mittler-Amt vertreten; drum wenn du mir die Gnade schenkst, und nur an meinen Jesum denkst, so denkst du mein im besten.

M. Christian Weise.

Osterlied.

Marci 16, v. 3. 4. Wer wälzet uns den Stein von des Grabes Thür? Und sie sahen dahin und wurden gewahr, daß der Stein abgewälzet war.

Mel. Christ lag in Todesbanden.

24. Ach Gott! mich drückt ein schwerer Stein, wer will ihn von mir nehmen? Dir ist bekannt mein Schmerz und Pein, und mein geheimes Grämen; Jesus lebt, und ich bin todt, ach Vater! das ist meine Noth, und ich kann ihn vor Sünden nicht finden.

2. Wer wälzet diesen Stein von mir, der mich so hart beschweret? wann öffnet sich des Grabes Thür? wann wird mir Trost gewähret? soll ich aus dem Tode nicht durchbrechen zu dem Himmelslicht? wer will mich von den Ketten erretten?

3. Betrübtes Herz, verzage nicht, dein Jesus ist erstanden, der Tod und Höllenmacht zerbricht und löst die Sündenbanden, er wird auch durch seinen Tod, dich reißen aus dem Sündenkoth, und zu des Geistes Leben erheben.

4. Er ist darum erstanden heut', daß du mög'st auferstehen, durch seine Kraft zur Seligkeit, und fröhlich mit ihm gehen, durch viel Trübsal, Angst und Qual, und durch das finstre Todesthal, zur Freud' und Wonn' erhoben, dort oben.

5. Dein Jesus läßt dich nicht zurück, weil er ist vorgegangen; er wird zerreißen Band' und Strick, in welchen du gefangen, und dich aus dem Grabe ziehn, ohn' alle Sorgen und Bemüh'n, und nehmen deine Schmerzen vom Herzen.

6. Des Herren Engel sind bei dir, die dich zu Jesu leiten, und auf dem Weg zur Lebensthür, mit Flammen für dich streiten. Such'st du den Gekreuzigten, so geh' hin mit den Heiligen, wo Christus ist von Banden erstanden.

7. Er ist nicht in dem Sündengrab, nein, wer mit ihm erstanden, und, folget seinem Hirtenstab, bei dem ist er vorhanden. Darum prüf', o Mensch, dein Herz, thu' Buß' in wahrer Reu und Schmerz, so ist der Stein gehoben, von oben.

8. Flieh' aus dem Grab' in's Himmelszelt, da ist dein Heil zu finden, geh' aus im Glauben aus der Welt, verlasse was dahinten: so wird Jesus sich in Eil' dir zeigen als das beste Theil, und wirst ihn nach Verlangen umfangen.

9. O Jesu, laß mich aufersteh'n im Geist und mit dir leben, bis du mich selig wirst erhöh'n und mir die Krone geben, die mir ist nach dieser Zeit, bereit't im Reich der Herrlichkeit. Herr, hör', und laß mein Flehen geschehen.

Laurentius Laurenti.

Morgenlied.

Psalm 5, v. 4. Herr, frühe wollest Du meine Stimme hören.

Mel. Was Gott thut, das ist wohlgethan.

25. Ach Gott und Herr, du Lebenslicht! du Hort des Heils ohn' Ende, wir kommen vor dein Angesicht, wir beugen Knie und Hände, und loben dich demüthiglich in dieser Morgenstunde, aus unsers Herzens Grunde.

2. Denn alles ist in deiner Hand, was uns die Erde bringet, dein ist das Meer, dein ist das Land, die Höhe dir lobsinget, du bist mein Gott, du hilfst aus Noth, du kannst mir alles geben, mein Schild, mein Fels, mein Leben!

3. Ach Herr! dein Ohr kehr' doch zu mir, erhör' mein sehnlich's Flehen! denn meine Hülfe steht bei dir, mein' Augen auf dich sehen, du hast bewacht mich diese Nacht, drum will ich dich jetzt preisen, dir ewig Dank erweisen.

4. Ach Gott, vergieb durch deinen Sohn mir alle meine Sünde, und gieb, daß ich vor deinem Thron Schutz und auch Gnade

finde: hilf, daß ich mag auch diesen Tag in deinen Wegen wallen, zu deinem Wohlgefallen.

5. Regiere mich und den Verstand durch deines Geistes Gaben, und führe mich mit deiner Hand, wo du mich willst hin haben, behüte mich genädiglich, und segne meine Tritte durch deine Gnad' und Güte.

6. Nimm weg mein steinern Herz von mir, damit ich sey bekehret, ein fleischernes gieb mir dafür, das sich stets zu dir kehret, o daß dein Knecht all'zeit dein Recht mit ganzem Ernste hielte, und dein Gesetz erfüllte!

7. Behüte mich vor Stolz und Pracht, wenn du mich etwa segnest, und wenn du mir Kreuz zugedacht und mir mit Zucht begegnest, hilf daß ich sey ganz still dabei, und dir gefäll'ge Dinge durch deine Kraft vollbringe.

8. Ach Herr! erhör', ach Herr, steh' auf! vergiß doch nicht der Armen, ach hör' ihr Fleh'n, ach merke drauf, ja du wirst dich erbarmen, und durch dein Schwert, dein Feu'r und Herd mit Macht und Kraft bewahren, und gnädig herabfahren.

9. Es segne uns Gott, unser Gott! und geb' uns seinen Frieden, er helfe uns aus aller Noth, und soll's einst seyn geschieden, so hilf Herr Christ, der du Gott bist, durch deinen Tod und Leiden zur ew'gen Himmels-Freuden!

Martin Hancke.

Bußlied.

Psalm 38, v. 5. Meine Sünden gehen über mein Haupt, wie eine schwere Last sind sie mir zu schwer geworden.

In eigener Melodie.

26. Ach Gott und Herr! wie groß und schwer sind mein' begang'ne Sünden, da ist niemand, der helfen kann, in dieser Welt zu finden.

2. Lief' ich gleich weit zu dieser Zeit, bis an der Welt ihr Ende, und wollt' los seyn des Kreuzes Pein, würd' es sich doch nicht enden.

3. Zu dir flieh' ich, verstoß' mich nicht, wie ich's wohl hab' verdienet; ach Gott! zürn' nicht, geh' nicht in's G'richt, dein Sohn hat mich versühnet.

4. Soll's ja so seyn, daß Straf' und Pein auf Sünden folgen müssen: so fahr' hier fort und schone dort, und laß mich hier wohl büßen.

5. Gieb, Herr, Geduld, vergieb die Schuld, verleih' ein g'horsam Herze, laß mich nur nicht, wie's oft geschicht, mein Heil murrend verscherzen.

6. Handle mit mir, wie's dünket dir, nach dein'r Gnad' will ich's leiden! laß nur nicht mich dort ewiglich von dir seyn abgeschieden.

7. Gleichwie sich fein ein Vögelein im hohlen Baum verstecket, wenn's trüb' hergeht, die Luft unstät Menschen und Vieh erschrecket.

8. Also, Herr Christ! mein' Zuflucht ist die Höhle deiner Wunden; wenn Sünd' und Tod mich bracht' in Noth, hab' ich mich drein gefunden.

9. Darin ich bleib', ob Seel' und Leib hier von einander scheiden: so werd' ich dort bei dir, mein Hort! seyn in ewigen Freuden.

10. Ehre sey nun Gott Vater, Sohn und heil'gem Geist zusammen, zweifle auch nicht, weil Christus spricht: wer gläubt wird selig, Amen.

M. Mart. Rutilius v. 1—6.
D. Joh. Groß (Major) v. 7—10.

Anrufung Gottes.

Psalm 38, v. 22. Verlaß mich nicht, Herr, mein Gott, sey nicht ferne von mir.

Mel. O Gott, du frommer Gott 2c.

27. Ach Gott, verlaß mich nicht! gieb mir die Gnadenhände, ach führe mich, dein Kind, daß ich den Lauf vollende, zu meiner Seligkeit, sey du mein Lebenslicht, mein Stab, mein Hort, mein Schutz, ach Gott, verlaß mich nicht!

2. Ach Gott, verlaß mich nicht! regiere du mein Wallen, ach laß mich nimmermehr in Sünd' und Schande fallen, gieb mir den guten Geist, gieb Glaubenszuversicht, sey meine Stärk' und Kraft, ach Gott, verlaß mich nicht!

3. Ach Gott, verlaß mich nicht! ich ruf' aus Herzensgrunde: ach Höchster, stärke mich in jeder bösen Stunde, wenn mich Versuchung plagt, und meine Seel' anficht, so weiche nicht von mir, ach Gott, verlaß mich nicht!

4. Ach Gott, verlaß mich nicht! ach laß dich doch bewegen, ach Vater! kröne doch mit reichem Himelssegen die Werke meines Amts, die Werke meiner Pflicht, zu thun, was dir gefällt, ach Gott, verlaß mich nicht!

5. Ach Gott, verlaß mich nicht! ich bleibe dir ergeben, hilf mir, o großer Gott! recht gläubig, christlich leben, und selig scheiden

ab, zu sehn dein Angesicht, hilf mir in aller Noth, ach Gott, verlaß mich nicht!

Salomon Franck.

Wort Gottes.

Psalm 12, v. 2. Hilf, Herr! die Heiligen haben abgenommen, und der Glaubigen ist wenig unter den Menschenkindern.

In eigener Melodie.

28. Ach Gott! vom Himmel sieh darein, und laß dich deß erbarmen, wie wenig sind der Heil'gen dein, verlassen sind wir Armen. Dein Wort man nicht läßt haben wahr, der Glaub' ist auch erloschen gar, bei allen Menschenkindern.

2. Sie lehren eitel falsche List, was eigner Witz erfindet, ihr Herz nicht eines Sinnes ist, in Gottes Wort gegründet; der wählet dies, der and're das, sie trennen uns ohn' alle Maß, und gleißen schön von außen.

3. Gott woll' ausrotten alle Lehr'r, die falschen Schein uns lehren; dazu ihr' Zung' stolz offenbar spricht: trotz! wer will's uns wehren? Wir haben's Recht und Macht allein, was wir setzen, das gilt gemein, wer ist, der uns soll meistern?

4. Darum spricht Gott: ich muß auf seyn, die Armen sind verstöret, ihr Seufzen dringt zu mir herein, ich hab' ihr' Klag' erhöret. Mein heilsam Wort soll auf dem Plan getrost und frisch sie greifen an und seyn die Kraft der Armen.

5. Das Silb'r durchs Feuer siebenmal bewährt, wird lauter funden: an Gottes Wort man warten soll desgleichen alle Stunden. Es wird durchs Kreuz bewähret seyn, da wird erkannt sein' Kraft und Schein, und leucht't stark in die Lande.

6. Das wollst du, Gott, bewahren rein, vor diesem arg'n Geschlechte, und laß uns dir befohlen seyn, daß sich's in uns nicht flechte. Der gottlos' Hauf' sich umher find't, wo diese losen Leute sind in deinem Volk erhaben.

D. Martin Luther.

Trost im Leiden.

Tobia 12, v. 13. Weil du Gott lieb warest, so mußte es so seyn; ohne Anfechtung mußtest du nicht bleiben, auf daß du bewahret würdest.

Mel. Vater unser im Himmelreich.

29. Ach Gott! wie manches Herzeleid begegnet mir zu dieser Zeit; der schmale Weg ist Trübsals voll, den ich zum Himmel wandern soll: wie schwerlich läßt doch Fleisch und Blut sich zwingen zu dem ew'gen Gut!

2. Wo soll ich mich denn wenden hin? zu dir, Herr Jesu, steht mein Sinn. Bei dir mein Herz Trost, Hülf' und Rath, all'zeit gewiß gefunden hat. Niemand jemals verlassen ist, der fest vertraut' auf Jesum Christ.

3. Du bist der rechte Wundermann, das zeigt dein Amt und dein' Person; welch' Wunderding hat man erfahr'n, da du mein Gott, bist Mensch gebor'n, und führest uns durch deinen Tod, ganz wunderbar aus aller Noth.

4. Jesu, mein Herr und Gott allein, wie süß ist mir der Name dein, es kann kein Trauren seyn so schwer, dein süßer Nam' erfreut vielmehr. Kein Elend mag so bitter seyn, dein süßer Nam' es lindert fein.

5. Ob mir gleich Leib und Seel' verschmacht't, so gieb, o Herr, daß ich's nicht acht'; wenn ich dich hab', so hab' ich wohl, was ewig mich erfreuen soll. Dein bin ich ja mit Leib und Seel', was kann mir thun Sünd', Tod und Höll'?

6. Kein' bess're Treu' auf Erden ist, denn nur bei dir, Herr Jesu Christ! Ich weiß, daß du mich nicht verläss'st, dein Zusag' bleibt mir ewig fest. Du bist mein rechter treuer Hirt, der ewig mich behüten wird.

7. Jesu, mein' Freud', mein Ehr' und Ruhm, mein's Herzens Schatz und mein Reichthum, ich kann's doch gar nicht zeigen an, wie hoch dein Nam' erfreuen kann. Wer Glaub' und Lieb' im Herzen hat, der wird's erfahren in der That.

8. Drum hab' ich's oft und viel gered't: wenn ich an dir nicht Freude hätt', so wollt' den Tod ich wünschen her, ja daß ich nie geboren wär'. Denn wer dich nicht im Herzen hat, der ist fürwahr lebendig todt.

9. Jesu, du edler Bräut'gam werth, mein' höchste Zierd' auf dieser Erd', an dir allein ich mich ergötz', weit über alle goldne Schätz'. So oft ich nur gedenk' an dich, all mein Gemüth erfreuet sich.

10. Wenn ich mein' Hoffnung stell' zu dir, so fühl' ich Freud' und Trost in mir; wenn ich in Nöthen bet' und sing', so wird mein Herz recht guter Ding'. Dein Geist bezeugt, daß solches frei des ew'gen Lebens Vorschmack sey.

11. Drum will ich, weil ich lebe noch, das Kreuz dir willig tragen nach: mein Gott, mach' mich dazu bereit, es dient zum Besten allezeit, hilf mir mein' Sach' recht greifen an, daß ich den Lauf vollenden kann.

12. Hilf mir auch zwingen Fleisch und Blut, vor Sünd' und Schanden mich behüt'; erhalt' mein Herz im Glauben rein, so leb' und sterb' ich dir allein. Jesu, mein Trost, hör' mein Begier, o Heiland, wär' ich doch bei dir!

Martin Moller? — Konrad Hojer? —

Verfall der Kirche.

Klagelieder 3, v. 40. 41. Lasset uns forschen und suchen unser Wesen, und uns zum Herrn bekehren. Lasset uns unser Herz sammt den Händen aufheben zu Gott im Himmel.

Mel. Es ist gewißlich an der Zeit ꝛc.

30. Ach Gott, wie sicher schlummern wir, vergessen Höll' und Himmel; man merkt auf keinen Ruf von dir; nur irdisches Getümmel berauscht den Geist, verdirbt die Zeit; man lacht bei Tod und Ewigkeit: erwecke uns, Herr Jesu!

2. Fast beugt der Sünder keiner mehr sein Knie vor deinem Throne. Der Stolzen und der Weisen Heer spricht Hohn dir, Gottes Sohne. Die Völker machen's ihnen nach; weil niemand von dir wissen mag. Ach, bring' uns zum Besinnen!

3. Ein ganzes, theures Gnadenjahr vermahnen treue Wächter, und auf ihr Wort merkt aus der Schaar so selten ein Gerechter. Gewohnt der Strafen, die man droht, entflieht die Zeit und wächst die Noth: Hilf, daß wir uns noch retten!

4. Stolz, Eigennutz und Sicherheit herrscht wohl in manchen Knechten. Sind viele, die mit Redlichkeit der Heerde Wohl bedächten? oft unerfahren reden sie von Gottes Wort, und halten's nie; durchdringe ihre Herzen.

5. Ach! wie verheert steht Gottes Stadt, die ihren Gott nicht kennet, zum König den Messias hat, deß Leuchter zwar noch brennet, deß Scepter aber jeder flieht, das man kaum angebetet sieht. Verschon'! erbarm' dich unser!

6. Rüst' für die Ehre deines Worts der Fürsten Macht auf Erden! laß die Regenten jeden Orts im Eifer brennend werden! Zier' Könige mit Christenthum! dich kennen, sey der Großen Ruhm, der Glanz an ihren Thronen!

7. Auf! Friedensboten stärket euch, im Ernst für Gottes Sache! Auf, bauet am verfall'nen Reich! nah' ist des Höchsten Rache! Herr! schaffe ihrem Amt Gedeih'n! dein Wort soll Geist und Leben seyn, voll Geist mach' deine Lehrer!

8. Hilf deinem Volk, Herr Jesu Christ! und mehre deine Glieder: was todt, verirrt und sicher ist, beleb' und suche wieder! hört ja der meiste Haufe nicht, so rett' nur aus dem Strafgericht die, welche treu beharren!

Joh. Gottfried Schöner.

Muth im Kampfe.

Psalm 18, v. 28. Denn du hilfst dem elenden Volke, und die hohen Augen niedrigest du.

Mel. Zeuch meinen Geist, triff meine Sinnen.

31. Ach, Herr, du wollst die Wehmuth stillen, und meinen Geist mit Trost erfüllen, damit sich stets mein ganzer Will' in dein erbarmend Herz verhüll'.

2. Du weißt es ja, daß ich dich liebe, und mich in deiner Führung übe; doch siehst du auch der Feinde List, die meinem Ziel entgegen ist.

3. O Jesu, laß mich auf dich sehen, mein Seufzen kannst du nicht verschmähen, du stärkest mich in allem Streit, so sieg' und überwind' ich weit.

4. Drum kann mir nichts auf dieser Erden unüberwindlich mächtig werden; warum? ich streite nicht allein; so kann ich kühn und ruhig seyn.

5. Wirst du mir deine Kräfte geben, in deiner Gnade stets zu leben; so jauchz' ich bei der Allmacht Schutz, und biete allen Feinden Trutz.

Samuel Lau.

Zeitliche Noth.

Daniel 9, v. 18. Wir liegen vor dir mit unserm Gebet, nicht auf unsere Gerechtigkeit, sondern auf deine große Barmherzigkeit.

Mel. Ach Gott vom Himmel sieh ꝛc.

32. Ach Herr in viel Gefahr und Noth wir allesammt jetzt schweben, gedenke, daß du treuer Gott hast die Verheißung geben: du wollest helfen jedermann, der dich in Nöthen rufet an, drum wollst du uns auch retten!

2. Dergleichen Hülfe sind wir zwar nicht werth als große Sünder: doch finden sich noch hier und da viel deiner frommen Kinder, um derentwillen wollest du uns Rath und Hülfe schicken zu, in diesen Landesnöthen.

3. Der Frommen Anzahl ist zwar klein, die dieses Land bewohnen, doch wenn nur würden zehne seyn, würd'st du des Landes schonen, damit dein strenges Strafgericht die Frommen zugleich möge nicht verderben mit den Bösen.

4. Laß dir die vielen Kinder doch zu Herzen gleichfalls gehen, die was links oder

rechts sey noch aus Jugend nicht verstehen; ach siehe sie mitleidig an, wie du zu Ninive gethan, und schone drum des Landes.

5. Viel Sünder, weil es möglich ist, sich noch bekehren können, wo du nur ihnen Raum und Frist zur Buße wirst vergönnen; weil du nun nicht willst ihren Tod, so laß durch allgemeine Noth sie sammt uns nicht verderben.

6. Ach Herr, dein Reich und großer Ruhm wird merklich sich vermindern, wo du dein Erb' und Eigenthum mit allen deinen Kindern in der Gefahr läßt untergehn, und in der Trübsal hülflos stehn, die uns vor Augen schwebet.

7. Wiewohl dies alles dienet nicht, die Hülfe zu erzwingen, darum wir vor dein Angesicht ein ander Mittel bringen: die Bitte nämlich, so dein Sohn bei dir einleget in Person, die wollest du erhören.

8. Laß seine Wunden, Kreuz und Tod dein Vaterherz erweichen, und hierum unsre Landesnoth ihr Ende bald erreichen; durch seine Marter, Qual und Pein laß das Verderben von uns seyn in Gnaden abgewendet.

9. Herr unser Gott, wir liegen hier vor dir auf unsern Knieen, wir lassen auch nicht ab von dir, bis du dies hast verliehen, wir hoffen ganz beständig drauf, und hören nicht mit Beten auf, bis du uns hast geholfen.

10. Nun, treuer Vater, lasse dir die Noth zu Herzen gehen, und die Gefahr, darinnen wir im ganzen Lande stehen; errette uns durch deine Hand, daß wir und unser armes Land erhalten mögen bleiben.

11. Wir wollen für die Hülfe dich von ganzem Herzen preisen, und was der Schwachheit halber sich nicht lässet hier erweisen, das wollen wir zu seiner Zeit, zusammen in der Seligkeit, durch ew'ges Lob ersetzen.

Hinfälligkeit des Lebens.

Psalm 90, v. 12. Lehre uns bedenken, daß wir sterben müssen, auf daß wir klug werden.

Mel. Freu' dich sehr, o meine Seele.

33. Ach Herr! lehre mich bedenken, daß ich einmal sterben muß, lehre mich die Sinnen lenken auf den letzten Lebensschluß. Stelle mir mein Ende für, und erwecke die Begier, mich noch bei gesunden Zeiten auf das Grab wohl zu bereiten. —

2. Wenn wir kaum geboren werden, ist vom ersten Lebenstritt bis ins kühle Grab der Erden nur ein kurz gemess'ner Schritt. Ach! in jedem Augenblick gehts mit unsrer Kraft zurück, und wir sind mit jedem Jahre völlig reif zur Todtenbahre.

3. Und wer weiß, in welcher Stunde uns die letzte Stimme weckt; denn Gott hat's mit seinem Munde keinem Menschen noch entdeckt; wer sein Haus nur wohl bestellt, geht mit Freuden aus der Welt; da die Sicherheit hingegen ewig's Sterben kann erregen.

4. Predigen doch meine Glieder täglich von der Sterblichkeit, leg' ich mich zur Ruhe nieder, zeigt sich mir das Leichenkleid; denn der Schlaf stellt für und für seinen Bruder Tod mir für; ja, das Bette will mir sagen: so wird man ins Grab getragen.

5. Drum, mein Gott, lehr' mich bedenken, daß ich niemals sicher bin, will die Welt mich anders lenken, ach! so schreib' in meinen Sinn: du mußt sterben, Menschenkind! daß mir alle Lust zerrinnt, die mir sonst in allen Sachen kann den Tod geringer machen.

6. Laß mich nicht die Buße sparen, bis die Krankheit mich ergreift; sondern bei gesunden Jahren, ehe sich die Sünde häuft, laß mich täglich Buße thun, daß das allerletzte Nun mich befreit von aller Sünde und mit dir versöhnet finde.

7. Nun, mein Gott, du wirst es machen, daß ich fröhlich sterben kann, ich befehl' dir meine Sachen, nimm dich meiner Seele an, deines Sohnes theures Blut komme mir alsdann zu gut, daß mein letztes Wort auf Erden, Jesus! Jesus! möge werden.

Benjamin Schmolck.

Um Vergebung der Sünden.

Psalm 143, v. 2. Gehe nicht ins Gericht mit deinem Knecht; denn vor dir ist kein Lebendiger gerecht.

Mel. Schmücke dich, o liebe Seele.

34. Ach Herr, schone! meiner schone, mir nicht nach den Werken lohne, wenn du willst zu Rechte gehen, Herr! wer kann vor dir bestehen? Keiner, keiner ist zu finden, welcher rein von allen Sünden, sondern Alle müssen sprechen: Herr, begehr' doch nicht zu rächen.

2. Sünden haben mich geboren, Gottes Bild hab' ich verloren durch die Menge meiner Sünden; ach Herr! laß mich Gnade finden! Herr, ich suche dich mit Thränen,

mit Marien Magdalenen, falle dir zu deinen Füßen, nur mit Thränen sie zu küssen.

3. Bei dir Herr! will ich erscheinen, und mit Petro stets beweinen, was ich wider dich begangen; Gnade hoff' ich zu erlangen. Nun, die Sünden sind vergeben, du hast mir geschenkt das Leben. Weg mit Angst und allem Leide! ich geh' ein zur Himmels-Freude.

J. H. Schein.

Wachsamkeit.

Lucas 12, v. 36. Seyd gleich den Menschen, die auf ihren Herrn warten.

Mel. Alle Menschen müssen sterben.

35. Ach Herr! siehe, wie ich schreie, nimm von mir die Sicherheit, daß ich mich mit Zittern freue, und zur frohen Ewigkeit stündlich recht bereitet halte, stündlich fleh' und nie erkalte; halte selbst mich unverrückt, nur zu jener Welt geschickt.

2. Tod und Himmel sind zuweilen wohl in unserm Herz und Sinn, und wir wollen zu dir eilen, aber bald ist alles hin: bald ist alles wieder träge, kalt und sorglos auf dem Wege, der doch (dächte man nur dran) jeden Tag sich enden kann.

3. Ach! drum höre meine Bitte, daß ich nimmer sicher sey, und nichts Gutes mehr verschütte, sondern stündlich wachsam, treu und in Waffen sieghaft bleibe, jeden Feind damit vertreibe, da denn auch der letzte Feind mir nicht allzu schrecklich scheint.

4. Halte nur vor allen Dingen Herz und Sinnen frei und rein, stets sich hoch zu dir zu schwingen, laß nichts wieder in mich ein, was noch kann im Tode quälen; komm', o Herr! mich loszuzählen, und so schick' in Fried' und Ruh' stündlich mich dem Himmel zu.

5. Laß mich zwischen Trotz und Zagen mitten durch nach Zion gehn, alles betend auf dich wagen, stets auf meinem Posten stehn. So laß mich wie du versprochen, (denn dein Wort bleibt ungebrochen) auch getrost im Tode seyn. Hilf hier durch, hilf dort hinein.

6. Mache alles mir zum Leiden, was im Tod und Himmel nicht wohl besteht, und sich muß scheiden; öffne selber mein Gesicht, daß ich's bald erkenn' und hasse, aber gläubig dich auch fasse, da durch deines Blutes Kraft alles bald wird abgeschafft.

7. Gieb mir kindlich süße Triebe, Kindereinfalt, lautern Sinn, brünstig' und recht reine Liebe, bis ich hier recht himmlisch bin. Salbe mich mit Freudenöle; ja es werde meine Seele stets mit diesem Sinn geschmückt, der sich recht zum Himmel schickt.

8. Halt' das Ziel mir stets vor Augen; laß mich dessen müßig gehn, was dort ewig nicht kann taugen; laß kein Bild dazwischen stehn, daß mir nichts mein Ziel verrücke, nein, daß ich all' Augenblicke in ganz unverrückter Treu auf dich wart' und fertig sey.

9. Wir sind doch nur Pilgrimsleute, ja, hier nur wie über Nacht; halb nur hier, und etwa heute, morgen wohl schon heimgebracht. O! wie bald sind wir, wie viele, auch hinüber und beim Ziele. O, wie ruft uns Mancher zu: Eil' uns nach, zu deiner Ruh'!

10. Ja, Herr, ruf uns selbst in's Herze: sieh! ich komme wie ein Dieb, daß man nicht sein Heil verscherze: wer hat nicht sein Leben lieb? O! daß wir doch stündlich wachten, jede Stund' uns fertig machten, gleich als ob's die letzte wär'! Herr, gieb Licht und Kräfte her.

11. Wie so manche unsrer Brüder sind schon in der Herrlichkeit? Zeuch uns nach, als deine Glieder, laß uns unsre ganze Zeit nur für eine Stund' erkennen; laß die Lampe stündlich brennen, und so leucht' uns deren Schein durch den Tod in's Leben ein.

Karl Heinrich v. Bogatzky.

Christlicher Sinn.

Ebräer 12, v. 13. Thut gewisse Tritte mit euren Füßen, daß nicht Jemand strauchele wie ein Lahmer, sondern vielmehr gesund werde.

Mel. Meinen Jesum laß' ich nicht.

36. Ach Herr! steure, steure doch allen sicheren Gedanken, laß mich nicht am Sündenjoch, laß mich nimmer von dir wanken. Halt' in Furcht und Wachsamkeit mich dir stündlich wohl bereit.

2. Laß mich stets in Buß' und Reu' meine Sünden recht erkennen, und in wahrer Glaubenstreu', dich auch meinen Jesum nennen. Weck' in mir, o Lebenslicht! selbst des Glaubens Zuversicht.

3. Es ist ja dein Werk allein, dich im Glauben Herr zu nennen; drum gieb einen hellen Schein, dich lebendig zu erkennen. O! verkläre für und für dich und deine Lieb' in mir.

4. Ach! ich bin noch blind an dir, doch du machst die Blinden sehend. Leucht' und spieg'le dich in mir, denn ich komme vor dich

flehend. Dämpf' in mir die Finsterniß; mach' im Glauben mich gewiß.

5. Schließ' mir dein Erkenntniß auf, daß ich Gnad' und Friede finde, Stärk' und Kraft im Kampf und Lauf, und im Glauben überwinde. Gieb mir Glauben, der besteht, wenn's zum letzten Kampfe geht.

6. Hilf indessen, daß ich hier als ein Fremdling immer walle, und mich aller Lustbegier stets enthalt', und nimmer falle. Halte mich dir stets geschmückt, daß mir nichts mein Ziel verrückt.

7. Gieb mir Lust und Freud' in dir, daß ich nicht nach Weltlust blicke, und daß Lust und Sorg' allhier mir das Gute nicht ersticke. Dämpfe bald die erste Glut, daß sie keinen Schaden thut.

8. Halte die Versuchung ab, und hilf, daß ich immer bete. Gieb dein Wort zum Schwert und Stab, daß ich nicht vom Wege trete. Laß nur nichts zu schwer mir zu, daß ich nichts in Untreu' thu'.

9. Laß die lüsterne Begier nicht des Geistes Sehnsucht dämpfen; laß mich unverrückt in dir brünstig seyn und ernstlich kämpfen. Rege die Begier nach dir stündlich immer auf in mir.

10. So viel laß nur Sorg' und Lust sich noch in dem Herzen regen, als es mir der Sünden Wust deutlich kann vor Augen legen, und zur Demuth hülflich seyn, weiter laß nichts in mir ein.

11. Laß mich, Herr, auch nicht einmal nur in thörichten Gedanken von der dir beliebten Wahl und von deinem Wege wanken. Laß viel weniger mir zu, daß ich thätlich Unrecht thu'!

12. So bewahre selbst mein Herz, mein Gesichte, mein Gehöre, daß mich weder Lust noch Schmerz von dir scheide, noch bethöre; ja, eh' mich ein Fall berühr', nimm mich, Jesu, heim zu dir. Karl Heinrich v. Bogatzky.

Anrufung in Seelennoth.

Matth. 15, v. 25. Sie kam aber, und fiel vor ihm nieder und sprach: Herr, hilf mir.

Mel. Zeuch meinen Geist, triff meine Sinnen.

37. Ach! hilf mir, Herr, aus meinen Nöthen, der Feind will meine Seele tödten. Ach! hab', o Hüter, auf mich Acht und steure seiner finstern Macht.

2. O Herr, gieb mir des Glaubens Waffen, und laß mich nicht im Tod' entschlafen, wenn mir der Feind dein Wort verkehrt, und mir sein Pfeil in's Herze fährt.

3. Ach! laß dein Licht recht helle strahlen, um mir dein Herz recht vorzumalen, wie solches voller Gnad' und Treu', ja lauter Vaterliebe sey.

4. Herr, deine Lieb' am Kreuzesstamme sey mir nur lauter Feu'r und Flamme, da dich mein Herz als Lieb' erkennt, und im Verlangen von dir brennt.

5. Ach! wann wirst du mein Herz gewinnen? wann wird die Härtigkeit zerrinnen? da mich nur deine Liebe dringt, und wahre Gegenliebe bringt.

6. Ach! höre doch einmal mein Flehen, und laß mich Blinden doch recht sehen. Ich schrei' wie jener blinde Mann, bis daß ich auch recht sehen kann.

7. Ich kann dich doch, o Herr! nicht lassen; ich will dich bei dem Worte fassen: Gott schenkt den Blinden das Gesicht; Herr, denkst du an dies Wort denn nicht?

8. Soll mich dein Licht nicht auch erleuchten? dein Lebenswasser nicht befeuchten? dein Geist, dein Wort nicht kräftig seyn? kehrst du denn nicht bei Armen ein?

9. Kann einer sich denn wohl das Leben, das Licht des Glaubens selber geben? nein, Glaub' und Liebe kommt von dir; o! wirke beides bald in mir.

10. Ich höre doch nicht auf zu flehen, bis ich dir kann in's Herze sehen; ich schrei' dir nach: wo willst du hin? hast du denn keinen Vatersinn?

11. „Laß sie doch von dir, denn sie schreiet" so hieß es dort; und wie erfreuet ging nicht das arme Weib von dir! O Herr, das widerfahr' auch mir.

12. Stellst du dich gleich auch noch so harte, so hilf nur, daß ich gläubig warte, und desto ernster schrei' und fleh', bis daß ich mich begabet seh'.

13. Du hast mich ja schon oft im Leben erhört, und mir noch mehr gegeben, als wohl mein Sinn verstanden hat, so schaff' auch hier nun Hülf' und Rath.

14. Ach gieb, o Herr! mir jede Gabe, wenn ich am nöthigsten sie habe; laß keinen Mangel schädlich seyn, und bringe den Verzug noch ein.

15. Du wollst, erlang' ich's nicht im Leben, mir desto mehr im Tode geben, und endlich nach vollbrachter Zeit auch desto größ're Herrlichkeit. K. Heinr. v. Bogatzky.

Zur

Zur Pestzeit.

Psalm 40, v. 14. Laß dir's gefallen, Herr, daß du mich errettest; eile, Herr, mir zu helfen.

Mel. Herr Jesu Christ, wahr'r Mensch rc.

38. Ach hilf, o Helfer Jesu Christ, weil Hülfe hoch von Nöthen ist; bewahr' uns Herr, ach Herr! bewahr' in dieser Pest, Noth und Gefahr.

2. Es sind ja tausend uns zur Seit' bisher gefallen all'bereit, und aber tausend sind bei Nacht zu ihrer Ruh' schon hingebracht.

3. Du fährest auch an diesem Ort uns noch zu strafen ferner fort; es scheint, wir haben deine Huld nun ganz verscherzt durch Sünd' und Schuld.

4. Ach ja, wir selbst gesteh'n es frei, daß gar nichts Gutes an uns sey, und daß wir alle Jung und Alt, dich Herr! erzürnt so mannigfalt.

5. Doch reuet's uns von Herzensgrund, wir bitten dich zu dieser Stund', laß über uns, als Sündenknecht', doch Gnad' ergeh'n und nicht das Recht.

6. O Gottes Sohn, Herr Jesu Christ, dieweil du unser Mittler bist, so zeig' doch deinem Vater an, daß du genug für uns gethan.

7. Beweg' ihn zur Barmherzigkeit, daß er bei so betrübter Zeit die Seuche wend' von dieser Stadt, die er so hart gestrafet hat.

8. Du hast ja, Herr, noch Viel beschirmt, daß keine Pest sie hat bestürmt, ach sey doch ferner Schirm und Schild, beschütze, die du retten willt.

9. Laß keine Plag' in unser Haus einbrechen, wenn wir gehen aus; und wenn wir im Berufe stehn, so laß den Tod vorübergehn.

10. Gieb, daß die Seuche, die da schleicht im Finstern, wieder von uns weicht, daß deiner Engel starker Schutz auch diesfalls komme uns zu Nutz.

11. Dann wollen wir dir allzumal Lobopfer bringen ohne Zahl, wenn deine Lieb' und große Treu' wird alle Morgen wieder neu.

12. Wir wollen auch in Heiligkeit vollbringen unsre Lebenszeit, bis daß du uns frei von der Pest, nach deinem Willen sterben läßt.

Gebet.

Psalm 27, v. 8. Mein Herz hält dir vor dein Wort: Ihr sollt mein Antlitz suchen. Darum suche ich auch, Herr, dein Antlitz.

Mel. Herzlich thut mich verlangen.

39. Ach himmlischer Erbarmer, der reich an Gnaden ist, sieh doch, was für ein Armer die Vatersruthe küßt. Mein Kreuz währt fast zu lange, wann kommst, wann hilfst du mir? ich halt' dir, da mir bange, dein Wort der Gnade für.

2. Du hast mich heißen beten, sprichst: „rufe mich nur an, so will ich dich erretten, ich, der erretten kann; du aber sollst mich preisen.“ Ach Gott! errette hier; ich halt' dir dein Verheißen, dein Wort der Gnade für.

3. Befiehlst du meiner Seelen, daß ich vertrauensvoll dir meinen Weg befehlen, und auf dich hoffen soll; du werdest es wohl machen; Herr! so befehl' ich dir die Führung meiner Sachen, und halt' dein Wort dir für.

4. Du pflegst uns einzuschärfen: was auf dem Herzen liegt, soll man auf dich nur werfen, auf dich, der Alles fügt; du werdest uns versorgen, Gerechte lässest du, auch wo du dich verborgen, nicht ewig ohne Ruh'.

5. Auf ihn hofft, lieben Leute! auf ihn hofft allezeit, der gestern ist und heute, und der in Ewigkeit. Ach schüttet eure Herzen vor ihm aus, zweifelt nicht; denn Gott ist auch in Schmerzen Gott unsrer Zuversicht.

6. Es dient zu deinen Ehren, wenn man nach dir nur fragt. Und du hast zu erhören uns selbsten zugesagt: wann sich das Herz ausschüttet, gehst du sein Wünschen ein, und was der Mund dich bittet, soll nicht verweigert seyn.

7. Du kannst, du willst uns geben; um Leben flehn wir dich, so giebst du langes Leben, und zwar auf ewiglich. Wer zu dem Herrn der Erden kommt, läuft und auf ihn schaut, soll nicht zu Schanden werden, so lang' er Gott vertraut.

8. Dein Wort, das ewig währet, spricht: „er begehret mein, und weil er mein begehret, soll ihm geholfen seyn. Er kennet meinen Namen, dahero schütz' ich ihn. Sein Beten ist schon Amen, weil ich erbarmend bin.

9. Er ruft, ich will ihn hören, ich bin bei ihm in Noth; ich mache ihn zu Ehren, und reiß' ihn aus dem Tod.“ Ach Herr! ich

ruf', ich flehe vor deiner Gnadenthür, und lege diese Sprüche dir, meinem Vater, für.

M. Philipp Friedrich Hiller.

Christlicher Sinn.

Psalm 25, v. 4. 5. Herr, zeige mir deine Wege, und lehre mich deine Steige; leite mich in deiner Wahrheit und lehre mich; denn du bist der Gott, der mir hilft.

Mel. Was mein Gott will, gescheh' all'zeit.

40. Ach, höchster Gott! verleihe mir, daß ich nur dich begehre, daß deine Gnad' mich für und für in Christo neu gebäre, daß ich dein Kind, dich such' und find' in allem Kreuz und Leiden, damit nicht Tod, noch Höllennoth mich jemals von dir scheiden.

2. Gieb meinem Herzen wahre Reu', und Thränen meinen Augen, daß ich forthin das Böse scheu', und meine Werke taugen; hilf, daß ich sey ohn' Heuchelei, ein Schutz und Trost der Armen, auch jederzeit voll Freundlichkeit, mich ihrer mög' erbarmen.

3. Lösch' aus in mir des Fleisches Wust, daß ich in deiner Liebe, nicht in der Welt, empfinde Lust, und stets mich also übe nach deinem Wort, an allem Ort, in tugendlichen Dingen: so wird mein Geist sich allermeist zu dir, Herr Jesu, schwingen.

4. Treib' aus von mir den stolzen Sinn, laß mich in Demuth leben; Rach', Neid und Zorn nimm von mir hin, so kann ich bald vergeben; wenn schon durch List mein Nebenchrist in's Elend mich getrieben, weiß ich doch wohl, daß man auch soll die ärgsten Feinde lieben.

5. Herr! gieb mir diese dreierlei: erst einen festen Glauben, bei welchem rechte Treue sey, die nimmer steht auf Schrauben; daß ich mich üb' in wahrer Lieb', und hoff' auf deine Güte, die mich, o Gott, vor Schand' und Spott auch bis in's Grab behüte.

6. Nach vielem Reichthum, Gut und Geld, Herr, laß mich ja nicht trachten. Gieb, daß ich alle Pracht der Welt mög' inniglich verachten, auch nimmermehr nach hoher Ehr' und großem Namen strebe, besonders nur nach rechter Spur der wahren Christen lebe.

7. Vor Schmeicheln, List und Heuchelei bewahre meine Sinnen, und laß mich ja durch Gleißnerei den Nächsten nicht gewinnen; laß Ja und Nein mein' Antwort seyn, darnach man sich zu richten, den dieses kann bei jedermann die Sachen leichtlich schlichten.

8. Herr! säubre doch von Eitelkeit mein sündliches Gemüthe, daß ich in dieser kurzen Zeit vor schnöder Lust mich hüte; der Herzensgrund sey wie der Mund, dem Nächsten nicht zu schaden, so werd' ich nicht, wie sonst geschicht, mit Schmähen überladen.

9. Gieb, daß ich ja den Müßiggang sammt aller Trägheit hasse, dagegen, Herr, mein Lebelang mein' Arbeit so verfasse, daß ich zur Noth mein täglich Brot mit Ehren mög' erwerben, und wenn ich soll, fein sanft und wohl in dir, Herr Jesu, sterben.

10. Ach! gieb mir deinen guten Geist, daß ich die Laster fliehe, und nur um das, was christlich heißt, von Herzen mich bemühe; so kann kein Leid, in dieser Zeit, aus deiner Hand mich treiben, und so werd' ich dan ewiglich bei dir, Herr Jesu, bleiben.

Johann Rist.

Beim Anfang der Woche.

Psalm 119, v. 145. Ich rufe von ganzem Herzen; erhöre mich, Herr, daß ich dei e Rechte halte.

Mel. O Gott, du frommer Gott.

41. Ach höre mich, mein Gott, denn ich will vor dir beten, weil eine neue Woch' ich nun hab' angetreten, und weiß wohl, daß mir nichts von statten gehen kan, wo ich nicht alles wohl mit Beten fange an.

2. Laß mich, durch deinen Geist getrieben, ernstlich führen in dieser Woche stets mein Christenthum, und spüren, daß ich dein liebes Kind, und täglich nehme zu an dem, was dir gefällt, und deinen Willen thu'.

3. Gieb, daß ich meinem Stand nach deinem Wort vorstehe, mit Freuden ohn' Verdruß an meine Arbeit gehe; du aber, gieb mir Kraft, und Alles benedei', daß es gefällig dir und Nichts vergeblich sey.

4. Ich weiß auch, daß mir ist bestimmt, was ich soll leiden durch alle Wochentag'; ach! laß mich nur nichts scheiden von dir und deiner Lehr', du wirst mich als mein Gott und Vater züchtigen mit Maaß und nicht zum Tod.

5. Was du mir legest auf, das kannst du auch wohl wenden zur rechten Zeit und Stund', es steht in deinen Händen; ich bin dein, du bist mein! Herr, hilf mir! Angst und Noth und viel Bekümmerniß ist jetzt mein täglich Brot.

6. Verleihe, daß ich mich vor Sünden ernstlich hüte, damit ich deine Güt' und Segen nicht verschütte; nimm mich in deinen

Schutz und uns hier allzumal behüt' vor Ungelück, Verderben und Unfall.

7. Herr, lehre mich auch recht zu sterben, wohl besinnen, dafern in dieser Woch' ich müßte noch von hinnen, wie dir allein bewußt: ich bleibe all'zeit dein, im Leben und im Tod, laß mich stets fertig seyn.

Der herrliche Jesus-Name.

1 Corinther 1, v. 30. Welcher uns gemacht ist von Gott zur Weisheit, und zur Gerechtigkeit, und zur Heiligung und zur Erlösung.

Mel. O Gott, du frommer Gott.

42. Ach Jesu! dessen Treu' im Himmel und auf Erden durch keines Menschen Mund kann g'nug gepriesen werden, ich danke dir, daß du, ein wahrer Mensch gebor'n, hast von mir abgewandt, daß ich nicht bin verlor'n.

2. Vornehmlich wird in mir all' Herzensangst gestillet, wenn mich dein süßer Nam' mit seinem Trost erfüllet, kein Trost so lieblich ist als den mir giebt dein Nam', der süße Jesus-Nam', o Fürst aus Davids Stamm!

3. O Jesu, höchster Schatz, du kannst nur Freude bringen, es kann nichts lieblicher, als Jesu Name klingen. Ich kann nicht traurig seyn, weil Jesus heißt so viel als Heiland oder Held, der selig machen will.

4. Wenn Satan sich bei mir in Anfechtung will regen, ist Jesu Name mir zum Trost, Schutz, Fried' und Segen, zur Weisheit, Arzenei in aller Angst und Noth, daß ich nicht fürchten darf den Teufel und den Tod.

5. Daß ich ein Zornkind bin, das macht die schnöde Sünde, dein Jesus-Nam' macht mich zu einem Gnadenkinde, er nimmt von mir hinweg die Schuld und Missethat, bringt mir die Seligkeit und deines Vaters Gnad'.

6. Ei nun, so heil'ge mich, der ich bin ganz beflecket, dein heil'ger Jesus-Nam', der alle Sünd' zudecket, er kehre ab den Fluch, den Segen zu mir wend', auf daß dadurch bei mir sich alle Schwachheit end'.

7. Er sey mein Licht, das mich in Finsterniß erleuchte, er sey des Himmels Thau, der mich in Hitz' anfeuchte, er sey mein Schirm und Schild, mein Schatten, Schloß und Hut, mein Reichthum, Ehr' und Ruhm, er sey mein höchstes Gut.

8. Er sey mein Himmelsweg, die Wahrheit und das Leben, er wolle mir zuletzt aus Gnaden dieses geben, daß ich alsdann in ihm dies Leben schließe wohl, wenn meine Sterbenszeit und Stunde kommen soll.

9. Inmittelst helf' er mir so lang' ich hier noch wand'le, daß ich in meinem Thun treu und aufrichtig hand'le. Er stehe mir stets bei mit seines Geistes Gab', und gebe Kraft; wenn ich was zu verrichten hab'.

10. In Jesu Namen bin ich heute aufgestanden, in ihm vollbring' ich heut', was mir kommt unterhanden, in seinem Namen ist der Anfang schon gemacht, das Mittel und der Schluß wird auch durch ihn vollbracht.

11. Dir leb' ich und in dir will ich auch einstens sterben, Herr, sterben will ich dir, in dir will ich ererben das ew'ge Himmelreich, das du erworben mir, von dir verklärt will ich dir dienen für und für.

Johann Heermann.

Bußlied.

1 Joh. 1, v. 9. So wir aber unsere Sünden bekennen, so ist er treu und gerecht, daß er uns die Sünde vergiebt; und reiniget uns von aller Untugend.

Mel. Herr Jesu Christ, ich weiß gar wohl.

43. Ach Jesu! höre deinen Knecht, der sich von dir getrennet, ach! mache, Jesu! den gerecht, der seine Sünd' erkennet, ja beichtet seine schwere Schuld, und sehnet sich nach deiner Huld; so ihm dein Wort versprochen.

2 Zwar deinen Willen hast du mich gar deutlich lassen wissen, viel Gutes hast du mildiglich auf mich stets lassen fließen; doch dieses hab' ich nicht betracht't, und deine Güte ganz veracht't, das mich nun schmerzlich kränket.

3. Doch, Jesu Christ! ich komm' zu dir, du kannst allein mich retten, ich schrei': Herr! sey gnädig mir, straf nicht mein Uebertreten; ich bin verwundet, heile mich; ich will im Glauben halten dich und an dir fest bekleiben.

4. Ja, du bist einig mir zu gut auf diese Welt gekommen; nun wird durch dein vergossen Blut die Sünde weggenommen; denn das ist je gewißlich wahr: Wer an dich glaubt, darf die Gefahr der Hölle gar nicht fürchten.

5. Wohlan! du sagst es treulich zu, ich will das sicher glauben; in deinen Wunden find' ich Ruh', da kann ich wohl verbleiben; und wenn mir Satan schon zusetzt, und

mich mit seinem Gift verletzt, so werd' ich doch bestehen.

6. Nun kann ich als ein rechter Christ am Ende selig sterben; denn weil mein Jesus kommen ist, das Leben zu erwerben, und mir dasselbe hat geschenkt, daß mich die Sünde nicht mehr kränkt, so ist mir wohl geholfen.

Himmlischer Sinn.

Josua 24, v. 23. Neiget euer Herz zu dem Herrn.

Mel. Nun sich der Tag geendet hat.

44. Ach Jesu, nimm mein Herz von mir, nur deine soll es seyn; nichts mehr begehr' ich sonst von dir, als deinen Gnadenschein.

2. Umfasse mich mit deiner Huld, reich' mir so Herz als Hand, so bleib' ich ewig in der Schuld und du mein Unterpfand.

3. Laß mir nichts Angenehmers seyn als deine Liebesgluth, vor dieser weichet alle Pein, denn sie macht alles gut.

4. Nimm mich der Welt und gieb mich dir, schreib' dich in meine Brust, ein himmlisch Herze sey in mir, ergötzt durch deine Lust.

5. Hab' ich dich nur, so kann mein Geist recht wohl vergnüget seyn; ich suche nichts was irdisch heißt; nur, Jesu, dich allein.

Benjamin Schmolck.

Gebet um Weisheit.

2 Chronica 1, v. 10. So gieb mir nun Weisheit und Erkenntniß.

Mel. Aus meines Herzens Grunde.

45. Ach laß mich weise werden, allweiser Jesu Christ! der du uns auf der Erden zur Weisheit worden bist. Wer dich weiß, weiß genug; dich lieben, dich genießen ist mehr, als Alles wissen; wer dir folgt, der ist klug.

2. Ach welche Dunkelheiten umnebeln meinen Sinn; wir lernen Eitelkeiten; wir wissen nicht wohin; wie blendet uns ein Wahn? wir lernen künstlich irren, wir lieben das Verwirren. Wer zeigt mir denn die Bahn?

3. Ich suche deine Spuren; du bist das Licht der Welt, das allen Kreaturen ihr Licht giebt und erhält. Zu dir nur will ich flieh'n, zu dir, gelehrt'ster Meister! zu dir, du Geist der Geister! sonst weiß ich nicht wohin.

4. Ach lasse mich nicht fehlen, vertreib' die Finsterniß aus meiner dunklen Seelen, mach' meinen Gang gewiß; gieb mir ein göttlich Licht, laß mich den Geist entzünden, erleuchten, bessern, gründen; denn also irr' ich nicht.

5. Zwar muß ich es bekennen, ich bin dies gar nicht werth, daß ich dich solle kennen, und daß dein Geist mich lehrt. Ich bin ein elend Kind, dem den Verstand und Willen Unart und Irrthum füllen, ich bin verkehrt und blind.

6. Doch laß mich Gnade finden, ich bin ja dennoch dein, und mache mich von Sünden in deinem Blute rein; in deinem Gottes-Blut steht mir die Gnade offen, und wird nach meinem Hoffen Verstand und Wille gut.

7. Ich suche und begehre nicht Vortheil, Lust und Geld, nicht eit'le Menschenehre; die schwindet mit der Welt. Mein Theil, mein Eigenthum, die Freude und die Ehre, die ich hierbei begehre, sey Jesus und sein Ruhm.

8. Erleuchte meine Augen, die Wahrheit einzuseh'n, und was vor dir kann taugen, zu thun und zu versteh'n: schick' mir ein himmlisch Licht. Ich kann ja diese Gaben von dir allein nur haben und sonst von Niemand nicht.

9. So will ich mich befleißen, dich hier noch in der Zeit mit meinem Dank zu preisen, und dort in Ewigkeit; wir haben ja für dich, o großer Gott! nichts Größer's, wir wissen sonst nichts Besser's. Mein Jesu, höre mich!

M. Philipp Friedrich Hiller.

Trostlied.

Joh. 16, v. 20. Eure Traurigkeit soll in Freude verkehret werden.

Mel. Was Gott thut, das 2c.

46. Ach! laßt mich gehn, ihr Sorgen ihr! nun Jesus wohnt im Herzen; netzt er mich gleich mit Thränen hier, Erquickung folgt auf Schmerzen. Er ist ja mein, laß Alles seyn! Im Glück und Unglücke seh' ich auf seine Blicke.

2. Aus seinem Herzen quillt mein Heil, bei ihm bin ich vergnüget; er ist mein Licht, mein bestes Theil, trotz dem, der mich bekrieget; hält er nur mich, getrost bin ich; ein Strahl von seiner Sonne bringt lauter Lust und Wonne.

3. Hat es bisweilen einen Schein, als wollt' er mich nicht kennen, ruf' ich umsonst in meiner Pein, darf ich nur Jesum nennen;

ich weiß: sein Herz kennt meinen Schmerz; Kreuz, Noth und Angst muß schwinden, und Jesus läßt sich finden.

4. Lacht mir das Glück nicht immerfort, tritt mich der Feind darnieder, ein Blick von Ihm, ein einzig' Wort tröst't mich mit Gnaden wieder: ist Er mir gut, nur wohlgemuth! geduldig seyn im Leiden erquickt mit reichen Freuden.

5. Blüh'n mir gar selten Rosen auf, o, laß die Dornen ritzen! Hier muß ein Christ bei seinem Lauf recht wohl im Kreuze schwitzen; es kommt zuletzt noch was ergötzt; ein Trost nach Wunsch und Sehnen strömt endlich aus den Thränen.

6. Es ist mein Schluß: ich bin vergnügt, Herz! laß die Schmerzen gehen. Wer nur in Jesu Armen liegt, ach! der kann wohl bestehen. Lust folgt gewiß, drum sag' ich dies: ihm hab' ich mich ergeben, nur Jesus bleibt mein Leben. Benj. Schmolck.

Reich Gottes.

Römer 14, v. 17. Das Reich Gottes ist nicht Essen und Trinken, sondern Gerechtigkeit, und Friede und Freude in dem heiligen Geist.

Mel. Es ist gewißlich an der Zeit.

47. Ach lieber Vater! weil dein Reich uns bringt den höchsten Segen, dem auch der größte Schatz nicht gleich auf unsern Pilgerwegen, laß durch den heil'gen Geist allhier solch Gut, solch Himmelreich zu mir und allen Menschen kommen.

2. Bewohne durch den Glauben mich, unendlich großer König! die Liebe küsse, fürchte dich, und sey dir unterthänig, die Hoffnung laß auch in der Pein getreu, getrost, lebendig seyn, an dir allein zu hangen.

3. Regiere, Vater, meinen Sinn, nimm die Vernunft gefangen, zieh' meinen Willen nach dir hin, besiege mein Verlangen, bezähme alle böse Lust, und nimm Besitz von meiner Brust, beherrsche Leib und Seele.

4. Regier' mein Herz nach deinem Wort, mein Wort rühm' deine Werke; dein Zionskönig sey mein Hort, dein Geist sey meine Stärke; die Sakramente Siegel seyn'n; laß deine Hand, auch wann ich wein', den Scepter zu mir neigen.

5. Dein Reich, o Vater! hat nichts Gleich's im Himmel und auf Erden; laß mich der Güter deines Reich's auf ewig theilhaft werden, des Friedens, der Gerechtigkeit, der Freude, die das Herz erfreut in deinem Geist der Gnaden.

6. Wo irgend Satans Tyrannei bei Menschen eingerissen, zerbrich du selbst die Sklaverei, die Macht der Finsternissen; versetze aber uns zugleich in deines lieben Sohnes Reich, der Satans Reich zerstöret.

M. Philipp Friedrich Hiller.

Christus, das höchste Gut.

Philipper 3, v. 8. Ich achte es alles für Schaden gegen der überschwänglichen Erkenntniß Christi Jesu, meines Herrn.

Mel. Wer nur den lieben Gott läßt walten.

48. Ach, liebster Jesu, meine Freude! nach dir allein verlanget mich; nur du bist meines Herzens Weide, an dem mein Geist vergnüget sich; sonst acht' ich nichts in dieser Welt, ob's gleich die Welt für kostbar hält.

2. Pracht! fahre hin, ich haß' dein Wesen, hier find'st du bei mir keinen Platz; ich habe Jesum auserlesen, als meiner Seele besten Schatz; mein Jesus ist's, und soll's auch seyn, ob gleich die Welt spricht lauter Nein.

3. Lust! fahre hin, ich kann nicht lieben, was einmal mit der Zeit vergeht; ich habe Jesu mich verschrieben, zu ihm auch mein Verlangen steht; in Jesu hab' ich alle Lust, nichts ist mir außer ihm bewußt.

4. Gold! fahre hin, was kannst du geben? es ist mit dir nur Lug und Trug, bei Jesu ist das wahre Leben, o! bei ihm hab' ich Gott, und g'nug; hier ist bei Mangel Ueberfluß, Reichthum oft Mangel leiden muß.

5. Nun, gute Nacht, ihr Eitelkeiten, ein einzig' Wort, das „Jesus" heißt, reizt mich zur Himmelslust und Freuden, und macht, daß Leib, und Seel' und Geist, Pracht, Reichthum, Ehre, Wollust, Welt recht für ein eit'les Wesen hält.

6. Ei nun, so nehmt mir alle Schätze, Christ, der mein Schatz und Alles ist, hat, da ich mich an ihm ergötze, trotz aller Welt das Leid versüßt; ihr, die ihr auf das Mein' erpicht, nehmt mir doch meinen Jesum nicht.

7. Wohlan! wenn ich nur Jesum habe, in Jesu leb' und sterb' ich wohl; und trüge man mich gleich zu Grabe, so ist mein Geist doch freudenvoll; ich eile fort und ruh' nicht eh', bis ich dort meinen Jesum seh'!

J. C. Wetzel.

Verleugnung der Welt.

1 Corinther 9, v. 25. Ein Jeglicher aber, der da kämpfet, enthält sich alles Dinges.

Mel. Zeuch meinen Geist, triff meine Sinnen.

49. Ach! Liebster, zeuch mich von der Erden, laß meine Seele himmlisch werden, nimm, was da irdisch, von mir hin, und dämpf' in mir des Fleisches Sinn.

2. Wie selig sind doch alle Seelen, die dich zu ihrer Lust erwählen, die sich losreißen von der Welt, die auch für uns nichts in sich hält.

3. Ach laß mich dieses wohl bedenken, und ohn' Aufhören mich versenken in dich, das ein'ge wahre Gut, mit Seel' und Geist, mit Sinn und Muth.

4. So kan ich mich in dir ergötzen, nichts kann von allem mich verletzen, was diese Welt auf mich gericht't, das Finst're muß mir werden Licht.

5. Dies ist die Burg der Ruh' und Freude, hier singe ich, wenn ich schon leide, hier kämpfe ich in Christi Kraft, und fühl' was sein Erbarmen schafft.

6. Drum will ich mich ihm willig lassen, was irdisch ist, von Herzen hassen, hingegen richten meinen Sinn auf das, was ewig bringt Gewinn.

7. Hierzu gieb deines Geistes Stärke, vernichte meines Fleisches Werke, so bin ich stets und bleibe dein, und du wirst auch der Meine seyn.

Sehnsucht nach Jesu.

Jesaia 58, v. 14. Du wirst Lust haben am Herrn.

Mel. Wie schön leucht't uns der Morgenstern.

50. Ach mein geliebtes Jesulein, mein theurer Schatz, mein Trost allein, du Stiller meiner Schmerzen; ach komm, ach komm, kehr' bei mir ein, komm, laß dein Ruhe-Bettlein seyn den Abgrund meines Herzens, daß ich deiner stets gedenke, mich nicht lenke, noch mich wende, kommt herbei mein Lebens-Ende.

2. Ehr', Reichthum, Hoheit, Gut und Geld, und was sonst in der schnöden Welt, mag keine Lust mir bringen; mein ganzes Herz erfreuet sich, wenn ich, mein Jesu, denk' an dich, wenn ich von dir kann singen; drum ich nur dich such' und ehre, ach vermehre meinen Willen; was du willst, hilf mir erfüllen.

3. Gelobt sey Gott im höchsten Thron, gelobt sey Jesus Gottes Sohn, daß er zum Heil geboren, uns, die wir elend und gering, hat nun der Schöpfer aller Ding' zum Himmelreich erkoren. Klinget, singet! nun soll werden Fried' auf Erden, und in allen uns ein herzlich Wohlgefallen.

M. Michael Schirmer.

Gebet um geistige Güter.

Jacobi 1, v. 6. Er bitte aber im Glauben, und zweifele nicht.

Mel. Jesus, meine Zuversicht.

51. Ach, mein Heiland! laß mich doch deine Kraft am Kreuz erkennen, und allhier im Leben noch auch in Gegenlieb' entbrennen, und für deine Kreuzespein dir von Herzen dankbar seyn.

2. Herr, ich schreie Tag und Nacht, laß mich deine Lieb' empfinden, die dich hat an's Kreuz gebracht, laß sie mich doch bald entzünden, ich bin sonst ja lau und kalt, ach Herr! eil', und hilf mir bald.

3. Ach! erleucht', erleuchte mich, daß ich nicht im Tod' entschlafe. O mein Gott, erbarme dich, und gieb deinem armen Schaafe Leben, Licht und Ueberfluß, ja den seligsten Genuß.

4. Denke, was dein Wort verheißt, und laß bald die Ströme fließen; komm, die Liebe durch den Geist noch in mir recht auszugießen: denn ich schrei' nach dieser Fluth, die erwarb mir ja dein Blut.

5. Gieb mir Lieb' und Glaubenskraft, daß ich stets dein Wort nur halte, nach der Liebe Eigenschaft, mich nach dir bis ich erkalte, stündlich sehne, wachsam treu, fertig und bereit dir sey.

6. Nichts verrücke mir mein Ziel, es sey nie dem Aug' entnommen. Ein stets sehnendes Gefühl laß nur in mein Herze kommen, da es allem dem entgeht, was im Tode nicht besteht.

7. Laß mich allem bald entflieh'n, was nicht im Gericht bestehet, was mich kann zur Erden zieh'n, und nicht mit gen Himmel gehet; und so laß nichts in mich ein, was mir kann zum Aufhalt seyn.

8. Daß ich also unverrückt meinen Lauf zu dir fortsetze, halte mich dir stets geschmückt, daß ich mich mit dem ergötze, was dir kann gefällig seyn, und mich droben wird erfreu'n.

9. Nimm nur, was ich hab' und bin, du sollst mit mir schalten, walten, hilf mir nur nach deinem Sinn weis' und treulich Haus zu halten; gieb zu Allem Fleiß und Treu', daß ich dir recht brauchbar sey.

10. Laß mich, Gutes hier zu thun, nicht die Knechtesfurcht nur zwingen, nein, nur kindlich in dir ruh'n, und mich stets die Liebe dringen. Herr! ich lasse doch nicht ab, dies zu bitten bis in's Grab.

11. Sieh', ich laufe dir doch nach, Abends, Morgens und am Tage klag' ich dir mein Ungemach, hör' doch einmal meine Klage, und sprich bald: „dich hab' ich lieb!" ja dein Lieben sey mein Trieb.

12. Herr, wie lange hab' ich schon hier gestanden und geschrien! Soll ich denn, mein Gnadenthron, ganz vergeblich zu dir fliehen? O! du meine Zuversicht, treuer Heiland! laß mich nicht.

13. Nein, das kannst du nicht, mein Hort; nein, du kannst mich nicht verlassen. Ich will dich bei deinem Wort und bei deinem Namen fassen. Denke, was du heiß'st und bist, wie dein Wort die Wahrheit ist.

14. Erd' und Himmel muß vergeh'n, ehe das, was du versprochen, eh' dein Wort nicht soll besteh'n; nein, dein Schwur wird nicht gebrochen, daß du mich erhören mußt, und das ist ja deine Lust.

15. Herr, ich lasse dich doch nicht; wohin sollt' ich mich denn wenden, wenn du nicht dein Heil, dein Licht, auch zu mir noch wolltest senden? nein, was du verheißen läßt, bleibet ewig wahr und fest.

16. Nun so hör', ich schrei' zu dir, thue, wie ich bitt' und flehe, überschwänglich mehr an mir, als ich bitte und verstehe; und stellst du dich noch nicht ein, so laß desto mehr mich schrei'n.

17. So laß im Gebet und Wort nur mein Herz beständig bleiben; laß mich dadurch immerfort alle finst're Macht vertreiben. Endlich hilf durch's finst're Thal in den lichten Freudensaal. K. H. v. Bogatzky.

Die segensreiche Nähe Jesu.

Lucä 24, v. 36. Da sie aber davon redeten, trat er selbst, Jesus, mitten unter sie, und sprach zu ihnen: Friede sey mit euch!

Mel. Nun bitten wir den heiligen Geist.

52. Ach mein Herr Jesu! dein Nahesein bringt großen Frieden in's Herz hinein, und dein Gnadenanblick macht uns so selig, daß auch's Gebeine darüber fröhlich und dankbar wird.

2. Wir seh'n dein freundliches Angesicht voll Huld und Gnade, wohl leiblich nicht; aber uns're Seele kann's schon gewahren; du kannst dich fühlbar g'nug offenbaren, auch ungeseh'n.

3. O, wer nur immer bei Tag und Nacht dein zu genießen recht wär' bedacht; der hätt' ohne Ende von Glück zu sagen, und Leib und Seele müßt' immer fragen: wer ist wie du?

4. Barmherzig, gnädig, geduldig seyn, uns täglich reichlich die Schuld verzeih'n, heilen, still'n und trösten, erfreu'n und segnen, und uns'rer Seele als Freund begegnen, ist deine Lust.

5. Ach gieb an deinem kostbaren Heil uns alle Tage vollkommen Theil, und laß uns're Seele sich immer schicken, aus Noth und Liebe nach dir zu blicken ohn' Unterlaß!

6. Und wenn wir weinen, so tröst' uns bald mit deiner blut'gen Todesgestalt: ja, die laß uns immer vor Augen schweben, und dein wahrhaftiges Innsleben zu sehen seyn.

7. Ein herzlich's Wesen und Kindlichkeit sey unsre Zierde zu aller Zeit, und die Blutbesprengung aus deinen Wunden erhalt' uns solche zu allen Stunden, bei Freud' und Leid.

8. So werden wir bis in Himm'l hinein mit dir vergnügt wie die Kindlein seyn. Muß man gleich die Wangen noch manchmal netzen, wenn sich das Herz nur an dir stets letzen und stillen kann.

9. Du reichst uns deine durchgrab'ne Hand, die so viel Treue an uns gewandt, daß wir beim Drandenken beschämt dastehen, und unser Auge muß übergehen vor Lob und Dank. — Christian Gregor.

Nichts ohne Jesum.

Psalm 104, v. 29. Verbirgest du dein Angesicht, so erschrecken sie.

Mel. Herzliebster Jesu, was hast du verbrochen.

53. Ach mein Herr Jesu! wenn ich dich nicht hätte, und wenn dein Blut nicht für die Sünder red'te, wo sollt' ich Aermster unter den Elenden, mich sonst hinwenden?

2. Ich wüßte nicht, wo ich vor Jammer bliebe: denn wo ist solch' ein Herz wie dein's, voll Liebe? du, du bist meine Zuversicht alleine; sonst weiß ich keine! Christian Gregor.

Geduld im Leiden.

Jacobi 5, v. 8. Seyd ihr auch geduldig, und stärket eure Herzen.

Mel. Jesus, meine Zuversicht.

54. Ach mein Herze! gieb dich drein, nimm mit deinem Gott vorwil-

len*), nur dein Jesus kann allein alle deine Sorgen stillen; richte dich nach seiner Huld, er giebt Trost und auch Geduld.

*) Sey mit seinen Führungen zufrieden.

2. Geh'st du hier die Dornen-Bahn, ist dein Trank vermischt mit Gallen, nimm es nur geduldig an, also hat es Gott gefallen; glaube nur, was dieser thut, das ist alles recht und gut.

3. Bleibe deinem Gott getreu; ob das Kreuz gleich bringet Schmerzen, hast du dennoch stets dabei Ruh' und Trost in deinem Herzen: nichts besiegt auf dieser Welt einen Sinn, der Gott gefällt.

4. Schicke dich in Gottes Brauch, Christen müssen dulden, hoffen; hat doch deinen Heiland auch manches Ungemach getroffen; o! er weiß wie es dir thut, leide nur mit frohem Muth.

5. Kronen folgen auf den Streit, kämpfe nur mit festem Glauben; Jesus ist ja nimmer weit, niemand kann sein Herz dir rauben: bete, leide, lebe rein, selig wird dein Ende seyn.

Benjamin Schmolck.

Jesus, das höchste Gut.

Psalm 25, v. 1. Nach dir, Herr, verlanget mich.

Mel. Meinen Jesum lass' ich nicht.

55. Ach, mein Jesu! laß mich dir ganz und gar zu eigen leben; nimm mein Herze voll Begier, ich will dir's mit Freuden geben, schenke mir in meine Brust einen Strahl von deiner Lust.

2. Hab' ich dich, dann hat mein Herz einen Freund in allen Nöthen; liebst du mich, so kann kein Schmerz einen Augenblick mich tödten; nur auf deine Gütigkeit ankert die Zufriedenheit.

3. Rede meiner Seelen zu, es kann sonst mich nichts vergnügen, in dir hab' ich meine Ruh'; Kreuz und Leid kann mich nicht biegen; halt' ich mich nur an dein Wort, so besteh' ich immerfort.

4. Gehe mit mir wunderlich, rechts und links durch Leid und Freude; führt dein Weg doch endlich mich zu der allerbesten Weide; leite mich auf dieser Bahn, treuer Heiland! himmelan.

5. Nichts ergötzt mich auf der Welt von den Schätzen dieser Erden, o wie oft muß Gut und Geld nur zu Sklaven-Ketten werden! Herzen, die von Jesu weit, opfern nur der Eitelkeit.

6. Hier ist Jesus, Schatz und Herz, besser als viel tausend Welten; Erbe, das zieht himmelwärts; Reichthum, der muß ewig gelten; Gold, das keine Zeit zerfrißt; Gold, das unverwerflich ist.

7. Ei, wie reich bin ich in Gott bei den theuren Jesus-Schätzen, irdisch Gut wird hier zu Spott, hier ist himmlisches Ergötzen, Ruhe, Wollust und Gedeih'n nehm' ich hier mit Wucher ein.

8. Engel-süße Jesus-Lust fließe mir in meine Seele; sie erfülle meine Brust, daß ich dich, nur dich erwähle; Jesu! lasse du allein in mir deinen Himmel seyn.

9. Nähre mich, o Seelenfreund! von dem Manna deiner Liebe; o, wenn deine Gnad' erscheint, nenn' ich auch die Nacht nicht trübe, Fürst des Lebens! deine Treu' liebet ohne Heuchelei.

10. Ewig soll mein Herze dich, meinen Jesum lieb gewinnen; mich vergnügt kein ander Ich; Jesus schwebt in meinen Sinnen; nichts als Jesus lacht mich an, g'nug, wenn ich Ihn haben kann.

Benjamin Schmolck.

Abendlied.

Psalm 42, v. 9. Der Herr hat des Tages verheißen seine Güte, und des Nachts singe ich ihm, und bete zu Gott meines Lebens.

Mel. Ach! was soll ich Sünder machen?

56. Ach, mein Jesu, sieh' ich trete, da der Tag nunmehr sich neigt, und die Finsterniß sich zeigt, hin zu deinem Thron und bete, neige du zu deinem Sinn auch mein Herz und Sinnen hin.

2. Meine Tage geh'n geschwinde, wie ein Pfeil zur Ewigkeit, und die allerlängste Zeit saus't vorbei, als wie die Winde, fließt dahin, als wie ein Fluß mit dem schnellsten Wasserguß.

3. Und, mein Jesu, sieh', ich Armer nehme mich doch nicht in Acht, daß ich dich bei Tag und Nacht herzlich suchte, mein Erbarmer. Mancher Tag geht so dahin, daß ich nicht recht wacker bin.

4. Ach! ich muß mich herzlich schämen; du erhältst und schützest mich Tag und Nacht so gnädiglich, und ich will mich nicht bequemen, daß ich ohne Heuchelei dir dafür recht dankbar sey.

5. Nun, ich komme mit Verlangen, o mein Herzensfreund! zu dir, neige du dein Licht zu mir, da der Tag nunmehr vergangen, sey du selbst mein Sonnenlicht, das durch alles Finst're bricht.

6. Laß mich meine Tage zählen, die du mir noch gönnen willt; mein Herz sey mit dir erfüllt, so wird mich nichts können quälen; denn wo du bist, Tag und Licht, schaden uns die Nächte nicht.

7. Nun, mein theurer Heiland, wache, wache du in dieser Nacht, schütze mich mit deiner Macht, deine Liebe mich anlache. Laß mich selbst auch wachsam seyn, ob ich gleich auch schlafe ein. Levin Joh. Schlicht.

Menschliches Verderben.

Römer 7, v. 18. Denn ich weiß, daß in mir, das ist in meinem Fleisch, wohnet nichts Gutes.

Mel. Herr, ich habe mißgehandelt.

57. Ach mein Jesu, welch Verderben wohnet nicht in meiner Brust! denn mit andern Adams-Erben steck' ich voller Sündenlust. Ach, ich muß dir nur bekennen: ich bin Fleisch vom Fleisch zu nennen.

2. Wie verkehrt sind meine Wege! wie verderbt mein alter Sinn! der ich zu dem Guten träge und zum Bösen hurtig bin. Ach! wer wird mich von den Ketten dieses Sünden-Todes retten?

3. Hilf mir durch den Geist der Gnaden aus der angeerbten Noth; heile meinen Seelenschaden durch dein Blut und Kreuzestod; schlage du die Sündenglieder meines alten Adams nieder.

4. Ich bin unten von der Erden, stecke in dem Sündengrab. Soll ich wieder lebend werden, so mußt du von oben ab mich durch deinen Geist gebären, und mir neue Kraft gewähren.

5. Schaff' in mir ein reines Herze, einen neuen Geist gieb mir, daß ich ja nicht länger scherze mit der Sünden Lustbegier, laß mich ihre Tück' bald merken, mich im Geist dagegen stärken.

6. Lehr' mich wachen, beten, ringen, und mein böses Fleisch und Blut unter Jesu Kreuz zu zwingen, dieses thut mir immer gut; was nicht kann dein Reich ererben, laß in deinem Tod ersterben.

7. Reize mich durch jene Krone, die mir droben beigelegt, daß ich meiner niemals schone, wenn und wo ein Feind sich regt, sondern hilf mir tapfer kämpfen, Teufel, Welt und Fleisch zu dämpfen.

8. Sollt' ich etwa unterliegen, o! so hilf mir wieder auf, laß in deiner Kraft mich siegen, daß ich meinen Lebenslauf unter deinen Siegeshänden möge ritterlich voll enden. Ludwig Andreas Gotter.

Sehnsucht nach Jesu.

Johannis 12, v. 21. Herr, wir wollten Jesum gerne sehen.

Mel. Mein Heiland nimmt die Sünder an.

58. Ach, möcht' ich doch den Vater seh'n, der alle Welt mit Segen decket, der seine Hand, wo wir auch geh'n, nach den verlornen Kindern strecket, die tief versenkt in Sündennoth bedrohet mit dem ew'gen Tod, vor ihm mit Thränen niederfallen, und nichts, als: Gnade, Gnade! lallen, bis ihm das Vaterherze wallt. Ach, säh' und fühlt' ich ihn doch bald! :,:

2. Ach möcht' ich doch den Heiland seh'n der sich den Menschen zugesellet, und denen, die zur Höllen geh'n, mit allem Fleiß entgegen stellet, der kranke Seelen tröst't und heilt, und als ein Hirt beständig eilt, die armen Schäflein heim zu tragen, und ihre Feinde zu verjagen. Ach fühlt' ich seines Blutes Kraft, und seines Geistes Lebens-Saft! :,:

3. O, Meister, wann erschallt dein Wort? wann zeiget sich dein Gottes-Finger? wann weicht der trübe Nebel fort? wann werd' ich dein beherzter Jünger, durch dein Verdienst befreit aus Noth, lebendig dir, der Sünde todt? Von deiner Wahrheit überzeuget, erleucht't, getröst't, entzückt, gebeuget? ach, kurz: ein Christ, ein Kind des Lichts? mich dürst't danach; Herr, wann geschicht's? :,:

4. Man schmäht auf die Vernünftelei, und auf die Deutung der Gelehrten; man will, daß ich einfältig sey, ich soll zum armen Sünder werden. Ach, bald gesagt, und dennoch schwer; o pred'ge du mir selbst, o Herr, mit Worten die in's Herze dringen, und Licht, und Kraft, und Frieden bringen. Ich will ja gerne, was ich soll; ach pred'ge Herr, so geht es wohl. :,:

5. O Sonne der Gerechtigkeit, dein Heil wird mich auch noch bestrahlen; geh' auf, geh' auf, ach es ist Zeit, ich bitte dich zu tausend Malen: ach breite deine Flügel aus, bestrahl' mein Herz, den Leib, mein Haus. O möcht' es mir doch jetzt gelingen, wie wollt' ich Halleluja singen: mein Herze zittert, lechzt und schrei't: Komm, Sonne der Gerechtigkeit! :,:

6. Komm, Sonne der Gerechtigkeit! komm, Wiederbringer aller Dinge! komm, Held und Helfer in dem Streit! komm, Schatz für Arme und Geringe! komm,

Arzt und Heil für Leib und Seel'! komm, gnädigster Immanuel! komm, Mittler zwischen Gott und Sünder! komm, Bluts-Freund aller Menschen-Kinder! komm, Tröster wider Noth und Tod! Mein Herr und Gott! mein Herr und Gott! :,:

Liebe zu Jesu.

Sprüche Sal. 8, v. 17. 18. Ich liebe, die mich lieben, und die mich frühe suchen, finden mich. Reichthum und Ehre ist bei mir, wahrhaftiges Gut und Gerechtigkeit.

Mel. Wer nur den lieben Gott läßt walten.

59. Ach! sagt mir nichts von Gold und Schätzen, von Pracht und Schönheit dieser Welt; es kann mich ja doch nichts ergötzen, was mir die Welt vor Augen stellt. Ein jeder liebe was er will, ich liebe Jesum, der mein Ziel.

2. Er ist alleine meine Freude, mein Gold, mein Schatz, mein schönstes Bild, an dem ich meine Augen weide, und finde was mein Herze stillt. Ein jeder liebe was er will, ich liebe Jesum, der mein Ziel.

3. Die Welt vergeht mit ihren Lüsten, des Fleisches Schönheit dauert nicht, die Zeit kann alles das verwüsten, was Menschenhände zugericht't. Ein jeder liebe was er will, ich liebe Jesum, der mein Ziel.

4. Sein Schloß kann keine Macht zerstören, sein Reich vergeht nicht mit der Zeit; sein Thron bleibt stets in gleichen Ehren, von nun an bis in Ewigkeit. Ein jeder liebe was er will, ich liebe Jesum, der mein Ziel.

5. Sein Reichthum ist nicht zu ergründen, sein allerschönstes Angesicht, und was von Schmuck an ihm zu finden, verbleichet und veraltet nicht. Ein jeder liebe was er will, ich liebe Jesum, der mein Ziel.

6. Er kann mich über all's erheben, und seiner Klarheit machen gleich, er kann mir so viel Schätze geben, daß ich werd' unerschöpflich reich. Ein jeder liebe was er will, ich liebe Jesum, der mein Ziel.

7. Und ob ich's zwar noch muß entbehren, so lang' ich wand're in der Zeit, so wird er mir's doch wohl gewähren im Reiche seiner Herrlichkeit. Drum thu' ich billig was er will, ich liebe Jesum, der mein Ziel.

D. Johann Scheffler. (Angelus)

Jesu Leiden.

Johannis 19, v. 5. Sehet, welch ein Mensch!

Mel. O Gott, du frommer Gott.

60. Ach sehet! welch ein Mensch! ach seht, was Angst und Schmerzen steht unser Jesus aus für uns in seinem Herzen! O Schmerz, o große Pein! o Marter, Angst und Noth, o weh! mein Jesus ist betrübt bis in den Tod.

2. Ach sehet! welch' ein Mensch! wie muß sich Jesus quälen, die Schmerzen seiner Seel' sind gar nicht zu erzählen, er trauert, zittert, zagt vor großer Herzenspein; ach seht den Jammer an! er muß des Todes seyn.

3. Ach sehet! welch ein Mensch! der mit dem Tode ringet, seht, wie sein theures Blut aus seinen Wunden dringet! wie herzlich flehet er: ach Vater! nimm von mir den bittern Kreuzes-Tod, wenn es gefället dir!

4. Ach sehet! welch ein Mensch! der ganz und gar verlassen, den seine Jünger selbst nun fangen an zu hassen; der böse Judas, der verräth den Herren Christ mit einem falschen Kuß, o böse Teufelslist!

5. Ach sehet! welch ein Mensch! der Böses nie begangen, den greift man mit Gewalt, den nimmt man gar gefangen, ihn, einem Mörder gleich, führt man gebunden fort in's Hohenpriesters Haus, da hört man Lästerwört'!

6. Ach sehet! welch ein Mensch! o seht, wie sie verklagen den, der unschuldig ist, von welchem Niemand sagen kann eine Missethat, von dem wird ein Geschrei, daß er (der selbst ist Gott) ein Gotteslässt'rer sey.

7. Ach sehet! welch ein Mensch! ach seht die großen Plagen, die Jesus leiden muß, ach seht, er wird geschlagen mit Fäusten in's Gesicht, o Schande, Spott und Hohn! sie speien in's Gesicht dem wahren Gottes-Sohn.

8. Ach sehet! welch ein Mensch! den man gebunden bringet in des Landpflegers Haus, ach seht, wie auf ihn dringet der Juden Grausamkeit, sie rufen: kreuz'ge ihn, Pilate! Barabbam gieb los, nimm diesen hin.

9. Ach sehet! welch ein Mensch! o Marter, Angst und Plagen! ach sehet, Jesus wird mit Geißeln hart geschlagen! ach seht den blut'gen Leib! ach seht die Wunden an! ach seht, er wird gequält, daß er's kaum tragen kann.

10. Ach sehet! welch ein Mensch! seht, wie die bösen Rotten den Herrn der Herrlichkeit verhöhnen und verspotten, sie krönen ihm sein Haupt mit einer Dornenkron', und neigen sich vor ihm aus lauter Spott und Hohn.

11. Ach sehet! welch ein Mensch! ach lasset Thränen fließen, laßt eure Augen sich gleich einer Fluth ergießen, ach seht das Elend an! Seht, unser Herr und Gott, der Heiland Jesus trägt das Kreuz zu seinem Tod.

12. Ach sehet! welch ein Mensch! o Plagen über Plagen! Ach sehet, Jesus, ach! wird an das Kreuz geschlagen. Er ruft vor großer Pein und Schmerzen ängstiglich: Mein Gott! mein Gott! warum, hast du verlassen mich? —

13. Ach sehet! welch ein Mensch! der für uns Menschen stirbet, der durch den bittern Tod das Leben uns erwirbet, der uns durch seine Pein befreit von aller Noth, der uns erlöset hat vom ew'gen Höllen-Tod.

14. O Jesu! dir sey Dank, daß du für uns gestorben, und hast durch deinen Tod das Leben uns erworben, führ' uns durch deinen Tod in's ew'ge Leben ein, so wollen wir auch dort dir ewig dankbar seyn.

Das Leben in Christo.

Römer 5, v. 11. Wir rühmen uns auch Gottes, durch unsern Herrn Jesum Christ, durch welchen wir nun die Versöhnung empfangen haben.

Mel. Allein Gott in der Höh' sey Ehr'.

61. Ach seht, was ich für Recht und Licht von meinem Jesu lerne, mein Herr und Gott verläßt mich nicht, er ist von mir nicht ferne! es mag mir noch so übel gehn, so eilet er mir beizustehn, mein Gott, mein Heil, mein Jesus.

2. Der Vater läßt mich nicht allein, weil er mich herzlich liebet; er kann nicht ferne von mir seyn, weil er mir Jesum giebet, er eilt zu mir und steht mir bei, dieweil ich ohne Heuchelei an diesen Jesum glaube.

3. Das hab' ich von der Gnadenwahl, Gott hat die Welt geliebet, daß er ein hohes Liebesmahl in seinem Sohn mir giebet. Ich weiß, daß er mich nicht vergißt: wen Gott liebt, dessen Name ist im Himmel angeschrieben.

4. Mein treuer Heiland stellt sich ein, bei dem ich Alles finde, damit soll nichts verloren seyn, als nur allein die Sünde, die wird ins tiefe Meer versenkt, daß Gott nicht mehr an sie gedenkt, und ich das Leben habe.

5. Gott schenket sich der armen Welt, und wir sind Christi Glieder: was er uns giebt und ihm gefällt, das geben wir ihm wieder: er liebt uns als sein Eigenthum, und das ist Gott ein ew'ger Ruhm, daß er die Seinen schützet.

6. Drum, wo mich Noth und Tod betrübt, so will ich fröhlich singen: „also hat Gott die Welt geliebt!" das kann den Feind bezwingen. Wo Jesus bleibt, da bleiben wir, sein Leben ist schon gut dafür, daß uns kein Tod kann schaden.

7. Gott helfe nur durch seinen Geist, daß ich von Herzen gläube, und in der Hoffnung allermeist bei seinem Worte bleibe. Ich habe mein gewisses Theil, und will in keinem Andern Heil und ew'ges Leben haben.

8. Drum wenn ich heute sterben muß, so schallt in meinen Ohren nichts als der Gottgeliebte Schluß: wer gläubt wird nicht verloren. Ich gläube; Jesus stimmet ein, drum werd' ich unverloren seyn, und ewig, ewig leben. M. Christian Weise.

Der Name Gottes.

Lucä 11, v. 2. Dein Name werde geheiliget!

Mel. Allein Gott in der Höh' sey Ehr'.

62. Ach unergründlich Liebesmeer, du Quelle aller Güter! dein Nam' ist heilig und ist hehr, du Richter der Gemüther! Laß alle, die man Menschen heißt, dich Gott den Vater, Sohn und Geist aus deinem Wort erkennen.

2. Gieb, daß wir deinen Namen nur, die Liebe zu den Armen, die Macht an aller Creatur, das ewige Erbarmen, die seligste Zufriedenheit, die Weisheit, die Gerechtigkeit, die Wahrheit ewig preisen.

3. Ach laß aus meinem Herzen nichts mir deinen Namen rauben; mach' mich zu einem Kind des Lichts, wie alle, die da glauben. Mach' uns zum Volk des Eigenthums, und laß uns alle deines Ruhms und Preises voll seyn täglich.

4. Die Absicht alles unsers Thuns sey, dich allein zu loben; du seyest nur geehrt von uns, und allezeit erhoben; das Herz sey voll, der Mund nicht leer, und laß dein Lob uns nimmermehr aus Mund und Herzen kommen.

5. Dein Licht und Recht sey mir bekannt und müsse mich erfüllen, dein Nam' erleuchte den Verstand, er beff're meinen Willen; dein Name zeige seine Kraft in aller meiner Leidenschaft, in allen meinen Werken.

6. Laß ohne Heucheln, ohne Scherz mich

deinen Namen lieben; dein Name sey mir in das Herz mit Flammenschrift geschrieben, dein Vatersname, der so gut; dein Jesusname, höchstes Gut; dein Name, Geist des Herren.

7. Ach lasse mich zu aller Zeit auch mitten in dem Kränken, mit dankbarer Zufriedenheit an deine Liebe denken. So arm ich bin, so treu bist du; wo mir es fehlt, da giebst du zu, du bist der rechte Vater.

8. Ach gieb mir einen ernsten Fleiß, nur dich allein zu suchen; mach' meinen Sinn und Wandel weis', die Sünde zu verfluchen. Gieb einen Glauben, der dich hält, ein Leben, das dir wohlgefällt, ein Sterben, das dich preiset;

9. Damit von allen und von mir auf allem Raum der Erde, allein in allen Dingen dir all'zeit all' Ehre werde, bis daß du, allerhöchster Fürst, in allem endlich Alles wirst, und Alles dich verehret.

M. Philipp Friedrich Hiller.

Die Kirche Christi.

Luc. 12, v. 32. Fürchte dich nicht, du kleine Heerde; denn es ist eures Vaters Wohlgefallen, euch das Reich zu geben.

Mel. Es ist gewißlich an der Zeit.

63. Ach, Vater, der die arge Welt in seinem Sohn geliebet, der was er zusagt treulich hält, und stets Erbarmen übet: Sieh' gnädig an die Christenheit, die du in dieser Pilgerzeit dir aus den Menschen sammelst.

2. Du willst sie als dein Eigenthum hier rein, dort herrlich machen, sie ist dein Volk, du bist ihr Ruhm, du willst sie selbst bewachen; d'rum kleine Heerde, hoffe still! Getrost, es ist des Vaters Will', das Reich dir zu bescheiden.

3. Es ist doch Christus unser Heil; so viel nur an ihn glauben, die haben an ihm ihren Theil, den Satan nicht soll rauben, von ihm fließt Trost und Leben zu, Erquikkung, Segen, Trost und Ruh', und alle Gnadenfülle.

4. Vergeht die Welt mit ihrem Heer durch ihres Herrschers Winken; und wenn auch Berge in das Meer vor Gottes Schelten sinken, so fällt doch seine Kirche nie, der Herr erhält und schützet sie, drum wird sie ewig bleiben.

5. So stärk' uns denn, Herr unser Gott, bei Christi Kreuzesfahnen; mach' aller Feinde Macht zu Spott, hilf deinen Unterthanen; tröst' uns mit deiner Gegenwart, mach' uns, wenn die Verfolgung hart, zu deines Namens Zeugen.

6. Laß uns in froher Glaubenskraft dich ehren, fürchten, lieben, und eine gute Ritterschaft für deine Wahrheit üben, und kostet's dann auch Blut und Gut, laß uns dein Wort, selbst mit dem Blut, vor aller Welt bekennen.

7. Steht schon die Kirche hier im Streit, wo tausend Feinde toben, wird sie doch einst zur Herrlichkeit als im Triumph erhoben; ach nim̃ denn uns auch aus dem Krieg, schenk' uns auch wie den Andern Sieg, die jetzt schon Kronen tragen.

8. Wenn Menschen und der Engel Chor einst eine Kirche werden, dann steigt dein herrlich Lob empor, vollkommner als auf Erden. Komm Jesu bald, wir bitten dich; laß uns, die Deinen, ewiglich bei dir im Himmel wohnen!

Versuchung.

Jacobi 1, v. 13. Gott ist nicht ein Versucher zum Bösen, er versucht Niemand.

Mel. Aus tiefer Noth schrei' ich zu dir.

64. Ach Vater! du versuchest uns nicht über das Vermögen, du kennst die Schwachheit unsers Thuns, und willst uns Kraft beilegen; du wollst aus heiligem Gericht mich und auch andre Christen nicht in die Versuchung führen.

2. Laß zwischen Sünd' und Lastern mich der Tugend Mittel treffen. O Gott! wie leicht betrügt man sich, wie kann ein Schein uns äffen. Laß mich die Demuth ohne Scheu, doch aber ohne Heuchelei und Hochmuth still ausüben.

3. In Freuden laß den heitren Sinn zu keinem Leichtsinn werden, bewahre, was ich thu' und bin, Wort, Werke und Geberden; laß mich nicht mürrisch, frech und hart, doch auch nicht zaghaft und zu zart bei meinem Trauren werden.

4. Laß mir mein Auge licht und rein, die Glieder keusch und züchtig, den Umgang hold und ehrbar seyn, die Reden recht und richtig, den Glauben mannhaft, klug und frei, die Liebe ehrbar, redlich, treu, die Hoffnung froh und tapfer.

5. Mach' meinen Muth beherzt und fest, daß er sich Ziel und Schranken durch keine Lust verrücken läßt, durch sündliche Gedanken, durch Haß, Begierde, Furcht und

Pein, und sollt' es selbst der Teufel seyn mit seiner List und Lügen.

6. O Jesu! laß mir deinen Tod die Fleischeslüste tödten, und laß ob deiner Kreuzesnoth mich, eh' ich fall', erröthen, dein Kreuz sey dem geprüften Geist, weil er sonst keinen Trost mehr weiß, zur Kraft, zum Trost und Leben.

7. Wann Teufel, Hölle, Tod und Welt, und Sünde, eh' ich's merke, mir tausendfache Netze stellt, so gieb mir Sieg und Stärke. Führ' mich, versuchter Jesu Christ! du kannst, weil du allmächtig bist, den Satan untertreten. M. Philipp Fried. Hiller.

Um göttliche Hülfe.

Psalm 40, v. 18. Du bist mein Helfer und Erretter; mein Gott, verziehe nicht!

Mel. Mein Freund zerschmelzt aus Lieb' ꝛc.

65. Ach Vaterherz! willst du mich denn verlassen? hilfst du mir nicht aus dieser meiner Noth? kann ich nicht mehr dich bei dem Worte fassen? du starker Gott hilfst doch selbst durch den Tod; so dringt ja keine Noth herein, da du nach deiner Macht nicht könnest Helfer seyn.

2. Kann, will und wird mich denn nicht der erretten, der selbst die Allmacht, Lieb' und Wahrheit ist? ach! so entbinde mich von allen Ketten, weil du allein mein Gott und Helfer bist. Ach! hilf, da niemand helfen kann, wenn du nicht hilfst, mein Gott! so ist's um mich gethan.

3. Hab' ich mich gleich durch eigne Schuld verstricket, und mich so selbst in diese Noth gebracht, so hast du doch die Schuld, so mich nun drücket, versöhnt, gebüßt, und Alles gut gemacht, und wenn ich um Vergebung schrei', so sprich du, daß die Schuld auch bald vergeben sey.

4. Soll ich, o Herr! nun keine Schuld mehr haben, und hebest du von mir den schwersten Stein, so kann kein Mangel aller guten Gaben, noch Noth und Tod so groß und schrecklich seyn, so du nicht heben kannst und wirst; denn du bist ja mein Haupt, mein starker Lebensfürst.

5. So hilf mir doch nun auch aus diesen Netzen, und führe mich nur bald auf weiten Raum; der Feind will Leib und Seele ja verletzen, ich geh' vor Angst oft nur so wie im Traum; ich weiß, o Herr! für mich allein auch keinen Schritt zu thun; ich weiß nicht aus noch ein.

6. Du aber hast mich doch bisher geführet, und schon von mancher großen Noth befrei't. Ich habe deine Treu' ja oft gespüret, so wirst du, Herr! in diesem Kampf und Streit mir doch nun auch zur Rechten steh'n, und mich gebeugtes Kind auch wieder nun erhöh'n.

7. Denn, bin ich gleich dein schwächstes Kind auf Erden, dein Vaterherz eilt desto mehr mir zu; mir wohl, nicht dir kann was zu mächtig werden; du hilfst dem Schwächsten durch, zur wahren Ruh'. Dir ist, was mir unmöglich ist, das Allerleichteste, weil du die Allmacht bist.

8. Ich bleibe doch an deinen starken Händen, die sichern mich auf meiner Leidensbahn, und werden noch die Noth zum Besten wenden, daß ich dich einst noch fröhlich loben kann. Du schlägest doch nicht immer zu; es kommt wohl noch die Zeit der süßen Seelenruh'!

9. Du hast die Noth doch weislich abgewogen, daß nicht ein Gran zu viel und lange drückt; dein jammernd Herz hat mich doch nur gezogen, und durch das Kreuz des Fleisches Rath erstickt. Du hast mein Bestes nur zum Ziel, und machst aus Traurigkeit mir noch ein Freudenspiel.

10. Gieb mir nur Glauben, deinem Wort zu trauen, gieb auch Geduld, die unter's Kreuz sich beugt; und wenn ich nicht kann bald die Hülfe schauen, ja wenn die Noth auch immer höher steigt, so laß nur kein Verzagen ein, vielmehr den Glauben nur noch desto stärker seyn.

11. Das ist ja deine Weise, dein Vergnügen, daß du mir hilfst, wo niemand helfen kann; und wenn die Noth auf's Höchste ist gestiegen. Ach! säh' ich nur dein Wort, nichts anders an. Ja, spricht mein Herz auch lauter nein, so laß mir doch dein Wort noch viel gewisser seyn.

12. Laß mich auf's neu, auch ohne Fühlen glauben, und glaubensvoll zu dir nur schrei'n und fleh'n. Laß mir nur nichts den Hoffnungsanker rauben, so werd' ich mich doch nie zu Schanden seh'n. Ich seh' vielmehr zu seiner Zeit, wenn ich nur gläubig bin, noch Gottes Herrlichkeit.

13. Die Thränensaat laß heilsam mich betrüben, die Erntezeit bringt alles reichlich ein, ein jeder Seufzer ist dort aufgeschrieben, und wird da eine Freudengarbe seyn.

Du führst auf sanft und rauher Bahn, wie mich's zur Herrlichkeit am Besten fördern kann. Karl Heinrich v. Bogatzky.

Gebet.

1 Joh. 5, v. 14. Und das ist die Freudigkeit, die wir haben zu ihm, daß, so wir etwas bitten nach seinem Willen, so höret er uns.

Mel. O Gott, du frommer Gott.

66. Ach Vater, unser Gott, der du durch deine Güte uns immerfort erweis'st dein väterlich Gemüthe, hilf, daß von uns auch werd' der Kinder Amt verricht't in Furcht, Gehorsam, Lieb' und fester Zuversicht.

2. Du bist im Himmelsthron, an allen Ort und Enden; wo wir dich rufen an, willst du dich zu uns wenden, so höre, Herr, ach hör' von deinem Freudensaal, warum wir bitten dich in diesem Thränenthal.

3. Ach Vater, unser Gott, laß deinen Geist uns lehren, wie deine Majestät in Demuth sey zu ehren, daß wir betrachten recht, wie groß, o Gott, du bist, und daß der arme Mensch nur Staub und Asche ist.

4. Laß uns nichts Lieber's seyn, als deinen Namen preisen für alle Güt' und Gnad', die du uns thust beweisen, daß Jedermann werd' kund, wie unaussprechlich sey, Herr, deine Weisheit, Macht, Barmherzigkeit und Treu'.

5. Ach Vater, unser Gott, du hast uns aufgenommen hier in dein Gnadenreich, da wir die Tauf' bekommen. Gieb, daß fortan dein Wort uns fall' wie Himmelsthau auf's Herze, und uns stets zu deinem Dienst erbau'.

6. Erleuchte den Verstand, den Glauben uns vermehre, die Lieb' in uns entzünd', des Satans Reich zerstöre, verleihe, daß auch wir oftmals an unserm Theil anwünschen deiner Kirch' Glück, Aufnahm', Fried' und Heil.

7. Ach Vater, unser Gott, laß doch erfüllet werden, was dir gefällig ist im Himmel und auf Erden! daß unsrer eigner Will' und sündliche Begier durch deine Kraft in uns absterbe für und für.

8. Regiere unser Herz, daß wir in guten Tagen nicht stolz und sicher seyn, in bösen nicht verzagen. Gieb, daß nichts Zeitliches uns machen kann betrübt, daß uns auch nichts erfreu', als nur was dir beliebt.

9. Ach Vater, unser Gott, laß uns fort deine Gaben und unser täglich Brot zur Nothdurft heut' auch haben! Hilf, daß wir sparsam seyn und räthlich halten Haus, und auch mit wenigem vergnüglich kommen aus.

10. Gieb Einigkeit und Fried', Treu', Ehr' und Zucht daneben, auch heilsam Regiment dem Orte, da wir leben, wend' Feu'r und Wassersnoth durch deine starke Hand, wend' Pest und Krankheit ab von uns und unserm Land.

11. Ach Vater, unser Gott, aus lauter Güt' und Gnaden vergieb uns unsre Schuld, damit wir sind beladen. Es ist ja keine Sünd', dafür nicht habe schon mit seinem Blut bezahlt dein eingeborner Sohn.

12. Hilf, daß wir denen auch all' ihre Schuld erlassen, die uns zuwider seyn, und sie darum nicht hassen; daß wir von Herzensgrund vergessen Trutz und Schmach, und dir in Gütigkeit und Sanftmuth arten nach.

13. Ach Vater, unser Gott, durch deine Wunderstärke hilf, wenn Versuchung kommt, und dämpf' des Satans Werke, daß wir auch unserm Fleisch nicht folgen und der Welt, wenn uns zur Sünde reizt Ehr', Wollust, Gut und Geld.

14. Laß uns in Lieb' und Leid gleichmüthig von Gedanken, demüthig ohne Falsch, sorgfältig ohne Wanken, aufrichtig, tapfer, keusch, treu, ehrbar, züchtig, rein, und ohn' Leichtfertigkeit getrost und fröhlich seyn.

15. Ach Vater, unser Gott, du wollest uns vom Bösen, und was uns schädlich ist, genädiglich erlösen, daß wir durch deine Hülf' bald werden aus Gefahr, aus Trübsal, Kreuz und Pein errettet immerdar.

16. Verleih' uns deine Kraft, durch alles durchzudringen, daß unser Glaube mag die Ehrenkron' erringen, wenn in dem letzten Kampf all' Elend, Angst und Noth ein sel'ges Ende nimmt durch einen sanften Tod.

17. Nun Vater, unser Gott, sieh an dies unser Beten, laß uns nicht unerhört von deinem Thron abtreten, denn dein, o Gott, ist fort, je länger und je mehr in alle Ewigkeit das Reich, die Macht und Ehr'.

18. Hierauf so sprechen wir in Jesu Christi Namen, auf sein untrüglich Wort, ein gläubig, freudig Amen. O Jesu Christ! durch dich und dein Verdienst allein laß alles ganz gewiß, Ja, Ja, und Amen seyn.

M. Martin Rinkart.

Gebet.

Matth. 6, v. 32. Euer himmlischer Vater weiß, daß ihr deß alles bedürfet.

Mel. Herr Christ, der ein'ge Gott's Sohn.

67. Ach! Vater von uns allen, der du im Himmel bist, hör' deines Kindes Lallen, das hier auf Erden ist: ich bet' in Jesu Namen, ach! laß es Ja und Amen vor deinem Throne seyn.

2. Laß deinen theuren Namen bei uns stets heilig seyn, und streu' des Wortes Saamen in unsre Herzen ein, auf daß wir deinen Willen auf Erden so erfüllen, wie in dem Himmel dort.

3. Gieb täglich Brot zu essen, so lang' es heute heißt, und laß uns nicht vergessen, wer uns so reichlich speis't. Vergieb uns unsre Schulden, wie wir den Nächsten dulden in Fried' und Einigkeit.

4. Wenn wir versuchet werden, so steh' uns kräftig bei, und mach' uns von Beschwerden und anderm Uebel frei, bis du von allem Bösen uns endlich wirst erlösen durch einen sanften Tod.

5. Es steht in deinen Händen, dein ist Reich, Kraft und Ehr', drum wollst du zu uns wenden dein gnädiges Gehör, und auf des Herzens Flehen mit Vateraugen sehen: so heißt es Amen, Ja. Benj. Schmolck.

Sehnsucht nach dem Himmel.

2 Corinth. 5, v. 4. Dieweil wir in der Hütte sind, sehnen wir uns.

Mel. Christus, der ist mein Leben 2c.

68. Ach wär' ich doch schon droben! mein Heiland, wär' ich da, wo dich die Schaaren loben, und säng' Halleluja!

2. Wo wir dein Antlitz schauen, da sehn' ich mich hinein. Da will ich Hütten bauen; denn dort ist gut zu sein.

3. Da werd' ich Alles sehen: den großen Schöpfungsrath; was durch dein Blut geschehen, und deines Geistes That.

4. Da feiern die Gerechten, die ungezählte Schaar, mit allen deinen Knechten das große Jubeljahr.

5. Mit göttlichsüßen Weisen wird mein verklärter Mund dich ohne Sünde preisen, du meines Lebens Grund!

6. Da werden meine Thränen ein Meer voll Freude seyn. Ach stille bald mein Sehnen, und hole mich hinein!

Ernst Gottlieb Woltersdorf.

Der Mensch ohne Jesum ist elend.

Epheser 2, v. 12 Ihr waret ohne Christum fremde von den Testamenten der Verheißung; daher ihr keine Hoffnung hattet, und waret ohne Gott in der Welt.

Mel. Herr, ich habe mißgehandelt.

69. Ach! was sind wir ohne Jesum? dürftig, jämmerlich und arm. Ach! was sind wir? voller Elend. Ach! Herr Jesu, dich erbarm'! Laß dich unsre Noth bewegen, die wir dir vor Augen legen.

2. Wir sind nichts ohn' dich, Herr Jesu, hier ist lauter Finsterniß, dazu quälet uns gar heftig der vergift'te Schlangenbiß. Dieses Gift steigt zu dem Herzen, und verursacht stete Schmerzen.

3. Ach! ohn' dich, getreuer Jesu, schreckt der Teufel und die Höll', die Verdammniß macht mich zittern, da ich steh' auf dieser Stell', mein Gewissen ist erwachet, und der Abgrund flammt und krachet.

4. Ohne dich, herzliebster Jesu, kommt man nicht durch diese Welt; sie hat fast auf allen Wegen unsern Füßen Netz' gestellt; sie kann trotzen, sie kann heucheln, und hält uns mit ihrem Schmeicheln.

5. Ach! wie kraftlos, Herzens-Jesu, richten sich die Kranken auf; unsre Kraft ist lauter Ohnmacht in dem müden Lebenslauf. Denn man sieht uns, da wir wallen, öfters straucheln, öfters fallen.

6. Darum stärk' uns, liebster Jesu, sey in Finsterniß das Licht, öffne unsre Herzensaugen, zeig' dein freundlich Angesicht; strahl', o Sonn', mit Lebensblicken, so wird sich das Herz erquicken.

7. Tritt den Satan, starker Jesu, unter unsern schwachen Fuß. Komm zu deiner Braut gegangen, biet' ihr deinen Friedensgruß, daß sie Himmelsfreud' verspüre, und kein Leid sie mehr berühre.

8. Faß' uns an, o süßer Jesu, führ' uns durch die Pilgerstraß', daß wir auf den rechten Wegen gehen fort ohn' Unterlaß, laß uns meiden alle Stricke und nicht wieder seh'n zurücke.

9. Laß den Geist der Kraft, Herr Jesu, geben unserm Geiste Kraft, daß wir brünstig dir nachwandeln, nach der Liebe Eigenschaft. Ach, Herr, mach' uns selber tüchtig, so ist unser Leben richtig.

10. Dann wird Lob und Dank, Herr Jesu, schallen aus des Herzens Grund; dann wird Alles jubiliren, und dir singen

Herz und Mund. Dann wird auf der ganzen Erden Jesus hochgelobet werden.

Peter Lackmann.

Bußlied.

Psalm 143, v. 4. Mein Geist ist in mir geängstet.

In eigener Melodie.

70. Ach! was soll ich Sünder machen? ach! was soll ich fangen an? Mein Gewissen klagt mich an, es beginnet aufzuwachen; dies ist meine Zuversicht: meinen Jesum lass' ich nicht!

2. Zwar es haben meine Sünden meinen Jesum oft betrübt, doch weiß ich, daß er mich liebt, denn er läßt sich gnädig finden; drum ob mich die Sünd' anficht: meinen Jesum lass' ich nicht!

3. Ob zwar schweres Kreuz und Leiden, so bei Christen oft entsteht, mit mir hart darnieder geht; soll mich's doch von ihm nicht scheiden, zu ihm ist mein Herz gericht't: meinen Jesum lass' ich nicht!

4. Ich weiß wohl, daß unser Leben nichts als nur ein Nebel ist, denn wir hier zu jeder Frist mit dem Tode sind umgeben; doch, wenn auch mein Herz mir bricht: meinen Jesum lass' ich nicht!

5. Sterb' ich bald, so komm' ich abe von der Welt Beschwerlichkeit, ruhe bis zur vollen Freud', und weiß, daß im finstern Grabe Jesus ist mein helles Licht: meinen Jesum lass' ich nicht!

6. Durch dich will ich wiederleben, denn du wirst zu rechter Zeit wecken mich zur Seligkeit, die aus Gnaden du wirst geben; muß ich schon erst vor's Gericht: meinen Jesum lass' ich nicht!

7. Du, o Jesu, sollst mein bleiben, bis ich komme an den Ort, welcher ist des Himmels Pfort': wo du dann wirst einverleiben meine Seele deinem Licht: meinen Jesum lass' ich nicht!

Johann Flittner.

Liebe zu Gott.

Psalm 16, v. 5. Der Herr aber ist mein Gut und mein Theil, du erhältst mein Erbtheil.

Mel. Wer nur den lieben Gott ꝛc.

71. Ach! wenn ich dich, mein Gott, nur habe, nach Erd' und Himmel frag' ich nicht. Nichts ist, das meine Seele labe, als du, mein Gott, mein Trost und Licht! Rühmt sich die Welt mit ihrer Lust, ohn' dich ist mir kein Trost bewußt.

2. Soll Leib und Seele mir verschmachten, ich hoffe doch getrost auf dich; nichts will ich alle Plagen achten, an dir allein erquick' ich mich, regt sich auch alles wider mich, es bleibt dabei, ich liebe dich.

3. Hab' ich nur dich, so hab' ich Alles, was meine Seele wünschen kann; auch fürcht' ich mich gar keines Falles, liebst du mich nur, was ficht mich an? drum spricht mein Herz: du bist mein Theil, in dir ist meiner Seelen Heil.

Benjamin Schmolck.

Die Liebe Gottes.

1 Joh. 4, v. 16. Wir haben erkannt und geglaubet die Liebe, die Gott zu uns hat.

Mel. Jesus, meine Zuversicht.

72. Ach! wer giebt mir Worte her, Gottes Liebe recht zu preisen? dieses unerschöpfte Meer will mir einen Abgrund weisen, den ich nicht erforschen kann; ich seh' ihn erstaunend an.

2. Also, also! spricht der Mund, dem die Weisheit Zeugniß giebet, und macht durch dies Machtwort kund, daß Gott über alles liebet, und daß seine Liebestreu' so groß, als er selber sey.

3. Also hat er nun geliebt, eh' der Weltgrund ist geleget; und im Lieben sich geübt, eh' sich unser Herz beweget; so liebt er noch in der Zeit, so liebt er in Ewigkeit.

4. Doch was Wunder, wenn Gott liebt? er ist selber ja die Liebe, was ihm nun das Wesen giebt, reizt ihn auch zu solchem Triebe. Hier ist aller Liebe Quell, die strömt ewig rein und hell.

5. Aber Wunder g'nug dabei! denn er hat die Welt geliebet, die ihn, leider! ohne Scheu, tausendfältig hat betrübet. Ist wohl seine Feindinn werth, daß er ihre Gunst begehrt?

6. Und was hör' ich? seinen Sohn, den geliebten Eingebornen, sendet er vom Himmelsthron zur Erlösung den Verlornen, und macht diesen festen Schluß: daß er für sie sterben muß.

7. Ach! mein Herze kann sich nicht in so große Liebe finden; wenn mein Jesus also spricht, muß sich die Vernunft hie binden. Paulus schreibt mir gleichfalls für: o, was sind für Tiefen hier!

8. Nun, mein Gott! ich bin zu schwach, daß ich deine Huld ergründe; wenn ich auch gleich tausendfach dich zu lieben mich verbinde, wird's doch viel zu wenig seyn gegen deinen Gnadenschein.

9. Ich bin auch in dieser Welt, dein

Sohn

Sohn ist auch mir gegeben; wenn ihn nur mein Glaube hält, so ist er mein Heil und Leben; ich bin sein und er ist mein, wie kann ich verloren seyn?

10. Hat der Glaube solche Kraft, ach! so gieb mir wahren Glauben, der an deinem Sohne haft't, und sich ihn nicht lässet rauben, glaubt Jemand an Christum nicht, der ist wahrlich schon gericht't.

11. Soll es wahrer Glaube seyn, so muß er das Licht nicht hassen: drum laß Tugend mich erfreun, Bosheit laß mich ganz verlassen; Alles sey in Gott gethan, was ich thun und lassen kann.

12. Nun hab' ich ein Wort gehört: also hat mich Gott geliebet, und mir seinen Sohn verehrt, der mir Heil und Himmel giebet; und ich glaub' an ihn allein: also muß ich selig seyn.

Benjamin Schmolck.

Sehnsucht nach dem Himmel.

2 Corinth. 5, v. 2. Wir sehnen uns nach unserer Behausung, die vom Himmel ist, und uns verlanget, daß wir damit überkleidet werden.

Mel. Freu dich sehr, o meine Seele.

73. Ach! wer schon im Himmel wäre, liebster Gott, bei dir, bei dir, höre doch, mein Schöpfer, höre, und laß mich nicht länger hier. Ich muß ja seyn wo du bist, wo mein Schatz, mein Jesus ist. Ich muß aus dem Weltgetümmel; weil mein Tröster ist im Himmel.

2. Hier kann ich kein Gnüge finden, in der bösen Jammerwelt, denn sie ist ganz voller Sünden; ja ihr Wesen mir mißfällt. Neid, Verfolgung, Spott und Hohn giebet sie zum besten Lohn. Ach! du schnödes Weltgetümmel, wäre ich aus dir im Himmel!

3. Wie wohl wird mir doch geschehen, wenn ich immer die Gottheit kann in drei Personen sehen, und der Dreien Einigkeit. Wenn ich sehe Gott, das Licht, Gottes heilig Angesicht, o, wer aus dem Weltgetümmel bei Gott wäre dort im Himmel!

4. Keine Ruhe kann ich haben hier in dieser Zeitlichkeit. Wollen Geld und Gut mich laben, weg, weg mit der Eitelkeit! es ist doch nur Unbestand; ach heim, heim ins Vaterland, heim aus diesem Weltgetümmel zu der Ruhe in dem Himmel!

5. Dort kann mir kein Feind was schaden, keine Angst, Gefahr und Noth, denn ich bin in Gottes Gnaden, Gott in mir und ich in Gott da erreiche ich mein Ziel, alsdann will ich, was Gott will; darum weg du Weltgetümmel, ich erwähle mir den Himmel.

6. Krankheit, Hunger, Durst, Frost, Hitze, Sorge, Furcht und steter Streit machen, daß in Angst ich sitze, daß sich häufet Leid mit Leid; Alles aber höret auf, wenn ich ende meinen Lauf. O was bist du Weltgetümmel? Wäre ich bei Gott im Himmel!

7. Wie so lieblich wird es schallen, wenn ich das Halleluja singe mit den Engeln allen! O wer doch schon wäre da! Laß indeß mein's Herzens Schrein, mein Gott, deinen Himmel seyn: führ' mich aus dem Weltgetümmel, dich zu rühmen in dem Himmel.

8. Bin ich etwa hier in Freuden, so ist Trauern wohl nicht weit; Freude aber ohne Leiden ist dort in der Ewigkeit. Weiche, Unvollkommenheit! Droben ist die Seligkeit. Gute Nacht, du Weltgetümmel, Eins und Alles ist im Himmel.

9. Soll und muß ich aber wandeln länger noch in dieser Zeit, so hilf mir stets christlich handeln, mein Gott, mache mich bereit. Weis' mir wie ich leben soll, wie ich sterbe sanft und wohl, und laß dieses Weltgetümmel mich nicht wenden von dem Himmel.

10. Weil du hier mir bist im Herzen, so bin ich im Himmel zwar, aber mein Herz macht mir Schmerzen, es ist bös' und wandelbar, darum will ich sündenlos lieber bald in deinen Schooß. Ach! nimm aus dem Weltgetümmel mich zu dir: du bist mein Himmel.

11. Strecke deine Arm' und Hände zu mir aus, ich will hinein; komm mein Bräut'gam, komm behende, ich will deine seyn allein: schenk du alle Sünden mir, öffne mir die Himmelsthür, ich bin aus dem Weltgetümmel, in der Hoffnung, schon im Himmel.

Ludomilia Elisabeth,
Gräfin zu Schwarzburg-Rudolstadt.

Die klügste Wahl.

1 Corinther 7, v. 31. Das Wesen dieser Welt vergehet.

Mel. Nun ruhen alle Wälder.

74. Ach, wer wollt' doch dein Wesen, verhaßte Welt, erlesen? wer deine Wollust liebt, steht nicht bei Gott in Gnaden, setzt seine Seel' in Schaden, und bleibet ewiglich betrübt.

2. Eins hab' ich mir erwählet, ohn' das mir Alles fehlet, das ist, Herr Jesu Christ,

dein Blut und deine Wunden, sie schau' ich alle Stunden, sie sind's, die nie mein Herz vergißt.

3. Bei allem Kreuz und Schmerzen, die heimlich meinem Herzen oft sehr empfindlich seyn, find't die gepreßte Seele das süß'ste Lind'rungsöle, in deinen Wunden, Blut und Pein.

4. Geht's nicht wie ich verlange, macht meiner Seelen bange die Welt, Sünd' Fleisch und Blut, will oft mein Geist verzagen, so machet alle Plagen dein Blut und heil'ge Wunden gut.

5. Herr Jesu, mein Vergnügen! laß in den letzten Zügen, auch deine Wunden roth, mein armes Herz ergötzen, so werd' ich ohn' Entsetzen entgegen gehn dem bittern Tod.

M. Arnold Heinrich Sahme.

Sehnsucht nach dem Himmel.

2 Timotheum 4, v. 18. Der Herr aber wird mich erlösen, von allem Uebel und aushelfen zu seinem himmlischen Reich.

Mel. Wer nur den lieben Gott rc.

75. Ach wie entzückt war meine Seele; mein Auge ging nach dort hinauf. Kein Erdengut ich nun erwähle, zum Himmel geht der Wünsche Lauf: was auch die Welt für Lust verspricht, des Herzens Sehnen stillt sie nicht.

2. Denn Jammer ist's auf allen Seiten, womit sie ihre Kinder letzt. Was sie umfaßt in ihren Weiten das gläub'ge Herz es nie ergötzt. Umhüllet, bietet sie den Tod und stürzet uns in ew'ge Noth.

3. Drum kann, drum soll mein ein'ges Hoffen nach Jenseits nur gerichtet seyn. Mein Glaube sieht den Himmel offen, dringt in der Gottheit Tiefen ein. Ich schau', was nie ein Aug' geseh'n, und was mir dort wird Gut's gescheh'n.

4. Ich seh' den Herrn, der mich geführet nach unerforschlich weisem Rath. Umfass' die Hand, die mich berühret, daß ich verließ der Sünde Pfad; die Hand, die einst durchgraben war, bringt mir dort Lebenskronen dar.

5. O Herr! was kann die Erde haben, das mich an sie gefesselt hielt! Nein, nein, selbst ihre reichsten Gaben des Herzens Sehnsucht nicht erzielt: dort, dort, wo du, mein Jesus bist, dort, dort mein Ein und Alles ist.

6. Allein ich walle noch auf Erden, und kämpfe, Herr, auf dein Geheiß, mit vielen Sünden und Beschwerden; doch, daß ich streite dir zum Preis, gieb Kräfte mir von deinem Thron, zeig' mir im Kampf die Siegeskron'.

7. Ich weiß, du wirst von allem Bösen, von aller Sünde und Gefahr, aus Gnaden, mich, mein Heil, erlösen, und führen zu der Sel'gen Schaar, wo man dir reine Opfer bringt und ewig Halleluja singt.

8. Herr Jesu, laß es doch geschehen, mein Herz verlangt so heiß dahin; dich, deine Herrlichkeit zu sehen ist mir der köstlichste Gewinn: zu lang, zu lang wird mir die Zeit, vollende mich, mach' mich bereit.

E. C. G. Langbecker.

Sterbens-Freudigkeit.

2 Corinth. 5, v. 8. Wir sind aber getrost, und haben vielmehr Lust außer dem Leibe zu wallen und daheim zu seyn bei dem Herrn.

Mel. Freu' dich sehr, o meine Seele.

76. Ach! wie freu' ich mich zu sterben, wenn es meinem Gott gefällt; denn es ist nichts als Verderben in der elendvollen Welt. Unser Leben ist voll Leid, voller Thränen unsre Zeit. O wie selig, wer gestorben, der hat ew'ges Heil erworben.

2. Oefters sucht man ein Vergnügen, und trifft doch nur Jammer an, was sich soll zur Freude fügen, führt uns auf die Dornenbahn. Alle Lieb' und Treu' ist todt, und statt derer wird die Noth alle Stunden neu geboren, daß wir ganz zur Pein erkohren.

3. Lieber Gott, mach' es ein Ende, wenn es gut und selig ist, reiche mir die Vaterhände in der letzten Todesfrist. Ach, wie wohl wird mir doch seyn, wenn ich werde schlafen ein! doch soll es noch länger währen, wirst du, Herr, Geduld bescheren.

Benjamin Schmolck.

Die Gnade Gottes.

2 Corinth. 9, v. 15. Gott aber sey Dank für seine unaussprechliche Gabe.

Mel. Ach! was soll ich Sünder machen?

77. Ach wie groß ist deine Gnade, du getreues Vaterherz, daß dich unser Noth und Schmerz, daß dich aller Menschen Schade hat erbarmet väterlich, uns zu helfen ewiglich.

2. Du hast uns so hoch geliebet, daß der Mensch soll aller Pein frei, und ewig selig seyn, daß dein Sohn sich selbst hingiebet, und beruft uns allzumal zu dem großen Abendmahl.

3. Ja dein werther Geist bezeuget durch dein' Tauf' und Abendmahl, unser Heil im Himmelssaal, der die Herzen zu dir neiget, weil er uns den Glauben schenkt, daß uns Höll' und Tod nicht kränkt.

4. Weil die Wahrheit nicht kann lügen, will ich dir vertrauen fest; weil du keinen je verläss'st, weil dein Wort nicht kann betrügen, bleibt mir meine Seligkeit unverrückt in Ewigkeit.

5. Lob sey dir für alle Gnade, du getreues Vaterherz, daß dich meine Noth und Schmerz, daß dich auch mein Seelenschade hat erbarmt so väterlich, drum lob' ich dich ewiglich. D. Johann Olearius.

Der Gruß unsers Jesu.

Joh. 20, v. 21. Da sprach Jesus abermal zu ihnen: Friede sey mit euch!

Mel. Gott des Himmels und der Erden.

78. Ach, wie lieblich sind die Füße, welche durch die Thüren gehn! ach, wie klingt das Wort so süße, das die Jünger jetzt verstehn. Ist der Gruß nicht freudenreich? Friede, Friede sey mit euch!

2. Komm, du angenehmer Bote, weil mich auch nach Friede dürst't, du bist nun nicht mehr der todte, sondern der lebend'ge Fürst. Aber ich bin todt für dich, darum, ach! belebe mich.

3. Grüße mich mit deinem Munde, der in deinem Worte spricht; schließ' mich aus dem Gnadenbunde deiner lieben Jünger nicht; trag' du reine Taube du! mir des Friedens Oelblatt zu.

4. Zwar ich sollte wohl erschrecken, weil ich nicht des Friedens werth, und viel Sünden in mir stecken, die mich von dir abgekehrt; ach! mein Glaub' ist gar zu klein, wie kann Frieden in mir seyn?

5. Doch du zeigest mir die Siegel deiner blut'gen Wunden her, und ich seh' in diesem Spiegel keinen Zorn und Feindschaft mehr. Händ' und Füße stellen mir lauter Siegeszeichen für.

6. War noch Zweifel dort zu merken, speisen deine Jünger dich. Willst du meinen Glauben stärken, ach so speise lieber mich; es giebt mir dein Gnadentisch mehr als Honigseim und Fisch.

7. Lehr' mich Mosen, die Propheten, und die Psalmen recht verstehn; also mußte man dich tödten, und du mußtest auferstehn; Alles, was sie vorgebild't, das ist auch an dir erfüllt.

8. Laß mich deinem Worte trauen, weil es so wahrhaftig ist, und mich Felsen darauf bauen, trotzen aller Feinde List; denn dein Name muß allein mein gewisses Amen seyn.

9. Wenn die Predigt von der Buße, auch in meinen Ohren tönt; ach, so wirf mich dir zu Fuße, bis ich mit dir ausgesöhnt; schenk', o Herr, mir deine Huld, die Vergebung meiner Schuld.

10. Ging die Predigt deiner Jünger von Jerusalem erst an; ach, so sind wir nicht geringer, weil man bei uns hören kann, wie dein Ruf so gnadenreich: Friede, Friede sey mit euch! Benjamin Schmolck.

Christus, unsere Zuflucht.

Jesaia 44, v. 22. Ich vertilge deine Missethat wie eine Wolke, und deine Sünde wie den Nebel. Kehre dich zu mir, denn ich erlöse dich.

Mel. O du Liebe meiner Liebe!

79. Ach, wo findet meine Seele, wenn ihr Mosis Donner blitzt, eine tiefe Felsenhöhle, da der Glaube sicher sitzt? Keine weiß ich, als die Wunden, die man meinem Heiland schlug: als er Mosis Fluch empfunden, als er meine Sünden trug.

2. Wer kann mir die Freistadt sagen, die dem Sünder offen steht, wenn er unter Furcht und Zagen, nach Errettung seufzend geht. Keine weiß ich, als die Wunden, welche Gottes Lamm empfing, das von Liebesmacht gebunden, in des Todes Arme ging.

3. Wohin soll ich mich verstecken? ach, wo treff' ich Kleider an, daß ich meine Schande decken, und vor Gott bestehen kann? Keine weiß ich, als die Wunden, die vom Haupte bis zum Fuß, meine Seel' an dem gefunden, der am Kreuz verbluten muß.

4. Aber meine Schuldenmenge, (denn sie sind wie Sand am Meer), bringt mich heftig in's Gedränge, schreit: wo kommt die Zahlung her? Keine weiß ich, als die Wunden, und sein Blut, das Lösegeld, Schuld und Rechnung ist verschwunden, er versöhnt die ganze Welt.

5. Weiß denn niemand eine Quelle, die den Durst des Herzens löscht, und den Wust der Sündenfälle ganz von meiner Seele wäscht? Keine weiß ich, als die Wunden, und des heil'gen Lammes Blut, ach, es labt mich alle Stunden, ach, es macht mich rein und gut.

6. Wo ist aber meine Hütte, Tag und Nacht daheim zu seyn, daß mein Herz sich

nicht zerrütte, sagt: wo geh' ich aus und ein? Keine weiß ich, als die Wunden, die der Herr dem Thomas wies; wer sich da hinein gefunden, hat ein ew'ges Paradies.

Ernst Gottlieb Woltersdorf.

Himmelfahrt Christi.

1 Petri 3, v. 22. Christus ist zur Rechten Gottes in den Himmel gefahren, und sind ihm unterthan die Engel, und die Gewaltigen, und die Kräfte.

Mel. Wie schön leucht't uns der Morgenstern.

80. Ach wundergroßer Siegesheld, du Sündenträger aller Welt, heut' hast du dich gesetzet zur Rechten deines Vaters Kraft, der Feinde Schaar gebracht zur Haft, bis auf den Tod verletzet. Mächtig, prächtig triumphirest, jubilirest; Tod und Leben ist, Herr Christ, dir untergeben.

2. Dir dienen alle Cherubim, viel tausend hohe Seraphim dich Siegesfürsten loben; weil du den Segen wiederbracht, mit Majestät und großer Pracht zur Freude bist erhoben; singet, klinget, rühmt und ehret den, so fähret auf gen Himmel, mit Posaunen und Getümmel.

3. Du bist das Haupt, hingegen wir sind Glieder, ja es kommt von dir auf uns Licht, Trost und Leben, Heil, Fried' und Freude, Stärk' und Kraft; ja, was dem Herzen Labsal schafft, wird uns von dir gegeben; bringe, zwinge, ew'ge Güte! mein Gemüthe, daß es preise, dir Lob, Ehr' und Dank erweise.

4. Zieh', Jesu, uns, zieh' uns nach dir, hilf, daß wir künftig für und für nach deinem Reiche trachten; laß unser Thun und Wandel seyn, daß wir mit Demuth geh'n hinein, all' Ueppigkeit verachten: Unart, Hoffart laß uns meiden, christlich leiden, wohl ergründen, wo die Gnade sey zu finden.

5. Sey, Jesu! unser Schutz und Schatz, sey unser Ruhm und fester Platz, darauf wir uns verlassen. Laß suchen uns, was droben ist, auf Erden wohnet Trug und List, es ist auf allen Straßen Lügen, Trügen, Angst und Plagen, die da nagen, die da quälen stündlich arme Christenseelen.

6. Herr Jesu! komm du Gnadenthron, du Siegesfürst, Held, Davids Sohn, komm, stille das Verlangen. Du, du bist allen uns zu gut, o Jesu, durch dein theures Blut, ins Heiligthum gegangen. Komm schier, hilf mir! denn so sollen, denn so wollen wir ohn' Ende fröhlich klopfen in die Hände. —

Ernst Christoph Homburg.

Sinnesänderung.

Güldnes A B C.

Römer 12, v. 2. Verändert euch durch Verneuerung eures Sinnes, auf daß ihr prüfen möget, welches da sey der gute, der wohlgefällige und der vollkommene Gotteswille.

Mel. Ringe recht, wenn Gottes Gnade.

81. Aendrung ist der Weg zum Leben; bitte, fahr' im Bitten fort! Christi Blut ist dir gegeben, dir gehört sein Geist und Wort.

2. Eile nur aus Sodom's Armen, fühle, wie die Sünde nagt. Glaube so an sein Erbarmen, halt' ihm vor, was er gesagt.
Psalm 27, v. 8.

3. Jesus will die Schuld erlassen, komm so, wie du bist, zum Licht; Liebe wird dich da umfassen, Milch und Wein ist zugericht't.
Jesaia 55, v. 1.

4. Nim̃ getrost, ja nimm's noch heute, *) öffne deinen Glaubensmund. **) Platz ist da in Jesu Seite. ***) Quält dich was, er macht gesund. ****)

*) Jes. 55, v. 1 — 3. **) Psalm 81, v. 11. ***) Lucas 14, v. 22. ****) Matthäi 9, v. 12.

5. Rein vor Gott, und los von Schmerzen, stark und neu macht Jesu Blut. Treue Liebe schafft's im Herzen, umgekehrt wird Herz und Muth. 2 Corinth. 5, v. 17.

6. Vest zu glauben, kämpfen, laufen, wachen, beten, leiden, ruh'n, Zeit und Stunden auszukaufen! A und O, das hilf mir thun!

Ernst Gottlieb Woltersdorf.

Die Gnade Gottes.

Galater 1, v. 2. Gnade sey mit euch, und Friede von Gott dem Vater, und unserm Herrn Jesu Christo!

Mel. Komm, o komm du Geist des Lebens.

82. All mein Wünschen geht auf Gnade, denn von Gnade lebet man, und mein Glaube nimmt gerade sie als angeboten an. Gott, mein Geist verlangt nach dir: deine Gnade sey mit mir!

2. Unaussprechlich ist die Gnade, die uns Sünder selig macht; so hat mich im Wasserbade Vater, Sohn und Geist bedacht. Und ich seufze nur nach ihr. Gottes Gnade sey mit mir!

3. Unaussprechlich ist die Gnade, daß der Vater mich geliebt, und mir auf dem Sündenpfade alle meine Schuld vergiebt. Vater, dein Kind ruft zu dir: deine Gnade sey mit mir!

4. Unaussprechlich ist die Gnade, daß der Sohn auch für mich starb, und im allerhöchsten Grade mir mein Heil mit Blut

erwarb. Jesu, mein Herz ruft zu dir: deine Gnade sey mit mir!

5. Unaussprechlich ist die Gnade, daß der Geist mich kräftig rührt, und mich auf dem Lebenspfade richtig zu dem Himmel führt. Darauf leb' und sterb' ich hier, Amen, Gnade sey mit mir!

M. Philipp Friedrich Hiller.

Von der Obrigkeit.

Römer 13, v. 1. Jedermann sey unterthan der Obrigkeit, die Gewalt über ihn hat. Denn es ist keine Obrigkeit, ohne von Gott; wo aber Obrigkeit ist, die ist von Gott verordnet.

Mel. Herr Christ, der ein'ge Gott's-Sohn rc.

83. All' Obrigkeit Gott setzet als seine Ordnung ein: wer sie nicht dafür schätzet, wird nicht ohn' Strafe seyn. Die Gottes Stell' verwalten, soll man in Ehren halten, der sie drum Götter*) nennt.

*) Psalm 82, v. 6

2. Was sie Amt's halber heißen, muß man nicht weigern sich; Gehorsams sich befleißen, sind sie gleich wunderlich. Gott kann ihr Herz bald lenken, daß sie doch einst bedenken, sie stehen unter Gott;

3. Daß sie von ihrem Leben, was hier durch sie geschicht, einst schwere Rechnung geben dort müssen vor Gericht: auf daß von ihnen werde die anvertraute Heerde geliebet und gepflegt.

4. Durch sie uns Gott verleihet Ruh', Sicherheit und Schutz; wir sind durch sie befreiet von böser Leute Trutz, es müssen, die uns hassen, uns doch zufrieden lassen, das schafft die Obrigkeit.

5. Darum auch ihr gebühret Schoß, Schatzung, Dienst und Pflicht: denn was ihr Amt mit-führet, wird dadurch ausgericht't, und soll man's auf Begehren, ohn' Murren und Beschweren, entrichten williglich.

6. Wenn man zu Dienst nur stehet vor Augen und zum Schein, daß man der Straf' entgehet, da ist das Herz nicht rein. Der hat ein gut Gewissen, deß Herz also beflissen, daß es die Obern liebt.

7. Ach Herr! verleih' uns allen, daß wir nach deinem Wort den Obern zu gefallen bereit seyn fort und fort, daß wir als treue Glieder dem Haupt seyn nie zuwider, das für uns sorgt und wacht.

8. Gott, der du uns gegeben getreue Obrigkeit, gieb ihr ein langes Leben, Glück, Fried' und Einigkeit; gieb auch die Kraft und Gnade, daß Sünde, Schaam und Schade durch sie werd' abgewandt.

Vorsehung.

Psalm 139, v. 16. Es waren alle Tage auf dein Buch geschrieben, die noch werden sollten, und derselben keiner da war.

Mel. Alle Menschen müssen sterben.

84. Alle meine Lebenstage schriebst du auf dein Buch, mein Gott! und zugleich die Last und Plage, jede Freude, jede Noth: was allhier mir stets begegnet, wenn dein Arm mich schlägt und segnet; Alles wähltest du für mich weislich, heilig, väterlich.

Fräulein v. Silberrad.

Vom Tode.

Sirach 41, v. 5. Fürchte den Tod nicht. Gedenke, daß es also vom Herrn geordnet ist über alles Fleisch, beide derer, die vor dir gewesen sind, und nach dir kommen werden.

In eigener Melodie.

85. Alle Menschen müssen sterben, alles Fleisch vergeht wie Heu; was da lebet muß verderben, soll es anders werden neu; dieser Leib, der muß verwesen, wenn er ewig soll genesen der so großen Herrlichkeit, die den Frommen ist bereit.

2. Darum will ich dieses Leben, wenn es meinem Gott beliebt, auch ganz willig von mir geben, bin darüber nicht betrübt. Denn in meines Jesu Wunden hab' ich schon Erlösung funden, und mein Trost in Todesnoth ist des Herren Jesu Tod.

3. Jesus ist für mich gestorben, und sein Tod ist mein Gewinn; er hat mir das Heil erworben, drum fahr' ich mit Freuden hin hier aus diesem Weltgetümmel in den schönen Gotteshimmel, da ich werde allezeit sehen die Dreieinigkeit.

4. Da wird seyn das Freudenleben, da viel tausend Seelen schon sind mit Himmelsglanz umgeben, dienen da vor Gottes Thron, da die Seraphinen prangen und das hohe Lied anfangen: heilig, heilig, heilig heißt Gott der Vater, Sohn und Geist.

5. Da die Patriarchen wohnen, die Propheten allzumal, wo auf ihren Ehrenthronen sitzet die gezwölfte Zahl;*) wo in so viel tausend Jahren alle Frommen hingefahren, da wir unserm Gott zu Ehr'n ewig Halleluja hör'n.

*) Offenb. Joh. 21, v. 12.

6. Ach! Jerusalem du Schöne! ach! wie helle glänzest du; ach, wie lieblich Lobgetöne hört man da in sanfter Ruh', o der großen Freud' und Wonne! jetzund gehet auf die Sonne, jetzund gehet an der Tag, der kein Ende nehmen mag.

7. Ach! ich habe schon erblicket diese große Herrlichkeit, jetzund werd' ich schön ge-

schmücket mit dem weißen Himmelskleid, mit der goldnen Ehrenkrone steh' ich da vor Gottes Throne, schaue solche Freude an, die kein Ende nehmen kann.

8. Nun hier will ich ewig wohnen; meine Lieben, gute Nacht! eure Treu' wird Gott belohnen, die ihr habt an mir vollbracht. Liebste Kinder und Verwandte, Brüder, Freunde und Bekannte, lebet wohl zu guter Nacht, Gott sey Dank! es ist vollbracht.

Johann Georg Albinus.

Danklied.

Psalm 100, v. 1. 2. Jauchzet dem Herrn, alle Welt. Dienet dem Herrn mit Freuden; kommt vor sein Angesicht mit Frohlocken.

Mel. Gott des Himmels und der Erden.

86. Alle Welt, was lebt und webet, und in Feld und Häusern ist, was nur Stimm' und Zung' erhebet, jauchze Gott zu jeder Frist, diene ihm; wer dienen kann, komm' mit Lust und Freud' heran.

2. Sprecht: der Herr ist unser Meister; er hat uns aus nichts gemacht, er hat unsern Leib und Geister an das Licht hervorgebracht. Wir sind seiner Allmacht Ruhm, seine Schaaf' und Eigenthum.

3. Gehet ein zu seinen Pforten, geht durch seines Vorhofs Gang; lobet ihn mit schönen Worten, saget ihm Lob, Preis und Dank; denn der Herr ist jederzeit voller Gnad' und Gütigkeit.

4. Gott des Himmels und der Erde, Vater, Sohn und heil'ger Geist, daß dein Ruhm bei uns groß werde, Beistand selbst und Hülf' uns leist'. Gieb uns Kräfte und Begier, dich zu preisen für und für.

Johann Franck.

Gott allein die Ehre.

Luc. 2, v. 14. Ehre sey Gott in der Höhe, und Friede auf Erden, und den Menschen ein Wohlgefallen.

In eigener Melodie.

87. Allein Gott in der Höh' sey Ehr' und Dank für seine Gnade, darum daß nun und nimmermehr uns rühren kann kein Schade, ein Wohlgefall'n Gott an uns hat, nun ist groß' Fried' ohn' Unterlaß, all' Fehd' *) hat nun ein Ende.

*) Feindschaft.

2. Wir loben, preis'n, anbeten dich, für deine Ehr' wir danken, daß du, Gott Vater ewiglich, regierst ohn' alles Wanken. Ganz unermess'n ist deine Macht, fort g'schieht, was dein Will' hat bedacht. Wohl uns des feinen Herren!

3. O Jesu Christ! Sohn eingebor'n deines himmlischen Vaters, Versöhner der'r, die war'n verlor'n, du Stiller unsers Haders, Lamm Gottes, heil'ger Herr und Gott, nimm an die Bitt' von unsrer Noth, erbarm' dich unsrer Aller!

4. O heil'ger Geist, du höchstes Gut, du all'rheilsamster Tröster, vor's Teufels G'walt fortan behüt' die Jesus Christ erlöset; durch große Mart'r und bittern Tod abwend' all' unsern Jamm'r und Noth, dazu wir uns verlassen.

Nikolaus Decius.

Vergebung der Sünden.

Römer 3, v. 25. Welchen Gott hat vorgestellt zu einem Gnadenstuhl, durch den Glauben in seinem Blut.

In eigener Melodie.

88. Allein zu dir, Herr Jesu Christ, mein' Hoffnung steht auf Erden, ich weiß, daß du mein Tröster bist, kein Trost mag mir sonst werden. Von Anbeginn ist nichts erkor'n, auf Erden war kein Mensch gebor'n, der mir aus Nöthen helfen kann, ich ruf' dich an, zu dem ich mein Vertrauen hab'.

2. Mein' Sünd'n sind schwer und übergroß, und reuen mich von Herzen, derselben mach' mich frei und los durch deinen Tod und Schmerzen, und zeig' mich deinem Vater an, daß du hast g'nug für mich gethan, so werd' ich frei der Sündenlast. Herr, halt' mich fest, wie du dies mir versprochen hast.

3. Gieb mir nach dein'r Barmherzigkeit den wahren Christenglauben, auf daß ich deine Süßigkeit mög' inniglich anschauen, vor allen Dingen lieben dich, und meinen Nächsten gleich als mich; am letzten End' dein' Hülf' mir send', damit behend' des Teufels List sich von mir wend'.

4. Ehr' sey Gott in dem höchsten Thron, dem Vater aller Güte, und Jesu Christ, sein'm liebsten Sohn, der uns all'zeit behüte, und Gott dem heiligen Geiste, der uns sein' Hülf' all'zeit leiste, damit wir ihm gefällig seyn, hier in der Zeit und einst auch in der Ewigkeit.

Johann Schneesing (Chiomusus).

Verzeihung und Versöhnlichkeit.

Luc. 6, v. 37. Vergebet, so wird euch auch vergeben.

Mel. Herr, ich habe mißgehandelt.

89. Allen, welche nicht vergeben, wirst du, Richter, nicht verzeih'n, trost-

los werden sie im Leben, trostlos einst im Tode seyn, unentladen ihrer Sünden, nimmer vor dir Gnade finden.

2. Wie dein Herz mit jedem Sünder väterliches Mitleid hat; wie der Freund der Menschenkinder selbst für seine Mörder bat; so soll auch der Christ verzeihen, und sich nicht der Rache freuen.

3. Wir geloben's dir mit Freuden: willig wollen wir verzeih'n; nie uns rächen, wenn wir leiden, nie zu dir um Rache schrei'n; vielmehr vor dein Antlitz treten, und für unsre Feinde beten.

4. Stärke Vater, alle Frommen, treu zu bleiben dieser Pflicht! Wenn wir in Versuchung kommen, so besiege sie uns nicht! laß sie uns gewaffnet finden, laß uns schnell sie überwinden.

5. Mach' in unserm ganzen Leben, deinem Sohn uns gleich gesinnt! sind wir willig zum Vergeben allen, die uns schuldig sind: so laß auch für unsre Sünden uns bei dir Vergebung finden.

6. Heil uns! Gott verzeiht uns Sündern, geh't nicht mit uns in's Gericht, nimmt uns auf zu seinen Kindern, zürnet mit uns ewig nicht. Laßt uns beten, laßt uns kämpfen, alle Rach' in uns zu dämpfen.

D. Balthasar Münter.

Sehnsucht nach Christo.

2 Corinth. 5, v. 9. Darum fleißigen wir uns auch, wir sind daheim, oder wallen, daß wir ihm wohlgefallen.

In eigener Melodie.

90. Allenthalben wo ich gehe, sitze, liege oder stehe, sehn' ich mich nach Jesu Christ, der für mich gestorben ist.

2. Von der bösen Welt zu scheiden, nach so vielem Kreuz und Leiden, wenn es ihm gefällig ist, bin ich fertig und gerüst't.

3. Wenn ich werde mit ihm leben, herrschen und in Freuden schweben, o wie selig werd' ich seyn bei den lieben Engelein!

4. Herzlich werd' ich mich erfreuen, wenn mich Christus wird erneuen, in den Himmel führen ein prächtig, stets bei ihm zu seyn.

5. Zung' und Herze wird da klingen, und dem Herren Jesu singen, ewig werd' ich stimmen ein mit den lieben Engelein!

6. Besser Leben werd' ich finden, ohne Tod und ohne Sünden. O wie selig werd' ich seyn bei den lieben Engelein!

D. Ahasverus Fritsch? —

Weihnachtslied.

Lucas 2, v. 13. Und alsobald war da bei dem Engel die Menge der himmlischen Heerschaaren, die lobeten Gott und sprachen: Ehre sey Gott in der Höhe.

Mel. Sollt' es gleich bisweilen scheinen.

91. Aller heil'gen Engel Chöre bringen Gott Lob, Preis und Ehre, weil der Heiland, Jesus Christ, uns zum Trost geboren ist.

2. Hirten, die die Nachricht hören, eilen, ihren Herrn zu ehren, welcher ihrer Väter Schaar schon vorlängst verheißen war.

3. Fromme Weisen aus den Heiden, bringen dem erfüllt mit Freuden knieend ihre Gaben dar, der auch ihr Erlöser war.

4. Alle, welche Gott vertrau'ten, auf sein Wort und Treue bau'ten, hörten das, was er gethan, lobensvoll und dankend an.

5. Sollten wir, die Christen heißen, uns nicht freudenvoll befleißen, Gottes Gnade zu erhöhn, die uns nicht läßt untergehn?

6. Denn auch uns, die sonst verloren, wurde Gottes Sohn geboren, auch zu uns erschallt das Wort: freut euch! hier ist unser Hort.

7. Auf! und laßt uns Christum ehren, unsern König, Gott und Herren! aller Wandel, aller Sinn geh' auf seine Ehre hin;

8. Daß wir unter Engel-Chören sein Lob ewig selig mehren, daß das Lied niemals vergeh': Ehre sey Gott in der Höh'!

Gebet.

Römer 8, v. 27. Der aber die Herzen forschet, der weiß, was des Geistes Sinn sey; denn er vertritt die Heiligen, nach dem, das Gott gefällt.

Mel. Ich hab' mein' Sach' Gott heimgestellt.

92. Allheiligster und werthster Geist, der der Betrübten Tröster heißt, mein Herze zagt, mein Muth ist klein, du kannst allein mein Trost und meine Stärke seyn.

2. Vollende selbsten meinen Lauf, fass' meine letzten Thränen auf, flamm meine letzten Seufzer an, vertritt mich dann, wann ich selbst nicht mehr beten kann.

3. Bewahre meinen Glauben fest, damit er Jesum nie verläßt. Er ist ja doch ein Werk von dir, erhalt' es mir, o Geist des Glaubens, für und für.

4. Ach lösch' nicht aus, was kaum noch glimmt, das Döchtlein, das auf Thränen schwimmt. Behüte mich an meinem Tod auch vor der Noth, die mir der Feind der Seelen droht.

5. Geht einst mein letztes Kämpfen an, gieb, daß ich Glauben halten kann; gieb, daß mein Herze nicht verzagt, auf Jesum wagt, was er dem Glauben zugesagt.

6. Ach wehre aller Ungeduld, dem Schrecken vor der Sünden Schuld; gieb, daß ich meinem Gott und Herrn von Herzen gern zum Tod gehorsam werden lern'.

7. Wann ich mein Leben schließen muß, gieb einen seligen Beschluß; mach' mich im Tod getrost und froh. Ich sterbe so auf Jesum, der mein A und O.

8. Bewahr' mich, bis ich bei dir bin, o Geist des Friedens! Muth und Sinn in Frieden, der in Jesu Christ viel höher ist, als menschliche Vernunft ermißt.

9. Erstirbt mein Beten mir im Mund, so laß doch in des Herzens Grund nur Jesum noch versiegelt stehn, daß ich mich sehn' nach Jesu dem Gekreuzigten.

10. Weil ich in Jesu leb' und bin, so sterb' ich auch auf Jesum hin, ich schlafe gern in Jesu ein; in ihm allein laß auch dies Beten Amen seyn. M. Phil. Fried. Hiller.

Vorsorge Gottes.

Sprüche Sal. 10, v. 22. Der Segen des Herrn machet reich ohne Mühe.

In eigener Melodie.

93. Alles ist an Gottes Segen und an seiner Gnad' gelegen, über alles Geld und Gut. Wer auf Gott sein' Hoffnung setzet, der behält ganz unverletzet einen freien Heldenmuth.

2. Der mich hat bisher ernähret und mir manches Gut bescheret, ist und bleibet ewig mein; der mich wunderlich geführet, und noch leitet und regieret, wird hinfort mein Helfer seyn.

3. Viel' bemühen sich um Sachen, die nur Sorg' und Unruh' machen, und ganz unbeständig sind. Ich begehr' nach dem zu ringen, was mir kann Vergnügen bringen, und man jetzt gar selten find't

4. Hoffnung kann das Herz erquicken, was ich wünsche, wird sich schicken, so es anders Gott gefällt. Meine Seele, Leib und Leben hab' ich seiner Gnad' ergeben, und ihm Alles heimgestellt.

5. Er weiß schon nach seinem Willen mein Verlangen zu erfüllen, es hat Alles seine Zeit. Ich hab' ihm nichts vorzuschreiben, wie Gott will, so muß es bleiben, wenn Gott will, bin ich bereit.

6. Soll ich hier noch länger leben, will ich ihm nicht widerstreben, ich verlasse mich auf ihn. Ist doch nichts, das lang' bestehet, alles Irdische vergehet, und fährt wie ein Strom dahin.

Es ist alles Euer.

1 Corinth 3, v. 21, 22. Es ist alles Euer; es sey das Leben oder der Tod, es sey das Gegenwärtige oder das Zukünftige; alles ist Euer.

Mel. Lobe den Herren, den mächtigen König rc.

94. Alles ist Euer, o Worte des ewigen Lebens! fühl' sie, Vertrauter des Mittlers, voll heiligen Bebens! Alles ist dein! irdischen Menschen allein tönen die Worte vergebens.

2. Göttliche Würde! entzückende Hoheit des Christen! ist er gleich dürftig, ein Waller in traurigen Wüsten, findet er gleich Thoren geachtet, und reich Sklaven von thierischen Lüsten:

3. Bleibt doch sein Auge gerichtet nach heiligen Höhen; Güter der Thoren, die sieht er im Sturme verwehen; aber er faßt, statt der vergänglichen Last, Güter, die nimmer vergehen. —

4. Alle Geschenke der Erde, die Menschen umgeben; Dinge, die künftig die Allmacht des Schöpfers erheben, Leben und Tod ist euch auf Gottes Gebot unter die Füße gegeben.

5. Alles ist Euer, ihr Christen! vom Heiligthum nieder schaut selbst der Mittler auf seine ihm ähnlichen Glieder freundlich und spricht, Frieden und Gnad' im Gesicht: Alles ist Euer, ihr Brüder!

6. Himmel und Erde und Welten und Sonnen und Meere, Geistergestalten, der Engel unzählige Heere, Alles ist dein, Bruder! o jauchze mit drein; singe des Ewigen Ehre.

7. Bist du oft elend, verlassen und krank und gefangen, rinnen die Zähren des Kummers von bläfferen Wangen; droben im Licht, freu' dich, da rinnen sie nicht! dort ist das Alte vergangen.

8. Singt denn, ihr künftigen Herrscher, im heiligen Feuer, eure erstaunliche Herrlichkeit, die euch so theuer Jesus erwarb, als er auf Golgatha starb. Amen! ja Alles ist Euer!

Christian Friedrich Daniel Schubart.

Das Leben in Christo.

Güldnes A B C.

Ebräer 9, v. 14. Wie vielmehr wird das Blut Christi, der sich selbst ohne allen Wandel durch den heiligen Geist Gott geopfert hat, unser Gewissen reinigen von den todten Werken, zu dienen dem lebendigen Gott.

Mel. Jesus, meine Zuversicht.

95. Alles sey dir Christi Blut. Bleibe immer in der Liebe, Christum kennen, das giebt Muth. Diene durch des Geistes Triebe, Eins nur Eins, sonst nichts ist noth. Fürchte recht von Herzen Gott.

2. Geh' im Glauben aus und ein: höre schnell der Wahrheit Lehren. Immer bleib' bei Ja und Nein. Komm, und laß dich ganz bekehren: lebe gern im Kreuzesreich. Meide, was dir schadet, gleich.

3. Nimm am innern Menschen zu, o, sey wach vom frühen Morgen. Prüfe deinen Stand der Ruh'. Quäle dich mit keinen Sorgen. Ringe, bete, lobe gern. Sieh bloß auf den lieben Herrn.

4. Treue wird allein gekrönt. Uebe dich im Glaubensleben. Von der Welt sey gern verhöhnt, Weisheit laß dir reichlich geben. Zieh' mich, Jesu, ganz zu dir, Alles, Alles bist du mir. Friedrich August Weihe.

Ergebung.

1 Petri 4, v. 19 Welche da leiden nach Gottes Willen, die sollen ihm ihre Seelen befehlen, als dem treuen Schöpfer in guten Werken.

Mel. O du Liebe meiner Liebe!

96. Alles sey dir übergeben, du sollst Rath und Helfer seyn. Weg und Wahrheit, süßes Leben, dir vertrau' ich mich allein. Deiner Weisheit Licht und Kräfte, deiner Allmacht starke Hand sind das Beste beim Geschäfte; dir weicht aller Widerstand.

2. Führst du mich, darf ich nicht wählen, und mein Ziel wird mir gewiß; Sorgen dürfen mich nicht quälen, mich schreckt keine Finsterniß. Geht es gleich durch manch Gedränge, siehst du doch den Ausgang schon, und dein Weg trägt in die Länge den erwünschten Sieg davon.

3. Deine Wahrheit kann nicht trügen, da du selbst die Wahrheit bist. Es wird mich dein Heil vergnügen, das durch dich verheißen ist. Du wirst pünktlich das erfüllen, was du mir versprochen hast. Du wirst mein Verlangen stillen, das dich bei dem Worte faßt.

4. Leben, leb' in meinem Herzen, Herr, durchdringe meinen Geist; du bist, der mich allen Schmerzen, und im Tod dem Tod' entreißt. Herr, ich bleib' in deinen Händen, ich seh' deiner Führung zu. Dein recht gnädiges Vollenden leitet mich zur sel'gen Ruh'.

Geduld und Vertrauen.

1 Petri 5, v. 10. Derselbige wird euch, die ihr eine kleine Zeit leidet, vollbereiten, stärken, kräftigen, gründen.

Mel. Herr, ich habe mißgehandelt.

97. Alles wird ein Ende nehmen, Gottes Gnade bleibt allein. Wohl mir, ich darf mich nicht grämen, Jesus lindert selbst die Pein. In dem Leben, in dem Sterben kann ich bei ihm nicht verderben.

2. Auf ihn werf' ich Noth und Sorgen, er nimmt alles gnädig an. Seine Hand zeigt jeden Morgen, was die Liebe wirken kann. In dem Leben, in dem Sterben kann ich bei ihm nicht verderben.

3. Gnad' und Wahrheit schützt die Seinen, er ist ihnen Sonn' und Schild, er, der das verborg'ne Weinen und des Glaubens Sehnen stillt. In dem Leben, in dem Sterben kann ich bei ihm nicht verderben.

4. Endlich kommt die frohe Stunde, die ein ew'ges Leben bringt, da man von dem Gnadenbunde das erwünschte Loblied singt. In dem Leben, in dem Sterben kann ich bei ihm nicht verderben.

Frommer Kinder Gottes tägliches A B C.

1 Corinth. 12, v. 31. Strebet aber nach den besten Gaben.

Mel. Nun laßt uns den Leib begraben.

98. Allmächtiger, barmherz'ger Gott! dir klag' ich alle meine Noth, mein sehnlich-Flehen geht zu dir: sey auch mit Gnad' und Huld bei mir.

2. Bei dir ist ja viel Gnad' und Huld, auf solche wart' ich mit Geduld; ich warte mit Geduld auf dich, erbarm', erbarm' dich über mich.

3. Creuz, kreuzige, ja kreuz'ge ihn! dahin geht meiner Feinde Sinn. Das Kreuze ist mir zwar sehr gut: es hemmet meinen frechen Muth!

4. Doch wenn ich gleichwohl bitten mag, so laß den angenehmen Tag des Heiles mir nicht ferne seyn; schließ' mich in deine Obhut ein.

5. Errette mich, Herr Jesu Christ! aus Satans großer Macht und List, dämpf' auch in mir den innern Feind: damit ist Fleisch und Blut gemeint.

6. Führ' mich zu deines Wortes Licht; so gleiten meine Füße nicht: zur linken und zur rechten Hand hilf mir stets leisten Widerstand.

7. Gieb mir des Glaubens Festigkeit, vertreib' den Schlaf der Sicherheit; gieb mir ein dir gelass'nes Herz, lenk' meinen Sinn stets himmelwärts.

8. Hab' ich bisher nicht recht gethan, so führ' du mich zur Bess'rung an; verhüte alles Aergerniß, und mache meinen Gang gewiß.

9. Ich bin, o Jesu Gottes Sohn! sonst nichts als Asche, nichts als Thon, belebe mich durch deinen Geist, der heilig und ein Tröster heißt.

10. Komm heil'ger Geist, erleuchte mich, komm in mein Herz und tröste mich: denn hab' ich und behalt' ich dich, so leb' und sterb' ich seliglich.

11. Laß mich der Trübsal widerstehn, und fleißig an die Arbeit gehn; auch bringe du mir selber bei, daß ich zum Sterben fertig sey.

12. Mein Herr und Gott! mein sich'rer Hort, mein Herze hält sich an dein Wort, bei dir ist beides, Rath und That, wohl dem, der dich zum Freunde hat.

13. Nach dir allein, Immanuel! bestreb' ich mich mit Leib und Seel', du allerheilig schönstes Bild, du Schmuck der Seelen, Sonn' und Schild!

14. O wär' ich doch stets drauf gericht't, daß ja mein Wandel recht und schlicht zu deines Namens Lob und Ehr' geführet würd' je mehr und mehr.

15. Prüf' und erfahre, wie ich's mein', treib' ferne weit den Heuchelschein; treib' jede schädliche Begier nach Reichthum, Ehr' und Lust von mir.

16. Quält sich mein Herz noch gern mit dem, was diesem Abgott angenehm, so stelle du mir die Gefahr von solchem Dienst recht sichtbar dar.

17. Regiere mich nach deinem Sinn, daß ich nie weltgesinnet bin. Regier' Herz', Augen, Händ' und Fuß, so oft ich hier noch wallen muß.

18. Schilt doch in mir die Eitelkeit, wie auch die schnöde Sicherheit, da man ja trägt des Satans Joch, so lang' man dient der Sünde noch.

19. Theil' mir, nach Salomonis Bitt', auf dieser Welt nur so viel mit, als mir dein Wille zugedacht; so schreckt mich keine Sorgen-Nacht.

20. Verhüte bei mir Sünd' und Schand'; halt' über mir dein' rechte Hand; verhüte Schrecken, Furcht und Graus; bewahr' das Land, die Stadt, das Haus.

21. Wend' Unfall ab, kann's anders seyn, wo nicht, so geb' ich mich darein: wer sich der Zücht'gung nicht ergiebt, der wird durch deinen Zorn betrübt.

22. Xystarchens*) Sieg und dessen Ruhm sey stets in meinem Christenthum, in dieser sehr verderbten Welt mir zur Ermunt'rung vorgestellt.

*) Bedeutet: Aufseher einer Baumpflanzung (in den Acten der Martyrer), bildlich von Christus gebraucht.

23. Ye läng'r je mehr mach' mich geschickt, daß mir der Christen Kampf wohl glückt, hilf, daß ich mich stets nüchtern halt', denn die Gefahr ist mannigfalt.

24. Zuletzt, gedenk' ich an den Sarg, mach' mich alsdann im Glauben stark, so ist die letzte Todesnoth der erste Schritt zu dir, mein Gott.

Kaspar Neumann.

Bei großer Kälte.

Psalm 147, v. 17, 18. Er wirft seine Schlossen wie Bissen; wer kann bleiben vor seinem Frost? Er spricht, so zerschmelzet es; er lässet seinen Wind wehen, so thauet es auf.

Mel. Herr Jesu Christ! ich weiß gar wohl.

99. Allmächtiger blick' auf uns her, auf uns gebeugte Sünder! wir sind in Noth, du Gnädiger! erhör' uns deine Kinder; von Furcht und Kälte zittern wir; laß uns Barmherzigster! bei dir durch Christum Rettung finden.

2. Von Frost und Kälte starrt das Land, und Vieh und Menschen schauern. Hilf uns durch deine Vaterhand, daß wir nicht zagend trauern! laß bald gelinde Winde weh'n und keine Flur noch öde steh'n; sonst möcht' uns Mangel drücken.

3. Gebirge, Herr, zerschmelzen ja wie Wachs vor deinem Hauchen; sprich nur, so ist gleich Hülfe da, gethau'te Felder rauchen; enteis't sind Gärten, Wald und Feld, und jede Flur wird wohlbestellt, uns Dürftige zu nähren.

4. Wie fesselt deine Hand mit Eis die Felder, Bäch' und Flüsse! o schmelze sie durch dein Geheiß, daß niemand darben müsse! Versorg' uns stets mit Mehl und Brot, und wehre doch der Hungersnoth, ernähr' uns in der Theurung.

5. Laß weder Menschen, Vieh noch Frucht von Frost beschädigt werden; wer kalt und nackend Hülfe sucht, dem lind're die Beschwerden; gieb Allen ein mitleidig Herz, daß sie der Brüder Noth und Schmerz durch treuen Beistand mildern.

6. Der du dem Vieh sein Futter giebst, und Reif wie Asche streuest, als Kinder uns in Christo liebst, und gern in Noth erfreuest, erhöre deiner Kinder Fleh'n, damit wir bald die Hülfe seh'n! du hast es ja versprochen.

Gebet eines schwer Geprüften.

Psalm 38, v. 4. Es ist nichts Gesundes an meinem Leibe vor deinem Drohen, und ist kein Friede in meinen Gebeinen vor meiner Sünde.

Mel. Christus, der ist mein Leben.

100. Allmächtiger Erbarmer! erbarme meiner dich! ein schwer beladner Armer ruft: Herr! erhöre mich!

2. Ohnmächtig muß ich liegen, mein Elend kennest du; wer kann's, als du, besiegen? dir eilt mein Glaube zu.

3. Zwar kann ich dich nicht sehen; doch glaub' ich kindlich dir; und darf so herzlich flehen, als ständest du vor mir!

4. Wie manches Kranken Hütte betratst du auf sein Fleh'n? und meines Glaubens Bitte, die solltest du verschmäh'n?

5. Nein, Heiland aller Zeiten, du Hülf' in jeder Noth! die deiner je sich freuten, erfuhren dich als Gott.

6. In meinem Elend freuen will ich mich täglich dein, und immer froher schreien: erbarm', erbarm' dich mein!

7. Nie will ich muthlos klagen; auf dich nur will ich schau'n, und jede Bürde tragen mit kindlichem Vertrau'n!

8. Mit jedem Odem kleiner wird meine Leidenslast; mit jedem Pulsschlag reiner ein Herz, das dich umfaßt.

9. Wie viel schon ist verschwunden, kommt ewiglich nicht mehr; die Zahl der Leidensstunden ist kein unendlich Heer.

10. Der Bangigkeiten bängste macht mir nicht ewig bang. Der Schmerzens-Nächte längste scheint nur, und währt nicht lang.

11. Und wie viel stille Stunden entfliehen unbemerkt, wenn ich im Geist empfunden, daß deine Hand mich stärkt.

12. Blick' ich mit Glaubensblicken aus meiner Nacht empor; du eilst mich zu erquicken, und neigst zu mir dein Ohr.

13. Wenn ich dir Jesus gleiche an glaubender Geduld, erhebt zu deinem Reiche mich deine Kraft und Huld.

14. Laß mich, mein Fels, nicht wanken! und weichen nicht von dir! Gieb göttliche Gedanken, Gedankenschöpfer, mir!

15. Bis an der Prüfung Ende sey deine Huld mein Stab! und schließt mein Aug' sich, sende mir Engel, Herr, herab!

16. Auf ihren Armen schweben will ich empor zum Licht, und, lauter Licht und Leben, dann schau'n dein Angesicht;

17. Dich schau'n und niederfallen mit Dank erfüllter Brust; mit den Erlös'ten allen zerfließen dann in Lust.

Joh. Kaspar Lavater.

Morgenlied.

Weisheit Salomonis 16, v. 28. Auf daß kund würde, daß man, ehe die Sonne aufgehet, dir danken solle, und vor dich treten, wenn das Licht aufgehet.

Mel. Aus meines Herzens Grunde.

101. Allmächtiger, ich hebe mein Aug' empor zu dir. Preis dir, durch den ich lebe, und neuer Dank dafür! Herr, deine Huld ist groß, und niemals hat das Lallen des Dankes dir mißfallen, das aus dem Herzen floß.

2. Daß nicht im tiefen Schlummer des Lebens Docht verlischt, und daß mich frei von Kummer, ein sanfter Schlaf erfrischt, dies dank' ich deiner Macht und deiner Vatertreue. Durch sie bin ich auf's Neue mit heiterm Muth erwacht.

3. Beschützer unsrer Seelen! ich traue stets auf dich. Was soll ich für mich wählen? O, wähle du für mich! gieb, was mir nützlich ist. Gott, dem ich alles danke, mich stärke der Gedanke, daß du stets um mich bist.

4. Er stärke mich, mit Freuden zu thun, was dir gefällt; er tröste mich im Leiden; und will die Lust der Welt mich jemals nach sich zieh'n; helf' er mein Herz bewahren, helf' er mir die Gefahren der Sünde seh'n und flieh'n.

5. Beglücke du die Meinen nach deiner Gütigkeit. Verlaß der Armen keinen; wend' alles Herzeleid. Du willst zwar gern erfreu'n, eilst allen beizustehen; doch soll der Liebe Flehen dir auch gefällig seyn.

6. Gott, dem ich angehöre, dein Friede ruh' auf mir, mein Seufzen, meine Zähre, Erbarmer, sind vor dir. Deß soll

mein Herz sich freu'n. Wer dir nicht trau't, der bebe; ich sterbe oder lebe, so bin ich ewig dein. Christoph Friedrich Neander.

Jesus am Kreuze.

Apostel-Gesch. 26, v. 22. 23. Ich sage nichts außer dem, das die Propheten gezeuget haben, daß es geschehen sollte, und Moses, daß Christus sollte leiden.

Mel. Wachet auf, ruft uns die Stimme.

102. Als am Kreuz der Herr gehangen, und in das Heiligste gegangen, bracht' er sein eigen Blut dahin. O vollkommenes Versöhnen! die, so ihn kreuzigen und höhnen, vertritt sein treuer Priestersinn. Ach ich, ich höhnte dich, ach bitte du für mich, o mein Jesu! vergieb, verzeih', und sprich mich frei, daß ich dir herzlich dankbar sey.

2. O wahrhaftiger Versprecher! wie tröstlich sprachst du zu dem Schächer: „heut' kommst du mit mir, wo ich bin." Denke auch an mich, mein König, ich bitte dich ganz unterthänig, denk' auch an mich, als wie an ihn. Im letzten Kampf und Lauf schließ' mir den Himmel auf, Himmels-Jesu, dein Wort ist süß, mach's mir gewiß, so dank' ich dir im Paradies.

3. Noch in deiner letzten Stunde befahlest du mit treuem Munde Johanni deine Mutter an. Dir bin ich ja unverborgen, du wirst im Kreuz auch für mich sorgen, wenn mich fast niemand trösten kann. Ich bin dir auch bekannt, dir auch mit Blut verwandt, Heiland, Jesu! ich danke dir in Kreuz noch hier, und einst in deinem Reich dafür.

4. Du schrei'st noch vor dem Erblassen: „mein Gott, mein Gott! ich bin verlassen, und ach, warum verläß'st du mich?" Ach! laß doch in letzten Zügen, mein Gott! mich nicht verlassen liegen, denn ohne dich vergehe ich. Sprich in der Todesnoth, du seyest noch mein Gott. Helfer, Jesu! der Trost ist doch unendlich hoch, mein letztes Seufzen dankt dir noch.

5. Dein Durst war recht ungewöhnlich, mein Heil! wie hat dich doch so sehnlich nach meiner Seligkeit gedürst't. Ach! dein Durst sey nicht vergebens, gieb, daß du mir zum Brunn des Lebens mit deinen Wunden-Quellen wirst, ein Brunn, der Alles stillt, der in den Himmel quillt. Lebens-Jesu! erquicke mich, so preis' ich dich für dies dein Dürsten ewiglich.

6. Da du nun genug zerflossen, genug dein theures Blut vergossen, so riefest du: „es ist vollbracht!" Deine Gnad' ist nun verkündigt, das menschliche Geschlecht entsündigt, der Feind ist zum Triumph gemacht, nichts fehlt nun, welche Freud'! zu meiner Seligkeit. Bürge, Jesu! du bist mein Ruhm, dein Eigenthum dankt für das Evangelium.

7. Deiner Worte Schluß am Ende war: „Vater! nun in deine Hände befehl' ich sterbend meinen Geist;" daß daher durch dies dein Sterben nun Alles für die Himmels-Erben bezahlt, gebüßt, versiegelt heißt. So ist durch Tod und Grab denn alles Todte ab. Sel'ger Jesu! ich bin erfreut, in Ewigkeit mach' mich zu deinem Dank bereit.

Abendmahl.

1 Corinth. 11, v. 23—25. Denn der Herr Jesus in der Nacht, da er verrathen ward, nahm er das Brot, dankete und brachs, und sprach: Nehmet, esset, das ist mein Leib, der für euch gebrochen wird, solches thut zu meinem Gedächtniß. Desselbigen gleichen auch den Kelch nach dem Abendmahl, und sprach: Dieser Kelch ist das neue Testament in meinem Blut: solches thut, so oft ihrs trinket, zu meinem Gedächtniß.

Mel. Ich dank' dir schon durch deinen Sohn.

103. Als Jesus Christus in der Nacht, darin er ward verrathen, auf unser Heil war ganz bedacht, dasselbe zu erstatten,

2. Da nahm er in die Hand das Brot, und brach's mit seinen Fingern, sah auf gen Himmel, dankte Gott und sprach zu seinen Jüngern:

3. „Nehmt hin und ess't, das ist mein Leib, der für euch wird gegeben, und denket, daß ich euer bleib' im Tod und auch im Leben."

4. Desgleichen nahm er auch den Wein im Kelch, und sprach zu allen: „nehmt hin und trinket insgemein, woll't ihr Gott wohlgefallen;

5. Hier geb' ich euch mein theures Blut im Kelche zu genießen, das ich für euch und euch zu gut am Kreuz' jetzt werd' vergießen. — —

6. Das macht euch aller Sünden frei, daß sie euch nicht mehr kränken, so oft ihr's thut sollt ihr dabei an meinen Tod gedenken."

7. O Jesu, dir sey ewig Dank für deine Treu' und Gaben, ach laß durch diese Speis' und Trank auch mich das Leben haben.

Johann Heermann.

Die Liebe Gottes.

Römer 5, v. 8. Darum preiset Gott seine Liebe gegen uns, daß Christus für uns gestorben ist, da wir noch Sünder waren.

Mel. Ermuntre dich, mein schwacher Geist.

104. Also hat Gott die Welt geliebt, (das merke wer es höret) die Welt, die Gott so hoch betrübt, hat Gott so hoch geehret, daß er sein'n eingebor'nen Sohn, den ein'gen Schatz, die ein'ge Kron', das ein'ge Herz und Leben, mit Willen hingegeben.

2. Ach wie muß doch ein ein'ges Kind bei uns hier auf der Erden, da man doch nichts als Bosheit find't, so sehr geschonet werden, wie hitzt, wie brennt der Vatersinn, wie giebt und schenkt er Alles hin, eh' als er an das Schenken des Ein'gen nur will denken.

3. Gott aber schenkt aus freiem Muth, und treuem, mildem Herzen, sein ein'ges Kind, sein schönstes Gut, in mehr als tausend Schmerzen. Er giebt ihn in den Tod hinein, ja in die Höll' und große Pein; zu unerhörten Leiden, erwirbt uns ew'ge Freuden.

4. Warum doch das? Daß du, o Welt! frei wieder möchtest stehen, und durch ein theures Lösegeld aus deinem Kerker gehen. Denn du weißt wohl, du schnöde Braut, wie, da dich Gott ihm anvertraut, du, wider deinen Orden, ihm allzu untreu worden.

5. Darüber hat dich Sünd' und Tod, und Satanas Gesellen zu bittrer Angst und harter Noth beschlossen in der Höllen. Und hier ist ja kein andrer Rath, als der, den Gott gegeben hat; wer den hat, wird dem Haufen der Höllenfeind' entlaufen.

6. Gott hat uns seinen Sohn verehrt, daß aller Menschen Wesen, so mit dem ew'gen Fluch beschwert, durch diesen soll genesen: wen die Verdammniß hat umschränkt, der soll durch den, den Gott geschenkt, Erlösung, Trost und Gaben des ew'gen Lebens haben.

7. Ach mein Gott! meines Lebens Grund, wo soll ich Worte finden? mit was für Lobe soll mein Mund dein treues Herz ergründen? wie ist dir immermehr geschehn? was hast du an der Welt ersehn, daß, die so sehr dich höhnet, du so gar hoch gekrönet?

8. Warum behielt'st du nicht dein Recht, und ließest ewig pressen diejen'ge, die dein Recht geschwächt, und freventlich vergessen? Was hattest du an der für Lust, von welcher dir doch war bewußt, daß sie für dein Verschonen dir schändlich würde lohnen?

9. Das Herz im Leibe weinet mir vom großen Leid und Grämen, wenn ich bedenke, wie wir dir so gar schlecht uns bequemen. Die Meisten wollen deiner nicht, und was du ihnen zugericht't durch deines Sohnes Büßen, das treten sie mit Füßen.

10. Du, frommer Vater, meinst es gut mit allen Menschenkindern, du ordnest deines Sohnes Blut, und reichst es allen Sündern, willst, daß sie mit der Glaubenshand das, was du ihnen zugewandt, sich völlig zu erquicken, fest in ihr Herze drücken.

11. Sieh aber, ist nicht immerfort dir alle Welt zuwider? du bauest hier, du bauest dort; die Welt schlägt Alles nieder. Darum erlangt sie auch kein Heil, sie bleibt im Tod, und hat kein Theil am Reiche, da die Frommen, die Gott gefolgt, hinkommen.

12. An dir, o Gott, ist keine Schuld, du, du hast nichts verschlafen; der Feind und Hasser deiner Huld ist Ursach deiner Strafen; weil er den Sohn, der ihm so klar, und nah' an's Herz gestellet war, auch einzig helfen sollte, durchaus nicht haben wollte.

13. So fahre hin, du böse Schaar, ich bleibe bei dem Sohne, dem geb' ich mich, deß bin ich gar, und er ist meine Krone. Hab' ich den Sohn, so hab' ich g'nug, sein Kreuz und Leiden ist mein Schmuck; sein' Angst ist meine Freude, sein Sterben meine Weide.

14. Ich freue mich, so oft und viel ich dieses Sohn's gedenke; dies ist mein Lied und Saitenspiel, wenn ich mich heimlich kränke, wenn meine Sünd' und Missethat will größer seyn, als Gottes Gnad', und wenn mir meinen Glauben mein eigen Herz will rauben.

15. Ei, sprech' ich, war mir Gott geneigt, da wir noch Feinde waren, so wird er ja, der kein Recht beugt, nicht feindlich mit mir fahren anjetzo, da ich ihm versühnt, da, was ich Böses je verdient, sein Sohn,

der nichts verschuldet, so viel für mich erduldet.

16. Fehlt's hie und da, ei unverzagt! laß Sorg' und Kummer schwinden. Der mir das Größ'ste nicht versagt, wird Rath zum Kleinsten finden. Hat Gott mir seinen Sohn geschenkt, und für mich in den Tod gesenkt, wie sollt' er, laßt uns denken, mit ihm nicht Alles schenken!

17. Ich bin's gewiß, und sterbe drauf nach meines Gottes Willen; mein Kreuz und ganzer Lebenslauf wird sich noch fröhlich stillen. Hier hab' ich Gott und Gottes Sohn, und dort bei Gottes Stuhl und Thron, da wird fürwahr mein Leben in ew'gen Freuden schweben.

P. Gerhardt.

Die Liebe Gottes.

1 Johannis 4, v. 9. Daran ist erschienen die Liebe Gottes gegen uns, daß Gott seinen eingebor'nen Sohn gesandt hat in die Welt, daß wir durch ihn leben sollen.

Mel. Wer nur den lieben Gott läßt walten.

105. Also hat Gott die Welt geliebet, daß er sein eingebornes Kind für alle Menschen-Kinder giebet, die der Verdamniß schuldig sind. Wer glaubet soll gerecht und rein, und jenes Lebens Erbe seyn.

2. Also hat Gott auch mich geliebet, und liebet mich noch unverrückt. Wenn mich Bekümmerniß betrübet, so werd' ich durch den Trost erquickt, den mir dies Wort des Lebens giebt: Also hat Gott die Welt geliebt!

3. Hier find' ich einen Blumen-Garten, wo sich mein Herze weiden kann. Hier mag es aller Lust gewarten, wonach es seinen Wunsch gethan, da sich dies Wort zur Losung giebt: Also hat Gott die Welt geliebt!

4. Es rücke mir auch gleich der Teufel die Schulden meiner Sünden für; mein Herz ist frei von Angst und Zweifel, ich habe schon die Tilgung hier, die Gottes Wort mir selber giebt: Also hat Gott die Welt geliebt!

5. Ich bin gerecht und nicht verloren; mein Glaube sieht auf Jesum Christ, der mich zum Leben auserkohren, und meines Heils Vermittler ist, indem er die Versich'rung giebt: Also hat Gott die Welt geliebt!

6. Auf diesen Glauben will ich leben, so sterb' ich auch und anders nicht. Mein Jesus wird mir Alles geben, was mir dies theu're Wort verspricht, das er zu meinem Segen giebt: Also hat Gott die Welt geliebt!

Erdmann Neumeister.

Weihnachtslied.

Johannis 3, v. 16. Also hat Gott die Welt geliebet, daß er seinen eingebor'nen Sohn gab, auf daß alle, die an ihn glauben, nicht verloren werden, sondern das ewige Leben haben.

Mel. Lob't Gott ihr Christen allzugleich.

106. Also hat Gott die Welt geliebt, daß er vom Himmelsthron den Sündern all' zum Heiland giebt den eingebor'nen Sohn. :,:

2. Wie fasset doch des Menschen Sinn die Wunder solcher Treu'! — Selbst Engel sinken betend hin, ob solcher Lieb' und Treu'! :,:

3. O hört es Sünder, hör' es Welt: Gott schenket seinen Sohn, daß Haß mit Liebe er vergelt'; mit Fried' und Freud' euch lohn'! :,:

4. Nun so verschmäht nicht Gottes Ruf, der heut an euch ergeht; ihn, der zur Seligkeit euch schuf, ihr in der Krippe seht. :,:

5. Damit er werde gleich wie ihr, doch ohne Sünd' und Schuld, und euch vertrete für und für mit göttlicher Geduld. :,:

6. So bringt dem lieben Gotteskind zur Gabe Herz und Sinn: auf! säumet nicht, auf! eilt geschwind zu eurem Jesus hin. :,:

7. Er giebt euch viel ein größ'res Gut, mehr als die Erd' umschließt: Am Stamm des Kreuzes er sein Blut für euch zum Heil vergießt. :,:

8. Mit Cherubim, mit Seraphim sing' Gottes Lieb', o Welt; Anbetung, Dank gebühret ihm, o jauchz' ihm alle Welt! :,:

E. C. G. Langbecker.

Allwissenheit Gottes.

Psalm 139, v. 4. Denn siehe, es ist kein Wort auf meiner Zunge, das du, Herr, nicht alles wissest.

Mel. Es woll' uns Gott genädig seyn.

107. Allwissender, vollkommner Geist, deß Auge Alles siehet, was Nacht und Abgrund in sich schleußt, und dem sich nichts entziehet, es kann vor deinem hellen Licht sich kein Geschöpf verstecken. Was in der Finsterniß geschicht, das weißt du aufzudecken und an den Tag zu bringen.

2. Selbst die Gedanken sind dir kund, die unsre Seele heget, eh' sie noch der verschloss'ne Mund durch Worte dargeleget.

Die Herzen sind dir offenbar, du kannst ihr Dichten spüren; den Rath derselben siehst du klar, du prüfest Herz und Nieren, und dir bleibt nichts verborgen.

3. Was deiner Freunde Herz begehrt, das weißt du, eh' sie beten, ihr Seufzen wird von dir erhört, eh' sie noch vor dich treten. Was deiner Feinde Herz beschließt, das ist dir unverborgen, dieweil du ihren Anschlag siehst, als wie den lichten Morgen, den keine Schatten decken.

4. Was nach Verfließung vieler Zeit noch künftig wird geschehen, das sieht dein Auge allbereit als gegenwärtig stehen. Du machst es deinen Knechten kund, es weiter auszubreiten; und läßt durch ihren schwachen Mund die größten Heimlichkeiten der ganzen Welt entdecken.

5. Bleibt gleich vor Menschen manches noch in dieser Zeit verschwiegen; so wird dein Auge künftig doch die Finsterniß besiegen. Dein unpartheiisches Gericht wird Alles offenbaren: was noch so heimlich jetzt geschicht, wird man alsdann erfahren und öffentlich erzählen.

6. Laß mich, o höchste Majestät! dein helles Auge scheuen, das nie ein Heuchler hintergeht mit falschen Schmeicheleien. Durchdringe kräftig Seel' und Geist mit dessen heitern Blicken. Laß, was geheime Schande heißt, sammt allen bösen Tücken, mich lebenslang vermeiden.

D. Johann Jacob Rambach.

Wahrhaftigkeit Gottes.

Ebräer 6, v. 18. Es ist unmöglich, daß Gott lüge.

Mel. Komm, o komm du Geist des Lebens.

108. Amen! Amen! lauter Amen hat des treuen Gottes Mund, ewig führet er den Namen, daß in ihm der Wahrheit Grund, was er sagt, trifft Alles ein, es muß Ja und Amen seyn.

2. Menschen können ja wohl trügen, weil sie öfter Lügner seyn, doch kann dieser Held nicht lügen, denn er liebt nicht falschen Schein, er treibt mit uns keinen Scherz, wie der Mund, so ist das Herz.

3. Die Verheißung kann verziehen; kommt nicht bald was er verspricht, muß man allen Zweifel fliehen, weil er sein Wort niemals bricht. Ist die rechte Zeit nur da, so heißt Alles lauter Ja.

4. Hat er es doch so gehalten von dem Anbeginn der Welt, seine Wahrheit wird auch walten, bis die Welt zu Boden fällt, weil er jetzund und voran sich nicht selber läugnen kann.

5. Er sprach einmal nur: „es werde!" da vorhin doch gar nichts war, so war Himmel und die Erde, und sein Machtwort stellte dar, daß ihm nichts unmöglich sey, und es bleibet noch dabei.

6. Nicht ein Wort ist, das vergebens auf die Erde fallen kann, also giebt das Wort des Lebens sich zum treuen Zeugen an, der uns seinen Sohn versprach, kam auch seinen Worten nach.

7. Wohl mein Herz, du kannst ihm trauen; was er dir verheißen hat, wirst du auch erfüllet schauen, kommt es auch bisweilen spat, und spart er es weit hinaus, es wird doch ein Amen d'raus.

8. Amen! Herr du willst erfüllen, was dein treuer Mund verspricht, das erwart' ich nun im Stillen, bis es in der That geschicht, daß du die Erfüllung gebst, Amen! ja! so wahr du lebst.

Benjamin Schmolck.

Osterlied.

Offenbarung Johannis 1, v. 18. Ich war todt, und siehe, ich bin lebendig von Ewigkeit zu Ewigkeit, und habe die Schlüssel der Hölle und des Todes.

Mel. Sollt' ich meinem Gott nicht singen?

109. Amen! deines Grabes Friede wird auch unser Grab durchweh'n, wenn wir, von der Wallfahrt müde, ruh'n, um froher aufzusteh'n. Amen! Fürst der Auferstehung, der des Todes Riegel brach, zeuch durch Tod und Grab uns nach zu des Wonnereich's Erhöhung, wo dem Tod der uns versöhnt, der Aeonen*) Loblied tönt.

*) Unermeßliche Zeiträume, also — Ewigkeiten.

2. Preis dem Herrn! wir werden leben; weil du auferstanden bist, muß das Grab uns wiedergeben, Preis und Dank dir, Jesu Christ! du bist Haupt, wir sind die Glieder; und wie du, so leben wir. Alle zieh'st du nach zu dir, großer Erstling deiner Brüder. Preis und Dank! wir leben hier, leben ewig dort mit dir.

Karl Bernhard Garve.

Amen!

Offenb. Joh. 7, v. 12. Amen! Lob und Ehre, und Weisheit, und Dank, und Preis, und Kraft, und Stärke sey unserm Gott, von Ewigkeit zu Ewigkeit. Amen! —

Mel. Auf meinen lieben Gott 2c.

110. Amen, Gott, Vat'r und Sohn, sey Lob im Himmelsthron, sein Geist

stärk' uns im Glauben, laß uns das Wort nicht rauben; er woll's in uns bewahren, bis wir von hinnen fahren.

2. Amen! Gott sey gepreis't, der uns auf Jesum weis't, der helf' uns all'n zusammen, in Jesu Christi Namen, und woll' nach diesem Leben die Freudenkron' uns geben. Nach M. Ludwig Helmbold.

Begräbnißlied.

Joh. 11, v. 25. Wer an mich glaubt, der wird leben, ob er gleich stürbe.

Mel. Es ist gewißlich an der Zeit.

111. Am Grab des Christen singet man vom Sieg mit lauter Freuden. Er hat vollendet seine Bahn, und ruhet nun in Frieden, gekämpfet einen guten Streit, sich durchgedrängt durch manches Leid: die Kron' ist ihm beschieden.

2. Drum singen wir Victoria! beim Tode dieses Christen, dem wir ein Ehren-Grabmal da zu seiner Ruhe rüsten. Dann weinten wir um ihn mit Recht, wenn wir nicht, daß der Gotteskniecht nun überwunden, wüßten.

3. Nicht seine Hand, nicht seine Kraft hat es gethan, die Rechte des Herrn hat ihm den Sieg verschafft, die Krone seinem Knechte. Die legt er ihm zu Füßen hin, singt: Lämmlein, das ist dein Gewinn: ich bin ein arm Gemächte.

4. Ich habe nichts dazu gethan, du hast den Sieg erhalten, dein Blut, das an dem Kreuze rann, da man dein Herz zerspalten. Da man dir Händ' und Füß' durchpfählt, mit Todesmartern dich gequält, da hast du ihn erhalten.

5. Er wusch in dem Versöhnungsblut die Kleider rein und helle. In ihm, in Gottes Frieden ruht sein Leib an dieser Stelle, bis daß ihn der getreue Hirt einst wieder auferwecken wird, der Herr, des Lebens Quelle.

6. Weg ist nun alles Leid und Schmerz, die Thränen abgewischet: getröstet ewiglich sein Herz, gestärket und erfrischet. Nun wohnet er in einem Licht, bei Christo dort, das nimmer nicht in Ewigkeit verlischet.

7. Der Geist, zur Ewigkeit gereift, ist heim zum Herrn gegangen, hat nur die Hülle abgestreift, die ihn allhier umfangen; und hat aus Jesu Christi Hand ein ander, neu und hell Gewand vor seinem Thron empfangen.

8. Drum singen wir Victoria! denn ihm ist wohl geschehen. Wie gegenwärtig, und wie nah' kann er den Herrn nun sehen! wir sehn ihm nach, er sieht herab auf uns, die wir bei seinem Grab ihm nachzukommen flehen. Christoph Karl Ludwig v. Pfeil.

Vom jüngsten Gericht.

Johannis 5, v. 22. Denn der Vater richtet Niemand, sondern alles Gericht hat er dem Sohn gegeben.

Mel. Herzlich lieb hab' ich dich 2c.

112. Am jüngsten Tag wenn dein Gericht dem Erdenkreis das Urtheil spricht, so sey mir Sünder gnädig! straf', Herr! mich nicht, wie ich verdient', ich bin ja durch dein Blut versühn't, drum sprich der Schuld mich ledig! mein Fürsprach', red' du mir das Wort! mein Richter sey mein gnäd'ger Hort! mein Bruder, hilf mir aus der Noth! mein Heiland rett' mich von dem Tod! barmherz'ger Gott, erbarme dich! erbarme dich! Gott, mein Erbarmer, über mich! Joh. Erh. Ettmüller.

Der Tod Jesu.

Johannis 19, v. 30. Jesus neigete das Haupt und verschied.

Mel. O Traurigkeit, o Herzeleid 2c.

113. Am Kreuz erblaßt, der Marter Last, der Todesqualen müde, findet mein Erlöser erst in dem Grabe Friede.

2. Ein heil'ger Schmerz durchdring't mein Herz, und Herr, was kann ich sagen? nur an meine Brust kann ich, tief gerühret, schlagen.

3. Du schützest mich; und über dich geh'n aller Trübsal Wetter. Sterben wolltest du für mich, einziger Erretter!

4. Du hast's gethan; dich bet' ich an, du König der Erlösten! dein will ich im Tode mich glaubensvoll getrösten.

5. Es ist vollbracht! rief'st du mit Macht. Du zeig'st, daß du dein Leben, mein Versöhner, göttlich frei habest hingegeben.

6. Hochheil'ge That! des Höchsten Rath will ich in Demuth ehren. Der Erfinder meines Heil's wird mir's einst erklären.

7. Allmächtig rief er, der entschlief, den Todten; sie erstanden! Leicht entschwingt der Lebensfürst sich den Todesbanden.

8. Das finst're Thal will ich einmal durchwandeln ohne Grauen. Denn durch dich, Erlöser, ist's mir der Weg zum Schauen.

9. Ich preise dich, erforsche mich, und siehe, wie ich's meine, ja du siehest's wenn ich still meinen Dank dir weine.

10.

10. Vergäß' ich dein, so würde mein in Ewigkeit vergessen. Herr ich will, so lang' ich bin, deine Lieb' ermessen.

C. F. Neander.

Von Christo dem Heilande.

Römer 10, v. 9. Denn so du mit deinem Munde bekennest Jesum, daß er der Herr sey, und glaubest in deinem Herzen, daß ihn Gott von den Todten auferwecket hat, so wirst du selig.

Mel. Es ist gewißlich an der Zeit.

114. An dich, Herr Jesu, glaube ich, mein Christus, Gott und Leben! und daß mein Vater mir durch dich die Seligkeit will geben; was ich geglaubt von Herzensgrund, das will ich gerne mit dem Mund vor aller Welt bekennen.

2. Du eingeborner Gottes-Sohn! sitz'st deinem großen Vater zur Rechten auf dem Allmachtsthron als unser Heilserstatter, gleich wahrer Gott an Größe gleich, gleich selbst genügsam, weis' und reich, gleich hoch an Macht und Ehren.

3. Der Vater zeugte selbst dich heut' (wie wir verwundernd lesen), zum Glanz von seiner Herrlichkeit, zum Ebenbild im Wesen. Du sprichst uns dies Geheimniß für, doch bei dem Lernen rufen wir erstaunt: o welche Tiefe!

4. Aus Liebe bist du uns zu gut auf diese Welt gekommen, und hast das arme Fleisch und Blut der Menschen angenommen; bist Gott und Mensch, doch Einer nur, weil du der göttlichen Natur die menschliche vereinigt.

5. Und sind hier zwei Naturen schon, die ewig nicht zu trennen, ist die vereinigte Person ein Christus doch zu nennen; sein Leibestempel ist ja ganz erfüllt mit allem Gottesglanz, weil Gott da leibhaft wohnet.

6. Es ist mir sonst kein Trost bewußt, als nur in dem Erlöser. Es ist kein Trost und keine Lust für Christenherzen größer, als der, daß Gott die Menschen liebt, daß Gott den Sohn für Menschen giebt, und Gottes Sohn Mensch worden.

7. So willst du, Herr! nach deinem Schwur nun nicht den Tod der Sünder, wir haben göttliche Natur, wir sind nun Gottes Kinder. Das heißt geliebt! wir sind gerecht; wir sind von göttlichem Geschlecht, wir sollen herrlich werden.

8. O Liebe! o was thust du doch für unerhörte Wunder! du bist so unermeßlich hoch, und gehst so tief herunter. O Liebe! bin ich dir so lieb, gieb, daß dies sey des Herzens Trieb, wie ich dich innigst liebe.

9. Herz! freue dieses Wunders dich, Gott liebt der Menschen Orden. Hier ist Immanuel für mich, Gott selbst ein Mensch geworden. Es ist ein Mittler, Jesus Christ, der zwischen Gott und Menschen ist, Gott mit uns zu versöhnen.

10. Damit wir Menschen immerfort uns deiner trösten können, Immanuel! so lässest du dich Jesus Christus nennen. O Name! den man ehren muß, du bist mir ein Zusammenfluß von allen Seligkeiten.

11. Wer Jesum kennt, derselbe preis't den Heiland aller Sünder, wie Christus ein Gesalbter heißt für alle Adamskinder, ein Priester in dem eignen Blut, und ein Prophet, der Wunder thut, ja seiner Kirche König.

12. Du hast nach deinem Namen gern uns Christen nennen lassen, daß wir Gesalbte unsers Herrn, was außer dir ist, hassen. Dein reiner, guter Gnadengeist, der unser Oel der Freuden heißt, hat selbst dein Volk gesalbet.

13. Wir sind gesalbt zu deinem Ruhm im Leben und im Sterben, zum königlichen Priesterthum, dein Reich einst zu ererben; kein Volk ist nun den Christen gleich, die auf dein ewig himmlisch Reich in stillem Glauben warten.

M. Phil. Friedrich Hiller.

Morgenlied.

Psalm 119, v. 108. Laß dir gefallen, Herr, das willige Opfer meines Mundes, und lehre mich deine Rechte.

Mel. Herr, ich habe mißgehandelt.

115. Angenehme Morgenblicke, die mir Gottes Auge macht, ich gedenke noch zurücke an die stille düstre Nacht, die mit ihren Finsternissen jetzt der Sonn' hat weichen müssen.

2. Ach! wie tief lag ich begraben in dem Schlaf, als in dem Tod, jetzt kann ich mich wieder laben; daß ich lebe, macht mein Gott. Ach Herr über Tod und Leben! soll ich nicht dein Lob erheben?

3. Gieb mir heut' ein neues Leben, das nicht todt in Lastern sey. Laß mich nicht am Eiteln kleben, mache mich vom Dienste frei, der das Joch der Höllen träget, und der Sünden Dienste heget.

4. Niemand kann zwei Herren dienen, ach! so gieb mich dir allein. Laß den

Tag, der jetzt erschienen, einen heil'gen Tag mir seyn, daß ich dir zu Ehren lebe, und des Glaubens Früchte gebe.

5. Dein Herz sey mit meinem Herzen, deine Hand mit meiner Hand. Macht mir deine Ruthe Schmerzen, wird ein Kreuz mir zugesandt: ach, so gieb Geduld zum Leiden, nach den Leiden wieder Freuden.

6. Laß Gedanken, Wort und Werke heilig und gesegnet seyn, und des guten Geistes Stärke mir so Kraft als Trost verleih'n: diesen Führer laß mich führen, diesen Beistand nicht verlieren.

7. Nun du wirst's am besten machen, denn auf dich kommt Alles an; drum vollführe meine Sachen, daß ich klüglich handeln kann. Morgen, Mittag, Abend müssen nichts als lauter Gnade wissen.

Benjamin Schmolck.

Inniges Verhältniß zu Gott.

Psalm 139, v. 17. Wie köstlich sind vor mir, Gott, deine Gedanken? wie ist ihrer so eine große Summa?

Mel. Aus meines Herzens Grunde.

116. An Gott will ich gedenken, denn er gedenkt an mich, wenn mich die Sorgen kränken, so hebt mein Herze sich zu meinem Gott empor: bald weichen alle Schmerzen, denn er stellt meinem Herzen nichts als Vergnügen vor.

2. Denk' ich an seine Liebe, wie werd' ich doch entzückt, daß, wenn es noch so trübe, mir gleich die Sonne blickt; da kommt mir immer ein, er hat sich hoch vermessen,*) er will mich nicht vergessen; wie könnt' ich traurig seyn?

*) Bedeutet: er hat es mir feierlich zugesagt.

3. Denk' ich an seine Güte, die alle Morgen neu, so freut sich mein Gemüthe bei solcher Vatertreu', die Last werf' ich auf ihn, so wird die Arbeit süße, wenn ich den Schweiß vergieße; denn Gott ist mein Gewinn.

4. Denk' ich an sein Erbarmen, er schenket mir sein Kind, o Gnade für mich Armen! heißt das nicht treu gesinnt? Gott ist in Christo mein, Gott müßte Jesum hassen, wenn er mich wollte lassen, das kann unmöglich seyn.

5. Drum will an Gott ich denken, die Welt mag immerhin den Sinn auf's Eit'le lenken, hier ist ein and'rer Sinn, ich trage Gott allein im Herzen und im Munde, so kann mir keine Stunde allhier zu lange seyn.

6. An Gott will ich gedenken, so lang' ich denken kann, wird man in's Grab mich senken, so geh' ich zwar die Bahn, da mein die Welt vergißt; doch glaub' ich dieses feste, Gott denket mein auf's beste, wo sein Gedächtniß ist.

Benjamin Schmolck.

Inniges Verhältniß zu Christo.

Psalm 142, v. 6. Du bist meine Zuversicht, mein Theil im Lande der Lebendigen.

Mel. Es ist gewißlich an der Zeit.

117. An Jesu hängt mein Herz und Sinn, er nur ist mein Vergnügen, weil ich bei ihm in Gnaden bin, so wird er Alles fügen, was mir in meiner Lebenszeit, in Freud' und auch in Traurigkeit zum Trost und Segen dienet.

2. Ich bin zufrieden wie er's macht, er kann's nicht böse meinen; er lässet nach der Trauernacht die Freudensonne scheinen; es geh' auch noch so wunderlich, so sorgt er und versorget mich noch besser als ich's wünsche.

3. Für ihn nähm' ich nicht alle Welt, wenn sie von Golde wäre; er ist allein, was mir gefällt, mein Schatz, mein Schmuck und Ehre, mein Herzens-Trost, mein Angenlicht, hab' ich nur ihn, mehr will ich nicht, mehr ist mir auch nicht nütze.

4. Wie schön wird's nicht im Himmel seyn, wo ich ihn werd' umfangen und Engeln gleich, in Glanz und Schein, in einer Krone prangen, die er mir ewig beigelegt! nun, wenn die letzte Stunde schlägt, so sterb' ich fröhlich. Amen! M. Erdm. Neumeister.

Jesus, der gute Hirt.

Psalm 23, v. 3. Er erquicket meine Seele, er führet mich auf rechter Straße um seines Namens willen.

Mel. Wer nur den lieben Gott läßt walten.

118. An Jesu kann ich mich erquicken, der mich mit seiner Liebe küßt; er segnet mich in allen Stücken, weil er mein Hirt und Heiland ist, daher mir gar nichts mangeln wird, der Herr ist mein getreuer Hirt.

2. Er zeigt mir täglich seine Güte, und macht sie alle Morgen neu, daran ergötzt sich mein Gemüthe und hoffet unverrückt dabei, daß sie mich ewig krönen wird, der Herr ist mein getreuer Hirt.

3. Sein süßes Wort ist meine Weide, das mir zur grünen Aue steht, dahin mein

Geist in Freud' und Leide in der gewissen Hoffnung geh't, daß mir kein Trost nicht fehlen wird, der Herr ist mein getreuer Hirt.

4. Er führet mich auf rechter Straße, und macht mir seinen Weg bekannt, da folgt mir Gutes ohne Maaße, da hält mich seine Gnadenhand, daß sich der Glaube nicht verirrt, der Herr ist mein getreuer Hirt.

5. Laß alle meine Feinde wüthen, und Welt und Hölle rotten sich, er kann und wird mich wohl behüten, sein Stab und Stecken trösten mich, daß mich kein Uebels rühren wird, der Herr ist mein getreuer Hirt.

6. Muß ich durch's Thal des Todes wandern, so geht der Weg mir zum Gewinn von einem Leben nur zum andern; vom Zeitlichen zum Ew'gen hin, daß mich kein Tod nicht tödten wird, der Herr ist mein getreuer Hirt.

7. Den Himmel erb' ich für die Erde, wo Jesus mich nach dieser Zeit mit seiner auserwählten Heerde, voll Wonne, Heil und Herrlichkeit, im Paradiese weiden wird, der Herr ist mein getreuer Hirt.

M. Erdmann Neumeister.

Liebe zu Jesu.

Hohelied Sal. 1, v. 4. Wir freuen uns, und sind fröhlich über dir; wir gedenken an deine Liebe.

Mel. Herr Jesu Christ, mein's Lebens Licht.

119. An Jesum denken oft und viel, bringt Freud' und Wonn' ohn' Maaß und Ziel; doch überschwenglich sel'ger Art ist seine Gnadengegenwart.

2. Nichts Lieber's meine Zunge singt, nichts Reiner's meinen Ohren klingt, nichts Süßer's meinem Herzen ist, als mein herzliebster Jesus Christ.

3. O Jesu, Herzensfreud' und Wonn', o Lebensbrunn, o wahre Sonn', ohn' dich ist alle Freud' unwerth, und was man auf der Welt begehrt.

4. O Jesu! deine Lieb' ist süß; wenn ich sie tief in's Herze schließ', erquicket sie mich ohne Zahl mit Freuden, tausend-, tausendmal.

5. Ach liebt und lobet doch mit mir den, der uns liebet für und für, mit Lieb' belohnet Lieb' all'zeit, und hört nicht auf in Ewigkeit.

6. Mein Jesus lieget mir im Sinn, ich geh' und steh', und wo ich bin: wie froh und selig werd' ich seyn, wenn er wird seyn und bleiben mein.

7. An dir mein Herz hat seine Lust, vollkommen ist die Lieb' und Lust, mein Ruhm ist all auf dich gestellt, o Jesu, Heiland aller Welt!

Abendlied.

Psalm 119, v. 91. Es bleibet täglich nach deinem Wort; denn es muß dir Alles dienen.

Mel. Nun sich der Tag geendet hat.

120. Auch diesen Tag hab' ich vollbracht mit aller seiner Noth. Nur deiner Vaterlieb' und Macht verdank' ich es, o Gott!

2. Wärst du nicht meines Lebens Kraft, mein Retter und mein Heil, so würd' in meiner Pilgerschaft kein Trost mir je zu Theil.

3. Ach ohne dich, Allgütiger! verging' ich in der Noth, von Freudigkeit und Hoffnung leer wär' ohne dich mein Tod.

4. Doch welche Ruhe fühlt mein Herz! du bist, du bleibst mein Gott! dein Wort versüßt mir jeden Schmerz und lindert jede Noth.

5. Froh kann ich mich dem Schlaf' vertrau'n, auch schlafend bin ich dein; vor keinem Unfall soll mir grau'n, du wirst mein Helfer seyn.

6. Und sollte, Vater, diese Nacht des Leidens letzte seyn: wohl mir! dann ist mein Lauf vollbracht, dann bin ich ewig dein.

M. Christoph Christian Sturm.

Die Gnadenwahl.

Römer 9, v. 23. Auf daß er kund thäte den Reichthum seiner Herrlichkeit an den Gefäßen der Barmherzigkeit, die er bereitet hat zur Herrlichkeit.

Mel. Mach's mit mir, Gott, nach deiner Güt'.

121. Auch ich, auch ich bin auserwählt! das lass' ich mir nicht nehmen. Auch ich bin denen zugezählt, die du nicht wirst beschämen, Herr Jesu! in dem Weltgericht, und wenn dein Ehren-Tag anbricht.

2. Du gingest ja mir treulich nach, bis du mich hast gefunden, und, als ich Besserung versprach, ergoß aus deinen Wunden dein Blut sich in mein Herz hinein, und wusch mich ganz von Sünden rein.

3. Du hast mir deinen Geist geschenkt, der mich in allem leitet, der all' mein Thun und Lassen lenkt, und mich so zubereitet, wie ich dir einst an deinem Tag zur Freud' und Ehre werden mag.

4. Ich kann vor Gottes Gnaden-Thron mit Freudigkeit hintreten, und, als in dir

ein lieber Sohn, zum Vater kindlich beten: du lebst in mir und ich in dir, und was ich fehl', vergiebst du mir.

5. Wo käm' denn eine Sorge her, als sey ich nicht in Gnaden? es tob' der Feind auch noch so sehr, er soll mir doch nicht schaden. Ich leb' im Frieden in der Zeit, und freu' mich auf die Ewigkeit.

Johann Jakob von Moser.

Selige Folgen der Bekehrung.

Römer 6, v. 17. Gott sey aber gedankt, daß ihr Knechte der Sünde gewesen seyd, aber nun gehorsam geworden von Herzen dem Vorbild der Lehre, welchem ihr ergeben seyd.

Mel. Mach's mit mir, Gott, nach deiner Güt'.

122. Auch mir zu gut, mein Heiland, mir, bist du ein Mensch geboren. Auch ich, Herr Jesu, bin in dir zum Leben auserkoren. Auch mir, Sohn Gottes, mir zu gut red't in dem Heiligthum dein Blut.

2. Gott Lob für diese theure Lehr', mit der nichts zu vergleichen. Was hülf' mir, wenn kein Jesus wär', die Welt mit ihren Reichen? was hülfe sie in Sündennoth, was in und was nach meinem Tod?

3. Ja, wär' auch Jesus in die Welt als Sünden-Tilger kommen, Gott hätt' sein Blut zum Lösegeld für Viele angenommen; es ginge aber mich nicht an, was hätte ich für Freud' daran?

4. Noch mehr, wenn ich nur zweifeln müßt': ob ich auch sey erwählet? ob Gott mich hab' in Jesu Christ sein'n Kindern zugezählet? wie ginge ich so trostlos hin, da ich nunmehro freudig bin.

5. Dein Gottes-Wort ist allzu klar: es soll auf dieser Erden (so ist es Gottes Sinn fürwahr) kein Mensch verloren werden, wenn er sich von der Welt bekehrt und Jesum durch den Glauben ehrt.

6. Mein Jesus rufet allen zu, die ihre Sünd' erkennen, bei ihm nur kommen sie zur Ruh', er will sie ihnen gönnen. Wer zu ihm kommt, verstößt er nicht; er ist der Welt *) und auch ihr Licht. **)

*) Joh. 9, v. 5. **) 2 Corinth. 4, v. 6.

7. Nun weiß ich, so gewiß ich leb', ich kann es nicht verschweigen, wenn Niemand mir ein Zeugniß gäb', so müßt's mein Wandel zeigen: ich bin (doch dies aus Gnaden nur) nicht mehr, wie vormals, von Natur.

8. Die Welt selbst hält mich nicht dafür, daß ich ihr angehöre; die Probe gilt's: sie lohnet mir, wie ich ihr dien', sie ehre; wir sind durchaus geschied'ne Leut', nicht erst seit gestern oder heut.

9. Ich habe Fried' und Seligkeit in meines Heiland's Wunden, als ich in dieser Gnadenzeit zum Glauben kam, gefunden; und dieser Trost steht felsenfest, der mich zu keiner Zeit verläßt.

10. So ist mir meine Gnadenwahl durchs Wort und Geist versiegelt; dabei verbleib' ich nun einmal, was auch der Feind vorspiegelt. Ich weise ihn mit Jesu ab, mit dem ich nur zu schaffen hab'.

11. Dir, Jesu, hab' ich's ja allein in Ewigkeit zu danken, daß ich nun so getrost kann seyn; laß mich nur nimmer wanken; erhalt' mich bis an's End' dabei, so rühm' ich deine Hirtentreu'. Joh. Jak. v. Moser.

Vom jüngsten Gericht.

2 Thessalon. 2, v. 8. Alsdann wird der Bosbaftige offenbart werden, welchen der Herr umbringen wird mit dem Geist seines Mundes, und wird seiner ein Ende machen, durch die Erscheinung seiner Zukunft.

Mel. O Gott, du frommer Gott.

123. Auch selbst ein Heide glaubt, daß Gott das Böse hasse, und daß er es zuletzt nicht ungestrafet lasse: hingegen aber weiß er im Geringsten nicht, wann, wie, noch auch durch wen Gott halten wird Gericht.

2. Uns Christen läßt es Gott in seinem Worte wissen, durch den, vor welchen wir uns einstens stellen müssen, der selbst der Richter ist, und welcher auch der Stadt Jerusalem gesagt, was sie betroffen hat.

3. So wahr als Jesus Christ ist in der Welt gewesen (wer ist der's läugnen kann?), so wahr ist's, was wir lesen, daß er auch wiederkomm' am Ende dieser Zeit, als Richter aller Welt, mit großer Herrlichkeit.

4. Gott will durch seinen Sohn das Weltgericht verwalten, und aller Kreatur dadurch vor Augen halten, daß dieser Menschensohn, am Kreuz gestorb'ne Christ, der wahre Gottessohn, Herr über Alles ist.

5. Dann wird der Spötter Hauf' verstummen ganz und schweigen; was Jesum jetzt nicht ehrt, wird sich mit Zittern beugen: schon jetzt erschrickt davor der unbekehrte Hauf'; nur wer ihm angehört, der freuet sich darauf.

6. Gott lässet jetzo gar noch vieles so geschehen, es scheint, als lasse er's, wie es auch gehet, gehen; er strafet zwar sehr oft

das Böse noch allhier, und stellet dieser Welt manch' Strafgerichte für *).

*) Bedeutet — vor.

7. Jedoch geschiehet es der Zeit nach nicht an allen, die an dem jüngsten Tag in sein Gerichte fallen. Manchmal geschieht es auch nicht gar so öffentlich; dahero Mancher denkt: es trifft vielleicht nicht mich.

8. Warum geschiehet dies? Gott sucht der Sünder Leben; drum will er Zeit genug, sich zu bekehren, geben, und daß man allezeit vor ihm in Fürchten steh', durch Buß' und Glauben selbst dem Zorngericht entgeh'.

9. Um desto schärfer wird, wenn Jesus einst wird kommen, auch das Verborgene mit allem Recht genommen; und zwar nicht nur allein die grobe Lasterthat; nein! wo man auch was Gut's nur unterlassen hat.

10. Zugleich wird er alsdann auch an ein Scheiden gehen; was Kinder Gottes sind, die werden freudig stehen. Sie gehn mit ihrem Herrn zu seiner Freude ein, die Bösen treibt er weg hin in der Höllen Pein.

11. Dies wird vorher bezeugt, nicht bloß, um einen Schrecken, der bald vorübergeht, bei Sündern zu erwecken; nein! sondern auch darum, damit an jenem Tag nichts zur Entschuldigung Jemanden bleiben mag.

Johann Jakob v. Moser.

Häusliche Gottesverehrung.

1 Mose 18, v. 19. Denn ich weiß, er wird befehlen seinen Kindern und seinem Hause nach ihm, daß sie des Herrn Wege halten und thun, was recht und gut ist.

Mel. Alle Menschen müssen sterben.

124. Auch zu Haus' und in der Stille, Christ, vergiß der Andacht nicht. Sie führt dich zur Segensfülle; sie ist eine sel'ge Pflicht. Vor Gott täglich mit den Deinen dankbar im Gebet erscheinen bringt viel Heil und Himmelslust, Trost und Ruhe deiner Brust.

2. Solltest du nicht den erheben, der dir täglich Gutes schenkt, der dir fristet Glück und Leben, und in Liebe dein gedenkt, kannst du Rettung von den Sünden, kannst du neue Gnade finden, wenn du nicht zu Gott hingeh'st, und um Huld und Gnade fleh'st?

3. Welch ein segensvoll Geschäfte ist ein häusliches Gebet! Muth zur Arbeit, Lust und Kräfte giebt Gott dem, der zu ihm fleht. Tröstung in betrübten Stunden haben Fromme stets gefunden, die im Gottesdienst vereint, stille Thränen ihm geweint.

4. Sichtbar mehrt sich Glaub' und Tugend, Glück und Segen blüh't und grünt, wo das Alter und die Jugend Gott mit Mund und Thaten dient; aber Unfried, Haß und Sünden wird man in den Häusern finden, wo man lebt, wie ohne Gott, weder denkt an Pflicht noch Tod.

5. Gute, fromme Kinder haben, froh in seinem Hause seyn, treue Hausgenossen haben: Gott, wie muß dies Glück erfreu'n; Im Gebet ist Reiz und Tugend für das Alter für die Jugend; sich einander zu erbau'n, wirket Lieb' und fromm Vertrau'n.

6. Drum, o Christ, ein jeder Morgen, jedes Abends Ruhezeit, eine Stunde frei von Sorgen, sey vor allen Gott geweih't. Bete stets, bet' mit den Deinen, Gott, hört's und erfreut die Seinen; achtsam lies die heil'ge Schrift: Sie lehrt, was dein Heil betrifft.

7. Höchster, mache dies Geschäfte uns und allen theuer werth; gieb dazu uns Trieb und Kräfte, hindre, was es uns beschwert; laß dir unser schwaches Lallen in der Stille wohlgefallen, bis wir ewig vor dir steh'n, und mit Engeln dich erhöh'n.

Johann Ludwig Paulmann.

Advent.

Luc. 1, v. 32. 33. Der wird groß, und ein Sohn des Höchsten genennet werden, und Gott der Herr wird ihm den Stuhl seines Vaters Davids geben; und er wird ein König seyn über das Haus Jakob ewiglich, und seines Königreichs wird kein Ende seyn.

Mel. Von Gott will ich nicht lassen.

125. Auf, auf! ihr Reichsgenossen, der König kommt heran, empfahet unverdrossen den großen Wundermann. Ihr Christen, geht herfür, lass't uns vor allen Dingen Ihm Hosianna singen, mit heiliger Begier.

2. Auf, ihr betrübten Herzen! der König ist sehr nah; hinweg all' Angst und Schmerzen, der Helfer ist schon da; seh't, wie so mancher Ort hochtröstlich ist zu nennen, da wir ihn finden können im Nachtmahl, Tauf' und Wort.

3. Auf, auf! ihr Vielgeplagten, der König ist nicht fern; seyd fröhlich ihr Verzagten, dort kommt der Morgenstern; der Herr will in der Noth mit reichem Trost euch speisen, er will euch Hülf' erweisen, ja dämpfen gar den Tod.

4. Nun hört, ihr frechen Sünder, der König merket drauf, wenn ihr verlor'ne Kinder, im vollen Lasterlauf, auf Arges seyd bedacht, ja thut es ohne Sorgen; gar nichts ist ihm verborgen, er giebt auf alles Acht.

5. Seyd fromm, ihr Unterthanen, der König ist gerecht. Lass't uns die Weg' ihm bahnen, und machen Alles recht. Fürwahr er meint es gut, drum lasset uns die Plagen, die er uns schickt, ertragen, mit unerschrocknem Muth.

6. Und wenn gleich Krieg und Flammen uns Alles rauben hin, Geduld! weil ihm zusammen gehört doch der Gewinn. Wenn gleich ein früher Tod uns, die uns lieb, genommen: wohlan, so sind sie kommen in's Leben aus der Noth.

7. Frisch auf in Gott ihr Armen, der König sorgt für euch, er will durch sein Erbarmen euch machen groß und reich; der an ein Thier gedacht, der wird auch euch ernähren, was Menschen nur begehren, das steht in seiner Macht.

8. Hat endlich uns betroffen viel Kreuz, läßt er doch nicht die, welch' auf ihn stets hoffen mit rechter Zuversicht. Von Gott kommt Alles her, der lässet auch im Sterben die Seinen nicht verderben, sein' Hand ist nicht zu schwer.

9. Frisch auf ihr Hochbetrübten, der König kommt mit Macht, an uns sein' Herzgeliebten hat er schon längst gedacht. Nun wird kein' Angst und Pein, noch Zorn hinfort uns schaden, dieweil uns Gott aus Gnaden läßt seine Kinder seyn.

10. So lauft mit schnellen Schritten, den König zu beseh'n, dieweil er kommt geritten, stark, herrlich, sanft und schön, nun tretet all' heran, den Heiland zu begrüßen, der alles Kreuz versüßen, und uns erlösen kann.

11. Der König will bedenken die, so er herzlich liebt, mit köstlichen Geschenken, als der sich selbst uns giebt durch seine Gnad' und Wort. O König hoch erhoben, wir alle wollen loben dich freudig hier und dort.

12. Nun Herr, du giebst uns reichlich, ob wir gleich arm und schwach, du liebest unvergleichlich, du jagst den Sündern nach, drum woll'n wir dir allein die Stimme hoch erschwingen, ein Hosianna singen, und ewig dankbar seyn.

Johann Rist.

Am Geburtstage.

Psalm 34, v. 4. Preiset mit mir den Herrn, und lasset uns mit einander seinen Namen erhöhen.

Mel. Nun ruhen alle Wälder.

126. Auf, auf! mein ganz Gemüthe, und preise Gottes Güte, die je und ewig währt, die Alles hat zu geben, was man im ganzen Leben zum Segen wünschet und begehrt.

2. Gott hat sie lassen walten, und mich dadurch erhalten von Mutterleibe an: ich spüre sie noch täglich, daß also mir unsäglich viel Gutes wird durch sie gethan.

3. Gott macht sie alle Morgen durch väterlich Versorgen an Leib und Seele neu. Er lässet sie desgleichen bei Nacht nicht von mir weichen, daß sie mein Schild und Sonne sey.

4. Sie fördert meine Werke, daß ich mit Freuden merke, wie Gott mir freundlich ist: kein Kummer darf mich stechen, noch mein Vergnügen brechen, weil sie mich in die Arme schließt.

5. Wenn durch betrübte Tage manch Kreuz und manche Plage mir an die Seite tritt, so ist sie auch zugegen, und bringt mir Trost und Segen aus meines Gottes Liebe mit.

6. Ja, wenn die Noth am größ'sten, so folgt, daß man am besten die Güte Gottes spürt. Zuletzt muß doch erscheinen, daß Gottes Hand die Seinen zwar wunderlich, doch selig führt.

7. Drum preise mein Gemüthe die wunderbare Güte, die dir von Gott geschieht: im Leben und im Sterben läßt sie dich nicht verderben, denn Gott verläßt die Seinen nicht.

M. Erdmann Neumeister.

Das Wesen Gottes.

Jeremia 10, v. 6. Dir, Herr, ist niemand gleich; Du bist groß, und dein Name ist groß, und kannst es mit der That beweisen.

Mel. Jehovah ist mein Licht rc.

127. Auf, auf! mein Geist, auf, auf! den Herrn zu loben; auf, auf! erwecke dich, und säume nicht: was in dir ist, werd' still und sanft erhoben zu Gott, Jehovah, unsrer Sonn' und Licht. Er ist allein Lob, Ehre, Preis und Ruhm zu nehmen würdig stets und überall: erhebe ihn mit frohem Jubel-Schall: geh' ein in sein erhabnes Heiligthum.

2. Er ist das große Wesen aller Wesen,

die höchst' und einige Vollkommenheit; von ihm, durch ihn, zu ihm ist, wie wir lesen *), das, was nur ist geworden in der Zeit. Er hat und kennet seines Gleichen nicht: wer ist, wie er, und seine Majestät? Vor ihr die Kreatur mit Zittern steht: sein Wohnhaus ist ein unzugänglich Licht.

*) Röm. 11, v. 36.

3. Man sieht ihn nicht, und ist doch wohl zu sehen, man gebe nur auf seine Werke Acht. Da sehn wir ihn, als vor den Augen stehen, im Schmucke seiner weisen Gottheitspracht. Die Himmel rühmen ihres Schöpfers Ehr'! die Luft, die Erd', und was im Meer sich regt, das Alles den zu zeigen sich bewegt, der ist und heißt Jehovah, unser Herr.

4. Was gut und fein nur kann genennet werden, was uns mit Lust und Lieblichkeit anlacht, was in sich faßt der Himmel samt der Erden, der große Bau, von Schönheit und von Pracht, und was dies Rund nur Köstlich's in sich schließt, das kommt aus diesem unerschöpften Meer und dessen unerforschter Fülle her: er ist die Quell', die immer überfließt.

5. Er ist das A und O, Anfang und Ende, der Erste, und wird auch der Letzte seyn. Er ist zu spür'n, wohin man sich auch wende, das Heimlichste wird klar in seinem Schein *): sein Licht ist nicht vermischt mit Dunkelheit; die Kraft, so ihm beiwohnt, wird nimmer schwach, er weiß in sich von keinem Ungemach: er ist und bleibt, wie er war vor der Zeit.

*) D. b Er siehet auch das Verborgene.

6. Was er zusagt, dem kann man sicher trauen, die That stimmt mit den Worten überein; man darf mit ganzem Herzen darauf bauen, des Herren Ja ist Ja, sein Nein ist Nein, voll Recht und Billigkeit ist sein Gericht. Er hat Geduld und übet Langmuth aus: mit Heiligkeit hat er geziert sein Haus; er ist die Lieb', der's nie an Lieb' gebricht.

7. Wie selig ist doch, der ihn also kennet und zu ihm Abba, Vater, sagen kann! den er auch wiederum den Seinen nennet, und ihn als Sohn und Tochter siehet an: nichts ist so hoch, nichts kann so herrlich seyn; der höchsten Fürsten hocherhab'ner Stand ist gegen dies zu rechnen lauter Tand; es ist zu schlecht, es bleibt ein nicht'ger Schein.

8. O, Herrscher! wie soll ich denn g'nug erheben dich, daß du mich auch denen zugezählt, die du in Christo hast gebracht zum Leben, und sie in ihm zu Kindern auserwählt! zwar seh' ich dich jetzt nur im dunkeln Licht, doch weiß ich, es kommt künftig noch der Tag, da ich dich ohne Decke schauen mag von Angesicht zu frohem Angesicht.

9. Indeß mein Geist auf, auf! ihn stets zu loben; auf, auf! erwecke dich und säume nicht, was in dir ist, werd' still und sanft erhoben zu Gott, Jehovah, unsrer Sonn' und Licht: er ist allein Lob, Ehre, Preis und Ruhm zu nehmen würdig stets und überall: erheb' ihn denn mit frohem Jubelschall, bis er dich bringt in's Himmels-Heiligthum.

Joh. Anastasius Freylinghausen.

Selbsterkenntniß.

Jer. 6, v. 16. Tretet auf die Wege und schauet, und fraget nach den vorigen Wegen, welches der gute Weg sey, und wandelt darinnen; so werdet ihr Ruhe finden für eure Seele.

Mel. Valet will ich dir geben.

128. Auf, auf, mein Geist betrachte: wie ist's mit dir bewandt? wach' auf! wach' auf! verachte die Welt und ihren Tand: denn ihre Lust vergehet, und folget großes Leid; im Gegentheil bestehet ein Christ in Ewigkeit.

2. Du bist von Gott gebildet zu seiner Aehnlichkeit, nun aber ganz verwildet und voller Sicherheit. Auf, auf! die Zeit verschwindet und Alles mit der Zeit; wer hier nicht überwindet, bleibt in der Dienstbarkeit.

3. Gewalt und Ernst besieget den Himmel, spricht dein Heil, wer hier nicht männlich krieget, hat dorten keinen Theil. Drum auf! denn deine Feinde verändern die Gestalt, oft thun sie gleich als Freunde, oft brauchen sie Gewalt.

4. Vergleiche dieses Leben mit dem, was Gottes Geist aus Gnaden uns zu geben in seinem Wort verheißt; so wirst du bald erkennen, daß jenes in der That kein Leben sey zu nennen, wie viel's auch Gönner hat.

5. Du suchest Gunst und Ehre, und willst gesehen seyn, als wenn nichts Besser's wäre in Christi Tod und Pein, der doch, weil er gestorben, dir hat ein Königreich und Priesterthum erworben, dem nichts zu schätzen gleich.

6. Du liebest Geld und Gaben und was der Welt beliebt; willst du den Schatz nicht haben, den Jesus allen giebt, die sich an

ihn ergeben, und stets geflissen seyn, nur einzig ihm zu leben, und sich in ihm zu freu'n?

7. Du wählst die Lust und Freude, der Sinnen Gaukelspiel, die hier doch schon mit Leide und Schmerzen groß und viel sich allzu oft nur enden, und dein Herz mehr und mehr vom höchsten Gute wenden und es verwüsten sehr.

8. Gott ist die rechte Quelle, draus reine Wollust fleußt, die lauter, klar und helle sich in die Seelen geußt; ohn' ihn ist kein Vergnügen, was sein Licht nicht anblickt, das bleibt im Staube liegen und ewig unerquickt.

9. Drum auf, mein Geist! laß fahren, was Gott nicht selber heißt, weil Alles mit den Jahren sich deinem Brauch entreißt; Gott aber bleibet stehen, wenn Alles in der Welt wird fallen und vergehen, was jetzo dir gefällt.

10. Ach! mache Herz und Sinnen, o Gott, von allem frei, und gieb', daß mein Beginnen aufwärts gerichtet sey. Die Welt kann doch nichts geben, was wahre Ruhe brächt': wer dich zur Ruh' und Leben erwählet, der trifft's recht.

Christian Ludwig Edeling.

Morgenlied.

Psalm 139, v. 18. Wenn ich aufwache, bin ich noch bei dir.

Mel. Valet will ich dir geben.

129. Auf, auf! mein Geist! zu loben, auf, auf! und werd' erhitzt; bedenke, wie von oben der Höchste dich beschützt. Hätt' er dir nicht zum Schutze, die Engel zugeschickt, dich hätte, dir zum Trutze, der Feind im Schlaf berückt.

2. Dir, dir und deiner Güte, dir, o mein Gott allein, dir nur soll mein Gemüthe von Herzen dankbar seyn. Denn du hast mir mein Leben noch bis daher verlängt*), und täglich auch daneben viel Wohlthat eingeschenkt.

*) Verlängert.

3. Du, Herr der Himmels-Zelten! wie soll ich nach Gebühr, wie soll ich dir vergelten, was du gethan an mir? Ich bin zwar zu geringe, doch nimm die Opfer hin; nimm hin, was ich dir bringe, ein'n dir ergebnen Sinn.

4. Nur weg mit Horn und Klauen *), ich opf're Herz und Brust, ein kindliches Vertrauen, das nur ist deine Lust, das lasse dir gefallen, wie schlecht es immer scheint; so ist dennoch vor allen das Opfer gut gemeint.

*) Nämlich der Thiere, welche man im alten Bunde opferte.

5. Verzeihe mir die Sünde, die ich bisher verübt, und die ich jetzt befinde, wie sie mein Herz betrübt, verzeihe mir und dämpfe all' üppige Begier, mit der ich täglich kämpfe. O Herr! verzeihe mir.

6. Send' auch auf meinen Wegen mir deine Engel zu, und sprich du selbst den Segen zu allem, was ich thu. Herr! sende du mir Kräfte von deiner Himmelshöh', auf daß all' mein' Geschäfte gewünscht von Statten geh'.

7. Gieb mir vor allen Dingen getrosten Muth und Geist, dies freudig zu vollbringen, was mein Beruf mich heißt, laß mich in guten Tagen nicht übermüthig seyn, und laß mich ja nicht zagen, dringt gleich ein Kreuz herein.

8. Hilf, daß in meinem Stande ich thu, was dir gefällt; und laß mich nicht in Schande gerathen vor der Welt; richt', Herr! mein ganzes Leben nach deinem Willen ein; laß auch mein Haus daneben von dir gesegnet seyn.

9. Gieb, daß im Kreuz und Glücke ich stets so leben mag, daß ich all' Augenblicke denk' an den letzten Tag; und wenn der wird einbrechen, so gieb, daß ich erfreut von Herzen könne sprechen: komm, Herr! ich bin bereit.

Johann Franck.

Osterlied.

Colosser 2, v. 15. Und hat ausgezogen die Fürstenthümer und die Gewaltigen, und sie Schau getragen öffentlich, und einen Triumph aus ihnen gemacht durch sich selbst.

In eigener Melodie.

130. Auf, auf! mein Herz mit Freuden nimm wahr; was heut' geschicht, wie kommt nach großem Leiden nun ein so großes Licht! mein Heiland war gelegt da, wo man uns hinträgt, wenn von uns unser Geist gen Himmel ist gereis't.

2. Er war in's Grab gesenket, der Feind trieb groß Geschrei; eh' er's vermeint und denket, ist Christus wieder frei und ruft: Victoria! schwingt fröhlich hie und da sein Fähnlein als ein Held, der Feld und Muth behält.

3. Der Held steht auf dem Grabe und sieht sich munter üm; der Feind liegt und legt abe Gift, Gall' und Ungestüm, er

wirft zu Christi Fuß sein Höllenreich, und muß selbst in des Siegers Band ergeben Fuß und Hand.

4. Das ist mir anzuschauen ein rechtes Freudenspiel, nun soll mir nicht mehr grauen vor allem, was mir will benehmen meinen Muth zusammt dem edlen Gut, so mir durch Jesum Christ aus Lieb' erworben ist.

5. Die Höll' und ihre Rotten, die krümmen mir kein Haar; der Sünden kann ich spotten, bleib' allzeit ohn' Gefahr. Der Tod mit seiner Macht wird nichts bei mir geacht't, er bleibt ein todtes Bild, und wär' er noch so wild.

6. Die Welt ist mir ein Lachen mit ihrem großen Zorn, sie zürnt und kann nichts machen, all' Arbeit ist verlor'n; die Trübsal trübt mir nicht mein Herz und Angesicht, das Unglück ist mein Glück, die Nacht mein Sonnenblick.

7. Ich hang' und bleib' auch hangen an Christo, als ein Glied; wo mein Haupt durch ist gangen, da nimmt es mich auch mit. Er reißet durch den Tod, durch Welt und Sünd' und Noth, er reißet durch die Höll', ich bin stets sein Gesell.

8. Er dringt zum Saal der Ehren, ich folg' ihm immer nach, und darf mich gar nicht kehren an einzig Ungemach. Es tobe, was da kann, mein Haupt nimmt sich mein an; mein Heiland ist mein Schild, der alles Toben stillt.

9. Er bringt mich an die Pforten, die in den Himmel führt, daran mit goldnen Worten der Reim gelesen wird: wer dort wird mit verhöhnt, wird hier auch mit gekrönt; wer dort mit sterben geht, wird hier auch mit erhöht.

Paul Gerhardt.

Sonntagslied.

2 Mose 20, v. 8. Gedenke des Sabbathtages, daß du ihn heiligest.

In eigener Melodie.

131. Auf, auf! mein Herz, und du mein ganzer Sinn! wirf Alles heut', was Welt ist, von dir hin. Heut' hat das Werk der Schöpfung angefangen, da diesem Rund das Licht ist aufgegangen.

2. Auf, auf! mein Herz, wirf alles Irdische ab, heut' Jesus ist erstanden aus dem Grab; heut' hat er sein Erlösungswerk geendet; heut' hat er auch den Geist herabgesendet.

3. Dies heilig Heut' heißt dich auch heilig seyn, Gott diesen Tag bei dir will ziehen ein. So ruhe du von Arbeit und von Sünden, daß er in dir mög' seine Ruhe finden.

4. Gott giebet dir sechs Tage für den Leib; der siebente der Seelen eigen bleib'; sie muß ja auch von sieben einen haben, daß sie sich mög' mit Himmelsspeise laben.

5. Viel Sünden, die die Woche ladet auf; an diesem Tag mit Bitten, Gnade kauf'; leg' ab die Last; geh' Gottes Wort zu hören: dies laß dir heut' die Wochenwege lehren.

6. Sechs Tage dich Gott segnet, schützt und nährt, heut' er dafür mit Dank will seyn geehrt; der erste soll heut' für die andern bitten, daß Gott sie woll' mit Segen überschütten.

7. Gott wöchentlich giebt sieben Tage dir, gieb einen du, den ersten ihm dafür. Der erste wird die andern sechse zieren, wirst du heut' Gott im Mund und Herzen führen.

8. Am ersten du nach Gottes Reiche tracht', obschon die Welt nur deiner Andacht lacht. Der Schad' ist ihr, dir aber wird's gedeihen, Gott alles Glück auf dich wird reichlich streuen.

9. An diesem Tag' hab' deine Lust am Herrn. Was wünscht dein Herz, wird er dir geben gern; befiehl Gott heute deine Weg' und Sachen: und hoff' auf ihn: gewiß, er wird's wohl machen.

10. Wirst du ihm aber nehmen seinen Tag, so macht er dir die Woche voller Plag'. Wer ehret Gott, den ehrt er auch auf Erden; wer ihn veracht't, soll auch verachtet werden.

Lic. Johann Heinrich Calisius.

Danklied nach wiedererlangter Gesundheit.

Jesaias 38, v. 19. Sondern allein die, so da leben, loben dich, wie ich jetzt thue.

Mel. Der lieben Sonnen Licht und Pracht.

132. Auf, auf! mein hocherfreuter Sinn, und ihr erlös'ten Glieder, kommt, eilt zu euerm Jesu hin, und werft euch vor dem nieder, der euch aus Weh und Noth, ja aus dem nahen Tod, durch seine starke Jesus-Macht, zur vorigen Gesundheit bracht.

2. Ein solcher, Seele, ist dein Hirt, wo find'st du seines Gleichen? der, wenn er in die Wüsten führt, wenn Erd' und Himmel weichen, sein Schäflein freundlich trägt, es auf die Schultern legt; und wenn er nur ein Wörtlein spricht, die Schmerzen lindert, stillt und bricht.

3. Wie elend warst du zugericht't, wie hart lagst du darnieder! wie sorgt' man für dein Augen-Licht! wie starrten deine Glieder! du warst in diesem fast dir selbsten eine Last, und recht, vom Kopf bis auf den Fuß, ein schmerzensvoller Lazarus.

4. Nun aber bist du so gesund, als wärst du's nicht gewesen; es ruft dein hocherfreuter Mund: wie bald bin ich genesen! Kein Glied, wie's sonst geschicht, ist häßlich zugericht't; dein Leib stellt sich gesunder dar, als er vor seiner Krankheit war.

5. Nun, Seele, sag's, wer hat's gethan? wem dankst du dein Genesen? Bist du's? sind's Menschen? sage an! ist's Jesus nicht gewesen? Ja, ja dies fromme Lamm, dein treuer Bräutigam, der ist es, er ist's ganz allein; wie willst du ihm nun dankbar seyn!

6. Ach glaube, könnte jedes Glied mit tausend Zungen singen, und ihm ein immerwährend Lied für sein Erbarmen bringen, besäng'st du Tag und Nacht, wie er's so wohl gemacht, stimmt' Erd' und Himmel gleich mit ein, so würd' es doch zu wenig seyn.

7. Inzwischen soll mein froher Geist nicht gänzlich stille schweigen: so lang' mein Gott mich wallen heißt, will ich mit Dank' bezeugen, was seine Hand gethan. Ich weiß du nimmst es an, mein Arzt, mein Hirt, mein Heil, mein Licht, dein holdes Ohr verschmäht es nicht.

8. Das Leben, das du mir verlängt, will ich dir wiedergeben. Die Jahre, die du mir geschenkt, nur dir zur Ehre leben. Doch gieb, ach gieb mir Kraft, die solches in mir schafft: weil du, so willig auch mein Geist, doch meines Geistes Ohnmacht weißt.

9. Den Leib, den du gesund gemacht, laß dir ein Opfer werden, und nebst der Seele Tag und Nacht mit Wort, Werk und Geberden nur thun was dir gefällt, bis er in jener Welt, von Weh und Schwachheit ganz befrei't, dir ewig Lobgesänge weih't.

Leopold Franz Friedrich Lehr.

Himmelfahrt Christi.

Johannis 17, v. 24. Vater, ich will, daß, wo ich bin, auch die bei mir seyn, die du mir gegeben hast.

Mel. Allein Gott in der Höh' sey Ehr'.

133. Auf Christi Himmelfahrt allein ich meine Nachfahrt gründe, und allen Zweifel, Angst und Pein, hiermit stets überwinde: denn weil das Haupt im Himmel ist, wird seine Glieder Jesus Christ zur rechten Zeit nachholen.

2. Weil er gezogen himmelan und große Gab'n empfangen, mein Herz auch nur im Himmel kann, sonst nirgends, Ruh' erlangen; denn wo mein Schatz gekommen hin, da ist auch stets mein Herz und Sinn, nach ihm mich sehr verlanget.

3. Ach Herr, laß diese Gnade mich von deiner Auffahrt spüren, daß mit dem wahren Glauben ich mag deine Nachfahrt zieren, und dann einmal, wenn dir's gefällt, mit Freuden scheiden aus der Welt; Herr, höre dies mein Flehen! M. Josua Wegelin.

Ergebung.

Psalm 123, v. 2 Wie die Augen der Knechte auf die Hände ihrer Herren sehen, wie die Augen der Magd auf die Hände ihrer Frauen; also sehen unsere Augen auf den Herrn unsern Gott.

Mel. Nun ruhen alle Wälder.

134. Auf deine Weisheit schauen, auf deine Güte trauen, Gott, ist Zufriedenheit. Wer kann mein Wohl entscheiden? wer schenkt mir beßr're Freuden, als du, Brunn aller Seligkeit?

2. Vor dir ist nichts verborgen, wie sollt' ich ängstlich sorgen, da du mein Vater bist? du Herr gabst mir mein Leben, und wirst mir Alles geben, was mir zur Wohlfahrt nöthig ist.

3. Wir streben oft nach Dingen, die, wenn sie uns gelingen, des Unglücks Quellen sind. Ein Schein, der uns bethöret, und unsern Stolz vermehret, macht uns für wahre Güter blind.

4. Der Hang zu Eitelkeiten raubt uns die Seligkeiten des wahren Christenthums. Wann wir dir unser Leben, o Vater, übergeben, dann wird das Herz voll deines Ruhms.

5. Dein Rathschluß sey mein Wille, ich will in heil'ger Stille mich deiner Vorsicht freu'n. Dein ewiges Erbarmen, dein Beistand soll mir Armen Zufriedenheit und Reichthum seyn.

6. Laß mich nicht zweifelnd wanken, wann traurige Gedanken mir deinen Trost entzieh'n. Ich werde nie vergebens zu dir, o Freund des Lebens, mit kindlichem Vertrauen flieh'n.

7. Erleicht're meine Leiden durch deines Geistes Freuden, durch Muth und Hoffnung mir, drückt mich die Last der Schmer-

zen, dann sprich zu meinem Herzen: ich, dein Erretter, helfe dir.

8. Was soll ich mich betrüben? den Menschen, die dich lieben, muß Alles Segen seyn. Ich bin ja dein Erlös'ter, sonst weiß ich keinen Tröster, sonst keinen Hort als dich allein.

M. Johann Friedrich Mudre.

Das Festhalten des göttlichen Wortes.

Römer 10, v. 8. Dies ist das Wort vom Glauben, das wir predigen.

Mel. Wer nur den lieben Gott läßt walten.

135. Auf dein Wort bin ich zu dir kommen, als mich die Sünd' und Fluch gedrückt; du hast die Last von mir genommen, mir Fried' verschafft, und mich erquickt, Herr Jesu! dein so theures Blut, das machte Alles wieder gut.

2. Auf dein Wort bin ich fortgegangen, und traue dir es gänzlich zu, da du das Werk hast angefangen in meiner Seel', so bringest du dasselbe vollends auch zum End' durch deinen Geist und Wort und Händ'.

3. Auf dein Wort hab' ich mich verlassen, und Manches, wie du weißt, gewagt, so, daß mich viel deswegen hassen; doch bin ich dabei unverzagt, und warte, bis du, als mein Fürst, mir auch hierinnen helfen wirst.

4. Auf dein Wort will ich ohne Sehen fort glauben hier in dieser Zeit, bis ich vor deinem Thron werd' stehen, und bei dir in der Ewigkeit die Ehren-Kron auf meinem Haupt erfüllet, was ich hier geglaubt.

5. Auf dein Wort setz' ich Leib und Leben, und Alles, was ich habe d'ran; der mir es hat zuerst gegeben, ist's der mir's wieder geben kann. Du leistest Bürgschaft mir dafür, so leb' ich dir, so sterb' ich dir.

Johann Jakob von Moser.

Gehorsam.

Luc. 5, v. 5. Auf dein Wort will ich das Netz auswerfen.

Mel. Aus tiefer Noth schrei' ich zu dir.

136. Auf dein Wort laß mich Alles thun, so wird es wohl gerathen. Laß deinen Segen auf mir ruhn in allen meinen Thaten. Geh' selber mit mir aus und ein, und laß dir, Herr! gefällig seyn, was ich auch heut' verrichte.

Fräulein M. C. v. Silberrad.

Vom jüngsten Tage.

2 Petri 3, v. 14. Darum, meine Lieben, dieweil ihr darauf warten sollet, so thut Fleiß, daß ihr vor ihm unbefleckt und unsträflich im Frieden erfunden werdet.

Mel. Es ist gewißlich an der Zeit.

137. Auf dein' Zukunft, Herr Jesu Christ, wir warten alle Stunden; der jüngste Tag nicht fern mehr ist, dann werden wir entbunden; hilf nur, daß wir fein wacker seyn, wenn du mit deinen Engelein zu dem Gericht wirst kommen.

Melchior Bischoff.

Freudigkeit des Glaubens.

2 Petri 1, v. 13. Ich achte es billig seyn, so lange ich in dieser Hütte bin, euch zu erwecken und zu erinnern.

Mel. Jesus, meine Zuversicht.

138. Auf dem Weg zum Himmel geht's durch viel Trübsal, Angst und Leiden. Jesus führt die Seinen stets in den Saal der ew'gen Freuden durch die öffne, mir und dir von ihm aufgeschloss'ne Thür.

2. Darum hab' ich guten Grund, auf mein Ende mich zu freuen, und die letzte Todesstund' nicht zu fürchten, noch zu scheuen. Sie macht nur ein sel'ges End' Allem, was man Trübsal nennt.

3. Auf das Herz des Vater's heißt mich der Sohn getrost vertrauen. Von dem Sohne zeugt der Geist: daß ich ihn dort werde schauen, und erfahren, daß er mir aufgethan die Himmelsthür.

4. Sollte mir der Himmel nicht, und mein Theil bei Jesu werden? war er meine Zuversicht und mein Heil doch schon auf Erden. Hat's auch dort mit dem Gefahr, der schon hier bei Jesu war?

5. Nein! wo er ist, werd' ich seyn. Bei ihm werd' ich ewig bleiben. Er ist mein, und ich bin sein. Nichts soll mich von Jesu treiben; er ist Alles, er ist's gar! Amen, Amen! das ist wahr!

Christian Karl Ludwig v. Pfeil.

Vertrauen.

Jesaia 46, v. 4. Ich will es thun, Ich will heben und tragen, und erretten.

Mel. Ach! Jesu, meiner Seelen Freude.

139. Auf dich, Herr, darf ich alles wagen, du hast's verheißen: Du willst tragen, mich heben und erretten mich! du wirst es treu an mir erfüllen: sollt' nicht der Trost mein Herze stillen? o ja, mein Gott, ich hoff' auf dich!

Fräulein M. C. v. Silberrad.

Trostlied.

Micha 7, v. 8. Freue dich nicht, meine Feindinn, daß ich darnieder liege; ich werde wieder aufkommen. Und so ich im Finstern sitze, so ist doch der Herr mein Licht.

Mel. Herr, ich habe mißgehandelt.

140. Auf! die du so liegest nieder, meine Seel' und traure nicht; fass' in Gott ein Herze wieder, wenn dir Herz und Muth gebricht: Gott wird sich noch so erweisen, daß du ihn wirst endlich preisen.

2. Ob du dich gleich noch so kränkest, und dir nimmer lässest Ruh', hin und her die Sinne lenkest, dienet's dir doch nirgends zu. Lebe Gott nur zu Gefallen, der weiß Rath und Hülf' in Allem.

3. Laß nur allen Unfall kommen, den er über dich verhängt! es muß Alles dir doch frommen was dich hie und da bedrängt: wag' auf Gott dein Thun und Lassen, der wird's schicken bestermaßen.

4. Laß nur flammen, laß nur brennen bei dir die Gewissensangst, nichts kann dich von Gott ja trennen, so du Christo nur anhangst, traue Gott in allen Kämpfen, das wird Feu'r und Flammen dämpfen.

5. Laß dir auch nur sonst entstehen, was dir bringt viel Weh und Ach! diesen Weg, den mußt du gehen deinem lieben Heiland nach; traue Gott ohn' alles Klagen, der wird dir stets helfen tragen.

6. Laß dir immerhin begegnen Krankheit, ja selbst Todespein! mußt du diese Welt gesegnen, so ergieb dich willig drein: traue Gott in Sterbens-Nöthen, der wird allen Tod noch tödten.

7. Drum wohlauf! die du liegst nieder, meine Seel', und trau're nicht; fass' in Gott ein Herze wieder, wann dir Herz und Muth gebricht: Gott wird sich noch so erweisen, daß du ihn wirst ewig preisen.

Nach der Trauung.

Tobia 8, v. 6. Sie standen auf und beteten beide fleißig, daß sie Gott behüten wolle.

Mel. Lobt Gott, ihr Christen allzugleich.

141. Auf euch wird Gottes Segen ruhn; er hat ihn euch gewährt! geht hin und macht durch frommes Thun euch dieses Segens werth. :,:

2. Der Herr erfüllt, was er versprach, sein Heil sollt ihr empfah'n; kommt ihr nur dem Gelübde nach, das ihr dem Herrn gethan. :,:

3. Ihm heiligt nun Beruf und Stand, ihm heiligt euer Herz, und folgt der Leitung seiner Hand durch Freuden und durch Schmerz. :,:

4. Bis ihr den Lauf der Pilgerzeit nach Gottes Willen schließt, und ihn in seiner Herrlichkeit einst schauet wie er ist. :,:

Johann Joachim Eschenburg.

Auferstehung.

1 Corinth. 15, v. 53. Dies Verwesliche muß anziehen das Unverwesliche, und dies Sterbliche muß anziehen die Unsterblichkeit.

In eigener Melodie.

142. Auferstehn, ja auferstehn wirst du, mein Staub, nach kurzer Ruh'; unsterblich's Leben wird, der dich schuf, dir geben. Gelobt sey er!

2. Wieder aufzublüh'n, werd' ich gesä't! der Herr der Ernte geht, und sammelt Garben uns ein, die wir hier starben! gelobt sey er!

3 Tag des Danks! der Freudenthränen Tag! du meines Gottes Tag! wenn ich im Grabe genug geschlummert habe, erweckst du mich.

4. Wie den Träumenden wird's dann uns seyn, mit Jesu geh'n wir ein zu seinen Freuden! der müden Pilger Leiden sind dann nicht mehr.

5. Ach, in's Allerheiligste führt mich mein Mittler. Dann leb' ich im Heiligthume, zu seines Namens Ruhme, in Ewigkeit.

Friedrich Gottlieb Klopstock.

Christliche Kirche.

Offenbarung Johannis 21, v. 3. Gott wird bei ihnen wohnen, und sie werden sein Volk seyn, und er selbst, Gott mit ihnen, wird ihr Gott seyn.

Mel. Wer nur den lieben Gott läßt walten.

143. Auf ewig bin ich, Herr, der Deine, du Haupt der Kirche, ich dein Glied; ich preise dich in der Gemeine, dir bringet Dank und Ruhm mein Lied, da wo man uns dein Wort erklärt, und nicht durch Irrthum dich entehrt.

2. Du sandtest mir den Geist der Gnaden, der mich durch's Evangelium zu deiner Kirche eingeladen, ich kam und ward dein Eigenthum. Auf deinen Tod ward ich getauft, und Jesu, durch dein Blut erkauft.

3. Heil mir! wenn ich dir angehöre, ein Bürger deines Himmels bin; o bilde du, zu deiner Ehre, mein Heiland! mich nach

deinem Sinn; und leite mich auf jenen Pfad, den hier dein Fuß betreten hat.

4. Hilf du durch deine Kraft mir streiten, besiege mit mir deinen Feind, und wenn von meinen Lebenszeiten der letzte Augenblick erscheint; dann steh' mit deiner Kraft mir bei, mach' mich bis in den Tod getreu.

5. Und reiche mir des Himmels Krone, wonach hier dein Erlöster ringt; o dann sey dir an deinem Throne, wo dir der Cherub Lieder singt, wenn ich nach deinem Bild' erwacht, von mir ein heilig Lied gebracht.

Johann Heinrich Röding.

Die Kirche Christi.

Matthäi 16, v. 18. Auf diesen Felsen will ich bauen meine Gemeine, und die Pforten der Hölle sollen sie nicht überwältigen.

Mel. Herr Gott, dich loben wir.

144. Auf Felsen liegt ihr Grund, und ewig ist ihr Bund! den Bund hat Gott mit ihr gemacht! sie schreckt nun nicht des Todes Nacht! sein großer Tag, das Weltgericht, selbst das schreckt die Gemeine nicht! besprengt mit Gottes Blut ist sie sein Tempel und vergehet nie. Jesus, denn Jesus Christ! er der ihr Mittler ist! Jesus, ihr Herr und Gott, bezwang, bezwang den Tod! sie macht sich auf, sie eilt, wird Licht, des Herrn Gemeine! denn ihr Licht, ihr Heil, ihr ew'ges Heil geht auf, am Todeshügel wieder auf! Nun blutvoll nicht, nicht sterblich mehr, tritt er den Staub, und glänzt daher! Vom Tode los, vom Grabe fern, geht auf die Herrlichkeit des Herrn! Verbreitet bist du wunderbar, Gemeine! zahllos derer Schaar, die den mit Psalter und Gesang anbeten, der den Tod bezwang!

2. Auch wir, Herr, sind von jener Schaar ein Häuflein, das du wunderbar, als es im Todesschlummer lag, umstrahltest mit des Lebens Tag! Preis, Herr! dir, daß du auferstand'st, und überwand'st, und überwand'st! Die Erde zitterte, da sprang des Grabmals Fels zurück; da schwang, durch den mein Staub einst auch erwacht, sich aus des kurzen Todes Nacht! Auf! laßt uns feiern, laßt uns gehn, und glaubend seine Wunden sehn!

3. Sie bluteten, jetzt strahlen sie; wer sie im Glauben sieht, stirbt nie. Dem Sünder strahlen sie Gericht. Bös' ist sein Herz, drum glaubt er nicht. Erhalt', Herr, unsre Herzen rein, und laß uns, laß uns standhaft seyn!

4. Wir wandeln nah' am Grab', und schau'n zu oft noch auf den Tod mit Grau'n! Die Salbung, die vom Himmel fließt, in Gnadedürstende sich gießt, durch deiner Auferstehung Kraft in uns ein neues Leben schafft, des Geistes Salbung send' uns, Gott! So freu'n wir uns auf unsern Tod! So sind wir dein, so sind wir dein! so werden wir's auf ewig seyn. Amen.

Friedrich Gottlieb Klopstock.

Vertrauen.

Micha 7, v. 7. Ich aber will auf den Herrn schauen und des Gottes, meines Heils, erwarten; mein Gott wird mich hören.

Mel. Was Gott thut, das ist wohlgethan.

145. Auf Gott, und nicht auf meinen Rath will ich mein Glücke bauen, und dem, der mich erschaffen hat, mit ganzer Seele trauen. Er, der die Welt allmächtig hält, wird mich in meinen Tagen als Gott und Vater tragen.

2. Er sah von aller Ewigkeit, wie viel mir nützen würde, bestimmte meine Lebenszeit, mein Glück und meine Bürde. Was zagt mein Herz? ist auch ein Schmerz, der zu des Glaubens Ehre nicht zu besiegen wäre?

3. Gott kennet, was mein Herz begehrt, und hätte, was ich bitte, mir gnädig, eh' ich's bat, gewährt, wenn's seine Weisheit litte. Er sorgt für mich recht väterlich. Nicht, was ich mir ersehe, **sein** Wille der geschehe.

4. Ist nicht ein ungestörtes Glück weit schwerer oft zu tragen, als selbst das widrigste Geschick, bei dessen Last wir klagen? die größ'ste Noth hebt einst der Tod, und Ehre, Glück und Habe verläßt uns doch im Grabe.

5. An dem, was wahrhaft glücklich macht, läßt Gott es Keinem fehlen; Gesundheit, Weltlust, Ehr' und Pracht sind nicht das Glück der Seelen. Wer Gottes Rath vor Augen hat, dem wird ein gut Gewissen die Trübsal auch versüßen.

6. Was ist des Lebens Herrlichkeit? wie bald ist sie verschwunden! was ist das Leiden dieser Zeit? wie bald ist's überwunden! Hofft auf den Herrn! er hilft uns gern; seyd fröhlich, ihr Gerechten, der Herr hilft seinen Knechten.

Christ. Fürchtegott Gellert.

Weihnachtslied.

Luc. 2, v. 16. Sie fanden das Kind in der Krippe liegend.

Mel. Valet will ich dir geben.

146. Auf! Herz und auch ihr Lippen! daß ihr, so schlecht es klingt, ein Kindlein in der Krippen, das Jesus heißt, besingt, von welchem die Propheten gezeuget glaubensvoll, daß er sein Volk erretten, und selig machen soll.

2. Das Warten aller Frommen im alten Testament, Messias ist gekommen, des Glaubens Element, der Text vom Engels-Liede: Lob! daß der Himmel tönt! auf Erden kommt der Friede! die Menschen sind versöhnt!

3. Er ist der Weibes-Saame, den Gott verheißen hat. Als er auf Erden kame, da fand er keine Statt, nicht Platz noch Raum zu liegen, im Stalle kehrt' er ein; man legt statt einer Wiegen ihn in ein Krippelein.

4. Wer kommt herzu getreten, das Jesus-Kind zu sehn? wer kommt es anzubeten, und ihm zu Dienst zu stehn? wer merkt auf seine Lippen? er redet ohne Wort, er predigt aus der Krippen: was lehrt euch dieser Ort?

5. Für euch und euren Orden, spricht er, bin ich so schwach, so arm, so niedrig worden, daß ich euch herrlich mach'. Wer mein begehrt auf Erden, und nimmt in's Herz mich ein, soll meine Wohnung werden und ewig bei mir seyn. Chr. Karl Ludw. v. Pfeil.

Himmlischer Sinn.

Colosser 3, v. 2. Trachtet nach dem, das droben ist, nicht nach dem, das auf Erden ist.

In eigener Melodie.

147. Auf, hinauf zu deiner Freude, meine Seele, Herz und Sinn! weg, hinweg mit deinem Leide, hin zu deinem Jesu hin! er ist dein Schatz; Jesus ist dein einzig's Leben; will die Welt kein'n Ort dir geben, bei ihm ist Platz.

2. Fort, nur fort, steig' immer weiter in die Höh' zu Jesu auf; an, hinan die Glaubensleiter klettre mit geschwindem Lauf. Gott ist dein Schutz, Jesus bleibet dein Beschirmer wider alle Seelbestürmer, und bietet Trutz.

3. Fest, fein fest dich angehalten an die starke Jesustreu', laß du, laß du Gott nur walten, seine Güt' ist täglich neu, er meint's recht gut. Wenn die Feinde dich anfallen, müssen sie zurücke prallen, hab' guten Muth.

4. Ein, hinein in Gottes Kammer, die dir Jesus aufgethan, klag' und sag' ihm deinen Jammer, schreie ihn um Hülfe an. Er steht dir bei; wenn dich alle Menschen hassen, kann und will er dich nicht lassen, das glaube frei.

5. Hoch, so hoch du kannst erheben deine Sinnen von der Erd', schwinge dich dem zu ergeben, was du hast, der dein ist werth. Dein Jesus ist, der um dich so treulich wirbet, und für dich aus Liebe stirbet, drum du seyn bist.

6. Auf, hinauf! was droben, suche, trachte doch allein dahin, wo dein Jesus; sonst verfluche allen schnöden Sünden-Sinn. Zum Himmel zu, Welt und Erde muß verschwinden, nur bei Jesu ist zu finden die wahre Ruh'. M. Johann Kaspar Schade.

Geistlicher Kampf.

2 Timotheum 2, v. 3. Leide dich, als ein guter Streiter Jesu Christi.

Mel. Meine Hoffnung stehet feste.

148. Auf! ihr Christen, Christi Glieder, die ihr noch hängt an dem Haupt; auf! wacht auf! ermannt euch wieder, eh' ihr werdet hingeraubt. Satan beut an den Streit Christo und der Christenheit.

2. Auf! folgt Christo eurem Helde, trauet seinem starken Arm, liegt der Satan gleich zu Felde mit dem ganzen Höllenschwarm; sind doch der noch viel mehr, die da stets sind um uns her.

3. Nur auf Christi Blut gewaget, mit Gebet und Wachsamkeit, dieses machet unverzaget und recht tapfre Kriegesleut'. Christi Blut giebt uns Muth; tilgt des Satans Zornesglut.

4. Christi Heeres Kreuzesfahne, die da weiß und roth gesprengt, ist schon auf dem Siegesplane uns zum Troste ausgehängt. Wer hier krieg't, nie erlieg't, sondern unterm Kreuze siegt.

5. Diesen Sieg hat auch empfunden vieler Heil'gen starker Muth, da sie haben überwunden fröhlich durch des Lammes Blut. Sollten wir denn allhier nicht auch streiten mit Begier?

6. Wer die Sklaverei nur liebet in der Zeit und Ewigkeit, und den Sünden sich ergiebet, der hat wenig Lust zum Streit. Denn die Nacht, Satans Macht hat ihn in den Schlaf gebracht.

7. Aber wen die Weisheit lehret, was

die Freiheit für ein Theil, dessen Herz zu Gott sich kehret, seinem allerhöchsten Heil, sucht allein, ohne Schein, Christi freier Knecht zu seyn.

8. Denn vergnügt auch wohl das Leben, so der Freiheit mangeln muß? wer sich Gott nicht ganz ergeben, hat nur Müh', Angst und Verdruß. Der, der kriegt recht vergnügt, wer sein Leben selbst besiegt.

9. Auf denn, laßt uns überwinden in dem Blute Jesu Christ, und an unsre Stirne binden sein Wort, so ein Zeugniß ist, das uns deckt und erweckt, und nach Gottes Liebe schmeckt.

10. Unser Leben sey verborgen mit Christo in Gott allein, auf daß wir an jenem Morgen mit ihm offenbar auch seyn, da das Leid dieser Zeit werden wird zu lauter Freud';

11. Da Gott seinen treuen Knechten geben wird den Gnadenlohn, und die Hütten der Gerechten stimmen an den Siegeston, da fürwahr Gottes Schaar ihn wird loben immerdar.

Justus Falckner.

Das dankbare, demüthige Herz begnadigter Christen.

Psalm 116, v. 12. Wie soll ich dem Herrn vergelten alle seine Wohlthat, die er an mir thut?

Mel. Herr und Aelt'ster deiner Kreuzgemeine.

149. Auf! ihr nah' verbund'ne Jesusherzen, die ihr unserm ein'gen Freund gar zu gern für seinen Tod und Schmerzen Dank- und Freudenthränen weint; fallt im Geist zu seinen blut'gen Füßen, sie aus Lieb' und Dankbarkeit zu küssen, und schickt eure Seufzerlein in sein treues Herz hinein.

2. Laßt uns ihm ein Hallelujah singen: mächtiglich sind wir errett't! laßt uns ihm uns selbst zum Opfer bringen, das ihm sey geheiliget! blut'ge Arme, für die Sünder offen, nehmt uns auf, so wie wir's gläubig hoffen, weil sein Mund so freundlich spricht: kommt nur, ich verstoß' euch nicht!

3. Ach wer waren wir? wer sind wir Armen? wie blutarm, ist dir bekannt; o du Herz voll Liebe, voll Erbarmen, das uns suchte, das uns fand, in dem Marterbilde mit den Wunden, die dein Leib am Kreuz für uns empfunden, warst du jeder Seele nah': gleich war Gnad' und Friede da.

4. Meine Armuth ist nicht auszusprechen, meine Noth ist nicht so klein, und wie mancherlei ist mein Gebrechen! aber, was kann sel'ger seyn, als mein Herz, wenn's Trost und Friede findet, und vom Blute Jesu wird entzündet, welches er aus lauter Gnad' mir zum Heil vergossen hat!

5. Groß ist seine Huld, und nicht zu fassen, daß er mit so sünd'ger Art, als wir sind, so nah' sich eingelassen: wahrlich, wie sein Herz so zart mit uns armen Sündern umgegangen, dahin werden keine Worte langen; durch sein Bitten und sein Fleh'n ist uns Sündern wohl gescheh'n.

Christian Renatus v. Zinzendorf.

Trost im Leiden.

Philipper 1, v. 28. Lasset euch in keinem Wege erschrecken von den Widersachern, welches ist ein Anzeigen, ihnen der Verdammniß, euch aber der Seligkeit, und dasselbe von Gott.

Mel. Kommt her zu mir! spricht Gottes Sohn.

150. Auf Leiden folgt die Herrlichkeit, Triumph, Triumph nach kurzem Streit! so singt die kleine Heerde, die bald der allertreu'ste Hirt mit großer Kraft erlösen wird von ihrer Lastbeschwerde.

2. Ihr zarten Schäflein gehet fort, es rufet euch das ew'ge Wort mit der bekannten Stimme: folgt mir auf meinem engen Pfad, und sucht in Demuth meine Gnad', ich schütz' euch vor dem Grimme.

3. Die Welt, die ras't bis an ihr Ziel, und sammelt ihrer Sünden viel; ei! lasset sie nur sammeln. Man wird bald seh'n die hohe Pracht erniedrigt und zu nicht gemacht, durch Kinder *), die nur stammeln.

*) Matthäi 21, v. 15. 16.

4. Ihr Kinder seyd nur wohlgemuth, denn Gott, der große Wunder thut, hat sich schon aufgemachet. Ich bin der Herr, Immanuel, ich gehe her vor Israel, und bin vom Tod erwachet.

5. Bewahret euch mit meinem Sinn, nehmt meines Lebens Odem hin, umgürtet euch mit Stärke. Ihr Glieder in der Liebeskett', steht wie die Starken um mein Bett, und thut die großen Werke.

6. Der Glaube bricht durch Stahl und Stein, und faßt die Allmacht in sich ein; er kann nie unterliegen. „Habt Glauben!" ruft der Herr uns zu *); ihm weichen Berg' in einem Nu; der Glaub' wird immer siegen.

*) Marci 11, v. 22. 23.

7. Schaut in der Einfalt nur auf mich, ich führ' die Meinen wunderlich durch meine

Allmachthände. Doch endet sich ihr Leid und Streit in dem Triumph der Herrlichkeit, und nimmt ein herrlich Ende.

Peter Lackmann.

Das Sterben im Herrn.

Römer 14, v. 8. Sterben wir, so sterben wir dem Herrn.

Mel. Wer nur den lieben Gott läßt walten.

151. Auf meinen Jesum will ich sterben getrost mit Fried' und Freudigkeit; durch seine Wunden werd' ich erben mein allerschönstes Hochzeitkleid. Mein Jesus ist mein Trost allein, auf Jesum leb' und schlaf' ich ein.

2. Auf meinen Jesum will ich sterben, in seinen Wunden stirbt sich's gut; er läßt mich nimmermehr verderben, ich senke mich tief in sein Blut. Mein Jesus ist mein Trost allein, auf Jesum leb' und schlaf' ich ein.

3. Auf meinen Jesum will ich sterben, in seine Seite schließ' ich mich; so kann ich denn den Himmel erben, brich immerhin, mein Herze, brich. Mein Jesus ist mein Trost allein, auf Jesum leb' und schlaf' ich ein.

4. Auf meinen Jesum will ich sterben, er bleibt wenn Alles mich verläßt; der durch sein Blut mich wollen werben, bei dessen Fahne steh' ich fest. Mein Jesus ist mein Trost allein, auf Jesum leb' und schlaf' ich ein.

5. Auf meinen Jesum will ich sterben, Herr Jesu! nimm die Seele hin: mein Heiland, laß mich nicht verderben, so hab' ich Alles zum Gewinn. Mein Jesus ist mein Trost allein, auf Jesum leb' und schlaf' ich ein.

6. Auf meinen Jesum will ich sterben, wenn mir vergeht der Augen Licht, wenn Mund und Lippen sich entfärben, und wenn mein Herz im Leibe bricht. Mein Jesus ist mein Trost allein, auf Jesum leb' und schlaf' ich ein.

7. Auf meinen Jesum will ich sterben, mit Leib und Seele bin ich dein: Herr Jesu! laß mich nicht verderben, ach! laß mich ewig selig seyn. Mein Jesus ist mein Trost allein, auf Jesum leb' und schlaf' ich ein.

8. Auf meinen Jesum will ich sterben, ach Jesu! hilf in letzter Noth, laß mich das beste Theil ererben, versüße mir den bittern Tod. Du bist mein höchster Trost allein, dir leb' und schlaf' ich selig ein.

Freudigkeit des Glaubens.

Nahum 1, v. 7. Der Herr ist gütig und eine Feste zur Zeit der Noth, und kennet die, so auf ihn trauen.

In eigener Melodie.

152. Auf meinen lieben Gott trau' ich in Angst und Noth, der kann mich all'zeit retten aus Trübsal, Angst und Nöthen, mein Unglück kan er wenden, steht All's in seinen Händen.

2. Ob mich mein' Sünd' anficht, will ich verzagen nicht, auf Christum will ich bauen, und ihm allein vertrauen, ihm will ich mich ergeben im Tod und auch im Leben.

3. Ob mich der Tod nimmt hin, Sterben ist mein Gewinn und Christus ist mein Leben, dem hab' ich mich ergeben: ich sterb' heut' oder morgen, mein' Seel' wird Gott versorgen.

4. O mein Herr Jesu Christ, der du so g'duldig bist für mich am Kreuz gestorben, hast mir das Heil erworben, auch uns allen zugleiche das ew'ge Himmelreiche.

5. Erhöre gnädig mich, mein Trost, das bitt' ich dich, hilf mir am letzten Ende, nim mich in deine Hände, daß ich selig abscheide, zur ew'gen Himmels-Freude.

6. Amen zu aller Stund' sprech' ich aus Herzensgrund, du wollest selbst uns leiten, Herr Christ, zu allen Zeiten, auf daß wir deinen Namen ewiglich preisen; Amen!

Sigismund Weingärtner.

Danklied nach dem Abendmahl.

Psalm 149, v. 1. Singet dem Herrn ein neues Lied, die Gemeine der Heiligen soll ihn loben.

Mel. Wie schön leucht't uns der Morgenstern.

153. Auf, meine Seel'! auf, mein Gesang! sag' deinem Schöpfer Lob und Dank für seine Gnad' und Güte, die seine lieb'-geneigte Hand so reichlich dir hat zugewandt; erheb' dich, mein Gemüthe! singe, bringe alle Gaben, die wir haben, Gott zu schenken, seiner Liebe zu gedenken.

2. Ach, schau', mein Herz, mit Freuden an, was Gott der große Wunder-Mann, der treue Menschen Hüter für große Sorgfalt um dich trägt, wie er dich schützet, nährt und pflegt, was große Schätz' und Güter er dir schon hier zugewäget, beigeleget und gegeben, hier sowohl als dort zu leben.

3. Heut' hat er aus der Sünden-Nacht dich wieder an das Licht gebracht, nun bist du in den Orden der Kinder, die sein Sohn erkauft,

erkauft, und die auf seinen Tod getauft, ein Glied und Bruder worden. Dafür sey dir, Herr mein Leben, Ehr' gegeben, deine Güte, bleibt mir ewig im Gemüthe.

4. O sey willkommen, edler Gast, der du mich jetzt besuchet hast, mit deinem Leib' und Blute; was thu' ich dir du theures Wort, mein Lebensfürst, mein höchster Hort, was thu' ich dir zu Gute? Ach ich find' mich aller Orten schwach an Worten, arm an Werken, ach! laß deine Kraft mich stärken.

5. O weich', mein Schatz, doch nicht von mir, bewahr' mein Herze für und für, und laß dich nichts vertreiben, zwing' mein verderbtes Fleisch und Blut, und laß mich unter deiner Hut dein Kind und Gliedmaaß bleiben, bis ich endlich dieses Leben werd' aufgeben und dort oben dich, mein Gott! ohn' Ende loben. Friedrich von Derschau.

Bußlied.

Hesekiel 18, v. 32. Ich habe kein Gefallen am Tode des Sterbenden, spricht der Herr, Herr. Darum bekehret euch, so werdet ihr leben.

Mel. Wer nur den lieben Gott läßt walten.

154. Auf! meine Seel', und thue Buße, verzage nicht bei deiner Last; geh', falle deinem Gott zu Fuße, von dem du Trost zu hoffen hast, der dir das Wort zum Pfande giebt: Also hat Gott die Welt geliebt.

2. Hier sieh'st du deines Gottes Willen, der will den Tod des Sünders nicht; wie kann sein Vaterherz sich stillen? sieh'st du nicht, daß es ihm selbst bricht? drum bleibet dies sein Gnadenschluß, daß er sich dein erbarmen muß.

3. Ja, ehe Gott dich läßt verderben, so schenket er dir seinen Sohn, der muß den Himmel uns erwerben durch so viel Schmerzen, Arbeit, Hohn; er wird gehorsam bis zum Tod, und tilget damit meine Noth.

4. Wiewohl wir können nichts verrichten, Verstand und Will' ist ohne Kraft; wenn wir auf Gott die Blicke richten, dann giebt Er Kraft und Wissenschaft, und weiset uns die Himmelsbahn im Wort und Sakramenten an.

5. Dies sind des Geistes Gnadenzeichen, dadurch er in uns kräftig ist; er will uns gern die Kräfte reichen, und führet uns zu Jesu Christ; er giebet Zeugniß unserm Geist, wenn er uns tröst't, regiert und weis't.

6. Und also darf kein Mensch verzagen, wenn gleich Tod, Welt und Teufel schreckt; im Glauben können wir sie schlagen, der uns beschützet, tröst't und deckt. Wir sind auch in der schweren Zeit voll Trostes, Kraft und Seligkeit.

7. Ich steh' in Gottes Gnadenhänden, mit meinem Namen einverleibt, das wird kein Teufel können wenden, weil's ewiglich geschrieben bleibt, und Gottes fester Grund besteht, der auch im Tode nicht vergeht.

8. Am Ende wird Gott offenbaren, wie groß der Frommen Seligkeit; da werd' ich's in der That erfahren, was mir von Ewigkeit bereit't; was hier das Ohr gehöret hat, das seh' ich dorten in der That.

9. Wohlan! ich will mich Gott ergeben; versagt die Welt mir ihre Lust, so will ich doch vergnüget leben, denn Gott ergötzet meine Brust, der mir's in meine Seel' eingiebt, daß er mich also hat geliebt.

M. Johann Christoph Schwedler.

Gehorsam.

Joh. 5, v. 30. Ich suche nicht meinen Willen, sondern des Vaters Willen, der mich gesandt hat.

Mel. Valet will ich dir geben.

155. Auf meines Gottes Willen will ich beständig seh'n und, ihn hier zu erfüllen, stets in Bereitschaft steh'n. In meinem ganzen Leben soll diese Richtschnur mir stets vor den Augen schweben, und dienen für und für.

2. Wie kann ich's besser haben? wie kann ich sanfter ruh'n? was kann mich besser laben? was kann mir gut sonst thun? so darf ich nicht verzagen in keiner Noth und Pein, im Glauben kann ich sagen: Gott muß mein Helfer seyn.

3. Läßt er mit Freuden-Blicken die Sonne hell aufgeh'n; läßt er, mich zu erquicken, sein Herz mich offen seh'n: so preis' ich seine Güte und treue Vaterlieb' mit dankbarem Gemüthe und frohem Liebestrieb.

4. Schickt nach dem Tag der Freuden er eine Trauernacht, so wird selbst solches Leiden von mir auch hochgeacht't: ich nehm's von seinen Händen in Herzensdemuth an; er weiß es so zu wenden, daß mir's nicht schaden kann.

5. So bleibt sein Will' geehret von mir zu aller Zeit, und ich bleib' unversehret in Freude und in Leid. Kein Teufel kann mir schaden; die Welt hat nichts an mir: ich

steh' bei Gott in Gnaden, sein Will' ist mein Panier.

D. Jakob Gabriel Wolf.

Sündenvergebung.

Epheser 1, v. 6. 7. Er hat uns angenehm gemacht in dem Geliebten, an welchem wir haben die Erlösung durch sein Blut, nämlich die Vergebung der Sünden.

Mel. Freu' dich sehr', o meine Seele.

156. Auf, mein Geist und mein Gemüthe! lobe Gottes Freundlichkeit, lobe Gottes Wundergüte, die er dir zu aller Zeit hat erwiesen sonderlich, daß er heut auf's neue dich hat durch seines Sohnes Wunden deiner Sündenlast entbunden.

2. Nunmehr kannst du sicher hoffen, daß dir Gott wird gnädig seyn, nun steht dir der Himmel offen, und die Seligkeit ist dein, hinfort hat es keine Noth mit Sünd', Teufel, Höll' und Tod; nichts, nichts können sie dir schaden, weil du bist bei Gott in Gnaden.

3. Dir, Herr Jesu! muß ich sagen Lob und Dank, dieweil du hast so mitleidig selbst getragen für mich meine Sündenlast; und daß du durch deinen Tod mich errettet aus der Noth, darin ich durch Missethaten, leider! war sehr tief gerathen.

4. Gieb durch deine große Güte mir nur deinen guten Geist, daß ich mich vor Sünden hüte, und das suche allermeist, was du willst und dir gefällt; daß ich mich der bösen Welt mag in Gottesfurcht entziehen und all' ihre Lüste fliehen.

5. Gieb dabei Geduld im Leiden, und des wahren Glaubens Licht. Laß mich Geiz und Hoffart meiden. Hilf, daß ich ja zürne nicht, wann mein Nächster mich betrübt, sondern wie du mich geliebt, und mir meine Schuld vergeben, mit ihm möge friedlich leben.

6. Hilf, daß ich dich herzlich liebe und im Beten fleißig sey, Liebe auch am Nächsten übe; Schwermuth und Melancholei laß entfernet seyn von mir. Jesu hilf! daß für und für ich mich als ein Christ geberde, und einst ewig selig werde.

Ernst Christoph Homburg.

Abendmahl.

Offenb. 3, v. 20. Siehe, ich stehe vor der Thür und klopfe an. So Jemand meine Stimme hören wird, und die Thür aufthun, zu dem werde ich eingehen und das Abendmahl mit ihm halten, und er mit mir.

Mel. Sey gegrüßet, Jesu, gütig.

157. Auf! mein Herz, dein Heil ist nahe. Thu' die Thür auf, und empfahe den, der anklopft; wer ihn höret und den Eingang ihm gewähret, zu dem will er sich in Gnaden und ihn mit zum Nachtmahl laden.

2. Was hast du ihm vorzusetzen, ihm sein Herze zu ergötzen? womit soll er seinen Willen als dein Gast vergnüglich stillen? kannst du Jesum Christum sehen ungesättigt von dir gehen?

3. Führ' ihn in des Herzens Kammer! zeig' ihm deinen ganzen Jammer, Armuth, Elend, Noth und Blöße, Sünden-Meng' und ihre Größe! sage: von des Falles wegen ist dies Alles mein Vermögen.

4. Was ich außer diesem habe ist, o Herr! nur deine Gabe: nimm vorlieb mit meinem Sehnen, Glaubens-, Hoffnungs-, Liebes-Thränen *), mit dem innigsten Verlangen deine Gnade zu empfangen!

*) Hohel. 8, v. 2.

5. Nimm vorlieb mit deinen Früchten *)! laß mit eigenen Gerichten, mir geschenkt durch dein Versühnen, dich bewirthen und bedienen! hätt' ich mehr von dir genommen, könntest du jetzt mehr bekommen.

*) Hohel. 4, v. 17.

6. Aber eben dieserwegen, weil so dürftig mein Vermögen, gönne mir an deinem Tische, daß sich meine Kraft erfrische, daß mein Herz schon hier auf Erden möge ganz dein Schatzhaus werden.

7. Laß mit dir mich Nachtmahl halten, daß die Triebe nicht erkalten, die aus dir in mir noch leben: dein Leib, der für mich gegeben, und dein Blut, für mich vergossen, mache mich zum Reichsgenossen.

(Offenbar. 3, v. 21.) Chr. Karl Ludw. v. Pfeil.

Geduld und Trost.

Offenb. Joh. 2, v. 10. Fürchte dich vor der keinem, das du leiden wirst.

Mel. Jesus, meine Zuversicht.

158. Auf, mein Herz, ermanne dich, überlaß dich Gottes Willen! bald wird er und väterlich allen deinen Kummer stillen. Er vermag's, und seine Huld giebt dir Trost und auch Geduld.

2. Heißt er dich die rauhe Bahn schwerer Leiden hier noch wallen; sey gelassen, denke dann: also hat es Gott gefallen. Glaube fest nur: was er thut, ist dir heilsam, ist dir gut.

3. Halt' an Gott dich, sey getreu! leiden Gottes Kinder Schmerzen, o, so haben sie

dabei Ruh' und Freuden doch im Herzen. Endlich siegt, wer Gott gefällt, über alle Noth der Welt.

4. Gott verzeucht wohl, aber er hört doch endlich deine Bitten. Dulde! Jesus hat viel mehr, als du leiden kannst, gelitten. Fasse dich und habe Muth; denn er litt auch dir zu gut.

5. Kronen folgen auf den Streit. Kämpfe nur mit festem Glauben! keine Leiden dieser Zeit können Gottes Huld dir rauben, dulde, bet' und lebe rein: selig wird dein Ende seyn.

D. Johann Andreas Cramer.

Das Leiden Jesu.

Matth. 16, v. 21. Von der Zeit an fing Jesus an, und zeigete seinen Jüngern, wie er müßte hin gen Jerusalem gehen und viel leiden.

Mel. Christus, der uns selig macht.

159. Auf, mein Herz, ermunt're dich, Jesu nachzugehen; denn der Heiland will für mich alle Noth ausstehen. Ach, das Kind von Bethlehem weiß von keinen Freuden; es geht nach Jerusalem und will für uns leiden.

2. Ach, ich sehe Jesu Herz in der Liebe breñen, das sich nicht durch Pein und Schmerz von mir lässet trennen; ja, der Heiland geht zum Tod' nur um meinetwillen, er verachtet alle Noth, Gottes Zorn zu stillen.

3. Schau, o Mensch! die Ursach an: was hat ihn beweget, warum sich der Schmerzensmann so viel aufgeleget? ach, die große Liebe hat diesen Freund bewogen, die ihn aus der Himmelsstadt zu uns hat gezogen.

4. Komm, o Mensch, und säume nicht Jesu nachzugehen; ach, betrachte deine Pflicht, Alles zu besehen, wie der Herr um fremde Schuld so viel ausgestanden, nur daß wir durch Gottes Huld würden frei von Banden.

5. Ach, folgt diesem Herrn nur nach, der uns so geliebet, der sich in dies Ungemach für uns willig giebet. Ja, das treue Gotteslamm muß viel Marter leiden, und erwirbt am Kreuzesstamm uns des Himmels Freuden.

6. Drum legt alle Sünden ab, führt ein heilig Leben, folget ihm bis an das Grab, da wird er euch geben ew'ge Wonn' und Seligkeit, die er uns erworben, da er für uns in der Zeit ist am Kreuz gestorben.

7. Jesu, ach, ich danke dir für dein bitter Leiden: hilf, daß ich stets für und für mög' die Sünde meiden. Ach, dein Leiden und dein Blut, deine Angst und Schmerzen machen meinen Schaden gut, drum dank' ich von Herzen.

Im Leiden lobe Gott!

Römer 5, v. 3. Wir rühmen uns auch der Trübsale, dieweil wir wissen, daß Trübsal Geduld bringet.

Mel. O wie selig sind die Seelen rc.

160. Auf, o Seele! laß dein Trauern, ewig soll dein Wohlseyn dauern; Jesus nimmt sich deiner an. Nichts darf sich an diesen wagen; laß dein Kümmern, laß dein Zagen. Was ist, das dir schaden kann?

2. Jesus kennet deine Schmerzen, Jesus trägt dich auf dem Herzen, Jesus bittet stets für dich, Jesus läßt ihm dich nicht rauben; du kannst seinem Worte glauben, er nimmt deine Last auf sich.

3. Fang' nur einmal an zu loben für's Vergang'ne, für die Proben seiner ewigfesten Treu'. Laß nur jetzt dein banges Flehen; preise, was für dich geschehen, seine Güt' ist täglich neu.

4. Endlich wirst du den erblicken, der dein Herz weiß zu erquicken, der dich ein zur Ruhe führt. Endlich kommt der frohe Morgen, da dich frei von Noth und Sorgen die verheiß'ne Krone ziert.

Am Geburtstage.

Psalm 22, v. 26. Dich will ich preisen in der großen Gemeine; ich will meine Gelübde bezahlen vor denen, die dich fürchten.

Mel. Wunderbarer König rc.

161. Auf, o Seele! preise deines Schöpfers Güte, sprich aus innerstem Gemüthe. Alle mein' Gebeine, Seele, Geist und Glieder, singet, singet Loblieder! seyd bereit, nun ist's Zeit, meinen Gott und Herren freudig zu verehren.

2. Vater, deine Treue zielt auf lauter Segen, Menschen damit zu belegen. Unverdiente Gnade hat im ganzen Leben mich, gleich wie die Luft, umgeben. O mein Gott, was für Noth hat dein treues Lieben von mir weggetrieben.

3. Nichts als nur Erbarmen hat dein Herz bewogen, daß du mich ans Licht gezogen. Du hast im Geliebten*) mich schon aufgenommen, eh' ich noch zur Welt gekommen. Du hast mich mütterlich in verfloss'nen Tagen stets im Arm getragen.

*) Ephes. 1, v. 6.

4. Jesu, deiner Treue, davon ich jetzt singe, bin ich wahrlich zu geringe; o du springst aus Liebe in des Todes Rachen, mich vom Tode frei zu machen, schwitzest Blut mir zu gut: wirst ein Fluch auf Erden, daß ich frei soll werden.

5. Guter Geist, dein Treiben, dein so selig Führen läßt du mich durch's Wort verspüren; ach, damit ich folge, fess'le Herz und Sinnen, führe mich nur stets von hinnen. Ed'ler Hort, fahre fort: laß mich dein Erbarmen für und für umarmen.

6. Herzlich sey gepriesen deine große Treue, Gott! die heute mich auf's neue mütterlich umfasset. Laß mich mit Verlangen unverrückt nur dir anhangen, bis du mich seliglich allen Aergernissen dieser Welt entrissen.

7. Ja, laß mich dich ehren, Meister meiner Jugend, mit dem Wandel wahrer Tugend. Heiligkeit und Wahrheit bleibe mein Geschmeide, darin ich mich täglich kleide, bis ich ganz in dem Glanz dort im Freudenleben werde lobend schweben.

Weihnachtslied.

1 Joh. 4, v. 11. Ihr Lieben, hat uns Gott also geliebet, so sollen wir uns auch unter einander lieben.

Mel. O Jesu Christ, dein Kripplein 2c.

162. Auf, schicke dich recht feierlich des Heilands Fest mit Danken zu begehen! Lieb' ist der Dank, der Lobgesang, durch den wir ihn, den Gott der Lieb', erhöhen.

2. Sprich dankbar froh: also, also hat Gott die Welt in seinem Sohn geliebet; o, wer bin ich, Herr, daß du mich so herrlich hoch in deinem Sohn geliebet?

3. Er, unser Freund, mit uns vereint zur Zeit, da wir noch seine Feinde waren, er wird uns gleich, um Gottes Reich und seine Lieb' als Mensch zu offenbaren.

4. An ihm nimm Theil, er ist dein Heil, thu' täglich Buß' und glaub' an seinen Namen. Der ehrt ihn nicht, der „Herr, Herr!" spricht, und doch nicht sucht sein Beispiel nachzuahmen.

5. Aus Dank will ich in Brüdern dich, dich, Gottes Sohn, bekleiden, speisen, tränken; der Frommen Herz in ihrem Schmerz mit Trost erfreu'n und dein dabei gedenken.

6. Rath, Kraft und Held, durch den die Welt und Alles ist im Himmel und auf Erden, die Christenheit preis't dich erfreut, und aller Knie soll dir gebeuget werden.

7. Erhebt den Herrn, er hilft uns gern, und wer ihn sucht, den wird sein Name trösten. O lobt sey Gott, gelobt sey Gott, freut euch des Herrn, und jauchzt ihm, ihr Erlösten!

Christian Fürchtegott Gellert.

Lob Gottes.

Psalm 105, v. 2. Singet von ihm und lobet ihn, redet von allen seinen Wundern.

Mel. Nun lob' mein' Seel' den Herren.

163. Auf! Seele, den zu loben, der dir unzählig Gut's gethan; sein Name werd' erhoben! bet' ihn mit froher Inbrunst an! vergiß nicht seiner Thaten, die groß und herrlich sind, nicht, daß er dich berathen, dich trug als wie ein Kind; dir half, dich stärkte, liebte, dich führte bei der Hand, und auch, was dich betrübte, für dich zum Besten wandt'.

Fräulein M. C. v. Silberrad.

Das Leiden Jesu.

Johannis 19, v. 16. 17. Sie nahmen aber Jesum, und führeten ihn hin. Und er trug sein Kreuz, und ging hinaus zur Stätte, die da heißet Schädelstätte, welche heißet auf Ebräisch Golgatha.

Mel. Wer nur den lieben Gott läßt walten.

164. Auf, Seele! nimm die Glaubensflügel und eile mit nach Golgatha: dein Jesus geht zum Schädelhügel und pflanzet deine Wohlfahrt da. Er tritt den Weg zum Sterben an, auf daß ich ewig leben kann.

2. Der Kreuzespfahl beugt ihm den Rükken; er schmachtet unter solcher Last; noch mehr muß ihn die Sünde drücken, die er voll Huld auf sich gefaßt. Ach! Seele, schlag' einmal in dich, denn Jesus leidet ja für mich.

3. Betrübte Bahn mit Blut bespritzet, das aus den vielen Wunden floß! Last, unter welcher Jesus schwitzet, Last, die da schwer und übergroß! O, du geduld'ges Lämmelein, ach, könnt ich dir doch dankbar seyn!

4. Fürwahr, du trägest unser Wehe, du ladest unsern Schmerz auf dich. Dein Beugen bringt uns in die Höhe, und unsre Krankheit mindert sich. Du bist es, der uns Rath ertheilt, und uns durch seine Wunden heilt.

5. Laß deinen Weg zur Schädelstätte mir auch alsdann recht tröstlich seyn, wenn

ich den Todesweg betrete und flöße mir das Wort noch ein: daß ich durch deine Sterbensbahn den Weg zum Leben finden kann.

6. So fahrt denn hin, ihr eitlen Gänge, darauf die Welt sich lustig macht; ich folge Jesu durch's Gedränge der Kreuzesbahn und Todesnacht; Gottlob! daß mich die Hoffnung tröst't, daß Jesus Christus mich erlös't.

Abraham Wiegner.

Morgenlied.

Psalm 89, v. 2. Ich will singen von der Gnade des Herrn ewiglich, und seine Wahrheit verkündigen mit meinem Munde für und für.

Mel. Gott des Himmels und der Erden.

165. Auf! und singe meine Seele, auf und lobe deinen Gott, laß die Sorgen in der Höhle ganz vergraben seyn und todt; auf, erhebe deinen Sinn zu den höchsten Wolken hin.

2. Sprich: mein Gott sey hoch gepriesen, hoch gepriesen ewiglich, daß den Feind du abgewiesen, und mich schützest väterlich, daß er nicht in dieser Nacht seine Macht an mir vollbracht.

3. Durch dich, Herr, bin ich genesen, du, du bist der Hüter mein, und mein starker Schutz gewesen, daß der Leib ohn' Angst und Pein frisch und munter steht allhier; Gott, mein Gott! das kommt von dir.

4. Sollte dich zum Zorn bewegen meine Schuld der Sünden groß, ach, so schone, laß sich legen deinen Grimm, und sprich mich los; hier ist Jesus, dem du hast aufgebürdet meine Last.

5. Weil ich auch ohn' dich nicht leben, noch recht christlich wandeln kann, du allein, du mußt mir's geben; drum so ruf' ich sehnlich an dich, den liebsten Vater mein, ach, laß dein Herz offen seyn!

6. Laß mich deinen Geist regieren, daß ich möge mit Verstand mein'n Beruf und Nahrung führen, leite mich an deiner Hand, führe meine Tritt' und Schritt', theile mir den Segen mit.

7. Was ich thue, red' und denke, höchster Gott, zur Ehre dein und zu meiner Wohlfahrt lenke, laß dir auch befohlen seyn meine Freunde überall und der Feinde große Zahl.

8. Endlich wenn ich soll abscheiden durch den Tod aus dieser Welt, so gieb, daß ich's thu' mit Freuden, komm' ich doch in's Himmelszelt, da mir schon mein Jesus hat zubereitet Raum und Statt.

Geistlicher Kampf.

Ebräer 12, v. 4. Ihr habt noch nicht bis auf's Blut widerstanden über dem Kämpfen wider die Sünde.

Mel. Meine Armuth macht mich schreien rc.

166. Auf! was willst du hier verweilen? du mußt eilen, wenn du willst gekrönet seyn. Du mußt muthiger eindringen; denn ohn' Ringen geh't man nicht zur Freude ein.

2. Auf! du mußt nicht läßig werden; denn auf Erden findest du gewiß nicht Ruh'. Richt' dein Herze vom Getümmel zu dem Himmel unverrückt und einzig zu.

3. Wenn du wirst anhaltend flehen, wirst du sehen wie der Helfer zu dir eilt, wie er dein Herz wird umfassen und nicht lassen, ob er gleich anfangs verweilt.

4. Kostet es gleich langes Sehnen und viel Thränen, werde nur darob nicht matt. Ringe bis auf's Blut und Leben, Gott wird geben, was sein Sohn erworben hat.

5. Und wenn dann die Ketten springen, wirst du singen: Preis, Lob, Ehr', Dank, Macht und Kraft! Du, o Jesu! du bleibst meine, ich der Deine, der du mir hast Heil verschafft.

6. Herr, so will ich nicht verweilen; sondern eilen, bis in mir das Abba klingt. Du wirst selbst mir Kräfte geben zu dem Leben, das in's Himmelreich eindringt.

Für Eltern.

Jesaia 45, v. 11. Weiset meine Kinder und das Werk meiner Hände zu mir.

Mel. Aus meines Herzens Grunde.

167. Aus freudigem Gemüthe sing' ich zu Gott hinauf; es zeugt von seiner Güte mein ganzer Lebenslauf; von dir, mein Gott! von dir kommt jede gute Gabe, kommt Alles was ich habe, auch Kinder gabst du mir.

2. Laß mich stets überlegen, daß du ihr Vater bist, und daß auch ihretwegen dein Sohn gestorben ist; verhüte, daß ich die nicht ärg're, nicht verachte, die Christus selig machte. Ach, dies gescheh' doch nie!

3. Dir, Vater! dir zum Preise wollt' ich sie gern erziehn; o mache du mich weise, und segne mein Bemühn. Dies sey mein Augenmerk, dir, Gott, sie zuzuführen, und keines zu verlieren; welch hohes, großes Werk!

4. Zu schwach sind meine Kräfte, zu schwach ist mein Verstand, der Kinderzucht

Geschäfte steht unter deiner Hand. Gott! darum bitt' ich dich, um Jesu Christi willen wollst du die Bitt' erfüllen, regiere sie und mich.

Der beseligende Glaube.

Eph. 2, v. 8. Aus Gnaden seyd ihr selig geworden durch den Glauben; und dasselbige nicht aus euch, Gottes Gabe ist es.

Mel. Wer nur den lieben Gott läßt walten.

168. Aus Gnaden soll ich selig werden, Herz! glaubst du's, oder glaubst du's nicht? was willst du dich so blöd' geberden? ist's Wahrheit, was die Schrift verspricht, so muß auch dieses Wahrheit seyn: aus Gnaden ist der Himmel dein.

2. Aus Gnaden! hier gilt kein Verdienen, die eig'nen Werke fallen hin; Gott, der aus Lieb' im Fleisch erschienen, hat diese Ehre zum Gewinn, daß uns sein Tod das Heil gebracht, und uns aus Gnaden selig macht.

3. Aus Gnaden! merk' dies Wort, aus Gnaden! so oft dich deine Sünde plagt, so oft dir will der Satan schaden, so oft dich dein Gewissen nagt: was die Vernunft nicht fassen kann, das biet't dir Gott aus Gnaden an.

4. Aus Gnaden kam sein Sohn auf Erden, und übernahm die Sündenlast; was nöthigt' ihn dein Freund zu werden? sag's, wenn du was zu rühmen hast; war's nicht, daß er dein Bestes wollt', und dir aus Gnaden helfen sollt'?

5. Aus Gnaden! dieser Grund wird bleiben, so lange Gott wahrhaftig heißt; was alle Knechte Jesu schreiben, was Gott in seinem Wort anpreis't, worauf all' unser Glauben ruh't, ist Gnade durch des Lammes Blut.

6. Aus Gnaden! doch, verruchter Sünder, denk' nicht: wohlan! ich greif' auch zu. Wahr ist's, Gott rufet Adams Kinder aus Gnaden zur verheiß'nen Ruh'; doch den geht seine Gnad' nicht an, der noch auf Gnade sünd'gen kann.

7. Aus Gnaden! wer dies Wort gehöret tret' ab von aller Heuchelei. Denn wenn der Sünder sich bekehret, so lernt er erst, was Gnade sey. Beim Sünd'gen scheint die Gnad' gering; dem Glauben ist's ein Wunder-Ding.

8. Aus Gnaden bleibt dem blöden Herzen das Herz des Vaters aufgethan, wenn's unter den Verzweiflungs-Schmerzen nichts sieht, und nichts mehr hoffen kann. Wo nähm' ich oftmals Stärkung her, wenn Gnade nicht mein Anker wär?

9. Aus Gnaden! hierauf will ich sterben, ich glaube, darum ist mir wohl. Ich kenn' mein sündliches Verderben, doch auch den, der mich heilen soll. Mein Geist ist froh, mein Herze lacht, weil mich die Gnad' schon selig macht.

10. Aus Gnaden! dies hör' Sünd' und Teufel, ich schwinge meine Glaubensfahn', und geh' getrost, trotz allem Zweifel, durch's rothe Meer nach Kanaan. Ich glaub' was Jesu Wort verspricht, ich fühl' es, oder fühl' ich's nicht. Christian Ludwig Scheitt.

Die Rechtfertigung.

Römer 3, v. 24. Wir werden ohne Verdienst gerecht aus seiner Gnade, durch die Erlösung, so durch Christum Jesum geschehen ist.

Mel. Nun sich der Tag geendet hat.

169. Aus Gnaden wird der Mensch gerecht, aus Gnaden nur allein. Des Menschen Thun ist viel zu schlecht, vor Gott gerecht zu seyn.

2. Gerechtigkeit, die vor Gott gilt, erwirbt der Sünder nicht; wer das Gesetz nicht ganz erfüllt, besteht nicht im Gericht.

3. Gott, der die Welt erschuf und liebt, gab gnädig ihr den Sohn; und was er hier und dort uns giebt ist bloß ein Gnadenlohn.

4. Vertrau' auf deine Werke nicht; wer fordert, wird verdammt. Verdienen ist nicht deine Pflicht, dies ist des Heilands Amt.

5. Des besten Menschen bestes Werk ist doch vor Gott nicht gut; drum sey mein einz'ges Augenmerk der Heiland und sein Blut.

6. Er ist allein der Gnadenstuhl, den Gott hat vorgestellt; deß Theil sey in dem Feuerpfuhl, dem Christus nicht gefällt!

7. Der Sündenfall hat uns die Kraft zur Seligkeit geraubt. Der ist verdammlich lasterhaft, der dies der Schrift nicht glaubt.

8. Wer sagt, daß er nicht Sünde hat,*) wer sich selbst heilig spricht, der redet eine Missethat, der kennt und fühlt sie nicht.

*) 1 Joh. 1, v. 8.

9. Der Weltsinn ist dem Herrn zur Last,*) der Werksinn ihm ein Greu'l; wer nicht sein schlechtes Stückwerk**) haßt, der haßt sein Seelenheil.

*) Vergl. Jes. 1, v. 14. **) 1 Cor. 1, v. 9.

10. Erfüllst du Alles, stets mit Lust, was dir dein Herr gebeut? Nein! selbst was du mit Sorgfalt thust, bleibt Unvollkommenheit.

11. Beweis' es, daß du gläubig bist, thu' das, was Gott begehrt; doch glaub' auch dies: dein Frommseyn ist der Seligkeit nicht werth.

12. Den armen Sündern nur zu gut kam*) Jesus in die Welt; nur armen Sündern ist sein Blut ein g'nugsam Lösegeld.

*) 1 Timoth. 1, v. 15.

13. Zu Sündern spricht er: Kommt zu mir! *) die Sünder nimmt er an. **) Fühl' dich als Sünder, daß er dir ein Heiland werden kann.

*) Matth. 11, v. 28. **) Luc. 15, v. 2.

14. Du bist befleckt; geh' zu ihm hin, sein Blut wäscht Sünder rein; *) du bist verdammlich; glaub' an ihn: so wirst du selig seyn. **)

*) 1 Joh. 1, v. 7. **) Joh. 3, v. 16.

15. Gerechter Gott! wir fehlen oft, und du hast oft Geduld; wir sind dein Volk, das auf dich hofft; vergieb uns unsre Schuld!

16. Ach! blick' in Gnaden auch auf mich, den ungerechten Knecht; erbarme dich, erbarme dich, und mache mich gerecht!

Ehrenfried Liebich.

Pfingstlied.

Apost. Gesch. 2, v. 1. 2. 3. 4. Und als der Tag der Pfingsten erfüllet war, waren sie alle einmüthig bei einander. Und es geschahe schnell ein Brausen vom Himmel, als eines gewaltigen Windes, und erfüllete das ganze Haus, da sie saßen 2c. Und sie wurden alle voll des heiligen Geistes, und fingen an zu predigen mit andern Zungen 2c.

Mel. Herr Gott, dich loben wir.

170. Aus Gottes Throne fließt ein Strom, der sich ergießt durchs Heiligthum mit süßem Schall, lebendig rein, hell wie Krystall. An ihm stehn Lebensbäum' und blühn für alle, die der Welt entfliehn. Er labt die Fliehenden; er stillt der Pilger Durst; er ist dein Bild, Heiliger. Heiliger! Liebender! Tröstender! Seliger! Schöpfer! Geist, der uns der Welt entreißt! Du strömtest auf der Frommen Schaar, die glaubensvoll versammlet war, dich, ihr verheiß'nes Licht zu schau'n, und dann des Siegers Reich zu bau'n, mit Muth in alle Welt zu gehn, vor Königen mit Muth zu stehn, zu pred'gen ihn, der für uns starb, uns Heil, uns ew'ges Heil erwarb, nicht Hohn, nicht Schmach, nicht Qual zu scheu'n, und treu bis in den Tod zu seyn; da eines Sturmwinds Stimm' erscholl, da wurden sie, Gott, deiner voll.

2. Vom Sturme zitterte das Haus, da gossest du auf sie dich aus; dein Wunder, Herr, soll sichtbar seyn, drum weihst du sie mit Flammen ein. Es glänzt, indem er spricht, ihr Mund; die Thaten Gottes thut er kund in Sprachen, die sie nie gehört, und die ein Augenblick sie lehrt. Wer nur in ihrem Schatten weilt, der Kranke wird durch sie geheilt; wenn's ihm der Zeugen Mund gebot, entfloh vor ihnen selbst der Tod.

3. Gott rüstete, Gott führte sie; das Joch des Mittlers tragen sie zu jeder fernen Nation, und aller Heil wird Gottes Sohn. Das Höchste, was sie lehren, ist nur deine Liebe, Jesus Christ!

4. Von Ewigkeit hat er geliebt. Heil dem, der Jesum Christum liebt, ihn und den Bruder, den sein Ruf auch mit zu jenem Leben schuf! O du, der uns der Welt entreißt, des Vaters und des Sohnes Geist! zur Liebe Christi flamm' uns an: so wandeln wir des Lebens Bahn, so haben wir, Geist! Tröster! Theil an Jesu Christi ew'gem Heil! Amen. Friedr. Gottl. Klopstock.

Die Engel.

Psalm 91, v. 11. 12. Er hat seinen Engeln befohlen über dir, daß sie dich behüten auf allen deinen Wegen, daß sie dich auf den Händen tragen, und du deinen Fuß nicht an einen Stein stoßest.

Mel. Allein Gott in der Höh' sey Ehr'.

171. Aus Lieb' läßt Gott der Christenheit viel Gutes widerfahren; aus Lieb' hat er ihr zubereit't viel tausend Engelschaaren; darum man fröhlich singen mag: heut' ist der lieben Engel Tag, die uns gar wohl bewahren.

2. Sie lagern sich, wenn kommt die Noth, in Eil' gefaßt sich machen, und retten die, so fürchten Gott, und stehen bei den Schwachen; darum man fröhlich singen mag: heut' ist der lieben Engel Tag, die immer für uns wachen.

3. Sie führen auf den Straßen wohl die Großen sammt den Kleinen, daß keiner Schaden leiden soll und nicht im Unglück weinen; darum man fröhlich singen mag: heut' ist der lieben Engel Tag, die treu es mit uns meinen.

4. Solch' Wohlthat denen wird erzeigt, die nach dem Herren fragen; die Engel ihnen sind geneigt, den Satan sie verjagen; darum man fröhlich singen mag: heut' ist der lieben Engel Tag, die uns gen Himmel tragen.

D. Georg Reimann.

Morgenlied.

Jesaia 50, v. 4. Er wecket mich alle Morgen, er wecket mir das Ohr, daß ich höre, wie ein Jünger.

In eigener Melodie.

172. Aus meines Herzens Grunde sag' ich dir Lob und Dank in dieser Morgenstunde, dazu mein Lebelang, o Gott! in deinem Thron, dir zu Lob, Preis und Ehren durch Christum unsern Herren, dein'n eingebornen Sohn;

2. Daß du mich hast aus Gnaden in der vergangnen Nacht, vor G'fahr und allem Schaden behütet und bewacht. Ich bitt' demüthiglich, woll'st mir mein' Sünd' vergeben, womit in diesem Leben ich hab' erzürnet dich.

3. Du wollest auch behüten mich gnädig diesen Tag vor's Teufels List und Wüthen, vor Sünden und vor Schmach, vor Feu'r und Wassersnoth, vor Armuth und vor Schanden, vor Ketten und vor Banden, vor bösem, schnellem Tod.

4. Mein' Seel', mein Leib und Leben, mein' Ehr' und Gut bewahr'; dir will ich übergeben, jetzund und immerdar, als dein Geschenk und Gab', mein' Eltern und Verwandten, Geschwister und Bekannten und Alles, was ich hab'.

5. Dein' Engel laß auch bleiben, und weichen nicht von mir, den Satan zu vertreiben, auf daß der Feind an mir in diesem Jammerthal nicht seine Tück' ausübe, Leib und Seel' nicht betrübe und mich nicht bring' zu Fall.

6. Gott will ich lassen rathen, der alle Ding' vermag; er segne meine Thaten, mein Vorhaben und Sach', ihm hab' ich's heimgestellt; mein Leib, mein Seel', mein Leben sey Gott dem Herrn ergeben, er mach's wie's ihm gefällt.

7. Darauf so sprech' ich Amen, und zweifle nicht daran, Gott wird es All's zusammen ihm wohlgefallen lahn *). Ich streck' aus meine Hand, greif' an das Werk mit Freuden, dazu mich Gott beschieden in mein'm Beruf und Stand.

*) lassen.

M. Johann Mathesius.

Bußlied.

Psalm 130, v. 1—8. rc. Aus der Tiefe rufe ich, Herr, zu dir. Herr, höre meine Stimme, laß deine Ohren merken auf die Stimme meines Flehens.

In eigener Melodie.

173. Aus tiefer Noth schrei' ich zu dir, Herr Gott, erhör' mein Rufen! Dein gnädig's Ohr neig' her zu mir, und meiner Bitt' sie öff'ne. Denn so du willst das sehen an, was Sünd' und Unrecht ist gethan, wer kann, Herr, vor dir bleiben?

2. Bei dir gilt nichts denn Gnad' und Gunst, die Sünde zu vergeben. Es ist doch unser Thun umsonst, auch in dem besten Leben. Vor dir Niemand sich rühmen kann; es muß dich fürchten Jedermann und deiner Gnade leben.

3. Darum auf Gott will hoffen ich, auf mein Verdienst nicht bauen, auf ihn will ich verlassen mich, und seiner Güte trauen, die mir zusagt sein werthes Wort, das ist mein Trost und treuer Hort, deß will ich all'zeit harren.

4. Und ob es währt bis in die Nacht, und wieder an den Morgen; soll doch mein Herz an Gottes Macht verzweifeln nicht noch sorgen. So thut Israel rechter Art, der aus dem Geist erzeuget ward, und seines Gottes harret.

5. Ob bei uns ist der Sünden viel, bei Gott ist viel mehr Gnade, sein' Hand zu helfen hat kein Ziel, wie groß auch sey der Schade. Er ist allein der gute Hirt, der Israel erlösen wird aus seinen Sünden allen.

D. Martin Luther.

Freudigkeit zu sterben.

2 Petri 1, v. 14. Ich weiß, daß ich meine Hütte bald ablegen muß; wie mir denn auch unser Herr Jesus Christus eröffnet hat.

Mel. Nun sich der Tag geendet hat.

174. Bald leg' ich Sorg' und Schmerzen ab und diesen Prüfungsstand. Die Erde nehme, was sie gab! ich ruh' in Gottes Hand.

2. Ich geh' den Weg zum ew'gen Licht, mag er auch dunkel seyn. Den Todesschlaf stört Plage nicht; erwacht werd' ich mich freu'n.

3. Ich werde durch des Todes Nacht zum Aufersteh'n bereit; die unerforschte, weise Macht führt mich zur Seligkeit.

Vom Gebet.

Psalm 50, v. 15. Rufe mich an in der Noth, so will ich dich erretten; so sollst du mich preisen.

Mel. Was mein Gott will gescheh' allzeit.

175. Barmherz'ger Vater, höchster Gott! gedenk' an deine Worte; du sprichst: „ruf' mich an in der Noth, und klopf' an meine Pforte; so will ich dir Errettung hier nach deinem Wunsch erweisen, daß du mit Mund, aus Herzensgrund in Freuden mich sollst preisen."

2. Befiehl dem Herren früh und spat all' deine Weg' und Sachen; er weiß zu geben Rath und That, kann Alles richtig machen. Wirf auf ihn hin, was dir im Sinn liegt und dein Herz betrübet: er ist dein Hirt, der wissen wird zu schützen, was er liebet.

3. Der fromme Vater wird sein Kind in seine Arme fassen, und die gerecht und gläubig sind, nicht stets in Unruh' lassen. Drum, lieben Leut', hofft allezeit auf den, der völlig labet; dem schüttet aus was ihr im Haus und auf dem Herzen habet.

4. Ach süßer Hort, wie tröstlich klingt, was du versprichst den Frommen: „ich will, wenn Trübsal einher dringt, ihm selbst zu Hülfe kommen. Er liebet mich, drum will auch ich ihn lieben und beschützen. Er soll bei mir im Schooße hier frei aller Sorgen sitzen."

5. Der Herr ist allen denen nah', die sich zu ihm nur finden; wenn sie ihn rufen, steht er da, hilft fröhlich überwinden all' Angst und Weh, hebt in die Höh', die schon danieder liegen. Er macht und schafft, daß sie viel Kraft und große Stärke kriegen.

6. Fürwahr, wer meinen Namen ehrt, spricht Christus, und fest gläubet, deß Bitten wird von Gott erhört, sein's Herzens Wunsch bekleibet; so tret' heran denn Jedermann; wer bittet wird empfangen, und wer da sucht, der wird die Frucht mit großem Nutz erlangen.

7. Hört doch, was jener Richter*) sagt: „ich muß die Wittwe hören, dieweil sie mich so treibt und plagt." Sollt' denn sich Gott nicht kehren zu seiner Schaar, die hier und dar bei Nacht und Tage schreien? Ich sag' und halt', er wird sie bald aus aller Angst befreien.

*) Luc. 18, v. 2—5.

8. Wenn der Gerecht' in Nöthen weint, will Gott ihn fröhlich machen; und die zerbrochnen Herzens seynd, die sollen wieder lachen. Wer fromm will seyn, muß in der Pein auf Jammer-Straßen wallen; doch steht ihm bei des Höchsten Treu' und hilft ihm aus dem Allen.

9. „Ich hab' dich einen Augenblick, o liebes Kind verlassen. Sieh' aber, sieh' mit großem Glück und Trost ohn' alle Maaßen will ich dir schon die Freudenkron' aufsetzen und verehren; dein kurzes Leid soll sich in Freud' und ew'ges Heil verkehren."

10. Ach lieber Gott, ach Vaterherz, mein Trost seit vielen Jahren, wie läßt du mich so manchen Schmerz und große Angst erfahren! Mein Herze schmacht't, mein Aug' erwacht und weint sich krank und trübe, mein Angesicht verliert sein Licht vom Seufzen, das ich übe.

11. Ach Herr! wie lange willst du mein so ganz und gar vergessen? Wie lange soll ich traurig seyn und mein Leid in mich fressen? Wie lang' ergrimmt dein Herz und nimmt dein Antlitz meiner Seelen? Wie lange soll sich sorgenvoll mein armes Herze quälen?

12. Willst du verstoßen ewiglich, und kein Gut's mehr erzeigen? Soll dein Wort und Verheißung sich nun ganz zu Grunde neigen? Zürnst du so sehr, daß du nicht mehr dein Heil magst zu mir senden? Doch, Herr, ich will dir halten still, dein' Hand kann Alles wenden.

13. Nach dir, o Herr, verlanget mich im Jammer dieser Erden. Mein Gott! ich harr' und hoff' auf dich, laß nicht zu Schanden werden, Herr, deinen Freund, daß nicht mein Feind sich freu' und jubilire. Gieb mir vielmehr, daß ich zur Ehr' aufsteig' und triumphire.

14. Ach, Herr, du bist und bleibst auch wohl getreu in deinem Sinne, darum, wenn ich ja kämpfen soll, so gieb, daß ich gewinne. Leg' auf die Last, die du mir hast beschlossen aufzulegen; leg' auf, doch laß auch nicht das Maaß seyn über mein Vermögen.

15. Du bist von ungebundner Kraft, ein Held, der Alles stürzet, du hast ein' Hand, die Alles schafft, die ist noch unverkürzet. Herr Zebaoth wirst du, mein Gott, genannt zu deinen Ehren, bist groß von Rath, und deiner That kann keine Stärke wehren.

16. Du bist der Tröster Israel und Retter aus Trübsalen. Wie kommts denn, daß du meine Seel' jetzt sinken läßt und fallen? Du stellst dich fast gleich einem Gast, der

fremd ist in dem Lande, und wie ein Held, dem's Herz entfällt mit Schimpf und großer Schande.

17. Nein Herr, ein Solcher bist du nicht, deß ist mein Herz gegründet, du stehest fest, der du dein Licht hier bei uns angezündet; ja hier hältst du, Herr, deine Ruh', bei uns, die nach dir heißen, und bist bereit, zu rechter Zeit sie aus der Noth zu reißen.

18. Nun, Herr, nach aller dieser Zahl der jetzt erzählten Worte, hilf mir, der ich so manches Mal geklopft an deine Pforte, hilf, Helfer, mir, so will ich hier dir Freudenopfer bringen, und nachmals dort dir fort und fort im Himmel herrlich singen.

Paul Gerhardt.

Ergebung in Gottes Willen.

Psalm 39, v. 10. Ich will schweigen und meinen Mund nicht aufthun, du wirst's wohl machen.

Mel. Wer nur den lieben Gott läßt walten.

176. Befiehl dem Herren deine Wege, betrübtes Herz, und hoff' auf ihn, er führt zwar oft durch rauhe Stege die Seinen in das Kreuz dahin, doch nimm den Ausgang nur in Acht, er hat doch Alles wohlgemacht.

2. Wirf du die Noth auf seinen Rücken, was dir auf deinem Herzen liegt: er wird sein Kind ja nicht erdrücken, das in Geduld die Schultern biegt; denn wenn sein Wille nur vollbracht, so hat er Alles wohlgemacht.

3. Die Welt hält zwar das Kreuz für Plage, dem Christen aber heißt es Ruhm; ihr folget Leid auf Freudentage, ihm aber Lust zum Eigenthum; denn wie er es von Gott gedacht, so hat Gott Alles wohlgemacht.

4. Wohlan, es heiße Gott befohlen, was meine Wege hier betrifft; bleibt Gottes Zug mir gleich verholen, g'nug, daß er endlich Freude stift't; indessen nehm' ich dies in Acht: Gott hat es Alles wohlgemacht.

Benjamin Schmolck.

Ergebung in Gottes Willen.

Psalm 55, v. 23. Wirf dein Anliegen auf den Herrn; der wird dich versorgen, und wird den Gerechten nicht ewiglich in Unruhe lassen.

Mel. Wer nur den lieben Gott läßt walten.

177. Befiehl dem Herren deine Wege und mache dich von Sorgen los, vertraue seiner Vaterpflege, vor ihm ist nichts zu schwer und groß, das er, zu seines Namens Preis, nicht herrlich auszuführen weiß.

2. Wo du ihn nur hast rathen lassen, da hat er Alles wohlgemacht. Denn was dein Denken nicht kann fassen, das hat er längst zuvor bedacht, wie dies sein Rath hat ausersehn, so, und nicht anders, muß es gehn.

3. Wie werden deine Lebenstage so manchen Kummers seyn befreit; wie leicht wird alle Noth und Plage dir werden in der Eitelkeit, wenn du nichts wünschest in der Welt, als was Gott will und ihm gefällt.

4. Dir wird's an keinem Gute fehlen, wenn du dein Herz gewöhnst und lehrst, nur Gottes Willen zu erwählen, und deinem eig'nen Willen wehrst, den stets sein eig'ner Wahn betreugt, so oft ihm gut sein Wollen däucht.

5. Gieb meinem Herzen solche Stille, mein Jesu! daß ich sey vergnügt mit Allem, was dein Gnadenwille mit mir in meinem Leben fügt: nur nimm dich meiner Seelen an, so hab' ich, was ich wünschen kann.

6. Ich weiß, du thust's, sie ist die Deine und kostet dir dein theures Blut, behalte du sie schön und reine, laß dies dein mir vertrautes Gut nur einzig meine Sorge seyn, so trifft mein ganzes Wünschen ein.

7. Indeß sey stets, mein Heil! gepriesen für alle Sorgfalt, die du mir, noch eh' ich war, schon hast erwiesen, da du, mein süßer Jesu! dir zum Eigenthum mich hast erwählt, und deinen Schafen zugezählt.

8. Dir sey auch ewig Lob gegeben, daß du so unvermuthet hast für mich gesorgt in meinem Leben; so lang' ich bin der Erden Gast, ist Alles liebreich, nütz' und gut, was dein Verhängniß mit mir thut.

9. Dort werd' ich deiner Liebe Thaten erst preisen in Vollkommenheit, wenn mir mein Wünschen ist gerathen, daß ich kann in der Ewigkeit erkennen, wie dein Wille mir so gut gewesen für und für.

Henriette Katharine v. Gersdorf.

Glaubensvolle Ergebung in Gottes Willen.

Psalm 37, v. 5. Befiehl dem Herrn deine Wege und hoffe auf ihn; er wird's wohl machen.

In eigener Melodie.

178. Befiehl du deine Wege, und was dein Herze kränkt, der allertreusten Pflege deß, der den Himmel lenkt, der Wolken, Luft und Winden giebt Wege, Lauf und Bahn, der wird auch Wege finden, da dein Fuß gehen kann.

2. Dem Herren mußt du trauen, wenn

dir's soll wohl ergeh'n; auf sein Werk mußt du schauen, wenn dein Werk soll besteh'n. Mit Sorgen und mit Grämen und mit selbst-eig'ner Pein läßt Gott sich gar nichts nehmen; es muß erbeten seyn.

3. Dein' ew'ge Treu' und Gnade, o Vater! weiß und sieht, was gut sey oder schade dem sterblichen Geblüt; und was du denn erlesen, das treib'st du, starker Held! und bringst zum Stand und Wesen, was deinem Rath gefällt.

4. Weg' hast du allerwegen, an Mitteln fehlt dir's nicht, dein Thun ist lauter Segen, dein Gang ist lauter Licht, dein Werk kann niemand hindern, dein' Arbeit darf nicht ruh'n, wenn du, was deinen Kindern ersprießlich ist, willst thun.

5. Und ob gleich alle Teufel dir wollten widerstehn, so wird doch ohne Zweifel Gott nicht zurücke geh'n, was er sich vorgenommen und was er haben will, das muß doch endlich kommen zu seinem Zweck und Ziel.

6. Hoff', o du arme Seele, hoff' und sey unverzagt! Gott wird dich aus der Höhle, da dich der Kummer plagt, mit großen Gnaden rücken, erwarte nur die Zeit: so wirst du schon erblicken die Sonn' der schönsten Freud'!

7. Auf, auf! gieb deinem Schmerze und Sorgen gute Nacht, laß fahren was das Herze betrübt und traurig macht; bist du doch nicht Regente, der Alles führen soll: Gott sitzt im Regimente und führet Alles wohl.

8. Ihn, ihn laß thun und walten, er ist ein weiser Fürst, und wird sich so verhalten, daß du dich wundern wirst: wenn er, wie's ihm gebühret, mit wunderbarem Rath das Werk hinausgeführet, das dich bekümmert hat.

9. Er wird zwar eine Weile mit seinem Trost verzieh'n, und thun an seinem Theile, als hätt' in seinem Sinn er deiner sich begeben und sollt'st du für und für in Angst und Nöthen schweben und fragt' er nichts nach dir;

10. Wird's aber sich befinden, daß du ihm treu verbleib'st, so wird er dich entbinden, da du's am mind'sten gläub'st; er wird dein Herze lösen von der so schweren Last, die du zu keinem Bösen bisher getragen hast.

11. Wohl dir! du Kind der Treue, du hast und trägst davon mit Ruhm und Dankgeschreie den Sieg und Ehrenkron' Gott giebt dir selbst die Palmen in deine rechte Hand, und du singst Freudenpsalmen dem, der dein Leid gewandt.

12. Mach' End', o Herr! mach' Ende an aller unsrer Noth; stärk' unsre Füß' und Hände, und laß bis in den Tod uns all'zeit deiner Pflege und Treu' empfohlen seyn: so gehen unsre Wege gewiß zum Himmel ein.

Paul Gerhardt.

Am Sonntage nach Weihnachten.

Jahresschluß.

Galater 4, v. 1—7. Also ist nun hier kein Knecht mehr, sondern eitel Kinder. Sind's aber Kinder, so sind's auch Erben Gottes durch Christum.

Mel. Nun lob' mein' Seel' den Herren etc.

179. Befreit von jenem Zwange des alten Bundes, sing' ich heut' aus heißem Liebesdrange, dir, liebster Heiland, hocherfreut! du, in der Zeiten Fülle, nahmst weg, was einst gebot des alten Bundes Hülle: du gingst selbst in den Tod, als Opfer für die Sünde, daß ich die Seligkeit durch dein Verdienst einst finde; dies preis' ich allezeit.

2. Uns ewig zu erfreuen mit Wonne, die den Geist entzückt, mein Herz hier zu verneuen, daß es nur ew'ge Gnade schmückt, darum bist du erschienen, Herr, in der Füll' der Zeit, dir sollte Alles dienen in wahrer Heiligkeit. Ach, nimm du mich, den Armen, o liebster Heiland, hin, weil ich durch dein Erbarmen nur das bin, was ich bin.

3. In dir, Herr, so zu leben, befreit von des Gesetzes Fluch, machst du mich dadurch eben vor Gott zum lieblichen Geruch, zum sel'gen Gnadenkinde, das nun kein Knecht mehr ist, das, frei vom Joch der Sünde, den Schatz des Heil's genießt; dies ist der Zweck von allem, was du, Herr, hast gethan; dir will ich nur gefallen, ach nimm dies Opfer an!

4. Dir geb' ich meine Glieder, Herr Jesu! nimm das ganze Herz; send' deinen Geist hernieder, er ziehe mich recht himmelwärts, sein Abba-Ruf giebt Freude, o fühlt' ihn nur mein Geist! dann bin ich frei vom Leide, weil er mein Tröster heißt; sein inn'rer Trieb zum Beten gewährt mir hohe Kraft, weil mir auch sein Vertreten Erhörung stets verschafft. Röm. 8, v. 26.

5. Am nahen Schluß des Jahres, dank' ich dir für dies hohe Gut, dein, lieber Heiland! war es, das an mir Gnaden-Wunder thut. Im Hinblick auf das Erbe, verging

ein jeder Tag, und wenn ich denn auch sterbe, weißt du es, daß ich sag': Ach liebster Heiland, decke mir meine Sünden zu! hilf, daß ich hier schon schmecke die Freude jener Ruh'.

6. Wird gleich ein Jahr beschlossen, bleibt mir dein Herz doch offen stehn, was ich schon hab' genossen, Herr Jesu, dieses heißt mich gehn, recht mit getroster Seele, in's neue Jahr hinein, weil ich mich dir empfehle, weil du willst bei mir seyn; dein Geist sey mein Begleiter, er ist's auf den ich trau', so bleibe ich stets heiter, bis ich dich ewig schau'. Christian Friedrich Förster.

Am Charfreitage.

Luc. 23, v. 27. Es folgete ihm aber nach ein großer Haufen Volks und Weiber, die klagten und beweineten ihn.

Mel. Wie wohl ist mir, o Freund der Seelen.

180. Begleite mich, o Christ, wir gehen zum schmerzensvollen Golgatha, auf dessen fürchterlichen Höhen, was nie ein Engel faßt, geschah. Erwäg' an diesem heil'gen Orte des sterbenden Erlösers Worte und rufe Gott um Glauben an; sie können dir den Trost im Leben und einst den Trost im Tode geben, wenn hier dich nichts mehr trösten kann.

2. Schon zeigt der Blutberg sich von weitem; erschrick und zitt're, frommes Herz! Sieh' deinen Retter, sieh' ihn streiten, und werde ganz Gefühl, ganz Schmerz! hier hing, den Mördern übergeben, am Holze Gottes Sohn, dein Leben! hier trug er unsr'er Sünden Schuld, empfand in jenen bangen Stunden, was nie ein Sterblicher empfunden, und bracht' uns wieder Gottes Huld.

3. Geduldig bei den größten Schmerzen fleht er für seine Feinde nun, und ruft mit sanftmuthvollem Herzen: „sie wissen, Gott, nicht, was sie thun." Der göttliche, der größte Beter fleht liebreich noch für Missethäter, Werkzeuge seiner Pein und Schmach. O Mensch, den Zorn und Rach' verführen, laß dich durch dieses Beispiel rühren und bete dem Versöhner nach.

4. Welch Beispiel kindlich frommer Triebe, als unter Leiden ohne Zahl der Herr dem Jünger seiner Liebe die Mutter sterbend anbefahl. Ach, wird mein Aug' auch um die Meinen in meiner letzten Stunde weinen, so soll dies Wort mir Trost verleihn; der, als der Tod schon um ihn schwebte, die Seinen noch zu schützen strebte, wird auch der Meinen Pfleger seyn.

5. Frohlockt, bußfertige Verbrecher! wer glaubet, kommt nicht ins Gericht; hört, was zu dem gebeugten Schächer der Mund der Liebe sterbend spricht: „du wirst, so ruft er ihm entgegen, noch heute, deines Glaubens wegen, mit mir im Paradiese seyn." O Herr, laß an der Todespforte einst diese trostesvollen Worte auch meiner Seele Trost verleih'n.

6. Wer kann die hohen Leiden fassen, als Christus an dem Kreuze rief: „mein Gott, wie hast du mich verlassen!" wie beuget ihn die Last so tief, die uns're Sünden auf ihn brachten; vor Angst und Pein mußt' er verschmachten, war Gott nicht seine Zuversicht. Herr, der für mich zum Tod gegangen, für mich verlassen da gehangen, mein Herr und Gott! verlaß mich nicht.

7. Der Fürst des Himmels und der Erde, von allem, was erquickt, entblößt, wünscht daß sein Durst gestillet werde; o Mensch, der dich so theu'r erlöst, der Heiland rufet dir noch heute aus tausend Armen dir zur Seite, die Hunger, Durst und Mangel drückt. O, selig, wer den Ruf erfüllet! denn wer den Durst des Armen stillet, der hat den Heiland selbst erquickt.

8. Nun enden sich die schweren Leiden, der Heiland spricht: „es ist vollbracht." O Wort des Sieges und der Freuden, du nimmst dem Tode seine Macht. Heil uns, wer darf es nun wohl wagen, uns, die Erlösten, zu verklagen, da er für uns genug gethan. Gieb, daß am Ende meiner Tage, auch ich, o Herr, mit Freuden sage: vollbracht ist nun des Leidens Bahn!

9. Das letzte Wort aus deinem Munde, o Weltversöhner, sey auch mein! Laß es in meiner Todesstunde mir Muth und Zuversicht verleih'n: du rufest: „Vater, ich befehle in deine Hände meine Seele, die armen Sündern Heil erwarb!" Nun war das große Werk vollendet, wozu der Vater ihn gesendet; da neigt' er sanft sein Haupt und starb.

10. Bewein' ihn fromm mit stillen Zähren, o Christ, du hast ihn sterben sehn. Bald wirst du ihn mit Freuden ehren und jauchzend seinen Ruhm erhöhn. Den deine Seufzer jetzt beklagen, der wird als Held nach dreien Tagen vom Grabe siegreich auf-

erstehn. Den freche Rotten hier entehrten, den wirst du dort bei den Verklärten zur Rechten seines Vaters sehn.

Ludwig Heinrich Bachof v. Echt.

Ruhe in Gott.

Hohelied Sal. 3, v. 5. Ich beschwöre euch, daß ihr meine Freundinn nicht aufwecket noch reget, bis daß es ihr selbst gefällt.

Mel. Wer nur den lieben Gott läßt walten.

181. Beglückter Stand, da meine Seele nach hartem Streit im Frieden liegt. Sie ruhet in der schwachen Höhle, jetzt kämpft sie nicht, ihr Glaube siegt; ich höre, daß mein Jesus spricht: weicht, wecket meine Freundinn nicht!

2. In meines Heilands treuen Armen, von seiner Gnade ganz bedeckt ruh' ich, mein Freund in dem Erbarmen, bis mich die Liebe selber weckt, bis mich die holde Stimme rührt, die mich zum letzten Kampfe führt.

3. Mich schreckt kein freches Weltgetümmel, die Hand, die mich beschützt, ist da; wohl mir, mein Bürge ist im Himmel, der mich gerecht spricht, ist mir nah; ein Gnadenstrahl, ein göttlich Licht verklärt mein sterbend Angesicht.

4. Ich sehe meine Feinde weichen; verzagt in ihrer dunkeln Nacht schreckt sie das unerhörte Zeichen, daß mich Jehovah selbst bewacht. Gott Lob! Immanuel ist hier, die Liebe ist sein Feldpanier.

5. Was schadet Kämpfen und Ermüden, dem nur in Gott versunknen Geist? Ich schmecke den verborgnen Frieden, der nur in stille Seelen fleußt. Hier überwiegt die Seligkeit schon weit das Leiden dieser Zeit.

6. Was auch die Sichersten noch schrecket, des Todes Furcht und Bitterkeit hast du, mein Heil, für mich geschmecket, du warst betrübt, ich bin erfreut. Der Tod stört meinen Frieden nicht, wenn er dereinst mein Herze bricht.

7. Zerstöre, Tod! des Leibes Höhle, brich nur der Glieder Bau entzwei, du dringest nicht in meine Seele, du machest sie nur fesselfrei. Bezwinge, was Natur noch heißt, so triumphirt durch Gott mein Geist.

8. Ich warte nur in sanfter Stille, und ruh' in meines Jesu Schooß, nicht mein, nein! meines Vaters Wille macht mich von allen Banden los. Ich bin bereits in seiner Hand, als ein erkauftes, theures Pfand.

Der beste Schatz.

Ebräer 10, v. 34. Ihr wisset, daß ihr bei euch selbst eine bessere und bleibende Habe im Himmel habt.

Mel. Entfernet euch, ihr matten Kräfte.

182. Beglückter Stand getreuer Seelen! die Gott allein zu ihrem Theil, zu ihrem Schatz und Zweck erwählen, und nur in Jesu suchen Heil, die Gott zu Lieb', aus reinem Trieb, nach ihres treuen Meisters Rath sich selbst verleug'nen in der That.

2. Ach! sollt' man was mit Gott verlieren, der alles Guten Ursprung ist? nein! Seele, nein! du wirst verspüren, wenn du nur deiner erst vergiß'st, daß, in der Zeit und Ewigkeit, dein Gott dir ist und wird allein Gut, Ehre, Lust und Alles seyn.

3. Betrog'ne Welt! verblend'te Sünder! ihr eilet einem Schatten nach, betrüget euch und eure Kinder, und stürzt euch selbst in Weh und Ach: ihr lauft und rennt, das Herz euch brennt, ihr tappt im Finstern ohne Licht, ihr sorgt, ihr sucht, und findet nicht.

4. Was soll euch Reichthum, Gut und Schätze? was Wollust, Ehre dieser Welt? ach glaubt, es sind nur Strick' und Netze, die eure Schmeichelei euch stellt: die Delila *) ist wahrlich nah', wenn ihr der Welt im Schooße ruht, und meinet noch, wie wohl es thut. *) Richter 16, v. 4.

5. Unmöglich kann was Gutes geben sie, die ja selbst im Argen liegt: die Eitelkeit, ihr falsches Leben macht wahrlich nie ein Herz vergnügt; Gott muß allein die Wohnung seyn, darin man wahre Ruh' geneußt, so uns erquickt an Seel' und Geist.

6. Drum denket nach, wohin ihr laufet, besinnet euch und werdet klug: ergebt euch dem, der euch erkaufet, und folget seines Geistes Zug: nehmt Jesum an, der ist der Mann, der alle Fülle in sich hat, die unsers Geistes Durst macht satt.

7. O süße Lust, die man empfindet, wenn man zu ihm das Herze lenkt und sich im Glauben dem verbindet, der sich uns selbst zu eigen schenkt: der Engel Heer hat selbst nicht mehr an Reichthum, Ehre, Freud' und Lust, als Christi Freunden wird bewußt.

8. Mein Jesu, laß den Schluß uns fassen, zu folgen dir auf deiner Bahn, uns selbst, die Sünd' und Welt zu hassen, ja

was uns nur aufhalten kann: so geh'n wir fort bis an den Ort, wo man in sel'gem Licht und Schein ohn' Wechsel kann genießen dein.

Ulrich Bogislaus v. Bonin.

Nur ihn, den Heiland!

1 Joh. 5, v. 12. Wer den Sohn Gottes hat, der hat das Leben.

Mel. Wer nur den lieben Gott ic.

183. Beglücktes Herz! was willst du haben, wenn du nur deinen Jesum hast? Recht selig kannst du dich nun laben, bei ihm ist ja dein Lustpallast. In seinem Schutz, in seiner Hand rührt dich kein eitler Unbestand.

2. Ach, sagt mir nichts mehr von der Erden, hier find' ich mehr als Himmel heißt. Es trägt die Erde nur Beschwerden, Lust wird mit Thränen abgespeist. Ein Augenblick, wo ich jetzt bin, nimmt mehr als tausend Welten hin.

3. An Jesu Brust schlaf' ich nun süße, getränkt mit jenes Lebens Wein. Auf Rosen wandeln meine Füße; Licht ist mein Kleid, wie Sonnenschein. Ich sehe Gott von Angesicht, so brauch' ich keiner Thränen nicht.

4. Cypressen sind zu Palmen worden, Hallelujah heißt jetzt mein Lied. Ja, ich bin in des Lammes Orden nun eine rechte Sulamit.*) Mein Auge sieht, was tausendschön, mein Ohr hört lauter Lustgetön.

*) Sulamit, d. i. Friedsame, Vollkommene. Hohel. 6, v. 12.

5. Verschmachte, Leib, in deinem Grabe, bis dir des Frühlings Sonne scheint. Und weil ich nichts auf Erden habe, als den, der meinen Tod beweint, so ruf' ich ihm noch dieses zu: im Himmel leben ich und du.

Benjamin Schmolck.

Freudigkeit des Glaubens.

Luc. 8, v. 50. Fürchte dich nicht; glaube nur!

Mel. O Ewigkeit, du Donnerwort.

184. Bei jeder Trübsal, jedem Schmerz ruf' mir dein Geist dies Wort ins Herz: Kind, fürcht' dich nicht, nur glaube! Auch wenn die Hülfe sich verzeucht, wenn jeder Strahl von Hoffnung weicht, so gieb, daß mir nichts raube den Trost, den mir dein Mund verspricht: dann hab' ich auch im Dunkeln Licht.

Fräulein M. E. v. Silberrad.

Von der Buße.

Ebräer 3, v. 13. Ermahnet euch selbst alle Tage, so lange es heute heißet, daß nicht Jemand unter euch verstocket werde durch Betrug der Sünde.

Mel. Freu dich sehr, o meine Seele.

185. Besser ist kein Tag zur Buße, Mensch, für dich, als eben heut'. Kehre wieder auf dem Fuße! heut' ist noch die Gnadenzeit; morgen kommt vielleicht der Tod; heut' ist dir die Buße noth. Heute laß dich noch erretten! wirf von dir dein Uebertreten! —

2. Heute bietet Gottes Güte dir und mir und Jedermann ein neu Herz und neu Gemüthe, einen neuen Geist uns an. Mache, daß der heut'ge Tag dein Geburtsfest werden mag! „Wie soll ich dies Machen fassen?" Du sollst Gott nur machen lassen!

Christoph Karl Ludwig v. Pfeil.

Vom Gebet.

1 Thessal. 5, v. 17. Betet ohne Unterlaß.

Mel. Meinen Jesum laß' ich nicht.

186. Bete nur, betrübtes Herz, wenn dich Angst und Kummer kränken, klag' und sag' Gott deinen Schmerz, er wird endlich an dich denken, Gott wird dein Gebet und Flehn, ist es ernstlich, nicht verschmähn.

2. Gott wird dein Gebet und Flehn dir zur rechten Zeit gewähren, glaube nur, es wird gescheh'n, was die Frommen hier begehren; denn Gott kennet deinen Schmerz, bete nur, betrübtes Herz!

3. Bete nur, betrübtes Herz, bete stets in Jesu Namen, wirf die Sorgen hinterwärts, Gott spricht schon das süße Amen, deines Jesu Tod und Blut macht dein Beten ächt und gut.

4. Deines Jesu Tod und Blut stillt die hell entbrannten Flammen, bete mit beherztem Muth, Gott kann dich nun nicht verdammen, sey getreu bis in den Tod, beten hilft aus aller Noth.

5. Beten hilft aus aller Noth, ei so bete ohne Zweifel; bist du arm, Gott schenkt dir Brot; schreckt dich Hölle, Welt und Teufel, bete nur, so wirst du sehn, Gott wird dir zur Seite stehn.

6. Gott wird dir zur Seite stehn, vor wem sollte dir nun grauen? mußt du hier auf Dornen gehn, endlich sollst du Rosen schauen, denn Gott kennet deinen Schmerz; bete nur, betrübtes Herz.

J. G. Krause.

Von der Schöpfung.

Offenb. Johannis 4, v. 11. Herr, du bist würdig zu nehmen Preis, und Ehre, und Kraft; denn du hast alle Dinge geschaffen, und durch deinen Willen haben sie das Wesen, und sind geschaffen.

Mel. Wachet auf! ruft uns die Stimme.

187. Betet an! laßt uns lobsingen und Ehre unserm Schöpfer bringen, dem höchsten Wesen Preis und Macht! Betet an! er hat erschaffen; frohlockt! frohlockt! er hat erschaffen; ihm werde Dank und Preis gebracht! Wir sind, wir sind von dir; dir Schöpfer jauchzen wir: Hallelujah! Er schuf die Welt, die er erhält; lobsing'! lobsing' ihm, seine Welt!

2. Er verließ die ew'ge Stille, uns Seligkeit aus seiner Fülle zu geben, unser Gott zu seyn. Er gebot allmächtig: Werde! Da ward der Himmel und die Erde, da war Jehovah nicht allein. Der Cherub jauchzte schon, der Allmacht erster Sohn: Hallelujah! Doch scheint noch nicht der Welt sein Licht. Er spricht: es sey! da ist das Licht.

3. Oben wölbt er eine Feste aus Wassern; unter seiner Feste sind Wasser auch, ein hangend Meer. Wasser decken noch die Höhen, er donnert, seine Winde wehen: sie fliehn und decken sie nicht mehr. So bricht er ihren Lauf; nun steigt enthüllt herauf Gottes Erde, sein Eigenthum zu seyn, sein Ruhm, einst seines Sohnes Eigenthum.

4. Er gebeut, und alle Felder und Hügel, Thäler, Berg' und Wälder blühn fruchtbar durch sein Wort voll Macht. Und die Sonn' in hoher Ferne regiert den Tag, und Mond und Sterne regieren stiller in der Nacht. Er spricht: da füllt das Meer ein tausendfältig Heer. Hallelujah! Auch singt und ruft das Volk der Luft den Gott an, der zum Seyn es ruft!

5. Menschen, fragt auf dem Gefilde das Vieh nur, fraget, wer dem Winde die Fesseln aufgelöset hat. Fragt, wer gab den Wüsteneien zum Herrn, der Thiere Furcht, den Leuen? Gott, Gott, von Macht groß, groß von Rath! Das Roß, das Schaaf, der Stier, Gott, was ist nicht von dir? Alles jauchzet: der Herr ist Gott! der Herr ist Gott! es ist kein andrer Herr, als Gott!

6. Tiefer betet an und bringet mehr Hallelujah! Rühmt, lobsinget gewaltigern, erhabnern Dank! Laßt uns, sprach er: Menschen schaffen, ein Bild von uns, uns gleich geschaffen, und Adam ward; erstaunt' und sang: es ist mein Schöpfer Gott Jehovah Zebaoth, Hallelujah! der Herr ist Gott! Gott Zebaoth; es ist kein andrer Herr, als Gott!

7. Ewig wollen wir lobsingen und Ehre unserm Schöpfer bringen, dem höchsten Wesen Preis und Macht; denn er hat uns auch geschaffen; unsterblich hat er uns geschaffen; ihm werde Dank und Lob gebracht! wir sind, o Gott, von dir; frohlockend jauchzen wir: Hallelujah! Er schuf die Welt, die er erhält; lobsing', lobsing' ihm, seine Welt!

D. Johann Andreas Cramer.

Gebet.

Psalm 95, v. 6. 7. 8. Kommt, lasset uns anbeten, und knien, und niederfallen vor dem Herrn, der uns gemacht hat 2c.

Mel. Wachet auf! ruft uns die Stimme 2c.

188. Betet an vor Gott, ihr Sünder! fallt in den Staub hin, Menschenkinder! kommt alle! kniet und betet an! er, der Herr, hat euch erschaffen, zum Himmel, Sünder, euch erschaffen, der retten und verderben kann. Der Herr ist euer Gott! Jehovah Zebaoth, der Erbarmer; Gott, groß von Rath; Gott, groß von That; ein Rächer eurer Missethat!

2. Betet an vor Gott! es komme gebeugt der Sünder und der Fromme vor des Allmächt'gen Angesicht! ach, von hunderttausend Seelen, die alle straucheln, alle fehlen, ruf' jede: Herr, vertilg' uns nicht! wär' er nicht unser Gott, nicht durch des Mittlers Tod unser Vater: längst träf' uns schon von seinem Thron der Sünder qualenvoller Lohn.

3. Betet an! Gott ist die Liebe! rühmt, Sünder, laut: Gott ist die Liebe, durch Jesum Christum unser Gott! Noch trägt er die Uebertreter, vertilgt noch nicht die Missethäter, erduldet noch der Frevler Spott. Hört, der Allmächt'ge spricht! verschließt die Herzen nicht seiner Stimme; gerecht ist Gott, gerecht der Tod, den er verstockten Sündern droht.

4. Betet an! ach nicht im Grimme, noch ruft Gott mit der Vaterstimme den Bösen auf dem Irrweg zu: Kehret wieder von dem Pfade des Unglücks, geh't den Weg der Gnade und sucht für eure Seelen Ruh'! Klein ist der Tage Zahl; vielleicht zum letzten Mal tönt die Stimme: Barmherzig-

keit! gehorcht noch heut: nah' ist euch Tod und Ewigkeit.

5. Betet an! erwacht, ihr Sünder! erwacht! deñ euch, o Menschenkinder, erwartet Tod und Ewigkeit! Lohn und Strafe, Tod und Leben hat Gott in eure Hand gegeben; erwacht! noch ist zur Buße Zeit. Allmächtig ist der Herr, gerecht, gerecht ist er! Frevler, zittert! wißt: was er spricht, gereut ihn nicht; er kömmt, er kömmt und hält Gericht. M. Christoph Christian Sturm.

Vom gemeinschaftlichen Gebet.

Offenb. Joh. 8, v. 3. 4. 5. — Und der Rauch des Räuchwerks vom Gebet der Heiligen ging auf von der Hand des Engels vor Gott. —

Mel. Straf' mich nicht in deinem Zorn.

189. Bet-Gemeine, heil'ge dich mit dem heil'gen Oele! Jesu Geist ergieße sich dir in Herz und Seele! Laß den Mund, alle Stund', vom Gebet und Flehen heilig übergehen.

2. Heilige den heil'gen Brand, deines Geist's Verlangen dem, der's Blut an dich gewandt, heilig anzuhangen: heil'ger Rauch sey es auch, der zu Gott aufgehet, wenn dein Herze flehet.

3. Das Gebet der frommen Schaar, was sie fleht und bittet, das wird auf dem Rauchaltar vor Gott ausgeschüttet; und da ist Jesus Christ Priester und Versühner aller seiner Diener. — —

4. Kann ein einiges Gebet einer gläub'gen Seelen, wenn's zum Herzen Gottes geht, seines Zwecks nicht fehlen, was wird's thun, wenn sie nun Alle vor ihn treten und zusammen beten?

5. Wenn die Heil'gen dort und hier, Große mit den Kleinen, Engel, Menschen mit Begier alle sich vereinen, und es geht ein Gebet aus von ihnen allen, wie muß das erschallen!

6. O der unerkannten Macht von der Heil'gen Beten, ohne das wird nichts vollbracht, so in Freud' als Nöthen: Schritt vor Schritt wirkt es mit, wie zum Sieg der Freunde, so zum End' der Feinde.

7. O so betet alle drauf! betet immer wieder! heil'ge Hände hebet auf! heiligt eure Glieder! heiliget das Gebet, das zu Gott sich schwinget, durch die Wolken dringet.

8. Betet, daß die letzte Zeit wohl vorübergehe, daß man Christi Herrlichkeit offenbaret sehe; stimmet ein, insgemein mit der Engel Sehnen nach dem Tag, dem schönen!

9. Eure Bitten, die ihr thut zu Gott von der Erden, sollen eine heil'ge Glut des Altares werden. Aber eu'r eig'nes Feu'r lasset weit von dannen, von der heil'gen Pfannen.*)

*) 3 Mos. 9, v. 23. — Kap. 10, 1. 2.

10. Das Gebet hat Christi Gunst, wo man's ernstlich übet; und das ist der Heil'gen Kunst: bitten, wie er's liebet; daß gescheh' je und je, wie er's vorgenommen auf sein endlich's Kommen.

11. Dies Verlangen muß vorher in der Seele glimmen, so macht aus dem Bitten er Donner, Blitz und Stimmen, die ergeh'n und gescheh'n, daß die Feinde beben, und Gott Ehre geben. C. K. L. v. Pfeil.

Vom Leiden Jesu.

Marci 15, v. 22. Und sie brachten ihn an die Stätte Golgatha, das ist verdolmetschet Schädelstätte.

Mel. Ich hab' mein' Sach' Gott heimgestellt.

190. Betrübt ist mir Herz, Muth und Sinn, weil man führt meinen Jesum hin, auf daß er sterb' am Kreuzesstamm, das Gotteslamm, der wunderschöne Bräutigam.

2. Ach Herzensschatz! wie seh' ich dich verwundet also jämmerlich, wie fließet roth dein edles Blut, o höchstes Gut, dich hat gezeichnet Gottes Ruth'!

3. Ist denn gar nichts als Qual und Hohn dein Dank, o höchster Gottes-Sohn! den du bekomst von dieser Welt, als die den Held des Himmels zwischen Mörder stellt.

4. Du hättest zwar der Schmach und Pein wohl können überhoben seyn, wenn ich verlor'nes Menschenkind mit meiner Sünd' dir nicht solch' Feuer angezünd't.

5. So büßest du was ich verschuld't, du fühlst den Zorn, ich Gnad' und Huld; du trägst die Last, ich werde frei, o Wundertreu! Gott läßt sein Kind und steh't mir bei.

6. Du wirst für mich zur Sünd' gemacht, dein Tod hat mir das Leben bracht, nun sink' ich nicht, dein Blut ist hier; des Himmels Thür eröffnen deine Wunden mir.

7. So geh' und büße meine Schmach, mein Heil! ich sehe gläubig nach und preise deine Liebesflamm', o Gotteslamm, die dich bringt an des Kreuzes Stamm.

8. Du bist das fromme Abrah'mskind, das man am Kreuzesaltar find't; du bist das

Opfer

Opfer aller Welt, das Lösegeld, das ist dein Blut, das uns erhält.

9. Es soll mich dieser Martergang erquicken all' mein Lebenlang, und wenn der Satan mich anficht, verzag' ich nicht; denn du bist meine Zuversicht.

10. Du gingest auf der Leidensbahn, ich aber gehe himmelan, und will da deine Gütigkeit in Ewigkeit erheben, loben alle Zeit.

D. Johann Christian Adami.

Christlicher Sinn.

1 Petri 1, v. 5. Ihr werdet aus Gottes Macht durch den Glauben bewahret zur Seligkeit.

Mel. Wie wohl ist mir, o Freund der Seelen.

191. Bewahre mich, o Freund der Seelen! durch deine Macht zur Seligkeit; hier giebts noch mördervolle Höhlen, von außen Furcht, von innen Streit; viel tausend Mängel und Gebrechen, die Muth und Glauben können schwächen; gewiß ich würde noch gefällt bei so viel Schlingen, Netz und Stricken, damit der Feind sucht zu berücken, wenn mich nicht Gottes Macht erhält.

2. Der Schutz steht nicht in meinen Händen, noch in der Kreaturen Macht; zu dir, zu dir will ich mich wenden, dein Aug' und Herz hat auf mich Acht: wie du mir nun das Heil erworben, da du für mich am Kreuz gestorben; so mußt du, wahrlich, auch allein vor aller Macht der Höllen Schaaren mich zu der Seligkeit bewahren, und mir mein Schild und Sonne seyn.

3. Mein Vater, du hast mir das Erbe von Ewigkeit ja zubereit't; ach sorge, daß ich nicht verderbe durch eine träge Sicherheit, was du dem Glauben beigeleget: wenn Feindes List und Macht sich reget, mir das geschenkte gute Theil aus meinem Herzen sucht zu bringen, so laß mich wachen, beten, ringen; ja, wache selber für mein Heil.

4. Immanuel, in deine Hände ergeb' ich mich mit Leib und Seel'; mein A und O, Anfang und Ende, du bist mein Theil, das ich erwähl'; du bist im Stand' mich zu erhalten, und so in deiner Macht zu walten, daß Feindes Macht zu Schanden wird: er muß, trotz allem Grimm und Hassen, dein Schaaf dir in den Händen lassen; du, du Jehovah, bist mein Hirt.

5. Dein Geist, der ewig bei uns bleibet, dein Geist, der alle Dinge schafft, dein Geist, der uns belebt und treibet, ist unser mit der Salbungskraft. Er ist uns Bürge, Pfand und Siegel, ein starker Beistand, Schloß und Riegel, die Wehr und Mauer, so uns schützt: ein Quell, der auf die Dürst'gen fließet, den Traurigen das Leid versüßet, und der die Schwachen unterstützt.

6. Ist Gottes Macht da zum Bewahren, so brich der Sünd' und Höllen Macht; du wirst zu deinem Heil erfahren, wenn Alles stürmet, blitzt und kracht, wie Gottes Wort dich nicht betrüget, wie seine Hand gewaltig sieget; verzage nur an eig'ner Kraft. Wirst du mit deinem Unvermögen in Gottes Macht dich gläubig legen, so übst du gute Ritterschaft.

7. Du mögest jenes Kleinod schauen, das Kleinod deiner Seligkeit, und hör' nicht auf ihm zu vertrauen, dir fließet Kraft aus Jesu Seit': du wirst wahrhaftig überwinden, und endlich Alles, Alles finden, Gerechtigkeit und Heiligkeit; verklärt bei Gott und Engeln wohnen, in höchster Ehr' mit Christo thronen, voll Lob, voll Licht, voll Fried' und Freud'.

In Krankheit.

1 Petri 4, v. 1. Weil nun Christus im Fleisch für uns gelitten hat, so wappnet euch auch mit demselbigen Sinn; denn wer am Fleische leidet, der höret auf von Sünden.

Mel. Wie wohl ist mir, o Freund der Seelen.

192. Bewährter Arzt der kranken Seele, ich bin gesund und krank nur dein, und ruh' in deiner Wundenhöhle, die soll mein Krankenlager seyn, die Krankheit muß mir Arz'nei geben, ja Noth und Tod ist lauter Leben, wenn nur in dir mein Glaube lebt. Was noch so schädlich mir geschienen muß mir doch noch zum Besten dienen, da mir dein Tod im Herzen schwebt.

2. Ich halte das für Liebeszeichen, was du mir aufgeleget hast, laß mich nur deinen Zweck erreichen, und seg'ne diese Liebeslast, daß sie noch mehr das Fleisch erdrücke, der Geist hingegen sich erquicke und in der Heil'gung weiter geh'. Denn ich will doch auf dieser Erden noch immer mehr geläutert werden, bis ich wie reines Gold besteh'.

3. Gieb nur Geduld bei allen Schmerzen; und läßt der Schmerz den Schlaf nicht zu, so gieb nur stets dem armen Herzen in deinen Wunden Fried' und Ruh', mich dir gelassen zu ergeben, es geh' zum Sterben

oder Leben. Laß nur dein Blut mein Labsal seyn, und halte mich zu allen Stunden in dir bereit und rein erfunden, so bin und bleib' ich ewig dein.

4. Ich habe wohl sehr viel verbrochen, auf tausend weiß ich nicht ein Wort, doch du hast Gnade mir versprochen; du bist allein der sich're Ort, wohin die größten Sünder eilen, du willst von ihrem Schmerz sie heilen und deckest alle Schulden zu. Die sich nur selber richten können, und gläubig dich den Heiland nennen, erlangen Gnade, Hülf und Ruh'.

5. Ich sehe nichts als lauter Sünde, und nicht ein Fleckchen Gut's an mir, wie ich mich immer selber finde; jedoch ich bin gerecht in dir, und sterb' auf dein Verdienst und Leiden, das soll mich um und um bekleiden, in dem will ich zum Vater geh'n, und nur mit deinem Blute prangen, an deiner Gnad' allein nur hangen, und freudig vor dem Richter steh'n.

Von der Rechtfertigung.

Luc. 17, v. 10. Wenn ihr Alles gethan habt, was euch befohlen ist, so sprechet: wir sind unnütze Knechte; wir haben gethan, das wir zu thun schuldig sind.

Mel. Werde munter, mein Gemüthe.

193. Bildet euch auf eure Werke, Menschenkinder, ja nichts ein; denn die hochgehaltne Stärke wird nur lauter Ohnmacht seyn. Was Gesetz und Pflicht gebeut, zeugt nichts von Gerechtigkeit. Wie will uns daher geziemen, sich des Guten so zu rühmen?

2. Wir sind doch unnütze Knechte, die noch viel mehr schuldig sind. Wer auch das zu thun vermöchte, wozu ihn die Pflicht verbind't, der hat nicht so viel gethan, daß Verdienst es bringen kann; denn was wir vollbringen können, ist nur Schuldigkeit zu nennen.

3. Darum trotzt, ihr Pharisäer, immer auf Gerechtigkeit, treibet sie auch täglich höher, sie bleibt ein besudelt Kleid, dem vor Gottes Angesicht doch der rechte Schmuck gebricht. Je mehr ihr gerecht euch dünket, je mehr eure Wohlfahrt sinket.

4. Nur der Glaube macht Gerechte, der durch Werke thätig ist; ohn' ihn sind wir Sündenknechte: die der Höchste nicht vergißt, Christi Leiden Tod und Pein, muß dafür uns Bürgschaft seyn; ohne Glauben hier zu wallen, kann unmöglich Gott gefallen.

5. Jesu! stärke mir den Glauben; zünde Lieb' und Hoffnung an; Dir laß mich den Ruhm nicht rauben,*) zeige mir der Demuth Bahn. Was mich dir gefällig macht, hast du selbst zuweg' gebracht. Dein allein und deiner Schmerzen, will ich rühmen mich von Herzen.

*) Röm. 3, v. 23.

Am Geburtstage.

1 Samuel. 7, v. 12. Bis hieher hat uns der Herr geholfen.

Mel. Allein Gott in der Höh' sey Ehr'.

194. Bis hieher hat mich Gott gebracht durch seine große Güte: bis hieher hat er Tag und Nacht bewahrt Herz und Gemüthe. Bis hieher hat er mich geleit't, bis hieher hat er mich erfreut, bis hieher mir geholfen.

2. Hab' Lob und Ehre, Preis und Dank für die bisher'ge Treue, die du, o Gott! mir lebenslang bewiesen, täglich neue: in mein Gedächtniß schreib' ich an: der Herr hat große Ding' gethan an mir, und mir geholfen.

3. Hilf ferner auch, mein treuer Hort! hilf mir zu allen Stunden. Hilf mir an all' und jedem Ort, hilf mir durch Jesu Wunden; hilf mir im Leben, Tod und Noth: durch Christi Schmerzen, Blut und Tod hilf mir, wie du geholfen.

Aemilie Juliane,
Gräfinn v. Schwarzburg-Rudolstadt.

Zum dritten Advent.

Matth. 11, v. 3. Bist du, der da kommen soll, oder sollen wir eines Andern warten?

Mel. Jesus, meine Zuversicht.

195. Bist du, der da kommen soll? ja, mein Jesu, du bist kommen, aus den Wunden sieht man wohl, daß du Alles vorgenommen, was uns der Propheten Chor vom Messias stellet vor.

2. Blinde sehen, Lahme geh'n, die Aussätz'gen werden reine, Taube hören, Todte steh'n auferweckt in der Gemeine, und der Armen Eigenthum ist dein Evangelium.

3. Arzt und Helfer Israel! laß uns auch die Kraft genießen, heile Beides, Leib und Seel', mache reine das Gewissen, nimm der Sünden Aussatz weg, führ' den Fuß auf deinen Steg.

4. Gieb den Augen, ungestört dich im Glauben anzuschauen. Was das Ohr beständig hört, laß uns auch im Leben bauen, weck' uns von den Sünden auf, förd're wahren Tugendlauf.

5. Laß die Unbeständigkeit uns zu keinem Rohre machen, oder sonst ein weiches Kleid deinen Purpurrock verlachen, wer sich an dir ärgern will, findet nicht des Himmels Ziel.

6. Bläset der Verfolgungswind, laß uns dennoch feste stehen, und wie Israel, dein Kind, in der Wüste sicher gehen; zieh' uns an Gerechtigkeit, dieses sey das weiche Kleid.

7. Haben wir kein Königshaus, wohnen nur in unsern Hütten, so wird ja ein Himmel draus, wenn Herodes gleich will wüthen. Dich bekennen bringt zwar Schmach, aber Ehre hintennach.

8. Wenn dir ein Johannes will einen Weg in uns bereiten, o so lasse dieses Ziel uns getrost zur Buße leiten, denn dergleichen Engelstimm' warnet uns vor deinem Grimm.

9. Es wird uns wohl diese Welt immer ein Gefängniß heißen, bis der Tod, wenn dir's gefällt, uns're Bande wird zerreißen, da du uns, o Lebensfürst, aus dem Kerker holen wirst.

Benjamin Schmolck.

Trost und Hoffnung.

Psalm 42, v. 12. Was betrübst du dich, meine Seele, und bist so unruhig in mir? harre auf Gott! denn ich werde ihm noch danken, daß er meines Angesichts Hülfe und mein Gott ist.

Mel. Meinen Jesum lass' ich nicht.

196. Bist du, Seele! noch betrübt? ach verlaß die eitlen Sorgen; ruhe, weil dich Jesus liebt, bleibt dir gleich sein Rath verborgen; ach wie oft hat seine Macht Rosen aus den Dornen bracht.

2. Ank're du nur fest auf ihn, auf den Herren ist gut bauen; geh'st du gleich mit Weinen hin, nach dem Regen wirst du schauen, es sey nur ein Uebergang: Thränen sind der Christen Trank.

3. Alles was er thut ist gut, hassen kann er nicht, nur lieben; ach, er hat ja durch sein Blut seine Treue dir verschrieben; ist nicht dies ein großes Pfand? nimmermehr reißt dieses Band.

4. Glück und Unglück schicket er; ei so nimm mit ihm vorwillen! Beides kommt nicht ungefähr, o er kann den Schmerz leicht stillen: harre, nur mein Herz auf ihn, Ruh' und Trost ist dein Gewinn.

5. Es ist doch auf dieser Welt, nur ein Kerker frommer Seelen, eile drum wann's Gott gefällt, von den schwarzen Sündenhöhlen: oben trifft man Canaan nach dem Welt-Egypten an.

6. Blicke stets, mein Geist! dahin, o, wie werd' ich ihm noch danken; Kronen werden dorten blüh'n; kämpfe nur in diesen Schranken; Jesus bleibet mein, ich sein: nichts kann mir vergnügter seyn.

Benjamin Schmolck.

Vom Gebet.

Matth. 7, v. 7. Bittet, so wird euch gegeben; suchet, so werdet ihr finden; klopfet an, so wird euch aufgethan.

Mel. Alle Menschen müssen sterben.

197. Bittet, so wird euch gegeben, was nur euer Herz begehrt; was hier und zu jenem Leben nützlich ist, wird euch gewährt: sucht mit Fleiß, so werd't ihr finden Rath und Trost für eure Sünden; klopft bei Gott im Glauben an, so wird euch bald aufgethan.

2. Denn, wer bittet, der erlanget, was sein Glaube hofft und will. Wer Gott sucht und ihm anhanget, findet seine Gnadenfüll'. Wer mit rechtem Ernst anklopfet, dem bleibt nimmermehr verstopfet Gottes Ohr, das Alles hört; sein Leid wird in Freud' verkehrt.

3. Welcher ist wohl von euch allen, so sein Sohn von ihm heischt Brot, der ihm einen Stein zufallen läßt in seiner Hungersnoth? oder, so er zu ihm träte und um einen Fisch ihn bäte, der ihm brächt' auf seinen Tisch eine Schlang' für einen Fisch.

4. So denn ihr, die ihr doch Sünder, und aus argem Saamen seyd, könnt begaben eure Kinder mit den Gütern dieser Zeit: vielmehr wird auf euer Bitten euer Gott und Vater schütten über euch den heil'gen Geist, den er euch durch Mich verheißt.

5. Jesu! dies ist deine Lehre, schreib' sie mir ins Herz hinein, damit ich niemals aufhöre anzuklopfen und zu schrei'n. Ja, du wollst selbst für mich bitten, Gnad' und Segen auf mich schütten, dafür will ich für und für Hallelujah bringen dir.

Rosamunde Juliane v. Asseburg.

Von der Beständigkeit im Glauben.

Psalm 37, v. 37. Bleibe fromm und halte dich recht; denn solchem wird's zuletzt wohl gehen.

Mel. Mach's mit mir, Gott, nach rc.

198. Bleib' fromm und halt' dich all'zeit recht, denn solchen wird's wohl gehen, verbleib' ein treuer Jesus-Knecht,

so wirst du endlich sehen, daß Gott ein solcher Vater sey, der uns in Nöthen stehet bei.

2. Laß seyn, daß Teufel, Welt und Sünd' auf uns die Pfeile drücken, ich bin ein theu'r erlöstes Kind, wer will uns doch berücken? Ich bleibe fromm und fest daran: Gott nimmt sich meiner Schwachheit an.

3. Ach Gott, ich traue gänzlich dir, du wirst mich nicht verlassen, schließ' auf die holde Gnadenthür zu Zions goldnen Gassen, und führe mich so in der Welt, wie dir's, mein Schöpfer, wohlgefällt.

4. Du hast mich schon so lang' geführt, drum fahre fort in Gnaden, und führe mich du treuer Hirt, so kann mir gar nichts schaden. Ich traue dir und lass' dich nicht, auf dich ist all' mein Thun gericht't.

5. Ich lob' und preise deine Ehr' für all' erzeigte Güte; ich bleibe fromm, ach Gott vermehr' den Glauben; mein Gemüthe soll stets und ewig dankbar seyn, so bin ich from und lebe rein.

6. Führ' mich einmal, mein Gott! dahin, wo Fromme ewig wohnen; zu dir im Himmel steht mein Sinn, denn dort wirst du belohnen die auserwählten frommen Knecht', drum bleib' ich fromm und halt' mich recht.

Am Abend des Lebens.

Psalm 71, v. 18. Verlaß mich nicht, Gott, im Alter, wenn ich grau werde, bis ich deinen Arm verkündige Kindes-Kindern, und deine Kraft allen, die noch kommen sollen.

Mel. O Gott, du frommer Gott.

199. Bleib', Jesu, bleib' bei mir: es will nun Abend werden! der Tag hat sich geneigt mit meiner Zeit auf Erden; mein Abschied stellt sich ein; die Stunde naht sich nun, da ich soll auf der Welt die letzte Reise thun.

2. Die Zeit der Pilgerschaft, die sich hier angefangen, ist über Berg und Thal voll Kreuz und Noth gegangen: du aber warst bei mir, auch wenn ich's nicht gemerkt, und hast das matte Herz durch deinen Trost gestärkt.

3. So wirst du mich zuletzt, mein Jesu, nicht verlassen, mein Glaube soll dich fest mit beiden Armen fassen. Ach ja! ich höre schon, was mir dein Mund verspricht: ich weiche nicht von dir, so fürchte dich nur nicht!

4. Drum fürcht' ich mich auch nicht. Wird meine Seele scheiden, so führest du sie ein in's Paradies der Freuden. So wird der schwere Weg des ganzen Lebens gut, wenn man den letzten Schritt mit dir zum Himmel thut.

5. Der Leib nimmt seinen Weg in's Grab und in die Erde, voll Hoffnung, daß er nicht im Staube bleiben werde. Ich nehme Hoffnung mit in meinen Sarg hinein, daß mir ein Leben muß auch nach dem Tode seyn.

6. Weil du, Herr Jesu, bist von Todten auferstanden, so ist für mich der Trost, der feste Trost vorhanden, daß du auch diesen Leib, o starker Lebens-Fürst! zur ew'gen Herrlichkeit einst auferwecken wirst.

7. So laß mich freudig geh'n zu Bette nach dem Grabe, und schlafen bis ich da den Tod verschlafen habe: es sage keiner dann, daß ich gestorben sey; denn Schlaf und Sterben ist in Christo einerlei.

M. Erdmann Neumeister.

Abendlied.

Lucä 24, v. 29. Bleibe bei uns, denn es will Abend werden, und der Tag hat sich geneiget.

Mel. Nun sich der Tag geendet hat.

200. Bleib', liebster Jesu, weil die Nacht das Tageslicht verjagt, damit des Satans List und Macht nicht meine Seele plagt.

2. Laß mit dem weggegang'nen Licht die Gnade nicht vergeh'n, und wenn dem Geiste Kraft gebricht, so hilf mir widersteh'n.

3. Denk' nicht des Tages Sünd' und Schuld, dadurch ich dich betrübt; denk', wie du mich mit großer Huld am Kreuzesstamm geliebt.

4. Ach, Vater, nimm dein armes Kind in deinen Gnadenschooß, und wenn die Angst mein Lager bind't, so mach' mich sorgenlos.

5. Wenn ich wie todt entschlummert bin, so wach' und laß mich nicht; gieb, daß mein Herz und auch mein Sinn sich träumend zu dir richt'.

6. Soferne mir's wird nützlich seyn, so laß, o Herr, gescheh'n, daß ich der Sonne gold'nen Schein mag freudig wiederseh'n.

7. Soll aber, eh' die Nacht verschwind't, mein Leben untergeh'n, so laß mich als ein Himmelskind vor deinem Throne steh'n.

M. Christian Scriver.

Zuruf an Confirmanden.

1. Joh. 2, v. 28. Und nun, Kindlein, bleibet bei ihm, auf daß, wenn er offenbar wird, daß wir Freudigkeit haben und nicht zu Schanden werden vor ihm in seiner Zukunft.

Mel. Es kostet viel ein Christ zu seyn.

201. Bleibt, Schäflein, bleibt! verlasset nicht die Hut des guten Hirten, dem ihr euch gegeben. So bittet euch, und fleht durch Christi Blut, ein Lehrer, der nichts wünscht, als euer Leben. Er ruft, weil ihn die heiße Liebe treibt: „bleibt, Schäflein bleibt!"

2. O Lämmer, bleibt! gedenkt an jenen Tag, da ihr es ihm vor allem Volk versprochen. Er klopfte an, und hat durch manchen Schlag in Liebeskraft das harte Herz gebrochen. Ihr sagtet weinend: „Jesum nehm' ich an!" o denkt daran!

3. Er hat's gehört, was euer Mund gesagt: „ich will an Jesum glauben, Jesum lieben." Er war dabei so oft man euch gefragt, und hat das Jawort in sein Buch geschrieben. Er weiß auch Alles, was man euch gelehrt; Er hat's gehört.

4. O laßt ihn nicht! Ihr habt euch g'nug gewehrt, und euren Heiland lange warten lassen. Wie lange hat er schon das Herz begehrt! wie hat er sich bemüht, euch recht zu fassen! wie sehnlich suchte euch sein Angesicht! o laßt ihn nicht!

5. Bedenkt es doch, wie oft er angeklopft, wie oft er euch vergeblich nachgegangen. Wie schändlich habt ihr Herz und Ohr verstopft! was hat's gekost't, eh' euch sein Arm umfangen! wie lange flohet ihr sein sanftes Joch! bedenkt es doch!

6. Er ließ euch nicht. Er lief euch brünstig nach. Was hat sein Herz nicht für Geduld getragen! er wartete, bis euer Sinn zerbrach und eure Herzen ihm zu Füßen lagen. Ja, lieft ihr gleich vor seinem Angesicht: er ließ euch nicht!

7. Nun hat er euch, wofern es anders wahr, was eure Lippen jedermann bezeugen. Das freuet ihn auch jetzt und immerdar. Nach vieler Mühe seyd ihr nun sein eigen. Ihr rufet: „wir verlassen Satans Reich!" nun hat er euch.

8. Er hat euch lieb. Bedenket, was er that, wie er am Kreuz im Blute da gehangen; bedenket, wie er euch so zärtlich bat, bis euer Fuß von Sodom ausgegangen. O wie viel stärker brennet nun sein Trieb! er hat euch lieb!

9. Er nimmt euch an, so sündig, wie ihr seyd, so blind und todt, so kalt und voller Schanden. Bringt gar nichts mit, denn Alles ist bereit. Bei ihm ist Gnade, Licht und Kraft vorhanden. O kommt doch nur, ein Jedes wie es kann! Er nimmt euch an.

10. Er hat Geduld. Werft nicht den Muth dahin, wenn ihr bald hie, bald da in Schuld gefallen. Er trägt euch gern nach seinem Vatersinn. Er liebt den größten Sünder unter allen. Kommt, küßt die Hand; so weiß er keine Schuld. Er hat Geduld!

11. Er pfleget euch. Er giebt mit Sorgen Acht, was euch gebricht und was ein Jeder brauchet. Das Kranke wird von ihm gesund gemacht wenn er's im Blut und Wasser untertauchet*). Dem Schwächern ist er doppelt gnadenreich. Er pfleget euch. *) Joh. 5, v. 6.

12. Ihr habt es gut, ja glaubt es ganz gewiß! so lang' er euch als seine Schaafe kennet. O wohl euch! wenn anstatt der Finsterniß im Herzen Glaube, Fried' und Freude brennet; so seyd ihr auch im Tode wohlgemuth. Ihr habt es gut!

13. Er läßt euch nicht; das hat er selbst gesagt: „nichts soll sie mir aus meinen Händen reißen!"*) und wenn euch Lust und Furcht in's Schrecken jagt: so will er selbst die Mauer seyn und heißen.**) Wer nur mit Vorsatz nicht den Bund zerbricht, den läßt er nicht. *) Joh. 10, v. 28. **) Zach. 2, v. 5.

14. So dringt nun ein und hört nicht eher auf, bis daß ihr's wißt: ich habe Gnade funden. Könnt ihr sonst nichts: so seht zum Kreuz hinauf, ja seht hinein in seine offnen Wunden; sein Wort lockt alle Armen dahinein. So dringt nun ein!

15. Wenn ihr ihn habt und ihn mit Freuden lob't, so hang't und kleb't allein an seiner Gnade. Denn Satan geht umher, er lockt und tobt, und sein Vergnügen ist der Lämmer Schade. Sucht, daß ihr euch in Jesu tief vergrabt, wenn ihr ihn habt.

16. Ihr seyd sein Ruhm, sein Lob und seine Lust; dazu ist er gestorben und geboren. Das wäre recht ein Schwert durch seine Brust, wenn er sein theures Blut an euch verloren; denn was ihr seyd, ist doch sein Eigenthum: ihr seyd sein Ruhm.

17. Ach, Jesus weint: Jerusalem verdirbt; Jerusalem, das Volk von seinem Bunde. So oft ein Kind des Bundes ewig stirbt, so jammert's Jesum noch bis diese

Stunde. Es kränket ihn, da er's so gut gemeint. Ach Jesus weint!

18. Wo wollt ihr hin, ihr Schäflein? sagt es doch, die ihr euch Jesu einmal hingegeben: er ist der Hirt. Wo ist ein andrer noch, bei dem die Schaf' und Lämmer ewig leben? wer hat doch solche Macht und Vatersinn? wo wollt ihr hin?

19. O Lämmer, bleibt! es ist kein ander Heil, als nur in dieses Lammes Blut und Wunden. Ach raubet ihm nicht sein bescheidnes Theil, das er an euch, der kleinen Schaar, gefunden. Verflucht sey das, was euch von Jesu treibt; o Lämmlein, bleibt!

20. Ach, wehe euch! ihr wäret doppelt todt, wo ihr euch nun aus seinen Händen risset. Ihr häufet euch die Qual der ew'gen Noth, wo ihr das Wort verachtet, das ihr wisset. Gott ist an Zorn so wie an Gnade reich. Ach, wehe euch!

21. O Jesu, nein! laß du es ja nicht zu, daß sie sich dir aus deinen Händen winden; laß ihnen doch im Herzen keine Ruh', als wenn sie sich in deinem Schooße finden. Wie? soll denn eins davon verloren seyn? O Jesu, nein!

22. Bleibt, Kindlein, bleibt, o geht doch nicht zurück! ihr seyd mein Ruhm! ach nehmt mir nicht die Krone! was wäre mir das für ein Jammerblick! so käm' ich künftig ganz allein zum Sohne, der euch, wenn ihr ihn haßt, zur Linken treibt; bleibt, Kindlein, bleibt! 1 Thess. 2, v. 19. 20.

23. Mir wallt das Herz, es schwimmt im Liebesmeer und ist zuweilen gegen euch, wie trunken. Das ist mein Thun, das denk' ich hin und her: o wär't ihr doch im Gnadenmeer versunken! was euch verdirbt, das ist mein größter Schmerz; mir wallt das Herz!

24. Ich faß' euch an. O faßt mich wieder recht! so wollen wir zum Paradiese reisen. Da hab' ich denn, als Jesu armer Knecht, ihm viel gesund'ne Schaafe aufzuweisen; daß er, und ihr, und ich mich freuen kann. Ich faß' euch an!

25. Er wartet schon. Er schließt die Thüren auf. Er reicht euch seine Hände weit entgegen. Er lacht euch an. O seht doch hoch hinauf! ihr steht zur Rechten, hört ihr nicht den Segen? ach eilet muthig bis vor seinen Thron! er wartet schon!

26. So bleibt nun, bleibt! o bleibt in Ewigkeit und laßt euch nichts von seiner Liebe trennen; das ew'ge Leben ist für euch bereit't. Die aber weichen, werden ewig brennen. O seht doch, wie euch Fluch und Segen treibt; so bleibt nun, bleibt!

Ernst Gottlieb Woltersdorf.

An die Jugend.

1 Joh. 2, v. 1. Meine Kindlein, solches schreibe ich euch, auf daß ihr nicht sündiget.

Mel. Lobe den Herren, den mächtigen rc.

202. Blühende Jugend, du Hoffnung der künftigen Zeiten, höre doch einmal und laß dich in Liebe bedeuten. Folge der Hand, die sich oft zu dir gewandt, dein Herz zu Jesu zu leiten.

2. Opf're die schöne, die munt're, lebendige Blüthe, opf're die Kräfte der Jugend mit frohem Gemüthe Jesu, dem Freund, der es am redlichsten meint, dem großen König der Güte.

3. Zärtlich und fröhlich umarmt er die Lämmer auf Erden. Jugend, du sollst ihm die liebste Belustigung werden. Segen und Heil sammelt der Vater in Eil für dich, du Schmuck seiner Heerden.

Jes. 40, v. 11. Marc. 10, v. 13—16.

4. Jesum genießen, das kann man für Jugendlust achten! schmeckend und sehend die ewige Liebe betrachten: das ist genug. Aber der Lüste Betrug läßt unsre Seele verschmachten.

5. Bäume der Jugend, erfüllet mit heiligen Säften, wachsen an Weisheit, an Gnade und seligen Kräften; wenige Zeit macht sie dem Hausherrn bereit zu seinen schönen Geschäften.

6. Gott und dem Lamme zum Werkzeug der Ehre gereichen, das ist mit irdischer Herrlichkeit nicht zu vergleichen. Jugend, ach du bist ihm die nächste dazu. Laß nur die Zeit nicht verstreichen.

2 Timoth. 2, v. 20. 21. 22.

7. Suchst du ihn herzlich, so müssen dich Engel bedienen. O wie vertraulich wird deine Gemeinschaft mit ihnen: wenn du nur bleibst, und dich dem ewig verschreibst, bei dem wir allezeit grünen.

Matth. 18, v. 10. Jerem. 17, v. 7. 8.

8. Gnade bei Menschen kann niemand gesegneter finden, als wer von Jugend auf alle Begierde der Sünden ernstlich verflucht, und sich Belustigung sucht in Sachen, die nicht verschwinden.

9. Denk'! welche Freude und Ehre wird dem widerfahren, der sich von Kind auf

und bis zu den spätesten Jahren Jesu vertraut, den man im Alter noch schaut, gläubig in Gott wohlerfahren.

Spr. 16, v. 31. Psalm 92, v. 15.

10. Wahrlich, so folget ein sanftes und frohes Verscheiden: wenn man des Lammes versöhnende blutige Leiden lange schon kennt. Wohl mir! in dem Element will ich mich ewiglich weiden. E. G. Woltersdorf.

Zum Charfreitage.

Jes. 53, v. 5. Er ist um unserer Missethat willen verwundet, und um unserer Sünde willen zerschlagen.

Mel. Herr und Aelt'ster deiner Kreuzgemeine.

203. Blut'ge Leiden meines ein'gen Freundes; o, was hat mein Herz an euch wenn es euch betrachtet! o, wie weint es! wie zerflossen wird's, wie weich! möcht' mir das Gefühl doch nie verschwinden noch mein Geist sich je wo anders finden, als auf der geliebten Höh': Golgatha, Gethsemane!

2. Unter Jesu Kreuz will ich mich legen, da soll ihm, dem Gotteslamm, sich mein ganzes Herz in Liebe regen, gehn der Blick zum Kreuzesstamm. Ich will sehn, wie seine Augen brechen, wie er ließ für mich sein Herz durchstechen, wie sich Blut und Wasser zeigt, wie sein Haupt sich hat geneigt!

3. Todesblick, der mir mein Herz durchschnitten, da du standst in meiner Näh': geh' mir nach auf allen meinen Schritten, bis ich aus der Hütte geh'! Jesu Todesnacht, sein ganzes Leiden, Seelenschmerz und heiliges Verscheiden, und sein Ruh'n in Josephs Gruft mach' hell meines Grabes Kluft!

4. Wo die Glieder meines Herren schliefen; da, da ruhe mein Gebein! da soll sich mein Geist hinein vertiefen, das soll sein Geschäfte seyn. In dem Grabe wo mein Freund gelegen, halt' ich täglich meinen Abendsegen; über'm Blick auf seine Ruh' schließ' ich meine Augen zu.

Vers 1. 2. Christian Ludwig Brau.
— 3. 4. Christ. Renat. v. Zinzendorf.

Morgenlied.

Psalm 113, v. 3. Vom Aufgang der Sonne bis zu ihrem Niedergang sey gelobet der Name des Herrn!

Mel. Wie schön leucht't uns der Morgenstern.

204. Brich an, du schönes Morgen-Licht, und mache munter mein Gesicht, laß deine Strahlen glimmen; brich an, du theure Andachtsflamm', aus deinem heißen Herzensstamm ein Danklied anzustimmen; weiset, preiset den mit Loben, der von oben mich behütet, und mit Segen überschüttet.

2. Ach Gott, mein Gott, ich danke dir von ganzem Herzen, daß du mir verliehen deine Güte, und mich in dieser finstern Nacht durch deine Engel hast bewacht an Leib, Seel' und Gemüthe, daß ich fröhlich meine Glieder habe wieder ohn' Verletzen mögen aus der Ruhe setzen.

3. Ach gieb o treues Vaterherz, daß alle Sünden, Angst und Schmerz mit dieser Nacht vergehen, daß ich in deiner Gnad' und Huld auch jetzund möge ohne Schuld recht geistlich auferstehen. Laß mich christlich meine Sorgen diesen Morgen so erwägen, daß ich spüre deinen Segen.

4. Herr Jesu, leite meinen Gang, daß ich forthin mein Lebenlang nach deinem Willen walle; behüte mir mein' Seel' und Leib, mich selbst in deine Hände schreib', damit ich ja nicht falle. Ach gieb, mein' Lieb', deine Wunden alle Stunden zu betrachten, und die Welt für nichts zu achten.

5. Regiere mich mit deinem Geist, der mir den Weg zum Himmel weis't, auf daß ich überwinde und deine reiche Segenshand in meiner Nahrung oder Stand zu jeder Zeit empfinde, bis ich endlich werd' mit Freuden davon scheiden, und mit Singen dir ein neues Danklied bringen.

Johann Arndt.

Am Feste der Erscheinung Christi.

Matth. 2, v. 11. Sie fanden das Kindlein mit Maria, seiner Mutter, und fielen nieder und beteten es an.

Mel. Wie schön leucht't uns der Morgenstern.

205. Brich heller Gnadenstern herein, entfern' durch deinen Gnadenschein von mir die Dunkelheiten. Du, Heiland, bist das rechte Licht; wenn dieses nur in mir anbricht, so rühm' ich dich mit Freuden. Ach du, Jesu! Lebenssonne, bringst mir Wonne, wahre Freude; ach, gieb du sie mir auch heute.

2. Nach Bethlehem darf ich nicht geh'n, in deinem Wort kann ich dich seh'n, den Heiland voller Liebe; da weis't mich Alles hin zu dir, und du sprichst selber: „komm zu mir!" ich komm' mit frohem Triebe, laß mich täglich dein Erbarmen an mir Armen froh empfinden; laß mein Elend ganz verschwinden.

3. So fühl' ich recht, was Freude heißt; denn du, Gott Vater, Sohn und Geist! giebst dich ja meinem Herzen; aus deinem ew'gen Wesen quillt, was meines Geistes Armuth stillt, Befreiung von den Schmerzen, die ich täglich noch empfinde; was die Sünde hat verletzet, das wird durch dich, Gott, ersetzet.

4. Vermehr' in mir des Glaubens Kraft, und laß mich deines Blutes Saft, Herr Jesu! ganz durchdringen; mein Thun sey durch dein Blut besprengt, mein Beten sey damit vermengt: so wird es ihm gelingen. Von dir ist mir Seelenfrieden, Herr, beschieden, Heil und Leben; Alles dies wirst du mir geben.

5. Nun gebe ich mich wieder dir, ach, nimm mich, liebster Heiland, hier auch hin in dein Erbarmen; ich habe nichts als Sündigkeit; du aber, Jesu, bist bereit, dich meiner zu erbarmen. Ei, das ist, was mich erfreuet und erneuet, da wir Beide eins sind, daß uns gar nichts scheide.

6. So selig bin ich in der Zeit, einst werde ich in Ewigkeit vor deinem Throne stehen. Nun ist das Liebesband geknüpft; mein Herz, das schon vor Freuden hüpft, spricht jetzt mit stillem Flehen: o du Jesu, meine Freude, komm noch heute, daß ich droben dich kann ohne Sünde loben.

Christian Friedrich Förster.

Um Erleuchtung.

Psalm 36, v. 10. Denn bei dir ist die lebendige Quelle, und in deinem Lichte sehen wir das Licht.

Mel. Wie schön leucht't uns der Morgenstern.

206. Brich heller Morgenschein herein, und laß uns deinen Freudenschein in hellen Strahlen sehen. Ermunt're mich, du Gnadenlicht, und laß die arme Seele nicht in Satans Stricke gehen. Ruf' mich, daß ich in dem Herzen tiefe Schmerzen von der Sünde, die sich an mir zeigt, empfinde.

2. Ach gieße deinen hellen Schein in mein verfinstert Herz hinein, und gieb mir reine Triebe, vertreib' die schwarze Sündennacht, die mir so angst und bange macht; zeig' mir, wie du aus Liebe, was mich ewig sollte plagen, schon getragen. Zeig' die Wege, wie ich zu dir kommen möge.

3. Bekehre meinen harten Sinn, bis ich voll tiefer Reue bin um meine schweren Sünden. Zerschlag', zerknirsche Geist und Herz, und laß mich meinen Sündenschmerz im Innersten empfinden. Hierzu gieb du Glaubenstriebe, reine Liebe und Verlangen, dich mein Heil recht zu empfangen.

4. Denn du bist ja mein Gnadenlicht, dem niemals Glanz und Kraft gebricht, wenn ich zum Vater gehen, und seinen strengen Richterschluß vor seinem Richtstuhl hören muß, kann ich mit dir bestehen; weil ich durch dich, Gnadensonne, lauter Wonne dort empfange, und als ein Gerechter prange.

5. So kleide meine Seele ganz in deinen reinen Schmuck und Glanz, und rein'ge mein Gewissen! uns hat zwar deines Blutes Kraft, die Alles rein und heilig schafft, der Sündenlust entrissen. Laß auch selbst noch, Herr, in Schmerzen sich die Herzen zu dir neigen, und ihr Licht den Menschen zeigen.

6. Dring' in mein Herz, mein Licht, mein Heil, ich find' an dir mein bestes Theil, drum will ich auf dich hoffen. Du hast dich fest mit mir vereint, gieb, daß mein Herz es redlich meint, da nun der Bund getroffen; Herr, dich halt' ich; du der Meine, ich der Deine, ach, uns Beide trenne weder Leid noch Freude.

7. Befestige mein wankend Herz, damit es sich durch keinen Schmerz von dir abwenden lasse. In dir, mein Vater, gründe mich, gieb, daß mein fester Glaube dich als seinen Schutz nur fasse. Halt' mich, daß ich ja nicht weiche, komm und reiche mir die Hände, daß kein Fall mich von dir wende.

8. Den Glaubensschmuck trag' ich an mir, verleih' auch, daß die Tugendzier dem Glauben niemals fehlet. Du hast mich, Herr, zu deinem Ruhm, zu deinem ew'gen Eigenthum, zu deinem Kind' erwählet. Selig, wenn ich diese Zierde, diese Würde nie verliere, und sie einst dort ewig führe.

9. Verklär' dich täglich mehr in mir, ein reich Erkenntniß gieb von dir, laß mich gewisser werden, daß ich in deiner Gnade steh', nur auf des Himmels Wegen geh', so lang' ich wall' auf Erden. Gänzlich will ich mich verschreiben, dein zu bleiben, daß ich droben dich kann ewig seh'n und loben.

10. Erfreue mich, mein Seelenschatz, du hast in meinem Herzen Platz, erfüll' es mit Vergnügen. Gieb ihm des Himmels Lebenssaft, laß mich durch deiner Liebe Kraft hier alles Leid besiegen. Laß mich innig, voll Verlangen dich umfangen, dich genießen; dies kann alle Noth versüßen.

11. Erhalte mich in deinem Licht, und laß mich, weil ich lebe, nichts von deiner Gnade trennen, vollführ' in mir dein Gnadenwerk, gieb Geisteskraft und Glaubensstärk', laß mich dich ewig kennen, und mich stetig hier bestreben, dir zu leben, bis ich sterbe und mit dir das Reich ererbe.

12. Umgieb mich endlich überall mit Gnadenproben ohne Zahl, dein Auge mich behüte, daß ich in deiner Gnade steh', und darin immer weiter geh'. Gieb mir, o Wundergüte! täglich, stündlich neue Gnade, daß kein Schade, daß kein Leiden mich von Jesu je mag scheiden.

Osterlied.

1 Corinther 6, v. 14. Gott hat den Herrn auferwecket, und wird uns auch auferwecken durch seine Kraft.

Mel. Erschienen ist der herrlich' Tag.

207. Bring', Seele, Preis dem Höchsten dar! dein Heiland, der getödtet war, hebt siegreich nun sein Haupt empor, geht lebend aus dem Grab' hervor und stirbt nicht mehr.

2. Die Erde bebt, die Wächter flieh'n; erfreut seh'n seine Jünger ihn; sie, die so zärtlich ihn beweint, erkennen wieder ihren Freund, der sie noch liebt.

3. Er lebt, o Seele, auch für dich; er lebt, und herrschet königlich; so weit die ganze Schöpfung geht, reicht seiner Würde Majestät. O, bet ihn an!

4. Sein müsse sich der Erdkreis freu'n, und aller Herzen ihm sich weih'n; er hat aus seines Grabes Nacht Unsterblichkeit ans Licht gebracht. Gelobt sey er!

5. Er, der nicht mehr im Grabe liegt, hat in dem Kampf für uns gesiegt; durch seiner Auferstehung Kraft wird uns auch Muth und Sieg geschafft. Deß freu'n wir uns.

6. Begnadigung, Gerechtigkeit, und ew'ger Hoffnung Sicherheit ist durch dich, göttlich großer Held, ein Segen für die ganze Welt; gelobt seist du!

7. Nun fürcht' ich nicht des Leibes Tod: mein Heiland lebt. Gelobt sey Gott! die Hoffnung der Unsterblichkeit erfüllt mich mit Zufriedenheit und tröstet mich.

8. Nichts reißt mich, Herr, aus deiner Hand; dein Leben ist mir Unterpfand, daß ich, o seliger Gewinn! ein Kind und Erbe Gottes bin. Deß bin ich froh!

9. Ruf'st du mich dermaleinst zur Ruh', verklärter Welterlöser du! so werd' ich ewig bei dir seyn, denn Gott und Himmel sind nun mein. Wohl mir, Preis dir!

M. Johann Friedrich Mudre.

Danklied.

Offenb. Joh. 5, v. 12. Das Lamm, das erwürget ist, ist würdig zu nehmen Kraft, und Reichthum, und Weisheit, und Stärke, und Ehre, und Preis, und Lob.

Mel. Wachet auf! ruft uns die Stimme.

208. Bringt dem Herren frohe Lieder, es schalle hier und droben wieder: „wir sind Gott angenehm gemacht". Durch des Heilands Tod und Leiden sind wir, die wir darin uns weiden, mit Heil für Seel' und Leib bedacht. Lob, Preis und Dank sey dir, Lamm Gottes, für und für; Hallelujah, dem Menschensohn auf Gottes Thron, Hallelujah dem Menschensohn!

2. Hochgelobter Herr und König, dem alle Himmel unterthänig, du bist den Blöden zugethan; davon zeugen auch wir Armen, die sich zu deinem Lieb'serbarmen mit allem ihrem Elend nah'n, und dir Herr Jesu Christ, der du Mensch worden bist, dankbar singen: du wardst geschlacht't, du hast's vollbracht, und uns Gott angenehm gemacht.

3. Preis und Dank sey dir gegeben, du unser ein'ges Herz und Leben! dich rühm' ein jeder Aderschlag für dein Lieben und Erwählen, das sich erneut in unsern Seelen auch heut' an diesem Gnadentag; der Bund, d'rin wir so schön in dir vereinigt steh'n, ist gegründet auf dich und dein Verdienst allein, drum wird er ewig bleibend seyn.

4. Amen, Ruhm, Dank, Preis und Ehre, sey dir von deinem Sünder-Heere, o Lamm, in Ewigkeit gebracht! ewig haben deine Wunden mit deinem Herzen uns verbunden, uns dir zum Eigenthum gemacht. Ach nimm nun Herz und Hand zum sichern Unterpfand, daß wir bleiben, o Gottes Sohn! dein Schmerzenslohn, bis du uns stellst vor deinen Thron.

Lob- und Danklied.

1 Petri 1, v. 3. Gelobet sey Gott und der Vater unsers Herrn Jesu Christi, der uns nach seiner großen Barmherzigkeit wiedergeboren hat zu einer lebendigen Hoffnung, durch die Auferstehung Jesu Christi von den Todten.

Mel. Es ist das Heil uns kommen her.

209. Bringt her dem Herrn Lob, Dank und Ehr' aus freudigem Gemüthe, ein Jeder Gottes Ruhm vermehr'

und preise seine Güte, ach lobet, lobet alle Gott, der uns befreiet aus der Noth, und danket seinem Namen.

2. Lobt Gott und rühmet allezeit die großen Wunderwerke, die Majestät und Herrlichkeit, die Weisheit, Kraft und Stärke, die er beweis't in aller Welt, und dadurch alle Ding' erhält, drum danket seinem Namen.

3. Lobt Gott, der uns erschaffen hat; Leib, Seele, Geist und Leben aus lauter väterlicher Gnad' uns Allen hat gegeben; der uns durch seine Engel schützt, uns täglich giebet, was uns nützt; drum danket seinem Namen.

4. Lobt Gott, der uns schenkt seinen Sohn, der für uns ist gestorben, und uns die ew'ge Lebenskron' durch seinen Tod erworben; der worden ist der Höllen Gift, und Frieden hat mit Gott gestift't; drum danket seinem Namen.

5. Lobt Gott, der in uns durch den Geist den Glauben angezündet, und alles Gute noch verheißt, und stärket, kräftig't, gründet, der uns erleuchtet durch sein Wort, regiert und treibet fort und fort; drum danket seinem Namen.

6. Lobt Gott, der auch das gute Werk so in uns angefangen, vollführen wird und geben Stärk' das Kleinod zu erlangen, das er hat Allen dargestellt, und seinen Gläub'gen vorbehält; drum danket seinem Namen.

7. Lobt Gott ihr starken Seraphim, ihr Fürstenthum' und Thronen; es loben Gott mit heller Stimm', die hier auf Erden wohnen, lobt Gott und preist ihn früh und spat, ja Alles was nur Odem hat, das danke seinem Namen!

Cyriacus Günther.

Der Segen über Gottes Volk.

4 Mose 6, v. 24. 25. 26. Der Herr segne dich und behüte dich; der Herr lasse sein Angesicht leuchten über dir, und sey dir gnädig; der Herr hebe sein Angesicht über dich und gebe dir Friede.

Mel. Wo Gott zum Haus nicht giebt 2c.

210. Brunn alles Heils! dich ehren wir, und öffnen unsern Mund vor dir: aus deiner Gottheit Heiligthum dein hoher Segen auf uns komm'.

2. Der Herr, der Schöpfer bei uns bleib': er segne uns an Seel' und Leib; und uns behüte seine Macht vor allem Uebel Tag und Nacht.

3. Der Herr, der Heiland, unser Licht laß leuchten uns sein Angesicht: daß wir ihn schau'n, und glauben frei, daß er uns ewig gnädig sey.

4. Der Herr, der Tröster ob uns schweb', sein Antlitz über uns erheb': daß uns sein Bild werd' eingedrückt, und geb' uns Frieden unverrückt.

5. O Herr Gott Vater, Sohn und Geist! o Segensbrunn, der ewig fleußt! durchfließ' Herz, Sinn und Wandel wohl; mach' uns dein's Lob's und Segens voll.

Gerhard Tersteegen.

Abendlied.

Psalm 91, v. 4. Er wird dich mit seinen Fittigen decken, und deine Zuversicht wird seyn unter seinen Flügeln. Seine Wahrheit ist Schirm und Schild.

Mel. Christe, der du bist Tag und Licht.

211. Christ, der du bist der helle Tag, vor dir die Nacht nicht bleiben mag, du leuchtest uns vom Vater her, und bist des Lichtes Prediger.

2. Ach lieber Herr, behüt' uns heut in dieser Nacht vor'm bösen Feind, und laß uns in dir ruhen fein, daß wir vor'm Feinde sicher seyn.

3. Obschon die Augen schlafen ein, so laß das Herze wacker seyn; halt' über uns dein' rechte Hand, daß wir nicht fall'n in Sünd' und Schand'.

4. Wir bitten dich, Herr Jesu Christ, behüt' uns vor des Teufels List, der stets nach unsern Seelen tracht't, daß er an uns hab' keine Macht.

5. Sind wir doch dein ererbtes Gut, erworben durch dein theures Blut; das war des ew'gen Vaters Rath, als er uns dir geschenket hat.

6. Befiehl dein'm Engel, daß er komm' und uns bewach', dein Eigenthum, gieb uns die lieben Wächter zu, daß wir vor'm Satan haben Ruh'.

7. So schlafen wir im Namen dein, dieweil die Engel bei uns seyn. Du heilige Dreieinigkeit, wir loben dich in Ewigkeit.

Michael Weiß.

Abendlied.

Psalm 139, v. 12. Denn auch Finsterniß nicht finster ist bei dir, und die Nacht leuchtet wie der Tag; Finsterniß ist wie das Licht.

In eigener Melodie.

212. Christe, der du bist Tag und Licht, vor dir, Herr, ist verborgen nichts: du väterlicher Lichtes-Glanz, lehr' uns den Weg der Wahrheit ganz.

2. Wir bitten dein' göttliche Macht, behüt' uns Herr, in dieser Nacht; bewahr' uns Herr, vor allem Leid, Gott, Vater der Barmherzigkeit.

3. Vertreib' den schweren Schlaf, Herr Christ, daß uns nicht schad' des Feindes List, das Fleisch in Züchten reine sey, so sind wir mancher Sorgen frei.

4. So unsre Augen schlafen ein, so laß das Herz doch wacker seyn; beschirm' uns, Gottes rechte Hand, und lös' uns von der Sünde Band.

5. Beschirmer, Herr der Christenheit, dein' Hülf' uns all'zeit sey bereit; hilf uns, Herr Gott, aus aller Noth, durch dein' heil'gen fünf Wunden roth.

6. Gedenk', o Herr, der schweren Zeit, darin der Leib gefangen leid't; der Seele, die du hast erlöst, gieb, o Herr Jesu! deinen Trost.

7. Gott Vater sey Lob, Ehr' und Preis, und seinem Sohne gleicher Weis', des heil'gen Geistes Gütigkeit, von nun an bis in Ewigkeit! Michael Weiß.

Die streitende Kirche.

2 Mose 14, v. 14. Der Herr wird für euch streiten, und ihr werdet stille seyn.

Mel. Herzliebster Jesu, was hast du rc.

213. Christe, du Beistand deiner Kreuzgemeine! eilends mit Hülf' und Rettung uns erscheine! steure den Feinden, ihre Blutgerichte mache zu nichte!

2. Streite doch selber für dein' arme Kinder; dem Teufel wehre, seine Macht verhinder'; was alles kämpfet wider deine Glieder, stürze darnieder!

3. In Kirch' und Schulen Frieden uns beschere; zugleich der Obrigkeit Frieden gewähre: dem Herzen Frieden, Frieden dem Gewissen gieb zu genießen.

4. Also wird zeitlich deine Güt' erhoben: also wird ewig und ohn' Ende loben dich, o du Wächter deiner armen Heerde, Himmel und Erde. Matthäus Apelles v. Löwenstern.

Vor dem Abendmahl.

Johannis 1, v. 29. Siehe, das ist Gottes Lamm, welches der Welt Sünde träget.

In eigener Melodie.

214. Christe, du Lamm Gottes, der du trägst die Sünd' der Welt, erbarm' dich unser!

2. Christe, du Lamm Gottes, der du trägst die Sünd' der Welt, erbarm' dich unser!

3. Christe, du Lamm Gottes, der du trägst die Sünd' der Welt, gieb uns deinen Frieden! Amen. Das deutsche Agnus dei, Uebersetzer unbekannt.

Mein Alles ist Christus.

Colosser 3, v. 11. Alles und in Allen Christus.

Mel. Lobe den Herren, den mächtigen rc.

215. Christe, mein Leben, mein Hoffen, mein Glauben, mein Wallen und das, was Christen kann schmecken und einzig gefallen, richte den Sinn, theurer Weltheiland, dahin, Ruhm dir zu bringen vor allen.

2. Einzig Geliebter, du Wonne, dich will ich erheben, ich will mich gänzlich dir schenken und völlig hingeben; nimmst du mich hin, ist es mein großer Gewinn, keinen wird kränken mein Leben.

3. Eines, das nöthig, laß mächtig vor allem bestehen, Ruhe der Seelen; laß alles, was eitel, vergehen. Einzige Lust ist mir nur ferner bewußt, Christus, mir ewig ersehen.

4. Herzog des Lebens, du wollest mich selber regieren, so daß mein Leben ich selig und heilig mag führen. Gieb du den Geist, reiche, was göttlich nur heißt, himmlisch die Seele zu zieren.

5. Friedensfürst, laß mich im Glauben dir treulich anhangen, eile zu stillen dies Wünschen, mein höchstes Verlangen; von dir nichts mehr, Heiland, ich jetzo begehr', nimm mich dir selber gefangen.

6. Zentnerschwer sind mir die Bürden, wo du nicht hilfst tragen; Alles, was irdisch ist, trachtet, die Christen zu plagen. Laß es denn seyn, lebt man nur Christo allein, er wird's wohl können verjagen.

7. Nun denn, so will ich auch immer und ewiglich hassen Bürden, die Christum, das Kleinod, nicht in sich einfassen. Er soll mir seyn Reichthum und Alles allein; Heiland, wer wollte dich lassen?

Joh. Wilh. Kellner v. Zinnendorf.

Abendmahlslied.

Marci 14, v. 22. 23. Und indem sie aßen, nahm Jesus das Brot, dankete und brachs, und gabs ihnen und sprach: „Nehmet, esset; das ist mein Leib." Und nahm den Kelch, und dankete, und gab ihnen den; und sie tranken alle daraus.

Mel. Lasset uns den Herren preisen und vermehren.

216. Christen, die in Christo leben, preiset euren guten Herrn. Euch wird Brot und Wein gegeben *), eßt und

trinkt, er sieht es gern **). In der Nacht der bittern Leiden gab er euch das Mahl der Freuden zum Gedächtniß seiner That, daß er euch erlöset hat. Nehmet seinen Leib zur Speise, sättigt euch auf alle Weise †. Nehmt das Blut des neuen Bundes zur Erquickung eures Mundes ††.

*) 1 Mos. 14, v. 18. **) Hohel. 5, v. 1. † Ps. 22, v. 27. †† Ps. 36, v. 9 Ps. 116, v. 10. 13.

2. Seines ganzen Opfers Fülle, sein Verdienst und alles Heil nehmet hin! es ist sein Wille; nehmet daran alle Theil. Er hat sich für euch gegeben; weil er starb, so sollt ihr leben. Blut, das er für euch vergoß, macht euch aller Sünden los. Ess't und trinket die Vergebung, Gnad' und göttliche Belebung; ess't und trinket Seligkeiten, weidet euch zu allen Zeiten.

3. Bloßes Essen mit dem Munde, bloßes Trinken macht es nicht. Jesu Worte steh'n zum Grunde, der von seinem Opfer spricht: „euch gegeben, euch geflossen, zur Vergebung ausgegossen!" wer denselben Worten glaubt, dem ist der Genuß erlaubt. Was sie sagen, wird er haben, und sich überschwänglich laben, wie sie lauten, wird er's finden, in Vergebung aller Sünden.

4. Fasten, leiblich sich bereiten, ist nur äußerliche Zucht; aber wer die Seligkeiten innerlich zu schmecken sucht, kann durch Werke, durch Geberden nicht geschickt und würdig werden. Nur der Glaube macht geschickt, der auf Jesu Worte blickt; wer im Zweifel sie verachtet, macht sich unwerth, und verschmachtet. Denn das Wort: „für euch gegeben," heißet uns im Glauben leben.

Ernst Gottlieb Woltersdorf.

Der kräftige Glaube.

Römer 8, v. 37. Aber in dem allen überwinden wir weit, um deß willen, der uns geliebet hat.

Mel. Einer ist König, Immanuel 2c.

217. Christen erwarten in allerlei Fällen Jesum mit seiner allmächtigen Hand; mitten in Stürmen und tobenden Wellen sind sie gebauet auf felsiges Land: wenn sie bekümmerte Nächte bedecken, kann doch ihr Grauen sie wenig erschrecken.

2. Jauchzen die Feinde zur Rechten und Linken, hauet und schneidet ihr blinkendes Schwert; lassen doch Christen die Häupter nicht sinken, denen sich Jesus im Herzen verklärt. Wüthen die Feinde mit Schnauben und Toben, lernen sie Gottes Gerechtigkeit loben.

3. Geben die Felder den Saamen nicht wieder, bringen die Gärten und Auen nichts ein; schlagen die Schlossen die Früchte darnieder, brennen die Berge vom hitzigen Schein: kann doch ihr Herze den Frieden erhalten, weil es den Schöpfer in Allem läßt walten.

4. Viele verzehren in ängstlichen Sorgen Kräfte, Gesundheit und Kürze der Zeit: da doch im Rathe des Höchsten verborgen, wann, und wo Jedem sein Ende bereit't: Sind es nicht alles unnöthige Schmerzen? die ihr euch machet, o thörichte Herzen!

5. Zweifel und Sorgen verstellen die Frommen; Glauben und Hoffen bringt Ehre bei Gott: Seele, verlangst du zur Ruhe zu kommen, hoffe, dem höllischen Feinde zu Spott. Ob auch die göttliche Hülfe verborgen; traue dem Höchsten, und meide die Sorgen.

6. Gutes und alle erbetene Gaben werden dir, bis man dich leget in's Grab, folgen, du wirst selbst den Himmel noch haben; ei! warum sagst du den Sorgen nicht ab? Werde doch in dir recht ruhig und stille, das ist des Vaters, des Ewigen, Wille.

7. Freue dich, wenn du, statt freundlichen Blicken, mancherlei Jammer, Anfechtung und Noth duldest; und wisse, was Gott will erquicken, müsse mit Jesu durch Leben und Tod. Willst du mit-leben, so mußt du mit-sterben; anders kann Keiner den Himmel ererben.

8. Völlige Wonne, verklärete Freude, himmlische Güter, undenkliches Heil, werden dir einstens auf ewiger Weide unter den Engeln und Menschen zu Theil: wenn Christus prächtig am Ende wird kommen, und zu sich sameln die Heerde der Fromen.

9. Seine allmächtige Stärke beweiset in den Ohnmächtigen mächtige Kraft: dann wird alleine sein Name gepreiset, wenn er den Zagenden Freudigkeit schafft. Demnach, o Jesu! gieb, daß ich dir traue, wenn ich die Hülfe nicht sichtbarlich schaue.

Christian Ludwig Edeling.

Weihnachten.

1 Timoth. 3, v. 16. Gott ist geoffenbaret im Fleisch, gerechtfertiget im Geist, erschienen den Engeln, geprediget den Heiden, geglaubet von der Welt, aufgenommen in die Herrlichkeit.

Mel. Wachet auf! ruft uns die Stimme.

218. Christen, seht im Glanz der Soñe, kommt Gottes Engel, Freud'

und Wonne strahlt ihm vom hohen Angesicht; seht! zu Hirten, die Gott ehrten, und den verheiß'nen Trost begehrten, tritt er und spricht: Erschrecket nicht! denn ich verkünde heut euch hohe Seligkeit, Gottes Frieden. Ein Freudenmeer strömt auf euch her für euch und für die ganze Welt.

2. Sünder, seht ihr wär't verloren, doch ist ein Heiland euch geboren, der Retter der verlornen Welt. Höret, wen euch Gott gegeben; er heißet Jesus, ist das Leben, und Wunderbar, Rath, Kraft und Held. Durch Leben, Leiden, Tod führt er die Welt zu Gott. Welch ein Heiland! durch ihn weicht Trug und Sündenfluch, nur Gnad' und Wahrheit strahlt durch ihn.

3. Ehre sey Gott in den Höhen, wo wir den Himmel offen sehen und Jesum auf des Vaters Thron. Friede wohne nun auf Erden, wir können heilig, herrlich werden durch Gottes eingebor'nen Sohn. Nun hat Gott an der Welt, die an den Sohn sich hält, Wohlgefallen. Herr Jesu! dir, dir leben wir, dir leben und dir sterben wir.

Christian Ludwig Seid.

Morgenlied.

Johannis 1, v. 9. Das ist das wahrhaftige Licht, welches alle Menschen erleuchtet, die in diese Welt kommen.

Mel. Christus, der uns selig macht.

219 Christe, wahres Seelenlicht, deiner Christen Sonne, o du klares Angesicht, der Betrübten Wonne, deiner Güte Lieblichkeit ist neu alle Morgen, in dir bin ich recht erfreut, darf nicht übrig sorgen.

2. Wecke mich vom Sündenschlaf, der du bist das Leben, neues Leben in mir schaff', denn hast du gegeben dieser Welt das Sonnenlicht, welches All' erfreuet, wirst du mich ja lassen nicht täglich unerneuet.

3. Ohne Licht sieht man kein Licht, ohne Gottes Leuchten sieht der Mensch den Heiland nicht, der uns muß befeuchten mit dem hellen Himmelsthau seiner süßen Lehre; drum, Herr Christe, auf mich schau' und dich zu mir kehre.

4. Kehre zu mir deine Güt', freundlich mich anblicke, daß mein innerstes Gemüth sich in dir erquicke und die süße Himmelslust mit Begierde schmecke; sonsten sey mir nichts bewußt, so da Freud' erwecke.

5. Laß ja ferne von mir seyn, Hoffart, Augenweide, Fleischeslust und allen Schein, Jesu, mir verleide, damit sich die Welt ergötzt zu ihr'm Selbst-Verderben; denn was sie für's Beste schätzt, machet ewig sterben.

6. Nun so bleibe stets mein Licht, Jesu, meine Freude, bis der frohe Tag anbricht, da nach allem Leide ich in weißer Kleiderpracht freudig werde springen und, daß Gott es wohl gemacht, ohn' Aufhören singen.

Christ. Praetorius (Scultetus oder Schulze).

Himmelfahrt Jesu.

Apost. Gesch. 2, v. 33. Nun er durch die Rechte Gottes erhöhet ist, und empfangen hat die Verheißung des heiligen Geistes vom Vater, hat er ausgegossen dies; das ihr sehet und höret.

In eigener Melodie.

220. Christ fuhr gen Himmel: Was sandt' er uns hernieder? den Tröster, den heiligen Geist zum Trost der armen Christenheit. Kyrieleis!

2. Hallelujah! Hallelujah! Hallelujah! Deß soll'n wir alle froh seyn, Christus will unser Trost seyn. Kyrieleis!

Vers 1, ein alter Gesang vor der Reformation im Gebrauch. Vers 2, ein Zusatz in späterer Zeit.

Die Gerechtigkeit, so vor Gott gilt.

Offenb. Joh. 7, v. 14. Sie haben ihre Kleider gewaschen, und haben ihre Kleider helle gemacht im Blut des Lammes.

Mel. Nun laßt uns den Leib begraben.

221. Christi Blut und Gerechtigkeit, das ist mein Schmuck und Ehrenkleid, damit will ich vor Gott besteh'n, wenn ich zum Himmel werd' eingeh'n.

2. Ich glaub' an Jesum, welcher spricht: „wer glaubt, der kommt nicht ins Gericht." Gott Lob! ich bin schon absolvirt,*) und meine Schuld ist abgeführt. *) freigesprochen.

3. Die Handschrift ward mit Jesu Blut am Kreuz durchstrichen mir zu gut; die Nägel, die das Lamm verwund't, zerrissen diesen alten Bund.

4. Das heilige, unschuld'ge Lamm, das an dem rauhen Kreuzesstamm für meine Sünd' gestorben ist, erkenn' ich für den Herrn und Christ.

5. Ich glaube, daß sein theures Blut genug für alle Sünden thut, und daß es Gottes Schätze füllt, und ewig in dem Himmel gilt.

6. Drum soll auch dieses Blut allein mein Trost und meine Hoffnung seyn; ich bau' im Leben und im Tod allein auf Jesu Wunden roth.

7. Und wenn ich durch des Herrn Verdienst noch so treu würd' in seinem Dienst,

gewönn' den Sieg dem Bösen ab, und sündigte nicht bis ins Grab;

8. So will ich, wenn ich zu ihm komm', nicht denken mehr an gut noch fromm, sondern: da kommt ein Sünder her, der gern fürs Lös'geld selig wär'!

9. Da singt der Patriarchen-Stamm und alle Heilige dem Lamm', und sieht man in ihr Buch hinein, da steht's, daß sie auch Sünder seyn.

10. Wird dann die Frag' an mich gebracht: was hast du in der Welt gemacht? so sprech' ich: Dank sey's meinem Herrn! konnt' ich was Gut's thun, that ich's gern.

11. Und weil ich wußte, daß sein Blut die Sünd' wegschwemmt mit seiner Fluth, und daß man nicht muß will'gen ein, ließ ich mir's eine Freude seyn.

12. Wenn nun kam eine böse Lust, so dankt' ich Gott, daß ich dies wußt'; ich sprach zur Lust, zum Stolz und Geiz: dafür hing unser Herr am Kreuz.

13. Da macht' ich keinen Widerspruch, es war dem Herzen schon genug: ich klagt' es meinem Herrn so bloß, da wurd' ich's immer wieder los.

14. Einst werden alle Heil'gen sich mit mir erfreuen inniglich, und preisen unsern Schmerzensmann; dann stimm' ich auch mit ihnen an.

15. Dem Lamm' gebühret Alles gar, weil es für uns geschlachtet war; es hat die Sünde weggebracht, und uns Gott angenehm gemacht.

16. So lang' ich noch hienieden bin, so ist und bleibet das mein Sinn: ich will die Gnad' in Jesu Blut bezeugen mit getrostem Muth.

17. Gelobet seyst du, Jesu Christ, daß du ein Mensch geboren bist, und hast für mich und alle Welt bezahlt ein ew'ges Lösegeld!

18. Das hilf uns nun auch predigen, und von der Sünd' erledigen, was gern aus deiner blut'gen Füll' als Sünder Gnade nehmen will.

19. Du Herr und König, Jesu Christ! des Vaters ein'ger Sohn du bist: erbarme dich der ganzen Welt, und segne, was sich zu dir hält.

20. Ich will nach meiner Gnadenwahl stets seh'n auf deine Wundenmaal', und droben prangen in dem Kleid dein's Blutes und Gerechtigkeit.

Nicolaus Ludwig v. Zinzendorf.

In Christo gerecht.

Römer 13, v. 14. Ziehet an den Herrn Jesum Christ.

Mel. Vater unser im Himmelreich.

222. Christi Blut und Gerechtigkeit ist meines Glaubens Sicherheit. Wenn das Gesetz die Sünde sucht, und mich verdammet und verflucht, so spricht mich da mein Heiland frei, daß nichts Verdammlich's an mir sey.

2. Das ist mein Schmuck und Ehrenkleid zu meiner größten Herrlichkeit: ich ziehe Jesum Christum an, wie er für mich hat g'nug gethan: So ist, zu seiner Gnade Ruhm, sein ganz Verdienst mein Eigenthum.

3. Damit will ich vor Gott besteh'n, als auserwählt, gerecht und schön. So väterlich ist Gott gesinnt: er küßt mich als sein trautes Kind, und hat mir alle Seligkeit zum Erbtheil ewiglich bereit't.

4. Wenn ich zum Himmel werd' eingeh'n, und er mich da wird recht erhöh'n, so will ich mit der Engel-Schaar ihn fröhlich loben immerdar. Indeß sey hier auch Lebenslang ihm Lob und Ehre, Preis und Dank!

M. Erdmann Neumeister.

Hoffnung im Tode.

Römer 5, v. 10. Denn so wir Gott versöhnet sind durch den Tod seines Sohnes, da wir noch Feinde waren; vielmehr werden wir selig werden durch sein Leben, so wir nun versöhnet sind.

Mel. Jesus, meine Zuversicht.

223. Christi Leben tröstet mich, mir ist's ein gewünschtes Leben; denn ich glaube sicherlich, er sey mir von Gott gegeben, daß er mich vom Tod befrei' und mein Leben ewig sey.

2. Mit ihm hat es keine Noth, er hat Tod mit Tod bezwungen; so bin ich auch durch den Tod schon zum Leben durchgedrungen. Tod, ich frage nichts nach dir! ich will leben für und für.

3. Gott sey Lob, ich weiß, ich weiß, mein Erlöser ist am Leben, der wird noch zu seinem Preis' mir das Leben wiedergeben; ich werd' fröhlich auferstehn, meinen Gott mit Augen sehn.

4. Ziehe meine Seel' in dich, Jesu, daß sie lebend bleibe und dich liebe brünstiglich, ihr den Sünden-Schlaf vertreibe. Wer in Sünden schläfet ein, wird des ew'gen Todes seyn.

5. Lebe mit mir Jesu nun mehr als brüderlich verbunden, all' dein Leben, Leiden,

Thun werd' an meiner Seel' gefunden; was ich hab', ist Alles dein, was du hast, ist Alles mein. Andreas Keßler?

Osterlied.

1 Corinther 15, v. 20. Nun aber ist Christus auferstanden von den Todten, und der Erstling geworden unter denen, die da schlafen.

In eigener Melodie.

224. Christ ist erstanden von der Marter alle, deß soll'n wir alle froh seyn; Christus will unser Trost seyn. Kyrieleis!

2. Wär' er nicht erstanden, so wär' die Welt vergangen; seit daß er erstanden ist, lob'n wir den Herren Jesum Christ. Kyrieleis!

3. Hallelujah! Hallelujah! Hallelujah! Deß soll'n wir alle froh seyn, Christus will unser Trost seyn. Kyrieleis!

Johann Stoll? — lange vor der Reformation bekannt.

Freudigkeit im Tode.

2 Timoth. 2, v. 11. Das ist je gewißlich wahr: sterben wir mit, so werden wir mit leben.

Mel. Jesus, meine Zuversicht.

225. Christi Tod, des Todes Tod, öffnet mir den Gang zum Leben, nun so hat es keine Noth! Ruh' und Trost muß er mir geben; aus den Wunden Christi fleußt das, was Gift des Todes heißt.

2. Sterb' ich nun, wenn Gott gebeut: Christi Sterben ist mein Erben, er mein Licht in Traurigkeit geht mit mir aus dem Verderben. In dem Grabe, da er lag, seh' ich auch bei Nacht den Tag.

3. Meine Zeit ist Gott bekannt, steht in seinem Buch geschrieben, Niemand reißt mich aus der Hand, die ich ewig werde lieben, von ihm trennt mein Herz sich nicht, ob es gleich im Tode bricht.

4. Nun hinauf schwing' dich mein Geist zu den Geistern, die Gott loben, edles Kleinod, das Gott weis't, dein Vergnügen wohnt dort oben; laß der Erde Eitelkeit, Jesus giebt dir wahre Freud'.

5. Triumphirt mein Glaube schon, zeigt er mir das Ziel von weitem, ach, was wird mir Gottes Sohn dort für Seligkeit bereiten? Freude wird dort ohne Pein vor des Lammes Stuhle seyn.

6. Komm, mein Jesu, wenn du willt, alle Stunden sind mir gleiche, und wenn meine Zeit erfüllt, führe mich zum Himmelreiche. Fürst des Lebens leit' mich dort, ungesäumt zum Lebens-Port. Benj. Schmolck.

Osterlied.

Apost. Geschichte 2, v. 24. Den hat Gott auferwecket, und aufgelöset die Schmerzen des Todes, nachdem es unmöglich war, daß er sollte von ihm gehalten werden.

In eigener Melodie.

226. Christ lag in Todes-Banden, für unsre Sünd' gegeben; er ist wieder erstanden, und hat uns g'bracht das Leben: deß wir sollen fröhlich seyn, Gott loben und ihm dankbar seyn, und singen: Hallelujah! Hallelujah!

2. Den Tod niemand bezwingen konnt', bei allen Menschen-Kindern: das machet alles uns're Sünd'; kein' Unschuld war zu finden: davon kam der Tod so bald, und nahm über uns Gewalt; hielt uns in sein'm Reich g'fangen. Hallelujah!

3. Jesus Christus, wahr'r Gottes Sohn, an unsre Statt ist kommen, und hat die Sünde abgethan; damit dem Tod genommen all' sein Recht und sein' Gewalt, da bleibet nichts denn Tod's-Gestalt, den Stach'l hat er verloren. Hallelujah!

4. Es war ein wunderlicher Krieg, da Tod und Leben rungen; das Leben, das behielt den Sieg, es hat den Tod verschlungen. Die Schrift hat verkündigt das, wie ein Tod den anderen fraß; ein Spott aus'm Tod ist worden. Hallelujah!

5. Hier ist das rechte Osterlamm, davon Gott hat geboten; das ist hoch an des Kreuzes-Stamm in heißer Lieb' gebraten, deß Blut zeichnet unsre Thür; das hält der Glaub' dem Tode für, der Würg'r kann uns nicht rühren. Hallelujah!

6. So feiern wir das hohe Fest mit Herzens-Freud' und Wonne, das uns der Herr erscheinen läßt. Er selber ist die Sonne, der durch seiner Gnaden Glanz erleuchtet unsre Herzen ganz. Der Sünd'n Nacht ist vergangen. Hallelujah!

7. Wir essen nun und leben wohl in rechten Oster-Fladen, der alte Sauerteig nicht soll seyn bei dem Wort der Gnaden. Christus will die Köste seyn und speisen unsre Seel' allein; der Glaub' will kein's and'rn leben. Hallelujah! D. Martin Luther.

Wachsamkeit.

1 Cor. 16, v. 13. Wachet, stehet im Glauben, seyd männlich und seyd stark.

Mel. Christus, der uns selig macht.

227. Christ, sey wachsam, muthig, treu, stehe fest im Glauben! laß der Sünde Schmeichelei dir dein Glück nicht

rauben. Kämpfe unermüdet fort; so reicht jene Krone dir einmal unfehlbar dort Gott zum Gnadenlohne. Fräul. M. C. v. Silberrad.

Liebe zu Christo.

Ephes. 3, v. 19. Christum lieb haben ist viel besser, denn alles Wissen.

Mel. Werde munter, mein Gemüthe.

228. Christum über Alles lieben, übertrifft die Wissenschaft; ob sie noch so hoch getrieben, ist sie gänzlich ohne Kraft, wo nicht Jesu Christi Geist sich in ihr zugleich erweis't. Jesum recht im Glauben küssen, ist das allerhöchste Wissen.

2. Christum lieben, ist die Kette, so die Freundschaft feste macht; liebt man Christum um die Wette, wird der Lauf mit Lust vollbracht. Jesus, unser höchster Schatz, hält auf dieser Bahn den Platz, und am abgemess'nen Ende laufen wir in seine Hände.

3. Christi wohlgeprüfte Liebe gegen seine Lämmerlein fordert gleiche Liebestriebe: er ist unser, wir sind sein. Schaafe wissen nichts von Müh', Christus hebt und träget sie, seine ausgesuchte Heerde fraget wenig nach der Erde.

4. Christum lieben, lehrt die Weise, wie man klüglich handeln soll; und die ganze Lebensreise ist der Liebe Jesu voll; alle Weg' und Stege sind für ein liebes, frommes Kind auf das Beste zubereitet, daß es ja nicht etwa gleitet.

5. Christum lieben, giebt die Maaße, wie ich heilig leben muß; was ich thue, was ich lasse, lehrt sie mich im Ueberfluß, und wie weit ich Tag für Tag in der Liebe wachsen mag; alle gute Werk' und Triebe wirkt die edle Jesusliebe.

6. Christum lieben, machet weiser, denn die Alterfahrnen sind, auf die Liebe bau' ich Häuser gegen allen Sturm und Wind. Christum lieben, ist gewiß Satans größtes Hinderniß: wo er Liebe Christi siehet, da ist's ausgemacht, er fliehet.

7. Christum lieben, macht die Banden aller andern Liebe fest, aber Alles wird zu Schanden, was sich hier nicht gründen läßt. Christi Lieb' im vollen Maaß bringt uns wohl der Menschen Haß; aber wer sich drein versenket, dem wird mancher Feind geschenket.

8. Christi Liebe, Einfalt, Wahrheit, und der Bruderliebe Band, die besteh'n in Kraft und Klarheit hier und auch im Vaterland. Treuer Gott, wie wünsch' ich mir diese ungemeine Zier, diese Krone aller Gaben, Christum Jesum lieb zu haben.

9. Jesu, meiner Seelen Weide, meine höchste Lieblichkeit, lehre mich bei Freud' und Leide in der kurzen Pilgrimszeit dir, dem Gotteslämmelein, bis zum Tode treu zu seyn, und vergönne mir im Sterben deine Liebe ganz zu erben. M. Erdm. Neumeister.

Von der Taufe.

Matth. 3, v. 13—17. Zu der Zeit kam Jesus aus Galiläa an den Jordan zu Johanne, daß er sich von ihm taufen ließe. Aber Johannes wehrete ihm und sprach: ich bedarf wohl, daß ich von dir getauft werde, und du kommst zu mir?

In eigener Melodie.

229. Christ, unser Herr, zum Jordan kam, nach seines Vaters Willen, von Sanct Johann's die Taufe nahm, sein Wort und Amt zu 'rfüllen. Da wollt' er stiften uns ein Bad, zu waschen uns von Sünden, ersäufen auch den bittern Tod durch sein selbst Blut und Wunden, es galt ein neues Leben.

2. So hört und merket Alle wohl, was Gott selbst heißt die Taufe und was ein Christe glauben soll, zu meiden Ketzerhaufe. Gott spricht und will, daß Wasser sey, doch nicht allein schlecht Wasser, sein heil'ges Wort ist auch dabei mit reichem Geist ohn' Maaßen; der ist allhier der Täufer.

3. Solch's hat er uns bewiesen klar mit Bildern und mit Worten: des Vaters Stimm' man offenbar daselbst am Jordan hörte. Er sprach: „das ist mein lieber Sohn, an dem ich hab' Gefallen, den will ich euch befohlen hab'n, daß ihr ihn höret alle, und folget seiner Lehre."

4. Auch Gottes Sohn hier selber steht in seiner zarten Menschheit; der heil'ge Geist hernieder fährt, in Taubenbild verkleidet, daß wir nicht sollen zweifeln d'ran, wenn wir getaufet werden, all' drei Person'n getaufet hab'n, damit bei uns auf Erden zu wohnen sich begeben.

5. Sein'n Jüngern heißt der Herre Christ: „geht hin, all' Welt zu lehren, daß sie verlor'n in Sünden ist, sich soll zur Buß' kehren. Wer glaubet und sich taufen läßt, soll dadurch selig werden, ein neugeborner Mensch er heißt, der nicht mehr könne sterben, das Himmelreich soll erben!"

6. Wer nicht glaubt dieser großen Gnad', der bleibt in seinen Sünden, und ist verdammt zum ew'gen Tod, tief in der Hölle

Grün-

Gründen. Nichts hilft sein' eigne Heiligkeit, all' sein Thun ist verloren, die Erbsünd' macht's zur Nichtigkeit, darin er ist geboren, vermag ihm nicht zu helfen.

7. Das Aug' allein das Wasser sieht, wie Menschen Wasser gießen, der Glaub' im Geist die Kraft versteht des Blutes Jesu Christi, und ist vor ihm ein' rothe Fluth, von Christi Blut gefärbet, die allen Schaden heilen thut, von Adam her geerbet, auch von uns selbst begangen. D. Mart. Luther.

Vom Tode.

Philipper 1, v. 21. Christus ist mein Leben, und Sterben ist mein Gewinn.

In eigener Melodie.

230. Christus, der ist mein Leben, und Sterben mein Gewinn; ihm hab' ich mich ergeben, mit Freud' fahr' ich dahin.

2. Mit Freud' fahr' ich von dannen, zu Christ dem Bruder mein, daß ich mag zu ihm kommen, und ewig bei ihm seyn.

3. Nun hab' ich überwunden Kreuz, Leiden, Angst und Noth, durch seine heil'gen Wunden bin ich versöhnt mit Gott.

4. Wenn meine Kräfte brechen, mein Odem geht schwer aus, und ich kein Wort kann sprechen, Herr! nim mein Seufzen auf.

5. Wenn Siñen und Gedanken vergehen wie ein Licht, das hin und her muß wanken, wenn ihm die Flamm' gebricht:

6. Alsdann fein sanft und stille, Herr! laß mich schlafen ein, nach deinem Rath und Willen, wenn kommt mein Stündelein.

7. Und laß mich an dir kleben, wie eine Klett' am Kleid, und ewig bei dir leben in deiner Herrlichkeit.

8. Wohl in des Himmels Throne sing' ich Lob, Ehr' und Preis, Gott, Vater und dem Sohne und auch dem heil'gen Geist.

Simon Graf?

Das Leiden Jesu.

1 Cor. 2, v. 2. Ich hielte mich nicht dafür, daß ich etwas wüßte unter euch, ohne allein Jesum Christum den Gekreuzigten.

In eigener Melodie.

231. Christus, der uns selig macht, kein Bös's hat begangen, der ward für uns in der Nacht als ein Dieb gefangen, geführt vor gottlose Leut' und fälschlich verklaget und verlacht, verhöhnt, verspei't, wie denn die Schrift saget.

2. In der ersten Tagesstund' ward er unbescheiden als ein Mörder dargestellt Pilato, dem Heiden, der ihn unschuldig befand, ohn' Ursach' des Todes, ihn derhalben von sich sandt' zum König Herodes.

3. Um drei ward der Gottessohn mit Geißeln zerschlagen, und sein Haupt mußt' eine Kron' scharfer Dornen tragen, gekleidet zum Hohn und Spott ward er sehr geschlagen, und das Kreuz zu seinem Tod mußt' er selber tragen.

4. Um sechs ward er nackt und bloß an das Kreuz geschlagen, an dem er sein Blut vergoß, betet mit Wehklagen. Die Zuseher spotten sein, auch die bei ihm hingen, bis die Sonn' auch ihren Schein entzog solchen Dingen.

5. Jesus schrie zur neunten Stünd', klaget sich verlassen: bald ward Gall' in seinen Mund mit Essig gelassen. Da gab er auf seinen Geist und die Erd' erzittert, des Tempels Vorhang zerreißt, mancher Fels zersplittert.

6. Da man hatt' zur Vesperzeit die Schächer zerbrochen, ward Jesus in seine Seit' mit ein'm Speer gestochen, daraus Blut und Wasser rann, die Schrift zu erfüllen, wie Johannes zeiget an, nur um unsertwillen.

7. Da der Tag sein Ende nahm, der Abend war kommen, ward Jesus vom Kreuzesstamm durch Joseph genommen, herrlich, und nach jüd'scher Art, in ein Grab geleget, allda mit Hütern verwahrt, wie Matthäus zeuget.

8. O hilf, Christe, Gottes Sohn! durch dein bitter Leiden, daß wir, dir stets unterthan, all' Untugend meiden, deinen Tod und sein' Ursach' fruchtbarlich bedenken, dafür, wiewohl arm und schwach, dir Dankopfer schenken. Michael Weiß, nach dem latein. Hymnus: patris sapientia.

Die Erniedrigung Christi.

Phil. 2, v. 6. 7. Christus, ob er wohl in göttlicher Gestalt war, hielt er's nicht für einen Raub, Gott gleich seyn; sondern äußerte sich selbst und nahm Knechtsgestalt an 2c.

Mel. Christus, der uns selig macht.

232. Christus, der uns selig macht, ward ein Knecht geboren; der hat wieder hergebracht, was wir längst verloren. Gott erniedrigte sich tief, Menschen zu erheben. Da er Eli! Eli! rief, starb für uns das Leben.

2. In der leiblichen Gestalt wohnt in ihm die Fülle aller göttlichen Gewalt; doch sein freier Wille äußerte sich wunderlich des Gebrauchs der Rechte, und es nahm der Herr an sich die Gestalt der Knechte.

3. Als die Mutter ihn empfing, als er, wie die Kinder, Mensch ward und auf Erden ging, als er für die Sünder litte, starb, und da er todt in dem Grabe ruhte: da erwarb er uns aus Noth mit dem eig'nen Blute.

4. Da enthielt er sich der Macht und der höchsten Freuden, der Allgegenwart und Pracht, Schmach und Spott zu leiden. Er war Gott, in ihm war auch aller Gottheit Stärke, aber doch nicht ihr Gebrauch bei jedwedem Werke.

5. Dies ist die Entäußerung, die bis dahin währte, da nach der Erniedrigung ihn sein Gott verklärte; und zu brauchen alle Macht mit dem neuen Leben, sammt der Gottheit höchster Pracht, ihm erhöht gegeben.

6. Und das thut das höchste Gut nur um unsertwillen, durch sein Leiden, Tod und Blut Gottes Zorn zu stillen. Unsern Raub *) wie Gott zu seyn, muß der Herr bezahlen; und nun soll in uns der Schein seines Bildes strahlen. *) 1 Mose 3, v. 5.

7. Ach, mein Jesu! der du dich so entäußern solltest, als du, treuer Heiland! mich göttlich machen wolltest; ich will hier wie du gesinnt, still und niedrig leben. Nach der Zeit wirst du dein Kind auch zu dir erheben.

8. Du wirst arm, ich werde reich, du wirst gleich den Knechten: Knechte werden Jesu gleich, Sünder dem Gerechten. So kann deine Seelennoth Seelenruhe geben. Herr! dein Leiden und dein Tod bringt mir Freud' und Leben.

9. Auf, mein Geist! erhebe dich, Jesus ist erhaben. Er empfing erhöht für mich alle gute Gaben. Da, wo er mich schon vertritt, wird er mich erheben. Nun, hier duld' und sterb' ich mit, dort mit ihm zu leben.

Liebe zu Christo.

Colosser 2, v. 6. Wie ihr nun angenommen habt den Herrn Christum Jesum, so wandelt in ihm.

Mel. Alle Menschen müssen sterben.

233. Christus ist mein Schatz und Leben, Jesus soll mein Alles seyn; Nichts kann mir Vergnügen geben, Nichts als Christus nur allein; außer ihm wird alle Freude zu dem größten Herzeleide; aber wer sich ihm ergiebt, bleibt im Trauren unbetrübt.

2. Scheint's er habe mich vergessen, und gedenke meiner nicht, dennoch steh' ich unterdessen in getroster Zuversicht; sein Verziehen, sein Verweilen wird mir größ're Gnad' ertheilen, und der Hoffnung Anker ist, daß er meiner nicht vergißt.

3. Von dem Abend bis zum Morgen sieht mein Auge zu ihm hin, so daß ich von allen Sorgen frei und unbekümmert bin; er wird sorgen, er wird wachen, und zum Besten Alles machen. Auf Vertrauen und Geduld folgt der Segen seiner Huld.

4. So will ich zufrieden bleiben, und ihm ganz ergeben seyn; ich will ihn ins Herze schreiben, ich bin sein und er ist mein; bis mir einst die Augen brechen, will ich unverändert sprechen: über Alles, mehr als mich, liebster Jesu, lieb' ich dich!

M. Erdmann Neumeister.

Die sieben Worte Jesu am Kreuze.

Ebräer 5, v. 7. Er hat in den Tagen seines Fleisches Gebet und Flehen mit starkem Geschrei und Thränen geopfert zu dem, der ihm von dem Tode konnte aushelfen, und ist auch erhöret, darum, daß er Gott in Ehren hatte.

Mel. Da Jesus an dem Kreuze stund.

234. Da Jesus an des Kreuzes Stamm der ganzen Welt Sünd' auf sich nahm, sprach er in seinen Schmerzen noch sieben Wort'; ach lasset uns die nehmen wohl zu Herzen.

2. Zum ersten: „Vater, strafe nicht an ihnen, was mir jetzt geschicht, weil sie es nicht verstehen. „Vergieb uns, Gott, wenn wir auch noch aus Irrthum uns vergehen."

3. Zum andern er des Schächers dacht', und sprach: „Du wirst noch vor der Nacht in meinem Reich heut' leben." O, Herr, nimm uns auch bald zu dir, die wir in Nöthen schweben!

4. Zum dritten: „deinen Sohn sieh', Weib! Johannes, ihr zu Dienste bleib', und sie als Mutter liebe." Versorg', Herr, die wir lassen hier, daß Niemand sie betrübe.

5. Zum vierten sagte er: „Mich dürst't." O Jesu, großer Lebensfürst, du hast Durst und Verlangen nach unsrer Seligkeit, drum hilf, daß wir sie auch empfangen.

6. Zum fünften: „O mein Gott, mein Gott, wie läßt du mich so in der Noth!" Hier wirst du Herr verlassen, daß Gott uns

wieder dort aufnehm'; den Trost laß uns wohl fassen.

7. Zum sechsten: „es ist nun vollbracht, und Alles nunmehr wohl gemacht." Gieb, daß wir auch durchdringen, und was du, Herr, uns auferlegst, hilf seliglich vollbringen!

8. Zum letzten „ich nun meine Seel', o Gott, mein Vater! dir befehl' zu deinen treuen Händen." Dies Wort sey unser letzter Wunsch, wenn wir das Leben enden.

9. Wer oft an diese Worte denkt, wenn seine Missethat ihn kränkt, wird Trost daraus genießen; denn er durch Gottes Gnad' erlangt ein ruhiges Gewissen.

10. Verleih' uns dies, Herr Jesu Christ, der du für uns gestorben bist; gieb, daß wir deine Wunden, dein Leiden, Marter, Kreuz und Tod betrachten alle Stunden.

D. Johann Zwick.
nach dem lat. Hymnus: Stabat ad lignum crucis.

Nach dem Essen.

Psalm 136, v. 26. Danket dem Gott vom Himmel, denn seine Güte währet ewiglich.

Mel. Lobe den Herren, den mächtigen König 2c.

235. Danke dem Herren, o Seele, dem Ursprung der Güter, der uns erquicket die Leiber und stärkt die Gemüther. Gebet ihm Ehr'! Liebet den Gütigen sehr; stimmet an dankende Lieder.

2. Du hast, o Güte! dem Leibe die Nothdurft bescheret. Laß doch die Kräfte im Guten nur werden verzehret: Alles ist dein, Seelen und Leiber, allein werd' auch durch beide geehret!

3. Lebenswort Jesu, komm! speise die schmachtenden Seelen. Laß in der Wüste uns nimmer das Nöthige fehlen, gieb nur daß wir innig stets dürsten nach dir; ewig zum Heil dich erwählen.

4. Nimm die Begierden und Sinnen in Liebe gefangen, daß wir nichts neben dir, Jesu, auf Erden verlangen. Laß uns mit dir leben verborgen allhier, und dir im Geiste anhangen.

5. Laß deinen Lebens-Geist kräftig und tief uns durchdringen, und uns ein göttliches Leben und Heiligung bringen. Bis einst wird seyn in uns dein Leben allein, Jesu du kannst es vollbringen.

6. Gütigster Hirte du wollest uns stärken und leiten, und zu dem himmlischen Mahle recht würdig bereiten: bleib' uns hier nah', bis wir dich ewig allda schmecken und schauen in Freuden.

Gerhard Tersteegen.

Danklied am Erntefeste.

Psalm 105, v. 1. Danket dem Herrn, und prediget seinen Namen; verkündiget sein Thun unter den Völkern.

Mel. Lobe den Herren, den mächtigen 2c.

236. Danket dem Herren, der Himmel und Erde gebauet, da man mit Augen die göttliche Herrlichkeit schauet. Betet ihn an! weil niemand selig seyn kann, als wer ihm gläubig vertrauet.

2. Lobet, erzählet, wie viel er euch Gutes erwiesen. Denn seine Wohlthat wird nimmer nach Würden gepriesen. Freuet euch sehr! dient keinem fremden Gott mehr, gläubig bekennet nur diesen.

3. Ach, er ist gütig und freundlich von außen und innen. Wahrlich, so schmecken und sehn ihn die Herzen und Sinnen. Denkt, was er thut! seht ihn im heiligen Blut von heißer Liebe zerrinnen.

4. Ewig, ja ewig wird seine Barmherzigkeit währen. Wohl mir, so kann ich die Schätze der Erden entbehren. In seinem Reich giebt Macht und Gnade zugleich, was meine Wünsche begehren.

5. Reicht er doch täglich auf mehr als erstaunliche Weise Allem, was lebet, so viel und so mancherlei Speise. Alles wird satt, weil man noch Ueberfluß hat dem ew'gen Schöpfer zum Preise.

6. Seht und betrachtet das Vieh, die vernunftlosen Thiere! suchet und forschet, ob eines sein Futter verliere? Die reiche Hand versorget Wasser und Land, giebt auch den Würmern das Ihre.

7. Herr, du erhörest das Schreien der hungrigen Raben, die unterm Fittig der Alten den Ruh'platz noch haben. Wem Niemand giebt, wen Niemand achtet und liebt, der genieß't doch deiner Gaben.

8. Wehe dem Menschen, den Stärke des Rosses beschützet, der sich auf seine Gebeine mit Zuversicht stützet, der Gut und Geld sich selbst zum Götzen gestellt, so in der Noth doch nicht schützet.

9. Wer in sich Etwas ist, bleibt dem Jehovah zuwider; flieget nicht hoch! er beschneidet das stolze Gefieder. Wer trotzen kann, den trifft der göttliche Bann, den schlägt die Majestät nieder.

10. Wohl euch, ihr Sünder, die ihr eure Schulden bereuet, und euch von Herzen den Herrn zu beleidigen scheuet: denn wer sich beugt, sein Elend selber bezeugt, der wird im Glauben erfreuet.

11. Selig sind Alle, die auf den Allmächtigen trauen, hoffend und wartend auf Gnade die Zuversicht bauen, die sind ihm werth, und was sonst Herzen beschwert, davor darf ihnen nicht grauen.

12. Glaubet, ihr Gläubigen, werdet im Glauben gesunder, Gottes Verheißung und Thaten sind Feuer im Zunder. Dringt zu ihm ein! wie selig werdet ihr seyn, denn er thut heute noch Wunder.

Ernst Gottlieb Woltersdorf.

Danklied nach dem Abendmahl.

Joh. 6, v. 32. Mein Vater giebt euch das rechte Brot vom Himmel.

Mel. Lobe den Herren, den mächtigen ꝛc.

237. Danket mit Freuden, o danket dem Vater der Gnaden! ihr, die er freundlich zum Tische des Sohnes geladen; die ihr ihn kennt, ihn eure Zuversicht nennt: selige Kinder der Gnaden.

Hesek. 47, v. 1. 5. 12.

2. Hat euch nicht Jesus mit Gütigkeit gänzlich umgeben? schenkt er euch nicht die Vergebung das ewige Leben? hat nicht sein Geist euch oft mit Manna gespeis't? ach, eilt den Herrn zu erheben!

3. Gott, deine Werke sind meistens auf Erden verborgen, vorher glaubt Niemand, da liegt man in schädlichen Sorgen; wenn sie gescheh'n, hat man sie kaum erst geseh'n: o, so vergißt man sie morgen.

Psalm 78, v. 11. 19. 20. 42.

4. Nicht so, ihr Kinder des Höchsten! erwecket den Glauben; Gottes Verheißung und Gnade steht niemals auf Schrauben; seht ihr nicht Rath? Jesus hat Weisheit und That, laßt ihm die Ehre nicht rauben.

5. Denket, wie viel und wie oft ihr sein Helfen erfahren! denkt doch, wie wunderbar seine Errettungen waren! oft war es aus: aber er riß euch heraus, er ist der Herr der Heerschaaren. *)

*) Herr Zebaoth, der gewaltige Herr.

6. Hat nun der muthige Glaube dem Helfer getrauet, hat er die Hülfe so, wie er gebeten, geschauet, sieht er das Licht: o, so vergesset doch nicht den Fels, darauf ihr euch bauet. 5 Mose 32, v. 15. 18.

7. Auf, und erkennet die mächtigen Heere der Gaben, die eure Hände empfangen und jetzo noch haben; seht ihr es ein, wahrlich, so sinkt ihr hinein und seyd in Wohlthat begraben.

8. Oeffnet die Augen, besehet den Leib und die Glieder, lenkt die Betrachtung zu irdischen Gaben darnieder, schauet im Geist, was er der Seelen erweis't, dann kommt, und sagt es uns wieder. —

9. Da wird der Glaube den Wohlthäter inniglich lieben, ihm zu gefallen, sich täglich noch herzlicher üben: um nimmermehr (reizte gleich alle Welt sehr) den guten Herrn zu betrüben.

10. Da wird die Zunge von fröhlichem Lobe erschallen, dankende Lippen erzählen das Gute vor allen: kommet heran! nehmet den König doch an! glaubet, er wird euch gefallen.

11. Hilf mir, mein Heiland, dir auch mit den Werken zu danken, hilf mir, so lauf' ich in deinen geheiligten Schranken. O, wie so gern lebt' ich zur Ehre des Herrn! Herr, laß mich nimmermehr wanken.

12. Danket doch mit mir, ihr Kinder der ewigen Liebe! denn es gefällt ihm, je mehr ich's in Kindlichkeit übe; singt und bekennt, was euch sein Vater-Herz gönnt, dankt ihm in heiligem Triebe.

13. Laßt uns den Undank, die Trägheit, den Unglauben schelten. Seht doch! er will uns sogar noch das Danken vergelten; wo er es hört, da wird sein Segen gemehrt, danket nun nicht mehr so selten!

Psalm 50, v. 23.

14. Danken heißt, immer mehr Gaben vom Geber empfangen, Zusatz im Glauben, im Lieben und Hoffen erlangen. Da wird erkannt, was er schon an uns gewandt, sonst ist's verloren gegangen.

15. Rufet in Nöthen und bittet, so wird er euch hören; hat er geholfen, so sollt ihr ihn preisen und ehren; bittet nur viel, setzet dem Danken kein Ziel, er wird das Helfen vermehren. Psalm 50, v. 14. 15.

16. Wer seine Gaben erkennet, nur dem wird gegeben. Ei nun, so laßt uns die Gütigkeit Gottes erheben! Auch für die Noth danket dem gnädigen Gott, bis in das ewige Leben. Matth. 13, v. 12. Röm. 8, v. 28.

Ernst Gottlieb Woltersdorf.

Morgenlied.

Psalm 59, v. 17. Ich aber will von deiner Macht singen, und des Morgens rühmen deine Güte; denn du bist mein Schutz und Zuflucht in meiner Noth.

Mel. Ich dank' dir, lieber Herre.

238. Dank sey Gott in der Höhe in dieser Morgenstund', durch den

ich neu aufstehe vom Schlaf frisch und gesund. Mich halte zwar gebunden mit Finsterniß die Nacht, ich hab' sie überwunden mit Gott, der mich bewacht.

2. Wied'rum thu' ich dich bitten, o Schutzherr Israel, du woll'st treulich behüten den Tag mein'n Leib und Seel'. All' christlich' Obrigkeiten, unsre Schul' und Gemein', in diesen bösen Zeiten, laß dir befohlen seyn.

3. Erhalt' uns, durch dein' Güte, bei g'sunder, reiner Lehr', vor Ketzerei*) behüte, streit' für dein Wort und Ehr', daß wir mit unserm Saamen immer in einem Geist sprechen: des Herren Namen sey groß und hoch gepreis't. *) falsche Lehre.

4. Dem Leibe gieb darneben Nahrung und guten Fried', ein g'sund und mäßig Leben, dazu ein froh'*) Gemüth, daß wir in allen Ständen Tugend und Ehrbarkeit lieben, und Fleiß drauf wenden als rechte Christenleut'. *) 2 Cor. 6. v. 10.

5. Gieb gnädig deinen Segen, daß wir nach dein Geheiß wandeln auf guten Wegen, thun unser Amt mit Fleiß, daß Jeder seine Netze auswerf' und auf dein Wort sein'n Trost mit Petro setze, so geht die Arbeit fort.

6. Was dir gereicht zu Ehren und der Gemein' zu Nutz, das will der Satan wehren mit Lust und großem Trutz, doch kann er's nicht vollbringen, weil du, Herr Jesu Christ, herrschest in allen Dingen, und unser Beistand bist.

7. Wir sind die zarten Reben, der Weinstock selbst bist du, daran wir wachs'n und kleben, und bringen Frucht dazu. Hilf, daß wir an dir bleiben und wachsen immermehr, laß deinen Geist uns treiben zu Werken deiner Ehr'. Lic. Johann Mühlmann.

Danklied nach dem Essen.

Psalm 107, v. 1. Danket dem Herrn, denn er ist freundlich, und seine Güte währet ewiglich.

In eigener Melodie.

239. Danket dem Herren denn er ist sehr freundlich und seine Güt' und Wahrheit bleibet ewiglich.

2. Der als ein barmherziger, gütiger Gott uns dürftige Kreaturen gespeiset hat.

3. Singt ihm aus Herzensgrunde mit Innigkeit, Lob und Dank sey dir, Gott Vater in Ewigkeit.

4. Der du uns, als ein reicher milder Vater speisest und kleidest dein' elende Kinder.

5. Verleih', daß wir dich lernen recht erkennen, und nach dir ew'gem Schöpfer uns stets sehnen,

6. Durch Jesum Christum, dein'n allerliebsten Sohn, der unser Mittler worden ist vor deinem Thron.

7. Der helf' uns allesammt allhier zugleiche, mach' uns zu Erben in sein's Vaters Reiche.

8. Zu Lob und Ehren seinem heil'gen Namen; wer das begehrt, der sprech' von Herzen: Amen! Michael Weiß v. 1—6, v. 7 u. 8. ein Zusatz.

Danklied.

Psalm 95, v. 2. 3. Lasset uns mit Danken vor sein Angesicht kommen, und mit Psalmen ihm jauchzen, denn der Herr ist ein großer Gott, und ein großer König über alle Götter.

Mel. Komm, o komm, du Geist des Lebens.

240. Dankt dem Herrn, ihr Gottesknechte, kommt, erhebet seinen Ruhm, er hält Israels Geschlechte doch noch für sein Eigenthum. Jesus Christus ist noch heut, gestern und in Ewigkeit.

2. Sprich nicht: es ist dieser Zeiten nicht noch wie es vormals war, Gott macht seine Heimlichkeiten jetzund Niemand offenbar, was er vormals hat gethan, das geht uns anjetzt nichts an.

3. Sprich so nicht: des Höchsten Hände sind mit nichten jetzt zu schwach, seine Güt' hat auch kein Ende, er ist gnädig vor und nach. Jesus Christus ist noch heut, gestern und in Ewigkeit.

4. Halte dich in allen Dingen nur an deines Gottes Treu'. Laß dich nicht zur Freude bringen, ehe dich dein Gott erfreu'; such' in aller deiner Noth nichts zum Trost, als deinen Gott.

5. All' ihr Knechte Gottes höret, sucht den Herrn in eurer Noth; wer sich zu wem anders kehret, als zu ihm, dem wahren Gott, der geht irr' in allem Stück und bereitet Ungelück.

6. Die nur, die dem Herrn vertrauen, gehen auf der rechten Bahn, die in Angst und Furcht und Grauen ihn nur einzig rufen an, denen wird allein bekannt Gottes Herrlichkeit und Hand.

7. Drum dankt Gott, ihr Gottesknechte, kommt, erhebet seinen Ruhm! er hält Israels Geschlechte doch noch für sein Eigenthum. Jesus Christus ist noch heut, gestern und in Ewigkeit. D. Heinrich Georg Neuß.

Durch Christum zum Vater.

Ephesir 2, v. 18 Durch ihn haben wir den Zugang alle Beide in Einem Geist zum Vater.

Mel. O du Liebe meiner Liebe.

241. Dankt dem Herrn, ihr Heilsgenossen; denn wir geh'n zum Vater hin. Jesus hat uns aufgeschlossen, und der Weg geht nur durch ihn. Kommt herzu, und nehmet Gnade, so find't eure Seele Ruh', und sein Geist führt euch gerade durch den Sohn dem Vater zu.

2. Hat die Sünde uns geschieden, Jesus hat sie weggethan, daß der Satan uns den Frieden, nicht wie vormals stören kann. Tod und Höll' hat keinen Riegel, der uns mag gefährlich seyn; denn der Glaube schwingt die Flügel in den Himmel selbst hinein.

3. Unser Beten steigt zum Throne, weil's der Geist der Kindschaft lehrt, und der Vater in dem Sohne Alles gern und reich gewährt. Flehen Sünder aus dem Staube, rufen Kinder in dem Haus, so befriedigt sie ihr Glaube: Jesus stoße Keinen aus.

4. Nun, so darf ich freudig beten, wann und wie und was mir noth. Jesus läßt durch sein Vertreten uns den Zugang auch im Tod; laß ihn, Herr, wie ich darf hoffen, laß ihn einst, wie du verheiß'st, meinem letzten Seufzer offen, meinem abgeschied'nen Geist. M. Philipp Friedrich Hiller.

Vom großen Abendmahl.

Luc. 14, v. 17. Er sandte seinen Knecht aus zur Stunde des Abendmahls, zu sagen den Geladenen: kommt, denn es ist Alles bereitet.

Mel. Dir, dir, Jehovah! will ich singen.

242. Das Abendmahl ist zubereitet, zum seligen und ewigen Genuß, und wird den Gästen angedeutet, indem der Knecht sie alle rufen muß. Kommt, jetzo ist des Abendmahles Zeit, wer jetzt ausbleibt, verdirbt in Ewigkeit.

2. O, Menschen, lasset Alles stehen, entschuldiget euch doch nun länger nicht; kommt, laßt uns zu der Hochzeit gehen, wo es an keinem wahren Gut gebricht. Was ihr verlaßt, ist lange noch nicht werth der Herrlichkeit, die euch das Lamm beschert.

3. Hier bin ich, Jesu! sieh', ich Armer komm' wie ich bin, ein Krüppel, lahm und blind. Ich hörete, du, mein Erbarmer, nähmst alle deine Gäste, wie sie sind. Sie mögen noch so voller Jammer seyn, man läßt sie doch zum Hochzeitshause ein.

4. Wie du mich, liebstes Lamm, willst haben, wie ich soll seyn, so mach' du selber mich. Ich hung're nur nach deinen Gaben, im Uebrigen steht es recht jämmerlich um diesen, deinen ganz unwürd'gen Gast, den aber du doch selbst gerufen hast.

5. Du selbst mußt also mich bekleiden, wie du's an deinen Gästen gerne siehst. Hier bin ich, ich will Alles leiden, wenn du mich von der Eigenheit ausziehst, wenn du mich in dein theures Blut einhüllst, und mich mit Heil, so wie ichs brauch', erfüllst.

6. Es war noch Raum in deinen Wunden, in sie mit aller meiner Noth zu fliehn; desgleichen ward noch Raum gefunden, mich mit an deinen Gnadentisch zu ziehn, an welchem man die Himmelsgaben iss't, darunter du die Allergröß'ste bist.

7. Lob, Preis und Dank sey dir gesungen, daß auch ich Armer mit gerufen bin. Ist dir dein Ruf an mir gelungen, so nimm mich nun ganz und auf ewig hin. So mehr' ich einst beim großen Abendmahl, zu deinem Preis, der Auserwählten Zahl.

Von der Taufe.

Marci 10, v. 15. Wer das Reich Gottes nicht empfänget als ein Kindlein, der wird nicht hinein kommen.

Mel. Es ist das Heil uns kommen her.

243. Das allergrößte ird'sche Gut, dies, Christen, sind die Kinder; allein sie sind von unserm Blut, sind Fleisch von Fleisch, und Sünder. Drum müssen sie durchs Wasserbad, das Christus eingesetzet hat, zu Kindern Gottes werden.

2. Er sprach: „bringt mir die Kinder her, daß sie gesegnet werden." Er liebte diese Kleinen sehr, starb auch für sie auf Erden. Und Alles, was er uns erwarb, als er am Kreuze für uns starb, das schenkt er in der Taufe.

3. Drum, liebster Heiland, nahen wir uns dir mit diesem Kinde, und rufen glaubensvoll zu dir: befrei' es von der Sünde, mach' es von allen Sünden rein, laß es dein Kind und selig seyn, wie du es hast verheißen!

4. Dir, Herr, sey es zum Eigenthum auf ewig übergeben! es wandle künftig dir zum Ruhm, den Weg zum ew'gen Leben! es sey dein Liebling, sey ganz dein, es müsse dein auf ewig seyn. Erhör' uns, Freund der Kinder. C. G. Frobberger.

Neujahrslied.

Psalm 119, v. 133. Laß meinen Gang gewiß seyn in deinem Wort, und laß kein Unrecht über mich herrschen.

Mel. Vom Himmel hoch da komm' ich her.

244. Das alte Jahr vergangen ist, wir danken dir, Herr Jesu Christ, daß du uns in so groß'r Gefahr behütet hast lang' Zeit und Jahr.

2. Wir bitten dich, du ew'ger Sohn des Vaters in dem höchsten Thron, du woll'st dein' arme Christenheit, bewahren ferner allezeit!

3. Entzieh' uns nicht dein heilsam Wort, welch's ist der Seelen höchster Hort; vor falscher Lehr', Abgötterei behüt' uns, Herr, und steh' uns bei.

4. Hilf, daß wir von der Sünd' ablahn,*) und fromm zu werden fangen an; kein'r Sünd' im alten Jahr' gedenk', ein gnadenreich neu Jahr uns schenk': *) ablassen

5. Christlich zu leben, seliglich zu sterben, und hernach fröhlich am jüngsten Tag' wied'r aufzusteh'n mit dir in Himmel einzugeh'n.

6. Zu danken und zu loben dich, mit allen Engeln ewiglich. O Jesu! unsern Glauben mehr', zu deines Namens Lob und Ehr'.

Joh. Steuerlein v. 1 u. 2.
Joh. Tappius v. 3—6.

Vom Tode.

Hiob 4, v. 20. Ehe sie es gewahr werden, sind sie gar dahin.

Mel. Wer nur den lieben Gott läßt walten.

245. Das Grab ist da, hier steht mein Bette, da ich den Tod umarmen soll, ach, wer sich gut gebettet hätte, der schliefe sanft und ruhte wohl; man denket gar zu wenig dran, daß man so leichtlich sterben kann.

2. Das Grab ist da, so heißt es immer, wir gehen ein und gehen aus. Die Welt ist wohl ein schönes Zimmer, doch aber ein geborgtes Haus; bequemt man sich am Besten hier, so weiset uns der Tod die Thür.

3. Das Grab ist da oft bei der Wiegen, wie manches Kind grüßt kaum die Welt, so muß es schon im Sarge liegen, dieweil der Tod nicht Ordnung hält, und Alles ohn' Erbarmung bricht, die Frucht sey zeitig oder nicht.

4. Das Grab ist da, die besten Jahre sind auch des blassen Todes Raub, der wirft den Stärksten auf die Bahre, und legt den Schönsten in den Staub. Ein jeder Schritt, den man vollbracht, naht sich mit uns zur Grabesnacht.

5. Das Grab ist da; sobald wir älter, so gehn wir auf den Kirchhof zu, die Glieder werden immer kälter und sehnen sich selbst nach der Ruh'; denn Sterben ist der feste Schluß: ein Junger kan, ein Alter muß.

6. Das Grab ist da, wo sollt' ich wähnen, daß es noch immer von mir sey, denn man begräbt ja Den und Jenen, und Jeder muß an diese Reih'; wie Manchen legt man auf die Bahr', der jünger und gesunder war.

7. Das Grab ist da, ich will mit Buße dahin stets meine Wallfahrt thun. Ich falle dir, mein Gott, zu Fuße, ach laß mich nicht in Sünden ruh'n, wer Sünde mit sich nimmt ins Grab, stirbt dir und auch dem Himmel ab.

8. Das Grab ist da, wo mich's soll laben, so muß ich auch im Glauben mich in meines Jesu Wunden graben. Mein Heiland, ich umfasse dich, denn du bist meines Todes Tod, steh bei mir in der letzten Noth.

9. Das Grab ist da, mein kurzes Leben soll künftig desto frommer seyn, und nicht nach Pracht und Reichthum streben, das ist ein kahler Leichenstein, die Grabschrift, die der Glaube gräbt, macht, daß man auch im Tode lebt.

10. Das Grab ist da, das Weltgetümmel stört mich bei dem Gedanken nicht, je näher Grab, je näher Himmel, wer weiß, wie bald das Herze bricht, und doch erschreck' ich nicht dafür, mein Grab wird mir zur Himmelsthür.

11. Das Grab ist da, ich steh' vielleichte mit einem Fuße drinnen schon, wie, wenn ich's heute noch erreichte, die Zeit eilt flügelschnell davon, doch bin ich immerdar bereit, das Grab sey nahe oder weit.

12. Das Grab ist da, weg Eitelkeiten! bei euch vergißt man nur das Grab, ich will mich täglich so bereiten, daß ich den Tod vor Augen hab'. Ich bin ein Mensch, so heißt es ja: das Grab ist da! das Grab ist da!

Benjamin Schmolck.

Danklied.

Psalm 92, v. 2. Das ist ein köstlich Ding dem Herrn danken, und lobsingen deinem Namen, du Höchster!

Mel. Erleucht' mich, Herr, mein Licht.

246. Das ist ein köstlich Ding, daß man dir, Höchster, danke, und deinem Namen sing', der stets ist wie er war,

groß, herrlich, wunderbar, und der in Jesu Christ uns offenbaret ist.

2. Dein Thron hat Ruhm allein, daß er niemalen wanke. Dein Reich muß ewig seyn, dein Werk ist stets das Best', dein Wort ist wahr und fest, dein Rath ist tief und frei, dein Herz ist fromm und treu.

3. Sonst ist kein Gott wie du, dein Ruhm ist wie dein Name, dir jauchzen Thronen zu, dich beten Engel an; dir singt, was singen kann; wie dir der Himmel ruft, so schallt dir alle Luft.

4. Dir bringt der Wahrheit Ruhm der dir versöhnte Saame, des Sohnes Eigenthum. Dein Lob soll auch allein in meinem Munde seyn, wenn ich von Gnade sing', ist mir's ein köstlich Ding.

M. Philipp Friedrich Hiller.

Das Denken an den Herrn.

Sprüche Salomonis 3, v. 6. Gedenke an ihn, in allen deinen Wegen, so wird Er dich recht führen.

Mel. Alle Menschen müssen sterben.

247. Das ist eine sel'ge Stunde, Jesu, da man dein gedenkt, und das Herz von Herzensgrunde tief in deine Wunden senkt. Wahrlich, nichts als Jesum kennen, Jesum suchen, finden, nennen: das erfüllet unsre Zeit mit der höchsten Seligkeit.

2. Jesu, deine Gnadenquelle fließt so gern in's Herz hinein. Deine Sonne scheinet helle: unser Glaubenslicht zu seyn. Und bei aller Segensfülle, ist dein Wunsch und ernster Wille: daß man, weil dein Brünnlein voll, unaufhörlich schöpfen soll.

Psalm 65, v. 10. Joh. 1, v. 14 16.

3. Nun, so laß auch diese Stunde dein Gedächtniß in uns seyn! in dem Herzen, in dem Munde leb' und herrsche du allein. Laß uns deiner nie vergessen. Wie Maria einst gesessen, da sie dir hat zugehört: mach' das Herz dir zugekehrt.

Ernst Gottlieb Woltersdorf.

Das theure, werthe Wort.

Matth. 9, v. 13. Ich bin gekommen, die Sünder zur Buße zu rufen, und nicht die Gerechten.

Mel. Mach's mit mir, Gott, nach deiner Gut'.

248. Das ist ein theures, werthes Wort, ein Wort sehr lieb zu hören: daß Jesus ist der Sünder Hort, und will die Armen lehren. Das ist ein theures, werthes Wort, daß Jesus ist der Sünder Hort.*)

*) 1 Timoth. 1, v. 15.

2. Mein Jesus nimmt die Kranken an, er heilet allen Schaden, er ist ein Gast bei Jedermann, der ihn zu sich geladen; das ist ein theures, werthes Wort, daß Jesus ist der Sünder Hort.

3. Mein Jesus ist ein treuer Hirt, er suchet, was verloren; er holt zurücke, was verführt, er ist zum Heil erkoren; das ist ein theures, werthes Wort, daß Jesus ist der Sünder Hort.

4. Lob sey dir, Jesu, Gottes Sohn, du hast die Schuld getragen, du Osterlamm, du Gnadenthron, du Freistatt, wann wir zagen; das ist ein theures, werthes Wort, daß Jesus ist der Sünder Hort.

5. Ach! gieb mir, daß ich diese Gnad' und meine Schuld erkenne, daß ich, dein Schäflein, früh und spat nach dir vor Liebe brenne: und denk' an dieses werthe Wort, daß Jesus ist der Sünder Hort.

D. Heinrich Georg Neuß.

Ergebung in Gottes Willen.

2 Samuelis 10, v. 12. Der Herr aber thue, was ihm gefällt.

Mel. Was mein Gott will, gescheh' allzeit.

249. Das ist ja gut, was mein Gott will, sein Will' der ist der beste; dem folg' ich gern und bin ganz still, an ihn halt' ich mich feste. Der liebe Gott hilft in der Noth, und will den nicht verlassen, der auf ihn schau't und ihm vertrau't, er wird ihn fest umfassen.

2. So sey denn immer still zu Gott, o Seele! und vergnüget, weich' nicht von ihm in Noth und Tod, es ist gut, wie er's füget: in Lieb' und Leid sey du bereit, dich ihm zu übergeben. Er hüt't und wacht, nimmt dich in Acht in deinem ganzen Leben.

3. Wo du nun gehest diese Bahn, so kann dir gar nichts fehlen. Wer ist, der dir doch schaden kann? Wer mag dir etwas stehlen, weil Gott dein Gut steht auf der Hut, bereit für dich zu streiten? Drum freue dich ganz inniglich jetzt und zu allen Zeiten.

4. So führe mich denn immerhin, mein Gott nach deinem Willen, und gieb mir einen solchen Sinn, gern Alles zu erfüllen, was über mich du gnädiglich in deinem Rath beschlossen, laß deine Kraft und Lebenssaft in mir seyn ausgegossen;

5. Auf daß ich thu' was mir gebührt, und Alles möge meiden, was Eignes ist und mich verführt, auch mich von dir kann schei-

den. Ach! nimm mich mir, und gieb mich dir, laß mich dir stets ankleben, und folgen still wohin dein Will' mich führt im Tod und Leben. M. Johann Kaspar Schade.

Das theure, werthe Wort.

1 Timoth. 1, v. 15. 16. Das ist je gewißlich wahr, und ein theuer, werthes Wort, daß Jesus Christus gekommen ist in die Welt, die Sünder selig zu machen, unter welchen Ich der Vornehmste bin.

Mel. Liebster Jesu, wir sind hier.

250. Das ist je gewißlich wahr, das sind theure, werthe Worte: Jesus Christus stellt sich dar, und ist hier an diesem Orte zu dem Bösen, nicht zum Frommen in die Welt hernieder kommen.

2. Daß er dort die Sündenknecht', die schon in des Todes Rachen, möchte ledig und gerecht, und aus Gnaden selig machen, unter welchen ich vor diesen, mich als der Vornehmst' erwiesen.

3. Aber darum ist an mir die Barmherzigkeit geschehen, auf daß Andre auch allhier möchten durch die Gnade sehen, wie er auch am bösen Zweige alle die Geduld erzeige.

4. Daß ich werd' an meinem Theil ein Exempel denen Leuten, welche an ihn, als ihr Heil, sollten in den letzten Zeiten feste glauben ihm vertrauen, und ein ewig Leben schauen. D. Abraham Teller.

Weihnachtslied.

Jesaia 9, v. 3. Vor dir wird man sich freuen, wie man sich freuet in der Ernte.

Mel. Jesu, meine Freude.

251. Das ist meine Freude, jeden Tag wie heute, daß du, Jesus Christ, deinen Thron verlassen, Menschen zu umfassen, selbst erschienen bist. Liebes-Drang und Lobgesang soll dir, Herr, in diesen Tagen Dank dafür auch sagen.

2. Das ist meine Freude, die mein Herz erneu'te, und mir Wohlseyn schenkt, daß ich dich, Herr, habe, der, bis einst zum Grabe, mein am Besten denkt; o das tröst't, und das erlös't mich von allen Sündenplagen, du hast sie getragen.

3. Das ist meine Freude, wenn ich mich recht weide im Genuß an dir, wenn ich Frieden finde und dein Heil empfinde, o wie wohl wird mir! auch mein Herz wird frei von Schmerz, es hat selige Erfahrung, süße Glaubens-Nahrung. Joh. 10, v. 11.

4. Das ist meine Freude, wüßten's doch die Leute, wie so treu du bist! Alles soll sich freuen, was durch dich von neuem, Herr! geboren ist; an dem Fest, das du jetzt läßt, liebster Heiland, uns erscheinen, schenk' dies all den Deinen. Jesaia 61, v. 10.

5. Das ist meine Freude, wenn ich Trübsal leide, daß du Trost mir giebst, ich darf dir es sagen, alle Noth dir klagen, weil du innig liebst, ja dein Geist, ach der beweist sich an mir als Geist der Stärke, wie ich dies bemerke.

6. Das ist meine Freude, wenn ich einstens scheide, werd' ich zu dir geh'n, so ist mir das Sterben, Heiland, kein Verderben, sondern nur ein Seh'n deines Lichts und Angesichts, o das giebet ew'ge Freude, ach! säh' ich sie heute!

Christian Friedrich Förster.

Warnung vor unnöthigen Sorgen.

Luc. 10, v. 41. Martha, Martha, du hast viel Sorge und Mühe.

Mel. Wer nur den lieben Gott läßt walten.

252. Das ist zu viel, betrübte Seele, dein Kummer treibt dich allzuweit, dein Sorgen bringt dich in die Höhle der bangen Furcht und Traurigkeit; wie kann der Glaube da bestehn, der nimmer doch soll untergehn?

2. Was hat denn Martha von den Sorgen, damit sie sich unnöthig plagt? Gott giebt Marien vor dem Morgen im Schlafe das, wonach sie fragt: denn Gottes Freunde sind vergnügt mit dem, was ihr Erlöser fügt.

3. Er bau't das Haus mit reichem Segen, wenn man mit ihm und auf ihn bau't, er giebet Sonnenschein und Regen, wenn man auf seine Sorge trau't, und in getrostet Zuversicht sein Thun und Werk mit Fleiß verricht't.

4. Dies lerne doch, betrübtes Herze, und schaff' die Nahrungssorgen ab, so kommst du los von manchem Schmerze und nicht sobald ins finstre Grab: Gott lebt ja noch, er will und kann ernähren dich und Jedermann.

5. Ach! schließ' hinfort die Herzensthüre vor solchen eitlen Sorgen zu, damit dein Gott allein regiere, in diesem suche deine Ruh', und laß ihn, weil er's haben will, auch für dich sorgen; bleibe still.

Nutzen des Kreuzes.

1 Petri 4, v. 13. Freuet euch, daß ihr mit Christo leidet, auf daß ihr auch zur Zeit der Offenbarung seiner Herrlichkeit Freude und Wonne haben möget.

Mel. O Jesu! du bist mein.

253. Das Kreuz ist dennoch gut, obgleich es wehe thut: der gute Gott es giebet, drum muß es seyn geliebet: ei, fasse guten Muth! was bitter ist im Munde, ist innerlich gesunde, es ist so gut, so gut.

2. Das Kreuz ist dennoch schön, kann's gleich Vernunft nicht sehn; man wird im Kreuz geehret, mit Gottes Sohn verkläret; die Engel um dich stehn, sie schauen dich mit Freuden, im stillen Geiste leiden, es ist so schön, so schön.

3. Das Kreuz macht Gott gemein: es treibt den Sinn hinein, der sonst sich leicht verirrte, und unser Herz verführte, nun sammlet er sich fein: er mag von Welt nicht hören, er muß in Gott sich kehren, und wird mit Gott gemein.

4. Wo Kreuz ist, da ist Licht: du kennst dich selber nicht, so lang' du nicht probiret, du hast, wie sichs gebühret, von Gott auch kein Gesicht: Kreuz lehrt dich alle Wahrheit, Kreuz führt dich hin zur Klarheit: wo Kreuz ist, da ist Licht.

5. Das Kreuz macht hell und rein: es fegt den falschen Schein; ja die versteckten Flecken im Kreuze sich entdecken, geschieht es gleich mit Pein: des Herzens Eigenheiten zerschmelzen in dem Leiden; es macht so rein, so rein.

6. Das Kreuz macht doch gebeugt, geschmeidig und erweicht; der ungebrochne Wille wird kindlich sanft und stille; der Geist vor Gott sich neigt: das Herz will gern zerfließen zu aller Menschen Füßen; es wird sogar gebeugt.

7. Im Kreuze wird man klein, der eingebild'te Schein und stolzes hohes Dünken muß in dem Kreuze sinken; da lernt man Gott allein verehren und erheben, in seinem Nichts zu leben; man wird so klein, so klein.

8. Kreuz führt dich aus der Noth des Lebens; durch den Tod: kannst du dein eignes Leben dem Tod am Kreuz ergeben, und ganz dich lassen Gott; bald steht der Christ im Frieden, vergnügt und abgeschieden von Jammer, Angst und Noth.

9. Das liebe Kreuz ich lieb', und wollt', aus heil'gem Trieb', der ganzen Welt Vergnügen dafür wohl lassen liegen; ich wähl' es dir zu Lieb', mein Kreuzesfürst, mein Leben sey völlig dir ergeben, dein liebes Kreuz ich lieb'.

10. Vom Kreuz ins Paradies, vom Leiden zum Genieß, ist Jesus vorgegangen: willst du die Kron' erlangen, so halt' das Kreuz gewiß, o Jesu! mit mir leide, bis daß ich endlich scheide vom Kreuz ins Paradies.

Gerhard Tersteegen.

Segen aus Jesu Leiden.

Ebräer 2, v. 18. Denn darinnen er gelitten hat und versucht ist, kann er helfen denen, die versucht werden.

Mel. Nun laßt uns den Leib begraben.

254. Das Leiden Jesu ist mir gut, denn er vergießt für mich sein Blut, dies Blut versöhnet mich mit Gott, und stärkt in Leib's- und Seelennoth.

2. Das Leiden Jesu ist mir gut, denn wenn die Sünde Schaden thut, macht seines Leidens herbe Pein das Herz von todten Werken rein.

3. Herr Jesu, nimm du selbsten mich, und schließ' mich ganz und gar in dich, in deinen Wunden schlaf' ich ein, da will ich auch begraben seyn.

4. Gieb aber auch durch deine Treu', daß ich von Herzen christlich sey; regt Fleisch und Blut sich in der Brust, so dämpfe du die böse Lust.

5. Muß ich zuletzt von hinnen geh'n, so laß mich ewig vor dir steh'n, da sing' ich dann erst wohlgemuth: das Leiden Jesu ist mir gut!

Neujahrslied.

Luc. 4, v. 18. 19. Der Herr hat mich gesandt, zu predigen das angenehme Jahr des Herrn.

Mel. Vom Himmel hoch da komm' ich her.

255. Das neugeborne Kindelein, das herzgeliebte Jesulein bringt abermal ein neues Jahr der auserwählten Christenschaar.

2. Deß freuen sich die Engelein, die gerne um und bei uns seyn, und singen in den Lüften frei, daß Gott mit uns versöhnet sey.

3. Ist Gott versöhnt und unser Freund, was kann uns thun der arge Feind? Trotz Feindesmacht und Höllenpfort' das Jesulein bleibt unser Hort.

4. Er bringt das rechte Jubeljahr, was

trauern wir denn immerdar? Frisch auf, jetzt ist es Singens-Zeit, das Jesulein wend't alles Leid. M. Cyriacus Schneegaß.

Vom geistlichen Kampfe.

1 Timoth. 6, v. 12. Kämpfe den guten Kampf des Glaubens; ergreife das ewige Leben, dazu du auch berufen bist.

Mel. Wie wohl ist mir, o Freund der Seelen.

256. Das Seligste im Kampf der Christen ist gläubig auf dich, Heiland, seh'n, da siege ich doch am Gewiss'sten, wenn ich mich nur mit stillem Fleh'n zu dir dem Freund der Seelen halte, und betend meine Hände falte, und zu dir um Erbarmung schrei, wenn ich recht an dein Leiden denke, in deine Wunden mich versenke; dann fühl' ich's, Herr, du stehst mir bei.

2. So will ich alle Tage flehen, mit meiner Kraft ist nichts gethan, du wirst mir selbst zur Seite stehen, auf meiner ganzen Lebensbahn. Dies ist es auch was Paulus schreibet, und was er selbst befolgt und treibet in seinem ganzen Lebenslauf. Herr Jesu laß mich ihm auch gleichen und nie von deinem Weg abweichen, so geht mein Gang gen Himmel auf.

3. Mehr' du den Trieb zum Beten immer, sonst komm' ich leicht um dieses Ziel, die Welt wird alle Tage schlimmer, es sind der Hindernisse viel, die mir das Kleinod könnten rauben, da gilt es wachen, beten, glauben, weil sonst Luftstreiche nur gescheh'n, davor wirst du mich Herr bewahren: fünf Jungfrau'n welche thöricht waren kann man davon als Beispiel seh'n. Matth. 25, v. 1—13.

4. Das schöne Ziel, die Lebens-Krone, bleib' mir beständig im Gesicht, bis ich in jenen Hütten wohne, wo man von lauter Siegen spricht, da greift die Hand nur nach der Palme, der Mund stimmt ein in Sieges-Psalme, die Lebenskrone schmückt mein Haupt, man wird in allen Sieger-Chören den Ruf mit vieler Freude hören: wir haben uns nun durchgeglaubt.

5. Laß mich im Eifer nicht ermüden, zum Kampf gehört ja Ernst und Treu'. Du wirst allmächtig mich behüten; dies ist der Trost, deß ich mich freu', vor dir dem Heiland hinzusinken, von dir den Lebensquell zu trinken, o Heil! das unaussprechlich ist! laß dies in mir zum Brunnen werden, der gnadenvoll mir auf der Erden bis hin in's ew'ge Leben fließt. Christian Friedrich Forster.

Petrus verläugnet Jesum.

Luc. 22, v. 61. Der Herr wandte sich und sahe Petrum an.

Mel. O Haupt voll Blut und Wunden.

257. Da stehest du Sohn Gottes! von Frevlern frech entweih't, ein Ziel des niedern Spottes, zerschlagen und verspei't! Doch mehr, als Schmerz und Schande, kränkt dich dein schwacher Freund, der treulos dich verkannte und nun den Fall beweint.

2. Doch spricht aus deinen Blicken nur Gnade, nur Geduld. O Jesu, wie entzücken die Proben deiner Huld! Du kämpfst mit eignen Schmerzen; doch fühlst du fremde Pein, und eilst, bedrängten Herzen Erquickung zu verleih'n.

3. Die Allmacht deiner Blicke dringt Petro tief ins Herz. Beschämt geht er zurücke, erfüllt mit Reu' und Schmerz. Wie wuchs nun deinem Zeugen Beständigkeit und Muth! Furcht konnt' ihn nie mehr beugen; für dich, Herr, floß sein Blut.

4. Erlöser meiner Seele, sey meine Zuversicht! Ich Schwacher, ich verhehle dir meine Sünde nicht. Mit Schaam und bittrer Reue bekenn' ich es vor dir, auch ich vergaß der Treue, vergieb, vergieb es mir!

5. In meiner Nacht erscheine mit deinem Gnaden-Licht. Gieb, wenn ich einsam weine, dem Herzen Zuversicht. Ich will dich frei bekennen, dich meinen Herrn und Gott, Nichts soll mich von dir trennen, nicht Schande, nicht der Tod.

Wohlthätigkeit.

Sprüche Sal. 19, v. 17. Wer sich des Armen erbarmet, der leihet dem Herrn; der wird ihm wieder Gutes vergelten.

Mel. Aus tiefer Noth schrei' ich zu dir.

258. Da stehn die Armen vor der Thür, ach lasset euch erbarmen, reicht eure milde Hand herfür und denket an die Armen, sie stehen hungrig, nackt und bloß, was euch aus seiner Hand herfloß, davon bedenkt die Armen.

2. Sie dürsten, laßt uns tränken sie, sie sind des Heilands Glieder. Ihr Christen, ach vergesset nie, daß einst der Herr wird wieder vergelten, was ihr habt gethan den Seinen; nehmt euch ihrer an, gedenket stets der Armen.

3. Der Armen Seufzer sind nicht gut, drum lasset uns sie speisen. Wer einem Ar-

men Gutes thut, der wird es Gott erweisen. Bekleidet doch der Armen Noth, und theilt mit ihnen euer Brot, ihr Christen, denkt der Armen.

4. Die Armen bitten Gottes Lohn und uns die ew'gen Hütten. Hat unser Jesus, Gottes Sohn, nicht Armuth g'nug erlitten? auf daß er uns in Armuth nicht verließe; dem nun nichts gebricht. Bedenket doch die Armen.

5. Es ist ja Alles Gott gethan, auf Wucher, was wir geben. Gott lohnet reichlich Jedermann, hier und in jenem Leben, was man den Armen in der Noth gereicht an Wasser und an Brot, ach so bedenkt die Armen.

Aufmunterung zum Gottvertrauen.

Jesaia 41, v. 10. Fürchte dich nicht, ich bin mit dir; weiche nicht, denn ich bin dein Gott. Ich stärke dich, ich helfe dir auch, ich erhalte dich durch die rechte Hand meiner Gerechtigkeit.

In eigener Melodie.

259. Das wahre Christenthum ist wahrlich leichte, ja wenn uns Jesus nicht die Hände reichte, so könnte man mit Recht von Schwerseyn sagen; allein er hilft die Last beständig tragen.

2. Gott macht uns keinen Schmerz, er will ihn stillen; wo rührt er aber her? vom Eigenwillen; laß dieses Schmerzenskind bei Zeiten tödten! so kommest du geschwind aus allen Nöthen.

3. Was klagst du deine Noth mit so viel Thränen? dein Herze darf sich nur nach Jesu sehnen. Sprich: Vater! kannst du denn mein Elend sehen? mein Heiland! hilf mir doch! so ist's geschehen.

4. Die Schwachheit macht dich scheu, doch nicht zu Schanden. Du fällst bisweilen gar; nur aufgestanden! will dich die dunkle Nacht des Lichts berauben, verlierst du auch den Weg; bleib' nur im Glauben.

5. Denn fährest du nur fort Gott zu vertrauen, so wirst du Licht und Weg bald wieder schauen: was du geglaubet hast, das wirst du sehen; wie du geglaubet hast, so wird's geschehen.

6. So will ich Jesu Joch gern auf mich nehmen, und mich zu seiner Last mit Lust bequemen. Will Fleisch und Blut sie gleich beschwerlich nennen, so wird sie doch der Geist für leicht erkennen.

Johann Andreas Rothe.

Morgenlied.

Psalm 57, v. 8. 9. Mein Herz ist bereit, Gott, mein Herz ist bereit, daß ich singe und lobe. Wache auf, meine Ehre, wache auf, Psalter und Harfe; frühe will ich aufwachen.

Mel. Freu dich sehr, o meine Seele.

260. Das walt' Gott! die Morgenröthe treibet weg die schwarze Nacht, und der Tag rückt an die Stätte, der da Alles munter macht, drum so muntre ich mich auf und mein Herz gedenket drauf, wie ich dir, mein Gott, Lob bringe, und den Morgensegen singe.

2. Loben doch bald mit dem Morgen dich die kleinsten Vögelein, eh' sie für das Futter sorgen, muß es erst gesungen seyn; sollt' ein solches Thierlein nun mir hierin zuvor es thun? nein, das Singen, Loben, Beten hab' ich mehr, als sie, vonnöthen.

3. Wenn ich könnte übersehen, was für große Fährlichkeit ich gehabt hab' auszustehen meine ganze Lebenszeit; ja, was noch für Unglück alle Stund' und Augenblick, und so lang' ich werde leben, über meinem Haupte schweben:

4. Ach! so würde ich erkennen, was für große Gütigkeit du den Menschen pflegst zu gönnen, was auch für Barmherzigkeit du an mir thust für und für, weil du so vielfältig mir Hülfe sendest in Genaden, wenn ich in Gefahr gerathen.

5. Drum so sey all mein Vermögen, dich zu loben, dran gewandt, mein Gebet laß vor dir tägen,*) wie ein Opfer angebrannt; ach verleih', daß dieser Tag nun auch glücklich werden mag. Ach, daß ich ihn doch in Liebe und in deiner Furcht vertriebe!

*) taugen, Psalm 141, v. 2.

6. Gieb, daß ich mag recht erwägen, was erfordert meine Pflicht; was derselben läuft entgegen, laß mich ja beginnen nicht. Meine Sinnen und Verstand richte, Herr, nach deiner Hand, daß ich recht mein Amt verwalte, rein Gewissen stets behalte.

7. Würd' ich etwa heute sehen allerhand Gelegenheit, Sünd' und Laster zu begehen, so gieb, daß ich solche meid'. Reizet mich mein Fleisch und Blut, zeigt die Welt mir Ehr' und Gut, so laß mich zu nichts verführen, das mir würde nicht gebühren.

8. Wenn ich aber was vornähme, draus zuvörderst deine Ehr', und des Nächsten Nutzen käme, oder was sonst rühmlich wär', so befördre solches Werk, gieb dazu Rath,

That und Stärk', all' mein' Arbeit muß gedeihen, wenn du, Herr, wirst Hülf' verleihen.

9. Von mir selbst bin ich untüchtig, zu befördern meine Sach'; die Begierden sind nicht richtig, der Verstand ist viel zu schwach; schwach ist meiner Seele Kraft, und der Leib oft mangelhaft; meine Wege auch gefährlich, die Verrichtung oft beschwerlich.

10. Drum, Herr, all mein Thun und Lassen sey dir Alles heimgestellt, führe mich auf rechter Straßen, mach' es, wie es dir gefällt; segne den geringen Fleiß, lehre mich, was ich nicht weiß, zeige mir, was ich nicht sehe, leite mich, wohin ich gehe.

11. Wird ein Fall mich übereilen, ach, so hilf mir wieder auf; schütze mich vor Satans Pfeilen und vor meiner Feinde Hauf. Kommt ein Unglück vor die Thür, steht mir was gefährlich's für, laß mich deine Hülf' empfinden, ritterlich zu überwinden.

12. Willst du mir ein Kreuz zuschicken, mach' es, daß ich's kann ausstehn, will es mir nicht immer glücken und nach meinem Willen gehn, so ist's meiner Sünden Schuld, doch gieb Hoffnung und Geduld: alles Unglück kannst du wenden, und mir wieder Glück zusenden.

13. Wird mir etwas angedichtet, oder sonst geredet nach, dir, Herr, der da Alles richtet, ich befehle meine Sach'. Laß mich meiden nur die That, so wird wohl der Lügen Rath, und ein gut Gewissen machet, daß man der Verläumdung lachet.

14. Willst du mich denn etwa heute legen auf das Krankenbett', so gieb, daß ich mich bereite zu der letzten Ruhestätt'. Hebe, trag' und warte mich, soll ich fort, so wollst du mich ja vor schnellem Tod bewahren, und in Frieden lassen fahren.

15. Hierauf will ich mit Vergnügen meine Arbeit fangen an, du, Gott Vater, wirst es fügen, daß es wohl gerathen kann. Jesu Christe, segne du, heil'ger Geist, sprich: Ja, dazu. Herr, in deinem großen Namen sey mein End' und Anfang. Amen!

M. Martin Grünwald.

Morgenlied eines Handwerksmannes.

Psalm 90, v. 17. Der Herr, unser Gott, sey uns freundlich, und fordere das Werk unserer Hände bei uns, ja das Werk unserer Hände wolle er fordern.

Mel. Wo Gott zum Haus nicht giebt sein' Gunst.

261. Das walt' Gott Vater, und Gott Sohn, und heil'ger Geist im höchsten Thron: damit fang' ich die Arbeit an, hilf, daß ich sie vollenden kann.

2. Mein Gott gieb, daß sie glücklich sey, mein Handwerkszeug auch benedei', und alle Anschläg' so regier', daß Alles recht und wohl ich führ'.

3. Laß meinen sauren Schweiß und Fleiß gereichen erst zu deinem Preis und dann zu meinem Nutz dabei, doch daß ich Niemand schädlich sey.

4. Was ich verrichte groß und klein, dabei laß deinen Segen seyn, und weil ich nicht groß Gut vermag, so gieb mir nöthigen Verlag.

5. Nimm dich auch deines Volkes an, so ohne dich Nichts schaffen kann: steh' ihnen bei, gieb ihnen ein, daß sie fromm, treu und fleißig seyn.

6. Nun, Herr, durch deine milde Hand gesegne mich in meinem Stand, und bring' uns endlich allzugleich mit Freuden in dein Himmelreich.

Morgenlied.

Psalm 20, v. 6. Wir rühmen, daß du uns hilfest, und im Namen unsers Gottes werfen wir Panier auf. Der Herr gewähre dich aller deiner Bitte.

Mel. Wo Gott zum Haus nicht giebt sein' Gunst.

262. Das walt' Gott Vater und Gott Sohn, Gott heil'ger Geist im Himmels-Thron, man dankt dir, eh' die Sonn' aufgeht, wenn's Licht anbricht man vor dir steht.

2. Drum beug' ich diesen Morgen früh, in rechter Andacht meine Knie, und ruf zu dir mit heller Stimm': dein' Ohr mir neig' mein Flehn vernimm.

3. Ich rühm' von Herzen deine Güt', weil du mich gnädig hast behüt't, daß ich nun hab' die finstre Nacht in Ruh' und Friede zugebracht.

4. Ich schlief und wußte nichts von mir; der Feind zu schaden trug Begier. Herr, deine Macht ihn von mir trieb, daß ungestört im Schlaf ich blieb.

5. Mein Gott ich bitt' durch Christi Blut, nimm mich auch diesen Tag in Hut; laß deine lieben Engelein mein' Wächter und Gefährten seyn.

6. Dein Geist mein'n Leib und Seel' regier', und mich mit seinen Gaben zier', er führ' mich heut' auf rechter Bahn, daß ich was Gut's vollbringen kann.

7. Gieb, daß ich meine Werk' und Pflicht

mit Freuden diesen Tag verricht't, zu deinem Lob und meinem Nutz, und meinem Nächsten thue Gut's.

8. Hilf, daß ich zu regieren wiss' mein' Augen, Ohren, Händ' und Füß', mein' Lippen, Mund und ganzen Leib: all' bös' Begierden von mir treib'.

9. Bewahr' mein Herz vor Sünd' und Schand', daß ich vom Uebel abgewandt, mein' Seel' mit Sünden nicht beschwer', und mein Gewissen nicht versehr'.

10. Behüt' mich heut' und allezeit vor Schaden, Noth und Herzeleid; tritt zwischen mich und meine Feind', die sichtbar und unsichtbar seynd.

11. Mein'n Aus- und Eingang heut' bewahr', daß mir kein Böses widerfahr', behüte mich vor schnellem Tod, und hilf mir, wo mir Hülf' ist noth.

Martin Behemb (Bohemus).

Morgenlied.

Psalm 104, v. 23. So gehet denn der Mensch aus an seine Arbeit und an sein Ackerwerk bis an den Abend.

In eigener Melodie.

263. Das walt' mein Gott, Gott Vater, Sohn und heil'ger Geist, der mich erschaffen hat, mir Leib und Seel' gegeben, im Mutterleib das Leben, gesund ohn' allen Schad.

2. O treuer Gott, der du dein'n Sohn vom Himmelsthron für mich gabst in den Tod, der für mich ist gestorben, das Himmelreich erworben mit seinem theuren Blut.

3. Dafür ich dir aus Herzensgrund mit Zung' und Mund lobsinge mit Begier, und danke dir mit Schalle für deine Wohlthat alle, früh und spät, für und für.

4. Auch sonderlich sag' ich dir Dank mit diesem G'sang, daß du so gnädiglich, aus lauter Gnad' und Güte, mich diese Nacht behütet so treu und sicherlich.

5. Ich bitte dich: du woll'st hinfort, ach Gott, mein Hort, ferner genädiglich mich diesen Tag behüten vor's Teufels Macht und Wüthen, und List tausendfältig.

6. Durch deine Gnad' bewahr' mir Herr, Leib, Seel' und Ehr', vergieb die Missethat. Vor Sünd', Gefahr und Schande, zu Wasser und zu Lande, behüt' mich früh und spat.

7. All' Tritt' und Schritt', in Gottes Nam'n, was ich fang' an, theil' mir dein' Hülfe mit, und komm' mir früh entgegen mit Glücke, Heil und Segen, mein' Bitt' versag' mir nicht.

8. All' mein' Arbeit in Gottes Nam'n, was ich fang' an, gereich' zur Nutzbarkeit. Mein Leib, mein' Seel', mein Leben, das du mir hast gegeben, lob' dich in Ewigkeit.

Basilius Förtsch.

Vom Worte Gottes.

Psalm 119, v. 72. Das Gesetz deines Mundes ist mir lieber, denn viel tausend Stück Gold und Silber.

Mel. Was mein Gott will, gescheh' allzeit.

264. Das Wort des Herrn betracht' ich gern, und sinn' ihm nach mit Fleiße, ohn' Unterlaß denk' ich an das, was sein Befehl mir heiße; wenn in der Nacht mein Aug' erwacht, ruf' ich in meine Seele das Wort zurück, das ich zum Glück, zur Freude mir erwähle.

2. Was David sprach, das sag' ich nach, dein Wort, Herr, ist mir lieber, als Centner Gold, ihm bleib' ich hold bis an das Grab und drüber, das Gold vergeht, dein Wort besteht, mein Leib, der Staub zerstäubet. Die Erde weicht, der Himmel fleucht, doch was du sagst, das bleibet.

3. Kein Wort, als dies, ist so gewiß, so voller Kraft und Leben, und so voll Licht, wer wollte nicht ihm willig Beifall geben? kein anders lehrt mich deinen Werth, erlöste Seele, kennen, und Gott den Herrn getrost und gern in Christo Vater nennen.

4. Wo rührt ein Schmerz des Christen Herz, den nicht das Wort besiegte? welch Heil verspricht's, ich weiß sonst nichts, das mich so sehr vergnügte; dies Wort allein hebt alle Pein der schweren Kreuzesbürde, dies Wort allein kann den erfreu'n, der sonst verzagen würde.

5. Es ist voll Geist, wie oft zerreißt es felsengleiche Herzen! den nichts bewegt, o, dem erregt es oft die bängsten Schmerzen; Gott hat's gesagt; wer nach ihm fragt, den lehrt es seine Pflichten, es ist das Wort, nach dem auch dort Gott will den Erdkreis richten.

6. Froh denk' ich dran, wie manchen Wahn es meiner Seel' entrissen, mir Gott enthüllt, mein Herz gestillt, beruhigt mein Gewissen! ich rühm' es laut: ich darf vertraut vor den Erhabnen treten. Treu unterweis't der Kindschaft Geist mich durch dies Wort im Beten.

7. So oft die Welt mir Netze stellt, und ich zu schwach mich merke, les' ich dies Wort, bis mich ein Ort in ihm beseelt mit Stärke; reißt Fleisch und Blut den Glaubensmuth auch fast in mir darnieder, so zag' ich nicht, dies Wort voll Licht und Kraft erhebt ihn wieder.

8. Vom Sündengift heilt nur die Schrift, da, wo sie Christum lehret; mein Herz, voll Reu', wird kummerfrei, wenn es von Christo höret; der Feind verklagt, doch unverzagt! ich bin nicht mehr sein eigen; der für mich litt und mich vertritt, mein Heiland heißt ihn schweigen.

9. O Wort von Gott! kein Haß, kein Spott, kein Drohen, kein Versprechen soll je zu dir die Lieb' in mir und den Gehorsam schwächen, wird's Pflicht für mich, Wort Gottes! dich vor Königen zu reden, so soll fürwahr mein Mund sich gar nicht dieser Pflicht entblöden.

10. Allmächtiger! bist du nicht der, der uns dies Wort gegeben? der reinste Dank sey lebenslang dafür mein ganz Bestreben. In Sterbensnoth hilf mir den Tod einst durch dies Wort besiegen; ich zweifle nicht, was es verspricht wird mich auch dort vergnügen.

Von der Demuth.

Psalm 118, v. 21. Ich danke dir, daß du mich demüthigest, und hilfest mir.

Mel. Jesus, meine Zuversicht.

265. Daß du mich erniedrigt hast, will ich dir, du Höchster danken. Unser Herz verliert sich fast, und vergißt die engen Schranken; aber du machst Alles klein, was verlanget groß zu seyn.

2. Du hast Recht, wir haben Schuld; du bist heilig, wir sind Sünder. Du beweisest Vaterhuld, züchtigst aber auch die Kinder, machst die stolzen Herzen bloß, und die demuthsvollen groß.

3. Drücktest du nicht unsern Sinn mit dem Kreuz fein in die Tiefe, o wo flögen wir noch hin? Und wer ist, der zu dir riefe? Aber im Erniedrigtseyn lernt man aus der Tiefe schrei'n.

4. Du machst dürr' und giebst doch Saft; du machst arm, uns viel zu geben, in der Schwachheit deine Kraft, in dem Tode selbst das Leben. Ich bin elend, führ' mich du aus der Tiefe Himmel zu.

M. Philipp Friedrich Hiller.

Christus, unser Fürsprecher.

1 Joh. 2, v. 1. Wir haben einen Fürsprecher bei dem Vater, Jesum Christum, der gerecht ist.

Mel. O Ewigkeit, du Donnerwort.

266. Daß du, o Heiland Jesus Christ, beim Vater mein Fürsprecher bist, dient mir zu großen Freuden! die Sünde scheidet Gott und mich, doch nun bin ich versöhnt durch dich und deine Todesleiden. Ich bin in dir gerecht und rein: ich kann nun ewig selig seyn.

Fräulein M. E. v. Silberrad.

Vom Kreuz der Christen.

Ebräer 12, v. 7 So ihr die Züchtigung erduldet, so erbietet sich euch Gott als Kindern. Denn wo ist ein Sohn, den der Vater nicht züchtiget?

Mel. Freu dich sehr, o meine Seele.

267. Deine bittre Todesschmerzen, o mein Heiland Jesu Christ! reichen meinem matten Herzen, ob es schon oft traurig ist, Trost, Erquickung, Lust und Freud' hier in dieser Sterblichkeit; es versüßet mir dein Leiden alle Kreuzes Bitterkeiten.

2. Kreuz! du machest zwar mein Leben hart, verdrießlich, bitter, schwer, aber Jesu, du kannst geben Rettung in dem Thränen-Meer, ich geb' mich auch willig drein; Tod! was soll mir deine Pein? Armuth! was kannst du mir schaden? steh' ich doch bei Gott in Gnaden.

3. Heute währet noch mein Leiden, ob auch morgen weiß ich nicht; er, der Herr, hält seine Zeiten nach den Nächten scheint das Licht, nur Geduld, ach! nur Geduld! Ich hab's hier und dort verschuld't; nimm das Kreuz von Gottes Händen; Christus wirds zum Besten wenden.

Johann Kaspar Wetzel.

Zum Himmel hin.

2 Mose 34, v. 9. Habe ich, Herr, Gnade vor deinen Augen gefunden, so gehe der Herr mit uns.

Mel. Mache dich, mein Geist, bereit rc.

268. Deinen Frieden gieb uns, Herr! laß uns deinen Frieden, daß wir, Glaubenswanderer, nicht im Lauf ermüden! Schritt vor Schritt wall' er mit, daß von seinem Wehen Müh' und Angst vergehen!

2. Würden auch die Füße wund hier im Thal der Schatten, uns erquickt dein Friedensbund, daß wir nicht ermatten. Freud' und Leid, Spott und Neid muß den Deinen frommen, um an's Ziel zu kommen.

3. Herr, du wallest selbst voran auch in finsterm Thale, brachst mit blut'ger Müh' die Bahn zum Verklärungsstrahle. Dir, o dir folgen wir mit gestärkten Schritten bis zu Salems Hütten.

4. Laß uns nur ohn' Unbestand dich im Glauben fassen. Treuer Führer, deine Hand wird uns nie verlassen. Ja, du wirst, Friedefürst, unsre Herzen stillen und mit Kraft erfüllen.

Karl Bernhard Garve.

Zur Christnacht.

Römer 12, v. 1. Begebet eure Leiber zum Opfer, das da lebendig, heilig und Gott wohlgefällig sey.

Mel. Werde munter, mein Gemüthe.

269. Dein Geburtstag tritt von neuem, allerliebster Jesu, ein; wie wir uns darüber freuen und von Herzen fröhlich seyn! so vergisset meine Pflicht auch das Angebinde nicht, das zur angenehmen Gabe ich dir darzubringen habe.

2. Ich bin arm und mein Vermögen ist dir allzuwohl bekannt, was ich habe, kommt vom Segen deiner milden Gnadenhand, die du mir hast aufgethan; also was ich bringen kann, bring' ich dir zu Ehr' und Ruhme, selbst von deinem Eigenthume.

3. Nun, was ich zum Opfer gebe, o Herr Jesu! ist mein Herz; führe solches, weil ich lebe, durch den Glauben himmelwärts. Schaffe dieses mit dabei, daß der Glaube thätig sey, und sich in getreuer Liebe gegen Gott und Menschen übe.

4. Laß, mein Heiland, gleicher Weise meinen Mund dein Opfer seyn, den will ich zu deinem Preise und zu allem Danke weih'n: mit Gebet und mit Gesang ehre er dich lebenslang, bis ich mit den Engeln droben dich auch ewig werde loben.

5. Händ' und Füße, Leib und Leben, Alles, was ich hab' und bin, sey dir gänzlich übergeben, nimm es wohlgefällig hin; denn hiemit verpflichtet sich mein Gehorsam gegen dich, daß ich trachte, deinen Willen als ein Christe zu erfüllen.

6. O wie wohl hab' ich's getroffen! Alles nimmst du gnädig an; soll ich was dagegen hoffen, so hab' ich den Wunsch gethan, welcher einen Schatz begehrt, der mehr als ein Himmel werth: ich will dich vor allen Gaben selbst zum Eigenthume haben.

7. Jauchze, jauchze, mein Gemüthe! Leib und Seele, freue dich, o der wundergroßen Güte! Jesus schenket sich an mich: was ist diesem Segen gleich? ich bin reich und überreich, ja im Himmel und auf Erden mag ich niemals reicher werden.

M. Erdmann Neumeister.

Christi Ruf.

Marci 1, v. 15. Thut Buße, und glaubet an das Evangelium.

Mel. Wer nur den lieben Gott läßt walten.

270. Dein Jesus rufet dich zur Buße; komm, bring' dein armes Herz herbei; komm, falle ihm doch bald zu Fuße, und zeig' ihm deiner Seele Reu', die das Gesetz in uns erregt, wenn man Leid über Sünde trägt.

2. Dein Jesus ruft dich auch zum Glauben durch's süße Evangelium, und will aus Gnaden dir erlauben, zu werden ganz sein Eigenthum, daß du nun durch sein werthes Wort sollst selig werden hier und dort.

3. So ändre, Jesu! meine Sinnen, und schaff' in mir das Herze rein; laß mich von neuem nur beginnen, was dir, mein Jesu! lieb kann seyn, und hilf, daß ich nach deinem Sinn recht gläubig und auch heilig bin.

Vom Worte Gottes.

Luc. 11, v. 28. Ja, selig sind, die Gottes Wort hören und bewahren.

Mel. Ermuntre dich, mein schwacher Geist.

271. Dein Wort gieb rein in unser Herz, laß, Gott, es Früchte bringen, laß uns empfinden Reu' und Schmerz, ob allen denen Dingen, die wider deinen Willen wir begangen haben; laß uns hier die Sünden wohl erkennen, und stets für dich mit brennen.

2. Bis unser Stündlein kommt herbei, laß dein Wort bei uns bleiben; mach' uns von allen Sünden frei; laß uns bei dir einschreiben, Herr, in das ew'ge Lebensbuch, laß uns entgeh'n dem ew'gen Fluch. Herr Christ auf deinen Namen, laß uns einschlafen, Amen.

Der selige Todeskampf.

1 Mose 32, v. 30. Ich habe Gott von Angesicht gesehen, und meine Seele ist genesen.

Mel. Nun ruhen alle Wälder.

272. Dein Wort, Herr! ist geschehen, zur Heimath soll ich gehen, so führe mich dahin. Geh' mit, ich will dich fassen; ich werde dich nicht lassen, bis ich von dir gesegnet bin.

2. Willst du mit mir noch ringen, bis

du mich heim wirst bringen, so ringst du nicht als Feind. Mit Weinen und mit Bitten wird leicht mit dir gestritten; du segnest, wenn's genug geweint.

3. So sieh' denn meine Thränen, und sprich mir unter denen auch deinen Segen ein. Ich werde dich nicht lassen; gieb Kraft, dich fest zu fassen. Wer dich hält, wird gesegnet seyn.

4. Du warst ja für die Deinen auch selbst versucht im Weinen, im Blutschweiß rangest du; daher kann's uns gelingen, im Fleh'n mit Gott zu ringen; du führst auch weinend Himmel zu.

5. Ach segne mich mit Leben, mit Gnade, mit Vergeben, mit Gut, das ewig freut: mit Glaubenstrost, mit Lieben, mit Hoffnung und mit Trieben von deinem Geist der Herrlichkeit.

6. Auch wenn ich soll erblassen, will ich dich doch nicht lassen; ich halte mich an dich; so läss'st du mir's gelingen, auch durch den Tod zu dringen, da segnest du mich ewiglich.

M. Philipp Friedrich Hiller.

Vom Worte Gottes.

Apost. Gesch. 5, v. 20. Gehet hin, und tretet auf, und redet im Tempel zum Volk alle Worte dieses Lebens.

Mel. Was Gott thut, das ist wohlgethan.

273. Dein Wort, o Herr, ist milder Thau für trostbedürft'ge Seelen. Laß keinem Pflänzchen deiner Au' den Himmelsbalsam fehlen; erquickt durch ihn laß jedes blüh'n und in der Zukunft Tagen dir Frucht und Saamen tragen!

2. Dein Wort ist, Herr, ein Flammenschwert, ein Keil, der Felsen spaltet, ein Feuer, das im Herzen zehrt und Mark und Bein durchspaltet. O laß dein Wort noch fort und fort der Sünde Macht zerscheitern und alle Herzen läutern!

3. Dein Wort ist uns der Wunderstern für unsre Pilgerreise. Es führt auch Thoren hin zum Herrn und macht die Einfalt weise. Dein Himmelslicht verlösch' uns nicht, und leucht' in jede Seele, daß keine dich verfehle.

4. Ich suchte Trost und fand ihn nicht: da ward das Wort der Gnade mein Labsal, meine Zuversicht, die Fackel meiner Pfade. Sie zeigte mir den Weg zu dir und leuchtet meinen Schritten bis zu den ew'gen Hütten.

5. Nun halt' ich mich mit festem Sinn zu dir, dem sichern Horte: wo wend'te ich mich anders hin? Herr, du hast Lebensworte. Noch hör' ich dein „komm, du bist mein“! das rief mir nicht vergebens, dein Wort des ew'gen Lebens.

6. Auf immer gilt dein Segensbund: dein Wort ist Ja und Amen. Nie weich' es uns aus Herz und Mund und nie von unserm Saamen, laß immerfort dein helles Wort in allen Lebenszeiten uns trösten, warnen, leiten!

7. O sende bald von Ort zu Ort den Durst nach deinen Lehren, den Hunger aus, dein Lebenswort und deinen Geist zu hören: und send' ein Heer von Meer zu Meer, der Herzen Durst zu stillen, und dir dein Reich zu füllen!

Karl Bernhard Garve.

Hingabe des Herzens an Jesum.

Röm. 6, v. 13. Begebet euch selbst Gotte, als die da aus den Todten lebendig sind, und eure Glieder Gotte, zu Waffen der Gerechtigkeit.

Mel. Nun preiset alle Gottes Barmherzigkeit.

274. Dem blut'gen Lamme, das sich für meine Noth am Kreuzesstamme geblutet hat zu Tod, dem Fürsten, der so schmerzlich fühlte, als meine Sünde sein Herz durchwühlte,

2. Dem geb' ich heute mein Herz aufs Neue hin zu einer Beute und gänzlichem Gewinn, mit mir zu thun, was ihm beliebet, von mir zu nehmen, was ihn betrübet.

3. Ich bin sehr schwächlich, das weiß mein Heiland wohl, und sehr gebrechlich zu dem, was ich seyn soll; drum muß mein Arzt und Priester eilen und alle meine Gebrechen heilen.

4. In seinem Blute wäscht er die Flecken aus, das mir zu gute floß seinen Wunden aus; es ist sein tägliches Bemühen, Seelen zu rein'gen und zu erziehen.

5. Du gute Liebe! wenn ich gedenke dran, wie deine Triebe mich von der Sündenbahn so zärtlich haben abgezogen, und wie dein Blut mein Herz überwogen.

6. So sink' ich nieder und bin erstaunensvoll, erhol' mich wieder und sage: ist es wohl auch möglich, Sünder so zu lieben, die dir gemachet so viel Betrüben.

7. Durch viele Mühe hat mich dein Aug' bewahrt, so spät als frühe hast du gar nichts gespart; drum wirst du mich auch ferner leiten, und meiner warten auf allen Seiten.

8. Du hast mich Armen so freundlich angeblickt, und mit Erbarmen an deine

Brust gedrückt: wer sollte nicht zu deinen Füßen in vollem Danken und Lob zerfließen.

9. Du großer König! ein armes Stäubelein, ist's nicht zu wenig, mit dir vertraut zu seyn? die Liebe ist gar unbeschreiblich, wer's nicht erfahren, dem ist's ungläublich.

10. Drum soll mein Herze dir ganz gewidmet seyn: bei allem Schmerze und Unruh' bin ich dein; mein Amt ist auch, dich zu erhöhen; drum soll mein Auge nur auf dich sehen.

Esther Grünbeck.

Christus, unser König.

Offenb. Johannis 1, v. 5. Christus ist ein Fürst der Könige auf Erden; der uns geliebet hat, und gewaschen von den Sünden mit seinem Blute.

Mel. O daß ich tausend Zungen hätte 2c.

275. Dem König, welcher Blut und Leben dem Leben seiner Völker weih't, dem König werde Preis gegeben! erzählt sein Lob der Ewigkeit! singt alle Wunder, die er thut. Doch über Alles rühmt sein Blut!

2. Den König hat mein Herz gefunden, wo anders, als auf Golgatha? da floß mein Heil aus seinen Wunden. Auch mich, auch mich erlöst' er da. Für mich gab er sein Leben hin, der ich von seinen Feinden bin.

3. Wem anders sollt' ich mich ergeben? o König, der am Kreuz verblich, hier opfr' ich dir mein Blut und Leben. Mein ganzes Herz ergießet sich. Dir schwör' ich zu der Kreuzesfahn', als Streiter und als Unterthan.

4. O gieb dein Manna mir zu essen! dein Freudenwein erquicke mich! o laß mich deiner nie vergessen! in meinem Geist verkläre dich. So halt' ich täglich Abendmahl, denn dein Verdienst ist ohne Zahl.

Ernst Gottlieb Woltersdorf.

Trostlied.

Röm. 8, v. 28. Wir wissen aber, daß denen, die Gott lieben, alle Dinge zum Besten dienen.

Mel. Jesu meine Freude.

276. Denen, die Gott lieben, wird viel zugetrieben von der bösen Welt, doch wenn sie nur dulden, ohne ihr Verschulden, so wie's Gott gefällt, so ist schon die Ehrenkron' von dem Höchsten zubereitet Jedem, der recht streitet.

2. Die geliebten Seinen lässet Gott oft weinen, wenn die Welt gleich lacht; doch wird all ihr Leiden zu gewünschten Freuden mit der Zeit gemacht; fallen hier gleich spät und früh ihre Thränen auf die Erden, kann's doch besser werden.

3. Gott weiß wohl wenn's diene, daß das Glück uns grüne oder Kreuz und Plag'; er hat schon versehen wie's uns soll ergehen unser Lebetag; was sein Rath beschlossen hat, ist, ob es gleich niedrig scheinet, dennoch gut gemeinet.

4. Lieben Eltern Kinder, Gott liebt ja nicht minder seiner Kinder Schaar; kann ein Vater sehen, daß sein Kind soll gehen gar in Tod'sgefahr, so kann Gott auch keinen Spott sein und seiner Frommen leiden, noch von ihnen scheiden.

5. Müssen gleich die Frommen in viel Trübsal kommen, schadet es doch nicht; Gott giebt bei dem Werke dennoch Kraft und Stärke, so wie er verspricht. Sind sie schwach und geben nach, doch hat er durch seine Kräfte da auch sein Geschäfte.

6. Alle Dinge fallen, wenn Gott selbst mit Allen einst ein Ende macht; aber wer Gott dienet wird, da er versühnet, nie zu Fall gebracht; Kreuz und Noth, ja Höll' und Tod kann von Gottes Lieb' nicht scheiden, die mit Christo leiden.

7. Zum erwählten Haufen kann nicht Jeder laufen, der sich bei der Welt immer will einfinden, auch in Schänd' und Sünden sich zu ihr geseilt. Wer sein Theil im ew'gen Heil suchen will, der muß auf Erden wohl geläutert werden.

8. Besten Christenleuten ist nichts anzudeuten selbst nach Gottes Wort, als daß sie hier leiden, und doch dort der Freuden warten an dem Ort, wo die Freud' ohn' End' und Zeit, länger, ach viel länger währet, als was hie beschweret.

9. Dienen nun die Plagen uns nicht zum Verzagen, sondern zur Geduld, ei so laß es gehen, wie es Gott ersehen, ist's doch lauter Huld, laß die Pein dir dienlich seyn, denn es schadet kein Betrüben denen, die Gott lieben.

Wiedergeburt.

Joh. 3, v. 5. Es sey denn, daß Jemand geboren werde aus dem Wasser und Geist, so kann er nicht in das Reich Gottes kommen.

Mel. Es ist das Heil uns kommen her.

277. Den heilig, heilig, heil'gen Gott kann fleischlich's Aug' nicht sehen. Denn Fleisch ist Fleisch, und kann als Tod im Geiste nichts verstehen, die

Sünde liegt im Fleisch verdammt und was von Gott nicht selber stammt, mag nicht zu Gott gelangen.

2. Wär' auch der große Lehrer nicht von Gott zu uns gekommen, wir hätten ewig nichts vom Licht und Gottes Weg vernommen; der sprach: dies ist der Weg allein, in Gottes Reich geht Niemand ein, er sey denn neu geboren!

3. Gleichwie er Fleisch geboren ward vom Fleisch, muß er auf Erden nun auch nach geistlich neuer Art, vom Geist geboren werden. Und das geschieht, nach Gottes Rath, im heil'gen Geist durch's Wasserbad der Taufe Jesu Christi.

4. Wie die Geburt aus Gott geschieht, kann fleischlich's Aug' nicht sehen, und wann es ein Kind Gottes sieht in Geisteskräften gehen, so weiß es nicht, woher doch wohl dies neue Leben kommen soll, noch wo sein Weg hingehet.

5. Woher? von oben. Und wohin? zu Christo in den Himmel. Hinauf erhebt der neue Sinn sich aus dem Weltgetümmel. Da, wo des Menschen Sohn hinfuhr, gen Himmel steht alleine nur sein Sehnen und Verlangen.

6. Gott Lob dem Vater, Sohn und Geist! daß ich auch neugeboren. So wahr als Gott wahrhaftig heißt, geh' ich nun nicht verloren. Ich sehe Jesum Christum an, der hat für mich genug gethan, den Himmel mir erworben. Christian Karl Ludwig v. Pfeil.

Vom Tode.

Matth. 24, v. 42. Wachet! denn ihr wisset nicht, welche Stunde euer Herr kommen wird.

Mel. Freu' dich sehr, o meine Seele.

278. Denket doch, ihr Menschenkinder! an den letzten Todestag; denket doch, ihr frechen Sünder, an den letzten Stundenschlag! Heute sind wir frisch und stark, morgen füllen wir den Sarg; und die Ehre, die wir haben, wird zugleich mit uns begraben.

2. Doch wir armen Menschen sehen nur, was in die Augen fällt. Was nach diesem soll geschehen, bleibt an seinen Ort gestellt. An der Erde kleben wir leider! über die Gebühr, aber nach dem andern Leben will der Geist sich nicht erheben.

3. Wo ihr euch nicht selber hasset, ach, so legt die Thorheit ab! was ihr thut und was ihr lasset, so gedenkt an euer Grab! Ewig Unglück, ewig Glück hängt an einem Augenblick. Niemand kann uns Bürgschaft geben, daß wir noch bis morgen leben.

4. Ungewissenhafte Leute zittern vor der Todespein; gute Christen wollten heute lieber aufgelöset seyn; denn sie wissen, daß der Tod ist ein Ausgang aller Noth, und die finstre Todeskammer schließt des Lebens Müh' und Jammer.

5. Vor der Sünde soll man zittern, weil sie Gottes Zorn entzünd't, aber nie sieht man erschüttern, die bereit zum Tode sind. Einmal müssen wir davon; heut bereite man sich schon. Heute laßt uns lernen sterben, daß wir morgen nicht verderben.

6. Was hilft doch ein langes Leben ohne Buß' und Besserung? Wer nicht will nach Tugend streben, ach, der sterbe lieber jung! Unsre Bosheit nimmt nicht ab, sondern mehrt sich bis ins Grab. Frei von Sünden wird man nimmer, und die Welt fast täglich schlimmer.

7. Daß doch nur ein Tag des Lebens möchte frei von Sünden seyn! doch mein Wünschen ist vergebens, unter uns ist Niemand rein. Beicht' und Abendmahl genung, wenig von Erneuerung. Scherz habt ihr mit Gott getrieben und seyd unverändert blieben.

8. Langes Leben, große Sünde! große Sünde, schwerer Tod; lernet das an einem Kinde! dem ist Sterben keine Noth. Selig, wer bei guter Zeit sich auf seinen Tod bereit't, und so oft die Glocke schläget, seines Lebens Ziel erwäget.

9. Eine jede Krankenstube kann euch eine Schule seyn. Fährt ein andrer in die Grube; wahrlich, ihr müßt auch hinein. Steht ihr auf, so sprecht zu Gott: heute kommt vielleicht der Tod. Legt ihr euch, so führt im Munde: heute kommt vielleicht die Stunde.

10. Stündlich sprecht: „In deine Hände, Herr! befehl' ich meinen Geist!" daß euch nicht ein schnelles Ende unverhofft von hinnen reißt. Selig, wer sein Haus bestellt! Gott kommt oft unangemeld't, und des Menschen Sohn erscheinet zu der Zeit, da man's nicht meinet.

11. Das Gewissen schläft im Leben, doch im Tode wacht es auf; da sieht man vor Augen schweben seinen ganzen Lebenslauf. Aller Schätze Kostbarkeit gäbe man zur selben Zeit, wenn man nur gescheh'ne Sachen ungeschehen könnte machen.

12. Darum brauchet eure Gaben dergestalt in dieser Zeit, wie ihr wünscht gethan zu haben, wenn sich Leib und Seele scheid't. Sterben ist kein Kinderspiel. Wer im Herren sterben will, der muß ernstlich danach streben, wie man soll im Herren leben.

13. Diese Welt geringe schätzen, allen Lastern widerstehn sich im Glauben stets ergötzen, willig Gottes Wege gehn, wahre Lebensbesserung, stete Fleischeszüchtigung, sich verleugnen, und mit Freuden Schmach um Christi willen leiden:

14. Das sind Regeln für Gesunde, da man Zeit und Kräfte hat. In der letzten Todesstunde ist es insgemein zu spat. Krankheit gleicht der Pilgerschaft; keines giebt dem Geiste Kraft, beides macht die Glieder müde, und zerstört den Seelenfriede.

15. Nichtig sind die Seelenmessen, die man den Verstorbnen hält, Todte werden bald vergessen. Liebe Christen! ach bestellt doch bei Zeiten euer Haus, machet hier die Sachen aus. Fremde Bitten und Gebete kommen hintennach zu späte.

16. Sucht mit Gott euch zu versühnen, freudig glaubt an Christi Blut; es wird kein Gebet euch dienen, das man nur zur Fröhne*) thut. Denkt ihr selber in der Zeit nicht an eure Seligkeit; wahrlich! in der Grabeshöhle sorgt kein Mensch für eure Seele.

*) Zwangsdienst.

17. Jetzund ist der Tag des Heiles und die angenehme Zeit; aber leider! meistentheiles lebt die Welt in Sicherheit. Täglich ruft der treue Gott; doch die Welt treibt ihren Spott. Ach! die Stunde wird verfließen, und Gott wird den Himmel schließen.

18. Da wird Mancher erst nach Oele bei des Bräut'gams Ankunft gehn, und da wird die arme Seele vor der Thüre müssen stehn. Darum haltet euch bereit, füllt die Lampen in der Zeit, sonst spricht Jesus, der Gerechte: weicht von mir, ihr Sündenknechte!

19. In dem ganzen Bibelbuche kommt mir Nichts so schrecklich für, als die Worte von dem Spruche: „Ihr Verfluchten, weicht von mir"! Selig, wer davor erschrickt, eh' er noch den Tod erblickt! Furcht und Zittern hier auf Erden schafft, daß wir dort selig werden.

20. Hier in lauter Freuden schweben, macht im Tode lauter Noth; aber auf ein traurig Leben folgt ein freudenreicher Tod. Drum hinweg mit dieser Welt! Alles, was sie in sich hält, tröstet nicht; übt eure Sinnen, daß sie Christum lieb gewinnen.

21. Tödtet eure bösen Glieder, kreuzigt euer Fleisch und Blut, drückt die böse Lust darnieder, brecht dem Willen seinen Muth, werdet Jesu Christo gleich, nehmt sein Kreuz und Joch auf euch; daran wird euch Christus kennen, und euch seine Jünger nennen.

22. Auf ein langes Leben bauen, da man täglich sterben kann, einem steten Wohlseyn trauen wird niemals ein kluger Mann. Mancher spricht bei Geld und Gut: liebes Herz, sey wohlgemuth! und wohl schon nach wenig Stunden ist die Augenlust verschwunden.

23. Ach! wie ofte hört man sagen, daß ein Mensch gestorben sey. Ach! wie Mancher wird erschlagen! nie ist man vor'm Tode frei. Manchen Menschen rührt der Schlag wohl im Trink- und Spielgelag; Mancher schlummert ohne Sorgen und erlebet nicht den Morgen.

24. Feuer, Wasser, Luft und Erden, Blitz und Donner, Krieg und Pest müssen unsre Mörder werden, wenn es Gott geschehen läßt. Niemand ist vom Tode frei, nur die Art ist mancherlei. Insgemein sind unsre Stunden einem Schatten gleich entschwunden.

25. Nach Verfließung dieses Lebens hält Gott keine Gnadenwahl. Jener Reiche rief vergebens in der Pein und in der Qual. Fremdes Bitten hilft euch nicht, und wer weiß, ob's auch geschicht? Also fallt in wahrer Buße eurem Gott noch selbst zu Fuße.

26. Sammelt euch durch wahren Glauben einen Schatz, der ewig währt, welchen euch kein Dieb kann rauben, und den auch kein Rost verzehrt. Nichts ist Ehre, nichts ist Geld, nichts ist Wollust, nichts ist Welt. Alles Trachten, alles Dichten muß man auf die Seele richten.

27. Freunde machet euch in Zeiten mit dem Mammon, den ihr habt; lasset von bedrängten Leuten keinen Menschen unbegabt. Christus nimmt die Wohlthat an, gleich als wär' sie ihm gethan; hört der Armen fromme Bitten. Segen wird euch überschütten.

28. Euer Wandel sey im Himmel, da ist euer Bürgerrecht. Lebt in diesem Weltgetümmel unbekannt, gerecht und schlecht.*) Flieht vor aller Sklaverei, machet eure

Seele frei, daß sie sich zu Gott erhebe und hier als ein Fremdling lebe. *) redlich.

29. Diese Gnade zu erlangen, sparet das Gebet ja nicht; netzt mit Thränen eure Wangen, bis daß Gottes Herze bricht. Rufet Jesu Christo nach, wie er dort am Kreuze sprach: Vater! nimm an meinem Ende meine Seel' in deine Hände. M. Joh. Hübner.

Glaubensmuth und Ausdauer.

Psalm 73, v. 1. Israel hat dennoch Gott zum Trost, wer nur reines Herzens ist.

Mel. Komm, o komm, du Geist des Lebens.

279. Dennoch will ich nicht verzagen, schweigt auch Christus noch so lang'; dennoch fortzuflehen wagen, wäre mir auch noch so bang'! dennoch ruf' ich Tag und Nacht: zeig' an mir auch deine Macht!

2. Will auch Niemand sie erfahren, dennoch wünsch' ich Spur von ihr; Spur, wie einst vor tausend Jahren, wer dir glaubt, erfuhr von dir! wenn du dich nicht offenbarst, bist du nicht mehr was du warst.

3. Scheinst du gleich dich zu verschließen, zu dir dringt mein Glaube doch! Alles kann ich — dich nicht missen; zeig' dein Leben, lebst du noch! träten zwischen dich und mich Welten — dennoch will ich dich.

4. Dich nicht, Buchstab nur und Schatten, nicht nur nachgeschrieb'nes Wort; dich, wie Jene dich einst hatten, dich unsterblich und durchbohrt! dich, der Welt, der Sünde Spott! dich, des Glaubens Herr und Gott.

5. Dich, gehaßt, geliebt, bewundert, dich, nur dich will mein Gebet; dich schon seit so viel' Jahrhundert von dem Glauben angefleht! hörest du: dich will ich nur; ja von dir nur sich're Spur.

6. Ob auch unzählbare Mengen Fehler — Sünden ohne Zahl, zwischen dich und mich sich drängen; dennoch fleh' ich tausendmal: bist du — bist du Jesus? so mach mich Sünder rein und froh.

7. Wär' ich zehnfach mehr beladen, hoff' ich Hülfe doch von dir; dennoch, Gnade aller Gnaden! fleh' ich: bist du, sey auch mir! schweigst du dennoch schweig' ich nicht: zeige mir dein Angesicht!

8. Wenn in allen Erdeweiten auch nicht einer fleht, wie ich, keiner der vergangnen Zeiten — dennoch, dennoch fleh' ich dich! fleht' ich ewig auch allein, sage Herr nur: Ich bin dein.

9. Hört in bangen Mitternächten einer je von dir ein Wort, der du bist zu Gottes Rechten, sah ein Menschenaug' dich dort? fleh' ich, flehte keiner nicht: mir auch strahle, Herr, dein Licht!

10. Könnten Alle dich entbehren, ihren Hirten alle Schaaf' — ich beströme dich mit Zähren, ruf': erwach' aus deinem Schlaf! immer dringt ein heißer Schmerz, so dich anzuflehn, mein Herz.

11. Wenn mich tausend Sorgen quälen, werf' ich jede Sorg' auf dich; wenn mir tausend Kräfte fehlen, fleh' ich: Christus, stärke mich! mich, wie tausend du gestärkt, die du, flehten sie, bemerkt.

12. Bist du Jesus? kannst du kränken? liebst du Qual und Finsterniß? fern sey's, dies von dir zu denken; lebst du, lebst du mir gewiß! Säh' ich lang' auch nichts von dir, dennoch, dennoch lebst du mir.

13. Nennen tausend Christusfeinde spottend Thor und Schwärmer mich; ja, vereinten alle Freunde mit der Wahrheit Feinden sich; dennoch ruf' ich bis du's hörst, und mein Flehn durch Antwort ehrst.

14. Nah' ich mich oft grausen Tiefen der Verzweiflung, däucht es mir, daß umsonst Zehntausend riefen, dennoch fleh' ich täglich dir: hast du Aug' und Ohr und Herz, lindre meiner Sehnsucht Schmerz!

15. Amen! Amen! in die Höhen deiner Himmel ruf' ich's hin! täglich, stündlich schallt mein Flehen, bis ich deiner sicher bin. Thränen, strömt in seinen Schooß! bis er sagt: dein Glaub' ist groß.

Johann Kaspar Lavater.

Tischlied.

Psalm 118, v. 28. Du bist mein Gott, und ich danke dir; mein Gott, ich will dich preisen.

In eigener Melodie.

280. Den Vater dort oben wollen wir nun loben, der uns, als ein milder Gott, gnädiglich gespeiset hat, und Christum seinen Sohn, durch welchen der Segen kommt vom allerhöchsten Thron.

2. Sprechend in der Wahrheit: dir sey Preis und Klarheit, Danksagung und Herrlichkeit, o mein Gott von Ewigkeit, der du dich erweisest, und uns heut' mit deiner Gab' lieblich hast gespeiset.

3. Nimm an dies Dankopfer, o Vater und Schöpfer, so wir deinem Namen thun in Christo dein'm lieben Sohn; o laß dir's

gefallen, und ihn mit seinem Verdienst zahlen für uns alle.

4. Denn nichts ist zu melden, das dir möcht' vergelten alle Gnad' und Gütigkeit, erzeigt unserer Schwachheit; ei, wie mag auf Erden, weil alles dein eigen ist, dir vergolten werden?

5. Herr, nimm an unsern Dank sammt diesem Lobgesang, und vergieb was noch gebricht uns zu thun bei dieser Pflicht; o mach' uns dir eben, daß wir hier in deiner Gnad' und dort ewig leben. Michael Weiß.

Abendlied.

Psalm 3, v. 6. Ich liege und schlafe, und erwache; denn der Herr hält mich.

Mel. Es ist gewißlich an der Zeit rc.

281. Der Abend kommt, so komm auch du mit deinem Licht und Segen, mein Gott! daß ich mich zu der Ruh' mag fröhlich niederlegen, denn ohne dich und deine Wacht wird mir die Finsterniß der Nacht voll Furcht und Schrecken werden.

2. Doch deine Flügel sind bereit in Schutz mich einzuschließen, daß ich gewünschte Sicherheit im Schlafe kann genießen; die starken Helden lagern sich mit Waffen um und neben mich; vor wem sollt' ich mich fürchten?

3. Schläft nun der Leib gesegnet ein, und kann in Frieden liegen, so laß die Seele wachend seyn, und sich in dir vergnügen. Dies ist ihr höchster Trost und Ruhm, daß sie dein werthes Eigenthum in Christo Jesu bleibet.

4. Kein Schatz kann nimmermehr so sehr, als du gepriesen werden, hab' ich nur dich, was will ich mehr im Himmel und auf Erden, ja, wär' der Himmel ohne dich, mein lieber Gott! so möcht' ich mich nicht in den Himmel wünschen.

5. Wie lieblich ist mir deine Huld, wie tröstlich deine Güte, und wenn ich ja in Sünd' und Schuld noch diese Nacht geriethe, so macht doch Christi theures Blut es augenblicklich wieder gut, und läßt mich nicht verderben.

6. Nun Gott! die Hände legst du mir, in treuer Liebe unter; so schlaf' ich sanft und wohl in dir; und werd' ich wieder munter, so soll dir Mund und Herz dabei auch Lob und Dank für deine Treu' zum Morgenopfer bringen. M. Erdmann Neumeister.

Vom Gebet.

Joh. 16, v. 23. So ihr den Vater etwas bitten werdet in meinem Namen, so wird er es euch geben.

Mel. Wach' auf, mein Herz, und singe.

282. Der allem Fleische giebet, die Sünder alle liebet, sie freundlich eingeladen, der heißt: Gott aller Gnaden.

2. Kommt her zu seiner Fülle! kommt all', es ist sein Wille. Kommt so, wie Jesus lehret. Wer ihn hört, wird erhöret.

3. Nur Ein Gott ist vorhanden, der hilft in allen Landen. Der Mittler ist nur Einer, und außer ihm ist Keiner.

4. All' andre Helfer lügen, all' andre Mittler trügen; was lauft ihr hin und wieder? setzt euch zur Quelle nieder!

5. In ihm zum Vater treten, das heißt: erhörlich beten. Durch sein Verdienst und Namen wird Alles Ja und Amen.

6. Sein Blut und seine Thränen, sein Seufzen und sein Stöhnen, sein Fleh'n und Händeringen muß euch Erhörung bringen.

7. Die Selbstgerechtigkeiten entflieh'n und steh'n von weiten. Hier gilt allein im Staube der tiefgebeugte Glaube.

8. Auf dem Gesicht und Knieen hat Er zu Gott geschrieen. O legt Gebet und Lieder zu seinem Kreuze nieder;

9. So werden sie gefallen. Das Vaterherz wird wallen, auf seinen Sohn hinblicken, und euch in ihm erquicken.

10. Als er am Kreuz gehangen, ergoß sich voll Verlangen, mit Blut aus jeder Wunde, Gebet aus seinem Munde.

11. Rief Abels Blut um Rache, sein Blut führt unsre Sache. Des Blutes Stimm' ist besser, die Kraft unendlich größer.

12. Und nun er ausgelitten, hört er nicht auf zu bitten, der Sünder Noth und Klagen dem Vater vorzutragen.

13. Seh't, euer Fleh'n und Weinen darf nicht allein erscheinen. Es wird von ihm beschützet und mächtig unterstützet.

14. Ihm wird Nichts abgeschlagen, Ihm dürft ihr Alles sagen; es wird von ihm betrieben, mit Amen unterschrieben.

15. So bringt denn, bringt zum Throne die Bitten all' im Sohne: sie werden angenommen; die Freude wird vollkommen.

Ernst Gottlieb Woltersdorf.

Der Gekreuzigte ist meine Liebe.

Hoheslied Sal. 8, v. 6. Setze mich wie ein Siegel auf dein Herz, und wie ein Siegel auf deinen Arm. Denn Liebe ist stark wie der Tod.

Mel. Werde munter, mein Gemüthe.

283. Der am Kreuz ist meine Liebe, meine Lieb' ist Jesus Christ; weg ihr argen Sündentriebe, Satan, Welt und Fleischeslüst', eure Lieb' ist nicht von Gott, eure Lieb' ist gar der Tod: der am Kreuz ist meine Liebe, weil ich mich im Glauben übe.

2. Der am Kreuz ist meine Liebe; Frevler, was befremdet dich, daß ich mich im Glauben übe? Jesus gab sich selbst für mich, so wird er mein Friedensschild, aber auch mein Lebensbild; der am Kreuz ist meine Liebe, weil ich mich im Glauben übe.

3. Der am Kreuz ist meine Liebe; Sünde, du bist mir verhaßt! Weh' mir, wenn ich den betrübe, der für mich am Kreuz erblaßt: kreuzigt' ich nicht Gottes Sohn? trät' ich nicht sein Blut mit Hohn? der am Kreuz ist meine Liebe, weil ich mich im Glauben übe.

4. Der am Kreuz ist meine Liebe; was ist mir noch fürchterlich? Schweig, Gewissen! er, die Liebe, Jesus opfert sich für mich. Schaue, wie er blutend ringt mit der Sünd' und sie bezwingt; der am Kreuz ist meine Liebe, weil ich mich im Glauben übe.

5. Der am Kreuz ist meine Liebe; drum, Tyranne! foltre, stoß': Hunger, Blöße, Henkershiebe, Nichts macht mich von Jesu los, nicht Gewalt, nicht Gold, nicht Ruhm, Engel nicht, kein Fürstenthum. Der am Kreuz ist meine Liebe, weil ich mich im Glauben übe.

6. Der am Kreuz ist meine Liebe; komm, Tod, komm, mein bester Freund! wenn ich wie ein Staub zerstiebe, wird mein Jesus mir vereint; da, da schau' ich Gottes Lamm, meiner Seelen Bräutigam. Der am Kreuz ist meine Liebe, weil ich mich im Glauben übe.

Johann Mentzer? —

Christus, der beste Freund.

Joh. 15, v. 13 Niemand hat größere Liebe, denn die, daß er sein Leben lässet für seine Freunde.

Mel. Wer nur den lieben Gott läßt walten.

284. Der beste Freund ist in dem Himmel, auf Erden sind nicht Freunde viel: denn bei dem falschen Weltgetümmel steht Redlichkeit oft auf dem Spiel. Drum hab' ich's immer so gemeint: mein Jesus ist der beste Freund.

2. Die Welt ist gleich dem Rohr im Winde, mein Jesus stehet felsenfest; wenn ich mich gar verlassen finde, mich seine Freundschaft doch nicht läßt. In Freud' und Schmerz Er's redlich meint; mein Jesus ist der beste Freund.

3. Die Welt verkaufet ihre Liebe dem, der am meisten nützen kann; und scheinet denn das Glücke trübe, so steht die Freundschaft hinten an; doch hier ist es nicht so gemeint, mein Jesus ist der beste Freund.

4. Er läßt sich selber für mich tödten, vergießt für mich sein eignes Blut; er steht mir bei in allen Nöthen; er sagt für meine Schulden gut. Er hat mir niemals was verneint; mein Jesus ist der beste Freund.

5. Mein Freund, der mir sein Herze giebet, mein Freund, der mein ist und ich sein, mein Freund, der mich beständig liebet, mein Freund bis in das Grab hinein. Ach, hab' ich's nun nicht recht gemeint? mein Jesus ist der beste Freund.

6. Behalte, Welt, dir deine Freunde! sie sind doch gar zu wandelbar. Und hätt' ich hundertausend Feinde, so krümmen sie mir nicht ein Haar. Hier immer Freund und nimmer Feind; mein Jesus ist der beste Freund.

Benjamin Schmolck.

Vom ewigen Leben.

Matthäi 25, v. 10. Welche bereit waren, gingen mit ihm hinein zur Hochzeit.

Mel. Valet will ich dir geben.

285. Der Bräut'gam wird bald rufen: kommt all', ihr Hochzeitgäst'! hilf Gott, daß wir nicht schlafen in Sünden, schlummern fest, bald hab'n in unsern Händen die Lampen, Oel und Licht, und dürfen uns nicht wenden von deinem Angesicht.

2. Da werden wir mit Freuden den Heiland schauen an, der durch sein Blut und Leiden den Himmel aufgethan, die lieben Patriarchen, Propheten allzumal, Blutzeugen und Apostel mit ihm in großer Zahl.

3. Die werden uns annehmen als ihre Brüderlein, sich uns'rer gar nicht schämen, uns führen mitten ein, wir Alle werden treten zur Rechten Jesu Christ', all' unsern Gott anbeten, der unsers Fleisches ist.

4. Gott wird sich zu uns kehren, und Jedem setzen auf ein' gold'ne Kron' der Ehren und segnen freundlich d'rauf, an seine Brust uns drücken aus Lieb' ganz väter-

lich, an Leib und Seel' uns schmücken mit Gaben mildiglich.

5. Da wird man hören klingen das rechte Saitenspiel, die Musika wird bringen in Gott der Freuden viel; die Engel werden singen, die Heil'gen allzugleich, mit himmelischen Zungen, ewig in Gottes Reich.

6. Er wird uns fröhlich leiten in's ew'ge Paradeis, die Hochzeit zu bereiten zu seinem Lob und Preis, da wird seyn Freud' und Wonne, in rechter Lieb' und Treu' aus Gottes Schatz und Brunnen, und täglich werden neu.

7. Also wird Gott erlösen uns gar aus aller Noth, vom Teufel, allem Bösen, von Trübsal, Angst und Spott, von Trauern, Weh und Klagen, von Krankheit, Schmerz und Leid, von Schwermuth, Zorn und Zagen, von aller bösen Zeit. M. Joh. Walther.

(Aus dem 34 Verse langen Liede: Herzlich thut mich erfreuen 2c. genommen).

Loblied.

Epheser 1, v. 12. Auf daß wir etwas seyn zu Lobe seiner Herrlichkeit, die wir zuvor auf Christum hoffen.

Mel. Von Gott will ich nicht lassen.

286. Der Cherubinen Chöre vor Gottes Angesicht, der Engel starke Heere vor seinem Thron im Licht, besingen Gottes Ruhm, sie widmen alle Kräfte dem seligen Geschäfte in seinem Heiligthum.

2. Im Reich der Finsternissen wird kein Gesang gelehrt; die Hölle mag nicht wissen, was Gott zum Lob gehört. Uns hat Gott zubereit't, uns theu'r erlöste Armen zum Ruhm für sein Erbarmen, zum Lob der Herrlichkeit.

3. Uns Menschen ist's erlaubet, der Geist giebt uns den Ton, daß wer an Jesum glaubet, lobt Gott in seinem Sohn. O stimme, Geist des Herrn, mir alle Herzenstriebe, daß ich des Vaters Liebe im Sohn besingen lern'.

4. Hier singt die matte Kehle noch schwach und gar nicht rein; doch nimmt das Lob die Seele schon so erquickend ein. O Gott, wie schön wirst du, nach himmlischem Exempel, gelobt in jenem Tempel! Ach bring' uns auch hinzu!

M. Philipp Friedrich Hiller.

Morgenlied.

Klagel. Jer. 3, v. 23 Gottes Barmherzigkeit ist alle Morgen neu, und seine Treue ist groß.

Mel. Gott des Himmels und der Erden.

287. Der du alle deine Werke liebest, Gott, von Ewigkeit, du bist auch mit Huld und Stärke ihnen nahe in der Zeit. Deine Güt' und deine Treu' ist mit jedem Morgen neu.

2. Unter vielen Millionen siehst du liebreich auch auf mich; sicher lässest du mich wohnen und beschirmst mich väterlich. Dafür preis't mit neuem Dank dich mein früher Lobgesang.

3. Darf ich, Erd' und Staub, es wagen, froh zu dir empor zu sehn? meinen Kummer dir zu klagen, kindlich frei dich anzufleh'n? Ja, durch Christum hab' auch ich dies Zutrauen gegen dich.

4. Du läßt meine Kümmernisse, im Vertrau'n auf dich, entflieh'n. So entfloh'n die Finsternisse, da die Morgensonn' erschien. Keine Sorge raube mir meine Freudigkeit zu dir.

5. Du gewährst mir neue Stunden, zur Vollbringung meiner Pflicht. Hilf, daß ich werd' treu erfunden; so bin ich voll Zuversicht, wenn mein Richter nun erscheint, der erhab'ne Menschenfreund.

6. Stärke du mich Schwachen; leite mich mit deinen Segnungen. Ich ergebe mich auch heute deinen weisen Fügungen. Herr, mich sieht dein Vaterblick; o wie groß ist dies mein Glück!

Christian Friedrich Neander.

Von der heiligen Dreieinigkeit.

1 Joh. 5, v. 7. Drei sind, die da zeugen im Himmel: der Vater, das Wort, und der heilige Geist, und diese Drei sind Eins.

In eigener Melodie.

288. Der du bist Drei in Einigkeit, Ein wahrer Gott von Ewigkeit; die Sonn' mit dem Tag von uns weicht; laß leuchten uns dein göttlich Licht.

2. Des Morgens, Gott, dich loben wir, des Abends beten auch vor dir; unser armes Lied rühmet dich, jetzund, immer und ewiglich.

3. Gott, Vater, dem sey ewig Ehr', Gott, Sohn, der ist der ein'ge Herr, und dem Tröster, heiligem Geist, von nun an bis in Ewigkeit. D. Martin Luther.

(Aus dem Latein. O lux, beata trinitas.)

Am Charfreitage.

Joh. 19, v. 41. 42. Es war aber an der Stätte, da er gekreuzigt ward, ein Garten, und im Garten ein neues Grab, in welches Niemand je geleget war. Daselbst hin legten sie Jesum.

Mel. Nun laßt uns den Leib begraben.

289. Der du, Herr Jesu, Ruh' und Rast in deinem Grab gehalten hast, daß wir auch in dir ruhen all' und unser Leben dir gefall'.

2. Verleih', o Herr, uns Kraft und Muth, die du erkauft mit deinem Blut, und führ' uns zu des Himmels Licht vor deines Vaters Angesicht.

3. Wir danken dir, o Gottes Lamm, getödtet an des Kreuzes Stamm, ach laß uns Sündern deine Pein ein Eingang in das Leben seyn!

D. Georg Werner.

Geistlicher Kampf.

Epheser 6, v. 11. Ziehet an den Härnisch Gottes, daß ihr bestehen könnet gegen die listigen Anläufe des Teufels.

Mel. Mache dich mein Geist bereit.

290. Der du mich vom Tod erkauft, mir das Heil erstritten, und mich auf dein Blut getauft! Herr, vernimm mein Bitten. Mache mich, fleh' ich dich, o mein Gott und König, dir ganz unterthänig!

2. Schreib' mich in der Brüder Zahl, die von Gott geboren, die des Vaters Gnadenwahl zu dem Reich erkoren. Und in dir schenke mir Gottes Macht zum Kriegen, Glaubenskraft zum Siegen. 1. Joh. 5, v. 4.

3. Lege mir die Rüstung an, die Gott selbst bereitet! daß ich sicher stehen kann, wenn der Arge streitet; dessen List mächtig ist, mich durch tausend Tücken teuflisch zu berücken.

4. Nein, es ist kein Menschenkrieg. Starke Höllengeister ringen mächtig um den Sieg, sind der Bosheit Meister. Satan hält alle Welt in den Finsternissen unter seinen Füßen.

5. O so gieb mir, starker Held, Gottes Waffen alle, daß der Fürst der argen Welt vor mir weich' und falle; daß ich ihn, stark und kühn, auch am bösen Tage aus dem Felde schlage!

6. Herr, es gilt das Vaterland, meine Kron' und Erbe! Blut hast du daran gewandt, daß ich nicht verderbe. Und auch ich muß durch dich vollen Sieg erreichen, keinem Feinde weichen.

7. Drum so laß mich wachend stehn, gieb den Augen Klarheit. Um recht frei zum Kampf zu gehn, gürte mich mit Wahrheit! Redlichkeit in dem Streit sieget nach Verlangen, Falschheit wird gefangen.

8. Laß mich mit Gerechtigkeit meine Brust bedecken; dieses Panzers Sicherheit trotzet allem Schrecken. Satan flieht, wenn er sieht, in des Kampfes Hitze, dieser Rüstung Blitze.

9. In dem Evangelio deines Friedens wandeln, macht die Seele frei und froh, lehrt sie kindlich handeln. Himmelsruh' giebest du, lehrst uns sicher gehen in dir, fest zu stehen.

10. Ueber alles decke mich mit des Glaubens Schilde! mein Vertrauen geh' auf dich in dem Marterbilde. Herr, dein Tod wehrt der Noth! Pfeile, die sonst zünden, werden bald verschwinden.

11. Droht dem Haupte die Gefahr, gieb den Helm des Lebens! so stell' ich mich freudig dar, und sie droht vergebens. Hoffnung*) weiß ihren Preis. Nimmer kann ich sterben, Alles werd' ich erben.

*) 1 Thessal. 5, v. 8.

12. Endlich gieb des Geistes Schwert meinen Glaubenshänden! Gottes Worte sind bewährt, die den Streit bald enden. So werd' ich, Herr, durch dich Satans Macht zerhauen, *) tausend Siege schauen.

*) Psalm 118, v. 10—12.

13. Wecke mich in Fried' und Streit zum Gebet und Flehen! Sprich auch, wenn der Glaube schrei't: Ja, es soll geschehen! Herr, nimm wahr deiner Schaar, Aller, die noch kriegen, bis zum letzten Siegen.

Ernst Gottlieb Woltersdorf.

Pfingstlied.

Luc. 11, v. 13. So denn ihr, die ihr arg seyd, könnet euren Kindern gute Gaben geben, wie vielmehr wird der Vater im Himmel den heiligen Geist geben denen, die ihn bitten?

Mel. Freu' dich sehr, o meine Seele.

291. Der du uns als Vater liebest, treuer Gott, und deinen Geist, denen, die dich bitten, giebest, ja nur um ihn bitten heißt: demuthsvoll fleh' ich zu dir, Vater, sende ihn auch mir, daß er meinen Geist erneue, und ihn dir zum Tempel weihe.

2. Ohne ihn fehlt meinem Wissen Leben, Kraft und Fruchtbarkeit; und mein Herz bleibt dir entrissen, und dem Dienst der Welt geweih't; wenn er nicht durch seine Kraft die Gesinnung in mir schafft, daß ich dir mich ganz ergebe und zu deiner Ehre lebe.

3. Auch dich kann ich nicht erkennen, Jesu, noch mit ächter Treu' meinen Gott und Herrn dich nennen, stehet mir dein

Geist nicht bei. Drum, so laß ihn kräftiglich in mir wirken, daß ich dich glaubensvoll als Mittler ehre, und auf deine Stimme höre.

4. Ew'ge Quelle wahrer Güter, hochgelobter Gottes-Geist, der du menschliche Gemüther besserst und mit Trost erfreust! nach dir, Herr, verlangt auch mich; ich ergebe mich an dich. Mache mich, zu Gottes Preise, heilig und zum Himmel weise.

5. Fülle mich mit heil'gen Trieben, daß ich dich, mein höchstes Gut über Alles möge lieben, daß ich mit getrostem Muth, deiner Vaterhuld mich freu', und mit wahrer Kindestreu' stets vor deinen Augen wandle, und rechtschaffen denk' und handle.

6. Geist des Friedens und der Liebe! bilde mich nach deinem Sinn, daß ich Lieb' und Sanftmuth übe, und mir's rechne zum Gewinn, wenn ich je ein Friedensband knüpfen kann, wenn meine Hand zur Erleichtrung der Beschwerden kann dem Nächsten nützlich werden.

7. Lehre mich, mich selber kennen, die verborg'nen Sünden sehn, sie voll Reue Gott bekennen und ihn um Vergebung flehn. Mache täglich Ernst und Treu', mich zu bessern in mir neu, zu dem Heiligungsgeschäfte gieb mir immer neue Kräfte.

8. Wenn der Anblick meiner Sünden mein Gewissen niederschlägt, wenn sich in mir Zweifel finden, die mein Herz mit Zittern hegt; wenn mein Aug' in Nöthen weint, und Gott nicht zu hören scheint, o, dann laß es meiner Seelen nicht an Trost und Stärkung fehlen.

9. Was sich Gutes in mir findet, ist dein Gnadenwerk in mir: selbst den Trieb hast du entzündet, daß mich Herr, verlangt nach dir. O, so setze durch dein Wort, deine Gnadenwirkung fort, bis sie durch ein sel'ges Ende herrlich sich an mir vollende.

M. David Bruhn.

Der Sündenfall.

1 Mose 3, v. 6. Das Weib schauete an, daß von dem Baum gut zu essen wäre und lieblich anzusehen, daß es ein lustiger Baum wäre, weil er klug machte; und nahm von der Frucht und aß; und gab ihrem Mann auch davon und er aß.

Mel. Es ist gewißlich an der Zeit.

292. Der ersten Unschuld reines Glück, wohin bist du geschieden? du flohst und kehrest nicht zurück mit deinem süßen Frieden. Dein Edensgarten blüht nicht mehr: verwelkt durch Sünden-Hauch ist er, durch Menschenschuld verloren.

2. Ach, wider Gottes heil'gen Plan, das Prüfungswort der Liebe, hebt sich in falschem Glückeswahn die Macht bethörter Triebe. Vom Schlangenwort der Lust versucht, vergällt der Mensch durch ihre Frucht sein Glück, sein Herz, sein Leben.

3. Frei will er seyn, sein eig'ner Gott, will thun, was ihn gelüstet, bald auch mit Deutelei und Spott zum bösen Schritt gerüstet. Die Unschuld flieht, und inn're Schmach folgt auf dem Fuß der Sünde nach und hascht nach Feigenblättern.

4. Wer kann mit schnödem Heuchelspiel vor Gott die Blöße decken? wo bist du? ruft's im Abendkühl, umsonst ist dein Verstecken. Was that'st du? ruft, der Alles sieht, dem keine Nacht die Sünd' entzieht, der allgerechte Richter.

5. Ach, neu verjüngt sich fort und fort des ersten Falls Geschichte. Das Herz, verführt durch Schlangenwort', verfällt dem Schuldgerichte. Vergebens wüsch' es gern sich rein, der Kläger ruft: die Schuld ist dein und horch, der Ew'ge richtet.

6. Die Strafe schont, o Sünder, nicht: ihr Fuß wird nicht verziehen. Du fliehest Gottes Aug' und Licht, und kannst ihm nicht entfliehen. Und dennoch lockt die Sünde noch und drücket dich mit argem Joch, wenn kein Erlöser rettet.

7. Nehmt, was die Schrift euch lernen hieß, zu Herzen wie zu Ohren! der Unschuld blüht ihr Paradies: es geht durch Schuld verloren. Der Flammencherub tritt hervor und schließt des Paradieses Thor; wer will den Cherub zwingen?

8. Heil, Heil, daß uns ein Held erschien, ein Heiland allen Sündern. Den Schlangenkopf zertrat er kühn, der Sünde Sieg zu hindern. Im Glauben nehmt den Retter an! er führt euch seine Siegesbahn. Auf, kämpft an seiner Seite!

9. Er führt in's Paradies zurück den schuldentlad'nen Schächer. Der Arge flieht vor seinem Blick und zittert vor dem Rächer. Das Schwert des Cherubs droht nicht mehr. Vom neuen Eden winkt daher der Baum des ew'gen Lebens.

Karl Bernhard Garve.

Vom Glauben.

Luc. 8, v. 25. Er aber sprach zu ihnen: Wo ist euer Glaube?

Mel. Wer nur den lieben Gott läßt walten.

293. Der Glaube fehlt, und darum fehlen dem Schwachen Ruhe,

Trost und Licht. So hindern sich betrogne Seelen und wachsen in dem Guten nicht; fragt nicht, was eure Herzen quält? die Quelle ist: der Glaube fehlt!

2. Der Glaube fehlt, weil das Gewissen den Frieden Gottes noch nicht schmeckt, wer glaubt, der wird von seinen Bissen nicht mehr so fürchterlich erschreckt; er hofft auf Gott, besiegt die Welt. Ihr nicht? so schließt, der Glaube fehlt.

3. Der Glaube fehlt; ihr fürchtet Feinde, die Spott, Haß und Verfolgung droh'n. Kaum sagen Welt und falsche Freunde die Liebe auf, so bebt ihr schon. Wenn Gott beschützt, was will die Welt? Wozu die Furcht? der Glaube fehlt.

4. Der Glaube fehlt; sonst wichen Sorgen, Verdruß und bange Aengstlichkeit; man grämte sich um künft'ge Morgen nie sündlich, nie um ferne Zeit. Wenn Gott die Thiere schon erhält, warum nicht uns? der Glaube fehlt.

5. Der Glaube fehlt; woher kommt Zagen vor Tod, und Grab, und Ewigkeit? Woher, daß ihr in bösen Tagen so furchtsam und so traurig seyd? Was ist's, daß euren Muth entseelt? sonst ist kein Grund: der Glaube fehlt!

6. Mein Gott! laß Glauben, Hoffnung, Liebe lebendig, fest und thätig seyn! daß ich sie bis zum Sterben übe und schlafe sanft mit ihnen ein; so stirbt ein Christ und stirbt vergnügt, weil Hoffnung stärkt und Glaube siegt! Joh. Gottfr. Schöner.

Vom Glauben.

Matth. 9, v. 29. Euch geschehe nach eurem Glauben.

Mel. Auf, auf! mein Herz, und du mein rc.

294. Der Glaube hilft, wenn nichts mehr helfen kann; der Glaube dringt zu Christo sich hinan; der Glaube sieht durch alle Finsternisse; der Glaube bricht durch alle Hindernisse.

2. Der bloße Glaub' ergreifet Christi Kleid; der schwache Glaub' lehnt sich an Christi Seit'; der kleinste Glaub' thut eitel Wundersachen; wer Glauben hat, kann Alles möglich machen. E. K. L. v. Pfeil.

Vom Glauben.

Galater 5, v. 6 In Christo Jesu gilt weder Beschneidung noch Vorhaut etwas; sondern der Glaube, der durch die Liebe thätig ist.

Mel. Es ist das Heil uns kommen rc.

295. Der Glaube macht allein gerecht durch Christum, der's erworben; kein Werk erwirbt das Himmelreich, weil All's an uns verdorben; doch ist ohn' Lieb' der Glaube todt; drum willst du meiden ew'ge Noth, thu' Buße, glaub' und liebe.

2. Die Liebe sey des Nächsten Knecht, die thu' aus gutem Herzen, dabei nur glaube recht und schlecht *), daß bloß durch Christi Schmerzen und seinen Tod du seyst gerecht, und flieh', zu seyn der Sünden Knecht; Gott woll' uns wohl bekehren!

*) redlich.

Vom Glauben.

Röm. 4, v. 5. Dem aber, der nicht mit Werken umgehet, glaubet aber an den, der die Gottlosen gerecht machet; dem wird sein Glaube gerechnet zur Gerechtigkeit.

Mel. O Gott, du frommer Gott.

296. Der Glaube macht gerecht, nicht aber unsre Werke; wer aber Glauben hat, der krieget Kraft und Stärke zur wahren Heiligkeit; da kann er Werke thun, dieweil er Jesum faßt: der wird nicht müßig ruh'n.

2. Wohnt durch den Glauben nicht mein Jesus in dem Herzen? da ist er ja mein Arzt zur Heilung meiner Schmerzen, mein König, der mich schützt, mein Held, der in mir siegt, bis Satan, Sünd' und Welt zu seinen Füßen liegt.

3. Sollt' er nicht stärker seyn, als Satan, Welt und Sünden? sollt' ich nicht seine Kraft zur Heiligung empfinden, und Gutes können thun? er muß, tritt er herein, selbst meine Heiligung und meine Stärke seyn.

4. Er ist ja selbst dazu vom Vater mir gegeben; der Glaube machet mich zu Christi zartem Reben; da zieh' ich aus ihm Kraft, da wird durch ihn allein, auch was unmöglich ist, mir leicht und möglich seyn.

5. Fleisch, Satan oder Welt mag noch so widerstreben, ein Körnlein Glaubenskraft wird alle Berge heben; es faßt der schwache Glaub' auch Christi Allmacht ein; daß alle Dinge dem, der glaubet, möglich seyn.

6. Wird Jesus nicht in mir viel Gutes wirken können? muß endlich nicht mein Herz in Gegenliebe brennen, wenn seiner Liebe Glanz die Finsterniß vertreibt, und diese Lieb' in mir des Lebens Sonne bleibt?

7. Will seine Liebe stets den Glauben überfließen, wie? gäb' ich mich nicht auch dem Nächsten zu genießen? o ja! giebt Jesus sich dem Glauben zum Gewinn; so giebt sich meine Lieb' auch wohl dem Nächsten hin.

8. So darf ich nun, mein Held, in keinem Kampf verzagen, ich mag's im Glauben nur auf deine Kräfte wagen: du wohnest, lebest, wirkst und siegest doch in mir. Mein Jesu, hilf mir durch, ich halte mich zu dir.

9. Ich kann nur Böses thun, begehren und gedenken, mein' Ohnmacht soll ich stets in deine Allmacht senken. Die Gnade nehme stets ihr Regiment nur ein; so wird die Sünd' in mir nicht ferner herrschend seyn.

10. Ihr Blick zerschmelze doch die Schlacken in dem Herzen, dein Geist vertreib' in mir der Sünde herbe Schmerzen, dein Licht erleuchte mich, dein Leben leb' in mir; so kriegt mein Glaube auch die Heiligung aus dir.

Karl Heinrich v. Bogatzky.

Vom Glauben.

Ebräer 11, v. 1. Es ist aber der Glaube eine gewisse Zuversicht deß, das man hoffet, und nicht zweifelt an dem, das man nicht siehet.

Mel. Es ist das Heil uns kommen her.

297. Der Glaub' ist eine Zuversicht zu Gottes Gnad' und Güte; der bloße Beifall thut es nicht, es muß Herz und Gemüthe zu Gott völlig gerichtet seyn, und gründen sich auf ihn allein, ohn' Wanken und ohn' Zweifel.

2. Wer sein Herz also stärkt und steift in völligem Vertrauen, und Jesum Christum recht ergreift, auf sein Verdienst kann bauen, der hat des Glaubens rechte Art, und kann zur seligen Hinfahrt sich schicken ohne Grauen.

3. Dies aber ist kein Menschenwerk, der Glaub' kommt von dem Herren. Drum bitt', daß er ihn in dir stärk' und täglich woll' vermehren. Laß aber auch des Glaubens Schein, die guten Werke, an dir seyn; sonst ist dein Glaube eitel.

4. Es ist ein schändlich-böser Wahn des Glaubens sich zu rühmen, und böse Werke nehmen an, so Christen nicht geziemen. Wer das thut, der soll wissen frei, daß sein Glaub' nur sey Heuchelei, und werd' zur Höll' ihn bringen.

5. Drum lasse sich ein frommer Christ mit Ernst seyn angelegen, daß er aufrichtig jeder Frist sich halt' in Gottes Wegen; daß sein Glaub' ohne Heuchelei, vor Gott dem Herrn rechtschaffen sey, und vor dem Nächsten leuchte.

Ludwig Andreas Gotter?

Vom Glauben.

Colosser 2, v. 12. 13. Ihr seid mit Christo auferstanden durch den Glauben den Gott wirket, welcher ihn auferwecket hat von den Todten; und hat auch euch mit ihm lebendig gemacht.

Mel. Vater unser im Himmelreich.

298. Der Glaub' ist Gottes Werk und Gab', den ich nicht von mir selber hab'. Ein Wahn, den Fleisch und Blut erdicht't, und was des Sünders Zunge spricht, ist Heuchelei und Selbstbetrug, und rührt nicht von des Geistes Zug.

2. Der wahre Glaub' ist Gottes Licht, das wie der Tag in uns anbricht, wenn uns das Wort des Höchsten lehrt, uns ruft, erleuchtet und bekehrt und unser Herz zur Buße lenkt; dies Licht wird uns von Gott geschenkt.

3. Zwar, wenn die Furcht und Lust der Welt das Herz bestürmet und befällt, wird oft der Glaube schwach und klein, und scheint gar unterdrückt zu seyn; er steigt, wenn er sich wieder fest auf Gott und Christi Wort verläßt.

4. Er wird durch Gottes Geist vermehrt, und bleibt im Trübsal unversehrt; er geht vielmehr durch Spott und Schmach auf schmalem Weg dem Heiland nach, mit dem die Seele sieghaft ringt, und sich gleich Adlern aufwärts schwingt.

5. Der Glaube wird durch Kreuz vermehrt, und durch die Glut, wie Gold, bewährt. Er ringet, wie dort Jakob that, als er Gott hielt, und brünstig bat;*) er läßt nicht ab, bis Gottes Geist ihm Beistand, Heil und Trost erweist. *) 1 Mose 32, v. 26.

6. Beklemmt gleich erst die Traurigkeit das schwache Herz in solchem Streit; wird doch die Freude hergestellt, sobald der Glaube Sieg erhält; drum schmeckt die Seel' in Christo Lust, wie Kinder an der Mutter Brust.

7. Ein Herz, das solchen Glauben hat, bezeuget ihn durch Wort und That. Es zeigt durch Hoffnung, Liebe, Treu', daß es voll heil'ger Triebe sey. Es macht sich stündlich offenbar, und reicht im Glauben Tugend dar.

8. Doch was nicht aus dem Glauben geht, und nur aus Heuchelei entsteht, zerfället bald, hat nie Bestand, und wird von Frommen bald erkannt: denn Wollust, Eigennutz und Ehr' verräth die Gleißner gar zu sehr.

9. Mein Gott! verleihe, daß ich treu im

Glauben und in Liebe sey. Flamm' an das Docht, das schwach nur glimmt, bevor es noch ein Ende nimmt. Im Kreuzeskampf, im letzten Streit gieb Kraft, Muth und Beständigkeit.

Christian Pressovius.

(Nach dem Neu vermehrten Frankfurter Gesangbuch. Frankfurt a. d. O. 1766.)

Vom Glauben.

Luc. 17, v. 5. Die Apostel sprachen zu dem Herrn: Stärke uns den Glauben.

Mel. Vater unser im Himmelreich.

299. Der Glaub' ist oft so schwach und matt, daß er gar wenig Kräfte hat; bald mangelt ihm genugsam Licht; bald fehlt dem Beifall*) sein Gewicht; bald wird die Zuversicht gelähmt und das Vertrauen steht beschämt. *) Apost. Gesch. 8. v 37.

2. Er sieht in Christo Gnad' und Heil, und wünscht: ach! hätt' ich daran Theil! doch, wenn er darnach greifen soll, so bebet er und zittert wohl, dieweil ihn Finsterniß bedeckt, und die Unwürdigkeit ihn schreckt.

3. Doch, wenn der Glaub' auch noch so schwach, so wohnt doch unter einem Dach ihm nie Betrug und Heuchelei, noch sonst ein herrschend Laster bei, er reiniget die ganze Brust von Hochmuth, Geiz und Fleisches-Lust.

4. Er rühmt sich seiner Schwachheit nicht, er merket wohl, was ihm gebricht, er klagt sich selbst voll Wehmuth an, er weint und ruft so laut er kann: ach, lieber Herr! ich glaubte gern; ach, sey mir Schwachem nicht so fern!

5. Ist er schon einem Fünklein gleich, so ist er doch an Wärme reich, er überwindet Sünd' und Welt, obgleich der Kampf ihm schwerer fällt, er übet gute Ritterschaft und siegt auch mit der kleinen Kraft.

6. Er legt die Mittel treulich an, dadurch er stärker werden kann; er hungert nach dem Lebens-Wort und wächset dadurch immerfort; er dürstet nach dem Liebesmahl und seufzt um Kraft unzähligmal.

7. Er schätzet seinen Heiland hoch: versteckt Er sich, er sucht ihn doch; er achtet alle Welt für Koth, er dringt zu Gott durch Noth und Tod; er kämpft, bis in des Mittlers Blut sein lechzendes Verlangen ruht.

8. Mein Heiland! wird mein Glaube schwach, so stärke ihn und hilf ihm nach: ach! blas' das kleine Fünklein an, damit es andern leuchten kann; ja mache eine Flamme draus, die auch ergreift des Nachbars Haus.

9. Gieb Oel, gieb Oel, mein Heiland! her, wenn meine Lampe dürr' und leer, befördre durch dein himmlisch Licht Erkenntniß, Beifall, Zuversicht: laß mich getreu im Leiden seyn und sprich mir Muth im Sterben ein.

D. Joh. Jakob Rambach.

Verlangen nach der Gerechtigkeit, die vor Gott gilt.

Offenb. Joh. 22, v. 17. Wen dürstet, der komme; und wer da will, der nehme das Wasser des Lebens umsonst.

Mel. O Gott, du frommer Gott.

300. Der Gnadenbrunn fließt noch, den Jedermann kann trinken. Mein Geist, laß deinen Gott dir doch umsonst nicht winken! es lehrt dich ja das Wort, das Licht für deinen Fuß, daß Christus dir allein von Sünden helfen muß.

2. Dein Thun ist nicht geschickt zu einem bessern Leben, auf Christum richte dich, der kann dir solches geben; der hat den Zorn versöhnt mit seinem theuren Blut, und uns den Weg gebahnt zu Gott, dem höchsten Gut.

3. Die Sünden abzuthun, kannst du dir doch nicht trauen, dein Glaube muß allein auf Gottes Hülfe bauen; Vernunft geht wie sie will, der Satan kann sie dreh'n; hilft Gottes Geist dir nicht, so ist's um dich gescheh'n.

4. Nun, Herr, ich fühle Durst nach deiner Gnadenquelle, wie ein gejagter Hirsch auf so viel Sündenfälle. Wie komm' ich aus der Noth, als durch den Gnadensaft? hilf mir durch deinen Geist, in mir ist keine Kraft.

5. Du hast ja zugesagt: du wollst, die Durst empfinden nach der Gerechtigkeit, befrei'n von ihren Sünden; nun weiset uns den Weg dein Sohn, der wahre Christ: nur du mußt Helfer seyn, weil du voll Hülfe bist.

6. O selig! willst du mir von diesem Wasser geben, das tränket meinen Geist zu der Gerechten Leben. Gieb diesen Trank mir stets, du Brunn der Gütigkeit! so ist mir immer wohl in der Gelassenheit.

Christian Knorr v. Rosenroth.

Christi Niederfahrt zur Hölle.

1 Petri 3, v. 18. 19. Christus ist getödtet nach dem Fleisch, aber lebendig gemacht nach dem Geist; in demselben ist er auch hingegangen, und hat geprediget den Geistern im Gefängniß.

Mel. Die lieblichen Blicke, die Jesus rc.

301. Der Heiland, am Geiste lebendig gemacht, ist herrlich vom Sie-

gen zur Hölle gestiegen, da hat er den Geistern die Predigt gebracht. Er sey nun der Herr, nun herrsche nur Er, und führe zugleich bei Todten sein Reich.

2. O großer Erlöser, was hast du gethan! bist dahin gegangen, wo die, so gefangen, dich lebend gesehen. Wir beten dich an, und leben allhier, Beherrscher, vor dir; o laß uns sofort dein Reich und dein Wort.

3. Die hier noch in Sünden gefangen bekehr', dir gänzlich ergeben im Glauben zu leben, so liefert der Tod uns der Hölle nicht mehr; so beten wir dann im Himmel dich an, da sitzest du schon auf göttlichem Thron.

M. Philipp Friedrich Hiller.

Weihnachtslied.

Jes. 62, v. 11. Siehe, dein Heil kommt.

Mel. Wie schön leucht't uns der Morgenstern.

302. Der Heiland kommt, lobsinget ihm, dem Gott, dem alle Seraphim das Heilig! Heilig! singen. Er kommt, der ew'ge Gottessohn, und steigt von seinem Himmelsthron, der Welt den Sieg zu bringen. Preis dir, da wir von den Sünden Rettung finden. Höchstes Wesen! durch dich werden wir genesen.

2. Willkommen, Friedensfürst und Held, Rath, Vater, Kraft und Heil der Welt! willkommen auf der Erden! du kleidest dich in Fleisch und Blut, wirst Mensch, und willst, der Welt zu gut, selbst unser Bruder werden. Ja du, Jesu! streckst die Arme voll Erbarmen aus zu Sündern und verlornen Menschenkindern.

3. Du bringst uns Trost, Zufriedenheit, Heil, Leben, ew'ge Seligkeit. Sey hoch dafür gepriesen! O Herr! was aber bringen wir, die Treue zu vergelten dir, die du an uns bewiesen? Uns, die wir hie im Verderben müßten sterben, schenkst du Leben. Größern Schatz kannst du nicht geben.

4. Wir bringen dir ein dankbar Herz, gebeugt durch Buße, Reu' und Schmerz, bereit vor dir zu wandeln, und dir und unserm Nächsten treu, aufrichtig ohne Heuchelei zu leben und zu handeln. Dies ist, Herr Christ! dein Begehren; laß uns hören! und den Schaden, den du drohst, nicht auf uns laden.

5. Laß uns zu unserm ew'gen Heil an dir in wahrem Glauben Theil durch deinen Geist erlangen, auch wenn wir leiden, auf dich sehn, stets auf dem Weg des Glaubens gehn, nicht an der Erde hangen, bis wir mit dir werden kommen zu den Frommen, dich erheben und in deinem Reiche leben.

Osterlied.

Colosser 3, v. 1. Seid ihr nun mit Christo auferstanden, so suchet, was droben ist.

Mel. Nun danket alle Gott.

303. Der Heiland stehet auf, und fähret in die Höhe, o! daß ich nicht zugleich mit ihm auch auferstehe. Wach' auf, du träger Geist! und steige selbst zugleich aus deiner Sündengruft mit ihm ins Himmelreich.

2. Laßt uns, o Sterbliche! nach dem alleine trachten, das droben ist bei ihm, und diese Welt verachten; so werden wir dereinst, am Ende dieser Zeit, mit Christo offenbar in seiner Herrlichkeit.

3. Der Heiland ist ja selbst das Auferstehn und Leben, er kann uns hier und dort das rechte Leben geben. Wer nur an Jesum glaubt, der stirbet wahrlich nicht, wenn ihm auch gleich der Tod die matten Augen bricht.

4. Laß uns dein Auferstehn und dessen Kraft genießen, und wenn uns Angst und Noth umfangen und umschließen, so tritt selbst mitten ein, sprich: Friede sei mit euch! und hol' uns einst zu dir in jenes Freudenreich.

5. Gieb Fried', o Friedefürst! mit Gott, und im Gewissen, daß Teufel, Höll' und Welt zu Füßen liegen müssen. Laß stets die Sündenlust in uns zu Grabe gehn, und in Erneuerung uns täglich auferstehn.

Aufmunterung, zu Jesu zu kommen.

Jer. 31, v. 25. Ich will die müden Seelen erquicken und die bekümmerten Seelen sättigen.

Mel. Herzliebster Jesu, was hast du verbrochen?

304. Der Heiland will euch, Sünder, selig haben und alle müden Seelen stärkend laben; er will euch an sein Jesus-Herze drücken und euch erquicken.

2. Er will nicht, daß ein einz'ger Sünder sterbe, und weder hier noch ewiglich verderbe. Darum hat er, da er für euch gestorben, euch ja erworben.

3. Was hat er nicht gethan euch zu erlösen? euch zu befrei'n vom Tod und allem Bösen? Er hat sich selbst, sein theures Blut und Leben für euch gegeben.

4. Ach, daß ihr doch nun Alle zu ihm kämet, und die erworbne Gnade nun hin-

nähmet! Wie würde er mit süßen Liebesblicken euch bald erquicken!

5. Ihr würdet euch gewiß von Herzen freuen, ihm euch und euer ganzes Leben weihen; wenn ihr in seinen blut'gen Jesus-Wunden das Heil gefunden.

6. Denn selig, selig sind die treuen Seelen, die diesen Ort zu ihrer Freistadt wählen. Hier wohnen sie, vor Feinden wohl verborgen, ganz ohne Sorgen.

7. Die ganze Welt mit allen ihren Heeren kann sie allhier in ihrer Ruh' nicht stören. Ja täglich sind sie sich zum Wunder selig, und leben fröhlich.

8. So kommt doch alle Sünder, kommt und eilet, ihr habet euch schon lang' genug verweilet. Jetzt werdet ihr, ihr sollt nur eilends kommen, noch angenommen.

9. Ja kommt! ich bitte euch um Jesu willen; wollt ihr ihm nicht sein heiß Verlangen stillen? Ach kommt! ihr sollt schon hier auf dieser Erden recht selig werden.

Georg Friedrich Kirsch.

Christus, der gute Hirte.

Psalm 23, v. 1. 2. Der Herr ist mein Hirte; mir wird nichts mangeln. Er weidet mich auf einer grünen Aue und führet mich zum frischen Wasser.

Mel. Wach' auf! mein Herz, und singe.

305. Der Herr, der aller Enden regiert mit seinen Händen, der Brun der ew'gen Güter, der ist mein Hirt und Hüter.

2. So lang' ich diesen habe, fehlt's mir an keiner Gabe; der Reichthum seiner Fülle giebt mir die Füll' und Hülle.

3. Er lässet mich mit Freuden auf grüner Aue weiden, führt mich zu frischen Quellen, schafft Rath in schweren Fällen.

4. Wenn meine Seele zaget und sich mit Sorgen plaget, weiß er sie zu erquicken, aus aller Noth zu rücken.

5. Er lehrt mich thun und lassen, führt mich auf rechter Straßen, läßt Furcht und Angst sich stillen, um seines Namens willen.

6. Und ob ich gleich vor Andern im finstern Thal muß wandern, fürcht' ich doch keine Tücke, bin frei vor'm Ungelücke.

7. Denn du stehst mir zur Seiten, schütz'st mich vor bösen Leuten; dein Stab, Herr, und dein Stecken benimmt mir all' mein Schrecken.

8. Du setzest mich zu Tische, machst, daß ich mich erfrische, wenn mir mein Feind viel Schrecken erweckt in meinem Herzen.

9. Du salbst mein Haupt mit Oele und füllest meine Seele, die leer und durstig saße, mit voll geschenktem Maaße.

10. Barmherzigkeit und Gutes wird mein Herz gutes Muthes, voll Lust, voll Freud' und Lachen, so lang' ich lebe, machen.

11. Ich will dein Diener bleiben, und dein Lob herrlich treiben im Hause, da du wohnest und Frommseyn wohl belohnest.

12. Ich will dich hier auf Erden und dort, da wir dich werden selbst schau'n im Himmel droben, hoch preisen, sing'n und loben.

Paul Gerhardt.

Vertrauen auf Gott.

Jes. 41, v. 13. Ich bin der Herr, dein Gott, der deine rechte Hand stärket, und zu dir spricht: Fürchte dich nicht, ich helfe dir.

Mel. Was Gott thut, das ist rc.

306. Der Herr, der uns berufen hat, bekannt durch Wunderwerke, wird nimmer müde, nimmer matt, und ist der Schwächsten Stärke. Auf ihn vertrau'n heißt: sicher bau'n, und lehrt auch Kinder siegen, wo Helden unterliegen.

2. Vertraut auf ihn, der helfen kann, wo jede Aussicht schwindet! lehnt euch auf euren Herrn noch dann, wann ihr ihn nicht ergründet! Ist's um euch Nacht, sein Auge wacht. Er sprengt der Hölle Riegel: doch Niemand lös't sein Siegel.

3. O fürchtet nichts und weichet nicht: er beut euch seine Rechte. Er führet euch bei seinem Licht durch alle Trübsalsnächte. Im dürren Land, im heißen Sand winkt er den Wasserwellen, aus Felsen rinnen Quellen.

4. Wohl senkt er Hügel in den Grund, läßt Berge Thälern gleichen: nie aber wird sein Friedensbund, nie seine Gnade weichen. Was er verspricht, täuscht ewig nicht. Der Himmel wird vergehen: sein Wort wird fest bestehen.

5. Er hebt nicht heut' zu herrschen an: er herrscht seit vielen Jahren. Was er an Abraham gethan, läßt er noch uns erfahren. Und der die Welt in Angeln hält, und seit Aeonen *) waltet, ist heute nicht veraltet.

*) von Ewigkeit her.

6. Sein Aug' ist stets auf uns gewandt, sein Ohr uns immer offen; und stark ist seine rechte Hand, um stark auf ihn zu hoffen. Er hilft mit Lust, ihm wallt die Brust, von süßem Segenstriebe, sein ganzes Herz ist Liebe.

7. Er schont, wie Keiner; er zerbricht

kein Rohr, das Stürme knickten, und glimmt ein Docht, er löscht ihn nicht, er hilft dem Schwerbedrückten. Kein krankes Herz klagt ihm den Schmerz, kein Pilger seine Bürde, dem nicht geholfen würde.

8. Er pflegt der Heerde wie ein Hirt mit Hut und fetter Weide, was wund und was gebrechlich wird, labt er mit Trost und Freude. Er hebt und trägt, verbindet, pflegt, bringt wieder die Verirrten. Wohl uns des guten Hirten!

9. Welch Glück, schon hier im Glauben fest an diesem Herrn zu hangen! die Gnade, die uns nie verläßt, wird einst uns ganz umfangen; und jedes Leid der Prüfungszeit, und jede Thrän' auf Erden wird Himmelswonne werden.

Karl Bernhard Garve.

Danklied.

Marci 7, v. 37. Er hat Alles wohlgemacht.

Mel. Ermuntre dich, mein schwacher Geist.

307. Der Herr hat Alles wohlgemacht, er wird Nichts böse machen; dies, fromme Seele, wohl betracht' in allen deinen Sachen, in Leid und Freud', in G'nüg und Noth, in Krankheit, Jammer, Kreuz und Tod, in Kummer, Angst und Schmerzen, das glaub', o Herz! von Herzen.

2. Der Herr hat alles wohl gemacht, noch eh' er uns geschaffen. Er hat uns mit dem Heil bedacht, das einig unsre Waffen, ja unser Schild und Rettung ist; er hat uns vor der Zeit erkies't; eh' man die Sterne zählet, da hat er uns erwählet.

3. Der Herr hat alles wohlgemacht; dies rühme, wer es höret, als er uns hat hervorgebracht, und gnadenvoll gemehret; da er das menschliche Geschlecht gesegnet, daß auch Früchte brächt' das Erdreich, und was drinnen begriffen wird mit Sinnen.

4. Der Herr hat alles wohl gemacht; obschon der Mensch gefallen, da hatt' er dennoch fleißig Acht auf ihn und auf uns Allen. Er rief, und ruft noch mich und dich aus lauter Lieb' und sehnet sich in seinen süßen Flammen nach uns hier all'-zusammen.

5. Der Herr hat alles wohl gemacht, der uns sein Wort gegeben, davon oft unser Herze lacht. Wenn wir in Aengsten schweben, da ist er unsre Zuversicht; er tröstet uns und läßt uns nicht in allen unsern Nöthen, und sollt' er uns gleich tödten.

6. Der Herr hat alles wohl gemacht, da er für uns gestorben, uns Heil und Segen wiederbracht und durch sein Blut erworben. Was willst du mehr, betrübter Geist? Komm her, schau hier, was Lieben heißt! sollt' der nicht All's dir geben, der für dich giebt sein Leben?

7. Der Herr hat alles wohl gemacht, da er vom Tod erstanden, und aus ganz eigner Kraft und Macht, uns von der Hölle Banden und ihren Rotten hat befrei't, daß unser Ruf schall' weit und breit: wo ist der Sieg der Höllen, und ihrer Mitgesellen?

8. Der Herr hat alles wohl gemacht, da er ist aufgefahren gen Himmel, wo' ein Herz hintracht't, das Trübsal hat erfahren. Er hat die Stätt' uns da bereit't, da wir nach dieser kurzen Zeit in Freuden sollen schweben und ewig mit ihm leben.

9. Der Herr hat alles wohl gemacht, wenn seinen Geist er sendet zu uns herab, der uns bewacht und unsre Herzen wendet von dieser Welt zu Gott hinauf, auf daß wir endlich unsern Lauf ganz seliglich vollziehen, wenn wir von hinnen fliehen.

10. Der Herr hat alles wohl gemacht, auch wenn er uns betrübet, wenn uns die finstre Kreuzesnacht befällt und all'zeit übet in Kreuz und Widerwärtigkeit, in Angst und Trübsal und in Leid, wenn er uns stärkt im Glauben, den Niemand uns kann rauben.

11. Der Herr hat alles wohl gemacht, wenn er in Lieb' und Treue noch immerfort an uns gedacht, und macht uns wieder neue; wenn er den alten Menschen bricht, und die verkehrten Wege richt't nach seinem frommen Willen, daß wir den einst erfüllen.

12. Der Herr hat alles wohl gemacht, wenn er wird wieder kommen, und ob gleich Alles bricht und kracht, wird er doch seine Frommen zu sich aufziehen in die Höh', und retten sie von allem Weh', da wir und sie erhoben, ihn ewig werden loben.

13. Der Herr hat alles wohl gemacht, es wird kein Sinn erreichen hier seines Ruhmes große Pracht, er muß zurücke weichen, und schreien aus mit voller Macht: der Herr hat alles wohl gemacht, dafür wir hier und oben, ihn billig ewig loben.

14. Nun, Er hat alles wohl gemacht, er wird nichts Böses machen. Er träget Dich gar sanft und sacht, darum in deinen Sachen: in Freud' und Leid, in G'nüg und Noth,

Noth, in Krankheit, Jammer, Kreuz und Tod, in Kummer, Angst und Schmerzen, gieb ihm Lob, Dank von Herzen.

D. Heinrich Müller.

Dank und Hingebung.

Luc. 1, v. 49. Er hat große Dinge an mir gethan, der da mächtig ist, und deß Name heilig ist.

Mel. Ihr Seelen, sinkt, ja sinket hin.

308. Der Herr hat viel an uns gethan, wer wollte das nicht frei bekennen, im Glauben und in Liebe brennen, zu ihm, dem auserwählten Mann?

2. Der treue Gott, der gute Herr, gewiß, es ist doch Niemand besser, sein Heil ist alle Tage größer, er wird uns immer freundlicher.

3. Wer kann so elend seyn, als wir? wer kann die Schnödigkeit beschreiben? doch sehn wir ihn so gnädig bleiben; o Gott und Herr, wir danken dir.

4. Wir sind doch dein ererbtes Gut, wir sind ein Theil von deinen Heerden, und wollen keines andern werden, erkauft hat uns dein Gottesblut.

5. Und deine treue Gnadenhand, wie mächtig hat sie uns gezogen! wie stark die Hind'rung überwogen! wie viel hat sie uns zugewandt!

6. Ja, wer beschreibt uns die Geduld! bei unsern so viel tausend Schwächen, bei Mängeln, Straucheln und Gebrechen vergiebt und heilt uns deine Huld.

7. Drum schwört dir unser Herz und Sinn, dir unser Alles zu verschreiben, dein Eigenthum mit Lust zu bleiben. Ach, nimm uns All' auf ewig hin! E. G. Woltersdorf.

Der Segen.

4 Mose 6, v. 27. Ihr sollt meinen Namen auf die Kinder Israel legen, daß ich sie segne.

Mel. Ach bleib' mit deiner Gnade.

309. Der Herr, in dessen Güte sich Erd' und Himmel freun, der segne, der behüte dich, seines Volks Verein!

2. Der Herr, reich ohne Gränzen von Gnade, von Geduld, laß hell und mild dir glänzen das Antlitz seiner Huld!

3. Der Herr, dein Gott, erhebe den Blick voll Freundlichkeit, daß er dir Frieden gebe, wie keine Welt ihn beut!

4. Gesegnet bleib' im Namen des dreimal heil'gen Herrn! sein ganzes Volk sprech' Amen, er segnet ja so gern. K. B. Garve.

Jehovah ist Gott!

Jes. 44, v. 6. So spricht der Herr, der König Israel und sein Erlöser, der Herr Zebaoth: Ich bin der Erste und ich bin der Letzte, und außer mir ist kein Gott.

Mel. Sey Lob und Ehr' dem höchsten Gut.

310. Der Herr ist Gott und keiner mehr! frohlockt ihm alle Frommen! Wer ist ihm gleich? wer ist, wie er, so herrlich und vollkommen? Der Herr ist groß! sein Nam' ist groß! er ist unendlich, gränzenlos in seinem ganzen Wesen.

2. Er ist und bleibet wie er ist. Wer strebet nicht vergebens ihn auszusprechen, wer ermißt die Dauer seines Lebens? Wir Menschen sind von gestern her; eh' noch die Erde ward, war er, war, eh' die Himmel waren.

3. Des Ew'gen Thron umgiebt ein Licht, das ihn vor uns verhüllet; ihn fassen alle Himmel nicht, die seine Größ' erfüllet. Er bleibet ewig wie er war, verborgen und doch offenbar in seiner Werke Wundern

4. Wo wären wir, wenn seine Kraft uns nicht gebildet hätte? er kennt uns, kennet, was er schafft, der Wesen ganze Kette. Bei ihm ist Weisheit und Verstand, und er umspannt mit seiner Hand die Erde sammt dem Himmel.

5. Ist er nicht nah'? ist er nicht fern? weiß er nicht Aller Wege? wo ist die Nacht, da sich dem Herrn ein Mensch verbergen möge? umsonst hüllt ihr in Finsterniß, was ihr beginnt, er sieht's gewiß, er sieht es schon von ferne.

6. Wer schützt den Weltbau ohne dich, o Herr, vor seinem Falle? Allgegenwärtig breitet sich dein Fittig über Alle, du bist voll Freundlichkeit, voll Huld, barmherzig, gnädig, voll Geduld, ein Vater, ein Verschoner.

7. Untadelhaft bist du und gut, und reiner als die Sonne. Wohl dem, der deinen Willen thut: denn du vergiltst mit Wonne, du hast Unsterblichkeit allein, bist selig, wirst es ewig seyn, hast Freuden, Gott, die Fülle.

8. Dir nur gebühret Lob und Dank, Anbetung, Preis und Ehre, kommt, wer, det Gottes Lobgesang, ihr alle seine Heere. Der Herr ist Gott und keiner mehr, wer ist ihm gleich? wer ist wie er, so herrlich, so vollkommen? D. Johann Andreas Cramer.

Der gute Herr.

Psalm 25, v. 8. 9. Der Herr ist gut und fromm, darum unterweiset er die Sünder auf dem Wege; er leitet die Elenden recht, und lehret die Elenden seinen Weg.

Mel. Es kostet viel, ein Christ zu seyn.

311. Der Herr ist gut, in dessen Dienst wir stehn; wir dürfen ihn gar Abba, Vater! nennen. Wenn wir nur treu auf seinen Wegen gehn, so sehn wir ihn vor zarter Liebe brennen. Dies Wort giebt uns im Kampfe Trost und Muth: der Herr ist gut.

2. Der Herr ist gut, und will der Sünder Schuld nicht mit dem Schwert nach höchster Strenge rächen. Es ist bei ihm ein Reichthum der Geduld. Er übersieht der Irrenden Gebrechen; er ist versöhnt durch seines Sohnes Blut. Der Herr ist gut.

3. Der Herr ist gut, und theilt sich willig mit, sein Wesen ist ein Brunnen guter Gaben: er geht uns nach, und fragt bei jedem Schritt, ob wir nicht was von ihm zu bitten haben. Wo ist ein Herr, der so mit Knechten thut? Der Herr ist gut.

4. Der Herr ist gut, kein Elend ist so schwer, er hat ja Kraft und Neigung uns zu schützen. Ist er nur unser Hort und starke Wehr', so kann der Geist im stillen Frieden sitzen. Es macht sein Schutz, daß man hier sicher ruht. Der Herr ist gut.

5. Der Herr ist gut, wer dies im Glauben schmeckt, wird nimmermehr aus seinen Diensten gehen. Hier wird erst recht, was Freiheit sey, entdeckt; hier kann der Geist im rechten Adel stehen. Nichts ist umsonst, was hier der Glaube thut. Der Herr ist gut.

6. Der Herr ist gut, und sieht in Gnaden an den schlechten Dienst der Knechte, die ihn lieben. Er giebt mehr Lohn, als man erwarten kann. Kein kalter Trank ist unvergolten blieben: er giebt dafür die ganze Segensfluth. Der Herr ist gut.

D. Johann Jakob Rambach.

Der treue Herr.

5 Mose 32, v. 4. Treu ist Gott, und kein Böses ist an ihm; gerecht und fromm ist er.

Mel. Auferstehn, ja auferstehn wirst du 2c.

312. Der Herr ist treu, der Herr ist ewig treu! und alle Morgen neu strahlt seine Güte. O daß mein Dank ihm glühte, gleich seiner Treu', tagtäglich neu.

2. Der Herr ist treu, er hält, was er verspricht. Er läßt die Seinen nicht in bängster Stunde, treu seinem Segensbunde steht er uns bei. Der Herr ist treu.

3. Der Herr ist treu, und was er will und thut ist immer recht und gut. Nicht droht im Grimme uns seine Donnerstimme: nein, Liebe spricht; wir beben nicht.

4. Der Herr ist treu, er sorget väterlich für sein Geschöpf, für mich. Auch Sünd' und Fehle lenkt er zum Heil der Seele. Rühmt laut und frei: der Herr ist treu.

5. Der Herr ist treu, uns stärket seine Macht, und nimmt uns treu in Acht vor Satans Raube. Und sinkt auch uns der Glaube, bleibt er doch treu und steht uns bei.

6. Der Herr ist treu, o süßes Gnadenwort! sey du mein Fels und Hort! ob Alles scheide, bleibst du doch meine Freude. Die Welt vergeht; dies Wort besteht.

Karl Bernhard Garve.

Christi Wiederkunft.

2 Thessal. 1, v. 10. Er, der Herr Jesus, wird kommen, daß er herrlich erscheine mit seinen Heiligen und wunderbar mit allen Gläubigen.

Mel. Nun ruhen alle Wälder.

313. Der Herr wird all' den Seinen, die heilig sind, erscheinen in großer Herrlichkeit, und wunderbar an Allen, die ihm im Glauben wallen, und die des Heilands Zukunft freut.

2. Da wird man Wunder sehen, was in der Zeit geschehen an der erkauften Schaar, wie Christi Ruf so kräftig, die Gnade so geschäftig, die Treu' so unermüdet war.

3. Da zeigt sich an dem Siege ihr Heldenglaub' im Kriege; sie gehn zur Krönung ein. Sie werden, frei von Mängeln, den Brüdern und den Engeln, und auch sich selbst ein Wunder seyn.

4. Dem Starken weggeraubet; zu sehen, was geglaubet, sich selbst so rein zu sehn im Blut von Gottes Sohne, ihn selbst auf seinem Throne, kann ohne Staunen nicht geschehn.

5. Mein Herr, durch deine Gnade, hast du auf Sündenpfade die Wohlthat mir gethan; du hast mir Macht gegeben, daß ich im Glauben leben und dein Erscheinen sehen kann.

6. Ach bring' dein Werk zum Ende, bis sich in deine Hände mein Geist im Tod befiehlt. Laß die, so vor mir stehen, an mir auch Wunder sehen, auf die dein Tod hat hingezielt.

M. Philipp Friedrich Hiller.

Beim Gewitter.

Sirach 43, v. 16. 17. Er machet durch seine Kraft die Wolken dicke, daß Hagel heraus fallen. Sein Donner erschrecket die Erde, und Berge zittern vor ihm.

Mel. Nun sich der Tag geendet hat.

314. Der hohe Himmel dunkelt sich; ein Wetter Gottes dräu't. Ich bebe nicht, ich freue mich, Gott, deiner Herrlichkeit.

2. Du zürnest, wenn du donnerst, nicht; du bist der Menschen Freund, froh sey auch dann mein Angesicht, wenn uns dein Blitz erscheint.

3. Dem Sünder nur, der dich nicht kennt, dem bist du fürchterlich; dem aber, der dich Vater nennt, zeigst du als Vater dich.

4. Gut ist für uns der Sonne Licht, gut für uns Tag und Nacht; auch gut für uns ist dein Gericht, und deiner Blitze Pracht.

5. Doch wir sind Menschen und du weißt, wie schwach wir Menschen sind. Hilf, daß sich unser schwacher Geist in deine Wege find't.

6. Du reinigst durch den Blitz die Luft; dein Regen kühlt die Saat; und deines Donners Stimme ruft: seyd rein von Missethat.

7. Laß frei das Herz von Aengsten seyn, wann uns dein Wetter droht, weg, bange Furcht, wir sind ja dein und lieben dich, o Gott. — Johann Kaspar Lavater.

Nächstenliebe.

1 Johannis 4, v. 7. Ihr Lieben, lasset uns unter einander lieb haben, denn die Liebe ist von Gott; und wer lieb hat, der ist von Gott geboren und kennet Gott.

Mel. Kommt her zu mir, spricht Gottes Sohn.

315. Der Jünger Christi Zeichen ist, wenn aus dem Herzen Liebe fließt, und in der That sich zeiget. Gott fordert Liebe nicht allein für sich, es soll auch Liebe seyn, die sich zum Nächsten neiget.

2. Ein jeder Christ des Nächsten Wohl so treu als eignes suchen soll, und dadurch Liebe üben, man helfe ihm in Leibes-Noth, man rett' die Seele auch vom Tod, wenn man will christlich lieben.

3. Ach, lieber Mensch! bedenk' es wohl wie es so gar nicht, wie es soll, in diesem Stück hergehet; ein Jeder spricht: ich bin ein Christ, und Wen'ge thun was christlich ist, und was der Lieb' zustehet.

4. Der meiste Theil liebt sich verkehrt, in Eigenlieb' sein Elend mehrt; wie kann er Andre lieben? Man liebt den Nächsten nur so viel, als man ihn etwa brauchen will, nach seinen bösen Trieben.

5. Der Leib wird höchstens noch geliebt, was aber Heil der Seelen giebt, wird meistentheils vergessen; ob's Nächsten Herz unwissend sey, ob es bekehrt, von Sünden frei, fast Niemand will ermessen.

6. Man glaubt, das sey nur Lehrer-Pflicht, für Andere gehör' es nicht, die warten andrer Sachen, gleich als ob Prediger allein zur Nächstenlieb' verbunden seyn, wer kann sich hier frei machen?

7. Ach Gott! erleuchte Aller Sinn, lenk' ihre Herzenskraft dahin, den Nächsten recht zu lieben, lehr' uns, daß der kein Christe sey, deß Glaube lauter Heuchelei, der nicht will Liebe üben.

8. Die Seelen, welche du erkauft, die auch auf Christum sind getauft, laß niemals uns verachten, was zu derselben Seligkeit gedeihet, und vom Tod befreit, laß Jeden wohl betrachten.

9. Gieb, daß wir fein einander lehr'n, den Sünder von der Sünd' bekehr'n, zur Tugend uns erwecken, Einer den Andern brüderlich bestrafe, deß, der bessert sich, Fehltritt in Lieb' zudecken.

10. Wo aber keine Aenderung erfolgt, und keine Besserung, deß Umgang klüglich meiden, einander trösten in der Noth, auch wenn es endlich kommt zum Tod, einander stehn zur Seiten.

11. Ob wir nicht Alle Pred'ger sind, die Liebe dennoch uns verbind't, für's Nächsten Seel' zu streiten, das Lehramt wird gar nicht veracht't, vielmehr man es recht fruchtbar macht, wenn man so hilft arbeiten.

12. Ein jeder Christ ein Priester heißt, es treibt ihn auch der heil'ge Geist, für's Nächsten Heil zu wachen. Wer Jesu ist am Sinne gleich und liebet Gottes Ehr' und Reich, kann dieses nicht verlachen.

13. Mein Gott! ach, was gehört dazu, wenn man will zu der Seelen Ruh', sich und den Nächsten führen? Gieb Weisheit, Eifer, Muth und Stärk', und fördre dieses sel'ge Werk, laß uns auch Frucht verspüren.

14. Gieb, daß der Sünder sich bekehr' und deine Freude dadurch mehr', daß er sich halt' zum Frommen; so wird er auch nach

dieser Zeit zu dir in deine Herrlichkeit mit Fried' und Freude kommen.

M. Johann Balthasar Olischer.

Abendlied am Sonnabend.

Psalm 66, v. 20. Gelobet sei Gott, der mein Gebet nicht verwirft, noch seine Güte von mir wendet.

Mel. Herr Jesu Christ, mein's Lebens Licht.

316. Der letzte Wochen-Tag ist hin, dafür ich dir verbunden bin. Du bist, mein Gott, das A und O, und deine Weisheit schafft es so.

2. Der Anfang war mit Dir gemacht, mit Dir ist auch das End' vollbracht: o, habe Dank für deine Treu, und steh' auch in der Nacht mir bei.

3. Die Menge meiner Sünden schreckt, ich habe deinen Zorn erweckt; doch lösch' ihn nur in Christi Blut, so ist mein Herze wohlgemuth.

4. Laß meine Sünde ferne seyn; du aber kehre bei mir ein; dein Herz begleite mich zur Ruh' und decke mich mit Liebe zu.

5. Der Fürst der Finsterniß stellt sich in seiner Rüstung wider mich: ich halte ihm dein Kreuz nun für, bald schreckt ihn dieses Siegs-Panier.

6. Gieb, daß ich mich bereiten mag; denn morgen ist des Herren Tag, daß ich auch geistlich aufersteh' und meinen Kirchweg fröhlich geh'.

7. Der Feierabend kommt herbei, wer weiß wie nah' mein Ende sey? Das Ende dieser Woche spricht: o Mensch, vergiß dein Ende nicht!

8. Wohlan! mein Glaube hält dich fest, und wenn du einst mich rufen läßt, so bin ich in dir wohlgemuth; denn Ende gut macht Alles gut.

Benjamin Schmolck.

Abendlied.

Psalm 63, v. 7. Wenn ich mich zu Bette lege, so denke ich an dich.

In eigener Melodie.

317. Der lieben Sonne Licht und Pracht hat nun den Lauf vollführet; die Welt hat sich zur Ruh' gemacht, thu' Seel'! was dir gebühret. Tritt so wie dir gebührt vor Gott, von Dank gerührt, und richte Augen, Herz und Sinn auf Jesum, deinen Mittler hin.

2. Ihr hellen Sterne! leuchtet wohl und glänzt mit euren Strahlen, ihr macht die Nacht des Lichtes voll; doch noch zu tausendmalen scheint heller in mein Herz, die ew'ge Himmelskerz', mein Jesus, meiner Seele Ruhm mein Schütz, mein Schatz, mein Eigenthum.

3. Der Schlaf zwar herrschet in der Nacht bei Menschen und bei Thieren; doch Einer ist, der droben wacht, bei dem kein Schlaf zu spüren. Es schlummert Jesus nicht, sein Aug' auf mich gericht't: drum soll mein Herz auch wachend seyn, daß Jesus wache nicht allein.

4. Verschmäh' nicht mein geringes Lied, das ich dir, Jesu! singe: in meinem Herzen ist kein Fried', bis ich es vor dich bringe. Ich bringe, was ich kann, ach nimm es gnädig an. Es ist doch herzlich gut gemeint, o Jesu, meiner Seelen Freund.

5. Mit dir will ich zu Bette gehn, dir will ich mich befehlen; du wirst, mein Hüter auf mich sehn, zum Besten meiner Seele. Ich fürchte keine Noth, ja selbst auch nicht den Tod. Denn wer mit Jesu schlafen geht, mit Freuden wieder aufersteht.

6. Ihr Seelenfeind' entfernet euch! hier habt ihr nichts zu schaffen. Dies Haus gehört in Jesu Reich, laßt es nur sicher schlafen. Der Engel starke Wacht hält es in guter Acht. Ihr Heer und Lager hält's in Schutz, drum sey auch allen Teufeln Trutz!

7. So schlaf ich denn mein Jesu ein, und ruh' in deinen Armen. Mein Bette soll dein' Aufsicht seyn, mein Lager dein Erbarmen; mein Kissen deine Brust; mein Traum die süße Lust, die mir aus deinen Wunden fließt, und dein Geist in mein Herze gießt.

8. So oft die Nacht mein' Ader schlägt, soll dich mein Geist umfangen; so vielmal sich mein Herz bewegt, soll dies seyn mein Verlangen, daß ich mit lautem Schall, möcht' rufen überall: Ach Jesu, Jesu, du bist mein, und ich bin dein und bleibe dein.

9. Nun matter Leib, gieb dich zur Ruh', und schlafe sanft und stille, ihr müden Augen schließt euch zu, denn das ist Gottes Wille. Schließt aber dies mit ein, Herr Jesu: ich bin dein! so ist der Schluß recht wohl gemacht. Ich schlafe ruhig; Jesus wacht.

M. Christian Scriver.

Der Mensch, Gottes Ebenbild.

1 Mose 1, v. 27. Gott schuf den Menschen ihm zum Bilde, zum Bilde Gottes schuf er ihn.

Mel. O Gott, du frommer Gott rc.

318. Der Mensch ist Gottes Bild vom Anfang gleich gewesen, da bei der Schöpfung ihn der Schöpfer auserlesen zu seinem Eigenthum, und herrlich ausgeschmückt, daß er an Seel' und Leib vollkommen war beglückt.

2. Hat er nun diesen Schmuck gleich durch den Fall verloren, und wird von Mutterleib in Sündenwust geboren; so stirbt doch nur der Leib allhier in dieser Zeit; allein die Seele lebt und bleibt in Ewigkeit.

3. Denn wie der Höchste selbst den ed'len Geist gegeben, und ihn erschaffen hat zu jenem Freudenleben; so bleibet er hierin auch seinem Schöpfer gleich, und fällt nicht mit dem Leib ins blasse Todtenreich.

4. Wird er vom Leibe nun hier durch den Tod getrennet; so ist ihm allbereit ein Ort von Gott benennet, allwo er ewig bleibt: denn, wie der Mensch hie fällt, so ist in Ewigkeit ihm dort ein Platz bestellt.

5. Die frommen Seelen läßt Gott auf Elias Wagen*) durch seiner Engel Schaar hinauf gen Himmel tragen. Wer hier durch Bosheit sich von seinem Gott gekehrt, der wisse, daß sein Geist hinab zur Hölle fahrt.

*) 2 Könige 2, v. 11.

6. Im Himmel wird die Seel' in Ewigkeit erfreuet, weil ihre Seligkeit vor Gott sich stets erneuet. Allein, im Höllenpfuhl ist unerhörte Pein, da werden ebenfalls die Seelen ewig seyn.

7. Drum sorge doch bei Zeit, o Mensch! fur deine Seele, daß nicht der Höllen Pein in Ewigkeit dich quäle. Thu' Buße, wasche dich in deines Jesu Blut; so fähret, wenn du stirbst, gewiß die Seele gut.

8. Gott! laß durch deinen Geist mich dieses wohl bedenken, und stetig meinen Sinn zur Seelensorge lenken, erwecke mich hierzu in dieser Gnadenzeit, daß ich dein Lob erhöh' in jener Ewigkeit.

M. Johann Christoph Olpius.

Abendlied.

Psalm 104, v. 19. 20. Die Sonne weiß ihren Niedergang. Du machest Finsterniß, daß es Nacht wird.

Mel. Der lieben Sonne Licht und Pracht.

319. Der nächtlich dunkle Schleier deckt rings um mich her die Erde. Des Schlafes Arm zur Ruhe streckt den Müden, daß er werde nach mancher Last erquickt, der Sorgen süß entrückt, und er im Traume lieblich schau' des Himmels gold'ne Heimathsau'.

2. Ja, Herr, auch mich umschwebt die Ruh'; matt sind auch meine Glieder. Mein müdes Auge schließt sich zu; doch sollen fromme Lieder dir bringen meinen Dank: daß auf mich niedersank dein Schutz an dem vergang'nen Tag, und dir zu danken ich vermag.

3. Recht gnädig warst du, Vater, mir, recht liebreich, voll Erbarmen; war gleich mein Herz oft fern von dir, doch hieltst in deinen Armen du treulich mich umfaßt; trugst mit des Tages Last; sprachst süß zu mir, erquicktest mich, wenn manche Freude mir verblich.

4. Du segnetest, was ich begann, gabst Kraft zu meinen Werken. Wann Schweiß von meiner Stirne rann, ließ'st du mich wieder stärken durch deines Sohnes Wort, das mir die güld'ne Pfort' der Ruh' der sel'gen Frommen weis't, und mir die Krone dort verheißt.

5. Nimm du mich, Herr, in deinen Schooß, sink' ich in sanften Schlummer. Mach' du mein Herz von Allem los, von Freuden und von Kummer. Führ' du mich selbst zur Ruh'; schließt sich mein Auge zu nicht mehr den neuen Tag zu sehn, dann laß mich dort zur Rechten stehn!

C. C. G. Langbecker.

Abendlied am Sonntage.

Jacobi 1, v. 25. Wer aber durchschauet in das vollkommene Gesetz der Freiheit und darinnen beharret, und ist nicht ein vergeßlicher Hörer, sondern ein Thäter; derselbige wird selig seyn in seiner That.

Mel. Nun ruhen alle Wälder.

320. Der Sabbath ist vergangen, ich habe mein Verlangen nach Herzens-Wunsch erfüllt, Gott hat mich unterweiset, mit Lebensbrot gespeiset, und meiner Seelen Durst gestillt.

2. Gott ruht durchs Wort im Herzen, drum leg' ich ohne Schmerzen auch meinen Leib zur Ruh', denn allen Sündenschaden deckt Jesus nun in Gnaden mit seinem Purpurmantel zu.

3. O, du dreiein'ges Wesen, mein Geist ist schon genesen, weil ich dein Tempel bin, ich habe Licht vom Lichte, dein leuchtend Angesichte nimmt alle Finsterniß dahin.

4. Du wirst schon bei mir wachen, und eine Sonne machen, auch mitten in der Nacht; bis bei den Cherubinen ein Sonntag ist erschienen, der alle Nacht zu Schanden macht.

5. Ich schlafe ganz vergnüget, denn wo mein Herze lieget, da ist der Engel Heer, mich stört kein Weltgetümmel, es träumt mir nur vom Himmel; ach, wer doch nur bald droben wär'! Benjamin Schmolck.

Der richtige Weg.

Jesaia 30, v. 21. Dies ist der Weg, denselbigen gehet; sonst weder zur Rechten noch zur Linken.

Mel. Der schmale Weg ist breit genug.

321. Der schmale Weg führt doch gerad' in's Leben, obgleich den Fuß manch' scharfer Dorn verletzt, auch manche Fluth die blöden Augen netzt: muß man sich gleich viel Mühe geben, so führt er doch gerad' in's sel'ge Leben.

2. Es läßt sich nicht auf beiden Wegen gehen, der breite führt dich jähling höllenwärts, der schmale hebt das losgeriss'ne Herz zu Salems schönen Friedenshöhen: drum läßt sich's nicht zugleich auf beiden gehen.

3. Des Fleisches Sinn muß erst gebrochen werden, nicht nach der Welt verlangen mehr und sehn. In schwerem Kampf muß fast das Herz vergehn, um so von allem Tand der Erden, durch Gottes Gnad' und Macht getrennt zu werden.

4. Da fängt sich dann die reiche Saat der Thränen, und das von Gott gebot'ne Ringen an; weil man das Kind nie ohne Thränen kann von seiner Mutter-Brust entwöhnen: so bringt uns dies zur reichen Saat von Thränen.

5. Ist aber dies nun in dir vorgegangen: so bist du drum nicht über alle Stein'. Nein, nein, du mußt in steter Arbeit seyn, und anders nicht zur Ruh' gelangen, als Jesus dir hier leidend vorgegangen.

6. Er legt dir schon dein täglich Kreuz zurechte, dies trage ihm denn ganz gelassen nach, und lerne nur bei allem Ungemach einfältig, wie getreue Knechte, auf deinen Jesum seh'n und seine Rechte.

7. Was zagest du, mein Herz, welch' Furcht und Schrecken befällt und greift bei diesem Wort' dich an, so, daß ich dich kaum wieder stillen kann? Auf, laß dich wiederum erwecken! du lässest dich hier ohne Ursach schrecken.

8. Du sollst ja nichts auf eig'ne Kräfte wagen, dein Jesus brach nicht nur zuerst die Bahn: er geht noch jetzt, als König, dir voran, und will dich führen, heben, tragen: du sollst ja nichts auf eig'ne Kräfte wagen.

9. O soll dies nicht das schwere Kreuz versüßen, wenn man sich nur in Jesu Armen sieht? ja wag' es nur auf deines Jesu Güt', du wirst dich endlich schämen müssen, so wird er dir das schwerste Kreuz versüßen.

10. Wo aber führt es endlich hin? zum Leben, zum Friedens-Port, zur lang' gewünschten Ruh', zum Himmelreich, des Vaters Armen zu; den, der sich recht hinein gegeben, führt dieser Weg gerad' in's sel'ge Leben.

11. Das Ende krönt, das süße Ende bringet in einem Blick mehr Seligkeiten ein, als tausend Jahr hier Kummer, Noth und Pein. Wenn nun der Dorn durch's Fleisch eindringet, so denke doch der Rosen, die er bringet.

12. Zieh, süßes Lamm, zieh mich dir nachzulaufen; mein böses Fleisch sträubt sich vor deiner Bahn. Es klammert sich auf allen Ecken an und will nicht von dem großen Haufen, so, wie mein Geist es wünschet, dir nachlaufen.

13. Doch brauche du die Stärke deiner Hände, und, will ich nicht, so reiße mich dir nach. Gewiß, mein Lamm, an dem Erlösungs-Tag', der allem Elend macht ein Ende, da küss' ich dir dafür die treuen Hände.

Leopold Franz Friedrich Lehr.

Die Feinde des Kreuzes Christi.

2 Petri 3, v. 3. 4. Wisset aufs erste, daß in den letzten Tagen kommen werden Spötter, die nach ihren eigenen Lüsten wandeln und sagen: Wo ist die Verheißung seiner Zukunft?

Mel. Erhalt' uns, Herr, bei deinem Wort.

322. Der Spötter Strom reißt Viele fort; erhalt' du uns bei deinem Wort! so können wir uns, Vater, dein im Leben und im Tode freun!

2. Ein Haufe Lästrer, unser Gott! wagt's, deinen Sohn mit wildem Spott, den Sohn, den Mittler, den zu schmähn, durch den selbst Himmel einst vergehn!

3. Wer seyd ihr? eurer Lüste Raub; jetzt lebender, bald todter Staub! daß ihr euch wider Gott empört, und gar noch euren Frevel lehrt?

4. Seht ihr der Zeugen Wolke nicht? auf uns strahlt sein allmächt'ges Licht! euch

donnert sie, deckt euch das Grab, einst in den Ort der Qual hinab.

5. Denn wisset, freche Sünder, wißt, daß euer Geist doch ewig ist! o, den ihr höhnt, verzeihet nicht, wie einst am Kreuz, auch im Gericht.

6. Ach ihrer Lehre Pest, o Herr! schleicht jetzo nicht im Finstern mehr. Am Mittag, Herr, bricht sie hervor, hebt hoch ihr tödtend Haupt empor.

7. Sie herrscht durch Große dieser Welt. Herr, Herr! wenn uns dein Arm nicht hält, so reißt sie uns zum Tod auch fort: gieb Sieg und Leben durch dein Wort!

8. Ob Tausend uns zur rechten Hand, zehn Tausend uns zur linken Hand auch fallen: stehn wir unerreicht; wie weit ihr Flammenpfeil auch fleugt.

9. Denn Jesus Christ, denn Jesus Christ, der — starb er gleich — allmächtig ist, ist unser Schutz und starke Wehr, Staub ist vor ihm der Spötter Heer.

10. Du hast von Ewigkeit gesehn, wie lange noch ihr Reich bestehn, sich gegen dich empören soll, vielleicht ist, Herr, ihr Maaß bald voll.

11. Vielleicht, Weltrichter, haben sie in ihrer stolzen, bangen Müh' den Taumelkelch bald ausgeleert, bis auf die Hefen ausgeleert!

12. O kenntet ihr, den ihr verhöhnt! auch euch, auch euch hat er versöhnt! ach wüßtet ihr's, die ihr ihn haßt, sanft ist sein Joch, leicht seine Last.

13. Ihr kriecht, und schleppt der Sünde Joch; erbarm', o Sohn, dich ihrer noch, wenn, nah' an ihres Todes Nacht, selbst dann erst ihre Seel' erwacht.

Friedrich Gottlieb Klopstock.

Abendlied.

Klagel. Jer. 3, v. 57. Nahe dich zu mir, wenn ich dich anrufe, und sprich: Fürchte dich nicht.

In eigener Melodie.

323. Der Tag ist hin, mein Jesu, bei mir bleibe, o Seelenlicht, der Sünden Nacht vertreibe; geh' auf in mir, Glanz der Gerechtigkeit, erleuchte mich, ach Herr! denn es ist Zeit.

2. Lob, Preis und Dank sey dir, mein Gott, gesungen, dir sey die Ehr', daß Alles wohl gelungen, nach deinem Rath, ob ich's gleich nicht versteh', du bist gerecht, es gehe wie es geh'.

3. Nur Eines ist, was mich empfindlich quälet, Beständigkeit im Guten mir noch fehlet, das weißt du wohl, o Herzens-Kündiger, ich strauchle noch wie ein Unmündiger.

4. Vergieb es, Herr, was mir sagt mein Gewissen, Welt, Teufel, Sünd' hat mich von dir gerissen, es ist mir leid, ich stell' mich wieder ein, da ist die Hand, du mein und ich bin dein.

5. Israels Schutz, mein Hüter und mein Hirte, zu meinem Trost dein siegreich Schwert umgürte, bewahre mich durch deine große Macht, wenn Belial nach meiner Seele tracht't.

6. Du schlummerst nicht, wenn matte Glieder schlafen, ach laß die Seel' im Schlaf auch Gutes schaffen, o Lebenssonn', erquicke meinen Sinn, dich lass' ich nicht, mein Fels, der Tag ist hin. J. Neander.

Morgenlied.

1 Thessal. 5, v. 8. Wir aber, die wir des Tages sind, sollen nüchtern seyn, angethan mit dem Krebs des Glaubens und der Liebe, und mit dem Helm der Hoffnung zur Seligkeit.

Mel. Die Nacht ist vor der Thür.

324. Der Tag ist vor der Thür, und liegt schon auf der Erden, mein Jesu, tritt herfür, und laß es lichte werden, denn nur bei Dir allein ist lauter Sonnenschein.

2. Geh' in dem Herzen auf, du Sonne meiner Seelen, erleucht' durch deinen Lauf die dunkeln Jammerhöhlen, damit ich diesen Tag im Lichte wandeln mag.

3. Nimm dieses Opfer hin, ich kann dir sonst nichts geben, als was ich selber bin, dir schenk' ich Leib und Leben; ach laß des Herzens Schrei'n nur deinen Weihrauch seyn.

4. Gieb, daß die schwarze Nacht der Sünden sich verliere, und daß ich mit Bedacht mein Leben heute führe: es geh' kein Augenblick ohn' deine Furcht zurück.

5. Laß Alles, was ich thu', in deinem Namen machen, ich bete, segne du, sprich: Ja, zu allen Sachen; kein Stündchen geh' vorbei, das mir nicht selig sey.

6. Willst du mich diesen Tag mit Kreuz und Kummer plagen, so gieb, daß ich es mag still und geduldig tragen; führst du mich wunderlich, so mach's nur seliglich.

7. Und endlich lasse mich den Abend auch erleben; alsdann so will ich dich mit diesem Ruhm erheben, daß deine Vatertreu' tagtäglich neue sey.

8. Wohlan, so will ich nun zu meiner Arbeit schreiten, Gott wird mein ganzes Thun mit Segen schon begleiten. Mein Anfang soll allein der Name Jesus seyn.

Benjamin Schmolck.

Vom Tode.

Johannis 5, v. 24. Wer mein Wort höret, und glaubet dem, der mich gesandt hat, der hat das ewige Leben, und kommt nicht in das Gericht, sondern er ist vom Tode zum Leben hindurch gedrungen.

Mel. Wachet auf, ruft uns die Stimme.

325. Der Tod führet uns zum Leben, seyd fröhlich, die ihr Gott ergeben, der Tod ist todt und ferne hin. Sein Stachel geh't in's Verwesen; der Leib steht auf, und wird genesen, der Christen Tod ist ihr Gewinn. Was ist es, das hier stirbt? die Sünde nur verdirbt. Hochgelobet sey unser Gott in Todesnoth, weil in dem Tod der Tod ist todt.

2. Der Feind ist nun überwunden, der Strick zerreißt, der uns gebunden, wir sind von allem Jammer los. Nun schaut die Seel' in's Unendlich', und Gott ist ihr als Gott recht kenntlich, der in der Majestät ist groß. Seht, wie die Seel' geziert, wie hoch sie triumphirt. Victoria! ruft sie durch Gott. Was ist der Tod? der Tod ist nichts, als nur ein Spott.

3. Sollte uns der Tod anfechten, da Jesus sitzt zu Gottes Rechten, der von dem Tod erstanden ist? Der Herr kann jetzt nicht mehr sterben, kein Glied kann an dem Leib verderben, ich bin sein Glied, ein wahrer Christ. Darum ist mir der Tod ein rechter Freudenbot'. Erlöste Seel', du wirst jetzund in Gottes Bund vom Elend los und recht gesund.

4. Nun wohlauf, du sollst hintreten vor Gottes Stuhl, und den anbeten, der heilig, heilig, heilig heißt. Jesus trägt dich mit Erbarmen, und nimmt dich fröhlich auf die Armen, daß er erquicke deinen Geist. Der Tod ist mir und dir die rechte Lebensthür, Gott öffnet sie. Uns ist bereit't die Seligkeit, von Ewigkeit zu Ewigkeit.

Peter Lackmann.

Vom Tode.

Joh. 14, v. 19 Ich lebe, und ihr sollt auch leben.

Mel. Wer nur den lieben Gott läßt walten.

326. Der Tod ist todt, das Leben lebet; das Grab ist selbst begraben nun: mein Jesus, der sein Haupt erhebet, will ferner nicht im Kerker ruh'n, und stellt mir diese Losung für: ich leb' und ihr lebt auch mit mir.

2. Nun liegt der Tod zu meinen Füßen; der Lebensfürste schläft nicht mehr; er weiß die Gräber aufzuschließen, er stürzt das blasse Sündenheer. Das Siegeslied klingt herrlich hier: ich leb' und ihr lebt auch mit mir.

3. Mein Jesus, Wahrheit, Weg und Leben, der Leben hat und Leben giebt: wie soll ich den Triumph erheben, der Rach' an meinen Feinden übt: sie liegen dort; du rufest hier: ich leb' und ihr lebt auch mit mir.

4. Das Haupt belebet seine Glieder, wer wollte denn gestorben seyn? die Lebenssonne scheint uns wieder, und leuchtet bis ins Grab hinein, da lesen wir die Grabschrift hier: ich leb' und ihr lebt auch mit mir.

5. O Tod! mich kannst du nicht erschrecken; mein Jesus nimmt das Schrecken hin; wie er sich selber konnt' erwecken, so werden wir erweckt durch ihn. Weil Jesus lebt, so leben wir: ich leb' und ihr lebt auch mit mir.

Benjamin Schmolck.

Jesu Ringen mit dem Tode.

Lucä 22, v. 44. Es kam, daß er mit dem Tode rang, und betete heftiger.

Mel. Wer nur den lieben Gott läßt walten.

327. Der Tod kommt an, da soll ich ringen; darauf ist meiner Seelen bang'. Jedoch, getrost! es muß gelingen, weil Jesus mit dem Tod' auch rang. Dein Ringen, Jesu, mit dem Tod', erhalte mich in Todesnoth.

2. Das Sündenheer, des Richters Strenge, der Höllen Glut, des Todes Graus, die treiben mich, ach! in die Enge; mein Jesus hält sie für mich aus. Dein Ringen, Jesu, mit dem Tod', errette mich in Todesnoth.

3. Hier lieg' ich armer Wurm und bete, ach kämpfet betend doch mit mir, daß Jesus meine Seele rette, und mich hindurch im Glauben führ'. Dein Ringen, Jesu, mit dem Tod', reiß' mich aus aller Todesnoth.

4. So, Jesu, werd' ich nicht erliegen, in dich hüll' ich mich gläubig ein. Wer mit dir ringt, wird mit dir siegen. Der Tod wird jetzt verschlungen seyn. Dein Ringen, Jesu, mit dem Tod', hat es vollbracht, es hat nicht Noth.

Johann Andreas Gramlich.

Christi Sieg über die Hölle.

Ephes. 4, v. 10. Der hinunter gefahren ist, der ist derselbige, der aufgefahren ist über alle Himmel, auf daß er Alles erfüllete.

Mel. Es ist gewißlich an der Zeit.

328. Der Ueberwinder Jesus Christ fuhr nieder zu der Höllen, als Sieger, der allmächtig ist, sich lebend darzustellen. Auch dies, Gott Lob! geschah für mich, damit die Hölle ewiglich mich nicht vertilgen könnte.

2. O Tod! wo ist nach diesem Krieg dein Stachel hingekommen? O Hölle! wo ist nun dein Sieg? dir ist die Macht genommen. Herr Jesu, dich verehren wir; nach diesem Siege will ich dir mit deinem Volke danken.

3. Du bist's, an den mein Herze glaubt, du hast als Ueberwinder dem Starken seinen Raub geraubt, bist deines Reiches Gründer. Du machtest aus des Kerkers Schooß dem Starken die Gefangnen los, und hast auch mich erlöset.

4. Ach! wann die Hölle mich anficht, und Satans Pfeile flammen, Herr! sey du meine Zuversicht; so kann mich nichts verdammen. Spricht dieser Goliath mir Hohn, so stärk' mich, Jesu, Gottes Sohn! weil du ihn überwunden.

5. Gieb, wenn mein zaghaft Herze weint, mir diesen Trost beständig, du seyst's, der oft zu trösten scheint, doch machst du auch lebendig. Du führst oft in die Höll' hinein, doch wann wir mitten innen seyn, so führst du aus der Hölle.

6. Du sprichst: Ich bin der, der euch tröst't, der von den Höllenketten sein Eigenthum, sein Volk erlös't, der von dem Tod will retten. Erlöse denn, errette mich, mein Jesu! sonst vergehe ich, hilf mir, o mein Erbarmer.

M. Philipp Friedr. Hiller.

Vom jüngsten Gericht.

Judä v. 14. 15. Siehe, der Herr kommt mit viel tausend Heiligen, Gericht zu halten über Alle.

Mel. O Ewigkeit, du Donnerwort.

329. Der unsre Menschheit an sich nahm, als er uns zu versöhnen kam, kommt einst zu richten wieder. Nicht fern ist seiner Zukunft Zeit. In aller seiner Herrlichkeit steigt Jesus dann hernieder. Vernimm's, o Welt! und beß're dich; der Tag des Schreckens nahet sich!

2. Warum verzeucht er? fragt der Spott; wo bleibt der Sünder Rächer, Gott? Hört, Sünder, hört's mit Beben: euch, die ihr frech ihm widerstrebt, und in der Bosheit sicher lebt, zur Beßrung Frist zu geben. Doch bald ist euer Maaß erfüllt; bald kömt der Richter und vergilt.

3. Dann öffnet um euch her sich weit der Abgrund jener Ewigkeit mit allen seinen Schrecken. Dann wird euch, wenn der Richter droht, nicht Berg noch Meer, nicht Grab und Tod vor seinem Zorne decken. Denn nun nicht mehr erbarmt er sich, und sein Gericht ist fürchterlich.

4. Wenn furchtbar seiner Donner Schall und tönender Posaunen Hall der Erde Grund erschüttert; und plötzlich nun der Bau der Welt wankt, krachend stürzt, in Trümmern fällt, wenn selbst die Himmel zittern, und vor den Richter hingerückt, der Spötter glaubet und erschrickt:

5. Dann ist nicht mehr zur Buße Zeit. Wo werdet ihr Barmherzigkeit und Gnad' und Rettung finden? Die ihr der Sünden Maaß noch häuft, fühlt, eh' euch dieser Tag ergreift, die Lasten eurer Sünden, daß ihr nicht selbst euch einst verflucht, und in Verzweiflung Lindrung sucht.

6. Mein Herz erschrickt. Es bebt in mir mein Innerstes, o Gott! vor dir. Ich bin ein Missethäter. Begnadige, wenn dein Gericht auch mir mein ewig Urtheil spricht, mich, Herr, den Uebertreter! Du, der die Sünder nicht verstößt, du, Jesu! hast auch mich erlös't!

7. Tag Gottes! Tag der Ewigkeit! du predigst uns den Werth der Zeit laut mit des Donners Stimme. Reizt, Menschen, nicht durch eure Schuld den Gott der Langmuth und Geduld, daß er nicht schnell ergrimme! denn schrecklich wird der Sünder Pein, und groß der Frommen Wonne seyn.

Gottfried Benedict Funk.

Gott sieht und hört Alles.

1. Petri 3, v. 12. Die Augen des Herrn sehen auf die Gerechten, und seine Ohren hören auf ihr Gebet; das Angesicht aber des Herrn siehet auf die da Böses thun.

Mel. Nun sich der Tag geendet hat.

330. Der Vater sieht's; Kind, laß es seyn! der Vater hört's: sey still! der Vater kommt: begegn' ihm fein! und höre, was er will!

2. Er ist der unsichtbare Gott, und allenthalben nah': drum halte imer die Gebot'! denk' immer: er ist da!

3. Das, was du nicht, wenn er vor dir

da gegenwärtig stünd', thun, oder reden dürftest hier, das laß! du Gottes-Kind!

4. Hingegen, wenn dich auch Gefahr und Noth befällt, mein Christ! so glaube wieder fest und wahr, daß dein Gott bei dir ist,

5. Daß er das, was dich drückt und quält, und ängstet im Gemüth, was dir an Leib und Seele fehlt, mit Vateraugen sieht.

6. Halt' dich an ihn im Glauben fest, als könntest du ihn schau'n; und glaube, daß er nicht verläßt, die ihm also vertrau'n.

7. Sprich kindlich zu ihm: siehe hier uns Kinder in der Noth! zu dir, o Vater! fliehen wir, im Leben und im Tod.

Christian Karl Ludwig v. Pfeil.

Das liebevollste Vaterherz.

Klagelieder Jeremiä 3, v. 32. 33. Er betrübet wohl, und erbarmet sich wieder nach seiner großen Güte; denn er nicht von Herzen die Menschen plaget und betrübet.

Mel. Es ist gewißlich an der Zeit.

331. Der Vater zürnt von Herzen nicht; er liebet, wen er stäupet. Gedanke, voller Trost und Licht! er war und ist, und bleibet doch Vater; ob er zornig scheint, ist Alles mir zu gut gemeint, ist Alles lauter Güte.

2. Auch unempfunden ist er Gott, scheint auch sein Angesichte, verhüllt, als wenn er in der Noth, es nimmer auf mich richte, sieht er auf mich doch väterlich. Seh' ich ihn nicht, so sieht er mich, und denkt schon meine Hülfe.

3. Fühl' ich ihn nicht, so fühlt sein Herz doch was mich kränkt und drücket. Er fühlet allen meinen Schmerz, er lindert, und erquicket mit seinem Troste mein Gemüth, wenn er mich lechzen, schmachten sieht nach ihm und seiner Gnade.

4. Wenn Einer aller Väter Herz in Eines schmelzen könnte, und hielt' dagegen Gottes Herz, wie es in Liebe brennte, wie es so zart ist und so weich, sie wären todten Kohlen gleich, dagegen Stahl und Eisen.

5. Gott ist die Liebe! und wo nur ein Fünklein im Gemüthe und Herzen einer Kreatur von Liebes-Feuer glüh'te: das kommt von ihm, das facht er an. Der allertreu'ste Vater kann so treu und zart nicht lieben.

6. Darum, o Vater, werf' ich mich in deine Gnaden-Arme, weiß, daß sich mehr als väterlich dein Vaterherz erbarme. Ob du mich herzest oder stäupst, so weiß ich, daß du Vater bleibst, der seine Kinder liebet.

Christian Karl Ludwig v. Pfeil.

Fürbitte für den Landesvater.

Psalm 61, v. 7. 8. Du giebst einem Könige langes Leben, daß seine Jahre währen immer für und für, daß er immer sitzen bleibet vor Gott. Erzeige ihm Güte und Treue, die ihn behüten.

Mel. Herr Gott, dich loben wir.

332. Der Welten Herrscher, dir, dir, Vater! danken wir, es schuf der Herr; der Herr erhält; der Herr beherrscht auch unsre Welt. Fluch oder Segen strömt ins Land, Allmächtiger, aus deiner Hand. Der Reiche Schicksal wägst du ab, du warst es stets, der Alles gab, Gott, Schöpfer, unser Gott, Erhalter, unser Gott, Herr, Herr, Herr, unser Gott! Jehovah, Zebaoth! Zwar hältst du hier noch nicht Gericht; belohnest, Vater, hier noch nicht; doch deiner Oberherrschaft Macht, die alles Widerstrebens lacht, hast du der Erde kund gethan, die beten alle Völker an. Gerechte Herrscher, Gott! giebst du dem einen Volk, und Füll' und Ruh'; Tyrannen, Richter! sendest du, und all ihr Weh' dem andern zu. Du siehst: so ist es gut, und füllst dein Maaß, und herrschest wie du willst. Aufs Lieblichste fiel unser Loos, wir ruhn in eines Königs Schooß, der unser Freund und Vater ist, weil du sein Gott und Väter bist. Ach, laß ihn leben, leben, Gott! der Enkel erst seh' seinen Tod! Noch lange sey Gerechtigkeit sein Thun, noch lange Menschlichkeit! Erhalt' in deiner Weisheit ihn! Zu deiner Hülfe laß ihn flieh'n, wenn er sie fühlt, der Herrschaft Last, mit der du ihn begnadigt hast!

2. Einst leucht' er (dort belohnst du ganz) in einer beß'ren Krone Glanz! Wie schmal, wie steil sein Weg auch sey, bleib' er dir, Oberherrscher, treu! Er habe, Gott, er habe Theil im Himmel einst am ew'gen Heil!

3. Wir lassen, unser Gott, dich nicht; du gäbst uns denn die Zuversicht: daß unser inniges Gebet für ihn, für ihn umsonst nicht fleht. Gott segne, Gott behüte dich! mit seiner Gnad' umstrahl' er dich! Der ewig ist, deß Angesicht umleuchte dich mit seinem Licht! Dir geb' er Frieden, Frieden hier, in jenem Leben Frieden dir! Amen.

Friedrich Gottlieb Klopstock.

Christus, unser Fürsprecher.

Römer 8, v. 34. Christus ist zur Rechten Gottes und vertritt uns.

Mel. Was Gott thut, das ist wohlgethan.

333. Der zu des Vaters Rechten sitzt, der bittet für die Seinen; so

sind sie vor dem Zorn beschützt, getröstet in dem Weinen, befreit von Noth, erlöst vom Tod, und dürfen nach dem Sterben mit ihrem Heiland erben.

2. Herr Jesu, dir gebührt der Ruhm, nur du kannst für uns beten; du Priester in dem Heiligthum, du kannst dein Volk vertreten; Kein anders Blut ist uns zu gut zum Opfer je geflossen, du hast's für uns vergossen.

3. Daher du die Versöhnung bist, beim Vater, der Gerechte; da, was sonst Mensch heißt, Sünder ist, und Engel deine Knechte; du bist der Sohn, du hast den Thron, und nur in deinem Namen ist die Verheißung Amen.

4. Wir ehren dich, wir glauben dir; dein Volk, das du erworben, jauchzt dir ein Hallelujah für, weil du für uns gestorben. Ach bitte du nur immerzu für uns aus diesem Grunde, auch in der Todesstunde.

M. Philipp Friedrich Hiller.

Danklied, dem Heilande gesungen.

Ebräer 2, v. 12. Ich will verkündigen deinen Namen meinen Brüdern, und mitten in der Gemeine dir lobsingen.

Mel. Vater unser im Himmelreich.

334. Des Dankes Opfer bringen wir, o Jesu, Sünderheiland, dir, der du vom Himmel zu uns kamst, die Last der Sünden auf dich nahmst und segensvoll durch dein Verdienst als unsers Lebens Heil erschienst.

2. Preis dir! in unbegränzter Huld, und unbefleckt durch Sünd' und Schuld, hast du die Menschenbahn durchwallt in Armuth, ja in Knechtsgestalt, bis sich für uns dem bittern Tod dein unschätzbares Leben bot.

3. O du, bewährt in Gotteskraft, die selbst im Tode Leben schafft! o Mensch, wie wir von Sünd' und Welt versucht, doch stets ein Siegesheld! o Freund, in Noth und Tod bewährt, der nie sich von uns Armen kehrt.

4. Ja selig, dreimal selig ist, wem du zur Kraft geworden bist. Nicht droben erst im Himmelssaal, schon hier im Gang durch's Prüfungsthal hast du zur Kraft und Seligkeit der Kindschaft Gottes uns geweiht.

5. Dein Fasten, Wachen, Thränensä'n, dein Kampfesschweiß, dein heißes Flehn, all' deine Müh' und Seelennoth, dein bittres Leiden, Kreuz und Tod, dein ganzes Heil, für uns gebracht, werd' uns zum Segen Tag und Nacht!

6. Dein Ruh'n im Grab', dein Auferstehn, dein' Auffahrt zu des Himmels Höh'n, dein Nam' und Zepter, hoch und hehr, und deine frohe Wiederkehr, das Reich, das du uns wirst verleihn, müss' unsers Trostes Anker seyn.

7. O Freund, an Gnad' unendlich reich, ganz Liebe, deinem Vater gleich: wer spricht es aus, Herr Jesu Christ, was du für deine Freunde bist? wer singt, was du uns werden willst, wo du den letzten Kummer stillst!

8. Nichts sey uns lieb in dieser Welt, was deinem Sinn nicht wohlgefällt. All' unser Wandel sey schon hier im Himmel, sey, o Freund, mit dir, und freu' in Glaubenskraft sich dein, bis du uns rufst, bei dir zu seyn.

9. Du, du bist unsre Zuversicht, auch wenn das Herz im Tode bricht. Wenn uns die ganze Welt verläßt, so halt' an dir der Glaube fest, bis wir in deinen Himmelshöhn dich, den wir liebten, leiblich sehn.

Karl Bernhard Garve.

Gottes Unerforschlichkeit.

1 Cor. 2, v. 10. Der Geist erforschet alle Dinge, auch die Tiefen der Gottheit.

Mel. Wachet auf, ruft uns die Stimme.

335. Des dreiein'gen Gottes Tiefen kann kein erschaffner Geist ergründen, nur Gottes Geist erforscht's allein. Wie der Herr im Lichte wohne, des Vaters Glanz sey in dem Sohne, wie Vater, Sohn und Geist Eins seyn, das forscht der Beiden Geist, der Herr, wie Jene, heißt. Ihm sey Ehre! Es bete dann was beten kann, Ihn sammt dem Sohn und Vater an.

2. Er erforscht auch unsre Herzen; wirkt Glauben da, wo Sünden schmerzen, und zeuget von versühnter Schuld; er lehrt uns im Glauben beten, pflegt unaussprechlich zu vertreten, lehrt Christo leben in Geduld; er drückt zum Seligseyn dem Geist das Siegel ein. Ihm sey Ehre! Ihn bete an und lobe dann, was er als Gott an uns gethan.

M. Philipp Fried. Hiller.

Vom Glauben.

Jes. 35, v. 3. 4. Stärket die müden Hände, und erquicket die strauchelnden Knie. Saget den verzagten Herzen: seyd getrost, fürchtet euch nicht.

Mel. Wer nur den lieben Gott läßt walten.

336. Des Glaubens Ziel einst zu erreichen, sey stets mein eifriges Bemühn. Doch soll mein Eifer, Herr!

nicht weichen, mußt du mich selber nach dir ziehn; denn Fleisch und Blut ist gar zu schwach: wenn's schwer hergeht, so giebt es nach.

2. Herr! stärke selbst die müden Hände, ermuntre du die matte Knie: sonst ist gar leicht am letzten Ende vergebens alle saure Müh'. Herr, meine Stärke! halte mich, sonst sink' und fall' ich ohne dich.

3. Doch nein; ich weiß, du läßt nicht fallen, mein Vater! den, der auf dich trau't. Selbst Satan muß zurücke prallen, wenn er dich Starken bei uns schau't. Ich weiche keines Fußes breit: ich weiß, der Sieg folgt auf den Streit.

4. Mein Auge blicket nach dem Ziele, mein Fuß eilt schon dem Zwecke zu, und ob ich auch aus Schwachheit fiele, getreuer Helfer, du wirst mir, mir Schwachen dennoch gnädig seyn, und mir des Glaubens Ziel verleihn.

Vom Gebet.

Jacobi 5, v. 16. Das Gebet des Gerechten vermag viel, wenn es ernstlich ist.

Mel. Wach' auf, mein Herz, und singe.

337. Des Herzens Wünsch' und Klagen vor Gott im Himmel sagen, zu bitten und ihn loben, das lehrt der Geist von oben.

2. Ihn hat der Sohn erworben, da er am Kreuz gestorben. Ihn will der Vater geben, wenn wir nicht widerstreben.

3. Er wecket uns vom Schlafe. Wir fühlen Schuld und Strafe. Da treibt uns Noth und Jammer hinein in Gottes Kamer.

4. Daß wir die Thüre finden, zeigt er uns, armen Blinden im Glauben Jesu Wunden, bis wir den Weg gefunden.

5. Von diesem Geist getrieben muß uns der Vater lieben. Der Sohn wird uns vertreten, der Geist wird in uns beten.

6. Da muß es wohl gelingen, durch alle Himmel dringen, gekrönt mit Preis und Ehren, erfüllet wiederkehren.

7. Hört, Heuchler, euer Schwätzen ist Greueln gleich zu schätzen. Wer Gott mit Lügen ehret, wird nimmermehr erhöret.

8. Kommt, fleht im Geist und Wahrheit, so leuchtet euch die Klarheit von Jesu Angesichte mit holdem Gnadenlichte.

9. Begehrt ihr, daß sein Wille sich ganz an euch erfülle: so bittet, was ihr wollet: wißt, daß ihr's haben sollet!

10. Elias war ein Sünder, wie wir und unsre Kinder: Er lenkt' des Himmels Regen zum Fluch und auch zum Segen.

11. O seht den Jakob ringen, und seinen Gott bezwingen. Ja, seht ein Weib dort kriegen, und über Jesum siegen.

12. Kommt, bittet, sucht und klopfet: Die Quell' ist nicht verstopfet. Durch Ernst im Schrei'n und Flehen wird großes Heil geschehen.

Ernst Gottlieb Woltersdorf.

Am Neujahrstage.

Psalm 71, v. 15. Mein Mund soll verkündigen deine Gerechtigkeit, täglich dein Heil, die ich nicht alle zählen kann.

Mel. Von Gott will ich nicht lassen.

338. Des Jahres erster Morgen soll, Gott, dir heilig seyn; ich will mich, frei von Sorgen, nun deiner Güte freu'n. Bis hieher halfst du, Herr! lobsing' ihm, meine Seele! lobsing' ihm und erzähle: wie treu, wie gut ist er.

2. Ich überschau' die Pfade der kurzen Pilgerschaft. Nah', Gott, war deine Gnade, nah' war mir deine Kraft. Du leitetest zum Ziel mich auf so sanften Wegen, verlieh'st mir deinen Segen und großer Freuden viel.

3. Und gegen diese Freuden (o wer, wer zählet sie?) was sind die kurzen Leiden? was ist des Lebens Müh'? Am Abend war mein Herz oft voll von Gram und Sorgen, und mit dem neuen Morgen verschwand mein Gram und Schmerz.

4. So stärkte, Gott, dein Segen stets meine Zuversicht. Auf allen meinen Wegen warst du mein Heil und Licht. Wie thatst du mir so wohl! wohin ich geh' und trete, ist jede, jede Stätte von deiner Güte voll.

5. Du Gott der Lieb' und Stärke, Preis dir in Ewigkeit! Groß, groß sind deine Werke, groß deine Freundlichkeit. Ich will mein Lebenlang dich preisen, dich erhöhen; und einst mein letztes Flehen sey noch dein Lobgesang.

Morgenlied.

1 Chronika 24, v. 30. Und zu stehen des Morgens zu danken, und zu loben den Herrn, des Abends auch also.

Mel. Wo Gott zum Haus nicht giebt sein' Gunst.

339. Des Morgens wenn ich früh aufsteh', und Abends wenn ich schlafen geh', seh'n meine Augen, Herr, auf dich, Herr Jesu, dir empfehl' ich mich.

2. In den heil'gen fünf Wunden dein, da kann ich ruh'n und sicher seyn, mit Leib und Seele, Hab' und Gut; mein höchster Schatz ist, Herr, dein Blut.

3. Denn, o Herr Christ, am Kreuzesstamm, dein heil'ges Blut die Sünd' wegnahm: drum wach' ich oder schlafe ein, wollst du Herr all'zeit bei mir seyn.

4. Dein heil'ger Engel mich bewacht, drum weder Feind noch Tod ich acht', denn wo ich bin, bist du bei mir, mein Glück und Kreuz kommt All's von dir.

5. Leb' oder sterb' ich, bin ich dein, darum ich dir die Seele mein befehl' jetzund und auch im Tod, nimm sie zu dir, du treuer Gott.

Bitte.

Lucä 2, v. 26. Ihm war eine Antwort geworden von dem heiligen Geist, er sollte den Tod nicht sehen, er hätte denn zuvor den Christ des Herrn gesehen.

Mel. Vom Himmel hoch, da komm ich her.

340. Dich bitt' ich, trautes Jesulein, komm zu mir, in mein Herz hinein, daß ich an dir hab' Lust und Freud', wie Simeon im Tempel heut'.

2. Denn du mein Heil und Leben bist, so mir von Gott gegeben ist, ach!' reinige Herz, Sinn und Muth, und mache mich, wie du bist, gut.

3. Zeig' mir die Bahn mit deinem Licht, daß ich ja fehl' des Himmels nicht; wend' ab von mir all' Straf' und Pein, und laß mich ganz dein eigen seyn.

4. Dein Antlitz sey auf mich gericht't, im Tod und Leben weiche nicht, so will ich gern aus dieser Welt zu dir hinfahr'n, wenn dir's gefällt.

Bartholomäus Helder.

Morgenlied.

Psalm 96, v. 2. Singet dem Herrn und lobet seinen Namen; prediget einen Tag am andern sein Heil.

Mel. Herr Gott! dich loben alle wir.

341. Dich, Vater! preis't mein Lobgesang, mein erstes Wort sey Preis und Dank, mein erster Seufzer ein Gebet, das dich um deine Gnade fleht.

2. Dein Engel hat in dieser Nacht mich, der ich schlief, so treu bewacht, kein Unglücksfall hat mich erschreckt und Krankheit mich nicht aufgeweckt.

3. Gott! was ich bin, ist deine Huld; ich strauchle, und du hast Geduld; ich irre, du zeigst mir die Bahn, und hilfst, wo Niemand helfen kann.

4. Wer riß mich aus so mancher Noth? wer war mein Retter und mein Gott, wenn oft ich, dem Verderben nah', mit Schaudern in die Zukunft sah?

5. Die Hülfe kam allein vom Herrn, vom Ewigen, er hilft uns gern. Nur Er war meine Zuversicht, sein starker Arm verließ mich nicht.

6. Lob sey dir, Herr der Herrlichkeit! von Ewigkeit zu Ewigkeit! Den Leib, die Seel', mein bestes Theil begnadigst du mit Trost und Heil.

7. Ein neuer Tag, ein neu Geschenk! ich leb' nur, wenn ich dein gedenk! Doch geh', denn wer ist so gerecht? nicht ins Gericht mit deinem Knecht.

8. Laß mich, als im Vorübergehn, die Welt und ihre Schätze sehn. Es komme mir nie aus dem Sinn, daß ich ein Gast und Fremdling bin.

9. Mein Glück, mein Trost, mein Heil bist du, ström' hier mir deinen Frieden zu, und schenk' nach dieser Prüfungszeit mir dort den Lohn der Ewigkeit.

Ergebung in Gottes Willen.

Apost. Gesch. 21, v. 14. Des Herrn Wille geschehe.

Mel. Wer nur den lieben Gott läßt walten.

342. Die auf des Herren Willen sehen, die schicken sich in jede Zeit, es mag nun, was Gott will; geschehen, so stehn sie in Zufriedenheit; sie trauen fest auf dessen Rath, der ihre Zeit in Händen hat.

2. Sie plagen sich mit keinen Sorgen, und fallen nicht in Ungeduld, denn Gott erneuert alle Morgen bei ihnen seine Vaterhuld, und leget die Gewißheit bei, daß er allein Versorger sey.

3. Bescheret Gott erwünschte Zeiten, so nehmen sie es dankbar an, ereignen sich Trübseligkeiten, so wissen sie, wer helfen kann, und daß Nothleiden und Verdruß zum Besten ihnen dienen muß.

4. Gott wolle diesen Wunsch erfüllen, er breche ferner unsern Sinn, und unterwerf' ihn seinem Willen, sein heil'ger Geist treib' uns dahin, daß künftig unsrer Werke Ziel und Loosung heiße: Wie Gott will.

M. Gottfried Hoffmann.

Gebet.

Matthäi 6, v. 8. Euer Vater weiß, was ihr bedürfet, ehe denn ihr ihn bittet.

Mel. Wach' auf, mein Herz, und singe rc.

343. Die Einfalt spricht von Herzen, in Freuden oder Schmerzen,

sie kümmert sich um Sachen, und nicht um's Worte machen.

2. So bitten liebe Kinder, und wer bekommt geschwinder? ihr kindlich-freies Lallen hört man mit Wohlgefallen.

3. So laßt uns, wenn wir beten, zum besten Vater treten. Der Knechte Zwang und Treiben, o daß muß ferne bleiben.

4. Nicht Maaß, nicht Zeit und Stunde, nur Trieb aus Herzensgrunde wird Betern vorgeschrieben. Des Vaters Art ist lieben.

5. Die Rede künstlich bringen, und viele Wort' erzwingen ist nicht die Art der Seinen. Er weiß ja, was wir meinen.

6. Das Denken ohne Worte klopft schon an seine Pforte. Mein kurzes: Herr, erbarme! bezwingt des Helfers Arme.

7. Wenn sich mein Herz ergießet, und reichlich überfließet, will er mein langes Sprechen nicht zürnend unterbrechen.

8. Und wenn ich wenig sage, ja wenn vor Seelenplage mir nicht ein Wort entfähret, kaum noch mein Herz begehret:

9. So darf ich, wie ein Stummer, mit allem meinen Kummer doch knien oder stehen, ihn jammernd anzusehen.

10. Und wenn ich heulen müßte, weil ich vor Angst nicht wüßte, was meine Sinnen machten: will doch sein Ohr drauf achten.

11. Mein Bitten und Verstehen kann so weit nimmer gehen, als seiner Huld Gedanken; die weiß von keinen Schranken.

12. Drum will ich ohne Sorgen, am Abend wie am Morgen, jetzt und zu allen Zeiten, vor ihm mein Herz ausbreiten.

Ernst Gottlieb Woltersdorf.

Von den Engeln.

Matth. 18, v. 10. Sehet zu, daß ihr nicht Jemand von diesen Kleinen verachtet; denn ich sage euch: Ihre Engel im Himmel sehen allezeit das Angesicht meines Vaters im Himmel.

Mel. Allein Gott in der Höh' sey Ehr'.

344. Die Engel, die im Himmelslicht den Höchsten fröhlich loben, und schauen Gottes Angesicht, die sind wohl hoch erhoben: doch sind sie von dem Herrn bestellt, daß sie die Kinder auf der Welt behüten und bewahren.

2. O, große Lieb', o, große Güt'! die Gott uns Armen zeiget, daß auch der Engel Liebe sich zu solchen Kindern neiget, die Gott im Glauben hangen an, drum lobe, was nur lallen kann, Gott mit den Engelschaaren.

3. Ach! werdet doch den Engeln gleich, ihr Sterblichen auf Erden, auch hier in diesem Gnadenreich von Herzen und Geberden, es ist der Engel Amt und Pflicht, daß Gottes Will' allein geschicht im Himmel und auf Erden.

4. Werft ab, was euch verhindern mag an diesem Engelleben, reißt aus die Unart nach und nach und bleibet nimmer kleben am Irdischen, schwingt euch empor im Geist zu Gottes Engelchor, und dienet Gott mit Freuden.

5. Ein Mensch, der Händ' und Füße läßt hier thun nach Wohlgefallen, der kommt nicht auf des Herren Fest, wo Engel-Lieder schallen dem großen Gott zum Preis und Ruhm, und wo sein herrlich's Eigenthum das dreimal Heilig singet.

6. O Jesu, mache mich bereit und tüchtig dich zu loben, damit ich dich nach dieser Zeit mit allen Engeln droben erheben mög', und Engeln gleich kann ewig seyn in deinem Reich: dies gieb aus Gnaden! Amen.

Laurentius Laurenti.

Zum Erntefest.

Jer. 5, v. 24. Lasset uns doch den Herrn, unsern Gott, fürchten, der uns Frühregen und Spatregen zur rechten Zeit giebt, und uns die Ernte treulich und jährlich behütet.

Mel. Von Gott will ich nicht lassen.

345. Die Ernt' ist nun zu Ende, der Segen eingebracht, woraus Gott alle Stände satt, reich und fröhlich macht, der alte Gott lebt noch; man kann es deutlich merken, an so viel Liebeswerken, drum preisen wir ihn hoch.

2. Wir rühmen seine Güte, die uns das Feld bestellt, und oft ohn' unsre Bitte gethan, was uns gefällt; die immer noch geschont, ob wir gleich gottlos leben, die Freud' und Ruh' gegeben, daß Jeder sicher wohnt.

3. Er hat sein Herz geneiget, uns Sünder zu erfreun, genugsam sich bezeiget durch Regen, Sonnenschein; ward's aber nicht geacht't, so hat er sich verborgen, und durch verborgnes Sorgen zum Besten uns gebracht.

4. Zwar manchen schönen Segen hat böses Thun verderbt, den wir auf guten Wegen noch hätten sonst geerbt, doch hat Gott mehr gethan aus unverdienter Güte, als Mund, Herz und Gemüthe nach Würden rühmen kann.

5. O allerliebster Vater! du hast viel Dank verdient; du mildester Berather machst, daß uns Segen grünt: wohlan! dich loben wir für abgewandten Schaden, für viel- und große Gnaden! Herr Gott, wir danken dir.

6. Zum Danke kommt das Bitten: du wollest, frommer Gott! vor Feuer uns behüten und aller andern Noth. Gieb friedenvolle Zeit! erhalte deine Gaben, daß wir uns damit laben; regier' die Obrigkeit!

7. Besonders laß gedeihen dein reines wahres Wort, daß wir uns dessen freuen und auch an unserm Ort dies gute Saamenkorn verlangte Früchte bringe, und wir in allem Dinge recht fromme Leute seyn.

8. Gieb, daß zu dir uns lenket, was du zum Unterhalt des Leibes hast geschenket; daß wir dich mannichfalt in deinen Gaben sehn, mit Herzen, Mund und Leben dir Dank und Ehre geben! o laß es doch geschehn!

9. Kommt unsers Lebens Ende, so nimm du unsern Geist in deine Vaterhände, da er der Ruh' geneußt; da ihm kein Leid bewußt: so ernten wir mit Freuden, nach ausgestandnem Leiden, die Garben voller Lust.

Gottfried Tollmann.

Erleuchtete Augen.

Ephes. 1, v. 18 Gott gebe euch erleuchtete Augen eures Verständnisses, daß ihr erkennen möget, welche da sey die Hoffnung eures Berufs.

Mel. Nun ruhen alle Wälder.

346. Die Gnade ist geschäftig, Gott ruft, und ruft uns kräftig zu seiner Herrlichkeit; wer folgt, folgt nicht vergebens, die Hoffnung jenes Lebens ist schon zuvor von Gott bereit't.

2. Laß meine Herzens-Augen, mein Gott, zu sehen taugen, wie groß die Hoffnung sey, wie freudig man kann sterben, wie reichlich man darf erben, wie der Berufer so getreu.

3. Ach, laß von deinem Lichte dem Glauben sein Gesichte beständig heiter seyn, daß Satan nicht behende mit einem Dunst mich blende, noch auch die Welt mit einem Schein.

4. Wenn sich die Augen feuchten, so laß uns dein Erleuchten mich auch durch Thränen sehn, damit ich sicher wisse, daß deine Gnadenschlüsse in ewige Erfüllung gehn.

5. Berufst du mich zum Leben, so wirst du solches geben; versprichst du Seligkeit, so wirst du dies auch halten. Ich will auch im Erkalten noch hoffen, bis das Schau'n erfreut.

M. Philipp Friedrich Hiller.

Der Segenswunsch.

Offenb. Joh. 22, v. 21. Die Gnade unsers Herrn Jesu Christi sey mit euch allen. Amen.

Mel. Christus, der ist mein Leben.

347. Die Gnade sey mit Allen, die Gnade unsers Herrn, des Herrn, dem wir hier wallen, und seh'n sein Kommen gern.

2. Auf dem so schmalen Pfade gelingt uns gar kein Tritt, es gehe seine Gnade denn bis zum Ende mit.

3. Auf Gnade darf man trauen; man traut ihr ohne Reu'; und wenn uns je will grauen, so bleibt der Herr doch treu.

4. Die Gnade, die den Alten half zwei Weh' übersteh'n, wird die ja auch erhalten, die in dem dritten steh'n.

5. Wird stets der Jammer größer, so glaubt und ruft man noch: du mächtiger Erlöser, du kommst, so komme doch!

6. Damit wir nicht erliegen, muß Gnade mit uns seyn, denn sie flößt zu den Siegen Geduld und Glauben ein.

7. So scheint uns nichts ein Schade, was man um Jesum mißt; der Herr hat eine Gnade, die über Alles ist.

8. Bald ist es überwunden nun durch des Lammes Blut, das in den schwersten Stunden die größten Thaten thut.

9. Herr, laß es dir gefallen, noch immer rufen wir: die Gnade sey mit Allen! die Gnade sey mit mir!

M. Friedrich Philipp Hiller.

Ewige Gnade.

Psalm 89, v. 3. Ich sage also: daß eine ewige Gnade wird aufgehen, und du wirst deine Wahrheit treulich halten im Himmel.

Mel. Nun sich der Tag geendet hat.

348. Die Gnade wird doch ewig seyn, die Wahrheit doch gewiß, bräch' auch des Himmels Veste ein, wenn Gott sie fallen ließ.

2. Gott ist kein Mensch, den etwas reu't, und sein Wort bricht er nie, die Gnade währ't nicht kurze Zeit, nein! ewig währet sie.

3. Hat er uns Gnade zugesagt, so bleibt er fest dabei, und wenn uns Furcht und Zweifel plagt, so bleibt er doch getreu.

4. Mein Herz, so lege dich getrost auf diese Gnade hin, daß Gott mich ewig nicht verstößt, weil ich in Jesu bin.

5. In Jesu liegt der Gnade Grund, da nimmt der Glaube Theil; mein Heiland, an dem Kreuz verwund't, macht meine Seele heil.

6. O Gnade, daß mein Glaube dich recht herzhaft fassen könnt'! so lang', bis meine Seele sich von meinem Leibe trennt.

7. Herr, deine Gnade mache mich in mir recht arm und klein; denn nur in dir allein kann ich erst groß und herrlich seyn.

8. Herr, lasse nichts von mir geschehn, die Gnade sey denn mit, laß deine Gnade mit mir gehn bis zu dem letzten Schritt.

9. Kommt dann dein großer Tag herbei, laß in dem Auferstehn, daß deine Gnade ewig sey, mich auch im Himmel sehn.

M. Philipp Friedrich Hiller.

Morgenlied.

Psalm 84, v. 12. Der Herr ist Sonne und Schild, der Herr giebt Gnade und Ehre, er wird kein Gutes mangeln lassen den Frommen.

In eigener Melodie.

349. Die güld'ne Sonne voll Freud' und Wonne, bringt unsern Gränzen mit ihrem Glänzen, ein Herz-erquickendes, liebliches Licht. Mein Haupt und Glieder, die lagen darnieder; aber nun steh' ich, bin munter und fröhlich, schaue den Himmel mit meinem Gesicht.

2. Mein Auge schauet, was Gott gebauet zu seinen Ehren, und uns zu lehren, wie sein Vermögen sey mächtig und groß, und wo die Frommen dann sollen hinkommen, wenn sie mit Frieden von hinnen geschieden aus dieser Erden vergänglichem Schooß.

3. Lasset uns singen, dem Schöpfer bringen Güter und Gaben, was wir nur haben, Alles sey Gotte zum Opfer gesetzt. Die besten Güter sind unsre Gemüther, dankbare Lieder sind Weihrauch und Widder, an welchen er sich am meisten ergötzt.

4. Abend und Morgen sind seine Sorgen, segnen und mehren, Unglück verwehren, sind seine Werke und Thaten allein. Wenn wir uns legen, so ist er zugegen; wenn wir aufstehen, so läßt er aufgehen über uns seiner Barmherzigkeit Schein.

5. Ich hab' erhoben zu dir hoch droben all' meine Sinnen, laß mein Beginnen ohn' allen Anstoß und glücklich ergeh'n. Laster und Schande, des Satanas Bande, Fallen und Tücke treib' ferne zurücke: laß mich auf deinen Geboten besteh'n.

6. Laß mich mit Freuden, ohn' alles Neiden, sehen den Segen, den du wirst legen in meines Bruders und Nähesten Haus. Geiziges Brennen, unchristliches Rennen nach Gut mit Sünde, das tilge geschwinde von meinem Herzen und wirf es hinaus.

7. Menschliches Wesen, was ist's? gewesen! in einer Stunde geht es zu Grunde, sobald das Lüftlein des Todes drein bläs't. Alles in allen muß brechen und fallen: Himmel und Erden die müssen das werden, was sie vor ihrer Erschaffung gewes't.

8. Alles vergehet, Gott aber stehet ohn' alles Wanken; seine Gedanken, sein Wort und Wille hat ewigen Grund. Sein Heil und Gnaden, die nehmen nicht Schaden, heilen im Herzen die tödtlichen Schmerzen, halten uns zeitlich und ewig gesund.

9. Gott, meine Krone, vergieb und schone, laß meine Schulden in Gnad' und Hulden aus deinen Augen seyn abegewandt. Sonsten regiere, mich lenke und führe, wie dir's gefället: ich habe gestellet Alles in deine Beliebung und Hand.

10. Willst du mir geben, womit mein Leben ich kann ernähren; so laß mich hören all'zeit im Herzen dies heilige Wort: Gott ist das Größte, das Schönste und Beste, Gott ist das Süß'ste und Allergewiss'ste, aus allen Schätzen der edelste Hort.

11. Willst du mich kränken, mit Gallen tränken, und soll von Plagen ich auch was tragen; wohlan! so mache, wie dir es beliebt. Was gut und tüchtig, was schädlich und nichtig meinem Gebeine, das weißt du alleine, hast keinen jemals zu sehre betrübt.

12. Kreuz und Elende, das nimmt ein Ende, nach Meeres Brausen und Windes Sausen leuchtet der Sonne gewünschtes Gesicht. Freude die Fülle und selige Stille hab' ich zu warten im himmlischen Garten, dahin sind meine Gedanken gericht't.

Paul Gerhardt.

Mor-

Morgenlied.

Sirach 43, v. 2. Die Sonne, wenn sie aufgehet, verkündiget sie den Tag; sie ist ein Wunderwerk des Höchsten.

Mel. Wo Gott zum Haus nicht giebt sein' Gunst.

350. Die helle Sonn' leucht't jetzt herfür, fröhlich vom Schlaf aufstehen wir, Gott Lob! der uns heut' diese Nacht behütet vor des Teufels Macht.

2. Herr Christ, den Tag uns auch behüt' vor Sünd' und Schand' durch deine Güt', laß deine lieben Engelein unsre Hüter und Wächter seyn.

3. Daß unser Herz im G'horsam leb', dein'm Wort und Will'n nicht widerstreb', daß wir dich stets vor Augen hab'n in Allem, was wir fangen an.

4. Laß unser Werk gerathen wohl, was ein Jeder ausrichten soll; daß unsre Arbeit, Müh' und Fleiß gereich' zu deinem Lob und Preis.

Nikolaus Hermann.

Natur und Wort.

Psalm 19, v. 2. 3. 4. Die Himmel erzählen die Ehre Gottes, und die Feste verkündiget seiner Hände Werk. Ein Tag sagt es dem andern, und eine Nacht thut es kund der andern. Es ist keine Sprache noch Rede, da man nicht ihre Stimme höre.

Mel. Wie schön leucht't uns der Morgenstern.

351. Die Himmel tönen Gottes Preis, ihn predigt jeder Erdenkreis; ihn rühmt ein Tag dem andern. Es preis't sein Lob der Sterne Mund: er läßt sein Lob durch's off'ne Rund, die Sonne fröhlich wandern. Schallend, hallend durch die weiten Erdenbreiten, dringt ihr Tönen zu den letzten Erdensöhnen.

2. Doch wohl dem Lande, wohl dem Ort, wo Gott durch seines Mundes Wort an's Menschenherz sich wendet; das Wort, dem Honigsüße weicht, dem nichts von Kostbarkeiten gleicht, was Ophir*) Feinstes sendet. Richtig, wichtig, Herz erfreuend, Trost verleihend sind der Seele Gottes Lehren und Befehle.

*) 1 Chron. 30, 4.

3. Wenn Erd' und Weltkreis untergeht, das feste Wort des Herrn besteht. Es giebt uns Himmelsspeise: es leuchtet unserm Erdenpfad, gewährt der Schwachheit Kraft und Rath, und macht die Einfalt weise. Gutes Muthes dringt der Glaube, los vom Staube, mit dem Worte durch das Grab zur Himmelspforte.

4. Es lebe Jesu Christi Ruhm! sein ew'ges Evangelium müss' alle Welt durchtönen. Mit Engelschwingen fleucht es schon, ruft durch die Welt in süßem Ton: laßt euch mit Gott versöhnen! Amen! Amen! Völker alle, folgt dem Schalle, daß die Erde euch durch ihn zum Himmel werde!

Karl Bernhard Garve.

Von der Hoffnung.

Psalm 126, v. 1. Wenn der Herr die Gefangenen Zions erlösen wird, so werden wir seyn wie die Träumenden.

Mel. Es ist gewißlich an der Zeit.

352. Die ihr die stillen Harfen noch an Babels Weiden hänget, singt euer Lied von Zion doch, wiewohl der Feind euch dränget; stimmt nur von der Erlösung an, ob in das Lied schon dann und wann sich eine Thräne menget.

2. Wenn einst der Herr nach seiner Kraft aus so viel Drang der Bösen die noch gefangne Bürgerschaft von Zion wird erlösen; so werden wir nach langem Weh' dort seyn wie frohe Träumende bei seiner Wundergröße.

3. Da wird, wie von dem süß'sten Traum der muntre Mund voll Lachen; und, glaubt das frohe Herz es kaum, die Zunge jauchzend machen. Nehmt die Verheißung, wenn ihr müd', so könnt ihr ein erquicklich Lied von Zions Hoffnung machen.

4. Gott Lob! der Christ hat's dennoch gut, er kann im Trauern singen, und noch als fremd im Glaubensmuth sein Herz zur Heimath schwingen; Letzt geht's auf Zions Berg recht an; dies Große hat uns Gott gethan; hier soll es fröhlich klingen.

M. Philipp Friedrich Hiller.

Abendmahl.

Matthäi 26, v. 26. 27. Jesus nahm das Brot, dankete und brach's, und gab es seinen Jüngern und sprach: „nehmet, esset; das ist mein Leib." Und er nahm den Kelch, und dankete, gab ihnen den und sprach: „trinket alle daraus."

Mel. Jesus, meine Zuversicht.

353. Die ihr seine Laufbahn lauft, theure, miterlös'te Brüder! all' auf Christi Tod getauft, alle seines Leibes Glieder: Kommt, Versöhnte, kommt, erneut euren Bund der Seligkeit!

2. Nehmet hin und ess't sein Brot, Jesus Christus ward gegeben für die Sünder in den Tod, nehmt und trinkt: ihr trinkt sein Leben. Hingegeben in den Tod ward er, in der Sünder Tod.

3. Die mit voller Zuversicht deines Heils,

o Sohn, sich freuen, laß sie stets in diesem Licht wandeln, ewig dir sich weihen. Laß ihr Herz vom Stolze rein, voll von deiner Demuth seyn.

4. Ach, die oft in Traurigkeit über ihre Seelen wachen; hilf, du Herr der Herrlichkeit, Herr, sie glauben, hilf den Schwachen! Die gebeugt von ferne stehn, können unerhört nicht flehn.

5. **Nehmet hin, und eß't sein Brot,** Jesus Christus ward gegeben für die Sünder in den Tod; nehmt und trinkt, ihr trinkt sein Leben. Hingegeben in den Tod ward er, in der Sünder Tod.

6. Hoherpriester Jesu Christ, du bist einmal eingegangen in das Heiligthum, du bist an das Kreuz im Fluch gehangen! Also bist du durch den Tod eingegangen, Sohn, zu Gott.

7. Hoherpriester, ja du bist auch für sie einst eingegangen. Sprich sie los, Gott, Jesus Christ! wenn sie nun dein Mahl empfangen. Laß sie fühlen: ins Gericht kommen sie nun, Mittler nicht.

8. Augenblick voll heil'gen Grau'ns, voller Wonn' und süßen Bebens. Theures Pfand des künft'gen Schau'ns, Ueberzeugung jenes Lebens. Schütte deine Gnad' auf sie, alle deine Gnad' auf sie! —

9. Jesu Christi Mittlertod ward in aller Welt verkündigt, Jesu Christi Mittlertod der vor'm Richter uns entsündigt, Jesus Christ, mit Preis gekrönt, hat uns Staub mit Gott versöhnt.

10. In das Chor der Himmel schwingt, Herr, sich unser stammelnd Lallen. Wenn, von Seraphin umringt, unsre Todten niederfallen; singet ihr Hallelujah, Mittler, deinem Golgatha.

11. Ausgeschüttet warest du, warst, wie Wasser, hingegossen; suchtest, fandest keine Ruh', deines Todes Wunden flossen, strömten über, ach von Blut, deines großen Opfers Blut.

12. **Nehmet hin, und eß't sein Brot;** Jesus Christus ward gegeben für die Sünder in den Tod; nehmt und trinkt: ihr trinkt sein Leben. Hingegeben in den Tod ward er, in der Sünder Tod.

13. Deiner Zunge Durst war heiß; heißer noch der Durst der Seele. Müd', in deines Todes Schweiß hing dein Leib und deine Seele, lechzte schmachtender zum Herrn; aber er, dein Gott, war fern!

14. Du geheimnißvolle Nacht, voll vom ewigen Verderben! Tod, den Keiner je gedacht, den die Sterblichen nicht sterben; Tod, mit Schrecken rings umhüllt, Gottes Zorn hast du gestillt.

15. Jesus rief: „Mein Gott, mein Gott! warum hast du mich verlassen?" Neigte drauf sein Haupt, und Gott hatt' ihn nun nicht mehr verlassen. Jetzo war's vollbracht, jetzt war Gott im Fleisch ganz offenbar.

16. **Nehmet hin, und eß't sein Brot,** Jesus Christus ward gegeben für die Sünder in den Tod; nehmt und trinkt: ihr trinkt sein Leben. Hingegeben in den Tod ward er, in der Sünder Tod.

Friedrich Gottlieb Klopstock.

Bruderliebe.

1 Johannis 3, v. 14. Wir wissen, daß wir aus dem Tode in das Leben gekommen sind, denn wir lieben die Brüder.

Mel. Wenn wir in höchsten Nöthen seyn.

354. Die Liebe zeigt ohn' Heuchelei, ob einer neu geboren sey; ob Gott in ihm wohn' oder nicht, und ob er sey und bleib' im Licht.

2. Wer liebet, der ist Gottes Kind, in welchem sich das Leben find't; wer ohne Lieb' ist, bleibt im Tod', ist ohn' Erkenntniß, ohne Gott.

3. Schlecht muß es um den Glauben steh'n, wenn man des Nächsten Noth gesch'n, und wie ein Bach vorüberfließt, da keine Liebe sich ergießt.

4. Sprichst du von ihm: Es ist mein Feind; wie kann man seyn des Feindes Freund? Mensch, sieh! es ist dein Fleisch und Blut, thu', wie der Samariter thut.

5. Hat dich denn Gott nicht auch geliebt, ob du ihn hattest gleich betrübt? Er ließ ja schwinden Zorn und Rach'. O folge diesem Beispiel nach!

6. Ein Heide liebt nur, wer ihn liebt, und thut dem Gut's, der ihm was giebt; allein ein Christ muß insgemein auch gegen Feinde gütig seyn.

7. Drum reicht in Bruderliebe dar gemeine Lieb' auch offenbar; so werdet ihr viel Feinde los, und euer Lohn bei Gott ist groß.

8. Nun Gott, du Lieb- und Friedensherr, laß meine Liebe brünstiger, und mich darin unsträflich seyn nach rechter Art, ohn' Heuchelschein;

9. Damit ich auf der Frommen Pfad rechtschaffen sey durch deine Gnad', und nehm' im Guten immer zu, bis daß ich komm' zu meiner Ruh'. Christian Pressovius.

Die beste Erkenntniß.

1 Corinther 2, v. 7. 8. Wir reden von der heimlichen, verborgenen Weisheit Gottes, welche Gott verordnet hat vor der Welt, zu unserer Herrlichkeit, welche keiner von den Obersten dieser Welt erkannt hat; denn wo sie die erkannt hätten, hatten sie den Herrn der Herrlichkeit nicht gekreuziget.

Mel. Was mein Gott will, gescheh' allzeit.

355. Die Menschen suchen Wissenschaft in diesem kurzen Leben und werden plötzlich hingerafft, indem sie darnach streben; sie forschen nur in der Natur und können Nichts ergründen: Ach, möchten wir nur Eines hier im ganzen Leben finden!

2. Das ist die allerhöchste Kunst, die Alles übersteiget: Betrachte doch die Liebesbrunst, die Christum zu uns neiget. Der Weisheit Kern ist: unsern Herrn und seine Lieb' erkennen. Erkennst du dies, so sey gewiß: du wirst vor Liebe brennen.

3. Erzählen, was ein Andrer spricht, und nicht im Herzen fühlen, ist Meinung und ein falsch Gedicht, wie die Gedanken spielen; wird dir der Grund der Sache kund, so wirst du dann erst wissen, was du begehrst, was du erfährst, und davon zeugen müssen.

4. Wer Gott um solch Erkenntniß bitt't und sich dazu gewöhnet, dem theilet er das Wesen mit, wornach er sich gesehnet; er wird forthin in seinem Sinn die rechte Wirkung schmecken; der treue Hirt und Heiland wird sich dergestalt entdecken.

5. Die Liebe machet ihn bekannt, wenn sie in uns erstanden, wir werden ihm damit verwandt, und gehn in seinen Banden, wir sollen nun nichts ohn' ihn thun sind willig seine Knechte und thuen wir nicht nach Gebühr, so weis't er uns zurechte.

6. Hier gilt nicht Klugheit, nicht Vernunft, bei alten Erden-Gästen; die Gott geweihte Kinder-Zunft begreifet es am besten, was Christi Treu' und Liebe sey, und was wir an ihm haben; ein schwach Gesicht erblicket nicht die Fülle seiner Gaben.

7. Wir können in der Tief' und Höh' nicht Maaß noch Gränzen spüren, die Läng' und Breit' ist eine See, darin wir uns verlieren; Herr Christ! mein Stern, sei mir nicht fern, erscheine meinem Herzen, verfinst're ganz durch deinen Glanz der falschen Weisheit Kerzen! Ernst Lange.

Morgenlied am Sonnabend.

Psalm 68, v. 20. Gelobet sei der Herr täglich!

Mel. Die Nacht ist vor der Thür.

356. Die Nacht giebt gute Nacht, der Tag herrscht schon auf Erden, Gott, der da Beides macht, soll hochgepriesen werden. Du, Herr der ganzen Welt! hast Alles wohlbestellt:

2. Ja mehr, und mehr als wohl hat mich dein Schild bedecket, daß ich erkennen soll, wie deine Güte schmecket, und daß sonst keine Treu' so groß als deine sey.

3. Ach, laß dir meinen Dank in Schwachheit hier gefallen! dein Lob soll lebenslang aus meinem Munde schallen: ich werde niemals mein, nur dein alleine seyn.

4. Du woll'st mich diesen Tag in's Buch des Segens schreiben, daß ich so leben mag, wie mich dein Geist wird treiben; durch dessen Leitung führ' mich mehr und mehr zu dir!

5. Mein Denken und mein Thun, mein Wollen und mein Lassen soll gläubig auf dir ruh'n, und deinen Will'n umfassen: gieb ein bescheiden Theil am Kreuz und auch am Heil.

6. Versorge meinen Mund, doch aber mehr die Seele, erhalte sie gesund in ihrer Leibes-Höhle: gieb einen Gnaden-Blick auch zu der Meinen Glück!

7. Die Woche laufet nun mit diesem Tag zu Ende; drum hilf, daß ich mein Thun in deiner Kraft vollende, daß morgen mich der Tag gesammelt finden mag.

8. Laß mich die kurze Zeit des Lebens klüglich theilen, und nach der Ewigkeit mit frohen Schritten eilen, so leb' ich, weil es gilt; so sterb' ich, wenn du willt.

Benjamin Schmolck.

Morgenlied.

Römer 13, v. 12. Die Nacht ist vergangen, der Tag aber herbei gekommen; so lasset uns ablegen die Werke der Finsterniß, und anlegen die Waffen des Lichts.

Mel. Was Gott thut, das ist wohl gethan.

357. Die Nacht ist hin, wach auf, mein Herz! du sollst ein Opfer bringen, laß deine Flügel himmelwärts sich nach den Wolken schwingen; denn Gottes Treu' ist wieder neu, er hat dir Licht und Leben von neuem jetzt gegeben.

2. Ihr Seufzer, bringet Wohlgeruch vor eures Schöpfers Throne; kommt, bittet Segen für den Fluch in Christo seinem

Sohne; die Gnadenthür ist offen hier; drum lasset euer Beten zu Gottes Herzen treten.

3. Du Sonne der Gerechtigkeit! vertreib' die Nacht der Sünden und laß an diesem Morgen heut viel Gnadenthau mich finden! Hast du die Nacht mich wohl bewacht, so sey auch nun am Tage ein Schutz vor aller Plage!

4. Das Gute wende du mir zu, das Böse laß mich fliehen und deine Hand mich für und für nur nach dem Himmel ziehen, gieb Rath und That so früh als spat zu allen meinen Werken, laß deinen Geist mich stärken.

5. Ich werfe meine Last auf dich, ach! hilf sie treulich tragen; mach's wunderlich, nur seliglich, ich will es auf dich wagen; kein Kreuz ist mir zu schwer bei dir, es thut mir deine Ruthe auch heute viel zu gute.

6. Du bist mein Gott, das weiß ich wohl, laß mich nur deine bleiben; und was ich heute wirken soll, zu deinen Ehren treiben, dein Segen blüh' durch meine Müh', daß, wenn ich Schweiß vergieße, er nicht umsonst hinfließe.

7. Laß auch die Meinen diesen Tag dein Gnadenauge leiten; und weil ich gar nicht wissen mag das Ende meiner Zeiten, so gieb, daß ich mich stetiglich des letzten Tages freue und meine Schuld bereue. Benj. Schmolck.

Abendlied.

Psalm 57, v. 2. Gott, sey mir gnädig, denn auf dich trauet meine Seele, und unter dem Schatten deiner Flügel habe ich Zuflucht.

Mel. Die Nacht ist vor der Thür.

358. Die Nacht ist Niemand's Freund; doch weil ich Jesum habe, so fürcht' ich keinen Feind bei solcher Uebergabe. Er ist's, der mir die Nacht zur guten Freundinn macht.

2. Heb' alle Feindschaft auf, Freund! den mein Herze liebet; und wo mein Lebenslauf dich hie und da betrübet, so tilge meine Schuld mit Huld und mit Geduld.

3. Zwar hab' ich einen Feind, der voller List und Tücke; doch wo dein Antlitz scheint, da fällt er bald zurücke. Trotz Teufel und der Höll'! hier ist Immanuel!

4. Ich werde diese Nacht als wie ein Todter liegen; drum lasse deine Wacht sich um mein Lager fügen, und deiner Allmacht Schein bei meiner Ohnmacht seyn.

5. Der Schlaf, des Todes Bild, heißt mich an's Grab gedenken, doch komme, wenn du willt, ich will mich gar nicht kränken; mich bringt der letzte Feind zu dir, mein bester Freund! Benjamin Schmolck.

Morgenlied.

Psalm 119, v. 147. Ich komme früh und schreie, auf dein Wort hoffe ich.

Mel. Aus meines Herzens Grunde.

359. Die Nacht ist nun verschwunden, der frohe Tag ist da. Drum schallt in frühen Stunden, Herr! mein Halleluja! dies opfert Dank und Pflicht, laß nur mein schwaches Lallen dir gnädig wohlgefallen, mehr hab' und kann ich nicht.

2. O Vater! sey gepriesen, daß du mir diese Nacht Barmherzigkeit erwiesen und mich so wohl bewacht; ich wußte nichts von mir, ich schlief ohn' alle Sorgen, und jetzo stellt der Morgen mir neuen Segen für.

3. Ach trautester Erbarmer! was läßt du mir gescheh'n? vergieb, wofern ich Armer auch heute was verseh'n. Deck' alle Sünden zu, und setze mein Gewissen durch Christi Blutvergießen in höchst erwünschte Ruh'.

4. Bewahr' mein ganzes Leben vor schnöder Heuchelei, hilf, daß ich dir ergeben und auch beständig sey. Gieb, daß ich diesen Tag auf lauter guten Wegen und unter deinem Segen getrost beschließen mag.

5. Nun, Herr! in deinem Namen tret' ich die Arbeit an, sprich selbst zu Allem Amen, so ist es wohl gethan. Ach! wende die Gefahr auch unter tausend Feinden, und bei verstellten Freunden nimm meiner gleichfalls wahr.

6. Treib' alles Ungelücke, Raub, Feu'r und Wassers-Fluth durch deinen Schutz zurücke, behüte Hab' und Gut; doch Alles, wie du willt! laß auch den lieben Meinen dein Gnaden-Antlitz scheinen, sey ihre Sonn' und Schild!

7. Nun, Herr! du wirst's wohl machen. Dies Wort trifft täglich ein. Drum soll'n dir meine Sachen auch heut' befohlen seyn. Leb' ich, so leb' ich dir, und soll ich hier auch leiden, ja gar von hinnen scheiden, du bist auch da bei mir.

8. Dein weisestes Regieren bleibt immer väterlich, du wirst mich selig führen, dir überlass' ich mich auch in der letzten Noth. Ach hilf, daß ich mich heute und stets dazu bereite; so fürcht' ich keinen Tod.

M. Jeremias Keßler.

Abendlied.

2 Mose 13, v. 22. Die Wolkensäule wich nimmer von dem Volk des Tages, noch die Feuersäule des Nachts.

In eigener Melodie.

360. Die Nacht ist vor der Thür und liegt schon auf der Erden: mein Jesu tritt herfür, und laß es helle werden! Bei dir, o Jesulein! ist lauter Sonnenschein.

2. Gieb deinen Gnadenschein in mein verfinstert Herze, laß in mir brennend seyn die schöne Glaubenskerze, vertreib' die Sündennacht die mir viel Jammer macht.

3. Ich habe manchen Tag viel Eitelkeit getrieben, du hast den Ueberschlag gemacht und angeschrieben; ich selber stelle mir die schwere Rechnung für.

4. Sollt' etwa meine Schuld noch angeschrieben stehen, so laß durch deine Huld dieselbe doch vergehen; dein heil'ges theures Blut macht alle Rechnung gut.

5. Ich will mit dir, mein Hort, auf's Neue mich verbinden, zu folgen deinem Wort, zu flieh'n den Wust der Sünden. Dein Geist mich stets regier' und mich zum Guten führ'!

6. Wohlan, so leg' ich mich in deinem Namen nieder, des Morgens rufe mich zu meiner Arbeit wieder; denn du bist Tag und Nacht auf meinen Nutz bedacht.

7. Ich schlafe; wache du! ich schlaf' in Jesu Namen; sprich du zu meiner Ruh' ein kräftig Ja und Amen! und also stell' ich dich zum Wächter über mich.

D. Kaspar Ziegler.

Gebet — beim Hinblick auf Jesu Leiden.

Joh. 17, v. 19. Ich heilige mich selbst für sie, auf daß auch sie geheiliget seyn in der Wahrheit.

Mel. Nun laßt uns den Leib begraben.

361. Die Seele Christi heil'ge mich, sein Geist versenke mich in sich, sein Leichnam, der für mich verwund't, der mach' mir Leib und Seel' gesund.

2. Das Wasser, welches auf den Stoß des Speers aus seiner Seite floß, das sey mein Bad, und all sein Blut erquicke mir Herz, Sinn und Muth.

3. Der Schweiß von seinem Angesicht lass' mich nicht kommen ins Gericht: sein ganzes Leiden, Kreuz und Pein, das wolle meine Stärke seyn.

4. O Jesu Christ! erhöre mich, nimm und verbirg' mich ganz in dich, laß mich in deine Wunden ein, daß ich vor'm Feind kann sicher seyn.

5. Ruf' mir in meiner letzten Noth, und setz' mich neben dich, mein Gott! daß ich mit deinen Heil'gen all'n mög' ewiglich dein Lob erschall'n.

D. Johann Scheffler (Angelus).

Himmelfahrt Jesu.

Apost. Geschichte 1, v. 9. Da er solches gesagt, ward er aufgehoben zusehends, und eine Wolke nahm ihn auf vor ihren Augen weg.

Mel. Sey Lob und Ehr' dem höchsten Gut.

362. Die Stunde der Vollendung kam; du standest auf dem Hügel, und eine Wolke Gottes nahm dich, Herr, auf Lichtes-Flügel! du schwebtest hoch hinauf; dich sah'n die Jünger, beteten dich an, Anfänger und Vollender!

2. Sie sah'n die einst durchbohrte Hand nicht mehr gebunden beben; dein Leib, am Kreuz einst ausgespannt, ward Freiheit, Kraft und Leben; hin fuhr'st du durch des Himmels Höh'n triumphreich, wie die Sonne schön, du Erstgeborner Aller!

3. Die Engelschaaren beugten all' ihr Knie vor dir und sangen, daß von der Freude Jubelschall die Himmel all' erklangen. Des Vaters strahlenreicher Thron war, Jesus! deiner Leiden Lohn, und aller Him̃el Freude.

4. Welch Licht ist deinem Lichte gleich! Herr, Herr! einst Knecht der Knechte. Der Schöpfung unermeßlich Reich ist dein, dein' Gottes Rechte; und jeder Himmelsfürst wirft dir sich hin, und: Herr, Herr! hier sind wir! gebeut uns! rufen Alle.

5. Du schaust vom Himmel hoch herab, du Haupt! auf deine Glieder; blickst aus der Herrlichkeit auf's Grab, das dich einst deckte, nieder, du strahlest deines Geistes Licht und Kraft in uns und weichest nicht vom Herzen, das dir glaubet.

6. Anbetung dir, o Erster! dir, des Vaters Freud' und Ehre! aus unserm Staube jauchzen wir hinauf in Engelchöre! was warst du? bist du? wirst du einst, wenn du vom Himmel uns erscheinst, was du uns seyn, du Höchster?

Vergebung der Sünden.

1 Johannis 2, v. 12. Lieben Kindlein, ich schreibe euch, daß euch die Sünden vergeben werden durch seinen Namen.

Mel. Nun ruhen alle Wälder.

363. Die Sünden sind vergeben, das ist ein Wort zum Leben für den geängst'ten Geist. Sie sind's in Jesu

Namen; in dem ist Ja und Amen, was Gott uns Sündern je verheißt.

2. Das ist auch mir geschrieben; auch ich bin von den Lieben, weil Gott die Welt geliebt; auch ich kann für die Sünden bei Gott noch Gnade finden. Ich glaube, daß Er mir vergiebt.

3. Mein Hauptgesuch auf Erden soll die Vergebung werden, so wird mein Tod nicht schwer. O, in den Sünden sterben ist ewiges Verderben; denn dort vergiebt Gott keine mehr.

4. Hier ist die Zeit der Gnaden, der Angst sich zu entladen, auf Gottes Wort zu ruh'n; die Seele zu erretten, zu glauben und zu beten, und das in Jesu Namen thun.

5. Ach Gott! laß meiner Seelen es an dem Trost nicht fehlen, daß du die Schuld vergiebst. Wenn ich mich betend beuge, so sei dein Geist mein Zeuge, daß du dein Kind in Christo liebst.

6. Wenn ich von hinnen scheide, so mach' mir das zur Freude, daß ich begnadigt bin. Im Glauben der Vergebung, in Hoffnung der Belebung geh' ich alsdann in Frieden hin.

M. Philipp Friedrich Hiller.

Weihnachtslied.

Psalm 118, v. 24. Dies ist der Tag, den der Herr machet; lasset uns freuen und fröhlich darinnen seyn.

Mel. Vom Himmel hoch da komm' ich her.

364. Dies ist der Tag, den Gott gemacht; sein werd' in aller Welt gedacht! Ihn preise, wer durch Jesum Christ Freund und Verehrer Gottes ist!

2. Die Völker haben dein geharrt, bis daß die Zeit erfüllet ward; da sandte Gott von seinem Thron das Heil der Welt, dich, seinen Sohn.

3. Wenn ich dies Wunder fassen will, so steht mein Geist vor Ehrfurcht still, er betet an und er ermißt, daß Gottes Lieb' unendlich ist.

4. Damit der Sünder Gnad' erhält, erniedrigst du dich, Herr der Welt! nimmst selbst an unsrer Menschheit Theil, erscheinst im Fleisch zu unserm Heil.

5. Dein König, Zion! kommt zu dir, ich komm', im Buche steht von mir; Gott, deinen Willen thu' ich gern. Gelobt sey, der da kommt vom Herrn!

6. Herr, der du Mensch geboren bist, Immanuel und Friedefürst, auf den die Väter hoffend sahn, dich, Gott, mein Heiland! bet' ich an.

7. Du, unser Heil und höchstes Gut, vereinest dich mit Fleisch und Blut, wirst unser Freund und Bruder hier, und Gottes Kinder werden wir.

8. Gedanke voller Majestät! du bist es, der das Herz erhöh't. Gedanke voller Seligkeit! du bist es, der das Herz erfreut.

9. Durch Eines Sünde fiel die Welt. Ein Mittler ist's, der uns erhält. Was zagt der Mensch, wenn der ihn schützt, der in des Vaters Schooße sitzt.

10. Jauchzt Himmel, die ihr ihn erfuhrt, den Tag der heiligsten Geburt! und Erde, die ihn heute sieht, sing' ihm, dem Herrn, ein neues Lied!

11. Dies ist der Tag, den Gott gemacht; sein werd' in aller Welt gedacht! Ihn preise, wer durch Jesum Christ Freund und Verehrer Gottes ist! Christ. Fürchteg. Gellert.

Am Geburtstage.

Psalm 71, v. 5. 6. Du bist meine Zuversicht, Herr, Herr, meine Hoffnung von meiner Jugend an. Auf dich habe ich mich verlassen von Mutterleibe an.

Mel. Wer nur den lieben Gott läßt walten.

365. Dies ist der Tag, dies sind die Stunden, da Gott mich an das Licht gebracht, in welchem ich mein Ziel gefunden, das ich mit Gott zu enden tracht' und eile mit gelass'nem Sinn vom Anfang bis zum Ende hin.

2. Gott, der du bist ein Herr der Zeiten, mein Schöpfer! dem ich schuldig bin ein Lob- und Danklied zu bereiten aus unverfälschtem treuen Sinn, sieh' doch mit Gnaden-Augen an, was dir mein Herze bringen kann.

3. Durch deine Macht bin ich geboren zu etwas, da ich nichtes war, durch deine Gunst bin ich erkoren zu der getauften Christen Schaar; ich war in deiner Liebes-Hand, eh' als ich, Vater, dich erkannt'.

4. Die Welt empfing mich voller Sünden bald anfangs nach gemeinem Lauf; doch ließest du mich Gnade finden, mein Heil! und nahmst mich gnädig auf. Ich ward von meiner Last befreit und tüchtig zu der Ewigkeit.

5. Du hast mich auch bisher geführet bald über Berg bald über Thal, du hast als Leitstern mich regieret recht wunderseltsam überall; doch hat mich deine Treu' erquickt, wenn tausend Angst den Geist bestrickt.

6. Ich bin zu schwach, dir Dank zu sagen, ach! mache mich der Bande frei; der

du aus Liebe mich getragen, hilf, daß ich, wie du, heilig sey; verachte nicht den schwachen Geist, der dich und dein Erbarmen preis't.

7. Laß deine Hülfe mich versorgen, wenn meine Kräfte mir vergehn; ja laß mir freudenreiche Morgen aus der betrübten Nacht entstehn; schleuß mich in deine Flügel ein, so werd' ich wohl versorget seyn.

8. Ich weiß, du wirst mir Kräfte geben, daß ich kann enden meinen Lauf, und künftig auch im Tode leben und sterbend sehnen mich hinauf; da will ich ewig seyn bereit zu preisen deine Herrlichkeit.

D. Joachim Weickhmann.

Weihnachtslied.

Titum 2, v. 11. Es ist erschienen die heilsame Gnade Gottes allen Menschen.

Mel. Wer nur den lieben Gott läßt walten.

366. Dies ist die Nacht, da mir erschienen des großen Gottes Freundlichkeit; das Kind, dem alle Engel dienen, bringt Licht in meine Dunkelheit, und dieses Welt- und Himmels-Licht weicht hundertausend Sonnen nicht.

2. Laß dich erleuchten, meine Seele! versäume nicht den Gnaden-Schein; der Glanz aus dieser kleinen Höhle streckt sich in alle Welt hinein, er treibet weg der Hölle Macht, der Sünden und des Kreuzes Nacht.

3. In diesem Lichte kannst du sehen das Licht der klaren Seligkeit; wenn Sonne, Mond und Stern' vergehen, vielleicht noch in gar kurzer Zeit, wird dieses Licht mit seinem Schein dein Himmel und dein Alles seyn.

4. Laß nur indessen helle scheinen dein Glaubens- und dein Liebes-Licht; mit Gott mußt du es treulich meinen, sonst hilft dir diese Sonne nicht; willst du genießen diesen Schein, so darfst du nicht mehr dunkel seyn.

5. Drum Jesu, schöne Weihnachts-Sonne! bestrahle mich mit deiner Gunst; dein Licht sey meine Weihnachts-Wonne und lehre mich die Weihnachts-Kunst: wie ich im Lichte wandeln soll und sey des Weihnachts-Glanzes voll.

M. Kaspar Friedrich Nachtenhöfer.

Das Gesetz des Herrn.

Josua 1, v. 8. Laß das Buch dieses Gesetzes nicht von deinem Munde kommen, sondern betrachte es Tag und Nacht, auf daß du haltest und thuest allerdinge nach dem, das darinnen geschrieben stehet.

In eigener Melodie.

367. Dies sind die heil'gen zehn Gebot', die uns gab unser Herre Gott durch Mosen seinen Diener treu hoch auf dem Berge Sinai. Kyrieleis!

2. Ich bin allein dein Gott und Herr, kein' Götter sollst du haben mehr! du sollst mir ganz vertrauen dich, von Herzensgrunde lieben mich. Kyrieleis!

3. Du sollst nicht führen zu Unehr'n den Namen Gottes, deines Herrn; du sollst nicht preisen recht noch gut, ohn' was Gott selber red't und thut. Kyrieleis!

4. Du sollst heil'gen den sieb'nten Tag, daß du und dein Haus ruhen mag; du sollst von dein'm Thun lassen ab, daß Gott sein Werk in dir stets hab'. Kyrieleis!

5. Du sollst ehr'n und gehorsam seyn dem Vater und der Mutter dein, und wo dein' Hand ihn'n dienen kann; so wirst du langes Leben hab'n. Kyrieleis!

6. Du sollst nicht tödten zorniglich, nicht hassen, noch selbst rächen dich, Geduld haben und sänften Muth, und auch dem Feinde thun das Gut'. Kyrieleis!

7. Dein' Eh' sollst du bewahren rein, daß auch dein Herz kein' Andre mein', und halten keusch das Leben dein mit Zucht und Mäßigkeit recht fein. Kyrieleis!

8. Du sollst nicht stehlen Geld noch Gut, nicht wuchern Jemand's Schweiß noch Blut; du sollst aufthun dein' milde Hand den Armen, die in deinem Land. Kyrieleis!

9. Du sollst kein falscher Zeuge seyn, nicht lügen auf den Nächsten dein, sein' Unschuld sollst auch retten du, und seine Schande decken zu. Kyrieleis!

10. Du sollst dein's Nächsten Weib und Haus begehren nicht, noch etwas draus. Du sollst ihm wünschen alles Gut' wie dir dein Herze selber thut. Kyrieleis!

11. Die G'bot all' uns gegeben sind, daß du dein' Sünd', o Menschenkind! erkennen sollst und lernen wohl, wie man vor Gott recht leben soll. Kyrieleis!

12. Das helf' uns der Herr Jesus Christ, der unser Mittler worden ist! es ist mit unserm Thun verlor'n, verdienen damit eitel Zorn. Kyrieleis! Durch D. M. Luther verbessert.

Von der Treue.

Luc. 19, v. 16. 17. Herr, dein Pfund hat zehn Pfund erworben. Und er sprach zu ihm: Ei du frommer Knecht, dieweil du bist im Geringsten treu gewesen, sollst du Macht haben über zehn Städte.

Mel. Wie wohl ist mir, o Freund der Seelen.

368. Die Treue siegt und wird gekrönet, die fest an Gott und Jesu hält! sie wird nur hier, nicht dort verhöhnet;

und wenn einst Alles bricht und fällt, so bleibet der, der treu geblieben, und den kein Sturm von dem getrieben, der auch durch Noth und Tod gekämpft, und weil er nie zurückgegangen, ein unbeweglich Reich empfangen, sobald er Höll' und Tod bekämpft.

2. Dies ist der Führer der Getreuen, sein Vorbild lockt und stärket sie; er weiß sie innigst zu erfreuen bei aller Angst und sauren Müh'; er ist der Weinstock, sie sind Reben, was ihnen fehlt, das kann er geben; und wer sich niemals von ihm trennt, dem fehlen nie des Lebens Säfte, er merkt bei jeglichem Geschäfte, daß ihn sein treuer Heiland kennt.

3. Er gönnet andern größre Gaben, nur braucht er sein verliehnes Pfund, er will durch Trägheit nichts vergraben, und macht durch Wort und Werke kund, sein Auge sey auf Gott gerichtet; was aber falsche Klugheit dichtet, sey seiner Seelen Fluch und Wust; hingegen Jesu Reich vermehren, und ihn trotz Welt und Satan ehren, bleibt stets sein Zweck und seine Lust.

4. Bei solchem Sinn, auf solchem Wege, bleibt Gott ihm herzlich zugethan; er geht bei treuer Seelen-Pflege getrost auf angewies'ner Bahn; weil Jesus, der ihn führt und wecket, ihm immer mehr sein Herz entdecket, je mehr er sich ihm einverleibt, sein Schiff behält so Mast als Ruder, dieweil sein erstgeborner Bruder für wahre Treu' ihm treu verbleibt.

5. Was dieses Bündniß mit sich führet, begreift kein Sinn, der irdisch heißt; und was ein Christ für Labsal spüret, den Gott von seiner Tafel speis't, mag zwar auf dieser finstern Erden bezeugt, doch nicht verstanden werden; es sey denn, daß man's selbst erfährt. Sprecht, Seelen! die ihr es erfahren, und nennt's — die Worte zu ersparen — die reinste Lust, so ewig währt.

6. O, süßer Stand getreuer Seelen! wer kennet dich, und liebt dich nicht? zwar weilst du oft in Jammerhöhlen, in welchen dir's an Trost gebricht. Denn, ach, die Welt kann die nicht leiden, die sie sammt ihrem Wesen meiden, und Jesu treu ergeben sind: Spott, Schmach und Schmerz kann dem nicht schaden, der hier bei Gott in Schutz und Gnaden, und eine Krone dort gewinnt.

7. O merket dies, ihr falschen Christen! die ihr's mit Gott nicht redlich meint, die Schlange selbst ist euer Meister, des Teufels Sinn, was Klugheit scheint; je länger ihr hier wankt und hinket und treulos eure Trägheit schminket, je näher tritt der Fluch herbei. Ihr wollt nicht Welt, nicht Himmel hassen; doch Eins von Beiden müßt ihr lassen. Auf! prüfet, was zu wählen sey.

8. Was habt ihr doch von eurem Heucheln, ihr schmecket nie, was Gott erfreut; die falsche Welt hört auf zu schmeicheln, sobald ihr nicht mehr brauchbar seyd, und wenn sie euch von hinnen schicket, so weiß sie nichts, was euch erquicket: kehrt ihr drum bald den Rücken zu! Ach, möchtet ihr doch Jesum wählen; so möcht' euch Geld und Alles fehlen: ihr hättet Gott, Trost, Hülf' und Ruh'.

9. Ach treuer Heiland! hilf mir Schwachen, dem trägen Geist gieb Munterkeit, und um mein Herz dir treu zu machen, erinnre mich, wie kurz die Zeit, und wie mein Leben nur verschwendet, das nach dem Lauf der Welt verwendet und nicht in deinem Dienst verzehrt. Ach laß mich, was noch übrig, retten, zerreiß auch die verborg'nen Ketten, so noch bisher mein Herz beschwert.

10. Die Treue siegt und wird gekrönet, das zeiget die gekrönte Schaar, die hier durch Gott mit Gott versöhnet und Jesu treu ergeben war; sie ging in ihren letzten Stunden, sobald sie völlig überwunden, zur Freude jenes Lebens ein. Drum Jesu! hilf, ach laß mich eilen, ja binde mich mit Liebes-Seilen, dir unverbrüchlich treu zu seyn.

Christian Sucro.

Von der christlichen Tugend.

2 Petri 1, v. 5. 6. So wendet allen euren Fleiß daran, und reichet dar in eurem Glauben Tugend, und in der Tugend Bescheidenheit, und in der Bescheidenheit Mäßigkeit, und in der Mäßigkeit Geduld, und in der Geduld Gottseligkeit.

In eigener Melodie.

369. Die Tugend wird durchs Kreuz geübet, denn ohne das kann sie nicht seyn; wenn sie nicht oftmals wird betrübet, so merkt man gar nicht ihren Schein. Sie muß im Kreuz die Stärke zeigen, die sie verborgen in sich hat, daß sie den könne unterbeugen, der ihr nachstellet früh und spat.

2. Wer sollte ohne Kampf wohl siegen? die Tapferkeit kann nicht bestehn, wenn man nicht will zu Felde liegen und einen ern-

sten Streit eingehn. Der Feind ist, wenn Gott Kraft verliehen, flugs da, der sich ihr widersetzt; drum soll man ja den Schlaf recht fliehen, wenn Satans Heer die Schwerter wetzt.

3. Zwar drückt den Palmbaum wohl zur Erden gar oft ein zentnerschwer Gewicht, der doch nicht unterdrückt kann werden, er stehet wieder aufgericht't. So wird die Tugend auch gedrücket, daß sie fast ganz darnieder liegt, bald aber wird die Stärk' erblikket, wenn sie mit Macht den Feind besiegt.

4. Sie kann zu hohen Stufen kommen, wenn sie im Streit geübet ist, Kreuz ist der Weg, den alle Frommen erwählen: wer sich selbst vergißt und eilet zu den Ewigkeiten, wird durch des Vaters Hand geführt, der ihn durchs Kreuz sucht zu bereiten, eh' er ihn mit der Krone ziert.

5. Denn Gott hat uns nicht führen wollen durch einen Weg voll Zärtlichkeit, worauf wir emsig laufen sollen in der so kurzen Pilgrimszeit zum Leben, das da ewig währet, wo Streit und Kampf entfernet ist und wo man recht die Ruh' erfähret in Gott, der alles Leid versüßt.

6. Darum wen Gott zum Kind erkläret, der hat am Satan einen Feind, mit dem sein Kampf stets wird vermehret, weil er's gewiß mit Ernste meint; er bläs't ihm durch sein gift'ges Hauchen oft Lüste mancher Laster ein, und weiß gar große List zu brauchen, daß er mög' Ueberwinder seyn.

7. Denn wie Gott aufwärts führt zum Leben, so führt der Feind zum Untergang. Er sucht mit Grimm zu widerstreben und macht dem armen Menschen bang', er will den Muth danieder schlagen, drum wagt er Alles, was er kann, und lässet nicht bald ab zu plagen, zu fällen ihn auf rechter Bahn.

8. Doch wie er viel geschlagen nieder, so wird er auch gar oft besiegt, wenn man ermannt die matten Glieder, in Gott und tapfer ihn bekriegt. Der Glaube muß ihm widerstehen, und hat in sich die Gottesmacht, der Satan muß vor ihm bald gehen, wenn man sich wachend nimmt in Acht.

9. O Jesu, der du mir erworben Heil, Kraft und Leben durch den Tod, da du am Kreuzesstamm gestorben, nach ausgestandner vieler Noth komm' mir zu Hülf' und schaffe Leben in mir und stürze meinen Feind, der über mich sich will erheben, wenn mir dein Licht nicht helle scheint.

10. Flöß' immer in mich neue Kräfte, damit ich hang' an deiner Brust, und tödt' die sündlichen Geschäfte, dein Friede bleib' mir nur bewußt. Stärk' du, mein Held, mir selbst den Glauben und zieh' mein Aug' auf dich nur hin, so wird mich wohl der Feind nicht rauben, weil du in mir, ich in dir bin.

Johann Christian Nehring.

In Wassersnoth.

Psalm 46, v. 2. Gott ist unsere Zuversicht und Stärke, eine Hülfe in den großen Nöthen, die uns getroffen haben.

Mel. Auf meinen lieben Gott rc.

370. Die Wassersnoth ist groß: Ach Gott, wir fliehen bloß zu dir und deiner Güte, daß sie uns jetzt behüte, da Alles sich ergießet und schrecklich auf uns schießet.

2. Das Wasser, wie ein Meer, rauscht ungestüm daher, will Alles überschwemmen; wer will die Fluthen hemmen? Was kann davor bestehen? Herr! hilf uns! wir vergehen.

3. Bald raubt die wilde Fluth uns Leben, Hab' und Gut; wir sehen Ströme fließen, die sich so sehr ergießen, daß unsre Städt' und Flecken voll Angst davor erschrecken.

4. Vergieb uns unsre Schuld und hab', o Herr! Geduld, laß Christi Blut versühnen, was wir mit Recht verdienen; befrei' uns, deine Schafe, von der verdienten Strafe.

5. Herr! deines Zorns Gewalt verdirbt uns allzubald; ach, laß um Jesu willen sich Sturm und Wellen stillen. Hilf, Vater, hilf uns Allen! Laß das Gewässer fallen.

6. O Gott! sieh' an die Noth! das Elend und den Tod, den wir vor Augen sehen, laß dir zu Herzen gehen! Wie nah' sind wir dem Sterben! hilf, hilf, eh' wir verderben.

7. Du ließest, Gotteslamm! voll Huld am Kreuzesstamm dein Blut für Sünder fließen; laß uns das jetzt genießen! Ach Jesu! eil' uns Armen zu helfen aus Erbarmen.

8. Ach guter Geist! wir flehn, laß deine Huld uns sehn! Mach' unsrer Angst ein Ende, und rette uns behende! doch sollen wir verderben, so laß uns selig sterben.

Abendlied.

Psalm 143, v. 5. 6. Ich gedenke an die vorigen Zeiten, ich rede von allen deinen Thaten und sage von den Werken deiner Hände. Ich breite meine Hände aus zu dir; meine Seele dürstet nach dir.

Mel. Herzlich thut mich verlangen.

371. Die Woche geht zu Ende, nicht aber Gottes Treu', denn wo ich mich hinwende, da ist sie immer neu. Die Zeit kann wohl verschwinden, nur Gottes Güte nicht, sie läßt sich täglich finden, und giebet Trost und Licht.

2. O gnädigster Erhalter von allem, was ich bin! hör' meines Mundes Psalter, und nimm das Opfer hin, es sind ja deine Gaben, die nicht zu zählen seyn, und was ich nur kann haben, das ist ja Alles dein.

3. Die ganze Woche zeuget von deiner Gütigkeit, die du zu mir geneiget, ja meine Lebenszeit vom Anfang bis jetzunder auf diesen Augenblick rühmt deine Gnadenwunder im Glück und Unglück.

4. Allein mein Herze bebet, wenn es zurücke denkt, wie übel ich gelebet, und dich, mein Gott, gekränkt. Je mehr du mich geliebet und meiner hast verschont, je mehr ich dich betrübet und nur mit Haß belohnt.

5. Ach strafe nicht im Grimme gehäufte Missethat; weil deine Vaterstimme mich selbst gerufen hat, so schrei' ich Herr, erbarme, erbarm' dich über mich, ich fall' dir in die Arme, ach schone gnädiglich!

6. Mein Glaube heißt mich hoffen, es sey durch Christi Blut ein neuer Bund getroffen und Alles wieder gut; drum will ich dir geloben, auf ewig treu zu seyn, dein guter Geist von oben wird mir die Kraft verleihn.

7. Ich bin dein Kind aufs neue, drum gieb, daß diesen Tag mich auch dein Schutz erfreue, und Alles sicher mach'. Ich werde gleichsam sterben, der Schlaf ist wie ein Tod, doch kann ich nicht verderben: du lebst in mir, mein Gott!

8. Ja du, mein Gott, wirst wachen, ich werde ruhig seyn, so mag der Höllen-Rachen gleich Donner auf mich spei'n; dein Kind wird nichts empfinden, als wenn's im Himmel wär', Schutz werd' ich bei dir finden; mich deckt der Engel Heer.

9. Du willst auch die versorgen, die mein' und deine seyn, so wird uns alle Morgen auch deine Kraft erfreun. Wir werden Opfer bringen mit Herzen, Mund und Hand, und dir ein Loblied singen, wo du, Herr, bist bekannt.

10. Soll das in diesem Leben die letzte Woche seyn, will ich nicht widerstreben, und mich im Geiste freun auf einen Feierabend, den Christi Tod gemacht, und diese Hoffnung habend sprech' ich nun: gute Nacht!

Benjamin Schmolck.

Sehnsucht nach einem seligen Tode.

2 Timoth. 4, v. 6. Die Zeit meines Abscheidens ist vorhanden.

In eigener Melodie.

372. Die Zeit geht an, die Jesus hat bestimmt, da alles Leid bei mir ein Ende nimmt. Gehab dich wohl, mein Kerker, böse Welt, mit allem dem, was deinem Geist gefällt.

2. Komm, meine Seel'! wir wollen nunmehr gehn, wo Gottes Sohn und seine Diener stehn; wir wollen uns gesellen zu der Schaar, die unverrückt frohlocket immerdar.

3. Gebenedei't sey ewig dieser Tag, an welchem ich durch Gott verlassen mag, was sterblich ist und blend't mein Augenlicht, daß ich nicht seh' des Höchsten Angesicht.

4. Ach Jesu Christ, mein Leben in dem Tod, mein Trost in Pein, mein Freund in Angst und Noth! ich wende mich mit aller Kraft zu dir, ach, thu' mir auf die süße Lebensthür!

5. Ich gebe dir von ganzem Herzen hin, was du erlös't und was ich durch dich bin; nimm meine Seel', wenn sie vom Leib' ist los, in deine Hand und väterlichen Schooß.

6. Du bist mein Ziel, mein Ende, Ruhm und Preis, mein Mittelpunkt, mein süßes Paradeis, in dir allein find't meine Seele Ruh', drum seufz' ich auch dir unaufhörlich zu.

7. Ach! ach, wie sehr verlangt mich doch nach dir! komm doch, mein Trost, mein Leben, komm zu mir, verzieh' doch nicht, aus dieser finstern Höhl' in deinen Hof zu holen meine Seel'. —

8. Jedoch damit ich dir nicht schreibe für, so will ich gern und willig bleiben hier; bis

kommt die Zeit, in welcher ich, als Braut, dir meinem Gott und Bräut'gam werd' vertraut.

Von der ewigen Himmelsfreude.

Apost. Geschichte 3, v. 20. Auf daß da komme die Zeit der Erquickung von dem Angesicht des Herrn, wenn er senden wird den, der euch jetzt zuvor gepredigt wird, Jesum Christ.

Mel. Auf meinen lieben Gott.

373. Die Zeit ist nunmehr nah': Herr Jesu! du bist da; die Zeichen, die den Leuten dein' Ankunft sollen deuten, die sind, wie wir gesehen, in großer Zahl geschehen.

2. Was soll ich denn nun thun? Ich soll auf dem beruh'n, was du mir hast verheißen, daß du mich wollest reißen aus meines Grabes Kammer und allem andern Jammer.

3. Ach Jesu, wie so schön wird mir's alsdann ergehn! Du wirst mit Gnaden-Blicken mich durch und durch erquicken, wenn ich hier von der Erde mich zu dir schwingen werde.

4. Ach! was wird doch dein Wort, o süßer Seelenhort! was wird doch seyn dein Sprechen, wenn dein Herz wird ausbrechen zu mir und meinen Brüdern, als deines Leibes Gliedern?

5. Werd' ich denn auch vor Freud' in solcher Gnadenzeit den Augen ihre Zähren und Thränen können wehren, daß sie mir nicht mit Haufen auf meine Wangen laufen?

6. Was für ein schönes Licht wird mir dein Angesicht, was ich in jenem Leben zum ersten sehe, geben? Wie wird mir deine Güte entzücken mein Gemüthe!

7. Dein' Augen, deinen Mund, den Leib für uns verwund't, da wir so fest auf trauen, das werd' ich Alles schauen, auch innig, herzlich grüßen die Maal' an Händ' und Füßen.

8. Dir ist allein bewußt die ungefälschte Lust und edle Seelenspeise in deinem Paradeise! die kannst du wohl beschreiben; ich kann nichts mehr, als gläuben.

9. Doch, was ich hier gegläubt, das steht gewiß und bleibt mein Theil, dem gar nicht gleichen die Güter aller Reichen. All andres Gut vergehet, mein Erbtheil das bestehet.

10. Ach! Herr, mein schönstes Gut, wie wird sich all' mein Blut in allen Adern freuen, und ganz und gar verneuen, wenn du mir wirst mit Lachen die Himmelsthür aufmachen.

11. Komm her, komm und empfind', o auserwähltes Kind, komm, schmecke was für Gaben ich und mein Vater haben; komm, wirst du sagen, weide dein Herz in ew'ger Freude.

12. Ach! du so arme Welt! was ist dein Gut und Geld hier gegen diese Kronen, und mehr als gold'ne Thronen, die Christus hingestellet dem Volk, das ihm gefället?

13. Hier ist der Engel Land, der sel'gen Seelen Stand, hier hör' ich nichts als Singen, hier seh' ich nichts als Springen, hier ist kein Kreuz und Leiden, kein Tod, kein bitt'res Scheiden.

14. Halt ein, mein schwacher Sinn, halt ein, wo denkst du hin? Willst du was grundlos gründen, was unbegreiflich, finden? Hier muß der Witz sich neigen, und alle Redner schweigen.

15. Dich aber, meine Zier, dich lass' ich nicht von mir, dein will ich stets gedenken. Herr, der du mir wirst schenken mehr, als mit meiner Seelen ich wünschen kann und zählen.

16. Ach, wie ist mir so weh, eh' ich dich aus der Höh', Herr, sehe zu uns kommen, ach! daß zum Heil der Frommen, du meinen Wunsch und Willen noch möchtest heut' erfüllen.

17. Doch du weißt deine Zeit, mir ziemt nur, stets bereit und fertig da zu stehen, und so einher zu gehen, daß alle Stund' und Tage mein Herz mich zu dir trage.

18. Das gieb, Herr, und verleih', auf daß dein' Huld und Treu' ohn' Unterlaß mich wecke, daß mich dein Tag nicht schrecke, da uns're Noth auf Erden soll Fried' und Freude werden. Paul Gerhardt.

Vom Tode.

Ebräer 13, v. 14. Wir haben hier keine bleibende Stadt, sondern die zukünftige suchen wir.

Mel. Wer nur den lieben Gott läßt walten.

374. Die Zeit vergeht und läuft zu Ende und so die Menschen mit der Zeit. Vielleicht geschieht's, daß ich vollende noch heut den Lauf zur Ewigkeit; drum laß, o Herr! mich allezeit gedenken meiner Sterblichkeit.

2. Weil der nur ist für klug zu achten, der denket, daß er sterben muß: so will ich meinen Tod betrachten, und bei mir fassen diesen Schluß: Ich lasse dich, mein Jesu! nicht, bis mir dein Mund den Segen spricht.

3. So oft ich meinen Fuß bewege, wenn ich in den Geschäften bin, hilf, daß ich bei mir überlege: so schreitest du zum Grabe hin. Ich wandle meinen Lebens-Weg und eile auf den Todten-Steg.

4. Geh' ich des Abends in die Kammer und schließe meine Augen zu, und endet sich vielleicht mein Jammer, denk' ich, in dieser Abendruh': wer weiß, ob nicht bei früher Zeit dein Sterbe-Bette dir bereit't?

5. Selbst die Natur führt uns zum Grabe, wie man selbst sieht vor Augen sich'n; die Blume blüht und fället abe, der Baum läßt seine Blätter gehn; was auf der Erd', in Lüften schwebt, das hat doch endlich ausgelebt.

6. Wie wollte doch ein Mensch bestehen, der an sich selbsten sterblich ist? er muß zu seinen Vätern gehen, wenn Gott ihm seine Zeit erkies't. Gott setzt ihm bald sein Lebens-Ziel, und läßt ihn sterben, wie er will.

7. Herr! wenn es wird zum Sterben kommen, laß mich in Jesu schlafen ein, den ich im Glauben aufgenommen, der wird mein Licht und Labsal seyn, auch in dem finstern Todes-Thal fürcht' ich kein Unglück überall.

8. Ich darf mich vor dem Tod' nicht scheuen, dein Geist giebt mir den Trost in's Herz, daß ich mich kann auf's Ende freuen, weil in dem letzten Todes-Schmerz die Seele kommt zur Seligkeit, die ihr von Anbeginn bereit't.

9. Hier ess' ich oft mein Brot mit Thränen, dort wischt der Herr die Thränen ab; hier muß ich mich nach Ruhe sehnen, dann find' ich meine Ruh' im Grab'; die Seele kommt in Gottes Hand, da ihr gar keine Qual bekannt.

10. Drum, gute Nacht! du Weltgetümmel: du magst die Schätze sammlen ein; ich erbe für die Welt den Himmel, da wird mein Schatz mein Jesus seyn; wenn ich nur diesen Schatz gekriegt, hab' ich, was ewig mich vergnügt.

11. Drum fahr' ich freudig hin mit Frieden, weil ich dort Jesum schauen kann, die Freunde, die von mir geschieden, treff' ich im Himmel wieder an; da kehren wir bei Jesu ein, wie wohl wird uns dort oben seyn!

12. Herr lehre mich die Kunst zu sterben, wenn es mit mir zu Ende geht, daß ich nach meinem Tod' kann erben das Reich, das ewiglich besteht; ich habe Lust aus dieser Welt: komm Jesu! wenn es dir gefällt.

Fürbitte für Kinder.

Johannis 17, v. 15. Ich bitte nicht, daß Du sie von der Welt nehmest, sondern daß Du sie bewahrest vor dem Uebel.

Mel. Freu' dich sehr, o meine Seele.

375. Dir befehl' ich meine Kinder, der mit ew'ger Gnade krönt! zwar auch sie sind vor dir Sünder, doch durch Jesum dir versöhnt; und dir Vater, Sohn und Geist, Gott, den unser Glaube preis't, dein zu seyn und dir zu leben, durch den Taufbund übergeben.

2. Ihr Gelall' hast du erhöret, ihre Schwachheit unterstützt, sie verpfleget, sie ernähret, und durch Engel sie beschützt. Engel schau'n dein Angesicht, und doch schämen sie sich nicht der Beschirmung dieser Kleinen, die uns oft verachtet scheinen.

3. Sollt' ich für so reiche Güte dir nicht herzlich dankbar seyn? mit frohlockendem Gemüthe nicht vor dir mich ihrer freu'n? O wie theuer sind sie mir! und hab' ich sie nicht von dir? Ja, mein Gott, wie manchen Segen schenkst du mir auch ihretwegen.

4. Du, mein Schöpfer und Erhalter, bist von Kindheit auf mein Gott; bleibst mein Gott auch einst im Alter, sey auch meiner Kinder Gott. Segne und behüte sie! deine Furcht erfüll' sie früh, daß sie, dir zum Wohlgefallen, jung schon deine Wege wallen.

5. Wie viel lockende Gefahren warten ihrer in der Welt! ihr Verstand ist unerfahren; Welttand schimmert und gefällt, auch ihr Herz ist bald erreicht; böses Beispiel haftet leicht; groß ist die Gewalt des Spottes; es vertilgt oft selbst Furcht Gottes.

6. Ach, daß sie mit Furcht dir dienen, ist nur dein Werk. Ach! nimm nie deinen heil'gen Geist von ihnen, daß ihr Fuß Verführer flieh', und ich einst voll Zuversicht, daß der Lüste Gift nun nicht ihr unschuldig Herz verderbe, froh sie segne, wenn ich sterbe.

7. Keiner unter allen werde, das, das bitt' ich, Herr mein Gott, je den Freunden zur Beschwerde noch den Feinden je zum Spott. Sey ihr Schild und fester Stab, daß sie sich bis in ihr Grab harten Mangels stets erwehren, ihres Fleißes redlich nähren.

8. Nicht bitt' ich, daß du mit Leiden ihre Herzen ganz verschonst; nicht, daß du mit steten Freuden ihre Treue hier schon lohnst;

nicht, daß du sie hoch erhebst, ihnen großen Reichthum gäbst, jeden Anschlag stracks erfüllest, jeden ihrer Wünsche stillest.

9. Trübsal nützt oft unsern Seelen; wirkt sie gleich den Sinnen Grau'n. Unglück ist oft, was wir wählen, wenn wir bloß den Sinnen trau'n. Oft heilt Schäden, was doch schmerzt; Ruh' macht weich, Gefahr beherzt; Reichthum lehrt leicht Gott vergessen; großes Glück macht leicht vermessen.

10. Gieb du ihnen, o Allweiser, wie es längst dein Rath bedacht, das nur, was sie frömmer, weiser und zum Himmel reifer macht. Nie kann eine ganze Welt, wenn ihr Reiz die Seele fällt, nie mit allen ihren Schätzen den Verlust der Seel' ersetzen.

11. Doch, was ich zu bitten wage, find' ein gnädiges Gehör. Kann es seyn, laß ihre Tage nicht an Freuden gänzlich leer. Werden sie geprüft durch dich, Gott, so sey es väterlich; und dann laß es ihren Seelen nicht an Trost und Stärke fehlen.

12. Jener Sieg'stag der Gerechten sey auch mir ein Freudentag. Hilf, daß zu des Richters Rechten auch nicht Einer fehlen mag. Dann frohlock' ich: Richter, sieh! hier bin ich; hier sind auch die, die dein Vater mir verliehen, sie dem Himmel zu erziehen.

13. Nichts kann unser Glück dann mindern, wenn du stets mit Wonn' uns labst; und mit allen meinen Kindern dank' ich, daß du mir sie gabst. Dann drückt ferner keine Noth; dann trennt ferner uns kein Tod; dann sind wir, gleich deinen Engeln, frei von Sorgen, rein von Mängeln.

D. Johann Adolph Schlegel.

Die Liebe Gottes

1 Johannis 4, v. 10. Darinnen stehet die Liebe: nicht, daß wir Gott geliebet haben, sondern daß er uns geliebet hat und gesandt seinen Sohn zur Versöhnung für unsere Sünde.

Mel. Wer nur den lieben Gott läßt walten.

376. Dir dank' ich Gott für deine Liebe, womit du alle Welt geliebt. Wenn Eins nur ungeliebet bliebe, so würde mir das Herz betrübt; ich dächte in der Seelenpein: ich, ich kann dies Gehaßte seyn.

2. Gott Lob! ich bin auch unter allen, die er im Sohn geliebet hat, der starb nach Gottes Wohlgefallen an aller und an meiner Statt, daß ewig lebe, wer da glaubt, und mir ist Glauben auch erlaubt.

3. O Liebe! dir sey Lob gesungen. Ach glaubten alle Menschen dich! ein Herz von deiner Glut durchdrungen, dankt, rühmt und lobt nicht nur für sich, indem es Gott die Ehre giebt, daß er die ganze Welt geliebt.

M. Philipp Friedrich Hiller.

Gesang und Gebet.

Epheser 5, v. 18. 19. Werdet voll Geistes, und redet unter einander von Psalmen und Lobgesangen und geistlichen Liedern; singet und spielet dem Herrn in eurem Herzen.

In eigener Melodie.

377. Dir, dir, Jehovah! will ich singen; denn wo ist doch ein solcher Gott, wie du? dir will ich meine Lieder bringen: ach, gieb mir deines Geistes Kraft dazu! daß ich es thu' im Namen Jesu Christ, so wie es dir durch ihn gefällig ist.

2. Zieh' mich, o Vater, zu dem Sohne, damit dein Sohn mich wieder zieh' zu dir; dein Geist in meinem Herzen wohne, und meine Sinnen und Verstand regier', daß ich den Frieden Gottes schmeck' und fühl', und dir darob im Herzen sing' und spiel'.

3. Verleih' mir, Höchster! solche Güte, so wird gewiß mein Singen recht gethan, so klingt es schön in meinem Liede, und ich bet' dich im Geist und Wahrheit an; so hebt dein Geist mein Herz zu dir empor, daß ich dir Psalmen sing' im höhern Chor.

4. Denn der kann mich bei dir vertreten mit Seufzern, die ganz unaussprechlich sind; der lehret mich recht gläubig beten, giebt Zeugniß meinem Geist, daß ich dein Kind und ein Miterbe Jesu Christi sey, daher ich Abba, lieber Vater! schrei'.

5. Wenn dies aus meinem Herzen schallet, durch deines heil'gen Geistes Kraft und Trieb, so bricht dein Vaterherz, und wallet ganz brünstig gegen mich vor heißer Lieb', daß mir's die Bitte nicht versagen kann, die ich nach deinem Willen hab' gethan.

6. Was mich dein Geist selbst bitten lehret, das ist nach deinem Willen eingericht't, und wird gewiß von dir erhöret, weil es im Namen deines Sohn's geschicht, durch welchen ich dein Kind und Erbe bin und nehme von dir Gnad' um Gnade hin.

7. Wohl mir, daß ich dies Zeugniß habe! drum bin ich voller Trost und Freudigkeit und weiß, daß alle gute Gabe, die ich von dir verlanget jederzeit, die giebst du und thust überschwänglich mehr, als ich verstehe, bitte und begehr'.

8. Wohl mir! ich bitt' in Jesu Namen, der mich zu deiner Rechten selbst vertritt; in ihm ist alles Ja und Amen, was ich von dir im Geist und Glauben bitt'. Wohl mir,

Lob dir jetzt und in Ewigkeit, daß du mir schenkest solche Seligkeit!

Bartholomäus Crasselius.

Bei Einsegnung der Kinder.

2 Timotheum 1, v. 13. 14. Halte an dem Vorbilde der heilsamen Worte, die du von mir gehöret hast, vom Glauben und von der Liebe in Christo Jesu. Diese gute Beilage bewahre durch den heiligen Geist, der in uns wohnet.

Mel. Dir, dir, Jehovah! will ich singen.

378. Dir ew'ge Treue zu geloben, sind wir versammlet hier im Heiligthum; das Herz zu dir, o Herr, erhoben, bringt dir gerührt Anbetung, Preis und Ruhm: O Heiland! nimm dich unsrer Schwachheit an, führ' uns zum Licht, leit' uns auf eb'ner Bahn.

2. Wir haben deinen Ruf vernommen, du lud'st zu dir voll Freundlichkeit uns ein, mit Sehnsucht sind wir nun gekommen und flehen: Herr, mach' unsre Herzen rein; schenk' uns des Glaubens hohe Zuversicht, und wende nicht von uns dein Angesicht.

3. Wir sind auf dich, o Herr, getaufet; du nahmst uns schon als zarte Kinder an, du hast so theuer uns erkaufet, als einst dein Blut herab vom Kreuze rann. Wir glauben fest: du bist auch jetzt nicht fern, und hörest unser schwaches Flehen gern.

4. Dir schmücken heut' sich unsre Herzen, zieh' ein, du König, voller Herrlichkeit! Von Erdenfreuden, Erdenschmerzen zieh' uns hinauf zum Glanz der Ewigkeit. Nimm unser Herz! wir bringen dir es dar; wir opfern dir es selbst jetzt am Altar.

5. Zwar Mancher hat dir Treu' geschworen, gleich uns, gerührt, an deinem Hochaltar; und dennoch ging er bald verloren, als ihn umringte der Versucher Schaar: ja, ohn' Gebet that er der Treue Schwur, drum blieb von ihm im Herzen keine Spur.

6. Wir flehen, Herr, in dieser Stunde, weich' nicht von uns, wenn uns Anfechtung naht! erhalte uns in deinem Bunde; laß uns im Glauben geh'n des Lebens Pfad, dann steh'n wir einst verklärt vor deinem Thron, um zu empfah'n des ew'gen Lebens Kron'!

E. C. G. Langbecker.

Sonntagslied.

2 Mose 31, v. 13. 14. Haltet meinen Sabbath, denn derselbige ist ein Zeichen zwischen mir und euch auf eure Nachkommen, daß ihr wisset, daß ich der Herr bin, der euch heiliget. Darum so haltet meinen Sabbath, denn er soll euch heilig seyn.

Mel. Herzliebster Jesu, was hast du verbrochen?

379. Dir, Ewiger, sey dieser Tag geweihet! ihn feiert gern, wer deiner, Gott, sich freuet. O, laß auch mich mit Freuden vor dich treten, dich anzubeten.

2. Dich preis't der Lobgesang der Himmelsheere. Auch unser Tempel schallt von deiner Ehre. Auch unser Dank und unsers Herzens Flehen soll dich erhöhen.

3. Wie freu' ich mich, die Stätte zu begrüßen, wo Dürstenden des Lebens Bäche fließen, und wo dein Ruhm von dir geweihten Zungen froh wird besungen.

4. Vergebens lockt die Welt zu ihren Freuden; mein Geist soll sich an deiner Lehre weiden; dein heil'ges Wort, das deine Boten lehren, will ich gern hören.

5. Ich will mit Andacht, Vater, vor dich treten, ich weiß, du liebst, die kindlich zu dir beten, und die, so ihre Sündenschuld bereuen, willst du erfreuen.

6. O, laß auch heute deinen Geist mich lehren, vom Weg', der dir mißfällt, mich abzukehren. Regiere mich, daß meine ganze Seele zum Trost dich wähle.

7. Dein Tag sey mir ein Denkmal deiner Güte, voll Heil für mich, und lenke mein Gemüthe auf jenes Glück, das mir dein Sohn erworben, da er gestorben.

8. Ja, Preis sey dir, du Todesüberwinder! An diesem Tag hast du zum Heil der Sünder, die fern von Gott in Todesschatten saßen, dein Grab verlassen.

9. Es feire dankbar diesen Tag die Erde, daß jedes Land voll deines Ruhmes werde! Lob sey, Erlöser, deinem großen Namen auf ewig. Amen!

M. C. C. Sturm.

Ergebung in Gottes Willen.

Psalm 37, v. 25. Ich bin jung gewesen, und alt geworden, und habe noch nie gesehen den Gerechten verlassen, oder seinen Samen nach Brot gehen.

Mel. Nun ruhen alle Wälder.

380. Dir hab' ich mich ergeben, mein Gott im ganzen Leben, im Unglück, wie im Glück. Dir dank' ich meine Freuden, dich preis' ich auch im Leiden bis an den letzten Augenblick.

2. Du bist's, der für mich wachte, noch eh' ich war und dachte; du hast mit treuer Hand mich huldvoll stets geleitet, auch da mir Glück bereitet, wo ich nur Schmerz und Leiden fand.

3. Was helfen meine Sorgen? ist mir mein Glück verborgen, so ist's dir, Herr, doch nicht. Dir will ich mich befehlen, du

weißt was meiner Seelen, und meinem Leibe hier gebricht.

4. Warum ich heute flehe, das möchte, wenn's geschähe, schon morgen mich gereu'n. Nur einen Wunsch von allen laß dir, o Herr gefallen, den Wunsch, zufrieden stets zu seyn!

5. Wenn ich verlassen scheine, im Leiden zag' und weine: was wünscht mein banges Herz? o hilf es mir besiegen! es wünschet sich Vergnügen! und was es wünscht, wird oft sein Schmerz.

6. Drum will ich kindlich schweigen, zufrieden mich bezeigen mit Allem, was du giebst. Du kannst uns nicht verlassen, die dir vertrau'n nicht hassen, weil du die Frommen ewig liebst.

7. Nicht das, warum ich flehe: dein Wille nur geschehe und was mir selig ist, ich will dir ganz ergeben, getrost und ruhig leben, bis einst der Tod mein Auge schließt.

Theodor Gottlieb von Hippel.

Pfingstlied.

1 Joh. 3, v. 24. Daran erkennen wir, daß er in uns bleibet, an dem Geist, den er uns gegeben hat.

Mel. Wie schön leucht't uns der Morgenstern.

381. Dir sing' ich heut, o heil'ger Geist, dir, den des Mittlers Wort verheißt, den er den Jüngern sandte. O ziehe du bei mir auch ein: mein Herz laß deine Wohnung seyn, dies Herz, das dich nicht kannte! Gieb mir Armen deinen Frieden, daß hienieden mit der Sünde kämpfend, Sieg und Ruh' ich finde!

2. Es sprach der Herr: „Nur der mich liebt, von mir ein wahres Zeugniß giebt; ihn weck' ich aus dem Staube!" — Wohl hör' ich dieses theure Wort; und dennoch leb' ich fort und fort dem ew'gen Tod zum Raube. Darum fleh' ich: Gott der Wahrheit, gieb mir Klarheit, mich zu retten aus der Sünde Sklavenketten!

3. Du bist es, Geist der Gotteskraft, der Wollen und Vollbringen schafft, du kranker Seelen Weide! Wenn mich ergreift der Sinnen Lust, dann sprich du laut in meiner Brust, daß ich die Sünde meide. Stehe immer mir zur Seiten, hilf mir streiten, hilf mir siegen! Geist, laß mich nicht unterliegen!

4. Nicht Ruhm, wie ihn der Mensch sich denkt, nicht Frieden, wie die Welt ihn schenkt, wirst du dem Herzen geben. Ich weiß es; doch ich zage nicht: gehst du nicht mit mir ins Gericht, so werd' ich ewig leben. Christus sagte: „Meine Frommen, ach, sie kommen nur durch Leiden in das Paradies der Freuden!"

5. Einst tönet es: „Hoch, Mitternacht! dein Tagewerk ist jetzt vollbracht: geh' ein zu Lust und Wonne! —" Wer hier den Heiland hat erkannt, durch ihn das Böse überwand, dem lacht die ew'ge Sonne. Dort, an Christi Strahlenthrone liegt die Krone, — welch Entzücken, — um als Sieger ihn zu schmücken!

D. Karl Dielitz.

Geduld im Leiden.

Psalm 42, v. 6. Was betrübst du dich, meine Seele, und bist so unruhig in mir? Harre auf Gott; denn ich werde ihm noch danken, daß er mir hilft mit seinem Angesicht.

Mel. Herzlich lieb hab' ich dich, o Herr!

382. Dir trau' ich, Gott, und wanke nicht, wenn gleich von meiner Freude Licht der letzte Funke schwindet. Mein Helfer und mein Gott bist du, durch den mein Herz doch endlich Ruh' und Freude wieder findet. Von jeher hast du mich geführt und meines Lebens Lauf regiert; mit segensvoller Vaterhand so manche Noth hinweggewandt. Unendlicher! ich trau' auf dich, du leitest mich. Ich kämpf' und siege, Gott, durch dich.

2. Schwer ist der Kampf der Leiden, schwer; kaum fühl' ich Muth und Stärke mehr noch länger auszudulden. Doch, ewig, Vater, zürnst du nicht, du gehst mit uns nicht ins Gericht, strafst nicht nach unsern Schulden. Bald ist der Thränen Maaß gefüllt, bald meiner Seele Schmerz gestillt; bald hat Gott all' mein Flehn erhört, mich gnug geprüft und mich bewährt. Du Gott der Huld! erhört von dir, lobsingt in mir dann meine ganze Seele dir.

3. Ach, alle Leiden dieser Zeit sind doch nicht werth der Herrlichkeit, die du wirst offenbaren. Bald wird auch mir der Duldung Lohn; bald steh' ich auch vor deinem Thron mit treuer Kämpfer Schaaren und danke dir, von Gott verklärt, der jetzt mich prüft, mich dann bewährt, daß ich von allen Leiden frei, ein Seliger des Himmels sey, Barmherziger! fest ohne Grau'n will ich dir trau'n: denn einst werd' ich dein Antlitz schau'n.

Johann Joachim Eschenburg.

Pfingstlied.

2 Timotheum 1, v. 7. Gott hat uns nicht gegeben den Geist der Furcht, sondern der Kraft und der Liebe und der Zucht.

Mel. An Wasserflüssen Babylon.

383. Dir Vater dankt mein Herz und singt, daß du den Sohn gegeben, den Sohn, der Heil den Sündern bringt und unvergänglich Leben. Ich danke dir, daß du den Geist, der deinen Sohn durch Wunder preis't, zur Erde hast gesendet! der Geist der Wahrheit kam herab, der deinen Knechten Stärke gab, daß sie dein Werk vollendet.

2. Erfüllt von seiner Wunderkraft, geh'n sie die Welt zu lehren, der Geist, der neue Herzen schafft, hilft ihnen sie bekehren, der ganze Weltkreis hört erfreut die Botschaft uns'rer Seligkeit; und Gnad' und Wahrheit siegen. Das Laster und die Blindheit flieht; wo man den Finger Gottes sieht, muß Satan unterliegen.

3. Umsonst, daß er noch wilder tobt, Verfolgung zu erregen: der Name Jesus wird gelobt; sein Wort ist Kraft und Segen. Die Jünger schreckt nicht Pein noch Müh'; der Geist der Stärke stärkte sie in Martern und im Tode. Sie blieben ihrem König treu, bekannten seinen Namen frei und lobten ihn im Tode.

4. Noch jetzt bist du der Geist der Kraft, noch jetzt der Menschen Lehrer, der Jesu neue Jünger schafft, des Höllenreichs Zerstörer. In Sündern wirkst du Buß' und Leid, in frommen Seelen Trost und Freud', und Muth im Kampf der Sünden. In bangen Stunden schenkest du so wie im Tode Seelenruh', daß sie dich froh empfinden.

5. Des Vaters und des Sohnes Geist, du Quell des Lichts der Liebe, den Gott den Betenden verheißt, ach heil'ge meine Triebe; schaff' du in mir ein neues Herz, gieb wahre Buß' und Sündenschmerz, hilf mir im Glauben beten; in bangen Stunden tröste mich, und zeige voll Erbarmen dich mir einst in Todesnöthen! Joh. Kaspar Lavater.

Von Christo.

Philipper 1, v. 18. Daß nur Christus verkündiget werde.

Mel. Erquicke mich, du Heil der Sünder.

384. Dir will ich danken bis zum Grabe, so lang ich athme, leb' und bin, für deine theuer-werthe Gabe, daß ich durch dich erlöset bin, daß du, Herr! bist für mich gestorben, und mir den Himmel hast erworben.

2. An dich nur will ich ewig denken, du sollst mein Ein und Alles seyn, dir will ich meine Seele schenken, zu dir mich wenden ganz allein, nach dir will ich voll Sehnsucht schauen und dir in Demuth fest vertrauen.

3. Du bist ja nichts als lauter Liebe, mein treuer Heiland und mein Hort! und wenn auch nichts mir übrig bliebe, so hab' ich doch dein Himmelswort; das wird mich halten und erquicken, wenn mich der Böse will berücken.

4. Die schnöde Welt mit ihren Gaben, wie ist sie doch so arm und leer, und kann das müde Herz nicht laben, wenn Reu' und Angst es drücken schwer! mit allen Gütern dieser Erden kann ja die Schuld nicht kleiner werden.

5. Und wer sich eitler Lust ergiebet und sucht in ihr sein Glück und Ruh', wer den verschmäht, der ihn geliebet, und kehret Gott den Rücken zu, der kann ja nicht das Leben erben und geht ins ewige Verderben.

6. Nur Einer kann uns Alle retten und führen aus des Wahnes Nacht, nur Einer bricht der Sünde Ketten und nimmt dem Tode seine Macht; vor meines Jesu Gottesblicke erschrickt der Feind und flieht zurücke.

7. Doch bin ich froh, daß du gekommen aus deines lieben Vaters Reich, und Fleisch und Blut hast angenommen und mir in Allem worden gleich — nur Ein's alleine, Schuld und Sünden, die waren nicht an Dir zu finden.

8. Du gingst umher voll Huld und Gnaden und heiltest aller Kranken Schmerz; wer zu dir kam mit Angst beladen, den zogst du an dein Liebes-Herz, sprachst: „deine Sünd' ist dir vergeben!" und gabst ihm Kraft und neues Leben.

9. Du ließest schmähen dich und schelten, und trugst geduldig Hohn und Spott; du wolltest gar nichts seyn und gelten, und bist doch ew'ger Herr und Gott; dein Erdenpfad war nichts als Leiden für uns, zu unsern ew'gen Freuden.

10. Bis in den Tod bist du gegangen für uns, die wir den Tod verdient; am Kreuze hast du, Herr! gehangen, und unsre schwere Schuld gesühnt; ja, dort hast du für uns gebeten und uns erlös't aus Furcht und Nöthen.

11. Durch dein unsäglich treues Lieben,

durch

durch deine Wunden, Grab und Schmach, hast du zu Gott uns heimgetrieben, gestillt des Herzens tiefes Ach! und so wir ganz an uns verzagen, hast du auch unsre Last getragen.

12. Und wenn wir dann voll bittrer Reue zu deinem Gnadenstuhle nahn, so nimmst du uns mit Liebestreue, mit Freuden wieder auf und an, und wenn wir fest im Glauben stehen, so soll'n wir dich einst ewig sehen!

13. Nun wohl, ich habe kein Verlangen, als meinen Jesum ganz allein; an keinem Andern will ich hangen, zu Keinem sonst um Hülfe schrei'n; von ihm will ich mich nimmer trennen und nur für ihn in Liebe brennen.

14. Ich bin ja nichts, wenn er mir fehlet, ich sterbe, hab' ich Jesum nicht; wie er, weiß Keiner was mich quälet, und wenn er, Friede! zu mir spricht, so mag die Welt mir Alles nehmen: der Herr ist mein — mich soll's nicht grämen.

15. So nimm denn all mein Seyn und Wesen, mit Denken, Hoffen, Glauben hin; durch dich nur kann ich ganz genesen, weil ich durch dich erlöset bin; Herr! nim̃ mich hin mit Herz und Streben, zu Freud' und Leid in Tod und Leben!

Gustav Friedrich Ludwig Knak.

Bei der Einweihung einer Kirche.

2 Chronica 6, v. 20. Laß deine Augen offen seyn über dies Haus Tag und Nacht, über die Stätte, dahin du deinen Namen zu stellen geredet hast, daß du hörest das Gebet, das dein Knecht an dieser Stätte thun wird.

Mel. Es ist das Heil uns kommen her.

385. Dreiein'ger, heil'ger, großer Gott! sieh' von des Himmels Höhen, wie hier vor dir, Herr Zebaoth! die Deinen dankend stehen; merk' auf das Seufzen und Gebet, das jetzt zu deinem Throne geht, von dieser heil'gen Stätte.

2. Wir haben dieses Gotteshaus gebauet deinem Namen; mit dir ist es gezieret aus, daß wir, sammt unserm Saamen, die heil'ge Satzung und dein Wort, an diesem dir geweih'ten Ort, zum Seelenheil anhören.

3. Der Grund ist selber Jesus Christ, Apostel und Propheten; ihr Wort der Pfeiler Grundfest' ist, darauf in allen Nöthen, wie hoch die List der Feinde geht, die Gottesstadt doch lustig steht, mit ihrem Zionsbrunnen.

4. Hier woll'n wir unsre Kindelein dir in der Taufe schenken, die Katechismuslehre rein in ihre Herzen senken, sie in des wahren Glaubens Frucht, in deiner Furcht, in Christenzucht, als Himmelspflanzen ziehen.

5. Hier wollen wir in wahrer Reu', auf tiefgebeugten Knieen, die Sünden beichten ohne Scheu, und hier zum Kreuze fliehen, abbitten unsre Sündenschuld, Vergebung suchen, Gnad' und Huld, in Christi Blut und Wunden.

6. Beim heil'gen Altar werden sich die müden Seelen laben, da unser Heiland Jesus Christ uns Sünder will begaben mit seinem wahren Leib und Blut, in Tod gegeben uns zu gut, und uns zum Heil vergossen.

7. Hier segnet man den Eh'stand ein, man bittet für die Kranken; dies Haus wird stets erfüllet seyn mit Loben und mit Danken. Hier wird man den Regentenstand, Kirch', Schulen, Häuser, Stadt und Land dir täglich anbefehlen.

8. Herr! hebe nun zu segnen an dies Haus, nach Dir genennet, daß es kein Feind zerstören kann; wie hoch sein Eifer brennet. Stoß' aus, was uns hier stören will; laß uns in diesem Tempel still dich ohne Ende loben.

9. Lob, Ehr' und Dank und Herrlichkeit sey dir, o Herr! gesungen, daß bei der jetzt betrübten Zeit es uns so weit gelungen. Gieb, daß, was wir jetzt fangen an, nicht eher Ende nehmen kann, bis Erd' und Himmel brechen.

Hans v. Assig.

Christus, ein Fluch für uns.

Gal. 3, v. 13. Christus hat uns erlöset von dem Fluch des Gesetzes, da er ward ein Fluch für uns.

Mel. Ich suche dich in dieser Ferne.

386. Droht das Gesetz mir mit dem Fluche, daß ich in Angst Versühnung suche, kann's Niemand, als nur Jesus seyn; der Mittler schreibt im Lebensbuche mit Blut mich als gesegnet ein.

2. Die Freude wallt im Herzensgrunde, der Dank fließt über in dem Munde, was mein Versöhner mir gethan; und das ist mir die schönste Stunde, da ich von Jesu singen kann.

3. Er ließ sich uns zum Heile tödten, zu retten uns aus unsern Nöthen, gab er sich selbst am Holz dahin. Ich bin versetzt in seinen Orden, der allen Segen erbt durch ihn.

4. Herr, segne mich mit diesem Gute, das du erwarbst mit deinem Blute für alle

Welt an jenem Stamm; so sing' ich einst mit frohem Muthe: Preis, Dank und Ehre sey dem Lamm. M. Philipp Friedr. Hiller.

Morgenlied.

Psalm 71, v. 8. Laß meinen Mund deines Ruhms und deines Preises voll seyn täglich.

Mel. Wach' auf, mein Herz, und singe.

387. Du angenehmer Morgen, dein Gruß vertreibt die Sorgen, dein Glanz verschlingt die Schatten, die mich umhüllet hatten.

2. Komm, bringe Licht in's Herze, daß deine Sonnenkerze mich nicht in Sünden finde, und wieder so verschwinde.

3. Du Aufgang aus der Höhe, schau' wie ich vor dir stehe, und dich, o Morgensterne, von neuem kennen lerne.

4. Du hast die Nacht vertrieben, du bist bei mir geblieben, du standest mir zur Seite, du wecktest mich auch heute.

5. So nimm nun Dank und Lieder, ich lebe heute wieder, doch dieses neue Leben sey dir allein gegeben.

6. Sey du mein Gott auch heute, daß mich dein Auge leite, dein Herz mein Herze rühre, und deine Hand mich führe.

7. Laß Schweiß und Fleiß gelingen, und solche Früchte bringen, die deinen Namen ehren, und meinen Nutz vermehren.

8. Gieb ein vergnügtes Herze, in Lust und auch im Schmerze; soll ich im Kummer leben, so gieb Geduld daneben.

9. Bleib' mir und meinen Lieben, mit Liebe zugeschrieben; ja deine Gnadensonne sey aller Menschen Wonne.

10. Ich hab' mich dir befohlen; willst du mich heute holen, so sey's nach deinem Willen nur selig und im Stillen.

Benjamin Schmolck.

Kampf gegen die inneren Feinde.

Galater 5, v. 17. Das Fleisch gelüstet wider den Geist, und den Geist wider das Fleisch. Dieselbigen sind wider einander, daß ihr nicht thut, was ihr wollet.

Mel. Was mein Gott will, gescheh' allzeit.

388. Du armer Mensch, laß deinen Sinn nicht eit'le Lust verführen, sie reißet zu der Hölle hin, eh' man den Weg kann spüren. Sie füllt dein Herz mit Angst und Schmerz, und wenn auch scheint zu küssen ihr Honig-Mund, trifft doch zur Stund' ihr Stachel das Gewissen.

2. Du armer Mensch, vergiß es nicht, erkenne deine Banden. Ob dich die Lust nicht stets anficht, ist sie doch noch vorhanden: ließ sie ein Jahr dich ohn' Gefahr, sollst du nicht sicher werden; brichst du ihr Joch, so bleibt sie doch dein alter Feind auf Erden.

3. Du armer Mensch hast schon zu viel auf deinen Hals geladen, ach, setze heut' den Sünden Ziel, und mehre nicht den Schaden; doch mußt du dies, das glaub' gewiß, auf Gottes Kraft bloß wagen, und im Gebet ihm früh und spät dein Unvermögen klagen.

4. Sprich: Vater! sieh den Jammer an, den Jammer meiner Sünden, weil ich mir selbst nicht helfen kann, und laß mich Gnade finden; ich bin zu schwach das Ungemach der bösen Lust zu dämpfen; erbarme dich, und lehre mich durch deine Kraft zu kämpfen.

5. Laß mich stets ausgerüstet seyn mit deines Geistes Waffen, daß, wenn die Lust sich findet ein, sie nichts an mir mög' schaffen. Verleihe Sieg in diesem Krieg und laß mich überwinden: ach wehr' und steu'r dem Ungeheu'r, das mich stets sucht zu binden.

6. Wirst du, o Mensch, ihm also thun, so kannst du kühnlich glauben, daß dir, da deine Feind' nicht ruh'n, den Sieg wird Niemand rauben. Drauf folgt die Kron' zum Gnaden-Lohn, sammt jenem ew'gen Frieden, den Gott uns hat, aus lauter Gnad', in seinem Reich beschieden.

Morgenlied.

Psalm 143, v. 8. Laß mich frühe hören deine Gnade; denn ich hoffe auf dich.

Mel. Aus meines Herzens Grunde.

389. Du Aufgang aus der Höhe! du Glanz der Herrlichkeit! durch deine Gnade stehe ich abermal bereit, den hellen Tag zu sehn: ach! lasse seine Strahlen mir recht vor Augen malen, wie wohl mir ist geschehn.

2. Ich lag in sanftem Schlummer in der vergang'nen Nacht, und dacht' an keinen Kummer, der And're traurig macht. Da ich das Licht erblickt, so leb' ich gleichsam wieder und habe meine Glieder mit neuer Kraft erquickt.

3. Nun, Herr, von deinem Sorgen komt alles Wohlergehn: der Abend und der Morgen muß deinen Ruhm erhöh'n. Ach! halte ferner an, daß mein Berufs-Geschäfte der neuen Lebens-Kräfte auch wohl gebrauchen kann.

4. Ach, füll' mit deiner Gnade mein Herze

früh und spat, daß mir kein Unfall schade, gieb Beides, Rath und That. Erhalt' in Lieb' und Leid ein ruhiges Gewissen. Soll ich mein Leben schließen, ach komm, ich bin bereit.

Benjamin Schmolck.

Jesus, der gute Hirt.

Johannis 10, v. 12. Ich bin ein guter Hirte. Ein guter Hirte lässet sein Leben für die Schafe.

Mel. O Gott, du frommer Gott.

390. Du bist ein guter Hirt und wirst es ewig bleiben, o Jesu, gieb, daß ich dies mög' von Herzen gläuben; laß hören deine Stimm', daß ich davon erwach' und als ein Schäflein dir gehorsam folge nach.

2. Ich kenne deine Stimm' und hör' der Fremden keinen, die meine Seele nicht, sich aber selber meinen; der Miethling hält ohn'dies in Noth bei mir nicht Stand, drum folg' ich deiner Stimm' und deiner Hirtenhand.

3. Du bist getreu in Noth, mein Herz soll sich verlassen auf dich, mein Hirt! und dich mit Glaubens-Armen fassen; bist du mein Hirt, so wird dein Schaf versorget seyn und auf der Weide gehn, nach Willen aus und ein.

4. Ach, daß ich deine Treu' im Herzen möcht' erkennen und mich bis in den Tod dein frommes Schäflein nennen! ach, daß ich deine Lieb' erwägen möchte so, daß mich die Hirtenlieb' auch macht' im Kreuze froh.

5. O! daß ich dir allein, mein Hirte, wär' ergeben, der du für mich aus Lieb' gelassen hast dein Leben! o daß mein ganzes Herz, und was sich in mir regt, zur Gegenliebe würd' aus dieser Lieb' bewegt.

6. Ach, hätt' ich Schäfleins Art, die sich um nichts bemühen noch sorgen, weil sie nicht von ihrem Hirten fliehen; sie gehen, wo der Hirt sie führet hie und dort, und folgen seiner Stimm' an einem jeden Ort.

7. O! daß ich möcht' auf dich, o Jesu, mein Anliegen stets werfen, und in dir allein mein Herz vergnügen, hingegen stille seyn, und sorgen ferner nicht, weil du als Hirte weiß'st, was deinem Schaf gebricht.

8. Ja, Herr, du willst und kannst, und wirst es also machen, daß ich im Glauben dir befehle meine Sachen; du kommst ja von dir selbst und führst die Schäflein ein, daß sie ganz unbesorgt in deinem Schafstall seyn.

9. O, Jesu! leite mich, als ein getreuer Hirte, der seiner Schäflein sich annehm' und sie bewirthe, selbst zu der bösen Zeit, da wenig Hirten mehr getreu im Glauben sind, noch leben nach der Lehr'.

10. Führ' du, o Jesu! mich auf frischen Lebens-Auen, und laß mein Glaubensaug' auf Dich allein nur schauen und deine Stimme mich so hören, daß ich dich, als meinen Hirten, lieb' hier und dort ewiglich.

Laurentius Laurenti.

Gottes Fürsorge.

1 Petri 5, v. 7. Alle eure Sorge werfet auf ihn; denn er sorget für euch.

Mel. Ermuntre dich, mein schwacher Geist.

391. Du bist ein Mensch, das weißt du wohl; was strebst du denn nach Dingen, die Gott der Herr alleine soll und kann zuwege bringen? du fährst mit deinem Witz und Sinn durch so viel tausend Sorgen hin und denkst: wie will's auf Erden doch endlich mit mir werden?

2. Es ist umsonst; du wirst fürwahr mit allem deinem Dichten auch nicht ein ein'ges kleines Haar in aller Welt ausrichten. Es dient dein Gram sonst nirgends zu, als daß du dich aus deiner Ruh' in Angst und Schmerzen stürzest und selbst dein Leben kürzest.

3. Willst du was thun, das Gott gefällt und dir zum Heil gedeihet, so wirf dein' Sorgen auf den Held, den Erd' und Himmel scheuet, und gieb dein Leben, Thun und Stand nur fröhlich hin in Gottes Hand; so wird er deinen Sachen ein fröhlich Ende machen.

4. Wer hat gesorgt, da deine Seel' im Anfang deiner Tage noch in der Mutter Leibeshöhl' und finsterm Kerker lage? wer hat allda dein Heil bedacht? was that da aller Menschen Macht, da Geist und Sinn und Leben dir ward ins Herz gegeben?

5. Durch wessen Kunst steht dein Gebein in ordentlicher Fülle? wer gab den Augen Licht und Schein, dem Leibe Haut und Hülle? wer zog die Adern hier und dort, ein' jed' an ihre Stell' und Ort? wer setzte hin und wieder so viel und schöne Glieder?

6. Wo war dein Herz, Will' und Verstand, da sich des Himmels Decken erstrecken über See und Land und aller Erden Ecken? wer brachte Sonn' und Mond herfür? wer machte Kräuter, Bäum' und Thier', und hieß sie deinen Willen nach Herzenslust erfüllen?

7. Heb' auf dein Haupt, schau' überall hier unten und dort oben, wie Gottes Sorg' auf allen Fall für dich sich hab' erhoben. Dein Brot, dein Wasser und dein Kleid war eher noch als du bereit't, die Milch, die du erst nahmest, war auch schon, da du kamest.

8. Die Windeln, die dich allgemach umfingen in der Wiege, dein Bettlein, Kammer, Stub' und Dach und wo du solltest liegen, das war ja Alles zugericht't, eh' als dein Aug' und Angesicht eröffnet ward und sahe, was in der Welt geschahe.

9. Und dennoch soll dein Angesicht dein ganzes Leben führen, du trau'st und glaubest weiter nicht, als was dein' Augen spüren; was du beginnst, da soll allein dein Kopf dein Licht und Meister seyn; was der nicht auserkoren, das hältst du für verloren?

10. Nun siehe doch, wie viel und oft ist schändlich umgeschlagen, was du gewiß und fest gehofft mit Händen zu erjagen. Hingegen, wie so manches Mal ist doch geschehn, was überall kein Mensch, kein Rath, kein Sinnen sich hat erdenken können!

11. Wie oft bist du in große Noth durch eignen Willen kommen, da dein verblend'ter Sinn den Tod für's Leben angenommen? und hätte Gott dein Werk und That ergehen lassen nach dem Rath, in dem du's angefangen, du wärst zu Grunde gangen.

12. Der aber, der uns ewig liebt, macht gut was wir verwirren, erfreut, wo wir uns selbst betrübt, und führt uns, wo wir irren; und dazu treibt ihn sein Gemüth und die so reine Vatergüt', in der uns arme Sünder er trägt als seine Kinder.

13. Ach, wie so oftmals schweigt er still, und thut doch, was uns nützet; da unterdessen unser Will' und Herz in Aengsten sitzet, sucht hier und da, und findet nichts, will sehn und mangelt doch des Lichts, will aus der Angst sich winden, und kann den Weg nicht finden.

14. Gott aber geht gerade fort auf seinen weisen Wegen; er geht und bringt uns an den Port, da Sturm und Wind sich legen. Hernachmals wann das Werk geschehn, so kann der Mensch alsdann erst sehn, was der, so ihn regieret, in seinem Rath geführet.

15. Drum, liebes Herz, sey wohlgemuth und laß von Sorg' und Grämen! Gott hat ein Herz, das nimmer ruht, dein Bestes vorzunehmen; er kann's nicht lassen, glaube mir, sein Innerstes ist gegen dir und uns hier allzusammen voll allzusüßer Flammen.

16. Er glüht und brennt von Gnad' und Treu', und also kannst du denken, wie seinem Muth zu Muthe sey, wenn wir uns oftmals kränken mit so vergebner Sorgenbürd', als ob er uns nun gänzlich würd' aus lauterm Zorn und Hassen ganz hülf- und trostlos lassen.

17. Das schlag' hinweg und laß dich nicht so liederlich bethören; obgleich nicht allzeit das geschicht, was Freude kann vermehren: so wird doch wahrlich das geschehn, was Gott, dein Vater, ausersehn, was er zu dir will kehren, das wird kein Mensch verwehren.

18. Thu' als ein Kind und lege dich in deines Vaters Arme, bitt' ihn und flehe, bis er sich dein, wie er pflegt, erbarme: so wird er dich durch seinen Geist auf Wegen, die du jetzt nicht weißt, nach wohlgehaltnem Ringen aus allen Sorgen bringen.

Paul Gerhardt.

Vom geistlichen Kampf.

2 Corinther 1, v. 5. Gleichwie wir des Leidens Christi viel haben, also werden wir auch reichlich getröstet durch Christum.

In eigener Melodie.

392. Du bist ja, Jesu! meine Freude, warum ist denn mein Herz betrübt? Kann denn die Freud' auch bei dem Leide seyn in dem Herzen, das dich liebt? Ach ja, mein Jesu! wenn ich übe mein Herz in deiner süßen Liebe, so zeigt sich solche Freud' oft an, die keine Zung' aussprechen kann.

2. Weil aber noch nicht ganz gedämpfet in mir mein böses Fleisch und Blut, und noch der Geist dawider kämpfet, wird oft dadurch gekränkt der Muth. Drum leg' ich mich vor dich mit Flehen, mein Heil! laß Hülfe mir geschehen, und stärke mich in diesem Streit, daß ich mög' überwinden weit.

3. Du hast, o Held! ja überwunden: gieb mir auch Ueberwindungskraft, und laß mich in den Kampfesstunden erfahren, was dein Leiden schafft, dadurch du Alles hast besieget, das unter deinen Füßen lieget, Welt, Sünde, Teufel, Höll' und Tod; nun mach' sie auch an mir zu Spott.

4. Ich trau' allein auf deine Gnade, die mir dein theures Wort verspricht; es sagt:

daß nichts den Deinen schade, weil's nie an deiner Kraft gebricht. Nun hast du mich ja angenommen, als ich bin flehend zu dir kommen: das hat mein Herz gar wohl gespürt, als es dein Gnadenblick gerührt.

5. Weil ich denn nun an deinem Leibe ein Glied, wiewohl unwürdig, bin, so gieb, daß ich stets an dir bleibe und in mir habe deinen Sinn. Laß mich nicht andre Helfer suchen, laß falsche Lüste mich verfluchen, besitze du mein Herz allein, dein Leben laß mein Leben seyn!

6. Gieb, daß ich mich in dir stets freue, weil dein Herz mich beständig liebt, doch auch dabei kein Leiden scheue, weil jedes meinen Glauben übt und macht, daß ich viel stärker ringe und immer näher zu dir dringe; bis endlich nach besiegter Pein bei Dir wird lauter Freude seyn. Christian Jakob Koitsch.

Vom Glauben.

Ebräer 11, v. 27. Er hielt sich an den, den er nicht sahe, als sähe er ihn.

Mel. O Ewigkeit, du Donnerwort.

393. Du bist's, der Herzen an sich zieht, obgleich mein Aug' dich hier nicht sieht, Sohn Gottes, Freund der Deinen! Auf dich verläßt mein Glaube sich, hält sich zu dir, als säh' er dich, bis du einst wirst erscheinen. O welchen Kampf ersetzet nicht ein Strahl von deinem Angesicht!

Fräulein M. C. v. Silberrad.

Der Bund mit dem dreieinigen Gott.

5 Mose 7, v. 6. Dich hat Gott, dein Herr, erwählet zum Volk des Eigenthums aus allen Völkern, die auf Erden sind.

Mel. Herr Jesu Christ, dich zu uns wend'.

394. Du, den der Himmel Loblied preist, Gott Vater, Sohn und heil'ger Geist! dir weih'n, obgleich mit schwächer'm Klang, auch wir den frohen Lobgesang.

2. Schon, eh' die Welt ins Dasein trat, dacht' auch an uns dein Gnadenrath, maß segnend uns des Lebens Zeit, und krönt' uns mit Barmherzigkeit.

3. Wie sollten wir nicht dankbar seyn, uns deiner nicht lobsingend freu'n, der nach der Liebe Vorbedacht uns schuf, erlöste, heilig macht?

4. Du that'st uns deinen Namen kund, lud'st uns in deinen Friedensbund, der, wenn der Himmel selbst vergeht, fest wie dein ew'ger Thron besteht.

5. O Bund voll Heil und Seligkeit, Kraft, Wonn' und Trost der Wallfahrtszeit und Pfand der ew'gen Freudenwelt, die deine Lieb' uns vorbehält.

6. Was kann der Erdkreis uns verleihn? vor dir sind selbst die Himmel klein. Der Seelen Schatz und süße Ruh' und starker Hort bist du, nur du.

7. Allgegenwärtig bist du nah', mit dir ist Fried' und Segen da, mit dir ein unversiegter Schatz, mit dir für alle Welt Ersatz.

8. Du fügtest uns, dein Volk zu seyn, in die Gemeine Christi ein. Da offenbart sich Tag und Nacht der Gottes-Kräfte stille Macht.

9. Wie strömt des Vaters Segensquell! wie strahlt des Sohnes Gnade hell! wie wirkt der Geist, aus Gott gesandt, des Gottesbundes heil'ges Pfand!

10. O, Tag und Nacht thu' unser Bund dein Lob, du Gott der Liebe, kund! Und jedes Herz in unser'n Reih'n müss' ihm ein fröhlich Danklied weih'n.

Von der heiligen Dreieinigkeit.

Jes. 6, v. 3. Heilig, heilig, heilig ist der Herr Zebaoth! alle Lande sind seiner Ehre voll.

Mel. O Gott, du frommer Gott.

395. Du dreimal großer Gott, dem Erd' und Himmel dienen, dem heilig! heilig! singt die Schaar der Seraphinen, du höchste Majestät und Helfer in der Noth, du aller Herren Herr, Jehovah Zebaoth!

2. Dich bet' ich jetzund an, dir Lob und Dank zu lallen, mein Hallelujah laß dir gnädig wohlgefallen, du allerhöchstes Gut und wohlthatvolle Sonn', du aller Gaben Meer, ganz unerschöpfter Brunn!

3. Mein Schöpfer! — Mensch und Vieh und alles andre Wesen läßt deiner Allmacht Pracht ganz klärlich an sich lesen, ein jedes Wunder lobt dich, Gott! in der Natur: Stern, Element, Gewölk und alle Kreatur.

4. Es muß dich Jedermann den treuen Vater preisen, du führest wunderbar, willst Leib und Seele speisen, erhörest das Gebet, erhältst uns Gut und Blut; wir sind viel zu gering, was deine Treue thut.

5. Heiland, Immanuel, Lamm Gottes ohne Sünden, mein Jesu! deine Lieb' kann kein Verstand ergründen, das Hosianna singt ein jeder wahre Christ, das menschliche Geschlecht, das längst erlöset ist.

6. Du nahmest Fleisch an dich, und tratest in die Mitten, trugst unsre Sündenschuld, indem du viel gelitten; ach, dies dein Blut und Tod erwirbt die Seligkeit, das ew'ge Himmels-Heil, die unermess'ne Freud'.

7. O Herr Gott, heil'ger Geist, du Geist voll reinen Flammen, durch's Evangelium bringst du das Volk zusammen, das Christum kennt und ehrt, du machest Alles licht, giebst neue Feuerglut, daß nicht der Glaub' gebricht.

8. Ach, allerhöchster Trost und bester Weisheits-Lehrer, Erleuchter, Heiliger, Aufrichter und Bekehrer! du theilest Gaben aus, das Wollen wird vollbracht, sind wir mit dir vereint, durchdringt uns deine Macht.

9. Gott Vater, Sohn und Geist, Ein Gott und Eins in Dreien, geprief'ne Majestät, die wir stets benedeien: laß auf der rechten Bahn uns allezeit bestehn, und durch ein sel'ges End' zu unserm Erb' eingehn.

10. Laß, dreimal großer Gott! den Thau der Gnad' uns feuchten, ach! segne, segne uns, laß uns dein Antlitz leuchten, wir hoffen ja auf dich, du läßt uns nicht in Spott; drum singt das Gloria: gelobt, gelobt sey Gott!

Nach Freylinghausen's und andern alten Gesangbüchern.

Der betende Jesus.

Matthäi 26, v. 39. Jesus ging hin ein wenig, fiel nieder auf sein Angesicht und betete und sprach: Mein Vater, ist's möglich, so gehe dieser Kelch von mir; doch nicht wie ich will, sondern wie Du willst.

Mel. Wer nur den lieben Gott läßt walten.

396. Du einzig's Opfer für die Sünde, das für die Welt geschlachtet war, wenn ich dich an dem Kreuze finde, als auf dem rechten Sühn-Altar, so hör' ich wie dein Mund hier fleh't, du opferst Thränen und Gebet.

2. Du fingst mit Beten an zu leiden, und darum wolltest du auch nicht von deinen Jüngern eher scheiden, bis dein Gebet zu Gott verricht't, da dein Mund kräftig für die bat, die er dir hier gegeben hat.

3. Noch heftiger hört man dich beten, nachdem du in Gethsemane dein Seelen-Leiden angetreten, wie steigt das Opfer nach der Höh'? wie geh'n die Seufzer himmelwärts? du greifst dem Vater recht ans Herz.

4. Du hattest nicht nur deine Freunde in deines Vaters Schooß gelegt, du betest auch für deine Feinde, daß er sie mit Erbarmen trägt, und endlich schließest, Jesu, du die Augen auch mit Beten zu.

5. Jedoch du hörst nicht auf zu beten, du willst bei deinem Vater dort mit deiner Fürbitt' uns vertreten, es führt dein Blut für uns das Wort, und beten wir in deinem Nam'n, so ist es lauter Ja und Am'n.

6. O habe Dank, Herr, für dein Beten! wenn ich vor deines Vaters Thron nun werd' mit meinen Seufzern treten, so steh' mir bei, du Gottes Sohn; hab' ich nicht Kraft, so setze du mir deine Kraft im Beten zu.

7. Dein Blut laß selber für mich schreien, es seufze stets dein Geist in mir, so werd' ich dir ein Opfer weihen, das immer lieblich riecht vor dir, und wenn ich nicht mehr reden kann, so nimm den letzten Seufzer an.

Benjamin Schmolck.

Lobgesang.

Epheser 3, v. 20. 21. Dem aber, der überschwänglich thun kann über alles, das wir bitten und verstehen, nach der Kraft, die da in uns wirket, dem sey Ehre in der Gemeine, die in Christo Jesu ist, zu aller Zeit, von Ewigkeit zu Ewigkeit. Amen.

Mel. Allein Gott in der Höh' sey Ehr'.

397. Du Ewiger, dir bringen wir jetzt unsre Dankgesänge. Herr, der du gnädig für und für, hör' unsre Jubelklänge. Laß steigen sie zu dir empor! wir jauchzen mit dem Engel-Chor vor deinem Herrscherthrone.

2. Unendlich mehr, als wir versteh'n, giebst du uns, deinen Kindern; du hörst, wann wir im Kummer fleh'n, giebst Trost den reu'gen Sündern. Du fühlest Alles, was uns kränkt; ja, deine weise Vorsicht lenkt das Kreuz zu unserm Besten.

3. Du läss'st nach langer Traurigkeit uns deinen Frieden schmecken; du weißt im Herzen Lust und Freud', zu rechter Zeit, zu wecken; wenn Alles um uns sinkt und fällt, dein Vaterarm uns dennoch hält, daß wir dich, Höchster! preisen.

4. Ja dies erfährt des Christen Herz gar oft auf seinem Pfade; darum in Freude wie im Schmerz preist er des Heilands Gnade. Ihm singt er Dank, sein Jubelton schwingt sich empor zu Gottes Thron, wo Seraphinen loben.

5. Auf, jauchze, Welt, lobsinge ihm, daß Berg und Thal erschallen! O Christenheit,

wach' auf und rühm' des Höchsten Huld vor allen. Wie viel hat Gott an dir gethan! zum Himmel führt er deine Bahn: preis' ewig seine Liebe!

6. Es töne lieblich froher Dank, der aus dem Herzen dringet. Du hörest, Herr, den Lobgesang, den unser Herz dir bringet. Laut, laut erschall's im Saitenspiel: Herr, deine Liebe hat kein Ziel, sie kann kein Mensch ergründen! E. C. G. Langbecker.

Himmelfahrt Jesu.

Johannis 14, v. 2. 3. Ich gehe hin, euch die Stätte zu bereiten. Und ob ich hinginge, euch die Stätte zu bereiten, will ich doch wiederkommen, und euch zu mir nehmen, auf daß Ihr seyd, wo Ich bin.

Mel. Es ist das Heil uns kommen her.

398. Du fährst gen Himmel, Jesu Christ! die Stätt' mir zu bereiten, auf daß ich bleibe, wo du bist, zu ewiglichen Zeiten: du fährst, mein Heiland! in die Höh', auf daß ich in die Höh' auch geh': dies kann mich recht ergötzen.

2. Du fährst, mein Jesu! wolkenan und dringst durch alle Himmel, damit ich dir nachfahren kann aus diesem Welt-Getümmel. Du bist, mein Jesu! aus dem Leid gegangen in die höchste Freud', daß stete Freud' mich labe.

3. Wo Jesus ist, da komm' ich hin, bei Jesu will ich bleiben; drum steht zu Jesu stets mein Sinn, nichts soll mich von ihm treiben. Ob ich schon duld' hier manche Noth, so werd' ich doch nach meinem Tod bei Jesu recht erquicket.

4. So zage nicht, du meine Seel', laß nur den Kummer fahren, und dich nicht allzuschmerzlich quäl': du wirst nach kurzen Jahren gelangen aus dem Jammerthal hin in den schönen Himmelssaal, da Jesus dich wird trösten. D. Gottfried Händel.

Zur Kriegeszeit.

Jeremia 14, v. 7. 8. Ach Herr, unsere Missethaten haben es ja verdienet, aber hilf doch um deines Namens willen; denn unser Ungehorsam ist groß, damit wir wider dich gesündigt haben. Du bist der Trost Israels und ihr Nothhelfer.

In eigener Melodie.

399. Du Friedefürst, Herr Jesu Christ, wahr'r Mensch und wahrer Gott; ein starker Nothhelfer du bist im Leben und im Tod: drum wir allein im Namen dein zu deinem Vater schreien.

2. Recht große Noth uns stößet an von Krieg und Ungemach, daraus uns Niemand helfen kann, denn du, drum führ' die Sach'; dein'n Vater bitt', daß er ja nicht im Zorn mit uns woll' fahren.

3. Gedenk' Herr, jetzund an dein Amt, daß du ein Fried'fürst bist, und hilf uns gnädig allesammt jetzt und zu jeder Frist, laß uns hinfort dein göttlich Wort im Fried' noch länger schallen.

4. Verdienet hab'n wir Alles wohl, und leiden's mit Geduld; doch deine Gnad' größer seyn soll denn unsre Sünd' und Schuld, darum vergieb nach deiner Lieb', die du fest zu uns trägest.

5. Es ist groß Elend und Gefahr, wo Pestilenz regiert; viel größer aber ist fürwahr, wo Krieg geführet wird; da wird veracht't und nicht betracht't, was recht und löblich wäre.

6. Da fragt man nicht nach Ehrbarkeit, nach Zucht und nach Gericht; dein Wort liegt auch zu solcher Zeit, und geht im Schwange nicht; drum hilf uns, Herr, treib von uns fern Krieg und all' schädlich's Wesen.

7. Erleuchte auch den Sinn, das Herz, durch deinen Geist der Gnad', daß wir nicht treiben draus ein'n Scherz, der unsrer Seelen schad'. O Jesu Christ, allein du bist, der solches kann ausrichten.

M. Ludwig Helmbold.

Vom Gebet.

Jacobi 1, v. 17. Alle gute Gabe und alle vollkommene Gabe kommt von oben herab, von dem Vater des Lichts.

Mel. Aus meines Herzens Grunde.

400. Du Geber guter Gaben, selbstständ'ges höchstes Gut, den wir zum Vater haben, der lauter Gutes thut. Du Ursprung alles Lichts, von dir muß deinen Frommen ja alles Gute kommen, wir selber haben nichts.

2. Laß mein Gebet dich rühren, das angefangne Werk in mir auch zu vollführen durch deines Geistes Stärk'; auf daß ich lauter sey, fest in der Wahrheit stehe, im Wandel richtig gehe und ohne Heuchelei.

3. Gieb, daß ich Welt und Sünde, und Satans Macht und List durch dich, Herr! überwinde, der du mein Helfer bist; gieb, daß ich ritterlich um jene Krone ringe und mir der Sieg gelinge, denn Alles kommt durch dich.

4. Gieb mir den Geist der Liebe, der Sanftmuth und der Huld, den Geist der Demuthstriebe, der Stärke und Geduld,

den Geist, der mich entzünd't, daß ich recht kindlich bete, den Geist, der mich vertrete, daß ich Erhörung find'.

5. Gieb, daß ich deinen Willen von Herzen gerne thu'! denn diesen zu erfüllen, bringt wahre Seelenruh'. Gieb, daß mich deine Kraft stets stärk' und fester gründe, bis ich das Leben finde, das Jesus mir verschafft.

6. Entzünde meine Triebe, daß, ohne Heuchelei, nur dir und deiner Liebe mein Lob geweihet sey; Herr, bleibe lebenslang auch mitten in dem Leide mein Ruhm und meine Freude, mein Psalm und Lobgesang.

7. Wir arme Pilger wallen hier, als in trüber Nacht, ach hilf, daß wir nicht fallen, hab' immer auf uns Acht, wenn ich im Straucheln bin, halt' mich in deinen Schranken, wenn meine Tritte wanken, so gieb mich nicht dahin.

8. Gieb, daß ich, wie die Müden, einst sanft entschlafen mag, erwecke mich zum Frieden an deinem jüngsten Tag, mach' mich im Himmel froh, schenk' mir, o Lebenssonne, auf ewig deine Wonne! Ja, es geschehe so.

M. Philipp Friedrich Hiller.

Jesus in Gethsemane.

Marci 14, v. 32. Sie kamen zu dem Hofe, mit Namen Gethsemane. Und er sprach zu seinen Jüngern: Setzet euch hier, bis ich hingehe und bete.

Mel. Wer nur den lieben Gott läßt walten

401. Du gehst zum Garten um zu beten, o treuer Jesu, nimm mich mit; laß mich an deine Seite treten, ich weiche von dir keinen Schritt; ich will an dir, mein Heiland, sehn, wie mein Gebet recht soll gescheh'n.

2. Du gehst mit Zittern und mit Zagen, und bist bis in den Tod betrübt. Ach, dies soll mir an's Herze schlagen, mir, der viel Sünden ausgeübt. Du willst es, daß ein Herz voll Reu' mein Anfang zum Gebete sey.

3. Du reißest dich von allen Leuten, du suchst die stille Einsamkeit, und so will ich mich auch bereiten, will fliehen, was das Herz zerstreut. Zeuch mich von aller Welt allein und laß nur uns beisammen seyn.

4. Du knie'st und wirfst dich hin zur Erden, fällst nieder auf dein Angesicht; so muß die Demuth sich geberden; drum säum' ich Staub und Asche nicht, und beuge mich in Niedrigkeit, wie du, voll Trauren, Angst und Leid.

5. Du betest zu dem lieben Vater, und rufest: Abba! wie ein Kind. Dein Vater ist auch mein Berather, sein Vaterherz ist treu gesinnt; drum halt' ich mich getrost an dich, und ruf' auch: Vater, höre mich!

6. Du wirfst voll Zuversicht und Liebe dem treuen Vater dich an's Herz; ich fleh' aus stärkstem Herzenstriebe: zeuch mich, o Vater, himmelwärts; ach, Glaub' und Lieb' sind in mir noth, sonst ist mein Beten kalt und todt.

7. Sehr kläglich trägst du deinen Jammer dem hocherhabnen Vater vor, und klopfst, mit einem starken Hammer, um Rettung an das Gnadenthor. So klag' ich auch, was mich nur quält, und bitt' um alles, was mir fehlt.

8. Geduldig's Lamm, wie hältst du stille, hältst in der Bitte dreimal an; es ist dein liebevoller Wille, ich soll so thun, wie du gethan. Gott hilft nicht gleich das erste Mal, so ruf' und fleh' ich ohne Zahl.

9. Dein Wille senkt sich in den Willen des allerbesten Vaters ein, darin muß auch mein Will' sich stillen, wenn ich von ihm erhört will seyn. Drum bet' ich in Gelassenheit: Was mein Gott will, gescheh' all'zeit.

10. Obgleich die Jünger dein vergessen, gedenkst du doch getreu an sie; und da dich alle Marter pressen, sorgst du für sie mit größter Müh'. Mein Beten bleibet ohne Frucht, wenn es des Nächsten Heil nicht sucht.

11. Du Herr, erlangest, auf dein Flehen, Trost, Kraft, Sieg, Leben, Herrlichkeit, und so wird's auch mit mir geschehen, daß ich, zur angenehmen Zeit, auf ernstlich's Beten freudenvoll denselben Segen ernten soll.

12. Drum hilf mir, Jesu, so zu beten, wie mich dein heilig Vorbild lehrt; so kann ich frei zum Vater treten, so werd' ich stets von ihm erhört; so geh' ich betend himmelein, und will dir betend dankbar seyn.

Johann Mentzer.

Vom heiligen Geiste.

Epheser 1, v. 17. Der Gott unsers Herrn Jesu Christi, der Vater der Herrlichkeit, gebe euch den Geist der Weisheit und der Offenbarung zu seiner Selbsterkenntniß.

Mel. Valet will ich dir geben.

402. Du Geist der Gnad' und Wahrheit, den Christi Wort verheißt: mit deines Lichtes Klarheit durchdringe meinen Geist. Allein durch deine Triebe

kann wahres Heil gedeihn; komm, flöße Gottes Liebe und Gottes Kraft mir ein!

2. Du schließest mir die Tiefen des eig'nen Herzens auf; laß mich mein Wesen prüfen und meines Lebens Lauf. Enthülle meiner Seele sich selbst in deinem Licht, auch meine kleinsten Fehle birg meinen Blicken nicht!

3. Wohl mir, wenn deine Rüge mich sanft bestrafen will; wenn ich der Zucht mich füge, geschmeidig, treu und still: dann heißest du mich treten zum offnen Gnadenthron, und hilfst mir kräftig beten, bis Schuld und Schmerz entfloh'n.

4. O, wenn zu Fehl' und Sünde der Satan mich versucht, hilf, daß ich's überwinde und jag' in schnelle Flucht. Will Schmach und Kreuz mich beugen, gieb mir von jenem Muth, der in der Wahrheit Zeugen dahin gab Gut und Blut.

5. Mach', o du Geist, du Tröster, mein Herz gewiß und neu, daß ich, des Herrn Erlös'ter, aus Lieb' ihm folgsam sey. Laß nichts von ihm mich treiben, kein Glück und keine Noth, bei Jesu hilf mir bleiben, getreu bis in den Tod!

Karl Bernhard Garve.

Abendlied an einem Communiontage.

Joh. 6, v. 56. Wer mein Fleisch isset und trinket mein Blut, der bleibet in mir und ich in ihm.

Mel. Herzliebster Jesu, was hast du verbrochen?

403. Du giebest, Herr, so manchen Tag zur Buße: drum dank' ich dir bei dieses Tages Schlusse, daß du auch heute, da ich mich verschuldet, mich hast geduldet.

2. O! wo ist doch ein solcher Gott zu finden? denn du vergiebest täglich unsre Sünden; du giebest, statt der Straf', auf allen Wegen uns Heil und Segen.

3. Du hast auch heute das an mir erwiesen: drum sey der Reichthum deiner Huld gepriesen. O! ließ' ich mich nur dadurch kräftig ziehen, zu dir zu fliehen!

4. O, fiel' ich täglich dir in Reu' zu Fuße; o, thät ich stündlich vor dir wahre Buße; damit ich ja nicht Schuld auf Schulden häufte und fort ausschweifte.

5. Nun, Herr, ich will auch jetzt die Schuld dir nennen; hilf mir in Prüfung mich nur mehr erkennen, und gieb mir selber wahre Buß' und Reue, nach deiner Treue.

6. Vergieb, was ich auch heut' aufs Neu' begangen, und laß mich Gnad' und Kraft von dir empfangen, daß nur nichts zur Verdammung auf mir liege und mich besiege.

7. Du wurdest, Herr, für unsre Missethaten zum Tod' in dieser Leidensnacht verrathen. O, möchten wir dadurch die Sünde hassen und dich umfassen!

8. Du hast auch uns dich aus so heißem Lieben im Testament mit Leib und Blut verschrieben, ja, gabest dich, o Lamm, auf Wunderweise uns selbst zur Speise.

9. O! möchten wir doch deine Lieb' ermessen, und dich in Salzen bittrer Reu' auch essen. O! möcht' ich dich, o Lamm im Glauben küssen und ganz genießen.

10. Ich will dein Blut im heil'gen Nachtmahl trinken; ich will in deiner Liebe ganz versinken; ich will in deine Lieb' mich süß einwiegen und schlafend liegen.

11. So kann ich denn in dir ganz ruhig schlafen, denn deine Liebe führt für mich die Waffen; dein Blut besprenget meines Hauses Schwellen: wer will mich fällen?

12. Laß mich zuletzt dein Fleisch und Blut noch laben, ja in dem Tode selbst das Leben haben, und, sicher vor der Macht der Höllenschaaren, in Frieden fahren.

Karl Ludwig v. Bogatzky.

Christliche Duldung.

Römer 14, v. 19. 20. Lasset uns dem nachstreben, das zum Frieden dienet, und was zur Besserung unter einander dienet. Lieber, verstöre nicht um der Speise willen Gottes Werk.

Mel. Herzliebster Jesu, was hast du verbrochen?

404. Du gingst, o Heiland, hin, für uns zu leiden, erwarbst uns Allen deine Himmelsfreuden, und starbst, vom Fluche und von allem Bösen uns zu erlösen.

2. Deß sollen deine Jünger nie vergessen, die wir von Einem Brot und Opfer essen, von Einem Kelche trinken alle Brüder und deine Glieder.

3. Dein heilig's Mahl gebietet den Gemeinen, durch Einen Geist mit dir sich zu vereinen, daß unter Einem Hirten Eine Heerde aus Allen werde.

4. Wir sind mit Einem Opfer Gott erkaufet; wir Alle sind auf Einen Tod getaufet, daß Jeder nun mit gleichem Ernst und Triebe den andern liebe.

5. Wie darf denn die, so Einen Herrn bekennen, der Streit, — wer mehr Erkenntniß habe, — trennen? und Herzen, die sich Eines Heiland's freuen, zum Haß entzweien?

6. Soll denn, wer stark ist, nicht die Schwächern tragen? Soll er der Einigkeit,

der Lieb' entsagen? Und deine Güte schonte doch der Schwachen, sie stark zu machen!

7. Wenn wir, wie Brüder, bei einander wohnten, und, irrt' ein Bruder, seiner Schwäche schonten; wie würden wir dir ähnlich schon auf Erden, wie selig werden!

8. Der danke, wer mehr Licht hat; er sey weise, nicht sich nur zu gefallen, dir zum Preise sey er's den Brüdern, und, an Einsicht größer, sey er auch besser!

9. Er wisse, daß die Wahrheit, gleich der Sonne, erst Morgenröth' ist, eh' in voller Wonne sie, wenn ihr Mittagsglanz die Erde schmücket, das Aug' entzücket.

10. Er liebe mehr, damit, wer irrt, aus Liebe sich freier in der Wahrheit Prüfung übe, und gern zum Lichte, frei vom Bruderhasse, sich leiten lasse.

11. Auch dazu müsse deine Lieb' uns dringen! Du wollest, Herr, dies große Werk vollbringen, daß unter Einem Hirten Eine Heerde aus Allen werde.

D. Johann Andreas Cramer.

Buße und Besserung des Lebens.

Offenb. Joh. 3, v. 19. So sey nun fleißig und thue Buße.

Mel. Herr Jesu Christ! ich weiß gar wohl.

405. Du Gott! der auch die Sünder liebt, und der den geistlich Armen die Schuld und Strafen gern vergiebt aus herzlichem Erbarmen, ach, gieb durch deinen guten Geist mir selbst und wer ein Sünder heißt, die Sünden zu erkennen.

2. Laß meine Buße ernstlich seyn und meine Reue schmerzlich, wann ich die Missethat bewein', so mach' die Thränen herzlich, doch laß mich meinen Jesum Christ, der unsere Erlösung ist, im Glauben auch ergreifen.

3. Um seinetwillen decke du die überhäuften Sünden; ach rechne sie mir nimmer zu und laß mich Gnade finden. Mach' meinen Vorsatz froh und fest, so lang' mich Gott noch leben läßt, mein Leben zu verbessern.

4. Gieb mir des wahren Glaubens Kraft, der durch die Liebe thätig. Du, Gott, der neue Herzen schafft, sey mir auch hierin gnädig, daß ich als ein Begnadigter durch deine Gnade mehr und mehr nach deinem Willen lebe.

5. Laß, weil du mich geliebet hast, mich Liebe angewöhnen, mein Herz, das die Versöhnung faßt, laß sich auch leicht versöhnen; mal' selbst mir meine Schwachheit für, damit ich selbsten mich allhier nicht räche, sondern richte.

6. Ach zieh' mir dein Erbarmen an; ist mir der Nächste schuldig, mach' mich, daß ich vergeben kann, sanftmüthig und geduldig. Ja, Gott der Liebe! mache mich stets meinem Nächsten besserlich in Worten und in Werken.

M. Philipp Friedrich Hiller.

Vom Leiden Jesu.

Jesaia 53, v. 10. Aber der Herr wollte ihn also zerschlagen mit Krankheit. Wenn er sein Leben zum Schuldopfer gegeben hat; so wird er Saamen haben und in die Länge leben, und des Herrn Vornehmen wird durch seine Hand fortgehen.

Mel. O Gott, du frommer Gott.

406. Du großer Schmerzens-Mann, vom Vater sehr geschlagen, Herr Jesu, dir sey Dank für alle deine Plagen, für deine Seelen-Angst, für deine Band und Noth, für deine Geißelung, für deinen bittern Tod.

2. Ach, das hat unsre Sünd' und Missethat verschuldet, was du an unsrer Statt, was du für uns erduldet; ach! unsre Sünde bringt dich an das Kreuz hinan, o unbeflecktes Lamm, was hast du denn gethan?

3. Doch deines Herzens Lieb' erweiset unsern Herzen, wie lieb wir dir gewest; dein Leiden, Tod und Schmerzen hat nun versöhnet Gott den Vater mit der Welt, uns seine Gnad' gebracht, zufrieden ihn gestellt.

4. Dein Kampf ist unser Sieg, dein Tod ist unser Leben, in deinen Banden ist die Freiheit uns gegeben, dein Kreuz ist unser Trost, die Wunden unser Heil, dein Blut das Lösegeld, der armen Sünder Theil.

5. O hilf, daß wir uns auch zum Kampf und Leiden wagen, und unter unsrer Last des Kreuzes nicht verzagen, hilf tragen mit Geduld, durch deine Dornenkron', wenn's kommen soll mit uns zum Tode, Schmach und Hohn.

6. Dein Schweiß komm' uns zu gut, wenn wir im Schweiße liegen, durch deinen Todeskampf laß uns im Tode siegen, durch deine Bande, Herr, bind' uns, wie dirs gefällt, hilf, daß wir kreuzigen durch dein Kreuz Fleisch und Welt.

7. Laß deine Wunden seyn ein' Arznei unsrer Sünden, laß uns auf deinen Tod den Trost im Tode gründen; o Jesu! laß

an uns durch dein Kreuz, Angst und Pein, dein Leiden, Angst und Noth ja nicht verloren seyn.

M. Adam Thebesius.

Vom Leiden Jesu.

Jesaia 53, v. 12. Ich will ihm große Menge zur Beute geben, und er soll die Starken zum Raube haben; darum, daß er sein Leben in den Tod gegeben hat, und den Uebelthätern gleich gerechnet ist, und Er Vieler Sünde getragen hat und für die Uebelthäter gebeten.

Mel. An Wasserflüssen Babylon.

407. Du hast den Kelch der Leiden auch, o Jesu! hier getrunken, geduldet bis zum letzten Hauch, bis dir dein Haupt gesunken; du warest deiner Feinde Spott, verlassen hatte dich dein Gott, und jeder deiner Freunde. Doch blieb noch göttlich groß dein Herz, du mildertest der Deinen Schmerz und bat'st für deine Feinde.

2. Wohlthätig, wie dein Lebenslauf, so war es auch dein Ende: du gabst den Geist vertrauend auf in deines Vaters Hände. Vollbracht, vollendet hattest du, da gingst du der Belohnung zu und der errungnen Ehre. Mit Preis und Ruhm gekrönt, erhob dich Gott, der Himmel sang dein Lob und aller Himmel Heere.

3. Auch wir, Erlöser, singen dir, bei deiner Todesfeier, voll heil'ger Lieb' und Dankbegier sey sie uns Christen theuer; du lebtest, starbst auch uns zu gut; und du erstandst, uns frohen Muth im Tode noch zu geben; du bist erhöht in Ewigkeit, auch wir nach kurzer Prüfungszeit entschlummern, dort zu leben.

4. Wie viel hast du für uns gethan! o daß wir's oft bedächten, und nicht, bethört durch eitlen Wahn, dir kalte Herzen brächten! Bis in den Tod hast du geliebt; nur wer, was du uns lehrtest, übt, dankt würdig dir auf Erden; der ist dein Jünger, der ein Christ, und wird, wo du verherrlicht bist, mit dir verherrlicht werden.

Christian Friedrich Seidel.

In Kreuz und Anfechtung.

Psalm 86, v. 6. 7. Vernimm, Herr, mein Gebet, und merke auf die Stimme meines Flehens. In der Noth rufe ich dich an, du wollest mich erhören.

Mel. Es ist gewißlich an der Zeit.

408. Du hast gesagt, o treuer Gott! wo Jemand muß ertragen Kreuz, Trübsal, Krankheit, Angst und Noth, der soll nicht gar verzagen, du wollest ihn auf seine Bitt', wenn er im Glauben vor dich tritt, durch starke Hand erlösen.

2. Nun bleibt dies Wort noch heute wahr bei denen, die d'rauf bauen, und du errettest immerdar, die dir von Herzen trauen; drum ruf' ich dich auch jetzund an, da mir sonst Niemand helfen kann, denn du, Gott, meine Hülfe.

3. Herr, der du vormals gnädig hast aus Unglück mich geführet, dazu verhüt't, daß manche Last und Plag' mich nicht berühret; der du vormals aus lauter Gnad' all' meine Sünd' und Missethat bedecket und vergeben;

4. Der du hast meine Jammerstimm' vormals gar oft erhöret, und deines Zorns gerechten Grimm in Gnad' und Güt' verkehret: erhöre mich auch dieses Mal, und schick' vom hohen Himmelssaal Trost, Hülfe und Errettung.

5. O, großer Gott! erbarm' dich doch, es steht in deinen Händen, du kannst allein das schwere Joch der Trübsal von mir wenden. Ich setz' nicht Zeit, Maaß oder Ziel, bei dir sind ja der Mittel viel, hilf Herr, mir jetzt in Gnaden.

6. Erhör' o Vater! mein Geschrei, laß deinen Zorn sich stillen, und was ich bitte, mir verleih' um Jesu Christi willen, auf daß, weil ich noch lebe hier, ich deine Güte für und für mit Herz und Mund erhebe.

Für christliche Hausväter.

1 Thessalonicher 4, v. 10. 11. Wir ermahnen euch aber, lieben Brüder, daß ihr noch völliger werdet; und ringet darnach, daß ihr stille seyd, und das Eure schaffet, und arbeitet mit euren eigenen Händen, wie wir euch geboten haben.

Mel. Befiehl du deine Wege.

409. Du hast mich heißen treten, mein Gott! in solchen Stand, da unter Fleiß und Beten mich segnet deine Hand, und weil dir's so gefället, so nehm' ich's willig an! dir sey es heimgestellet, du bist mein Segensmann.

2. Es giebet zwar viel Sorgen, viel Wachen früh und spät, vom Abend bis zum Morgen; fehlt aber das Gebet, so hilft kein Sorgen, Wachen, kein' Arbeit spät und früh; du, du mußt Alles machen, sonst ist umsonst die Müh.

3. Ich traue deiner Gnaden, verlasse mich auf dich, du wendest allen Schaden; und so du segnest mich, so kann ich mich deß freuen, es gehet glücklich fort, mein Werk muß wohl gedeihen auf dein Geheiß und Wort.

4. Es ist an deinem Segen, den du verheißen hast, allzeit allein gelegen. Denn findet sich schon Last, so giebst du wieder Ruhe. Wenn ich nur seh' auf dich, und deinen Willen thue, so schaut dein Aug' auf mich.

5. Ach! stärke meine Hände, gieb Weisheit und Verstand, daß, was ich kehr' und wende zu Wasser und zu Land, ich solches dir zukehre, und, nebst des Nächsten Nutz, nichts such' als deine Ehre, so hoff' ich Hülf' und Schutz.

6. Gieb, daß ich meinen Wandel führ' ohne Geiz und Trug, so hab' in meinem Handel ich allezeit genug, behalt' ein gut Gewissen, bin dabei Jedermann zu dienen auch beflissen, so viel ich immer kann.

7. Ach! laß mich deine Güte begleiten jederzeit. Vor Unglück mich behüte, und wend' ab alles Leid, Krieg, Krankheit, Mörder, Diebe, Pest, Feuer, schnellen Tod: versüß' mein Kreuz durch Liebe, und hilf aus aller Noth.

8. Verleih, daß ich auch finde, in diesem meinen Stand, ein fromm- und treu Gesinde, damit durch dessen Hand, du, Herr, mir einen Segen, zu Hause und im Feld aus Gnaden mögst beilegen, wenn dir es sonst gefällt.

9. So macht denn ohne Mühe dein Segen groß und reich: drum ich zu dir auch fliehe, denn dir gilt Alles gleich, den Armen reich zu machen, den Reichen arm und klein. Dir sollen meine Sachen allein befohlen seyn.

Christi Demuth.

1 Petri 2, v. 21. Christus hat gelitten für uns, und uns ein Vorbild gelassen, daß ihr sollt nachfolgen seinen Fußstapfen. Dazu seyd ihr berufen.

Mel. Wer nur den lieben Gott läßt walten.

410. Du Herr des Himmels und der Erden, woher kommt diese Knechtsgestalt? wie seh' ich dich so niedrig werden? wie äußert sich jetzt die Gewalt, die sonst die ganze Welt umschließt, da du ein Herr der Herren bist?

2. Der Meister wäschet seine Jünger und machet ihre Füße rein, die doch viel tausendmal geringer und dieser Ehr' nicht würdig seyn. Wo schreib' ich diese Demuth hin, vor der ich ganz erstaunet bin?

3. Doch das war nur ein Vorspiel dessen, was dich noch niedriger gemacht. Wer kan die Demuth recht ermessen, die dich auch gar aus Kreuz gebracht? dort gossest du nur Wasser ein, hier mußte Blut vergossen seyn.

4. Hier wurdest du ein Spott der Leute, hier schüttelt man das Haupt vor dir. Die Mörder hangen an der Seite, man rücket dir dein Elend für: ist denn das Kreuze nun dein Thron? sind Dornen g'nug zu deiner Kron'?

5. Doch deine Demuth will mir zeigen, wie man zu Ehren kommen kann. Es wird gen Himmel Niemand steigen, er fang' es denn mit Demuth an. O, pflanz' mir diese Tugend ein, so werd' ich recht geehret seyn.

6. Die tiefe Demuth macht es eben, daß dich dein Gott so hoch erhöht, und einen Namen dir gegeben, der über alle Namen geht. Wer nur nach deiner Demuth tracht't, der wird vor Gott auch groß gemacht.

7. Ich bin doch nichts als Staub und Erden, so lasse mich in Demuth dir nur ähnlich, wo nicht gleiche werden. Man geht gebückt zur Himmelsthür. Und bin ich in der Welt nur klein, im Himmel werd' ich größer seyn.

Benjamin Schmolck.

Vom Eide.

Matthäi 5, v. 33. Du sollst keinen falschen Eid thun, und Gott deinen Eid halten.

Mel. Ich dank' dir schon durch deinen Sohn.

411. Du Herr und Richter aller Welt, deß Auge alles siehet, dem nur der Redliche gefällt, der Trug und Lügen fliehet.

2. Laß mir den Eid stets heilig seyn, auch dadurch dich zu ehren, mich nie, aus Leichtsinn, ihn entweih'n, nie aus Gewohnheit schwören.

3. Ehrwürdig sey dein Name mir; so oft ich ihn nur nenne, so sey's mit Ehrfurcht auch vor dir, deß Hoheit ich erkenne.

4. Erfordern es Gesetz und Pflicht, bei dir es zu bezeugen, was Wahrheit sey, so laß mich nicht um Alles sie verschweigen.

5. Die deines Namens Heiligkeit durch falschen Schwur entweihen, die trifft in ihrer Sicherheit, mit Schrecken, einst dein Dräuen.

6. Drum sey stets meines Herzens Grund voll Ernst, dich Gott zu ehren; und ferne sey von meinem Mund entheiligendes Schwören.

7. Er sey beständig lügenrein! nur Wahrheit heiß' ihn sprechen, sein Ja sey Ja, sein Nein sey Nein; denn Lügen wirst du rächen.

Joh. Kaspar Lavater.

Buße und Beichte.

Psalm 13, v. 4. 5. Schaue doch und erhöre mich, Herr, mein Gott. Erleuchte meine Augen, daß ich nicht im Tode entschlafe. Daß nicht mein Feind rühme, er sey mein mächtig worden, und meine Widersacher sich nicht freuen, daß ich niederliege.

Mel. Du Friedefürst, Herr Jesu Christ.

412. Du Herzog meiner Seligkeit, Herr Jesu, höre mich: ein traurig Herz voll Reu' und Leid, bring' ich allhier vor dich. Ach nimm es an, daß ich mich kann in deiner Gnade trösten.

2. Zwar keiner Gnade bin ich werth, weil ich die Welt geliebt, und das, was Fleisch und Blut begehrt, in Lüsten ausgeübt, wodurch ich mir bei Gott und dir die Seligkeit verscherzet.

3. Doch denkst du dran, daß deine Huld ganz unermeßlich ist; so weiß ich auch, daß aller Schuld dein treues Herz vergißt. Ich halte mich getrost an dich; du kannst mich nicht verstoßen.

4. Ach, fleht' ich ohn' Erhörung dich, so stimmte Satan dann ein Hohngelächter über mich und meinen Glauben an, daß du mir gar in der Gefahr nicht könnst noch wollest helfen.

5. Drum zeige, daß an mir und dir der Feind ein Lügner sey; ach ja, Herr Jesu, stehe mir in deinem Blute bei; durch dich allein kann ich mich rein von allen Sünden waschen.

6. Dein Geist im Herzen sagt mir's schon, daß dir dein Herze bricht; das Wort der Absolution *), so mir dein Diener spricht, ist so gewiß, als ob du dies mit eignem Munde sprächest.

*) Die Lossprechung von den Sünden in der Beichte.

7. So bin ich nun mit Gott versöhnt, der mit Barmherzigkeit mich, treuer Heiland, in dir krönt. Ach gieb nur allezeit, daß ich hinfort, nach deinem Wort, ein neues Leben führe.

M. Erdmann Neumeister.

Christus und seine Heerde.

Hesekiel 34, v. 11. 12. Ich will mich meiner Heerde selbst annehmen, und sie suchen. Wie ein Hirte seine Schafe suchet, wenn sie von seiner Heerde verirret sind: also will ich meine Schafe suchen und will sie erretten.

Mel. Wie schön leucht't uns der Morgenstern.

413. Du Hirt und Heiland deiner Schaar! es ist und bleibet ewig wahr, was man von dir geschrieben. Die Heerde weidest du mit Lust; die Lämmer legst du an die Brust, umarmest sie mit Lieben *). Deine arme Adamskinder sind zwar Sünder und verloren; doch sie werden neu geboren. **)

*) Jes. 40, v. 11. **) Marc. 10, v. 13—16.

2. Es ist dein Blut- und Wasserbad, *) das Viele schon getaufet hat, auch über mich geflossen. Rein als ein unbeflecktes Lamm, wusch mich von allem Sündenschlamm dein Blut, das du vergossen. **) Reichlich ließ sich auf mich nieder, Seel' und Glieder zu bewegen, deines Geistes Gnadenregen.

*) 1 Joh. 5, v. 6. **) Psalm 51, v. 9. Tit. 3, v. 5. 6. Ephes. 5, v. 26.

3. Dein Vater nahm mich auf den Schooß, die Gnad' ist unbegreiflich groß, ich ward zum Kind erwählet. Du selbst hast dich mit mir vertraut. Ich ward des höchsten Königs Braut, dem großen Gott vermählet; deiner Marter zur Belohnung, eine Wohnung deinem Geiste, daß er mir stets Beistand leiste.

4. Ach wär' ich noch so, wie ich war! doch meine Schuld ist offenbar, ich habe dich verlassen. Du aber bist noch heute treu, zu dir erhebt sich mein Geschrei; ich will dich wieder fassen. Doch ich kann dich nicht ergreifen; du mußt häufen dein Erbarmen. Ach, ergreife du mich Armen! Phil. 3, v. 12.

5. Die Gnad' ist doch bei dir noch da. Dein Bund steht fest, du bist mir nah', wenn ich mich nur besinne. Du hast noch Alles in der Hand. Wenn ich mich zu dir umgewandt, so werd' ich's fröhlich inne: daß du, Jesu, mir's bewahret und gesparet, bis ich käme, und mein Erbgut wieder nähme.

6. So komm' ich denn, ich armes Kind, von Herzen elend, todt und blind, und beichte meine Sünden. Mit beiden Händen greif' ich zu; die Gnad' ist mein, ja mein bist du, du läßt dich gerne finden. Aber fester laß, o Herr! mich ernst und gläubig an dir hangen; nimm du mich dir selbst gefangen!

7. In deine Arme sammle mich; Zerstreuung ist mir fürchterlich; halt' du mich recht zusammen. *) Nimm mich in deinen Armen auf und trage mich: so wallt mein Lauf zu dir in heil'gen Flammen. O Herr! schau' her, ich bin schwächlich und gebrechlich, darum eile, hilf und rette, pfleg' und heile.

*) Jes. 40, v. 11.

Ernst Gottlieb Woltersdorf.

Jesus, mein Gott und mein Herr.

Johannis 20, v. 27. 28. Jesus sprach zu Thoma: Sey nicht ungläubig, sondern gläubig. Thomas antwortete und sprach zu ihm: Mein Herr und mein Gott!

Mel. Was Gott thut, das ist wohlgethan.

414. Du, Jesu, bist mein Herr, mein Gott, dich hat mein Herz gefunden, und auf dein seliges Gebot freu' ich mich deiner Wunden. Du hast's erlaubt, ich hab's geglaubt; der sich an's Kreuz gegeben, der lebt und ist mein Leben.

2. Ich schäme mich, daß ich mein Herz so träg' zum Glauben finde, bald stört von außen mich ein Schmerz, bald hindert mich die Sünde. Du bist voll Huld, du trägst Geduld, so glaub' ich auf das Neue, mein Herr, durch deine Treue.

3. Es steht doch nicht in meiner Kraft, dich glauben und nicht sehen; du bist es selbst, der Glauben schafft, sprichst du, so ist's geschehen. Ach sprich mir du: sey gläubig! zu; so wird das Herz mir brechen, daß ich kann, mein Gott! sprechen.

4. Mein Herr, durch dein vergoss'nes Blut, hast du mich dir gereinigt, mein Gott, du lebst auch mir zu gut, hast mich mit Gott vereinigt. Ach ziehe mich recht fest an dich, mich dir hier zu ergeben, und dort bei dir zu leben.

5. Dort, wo vor dir, verherrlicht Haupt, einst die Erlös'ten stehen, dort laß mich, wenn es ausgeglaubt, auch deine Wunden sehen. Da bet' ich dann dich ewig an, will Dank und Ehre bringen, mein Herr! mein Gott! dir singen.

M. Phil. Friedr. Hiller.

Gott meint's immer gut.

Jeremia 29, v. 11. Ich weiß wohl, was für Gedanken ich über euch habe, spricht der Herr, nämlich: Gedanken des Friedens und nicht des Leides, daß ich euch gebe das Ende, deß ihr wartet.

Mel. Wach' auf, mein Herz, und singe.

415. Du kannst's nicht böse meinen, mein Jesu, mit den Deinen, du Brunnquell aller Güte, du treuestes Gemüthe.

2. Du kannst's nicht böse meinen, du, Herr, verlässest Keinen, dein Wort läßt Alle hoffen, dein Herz steht Allen offen.

3. Du kannst's nicht böse meinen, wenn du das Glück läßt scheinen, du willst alsdann mit Segen zur Buße uns bewegen.

4. Du kannst's nicht böse meinen, wenn du uns lässest weinen, die schweren Kreuzestriebe sind Schläge treuer Liebe.

5. Du kannst's nicht böse meinen, und züchtigest die Deinen, damit sie in den Wehen als reines Gold bestehen.

6. Du kannst's nicht böse meinen, das kann kein Mensch verneinen, die milde Vatertreue ist alle Morgen neue.

7. Wohlan! drauf will ich's wagen, mich nicht mit Sorgen plagen, ich hab' g'nug an dem Einen: Gott kann's nicht böse meinen.

8. Das will ich stets bedenken, es soll mein Leben lenken, mich recht mit Gott vereinen, der's nicht kann böse meinen.

9. Es ist mein Licht im Leide, mein Wahlspruch, meine Freude; es tröst't in Mark und Beinen: Gott kann's nicht böse meinen.

10. Herr, laß dein treues Meinen mir stets im Herzen scheinen, erhalt' mich bei dem Einen: du kannst's nicht böse meinen.

D. Valentin Ernst Löscher.

Christi Himmelfahrt.

Epheser 1, v. 20. 21. Gott hat Christum gesetzt zu seiner Rechten im Himmel, über alle Fürstenthümer, Gewalt, Macht, Herrschaft und Alles, was genannt mag werden, nicht allein in dieser Welt, sondern auch in der zukünftigen.

Mel. Ermuntre dich, mein schwacher Geist.

416. Du Lebensfürst, Herr Jesu Christ, der du bist aufgenommen gen Himmel, da dein Vater ist und die Gemein' der Frommen, wie soll ich deinen großen Sieg, den du uns durch den schweren Krieg erworben hast, recht preisen, und dir g'nug Ehr' erweisen.

2. Du hast die Höll' und Sündennoth ganz ritterlich bezwungen; du hast den Teufel, Welt und Tod durch deinen Tod verschlungen; du hast gesieget weit und breit; wie soll ich solche Herrlichkeit, o Herr, in diesem Leben, g'nug würdiglich erheben!

3. Du hast dich zu der rechten Hand des Vaters hingesetzet, der Alles dir hat zugewandt, da du, was uns verletzet, die starken Feind' hast umgebracht, Triumph und Sieg daraus gemacht, und sie auf deinem Wagen ganz herrlich schau-getragen.

4. Nun lieget Alles unter dir, dich selbst nur ausgenommen; die Engel müssen für und für, dir aufzuwarten kommen; die Fürsten steh'n auch auf der Bahn, und sind dir willig unterthan, Luft, Wasser, Feu'r und Erden muß dir zu Dienste werden.

5. Du starker Herrscher, fährest auf mit Jauchzen und Lobsagen, und gleich mit dir

im vollen Lauf auf mehr denn tausend Wagen, du fährest auf mit Lobgesang, es schallet der Posaunenklang; mein Gott, vor allen Dingen, will ich dir auch lobsingen.

6. Du bist gefahren in die Höh', hinführend die Gefang'nen, so uns mit Thränen, Ach und Weh genetzet oft die Wangen, drum preisen wir mit süßem Schall, o, starker Gott, dich überall, wir, die wir so viel Gaben von dir empfangen haben.

7. Du hast durch deine Himmelfahrt die Straße uns bereitet, du hast den Weg uns offenbart, der uns zum Vater leitet, und weil denn du, Herr Jesu Christ, nun stets in deiner Wohnung bist, so werden ja die Frommen dahin zu dir auch kommen.

8. Ist unser Haupt im Himmelreich, wie die Apostel schreiben, so werden wir, den Engein gleich, ja auch nicht außen bleiben; du wirst uns deine Kinderlein, mein Gott, nicht lassen von dir seyn, die dir so fest vertrauen, dein' Herrlichkeit zu schauen.

9. Hilf, daß wir suchen unsern Schatz nicht hier in diesem Leben, nein, sondern dort, wo du den Platz wirst Gottes Kindern geben. Ach! laß uns streben fest und wohl nach dem, was künftig werden soll, so können wir ergründen, wo dein Gezelt zu finden.

10. Zieh' uns dir nach, so laufen wir, gieb uns des Glaubens Flügel; hilf daß wir fliehen weit von hier auf Israelis Hügel. Mein Gott, wann fahr' ich doch dahin, da ich ohn' Ende fröhlich bin, wann werd' ich vor Dir stehen, dein Angesicht zu sehen?

11. Wann soll ich hin in's Paradies, zu dir, Herr Jesu, kommen? wann kost' ich doch das Engelsüß? wann werd' ich aufgenommen? mein Heiland komm und nimm mich an, auf daß ich fröhlich jauchzen kann und klopfen in die Hände: Halleluja! ohn' Ende.

Johann Rist.

Lob- und Danklied.

Psalm 146, v. 2. Ich will den Herrn loben, so lange ich lebe, und meinem Gott lobsingen, weil ich hier bin.

Mel. Valet will ich dir geben.

417. Du, meine Seele, singe, wohl auf und singe schön dem, welchem alle Dinge zu Dienst und Willen stehn; ich will den Herren droben hier preisen auf der Erd', ich will ihn herzlich loben, so lang' ich leben werd'.

2. Ihr Menschen, laßt euch lehren, es wird euch nützlich seyn, laßt euch doch nicht bethören die Welt mit ihrem Schein; verlasse sich ja Keiner auf Fürsten-Macht und Gunst, weil sie, wie unser Einer, nichts sind als nur ein Dunst.

3. Was Mensch ist, muß erblassen und sinken in den Tod, er muß den Geist auslassen, selbst werden Erd' und Koth; allda ist's dann geschehen mit seinem klugen Rath, und ist ganz klar zu sehen, wie schwach sey Menschenthat.

4. Wohl dem, der einzig schauet nach Jakobs Gott und Heil, wer sich dem anvertrauet, der hat das beste Theil, das höchste Gut erlesen, den schönsten Schatz geliebt, sein Herz und ganzes Wesen bleibt ewig unbetrübt.

5. Hier sind die starken Kräfte, die unerschöpfte Macht; das weisen die Geschäfte, die seine Hand gemacht, der Himmel und die Erde mit ihrem ganzen Heer, der Fisch' unzählig' Heerde im großen wilden Meer.

6. Hier sind die treuen Sinnen, die Niemand Unrecht thun, und denen Gutes gönnen, die in der Treu' beruhn; Gott hält sein Wort mit Freuden, und was er spricht, geschieht, und wer Gewalt muß leiden, den schützt er im Gericht.

7. Er weiß viel tausend Weisen zu retten aus dem Tod, er nährt und giebet Speisen zur Zeit der Hungersnoth, macht schöne rothe Wangen oft bei geringem Mahl; und die da sind gefangen, die reißt Er aus der Qual.

8. Er ist das Licht der Blinden, erleuchtet ihr Gesicht, und die sich schwach befinden, die stellt er aufgericht't: er liebet alle Frommen und die ihm günstig seynd, die finden, wenn sie kommen, an ihm den besten Freund.

9. Er ist der Fremden Hütte, die Waisen nimmt er an, erfüllt der Wittwen Bitte, wird selbst ihr Trost und Mann; die aber, die ihn hassen, bezahlet er mit Grimm, ihr Haus und wo sie saßen, das wirft er um und um.

10. Ach! ich bin viel zu wenig, zu rühmen seinen Ruhm; der Herr allein ist König, ich eine Wiesenblum': Jedoch weil ich gehöre gen Zion in sein Zelt, ist's billig, daß ich mehre sein Lob vor aller Welt.

Paul Gerhardt.

Sehnsucht nach dem Himmel.

1 Petri 1, v. 24. Alles Fleisch ist wie Gras, und alle Herrlichkeit der Menschen wie des Grases Blume. Das Gras ist verdorret und die Blume abgefallen.

In eigener Melodie.

418. Du, o schönes Weltgebäude, magst gefallen, wem du willt, deine scheinbarliche Freude ist mit lauter Angst umhüllt. Denen, die den Himmel hassen, will ich ihre Weltlust lassen. Mich verlangt nach dir allein, allerschönstes Jesulein.

2. Müde, die der Arbeit Menge und der heiße Strahl beschwert, wünschen, daß des Tages Länge werde durch die Nacht verzehrt, daß sie nach so vielen Lasten können sanft und süße rasten. Ich wünsch' jetzt bei dir zu seyn, allerschönstes Jesulein.

3. Ach, möcht' ich in deinen Armen, so wie ich mir wünschen wollt', allerliebster Schatz, erwarmen, so wollt' ich das feinste Gold, das in Ophir*) wird gegraben, nicht für die Ergötzung haben, daß ich könnte bei dir seyn, allerschönstes Jesulein.

*) 1 Chron. 30, 4.

4. Andre mögen durch die Wellen und durch Wind und Klippen gehn, ihren Handel zu bestellen und da Sturm und Noth ausstehn; ich will meine Glaubensflügel schwingen zu der Sterne Hügel, ewig da bei dir zu seyn, allerschönstes Jesulein.

5. Tausendmal pfleg' ich zu sagen und noch tausendmal dazu: ach, würd' ich ins Grab getragen! ei, so käm' ich ja zur Ruh', und mein bestes Theil das würde, frei von dieser Lebensbürde, je und ewig um dich seyn, allerschönstes Jesulein.

6. Komm, o Tod, du Schlafesbruder, komm und führe mich nur fort; löse meines Schiffleins Ruder, bringe mich zum sichern Port. Es mag, wer da will, dich scheuen, du kannst mich vielmehr erfreuen, denn durch dich komm' ich hinein zu dem schönsten Jesulein.

7. Ach, daß ich den Leibeskerker heute noch verlassen müßt', und käm' an den Sternenerker, wo das Haus der Freuden ist! da wollt' ich mit Wortgepränge bei der Engel großen Menge rühmen deiner Gottheit Schein, allerschönstes Jesulein.

8. Doch, weil ich die Seelenauen und den goldnen Himmelssaal jetzt nicht kann nach Wunsche schauen, und muß hier im Thränenthal noch am Kummerfaden spinnen, ei, so sollen meine Sinnen unterdeß doch bei dir seyn, allerschönstes Jesulein.

Johann Franck.

Vom Gebet.

Lucas 11, v. 1. Herr, lehre uns beten.

Mel. Herr, nicht schicke deine Rache.

419. Du, o unser Gott und Vater, aller Menschen Heilsberather, der du in den Himmeln wohnst, und bei deinen Engeln thronst: lehr' uns würdig vor dich treten, und als wahre Kinder beten, lehr' uns, wie man glaubensvoll deine Gaben suchen soll.

2. Gieb, daß wir vor allen Dingen deinem Namen Ehre bringen, und erhalte fort und fort unter uns dein theures Wort! laß uns durch ein heilig's Leben aller Welt ein Zeugniß geben, wie vollkommen und wie rein unsers Heilands Lehren seyn.

3. Hilf uns selbst die Macht der Sünden kräftig in uns überwinden. Stehe deiner Kirche bei wider Satans Tyrannei. Laß dein Gnadenreich auf Erden allen Völkern kundbar werden, und versetz' uns nach der Zeit in das Reich der Ewigkeit.

4. Lehr' uns immer unsre Pflichten hier so herzlich zu verrichten, und in deinem Willen ruhn, wie die heil'gen Engel thun, tödt' in uns den Eigenwillen, nur den Deinen zu erfüllen; daß in allem Wohl und Weh unsre Treue feste steh'.

5. Laß uns nicht am Eitlen kleben, noch dem schnöden Geiz ergeben, weis' uns in vergnügter Ruh' täglich unsre Nahrung zu. Breite deine Segenshände über alle fromme Stände, sey der Armen Trost und Theil, und der Kranken Arzt und Heil.

6. Wie wir denen, die uns hassen, ihre Sünd' und Schuld erlassen, so vergieb auch unsre Schuld, Gott der Langmuth und Geduld. Gieb auch, daß wir sie bereuen, und den Feinden gern verzeihen; weil ja deine Gütigkeit uns unendlich mehr verzeiht.

7. Will die Macht und List der Höllen uns in der Versuchung fällen, so verleih' uns deinen Geist, der uns allen Sieg verheißt. Dieser muß uns von dem Bösen bis an unser End' erlösen. Dieser Geist verlass' uns nicht, wann uns Herz und Auge bricht.

8. Du nur kannst uns Kraft bescheren, denn du bist der Gott der Ehren, der in Ewigkeit regiert und dem aller Ruhm gebührt! Herrscher auf dem höchsten Throne, ach, erhör', in deinem Sohne, deiner Kinder gläubig Fleh'n! Amen, ja es soll gescheh'n.

Neu-

Neujahrslied.

2 Mose 19, v. 4. Ihr habt gesehen, wie ich euch getragen habe auf Adlers Flügeln, und habe euch zu mir gebracht.

Mel. Befiehl du deine Wege.

420. Durch Trauren und durch Plagen, durch Noth, durch Angst und Pein, durch Hoffnung und durch Klagen, durch manchen Sorgenstein bin ich, Gott Lob! gedrungen; dies Jahr ist nun vollbracht: dir, Gott, sey Lob gesungen! mein Herz zum Dank erwacht.

2. Der du mich hast erbauet, in dir besteht mein Heil: dir ist mein Glück vertrauet, du bist und bleibst mein Theil. Du hast mich wohl erhalten, du bist mein Trost, mein Hort, dich lass' ich ferner walten, Herr, führ' mich fort und fort.

3. Mein Gott, o meine Liebe! was du willst, will auch ich, gieb, daß ich nichts verübe, was irgend wider dich. Dir ist mein Will' ergeben, ja er ist nicht mehr mein: dieweil mein ganzes Leben dein eigen wünscht zu seyn.

4. Nach dir soll ich mich schicken, und Herr, ich will's auch thun. Soll mich die Armuth drücken? ich will dabei beruhn. Soll mich Verfolgung plagen? Ja, Herr, befehle mir. Soll ich Verachtung tragen? gern, gern gehorch' ich dir!

5. Soll ich verlassen sitzen? Herr Gott, dein Wille gilt. Soll ich in Aengsten schwitzen? Mein Heiland, wie du willt. Soll ich denn Krankheit leiden? ich will gehorsam seyn. Soll ich von dannen scheiden? Herr, dein Will' ist auch mein.

6. Soll ich zum Himmel dringen? gar gern, o Gott, mein Licht. Soll mich die Höll' verschlingen? ach, dieses willst du nicht. Ich habe zwar verdienet nur Straf', kein ew'ges Gut; doch hast du mich versühnet durch deines Sohnes Blut.

7. Heut' ist das Jahr beschlossen, Herr, deine Gnad' sey heut' auch auf mich ausgegossen, mein Herze wird erneut. Lass' ich die alten Sünden, so werd' ich, Gott! bei dir auch neuen Segen finden; dein Wort verspricht es mir.

Gottfried Wilhelm Sacer.

In theurer Zeit.

Psalm 33, v. 18. 19. Des Herrn Auge siehet auf die, so ihn fürchten, die auf seine Güte hoffen, daß er ihre Seele errette vom Tode, und ernähre sie in der Theurung.

Mel. Von Gott will ich nicht lassen.

421. Du reicher Gott der Armen, du Schöpfer aller Welt, der kann und will erbarmen, der ewig Glauben hält. Weil du Gebet erhörst, so kommt zu dir im Beten auch alles Fleisch getreten, weil du es alles nährst:

2. Herr, unsre großen Sünden verdienen diese Noth, daß wir mit Recht empfinden, was uns dein Wort gedroht; ein fruchtbar Erdreich soll um der Bewohner willen nichts tragen, sie nicht füllen. Auch unser Maaß ist voll.

3. Ach, unser boshaft Leben drückt uns nun allzuhart; du wollest uns vergeben nach deiner Vaterart. Uns trägt die Sünde Frucht, allein die Frucht ist Schaden; doch du vergiebst aus Gnaden, wenn man dein Antlitz sucht.

4. Ach trage du Erbarmen, wir tragen herzlich Reu'. Hilf, Herr, ach hilf uns Armen, nach deiner Wundertreu'. Die Zuversicht pflegst du allein genannt zu werden von Allen auf der Erden und auf dem Meer dazu.

5. Gott, unser Heil, ach wende der Zeiten schweren Lauf; thu' deine milden Hände, den Schatz der Allmacht auf. Was nur ein Leben hat, nährst du mit Wohlgefallen; ach Vater von uns Allen! mach' wieder Alles satt.

6. Du rufst dem Nichts zusammen, damit es Etwas sey, zum Lobe deinem Namen: hör' unser Angstgeschrei. Da uns der Hunger frißt, so hilf uns und erhöre, Herr, deine Gnade mehre, die immer tröstlich ist.

7. Herr, deine Brünnlein fließen mit Wasser angefüllt: laß uns es auch genießen, daß uns dein Segen quillt. Such' unser Land bald heim, erquick' das Feld mit Regen und schenk' uns deinen Segen, daß Alles wieder keim'.

8. Laß das Getreid' gerathen und baue selbst das Land, dann grünen unsre Saaten durch deine Gnadenhand; ja segne, was man pflügt und mach' es weich mit Regen, daß sein Gewächs mit Segen uns wiederum vergnügt.

9. Dein Gutes überschütte und krön' die Jahreszeit; es triefen deine Tritte von fetter Fruchtbarkeit; laß Alles, was da webt, am Morgen wohl gedeihen, am Abend sich erfreuen: mach' fröhlich, was da lebt!

Vom wahren und falschen Christenthum.

Matthäi 7, v. 21. Es werden nicht alle, die zu mir sagen: Herr, Herr! in das Himmelreich kommen; sondern die den Willen thun meines Vaters im Himmel.

Mel. O Gott, du frommer Gott.

422. Du sagst: ich bin ein Christ. Wohlan! wenn Werk' und Leben dir dessen, was du sagst, Beweis und Zeugniß geben, so steht es wohl um dich. Ich wünsche, was du sprichst, zu werden alle Tag', nämlich ein guter Christ.

2. Du sagst: ich bin ein Christ. Der ist's, der Jesum kennet, und seinen Gott und Herrn nicht nur alleine nennet; nein, der auch thut mit Fleiß, was fordert sein Gebot. Thust du nicht auch also, ist, was du sagst, ein Spott.

3. Du sagst: ich bin ein Christ. Wer sich's will nennen lassen, muß lieben, was ist gut, mit Ernst das Böse hassen; der liebet Christum nicht, der noch die Sünde liebt, ist auch kein Christ, ob er sich gleich den Namen giebt.

4. Du sagst: ich bin ein Christ; denn ich bin ja besprenget mit Wasser in der Tauf', mit Christi Blut vermenget. Ja wohl, hast aber du gehalten auch den Bund, den du mit Gott gemacht in jener Gnadenstund'?

5. Hast du ihn nicht vorlängst gar oft und viel gebrochen? hast du als Gottes Kind, dich, wie du hast versprochen, in allem Thun erzeigt, dem Guten nachgestrebt? hat nicht der alte Mensch bisher in dir gelebt?

6. Du sagst: ich bin ein Christ, weil Gottes Wort und Lehre vor allem Menschentand ich fleißig les' und höre. Ja, Lieber, thust du auch, was dieses Wort dich lehrt? der's thut, nicht der es hört, der ist bei Gott geehrt.

7. Du sagst: ich bin ein Christ; ich beichte meine Sünden, und lass' beim Beichtstuhl mich auch öftermalen finden. Find't aber sich, mein Freund, ich bitte, sag' es mir, nach abgelegter Beicht' die Bess'rung auch bei dir?

8. Ach! du bleibst nach wie vor, dein Wort, dein Werk und Sinnen wird oftmals ärger noch. Dein Vorsatz und Beginnen geht nach dem alten Trieb, und was noch gut soll seyn, ist, wenn man's recht besieht, nur lauter Heuchelschein.

9. Du sagst: ich bin ein Christ, ich lass' mich speisen, tränken mit dem, was Christus uns im Abendmahl will schenken. Wohl! aber zeige mir, ob Christi Leib und Blut in dir zur Heiligung auch seine Wirkung thut?

10. Du sagst: ich bin ein Christ, ich bete, les' und singe, ich geh' in's Gotteshaus, sind das nicht gute Dinge? sie sind es; doch nur wenn sie werden so verricht't, daß Gott auch stets dabei ein reines Herze sieht.

11. Du sagst: ich bin ein Christ; ich kann dir's nicht gestehen, es sey den, daß ich's werd' aus deinem Wandel sehen. Wer sagt und rühmet, daß er Christo angehör' und auch sein Jünger sey, muß wandeln gleich wie er.

12. Bist du ein solcher Christ, so mußt du seyn gesinnet, wie Jesus Christus war. Wenn reine Liebe rinnet aus deines Herzens Quell', wenn du demüthig bist von Herzen, wie der Herr, so sag': du seyst ein Christ.

13. So lang' ich aber noch an dir erseh' und spüre, daß Stolz und Uebermuth dein Herz und Sinn regiere; wenn an der Sanftmuth Stell' sich zeiget Haß und Neid, so bist du ganz gewiß vom Christenthum sehr weit.

14. Sagst du: ich bin ein Christ, und rühmst dich deß mit Freuden; thust aber du auch mehr, als and're kluge Heiden? ach! öfters nicht so viel, als Gutes sie gethan, sie werden dorten dich gewißlich klagen an.

15. Sag' nicht: ich bin ein Christ; bis daß dir Werk und Leben auch dessen, was du sagst Beweis und Zeugniß geben. Die Wort' sind nicht genug; ein Christ muß ohne Schein das, was er wird genannt, im Wesen selber seyn.

16. Ach mein Gott! gieb mir Gnad', mich ernstlich zu befleißen, zu seyn ein wahrer Christ, und nicht nur so zu heißen; denn wer da Nam' und That nicht hat und führt zugleich, der kommet nimmermehr zu dir in's Himmelreich.

Joh. Adam Haslocher.

Wiegenlied.

1 Mose 48, v. 9. Es sind meine Söhne, die mir Gott hier gegeben hat. Er sprach: Bringe sie her zu mir, daß ich sie segne.

Mel. Nun ruhen alle Wälder.

423. Du schläfst in deiner Wiege, mein Kind; ich aber liege vor Gottes Angesicht, der höret Flehn und Beten,

und wird uns selbst vertreten; denn dieser Hüter schlummert nicht.

2. Du warst ehmals verloren; nun bist du neu geboren, vom Sündenübel rein; Gott sage dazu Amen und schreibe deinen Namen in's Buch des ew'gen Lebens ein.

3. Gott wohnt in deiner Seele; daß ihr kein Trost mehr fehle, das macht dein Glaubenslicht; Gott stärk' auch meinen Glauben, und laß mir ihn nicht rauben, Gebet und Hoffnung trügen nicht.

4. Ja, wär' ich nur in Allen nach Gottes Wohlgefallen ein frommes Kind, wie du! Nun, Jesus woll' mir geben Zucht, Demuth, stilles Leben und sonderlich der Seelen Ruh'.

5. So schlaf' denn sanft und stille! ist's Gottes gnäd'ger Wille, so bin ich auch bereit; nur nehm' er an dem Ende den Geist in seine Hände, der Leib schläft bis zur letzten Zeit.

6. Doch wird verklärt er wallen, wird die Posaun' erschallen, aus düstrer Grabesnacht. Da wollen wir denn Beide, in ew'ger Himmelsfreude, den Heiland schau'n in seiner Pracht.

7. Indeß sey Gottes Segen auf allen deinen Wegen, er segne deinen Lauf und lass' uns selig fahren, die Engel uns bewahren; so wachen wir zum Leben auf.

Die Freude im heiligen Geist.

Psalm 5, v. 12. Laß sich freuen alle, die auf dich trauen; ewiglich laß sie rühmen, denn du beschirmest sie; fröhlich laß seyn in dir, die deinen Namen lieben.

Mel. Allein Gott in der Höh' sey Ehr'.

424. Du seligste Zufriedenheit, du Meer der Freudenströme! ach, daß mein Herz die Süßigkeit von Davids Psalm bekäme: du, Gott! erfreust mein Herz allein, ob jene gleich viel Korn und Wein und alle Fülle haben.

2. Ach laß sich freuen alle die, die auf den Höchsten trauen; denn du, ihr Schutz, beschirmest sie, vor wem sollt' ihnen grauen? Ach laß sie rühmen für und für, ach laß sie fröhlich seyn in dir, die deinen Namen lieben.

3. Ich hoffe aber darauf noch, daß du, mein Gott, so gnädig; mein ganzes Herze freut sich hoch, daß du so wunderthätig. Das ist mein Trost: du hilfst so gern; dahero will ich auch dem Herrn, der mir so wohl thut, singen.

4. Der Freuden Fülle zeiget sich bei dir, da wir genesen, zu deiner Rechten ewiglich ist lauter lieblich Wesen. Ich freu' mich und bin froh in dir, und werde deinen Namen hier, du Allerhöchster! loben.

5. Gieb, daß mich deine Kraft erfreu', wann ich in Schwachheit weine, gieb, daß ich herzlich fröhlich sey in deinem Gnadenscheine, erfreue, wann mich Alles kränkt, mit Freuden, die dein Antlitz schenkt, das Antlitz deiner Gnaden.

6. Es müssen Alle sich erfreu'n, die nach dem Höchsten fragen, die deines Heils begierig seyn, die müssen immer sagen: der Herr sey hochgelobt von uns: ach präge, Prüfer unsers Thuns! die Sprüche in mein Herze.

7. Ach, mein Gott, laß mich hören dich von Freud' und Wonne sagen, und mein Gebein erfreue sich, das du so hart zerschlagen. Tröst' mich, daß es getröstet heißt, mit deiner Hülf', und laß den Geist der Freuden mich erhalten.

8. Wie unvergleichlich tröstlich ist dein Name, Gott der Liebe! du Seligmacher Jesus Christ, du Geist der guten Triebe! Ist er voll Trost, so lasse nun mich dir ein Freudenopfer thun und deinem Namen danken.

9. Laß mich in deinem Heiligthum, was du mir sagest, hören, so werd' ich fröhlich, dir zum Ruhm und singe dir zu Ehren: Herr! meine Lippen preisen dich, denn deine Güte ist für mich viel besser als das Leben.

10. Da will ich loben dich so gern, da preise dich mein Leben, da will, im Namen meines Herrn, die Händ' ich aufwärts heben. Das wär' für meines Herzens Grund die größte Wonne, wann mein Mund dich fröhlich loben sollte. M. Philipp Friedrich Hiller.

Vom Tode.

Ebräer 9, v. 27. Es ist dem Menschen gesetzt einmal zu sterben, darnach aber das Gericht.

Mel. Kommt her zu mir, spricht Gottes Sohn.

425. Du siehest, Mensch, wie fort und fort der Eine hier, der Andre dort uns gute Nacht muß geben; der Tod hält keinen andern Lauf, er sagt zuletzt die Wohnung auf uns Allen, die wir leben.

2. Gedenk' es weislich in der Zeit, und flieh' den Schlaf der Sicherheit, sey stets bereit und wacker; denn wiss', es bleibet dabei nicht, daß man dich hier aus diesem Licht trägt auf den Gottesacker.

3. Wir werden aus den Gräbern geh'n und alle vor Gerichte stehn, das Christus selbst wird hägen,*) wenn auf der Engel Feldgeschrei die Glut das große Weltgebäu wird in die Asche legen.

*) halten.

4. Alsdann wird erst der ganzen Welt Belohnung werden zugestellt, die Sünder sollen büßen, und ihnen, ohn' Betrug und Schein, selbst Kläger, Richter, Henker seyn, verdammt durch ihr Gewissen.

5. Ach Gott! kommt mir dies Urtheil vor, so steigen mir die Haar' empor, mein Herz fühlt Angst und Schrecken. Ihr hohen Hügel! heb' ich an, ihr Berg' und was sich stürzen kann, fallt her mich zu bedecken!

6. Herr Jesu, meine Zuversicht, ach laß dein strenges Weltgericht, ach, laß es mir nicht schaden. Beut' an dem Vater den Vertrag, damit ich freudig hören mag den süßen Spruch der Gnaden.

7. Gieb, daß ich mich bei gutem Sinn, und weil ich noch bei Kräften bin, zum Sterben fertig halte, und nicht, o Jesu, meine Lust! begriffen in der Sünden Wust zum ew'gen Tod erkalte.

M. Simon Dach.

Alles mit Gott.

Jacobi 4, v. 15. So der Herr will, und wir leben, wollen wir dies oder das thun.

Mel. Nun ruhen alle Wälder.

426. Du sollst in allen Sachen mit Gott den Anfang machen aus treuer Schuld und Pflicht: Wem hast du Dank zu geben, als ihm, für Heil und Leben? von dir, o Mensch, entspringt es nicht.

2. Was will dein kaltes Sinnen, du Staub der Zeit, beginnen, legt er nicht Hülfe bei: der Mensch mit seinem Dichten weiß wenig auszurichten, was wahrhaft gut zu heißen sey.

3. Drum sey nicht zu verwegen auf deines Amtes Stegen, und bilde dir nicht ein, als könntest du vertrauen, auf deine Kräfte bauen, die wahrlich nicht dein eigen seyn.

4. Schlag' an die Himmelspforten mit starken Glaubensworten, da bitte Beistand aus: daher wird Segen fließen, und reichlich sich ergießen auf dein Geschäft und auf dein Haus.

5. Wo Gott die Hand dir reget, zur Arbeit Grund selbst leget, da fügt er Segen bei; wenn er davon sich wendet, wird nicht das Werk vollendet, ob noch so klug der Meister sey.

Andreas Tscherning.

Hingabe des Herzens an Jesum.

Josua 24, v. 18. Wir wollen dem Herrn dienen; denn er ist unser Gott.

Mel. Mein Jesu, dem die Seraphinen.

427. Du sollst mein Herz von neuem haben, o Jesu, dir gebührt's allein; dies ist der Dank, dies sind die Gaben für deiner Gnade neuen Schein. Ich weiß, du läßt dir's wohl gefallen. Erneu're du dies Liebesband, gieb deinen Geist zum Unterpfand, laß mich in deiner Liebe wallen.

2. Du sollst mein Herz alleine haben, du liebest mich von Ewigkeit, nichts soll mich, als dein Segen laben, du bleibst mein Ziel zu aller Zeit. Ich weiß, du stillest mein Verlangen. Ich hab' genug, o Gottes-Lamm; hab' ich nur dich, den Bräutigam. An dir bleib' ich mit Freuden hangen.

3. Du sollst mein Herz auf ewig haben, nichts störet den gemachten Bund: Mein Glaube fasset deine Gaben. Die Treue macht dein Lieben kund. Ich weiß, du bringst mich bis zum Throne, du hälst dein Wort. Ich folg' dir nach. Des kurzen Leidens Noth und Schmach verschwindet beim Besitz der Krone.

Von der Liebe Gottes.

Hesekiel 16, v. 6. Ich sprach zu dir, da du so in deinem Blute lagest: du sollst leben.

Mel. Mein Freund zerschmelzt ꝛc.

428. Du tiefer Brunn, aus dem nur Liebe quillet, du unerschöpflich Meer der Freundlichkeit; du hast für uns des Vaters Zorn gestillet, und dadurch uns den Himmel selbst bereit't; als du für unsre Sünden-Schuld den harten Kreuzestod aus Liebe hast erduld't.

2. Du sahest uns im Fluch und Tode liegen, die Sünde hatte da die Oberhand. Wo war nun Kraft, dieselbe zu besiegen? weil wir, ach Jammer! uns von dir gewandt, und bloß aus unsrer eignen Schuld durch selbst-gewählten Weg verloren Gottes Huld.

3. Als dein Erbarmen uns nun also sahe: so brach dir bald dein treues Vater-Herz. Du hobst uns auf, und tratest uns so nahe, daß du aus Lieb' auf dich nahmst unsern Schmerz. Du hast dich selbst zum Fluch gemacht, damit die Seligkeit uns werde wiederbracht.

4. Ach Liebe! ach, wer kann dir doch verdanken das Gute, so du hast an uns gethan. O daß wir dir doch ohne alles Wan-

ken im Glauben und Gebete hingen an! so würde deine Liebesglut durchdringen unsern Geist, Sinn, Seele, Herz und Muth.

5. So aber ist bei uns gar kein Vermögen, zu lieben dich, der du uns erst geliebt. Denn unser Herz läßt sich so leicht bewegen durch Fleisch und Welt, zu thun, was dich betrübt. Drum nimm von uns den harten Sinn, damit dein guter Geist die Oberhand gewinn'.

6. O höre denn, o Liebe! was wir singen, und laß es dir doch nicht zuwider seyn! laß unsre Noth dir tief ins Herze dringen, und mache uns von allen Sünden rein, damit wir ohne Furcht und Zwang dir treulich folgen nach, o Liebe, lebenslang.

Johann Ludwig Conrad Allendorf.

Freude über den Heiland.

Lucä 1, v. 47. Mein Geist freuet sich Gottes, meines Heilandes.

Mel. Nun preiset alle Gottes Barmherzigkeit.

429. Du Trost der Armen, heiliges Gotteslamm, Freund voll Erbarmen, himmlischer Bräutigam, du schönster Schatz von allen Schätzen, ewiglich sollst du mein Herz ergötzen.

2. Daß ich dich kenne, ist meine Seligkeit; wenn ich dich nenne, wird meine Seel' erfreut, wenn, Jesu, dich mein Herz erblicket, werd' ich von heiliger Lust entzücket.

3. Auch bei dem Leide, was du mir auferlegst, merk' ich zur Freude, daß du es mit mir trägst. Der bittre Kreuzkelch wird mir süße, weil ich des Freundlichsten Huld genieße.

4. Zu allen Stunden bleibst du mein Trost und Theil; aus deinen Wunden strömet uns Gnad' und Heil. Du tilgst die Schuld mit deinem Blute, leidend erwirbst du uns alles Gute.

5. Mit treuem Triebe suchst du des Sünders Wohl; du stirbst aus Liebe, daß ich nicht sterben soll. Mein Fluch wird an dein Kreuz geheftet; Satan, der Mächtige, liegt entkräftet.

6. Mit meinem Freunde trotz' ich euch, Sünd' und Tod! bezwungne Feinde machen mir keine Noth; Schleuß, Hölle, deinen weiten Rachen! Jesus will, Jesus kann selig machen.

7. Der auserkorne, brünstig geliebte Sohn, der Erstgeborne steigt auf des Vaters Thron; er schützt und segnet seine Kinder, bittend vertritt er die armen Sünder.

8. Es sieht mein Glaube, wie mein getreuer Hirt mich aus dem Staube herrlich erwecken wird. Verweset muthig, meine Glieder! Christi Huld giebt euch mir schöner wieder.

9. Den ich hier liebte, den seh' ich einst im Licht; was hier betrübte, stört dort mein Loblied nicht. Dort wird mir Jesus Alles geben, Freude die Fülle und lieblich's Leben.*)

*) Psalm 16, v. 11.

10. Ihr Engelchöre, singet von Jesu Treu'! singt ihm zur Ehre, daß er der Schönste sey!*) Auf, meine Seele! such' auf Erden dem Vielgeliebten recht lieb zu werden.

*) Psalm 45, v. 3.

Ehrenfried Liebich.

Freude über die heilige Taufe.

Apost. Gesch. 16, v. 33. 34. Der Kerkermeister ließ sich taufen und alle die Seinen alsobald; und führete die Apostel in sein Haus, und setzte ihnen einen Tisch, und freuete sich mit seinem ganzen Hause, daß er an Gott gläubig geworden war.

Mel. Wer nur den lieben Gott läßt walten.

430. Du unerschöpflich's Meer der Gnaden, wie selig ist dein Wasserbad! es heilet an mir allen Schaden, den Adams Fall verursacht hat. Die Sündfluth gehet überhin, wenn ich in dieser Arche bin.

2. Wie groß sind, Jesu, deine Gaben! du kommst mit Wasser und mit Blut; und wenn wir diese Schätze haben, so erben wir das höchste Gut. Wenn wir damit gezeichnet seyn, so läßt du uns zum Himmel ein.

3. Was frag' ich nach der eitlen Ehre? Ich bin des Allerhöchsten Kind, weil ich in deren Zahl gehöre, die gar aus Gott geboren sind. Kein Ehrenstand ist diesem gleich; das ist mein Recht zum Himmelreich.

4. Du schreibest mich in's Buch des Lebens, du meines Lebens Leben! ein; ach, lasse mich doch nicht vergebens auf deinen Tod getaufet seyn. Ja, schreibe mich so kräftig an, daß mich kein Fluch vertilgen kann.

5. Hab' ich dir Herz und Hand gegeben, so gieb mir, Jesu! deine Gnad', auch dem Versprechen nach zu leben, das selbst dein Geist versiegelt hat; des Satans Werk und Wesen sey kein Hinderniß an meiner Treu'.

6. Erhalte mich durch deine Taufe im Bündlein der Lebendigen, und führe mich in meinem Laufe vom Irdischen zum Himmlischen, daß ich durch diesen Jordan geh', und dort im Lebenslande steh'!

Benjamin Schmolck.

Von der Liebe zu Gott und dem Nächsten.

1 Joh. 4, v. 21. Dies Gebot haben wir von ihm, daß wer Gott liebet, daß der auch seinen Bruder liebe.

Mel. Von Gott will ich nicht lassen.

431. Du Ursprung guter Triebe, du Brunn der Freundlichkeit, du wesentliche Liebe! der du zu aller Zeit den Menschen gnädig bist; der gegen geistlich Armen so mild, so voll Erbarmen, der auch mein Vater ist:

2. Ach! ich gesteh' mit Schmerzen und klage dir mit Reu', daß deiner Lieb' im Herzen bei mir gar wenig sey; zwar deine Schöpfershand schuf uns voll reiner Liebe; doch diese heil'gen Triebe hat uns die Sünd' entwandt.

3. Die Flamme liegt erstorben, die du, mein Licht! entzünd't, ich bin durchaus verdorben, ein ungerathnes Kind. Dich, Jesu! lieb' ich nicht; auf das, was ich sollt' hassen und was ich müßte lassen, ist all mein Sinn gericht't.

4. Das Urtheil ist gesprochen: Tod ist der Sünden Sold. Du läßt nicht ungerochen, wenn man der Sünde hold; ja, der ist ja verflucht*), der Jesum nicht will lieben: drum wollst du Gnade üben an dem, der sie jetzt sucht.

*) 1 Cor. 16, 22.

5. Will etwa mein Verlangen an Welt und Kreatur und an mir selber hangen, so dämpfe du es nur: reiß' aus, was sündlich heißt; dein göttliches Geschäfte dämpft alle böse Kräfte und was mich von dir reißt.

6. O Jesu! deine Flammen sind feurig, zart und rein; weil sie von Liebe stammen und reich an Kräften seyn. Ach, Reinster! rein'ge mich; ach Flamme, laß mich brennen; ach Liebe! laß dich kennen; ach Jesu! zeige dich.

7. Gieb, daß ich Alles lasse, was dir zuwider ist, gieb, das ich Alles hasse, dem du entgegen bist. Ach! laß doch, schönstes Licht! mich deinen guten Willen in Lieb' und Leid erfüllen, bis einst mein Herze bricht.

8. Gieb mir, o Lebensfürste! daß ich nach deiner Treu' nur seufze, hungre, dürste und auch gesättigt sey. Laß nur von dir allein und deinen Liebesproben mein Reden und mein Loben und all mein Dichten seyn.

9. Laß mich um deinetwegen auch gegen Jedermann wahrhafte Liebe hegen: und wird mir Leid gethan, das deck' die Liebe zu: gieb, daß ich ohn' Verschulden mit Segnen, Beten, Dulden, auch Feinden Gutes thu'.

Von der heiligen Taufe.

Marci 16, v. 16. Wer da glaubet und getaufet wird, der wird selig werden; wer aber nicht glaubet, der wird verdammet werden.

Mel. Es ist das Heil uns kommen her.

432. Du Volk, das du getaufet bist und deinen Gott erkennest, auch nach dem Namen Jesu Christ dich und die Deinen nennest, nimm's wohl in Acht und denke dran, wie viel dir Gutes sey gethan am Tage deiner Taufe.

2. Du warst, noch eh' du wurd'st gebor'n und an das Licht gezogen verdammt, verstoßen und verlor'n darum, daß du gezogen aus deiner Eltern Fleisch und Blut ein' Art, die sich vom höchsten Gut, dem ew'gen Gott, stets wendet.

3. Dein Leib und Seel' war mit der Sünd', als einem Gift durchkrochen, und du warst nicht mehr Gottes Kind, nachdem der Bund gebrochen, den unser Schöpfer aufgericht't, da er uns seines Bildes Licht und herrlich's Kleid ertheilte.

4. Der Zorn, der Fluch, der ew'ge Tod, und was in diesem allen enthalten ist für Angst und Noth, das war auf dich gefallen. Du warst des Satans Sklav' und Knecht, der dich hielt fest nach seinem Recht in seinem Reich gefangen.

5. Das Alles hebt auf einmal auf und schlägt und drückt es nieder, das Wasserbad der heil'gen Tauf' ersetzt dagegen wieder, was Adam hat verderbt gemacht, und was wir selbsten durchgebracht bei unserm bösen Wesen.

6. Es macht dies Bad von Sünden los, und giebt die rechte Schöne. Die Satans Kerker vor umschloß, die werden frei und Söhne deß, der da trägt die höchste Kron', er läßt sie, was sein ein'ger Sohn ererbt, auch mit ihm erben.

7. Was von Natur vermaledeit und mit dem Fluch umfangen, das wird hier in der Tauf' erneut, den Segen zu erlangen. Hier stirbt der Tod und würgt nicht mehr, hier bricht die Höll', und all' ihr Heer muß uns zu Füßen liegen.

8. Hier zieh'n wir Jesum Christum an, und decken unsre Schanden mit dem, was er für uns gethan und willig ausgestanden. Hier wäscht uns sein hochtheures Blut und

macht uns heilig, fromm und gut in seines Vaters Augen.

9. O großes Werk! o heil'ges Bad, o Wasser, dessen gleichen man in der ganzen Welt nicht hat, kein Sinn kann dich erreichen. Du hast recht eine Wunder-Kraft, und die hat der, so Alles schafft, dir durch sein Wort geschenket.

10. Du bist ja schlechtes Wasser nicht, wie's unsre Brunnen geben; was Gott mit seinem Munde spricht, das hast du in dir leben. Du bist ein Wasser, das den Geist des Allerhöchsten in sich schleußt und seinen großen Namen.

11. Das halt' o Mensch, in allem Werth und danke für die Gaben, die dein Gott dir darin beschert, und die uns alle laben, wenn nichts mehr sonst uns laben will: die laß, bis daß des Todes Ziel dich trifft, nicht ungepreiset.

12. Brauch' Alles wohl, und weil du bist nun rein in Christo worden, so leb' und thu' auch als ein Christ und halte Christi Orden; bis daß dort in der ew'gen Freud' er dir das Ehr'n- und Freudenkleid um deine Seele lege.

Paul Gerhardt.

Der weinende Jesus.

Luc. 19, v. 41. Als Jesus nahe hinzu kam, sahe er die Stadt an, und weinete über sie.

Mel. Allein zu dir, Herr Jesu Christ.

433. Du weinest für Jerusalem, Herr Jesu! heiße Zähren zum Zeugniß, dir sey angenehm, wenn Sünder sich bekehren. Wenn ich vor dir mit Buß' erschein' und über meine Sünde wein', abwäschest du aus lauter Gnad' all' Uebelthat, so uns bisher gequälet hat.

2. Wenn deines Vaters Zorn entbrennt von wegen meiner Sünde, zu deinen Thränen ich mich wend', da ich Erquickung finde. Vor Gott sind die so hoch geschätzt; wer seine Sünd' hiemit benetzt, den blickt Gott an mit Gütigkeit zu jeder Zeit, und sein betrübtes Herz erfreut.

3. Hier muß ich noch im Thränenhaus aus großer Angst oft weinen, der Welt aushalten manchen Strauß; sie martert stets die Deinen. Auf allen Seiten, wo sie kann, fängt sie mit mir zu hadern an. Dies tröstet mich zu aller Frist, Herr Jesu Christ: in Noth du auch gewesen bist.

4. Ja alle meine Seufzerlein und Thränen sind gezählet, und ob sie gleich unzählbar seyn, dennoch dir keine fehlet; so oft vor dir sie regen sich, so oft sie auch bewegen dich, daß du dich mein erbarmen mußt, wie dir bewußt, denn du mir allzeit Hülfe thust.

5. Wer jetzund säet Thränen aus, hält in Geduld Gott stille, wird fröhlich seyn in deinem Haus und ernten reiche Fülle, ja solche Fülle, die kein Mann mit seiner Zung' aussprechen kann und die da bleibt in Ewigkeit. Mein Kreuz und Leid wird werden lauter Fröhlichkeit.

6. Für diese Thränen dank' ich dir, daß du die Freudenkrone, Herr Christ, dadurch erworben mir bei dir im Himmels-Throne: wenn du mich holen wirst einmal hinauf in deinen Freudensaal, dann will ich recht lobsingen dir, o höchste Zier! für deine Thränen für und für.

Johann Heermann.

Christus, das ewige Wort.

Joh. 1, v. 1. Im Anfang war das Wort, und das Wort war bei Gott, und Gott war das Wort.

Mel. O Gott, du frommer Gott.

434. Du wesentliches Wort, von Anfang her gewesen! du, Gott, von Gott gezeugt! von Ewigkeit erlesen zum Heil der ganzen Welt, o mein Herr Jesu Christ! willkommen, der du mir zum Heil geboren bist.

2. Komm, o selbstständig's Wort! und sprich zu meiner Seelen, daß mir's in Ewigkeit an Trost nie solle fehlen: durch Glauben wohn' in mir und weiche nimmer nicht, laß mich auch nicht von dir abweichen, schönstes Licht!

3. Du wesentliches Wort warst bei Gott, eh' geleget der Grund der großen Welt, da sich dein Herz beweget zur Liebe gegen mich; ja, du warst selber Gott, damit du mach'st im Fleisch Sünd', Höll' und Tod zu Spott.

4. Was hat, o Jesu! dich vom Anfang doch bewogen? was hat vom Himmelsthron' dich in die Welt gezogen? ach! deine große Lieb' und meine große Noth hat deine Glut entflammt, die stärker als der Tod.

5. Du bist das Wort, wodurch die ganze Welt formiret; denn alle Dinge sind durch dich ans Licht geführet: ach! so bin ich, mein Heil! auch dein Geschöpf und Gab', der ich, was ich auch bin, von dir empfangen hab'.

6. Gieb, daß ich dir zum Dienst mein ganzes Herz ergebe, auch dir allein zum Preis auf dieser Erden lebe. Ja, Jesu!

laß mein Herz ganz neu geschaffen seyn, und dir bis in den Tod gewidmet seyn allein.

7. Laß ja nichts in mir seyn, was du nicht hast geschaffen, reut' alles Unkraut aus und brich des Feindes Waffen; das Bös', ist nicht von dir, das hat der Feind gethan; du aber führ' mein Herz und Fuß auf ebner Bahn.

8. Das Leben ist in dir und alles Licht des Lebens, an mir laß deinen Glanz, mein Gott, nicht seyn vergebens: weil du das Licht der Welt, so sey mein Lebenslicht, o Jesu! bis mir dort dein Sonnenlicht anbricht. Laurentius Laurenti.

Fürbitte für Sterbende.

Jacobi 5, v. 15. Das Gebet des Glaubens wird dem Kranken helfen, und der Herr wird ihn aufrichten; und so er hat Sünde gethan, werden sie ihm vergeben seyn.

Mel. Ich hab' mein' Sach' Gott heimgestellt.

435. Du wollst erhören, Gott, ihr Flehn; nicht ins Gericht mit ihnen gehn, die jetzo deiner Ewigkeit sich nahn, befreit nun bald von dieser Eitelkeit.

2. Des Lebens und des Todes Herr! nun ist für sie die Zeit nicht mehr. Du hast gezählet all' ihr Haar, ihr Todesjahr bestimmt, als keine Zeit noch war.

3. Erfüllt ist ihrer Leiden Zahl; sie weinen heut das letzte Mal. Ach, sey in ihrer Todesnoth ihr Gott, ihr Gott! Ein Schlummer sey für sie der Tod.

4. Vollende, Vater, ihren Lauf; nimm sie zu deinem Frieden auf! Verwirf sie, wenn ihr Herz nun bricht, verwirf sie nicht, Herr! Herr! von deinem Angesicht.

5. Wend' ihrer Krankheit bangen Schmerz, von ihm befreiet ruh' ihr Herz, daß ihre müde Seele frei von Täuscherei des heiß entflammten Leibes sey.

6. In ihr erschaffe deine Ruh', in ihrem Herzen bete du, Geist Gottes! daß sie glaubend traun, auf Jesum schaun, auf Jesum in des Todes Graun.

7. Bet' unaussprechlich, Geist des Herrn! zeig' ihnen ihren Lohn von fern; laß sie des Vaters Herz erflehn, getröstet sehn, wie der sie liebt zu dem sie gehn.

8. Ach Gnade, Gnad' ergeh' für Recht! denn von dem menschlichen Geschlecht ist selbst der Heiligste nicht rein, kann Keiner dein, Gott, ohne deine Gnade seyn.

9. Sey ihnen, Gott! nicht fürchterlich; erbarme, Richter! ihrer dich, auch aus der Tiefe rufen sie; erhöre sie! erlöse, Gott, erlöse sie!

10. Zu sterben, Herr, gieb ihnen Muth durch Jesu Todesschweiß und Blut, vergossen in Gethsemane und auf der Höh', der Schädelstätte dunkeln Höh'!

11. Entschlummert geht voran zu Gott! euch segne, segne, segne Gott! Wenn euer Auge sterbend bricht, leit' euch sein Licht, tröst' euch des Vaters Angesicht.

Friedrich Gottlieb Klopstock.

Weihnachtslied.

Lucä 1, v. 78. 79. Durch die herzliche Barmherzigkeit Gottes hat uns besucht der Aufgang aus der Höhe, auf daß er erscheine denen, die da sitzen in Finsterniß und im Schatten des Todes, und richte unsere Füße auf den Weg des Friedens.

Mel. Lobe den Herren, den mächtigen König rc.

436. Ehre sey Gott in der Höhe! der Herr ist geboren; Sündern zum Heiland vom Höchsten aus Gnaden erkoren. Lasset uns sein dankvoll, ihr Christen, uns freu'n! Ist er nicht uns auch geboren?

2. Schatten und Dunkel bedeckten den Erdkreis; es irrten Völker umher, wie die Heerden verlassen von Hirten. Jesus erschien: Nächte verschwanden durch ihn, die auch den Weisen verwirrten.

3. Menschen, bestimmt, Gott durch Liebe der Brüder zu ehren, haßten mit Bitterkeit sich an der Gottheit Altären. Jesus erschien; und es ward Friede durch ihn; Friede — singt's laut ihm zu Ehren!

4. Wohlthun und Segen entsprossen des Göttlichen Schritten; Trost und Erquickung trug er in der Weinenden Hütten; selbst er, ihr Freund, hatte vielfältig geweint, selbst auch geduldet, gelitten.

5. Ehre sey Gott in der Höhe! ein ewiges Leben hat er durch ihn, seinen Sohn, uns erbarmend gegeben. Bis in das Grab stieg er vom Himmel herab, einst uns zum Himmel zu heben.

6. Wohl mir, wenn ich dann ihn, meinen Erretter, auch sehe, und mit den Schaaren Vollendeter ewig erhöhe. Völlig beglückt, sing' ich dann, himmlisch entzückt: Ehre sey Gott in der Höhe!

D. August Hermann Niemeyer.

Abendlied.

Lucä 6, v. 12. Jesus blieb über Nacht in dem Gebet zu Gott.

Mel. Dir, dir, Jehovah, will ich singen.

437. Eh' wir den Leib zur Ruhe legen, so suchen wir zuvor im Geiste

Ruh', wir sprechen erst den Abendsegen und hören deinem Wort, Herr Jesu zu. O präg' uns noch ein kräftig Wörtlein ein und laß es uns ein sanftes Bettlein seyn.

2. Laß uns dein Wort jetzt noch bestrafen, daß wir auch diesen Abend Buße thun; gieb auch im Wort des Glaubens Waffen, daß wir in deinen Wunden sicher ruhn. Nimm uns in deine treue Liebeshut und mach' uns rein von Sünden durch dein Blut.

3. Wir fallen dir am Kreuz zu Fuße, ach stoße, Herr, nur Keinen von uns aus. Wir bitten bei des Tages Schlusse uns durch Gebet noch einen Segen aus. O hilf nur Herz und Mund weit auf zu thun und laß uns ja in keiner Trägheit ruhn.

4. Ja, was den Tag von uns vergessen, um das laß uns noch diesen Abend flehn; und weil die Wohlthat unermessen, die uns von dir den ganzen Tag geschehn; so laß uns dir noch jetzo dankbar seyn und flöß' uns Geist und Kraft zu Allem ein!

Karl Heinrich v. Bogatzky.

Jesus hilft in jeder Noth.

Ebräer 12, v. 15. Sehet darauf, daß nicht Jemand Gottes Gnade versäume.

Mel. Ringe recht, wenn Gottes Gnade.

438. Eile, eile, meine Seele! da dich jetzt dein Heiland sucht; eile aus der Sünden-Höhle; was nicht himmlisch, sey verflucht!

2. Dringe doch mit Ernst zum Leben, das dir Jesus schenken will: er will sich dir eigen geben, halt' nur seinem Geiste still.

3. Fühlest du dich hart gebunden, Jesus macht dich wieder los; Jesus heilet deine Wunden und nimmt dich in seinen Schooß.

4. Will der Zorn sich in dir regen, wirf dich vor dem Heiland hin; er wird diesen Feind erlegen, er wird ändern Herz und Sinn.

5. Will sich Eigenliebe zeigen, macht dein stolzer Sinn dir Pein; Jesus kann dich gründlich beugen, Jesus führt in Demuth ein.

6. Jesus kann dich auch erweichen, wenn du noch so steinern bist; er kann bald sein Ziel erreichen, wenn man nur gehorsam ist.

7. Quälen dich der Lüste Triebe, leg' dich ihm nur redlich dar; nur ein Tröpflein seiner Liebe bringt dich schon aus der Gefahr.

8. Bist du noch so sehr zerstreuet, fall' dem Helfer nur zu Fuß; er ist's, der dich ganz erneuet, daß dein Flattern weichen muß.

9. Will die Trägheit dich bezwingen, schreie ihn um Hülfe an; er lehrt selber ernstlich ringen; er ist's, der ermuntern kann.

10. Willst du recht erhörlich beten, seufze nur: erbarm' dich mein! er weiß dich so zu vertreten, daß du ihm wirst dankbar seyn.

11. Will sein Wort dir nicht recht schmekken, schrei': Herr! öffne mir mein Herz, laß mich nicht im Finstern stecken, ziehe mich doch himmelwärts!

12. Schenkt er dir etwas im Worte, so giebt er auch Treu' dazu; er führt durch die enge Pforte; drum, o Seele, eil' ihm zu!

13. Sollte dir noch etwas fehlen: klag' und sag' es ihm nur frei; er hebt, was dich auch mag quälen, seine Güt' ist täglich neu.

14. Wag' es nur auf sein Erbarmen, laß ihn nicht! er segnet dich; er wird dich gar bald umarmen, und erfreuen ewiglich.

15. Herr! ich fange an zu flehen: decke mir mein Elend auf; doch laß mich dein Herz auch sehen; so folg' ich in schnellem Lauf.

16. Amen, Herr! du hast verheißen, selbst das A und O zu seyn, du wirst dich auch so erweisen; drum geh' ich das Bündniß ein:

17. Dir zu leben, dir zu sterben, kostet es gleich viele Pein; durch dich dein Reich zu ererben: du bist mein und ich bin dein.

Weihnachtslied für Kinder.

Lucä 2, v. 16. Sie kamen eilend, und fanden beide, Marien und Joseph, dazu das Kind in der Krippe liegend.

Mel. Ringe recht, wenn Gottes Gnade.

439. Eilt, o Kinder, zu der Krippen, da ein Kind in Windeln liegt, sucht es doch mit Herz und Lippen, bis ihr euch an ihm vergnügt.

2. Wißt ihr, wem es angehöret? es ist Gottes ein'ger Sohn, welchen Erd' und Himmel ehret; vor der Schöpfung war er schon.

3. Er gebeut den Himmelsheerden, er beherrscht das ganze Meer, er hat alle Macht auf Erden, ja, von ihm kommt Alles her.

4. Er hat diese Welt bereitet und den Himmel aufgeführt, alle Wasser hergeleitet, Alles prächtig ausgeziert.

5. Diesen König trieb die Liebe in dies Jammerthal hinein; Kinder, denkt doch, was für Triebe müssen hier im Herzen seyn!

Ernst Gottlieb Woltersdorf.

Sonntagslied.

Psalm 5, v. 8. Ich aber will in dein Haus gehen, auf deine große Güte, und anbeten gegen deinen heiligen Tempel in deiner Furcht.

Mel. Mir nach! spricht Christus, unser Held.

440. Ein Andrer weiche noch so sehr zur Rechten oder Linken, wohin ihm Welt-Lust, eitle Ehr' und Mammons-Augen winken: ich aber will dich, Herr! erhöhn und in dein Haus mit Freuden gehn.

2. Ein Andrer bau', worauf er will, auf seine Macht und Stärke, auf seine Güter, Hüll' und Füll', auf seine eignen Werke: ich aber will, Gott! dir vertrau'n und nur auf deine Güte bau'n.

3. Ein Andrer beuge seine Knie vor Menschen-Gunst und Gabe, er sinne drauf so spät als früh, daß er sie immer habe: ich aber bet' allein zu dir, in deiner Furcht: Herr, hilf du mir! Gabriel Wimmer.

Vom geistlichen Kampf.

Ebräer 12, v. 1. Lasset uns laufen durch Geduld in dem Kampf, der uns verordnet ist.

Mel. Was Gott thut, das ist wohlgethan.

441. Ein Christ, ein tapfrer Kriegesheld, voll Geist, voll Kraft und Stärke, verleugnet sich, bezwingt die Welt, zerstört des Satans Werke, kämpft innerlich und äußerlich mit Teufel, Welt und Sünden, und kann doch überwinden.

2. Ich habe mich vorlängst gequält und gab mich schier verloren, bis Gott mich zu der Zahl gezählt, die er aus sich geboren. Wer will die Kraft, die Alles schafft, und Christi Macht ergründen, dadurch wir überwinden!

3. Ich sprach: ich bin ein schwaches Kind, wie alle Menschenkinder, das in sich kein Vermögen find't, ich bin ein armer Sünder. Ach Gott! gieb Rath, gieb Will'n und That, und laß mich Gnade finden, so kann ich überwinden.

4. Ich war ein Mensch voll Eigensinn, voll Eigenlieb' und Ehre; ich lebte nach den Lüsten hin und nicht nach Christi Lehre. Doch, Gott sey Ehr'! ich bin's nicht mehr, ich streite mit den Sünden und will sie überwinden.

5. Kommt mir die alte Bosheit ein und will noch lieblich schmecken, soll Jesu Leiden, Kreuz und Pein mich heilsamlich erschrecken, die süße Lust in meiner Brust, die liebsten Busen-Sünden, die will ich überwinden.

6. Will Menschenfurcht und Menschengunst Leid oder Freude machen, so lob' ich die verschmähte Kunst, verachte Droh'n und Lachen; ihr Haß und Gunst muß doch wie Dunst und leichte Spreu verschwinden, drum will ich überwinden.

7. Leb' ich in steter Traurigkeit, sind wenig gute Stunden in meiner kurzen Lebenszeit, ich habe Gott gefunden; der tröstet mich gar süßiglich; der heilet mich von Sünden und ich will überwinden.

8. Die Welt mit aller Schmach und Hohn befördert mich zu Ehren; sie muß an meiner Ehrenkron' die Edelsteine mehren; wenn wider mich blutdürstiglich viel Hunderttausend stünden, so will ich überwinden.

9. Der Teufel will in seinem Zorn die arme Seele schrecken. Gott will mich, den er auserkor'n mit Allmachtsflügeln decken; er ist erboßt, ich bin getrost, Gott kann den Satan binden, und ich kann überwinden.

10. Will er in falscher Heiligkeit sich als ein Engel stellen, und sucht durch zugelass'ne Freud' den schwachen Tritt zu fällen, erblick' ich nur die Schlangenspur und geh' nicht wie die Blinden, so kann ich überwinden.

11. Ja, muß ich mit dem höchsten Pfand, mit Gott, wie Jakob ringen*) so will ich durch die Glaubenshand den Allerstärksten zwingen; kann ich zur Stund' aus seinem Mund nicht bald den Trost empfinden, noch will ich überwinden. *) 1 Mose 32, v. 24.

12. Hält mir mein Gott die Augen zu, kann ich nicht weiter sehen, als was ich gegenwärtig thu'; so lass' ich's gern geschehen. Kommt die Vernunft mit ihrer Zunft in ausgeschmückten Gründen, dann muß ich überwinden.

13. Mir geht der Tod nicht bitter ein, ich bin schon längst gestorben; er soll mir recht willkommen seyn, das Haus wird nur verdorben. Gott muß den Gast der Erdenlast auf solche Art entbinden; das hilft mir überwinden.

14. Bisher hab' ich mich selbst bekriegt, und hatte viel zu schaffen; Gott Lob! die Welt ist bald besiegt mit meinen Glaubenswaffen; lieg' ich im Sarg', bleib' ich doch stark, vergesse was dahinten, will Alles überwinden.

15. Das Kleinod ist mir vorgesteckt, ich soll nur tapfer kämpfen; drum bleibt mein Arm stets ausgestreckt, mit Gott den Feind

zu dämpfen. Nur unverzagt und frisch gewagt! ich seh' die Krone binden; drum will ich überwinden.

Ausbreitung des Reiches Christi.

Jesaia 60, v. 1. Mache dich auf, werde Licht!

Mel. Jesus, meine Zuversicht.

442. Eine Heerde und ein Hirt! wie wird dann dir seyn, o Erde, wenn sein Tag erscheinen wird! freue dich, du kleine Heerde, mach' dich auf und werde Licht! Jesus hält, was er verspricht.

2. Hüter, ist der Tag noch fern? — Schon ergrünt es auf den Weiden, und die Herrlichkeit des Herrn nahet dämmernd sich den Heiden; blinde Pilger flehn um Licht; Jesus hält, was er verspricht.

3. Komm, o komm, getreuer Hirt! daß die Nacht zum Tage werde, ach wie manches Schäflein irrt fern von dir und deiner Heerde! kleine Heerde, zage nicht; Jesus hält, was er verspricht.

4. Sieh', das Heer der Nebel flieht vor des Morgenrothes Helle, und der Sohn der Wüste knie't durstend an der Lebensquelle; ihn umleuchtet Morgenlicht; Jesus hält, was er verspricht.

5. Gräber harren aufgethan, rauscht, verdorrete Gebeine! macht dem Bundesengel Bahn! großer Tag des Herrn, erscheine! Jesus ruft: es werde Licht! Jesus hält, was er verspricht.

6. O des Tags der Herrlichkeit! Jesus Christus, du die Sonne, und auf Erden weit und breit Licht und Wahrheit, Fried' und Wonne! mach' dich auf! es werde Licht! Jesus hält, was er verspricht. —

Friedrich Adolph Krummacher.

Vom seligen Tode.

2 Timotheum 4, v. 7. Ich habe einen guten Kampf gekämpfet, ich habe den Lauf vollendet, ich habe Glauben gehalten.

Mel. Christus, der uns selig macht.

443. Einen guten Kampf hab' ich auf der Welt gekämpfet, denn Gott hat sehr gnädiglich meine Noth gedämpfet, daß ich meinen Lebenslauf seliglich vollendet, und die Seele himmelauf Gott dem Herrn gesendet.

2. Forthin ist mir beigelegt der Gerechten Krone, die mir wahre Freud' erregt in des Himmels Throne; forthin meines Lebens Licht, dem ich hier vertrauet, nämlich Gottes Angesicht, meine Seele schauet.

3. Dieser bösen, schnöden Welt jämmerliches Leben mir nun länger nicht gefällt, drum ich mich ergeben meinem Jesu, da ich bin jetzt in lauter Freuden; denn sein Tod ist mein Gewinn, mein Verdienst sein Leiden.

4. Gute Nacht, ihr meine Freund', alle meine Lieben, alle, die ihr um mich weint, laßt euch nicht betrüben meinen Heimgang, den ich thu' in die Erde nieder; schaut! die Sonne geht zur Ruh', kommt doch morgen wieder.

Heinrich Albert.

Christus, unser König.

Jesaia 33, v. 22. 23. Der Herr ist unser König, der hilft uns. Lasset sie ihre Stricke spannen, sie werden doch nicht halten.

Mel. Einer ist König, Immanuel.

444. Einer bleibt König, wenn Alles erlieget, Einer bleibt leben, wenn Alles uns stirbt: Jesus der Starke, der Alles besieget, der uns die Gnade des Vaters erwirbt. Alles mag fallen, versinken, zerstieben, ist nur die ewige Gnad' uns geblieben.

2. Wahrlich! sie bleibt uns auf ewig geschenket. Spottet, ihr Feinde! wir bleiben doch fest, ob man uns hasset, verfolget und kränket, ob uns auch Mancher der Brüder verläßt; bleiben wir gläubig am Haupte nur hangen, können wir dennoch das Kleinod erlangen.

3. Wird doch auf Menschen nicht etwas gebauet, Menschen sind sterblich, und fallen bald hin: Jesus, der ist es, auf den man nur trauet. Jesus, der Eckstein, bleibt unser Gewinn; wüthet und tobet ihr Pforten der Höllen! könnt ihr doch Jesum, den Felsen, nicht fällen.

4. Jesus hat Alles in mächtigen Händen, herrschet auch unter der feindlichen Schaar; Jesus kann alle Gefahren abwenden, Er hilft aus Allem: denn er ist es gar! Die uns hier wollen vertilgen und stören, müssen uns vielmehr nur fördern und mehren.

5. Toben die Winde und stürmen die Wetter, dient's doch zur Gründung, zur fruchtbaren Zeit. Wüthen die Feinde, er bleibt doch Erretter, Jesu Reich wächset ja immer durch Streit; weichet nicht! Jesus steht mächtig zur Seite; gläubiges Streiten bringt reichliche Beute.

6. Satans Macht, Rath und List muß einst vergehen, Jesus kehrt mächtig den Anschlag zurück. Aber des Herren Rath muß doch bestehen. Menschen, ihr stellt euch selbst

Netze und Strick', oder ihr macht doch vergebene Tritte; Segen begleitet der Gläubigen Schritte.

7. Legen die Feinde gar listig uns Schlingen, unser Herr fähet sie in ihrer List*) nimmer wirds ihnen im Kampfe gelingen, da ihre Tücke ihr Fallstrick selbst ist. Jesus entreißt uns den schädlichen Banden; wer auf ihn hoffet, wird nimmer zu Schanden.

*) Hiob 5, 13.

8. Grabet nur Gruben dem frommen Geschlechte, glaubet, ihr fallet noch selber darein. Jesus erhält doch die Armen beim Rechte, höret der Waisen bewegliches Schrei'n, wird hier auch ferner sich Pfeile bereiten, und so des Satans Reich mächtig bestreiten.

9. Wer mag des Blitzes gewaltiger Stärke hemmenden Einhalt und Widerstand thun? So kann auch Niemand die göttlichen Werke hindern, denn Gottes Werk darf nimmer ruh'n. Ja, ja es leuchtet mit Macht in die Lande, Donner zerschmettern die feindlichen Bande.

10. Hier ist Immanuel vor seinem Heere, der hier die Kirche schon selber erhält. Er in der Mitten, auch Mauer und Wehre ist bei uns bis an das Ende der Welt. Er ist derselbe Herr gestern und heute, ja bis in Ewigkeit mächtig im Streite.

Karl Heinrich v. Bogatzky.

Immanuel sieget.

Johannis 16, v. 33. In der Welt habt ihr Angst; aber seyd getrost, ich habe die Welt überwunden.

In eigener Melodie.

445. Einer ist König, Immanuel sieget, bebet ihr Feinde, und gebet die Flucht! Zion hingegen sey innig vergnüget, labe dein Herze mit himmlischer Frucht; ewiges Leben, unendlichen Frieden, Freude die Fülle hat er uns beschieden.

2. Stärket die Hände, ermuntert die Herzen, trauet mit Freuden dem ewigen Gott: Jesus, die Liebe versüßet die Schmerzen, reißet aus Aengsten, aus Jammer und Noth; ewig muß unsere Seele genesen in dem holdseligsten, lieblichen Wesen.

3. Halte, o Seele, im Leiden fein stille, schlage die Ruthe des Vaters nicht aus: Bitte und nimm aus der göttlichen Fülle Kräfte zu siegen im Kampfe und Strauß; Fluthen der Trübsal verrauschen, vergehen; Jesus, der Treue, bleibt ewig dir stehen.

4. Zion, wie lange hast du nun geweinet? auf, und erhebe dein sinkendes Haupt! siehe, die Sonne der Freuden erscheinet tausendmal heller als du es geglaubt; Jesus der lebet, die Liebe regieret, die zu den Quellen des Lebens dich führet.

5. Laufet nicht hin und her, eilet zur Quelle; Jesus, der bittet: „kommt alle zu mir!" Sehet, wie lieblich, wie lauter und helle fließen die Ströme des Lebens allhier! Trinket, ihr Lieben, und werdet erquicket: hier ist Erlösung für Alles, was drücket.

6. Streitet nur unverzagt, seht auf die Krone, die euch der König des Himmels anbeut, Jesus wird selber den Siegern zum Lohne: wahrlich dies Kleinod belohnet den Streit; streitet nur unverzagt, seht auf die Krone, selbsten Jehovah wird Siegern zum Lohne.

7. Herrliches Lämmlein! da, da wird man sehen eine gewaltige siegende Schaar deine unendliche Hoheit erhöhen, dir wird man bringen Hallelujah dar. Sehet, wie Thronen und Kronen hinfallen; höret, wie donnernde Stimmen erschallen.

8. Reichthum, Kraft, Weisheit, Preis, Stärke, Lob, Ehre Gott und dem Lamm, und dem heiligen Geist! wenn ich da stände, o wenn ich da wäre! springet ihr Bande, ihr Fesseln zerreißt: Amen, die Liebe wird wahrlich erhören. Alles, was Odem hat, lobe den Herren!

Joh. Ludwig Conrad Allendorf.

Sonntagslied.

Psalm 27, v. 4. Eins bitte ich vom Herrn, das hätte ich gerne, daß ich im Hause des Herrn bleiben möge mein Lebenlang, zu schauen die schönen Gottesdienste des Herrn, und seinen Tempel zu besuchen.

Mel. Singen wir aus Herzens-Grund.

446. Eines bitte ich vom Herrn, eines hätt' ich gar so gern, daß mein Herz und mein Gebein möcht' in seinem Hause seyn meine ganze Lebenszeit ihm zur Ehre, mir zur Freud', in erwünschter Sicherheit.

2. Was für Freude wäre das! wenn ich sollt' ohn' Unterlaß liegen an des Heilands Brust, und mit reiner Augenlust schauen seiner Schönheit Pracht, und ihm dienen Tag und Nacht in dem Haus, das er gemacht.

3. Seine Hütte wäre mir eine Decke für und für in der Hitze dieser Zeit und in aller Fährlichkeit, in Verfolgung mein Gezelt, und mein Fels, wenn alle Welt mich verläßt und auf mich hält.

4. Nun, mein Herz! gedulde dich, deine Freude nahet sich; was dir jetzo noch gebricht und noch nicht nach Wunsch geschicht, das ersetzt Gott nach der Zeit, wenn du gehst zu seiner Freud' in sein Haus der Herrlichkeit. Gabriel Wimmer.

Wachsamkeit.

Matth. 24, v. 44. Seyd auch ihr bereit; denn des Menschen Sohn wird kommen zu einer Stunde, da ihr's nicht meinet.

Mel. Ringe recht, wenn Gottes Gnade.

447. Eine von den Lebensstunden wird die allerletzte seyn; o so schließ' mich deinen Wunden, Jesu! immer fester ein.

2. Gieb, daß ich mich jede Stunde schick' zur letzten Stund' und Zeit; schmücke mich, nach deinem Bunde, zu der frohen Ewigkeit.

3. Welche Stund' im ganzen Leben ist wohl, da ich sagen kann: ich darf noch nicht Abschied geben, jetzo kommt mein Herr nicht an?

4. Darum halt' in jeder Stunde mich zum Abschied wohlbereit, nimm die Welt aus Herz und Munde, laß mich nie in Sicherheit;

5. Daß der Tod, indem ich walle, mich nicht nach dem Fleische frei unversehens überfalle und mir nicht erschrecklich sey.

6. Drum so mache mich bei Zeiten mit dem Tode wohl bekannt, komm, mich selber heim zu leiten in mein liebes Vaterland.

7. Flöß' in mich nach jenem Leben eine reine Sehnsucht ein, laß mich fröhlich Abschied geben, mir den Tod willkommen seyn.

8. Hilf mir, daß ich stündlich sterbe, daß, kommt nun der Tod herbei, ich im Tode nicht verderbe, sondern voller Leben sey.

9. Komm, mir stündlich aufzudecken, und es werd' auch abgethan! was mich sonst im Tod erschrecken und das Herze drücken kan.

10. So gieb stündlich Buß' und Reue, auch den rechten Glaubensgeist, gieb mir stündlich wahre Treue, die nur thu', was du mich heißt.

11. Gieb mir solche Liebestreue, die mir deine Gaben mehrt; die sich auch zu leiden freue, und dich bis zum Tod verehrt.

12. Laß mir stets mein Ziel vor Augen, und thu' Alles ab von mir, was nicht kann dort ewig taugen, eil', o Herr, zieh' mich nach dir!

13. Laß mich keine Zeit verschwenden, hilf mir Seel- und Leibeskraft recht nach deinem Sinn verwenden, daß mein Pfund stets Wucher schafft.

14. Laß mich Alles fliehn und hassen, was uns in dem Tode reu't, nichts hingegen unterlassen, was im Tode noch erfreut.

15. Gieb mir stündlich reine Triebe, gieß' die Lieb' im Herzen aus, mache lauter Gegenliebe und rechtschaffnes Wesen draus.

16. Laß mich stündlich wachen, beten, und ins Wort des Lebens gehn, laß mich stündlich untertreten, was dir will entgegen stehn.

17. Laß mich auch die letzten Stunden im Gebet und Wort allein und in deinen theuren Wunden gläubig, treu erfunden seyn.

18. Laß mich, Jesu! nicht verzagen in der letzten Todesnoth, kom zu heben, kom zu tragen, hilf mir fröhlich durch den Tod!

19. Zeige, wie ich dir im Herzen und dein Herz auch in mir sey, lindre dadurch alle Schmerzen, daß ich mich in dir erfreu'.

20. Ja, dein Geist, den du beschieden, sey ein sichres Pfand in mir, und so nimm mich, Herr! im Frieden und in wahrer Treu' zu dir! Karl Heinrich v. Bogatzky.

Der kräftige, freudige Glaube.

Psalm 46, v. 8. Der Herr Zebaoth ist mit uns, der Gott Jakobs ist unser Schutz.

In eigener Melodie.

448. Ein' feste Burg ist unser Gott, ein' gute Wehr und Waffen; er hilft uns frei aus aller Noth, die uns jetzt hat betroffen; der alte böse Feind mit Ernst er's jetzt meint, groß' Macht und viel List sein' grausam' Rüstung ist; auf Erd'n ist nicht sein's Gleichen.

2. Mit unsrer Macht ist nichts gethan, wir sind gar bald verloren. Es streit't für uns der rechte Mann, den Gott hat selbst erkoren. Du fragest: wer der ist? er heißt: Jesus Christ, der Herr Zebaoth, und ist kein andrer Gott! das Feld muß er behalten.

3. Und wenn die Welt voll Teufel wär', und wollt'n uns gar verschlingen, so fürchten wir uns nicht so sehr, es soll uns doch gelingen. Der Fürste dieser Welt, wie sau'r er sich stellt, thut er uns doch nichts; das macht, er ist gericht't: Ein Wörtlein kann ihn fällen.

4. Das Wort sie sollen lassen stahn, und kein'n Dank dazu haben; er ist bei uns wohl auf dem Plan mit seinem Geist und Gaben.

Nehmen sie uns den Leib, Gut, Ehr', Kind und Weib, laß fahren dahin, sie haben's kein'n Gewinn; das Reich muß uns doch bleiben. D. Martin Luther.

Christliche Nächstenliebe.

Römer 13, v. 8. Seyd Niemand nichts schuldig, denn daß ihr euch unter einander liebet; denn wer den andern liebet, der hat das Gesetz erfüllet.

Mel. Freu' dich sehr, o meine Seele.

449. Ein Gebot, deß wir uns freuen, weil's die andern in sich schließt: Liebe gegen dich den Treuen, der du heißest Jesus Christ, und dann Liebe gegen die, so in süßer Harmonie *) durch die Neugeburt von oben dich, den Heiland lieben, loben.

*) Einklang, Einverständniß.

Joh. 14, v. 15. 1 Joh. 5, v. 1—3.

2. Aber wie kann ich es wissen, ob ich in der Gnade steh'? wenn bei allen Hindernissen ich nur auf dein Wort hinseh'! Ist mir dein Gesetz nur Lust, schreibst du es in meine Brust: o, dann zeigen solche Triebe, daß ich dich, den Heiland liebe.

3. Unaussprechlich sind die Flammen, welche da mein Herz durchgehn; mich darf kein Gesetz verdammen; dich, den Mittler seh' ich stehn, der nur fragt: hast du mich lieb? fühlst du nach mir heil'gen Trieb? O, da wird selbst mein Vergehen angesehn als nicht geschehen.

4. Heilig ist mir dein Gesetze, so daß ich mit Wissen nicht je ein Wort davon verletze; Alles ist mir heil'ge Pflicht, was ich nach dem neuen Sinn meinem Nächsten schuldig bin, ja dein Leib und Blut giebt Stärke mir zum keuschen Liebeswerke.

5. Nun ich weiß, daß wahre Liebe das Gesetz erfüllen kann; durch des heil'gen Geistes Triebe zieh' ich dich, mein Heiland! an. Ach! du hieltest es für mich; daran hält mein Glaube sich; Herr, erhalt' mir diese Gabe, bis ich ausgeglaubet habe!

Christian Friedrich Förster.

Neujahrslied.

Lucä 13, v. 8. Herr, laß ihn noch dies Jahr.

Mel. Mir nach! spricht Christus, unser Held.

450. Ein Jahr geht nach dem andern hin der Ewigkeit entgegen. Ach, möchte doch der träge Sinn dies fleißiger erwägen. Ach; brächte doch ein jedes Jahr viel neue, gute Früchte dar!

2. Allein wo ist, wo ist die Frucht, die wir bisher getragen? wie oft hat Gott umsonst gesucht! wie hat er müssen klagen! es that ihm weh, wenn seine Hand anstatt der Frucht nur Blätter fand.

3. Haut ab, sprach er, den kahlen Baum, der keine Früchte träget. Was nimmt er andern Saft und Raum? komm Tod, der alles schläget, komm, leg' die Axt der Wurzel an, thu' einen Streich, so ist's gethan!

4. Allein der treue Heiland spricht: „laßt ihn noch dies Jahr stehen. Trägt er auch jetzo Früchte nicht; ich hoff' sie noch zu sehen." Ach! halt' des strengen Urtheils Lauf doch dies Jahr noch, mein Vater, auf.

5. So gieb denn, lieber Heiland! Kraft, dies Jahr viel Frucht zu bringen. Ach, laß doch deines Geistes Saft in unsre Zweige dringen. Schütt' auch auf unsrer Aller Haus viel Gnade, Kraft und Segen aus!

D. Joh. Jakob Rambach.

Hingabe an Gott.

Galater 1, v. 15. 16. Da es aber Gott wohl gefiel, daß er seinen Sohn offenbarete in mir, daß ich ihn durchs Evangelium verkündigen sollte unter den Heiden; alsobald fuhr ich zu, und besprach mich nicht darüber mit Fleisch und Blut.

Mel. Herr und Aelt'ster deiner Kreuzgemeine.

451. Einig's Herze! das soll meine Weide und schon hier mein Himmel seyn, dir zu leben, dir allein zur Freude, Leib und Seele dir zu weih'n; bin ich gleich kein Held, viel auszustehen, mag mir's darum gleichwohl immer gehen, lieber Heiland! wie du willt, bis ich meinen Lauf erfüllt.

2. Ob ich dienen, oder nur genießen, weinen oder lächeln soll — das wirst du mich immer lassen wissen; denn mir thut es Beides wohl. Ich bin ja in deiner Nähe selig, ob mein Ungeschicktseyn gleich unzählig; denn so oft mir was gebricht, schenkt dein Geist mir Zuversicht.

3. Und weil dir nach deinem Tod und Leiden alle Geisteskinderlein, die ihr Herz an deinen Wunden weiden, gern in All'm zur Freude seyn; will ich mich in Lehre und im Leben ohne ein'ge Ausnahm' ganz ergeben Gott, dem werthen heil'gen Geist, der mich führt und unterweist.

Nikolaus Ludwig v. Zinzendorf.

Weihnachtslied.

Matth. 1, v. 23. Siehe, eine Jungfrau wird schwanger seyn und einen Sohn gebären, und sie werden seinen Namen Emanuel heißen, das ist verdolmetschet: Gott mit uns.

Mel. Der Tag, der ist so freudenreich.

452. Ein Kindelein so löbelich ist uns geboren heute von einer Jungfrau säuberlich zu Trost uns armen Leuten.

Wär' uns das Kindlein nicht gebor'n, so wär'n wir allzumal verlor'n: das Heil ist unser Aller. Ei, du süßer Jesu Christ, daß du Mensch geboren bist, behüt' uns vor der Hölle.

2. Die Zeit ist nun ganz freudenreich, zu loben Gottes Namen: daß Christus von dem Himmelreich auf Erden zu uns komen. Groß ist die Demuth und die Gnad', die Gott vom Himmel bei uns that: ein Knecht ist er hie worden, in Allem, doch ohn' Sünd', uns gleich, dadurch wir ewig werden reich; trug unsrer Sünden Bürden.

3. Wohl deme, der des Glaubens ist, mit ganzem Herzen trauet! dem wird die Seligkeit gewiß; wohl dem, der darauf bauet, daß Christus hat genug gethan für uns, darum er ausgegahn*) von Gott, dem ew'gen Vater. O, wie ein' große Wunderthät! Christus trägt unsre Missethat und stillet unsern Hader. *) ausgegangen.

4. Deß dank' ihm alle Christenheit für solche große Güte, und bitte sein' Barmherzigkeit, daß er uns fort behüte vor falscher Lehr' und bösem Wahn, der unsern Seelen schaden kann; er woll' all' Schuld vergeben. Gott Vater, Sohn und heil'ger Geist, wir bitten von dir allermeist: laß uns im Frieden leben!

Nach dem Lat. Dies est laetitiae. Vers 1. länger als hundert Jahr vor Luther bekannt; die andern Verse spateren Ursprungs.

Vom Leiden Jesu.

Jesaia 53, v. 6. 7. Der Herr warf unser aller Sünde auf ihn. Da er gestraft und gemartert ward, that er seinen Mund nicht auf, wie ein Lamm, das zur Schlachtbank geführet wird.

Mel. An Wasserflüssen Babylon rc.

453. Ein Lämmlein geht und trägt die Schuld der Welt und ihrer Kinder, es geht und büßet in Geduld die Sünden aller Sünder; es geht dahin, wird matt und krank, es giebt sich auf die Würgebank, entzieht sich aller Freuden; es nimmt an sich Schmach, Hohn und Spott, Angst, Wunden, Striemen, Kreuz und Tod, und spricht: ich will's gern leiden.

2. Das Lämmlein ist der große Freund und Heiland meiner Seelen, den, den hat Gott zum Sünden-Feind und Sühner wollen wählen: geh' hin, mein Kind, und nimm dich an der Kinder, die ich ausgethan zur Straf' und Zornes-Ruthen; die Straf' ist schwer, der Zorn ist groß; du kannst und sollst sie machen los durch Sterben und durch Bluten.

3. Ja, Vater! ja von Herzensgrund, leg' auf, ich will's gern tragen. Mein Wollen hängt an deinem Mund, mein Wirken ist dein Sagen. O Wunder-Lieb'! o Liebes-Macht! du kannst, was nie ein Mensch gedacht, Gott seinen Sohn abzwingen. O Liebe! Liebe! du bist groß, du legst den in des Grabes Schooß, vor dem die Felsen springen;

4. Du marterst ihn am Kreuzesstamm mit Nägeln und mit Spießen, du schlachtest ihn, als wie ein Lamm, machst Herz und Adern fließen, das Herze mit der Seufzer Kraft, die Adern mit dem edlen Saft des purpurrothen Blutes. O süßes Lamm! was soll ich dir erweisen dafür, daß du mir erzeiget so viel Gutes?

5. Mein' Lebetage will ich dich aus meinem Sinn nicht lassen, dich will ich stets, gleichwie du mich, mit Liebes-Armen fassen. Du sollst seyn meines Herzens Licht, und wenn mein Herz im Sterben bricht, sollst du mein Herze bleiben. Ich will mich dir, mein höchster Ruhm! hiemit zu deinem Eigenthum beständiglich verschreiben.

6. Ich will von deiner Lieblichkeit bei Nacht und Tage singen, mich selbst auch dir zu aller Zeit zum Freudenopfer bringen; mein Bach des Lebens soll sich dir und deinem Namen für und für in Dankbarkeit ergießen; und was du mir zu gut gethan, das will ich stets, so gut ich kann, in mein Gedächtniß schließen.

7. Erweitre dich, mein Herzens-Schrein! du sollst ein Schatzhaus werden der Schätze, die viel größer seyn als Himmel, Meer und Erden. Weg mit den Schätzen dieser Welt, und Allem was der Welt gefällt: ich hab' ein Beßres funden. Mein größter Schatz, Herr Jesu Christ! ist dieses was geflossen ist aus deines Leibes Wunden.

8. Das soll und will ich mir zu Nutz zu allen Zeiten machen, im Streite soll es seyn mein Schutz, in Traurigkeit mein Lachen, in Fröhlichkeit mein Saitenspiel; und wenn mir nichts mehr schmecken will, soll mich dies Manna speisen, im Durst soll's seyn mein Wasserquell, in Einsamkeit mein Sprachgesell, zu Haus und auch auf Reisen.

9. Was schadet mir des Todes Gift? dein Blut, das ist mein Leben. Wenn mich der Sonne Hitze trifft, so kann mir's Schatten geben. Setzt mir die Sehnsucht schmerzlich zu, so find' ich bei dir meine Ruh', wie auf dem Bett ein Kranker; und wenn das bitt're Kreuzesmeer mein Schifflein treibet hin und her, so bist du dann mein Anker.

10. Wenn endlich ich soll treten ein in deines Reiches Freuden, so soll dies Blut mein Purpur seyn, ich will darein mich kleiden; es soll seyn meines Hauptes Kron', in welcher ich will vor den Thron des höchsten Vaters gehen, und dir, dem er mich anvertraut, als eine wohlgeschmückte Braut an deiner Seite stehen. Paul Gerhardt.

Morgenlied am Montage.

Psalm 90, v. 14. Fülle uns frühe mit deiner Gnade, so wollen wir rühmen und fröhlich seyn unser Lebenlang.

Mel. Wer nur den lieben Gott läßt walten.

454. Ein neuer Tag, ein neues Leben geht mit der neuen Woche an: Gott will mir heut' auf's Neue geben, was mir sonst Niemand geben kann: denn hätt' ich seine Gnade nicht, wer gäbe mir sonst Trost und Licht?

2. Ich grüße diesen lieben Morgen und küsse Gottes Vaterhand, die diese Nacht so manche Sorgen in Gnaden von mir abgewandt. Ach Herr! wer bin ich Armer doch? Du sorgst für mich, ich lebe noch.

3. Nun das erkennet meine Seele und giebt sich selbst zum Opfer hin; doch, weil ich noch in dieser Höhle mit Noth und Tod umgeben bin, so weich' auch heute nicht von mir; denn meine Hülfe steht bei dir.

4. Mein Glück in dieser neuen Woche soll nur in deinem Namen blüh'n. Ach, laß mich nicht am Sündenjoche mit meinem Fleisch und Blute ziehn! gieb deinen Geist, der mich regier' und nur nach deinem Willen führ'.

5. Soll ich mein Brod mit Kummer essen, so laß es doch gesegnet seyn; und was du sonsten zugemessen, das richte mir zum Besten ein. Ich bitte keinen Ueberfluß, nur was ich nöthig haben muß.

6. So thue nun, mein Gott! das Deine und laß mich auch das Meine thun; behüte Beides, Groß' und Kleine, daß sie auf deiner Huld beruh'n, auf daß ein Jeder diesen Tag mit dir vergnügt beschließen mag.

Benjamin Schmolck.

Wiedergeburt.

1 Petri 1, v. 22. 23. Machet keusch eure Seelen im Gehorsam der Wahrheit durch den Geist, zu ungefärbter Bruderliebe, und habt euch unter einander brünstig lieb aus reinem Herzen, als die da wiederum geboren sind, nicht aus vergänglichem, sondern aus unvergänglichem Saamen, nämlich aus dem lebendigen Wort Gottes, das da ewiglich bleibet.

Mel. Es ist gewißlich an der Zeit.

455. Ein neugebornes Gotteskind schmückt seines Vaters Liebe, der ihm in Christo alle Sünd' vergiebt aus reinem Triebe, der es in seinen Gnadenbund, in dem es durch die Taufe stund, hat wieder aufgenommen.

2. Ein neugebornes Gotteskind darf sich nicht knechtisch scheuen, wie viel auch seine Leiden sind, wie oft sie sich erneuen, der Geist der Kindschaft treibt den Sinn voll Zuversicht zum Vater hin, es darf ihn Abba nennen.

3. Ein neugebornes Gotteskind darf seinen Vater lieben, und weil es ihm ist gleich gesinnt, sich im Gehorsam üben. Es hält ihn für sein höchstes Gut und lebt mit ihm durch Christi Blut in einem süßen Frieden.

4. Ein neugebornes Gotteskind liebt herzlich seine Brüder, die auch aus Gott geboren sind, die auch sind Christi Glieder. Ja, seine Lieb' ist allgemein, es weiß nicht mehr, was Feinde seyn, sein Herz ist ohne Tücke.

5. Ein neugebornes Gotteskind kämpft gegen alle Sünden, es kann den Feind, wo es ihn find't, durch Christum überwinden, und greift er es auch heftig an, ihm wird stets Widerstand gethan, der starke Glaube sieget.

6. Ein neugebornes Gotteskind ist voll von dem Verlangen, die Milch, die aus dem Worte rinnt, zur Nahrung zu empfangen. Durch dieses süße Lebenswort geht es im Guten freudig fort und wird am Geist gestärket.

7. Ein neugebornes Gotteskind küßt seines Vaters Ruthe und ruft, weil es sie lieb gewinnt: du thust mir viel zu Gute. Es unterwirft sich ihrer Zucht und läßt dadurch die Geistes-Frucht zu größrer Reife kommen.

8. Hier prüfe, meine Seele, dich, bist du aus Gott geboren? regt nicht die Eigenliebe sich, als seyst du nie verloren und könnest ohne Sorg' und Pein, weil du getauft bist, sicher seyn und alles Gute hoffen?

9. Ach,

9. Ach, hast du deiner Taufe Kraft durch Sündendienst verloren, so ruh' nicht, bis Gott Rath geschafft und dich auf's Neu' geboren; so ruh' nicht, bis der Kindschaftsgeist dich durch sein Zeugniß überweis't, du seyst sein Kind und Erbe.

D. Johann Jakob Rambach.

Bitte um ein reines Herz.

Jacobi 4, v. 8. Nahet euch zu Gott, so nahet er sich zu euch. Reiniget die Hände, ihr Sünder, und machet eure Herzen keusch, ihr Wankelmüthigen.

Mel. Wenn wir in höchsten Nöthen seyn.

456. Ein reines Herz, Herr! schaff' in mir, schließ' zu der Sünde Thor und Thür, vertreibe sie und laß nicht zu, daß sie in meinem Herzen ruh'.

2. Dir öffn' ich, Jesu! meine Thür, ach! komm und wohne du bei mir, treib' all' Unreinigkeit hinaus aus deinem Tempel und Wohnhaus.

3. Laß deines guten Geistes Licht und dein hellglänzend Angesicht erleuchten mein Herz und Gemüth, o Brunnquell unerschöpfter Güt';

4. Und mache denn mein Herz zugleich an Himmelsgut und Segen reich; gieb Weisheit, Stärke, Rath, Verstand aus deiner milden Gnadenhand;

5. So will ich deines Namens Ruhm ausbreiten als dein Eigenthum, und dieses achten für Gewinn, wenn ich nur dir ergeben bin.

D. Heinrich Georg Neuß.

Vereinigung mit Christo und seiner Gemeine.

Joh. 17, v. 21. Auf daß sie alle Eines seyn, gleich wie du, Vater, in mir und ich in dir; daß auch sie in uns Eines seyn, auf daß die Welt glaube, du habest mich gesandt.

Mel. In Christo gelebt.

457. Eins bitt' ich vom Herrn, das hätte ich gern: mit Jesu Gemein' in ihm unverrücklich erfunden zu seyn!

2. Voll Sehnsucht und Schmerz um Heil für mein Herz, und sonst keiner Lust, als aus den fünf heiligen Wunden bewußt;

3. Frei, ohne Gebot, und nicht nur aus Noth, nein, gerne recht klein und innig geneiget, ein Stäublein zu seyn;

4. Im innersten Grund vom blutigen Bund durchdrungen und warm, und doch niemals anders als elend und arm!

5. Ach, ginge mein Sinn doch einzig dahin, nach Seel' und Gebein dein Herz, o mein Heiland! durchaus zu erfreu'n!

6. Du hast mich einmal aus ewiger Wahl zum Volke gebracht, das du dir zur Freude auf Erden gemacht.

7. Du nahmest mich ein in deine Gemein'; dies selige Loos, das fiel mir mit all seinem Glück in den Schooß.

8. So wurde ich dein, du leibt'st mich dir ein, und gabst mir den Kuß des Friedens zu deines Heils ganzem Genuß.

9. Die göttliche Flamm' und menschliche Schaam, die ich da empfand, erfüllte mein Herze und bracht' es in Brand.

10. Gedenk' ich daran, und wie ich dich dann so wenig geliebt, so bin ich zu gleicher Zeit froh und betrübt.

11. Ich bleibe in Schuld, und deine Geduld, die vor mir erscheint, macht, daß sich mein Herze oft satt vor dir weint.

12. Ich liebe dich zwar, doch lange nicht gar, bin nicht so entbrennt, daß ich mit mir selber zufrieden seyn könnt'.

13. Wie Petrus geliebt, da er dich betrübt; wie Thomas entzückt war, da er dich, seinen Verwund'ten, erblickt;

14. Und was für ein Glück Maria beim Blick des Lammes genoß, da sie die durchgrabenen Füße umschloß:

15. So wünschte ich mir, mein Heiland! vor dir beständig zu stehn, und dir unverwendet ins Herze zu sehn. —

16. Bis daß ich heimgeh' und leiblich dich seh' in ewiger Freud': ach, mach' mich zu diesem Empfange bereit!

Christian Gregor, Vers 1. 5. 8. 16.
J. F. Cammerhof, Vers 2. 4. 6. 7. 9—15.

Sehnsucht und Verlangen wahrer Christen.

Römer 8, v. 23. Auch wir, die wir haben des Geistes Erstlinge, sehnen uns auch bei uns selbst nach der Kindschaft.

In eigener Melodie.

458. Ein's Christen Herz sehnt sich nach hohen Dingen; ein irdisch Herz nach dem, was irdisch heißt. Hält Gott die Seel', kann sie kein Weltgeist zwingen, weil Gottes Kraft sie stärkt und zu sich reißt. Gott ist getreu; wenn man zu ihm sich wendet, fängt er wohl an, er mittelt, er vollendet.

2. Ja, er kommt selbst zuvor mit seiner Gnade, er suchet uns und will uns zu sich ziehn; uns liebt der Herr, zeigt uns des

Lichtes Pfade; ob wir gleich seinen Ruf der Gnade fliehn, liebt er uns doch und will ganz ungern lassen das Sündenkind, er sucht es zu umfassen.

3. Ach, öffne mir die Tiefe meiner Sünden, laß mich auch seh'n die Tiefe deiner Gnad'; laß keine Ruh' mich suchen oder finden, als nur bei dem, der solche für mich hat, der da gerufen: „ich will euch erquicken, wenn euch die Sünd' und ihre Last recht drücken!"

4. O theures Lamm, das dort Johannes sahe, wie es vom Anfang her erwürget ist;*) nimm weg von mir die Sünd' und sey mir nahe, daß ich dich seh' und schmecke, wie du bist: laß mich durch dich, o Lamm! recht überwinden mein größtes Kreuz, die Gräuel meiner Sünden.

*) Offenb. 13, v. 8.

5. Gieb mir ein reines Herz, damit ich sehe, was kein natürlich Aug' gesehen hat; gieb deine Lieb' in's Herz, daß ich verstehe, was nie ein Mensch erfahren in der That: laß mich doch vom verborg'nen Manna essen und dein, o Jesu! ewig nicht vergessen.

6. So soll dein Lob dann vor mir stets erklingen, so lang' ich noch in dieser Schwachheit bin; dort aber werd' ich dir ein neu Lied singen, inzwischen nimm dies Lallen von mir hin; bis ich dort werde mit den Seraphinen in deinem Tempel Tag und Nacht dir dienen.

Marie Magdalene Böhmer.

Das einige Nothwendige.

Lucä 10, v. 42. Eines aber ist noth. Maria hat das gute Theil erwählet; das soll nicht von ihr genommen werden.

In eigener Melodie.

459. Eins ist noth! ach Herr, dies Eine lehre mich erkennen doch; alles And're, wie's auch scheine, ist ja nur ein schweres Joch, darunter das Herze sich naget und plaget, und dennoch kein wahres Vergnügen erjaget. Erlang' ich dies Eine, das Alles ersetzt, so werd' ich mit Einem in Allem ergötzt.

2. Seele, willst du dieses finden, such's bei keiner Kreatur. Laß, was irdisch ist, dahinten, schwing' dich über die Natur. Wo Gott und die Menschheit in Einem vereinet, wo alle vollkommene Fülle erscheinet, da, da ist das beste, nothwendigste Theil, mein Ein und mein Alles, mein seligstes Heil.

3. Wie Maria war beflissen auf des Einigen Genieß, da sie sich zu Jesu Füßen voller Andacht niederließ, ihr Herze entbrannte, dies einzig zu hören, was Jesus, ihr Heiland, sie wollte belehren; ihr Alles war gänzlich in Jesum versenkt, so wurde ihr Alles in Einem geschenkt.

4. Also ist auch mein Verlangen, liebster Jesu! nur nach dir, laß mich treulich dir anhangen, schenke dich zu eigen mir. Ob viel' auch umkehrten zum größesten Haufen, so will ich dir dennoch in Liebe nachlaufen; denn dein Wort, o Jesu! ist Leben und Geist, was ist wohl, das man nicht in Jesu genußt?

5. Aller Weisheit höchste Fülle in dir ja verborgen liegt. Gieb nur, daß sich auch mein Wille fein in solche Schranken fügt, worinnen die Demuth und Einfalt regieret, und mich zu der Weisheit, die himmlisch ist, führet. Ach! wenn ich nur Jesum recht kenne und weiß, so hab' ich der Weisheit vollkommenen Preis.

6. Nichts kann ich vor Gott ja bringen, als nur dich, mein höchstes Gut; Jesu! es muß mir gelingen durch dein theures, heil'ges Blut. Die höchste Gerechtigkeit ist mir erworben, da du bist am Stamme des Kreuzes gestorben, die Kleider des Heils ich da habe erlangt, worinnen mein Glaube in Ewigkeit prangt.

7. Nun, so gieb, daß meine Seele auch nach deinem Bild' erwacht! Du bist's ja, den ich erwähle, mir zur Heiligung gemacht. Was dienet zum göttlichen Wandel und Leben, ist in dir, mein Heiland! mir alles gegeben; entreiße mich aller vergänglichen Lust, dein Leben sey, Jesu, mir einzig bewußt.

8. Ja, was soll ich mehr verlangen? mich beströmt die Gnadenfluth. Du bist einmal eingegangen in das Heil'ge durch dein Blut. Da hast du die ew'ge Erlösung gefunden, daß ich nun der höllischen Herrschaft entbunden: dein Eingang die völlige Freiheit mir bringt, im kindlichen Geiste das Abba nun klingt.

9. Volles Gnügen, Fried' und Freude jetzo meine Seel' ergötzt, weil auf eine frische Weide mein Hirt, Jesus, mich gesetzt. Nichts Süßers kann also mein Herze erlaben, als wenn ich nur, Jesu! dich immer soll haben; nichts, nichts ist, das also mich innig erquickt, als wenn ich dich, Jesu, im Glauben erblickt.

10. Drum auch, Jesu, du alleine sollst mein Ein und Alles seyn; prüf', erfahre, wie ich's meine, tilge allen Heuchelschein. Sieh', ob ich auf bösem, betrüglichem Stege, und leite mich, Höchster! auf ewigem Wege; gieb, daß ich hier alles nur achte für Koth,*) und Jesum gewinne; dies Eine ist noth.

*) Philipper 3, v. 8. 9.

Johann Heinrich Schröder.

Am ersten Sonntage nach Epiphania.

Lucä 2, v. 41—48. Siehe, dein Vater und ich haben dich mit Schmerzen gesucht.

Mel. Eins ist noth! ach Herr, dies Eine.

460. Eins ist noth! wer hat dies Eine? der allein, der Jesum hat. Jesum haben, macht alleine selig, fröhlich, ruhig, satt. Wer Jesum erwählet, hat Alles erkoren, wer Jesum verlieret, hat Alles verloren. Doch findet ihn wieder, wer suchet mit Fleiß; und wer ihn behält, der behält auch den Preis.

2. Herzens-Jesu! leit' und führe du mich selber bei der Hand! daß ich dich nur nicht verliere auf dem Weg ins Vaterland. Hilf, daß ich mich von dir nicht achtlos entferne; in eitler Gesellschaft vergißt man sich gerne. Gewohnheit macht, daß bald der Eifer entweicht, bei unnützen Worten verliert man dich leicht.

3. Gieb, daß ich gleich auf dem Fuße, weil es heut heißt, wiederkehr'! und dich such' in wahrer Buße, wenn ich etwa dich verlör'. Hilf, daß ich dich suche mit reuenden Schmerzen, mit einem geängstet bekümmerten Herzen, mit Seufzen und Flehen bei Tag und bei Nacht, so wie es Maria und Joseph gemacht.

4. Meine Sünden, meine Sünden scheiden mich von Gott allein. Laß dich finden! laß dich finden! heut muß ich noch bei dir seyn. Laß mich dich nicht suchen am unrechten Orte! Maria, die fand dich im Tempel, im Worte. Wie hat da ihr Herze vor Freuden gewallt! Ach Jesu, erscheine den Suchenden bald!

5. Stärke meinen schwachen Glauben! daß ich dich recht feste faß'; daß ich dich mir nicht mehr rauben, noch dich aus den Augen lass'! daß ich dich auf ewig ins Herze mir präge, dein Wort in demselben behalt' und erwäge, daß solches mir Kräfte zum Wachsthum dabei an Alter und Weisheit und Gnade verleih'!

Christian Karl Ludwig v. Pfeil.

Wiederkunft Christi.

Titum 2, v. 13. Wir warten auf die selige Hoffnung und Erscheinung der Herrlichkeit des großen Gottes, und unsers Heilandes Jesu Christi.

Mel. Christus, der ist mein Leben.

461. Einst kommst du prächtig wieder, du König deiner Schaar! und holest deine Glieder zum frohen Jubeljahr.

2. Dann wird man von den Chören, die sich dein Tod errang, weit bess're Lieder hören, als je ein Zion sang.

3. Ach, laß uns nur getreulich im Glaubenskampfe stehn; so wird das Herz erfreulich einst seinen Richter sehn!

Johann Gottfried Schöner.

Tod und Auferstehung.

1 Corinther 15, v. 36. Das du säest, wird nicht lebendig, es sterbe denn.

In eigener Melodie.

462. Einst reift die Saat; mein Staub erwacht zu Jesu Christi Leben. O, die ihr meines Glaubens lacht, wie werdet ihr dann beben! Im Wetter des Gerichts gesä't ruft, wer alsdann zum Tod ersteht: fallt über mich, ihr Berge, Hosianna!*) Jesus Christ, der für mich gestorben ist, ist auch für mich erstanden.

*) Gieb Glück und Heil! Matth. 21, v. 9.

2. Ich sinke zu verwesen ein und werde wieder Erde: doch werd' ich nicht auf ewig seyn, was ich im Grabe werde. Im Schooße Gottes ruht mein Geist von diesem Leben aus und fleußt von Wonn' anbetend über. Ach! mein Auge sahe nie, meinem Ohr ertönte nie solch Heil in diesem Leben.

3. Das kam in keines Menschen Herz, was denen Gott bereitet, den Pilgern, die oft trüber Schmerz zur Ewigkeit begleitet. Wir schauen in das tiefe Meer, erforschen's nicht; denn Gott ist der, der unsrer sich erbarmet. Mehr, viel mehr als wir verstehn, mehr als unsre Thränen flehn, giebt der uns, der uns liebte.

4. Sey, Seele, stark und fürchte nicht, durchs finstre Thal zu wallen. Nah' an des Thales Nacht ist Licht; der Engel Jubel schallen in's letzte Seufzen der Natur. Der bei sich selbst dir Gnade schwur, sein Haupt am Kreuze neigte, er erfüllt des Bundes Eid; er ist ganz Barmherzigkeit. Dank sey ihm, Preis und Ehre.

5. Anbetung ihm! des Bundes Eid erfüllt er, der sein Leben mit herzlicher Barmherzigkeit hin in den Tod gegeben, in jenen

Tod auf Golgatha. Dein Vater, der dich bluten sah, ward da, ward mir versöhnet. Sohn! erwürgt bist du für mich, eh' die Welt war;*) dein bin ich, eh' ward, was ist, und ewig! *) Offenb. 13, v. 8.

Friedr. Gottl. Klopstock.

Abendlied.

Jesaia 45, v. 6. Auf daß man erfahre, beides von der Sonnen Aufgang und der Sonnen Niedergang, daß außer mir nichts sey. Ich bin der Herr, und keiner mehr.

Mel. Herr Jesu Christ, mein's Lebens Licht.

463. Ein Tag geht nach dem andern hin, da ich noch stets im Leben bin, die Zeit verläuft und ich mit ihr, nur du, mein Gott! bist stets bei mir.

2. Du giebest, daß ich manchen Tag mit Segen hinterlegen mag, und wenn mich eine Last gedrückt, so bist du es, der mich erquickt.

3. Hingegen ist mein Wandel nicht nach deinem Willen eingericht't, ich bin nicht werth, daß deine Gnad' so lange mich verschonet hat.

4. Doch trau' ich fest auf deine Huld, die größer ist als meine Schuld. Ich halte dich und lass' dich nicht, bis mir dein Mund den Segen spricht.

5. Ach segne, Vater! meine Ruh' und gieb mir dein Geleite zu, so schlaf' ich wie ein Jakob ein, weil Mahanaim*) um mich seyn. *) Gottes Heere, 1 Mose 32, v. 2.

6. Getreuer Jesu! steh mir bei und tritt des Satans Kopf entzwei, daß, wenn mich seine List bekriegt, er bald zu meinen Füßen liegt.

7. Gieb, heil'ger Geist! daß mir dein Licht auch in dem Dunklen nicht gebricht. Verleih mir einen solchen Sinn, daß ich im Schlaf auch wachend bin.

8. Du heilige Dreifaltigkeit! dein bin und bleib' ich allezeit; soll diese Nacht die letzte seyn: ich leb' und sterbe dir allein!

Benjamin Schmolck.

Beim Gewitter.

Psalm 29, v. 3. Die Stimme des Herrn gehet auf den Wassern; der Gott der Ehren donnert; der Herr auf großen Wassern.

Mel. Auf meinen lieben Gott.

464. Ein Wetter steiget auf: mein Herz zu Gott hinauf! fall' ihm geschwind zu Fuße durch wahre Reu' und Buße, damit gleich deine Sünden durch Christi Tod verschwinden.

2. Herr, der du gut und fromm, zu dir ich gläubig komm', bitt' mir aus dein Erbarmen, durch Christum hilf mir Armen; um dessen willen schone, mir nicht nach Sünden lohne.

3. Durch Christi theures Blut gieb meinem Herzen Muth, das sich nicht knechtisch scheue, besonders deiner Treue in Allem kindlich traue und auf dein Helfen baue.

4. Ich will mit dem, was mein, dir ganz ergeben seyn, dein Flügel wird uns decken, verjagen alles Schrecken, und lassen uns aus Gnaden das Wetter gar nichts schaden.

5. Wohlan! verlaß uns nicht, bleib' unsre Zuversicht, laß deine Vatertreue erblicken uns auf's Neue, so woll'n wir, weil wir leben, dir Preis und Ehre geben.

Aemilie Juliane,
Gräfinn zu Schwarzburg-Rudolstadt.

Jesus hilft.

Daniel 6, v. 27. Er ist ein Erlöser und Nothhelfer.

Mel. Höchster Priester, der du dich.

465. Ei, so lebt mein Jesus noch, und ich Armer weine doch? Liebe Seele, laß dein Klagen: Jesus hilft mein Kreuz mir tragen.

2. Jesus lebt und weiß um mich: Seele, was betrübst du dich? Ja, mein Jesus weiß mein Klagen, Jesus hilft mein Kreuz mir tragen.

3. Wenn schon Elend, Kreuz und Noth mich betrübt bis in den Tod, ei so weiß ich: all' mein Klagen, meine Last hilft Jesus tragen.

4. Plagt die Noth mich noch so sehr; klag' ich doch nun nimmermehr. Sollt' ich seufzen, sollt' ich klagen? Jesus hilft mein Kreuz mir tragen.

5. Ei, deß bin ich herzlich froh: Jesus hilft mir immer so, bis ich einst nach aller Plage dort die Ehrenkrone trage.

Vom Tode.

Daniel 12, v. 13. Du aber, gehe hin, bis das Ende komme, und ruhe, daß du auferstehest in deinem Theil am Ende der Tage.

Mel. Alle Menschen müssen sterben.

466. Eitle Welt, ich bin dein müde, meine Seele sehnet sich nach des Himmels Ruh' und Friede, ach, mein Gott! wann rufst du mich? rufe mich, mit allen Freuden will ich aus der Trübsal scheiden;

denn ich weiß, durch Christi Blut machest du mein Ende gut.

2. Zwar ich bin nicht ungeduldig, daß mich Kreuz und Elend drückt, ich bin mehr zu leiden schuldig, als mir Gott hat zugeschickt; weiß ich doch, daß mich kein Leiden kann von seiner Liebe scheiden, sondern daß das Kreuz mir muß werden Gnade und Genuß.

3. Bloß deswegen will ich sterben, daß ich Jesum möge sehn, und sein ewig Heil ererben, möcht' es heute noch geschehn! doch wer weiß, wie diese Stunden, da ich aller Angst entbunden, auf der müden Lebensbahn meinen Lauf vollenden kann.

4. Wird der Leib zu Staub und Erde, darum werd' ich nicht erschreckt. G'nug, daß ich einst leben werde und mich Jesus auferweckt. Laßt mich schlafen in dem Grabe, bis ich ausgeschlummert habe! lebt die Seele in der Zeit doch in Gottes Herrlichkeit.

5. So ist mir der Tod ein Segen und das Sterben ein Gewinn; kommt, ihr Engel, kommt entgegen, traget meine Seele hin! ach, mir wird von jenem Leben jetzt der Vorschmack schon gegeben; darum wünsch' ich dies allein, auch im Schauen da zu seyn.

6. Alle, die mich hier geliebet, Alle, denen ich bekannt, und die mein Valet *) betrübet, die befehl' ich Gottes Hand; Gott versorget, Gott beschützet, Gott bescheret, was euch nützet; also ist mein Haus bestellt: gute Nacht, du eitle Welt!

*) Abschied — mein Hinscheiden.

M. Erdmann Neumeister.

Von der Erbsünde.

Römer 8, v. 13: Wo ihr nach dem Fleisch lebet, so werdet ihr sterben müssen; wo ihr aber durch den Geist des Fleisches Geschäfte tödtet, so werdet ihr leben.

Mel. Wer nur den lieben Gott läßt walten.

467. Entfernet euch, ihr bösen Lüste, ich mag und will euch nimmer nicht, wenn ich nur Gott versühnet wüßte, so hätte ich, was mir gebricht. Wer macht mich von der Sclaverei und von der Sünde Banden frei?

2. Ich weiß mir fast nicht mehr zu rathen, der Sünden Menge quälet mich, ihr Gift zeigt sich in meinen Thaten, ich fühle recht der Schlangen Stich. Mein Herz ist bös' und ganz verderbt, jetzt seh' ich, was mir angeerbt.

3. Wird gleich das Herz einmal erwecket und hebt sich aus dem Staub' empor, so bricht der Feind, der sich verstecket, mit desto größ'rer Macht hervor. Da fall' ich denn sogleich dahin und fühle, wie ich kraftlos bin.

4. Und so erfahr' ich alle Tage der Feinde tief verborg'ne List, da das, was ich im Herzen trage, viel ärger, als das Aeuß're ist! O möcht' ich von der Sünden Pein doch heute noch befreiet seyn!

5. Mein Heiland, du kannst Kräfte geben, ich nahe mich zu deinem Quell, ach schenke mir doch Ernst und Leben und zeige mir recht klar und hell, was mich verhindert, was mir fehlt und meinen matten Geist so quält.

6. Herr, laß mich nur mein Elend schauen, zerknirsche ganz mein hartes Herz, ja laß mich tief und gründlich bauen; und kostet es gleich vielen Schmerz, werd' ich nur ganz durch dich erneut und also seliglich befreit.

7. Es koste nun auch langes Sehnen, ich kämpf', ich steh', ich halte an, sollt' es auch seyn mit tausend Thränen, ich flehe, bis ich sagen kann: Der Richter ist nunmehr mein Freund, ich bin auf ewig ihm vereint.

8. Ich halte mich an dein Erbarmen, was du versprichst, bleibt ewig stehn, ich will dich selbst, mein Lamm, umarmen, ich muß dich als den Retter sehn. Du sprichst: „Wer bittet, der erlangt;" ich bitte, bis mein Glaube prangt.

9. Dann werd' ich Hallelujah singen aus einem hocherhab'nen Ton, dann werden alle Fesseln springen, weil ich versöhnt durch Gottes Sohn. Dann werd' ich neugeboren seyn und endlich jauchzen engelrein.

Von der Hoffnung.

Ebräer 6, v. 11. Wir begehren aber, daß ein Jeglicher unter euch denselben Fleiß beweise, die Hoffnung feste zu halten bis ans Ende.

Mel. Wer nur den lieben Gott läßt walten.

468. Entreiße dich doch, meine Seele! und mach' dich von der Eitelkeit ganz los, verlaß die finstre Höhle der Sünden und sey nur bereit zu lieben das, was ewig steht, wann alles Eitle untergeht.

2. Ergötz' dich an den Ewigkeiten, so wird dein Geist recht wohl erfreut: doch dieses sind die besten Zeiten, wenn Jesus unser Herz bereit't, daß wir im Glauben schauen an, was er für Gut's an uns gethan.

3. Dies Eitle kann mich nicht ergötzen, weil es ist lauter Unbestand; das, was mich

soll in Ruhe setzen, ist meinem Herzen wohl bekannt: ich habe Labsal, Trost und Freud' an meines Jesu Herrlichkeit.

4. Ich finde hoffend mein Vergnügen, ich schau' die schöne Himmelsstadt. Nun kann ich Welt und Tod besiegen; mein Fuß geht fest des Glaubens Pfad; das Herz genießt des Himmels Lust, die nur den Seinen ist bewußt.

5. Und leb' ich gleich noch auf der Erden, die Hoffnung giebt den Himmel schon; mein Geist hat Jesum zum Gefährten, der zeiget mir die schöne Kron'. Er spricht: Sieh', das hab' ich bereit't für dich in meiner Herrlichkeit.

6. O! wär' doch schon die Zeit verflossen, da mich mein Jesus nähme auf; so wollte ich ganz unverdrossen beschließen meinen Lebenslauf. Mein Jesu! bring' mich bald dahin, allwo ich ewig bei dir bin.

Lied eines sterbenden Christen.

Psalm 88, v. 3. Laß mein Gebet vor dich kommen, neige deine Ohren zu meinem Geschrei.

Mel. Herr Jesu Christ, wahr'r Mensch und Gott.

469. Erbarmer! Helfer! Jesus Christ, o du, der Allen Alles ist! Erbarmer! der mir helfen kann und helfen will, dich fleh' ich an.

2. Nichts wünscht mein Herz, als, Jesu! dein, jetzt dein und ewig dein zu seyn! mein Herz verlanget nur nach dir, sey du nur Alles, Alles mir!

3. Und wenn des Grabes dunkle Nacht dem schwachen Fleische bange macht, so ströme du, Herr! Licht und Ruh' durch Glauben an dein Wort mir zu!

4. Unsterblich, ewig ist mein Geist, der dich in dieser Hütte preis't; er lebt! — O Jesu! deine Hand führt sanft ihn in sein Vaterland.

5. Wer an dich glaubt und sich bestrebt, zu leben hier, wie du gelebt, der stirbt, ob er gleich stürbe, nicht, ist frei, ist frei von dem Gericht.

6. Er läßt der Welt vergänglich Glück, läßt Schmerz und Elend hier zurück, dringt, ewig frei von aller Noth, in's Freuden-Leben durch den Tod.

7. Der Gott, der mich so zärtlich liebt, der Vater, der so gern vergiebt, vergiebt nach seiner großen Huld mir die mit Ernst bereu'te Schuld.

8. Erbarmung Gottes! du bist mein; ich darf mich, Jesu! deiner freu'n! du giebst dem Schwachen Kraft und Muth, du machst, was ich verdorben, gut!

9. Der Sünde, die mir Schmerzen macht, wird ferner nicht von dir gedacht; du schaffst, o Herr! geheimnißvoll, daß alles Heil mir werden soll.

10. O Evangelium für mich! wie elend, Jesu! ohne dich! was bist du Jesu, Jesu, mir! wie bet' ich an? wie dank' ich dir?

11. Wie froh schließ' ich mein Auge zu! denn dein bin ich, denn mein bist du! wie voll von Hoffnung schlaf' ich ein! wie froh wird mein Erwachen seyn!

12. Du zeigest — welch' ein Erbe mir! o wär' ich schon, ach schon bei dir! doch harr' ich noch; die Stunde nah't, wo Freuden-ernte wird die Saat;

13. Wo jede Zähre, hier geweint, wo jede Wehklag', jeder Feind, wo jeder Kampf und jeder Schmerz wird Wonn' und Segen für mein Herz!

14. Nicht ferne mehr, wie nahe schon — die Stunde Gottes, Gottes Lohn! die Freiheit, Freiheit, die dem Geist des Glaubenden der Herr verheißt!

15. Anbetung dir! Erlöser, dir! durch dich wird Alles, Alles mir; Anbetung dir — im Thal der Nacht! Anbetung, wenn mein Geist erwacht.

16. O unaussprechliches Gefühl! Anbetung ohne Maaß und Ziel! Anbetung, wenn du strahlend einst ganz zu erlösen uns erscheinst.

Joh. Kaspar Lavater.

Lied eines sterbenden Christen.

Psalm 10, v. 17. Das Verlangen der Elenden hörest du, Herr; ihr Herz ist gewiß, daß dein Ohr darauf merket.

Mel. Zeuch meinen Geist, triff meine Sinnen.

470. Erbarmer ohne deines Gleichen! wenn alle Menschenkräfte weichen, o weiche du doch nicht von mir! die Seele sehnt sich nur nach dir.

2. Es eilt die letzte meiner Stunden, des Lebens Traum ist bald verschwunden; Herr! deine Wahrheit leite mich! Nichts, Ohnmacht bin ich ohne dich.

3. Allmächtiger! dich nicht verlassen soll meine Seele, dich umfassen. O du, des Lichts, des Lebens Quell! durch dich werd' jede Nacht mir hell.

4. Vergieb mir alle meine Sünden; was ich bedarf, laß bald mich finden; sprich Trost in jeder Angst mir zu, o gieb der müden Seele Ruh'!

5. O gieb dem Herzen schon hienieden der schon Erlös'ten Himmelsfrieden! Herr! deine Stimme schalle mir: „sey männlich! denn ich bin bei dir."

6. Ich glaube — doch! ach hier am Staube, wie schwach ist auch der stärkste Glaube! wie schwankend oft noch mein Vertrau'n! zu früh will stets der Glaube schau'n.

7. Laß, o du meines Lebens Leben, laß deinen Geist mir Zeugniß geben: Tod ist nicht Tod für mich, ist nur Verklärung sterblicher Natur.

8. Du kennst des Herzens ernstes Sehnen, du hörst mein Flehn, zählst meine Thränen, o du erhabner Menschensohn, voll Menschlichkeit auf Gottes Thron!

9. Erleicht're meines Kampfes Leiden durch Vorgeschmack von jenen Freuden, die dein Erbarmen mir bestimmt, wann mir der Tod den Othem nimmt.

10. O du, versucht in allen Dingen, wie kann zu dir mein Geist sich schwingen? mein Herz, wann ist's genug gebeugt vor dir, der einst sein Haupt geneigt?

11. Um deines herben Todes willen soll, regt sich Angst, die Angst sich stillen! o Treuerfahrner! wende nicht von mir dein segnend Angesicht.

12. Ein Friedensblick, ein Hauch der Gnade erquickt mich auf dem dunkeln Pfade; so Gnaden-unwerth ich auch sey, ich glaube doch an deine Treu'. Joh. Kasp. Lavater.

Vom Leiden Jesu.

Ebräer 12, v. 2. Lasset uns aufsehen auf Jesum, den Anfänger und Vollender des Glaubens; welcher, da er wohl hätte mögen Freude haben, erduldete er das Kreuz, und achtete der Schande nicht.

Mel. An Wasserflüssen Babylon.

471. Erforsche mich, erfahr' mein Herz, und sieh, Herr! wie ich's meine. Ich denk' an deines Leidens Schmerz, an deine Lieb' und weine, dein Kreuz sey mir gebenedeit! welch Wunder der Barmherzigkeit hast du der Welt erwiesen! wenn hab' ich dies genug bedacht, und dich aus aller meiner Macht genug dafür gepriesen?

2. Rath, Kraft, und Friedefürst und Held! in Fleisch und Blut gekleidet, wirst du das Opfer für die Welt, und deine Seele leidet. Dein Freund, der dich verräth, ist nah', des Zornes Gottes Stund' ist da, und Schrecken strömen über. Du zagst und fühlst der Höllen Weh: „Ist's möglich. Vater! o so geh' der Kelch von mir vorüber!"

3. Dein Schweiß wird Blut; du ringst und zagst und fällst zur Erde nieder; du Sohn des Höchsten kämpfst und wagst die erste Bitte wieder. Du fühlst, von Gott gestärkt im Streit, die Schrecken einer Ewigkeit und Strafen sonder Ende. Auf dich nimmst du der Menschen Schuld und giebst mit göttlicher Geduld dich in der Sünder Hände.

4. Du trägst der Missethäter Lohn, und hattest nie gesündigt; du, der Gerechte, Gottes Sohn! so war's vorher verkündigt. Der Frechen Schaar begehrt dein Blut, du duldest göttlich groß die Wuth, um Seelen zu erretten. Dein Mörder, Jesu! war auch ich; denn Gott warf aller Sünd' auf dich, damit wir Friede hätten.

5. Erniedrigt bis zur Knechts-Gestalt und doch der Größt' im Herzen, erträgst du Spott, Schmach und Gewalt, voll Krankheit und voll Schmerzen. Wir sahn dich, der Verheißung Ziel; doch da war nichts, das uns gefiel, und nicht Gestalt noch Schöne. Vor dir, Herr! unsre Zuversicht! verbarg man selbst das Angesicht; dich schmähn des Bundes Söhne.

6. Ein Opfer nach dem ew'gen Rath, belegt mit unsern Plagen und deines Volkes Missethat, gemartert und zerschlagen, gehst du den Weg zum Kreuzesstamm in Unschuld hin, gleich als ein Lamm, das man zur Schlachtbank führet. Freiwillig als der Helden Held, trägst du aus Liebe für die Welt den Tod, der uns gebühret.

7. „Sie haben meine Hände mir, die Füße mir durchgraben, und große Schaaren sind's, die hier mich, Gott! umringet haben. Ich heul', und meine Hülf' ist fern. Sie spotten mein: er klag's dem Herrn, ob dieser ihn befreite! du legst mich in des Todes Staub. Ich bin kein Mensch, ein Wurm,*) ein Raub der Wuth, ein Spott der Leute.

*) Psalm 22, v. 7.

8. Ich ruf' und du antwortest nie, und mich verlassen alle, in meinem Durste reichen sie mir Essig dar mit Galle. Wie Wachs zerschmelzt in mir mein Herz, sie sehn mit Freuden meinen Schmerz, die Arbeit meiner Seelen. Warum verläßt du deinen Knecht, mein Gott! mein Gott! ich leid', und möcht' all' mein' Gebeine zählen."

9. Du neigst dein Haupt: es ist vollbracht! Du stirbst, die Erd' erschüttert; die

Arbeit hab' ich dir gemacht. Herr! meine Seele zittert. Was ist der Mensch, den du befreit? o wär' ich doch ganz Dankbarkeit! Herr, laß mich Gnade finden; und deine Liebe dringe mich, daß ich dich wieder lieb' und dich nie kreuzige mit Sünden.

10. Welch' Warten einer ew'gen Pein für die, die dich verachten; die, solcher Gnade werth zu seyn, nach keinem Glauben trachten! für die, die dein Verdienst gestehn, und dich durch ihre Laster schmähn als einen Sünden-Diener! Wer dich nicht liebt, kommt in's Gericht; wer nicht dein Wort hält, liebt dich nicht, ihm bist du kein Versühner.

11. Du hast's gesagt, du wirst die Kraft zur Heiligung mir schenken; dein Blut ist's, das mir Trost verschafft, wenn mich die Sünden kränken. Laß mich in Eifer des Gebets, laß mich in Lieb' und Demuth stets vor dir erfunden werden. Dein Heil sey mir ein Schirm in Noth, mein Stab im Glück, mein Schild im Tod, mein letzter Trost auf Erden! Christian Fürchtegott Gellert.

Weihnachtslied.

Johannis 1, 11. 12. Er kam in sein Eigenthum, und die Seinen nahmen ihn nicht auf. Wie viel ihn aber aufnahmen, denen gab er Macht, Gottes Kinder zu werden, die an seinen Namen glauben.

Mel. Vom Himmel hoch, da komm' ich her.

472. Erfreu' dich, werthe Christenheit, zu dieser angenehmen Zeit, daß Jesus Christ, Rath, Kraft und Held, zu uns ist kommen in die Welt.

2. Er kam zwar in sein Eigenthum, als Israels Preis, Ehr' und Ruhm; allein was that der blinde Hauf'? Die Seinen nahmen ihn nicht auf.

3. Wer aber durch die Glaubenshand mit seinem Heiland sich verband, dem gab er Recht und Macht allein, des Himmels Erb' und Kind zu seyn.

4. So greifet denn mit Freuden zu, denn Jesus schenkt uns Fried' und Ruh', der Teufel wird zu Hohn und Spott, weil Gott mit uns, und wir mit Gott. Gabriel Wimmer.

Von der Liebe zu Christo.

Epheser 6, v. 24. Gnade sey mit Allen, die da lieb haben unsern Herrn Jesum Christ unverrückt. Amen! —

Mel. Wer nur den lieben Gott läßt walten.

473. Ergötzt euch nur, ihr eitlen Seelen! und sucht die schnöde Lust der Welt: mein Herz soll sich was Bessers wählen, das sich's zu seinem Troste stellt; mein Jesus ist's; denn er allein soll mir in Allem Alles seyn.

2. Kein Gold und Gut soll mich bethören; in Jesu steht mein einzig Heil; er ist die Krone meiner Ehren, der Seelen Schatz, des Herzens Theil. Was nichts von Jesu weiß und spricht, dasselbe mag und will ich nicht.

3. Hier will ich ihn im Glauben küssen, und bleiben bis zum Tod getreu, das besser ist, denn alles Wissen; sein Wort erleuchtet mich dabei und macht mich aller Weisheit voll, die ein Gerechter wissen soll.

4. Zeuch, liebster Jesu! meine Sinnen stets von der Erden himmelwärts. Ich kann die Welt nicht lieb gewinnen, denn wo mein Schatz, da ist mein Herz. Du bleibest mein, ich bleibe dein: was kann mir doch vergnügter seyn?

5. So weiß ich nichts dann hoch zu schätzen, als Jesum, der mein Alles heißt; ich leb' und sterbe voll Ergötzen; denn er nimmt den erlös'ten Geist in seine Hände selig an, wo ich ihn ewig lieben kann.

M. Erdmann Neumeister.

Um Schutz der Christenheit.

Psalm 119, v. 41. 42. 43. Herr, laß mir deine Gnade widerfahren, deine Hülfe nach deinem Wort, daß ich antworten möge meinem Lästerer; denn ich verlasse mich auf dein Wort. Und nimm ja nicht von meinem Munde das Wort der Wahrheit; denn ich hoffe auf deine Rechte.

In eigener Melodie.

474. Erhalt' uns, Herr, bei deinem Wort und steure stets der Feinde Mord, die Jesum Christum, deinen Sohn, stürzen wollen von seinem Thron.

2. Beweis' dein' Macht, Herr Jesu Christ, der du ein Herr all'r Herren bist, beschirm' dein' arme Christenheit, daß sie dich lob' in Ewigkeit.

3. Gott heil'ger Geist, du Tröster werth, gieb dein'm Volk Einen Sinn auf Erd'; steh' bei uns in der letzten Noth, g'leit uns in's Leben aus dem Tod.

4. Ihr' Anschläg', Herr, zu nichte mach', laß sie treffen die böse Sach', und stürz' sie in die Grub' hinein, die sie machen den Christen dein.

5. So werden sie erkennen doch, daß du, o Herr Gott! lebest noch und hilfst gewaltig deiner Schaar, die sich auf dich verläßt gar. D. Martin Luther v. 1—3. Justus Jonas v. 4 u. 5.

Lob- und Danklied.

Jesaia 42, v. 10. Singet dem Herrn ein neues Lied, sein Ruhm ist an der Welt Ende.

Mel. Herr Gott, dich loben alle wir.

475. Erhebe dich, mein froher Mund, dies ist die rechte Zeit und Stund', des Herren Treue zu erhöhn, vor ihm mit Lob und Dank zu stehn.

2. Zu singen hat dich Gott gemacht, und schon zuvor dahin gedacht, daß deine Zunge soll allein ein Werkzeug seines Ruhmes seyn.

3. Ihm singt der lieben Engel Schaar die schönsten Lieder immerdar, das: Heilig, Heilig, Heilig heißt der Vater, Sohn und werthe Geist!

4. Ach stimme doch mit ihnen zu, laß deiner Zunge keine Ruh'; besinge stets des Höchsten Treu', die alle Morgen grünet neu.

5. Doch laß dein Singen immer nicht ohn' Glaub' und Lieb' seyn eingericht't, die Andacht brauche auch dabei, damit es Gott gefällig sey.

6. Die Harfe Davids setze dir zum guten Beispiel immer für, der Kinder Korah *) süßes Spiel ermuntre dich zum gleichen Ziel.

*) 2 Chronika 20, v. 19.

7. Gott nimmt dies Singen gnädig an, es ist vor ihm recht wohl gethan: drum singe nur, mein froher Mund, dies ist die rechte Zeit und Stund'.

D. Valent. Ernst Löscher.

Morgenlied.

Epheser 5, v. 9. Wandelt wie die Kinder des Lichts.

Mel. Es ist gewißlich an der Zeit.

476. Erhebe dich, o meine Seel', die Finsterniß vergehet; der Herr erscheint in Israel, sein Licht am Himmel stehet. Erhebe dich aus deinem Schlaf, auf daß er Gutes in dir schaff', indem er dich erleuchtet.

2. Im Licht muß Alles rege seyn und sich zur Arbeit wenden, im Licht singt früh das Vögelein, im Licht will es vollenden. Es soll der Mensch in Gottes Licht aufheben billig sein Gesicht zu dem, der ihn erleuchtet.

3. Laßt uns an unsre Arbeit gehn, den Herren zu erheben; laßt uns, indem wir auferstehn, beweisen, daß wir leben; laßt uns in diesem Gnadenschein nicht eine Stunde müßig seyn; Gott ist's, der uns erleuchtet.

4. Ein Tag geht nach dem andern fort und unser Werk bleibt liegen. Ach, hilf uns, Herr, du treuster Hort, daß wir uns nicht betrügen; gieb, daß wir greifen an das Werk, gieb Gnade, Segen, Kraft und Stärk' im Licht, das uns erleuchtet.

5. Du zeigst, was zu verrichten sey auf unsern Glaubenswegen, so hilf uns nun und steh' uns bei, verleihe deinen Segen, daß das Geschäft von deiner Hand vollführet werd' in allem Land, wozu du uns erleuchtet.

6. Ich flehe, Herr! mach' mich bereit zu dem, was dir gefällig, daß ich recht brauch' der Gnadenzeit; so flehen auch einhellig die Kinder, die im Geist gebor'n und die sich fürchten vor dem Zorn, nachdem du sie erleuchtet.

7. Das Licht des Glaubens sey in mir ein Licht der Kraft und Stärke; es sey die Demuth meine Zier, die Lieb', das Werk der Werke; die Weisheit fließ' in diesem Grund und öffne beides, Herz und Mund, dieweil die Seel' erleuchtet.

8. Herr, bleib bei mir, du ew'ges Licht, daß ich stets gehe richtig; erfreu' mich durch dein Angesicht, mach' mich zum Guten tüchtig, bis ich erreich' die gold'ne Stadt, die deine Hand gegründet hat und ewiglich erleuchtet.

Peter Lackmann.

Der Lobgesang Mariä.

Lucä 1, v. 46—55. Meine Seele erhebet den Herrn.

Mel. Lobt Gott ihr Christen allzugleich.

477. Erhebe meine Seele Gott! frohlock' in ihm, mein Geist; bet' an, o Glaube! schweige, Spott! Gott hält, was er verheißt. :,:

2. Auf seiner Mägde Niedrigste sah er mit Gnade doch; und Gott, mein Heiland, ehrete die Niedrigste, wie hoch! :,:

3. Mich preiset, mich, die Gott erwählt, die fernste Nation; das künftigste Geschlecht erzählt von mir und meinem Sohn. :,:

4. Allmächtig ist Jehovah! wer, wer ist so groß, so gut? so unbeschreiblich huldreich, der so große Dinge thut? :,:

5. Die ganze Seele jauchzt dir zu, singt: heilig! heilig! dir Allmächtiger! was thatest du, Allherrlicher! an mir! :,:

6. Wer dich von Herzen sucht und ehrt, erfähret deine Treu'; ihm wird, so oft dein Ohr ihn hört, Herr! deine Gnade neu. :,:

7. Unausgestorben, ungeschwächt durch Sünde, Zeit und Ort, wirkt von Geschlechte zu Geschlecht, Herr, deine Wahrheit fort. :,:

8. Herr! deines hohen Armes Kraft, wie

siegreich wunderbar! wie sinkt, wenn sie sich regt und straft, vor ihr der Stolzen Schaar! :,:

9. Und jede hohe Stirne sinkt; der Frechen Heer zerstreut sich Spreu gleich — wenn der Höchste winkt, wenn er von ferne dräut. :,:

10. Die Thronen stürzen! Todesraub ist Fürsten-Majestät; wenn er die Demuth aus dem Staub zum Fürstenthron erhöht! :,:

11. Herr, deine Fülle sättigt gern den hungermatten Mund; der stolze Reiche nur ist fern von dir und deinem Bund. :,:

12. Barmherzigkeit und Leben ist, dein unzerstörbar Reich; Erbarmer Israels! du bist dir ewig, ewig gleich! :,:

13. Nie, wenn du einst dich offenbarst, wird dich dein Wort gereu'n! was du den früh'sten Vätern warst, willst du den Enkeln seyn. :,: Joh. Kaspar Lavater.

Neujahrslied.

Psalm 65, v. 12. Du krönest das Jahr mit deinem Gut, und deine Fußstapfen triefen von Fett.

Mel. Lobt Gott ihr Christen allzugleich.

478. Erhebt, Bewohner dieser Welt, erhebt den Herrn der Zeit! ein Opfer, das Gott wohlgefällt, ist Lieb' und Dankbarkeit. :,:

2. Preist nicht der Engel Lobgesang des Höchsten Majestät? auf Erden sey durch unsern Dank, dein Nam' o Gott! erhöht. :,:

3. Du krönst mit deinem Gut das Jahr, giebst Leben und Gedeih'n. Was unser Herz erfreut, das war dein Segen, es war dein. :,:

4. Dein Wort erfreute Geist und Sinn, gab in Versuchung Muth. Auch, was uns kränkte, ward Gewinn; der Herr, der Herr meint's gut. :,:

5. Im Frieden pflügte man das Land, fuhr froh die Garben ein. Beim reichen Segen deiner Hand kann alles fröhlich seyn. :,:

6. Dir, Gott und Vater! danken wir für dieses Jahres Heil, und nun erwarten wir von dir im Neuen unser Heil. :,:

7. Gieb unserm Fürsten deinen Geist und Kraft von deinem Thron; beweis', o treuer Gott, du sey'st der frommen Fürsten Lohn. :,:

8. Dein Segen komm' auf unser Land, mit ihm erwünschte Ruh'. Es ström' aus deiner Gnadenhand uns Allen Gutes zu. :,:

9. Der Sünder kehre schnell zurück zu dir, den er verließ, da er der Seelen größtes Glück, dich, Vater! von sich stieß. :,:

10. Wie Thau des Morgens breite sich auf uns dein Wohlthun aus, und mit Frohlocken lobe dich das Land und jedes Haus. :,:

11. Schau' gnädig auf dein Volk herab, dem du dein Wort geschenkt. Es fürchte deinen Hirtenstab, wer uns im Glauben kränkt. :,:

12. Laß deines Wortes Süßigkeit des Herzens Reichthum seyn, uns oft, wie es dein Sohn gebeut, sein Abendmahl erfreu'n. :,:

13. Herr, deine Güte sey der Schild, der uns in Noth bedeckt und unsern Schmerz und Jammer stillt, wenn Unglück uns erschreckt. :,:

14. Verlaß uns, o Erbarmer nicht, bis uns das Grab umschließt. Tröst' uns, wenn unser Angesicht von Thränen überfließt. :,:

15. Wenn, nach vollbrachtem Lebenslauf, der Leib in Staub zerfällt, so weck' uns einst zum Leben auf, du Richter aller Welt! :,:

16. Ruhm, Preis und Dank sey Vater dir! dir dem geliebten Sohn! dir, heil'ger Geist! einst bringen wir dir Dank vor deinem Thron. :,: M. Johann Friedrich Mudre.

Adventlied.

2 Korinther 8, v. 9. Ihr wisset die Gnade unsers Herrn Jesu Christi, daß, ob er wohl reich ist, ward er doch arm um euretwillen, auf daß ihr durch seine Armuth reich würdet.

Mel. Es ist gewißlich an der Zeit.

479. Erhebt die Häupter himmelwärts: der Herr ist nah den Seinen; vergeßt der Erde Müh' und Schmerz und höret auf zu weinen, eröffnet eure Herzen weit und schmücket euch und seyd bereit den Heiland zu empfangen.

2. Verlaßt die Welt mit ihrem Schein und ihrem eitlen Prangen; den Friedensfürsten ladet ein voll innigem Verlangen, in Demuth tretet vor ihn hin, ergebt euch ihm mit Kindessinn, der euch zuerst geliebet.

3. Er kommt so arm und dürftig her, von dem wir alles haben, in harter Krippe schlummert er voll ew'ger Gottesgaben; in unser armes Fleisch und Blut verkleidet sich das höchste Gut, uns Alle zu erlösen.

4. Der Heil'ge kommt in Knechtsgestalt den Sündern selbst entgegen, aus seinem sel'gen Blicke strahlt nur Friede, Trost und Segen, er geht mit uns nicht ins Gericht, zeigt uns des Vaters Angesicht voll Gnade, Lieb' und Wahrheit.

5. Sein Stern erhellt die trübste Nacht, er ist von Keinem ferne, er giebt auf All' und Jeden Acht und hilft und rettet gerne,

geht ;dem verirrten Schäflein nach und giebt sich selbst in Tod und Schmach, mit unsrer Schuld beladen!

6. O fühlt es doch recht innig=treu, daß er euch hat gefehlet, bekennt ihm eure Sünden frei und klagt ihm, was euch quälet; er ist ja sanft und himmlisch mild; und wen der Herr mit Freuden füllt, der ist wahrhaftig fröhlich!

7. Denkt an das Eine stets was noth, weicht nicht von seiner Stelle, verlangt nur recht nach seinem Brot und seines Lebens Quelle, mit Thränen schauet himmelwärts und fallt ihm reuig an das Herz: sein Arm ist weit und offen.

8. Legt ab den alten Wahn und Glanz, der euch von ihm will scheiden und laßt euch mit des Friedens Kranz von eurem Herrn bekleiden; wirf alles Irdische von dir, dann ist der Heiland deine Zier, dein Glück und deine Krone.

9. Und wirst du dann auf wildem Meer auch hin und her getrieben, er ist dein Anker, Schutz und Wehr und will dich ewig lieben; er ist dein Licht in Nacht und Leid, dein Schwert und Sieg in Kampf und Streit, und läßt dich nicht erliegen.

10. Und wenn sein Geist dich stets erneut und flammt durch deine Seele, dann bist du voller Freudigkeit auch in des Todes Höhle; denn — ist des Lebens Herr dein Freund, so kann nicht Furcht, nicht Grab noch Feind aus seiner Hand dich reißen.

11. Dann lebst du wohl — doch nicht mehr du; denn Christus ist dein Leben, dein Friede, Segen, Heil und Ruh', dein Hoffen, Ziel und Streben; dann bist du nimmermehr allein, im Himmel einst auf ewig sein, und unaussprechlich selig.

Gustav Friedrich Ludwig Knak.

Vom Gebet.

Psalm 4, 1. Erhöre mich, wenn ich rufe.

Mel. Vater unser im Himmelreich.

480. Erhöre mich, mein Herr und Gott! wenn ich in Leib's = und Seelennoth zu dir mit Mund und Herzen schrei', errette mich nach deiner Treu', verlaß mich nicht, ich bitte dich im Namen Jesu: höre mich!

2. Erhöre mich, o Majestät! wenn ich mit Seufzen und Gebet vor deinem hohen Thron' erschein', und gieb, was mir mag nützlich seyn, ich glaub', und traue festiglich auf dein Wort, Herr, erhöre mich!

3. Erhöre mich, o Menschenfreund! so oft für meinen Freund und Feind und eines jeden Seligkeit zu dir mein Herz in Andacht schrei't; ich bitte dich herzinniglich, hilf Allen und erhöre mich!

4. Erhöre mich, wenn dir zum Dank ich meinen schlechten Lobgesang und meiner Seelen Saitenspiel erhebe und dich ehren will; dein Preis und Ruhm vermehre sich, mein Gott, mein Gott! erhöre mich!

Gabriel Wimmer.

Osterlied.

1 Petri 1, v. 21. Gott hat Jesum auferwecket von den Todten und ihm die Herrlichkeit gegeben, auf daß ihr Glauben und Hoffnung zu Gott haben möchtet.

Mel. Herr Gott, dich loben alle wir.

481. Erinn're dich, mein Geist! erfreut, des hohen Tag's der Herrlichkeit; halt' im Gedächtniß Jesum Christ, der von dem Tod' erstanden ist.

2. Fühl' alle Dankbarkeit für ihn, als ob er heute dir erschien', als spräch' er: „Friede sey mit dir!" so freue dich, mein Geist, in mir.

3. Schau' über dich und bet' ihn an, er mißt den Sternen ihre Bahn; er lebt und herrscht mit Gott vereint, und ist dein König und dein Freund.

4. Macht, Ruhm und Hoheit immerdar dem, der da ist und der da war! sein Name sey gebenedei't von nun an bis in Ewigkeit.

5. O Glaube, der das Herz erhöht! was ist der Erde Majestät, wenn sie mein Geist mit der vergleicht, die ich durch Gottes Sohn erreicht?

6. Vor seinem Thron, in seinem Reich', unsterblich, heilig, Engeln gleich und ewig, ewig selig seyn, Herr, welche Herrlichkeit ist mein!

7. Mein Herz erlieget froh vor dir; Lieb' und Verwund'rung kämpft in mir, und voll von Ehrfurcht, Dank und Pflicht fall' ich, Gott! auf mein Angesicht.

8. Du, der du in den Himmeln thronst, ich soll da wohnen, wo du wohnst, und du erfüllst einst mein Vertrau'n, in meinem Fleische dich zu schau'n.

9. Ich soll, wenn du einst, Lebensfürst, in Wolken göttlich kommen wirst, erweckt aus meinem Grabe gehn, und rein zu deiner Rechten stehn!

10. Mit Engeln und mit Seraphim, mit Thronen und mit Cherubim, mit allen Frem=

men aller Zeit soll ich mich freu'n in Ewigkeit.

11. Zu welchem Glück, zu welchem Ruhm' erhebt uns nicht das Christenthum! mit dir gekreuzigt, Gottessohn, sind wir auch auferstanden schon.

12. Nie komm' es mir aus meinem Sinn, was ich, mein Heil, dir schuldig bin, damit ich mich, in Liebe treu, zu deinem Bilde stets erneu'!

13. Er ist's, der Alles in uns schafft; sein ist das Reich, sein ist die Kraft, halt' im Gedächtniß Jesum Christ, der von dem Tod' erstanden ist! Christian Fürchtegott Gellert.

Von der Zukunft Christi.

Psalm 118, v. 26. Gelobet sey, der da kommt in dem Namen des Herrn.

Mel. Wer nur den lieben Gott läßt walten.

482. Er kommt, er kommt; geht ihm entgegen! der Heiland aller Welt erscheint! Er bringt euch Leben, Heil und Segen; ehrt ihn, den größten Menschenfreund, der das Gesetz für uns erfüllt, und sterbend unsern Jammer stillt.

2. Er kommt, der Schöpfer aller Dinge, mit sanftmuthsvoller Majestät! kein Sünder ist ihm zu geringe, der ihn um Gnad' und Hülfe fleht; Gerechtigkeit und Frieden giebt sein Reich dem, der ihn gläubig liebt.

3. Er kommt, der Glanz von jenem Wesen, der ewig und unsichtbar ist! In seinen Augen kann man lesen: daß er die Frommen nicht vergißt: Durch seine Niedrigkeit erhebt Gott alles, was im Staube lebt.

4. Er kommt! der Freund verlorner Sünder, als Friedefürst, Rath, Kraft und Held! der sterbend einst als Ueberwinder den Menschenfeind allmächtig fällt. Lobsinget ihm, er heißt und ist: der treue Mittler, Jesus Christ.

5. Eröffnet und schenkt eure Herzen dem König aller Kön'ge gern. Die hier die Gnadenzeit verscherzen, seh'n ihn dereinst als ihren Herrn, als Richter, wenn er zornig spricht: „Weicht, weicht von mir! euch kenn' ich nicht."

6. Mein Heiland, komm! mein Herz ist offen; zeuch, sanftmuthsvoller König! ein; was außer dir die Menschen hoffen, ist Eitelkeit, Betrug und Pein. Dein Reich nur schenkt Gerechtigkeit und göttliche Zufriedenheit.

7. Laß deine Liebe mich empfinden, mit der du diese Welt geliebt; komm! meine Hoffnung fest zu gründen, die dein Verdienst im Glauben giebt. Mein größtes Glück, mein letztes Wort, sey: Jesus ist mein Fels und Hort! M. Joh. Friedrich Mudre.

Osterlied.

Offenb. Joh. 1, v. 17. 18. Fürchte dich nicht, ich bin der Erste und der Letzte und der Lebendige.

Mel. Wie groß ist des Allmächt'gen Güte.

483. Er lebt! die Todesleiden waren für ihn und uns die Himmelsbahn. Er lebt! o seht, erlös'te Schaaren; den Weltversöhner gläubig an! er lebt für alle kranke Sünder, die er mit Ehren heilen will. Er lebt, der sanfte Trosterfinder; sein Friedensgruß macht Herzen still.

2. Er lebt für jede Magdalene,*) der gern den Suchenden erscheint. Er lebt, sieht jede Petrus-Thräne,**) nach Gnade bitterlich geweint. Er lebt mit der verklärten Seite, wohin die Sehnsucht Thomä † blickt; ein Anblick, der in Glaubensfreude das müd-gekämpfte Herz entzückt.

*) Lucä 8, v. 2 **) Lucä 22, v. 62.
† Joh. 20, v. 27.

3. Er lebt, der reiche Freudenbringer durch vorgezeigte Nägelmaal', er lebt für alle seine Jünger auf weitem Erdkreis überall; er lebt und zeigt in seiner Wonne sich treuen Kämpfern nach dem Lauf; er lebt, und seine Freudensonne geht müden Pilgern ewig auf! Johann Gottfried Schöner.

In theurer Zeit.

Jesaia 30, v. 20. Der Herr wird euch in Trübsal Brot, und in Aengsten Wasser geben.

Mel. Warum betrübst du dich, mein Herz?

484. Er lebt ja noch, der helfen kann; noch hört er Klag' und Seufzer an, der Herr, der alles schafft. Ermuntre dich, bekümmert Herz, und mindre deinen Harm und Schmerz.

2. Ja, er verläßt dich wahrlich nicht, nur faß' ihn voller Zuversicht, vertraue seinem Wort; und wär' kein Brot auf Erden mehr, so lebtest doch noch du und er.

3. Er, als der, dem es nie gebricht und der gleich schaffet, wenn er spricht; du, dessen Leben mehr, denn aller Speisen höchster Werth; wohl dem, der nur, was er, begehrt.

4. Was hilft dir alle Bangigkeit? o seine Hand ist schon bereit zu geben, was dir noth; nur ruh' und nimm es dankbar an, er hat es ja schon oft gethan.

5. Frag' nicht, woher nimmt man nun Brot? er weiß schon deine Hungersnoth; dein Mangel jammert ihn; und theilt er auch nur Brocken aus, so macht er, was er will, daraus.

6. Wer ihm die leeren Hände reicht, dem füllt sein Segen diese leicht, so wie es ihm gefällt. Ist man vor Hunger noch so matt, so ißt man doch, und wird auch satt.

7. Nun Vater! wie du heiß'st und bist, ich traue dir als Mensch und Christ; unmöglich kann es seyn, daß deine Vorsicht mich verläßt; nur mache solch Vertrauen fest!

8. Ich will zu dir um Rettung schrei'n, Herr, wie du willst, so mach's allein! dein Vater-Herz litt mehr, wenn mich die Noth zum Grabe wies', und mich aus Hunger sterben hieß.

9. Dein Wort doch und mein Glaube spricht, das leide deine Ehre nicht: drum will ich dir vertraun, wenn auch ein Bissen mir gebricht, entsag' ich doch der Hoffnung nicht.

Osterlied.

Römer 6, v. 9. Wir wissen, daß Christus, von den Todten erwecket, hinfort nicht stirbt; der Tod wird hinfort über ihn nicht herrschen.

Mel. Ein' feste Burg ist unser Gott.

485. Er lebt, o frohes Wort! er lebt, der Heiland aller Sünder, das Heer der Feind' erschrickt und bebt vor seinem Ueberwinder. Auf! bringt Gott Lobgesang; bringt Ehre ihm, bringt Dank, da wir nun voller Freud' in dieser Osterzeit „Christ ist erstanden!" singen.

2. Er lebt, der treu'ste Seelenfreund, der mich ihm selbst errungen, der Gottes Zorn, die Schuld, den Feind versöhnt, bezahlt, bezwungen. Er stritt mit Heldenmuth, er kämpfte bis auf's Blut, durch Leibs- und Seelennoth und durch den Kreuzestod erwarb er mir das Leben.

3. Er lebt, der starke Gottessohn, zu seines Vaters Rechten; er herrscht auf seinem hohen Thron und hilft den schwachen Knechten. Er lebt nun ewiglich, er lebt und schüzzet mich, er thut mit starker Hand den Feinden Widerstand, daß sie mich nicht umstoßen.

4. Er lebt zu unserm Wohlergehn, der froh' und milde Geber; die Kraft von seinem Auferstehn dringt bis in uns're Gräber. Tragt meinen Leib zur Ruh', deckt ihn mit Erde zu, gebt ihn den Würmern hin: da ich in Jesu bin, werd' ich im Grab nicht bleiben.

5. Er lebt! Gott hat ihn auferweckt, er wird auch mich erwecken; der Tod, den Jesu Sieg erschreckt, kann mich nun nicht erschrecken. Sein Stachel, seine Kraft, die Sünd' ist weggeschafft; der treue Zeuge spricht: „Wer glaubt, der stirbet nicht;" deß tröst' ich mich von Herzen.

6. Er lebt! er lebt, der tapf're Held; besingt, ihr Engelchöre, besingt, ihr Völker in der Welt, des Heiland's Sieg und Ehre! Besingt des Siegers Macht, der von dem Tod' erwacht, der unsern Tod bezwingt, der uns das Leben bringt, der uns zu Siegern machet.

7. Er lebt! er lebt! o laßt uns heut' und stets sein Lob erheben! Er lebt! o laßt uns allezeit ihm wohlgefällig leben. Hier, Heiland, hast du mich; befiehl mir! hier bin ich; dein, dein will ich allein todt und lebendig seyn, dein will ich ewig bleiben.

Ehrenfried Liebich.

Um Erleuchtung und Selbsterkenntniß.

Psalm 139, v. 23. 24. Erforsche mich, Gott, und erfahre mein Herz, prüfe mich, und erfahre, wie ich's meine. Und siehe, ob ich auf bösem Wege bin; und leite mich auf ewigem Wege.

In eigener Melodie.

486. Erleucht' mich, Herr, mein Licht! ich bin mir selbst verborgen und kenne mich noch nicht; ich merke dieses zwar, ich sey nicht, wie ich war, indessen fühl' ich wohl, ich sey nicht, wie ich soll.

2. Ich lebt' in stolzer Ruh' und wußte nichts von Sorgen vor diesem; aber nu bin ich ganz voller Brast *) und mir selbst eine Last; was vormals meine Freud', macht mir jetzt Herzeleid.

*) eine Menge schlechter Dinge.

3. Kein zeitlicher Verlust verursacht diese Schmerzen, so viel mir je bewußt; mich liebt manch treuer Freund, mich überwind't kein Feind, der Leib hat, was er will, Gesundheit, Hüll' und Füll'.

4. Nein, es ist Seelenpein, es kommt mir aus dem Herzen und dringt durch Mark und Bein. Nur dies, dies liegt mir an, daß ich nicht wissen kann, ob ich ein wahrer Christ und du mein Jesus bist.

5. Es ist nicht so gemein, ein Christe seyn als heißen; ich weiß, daß der allein des Namens fähig ist, der seine liebste Lust durch Christi Kraft zerbricht und lebt ihm selber nicht.

6. Es ist ein Selbstbetrug, mit diesem Wahn sich speisen, als ob dies schon genug

zur Glaubensprobe sey, daß man von Lastern frei, die auch ein blinder Heid' aus Furcht der Schande meid't.

7. Der nur zieht Christum an, der aus ihm selbst gegangen, und seines Fleisches Wahn, Vermögen, Lust und Rath, Gut, Ehr' und was er hat von Herzen haßt und spricht: nur Jesus ist mein Licht.

8. Das ist des Glaubens Wort und dürstiges Verlangen: Herr Jesu, sey mein Hort, Versöhner, Herr und Schild, und führ' mich, wie du willt: dein bin ich, wie ich bin, nimm mich zu eigen hin.

9. Wer dies nicht gründlich meint, deß Glaub' ist noch untüchtig, der bleibt noch Gottes Feind; sein Hoffnungsgrund ist Sand, und hält zuletzt nicht Stand. Der ein'ge Glaubensgrund ist dieser Gnadenbund.

10. Hier, sorg' ich, fehlt es mir, die Lieb' ist noch nicht richtig, die ich, Herr Christ, zu dir jetzt habe: weil ich doch, beinah' ein Christe, noch die Welt und Lust noch mehr geliebt, als deine Ehr'.

11. Mein Herz! begreif' dich nu, ich muß es redlich wagen, ich komm' eh' nicht zur Ruh': Sagst du hiemit der Welt und was dem Fleisch gefällt rein ab und Christo an, so ist die Sach' gethan.

12. Du Erdwurm, solltest du dem Kön'ge dich versagen, dem alles stehet zu, der allein weis' und reich, der Alles ist zugleich, der selbst die ganze Welt erschaffen und erhält.

13. Wenn alles wird vergehn, was Erd' und Himmel heget, so bleibt er fest bestehn, sein Wesen nimmt nicht ab, die Gottheit weiß kein Grab, und wen er einmal kennt, deß Wohlstand nimmt kein End'.

14. Wer aber in der Zeit mit ihm sich nicht verträget, der bleibt in Ewigkeit von Gottes Vaterhaus ganz, ganz geschlossen aus, vergößt' er in dem Weh' auch einen Thränensee.

15. Wünscht nun Gott den Vertrag, laß ihn dein Jawort schlichten, o liebe Seel', und sag': dir opfr' ich gänzlich auf, o mein Gott! meinen Lauf und Geist und Leib und Blut, Lust, Ehre, Hab' und Gut.

16. Thu', was du willst, mit mir, werd' ich nur zugerichtet zu deinem Preis und Zier, ein Faß der Herrlichkeit, mit deinem Heil bekleid't, geheiligt jetzt und dann, wohl mir! so ist's gethan.

Buchfelder.

Morgenlied.

Psalm 70, v. 5. Freuen und fröhlich müssen seyn an dir, die nach dir fragen; und die dein Heil lieben, immer sagen: Hochgelobet sey Gott!

Mel. Wer nur den lieben Gott läßt walten.

487. Ermuntert euch, erquickte Glieder! die dunklen Schatten sind vorbei; der liebe Morgen zeigt sich wieder, und machet Gottes Güte neu, die mich in dieser Nacht bedeckt und nun zur Arbeit aufgeweckt.

2. Gott Lob und Dank! daß ohne Schaden die Zeit der Ruh' ist hingebracht, und daß der Reichthum seiner Gnaden den frohen Morgensegen macht. Ich bin vergnügt und bin erquickt, und warte, was Gott heute schickt.

3. Sein guter Geist wird mich regieren, er leite mich auf eb'ner Bahn, und helfe mir mein Werk vollführen, in seinem Namen fang' ich's an. Sein Segen wird mein Sonnenschein, und seine Huld mein Schatten seyn.

4. Mein Gott! so laß dich gnädig finden, dir hab' ich alles heimgestellt. Ach, nur behüte mich vor Sünden! doch wenn das Fleisch aus Schwachheit fällt, so richte mich durch Jesum auf und sey du selbst mein Lebenslauf.

5. Weil jeder Tag von unsern Tagen auch seine Plagen mit sich führt, mein Gott! so laß mich nicht verzagen, wenn mich ein Kreuz und Unglück rührt: durch deine Kraft reiß' mich heraus, so geht das Leid mit Freuden aus.

6. Nun, Seel' und Leib sey dir ergeben, da alles gut und glücklich steht: und wenn der Rest von meinem Leben durch diesen Tag zu Ende geht, so machest du, auf Christi Blut, auch meinen letzten Abschied gut.

7. Wohlan, deß tröst' ich mich im Glauben: im Glück und Unglück bin ich dein; aus deiner Hand kann nichts mich rauben, drum soll mein stetes Denkmal seyn, das mir im Sinn und Herzen liegt: was mein Gott fügt, macht mich vergnügt!

M. Erdmann Neumeister.

Von der Zukunft Christi.

Matthäi 25, v. 6. 7. Zur Mitternacht aber ward ein Geschrei: Siehe der Bräutigam kommt, gehet aus, ihm entgegen! Da standen diese Jungfrauen alle auf und schmückten ihre Lampen.

Mel. Valet will ich dir geben.

488. Ermuntert euch ihr Frommen, zeigt eurer Lampen Schein! der Abend ist gekommen, die finstre Nacht bricht

ein. Es hat sich aufgemachet der Bräutigam mit Pracht: auf! betet, kämpft und wachet! bald ist es Mitternacht.

2. Macht eure Lampen fertig, und füllet sie mit Oel, und seyd des Heils gewärtig, bereitet Leib und Seel'. Die Wächter Zions schreien: ihr Bräutigam ist nah'; begegnet ihm in Reihen und singt Hallelujah!

3. Ihr klugen Jungfrau'n alle! hebt nun das Haupt empor mit Jauchzen und mit Schalle, zum frohen Engelchor. Die Thür ist aufgeschlossen, die Hochzeit ist bereit: auf, auf, ihr Reichsgenossen! der Bräut'gam ist nicht weit.

4. Er wird nicht lang' verziehen, drum schlafet nicht mehr ein; man sieht die Bäume blühen; der schönste Frühlingsschein verheißt Erquickungszeiten; die Abendröthe zeigt den schönen Tag von weitem, davor das Dunkle weicht.

5. Wer wollte denn nun schlafen? wer klug ist, der ist wach; Gott kommt, die Welt zu strafen, zu führen seine Sach' an Allen, die nicht wachen, und die des Thieres Bild *) anbeten, den verlachen, der ewig Sonn' und Schild. *) Offenb. Joh. 13

6. Begegnet ihm auf Erden, ihr, die ihr Zion liebt, mit freudigen Geberden, und seyd nicht mehr betrübt. Es sind die Freudenstunden gekommen; und der Braut wird, weil sie überwunden, die Krone nun vertraut.

7. Die ihr Geduld getragen, und mit gestorben seyd, sollt nun nach Kreuz und Klagen in Freuden sonder Leid mit-leben und regieren, und vor des Lammes Thron mit Jauchzen triumphiren in einer Siegeskron'.

8. Hier sind die Siegespalmen, hier ist das weiße Kleid, hier steh'n die Weizenhalmen im Frieden nach dem Streit, und nach den Wintertagen; hier grünen die Gebein', die dort im Tode lagen; hier reicht man Freudenwein.

9. Hier ist die Stadt der Freuden, Jerusalem, der Ort, wo die Erlös'ten weiden; hier ist die Lebenspfort', hier sind die gold'nen Gassen; hier ist das Hochzeitsmahl; hier soll sich niederlassen die Braut im Heimathsthal.

10. O Jesu, meine Wonne! komm bald und mach' dich auf; geh' auf, verlangte Sonne! und förd're deinen Lauf. O Jesu, mach' ein Ende und führ' uns aus dem Streit; wir heben Haupt und Hände nach der Erlösungszeit.

Laurentius Laurenti.

Weihnachtslied.

Tobia 9, v. 2. Wenn ich mich dir gleich selbst zu einem eigenen Knechte hingäbe, so wäre es doch nichts gegen deine Wohlthat.

In eigener Melodie.

489. Ermuntre dich, mein schwacher Geist! und trage groß Verlangen, ein kleines Kind, das Vater heißt, mit Freuden zu empfangen. Dies ist die Nacht, darin es kam und menschlich Wesen an sich nahm, damit sich seiner Treue die Welt, als Braut, erfreue.

2. Willkommen, treuer Bräutigam, du König aller Ehren! willkommen! Jesu, Gottes Lamm, ich will dein Lob vermehren, ich will dir all mein Lebenlang von Herzen sagen Preis und Dank, daß du, da wir verloren, für uns ein Mensch geboren.

3. O großer Gott! wie konnt' es seyn, dein Himmelreich zu lassen, zu kommen in die Welt hinein, da nichts, denn Neid und Hassen? wie konntest du die große Macht, dein Königreich, die Freuden-Pracht, ja, dein erwünschtes Leben für solche Feinde geben?

4. Ist doch, Herr Jesu! deine Braut ganz arm und voller Schanden, noch hast du dir sie selbst vertraut am Kreuz, in Todesbanden. Liegt sie doch, da sie dich verließ, in Fluch und Tod und Finsterniß; noch willst du ihretwegen dein Scepter von dir legen.

5. Du Fürst und Herrscher dieser Welt, du Friedens-Wiederbringer, du kluger Rath, du tapfrer Held, der Höllen-Macht Bezwinger! wie ist es möglich, daß du dich erniedrigest so tief für mich, daß du, im ärmsten Orden der Menschen, Mensch geworden?

6. O großes Werk, o Wundernacht! dergleichen nie gefunden, du hast den Heiland niederbracht, der Alles überwunden; du hast gebracht den starken Mann, der Wind und Wellen stillen kann, vor dem die Himmel zittern und alle Berg' erschüttern.

7. O liebstes Kind, das Gott uns gab, holdselig von Geberden; mein Bruder, den ich lieber hab', als alle Schätz' auf Erden! Komm, Schönster, in mein Herz hinein, komm eilend, laß die Krippe seyn; komm, komm! ich will bei Zeiten ein Lager dir bereiten.

8. Sag' an, mein Herzensbräutigam, mein' Hoffnung, Freud' und Leben, mein edler Zweig aus Davids Stamm! was soll

ich dir doch geben? Ach, nimm von mir Leib, Seel' und Geist, ja Alles, was Mensch ist und heißt; ich will mich ganz verschreiben, dir ewig treu zu bleiben.

9. Lob, Preis und Dank, Herr Jesu Christ! sey dir von mir gesungen, daß du mein Bruder worden bist und hast die Welt bezwungen. Hilf, daß ich deine Gütigkeit stets preis' in dieser Gnadenzeit, bis ich dereinst dort oben dich ewig werde loben!

Johann Rist.

Von der göttlichen Erleuchtung.

2 Corinther 3, v. 18. Wir werden verkläret in dasselbige Bild, von einer Klarheit zu der andern, als vom Herrn, der der Geist ist.

Mel. Herr Jesu Christ, mein's Lebens Licht.

490. Erneure mich, o ew'ges Licht! und laß von deinem Angesicht mein Herz und Seel' mit deinem Schein durchleuchtet und erfüllet seyn.

2. Ertödt' in mir die Fleisches-Lust, und nimm hinweg der Sünden Wust; bewaffne mich mit Kraft und Muth, zu streiten wider Fleisch und Blut.

3. Schaff' in mir, Herr! den neuen Geist, der dir zur Lust Gehorsam leist': ein willig Opfer willst ja du, und alles Fleisch taugt nicht dazu.

4. Mach' in mir das Gedächtniß neu, daß es auf dich gerichtet sey, das, was dahinten ist, vergess', und stündlich Christi Tod ermess'.

5. Des Fleisches Willen tödt' in mir, und mach' ihn unterthänig dir; durch deine Liebe treib' ihn an, zu geh'n auf deiner Lebensbahn.

6. Und wie ich ohn' dein Gnadenlicht erkenne deinen Willen nicht, so leuchte du, o Gott! allein in den Verstand mit deinem Schein.

7. Mach' in mir das Gewissen rein, und laß es abgewaschen seyn: so kann ich denn durch deinen Sohn mit Freuden stehn vor deinem Thron.

8. Auf dich laß meine Sinnen geh'n, und stets hinauf gerichtet steh'n, daß ich dein Wort mit Freuden hör', mein Herz nach ihm in allem kehr'.

9. Gieb, daß ich finde deine Kraft, und schmecke deiner Güte Saft; laß mich dein freundlich Angesicht mit Freuden seh'n in deinem Licht.

10. Wenn ich in deinem Wort dich such', so laß es mir seyn ein Geruch, der Leben, Kraft und Süßigkeit in meiner Seelen Kräfte streut.

11. Und weil du voller Güte bist, die tröstend und erfreulich ist, so gieb, daß ich dich fühl' in mir, und ganz umschlossen sey von dir.

12. Und wie ich von mir selbst nichts kann, so treib' durch deinen Geist mich an, daß er in mir das Ruder führ', Geist, Seel', Herz, Sinn und Mund regier'.

13. Wie dieses ohne Glauben nicht in mir kann werden zugericht't; der Glaub' ohn' dies auch nicht besteht, wo er nicht in die Werke geht:

14. So wirke, Herr! durch deinen Geist den Glauben, der sich kräftig weis't, und in ein neues Wesen dringt, und seines Lebens Früchte bringt.

15. In allem, o Herr Jesu Christ! laß mich mit Kraft seyn ausgerüst't, zu fechten wider Fleisch und Blut, und nimm mich unter deine Hut.

16. So acht' ich nicht des Teufels-List, der deines Reiches Feind stets ist; ich bleib' im Sieg, in dir will ich, mein Jesu! leben ewiglich.

M. Joh. Friedrich Ruopp.

Morgenlied.

2 Samuel. 22, v. 29. Du, Herr, bist meine Leuchte. Der Herr machet meine Finsterniß licht.

Mel. O Gott! du frommer Gott.

491. Erschein', du Morgenstern, leucht' hell in mir, o Sonne, mein Heiland, wahres Licht; beständig in mir wohne; erwärme du mich ganz mit deiner Liebe Schein, und bringe lauter Licht in's neue Herz hinein.

2. Schaff' du mir's neu und rein, mit dem gewissen Geiste, daß ich dir reinen Dienst in deiner Liebe leiste. Mach' deines Lichts mich voll, verklär' den Vater ganz, daß seine Lieb' und Gunst mich nähr' in reinem Glanz.

3. So laß mich allezeit in dir beständig wandeln, und nicht in Finsterniß noch Heuchelwesen handeln. Fass' mich mit deiner Hand, dein Auge leite mich, daß ich dir folge schlicht, und seh' allein auf dich.

4. Laß mich kein ander Bild in meine Seel' einlassen, als dich, mein Licht und Theil, zum Licht und Leben fassen. Sey du mein einig Wort, eröffne mein Gehör, und ziehe mich dir nach, so lauf' ich immer sehr.

Oster-

Ostergesang.

Römer 6, v. 5. So wir aber sammt ihm gepflanzet werden zu gleichem Tode, so werden wir auch der Auferstehung gleich seyn.

Mel. Christ lag in Todesbanden rc.

492. Erstanden bist du, Jesus Christ; durch dich werd' ich erstehen, und dich, wo du verkläret bist, mit hoher Wonne sehen. Mächtig triumphirt mein Herz, es steigt frohlockend himmelwärts zu dir, der ew'ges Leben wird geben.

2. Was ist es, daß ihr klagt und weint, schaut ihr der Theuren Gräber? der Auferstandne heut erscheint als Trost und Freudengeber. Er, der sich dem Tod' entwand, reicht einst den Schlummernden die Hand, wird ihren Staub beleben, erheben.

3. Versenket man einst meinen Leib, ich darf deshalb nicht zagen; daß Todesfurcht der Herr vertreib', ward er ins Grab getragen. Doch wie er heut' auferstand, wie ihn des Todes Macht nicht band, wird er zum Licht mich führen und zieren.

4. Zu mir, Erlöser, streckest du die Hand, mich zu erwecken; ich fliehe aus des Grabes Ruh'; ob mich auch Welten decken; du zerbrichst des Grabes Thür durch deinen Ruf; ich folge dir, o Herr, zu deinen Freuden aus Leiden.

5. Wo ist des Todes Stachel nun, wo ist dein Sieg, o Hölle! Kann ich an Jesu Herzen ruhn, wird Todesnacht mir helle; und Verwesung, die mir droht, sie fürcht' ich nicht; in Todesnoth bringst du, o Ostersonne, mir Wonne.

6. Du hoch erhabner Lebensfürst, wie dank' ich deiner Liebe! Einst, wenn du mich erwecken wirst, weih' ich dir heil'ge Triebe; bringe mit der Engel Schaar dir Hallelujah fröhlich dar: gieb, Herr, mir deinen Frieden hienieden.

E. C. G. Langbecker.

Vom Leben in Christo.

Galater 4, v. 19. Daß Christus in euch eine Gestalt gewinne.

Mel. Wer nur den lieben Gott läßt walten.

493. Erwecke, Jesu, stets mein Herze, erinnre mich durch deinen Geist, daß ich mit Sünden niemals scherze, die dein Gebot mich fliehen heißt. Erwecke mich, erinnre mich: ich will dir danken ewiglich.

2. Erwecke mich, dir Dank zu geben für dein Verdienst, Geburt und Tod. Du starbst und gabst für mich dein Leben, du littest Schmerzen, Angst und Noth. Erwecke mich, erinnre mich, daß ich mit Dank recht preise dich.

3. Erwecke mich zur Buß' und Reue, und mache mich von Sünden frei. Ach Herr! ich bitte dich, verleihe, daß ja mein Herz nicht sicher sey. Erwecke mich, erinnre mich, daß ich in Buße suche dich.

4. Erwecke mich zum wahren Glauben, der nach dir dürstet, seufzt und ringt. Auf Dornen wachsen keine Trauben: Gieb Glauben, der auch Früchte bringt. Erwecke mich, erinnre mich, daß ich in Buße suche dich.

5. Erwecke mich zur wahren Liebe, zur Liebe, die fest an dir hält, zur Lieb', in der ich stets das übe, was dir, mein Jesu, wohlgefällt. Erwecke mich, erinnre mich, daß ich recht innig liebe dich.

6. Erwecke die verstockten Sünder, die nicht in deiner Liebe stehn; ach suche, Herr! die armen Kinder, die Schaafen gleich noch irre gehn. Erwecke mich, erinnre mich, daß ich, mein Heil, nicht lasse dich.

7. Erwecke alle fromme Herzen, daß sie im Guten weiter gehn. Zeig' ihnen deine Todesschmerzen und laß sie niemals stille stehn. Erwecke mich, erinnre mich, daß ich stets hab' und halte dich.

8. Erwecke mich zur Kraft im Leiden, mach' mich an Trost und Hoffnung reich. Dein Kreuz sey mir ein Grund der Freuden: dein Jesus-Herz ist treu und gleich. Erwecke mich, erinnre mich, daß ich im Kreuze seh' auf dich.

9. Erwecke mich; zum sel'gen Sterben, mein Jesu! mache mich bereit; laß mich, o Herr, dein Reich ererben. Hilf mir zu meiner Seligkeit. Erwecke mich, erinnre mich, daß ich im Sterben halte dich.

10. Nun, Jesu, höre meine Bitte; nim dich, o Heiland, meiner an; ich walle noch in dieser Hütte, dein Geist führ' mich auf ebner Bahn. Erwecke mich, erinnre mich, bis ich im Himmel schaue dich.

Gottfried Kleiner.

Morgenlied.

Psalm 112, v. 4. Den Frommen gehet das Licht auf in der Finsterniß, von dem Gnädigen, Barmherzigen und Gerechten.

In eigener Melodie.

494. Erweck', o Herr, mein Herz, und zeuch es himmelan, ja schließ es feste zu vor allem Tand der Erden, da-

mir die Sinnen nicht von dir verrücket werden und ich, da ich erwacht, gleich herzlich beten kann.

2. O fülle mich bald früh mit deiner Gnad' und Kraft, ich will auf's neue mich dir gänzlich einverleiben; laß mich den ganzen Tag recht innig vor dir bleiben, damit dein Geist in mir nur alles wirkt und schafft.

3. Gieb mir nur Folgsamkeit, gieb Wachsamkeit und Treu', Verzagung an mir selbst, Vertrau'n auf deine Kräfte, ein immer betend Herz bei jeglichem Geschäfte, daß, was ich red' und thu', ein Schritt zum Himmel sey.

4. So geh' durch Wort und Geist stets mit mir aus und ein, und laß mich keinen Schritt ohn' dich allein hier wallen, ja leit' und führe mich nach deinem Wohlgefallen und laß mich nimmermehr mein eig'ner Meister seyn.

5. Mein eig'ner Witz und Will' und meine Kraft vergeh', ich muß auf deinen Wink und Trieb nur Achtung geben, und bloß dein Werkzeug seyn; gieb du mir Licht und Leben, damit ich unverrückt in deinem Frieden steh'.

6. Hab' immer auf mich Acht, umschränke Herz und Sinn; du weißt, wo diesen Tag der Feind mich will verstricken, ach laß ihm ja nicht zu, mein Ziel mir zu verrücken; ach! nimm auf ewig mich in deine Wunden hin.

7. Dein Kind steht jetzo auf, komm, wasch' es weiß und rein mit deinem theuren Blut; komm, mich in dich zu kleiden. Komm, komm, mein Himmelsbrot! ich will an dir mich weiden; ach komm und bleib' bei mir: du sollst mein Alles seyn!

Karl Heinrich v. Bogatzky.

Morgenlied.

Psalm 147, v. 1. Lobet den Herren! denn unsern Gott loben, das ist ein köstlich Ding; solch Lob ist lieblich und schön.

Mel. Wer nur den lieben Gott läßt walten.

495. Erweckt euch! laßt uns munter werden zum frohen Preise Gottes! Preis't den Herrn mit heiligen Geberden, mit Demuth, Andacht, frohem Geist! Macht in der frühen Morgenstund' einander Gottes Güte kund!

2. Nicht uns, nicht uns gebührt die Ehre — wir leben noch — das wolltest du! du Herrscher aller Sternenheere, du Vater gönn'st den Kindern Ruh'! Erwacht durch deine Huld und Treu', preis't unser Herz dich kummerfrei.

3. O du, der Sonne Führer! Sender des Morgens, Vater alles Lichts! Anfänger du, und du Vollender! Erfreuer jedes Angesichts! Wir wollen, bester Vater, dein uns heut' mit neuer Freude freu'n;

4. Uns freu'n deß alles, was wir haben, deß alles, was wir um uns sehn; für alle Freuden, alle Gaben, Gott, ungezwungen dich erhöh'n. Was ist, ist deiner Güte Pfand; was unser ist, giebt deine Hand.

5. Dein Morgenlicht ist's, das uns wekket; dein Geist ist's, der uns denken lehrt! Herr, dein Gewand ist's, das uns decket; dein Brot ist's, Vater, das uns nährt, und deine Weisheit, deine Kraft, die in uns uns're Werke schafft.

6. Wenn wir uns kleiden, trinken, essen, uns freu'n — wir denken: Gott giebt's gern! Der Geber werde nie vergessen! nie ist er von der Gabe fern. Vor ihm sey — Laßt uns stets ihm nah'n — genossen alles und gethan.

7. Laßt uns mit jeder neuen Stunde uns neu des besten Vaters freu'n! von unserm Herzen, unserm Munde soll fern Betrug und Laster seyn! Rein sey, wer Gottes Namen nennt, und Christi Lehre gern bekennt.

8. Gut, fromm, geduldig, thätig, heiter, demüthig, muthig Alle heut'! Vor Christi Augen immer weiter gestrebt nur nach Vollkommenheit! Auf ihn geseh'n bei jedem Schritt! Wir gehen sicher, geht er mit.

9. Was soll gethan seyn, sey von Herzen mit Muth und Lust und Kraft gethan! getragen, was — wär's Last von Schmerzen, o schaut den großen Dulder an! Wo Pflicht und Tugend leiden heißt, da stärkt uns Jesu Christi Geist.

10. Unsträflich, wie des Himmels Erben, wie Christus-Jünger, engelrein, bereit, wenn Gott will, heut' zu sterben, so friedlich, herzlich laßt uns seyn! So treu und froh bei jeder Pflicht; Pflicht sey uns Freude, Bürde nicht!

11. Religion ist Gottes Freude! und Tugend frohe Menschlichkeit! Vereinigt sehe Gott sie beide in unserm Thun und Herzen heut'! Herr unsers Herzens, unsers Thuns, vereine Glaub' und Lieb' in uns!

12. Dann kommt ein froher Abend — Lieder des Danks entquillen uns'rer Brust! Gott sieht erbarmend auf uns nieder, wir Kinder sind des Vaters Lust! Er segnet

uns und unser Thun! Auf! vom Gebet zur Arbeit nun. Joh. Kaspar Lavater.

Vom Kreuz der Christen.

2 Petri 2, v. 9. Der Herr weiß die Gottseligen aus der Versuchung zu erlösen.

Mel. Es kostet viel ein Christ zu seyn.

496. Er wird es thun, der fromme, treue Gott, er kann ja nicht ohn' alle Maaß' versuchen, er bleibet noch ein Vater in der Noth, sein Segensmund wird seinem Kind' nicht fluchen. Ei, höre nur, wie er so freundlich spricht: verzage nicht!

2. Bedenke fein, daß du berufen bist, in Gottes Reich durch Trübsal einzugehen. Du glaubest ja, du seyst ein wahrer Christ; so muß man auch von dir die Probe sehen. So lang' es geht nach deinem Fleisch und Blut, steht's noch nicht gut.

3. Du hast genug vom Christenkreuz gehört, so hast du auch genug davon gesprochen; doch haftet mehr, was die Erfahrung lehrt; drum komm getrost zum Kreuz herangekrochen! Wer dieses faßt, dem wird zuletzt zu Theil Kraft, Trost und Heil.

4. Eh' Joseph steigt auf der Egypter Thron, mußt' er zuvor den schwarzen Kerker sehen. Eh' David kommt zu der verheiß'nen Kron', muß er mit Schmach im Elend einhergehen. Hiskias wird erst nach der Sterbensnoth befreit vom Tod.

5. Dein Jesus selbst geht dir zum Beispiel vor, er mußte ja auf Erden Vieles leiden, eh' er sich hob zur Herrlichkeit empor, da er nun hat und giebt die ew'gen Freuden. Wer treulich kämpft, bringt auch den guten Lohn zuletzt davon.

6. Drum hoffe nur auf den, der Vater heißt, er ist dir gut auch mitten in dem Jammer: dein Bräut'gam sieht, wenn dich der Kummer beißt, und schaut hinein in deines Herzens Kammer, da sieht er's wohl, wenn du bist Trostes-bloß und Hülfe-los.

7. Und also bricht das Herz ihm gegen dir; er spricht: Ich muß mich über dich erbarmen; du liebes Kind hast Niemand außer mir, drum halt' ich dich in meiner Güte Armen. Sey gutes Muths, die Hülfestund' ist nah', dein Trost ist da!

8. Dir sey gedankt, du auserwählter Freund! daß du dein Aug' so richtest auf die Deinen; denn wenn uns jetzt der arge Friedensfeind so hat gefaßt, daß wir verloren scheinen, so stürzest du ihn in den Höllenschlund zur rechten Stund'.

9. Gieb, daß auch wir, die du so innig liebst, dich mögen stets in Lieb' und Hoffnung ehren, weil du ja nicht von Herzen uns betrübst, und unser Leid in Freude willst verkehren. So sey dir denn Lob, Ruhm und Dank gebracht aus aller Macht!

D. Joh. Daniel Herrnschmid.

Charfreitagslied.

Ebräer 10, v. 14. Mit einem Opfer hat er in Ewigkeit vollendet, die geheiliget werden.

Mel. Herr Gott, dich loben wir rc.

497. Erwürgt, erwürgt ist er, des Menschen Sohn und Herr, deß Tod für uns beim Richter bürgt, vom Anbeginn der Welt erwürgt, vom Lichte Licht, aus Gott gezeugt, vor dem der Engel Knie sich beugt, Versöhner hier; einst im Gericht nicht Liebe mehr, Erbarmer nicht! Heilig ist Jesus Christ, heilig ist Jesus Christ, heilig ist Jesus Christ, der unser Mittler ist! der Weisheit Wunder that sein Mund dem Frommen und dem Sünder kund; Gott rüstete von seinem Thron mit andern Wundern noch den Sohn. Allmächtig auch, allmächtig ist der Gottversöhner, Jesus Christ; die Tauben hören; Lahme geh'n; die Stummen reden, Blinde seh'n; die Todten geh'n aus ihrer Gruft, wenn ihnen Jesus Christus ruft; das hat kein Endlicher gethan; im Staube beten wir dich an!

2. Sein höchstes Werk war dies noch nicht. Am Bach erst ging er in's Gericht; am Kidron, in Gethsemane versank er ganz in unser Weh'! Im lauten, thränenden Gebet, im Schweiß, im Blut liegt er und fleht, so tief dem Richter unterthan, daß ihn ein Engel stärken kann! verdammt zum Tod auf Gabbatha*), trägt er sein Kreuz nach Golgatha. In's Allerheiligste, uns rein vor Gott zu machen, geht er ein!

*) Joh. 19, v. 13

3. Ach! bis zum Tod' am Kreuz hinab wurd' er erniedrigt, bis in's Grab. Voll Schmerz, voll Qual, ein Fluch gemacht, hing Jesus Christus in der Nacht; von Gott verlassen hingst du da am Kreuz, am Kreuz auf Golgatha.

4. Und nun, nun kam der Tod. Er rief: „Es ist vollendet!" und entschlief. Das hat kein Endlicher gethan, mit Thränen beten wir dich an!

5. Preis, Ehr' und Ruhm und heißer Dank sey dem, der mit dem Tode rang, dem Lamme, das geopfert ist! dem Ueber-

winder Jesu Christ! dem Gotte der Barmherzigkeit, von Ewigkeit zu Ewigkeit! Amen.

Friedrich Gottlieb Klopstock.

Von der Wiedergeburt.

Colosser 3, v. 3. 4. Ihr seyd gestorben und euer Leben ist verborgen mit Christo in Gott. Wenn aber Christus, euer Leben, sich offenbaren wird, dann werdet ihr auch offenbar werden mit ihm in der Herrlichkeit.

In eigener Melodie.

498. Es glänzet der Christen inwendiges Leben, obgleich sie von außen die Sonne verbrannt; was ihnen der König des Himmels gegeben, ist keinem, als ihnen nur selber bekannt. Was Niemand verspüret, was Niemand berühret, hat ihre erleuchtete Sinnen gezieret und sie zu der göttlichen Würde geführet.

2. Sie scheinen von außen die schlechtesten Leute, ein Schauspiel der Engel, ein Ekel der Welt; und innerlich sind sie die lieblichsten Bräute, der Zierrath, die Krone, die Jesu gefällt, das Wunder der Zeiten, die hier sich bereiten, den König, der unter den Lilien weidet, zu küssen, in güldenen Stücken gekleidet.

3. Sonst sind sie des Adams natürliche Kinder und tragen das Bilde des Irdischen auch; sie leiden am Fleische, wie andere Sünder, sie essen und trinken nach nöthigem Brauch; in leiblichen Sachen, im Schlafen und Wachen sieht man sie vor Andern nichts Sonderlich's machen, nur daß sie die Thorheit der Weltlust verlachen.

4. Doch innerlich sind sie aus göttlichem Stamme, die Gott durch sein mächtig Wort selber gezeugt; ein Funke und Flämmlein aus göttlicher Flamme, die oben Jerusalem freundlich gesäugt. Die Engel sind Brüder, die ihre Loblieder mit ihnen gar freundlich und lieblich absingen, das muß denn ganz herrlich, ganz prächtig erklingen.

5. Sie wandeln auf Erden und leben im Himmel, sie bleiben ohnmächtig und schützen die Welt; sie schmecken den Frieden bei allem Getümmel; sie kriegen, die Aermsten, was ihnen gefällt. Sie stehen im Leiden, sie bleiben in Freuden, sie scheinen ertödtet den äußeren Sinnen, und führen das Leben des Glaubens von innen.

6. Wenn Christus, ihr Leben, wird offenbar werden, wenn er sich einst, wie er ist, öffentlich stellt, so werden sie mit ihm, als Götter der Erden, auch herrlich erscheinen zum Wunder der Welt. Sie werden regieren und ewig floriren, den Himmel, als prächtige Lichter, auszieren, da wird man die Freude ganz offenbar spüren.

7. Frohlocke, du Erde! und jauchzet, ihr Hügel! dieweil du den göttlichen Saamen geneußt: denn das ist Jehovah sein göttliches Siegel, zum Zeugniß, daß er dir noch Segen verheißt. Du sollst noch mit ihnen aufs Prächtigste grünen, wenn erst ihr verborgenes Leben erscheinet, wornach sich dein Seufzen mit ihnen vereinet.

8. O Jesu! verborgenes Leben der Seelen! du himmlische Zierde der inneren Welt! gieb, daß wir die heimlichen Wege*) erwählen, wenn gleich uns die Larve des Kreuzes verstellt. Hier übel genennet und wenig erkennet; hier heimlich mit Christo im Vater gelebet, dort öffentlich mit ihm im Himmel geschwebet!

*) die verborgenen Wege Gottes.

D. Christian Friedrich Richter.

Morgenlied.

Joh. 16, v. 24. Bittet, so werdet ihr nehmen, daß eure Freude vollkommen sey.

Mel. Befiehl du deine Wege.

499. Es hat uns heißen treten, o Gott, dein lieber Sohn mit herzlichen Gebeten vor deinen hohen Thron und uns mit theurem Amen Erhörung zugesagt, weñ man in seinem Namen nur bittet, fleht und klagt.

2. Darauf komm' ich gegangen in dieser Morgenstund'; ach laß mich doch erlangen, was ich aus Herzensgrund von dir, mein Gott, begehre im Namen Jesu Christ, und gnädig mir gewähre das, was mir nützlich ist.

3. Nicht aber mir zu geben bitt' ich aus deiner Hand Geld, Gut und langes Leben, kein' Ehr' und hohen Stand; denn dieses ist nur nichtig und lauter Eitelkeit, vergänglich, schwach und flüchtig und schwindet mit der Zeit.

4. Ich bitte mir zu schenken ein fromm und keusches Herz, das nimmermehr mag denken auf Sünd' und schnöden Scherz, das stets mit Liebe flammet zu dir, Gott, himmelan, und alle Lust verdammet der lastervollen Bahn.

5. Hernach laß mich gewinnen, nach deiner großen Kraft, Kunst, Weisheit, kluge Sinnen, Verstand und Wissenschaft, daß all mein Thun und Handel dir mög' gefällig seyn, laß vor der Welt mein'n Wandel seyn ohne falschen Schein.

6. So wird von jenen allen, Stand, Leben, Ehr' und Geld auf meine Seite fallen, so dir es, Gott, gefällt; man muß die Seel' erst schmücken, so wirst du allgemach den Leib auch schon beglücken: Glück folgt der Tugend nach. Georg Neumark.

Von der Hülfe Gottes.

Jesaia 50, v. 7. Der Herr Herr hilft mir, darum werde ich nicht zu Schanden.

Mel. Nun danket alle Gott rc.

500. Es hilft uns unser Gott, er höret unser Flehen; wir dürfen stets getrost zu seinem Throne gehen; wenn wir in Demuth ihm nur klagen unsre Noth, so werden wir erhöh't, so hilft uns unser Gott.

2. Es hilft uns unser Gott, der alles weiß und siehet, dem auch das Innerste des Herzens nicht entfliehet. Ja, alles was uns fehlt und unser sehnlich's Fleh'n, das hat der Höchste schon von Ewigkeit geseh'n.

3. Es hilft uns unser Gott, der alles wohl ausführet, und auf das Weiseste zu aller Zeit regieret. Es siehet sein Verstand am allerbesten ein, was uns wahrhaftig kann gut oder böse seyn.

4. Es hilft uns unser Gott, der alle Macht besitzet, dem nichts unmöglich ist; wohl uns, daß er uns schützet! ist unser Leiden gleich sehr groß und mancherlei: getrost und unverzagt! die Allmacht steht uns bei.

5. Es hilft uns unser Gott, den unser Jammer kränket, der sein erbarmend Herz auf unsre Bitte lenket; der aller Güte voll, der selbst die Liebe ist, von dem ein Gnadenstrom in Christo auf uns fließt.

6. Es hilft uns unser Gott! wir haben sein Versprechen, daß er uns helfen will; dies wird er niemals brechen. Es wird zwar dermaleinst die ganze Welt vergeh'n; doch unsers Gottes Wort bleibt unbeweglich steh'n.

7. Es hilft uns unser Gott, er höret unser Flehen, wir dürfen stets getrost zu seinem Throne gehen, wenn wir in Demuth ihm nur klagen unsre Noth, so werden wir erhört, so hilft uns unser Gott.

Weihnachtslied.

Jesaia 49, v. 13. Jauchzet, ihr Himmel, freue dich, Erde, lobet, ihr Berge, mit Jauchzen; denn der Herr hat sein Volk getröstet, und erbarmet sich seiner Elenden.

Mel. Wie schön leucht't uns der Morgenstern.

501. Es jauchze heut' die ganze Welt! Ein Mittler kam der Sünder Welt. Gott in der Höh' sey Ehre! Froh war der Tag, da er erschien, vom Himmel her besang man ihn: Gott in der Höh' sey Ehre! Friede, Friede soll auf Erden wieder werden; Wohlgefallen bringt des Menschen Sohn uns Allen.

2. Auf, Glieder Jesu! auf, und preis't, von Banden frei, erfreut im Geist, am Fest des Erstgebornen, der nun vom Thron' sich zu euch neigt! es loben Engel, tief gebeugt, den Retter der Verlornen. Noch mehr sey er euch, ihr Sünder, Menschenkinder, groß und theuer; denn der Heiland ist ja euer!

3. Geboren ward er euch allein: dies soll euch große Freude seyn, wie Gottes Engel lehrten. Erhebt ein Hallelujah dem, den Hirten einst zu Bethlehem tief an der Krippe ehrten. Jesu nähmst du, gleich den Hirten reich an Würden von der Menge deiner Brüder Lobgesänge!

4. Her in des Elends Vaterland hat Gott dich, seinen Sohn, gesandt, den Einigen, Geliebten. Uns Arme unter schwerem Fluch beehrt dein himmlischer Besuch, uns, die dich frech betrübten. Dazu gabst du dich herunter, (welch ein Wunder zum Besingen!) Feinden Gnade zu erringen.

5. Du, der am ersten Lebenstag' als Kind in armen Windeln lag, bist ärmer noch gestorben: und diese Armuth macht uns reich, dein Marterstand uns Engeln gleich; o, was hast du erworben! Laß uns, laß uns Dank dir sagen, der die Plagen mit uns theilte, unsern Schaden völlig heilte!

6. O arme Menschheit, die du weinst, das Wort ward Fleisch und wohnte einst hier unter deinen Söhnen! Er sah die Noth und sieht sie noch, blick' nur auf ihn und nah' dich doch zu ihm mit deinen Thränen. Niemand, niemand hat den Willen sie zu stillen so im Herzen, nimmt so Theil an deinen Schmerzen.

7. Hier find'st du den, der's redlich meint; für dich geseufzt, für dich geweint hat er gar oft auf Erden: von Bethlehem auf Golgatha, wo die Versöhnung ganz geschah, was nahm er für Beschwerden für dich auf sich?! — Deiner denken, Sünden schenken, helfen, trösten will er jetzo die Erlös'ten.

8. Wir wissen es, o Herr und Christ, daß so ein Heiland nirgend ist, kein so erbarmendsguter; so sieh' uns huldreich an und sprich: „All' eurem Jammer rathe ich, ich Jesus, euer Bruder!" Sieh', wir trau'n dir, weil

die Triebe deiner Liebe Kraft und Leben jedem schwachen Glauben geben.

9. Der Glaube hält sich nur an dich; von dir begnadigt werfen sich die Deinen vor dir nieder. Der Ruhm, wonach ein Jeder strebt, ist der: „Du hast für uns gelebt, so leben wir dir wieder." Höre, mehre stets auf's Neue uns're Treue, noch auf Erden ähnlich deinem Bild' zu werden.

10. Wenn gleich auf Gottes Thron gesetzt, bist du, wie sichtbar einst, noch jetzt voll Gnade und voll Wahrheit. So werd' uns täglich offenbar, führ' deine Brüder endlich gar zu deiner höchsten Klarheit. Ganz reich, dir gleich singen besser dir, Erlöser, uns're Chöre dann: Gott in der Höh' sey Ehre!

Johann Gottfried Schöner.

Von der Rechtfertigung.

Römer 3, v. 28. So halten wir es nun, daß der Mensch gerecht werde ohne des Gesetzes Werke, allein durch den Glauben.

In eigener Melodie.

502. Es ist das Heil uns kommen her aus Gnad' und lauter Güte, die Werke helfen nimmermehr, sie mögen nicht behüten. Der Glaub' sieht Jesum Christum an, der hat genug für uns gethan, er ist der Mittler worden.

2. Was Gott im G'setz geboten hat, da man es nicht konnt' halten, erhob sich Zorn und große Noth vor Gott so mannigfalten, vom Fleisch wollt' nicht heraus der Geist, vom G'setz erfordert allermeist, es war mit uns verloren.

3. Es war ein falscher Wahn dabei, Gott hätt' sein G'setz drum geben, als ob wir möchten selber frei nach seinem Willen leben: so ist es nur ein Spiegel zart, der uns zeigt an die sündig' Art in unserm Fleisch verborgen.

4. Nicht möglich war's dieselbe Art aus eig'nen Kräften lassen, wiewohl es oft versuchet ward, doch mehrt' sich Sünd' ohn' Maaßen. Den Gleißners Werk Gott hoch verdammt, und jedem Fleisch der Sünden Schand' allzeit war angeboren.

5. Noch mußt' das G'setz erfüllet seyn, sonst wär'n wir all' verdorben, drum schickt Gott seinen Sohn herein, der selber Mensch ist worden; das ganz' Gesetz hat er erfüllt, damit sein's Vaters Zorn gestillt, der über uns ging alle.

6. Und wenn es nun erfüllet ist durch den, der es konnt' halten; so lerne jetzt ein frommer Christ des Glaubens recht' Gestalten, nicht mehr, denn lieber Herre mein, dein Tod soll mir das Leben seyn, du hast für mich bezahlet.

7. Daran ich keinen Zweifel trag', dein Wort kann nicht betrügen; nun sagst du, daß kein Mensch verzag'; das wirst du nimmer lügen. Wer glaubt an dich und wird getauft, demselben ist der Himm'l erkauft, daß er nicht werd' verloren.

8. Es ist gerecht vor Gott allein, wer diesen Glauben fasset; der Glaub' giebt uns von ihm den Schein, so er die Werk' nicht lasset. Mit Gott der Glaub' ist wohl daran, dem Nächsten wird die Lieb' Gut's thun, bist du aus Gott geboren.

9. Es wird die Sünd' durch's G'setz erkannt, und schlägt das G'wissen nieder, das Evangelium kommt zur Hand und stärkt den Sünder wieder, es spricht: nur kriech' zum Kreuz herzu! im G'setz ist weder Rast noch Ruh', mit allen seinen Werken.

10. Die Werk' die kom'n gewißlich her aus einem rechten Glauben; denn das nicht rechter Glaube wär', dem man die Werk' wollt' rauben; doch macht allein der Glaub' gerecht, die Werke sind des Nächsten Knecht, dabei wir'n Glauben merken.

11. Die Hoffnung wart't der rechten Zeit, was Gottes Wort zusaget, wann das geschehen soll zur Freud', setzt Gott kein' g'wisse Tage. Er weiß wohl, wann's am besten ist, er braucht an uns kein' arge List; deß soll'n wir ihm vertrauen.

12. Ob sich's anließ, als wollt' er nicht, laß dich es nicht erschrecken. Denn wo er ist am besten mit, da will er's nicht entdekken; sein Wort laß dir gewisser seyn, und ob dein Herz spräch' lauter Nein, so laß dir doch nicht grauen.

13. Sey Lob und Ehr' mit hohem Preis um dieser Wohlthat willen Gott, Vater, Sohn und heil'gem Geist, der woll' mit Gnad' erfüllen, was er in uns ang'fangen hat zu Ehren seiner Majestät, daß g'heiligt werd' sein Name.

14. Sein Reich zukomm', sein Will' auf Erd' g'scheh', wie in's Himmels Throne, das täglich' Brod ja heut' uns werd', wollst unsrer Schuld verschonen, als wir auch unsern Schuld'gern thun; laß uns nicht in Versuchung steh'n, lös' uns vom Uebel, Amen.

D. Paul Speratus.

Vom Leben in Christo.

Johannis 17, v. 11. Heiliger Vater, erhalte sie in deinem Namen, die du mir gegeben hast, daß sie Eines seyen, gleichwie wir.

Mel. Wie schön leucht't uns der Morgenstern.

503. Es ist Etwas, des Heilands seyn, „ich dein, ó Jesu, und du mein,“ in Wahrheit sagen können. Ihn, seinen Hirten, Herrn und Ruhm, und sich sein Schaaf und Eigenthum ohn' allen Zweifel nennen. Selig, fröhlich sind die Seelen, die erwählen ohn' Bedenken, ihrem Jesu sich zu schenken.

2. Schau' an die Welt mit ihrer Lust und alle, die an ihrer Brust in heißer Liebe liegen. Sie essen und sind doch nicht satt, sie trinken, und das Herz bleibt matt, denn es ist lauter Trügen. Träume, Schäume, Schläg' im Herzen, Höllenschmerzen, ew'ges Quälen ist der Lohn betrogner Seelen.

3. Ganz anders ist's bei Jesu seyn, und als ein Schäflein aus und ein auf seinen Wegen gehen. Auf diesen Auen ist die Lust, die Gottes-Menschen nur bewußt, im Ueberfluß zu sehen: Weide, Freude, reine Triebe süßer Liebe, Fried' und Leben, Stärke, Licht und viel Vergeben.

4. Schau', armer Mensch! zu diesem Glück ruft stets dein Heiland dich zurück von jenem Grundverderben; er kam deswegen in die Welt, er gab für dich das Lösegeld durch Leiden und durch Sterben. Laß dich willig doch umarmen, sein Erbarmen, Blut und Leiden sind ein Meer der Seligkeiten.

5. Du hast es lang' genug versucht, ob das, was Jesu Kreuz verflucht, dir wahres Wohl gewähre. Dein Herz sagt: ja, fürwahr es ist so wie man in der Bibel lies't: der Welt Lust, Pracht und Ehre lüget, trüget. Wer nur wollte, wie er sollte, ja wer könnte, machte heut' dem Spiel' ein Ende.

6. Das Wollen und Vollbringen schafft des Wortes Jesu Gottes-Kraft: „nur nach, ihr armen Sünder! ihr seyd für mich, ich für euch da; könnt ihr gleich nichts, doch bin ich nah', nur folget mir als Kinder; ist doch mein Joch sanft und heilig, nur daß freilich euer Wille mir sich lasse in der Stille!“

7. O kannst du den Immanuel so vor der Thüre deiner Seel' vergeblich rufen lassen? sollt' seine unermeß'ne Pein gerad' an dir verloren seyn? das hieß' das Leben hassen. O nein, Schäflein! komm und wende dich behende zu den Wunden, die dein Hirt für dich empfunden.

8. Man hat auch wohl ein wenig Schmach und ein und andres Ungemach bei diesem Herrn zu leiden; doch ist's nicht werth der Ehr' und Freud', die er uns schon von Ewigkeit gedachte zu bereiten. Kronen, Thronen, Hosianna, himmlisch Manna, Siegespalmen folgen auf die Kreuzes-Psalmen.

9. Ja, liebe Seele, denk' daran, es steht so lang' nicht einmal an; schon hier auf dieser Erden soll dir bei jedem Tritt und Schritt Geist, Kraft und Licht auf Jesu Bitt' zum frohen Pfande werden. Kräfte, Säfte, uns beleben, Wonne geben, Taborsblicke strahlen oft auf uns zurücke.

10. Von Stund' an kann ich nicht mehr mein, des Teufels und der Sünde seyn, die mich bisher gebunden; mein Herr, den ich so sehr betrübt, der aber mich viel mehr geliebt, der hat mich überwunden. Nimm mich gänzlich, meine Freude, dir zur Beute und zum Lohne deiner blut'gen Dornenkrone.

11. Wallt noch in meiner Adern Bach ein Tröpfchen Blut's, das Jesu Schmach und seinen Sinn wollt' hassen; das soll an's Kreuz zum Opfer hin, ich will eh'r, was ich hab' und bin, als meine Liebe lassen. Ewig bleib ich dir verschrieben, o dein Lieben soll mich treiben, auch im Leiden dein zu bleiben.

12. Doch weil ich mir in eigner Kraft das, was allein die Gnade schafft, schon öfters vorgenommen: so fällt mir eben jetzo ein, daß ich mit aller Müh' und Pein doch nicht zum Zweck gekommen. So eil', mein Heil, mich zu retten von den Ketten meiner Sünden, die mich wider Willen binden.

13. Ach, mach mich von mir selber frei und stehe mir in Gnaden bei, stärk' meinen schwachen Willen durch deines werthen Geistes Kraft, zu üben gute Ritterschaft, den Vorsatz zu erfüllen; bis ich endlich schön geschmücket und entrücket allem Leiden darf bei dir, dem Lämmlein, weiden. J. C. St.

Vom jüngsten Gericht.

Offenb. Joh. 20, v. 12. Und ich sahe die Todten, beide groß und klein stehen vor Gott, und die Bücher wurden aufgethan, und ein ander Buch ward aufgethan, welches ist des Lebens. Und die Todten wurden gerichtet nach der Schrift in den Büchern nach ihren Werken.

In eigener Melodie.

504. Es ist gewißlich an der Zeit, daß Gottes Sohn wird kommen in seiner großen Herrlichkeit, zu richten Bös' und Frommen. Dann wird das Lachen werden theu'r, wenn Alles wird vergehn im Feu'r, wie Petrus davon schreibet.

2. Posaunen wird man hören gehn an aller Welt ihr Ende, darauf bald werden auferstehn all' Todten gar behende. Die aber noch das Leben hab'n, die wird der Herr von Stunden an verwandeln und verneuen.

3. Darnach wird man ablesen bald ein Buch, darin geschrieben, was alle Menschen, jung und alt, auf Erden hab'n getrieben. Da dann gewiß ein Jedermann wird hören, was er hat gethan in seinem ganzen Leben.

4. O weh' demselben, welcher hat des Herren Wort verachtet und nur auf Erden früh und spat nach großem Gut getrachtet, der wird, fürwahr! gar kahl bestehn und mit dem Satan müssen gehn von Christo in die Hölle.

5. O Jesu, hilf zur selben Zeit von wegen deiner Wunden, daß ich im Buch der Seligkeit werd' eingezeichnet funden; daran ich denn auch zweifle nicht, denn du hast ja den Feind gericht't und meine Schuld bezahlet.

6. Derhalben mein Fürsprecher sey, wenn du nun wirst erscheinen, und lies mich aus dem Buche frei, darinnen stehn die Deinen: auf daß ich sammt den Brüdern mein mit dir geh' in den Himmel ein, den du uns hast erworben.

7. O Jesu Christ, du machst es lang' mit deinem jüngsten Tage, den Menschen wird auf Erden bang' von wegen vieler Plage. Komm doch, komm doch, du Richter groß! und mach' uns in Genaden los von allem Uebel. Amen!

Nach dem Latein. Dies irae, dies illa. Uebersetzer unbekannt; verbessert von Bartholomäus Ringwaldt.

Das Heil in Christo.

Apost. Gesch. 4, v. 12. Und ist in keinem andern Heil, ist auch kein anderer Name den Menschen gegeben, darinnen wir sollen selig werden.

Mel. Es ist das Heil uns kommen her.

505. Es ist in keinem andern Heil, ist auch kein Nam' gegeben, darin wir könnten nehmen Theil an Seligkeit und Leben; nur Jesus ist allein der Held, der uns das Leben hergestellt. Gelobet sey sein Name!

2. Denn Jesus ist's, der unsre Schuld sammt aller Straf' und Plagen, — o unerhörte Lieb' und Huld! — hat williglich getragen. Er war gerecht, doch ließ er sich zur Sünde machen, daß ich mich in ihm gerecht kann nennen.

3. So heißt er Jesus denn nicht nur; er ist auch was er heißet, indem er unsere Natur aus allem Jammer reißet. Die That stimmt mit dem Namen ein: er will auch, wie er heißet, seyn: mein Heil und Seligmacher.

4. O Name! werde doch in mir durch Gottes Geist verkläret; weil, was verborgen liegt in dir, kein irdisch Herz erfähret. Denn die Vernunft begreift es nicht, ohn' Gottes Glanz und Gnaden-Licht bleibt es unaufgeschlossen.

5. Laß, Jesu! deines Namens Kraft und inn're Süßigkeiten, und was derselbe Gutes schafft, sich stets in mir ausbreiten: so wird der Sünden Noth gewehrt, so wird die Last in Lust verkehrt, so bin ich selig; Amen.

Vom geistlichen Kampfe und Siege.

Matthäi 11, v. 30. Mein Joch ist sanft und meine Last ist leicht.

Mel. Es kostet viel ein Christ zu seyn.

506. Es ist nicht schwer, ein Christ zu seyn, und nach dem Sinn des reinen Geistes leben; zwar der Natur geht es gar sauer ein, sich immerdar in Christi Tod zu geben; doch führt die Gnade selbst zu aller Zeit den schweren Streit.

2. Du darfst nur wie ein Kindlein seyn, du darfst ja nur die Liebe kindlich üben; o blöder Geist, schau' doch, wie gut er's mein', ein Kind soll dir ein Beispiel seyn im Lieben; drum fürchte dich nur ferner nicht so sehr; es ist nicht schwer.

3. Dein Vater fordert nur das Herz, daß er es selbst mit seiner Gnade fülle, der fromme Gott macht dir gar keinen Schmerz; die Unlust schafft in dir dein eigner Wille: drum übergieb ihn willig in den Tod; so hat's nicht Noth.

4. Wirf nur getrost den Kummer hin, der nur dein Haupt vergeblich schwächt und plaget; erwecke nur im Glauben deinen Sinn, wenn Furcht und Weh' dein schwaches Herze naget; sprich: Vater! schau' mein Elend gnädig an; so wird's gethan.

5. Dein Herze bitte um Geduld, wenn du nicht gleich des Vaters Hülfe merkest. Versiehst du's oft und fehlst aus eig'ner Schuld, so sieh', daß du dich durch die

Gnade stärkest, so ist dein Fehl und kindliches Verseh'n als nicht gescheh'n.

6. Laß nur dein Herz im Glauben ruh'n, wenn dich will Nacht und Finsterniß bedekken; dein Vater wird nichts Schlimmes mit dir thun, vor keinem Sturm und Wind darfst du erschrecken; ja siehst du endlich ferner keine Spur, so glaube nur.

7. Mit neuer Kraft wirst du aufsteh'n und wirst dein Heil mit großer Klarheit schauen; was du geglaubt, wirst du dann vor dir seh'n, drum darfst du nur dem frommen Vater trauen. O Seele, sieh' doch, wie ein wahrer Christ so selig ist.

8. Auf! auf! mein Geist, was säumest du, dich deinem Gott ganz kindlich zu ergeben? geh' hin, mein Herz, genieß' die süße Ruh', in Friede sollst du vor dem Vater schweben; die Sorg' und Last wirf nur getrost und kühn allein auf ihn.

D. Christian Friedrich Richter.

Von der seligen Ruhe.

Ebräer 4, v. 9. Es ist noch eine Ruhe vorhanden dem Volk Gottes.

Mel. Wie wohl ist mir, o Freund der Seelen.

507. Es ist noch eine Ruh' vorhanden; auf! müdes Herz, und werde Licht! du seufzest hier in deinen Banden, und deine Sonne scheinet nicht. Sieh' auf das Lamm, das dich mit Freuden dort wird vor seinem Stuhle weiden, wirf hin die Last und eil' ihm zu. Bald ist der schwere Kampf vollendet, bald, bald der saure Lauf geendet, so gehst du ein zu deiner Ruh'.

2. Die Ruhe hat Gott auserkoren, die Ruhe, die kein Ende nimmt; es hat, da noch kein Mensch geboren, die Liebe sie uns schon bestimmt. Das Gottes-Lamm wollt' darum sterben, uns diese Ruhe zu erwerben. Es ruft, es locket weit und breit: Ihr müden Seelen und ihr frommen, versäumet nicht, heut' einzukommen zu meiner Ruhe Lieblichkeit.

3. So kommet denn, ihr matten Seelen, die manche Last und Bürde drückt. Eilt, eilt aus euren Kummerhöhlen, geht nicht mehr müde und gebückt. Ihr habt des Tages Last getragen, dafür läßt euch der Heiland sagen: Ich selbst will eure Ruhstatt seyn. Ihr seyd sein Volk, er will euch schützen; will auch die Hölle auf euch blitzen, seyd nur getrost und gehet ein!

4. Was mag wohl einen Kranken laben und einen müden Wandersmann? — Kann jener nur ein Bettlein haben, auf dem er sanfte ruhen kann; wenn dieser sich darf niedersetzen, an einem frischen Trunk ergötzen, wie sind sie beide dann vergnügt! Doch dies sind kurze Ruhestunden; es wird noch eine Ruh' gefunden dort, wo an Jesu Brust man liegt.

5. Da wird man Freuden-Garben bringen; denn unsre Thränensaat ist aus. O welch ein Jubel wird erklingen, welch Lobgetön' in's Vaters Haus. Schmerz, Seufzen, Leid, Tod und dergleichen wird müssen fliehn und von uns weichen; wir werden dort den Heiland sehn. Sein süßes Wort wird uns erfrischen, die Thränen wird vom Aug' er wischen; wer weiß, was sonst noch soll geschehn?

6. Kein Durst noch Hunger wird uns schwächen, denn die Erquickungszeit ist da. Kein Herz wird da in Kummer brechen, das Lamm ist seinem Volke nah; es will selbst bei den Seinen wohnen und ihre Treue wohl belohnen mit Licht und Trost, mit Ehr' und Preis. Dann werden die Gebeine grünen, der große Sabbath ist erschienen, da man von keiner Arbeit weiß.

7. Da ruhen wir und sind in Frieden und leben ewig sorgenlos. Ach, fasset dieses Wort, ihr Müden, legt euch dem Lamm in seinen Schooß. Ach Flügel her! wir müssen eilen und uns nicht länger hier verweilen, dort wartet schon die frohe Schaar. Fort, fort, mein Geist, zum Jubiliren, auf! gürte dich zum Triumphiren. Auf! auf! es kommt das Ruhe-Jahr.

M. Johann Siegmund Kunth.

Komm nur zu Jesu!

Lucä 14, v. 22. Es ist aber noch Raum da.

Mel. Wer nur den lieben Gott läßt walten.

508. Es ist noch Raum in Jesu Wunden für mich, der ich verwundet bin, da hab' ich meine Ruh' gefunden, da sieht mein Geist mit Freuden hin; da werd' ich armer Kranker heil, da find' ich auch das beste Theil.

2. Es ist noch Raum in deinem Herzen für mein geängstet traurig Herz; o, lindre doch die Seelenschmerzen und zeuch mich, zeuch mich himmelwärts; nimm mich, die blöde Taube, ein, und laß mich ewig sicher seyn.

3. Es ist noch Raum in deinen Händen, es ist noch Raum in deinem Schooß; ich

will mich an dein Herz nur wenden, da ist mein allerbestes Loos; du rufst: o Sünder, glaube nur! ich folg', o Heiland, dieser Spur.

4. Es ist noch Raum bei deiner Heerde, ich armes Schaaf komm' auch dazu; du willst, daß nichts verloren werde: drum such' ich bei dir meine Ruh', bei dir, dem großen Sünderfreund, der's ja so gut, so redlich meint.

5. Es ist noch Raum bei deinen Kindern, der Tisch ist auch für mich gedeckt, es fehlt dir nicht an armen Sündern, doch noch an mir, der ich befleckt. Du willst auch mich, du nimmst mich an, ich komme, wie ich kommen kann.

6. Es ist noch Raum in deiner Seite, daraus das Blut und Wasser floß. O Hirte! gängle, führe, leite, und schenke mir dies schöne Loos: laß mich (o laß es bald geschehn!) darinnen meine Freistadt sehn!

7. Es ist noch Raum in deinen Armen, du streckest sie ja täglich aus, und trägst uns liebreich mit Erbarmen darauf in deines Vaters Haus; ich fall' in diese treue Hand, sie trägt gewiß ins Vaterland.

8. Es ist noch Raum in deinem Himmel, ich möchte gerne selig seyn; ich eil' aus diesem Weltgetümmel und geh' mit Freuden da hinein in das verheiß'ne Kanaan, da treff' ich meinen Heiland an.

M. Johann Christian Schlipalius.

Charfreitagslied.

Johannis 19, v. 30. Jesus sprach: Es ist vollbracht! und neigete das Haupt und verschied.

Mel. Wer nur den lieben Gott läßt walten.

509. Es ist vollbracht; er ist verschieden, mein Jesus schließt die Augen zu; der Friedensfürst schläft ganz mit Frieden, die Lebenssonne geht zur Ruh' und sinkt in stille Todesnacht; o theures Wort: es ist vollbracht!

2. Es ist vollbracht, wie Gott gesprochen; des Lebens Wort muß sprachlos seyn. Das Herz der Treue wird gebrochen, den Fels des Heils umfaßt ein Stein. Die höchste Kraft ist nun verschmacht't; o wahres Wort: es ist vollbracht!

3. Es ist vollbracht! schweig, mein Gewissen, ihr Sünden schrei't nicht allzusehr. Habt ihr die Wolken oft zerrissen, das Blut des Lammes schrei't vielmehr. Nun ist getilgt der Höllen Macht. O süßes Wort: es ist vollbracht!

4. Es ist vollbracht! mein Herzverlangen, du allerliebste Liebe du, die Engel wünschen zu umfangen, nimm auch in meinem Herzen Ruh', wo Liebe dir ein Grab gemacht; trostvolles Wort: es ist vollbracht!

5. Es ist vollbracht! ich will mich legen zur Ruh' auf Christi Grabesstein, die Engel sind allhie zugegen, ich schlumm're sanft mit Jakob ein. Die Himmelspfort' ist aufgemacht; o Lebenswort: es ist vollbracht!

Salomon Franck.

Charfreitagslied.

Johannis 19, v. 30. Da nun Jesus den Essig genommen hatte, sprach er: Es ist vollbracht.

In eigener Melodie.

510. Es ist vollbracht! vergiß ja nicht dies Wort, mein Herz! das Jesus spricht, da er am Kreuze für dich stirbet und dir die Seligkeit erwirbet, da er, der alles, alles wohlgemacht, nunmehro spricht: es ist vollbracht!

2. Es ist vollbracht, am Kreuze dort, Gesetz und der Propheten Wort, was wir niemals vollbringen konnten, ist nun vollbracht durch Jesu Wunden; was Gottes Rath von Ewigkeit bedacht, das ist durch seinen Tod vollbracht.

3. Es ist vollbracht und g'nug gethan, daß man nicht mehr verlangen kann; Gott ist versöhnt und ganz gestillet, weil sein Sohn alles hat erfüllet; was ist's, daß man in Angst und Sorgen wacht? man glaube nur: es ist vollbracht!

4. Es ist vollbracht! was soll ich nun dazu noch, o mein Jesu, thun? nichts, nichts; denn was von dir geschehen, wird schon als mein Werk angesehen; auch das, was ich vollbringe Tag und Nacht wird von dir selbst in mir vollbracht.

5. Es ist vollbracht, ich bin befreit, ich habe schon die Seligkeit; weil Sünd' und Tod sind weggenommen, ist Gnad' und Leben wiederkommen: darum, wenn auch gleich alles bricht und kracht, sag' ich getrost: es ist vollbracht!

6. Es ist vollbracht! vergiß ja nicht dies Wort, mein Herz, das Jesus spricht, und laß es dir auch dazu dienen, daß du vollbringst, was dir will ziemen; so lang' du lebst, laß dies nicht aus der Acht, daß Jesus spricht: es ist vollbracht!

Johann Eusebius Schmidt.

Bußfertige und gläubige Vorbereitung auf des Lebens Ende.

1 Corinther 15, v. 58. Seyd fest, unbeweglich, und nehmet immer zu in dem Werk des Herrn.

Mel. Wer nur den lieben Gott läßt walten.

511. Es kommt auf dieser Zionsreise doch endlich alles darauf an, wie man einmal dir, Herr, zum Preise, den Lauf recht gläubig schließen kann: drum gieb mir doch zu jeder Zeit des Glaubens Treu' und Wachsamkeit.

2. Es kann mein Uhrwerk bald verlaufen, der letzte Schlag kann plötzlich seyn: drum laß mich Zeit und Oel erkaufen und präg' in mir dein Leben ein, daß auch ein schneller Tod allhier mich nirgends find' als nur in dir.

3. Erinn're mich, daß ich als Erde zur Erd' auch einmal werden muß, damit ich klug und wachsam werde: weil unsrer Zeiten schneller Fluß, eh' man es glaubet oft verfließt und in die Ewigkeit verschließt.

4. Drum laß mich täglich Rechnung halten durch wahre Prüfung, Buß' und Reu', auf daß die letzte beim Erkalten nicht allzugroß und schwer mir sey. Auch führ' mich stets in deinen Tod, so hat's in meinem keine Noth.

5. Eröff'ne mir die Glaubensfülle, daß ich, von eig'nem Schmuck befreit, mich als ein nackend Kind nur hülle in dich und deiner Unschuld Kleid, weil du allein das Recht erfüllt, und nur dein Schmuck im Tode gilt.

6. Hilf, daß mir nichts den Glauben beuget, vermehre du ihn nur vielmehr, je näher sich mein Ende zeiget: und wüthet noch der Satan sehr, so habe du nur auf mich Acht und steu're seiner List und Macht.

7. Wenn mich auch meine Sünde kränket, so zeige, wie du meine Schuld getragen und in's Grab gesenket, und wie des Vaters Zorn in Huld, und aller Fluch, ja Straf' und Pein in Segen nun verwandelt seyn.

8. Lieg' ich denn nun in letzten Zügen, erschrecket mich, o Herr, der Tod, so hilf mir doch recht herrlich siegen und lind're Schmerz und Todesnoth. Sprich meiner Seelen tröstlich zu und halte mich in stiller Ruh'.

9. Ach laß mich, Herr, nur nicht verzagen, du weißt, wie schwach und blöd' ich bin, wie ich so wenig kann vertragen: drum stärke du mein Herz und Sinn, und laß mich in der Todespein nicht über Macht versuchet seyn.

10. Dein Geist sey in den letzten Stunden mein Reis'gefährte bis in's Grab, mein Weg und Durchgang deine Wunden, dein Wort mein Schwert, dein Kreuz mein Stab; die Ruh'stätt', wenn ich müde bin, das Vaterherz, dein Liebessinn;

11. Die Zuflucht vor dem Sturm und Regen dein Grab, und bin ich schwach und krank, dein Fleisch und Blut, auf diesen Wegen, mein' Arzeney, ja Speis' und Trank, du selbst im finstern Todesthal mein Licht zu deinem Freudensaal.

12. Ach ja, du wirst mich selber leiten auch durch den tiefen Jordansfluß, mit Wind und Flammen für mich streiten, da alle Fluth vertrocknen muß: dein ew'ger Lieb's und Friedensbund ist auch in tiefster Fluth mein Grund.

13. Du wirst voran den Weg bereiten, du gehest immer vor mir hin, die Engel werden mich begleiten, bis ich mit dir hinüber bin, die tragen selbst mit starker Hand mich in mein liebes Vaterland.

Karl Heinrich v. Bogatzky.

Vom geistlichen Kampfe und Siege.

Zephanja 3, v. 16. 17. Fürchte dich nicht und laß deine Hände nicht laß werden; denn der Herr, dein Gott, ist bei dir, ein starker Heiland; er wird sich über dich freuen und dir freundlich seyn.

In eigener Melodie.

512. Es kostet viel, ein Christ zu seyn, und nach dem Sinn des reinen Geistes leben; denn der Natur geht es gar sauer ein, sich immerdar in Christi Tod zu geben; und ist hier gleich ein Kampf wohl ausgericht't, das macht's noch nicht.

2. Man muß hier stets auf Schlangen gehn, die ihren Gift in unsre Fersen bringen, da kostet's Müh', auf seiner Hut zu stehn, daß nicht das Gift kann in die Seele dringen. Wenn man's versucht, so spürt man mit der Zeit die Wichtigkeit.

3. Doch ist es wohl der Mühe werth, wenn man mit Ernst die Herrlichkeit erwäget, die ewiglich ein solcher Mensch erfährt, der sich hier stets auf's Himmlische geleget. Es hat wohl Müh', die Gnade aber macht, daß man's nicht acht't.

4. Man soll ein Kind des Höchsten seyn, ein reiner Glanz, ein Licht im großen Lichte! Wie wird der Leib so stark, so

hell und rein, so herrlich seyn, so lieblich im Gesichte, dieweil ihn da die wesentliche Pracht so schöne macht.

5. Da wird das Kind den Vater sehn, im Schauen wird es ihn mit Lust empfinden, der lautre Strom wird es da ganz durchgehn und es mit Gott zu einem Geist verbinden. Wer weiß, was da im Geiste wird geschehn: wer mag's verstehn!

6. Da giebt sich ihm die Weisheit ganz, die es hier stets als Mutter hat gespüret, sie krönet es mit ihrem Perlenkranz und wird als Braut der Seele zugeführet. Die Herrlichkeit wird da ganz offenbar, die in ihm war.

7. Was Gott genießt, genießt es auch, was Gott besitzt, wird ihm in Gott gegeben, der Himmel steht bereit ihm zum Gebrauch; wie lieblich wird es doch mit Jesu leben! Nichts höher wird an Kraft und Würde seyn, als Gott allein.

8. Auf, auf, mein Geist, ermüde nicht, dich durch die Macht der Finsterniß zu reißen; was sorgest du, daß dir's an Kraft gebricht? Bedenke, was für Kraft uns Gott verheißen! Wie gut wird sich's doch nach der Arbeit ruhn, wie wohl wird's thun!

D. Christian Friedrich Richter.

Palmsonntags-Lied.

Johannis 12, v. 23. Die Zeit ist gekommen, daß des Menschen Sohn verklärt werde.

Mel. Herzliebster Jesu, was hast du verbrochen?

513. Es nah't die Zeit, den Rathschluß zu vollenden, den du empfangen aus des Vaters Händen; den Menschen Heil und Frieden zu erwerben, sollst, Herr, du sterben.

2. Gelassen gehst dem Tode du entgegen: Jerusalem, wo Wahn und Trug sich regen, siehst du, als seine Zinnen dir erscheinen, mit Schmerz und Weinen.

3. Man streut dir jauchzend Palmen auf die Wege; — und dennoch wallest du des Todes Stege? — Wie konnten sie, die, Herr, dir Psalmen singen, den Tod dir bringen?

4. Doch ach, die Welt verkehret bald ihr Lieben; auch sie erkalten in des Dankes Trieben: „Er dulde," — rufen sie nach wenig Tagen, — „des Kreuzes Plagen!" —

5. Dich, Jesu, kann der Feinde Wuth nicht kränken! für sie, um Gnade noch am Kreuz zu schenken, flehst du Vergebung, weil sie nicht verstehen, was sie begehen!

6. Wer kann, o Herr, dir wohl an Treue gleichen! o welche Liebe! wer mag sie erreichen! so konntest ruhig du dem Tod begegnen, ihn gar noch segnen!

7. O Jesu, laß dein Leiden mich bedenken, nicht meinen Sinn auf Tand der Erde lenken; daß du für mich dem Tode gingst entgegen, laß mich erwägen.

8. Auf daß ich ganz mein Herz dir, Jesu, weihe, gieb, Herr, mir Gnade, daß die Sünd' ich scheue; dann werd' ich jauchzen in der Sel'gen Chöre: dir, dir sey Ehre!

C. C. G. Langbecker.

Weihnachtslied.

Psalm 111, v. 9. Er sendet eine Erlösung seinem Volk; er verheißet, daß sein Bund ewiglich bleiben soll.

Mel. Vom Himmel hoch da komm' ich her.

514. Es sey uns gnädig Gott der Herr, und segne uns je mehr und mehr, er lasse seyn auf uns gericht't sein gnadenfreundlich Angesicht;

2. Auf daß wir gläubig mögen seh'n, was heut' für Heil uns ist gescheh'n, da Gottes Sohn sich eingestellt zur Seligkeit der ganzen Welt.

3. Es bringen alle Völker dir, o Gott! ein' Lob- und Dankgebühr, die Völker freuen jauchzend sich, sie freuen sich herzinniglich,

4. Daß du, nach deiner großen Huld erlassen willst die Sündenschuld, und nun das menschliche Geschlecht, das an ihn glaubet, sprichst gerecht.

5. Man prediget, o Herr! dein Wort mit Andacht fröhlich hie und dort, durch deine Kraft wird deine Lehr' befördert täglich mehr und mehr.

6. Wir loben dich im Erdgetümm'l, daß du hast deinen Sohn vom Himm'l, der alle Dinge ja erhält, geschenkt zum Heiland heut' der Welt.

C. K.

Vom falschen Christenthum.

Psalm 14, v. 2. 3. Der Herr schauet vom Himmel auf die Menschenkinder, daß er sehe, ob Jemand klug sei und nach Gott frage: aber sie sind alle abgewichen, und allesammt untüchtig.

In eigener Melodie.

515. Es spricht der Unweisen Mund wohl: den rechten Gott wir meinen; doch ist ihr Herz Unglaubens voll, mit That sie ihn verneinen: ihr Wesen ist verderbet zwar, vor Gott ist es ein Gräuel gar, es thut ihr'r keiner kein gut.

2. Gott selbst vom Himmel sah herab auf aller Menschen Kinder; zu schauen sie er

sich begab, ob er Jemand würd' finden, der sein'n Verstand gerichtet hätt', mit Ernst nach Gottes Worten thät', und fragt' nach seinem Willen.

3. Da war Niemand auf rechter Bahn, sie war'n All' ausgeschritten; ein Jeder ging nach seinem Wahn, und hielt verlorne Sitten: es thät ihr'r keiner doch kein gut, wiewohl gar viel betrog der Muth, ihr Thun sollt' Gott gefallen.

4. Wie lange woll'n unwissend seyn, die solche Müh' aufladen und fressen dafür das Volk mein, nähr'n sich mit seinem Schaden? Es steht ihr Trauen nicht auf Gott, sie rufen ihn nicht in der Noth; sie woll'n sich selbst versorgen.

5. Darum ist ihr Herz nimmer still und steht allzeit in Fürchten; Gott bei den Frommen bleiben will, die Ihm im Glaub'n gehorchen. Ihr aber schmäht des Armen Rath und höhnet alles, was er sagt, daß Gott sein Trost ist worden.

6. Wer soll Israel, dem Armen zu Zion Heil erlangen? Gott wird sich sein's Volks erbarmen, und lösen die Gefangnen. — Das wird er thun durch seinen Sohn; davon wird Jakob Wonne han, und Israel sich freuen.

D. Martin Luther.

Von der ewigen Seligkeit.

Psalm 16, v. 11. Du thust mir kund den Weg zum Leben; vor dir ist Freude die Fülle, und liebliches Wesen zu deiner Rechten ewiglich.

Mel. Befiehl du deine Wege 2c.

516. Es tagt in meiner Seele die Hoffnung jener Welt. Ich tausch' mit keiner Seele, die sich mit Eitlem quält. Es steigt bei tausend Sorgen in meinem Erdenlauf mit jedem neuen Morgen der Blick zum Himmel auf.

2. Zwar schwingt er zu den Höhen sich hier nur matt empor: kein Aug' hat je gesehen und nie gehört ein Ohr das Wesen von dem Glücke am freudenvollen Ort; doch g'nügen meinem Blicke die Bilder aus dem Wort.

3. Noch kenn' ich, Gott Erlöser, dich nicht von Angesicht; doch zeigt dich mir stets größer dein aufgestecktes Licht. Noch hör' ich nicht, wie droben das Heer der Sänger preis't; doch lern' ich hier schon loben, mich lehrt es ja dein Geist.

4. Was ich bei Engeln höre, wird unaussprechlich seyn; indeß spricht deine Lehre mir Lebensworte ein; du, den ich einst erst sehe, bist nah mir jeden Schritt, und theilst in deiner Nähe mir schon den Himmel mit.

5. Im Himmelsvorschmack walle ich so die Himmelsbahn, selbst meine Leiden alle ziehn mich nur mehr hinan: es wächst mein Drang, mein Streben, durch aufgelegte Last, die Sehnsucht nach dem Leben, das du bereitet hast.

6. So oft voll Glaubensfreude im Geist ich selig bin, ermann' ich mich und scheide mehr von dem Erdensinn, so oft ich neue Kräfte von deiner Liebe fühl', umfass' ich dich und hefte mein Aug' mehr an das Ziel.

7. Am Tage der Belohnung, wenn einst mein Aug' erwacht, des offnen Himmels Wohnung dem Geist entgegen lacht: von Seligkeit verschlungen, thut er den Tritt hinein; von deinem Blick durchdrungen, o wie wird dann ihm seyn!

8. O, mehr als einer Sonne gleicht jeder Strahl von dir! Ja, einen Strom von Wonne bereitest du auch mir! — Heil, wer in jenen Höhen dich, Jesus Christus, hat! Kein Aug' wird satt sich sehen, es hört kein Ohr sich satt.

Johann Gottfr. Schöner.

Die Schöpfung.

Nehemia 9, v. 6. Herr, du bist es allein, du hast gemacht den Himmel und aller Himmel Himmel mit allem ihrem Heer; die Erde, und alles, was darauf ist; die Meere, und alles, was darinnen ist; du machest alles lebendig, und das himmlische Heer betet dich an.

Mel. Herr Gott, dich loben wir.

517. Es war noch keine Zeit. Es war nur Ewigkeit! Itzt schufst du, Gott, der Himmel Heer, und aller deiner Geister Heer! Die Himmel sind, wie weit sie sich ausbreiten, wie geschmückt durch dich, nur Hütten für den bessern Geist, der selig nur dich kennt und preis't. Erster, Unendlicher! Weiser! Allmächtiger! Gnädiger! Heiliger! Jehovah! unser Gott! Du hast den Erdkreis ausgeschmückt mit Schönheit, so die Seel' entzückt. Sie, die viel' Himmel überstrahlt, die Sonne, die uns Leben strahlt, du führest sie zu uns herauf, und immer läuft sie ihren Lauf. Den sanftern Mond hast du gemacht, den Führer und den Schmuck der Nacht. Wohin wir, unser Schöpfer, geh'n, wie weit des Müden Augen sehn, trieft, o Allmächtiger, dein Fuß von deiner Gnaden Ueberfluß!

2. Die Quelle rinnt, es träuft der Thau! Sie tränket uns, er tränkt die Au'. Der

Berg, das Thal, der Wald, das Feld, der Erdkreis, den dein Arm erhält, ist schön, ist Segen, ist bestreut, Allmächtiger, mit Fruchtbarkeit. Wir leben gern, des Lebens Müh' du linderst und versüßest sie. Den Schweiß auf unserm Angesicht bestrahlet deines Segens Licht. So hast du unsre Welt geschmückt mit Schönheit, so die Seel' entzückt!

3. Doch, was sie war, das ist sie nicht. Sie trifft auch deines Fluch's Gericht: Erdbeben, Donner, Stürme, Meer, Krieg, ungezählter Seuchen Heer. Wir sterben und du schickst das Schwert, den Tod, den Tod, der uns verheert.

4. Ach, Staub zu werden, sinken wir in's Grab, furchtbarer Gott! vor dir. Ein Lüftchen selbst (dem winkest du) weht uns dem nahen Grabe zu! Der Mensch, des Tod's gewisser Raub, was wär' des Elends Knecht, der Staub, hätt' ihn dein Mittler nicht versöhnt, mit dir, Unendlicher, versöhnt? Gerechtester, was wären wir? Jehovah, Richter! was vor dir?! Amen!

Friedrich Gottlieb Klopstock.

Tischlied.

Psalm 145, v. 15 16. Aller Augen warten auf dich, und du giebst ihnen ihre Speise zu seiner Zeit. Du thust deine milde Hand auf, und erfüllest alles, was da lebet, mit Wohlgefallen.

Mel. Herr Gott, dich loben alle wir.

518. Es wartet Alles, Herr, auf dich, der du die Welt ganz mildiglich ernährest und so weit und breit die Speise giebst zu rechter Zeit.

2. Wenn du die rechte Hand thust auf, so kommen wir mit vollem Lauf und werden, sind wir noch so matt, von deinen Gütern Alle satt.

3. Du trägst Erbarmung Tag für Tag, o großer Gott, hörst unsre Klag'; erhör' uns auch zu dieser Frist, weil du doch unser Vater bist.

4. Auf dies Vertrauen kommen wir, getreuer Vater, auch zu dir, daß wir mit Beten, Lob und Dank empfangen fröhlich Speis' und Trank.

5. Drauf bitten wir aus Herzensgrund: ach Herr, gesegn' uns diese Stund', und laß die liebe Kost allein von deiner Hand gesegnet seyn.

6. Verhüte, daß, o großer Gott, wir nicht vergessen dein Gebot und etwa sagen ohngefähr: dies kommt von unsrer Arbeit her.

7. Vielmehr laß uns bescheidentlich erkennen und drum loben dich, daß du nur bist der rechte Mann, der alles Fleisch versorgen kann.

8. Inmitten, Herr, erleucht' uns doch, daß wir dich kindlich fürchten noch, damit an Leib und Seel' zugleich wir endlich werden satt und reich.

9. Gieb auch den Armen Brot genug, daß etwan sie, durch Satans Trug, nach fremden Gütern trachten nicht und fallen in dein Strafgericht.

10. Drauf sprechen wir das Tischgebet: Herr, segne, was das Herz gefleht und laß die Mahlzeit so geschehn, daß wir mit Freuden von ihr gehn.

Johann Rist.

Vom Worte Gottes und von der Ausbreitung des Reiches Christi.

Psalm 67, v. 2. 3. Gott sey uns gnädig und segne uns; er lasse uns sein Antlitz leuchten, Sela! daß wir auf Erden erkennen seinen Weg, unter allen Heiden sein Heil.

In eigener Melodie.

519. Es woll' uns Gott genädig seyn und seinen Segen geben; sein Antlitz uns mit hellem Schein erleucht' zum ew'gen Leben, daß wir erkennen seine Werk', und was ihn liebt auf Erden, und Jesus Christus Heil und Stärk' bekannt den Heiden werde und sie zu Gott bekehre.

2. So danken Gott und loben dich die Heiden überalle, und alle Welt, die freue sich und sing' mit großem Schalle: daß du auf Erden Richter bist und läßt die Sünd' nicht walten, dein Wort die Hut und Weide ist, die alles Volk erhalten, in rechter Bahn zu wallen.

3. Es danke, Gott, und lobe dich das Volk in guten Thaten, das Land bring' Frucht und bess're sich, dein Wort laß wohl gerathen. Uns seg'ne Vater und der Sohn, uns seg'ne Gott der heil'ge Geist, dem alle Welt die Ehre thut, vor ihm sich fürchtet allermeist. Nun sprecht von Herzen: Amen!

D. Martin Luther.

Von der Ewigkeit.

Galater 6, v. 8. Wer auf sein Fleisch säet, der wird von dem Fleisch das Verderben ernten; wer aber auf den Geist säet, der wird von dem Geist das ewige Leben ernten.

Mel. Meinen Jesum laß ich nicht.

520. Ewig, ewig heißt das Wort, das wir wohl bedenken müssen. Zeitlich hier, und ewig dort, das ist, was wir alle wissen. Denn nach dieser kurzen Zeit folgt die lange Ewigkeit.

2. Es wird endlich alle Zeit von der Ewigkeit verschlungen, diese bringet Freud' und Leid, wie man hier darnach gerungen. Was wir in der Zeit gethan, schreibt die Ewigkeit uns an.

3. Ewig wird das Erbe seyn derer, die an Christum gläuben, und ohn' allen Heuchelschein treu in seiner Liebe bleiben. Für das Leiden dieser Zeit krönet sie die Ewigkeit.

4. Ewig aber ist verflucht, wer die Zeit in seinem Leben zu verschwenden nur gesucht und sich eitler Lust ergeben; diesem bringt die Ewigkeit endlich ein unendlich Leid.

5. Mein Gott, laß mich in der Zeit an die Ewigkeit gedenken, und durch keine Sicherheit mir das rechte Ziel verschränken: daß mich, eh' die Zeit verläuft, nicht die Ewigkeit ergreift.

6. Ewig! ewig! süßer Schall, wenn man hier hat fromm gelebet. Ewig! ewig, Schreckenshall, wenn man Gott hat widerstrebet. Stehe mir in Gnaden bei, daß das Wort mir Jubei sey.

Benjamin Schmolck.

Ermunterung zum Fortfahren im Guten.

Luc. 9, v. 62. Wer seine Hand an den Pflug leget und siehet zurück, der ist nicht geschickt zum Reiche Gottes.

In eigener Melodie.

521. Fahre fort :,: Zion, fahre fort im Licht, mache deinen Leuchter helle, laß die erste Liebe nicht, suche stets die Lebensquelle, Zion, dringe durch die enge Pfort', fahre fort. :,:

2. Leide dich :,: Zion, leide ohne Scheu Trübsal, Angst mit Spott und Hohne, sey bis in den Tod getreu, siehe auf die Lebenskrone; Zion, fühlest du den Schlangenstich, leide dich. :,:

3. Folge nicht :,: Zion, folge nicht der Welt, die dich suchet groß zu machen, achte nichts ihr Gut und Geld, nimm nicht an das Bild des Drachen; Zion, wenn sie dir viel Lust verspricht, folge nicht. :,:

4. Prüfe recht :,: Zion, prüfe recht den Geist, der dich ruft auf beiden Seiten, thue nicht, was er dich heißt, laß nur deinen Stern dich leiten. Zion, Beide das, was krumm und schlecht, prüfe recht. :,:

5. Dringe ein :,: Zion, dringe ein in Gott; stärke dich mit Geist und Leben, sey nicht wie die Andern todt, sey du gleich den grünen Reben. Zion, in die Kraft für Heuchelschein, dringe ein. :,:

6. Brich herfür :,: Zion, brich herfür in Kraft, weil die Bruderliebe brennet, zeige, was der in dir schafft, der als seine Braut dich kennet; Zion, durch die dir gegeb'ne Thür brich herfür. :,:

7. Halte aus :,: Zion, halte deine Treu', laß dich ja nicht laulicht finden. Auf! das Kleinod rückt herbei, auf! verlasse, was dahinten, Zion, in dem letzten Kampf und Strauß halte aus. :,:

Johann Eusebius Schmidt.

Alles in Jesu Namen!

Colosser 3, v. 17. Alles, was ihr thut mit Worten oder mit Werken, das thut alles in dem Namen des Herren Jesu.

Mel. Christus, der uns selig macht.

522. Fang' dein Werk mit Jesu an, Jesus hat's in Händen. Jesum ruf' zum Beistand an, Jesus wird's vollenden. Steh' mit Jesu Morgens auf, geh' mit Jesu schlafen, führ' mit Jesu deinen Lauf, lasse Jesum schaffen.

2. Morgens soll der Anfang seyn, Jesum anzubeten, daß er woll' dein Helfer seyn stets in allen Nöthen. Morgens, Abends und bei Nacht woll' er stehn zur Seiten, wenn des Satans List und Macht dich sucht zu bestreiten.

3. Wenn dein Jesus mit dir ist, laß die Feinde wüthen; er wird dich vor ihrer List schützen und behüten. Setz' nur das Vertrauen dein in sein' Allmachts-Hände und gläub' sicher, daß allein er dein Unglück wende.

4. Wenn denn deine Sach' mit Gott also angefangen, ei, so hat es keine Noth, wirst den Zweck erlangen; es wird folgen Glück und Heil hier in diesem Leben, endlich wird dir Gott dein Theil auch im Himmel geben.

5. Nun, Herr Jesu! all' mein' Sach' sey dir übergeben, es nach deinem Willen mach' auch im Tod' und Leben: all' mein Werk greif' ich jetzt an, Herr, in deinem Namen; laß es doch seyn wohlgethan und sprich dazu Amen!

Thue nichts ohne Jesum!

Apost. Gesch. 2, v. 25. Ich habe den Herrn allezeit vorgesetzet vor mein Angesicht; denn er ist an meiner Rechten, daß ich nicht beweget werde.

Mel. Liebster Jesu, wir sind hier.

523. Fang' dein Werk mit Jesu an, was zum Segen soll gereichen;

dieser Beistand will und kann Wege, Rath und Hülfe zeigen, Alles lässet sich vollenden mit Gott, der es hat in Händen.

2. Vater, Sohn und heil'ger Geist! gieb zu des Berufes Werke, wie dein wahres Wort verheißt, dein Gedeihen, Kraft und Stärke, so wird Müh' uns nicht verdrießen, die dein Segen will versüßen.

3. Nun so werf' ich aus mein Netz, Herr, auf dein Wort und Verheißen, dein Befehl ist mein Gesetz, deinen Beistand will ich preisen: denn mein Mund soll dir zu Ehren stets sich dankend lassen hören.

Ehrenfried Dürr.

Vom Glauben.

Joh. 14, v. 1. Euer Herz erschrecke nicht. Glaubet ihr an Gott, so glaubet ihr auch an mich.

Mel. Jesu, komm doch selbst zu mir.

524. Faß' mein Herz, was Jesus spricht: „Euer Herz erschrecke nicht." Spricht dir Jesus dieses zu, glaub' an ihn, so hast du Ruh'!

2. Schreckt die Sünde, die so groß, glaube, daß er Blut vergoß, und durch sein Blut kannst du rein von der Sünden-Menge seyn.

3. Kommt dich Furcht an vor dem Tod, glaube! so hat's keine Noth; weil sein Tod für uns geschehn, werden wir nur schlafen gehn.

4. Schau'st du die Verwesung noch, glaube, Jesus weckt dich doch. Er ist's, der nach seiner Kraft einst verklärte Leiber schafft.

5. Aengstigt dich auch das Gericht; glaube, was er uns verspricht, daß ein Herz, vom Glauben voll, nicht gerichtet werden soll.

6. Ficht dich Welt und Satan an, glaube, sie sind abgethan. Jesus steht uns bei im Krieg und der Glaube ist der Sieg.

7. Macht dir deine Schwachheit Angst, glaube, wenn du Kraft verlangst, daß er deiner nicht vergißt und in Schwachen mächtig ist.

8. Herr, ich glaube, hilf mir du; schreckt mich etwas, gieb mir Ruh', und das Wort aus deinem Mund sey mein fester Glaubensgrund.

9. Zeichne in des Vaters Haus mir auch eine Wohnung aus; bring' mich ohne Furcht dahin, wo ich ewig bei dir bin.

M. Philipp Friedrich Hiller.

Rückkehr zu Gott.

Hosea 6, v. 1. Kommt, wir wollen wieder zum Herrn.

Mel. Warum sollt' ich mich denn grämen?

525. Faßt zu Jesu doch Vertrauen! kommt nur frei, ohne Scheu ihm ins Herz zu schauen! Lebensströme sollen fließen; Jesus will alle Füll' euch ins Herz ergießen!

2. Zu dem Kreuz müßt ihr euch schmiegen, wenn der Welt Lust zerfällt; das hilft kämpfen, siegen. Treu zum Kreuz müßt ihr euch halten; auch in Schmach folgt ihm nach; Gott wird euch erhalten.

3. Glaube soll als Anker nützen; zwar ein Wurm fürchtet Sturm; doch wird Gott ihn schützen. Braus't der Sturm, nicht sollt ihr wanken; haltet Stand unverwandt in des Glaubens Schranken.

Carl August Döring.

Vom christlichen Sinn und Wandel.

Galater 5, v. 22. Die Frucht aber des Geistes ist Liebe, Freude, Friede, Geduld, Freundlichkeit, Gütigkeit, Glaube, Sanftmuth, Keuschheit.

Mel. Valet will ich dir geben.

526. Fein niedrig seyn auf Erden, vergnügt mit Gottes Huld, geduldig in Beschwerden, bei Feinden ohne Schuld, im Unrecht ohne Schaden, still in der Lästerung: das wirkt der Geist der Gnaden, der Geist der Mäßigung.

2. Er lehrt uns vom Erbarmen, das unser Vater übt, daß Gottes Sohn uns Armen als Feinde doch geliebt: daß Dulden Gottes Wille, daß Leiden Gnade sey; Gott lege in der Stille den Theil im Himmel bei.

3. Dir sey, du Geist der Liebe, gedankt für deine Zucht, für diese sanften Triebe, für solche Glaubensfrucht. Wenn Jesus wird erscheinen, da wird sein Knecht erfreut; jetzt ruhst du ob den Seinen als Geist der Herrlichkeit.

M. Philipp Friedrich Hiller.

Von Feuers-Noth.

Psalm 66, v. 12. Wir sind in Feuer und Wasser gekommen; aber du hast uns ausgeführet und erquicket.

Mel. Jesu, meine Freude, rc.

527. Feuer das kann schrecken und die Herzen wecken von der Schläfrigkeit; wenn die Glocke stürmet, Jesus nicht mehr schirmet: dann ist's böse Zeit, Jedermann erschrickt alsdann, da ist nichts als Schreien, Weinen bei Großen und Kleinen.

2. Die-

2. Dieses hat erfahren in so vielen Jahren manches Dorf und Stadt, wo die Feuerflammen haben allzusammen sich gewüthet satt, Feuersglut hat Hab' und Gut an viel' Orten weggenommen, wo sie hingekommen.

3. Ach! wir großen Sünder hätten auch nicht minder es verdienet recht, daß die Feuerflammen schlügen jetzt zusammen über deine Knecht', Arm' und Reich' ja allzugleich müssen es vor dir gestehen: uns wär' recht geschehen.

4. Aber Gott von Gnaden, du hast allen Schaden von uns abgewandt, unser Haus und Güter stehn, o Menschenhüter, all' in deiner Hand; dieses macht, daß Tag und Nacht uns bisher kein Unglück troffen, weil dein Herz steht offen.

5. Gott, noch ferner schone, nach Verdienst nicht lohne unserer Gemein', wehre allen Fluthen, allen Feuersgluten, das wünscht Groß und Klein, schreck' uns nicht, o Gnaden-Licht, alles Feuer und Unglücke treibe weit zurücke.

6. Wir und auch nicht minder unsre armen Kinder fallen auf die Knie, mit verzagtem Herzen, voller Furcht und Schmerzen, Abends und auch früh; unsre Noth wir klagen Gott: lieber Vater, ach erhöre, allem Feuer wehre!

7. Häuser, Ställ' und Scheuer, die behüt' vor Feuer, allerliebster Gott! Kirch- und Schul-Verwandte, Freunde und Bekannte rett' in solcher Noth, deine Güt' uns stets behüt', und dich, liebster Gott, erbarme über Reich' und Arme.

8. Wehre allen Thaten, die da nur auf Schaden recht sind hingericht't, daß sie uns erschrecken, unsern Ort anstecken, laß geschehen nicht, ihre Tück' treib' du zurück, du, mit deinen Allmachtshänden, kannst das Feu'r abwenden.

9. Dein Geist uns regiere und uns also führe, daß wir allezeit uns wohl selbst vorsehen, daß nichts mög' entstehen durch Unachtsamkeit, Feu'r und Licht laß schaden nicht, daß nicht wegen uns'rer Sünde sich die Flamm' entzünde.

10. Du wollst uns auch schützen, wenn die Donner blitzen, wüthen fürchterlich, daß sie nichts anzünden wegen unsrer Sünden, wehre ewiglich. Deine Macht uns nehm' in Acht und uns, lieber Vater, schone, nach Verdienst nicht lohne.

11. Drum, ach Vater! schone nach Verdienst nicht lohne, sondern steh' uns bei, will das böse Leben schlechten Trost uns geben, ei, so sprich uns frei; hat die Sünd' dich, Gott, entzünd't, o so laß um Jesu willen deinen Zorn sich stillen.

12. Nun wir singen Amen, glauben all' zusammen, daß du bist bereit treu uns zu bewahren vor Feuers-Gefahren jetzt und allezeit; drum der Mund aus Herzensgrund gläubig singt in Jesu Namen: Gott wird helfen, Amen! B. A. L.

Vom Leiden Jesu.

Lucä 23, v. 28. Weinet nicht über mich, sondern weinet über euch selbst und über eure Kinder.

Mel. Freu' dich sehr, o meine Seele.

528. Fließt ihr Augen, fließt von Thränen und beweinet eure Schuld; brich mein Herz von Seufzen, Stöhnen, weil ein Lämmlein in Geduld nach Jerusalem zum Tod, ach zum Tod! für deine Noth und der ganzen Welt hinwandelt, denk': ach! wie hast du gehandelt!

2. Es soll nun vollendet werden, was davon geschrieben ist, und warum auf diese Erden ist gekommen Jesus Christ. Schauet nun des Menschen Sohn in dem Leiden, Schmach und Hohn, in den Wunden, in den Schmerzen und nehmt Alles wohl zu Herzen.

3. Es wird in der Sünder Hände überliefert Gottes Lamm, daß sich dein Verderben wende: Jud' und Heiden sind ihm gram und verwerfen diesen Stein, der ihr Eckstein sollte seyn; ach, das leidet der Gerechte für die bösen Sündenknechte.

4. Jesus steht in Strick und Banden, dessen Hand die Welt gemacht, bei Verachtung, Spott und Schanden und wird höhnisch ausgelacht; Backenstreich' und Faustenschlag, Jud- und Heiden-Grimm und Rach' duldet er für deine Sünden: wer kann solche Lieb' ergründen?

5. Laß es dir zu Herzen gehen, bess're und bekehre dich! wer kann diese That ansehen, ohne tief zu beugen sich? Jesus steht an unsrer Statt, was der Mensch verdienet hat, büßet Jesus und erduldet, was der Sünder hat verschuldet.

6. Er hält seinen heil'gen Rücken willig Geißel-Schlägen dar, wer kann dies ohn' Reu' erblicken? wenn die rohe Judenschaar Hand anlegt an Gottes Bild, das so freundlich, fromm und mild, ach, man kann es nicht anschauen, ohne vor der Sünd' zu grauen.

7. Also sollt' man dir begegnen, du unheil'ges Menschenherz; aber nun kommt, dich zu segnen und zu tragen deinen Schmerz, Jesus und entblößet sich und wird dort so jämmerlich von der Heidenschaar zerschlagen, daß kein Maaß noch Ziel der Plagen.

8. Endlich wird der Schluß gesprochen, Jesus muß zum Tode gehn, über ihn der Stab gebrochen; es hilft hie kein Bitten, Flehn. Barabbas wird losgezählt, Jesus wird zum Kreuz erwählt; weg mit diesem, dem Verfluchten! ruft der Haufe der Verruchten.

9. Folge denn zur Schädelstätte deinem Jesu traurig nach; aber auf dem Wege bete, bet' im Geist mit Weh und Ach, daß der Vater auf sein Kind, als den Bürgen für die Sünd', sehen woll' und sich erbarmen über dich Elenden, Armen.

10. Muß ich, Jesu, dich denn sehen am verfluchten Kreuzes-Pfahl, ach so kann ich nichts als Flehen, weine Thränen ohne Zahl. Ach, erbarm' dich, Gotteslamm! das da hängt am Kreuzesstamm, ach, erbarm' dich, weil dein Leiden mir gedeihen soll zur Freuden.

11. Ich will dir ein Opfer geben, Seel' und Leib sey meine Gab'. Jesus, nimm dies arme Leben, weil ich ja nichts Bessers hab': tödt' in mir, was dir mißfällt, leb' in mir auf dieser Welt, laß mich mit dir leben, sterben und dein Reich im Himmel erben.

12. Tausendmal sey dir gesungen, liebster Jesu, Preis und Ruhm, daß du Höll' und Tod bezwungen; nun bin ich dein Eigenthum und du meine Freud' und Wonn'. Möcht' ich dich, o schönste Sonn', bald in deiner Krone sehen! komm: dein Leiden ist geschehen!

Laurentius Laurenti.

Von der Nachfolge Christi.

Luc. 9, v. 23. Wer mir folgen will, der verleugne sich selbst und nehme sein Kreuz auf sich täglich, und folge mir nach.

Mel. Herr, nicht schicke deine Rache.

529. „Folget mir! ruft uns das Leben, was ihr bittet, will ich geben, gehet nur den rechten Steg. Folget! ich bin selbst der Weg; folget mir von ganzem Herzen, ich benehm' euch alle Schmerzen, lernet von mir insgemein sanft und reich an Demuth seyn!"

2. Ja, Herr Jesu! dein Begehren sollt' ich willig dir gewähren, weil ich weiß, daß der kein Christ noch auch so zu nennen ist, der sich vor der Welt will schämen deine Last auf sich zu nehmen. Ach! ich weiß es gar zu wohl, daß man dir nachwandeln soll.

3. Aber Herr! wo find' ich Stärke, zu vollbringen gute Werke, dir mit Lust zu folgen nach? Ach, mein Gott! ich bin zu schwach: geh' ich schon auf guten Wegen, muß ich bald mich niederlegen; dich zu lieben, o mein Licht! steht in meinen Kräften nicht.

4. Zwar mein Geist wird oft bewogen; aber bald durchs Fleisch betrogen, wenn die Wollust tritt herfür, freundlich rufend: folge mir! Ehre, Pracht sammt andern Sachen wollen sich zum Herren machen, Geiz und Ungerechtigkeit kommen auch zu diesem Streit.

5. Ach, wie seh' ich doch ein Rennen nach den Gütern, die wir kennen; liebet doch die schnöde Welt nur den Reichthum und das Geld; und den Herren, der das Leben nach dem Sterben uns will geben, folget Niemand mit der That, ob man's gleich versprochen hat.

6. Aber, Herr! ich will nicht lassen, dich mit Freuden zu umfassen, hilf mir gnädig, stärke mich, steif und fest zu halten dich; Jener Wege lass' ich liegen, nur an dich will ich mich schmiegen; Jener Wege sind Betrug, wer dir folget, der ist klug.

7. Du bist vor uns hergegangen nicht mit großem Stolz und Prangen, nicht mit Hader, Zank und Streit, sondern mit Barmherzigkeit. Gieb, daß wir als Hausgenossen dir auch folgen unverdrossen, wandeln in der Tugend Bahn, wie du hast vor uns gethan.

8. Herr! wie bist du doch gelaufen unter jenem schnöden Haufen, damals als der Sünden Macht dich hat an das Kreuz gebracht, und dein' übergroße Liebe dich für uns zum Sterben triebe, da dein theu'r vergoßnes Blut uns erwarb das höchste Gut.

9. Laß uns auch in solchen Schranken christlich laufen ohne Wanken, daß uns Lieb' und Freundlichkeit fest verknüpf' in dieser Zeit; Niemand seh' in diesem Stücke auf den breiten Weg zurücke; Christus gehet vor uns her: folget! das ist sein Begehr.

10. Jesu, du mein Licht und Leben, deine Wege sind ganz eben, und die Schritte deiner Füß' halt' ich über Honig süß: hilf, daß ich im Schlamm der Sünden meinen Gang nicht lasse finden; zeig', Herr! deinem armen Knecht alle Steig' und Wege recht.

11. Laß mich deine Gnade spüren, meinen Fuß also zu führen, daß ich in der Unschuld geh' und nicht bei den Spöttern steh'; hilf, daß ich nicht nur in Freuden, sondern auch in Kreuz und Leiden durch so manchen Kampf und Streit dir zu folgen sey bereit.

12. Laß mich, Herr! doch nicht verdrießen, Angst und Trübsal zu genießen, weil man weiß, daß diese Bahn ist ein leidensvoller Plan, da man muß in Thränen baden und mit Elend sich beladen, da im Lauf dann Jedermann gar zu leichte fallen kann.

13. Mein Gott! laß mich von der Erden einmal so entrücket werden, daß ich dich, o Gnaden-Licht, auch im Tod verliere nicht; gieb, daß ich von meiner Jugend bis ins Alter mir die Tugend recht von Herzen, nicht zum Schein, hoch lass' angelegen seyn.

14. Hilf mir, Herr! vor allen Dingen, meinen Lauf so zu vollbringen, daß ich mich in deiner Lieb' und der wahren Demuth üb'. Hilf, daß ich dir hier vertraue und dich dort mit Freuden schaue; jenes gieb mir in der Zeit, dieses in der Ewigkeit!

Johann Rist.

Stärkung in tiefer Dunkelheit.

Micha 7, v. 9. Er wird mich an's Licht bringen, daß ich meine Lust an seiner Gnade sehe.

Mel. Alles ist an Gottes Segen.

530. Fortgekämpft und fortgerungen, bis zum Lichte durchgedrungen muß es, bange Seele, seyn! durch die tiefsten Dunkelheiten kann dich Jesus hinbegleiten; Muth spricht er den Schwachen ein.

2. Bei der Hand will er dich fassen, scheinst du gleich von ihm verlassen; glaube nur, und zweifle nicht! bete, kämpfe ohne Wanken; bald wirst du voll Freude danken, bald umgiebt dich Kraft und Licht.

3. Bald wird dir sein Antlitz funkeln, hoffe, harre! glaub' im Dunkeln! nie gereut ihn seine Wahl! er will dich im Glauben üben; Gott, die Liebe, kann nur lieben; Wonne bald wird deine Qual.

4. Wend' von aller Welt die Blicke! schau' nicht seitwärts, nicht zurücke, nur auf Gott und Ewigkeit! nur zu deinem Jesu wende Aug' und Herz und Sinn und Hände, bis er himmlisch dich erfreut.

5. Aus des Jammers wilden Wogen hat dich oft herausgezogen seiner Allmacht treue Hand. Nie zu kurz ist seine Rechte; wo ist einer seiner Knechte, der bei ihm nicht Rettung fand?

6. Schließ' dich ein in deine Kammer, geh' und schütte deinen Jammer aus in Gottes Vaterherz; kannst du gleich ihn nicht empfinden, Worte nicht, nicht Thränen finden, klage schweigend deinen Schmerz!

7. Kräftig ist dein tiefes Schweigen, Gott wird sich als Vater zeigen; glaube nur, daß er dich hört! glaub', daß Jesus dich vertreten, glaube, das was er gebeten, Gott, sein Vater ihm gewährt.

8. Drum so will ich nicht verzagen, mich vor Gottes Antlitz wagen; flehen, ringen fort und fort. Ja, ich werd' ihn überwinden, was ich bitte, werd' ich finden! Er beschwört's in seinem Wort.

Joh. Kaspar Lavater.

Himmlische Gedanken.

Jesaia 26, v. 8. Des Herzens Lust stehet zu deinem Namen und deinem Gedächtniß.

Mel. Meinen Jesum lass' ich nicht.

531. Fragt mich nicht, was mich vergnügt, redet mir nicht von der Erden; Jesus, der im Herzen liegt, der soll mir auch Alles werden. Reichthum rauben Dieb' und Glut; Jesus ist mein höchstes Gut.

2. Cedern steigen nach der Höh', Christen nach dem Himmel dringen. Schnöde Lust wird hier nur Weh, Erdengüter Sorge bringen. Ein in Gott vergnügter Geist rühmet nur, was ewig heißt.

3. Tausend Welten voller Lust zahlen den Verlust nicht wieder. Ohne Gott ist Alles Wust, Glück drückt unsern Geist oft nieder. Labsal, das die Welt uns beut, ist vermischt mit Herzeleid.

4. So will ich beständiglich an dem Himmel mich vergnügen. Christen trachten über sich, Herz und Sinn muß aufwärts fliegen, Adler streben sonnenwärts, himmelan der Christen Herz.

5. Nur mein Jesus und sein Trost giebt mir sattsames Vergnügen; o, so hab' ich wohl geloos't! Tod und Noth muß unterliegen. Halt' ich Jesum, Jesus mich, ach! wie hoch vergnügt bin ich!

Benjamin Schmolck.

Jesus, das Lamm Gottes.

Johannis 18, v. 4. 5. Als nun Jesus wußte Alles, was ihm begegnen sollte, ging er hinaus und sprach zu ihnen: Wen suchet ihr? Sie antworteten ihm: Jesum von Nazareth. Jesus spricht zu ihnen: Ich bin's.

Mel. Vater unser im Himmelreich.

532. Freiwillig gingst du deinem Schmerz entgegen, liebevolles Herz! voraus sah'st du dein glühend Weh, doch gingst

Da nach Gethsemane, Lamm Gottes! ach, wie bringen wir der Liebe Thränen würdig dir!

2. Freiwillig gabst du dich der Schaar, die wider dich gekommen war. Mit sanftmuthvoller Seelenruh' riefst du: „Wen sucht ihr?" laut ihr zu. Sie griffen dich; wie bringen wir, Lamm Gottes, Freudenthränen dir!

3. Freiwillig zeugtest du: „Ich bin des Höchsten Sohn" — und gabst dich hin den Sünderhänden, dich dem Hohn', der Geißel, und der Dornenkron'! Lamm Gottes, ach, wie bringen wir der Wehmuth Thränen würdig dir!

4. Freiwillig trugst du Kreuzeslast und Leiden, die kein Dulder faßt! Beladen mit der Menschheit Weh, betratst du still die Schädelhöh'! Lamm Gottes, ach, wie bringen wir des Danks, der Liebe Thränen dir!

5. Freiwillig gabst du jedes Glied der Qual hin — wardst der Bosheit Lied! ein Fluch geachtet, Satans Spott! Der Engel Herr, der Götter Gott! Lamm Gottes, ach, wie werfen wir uns tiefanbetend hin vor dir!

6. Freiwillig riefest du: Vollbracht! belastet mit zehnfacher Nacht! Freiwillig gabst du deinen Geist dem, den dein Tod und Leben preis't! Lamm Gottes, ach, wie bringen wir der Seele Thränen würdig dir!

Joh. Kaspar Lavater.

Von Jesu, dem treuen Heilande.

Johannis 10, v. 17. 18. Darum liebt mich mein Vater, daß ich mein Leben lasse, auf daß ich's wieder nehme. Niemand nimmt es von mir, sondern ich lasse es von mir selber. Ich habe es Macht zu lassen, und habe es Macht wieder zu nehmen.

Mel. Es ist das Heil uns kommen her rc.

533. Freiwillig hab' ich's dargebracht, und Niemand nimmt mein Leben. Es selbst zu lassen, hab' ich Macht, Macht wieder mir's zu geben. Und darum liebt mein Vater mich, daß ich mein Leben lass', und ich für meine Feind' es lasse.

2. Ich bin in meiner Niedrigkeit ein Aergerniß auf Erden, verschmäht, gegeißelt und verspei't, gekreuzigt werd' ich werden. Wenn alles dies vollendet ist: so wird des Menschen Sohn, der Christ, nicht die Verwesung sehen.

3. Weil er sich tief erniedrigt hat: so wird ihn Gott erhöhen. Ich leid' und sterb' an eurer Statt, dann werd' ich auferstehen. Am dritten Tag geh' ich heraus, lösch' alle Schmach des Kreuzes aus, als Gottes Sohn bewiesen.

4. Ich will euch sehen, freuet euch, euch siegreich wiedersehen; euch lehren meines Vaters Reich und hohen Rath verstehen, euch den verheißnen Geist verleihn, und ihr sollt meine Zeugen seyn, daß ich vom Tod erstanden.

5. Geht hin, und lehret alle Welt: ich bin des Weibes Saamen, der Saamen Abrahams, der Held; und tauft in meinem Namen; wer an Gott glaubt, glaubt auch an mich. Thut Wunder und beweis't, daß ich zur Rechten Gottes sitze!

6. Kämpft für mein Evangelium und freuet euch der Leiden. kein Engel und kein Fürstenthum, nichts soll euch von mir scheiden, man wird euch hassen und euch schmähn, euch tödten; dennoch soll's geschehn, daß meine Lehre sieget.

7. Herr, unser Heil! sie hat gesiegt, und siegt in allen Landen, und zeuget, daß dein Wort nicht trügt, und zeugt: du bist erstanden, dein Kreuz, an das man dich erhöht, verwandelt sich in Majestät; du gehst aus deinem Grabe.

8. Gehaßt in deiner Niedrigkeit, warst du ein Ziel des Spottes, und zeigtest doch, zu gleicher Zeit an dir die Hoheit Gottes, dein Kreuz schien zwar der Welt ein Gräu'l; doch sterben für der Feinde Heil, dies ist die höchste Tugend.

9. Dein Reich war nicht von dieser Welt, kein Ruhm nicht Menschenehre. An Demuth groß, an Lieb' ein Held und göttlich in der Lehre; geduldig und von Sünden rein, gehorsam bis zum Kreuze seyn; dies war Herr, deine Größe.

10. Du starbst am Kreuz, doch war dir nicht die Kraft des Herrn gegeben, wer gab den Blinden das Gesicht? den Todten selbst das Leben? und wem gehorchte Wind und Meer? und wem der bösen Geister Heer? du warst von Gott gekommen.

11. Nun irren mich nicht Schmach und Spott, noch deines Kreuzes Schanden: du bist mein Herr, du bist mein Gott; denn du bist auferstanden. Du bist mein Heil, mein Fels, mein Hort, der Herr, durch dessen mächtig Wort auch ich einst ewig lebe.

12. Wir sind nun göttlichen Geschlechts, durch dich des Himmels Erben; das ist die Hoffnung deines Knechts, in dieser will ich

sterben. Wie du vom Tod' erstanden bist; so werd' auch ich, Herr Jesu Christ, am jüngsten Tag' erstehen.

Christian Fürchtegott Gellert.

Die Auferstehung Jesu.

Psalm 118, v. 15. Man singet mit Freuden vom Sieg in den Hütten der Gerechten: die Rechte des Herrn behält den Sieg.

Mel. Ringe recht, wenn Gottes Gnade.

534. Freudenvoll ist meine Seele, weil ihr Heiland, Jesus Christ, wieder aus der Todeshöhle herrlich auferstanden ist.

2. Ja, du auferstandst, mein Leben! und die Wahrheit strahlt mit dir, von Unsterblichkeit umgeben, siegreich aus dem Grab herfür.

3. Nun, ich weiß es, großer Lehrer, Jesus! du bist Gottes Sohn, der verheißne Weltbekehrer; und dein Thron ist Gottes Thron.

4. Nun, ich weiß, an wen ich glaube; nun, ich fühle, Wahrheit, dich: Jesus schwang sich aus dem Staube, Jesus lebt und lebt für mich.

5. Heil mir! du bist auferstanden! nun bin ich mit Gott versöhnt; dich hat nach den tiefsten Schanden Gott mit Herrlichkeit gekrönt.

6. Mein Erlöser lebt, ich werde ihn in seiner Schönheit sehn, werde durch ihn aus der Erde schön wie er ist auferstehn.

7. So viel hast du mir erworben, allerliebster Jesu Christ! du, der du für mich gestorben, für mich auferstanden bist.

8. Nun, ich werde nicht erschrecken, seh' ich meine Todesgruft. Die Verwesung mag mich decken, weil mich Jesus wieder ruft.

9. Zeig' mir, Todesüberwinder, nur dein offnes Grab im Tod, und dein Leben, Heil der Sünder, tröste mich in jeder Noth.

Johann Kaspar Lavater.

Vom Tode.

Hiob 7, v. 2. 3. Wie ein Knecht sich sehnet nach dem Schatten, und ein Tagelöhner, daß seine Arbeit aus sey: also habe ich wohl ganze Monate vergeblich gearbeitet, und elender Nächte sind mir viele geworden.

In eigener Melodie.

535. Freu' dich sehr, o meine Seele, und vergiß all' Noth und Qual, weil dich nun Christus, dein Herre, ruft aus diesem Jammerthal. Aus der Trübsal, Angst und Leid sollst du fahren in die Freud', die kein Ohr jemals gehöret, die in Ewigkeit auch währet.

2. Tag und Nacht hab' ich gerufen zu dem Herren meinem Gott, weil mich stets viel Kreuz betroffen, daß er mir hülf' aus der Noth; wie sich sehnt ein Wandersmann, daß sein Weg ein End' mög' han, so hab' ich gewünschet eben, daß sich enden mög' mein Leben.

3. Denn gleich wie die Rosen stehen unter Dornenspitzen gar: also auch die Christen gehen in lauter Angst und Gefahr. Wie die Meereswellen sind und der ungestüme Wind, also ist allhier auf Erden unser Lauf reich an Beschwerden.

4. Welt, Tod, Teufel, Sünd' und Hölle, unser eig'nes Fleisch und Blut plagen stets hier unsre Seele, lassen uns bei keinem Muth; wir sind voller Angst und Plag', lauter Kreuz sind unsre Tag'; wenn wir nur geboren werden, find't sich Jammer g'nug auf Erden.

5. Wenn die Morgen-Röth' herleuchtet, und der Schlaf sich von uns wend't, Sorg und Kummer daher streichet, Müh' find't sich an allem End'. Unsre Thränen sind das Brot, so wir essen früh und spät; wenn die Sonn' nicht mehr thut scheinen, ist nur lauter Klag' und Weinen.

6. Drum, Herr Christ! du Morgensterne, der du ewiglich aufgeh'st, sey von mir jetzund nicht ferne, weil mich dein Blut hat erlös't; hilf, daß ich mit Fried' und Freud' mög' von hinnen fahren heut'; ach, sey du mein Licht und Straße, mich mit Beistand nicht verlasse.

7. In dein' Seite will ich fliehen, an mein'm bittern Todesgang, durch dein' Wunden will ich ziehen in's himmlische Vaterland; in das schöne Paradeis, d'rein der Schächer thät sein' Reis', wirst du mich, Herr Christ! einführen und mit ew'ger Klarheit zieren.

8. Ob mir schon die Augen brechen, das Gehöre gar verschwind't, meine Zung' nicht mehr kann sprechen, der Verstand sich nicht besinnt, bist du doch mein Licht und Hort, Leben, Weg und Himmels-Pfort, du wirst mich in Gnad' regieren, auf der rechten Bahn heimführen.

9. Laß dein' Engel mit mir fahren auf Elias Wagen roth, meine Seele wohl bewahren, wie Laz'rum nach seinem Tod. Laß

sie ruh'n in deinem Schooß, und erfülle sie mit Trost bis der Leib kommt aus der Erden, und sie beid' vereinigt werden.

10. Freu' dich sehr, o meine Seele, und vergiß all' Noth und Qual, weil dich nun Christus, dein Herre rufet aus dem Jammerthal. Seine Freud' und Herrlichkeit sollst du seh'n in Ewigkeit, mit den Engeln jubiliren und auf ewig triumphiren.

Unbekannter Dichter um 1610—1620.

Christtags-Erweckung für die Kinder.

2 Chronika 20, v. 27. Der Herr hat ihnen eine Freude gegeben.

Mel. Alles ist an Gottes Segen.

536. Freue dich, du Kinderorden! Gott ist selbst ein Kindlein worden; also hat euch Gott geliebt! Schaut dies Gott-Kind in der Wiegen nackt und arm und weinend liegen: eure Sünd' ihn so betrübt.

2. Euretwegen läßt er fahren Himmel und der Himmel Schaaren, daß er euch möcht' kommen nach; Kinder! sucht dies Kind auf Erden, daß ihr möget Engel werden, die ihm singen Gloria.

3. Kommt, liebt dann den Heiland wieder, werft euch mit zur Krippe nieder, gebt ihm Herz und Alles ein: seine Unschuld, seine Tugend sey ein Spiegel eurer Jugend; freuet euch in ihm allein!

4. Er wird euch weit mehr ergötzen, als die Welt mit ihren Schätzen, die so bald, so bald vergehn: Jesum lieben, Jesum loben, Jesum schauen hier und droben, diese Freude wird bestehn.

5. Nun, ich will die Welt verlassen und dich, Himmelskind! umfassen, das sich gern den Kindern giebt: Jesu! komm, mein Herz ist deine, mach' es still, gebeugt und reine; mach', daß es dich ewig liebt!

6. Komm, o Jesu, Heil der Sünder! laß, o Jesu, Freund der Kinder! Herz und Mund dein Lob erschall'n: Ehr' sey Gott im höchsten Throne, Fried' bei uns auf Erden wohne und in uns sein Wohlgefall'n!

Gerhard Tersteegen.

Weihnachtslied.

Philipper 1, v. 18. 19. Ich will mich auch freuen, denn ich weiß, daß mir dasselbe gelinget zur Seligkeit.

In eigener Melodie.

537. Freuet euch, ihr Christen alle! freue sich, wer immer kann! Gott hat viel an uns gethan; freuet euch mit großem Schalle, daß er uns so hoch geacht't, sich mit uns bekannt gemacht. Freude, Freude über Freude! Christus wehret allem Leide. Wonne, Wonne über Wonne! er ist die Gnadensonne.

2. Siehe, siehe, meine Seele, wie dein Heiland kommt zu dir, brennt in Liebe für und für, daß er in der Krippenhöhle harte lieget dir zu Gut', dich zu lösen durch sein Blut. Freude, Freude über Freude! Christus wehret allem Leide. Wonne, Wonne über Wonne! er ist die Gnadensonne.

3. Jesu, wie soll ich dir danken? ich bekenne, daß von dir meine Seligkeit herrühr'. Ach, laß mich von dir nicht wanken, nimm mich dir zu eigen hin, so empfindet Herz und Sinn Freude, Freude über Freude: Christus wehret allem Leide; Wonne, Wonne über Wonne! er ist die Gnadensonne.

4. Jesu, nimm dich deiner Glieder ferner in Genaden an, schenke, was man bitten kann, zu erquicken deine Brüder, gieb der ganzen Christenschaar Frieden und ein sel'ges Jahr! Freude, Freude über Freude! Christus wehret allem Leide. Wonne, Wonne über Wonne! er ist die Gnadensonne.

M. Christian Keymann.

Von der Zukunft Christi.

Sacharja 9, v. 9. Du Tochter Zion, freue dich sehr, du Tochter Jerusalem, jauchze; siehe, dein König kommt zu dir, ein Gerechter, und ein Helfer, arm, und reitet auf einem Esel und auf einem jungen Füllen der Eselinn.

Mel. Liebes Herz, bedenke doch.

538. Freuet, freuet, freuet euch, ihr so blöden Zions-Töchter; sehet, euer König kommt, euer König, ein Gerechter, der uns gnädiglich regieret, mächtig schützet und bewacht, der Gerechtigkeit nicht fordert, sondern selber mitgebracht.

2. Sehet, euer König kommt, euch zu helfen, euch zu retten. Da er euer nun bedarf, o so springen Band' und Ketten. Wer kann euch ihm vorenthalten? Auf, und eilet ihm nur zu; laßt doch alle Trägheit fahren; fliehet alle Fleischesruh'.

3. Weck', o Herr, uns selber auf, komm, uns brünstig zu entzünden, laß uns deine Gegenwart nimmermehr im Schlafe finden. Wir sind deiner wohl nicht würdig, o, du Herr der Herrlichkeit. Doch, du willst uns nicht verschmähen, darum mach' uns dir bereit.

4. Leere dir die Herzen aus, dir allein nur anzuhangen, laß uns dir entgegen gehn,

dich begierig zu empfangen. Thür' und Thore steh'n dir offen, zieh' in unsre Armuth ein; komm zu uns mit deinen Schätzen, laß uns doch voll Geistes seyn.

5. Gieb uns neue Gnad' und Kraft zu dem neuen Kirchen-Jahre; hilf, daß Jeder Tag für Tag in dem Guten weiter fahre; gieb uns größre Lust zum Worte, leg' auch deinen Segen bei, daß die Frucht in diesem Jahre reicher und auch reifer sey.

6. Lehr' uns, Herr, in großer Kraft, führ' uns All' auf dein Exempel; und bestelle du nur selbst unsers Herzens Kirch' und Tempel. Führ' uns auf die besten Weiden; streu' den besten Saamen aus, der für jedes Herz sich schicket, mache lauter Frucht daraus.

7. Komm, mein König, nun auf's Neu', in so manchem hohen Feste deine Güter aufzuthun; hilf, daß wir, als deine Gäste, nach dir nur recht hungrig bleiben und dein großes Heil verstehn; daß wir dieses Jahr im Glauben alle Tage weiter gehn.

8. Laß uns, Herr, auch als auf's Neu' dein so süßes Heil besingen; laß es doch in jedem Fest eine neu' Erweckung bringen. Schein', o Sonn'! mit deinen Strahlen; laß die Finsterniß nicht ein, laß dein tröstlich Wort des Friedens lauter Geist und Leben seyn.

9. Oeffne, Herr, uns doch die Schrift, und laß unsre Herzen brennen, laß uns dich und deinen Schatz uns zu sel'ger Freud' erkennen; da denn alle hohen Feste durch dich, freudenvolles Kind, lauter Tage froher Ernte, lauter Hochzeittage sind.

10. Laß uns deine Wege geh'n. O, erwecke deine Knechte; ach, vermehr' und segne doch dein so auserwählt' Geschlechte. Komm, in Kraft das Wort zu lehren, dringe tief in's Herze ein. Laß dies Jahr ein Jahr der Gnaden, eines reichen Segens seyn.

Karl Heinrich v. Bogatzky.

Christi Liebe und Treue.

Johannis 13, v. 1. Wie er hatte geliebet die Seinen, die in der Welt waren, so liebete er sie bis ans Ende.

Mel. O Gott, du frommer Gott.

539. Freund, der mir Alles ist, und der mir Alles giebet; Freund, der da Glauben hält, Freund, der mich herzlich liebet; im Tod bewährter Freund, mein süßer Jesu Christ! Freund, der allein getreu, Freund, der mein Alles ist.

2. Du hast dich meiner Seel' recht herzlich angenommen; ich bin zur Brüderschaft durch Blut mit dir gekommen; du hast mich dir verlobt schon vor der Welt und Zeit im Glauben, im Gericht, und in Gerechtigkeit.

3. Wie untreu ist die Welt, wie falsch und wie verlogen? sie selbst ist nur ein Dunst, die Gunst ein Regenbogen; ein menschlich Herz betrügt; in einem Augenblick verändert sich die Zeit, der Menschen Sinn und Glück.

4. Herr! ich bin auch ein Mensch, auch mir ist nicht zu trauen; man kann noch mehr auf Sand, als meine Kräfte bauen. Die Falschheit klebt mir an, und ich bekenne dies, daß ich dem Nächsten nicht stets Redlichkeit bewies.

5. Ach Herr, du wollest mir es nicht auf Rechnung schreiben. Ach laß nicht meinen Lohn bei dem der Heuchler bleiben. Mich schreckt dein wahres Wort, daß Gott die Sünder haßt, und einen rechten Gräu'l an falschen Herzen faßt.

6. Gieb mir ein treues Herz, das alle Falschheit hasse, das meine Freunde nicht in Kreuz und Armuth lasse; ich war weit ärmer noch: du hast mich nicht veracht't, du wurdest arm für mich und hast mich reich gemacht.

7. Du allertreuster Freund von ewig-zarter Liebe! gieb mir auch einen Freund, der Treu' und Liebe übe, der es so gut mit mir, als mit sich selbsten meint, so gut als du mit mir, in Noth geprüfter Freund.

8. Du, mehr als Jonathan, du Freund auch deiner Feinde! beglücke selbsten mich mit einem solchen Freunde, der meines Sinnes ist; nimm aber unsern Sinn in deine Einigkeit und stete Freundschaft hin.

9. O welch ein großer Schatz ist's, solchen Freund zu wissen! o welch ein theurer Schatz ist's, solchen Freund zu küssen. Ach gieb mir, großer Gott! nur Davids Herze ein, so wird mein Jonathan mir auch bescheret seyn.

10. Dir aber will ich mich auf ewig ganz verschreiben; laß mich nur ewiglich in deiner Liebe bleiben. Fall' ich, so richt' mich auf und sey mir immer nah', und nimm mich einst zu dir, mein Jesu! Amen, ja!

M. Philipp Friedrich Hiller.

Von der Freundlichkeit Jesu.

Klagel. Jer. 3, v. 25. Der Herr ist freundlich dem, der auf ihn harret, und der Seele, die nach ihm fraget.

Mel. Lobet den Herren, :,: denn er ist sehr ꝛc.

540. Freundlicher Jesu! :,: Heiland aller Sünder! zu dir steht unser

sehnliches Verlangen! :,: ach, zeuch uns selbst in deine Liebesarme, freundlicher Jesu! :,:

2. Wir kommen zu dir, :,: Herr! dich anzubeten, und deine Gnade, die dein Blut erworben, :,: gemeinschaftlich zu suchen und zu preisen, freundlicher Jesu! :,:

3. Du hast verheißen :,: unter uns zu wandeln, und unsre Herzen allemal zu segnen, :,: wenn wir in deinem Namen uns versammeln, freundlicher Jesu! :,:

4. So laß denn alles, :,: was wir thun und denken, das Reden, Schweigen, Beten, Loben, Singen :,: durch deinen guten Geist gesalbet werden, freundlicher Jesu! :,:

5. Vor allen Dingen :,: schenk' uns stille Herzen, laß Heuchelei und Eigenliebe sterben, :,: gieb frohen Muth, Geduld und Bruderliebe, freundlicher Jesu! :,:

6. So wird der Glaube :,: keinen Mangel haben. Die Stunden werden sel'ge Stunden bleiben, :,: in welchen wir an deine Huld gedenken, freundlicher Jesu! :,:

Ernst Gottlieb Woltersdorf.

Christi Erniedrigung und Erhöhung.

Philipper 2, v. 10. Daß in dem Namen Jesu sich beugen sollen alle Kniee derer, die im Himmel und auf der Erde und unter der Erde sind.

Mel. Eins ist noth, ach Herr, dies Eine.

541. Freut euch, die in Jesu leben, freut euch! Gott hat ihn erhöht und den Namen ihm gegeben, welcher über alles geht. Im Himmel, auf Erden und unter der Erden ist kein Knie, das ihm nicht gebeuget soll werden; kein Mund ist, der Jesum den Herrn nicht bekennt, zur Ehre des Vaters wird er so genenn't.

2. Der ist's, welcher als Erlöser, bis zum Tod gehorsam war; darum machte Gott ihn größer, als der Seraphinen Schaar. Den, welchen der Satan durch Menschen gehöhnet, den hat Gott mit Preis und mit Ehre gekrönet, er litt im Gehorsam und war doch der Sohn; nun bleibt ihm nach seiner Vollendung der Thron.

3. Jesu, durch dein tief Erniedern wird das Herz uns hoch erfreut, und wir danken dir mit Liedern, Herr, in deiner Herrlichkeit. Wie besser ist's, freudig auf Erden dich preisen, als dir einst die Ehre mit Zittern erweisen. Hier lall' ich, dort sprech' ich im Himmel noch mehr: zur Ehre des Vaters ist Jesus der Herr!

M. Philipp Friedrich Hiller.

Pfingstlied.

1 Corinther 2, v. 10. Uns hat es Gott geoffenbaret durch seinen Geist.

Mel. Helft mir Gott's Güte preisen.

542. Freut euch, ihr Christen alle! Gott schenkt uns seinen Sohn; lobt ihn mit großem Schalle, er schickt vom Himmelsthron' uns seinen werthen Geist, der uns durch's Wort recht lehret, des Glaubens Licht vermehret und uns auf Christum weis't.

2. Es lässet offenbaren Gott, unser höchster Hort, uns, die wir unweis' waren, das theure, werthe Wort; *) wie groß ist seine Güt'; nun können wir ihn kennen und unsern Vater nennen, der uns all'zeit behüt't.

*) 1 Timotheum 1, v. 15.

3. Verleih', daß wir dich lieben, o Gott von großer Huld! durch Sünd' dich nicht betrüben, vergieb uns unsre Schuld! Führ' uns auf eb'ner Bahn, hilf, daß wir dein Wort hören und thun nach deinen Lehren; das ist recht wohlgethan.

4. Von oben her uns sende den Geist, den edlen Gast; der stärke uns behende, wenn uns drückt Kreuzeslast; tröst' uns in Todespein, mach' auf die Himmelsthüre, uns mit einander führe zu deinem Freudenschein!

Georg Werner.

Friede mit und in Gott.

1 Chron. 13, v. 18. Friede, Friede sey mit dir, sey mit deinen Helfern, denn dein Gott hilft dir.

In eigener Melodie.

543. Friede! ach, Friede! ach göttlicher Friede vom Vater durch Christum im heiligen Geist, welcher der Frommen Herz, Sinn und Gemüthe in Christo zum ewigen Leben aufschleußt; den sollen die gläubigen Seelen erlangen, die Alles verleugnen und Jesu anhangen.

2. Richte deswegen, friedliebende Seele, dein Herze im Glauben zu Jesu hinan; was da ist droben bei Christo, erwähle, verleugne dich selbst und den irdischen Plan; nimm auf dich das sanfte Joch Christi hienieden, so findest du Ruhe und göttlichen Frieden.

3. Nahm doch der Mittler des Friedens viel Schmerzen den Vater mit uns zu versöhnen, auf sich; nimm dies, o Seele, recht fleißig zu Herzen und siehe, was thut wohl dein Jesus für dich? Er bringet mit seinem Blut Frieden zuwege und machet, daß alle Unruhe sich lege.

4. Nun, dafür bist du ihm ewig verbunden, du sollst dafür gänzlich sein Eigenthum

seyn; weil er die ew'ge Erlösung erfunden, und schließt dich im Gnaden- und Friedensbund ein: drum siehe, daß du dich ihm gänzlich ergiebest und immer beständig von Herzen ihn liebest.

5. Siehe, von all' seinen Bundes-Genossen erfordert er herzliche Liebe und Treu', darum sollst du von dir Alles ausstoßen, was Jesu zuwider und feindselig sey: Welt, Teufel und Sünde, die mußt du nicht leiden, was Jesum betrübet stets fliehen und meiden.

6. Weislich und fleißig mußt du dich entschlagen der bösen Gesellschaft und sündlichen Rott', welche den weltlichen Lüsten nachjagen, nicht fürchten, und lieben den heiligen Gott; denn die sich zu solchen Gottlosen gesellen, die fahren mit ihnen hinunter zur Höllen. —

7. Liebe und übe, was Jesus dich lehret, und was er dir saget, dasselbige thu', hasse und lasse, was sein Wort verwehret, so findest du Frieden und ewige Ruh'; denn selig die also sich Jesu ergeben, und gläubig und heilig nach seinem Wort' leben.

8. Jesu, du Herzog der Friedens-Heerschaaren, o König von Salem, ach zieh' uns nach dir, daß wir den Friedensbund treulich bewahren, im Wege des Friedens dir folgen allhier; ach laß uns doch deinen Geist kräftig regieren und dir nach in Frieden zum Vater hinführen. Bartholomäus Crasselius.

Lied für Confirmanden.

Psalm 119, v. 9. Wie wird ein Jüngling seinen Weg unsträflich gehen? wenn er sich hält nach deinen Worten.

Mel. Wachet auf! ruft uns die Stimme.

544. Friedefürst! ich ward erkoren am ersten Tag, da ich geboren, zu deinem sel'gen Gnadenkind; du gabst mir des Himmels Gaben, weil wir nichts Gutes eigen haben und ohne dich verloren sind. O Jesu, meine Ruh', ich greife freudig zu nach den Gaben, die du mir heut zur Seligkeit durch dein Erbarmen hast erneut!

2. Laß dich halten und umfassen, ich will dich ewig nicht verlassen, verlaß auch du mich ewig nicht! schütze mich vor Welt und Sünde und offenbare deinem Kinde dein gnadenvolles Angesicht! auf daß ich Tag für Tag in dir mich freuen mag, still und heilig, und mich dein Mund zu jeder Stund' erinnre an den Liebesbund.

3. O du Hirt' erkaufter Seelen! ich muß des rechten Wegs verfehlen, wenn meine Seele von dir geht; darum gieb mir Licht und Stärke und Glaubensmuth zum guten Werke, zum Ringen, Wachen und Gebet; bis ich den Pilgerstand im ew'gen Vaterland selig ende, und du, o Sohn, der Treuen Lohn mir reichst von deinem Gnadenthron.

Vergebung und Frieden durch Christum.

Colosser 1, v. 20. Und alles durch ihn versöhnet würde zu ihm selbst, es sey auf Erden oder im Himmel, damit, daß er Friede machte durch das Blut an seinem Kreuz durch sich selbst.

Mel. Alle Menschen müssen sterben.

545. Friedefürst, zu dem wir flehen, Mittler, den der Glaube ehrt, hör' uns in den Himmelshöhen! nächst an Gott bist du verklärt; der auf Golgatha gehangen, ist zum Vater hingegangen; deine Liebe bringt uns da seinem Vaterherzen nah.

2. Dir nur können wir vertrauen: aus ist aller eigner Ruhm! sehnsuchtsvolle Blicke schauen, Sünderfreund, nach dir sich um; wenn wir unsre Blöße sehen, fast vor Höllenangst vergehen, sende unserm Glaubensblick deines Trostes Strahl zurück.

3. Ach, für wen hast du gezittert, betend in den Staub gestreckt, ganz von Todesangst erschüttert und mit blut'gem Schweiß bedeckt? furchtbar führt die Richterstrenge dich so viele Martergänge, an dem Kreuz erwürgt sie dich, und für wen? Gott Lob, für mich!

4. Meine Schmach fiel auf dich nieder, meine Fesseln banden dich; alle Martern deiner Glieder, deines Herzens machte ich, ach, was brachte jede Stunde bis zu deiner Seitenwunde? — Meine Strafe kam auf dich und der Segen war für mich.

5. Gnade strömt in deinem Blute, Trost aus deiner Todesangst; unaussprechlich ist das Gute, was du sterbend uns errangst. Herr, ich glaub' an deine Leiden, der du an des Vaters Seiten für verlass'ne Sünder bitt'st, Schwache mitleidsvoll vertrittst.

6. Die Vergebung aller Sünden, Gott-Versöhner! suchen wir: Gnaden-dürftig laß uns finden die Gerechtigkeit in dir; will die große Schuld uns schrecken, laß uns deine Unschuld decken; Alle Schuld und Strafe schenk', deines Todes eingedenk.

7. Wir bedürfen deinen Frieden, Mittler zwischen uns und Gott, schenk die Seelenruh' den Müden! du bist unser Weg zu

Gott: hilf uns froh zu ihm uns wagen, recht vertraulich Vater sagen! seiner rühmt sich jedes Kind, weil wir nun versöhnet sind.

8. Im Gedächtniß deiner Leiden kämpfen wir uns durch die Welt, haben dich im Kampf zur Seiten, der die Schwachen aufrecht hält. Dank dir! treuer Ueberwinder! ewig's Heil der Menschenkinder! das Lobpreisen deiner Pein wird dort unaussprechlich seyn.

Johann Gottfried Schöner.

Trostlied von göttlicher Hülfe in unsern Nöthen.

Psalm 91, v. 14. Er begehret mein, so will ich ihm aushelfen; er kennet meinen Namen, darum will ich ihn schützen.

Mel. Auf meinen lieben Gott rc.

546. Frisch auf, mein' Seel'! in Noth vertrau' allein auf Gott und laß denselben walten, er wird dich wohl erhalten und dich aus allen Nöthen wohl wissen zu erretten.

2. Steckst du in Armuth sehr oder in Krankheit schwer und mußt Verfolgung leiden, bedrängt von allen Seiten, sollst du nur fleißig beten: Gott wird dich wohl erretten.

3. Hast du viel Herzeleid in dieser bösen Zeit und mußt dich lassen plagen, sollst du drum nicht verzagen: wenn du wirst fleißig beten, wird dein Gott dich erretten.

4. Bist du der Welt ein Spott und steckst in großer Noth, von Jedermann verlassen, sollst ein frisch Herz du fassen: wenn du wirst fleißig beten, wird Gott dich wohl erretten.

5. Drum wer ein Christ will seyn, der schick' sich nur darein und sey im Kreuz geduldig, geb' sich vor Gott nur schuldig, der ihn aus allen Nöthen gar wohl weiß zu erretten.

6. Denn es zu dieser Frist also beschaffen ist, wenn ein Kreuz nur aufhöret ein and'res bald einkehret; drum mußt du fleißig beten zu Gott in deinen Nöthen.

7. Je größer ja die Noth, je näher ist uns Gott, pflegt sich oft uns zu nahen, eh' wir uns sein versahen und hilft aus allen Nöthen, wenn wir nur fleißig beten.

8. Weil ohne Schmerz und Noth oft das Gebet ist todt, so muß Gott Trübsal senden, daß wir uns zu ihm wenden und allzeit fleißig beten, daß er uns tröst' in Nöthen.

9. Ein Christ mach's wie er will, so muß er leiden viel, durch's Kreuz wird ihm gegeben das ew'ge Freudenleben; drum muß er fleißig beten, daß Gott ihn stärk' in Nöthen.

10. Denn wer hier in Geduld sein Leid trägt ohne Schuld, dem läßt's der Herr gelingen, wird Recht und Heil ihm bringen, wenn er in seinen Nöthen nur stets wird fleißig beten.

11. Und weil Trübsal und Noth der Christen täglich Brot, Herzleid in allen Ständen, wohin sie sich nur wenden; so muß man fleißig beten, daß Gott uns tröst' in Nöthen.

12. Hat's jemals noth gethan, daß man Gott rufe an, so ist jetzt Noth vorhanden, Elend in allen Landen; drum laßt uns fleißig beten, daß Gott uns helf' aus Nöthen.

13. Denn der Christen Gebet nimmermehr leer ausgeht, der liebe Gott es höret, und ihre Bitt' gewähret; wenn sie nur fleißig beten, so hilft er ihn'n aus Nöthen.

14. Ob's gleich nicht bald geschicht, muß man ablassen nicht, sondern getrost anhalten, und dann Gott lassen walten, der uns aus allen Nöthen gar wohl weiß zu erretten.

15. Denn wir durch viel Trübsal in diesem Jammerthal hindurch uns müssen dringen und nach dem Himmel ringen, da Gott aus allen Nöthen uns endlich wird erretten.

16. So ist dieser Zeit Leid nicht werth der Herrlichkeit, die offenbart soll werden an uns nach den Beschwerden; wenn wir nur hier in Nöthen zum Herren fleißig beten.

17. Darum, o frommer Christ, der Gott ergeben ist, laß dir vor'm Kreuz nicht grauen, lern' auf den Herrn vertrauen, der dich aus allen Nöthen wird wissen zu erretten.

18. Wandle auf Gottes Weg', zum Guten sey nicht träg', fahr' fort, leid' dich geduldig, ob du gleich bist unschuldig; und bet' herzlich in Nöthen, Gott wird dich wohl erretten.

19. Und ob's hier nicht geschicht, sollst du verzagen nicht, es wird nach Noth auf Erden im Himmel besser werden, da uns Gott wird erretten aus allen unsern Nöthen;

20. Da denn all unser Leid sich kehren soll in Freud' und wir werden zusammen preisen des Herren Namen, befrei't von allen Nöthen vor Gottes Antlitz treten.

D. Josua Stegmann.

Vom Vertrauen auf Gott.

Psalm 9, v. 10. 11. Der Herr ist des Armen Schutz, ein Schutz in der Noth. Darum hoffen auf dich, die deinen Namen kennen; denn du verlässest nicht, die dich, Herr, suchen.

Mel. Was mein Gott will, gescheh' all'zeit.

547. Frisch auf, mein' Seel'! verzage nicht, Gott wird sich dein erbarmen, Rath, Hülf' wird er dir theilen mit, er ist ein Schutz der Armen. Geht's oft gleich schwer, Christ merk' die Lehr': das Kreuz soll uns auch nützen. Wer Gott vertraut, hat wohl gebaut, den will er ewig schützen.

2. Dies hat Joseph, der fromme Mann, sehr oft und viel erfahren; von David, Job*) man lesen kann, wie sie in Unglück waren, noch hat sie Gott in ihrer Noth so gnädiglich behütet; denn wer Gott traut, hat wohl gebaut, wenn noch der Feind so wüthet.

*) Hiob.

3. Trotz sey dem Teufel und der Welt, von Gott mich abzuführen! auf ihn mein Hoffnung ist gestellt, sein' Huld kann ich stets spüren. Denn er mir hat Gnad', Hülf' und Rath in seinem Sohn verheißen. Wer ihm vertraut, hat wohl gebaut; wer will mich anders weisen?

4. Wenn böse Leut' schon spotten mein, mich ganz und gar verachten, als wollt' Gott nicht mein Helfer seyn, dennoch will ich's nicht achten, der Schutzherr mein ist Gott allein, dem hab' ich mich ergeben, dem ich vertrau', auf den ich bau'; der kann mich wohl erheben.

5. Ob sich's bisweilen schon anließ, als wollt' mich Gott nicht schützen und hätt' die Welt mein überdrüß, wollt' mir dazu auch trotzen; so weiß ich doch, er wird mich noch zu seiner Zeit nicht lassen. Wer Gott vertraut, hat wohl gebaut; wie könnt' er mich denn hassen?

6. Drum freu' dich, meine liebe Seel', es soll kein' Noth nicht haben, Welt, Sünd', Tod, Teufel und die Höll' soll ewig dir nicht schaden. Denn Gottes Sohn, der Gnadenthron hat sie all' überwunden. Auf Gott vertrau', fest auf ihn bau', er hilft zu allen Stunden.

7. Der keinen er verlassen hat, die seinem Willen leben, Gnad', Hülfe suchen früh und spat, sich gänzlich ihm ergeben. Glaub', Lieb', Geduld bringt Gottes Huld, dazu ein gut Gewissen. Wer Gott vertraut, fest darauf baut, der soll's ewig genießen.

8. Wer aber Hülf' bei Menschen sucht, und nicht bei Gott dem Herren, derselb' ist gottlos und verflucht,*) kommt nimmermehr zu Ehren; denn Gott allein will Helfer seyn, in Jesu Christi Namen. Wer solches glaubt und Gott vertraut, soll selig werden. Amen!

*) Jerem. 17, v. 5.

Kaspar Schmucker.

Vom Kreuz der Christen.

Apost. Gesch. 14, v. 22. Wir müssen durch viel Trübsal ins Reich Gottes gehen.

Mel. Der lieben Sonne Licht und Pracht.

548. Frisch, frisch hinauf, mein Geist und Herz! auf Jesu Dornen-Wegen; bekrieget mich hier Leid und Schmerz, auf Siegen folget Segen. Nur fröhlich aufgefaßt die leichte Liebes-Last! das Leiden dieser kurzen Zeit ist doch nicht werth der Herrlichkeit.

2. Du kennest, liebster Jesu! wohl der Schultern Stärk'-Vermögen, du weißt schon, was ich tragen soll und was du föllst auflegen. Leg' auf, ich halte dir, dein Will' gescheh' in mir, dein Will', an dem mein Wollen hangt, das nichts, als was du willst, verlangt.

3. Du gingest selbst zu Ehren ein durch Schmach, Geduld und Leiden: sollt' ich nun, Jesu! besser seyn, und hier in Rosen weiden? der Himmels-Lilien Glanz wächst aus dem Dornen-Kranz; dem, der den Rock des Kreuzes trägt, wird dort der Purpur angelegt.

4. Wo blieb' des Herzens Garten-Pracht, wenn Süd und Nord stets schliefen? nur das bewölkte Wehen macht, daß seine Würze triefen. Indessen bleibest du doch meine Sonn' und Ruh', die mich mit ihrem Licht ergötzt, wenn mich des Kreuzes Sturm benetzt.

5. Denn du, mein Gott! bist Sonn' und Schild der Gläubigen auf Erden, die deinem Kreuz und Marterbild hier sollen ähnlich werden, eh' sie die Herrlichkeit mit ihrer Kron' erfreut und der Geduld die Palmen bringt, die nach des Leidens Sieg sie schwingt.

6. Mein Herz kann diese Leidens-Ehr', o Jesu, fast nicht fassen, so komm, du liebe Last! denn her; wer will sein Wohlseyn hassen? Mit Jesu hier gehöhnt, mit Jesu dort gekrönt, mit Jesu hier an's Kreuz gedrückt, mit Jesu Freude dort erquickt.

7. Wohlan, so will ich in Geduld nach

deinem Willen leiden; der Becher fließt von deiner Huld, den du mir hast bescheiden. Im Kreuz erblick' ich schon die mir verheißne Kron', du leuchtest in Geduld mir vor, ich folg', es geht zum Sternenthor.

Wolfgang Christoph Deßler.

Freudigkeit des Glaubens.

Nehemia 8, v. 10. Bekümmert euch nicht, denn die Freude am Herrn ist eure Stärke.

Mel. O, wie selig sind die Seelen.

549. Fröhlich, fröhlich, immer fröhlich! denn ich bin in Jesu selig, habe schon den Himmel hier. And're nagen ihre Herzen durch die schweren Sorgenschmerzen, mir kommt gar nichts Traurig's für.

2. Weil ich meinen Jesum habe und an seiner Brust mich labe, so verschwindet alle Pein. Wer ihn liebet, wer ihn kennet, wer weiß, wie sein Herze brennet, der kann niemals traurig seyn.

3. Wo ich sitze, wo ich stehe, wo ich liege, wo ich gehe, weicht mein Jesus nicht von mir; er ist mir stets an der Seiten, will mich überall begleiten, ich bin seine Lust und Zier.

4. Er hat sich mit mir verbunden, nichtes, nichtes wird gefunden, das ihn von mir trennen thut; Er mein Bräut'gam und mein König achtet Alles sonsten wenig, ich bin ihm sein liebstes Gut.

5. Er hat mich zur Braut erkoren; eh' ich ihm sollt' seyn verloren, müßt' vergehn die ganze Welt. Ach, was soll mich denn betrüben, weil mich der so hoch will lieben, der ja Alles trägt und hält?

6. Darum fröhlich, immer fröhlich! ich bin schon in Jesu selig, ich bin sein und er ist mein. Singen, Springen, Jubiliren, und in Jesu Triumphiren, soll nur mein Geschäfte seyn!

Johann Christian Lange.

Weihnachtslied.

Lucä 2, v. 10. Siehe, ich verkündige euch große Freude, die allem Volk widerfahren wird.

In eigener Melodie.

550. Fröhlich soll mein Herze springen dieser Zeit, da vor Freud' alle Engel singen. Hört, hört wie mit vollen Chören alle Luft, laute ruft: Christus ist geboren!

2. Heute geht aus seiner Kammer Gottes Held, der die Welt reißt aus allem Jammer. Gott wird Mensch, dir Mensch! zu Gute, Gottes Kind das verbind't sich mit unserm Blute.

3. Sollt' uns Gott nun können hassen, der uns giebt, was er liebt über alle Maaßen? Gott giebt, unserm Leid zu wehren, seinen Sohn aus dem Thron seiner Macht und Ehren.

4. Sollte von uns seyn gekehret, der sein Reich und zugleich sich selbst uns verehret? sollt' uns Gottes Sohn nicht lieben, der jetzt kommt, von uns nimmt, was uns will betrüben?

5. Hätte vor der Menschen Orden unser Heil einen Gräu'l, wär' er nicht Mensch worden; hätt' er Lust zu unserm Schaden, ei so würd' unsre Bürd' er nicht auf sich laden.

6. Er nimmt auf sich, was auf Erden wir gethan giebt sich an, unser Lamm zu werden, unser Lamm das für uns stirbet und bei Gott für den Tod Heil und Fried' erwirbet.

7. Nun, er liegt in seiner Krippen, ruft zu sich mich und dich, spricht mit süßen Lippen: lasset fahren, lieben Brüder! was euch quält; was euch fehlt, bring' ich Alles wieder;

8. Ei so kommt und laßt uns laufen, stellt euch ein Groß' und Klein', kommt mit großen Haufen, liebt den der vor Liebe brennet; schaut den Stern, der uns gern Licht und Liebe gönnet!

9. Die ihr schwebt in großen Leiden, sehet hier ist die Thür zu den wahren Freuden; faßt ihn wohl, er wird euch führen an den Ort, da hinfort euch kein Kreuz wird rühren.

10. Wer sich find't beschwert im Herzen, wer empfind't seine Sünd' und Gewissens-Schmerzen, sey getrost: hier wird gefunden, der in Eil' machet heil die vergift'ten Wunden.

11. Die ihr arm seyd und elende, kommt herbei, füllet frei eures Glaubens Hände! hier sind alle guten Gaben und das Gold, da ihr sollt euer Herz mit laben.

12. Süßes Heil! laß dich umfangen, laß mich dir, meine Zier! unverrückt anhangen: du bist meines Lebens Leben, nun kann ich mich durch dich wohl zufrieden geben.

13. Meine Schuld kann mich nicht drücken, denn du hast meine Last all' auf deinem Rücken. Kein Fleck ist an mir zu finden, ich bin gar rein und klar aller meiner Sünden.

14. Ich bin rein um deinetwillen, du giebst g'nug Ehr' und Schmuck, mich drein einzuhüllen. Ich will dich in's Herze schlie-

ßen, o mein Ruhm, edle Blum'! laß dich recht genießen.

15. Ich will dich mit Fleiß bewahren, ich will dir leben hier, und mit dir heimfahren. Mit dir will ich endlich schweben voller Freud' ohne Zeit dort im andern Leben.

Paul Gerhardt.

Von der Liebe Jesu gegen seine Feinde.

1 Petri 3, v. 18. Christus hat für unsere Sünden gelitten, der Gerechte für die Ungerechten, auf daß er uns Gott opferte.

Mel. Nun ruhen alle Wälder.

551. Frohlocke, mein Gemüthe! und bete Gottes Güte in deinem Heiland an. Was selbst der Engel Schaaren zu thun unfähig waren, das hat des Menschen Sohn gethan.

2. Schau' hin, wie der Gerechte für uns, der Sünden Knechte, den bittern Zornkelch trinkt; wie er, an's Kreuz erhöhet, für seine Mörder flehet und siegreich in den Tod hinsinkt.

3. Wir Sünder sollten sterben; Fluch lag auf Adams Erben, Fluch auf der argen Welt; doch er kam uns zu Gute, und gab mit seinem Blute für uns ein ewig's Lösegeld.

4. Kein Freund meint es mit Freunden so treu, als es mit Feinden er, unser Mittler meint. Preis ihm, dem Ueberwinder! Nun sind wir Gottes Kinder, mit Gott versöhnt durch unsern Freund.

Weihnachtslied.

1 Johannis 4, v. 14. Wir haben gesehen und zeugen, daß der Vater den Sohn gesandt hat zum Heiland der Welt.

Mel. Nun danket alle Gott.

552. Frohlockend dankt dem Herrn, ihr sel'gen Christenschaaren! welch großes Heil ist euch in Christo widerfahren! Es hat euch ja besucht der Aufgang aus der Höh', daß Jeglicher das Licht in diesem Lichte seh'.

2. Auf! kommt und betet an das Kindlein in dem Stalle; in Kripp' und Windeln liegt's, will gern von ihrem Falle die Sünderwelt erhöh'n. O glaubt nur fest an ihn! dankt heut' ihm tief gerührt, daß er auch euch erschien.

3. Froh grüß' ich, Jesu, dich, des Vaters beste Gabe, was frag' ich nach der Welt, wenn ich dich, Jesus, habe? Verloren hatt' auch ich des Vaters Ebenbild, du bringst es mir zurück: wie gut bist du, wie mild!

4. Demüthig, liebend, still, gelassen und geduldig, gehorsam, treu und rein, und heilig und unschuldig, so soll ich seyn: dir gleich. Dem Todfeind selbst verzeih'n, hilf! ähnlich werd' ich dir durch deinen Geist allein.

5. Mein Jesu, Gottes Sohn, hilf Alles mir verlassen, daß ich nur dich, in dir den Himmel mög' umfassen! O zünd' in mir du selbst der Liebe Flammen an, daß ich, wie du, die Welt mit Lieb' umfassen kann.

Zum ersten Advent.

Jesaia 40, v. 5. Die Herrlichkeit des Herrn soll offenbaret werden, und alles Fleisch mit einander wird sehen, daß des Herrn Mund redet.

Mel. Vom Himmel hoch da komm' ich her.

553. Frohlocke, theure Christenheit! noch währet deine Gnadenzeit, noch hörest du den Gnadenruf zum Leben, wozu Gott dich schuf.

2. O würde doch zu Gottes Ruhm bald allgemeines Christenthum! O würde jeder Christusfeind durch's Wort gewonnen und sein Freund.

3. Ein Jeder, der noch Sünder ist, der beßr'e sich und werde Christ! er nehme an den Christussinn und lebe Gott und liebe ihn.

4. Herr! der da ist und der da war, mach' doch das neue Kirchenjahr für Viele in der Christenheit zum Anfang ihrer Seligkeit!

Christian Gottlieb Frohberger.

Christi Erniedrigung und Erhöhung.

Apost. Gesch. 17, v. 3. Christus mußte leiden und auferstehen von den Todten, und dieser Jesus, den ich euch verkündige, ist der Christ.

Mel. Lobt Gott ihr Christen allzugleich.

554. Frohlockt, ihr Christen! preis't und ehrt Gott, eures Mittlers Gott! der Vater hat den Sohn erhört, erhört in seiner Noth! :,:

2. Die Mörder triumphirten schon: wo ist des Sohnes Macht? der Herr errettet seinen Sohn, sein Rathschluß ist vollbracht. :,:

3. Der Sohn befahl in seine Hand dem Vater seinen Geist; er ward begraben, er erstand: Gott hält, was er verheißt. :,:

4. Dies rühme, wer errettet ist, und werd' ihm unterthan! Welt, die du nun sein Erbtheil bist, lobsing' und bet' ihn an! :,:

5. Preist Jesu Vater! er, er hat nicht seines Sohns Gebet, nicht, was er für die Sünder that, sein Opfer nicht verschmäht. :,:

6. Er hat von seinem Sohne nie sein Antlitz abgewandt; er hört' ihn, als er zu ihm schrie und reicht ihm seine Hand. :,:

7. Die ganze Kirche rufe laut: wer ist wie Gott so gut? Heil Jedem, welcher Gott vertraut, der solche Wunder thut! :,:

8. Wer da verschmachtet ist und matt, soll leben, soll sich freu'n; satt werden soll, wer Mangel hat, wer glaubt, soll selig seyn. :,:

9. Das ist des Mittlers Preis und Lohn: der, welchem er verzeiht, soll ewig leben, wie der Sohn, in seiner Herrlichkeit. :,:

10. Sagt's aller Welten Völkern an: bekehret euch zum Herrn; ihm werde Jeder unterthan, und Jeder dien' ihm gern! :,:

11. Des Vaters Reich ist auch das Reich des Sohnes; er regiert, an Ruhm und Macht dem Vater gleich, dem aller Ruhm gebührt. :,:

12. Dich ehre, selig, Herr! durch dich, wen deine Macht erhebt! wer niedrig ist, wer kümmerlich im Staube vor dir lebt! :,:

13. Es fehl' ihm an Bekennern nie, so lange diese Welt noch Menschen hat, so lange sie der Arm des Herrn erhält. :,:

14. Wer noch geboren werden soll, erkenn' ihn, bet' ihn an; erzähle, wie so wundervoll der Herr erlösen kann! :,:

D. Joh. Andreas Cramer.

Geduldiges Stillhalten im Kreuz.

2 Thessalonicher 3, v. 5. Der Herr aber richte eure Herzen zu der Liebe Gottes, und zu der Geduld Christi.

Mel. Du, o schönes Weltgebäude.

555. Frommes Herz! sey unbetrübet, und vertraue deinem Gott; halte still dem, der dich liebet, der abzählet deine Noth. Laß du deinen Vater walten, der so lange hausgehalten; er ist deine Zuversicht, er verläßt die Seinen nicht.

2. Mußt du gleich viel Leid erfahren, wund're dich deswegen nicht. Schaue nur vor alten Jahren aller Heiligen Geschicht': ist auch Jemand ohne Leiden kommen zu dem Saal der Freuden? Nein! es haben alle Theil so am Kreuze wie am Heil.

3. Nimm vor dich in allen Stücken deines Jesu Lebenslauf; nimm sein Kreuz auf deinen Rücken, nimm es doch nur willig auf. Gott wird dir in jenem Leben Seligkeit und Himmel geben; denn da wird auch aller Hohn dir zu einer Ehrenkron'.

4. Jesus ist durch schweres Leiden gangen ein zur Herrlichkeit: und du wolltest nun in Freuden hier zubringen deine Zeit? Wahrlich! du mußt hier mit-weinen, wenn dir dort das Licht soll scheinen: wenn der Knecht ist wie sein Herr, was will denn der Knecht noch mehr?

5. Und was siehest du zurücke auf das Thun der argen Welt? Was siehst du auf ihre Tücke? auf das Netz, das sie dir stellt? Schaue deines Heilands Treue, sie will daß dein Herz sich freue, sie bereitet dir die Kron' einst vor seinem Gnadenthron'.

6. Laß des Satans Heere wüthen, laß sie toben noch so sehr; Jesus wird dich treu behüten, seiner Macht ist nichts zu schwer. Er wird seine Zeit schon finden, wird den Feind mit Ketten binden; wird ihm nehmen die Gewalt, enden seinen Frevel bald.

7. Aber dich wird er erhöhen, wenn du treu verbleiben wirst; du wirst in die Freud' eingehen, wenn dein Weh vorüber ist; du wirst in dem Freuden-Saale sitzen bei dem Abendmahle mit der Patriarchen-Schaar, wenn das Heil wird offenbar. —

8. Aber harre du indessen, leid' und traue deinem Gott: der wird deiner nicht vergessen, wird im Himmel geben Brot, er wird dich von allem Bösen gar mit starkem Arm erlösen, und kein Unfall ewiglich stürzt und überwindet dich.

9. Du vielmehr wirst überwinden, weil dein Jesus dich erhält; du wirst bei Gott Gnade finden, weil dein Wesen ihm gefällt. Er wird hier in allen Nöthen als dein Helfer zu dir treten und dort in der Herrlichkeit reich belohnen alles Leid.

D. Heinrich Georg Neuß.

Osterlied.

Matthäi 28, v. 7. Gehet eilend hin, und saget es seinen Jüngern, daß er auferstanden sey von den Todten.

Mel. Heut' triumphiret Gottes Sohn.

556. Frühmorgens da die Sonn' aufgeht, mein Heiland Christus aufersteht, Hallelujah, Hallelujah! Vertrieben ist der Sünden Nacht, Licht, Heil und Leben wiederbracht. Hallelujah, Hallelujah!

2. Wenn ich des Nachts oft lieg' in Noth, verschlossen gleich als wär' ich todt; Hallelujah, Hallelujah! läßt du mir früh die Gnadensonn' aufgehn, nach Trauren Freud' und Wonn'. Hallelujah, Hallelujah!

3. Nicht mehr als nur drei Tage lang bleibt mein Heiland in Todeszwang; Hallelujah, Hallelujah! Den dritten Tag durch's Grab er dringt, mit Ehren seine Sieg'sfahn' schwingt. Hallelujah, Hallelujah!

4. Jetzt ist der Tag, da mich die Welt am Kreuz mit Schmach gefangen hält; Hallelujah, Hallelujah! Drauf folgt der Sabbath in dem Grab, darin ich Ruh' und Frieden hab'. Hallelujah, Hallelujah!

5. In Kurzem wach' ich fröhlich auf, mein Ostertag ist schon im Lauf; Hallelujah, Hallelujah! Ich wach' auf durch des Herren Stimm', veracht' den Tod mit seinem Grimm. Hallelujah, Hallelujah!

6. Am Kreuz läßt Christus öffentlich vor allem Volke tödten sich. Hallelujah, Hallelujah! Da er durchs Todes Kerker bricht, läßt er's die Menschen sehen nicht. Hallelujah, Hallelujah!

7. Sein Reich ist nicht von dieser Welt, kein groß Gepräng' ihm hier gefällt. Hallelujah, Hallelujah! Was schlecht und niedrig geht herein soll ihm das Allerliebste seyn. Hallelujah, Hallelujah!

8. Hier ist noch nicht recht kund gemacht, was er aus seinem Grab gebracht. Hallelujah, Hallelujah! Der große Schatz, die reiche Beut', drauf sich ein Christ so herzlich freut. Hallelujah, Hallelujah!

9. Der jüngste Tag wird zeigen an, was er für Thaten hat gethan. Hallelujah, Hallelujah! Wie er der Schlangen Kopf zertritt, die Höll' zerstört, den Tod erdrückt. Hallelujah, Hallelujah!

10. Da werd' ich Christi Herrlichkeit anschauen ewig voller Freud'. Hallelujah, Hallelujah! Ich werde sehn, wie alle Feind' zur Höllenpein gestürzet sind. Hallelujah, Hallelujah!

11. Der Herr den Tod zu Boden schlägt, da er selbst todt und sich nicht regt; Hallelujah, Hallelujah! geht aus dem Grab in eigner Kraft; Tod, Teufel, Höll' an ihm nichts schafft. Hallelujah, Hallelujah!

12. O Wunder groß, o starker Held! wo ist ein Feind, den er nicht fällt? Hallelujah, Hallelujah! Kein Angststein liegt so schwer auf mir: er wälzt ihn von der Herzens-Thür. Hallelujah, Hallelujah!

13. Kein Kreuz und Trübsal ist so groß, der Herr macht mich des Kummers los. Hallelujah, Hallelujah! Er führt mich aus mit seiner Hand, wer mich will halten, wird zu Schand'. Hallelujah, Hallelujah!

14. Und daß der Herr erstanden sey, das ist von allem Zweifel frei. Hallelujah, Hallelujah! der Engel selbst bezeugt es klar, das leere Grab machts offenbar. Hallelujah, Hallelujah!

15. Lebt Christus, was bin ich betrübt? ich weiß, daß er mich herzlich liebt. Hallelujah, Hallelujah! Wenn mir gleich alle Welt stürb' ab: g'nug, daß ich Christum bei mir hab'. Hallelujah, Hallelujah!

16. Er nährt, er schützt, er tröstet mich; sterb' ich, so nimmt er mich zu sich. Hallelujah, Hallelujah! Wo er jetzt lebt, da komm' ich hin, weil ich ein Glied sein's Leibes bin. Hallelujah, Hallelujah!

17. Durch seiner Auferstehung Kraft komm' ich zur Engel-Brüderschaft. Hallelujah, Hallelujah! Durch ihn bin ich mit Gott versöhnt, die Feindschaft ist ganz abgelehnt. Hallelujah, Hallelujah!

18. Mein Herz darf nicht entsetzen sich: Gott und die Engel lieben mich. Hallelujah, Hallelujah! Die Freude, die mir ist bereit't, vertreibet Furcht und Traurigkeit. Hallelujah, Hallelujah!

19. Für diesen Trost, o großer Held, Herr Jesu! dankt dir alle Welt; Hallelujah, Hallelujah! dort wollen wir mit größerm Fleiß erheben deinen Ruhm und Preis. Hallelujah, Hallelujah! Joh. Heermann.

Vom Leiden Christi.

Jesaia 53, v. 5. Durch seine Wunden sind wir geheilet.

Mel. Ach Gott und Herr.

557. Fünf Brünnlein sind, daraus mir rinnt Fried', Heil, Trost, Freud' und Leben; in Angst und Noth bis in den Tod mir solche Labsal geben.

2. Der Quell du bist, Herr Jesu Christ! die Brünnlein deine Wunden, daraus ich mich lab' inniglich in heißen Kreuzesstunden.

3. Laß mir stets seyn das Leiden dein ein Spiegel, Regel, Riegel, daß ich nach dir mein Fleisch regier' und lass' ihm nicht den Zügel.

4. O Gotteslamm! o Liebesflamm'! o meiner Seelen Freude! nimm hin die Sünd', das Herz entzünd', daß mich von dir nichts scheide.

5. So werde ich recht seliglich den Lebenslauf vollbringen und fröhlich hier, o Gott! mit dir: das Vollbracht gläubig singen.

Abendlied.

Jeremia 33, v. 11. Danket dem Herrn Zebaoth, daß er so gnädig ist, und thut immerdar Gutes.

Mel. In dich hab' ich gehoffet, Herr.

558. Für alle Güte sey gepreis't, Gott Vater, Sohn und heil'ger Geist!

ihr'r bin ich zu geringe. Vernimm den Dank, den Lobgesang, den ich dir kindlich singe.

2. Du nahmst dich meiner herzlich an, hast Großes heut' an mir gethan, mir mein Gebet gewähret; hast väterlich mein Haus und mich beschützet und genähret.

3. Herr, was ich bin, ist dein Geschenk; der Geist, mit dem ich dein gedenk', ein ruhiges Gemüthe; was ich vermag bis diesen Tag, ist alles deine Güte.

4. Sey auch nach deiner Lieb' und Macht mein Schutz und Schirm in dieser Nacht; vergieb mir meine Sünden. Und kommt mein Tod, Herr Zebaoth! so laß mich Gnade finden.

Christian Fürchtegott Gellert.

Vom Glauben.

Marc. 5, v. 36 Jesus sprach zu dem Obersten der Schule: Fürchte dich nicht, glaube nur.

Mel. Jesus, meine Zuversicht.

559. Fürchte dich nicht, glaube nur! hat der Heiland selbst gesprochen, eh' er mit der Wunderkur auf das Beten ausgebrochen. Glauben an des Heilands Macht hat das Leben wiederbracht.

2. Seele, das sey dir gesagt! Jesus wird's auch dir erlauben. Wenn dich fremder Einspruch plagt, sollst du ihm in Einfalt glauben. Wenn dir Tod und Sünde droht, Glaub' besieget Sünd' und Tod.

3. Unsre Sünden sind gebüßt, unser Tod ist schon verschlungen. Hätt' ich dies erst selbst gemußt, wär' mir's ewig nicht gelungen. Jesus ist es, der es kann; und er hat es schon gethan.

4. Nun, mein Herr! ich folge dir, ich will mich auf dich verlassen. Kämpfet noch die Furcht in mir, lehre du dein Wort mich fassen. Von der Sünden Schuld und Pein macht dein göttlich Blut mich rein.

5. Stürmt der Tod einst auf mich zu, sagst du mir, du sollst nur schlafen; denn den Tod erlittest du, daß uns der nicht mehr mag strafen. Laß mich da nur mit dir gehn, o so werd' ich Wunder sehn!

M. Philipp Friedrich Hiller.

Vom Leiden Christi.

Jesaia 53, v. 4. Fürwahr er trug unsere Krankheit und lud auf sich unsere Schmerzen.

Mel. Herr und Aelt'ster deiner Kreuzgemeine.

560. Für uns ging mein Herr in Todesnöthen in den Garten dort hinein, wo wir ihn hör'n weinend für uns beten auch um unser Seligseyn; für uns überfiel ihn Todesschauer; unser Heil ward seiner Seele sauer; für uns ist er im Gebet bald erblasset, bald erröth't.

2. Für uns ward vor Angst sein Schweiß und Thränen mit dem heißen Blut gemischt, bis ein Engel Gott's in seinem Stöhnen sein geänstigt Herz erfrischt; für uns zitterte sein Leib im Büßen, und sein Auge schwoll von Thränengüssen, ja sein ganzes Angesicht ward zum Jammer zugericht't.

3. Für uns litt er solchen Hohn und Schläge, die man nicht beschreiben kann: unser Herz wird weich, die Seele rege; seht nur seinen Rücken an; seht die Stirne, die noch naß vom Büßen, wird noch erst mit Dornen wund gerissen: seines Hauptes Schmerz und Pein dringet uns durch Mark und Bein.

4. Für uns seh'n wir ihn sein Kreuze tragen so geduldig wie *) ein Lamm, das in den dazu bestimmten Tagen für uns auf die Schlachtbank kam: für uns seh'n wir seine Lippen beben; für uns sich sein Herz in Lieb' erheben; für uns nahm er in der Pein durstig Gall' und Essig ein. *) Jes. 53, v. 7.

5. O du im Verscheiden, im Erblassen, auserwähltes, ew'ges Licht! möcht' man dich so in die Augen fassen, daß auf unserm Angesicht sich von deinem Blicke das bewahrte, was dein Tod am Kreuz' uns offenbarte, daß wie wir dich sterben sehn, wir auch einst zum Vater gehn.

6. Mein sonst blödes Auge, sieh' dich munter nach dem Haupt' um, wie's erbleicht, und sich im Moment *) des Tod's herunter zu uns armen Sündern neigt! bleib, mein Herz, ihm ewiglich verbunden! Seel' und Glieder, huldigt seinen Wunden! und wie ihm sein Auge bricht, ach der Blick verlass' mich nicht! *) Augenblick.

7. Und vor meinen Ohren soll nichts tönen, als der Klang der Passion, auf sein ängstliches Gebet und Stöhnen, auf sein's Angstgeschreies Ton will ich, bis ich zu ihm heimgeh', horchen; damit weck' er mein Herz alle Morgen! das bleib' mir auf lebenslang der erquickendste Gesang.

8. Ich hab' g'nug an seiner Marterschöne, daran seh' ich mich nie satt; aber meines Herzens Lobgetöne ist noch alles viel zu matt: ach wie kriecht mein Flämmlein noch zusammen gegen eine seiner Liebesflammen! meine Zähr' ist gut gemeint: aber wie hat Er geweint!

9. Lieb-

9. Lieblichkeiten, die nicht auszusprechen, wenn ich seh', mein Freund, auf dich, im Moment, da deine Augen brechen, und das Alles ist für mich! strahlte doch aus einem jeden Blicke Jesu letzter Abschiedsblick zurücke möcht' man mir an Augen seh'n meinen Freund, den sterbenden!

10. Darum du, o Herze ohne gleichen! du in deiner Todesschön' sollst uns nie aus unsern Augen weichen, bis wir dich auf immer seh'n. An dem Liede: Jesus ist verschieden! sollen unsre Stimmen nie ermüden, bis sie eingestimmet seyn in die obere Gemein'.

Christ. Renatus v. Zinzendorf, v. 1—8, und v. 9. 10. Verf. unbekannt.

Vom Leiden Jesu.

Jesaia 53, v. 4—7. Wir aber hielten ihn für den, der geplagt und von Gott geschlagen und gemartert wäre 2c.

Mel. O Gott, du frommer Gott.

561. Fürwahr, der Herr trug selbst die Krankheit uns'rer Sünden, die Schmerzen wollte er an sich für uns empfinden; was uns an Leib und Seel' müßt' quälen ewiglich, hat sein Tod abgewandt; das glaub' ich festiglich.

2. Wir hielten ihn für den, den Gott also geschlagen, und meinten nicht, daß wir verursacht solche Plagen, da doch dies Alles kommt von uns'rer Missethat, weil so viel Wunden ihm die Sünd' geschlagen hat.

3. Auf ihm liegt alle Straf', damit wir Frieden haben, durch seiner Wunden Heil kann er die Seele laben. Wir gingen in der Irr', ohn' Hirten arm und bloß; der Herr warf uns're Sünd' auf ihn, und sprach uns los.

4. Wie ein geduldig Lamm, das man zur Schlachtbank führet, das ganz verstummet ist und sich kaum regt und rühret, so trug der Herr für uns sein Kreuz, hat durch sein'n Tod erlös't der Sünder Schaar aus aller Sündennoth.

D. Johann Olearius.

Anbetung der Liebe Jesu.

2 Corinther 5, v. 14. Die Liebe Christi dringet uns also.

Mel. Wie schön leucht't uns der Morgenstern.

562. Gebenedei't, gebenedei't sey hoch und bis in Ewigkeit dein Name, Jesus Christus! Nimm alles Lob, nimm allen Dank, dem längst der Himmel niedersank, gelobt sey Jesus Christus! Deine reine Gottesklarheit, Gnad' und Wahrheit läßt du strahlen! Lieb' strömt aus den Wundenmaalen.

2. Die Seligen, voll Ehrfurcht, sehn dich Ebenbild des Ewigen, das ihm zur Rechten thronet, der Engel jubelt dir und ehrt dich, Menschensohn, in dem verklärt nun alle Fülle wohnet. Auch wir nah'n dir, Schwache, Kranke, doch zum Danke angetrieben; unser Lied besingt dein Lieben.

3. Beleidiger der Majestät hat deine Großmuth nicht verschmäht; o Dank für deine Liebe! Was drang dich aus der Herrlichkeit tief her zu uns in's Herzeleid? O Dank! nur deine Liebe. Jeder Blöder durfte nahen und umfahen dich, Erfreuer! fühlen deiner Liebe Feuer.

4. Voll Lieblichkeit in That und Wort, in Blick und Gang, an jedem Ort gewannst du aller Herzen: auch sterbend starb die Liebe nicht, Erbarmen sah dein Angesicht voll Blut und voller Schmerzen. Liebe, Liebe bist du droben, wo dich loben Geister-Schaaren; alle Welt soll's noch erfahren!

5. Wie Alles Liebe ist bei dir, o wenn doch Alles so in mir Dank und Anbetung wäre! Herz und Gefühl und Wort und That verherrliche auf jedem Pfad, Erlöser, deine Ehre! Innig, brünstig, immer treuer laß, Befreier, für den Segen uns dein Lob zu Füßen legen.

6. Dem Sieger auf der Schädelstätt', dem Mittler nun zu Gott erhöh't, dem großen Lebensfürsten, dem Sünderfreund sey Ruhm und Preis! O möchten wir doch Alle heiß nach seiner Liebe dürsten! Erster! Letzter! dir Vollender, Sieggekrönter, laß uns leben! ewig, ewig dich erheben!

Joh. Gottfried Schöner.

Christlicher Sinn und Wandel.

Sirach 39, v. 8. Gottes Werke kann man nicht alle erzählen; er giebt Alles, was gut ist auf Erden.

Mel. Alle Menschen müssen sterben.

563. Geber jeder guten Gabe, Quell und Vater alles Lichts, aller Hoffnung, die ich habe, ohne dich vermag ich nichts. Was schon hier in diesem Leben uns beglückt, mußt du uns geben; du, was in der Ewigkeit Seelen, die du schufst, erfreut.

2. Zu dir flehet meine Seele: gieb mir deinen guten Geist, daß ich liebe die Befehle, die du mich vollbringen heiß'st; daß ich immer deinen Willen redlich suche zu erfüllen, immer fromm und gut und treu, deiner Gnade fähig sey.

3. Reiche du mir deine Kräfte, laß mich unermüdet seyn in dem heiligen Geschäfte, meine Tage dir zu weih'n! wer nicht dich zum Beistand wählet, stolz sich selbst vertrau't, dem fehlet Treue zur Entschlossenheit, Muth und Ernst zur Thätigkeit.

4. Hier umringt mit Hindernissen, in so mancherlei Gestalt wird das Herz schnell hingerissen, fühlt es seine Ohnmacht bald. Durch die Leidenschaft verblendet wird des Lasters Sieg vollendet, wenn du dann nicht unserm Geist Kraft zum Widerstand verleihst.

5. O so hilf mir überwinden, Gott, du meine Zuversicht! und gedenke du der Sünden meiner Lebensjahre nicht. Mit dir wird es mir gelingen, Gut's zu wollen, zu vollbringen; und mit Freuden end' ich dann dieses Lebens kurze Bahn.

Joh. Friedrich Seidel.

Von der Erlösung.

Römer 8, v. 32. Gott hat seines eigenen Sohnes nicht verschonet, sondern hat ihn für uns alle dahin gegeben; wie sollte er uns mit ihm nicht Alles schenken?

Mel. Ich dank' dir schon durch deinen Sohn.

564. Gedanke, der uns Leben giebt! wer kann dich ganz durchdenken? also hat Gott die Welt geliebt, uns seinen Sohn zu schenken!

2. Hoch über die Vernunft erhöht, umringt mit Finsternissen, füllst du mein Herz mit Majestät und stillest mein Gewissen.

3. Ich kann der Sonne Wunder nicht, noch ihren Bau ergründen; und doch kann ich der Sonne Licht und ihre Wärm' empfinden:

4. So kann ich auch nicht Gottes Rath von Jesu Tod ergründen; allein das Göttliche der That, das kann mein Herz empfinden.

5. Nimm mir den Trost, daß Jesus Christ all' meine Schuld getragen, mein Gott und mein Erlöser ist, so werd' ich angstvoll zagen.

6. Ist Christi Wort nicht Gottes Sinn, so werd' ich irren müssen, und, wer Gott ist und was ich bin und werden soll, nicht wissen.

7. Nein, diesen Trost der Christenheit soll mir kein Spötter rauben: ich fühle seine Göttlichkeit und halte fest im Glauben.

8. Des Sohnes Gottes Eigenthum, durch ihn des Himmels Erbe, dies bin ich und das ist mein Ruhm, auf den ich leb' und sterbe.

9. Er giebt mir seinen Geist, das Pfand, im Glauben uns zu stärken, und bildet uns durch seine Hand zu allen guten Werken.

10. So lang' ich seinen Willen gern mit reinem Herzen thue, so fühl' ich eine Kraft des Herrn und schmecke Fried' und Ruhe.

11. Und wenn mich meine Sünde kränkt und ich zum Kreuze trete; weiß ich, daß dein Herz mein gedenkt und thut, warum ich bete.

12. Ich weiß daß du, Erlöser, lebst, und mich einst aus der Erde erweckst, und in dein Reich erhebst, da ich dich schauen werde.

13. Kann unsre Lieb' im Glauben hier für dich jemals erkalten? dies ist die Lieb', o Herr! zu dir: dein Wort von Herzen halten.

14. Erfüll' mein Herz mit Dankbarkeit, so oft ich dich nur nenne, und hilf, daß ich dich allezeit treu vor der Welt bekenne.

15. Soll ich dereinst noch würdig seyn, Herr, um dich Schmach zu leiden; so laß mich keine Schmach und Pein von deiner Liebe scheiden.

16. Und soll ich, Gott! nicht für und für des Glaubens Freud' empfinden, so wirk' es doch dein Wort in mir und rein'ge mich von Sünden.

17. Hat Gott uns seinen Sohn geschenkt; (laß mich noch sterbend denken) wie sollt' uns der, der ihn geschenkt, mit ihm nicht Alles schenken?

Chr. Fürchtegott Gellert.

Vom Leiden Jesu.

2 Petri 3, v. 15. Die Geduld unsers Herrn achtet für eure Seligkeit.

Mel. Mach's mit mir, Gott, nach deiner Güt'.

565. Geduldig's Lämmlein, Jesu Christ! der du all' Angst und Plagen und Ungemach zu jeder Frist geduldig hast ertragen, verleih' mir auch zur Leidenszeit Geduld und alle Tapferkeit.

2. Du hast gelitten, daß auch ich dir folgen soll und leiden, daß ich mein Kreuze williglich soll tragen auch mit Freuden; ach möcht' ich doch, in Kreuz und Pein geduldig wie ein Lämmlein seyn.

3. Ich wünsche mir von Herzensgrund, dir ähnlich, Herr, zu werden, daß ich der Welt zu jeder Stund' gekreuzigt sey auf Erden, doch aber wünsch' ich auch dabei, daß ich ein Lämmlein Jesu sey.

4. Laß kommen alles Kreuz und Pein, laß kommen all' Plagen, laß mich veracht't, verspottet seyn, wund't und hart geschla-

gen, laß aber auch in aller Pein mich ein geduldig Lämmlein seyn.

5. Ich weiß, man kann ohn' Kreuz und Leid zur Freude nicht gelangen, weil du in deine Herrlichkeit selbst bist durch's Kreuz gegangen: wer nicht mit dir leid't Kreuz und Pein, kann auch mit dir nicht selig seyn.

D. Joh. Scheffler (Angelus).

Christlicher Sinn.

Philipper 2, v. 5. Ein Jeglicher sei gesinnet, wie Jesus Christus auch war.

Mel. Mach's mit mir, Gott, nach deiner Güt'.

566. Gehorsam-stilles Gotteslamm, geduld'ge, sanfte Liebe! o Herr! der du am Kreuzesstamm für meine Sünden-Triebe des Ungehorsams Schuldenlast getragen und gebüßet hast:

2. Ach pflanze mir den Eifer ein, nach deinem Sinn zu trachten, gehorsam, wie ein Lamm, zu seyn, auf deine Stimm' nur achten. O wär' ich doch vor Jedermann dienstfertig, liebreich, unterthan.

3. Wer Vater oder Mutter heißt, die laß mich kindlich ehren: wer Lieb' und Treu' an mir beweist, und Allen die mich lehren, auch Herrn und Frau'n und Obrigkeit sey mein Gehorsam stets bereit.

4. Laß sie mich Alle lieben sehr und als dein Bildniß achten. Nicht, fällt der Dienst mir oftmals schwer, nach wilder Freiheit trachten: vielmehr auf dich im Glauben sehn, so wird mein Dienst dir selbst geschehn.

5. Ach nimm das Murren von mir hin, und alles Widerstreben. Gieb mir Geduld, gebeugten Sinn, ein sanftes, stilles Leben. So denk' ich, daß auch du gedient und daß mein Lohn im Himmel grünt.

Ernst Gottlieb Woltersdorf.

Trost im Leiden.

2 Corinther 4, v. 17. Unsere Trübsal, die zeitlich und leicht ist, schaffet eine ewige und über alle Maaße wichtige Herrlichkeit.

Mel. Meinen Jesum laß' ich nicht.

567. Geht es doch dem Himmel zu, durch das Kreuz zur Ehr' und Krone, durch die Unruh' zu der Ruh', durch den Kampf zum Gnadenlohne, durch die Welt zu Jesu Christ, wo das Herz schon jetzo ist!

2. Kostet es gleich jetzt noch Müh', ist doch solche nicht vergebens: denn es folget ja auf sie eine schöne Kron' des Lebens, und in uns'res Vaters Haus ruht man von der Mühe aus.

3. Alles Leiden dieser Zeit endet sich in wenig Jahren; aber in der Ewigkeit haben wir nicht zu befahren *), daß die Freude stille steh' und das Glück zu Ende geh'.

*) befürchten.

4. Darum bleibet es dabei, daß das Leiden dieser Erden dessen gar nicht würdig sey, was uns dort zu Theil soll werden, wenn man nicht in Untreu' fällt, sondern bis an's End' aushält.

5. Dieses soll das Losungs-Wort bei uns immer seyn und bleiben, das uns stets auf's Neu' kann fort und zum Ernst im Kampf antreiben. Jetzt ist's noch nicht Zeit zur Ruh'; doch es geht derselben zu.

Joh. Jakob v. Moser.

Nach der Trauung.

Psalm 115, v. 14. Der Herr gesegne euch je mehr und mehr, euch und eure Kinder.

Mel. Nun danket alle Gott rc.

568. Geht fröhlich nun dahin in stillem Gottvertrauen. Ihr werdet fort und fort viel Heil, viel Gutes schauen: sehr gnädig ist der Herr! habt ihr ihn nur erwählt zum Freunde unter euch: dann nie sein Segen fehlt.

2. Wie er in seiner Hand die Welten alle träget, so lenkt er euren Fuß, so euer Loos er wäget: drum könnt ihr ihm vertrau'n und in ihm fröhlich seyn; der Herr meint's ewig gut: laßt uns stets Dank ihm weih'n!

E. E. G. Langbecker.

Vom heiligen Geiste.

Weisheit Sal. 9, v. 16. 17. Wer will denn erforschen, das im Himmel ist? Wer will deinen Rath erfahren? Es sey denn, daß du Weisheit gebest und sendest deinen heiligen Geist aus der Höhe.

Mel. Liebster Jesu, wir sind hier rc.

569. Geist der Wahrheit! lehre mich aller Weisheit Urquell kennen, Jesum Christum; nur durch dich kann ich meinen Herrn ihn nennen; du, du mußt ihn mir erklären, ganz mein Herz zu Gott bekehren.

2. In des Irrthums Finsterniß müßt' ich ohne Führung wanken; du nur machst das Herz gewiß und erleuchtest die Gedanken, offenbarest Gottes Pfade, zeugst von Wahrheit und von Gnade.

3. Tröster, Tröster heißest du; überschwänglich kannst du trösten; du erfüllst mit Himmelsruh', die durch Jesu Tod Erlös'ten, daß sie frei von Furcht und Schrecken Gottes Vaterliebe schmecken.

4. Du vertrittst uns im Gebet; jenes inbrunstvolle Sehnen das mit stillem Seufzen fleht und uns Wonne giebt durch Thränen, Hoffnung und Geduld im Leiden, kommt von dir, du Quell der Freuden!

5. Heiligung und Reinigkeit und ein häuslich stilles Leben, höh'ren Tugenden geweiht, wahre Weisheit kannst du geben; selig, die an deinen Gaben Theil durch dich im Glauben haben.

6. Ich erflehe sie von dir; noch bin ich ein todtes Wesen: komm und wohne selbst in mir, und ich leb' und bin genesen! dann wird meine Ohnmacht Stärke, und ich wirke Gottes Werke.

7. Nimm mein Herz und mach' es rein; auch die Läuterung im Leiden soll mir theurer Segen seyn; sie wird Gold und Schlacken scheiden; endlich wird nach Schmerz und Weinen Gottes Licht mir ewig scheinen.

Samuel Gottlieb Bürde.

Vom heiligen Geiste.

Joh. 16, v. 13. Wenn aber jener, der Geist der Wahrheit kommen wird, der wird euch in alle Wahrheit leiten.

Mel. Christus, der uns selig macht.

570. Geist der Wahrheit, lehre mich Jesum recht erkennen; denn man kann ihn ohne dich nicht: Herr Jesus! nennen. Keine Wahrheit giebt den Lohn, daß ich Gott selbst sehe; Jesus Christus, Gottes Sohn, ist der Wahrheit Höhe.

2. Wahrheit ist's, wenn du uns beugst, weil die Schuld betrübet; Wahrheit, wenn du überzeugst, daß uns Gott geliebet; Wahrheit, daß uns Jesus starb; Wahrheit, daß er lebet; Wahrheit, daß er Heil erwarb, uns sein Geist umschwebet.

3. Wahrheit ist's, daß, wer erlös't, Christo willig dienet; Wahrheit, wenn du Sünder tröst'st, Jesus hab' versühnet. Sprich mir dies im Sterben zu, zeige mir nur diesen; von dem Seinen nimmst es du; sey mit ihm gepriesen.

M. Philipp Friedrich Hiller.

Vom heiligen Geiste.

Hesekiel 36, v. 27. Ich will meinen Geist in euch geben und will solche Leute aus euch machen die in meinen Geboten wandeln und meine Rechte halten und darnach thun.

Mel. Wachet auf! ruft uns die Stimme 2c.

571. Geist des Vaters und des Sohnes! komm von den Höhen deines Thrones herab in das bedürft'ge Herz! du, in deiner Welt geschäftig, dring' auch in uns're Herzen kräftig, daß sie aufstreben himmelwärts! nimm ganz das Herz dahin, daß unser ganzer Sinn himmlisch denke; komm, heil'ger Geist, des Himmels Geist, der allem Weltsinn uns entreißt.

2. Geist, du kennst die blöden Seelen, die sich mit bangen Zweifeln quälen, ob sie auch Gottes Kinder sind; o du Tröster, komm, erfreue, erleuchte, tröste mild, erneue ein jedes schwache Glaubenskind! mach' uns des Heils gewiß in uns'rer Finsterniß, Geist des Glaubens: komm, heil'ger Geist, der Kindschaft Geist, den Jesus Christus uns verheißt.

3. Heil'ger Geist, von dir beflügelt, mit deinem ew'gen Trost versiegelt, wie wär' ich heilig, selig, fest; du, von Christo mir gesendet, o führe mich, bis ich vollendet des Erdenlebens kurzen Rest; nach dir verlanget mich; wie gern, ach, liebt' ich dich! komm, entzünde mich heil'ger Geist, der Liebe Geist, der aller Weltlust mich entreißt.

4. Alle Schuld ist ja vergeben, wir dürfen Gott nah'n ohne Beben mit Kindessinn und Zuversicht. Alle Gnade, alle Wahrheit und alle Fülle, alle Klarheit empfängt, wer glaubt mit Zuversicht. Geist Gottes, mach' uns frei von Sünden, völlig neu, heilig, selig! komm, heil'ger Geist, du starker Geist, der uns aus allen Banden reißt.

5. Alle Leiden werden enden, wir fühlen uns in Gottes Händen, deß Vaterliebe wird erkannt. Sey dem schwachen Erdenpilger Licht, Tröster, Führer, Sündentilger! von deiner heil'gen Lieb' entbrannt gelangen dann auch wir dorthin bald, wo wir dir selig danken! komm, heil'ger Geist, du ew'ger Geist, der uns den Weg zum Himmel weis't.

Karl August Döring.

Pfingstlied.

Johannis 6, v. 63. Der Geist ist es, der da lebendig machet.

Mel. Herr Jesu Christ, dich zu uns wend'.

572. Geist Gottes, unerschaffner Geist, du, den kein Seraph würdig preis't: Licht, Leben, Kraft, dir ewig gleich, an Gaben unermeßlich reich!

2. Du füll'st mit Leben Erd' und Meer, mit Geist und Kraft des Himmels Heer, Glanz Gottes, dessen ew'ges Licht in tausendfachen Strahlen bricht!

3. Licht, Weisheit, Feuer flößest du und Kraft den Sehern Gottes zu, der Wahr-

heit Zeugen Heldenmuth, den Assaphs-Liedern Himmelsglut.

4. Vor allem liebst du, göttlich rein Kraft heil'ger Lieb' in uns zu seyn, und kamst zu uns aus Gott gesandt, der ew'gen Liebe Bundespfand.

5. Preis dir und Dank, du heil'ger Geist, der Gottes Weg uns Sündern weis't, der Gottes Bild in uns erneu't nach Jesu Christi Aehnlichkeit!

6. Du, dessen stiller Unterricht an's stille Herz vernehmlich spricht, und wo der Sünder sich versteckt, sein Herz mit Donnerstimme schreckt:

7. Gieb du uns selbst zu aller Zeit ein leises Ohr und Folgsamkeit! Denn heilig, treu ist dein Bemüh'n, uns Gott zu Kindern zu erzieh'n.

8. O würden wir dein lauter Preis für deiner Pflege treuen Fleiß! o möchten wir dich Groß' und Klein', an Gottesfrüchten reich, erfreu'n.

9. Hilf du, der uns nie Waisen läßt, daß unser Glaube wahr und fest, die Liebe thätig, warm und treu, lebendig unsre Hoffnung sey!

10. Und wenn wir irren, warne du: dem Reuigen sprich Tröstung zu, und führ' ihn vor des Richters Zorn vorüber zu dem Gnadenborn.

11. Und drückt uns wo des Lebens Müh': dein süßer Trost erleichtre sie. Dein Einfluß mach' uns Freud' und Leid fruchtbringend für die Ewigkeit.

12. Ja, sey und bleib' uns fort und fort Kraft aus der Höh' und Glaubenshort! Uns leite deiner Augen Licht, bis unser Aug' im Tode bricht.

13. Dann sink' in Asche Fleisch und Bein: du wirst uns neues Leben seyn, das himmlisch Gottes Thron umschwebt und ewig, ewig, ewig lebt.

Nach dem Latein. Veni Creator Spiritus.
Karl Bernhard Garve.

Vom heiligen Geiste.

Sirach 34, v. 14. Nun sehe ich; daß die Gottesfürchtigen den rechten Geist haben.

Mel. Freu' dich sehr, o meine Seele.

573. Geist vom Vater und vom Sohne, der du unser Tröster bist und von unsers Gottes Throne hülfreich auf uns Schwache siehst: stehe du mir mächtig bei, daß ich Gott ergeben sey, daß mein ganzes Herz auf Erden mög' ein Tempel Gottes werden.

2. Laß auf jedem meiner Wege deine Weisheit in mir seyn, wenn ich bange Zweifel hege, deine Wahrheit mich erfreu'n; lenke kräftig meinen Sinn auf mein wahres Wohlsein hin; lehrst du mich, was recht ist, wählen, werd' ich nie mein Heil verfehlen.

3. Heilige des Herzens Triebe, daß ich über Alles treu meinen Gott und Vater liebe, daß mir nichts so wichtig sey, als in seiner Huld zu stehn. Seinen Namen zu erhöhn, seinen Willen zu vollbringen, müsse mir durch dich gelingen.

4. Stärke du mich, wenn zu Sünden mein Gemüth versuchet wird, daß sie mich nicht überwinden. Hab' ich irgend mich verirrt, o so strafe selbst mein Herz, daß ich unter Reu' und Schmerz mich vor Gott darüber beuge und mein Herz zur Bess'rung neige.

5. Reize mich, mit Fleh'n und Beten, wenn mir Hülfe nöthig ist, zu dem Gnadenthron zu treten; gieb, daß ich auf Jesum Christ als auf meinen Mittler schau' und auf ihn die Hoffnung bau', Gnad' um Gnad' auf mein Verlangen von dem Vater zu empfangen.

6. Stehe mir in allen Leiden stets mit deinem Troste bei, daß ich auch alsdann mit Freuden Gottes Führung folgsam sey. Gieb mir ein gelass'nes Herz; laß mich selbst im Todesschmerz, bis zum frohen Ueberwinden, deines Trostes Kraft empfinden.

M. Gottfried Hoffmann.

Von der Gemeinschaft des Kreuzes Christi.

Römer 6, v. 6. Wir wissen, daß unser alter Mensch sammt Ihm gekreuziget ist, auf daß der sündliche Leib aufhöre, daß wir hinfort der Sünde nicht dienen.

In eigener Melodie.

574. Gekreuzigter! mein Herze sucht im Glauben mit dir Eins zu werden, ach! deines Todes Kraft und Frucht ist mein Verlangen hier auf Erden; ich seufze und flehe und will nur allein mit dir, o mein Jesu, gekreuziget seyn.

2. Ach, daß ich um dein Kreuz und Tod Herz und Gewissen möchte schlingen, so, daß ich dein Verdienst vor Gott als mein

selbst eignes könnte bringen! Drum seufz' ich so sehnlich und will nur allein mit dir, o mein Jesu, gekreuziget seyn.

3. Ach, daß ich aller Sünde doch ganz abzusterben möchte trachten, und deren unerträglich Joch als mich nicht mehr angehend achten: Drum seufz' ich so sehnlich und will nur allein mit dir, o mein Jesu, gekreuziget seyn.

4. Ach, daß ich doch mit dir die Welt möcht' als ein Sterbender verlassen und, was derselben wohlgefällt, als todte Dinge gänzlich hassen: Drum seufz' ich so sehnlich, und will nur allein mit dir, o mein Jesu, gekreuziget seyn.

5. Ach, daß der alte Adam sich mit an das Kreuz selbst ließe schlagen, daß dessen böse Lüste mich nicht mehr von nun an dürften plagen: Drum seufz' ich so sehnlich und will nur allein mit dir, o mein Jesu, gekreuziget seyn.

6. So lasse mich an deinem Tod, o Jesu, recht Gemeinschaft finden um dadurch alle Sündennoth, Fleisch und Gesetz zu überwinden: Erhöre mein Seufzen und laß mich allein mit dir, o mein Jesu, gekreuziget seyn.

Joh. Eusebius Schmidt.

Von der heiligen Dreieinigkeit.

2 Corinther 1, v. 3. Gelobet sey Gott und der Vater unsers Herrn Jesu Christi, der Vater der Barmherzigkeit und Gott alles Trostes.

Mel. Nun danket alle Gott.

575. Gelobet sey der Herr, mein Gott, mein Licht, mein Leben, mein Schöpfer, der mir hat Geist, Seel' und Leib gegeben, mein Vater, der mich schützt von Mutterleibe an, der jeden Augenblick viel Gut's an mir gethan.

2. Gelobet sey der Herr, mein Gott, mein Heil, mein Leben, des Vaters liebster Sohn, der sich für mich gegeben, der mich erlöset hat mit seinem theuren Blut, der mir im Glauben schenkt sich selbst, das höchste Gut.

3. Gelobet sey der Herr, mein Gott, mein Fels, mein Leben, des Vaters werther Geist, den mir der Sohn gegeben, der mir mein Herz erquickt, der mir giebt neue Kraft, der mir in aller Noth Rath, Trost und Hülfe schafft.

4. Gelobet sey der Herr, mein Gott, der ewig lebet, den Alles, Alles lobt; was in den Lüften schwebet; gelobet sey der Herr, deß Name heilig heißt, Gott Vater, Gott der Sohn und Gott der werthe Geist.

5. Dem wir das Heilig jetzt mit Freuden lassen klingen und mit der Engel-Schaar das Heilig! Heilig! singen: den herzlich lobt und preis't die ganze Christenheit; gelobet sey mein Gott in alle Ewigkeit!

D. Johann Olearius.

Jesus, der Kinderfreund.

Philipper 2, v. 15. Auf daß ihr seyd ohne Tadel und lauter und Gottes Kinder.

Mel. Vom Himmel hoch da komm' ich her.

576. Gelobet seyst du, Jesu Christ, daß du der Kinder Heiland bist, und daß die kleine Lämmerschaar, dir, König! nicht verächtlich war.

2. Gelobet sey des Vaters Rath für seiner Liebe Wunderthat! sein großer Sohn wird arm und klein, damit die Kinder selig seyn.

3. Sein Vaterherz beweget ihn, die Kinder aus dem Fluch zu ziehn. Er thut sein eignes Kind in Bann, weil er sie nicht vermissen kann. Matth. 18, v. 14.

4. Wie zärtlich ist sein Herz gesinnt, er schenkt sein allerliebstes Kind; und was der Himmel in sich hält den armen Kindern in der Welt. Röm. 8, v. 32.

5. Drum müssen Gottes Engel gehn, und bei den Kindern schützend stehn, daß wenn der Satan auf sie dringt, er sie nicht in's Verderben bringt. Matth. 18, v. 10.

6. Gelobet sey der heil'ge Geist, der jedes Kind zum Hirten weis't, und ihnen zu erkennen giebt, wie brünstig sie der Heiland liebt.

7. Er lehrt sie, daß sie sündig sind, ganz unrein, elend, todt und blind. Und wenn ein Kindlein dies erkennt, sich's einen armen Sünder nennt.

8. Drauf zeiget ihm der heil'ge Geist, was Gottes ew'ger Sohn erweis't, wie er den Zorn des Vaters löscht, und uns sein Blut von Sünden wäscht.

9. Er macht durch seinen Gnadenzug ein schwaches Kind durch Glauben klug. Es lernt mit Freuden das verstehn, was weise Männer oft nicht sehn. Matth. 11, v. 25.

10. O Gotteslamm, du süßes Kind! wie freundlich bist du doch gesinnt; du läßt den

Thron der Ehren seyn und kehrst bei Adams Kindern ein.

11. Die Liebe zu der Kinderschaar verändert dich so wunderbar, daß du, gewaltig großer Fürst, ein kleines Kind geboren wirst.

12. Da liegst du in Mariä Schooß, den Augen klein, dem Glauben groß. Du ruhst an deiner Mutter Brust und siehst an Kindern deine Lust. — —

13. „Laßt doch die Kindlein her zu mir!"*) so riefst du: „darum bin ich hier! für sie gehört mein ganzes Reich, drum ward ich selbst den Kindern gleich." *) Marc. 10, v. 14.

14. Du sammelst sie mit sanftem Muth; es segnet sie dein heil'ges Blut;*) du trägst die Lämmer auf dem Arm, daß ihrer sich dein Herz erbarm'.

*) Luc. 2, v. 21.

15. Wenn Satans Stolz ein Kind verlacht, so sind die Kinder deine Macht; *) ihr Mund, der noch nicht mündig heißt, ist oft ein Schwert für deinen Geist. *) Ps. 8, v. 3.

16. Wenn nun ein Kind dich fröhlich lobt, so merkt man bald, wie Satan tobt; doch singen auch die Engel drein: dies Kind soll unverletzet seyn.

17. Ach, lehre unsre Kinderschaar, daß sie zusammen immerdar mit Herz und Lippen dich erhöh'n: so wird des Teufels Reich vergeh'n. Psalm 8, v. 3.

18. Gelobet seyst du Jesu Christ, daß du der Kinder Heiland bist: und daß du, hocherhabner Fürst! der Kinder Heiland bleiben wirst. Ernst Gottlieb Woltersdorf.

Jesus, der Sünder Heiland.

1 Timotheum 1, v. 15. Jesus Christus ist gekommen in die Welt, die Sünder selig zu machen.

Mel. Herr Gott, dich loben alle wir.

577. Gelobet seyst du, Jesu Christ! daß du der Sünder Heiland bist, und daß dein unschätzbares Blut an unsern Seelen Wunder thut.

2. Gelobet sey des Vaters Rath, der dich der Welt geschenket hat, und weil er viel Erbarmen hegt, dir alle Schulden aufgelegt.

3. Gelobet sey der heil'ge Geist, der uns zu dir, o Jesu, weist, zu dir, du Arzt, der Jedermann durch seine Wunden heilen kann.

4. Gott Lob! nun ist auch Rath für mich. Mein Gott und Herr! ich glaub' an dich, an dich, der Alles hingezählt, was nur in meiner Rechnung fehlt.

5. Die Schulden sind mir angeerbt; ich bin nicht halb, nein, ganz verderbt. Ich treff' auch nicht das Kleinste an, was ich zur Lösung zahlen kann.

6. Gott Lob, daß ich nun weiß: wohin? ich, der ich krank und unrein bin, den Furcht und Schaam und Zweifel quält, dem alle Kraft zum Guten fehlt.

7. Mein Jesus nimmt die Sünder an. Ich komme zu ihm, wie ich kann. Denn, wer sich selber besser macht, von dem wird Christi Blut veracht't.

8. Der Kranke wird nicht erst gesund; er macht dem Arzt die Krankheit kund. So komm' ich, Gottes Lamm, zu dir; ich weiß, du thust dein Amt an mir.

9. Vergebung heilt mein ganzes Herz; sie tilgt die Furcht, sie stillt den Schmerz; sie macht mich ruhig, leicht und licht und voll von süßer Zuversicht.

10. Die Seele wird von Banden frei; sie lobt und singt und spürt dabei, daß eines neuen Geistes Kraft sie ganz belebt und Früchte schafft.

11. So macht der Glaub' an Christi Blut in armen Sündern Alles gut; und was noch Böses übrig bleibt, ist Noth, die uns zum Helfer treibt.

12. Gelobet seyst du, Jesu Christ! daß du der Sünder Heiland bist, und daß du, hocherhabner Fürst! der Sünder Heiland bleiben wirst. Ernst Gottlieb Woltersdorf.

Weihnachtslied.

Johannis 1, v. 14. Das Wort ward Fleisch und wohnete unter uns, und wir sahen seine Herrlichkeit, eine Herrlichkeit als des eingebornen Sohnes vom Vater, voller Gnade und Wahrheit.

In eigener Melodie.

578. Gelobet seyst du, Jesu Christ! daß du Mensch geboren bist, von einer Jungfrau; das ist wahr, deß freuet sich der Engel Schaar. Kyrieleis *)!

*) erbarme dich unser!

2. Des ew'gen Vaters ein'ges Kind jetzt man in der Krippen find't, in unser armes Fleisch und Blut verkleidet sich das ew'ge Gut. Kyrieleis!

3. Den aller Weltkreis nie beschloß, der liegt in Mariens Schooß; er ist ein Kindlein worden klein, der alle Ding' erhält allein. Kyrieleis!

4. Das ew'ge Licht geht da herein, giebt der Welt ein'n neuen Schein, es leucht't wohl mitten in der Nacht und uns des Lichtes Kinder macht; Kyrieleis!

5. Der Sohn des Vaters, Gott von Art, ein Gast in der Welt hier ward, er führt uns aus dem Jammerthal und macht uns Erb'n in seinem Saal. Kyrieleis!

6. Er ist auf Erden kommen arm, daß er unser sich erbarm', uns in dem Himmel mache reich und seinen lieben Engeln gleich. Kyrieleis!

7. Das hat er Alles uns gethan, sein' groß' Lieb zu zeigen an; deß freu' sich alle Christenheit, und dank' ihm deß in Ewigkeit. Kyrieleis!

Nach dem Lat. Grates nunc omnes. Ein altes vor der Reformation bekanntes Lied; durch D. Martin Luther ganz umgearbeitet. — V. 1. Original.

Danklied nach erhaltenem Regen.

3 Mose 26, v. 3. 4. Werdet ihr in meinen Satzungen wandeln und meine Gebote halten und thun, so will ich euch Regen geben zu seiner Zeit, und das Land soll sein Gewächs geben, und die Bäume auf dem Felde ihre Früchte bringen.

Mel. Allein Gott in der Höh' sey Ehr'.

579. Gelobet seyst du, treuer Gott! von Herzen und Gemüthe, daß du gemindert unsre Noth und zeigst uns deine Güte; wir sehen, daß du uns erhört, weil du uns giebst, wie wir begehrt, den längst erwünschten Regen.

2. Ach Vater! dies bleibt dennoch wahr: wenn Christen zu dir schreien, so hilfst du frei und offenbar, daß sie sich herzlich freuen; wir riefen dich um Regen an, und sieh', er tröstet Jedermann, er kommt mit reichem Segen.

3. Besprenge dann mit reichem Maaß die Gärten, Wiesen, Wälder; erquick' das dürre Laub und Gras und die versengten Felder, laß regnen, daß die matte Saat, ja Alles, was da Leben hat, frisch, grün und fruchtbar werde.

4. Indeß so ruf'n und singen wir: Gott Lob, wir sind erhöret! Gott Lob, die Hülfe bricht herfür, die aller Dürre wehret. Gott Lob! die Wolken geben Naß; Gott Lob! nun trinken Laub und Gras; Gott sey Lob, Preis und Ehre!

M. Michael Schernack?

Tägliche Bitten auf dem Wege zum Himmel.

Jesaia 49, v. 10. Ihr Erbarmer wird sie führen, und wird sie an die Wasserquellen leiten.

Mel. Wie groß ist des Allmächt'gen Güte.

580. Gelobt sey Gott! die Himmelsfreuden hat er dem Geiste zugedacht. Gelobt sey Gott, der nie ein Leiden den Menschen ohne Liebe macht. Durch diese führt er uns zu jenen; wer sich den Weg gefallen läßt, begeht, nach ausgeweinten Thränen, lobpreisend sein Vollendungsfest.

2. Führ' du mich in dem Pilgerlande, o Herr, an dem mein Glaube hält. Es floß aus deinem Marterstande das Heil für eine ganze Welt; laß mich's doch reichlich mit genießen, hilf meiner Geistesarmuth ab; ich fall' dir tausendmal zu Füßen, der in den Tod sein Leben gab.

3. Vor Allem heile mich von Sünden! Laß mich, wenn Angst mein Herz umgiebt, den Weg zu deinem Herzen finden, das allemal am treusten liebt. In Stürmen sey du mir der Nächste, bring' den gequälten Geist zur Ruh'! Du bist mein Trost, der Letzte, Höchste, mein ew'ges Hallelujah, Du!

Joh. Gottfried Schöner.

Sonntagslied.

Psalm 26, v. 6. 7. Ich halte mich, Herr, zu deinem Altar, da man höret die Stimme des Dankens, und da man prediget alle deine Wunder.

Mel. Es ist gewißlich an der Zeit.

581. Gepreiset seyst du, Jesu Christ, daß nun der Tag erschienen, der unser werther Ruh'tag ist, dem großen Gott zu dienen: hinweg mit aller Eitelkeit! hinweg mit Ungerechtigkeit! laßt Hände-Arbeit liegen!

2. Dem Höchsten Herz, Gemüth und Sinn laßt heute seyn ergeben: legt das, was fleischlich, von euch hin, dient Gott mit eurem Leben, auf daß er durch des Geistes Stärk' hab' in uns seiner Gnaden Werk' und stetig ob uns walte.

3. Hört heute fleißig Gottes Wort mit Beten, Lesen, Singen: Laßt uns dem Herren fort und fort der Lippen Opfer bringen! kommt, tretet hin zu dem Altar und lasset mit der frommen Schaar ein Sabbathslied erschallen.

4. An diesem Tag ist Jesus Christ vom Tod einst auferstanden und hat des bösen Feindes List hiedurch gemacht zu Schan-

den; er hat dem Tode seine Macht genommen und uns widerbracht, was Adams Fall verloren.

5. Wir Christen müssen gleicher Weis' auch von der Sünd' aufstehen und künftig nun mit allem Fleiß auf guten Wegen gehen: auf daß wir dorten immerzu die höchstgewünschte Sabbaths-Ruh im Himmelreich begehen.

Zachariä Lobgesang.

Luc. 1, v. 67—79. Zacharias ward des heiligen Geistes voll, weissagte und sprach: ꝛc.

Mel. Lobt Gott, ihr Christen allzugleich.

582. Gepriesen sey aus voller Brust der Herrscher Israels! noch hast du, Gott! an Juda Lust, noch bist du Jakobs Fels! :,:

2. Erlösung sendest du herab; besuchst dein Volk mit Huld, bringst Heil und Licht und Kraft herab und Schonung und Geduld. :,:

3. Der Zweig des Heiles blüht empor den David schon gepreis't; singt, Christen, jauchzt im höhern Chor, Gott hält, was er verheißt! :,:

4. Errettung, Frieden, Freiheit sahn die Seher früh'rer Zeit; der Seher Söhne betet an! er kömmt, der uns befreit, :,:

5. Er reißt uns aus der Feinde Hand, aus jedes Hassers List; und macht, daß Mund und Herz und Land von Freuden überfließt. :,:

6. Barmherzigkeit war all sein Thun, ist stets Barmherzigkeit; er denkt des alten Bundes nun und an den frühsten Eid. :,:

7. Wir werden, was er Abrah'm schwur, erfüllt, wir Enkel sehn, erlöst von Feinden, Freude nur, mit Freuden von ihm flehn! :,:

8. Wir werden stets mit frohem Muth ihm Herz und Odem weihn; gerecht und treu seyn, weis' und gut; an Leib und Seele rein. :,:

9. Du gehst, mein Sohn, von Gott gesandt vor seinem Angesicht. Du wirst ein Knecht des Herrn genannt, wirst Flammen seyn und Licht. :,:

10. Du bahnst den Weg ihm, Gottes Ruf erschallt durch deinen Mund: „kehrt euch zu dem, der euch erschuf, und ehret seinen Bund!" :,:

11. Verzeihung liegt in seiner Hand, in seinen Blicken Heil. Die Wassertaufe sey euch Pfand, und Geist sey euer Theil. :,:

12. Die gnadenreiche Herrlichkeit, des Himmels Sonne scheint herab in jede Dunkelheit, wo Schmerz und Sehnsucht weint. :,:

13. Der Weg zum Frieden zeiget sich, des Todes Nacht wird hell; wir suchen dich, wir finden dich, der Seligkeiten Quell! :,:

Johann Kaspar Lavater.

Zur Pestzeit.

Psalm 90, v. 15. Erfreue uns nun wieder, nachdem du uns so lange plagest, nachdem wir so lange Unglück leiden.

Mel. Wo Gott der Herr nicht bei uns hält.

583. Gerechter Gott, uns liegt im Sinn die schwere Straf' und Plage; Viel' wurden jetzt gerissen hin vom Tod', an jedem Tage, indem die Pest, dein scharfer Pfeil, herum da fleugt in schneller Eil von einem Ort zum andern.

2. Wir alle müssen nun vor dir, o großer Gott, bekennen: dein Grimm hat Ursach', auch allhier und gegen uns zu brennen; denn wir gar leider! allgemein nicht im geringsten frömmer seyn, als die du jetzt heimsuchest.

3. Deshalben treten wir vor dich in Herzens-Reu' und Buße, wir fallen dir demüthiglich, Gott unser Schutz, zu Fuße: die Pest und Seuchen von uns kehr', durch deine Güt' und Allmacht wehr' dem Engel, dem Verderber.

4. Ach Herr, erzeig' uns jetzt dein Heil, laß uns doch vor dir leben und auch an dir fort haben Theil, Gesundheit gieb darneben, gleichwie man auch dem Auge thut, so halt' du uns in deiner Hut, daß wir bewahret bleiben.

5. Befiehl den Engeln auch hinfort, auf Händen uns zu tragen, daß wir seyn frei an allem Ort, auf unserm Weg vor Plagen, wend' diese Noth ab und Gefahr und vor der Pestilenz bewahr' uns, die wir auf dich trauen.

6. Nun, Vater, thu', was dir beliebt, wir wollen dir's befehlen, wer sich in deinen Willen giebt, darf nicht mit Sorg' sich quälen. Ein Sperling ist sehr wenig werth, und fällt doch keiner auf die Erd', wenn du es nicht verstattest.

7. Wir wissen, daß all' unser' Haar' sind auf dem Haupt gezählet, es dient zum Besten immerdar, was du uns hast erwählet, du wirst uns allen groß und klein, was uns wird gut und selig seyn, bis an das End' verleihen.

8. Steh' denen anderswo auch bei, die schon das Unglück troffen, gieb, daß ihr Glaub' beständig sey, laß in Geduld sie hoffen; daß du aus Gnaden ihnen doch mit Hülfe wirst erscheinen noch, es komm' auch wie es wolle.

9. Gott Vater, Sohn und heil'ger Geist, der du zu allen Zeiten hast große Güt' und Macht erweis't in viel Gefährlichkeiten, behüt' uns auch nun gnädiglich, daß wir für alle Wohlthat dich stets hier auf Erden preisen.

Vom christlichen Sinn und Wandel.

Jeremia 17, v. 7. Gesegnet ist der Mann, der sich auf den Herrn verlasset und der Herr seine Zuversicht ist.

Mel. Auf meinen lieben Gott.

584. Gesegnet ist der Mann, von dem man sagen kann, daß er sich Gott ergebe, und ihm zu Ehren lebe, das Böse meid' und hasse, sich auf den Herrn verlasse.

2. Ist nur der Herr sein Licht, sein Trost und Zuversicht, wird er auf Gott nur bauen und seinem Schöpfer trauen, so werden seine Thaten im Segen wohl gerathen.

3. Gott ist die schönste Quell', rein, lauter, klar und hell; ein Brunnen, der erquikket, den Durstigen beglücket, ein Regen, der erweichet, ein Bach, dem keiner gleichet.

4. An diesem Bache steht, als wie ein Baum erhöht, wer seinem Gott anhanget und weiter nichts verlanget, als ihm vor andern Allen beständig zu gefallen.

5. Man sieht ihn herrlich blüh'n, die Blätter bleiben grün, sie können nicht veralten, der Saft wird sie erhalten, der, den die Wurzel giebet; drum werden sie geliebet.

6. Fällt einmal Dürre ein, die schädlich könnte seyn, sind sie doch ohne Sorgen auf heute oder morgen; sie bringen ihre Früchte mit reichlichem Gewichte.

7. Ach, allerschönstes Gut! dies macht mir einen Muth, mit dir mich zu verbinden, vergieb mir meine Sünden; weg Mißtrau'n nebst dem Zweifel! weg Lust und Welt, und Teufel!

8. Dir, Herr! dir schwör' ich Treu' und will hinfort auf's Neu' dein Eigenthum verbleiben und dir mich ganz verschreiben; aus Güte und Erbarmen halt' mich in deinen Armen!

9. Ich weiß, es wird zuletzt die Müh' mit Ruh' ersetzt, wenn alles Leid gewendet, wenn alle Noth vollendet, die Freud' ist zu erwarten in jenem Himmelsgarten.

Konrad Gebhard Stübner.

Tischlied.

Psalm 111, v. 5. Er giebt Speise denen, so ihn fürchten; er gedenket ewiglich an seinen Bund.

Mel. Herr Jesu Christ, mein's Lebens Licht.

585. Gesegn' uns, Herr! die Gaben dein, die Speis' laß unsre Nahrung seyn, hilf, daß dadurch erquicket werd' der dürft'ge Leib auf dieser Erd'.

2. Denn dies zeitliche Brod allein kann uns nicht g'nug zum Leben seyn, dein göttlich Wort die Seele speis't, hilft uns zum Leben allermeist.

Gesetz und Evangelium.

Galater 3, v. 23. 24. Ehe denn der Glaube kam, wurden wir unter dem Gesetz verwahret und verschlossen auf den Glauben, der da sollte offenbaret werden. Also ist das Gesetz unser Zuchtmeister gewesen auf Christum, daß wir durch den Glauben gerecht würden.

Mel. Es ist das Heil uns kommen her.

586. Gesetz und Evangelium sind beide Gottes Gaben, die wir in unserm Christenthum beständig nöthig haben; doch bleibt ein großer Unterschied, den nur ein solches Auge sieht, das Gottes Geist erleuchtet.

2. Was Gott in dem Gesetz gebeut, ist uns in's Herz geschrieben: wir sollen nämlich jederzeit Gott und den Nächsten lieben; daß aber Gott die Welt geliebt und seinen Sohn für Sünder giebt, das muß er selbst entdecken.

3. In dem Gesetz wird uns're Pflicht uns ernstlich vorgetragen; das Evangelium kann nicht, als nur von Gnade sagen; jen's zeigt dir, was du thun sollst, an; dies's lehrt, was Gott an dir gethan; jen's fordert, dieses schenket.

4. Was das Gesetz dir Gut's verspricht, wird dir nicht zugewendet, es sey denn, daß du deine Pflicht vollkommen hast vollendet. Was Christi Gnade Gut's verheißt, wird dem, der gläubig sich erweis't, frei und umsonst gegeben.

5. Wo das Gesetz den Sünder find't, da schlägt es ihn darnieder, das Evangelium verbind't und heilt die Wunden wieder, jen's predigt Sünde, Zorn und Fluch, dies's öffnet dir das Lebensbuch in des Erlösers Wunden.

6. Jen's decket dir dein Elend auf, dies's saget von Erbarmen, jen's schlägt, schließt

dir den Abgrund auf, dies's hebt und trägt die Armen: jen's zeigt und dräuet dir den Tod, dies's hilfet dir aus Tod und Noth und bringt dir Geist und Leben.

7. Was das Gesetz zu sagen hat, gehört für rohe Herzen, für Heuchler, die schon rein und satt, die mit der Sünde scherzen. Des Gnadenwortes Balsam-Oel senkt sich in eine kranke Seel', die elend und beladen.

8. Wenn das Gesetz den Zweck erreicht, so hört es auf zu fluchen; sein Zwang, sein Blitz, sein Drohen weicht, wenn man will Gnade suchen, es treibt zum Kreuz des Mittlers hin; wenn ich an diesen gläubig bin, so hat der Trost kein Ende.

9. Mein Gott! laß diesen Unterschied mich in der That erfahren: laß Sünden-Angst mit Trost und Fried' sich in der Seele paaren. Treib' mich, o Herr! durch dein Gesetz in deiner Gnade holdes Netz, in des Erlösers Arme.

10. Gieb aus dem Evangelio mir Kräfte dich zu lieben und als dein Kind, das frei und froh, mich im Gesetz zu üben; gieb Gnade, daß ich meine Pflicht mit Heiligkeit und Zuversicht in Lieb' und Glauben leiste.

D. Johann Jakob Rambach.

Berufstreue.

Jesaia 61, v. 8. Ich will schaffen, daß ihre Arbeit soll gewiß seyn, und einen ewigen Bund will ich mit ihnen machen.

Mel. Von Gott will ich nicht lassen.

587. Gewagt in Jesu Namen! so ist es wohl gewagt, denn das heißt Ja und Amen, was er uns zugesagt, der Held in Israel kann uns im Wort nicht lügen, drum muß er uns vergnügen an Leib und an der Seel'.

2. Von ihm kommt aller Segen, aus seiner treuen Hand: geh'n wir auf unsern Wegen nach Pflicht, Beruf und Stand, so fällt sein Gnadenthau auf unser Thun und Werke, er giebet Kraft und Stärke zu unserm Kummerbau.

3. Oft will es sauer werden; doch, weil es Gott gefällt, daß wir auf dieser Erden zur Arbeit sind bestellt; so lassen wir den Schweiß vom Angesichte fließen, weil wir den Trost schon wissen: Gott segnet Müh' und Fleiß.

4. Der Fluch wächst zwar auf Erden, der Dorn und Disteln trägt; doch wenn man die Beschwerden mit Gott nur überlegt, kann seine Gnadenhand die Disteln nicht verkehren und Rosen drauf gewähren? das hat man oft erkannt.

5. Drum gehen wir mit Frieden an unser Amt und Pflicht, Gott hat uns wohl beschieden, ein Träger erntet nicht, mit Arbeit und Gebet; nur frisch daran gegangen! der wird den Schatz erlangen, der wachet, kämpft und fleht.

6. O, selig ist zu schätzen, der sich mit Gott vergnügt, kein Neid mag ihn verletzen, weil er den Segen kriegt, den Niemand wehren kann. Wohlan! Gott wird ihn geben, denn unsre Hände heben in Gottes Namen an.

Benjamin Schmolck.

Von der Geduld und Gelassenheit.

Psalm 37, v. 7. Sey stille dem Herrn und warte auf ihn.

In eigener Melodie.

588. Gieb dich zufrieden und sey stille in dem Gotte deines Lebens; in ihm ruht aller Freuden Fülle, ohn' ihn müh'st du dich vergebens. Er ist dein Quell und deine Sonne, scheint täglich hell zu deiner Wonne. Gieb dich zufrieden!

2. Er ist voll Lichtes, Trost und Gnaden, ungefärbten, treuen Herzens, wo er steht, thut dir keinen Schaden auch die Pein des größten Schmerzens; Kreuz, Angst und Noth kann er bald wenden, ja auch den Tod hat er in Händen. Gieb dich zufrieden!

3. Wie dir's und Andern oft ergehe, ist ihm wahrlich nicht verborgen; er sieht und kennet aus der Höhe der betrübten Herzen Sorgen; er zählt den Lauf von heißen Thränen und faßt zu Hauf' all unser Sehnen. Gieb dich zufrieden!

4. Wann gar kein Ein'ger mehr auf Erden, dessen Treue du darfst trauen, alsdann will er dein Tröster werden und zu deinem Besten schauen; er weiß dein Leid und heimlich's Grämen, auch weiß er Zeit, dir's zu benehmen. Gieb dich zufrieden!

5. Er hört die Seufzer deiner Seelen und des Herzens stilles Klagen, und was du Keinem darfst erzählen, magst du Gott gar kühnlich sagen; er ist nicht fern, steht in der Mitten, hört bald und gern der Armen Bitten. Gieb dich zufrieden!

6. Laß dich dein Elend nicht bezwingen, halt' an Gott, so wirst du siegen; ob alle Fluthen einhergingen, dennoch mußt du oben liegen; denn wenn du wirst zu hoch beschweret, hat Gott, dein Fürst, dich schon erhöret. Gieb dich zufrieden!

7. Was sorgst du für dein armes Leben, wie du's halten wollst und nähren? der dir das Leben hat gegeben, wird auch Unterhalt bescheren: Er hat ein' Hand voll aller Gaben, da See und Land sich muß von laben. Gieb dich zufrieden!

8. Der allen Vögeln in den Wäldern ihr bescheid'nes Körnlein weiset, der Schaaf' und Rinder auf den Feldern alle Tage tränkt und speiset, der wird ja auch dich Ein'gen füllen und alle deine Nothdurft stillen. Gieb dich zufrieden!

9. Sprich nicht: ich sehe keine Mittel, wo ich such', ist nichts zum Besten; denn das ist Gottes Ehren-Titel: helfen, wann die Noth am größten. Wenn ich und du ihn nicht mehr spüren, so schickt er zu, uns wohl zu führen. Gieb dich zufrieden!

10. Bleibt gleich die Hülf' in etwas lange, wird sie dennoch endlich kommen. Macht dir das Harren Angst und Bange, glaube mir: es ist dein Frommen. Was langsam schleicht, faßt man gewisser, und was verzeucht, ist desto süßer. Gieb dich zufrieden!

11. Nimm nicht zu Herzen, was die Rotten deiner Feinde von dir dichten; laß sie nur immer weidlich spotten: Gott wird's hören und recht richten; ist Gott dein Freund und deiner Sachen, was kann dein Feind, der Mensch, groß machen? Gieb dich zufrieden!

12. Hat er doch auch wohl selbst das Seine, wenn er's sehen könnt' und wollte. Wo ist ein Glück so klar und reine, dem nicht etwas fehlen sollte? Wo ist ein Haus, das könnte sagen: ich weiß durchaus von keinen Plagen? Gieb dich zufrieden!

13. Es kann und mag nicht anders werden, alle Menschen müssen leiden; was webt und lebet auf der Erden, kann das Unglück nicht vermeiden; des Kreuzes Stab schlägt unsre Lenden bis in das Grab; da wird sich's enden. Gieb dich zufrieden!

14. Es ist ein Ruhetag vorhanden, da uns unser Gott wird lösen; er wird uns reißen aus den Banden dieses Leib's, von allem Bösen. Es wird einmal der Tod herspringen, und aus der Qual uns sämmtlich bringen. Gieb dich zufrieden!

15. Er wird uns bringen zu den Schaaren der Erwählten und Getreuen, die hier mit Frieden heimgefahren sich auch nun in Frieden freuen, da sie im Grund, der nicht kann brechen, den ew'gen Mund selbst hören sprechen: Gieb dich zufrieden!

Paul Gerhardt.

Um zeitlichen Frieden.

Jer. 33, v. 6. Ich will sie des Gebets um Friede und Treue gewähren.

Mel. Was mein Gott will, gescheh' allzeit.

589. Gieb Fried', o frommer, treuer Gott, du Vater aller Gnaden! wend' ab die dröhend große Noth, verhüt' all' unsern Schaden! der Feind mit Macht dahin nur tracht't, die Völker zu verheeren, die deinen Sohn, den Heiland fromm erkennen, lob'n und ehren.

2. Gieb Fried', o Jesu, lieber Herr! du Schützer deiner Heerde, denn es betrifft dein Amt und Ehr', den Gottesdienst so werthe; solch's all's der Feind mit Ernst jetzt meint, will's hindern und ausrotten: drum steh' uns bei, Herr Jesu, frei, die Feinde mach' zu Spotten.

3. Gieb Fried', o Herr Gott, heil'ger Geist, du Tröster aller Blöden, dein' Hülf' uns jetzt und all'zeit leist', laß dein' Kirch' nicht veröden, das G'bet erweck', den Glauben stärk', gieb wahre Buß' und Reue; die Feinde stürz', dein Volk beschütz', auf daß sich's ewig freue. M. Cyriacus Schneegaß.

Um ein fröhlich Herz.

Sirach 50, v. 25. Er gebe uns ein fröhlich Herz.

Mel. O Gott, du frommer Gott.

590. Gieb mir ein fröhlich Herz, du Geber aller Gaben! und laß mich meine Lust an deinem Worte haben; so bin ich ganz vergnügt, so ist kein Trauergeist, der dich, mein lieber Gott! aus meiner Seele reißt.

2. Gieb mir ein fröhlich Herz im Wünschen und Verlangen; laß meine Zuversicht an dir beständig hangen, und blicke mich mit Trost in meiner Hoffnung an, daß sie in deiner Huld vor Anker liegen kann.

3. Gieb mir ein fröhlich Herz, so oft ich vor dich trete, und durch des Geistes Ruf mein Vater Unser bete. Doch deinem Willen bleibt mein Wille heimgestellt. Gieb nur, was dir beliebt und was mir selig fällt.

4. Gieb mir ein fröhlich Herz bei Kümmerniß und Sorgen. Du sorgest ja für mich und dir ist unverborgen, was meiner Seelen gut und meinem Leibe dient, du weißt die Mittel auch, wodurch mein Glücke grünt.

5. Gieb mir ein fröhlich Herz, wenn ich in Unschuld leide: kränkt mich die falsche Welt mit unverdientem Neide; so bleib' ich doch getrost, du bist mein bester Freund, der's ewig treu und gut mit meiner Wohlfahrt meint.

6. Gieb mir ein fröhlich Herz in bangen Trauertagen, und laß mich mit Geduld die Last derselben tragen, auf Ungewitter folgt doch wieder Sonnenschein: so wird mir auch das Kreuz voll Frucht und Segen seyn.

7. Gieb mir ein fröhlich Herz, wenn ich auch endlich sterbe, der Tod ist mein Gewinn, weil ich das Leben erbe. Im Himmel gehn auch erst die rechten Freuden an; ach, daß ich heute nicht von hinnen scheiden kann!

8. Gieb mir ein fröhlich Herz! das wirst du mir auch geben; ich will an dir, mein Gott! wie eine Klette kleben, so werf' ich ganz getrost das Trauern hinterwärts, und sage noch einmal: gieb mir ein fröhlich Herz!

M. Erdmann Neumeister.

Um ein frommes Herz.

Hesekiel 11, v. 19. 20. Ich will euch ein einträchtig Herz geben und einen neuen Geist in euch geben; und will das steinerne Herz wegnehmen aus eurem Leibe und ein fleischern Herz geben, auf daß sie in meinen Sitten wandeln, und meine Rechte halten und darnach thun.

Mel. O Gott, du frommer Gott.

591. Gieb mir ein frommes Herz, du Geber aller Gaben! das soll mein Reichthum seyn, den ich begehr' zu haben; das ist mein schönster Ruhm, mein Schmuck und schönste Pracht; denn: fromm seyn wird bei Gott und Engeln hochgeacht't.

2. Gieb mir ein frommes Herz in allem meinem Denken, wenn sich mein eit'ler Sinn zum Bösen wollte lenken. Ach, schrecke mich doch ab von der Gottlosen Weg, und führe mich, o Gott, den rechten Himmelssteg.

3. Gieb mir ein frommes Herz, das sich nicht läßt verführen; laß deinen guten Geist dasselbe kräftig rühren. Herr, laß mich nimmermehr auf böses Beispiel seh'n, vielmehr mit aller Treu' in Christi Stapfen geh'n.

4. Gieb mir ein frommes Herz, wenn ich viel Böses höre, daß die Gewohnheit nicht mich auch zuletzt bethöre; schließ' mir die Ohren zu, gieb deinem Worte Kraft, das sagt: du forderst auch von Worten Rechenschaft.

5. Gieb mir ein frommes Herz, wenn ich die Welt betrachte, daß ich die Sündenlust und Eitelkeit verachte. Es muß die schnöde Welt mit ihrer Lust vergeh'n; den Frommen aber bleibt der Himmel offen steh'n.

6. Gieb mir ein frommes Herz, daß ich fromm sey und bleibe, und nur, was dir gefällt, in meinem Leben treibe, heut' fromm seyn, morgen bös', und so in Wankelmuth bald recht, bald unrecht thun, stürzt in die Höllenglut.

7. Gieb mir ein frommes Herz, daß ich nicht von dir weiche, und nicht der schnöden Welt in ihren Sünden gleiche. Ich trenne mich von ihr nunmehro völlig ab; in meiner Gottesfurcht beharr' ich bis in's Grab.

8. Gieb mir ein frommes Herz, so wird mir's wohl ergehen, du wirst mein Beistand seyn, wenn Unglückswinde wehen. Den Frommen ist ja Gnad' und Hülfe zugesagt, wenn dort die böse Schaar verdiente Strafe plagt.

9. Gieb mir ein frommes Herz; Herr, laß mich selig sterben, und als ein Gotteskind das Himmelreich ererben. Im Himmel wird dereinst die Frömmigkeit gekrönt, die diese böse Welt verlachet und verhöhnt.

10. Gieb mir ein frommes Herz! wirst du mir dieses geben, so will ich dankbar seyn in meinem ganzen Leben; so lenk' ich Herz und Sinn durch dich stets himmelwärts; drum sag' ich noch einmal: gieb mir ein frommes Herz!

Nach M. Erdm. Neumeister.

Vertrauen zu Gott.

Weish. Sal. 3, v. 9 Die ihm vertrauen, die erfahren, daß er treulich hält; und die treu sind in der Liebe, lässet er ihm nicht nehmen.

Mel. Seelenbräutigam.

592. Gieb Vertrau'n zu dir, weil ich walle hier! hast dein Werk ja angefangen; o vollend' es! dir anhangen will ich, sterbend mir, einzig leben dir!

2. Herr der Herrlichkeit, mache mich bereit, daß mein kindliches Vertrauen sich verklär' in sel'ges Schauen! selig, wen du liebst, wem du Glauben giebst.

3. Selig, wen du liebst, wem du Treue giebst! du erhörst so gern mein Flehen, über Bitten und Verstehen! ja, du machst mich frei, völlig neu und treu!

K. A. Döring.

Die Pflichten eines Christen.

Luca 10, v. 28. Thue das, so wirst du leben.

Mel. Fahre fort :,: Zion, fahre fort.

593. Glaub' an Gott, :,: er ist dein Gott, nimm ihn an! such' ihn,

lern' auf ihn vertrauen, lieb' ihn, sey ihm unterthan, so wirst du ihn ewig schauen! Fleuch die Götzen, sie sind Gräu'l und Spott. Glaub' an Gott! :,:

2. Ruf ihn an, :,: rufe Jesu Namen an! er sey dir ins Herz geschrieben; ihn sollst du vor Jedermann frei bekennen, loben, lieben. Wer ihn schändet, den verzehrt der Bann. Ruf ihn an! :,:

3. Laß ihm Raum, :,: halte seinem Geiste still! brauche Mittel, Tag' und Stunden, die er dir gesegnen will. Ach, die Zeit ist bald verschwunden, Fluch und Feuer frißt den dürren Baum. Laß ihm Raum! :,:

4. Unterthan, :,: sey der Ordnung in dem Herrn, alle Vorgesetzten ehre, diene treu und folge gern. Auch im Herrschen sey der Lehre deines Gottes; frei von stolzem Wahn, unterthan! :,:

5. Lebe wohl, :,: wohl in Zeit und Ewigkeit. Laß den Nächsten mit dir leben! Ja, zum Wohlthun sey bereit; Liebe wird dir Antrieb geben, die den Streit und Haß verbannen soll. Lebe wohl! :,:

6. Unbefleckt, :,: unbefleckt sey Leib und Geist. Jesum darfst du Bräut'gam nennen, der dich die Erwählte heißt, und in seiner Liebe brennen. Halte dich, weil Sodoms Flamme schreckt, unbefleckt! :,:

7. Werde reich, :,: reich in Gott, vergnügt und satt. Ew'ge Schätze laß dich reizen; denn wer Gott und Alles hat, wird nach eitlem Tand nicht geizen. Wer mit Freuden giebt, der nimmt zugleich. Werde reich! :,:

8. Lüge nicht, :,: geh' der Treu' und Wahrheit nach. Redlich sey von Herzensgrunde; rüge nicht des Bruders Schmach, zähle deine Wort' im Munde. Denke dran, sie kommen vors Gericht. Lüge nicht! :,:

9. Sey nicht lau, :,: träg' und schläfrig oder kalt. Neigung, die dem Fleische günstig, die erstick' und tödte bald! Werd' in Heilsbegierden brünstig! schmachtend dürste nach dem Lebensthau! Sey nicht lau! :,:

10. Werde neu, :,: neu in der Geburt aus Gott, in des Geistes Licht und Kräften, eigne Kraft wird bald zu Spott; sie ist todt zu Heilsgeschäften, Gnade, Gnade macht dich stark und treu; werde neu! :,:

Ernst Gottlieb Wollersdorf.

Die Gott wohlgefälligen Tugenden.

1 Thessalonicher 1, v. 3. Wir gedenken an euer Werk im Glauben, und an eure Arbeit in der Liebe, und an eure Geduld in der Hoffnung, welche ist unser Herr Jesus Christus, vor Gott unserm Vater.

Mel. Liebster Jesu, wir sind hier.

594. Glaube, Lieb' und Hoffnung sind der wahrhafte Schmuck der Christen; hiermit muß sich Gottes Kind stets bestreben auszurüsten; wo man Gott will eifrig dienen, da muß dieses Kleeblatt grünen.

2. Glaube legt den ersten Stein zu des Heils bewährtem Grunde, sieht auf Jesum nur allein, und bekennt mit Herz und Munde sich zu seines Geistes Lehren, läßt sich keine Trübsal stören.

3. Liebe muß des Glaubens Frucht Gott und auch dem Nächsten zeigen, unterwirft sich Christi Zucht, und giebt sich ihm ganz zu eigen, lässet sich in allen Leiden nicht von ihrem Jesu scheiden.

4. Hoffnung macht der Liebe Muth, alle Noth zu überwinden, sie kann, in der Trübsalsfluth, ihren Anker fester gründen, sie erwartet nach dem Leide, ewige vollkommne Freude.

5. Jesu, du mein Herr und Gott! ach, bewahr' in mir den Glauben! mache du den Feind zu Spott, der dies Kleinod denkt zu rauben. Laß das schwache Rohr nicht brechen, und mein glimmend Docht nicht schwächen.

6. Mache meine Liebe rein, daß sie nicht im Schein bestehe, flöß' mir Kraft des Glaubens ein, daß sie mir von Herzen gehe, und ich, aus rechtschaffnem Triebe, dich und auch den Nächsten liebe.

7. Gründe meine Hoffnung fest, stärke sie in allen Nöthen, wenn mich alle Welt verläßt, wenn du mich gleich wolltest tödten. Laß sie nach dem Himmel schauen, und auf das, was ewig, bauen.

8. Glaub' und Hoffnung hören auf, wenn wir zu dem Schauen kommen, doch die Liebe dringt hinauf, wo sie Ursprung hat genommen. Ach, da werd' ich erst recht lieben, und die Liebe ewig üben.

Benjamin Schmolck.

Vom Glauben an Christum.

1 Joh. 3, v. 23. Das ist sein Gebot, daß wir glauben an den Namen seines Sohnes Jesu Christi.

Mel. Fahre fort :,: Zion fahre fort.

595. Glaube nur; :,: glaub' und halte Jesum fest, laß dir alles andre

rauben, das im Tode dich verläßt, und bewahre nur den Glauben. Seele, folge doch der Gnadenspur; glaube nur! :,:

2. Glaube nur :,: glaube, daß dich Jesus kennt, der, weil er dich ihm erwählet und dich seine Taube nennt, deine Thränen schon gezählet; trau' ach traue seinem theuren Schwur: glaube nur! :,:

3. Glaube nur :,: glaube, daß dein Arzt dich liebt, zeig' ihm deine Sündenbeulen, sage ihm, was dich betrübt, er wird dich gewißlich heilen, drum so überlaß dich seiner Kur; glaube nur! :,:

4. Glaube nur :,: glaube, ob du noch so schwach, trau' nicht deinem eig'nen Herzen, gehe Jesu weinend nach; glaub', er lindert deine Schmerzen, bist du matt und kraftlos von Natur: glaube nur! :,:

5. Glaube nur :,: glaube, daß dein Jesus treu, er wird dich gewiß vollenden, seine Güt' ist täglich neu, er hat dich in seinen Händen, er macht dich zur neuen Creatur. Glaube nur! :,:

Vom heiligen Geiste.

Römer 8, v. 14. Welche der Geist Gottes treibet, die sind Gottes Kinder.

Mel. Alle Menschen müssen sterben.

596. Gnadengeist! ach sey willkommen, zieh' in unsre Herzen ein, da du wohl wirst aufgenommen, weil wir Trost's bedürftig seyn; tröste diese schwachen Glieder, was gebunden, löse wieder. Lenk' zurück, was irrig heißt, o du sanfter Gnadengeist!

2. Zwar kein Mensch lebt auf der Erden, der des Geistes Gaben werth; weil sie dem versaget werden, der mit Sünden sich beschwert. Alles liegt an Christi Gnaden, denn er heilt der Seelen Schaden, der hat uns das theure Pfand, Gottes Geist auch zugewandt.

3. Ach, wir war'n verlorne Kinder, die ihr Erbtheil durchgebracht; Fluch und Tod kam auf uns Sünder, nun ist Alles gut gemacht. Was uns Armen, was uns Schwachen kann gerecht und selig machen, giebt uns in der Tauf' der Geist, der ein Geist der Gnaden heißt.

4. Nur du, Brunnquell aller Güter, Geist, der Freud' und Trost verspricht! ach, bestrahle die Gemüther durch dein göttlich Gnadenlicht. Bessere Verstand und Willen; hilf uns, Gottes Wink erfüllen; gieb uns Beistand, Heil und Kraft, die uns Todten Leben schafft.

5. Treuer Beistand unsrer Seelen, Stifter wahrer Einigkeit! Wenn uns unsre Sünden quälen, so gieb du Zufriedenheit, daß wir in dir Ruhe finden; steure du den Unglückswinden. Brich hervor, du Gnadenschein! daß wir in dir selig seyn.

6. Ach, ich rufe, ach, ich schreie, wie ein Hirsch nach Wasser schrei't. Lebensquelle! komm, erfreue mich in meiner Bangigkeit. Gnadengeist, ach laß dich finden; komm, dich mit mir zu verbinden, daß ich jetzt und allezeit deinen Ruhm und Lob ausbreit'.

M. Benjamin Prätorius.

Gott siehet gnädig auf die Demüthigen.

Psalm 113, v. 5—7. Wer ist, wie der Herr unser Gott? der sich so hoch gesetzt hat, und auf das Niedrige siehet im Himmel und auf Erden; der den Geringen aufrichtet aus dem Staube und erhöhet den Armen.

Mel. Herr Jesu Christ, mein's Lebens Licht.

597. Gott, Allerhöchster, du hast Ruhm, selbst in des Himmels Heiligthum, daß du auch auf das Nied're siehst, und es vom Staub zur Höhe ziehst.

2. Was Niemand achtet, achtest du; den Kindern giebst du Engel zu; den Waisen thust du Vaterstreu'; stehst Wittwen als ihr Retter bei.

3. Den Armen schaffest du ihr Brod; Verlass'nen hilfst du aus der Noth; Bedrückten linderst du die Last, und liebst, was bei der Welt verhaßt.

4. Du zählest selbst der Deinen Haar; dein Wort bleibt dem Geringsten wahr; dir ist zur Gnade nichts zu klein; du stürz'st nur das, was groß will seyn.

5. Ich bin ein Wurm; doch glaube ich, du großer Gott, siehst auch auf mich. Mach' dein Erbarmen groß an mir, so lob' ich dich, und danke dir.

M. Philipp Friedrich Hiller.

Gottes Weisheit.

Römer 11, v. 33. O welch eine Tiefe des Reichthums, beide der Weisheit und Erkenntniß Gottes! Wie gar unbegreiflich sind seine Gerichte und unerforschlich seine Wege!

Mel. Liebster Jesu, wir sind hier.

598. Gott, Allweiser, wer bin ich, deine Weisheit auszugründen? Halm und Sonne rühmen dich, jeder Wurm kann dich verkünden: doch welch Auge kann ersehen Gottes Tiefen, Gottes Höhen?

2. Deiner Welten weites All jauchzt im unermeßnen Kreise; aller Himmel Wieder-

hall jauchzt zurück: der Herr ist weise! Und in seiner Weisheit Händen ruhn getrost der Himmel Enden.

3. Und der Mensch, der Erdenstaub, will den Rath des Höchsten richten? selbst des leisen Lüftchens Raub, will er Gottes Ernten sichten? in sein Maaß den Himmel pressen? Gott an seiner Spanne messen?

4. Was dein weiser Rath beschleußt, wohl uns! kann kein Thor verhindern; walte du und sey gepreis't, Herr, von deiner Weisheit Kindern! ob sie's oft nicht fassen mögen, dennoch, all dein Thun ist Segen.

5. Ew'ge Weisheit, rede du! auf dein Zeugniß darf ich bauen. Führe mich dem Himmel zu! deiner Führung darf ich trauen. Bist du heute mir verborgen, dich verklärt der nächste Morgen.

6. Einst durchschau' ich sonnenhell deines Waltens Segensfüllen; und in deinem ew'gen Quell wird des Geistes Durst sich stillen. Meine Weisheit sey auf Erden, weise durch dein Wort zu werden.

Karl Bernhard Garve.

Die Rechtfertigung des Sünders vor Gott.

Johannis 1, v. 16. Von seiner Fülle haben wir alle genommen Gnade um Gnade.

Mel. Sollt' ich meinem Gott nicht singen?

599. Gott, aus dessen Gnadenfülle Segen sich auf uns ergießt; was dein heil'ger Rath und Wille fordert, ordnet und beschließt, ist der Weg zum wahren Leben, unsers Herzens Heiligung, unsers Lebens Besserung und ein eifriges Bestreben: ohne Schuld, von Sünden rein, und von dir geliebt zu seyn.

2. Unaussprechlich großen Segen bringt der treue Seelenhirt, kommt der Welt mit Gnad' entgegen, die sich ganz von ihm verirrt. Niemand soll verloren gehen, der, noch in der Gnadenzeit, seine Schulden wohl bereut, und, vor seinem Thron zu stehen, glaubensvoll den Schmuck erhält, worin ihm der Mensch gefällt.

3. Von den Sterblichen ist Keiner dieser großen Gnade werth; in der ganzen Welt nicht Einer, der sich nicht von Gott gekehrt. Dennoch will er das Verderben armer, schwacher Menschen nicht, und sein Mund voll Liebe spricht: „Sünder, warum wollt ihr sterben? zur Bekehrung ist die Bahn euch durch Christum kund gethan!"

4. Laß dies Wort mein Herz durchdringen, Herr, wenn mich die Sünde kränkt, und zur Seligkeit mich bringen, die der Glaub' an Jesum schenkt. Ach, mühselig und beladen komm' ich Armer, Gott! zu dir. Oeffne mir die Gnadenthür, o du Vater aller Gnaden! führe mich als Richter nicht vor dein strenges Zorngericht.

5. Glaubensvoll laß mich empfinden: wie du stets barmherzig seyst, und von schwerer Last der Sünden ein zerknirschtes Herz befrei'st. Senke, durch des Heilands Leiden, meine Schuld ins tiefe Meer; und wird deine Hand mir schwer, dann gieb mir den Geist der Freuden, der uns die Versichrung giebt: daß uns Gott in Christo liebt.

6. Dein Erbarmen überwieget weit mein Herz, das mich verklagt; deines Geistes Beistand sieget, wenn mein Geist voll Schrecken zagt. O wie soll mein Herz dich lieben, der du mich in Christo liebst, und mir neue Kräfte giebst, gern die Pflichten auszuüben, die das Wort der Seligkeit den Begnadigten gebeut!

7. In der Liebe Gottes bleiben, heißt mit Gott vereinigt seyn. Scherz mit Gottes Worte treiben, bringt uns ewig Reu' und Pein. Ach, so gieb, daß ich mit Freuden auf der Bahn des Glaubens geh'; denn mein ewig Wohl und Weh' wird einst dein Gericht entscheiden, wenn du, großer Lebensfürst! strafen und belohnen wirst.

M. Johann Friedrich Mudre.

Gottes Wesen und Eigenschaften.

Sirach 43, v. 29. Wenn wir gleich viel sagen, so können wir's doch nicht erreichen. Kurz: Er ist's gar! Wenn wir gleich alles hoch rühmen, was ist das? Er ist doch noch viel höher.

Mel. Mach's mit mir, Gott, nach deiner Güt'.

600. Gott deine Güte bet' ich an! nein, sie hat keine Schranken. Eh' Gottes Wahrheit wanken kann, eh' können Himmel wanken. Die Engel singen, daß die Treu' und Allmacht Gottes ewig sey.

2. Wer ist, o Allerheiligster, dir gleich? wer hier auf Erden, wer kann im Himmel, Höchster! wer dir gleich geachtet werden? kein Heiliger des Himmels ist so heilig, wie du, Schöpfer, bist.

3. Gott! über Alles wunderbar, du Herr der Wesenheere! der ewig treu und mächtig war, und ohne den nichts wäre. Vor'm Zorne deines Angesichts wird Alles, Erd' und Himmel, nichts.

4. Doch

4. Doch du vergissest im Gericht, Herr! niemals dein Versprechen, du zürnst mit deinen Kindern nicht, du heilest ihr Gebrechen! Treu', Wahrheit und Gerechtigkeit ist, wenn du richtest, Herr! dein Kleid.

5. Wenn sich das Meer zum Himmel thürmt, sprichst du: Legt euch ihr Wellen! Schweig! sprichst du, wenn der Sturmwind stürmt; und still sind Sturm und Wellen! dein aufgehob'ner Arm zerstreut die größten Heere weit und breit.

6. Dein ist der Himmel, Schöpfer! dein Luft, Wasser, Meer und Erde! du hießest Mond und Sonne seyn; was ist, ist durch dein Werde! was lebt, das lebt durch deine Macht, du rufst den Tag, du winkst der Nacht.

7. Die Berge beben, sprichst du: Bebt! und stehen, sprichst du: Stehet! du winkst, und was nicht lebte, lebt, und was da lebt, vergehet. Wie unausdenklich ist die Kraft, die, was sie will, zerstört und schafft.

8. Dein Thron, der Thron der Heiligkeit steht unbeweglich feste, gerecht ist, was der Herr gebeut, und was er thut, das Beste! Von Liebe strahlt sein Angesicht, er hält gewiß, was er verspricht.

9. O wohl dem Volke, das dir glaubt, kein Feind wird es bezwingen, kein Feind ist, der die Freud' ihm raubt, dir Lob und Dank zu singen! es hält dein heiliges Gebot, dann bist du ewig, Herr, sein Gott!

Johann Kaspar Lavater.

Gebet.

Psalm 5, v. 2. 3. Herr, höre meine Worte, merke auf meine Rede, vernimm mein Schreien, mein König und mein Gott; denn ich will vor dir beten.

Mel. Es ist das Heil uns kommen her.

601. Gott, deine Güte reicht so weit, so weit die Wolken gehen; du krönst uns mit Barmherzigkeit, und eil'st, uns beizustehen. Herr, meine Burg, mein Fels, mein Hort, vernimm mein Fleh'n, merk' auf mein Wort; denn ich will vor dir beten.

2. Ich bitte nicht um Ueberfluß und Schätze dieser Erden; laß mir, so viel ich haben muß *), nach deiner Gnade werden. Gieb mir nur Weisheit und Verstand **), dich, Gott, und den, den du gesandt †) und mich selbst zu erkennen ††).

*) Sprüche Sal. 30, v. 7. 8. **) Jacobi 1, v. 5. †) Joh. 17, v. 3. ††) Römer 3, v. 23. 24.

3. Ich bitte nicht um Ehr' und Ruhm, so sehr sie Menschen *) rühren. Des guten Namens Eigenthum **) laß mich nur nie verlieren! Mein wahrer Ruhm sey meine Pflicht ***), der Ruhm vor deinem Angesicht †), und frommer Freunde Liebe ††).

*) Joh. 12, v. 43. **) 1 Cor. 9, v. 15 ***) Luc. 12, v. 42. †) Matth. 25, v. 21. ††) Sirach 6, v. 14. 15. 16.

4. So bitt' ich dich, mein Herr und Gott, auch nicht um langes Leben; im Glücke Demuth, Muth in Noth, das wollest du mir geben. In deiner Hand steht meine Zeit; laß du mich nur Barmherzigkeit vor deinem Throne finden.

Christian Fürchtegott Gellert.

Abendlied zur Pestzeit.

Jeremia 16, v. 19. Herr, du bist meine Stärke und Kraft, und meine Zuflucht in der Noth.

Mel. Nun ruhen alle Wälder.

602. Gott, der an diesem Tage uns vor der Seuch' und Plage behütet und bewacht, der will mich und die Meinen mit seiner Macht bescheinen in dieser so betrübten Nacht.

2. Durch Schutz der Engel-Waffen gehn wir gesund jetzt schlafen, wer weiß, was Gott verhängt? ob diese Nacht soll werden die letzte auf der Erden, und was sein Herze sonst gedenkt?

3. Ist's, treuer Gott! dein Wille, so halten wir dir stille, laß nur die arme Seel' dir treulich seyn befohlen, sie zu dir auf zu holen, du treuer Wächter Israel.

4. Und wenn für unsre Sünden wir schwere Straf' empfinden und ganz verlassen stehn, so laß doch unsre Seelen durchs Teufels List und Quälen so elend nicht zu Grunde gehn.

5. Wenn wir verlassen werden und Niemand hier auf Erden uns helfen will und mag, so sprich du in den Schmerzen den Trost in unsre Herzen: ein sel'ger Tod schließt alle Plag'.

6. Wir wachen oder schlafen, so laß du deine Waffen und Engel um uns seyn, schließ' auch am letzten Ende in deine Gnadenhände die theu'r erlös'te Seele ein.

7. Nun dies sey Ja und Amen! wir gehn in Gottes Namen zu Bett in unsre Ruh', der wird mir und den Meinen mit seiner Hülf' erscheinen, sobald ich schließ' die Augen zu.

In Feuersnoth.

Ebräer 12, v. 5. Achte nicht gering die Züchtigung des Herrn, und verzage nicht, wenn du von ihm gestraft wirst.

Mel. Wenn wir in höchsten Nöthen seyn.

603. Gott, der des Feuers schnelle Kraft zum Segen und Verderben schafft; ach, schrecklich hat es deine Macht anjetzo über uns gebracht.

2. Hier liegt der Häuser Bau zerstört, durch fürchterliche Glut verheert; dies hat, Herr, deine Hand gethan, wir sehen es mit Schrecken an.

3. Doch blicktest du, nach deiner Huld, noch väterlich auf unsre Schuld, und hieltest dieser Flammen Lauf, die Uebrigen zu schonen, auf.

4. Wir preisen deine Gütigkeit, die sich dadurch an uns erneut. Erquick' auch die mit Trost und Rath, die deine Hand gezüchtigt hat.

5. Gieb, daß ihr Leid, wie sich gebührt, das Herz verschonter Brüder rührt, damit sie nicht im Wohlergehn vergessen, Armen beizustehn.

6. Hilf, daß der Ernst, den du gezeigt, auch uns zur Besserung gereicht. Laß uns forthin, dich zu erfreu'n, Herr! deiner Güte folgsam seyn

7. Erbarmer! ach, vor Glut und Brand, und andrer Noth schütz' unser Land, daß unser Mund von Klagen frei, dir heilig, fröhlich dankbar sey. Christian Friedrich Unger.

Buße und Besserung.

Ps. 41, v. 5. Herr, sey mir gnädig; heile meine Seele, denn ich habe an dir gesündiget.

Mel. Freu' dich sehr, o meine Seele.

604. Gott, der du aus lauter Gnaden, nicht Lust am Verderben hast, sieh, ach sieh ich bin beladen mit der Centner schweren Last meiner überhäuften Schuld; habe du mit mir Geduld, ach! laß mich in meinen Sünden Trost, Rath, Heil und Hülfe finden.

2. Sey du meiner Seelen gnädig wie ein frommer Vater thut; mache mich der Sünden ledig durch das heil'ge, theure Blut, das dein allerliebstes Kind, unser Heiland, für die Sünd' aller Welt so unverdrossen, so unschuldig hat vergossen.

3. Mir und aller Welt zu Frommen ist dein eingeborner Sohn zu uns ja auf Erden kommen, hat gelitten Spott und Hohn; unaussprechlich war die Noth, die ihn bracht' in solchen Tod, wär' er nicht für uns gestorben, so wär' alle Welt verdorben.

4. Sünder hör' und nimm's zu Herzen, sey auf großen Dank bedacht; Jesu Noth und Todesschmerzen haben dich gesund gemacht; daß er nur erwürbe dich, hat er selbst verlassen sich; selber hat er wollen sterben, dir das Leben zu ererben.

5. Gnädig ist drum und geduldig Gott der Vater in dem Sohn; bist du zehentausend schuldig? Hier ist höh'rer Lösung Lohn; Jesu Blut und seine Huld zahlet alle Sündenschuld; glaub' es nur und sey nur fröhlich, so bist du in Christo selig.

6. Amen! Lob, Preis, Kraft und Stärke sey für solche Gütigkeit, für so große Gnadenwerke hier und einst nach dieser Zeit, Vater, Sohn und heil'gem Geist, der in drei Personen heißt Ein Gott, daß zu ihm sich wende aller Dank, all' Ehr' ohn' Ende.

Von der Wiedergeburt.

Joh. 3, v. 7. Laß dich's nicht wundern, daß ich dir gesagt habe: Ihr müsset von neuem geboren werden.

Mel. Von Gott will ich nicht lassen.

605. Gott, der du bist und warest, dein hohes Gnadenwerk, das du uns offenbarest, sey jetzt mein Augenmerk. Ach! lehre, was es sey, im Gnadenreich auf Erden auf's neu' geboren werden, bring' mir es heilsam bei.

2. Dein Reich kann Niemand sehen, der wird dort nicht erkannt, dem dies Werk nicht geschehen, und den nicht deine Hand an Geist und Seel' erneut. Denn was vom Fleisch geboren, ist Fleisch und geht verloren in alle Ewigkeit.

3. Vernunft hat keine Kräfte, der Mensch ist geistlich todt zu diesem Heilsgeschäfte; ihm thut ein Helfer noth. Du, Jesu! hast's verdient, da du für uns gestorben und uns das Heil erworben; du hast uns ausgesühnt.

4. Dein Geist, die gute Gabe, kommt nun zu uns herab, das Gute, das ich habe, stammt alles von ihm ab. Die Widerspenstigkeit, in der die Menschen stecken, die weiß er aufzudecken, wenn er uns ganz erneut.

5. Er wirkt durch Wort und Taufe, wenn er uns neu gebiert, er wehrt dem Sündenlaufe, wenn er uns anders führt, ganz eine neue Art kommt in die Seelenkräfte, wenn er durch dies Geschäfte sich in uns offenbart.

6. Was wir in Adam worden, das sehen wir nun ein; wie wir des Satans Orden natürlich eigen seyn: arm, nackend, bloß und blind, so daß wir an uns zagen, uns selbst vor Gott verklagen, zerknirscht und traurig sind.

7. Hier wird der wahre Glaube durch Gottes Geist geschenkt: trotz daß der Feind ihn raube, der ihn zu dämpfen denkt. Sobald wir Jesum sehn, so kann uns nichts verdammen; uns kann von Höllenflammen hinfort kein Leid geschehn.

8. Der Glaube ist das Leben, aus Gott in uns erweckt. Es wird uns Kraft gegeben, die sich gen Himmel streckt; und Gottes Ebenbild wird nun in uns erneuert, in dem der Geist nicht feiert, der unsern Geist erfüllt.

9. Nun sind wir Gottes Kinder, von göttlicher Natur, wir sind am Geist gesünder; davon merkt man die Spur. Ein neugeborner Christ hat seine sichern Zeichen. Es läßt sich nicht verschweigen, daß er geändert ist.

10. Gehorsam, Furcht und Liebe herrscht nun in seinem Thun, man spürt des Geistes Triebe, in welchen er sich nun dem Irdischen entreißt. Er wird zu dem, was droben, unausgesetzt erhoben und wandelt stets im Geist.

11. Du hast mich neu geboren durchs Wasserbad im Wort, vorher war ich verloren; hier kam ich an den Port, wo ich das Heil erhielt, doch prüfe, wie ich's meine, ob ich jetzt, als der Deine, noch thue was du willt.

12. O Gott, steh' ich im Stande der Kindschaft? forsche mich! wall' ich im Lebenslande noch unveränderlich? Herr, gieb mir zu versteh'n! werd' ich im neuen Leben die Proben von mir geben; dann wirst du mich erhöhn. Samuel Benjamin Fehre.

Von der Barmherzigkeit.

Lucä 6, v. 36. Seyd barmherzig, wie auch euer Vater im Himmel barmherzig ist.

Mel. Ich ruf zu dir, Herr Jesu Christ.

606. Gott, der du viel Barmherzigkeit mir Armen hast erzeiget, und dennoch bis auf diese Zeit, als Vater bist geneiget; gieb mir auch ein mitleidig Herz, daß ich die Christenliebe stets ausübe, und mich des Nächsten Schmerz recht inniglich betrübe.

2. Es wird ein schreckliches Gericht dort über den ergehen, der Hungrigen sein Brot nicht bricht, und sie läßt hülflos stehen. Hat Gott mit Gütern dich erfreut, sie sind ja nicht dein eigen, du mußt neigen dein Herz zur Mildigkeit, und Armen Gut's erzeigen.

3. Wenn dies, bei seinem Ueberfluß, der reiche Mann erwogen, und Lazaro nicht den Genuß der Brosamen entzogen; so dürfte er nicht in der Zahl verdammter Seelen klagen, und verzagen, da er nun lauter Qual auf ewig muß ertragen.

4. O Gott, laß mich des Nächsten Noth recht tief zu Herzen fassen, und ihm auch was von meinem Brot zu reichen nicht ablassen, so werd' ich auch nach dieser Zeit Barmherzigkeit erlangen, und dort prangen, wenn ich zur Herrlichkeit bin selig eingegangen. Joh. Wilhelm Winne.

Von den treuen Bekennern Christi.

Apostel Gesch. 4, v. 20. Wir können es ja nicht lassen, daß wir nicht reden sollten, was wir gesehen und gehöret haben.

Mel. Meinen Jesum laß ich nicht.

607. Gott, der du wahrhaftig bist, und aus dessen Herz und Munde lauter Gnad' und Wahrheit fließt, so daß ich auf diesem Grunde, als auf Felsen bauen kann, leite mich zur Wahrheit an.

2. Dieses Wort bleibt ewig wahr, wer sich einen Christen nennet, und dich doch nicht offenbar vor den Menschen hier bekennet, den bekennet auch dein Sohn, Vater! nicht vor deinem Thron.

3. Unter seiner Kreuzesfahn' hab' ich dir die Treu' geschworen, hält mein Glaub' sich nicht daran, ist die Krone schon verloren. Drum laß Jesum nur allein meines Mundes Losung seyn.

4. Ist mein Fleisch und Blut verzagt, will die Welt die Zunge binden, werd' ich hin und her gejagt, wie ein leichtes Rohr von Winden, ist mein Feind auf mich erboßt, o so mache mich getrost.

5. Fordert man von mir den Grund, dessen, was ich hoff' und gläube, o so öffne mir den Mund, daß er bei der Wahrheit bleibe, und ein gut Bekenntniß thut, hierzu gieb mir Kraft und Muth.

6. David glaubt, und redet auch *) beides muß beisammenstehen, so bei wahren Christen auch, die nicht Heuchelei begehen. Und davor behüte mich; denn sie ladet Straf' auf sich.

*) Psalm 116, v. 10.

7. Ach, du wirst die Kraft verleih'n, daß ich lebe, wie ich gläube. Dieses wird das Zeugniß seyn, daß ich stets an Christo bleibe, der, als ein getreuer Hirt, mich sein Schäflein kennen wird,

8. Laß mich, bis an meinen Tod, meinen Jesum recht bekennen, und mich, in der letzten Noth, seines Leibes Glied noch nennen! Leb' und sterb' ich nur auf ihn, weiß ich, daß ich selig bin. Benjamin Schmolck.

Friedenslied.

Psalm 122, v. 7. Es müsse Friede seyn inwendig in deinen Mauern, und Glück in deinen Pallästen.

Mel. Trau' auf Gott in allen Sachen.

608. Gott, der Frieden hat gegeben, laß' den Frieden um uns schweben. Friede, Friede in dem Lande, Glück und Heil in allem Stande.

2. Friede hat uns Gott gegeben, daß wir sollen friedlich leben. Friede, Friede in dem Lande, Glück und Heil zu allem Stande.

3. Billig wir vom Frieden singen, loben Gott in allen Dingen. Friede, Friede in dem Lande, Glück und Heil zu allem Stande.

Die Regierung Gottes.

Weisheit Sal. 12, v. 12. Wer will zu dir sagen: Was thust du? oder wer will deinem Gericht widerstehen?

Mel. Ringe recht, wenn Gottes Gnade.

609. Gott der Macht, in deinem Ruhme Keinem wie dir selbst bekannt! aus verborg'nem Heiligthume waltest du mit starker Hand.

2. Sterne strahlen und erblinden, Berge stieben weg wie Spreu, Völker werden und verschwinden, alles Fleisch sinkt hin wie Heu.

3. Reiche schmetterst du zur Erde; Königsstühle brichst du ein, rufst den Hirten von der Heerde, König übers Volk zu seyn.

4. Wenn du anfängst auszugleichen, Herr, was kann vor dir bestehn? alle Berge müssen weichen, alle Thäler sich erhöh'n.

5. Und die Wasserfluthen wallen, daß die Häuser dieser Welt auf dem Sandgrund niederfallen, wie das Laub im Herbste fällt.

6. Aber wo auf Felsengründen deines Tempels Mauer ruht, droht von Fluthen und von Winden fruchtlos die vereinte Wuth.

7. Und ob alle Thronen stürzen, jedes Erdenreich vergeht; nichts kann deinen Zepter kürzen, und die Stadt des Herrn besteht. — Karl Bernhard Garve.

Um Schutz in Seelennoth.

Römer 16, v. 20. Der Gott des Friedens zertrete den Satan unter eure Füße in kurzem.

In eigener Melodie.

610. Gott der Vater wohn' uns bei und laß uns nicht verderben, mach' uns aller Sünden frei und hilf uns selig sterben. Vor dem Teufel uns bewahr', halt' uns bei festem Glauben und auf dich laß uns bauen, aus Herzens Grund vertrauen, dir uns lassen ganz und gar, mit allen rechten Christen entfliehn des Teufels Lüsten, mit Waffen Gott's uns rüsten. Amen, Amen, das sey wahr, so singen wir Halleluja!

2. Jesus Christus wohn' uns bei und laß uns nicht verderben, rc.

3. Heil'ger Geist, uns wohne bei und laß uns nicht verderben, rc. Ein altes Lied, durch D. Mart. Luther verbessert.

Vertrauen auf Gott.

Jesaia 49, v. 23. Du wirst erfahren, daß ich der Herr bin, an welchem nicht zu Schanden werden, so auf mich harren.

Mel. Jesu, meine Freude.

611. Gott, der wird's wohl machen, dem ich meine Sachen all'zeit heimgestellt. Er hat mich erkoren, eh' ich noch geboren bin in dieser Welt: hat mir auch nach seinem Brauch, was vonnöthen, stets gegeben hier in diesem Leben.

2. Gott, der wird's wohl machen; der in allen Sachen mir so gnädig war; der nie mein vergessen und mir zugemessen Nahrung immerdar. Auch, wenn fast die Kreuzeslast seine Kinder niederdrücket, hat er mich erquicket.

3. Gott, der wird's wohl machen; laß die Wetter krachen, und die Stürme gehn; wenn mit großem Grausen alle Wellen brausen, will er bei dir stehn. Gott ist da, mit Hülfe nah'; schlägt dich Unglück gleich darnieder, Gott erhebt dich wieder.

4. Gott, der wird's wohl machen; er wird selber wachen über deine Noth. Wenn du willst verzagen, unter deinen Plagen ist der fromme Gott auf der Bahn, und nimmt dich an; dann vergeht die Angst geschwinde wie der Rauch im Winde.

5. Gott, der wird's wohl machen; mächtig in dem Schwachen ist er allezeit. Wem hat's je gefehlet, der zum Trost erwählet Gott in allem Leid. Drum mein Herz, vergiß den Schmerz; Alles steht in seinen Händen. Gott kann Alles wenden.

6. Gott, der wird's wohl machen, gnädig bei dir wachen, will dein Stündlein nah'n. Wenn die Lebensjahre eilen zu der Bahre, führt er himmelan. Gottes Bund hat festen Grund: Alle, die in Christo sterben, sind des Himmels Erben.

7. Gott, der wird's wohl machen, der den großen Drachen *) dämpfte ritterlich. Führt er gleich die Seinen anders, als sie meinen, vielmals wunderlich. Sey bereit zu Freud' und Leid, Gott befiehl nur deine Sachen; Gott, der wird's wohl machen.

*) Offenb. 12, v. 9.

M. Ernst Stockmann.

Morgenlied.

1 Thessalonicher 5, v. 6 So lasset uns nun nicht schlafen, wie die andern; sondern lasset uns wachen und nüchtern seyn.

In eigener Melodie.

612. Gott des Himmels und der Erden, Vater, Sohn und heil'ger Geist! der es Tag und Nacht läßt werden, Sonn' und Mond uns scheinen heißt, dessen starke Hand die Welt und was drinnen ist erhält.

2. Gott, ich danke dir von Herzen, daß du mich in dieser Nacht vor Gefahr, Angst, Noth und Schmerzen hast behütet und bewacht, daß des bösen Feindes List mein nicht mächtig worden ist.

3. Laß die Nacht auch meiner Sünden jetzt mit dieser Nacht vergehn; o Herr Jesu! laß mich finden deine Wunden offen stehn, da alleine Hülf' und Rath ist für meine Missethat.

4. Hilf, daß ich mit diesem Morgen geistlich auferstehen mag und für meine Seele sorgen, daß, wenn nun dein großer Tag uns erscheint und dein Gericht, ich davor erschrecke nicht.

5. Führe mich, o Herr! und leite meinen Gang nach deinem Wort, sey und bleibe du auch heute mein Beschützer und mein Hort, nirgends als bei dir allein kann ich recht bewahret seyn.

6. Meinen Leib und meine Seele sammt den Sinnen und Verstand, großer Gott, ich dir befehle unter deine starke Hand; Herr, mein Schild, mein' Ehr' und Ruhm, nimm mich auf, dein Eigenthum.

7. Deinen Engel zu mir sende, der des bösen Feindes Macht, List und Anschläg' von mir wende und mich halt' in guter Acht; der auch endlich mich zur Ruh' trage nach dem Himmel zu.

Heinrich Albert.

Gebet um Segen der Arbeit.

Sirach 40, v. 18. Wer sich mit seiner Arbeit nähret und lasset sich begnügen, der hat ein fein, ruhig Leben.

Mel. Herr Gott, dich loben alle wir.

613. Gott, dessen Hand die Welt ernährt und Jedermann sein Theil beschert, regiere mich doch Tag für Tag, daß ich mich redlich nähren mag.

2. Du sorgst für mich, doch so, daß ich auch sorgen soll, zu thun, was mich dein offenbarter Wille heißt; dazu verleih' mir deinen Geist.

3. Hilf, daß ich in der bösen Welt so lebe, wie es dir gefällt; laß meine erste Sorge seyn, wie ich geh' in den Himmel ein.

4. Ist meiner armen Seele wohl, so lehre mich auch, wie ich soll dem Leibe thun, wie ihm gebührt, damit er keinen Mangel spürt.

5. Ich ruf' dich an, verlaß mich nicht! du weißt ja wohl, was mir gebricht. Doch schreib' ich, Vater, dir nicht für; was du willst geben, das gieb mir.

6. Mit Beten geh' ich an mein Werk; gieb du dem Leibe Kraft und Stärk'. Ich streck' die Hand mit Freuden aus; komm du mit Segen in mein Haus.

7. Versüße mir den sauren Schweiß und hilf, daß ich mit allem Fleiß das thu', was meines Amtes ist; ich weiß, daß du mein Helfer bist.

8. Ich trau' auf dich von Herzensgrund, du werdest mir zu deiner Stund' auf meine Arbeit und Bemüh'n den Nahrungssegen nicht entziehn.

9. Du machst die dürren Berge naß; du kleidest Lilien, Laub und Gras; du speisest alle Vögelein: sollt' ich denn ohne Segen seyn?

10. Ach, daß wir unser Lebenlang nur wüßten recht zu deinem Dank mit deinen Gaben umzugehn; so würd' es wohl im Hause stehn.

11. Nun, treuer Gott, erhöre mich! mein Auge siehet nur auf dich. Hilf, daß ich sorge, wie ich soll; ja sorge du, so geht's mir wohl.

Gabriel Wimmer.

Vom heiligen Geiste.

1 Corinther 2, v. 12. Wir haben nicht empfangen den Geist der Welt, sondern den Geist aus Gott, daß wir wissen können, was uns von Gott gegeben ist.

Mel. Wach' auf, mein Herz, und singe.

614. Gott, dir sey Lob von Allen für dies dein Wohlgefallen, daß du auch uns zum Leben den Geist des Sohns gegeben.

2. Schon in dem Wasserbade gabst du den Geist der Gnade, er wirkt mit seinen Gaben durch's Wort, das wir noch haben.

3. Wer könnte sonst gedenken, was Gott uns wollte schenken? wer wäre je beflissen von Gottes Reich zu wissen?

4. Wer kann Gott Vater nennen? wer Jesum Christum kennen? wen kann nach Heil verlangen, der nicht den Geist empfangen?

5. Wer ist zum Glauben tüchtig? wer ist im Lieben richtig? wer hofft, daß er einst lebe, wenn nicht der Geist es gäbe?

6. So preisen denn wir Armen dich Gott und dein Erbarmen; wir flehn um Jesu willen, laß uns den Geist erfüllen.

M. Philipp Friedrich Hiller.

Vor der Trauung.

Tobia 8, v. 5 6. Uns gebühret nicht solchen Stand anzufangen, wie die Heiden, die Gott verachten. Und sie standen auf, und beteten beide fleißig, daß sie Gott behüten wolle.

Mel. Von Gott will ich nicht lassen.

615. Gott, du bist selbst die Liebe; wer liebet ohne dich und folgt nicht deinem Triebe, der ladet Fluch auf sich. Du mußt der Anfang seyn und auch das Ende machen bei allen meinen Sachen durch deinen Gnadenschein.

2. Wir opfern unsre Herzen vor deinem Throne hier; zünd' an die Liebes-Kerzen, verbind' uns erst mit dir und gieb uns deinen Geist, der unsern Sinn regiere, zum rechten Zweck uns führe, der wahre Liebe heißt.

3. Du bist ein reines Wesen, mach' unsre Herzen rein, was uns wird vorgelesen, drück' in die Seelen ein, hilf denken an den Eid; was wir vor dir versprechen, das laß uns nimmer brechen, bis Grab und Tod uns scheid't.

4. Der Himmel träufle Segen auf unsern Ehestand, führ' uns auf allen Wegen durch deine Vaterhand. Stört uns der arge Feind, so treib' ihn in die Wüsten und laß uns nicht gelüsten, was dir zuwider scheint.

5. Gieb uns vergnügte Herzen in Lieb' und auch im Leid; versüße du die Schmerzen, des Kreuzes Bitterkeit; schenkst du uns Thränen ein, und schlägst uns eine Wunde, so kommt doch wohl die Stunde, da Wasser wird zu Wein.

6. Laß uns in Friede leben, des Friedens Kinder seyn; wenn wir die Hand drauf geben, so schlage du mit ein; dein: Amen! sey das Wort, das Siegel unsrer Liebe; wir folgen deinem Triebe: hier ist der Segens-Ort.

Benjamin Schmolck.

Von der Erhörung des Gebets.

Psalm 65, v. 3. Du erhörest Gebet, darum kommt alles Fleisch zu dir.

Mel. Allein Gott in der Höh' sey Ehr'.

616. Gott, du erhörst: das Reich ist dein; ja, ja es soll geschehen. Als Herr hörst du der Raben Schrei'n, als Vater unser Flehen. Daher komt alles Fleisch zu dir, und als die Kinder beten wir zum Vater in dem Sohne.

2. Gott, du erhörst: dein ist die Kraft, ja, ja es kann geschehen. Du bist's, der alle Hülfe schafft und mehr als wir verstehen. Was aller Welt unmöglich ist, da hilfst du uns durch Jesum Christ von Sünden, Tod und Hölle.

3. Gott, dein ist auch die Herrlichkeit, ja, ja es wird geschehen. Du hast dir selbst ein Lob bereit't, daß wir Erhörung sehen. Hier dankt man dir in Schwachheit schon, dort wird dein Ruhm vor deinem Thron recht groß und herrlich werden.

M. Philipp Friedrich Hiller.

Bitte um den Geist des Glaubens.

1 Corinther 2, v. 5. Auf daß euer Glaube bestehe, nicht auf Menschen Weisheit, sondern auf Gottes Kraft.

Mel. Ringe recht, wenn Gottes Gnade.

617. Gott, du Geber aller Gaben! was nur Gutes ist und heißt, Gott! von dem wir Alles haben, gieb uns deinen heil'gen Geist.

2. Laß durch ihn uns dich erkennen, deine Vater-Eigenschaft; Jesum unsern Herrn zu nennen, geb' er unserm Geiste Kraft.

3. Außerordentliche Kräfte, Wundergaben bitten wir zu dem Seligkeits-Geschäfte diesmal aber nicht von dir.

4. Gieb nur, daß den wahren Glauben bis auf Jesu Christi Tag Satan unserm Geist nicht rauben, noch sonst etwas schwächen mag.

5. Glauben ist nicht Menschen-Stärke. Menschen-Kraft ist zu gering. Des dreiein'gen Gottes Werke sind nicht Jedermannes Ding'.

6. Glaube ist das größte Wunder, das der Geist in uns gethan: daß ein Menschenkind jetzunder Gott in Christo fassen kann.

7. Heil'ger Geist! so brich und reiße des Unglaubens Macht entzwei; daß es recht mit Wahrheit heiße: daß der Sieg des Glaubens sey!

Christian Karl Ludwig v. Pfeil.

Vom heiligen Geiste.

Apost. Gesch. 8, v. 15. Sie beteten über sie, daß sie den heiligen Geist empfingen.

Mel. Liebster Jesu, wir sind hier.

618. Gott, du hast in deinem Sohn mich von Ewigkeit erwählet, sende nun von deinem Thron', was noch meinem Heile fehlet, und gieb mir des Geistes Gaben, alsdann werd' ich Alles haben.

2. Ach, ich bin lebendig todt und zum Guten ganz verloren; heil'ger Geist, mein Herr und Gott! mache du mich neugeboren; denn das Fleisch ist mein Verderben und kann nicht den Himmel erben.

3. Treibe weg die finstre Nacht meiner irrigen Gedanken, dämpfe das, was Gott veracht't; halte die Vernunft in Schranken, daß ich anders nicht als gerne selbst die Weisheit von dir lerne.

4. Was mein Herze dicht't und tracht't, ist von Jugend auf nur böse, aber hilf, daß deine Macht mich auch von mir selbst erlöse, und zu allen guten Dingen gieb mir Wollen und Vollbringen.

5. Schaffe mir ein reines Herz, daß ich stets an Gott gedenke und mich oft mit Reu' und Schmerz über meine Sünden kränke; doch nach den betrübten Stunden führe mich in Jesu Wunden.

6. Pflanze mich daselbst in ihn, als ein Glied an seinem Leibe, und wenn ich sein eigen bin, hilf mir, daß ich es noch bleibe. Er der Weinstock, ich die Rebe, daß ich ganz in Jesu lebe.

7. Hierzu bitt' ich diese drei: Glaube, Hoffnung und die Liebe; steh' auch sonst mir also bei, daß kein Teufel mich betrübe. Gieb mir Demuth, Fried' und Freude und auch Sanftmuth, wenn ich leide.

8. Hilf mir reden recht und wohl und im Glauben niemals zagen; hilf mir beten, wie ich soll, hilf mir auch mein Kreuz ertragen. Wenn es Zeit ist, hilf mir sterben und dabei den Himmel erben.

Kaspar Neumann.

Abendlied.

Psalm 32, v. 7. Du bist mein Schirm; du wollest mich vor Angst behüten, daß ich errettet ganz fröhlich rühmen könne. Sela.

Mel. Alle Menschen müssen sterben.

619. Gott, du lässest mich erreichen abermal die Abendzeit, das ist mir ein neues Zeichen deiner Lieb' und Gütigkeit. Laß jetzund mein schlechtes Singen durch die trüben Wolken dringen und sey auch in dieser Nacht gnädig auf mein Heil bedacht.

2. Neige dich zu meinen Bitten, stoß' nicht dies mein Opfer weg. Hab' ich gleich oft überschritten deiner Wahrheit heil'gen Steg: so verfluch' ich meine Sünden und will mich mit dir verbinden, reiß du nur aus meiner Brust jede Wurzel böser Lust.

3. Herr! es sey mein Leib und Leben und was du mir sonst geschenkt, deiner Allmacht übergeben, die den Himmel selbst beschränkt. Laß um mich und um die Meinen einen Strahl der Gottheit scheinen, der, was deinen Namen trägt, als dein Gut zu schützen pflegt.

4. Laß mich mildiglich bethauen deines Segens Ueberfluß, schirme mich vor Angst und Grauen, wende Schaden und Verdruß, Brand und sonst betrübte Fälle, zeichne meines Hauses Schwelle, daß Niemanden hier in Eil' treffe des Verderbers Pfeil.

5. Wirke du in meinen Sinnen, wohne mir im Schatten bei, daß mein schlafendes Beginnen dir auch nicht zuwider sey; schaffe, daß ich schon auf Erden mag ein solcher Tempel werden, der nur dir und nicht der Welt ewig Licht und Feuer hält.

6. Geht, ihr meine müden Glieder! geht und senkt euch in die Ruh', und regt ihr euch morgen wieder, schreibt es eurem Schöpfer zu, der so treue Wacht gehalten; wenn ihr aber müßt erkalten, wird des bittern Todes Pein doch der Seele Vortheil seyn.

Friedrich Rudolph Ludwig v. Caniz.

Von der Versöhnlichkeit.

Marci 11, v. 25. Vergebet, wo ihr etwas wider Jemand habt, auf daß auch euer Vater im Himmel euch vergebe eure Fehler.

Mel. Jesu, der du meine Seele.

620. Gott! du übersiehst aus Liebe, ob ich schon erzürne dich; gieb daß ich dergleichen übe, wenn ein Mensch thut wider mich: wie ich halte meine Brüder, so wirst du mich halten wieder; zürne ich, so zeig' ich dir, wie du zürnen sollst mit mir.

2. Ach! wie kann, o liebstes Leben! wenn mein Nächster hört von mir: Feind! ich will dir nicht vergeben; taugen mein' Gebet vor dir? nein, mein unversöhnlich's Nächen muß mir selbst ein Urtheil sprechen; denn wer dem Geschöpf ist Feind, der ist nicht des Schöpfers Freund.

3. Herr! die Lieb' in mir entzünde und lösch' aus des Zornes Glut, daß ich mir nicht selber binde die zu schwere Höllenruth'; ich vergeb'; vergieb mir wieder, gieb daß also thu' ein Jeder; dir befehl' ich Recht und Sach'; denn dein ist Gericht und Rach'.

Im Leiden.

Psalm 77, v. 11. Ich muß das leiden, die rechte Hand des Höchsten kann Alles ändern.

Mel. Jesu, der du meine Seele.

621. Gott du willst, daß meine Tage auch mit Nacht umgeben sind, hemmest nicht der Schmerzen Plage, nicht die Thräne, die mir rinnt; dennoch heilig ist dein Wille; ruhig duld' ich und bin stille, auch bei läng'rer Noth und Pein will ich dir ergeben seyn.

2. Du bist es der Trübsal schicket, du verhängest Weh' und Wohl. Auch bei dem, was jetzt mich drücket, bleibst du gut und liebevoll; einst nach überstand'nen Leiden sättigst du mein Herz mit Freuden, du nur kennst die rechte Zeit, wenn die Rettung mir gedeiht.

3. Durch die dicksten Finsternisse führst du mich hindurch an's Licht. Auch durch Schmerz und Kümmernisse übst du mich in meiner Pflicht; bei dem Sonnenschein auf Erden könnt' ich leicht vereitelt werden, würd' ich Menschen mehr vertrau'n, als auf dich, Allmächt'ger! schau'n.

4. Ich auch werd' es einmal sehen, daß dein Weg nur Gnade war; werde dankbar dich erhöhen, als den Retter in Gefahr. Solltest du nicht helfen können, du, der Fluthen thürmt, sie trennen? Du, der Sternen ihre Bahn allmachtsvoll bezeichnen kann?

5. Lehren mich nicht deine Werke, daß du Weltregierer bist? daß dein Arm voll Kraft und Stärke, deine Lieb' unendlich ist? du gedenkst des Wurms im Staube, denkst auch mein, dies ist mein Glaube, der auf festen Gründen ruht; was du thust, ist ewig gut.

6. Stärk' ihn selbst in meiner Seele, Gott, der du mein Leiden siehst; daß ich mich nicht ängstlich quäle, wenn mit Hülfe du verziehst, daß ich hoffend zu der Höhe, wo du wohnst, o Vater! sehe, daß ich duld' und dir getreu bis zum Tod' ergeben sey.

Joh. Friedrich Seidel.

Vom Wandel zum Himmel.

Philipper 3, V. 13. Ich schätze mich selbst noch nicht, daß ich's ergriffen habe.

Mel. Jesu, meine Freude rc.

622. Gottes liebste Kinder gehn als arme Sünder in den Himmel ein; und der rohe Haufen kann so sicher laufen, und so sorglos seyn: ach, wie ist die Welt so wüst', wie viel trägt, Herr, dein Erbarmen! trag' doch auch mich Armen.

2. Was für rauhe Wege, wie viel tausend Schläge kostet dir mein Herz; und wie viele Stricke der verborgnen Tücke mehren noch den Schmerz; daß ich oft fast ausgehofft und der Muth mir will verschwinden bei so vielen Sünden.

3. Wie würd' ich bestehen, sollt' ich heute gehen vor dein Angesicht; nichts hab' ich gelitten, hab' nicht treu gestritten, das verhehl' ich nicht; laß mich, Gott, doch nicht zu Spott mein und deiner Feinde werden, beff're mich auf Erden.

4. Was vorhin geschehen, was auch noch versehen, rechne mir nicht zu; nur in deinen Wunden hab' ich stets gefunden, Jesu, meine Ruh'; Herr! hilf doch, ich wollte noch, daß du mich mögst selig schauen einst auf Himmelsauen.

5. Drum, o meine Freude! nimm selbst weg und schneide, was dir nicht gefällt; wirst du nicht, mein Leben! Kraft und Gnade geben, läßt mich nicht die Welt: nimm mich hin, gieb deinen Sinn, so will ich mit Dank und Freuden von der Erde scheiden.

Vertrauen und Ergebung.

5 Mose 7, v. 9. So sollst du nun wissen, daß der Herr, dein Gott, ein Gott ist, ein treuer Gott, der den Bund und Barmherzigkeit hält, denen, die ihn lieben und seine Gebote halten, in tausend Glied.

Mel. Freu' dich sehr, o meine Seele.

623. Gottes Mund hat uns verheißen, es soll' uns aus seiner Hand weder Welt noch Teufel reißen, seine Wahrheit ist bekannt. Darum fürchten wir uns nicht, wenn gleich Welt und Himmel bricht, seine Treu' kann ihr Versprechen nicht vergessen oder brechen.

2. Mögen doch die Berge weichen und die Felsen untergehn! nichts mag unserm Felsen gleichen, Gottes Bund bleibt ewig stehn; fallt, ihr Hügel! immer hin, unsers Gottes Vatersinn kann kein Schlag noch Fall erschüttern, wenn gleich Erd' und Himmel zittern.

3. Er hat sich mit uns verbunden durch den Bund, der ewig gilt; dieser Bund wird fest erfunden, dieser Bund ist unser Schild gegen des Versuchers Pfeil, Gott bleibt unser Erb' und Theil, das hat uns sein Mund geschworen, da sein Geist uns neu geboren.

4. Drum sey ruhig, meine Seele! trau' auf Gott, der für dich wacht, wenn in dieser Jammerhöhle dir ein Zweifel Kummer macht; wer sich nur auf Gott verläßt, der steht unbeweglich fest. Dein Erbarmer wird dich stützen, seine Treu' wird dich beschützen.

Jeremias Hubrig.

Gottes Rath wankt nicht.

Ebräer 6, v. 17. Da Gott wollte den Erben der Verheißung überschwänglich beweisen, daß sein Rath nicht wankete, hat er einen Eid dazu gethan.

Mel. O du Liebe meiner Liebe.

624. Gottes Rath ist unbeweglich, daß man sicher glauben kann; ihm ist Lügen ganz unmöglich; er hat einen Eid gethan, die Verheißung stehet feste und wir haben starken Trost, er setzt unsern Grund auf's Beste, daß kein Sturm ihn niederstoß'.

2. O du ewiger Erbarmer, wie beständig bist uns du, wirk' es in mir, daß ich Armer ganz auf deiner Gnade ruh'! zagt mein Herz, versucht der Teufel, zeig' mir deine Worte nur; so benimmt mir allen Zweifel die Verheißung und dein Schwur.

3. Gott, du läss'st dich weit herunter, bis das träge Herz dir glaubt; mach' mich in der Hoffnung munter; denn die Zuflucht ist erlaubt. Laß mich an der Hoffnung halten, die mir angeboten ist; unser Gläub' ist der der Alten, traut dir, daß du wahrhaft bist.

4. Selig ist's, auch als ein Kranker in der Hoffnung fest zu stehn; denn so geht der Seelen Anker in den Himmel selbst hinein; halte mir bis an mein Ende meinen Glauben ungetrübt, bis sich dir in deine Hände meine Seele ganz ergiebt.

M. Philipp Friedrich Hiller.

Adventslied.

Ebräer 9, v. 28. Christus ist einmal geopfert, wegzunehmen vieler Sünden. Zum andern Mal aber wird er ohne Sünde erscheinen denen, die auf ihn warten, zur Seligkeit.

In eigener Melodie.

625. Gottes Sohn ist kommen, uns allen zu Frommen, hier auf diese Erden in armen Geberden, daß er uns von Sünde freie und entbinde.

2. Er kommt auch noch heute und lehret die Leute, wie sie sich von Sünden zur Buß' sollen finden, von Irrthum und Thorheit treten zu der Wahrheit.

3. Die sich sein nicht schämen und sein'n Dienst annehmen durch ein'n rechten Glauben mit ganzem Vertrauen, denen wird er eben ihre Sünd' vergeben.

4. Denn er thut ihn'n schenken in den Sakramenten sich selber zur Speise, sein' Lieb' zu beweisen, daß sie sein genießen in ihrem Gewissen.

5. Die also bekleiben und beständig bleiben, dem Herren in Allen trachten zu gefallen, die werden mit Freuden auch von hinnen scheiden.

6. Denn bald und behende kommt ihr Lebensende, da wird er vom Bösen ihre Seel' erlösen und sie mit sich führen zu der Engel Chören,

7. Von dannen er kommen, wie denn wird vernommen, wenn die Todten werden erstehn von der Erden und zu seinen Füßen sich darstellen müssen.

8. Da wird er sie scheiden: die Frommen zur Freuden, die Bösen zur Höllen in peinliche Stellen, da sie ewig müssen ihr' Untugend büßen.

9. Ei nun, o Herr Jesu! schick' uns're Herzen zu, daß wir alle Stunden recht gläubig erfunden darinnen verscheiden zu den ew'gen Freuden.

Michael Weiß.

Ergebung in Gottes Willen.

Psalm 40, v. 9. Deinen Willen, mein Gott, thue ich gern, und dein Gesetz habe ich in meinem Herzen.

Mel. Gott des Himmels und der Erden.

626. Gottes Wille ist mein Wollen, das ist aller Christen Pflicht. Wo sie ihm gefallen sollen, widersprechen sie ihm nicht, denn es pflegt sein Ja und Nein auch ihr Ja und Nein zu seyn.

2. Gottes Wille soll im Glauben meine beste Richtschnur seyn; will man mir die Wahrheit rauben, giebt sein Wort mir hellen Schein und zeigt mir die rechte Bahn, daß ich nimmer irren kann.

3. Gottes Wille soll im Leben meine stete Regel seyn. Er wird das Vollbringen geben, so stimmt mein Gehorsam ein und so wird das Fleisch betäubt, daß es in der Zucht verbleibt.

4. Gottes Wille giebt im Beten mir das rechte Maaß und Ziel; ich will kindlich vor ihn treten: giebt er wenig oder viel, so will ich zufrieden seyn, er theilt Alles weislich ein.

5. Gottes Wille schickt im Leiden mir die beste Tröstung zu: will er mir ein Kreuz bescheiden, denkt er doch an meine Ruh'. Wer sich in Geduld nur faßt, der bekommt nur halbe Last.

6. Gottes Wille soll im Sterben auch mein bestes Labsal seyn; werd' ich doch den Himmel erben, das versüßt des Todes Pein. Ich will an den Lebens-Port lieber heut' als morgen fort.

7. Nun, mein Gott! laß deinen Willen, welcher ja vollkommen gut, mich durch deine Kraft erfüllen, beuge selbsten meinen Muth, so halt' ich dir immer still, und mein Loos ist: wie Gott will!

Benjamin Schmolck.

Vom Worte Gottes.

Jesaia 55, v. 10. 11. Gleichwie der Regen und Schnee vom Himmel fällt und nicht wieder dahin kommt, sondern feuchtet die Erde und macht sie fruchtbar und wachsend, daß sie giebt Saamen zu säen und Brot zu essen. Also soll das Wort aus meinem Munde auch seyn. Es soll nicht wieder zu mir leer kommen, sondern thun, das mir gefällt und soll ihm gelingen, dazu ich's sende.

Mel. Seelen-Bräutigam.

627. Gottes Wort ist klar, daß der ganzen Schaar aller Menschen hier auf Erden Friede soll verkündigt werden: darauf waget man, was man immer kann.

2. Und auch das ist wahr, daß sein Wort nicht gar leer und fruchtlos wiederkehret, sondern, wenn's wird angehöret, sich auch Gnad' und Geist an der Seel' beweis't.

3. Ohne Segen wär' seinen Knechten schwer, Botschaft an die Welt zu tragen; aber man kann fröhlich sagen: sein Wort hat die Kraft, daß es Früchte schafft.

Matthäus Stach.

Himmelfahrt Christi.

Psalm 47, v. 6. 7. Gott fähret auf mit Jauchzen, und der Herr mit heller Posaune. Lobsinget, lobsinget Gott! lobsinget, lobsinget unserm Könige.

Mel. Von Gott will ich nicht lassen.

628. Gott fähret auf gen Himmel mit frohem Jubelschall, mit prächtigem Getümmel und mit Posaunenhall. Lobsingt, lobsinget Gott, lobsingt, lobsingt mit Freuden dem Könige der Heiden, dem Herren Zebaoth.

2. Der Herr wird aufgenommen, kehrt zu des Himmels Pracht, um ihn gehn alle Frommen, die er hat frei gemacht. Es holen Jesum ein die lautern Cherubinen, den hellen Seraphinen muß er willkommen seyn.

3. Wir wissen nun die Stiege, die unser Haupt erhöht; wir wissen zur Genüge, wie man zum Himmel geht. Der Heiland geht voran, will uns nicht nach sich lassen, er zeiget uns die Straßen, er macht uns sich're Bahn.

4. Wir sollen himmlisch werden, der Herr selbst macht uns Platz; wir gehen von der Erden dorthin, wo unser Schatz. Ihr Herzen, macht euch auf! wo Jesus hingegangen, dahin sey das Verlangen, dahin sey euer Lauf.

5. Laßt uns zum Himmel dringen mit herzlicher Begier, laßt uns zugleich auch singen: dich, Jesu, suchen wir; dich, o du Gottes Sohn, dich Weg, dich wahres Leben, dem alle Macht gegeben, dich, unsers Hauptes Kron'!

6. Weg, weg mit deinen Schätzen du arge, böse Welt, dein Tand kann nicht ergötzen. Weißt du, was uns gefällt? Der Herr ist unser Preis, der Herr ist unsre Freude und köstliches Geschmeide, zu ihm geht uns're Reis'.

7. Wann soll es doch geschehen, wann kommt die liebe Zeit, daß wir Gott werden sehen in seiner Herrlichkeit? Du, Tag,

wann wirst du seyn, daß wir den Heiland grüßen, daß wir den Heiland küssen? komm, stelle dich doch ein!

D. Gottfried Wilhelm Sacer.

Himmelfahrt Christi.

Psalm 68, v. 19. Du bist in die Höhe gefahren und hast das Gefängniß gefangen; du hast Gaben empfangen für die Menschen, auch die Abtrünnigen; daß Gott, der Herr, dennoch daselbst bleiben wird.

Mel. Nun danket alle Gott.

629. Gott fährt mit Jauchzen auf und mit Posaunen-Klange; viel tausend Engel sind sein Wagen mit Gesange; die Wolken heben ihn als Schöpfer hoch empor. Triumph, Triumph, Triumph! singt ihm der Engel Chor.

2. Der Heiland setzet sich zu seines Vaters Rechten mit großer Herrlichkeit. O, wohl uns, armen Knechten, trotz Teufel und der Welt, trotz aller Feinde Macht, weil er zugegen ist, und mächtig für uns wacht.

3. Wohlan, du brichst die Bahn, du bist uns vorgegangen, wir sehen dir noch nach, Herr Jesu! mit Verlangen; laß unser Herz nach dir, mein Schatz! gerichtet seyn, daß wir auch dermaleinst zum Himmel gehen ein.

M. Joh. Gottfried Olearius.

Pfingstlied.

Jesaia 44, v. 3. Ich will Wasser gießen auf die Durstigen und Ströme auf die Dürren; ich will meinen Geist auf deinen Saamen gießen und meinen Segen auf deine Nachkommen.

Mel. Freu' dich sehr, o meine Seele.

630. Gott! gieb einen milden Regen, denn mein Herz ist dürr, wie Sand; Vater! gieb vom Himmel Segen, tränke du dein dürst'ges Land: laß des heil'gen Geistes Gab' über mich von oben ab wie die starken Ströme fließen und mein ganzes Herz durchgießen.

2. Kann ein Vater hier auf Erden, der doch bös' ist von Natur, seinen lieben Kindern geben nichts als gute Gaben nur: solltest du denn, der du heißt: guter Vater, deinen Geist mir nicht geben und mich laben mit den guten Himmelsgaben.

3. Jesu! der du hingegangen zu dem Vater, sende mir deinen Geist, den mit Verlangen ich erwarte, Herr! von dir; laß den Tröster ewiglich bei mir seyn und lehren mich, in der Wahrheit fest zu stehen und auf dich im Glauben sehen.

4. Heil'ger Geist! du Kraft der Frommen! kehre bei mir Armen ein und sey tausendmal willkommen, laß mich deinen Tempel seyn; säubre du nur selbst das Haus meines Herzens, wirf hinaus Alles, was mich hier kann scheiden von den süßen Himmelsfreuden.

5. Schmücke mich mit deinen Gaben, mache mich rein, neu und schön, laß mich wahre Liebe haben und in deiner Gnade stehn. Gieb im Sterben starken Muth, heilige mein Fleisch und Blut, lehre mich vor Gott hintreten und im Geist und Wahrheit beten.

6. So will ich mich dir ergeben, dir zu Ehren soll mein Sinn dem, was himmlisch ist, nachstreben, bis ich werde kommen hin, da mit Vater und dem Sohn ich im höchsten Himmelsthron' dich erheben kann und preisen mit den süßen Engelweisen.

Zur Kriegeszeit.

Sirach 50, v. 25 26. Er verleihe immerdar Frieden zu unserer Zeit in Israel: und daß seine Gnade stets bei uns bleibe; und erlöse uns, so lange wir leben.

Mel. Werde munter, mein Gemüthe.

631. Gott, gieb Fried' in deinem Lande, da du wohnst mit deinem Wort, Glück und Heil in allem Stande gieb uns auch an allem Ort, mach' des Krieges bald ein End', deinen Frieden zu uns wend', daß wir stehen mögen bleiben, dein Wort ungehindert treiben.

2. Gott, gieb Fried' in der Gemeine, die dich ehrt und recht erkennt, Jesum Christum auch alleine ihren Seligmacher nennt! beut ihr Schutz und Frieden an, daß ihr nichts mehr schaden kann. Gegen die, die sie bestreiten, steh' ihr bei auf allen Seiten.

3. Gott, gieb Fried' an allen Enden, da dein Wort im Schwange geht; laß es sich nicht von uns wenden, weil darauf dein' Ehre steht. Wende von uns falsche Lehr', die dein Wort verdunkelt sehr, laß uns dein Wort helle scheinen zu der Seligkeit der Deinen.

4. Gott, gieb Fried' zu allen Zeiten, weil wir leben. Niemand kann sonst uns retten, für uns streiten. Ohne dich ist nichts gethan; darum du, Herr Jesu Christ! der du unser Kriegsfürst bist, streit' für uns als deine Freunde und stürz' alle deine Feinde.

5. Gott, gieb Fried', es ist vonnöthen! da der Feind so grausam ist, mit Verheerung, Plundern, Tödten, ohne Schonen Blut vergießt. Rache das unschuld'ge Blut,

steure ferner aller Wuth, und errette uns aus Gnaden, aus Gefahr, Angst, Noth und Schaden.

6. Gott! gieb Fried', den nicht kann geben die gottlose böse Welt, die da sucht Krieg zu erheben nur um Ehre, Gut und Geld. Jesu Christ, du Friedefürst! wenn du Friede geben wirst, wollen wir dir Ehr' erweisen, deine Macht und Gnade preisen.

M. Gottfried Edelmann.

Von der Liebe Gottes.

Psalm 62, v. 12. 13. Gott hat ein Wort geredet, das habe ich etliche Mal gehöret, daß Gott allein mächtig ist. Und du, Herr, bist gnädig.

In eigener Melodie.

632. Gott hat ein Wort gered't, da weicht er nicht davon, als er vom Himmel sprach: dies ist mein lieber Sohn, an dem mein Vater-Herz ein Wohlgefallen hat, wer ihn bedachtsam hört, der findet Trost und Rath.

2. Gott hat ein Wort gered't; nun folgt mein Herze nach, und führt das schöne Wort, das Jakob dorten sprach: mein Herr! ich lasse dich in meinem Glauben nicht, bis mir dein süßer Mund den Vater-Segen spricht.

3. Also bin ich gewiß, daß Gott die Menschen liebt, weil er den theuern Sohn der Welt zum Pfande giebt; daß ein getaufter Christ, wenn er an Jesum gläubt, hinfort in Noth und Tod unangefochten bleibt.

4. Ach Jesu! ich bin dein, und du bist gleichfalls mein; damit soll unser Wort niemals getrennet seyn; sprich mir, als Bräutigam im Geiste freundlich zu und locke mich hierdurch, daß ich dergleichen thu'.

5. Sprich mir im Glauben zu: denn freilich ist es viel, daß ein so großer Gott was Schlechtes lieben will; jedoch der Freuden-Geist klopft also bei mir an: Gott hat ein Wort gered't, das nicht betrügen kann.

6. Sprich mir im Leben zu, wenn etwa Fleisch und Blut in meiner Frömmigkeit mir viel zuwider thut; damit mein blöder Muth das Macht-Wort nicht vergißt, wie gleichwohl deine Kraft in Schwachen mächtig ist.

7. Sprich mir im Sterben zu, obgleich des Todes Bild mich in der letzten Noth mit lauter Angst erfüllt: dein Geist erquicke mich und gebe mir den Sinn: Gott hat ein Wort gered't, der Tod ist mein Gewinn.

8. Ach Gott! es bleibt dabei: im Anfang war das Wort, das Wort war selber Gott; nun geht der Segen fort, der eben diesen Spruch in meine Seele schreibt: Gott hat ein Wort gered't, das ewig stehen bleibt.

M. Christian Weise.

Vom Geist und Worte Gottes.

Römer 8, v. 2. Das Gesetz des Geistes, der da lebendig machet in Christo Jesu, hat mich frei gemacht von dem Gesetz der Sünde und des Todes.

Mel. Aus tiefer Noth schrei' ich zu dir.

633. Gott, heil'ger Geist! hilf uns mit Grund auf Jesum Christum schauen, damit wir in der letzten Stund' auf seine Wunden bauen, die er für uns nach Gottes Rath am heil'gen Kreuz empfangen hat, zu tilgen unsre Sünden.

2. Durch's Wort in unsre Herzen schein' und thu' uns neu gebären, daß wir, als Gottes Kinder rein, vom bösen Wandel kehren und in dir bringen Früchte gut, so viel als unser blöder Muth in diesem Fleisch kann tragen.

3. In Sterbensnöthen bei uns steh' und hilf uns wohl verscheiden; daß wir fein sanft ohn' alles Weh' hinfahren zu den Freuden, die uns der fromme Vater werth aus lauter Gnade hat beschert in Christo, seinem Sohne.

Bartholomäus Ringwaldt.

Von der Liebe Jesu Christi.

Joh. 15, v. 9. Gleichwie mich mein Vater liebet, also liebe ich euch auch. Bleibet in meiner Liebe.

Mel. In Christo gelebt.

634. Gott heiliger Geist, sey innig gepreist, daß du mich gelehrt, wie freundlich sich Jesus zu uns hat gekehrt.

2. Mit welcher Geduld und Gnade und Huld hat er mich geführt, so daß sich mein Denken darüber verliert!

3. Das Auge, wenn's thränt, den, der mich versöhnt, nur dankbar anblickt, indem sich die Seele in Staub vor ihm bückt.

4. Ich Asche und Erd', was bin ich doch werth? nichts an mir ist gut, als was das Blut Jesu selbst wirket und thut.

5. Wie hat er so lieb! o Gott! welch ein Trieb von Liebe und Gnad' ist der, so ihn für mich in Tod gebracht hat!

6. Wie dank' ich's ihm nun? was soll ich ihm thun? o daß ihm zu Ehr'n all' meine Gedanken geheiliget wär'n!

Maria Spangenberg v. 1.
Christian Gregor v. 2 — 6.

Von Gottes Regierung.

Psalm 119, v. 52. Herr, wenn ich gedenke, wie du von der Welt her gerichtet hast, so werde ich getröstet.

Mel. Es ist das Heil uns kommen her.

635. Gott herrschet und hält bei uns Haus, was sagst du Mensch dawider? Was schlägst du seinen Willen aus? leg' in den Staub dich nieder; schweig' still, laß ihn nur Meister seyn, er ist das Haupt, wir insgemein desselben schwache Glieder.

2. Belegt er dich mit Kreuz und Noth, und greift dir nach dem Herzen; er schickt das Leben und den Tod, laß dich es etwas schmerzen; doch hüte dich vor Ungeduld, du möchtest sonst durch große Schuld dein bestes Heil verscherzen.

3. Er bleibt schon so von Alters her; jetzt hält er sich verborgen, als wiss' er nichts um dein Beschwer; lass' immerhin dich sorgen, hab' gegen dich sich hart gemacht; dies währt vom Abend in die Nacht und wieder an den Morgen.

4. Jetzt ist er wieder gnädig hier, giebt Endschaft deinen Leiden. Er nimt das Trauerkleid von dir, umgürtet dich mit Freuden. Er züchtigt als ein Vater dich; jedoch muß seine Gnade sich darum nicht von dir scheiden.

5. Wie wohl ist doch der Mensch daran, der sich in Gottes Wege in tiefster Demuth schicken kann, ihm aushält alle Schläge; dies nimmt der höchsten Kunst den Preis; Herr! gieb uns, daß sich aller Fleiß auf dies zu lernen lege. M. Simon Dach.

Von der Vergebung der Sünden und Glückseligkeit des Christen.

1 Timoth. 1, v. 16. Mir ist Barmherzigkeit widerfahren.

Mel. O wie selig seyd ihr doch, ihr Frommen!

636. Gott, ich preise dich mit allen Frommen. Gnädig hast du mich auch angenommen, hast mir vergeben; fröhlich kann ich meines Glaubens leben.

2. Furcht und Angst mag sichre Sünder schrecken! wohl mir, daß mich Jesu Flügel decken! wie dürft' ich zagen? er befreit mich von der Sünde Plagen.

3. Laß die Welt sich ohne Gott betrüben; laß sich grämen, die die Erde lieben; die kurzen Leiden, die ich noch empfinde, werden Freuden.

4. Noth und Trübsal können mir nicht schaden; du, mein Gott, gedenkst an mich in Gnaden; du willst mich üben, dich, wie Jesus liebte, treu zu lieben.

5. Elend sind, die keine Hoffnung haben; aber ich erwarte ew'ge Gaben; ich hoff' im Sterben das, was Jesus mir erwarb, zu erben.

6. O so kann mich selbst der Tod nicht schrecken. Gott, du wirst ja meinen Leib erwecken. Mir darf nicht grauen, in die offne Gruft hinab zu schauen.

7. Du, du sprichst dann: geh' in deine Kammer, ruhe aus von alle deinem Jammer; mich sollst du sehen; auch dein Staub soll herrlich auferstehen.

8. Wird nun einst des Richters Ruf erschallen: Kommt! wie sollte mir der Muth entfallen? Zu seiner Rechten steh' ich dann mit allen deinen Knechten.

9. Preis und Ehre will ich dir dann bringen und auch meines Mittlers Ruhm besingen. Durch seine Wunden hab' ich Heil und Seligkeit gefunden. D. J. A. Cramer.

Gott ist die Liebe.

1 Johannis 4, v. 16. Gott ist die Liebe, und wer in der Liebe bleibet, der bleibet in Gott, und Gott in ihm.

Mel. Nun danket alle Gott.

637. Gott ist die Liebe selbst, von dem die Liebesgaben, als aus dem reinsten Quell, den ersten Ursprung haben; der bleibet fest in Gott, wer in der Liebe bleibt, und welchen keine Macht aus Jesu Wunden treibt.

2. Der Vater liebt die Welt; sein väterlich Erbarmen schickt den geliebten Sohn zu uns verlass'nen Armen, und dieser liebet uns, drum scheut er keine Noth, er träget williglich sogar den Kreuzestod.

3. Wie reiche Ströme sind von dieser Huld geflossen! die Liebe Gottes ist in unser Herz gegossen. Der werthe heil'ge Geist nimmt selbst die Seele ein, so daß wir nun sein Haus und Tempel worden seyn.

4. Nun, wer den Heiland liebt, der hält sein Wort in Ehren, und so verspricht der Herr, bei ihm selbst einzukehren; was muß für Freud' und Lust, die göttlich ist, entstehn, wenn Vater, Sohn und Geist in eine Seele gehn.

5. Gott, heil'ger Geist! lehr' uns die Liebe Jesu kennen, laß uns're Herzen stets in rei-

ner Liebe brennen, und endlich führ' uns fort in jenes Leben ein, wo uns're Liebe wird in dir vollkommen seyn.

Die gnädige Gegenwart Gottes.

Apost. Gesch. 17, v. 27. 28. Gott ist nicht ferne von einem Jeglichen unter uns, denn in ihm leben, weben und sind wir.

Mel. Wunderbarer König.

638. Gott ist gegenwärtig! lasset uns anbeten, und in Ehrfurcht vor ihn treten. Gott ist in der Mitten: Alles in uns schweige, und sich innigst vor ihm beuge. Wer ihn kennt, wer ihn nennt, schlagt die Augen nieder, kommt, ergebt euch wieder.

2. Gott ist gegenwärtig, dem die Cherubinen Tag und Nacht mit Ehrfurcht dienen; heilig, heilig singen alle Engelchören, wenn sie Gott mit Jauchzen ehren. Herr, vernimm uns're Stimm', da auch wir Geringen uns're Opfer bringen.

3. Wir entsagen willig allen Eitelkeiten, aller Erdenlust und Freuden. Da liegt unser Wille, Seele, Leib und Leben dir zum Eigenthum ergeben. Du allein sollst es seyn, unser Gott und Herre, dir gebührt die Ehre.

4. Majestätisch Wesen! möcht' ich dich recht preisen, und im Geist dir Dienst erweisen; möcht' ich wie ein Engel immer vor dir stehen, und dich gegenwärtig sehen! laß mich dir für und für trachten zu gefallen, liebster Gott, in allen.

5. Luft, die Alles füllet, d'rinn wir immer schweben, aller Dinge Grund und Leben, Meer ohn' Grund und Ende, Wunder aller Wunder, ich senk' mich in dich hinunter; ich in dir, du in mir, laß mich ganz verschwinden, dich nur sehn und finden.

6. Du durchdringest Alles, laß dein schönstes Lichte, Herr, berühren mein Gesichte; wie die zarten Blumen willig sich entfalten, und der Sonne stille halten: laß mich so, still und froh deine Strahlen fassen, und dich wirken lassen.

7. Mache mich recht kindlich, innig abgeschieden, sanfte und voll stillem Frieden! mach' mich reines Herzens, daß ich deine Klarheit schauen mag in Geist und Wahrheit, laß mein Herz himmelwärts, wie ein Adler schweben, und in dir nur leben.

8. Herr, komm in mir wohnen, laß mein'n Geist auf Erden dir ein Heiligthum noch werden! Komm, du treuer Heiland, dich in mir verkläre, daß ich stets dich lieb' und ehre, wo ich geh', sitz' und steh', laß mich dich erblicken, und vor dir mich bücken.

Gerhard Tersteegen.

Von der Treue Gottes.

1 Corinther 10, v. 13. Gott ist getreu, der euch nicht lasset versuchen über euer Vermögen.

In eigener Melodie.

639. Gott ist getreu, der über meine Kräfte mich armes Kind noch niemals hat versucht; vielleicht geschieht's, daß in dem Angstgeschäfte der Traurigkeit er mich noch heut' besucht. Mein Herz, du sollst es sehen, was dir für Hülfe sey in kurzer Zeit geschehen. Gott ist getreu.

2. Gott ist getreu in allen seinen Werken, macht er mir gleich die Bürde noch so schwer, so kann er mich dabei doch wieder stärken, von ihm allein kommt Trost und Labsal her, und wenn die Zeit vorhanden, so machet er mich frei, von allen Jammer-Banden. Gott ist getreu.

3. Gott ist getreu, dem hält jetzt meine Seele ein theures Wort mit festem Glauben für: „kommt, suchet mich in euren Kummerhöhlen!" drum kommt dein Kind, und sucht dich mit Begier; du kannst mich nun nicht lassen, ich sag' es ohne Scheu, du wirst dich selbst nicht hassen. Gott ist getreu.

4. Gott ist getreu, er stößet seine Kinder im Zorne nicht von seinen Augen hin, er zieht von uns, sind wir gleich große Sünder, die Hand nicht ab, so redlich ist sein Sinn. Drauf kann und will ich bauen, die Noth sey, wie sie sey, ihm will ich fest vertrauen. Gott ist getreu.

5. Gott ist getreu, der wird mir Trost verschaffen, wenn gleich der Trost bei allen Menschen fehlt, er wird den Geist, der mich mit Trauer-Waffen so jämmerlich bis auf die Seele quält, gar ferne von mir treiben, ich aber werde frei bei meinem Jesu bleiben. Gott ist getreu. — —

Der gute, liebe Gott.

Psalm 86, v. 5 Du, Herr, bist gut und gnädig, von großer Güte, allen, die dich anrufen.

Mel. Gott des Himmels und der Erden.

640. Gott ist gut, was will ich klagen, wenn die Welt es böse meint? weiß ich keinen Freund zu haben, Gott im Himmel ist mein Freund; laß die Falschen immer gehn, Gott wird treulich bei mir stehn.

2. Gott ist stark und kann mir rathen, wenn mir Niemand helfen kann, das bezeu-

gen seine Thaten schon bei mir von Jugend an, so hoff' ich auch künftig drauf, er hilft meiner Schwachheit auf.

3. Gott ist reich, er wird mir geben, was mir gut und selig ist, ich will nicht nach Reichthum streben, welches nur das Herze frißt; der hat Alles in der Welt, wer nur seinen Gott behält.

4. Gott ist groß und die ihn ehren, ehret er auch wiederum, muß ich manche Schmach hier hören, ich will seyn, als wär' ich stumm, Gott wird aber Richter seyn, der ist auch mein Ruhm allein.

5. Gott ist treu und wird auch halten, was er mir versprochen hat, ich will ihn nur lassen walten, er weiß allem Kummer Rath, scheint die Hülfe manchmal weit, kommt sie doch zur rechten Zeit.

6. Gott ist Alles, was ich hoffen, wünschen und verlangen kann, das wird bei ihm angetroffen, was er thut, ist wohl gethan, drum soll mir auch Gott allein Alles und in Allem seyn.

Benjamin Schmolck.

Vom Worte Gottes.

Johannis 8, v. 47. Wer von Gott ist, der höret Gottes Wort.

Mel. Ach Gott und Herr, wie 2c.

641. Gott ist mein Hort, und auf sein Wort soll meine Seele trauen. Ich wandle hier, mein Gott vor dir im Glauben, nicht im Schauen.

2. Dein Wort ist wahr; laß immerdar mich seine Kräfte schmecken. Laß keinen Spott, o Herr, mein Gott, mich von dem Glauben schrecken.

3. Wo hätt' ich Licht, wofern mich nicht dein Wort die Wahrheit lehrte? Gott, ohne sie verstünd' ich nie, wie ich dich würdig ehrte.

4. Dein Wort erklärt der Seele Werth, Unsterblichkeit und Leben. Zur Ewigkeit ist diese Zeit von dir mir übergeben.

5. Dein ew'ger Rath, die Missethat der Sünden zu versühnen, den kannt' ich nicht, wär' mir dies Licht nicht durch dein Wort erschienen.

6. Nun darf mein Herz, in Reu' und Schmerz der Sünden nicht verzagen; nein, du verzeih'st, lehrst meinem Geist, ein gläubig Abba sagen.

7. Mich zu erneu'n, mich dir zu weih'n, ist meines Heils Geschäfte. Durch meine Müh' vermag ich's nie; dein Wort giebt mir die Kräfte.

8. Herr, unser Hort, laß uns dies Wort; denn du hast's uns gegeben. Es sey mein Theil, es sey mir Heil, und Kraft zum ew'gen Leben.

Christian Fürchtegott Gellert.

Von Gottes Vorsehung und Hülfe.

Psalm 27, v. 1. Der Herr ist mein Licht und mein Heil; vor wem sollte ich mich fürchten? der Herr ist meines Lebens Kraft, vor wem sollte mir grauen?

Mel. Es ist gewißlich an der Zeit.

642. Gott ist mein Licht, der Herr mein Heil, das ich erwählet habe, er ist die Kraft, dahin ich eil' und meine Seele labe; was will ich mich denn fürchten nun, und wer kann mir doch Schaden thun auf dieser ganzen Erde?

2. Wenn mich die böse Rott' anfällt und will mein Fleisch verschlingen, so kann sie dieser starke Held gar leicht zu Boden bringen, wenn sich auch gleich ein ganzes Heer legt um mich her, was ist's denn mehr? mein Gott kann sie bald schlagen.

3. Eins bitt' ich nur, das hätt' ich gern, wenn's mir Gott wollte geben: daß ich bei ihm, als meinem Herrn, stets wohnen könnt' und leben und alle meine Tag' und Jahr' in seinem Hause bei der Schaar der Heiligen vollbringen.

4. Da wollt' ich meines Herzens Freud' an seinem Dienste sehen, und rühmen, wie zur bösen Zeit mir so viel Gut's geschehen, da er mich fleißig hat verdeckt in seiner Hütten und versteckt in einem starken Felsen.

5. Und also wird er ferner noch mich wissen zu regieren, er wird mich schützen und sehr hoch in sichre Oerter führen, mein Haupt wird über meine Feind', ob sie gleich hoch erhaben seyn, all'zeit erhöhet werden.

6. Dafür will ich denn wiederum Gott auf das Best' erhöhen, sein Ruhm soll in dem Heiligthum aus meinem Munde gehen, ich will ihm opfern Dank und Preis, ich will sein Lob, so gut ich weiß, vor allem Volke singen.

7. Herr, mein Gott, höre, wie ich schrei und seufz' in meinem Sinne, gieb, daß mein Bitten kräftig sey und dein Herz eingewinne. Mein Herz hält dir, o treuer Hort, beständig vor dein eigen Wort: „Ihr sollt mein Antlitz suchen.“

8. Nun such' ich jetzt, ach, laß mich nicht entgelten meine Sünden, ich suche, Herr! dein Angesicht; das laß mich gnädig finden, verstoße ja nicht deinen Knecht; denn du bist,

der mir hilft zurecht und bringt aus allen Nöthen.

9. Mein Vater, Mutter, und was hier sonst ist von guten Leuten, die sind zu schwach und können mir nicht treten an die Seiten; ich bin entsetzt von aller Welt, Gott aber nimmt mich in sein Zelt, da find' ich alle G'nüge.

10. Herr, mache mir gerade Bahn, halt' mich in deiner Gnade und nimm dich meiner herzlich an, daß mir kein Feind mehr schade; denn Viele reden wider mich und zeugen, das sie ewiglich nicht können überweisen.

11. Noch dennoch hab' ich guten Muth und glaube, daß ich werde im Lebenslande Gottes Gut dort sehn und auf der Erde. Frisch auf, getrost und unverzagt! wer's nur mit Gott im Glauben wagt, der wird den Sieg erhalten.

Paul Gerhardt.

Gottes Wesen, Eigenschaften und Werke.

2 Mose 15, v. 2. Der Herr ist meine Stärke und Lobgesang, und ist mein Heil. Das ist mein Gott, ich will ihn preisen; er ist meines Vaters Gott, ich will ihn erheben.

In eigener Melodie.

643. Gott ist mein Lied, er ist der Gott der Stärke, groß ist sein Nam', und groß sind seine Werke, und alle Himmel sein Gebiet.

2. Er will und spricht's, so sind und leben Welten, und er gebeut, so fallen durch sein Schelten die Himmel wieder in ihr Nichts.

3. Licht ist sein Kleid, und seine Wahl das Beste. Er herrscht als Gott und seines Thrones Veste ist Wahrheit und Gerechtigkeit.

4. Unendlich reich, ein Meer von Seligkeiten, ohn' Anfang Gott, und Gott in ew'gen Zeiten! Herr aller Welt, wer ist dir gleich?

5. Was ist und war im Himmel, Erd' und Meere, das kennet Gott, und seiner Werke Heere sind ewig vor ihm offenbar.

6. Er ist um mich, schafft, daß ich sicher ruhe, er schafft was ich vor- oder nachmals thue, und er erforschet mich und dich.

7. Er ist dir nah', du sitzest oder gehest; ob du an's Meer, ob du gen Himmel flöhest; so ist er allenthalben da.

8. Er kennt mein Fleh'n und allen Rath der Seele. Er weiß, wie oft ich Gutes thu' und fehle und eilt mir gnädig beizustehn.

9. Er wog mir dar, was er mir geben wollte, schrieb auf sein Buch, wie lang' ich leben sollte, da ich noch unbereitet war.

10. Nichts, nichts ist mein, das Gott nicht angehöre; Herr, immerdar soll deines Namens Ehre, dein Lob in meinem Munde seyn!

11. Wer kann die Pracht von deinen Wundern fassen? ein jeder Staub, den du hast werden lassen, verkündigt seines Schöpfers Macht.

12. Der kleinste Halm ist deiner Weisheit Spiegel. Du, Luft und Meer, ihr Auen, Thal und Hügel! ihr seyd sein Loblied und sein Psalm.

13. Du tränkst das Land, führst uns auf grüne Weiden, und Nacht und Tag, und Korn und Wein und Freuden empfangen wir aus deiner Hand.

14. Kein Sperling fällt, Herr, ohne deinen Willen; sollt' ich mein Herz nicht mit dem Troste stillen, daß deine Hand mein Leben hält?

15. Ist Gott mein Schutz, will Gott mein Retter werden, so frag' ich nichts nach Himmel und nach Erden, und biete selbst der Hölle Trutz.

Christian Fürchtegott Gellert.

Der dreieinige Gott.

1 Petri 1, v. 2. Nach der Vorsehung Gottes des Vaters, durch die Heiligung des Geistes zum Gehorsam und zur Besprengung des Blutes Jesu Christi. Gott gebe euch viel Gnade und Friede.

Mel. Wer nur den lieben Gott läßt walten.

644. Gott ist nur Eins in drei Personen und heißet Vater, Sohn und Geist; er herrschet über alle Thronen und wird in aller Welt gepreis't, die Luft, den Himmel, Erd' und Meer erhält, regiert und segnet er.

2. Dem Vater wird nach allen Stücken das Werk der Schöpfung beigelegt; der Sohn, als der auf seinem Rücken die Sünden aller Menschen trägt, setzt durch Erlösung uns in Ruh', dem Geiste kommt die Heil'gung zu.

3. Nun, Gott, groß über alle Götter! o heilige Dreifaltigkeit, sey stets mein Vater, mein Erretter, mein Zuspruch in betrübter Zeit; und gieb, daß ich einst freudenvoll dort schau', was ich hier glauben soll!

Martin Grünwald?

Gott kann helfen, wo Niemand helfen kann.

1 Samuel. 14, v. 6. Es ist dem Herrn nicht schwer, durch viel oder wenig helfen.

Mel. Wenn wir in höchsten Nöthen seyn.

645. Gott ist und bleibt der Wundermann, der Viel aus Wenig machen kann; wer Gott vertraut, dem mangelt's nicht; denn Gott weiß wohl, was dir gebricht.

2. Wenn dir wird alle Hülf' versagt, wenn Angst und Noth dich drückt und plagt, so schrei' zu ihm: er läßt dich nicht, weil sein Wort Trost und Hülf' verspricht.

3. Wenn er will helfen, muß geschwind dir dienen Wasser, Luft und Wind, ein Bröcklein Brot aus Gottes Hand thut mehr als dein Witz und Verstand.

4. Drum, wenn dein Thun will nirgend fort, so halt' dich fest an Gottes Wort; trau' nur auf ihn, er sorgt für dich hier zeitlich und dort ewiglich. D. Johann Olearius.

Trostlied.

2 Thessalonicher 3, v. 3. Der Herr ist treu, der wird euch stärken und bewahren vor dem Argen.

Mel. O Gott, du frommer Gott.

646. Gott ist und bleibt getreu! sein Herze bricht vor Lieben, pflegt er gleich öftermal die Seinen zu betrüben; er prüfet durch das Kreuz, wie rein der Glaube sey, wie standhaft die Geduld, Gott ist und bleibt getreu!

2. Gott ist und bleibt getreu! er hilft ja selber tragen, was er uns aufgelegt, die Last der schweren Plagen, er braucht die Ruthe oft und bleibet doch dabei ein Vater, der uns liebt, Gott ist und bleibt getreu!

3. Gott ist und bleibt getreu! er weiß was wir vermögen, er pfleget nie zu viel den Schwachen aufzulegen, er macht sein Israel von Last und Banden frei, wenn große Noth entsteht. Gott ist und bleibt getreu!

4. Gott ist und bleibt getreu! er tröstet nach dem Weinen, er läßt, nach trüber Nacht, die Freudensonne scheinen; der Sturm, des Kreuzes Sturm geht augenblicks vorbei, sey Seele nur getrost. Gott ist und bleibt getreu!

5. Gott ist und bleibt getreu! er stillet dein Begehren, er will dein Glaubens-Gold in Trübsals-Glut bewähren. Nimm an von Gottes Hand, den Kreuzkelch ohne Scheu, der Lebensbecher folgt: Gott ist und bleibt getreu!

6. Gott ist und bleibt getreu! laß alle Wetter krachen, Gott wird der Trübsal doch ein solches Ende machen, daß alles Kreuz und Noth dir ewig nütze sey. So liebt der Höchste dich! Gott ist und bleibt getreu! D. Johann Christian Wilhelmi?

Von den Pflichten der Unterthanen.

1 Petri 2, v. 13. 14. Seid unterthan aller menschlichen Ordnung, um des Herrn willen, es sei dem Konige, als dem Obersten, oder den Hauptleuten, als den Gesandten von ihm zur Rache über die Uebelthäter, und zu Lobe den Frommen.

Mel. Befiehl du deine Wege.

647. Gott läßt die Unterthanen an Pflicht und Schuldigkeit erinnern und ermahnen, sie sollen jederzeit sich willig finden lassen, dem vorgesetzten Herrn zu dienen bestermaßen, und zu gehorchen gern.

2. Denn dies sind Pauli Worte: es sey stets Jedermann in jedem Land' und Orte den Obern unterthan, so daß er ihnen gebe Gehorsam, Furcht und Ehr', und ja nicht widerstrebe, noch trotzig sich empör'.

3. Besonders, wo regieret getreue Obrigkeit, die Gott hat eingeführet, und ihr den Thron bereit't, ihr auch das Schwert verliehen und g'geben in die Hand, daß sie sich soll bemühen, zu hegen Recht im Land.

4. Drum wohl dem, der's bedenket, wie groß die Wohlthat sey, wenn Gott dem Lande schenket Regenten, die getreu und sorgsam sich erzeigen, zu herrschen nach Gebühr, und die ihr Herz nur neigen zum Glauben für und für.

5. Ja, wohl dem, der auch liebet die Obern in der That und ihnen gerne giebet, was er zu geben hat. Ein Solcher wird genießen Gerechtigkeit und Schutz, auch sonst wird auf ihn fließen vielfältig großer Nutz.

6. Nun, Gott ist's, der uns gönnet Regenten guter Art: drum billig man's erkennet und keine Mühe spart, der Obrigkeit zu dienen in Demuth, Lieb' und Ehr', und bitten, daß Gott ihnen gut Regiment bescher'.

Der beste Trost im Leiden.

Psalm 94, v. 9. Der das Ohr gepflanzet hat, sollte der nicht hören? der das Auge gemacht hat, sollte der nicht sehen?

In eigener Melodie.

648. Gott lebet noch! Seele, was verzagst du doch? Gott ist gut, der aus Erbarmen alle Hülf' auf Erden thut, der mit Macht und starken Armen

machet Alles wohl und gut. Gott kann besser, als wir denken; alle Noth zum Besten lenken. Seele, so bedenke doch: lebt doch unser Herr-Gott noch!

2. Gott lebet noch! Seele, was verzagst du doch? sollt' der schlummern oder schlafen, der das Aug' hat zugericht't? der die Ohren hat erschaffen, sollte dieser hören nicht? Gott ist Gott, der hört und siehet, wo den Frommen Weh' geschiehet. Seele, so bedenke doch: lebt doch unser Herr-Gott noch!

3. Gott lebet noch! Seele, was verzagst du doch? der den Erdenkreis verhüllet mit den Wolken weit und breit, der die ganze Welt erfüllet, ist von uns nicht fern und weit. Wer Gott liebt, dem will er senden Hülf' und Trost an allen Enden. Seele, so bedenke doch: lebt doch unser Herr-Gott noch!

4. Gott lebet noch! Seele, was verzagst du doch? bist du schwer mit Kreuz beladen, nimm zu Gott nur deinen Lauf. Gott ist groß und reich von Gnaden, hilft dem Schwachen gnädig auf. Gottes Gnade währet immer, seine Treu' vergehet nimmer. Seele, so bedenke doch: lebt doch unser Herr-Gott noch!

5. Gott lebet noch! Seele, was verzagst du doch? wenn dich deine Sünden kränken, dein Verbrechen quält dich sehr, komm zu Gott, er wird versenken deine Sünden in das Meer. Mitten in der Angst der Höllen kann er dich zufrieden stellen. Seele, so bedenke doch: lebt doch unser Herr-Gott noch!

6. Gott lebet noch! Seele, was verzagst du doch? will dich alle Welt verlassen, weißt du weder aus noch ein; Gott wird dennoch dich umfassen und im Leiden bei dir seyn. Gott ist's, der es herzlich meinet, wo die Noth am größten scheinet. Seele, so bedenke doch: lebt doch unser Herr-Gott noch!

7. Gott lebet noch! Seele, was verzagst du doch? laß den Himmel sammt der Erden immerhin in Trümmern gehn, laß die Höll' entzündet werden, laß den Feind erbittert stehn, laß den Tod, den Abgrund blitzen: wer Gott traut, den will er schützen. Seele, so bedenke doch: lebt doch unser Herr-Gott noch!

8. Gott lebet noch! Seele, was verzagst du doch? mußt du schon geängstet wallen auf der harten Dornenbahn, es ist Gottes Wohlgefallen, dich zu führen himmelan. Gott wird nach dem Jammerleben Friede, Freud' und Wonne geben. Seele, so bedenke doch: lebt doch unser Herr-Gott noch!

M. Johann Friedrich Zihn.

Lebendige Hoffnung.

Daniel 6, v. 26. Er ist der lebendige Gott, der ewiglich bleibet.

Mel. Erschienen ist der herrlich' Tag.

649. Gott lebet noch und stirbet nicht, Gott ist mein Trost und Zuversicht; ja, wenn die ganze Welt fällt ein, soll dies mein bestes Hoffen seyn: Gott lebet noch!

2. Gott lebet noch; was sorg' ich denn? so lang' ich Gott den Vater kenn', setz' ich die Sorgen an die Seit' und singe fröhlich allezeit: Gott lebet noch!

3. Mein Herz! wenn du weißt keinen Rath, wenn dich die Noth umgeben hat und dich gesetzt in großes Leid, so denke du nur allezeit: Gott lebet noch!

4. Gott lebet noch, und weiß gar wohl, wie seine Hand dich retten soll; dein Vater meint und macht es gut, wenn er dich straft; drum wohlgemuth, Gott lebet noch!

5. Gott legt dir auf ein schweres Joch, wodurch er dich betrübet hoch; doch hilft er tragen, was dich plagt, und stärkt dich; drum sprich unverzagt: Gott lebet noch!

6. Wenn dir nun wird dein Kreuze schwer und dich fast drücket allzusehr; wenn es dich schier zu Boden stoßt, so hilft doch Gott; drum sey getrost: Gott lebet noch!

7. Mein Vater! sorge du für mich, mein' Hoffnung steht allein auf dich; sieh' mich mit gnäd'gen Augen an, daß ich stets fröhlich singen kann: Gott lebet noch!

Mauritius Cramer.

Gott macht Muth und giebt Trost.

Malcachi 3, v. 16. Die Gottesfürchtigen trösten sich unter einander also: der Herr merket es, und höret es; und ist vor ihm ein Denkzettel geschrieben für die, so den Herrn fürchten und an seinen Namen gedenken.

Mel. Was Gott thut, das ist wohlgethan.

650. Gott lebt! wie kann ich traurig seyn, als wär' kein Gott zu finden? er weiß gar wohl von meiner Pein, die ich hier muß empfinden. Er kennt mein Herz und meinen Schmerz; drum darf ich nicht verzagen, und ihm nur Alles klagen.

2. Gott hört! wenn Niemand hören will, was will der Feind dann sprechen, als würde meiner Seufzer Ziel nicht durch die

Wolken brechen? Ruf' ich empor, so hört sein Ohr, so steigt die Hülfe nieder, so schallt das Amen wieder.

3. Gott sieht! wie klaget denn mein Herz, als säh' er nicht mein Weinen? Vor ihm muß auch der tiefste Schmerz ganz offenbar erscheinen; kein Thränlein fehlt, das er nicht zählt, worauf sein Aug' nicht blicket, bis er uns hat erquicket.

4. Gott führt! drum geh' ich ruhig fort auf allen meinen Wegen, und wenn die Welt bald hier, bald dort will ihre Stricke legen, so pflegt er mich zwar wunderlich, doch gnädig auch zu führen, daß mich kein Fall kann rühren.

5. Gott giebt, und wär' ich noch so arm, doch soll ich nicht verderben; was hilft mir denn mein steter Harm, als müßt' ich Hungers sterben? Er hat ja Brot, und wenn die Noth uns nach der Wüste weiset, so werden wir gespeiset.

6. Gott lebt! wohlan, ich merke das; Gott hört! ich will's ihm sagen; Gott sieht! er hält mein Thränenmaaß; Gott führt! ich darf nicht klagen. Nur nicht betrübt! Gott giebt und liebt, und wird mir endlich geben, auch dort mit ihm zu leben.

Benjamin Schmolck.

Danklied nach der Pest.

Psalm 68, v. 21. Wir haben einen Gott, der da hilft, und den Herrn Herrn, der vom Tode errettet.

Mel. Wer nur den lieben Gott läßt walten.

651. Gott Lob! daß ich so fest gehalten in wahrem Glauben meinen Gott. Ich bin nun durch sein Liebeswalten befreiet von der Krankheits-Noth und steh' gesund da und mein Haus *). Wie sprech' ich Gottes Güte aus!

*) die Meinen.

2. Die Seuche hat viel hingerissen an diesem und an jenem Ort, uns aber hat sie lassen müssen ganz unberühret immerfort; daraus man sieht, wie viel es nützt, wenn Gottes Hand uns deckt und schützt.

3. Gott, unser Helfer sey gelobet, daß du der Krankheit Macht und Wuth, die so sehr bei uns hat getobet, nur hast gebraucht zu uns'rer Ruth', daß wir von solcher frei und los, gesund noch ruh'n in deinem Schooß.

4. Wir fallen dir in deine Arme und sagen alle Bess'rung zu; ach ferner unsrer dich erbarme, sey unser Schutz und Hülfe du, und nimm bei Tage und bei Nacht als wie dein Auge uns in Acht!

Abendlied.

Sprüche Sal. 3, v. 24. Legest du dich, so wirst du dich nicht fürchten, sondern süße schlafen.

Mel. Herzliebster Jesu, was hast du verbrochen?

652. Gott Lob, der Tag ist glücklich nun vollendet, die arbeitsfreie Nacht sich zu uns wendet; kommt, lasset uns den höchsten Gott erheben, ihm Ehre geben!

2. Der Herr hat uns heut' gnädiglich erhalten, hat über uns die Gnade lassen walten; darum wir billig seine Güt' ausbreiten vor allen Leuten.

3. Zwar sind wir unwerth solcher großen Gnaden, dieweil wir oft im Meer der Sünd' uns baden, dieweil wir auch in viele Missethaten gar oft gerathen.

4. Dennoch, so lasset uns zu ihm hintreten und ihn aus Herzensgrund mit Ernst anbeten, er woll' nicht unsre Sünden und Verbrechen nach Würden rächen.

5. Er woll' uns väterlich die Nacht bewahren durch seine muntre Wacht, der Engel Schaaren, damit der böse Feind uns nicht erschleiche, nein, von uns weiche.

6. Jetzt leg' ich, Herr, die matten, müden Glieder in deinem Namen zu dem Schlafe nieder; hilf, daß ich morgen frisch und froh aufstehe, zur Arbeit gehe.

7. Alsdann will ich dir meinem Gott lobsingen, dein Ruhm soll durch die weiten Wolken dringen; du sollst von mir, so lang' ich bin auf Erden, gerühmet werden.

D. Theodor Wolder.

Abendlied.

Psalm 121, v. 3. Der dich behütet, schläft nicht.

Mel. Wer nur den lieben Gott läßt walten.

653. Gott Lob! der Tag ist nun beschlossen, die Ruhestunde stellt sich ein. Viel Gutes hab' ich heut' genossen; Gott muß dafür gepriesen seyn. An Gott und an sein Lob gedacht, bringt eine rechte gute Nacht.

2. Des Leibes Arbeit geht zu Ende; die Seele nimmt das Ihre für. Mein Gott! ich breite Herz und Hände in Christo Jesu aus vor dir; weil ich dich Vater nennen kann, so nimm mein kindlich Opfer an.

3. Der Tag verstreichet ohne Plagen; der Abend bricht vergnügt herein. Muß Mancher über Unglück klagen, so kann ich gutes Muthes seyn. Dein Aufsehn schützt mich väterlich, und deine Liebe krönet mich.

4. Nun, Gott! vom Grunde meiner Seelen stimm' ich ein Lob- und Dank-Lied an. Gern wollt' ich alles das erzählen, was deine Hand an mir gethan; doch, lieber Gott, unzählig ist, was Seel' und Leib von dir genießt.

5. Ach, nur vergieb mir alle Sünde! Mein Jesus nimmt die Schuld auf sich. Darum in diesem deinem Kinde, getreuer Gott, erbarme dich! Ich weiß, du gehest mit mir nicht, um seinetwillen, ins Gericht.

6. Drum schlaf' ich unter deiner Liebe, und was mir lieb, befehl' ich dir. Sieht's um mein Lager schwarz und trübe; bricht doch dein Gnaden-Glanz herfür, der Nacht und Dunkel helle macht, und schützt mich durch der Engel Wacht.

7. Wohlan, ich will der Ruh' genießen; soll diese Nacht die letzte seyn, da ich mein Leben soll beschließen, so geb' ich mich von Herzen drein. Das Leben ist nur dann Gewinn, wann selig ich gestorben bin.

8. So geb' ich mich in deine Hände. Ich leb' und sterbe, wie du willt. Ich weiß, daß aus dem Lebens-Ende des rechten Lebens Anfang quillt. So schlaf' ich nun auf Jesum ein: drum muß mein Schlaf gesegnet seyn.

M. Erdmann Neumeister.

Herbstlied.

Sirach 33, v. 17. Gott hat mir den Segen dazu gegeben, daß ich meine Kelter auch voll gemacht habe, wie im vollen Herbst.

Mel. Erschienen ist der herrlich' Tag.

654. Gott Lob! die Herbstzeit zeiget sich, Gott segnet das Land mildiglich, was Nahrung bringt, was uns erfreut, das schenkt uns Gott zu dieser Zeit. Hallelujah!

2. Mein Gott! laß deine Güt' und Gnad' mich dankbar finden früh und spat, gieb mir, was hier mein Herz erfreut, gieb mir dort deine Seligkeit. Hallelujah!

D. Johann Olearius.

Nach überstandener Noth.

Psalm 34, v. 7. Da dieser Elende rief, hörete der Herr, und half ihm aus allen seinen Nöthen.

Mel. O daß ich tausend Zungen ꝛc.

655. Gott Lob! die Noth ist nun vorüber, die mir der Herr hat zugeschickt, mein Herze freuet sich darüber, daß er mich wieder hat erquickt. Denn obgleich stäupet seine Ruth', so bleibet doch sein Herze gut.

2. Mir machte zwar die Last sehr bange, die du, mein Gott! mir auferlegt, ich schriee oft: ach Herr, wie lange? Mein Seufzen hat dein Herz bewegt, du sahest meine Thränenfluth; drum ist auch Alles worden gut.

3. Beklagt von dem, der mich gesehen, wie mich die Angst gedrücket hat, glaubt' ich gewiß, ich müßte gehen den harten, bittern Todes-Pfad; doch hat, Herr, deiner Liebe Glut bei mir gewendet Alles gut.

4. Das Kreuz muß uns oft schlagen nieder, daß wir uns üben in Geduld; wir lebten stets sonst Gott zuwider und häuften täglich Sündenschuld. Gott stärkt im Kreuz der Christen Muth und macht zuletzt auch Alles gut.

5. Drum dank' ich dir, mein Gott! von Herzen, daß du dein Kind gestärket hast, daß meine Pein, Leid, Noth und Schmerzen gewehret meiner Sünden Last, daß deine Lieb' und Vaterruth' befördert meiner Seelen Gut.

6. Soll ich, mein Gott, noch ferner leiden, wenn es dein weiser Rath bestimmt, so stehe nur auf meiner Seiten, daß mir kein Kreuz die Hoffnung nimmt, daß, Herr, durch deines Sohnes Blut, mir bleiben muß das höchste Gut.

D. Christian Gotthilf Blumberg.

Morgenlied am Montage.

Psalm 63, v. 2. 4. Gott, du bist mein Gott, frühe wache ich zu dir. Denn deine Güte ist besser denn Leben; meine Lippen preisen dich.

Mel. Erschienen ist der herrlich' Tag.

656. Gott Lob! die Woch' heb' ich jetzt an: Gott Lob! der mir viel Gut's gethan: Gott Lob für seine Güt' und Treu', die mir ist alle Morgen neu: Hallelujah!

2. Hilf, Gott, daß ich auch früh und spat empfinde Trost, Rath, Hülf' und That. Laß all' mein Thun gesegnet seyn, erhalt' mein Herz im Glauben rein. Hallelujah!

3. Wend' ab all' Trübsal, Angst und Noth, behüt' vor bösem, schnellem Tod! soll diese Woch' die letzte seyn, so laß mich selig schlafen ein. Hallelujah!

4. Ehr' sey Gott Vater und dem Sohn, dem heil'gen Geist in einem Thron, welch's ihm auch also sey bereit't von nun an bis in Ewigkeit. Hallelujah!

D. Johann Olearius.

Am Schlusse der Woche.

Sirach 39, v. 19. Singet löblich und lobet den Herrn in allen seinen Werken; preiset seinen Namen herrlich.

Mel. Erschienen ist der herrlich' Tag.

657. Gott Lob! die Woch' ist auch dahin, drum ich dir billig dankbar bin, daß ich die Zeit hab' überlebt, und deine Gnad' noch ob mir schwebt. Halleluja!

2. Gott Lob für seine Güt' und Treu', die mir ist alle Morgen neu, der mir beisteht durch seine Kraft, der mir Trost, Rath und Hülfe schafft. Halleluja!

3. Was ich verseh'n, vergieb, mein Gott! durch deines Sohn's Kreuz, Hohn und Spott: gieb ferner Segen, Fried' und Freud', und dermaleinst die Seligkeit. Halleluja!

D. Joh. Olearius.

Sehnsucht nach der Ewigkeit.

Psalm 42, v. 3. Meine Seele dürstet nach Gott, nach dem lebendigen Gott. Wann werde ich dahin kommen, daß ich Gottes Angesicht schaue?

Mel. Es ist gewißlich an der Zeit.

658. Gott Lob! ein Schritt zur Ewigkeit ist abermal vollendet! zu dir, im Fortgang dieser Zeit, mein Herz sich sehnlich wendet, o Quell, daraus mein Leben fleußt und alle Gnade sich ergeußt in meine Seel' zum Leben.

2. Ich zähle Stunden, Tag' und Jahr', und wird mir allzu lange, bis es erscheine, daß ich gar, o Leben! dich umfange, damit, was sterblich ist in mir, verschlungen werde ganz in dir und ich unsterblich werde.

3. Vom Feuer deiner Liebe glüht mein Herz, daß sich entzündet was in mir ist, und mein Gemüth sich so mit dir verbindet, daß du in mir und ich in dir, und ich doch immer noch allhier will näher an dich dringen.

4. O, daß du selber kämest bald, ich zähl' die Augenblicke: ach komm! eh' mir das Herz erkalt' und sich zum Sterben schicke. Komm doch in deiner Herrlichkeit, schau', deine Braut hat sich bereit't durch Glaube, Hoffnung, Liebe.

5. Und weil das Oel des Geistes ja in mir ist ausgegossen, du mir auch selbst von innen nah und ich in dir zerflossen: so leuchtet mir des Lebens Licht und meine Lamp' ist zugericht't, dich fröhlich zu empfangen.

6. Komm! ist die Stimme deiner Braut, komm! rufet deine Fromme*); sie ruft und schreiet überlaut: komm bald, ach Jesu! komme! So komme denn, mein Bräutigam! du kennest mich, o Gotteslamm! daß ich dir bin vertrauet.

*) Hohel. Sal. 5, v. 2.

7. Doch sey dir ganz anheim gestellt die rechte Zeit und Stunde, wiewohl ich weiß, daß dir's gefällt, daß ich mit Herz und Munde dich kommen heiße und darauf von nun an richte meinen Lauf, daß ich dir komm' entgegen.

8. Ich bin vergnügt, daß mich nichts kann von deiner Liebe trennen und daß ich frei vor Jedermann dich darf den Bräut'gam nennen, und du, o treuer Lebensfürst! dich dort mit mir vermählen wirst und mir dein Erbe schenken.

9. Drum preis' ich dich in Dankbarkeit, daß sich der Lauf geendet und also auch von dieser Zeit ein Schritt nochmals vollendet, und schreite eilig weiter fort, bis ich gelange an die Pfort' Jerusalems dort oben.

10. Wenn auch die Hände lässig sind und meine Kniee wanken, so biet' mir deine Hand geschwind in meines Glaubens Schranken, damit durch deine Kraft mein Herz sich stärke und ich himmelwärts ohn' Unterlaß aufsteige.

11. Geh', Seele, frisch im Glauben dran und sey nur unerschrocken; laß dich nicht von der rechten Bahn die Lust der Welt ablocken. So dir der Lauf zu langsam däucht, so eile, wie ein Adler fleugt, mit Flügeln süßer Liebe.

12. O Jesu! meine Seele ist zu dir schon aufgeflogen; du hast, weil du voll Liebe bist, mich ganz zu dir gezogen. Fahr' hin, was heißet Stund' und Zeit; ich bin schon in der Ewigkeit, weil ich in Jesu lebe.

D. August Hermann Francke.

Jesus, mein letztes Wort.

Apostel-Gesch. 7, v. 58. Herr Jesu, nimm meinen Geist auf.

Mel. Wer nur den lieben Gott läßt walten.

659. Gott Lob! es geht nunmehr zum Ende, das meiste Schrecken ist vollbracht; denn Jesus reicht mir schon die Hände, mein Jesus, der mich selig macht: drum laßt mich gehn, ich reise fort; mein Jesus ist mein letztes Wort.

2. Was fragt ihr viel nach meinem Glauben? Ich glaube, daß mich Jesus liebt, kein Tod soll mir die Freuden rauben, weil Jesus Trost und Leben giebt. Ich fahre wohl und weiß den Ort; denn Jesus ist mein letztes Wort.

3. Die Hoffnung hat mich nie betrogen, ich bin auf sein Gebot getauft, da hab' ich Jesum angezogen, durch seinen Tod bin ich erkauft; drum Jesus bleib' mein Heil und Hort, sein Name sey mein letztes Wort.

4. Wiewohl die Sünde will mich kränken, — wer ist, der ohne Tadel lebt? — allein ich darf an Jesum denken, der mich in seinem Tod begräbt*), so komm' ich an den Lebensport, und Jesus bleibt mein letztes Wort.

*) Röm. 6, v. 3. 4.

5. Mein Jesus hat den Tod bezwungen, als er am Kreuzesstamm verschied, da ward mein Tod zugleich verschlungen, er ist mein Haupt, ich bin sein Glied. Was Jesus hat, das hab' ich dort; drum sey er auch mein letztes Wort.

6. Gedenkt mir nicht an eitle Sachen, der Höchste sorget für die Welt; befehlt euch ihm, er wird's wohl machen, daß Licht und Recht den Platz behält, Gott wendet Jammer List und Mord durch Jesum, als mein letztes Wort.

7. Nun freuet euch, es geht zum Ende, mein Jesus heißt der letzte Ruhm, wie fröhlich klopf' ich in die Hände; wo bleibst du doch mein Eigenthum? Ach Jesu, Jesu! sey mein Wort! Nun schweigt mein Mund; ich eile fort.

M. Christian Weise.

Von der Sündenvergebung.

Jeremia 31, v. 34. Ich will ihnen ihre Missethat vergeben, und ihrer Sünde nicht mehr gedenken.

Mel. Herzliebster Jesu! was hast du verbrochen?

660. Gott Lob! es ist noch Rath und Hülf' zu finden für unsre ungeheu're Last der Sünden. Wer will, der kann davon befreiet werden noch hier auf Erden.

2. Wir könnten sie in Ewigkeit nicht büßen, wir würden sterben und verderben müssen; was wir nicht können, das thut Gott aus Gnaden, und heilt den Schaden.

3. Sein Sohn ist für uns an dem Kreuz gestorben und hat dadurch Gerechtigkeit erworben; die theilt er Allen mit, so es begehren und sich bekehren.

4. Wir können Theil durch sein Verdienst nun haben an allen uns von ihm erworb'nen Gaben: wer mit der Sünde will in Freundschaft stehen, muß untergehen.

5. Hingegen will er sie gar gern vergeben, wenn wir im Glauben ihm nur wollen leben. Wer wollt' es nicht? es geht zwar hier durch Leiden; doch zu den Freuden!

Joh. Jakob v. Moser.

Abendlied.

Psalm 69, v. 31. Ich will den Namen Gottes loben mit einem Liede, und will ihn hoch ehren mit Dank.

Mel. Der Tag ist hin, mein Jesu rc.

661. Gott Lob! es ist nunmehr der Tag vollendet und Gottes Herz ist von mir nicht gewendet, deß freu' ich mich so daß ich triumphir': mein Gott ist mein und bleibt es für und für!

2. Sehr gnadenreich hat er mich heut' beschirmet, der arge Feind hat mich umsonst bestürmet; der Engel Schaar umgab mich um und um; denn Jesus sprach: dies ist mein Eigenthum!

3. Lob sey dir, Herr, du Heiland der Elenden! Lob sey dir hier und auch an allen Enden! gieb, daß dein Lob weit ausgebreitet werd', im Himmel und allhier auf dieser Erd'!

4. Ach! bringe doch der Menschen Herz zusammen, entzünde sie in wahren Andachtsflammen, damit dein Nam' sey überall gepreis't, in wahrer Lieb' und Kraft von deinem Geist.

5. Des Tages Licht ist deines Lichts ein Zeuge; ach, Herr! verschaff', daß sich mein Herze beuge, nun dieses Licht der Sonne von uns weicht; bis daß mein Herz das neue Licht erreicht.

6. Dein Angesicht entzieh' nicht dem Gesichte, daß in der Nacht ich sey im hellsten Lichte, so bin ich frei von aller Finsterniß, und meine Seel' der Gnaden ganz gewiß.

7. In dir will ich getrost und freudig schlafen, du wirst mir wohl der Engel Heer verschaffen, damit mein Bett in dieser dunklen Nacht versehen sey mit einer starken Wacht.

8. Es ruhe auch die heilige Gemeine in dir, o Herr! denn sie ist ja die deine; bewahre sie vor aller Feinde Tück', gieb in der Nacht ihr manchen Gnadenblick!

9. Und nach dem Schlaf erwecke Zion wieder, daß es dir dank' und singe Loblieder im neuen Licht und frohen Sonnenschein; denn dir gebührt Lob, Preis und Dank allein.

Peter Lackmann.

Nach dem Genuß des heiligen Abendmahls.

Joh. 6, v. 55. Mein Fleisch ist die rechte Speise, und mein Blut ist der rechte Trank.

Mel. Wer nur den lieben Gott läßt walten.

662. Gott Lob! ich bin aufs Neu' erquicket mit Christi theurem Leib und Blut. Das Heil, das hier mein Geist erblicket, macht allen meinen Schaden gut. Mein Glaube jauchzt und freuet sich; denn Jesus Christus starb für mich.

2. Gott Lob! die ganze Last der Sünden ist nun aus Gnaden weggeschafft. Mich aller Schulden zu entbinden, hat Jesu Blut die volle Kraft. Heut' nahm ich ja der Freiheit Pfand beim Abendmahl aus seiner Hand.

3. Gott Lob! mein zagendes Gewissen fühlt sich in Jesu Tod gestillt! ich seh' die Handschrift ganz zerrissen, die mich vorhin mit Furcht erfüllt! Durch ihn bin ich mit Gott versöhnt, werd' an sein Vaterherz gewöhnt.

4. Gott Lob! der süße Seelenfriede kehrt wieder in mein Herz zurück! Wie war ich doch so krank, so müde, bis meines Jesu Gnadenblick aufs Neue sich zu mir gelenkt und Trost und Ruhe mir geschenkt.

5. Gott Lob! von ihm kommt neues Leben, deß Leib und Blut ich heut' genoß. Er kann mir, was mir mangelt, geben, sein Reichthum ist unendlich groß; und der ist für die Sünder da — ist's auch für mich: Hallelujah!

6. Gott Lob! in dem erfreuten Herzen wohnt Jesus und die Seligkeit. Der Hoffnung weichen alle Schmerzen, leicht wird das Leiden dieser Zeit. Ein ewig's Glück lacht mir von fern; drum harr' und glaub' und duld' ich gern.

7. Gott Lob! mit Freuden will ich sterben, der Himmel ist mir aufgethan. Einst darf ich dort mit Jesu erben nach einst durchwallter Leidensbahn, und mit der Auserwählten Zahl halt' ich erst dann recht Abendmahl.

Fräulein M. C. v. Silberrad.

Vom wahren Glauben.

1 Petri 1, v. 7. Auf daß euer Glaube rechtschaffen und viel köstlicher erfunden werde, denn das vergängliche Gold, das durchs Feuer bewähret wird.

Mel. Herzlich thut mich verlangen.

663. Gott Lob, ich bin im Glauben! wer will mir Schaden thun? Wenn Höll' und Satan schnauben, so kann ich sicher ruhn. Mich schrecket kein Getümmel, kein Fall, der mich verletzt; mein Wandel ist im Himmel, mein Glaube festgesetzt.

2. Fragt Jemand nach dem Grunde, dem bin ich allezeit mit Herzen und mit Munde zur Rechenschaft bereit. Der Grund, auf den ich baue, ist Christus ganz allein, und weil ich dem vertraue, so muß ich selig seyn.

3. Auf mein Verdienst und Werke vertrau' und bau' ich nicht; im Herren hab' ich Stärke und feste Zuversicht. War ich sehr tief verschuldet, in große Noth gebracht; er hat die Straf' erduldet und mich gerecht gemacht.

4. Dies bleibet meine Freude, wenn ich in Aengsten bin, mein Trost in allem Leide reißt auch der Tod nicht hin; so lass' ich mir nicht grauen, dieweil mein Glaube spricht: geh', eile, Gott zu schauen, dein Hoffen trüget nicht.

5. Drum will ich nimmer wanken; mein Heiland, halte mich; bleib' du mir in Gedanken, wenn Furcht und Schrecken sich zu meinem Fall' verbinden, wenn die Verfolgung blitzt, Gefahr und Noth sich finden, und sich die Höll' erhitzt.

6. Wenn ich sodann am schwächsten, wiewohl nicht trostlos bin, so sey du mir am nächsten, und stärke meinen Sinn, daß ich dabei gelassen, voll Geist und Muthes sey, mich als ein Christ zu fassen. Hilf, Herr, und steh' mir bei!

7. Ich will dich feste halten, wenn Trübsalshitze sticht, und werd' ich auch erkalten, so lass' ich dich doch nicht. Dein Geist spricht meinem Geiste Trost und Erquickung ein. Herr! stärke mich und leiste mir Kraft, dir treu zu seyn.

8. Nun, Herr, du giebst den Willen, verleihe mir zugleich auch Kräfte zum Erfüllen, so bin ich ewig reich. Drum reiche mir die Hände, so bleib' ich unverletzt, und bis zum Lebensende durch Christum festgesetzt.

Der Sieg des Glaubens.

Offenbarung Joh. 2, v. 17. Wer überwindet, dem will ich zu essen geben von dem verborgenen Manna, und will ihm geben ein gutes Zeugniß.

Mel. Wie wohl ist mir, o Freund der Seelen.

664. Gott Lob! ich habe überwunden. Er hält das Abendmahl mit mir. Angst, Furcht und Zweifel sind verschwunden; der Glaube bricht in Kraft herfür. Mein Jesus ist mein Licht und Leben,

mir ist die ganze Schuld vergeben, ich bin in ihm gerecht und rein. Ich ruhe nun in seinen Armen, mich füllet täglich sein Erbarmen, er rief mich selbst zu sich herein.

Friedrich August Weihe.

Vom Troste Gottes.

Psalm 39, v. 8. Nun, Herr, weß soll ich mich trösten? Ich hoffe auf dich.

Mel. Nun ruhen alle Wälder.

665. Gott Lob! ich kann mich trösten, auch wenn die Noth am größten, mit meines Gottes Huld; sein Zorn führt nicht die Ruthe, er züchtigt uns zu Gute, bleibt Gott des Trost's und der Geduld.

2. Da jene in dem Grämen den Trotz zum Troste nehmen, die Gottes Feinde sind; so sagt er meiner Seelen dir soll's an Trost nicht fehlen; ich bin dein Vater, du mein Kind.

3. Wie sanft thut das dem Herzen, so stillen sich die Schmerzen, so wird die Last ganz leicht, man kriegt Luft im Gedränge, man singt auch Lobgesänge, der Unmuth und der Hochmuth weicht.

4. Herr, wenn dein Trost auf Erden kann so erquicklich werden, wie wird's im Himmel geh'n? O laß mir diesen offen, hier tröste mich mit Hoffen, dort tröste mich auch mit dem Seh'n.

M. Philipp Friedr. Hiller.

Vom freudigen Glauben.

2 Timotheum 1, v. 12. Ich weiß, an welchen ich glaube, und bin gewiß, daß er kann mir meine Beilage bewahren bis an jenen Tag.

Mel. Wer nur den lieben Gott läßt walten.

666. Gott Lob! ich weiß, an wen ich glaube, nachdem sich Gott geoffenbart, wenn ich bei seinem Worte bleibe, so bin ich wohl in ihm verwahrt, der fördert meinen Glaubensgrund und macht mir seinen Willen kund.

2. Das heißt: ich soll mich gar nicht kränken, wenn mich die Sünden-Angst anficht, ich soll nur gleich an Jesum denken, der mir die Seligkeit verspricht, und der mir diese Losung giebt: „ich hab' dich je und je geliebt;"

3. Ja, dieser stärket meinen Glauben, und giebt mir lauter Freuden ein, trotz dem, der mir den Trost will rauben; ich kann bei Jesu fröhlich seyn, der es so treulich mit mir meint und achtet mich als seinen Freund.

4. Drum mag des Höchsten Ruhm erschallen, der mich zu seinem Kinde macht; er hat an uns sein Wohlgefallen; drum hat er mich so hoch geacht't und mir den werthen Geist geschenkt, der mich zu allem Guten lenkt.

5. Nun, dieses soll mein Glaube bleiben; Gott! nimm mich dir zu eigen hin; ich will mich gänzlich dir verschreiben, weil ich durch dich erlöset bin; ich leb' und sterbe dir allein, nur du sollst meine Losung seyn.

6. Und also will ich fröhlich sterben, denn ich vertraue meinem Gott, der läßt mich nimmermehr verderben, erfahr' ich schon des Todes Noth. In Jesu Kreuze sterb' ich wohl, in Jesu leb' ich, wie ich soll.

M. Johann Christoph Schwedler.

Jesus, die Reinigung unserer Sünden.

Ebräer 1, v. 3. Er hat gemacht die Reinigung unserer Sünden durch sich selbst.

Mel. Allein Gott in der Höh' sey Ehr'.

667. Gott Lob! mein Jesus macht mich rein von allen meinen Sünden, was er büßt, muß bezahlet seyn, nun kann mich nicht mehr binden der Sünden Strick, des Teufels Macht; mein Glaub' drum Höll' und Tod verlacht, mein Jesus ist mein Leben.

2. Was traur' ich denn: er lebt ja noch, der das Gesetz erfüllet, der durch den Tod und Kreuzes Joch des Vaters Zorn gestillet, was er hat, das ist Alles mein, wie könnt' doch größrer Reichthum seyn, als den mir Jesus schenket.

3. Weil Jesus mich von Sünden rein durch sein Verdienst will machen, daß ich, los aller Qual und Pein, nicht fürcht' des Todes Rachen, so tröst't mich seine Heiligkeit; sein' Unschuld, Heil und Seligkeit mein Schatz ist und mein Leben.

4. So kann ich auch mit Fried' und Freud', wie Simeon, mein Leben beschließen, frei von allem Leid mich meinem Gott ergeben; sobald ich thu' mein' Augen zu, so wird mein Tod mein Schlaf und Ruh', ich seh' des Himmels Freude.

5. Wie werd' ich dann so fröhlich seyn, wenn ich die Welt verlasse, wenn Engel mich verklärt und rein geführt zur Lebens-Straße, wenn ich erblickt die Ewigkeit, wenn ich erlangt die Seligkeit, die mir mein Gott bereitet!

6. Hilf, Gott, daß ich sey stets bereit, laß mich nichts von dir wenden, bring' mich zu deiner Herrlichkeit, hilf seliglich vollenden; komm bald, hilf mir aus aller Noth;

hilf mir, Herr, durch dein Blut und Tod, ja komm, Herr Jesu! Amen.

D. Johann Olearius.

Am letzten Jahrestage.

1 Chronica 18, v. 16. Wer bin ich, Herr Gott! und was ist mein Haus, daß du mich bis hie her gebracht hast?

Mel. Wer nur den lieben Gott läßt walten.

668. Gott Lob! so geht mit gutem Glücke und besser, als ich selbst gedacht, der Rest des alten Jahrs zurücke. Der Herr hat Alles wohl gemacht, und macht es wohl noch fernerhin, daß ich bei ihm in Gnaden bin.

2. Ich trete nun durch seine Güte ein neues Jahr mit Freuden an; ach, daß mein Mund und mein Gemüthe ihn nicht nach Würden preisen kann! Gott thut ja mehr, als ich begehrt'; ich bin nicht des Geringsten werth.

3. Wie kann ich solche Wohlthat zählen, die nimmermehr zu zählen ist? ich sage das von Grund der Seelen, daß du mein Gott und Vater bist; der hilft und der geholfen hat und helfen wird durch Rath und That.

4. Ach! willst du auf die Sünden sehen, womit dies Jahr ist hingebracht, so kann mir anders nichts geschehen, als was mir Angst und Schrecken macht; doch du gedenkest keiner Schuld und schenkst in Christo Gnad' und Huld.

5. In Christo laß mich deinen Segen auch in dem neuen Jahre sehn und es gesund zurücke legen. Jedoch dein Wille mag geschehn; den was derselbe schickt und fügt, macht mich von Herzen wohl vergnügt.

6. Ich wünsche mir kein langes Leben, sonst wünscht' ich mir nur lange Noth; doch willst du mir mehr Jahre geben, so gieb, daß ich dir bis zum Tod durch Glauben, Lieb' und Hoffnung treu, und auch dem Nächsten nützlich sey.

7. Bringt ja dies Jahr mein letztes Ende, so tret' ich selig darin ein: ich gebe mich in deine Hände, so bleib' ich todt und lebend dein und stelle mir zur Losung für: Herr! wie du willst, so schick's mit mir!

M. Erdmann Neumeister.

Osterlied.

1 Thessalonicher 4, v. 14. So wir glauben, daß Jesus gestorben und auferstanden ist, also wird Gott auch, die da entschlafen sind durch Jesum, mit ihm führen.

Mel. Erschienen ist der herrlich' Tag.

669. Gott Lob und Dank! es ist nunmehr die frohe Zeit jetzt kommen her, da unser Heiland Jesus Christ von Todten auferstanden ist. Hallelujah!

2. Drum trau're nicht, o meine Seel'! laß zittern Teufel, Tod und Höll', der Herr hat sie erleget All', deß freu' dich sehr, lob' Gott mit Schall. Hallelujah!

3. Es ist noch nicht ganz kund gethan, was er durch seine Siegesfahn' zum Besten dir hat mitgebracht aus der so blut'gen Todes-Schlacht. Hallelujah!

4. Ich hab' g'nug daß mein Heiland lebt und nun in lauter Freuden schwebt; ich weiß, daß er mich herzlich liebt, er tröst't mich, wenn ich bin betrübt. Hallelujah!

5. Es sey ein Kreuz so groß es will, hat er ihm doch gesetzt sein Ziel, kein Angststein liegt so schwer auf mir, er wälzt ihn von mein's Herzens Thür'. Hallelujah!

6. Sterb' ich auch gleich und komm' in's Grab, mein'n Sabbath ich darinnen hab', am jüngsten Tag weckt er mich auf, führt mich mit sich gen Himmel auf. Hallelujah!

7. Da hab' ich meinen Ostertag, bin frei und ledig aller Plag', daß ich kann seine Herrlichkeit anschauen ewig voller Freud'. Hallelujah!

8. Mit diesem Trost ergötz' ich mich, so oft, Herr Christ! ich de.. an dich; ich weiß, du wirst an meinem End', mein' Seele nehm'n in deine Händ'. Hallelujah!

Vom großen Abendmahle.

Lucä 14, v. 16. Es war ein Mensch, der machte ein großes Abendmahl und lud Viele dazu.

Mel. Es ist gewißlich an der Zeit.

670. Gott macht ein großes Abendmahl vom Reichthum seiner Gnaden und läßt in Christi Kirchensaal die Gäste freundlich laden. Kommt! ruft er, Alles ist bereit't! komt Alle, die ihr hungrig seyd und lasset euch erquicken.

2. So höre doch nun Jedermann, wer Ohren hat zu hören: Gott spricht die Sünder gnädig an, sie sollen sich bekehren. Und welcher wahre Buße thut, der soll durch Christi theures Blut Barmherzigkeit erlangen.

3. Ach Gott! wie ist's um uns bestellt? wie macht's der größte Haufen? Sie wollen lieber zu der Welt als zu dem Himmel laufen. Sie suchen schnödes Geld und Gut, sie lieben ihres Fleisches Muth und thun, was sie gelüstet.

4. Sie fahren in den Sünden fort und wollen nicht verstehen, daß sie ja einen Seelenmord an ihnen selbst begehen; veracht't man Gottes Abendmahl, so wird zuletzt der Höllen Qual zur Strafe drauf erfolgen.

5. Vor solchem Wesen hütet euch, ihr Gott-ergebnen Christen! und stellt euch dieser Welt nicht gleich, noch folget ihren Lüsten. Bedenket nur die Ewigkeit und sorget in der Gnadenzeit für euer Heil der Seelen.

6. Ach, lieber Gott! regiere mich, daß ich von Herzen gläube, im Glauben auch beständiglich bei deinen Worten bleibe, bis daß dereinst im Himmelssaal dein unaufhörlich Freudenmahl mich ewig wird ergötzen.

M. Erdmann Neumeister.

Der lebendige Gott.

Psalm 84, v. 3. Mein Leib und Seele freuen sich in dem lebendigen Gott.

Mel. Wachet auf! ruft uns die Stimme.

671. Gott, mein Gott, du bist lebendig und in Unsterblichkeit selbstständig, du ew'ge Quelle alles Lichts. Du, du kannst von nichts abhangen, dein Leben hat nie angefangen, und von Veränd'rung weiß es nichts. Was lebt, das lebt von dir, im Himmel und auch hier. Gott der Geister! du bist's allein, der Ruhm ist dein, du warst und bist und wirst auch seyn.

2. Du hast es dem Sohn gegeben, auch er hat in sich selbst das Leben, ward Fleisch und starb und lebet nun. Auch noch nach der Zeit des Falles belebt dein Geist des Lebens Alles, was leben will und in dir ruhn. Mein Gott, ach lasse mich jetzt und dann ewiglich in dir leben; so hat's nicht Noth auch selbst im Tod: du bist der Lebenden ihr Gott. M. Phil. Fried. Hiller.

Abendlied eines Communikanten.

Colosser 1, v. 12. Danksaget dem Vater, der uns tüchtig gemacht hat zu dem Erbtheil der Heiligen im Licht.

Mel. Freu' dich sehr, o meine Seele.

672. Gott, mein Herze Dank dir sendet, weil mit Wohlthun dieser Tag angefangen und vollendet, so daß ich mit Jäuchzen sag': Ich bin aller Sünden los, ruhe sanft in Jesu Schooß; ich bin Jesu Braut heut' worden, steh' in seinem Liebes-Orden.

2. Ich hab' nun das ew'ge Leben, weil mir ist im Brot und Wein Jesu Fleisch und Blut gegeben, ich bin Jesu, Jesus mein, sterb' des ew'gen Todes nicht, leb' und komm' nicht ins Gericht: Jesus selbst ins Grab mich decket und am jüngsten Tag erwecket.

3. Gott, der du zu meiner Freude mich bewirth't, gelabt, getröst't und aus Lieb' geschenket heute das, womit du mich erlös't, meines Jesu Leib und Blut machet ferner Alles gut, daß, mein Gott, mit Leib und Seele ich mich dir forthin befehle.

4. Jesu, du mein guter Hirte! mich dein Schäflein schließ' in dich, ferner es wie heut' bewirthe und gieb, daß es bess're sich: Herr, weil es durch dich gespeis't, gieb, daß es dich dankbar preist und daß es in deinen Wunden finde seine Ruhestunden.

5. Heil'ger Geist! hilf früh und spate, wie du mir geholfen heut', tröste mich mit That und Rathe in der letzten Lebenszeit, daß ich Christi Leib und Blut hab' genossen mir zu gut und hilf, daß ich dessen Stärke stets und auch im Tod vermerke!

6. Der Herr, der mich speis't zum Leben, segne und behüte mich: der Herr, der zur Speis' sich g'geben, der erleuchte mich durch sich: der Herr, der mich führt zur Speis', geb' mir Friede ihm zum Preis und erquick' an Seel' und Muthe mich mit Jesu Leib und Blute.

Aemilie Juliane,
Gräfinn zu Schwarzburg-Rudolstadt.

Gott, unser Vater.

Epheser 1, v. 5. 6. Er hat uns verordnet zur Kindschaft gegen ihn selbst, durch Jesum Christ, nach dem Wohlgefallen seines Willens, zu Lobe seiner herrlichen Gnade.

Mel. Schmücke dich, o liebe Seele.

673. Gott! mein Herz erfreut sich kindlich, und die Zunge dankt dir stündlich, daß ich dich darf Vater nennen, und in deinem Sohn dich kennen; der mich mit sich selbst vereinigt, mit dem Blut des Bund's mich reinigt, mit dem Geist der Kraft erfüllet, und den Zorn in Gnade stillet.

2. Als den Vater, der mich liebet, der mir Straf' und Schuld vergiebet, der nach seinem Wohlgefallen mich erhört auch in dem Lallen, der mich nur in Liebe schläget, der mich mit Verschonen träget, der mich reichlich speis't und kleidet und mit ernster Treue leitet;

3. Der mich warnet vor dem Bösen, der mich mächtig wird erlösen, der mich endlich nach dem Sterben läßt mit seinem

Sohne erben. Vater, ich bin zu geringe, dies sind lauter große Dinge; aber weil du Vater heißest, preis' ich was du mir erweisest.

M. Philipp Friedrich Hiller.

Ruhe und Trost in Gott.

1 Mose 15, v. 1. Fürchte dich nicht; ich bin dein Schild und dein sehr großer Lohn.

Mel. Meinen Jesum laß' ich nicht.

674. Gott mein Trost! wer fragt darnach, ob mich gleich die Welt betrübet, und viel tausend Ungemach mein verlass'nes Herz umgiebet? Gottes süße Tröstung macht, daß man auch auf Dornen lacht.

2. Gott mein Schild! wenn Alles bloß, deckt er mich in seiner Hütten; ja, ich ruh' in seinem Schooß, wenn die Feinde noch so wüthen, Gottes Schild ist stark genug wider allen Welt-Betrug.

3. Gott mein Fels! so steh' ich fest, wenn sich Wind und Sturm erregen. Mag der Adler doch sein Nest auf die höchsten Berge legen; wer des Schöpfers Huld vertraut, hat auf einen Fels gebaut.

4. Gott mein Lohn! wenn mir die Welt nur mit List und Lügen lohnet; wer sich an den Richter hält, der im Himmel droben wohnet, dessen Unschuld krönt die Zeit und stürzt aller Feinde Neid.

5. Gott mein Licht! so muß die Nacht sich in hellen Tag verwandeln: wenn Egypten Nebel macht, kann ich doch in Gosen *) wandeln, auch mein Grab wird lichte seyn durch das Licht von Gottes Schein.

*) die fruchtbarste Gegend in Egypten. 1 Mos. 45, v. 10. 11.

6. Gott mein Gott! das ist der Schluß: er ist mir, ich ihm ergeben: wenn ich auch gleich sterben muß, geh' ich doch zu Gott in's Leben. Welt, du raubst den Trost mir nicht; Gott, mein Schild, Fels, Lohn und Licht.

Benjamin Schmolck.

Neujahrslied.

2 Chronika 13, v. 10. Mit uns aber ist der Herr, unser Gott, den wir nicht verlassen.

Mel. Meinen Jesum laß' ich nicht.

675. Gott mit uns, Immanuel! öffne bei dem neuen Jahre deinen reichen Gnaden-Quell, daß man überall erfahre, wie du selbst das höchste Gut, welches Allen Gutes thut.

2. Segne uns an Seel' und Leib, o du Segen aller Segen! was betrübet, das vertreib', führ' uns stets auf solchen Wegen, da dein Fuß vom Segen träuft und dein Brunn stets überläuft.

3. Aus- und Eingang sey beglückt, Thun und Lassen laß gelingen; wenn uns nur dein Auge blickt, muß uns lauter Heil umringen; schau' uns nur in Gnaden an, so ist Alles wohlgethan.

4. Schließe deinen Himmel auf, laß auf Erden Friede grünen und bei schlimmer Zeiten Lauf Alles uns zum Besten dienen. Setze Beides, Stadt und Land, in vergnügten Ruhestand.

5. Zeichne mit des Bundes Blut dieses Jahr in deine Hände, halt' uns fest in deiner Hut, segne Anfang, Mittel, Ende; in dem neuerlebten Jahr sprich das Amen, so wird's wahr!

Benjamin Schmolck.

Das gnädige Rufen Gottes.

Jesaia 41, v. 4. Wer rufet alle Menschen nach einander von Anfang her? Ich bin's, der Herr, Beides der Erste und der Letzte.

Mel. Der Tag ist hin, mein Jesu rc.

676. Gott rufet noch; sollt' ich nicht endlich hören? wie laß' ich mich bezaubern und bethören? Die kurze Freud', die kurze Zeit vergeht, und meine Seel' noch so gefährlich steht.

2. Gott rufet noch; sollt' ich nicht endlich kommen? ich hab' so lang' die treue Stim' vernommen: ich wußt' es wohl, ich war nicht, wie ich sollt'; er winkte mir; ich habe nicht gewollt.

3. Gott rufet noch, ob ich mein Ohr verstopfet; er stehet noch an meiner Thür und klopfet. Er ist bereit, daß er mich noch empfang'; er wartet noch auf mich, wer weiß wie lang'.

4. Gott rufet noch; wie daß ich mich nicht gebe, ich fürcht' sein Joch und doch im Joch ich lebe; ich halte Gott und meine Seele auf: er ziehet mich, mein armes Herze, lauf'!

5. Gieb dich, mein Herz, gieb dich doch ganz gefangen; wo willst du Trost, wo willst du Ruh' erlangen? Laß los, laß los! brich alle Band' entzwei! dein Geist wird sonst in Ewigkeit nicht frei.

6. Gott locket noch; nun länger nicht verweilet! Gott will mich ganz, nun länger nicht getheilet! Fleisch, Welt, Vernunft, mach' immer was du willt! weil Gottes Stimme mehr als deine gilt.

7. Ich folge Gott! ich will ihn ganz vergnügen; die Gnade soll im Herzen endlich siegen, ich gebe mich, Gott soll hinfort allein und unbedingt mein Herr und Meister seyn.

8. Ach, nimm mich hin, du Langmuth ohne Maaße! ergreif' mich wohl, daß ich dich nie verlasse, Herr! rede nur, ich geb' begierig Acht; führ', wie du willst: ich bin in deiner Macht.

Gerhard Tersteegen.

Neujahrslied.

1 Mose 1, v. 14. Gott sprach: Es werden Lichter an der Veste des Himmels, die da scheiden Tag und Nacht, und geben Zeichen, Zeiten, Tage und Jahre.

Mel. Es ist das Heil uns kommen her.

677. Gott ruft der Sonn' und schafft den Mond, das Jahr darnach zu theilen. Er schafft es, daß man sicher wohnt und heißt die Zeiten eilen, er ordnet Jahre, Tag und Nacht. Auf! laßt uns ihm, dem Gott der Macht, Ruhm, Preis und Dank ertheilen!

2. Herr, der da ist, und der da war! von dankerfüllten Zungen sey dir für das verfloss'ne Jahr ein heilig Lied gesungen; für Leben, Wohlfahrt, Trost und Rath, für Fried' und Ruh', für jede That, die uns durch dich gelungen.

3. Laß auch dies Jahr gesegnet seyn, das du uns neu gegeben, verleih' uns Kraft, die Kraft ist dein, in deiner Furcht zu leben, du schützest uns, und du vermehrst der Menschen Glück, wenn sie zuerst nach deinem Reiche streben.

4. Gieb mir, wofern es dir gefällt, des Lebens Ruh' und Freuden, doch schadet mir das Glück der Welt, so gieb mir Kreuz und Leiden, nur stärke mit Geduld mein Herz und laß mich nicht in Noth und Schmerz die Glücklichern beneiden.

5. Hilf deinem Volke väterlich, in diesem Jahre wieder; erbarme der Verlass'nen dich, und der bedrängten Glieder. Gieb Glück zu jeder guten That und laß dich, Gott! mit Heil und Rath auf unsern Fürsten nieder;

6. Daß Weisheit und Gerechtigkeit auf seinem Stuhle throne, daß Tugend und Zufriedenheit in unserm Lande wohne; daß Treu' und Liebe bei uns sey: dies, liebster Vater! dies verleih' in Christo deinem Sohne.

Christian Fürchtegott Gellert.

In Kriegesnoth.

Offenbarung Joh. 3, v. 19. Welche ich lieb habe, die strafe und züchtige ich. So sey nun fleißig und thue Buße.

Mel. Wer nur den lieben Gott läßt walten.

678. Gott schlägt uns, daß wir's fühlen sollen, die Trübsal ist ein Schlag an's Herz, und wenn wir noch nicht kommen wollen, so folgt ein neuer Schlag und Schmerz; Gott schlägt so lange bis man's hört, bis sich sein Volk zu ihm bekehrt.

2. Die Schläge sind von guten Händen: es ist die Hand, die liebt und schlägt; wir sollen uns nur zu ihr wenden, so hat sich bald der Zorn gelegt; o Mensch! verlaß den Sündensteg, so wirft auch Gott die Ruthe weg.

3. Die Trübsal ist ein Zaun von Dornen; wir sollen Gott ja nicht entfliehn. Er weiß zur Buße anzuspornen, er will durch Trübsal zu sich ziehn; sie fordert zur Bekehrung auf und hemmt den frechen Sündenlauf.

4. Die Leiden sind auch Liebespfeile, Gott legt sie unserm Herzen an, daß er zugleich den Rath ertheile: o Sünder, flieh' die Sünderbahn! Ich will dich liebreich zu mir ziehn, du sollst nur kommen und nicht fliehn.

5. Die Noth macht auch ein Stillestehen in dem verkehrten Sündenlauf, wir denken nach im Irregehen und hören wohl zu irren auf, das Herz denkt: ach, was mach' ich doch? ich sündige, Gott trägt mich noch.

6. Das ist der Anfang unsrer Buße, da ist der erste Zweck erreicht; wir fallen zitternd Gott zu Fuße, der durch die Noth das Herz erweicht, das nun auf sein Wort besser merkt und sich dadurch zur Buße stärkt.

7. So hat die Gnade schon gewonnen, sich einen Weg an's Herz gemacht; die Thränen sind nun schon zerronnen, die unsre Noth hervorgebracht. Wir weinen über unsre Schuld; Gott siehet sie und hat Geduld.

8. Er, er ergreift uns bei den Händen und wirkt durch's Wort ein neues Herz und giebt die Kraft, uns umzuwenden, sein Geist zieht uns nun himmelwärts. Er zündet an des Glaubens Licht, der Glaube ruft: ich lass' dich nicht.

9. So ist die Trübsal eine Gnade, so wird sie uns ein Liebesseil; denn es wird unser Sündenschade theils aufgedeckt, theils

wieder heil. Gott hat die Absicht nun erreicht, er schlägt nicht mehr, die Trübsal weicht.

10. Muß aber Gott hingegen klagen: das Volk bekehrt sich nicht zu mir; so hört er auch nicht auf zu schlagen, er klopft an unsre Herzens-Thür. Er giebt sich wieder neue Müh', daß er uns endlich zu sich zieh'.

11. Nun Sünder, seht die Noth im Lande! seht Noth und Armuth in der Stadt! Seht, wie in jedem Ort und Stande der Krieg verheert, verwüstet hat. Seht diese Frucht der Sünden an! seht, wie Gott Sünder strafen kann.

12. Fall', armes Land, fall' Gott zu Fuße, fall' in die ausgestreckte Hand! bekehre dich und thue Buße! die Sünd' ist eine Scheidewand, die Gott und uns so lange trennt, bis man sie läßt, bereut, bekennt.

13. Geschlag'nes Land! ach kehre wieder und sprich: Herr geh' nicht in's Gericht! Komm, sing' mit Thränen deine Lieder; Gott ruft dir zu: „Mein Herze bricht! Ich geb' dir wieder Fried' und Ruh', die Buße nöthigt mich dazu."

Adventslied.

Psalm 33, v. 4. Des Herrn Wort ist wahrhaftig, und was er zusaget, das halt er gewiß.

Mel. Nun komm' der Heiden Heiland.

679. Gott sey Dank durch alle Welt, der sein Wort beständig hält und der Sünder Trost und Rath zu uns hergesendet hat.

2. Was der alten Väter Schaar höchster Wunsch und Sehnen war und was sie geprophezeiht, ist erfüllt nach Herrlichkeit.

3. Zions Hülf' und Abrah'ms Lohn, Jakobs Heil, der Jungfrau'n Sohn, der wohl zweigestammte *) Held hat sich treulich eingestellt.

*) Matth. 1. Luc. 3.

4. Sey willkommen, o mein Heil! Hosianna, o mein Theil! richte du auch eine Bahn dir in meinem Herzen an.

5. Zieh', du Ehrenkönig! ein, es gehöret dir allein; mach' es, wie du gerne thust, rein von allem Sündenwust.

6. Und gleich wie dein' Zukunft war voller Sanftmuth, ohn' Gefahr; also sey auch jederzeit deine Sanftmuth mir bereit.

7. Tröste, tröste meinen Sinn, weil ich schwach und blöde bin und des Satans schlaue List sich so hoch an mir vermißt.

8. Tritt der Schlange Kopf entzwei, daß ich, aller Aengsten frei, dir im Glauben um und an selig bleibe zugethan;

9. Daß, wenn du, o Lebensfürst! prächtig wieder kommen wirst, ich dir mög' entgegen gehn und vor dir gerecht bestehn.

Heinrich Held.

Abendmahlslied.

Psalm 111, v. 4. Er hat ein Gedächtniß gestiftet seiner Wunder, der gnädige und barmherzige Herr.

In eigener Melodie.

680. Gott sey gelobet und gebenedeiet, der uns selber hat gespeiset mit seinem Fleische und mit seinem Blute; das gieb uns, Herr Gott, zu Gute! Kyrie, eleison! Herr, durch deinen heiligen Leichnam, der von deiner Mutter Maria kam, und das heilige Blut, hilf uns, Herr, aus aller Noth. Kyrie, eleison!

2. Der heil'ge Leichnam ist für uns gegeben zum Tod, daß wir dadurch leben. Nicht größre Güte konnte er uns schenken, dabei wir sein soll'n gedenken. Kyrie, eleison! Herr, dein' Lieb' so groß dich gezwungen hat, daß dies Blut an uns groß' Wunder that, und bezahlt unsre Schuld, daß uns Gott ist worden hold. Kyrie, eleison!

3. Gott geb' uns Allen seinen Gnadensegen, daß wir gehn auf seinen Wegen in rechter Lieb' und brüderlicher Treue, daß uns die Speis' nicht gereue. Kyrie, eleison! Herr, dein'n heil'gen Geist uns immer laß, der uns geb' zu halten rechte Maaß', daß dein' arme Christenheit leb' in Fried' und Einigkeit. Kyrie, eleison!

Ein altes Lied, durch D. Mart. Luther verbessert.

Morgenlied eines Communikanten.

Johannis 6, v. 35. Ich bin das Brot des Lebens. Wer zu mir kommt, den wird nicht hungern; und wer an mich glaubet, den wird nimmermehr dürsten.

Mel. Freu' dich sehr, o meine Seele.

681. Gott sey Lob! der Tag ist kommen, da ich Jesu werd' vertraut, da ich aller Schuld entnommen werd' in Gottes Huld geschaut. Gott sey Lob, daß mir bereit't ist des Lammes Hochzeit heut', da mir Gott zum ew'gen Leben Jesum will zu eigen geben.

2. Gott! ich komm' bei frühem Morgen zu dir als dein liebes Kind, leg' in deine Vater-Sorgen mich mit Leib und Seel' geschwind: Abba, Vater! sorg' für mich,

daß ich ja heut' würdiglich als dein Gast bei dir erscheine und mit Jesu mich vereine.

3. Christe, du Lamm Gottes! höre, weil du trägest meine Sünd', als mein Schatz und Hirt, bekehre deine Braut, dein Schaaf' mich find'; deiner Güte ich vertrau', führe mich auf grüner Au', und speis' mich mir stets zu Gute heut' mit deinem Leib und Blute.

4. Heil'ger Geist! den ich umfasse, bleibe heut' und stets bei mir, mich mit Beistand nicht verlasse, sondern hilf, daß selig hier, mir zu Nutze, Gott zum Preis, ich genieß' die Himmels-Speis', daß ich dadurch christlich lebe, freudig meinen Geist aufgebe.

5. Nun, ich lieg' dir, Gott! zu Füßen, Gottes Liebe schmücke mich: meines Jesu Blutvergießen mache würdig mich durch sich! hilf mir drauf, du Vater-Herz! hilf mir, Jesu Tod und Schmerz! hilf mir, Tröster, heut' auf Erden, daß ich möge selig werden.

Aemilie Juliane, Gräfinn zu Schwarzburg-Rudolstadt.

Der Kirchensegen.

Psalm 67, v. 1—8. Es segne uns Gott, unser Gott; es segne uns Gott, und alle Welt fürchte ihn.

Mel. Meine Seel' erhebt den Herren.

682. Gott sey uns gnädig und barmherzig und geb' uns seinen göttlichen Segen.

2. Er lasse uns sein Antlitz leuchten, daß wir auf Erden erkennen seine Wege.

3. Es segne uns Gott, unser Gott; es segne uns Gott und geb' uns seinen Frieden.

4. Lob und Preis sey Gott dem Vater, und dem Sohn', und dem heiligen Geiste;

5. Wie es war im Anfang, jetzt und immerdar, und von Ewigkeit zu Ewigkeit. Amen! Ein altes Lied der Böhmischen Brüder.

Von Gottes gnädiger Fürsorge.

Psalm 40, v. 18. Ich bin arm und elend; der Herr aber sorget für mich.

Mel. Wer nur den lieben Gott läßt walten.

683. Gott sorgt für mich: was will ich sorgen? er ist ja Vater, ich sein Kind. Er sorgt für heut', er sorgt für morgen; denn allenthalben Spuren sind, wie Gott die Seinen väterlich all'zeit versorgt. Gott sorgt für mich.

2. Gott sorgt für mich, ich will ihm trauen, ich weiß: das, was mir nur gebricht, das kommt von seinen Himmels-Auen, und wenn er nur ein Wörtchen spricht, so bin ich jetzt und ewiglich gar wohl versorgt. Gott sorgt für mich.

3. Gott sorgt für mich an Leib und Seele, sein Manna ist die Seelenspeis'; dem Leib giebt er Korn, Most und Oele, doch nur bei sanrem Arbeitsschweiß. Wohl dem! der ihm nur sicherlich vertraut und glaubt: Gott sorgt für mich.

4. Gott sorgt für mich bei theuren Zeiten; auch in der größten Hungersnoth verschafft der Herr den frommen Leuten zum Unterhalt ihr Bischen Brot; ist's gleich nicht viel, sie trösten sich, und glauben fest: Gott sorgt für mich.

5. Gott sorgt für mich und für die Meinen, die mein an Blut und Glauben seyn; er läßt uns seinen Trost erscheinen und tränket uns mit Freudenwein, wenn's mir und ihnen kümmerlich allhier ergeht. Gott sorgt für mich.

6. Gott sorgt für mich in meinen Leiden: Das Kreuz, das er mir auferlegt, verwandelt sich gar bald in Freuden; und wenn Gott gleich die Seinen schlägt, so schlägt er doch nur väterlich zu unserm Wohl. Gott sorgt für mich.

7. Gott sorgt für mich in meinem Alter, da hebt und trägt mich seine Hand, und er verbleibet mein Erhalter, der mir, was noth war, stets gesandt aus seinem Vorrath mildiglich. Drum bin ich froh: Gott sorgt für mich.

8. Gott sorgt für mich auch in dem Sterben. Der Tod ist mir ein süßer Schlaf, Er macht mich da zum Himmelserben und stellet mich als Christi Schaaf, das ihm hier folgt', dort seliglich zur rechten Hand. Gott sorgt für mich.

9. Gott sorgt für mich im kühlen Grabe, dem Leib' gönnt er doch seine Ruh'; und wenn ich ausgeschlafen habe, so führt er mich dem Himmel zu, wo Seel' und Leib auf ewig sich vereinigen. Gott sorgt für mich. Benjamin Schmolck.

Die gläubige Seele fraget Gott um Rath.

Psalm 22, v. 27. Die nach dem Herrn fragen, werden ihn preisen; euer Herz soll ewiglich leben.

Mel. Von Gott will ich nicht lassen.

684. Gott über alle Götter, du Hüter Israel! mein Hort und mein Erretter, dem ich mich anbefehl', der Alles,

was ich thu', von oben muß regieren, zum guten Ende führen und sprechen Ja dazu.

2. Herr! deiner Heere Schaaren, Rath, Kraft und starker Held, der schon vor langen Jahren regieret hat die Welt, der aller Menschen Sinn in einem Nu kann lenken, und neigen, was sie denken, zu seinem Willen hin.

3. Was ich mir vorgenommen, ist dir nicht unbekannt: was mir in Sinn ist kommen, beruht in deiner Hand; drum bring' ich's dir nur für, du sitzst im Regimente, sey doch nun mein Regente, der Fortgang kommt von dir.

4. Ach, prüfe meine Sachen, erforsche du mein Herz, laß mich nichts thun und machen, was mir bereitet Schmerz. Was dir zuwider ist, das will ich gerne hassen und willig fahren lassen, weil du mein Vater bist.

5. Mein Sinn hat sich geneiget zu dem, was dir bewußt, was mir mein Anschlag zeiget, dazu hätt' ich wohl Lust. Wie sieht's dein Angesicht? was willst du mir nun rathen bei diesen meinen Thaten? thu' ich es oder nicht?

6. Nach dir will ich mich schicken mit Freuden, lieber Gott! du kannst mich schon erquicken, bist bei mir in der Noth. Was du willst, will auch ich, wo nicht, will ich nicht wollen, ich mach' es, wie wir sollen und halte mich an dich.

7. Thu' kund mir deinen Willen, Herr! zeige deinen Rath, mein Herz ist nicht zu stillen, wenn's keinen Führer hat. Wie eine wilde Fluth durchbricht an allen Enden, so pflegt es sich zu wenden, denkt: Alles sey ihm gut.

8. Ich habe dir ergeben, was ich nur kann und bin, mein'n Leib, mein' Seel', mein Leben, ach, nimm mich selber hin. Du kannst und willt ja auch dein liebes Kind versorgen den Abend wie den Morgen nach Vaters Art und Brauch.

9. Soll ich dich Vater nennen und sagen, daß du's bist, so gieb mir zu erkennen daß du mein nicht vergißt. Nimm meiner Sach' dich an, ach Abba! komm und eile, du brauchest keine Weile; sprichst du, so ist's gethan.

10. Wie fröhlich will ich singen, mein Gott! zu deiner Ehr', wenn mir nur wird gelingen, was ich von dir begehr'. Es soll sich all mein Blut in meinen Adern freuen, Herz', Zung' und Mund soll schreien: der Herr macht Alles gut.

11. Ja, ja, du wirst's wohl machen, mein Glaube sagt es mir; gerathen meine Sachen, wem dank' ich's denn, als dir? Dir, dir gebührt der Ruhm, dich Wunder-Gott dort oben, dich soll und muß man loben, mein Schatz und Eigenthum!

12. Ich mag nichts weiter sagen, wo kann ich sonst hingehn? dich soll um Rath ich fragen; das ist von mir geschehn. Nun, Vater! es ist Zeit: komm, lenke meine Sinnen, regiere dies Beginnen; dein Kind hält sich bereit. D. Joachim Weickhmann.

Von der menschlichen Hinfälligkeit.

Psalm 90, v. 2. rc. Herr Gott, du bist unsere Zuflucht für und für. Ehe denn die Berge worden und die Erde und die Welt geschaffen wurden, bist du, Gott, von Ewigkeit zu Ewigkeit.

Mel. Herr Jesu Christ, ich weiß gar wohl.

685. Gott, unsre Zuflucht für und für! eh' denn die Berge stunden, eh' noch die Welt mit aller Zier den Anfang hat gefunden, so bist du, Gott! von Ewigkeit, und wirst auch über alle Zeit in Ewigkeit verbleiben.

2. Du heiß'st die Menschen sterben gehn, denn sie sind alle Sünder, und rufest wenn sie auferstehn: kommt wieder Menschenkinder! Ja tausend Jahre kommen dir als wie ein Tag von gestern für und wie die Nacht vergangen.

3. Wir fahren, wie ein Strom, dahin und wie ein Traum verschwindet; wie man das Gras sieht heute blüh'n und morgen nicht mehr findet, so welken wir und fallen ab, der Tod wirft uns verdorrt in's Grab, sobald der Abend kommen.

4. Dein Zorn macht, daß wir so vergehn, dein Grimm macht uns zunichte, denn unsre Missethaten stehn vor deinem Angesichte: drum fahren unsre Tage hin, dein Zorn heißt unsre Jahre flieh'n, gleichwie ein bloß Geschwätze.

5. Wenn unser Leben siebzig Jahr, auch endlich achtzig währet, so ist's, wenn es am besten war, mit Müh' und Angst beschweret; es fährt dahin, als flögen wir, wer aber fürchtet sich vor dir? Wer glaubt es, daß du zürnest?

6. Herr! lehr' uns denken an den Tod, weil wir doch sterben müssen und gieb uns Klugheit in der Noth, eh' wir die Augen schließen; erfüll' den Armen ihr Begehr und

kehr' doch wieder zu uns her, sey deinen Knechten gnädig.

7. Erfüll' uns früh mit deiner Gnad', so wollen wir dich preisen und lebenslang für solche That dir Dank und Ruhm beweisen, erfreu' uns wieder nach der Noth und plag' uns nicht bis in den Tod, weil wir so lange leiden.

8. Herr! zeige deinen Knechten hier die Werke deiner Güte: so opfern unsre Kinder dir ein dankbares Gemüthe; Herr, unser Gott! wir bitten dich: sey freundlich, fördre gnädiglich die Werke unsrer Hände!

Benjamin Schmolck.

Das schönste und beste Erbtheil.

Psalm 16, v. 6. Das Loos ist mir gefallen aufs Liebliche, mir ist ein schön Erbtheil geworden.

Mel. Wer nur den lieben Gott läßt walten.

686. Gott Vater! deine Liebesflammen entzünden den vergnügten Geist und fügen mich und dich zusammen, daß diesen Bund kein Fall zerreißt; so trifft der Liebe Sehnsucht ein: du wirst mein ewig Erb-Gut seyn.

2. Gott Sohn! du bist für mich gestorben, du lebst und herrschest auch für mich; mir, mir hast du das Heil erworben, du liebest mich, ich liebe dich; so trifft der Glaube selig ein: du wirst mein ewig Erb-Gut seyn.

3. Gott heil'ger Geist! Licht, Trost und Leben und was die Seele sonst erfreut, ist Alles mir von dir gegeben, du leitest mich zur Seligkeit. So trifft die Hoffnung fröhlich ein: du wirst mein ewig Erb-Gut seyn.

M. Erdmann Neumeister.

Von der heiligen Dreieinigkeit.

Colosser 1, v. 26. Das Geheimniß, das verborgen gewesen ist von der Welt her und von den Zeiten her, ist nun geoffenbaret seinen Heiligen.

Mel. Herr Gott, dich loben alle wir.

687. Gott Vater! der du deinen Sohn, dein Ebenbild und Ehrenkron', aus deinem Wesen vor der Zeit gezeugt in gleicher Herrlichkeit,

2. Du hast dies allerliebste Pfand zu uns in diese Welt gesandt, wie du den Geist, den edlen Gast, in unser Herz gegeben hast.

3. Du bist mit Beiden, der die Welt aus Nichts erschaffen und erhält; dein offnes Aug' und starke Hand versorgt und schützt das ganze Land.

4. Wir, deine Kinder, danken dir mit Mund und Herzen stets dafür und bitten dich: verleih' auch Gnad', daß wir's erkennen in der That.

5. Gott Sohn und Herrscher, Jesus Christ! der du das Licht vom Lichte bist, dem Vater gleich, das höchste Gut, und unser Aller Fleisch und Blut,

6. Du kamst als Lehrer her von Gott und gingst als Priester in den Tod; als König ist dir Niemand gleich im Gnaden-, Macht- und Ehren-Reich.

7. Du hast die schwere Sündenschuld bezahlt und uns des Vaters Huld erworben durch des Kreuzes Pein, durch Sterben und Gehorsamseyn.

8. Das wissen wir und zweifeln nicht, wir nehmen's an mit Zuversicht, und wollen nun mit allem Fleiß dir dankbar seyn zu deinem Preis.

9. Gott heil'ger Geist, du wahrer Gott! du höchster Trost in aller Noth, du Lebensstrom und ew'ges Licht, dem nichts an Ehr' und Trost gebricht,

10. Du gehst vom Sohn und Vater aus, du hast die Welt, das große Haus, gebaut; du theilst nach deiner Güt' uns Allen Geist und Leben mit.

11. Was Gutes unter uns geschicht im Predigt-Amt und im Gericht, im Haus und Hof, in Stadt und Land, das kommt aus deiner Gnadenhand.

12. Gieb uns im Glauben Freudigkeit, zum Beten mach' uns stets bereit, im Leben führ' und leite du, im Kreuz und Tod gieb Trost und Ruh'.

Balthasar Kindermann.

Bei der Taufe eines Kindes.

Marci 10, v. 13. 16. Und sie brachten Kindlein zu ihm, daß er sie anrührete. Und er herzete sie, und legte die Hände auf sie und segnete sie.

Mel. In dich hab' ich gehoffet, Herr.

688. Gott Vater! höre unsre Bitt', theil' diesem Kind' den Segen mit, erzeig' ihm deine Gnade. Es sey dein Kind, nimm weg sein' Sünd', daß ihm dieselb' nicht schade.

2. Herr Christe nimm es gnädig auf! durch dieses Bad der heil'gen Tauf' zu deinem Glied' und Erben, damit es dein mög' all'zeit seyn, im Leben und im Sterben.

3. Und du, o allerwerth'ster Geist! sammt Vater und dem Sohn gepreis't, wollst gleichfalls zu uns kommen, damit jetzund in deinen Bund es werde aufgenommen.

4. O heilige Dreieinigkeit! dir sey Lob, Ehr' und Dank bereit't für diese große Güte. Gieb, daß dafür wir dienen dir, vor Sünden uns behüte!

Pfingst-

Pfingstlied.

Psalm 51, v. 12. Gieb mir einen neuen gewissen Geist.

Mel. Kommt her zu mir! spricht Gottes Sohn.

689. Gott Vater! sende deinen Geist, den uns dein Sohn erbitten heißt, aus deines Himmels Höhen: wir bitten, wie er uns gelehrt, laß uns doch ja nicht unerhört von deinem Throne gehen.

2. Kein Menschenkind hier auf der Erd' ist dieser edlen Gabe werth, bei uns ist kein Verdienen. Hier gilt gar nichts als Lieb' und Gnad', die Christus uns verdienet hat mit Büßen und Versühnen.

3. Es jammert deinen Vatersinn der große Jammer, da wir hin durch Adams Fall gefallen: durch dieses Fallen ist die Macht des bösen Geistes, leider! bracht auf ihn und auf uns Allen.

4. Wir halten, Herr, an unserm Heil und sind gewiß, daß wir dein Theil in Christo ewig bleiben, die wir durch seinen Tod und Blut des Himmels Erb' und höchstes Gut zu haben treulich gläuben.

5. Und das ist auch dein Gnadenwerk, und deines heil'gen Geistes Stärk'; in uns ist kein Vermögen. Wie bald würd' unser Glaub' und Treu', Herr, wo du uns nicht ständest bei, sich in die Asche legen.

6. Dein Geist hält unsers Glaubens Licht, wenn alle Welt dawider ficht mit Sturm und vielen Waffen; und wenn auch gleich der Fürst der Welt selbst wider uns sich legt ins Feld, so kann er doch nichts schaffen.

7. Wo Gottes Geist ist, da ist Sieg, wo dieser hilft, da wird der Krieg gewißlich wohl ablaufen. Was ist doch Satans Reich und Stand? wenn Gottes Geist erhebt die Hand, fällt Alles über'n Haufen.

8. Er reißt der Höllen Band entzwei, er tröst't und macht das Herze frei von Allem, was uns kränket: wenn uns das Unglückswetter schreckt, so ist er's, der uns schützt und deckt, viel besser, als man denket.

9. Er macht das bittre Kreuze süß, ist unser Licht in Finsterniß, führt uns als seine Schaafe, hält über uns sein Schild und Macht, daß seine Heerd' in tiefer Nacht mit Ruh' und Frieden schlafe.

10. Der Geist, den Gott vom Himmel giebt, der leitet Alles, was ihn liebt, auf wohlgebahnten Wegen. Er setzt und richtet unsern Fuß, daß er nicht anders treten muß, als wo man findet Segen.

11. Er macht geschickt und rüstet aus die Diener, die des Herren Haus in diesem Leben bauen: er ziert ihr Herz, Muth und Verstand, läßt ihnen, was uns unbekannt, zu unserm Besten schauen.

12. Er öffnet unsers Herzens Thor, wenn sie sein Wort in unser Ohr als edlen Saamen streuen. Er giebet Kraft demselben Wort, und wenn es fället, bringt er's fort und läßt es wohl gedeihen.

13. Er lehret uns die Furcht des Herrn, liebt Reinigkeit und wohnet gern in frommen, keuschen Seelen: was niedrig ist, was Tugend ehrt, was Buße thut und sich bekehrt das pflegt er zu erwählen.

14. Er ist und bleibet stets getreu und steht uns auch im Tode bei, wenn alle Ding' abstehen; er lindert unsre letzte Qual, läßt uns hindurch in's Himmels Saal getrost und fröhlich gehen.

15. O selig, wer in dieser Welt läßt diesem Gaste Haus und Zelt in seiner Seel' aufschlagen: wer ihn aufnimmt in dieser Zeit, den wird er dort zur ew'gen Freud' in Gottes Hütte tragen.

16. Nun, Herr und Vater aller Güt'! hör' unsern Wunsch, gieß' in's Gemüth uns Allen diese Gabe. Gieb deinen Geist, der uns allhier regier' und dorten für und für im ew'gen Leben labe. Paul Gerhardt.

In allgemeiner Noth.

Psalm 102, v. 3. Verbirg dein Antlitz nicht vor mir in der Noth; neige deine Ohren zu mir; wenn ich dich anrufe, so erhöre mich bald.

Mel. O Gott, du frommer Gott.

690. Gott Vater, Sohn und Geist! voll Weisheit, Güt' und Stärke! erhöre unsre Bitt', erhöre, Herr! und merke, sieh' an all' unsre Noth und hilf uns gnädiglich; erbarme dich, o Herr! o Herr, erbarme dich!

2. Wir sämmtlich bitten dich, du wollest unsrer schonen und nicht nach unserm Thun, nicht nach Verdienst uns lohnen; gieb, daß durch deine Macht die Seele und der Leib, auch Ehre, Hab' und Gut uns ohne Schaden bleib'.

3. O Vater! hilf uns doch, wir bitten dich von Herzen, durch deines Sohns Geburt, Blutschweiß, Kreuz, Tod und Schmerzen, auch durch sein Aufersteh'n, und seinen Himmelgang, hilf uns, Herr unser Gott! all unser Lebenlang.

4. Beschütze deine Kirch', und weil sie stets muß kämpfen, so hilf der Feinde Macht und arge List auch dämpfen; erhalte bis an's End', o Herr, an unserm Ort auch deinen Gottesdienst, das Nachtmahl, Tauf' und Wort.

5. Gieb allgemeinen Fried', auf daß die Kirch' auf Erden und unser Vaterland erquicket möge werden; behüte uns vor Pest, auch Wassersnoth und Brand; gieb heilsam Regiment, gieb Glück zu allem Stand.

6. Errett' uns All' aus Noth, die wir darinnen stecken; ach! wende gnädig ab Furcht, Elend, Angst und Schrecken, sey unser Schutz und Rath, Gott! brich das Joch entzwei und mache endlich uns von Plag' und Drangsal frei.

7. O Jesu, Gottes Sohn! in Gnaden uns erhöre; o Jesu Christe! hilf zu deines Namens Ehre; o Jesu, Gottes Lamm! du Heil der Christenheit, erbarme dich! gieb Fried' und Glück zu aller Zeit.

8. Gott Vater, Sohn und Geist! voll Weisheit, Güt' und Stärke! erhöre unsre Bitt', erhöre, Gott! und merke, sieh' an all' unsre Noth und hilf uns gnädiglich; erbarme dich, o Herr! o Herr, erbarme dich!

Von der heiligen Taufe.

Epheser 5, v. 25. 26. Christus hat geliebet die Gemeine und sich selbst für sie gegeben, auf daß er sie heiligte, und hat sie gereiniget durch das Wasserbad im Wort.

Mel. Allein Gott in der Höh' sey Ehr'.

691. Gott Vater, Sohn und heil'ger Geist, du Gott von großer Güte! sey jetzt und immerdar gepreis't mit dankbarem Gemüthe, daß du, aus unverdienter Gnad', mich durch das heil'ge Wasserbad von Sünden abgewaschen.

2. Herr! ich bekenne, daß ich bin gezeugt aus Sündensaamen, ein Kind des Zorns, das immerhin entheiligt deinen Namen; ich weiß, daß von Natur ich leb' ohn' deine Furcht und widerstreb', Gott! deinem Wort und Willen.

3. Du aber hast, o Vater, mich, da ich war ganz verloren, zu dir gezogen gnädiglich und wieder neu geboren durch's Wasserbad der heil'gen Tauf, daß ich in meinem Lebenslauf mich deiner Lieb' kann trösten.

4. Herr Jesu Christ! dein theures Blut wäscht mich von meinen Sünden; kraft dessen macht die Wasserfluth denselben Fluch verschwinden, den ich hab' von Natur verschuld't und setzet mich in's Vaters Huld, die Adam hat verscherzet.

5. O heil'ger Geist! ich danke dir für diese edle Gabe, daß ich nun innerlich in mir, dein kräftig Zeugniß habe, dadurch ich meinen Schöpfer kann getrost und freudig rufen an: o Abba, lieber Vater!

6. Weil in der Tauf' auch Jesus Christ von mir ist angezogen, so hilf, daß durch des Satans List ich nimmer werd' betrogen; denn die nun Gottes Tempel seynd, die bleiben vor dem bösen Feind in deiner Gnade sicher.

7. O Herr! an diese Würdigkeit, die du mir wollen schenken, laß mich jetzund und allezeit in meiner Noth gedenken. Denn ich dadurch ein Herze fass' und immer mich darauf verlass', daß du mir Hülf' versprochen.

8. Ich hab' auch bei dem Wasserbad mich dir zum Dienst verbunden; drum gieb, daß keine Sündenthat in mir werd' herrschend funden. Gieb, daß für deine Güt' und Treu' ich den Gehorsam stets erneu', den ich da angelobet.

9. Und so ich was aus Schwachheit thu', das woll'st du mir verzeihen, und mir es ja nicht rechnen zu, die Gnade auch verleihen, daß ich in dir beständig bleib', bis du die Seele von dem Leib zu dir hinauf wirst nehmen. D. Justus Gesenius.

Von der göttlichen Vorsehung und Regierung.

Hosea 14, v. 10. Die Wege des Herrn sind richtig, und die Gerechten wandeln darinnen.

Mel. Wer nur den lieben Gott läßt walten.

692. Gott weiß die allerbesten Wege, darauf er mich zum Himmel führt, er giebet mir oft harte Schläge, dabei mein Herz doch dieses spürt, es sey, wenn's auch am härtsten scheint, zu meiner Seligkeit gemeint.

2. Drum will ich seine Ruthe küssen, womit er mich gezüchtigt hat; denn er läßt mich zum Troste wissen, er schaffe dadurch Hülf' und Rath; wenn schon die Strafe harte scheint, so hat er's dennoch gut gemeint.

3. Gott, der verletzt, kann mich verbinden, es heilt die Hand, die mich verwund't, er läßt mich seine Gnade finden, er macht sich mir als Vater kund, der, ob die Strafe harte scheint, es dennoch mit mir herzlich meint.

4. Ich will dir, o mein Gott! vertrauen in aller Trübsal, Angst und Pein; du lässest

mich Errettung schauen und willst mein Arzt und Helfer seyn, der, so die Strafe harte scheint, es all'zeit gut und selig meint.

Vom Worte Gottes.

Apost. Geschichte 10, v. 43. Von diesem Jesu zeugen alle Propheten, daß durch seinen Namen Alle, die an ihn glauben, Vergebung der Sünden empfangen sollen.

Mel. Nun bitten wir den heiligen Geist.

693. Gott! wie dein Name, so ist dein Ruhm; und deines Worts Evangelium, welches du aus Gnaden uns hast gegeben, lehrt uns dich kennen zum ew'gen Leben, durch Jesum Christ.

2. Hört ih'rs, ihr Wächter auf Zions Thor! ruft, daß es schallet in Aller Ohr: Christus ist die Ursach von allen Dingen, Christus alleine kann wiederbringen das, was verlor'n.

3. In uns'rer Bibel ist um und um Christus der Lehre Hauptpunkt und Summ', in der alt- und neuen. Geist Jesu! drücke diese darinnen verfaßte Stücke in Aller Herz:

4. Daß unsre Lehre nur: Christus sey; daß Gott nur Gnade in ihm verleih'; daß er unser Heilsgrund, und allem Saamen Gott nur in ihm und in seinem Namen zu pred'gen sey;

5. Daß außer Christo kein Gnadenwort: von ihm fing's an und in ihm geht's fort; daß sein Blut die Sünde allein versühnet, und des G'setzes Werke nichts verdienet zur Seligkeit.

6. Wie das der Gnade ihr rechter Gang, daß man Erkenntniß der Sünd' empfang' aus dem Tode Jesu: das ist's Geheimniß, wovon man nun ohne Zeitversäumniß recht reden soll.

7. Und wer es höret, der merke drauf, und denke an den kostbaren Kauf, da durch einen Menschen die Seelen alle wurden erlöset vom Sündenfalle durch seinen Tod.

Christian Gregor v. 1.
Nicol. Ludwig v. Zinzendorf v. 2—7.

Ergebung in Gottes Willen.

Jesaia 30, v. 15. Wenn ihr stille bliebet, so würde euch geholfen; durch Stillesehn und Hoffen würdet ihr stark seyn.

In eigener Melodie.

694. Gott will's machen, daß die Sachen gehen, wie es heilsam ist. Laß die Wellen sich verstellen; wenn du nur bei Jesu bist.

2. Wer sich kränket, daß er denket, Jesus liege in dem Schlaf, wird mit Klagen nur sich plagen, da der Unglaub' leidet Straf'.

3. Du Verächter! Gott, dein Wächter, schläfet ja noch schlummert nicht: zu den Höhen aufzusehen, wäre deine Glaubens-Pflicht.

4. Im Verweilen und im Eilen bleibt er stets ein Vater-Herz! Laß dein Weinen bitter scheinen; dein Schmerz ist ihm auch ein Schmerz.

5. Glaub' nur feste, daß das Beste über dich beschlossen sey; wenn dein Wille nur ist stille, wirst du von dem Kummer frei.

6. Nimmer klage, niemals zage wenn der Herr dir Leiden giebt; der sie sendet, auch sie wendet, er hat nie ohn' Frucht betrübt.

7. Willst du wanken in Gedanken, fass' dich in Gelassenheit. Laß den sorgen, der auch morgen Herr ist über Leid und Freud'.

8. Gottes Hände sind ohn' Ende, sein Vermögen hat kein Ziel. Ist's beschwerlich, scheint's gefährlich, deinem Gott ist nichts zu viel.

9. Seine Wunder sind der Zunder, da der Glaube Funken fängt. Alle Thaten sind gerathen jedesmal, wie er's verhängt.

10. Wenn die Stunden sich gefunden, bricht die Hülf' mit Macht herein; und dein Grämen zu beschämen, wird es unversehens seyn.

11. Eignen Willen zu erfüllen, leidet sich's noch ziemlich wohl, da ist Plage, Noth und Klage, wo man leiden muß und soll.

12. Drum wohl denen, die sich sehnen nach der stillen Willens-Ruh'! auf das Wollen fällt dem Sollen die Vollbringungskraft bald zu.

13. Mehr zu preisen sind die Weisen, die schon in der Uebung stehn, die das Leiden und die Freuden nur mit Hiobs Aug' anseh'n.

14. Nun so trage deine Plage fein getrost und mit Geduld: wer das Leiden will vermeiden, häufet seine Sündenschuld.

15. Die da weichen und das Zeichen ihres Bräutigams verschmäh'n, müssen laufen zu den Haufen, die zur linken Seite stehn.

16. Aber denen, die mit Thränen küssen ihres Jesu Joch, wird die Krone auf dem Throne ihres Heilands werden noch.

17. Amen, Amen! in dem Namen meines Jesu halt' ich still: es geschehe und ergehe, wie, und wann und was Er will.

Johann Daniel Herrnschmidt.

Zum Himmel hin!

Sprüche Sal. 15, v. 24. Der Weg des Lebens gehet überwärts klug zu machen, auf daß man meide die Hölle unterwärts.

Mel. Wachet auf! ruft uns die Stimme.

695. Gott wohnt in der Himmelshöhe, will, daß mein Sinn erhöhet stehe und suche das, was himmlisch heißt; ähnlich Gott bin ich formiret, mich hat gebildet und gezieret der Ewige mit seinem Geist: Mensch! siehe dies wohl ein, du sollst nicht irdisch seyn hier auf Erden: und bist du schon aus Erd' und Thon, stammt doch dein Geist von Gottes Thron.

2. Steig' auf, Herz! und weiter gehe, der ew'ge Aufgang aus der Höhe hat dich erkauft mit seinem Blut, im Sündfall warst du verdorben, das ew'ge Licht hat dir erworben dein vor verlornes Erb' und Gut: erwäge doch dies Heil, o suche doch dein Theil nicht auf Erden; dir steht bereit die Ewigkeit, die suche hier schon in der Zeit.

3. Gott! du hast mich theu'r erkoren, zur Ewigkeit mich neu geboren durch deines ew'gen Geistes Kraft; dein Geist tröstet mein Gemüthe, durchsüßt mein Herz mit ew'ger Güte, schenkt Himmelskost und Lebenssaft; drum soll die Erdenlust mir nicht mehr seyn bewußt, Herz und Ohren durchdringet schon der süße Ton von Gottes ew'gem Freudenthron. Jakob Baumgarten.

Zum Beschluß des Gottesdienstes.

Psalm 67, v. 1—8. v. 5. Die Völker freuen sich und jauchzen, daß du die Leute recht richtest, und regierest die Leute auf Erden.

Mel. O Gott, du frommer Gott.

696. Gott woll' uns gnädig seyn, mit Segen uns befeuchten und wolle über uns sein Antlitz lassen leuchten, daß dein Weg werd', o Herr, auf dieser Welt bekannt und deine Hülf' und Heil in aller Heiden Land.

2. Die Völker werden dich, Gott, loben und dich preisen, es wird dir alles Volk Lob, Ehr' und Preis erweisen; sie werden freuen sich und jauchzen allzugleich, daß du, gerechter Gott, genommen ein das Reich.

3. Sie werden fröhlich seyn, daß du wirst recht regieren, daß du die Leute wirst auf Erden selbsten führen. Die Völker werden dir, Gott, danken überall; es werden danken dir die Völker allzumal.

Michael Müller.

Himmlischer Sinn.

1 Corinther 9, v. 25 Jene laufen also, daß sie eine vergängliche Krone empfangen; wir aber eine unvergängliche.

Mel. Ach, was soll ich Sünder machen?

697. Großer Fürst der Herrlichkeiten, dessen Reich kein Ende hat, du wirst weder müd' noch matt uns die Stätte zu bereiten, wo du für gar kurze Last Kronen auszutheilen hast.

2. Richte meines Glaubens Blicke oft nach diesem Kleinod hin, daß ich meinen ganzen Sinn unter Ringen dahin schicke, wo Reich, Scepter, Purpur, Thron ist der Deinen reicher Lohn.

3. Alle Dinge dieser Erden sind als Schatten jener Welt uns nur darum aufgestellt, daß wir d'ran geübet werden. Es sind Bilder, die vergehn und in keiner Dauer stehn.

4. Baue mich zu deiner Hütte und zu deinem Tempel aus, wache über dies dein Haus, daß ich alle meine Schritte nur nach meinem Ziele thu', und nie in mir selbsten ruh'.

5. Oeffne mir die Glaubensaugen, daß ich, als ein Kindelein, in mir selbsten arm und klein, möge deine Gnad' einsaugen: die, was mich so oft befleckt, mit Erbarmen überdeckt.

6. Weise mir die rechten Wege, die in's Herz des Vaters gehn, laß mich nirgends stille stehn und erhalt' mich auf dem Stege, der, wenn man nur redlich ringt, in das Land des Friedens bringt.

Morgenlied am Sonntage.

Nehemia 8. v. 9. Dieser Tag ist heilig dem Herrn, eurem Gott.

Mel. Gott des Himmels und der Erden.

698. Großer Gott von alten Zeiten! dessen Hand die Welt regiert, dessen Treu' auf allen Seiten mich von Jugend auf geführt: Heute weckt des Tages Lauf mich zu lauter Andacht auf.

2. Ach! wie lieb' ich diese Stunden; denn sie sind des Herren Fest, das mit diesem Trost verbunden, da mein Gott mich ruhen läßt und durch seinen guten Geist mir den Weg zum Leben weis't.

3. Doch das bloße Müßiggehen und der Kleider leere Pracht werden schlecht bei Gott bestehen, der das Eit'le wenig acht't. Herr! ich bringe was ich kann, nimm du nur mich selber an.

4 Habe Dank für diesen Morgen, der

mir Zeit zum Guten schenkt; das sind unsre besten Sorgen, wenn der Mensch an Gott gedenkt und von Herzen bet't und singt, daß es durch die Wolken dringt.

5. Was ist schöner, als Gott loben? was ist süßer, als sein Wort? da das Herz zu Gott erhoben öff'nen sieht des Himmels Pfort'. Selig ist wer Tag und Nacht also nur nach droben tracht't.

6. O mein Gott! sprich selber Amen! denn wir sind dein Eigenthum. Alles preise deinen Namen, Alles mehre deinen Ruhm: bis es künftig wird gescheh'n, daß wir dich im Himmel seh'n. *Kaspar Neumann.*

Tischlied.

Sprüche Sal. 30, v. 8. Laß mich mein bescheiden Theil Speise dahin nehmen.

Mel. Freu' dich sehr, o meine Seele.

699. Großer Gott! wir armen Sünder bitten dich aus Herzensgrund: siehe auf uns, deine Kinder, speise uns zu dieser Stund', laß uns ohne alle Noth haben unser täglich Brot. Segen wollst du auch verleihen, daß es uns mag wohl gedeihen.

2. Laß uns ja nicht seyn vermessen, liebster Vater, Herr und Gott! in dem Wohlstand zu vergessen deiner Worte und Gebot; gieb uns Allen ferner auch deiner Gaben rechten Brauch, daß wir, was du wirst bescheren, fein in deiner Furcht verzehren.

3. Lehre uns daraus erkennen und darauf stets loben dich, daß du seyest der zu nennen, der für uns sorgt väterlich, welcher uns verlässet nicht, der auch Alles, was gebricht uns in diesem armen Leben pflegt mit reicher Hand zu geben.

4. Nun wohlan, auf deine Gnade setzen wir uns zu dem Tisch; hilf, daß Alles wohl gerathe und der Leib sich so erfrisch', daß er freudig wieder kann seine Arbeit fangen an; laß die Mahlzeit so geschehen, wie du es wirst gerne sehen.

Von der christlichen Kirche.

Jeremia 3, v. 15. Ich will euch Hirten geben nach meinem Herzen, die euch weiden sollen mit Lehre und Weisheit.

Mel. Alles ist an Gottes Segen.

700. Großer Hirte aller Heerden in dem Himmel und auf Erden, liebster Heiland Jesu Christ! laß in diesen letzten Zeiten sich dein Reich noch mehr ausbreiten, als bisher geschehen ist.

2. Laß es sich zu deinen Ehren kräftiglich in mir vermehren; breite es in meinem Haus unter meinen Anverwandten, guten Freunden und Bekannten, ja im ganzen Lande aus.

3. Gieb dich Allen zu erkennen, die sich darum Christen nennen, weil sie sind auf dich getauft. Laß dein Wort auch kräftig wirken unter Juden, Heiden, Türken; du hast ja auch sie erkauft.

4. Gieb dazu von Jahr zu Jahren immer mehrmals große Schaaren Lehrer auf dem Predigt-Stuhl, welche ihre Pflicht verstehen und ihr Amt getreu versehen und so auch in jeder Schul'.

5. Flöße gleich der zarten Jugend, alle Wissenschaft und Tugend, nur durch dein' Erkenntniß ein in der Kraft, nicht bloß zum Wissen, und behüt' vor Aergernissen Die, so um die Kinder seyn.

6. Laß dein Wort die Todten wecken und die Sicheren erschrecken; stürz' die Selbstgerechtigkeit, mach' die geistlich Blinden sehend, mach' die geistlich Lahmen gehend, mach' dir selbst den Weg bereit.

7. Schenke den Erweckten Gnade, nicht zu ruhen, bis ihr Schade recht entdeckt und schmerzhaft ist: alsdann weise sie zum Sohne, zu dem ew'gen Gnadenthrone, zu dem Mittler Jesu Christ.

8. Welchen ihre Schuld vergeben, die laß nun im Glauben leben, der mit Geistesfrüchten prangt: laß sie niemals stille stehen, treibe sie stets fortzugehen, bis ihr Glaub' das Ziel erlangt.

9. Die sich an dem End' befinden, denen selbst hilf überwinden, zeig' dem Glauben jene Kron', die du denen aufgehoben, so nach ausgestandnen Proben siegend stehen vor dem Thron.

10. Und so sammle alle Glieder: alsdann komm' und zeig' dich wieder deiner Braut als Bräutigam; da aus so viel tausend Heerden wird nur Eine Heerde werden, du ihr Hirt und auch ihr Lamm.

Johann Jakob v. Moser.

Klagen der christlichen Kirche.

Psalm 80, v. 15. 16. Gott Zebaoth, wende dich doch, schaue vom Himmel, und siehe an, und suche heim diesen Weinstock, und halte ihn im Bau, den deine Rechte gepflanzet hat, und den du dir festiglich erwählet hast.

Mel. Einer ist König, Immanuel sieget.

701. Großer Immanuel, schaue von oben auf dein erlös'tes, erkauftes Geschlecht. Siehe doch, wie die Tyrannen noch toben, wie sie verkehren die Wahrheit und Recht. Lügen und Irrthum muß gelten auf Erden, Unschuld und Wahrheit muß Ketzerei werden.

2. Seelen, die sonsten sehr eifrig gerungen, werden jetzt müde und schlafen fast ein. Scheint's doch, als wenn sie der Arge bezwungen, weil sie so eifrig im Kampf nicht mehr seyn. Menschenfurcht pflegt man als Weisheit zu preisen, Laulichkeit soll nun Verleugnung gar heißen.

3. Kinder, die bis zur Geburt*) sind gekommen, sterben, weil Kraft zu gebären gebricht. Jünglingen werden die Kräfte genommen, völlig zu brechen durchs Finstre ans Licht. Alles wird irre, weil Argwohn regieret und auch einfältige Herzen verführet. *) Joh. 3, v. 3.

4. Schmerzlich erfähret man, wie sich jetzt trennen Kinder der Mutter*), die droben gebiert, wie sich die Brüder einander nicht kennen, herzliche Freundschaft sich täglich verliert, Viele sich scheiden und Viele sich spalten, weil man die Liebe so lässet erkalten.
*) Gal. 4, v. 26. 27.

5. Lange, ach! lange schon seufzen die Deinen, daß man uns Freiheit und Freudigkeit kränkt, mit dir, o Heiland, es treulich zu meinen, recht zu gebrauchen, was du uns geschenkt. Woll'n wir dir dienen in heiliger Stille, sagt man, es sey das nur eigener Wille.

6. Daß wir nun sollen fein balde vergessen, was du so theuer verheißen oft hast, läßt man uns aus den Fleischtöpfen noch essen*), doppelt daneben die tägliche Last. Man will die Hoffnung der Hülfe so rauben, dämpfet die Seufzer und schwächet den Glauben. *) 2 Mos. 16, v. 3.

7. Weil denn die Armen so seufzen und stöhnen, wollest du, Jesu, dich bald machen auf, retten von Allen, die trotzig uns höhnen und uns aufhalten in unserem Lauf, kräftig und freudig die Wahrheit zu lehren, wollest du schenken dem Vater der Ehren.

8. Willige Opfer wird dir alsdann bringen nach dem Triumphe die heilige Schaar, liebliche Lieder da werden erklingen, weil nun angehet das selige Jahr, welches zu Zions Errettung bestimmet, und uns zur völligen Freude einnimmet.

Christian Andreas Bernstein.

Jesus, der Herzog unsrer Seligkeit.

Epheser 5, v. 8. Ihr waret weiland Finsterniß; nun aber seyd ihr ein Licht in dem Herrn.

Mel. Schmücke dich, o liebe Seele.

702. Großer König, hier sind Seelen, die sich dir in Lieb' vermählen, die vor dir im Staube liegen, sich zu deinen Füßen schmiegen, da ein Jeder Liebes-Thränen mit vereintem Herzens-Sehnen freudig lobend vor dich bringet und dir Hallelujah singet.

2. Ueber unser Zelt und Hügel hast du deine Gnadenflügel zur Erbarmung ausgestrecket, aus dem Sündenschlaf erwecket uns, die wir in Todesschlummer ohne Sorg' und Seelenkummer gleich viel Andern sicher saßen und den Himmel ganz vergaßen.

3. Nun beleuchtet unsre Gränzen deiner Gnade helles Glänzen, deines Aufgangs lichte Flammen mußten bald bei uns verdammen, was nicht recht vor deinen Augen und zum Heil nicht konnte taugen, und der Hang zu allen Sünden muß vor deinem Geist verschwinden.

4. Sucht nach eitlen Lustbarkeiten, Mißbrauch edler Gnaden-Zeiten konntest du bei uns nicht leiden, triebst uns an, sie zu vermeiden durch des Wortes sel'ge Lehren, die du reichlich uns ließ'st hören, du gabst deinem Worte Kräfte zu dem neuen Geist's-Geschäfte.

5. Es bewegten unsre Herzen recht heilsame Seelenschmerzen, dein Geist regte sich in Allen; man sah kleine Häuflein wallen, Seelen in's Reich Christi dringen, eifrig neue Früchte bringen, hungrig nach der Gnade laufen, und die Zeit wohl auszukaufen.

6. Ringend, dringend kamen Seelen, konnten nun nicht mehr verhehlen, was in ihrem Geist geschehen; man konnt' Gottes Wunder sehen; hört' erstaunend das aussprechen, das das härt'ste Herz konnt' brechen; ja, ganz roh' und sichre Sünder beugtest du wie kleine Kinder.

7. So hast du, o treuer Meister! unsre fast erstorbnen Geister neu belebt und schön geschmücket, uns durch deinen Geist erquicket. Liebe, Leben, Loben, Freude ist jetzt unsers Geistes Weide; unsre Herzen dir lobsingen, unsre Seufzer zu dir dringen.

8. Beugt euch mit mir, liebsten Brüder! stimmt an Dank- und Freuden-Lieder, laßt uns ihm zu Füßen legen, uns erbitten neuen Segen; preis't den, der von Höllen-Ketten

unsre Seelen wollen retten; kommt, ein Jeder soll hier schwören Jesu Fahne, Jesu Lehren.

9. Ei, so schau doch, Herr, die Deinen, wie wir uns im Bund vereinen, allzusammen vor dich treten, auf den Knieen zu dir beten, und wie Jeder sich ergeben, dir die kurze Zeit zu leben, dabei Schmach und Spott zu leiden, bis wir eingeh'n zu den Freuden.

10. Rüst' uns auch mit Kraft und Stärke in dem angefangnen Werke bis an's Ende fortzugehen, daß wir dich mit Freuden sehen, wenn du wirst die Erd' erschüttern, und die Sünder werden zittern in der Erde letzten Tagen, wir dann können freudig sagen:

11. „Großer König, wir, die Deinen, hier vor deinem Thron erscheinen; siehe deines Geistes Siegel, an uns deines Bildes Spiegel; wir, die deine arme Bräute doch geschmückt als Hochzeits-Leute, kommen aus den Jammerthälern, eilen zu den Freudenmählern."

12. Mit wie vielen tausend Freuden, oder großen Herrlichkeiten denkt der Heiland uns zu zieren, er will uns zur Hochzeit führen, reichlich mit des Himmels Schätzen ohne alles End' ergötzen: wohl mir, wohl dir! wird es klingen, wenn wir ewig: Heilig! singen.

Christus, zur Rechten Gottes.

Ebräer 9, v. 24. Christus ist nicht eingegangen in das Heilige, so mit Händen gemacht ist, sondern in den Himmel selbst, nun zu erscheinen vor dem Angesicht Gottes für uns.

Mel. Alle Menschen müssen sterben.

703. Großer Mittler, der zur Rechten seines großen Vaters sitzt und die Schaar von seinen Knechten in dem Reich der Gnade schützt; dem auf dem erhab'nen Throne, in der königlichen Krone aller Ewigkeiten Heer bringt in Demuth Preis und Ehr':

2. Dein Geschäft auf dieser Erden und dein Opfer ist vollbracht; was vollendet sollte werden, das vollführtest du mit Macht; da du bist für uns gestorben, ist uns Gnad' und Heil erworben, und dein siegreich' Aufersteh'n läßt uns in der Freiheit geh'n.

3. Nun ist dieses dein Geschäfte, in des Himmels Heiligthum, die erworb'nen Segenskräfte durch dein Evangelium allen denen mitzutheilen, die zum Thron der Gnade eilen, nun wird uns durch deine Hand Heil und Segen zugewandt.

4. Deines Volkes werthe Namen trägest du auf deiner Brust, und an den gerechten Saamen denkest du mit vieler Lust; du vertrittst, die an dich gläuben, daß sie dir vereinigt bleiben, bittest in des Vaters Haus ihnen eine Wohnung aus.

5. Doch vergißt du auch die Armen, die der Welt noch dienen, nicht, weil dein Herz dir aus Erbarmen über ihrem Elend bricht, daß dein Vater ihrer schone, daß er nicht nach Werken lohne, daß er ändre ihren Sinn, ach! da zielt dein Bitten hin.

6. Einst in deiner Menschheit Tagen, als die Sünden aller Welt dir auf deinen Schultern lagen, hast du dich vor Gott gestellt, bald mit Seufzen, bald mit Weinen für die Sünder zu erscheinen, o mit welcher Innigkeit batest du in jener Zeit!

7. Immer noch wird unser Flehen durch den Heiland unterstützt, da er in des Himmels Höhen zu des Vaters Rechten sitzt. Nun, Herr, kannst du Satans Klagen majestätisch niederschlagen, und nun macht dein theures Blut unsre böse Sache gut.

8. Die Verdienste deiner Leiden, stellst du deinem Vater dar und vertrittst nunmehr mit Freuden deine theu'r erlöste Schaar; daß er möge Kraft und Leben deinem treuen Volke geben und die Seelen zu dir zieh'n, die noch deine Freundschaft flieh'n.

9. Großer Mittler! sey gepriesen, daß du in dem Heiligthum so viel Treu' an uns bewiesen, dir sey Ehre, Preis und Ruhm! laß uns dein Verdienst vertreten, wenn wir zu dem Vater beten; sprich für uns in letzter Noth, wenn den Mund verschließt der Tod.

D. Joh. Jakob Rambach.

Christi Mitteramt.

5 Mose 18, v. 15. Einen Propheten, wie mich, wird der Herr, dein Gott, dir erwecken, aus dir und aus deinen Brüdern, dem sollt ihr gehorchen.

Mel. Einer ist König, Immanuel sieget.

704. Großer Prophete! mein Herze begehret von dir inwendig gelehret zu seyn, du, aus des Vaters Schooß zu uns gekehret, hast offenbaret wie du und ich Ein; du hast als Mittler den Teufel bezwungen, dir ist das Schlangenkopftreten *) gelungen. *) 1 Mos. 3, v. 15.

2. Priester in Ewigkeit, meine Gedanken denken mit brennendem Eifer an dich,

bringe mein Seufzen in heilige Schranken, der du ein Opfer geworden für mich; du bist als Fürsprach' zum Himmel gefahren, kannst auch dein Eigenthum ewig bewahren.

3. König der Ehren! dich wollen wir ehren; stimmet, ihr Saiten der Liebe! mit ein, lasset das Loben und Danken nun hören, weil wir die theuer Erkaufeten seyn. Herrsche, liebwürdigster Heiland, als König, Menschenfreund, schütze die Deinen, die wenig.

4. Nun denn, so soll auch mein Alles erklingen, ich als ein Christe will treten herbei, will unermüdet aus Liebe dir singen, freudig vermehren das Jubelgeschrei; ich will dich, Herzog des Lebens! verehren, Alles, was Odem hat, lobe den Herren!

Joachim Neander.

Die Größe Gottes.

Psalm 145, v. 3. Der Herr ist groß und sehr löblich, und seine Größe ist unaussprechlich.

Mel. Wachet auf! ruft uns die Stimme.

705. Groß ist Gott, wohin ich sehe! in Tiefen groß, groß in der Höhe, in allen seinen Werken groß! Ihn, den Gott der Macht, und Stärke, erheben seiner Hände Werke; die ganze Schöpfung macht ihn groß. Die Himmel sagen laut: uns hat der Herr gebaut. Halleluja! auf jeder Flur, in der Natur verherrlicht ihn die Kreatur.

2. Und wenn ich den Menschen sehe, dies Meisterstück bewundernd stehe, dann wird mir Gott im Menschen groß. Groß ist er an uns durch Milde, denn uns schuf Gott nach seinem Bilde, uns fiel das allerschönste Loos. Er schuf zur Ewigkeit uns mit Unsterblichkeit. Hallelujah! Gott! wären wir, wir Alle hier unsterblich noch und ähnlich dir!

3. Doch die Menschen wurden Sünder. Gott sah das Unglück seiner Kinder, sah ihr Verderben, ihren Tod. Groß an Gnade und Erbarmen half er uns, uns verlass'nen Armen, der mächtige und gnäd'ge Gott. Herab von seinem Thron gab er uns seinen Sohn. Hallelujah! Groß ist uns Gott durch Christi Tod! an Liebe groß ist unser Gott.

4. Alles macht ihn groß auf Erden. Doch größer wird er uns einst werden, wenn wir von Angesicht ihn sehn. Wenn wir einst vor seinem Throne, beseliget in seinem Sohne, mit Engeln Gottes ihn erhöhn. Dann, in der Herrlichkeit, dann singen wir erfreut. Hallelujah! Groß ist der Herr! Niemand wie Er! und Alles singt ihm Lob und Ehr'.

Chr. Gottl. Frohberger.

Von Gottes Erbarmung.

Sirach 17, v. 28. O wie ist die Barmherzigkeit des Herrn so groß und lässet sich gnädig finden denen, so sich zu ihm bekehren.

Mel. Warum sollt' ich mich denn grämen?

706. Groß ist unsers Gottes Güte; seine Treu', täglich neu, rühret mein Gemüthe: sende, Herr! den Geist von oben, daß jetzund Herz und Mund deine Güte loben.

2. Du hast meinem Leib gegeben für und für mehr als mir nöthig war zum Leben; meine Seel' mit tausend Gnaden allerhand, dir bekannt, hast du, Herr! beladen.

3. Da ich, Herr, dich noch nicht kannte und in Sünd' todt und blind dir den Rükken wandte; da hast du bewahrt mein Leben und mich nicht dem Gericht, nach Verdienst, ergeben.

4. Wenn ich damals wär' gestorben, ach mein Herr! ewig wär' meine Seel' verdorben; du, du hast verschont in Gnaden und mich gar immerdar nur zur Buß' geladen.

5. Wenn ich gleich nicht hören wollte, riefst du doch immer noch, daß ich kommen sollte; endlich hast du überwunden, endlich hat deine Gnad' mich Verlornen funden.

6. Endlich mußt' mein Herze brechen und allein, ohne Schein, dir das Jawort sprechen. O der sel'gen Gnadenstunden, da ich mich ewiglich meinem Gott verbunden!

7. Da ich allem Sündenleben, aller Freud' dieser Zeit Abschied hab' gegeben: da mein Geist zu Gottes Füßen sank dahin und mein Sinn wollt' in Reu' zerfließen.

8. Zwar ich bin nicht treu geblieben, wie ich sollt', wie ich wollt', dich allein zu lieben: aber du bleibst ohne Wanken immer doch treu mir noch; wie könnt' ich dir danken?

9. Ach ich hab' so oft betrübet deinen Geist, wie du weißt, du hast doch geliebet; daß ich immer wiederkame, und mein Schmerz brach dein Herz, das mich in sich nahme.

10. O du sorgest für mich Armen; Tag und Nacht hältst du Wacht: groß ist dein Erbarmen. Lauf' ich weg, du holst mich wieder; väterlich hältst du mich, wenn ich sinke nieder.

11. Deine Güt', die ewig währet, hat mich oft unverhofft in der Noth erhöret; o

wie oft hast du mein Herze nicht erlös't und getröst't, da ich lag im Schmerze!

12. Deines Geistes Zug und Leiten spür' ich ja innig nah'; daß ich nicht soll gleiten. Wenn ich stille bin und merke, geht er mir tröstlich für stets bei allem Werke.

13. Wenn ich oft im Dunkeln walle, steht mir bei deine Treu', daß ich dann nicht falle; daß ich mich kann überlassen, stille stehn, ohne Seh'n meinen Gott umfassen.

14. Du hast auch gezeigt mir Blinden, wie man dich innerlich kann im Herzen finden, wie man beten muß und sterben, wenn man will werden still und dein Reich ererben.

15. Deine Güte muß ich loben, die so treu mir stand bei in so manchen Proben; dir hab' ich es nur zu danken, daß ich doch stehe noch, der so leicht kann wanken.

16. Bald durch Kreuz und bald durch Freuden hast du mich wunderlich immer wollen leiten. Herr! ich preise deine Wege, deinen Rath, deine Gnad', deine Liebesschläge.

17. O wie groß ist deine Güte! deine Treu', immer neu, preiset mein Gemüthe; ach, ich muß dich innig lieben, Seel' und Leib ewig bleib' deinem Dienst verschrieben.

18. Möcht' dich alle Welt erkennen und mit mir danken dir und in Lieb' entbrennen. Deine Güte laß mich loben hier auf Erd', bis ich werd' preisen dich dort oben.

Gerhard Tersteegen.

Vom heiligen Abendmahl.

Johannis 10, v. 9. So Jemand durch mich eingehet, der wird selig werden, und wird ein- und ausgehen, und Weide finden.

Mel. Liebster Jesu, wir sind hier.

707. Guter Hirte, Jesu Christ! dir sey Lob und Dank gegeben für dein theures Abendmahl, das uns dient zum Himmel-Leben und frei macht von allen Sünden, so oft wir uns dazu finden.

2. Siehe, Jesu, diesesmal sind wir auch allhier vorhanden, deinen wahren Leib und Blut, wider unsre Sünden-Schanden zu genießen und dein Leiden zu verkündigen mit Freuden.

3. Ach, Herr Jesu! schenke uns deines guten Geistes Gaben, daß wir allesammt dazu, mögen rechte Herzen haben, dich mit Glauben zu empfangen, und dir stetig anzuhangen.

4. Schaff' uns neu durch diese Kost, daß wir alles Böse lassen und nur dich und dein Gebot und was himmlisch ist erfassen, ach! gieb es durch deinen Namen, Jesu, liebster Jesu! Amen.

Christus suchet die Verlornen auf.

Psalm 119, v. 176. Ich bin wie ein verirret und verloren Schaaf; suche deinen Knecht; denn ich vergesse deiner Gebote nicht.

Mel. Jesus, meine Zuversicht.

708. Guter Hirte, willst du nicht deines Schäfleins dich erbarmen und mich, nach der Hirtenpflicht, tragen heim auf deinen Armen? willst du mich nicht aus der Qual holen in den Freudensaal?

2. Schau', wie ich verirret bin in der Wüste dieser Erden. Komm', und bringe mich doch hin zu den Schaafen deiner Heerden. Führ' mich zu dem Schaafstall ein, wo die heil'gen Lämmer seyn.

3. Mich verlangt, dich mit der Schaar, die dich lobet, anzuschauen, die da weiden ohn' Gefahr, auf den sel'gen Himmelsauen, die nicht mehr in Aengsten steh'n und nicht können irre geh'n.

4. Denn ich bin hier sehr bedrängt, muß in steten Sorgen leben, weil die Feinde mich umschränkt und mit List und Macht umgeben, daß ich armes Schäfelein keine Stund' kann sicher seyn.

5. O Herr Jesu! laß mich nicht in der Wölfe Rachen kommen, hilf mir nach der Hirtenpflicht, daß ich ihnen werd' entnommen; hole mich, dein Schäfelein in den ew'gen Schaafstall ein.

Johann Scheffler (Angelus).

Christus, der gute Hirte.

Joh. 10, v. 14. 15. Ich bin ein guter Hirte und erkenne die Meinen und bin bekannt den Meinen; wie mich mein Vater kennt, und ich kenne den Vater, und ich lasse mein Leben für die Schaafe.

Mel. Seelen-Bräutigam.

709. Guter Seelenhirt! meine Seele wird über deiner Hirtentreue, die so groß ist, heut' aufs Neue seliglich erquickt, da sie dich erblickt.

2. Da sie dich erblickt, wird sie sanft erquickt: daß du, guter Hirt! dein Leben für die Schaafe dargegeben und dein eigen Gut selbst erkauft mit Blut.

3. Selbst erkauft mit Blut hast du dieses Gut und dem Feind' es abgenommen, der

es dir zu rauben kommen, darum ist es dein, eigen und allein.

4. Eigen und allein ist die Heerde dein; und du kennest deinen Saamen, aller deiner Schäflein Namen sind in deiner Hand, und dir wohl bekannt.

5. Wie sie dir bekannt, ist auch deine Hand, Herz und Namen ihnen kenntlich, deine Stimme wohl verständlich und sie folgen dir willig mit Begier.

6. Willig mit Begier lassen sie von dir sich durchs Hirtenwort regieren, leiten und zusammen führen, bis zuletzt ein Hirt, eine Heerde wird.

7. Bis daß dieses wird, treuer Seelenhirt! wollst du den zerstreuten Heerden treue Diener auf der Erden geben immerhin nur nach deinem Sinn.

8. Nur nach deinem Sinn schaffe weiterhin, daß sowohl die Hirten handeln, als auch deine Schaafe wandeln, und daß dir getreu Hirt und Heerde sey.

Christian Karl Ludwig v. Pfeil.

Vom menschlichen Verderben.

1 Mose 8, v. 21. Das Dichten des menschlichen Herzens ist böse von Jugend auf.

Mel. Freu' dich sehr, o meine Seele.

710. Gutes Denken, gutes Dichten ist, was Gottes Gnade schafft. Wir selbst können's nicht verrichten, denn uns mangelt Stärk' und Kraft. Wo nicht Gottes Gütigkeit hiezu Gnad' und Kraft verleiht, werden wir mit unsern Sinnen nie was Heiliges beginnen.

2. Von Natur sind die Gedanken sündlich und voll Missethat, weichen stündlich aus den Schranken, die Gott vorgeschrieben hat. Unsre Herzen sind ein Quell, der nicht lauter, rein und hell, woraus arges Denken fließet und sich Strömen gleich ergießet.

3. Denn die angeborne Sünde hat uns, leider! so verderbt, daß sogar dem kleinsten Kinde diese Schwachheit angeerbt, daß es von der Jugend auf durch den ganzen Lebenslauf sündliche Gedanken heget, und sich Böses in ihm reget.

4. Aber Gottes Vaterliebe macht, daß die Gedanken rein, und des Herzens böse Triebe gut und ihm gefällig seyn. Er erneuert unsern Sinn, nimmt die Bosheit von uns hin, heiliget durch seine Güte Herz, Gedanken und Gemüthe.

5. Auch bei den verstockten Herzen klopft der Geist der Gnaden an, daß man Andacht, Reu' und Schmerzen und viel Gutes finden kann. Ja, wenn Gottes Gnadenlicht durch die finstre Seele bricht, wirkt es in den Geistlichkranken rein' und heilige Gedanken.

6. Oftmals denkt ein Missethäter: ach! was hab' ich doch gethan? ach! mich frechen Uebertreter klaget Höll' und Himmel an. Dieses wirket Gottes Geist, der ihm sein Verderben weis't, der ihn will durch solch Bemühen von den Sünden zu sich ziehen.

7. Aber ach! wie gar geschwinde geht dies Denken überhin! wie der Rauch im starken Winde, so verfliegt es durch den Sinn. Die Gedanken gehn vorbei, und kaum ist die Seele frei, so sucht sie im Weltgetümmel wieder Freude, Ruh' und Himmel.

8. Wirket nun sogar bei Sündern dies des Geistes starke Hand, so zeigt sich bei Gottes Kindern noch vielmehr dies Gnadenpfand; macht Herz und Gedanken rein, daß sie Gott geheiligt seyn, daß die Sinnen göttlich denken und sich von der Erde lenken.

9. Zwar ein Christ muß oftmals klagen: was ich nicht will, denk' ich doch; sündliche Gedanken plagen ihn als ein beschwertes Joch. Doch er weiß: Gott steht ihm bei; darum kämpfet er getreu, hofft und fleht, daß Gott ihn lenke, daß er Gott gefällig denke.

10. Nun, mein Gott und treuer Vater! heil'ge mir Herz, Muth und Sinn: sey du Helfer und Berather, wo ich selbst nicht tüchtig bin. Mache die Gedanken rein, gieb mir selbst solch Denken ein, daß ich immer christlich walle und dir all'zeit wohlgefalle.

Nach Lesung der Bibel.

Sirach 4, v. 15. Wer Gottes Wort ehret, der thut den rechten Gottesdienst; und wer es lieb hat, den hat der Herr auch lieb.

Mel. Liebster Jesu, wir sind hier ꝛc.

711. Habe Dank für Unterricht, den du, Jesu! mir gegeben. Dieses Wort giebt mir ein Licht, recht zu glauben, fromm zu leben. Lasse mich nur deinen Willen durch des Geistes Kraft erfüllen.

2. Hab' ich nicht bisher gethan, was du hier mir vorgeschrieben, ach! so treib' mich künftig an deine Zeugnisse zu lieben, daß dein Wort, das ich verrichte, mich auf jenen Tag nicht richte.

3. Fehlet mir noch immer was, wie dein

Wort mich überzeuget, schaffe, daß ohn' Unterlaß sich das Herze darnach neiget, und im Glauben durch die Liebe sich bei stetem Wachsthum übe.

4. Diesen Schatz, den du mir nun hast in meine Brust geleget, laß darinnen feste ruh'n. Denn, wer dich im Herzen träget, dein Wort über Alles schätzet, wird zum Segen eingesetzet.

5. Endlich laß in aller Noth mich dein süßes Wort erquicken, auch wenn mir der blasse Tod dräu't die Augen zuzudrücken. Laß mich diesen Trost ererben: wer dein Wort hält, wird nicht sterben.

Benjamin Schmolck.

Von der Freude an Gott.

Psalm 37, v. 4. Habe deine Lust an dem Herrn, der wird dir geben, was dein Herz wünschet.

Mel. Jesus, meine Zuversicht.

712. Habe deine Lust am Herrn, der dir schenket Lust und Leben, so wird dir dein Gnadenstern tausend holde Strahlen geben, denn er beut dir treulich an, was dein Herz nur wünschen kann.

2. Laß der Welt die eitle Lust, die in Weinen sich verkehret, wer das Herz in seiner Brust Gott allein zur Lust gewähret, dieser trifft in Allem an, was das Herze wünschen kann.

3. Lust an Gott erhebet sich, wenn man Gott im Worte kennet, Lust an Gott ist innerlich, wenn man in der Liebe brennet; solche Lust geht eine Bahn, die das Herze wünschen kann.

4. Wer die Lust am Herren hat, hat auch Lust an seinem Willen, und bemüht sich früh und spat, solchen Willen zu erfüllen; denn so wird ihm auch gethan, was das Herz nur wünschen kann.

5. Ist die Lust nicht ohne Last, trag' geduldig die Beschwerden; wenn du wohl gelitten hast, wirst du erst recht fröhlich werden und triffst dort im Himmel an, was dein Herz nur wünschen kann.

Benjamin Schmolck.

Der Wandel vor Gott.

Tobia 4, v. 6. Dein Lebenlang habe Gott vor Augen und im Herzen und hüte dich, daß du in keine Sünde willigest, und thust wider Gottes Gebot.

Mel. Es ist gewißlich an der Zeit.

713. Hab' Gott dein Lebenlang, mein Kind, vor Augen und im Herzen und hüte dich vor aller Sünd', sonst kannst du leicht verscherzen all' Wohlfahrt, wenn du wider Gott und wider sein Wort und Gebot durch Bosheit wolltest streben.

2. Vielmehr gedenk' zu jeder Zeit, wie du Gott wollest danken für alle seine Gütigkeit, daß du ohn' alles Wanken mit Freuden kannst vor seinem Thron recht kindlich beten, weil sein Sohn dir selbst das Beten lehret.

3. Drum bitte Gott von Herzensgrund, daß er dich selbst regiere und dich ja alle Tag' und Stund auf seinen Wegen führe, so wird dann, was du fangest an, nach Gottes Wort seyn recht gethan und Alles wohl gelingen.

D. Johann Olearius.

Freudigkeit im Tode.

Sprüchwörter Sal. 14, v. 32. Der Gerechte ist auch in seinem Tode getrost.

Mel. Wachet auf! ruft uns die Stimme.

714. Halleluja, Amen! Amen! in meines großen Jesu Namen eil' ich dem ew'gen Ziele zu. Ueber mir schwebt Gottes Segen; sein Fried' ist nah' auf allen Wegen; mein Herz erquickt einst ew'ge Ruh'. Du nimmst, Herr Jesu Christ! wenn nun vollendet ist meine Wallfahrt, durch's Todesthor den Geist empor; dann sing' ich dir im höhern Chor.

Karl August Döring.

Von den gesegneten Folgen der Menschwerdung des Sohnes Gottes.

Ebräer 2, v. 17. Er mußte aller Dinge seinen Brüdern gleich werden, auf daß er barmherzig würde, und ein treuer Hoherpriester vor Gott, zu versöhnen die Sünde des Volks.

Mel. Wie schön leucht't uns der Morgenstern.

715. Halleluja, dich, Vater, preis't mein Mund, und mein erlös'ter Geist soll ewig dich erheben; für den, der dich beleidigt hat, für mich hast du nach deinem Rath den ein'gen Sohn gegeben: *) Vater! Vater! bösen Kindern, armen Sündern, die dich kränken, willst du Heil für Strafe schenken. *) Römer 5, v. 10.

2. Dein Sohn kommt von des Himmels Thron, wen seh' ich? einen Menschensohn, mir gleich, nur ohne Sünde. *) Des Vaters Herrlichkeit und Huld, der Menschen Fluch, doch frei von Schuld, find' ich an diesem Kinde. Heiland! Heiland! dein Erscheinen giebt den Deinen Kindesrechte. **) Frei durch dich sind Sündenknechte.

*) Phil. 2, v. 7. Ebr. 4, v. 15. **) Joh. 1, v. 12.

3. Darum weil du Herr Jesu Christ Gott und doch auch mein Bruder bist, kannst du der Mittler werden, *) der Gott und Menschen ganz vereint; bis hieher war Gott unser Feind, der Fluch lag auf der Erden. Mittler! Mittler! dein Erbarmen hilft mir Armen. Die nur gläuben; sollen nicht im Elend bleiben. *) 1 Tim. 2, v. 5.

4. Ich glaube, Herr! du hilfst auch mir, ich glaube, weil der Engel dir den Namen Jesus giebet. *) Gerecht, ein Helfer sollst du seyn; **) du bist's. Du bist es ganz allein, den meine Seele liebet; Jesu! Jesu! hilf die Sünden überwinden! hilf mir gläuben! hilf mir treu im Sterben bleiben.

*) Matth. 1, v. 21. **) Sacharja 9, v. 9.

5. Gott hat dich mir zum Christ gemacht und mir die Salbung zugedacht, *) die dir Gott hat gegeben. Durch dich, der du ganz heilig bist, bin ich gesalbet als ein Christ, in und mit dir zu leben. Christe! Christe! du bist heilig! ich bin freilich unvollkommen. Mich zu suchen bist du komen.

*) 1 Joh. 2, v. 20. 21.

6. Komm in mein Herz, wie in die Welt, und wenn mein Herz dir nicht gefällt, bild' es nach deinem Herzen! Bist du mein Heiland, Schutz und Licht, so weiß ich, komst du zum Gericht, von keinen bangen Schmerzen. Endlich sing' ich heil'ge Lieder, wenn ich wieder auferstehe. Hosianna in der Höhe!

Christoph Traugott Schröer.

Lobgesang am Weihnachtsfeste.

Jesaia 52, v. 10. Aller Welt Ende siehet das Heil unsers Gottes

Mel. Herr Gott, dich loben wir.

716. Hallelujah! die Zeit, bestimmt von Ewigkeit, die Zeit der Wonn' und Jubel kam, da Gott des Menschen Leib annahm! Sie, die auf ihn gestorben sind, wie seufzten sie, zu sehn das Kind, das Kind, das Gott und sterblich war! Er kam; da sang der Himmel Schaar Anbetung, Dank und Ruhm, Gott in der Höhe Ruhm! Heil dir, und Gottes-Ruh'! erlös't, o Mensch, wirst du! Der Sohn, das Heil der Welt erschien schon Abraham, und segnet' ihn! Erwähltes Volk! des Sohnes Macht, sie führt in Flammen dich die Nacht, den Tag in hohen Wolken dich! dir Schutz, und Pharo fürchterlich! Auch sah' auf Sina Moses schon des Vaters Herrlichkeit, den Sohn! Er ist's, der immer wunderbar, und Frieden Abrams Kindern war! Er ist der Held, die Macht, der Rath, den Bethlem's Hütt' umschattet hat.

2. Gelobet seyst du Jesus Christ, daß du ein Mensch geboren bist! Noch warst du auf des Vaters Thron, da nannten deinen Namen schon die Himmel, und es beugt' vor ihm sich aller Knie der Seraphim, und derer, die entschlafen sind, und derer, die noch sterblich sind. Auch ist kein ander Heil, es ist kein and'rer Nam', als, Jesus Christ! dein großer ew'ger Nam' allein, durch den wir können selig seyn!

3. Mit herzlicher Barmherzigkeit hast du uns, Sünder, Gott geweiht! Dir laß uns leben, sterben dir! denn Mensch wardst du, ach! Staub, wie wir! Barmherzigkeit, Barmherzigkeit ist all' dein Thun, Barmherzigkeit!

4. Geboren wardst du, daß du stürbst, uns eine Seligkeit erwürbst, die, in die Ewigkeit versenkt, nie ganz des Frommen Seele denkt! Sie fühlt nur dunkel, nur von fern das Schau'n, die Herrlichkeit des Herrn! Bis du uns dort dir gar vereinst, schall' in der Hütte, wo du weinst, (die Hütt' ist auch dein Heiligthum!) erschall' in ihr, durch uns, dein Ruhm. Amen.

Fried. Gottlieb Klopstock.

Osterlied.

Johannis 20, v. 20. Da wurden die Jünger froh, daß sie den Herrn sahen.

Mel. Wachet auf! ruft uns die Stimme.

717. Hallelujah! jauchzt ihr Chöre, singt Jesu Christo Preis und Ehre, wie groß, wie herrlich ist sein Tag! er, der Held, ist von den Banden des Todes frei und auferstanden, er, der für uns im Grabe lag; sein ist Gewalt und Macht, Preis ihm! er hat's vollbracht. Hallelujah, er hat's vollbracht, er, der die Macht des Todes und des Grabes hat.

2. Glorreich hat der Held gerungen, hat mächtig Grab und Tod bezwungen, von ihren Schrecken uns befreit. Wir von Gott gewich'ne Sünder sind nun mit ihm versöhnte Kinder, und Erben seiner Seligkeit. Bald, bald entschlafen wir, o Welterlöser, dir, ruh'n in Frieden die kurze Nacht, bis deine Macht, das Licht des ew'gen Tages ruft.

3. Unsern Staub mag Staub bedecken, du wirst ihn herrlich auferwecken, der du des Staubes Schöpfer bist; du wirst un-

vergänglich Leben und Kraft und Herrlichkeit ihm geben, dem Staube, der dir theuer ist. Wir werden ewig dein, gerecht und selig seyn. Hallelujah! Tod und Gericht erschreckt uns nicht; denn Jesus unser Mittler lebt.

4. Ja, er lebt, uns zu erfreuen, und Alles, Alles zu zerstreuen, was uns des Lebens Frieden raubt; groß ist seines Namens Ehre, und ewig gültig seine Lehre, und ewig selig, wer ihm glaubt; wir geh'n an seiner Hand, auch durch das Thränenland, nun zum Himmel, und dort erhebt er, der da lebt, uns über Schmerz und Tod und Grab.

5. Tag des Lebens, Tag der Wonne, wie wird uns seyn, wenn Gottes Sonne durch unsers Grabes Dunkel bricht! o, was werden wir empfinden, wenn Nacht und Finsterniß verschwinden, und uns umstrahlt des Himmels Licht! Vollender! führe du uns diesem Tage zu, uns die Deinen; die Todesbahn gingst du voran, wir folgen dir in deine Ruh'.

D. Gottfr. Bened. Funk.

Osterlied.

Lucä 24, v. 34. Der Herr ist wahrhaftig auferstanden, und Simoni erschienen.

Mel. Jesus, meine Zuversicht.

718. Hallelujah! Jesus lebt, Jesus ist vom Grab erstanden. Die ihr in der Angst geschwebt, seht, hier ist der Trost vorhanden, nehmt an dieser Freude Theil; Jesus lebet, unser Heil.

2. Nun ist die Gerechtigkeit uns erworben und geschenket. Sünde, du bracht'st Herzeleid, nun bist du ins Meer versenket; Tod, uns schreckte deine Macht; aber du bist umgebracht.

3. Jesus lebt, wir leben mit, denn Gott hat uns ihm gegeben. Das ist ja ein sel'ger Schritt aus dem Tode in das Leben. Mein Herz glaubt's und freuet sich, Jesus lebet auch für mich.

4. Hallelujah, Jesus lebt und ich sink' zu seinen Füßen. Wenn man morgen mich begräbt, will ich keinen Trost sonst wissen; künftig sing' ich vor dem Thron: Hallelujah, Gottes Sohn!

M. Philipp Friedrich Hiller.

Osterlied.

Lucä 24, v. 22. 23. Etliche Weiber der Unsern sind frühe bei dem Grabe gewesen, haben seinen Leib nicht gefunden, kommen und sagen, sie haben ein Gesicht der Engel gesehen, welche sagen: Er lebe.

Mel. Jesus, meine Zuversicht.

719. Hallelujah! Jesus lebt: Tod und Teufel sind bezwungen. Gruft und Kluft und Erde bebt, da der Held hindurch gedrungen. Geht nicht mehr nach Golgatha! Jesus lebt, Hallelujah!

2. Hallelujah! seht das Grab, die ihr seinen Tod beweinet. Wischet eure Thränen ab, weil die helle Sonne scheinet. Euer Goel *) ist nicht da. Jesus lebt, Hallelujah!

*) Ein Held im Heere Davids; hier der Heiland. 1 Chron. 12, v. 38.

3. Hallelujah! suchet nicht den Lebendigen bei Todten. Glaubet aber dem Bericht der verklärten Osterboten; diese wissen was geschah'. Jesus lebt, Hallelujah!

4. Hallelujah! dieses Wort soll mich wiederum beleben; kann ich gleich nicht an den Ort seines Grabes mich begeben; g'nug, daß es mein Glaube sah: Jesus lebt, Hallelujah!

5. Hallelujah! er wird mir Leben in dem Tode geben. Also sterb' ich freudig hier, Christi Tod ist nun mein Leben. Nur getrost, ich glaube ja: Jesus lebt, Hallelujah!

Benjamin Schmolck.

Vom Lobe Gottes.

Nehemia 9, v. 5. Stehet auf, lobet den Herrn, euren Gott, von Ewigkeit zu Ewigkeit, und man lobe den Namen seiner Herrlichkeit, der erhohet ist, mit allem Segen und Lobe.

Mel. Wie schön leucht't uns der Morgenstern.

720. Hallelujah! Lob, Preis und Ehr' sey unserm Gott je mehr und mehr für alle seine Werke; von Ewigkeit zu Ewigkeit sey in uns allen ihm bereit't Dank, Weisheit, Kraft und Stärke! Klinget, singet; heilig, heilig! freilich, freilich, heilig ist Gott! unser Gott, der Herr Zebaoth!

2. Hallelujah! Preis, Ehr' und Macht sey auch dem Gotteslamm gebracht, in dem wir sind erwählet; das uns mit seinem Blut erkauft, damit besprenget und getauft und sich mit uns vermählet. Heilig, selig ist die Freundschaft und Gemeinschaft, die wir haben, und darinnen uns erlaben.

3. Hallelujah! Gott heil'ger Geist, sey ewiglich von uns gepreis't, durch den wir neu geboren, der uns mit Glauben ausgeziert, dem Bräutigam uns zugeführt, den Hochzeittag erkoren. Eya! Eya! da ist Freude, da ist Weide, da ist Manna und ein ew'ges Hosianna!

4. Hallelujah! Lob, Preis und Ehr' sey unserm Gott je mehr und mehr, und seinem großen Namen. Stimmt an mit aller Himmels-Schaar und singet nun und im-

merdar mit Freuden: Amen, Amen! Klinget, singet: heilig, heilig! freilich, freilich, heilig ist Gott! unser Gott, der Herr Zebaoth! Verf.; s. hinten unter den Nachträgen.

Osterlied.

Colosser 1, v. 18. Er ist der Erstgeborne von den Todten, auf daß er in allen Dingen den Vorgang habe.

Mel. Auferstehn, ja auferstehn.

721. Hallelujah! lobsingt Hallelujah! der Herr ist wieder da, der Tod bezwungen, Unsterblichkeit errungen. Singt fern und nah: Hallelujah!

2. Hallelujah! hinweg, was uns betrübt! der bis in Tod geliebt, er lebet wieder. Der Erstling seiner Brüder, er lebt für dich, er lebt für mich.

3. Hallelujah! nach kurzem Streiterlauf thut er den Himmel auf. Vom Himmelsstrahle wird's hell im Thränenthale; der Nebel sinkt, die Palme winkt.

4. Hallelujah! nun lächelt uns der Tod, das Grab schließt alle Noth. Zum ew'gen Leben wird sich der Geist erheben, zum Siegerchor, zum Herrn empor.

5. Hallelujah! bis jenes Morgenlicht der Nächte letzte bricht. Mit frohen Schlägen klopf' ihm mein Herz entgegen. Bald ist er da; Hallelujah! Karl Bernhard Garve.

Osterlied.

Johannis 20, v 18. Ich habe den Herrn gesehen, und solches hat er zu mir gesagt.

Mel. Es ist das Heil uns kommen her.

722. Hallelujah! mein Retter lebt, er ist vom Tod' erstanden! weil er sein Siegeshaupt erhebt, werd' ich nun nicht zu Schanden. Für mich hat er genug gethan, auch mich geht ja der Segen an von seiner Auferstehung.

2. Der Friede, den er mitgebracht, heilt himmlisch das Gewissen. Durch ihn gerecht und frei gemacht, kann ich nun sicher wissen: der Vater sey auch mir versöhnt; daß Gnad' und Heil mich ewig krönt, hat Jesus mir erworben.

3. Ja, Jesus lebt! es fühlt mein Herz die Kraft von seinem Leben; er lebt und stillt der Seinen Schmerz, die ihm sich ganz ergeben. Er ist ihr Helfer, Mittler, Freund, ihr Tröster, wenn das Auge weint, ihr Licht in Finsternissen.

4. Er lebt! der Glaube schwört's ihm zu, die Hand in seiner Seite: ja, ja, mein Herr und Gott bist du! mein Alles! meine Freude! anbetend sink' ich vor dir hin, durch den ich ewig selig bin, vor dir, o Jesus Christus!

5. O lebe recht in meiner Brust, laß alles And're sterben! ertödte jede Sündenlust und jegliches Verderben. Herr, fest vertrau' ich auf dein Wort, du sprichst zu meinem Troste dort: „Ich leb' und ihr sollt leben!"

6. Nicht hier nur schwach, nein, ewiglich soll ich dort mit dir leben. Einst wirst du aus dem Grabe mich verklärt zu dir erheben. Da leb' ich denn dein Leben ganz, seh' dich in deinem Licht und Glanz und triumphire ewig! Fräulein M. C. v. Silberrad.

Morgenlied am Sonntage.

Hesekiel 20, v. 12. Ich gab ihnen auch meine Sabbathe, zum Zeichen zwischen mir und ihnen, damit sie lerneten, daß ich der Herr sey, der sie heiliget.

Mel. Gott des Himmels und der Erden.

723. Hallelujah, schöner Morgen! schöner, als man denken mag; heute fühl' ich keine Sorgen: denn das ist ein lieber Tag, der durch seine Lieblichkeit recht das Innerste erfreut.

2. Süßer Ruhetag der Seelen! Sonntag, der voll Lichtes ist! heller Tag der dunkeln Höhlen! Zeit, in der der Segen fließt! Stunde voller Seligkeit! du vertreibst mir alles Leid.

3. Ach, wie schmeck' ich Gottes Güte, recht als einen Morgenthau! die mich führt aus meiner Hütte zu des Vaters grüner Au'. Da hat wohl die Morgenstund' edlen Schatz und Gold im Mund'.

4. Ruh't nur, meine Weltgeschäfte! heute hab' ich sonst zu thun. Denn ich brauche alle Kräfte, in dem höchsten Gott zu ruh'n. Heut' schickt keine Arbeit sich, als nur Gotteswerk für mich.

5. Wie soll ich mich heute schmücken, daß ich Gott gefallen mag? Jesus wird die Kleider schicken, die ich ihm zu Ehren trag'. Sein Blut und Gerechtigkeit ist das schönste Sonntagskleid.

6. Ich will in der Zionsstille heute voller Arbeit seyn: denn, da sammle ich die Fülle von den höchsten Schätzen ein, wenn mein Jesus meinen Geist mit dem Wort des Lebens speis't.

7. Herr! ermuntre meine Sinnen und bereite selbst die Brust; laß mich Lehr' und Trost gewinnen, gieb zu deinem Manna

Lust, daß mir deines Wortes Hall recht tief in mein Herze fall'.

8. Segne deiner Knechte Lehren, öffne selber ihren Mund. Mach' mit Allen, die dich hören, heute deinen Gnadenbund, daß, wenn man hier bet't und singt, solches in dein Herze dringt.

9. Gieb daß ich den Tag beschließe, wie er angefangen ist. Segne, pflanze und begieße, der du Herr des Sabbaths bist; bis ich einst auf jenen Tag ewig Sabbath halten mag.

M. Jonathan Krause.

Von den Früchten des Glaubens.

Hosea 2, v. 20. Ja, im Glauben will ich mich mit dir verloben, und du wirst den Herrn erkennen.

Mel. Wie wohl ist mir, o Freund der Seelen.

724. Halleluja sey dir, dem Lamme, daß du des Vaters Rath vollbracht und durch dein Blut am Kreuzes-Stamme auf ewig Alles gut gemacht. Du hast den Friedensrath gegeben zu der verlornen Sünder Leben, den Fluch und Tod nicht hindern kann. Nein, ihr Erbarmer will sie führen und die Gefundnen nicht verlieren; er nimmt sie gern mit Ehren an.

2. Zwar wo du nach Verdienst willst handeln, so kann ich nimmermehr bestehn. Anstatt, mein Gott! vor dir zu wandeln, erwählt' ich mir das Irregehn. Du aber gingst mir stets entgegen und gabst dem Armen das Vermögen, bis daß ich's wagt' und zu dir ging; ich sah den Weg in dunkler Enge, ich trat ihn an, bis im Gedränge mich deine Rechte froh umfing.

3. Hier spürt' ich, wie du dem Elenden den Weg voll Güt' und Wahrheit zeigst; ja Allen, die sich zu dir wenden, dein zärtlich Herz entgegen neigst. Wiewohl der Anfang ist beschwerlich, doch hilfst du den Elenden herrlich, die, Jesu, dir sich anvertraut. Sie sehn dein Tragen und dein Leiten vom Gründen bis zum Vollbereiten, bis sie dich dort einst selber schau'n.

4. Wiewohl ich sag' es mir zur Schande, daß ich mich lang' genug bedacht; doch du, Durchbrecher aller Bande! hast meinem Herzen Bahn gemacht; ich kam, als du mir nah getreten, zu dir auf Knie'n im stillen Beten und schmeckte dann dein Freundlichseyn. Mein Auge floß in stillen Thränen, mein Herze ward erfüllt mit Sehnen, so drang ich in dein Reich hinein.

5. Was konnt' ich hier für große Proben, o Heiland, deiner Treue schau'n! Ich will mich nun mit dir verloben, sprachst du, und ewiglich vertrau'n; du aber sollst den Herrn erkennen und nimmermehr dich von ihm trennen, der dir unendlich Gut's gethan. Hier bin ich, Heiland, hilf mir bleiben, nichts müsse mich mehr von dir treiben; denn meine Seele hängt dir an.

6. Was künftig ist, wirst du besorgen, ich wünsch' es nicht voraus zu sehn. Fürwahr, mein Gott, du bist verborgen in Führungen, die noch geschehn. Mich leite nur dein Angesichte, so geht's durch Tod und durchs Gerichte, du, Jesu, bist der Weg dahin. Es soll dein Führen mir in Allen durch gut' und rauhen Weg gefallen, ich weiß doch, daß ich Deine bin.

7. Und käm' auch denn ein neues Leiden, ich geh' den neuen Weg zu dir. Es geht aus Noth, o Herr, zu Freuden, vom Jammerthal zur Himmelsthür; da wandle ich, in gleichem Pfade, von Gnad' in Treu', von Treu' in Gnade und nehme stets im Guten zu; im Lande derer, die dir leben und der'r, so ewig um dich schweben, da wandle ich und finde Ruh'.

8. Ich glaube, du wirst mich nicht lassen; ich liebe, drum lass' ich dich nicht. Mein Herz soll, Jesu, dich umfassen, auch wenn es einst im Tode bricht. Kein Unfall kann mir da begegnen, du wirst mich auch im Sterben segnen, wie mir dein Mund verheißen hat; mit dir geh' ich getrost von hinnen, mit dir hab' ich den Himmel innen, du leitest mich nach deinem Rath.

Von der Liebe Gottes.

5 Mose 33, v. 3. Wie hat er die Leute so lieb! —

Mel. Wer nur den lieben Gott läßt walten.

725. Halt' aus, mein Herz! in deinem Glauben und suche Gottes Abendmahl; was kann dir Tod und Sünde rauben? bedenk', was Gottes Gnadenwahl für reichen Trost und Freude giebt: also hat Gott die Welt geliebt.

2. Dein schnöder Fall ist zwar geschehen; doch will Gott dein Verderben nicht. Er hat dein Elend angesehen, das ihm sein Vaterherze bricht. Drum fühlt er selbst, was dich betrübt: also hat Gott die Welt geliebt.

3. Eh' er dich will verderben lassen, eh' giebet er dir seinen Sohn: der muß die Noth zusammen fassen, der träget deinen Sün-

denlohn und wird bis an den Tod betrübt: also hat Gott die Welt geliebt.

4. Hier ist auch keine Kunst vonnöthen, daß man für sich viel läuft und rennt; er sendet Lehrer und Propheten, er sendet Wort und Sacrament. Je mehr uns fehlt, je mehr er giebt: also hat Gott die Welt geliebt.

5. Er hat dir seinen Geist gegeben, der dich in hoher Kraft regiert; ja, der im Glauben und im Leben dich stets auf rechter Straße führt, weil er durch dich das Zeugniß giebt: also hat Gott die Welt geliebt.

6. Er hat den Eid bei sich geschworen, er, als ein Gott, der Glauben hält, drum bist du dennoch nicht verloren, wenn Teufel, Sünde, Noth und Welt dich gleich verfolget und betrübt: also hat Gott die Welt geliebt!

7. Du stehst in seiner Hand geschrieben, die Schrift löscht auch kein Teufel nicht. Nur in dem Glauben fest geblieben, so bleibet Jesus stets dein Licht, wenn dich die letzte Noth betrübt: also hat Gott die Welt geliebt.

8. Wie bald ist unsre Zeit verflossen so wird der Himmel aufgethan, und Gott hat über uns beschlossen mehr, als ein Mensch begreifen kann, weil er sich selbst, und Alles giebt: also hat Gott die Welt geliebt.

9. Der ist der Grund, der hat das Siegel, daß Gott sein Volk in Jesu kennt. Wir eilen unter Jesu Flügel, wie auch der Feind von Zorn entbrennt, denn uns vergnügt, was Jesus liebt; also hat Gott die Welt geliebt!

M. Christian Weise.

Von Christo, dem treuen Heilande.

2 Timoth. 2, v. 8. Halt' im Gedächtniß Jesum Christ, der auferstanden ist von den Todten.

Mel. Es ist gewißlich an der Zeit.

726. Halt' im Gedächtniß Jesum Christ, o Mensch! der auf die Erden vom Thron des Himmels kommen ist, dein Bruder da zu werden. Vergiß nicht, daß er dir zu Gut' hat angenommen Fleisch und Blut; dank' ihm für diese Liebe.

2. Halt' im Gedächtniß Jesum Christ, der für dich hat gelitten, ja gern am Kreuz gestorben ist, und dadurch hat bestritten Welt, Sünde, Teufel, Höll' und Tod, und dich erlös't aus aller Noth; dank' ihm für diese Liebe.

3. Halt' im Gedächtniß Jesum Christ, der auch am dritten Tage siegreich vom Tod' erstanden ist, befreit von Noth und Plage. Bedenke, daß er Fried' gemacht, sein' Unschuld Leben wieder bracht; dank' ihm für diese Liebe.

4. Halt' im Gedächtniß Jesum Christ, der nach den Leidenszeiten gen Himmel aufgefahren ist, die Stätt' dir zu bereiten, da du sollst bleiben allezeit und sehen seine Herrlichkeit; dank' ihm für diese Liebe.

5. Halt' im Gedächtniß Jesum Christ, der einst wird wieder kommen und sich, was todt und lebend ist, zu richten vorgenommen. O denke, daß du da bestehst und mit ihm in sein Reich eingehst, ihm ewiglich zu danken.

6. Gieb, Jesu, gieb, daß ich dich kann mit wahrem Glauben fassen und nie, was du an mir gethan, mög' aus dem Herzen lassen, daß dessen ich in aller Noth mich trösten mög' und durch den Tod zu dir in's Leben dringen.

Cyriacus Günther.

Bußlied.

Matthäi 5, v. 4. Selig sind, die da Leid tragen, denn sie sollen getröstet werden.

Mel. Jesu, meine Freude.

727. Hast du Angst im Herzen und empfindest Schmerzen wegen deiner Sünd': o sey wohl zufrieden; denn du bist hienieden worden Gottes Kind. Gott betrübt das, was er liebt; was Gott will zur Rechten stellen, führt er erst zur Höllen.

2. Wer sich selbst wird richten, den wird Gott mit nichten bringen in's Gericht. Gott hat drum das Leben seines Sohn's gegeben in den Tod, daß nicht ich und du von ew'ger Ruh' sollen abgesondert bleiben, wenn wir ihm nur gläuben.

3. Gottes heil'ge Pflege sind die Wunderwege, darauf er uns führt, drauf wir müssen kämpfen, unsern Willen dämpfen, bis daß wir verspürt, daß die Buß' hält bei uns Fuß, und wir recht voll Glaubens werden hier auf dieser Erden.

4. Willst du Gnade finden, suche deine Sünden forthin nicht in dir, schaue Jesum tragen das, um was du klagen fort willst für und für. Gott der schlägt den, welcher trägt unsrer Sünden schwere Bürden, daß wir Kinder würden.

5. Macht der Sünden Menge dir die Welt zu enge: Gottes Gnad' ist groß, hier in diesem Leben; Gott will uns vergeben, daß wir frei und los mögen seyn von ew'ger Pein.

Pein. Wer die Sünd' hier sucht zu hassen, den wird Gott nicht lassen.

6. Der, den Gott nicht liebet, wird hier nicht betrübet wegen seiner Sünd', alldieweil er bleibet dessen, der ihn treibet Satanas sein Kind. Schaue nun, wie ist dein Thun? Wirst du wahre Buß' anfangen, sollst du Gnad' erlangen.

7. Gottes Lieb' und Treue bleibt uns hier stets neue; Gott wirft uns nicht weg, ob wir gleich vor Allen viel und sehr gefallen, auf dem Lebenssteg', hat stets Acht des Höchsten Wacht auf uns; seiner Liebe Brennen läßt uns nicht abtrennen.

8. Dieser Liebe Brennen lehr' uns wohl erkennen, o Herr Jesu Christ! wenn in unserm Zagen oftmals wir beklagen, was uns nagt und frißt. Jesu! du, o ein'ge Ruh', laß uns nicht von dir abscheiden noch von deinen Freuden.

Christoph Runge.

Christi Zukunft zum Gericht.

2 Advent.

Luc. 21, v. 28. Wenn aber dieses anfänget zu geschehen, so sehet auf und hebet eure Häupter auf, darum, daß sich eure Erlösung nahet.

Mel. Meinen Jesum lass' ich nicht.

728. Hebet eure Häupter auf, die Erlösung ist nicht ferne; Menschen! merkt der Zeiten Lauf; seht auf Sonne, Mond und Sterne; Erde, Meer und Himmel schreit: der Gerichts-Tag ist nicht weit!

2. Schaut die schwarzen Wolken an, hört die Wasser-Wogen brüllen; zittert nicht der Erden-Plan und der Menschen Sünde willen? und der Kreaturen Schall ist voll Seufzens überall.

3. O du Richter aller Welt! dieses, wenn wir's recht betrachten, macht, daß uns das Herz entfällt, und wir fast vor Angst verschmachten; denn das Warten solcher Zeit bringet lauter Bangigkeit.

4. Ach, wie bald kann uns der Tag als ein Fallstrick übereilen, und ein einz'ger Donnerschlag dieses ganze Rund zertheilen! Unsrer Sünden Maaß ist voll, das ist's was man merken soll.

5. Doch wer wollte traurig seyn? die Erlösung wird ja kommen; die sich deiner Zukunft freu'n, werden gnädig aufgenommen; wenn gleich Erd' und Himmel bricht, so vergeht dein Wort doch nicht.

6. Läßt der Baum die Knospen sehn, kann der Sommer nicht verziehen; und wenn dieses wird geschehn, daß die letzten Zeichen blühen, so ist Gottes Reich uns nah', und auch die Erlösung da.

7. Aber weil kein Mensch es weiß, wann dein Tag uns wird betreten, so laß uns mit ganzem Fleiß wacker seyn und eifrig beten, daß uns dein Gericht nicht trifft, wenn das Herz was Böses stift't.

8. Laß ja ferne von uns seyn Schwelgerei und nicht'ges Sorgen, weck' uns auf, kehr' bei uns ein, kommst du heute nicht, doch morgen; daß wir alle würdig gehn, vor des Menschen Sohn zu stehn.

Benjamin Schmolck.

Von der Liebe Christi.

Apost. Gesch. 10, v. 38. Jesus ist umher gezogen und hat wohl gethan.

Mel. Schmücke dich, o liebe Seele.

729. Heiland! deine Menschen-Liebe war die Quelle deiner Triebe, die dein treues Herz bewogen, dich in unser Fleisch gezogen, dich mit Schwachheit überdecket, dich vom Kreuz ins Grab gestrecket. O der ungemeinen Triebe deiner treuen Menschen-Liebe!

2. Ueber seine Feinde weinen, Jedermann mit Hülf' erscheinen, sich der Blinden, Lahmen, Armen mehr als väterlich erbarmen, der Betrübten Klagen hören, sich in and'rer Dienst verzehren, sterben voll der reinsten Triebe: das sind Proben wahrer Liebe.

3. O du Zuflucht der Elenden! wer hat nicht von deinen Händen Segen, Hülf' und Heil genommen, der gebeugt zu dir gekommen? o, wie ist dein Herz gebrochen, wenn dich Kranke angesprochen! o, wie pflegtest du zu eilen, das Gebet'ne mitzutheilen!

4. Die Betrübten zu erquicken, zu den Kleinen dich zu bücken, die Unwissenden zu lehren, die Verführten zu bekehren, Sünder, die sich selbst verstocken, täglich liebreich zu dir locken, war, ohn' Schwächung deiner Kräfte, dein gewöhnliches Geschäfte.

5. O wie hoch stieg dein Erbarmen, da du für die ärmsten Armen dein unschätzbar theuer Leben in den ärgsten Tod gegeben, da du in der Sünder Orden aller Schmerzen Ziel geworden und, den Segen zu erwerben, als ein Fluch hast wollen sterben!

6. Deine Lieb' hat dich getrieben, Sanftmuth und Geduld zu üben, ohne Schelten, Drohen, Schlagen, And'rer Schmach und Last zu tragen, Allen freundlich zu begeg-

nen, für die Lästerung zu segnen, für der Feinde Schaar zu beten und die Mörder zu vertreten.

7. Demuth war bei Spott und Hohne deiner Liebe Schmuck und Krone; diese machte dich zum Knechte einem sündlichen Geschlechte. Diese Demuth, gleich den Tauben war ohn' Falsch, voll Treu' und Glauben, mit Gerechtigkeit gepaaret, durch Vorsichtigkeit bewahret.

8. Lamm, laß deine Liebe decken meiner Sünden Meng' und Flecken; du hast das Gesetz erfüllet, des Gesetzes Fluch gestillet; laß mich wider dessen Stürmen deiner Liebe Schild beschirmen. Heil'ge meines Herzens Triebe, salbe sie mit deiner Liebe!

D. Johann Jakob Rambach.

Geduld und Hoffnung in Leiden.

Römer 12, v. 12. Seyd fröhlich in Hoffnung, geduldig in Trübsal; haltet an am Gebet.

Mel. Wunderbarer König.

730. Heiland, hilf mir tragen meine Angst und Schmerzen; nimm dir meine Noth zu Herzen; du bist doch mein Leben, meine Kraft und Stärke, ob ich's noch so wenig merke. Gieb nur Muth, durch dein Blut Alles zu besiegen, was mich will bekriegen.

2. Laß den Geist der Freude mir dein Kreuz verklären, dich in Nöthen hoch zu ehren. Ja, dein theurer Friede fülle Herz und Sinnen und regiere mein Beginnen. Sey mir's gar, immerdar. Sey mein Ruhm und Freude auch im tiefsten Leide.

3. Gieb mir vollen Glauben; bloß auf's Wort zu trauen, ohne Fühlen, ohne Schauen. Ob auch tiefe Wasser meine Scheitel decken, davor darf ich nicht erschrecken; denn dein Sinn zielt dahin, in den höchsten Nöthen helfen, und nicht tödten.

4. Salbe mir die Augen, oft hinauf zu sehen, wo die Ueberwinder stehen; wo nur Engel leben, und die Gläubig-Frommen, die aus großer Trübsal kommen; wo du wohnst, wo du lohnst, recht mit vollen Maaßen, die im Kreuzreich saßen.

5. Hoffnung läßt nicht sinken, die auf Wahrheit bauet, die auf ihn, den Felsen, trauet. Alles muß verschwinden, und zu Trümmern gehen; ich will seine Ehre sehen. Gott, mein Heil, Gott, mein Theil, wird sich zu mir wenden, und mir Hülfe senden.

6. Deine Wunderliebe, die dein Volk genießet, die der Geist in Kraft ausgießet, laß mein Herz erfüllen, und stets bei mir bleiben; sie kann alle Furcht vertreiben, die mich plagt, die mich nagt; süß sind ihre Kräfte, herrlich ihr Geschäfte.

Friedrich August Weihe.

Pfingstlied.

Johannis 16, v. 14. Der heilige Geist wird mich verklären; denn von dem Meinen wird er es nehmen, und euch verkündigen.

Mel. Sollt' es gleich bisweilen scheinen.

731. Heil'ger Geist, du Himmelslehrer! mächt'ger Tröster und Bekehrer! ach, laß meines Herzens Schrein deine ew'ge Wohnung seyn.

2. Gieb, daß stets durch heil'ges Denken sich mein Herz zu Gott mag lenken; klopf' an meinem Herzen an, wenn ich geh' auf falscher Bahn.

3. Treibe, leite und regiere, mich zum Guten stetig führe; gieb selbst Lust und Kraft dazu, daß ich Gottes Willen thu'.

4. Gieb mir stetiges Verlangen, Jesu fester anzuhangen, immer mehr von Sünden rein, heilig, unbefleckt zu seyn.

5. Hilf, daß ich mich bald betrübe, wenn was Böses ich verübe, und daß bei mir wahre Reu' über mein Versehen sey.

6. Laß mich allezeit erwägen, daß Gott sey bei mir zugegen, der auf alle Wort' und That stets genaue Achtung hat.

7. Laß mich, weil ich leb' auf Erden, wachsam stets erfunden werden und nach göttlichem Geheiß thun mein Amt mit allem Fleiß.

8. So werd' ich durch dieses Führen auch in meinem Herzen spüren, daß du, werther Gottes-Geist! in mir wohnst und kräftig seyst.

9. Ich will stets von ganzer Seelen deinen Gottes-Ruhm erzählen und sammt Vater und dem Sohn' preisen dich in deinem Thron'.

Cyriacus Günther.

Vom christlichen Sinn und Wandel.

Philipper 2, v. 13. Gott ist es, der in euch wirket Beides das Wollen und Vollbringen nach seinem Wohlgefallen.

Mel. Freu' dich sehr, o meine Seele.

732. Heil'ger Vater, Gott der Stärke, dein Licht ist vom Wechsel frei, und in jedem deiner Werke bist du heilig, wahr und treu; ach, ich klage dir mein Leid, meine Unbeständigkeit; denn mein Herz ist gleich den Wogen, leicht bewegt und bald betrogen.

2. Bald durch Menschenfurcht und Liebe, bald durch Ehre, Ruhm und Geld, bald durch böser Wollust Triebe und durch Aergerniß der Welt; bald scheint Armuth fürchterlich, bald treibt die Verfolgung mich, läßt mich von dem Höchsten weichen und mein Ziel mich nie erreichen.

3. Ich bekenn' es dir, wie billig, und bekenn's mit Weh' und Ach! oftmals scheint mein Geist zwar willig, aber ach, mein Fleisch ist schwach. Ach! ich bitt' dich, rechne du diese Sünde mir nicht zu und entzieh' mir nicht die Gaben, die ich hier und dort soll haben.

4. Festigkeit gieb meinem Herzen, nur die Gnade macht es fest, daß mich unter allen Schmerzen Muth und Hoffnung nicht verläßt. Deine Ehre und dein Ruhm sey mein einzig Eigenthum, lehr' mich aller Gunst und Schätzen deine Liebe vorzusetzen.

5. Laß den allertheu'rsten Glauben und die hoffende Geduld mir durch nichts auf Erden rauben, steh' mir bei mit deiner Huld, daß ich, Herr, von deiner Treu' ewig unzertrennlich sey, gieb mir auch zu allen Stunden neue Kraft aus Christi Wunden.

6. Laß den Undank dieser Erden und den Hohn der ganzen Welt mir nicht zur Versuchung werden, wenn mich Leiden überfällt; denn es ist ja Seligkeit, leiden für Gerechtigkeit; was du zusagst, laß mich fassen und mich fest darauf verlassen.

7. Gieb ein Herz mir, das im Glücke nicht verwegen, stolz und frei und bei widrigem Geschicke nicht verzagt noch mürrisch sey. Zieh' mit deiner Macht mich an, daß ich Alles wagen kann und im Streit nicht unterliege, sondern kämpfe bis zum Siege.

8. Wehre allem Trug vom Teufel, der die Wahrheit will verdrehn, laß mich wider allen Zweifel in der Wahrheit Gottes stehn; stärke meinen schwachen Muth, daß ich jedes Zweifels Wuth stets, aus deines Wortes Gründen, kräftig möge überwinden.

9. Herr, versiegle hier im Leben meinen Geist durch deinen Geist; laß ihn mir das Zeugniß geben, daß du mich dort erben heiß'st; damit zeichne Haupt und Herz, daß ich, unter Freud' und Schmerz, deinen großen Namen preise, weil ich dir verbunden heiße.

10. Mach' mich auf den Grund erbauet, den man unbeweglich nennt, wo man dieses Siegel schauet, daß der Herr die Seinen kennt; nimm durch deine Gottesmacht meine Seligkeit in Acht und bewahre mich im Sterben noch als deinen Himmelserben.

M. Philipp Friedrich Hiller.

Heiligungskraft Christi zu seiner Nachfolge.

Johannis 17, v. 22. Ich habe ihnen gegeben die Herrlichkeit, die du mir gegeben hast, daß sie Eines seyn, gleichwie wir Eines sind.

Mel. Wachet auf! ruft uns die Stimme.

733. Heiligster Jesu! Heil'gungsquelle, mehr als Krystall rein, klar und helle, du laut'rer Strom der Heiligkeit! aller Glanz der Cherubinen und Heiligkeit der Seraphinen ist gegen dich nur Dunkelheit. Ein Vorbild bist du mir, ach! bilde mich nach dir: du mein Alles! Jesu, ei nu, hilf mir dazu, daß ich mag heilig seyn, wie du.

2. O stiller Jesu! wie dein Wille dem Willen deines Vaters stille und bis zum Tod gehorsam war; also mach' auch gleichermaßen mein Herz und Willen dir gelassen; ach stille meinen Willen gar! Mach' mich dir gleich gesinnt, wie ein gehorsam Kind, fromm und stille! Jesu, ei nu, hilf mir dazu, daß ich fein stille sey, wie du.

3. Wachsamer Jesu! ohne Schlummer in großer Arbeit, Müh' und Kummer bist du gewesen Tag und Nacht; du mußtest täglich viel ausstehen, des Nachts lagst du vor Gott mit Flehen und hast gebetet und gewacht: gieb mir auch Wachsamkeit, daß ich zu dir all'zeit wach' und bete. Jesu, ei nu, hilf mir dazu, daß ich stets wachsam sey, wie du.

4. Gütigster Jesu! ach wie gnädig, wie liebreich, freundlich und gutthätig bist du doch gegen Freund und Feind. Dein Sonnenglanz der scheinet Allen, dein Regen muß auf Alle fallen, ob sie dir gleich undankbar seyn. Mein Gott! ach lehre mich, damit hierinnen ich dir nacharte. Jesu, ei nu, hilf mir dazu, daß ich auch gütig sey, wie du.

5. Du sanfter Jesu! warst unschuldig und littest alle Schmach geduldig, vergabst und übt'st nicht Rache aus. Niemand kann dein' Sanftmuth messen, bei der kein Eifer dich gefressen, als den du hatt'st um's Vaters Haus.*) Mein Heiland! ach verleih' mir Sanftmuth und dabei guten Eifer. Jesu, ei nu, hilf mir dazu, daß ich sanftmüthig sey, wie du.

*) Joh. 2, v. 17.

6. Würdigster Jesu, Ehren-König! du suchtest deine Ehre wenig und wurdest niedrig und gering und wandelt'st ganz ertieft

auf Erden in Demuth und in Knechtsgeberden, erhobst dich selbst in keinem Ding': Herr, solche Demuth lehr' mich auch je mehr und mehr stetig üben! Jesu, ei nu, hilf mir dazu, daß ich demüthig sey, wie du.

7. O keuscher Jesu! all' dein Wesen war züchtig, keusch und auserlesen, von tugendvoller Sittsamkeit; Gedanken, Reden, Glieder, Sinnen, Geberden, Kleidung und Beginnen war voll von lauter Züchtigkeit. O mein Immanuel, mach' mir Geist, Leib und Seel' keusch und züchtig. Jesu, ei nu, hilf mir dazu, so keusch und rein zu seyn, wie du.

8. Mäßiger Jesu! deine Weise im Trinken und Genuß der Speise lehrt uns die rechte Mäßigkeit. Den Durst und Hunger dir zu stillen war statt der Kost des Vaters Willen und Werk vollenden dir bereit't. Herr! hilf mir meinen Leib stets zähmen, daß ich bleib' dir stets nüchtern. Jesu, ei nu, hilf mir dazu, daß ich stets nüchtern sey, wie du.

9. Nun, liebster Jesu, liebstes Leben! mach' mich in Allem dir recht eben und deinem heil'gen Vorbild gleich. Dein Geist und Kraft mich gar durchdringe, daß ich viel Glaubensfrüchte bringe und tüchtig werd' zu deinem Reich'. Ach, zieh' mich ganz zu dir, behalt' mich für und für, treuer Heiland! Jesu, ei nu, laß mich, wie du und wo du bist, einst finden Ruh'.

Bartholomäus Crasselius.

Nach Anderen aus dem Holländischen durch Gottfried Arnold übersetzt.

Neujahrslied.

Psalm 95, v. 1. Kommt herzu, lasset uns dem Herrn frohlocken, und jauchzen dem Hort unsers Heils.

In eigener Melodie.

734. Helft mir Gott's Güte preisen, ihr lieben Kinderlein! mit G'sang und andern Weisen ihm all'zeit dankbar seyn; vornehmlich zu der Zeit, da sich das Jahr geendet, die Sonn' sich zu uns wendet: das neue Jahr ist heut'.

2. Laßt ernstlich uns betrachten des Herren reiche Gnad', und so gering' nicht achten sein' unzählig' Wohlthat; stets führen zu Gemüth, wie er dies Jahr hat g'geben all' Nothdurft unserm Leben und uns vor Leid behüt't;

3. Lehramt, Schul', Kirch' erhalten in gutem Fried' und Ruh'; Nahrung für Jung' und Alte bescheret auch dazu, und gar mit milder Hand sein' Güter ausgespendet, Verwüstung abgewendet von unsrer Stadt und Land.

4. Er unsrer hat verschonet aus väterlicher Gnad'; wenn er uns hätt' belohnet nach unsrer Missethat mit gleicher Straf' und Pein, wir wären längst gestorben, in mancher Noth verdorben, dieweil wir Sünder seyn.

5. Nach Vaters Art und Treuen er uns so gnädig ist. Wenn wir die Sünd' bereuen, glauben an Jesum Christ herzlich, ohn' Heuchelei, thut er all' Sünd' vergeben, lindert die Straf' daneben, steht uns in Nöthen bei.

6. All' solch' dein' Gnad' wir preisen, Vater im Himmelsthron! die du uns thust beweisen durch Christum deinen Sohn, und bitten ferner dich: gieb uns ein friedlich Jahre, vor allem Leid bewahre und nähr' uns mildiglich!

D. Paul Eberus.

Bei heftigen Sturmwinden.

Nahum 1, v. 3. Er ist der Herr, deß Wege im Wetter und Sturm sind.

Mel. Zion klagt mit Angst und Schmerzen.

735. Herr, ach hilf uns! wir verderben und vergehen in der Noth. Ach, wir müssen kläglich sterben, wenn du nicht aus Noth und Tod unser armes Leben führst und des Windes Sturm regierst. Herr! wir fliehn zu deinen Armen, Herr! wir suchen dein Erbarmen.

2. Grausam ist des Windes Wüthen, der so schrecklich tobt und ras't, du allein kannst ihm gebieten, wie du dich erwiesen hast, als der bangen Jünger Schaar mit dir in dem Schiffe war; so laß auch anjetzt den Deinen deine Gnadenmacht erscheinen!

3. Zwar du hast den Wind geschaffen, uns viel Gutes zu verleih'n; willst du aber Sünder strafen, muß er ihnen schädlich seyn; ach, wie oft vergehen wir uns, liebreicher Gott, an dir! Herr, du könntest solch Verbrechen wohl mit Schrecken an uns rächen.

4. Herr! du woll'st an uns gedenken, wie ein treuer Vater thut, dein Herz gnädig zu uns lenken; ach, wir fleh'n durch Christi Blut: Herr! ach reiß' uns diesesmal aus der Angst und bangen Qual, laß uns eilend Hülfe finden, schenk' uns gnädig Straf' und Sünden.

5. Dräu' dem Wind, daß er sich lege, gieb uns wieder stille Ruh'; sprich, daß sich

kein Sturm mehr rege; denn wir sagen Bess'rung zu. Herr, wir wollen jederzeit deines Namens Herrlichkeit jetzo hier und einst dort oben unaufhörlich dafür loben.

J. E. D.

Vom wahren Glauben.

Marci 9, v. 24. Ich glaube, lieber Herr, hilf meinem Unglauben.

Mel. O Gott, du frommer Gott.

736. Herr, allerhöchster Gott! von dem wir alle Gaben und was uns nützlich ist durch Christum müssen haben, ich Sünder klage dir, daß leider ich nicht kann dich wie ich gerne wollt' im Glauben beten an.

2. Ich glaube, Herr! zwar wohl, doch ist sehr schwach mein Glauben, den mir noch will dazu der arge Feind oft rauben; in solcher Noth, o Gott! weil ich allein auf dich vertraue, wollest du mein treuer Helfer seyn.

3. Ach Jesus, reiche mir doch deine Gnadenhände, hilf meiner Schwachheit auf und Stärkung mir zusende, obschon dem Senfkorn gleich mein Glaube ist sehr klein, so laß ihn doch in mir in stetem Wachsthum seyn.

4. Ich bin zwar schwach, doch sey der Glaub' in mir geschäftig, und deine Stärk' und Kraft sey in mir Schwachen kräftig; ach, zeuch mich hin zu dir, Herr, meine Zuversicht! auf daß sich mehr' in mir des wahren Glaubens Licht.

5. O frommer Gott, der du ein Fünklein angezündet des Glaubens, fach' es an, daß, wenn sich Noth einfindet, ich wohl gerüstet sey und gute Ritterschaft ausübe allezeit durch dieses Lichtes Kraft.

6. Herr Jesu! blicke du mich an aus lauter Gnaden, wie du das arme Weib von Cana, das beladen mit vielem Unglück war; vertritt du mich bei Gott, damit mein schwacher Glaub' nicht werde hier zu Spott.

7. Ach, lieber Herr! wie du für Petrum hast gebeten, daß er nicht möchte ab vom wahren Glauben treten, so bitte auch für mich, der du mein Mittler bist, weil es dein Wille ja und mir ersprießlich ist.

8. Erhöre mich, mein Gott! mein Gott mich doch erhöre! und merke auf mein Fleh'n, die Bitte mir gewähre, daß ich des Glaubens Ziel, der Seelen Seligkeit erlange dort einmal bei dir in Ewigkeit.

Christlicher Sinn.

Psalm 37, v. 3. Hoffe auf den Herrn und thue Gutes.

Mel. Freu' dich sehr, o meine Seele.

737. Herr! auf dich will ich fest hoffen, Gut's zu thun verleihe mir, deine Wohnung sey mir offen, redlich da zu dienen dir. An dir laß mich haben Lust, Weltlust sey mir unbewußt, was mein Herz von dir verlanget, gieb mir, weil es an dir hanget.

2. Dir befehl' ich meine Wege, auf dich hoff' ich, Herr mein Gott! zeige mir die rechten Stege, laß mich nirgend in der Noth. Alles wirst du machen gut, stärke nur den schwachen Muth, daß ich sey dir ganz ergeben und in dir recht möge leben.

3. Herr! nach deinem Wohlgefallen lehre mich thun immerdar. Denn du bist mein Gott in Allem, dein Geist meiner nehme wahr, führe mich auf ebner Bahn und bring' mich gen Himmel an, ach Herr! laß mich nimmer irren, noch des Satans Licht verwirren.

4. Lehre mich, Herr! wohl bedenken, daß es mit mir haben muß bald ein Ende, da sich's lenken muß zum Ziel und da mein Fuß muß davon aus dieser Zeit hin zur Freud', zur Ewigkeit; ach! laß mich, Herr! um dich schweben: ewig wohl bei dir zu leben.

D. Martin Geier.

Gläubige Zueignung der Himmelfahrt Christi.

Johannis 16, v. 22. Ihr habt auch nun Traurigkeit; aber ich will euch wieder sehen, und euer Herz soll sich freuen, und eure Freude soll Niemand von euch nehmen.

Mel. Freu' dich sehr, o meine Seele.

738. Herr! auf Erden muß ich leiden, und bin voller Angst und Weh', warum willst du von mir scheiden, warum fährst du in die Höh'? nimm mich Armen auch mit dir, oder bleibe doch in mir, daß ich dich und deine Gaben möge täglich bei mir haben.

2. Laß dein Herze mir zurücke, und nimm meines mit hinauf; wenn ich Seufzer zu dir schicke, mache selbst den Himmel auf, und so ich nicht beten kann, rede selbst den Vater an, denn du sitz'st zu seiner Rechten, darum hilf uns deinen Knechten.

3. Zeuch die Sinnen von der Erde über alles Eit'le hin, daß ich mit dir himmlisch werde, ob ich gleich noch irdisch bin, daß ich gläubig meine Zeit richte in die Ewigkeit.

bis ich werd' dahin gelangen, wohin du vorangegangen.

4. Dir ist Alles übergeben, nimm dich auch der Deinen an, hilf mir, daß ich christlich leben und dir heilig dienen kann; kommt der Satan wider mich, ach so wirf ihn unter dich zu dem Schemel deiner Füße, daß er ewig schweigen müsse.

5. Meine Wohnung mache fertig droben in des Vaters Haus, da ich werde gegenwärtig bei dir gehen ein und aus; denn der Weg dahin bist du, darum bringe mich zur Ruh', und nimm an dem letzten Ende meinen Geist in deine Hände.

6. Komme, wenn es Zeit ist, wieder; denn du hast es zugesagt, und erlöse meine Glieder, die der Tod im Grabe nagt; richte dann die böse Welt, die dein Wort für Lügen hält, und nach ausgestand'nem Leide führ' uns ein zur ew'gen Freude!

Kaspar Neumann.

Jesus, unser Vorbild.

1 Joh. 2, v. 6. Wer da saget, daß er in ihm bleibet, der soll auch wandeln, gleichwie er gewandelt hat.

Mel. Ringe recht, wenn Gottes Gnade.

739. Herr! bei jedem Wort und Werke mahne mich dein Geist daran: hat auch Jesus so geredet? hat auch Jesus so gethan?

2. Werd' ich so in meinem Wallen (ich bin meines Jesu Knecht) diesem Herrn auch wohl gefallen, dien' ich meinem Herrn auch recht?

3. Folg' ich ihm, wohin er gehet? oder siehet nur mein Sinn, wo der Wind der Welt hinwehet? zeig' mir, Jesu! wo ich bin.

4. Dir zu folgen, laß alleine meinen Ruhm und Ehre seyn. Prüf', erfahre, wie ich's meine, tilge allen Heuchelschein.

5. Deinem Beispiel nachzuleben, deinem Vorbild nur allein, laß mein einiges Bestreben, Jesu! bis ans Ende seyn.

Christian Karl Ludwig v. Pfeil.

Vom Worte Gottes.

Jacobi 1, v. 18. Er hat uns gezeuget nach seinem Willen durch das Wort der Wahrheit, auf daß wir wären Erstlinge seiner Kreaturen.

Mel. Herr Gott, dich loben alle wir.

740. Herr Christ! man dankt dir insgemein für deines Wortes hellen Schein, damit du uns hast angeblickt und unser mattes Herz erquickt.

2. Wir saßen vor im Todesthal sehr tief gefangen allzumal; hab' Dank, du liebstes Jesulein, daß wir durch dich erlöset seyn.

3. Hilf, daß dein Licht uns leuchten mag bis an den lieben jüngsten Tag und wir auch wandeln jederzeit auf rechtem Weg der Seligkeit.

4. O wahrer Mensch! o Gottes Sohn! du König hoch im Himmelsthron! Niemand von uns verdienet hat solch' deine Lieb' und große Gnad'.

5. Dein guter Geist woll' uns regier'n, daß wir ein heilig Leben führ'n. Du weiß'st, o großer Menschenfreund, wie wir so unvermögend seynd.

6. Nimm an zum Opfer, lieber Herr, das Seufzen unsrer Herzen schwer; wir arme Sünder ehren dich als unsern König ewiglich.

Verlangen nach dem Herrn.

Off. Joh. 22, v. 17. Der Geist und die Braut sprechen: Komm! und wer es höret, der spreche: Komm!

Mel. Wachet auf! ruft uns die Stimme.

741. Herr, da du zu uns gekommen, und unsre Menschheit angenommen, sang dir der Engel lichte Schaar. Dann bist du nach deinen Siegen vom Grab auf deinen Thron gestiegen, beherrschest Alles wunderbar. Bald kommst du wiederum, nun ruft dein Eigenthum: komm, Herr Jesu! wir warten dein, bei dir zu seyn. Komm, Herr, und führ' uns zu dir ein.

2. Unser Glaube hat sein Siegel, und kennt dich durch des Wortes Spiegel bereits in deiner Herrlichkeit; unsre Liebe will dich sehen, die Hoffnung dir entgegen gehen, weil deine Zukunft uns erfreut. So spricht der Geist uns zu; die Braut spricht: komme du. Komm, Herr Jesu! da betet man dich, König an, da ist dir Alles unterthan.

M. Philipp Friedrich Hiller.

Vom christlichen Wandel.

Psalm 119, v. 131. Ich thue meinen Mund auf und begehre deine Gebote; denn mich verlangt darnach.

Mel. Es ist das Heil uns kommen her.

742. Herr! deine Rechte und Gebot', darnach wir sollen leben, woll'st du mir, o getreuer Gott! in's Herze selber geben, daß ich zum Guten willig sey und ohne Falsch und Heuchelei was du befiehlst vollbringe.

2. Gieb, daß ich dir allein vertrau', allein dich fürcht' und liebe, auf Menschentrost und Hülf' nicht bau' noch mich darum betrübe; daß großer Leute Gnad' und Gunst,

Gewalt, Macht, Reichthum, Witz und Kunst mir nicht zum Abgott werde.

3. Hilf, daß ich deinen Gnadenbund aus deinem Wort erkenne, auch niemals dich mit meinem Mund ohn' Herzensandacht nenne, daß ich bedenke alle Tag, wie stark mich meine Taufzusag' zum Dienste dir verbinde.

4. Am Tage deiner heil'gen Ruh' laß mich früh vor dich treten, die Zeit auch heilig bringen zu mit Andacht und mit Beten, daß ich hab' meine Lust an dir, dein Wort gern höre und dafür dich recht von Herzen preise.

5. Die Aeltern, Lehrer, Obrigkeit, so vorgesetzt mir werden, laß mich ja ehren allezeit, daß mir's wohl geh' auf Erden, für ihre Treu' und Sorg' laß mich, wenn sie auch werden wunderlich, gehorsam seyn und dankbar. 1 Petri 2, v. 18.

6. Hilf, daß ich nimmer eigne Rach' aus Zorn und Feindschaft übe, dem, der mir anthut Kreuz und Schmach, verzeihe und ihn liebe, sein Glück und Wohlfahrt Jedem gönn', schau', ob ich Jemand dienen könn', und thu' es dann mit Freuden.

7. Unreine Werk' der Finsterniß laß mich mein' Lebtag' meiden, daß ich für solche Sünd' nicht müss' der Hölle Qual dort leiden; schaff' in mir, Gott! ein reines Herz, daß ich durch unehrbaren Scherz dein Herz niemals betrübe.

8. Verleih', daß ich mich redlich nähr' und böser Werke schäme, mein Herz vom Geiz und Unrecht kehr', nichts durch Gewalt hinnehme, und von der Arbeit meiner Händ', was übrig ist, auf Arme wend' und nicht auf Pracht und Hoffart.

9. Hilf, daß ich meines Nächsten Ehr' zu hüten mich befleiße, Schmach und Verläumdung von ihm kehr', doch Böses nicht gut heiße; gieb, daß ich lieb' Aufrichtigkeit, und hab' ein'n Abscheu jederzeit an Lastern und an Lügen.

10. Laß mich des Nächsten Haus und Gut nicht wünschen noch begehren, was aber mir vonnöthen thut, das woll'st du mir gewähren; doch, daß es Niemand schädlich sey, ich auch ein ruhig Herz dabei und deine Gnad' erhalte.

11. Ach, Herr! ich wollte deine Recht' und deinen heil'gen Willen, wie mir gebühret deinem Knecht, ohn' Mangel gern erfüllen, doch fühle ich was mir gebricht, und wie ich das Geringste nicht vermag aus eignen Kräften.

12. Drum gieb du mir von deinem Thron, Gott Vater! Gnad' und Stärke, verleih', o Jesu, Gottes Sohn! daß ich thu' rechte Werke; o heil'ger Geist! hilf, daß ich dich von ganzem Herzen und als mich den Nächsten herzlich liebe. David Denicke.

Klage und Trost der Kirche Christi.

Hosea 14, v. 5. Ich will ihr Abtreten wieder heilen, gern will ich sie lieben.

Mel. Es ist gewißlich an der Zeit.

743. Herr! deine Treue ist so groß, daß wir uns wundern müssen, wir liegen vor dir arm und bloß zu deinen Gnadenfüßen. Die Bosheit währet immer fort und du bleibst doch der treue Hort und willst uns nicht verderben.

2. Die Sünde nimmt gar überhand, du siehest selbst die Schmerzen, die Wunden sind dir wohl bekannt der sehr verstockten Herzen; die Schulden nehmen täglich zu; es haben weder Rast noch Ruh', die dir den Rücken kehren.

3. Dein Auge stehet wider die, so deiner Wege fehlen und in dem ganzen Leben hie den krummen Weg erwählen und suchen in dem Sündenwust zu büßen ihre Fleischeslust nach dem verderbten Willen.

4. Die Kreatur entsetzet sich und seufzet, frei zu werden, sie wartet und thut ängstiglich; der Himmel und die Erden, die deiner Finger Werke sind, und was sich in denselben find't, beweinen solch Verderben.
Römer 8, v. 19—23.

5. Wir hoffen dennoch fest zu dir, du werdest uns erhören; wir flehen, o Gott! für und für, du wollest doch bekehren die sündenvolle blinde Welt, die sich für so glückselig hält, da sie zur Hölle eilet.

6. Erbarme dich, o treuer Gott, der du die Welt geliebet, die Welt, die ganz in Sünden todt, in Irrthum dich betrübet; gieb deinem werthen Worte Kraft, daß es in solchen Herzen haft', die hart sind wie die Felsen.

7. Laß doch die Welt erkennen noch mit ihren blinden Kindern, wie sanft und angenehm dein Joch sey deinen armen Kindern, die fühlen ihre Sündenschuld und wenden sich zu deiner Huld und deines Sohnes Wunden.

8. Die Heerde, die du hast erwählt, die setze du zum Segen und schenke, was ihr

annoch fehlt, zu gehn auf deinen Wegen. Laß deine Treue, Aug' und Hand seyn deinen Gliedern wohlbekannt, die deiner Güte trauen.

9. Ein Vater und ein Hirte meint es treulich mit den Seinen; du bist noch mehr als beide seynd, du kannst's nicht böse meinen; drum trauen wir allein auf dich; ach! leite du uns väterlich nach deinem Rath und Willen.

10. Hier sind wir deine Reben schon und freuen uns daneben, daß du uns wirst die Gnadenkron' in deinem Reich einst geben: wir hoffen, bald dein Angesicht zu sehen dort in jenem Licht, da uns das Lamm wird weiden.

Johann Weydenheim.

Von der unmöglichen Erfüllung des Gesetzes.

Römer 7, v. 18. Wollen habe ich wohl, aber vollbringen das Gute finde ich nicht.

Mel. Es ist das Heil uns kommen her 2c.

744. Herr! dein Gesetz, das du der Welt zur Richtschnur hast gegeben, das du zur Regel vorgestellt, darnach wir sollen leben, das deinen Willen offenbart, ist ganz von einer andern Art, als menschliche Gesetze.

2. Mit äußerlicher Ehrbarkeit läßt es sich nicht genügen, obgleich die Hand nicht schlägt, noch dräu't, die Lippen nicht betrügen, das Auge nicht Verbot'nes sieht, ja überdies ein jedes Glied in seiner Ordnung bleibet.

3. Ist Jemand gleich ein Flucher nicht, kein Dieb, kein Sabbathsschänder, kein Frevler, der die Ehe bricht, kein Mörder, kein Verschwender, kein Freund von üppigem Geschwätz, so ist dein heiliges Gesetz doch damit nicht zufrieden.

4. Weiß einer gleich die böse Lust mit Nachdruck zu bezwingen, und die Begierden seiner Brust in Still' und Ruh' zu bringen, daß sich ihr Wüthen legen muß, so ist doch des Gesetzes Schluß auch damit nicht zufrieden.

5. Es fordert, daß Leib, Seel' und Muth sich in Gehorsam üben, und daß wir dich, das höchste Gut, aus allen Kräften lieben; es will daß, wie du heilig heißt, auch unser Herz und ganzer Geist durchaus geheiligt werde.

6. Es soll, bei wahrer Weisheit Licht, der Liebe Feuer brennen, kein Mangel soll an unsrer Pflicht bemerket werden können; es soll gar keine böse Lust, kein arger Trieb in unsrer Brust sich auch nur heimlich regen.

7. Kannst du, o Mensch! auf solche Art wohl das Gesetz erfüllen? du siehst darinnen offenbart des Allerhöchsten Willen; allein wie voller Sklaverei, wie lahm und matt dein Wille sey, das wirst du leichtlich spüren.

8. So lerne denn, daß, nach dem Fall, kein Mensch auf dieser Erden durch das Gesetz ein einigmal vor Gott gerecht mag werden, es ist zu hoch, und du zu schwach, und dräuet denen Fluch und Rach', die es nicht völlig halten.

9. Drum eile mit gebeugtem Sinn, der sich in Thränen hüllet, zu deinem treuen Mittler hin, der das Gesetz erfüllet, nimm das, was er für dich gethan, nimm sein Verdienst im Glauben an zur Tilgung deiner Schulden.

10. Laß aber auch in deinen Geist dir sein Gesetze schreiben, thu' williglich, was er dich heißt. Wenn Mängel übrig bleiben, so laß nur deinen Glauben ruh'n in Christi ganz vollkomm'nem Thun, der, was dir fehlt, ersetzet.

D. Joh. Jakob Rambach.

Verlangen eines Sterbenden nach dem Abendmahl Jesu.

Lucä 22, v. 15. Mich hat herzlich verlanget, dies Osterlamm mit euch zu essen, ehe denn ich leide.

Mel. Schmücke dich, o liebe Seele.

745. Herr! dein herzliches Verlangen, da du in den Tod gegangen, mit den Deinen dich zu letzen und dein Nachtmahl einzusetzen, dringt auch mich zum Tisch der Gnaden; du hast mich auch eingeladen; denn auch ich bin unter allen dir nicht aus dem Sinn entfallen.

2. Mich verlangt nach dieser Speise, noch eh' ich von hinnen reise; mich verlangt nach diesem Tränken, eh' man mich ins Grab wird senken; denn, ist Jesu Leib und Leben, ist sein Blut mir eingegeben, wird mein Leib im Auferstehen seinem Leibe ähnlich sehen.

3. Ich hab' (du stillst mein Verlangen) Jesu Leib und Blut empfangen, nun hat mich sein Tod durchdrungen, und selbst meinen Tod verschlungen. Nun hat er sein ewig's Leben mir in seinem Blut' gegeben. Nun entschlaf' ich voll Vertrauen, Jesum bald verklärt zu schauen.

Christian Karl Ludwig v. Pfeil.

Vom heiligen Abendmahl.

Joh. 6, v. 51. Ich bin das lebendige Brot vom Himmel gekommen, wer von diesem Brot essen wird, der wird leben in Ewigkeit.

Mel. Herr Jesu Christ, wahr'r Mensch und Gott.

746. Herr, der du, als ein stilles Lamm, am martervollen Kreuzesstam, zur Tilgung meiner Sünden-Last, dich auch für mich geopfert hast:

2. Hier fei'r ich deinen bittern Tod, hier nährst du mich mit Himmelsbrot, hier ist das unschätzbare Gut, das du mir giebst, dein Leib und Blut.

3. Hier labet mich, als deinen Gast, der Leib, den du geopfert hast, dein Blut das, o Herr Jesu Christ! am Kreuzesstamm vergossen ist.

4. O Heiland, hilf mir, daß ich ja mit tiefer Ehrfurcht dir mich nah'! O Herr, mein Mund empfahe nicht des Lebens Speise zum Gericht.

5. Hilf, daß, mühselig und beschwert, mein gläub'ges Herz darnach begehrt, der Wohlthat ganze Größ' ermißt, auch deiner Liebe nicht vergißt.

6. Hier deinen liebevollen Tod verkündigen ist dein Gebot; hilf, daß ich ihn als vor mir seh', auch sein Geheimniß recht versteh';

7. Den Fluch, den hier mein Bürge trug, die Wunden, die auch ich dir schlug, den Segen, den du, als du starbst, durch deinen Tod auch mir erwarbst.

8. Mein Herr und Gott! ich glaub' an dich, und weiß gewiß, du segnest mich; wenn wir im Glauben dir uns nah'n, willst du uns gnädig nehmen an.

9. Ich Erd' und Asche bin's nicht werth, daß so viel Heil mir widerfährt, du willst, Erhabner! nicht verschmähn, zu meinem Herzen einzugehn.

10. Mein Herz steht offen, richte du dir's selbst zu deiner Wohnung zu; wirf alle Laster ganz hinaus, schmück' es mit jeder Tugend aus.

11. Du kommst; gesegnet seyst du mir! du bleibst in mir, ich bleib' in dir; ich end' in dir einst meinen Lauf, und du weckst mich von Todten auf.

12. O, wie so großen Segen giebt dein Bundesmahl dem, der dich liebt! ihm ist's ein Pfand der Seligkeit, ein Siegel der Gerechtigkeit.

13. Es überzeugt, im Zweifelmuth, von der Erlösung durch dein Blut, auch von Erlassung unsrer Schuld, und Gottes uns geschenkter Huld.

14. Ach, wie so reich ergießet sich hier meines Gottes Lieb' in mich! hier schau' ich seine Lieblichkeit, hier schmeck' ich seine Freundlichkeit.

15. Wie brünstig du mein Jesu liebst, bezeugt dies Pfand, das du mir giebst; nichts scheidet ferner dich und mich. Mich liebest du, ich liebe dich.

16. Dich Herr! dich lieb' ich unverrückt, wenn Wollust lockt, wenn Drangsal drückt; verschmachtet Leib und Seele mir, doch lieb' ich dich und bleib' bei dir.

17. Auch stärkt mich dieses Mahles Kraft auf meiner ganzen Pilgerschaft, den Feinden stark zu widerstehn, die mir nach meiner Seele stehn.

18. Es steuert allem Stolz und Neid, ver[illegible]üpft zu Lieb' und Einigkeit, giebt Trost, der nie das Herz verläßt, und macht den guten Vorsatz fest.

19. Nun Jesu! führ' ihn selbst zur That, und leite mich nach deinem Rath; so bring' ich in gelass'ner Ruh' die Tage meiner Wallfahrt zu.

20. Und wenn du mich, o Lebensfürst! zur Seligkeit vollenden wirst, ergötzt, mit Freuden ohne Zahl, mich dort dein ew'ges Abendmahl.

Kindlicher Sinn.

2 Corinther 13, v. 4. Und ob wir auch schwach sind in ihm; so leben wir doch mit ihm in der Kraft Gottes.

Mel. Mein Freund zerschmelzt aus Lieb'.

747. Herr, der du dich so willig dargegeben und selbst für uns ein Opfer worden bist: wir wollen ja nicht mehr uns selber leben, doch kennen wir der Feinde Macht und List. Gekreuzigter! zieh' Herz und Sinn von allem Eignen ab, und zu dir, Jesu, hin.

2. Es ruhet sich so gut in deinen Armen, wir dürfen nur nach deinen Augen sehn; du liebest uns, du trägst uns mit Erbarmen; es soll uns nichts, als lauter Gut's geschehn; der Ausgang machet offenbar, daß Auge, Herz und Hand für uns beschäftigt war.

3. O schenk' uns doch das kindliche Vertrauen, da man dir stille seyn und hoffen kann; ach, lernten wir auf die Verheißung bauen, bedächten wir, was du bereits gethan: wir würden ganz gewiß vergnügt;

wir preisen dein Verfahr'n, wie du es auch gefügt.

4. Wir irren uns, sobald wir selber wählen, auch wenn es in der That recht gut gemeint. Wir müssen es zu unsern Schwächen zählen, daß uns manch' Ding bisweilen anders scheint, als wie es anzusehen ist; weil unser blödes Herz leicht deines Raths vergißt.

5. Wir geben dir hiermit den ganzen Willen und alle Kraft, nichts ausgenommen, hin! Niemand als du kann unser Sehnen stillen, auch der Verlust ist bei dir ein Gewinn. Erhöre deiner Kinder Fleh'n: laß ferner keine Wahl in Eigenheit gescheh'n!

Joh. Andreas Roth.

Von der Gnade Gottes.

Epheser 3, v. 12. Durch welchen wir haben Freudigkeit und Zugang in aller Zuversicht durch den Glauben an ihn.

Mel. Es ist gewißlich an der Zeit.

748. Herr! der du in der Höhe thronst und doch aufs Niedre blickest, der du so gern bei Blöden wohnst und ihren Geist erquickest; du bist den Sünden ernstlich feind und doch zugleich der große Freund verlorner armer Sünder.

2. Der ganzen Sünderschaft zu gut bist du ins Fleisch gekommen und hast durch dein Versöhnungsblut die Schulden weggenommen; du stellest dich zum Bürgen dar und ließest von der Feinde Schaar dich selbst zur Sünde machen. 2 Cor. 5, v. 21.

3. Wie liebreich gingst du Sündern nach, die sich von dir vergangen, du rufst und lockst den ganzen Tag mit sehnlichem Verlangen, daß jedes Schaaf, das du erkauft, und doch blind ins Verderben lauft, sich möchte retten lassen.

4. Nun steht dem größten Bösewicht der Zugang zu dir offen, wem Moses schon das Urtheil spricht, der darf noch Gnade hoffen. Wer kommt, wie sündlich er auch ist, der wird, so wahr du Jesus bist, nicht hülflos weggelassen.

5. Dies gilt auch mir, so komm' auch ich und falle dir zu Füßen. Ich fleh': Erbarmer, laß auch mich dies Sünderrecht genießen. Was Sünder heißt, gehört ja dir; drum sieh' herab, es liegt ja hier auch Einer deiner Sünder.

6. Ja, wahrlich ja, so fühl' ich mich zum Guten ganz erstorben, voll bittrer Feindschaft gegen dich und durch und durch verdorben, undankbar gegen deine Huld, die mit erstaunender Geduld mich hat bisher getragen.

7. So seh' ich aus, so steht's mit mir und meinem tiefen Schaden, doch kriech' ich weinend hin zu dir; denn ich bin eingeladen. Wirf auf mich einen Gnadenblick und mach' an mir ein Meisterstück von deiner Jesus-Treue.

8. Ich bin doch dein erkauftes Gut, wie kannst du dies verschmähen? ich koste dich dein Gottesblut. Kannst du mich sterben sehen? dein Lieben ist ja allgemein, wie? sollt' ich denn der Erste seyn, den du verzagen ließest?

9. Mein Hirte, nein, dies kannst du nicht. Dich jammerte des Armen, du hast ein Herz, das gar bald bricht, du mußt dich mein erbarmen, du sammelst mich in deinen Schooß, machst mich von Schuld und Strafe los und läßt mich mit dir leben.

10. Gott Lob! daß ich's nun glauben kann, ich sey nun ganz dein eigen. Du, Heiland! nimmst dich meiner an, dies soll mein Beispiel zeigen, da du die Prob' an mir gemacht, mich zu der Heerde hast gebracht, die du im Worte weidest.

11. Wie dank' ich ewig dir dafür, du bester Freund der Seelen! mein Mund soll, weil ich bin, von dir, wie gut du bist, erzählen. Ich will, so lang' ich hier noch kann, welch Großes du an mir gethan, auch andern Seelen sagen.

12. Nur mach' mich recht im Glauben treu, daß ich dir stets anhange, dir kindlich, willig folgsam sey und sonst nichts mehr verlange, als daß ich nur in deinem Kleid der ew'gen Heilsgerechtigkeit vor dir erfunden werde.

13. So sing' ich von dem Sünderrecht, so lang' ich hier noch wohne; und steht dein Eigenthum, dein Knecht dereinst vor deinem Throne, rühmt er mit einer großen Schaar: o Jesu! Jesu! du bist's gar, du hast uns aufgenommen.

Andreas Rehberger? —

Abendlied.

1 Mose 32, v. 10. Ich bin zu gering aller Barmherzigkeit und aller Treue, die du an deinem Knecht gethan hast.

Mel. Nun ruhen alle Wälder.

749. Herr, der du mir das Leben bis diesen Tag gegeben, dich bet' ich kindlich an; ich bin viel zu geringe der Treu', die ich besinge, und die du heut' an mir gethan.

2. Mit dankendem Gemüthe freu' ich mich deiner Güte, ich freue mich in dir; du giebst mir Kraft und Stärke, Gedeih'n zu meinem Werke, und schaffst ein reines Herz in mir.

3. Gott, welche Ruh' der Seelen, nach deines Worts Befehlen einher im Leben gehn; auf deine Güte hoffen, im Geist' den Himmel offen, und dort den Preis des Glaubens sehn!

4. Ich weiß, an wen ich glaube, und nahe mich im Staube zu dir, o Gott, mein Heil! ich bin der Schuld entladen, ich bin bei dir in Gnaden! und in dem Himmel ist mein Theil.

5. Bedeckt mit deinem Segen eil' ich der Ruh' entgegen, dein Name sey gepreis't; mein Leben und mein Ende ist dein, in deine Hände befehl' ich, Vater, meinen Geist!

Christian Fürchtegott Gellert.

Weihnachtslied.

Ebräer 1, v. 6. Da Gott einführet den Erstgebornen in die Welt, spricht er: Und es sollen ihn alle Engel Gottes anbeten.

Mel. Jesus, meine Zuversicht.

750. Herr, der du von Ewigkeit bist gezeugt aus Gottes Wesen, du erscheinst auch in der Zeit, daß wir von der Sünd' genesen, hier fühlt mein erfreuter Geist das, was Liebe Gottes heißt.

2. Denn du heißest Jesus Christ; o, wie lieblich sind die Namen! was von dir verheißen ist, wird in dir nun Ja und Amen! denn du machst nach deinem Wort, Sünder selig hier und dort.

3. Uns den Rath zur Seligkeit, als Prophet von Gott, zu lehren, aber auch durch's tiefste Leid uns Verdienste zu gewähren, dieses ist dein hoher Plan schon von deiner Krippe an.

4. Du erscheinst ganz ohne Pracht, und bist doch Gott über Alles, du verscheuchst die Sünden-Nacht, und die Armuth unsers Falles. O, hier wird mein Herz recht weich, und an Gnaden-Gütern reich!

5. Von den Cherubinen an, bis zum kleinsten Wurm im Staube, ehrt man deiner Schöpfung Plan; aber wie freut sich der Glaube, welcher nun sein Sehnen stillt, Herr! an deinem Leidens-Bild.

6. Dich den ew'gen Gottes-Sohn küsse*) ich mit vielen Thränen, ich bin dein verdienter Lohn, nach dir fühl' ich heißes Sehnen, nur alsdann erst ist mir wohl, wenn mein Herz von dir ist voll.

*) Psalm 2, v. 12.

7. O wie lieblich wirst du einst mich vor deinem Thron erquicken, wenn als Richter du erscheinst, wirst du freundlich auf mich blikken, wenn der Feinde Schaar sich schmiegt und zu deinen Füßen liegt.

Christian Friedrich Förster.

In allgemeiner Noth.

Psalm 85, v. 2. 5. Herr! der du vormals bist gnädig gewesen deinem Lande und hast die Gefangenen Jakobs erlöset; tröste uns, Gott, unser Heiland! und laß ab von deiner Ungnade über uns.

Mel. Wo Gott, der Herr, nicht bei uns hält.

751. Herr! der du vormals hast dein Land mit Gnaden angeblicket und des gefang'nen Jakobs Band gelös't und ihn erquicket; der du die Sünd' und Missethat, die dein Volk vor begangen hat, hast väterlich verziehen;

2. Herr! der du deines Eifers Glut zuvor hast abgewendet und nach dem Zorn das süße Gut der Lieb' und Huld gesendet: ach, frommes Herz! ach, unser Heil! nimm weg und heb' auf in der Eil', was uns betrübt und kränket.

3. Lösch' aus, Herr! deinen großen Grimm im Brunnen deiner Gnaden, erfreu' und tröst' uns wiederum nach ausgestand'nem Schaden. Willst du denn zürnen ewiglich; und sollen deine Fluthen sich ohn' alles End' ergießen?

4. Willst du, o Vater! uns denn nun nicht einmal wieder laben, und sollen wir an deinem Licht nicht wieder Freude haben? Ach! gieß' aus deines Himmels Haus, Herr! deine Güt' und Segen aus auf uns und uns're Häuser.

5. Ach, daß ich hören sollt' das Wort erschallen bald auf Erden, daß Friede sollt' an allem Ort, wo Christen wohnen, werden! ach, daß uns Gott doch sagte zu des Krieges Schluß, der Waffen Ruh' und alles Unglücks Ende!

6. Ach, daß doch diese böse Zeit sich stillt' in guten Tagen, damit wir in dem großen Leid nicht mögen ganz verzagen! Doch ist ja Gottes Hülfe nah' und seine Gnade stehet da all'n denen, die ihn fürchten.

7. Wenn wir nur fromm sind, wird sich Gott schon wieder zu uns wenden, den Krieg und alle and're Noth nach Wunsch und also enden: daß seine Ehr' in unserm Land' und überalle werd' bekannt, ja stetig bei uns wohne.

8. Die Güt' und Treue werden schön einander grüßen müssen; Gerechtigkeit wird einhergeh'n, und Friede wird sie küssen; die Treue wird mit Lust und Freud' auf Erden blüh'n, Gerechtigkeit wird von dem Himmel schauen.

9. Der Herr wird uns viel Gutes thun, das Land wird Früchte geben, und die in seinem Schooße ruh'n, die werden davon leben; Gerechtigkeit wird dennoch stehn und stets in vollem Schwange gehn, zur Ehre seines Namens.

Paul Gerhardt.

Sonntagslied.

Hesekiel 20, v. 20. Meine Sabbathe sollt ihr heiligen, daß sie seyn ein Zeichen zwischen mir und euch, damit ihr wisset, daß ich der Herr, euer Gott bin.

Mel. Liebster Jesu wir sind hier.

752. Herr! der Tag soll heilig seyn, den wir jetzund angefangen, dir und deinem Wort allein soll heut' unsre Seel' anhangen; Singen, Beten, Hören, Lesen soll seyn unser Thun und Wesen.

2. Hierzu sind wir ungeschickt, können gar nichts Gut's beginnen, wo uns nicht dein Geist entzückt, und erleuchtet unsre Sinnen; er muß selbsten die Gedanken halten in der Andacht Schranken.

3. Ei, so mach' du mich bereit, recht zu beten, recht zu singen; laß von schnöder Eitelkeit nichts in meine Seele dringen, laß mich keine Sorge kränken, sondern stets auf Andacht denken.

4. Wenn ich in der Kirche steh', dein Gesetze anzuhören, zeuch die Seele in die Höh', laß nichts meine Andacht stören, öffne meines Herzens Pforte durch den Donner deiner Worte.

5. Gieb auch deinen heil'gen Geist deinen Dienern, unsern Hirten, daß mit dem, was himmlisch heißt, sie heut' unsre Seel' bewirthen, breite aus, durch ihre Lehre, deines großen Namens Ehre.

6. Laß uns endlich, lebensmüd', zu dem Himmels-Sabbath kommen, wo wir dann in besserm Fried' dir mit den erwählten Frommen, und den heil'gen Cherubinen, ewig, ewig werden dienen.

M. Arnold Heinrich Sahme.

Osterlied.

Marci 16, v. 6. Ihr suchet Jesum von Nazareth, den Gekreuzigten; er ist auferstanden und ist nicht hie. Siehe da, die Stätte, da sie ihn hinlegten.

Mel. Freu' dich sehr, o meine Seele rc.

753. Herr des Todes! Fürst des Lebens! schwingst du deine Sieges-Fahn', und hat sich der Tod vergebens wider dich hervor gethan? ja, man singt Victoria! alle Feinde liegen da, du hast Satans Reich verheeret, seine Pforten umgekehret.

2. Hier steh' ich bei deinem Grabe, bringe meine Specerei. Weil ich sonsten gar nichts habe, setz' ich meine Thränen bei, die vor Freud' geflossen sind, weil dein Heldenarm gewinnt, und der lebend mir erscheinet, den ich vor als todt beweinet.

3. Du hast deine Gruft verlassen, da der Sabbath war vorbei, daß wir wohl zu Herzen fassen, was der Tod der Frommen sey, nämlich eine Sabbaths-Ruh'; du schließ'st unsre Gräber zu, und wenn wir daraus erstanden, ist ein Sabbath noch vorhanden.

4. Laß mich heut' und alle Tage mit dir geistlich aufersteh'n, daß ich nicht Gefallen trage, mit der bösen Welt zu geh'n, die in Sünden-Gräbern lebt, und an Eitelkeiten klebt; sondern mich der Ostern freue und mein Leben ganz erneue.

5. Bei der frühen Morgenröthe gehst du aus der Gruft hervor, und die Sonne, dein Prophete, steigt in vollem Glanz empor. Gottes Zorn hat eine Nacht voller Finsterniß gemacht; da du aber auferstanden, so ist Gnad' und Licht vorhanden.

6. Wirf doch auch, du Oster-Sonne! deine Strahlen auf mein Herz, und erfülle mich mit Wonne, komm', vergrabe meinen Schmerz; treib' der Sünden Nacht von mir, daß ich sey ein Licht in dir. Wer so leuchtet auf der Erden, soll dort gar zur Sonne werden.

7. Seh' ich drei bestürzte Frauen hier bei deinem Grabe steh'n, o! so hab' ich das Vertrauen, auch mit ihnen hin zu geh'n. Die gedritte Zahl stellt dir Glaube, Lieb' und Hoffnung für. Diese sollen dich umfassen und auch in der Gruft nicht lassen.

8. Nun wer wälzt mir von der Thüre den so großen Stein hinweg? doch der Kummer, den ich führe, hindert gar nicht meinen Zweck: als ich deine Gruft nur sah', war kein großer Stein mehr da; ach! laß mir die Last der Erden immer noch so leichte werden.

9. Aber, noch ein neuer Kummer, hier ist nur ein leeres Grab. Ist mein Auge voller Schlummer oder nehm' ich daraus ab, daß man dich gestohlen hat? nein, auf mei-

nem Pilgerpfad trittst verklärt du mir entgegen, bringst mir deinen Ostersegen.

10. Ach! so lebst du nun, mein Leben! lebst du, mein Immanuel? was will ich im Kummer schweben über meines Grabes Höhl'? du warst todt, jetzt lebest du. Mein Tod bringt mich nun zur Ruh', weil ich ihn in deinem Grabe längstens überwunden habe. —

11. Hallelujah! Gottes Kinder, freut euch, Jesus hat gesiegt! seht, wie diesem Ueberwinder Alles jetzt zu Füßen liegt. Kommet her zu seiner Gruft; merkt, was diese Stimme ruft: Jesus, unser Haupt, lebt wieder, durch ihn leben seine Glieder.

Benjamin Schmolck.

Von der Himmelfahrt Jesu Christi.

Joh. 20, v. 17. Ich fahre auf zu meinem Vater, und zu eurem Vater, zu meinem Gott, und zu eurem Gott.

Mel. Freu' dich sehr, o meine Seele.

754. Herr, du fährst mit Glanz und Freuden auf zu deiner Herrlichkeit, doch mich drücken noch die Leiden dieses Lebens, dieser Zeit. Gieb mir, Jesu, Muth und Kraft, daß ich meine Pilgerschaft so in dir zurücke lege, daß ich stets dein bleiben möge.

2. Laß mir deinen Geist zurücke; aber zeuch mein Herz zu dir; wenn ich nach dem Himmel blicke, o so öffn' ihn gnädig mir. Neige meinem Flehn dein Ohr, trag' es deinem Vater vor, daß er mir die Schuld vergebe und ich mich bekehr' und lebe.

3. Lehre mich die Welt verachten und was in mir Eitles ist, und nach dem, was dort ist, trachten, wo du, mein Erlöser, bist. Wollust, Ehrsucht und Gewinn, soll mich dies zur Erde ziehn, da ich jenseits, über'm Grabe, eine größre Hoffnung habe?

4. Diese müsse nichts mir rauben, du erwarbst sie theuer mir, jetzund seh' ich sie im Glauben, dorten find' ich sie bei dir; dort belohnst du das Vertrau'n deiner Gläubigen durch Schau'n und verwandelst ihre Leiden in unendlich große Freuden.

5. Dort bereit' auch mir die Stätte in des Vaters Hause zu, rufst du frühe oder späte mich zu meines Grabes Ruh'; leucht' auch mir in dieser Nacht durch die Stärke deiner Macht, die des Todes Macht bezwungen und für uns den Sieg errungen.

6. Kommst du endlich glorreich wieder an dem Ende dieser Zeit, o so sammle meine Glieder, die Verwesung jetzt zerstreut, heil'ge und verklär' sie ganz, daß der Leib in Himmelsglanz, dann nicht mehr von Staub und Erde, deinem Leibe ähnlich werde.

Von den Engeln.

Daniel 7, v. 10. Tausend mal tausend dienten ihm, und zehntausend mal zehntausend standen vor ihm.

Mel. Meinen Jesum laß ich nicht.

755. Herr, du hast in deinem Reich große Schaaren vieler Engel! diesen bin ich noch nicht gleich; denn mein Herz ist voller Mängel, ach! wann werd ich auch so rein, wie die lieben Engel seyn.

2. Mich beschweret Fleisch und Blut; hilf du, daß ich geistlich werde; gieb mir einen Engel-Muth, der sich trenne von der Erde; daß ich, als dein liebes Kind, all'zeit himmlisch sey gesinnt.

3. Mache mir dein Wort bekannt, durch des heil'gen Geistes Gabe, daß ich Weisheit und Verstand wie ein Engel Gottes habe, bis wir einst in jenem Licht völlig sehn dein Angesicht.

4. Auch dein Wille soll geschehn in dem Himmel und auf Erden, darum laß uns dahin sehn, daß wir dir gehorsam werden, und verleih', daß ich dabei aller Engel Mitknecht sey.

5. Unsre Welt ist voll Gefahr, denn sie hat viel' böse Stellen; sende deiner Engel Schaar, daß mich niemand könne fällen; und da, wo wir schlafen ein, laß sie meine Wächter seyn.

6. Mach' es, wie mit Lazaro, wenn dereinst ich werde sterben, und damit ich ebenso möge Trost und Segen erben, heiß' den Engeln, mich zur Ruh' tragen nach dem Himmel zu.

7. Laß uns dann vor deinem Stuhl bei den Auserwählten stehen, wenn die Bösen in den Pfuhl mit dem Satan werden gehen, und hernach in jenem Reich mache mich den Engeln gleich.

Kaspar Neumann.

Sonntagslied.

Jeremia 17, v. 22. Heiliget den Sabbathtag, wie ich euren Vätern geboten habe.

Mel. Ach! was soll ich Sünder machen?

756. Herr! es ist ein Tag erschienen, der mich in den Himmel weist

und an Gott gedenken heißt: darum komm' ich, dir zu dienen; richte du mich selber zu, daß ich deinen Willen thu'.

2. Stille selbst an diesem Morgen den verwirrten Lauf der Welt, der uns hier gefangen hält. Brich die Macht der eitlen Sorgen, daß ich heut', von Allem frei, dir allein ergeben sey.

3. Kleider sind nur schlechte Sachen; wer sein Thun auf diese richt't, der gefällt dem Heiland nicht. Du, mein Jesu! kannst es machen, daß ich werde schön und rein in den Augen Gottes seyn.

4. Kröne mich mit diesen Gaben, zieh' mich an mit dieser Kraft, die den neuen Menschen schafft. Ach! was Freude werd' ich haben, wenn das Herz in meiner Brust sucht am Herren seine Lust.

5. Laß die Predigt wohl gelingen, steh' auch deinem Worte bei, daß es in mir kräftig sey. Unser Beten, unser Singen und was sonst noch wird gethan, siehe du mit Gnaden an.

6. Laß mich nicht in Sünde fallen, laß mich heute nichts versehn, laß kein Unglück wo geschehn; lieber Vater! hilf uns Allen, dann wird freudig mein Gesang dir am Abend sagen Dank. Kaspar Neumann.

Täglicher Morgenseufzer.

Psalm 39, v. 13. Höre mein Gebet, Herr! vernimm mein Schreien und schweige nicht über meinen Thränen; denn ich bin beides, dein Pilgrim und dein Bürger, wie alle meine Väter.

Mel. Werde munter, mein Gemüthe.

757. Herr! es ist in meinem Leben wieder eine Nacht vorbei. Laß mich deine Treu' erheben, die auch diesen Morgen neu. Deine Wacht hat diese Nacht mir zur sanften Ruh' gemacht, und nun kommt mir schon dein Segen mit der Morgenröth' entgegen.

2. O wie theuer ist die Güte, die mich überschüttet hat, daß zu meinem Bett' und Hütte keine Plage sich genah't: nunmehr steh' ich fröhlich auf und mein Herze sinnet drauf, dir für dieses neue Leben den verbundnen Dank zu geben.

3. Wenn ich mich dir selbsten schenke, wird es doch zu wenig seyn, und so ich es recht bedenke, bin ich ja vorhin schon dein. Seel' und Leib gehöret dir; doch nimm gnädig auf von mir, was ich selbst als eine Gabe von dir, Herr! empfangen habe.

4. Ist mein Auge nunmehr lichte, so erleucht' auch meinen Sinn, daß vor deinem Angesichte ich ein Kind des Lichtes bin, und den angebrochnen Tag also hinterlegen mag, daß ich in dem Lichte wandle und in Allem weislich handle.

5. Segne mich in allen Werken, die mir mein Beruf gebeut. Lasse deinen Geist mich stärken, mindre die Beschwerlichkeit. Was ich denke, red' und thu', Alles benedeie du, gieb, daß Wollen und Vollbringen dir zur Ehre wohlgelingen.

6. Sollt' ich heut' in Sünde fallen, richte mich bald wieder auf. Laß in deiner Furcht mich wallen bei der Welt verkehrtem Lauf, halte Fleisch und Blut im Zaum, gieb dem Satan keinen Raum, wenn er mir sein Netze stellet, daß er meinen Fuß nicht fället.

7. Werd' ich auch an diesem Tage nicht ohn' alle Plage seyn, mache nur, daß ich's ertrage, so find' ich mich willig drein, wenn du nur aus Liebe schlägst und mein Kreuz zur Hälfte trägst, darf ich keine Trübsal scheuen, du wirst auch Geduld verleihen.

8. Nun ich leb' an diesem Morgen, da ich Abends sterben kann, laß mich für mein Ende sorgen, nimm dich meiner Seele an, reiß' mich nicht in Sünden hin, wenn ich reif zum Tode bin; laß auf Jesu Blutvergießen mich die Wallfahrt selig schließen. Benjamin Schmolck.

Abendlied.

Psalm 109, v. 21. Sey du mit mir, um deines Namens willen, denn deine Gnade ist mein Trost.

Mel. Werde munter, mein Gemüthe.

758. Herr! es ist von meinem Leben wiederum ein Tag dahin, lehre mich nun Achtung geben, ob ich fromm gewesen bin; zeige mir's auch selber an, so ich was nicht recht gethan; und hilf jetzt in allen Sachen guten Feierabend machen.

2. Freilich wirst du Manches finden, was dir nicht gefallen hat; denn ich bin noch voller Sünden in Gedanken, Wort und That, und vom Morgen bis jetzund pfleget Herze, Hand und Mund so geschwind und oft zu fehlen, daß ich's selber nicht kann zählen.

3. Aber, o du Gott der Gnaden! habe noch einmal Geduld; ich bin freilich schwer beladen; doch vergieb mir alle Schuld. Deine große Vatertreu' werde diesen Abend neu, so will ich noch deinen Willen künftig mehr als heut' erfüllen.

4. Heilige mir das Gemüthe, daß der Schlaf nicht sündlich sey. Decke mich mit deiner Güte, auch dein Engel steh' mir bei. Lösche Feu'r und Lichter aus und bewahre selbst das Haus, daß ich morgen mit den Meinen nicht im Unglück dürfe weinen.

5. Steure den gottlosen Leuten, die im Finstern Böses thun. Sollte man gleich was bereiten, uns zu schaden, wenn wir ruh'n; so zerstöre du den Rath und verhindere die That, wend' auch alles andre Schrekken, das der Satan kann erwecken.

6. Herr! dein Auge geht nicht unter, wenn es bei uns Abend wird; denn du bleibest ewig munter und bist wie ein guter Hirt, der auch in der finstern Nacht über seine Heerde wacht. Darum hilf uns, deinen Schaafen, daß wir Alle sicher schlafen.

7. Laß mich denn gesund erwachen, wenn es rechte Zeit wird seyn, daß ich ferner meine Sachen richte dir zu Ehren ein; oder hast du, lieber Gott! heut' bestimmet meinen Tod, so befehl' ich dir am Ende Leib und Seel' in deine Hände. K. Neumann.

Der beste Reisegefährte.

Psalm 32, v. 8. Ich will dich unterweisen und dir den Weg zeigen, den du wandeln sollst; ich will dich mit meinen Augen leiten.

Mel. Wer nur den lieben Gott läßt walten.

759. Herr! führe mich auf rechtem Wege, Herr! führe mich auf eb'ner Bahn; auf dieser Welt sind krumme Stege, auf denen man leicht irren kann; nur du alleine führest mich nach deinem Rathe wunderlich.

2. Stell' deinen Engel mir zur Seiten, so ofte mir ein Unglück blüht, verwahre mich vor solchen Leuten, von denen man nur Laster sieht; o, gieb mir, daß ich nimmermehr ohn' deine Furcht zu seyn begehr'.

3. Nimm mir die Lust zu eit'len Dingen; nichts, als die Tugend sey mein Ziel, gedenk' ich etwas zu vollbringen, gieb mir nur, was dein Wille will; ein Herze, das nach dir sich richt't, erblickt auch in der Nacht dein Licht.

4. Lockt mich die Welt mit ihren Lüsten, laß meinen Fuß vorüber geh'n, haßt mich der Neid als einen Christen, hilf mir im Glauben feste steh'n: o! halte mich bei reiner Lehr', ob Alles mir zuwider wär'.

5. Regiere Reden, Thun und Denken, richt' Alles ein, wie dir's gefällt, nur dir will ich mein Herze schenken, nur dir, und nicht der eit'len Welt; bleib du bei mir, und führe mich, so geht die Reise wohl vor sich.

Benjamin Schmolck.

Gefühl der Demuth.

Lucä 5, v. 8. Herr, gehe von mir hinaus, ich bin ein sündiger Mensch.

Mel. Mein holder Freund ist mein.

760. Herr, geh' von mir hinaus! ich bin ein Kind der Erden, von Adams Blut gezeugt, ein Staub und Aschenbild. Wie kann ein irdisch Haus von dir bewohnet werden, da deine Majestät den ganzen Himmel füllt? Doch du bist ja vom Himmel kommen und hast mein Bild an dich genommen, daß ich soll deinem ähnlich seyn: Herr! komm, ach komm zu mir herein!

2. Herr, geh' von mir hinaus! ich bin ein düstrer Schatten und deinen Thron umschließt ein unzugänglich Licht. Kann Licht und Finsterniß sich wohl zusammen gatten? Ach! wo das eine wohnt, da wohnt das andre nicht. Doch komm zu meinen Finsternissen, so werden sie verschwinden müssen vor deiner Strahlen holdem Schein: Herr, komm, ach komm zu mir herein!

3. Herr, geh' von mir hinaus! ich bin befleckt mit Sünden. Mein Dichten ist verderbt, mein Wollen ist verkehrt; kann deine Heiligkeit da eine Wohnung finden, wo dich ein böser Trieb in deiner Ruhe stört? Doch komm, den abgewichnen Willen mit reinen Kräften zu erfüllen; du kannst mich von der Schuld befrei'n: Herr, komm, ach komm zu mir herein!

4. Herr, geh' von mir hinaus! die Sünd' hat ohne Gleichen mit ihrem Gift mein Herz so kläglich zugericht't; doch darf ein treuer Arzt wohl von den Kranken weichen? Wär' ich, mein Arzt! nicht krank, so braucht' ich Deiner nicht. Mein Elend, das dich kann vertreiben, heißt dich zugleich auch bei mir bleiben. Du bist der Tilger meiner Pein: Herr, komm, ach komm zu mir herein!

5. Herr, geh' von mir hinaus! so mag ein Andrer sprechen, in dessen Augen du ein kleines Lichtlein bist. Ich lasse dich nicht weg, bis Herz und Augen brechen, weil deine Gnade mir ganz unentbehrlich ist. Denkst du von mir hinaus zu gehen; so muß ich rath- und hülflos stehen. Du bist mein Heil und Trost allein: Herr, komm, ach komm zu mir herein!

6. Herr, gehe nicht hinaus! du läss'st dich gern erbitten. Durch Thränen und

[illegible]

761. Herr, [illegible]

[illegible]

Wort gebunden. [illegible]

Von der Buße und Bekehrung.

Psalm 51, v. 5. Ich erkenne meine Missethat, und meine Sünde ist immer vor mir.

Mel. [illegible]

762. Herr! gieb wahre Buß' und Reu', komm, mich fündlich zu bereiten, daß ich immer fertig sey, komm, mich selber heim zu leiten, daß mich hier auf meiner Bahn ferner nichts verhindern kann.

2. Laß mich hier in meinem Lauf stets für meine Seele sorgen, decke du mir Alles auf, auch das Kleinste, was verborgen, daß mir mög' in Todespein nichts zu groß und schwer mir seyn.

3. Du bist darum ja erhöht, daß du Buß' und Glauben giebest, daß der Sünden Schuld vergeht, daß du immer ziehst und übest. O drum förd're meinen Lauf, zeuch mich immer zu dir auf.

4. Und so laß mich hier mein Ziel immer vor den Augen haben, du giebst wenig oder viel, laß mich immer tiefer graben, diesem Ziele näher geh'n, und mir näher stille steh'n.

5. Denn was deine Hand uns giebt, zielet immer auf das Ende, daß man immer mehr geübt, endlich seliglich vollende: ach, Herr! eil' ich meiner Ruh' und Vollendung immer zu!

6. Denn [illegible] bald gescheh'n, daß [illegible] da wir doch in ste- [illegible]

[illegible]

daß ich in dir ritterlich [illegible] und Tod könn' überwinden; was zu schwer mir, ja, nimm mich dafür [illegible]!

Karl Heinrich v. Bogatzky.

[illegible]enheit und Vorsehung.

Psalm 139, v. 1. Herr, du erforschest mich und kennest mich.

Mel. An Wasserflüssen Babylon.

763. Herr Gott, der du erforschest mich und kennst mich auß- und innen, mein Thun und Lassen kommt vor dich, Gehn, [illegible]hen und Beginnen. Was ich verborgen ist' und dicht', siehst du von fern und seh[illegible] nicht, du prüfest Herz und Nieren; du mußt auch, wenn ich bin allein und gerne [illegible] verborgen seyn, all' meine Weg' ausspür[en].

2. E[s i]st kein Wort in meinem Mund', so ich di[r k]ant' verhehlen; du, Herr! siehst recht de[s H]erzens Grund, was steckt in meiner See[le]; du schaffest ja, was ich vollbring', [w]i[e] groß es ist und wie gering, ic[h] kann's o[hn'] dich nicht richten; wenn aber d[u] durch de[in] Gnad' Verstand mir giebst, [mit] Hülf' u[nd] Rath, so kann ich Alles schli[chten].

3. W[ie d]u die Deinen wunderlich, [illegible] hier pfle[gst z]u führen, versteh' ich ni[cht] [illegible] lasse mi[ch] bloß deine Gnad' regiere[n] [illegible] soll ich h[in] vor deinem Geist'? denn [illegible] die Ged[an]ken weiß'st, es hilft vor [illegible] Fliehen. Führ' ich gen Himmel, bi[st] [illegible] auch in [d]er Höll' trittst du mir n[ach] [illegible] dir mich [n]icht entziehen.

[illegible]

4. **Nun, großer Gott**, [illegible] Hand **mich überall kann finden**, [illegible] mein Thun dir ist bekannt, so [illegible] vor **Sünden**. Denn Dunkel ist [illegible] bei **dir; was heimlich war**, [illegible] für, **ich kann dir nicht entgehen**. [illegible] ge**than, gered't, gedacht**, [illegible] einen Thron gebracht, da muß ich vor [illegible].

5. **Herr! meine Seel'** erkennt [illegible]reis, daß du **mich hast bereitet** und [illegible] bin auf dein **Geheiß an's Tages**[illegible] itet; durch deine **Vorsorg'** Fleisch [illegible] und alle Glieder an mir seyn, [illegible] hat **mich erwählet; da ich** noch [illegible] war, daß du schon **Stunden**, Tag' [illegible] im **Lebenslauf** gezählet.

6. Ich danke dir und preise [illegible] solche **große** Thaten und daß du mir [illegible]lich an Leib und Seel' gerathen. [illegible] **ist dein Werk an mir**; wenn ich [illegible] bin ich bei dir und warte deiner [illegible] ich **glaube fest**, daß meine Sünd' [illegible] Chri**stum** mir vergeben sind, daß sie [illegible] nicht **mehr schaden**.

7. Den **Vorsatz** gieb mir, **Herr!** [illegible]bei, **daß ich**, was bös' ist, meide, die [illegible] Rot**te** fern **mir sey**, von **Frommen** [illegible] nicht scheide; daß ich nur **lieb'**, was dir [illegible] gefällt und hasse, was ist von der Welt, [illegible] Trotz nicht achte, halt' dein Gebot, [illegible] dein **Wort**, im **Glauben** und in [illegible]ung fort das Ewige **betrachte**.

8. Erforsch' mich, Gott, ergründ' mein **Herz**, durchsuch' all' mein' Gedanken und siehe, ob ich **hinterwärts** und auf die [illegible] woll' wanken. Bin ich vielleicht auf [illegible] Weg', so führ' du mich den rechten Weg, der nach dem Himmel weise, [illegible] vom Sündendienste frei, und [illegible] billig sey, bis ich von hinnen reise.

[illegible]

3. Sie feiern auch und schlafen nicht, ihr Fleiß ist ganz dahin gericht't, daß sie, Herr Christe! um dich seyn und um dein armes Häufelein.

4. Der große Drach', der böse Feind, **im** Zorne uns zu schaden meint, sein Trach**ten** steht allein darauf, wie von ihm werd' zertrennt dein Hauf;

5. Und wie er vor hat bracht in Noth **die Welt**, führt er sie noch in Tod; Kirch', **Wort, Gesetz**, all' Ehrbarkeit zu tilgen ist er stets bereit.

6. Darum kein' Rast noch Ruh' er hat, schleicht wie ein Löw', tracht't früh' und spat, legt **Garn** und Strick', braucht [illegible]sche List, daß er verderb', was christlich [illegible]

1 Petri 5, v. 8.

7. **Indessen wacht** der Engel Schaar, die **Christo** folgen immerdar und schützen seine **Christenheit**, wehren des Teufels Li**stigkeit**.

8. **Am Daniel** wir lernen das, da er unter den **Löwen** saß, desgleichen auch dem frommen Lot der Engel half aus aller Noth.

9. **Dermaßen** auch des Feuers Glut **verschont** und keinen Schaden thut den Männern in der heißen Flamm', der Engel ihn'n zu Hülfe kam. Dan. 3.

10. Also schützt Gott noch heut' zu Tag vor'm Uebel und vor mancher Plag' uns durch die lieben Engelein, die uns zu Wächtern g'geben seyn.

11. Darum wir billig loben dich und danken dir, Gott! ewiglich, wie auch der lieben Engel Schaar dich preiset heut' und immerdar.

12. Und bitten dich, du wollst all'zeit dieselben heißen seyn bereit, zu schützen deine kleine Heerd'; so bleibt dein göttlich Wort im Werth.

D. Paul Eberus.

Nach dem Latein[illegible] Philipp Melanchthon: Dicimus grates tibi[illegible]rum!

[illegible]

Gebet hielt dich dein Jakob an. Komm deinen Segensstrom in meine Brust zu schütten. Thu', hier, was deine Huld in Petri Schiff gethan; laß deine Herrlichkeit mich sehen, so wird mein Geist erstaunend stehen, so freut sich zitternd Mark und Bein. Herr, komm, ach kom zu mir herein!

Vom christlichen Sinn und Wandel.

Psalm 119, v. 36. Neige mein Herz zu deinen Zeugnissen.

Mel. Aus tiefer Noth schrei' ich zu dir.

761. Herr, gieb uns, was uns selig ist; mehr woll'n wir nicht begehren, und hilf, daß wir ohn' Hinterlist uns stets aufrichtig nähren, auch jederzeit der Gaben dein recht brauchen und zufrieden seyn mit dem, was du bescherest.

2. Ach, Herr, gieb uns die Seligkeit, das ist das Allerbeste, wir sind nur eine kleine Zeit nichts anders hier als Gäste; eh' man's versieht, sind wir dahin, wohl denen, die in deinem Sinn, sind auf dein Wort gestorben. Bartholomäus Ringwald.

Von der Buße und Bekehrung.

Psalm 51, v. 5. Ich erkenne meine Missethat, und meine Sünde ist immer vor mir.

Mel. Meinen Jesum laß' ich nicht rc.

762. Herr! gieb wahre Buß' und Reu', komm, mich stündlich zu bereiten, daß ich immer fertig sey, komm, mich selber heim zu leiten, daß mich hier auf meiner Bahn ferner nichts verhindern kann.

2. Laß mich hier in meinem Lauf stets für meine Seele sorgen, decke du nur Alles auf, auch das Kleinste, was verborgen, daß nur mög' in Todespein nichts zu groß und schwer mir seyn.

3. Du bist darum ja erhöht, daß du Buß' und Glauben giebest, daß der Sünden Schuld vergeht, daß du immer ziehst und übest. O drum förd're meinen Lauf, zeuch mich immer zu dir auf.

4. Und so laß mich hier mein Ziel immer vor den Augen haben, du giebst wenig oder viel, laß mich immer tiefer graben, diesem Ziele näher geh'n, und nur nimer stille steh'n.

5. Denn was deine Hand uns giebt, zielet immer auf das Ende, daß man immer mehr geübt, endlich seliglich vollende: ach, Herr! eilt' ich meiner Ruh' und Vollendung immer zu!

6. Denn wie ist es bald gescheh'n, daß wir wieder stille stehen, da wir doch in stetem Fleh'n immer sollten weiter gehen. Ach Herr! gieb Beständigkeit zu der Seelen Sicherheit.

7. Laß mich recht behutsam seyn und nichts ferner mehr verlieren, sondern jedes Körnelein stets in mir vermehret spüren; gieb zur Bess'rung wahre Treu', daß mein Wachsthum schnelle sey.

8. Laß nichts zwischen mich und dich, was mir will mein Ziel verrücken; o mein Führer, laß es mich täglich immer mehr erblicken; tritt was anders zwischen ein, laß es bald vernichtet seyn.

9. Und so laß in aller Welt mir nichts mehr zum Aufhalt stehen, laß mich dem, was ihr gefällt, täglich immer mehr entgehen. Stellt sich was zur Hind'rung ein, laß es lauter Förd'rung sein!

10. Mein Erretter! rette mich von den Banden, die mich binden, daß ich in dir ritterlich Sünd' und Tod könn' überwinden; laß nichts was zu schwer mir, zu, nimm mich dafür heim zur Ruh!

Karl Heinrich v. Bogatzky.

Gottes Allwissenheit und Vorsehung.

Psalm 139, v. 1. Herr, du erforschest mich und kennest mich.

Mel. An Wasserflüssen Babylon.

763. Herr Gott, der du erforschest mich und kennst mich auß- und innen, mein Thun und Lassen kommt vor dich, Gehn, Stehen und Beginnen. Was ich verborgen denk' und dicht', siehst du von fern und fehlest nicht, du prüfest Herz und Nieren; du kannst auch, wenn ich bin allein und gerne wollt' verborgen seyn, all' meine Weg' ausspüren.

2. Es ist kein Wort in meinem Mund', so ich dir könnt' verhehlen; du, Herr! siehst recht des Herzens Grund, was steckt in meiner Seelen; du schaffest ja, was ich voll bring', wie groß es ist und wie gering, ich kann's ohn' dich nicht richten; wenn aber du durch deine Gnad' Verstand mir giebst, auch Hülf' und Rath, so kann ich Alles schlichten.

3. Wie du die Deinen wunderlich, o Gott, hier pflegst zu führen, versteh' ich nicht und lasse mich bloß deine Gnad' regieren, wo soll ich hin vor deinem Geist'? denn du auch die Gedanken weiß'st, es hilft vor dir kein Fliehen. Führ' ich gen Himmel, bist du da; auch in der Höll' trittst du mir nah', kann dir mich nicht entziehen.

4. Nun

4. Nun, großer Gott, weil deine Hand mich überall kann finden, und all' mein Thun dir ist bekannt, so hüt' ich mich vor Sünden. Denn Dunkel ist wie Licht bei dir; was heimlich war, kommt klar herfür, ich kann dir nicht entgehen. Was ich gethan, gered't, gedacht, das wird vor deinen Thron gebracht, da muß ich vor dir stehen.

5. Herr! meine Seel' erkennt mit Preis, daß du mich hast bereitet und daß ich bin auf dein Geheiß an's Tageslicht geleitet; durch deine Vorsorg' Fleisch und Bein und alle Glieder an mir seyn, dein Aug' hat mich erwählet; da ich noch ungeboren war, hast du schon Stunden, Tag' und Jahr' im Lebenslauf gezählet.

6. Ich danke dir und preise dich für solche große Thaten und daß du mir so wunderlich an Leib und Seel' gerathen. Sehr köstlich ist dein Werk an mir; wenn ich erwach', bin ich bei dir und warte deiner Gnaden; ich glaube fest, daß meine Sünd' durch Christum mir vergeben sind, daß sie mir nicht mehr schaden.

7. Den Vorsatz gieb mir, Herr! dabei, daß ich, was bös' ist, meide, die gottlos' Rotte fern mir sey, von Frommen mich nicht scheide; daß ich nur lieb', was dir gefällt und hasse, was ist von der Welt, auch ihren Trotz nicht achte, halt' dein Gebot, hör' gern dein Wort, im Glauben und in Hoffnung fort das Ewige betrachte.

8. Erforsch' mich, Gott, ergründ' mein Herz, durchsuch' all' mein' Gedanken und siehe, ob ich hinterwärts und auf die Seit' woll' wanken. Bin ich vielleicht auf bösem Weg', so führ' du mich den rechten Steg, der nach dem Himmel weise, daß ich, vom Sündendienste frei, und dir, o Herr, gefällig sey, bis ich von hinnen reise.

David Denicke.

Von den Engeln.

Ebräer 1, v. 14. Sind sie nicht allzumal dienstbare Geister, ausgesandt zum Dienst um derer willen, die ererben sollen die Seligkeit.

In eigener Melodie.

764. Herr Gott! dich loben Alle wir und sollen billig danken dir für dein' Geschöpf' die Engel schon, die um dich schweb'n vor deinem Thron.

2. Sie glänzen hell und leuchten klar und sehen dich ganz offenbar, dein' Stimm' sie hören allezeit und sind voll göttlicher Weisheit.

3. Sie feiern auch und schlafen nicht, ihr Fleiß ist ganz dahin gericht't, daß sie, Herr Christe! um dich seyn und um dein armes Häufelein.

4. Der große Drach', der böse Feind, im Zorne uns zu schaden meint, sein Trachten steht allein darauf, wie von ihm werd' zertrennt dein Hauf';

5. Und wie er vor hat bracht in Noth die Welt, führt er sie noch in Tod; Kirch', Wort, Gesetz, all' Ehrbarkeit zu tilgen ist er stets bereit.

6. Darum kein' Rast noch Ruh' er hat, schleicht wie ein Löw', tracht't früh' und spat, legt Garn und Strick', braucht falsche List, daß er verderb', was christlich ist.

1 Petri 5, v. 8.

7. Indessen wacht der Engel Schaar, die Christo folgen immerdar und schützen seine Christenheit, wehren des Teufels Listigkeit.

8. Am Daniel wir lernen das, da er unter den Löwen saß, desgleichen auch dem frommen Lot der Engel half aus aller Noth.

9. Dermaßen auch des Feuers Glut verschont und keinen Schaden thut den Männern in der heißen Flamm', der Engel ihn'n zu Hilfe kam. Dan. 3.

10. Also schützt Gott noch heut' zu Tag vor'm Uebel und vor mancher Plag' uns durch die lieben Engelein, die uns zu Wächtern g'geben seyn.

11. Darum wir billig loben dich und danken dir, Gott! ewiglich, wie auch der lieben Engel Schaar dich preiset heut' und immerdar,

12. Und bitten dich, du wollst all'zeit dieselben heißen seyn bereit, zu schützen deine kleine Heerd'; so bleibt dein göttlich Wort im Werth.

D. Paul Eberus.

Nach dem Latein. des Philipp Melanchthon: Dicimus grates tibi, summe rerum!

Lobgesang.

Ebr. 13, v. 15. So lasset uns nun opfern durch ihn das Lobopfer Gott allezeit, das ist die Frucht der Lippen, die seinen Namen bekennen.

In eigener Melodie.

765. Herr Gott! dich loben wir, Herr Gott! wir danken dir! dich Gott Vater in Ewigkeit ehret die Welt sehr weit und breit; alle Engel im Himmelsheer' und was da dienet deiner Ehr', auch Cherubim und Seraphim singen immer mit hoher Stimm': Heilig ist unser Gott, heilig ist unser Gott, heilig ist unser Gott, der Herre Zebaoth!

2. Dein' göttlich' Macht und Herrlichkeit geht über Himm'l und Erde weit; der heiligen zwölf Boten Zahl und die lieben Propheten all', die theuren Märt'rer allzumal loben dich, Herr, mit großem Schall'; die ganze werthe Christenheit rühmt dich auf Erden allezeit; dich, Gott Vater im höchsten Thron', deinen rechten und ein'gen Sohn, den heil'gen Geist und Tröster werth mit rechtem Dienst sie lobt und ehrt.

3. Du, Kön'g der Ehren, Jesus Christ! Gott's Vaters ew'ger Sohn du bist; der Jungfrau'n Leib nicht hast verschmäht, zu erlösen das menschlich' Geschlecht, du hast dem Tod' zerstört sein' Macht und all' Christen zum Himmel g'bracht. Du sitz'st zur Rechten Gottes gleich, mit aller Ehr' in's Vaters Reich; ein Richter Du zukünftig bist Alles was todt und lebend ist.

4. Nun hilf uns, Herr, den Dienern dein, die durch dein Blut erlöset seyn; laß uns im Himmel haben Theil mit den Heil'gen im ew'gen Heil. Hilf deinem Volk', Herr Jesu Christ, und segne, was dein Erbtheil ist, wärt' und pfleg' ihr'r zu aller Zeit, und heb' sie hoch in Ewigkeit.

5. Täglich, Herr Gott! wir loben dich und ehr'n dein'n Namen stetiglich. Behüt' uns heut', o treuer Gott! vor aller Sünd' und Missethat; sey uns gnädig, o Herre Gott! sey uns gnädig in aller Noth; zeig' uns deine Barmherzigkeit, wie unsre Hoffnung zu dir steht; auf dich hoffen wir, lieber Herr! in Schanden laß uns nimmermehr! Amen. D. Martin Luther.

Uebersetzung des sogen. Cantici SS. Ambrosii et Augustini: Te Deum laudamus.

Danklied nach erhaltenem Frieden.

Psalm 44, v. 8. 9. Du hilfst uns von unsern Feinden, und machest zu Schanden, die uns hassen. Wir wollen täglich rühmen von Gott, und deinem Namen danken ewiglich.

Mel. Nun danket alle Gott.

766. Herr Gott, dich loben wir; regier', Herr, unsre Stimmen, laß deines Geistes Glut in unsern Herzen glimmen; komm, komm, o edle Flamm'! ach komm zu uns allhier, so singen wir mit Lust: Herr Gott, dich loben wir.

2. Herr Gott, dich loben wir, wir preisen deine Güte, wir rühmen deine Macht mit herzlichem Gemüthe, es steiget unser Lied bis an die Himmelsthür und tönt mit großem Schall: Herr Gott, dich loben wir.

3. Herr Gott, dich loben wir für deine große Gnaden, daß du das Vaterland von Kriegeslast entladen, daß du uns blicken läßt des güld'nen Friedens Zier, drum jauchzet alles Volk: Herr Gott, dich loben wir.

4. Herr Gott, dich loben wir, die wir in langen Jahren der Waffen schweres Joch und frechen Grimm erfahren; jetzt rühmet unser Mund mit herzlicher Begier, Gott Lob! wir sind in Ruh'; Herr Gott, wir danken dir.

5. Herr Gott, dich loben wir, daß du die Pfeil' und Wagen, Schild, Bogen, Spieß und Schwert zerbrochen und zerschlagen, der Strick ist nun entzwei, darum so singen wir mit Herz und Zung' und Mund: Herr Gott, wir danken dir.

6. Herr Gott, dich loben wir, daß du uns zwar gestrafet, jedoch in deinem Zorn nicht gar hast weggeraffet; es hat die Vaterhand uns deine Gnadenthür jetzt wieder aufgethan: Herr Gott, wir danken dir.

7. Herr Gott, wir danken dir, daß du Kirch', Land und Leute, den frommen Fürstenstamm dem Feind' nicht gabst zur Beute, und dein Arm mit ihm war; gieb ferner Gnad' allhier, daß auch die Nachwelt sing': Herr Gott, wir danken dir.

8. Herr Gott, wir danken dir und bitten, du wollst geben, daß wir auch künftig stets in guter Ruhe leben; krön' uns mit deinem Gut, erfüll', so beten wir, o Vater, unsern Wunsch: Herr Gott, wir danken dir! — Johann Franck.

Das Reich Christi.

Matthäi 6, v. 10. Dein Reich komme.

Mel. Ich ruf' zu dir, Herr Jesu Christ.

767. Herr Gott! du hast ein Gnadenreich durch Christum aufgerichtet und durch die Tauf' und Wort zugleich ein Häuflein dir verpflichtet: das soll dein Erb' und Kirchlein seyn, von Herzen sich ergeben, dir zu leben nach all' dem Willen dein, dein Wort zu halten eben.

2. Solch's fichtet an des Teufels Heer, und will es gar verschlingen. Komm du mit deiner Hülf' und Wehr, daß ihm nicht mög' gelingen: zerstör' sein' Macht, du starker Hort! und all' die sich bemühen uns zu ziehen von dir und deinem Wort, zerstöre ihr Bemühen.

3. Gieb, daß dein Reich mit großer Kraft zu uns komm' und erschalle, dein Wort in unsern Herzen haft' und brünstiglich aufwalle! mit deinem Geist von uns nicht weich', der uns den Glauben mehre, leit' und lehre, und durch das Gnadenreich uns führ' in's Reich der Ehre.

Georg Oestreicher.

Vorbereitung zum Tode.

Psalm 39, v. 6. Siehe, meine Tage sind einer Hand breit bei dir, und mein Leben ist wie nichts vor dir; wie gar nichts sind alle Menschen, die doch so sicher leben!

Mel. Wer nur den lieben Gott läßt walten.

768. Herr Gott! du kennest meine Tage, du siehst, daß ich dein schwaches Kind den Schatz in solchen Schalen trage, die irdisch und zerbrechlich sind; drum mache du mich allezeit zum Sterben fertig und bereit.

2. Laß mich nach der Erkenntniß streben, daß du mir hast mein Ziel bestimmt, und daß mein ungewisses Leben vielleicht gar bald ein Ende nimmt; ja lehre du mich diesen Schluß, daß ich einmal von hinnen muß.

3. Hier hab' ich lebenslang zu lernen, mich von der Sünde abzuzieh'n, mich von der Erde zu entfernen und um den Himmel zu bemüh'n, dieweil der Tod allein beweist, was Christenthum und Glauben heißt.

4. Ich muß ja nach der Wohnung trachten, allwo ich ewig bleiben kann, drum lehr' mich auf den Himmel achten, den seh' ich als mein eigen an, so wird mein Haus hier auf der Welt und auch im Himmel wohl bestellt.

5. Mein Herz ist nur im Himmel droben; denn da ist auch mein Schatz und Theil, den hat mir Jesus aufgehoben, dort ist das mir versproch'ne Heil, die Weltlust ist mir viel zu schlecht, im Himmel ist mein Bürgerrecht.

6. Wohlan! so will ich täglich sterben; ich lebe so, als lebt' ich nicht, und also kann ich nicht verderben, wenn mir der Tod die Augen bricht, mein Ende kommt mir süße für; denn du, mein Jesu, lebst in mir.

7. Dein Bote kann mich nicht erschrekken, die Welt erstaunt vor seinem Bild; mir soll er lauter Lust erwecken, weil du durch ihn mich holen willt; wo man mit ihm Bekanntschaft hat, da hat das Schrecken keine Statt.

8. So kommt, ihr angenehmen Stunden! komm, eile mein Erlösungstag! da ich von aller Noth entbunden zum Leben sterbend dringen mag, da find' ich in des Höchsten Hand mein Eden und gelobtes Land.

9. Doch, Herr! dir will ich mich ergeben, dir, dessen Eigenthum ich bin, du, liebster Jesu! bist mein Leben, und Sterben bleibet mein Gewinn; ich lebe dir, ich sterbe dir; bist du nur mein, so gnüget mir.

10. Willst du mich länger leben lassen, so geb' ich mich geduldig drein, und soll ich heute noch erblassen, so wird dein Schluß mein Wille seyn, wer deinen Rath erkennt und ehrt, der ist zum Himmelreich gelehrt.

11. Laß dich, mich und die Welt erkennen, dich, daß du mir mein Alles bist, mich daß ich Staub und Nichts zu nennen, die Welt, daß sie mein Kerker ist; wer dich, sich und die Welt erkennt, der macht ein richtig Testament.

Ludwig Rudolph von Senfft zu Pilsach.

Tischlied.

1 Timotheum 4, v. 4. 5. Alle Kreatur Gottes ist gut und nichts verwerflich, das mit Danksagung empfangen wird; denn es wird geheiliget durch das Wort Gottes und Gebet.

Mel. Herr Christ, der ein'ge Gott's-Sohn.

769. Herr Gott! nun sey gepreiset, wir sag'n dir großen Dank; du hast uns wohl gespeiset, geben'n ein'n guten Trank, dein' Mildigkeit zu merken und unsern Glaub'n zu stärken, daß du seyst unser Gott.

2. Ob wir solch's hab'n genommen mit Lust und Uebermaaß, dadurch wir möchten kommen vielleicht in deinen Haß; so wollst du's uns aus Gnaden, Herr, ja nicht lassen schaden durch Christum deinen Sohn.

3. Also wollst all'zeit nähren, Herr, unsre Seel' und Geist, in Christo ganz bekehren und helfen allermeist, daß wir die Sünde meiden, stark seyn in allem Leiden und leben ewiglich.

4. O Vater aller Frommen! geheiligt werd' dein Nam'; laß dein Reich zu uns kommen; dein Wille mach' uns zahm; gieb Brot; vergieb die Sünde; kein Arg's das Herz entzünde; lös' uns aus aller Noth!

D. Nicolaus Selnecker. Vers 4. Bartholomäus Ringwaldt oder Vinc. Schmuck.

Nach einem Gewitter.

Psalm 107, v. 29. Er stillete das Ungewitter, daß die Wellen sich legten.

Mel. Herr Christ, der ein'ge Gott's-Sohn.

770. Herr Gott! nun sey gepriesen, daß du in dieser Zeit uns Schutz

und Heil erwiesen in der Gefährlichkeit des Donners, der uns schreckte, des Blitzes, der sich streckte auf unser Haus und Hof.

2. Wir haben klar gesehen, Herr! deine große Macht, vor der nichts kann bestehen; denn wenn dein Donner kracht und sich dein Blitz entzündet, ach Gott! ach, so befindet sich Alles in Gefahr.

3. Das Wetter ist vergangen, vorbei ist die Gefahr; wir haben Schutz empfangen durch Gott, der bei uns war. Haus, Hof, Gut, Leib und Leben und, was er sonst gegeben, blieb uns ganz unversehrt.

4. So voller Güt' und Gnaden ist der getreue Gott, der uns bewahrt vor Schaden in so sehr großer Noth. Drum wir ihn herrlich loben, sein Ruhm sey hoch erhoben, so weit der Erdkreis geht!

5. Laßt uns auch fertig machen, daß, wenn der jüngste Tag mit Donnern und mit Krachen vielleicht bald kommen mag, wir alle so bestehen, daß wir mit Gott eingehen zur ew'gen Seligkeit.

M. Erdmann Neumeister.

Tischlied.

Psalm 104, v. 27. Es wartet alles auf dich, daß du ihnen Speise gebest zu seiner Zeit.

Mel. Vater unser im Himmelreich.

771. Herr Gott, Vater im Himmelreich! wir deine Kinder allzugleich dich bitten jetzt aus Herzensgrund, speis' uns, o Herr! zu dieser Stund'; thu' auf dein' reiche milde Hand, behüt' uns, Herr, vor Sünd' und Schand'!

2. Gieb uns, Herr, Fried' und Einigkeit, bewahr' uns auch vor theurer Zeit, damit wir leben seliglich, dein Reich besitzen ewiglich in unsers Herren Christi Nam'n; wer das begehrt, sprech' herzlich: Am'n!

Abendlied.

Psalm 17, v. 8. Behüte mich, wie einen Augapfel im Auge; beschirme mich unter dem Schatten deiner Flügel.

Mel. Nun lob' mein' Seel' den Herren.

772. Herr Gott! was soll ich sagen, daß du mir heut' so wohlgethan? mein Herz hat nichts zu klagen; denn auch, was mich betrüben kann, das hast du weggenommen und meiner so geschont; nicht aber ganz vollkommen mir nach Verdienst gelohnt. Drum sey nun doch gepriesen für das, was deine Hand mir Gutes hat erwiesen und Böses abgewandt.

2. O Heiland aller Leute! du Vater der Barmherzigkeit! ohn' Zweifel hat dich heute mein Thun nicht allemal erfreut; doch laß dich deß erbarmen und habe noch Geduld, vergieb jetzund mir Armen des ganzen Tages Schuld, was etwa in Gedanken, in Wort und Werk geschehn, wenn ich der Tugend Schranken aus Schwachheit übersehn.

3. Ich werde mich nun legen, weil es die finstre Nacht so heißt, jedoch mit deinem Segen, Gott Vater, Sohn und heil'ger Geist! Was du mir hast gegeben, das nimm in deine Hut; den Leib, die Seel', das Leben und auch mein Hab' und Gut. Dir leben und dir sterben — soll meine Freude seyn; drum laß mich nicht verderben, denn ich bin ewig dein.

4. Ja, weil du Groß und Kleinen als Hüter pflegest vorzustehn: so bitt' ich für die Meinen und Alle, die jetzt schlafen gehn: Halt' über sie die Wache, dein Arm steh' ihnen bei; dein guter Engel mache, daß nirgends Unglück sey; erhalt' in allen Dingen Jedwedem, was er hat; bis daß du uns wirst bringen in deines Vaters Stadt.

Kaspar Neumann.

Von Gottes gnädigem Schutze.

Jeremia 18, v. 19. Herr, habe Acht auf mich.

Mel. Die Nacht ist vor der Thür.

773. Herr, habe Acht auf mich! dies ist, Herr, meine Bitte, da hier in Demuth ich mein Herz vor dir ausschütte; du bist ja Gott allein und hörst der Armen Schrei'n.

2. Herr, habe Acht auf mich! daß ich dich recht erkenne, hilf, daß ich gläubig dich durch Christum Vater nenne in deines Geistes Kraft, der das Vollbringen schafft.

3. Herr, habe Acht auf mich! ich werfe mein Vertrauen auf dich nur lediglich, auf dein Wort will ich bauen leit' mich nach deinem Rath. Bei dir ist Rath und That.

4. Herr, habe Acht auf mich! laß mich stets vor dir wandeln; mein Wunsch ist, inniglich fromm und gerecht zu handeln. Gieb Herzensredlichkeit noch in der Gnadenzeit.

5. Herr, habe Acht auf mich! wenn du mir Freude schenkest, wenn du, Herr! gnädiglich im besten mein' gedenkest, daß auch bei frohem Sinn ich an dich denkend bin.

6. Herr, habe Acht auf mich! wenn bange Noth mich drücket, die Seele nichts um sich als Dunkelheit erblicket, dann sey dein göttlich Bild mir Sonne, Trost und Schild.

7. Herr, habe Acht auf mich! wenn Leib und Seele scheiden. Alsdann erbarme dich in meinem letzten Leiden und mach's durch Christi Blut mit meinem Ende gut.

8. Hast du so Acht auf mich, Herr! so will ich dich loben schon hier und ewiglich mit jener Schaar dort oben, wo Halleluja klingt, wo man das Heilig singt.

Oertel.

Das Evangelium Jesu Christi.

2 Corinther 4, v. 3. 4. Ist nun unser Evangelium verdeckt, so ist es denen, die verloren werden, verdeckt; bei welchem der Gott dieser Welt der Ungläubigen Sinne verblendet hat, daß sie nicht sehen das helle Licht des Evangelii von der Klarheit Christi, welcher ist das Ebenbild Gottes.

Mel. Wo Gott der Herr nicht bei uns hält.

774. Herr, Herr, dein Evangelium ist für uns Licht und Leben; du hast es (dir sey Dank und Ruhm!) zum Segen uns gegeben. Heil dem, der sich darauf verläßt! denn deine Wahrheit stehet fest, wenn Berg' und Hügel weichen.

2. Was du auf Erden lehrtest, quoll aus deines Vaters Herzen. Es ist für uns so wahrheitsvoll, so tröstlich unter Schmerzen, daß wer nur, was dein Mund uns lehrt, bedenkt und mit Gehorsam ehrt, auch seine Kraft empfindet.

3. Der Glaub' an deine Wahrheit ist uns Quelle aller Freuden; umringt uns Bosheit, kränkt uns List, so giebt er Muth zu leiden; du littest, Herr, und dein Vertrau'n verwandelte sich bald in Schau'n, dein Tod in's ew'ge Leben.

4. Und was entsündigt uns? sonst nichts als Glaub' an deine Liebe; er ist der Quell des reinsten Lichts, Quell göttlich ed'ler Triebe: wer deinen Tod, dein Leben glaubt, was ist, das dem die Stärke raubt, dir freudig nachzuwandeln?

5. Vor diesem Glauben flieht der Schmerz von selbst gemachten Plagen; er bringt den Himmel in das Herz, von Reu' und Schaam zerschlagen, fühlt sich des Sündentodes Raub; der Glaube hebt es aus dem Staub, und ruft: Gott ist die Liebe!

6. So wahr du, Herr, am Kreuze hingst, mit Schmerz und Angst beladen, so wahr du zu dem Vater gingst, denkt Gott an uns in Gnaden, an ihn hält sich der Glaube fest, spricht: wenn du mich auch tödtetest, bleibst du doch, Gott, die Liebe.

7. Für diesen Trost sey Dank und Ruhm, o Jesu, dir gegeben, Dank für dein Evangelium, das uns den Weg zum Leben so hell und zuverlässig weis't; o hilf uns, daß auch unser Geist stets deiner Wahrheit folge.

Johann Kaspar Lavater.

Vom heiligen Abendmahl.

1 Corinther 11, v. 28. Der Mensch prüfe aber sich selbst, und also esse er von diesem Brot, und trinke von diesem Kelch.

Mel. Schmücke dich, o liebe Seele.

775. Herr! ich falle vor dir nieder, danke dir und singe Lieder dir, o Tilger meiner Sünden! wer kann deine Lieb' ergründen? meine Schulden willst du decken, willst mich Todten auferwecken, willst ein ewig sel'ges Leben mir, wenn ich dir glaube, geben.

2. Nun, so sey der Bund erneuet, ganz sey dir mein Herz geweihet! wie du hier gelebt, zu leben — will ich täglich mich bestreben. Dir gelob' ich, deine Glieder, alle Menschen, meine Brüder immer mit den reinsten Trieben, immer, wie mich selbst, zu lieben.

3. Ich gelobe dir von Herzen: meiner Brüder Noth und Schmerzen täglich brüderlich zu lindern, Elend, wo ich kann, zu mindern. Ich gelobe dir mit Freuden, auch das Unrecht still zu leiden; ungeduldig nie zu klagen, an dir niemals zu verzagen.

4. Was du hassest, will ich hassen, ganz von dir mich leiten lassen, nie mit Vorsatz dich betrüben, Alles, was du liebest, lieben. Zwar ich kenne meine Schwäche; Jesu! da ich dies verspreche: morgen hab' ich oft gebrochen, was ich heute dir versprochen.

5. Darum hilf du mir und stärke mich zu jedem guten Werke! komm und eile, mich vom Bösen, das ich thun will, zu erlösen. Hilf den ersten Reiz der Sünden kräftig durch dich überwinden! laß mich ihre Folgen schrecken und der Unschuld Freuden schmecken.

6. Laß mich deine Treu' ermessen, deiner Liebe nie vergessen; laß mich, weil ich ab vom Guten, Herr, dich sehn am Kreuze bluten! Liebe schlug dir deine Wunden; das soll mich in dunkeln Stunden, wenn mich Angst und Zweifel drücken, mit erhab'nem Trost erquicken.

7. Gieb, daß ich und alle Christen sich auf deine Zukunft rüsten, daß, wenn heut' dein Tag schon käme, Keiner, Herr, vor dir sich schäme! Großes Abendmahl der

Frommen! Tag des Heils, wann wirst du kommen; daß wir mit der Engel Chören, Herr, dich sehn und ewig ehren?

Joh. Kaspar Lavater.

Von der Buße.

Psalm 139, v. 7. Wo soll ich hingehen vor deinem Geist? und wo soll ich hinfliehen vor deinem Angesicht?

In eigener Melodie.

776. Herr! ich habe mißgehandelt; ja, mich drückt der Sünden Last, ich bin nicht den Weg gewandelt, den du mir gezeiget hast, und jetzt wollt' ich gern aus Schrecken mich vor deinem Zorn verstecken.

2. Doch wie könnt' ich dir entfliehen? du wirst allenthalben seyn; wollt' ich über See gleich ziehen, stieg' ich in die Gruft hinein, hätt' ich Flügel gleich den Winden, gleichwohl würdest du mich finden.

3. Drum, ich muß es nur bekennen, Herr! ich hab' nicht gut gethan, darf mich nicht dein Kind mehr nennen, ach, nimm mich zu Gnaden an! laß die Menge meiner Sünden deinen Zorn nicht gar entzünden.

4. Könnt' ein Mensch den Sand gleich zählen an dem großen weiten Meer, dennoch würd' es ihm wohl fehlen, daß er meiner Sünden Heer, daß er alle mein' Gebrechen sollte wissen auszusprechen.

5. Wein', ach! wein' jetzt um die Wette, meiner Augen Thränen-Bach! o, daß ich g'nug Zähren hätte, zu betrauren meine Schmach! o, daß aus dem Thränen-Brunnen käm' ein starker Strom geronnen. — —

6. Dir will ich die Last auflegen: wirf sie in die tiefe See; wasch' mich deines Leidens wegen, treu'ster Heiland, weiß wie Schnee; lasse deinen Geist mich treiben, einzig stets bei dir zu bleiben. Joh. Franck.

Von der christlichen Kirche.

Marci 16, v. 15. Gehet hin in alle Welt, und prediget das Evangelium aller Kreatur.

Mel. Kommt her zu mir, spricht Gottes Sohn.

777. Herr Jesu, aller Menschen Hort, durch dessen theuer-werthes Wort wir in dein Reich gelangen; wir rühmen deine Gütigkeit, die sich gleich von der ersten Zeit der Gnade angefangen.

2. Du selber hast vor unsrer Zeit im Stande deiner Niedrigkeit dein Lebenswort gelehret. Du setztest drauf Apostel ein, die mußten unsre Lehrer seyn, als du zu Gott gekehret.

3. Die haben, was du ausgestreut, mit Treu' und Eifer ausgebreit't und keine Schmach gescheuet. Sie zeigten ihren Glaubensmuth, wenn gleich der Feind mit Marterglut und vieler Wuth gedräuet.

4. Sie wurden oft mit Schimpf gestäupt, sie sind gesteiniget, enthäupt't und litten es mit Freuden, und was ertrug die Christenheit nicht von den Feinden nach der Zeit für Jammer, Schmach und Leiden!

5. Und dennoch hat dein theures Wort durch solche Marter fort und fort mit Freuden zugenommen; es ist durch Qual, Verfolgung, Noth und durch so mancher Christen Tod nur weiter fortgekommen;

6. So daß ein wahrer Christ erkennt, es sey der Kirchen Regiment in deinen Allmachtshänden; daß weder Feuer noch das Schwert die Schaafe deiner reinen Heerd' von dir, dem Hirten wenden.

7. Nun Herr! die ganze Christenheit wird diese Gnade jederzeit erheben, rühmen, preisen, daß du, trotz aller Feinde Macht, dein theures Wort emporgebracht, um unsern Geist zu speisen.

8. Wir seufzen, flehen, bitten dich, du wollest ferner gnädiglich ob deiner Heerde walten; bei deinem Wort durch starken Schutz auch gegen aller Teufel Trutz die Christenheit erhalten.

9. Das Evangelium, das du zu dieser Zeit in stiller Ruh' so reichlich lässest hören, laß stets Erkenntniß, Glauben, Licht, Vertrauen, Liebe, Zuversicht in unsern Herzen mehren.

10. Und sollte sich bei uns'rer Zeit Verfolgung, Marter, Herzeleid, Angst, Noth und Trübsal finden, so mach' uns, Herr! am Glauben reich, damit wir jenen Zeugen gleich durch dich stets überwinden.

11. Ja, gieb uns einen Heldenmuth, damit wir gleichfalls Gut und Blut für deine Lehre wagen; daß uns're Treu' in Noth und Pein auch Viel' erweck', dir treu zu seyn, und wir die Krone tragen.

12. Laß dir die christliche Gemein', Herr! insgesammt befohlen seyn; erhalte sie auf Erden, in Krieg und Sieg, in Leid und Freud', bis ihr des Himmels Herrlichkeit wird offenbaret werden.

M. Joh. Christoph Arnschwanger.

Seliges Ende des Christen.

Jesaia 25, v. 8. Er wird den Tod verschlingen ewiglich; und der Herr wird die Thränen von allen Angesichtern abwischen.

Mel. O Gott, du frommer Gott.

778. Herr Jesu! A und O, der Anfang und das Ende, des Glaubens Herr und Gott! Immanuel! vollende dein Gnadenwerk in mir durch deine Gotresmacht, bis daß ich rufen kann mit dir: „es ist vollbracht!“

2. Daß, wenn mein Ende kommt, ich dann den Tod nicht sehe; daß ich nur durch den Tod ins Leben übergehe. Steh' mir mit deiner Kraft in dieser Stunde bei; daß mir mein Todestag ein froher Festtag sey!

3. Wenn mich der Satan schreckt, wenn mich die Sünden drücken, so laß mich an dem Kreuz, Lamm Gottes! dich erblicken. Erlöser, wie du da auch meine Schulden-Last gebüßet und bezahlt und ausgetilget hast.

4. Dann will ich meinen Geist, dann will ich dieses Leben in deine Jesus-Hand mit Freuden übergeben. Erlös't von aller Noth durch deine Todespein schlaf' ich getrost und sanft in deinen Wunden ein.

Christian Karl Ludwig v. Pfeil.

Freude über das Verdienst Christi.

1 Joh. 1, v. 7. Das Blut Jesu Christi, seines Sohnes, machet uns rein von aller Sünde.

Mel. Nun laßt uns den Leib begraben.

779. Herr Jesu Christ! dein theures Blut ist meiner Seele höchstes Gut, das stärkt, das labt, das macht allein mein Herz von allen Sünden rein.

2. Dein Blut, mein Schmuck, mein Ehrenkleid, dein' Unschuld und Gerechtigkeit macht, daß ich kann vor Gott bestehn und zu der Himmelsfreud' eingehn.

3. O Jesu Christe, Gottes Sohn! mein Trost, mein Heil, mein Gnadenthron, dein theures Blut, dein Lebenssaft giebt mir stets neue Lebenskraft.

4. Herr Jesu! in der letzten Noth, wenn mich schreckt Teufel, Höll' und Tod, so laß ja dies mein Labsal seyn: dein Blut macht mich von Sünden rein. D. Joh. Olearius.

Reiselied.

2 Mose 33, v. 16. Wobei soll doch erkannt werden, daß ich und dein Volk vor deinen Augen Gnade gefunden haben, ohne wenn du mit uns gehest?

Mel. Ich dank' dir schon durch deinen Sohn.

780. Herr Jesu Christ! der du selbst bist sehr weit umhergezogen, und der du hast gemacht das Land, dazu die Wasserwogen,

2. Du bist der Mann, der schaffen kann, daß wir auf rechten Wegen fein friedlich gehn, auf das nicht sehn, was uns kann Angst erregen.

3. Sieh', Herr! ich bin bedacht, dahin in deiner Furcht zu reisen; du wollest mir doch für und für die sich're Straße weisen.

4. Gieb Glück und Heil, daß ich in Eil' die Reise nun vollbringe und mir mein Werk durch deine Stärk', o Vater! wohl gelinge.

5. Laß mich doch heut', Herr, solche Leut' auch zu Gefährten haben, die fromm, gelind und redlich sind, auch sonst von guten Gaben.

6. Dein Engelein laß mit uns seyn, auf daß wir sicher gehen, und unser Land in gutem Stand hernachmals wiedersehen.

7. Herr, lehr' uns auch, daß den Gebrauch des Reisens wir im Leben verstehen recht als fromme Knecht', und nach dem Himmel streben.

8. Laß uns doch nun wie Pilger thun, des Fleisches Lüste meiden, und stets durch dich geduldiglich Noth, Angst und Trübsal leiden.

9. Es kommt hernach der Todestag, da wir von hinnen gehen, wenn's Gott gefällt, aus dieser Welt und die Verwesung sehen.

10. Doch fährt die Seel' aus dieser Höhl' hinauf in's Reich der Freuden, da keine Noth, Gewalt noch Tod uns kann von Jesu scheiden.

11. Da darf ich nicht ohn' eig'nes Licht, wie hier bei Nacht oft, wallen; o süßer Ort, wo fort und fort mein Danklied soll erschallen! Johann Rist.

Anrufung und Lob Gottes.

Psalm 119, v. 18. Oeffne mir die Augen, daß ich sehe die Wunder an deinem Gesetze.

In eigener Melodie.

781. Herr Jesu Christ! dich zu uns wend', dein'n heil'gen Geist du zu uns send'; mit Hülf' und Gnaden uns regier' und uns den Weg zur Wahrheit führ'.

2. Thu' auf den Mund zum Lobe dein, bereit' das Herz zur Andacht fein, den Glauben mehr', stärk' den Verstand, daß uns dein Nam' werd' wohl bekannt;

3. Bis wir singen mit Gottes Heer: heilig, heilig ist Gott der Herr! und schauen

dich von Angesicht in ew'ger Freud' und sel'gem Licht.

4. Ehr' sey dem Vater und dem Sohn, dem heil'gen Geist in Einem Thron'; der heiligen Dreieinigkeit sey Lob und Ehr' in Ewigkeit!

Wilhelm II., Herzog zu Sachsen-Weimar.

Von der Zukunft Christi.

Jacobi 5, v. 8. Die Zukunft des Herrn ist nahe.

Mel. Herr Jesu Christ, mein's Lebens Licht.

782. Herr Jesu Christe, Gottes Sohn, der du vom hohen Himmelsthron herab bist kommen in die Welt und uns zu gut dich eingestellt:

2. Wir danken dir mit Herz und Mund demüthiglich zu aller Stund', daß du uns schenkest zum Erbtheil durch dein' Zukunft das ew'ge Heil.

3. Wir bitten dich, den treuen Herrn, weil nun das End' nicht mehr ist fern, du wollest uns zu Gnaden dein dir lassen stets befohlen seyn.

4. Hilf, daß wir leben würdiglich und in dir sterben seliglich, daß wir lieben und loben dich hier zeitlich und dort ewiglich.

David Böhm.

Vom Mittleramte Christi.

Galater 3, v. 20. Ein Mittler aber ist nicht eines Einigen Mittler; Gott aber ist einig.

Mel. Herr Jesu Christ, mein's Lebens Licht.

783. Herr Jesu Christe, mein Prophet! der aus des Vaters Schooße geht, mach' mir den Vater offenbar und seinen liebsten Willen klar.

2. Lehr' mich in Allem, weil ich blind; mach' mich ein dir gehorsam Kind, andächtig und stets eingekehrt, so werd' ich wahrlich Gott-gelehrt.

3. Gieb, daß ich auch vor Jedermann von deiner Wahrheit zeugen kann und Allen zeig' mit Wort und That den schmalen, sel'gen Himmelspfad.

4. Mein Hoherpriester, der für mich am Kreuzesstamm geopfert sich, mach' mein Gewissen still und frei, mein ewiger Erlöser sey.

5. Gesalbter Heiland! segne mich mit Geist und Gnaden kräftiglich; schleuß mich in deine Fürbitt' ein, bis ich werd' ganz vollendet seyn.

6. Ich opfre auch, als Priester, dir mich selbst und Alles für und für; schenk' mir viel Andacht zum Gebet, das stets im Geist zu dir aufgeht.

7. Mein Himmelskönig! mich regier'; mein Alles unterwerf ich dir; rett' mich von Sünde, Welt und Feind, die mir sonst gar zu mächtig seynd.

8. So kehr' du in mein Herz hinein, und laß es dir zum Throne seyn; vor allem Uebel und Gefahr mich als dein Eigenthum bewahr'.

9. Hilf mir im königlichen Geist, mich selbst beherrschen allermeist, Begierden, Willen, Lust und Sünd', und daß mich nichts Geschaffnes bind'.

10. Du hoch erhab'ne Majestät, mein König, Priester und Prophet! sey du mein Ruhm, mein Schatz und Freud', von nun an bis in Ewigkeit.

Gerhard Tersteegen.

Gebet in Noth und Anfechtung.

Jesaia 26, v. 16. Herr, wenn Trübsal da ist, so suchet man dich; wenn du sie züchtigest, so rufen sie ängstiglich.

Mel. Herr Jesu Christ, ich weiß gar wohl.

784. Herr Jesu Christ! ich schrei' zu dir aus hochbetrübter Seele, dein' Allmacht laß erscheinen mir und mich nicht also quäle. Viel größer ist die Angst und Schmerz, so anficht und erschrickt mein Herz, als daß ich's kann erzählen.

2. Herr Jesu Christ! erbarm' dich mein nach deiner großen Güte; mit Trost und Rettung jetzt erschein' mein'm traurigen Gemüthe, welch's elendiglich wird geplagt und, so du nicht hilfst, gar verzagt, weil's keinen Trost kann finden.

3. Herr Jesu Christ! groß ist die Noth, darin ich jetzt tief stecke. Ach hilf, mein allerliebster Gott! schlaf nicht, laß dich erwecken! *) Niemand ist, der mir helfen kann, kein' Kreatur sich mein nimmt an; ich darf's auch Niemand klagen. *) Marc. 4, v. 38.

4. Herr Jesu Christ! du bist allein mein' Hoffnung und mein Leben, drum will ich in die Hände dein mich ganz und gar ergeben. O Herr, laß meine Zuversicht auf dich zu Schanden werden nicht, sonst bin ich ganz verlassen.

5. Herr Jesu Christe, Gottes Sohn! zu dir steht mein Vertrauen; du bist der rechte Gnadenthron; wer nur auf dich stets bauet, dem stehst du bei in aller Noth, hilfst ihm im Leben und im Tod; darauf ich mich verlasse.

6. Herr Jesu Christ! das Elend mein wollst gnädiglich ansehen. Durch die heil'gen fünf Wunden dein hör' mein Gebet und Flehen, welch's Tag und Nacht mit Angst

und Schmerz zu dir ausstößt mein traurig's Herz. Ach, laß dich's doch erbarmen!

7. Herr Jesu Christ! wenn es ist Zeit, nach deinem Wohlgefallen, hilf mir durch dein' Barmherzigkeit aus meinen Aengsten allen; zerstör' den Anschlag meiner Feind', die mir zu stark und mächtig seynd; laß mich nicht unterdrücken!

8. Herr Jesu Christ! ich weiß kein'n Rath, dies Elend los zu werden, so du nicht hilfst durch deine Gnad', so lang' ich leb' auf Erden. Wenn es denn dir nun ja gefällt, daß ich also soll seyn gequält, so gieb mir Kraft und Stärke!

9. Herr Jesu Christ! verleih' Geduld, hilf mir mein Kreuz ertragen, wend' nicht von mir ab deine Huld, und so du mich willst plagen, es zeitlich hier am Leibe thu', gieb nur der armen Seele Ruh', daß sie dortmit dir lebe.

10. Herr Jesu Christ! das glaub' ich doch aus meines Herzens Grunde, du wirst mich wohl erhören noch zu rechter Zeit und Stunde; denn du hast nie verlassen mich, wenn ich hab' angerufen dich, daß ich mich herzlich tröste.

11. Herr Jesu Christ, du ein'ger Trost! zu dir will ich mich wenden; mein Herzleid ist dir wohl bewußt, du kannst und wirst es enden. In deinen Willen sey's gestellt, mach', lieber Gott, wie's dir gefällt, dein bin und will ich bleiben.

12. Herr Jesu Christ! die Seufzer mein, die ich vor dich jetzt bringe, besprenge mit dem Blute dein, damit sie hindurch dringen und erweichen das Vaterherz, daß er abwend' all' Angst und Schmerz, der mich von dir will trennen.

13. Herr Jesu Christ! mit Hülf' erschein' all'n Armen und Elenden, die jetzt in großen Aengsten seyn, thu' dich zu ihnen wenden, mit starker Hand heraus sie reiß', dafür sie dir dort Lob und Preis ewiglich sagen werden.

Vor 1627. — Joh. Kaspar Trost? — Vers 10 bis 13. M. Jeremias Weber.

Vom christlichen Sinn und Wandel.

Colosser 1, v. 10. Wandelt würdiglich, dem Herrn zu allem Gefallen, und seyd fruchtbar in allen guten Werken.

Mel. Herr Christ, der ein'ge Gott's-Sohn.

785. Herr Jesu Christ, mein Leben und ein'ge Zuversicht! dir hab' ich mich ergeben, verlaß, verlaß mich nicht! Ach! laß mich deinen Willen beständiglich erfüllen, du meiner Seele Zier.

2. Ach schenk mir deine Liebe, mein Hort und Bräutigam! gieb, daß ich nicht betrübe dich, werthes Gotteslamm! ach laß mich an dir hangen, im Herzen dich umfangen; denn du bist liebenswerth.

3. In Liebe laß mich brennen und an dir halten fest, von dir laß mich nichts trennen, du bist der Allerbest'. Ach laß mich mit dir sterben und nachmals auch ererben das Reich der Herrlichkeit.

4. Ach, laß mich all'zeit bleiben ein' grüne Reb' an dir, dir will ich mich verschreiben; ach, weiche nicht von mir; ich bleib' dir ganz ergeben im Tod und auch im Leben, ach hilf mir Armen bald!

5. Nun Jesu! sey mein Leben, mein Alles ganz allein, nach dir laß mich stets streben, so werd' ich selig seyn. Ach! laß mich dich stets suchen und Alles das verfluchen, was mich von dir abhält.

6. Gieb, daß ich mein Vertrauen nur setz' auf dich allein; Herr, laß mich auf dich schauen und warten all'zeit dein; laß mich dich stetig loben hier und hernach dort oben in alle Ewigkeit.

7. Mein Heiland, du wollst kommen; ja komm, ach komme doch! erlöse deine Frommen von allem Band und Joch. Ach Jesu, komm und dämpfe das Fleisch, gieb, daß ich kämpfe allein durch deine Kraft.

8. Nun, Vater, hör' mein Lallen; mein Jesu! meine Bitt' laß dir doch nicht mißfallen, und selber mich vertritt. Gott, heil'ger Geist! erfülle mein Herz, daß es sey stille und all'zeit lobe dich.

Joh. Fried. Sannom.

Vom christlichen Sinn und Wandel.

Psalm 143, v. 10. Lehre mich thun nach deinem Wohlgefallen, denn du bist mein Gott, dein guter Geist führe mich auf ebner Bahn.

Mel. Dir, dir, Jehovah! will ich singen.

786. Herr Jesu Christ, mein Licht und Leben, erneure meinen Geist sammt Leib und Seel'. Dir, dir hab' ich mich ganz ergeben, mit meiner Seel' dich inniglich vermähl'. Ach! nimm dich meiner Seele herzlich an und zeige mir, führ' mich die Lebensbahn.

2. Und weil ich auch allhier noch lebe, so gieb mir deinen heil'gen guten Geist, daß ich in deinem Willen schwebe und thue nur, was du, mein Gott, mich heiß'st. Ach! nim̃ dich meiner Seele all'zeit an und führe mich, führ' mich auf ebner Bahn.

3. Mein Jesu, laß mich mit dir sterben und mit dir leben in der Ewigkeit, was sündlich ist, laß ganz verderben; ach, mache mich, mein Gott, fein bald bereit. O nim dich meiner Seele gnädig an und führe mich, führ' mich die Lebensbahn.

4. Wenn ich von auß'n und innen leide Anfechtung, Schmach, Verfolgung, Angst und Pein, so gieb, daß ich stets bleib' in Freude und all'zeit könne gutes Muthes seyn. Ach! nimm dich meiner Seele treulich an, so fehl' ich nicht, ich geh' die rechte Bahn.

5. O Jesu Christe, Heil der Menschen, o wahrer Gott von aller Ewigkeit! die Sünde wollst du ganz versenken, die sich in mir noch regt zu dieser Zeit. Ach! nimm dich meiner Seele herzlich an und führe mich, führ' mich die Lebensbahn. Joh. Fried. Gannom.

Bitte um Christi Beistand im Tode.

Joh. 6, v. 40. Das ist aber der Wille deß, der mich gesandt hat, daß, wer den Sohn siehet und glaubet an ihn, habe das ewige Leben; und ich werde ihn auferwecken am jüngsten Tage.

In eigener Melodie.

787. Herr Jesu Christ, wahr'r Mensch und Gott! der du litt'st Marter, Angst und Spott für mich am Kreuz auch endlich starbst und mir dein's Vaters Huld erwarbst:

2. Ich bitt' durchs bitt're Leiden dein, du wollst mir Sünder gnädig seyn, wenn ich nun komm' in Sterbensnoth und ringen werde mit dem Tod.

3. Wenn mir vergeht all mein Gesicht und meine Ohren hören nicht, wenn meine Zunge nicht mehr spricht und mir vor Angst mein Herz zerbricht,

4. Wenn mein Verstand sich nicht besinnt und mir all' menschlich' Hülf' zerrinnt, so komme, o Herr Christ! behend' zu Hülfe mir am letzten End'.

5. Und führ' mich aus dem Jammerthal, verkürz' mir auch des Todes Qual, die bösen Geister von mir treib', mit deinem Geist stets bei mir bleib'.

6. Wenn sich die Seel' vom Leibe wend't, so nimm sie, Herr! in deine Händ', der Leib hab' in der Erd' sein' Ruh', bis nah't der jüngste Tag herzu.

7. Ein fröhlich Auferstehn verleih', am jüngsten G'richt mein' Fürsprach sey und meiner Sünd' nicht mehr gedenk', aus Gnaden mir das Leben schenk'.

8. Wie du hast zugesaget mir in deinem Wort, das trau' ich dir: „Fürwahr, fürwahr! euch sage ich, wer mein Wort hält und glaubt an mich,

9. Der wird nicht kommen ins Gericht und den Tod ewig schmecken nicht, und ob er gleich hier zeitlich stirbt, mit nichten er drum gar verdirbt;

10. Sondern ich will mit starker Hand ihn reißen aus des Todes Band, ihn zu mir nehmen in mein Reich, da soll er denn mit mir zugleich

11. In Freuden leben ewiglich." Dazu hilf uns ja gnädiglich! Ach, Herr! vergieb all' unsre Schuld, hilf, daß wir warten mit Geduld,

12. Bis unser Stündlein kommt herbei, auch unser Glaub' stets wacker sey, dein'm Wort zu trauen stetiglich, bis wir einschlafen seliglich. D. Paul Eberus.

Himmelfahrtslied.

Johannis 12, v. 32. Wenn ich erhöhet werde von der Erde, so will ich sie alle zu mir ziehen.

Mel. Erschienen ist der herrlich' Tag.

788. Herr Jesu Christ! zieh' uns dir nach, so wie dein heil'ger Mund versprach: du wurdest himmel-an erhöht, wohin der Wunsch der Deinen geht. Hallelujah!

2. Wenn du uns ziehst, so laufen wir, und richten unsern Weg zu dir; laß uns im Geist stets fahren auf und förd're unsern Sieges-Lauf; Hallelujah!

3. Doch geht Niemand zum Himmel ein, er muß hier vor erniedrigt seyn; Kreuz, Demuth und des Fleisches Tod sind vor der Auffahrt dein Gebot. Hallelujah!

4. Die Reise, die das Haupt gethan, ist gleichfalls seiner Glieder Bahn, wo dieser eines davon weicht, wird die Gemeinschaft nicht erreicht. Hallelujah!

5. Wer standhaft ist, den läss'st du nicht, du giebst ihm Lehr' und Unterricht, kommst selbst und bietest ihm die Hand, benimmst ihm seinen Waisen-Stand. Hallelujah!

6. Dein Abschied und, was einst gescheh'n, zielt auf ein fröhlich Wiederseh'n und ward den Jüngern offenbar, als Zeit und Trost vorhanden war. Hallelujah!

7. Du gingest in die Herrlichkeit und hast die Wohnung zubereit't, die ist der Frommen Aufenthalt, und Schutz vor Trübsal und Gewalt. Hallelujah!

8. Die Stätt' ist ihnen da bestimmt, wo

Fried' und Ruh' kein Ende nimmt; du bist bei ihnen dort und hier, ihr bester Umgang ist mit dir. Hallelujah!

9. Hier suchest du sie freundlich heim, dadurch gewinnt ihr Glück den Keim; dort grünet, blüht und trägt es Frucht, die rechter Glaub' und Hoffnung sucht; Hallelujah!

10. Du bist in Wort und That uns nah', verlangt dich Jemand, bist du da, dieweil dein Thron und, was du bist, zur Rechten deines Vaters ist; Hallelujah!

11. Durch dich wird Gottes Werk mit Macht im Reich der Himmels-Höh' vollbracht, und du beherrschest auch die Welt, daß Alles dir zu Fuße fällt; Hallelujah!

12. Ihr Menschen! gebt ihm denn Gehör und achtet dieser Welt nicht mehr! wer noch am Erdenstaube klebt, gelangt nicht dahin, wo Er lebt; Hallelujah!

13. Hebt euer Aug' und Herz empor, es schalle nur in eurem Ohr, es sey dem Sinn als Ziel gesteckt: was Herrliches sein Wort entdeckt; Hallelujah!

14. Das bringet euch die Seligkeit und mindert euer zeitlich Leid: wer zu ihm fährt, erkennt sein Licht und schauet Gottes Angesicht; Hallelujah! Ernst Lange.

Vom heiligen Abendmahl.

Johannis 6, v. 33. Dies ist das Brot Gottes, das vom Himmel kommt, und giebt der Welt das Leben.

Mel. Wie schön leucht't uns der Morgenstern.

789. Herr Jesu! dir sey Preis und Dank für diese Seelenspeis' und Trank, damit du uns begabet; im Brot und Wein dein Leib und Blut kommt uns wahrhaftig wohl zu Gut und unsre Herzen labet, daß wir in dir, und nach deinem Wohlgefallen heilig leben; solches wollest du uns geben.

2. Du kehrest, o Immanuel! ja selber ein in unsre Seel', dir Wohnung da zu machen; drum uns ein solches Herz verleih', das von der Weltlieb' ledig sey und allen eitlen Sachen. Bleibe, treibe unsre Sinnen und Beginnen, daß wir trachten, alles Ird'sche zu verachten.

3. Ach Herr, laß uns doch nehmen nicht dein werthes Nachtmahl zum Gericht; ein Jeder recht bedenke, daß wir durch dieses Lebensbrot im Glauben stillen unsre Noth, der Fels des Heils uns tränke; züchtig, tüchtig, dich dort oben stets zu loben, bis wir werden zu dir kommen von der Erden.

4. O daß wir solcher Seligkeit erwarten möchten allezeit in Hoffnung und Vertrauen; und folglich aus dem Jammerthal eingehen in den Himmelssaal, da wir Gott werden schauen; tröstlich, köstlich uns als Gäste auf das Beste bei ihm laben, und ganz voll' Genüge haben.

5. Das gieb du uns von deinem Thron', o Jesu Christe, Gottes Sohn! gieb's durch dein bitter Leiden; dasselbe, weil wir leben hier, laß uns betrachten für und für, all' Böses darum meiden. Amen, Amen; hilf uns kämpfen, hilf uns dämpfen alle Sünden, hilf uns fröhlich überwinden.

D. Bernhard v. Derschau.

Missionslied.

Matth. 24, v. 14. Es wird gepredigt werden das Evangelium vom Reich in der ganzen Welt, zu einem Zeugniß über alle Völker.

Mel. O Gott, du frommer Gott.

790. Herr Jesu, du regierst zu deines Vaters Rechten, von Engeln hochgelobt, verehrt von deinen Knechten! Du hast für alle Welt am Kreuz genug gethan; nimm dich nun aller Welt in ihrem Elend an.

2. Dein Evangelium gieb allem Volk auf Erden, daß Jude, Heid' und Türk' dadurch erleuchtet werden; in Ost, Nord, Occident und in dem heißen Land werd' hoch dein Ruhm erhöht, dein Name recht bekannt.

3. Auf Erden sey kein Knie, das sich vor dir nicht biege, und keine Kreatur, die sich im Staub nicht schmiege; kein Mund, der nicht bekenn': daß Jesus unser Herr, ein Heiland, König sey zu seines Vaters Ehr'.

4. Komm, froher Tag, o komm! der unsre Sehnsucht stillet und das Verheißungswort im ganzen Sinn erfüllet; es ist das Reich, die Macht, die Herrlichkeit und Kraft auf ewig unserm Gott und Christus nun verschafft.

5. Mit Herrlichkeit wird er in Ewigkeit regieren; doch in der Majestät ein Friedens-Scepter führen. Ihr Völker! jauchzt ihm zu, preis' Jedes, wie es soll, sey Erdkreis überall nur seiner Ehre voll!

6. Ihm singt der Engel Heer, sein Lob beschäftigt immer des Cherubs starke Kraft, des Seraphs reinsten Schimmer. Der Harfenschläger Chor dort an dem gläsern Meer*) stimmt an das neue Lied: dem Lamm sey Lob und Ehr'.

*) Offenb. Joh. 15, v. 2.

7. Vier Thiere um den Thron, die Aeltesten auf Stühlen, erhöhn Gott und das Lamm, deß Herrlichkeit sie fühlen. O sinket, betet an! werft eure Kronen hin vor den, der spricht: Ich war, ich werde seyn, ich bin.

8. Ehr' sey dem höchsten Gott! dem Sohne gleich dem Vater, dem heilig-guten Geist, der gläubigen Berather! die auserwählte Schaar, der Himmel weit und breit preis' dich, dreiein'ger Gott, in alle Ewigkeit!

Von der göttlichen Erleuchtung.

Maleachi 4, v. 2. Euch aber, die ihr meinen Namen fürchtet, soll aufgehen die Sonne der Gerechtigkeit, und Heil unter desselbigen Flügeln.

Mel. Herr Christ, der ein'ge Gott's-Sohn.

791. Herr Jesu, Gnadensonne, wahrhaftes Lebenslicht! laß Leben, Licht und Wonne mein blödes Angesicht nach deiner Gnad' erfreuen und meinen Geist erneuen; mein Gott, versag' mir's nicht!

2. Vergieb mir meine Sünden und wirf sie hinter dich, laß allen Zorn verschwinden und hilf mir gnädiglich. Laß deine Friedensgaben mein armes Herze laben; ach, Herr! erhöre mich.

3. Vertreib' aus meiner Seelen den alten Adamssinn, und laß mich dich erwählen, auf daß ich mich forthin zu deinem Dienst ergebe und dir zu Ehren lebe, weil ich erlöset bin.

4. Beförd're dein Erkenntniß in mir, mein Seelenhort! und öffne mein Verständniß durch dein heiliges Wort, damit ich an dich gläube und in der Wahrheit bleibe zu Trotz der Höllenpfort'.

5. Woll'st mich mit Kraft ausrüsten, zu kreuz'gen mein' Begier sammt allen bösen Lüsten, auf daß ich für und für der Sündenwelt absterbe und nach dem Fleisch verderbe, hingegen leb' in dir.

6. Ach, zünde deine Liebe in meiner Seele an, daß ich aus innerm Triebe dich ewig lieben kann und dir zum Wohlgefallen beständig möge wallen auf rechter Lebensbahn.

7. Nun, Herr, verleih' mir Stärke, verleih' mir Kraft und Muth; denn das sind Gnadenwerke, die dein Geist schafft und thut; hingegen meine Sinnen, mein Lassen und Beginnen ist böse und nicht gut.

8. Darum, du Gott der Gnaden, du Vater aller Treu'! wend' allen Seelenschaden und mach' mich täglich neu; gieb, daß ich deinen Willen stets suche zu erfüllen, und steh' mir kräftig bei!

Ludwig Andreas Gotter.

Die Bewahrung des Herrn in der Stunde der Versuchung.

Lucä 22, v. 31. 32. Satanas hat euer begehret, daß er euch möchte sichten, wie den Weizen. Ich aber habe für dich gebeten, daß dein Glaube nicht aufhöre.

Mel. Mach's mit mir, Gott, nach deiner Güt'!

792. Herr Jesu! habe Acht auf mich, und laß in meinem Leben mich im̃er auch, mein Herr! auf dich und auf mich Achtung geben! vor des Versuchers List und Macht schütz' mich; so bin ich wohl bewacht.

2. Herr Jesu! der du überall, wie wir, Versuchung littest, und wenn ich in Versuchung fall', für mich beim Vater bittest. Hab' in Versuchung auf mich Acht, hilf mir heraus mit deiner Macht.

3. Vergieb, daß ich nicht immerfort auf meiner Hut geblieben; daß ich den Feind mit Gottes Wort nicht von mir weggetrieben, nicht an dein Vorbild stets gedacht; Herr! hab' auf mich in Gnaden Acht.

4. Weg Satan! hebe dich von mir! ich bin todt und gestorben der Welt, der Sünd', der Lust und dir; durch Christi Blut erworben leb' ich ihm, bis mein Lauf vollbracht und bete: Herr! hab' auf mich Acht.

Christian Karl Ludwig v. Pfeil.

Von der Sehnsucht nach Christo.

Ebräer 8, v. 10. Ich will geben meine Gesetze in ihren Sinn, und in ihr Herz will ich sie schreiben; und will ihr Gott seyn, und sie sollen mein Volk seyn.

Mel. Wie wohl ist mir, o Freund der Seelen.

793. Herr Jesu! lehre mich dich finden, die Seele ist an dich gewöhnt; du zogest sie aus ihren Sünden, du hast sie selbst mit Heil gekrönt, du hast dich ihrer angenommen, da ihre Noth auf's Höchste kommen; und da es kein Erretten galt, da des Gesetzes Zorn geblitzet, hat deine Liebe Blut geschwitzet, du meiner Seelen Aufenthalt!

2. Hier ist mein Herz, du Herz der Liebe! bewohne es mit Lieblichkeit; ertödt' die ungezähmten Triebe der unerzognen Eigenheit; belebe auch, du wahres Leben! was du in meine Brust gegeben, den Geist, den Geist von oben her; du allerseligster Gebieter! nimm hin für alle deine Güter mein Herz nach deinem Liebsbegehr.

3. Du öffnest meines Geistes Augen, du hast auch Salbe*) dran gewandt; dieweil sie nun zum Sehen taugen, dieweil sie dich nun recht erkannt, so wollen sie mit Wohlgefallen nach deiner Augen Leitung wallen, du bleibst ihr unverwandtes Ziel; und wenn sie dein Gesicht verloren, o Freund vor Allen auserkoren! ist ihnen Alles eitles Spiel.

*) Offenb. Joh. 3, v. 18

4. Mein süßer Freund, mein wahres Leben, mein Mittler bei der Majestät, mein Bürge, der sich hingegeben, durch den die Seele ledig geht, mein Alles, meine Lust und Wonne, mein' unverlöschte Gnadensonne! erscheine mir, mein's Herzens Theil, erscheine allen meinen Kräften und stärke sie zu Lichtsgeschäften durch dein uns dargebrachtes Heil.

5. Nicht Zärtlichkeit, nicht eitles Wesen, nicht Traum und blinde Phantasei hat meine Seele sich erlesen; sie will, daß Alles Wahrheit sey; sie will den theuren Jesum kennen, sie will in seiner Liebe brennen, doch nach dem Fleisch kennt sie ihn nicht: sie suchet seines Geistes Schöne, die Schöne über alle Schönen in seinem unsichtbaren Licht.

6. O Liebe, lehre mich erkennen, daß, wenn in meiner Hütte Raum dein Licht und Liebesflamm' nicht brennen, so sey mein Christenthum ein Schaum: ein bloßer Rauch, der bald verschwindet, sobald sich fremdes Feu'r entzündet, ein Tand, ein Traum und Eitelkeit. Ach, laß mich in der Wahrheit wandeln, ach, laß mich in der Wahrheit handeln, weil von der Lüge ich befreit.

7. So sey dir denn mein ganzes Leben, du aller meiner Wünsche Ziel! zum wahren Aufenthalt gegeben, ach, merkt' ich dich fein oft und viel! ach, süßer Bräut'gam, laß mich eilen und keinen Augenblick verweilen: dein Herz sey meines Herzens Ruh', dein Leben sey mein einig Leben, mein Wollen sey dir hingegeben und alle meine Kraft dazu.

Vom heiligen Abendmahl.

Johannis 6, v. 57. Wie mich gesandt hat der lebendige Vater, und ich lebe um des Vaters willen; also: wer mich isset, derselbige wird auch leben um meinetwillen.

Mel. Nun lob' mein' Seel' den Herren.

794. Herr Jesu, meine Liebe! ich hätte nimmer Ruh' und Rast, wo nicht fest in mir bliebe, was du für mich gelitten hast, es müßt' in meinen Sünden, die sich sehr hoch erhöh'n, all' meine Kraft verschwinden und wie ein Rauch vergeh'n, wenn sich mein Herz nicht hielte zu dir und deinem Tod, und ich nicht stets mich kühlte an deiner Leidensnoth.

2. Nun weißt du meine Plagen und Satanas, des Feindes, List, wenn meinen Geist zu nagen er ämsig und bemühet ist; da hat er tausend Künste, von dir mich abzuziehn, bald treibt er mir die Dünste des Zweifels in den Sinn, bald nimmt er mir dein Meinen und Wollen aus der Acht, und lehrt mich ganz verneinen, was du doch fest gemacht.

3. Solch Unheil abzuweisen, hast du, Herr, deinen Tisch gesetzt, da lässest du mich speisen, so daß sich Mark und Bein ergötzt. Du reichst mir zu genießen dein theures Fleisch und Blut und lässest Worte fließen, darauf mein Herze ruht. „Komm," sprichst du, „komm und nahe dich ungescheut zu mir, was ich dir geb', empfahe und nimm's getrost zu dir."

4. „Hier ist beim Brot vorhanden mein Leib, der dargegeben wird zum Tod' und Kreuzesbanden für dich, der sich von mir verirrt; beim Wein ist, was geflossen zur Tilgung deiner Schuld, mein Blut, das ich vergossen in Sanftmuth und Geduld. Nimm Beides mit dem Munde und denk' auch mit dabei, wie treu im Herzensgrunde ich, dein Erlöser, sey."

5. Herr! ich will dein gedenken, so lange ich noch Leben hab', und bis man mich wird senken an meinem End' in's finst're Grab. Ich sehe dein Verlangen nach meinem ew'gen Heil; am Holz hast du gehangen und hast so manchen Pfeil der Trübsal lassen dringen in dein unschuldig's Herz, auf daß ich möcht' entspringen des Todes Pein und Schmerz.

6. So hast du auch befohlen, daß, was den Glauben stärken kann, ich bei dir sollte holen und soll doch ja nicht zweifeln dran, du hast für alle Sünde, die in der ganzen Welt bei Menschen je zu finden, ein völlig Lösegeld und Opfer, das bestehet vor dem, der Alles trägt, in dem auch Alles gehet, bezahlet und erlegt.

7. Und daß ja mein Gedanke, der voller Falschheit und Betrug, nicht im Geringsten wanke, als wär' es dir nicht Ernst genug, so neigst du dein Gemüthe und sammt der rechten Hand, und giebst mit großer Güte

mir das hochwerthe Pfand zu essen und zu trinken. Ist das nicht Trost und Licht dem, der sich läßt bedünken, du wollest seiner nicht?

8. Ach Herr! du willst uns Alle, das sagt uns unser Herze zu. Die, so der Feind zu Falle gebracht, rufst du zu deiner Ruh'. Ach hilf, Herr, hilf uns eilen zu dir, der jederzeit uns allesammt zu heilen geneigt ist und bereit; gieb Lust und heil'ges Dürsten nach deinem Abendmahl, und dort mach' uns zu Fürsten im güld'nen Himmelssaal.

Paul Gerhardt.

Von der Liebe zu Gott.

Johannis 21, v. 15. Herr, du weißest, daß ich dich lieb habe.

Mel. Auf meinen lieben Gott rc.

795. Herr Jesu, meine Ruh', ach! laß mich immer zu in deiner Liebe brennen und dich im Herzen kennen, und preisen deinen Namen mit dem erwählten Saamen.

2. Herr! deiner Liebe Kraft, so Alles in mir schafft, erneu're meine Sinnen; mein Thun und mein Beginnen sey nur auf dich gerichtet, dir hab' ich mich verpflichtet.

3. Verlobe dich mit mir, ich hab' mich ja auch dir zu eigen ganz geschenket: in dich bleib' ich versenket; doch muß ich, dich zu lieben, mich immer ernster üben.

4. Du bist allein mein Heil und meines Herzens Theil; ach! gieb dich meiner Seelen, wollst dich mit mir vermählen, dir bin ich ganz ergeben im Tod' und auch im Leben.

5. Herr! deine Freundlichkeit sey meine Freud' im Leid, und deine große Güte rühr' kräftig mein Gemüthe, daß ich auf dich nur baue, und auf dein Heil nur schaue.

6. Zu deiner Herrlichkeit mach' mich, o Gott! bereit; laß mich stets an dir bleiben, kein' Lust von dir abtreiben: ach! komm doch in mein Herze, zünd' an des Glaubens Kerze.

7. Send' mir von deinem Thron, du wahrer Gottes-Sohn! den Geist der Kraft und Stärke, daß ich ihn stets vermerke in allen meinen Si[illegible]en, beim Wollen und Vollbringen[illegible]

8. [illegible] für und für, dies, Herr! bef[illegible] [illegible]te Adam sterbe, der neue [illegible] [illegible]as Reich der Kraft und Eh[illegible] [illegible] laß mich hören.

Joh. Friedrich Cannow.

[illegible]nk für erhaltenen Unterricht.

Sirach [illegible] v. 37. Betrachte immerdar Gottes Gebote, [illegible]d gedenke stets an sein Wort, der wird dein [illegible] vollkommen machen, und dir geben Weis[illegible]t, wie du begehrest.

[illegible]e: Liebster Jesu, wir sind hier.

796. Herrlichkeit, Lob, Preis und Ruhm laßt uns unserm Jesu singen [illegible]d ihm, als sein Eigenthum, sämmtlich ei[illegible]ankopfer bringen; denn er hat uns jetzt g[illegible]e[illegible]det und zur Lebensquell' geleitet.

2. [illegible]eis sey dir, o großer Hirt! daß du uns s[illegible]o[illegible]l gespeiset; und dein Wort uns, die ve[illegible]t, Weg und Steg zum Leben weiset, d[illegible] [illegible] deine Lämmer trägest und in deine [illegible]ne legest.

3. [illegible]hre uns doch ferner weit auf die grüne[illegible] [illegible]ensauen, laß uns hinfort allezeit dein [illegible] [illegible]ör'n und uns erbauen; laß uns stets d[illegible] Gute üben und die reine Lehre lieben.

4. [illegible], ja es wird geschehn, was wir jetzt v[illegible] [illegible]ir gebeten, du erhörest unser Flehn, damit [illegible]r vor dich getreten: ewig wollen wir d[illegible] [illegible]eben dich, o Jesu! dafür loben.

Bit[illegible] um Erleuchtung und Gnade.

Klagel. [illegible]remiä 3, v. 24. Der Herr ist mein Theil [illegible] [illegible]richt meine Seele; darum will ich auf ihn h[illegible]n.

Me[illegible] Herzlich lieb hab' ich dich, o Herr.

797. Herr, meines Herzens Trost und Theil, mein Fels, mein' Burg und e[illegible] [illegible]s Heil, du meine Kraft und Stärke [illegible] dreimal heilig, heil'ger Herr! voll Me[illegible]ät, voll Pracht und Ehr', Gott! auf me[illegible] Flehen merke! sey gnädig meiner Missett[illegible], die deine Güt' beleidigt hat, auf dich ist [illegible] Zuversicht, barmherz'ger Gott! allein [illegible]richt't. Herr Zebaoth! Gott Vater, so[illegible] dein liebster S[illegible] [illegible] Sünde [illegible]adenthron.

2. [illegible] meine Sünde[illegible] Herr! [illegible] Gnad' ist [illegible] mich ni[illegible] [illegible]erzagen, zw[illegible] der S[illegible] [illegible] Schuld, do[illegible] deiner [illegible], an dir, d[illegible] den! d[illegible] Angstschweiß[illegible] und T[illegible] [illegible] stärken [illegible] und dei[illegible] Wunden [illegible] meiner [illegible]adenw[illegible] du Gott[illegible]s-Lamm [illegible] süß ist [illegible] Lieb[illegible]

3. [illegible] Heili[illegible] mir dei[illegible] Antlitz [illegible]

den, stärk' mich in meinem letzten Stre... aus deiner aufgespaltnen Seit'! schließ m... in deine Wunden! erschein' mir in der St... bensnoth, wie du am Kreuz geblut't z... und nimm an meinem Lebensend' die Se... zu dir in deine Händ'! Gott, heil'ger Ge... du Lebenslicht! verlaß mich nicht, wen... mir im Tod das Herze bricht.

4. Am jüngsten Tag, wenn dein Gerie... dem Erdenkreis das Urtheil spricht, so s... mir Sünder gnädig! straf', Herr! ... nicht, wie ich's verdient, ich bin ja dur... dein Blut versühnt, drum sprich der Schu... mich ledig! mein' Fürsprach'! red' du m... das Wort! mein Richter, sey mein gnad'g... Hort! mein Bruder, hilf mir aus der Not... mein Heiland, rett' mich von dem To... barmherz'ger Gott! erbarme dich, erbarn... dich, Gott, mein Erbarmer, über mich!

Johann Erhard Eitmüller.

Verlangen nach dem Segen des gött... chen Wortes.

Psalm 119, v. 50. Das ist mein Trost in m... nem Elende; denn dein Wort erquicket mich.

Mel. Jesu, der du meine Seele.

798. Herr, mich dürstet nach dem ... gen, den dein liebes Wort ... heißt; gieb doch deinen Gnadenregen; sch... ke mir den theuren Geist; der dich deine... Volk verkläret und mir Licht und Kraft g... währet; der mein He... göttlich allen Jammer stillt.

2. Gieß' ihn tief in meine Seele; durch ihn alles licht, daß ich sehe, wo ... fehle, aus dir nehme, was gebricht; mich beständig treibe, und ich immer in d... bleibe durch der Liebe Wunderkraft, die de... Geist vermehrt und schafft.

Friedrich August ...

Um selige Vollendun...

1 Petri 1, v. 7—9. Wenn ... Jesus Christus, welch... und nun an ihn ... sehet, so werdet ... licher und herr... res Glaubens ... len Seligkeit.

3. Bald bin ich bei der Deinen Schaar, du Sammler deiner Kinder! entsündige mich ganz und gar, Entsünd'ger aller Sünder!

4. Vollende dein Geschäft in mir, noch, weil ich wall' im Staube! ganz rein sey meine Lust an dir, und felsenfest mein Glaube.

5. Ich sterbe nicht; Geburt nur ist mein Tod zum wahren Leben! Mich wird, wenn du mein Leben bist, der Tod zu dir erheben.

6. Ich werde nach dem Tode dich, dich, Lieblichster, erblicken; und deine Freundlichkeit wird mich Begnadigten entzücken.

7. Von deiner Liebe werd' ich seh'n unzählige Beweise; mir ist, ich müss' in Lust vergehn, im Dankgenuß, im Preise!

8. Ist's möglich, darf ich glauben? ja! du streckst nach mir die Hände. O bleib' mit deiner Kraft mir nah und fröhlich sey mein Ende!

9. Wenn Alles um mich schwindet, sey du, Herr! mir Licht und Leben. Mach' sanft mich aller Banden frei; laß Engel um mich schweben!

10. Du, den ich lieb' und niemals sah', deß Huld mir ward verkündigt, der einst sein Haupt auf Golgatha geneigt und All' entsündigt;

11. O könnt' ich kräftig g'nug dich fleh'n: bedecke meine Sünden! und laß mich im Hinübergeh'n dich, mein Erbarmer, finden.

12. Dein Tod ist meine Seligkeit, dein Leben ist mein Leben! o, darf ich hoffen, morgen, heut' zu dir mich zu erheben?

13. Zu dir, der unaussprechlich liebt, vollkommen alles reinigt, Unzähliges dem Glauben giebt, und Alles in sich einigt.

14. O Liebe, Liebe! schwach bin ich, doch stark ... im Schwachen! du nur kannst ... werth und empfänglich ...

... Liebe! sey mir ... nd bin ich aller ... noch Liebe!

...Caspar Lavater.

... Willen.

... Wille, sondern ...

... der Zeit.

...em Namen ...mel Fülle; ...ich, nichts ...ille bringt

mir das hochwerthe Pfand zu essen und zu trinken. Ist das nicht Trost und Licht dem, der sich läßt bedünken, du wollest seiner nicht?

8. Ach Herr! du willst uns Alle, das sagt uns unser Herze zu. Die, so der Feind zu Falle gebracht, rufst du zu deiner Ruh'. Ach hilf, Herr, hilf uns eilen zu dir, der jederzeit uns allesammt zu heilen geneigt ist und bereit; gieb Lust und heil'ges Dürsten nach deinem Abendmahl, und dort mach' uns zu Fürsten im güld'nen Himmelssaal.

Paul Gerhardt.

Von der Liebe zu Gott.

Johannis 21, v. 15. Herr, du weißest, daß ich dich lieb habe.

Mel. Auf meinen lieben Gott rc.

795. Herr Jesu, meine Ruh', ach! laß mich immer zu in deiner Liebe brennen und dich im Herzen kennen, und preisen deinen Namen mit dem erwählten Saamen.

2. Herr! deiner Liebe Kraft, so Alles in mir schafft, erneu're meine Sinnen; mein Thun und mein Beginnen sey nur auf dich gerichtet, dir hab' ich mich verpflichtet.

3. Verlobe dich mit mir, ich hab' mich ja auch dir zu eigen ganz geschenket: in dich bleib' ich versenket; doch muß ich, dich zu lieben, mich immer ernster üben.

4. Du bist allein mein Heil und meines Herzens Theil; ach! gieb dich meiner Seelen, wollst dich mit mir vermählen, dir bin ich ganz ergeben im Tod' und auch im Leben.

5. Herr! deine Freundlichkeit sey meine Freud' im Leid, und deine große Güte rühr' kräftig mein Gemüthe, daß ich auf dich nur baue, und auf dein Heil nur schaue.

6. Zu deiner Herrlichkeit mach' mich, o Gott! bereit; laß mich stets an dir bleiben, kein' Lust von dir abtreiben: ach! komm doch in mein Herze, zünd' an des Glaubens Kerze.

7. Send' mir von deinem Thron, du wahrer Gottes-Sohn! den Geist der Kraft und Stärke, daß ich ihn stets vermerke in allen meinen Sinnen, beim Wollen und Vollbringen.

8. So sey auch für und für, dies, Herr! befohlen dir: der alte Adam sterbe, der neue Mensch ererbe das Reich der Kraft und Ehren! dein Amen laß mich hören.

Joh. Friedrich Sannom.

Dank für erhaltenen Unterricht.

Sirach 6, v. 37. Betrachte immerdar Gottes Gebote, und gedenke stets an sein Wort, der wird dein Herz vollkommen machen, und dir geben Weisheit, wie du begehrest.

Mel. Liebster Jesu, wir sind hier.

796. Herrlichkeit, Lob, Preis und Ruhm laßt uns unserm Jesu singen und ihm, als sein Eigenthum, sämmtlich ein Dankopfer bringen; denn er hat uns jetzt geweidet und zur Lebensquell' geleitet.

2. Preis sey dir, o großer Hirt! daß du uns so wohl gespeiset; und dein Wort uns, die verirrt, Weg und Steg zum Leben weiset, daß du deine Lämmer trägest und in deine Arme legest.

3. Führe uns doch ferner weit auf die grünen Lebensauen, laß uns hinfort allezeit dein Wort hör'n und uns erbauen; laß uns stets das Gute üben und die reine Lehre lieben.

4. Amen, ja es wird geschehn, was wir jetzt von dir gebeten, du erhörest unser Flehn, damit wir vor dich getreten: ewig wollen wir dort oben dich, o Jesu! dafür loben.

Bitte um Erleuchtung und Gnade.

Klagel. Jeremiä. 3, v. 24. Der Herr ist mein Theil, spricht meine Seele; darum will ich auf ihn hoffen.

Mel. Herzlich lieb hab' ich dich, o Herr.

797. Herr, meines Herzens Trost und Theil, mein Fels, mein' Burg und einzig's Heil, du meine Kraft und Stärke! du dreimal heilig, heil'ger Herr! voll Majestät, voll Pracht und Ehr', Gott! auf mein Flehen merke! sey gnädig meiner Missethat, die deine Güt' beleidigt hat, auf dich ist meine Zuversicht, barmherz'ger Gott! allein gericht't. Herr Zebaoth! Gott Vater, schon'! dein liebster Sohn ist aller Sünder Gnadenthron.

2. Sind meine Sünden groß und schwer: Herr! deine Gnad' ist mächtiger, die läßt mich nicht verzagen, zwar drückt mich sehr der Sünden Schuld, doch tröst' ich mich an deiner Huld, an dir, du Brunn der Gnaden! dein Angstschweiß, Blut, Verdienst und Tod, die stärken mich in meiner Noth; und deiner Wunden Nägelmaal' sind Zeugen meiner Gnadenwahl; Herr Jesu Christ! du Gottes-Lamm! mein Bräutigam! wie süß ist deine Liebesflamm'!

3. Du Heiliger in Israel! laß leuchten mir dein Antlitz hell in meinen Todesstun-

den, stärk' mich in meinem letzten Streit' aus deiner aufgespaltnen Seit'! schließ mich in deine Wunden! erschein' mir in der Sterbensnoth, wie du am Kreuz geblut't zu Tod und nimm an meinem Lebensend' die Seel' zu dir in deine Händ'! Gott, heil'ger Geist! du Lebenslicht! verlaß mich nicht, wenn mir im Tod das Herze bricht.

4. Am jüngsten Tag, wenn dein Gericht dem Erdenkreis das Urtheil spricht, so sey mir Sünder gnädig! straf', Herr! mich nicht, wie ich's verdient, ich bin ja durch dein Blut versühnt, drum sprich der Schuld mich ledig! mein' Fürsprach'! red' du mir das Wort! mein Richter, sey mein gnäd'ger Hort! mein Bruder, hilf mir aus der Noth! mein Heiland, rett' mich von dem Tod! barmherz'ger Gott! erbarme dich, erbarme dich, Gott, mein Erbarmer, über mich!

Johann Erhard Ettmüller.

Verlangen nach dem Segen des göttlichen Wortes.

Psalm 119, v. 50. Das ist mein Trost in meinem Elende; denn dein Wort erquicket mich.

Mel. Jesu, der du meine Seele.

798. Herr, mich dürstet nach dem Segen, den dein liebes Wort verheißt; gieb doch deinen Gnadenregen; schenke mir den theuren Geist; der dich deinem Volk verkläret und mir Licht und Kraft gewähret; der mein Herz mit Trost erfüllt, göttlich allen Jammer stillt.

2. Gieß' ihn tief in meine Seele; mache durch ihn alles licht, daß ich sehe, wo ich fehle, aus dir nehme, was gebricht; daß er mich beständig treibe, und ich immer in dir bleibe durch der Liebe Wunderkraft, die dein Geist vermehrt und schafft.

Friedrich August Weihe.

Um selige Vollendung.

1 Petri 1, v. 7—9. Wenn nun offenbaret wird Jesus Christus, welchen ihr nicht gesehen habt, und nun an ihn glaubet, wiewohl ihr ihn nicht sehet, so werdet ihr euch freuen mit unaussprechlicher und herrlicher Freude, und das Ende eures Glaubens davon bringen, nämlich der Seelen Seligkeit.

Mel. Ich dank' dir schon durch deinen Sohn.

799. Herr! nahe meiner Seele dich, sey Trost mir, wenn ich leide; dein huldreich Aug' erquicke mich noch eh', wenn ich einst scheide.

2. Ich werfe alle Sorg' auf dich, du hilfst mir Alles tragen! Mein Trost ist: ewig dein bin ich — du liebst mich, soll ich zagen?

3. Bald bin ich bei der Deinen Schaar, du Samler deiner Kinder! entsündige mich ganz und gar, Entsünd'ger aller Sünder!

4. Vollende dein Geschäft in mir, noch, weil ich wall' im Staube! ganz rein sey meine Lust an dir, und felsenfest mein Glaube.

5. Ich sterbe nicht; Geburt nur ist mein Tod zum wahren Leben! Mich wird, wenn du mein Leben bist, der Tod zu dir erheben.

6. Ich werde nach dem Tode dich, dich, Lieblichster, erblicken; und deine Freundlichkeit wird mich Begnadigten entzücken.

7. Von deiner Liebe werd' ich seh'n unzählige Beweise; mir ist, ich müss' in Lust vergehn, im Dankgenuß, im Preise!

8. Ist's möglich, darf ich glauben? ja! du streckst nach mir die Hände. O bleib' mit deiner Kraft mir nah und fröhlich sey mein Ende!

9. Wenn Alles um mich schwindet, sey du, Herr! mir Licht und Leben. Mach' sanft mich aller Banden frei; laß Engel um mich schweben!

10. Du, den ich lieb' und niemals sah', deß Huld mir ward verkündigt, der einst sein Haupt auf Golgatha geneigt und All' entsündigt;

11. O könnt' ich kräftig g'nug dich fleh'n: bedecke meine Sünden! und laß mich im Hinübergeh'n dich, mein Erbarmer, finden.

12. Dein Tod ist meine Seligkeit, dein Leben ist mein Leben! o, darf ich hoffen, morgen, heut' zu dir mich zu erheben?

13. Zu dir, der unaussprechlich liebt, vollkommen alles reinigt, Unzähliges dem Glauben giebt, und Alles in sich einigt.

14. O Liebe, Liebe! schwach bin ich, doch stark bist du im Schwachen! du nur kannst deiner Liebe mich werth und empfänglich machen.

15. Vollende mich, o Liebe! sey mir Liebe, nichts als Liebe! und bin ich aller Banden frei, so sey auch dennoch Liebe!

Johann Kaspar Lavater.

Von Gottes gnädigem Willen.

Lucä 22, v. 42. Doch nicht mein Wille, sondern dein Wille geschehe.

Mel. Es ist gewißlich an der Zeit.

800. Herr! nichts ist deinem Namen gleich; er ist der Himmel Fülle; nichts Köstlicher's ist, als dein Reich, nichts Besser's, als dein Wille; dein Wille bringt

Zufriedenheit, dein Gnadenreich schenkt Seligkeit, dein Nam' heißt: groß und heilig.

2. Laß uns auf deinen Willen seh'n, und nicht mit Gnade scherzen; laß solchen stets in mir gescheh'n und aller Menschen Herzen. Mein ganzes Herz ergebe sich, es suche, fürchte, kenne dich, und thu', was dir gefället.

3. So ord'ne und so richte nun mein Wesen und mein Leben, und mach' mein Lassen und mein Thun nur dir allein ergeben; damit mein Wille sich befleiß', zu deines Namens Lob und Preis sich gänzlich aufzuopfern.

4. Gieb, daß ich, was dir wohlgefällt, recht wisse, wolle, könne, damit mich weder Fleisch noch Welt von deinem Willen trenne. Gieb, daß mir sonst nichts nützlich deucht, als was zu meinem Heil gereicht und dir zur Ehre dienet.

5. Mach' selbsten meine Gänge recht und bahne meine Wege, mach' mich in Einfalt treu und schlecht, daß ich nicht straucheln möge, daß ich auf deine Leitung seh', wie du durch Wohlfahrt oder Weh', mein Vater! mich willst führen.

6. Gieb, wenn du gute Tage giebst, daß ich mein Herz dir gebe, dir danke, daß du mich so liebst, dich, und nicht mich erhebe. Gieb mir in Widerwärtigkeit Gebet, Geduld, Gelassenheit, und laß mich nicht verzagen.

7. Verleihe, daß mich nichts erfreu', als was mich zu dir führet, und daß mir nichts Betrübter's sey, als wo man dich verlieret. Mach' mich, wie es mein Vater will, im Kreuz getrost, im Hoffen still; daran laß mir genügen.

8. Gieb, daß ich nach der Kinder Pflicht, dir, Vater! nur vor Allen, und dir zu Leid den Menschen nicht begehre zu gefallen; was dir nur lieb und angenehm, sey mir gefällig und bequem, und zwar von Grund des Herzens.

9. Gieb mir stets Ekel und Verdruß an allen solchen Freuden, wodurch man dich betrüben muß. Weg mit den Eitelkeiten! gieb, daß ich niemals das begehr', was deinem Willen, Reich und Ehr', und meinem Heil zuwider.

10. Nichts sey mir außer dir bewußt, ich wünsch' und will sonst Keines, sey du nur meines Herzens Lust, mein Alles und mein Eines, so such' ich dich, du reinstes Licht! dich, höchstes Gut! dem nichts gebricht, dich, wesentliche Liebe!

11. Hab' ich dich, o Jehovah! nur, (ach wollest mein doch werden!) so acht' ich keiner Kreatur im Himmel und auf Erden. Was hat die Erde denn für mich? was hat der Himmel ohne dich? Herr Himmels und der Erden!

12. Gieb, daß ich weiter sonst nichts acht'; sey du mein Trost im Schmerze, und wenn mir Seel' und Leib verschmacht't, der Theil noch für mein Herze. Du bist mein Gut, du bleibst mein Theil, du kannst mir als mein Gott und Heil mein Erbtheil noch erhalten.

M. Philipp Friedrich Hiller.

Der Gesang Simeons.

Lucä 2, v. 28. 29. Simeon nahm Jesum auf seine Arme, lobete Gott und sprach: Herr, nun lässest du deinen Diener in Frieden fahren.

Mel. Gottes Sohn ist kommen.

801. Herr! nun laß in Friede, lebenssatt und müde, deinen Diener fahren zu den Engel-Schaaren, selig und im Stillen; doch nach deinem Willen.

2. Gerne will ich sterben und den Himmel erben, Christus mich geleitet, welchen Gott bereitet zu dem Licht der Heiden, das uns setzt in Freuden.

3. Hier hab' ich gestritten, Ungemach erlitten, ritterlich gekämpfet, manchen Feind gedämpfet, Glauben auch gehalten richtig mit den Alten.

4. Thränen mußt' ich lassen, seufzen ohne Maaßen, schwere Gänge laufen mit der Christen Haufen, über Sünde klagen, Kreuz und Trübsal tragen.

5. Nunmehr soll sich's wenden, Kampf und Lauf sich enden, Gott will mich erlösen bald von allem Bösen; es soll besser werden, als es ist auf Erden.

6. Frieden werd' ich finden, ledig von den Sünden und auf allen Seiten nicht mehr dürfen streiten, mich soll ganz umgeben himmlisch Freuden-Leben.

7. Mir ist beigeleget, wo man Scepter träget, eine schöne Krone zum Genaden-Lohne; da werd' ich ergötzet und zur Ruh' gesetzet.

8. Mein Erlöser lebet, der mich selber hebet aus des Todes Kammer, stillet meinen Jammer; fröhlich, ohne Schrecken, will er mich erwecken.

9. Dieser Leib soll gehen und in Klarheit stehen, wenn die Todten werden ersteh'n aus

aus der Erden: Christum werd' ich schauen; darauf kann ich trauen.

10. Ihm will ich lobsingen, Dank und Ehre bringen, rühmen seine Güte mit Seel' und Gemüthe, preisen seinen Namen ohn' Aufhören, Amen! David Bohm.

Vom Glauben.

Ebräer 11, v. 6. Aber ohne Glauben ist es unmoglich Gott zu gefallen.

Mel. O Gott, du frommer Gott.

802. Herr ohne Glauben kann dir Niemand wohlgefallen; ach, darum lege mir vor ändern Gaben allen den wahren Glauben bei: denn der ist, wie du weißt, nicht Jedermannes Ding, und kommt von deinem Geist.

2. Laß mich insonderheit, daß du seyst, herzlich glauben, was mir dein Wort verheißt, bei dem laß fest mich bleiben: daß du dem, der dich sucht, stets ein Vergelter seyst, und daß ihn deine Hand aus allen Nöthen reißt.

3. Herr, laß mich auf dein Wort von ganzem Herzen trauen, und stets auf deine Treu' und Wahrheit feste bauen. Gieb, daß ich dir in Noth, und Kreuz und Tod getreu und durch des Glaubens Kraft allzeit gehorsam sey.

4. Mein Jesu, laß mich dich im Glauben wohl erkennen; dich meinen Herrn und Gott, Trost, Schutz und Heiland nennen. Laß mich im Glauben thun, was mir dein Mund gelehrt, daß dich Herz, Mund und That als den Erlöser ehrt.

5. Mein König und Prophet, komm, herrsch' in meiner Seelen. Regier' und führe mich, wollst dich mit mir vermählen. Du sollst mein König seyn, dem ich gehorchen will, mein Lehrer und Prophet, deß Willen ich erfüll'.

6. Ich will auch, Herr, an dich, als Hohenpriester, glauben; laß, Jesu, dein Verdienst den Grund des Glaubens bleiben, daß meine Seele sich hierauf getreu und fest, als auf mein einzig Heil und wahren Trost verläßt.

7. Ach, Jesu, stärke mich in diesem meinem Glauben: laß mir ihn weder Tod, noch Welt, noch Teufel rauben. Bleib' in demselben stets genau mit mir vereint, daß ich dein und du mein, o theurer Seelenfreund! Peter Busch.

Vom Worte Gottes.

Lucä 24, v. 32. Brannte nicht unser Herz in uns, da er mit uns redete auf dem Wege, als er uns die Schrift öffnete?

Mel. Herr Jesu Christ, mein's Lebens Licht.

803. Herr, öffne mir die Herzensthür, zeuch mein Herz durch dein Wort zu dir, laß mich dein Wort bewahren rein, laß mich dein Kind und Erbe seyn.

2. Dein Wort bewegt des Herzens Grund, dein Wort macht Leib und Seel' gesund, dein Wort ist's, was mein Herz erfreut, dein Wort giebt Trost und Seligkeit.

3. Ehr' sey dem Vater und dem Sohn, dem heil'gen Geist in Einem Thron! Der heiligen Dreieinigkeit sey Lob und Preis in Ewigkeit. D. Johann Olearius.

Abendlied.

Psalm 121, v. 5 Der Herr behütet dich, der Herr ist dein Schatten über deiner rechten Hand.

Mel. Jesu, meine Freude.

804. Herr! Quell aller Güter, frommer Menschen-Hüter, aller Lichter Licht! Da der Sonne Prangen abermals vergangen und die Nacht anbricht, soll mein Mund und Herz jetzund dir sein Abend-Opfer bringen und dein Lob besingen.

2. Ach! du hast in Gnaden von mir allen Schaden treulich abgewandt. Daß ich nicht verdorben, oder schnell gestorben, rührt von deiner Hand. Deine Treu', die täglich neu, hat mir heute mehr bescheret, als mein Mund begehret.

3. Aber das Gewissen klagt mit innern Bissen meinen Undank an. Was ich dir versprochen, hab' ich oft gebrochen, und nicht recht gethan. Zieh' mich nicht vor dein Gericht, höre meines Flehens Stimme, straf' mich nicht im Grimme.

4. Vater! sey mir gnädig, mach' mein Herze ledig von der schweren Schuld; denk' an dein Erbarmen, habe mit mir Armen noch einmal Geduld; Christi Blut macht Alles gut und zum Fortgang bess'rer Werke gieb mir Kraft und Stärke.

5. Nun ich will mit Segen mich zu Bette legen, Hüter Israel! ach, bewahr' vor Sünden, die nur Zorn entzünden; schütze Leib und Seel'. Träumet mir, so sey's von dir, daß, wenn ich im Schlafe liege, sich der Geist vergnüge.

6. Laß die Cherubinen mir zum Schutze dienen vor des Satans Macht; denn bei ihren Waffen kann man sicher schlafen, wenn

der Feind gleich wacht. Wende Noth und schnellen Tod; hind're, was sich sonst empöret und die Ruhe störet.

7. Denk' auch an die Meinen, und verlasse Keinen, der in Kummer steckt. Stärke Leib und Glieder, bis dein Arm uns wieder morgen frisch erweckt. Wachest du, sind wir in Ruh', wenn gleich tausend Feinde wüthen, du kannst wohl behüten.

8. Soll ich dir mein Leben heute wiedergeben, mach's, wie dir's gefällt. Ach! in Jesu Wunden geht man alle Stunden selig aus der Welt. Du bist mein und ich bin dein; ei, so kann ich auch im Sterben nimmermehr verderben. M. Jeremias Kesler.

Von der Wiedergeburt.

1 Petri 2, v. 2. Seyd begierig nach der vernünftigen lautern Milch, als die jetzt gebornen Kindlein, auf daß ihr durch dieselbige zunehmet.

Mel. O Herre Gott, dein göttlich Wort.

805. Herr, schaff' mich wie ein kleines Kind, in Unschuld neu geboren, als wir getauft im Wasser sind, zu deinem Volk erkoren; daß demnach sich, Herr Christ! an dich der sündlich' Mensch ergebe, daß er wohl sterb', doch nicht verderb', mit dir ersteh' und lebe.

Vom Leiden Christi.

2 Corinther 5, v. 15. Christus ist darum für alle gestorben, auf daß die, so da leben, hinfort nicht ihnen selbst leben, sondern dem, der für sie gestorben und auferstanden ist.

Mel. Herzliebster Jesu, was hast du verbrochen?

806. Herr, stärke mich, dein Leiden zu bedenken, mich in das Meer der Liebe zu versenken, die dich bewog, von aller Schuld des Bösen uns zu erlösen.

2. Vereint mit Gott, ein Mensch gleich uns auf Erden, und bis zum Tod am Kreuz gehorsam werden; an unsrer Statt gemartert und zerschlagen die Sünde tragen:

3. Welch Wunder, welch hoch-heiliges Geschäfte! sinn' ich ihm nach, so zagen meine Kräfte, mein Herz erbebt; ich seh' und ich empfinde den Fluch der Sünde.

4. Gott ist gerecht, ein Rächer alles Bösen. Gott ist die Lieb' und läßt die Welt erlösen; dies kann mein Geist mit Schrecken und Entzücken am Kreuz erblicken.

5. Er schlägt den Stolz und mein Verdienst darnieder. Er stürzt mich tief, und er erhebt mich wieder; lehrt mich mein Glück, macht mich aus Gottes Feinde zu Gottes Freunde.

6. O Herr, mein Heil, an dessen Blut ich glaube, ich liege hier vor dir gebückt im Staube, verliere mich, mit dankendem Gemüthe, in deine Güte.

7. Sie übersteigt die menschlichen Gedanken; allein sollt' ich darum im Glauben wanken? ich bin ein Mensch; darf der sich unterwinden, Gott zu ergründen?

8. Das Größt' in Gott ist, Gnad' und Lieb' erweisen; uns kommt es zu, sie demuthsvoll zu preisen, zu sehn, wie hoch, wenn Gott uns Gnad' erzeiget, die Gnade steiget.

9. Laß deinen Geist mich stets, mein Heiland, lehren, dein göttlich Kreuz im Glauben zu verehren, daß ich getreu in dem Beruf der Liebe mich christlich übe.

10. Das Gute thun, das Böse fliehn und meiden, Herr, diese Pflicht lehrt mich dein heilig Leiden. Kann ich zugleich das Böse mir erlauben und an dich glauben?

11. Da du dich selbst für mich dahin gegeben, wie könnt' ich noch nach meinem Willen leben und nicht vielmehr, weil ich dir angehöre, zu deiner Ehre?

12. Ich sollte nicht, wenn Leiden dieser Erden, wenn Kreuz mich trifft, gelaſſnen Herzens werden; da du so viel für uns, die wir's verschuldet, liebreich erduldet?

13. Für welche du dein Leben selbst gelassen, wie könnt' ich sie, sie, meine Brüder hassen und nicht wie du, wenn sie mich untertreten, für sie noch beten?

14. Ich will nicht Haß mit gleichem Haß vergelten, wenn man mich schilt, nicht rächend wieder schelten, du Heiliger, du Herr und Haupt der Glieder, schaltst auch nicht wieder.

15. Ein reines Herz, gleich deinem edlen Herzen, dies ist der Dank für deines Kreuzes Schmerzen; und Gott giebt uns die Kraft in deinem Namen, dir nachzuahmen.

16. Unendlich Glück! — du littest uns zu Gute. Ich bin versöhnt mit deinem theuren Blute. Du hast mein Heil, da du für mich gestorben, am Kreuz erworben.

17. So bin ich denn schon selig hier im Glauben; so wird mir nichts, nichts meine Krone rauben; so werd' ich dort, von Herrlichkeit umgeben, einst ewig leben.

18. Ja, wenn ich stets der Tugend Pfad betrete, im Glauben kämpf', im Glauben wach' und bete; so ist mein Heil schon so gewiß erstrebet, als Jesus lebet.

19. Lockt böse Lust mein Herz mit ihrem Reize, so schrecke mich dein Wort, das Wort vom Kreuze; und werd' ich matt im Laufe guter Werke, so sey mir's Stärke.

20. Seh' ich dein Kreuz den Klugen dieser Erden ein Aergerniß und eine Thorheit werden; so sey's doch mir, trotz alles frechen Spottes, die Weisheit Gottes.

21. Gott, eile nicht, sie rächend zu zerschmettern, erbarme dich, wenn einer von den Spöttern sich spät bekehrt und dich, den er geschmähet, um Gnade flehet.

22. Wenn endlich, Herr, mich meine Sünden kränken, so laß dein Kreuz mir wieder Ruhe schenken; dein Kreuz, dies sey, wenn ich den Tod einst leide, mir Fried' und Freude.

Christian Fürchtegott Gellert.

Vom Glauben.

Marci 9, v. 23. Alle Dinge sind möglich dem, der da glaubet.

Mel. Herr Christ, der ein'ge Gott's-Sohn.

807. Herr, stärke mir den Glauben, er ist ein Werk von dir: so kann kein Feind mir rauben, was du selbst schaffst in mir. Bis an die Todespforte halt' ich dir deine Worte, die theuren Worte, für.

2. Wenn ich bei meinem Flehen mich fast zu glauben scheu', mach' mir in meiner Seelen die Glaubensgründe neu, des Geistes Gnadentriebe, des Sohnes Blut und Liebe, des Vaters ew'ge Treu'.

3. Im Beten lehr' mich trauen, daß du genädig bist, im Wandel laß mir grauen, was nicht aus Glauben ist: und stell' mich dar im Kämpfen, des Bös'wichts Pfeil zu dämpfen, mit Glauben ausgerüst't.

4. Wenn ich auch oft nichts fühle von froher Zuversicht, entzieh' nur bis zum Ziele mir deine Gnade nicht, gieb mir doch dein Verlangen: an dem noch fest zu hangen, was mir dein Wort verspricht.

5. Gieb, daß auch in dem Sterben mein Glaube Kräfte hat; alsdann mach' mich zum Erben in deiner Gottesstadt. Hier müssen wir nur dürsten, bei dir dem Lebensfürsten wird man im Schauen satt.

M. Philipp Friedrich Hiller.

Vom Tode und vom Gerichte.

1 Samuelis 20, v. 3. Es ist nur ein Schritt zwischen mir und dem Tode.

Mel. Wer nur den lieben Gott läßt walten.

808. Herr! stelle nun die letzten Dinge durch deinen Geist mir selber vor, daß jedes mir viel Nutzen bringe, o öffne dadurch Herz und Ohr, o wirke dadurch Buß' und Reu' und gieb auch wahre Glaubenstreu'!

2. Hilf, daß ich mich in dich verstecke und stets in deinem Tode ruh', daß mich einmal der Tod nicht schrecke, nein, laß kein knechtisch Zagen zu, weil der Gerecht' ins Wort nun geht und auch getrost im Tode steht.

3. An dieses Wort will ich mich halten, erfüll' es, Herr! nun auch an mir, laß deine Gnade reichlich walten, vergieb mir immer für und für, daß in der letzten Todespein kein' unvergebne Sünden seyn.

4. Bleibt meine Schuld mir stets vergeben, so ist auch in der Todesnoth doch nichts als lauter Sieg und Leben und das versüße mir den Tod; doch laß mich Alles sorgsam fliehn, was diesen Tod mir kann entziehn.

5. Laß Alles täglich in mir sterben, was nur mein Sterben schmerzlich macht, das Fleisch mag klagen und verderben, wenn nur mein Geist im Tode lacht; drum schicke mir nur dieses zu, wobei ich sterbend in dir ruh'.

6. Laß mich auch an's Gericht stets denken, so daß es mir recht heilsam sey, daß ich das Fleisch stets einzuschränken mich nur mit Furcht und Zittern freu' und alles dessen müßig geh', womit ich nicht vor dir besteh'.

7. Doch laß mich hier auch klärlich wissen, ich komm' in kein Gerichte mehr, du wirst die Hölle mir verschließen, du bist um mich mit deinem Heer. Du, als der Richter, bist mein Freund und aller meiner Feinde Feind.

8. Du hast den Tod für mich geschmecket und Gottes scharfer Richterspruch ward an dir Bürgen schon vollstrecket; drum trifft mich nun kein Tod noch Fluch. Der Richter selber steht mir bei, ich bin mit dir vom Tode frei.

9. Ich bin mit dir vom Tod erstanden, auch dort in's Himmelsreich versetzt, ist hier noch Todesfurcht vorhanden, so zeige, was mich dort ergötzt, wozu der Tod das Thor nur heißt, dies tröste meinen blöden Geist.

10. Der Tod ist wohl auf dieser Seite mit Trauer und mit Furcht umhüllt, doch auf der andern giebt es Beute, da ist das angenehmste Bild; da tritt die Herrlichkeit bald ein, da wir im Himmel jauchzend seyn.

11. Drum mach' auch mehr noch deinem

Gliede den Himmel lieb, die Welt verhaßt; damit ich lebenssatt und müde nach überstandner Müh' und Last mit Sehnsucht heim zum Vater geh' und freudig seinen Sinn versteh'.

12. Laß mich im Tod noch auf ihn hoffen und mache mich von Schrecken frei, ja zeige mir den Himmel offen, wie da mein Theil bereitet sey; und so nimm' nach vollbrachtem Lauf mich dort in vollen Frieden auf!

Karl Heinrich v. Bogatzky.

Zur Pestzeit.

Hiob 34, v. 20. Plötzlich müssen die Leute sterben, und zu Mitternacht erschrecken und vergehen; die Mächtigen werden kraftlos weggenommen.

Mel. O Ewigkeit, du Donnerwort.

809. Herr! über Leben und den Tod du schickst im Eifer Pest und Noth und stillst sie mit Erbarmen. Du schlägst nicht stets als Richter zu, so wie ein Vater strafest du, dich jammert bald der Armen. Ich klage selbst vor dir mich an, daß ich viel Böses hab' gethan.

2. Mich überzeugt des Herzens Grund, daher bekennet dir der Mund mein sündenvolles Leben. Ich Sünder scheu' dein Angesicht und darf mein thränend Auge nicht zu deinem Himmel heben. Du zürnest billig und gerecht mit einem sündlichen Geschlecht.

3. Ich bin nicht nur der Plage werth, daß mich dein Feuergrimm verzehrt, daß mich die Pest aufreibe. O wenn du in's Gericht willst geh'n, so kann ich nicht vor dir besteh'n, weil ich verdammlich bleibe; und giebst du mir, was mir gehört, bin ich ein höllisch Feuer werth.

4. Jedoch es ist noch Gnadenzeit, der Tag des Heils ist auch noch weit, ich will dem Zorn begegnen. Ich will dir einen Fußfall nun in kindlichem Vertrauen thun; du wirst auch wieder segnen. Sieh', wie dein Kind voll Demuth ist, das dir in Reu' die Hände küßt.

5. Ich bitt' um unsers Gnadenthrons, um deines eingebornen Sohns, um Jesu Christi willen, da ich ein armer Sünder bin, laß sich die Strafe doch durch ihn und mein Gewissen stillen. Laß bei so großer Sündenpein doch deine Gnade größer seyn.

6. Ach du hast meine Schuld gewiß, als Werke schwarzer Finsterniß, in dein Buch eingeschrieben. Nun streich' sie aus mit Opferblut, mit Blut, das tausend Wunder thut, von Jesu, deinem Lieben. Ach schreib' in deine Rechnung hin, daß ich nichts weiter schuldig bin.

7. Ach wende diese Seuche noch; wo nicht, so lind're solche doch, mir, Vater! und den Meinen, den Obrigkeiten dieses Orts, den Nachbarn, Dienern deines Worts, und allen denen Deinen; mit Allmachtsflügeln deck' uns du in deinem Gnadenschatten zu.

M. Philipp Friedrich Hiller.

Abendlied.

Psalm 121, v. 4. Siehe, der Hüter Israels schläfet noch schlummert nicht.

Mel. O du Liebe meiner Liebe.

810. Herr und Gott der Tag' und Nächte! der du schläfst und schlummerst nicht; schaue, wie dein arm Gemächte jetzt nach seiner Kindes-Pflicht, da es Abend ist geworden, und der Tag sich hat geneigt, samt der Deinen ganzem Orden sich vor deinem Throne beugt.

2. Vater! ich bin zu geringe aller Treu' und Gütigkeit, die du, Wesen aller Dinge! mir in meiner Lebens-Zeit und auch heute hast erwiesen; o daß ich recht dankbar wär', Herr! dein Nam' sey hoch gepriesen, dein Herz ferner zu mir kehr'.

3. Siehe nicht an mein Verbrechen; ach, gedenke nicht der Schuld, die dein strenges Recht könnt' rächen, habe doch mit mir Geduld; schaue an des Sohnes Wunden, dadurch ich versöhnet bin, dadurch ich Erlösung funden und das Leben zum Gewinn.

4. Ich verlange frei zu werden durch das reine Lammes-Blut von der Sünden-Lust Beschwerden, von der finstern Schlangenbrut. Ach Herr! rein'ge mein Gewissen, Leib und Seel' dir heilig sey, dein Geist mache mich geflissen, dir zu dienen ohne Scheu.

5. Laß mich nicht dahinten bleiben, laß mich nicht zurücke seh'n, dein Geist müsse mich stets treiben, unverzüglich fortzugeh'n; ja mit schnellem Schritt zu laufen zu dem Kleinod, daß das Lamm, uns mit Blute zu erkaufen, ist gebracht an's Kreuzes Stamm.

6. Drauf will ich mich schlafen legen, laß mich dir empfohlen seyn; Vater! gönne mir den Segen, der am Leib und Geiste rein, mich auch in der Nacht bewahre, deine Gnade sei mein Schild, bis dem Heiland ich nachfahre und erwach' nach seinem Bild.

Johann Anastasius Freylinghausen.

In Kriegeszeit.

Psalm 69, v. 7. Laß nicht zu Schanden werden an mir, die deiner harren, Herr, Herr Zebaoth; laß nicht schamroth werden an mir, die dich suchen, Gott Israels.

Mel. Herzliebster Jesu, was hast du verbrochen?

811. Herr unser Gott! laß nicht zu Schanden werden Die, so in ihren Nöthen und Beschwerden bei Tag und Nacht auf deine Güte hoffen und zu dir rufen.

2. Zu Schanden mache Alle, die dich hassen, die sich allein auf ihre Macht verlassen; ach! kehre dich mit Gnaden zu uns Armen, laß dich's erbarmen,

3. Und schaff' uns Beistand wider unsre Feinde: wenn du ein Wort sprichst, werden sie bald Freunde; sie müssen Wehr' und Waffen niederlegen, kein Glied mehr regen.

4. Wir haben Niemand, dem wir uns vertrauen; vergebens ist's, auf Menschenhülfe bauen; mit dir wir wollen Thaten thun und kämpfen, die Feinde dämpfen.

5. Du bist der Held, der sie kann untertreten und das bedrängte kleine Häuflein retten. Wir trau'n auf dich, wir schrei'n in Jesu Namen: hilf, Helfer! Amen!

Johann Heermann.

Morgengesang.

Hiob 22, v. 28. Was du wirst vornehmen, wird er dir lassen gelingen, und das Licht wird auf deinem Wege scheinen.

Mel. Morgenglanz der Ewigkeit.

812. Herr, vor deinem Gnadenthron sinke ich anbetend nieder: höre, Jesu, Gottes Sohn! meines heißen Dankes Lieder; du hast mich in dieser Nacht treu bewacht.

2. Womit soll ich dankbar seyn? Alles Gute, das ich habe, giebt mir deine Hand allein; ich besitze keine Gabe, als ein sündenvolles Herz, reich an Schmerz.

3. Nur die stille Dankbegier, nur ein inniglliches Sehnen, das mich treibet für und für, und der Reue bittre Thränen sind, was ich dir bringen kann; nimm sie an!

4. Schütze, Vater! mich auch heut', will mich Dunkelheit umhüllen. Wenn die Welt mir Schmerzen beut, möge mich dein Trost erfüllen; denn mit dir kann ich allein freudig seyn.

5. Den Beruf, zu dem du mich, Gott, mein Vater! auserkoren, segne du; — ich bitte dich, woll'st nicht lassen seyn verloren meine Arbeit, Müh' und Fleiß, meinen Schweiß.

6. Auch mein Hoffen leg' ich dir fest vertrauend heut' zu Füßen. Bleibe, Jesu! du in mir; du kannst Freud' und Leid versüßen; und der Tod, wenn er erscheint, ist mein Freund.

E. C. G. Langbecker.

Von der Flucht Christi nach Egypten.

Matthäi 2, v. 14. 15. Joseph nahm das Kindlein und seine Mutter zu sich bei der Nacht, und entwich in Egyptenland, und blieb allda bis nach dem Tode Herodis. Auf daß erfüllet würde, das der Herr durch den Propheten gesagt hat, der da spricht: Aus Egypten habe ich meinen Sohn gerufen.

Mel. Herr, ich habe mißgehandelt.

813. Herr, vor dem die Erde fliehet, du nahmst eh'mals selbst die Flucht, als Herodes sehr bemühet, deinen Tod mit List gesucht; du bist in dem Pilger-Orden unsers Elends Bruder worden;

2. Allen uns zu Trost und Freuden, daß uns in dem Wand'rer-Stand und in dem Verfolgungs-Leiden werde recht dein Herz bekannt. Nunmehr weißt du, wie es stehet, wenn ein Christ in's Elend gehet.

3. Du hast uns hiermit erworben die verlor'ne Vaterstadt. Wenn wir selig sind gestorben endet sich der Wander-Pfad. Unser Wandel ist im Himmel nach so vielem Welt-Getümmel.

4. Weil wir aber hier noch wallen, so führ' uns auf rechter Bahn, laß uns nicht in Sünden fallen, segne, was wir fangen an; gieb den Geist zu unsern Kräften, Glück und Heil zu den Geschäften.

5. Wende Krieg und andre Plagen, Theurung, Hunger, Brand und Pest; laß in diesen Elends-Tagen, da sich's so betrübt anläßt, deine Engel uns behüten; Jesu! laß dich heut' erbitten.

6. Ach! erhalte deine Lehre, schütze den, der dich recht kennt. Förd're deines Namens Ehre; gieb ein gutes Regiment. Gieb zur Nahrung deinen Segen, an dem Alles ist gelegen.

7. Wo du aber hast beschlossen, daß du auf der Wanderschaft uns nimmst an zu Kreuz-Genossen, ach! so gieb Geduld und Kraft, führ' uns selbst auf rechten Straßen. Nun, du wirst uns nicht verlassen.

Vom Kommen zu Jesu.

Jesaia 55, v. 1. Kommt her und kaufet ohne Geld und umsonst.

Mel. Vater unser im Himmelreich.

814. Herr! weil du sprichst: „Kommt her zu mir!“ so komm' ich auch und ruf' zu dir: laß mich stets folgen dir

allein, gott'sfürchtig, fromm, gehorsam seyn; gieb Demuth, Wahrheit, Zucht und Fleiß zu deinem Dienst, Lob, Ehr' und Preis!

D. Johann Olearius.

Von der Begnadigung durch Christum.

1 Petri 1, v. 10. Nach welcher Seligkeit haben gesuchet und geforschet die Propheten, die von der zukünftigen Gnade auf euch geweissaget haben.

Mel. Wachet auf! ruft uns die Stimme.

815. Herr! welch Heil kann ich erringen, in welche Höh'n darf ich mich schwingen! mein Wandel soll im Himmel seyn. O du Wort voll heil'gen Lebens, voll Wonne, Wort des ew'gen Lebens: im Himmel soll mein Wandel seyn! ich sink' erstaunend hin; empfinde, wer ich bin, wer ich seyn kann, ich trage noch des Todes Joch, im Himmel soll mein Wandel seyn.

2. Schwing' dich denn in diese Höhen und lern' im Lichte Gottes sehen, wer du, versöhnte Seele! bist. Mit dem göttlichsten Entzücken wirst du in diesem Licht erblicken, wer, Seele, dein Versöhner ist. Du durch sein Opfer rein und stark, dich ihm zu weihn; er des Vaters gleich ew'ger Sohn, Ruh', Heil und Lohn der Glaubenden! Ihr näh'rer Gott.

3. Wort vom Anfang, Wunderbarer, o du, der Gottheit Offenbarer, den Erdkreis deckte Dunkelheit; du erscheinst, du Licht vom Lichte! wir schau'n in deinem Angesichte nun deines Vaters Herrlichkeit, nicht Wahrheit nur, auch Ruh' strahlst du uns, Gott-Mensch! zu; Seelenfrieden! du hast's vollbracht; des Irrthums Nacht, der Sünden dunkle Nacht ist hin.

4. Wenn die Seel' in tiefe Stille versunken ist; wenn ganz der Wille der Wille deß ist, der sie liebt; wenn ihr inniges Vertrauen, ihr freud'ges Hoffen fast zum Schauen empor steigt; wenn sie wieder liebt und nun wahrhaftig weiß, dein Kampf und Todesschweiß, Gottversöhner! dein Blut am Kreuz, dein Tod am Kreuz versöhn', o Herr! versöhn' auch sie:

5. O dann ist ihr schon gegeben der Himmelssinn und ew'ges Leben; im Himmel ist ihr Wandel dann; stark, den Streit des Herrn zu streiten, sieht sie die Krone schon von weiten, die Kron' am Ziel und betet an: Preis, Ehr' und Stärk' und Kraft sey dem, der uns erschafft, ihm zu leben, für uns verbürgt bist du erwürgt; Anbetung, Ruhm und Dank sey dir!

6. Preis sey dem, der auf dem Throne der Himmel sitzt! Preis sey dem Sohne, Gott und dem Sohne Preis und Dank! Weisheit sind und Gnad' und Stärke, Herr, Herr! und Wunder deine Werke. Dir und dem Sohn sey Preis und Dank! wie strahlt dein Angesicht von Huld! doch im Gericht bist du heilig. Lobsingt dem Herrn, die ihr dem Herrn gestorben seyd und sterben sollt!

Friedrich Gottlieb Klopstock.

Völlige Ergebung in Gottes Willen.

Jeremia 30, v. 21. Wer ist der, so mit willigem Herzen zu mir nahet?

Mel. Wenn mein Stündlein vorhanden ist.

816. Herr! wie du willst, so schick's mit mir im Leben und im Sterben; zu dir allein steht mein Begier, laß mich, Herr! nicht verderben. Erhalt' mich nur in deiner Huld; sonst, wie du willst, gieb mir Geduld, dein Wille ist der beste.

2. Zucht, Ehr' und Treu' verleih' mir, Herr! und Lieb' zu deinem Worte; behüt' mich, Herr! vor falscher Lehr' und gieb mir hier und dorte, was dient zu meiner Seligkeit, wend' ab all' Ungerechtigkeit in meinem ganzen Leben.

3. Wenn ich einmal nach deinem Rath von dieser Welt soll scheiden, verleih', o Herr! mir deine Gnad', daß es gescheh' mit Freuden. Mein Leib und Seel' befehl' ich dir, o Herr! ein selig's End' gieb mir durch Jesum Christum. Amen!

D. Kaspar Bienemann (Melissander).

Bei anhaltendem Leiden.

Psalm 13, v. 3. Wie lange soll ich sorgen in meiner Seele, und mich ängsten in meinem Herzen täglich? Wie lange soll sich mein Feind über mich erheben?

Mel. Komm, o komm, du Geist des Lebens.

817. Herr! wie lange muß ich weinen? siehe meine Thränen an! wann wird mir dein Heil erscheinen? hilf mir, der mir helfen kann, und verbirg dein Angesicht länger vor mir, Vater! nicht.

2. Angst und Noth und große Schmerzen liegen, o mein Gott! auf mir. Aus dem tief beklemmten Herzen seufzt' ich lange schon zu dir. Schau', o mein Gott! schaue doch meiner Leiden schweres Joch!

3. Laß mich nicht von hinnen scheiden, ehe du die schwere Last meiner langgefühlten Leiden, Gott! mir abgenommen hast.

Rühmen will ich mich in dir, hilfst du, treuster Helfer, mir.

4. Laß sich meinen Feind nicht freuen meiner immer gleichen Pein! Lieder will ich dann dir weihen, Dank soll dann mein Leben seyn. Ja, mein Gott, du hörest mich, selig werd' ich noch durch dich.

5. Einst werd' ich dir noch lobsingen; denn du liebst, mein Gott! mich noch; fröhlich wird mein Geist aufspringen, ganz erlös't von seinem Joch. Ja, ich hoff' und harr' auf dich: mein Gott! du erlösest mich.

Joh. Kaspar Lavater.

Bei der Taufe eines Kindes.

Lucä 18, v. 15. Sie brachten' auch junge Kindlein zu ihm, daß er sie sollte anrühren.

Mel. Liebster Jesu, wir sind hier.

818. Herr! wir stehen hier vor dir, nim̃ das Pfand von unsern Armen, tritt mit deinem Glanz herfür und erzeige dein Erbarmen, daß das Kind dein Kind auf Erden und im Himmel möge werden.

2. Laß die angeerbte Sünd' durch dein Blut sich von ihm scheiden; durch den Geist es dir verbind', daß sich's mög' in dich verkleiden, und den Namen, den wir geben, schreib' in's Lebensbuch zum Leben.

3. Hirte, nimm dein Schäflein an, Haupt! mach' es zu deinem Gliede; Himmelsweg! zeig' ihm die Bahn; Friedefürst! schenk' ihm den Friede; Weinstock! hilf, daß diese Rebe auch im Glauben dich umgebe.

4. Herr, erhöre diese Bitt', die wir thun nach deinem Willen, theile unsern Kindern mit, was du kannst und willst erfüllen, denn sie sind mit dir im Bunde, stehn mit uns auf Einem Grunde.

5. Nahmest du die Kinder auf als des Himmelreichs Genossen, sollten wir sie vor der Tauf', weil sie Kinder sind, verstoßen? sollten wir dies Siegel wehren denen, die zum Bund' gehören?

6. Ach, daß Alle, die getauft, hätten Christum angenommen, der uns ihm sich hat erkauft, dessen Namen wir bekennen! deinen Geist laß uns regieren, diesen Namen recht zu führen.

7. Laß uns hier in dieser Welt als rechtschaffne Christen leben; endlich auch, wann dir's gefällt, christlich unsern Geist aufgeben, auch im Himmel zu den Frommen und den wahren Christen kommen.

Gebet in Todesnoth.

2 Corinther 1, v. 10. Welcher uns von solchem Tode erlöset hat, und uns noch täglich erlöset; und hoffen auf ihn, er werde uns auch hinfort erlösen.

Mel. Herzlich lieb hab' ich dich, o Herr!

819. Herz-allerliebster Jesu Christ! der du nur meine Hülfe bist, mein Trost auch im Verschmachten, der du selbst meiner Krankheit Last am Marterholz getragen hast, laß mich nach dir nur trachten. Du warst nach deinem Gnadenbund um meiner Sünde willen wund, dein Opferblut hat mich erkauft, ich bin auf deinen Tod getauft; ich bitte dich, du wollst allein, in Todespein, mein Gott, mein Herr, mein Jesus seyn.

2. Du Gotteslamm! das Sünden trägt der Welt, die Gott dir auferlegt, du trugst auch meine Sünden. Laß mich in dir Gerechtigkeit, die Heiligung, die Gott anbeut, und die Erlösung finden. In Seelenarmuth sey mein Theil, mach' mich durch deine Wunden heil, wann mich der Tod ans Herze stoßt, so sey du meines Herzens Trost. Ich bitte dich, du woll'st allein, in Todespein, mein Herr, mein Gott, mein Jesus seyn.

3. Laß dein unschuldig Gottesblut, das Wunder an der Seele thut, an mir nicht seyn verloren. Nimm nicht von mir den werthen Geist, der auch im Tod der Tröster heißt, und der mich neugeboren. Steh' bei mir in der letzten Noth, verlaß mich nicht in meinem Tod, hilf mir durch deine Kraft dahin, daß ich bei dir bald lebend bin. Ich bitte dich, du woll'st allein, in Todespein, mein Herr, mein Gott, mein Jesus seyn.

4. Gedenke doch an deine Treu', daß ich dein armes Schäflein sey, und du mein guter Hirte. Ach, daß dein Arm mich zu dir riss', ach trügst du mich in's Paradies, da ich geweidet würde; laß mich dein wunderbares Licht, laß mich dein freundlich Angesicht, laß deine Herrlichkeit mich sehn: ja, Jesu! höre dieses Flehn. Ich bitte dich, du wollst allein, in Todespein, mein Herr, mein Gott, mein Jesus seyn.

M. Philipp Friedrich Hiller.

Der Christ soll seinen Heiland vor der Welt bekennen.

Lucä 9, v 26. Wer sich aber mein und meiner Worte schämet, deß wird sich des Menschen Sohn auch schämen, wenn er kommen wird in seiner Herrlichkeit, und seines Vaters und der heiligen Engel.

Mel. Von Gott will ich nicht lassen.

820. Herz, du mußt dich bequemen zu Christi Wort und Schmach;

willst du dich dessen schämen, so folgt erst Schande nach. Erwähl', was dich nicht reut. Denn schämst du dich jetzt seiner, so schämt er sich auch deiner, in seiner Herrlichkeit.

2. Wir werden Jesum sehen auf seines Vaters Thron, und Engel vor ihm stehen; da schaut des Menschen Sohn der Menschen Herzen ein; will er dich da nicht kennen, dich nicht den Seinen nennen, wirst du verloren seyn.

3. Da fällt des Teufels Lehre, da steht das Christenthum; da hat die Buße Ehre, der Glaube ewig Ruhm, die Heiligkeit ihr Lob. Herr, lehr' mich dies bedenken; will dann die Welt mich kränken, so freu' ich mich darob.

4. Herr, öff'ne mir die Augen in der Versuchungszeit, daß sie zu sehen taugen auf deine Herrlichkeit. Da wird es umgekehrt, die hier dein Wort annehmen, wirst du dort nicht beschämen; du ehrest, wer dich ehrt.

M. Philipp Friedrich Hiller.

Der Herr und seine Kirche.

Psalm 100, v. 3. 4. Erkennet, daß der Herr Gott ist; er hat uns gemacht, und nicht wir selbst, zu seinem Volk und zu Schaafen seiner Weide. Gehet zu seinen Thoren ein mit Danken, zu seinen Vorhöfen mit Loben; danket ihm, lobet seinen Namen.

Mel. Sollt' ich meinem Gott nicht singen?

821. Herzen, auf! den Herrn zu loben, dessen Huld und weiser Rath, dessen Macht durch tausend Proben sich an uns verherrlicht hat! zwar sie kann kein Maaß ermessen; Gottes Gnade, welch ein Meer! wer sind wir? und was ist er? doch wer kann des Danks vergessen? und er nimmt das Scherflein an, das die Armuth opfern kann.

2. Preis dem Bischof unsrer Seelen! Dank dem Hirten seiner Schaar! Welch ein Gutes ließ er fehlen? treu nahm er der Heerde wahr. Seines Worts gesunde Nahrung, seines Geistes Unterricht, seines Rathes Recht und Licht, seines Hirtenstabs Bewahrung, seiner Segensström' Erguß, welch ein Himmelsvorgenuß!

3. Daß sein Gotteshaus noch stehet, auch in Stürmen unverletzt; daß darin sein Friede wehet, wird das je nach Werth geschätzt? Beben, Zion! deine Gründe, wenn der Welt- und Sündengeist auch an deinen Mauern reißt? wer zerstört die Macht der Sünde? thut's dein Arm? dein wacher Fleiß? Ihm, nur ihm gebührt der Preis!

4. Doch mit Herzenskümmernissen kämpft der Seelen Dankgefühl, weil wir, ach! bekennen müssen: fern noch stehn wir ab vom Ziel. Noch gedämpft durch Nichtigkeiten brennt des Leuchters Flamme nicht, so wie Licht von seinem Licht sollte lautern Schein verbreiten. O, wann strahlt in reinem Ruhm sein erkornes Heiligthum?

5. Demuth schlägt die Blicke nieder; doch des Glaubens Zuversicht hebt die feuchten Augen wieder: auf! ihr Herzen, werdet Licht! preis't des Allerbarmers Namen und im frischen Lobgesang wiederholt des Namens Klang: jeder Puls werd' ihm ein Amen. Groß, ja groß ist Menschenschuld: göttlich groß ist Gottes Huld.

6. Treuer Gott, du wirst nicht müde, schonest, trägest und vergiebst und verklärst an jedem Gliede, daß du unaussprechlich liebst. O, vom Jüngsten bis zum Greise gieb uns Allen im Verein, Zeugen deiner Kraft zu seyn; und auch dieser Stätt' erweise, daß ihr Leuchter unverrückt deines Tempels Altar schmückt.

7. Deiner Segenstritte Spuren zählen Menschenzahlen nicht. Großes ist, was wir erfuhren; Größers, was dein Herz verspricht. Preis den tausendfachen Segen, die dein Geist uns offenbart! mehr hast du uns aufgespart; jauchzend gehn wir ihm entgegen; ob des Erdballs Achse bricht, deine Gnade weichet nicht.

Karl Bernhard Garve.

Innige Vereinigung mit Jesu.

Hosea 1, v. 11. Sie werden sich mit einander an ein Haupt halten.

Mel. Meinen Jesum lass' ich nicht.

822. Herzens Jesu, nimm mich hin! fülle mich mit Geist und Gnade; dein, Herr, bin ich, wie ich bin. Mache, daß kein Feind mir schade, sey mir Sonne, Stab und Schild, und verklär' mich in dein Bild.

2 Corinth. 3, v. 18.

2. Drücke mich an deine Brust, schließe mich in dein Erbarmen; sey mein Leben, meine Lust! trage mich auf deinen Armen. Sey mein Wunsch, mein Ziel, mein Grab; Heiland, laß von mir nicht ab!

Friedrich August Weihe.

Freudige Aussicht in die Ewigkeit.

1 Johannis 3, v. 2. Wir wissen aber, wenn es erscheinen wird, daß wir ihm gleich seyn werden; denn wir werden ihn sehen, wie er ist.

Mel. Es ist gewißlich an der Zeit.

823. Herz! freue dich der Ewigkeit, du sollst auf Jesum sterben; was

dich als Kind im Hoffen freut, wirst du vollkommen erben, was du gewünscht, das soll geschehn; den du geglaubt, den wirst du sehn, und so soll's ewig bleiben.

2. Ein Blick auf unsers Heilands Thron, ein Strahl von jener Sonne, ein schwacher Klang vom Harfenton, ein Vorschmack jener Wonne, ein Tröpflein von dem Lebensquell ist hier schon wunderschön und hell, doch kann's hier so nicht bleiben.

3. Es ist ein froher Augenblick, der bald uns muß verlassen; das Sterbliche hielt uns zurück, wir können's jetzt nicht fassen; nur feu'rt er uns den Glauben an, daß sich das Herz erfreuen kann, dort soll es ewig bleiben.

4. Nimm, Jesu! mir das Herz ganz ein mit diesen großen Dingen, mich unaufhörlich und allein zur Ewigkeit zu schwingen. Bleibst du mit deinem Geist in mir, so bleibet auch mein Herz in dir, und so wird's ewig bleiben.

M. Philipp Friedrich Hiller.

Von der Liebe zu Gott und Christo.

Pf. 18, v. 2. 3. Herzlich lieb habe ich dich, Herr, meine Stärke; Herr, mein Fels, meine Burg, mein Erretter, mein Gott, mein Hort auf den ich traue, mein Schild und Horn meines Heils und mein Schutz.

In eigener Melodie.

824. Herzlich lieb hab' ich dich, o Herr! ich bitt', wollst seyn von mir nicht fern mit deiner Hülf' und Gnade; die ganze Welt erfreut mich nicht, nach Himm'l und Erde frag' ich nicht, wenn ich dich nur kann haben; und wenn mir gleich mein Herz zerbricht, so bist du doch mein' Zuversicht, mein Theil und meines Herzens Trost, der mich durch sein Blut hat erlös't. Herr Jesu Christ! mein Gott und Herr! mein Gott und Herr! in Schanden laß mich nimmermehr!

2. Es ist ja, Herr! dein G'schenk und Gab' mein Leib und Seel' und was ich hab' in diesem armen Leben; damit ich's brauch' zum Lobe dein, zum Nutz und Dienst des Nächsten mein, wollst mir dein' Gnade geben. Behüt' mich, Herr! vor falscher Lehr', des Satans Mord und Lügen wehr'; in allem Kreuz erhalte mich, auf daß ich's trag' geduldiglich. Herr Jesu Christ, mein Herr und Gott! mein Herr und Gott! tröst' mir mein' Seel' in Todesnoth.

3. Ach Herr! laß dein' lieb' Engelein am letzten End' die Seele mein in Abrahams Schooß tragen, den Leib in sein'm Schlafkämmerlein gar sanft ohn' ein'ge Qual und Pein ruhn bis am jüngsten Tage; alsdann vom Tod' erwecke mich, daß meine Augen sehen dich in aller Freud', o Gottes Sohn! mein Heiland und mein Gnadenthron! Herr Jesu Christ! erhöre mich, erhöre mich: ich will dich preisen ewiglich!

Martin Schalling.

Vom Worte Gottes.

Jacobi 1, v. 22. Seyd aber Thäter des Worts, und nicht Hörer allein, damit ihr euch selbst betrüget.

Mel. Nun danket alle Gott.

825. Herzliebster Jesu Christ! wir danken deiner Güte, daß du so willig bist, in unsrer ersten Blüthe zu schenken solchen Sinn, der sich nach deinem beugt; ach nimm doch Alles hin, was uns von dir abzeucht.

2. Hab' Dank für deine Lehr' und allzugroße Treue, erleucht' uns mehr und mehr und unser Herz erfreue durch deinen Gnadenschein. Hilf, daß wir nehmen zu im Guten, führ' uns ein zuletzt in deine Ruh'.

3. Wir wollen nun hinfort zu deinem Dienste leben, gehorsam deinem Wort, das du uns hast gegeben. Verleih' Beständigkeit, behüt' uns vor Rückfall, regier' uns jederzeit, bekehr' uns allzumal!

Vom Leiden Jesu.

Lucä 23, v. 22. Was hat denn dieser Uebels gethan? Ich finde keine Ursach des Todes an ihm.

In eigener Melodie.

826. Herzliebster Jesu! was hast du verbrochen, daß man ein solch scharf Urtheil hat gesprochen? was ist die Schuld? in was für Missethaten bist du gerathen?

2. Du wirst verspeit, geschlagen und verhöhnet, gegeißelt und mit Dornen scharf gekrönet, mit Essig, als man dich an's Kreuz gehenket, wirst du getränket.

3. Was ist die Ursach' aller solcher Plagen? ach, meine Sünden haben dich geschlagen! Ich, ach Herr Jesu! habe dies verschuldet, was du erduldet.

4. Wie wunderbarlich ist doch diese Strafe! der gute Hirte leidet für die Schaafe; die Schuld bezahlt der Herre, der Gerechte, für seine Knechte.

5. Der Fromme stirbt, der recht und richtig wandelt; der Böse lebt, der wider Gott gehandelt; der Mensch verwirkt den Tod und ist entgangen; Christ wird gefangen.

6. Ich war von Fuß auf voller Schand' und Sünden, bis zu der Scheitel war nichts Gut's zu finden, dafür hätt' ich dort in der Hölle müssen ewiglich büßen.

7. O große Lieb', o Lieb' ohn' alle Maaße! die dich gebracht auf diese Marterstraße; ich lebte mit der Welt in Lust und Freuden, und du mußt leiden!

8. Ach großer König! groß zu allen Zeiten; wie kann ich g'nugsam deine Treu' ausbreiten? Kein menschlich Herz vermag es auszudenken, was dir zu schenken.

9. Ich kann's mit meinen Sinnen nicht erreichen, womit doch dein Erbarmen zu vergleichen. Wie kann ich dir denn deine Liebesthaten im Werk erstatten?

10. Doch ist noch etwas, das dir angenehme: wenn ich des Fleisches Lüste dämpf' und zähme, daß sie aufs Neu' mein Herze nicht entzünden mit alten Sünden.

11. Weil aber dies nicht steht in eig'nen Kräften, dem Kreuze die Begierden anzuheften: so gieb mir deinen Geist, der mich regiere, zum Guten führe.

12. Alsdann so werd' ich deine Huld betrachten, aus Lieb' zu dir die Welt für gar nichts achten, ich werde mich bemühen, deinen Willen stets zu erfüllen.

13. Ich werde dir zu Ehren Alles wagen, kein Leiden achten, keine Schmach noch Plagen, nichts von Verfolgung, nichts von Todesschmerzen nehmen zu Herzen.

14. Dies Alles, ob's für schlecht zwar ist zu schätzen, wirst du es doch nicht gar bei Seite setzen; in Gnaden wirst du es von mir annehmen, mich nicht beschämen.

15. Wenn dort, Herr Jesu! wird vor deinem Throne auf meinem Haupte stehn die Ehrenkrone, da will ich dir, wenn Alles wohl wird klingen, Lob und Dank singen.

Johann Heermann.

Von der Treue im Glauben.

Ebräer 13, v. 9. Lasset euch nicht mit mancherlei und fremden Lehren umtreiben; denn es ist ein köstlich Ding, daß das Herz fest werde, welches geschiehet durch Gnade.

Mel. Wer nur den lieben Gott läßt walten.

827. Herz, sey getreu in deinem Glauben, bleib' in demselben feste stehn, laß diesen Leitstern dir nicht rauben, sonst kannst du nicht in Himmel gehn; halt' dich an Gott, sprich ohne Scheu: ich bleibe Gott im Glauben treu.

2. Herz, sey getreu in deinem Leben, verlaß die breite Laster-Bahn, sey der Gottseligkeit ergeben, dein Wandel gehe himmelan! dies Wort sey ohne Heuchelei: ich bleibe Gott im Leben treu.

3. Herz, sey getreu in deinen Leiden, der beste Trost ist nur Geduld! das Leiden muß doch endlich scheiden, nur halt' dich fest an Gottes Huld, und sage dies getrost dabei: ich bleibe Gott in Leiden treu.

4. Und dies soll auch die Losung bleiben im Leben und bis in den Tod. Nichts, nichts soll mich von Gott abtreiben, so bin ich fröhlich in der Noth, so leb' ich furcht- und sorgenfrei und bleibe meinem Gott getreu.

Joh. Michael Schumann.

Weihnachtslied.

Lucä 2, v. 11. Euch ist heute der Heiland geboren, welcher ist Christus, der Herr, in der Stadt Davids.

Mel. Fröhlich soll mein Herze springen rc.

828. Heute jauchzet all' ihr Frommen, denn es ist Jesus Christ in die Welt gekommen. Heute seyd ihr unverloren, selig's Heut'! güld'ne Zeit: Jesus ist geboren!

2. Heute, so ihr hört die Stimme: daß uns heut' Gott befreit von dem Zorn und Grimme, von der Sünde Noth und Schmerzen, Straf' und Joch: härtet doch heute nicht die Herzen!

3. Jesus! du sollst nicht veralten; denn ich brauch' Jesum auch heut' noch, wie die Alten. Heut' will ich mich sein bedienen, als ob er heut' erst wär' in dem Fleisch erschienen.

4. Heut' will ich daran gedenken, was ihn trieb sich aus Lieb' in mein Fleisch zu senken. Heut' soll sich mein Glaube stärken und sein Wort fort und fort heilsbegierig merken.

5. Heute will ich inne werden, ob auch mir Jesus hier kam zu Gut' auf Erden? ob auch ich an dieser Gabe, an dem Heil Gottes Theil, Recht und Erb' noch habe?

6. Heute, wenn ich an mir finde, daß ich noch steck' im Joch und Gewalt der Sünde, sehr verwund't an allen Theilen will ich nur in die Kur dieses Heilands eilen.

7. Heut', von heut' an will auf Erden ich dein'm Wort immerfort mehr gehorsam werden. Das will ich in Demuth fassen und dafür Alles hier stehn und liegen lassen.

8. Herr! so wahr du bist erschienen, soll mir dein Fleisch und Bein, Blut und Leben

dienen, daß mit dir sich Leib und Seele ganz und gar (mach' es wahr!) ewiglich vermähle.

9. Dem Gesang der Engelchöre stimm' ich bei: heute sey Gott im Himmel Ehre! Fried' auf Erden! Wohlgefallen hat nunmehr Gott, der Herr, an den Menschen allen.

Christian Karl Ludwig v. Pfeil.

Neujahrslied.

Luc. 2, v. 21. Und da acht Tage um waren, daß das Kind beschnitten würde, da ward sein Name genennet Jesus, welcher genannt war von dem Engel, ehe denn er im Mutterleibe empfangen ward.

Mel. Wer nur den lieben Gott läßt walten.

829. Heut' fang' ich wieder an zu zählen die Tage meiner kurzen Zeit. Heut blüht mein ewiges Erwählen in Jesu Namens Herrlichkeit. Ja, ewig will ich nur allein in Jesu Namen selig seyn.

2. Dem will ich heut ein Jahrfest feiern, und meinen Bund, den er mit Gott für mich gestiftet hat, erneuern: ihm treu zu seyn bis in den Tod. Hernach will ich auch nur allein in Jesu Namen selig seyn.

3. In Jesu Namens Macht und Stärke fang' ich dies Jahr im Glauben an; Herr Jesu! segne meine Werke, so sind sie recht in Gott gethan. Im Glauben will ich nur allein in Jesu Namen selig seyn.

4. Noch eine Bitt' gewähr' uns heute, daß unserm Fürsten dieses Jahr sein Haus, Regierung, Land und Leute dein Name gnädiglich bewahr'. Es müsse mit uns insgemein in Jesu Namen selig seyn.

5. So fang' ich denn in Jesu Namen den Lauf heut wieder fröhlich an. In ihm sey alles Ja und Amen! durch ihn, mit ihm, in Gott gethan! mit mir — ich geh' aus oder ein — wird Jesus überall stets seyn.

6. Mein Leib gemacht aus Staub und Erden, wird nun, weil Gott Mensch worden ist, ein Tempel Gottes wieder werden; so wahr im Leibe Jesu Christ' Gott wohnte, kann mein Fleisch und Bein im Geist heut' Gottes Tempel seyn.

7. Der unter das Gesetz gethane, für uns geborne Sohn und Held hat alsobald die Jesusfahne zur Gnadenwerbung aufgestellt: hierher, wer des Gesetzes Pein gern los und ledig möchte seyn!

8. Er ist der Welt zum Heil erschienen, er, der die Sünder selig macht. Er ist ein Jesus! er hat ihnen das Himmelreich herabgebracht. In Jesu Namen nur allein steht aller Sünder Seligseyn!

Christian Karl Ludwig v. Pfeil.

Neujahrslied.

Jesaia 43, v. 19. Siehe, ich will ein Neues machen, jetzt soll es aufwachsen; daß ihr erfahren werdet, daß ich Weg in der Wüste mache, und Wasserströme in der Einöde.

Mel. Lobt Gott, ihr Christen allzugleich.

830. Heut' fänget an das neue Jahr mit neuem Gnadenschein; wir loben alle unsern Gott und singen insgemein. :,:

2. Seht, wie sich Gottes Vater-Huld erzeiget euch auf's Neu'! wir merken seiner Wunder Güt' und spüren seine Treu'. :,:

3. Was suchet doch der fromme Gott, durch's Gute, so er thut? ach! wer uns das recht lehren wollt', erweckte Herz und Muth. :,:

4. Der Geist der spricht es deutlich aus: er leitet euch zur Buß', wir bücken uns von Herzensgrund und fallen ihm zu Fuß. :,:

5. Wohl euch! wenn dieses recht geschieht, und geht von Herzensgrund; ja, ja, es schreiet Seel' und Geist, und nicht allein der Mund. :,:

6. Thut das und haltet brünstig an, bis Gott geholfen hat; wir senken uns in seine Huld und hoffen bloß auf Gnad'. :,:

7. Das ist gewiß der rechte Weg, der euch nicht trügen kann; ach Jesu, Jesu! seufzen wir, nimm du dich unser an. :,:

8. Den hat euch Gott zum Gnadenstuhl und Mittler vorgestellt; drum nehmen wir ihn willig auf: er ist das Heil der Welt. :,:

9. Wohl! dieser ist der wahre Gott, in dem euch Hülf' bereit't, er machet euch von Sünden los und schenkt die Seligkeit. :,:

10. Dies heute unsre Hoffnung ist und bleibet immerdar: Jesus, der starke Siegesheld, dämpft nur der Feinde Schaar. :,:

11. Gar gerne will er dieses thun, wo ihr nicht widerstrebt: nur haltet seinem Wirken still, und ihm euch nur ergebt. :,:

12. Wir wollen thun durch seine Gnad', die er im Glauben schenkt; bei ihm ist doch allein die Kraft, die unsre Herzen lenkt. :,:

13. Dies glaubt und zeiget in der That, in eurem Lebenslauf, den Weltsinn leget gänzlich ab, schwingt euch zu Gott hinauf. :,:

14. Wir folgen diesem guten Rath, weil es Gott selbst gebeut, die Seele suchet Hülf' und Gnad, das Herz die Sünd' bereu't. :,:

15. Ja, glaubet: Gottes Hülf' ist nah', und Christi guter Geist ist wahrlich stets darauf bedacht, wie er euch Hülfe leist'. :,:

16. Den nehmen wir mit Freuden an, der soll uns machen neu, die Sünde habe gute Nacht, zusammt der Heuchelei. :,:

17. So fanget an und fahret fort in diesem neuen Jahr, so bleibet euch der Segen nah und weichet die Gefahr. :,:

18. Deß trösten wir uns allezeit von Gottes Lieb' und Huld, und hoffen auf Barmherzigkeit im Glauben und Geduld. :,:

Sonntagslied.

Psalm 138, v. 2. Ich will anbeten zu deinem heiligen Tempel und deinem Namen danken um deine Güte und Treue; denn du hast deinen Namen herrlich gemacht durch dein Wort.

Mel. Ermuntre dich, mein schwacher Geist.

831. Heut' ist der Tag der heil'gen Ruh', der Sabbathstag erschienen; ach, gnäd'ger Gott! gieb nimmer zu, daß ich der Welt mög' dienen, gieb Andacht, Inbrunst, Kraft und Stärk', zu üben lauter heil'ge Werk', laß mich heut' Alles meiden, was mich von dir kann scheiden.

2. Du weißt, wie unser Fleisch und Blut dem Bösen ist ergeben, und wie es dem, was recht und gut, pflegt stets zu widerstreben; es will nur thun, was ihm gefällt, am Sonntag mit der argen Welt den Gottesdienst verschmähen; Herr! laß es nicht geschehen.

3. Gieb, daß ich heut' den heil'gen Ort, den Tempel nicht verachte, daß ich die Predigt und dein Wort recht aufmerksam betrachte; laß mich auch thun, was ich gehört, und leben, wie es wird gelehrt, ja dort mit allen Frommen zum Himmels-Sabbath kommen.

M. Arnold Heinrich Sahme.

Osterlied.

Offenbarung Joh. 5, v. 5. Weine nicht! siehe, es hat überwunden der Löwe, der da ist vom Geschlecht Juda, die Wurzel Davids.

In eigener Melodie.

832. Heut' triumphiret Gottes Sohn, der von dem Tod' erstanden schon, Hallelujah, Hallelujah! mit großer Pracht und Herrlichkeit, das dank'n wir ihm in Ewigkeit. Hallelujah, Hallelujah!

2. Dem Teufel hat er seine Macht zerstört, verheert mit großer Kraft, Hallelujah, Hallelujah! wie pflegt zu thun ein starker Held, der seine Feind' gewaltig fällt, Hallelujah, Hallelujah!

3. O süßer Herre Jesus Christ! der du der Sünder Heiland bist, Hallelujah, Hallelujah! führ' uns durch dein' Barmherzigkeit mit Freuden in dein' Herrlichkeit. Hallelujah, Hallelujah!

4. Hier ist doch nichts, denn Angst und Noth, wer gläubet und hält dein Gebot, Hallelujah, Hallelujah! der Welt ist er ein Hohn und Spott, muß leiden oft ein'n schnöden Tod. Hallelujah, Hallelujah!

5. Nun kann uns kein Feind schaden mehr; ob er gleich murr't, ist's ohn' Gefähr, Hallelujah, Hallelujah! er liegt im Staub' der arge Feind, dageg'n wir Gottes Kinder seynd. Hallelujah, Hallelujah.

6. Dafür danken wir alle gleich und sehnen uns in's Himmelreich, Hallelujah, Hallelujah! Es ist am End', Gott helf' uns All'n, so singen wir mit großem Schall. Hallelujah, Hallelujah!

7. Gott dem Vater im höchsten Thron', sammt Christo, seinem liebsten Sohn, Hallelujah, Hallelujah! dem heil'gen Geist in gleicher Weis' in Ewigkeit sey Lob und Preis! Hallelujah, Hallelujah!

Basilius Förtsch.

Seligkeit in Christo.

1 Thess 4, v. 17. Wir werden bei dem Herrn seyn allezeit.

Mel. Aus meines Herzens Grunde.

833. Hier Jesum zu erkennen, in ihm durch Glauben stehn, zu ihm in Liebe brennen, mit ihm zum Leiden gehn, ist zwar schon Seligkeit, allein nur noch auf Erden; o aber, was wird's werden, bei ihm seyn alle Zeit!

2. Bei ihm auf seiner Weide von Lebenswasser satt; bei ihm in seiner Freude; bei ihm in seiner Stadt; bei ihm vor seinem Thron. Doch, schwacher Sinn, zurücke mit dem zu kühnen Blicke! hier sieht kein Aug' davon.

3. Erhalte, Herr, mich Armen im Glauben nur in dir und bleibe mit Erbarmen in dieser Zeit bei mir, bis sie durchstritten ist. Ich bin, so lang' ich walle, nicht sicher vor dem Falle, wo du nicht bei mir bist.

4. Laß mich, bis ich entschlafe, in dir erfunden seyn und führ' zur Zahl der Schaafe mich in den Himmel ein. Bin ich alsdann bei dir, verherrlichter Erlöser! so wird mein Heil erst größer, dein Nam' erst groß an mir.

M. Philipp Friedrich Hiller.

Das Haus des Herrn.

1 Mose 28, v. 17. Wie heilig ist diese Stätte! Hier ist nichts anders denn Gottes Haus, und hier ist die Pforte des Himmels.

Mel. Helft Gottes Güt' mir preisen.

834. Hier ist der Herr zugegen, hier ist des Himmels Pfort', es ist mit Gnad' und Segen der Herr an diesem Ort: hier finden ganz gewiß die wahren Glaubensstreiter die Himmels-Thür und Leiter, trotz Satans Hinderniß.

2. Die Thür steht allhier offen; wer nur mit Reu' erscheint im Glauben, Lieb' und Hoffen und seine Schuld beweint, der wird verstoßen nicht; er wird mit allen Frommen von Jesu aufgenommen und kommt nicht ins Gericht.

3. Wer mühsam und beladen, der stelle sich nur ein, er find't für seinen Schaden hier nicht nur Brot und Wein, nein, sondern Jesu Leib und Blut, für ihn vergossen, wird hier zum Heil genossen, damit er ewig bleib'.

4. Hier ist ein Mahl der Freuden für Gottes Volk bereit't, hier sollen die sich weiden, die in dem Krieg und Streit geschwächt und ausgezehrt; die mit der Sünde kämpfen und Satans Werke dämpfen, die werden hier genährt.

5. Die arm im Geiste leben und geistig hungrig sind, die sich dem Herrn ergeben und wo sich Reue find't; die nach Gerechtigkeit sich sehnen, solchen Herzen ist für die Sündenschmerzen dies Gnadenmahl bereit't.

6. Die ihre Schuld bereuen von Herzen früh und spät, die sollen sich erfreuen an dieser heil'gen Stätt'; Gott stößt sie nicht hinaus; weil sie aus ihm geboren, so hat er sie erkoren zu seyn in seinem Haus.

7. O Jesu, meine Wonne! ich komm' jetzt auch zu dir, du Herr, mein Schild und Sonne! mit herzlicher Begier; tränk' mich mit deinem Blut, speis' mich mit deinem Leibe, dieweil ich weiß und gläube, daß du mein höchstes Gut.

8. Erquicke mich mit Freuden, weil ich bin müd' und matt von Sündenschmerz und Leiden, damit ich werde satt vom Lebenswein und Brot, und dir getreu verbleibe, ja dir mich ganz verschreibe im Leben und im Tod.

Laurentius Laurenti.

Neujahrslied.

Jesaia 8, v. 10. Hier ist Immanuel.

Mel. Nun danket alle Gott.

835. Hier ist Immanuel! das soll die Losung bleiben, da wir ein neues Jahr durch Gottes Güte schreiben; so rufen wir jetzt aus, so singt ganz Israel; es heißet: Gott mit uns, hier ist Immanuel!

2. Immanuel, Gott sey mit unsers Königs Throne, es müsse über ihm stets blühen seine Krone, sein Schild sey stets erhöht, sein Himmel immer hell, und dieses sein Panier: Hier ist Immanuel!

3. Immanuel, Gott steh' mit uns stets in dem Bunde, wenn Menschen-Bündniß reißt, und richte die zu Grunde, die Israel sind gram; ihr Rath verderbe schnell, weil dieser Wahlspruch gilt: Hier ist Immanuel!

4. Immanuel Gott sey mit allen hohen Ständen, er sey ihr Schild und Lohn, und trage sie auf Händen; in unsern Häusern fließ' ein steter Segens-Quell, wo diese Stimme schallt: Hier ist Immanuel!

5. Immanuel, Gott sey bei seiner kleinen Heerde, daß Zions Recht und Licht noch immer größer werde, hier triefe Lebensthau auf jede dürst'ge Seel': dann rufet man getrost: Hier ist Immanuel!

6. Immanuel, Gott wohn' in aller Frommen Häusern, und sollte Kreuz und Noth sich da und dorten äußern, so sey, Gott! Rath und That, der uns zufrieden stell'; so heißt's durch's ganze Jahr: Hier ist Immanuel!

Benjamin Schmolck.

Hingabe des Herzens an Gott.

Sprüche Sal. 23, v. 17. Dein Herz folge nicht den Sündern, sondern sey täglich in der Furcht des Herrn.

Mel. Was mein Gott will, gescheh' allzeit.

836. Hier ist mein Herz, Herr! nimm es hin: dir hab' ich mich ergeben. Welt, immer fort aus meinem Sinn mit deinem schnöden Leben! dein Thun und Tand hat nicht Bestand, deß bin ich worden innen; drum schwingt aus dir sich mit Begier mein freier Geist von hinnen.

2. Gott ist mein allerbestes Gut, nach ihm steht mein Verlangen. Ach, könnt' ich doch mit frohem Muth nur meinem Gott anhangen! ach daß mir doch das Sünden-Joch bald ganz würd' abgenommen, daß ich einmal in seinen Saal des Himmels möchte kommen!

3. Ich sehe doch, daß in der Welt und allen ihren Sachen, was sie von Gütern in sich hält, so gar nichts ist zu machen; ihr Gut verschwind't wie Staub und Wind, ihr Lust die muß zerstieben; nur Gott, mein

Schatz, behält den Platz und bleibet unvertrieben.

4. Was hab' ich denn zuvor gethan, daß ich den Erden-Lüsten bin allzusehr gehangen an, die doch nur einer Wüsten ich gleiche nun, weil all' ihr Thun, wie gut es uns mag dünken, macht Seelen-Noth und nach dem Tod in ew'ge Pein versinken?

5. Was mag doch wohl die Ursach' seyn, daß ich mich so bethöret? die Sünd', die mich genommen ein, hat meinen Sinn verkehret, daß ich allhier mich, Gott! von dir hab' öfters lassen trennen: dies lasse mich, ich bitte dich, mit steter Reu' erkennen.

6. Gieb, daß ich meinen Sinn zu dir hinauf gen Himmel schwinge mit Lieb' und herzlicher Begier, und mich in keinem Dinge erfreue hier, als nur in dir, Gott meiner Seele Leben! du allermeist kannst meinem Geist die beste Fülle geben.

7. Drum immerhin, was flüchtig ist, ich will es lassen fahren: Gott einig hat mein Herz durchsüßt, der wird mich wohl bewahren; daß, was der Welt sonst wohl gefällt, ich hasse; und verlange mit Herz und Muth das höchste Gut und ewig ihm anhange.

M. Sebastian Franck.

Uebergabe des Herzens an Gott.

Hesekiel 18, v. 31. Werfet von euch alle Uebertretung, damit ihr übertreten habt, und machet euch ein neues Herz und neuen Geist.

Mel. Es ist genug etc.

837. Hier ist mein Herz! mein Gott ich geb' es dir, dir, der es gnädig schuf; nimm es der Welt, mein Kind, und gieb es mir,*) dies ist an mich dein Ruf: Hier ist das Opfer meiner Liebe, ich weih' es dir aus treuem Triebe; hier ist mein Herz! *) Spr. Sal. 23, v. 26.

2. Hier ist mein Herz! o nimm es gnädig an, ob ihm gleich viel gebricht; ich geb' es dir, so gut ich's geben kann, verschmäh' die Gabe nicht; es ist mit Adams Fall beflecket, mit Sünd' erfüllt und überdecket mein sündlich Herz.

3. Hier ist mein Herz! das vorher steinern war, jetzt ist's ein fleischern *) Herz; es legt sich dir matt und zerbrochen dar, es fühlet Angst und Schmerz. Es jammert bei der Last von Sünden, es seufzt: wo soll ich Rettung finden? mein reuig's Herz.
*) Ez. 36, v. 26.

4. Hier ist mein Herz! Gott der Barmherzigkeit, erbarme dich doch sein! schau', wie es sich auf deine Gnade freut, sein Trost bist du allein. Es sagt mit kindlichem Vertrauen: ich werde Gott als Vater schauen, mein hoffend Herz.

5. Hier ist mein Herz! es sucht in Christo Heil, es naht zum Kreuze hin; es spricht: „o Freund, du bist mein Gut *) und Theil, dein Blut ist mein Gewinn." Es hat in des Erlösers Wunden Trost, Ruh' und Seligkeit gefunden, mein gläub'ges Herz.
*) Psalm 16, v. 5.

6. Hier ist mein Herz! Geist Gottes, schaff' *) es rein und mach' es gänzlich neu! weih' es dir selbst zum heil'gen Tempel ein, mach' es im Guten treu. Hilf, daß es stets nach Gott verlange, ihn fürcht', ihn lieb' und an ihm hange, mein neues Herz.
*) Psalm 51, v. 12.

7. Hier ist mein Herz! Es überdenkt gerührt die Hoheit deines Throns; schenk' ihm den Schmuck, der deine Knechte ziert, die Demuth deines Sohn's. Gieb, daß es Stolz und Hochmuth fliehe, und klein zu werden sich bemühe, mein niedrig's Herz.

8. Hier ist mein Herz! lehr' es Gelassenheit, sein Glück sey stets dein Rath; sein Wahlspruch sey im Wohlergehn und Leid: „was Gott beschlossen hat!" es glaube fest, zu deinem Preise: „der Herr ist treu, mein Gott ist weise," mein folgsam Herz.

9. Hier ist mein Herz! bewahr' es, treuster Freund, vor aller Feinde List; gieb, wenn der Tod, der letzte Feind, erscheint, daß es stark, gläubig ist. Hilf mir, wenn meine Augen brechen, dies treue Wort froh zu dir sprechen: „hier ist mein Herz!"

Ehrenfried Liebich.

Gebet um Wachsthum im Guten.

Jeremia 29, v. 13. 14. So ihr mich von ganzem Herzen suchen werdet, so will ich mich von euch finden lassen, spricht der Herr.

Mel. Zeuch meinen Geist, triff meine Sinnen.

838. Hier legt mein Sinn sich vor dir nieder, mein Geist sucht seinen Ursprung wieder; laß dein erfreuend Angesicht zu meiner Armuth seyn gericht't.

2. Schau' her, ich fühle mein Verderben, laß mich in deinem Tode sterben; o könnte doch in deiner Pein die Eigenheit ertödtet seyn!

3. Du wollest, Jesu! meinen Willen mit der Gelassenheit erfüllen; brich der Natur Gewalt entzwei und mache meinen Willen frei.

4. Ich fühle wohl, daß ich dich liebe und mich in deinen Wegen übe. Nur ist von

der Unlauterkeit die Liebe noch nicht ganz befreit.

5. Ich muß noch mehr auf dieser Erden durch deinen Geist geheiligt werden; der Sinn muß tiefer in dich gehn, der Fuß muß unbeweglich stehn.

6. Ich weiß mir zwar nicht selbst zu rathen, hier gelten nichts der Menschen Thaten; wer macht sein Herz wohl selber rein? es muß durch dich gewirket seyn.

7. Doch kenn' ich wohl dein treues Lieben, du bist noch immer treu geblieben. Ich weiß gewiß, du stehst mir bei und machst mich von mir selber frei.

8. Indessen will ich treulich kämpfen und stets die falsche Regung dämpfen, bis du mir deine Zeit ersiehst und mich aus solchen Netzen ziehst.

9. In Hoffnung kann ich fröhlich sagen: Gott hat der Hölle Macht geschlagen; Gott führt mich aus dem Kampf und Streit in seine Ruh' und Sicherheit.

10. Drum will die Sorge meiner Seelen ich dir, mein Vater, ganz befehlen; ach drücke tief in meinen Sinn: daß ich in dir schon selig bin.

11. Wenn ich mit Ernst hieran gedenke und mich in deinen Abgrund senke; so werd' ich von dir angeblickt und mein Herz wird von dir erquickt.

12. So wächst der Eifer mir im Streite, so schmeck' ich theils die süße Beute und fühle, daß es Wahrheit ist, daß du, mein Gott, die Liebe bist.

D. Christian Friedrich Richter.

Von der menschlichen Hülfsbedürftigkeit.

Psalm 69, v. 17. 18 Erhöre mich, Herr, denn deine Güte ist tröstlich; wende dich zu mir, nach deiner großen Barmherzigkeit und verbirg dein Antlitz nicht vor deinem Knecht, denn mir ist angst; erhöre mich eilend.

Mel. Zerfließ', mein Geist, in rc.

839. Hier lieg' ich nun, o Herr! zu deinen Füßen, mein Sünden-Elend drücket mich. Laß, Jesu! mir jetzt neue Gnade fließen, ich sterbe sonst vom Schlangen-Stich. Der Feinde Macht ist viel zu groß: drum eile ich zu deinem Schooß, wo zu Bekämpfung aller Sünden noch viele Gnad' und Kraft zu finden.

2. Du hast mich ja, mein Hirt, einmal gezogen und mir dein ganzes Herz entdeckt, wie du auch mir aus Gnaden seyst gewogen; warum muß ich denn ganz erschreckt jetzt alle Hülfe fliehen sehn und unter Furcht und Kummer stehn? Kaum hab' ich deine Güt' empfunden, fühl' ich schon wieder neue Wunden.

3. O großer Gott! vor dir muß ich mich neigen, du bleibest treu, die Schuld ist mein: du wollest mir die rechte Quelle zeigen, ja mache mich von Allem rein, von der verborg'nen Sündenmacht, die mich um manche Lust gebracht, so ich in deinem Blut' genossen, wenn sich dein Gnadenstrom ergossen.

4. Erbarme dich, der du schon Viel' geheilet; sprich nur Ein Wort, so bin ich frei. Je länger, Herr, der Hülfe Stund' verweilet, je schwerer wird die Sclaverei. Mein Geist wird matt, der Muth sinkt hin, und wenn ich denn voll Zagen bin, benimmt der Unglaub' alle Kräfte und hemmet deines Geist's Geschäfte.

5. Ich lass' dich nicht, sollt' ich auch unterliegen. Du bist der treue Helfersmann; wer dich nur faß't, muß ohne Zweifel siegen, weil dein Wort niemals trügen kann. Ich fasse dich, ich lass' dich nicht; und da auch diese Kraft gebricht, so werf' ich mich zu deinen Füßen, da Niemand noch verzweifeln müssen.

6. Wie lange soll sich denn mein Feind erheben? Er spottet mein, verachtet dich, weil er besiegt den, der sich dir ergeben. Mein Heiland, hilf, errette mich! erquicke mich mit deiner Treu' und brich der Sünden Kraft entzwei; es wird zu deinem Preis gereichen, wenn durch dich alle Feinde weichen.

7. Herr! prüfe mich, erforsche meine Seele, damit auch kein verborg'ner Bann sich hier und dort im Innersten verhehle, der alle Kraft verzehren kann. Hier siehst du mich, Herr! wie ich bin: Nimm, Jesu! Alles von mir hin, zerschneid' auch selbst die finstern Faden, die unvermerkt das Herz beladen.

8. Ich will mich dir hiermit nochmals ergeben; Herr! fang' dein Werk von vorne an; zermalme mich, verleihe neues Leben, bis ich von Neuem siegen kann. Verstopfest du auch gleich dein Ohr, so klopf' ich an das Himmelsthor, bis du mich, Sünder, mußt erhören und dich in Gnaden zu mir kehren.

9. Dein Blut, das schon so Manchen hat beflossen, der dich bereits im Schauen preis't, ist ja für mich auch gnädiglich vergossen; drum fülle meinen armen Geist mit diesem

edlen Balsams-Saft, der ganz allein Gesundheit schafft, mit dem du ja die schlimmsten Beulen der Sünden kannst von Grund aus heilen.

10. Drum senk' ich mich in deiner Huld Erbarmen, das gegen mich dein Herze bricht: Umfasse mich mit deinen Liebes-Armen, mein Gott und Heil! verlaß mich nicht. Dein neues Siegel mich erfreu'. Mach' mich im Beten, Wachen treu, laß mich gebeugt stets an dir hangen und nur in deinem Schmucke prangen.

11. Nun Amen, Herr! so soll es dabei bleiben, du mein, ich dein! der Bund steht fest. Hinfort soll mich von dir kein Feind mehr treiben, dein Lieben mich nicht zweifeln läßt. Ja, reget sich gleich wieder Noth, führst du sie bald in deinen Tod; so muß mich Alles zu dir treiben, bis ich kann ewig bei dir bleiben.

Heinrich Ernst,
Graf zu Stollberg-Wernigerode.

Vom Leiden Christi.

Jesaia 43, v. 24. 25. Mir hast du Arbeit gemacht in deinen Sünden, und hast mir Mühe gemacht in deinen Missethaten. Ich, Ich tilge deine Uebertretung um meinetwillen, und gedenke deiner Sünden nicht.

Mel. Herzliebster Jesu, was hast du verbrochen?

840. Hier lieg' ich, o mein Lamm, zu deinen Füßen, an deinem Kreuz, im Glauben sie zu küssen. Hilf, daß ich mich fest an dein Kreuze halte, bis ich erkalte.

2. Ich will hier unter deinem Kreuze bleiben, mich soll kein Feind von dieser Freistadt treiben; ich will in Noth und Tod darauf mich stützen, mich so beschützen.

3. Ich bin befleckt und voller Schand' und Sünden, drum muß ich mich stets unterm Kreuze finden: damit dein Blut und Wasser mich beträufe, und sie ersäufe.

4. So quill', o theures Blut, aus deinen Wunden, da ich mich nun hier unterm Kreuz gefunden; ich sehne mich, mit brünstigem Verlangen, dich aufzufangen.

5. Fleuß, fleuß, ach fleuß, du rothe Fluth der Gnaden! mich ganz und gar recht weiß und rein zu baden; damit an mir kein Fleck der schnöden Sünden noch sey zu finden.

6. Herr! nur dein Blut kann mir ein Labsal geben, es gleicht dem Thau, giebt Kraft zum neuen Leben; ja es vermag uns Trost und Ruh' zu geben im Tod und Leben.

7. Ich will, so oft ich soll zum Vater beten, nur stets vor ihn mit diesem Blute treten, ich will es stets mit meinen Seufzern mengen, und sie besprengen.

8. Wird sich's mit meinen Seufzern nun verbinden, so werd' ich stets den Himmel offen finden; es wird mit mir um Gnade für mich schreien und mich erfreuen.

9. So viele Tropfen Blut von dir geflossen, so viele Thränen du für mich vergossen — so viel sind auch der Stimmen die mitbeten und mich vertreten.

10. Du hast dein Blut zum Lösegeld erfunden: drum hat uns Gott auch aller Straf' entbunden; wir sind dadurch ihm ganz versöhnt, versüßet, weil du gebüßet.

11. Kein bloßer Mensch, Gott selbst läßt sich verwunden: drum wird sein Blut von solchem Werth erfunden, daß es die Welt auf ewig konnt' erlösen von allem Bösen.

12. Es überwiegt weit aller Menschen Sünden, wie sollt' es denn nicht mein' auch überwinden? ein Tröpfelein von dieser Fluth der Gnaden heilt allen Schaden.

13. Gott sieht auf nichts, als auf das Blut des Bürgen: besprengt uns dies, so kann kein Tod uns würgen. Drum laß mich nur in deinen blut'gen Wunden stets seyn erfunden.

14. Es konnte dort im Vorbild Niemand büßen; die Schuld verging allein durch Blutvergießen. Dein Blut allein damit du eingegangen kann Gnad' erlangen.

15. Drum will ich mich in deinen Blutschmuck kleiden; ich will in deinem Blut, o Herr! verscheiden: ich will damit geziert vor Gott bestehen, in Himmel gehen.

Karl Heinr. v. Bogatzky.

Von der Gemeinschaft mit Christo, dem Gekreuzigten.

Galater 2, v. 19. Ich bin mit Christo gekreuziget.

Mel. Wer nur den lieben Gott läßt walten.

841. Hier stehn wir unter deinem Kreuze, gekreuzigter Herr Jesu Christ! hilf, daß uns keine Lust mehr reize, die deinem Kreuz zuwider ist, daß nichts in unserm Herzen steh', als Jesus, der Gekreuzigte.

2. Kein ander Bild wird uns gewiesen, als das, so dich am Kreuze weis't; so wird auch Keiner je gepriesen, daß er dein rechter Jünger heißt, — er nehme denn sein Kreuz auf sich und folge dir beständiglich.

3. Zum Kreuze warest du erkoren, im Kreuz verlangt und vorgebild't; zum Kreuz auf dieser Welt geboren, am Kreuz mit Noth und Tod erfüllt. So predigt man in aller Welt nur dich, am Kreuze vorgestellt.

4. O

4. O gieb, daß wir denn auch im Glauben mit dir, Herr Christ! gekreuzigt seyn. Will uns das Fleisch die Kräfte rauben, so schlag' ihm deine Nägel ein. Nur der gehöret Christo an, der sich ans Kreuze heften kann.

5. Die Welt laß uns zu allen Zeiten und uns der Welt gekreuzigt seyn. Soll uns dein Kreuze stets begleiten und geht es mit uns aus und ein, so lehr' uns wohl die Kreuzgebühr und tröst' uns mit der Kreuzeszier.

6. Es sey nun ferne von uns rühmen, denn nur in deinem Kreuz allein. Für deinen Tod, Kreuz, Blut und Striemen laß uns von Herzen dankbar seyn. Dein Kreuz werd' uns zu jeder Zeit zum Anker unsrer Seligkeit.

7. So gehn wir mit Geduld und Hoffen in deiner Kreuz-Kirch' aus und ein, wir finden stets den Himmel offen, dein Kreuz muß uns der Schlüssel seyn, bis wir aus Kreuz und Leiden gehn und dort in Zions Kirche stehn.

Benjamin Schmolck.

Vom menschlichen Verderben.

Römer 3, v. (10—18) v. 17. 18. Den Weg des Friedens wissen sie nicht; es ist keine Furcht Gottes vor ihren Augen.

Mel. An Wasserflüssen Babylon.

842. Hilf Gott! wie geht's doch jetzo zu? was sind doch das für Zeiten? die Menschen hassen ihre Ruh' und wollen gar nicht leiden, daß man sie lehr' den rechten Weg, daß man sie führ' den schmalen Steg, der nach dem Himmel führet, sie sagen ungescheuet: nein! wir wollen bleiben, wie wir seyn; wie ist das Volk verführet!

2. Genug ist's nicht, daß sie dein Wort verwerfen und verachten und nach der alten Weise fort den Bauch zu nähren trachten, sie wollen auch dazu Recht hab'n, das größt' Unrecht hat der gethan, der ihnen das verweiset, den halten sie für ungelehrt und seine Lehre für verkehrt, der ihr Thun nicht hoch preiset.

3. „Wer will von schwachen Menschen mehr, als wir sind, wohl begehren? man treibt die Sach' auch allzusehr und sagt nur von Bekehren. Ei, Lieber, laß es, wie es war; Welt bleibet Welt, das seht ihr gar, ist Christus doch gestorben. Wenn wir zuweil'n zur Kirche gehn, zur Beicht' und beten beim Aufstehn, ist's denn sogar verdorben?"

4. Dergleichen Reden führen die, so sich nach Christo nennen, verleugnen in dem Leben hie, was mit dem Mund bekennen, sie schelten wohl für Ketzerei, daß man sie wollt' bereden frei: ein Christ muß heilig leben; daß Jesus und sein Geist die Sünd' durch Glauben in uns überwind', ist ihnen gar nicht eben.

5. Drum, lieber Gott! rett' deine Ehr' und Jesu deines Sohnes, laß leuchten immer mehr und mehr durch den Geist deines Thrones, daß Jesus Christus Heil und Stärk', Genad' und Wahrheit, Glaub' und Werk' bekannt uns Allen werden und wie er für, in, mit uns sey, lehr' was wir haben an ihm frei im Himmel und auf Erden.

M. Johann Kaspar Schade.

Gott macht die Anläufe des Teufels zu nichte und versorgt seine Geschöpfe.

Tobia 6, v. 17. 18. Höre zu, ich will dir sagen, über welche der Teufel Gewalt hat; nämlich über Diejenigen, welche Gott verachten.

Mel. Es ist gewißlich an der Zeit.

843. Hilf Gott, wie hat der Teufel itzt die Leut' in seinen Stricken, daß er in seinem Sinn und Witz sie also kann berücken, als wären wir ohn' Hut und Schirm, viel weniger als das Gewürm, und hätten keinen Herren.

2. Da doch so viel' und große Werk', die du, Gott! hast vollführet, durch deine Weisheit, Güt' und Stärk' auch werden fortregieret. Du sorgest noch für alle Ding'; kein's ist so groß, kein's so gering', auf welches du nicht achtest. — — —

3. Selbst auch den kleinsten Vögelein, die keine Scheuren haben, schäffst deine Fürsorg' Alles ein, du sättigst auch die Raben, kein Sperling auf die Erde fällt, was lebt und schwebet auf der Welt, von dir allein sich nähret.

4. Am Meisten sieht man, wie du dich der Menschen willst annehmen: was du erschaffen hast, muß sich zu ihrem Nutz bequemen, du führst die Deinen wunderbar, daß deine Ehr' sich immerdar, und überall ausbreite.

5. Dieweil du die Gedanken weiß'st, drum gilt vor dir kein Richten, wenn Falschheit ist in Jemand's Geist, so kannst du ihn wohl richten, du strafst und lohnest Jedermann;

was er gelassen und gethan, das wird von dir vergolten.

6. Durch dein Wort giebst du Kraft und Gnad', daß man kann überwinden, wenn böse Lust zur Missethat uns reizet und zu Sünden; ein frommes Herz inwendig merkt, daß es von oben wird gestärkt, wenn du dem Bösen wehrest.

7. Durch Sitten, durch Gesetz und Recht lehrst du uns deinen Willen, wie von Geschlecht man zu Geschlecht denselben muß erfüllen, du nöthigest uns fort und fort, durch Drohung und durch gute Wort', wir sollen zu dir kommen.

8. Und wenn's zuletzt vonnöthen thut, strafst du wie du gedräuet; doch wirfst du wieder weg die Ruth', wenn man die Sünd' bereuet: da giebst du dann durch deine Güt' ein neu und williges Gemüth, den Lauf hier zu vollenden.

David Denicke.

Gebet um Hülfe in der Noth.

Psalm 79, v. 9. Hilf du uns, Gott, unser Helfer, um deines Namens Ehre willen.

Mel. Herr Jesu Christ, mein's Lebens Licht.

844. Hilf Helfer, hilf in Angst und Noth, erbarm' dich mein; o treuer Gott! ich bin ja doch dein liebes Kind, trotz Teufel, Welt und aller Sünd'.

2. Ich trau' auf dich, o Gott, mein Herr! weñ ich dich hab', was will ich mehr? ich hab' ja dich, Herr Jesu Christ! der du mein Gott und Heiland bist.

3. Deß freu' ich mich von Herzen fein, bin gutes Muths und harre dein, verlaß mich gänzlich auf dein'n Nam'n, hilf, Helfer! hilf, drauf sprech' ich: Am'n

Martin Moller.

Neujahrslied.

Psalm 28, v. 9. Hilf deinem Volk und segne dein Erbe, und weide sie und erhöhe sie ewiglich.

Mel. Herr, ich habe mißgehandelt.

845. Hilf Herr Jesu! laß gelingen, hilf, das neue Jahr geht an, laß es neue Kräfte bringen, daß auf's Neu' ich wandeln kann, neues Glück und neues Leben, wollest du aus Gnaden geben.

2. Alles was ich auszurichten und zu reden bin bedacht, müsse mich mein Gott verpflichten deines theuren Namens Macht, daß auch das, was ich gedenke, dich zu preisen stets sich lenke.

3. Meiner Hände Werk' und Thaten, meiner Zunge Red' und Wort, müssen nur durch dich gerathen und ganz glücklich gehen fort, neue Kraft laß mich erfüllen, zu verrichten deinen Willen.

4. Was ich tichte, was ich mache, das gescheh' in dir allein, wenn ich schlafe, wenn ich wache, wollest du, Herr! bei mir seyn, geh' ich aus, halt' an zur Seiten, komm' ich heim, so hilf mir schreiten.

5. Laß mich beugen meine Kniee nur zu deines Namens Ehr', hilf, daß ich mich stets bemühe dich zu preisen mehr und mehr; laß mein Bitten und mein Flehen nur im Himmel vor dir stehen.

6. Laß mich, Herr! in deinem Namen; fröhlich nehmen Speis' und Trank, Güter, die von dir herkamen, fordern ja von mir den Dank, deine Weisheit kann mich stärken zu der Lieb' und guten Werken.

7. Mein Gebet das müss' aufsteigen, Herr, vor deinem Gnadenthron, dann wirst du zu mir dich neigen, wie zu deinem lieben Sohn. Herr, ich weiß, es wird vor Allen dies mein Opfer dir gefallen.

8. Laß dies seyn ein Jahr der Gnaden, laß mich büßen meine Sünd'; hilf, daß sie mir nimmer schaden, sondern bald Verzeihung find', Herr! in dir, denn du mein Leben kannst die Sünd' allein vergeben.

9. Tröste mich mit deiner Liebe, nimm, o Gott! mein Flehen hin, weil ich mich so sehr betrübe und voll Angst und Zagen bin; stärke mich in meinen Nöthen, daß mich Sünd' und Tod nicht tödten.

10. Salb', o Vater! meine Wunden, wasche mich mit Isop*) ab, zwar ich bin noch unverbunden, doch verletzet bis auf's Grab, tilg', Herr! meine Missethaten, so ist meiner Noth gerathen.

*) Psalm 51, v. 9.

11. Große Sünder kannst du heilen, ach, ich bin in ihrer Zahl; du, du kannst mir Gnad' ertheilen, hilf mir doch aus dieser Qual; du, Herr! kennest ja die Schwachen die du wieder stark willst machen.

12. Zahle für mich Hochbetrübten, der ich nicht bezahlen kann, liebe mich in dem Geliebten, dein Sohn Jesus nimmt mich an, Jesus läßt mich nicht verderben, Jesus steht mir bei im Sterben.

13. Herr! du wollest Gnade geben, daß dies Jahr mir heilig sey und ich christlich könne leben, ohne Trug und Heuchelei, daß ich noch allhier auf Erden fromm und selig möge werden.

14. Laß mich armen Sünder ziehen dei-

nen Weg der Herrlichkeit, laß mich Stolz und Hoffart fliehen, laß mich beten jederzeit, laß mich Schand' und Unzucht meiden, laß mich willig Unglück leiden.

15. Jesus richte mein Beginnen, Jesus bleibe stets bei mir, Jesus zäume mir die Sinnen, Jesus sey nur mein Begier, Jesus sey mir in Gedanken, Jesus lasse nie mich wanken.

16. Jesus laß mich fröhlich enden dieses angefang'ne Jahr, trage stets mich auf den Händen, halte bei mir in Gefahr; freudig will ich dich umfassen, wenn ich soll die Welt verlassen.

Johann Rist.

Vom Wachsthum im Guten.

1 Timotheum 6, v. 11. Aber du Gottesmensch, fliehe solches; jage aber nach der Gerechtigkeit, der Gottseligkeit, dem Glauben, der Liebe, der Geduld, der Sanftmuth.

Mel. Was mein Gott will, gescheh' allzeit.

846. Hilf mir, mein Gott! hilf, daß nach dir von Herzen mich verlange und ich dich suche mit Begier, wenn mir wird angst und bange. Verleih', daß ich mit Freuden dich in meiner Angst bald finde; gieb mir den Sinn, daß ich forthin meid' alle Schand' und Sünde.

2. Hilf, daß ich stets mit Reu' und Schmerz mich deiner Gnad' ergebe, hab' immer ein zerknirschtes Herz, in wahrer Buße lebe; vor dir erschein', herzlich bewein' all' meine Missethaten. Die Händ' all'zeit laß seyn bereit, dem Dürftigen zu rathen.

3. Die Lust des Fleisches dämpf' in mir, daß sie nicht überwinde; rechtschaff'ne Lieb' und Lust zu dir in meinem Herz'n anzünde, daß ich in Noth bis in den Tod dich und dein Wort bekenne, und mich kein Trutz, noch Eigennutz von deiner Wahrheit trenne.

4. Behüte mich vor Zorn und Grimm, mein Herz mit Sanftmuth ziere, auch alle Hoffart von mir nimm, zur Demuth mich anführe. Was sich noch find't von alter Sünd' laß mich hinfort ablegen, Trost, Fried' und Freud' laß jederzeit sich in mir Armen regen!

5. Den Glauben stärk', die Lieb' erhalt', die Hoffnung mache feste, daß ich von dir nicht wanke bald, Beständigkeit ist's Beste, den Mund bewahr', daß nicht Gefahr durch ihn mir werd' erwecket. Gieb Brot dem Leib, doch daß er bleib' von Wollust unbeflecket.

6. Gieb, daß ich treu und fleißig sey in dem, was mir gebühret, daß ich auch nicht von Heuchelei und Ehrgeiz werd' verführet, Leichtfertigkeit, Haß, Zank und Neid laß in mir nicht verbleiben; verstockten Sinn und Dieb'sgewinn woll'st ferne von mir treiben.

7. Hilf, daß ich folge treuem Rath, von falscher Meinung trete, den Armen helfe mit der That, für Freund' und Feind' stets bete, dien' Jedermann, so viel ich kann, das Böse hass' und meide nach deinem Wort, o höchster Hort! bis ich von hinnen scheide.

Johann Heermann.

Himmelfahrtslied.

Apost. Gesch. 1, v. 11. Was stehet ihr und sehet gen Himmel?

Mel. Wachet auf! ruft uns die Stimme.

847. Himmelan das Herz gewendet! dort lebt der Herr nun, der vollendet am Kreuzesstamm das Heil der Welt, himmelan das Herz gewendet! von dort wird dem der Geist gesendet, der vor dem Heiland niederfällt. O, betet gläubig an; dann wallt ihm nach die Bahn aufwärts! aufwärts! Nein, er verschmäht, zu Gott erhöht, den Staub noch nicht, der zu ihm fleht.

Karl August Döring.

Der Wandel des Christen.

Epheser 2, v. 6. Gott hat uns in das himmlische Wesen versetzt in Christo Jesu.

Mel. Jesus, meine Zuversicht.

848. Himmelan geht unsre Bahn, wir sind Gäste nur auf Erden, bis wir dort in Canaan durch die Wüsten kommen werden. Hier ist unser Pilgrims-Stand, droben unser Vaterland.

2. Himmelan schwing' dich mein Geist; denn du bist ein himmlisch Wesen und kannst das, was irdisch heißt, nicht zu deinem Zweck erlesen. Ein von Gott erleucht'ter Sinn kehrt in seinen Ursprung hin.

3. Himmelan! die Welt kann dir nur geborgte Güter geben. Deine himmlische Begier muß nach solchen Schätzen streben, die uns bleiben, wenn die Welt in ihr erstes Nichts zerfällt.

4. Himmelan! ich muß mein Herz auch bei meinem Schatze haben, denn es kann mich anderwärts kein so großer Reichthum laben, weil ich schon im Himmel bin, wenn ich nur gedenk' an ihn.

5. Himmelan! ruft er mir zu, wenn ich ihn im Worte höre, das weis't mir den Ort der Ruh', wo ich einmal hin gehöre. Hab' ich dieses Wort bewahrt, halt' ich eine Himmelfahrt.

6. Himmelan denk' ich all'zeit, wenn er mir die Tafel decket und mein Geist hier allbereit eine Kraft des Himmels schmecket. Nach der Kost im Jammerthal folgt des Lammes Hochzeitmahl. —

7. Himmelan! mein Glaube zeigt mir das schöne Loos von ferne, daß mein Herz schon aufwärts steigt über Sonne, Mond und Sterne, denn ihr Licht ist viel zu klein gegen jenen Glanz und Schein.

8. Himmelan wird mich der Tod in die rechte Heimath führen, da ich über alle Noth ewig werde triumphiren. Jesus geht mir selbst voran, daß ich freudig folgen kann.

9. Himmelan! ach himmelan! das soll meine Losung bleiben. Ich will allen eitlen Wahn durch die Himmelslust vertreiben. Himmelan steht nur mein Sinn, bis ich in dem Himmel bin.

Benjamin Schmolck.

Immer himmelan!

2 Corinther 4, v. 18. Wir sehen nicht auf das Sichtbare, sondern auf das Unsichtbare.

Mel. Seele, was ist Schöner's wohl.

849. Himmelan, nur himmelan soll der Wandel gehn; was die Frommen wünschen, kann dort erst ganz geschehn; auf Erden nicht. Freude wechselt hier mit Leid; richt' hinauf zur Herrlichkeit dein Angesicht.

2. Himmelan schwing' deinen Geist jeden Morgen auf; kurz, ach kurz ist, wie du weiß'st, unser Pilgerlauf. Fleh' täglich neu: „Gott, der mich zum Himmel schuf, präg' in's Herz mir den Beruf; mach' mich getreu!"

3. Himmelan hat er dein Ziel selbst hinaufgestellt; sorg' nicht muthlos, nicht zu viel um den Tand der Welt; flieh' diesen Sinn; nur was du dem Himmel lebst, dir von Schätzen dort erstrebst, das ist Gewinn!

4. Himmelan erheb' dich gleich, wenn dich Kummer drückt; weil dein Vater treu und reich, stündlich auf dich blickt. Was quält dich so? droben in dem Land des Lichts weiß man von den Sorgen nichts; sey himmlisch-froh.

5. Himmelan wallt neben dir alles Volk des Herrn, trägt im Himmelsvorschmack hier seine Lasten gern; o, schließ' dich an! kämpfe drauf, wie sich's gebührt! denke: auch durch Leiden führt die Himmelsbahn.

6. Himmelan ging Jesus Christ mitten durch die Schmach; eil', weil du sein Jünger bist, seinem Vorbild nach; er litt und schwieg. Halt' dich fest an Gott, wie er, statt zu klagen bete mehr; erkämpf' den Sieg.

7. Himmelan führt seine Hand durch die Wüste dich, ziehet dich im Prüfungsstand näher hin zu sich, im Himmelssinn. Von der Weltlust freier stets, und mit ihm vertrauter geht's zum Himmel hin.

8. Himmelan führt dich zuletzt selbst die Todesnacht, sey's, daß sie dir, sterbend jetzt, kurze Schrecken macht; harr' aus, harr' aus! auf die Nacht wird's ewig hell; nach dem Tod erblickst du schnell des Vaters Haus.

9. Hallelujah! Himmelan steig' dein Dank schon hier! einst wirst du mit Schaaren nah'n, und — Gott naht zu dir, in Ewigkeit. Aller Jammer ist vorbei — Alles preis't verklärt und neu, in Ewigkeit!

10. Hallelujah singst du auch, wenn du Jesum siehst, unter Jubel ein zur Ruh' in den Himmel ziehst, gelobt sey Er! Der vom Kreuz zum Throne stieg, hilfet dir zu deinem Sieg: Gelobt sey Er!

Johann Gottfried Schöner.

Von der Gnade in Christo Jesu.

Jesaia 66, v. 2. Meine Hand hat Alles gemacht, was da ist, spricht der Herr; ich sehe aber an den Elenden, und der zerbrochenen Geistes ist, und der sich fürchtet vor meinem Wort.

Mel. Einer ist König, Immanuel sieget.

850. Himmelsbeherrscher, Regierer der Erden, großer Monarche, der Alles erhält! lasse uns ferner begnadiget werden, schaffe uns Frieden, der nimmer zerfällt; baue uns Hütten, die ewig bestehen, Häuser, die grünen und nimmer vergehen.

2. Selig, wer dich als den Seinen erkennet; der nur auf deine Verheißungen baut: der dich den einzig Geliebeten nennet, der sich von Herzen dir kindlich vertraut, der sich dir gänzlich zu eigen ergeben, dem du sein Wünschen, sein Leitstern, sein Leben.

3. Wunderbar heiß'st du und wirst es auch bleiben, menschliche Sinnen begreifen dich nicht, pflegen nur Thorheit und Sünden zu treiben, fliehen beständig dein göttliches Licht, wollen und mögen dich, König! nicht haben, spiegeln sich lieber in eigenen Gaben.

4. Aber demüthig' und lechzende Seelen hörest du willig und nimmest sie an, stillest ihr Seufzen und ängstliches Quälen, führst sie die beste und seligste Bahn, hegest und trägst sie mit tausend Erbarmen, wenn sie dich, Liebe, im Glauben umarmen.

5. Hätten die Menschen nur Augen zu sehen, wäre das Herz doch auf Jesum gericht't, würden sie leichtlich und gründlich verstehen in dem vollkomm'nen und hellesten Licht, wie er so weislich auf Erden regiere, Alles auf's Seligst' und Herrlichste führe.

6. Will er was haben, so muß es geschehen, ist's ihm entgegen, so geht es nicht fort; ob auch schon Fluthen und Stürme entstehen, bringet er dennoch die Seinen in Port, hilfet durch Wetter, durch Wellen und Winde, tröstet die Herzen, vergiebet die Sünde.

7. Auch mich hat Jesus schon damals gezogen, da ich ihm annoch den Rücken gewandt, als ich den nichtigen Dingen gewogen, da ich in eiteler Weltlust gebrannt, als mir sein Kreuze verächtlich gewesen; weil ich die Sünde vor Allem erlesen.

8. Du hast ja öfters so in mich gedrungen, daß dein Erbarmen mich schaamroth gemacht; es hat dein Herze das meine bezwungen, da ich dein Lieben noch wenig geacht't. Liebe, wie hast du dir Mühe gegeben, in mir zu schaffen ein göttliches Leben.

9. Laß deinen Frieden mich reichlich erfüllen; was dir entgegen, sey von mir verflucht; stärke den Glauben, regiere den Willen, der sonsten leichtlich was Eigenes sucht. Ja, mit und durch dich muß mir's doch gelingen, mich ganz dem Vater zum Opfer zu bringen.

10. Wohl mir, wenn ich so mit Jesu verbunden, selig, nachdem ich den Herren erkannt! Weil ich das Leben in Jesu gefunden, ist auch des Vaters Herz zu mir gewandt. Himmlische Schaaren sind meine Gefährten und ich ein Mitglied der selig Verklärten.

11. Nun ich verehre den mächtigen Namen dessen, der an mir so Großes gethan, preise und rühme mit Abrahams Saamen, bete und schaue im Glauben ihn an, singe von seinen großmächtigen Thaten, daß er mir Armen so herrlich gerathen.

12. Hilf mir bewahren, was du mir geschenket, so ring' und werd' ich nicht müde im Streit. Wenn mich der Feinde Wuth um und um kränket, fasse ich fester im Glauben die Beut'. Lasse mir, Jesu! dies Ziel nie entkommen, bis du mich selig einst zu dir genommen!

Christoph Adam Jäger v. Jägersberg.

Abendlied.

Psalm 127, v. 1. Wo der Herr nicht die Stadt behütet, so wachet der Wächter umsonst.

Mel. Jesu, meine Freude.

851. Hirte deiner Schaafe! der von keinem Schlafe etwas wissen mag, deine Wundergüte war mein Schild und Hüte den vergangnen Tag; sey die Nacht auch auf der Wacht und laß mich von deinen Schaaren um und um bewahren.

2. Decke mich von oben vor der Feinde Toben mit der Vaterhuld; ein versöhnt Gewissen sey mein Ruhe-Kissen, ach, vergieb die Schuld: denn dein Sohn hat mich davon durch die tief geschlag'nen Wunden gnädiglich entbunden.

3. Laß auch meine Lieben keine Noth betrüben, sie sind mein und dein. Schließ' uns mit Erbarmen in die Vaterarmen ohne Sorgen ein. Du bei mir und ich bei dir: also sind wir ungeschieden und ich schlaf' in Frieden.

4. Komm, verschließ' die Kammer und laß allen Jammer ferne von uns seyn. Sey du Schloß und Riegel, unter deine Flügel nimm dein Küchlein ein, decke zu mit Schutz und Ruh', so wird uns kein Grauen wecken, noch der Feind uns schrecken.

5. Wie? wenn ich mein Bette heut' zum Grabe hätte? wie bald roth, bald todt! drum, hast du beschlossen, daß mein Ziel verflossen, kommt die Todesnoth, so will ich nicht wider dich: lieg' ich nur in Jesu Wunden, sterb' ich alle Stunden.

6. Nun wohlan! ich thue in vergnügter Ruhe Mund und Augen zu. Seele, Leib und Leben hab' ich dir ergeben, o du Hüter, du! Gute Nacht! nimm mich in Acht, und erleb' ich ja den Morgen, wirst du weiter sorgen.

Benjamin Schmolck.

Zum Johannisfest.

Lucä 1, v. 68. Gelobet sey der Herr, der Gott Israels! denn er hat besucht und erlöset sein Volk.

Mel. Jesus, meine Zuversicht.

852. Hochgelobt sey unser Gott, der sein Volk besucht und liebet! er erlöset aus der Noth, weil er uns den Heiland giebet. Unser Horn des Heils ist hier: lobet unsern Gott mit mir!

2. Was der Herr verheißen hat, solches hat er auch erfüllet; nun wird unsern Thränen Rath, unser Kummer wird gestillet.

Unsre Ketten sind entzwei; wir Gebund'ne sind nun frei.

3. Gott hat an den Eid gedacht, den er Abraham geschworen. Er hat einen Bund gemacht, dieser geht nun nicht verloren. Ach! das ist Barmherzigkeit! leb' ihm auch, zum Dank bereit.

4. Jesus macht von Feinden los, daß wir ihm mit Willen dienen. Schätzen wir die Rettung groß, so muß auch der Glaube grünen, daß man recht und heilig lebt und das Herz zu Gott erhebt.

5. Das macht Gottes Vaterherz, daß die Sonn' uns aufgegangen. Also weicht der Seelenschmerz, wenn wir dieses Licht erlangen: dann vergeht die Höllen-Nacht. Gott sey Dank, der uns bewacht!

6. Nun so sind wir unverzagt, fürchten keinen Todesschatten. Nur mit Jesu frisch gewagt! dieser Quell erfrischt die Matten; gehn wir doch den Friedensweg: Jesus, Jesus ist der Steg. M. Joh. Neunherz.

Morgenlied.

Psalm 31, v. 17. Laß leuchten dein Antlitz über deinen Knecht; hilf mir durch deine Güte.

Mel. Gott des Himmels und der Erden.

853. Höchster Gott! durch deinen Segen konnt' ich fröhlich und gesund diese Nacht zurücke legen; also preis't dich Herz und Mund. Denn du willst für alle Treu' nichts, als daß man dankbar sey.

2. Segne heute mich von neuem, weil du segnen kannst und mußt; denn mit Wohlthun zu erfreuen, das ist deine Herzenslust; und du machst die milde Hand täglich aller Welt bekannt.

3. Segne mich mit deinem Geiste, welcher alle Seelenkraft mir zum Christenthume leiste, daß es gute Werke schafft und der Sünden insgemein ein geschworner Feind mag seyn.

4. Segne mich mit Christi Blute bei verübter Missethat; weil er das auch mir zu Gute mildiglich vergossen hat. Gläubig halt' ich mich daran, daß mich Nichts verdammen kann.

5. Segne mich mit deinem Worte, schreib' es in mein Herz hinein, daß es mag an jedem Orte meines Wandels Richtschnur seyn. Leuchtet' mir dies Lebenslicht, ei! so fehl' und fall' ich nicht.

6. Segne mich in meinem Stande, zeuch mein Herz mit Klugheit an, daß ich solchen ohne Schande und mit Ehren führen kann. Gieb die Mittel auch mit drein, die dazu vonnöthen seyn.

7. Segne mich in Kreuz und Leiden mit Vertrauen und Geduld; segne mich in Glück und Freuden mit dem Reichthum deiner Huld, daß ich dir im Kreuz getreu, und im Glück voll Demuth sey.

8. So will ich, für allen Segen Lob und Ehre, Preis und Dank, dir zu deinen Füßen legen, und es thun mein Lebenlang; bis ich mit den Engeln dort vor dir jauchze fort und fort. M. Erdmann Neumeister.

Vom Worte Gottes.

Psalm 119, v. 105. Dein Wort ist meines Fußes Leuchte, und ein Licht auf meinem Wege.

Mel. Werde munter, mein Gemüthe.

854. Höchster Gott! in deinem Lichte seh' ich erst das rechte Licht; wenn ich mich nach solchem richte, fehlen meine Tritte nicht. Nun, mein Licht! erleuchte mich, ich bin finster ohne dich. Laß dein Licht, zu deinen Ehren, sich in mir beständig mehren.

2. Gieb mir Weisheit, zu verstehen, was mir gut und nützlich ist. Gieb Verstand, dem nachzugehen, was ich, als ein rechter Christ, durch den Wandel zeigen soll, daß ich, deines Lichtes voll, allezeit das Beste wähle und des Himmels nicht verfehle.

3. Lehre mich dich recht erkennen und allein auf dich nur seh'n; so kann ich dich Vater nennen und die Eitelkeit verschmäh'n; so entsag' ich dieser Welt, die der Seele Netze stellt; so kann ich mein Heil der Seelen, Jesum, finden und erwählen.

4. Nun, mein Licht! ich seh' viel Mängel und viel Finsterniß bei mir; sende deines Bundes Engel, dieser leite mich zu dir: dein Geist stärke mein Bemüh'n, mich dem Schatten zu entzieh'n, hier das Licht schon zu erblicken, das mich ewig soll erquicken. Cyriacus Günther.

Vom Worte Gottes.

Psalm 119, v. 130. Wenn dein Wort offenbar wird, so erfreuet es, und macht klug die Einfältigen.

Mel. Liebster Jesu, wir sind hier.

855. Höchster Gott, wir danken dir, daß du uns dein Wort gegeben, gieb uns Gnade, daß auch wir nach demselben heilig leben und den Glauben also stärke, daß er thätig sey im Werke.

2. Unser Gott und Vater du! der uns lehrt, was wir thun sollen, schenk' uns deine

Gnad' dazu, gieb zu diesem auch das Wollen, laß es ferner noch gelingen, gieb zum Wollen das Vollbringen.

3. Gieb uns, eh' wir geh'n nach Haus', deinen väterlichen Segen, breite deine Hände aus, leite uns auf deinen Wegen, laß uns hier im Segen gehen, dort gesegnet auferstehen.

Johann Adam Haßlocher.

Von der Selbstverleugnung.

Psalm 51, v. 19. Die Opfer, die Gott gefallen, sind ein geängsteter Geist; ein geängstetes und zerschlagenes Herz wirst du, Gott, nicht verachten.

In eigener Melodie.

856. Höchster Priester! der du dich selbst geopfert hast für mich laß doch, bitt' ich, noch auf Erden auch mein Herz dein Opfer werden.

2. Denn die Liebe nimmt nichts an, was die Liebe nicht gethan; was durch deine Hand nicht gehet, wird zu Gott auch nicht erhöhet.

3. Drum so tödt' und nehme hin meinen Willen, meinen Sinn, reiß' mein Herz aus meinem Herzen, soll's auch sein mit tausend Schmerzen.

4. Trage Glut auf den Altar, opf're du mich ganz und gar, o du allerliebste Liebe! wenn doch nichts mehr von mir bliebe!

5. Also wird es wohl gescheh'n, daß der Herr es wird anseh'n. Also werd' ich noch auf Erden Gott ein liebes Opfer werden.

D. Joh. Scheffler (Angelus).

Pfingstlied.

Joel 3, v. 2. Ich will zu derselbigen Zeit beides über Knechte und Mägde meinen Geist ausgießen.

Mel. Warum sollt' ich mich denn grämen?

857. Höchster Tröster! komm hernieder, Geist des Herrn! sey nicht fern, stärke Jesu Glieder! Er, der nie sein Wort gebrochen, Jesus hat deinen Rath seinem Volk versprochen.

2. Schöpfer unsers neuen Lebens, jeder Schritt, jeder Tritt ist ohn' dich vergebens; ach das Seelenwerk ist wichtig; wer ist wohl, wie er soll, treu zu handeln tüchtig?

3. Herr, wir fallen dir zu Füße, Eins ist noth für den Tod: Buße, wahre Buße. Zeig' uns selbst den Greu'l der Sünde, daß das Herz Angst und Schmerz, Reu' und Schaam empfinde.

4. Zeig' uns des Erlösers Wunden, ruf' uns zu: ihr habt Ruh', ihr habt Heil gefunden. Unsre Sünd' wird nicht gerochen, Jesu Blut machet gut, was die Welt verbrochen.

5. Weck' uns auf vom Sündenschlafe, rette doch heute noch die verlornen Schaafe; reiß' die Welt aus dem Verderben, laß sie nicht im Gericht der Verstockung sterben.

6. Geist der Weisheit! gieb uns allen durch dein Licht Unterricht, wie wir Gott gefallen, lehr' uns freudig vor Gott treten, sey uns nah und sprich: ja! wenn wir gläubig beten.

7. Hilf den Kampf des Glaubens kämpfen, gieb uns Muth, Fleisch und Blut, Sünd' und Welt zu dämpfen, laß uns Trübsal, Kreuz und Leiden, Angst und Noth, Schmerz und Tod nicht von Jesu scheiden.

8. Hilf uns nach dem Besten streben, schenk' uns Kraft, tugendhaft und gerecht zu leben; gieb, daß wir nie stille stehen, treib' uns an, froh die Bahn deines Wort's zu gehen.

9. Sey in Schwachheit unsre Stütze, steh' uns bei, mach' uns treu in der Prüfungshitze; führ', wenn Gott uns nach dem Leide sterben heißt, unsern Geist in des Himmels Freude.

Ehrenfried Liebich.

Von der Verleugnung der Welt.

Römer 7, v. 22. 23. Ich habe Lust an Gottes Gesetz, nach dem inwendigen Menschen; ich sehe aber ein ander Gesetz in meinen Gliedern, das da widerstreitet dem Gesetz in meinem Gemüthe, und nimmt mich gefangen in der Sünden Gesetz, welches ist in meinen Gliedern.

Mel. Ich will ganz und gar nicht zweifeln.

858. Höchst-erwünschtes Seelenleben, ach wie unbekannt bist du, wo des Geistes Kräfte streben nach der gold'nen Himmelsruh'; ach, wie eitel ist der Wahn, der des Fleisches Sinn verblendet, wenn er klebt der Erde an, sich zum Rauch und Schatten wendet!

2. Ach, wie oft bin ich gerathen in dieselbe Blindheitsmacht, wenn ich Regungen und Thaten nicht sorgfältig hab' bedacht; hat nicht die Erfahrung mir meine Thorheit oft gelehret, wenn ich, Herr, ich klag' es dir, mich in Unruh' abgezehret?

3. Zwar der Schluß ist oft genommen, daß ich mich wollt' reißen los; aber wenn's zur That sollt' kommen, fand ich mich von Kräften bloß. Ich Gefangner, Armer ich, wer zerbricht der Sünde Ketten? Fels des Heils! erbarme dich, du kannst aus der Höll' erretten.

4. Jesu, Stärke der Verzagten, der du

giebst den Matten Ruh', wahre Zuflucht der Geplagten, zwing' mein Herze, zwing's dazu, daß die ganze Kreatur nichts in meinen Augen scheine, und ich darauf denke nur, wie ich ewig sey der Deine.

5. Ach, zermalme das Verlangen, das noch etwas Eitles will, nimm den bösen Sinn gefangen, der nicht hält in Allem still; gieb, daß ich in dieser Welt nichts der Sorge werth mag achten, weil du mich darin gestellt, um nach bess'rem Gut zu trachten.

6. Gieb mir Augen, um zu sehen deines Reiches Gnadenschein, gieb mir Kräfte um zu gehen bis in's Heiligthum hinein; mache mich mit dir bekannt, laß in deiner Liebe Flammen Herz und Seele seyn entbrannt, knüpfe dich und mich zusammen.

7. Weicht, weicht, eitele Gedanken! stört nicht ferner meine Ruh', ich will in den Lebensschranken eilen meinem Jesu zu. Jesu will ich geben Ehr', in ihn will ich mich versenken, und mich forthin um nichts mehr, als um seine Liebe kränken.

Friedrich Adolph Lampe.

Die sieben Worte Christi am Kreuze.

Johannis 6, v. 68. Du hast Worte des ewigen Lebens.

Mel. Was mein Gott will, gescheh' all'zeit.

859. Hör' an, mein Herz, die sieben Wort', die Jesus ausgesprochen, da ihm durch Qual und bitt'gen Mord sein Herz am Kreuz gebrochen, thu' auf dein'n Schrein und schleuß sie ein als edle, hohe Gaben, so wirst du Freud' in schwerem Leid und Trost im Kreuze haben.

2. Sein' allererste Sorge war, zu schützen die ihn hassen; bat, daß sein Gott der bösen Schaar wollt' ihre Sünd' erlassen. Vergieb, vergieb, sprach er aus Lieb', o Vater, ihnen Allen, ihr'r Keiner ist, der säh' und wüßt', in was für That sie fallen.

3. Lehrt uns hiermit, wie schön es sey, die lieben, die uns kränken, und ihnen ohne Heuchelei all' ihre Fehler schenken. Er zeigt zugleich, wie gnadenreich und fromm sey sein Gemüthe, daß auch sein Feind, der's böse meint, bei ihm nichts find' als Güte.

4. Drauf spricht er seine Mutter an, die bei Johanne stunde, tröst't sie am Kreuz so gut er kann, mit seinem schwachen Munde: Sieh' hier dein'n Sohn, Weib! der wird schon mein Amt bei dir verwalten, und Jünger, sieh', hier stehet, die du sollst als Mutter halten.

5. Ach treues Herze, sorgest du für alle deine Frommen, du siehst und schauest fleißig zu, wo sie in Trübsal kommen, trittst auch mit Rath und treuer That zu ihnen auf die Seiten, du bringst sie fort, giebst ihnen Ort und Raum bei guten Leuten.

6. Die dritte Red' hast du gethan dem, der dich, Herr! gebeten: gedenk' und nimm dich meiner an, wenn du nun wirst eintreten in deinen Thron, und Ehr' und Kron', als Himmelsfürst, aufsetzen. Ich will gewiß im Paradies, sprichst du, dich heut' ergötzen.

7. O süßes Wort, o Freudenstimm'! was will uns nun erschrecken? Laß gleich den Tod mit großem Grimm hergeh'n aus allen Ecken! Stürmt er gleich sehr, was kann er mehr als Leib und Seele scheiden? Indessen schwing' ich mich und spring' in's Paradies der Freuden.

8. Nun wohl, der Schächer wird mit Freud' an Christi Wort erquicket: er aber seufzet tief und schrei't, weil Gottes Zorn ihn drücket: Eli! mein Gott! welch' Angst und Noth muß ich, dein Kind, ausstehen? Ich ruf' und du schweigst still dazu, läßt mich zu Grunde gehen.

9. Nimm dies zur Folge, frommes Kind, wenn Gott sich grausam stellet; schau', daß du, wenn sich Trübsal find't, nicht werdest umgefället, halt' steif und fest; der dich jetzt läßt, wird dich gar bald erfreuen, sey du nur treu, und halt' dabei stark an mit gläub'gem Schreien.

10. Der Herr fährt fort, ruft laut und hell, klagt, wie ihn heftig dürste: mich dürst't! — sprach er, der ew'ge Quell und edle Lebens-Fürste. Was meint er hier? er zeiget dir, wie matt er sich getragen an deiner Last, die du ihm hast gemacht in Sünden-Tagen.

11. Er deutet auch daneben an, wie ihn so hoch verlange, daß dies sein Kreuz bei Jedermann Frucht bring' und wohl verfange. Das merk' mit Fleiß, wer sich im Schweiß der Seelenangst muß quälen; das ew'ge Licht schleußt Keinen nicht vom Theil und Heil der Seelen.

12. Als nun des Todes finstre Nacht begann herein zu dringen, sprach Gottes Sohn: Es ist vollbracht das, was ich soll vollbringen, was hier und dar die heil'ge Schaar der Väter und Propheten hat aufgesetzt, wie man zuletzt mich kreuz'gen würd' und tödten.

13. Ist's denn vollbracht, was willst du nun dich so vergeblich plagen, als müßt' ein Mensch mit seinem Thun die Sündenschuld abtragen? es ist vollbracht, das nimm in Acht, du darfst hier nichts zugeben, als daß du gläubst und gläubig bleibst in deinem ganzen Leben.

14. Nun geht sein schweres Leid zu End', er ruft: nimm meine Seele, o Vater, auf in deine Händ' die ich dir jetzt befehle, nimm meinen Geist, der hier sich reißt aus meinem kalten Herzen. Und hiemit wird der große Hirt entbunden aller Schmerzen.

15. O wollte Gott! daß ich mein End' auch also möchte enden, und meinen Geist in Gottes Händ' und treuen Schooß hinsenden. Ach laß, mein Hort, dein letztes Wort mein letztes Wort auch werden, so werd' ich schön und selig geh'n zum Vater von der Erden.

Paul Gerhardt.

Reizung zum Gebet.

Matthäi 7, v. 8. Wer da bittet, der empfänget; und wer da suchet, der findet; und wer da anklopfet, dem wird aufgethan.

Mel. Lobe den Herren, den mächtigen König rc.

860. Höre doch, Seele, die theure Verheißung erschallen: bittet und nehmet! so rufet der Menschenfreund Allen: Suchet bei mir! klopfet, ich öffne die Thür auch denen, welche nur lallen.

2. Fühlst du nicht, Seele! die Armuth, dein tiefes Verderben? fehlt dir nicht Alles? Wer bittet, wird Alles ererben. Treibt dich die Noth nicht zu dem gnädigen Gott: so mußt du ewiglich sterben.

3. Denke, wie reich ist der König von Himmel und Erden; er ist allmächtig, er rettet aus allen Beschwerden; Weisheit ist sein. Gnade besitzt er allein; arm kann er nimmermehr werden.

4. Zweifle doch ja nicht; er hat dir zu beten befohlen. Siehe, wie wünscht er, du möchtest dein Segenstheil holen! Weichst du nun fort: so wirst du hier und auch dort, nimmer dein Segenstheil holen.

5. Eile doch, kaltes Herz! eile, die Knieen zu beugen: Bald wird sich Feuer des Geistes im Herzensgrund zeigen. O wie viel Kraft wird dir durch's Beten geschafft, die Himmelsleiter zu steigen.

6. Nun, so besinne dich länger nicht! eile zu beten! Glaube, du wirst nicht vergeblich zum Gnadenstuhl treten, Gott ist bereit: jetzt ist die selige Zeit. Träge allein sich verspäten.

Ernst Gottlieb Woltersdorf.

Vom wahren Glauben.

Offenb. Joh. 13, v. 10. Hier ist Geduld und Glaube der Heiligen.

Mel. Das ist unbeschreiblich.

861. Höre meinen Glauben, wer ihn hören kann! arger Feind! dein Schnauben ficht mich wenig an. Welt! dein Schmäh'n und Lügen stört den Glauben nicht, Sünde! dein Betrügen weicht dem hellen Licht.

2. Wer auf Werke bauet, dessen Grund ist Sand, wer sich selbst vertrauet, bleibt Gott unbekannt; was sind Menschenlehren? Gift und Eitelkeit! Gottes Worte hören, das ist Sicherheit.

3. Einen Gott, den wahren nehm' ich gläubig an und ich hab's erfahren, daß er helfen kann, weg! was Rost und Schimmel und Verwesung frißt: mein Gott ist im Himmel, der allmächtig ist.

4. Ja, von ihm, dem Meister, redet die Natur; Körper so wie Geister zeigen seine Spur, und im Buch der Schriften les' ich seinen Rath, welch ein Heil zu stiften ihm gefallen hat!

5. Einig und dreieinig ist mein Gott und Herr. Meine Schuld bewein' ich täglich herzlicher; aber sein Erbarmen, dreimal stark und groß, o, das macht mich Armen alles Jammers los.

6. Wer will mich verdammen? Vater, Sohn und Geist halten hier zusammen, die mein Glaube preis't, Eins in Rath und Willen, der mich selig macht; einig im Erfüllen, bis es heißt: vollbracht!

7. An den Vater glaub' ich, der die Welt erschuf. Götzen! euch erlaub' ich ohne Widerruf, meiner zu vergessen: ich bin Gottes Kind; höher noch gesessen, als die Engel sind.

8. Und an Gott den Heiland glaub' ich inniglich: der aus Liebe weiland für die Welt und mich gnadenreich geboren, lebte, litt und starb und, was ich verloren, durch sein Blut erwarb.

9. Und an Gott den Tröster glaubt mein ganzer Sinn, weil ich ein Erlös'ter Jesu Christi bin. Mein Verstand und Wille glaubt in seiner Kraft, vor ihm bin ich stille, weil er Alles schafft.

10. Amen singt der Glaube, seines Heils gewiß, Amen auch im Staube und in Finsterniß, Glaubens-Fackel brenne, denn es wird gescheh'n, daß, was ich bekenne, ich werd' ewig sehn! Ernst Gottl. Woltersdorf.

Um Erhörung des Gebets.

Jes. 30, v. 19. Gott wird dir gnädig seyn, wenn du rufest; er wird dir antworten, sobald er es höret.

Mel. Jesu, der du meine Seele 2c.

862. Höre, wenn in bangen Nöthen zu dir, höchste Majestät! Sünder um Erbarmung beten, höre Seufzer und Gebet! Wir, die keine Zuflucht wissen, außer dir verzagen müssen, eilen deinem Throne zu: nirgend ist ein Gott, wie du.

2. Stark wie du und hülfreich Keiner; du allein, allein bist gut. Kinder harren kindlich deiner; das ist's was der Glaube thut! Kannst du uns wohl darum hassen, wenn wir uns auf dich verlassen? Kannst du unser Elend seh'n, und die Seufzer doch verschmäh'n?

3. Eingeladen von dem Sohne, angetrieben von dem Geist nahen wir zum Gnadenthrone voller Zuversicht und dreist. Jesus hat für uns gelitten, will beständig für uns bitten; Abba! dessen trösten wir uns stets im Gebet vor dir!

4. Ist es, Herr! nicht dein Verlangen? kommt nicht der Befehl von dir: „bittet mich, ihr sollt empfangen; suchet nur, so findet ihr!" Grund genug, du hast's verheißen, wirst dich nach dem Eid beweisen: „wer im Sohn zum Vater fleht, wahrlich, Gott hört sein Gebet!" Joh. 16, v. 23.

5. Was ich bitte, laß geschehen, weißt du, daß es heilsam sey; laß mich deine Treue sehen, wenn ich hülflos zu dir schrei'; Hülfe hast du mir betheuert, meinen Glauben angefeuert; auf dein Wort verläßt er sich; die Erhörung preise ich! Joh. Gottfr. Schöner.

Bei der Abend-Betglocke.

Psalm 55, v. 2. Gott, höre mein Gebet und verbirg dich nicht vor meinem Flehen.

Mel. Werde munter, mein Gemüthe.

863. Hör', o Vater! unser Lallen, da zu dieser Abendzeit so viel tausend Seufzer schallen in der ganzen Christenheit; laß mein schwaches Seufzerlein auch mit unterm Haufen seyn, weil wir in Gemeinschaft beten und als Einer vor dich treten.

2. Laß nun aller Glieder Flehen mir auch mit zum Heil gedeih'n. Ich muß mich erhöret sehen, weil ja Alle zu dir schrei'n. Und ob ich nur lallen kann, nimm es auch für dankbar an: also halt' uns alle Stunden durch Gebet in dir verbunden.

3. Ja, erhör' uns in dem Sohne, den du uns zur Abendzeit an dem Kreuz zum Gnadenthrone und zum Opferlamm geweih't. Siehe, er tritt mit vor dich, ja er bittet auch für mich; darum muß es mir gelingen, da ich ihn kann mit mir bringen.

4. Er, das Haupt der Hohenpriester, tritt uns Allen vorne vor; wir, die Glieder und Geschwister, finden nun dein off'nes Ohr. Hörest du den Sohn nicht an, wer ist, der wohl zweifeln kann, da die Schaaren aller Frommen hinter ihrem Mittler kommen?

5. Will die Schuld dazwischen kommen, sieh', wie dieses Opferlamm Straf' und Schuld auf sich genommen, uns zur Freud' am Kreuzesstamm; da dein Volk nun früh und spat dir ein Lamm geopfert hat zur Versöhnung aller Sünden, so wollst du auch mich entbinden.

6. Nun so segne deine Kinder, nimm uns Alle wohl in Acht! Bess're die so frechen Sünder; steure Satans List und Macht. Hilf in Seel- und Leibes-Noth; hilf uns redlich durch den Tod. Gieb auch jetzt nach deinem Bunde eine sel'ge Abendstunde! Karl Heinrich v. Bogatzky.

Die weiseste Frage.

Matthäi 2, v. 2. Wo ist der neugeborne König der Juden?

Mel. Wer nur den lieben Gott läßt walten.

864. Hört heut' der Weisen große Frage: wo ist das neugeborne Kind? Wo sind die Weisen heut' zu Tage, die fragen: wo man Jesum find't? Von heut' an soll mir dies allein die allerhöchste Weisheit seyn!

2. Bis ich ihn ganz in meiner Nähe, bis ich ihn selbst von Angesicht, im Glauben hier, dort wirklich sehe; bis ich ihn finde, ruh' ich nicht. Von heut' an soll mir dies allein die allergröß'ste Sorge seyn.

3. Behalte, Welt! die tollen Freuden, womit dein Volk sein Herz berauscht! es haben heut' die weisen Heiden das Jesuskind drum eingetauscht; und Jesum finden soll allein auch meine höchste Freude seyn.

4. Erhebt vor ihm, ihr Majestäten! die ihm nicht herzlich unterthan; und kommt

dies Kindlein anzubeten, nicht in Herodis Sinn, heran! Vor ihm sich beugen wird allein die Ehre seiner Heil'gen seyn.

Christian Karl Ludwig v. Pfeil.

Von der Hoffnung.

Sirach 16, v. 13. Des Frommen Hoffnung wird nicht außen bleiben.

Mel. Hoffnung macht doch nicht zu Schanden.

865. Hoffnung wird niemals zu Schanden, unser Bitten wird gehört, weil der Mittler auferstanden. Wird der Friede uns gewährt, Jesus pflanzt sein Friedenszeichen, dies hebt unser Haupt empor. Tod und Hölle müssen weichen, Jesu Allmacht bricht hervor, muß man gleich mit Weinen, Flehen auch durch Wüst' und Wellen gehen.

2. Unser Schifflein darf nicht sinken, ist der Meister nur darauf. Schreckt die Noth, so hält sein Winken plötzlich Sturm und Wellen auf. Seine Hülf' kommt stets zurechte, ob es noch so widrig geht, weil der Herr der Tag' und Nächte seinem Volk zur Seite steht. Diesen Grund darf nichts bewegen; spricht Er, muß sich Alles legen.

3. Gottes Lamm hat überwunden. Ist der Glaube nur gesund, bleiben wir mit ihm verbunden, so wird uns dein Retten kund. Jesus wird es also machen, daß das Heer der Feinde flieht; Hoffnung ist kein Traum im Wachen: die auf's Wort der Wahrheit sieht. Endlich sollen die Beschwerden uns zu lauter Wonne werden.

4. Seele! Jesus stillt die Klagen, sieh' nur auf die Herrlichkeit, er, den man an's Kreuz geschlagen, hilft gewiß zur rechten Zeit. Scheint der Helfer gleich zu schlafen, schließt sein Aug' doch Alles ein, Jesus bleibt bei seinen Schaafen; folgt nur seinem Ruf allein! Sey getrost: dein gläubig's Hoffen siehet Reich und Himmel offen.

Adventslied.

Matthäi 21, v. 9. Gelobet sey, der da kommt in dem Namen des Herrn! Hosianna in der Höhe!

Mel. Nun kommt der Heiden Heiland.

866. Hosianna Davids Sohn, meinem theuren Gnadenthron! Er, der Helfer in der Noth, hilft auch mir in Noth und Tod.

2. Hoch gelobet sey nun Gott! er macht unsern Feind zu Spott; hochgelobet sey der Held, der sich bei uns eingestellt.

3. Er stellt sich, uns zu erfreu'n, auf des Herren Namen ein. Bei uns, die wir Sünder seyn, tritt der Sünder Heiland ein.

4. Hosianna in der Höh'! Gott reißt uns aus allem Weh'; Ihm sing' alle Christenheit: Hosianna! weit und breit.

Benjamin Schmolck.

Adventslied.

Marci 11, v. 10. Gelobet sey das Reich unsers Vaters Davids, das da kommt in dem Namen des Herrn. Hosianna in der Höhe!

Mel. Jesus, meine Zuversicht.

867. Hosianna! Gottes Sohn kam in's Fleisch zur Erde nieder; ward den Sündern Gnadenthron, brachte das Verlorne wieder. Offen steht des Heiles Quell, strömt in Christo rein und hell.

2. Hosianna! Gottes Sohn kommt noch immer in die Herzen. Ja, er kommt, mit ihm sein Lohn! Freude schafft er, tilgt die Schmerzen. Selig, wer das Herz ihm weih't; der — der lebt in Ewigkeit!

3. Christus ist dein Licht, o Welt! der wird nicht im Dunklen bleiben, der zu ihm sich glaubend hält; Christus kann die Nacht vertreiben: Hosianna! Jesus naht, Christen ebnet ihm den Pfad!

4. Christus übt Barmherzigkeit, ist zu unserm Trost gekommen, hat im allertiefsten Leid treu sich unser angenommen. Hosianna sing', o Schaar, die ohn' ihn verloren war!

5. Christus hat auch uns befreit von der Straf' und Macht der Sünden; steht uns bei im Kampf und Streit; Christus hilft uns überwinden. Hosianna! stimmet ein, Alle sollen selig seyn!

6. Seyd getreu denn bis zum Tod! Christus ist der Quell des Lebens, herrlich strahlt sein Morgenroth! Christi harrt ihr nicht vergebens. Christus schafft ein ew'ges Heil, nehmt an seiner Fülle Theil!

7. Christi Tag bricht einst herein, dem zu lohnen, den zu strafen! selig werdet einst ihr seyn, stellt er euch zu seinen Schaafen! Kommt zu ihm! er kommt zu euch, nimmt euch in sein Freudenreich!

8. Herr im neuen Kirchenjahr wären wir gern ganz gereinigt; gern, o Jesu, ganz und gar, innig, ewig dir vereinigt! zeuch in alle Herzen ein, dir gehören sie allein!

Karl August Döring.

Adventslied.

Johannis 12, v. 13. Hosianna! gelobet sey, der da kommt in dem Namen des Herrn, ein König von Israel.

Mel. Alle Menschen müssen sterben.

868. Hosianna! jauchzt ihr Frommen, sagt: Gelobt sey nah' und fern, der auf diese Welt gekommen in dem Namen unsers Herrn. Denn er ist ein Gott der Güte, er erleuchtet das Gemüthe, o Herr, hilf, wann man dir singt, hilf, Herr! daß es wohl gelingt.

2. Herr, dich plagten unsre Plagen, du, du tilgtest unsern Tod, du hast unsre Schuld getragen, die uns lauter Fluch gedroht, du hast Gott mit Blut begegnet, hast mit Segen uns gesegnet, der, dieweil er geistlich ist, Himmelsgüter in sich schließt.

3. Gieb uns Kraft und Sieg und Stärke, daß dein Volk des Eigenthums deine nahe Hülfe merke, zur Vermehrung deines Ruhms, wenn von außen und von innen wider Seele, Leib und Sinnen Fleisch und Welt und Satan kriegt und in seinen Waffen liegt.

4. Du bist auch ein Himmelskönig und ein Herr der Herrlichkeit; sind wir hier dir unterthänig, schenk' uns unsers Herren Freud'; laß uns dorten Kronen tragen, wenn wir hier mit dir es wagen; laß uns nach des Kreuzes Pein jenes Reich's theilhaftig seyn.

5. Wenn du bei und in den Deinen, die die Welt jetzt von sich schafft, wirst mit Herrlichkeit erscheinen und mit Wunder-großer Kraft; wenn du auf dem Stuhl wirst sitzen, wenn die Engel um dich blitzen, wenn die Welt vor dir zerfällt, nimm uns auf in jene Welt.

6. Sprich von deinem Gnadenthrone uns dies Wort der Freuden ein: „Vater! ich will, wo ich wohne, daß auch diese bei mir seyn, die du mir zum Volk gegeben, daß auch diese mit mir leben, daß auch diese vor mir steh'n, meine Herrlichkeit zu seh'n."

7. „Ihr Gesegneten des Vaters! kommt, ererbet nun das Reich eures Mittlers und Erstatters; denn der Vater schenkt es euch, der es auch von Ewigkeiten schon bedacht war zu bereiten." Amen! ja es fehle nicht, was mein Herr, der König, spricht.

M. Philipp Friedrich Hiller.

Adventslied.

Marci 11, v. 9. Hosianna! gelobet sey, der da kommt in dem Namen des Herrn.

Mel. Freu' dich sehr, o meine Seele.

869. Hosianna, mein Erbarmer! siehe meinen Jammer an; meinen Jammer, den ich Armer ohne dich nicht tragen kann. Hosianna! Spott und Hohn giebet mir die Welt zum Lohn. Ach, mich foltern tausend Schmerzen, nimm sie weg aus meinem Herzen.

2. Hosianna! dennoch fröhlich, ob ich gleich sehr traurig bin; in dir fröhlich, in dir selig, du erfreuest meinen Sinn. Sterb' ich denn, so sterb' ich dir, und weiß; daß des Himmels Thür mir durch dich steh' all'zeit offen! Hosianna, wohl getroffen.

D. Joachim Weickhmann.

Morgenlied.

Jesaia 21, v. 11. Hüter! ist die Nacht schier hin?

In eigener Melodie.

870. Hüter! wird die Nacht der Sünden nicht verschwinden? Hüter! ist die Nacht schier hin? wird die Finsterniß der Sünden bald zerrinnen, darin ich verwickelt bin?

2. Möcht' ich wie das Rund der Erden lichte werden. Seelen-Sonne, gehe auf! ich bin finster, kalt und trübe; Jesu-Liebe, komm, beschleunige den Lauf!

3. Wir sind ja im neuen Bunde, da die Stunde der Erscheinung kommen ist; und ich muß mich stets im Schatten so ermatten, weil du mir so ferne bist.

4. Wir sind ja der Nacht entronnen, da du kommen, aber ich bin lauter Nacht; darum woll'st du mir dem Deinen auch erscheinen, der nach Licht und Rechte tracht't.

5. Wie kann ich des Lichtes Werke ohne Stärke in der Finsterniß vollzieh'n? wie kann ich die Liebe üben, Demuth lieben und der Nacht Geschäfte flieh'n?

6. Laß doch nicht den Geist der Seelen sich so quälen, zünd' dein Feuer in mir an! laß mich finst'res Kind der Erden helle werden, daß ich Gutes wirken kann.

7. Das Vernunft-Licht kann das Leben mir nicht geben; Jesus und sein heller Schein, Jesus muß das Herz anblicken und erquicken, Jesus muß die Sonne seyn.

8. Nur die Decke vor den Augen kann nicht taugen, seine Klarheit kann nicht ein; wenn sein helles Licht den Seinen soll erscheinen, muß das Auge reine seyn.

9. Jesu! gieb gesunde Augen, die was taugen, rühre meine Augen an; denn das ist die größ'ste Plage, wenn am Tage man das Licht nicht sehen kann.

D. Christian Friedrich Richter.

Osterlied.

1 Corinth. 15, v. 6. Jesus ist gesehen worden von mehr denn fünfhundert Brüdern auf einmal.

Mel. Ach, Jesu, meiner Seelen Freude.

871. Ja, Jesus lebt, er lebt! ja, Amen! es muß in Jesu Christi Namen, ernst muß dir's nun, o Seele, seyn! gestorben ist am Kreuze Jesus, erstanden ist vom Tode Jesus: Gott und die Ewigkeit ist mein!

2. Anbeten will ich nun, und danken, und keinen Augenblick mehr wanken, er lebt: unsterblich bin ich nun! er lebt, o hohe Seelenruhe, er lebt! was ich auch immer thue, will ich in seinem Namen thun.

3. Ja, du lebst, Jesu! siehst und weißest mein Herz, mein Thun; was du verheißest, ist ewig wahr; dein, dein bin ich! dir glaub' ich ganz; dir folg' ich stille, hier, Jesus Christus! ist mein Wille, von nun an seh' ich nur auf dich.

4. Ja, Jesus lebt! ihm will ich leben; sein sey mein Denken, mein Bestreben, ein Greuel mir, was ihm mißfällt. Was er nicht thät' an meiner Stelle, was er verbietet, sey mir Hölle — und billigt' es die ganze Welt!

5. Umsonst soll Alles meiner lachen, kein Satan soll mich wankend machen; du bleibest ewig, der du bist! Im Himmel bist du! Herr, ich glaube dir felsenfest: Kein Wurm im Staube, kein Spott vertilgt dich, Jesu Christ!

6. Ja, Jesus lebt! mein Herz empfindet, wenn es ihn gläubig sucht und findet: der todt war, liegt nicht mehr im Grab! je mehr ich ihm anbetend singe, je mehr im Geist ich in ihn dringe, je mehr blickt er auf mich herab.

7. Ja, Jesus lebt! viel tausend Herzen empfanden in den bängsten Schmerzen den hohen Trost, daß Jesus lebt! im heißen Kampf mit Lieblingssünden, im heißen Todeskampf empfinden viel tausend Seelen, daß er lebt!

8. Lebst du, o Jesu! welche Freude, o welch ein Labsal, wenn ich leide; o welch ein Trost in jeder Pein! du lebst, du lebst! in jenen Höhen wird dich mein Aug', dies Auge sehen; dort werde ich unsterblich seyn!

Joh. Kaspar Lavater.

Lobgesang.

Psalm 66, v. 1. 2. Jauchzet Gott, alle Lande; lobsingt zu Ehren seinem Namen; rühmet ihn herrlich!

Mel. Jesu! komm doch selbst zu mir.

872. Jauchzet euerm Gott! erhebt, preis't ihn alle, die ihr lebt! dient ihm und vollführt mit Freud' Alles, was der Herr gebeut!

2. Tretet voll von Zuversicht fröhlich vor sein Angesicht, sagt ihm Dank und bringt ihm Ehr'! er ist Gott und Keiner mehr.

3. Wir nicht, er hat von der Welt sich zum Volk uns auserwählt, unser Schöpfer, unser Hirt, der uns ewig leiten wird.

4. Geht, ihm Lob und Dank zu weih'n, geht zu seinem Tempel ein, dankt ihm, singt zu seinem Ruhm froh in seinem Heiligthum.

5. Lobt ihn, lobt ihn! was er thut, Alles, was er will, ist gut; er, er trägt uns mit Geduld, ewig währet seine Huld!

6. Die ihr jetzt und künftig seyd, Alle, die der Herr erfreut, saget laut: gepriesen sey Gottes immer gleiche Treu'!

Johann Kaspar Lavater.

Osterlied.

Apost. Gesch. 10, v. 40. Gott hat Jesum auferwecket am dritten Tage und ihn lassen offenbar werden.

Mel. Werde munter, mein Gemüthe.

873. Jauchzet Gott in allen Landen! jauchze du, erlöste Schaar! denn der Herr ist auferstanden, der für uns getödtet war. Jesus hat durch seine Macht das Erlösungs-Werk vollbracht, welches er auf sich genommen, da er in das Fleisch gekommen.

2. Sünde! was kannst du mir schaden? nun erweckst du keine Noth; alle Schuld, die mich beladen, ist bezahlt durch Christi Tod: das Gesetz hat er erfüllt, also Fluch und Zorn gestillt und mir durch sein Wiederleben die Gerechtigkeit gegeben.

3. Hölle! schweig' von deinen Banden; Strick' und Ketten sind entzwei: da mein Jesus auferstanden, bin ich vom Gefängniß frei, und wie seine Höllenfahrt im Triumph vollzogen ward, so ist seinen Reichsgenossen nun der Himmel aufgeschlossen.

4. Sage, was dein Schlangen-Name, Satan! noch zu schrecken hat; denn hier ist des Weibes Saame, der dir deinen Kopf zertrat: der, den du zum Tod' gebracht, brachte dich um deine Macht, und da wir in Christo siegen, mußt du uns zu Füßen liegen.

5. Tod, du kannst an mir nichts haben, muß ich gleich zu Grabe geh'n; die mit Jesu sind begraben, werden mit ihm aufersteh'n. Sterben ist nun mein Gewinn, also fahr' ich freudig hin, da der Trost vor Augen schwebet: Jesus, dein Erlöser lebet.

6. Jesus, mein Erlöser, lebet! welches ich gewißlich weiß; gebet, ihr Erlös'ten! gebet seinem Namen Dank und Preis; singet, singt Hallelujah! rufet, ruft Victoria! singt und ruft in allen Landen: Heut' ist Christus auferstanden! M. Erdmann Neumeister.

Weihnachtslied.

1 Johannis 1, v. 2. Das Leben ist erschienen, und wir haben gesehen und zeugen, und verkündigen euch das Leben, das ewig ist, welches war bei dem Vater, und ist uns erschienen.

Mel. Lobe den Herren, den mächtigen König rc.

874. Jauchzet, ihr Himmel! frohlocket, ihr englischen Chöre, singet dem Herren, dem Heiland der Menschen zu Ehre: sehet doch da! Gott will so freundlich und nah' zu den Verlornen sich kehren.

2. Jauchzet, ihr Himmel, frohlocket ihr Enden der Erden! Gott und der Sünder, die sollen zu Freunden nun werden: Friede und Freud' wird uns verkündiget heut': freuet euch Hirten und Heerden.

3. Sehet dies Wunder, wie tief sich der Höchste hier beuget! sehet die Liebe, die endlich als Liebe sich zeiget! Gott wird ein Kind, träget und hebet die Sünd': Alles anbetet und schweiget.

4. Gott ist im Fleische; wer kann dies Geheimniß verstehen? hier ist die Pforte des Lebens nun offen zu sehen; gehet hinein, macht euch dem Kinde gemein, die ihr zum Vater wollt gehen.

5. Hast du denn, Höchster! auch meiner noch wollen gedenken? du willst dich selber, dein Herze der Liebe mir schenken; sollt' nicht mein Sinn innigst sich freuen darin, und sich in Demuth versenken.

6. König der Ehren! aus Liebe geworden zum Kinde, dem ich auch wieder mein Herze in Liebe verbinde; du sollst es seyn, den ich erwähle allein: ewig entsag' ich der Sünde.

7. Süßer Immanuel! werd' auch geboren inwendig; komm doch, mein Heiland! und laß mich nicht länger elendig: wohne in mir, mach' mich ganz Eines mit dir und mich belebe beständig.

8. Menschenfreund Jesu! dich lieb' ich, dich will ich erheben; laß mich doch einzig nach deinem Gefallen nur leben; gieb mir auch bald, Jesu, die Kindesgestalt, an dir alleine zu kleben. Gerhard Terstegen.

Weihnachtslied.

Ebräer 2, v. 6. Was ist der Mensch, daß du seiner gedenkest; und des Menschen Sohn, daß du ihn heimsuchest?

Mel. Lobe den Herren, den mächtigen König rc.

875. Jauchzet, ihr Völker! herbei jetzt im dichten Gedränge! hört in den Lüften der himmlischen Heerschaaren Menge! eilt zu dem Licht, welches die Wolken durchbricht! stimmt in die Jubel-Gesänge!

2. „Ehre sey Gott in der Höhe" der Jesum gesendet, der zur gefallenen Menschheit sein Antlitz gewendet! ehret und preis't Vater und Sohn und den Geist, die das Verderben geendet.

3. „Friede auf Erden" des Vaters begnadigten Kindern! freu't euch! den Sohn gab er hin den verlorenen Sündern! wer kann die Bahn, drauf wir dem Vater uns nah'n, froh nun zu wandeln uns hindern?

4. Menschen gefallen ihm wohl im Geliebten, im Sohne; blicket nur kindlich hinauf zu des Gnädigen Throne! ihr seyd ihm lieb! heiligt ihm jeglichen Trieb, gebt nun euch selbst ihm zum Lohne.

5. Gott ist die Liebe! seht, der uns zum Retter Erkorne — Mensch ist er worden, der ewig zum Heil uns Geborne! thut nun sich kund durch der Unmündigen Mund, rettet nun alle Verlorne.

6. Liebe, du hast das errettende Mittel gefunden; Gnad' und Gerechtigkeit hast du am Kreuze verbunden; o, wie dein Blut Wunder der Gnad' an uns thut! Leben entströmt deinen Wunden!

7. Preis dir, dem Meister zu helfen, du hast es vollendet! wer sich voll Reue zu dir nur, dem Gnadenstuhl, wendet, der wird versöhnt, der wird mit Gnaden gekrönt; Ruh' ihm hernieder gesendet.

8. Oeffne das Ohr, o erbarmende Liebe, den Tauben, die sich noch immer des seligsten Trostes berauben! stets riefst du sie; aber noch hörten sie nie! wollen und können nicht glauben.

9. Oeffne die Augen, erbarmende Liebe, den Blinden, die nicht erkennen die Meng' und die Schuld ihrer Sünden, nicht deine Huld, nicht deine Lieb' und Geduld; die sich zu dir noch nicht finden.

10. Wenn auch die Sonne verlischt an dem Himmelsgewölbe, stürzen die Berg' in

das Meer auch, du bleibest derselbe! du wankest nicht! ewig erquickt uns dein Licht! treu bist du, ewig derselbe.

Karl August Döring.

Christlicher Sinn.

1 Petri 5, v. 5. Den Demüthigen giebt Gott Gnade.

Mel. Herr Jesu Christ, mein's Lebens Licht.

876. Ich armer Mensch doch gar nichts bin, Gott's Sohn allein ist mein Gewinn, daß er Mensch worden ist — mein Trost, er hat mich durch sein Blut erlös't.

2. O Gott Vater, regier' du mich mit deinem Geist beständiglich, laß deinen Sohn, mein Trost und Leb'n, all'zeit in meinem Herzen schweb'n.

3. Wenn mein Stündlein vorhanden ist, nimm mich zu dir, Herr Jesu Christ, denn ich bin dein und du bist mein; wie gern wollt' ich bald bei dir seyn!

4. Herr Jesu Christe, hilf du mir, daß ich ein Zweiglein bleib' an dir, und nachmals mit dir auferstehe', zu deiner Herrlichkeit eingeh'.

Joh. Leo, nach dem Lat. des Melanchton: Nil sum, nulla miser novi solatia.

Bußlied.

2 Corinther 7, v. 10. Die göttliche Traurigkeit wirket zur Seligkeit eine Reue, die Niemand gereuet; die Traurigkeit aber der Welt wirket den Tod.

Mel. Wer nur den lieben Gott läßt walten.

877. Ich armer Mensch, ich armer Sünder steh' hier vor Gottes Angesicht. Ach Gott! ach Gott! verfahr' gelinder und geh' nicht mit mir ins Gericht. Erbarme dich, erbarme dich, Gott, mein Erbarmer, über mich!

2. Wie ist mir doch so herzlich bange von wegen meiner großen Sünd'. Ach, daß ich Gnad' von dir erlange, ich armes und verlornes Kind. Erbarme dich, erbarme dich, Gott, mein Erbarmer, über mich!

3. Ach! höre doch mein seufzend Schreien, du allerliebstes Vaterherz, wollst alle Sünden mir verzeihen und lindern meines Herzens Schmerz. Erbarme dich, erbarme dich, Gott, mein Erbarmer, über mich!

4. Wie lang' soll ich vergeblich klagen? hörst du denn nicht? hörst du denn nicht? wie kannst du das Geschrei vertragen? hör', was der arme Sünder spricht: erbarme dich, erbarme dich, Gott, mein Erbarmer, über mich!

5. Wahr ist es, übel steht der Schade, den Niemand heilet, außer du. Ach! aber ach! ach Gnade, Gnade! ich lasse dir nicht eher Ruh'. Erbarme dich, erbarme dich, Gott, mein Erbarmer, über mich!

6. Nicht, wie ich hab' verschuldet, lohne, und handle nicht nach meiner Sünd'. Um Jesu willen, Vater, schone und nimm mich wieder an zum Kind. Erbarme dich, erbarme dich, Gott, mein Erbarmer, über mich!

7. Sprich nur Ein Wort, so werd' ich leben, sprich, daß der arme Sünder hör': „geh' hin, die Sünd' ist dir vergeben; nur sündige hinfort nicht mehr." Erbarme dich, erbarme dich, Gott, mein Erbarmer, über mich!

8. Ich zweifle nicht, ich bin erhöret, erhöret bin ich Zweifels-frei, weil sich der Trost im Herzen mehret. Drum will ich enden mein Geschrei. Ich lobe dich, ich lobe dich, Gott, mein Erbarmer, über mich!

Christoph Titius.

Vom gläubigen Kommen zu Jesu.

Johannis 6, v. 37. Wer zu mir kommt, den werde ich nicht hinausstoßen.

Mel. Herr Jesu Christ, mein's Lebens Licht.

878. Ich armer Sünder komm zu dir, du reicher Heiland komm zu mir; denn Reich' und Arme müssen fein, so wie sich's schickt, zusammen seyn.

2. Der Arme zeigt den Mangel an, der Reich' ist, der ihn stillen kann, der Arme fleht, der Reiche giebt, der Arme glaubt, der Reiche liebt.

3. Der Arme bringt Gefäße her, der Reiche füllt sie, sind sie leer; so viel ich Mangel finden kann, so viele Krüge füllst du an.

4. Und wenn ich, da ich bet' und fleh', in was recht großen Mangel seh', muß das ein groß Gefäß nur seyn, da füll', o Herr! recht viel hinein.

5. Ich gehe nicht von deiner Thür, ich kriege doch etwas von dir. Ich wart' und seh' dich immer an, bis daß ich was erhalten kann.

6. Der Herr hilft doch dem armen Knecht, der Arme hat ja Armenrecht; dies Recht ist, daß er Tag für Tag vor Reicher Thüren betteln mag.

7. Und dieses Recht hab' ich nun auch; darum ist mein Beruf und Brauch, daß ich nur bitte, schrei' und fleh', bis daß ich mich begabet seh'.

8. Ich weiß von keinem eignen Recht,

als nur was du, gerechter Knecht, mir hast mit deinem Blut verdient, da du den Vater mir versühnt.

9. Ich geb' ihm Recht, wie er mich kennt; da er mich einen Sünder nennt; da aber hast du Recht an mir und ich mein Heiland auch an dir.

10. O große Gnad'! ich trete da in deine Recht' und bin dir nah', ich dringe tief mit meinem Schrei'n bei meinem reichen Vater ein.

11. Ich bin ganz nackt, ich bin befleckt, du bist mein Kleid, das mich bedeckt. Du bist der Brunn, da muß ich rein, ja rein und weiß gewaschen seyn.

12. Ich bin auch krank und sehr verwund't: mein Arzt komm, mache mich gesund, du kannst nur Arzt und Heiland seyn, wo krank' und arme Sünder schrei'n.

13. Du zeigst auch mir recht deutlich an, was deine Kur vermag und kann, wenn du den tiefen Schaden hebst, mich gründlich heilest und belebst.

14. Ich find' an dem, was ich geerbt, mich durch und durch sogar verderbt, daß ich nichts, als nur Sünde seh', und um Erbarmen schrei' und fleh'.

15. Ich weiß von keinem eignen Ruhm; die Sünd' ist nur mein Eigenthum. Ich kann in nichts vor Gott besteh'n, wenn er will in's Gerichte geh'n.

16. Ich bin recht elend, arm und bloß, von allem Guten leer und los, ich klag' in Allem, was ich kann, mich nur vor dir als Schuldner an.

17. Mein Können ist ganz ohne Macht, mein Wollen wird nicht recht vollbracht, mein Wissen ist nur Unverstand; ich bin nur Thon in deiner Hand.

18. Doch wenn wir arm und elend seyn, so tritt die Hülfe schleunigst ein. Wenn ich nichts kann, nichts weiß, nichts bin, bist du mein Alles, mein Gewinn.

19. Wenn ich mich selber richten kann, so geht dein Urtheil mich nicht an. Wenn meine Sünden zahllos sind, so sprichst du, Herr! mich frei von Sünd'.

20. Wenn ich, Herr! durch dein Blut allein aus Gnaden nur will selig seyn und sonst nichts bringen will und kann, so nimmt mich Gott auch gnädig an.

21. Nun ewig, ewig Dank sey dir, daß wir als arme Sünder hier aus Gnaden und durch dich allein gerecht und heilig sollen seyn.

22. So bleib' ich nur in dir allein und schlaf' in deinen Wunden ein, die seyn mein Schloß in aller Noth, mein Weg und Durchzug durch den Tod. Karl Heinr. v. Bogatzky.

Bußlied.

Jeremias 3, v. 22. So kehret nun wieder, ihr abtrünnigen Kinder; so will ich euch heilen von eurem Ungehorsam. Siehe, wir kommen zu dir; denn du bist der Herr, unser Gott.

Mel. Durch Adams Fall ist ganz verderbt.

879. Ich armer Sünder komm' zu dir mit demüthigem Herzen, o Gott, der gnädig für und für, bekenne dir mit Schmerzen die Sünden all' und jeden Fall, wie ich ihn hab' begangen von Jugend auf im Sündenlauf, darin ich bin gefangen.

2. Die Sünden sind, die ich gethan, unmöglich zu erzählen; doch ich sie auch nicht bergen kann, weil sie mich immer quälen. Dein liebster Sohn hat mich davon durch seinen Tod entbunden; dennoch hab' ich jetzt lassen mich den Satan neu verwunden.

3. So ist auch mein' Undankbarkeit sehr groß bis diese Stunde; ich habe dir zu keiner Zeit gedankt von Herzensgrunde für deine Treu', die täglich neu, für deine Lieb' und Güte, die ich an mir gar reichlich spür' und stets trag' im Gemüthe.

4. Vornehmlich hast du mit Geduld viel' Jahre mein geschonet und mir nicht, wie ich oft verschuld't, bald zornig abgelohnet; hast fort und fort, o höchster Hort! dich meiner angenommen, hast nichts gespart nach deiner Art, bis ich zu dir bin kommen.

5. Mit deinem Wort hast du gar oft an mein Herz angeschlagen, durch deinen Geist mir zugeruft, den Himmel angetragen, hast früh und spat durch viel Wohlthat zur Buße mich bewogen, auch mit Trübsal, Angst, Noth und Qual zu dir hinaufgezogen.

6. Dennoch, was ich nicht leugnen kann, wenn du gleich angeklopfet, hab' ich dir niemals aufgethan, die Ohren zugestopfet, mit Unbedacht dich ganz veracht't, den Rücken dir gekehret; doch hast du mich so gnädiglich geduld't und nicht verzehret.

7. Du könntest oft mit gutem Recht das Leben mir verkürzen und mich als einen bösen Knecht hinab zur Hölle stürzen; der ich ohn' Scheu, ohn' Leid und Reu' in Sünden mich verweilet; dennoch giebst du mir Raum und Ruh', hast mich nicht übereilet.

8. Wenn

8. Wenn mein Herz dies bei sich bedenkt, so möcht' es schier zerspringen, die große Sicherheit mich kränkt, thut Mark und Bein durchdringen. Kein' Höllenpein, so groß mag seyn, ich habe sie verschuldet, ich bin nicht werth, daß mich die Erd' trägt, nährt und auf sich duldet.

9. Unwerth bin ich, daß man mich nennt ein Werk von dir geschaffen; werth bin ich, daß all' Element' zur Strafe mich hinraffen. So weit hat's g'bracht der Sünde Macht, ich muß es frei bekennen, wo du siehst an, was ich gethan, so muß ich ewig brennen.

10. O Vater der Barmherzigkeit! ich falle dir zu Fuße, verwirf nicht den, der zu dir schreit, und thut rechtschaffne Buße. Dein Angesicht aus Gnaden richt' auf mich betrübten Sünder; gieb einen Blick, der mich erquick', so wird mein' Angst bald minder.

11. Eröffne mir dein freundlich Herz, den Wohnsitz treu'ster Liebe, vergieb die Sünd', heil' meinen Schmerz, hilf, daß ich mich stets übe in dem, was dir gefällt an mir und alles Böse meide, bis ich hinfahr' zur Engelschaar, da nichts als lauter Freude.

Johann Heermann.

Gläubiges Kommen und Bitten.

Johannis 6, v. 65: Niemand kann zu mir kommen, es sey ihm denn von meinem Vater gegeben.

Mel. Herr Jesu Christ, mein's Lebens Licht.

880. Ich Arm- und Bloßer komm' zu dir, Herr Jesu, hilf, ach hilf du mir. Hilf mir aus aller Sündennoth und endlich fröhlich durch den Tod.

2. Der Unglaub' ist allein mein Tod und macht mir noch die größ'ste Noth. O, tilg' ihn ganz im Herzen aus und mache lauter Glauben draus.

3. O wasche mich mit deinem Blut und mache meine Schulden gut; ja, wasche mich schneeweiß und rein, daß keine Flecken an mir seyn.

4. Ach, kleide mich in dich nur ein, laß Alles ganz bedecket seyn; ja, laß kein Fleckchen an mir frei; das nicht mit dir bedecket sey.

5. So kann ich in dir wohl besteh'n und kindlich zu dem Vater geh'n. Er sieht nur dich und deine Zier und keine Sünde mehr an mir.

6. Er hat uns ja in deiner Pracht ihm selber angenehm gemacht, da wir durch dich, sein liebstes Kind, ihm wieder liebe Kinder sind.

7. So mache nun mein Herz gewiß, vertreib' die Macht der Finsterniß und lege mir dein Zeugniß bei, daß ich dein Glied und Erbe sey.

8. Laß deinen Geist das Abba schrei'n und mich in Noth und Tod erfreu'n. Gieß' deine Lieb' in's Herze aus und mache Gegenliebe draus;

9. Daß ich mit flammender Begier mich sehne fort und fort nach dir; ja, nimm mein Herz dir gänzlich ein, du sollst mein Ein, mein Alles seyn;

10. Auf daß mir, wo ich steh' und geh', das Ziel vor meinen Augen steh', und daß mein Herz, von Allem frei, zum Himmel stets gerichtet sey.

11. So halt' ich dir mich stets bereit zur freudenvollen Ewigkeit, daß ich zu jener Friedensschaar im Frieden auch von hinnen fahr'.

Karl Heinrich v. Bogatzky.

Von der Taufe.

Römer 6, v. 3. Alle, die wir in Jesum Christum getauft sind, die sind in seinen Tod getauft.

Mel. O Gott, du frommer Gott.

881. Ich bin als Christ getauft, mir ist viel Heil gegeben; warum ist das gescheh'n? Ich soll dir, Heiland! leben; dies ist der hohe Zweck, wer diesen hier vergißt, der sage nicht: ich bin auch ein getaufter Christ.

2. Ich bin getauft auf dich, Herr Jesu! und begraben, wie könnte ich noch Theil am Dienst der Sünde haben? du bist's, der für mich starb, du stand'st auch wieder auf; drum soll auch heilig seyn mein ganzer Lebenslauf.

3. Ich bin getauft auf dich, wie groß ist diese Ehre! zu Gottes Kind erwählt, Bekenner deiner Lehre; davon soll jeder Christ, ganz ohne falschen Schein, durch Worte und durch That ein redend Beispiel seyn.

4. Ich bin getauft, um nun den alten Sinn zu tödten, auf dich, o Gott! zu seh'n in allen meinen Nöthen; du bist der Mittelpunkt. Hilf, Vater, Sohn und Geist! daß man es an mir sieht, was Kraft der Taufe heißt.

5. Durch sie bin ich geweih't schon hier zum ew'gen Leben; drum hast du, Heiland! mir den heil'gen Geist gegeben. Er ruhe stets auf mir, er sey mein Unterpfand, so komme ich gewiß einst hin in's Vaterland.

6. Ich bin getauft und zwar in deinen Tod und Sterben: o, darum werde ich den ganzen Segen erben, den du auch mir erwarbst. Hilf, daß mein armes Herz nur immer auf dich sieht in Freuden und im Schmerz.

7. Ich bin getauft; nun mag die ganze Welt es wissen, ich lebe nicht wie sie dahin in Finsternissen, mir giebt die Taufe Kraft, daß ich durch stetes Fleh'n nun auch dem argen Feind kann kräftig widersteh'n.

8. Ich bin getauft; nun soll sich kein Gedanke regen, der mein' erneutes Herz zur Sünde kann bewegen. Ach, die geheimste Lust und auch den feinsten Reiz, die hefte ich sogleich, Herr Jesu! an dein Kreuz.

9. Dies ist der hohe Bund, o wär' er nie gebrochen! ach leider! hielt ich nicht, was ich dir hab' versprochen, doch hast du, Gütigster, mich wieder aufgeweckt, daß nun mein Herz auf's Neu' auch dein Erbarmen schmeckt.

10. Nun schenke mir auch Kraft und Treue bis an's Ende, ach segne, Liebster! mich durch deine Jesus-Hände; so bleibe ich gewiß auf dieser sel'gen Bahn und komm' einst in der Stadt des vollen Friedens an.

Christian Friedrich Förster.

Die Alles ändernde Hand Gottes.

Psalm 77, v. 11. Die rechte Hand des Höchsten kann Alles ändern.

Mel. Wer nur den lieben Gott läßt walten.

882. Ich bin bei allem Kummer stille, der mir auf meinem Herzen liegt. Es ist des lieben Gottes Wille, der mich zu seiner Zeit vergnügt; denn dieser Trost ist mir bekannt: es ändert's Gottes rechte Hand.

2. Er kann es thun, drum will ich hoffen; er will es thun, so trau' ich drauf. Sein Vaterherze steht mir offen und er nimmt meine Seufzer auf. Sein Wort ist mir ein sichres Pfand: da stärkt mich Gottes rechte Hand.

3. Es kann nicht jeder Wunsch gelingen, den man sich etwa ausgedacht; man sieht, wer's mit Gewalt will zwingen, daß der nur Uebel ärger macht. G'nug, was mir fehlt, ist Gott bekannt; der hilft durch seine rechte Hand.

4. Die rechte Stunde wird wohl kommen, da seine Rechte mich erfreut; ich weiß, daß endlich doch den Frommen ihr Wunsch des Herzens wohl gedeiht; mein Glaube hat dies feste Band: mich segnet Gottes rechte Hand.

5. Will's Gott, so stellet sich wohl morgen der Segen meiner Hoffnung ein, und wird von allen meinen Sorgen kein Stäubchen ferner übrig seyn; so hab' ich ein gelobtes Land, es krönt mich Gottes rechte Hand.

6. Geduld! will ich indessen sprechen; Geduld! wenn sich's noch will verzieh'n; Geduld! die Zeit wird Rosen brechen, die mir aus Gottes Liebe blüh'n. Dabei verharr' ich unverwandt: bald ändert's Gottes rechte Hand.

M. Erdmann Neumeister.

Von der Rechtfertigung.

Römer 8, v. 33 — 39. Wer will die Auserwählten Gottes beschuldigen? Gott ist hier, der da gerecht machet. 2c.

Mel. Valet will ich dir geben.

883. Ich bin bei Gott in Gnaden durch Christi Blut und Tod, was kann mir endlich schaden? was acht' ich alle Noth? Ist er auf meiner Seiten, gleichwie er wahrlich ist, laß immer mich bestreiten auch alle Höllenlist.

2. Was wird mich können scheiden von Gottes Lieb' und Treu'? Verfolgung, Armuth, Leiden und Trübsal mancherlei? Laß Schwert und Blöße walten, man mag durch tausend Pein mich für ein Opfer halten, der Sieg bleibt dennoch mein.

3. Ich kann um dessentwillen, der mich geliebet hat, g'nug meinen Unmuth stillen, und fassen Trost und Rath: denn das ist mein Vertrauen, der Hoffnung bin ich voll, die weder Drang noch Grauen mir ewig rauben soll:

4. Daß weder Tod, noch Leben und keiner Engel Macht, wie hoch sie möchte schweben, kein Fürstenthum, kein' Pracht, nichts dessen, was zugegen, nichts, was die Zukunft hegt, nichts, was ist hoch gelegen, nichts, was die Tiefe trägt,

5. Mich soll von Jesu scheiden, von seiner Lieb' und Macht; von jenen ew'gen Freuden, die mir hervorgebracht sein Leiden und sein Sterben; ihn fleh' um Kraft ich an, der mich als Kind und Erben nicht lassen will, noch kann.

M. Simon Dach.

Der trostreiche Zuspruch Gottes.

1 Mose 15, v. 1. Ich bin dein Schild und dein sehr großer Lohn.

Mel. Wer nur den lieben Gott läßt walten.

884. Ich bin dein Gott und deines Saamens, sey nur getrost und glau-

bensvoll, ich schwöre dir, kraft meines Namens, daß dir kein Gutes mangeln soll; du bist mein auserwählter Sohn, ich bin dein Schild und großer Lohn.

2. Ob du in meinem Angesichte gleich auch ein armer Sünder bist, so geh' ich doch nicht in's Gerichte, dieweil du glaubst an Jesum Christ; sein Blut befreiet dich davon; ich bin dein Schild und großer Lohn.

3. Halt' ihn nur als ein Held im Glauben, bis daß dein letzter Seiger schlägt, die Krone soll dir Niemand rauben, die ich dir habe beigelegt; sie wartet dein im Himmel schon. Ich bin dein Schild und großer Lohn.

4. Auf Erden hast du zwar viel Feinde, doch sey getrost, es hat nicht Noth, du hast genug an deinem Freunde, und der bin ich, Herr Zebaoth. Ihr Ende soll seyn Spott und Hohn. Ich bin dein Schild rc.

5. Neid, Haß, Verfolgung, Lästern, Schmähen hat dich mehr als zu oft betrübt, jedoch zum Besten deiner Seelen, die mich nur desto mehr geliebt; sie haben ihren Richter schon. Ich bin dein Schild rc.

6. Nun soll dir weiter nichts begegnen, ich habe dich genug versucht, nun will ich segnen, die dich segnen und fluchen dem, der dich verflucht, das hoff' gewiß und glaube schon. Ich bin dein Schild und großer Lohn.

7. O wie wird sich dein Geist ergötzen, wenn du das Leiden dieser Zeit wirst dermaleinst entgegen setzen der offenbaren Herrlichkeit, die dir erworben hat mein Sohn! Ich bin dein Schild und großer Lohn.

8. Laß immer böse seyn die Bösen, halt's mit den Frommen für und für, ich komme bald, dich zu erlösen, ich komm' und auch mein Lohn mit mir; wer kämpft und siegt, empfängt die Kron'. Ich bin dein rc.

9. Erschrick nicht vor der letzten Stunde, der Engel stehet schon bereit, der deine Seel', o frohe Kunde! soll tragen nach der Ewigkeit, in Frieden gleich wie Simeon. Ich bin dein Schild und großer Lohn.

10. Auch sorge nicht für deine Lieben, die du auf Erden hinterläßt, sie sind in meine Hand geschrieben, da stehen sie gewißlich fest und ich verliere Kein's davon. Ich bin dein Schild und großer Lohn.

11. Recht sanfte soll im kühlen Grabe dein müdes Haupt in Frieden ruh'n; du weißt, daß ich den Schlüssel habe, die Gräber zu und aufzuthun; es kommt nicht ein Gebein davon. Ich bin dein Schild rc.

12. Indessen daß der Körper lieget in seinem Ruhe-Kämmerlein, so soll die Seele höchst vergnüget in meiner Hand verwahret seyn; da bleibet alle Qual davon. Ich bin dein Schild und großer Lohn.

13. Und endlich wird der Tag erscheinen, da Erd' und Himmel wird vergeh'n, da sollst du und zugleich die Deinen vor meinem Angesichte steh'n, da will ich seyn auf meinem Thron. Ich bin dein Schild und großer Lohn.

14. So spricht der Herr, Herr, dein Erhalter, deß tröste dich und halte still; ich schwöre, daß ich bis ins Alter dich heben und dich tragen will, denn du bist mein geliebter Sohn; ich bin dein Schild, dein großer Lohn.

M. Joh. Hübner.

In gefährlicher Krankheit.

Sirach 17, v. 20. Die da müde werden, tröstet er, daß sie nicht verzagen.

Mel. Valet will ich dir geben.

885. Ich bin der Erden müde, die Seele wünscht allein, daß sie, in Ruh' und Friede, bei Jesu möge seyn, der mich zum Kind und Erben des Himmels hat gemacht. Drum will ich freudig sterben und sagen: gute Nacht!

2. So kommt ihr süßen Stunden, der Tod ist mein Gewinn, weil ich durch Christi Wunden gerecht und selig bin, die Sünde, die mich schrecket, wird durch sein theures Blut vor Gottes Zorn bedecket; so ist mein Ende gut.

3. Die finstre Kluft im Grabe erweckt mir Grauen nicht; denn weil ich Jesum habe, so bleibet er mein Licht; wird gleich der Leib zu Erde, er darf drum nicht vergeh'n, g'nug daß ich wieder werde zum Leben aufersteh'n.

4. Wenn Gott auch heute käme, daß er mich aus der Welt zu sich in Him̃el nähme, so ist mein Haus bestellt. Die herzgeliebten Meinen befehl' ich seiner Treu'; wird ihnen so erscheinen, daß er ihr Vater sey.

5. Drum will ich fröhlich scheiden, wie, wo und wann's Gott fügt, doch, soll ich länger leiden, so bin ich auch vergnügt. Ich kann mich leidlich stillen, weil sich mein Will' und Rath in Gottes Rath und Willen getrost gelassen hat.

6. Ein Augenblick der Freuden, die uns der Vater giebt, versüßet alles Leiden, womit die Welt betrübt; auch hier, da ich mich quäle, umfängt mich Gottes Huld,

so tröst' ich meine Seele und sage: nur Geduld!

7. Am längsten hat's gewähret, bald geht's zum Ziele hin, da ich, mein Gott, verkläret, da ich in Friede bin. Gelang' ich nur zum Erbe in seiner Herrlichkeit, so sterb' ich, wenn ich sterbe, all'zeit zur rechten Zeit.

M. Erdmann Neumeister.

Die zehn Gebote.

5 Mose 5, v. 32. So behaltet nun, daß ihr thut, wie euch der Herr, euer Gott, geboten hat, und weichet nicht, weder zur Rechten noch zur Linken.

Mel. Wer nur den lieben Gott läßt walten.

Das erste Gebot.

886. „Ich bin der Herr!" ist deine Sprache; du führst sie, Gott, als Gott allein. Kann außer dir wohl eine Sache der ganzen Liebe würdig seyn? dich fürchten, lieben, dir vertrau'n heißt Häuser auf den Felsen bau'n.

Das zweite Gebot.

2. Dein großer Name, den wir kennen, ist Gläubigen ein festes Schloß und, zum gedankenlosen Nennen, zum Spotten, Lästern viel zu groß. Ein Herz voll Dank, ein Mund, der preis't, gehört dem, der Jehovah heißt.

Das dritte Gebot.

3. Herr, deines Namens Ruhm erfülle am Tage, deinem Dienst geweiht, uns, wenn man froh in Zions Stille Ermuntrung holt zur Ewigkeit. Wer sündlich diesen Tag verdirbt, deß Herz wird todt, noch eh' er stirbt.

Das vierte Gebot.

4. Erhalte frommer Eltern Ehre, die sich in ihrer Pflicht bemüh'n. Gehorsam, Liebe, Tugend lehre den Kindern, die sie auferzieh'n. Glück, wenn die Eltern — Greis und Kind — bekehrte Schüler Jesu sind.

Das fünfte Gebot.

5. O, gieb uns zärtliche Gemüther! Ein guter Blick, ein sanftes Wort, ein treues Herz gehört für Brüder und schon der kleinste Haß ist Mord. Schenk' Liebe, der du Liebe bist, die selbst ein Reiz für Feinde ist.

Das sechste Gebot.

6. In Eden schon entstanden Bande durch Liebe zwischen Mañ und Weib, der Ehebruch zerreißt die Bande, bringt das Gericht auf Seel' und Leib. Weg Unzucht! denn ich bin ein Christ, in welchem Jesu Tempel ist.

Das siebente Gebot.

7. Kein irdisch Gut, kein Neid berücke mein Herz zu sündlichem Gewinn. Nein, Liebe wendet gern die Blicke zur Wohnung des Beglückten hin, sie leihet, giebt und nützet gern das Irdische zum Preis des Herrn.

Das achte Gebot.

8. Sie wünscht und denkt und spricht das Beste, fällt nie ein Urtheil übereilt, was sie versprochen, hält sie feste; Gestalt und Herz ist nicht getheilt. Die Redlichkeit lernt man von dir: wie handelst du so treu mit mir!

Das neunte und zehnte Gebot.

9. Vor dir muß schon die Lust verdammen; sie fängt sich in dem Herzen an; ich spür' sie schnell sich oft entflammen: hilf, daß ich überwinden kann! dein guter Geist allein erneut und giebt dem Sieg, den Sieg erfreut.

Der Beschluß.

10. Mich schreckt der Fluch von vielen Sünden, den dein Gesetz mit Eifer droht. Tröst' Alle, die ihn bang' empfinden und zeig' uns in der größ'sten Noth: was einst am Kreuz auf Golgatha der Sündenwelt zum Heil geschah.

11. Dort offenbart sich zum Ergötzen dein Reichthum von Barmherzigkeit; dort sieht der Sichre mit Entsetzen den Eifer der Gerechtigkeit. Wie wichtig wird durch Jesu Tod mir, Heiliger, erst dein Gebot!

Johann Gottfried Schöner.

Der Christ, ein Fremdling hienieden.

1 Petri 2, v. 11. Lieben Brüder, ich ermahne euch, als die Fremdlinge und Pilgrimme: enthaltet euch von fleischlichen Lüsten, welche wider die Seele streiten.

Mel. Wer nur den lieben Gott läßt walten.

887. Ich bin ein Fremdling auf der Erden, der Himmel ist mein Vaterland; hier trag' ich noch mit viel Beschwerden den Wanderstab in meiner Hand; doch führt mein Weg mich endlich hin, wo ich bei Gott in Frieden bin.

2. Die Welt kann mir nichts Eig'nes geben, sie ist nur ein geborgtes Haus, darinnen wir als Gäste leben, der Tod führt endlich uns hinaus, da lassen wir denn Alles steh'n, und müssen leer von dannen geh'n.

3. Hab' ich nun in der Welt kein Bleiben, so laß ich billig himmelwärts mich meine Glaubensflügel treiben; denn, wo mein Schatz, da ist mein Herz; wer sich in diese Welt vergafft, verscherzt des Himmels Bürgerschaft.

4. Ich kann nicht eh'r ein Bürger werden, ich muß zuvor ein Pilgrimm seyn; hier streu' ich Saamen auf die Erden, im Himmel aber ernt' ich ein, hier blüht die Hoff-

nung nur hervor, dort stehet sie im schönsten Flor.

5. Ich walle hier nach Jesu Willen, so weit er mir das Ziel gesteckt, und lasse mich die Hoffnung stillen, wenn mir Egyptens Brot nicht schmeckt, daß mir ein schönes Canaan die süßen Trauben brechen kann.

Benjamin Schmolck.

Pilgrimsschaft auf Erden.

Psalm 119, v. 19. Ich bin ein Gast auf Erden; verbirg deine Gebote nicht vor mir.

Mel. Herzlich thut mich verlangen.

888. Ich bin ein Gast auf Erden und hab' hier keinen Stand, der Himmel soll mir werden, da ist mein Vaterland, hier reis' ich aus und abe, dort in der ew'gen Ruh' ist Gottes Gnaden-Gabe, die schleußt all' Arbeit zu.

2. Was ist mein ganzes Wesen von meiner Jugend an, als Müh' und Noth gewesen? so lang' ich denken kann, hab' ich so manchen Morgen, so manche liebe Nacht mit Kummer und mit Sorgen des Herzens zugebracht.

3. Mich hat auf meinen Wegen manch' harter Sturm erschreckt, Blitz, Donner, Wind und Regen hat mir oft Angst erweckt; Verfolgung, Haß und Neiden, ob ich's gleich nicht verschuld't, hab' ich doch müssen leiden und tragen mit Geduld.

4. So ging's den lieben Alten, an deren Fuß und Pfad wir uns noch täglich halten, wenn's fehlt an gutem Rath; wie mußte sich doch schmiegen der Vater Abraham, eh' als ihm sein Vergnügen und rechte Wohnstadt kam.

5. Wie manche schwere Bürde trug Isaak, sein Sohn! und Jakob, dessen Würde stieg bis zum Himmelsthron, wie mußte der sich plagen, in was für Weh und Schmerz, in was für Noth und Zagen sank oft sein armes Herz!

6. Die frommen, heil'gen Seelen, die gingen fort und fort und änderten mit Quälen den erst-bewohnten Ort; sie zogen hin und wieder, ihr Kreuz war immer groß, bis daß der Tod sie nieder legt' in des Grabes Schooß.

7. Ich habe mich ergeben in gleiches Glück und Leid; was will ich besser leben, als solche große Leut'? Es muß ja durchgedrungen, es muß gelitten seyn; wer nicht hat wohl gerungen, geht nicht zur Freude ein.

8. So will ich zwar nun treiben mein Leben durch die Welt, doch denk' ich nicht zu bleiben in diesem fremden Zelt, ich wandre meine Straße, die zu der Heimath führt, da mich ohn' alle Maaße mein Vater trösten wird.

9. Mein' Heimath ist dort oben, da aller Engel Schaar den großen Herrscher loben, der Alles ganz und gar in seinen Händen träget und für und für erhält, auch Alles hebt und leget, nach dem's ihm wohlgefällt.

10. Zu dem steht mein Verlangen, da wollt' ich gerne hin, die Welt bin ich durchgangen, daß ich's fast müde bin. Je länger ich hier walle, je wen'ger find' ich Freud' die meinem Geist gefalle, das Meist' ist Herzeleid.

11. Die Herberg' ist zu böse, der Trübsal ist zu viel: ach komm, mein Gott! und löse mein Herz, wenn dein Herz will. Komm, mach' ein selig's Ende von meiner Wanderschaft, und was mich kränkt, das wende durch deinen Arm und Kraft.

12. Wo ich bisher gesessen, ist nicht mein rechtes Haus; wenn mein Ziel ausgemessen, so tret' ich dann hinaus, und was ich hier gebrauchet, das leg' ich Alles ab, und wenn ich ausgehauchet, so scharrt man mich in's Grab.

13. Du aber, meine Freude, du meines Lebens Licht! du zeuchst mich, wenn ich scheide, hin vor dein Angesicht, in's Haus der ew'gen Wonne, da ich stets freudenvoll gleich als die helle Sonne nächst Andern leuchten soll;

14. Da will ich immer wohnen und nicht nur als ein Gast bei denen, die mit Kronen du ausgeschmücket hast. Da will ich herrlich singen von deinem großen Thun, und frei von schnöden Dingen in meinem Erbtheil ruh'n.

Paul Gerhardt.

Gesang für Kinder.

3 Johannis v. 4. Ich habe keine größere Freude, denn die, daß ich höre meine Kinder in der Wahrheit wandeln.

Mel. Nun sich der Tag geendet hat.

889. Ich bin ein kleines Kindelein, und meine Kraft ist schwach; ich wollte gerne selig seyn und weiß nicht, wie ich's mach'.

2. Mein Heiland, du bist mir zu gut ein Kindelein gewest und hast mich durch dein theures Blut von aller Noth erlös't.

3. Mein liebster Heiland, rath' mir nun, was ich zur Dankbarkeit für alle deine Lieb' soll thun, und was dein Herz erfreut?

4. Ich kann nur flehn, weil ich gehört, daß du mein junges Herz zu einem Opfer hast beachrt: Herr, zieh' es himmelwärts.

5. Du hast mich in der Taufe ja mit deinem Heil bekleid't, und eh' ich etwas wußt' und sah', zu deinem Kind' geweiht.

6. Und so gehör' ich jener Schaar, die droben vor dir steht; in lichten Kleidern immerdar der Engel Lied erhöht.

7. Ja, Herr, ich will, wie man's versprach, auf ewig deine seyn; dir folgen gern durch Freud' und Schmach: um dort mich auch zu freu'n.

8. Ich armes Kindlein aber kann nichts von mir selber thun, drum hilf mir, o du starker Mann, Herr Jesu, hilf mir nun.

9. So nimm mein ganzes Herz denn hin, nimm's liebster Jesu an. Ich weiß ja, daß ich deine bin, dein Arm nur retten kann.

10. Bewahr' mein Herz und halt' es rein von Allem, was befleckt; ja deines Geistes heller Schein halt' immer mich bedeckt.

11. Nimmst du mich früh aus dieser Zeit, dann ist mir wohl gescheh'n; ich komm' in jene Herrlichkeit, wo Friedenspalmen weh'n.

12. Doch soll ich länger hier noch seyn; nehm' ich an Jahren zu, so hilf, daß in des Glaubens Schein ich fröhlich Gutes thu'!

13. Und schließ' ich endlich meinen Lauf in Liebe gegen dich, so hebe mich zu dir hinauf: dann freu' ich ewig mich.

Nach: Nicol. Ludw. v. Zinzendorf.

Alles durch Gottes Gnade!

1 Corinther 15, v. 10. Von Gottes Gnade bin ich, das ich bin, und seine Gnade an mir ist nicht vergeblich gewesen.

Mel. Wer nur den lieben Gott läßt walten.

890. Ich bin ein Mensch von Gottes Gnaden, o süßes Wort das mich ergötzt! der Mensch, mit seinem Sündenschaden wird doch bei Gott so hoch geschätzt, daß er in seiner Gnade steht, und über alle Würden geht.

2. Ich bin ein Christ von Gottes Gnaden, in Christo hab' ich diesen Ruhm; was will mir Welt und Teufel schaden? ich bleibe Gottes Eigenthum. Durch diese Gnade nur allein kann ich gerecht und selig seyn.

3. Ich bin ein Kind von Gottes Gnaden, drum schweigt, ihr Kinder dieser Welt! bin ich gleich hier mit Kreuz beladen, so wißt, daß Gott es also hält: die Kinder, die in Gnaden steh'n, die müssen hier durch Thränen geh'n.

4. So bin und bleib' ich hier auf Erden von Gottes Gnaden was ich bin; aus Gnaden wird mir dorten werden ein unaussprechlicher Gewinn. Dort soll mir nichts erfreulich seyn, als Gnade, Gnade nur allein.

Benjamin Schmolck.

Erneuerung des Taufbundes.

1 Corinther 12, v. 13. Wir sind durch Einen Geist alle zu Einem Leibe getauft.

Mel. Wer nur den lieben Gott läßt walten.

891. Ich bin getauft auf deinen Namen, Gott Vater, Sohn und heil'ger Geist! ich bin gezählt zu deinem Saamen, zum Volk, das dir geheiligt heißt. Ich bin in Christum eingesenkt; ich bin mit seinem Geist beschenkt.

2. Du hast zu deinem Kind' und Erben, mein lieber Vater! mich erklärt. Du hast die Frucht von deinem Sterben, mein treuer Heiland! mir gewährt. Du willst in aller Noth und Pein, o guter Geist! mein Tröster seyn.

3. Doch habe ich dir Furcht und Liebe, Treu' und Gehorsam zugesagt. Ich habe mich aus reinem Triebe dein Eigenthum zu seyn gewagt; hingegen sagt' ich bis in's Grab des Satans schnöden Werken ab.

4. Mein treuer Gott! auf deiner Seite bleibt dieser Bund wohl feste steh'n. Wenn aber ich ihn überschreite, so laß mich nicht verloren geh'n. Nimm mich, dein Kind, zu Gnaden an, wenn ich hab' einen Fall gethan.

5. Ich gebe dir, mein Gott! aufs Neue Leib, Seel' und Herz zum Opfer hin. Erwecke mich zu neuer Treue und nimm Besitz von meinem Sinn. Es sey in mir kein Tropfen Blut, der nicht, Herr, deinen Willen thut.

6. Weich', weich', du Fürst der Finsternissen! ich bleibe mit dir unvermengt. Hier ist zwar ein befleckt Gewissen, jedoch mit Jesu Blut besprengt. Weich', eitle Welt! du Sünde, weich'! Gott hört es, ich entsage euch.

7. Laß diesen Vorsatz nimmer wanken, Gott Vater, Sohn und heil'ger Geist! halt' mich in deines Bundes Schranken, bis mich dein Wille sterben heißt. So leb' ich dir, so sterb' ich dir, so lob' ich dich dort für und für.

D. Johann Jakob Rambach.

Die Taufgnade.

1 Petri 3, v. 21.: Welches nun auch uns selig machet in der Taufe, die durch jenes bedeutet ist; nicht das Abthun des Unflats am Fleisch, sondern der Bund eines guten Gewissens mit Gott, durch die Auferstehung Jesu Christi.

Mel. Wer nur den lieben Gott läßt walten.

892. Ich bin getauft, ich steh' im Bunde durch meine Tauf' mit meinem Gott; so sprech' ich stets mit frohem Munde in Kreuz, in Trübsal, Angst und Noth. Ich bin getauft, deß freu' ich mich, die Freude bleibet ewiglich.

2. Ich bin getauft, ich hab' empfangen das allerschönste Ehrenkleid, darin ich ewiglich kann prangen hier und dort in der Herrlichkeit. Ich bin mit Jesu Blut erkauft und ich bin auch damit getauft.

3. Ich bin getauft; mir ist gegeben zu gleicher Zeit der heil'ge Geist; der heiliget mein Herz und Leben, dafür sey ewig Gott gepreis't! O Zierde! welche große Pracht, die mich gerecht und selig macht.

4. Ich bin getauft, ich bin geschrieben auch in das Buch des Lebens ein; nun wird mein Vater mich ja lieben und seinem Kinde gnädig seyn; es ist mein Name Gott bekannt und eingeprägt in seine Hand.

5. Ich bin getauft, was kann mir schaden? Ich bin und bleibe Gottes Kind. Ich weiß, ich bin bei Gott in Gnaden, bei dem ich all'zeit Hülfe find'; denn wenn ich weine bitterlich, so spricht mein Vater: Hier bin ich.

6. Ich bin getauft, was kann mir fehlen, weil ja mein Vater an mich denkt? Wer kann die Wohlthat all' erzählen, die er mir wirklich hat geschenkt? Mein Vater ist ein reicher Herr, der giebt mir immer mehr und mehr.

7. Ich bin getauft; ihr Feinde weichet! ich stehe unter Gottes Schutz, der seinem Kind' die Hände reichet, was acht' ich eure Macht und Trutz? Greift ihr ein Gotteskind nur an, so glaubt, daß Gott es schützen kann.

8. Ich bin getauft und bin zufrieden mit meines Vaters Lieb' und Treu'. Ich werde von ihm nie geschieden, mein Liebestrieb wird stündlich neu. Wie es mein Vater schickt und fügt, bin ich in Allem wohl vergnügt.

9. Ich bin getauft; ob ich gleich sterbe, was schadet mir das kühle Grab? ich weiß mein Vaterland und Erbe, das ich bei Gott im Himmel hab'. Nach meinem Tod' ist mir bereit't des Himmels Freud' und Seligkeit.

Joh. Friedr. Starke.

Die selige Gewißheit.

Römer 8, v. 38. 39. Ich bin gewiß, daß weder Tod noch Leben, weder Engel noch Fürstenthum, noch Gewalt, weder Gegenwärtiges noch Zukünftiges, weder Hohes noch Tiefes, noch keine andere Kreatur, mag uns scheiden von der Liebe Gottes, die in Christo Jesu ist, unserm Herrn.

Mel. Wer nur den lieben Gott läßt walten.

893. Ich bin gewiß in meinem Glauben, der mich in Christum einverleibt. Wer kann mir dieses Kleinod rauben, das mir sein Blut und Tod verschreibt? sein theures Wort bekräftigt dies, drum sagt mein Glaub': ich bin's gewiß.

2. Ich bin gewiß in meiner Liebe, die nur an meinem Jesu klebt, daß, wenn ich mich im Glauben übe, mein Jesus in dem Herzen lebt. Sein Lieben ist mein Paradies; er liebet mich, ich bin's gewiß.

3. Ich bin gewiß in meinem Leben, daß Jesu Gnade bei mir ist; die hilft mir allen Kummer heben, wenn sich mein Herz in seines schließt. So acht' ich keine Hinderniß' Gott sorgt für mich, ich bin's gewiß.

4. Ich bin gewiß in meinem Leiden. Kein Engel und kein Fürstenthum mag mich von meinem Jesu scheiden, er ist mein Heil, mein Theil, mein Ruhm. So schadet mir kein Schlangenbiß; Geduld sagt doch: ich bin's gewiß.

5. Ich bin gewiß in meinem Hoffen: was gegenwärtig ist, vergeht; was künftig ist, steht mir noch offen, dahin sich auch mein Geist erhöht. Die Hoffnung macht das Leiden süß, weil sie stets singt: ich bin's gewiß.

6. Ich bin gewiß in meinem Sterben, daß mich der Tod nicht tödten kann; er macht mich nur zu einem Erben von dem beglückten Canaan. Ein andres Leben folgt auf dies: mein Jesus lebt, ich bin's gewiß.

7. Ich bin gewiß: so soll es heißen, bis aus dem Glauben Schauen wird. Es soll mich nichts von Jesu reißen: ich bin sein Schaaf, er ist mein Hirt. In Ewigkeit folgt hier kein Riß; die Losung bleibt: ich bin's gewiß.

Benjamin Schmolck.

Früchte der Rechtfertigung.

Römer 8, v. 29. Welche er zuvor versehen hat, die hat er auch verordnet, daß sie gleich seyn sollten dem Ebenbilde seines Sohnes, auf daß derselbige der Erstgeborne sey unter vielen Brüdern.

Mel. Singen wir aus Herzens-Grund.

894. Ich bin Gottes Bild und Ehr', bin sein Kind, was will ich

mehr? Christus ist mir anverwandt; überköstlich ist mein Stand; Christus ist mein Schmuck und Kleid hier und dort in Ewigkeit, durch ihn werd' ich hoch erfreut.

2. Gott hat mich gerecht gemacht, Christus hat mir Heil gebracht. Gott zürnt nimmermehr mit mir. Ich bin selig für und für. Gott hält mich auf seinem Schooß, ich bin Gottes Hausgenoß, mein Sitz ist im Himmelsschloß.

3. Gott verläßt mich nimmermehr, er giebt, was ich nur begehr'. Alles, was Gott hat, ist mein; Christi Taufe wäscht mich rein. Ich bin Gottes Heiligthum, Christus zieret mich mit Ruhm, schenkt sich mir zum Eigenthum.

4. Gottes Liebe wohnt in mir, Gottes Gnad' ist mein Panier: Christus hat mich auserwählt, er hat sich mit mir vermählt, er hat sich mit mir vertraut, ich bin Christi Schatz und Braut, Christi Auge auf mich schaut.

5. Meine Ruh' bleibt ungestört, mein Vergnügen ewig währt. Meine Lust vergehet nicht, ich komm' nimmer ins Gericht, Christus selber ist der Mann, der für mich hat g'nug gethan, keine Plage rührt mich an.

6. Drum bin ich stets wohlgemuth, weil mich Christus hat in Hut und sein Herz mich ewig liebt, ja, weil er sich ganz mir giebt. Auf! mein Geist, und nicht verweil', Gott, der selbst dein Gut und Theil, stets zu lieben für dies Heil!

Vom Tode und vom Gericht.

Hiob 14, v. 5. Der Mensch hat seine bestimmte Zeit, die Zahl seiner Monate stehet bei dir. Du hast ein Ziel gesetzet, das wird er nicht übergehen.

In eigener Melodie.

895. Ich bin ja, Herr! in deiner Macht, du hast mich an das Licht gebracht, du unterhältst mir auch das Leben; du kennest meiner Monden Zahl, weißt, wann ich diesem Jammerthal auch wieder gute Nacht muß geben; wo, wie und wann ich sterben soll, das weißt du, Vater! mehr als wohl.

2. Wen hab' ich nun als dich allein, der mir in meiner letzten Pein mit Trost und Rath weiß beizuspringen. Wer nimmt sich meiner Seele an, wenn nun mein Leben nichts mehr kann und ich muß mit dem Tode ringen; wenn aller Sinne Kraft gebricht: thust du es, Gott, mein Heiland, nicht?

3. Mich dünkt, da lieg' ich schon vor dir in großer Hitz', ohn' Kraft und Zier, mit höchster Herzensangst befallen; Gehör und Rede nehmen ab, die Augen werden wie ein Grab, doch kränkt die Sünde mich vor Allen. Des Satan's Anklag hat nicht Ruh', setzt mir auch mit Versuchung zu.

4. Ich höre der Posaunen Ton und sehe den Gerichtstag schon, der mir auch wird ein Urtheil fällen. Hier weiset mein Gewissensbuch, dort aber des Gesetzes Fluch mich Sündenkind hinab zur Höllen, da wo man ewig, ewig leid't, Ach, Jammer, Angst und Wehe schreit.

5. Kein Geld noch Gut errettet mich, umsonst erbeut ein Bruder sich, den andern hier erst los zu machen, er muß es ewig lassen steh'n; wir werden ewig nicht entgeh'n, verschlingt uns einst der Hölle Rachen. Wer hilft uns sonst in dieser Noth, wo du nicht, Gott! du Todestod?

6. Der Teufel hat nicht Macht an mir, ich habe bloß gesündigt Dir, Dir, der du Missethat vergiebest. Was maßt sich Satan dessen an, der kein Gesetz mir geben kann, nichts hat an dem, was du, Herr! liebest? Er nehme das, was sein ist, hin; ich weiß, daß ich des Herren bin.

7. Herr Jesu! ich, dein theures Gut, bezeug' es selbst mit deinem Blut, daß ich der Sünde nicht gehöre. Was schont denn Satan meiner nicht und schreckt mich durch das Zorngericht? Komm, rette deines Leidens Ehre! Was giebest du mich fremder Hand, und hast so viel an mich gewandt?

8. Nein, nein! ich weiß gewiß, mein Heil! du lässest mich, dein wahres Theil, zu tief in deinen Wunden sitzen. Hier lach' ich aller Angst und Noth, es mag Gesetz, Höll' oder Tod auf mich herdonnern oder blitzen. Dieweil ich lebe, bin ich dein, im Tod' kann ich kein's Fremden seyn.

M. Simon Dach.

Von der göttlichen Vorsehung.

1 Corinther 4, v. 7. Was hast du aber, das du nicht empfangen hast?

Mel. Vom Himmel hoch da komm' ich her.

896. Ich bin, ich lebe: Gott du bist ein Vater wie kein Vater ist. Wo fang' ich zu erzählen an, was du mir thust und schon gethan?

2. Gab ich mir Leben, Mund und Hand? ich selbst mir Aug', ich mir Verstand? ein

menschlich Herz, wer gab es mir? was, Vater, was kommt nicht von dir?

3. Ich danke dir, der Alles schafft, für jeden Sinn, für jede Kraft; für Eltern, Lehrer, Brüder dir; ich gab sie nicht, du gabst sie mir.

4. Ich danke dir, mit froher Brust, für jede Wohlthat, jede Lust, für jede Freud' und jedes Glück, und jeden Lebensaugenblick;

5. Für deines Wortes' Unterricht, für deiner Wahrheit helles Licht, für deines Mondes sanfte Pracht, für deinen Tag und deine Nacht;

6. Für Jesum Christ und seinen Geist, für Alles, was er uns verheißt; für Alles, was er that an mir, wie dank' ich, bester Vater dir!

7. Ich sterbe bald, doch bleib' ich nicht im Grabe, denn mein Jesus spricht: „Wer an mich glaubt, soll aufersteh'n!" wie kann ich deine Huld erhöh'n?

8. Ein Sünder bin ich, meine Schuld tilgt, Vater, deine Vaterhuld. Ach, Jesus lebt' und starb für mich: wie preis' ich ihn, wie preis' ich dich!

9. Dankt' ich mit jedem Odemzug! ich danke, Vater, nicht genug: denn dein ist Alles, Alles fließt von dir, der du die Liebe bist.

10. Nicht weiß ich, wie ich danken soll; mein Mund ist deines Preises voll, voll Dank mein Herz; mein Leben sey voll Dank für deine Vatertreu'.

Joh. Kaspar Lavater.

Von der ewigen Gnadenwahl.

Lucä 10, v. 20. Freuet euch aber, daß eure Namen im Himmel geschrieben sind.

Mel. Wer nur den lieben Gott läßt walten.

897. Ich bin im Himmel angeschrieben, ich bin ein Kind der Seligkeit. Was kann die Sünde mich betrüben und alles Leiden dieser Zeit? Ich weiß, daß ich von Anbeginn in Christo auserwählet bin.

2. Das Lamm hat mich mit seinem Blute gezeichnet in des Lebens Buch und mir erlanget alles Gute, Erlösung von dem Tod' und Fluch. Was ist's doch, was mein Herze quält? Ich bin zum Himmel auserwählt.

3. Was schreckt mich des Gesetzes Wetter? Ich seh' in's Lebensbuch hinein, wo Christi Wunden rothe Blätter, die Schriften, Speer und Nägel seyn. Hier les' ich, was mir Tröstung giebt: Dich hab' ich immerdar geliebt!

4. Obgleich im schwarzen Buch der Sünden viel Stunden aufgeschrieben steh'n, läßt Jesus mich doch Gnade finden und läßt das Lebensbuch mich seh'n; da schau' ich meine Gnadenwahl und steh' in seiner Kinder Zahl.

5. Auf Jesum will ich fröhlich sterben; ich will des Glaubens Hochzeitkleid nur in des Lammes Blute färben; so geh' ich ein zur Seligkeit und zu dem großen Abendmahl. O freudenvolle Gnadenwahl!

6. Kein Teufel soll den Trost mir rauben, daß ich erwählt von Anbeginn, daß ich aus Gnaden durch den Glauben an Christi Blut erlöset bin. So leb' ich denn und sterbe drauf. Auf Christum schließ' ich meinen Lauf.

Joh. Ernst Wenigk.

Freude über die Gnadenwahl.

Jesaia 49, v. 16. Siehe, in die Hände habe ich dich gezeichnet.

Mel. Die Tugend wird durch's Kreuz geübet.

898. Ich bin im Himmel angeschrieben und Gottes Kindern zugezählt; mich hatte schon sein brünstig Lieben von Ewigkeit dazu erwählt. Nun ruhe ich in seinen Armen; mein Vater blickt mich freundlich an. Ich weiß von nichts, als von Erbarmen, dadurch ich ihm gefallen kann.

2. Das danke ich dem guten Hirten; so selig hat er mich gemacht. Mit Schmerzen sucht' er mich Verirrten und gab auf meine Wege Acht. Komm, Schäflein! hieß es, kehre wieder! ich hörte es und kehrte um, warf mich mit Thränen vor ihm nieder und gab mich ihm zum Eigenthum.

3. Wie war ich ihm so sehr willkommen, wie freute sich sein Hirtenherz! wie zärtlich ward ich aufgenommen, wie bald wich da mein Seelenschmerz! er wusch mich rein, verband die Wunden und legte mich in's Vaters Schooß. Da hieß es: du hast Gnade funden, du bist von Schuld und Strafe los.

4. Das waren die Erquickungs-Zeiten, die Tage längst gewünschter Ruh'; da floß ein Strom der Seligkeiten mir aus des Mittlers Wunden zu. Der Vater hieß mich Kind und Erbe. Der Sohn sprach: du bist mir vertraut. O! rief ich, wenn ich jetzo sterbe, so sterbe ich als Christi Braut.

5. Nun bin ich noch bei ihm in Gnaden, nichts raubt mir meines Jesu Huld; mein Elend kann mir selbst nicht schaden, denn er hat göttliche Geduld. Je mehr ich meine Ohnmacht sehe, je mehr wird mir die Gnade groß, und wenn ich dann nur brünstig flehe, so wird mein Herz des Kummers los.

6. So geht es hier durch tiefe Wege nach jenen Zions-Höhen zu: und nur auf diesem schmalen Stege gelange ich zur Sabbaths-Ruh'. Dann soll man in den obern Chören mein Loblied bis in Ewigkeit aus dem verklärten Munde hören. Herr, mache mich dazu bereit! Pastor Hense.

Zufrieden in Gottes Willen.

Psalm 116, v. 7. Sey nun wieder zufrieden, meine Seele; denn der Herr thut dir Gutes.

Mel. Wie wohl ist mir, o Freund der Seelen.

899. Ich bin mit dir, mein Gott! zufrieden, weil du im Sohn mit mir es bist; dein Friede, den er mir beschieden und der aus seiner Seite fließt, bewahret mich nach Herz und Sinnen, daß Unruh', Angst und Furcht zerrinnen, und wenn ich's nicht bald fühlen kann, so seh' ich mich nur stets im Sohne, dem vorgestellten Gnadenthrone, versöhnt, bedeckt, geliebet an.

2. Ich hoff' allein auf deinen Namen, auf deine Gnade, Güt' und Treu', auf den geschenkten Weibessaamen*), sein Blut macht mich gerecht und frei. Die Zuflucht ist zu ihm genommen, durch ihn bin ich zu dir gekommen, sein Nam' ist mir bei Kampf und Streit ein festes Schloß, dahin ich eile, worinnen ich mich stets verweile, und schmeck' der Ruhe Lieblichkeit. *) 1 Mos. 3, v. 15.

3. Wenn ich mich arm und elend finde und recht zerbrochnen Geistes bin, vor deinem Worte Furcht empfinde, so tröstest du den blöden Sinn und siehst, da ich mir selbst nicht tauge, mich doch mit freundlich-holdem Auge in Christo immer gnädig an. Da darf ich mich vor dir nicht scheuen, vielmehr nur deiner Gnad' erfreuen, die ja sonst nichts, als wohlthun kann.

4. Wie gehst du mit dem schwächsten Kinde, mit mir als deinem Eigenthum so säuberlich, so gar gelinde, so glimpflich und so zärtlich um, daß ich's wohl kann recht deutlich merken und mich dadurch im Glauben stärken: zu sehr belastest du mich nicht und lässest, wenn auch Feind' erstehen, nichts über mein Vermögen gehen, weil's nie an deiner Kraft gebricht.

5. Ich bin nur Thon in deinen Händen, — o Trost! — du forderst nichts von mir; du willst, wie's dir gefällt, mich wenden, du bildest mich zu deiner Zier. Ich soll nur dich stets lassen walten und dir nur immer stille halten. Du forderst nichts, als was du giebst. Du wirst mich selber zubereiten, mich pflegen, warten, für mich streiten und Alles thun, weil du mich liebst.

6. Ich schicke mich für dich am Besten, dieweil ich krank und elend bin; du wirst mich nicht zu schwer belästen, du hast ja einen Muttersinn und trägst, wenn mich will Niemand tragen; dir kann ich alles freudig sagen; drum kann ich auch bei dir allein an deiner reichen Gnadenfülle noch viel vergnügter in der Stille, als unter vielen Menschen seyn.

7. Du als die allerhöchste Gabe bist mir gewiß ein solcher Gott, wie ich dich nur vonnöthen habe, ich werde bei dir nie zu Spott. Ich hab' an dir, an Jesu Wunden schon g'nug und über-g'nug gefunden. Du bist ein Gott, mir eben recht; drum such' ich dir nur zu gefallen und stets vor dir, vor dir zu wallen. Ich bin dein Kind, dein Erb' und Knecht.

8. So schicken wir uns wohl zusammen, ich mich für dich und du für mich. Dein Vaterherze muß ja flammen, ruf' ich, dein Kind, so jämmerlich; der Mutter Schooß und kranke Kinder, der reiche Gott und arme Sünder, die schicken sich ja wohl recht fein und können nie getrennet werden; drum werd' ich lebenslang auf Erden in deinem Schooß und Herzen seyn.

Andreas Ingolstetter.

Das allmächtige Wort: Ich bins! —

Johannis 18, v. 6. Als nun Jesus zu ihnen sprach: Ich bin's! wichen sie zurück, und fielen zu Boden.

Mel. Alles ist an Gottes Segen.

900. „Ich bin's" *), darf nur Jesus sagen, so kann er zu Boden schlagen Sünde, Teufel, Höll' und Tod; „Ich bin's, laßt die Menschen gehen; ich will selber für sie stehen, ich, der wahre Mensch und Gott." *) Joh. 18, 4—8.

2. „Ich bin's," sagt er zu uns allen, wenn die Sünden uns anfallen, wenn der Satan uns verklagt; „ich bin's, sehet meine Wunden, ich hab' eine Hülfe funden: glaubet, und seyd unverzagt."

3. „Ich bin's," spricht er, wenn wir fragen, ob er unsre Sünd' getragen, ob er unser Heiland sey; „ich bin's, der euch vom Gesetze, von des Teufels Strick und Netze, von der Hölle machet frei."

4. „Ich bin's," der da treu verbleibet, obgleich Furcht den Petrus treibet, daß er

schwöret: „ich bin's nicht!" „Ich bin's," wohl dem, der nun glaubet, und, wenn gleich auch Saulus schnaubet*), „ich bin's," dennoch all'zeit spricht. *) Apost. Gesch. 9, v. 1.

Joh. Eusebius Schmidt.

Festhalten an Gott.

Römer 8, v. 39. Keine Kreatur mag uns scheiden von der Liebe Gottes.

Mel. Wer nur den lieben Gott läßt walten.

901. Ich bin's gewiß, mich kann nichts scheiden von meinem Heil, von meinem Gott; was frag' ich nach Welt, Kreuz und Leiden? was acht' ich Noth, Tod, Hohn und Spott? mir bleibt gewiß, was Gott verspricht, ich weiß: mein Jesus läßt mich nicht.

D. Johann Olearius.

Vergnügt unterm Kreuze.

Jesaia 7, v. 4. Hüte dich und sei stille; fürchte dich nicht, und dein Herz sei unverzagt.

Mel. Wer nur den lieben Gott läßt walten.

902. Ich bin vergnügt und halte stille, wenn mich gleich manche Trübsal drückt, und denke daß es Gottes Wille, der mir das Kreuze zugeschickt; und hat er mir es zugefügt, so bin ich doch mit ihm vergnügt.

2. Ich bin vergnügt in allem Leiden, dieweil es doch nicht ewig währt; es soll mich nichts von Jesu scheiden, weil Leid in Freude wird verkehrt; mein Heiland hat all' Angst besiegt der ganzen Welt! ich bin vergnügt.

3. Ich bin vergnügt in meinem Hoffen; denn hilft Gott gleich nicht, wie ich will, so hat er schon den Schluß getroffen, er weiß die beste Zeit und Ziel. Ich harr' auf ihn; denn so betrügt die Hoffnung nicht: ich bin vergnügt.

4. Ich bin vergnügt in meinem Leben; hab' ich nicht viel und mancherlei, so glaub' ich, daß mir Alles geben kann, der mein Gott und Vater sey. Obgleich der Arme untenliegt, so heißt es doch: ich bin vergnügt.

5. Ich bin vergnügt, wenn meiner spotten der Satan und die falsche Welt; was schaden mir die argen Rotten? Ein frommer Christ behält das Feld, wenn er sich nur geduldig schmiegt und Demuth liebt: ich bin vergnügt.

6. Ich bin vergnügt auch in dem Sterben, wenn nun der Geist vom Körper eilt, ich weiß, daß wir die Kron' ererben, die uns vorlängsten zugetheilt, weil Gott in seinem Wort nicht lügt; drum sag' ich noch: ich bin vergnügt.

7. Ich bin vergnügt in Jesu Armen und lieg' an seiner Liebesbrust, da kann mein kaltes Herz erwarmen, ich achte keiner eitlen Lust; ich habe nun die Welt besiegt und bin vollkommen jetzt vergnügt.

Ludämilia Elisabeth, Gräfinn zu Schwarzburg-Rudolstadt.

Trostgebet in Sterbensnoth.

2 Petri 1, v. 11. Also wird euch reichlich dargereichet werden der Eingang zu dem ewigen Reich unsers Herrn und Heilandes Jesu Christi.

Mel. Christus, der ist mein Leben.

903. Ich bitte dich mit Thränen, mein Mittler Jesu Christ! gieb, daß nicht dein Versöhnen an mir vergeblich ist.

2. Laß mir dein blutig Schwitzen zum Lebensbalsam seyn; nimm in die Wundenritzen mich als dein Täublein ein.

3. Gedenk', wie du gelitten, wie du mit Höllenangst auch mir zu gut gestritten, wie mit dem Tod' du rangst.

4. Die Thränen deiner Augen laß meinem Augenlicht zu einer Stärkung taugen, wenn es im Sterben bricht.

5. Vergieb mir meine Schulden durch dein Versöhnungs-Blut, damit in deinen Hulden mein schmachtend Herze ruht.

6. Gedenke deines Schmerzens; mach' deinen Marterpfahl zum Pfeiler meines Herzens vor aller Höllenqual.

7. Wie der bekehrte Schächer auf Buße Gnade fand, so sey auch mein Fürsprecher zu Gottes rechter Hand.

8. Ach gieb mir ernste Reue, denn meine Schuld ist groß; und mach' — daß ich mich freue — mich aller Sünden los.

9. Du warst für mich verlassen: gedenke mein aufs Best', damit einst im Erblassen mein Gott mich nicht verläßt.

10. Du bist in Blut zerflossen: mir komme dieses Blut, das du für mich vergossen, auch in dem Tod' zu gut.

11. Ach drücke mir dein Leiden, die Frucht von deiner Pein, wenn ich einst sollte scheiden, tief in die Seele ein.

12. Ach, deiner Menschheit Blöße, ach, deiner Wunden Saft, ach, deiner Marter Größe, ach, deines Blutes Kraft,

13. Dein schmerzliches Entfärben, dein schwerer Kreuzestod, dein arm doch selig Sterben helf' mir aus aller Noth.

14. Dein' bittre Todesschmerzen versüßen mir mein Leid und bringen meinem Herzen die frohe Seligkeit!

M. Philipp Friedrich Hiller.

Morgenlied.

Psalm 109, v. 30. Ich will dem Herrn sehr danken mit meinem Munde und ihn rühmen unter Vielen.

In eigener Melodie.

904. Ich dank' dir, Gott! für all' Wohlthat, daß du auch mich so gnädiglich die Nacht behüt't durch deine Güt', und bitte fort; o Gott, mein Hort! vor Sünd' und G'fahr mich heut' bewahr', daß mir kein Böses widerfahr'.

2. Ich b'fehl' dir, Herr! mein' Seel' und Ehr', Herz, Sinn und Muth, mein'n Leib und Gut und all' das Mein'; der Engel dein hab' mich in Acht, daß nicht find' Macht der Feind an mir, nach sein'r Begier, noch mich in Sünd' und Lüsten führ'.

3. Auch woll'st du, Herr! vergeben mir durch deine Huld mein' Sünd' und Schuld, wo ich an dich vergangen mich, unrecht gethan, o Herr! verschon' zu aller Frist durch Jesum Christ, der unser ein'ger Mittler ist.

4. Ach Gott, mein Heil! du hilfst ohn' Fehl', mein' Noth ist dir ganz wohl bewußt, tröst' du mein Herz, wenn's leidet Schmerz und bleib' nicht lang', denn mir ist bang'; du bist der Mann, der helfen kann. Ach Herr! woll'st mich ja nicht verlahn.

5. Vater und Sohn, du Gnadenthron! und heil'ger Geist, der du uns läßt in Nöthen nicht, wenn Trost gebricht zu aller Zeit; in Ewigkeit dir sey, Gott Herr! Lob, Preis und Ehr', wie's g'wesen ist vom Anfang her.

M. Joh. Freder.

V. 4. u. 5. ein Zusatz v. einem Unbekannten.

Morgenlied.

Daniel 6, v. 10. Daniel fiel des Tages dreimal auf seine Knie, betete, lobte und dankte seinem Gott, wie er denn vorhin zu thun pflegte.

In eigener Melodie.

905. Ich dank' dir, lieber Herre! daß du mich hast bewahrt, in dieser Nacht Gefährde*), darin ich lag so hart mit Finsterniß umfangen, dazu in großer Noth, daraus ich bin entgangen, halfst du mir, Herr, mein Gott!

*) Gefahr.

2. Mit Dank will ich dich loben, o du mein Gott und Herr! im Himmel hoch dort oben; den Tag mir auch gewähr', warum ich dich thu' bitten, und auch dein Will' mag seyn, leit' mich in deinen Sitten und brich den Willen mein.

3. Daß ich, Herr! nicht abweiche von deiner rechten Bahn, der Feind mich nicht erschleiche, damit ich irr' möcht' gahn; erhalt' mich durch dein' Güte, das bitt' ich fleißig dich, vor's Teufels List und Wüthen, damit er setzt an mich.

4. Den Glauben mir verleihe an dein'n Sohn Jesum Christ, mein' Sünd' mir auch verzeihe allhier zu dieser Frist; du wirst mir's nicht versagen, wie du verheißen hast, daß er mein' Sünd' woll' tragen, mich lösen von der Last.

5. Die Hoffnung mir auch giebe, die nicht verderben läßt, dazu christliche Liebe zu dem der mich verletzt, daß ich ihm Gut's erzeige, such' nicht darin das Mein', und lieb' ihn wie mich eigen nach all' dem Willen dein.

6. Dein Wort laß mich bekennen vor dieser argen Welt, auch mich dein'n Diener nennen, nicht fürchten G'walt noch Geld, das mich bald möcht' ableiten von deiner Wahrheit klar; wollst mich auch nimmer scheiden von der christlichen Schaar.

7. Laß mich den Tag vollenden zu Lob dem Namen dein, laß mich nichts von dir wenden, an's End' beständig seyn; behüt' mir Leib und Leben, darzu die Frücht' im Land'; was du mir hast gegeben, steht All's in deiner Hand.

8. Herr Christ! dir Lob ich sage für deine Wohlthat all', die du mir all' mein' Tage erzeigt hast überall; dein'n Namen stets ich preise, der du allein bist gut, mit deinem Leib mich speise, mich tränk' mit deinem Blut.

9. Dein ist allein die Ehre, dein ist allein der Ruhm, die Rach' dir Niemand wehre, dein Segen zu uns komm', daß wir in Fried' einschlafen, mit Gnaden zu uns eil', gieb uns des Glaubens Waffen, vor's Teufels list'gem Pfeil.

Johann Kohlros.

Morgenlied.

Psalm 92, v. 5. Herr, du lässest mich fröhlich singen von deinen Werken, und ich rühme die Geschäfte deiner Hände.

In eigener Melodie.

906. Ich dank' dir schon durch deinen Sohn, o Gott! für deine Güte, daß du mich heut' in dieser Nacht so gnädig hast behütet;

2. In welcher Nacht ich lag so hart mit Finsterniß umfangen, von meiner Sünd' geplaget ward, die ich den Tag begangen.

3. Drum bitt' ich dich aus Herzensgrund, du wollest mir vergeben all' meine Sünd', die ich begunnt' in meinem ganzen Leben;

4. Und wollest mich auch diesen Tag in deinem Schutz erhalten, daß mir der Feind nicht schaden mag mit Listen mannigfalten:

5. Regier' mich nach dem Willen dein, laß mich in Sünd' nicht fallen, auf daß dir mög' das Leben mein und all' mein Thun gefallen.

6. Denn ich befehl' dir Leib und Seel' und All's in deine Hände, in meiner Angst und Ungefäll', Herr! mir dein' Hülfe sende;

7. Auf daß der Fürste dieser Welt kein' Macht an mir nicht finde, denn wo mich nicht dein' Gnad' erhält, ist er mir viel zu g'schwinde.

8. Ich hab' es all' mein Tag gehört: Menschenhülf' ist verloren; drum steh' mir bei, o treuer Gott! zur Hülf' bist du erkoren.

9. Allein Gott in der Höh' sey Preis, sammt seinem ein'gen Sohne, in Ewigkeit, dem heil'gen Geist, der herrscht in's Himmels Throne.

10. Er herrschet so gewaltiglich, von Anfang bis an's Ende, Gott Vater, Sohn und heil'ger Geist, b'scher uns ein selig Ende.

Unbekannter Dichter, vor 1586.
Vers 8. u. 9. Zusatz eines Unbekannten.
V. 10. ein zweiter Zusatz eines Unbekannten.

Vom Leiden Jesu.

2 Thess. 1, v. 12. Auf daß an euch gepriesen werde der Name unsers Herrn Jesu Christi, und ihr an ihm, nach der Gnade unsers Gottes und des Herrn Jesu Christi.

Mel. Es ist gewißlich an der Zeit.

907. Ich danke dir für deinen Tod, Herr Jesu! und die Schmerzen, die du in deiner letzten Noth empfandst in deinem Herzen; laß die Verdienste solcher Pein ein Labsal meiner Seelen seyn, wenn meine Augen brechen.

2. Ich danke dir für deine Huld, die du mir hast erzeiget, da du mit Zahlung meiner Schuld dein Haupt zu mir geneiget; ach neig' dich auch zu mir, mein Gott! wenn ich gerath' in Todesnoth, auf daß ich Gnade spüre.

3. Laß meine Seel' in deiner Gunst aus ihrem Leibe scheiden, auf daß an mir nicht sey umsonst dein theuer werthes Leiden. Nimm sie hinauf zur selben Frist, wo du ihr liebster Jesus bist, und laß mich ewig leben.

Joh. Scheffler (Angelus).

Bitte um gewissenhaften Wandel.

Philipper 1, v. 27. Wandelt nur würdiglich dem Evangelio Christi.

Mel. O Gott, du frommer Gott.

908. Ich danke dir, mein Gott! daß du mir hast gegeben den Sinn, der gerne will dir hier zu Ehren leben; regier' nun auch mein Herz, steh' bei mir früh und spät, in allem meinem Thun gieb selber Rath und That.

2. Laß mein Vorhaben stets auf deine Augen sehen, die Alles sehen, was ich thu', was soll geschehen; laß die Gedanken stets auf dieser Probe steh'n: Gott sieht's, Gott hört's, Gott straft, du kannst ihm nicht entgeh'n.

3. Lehr' mich bedenken wohl in allen meinen Sachen, ist's denn auch recht, wenn ich's der Welt gleich wollte machen? Ist's denn auch recht, obgleich die Menschen sehen's nicht? Ist's recht vor Gott? Ist's recht vor seinem Angesicht?

4. Ach führe mich, mein Gott! und laß ja nicht geschehen, daß ich auch einen Schritt nur ohne dich sollt' gehen; denn wo ich selbst mich führ', so stürz' ich mich in Tod, führst du mich aber, Herr! so hat es keine Noth.

5. Laß mich verlassen mich und von mir selbst entwinden, nicht suchen mich, nur dich, so werd' ich mich doch finden an einem bessern Ort; sucht' ich mich ohne dich, so würd' ich doch gewiß niemals recht finden mich.

6. Laß deine Gnad' an mir doch ja nicht seyn vergebens, erfülle mich vielmehr mit Kräften deines Lebens, so daß dich meine Seel' in Ewigkeit erhöh' und ich schon jetzt in dir geh', sitze, lieg' und steh'.

V. 1. 2. 3. D. Johann Olearius.
V. 4. 5. 6. Verfasser unbekannt.

Morgenlied.

Psalm 57, v. 10. Herr, ich will dir danken unter den Völkern, ich will dir lobsingen unter den Leuten.

Melodie des 23sten Psalms.

909. Ich danke dir, o Gott in deinem Throne! in Jesu Christo, deinem lieben Sohne, daß du mich hast in dieser Nacht bewahret vor Schaden und vor mancherlei Gefahren und bitte dich, wollst mich an diesem Tage behüten auch vor Sünden, Schand' und Plage.

2. Denn ich dir, Herr! in deine Händ' befehle mein'n Leib und Gut und meine arme Seele. Dein heiliger Engel zu allen Zeiten, der sey und bleib' bei mir auf allen

Seiten, auf daß der böse Feind so arg und g'schwinde ganz keine Macht an mir zu üben finde.

3. Den lieben Frieden ferner uns verleihe und unsre Nahrung reichlich benedeie, die Pest von unsrer Stadt und Land laß wallen, dein Wort in Ruh' und Fried' noch länger schallen; Theurung vertreib', mit Segen uns erfülle nach deinem Rath und väterlichen Willen.

4. Ich bitt' für Die, Gott! so dich Vater nennen, insonderheit dein reines Wort bekennen, für alle meine Blutsfreund' und Verwandten, sie seyen hier oder in fremden Landen, vor allem Unfall wollst du sie bewahren, laß ihnen alles Gutes widerfahren.

5. All', welche sind betrübt, krank und gefangen, in ihren Nöthen nach dir, Herr! verlangen, die wollest du von allem ihrem Bösen aus lauter Gnaden endlich gar erlösen. All' arme Sünder zu dir, Herr, bekehre, ein selig's End' uns insgesammt beschere!

Lob- und Danklied.

Psalm 56, v. 13 14. Ich habe dir, Gott, gelobet, daß ich dir danken will. Denn du hast meine Seele vom Tode errettet, meine Füße vom Gleiten, daß ich wandeln mag vor Gott im Licht der Lebendigen.

Mel. Allein Gott in der Höh' sey Ehr'.

910. Ich danke Gott in Ewigkeit, dem Vater aller Gnaden, daß er mir hat zur rechten Zeit gezeiget meinen Schaden; daß er die Seele hat gerührt, und kräftiglich herausgeführt von allen todten Werken.

2. Ich danke Gott in Ewigkeit, denn er ist mir erschienen; sein liebes Wort hat auch so weit mir Sünder müssen dienen, daß ich erkenne seinen Sinn, und wie ich ewig schuldig bin, in seiner Furcht zu wandeln.

3. Ich danke Gott in Ewigkeit, und weil ich bin entronnen so mancher Angst und Herzeleid, so ist mein Herz gesonnen, den schmalen Weg zu treten an, auf welchem Jesus geht voran, und führt uns in den Himmel.

4. Ich danke Gott in Ewigkeit; es gilt zwar Furcht und Zittern, zu schaffen meine Seligkeit bei vielen Ungewittern, die Satan und die Welt erhebt, darüber Fleisch und Blut erbebt; doch Gott hilft überwinden.

5. Ich danke Gott in Ewigkeit; durch seine Güt' und Treue, die allewege weit und breit mich hütet, werd' ich neue. Nur weg mit Schein und Heuchelei, weg Welt mit deiner Phantasei, im Glauben werd' ich schöne.

6. Ich danke Gott in Ewigkeit; und nun hat Gott zu hoffen mein Herz; da ist's, ich bin bereit; der Bund ist so getroffen: sein Wille soll mein Wille seyn, und sein Herz mein Herz nur allein, im Leben und im Sterben.

Joh. Mart. Schamelius.

Einleitung zum Gesetz.

Hosea 13, v. 4. Ich bin aber der Herr, dein Gott, aus Egyptenland her; und du solltest ja keinen andern Gott kennen, denn mich, und keinen Heiland, ohne allein mich.

Mel. Fahre fort :,: Zion, fahre fort im Licht.

911. Ich, der Herr! :,: ich Jehovah, bin allein aller Wesen Grund und Quelle, was ich war, das werd' ich seyn alle Zeit, auf alle Fälle. Wer ist herrlich? ich bin herrlicher; ich, der Herr! :,:

2. Ich, der Herr! :,: aller Herren Herr bin ich. Mein ist Himmel, Meer und Erde, meine Hand erschuf auch dich, daß dein Herz mein Opfer werde. Sage, wer beherrscht dich heiliger? Ich, der Herr! :,:

3. Ich bin Gott! :,: und das allerhöchste Gut. Selig, wer mich sucht und findet, wer in meiner Gnade ruht! Aller andre Trost verschwindet. Laß die Götter, sie sind alle todt. Ich bin Gott! :,:

4. Ich bin Gott! :,: ja, ich bin's und Keiner mehr. Aller Kreaturen Wonne fließt aus meinem Brunnen her und mein Licht bestrahlt die Sonne. „Glaub' an mich und merk' auf mein Gebot. Ich bin Gott! :,:

5. Ich bin dein! :,: Mensch, dein Gott, dein Eigenthum! mich besitzen, mein genießen, das ist Reichthum, das ist Ruhm! gerne will ich überfließen, deine Zuflucht, Trost und Alles seyn. Ich bin dein! :,:

6. Ich bin dein! :,: dir ergeb' und schenk' ich mich. Gott und Vater, Heiland, Tröster bin ich und ich bin's für dich: mein Geschöpf und mein Erlöster! dein Gott will ich ganz und ewig seyn. Ich bin dein! :,:

7. Du bist mein! :,: mir allein gehörst du an; deinem Schöpfer und Erhalter, der dir lauter Gut's gethan! Von der Jugend bis ins Alter sollst und kannst du keines Andern seyn. Du bist mein! :,:

8. Aus der Noth! :,: aus Egypten führt' ich dich, aus dem ewigen Verderben. Zur Erlösung gab ich mich, ließ dich nicht in Sünden sterben. Ich erkaufte dich durch Blut und Tod aus der Noth! :,:

9. Meinen Bund! :,: hab' ich längst mit dir gemacht, dich zu meinem Volk gezählet und dich selbst dahin gebracht, daß du mich zum Gott erwählet. O, so fasse doch mit Herz und Mund meinen Bund. :,:

10. Deinen Mund :,: öff'ne nur getrost und weit. Ich, Jehovah, will ihn füllen, dir in Zeit und Ewigkeit die Begierden alle stillen. Also mach' ich fröhlich und gesund deinen Mund. :,:

11. Folge mir! :,: mein Gesetz sey deine Lust! weiche nicht aus meinen Schranken, scheide dich vom Sündenwust; ewig wirst du mir's verdanken. Heil befehl' ich, Sünd' verbiet' ich dir; folge mir. :,:

12. Mein Gebot :,: ist, wie ich, unendlich gut. Aller Pflichten Pflicht ist Liebe. Selig, wer sie weiß und thut! folge meines Geistes Triebe, so bewahrst du, bis an deinen Tod, mein Gebot. :,:

Ernst Gottlieb Woltersdorf.

Lob- und Danklied.

Psalm 145, v. 1. 2. Ich will dich erhöhen, mein Gott, du König, und deinen Namen loben immer und ewiglich. Ich will dich täglich loben und deinen Namen rühmen immer und ewiglich.

Mel. Es ist gewißlich an der Zeit.

912. Ich, der ich oft in tiefes Leid und große Noth muß gehen, will dennoch Gott mit großer Freud' und Herzens-Lust erhöhen. Mein Gott, du König! höre mich, ich will ohn' alles Ende dich und deinen Namen loben.

2. Ich will dir mit der Morgenröth' ein täglich Opfer bringen. So oft die liebe Sonn' aufgeht, so ofte will ich singen dem großen Namen deiner Macht; das soll auch in der späten Nacht mein Werk seyn und Geschäfte.

3. Die Welt die dünkt uns schön und groß, und was für Gut und Gaben sie trägt in ihrem Arm und Schooß, das will ein Jeder haben, und ist doch Alles lauter Nichts, eh' als man's recht genießt, zerbricht's und geht im Huy zu Grunde.

4. Gott ist alleine groß und schön, unmöglich auszuloben, auch denen, die doch all'zeit stehn vor seinem Throne droben. Laß sprechen, wer nur sprechen kann, doch wird kein Engel noch ein Mann des Höchsten Größ' aussprechen.

5. Die Alten, die nun nicht mehr sind, die haben ihn gepriesen; so hat ein Jeder auch sein Kind zu solchem Dienst gewiesen. Die Kinder werden auch nicht ruh'n und werden doch, o Gott! dein Thun und Werk nicht ganz auspreisen.

6. Wie Mancher hat vor mir dein Heil und Lob mit Fleiß getrieben, und siehe, mir ist doch mein Theil zu loben übrig blieben. Ich will von deiner Wundermacht und der so herrlich-schönen Pracht bis an mein Ende reden.

7. Und was ich rede wird von mir manch frommes Herze lernen; man wird dich heben für und für hoch über alle Sternen. Dein' Herrlichkeit und starke Hand wird in der ganzen Welt bekannt und hoch berufen werden.

8. Wer ist so gnädig als wie du? wer kann so viel erdulden? Wer sieht mit solcher Langmuth zu so vielen schweren Schulden, die aus der ganzen weiten Welt ohn' Unterlaß bis an das Zelt des hohen Himmels steigen?

9. Es muß ein treues Herze seyn, das uns so hoch kann lieben, da wir doch in den Tag hinein, was gar nicht gut ist, üben; Gott muß nichts anders seyn als gut, daher fließt seiner Güte Fluth auf alle seine Werke.

10. Drum, Herr! so sollen dir auch nun all' deine Werke danken; voraus die Heil'gen, deren Thun sich hält in deinen Schranken, die sollen deines Reichs Gewalt und deine schöne Heilsanstalt mit vollem Munde rühmen.

11. Sie sollen rühmen, daß der Ruhm durch alle Welt erklinge, daß Jedermann im Heiligthum dir Dienst und Opfer bringe; dein Reich das ist ein ewig Reich, dein' Herrschaft ist dir selber gleich, der du kein End' erreichest.

12. Der Herr ist bis in unsern Tod beständig bei uns Allen, erleichtert unsre Kreuzesnoth und hält uns, wenn wir fallen; er steuert manchem Unglückslauf und hilft uns wieder freundlich auf, wenn wir sind hingefallen.

13. Herr! aller Augen sind nach dir und deinem Stuhl gekehret; denn du bist's ja, der Alles hier so väterlich ernähret. Du thust auf deine milde Hand, machst froh und satt was auf dem Land, im Meer und Lüften lebet.

14. Du meinst es gut und thust uns Gut's, auch da wir's oft nicht denken, wie Mancher ist betrübten Muths und frißt sein Herz mit Kränken, besorgt und fürcht't sich Tag und Nacht, Gott hab' ihn gänzlich aus der Acht gelassen und vergessen.

15. Nein! Gott vergißt die Seinen nicht, er ist uns viel zu treue, sein Herz ist stets auf uns gericht't, daß er uns jetzt erfreue. Geht's gleich bisweilen etwas schlecht, ist er doch heilig und gerecht in allen seinen Wegen.

16. Der Herr ist nah' und stets bereit ein'm Jeden der ihn ehret, und wer nur ernstlich zu ihm schrei't, der wird gewiß erhöret. Gott weiß wohl, wer ihm hold und treu, und deme steht er denn auch bei, wenn ihn die Angst umtreibet.

17. Den Frommen wird nichts abgesagt, Gott thut was sie begehren. Er mißt das Unglück, das sie plagt, und zählt all' ihre Zähren. Er reißt sie endlich aus der Last; den aber, der sie kränkt und haßt, den stürzt er ganz zu Boden.

18. Dies Alles, und was sonsten mehr man kann für Lob ihm bringen, das soll mein Mund zum Ruhm und Ehr' dem Höchsten täglich singen; und also thu' auch immerfort, was webt und lebt an jedem Ort. Das wird Gott wohlgefallen.

Paul Gerhardt.

Freudiger Abschied eines sterbenden Christen.

5 Mose 31, v. 14. Siehe, deine Zeit ist herbeigekommen, daß du sterbest.

Mel. Dir, dir, Jehovah! will ich singen.

913. Ich eile nun zu deinem Erbe; die Stunde schlägt, o Gott, ich eil' zu dir! Du bleibst, ich lebe oder sterbe, mein starker Trost. Ach, warum zagen wir und freuen uns nicht auch im Tode dein? Du hörst ja doch nicht auf, mein Gott zu seyn.

2. Ich zittre nicht mehr vor dem Grabe, geh' aus der Welt so recht zufrieden fort. Die Hoffnung, die ich zu dir habe, erhält mich hier, erhält mich ewig dort. Ist nur ein Herz im Christenschmuck bereit: es wünscht den Tod, es wünscht die Ewigkeit.

3. Mir ist der süße Wunsch gewähret; ich komme hin zum vorgesteckten Ziel. Was da mein Ohr Erhab'nes höret, das warte noch auf meiner Brüder Viel'! Und was mein Herz unnennbar hier genießt, sey einst mein Glück, das hier auf Schaaren fließt.

4. Du hilfst mir durch die letzten Schrecken; hilf Allen so, Allgütiger! wie mir. Bewahr' mein Grab, und im Erwecken vereinige auch meinen Leib mit dir. Er ruhe sanft, bis ihn dein Wort erneut; der Geist ist da, wo man sich ewig freut!

5. Nun ist gesiegt, gesiegt zur Ehre dir, Lebensfürst, und deiner Gottesmacht. Von mir verlass'ne Erde, höre mein Lied an ihn, er hat mich durchgebracht. Heil, Kraft und Macht sey dem, vor dessen Thron' ich freudig steh'; Heil sey des Höchsten Sohn!

Joh. Gottfried Schöner.

Von der Auferstehung der Todten.

Luca 20, v. 36. Sie können hinfort nicht sterben; denn sie sind den Engeln gleich und Gottes Kinder, dieweil sie Kinder sind der Auferstehung.

Mel. Was Gott thut, das ist wohl gethan.

914. Ich freue mich der frohen Zeit, da ich werd' auferstehen. Dann werd' ich in der Herrlichkeit dich Gott, mein Heiland sehen, dann werd' auch ich, o Herr, durch dich, vereint mit allen Frommen zur ew'gen Ruhe kommen.

2. Ja, Herr, du führst sie einst heran die Stunde der Erlösung, die Stunde, da ich hoffen kann Trost, Freiheit und Genesung, da, Engeln gleich, im Himmelreich, mich Ruhe, Lust und Leben in Ewigkeit umgeben.

3. Der du die Auferstehung bist, du bist's an den ich gläube. Ich weiß, daß ich durch dich, Herr Christ, im Tod nicht ewig bleibe. Auch werd' ich nicht vor dein Gericht, wie die, die dich verschmäh'ten, mit Angst und Schrecken treten.

4. Ich hoffe, dann mit Freudigkeit vor dir, mein Haupt, zu stehen, und mit dir in die Herrlichkeit frohlockend einzugehen; o, hilf mir doch aus Gnaden noch, zum Glück der Ewigkeiten mich würdig zubereiten.

Nach: Peter Busch.

Weihnachtslieder.

Ebräer 2, v. 11. Sintemal sie Alle von Einem kommen; Beide, der da heiliget, und die da geheiliget werden. Darum schämet er sich auch nicht, sie Brüder zu heißen.

Mel. Nun danket alle Gott.

915. Ich freue mich in dir und heiße dich willkommen, mein liebstes Jesulein! Du hast dir vorgenommen mein Brüderlein zu seyn; ach, welch ein süßer Ton! wie freundlich sieht er aus der große Gottessohn!

2. Gott senkt die Majestät, sein unbegreiflich Wesen in eines Menschen Leib: nun muß die Welt genesen; der allerhöchste Gott spricht freundlich bei mir ein, wird gar ein kleines Kind und heißt: mein Jesulein.

3. Wie lieblich klingt es mir, wie schallt es in die Ohren; es kann durch Stahl und Erz,

Erz, durch harte Felsen bohren, das liebste Jesulein. Wer Jesum recht erkennt, der stirbt nicht, wenn er stirbt, sobald er Jesum nennt.

4. Wohlan! so will ich mich an dich, mein Jesu! halten und sollte gleich die Welt in tausend Stücke spalten. O Jesu! dir, nur dir, dir leb' ich ganz allein; auf dich, allein auf dich, mein Jesu! schlaf' ich ein.

D. Kaspar Ziegler.

Vom Hingang eines Christen zum Vater.

Johannis 14, v. 6 Niemand kommt zum Vater, denn durch mich.

Mel. Es ist gewißlich an der Zeit.

916. Ich gehe gern zum Vater hin, wo du bist hingegangen, mein Jesu, daß ich auch da bin schon jetzt, nach dem Verlangen, was du in meinen Geist gelegt, der sich mit Adlers Flügeln regt, zum Vater recht zu eilen.

2. Geschwinde zu dem Vater hin, sein Herz recht anzublicken, wo ew'ge Lebensflammen glühn, alsdann mich zu erquicken: wenn Fluch und Zorn und Strafe dräut und mein Gewissen Rache schreit, zum Vater hin geschwinde!

3. Ich gehe ganz zum Vater hin, will nichts zurücke lassen, denn Alles was ich hab' und bin, soll ihn getrost umfassen, nichts sey an mir, das Gott' nicht sey, ihm, ihm das ganze Herz ich weih': ich gehe ganz zum Vater.

4. Ich geh' gebeugt zum Vater hin, mich drückt mein schwer Verbrechen, denn was mir sonst geringe schien, will jetzt das Urtheil sprechen. Ich gehe nicht, ich krieche kaum, und such' in Gottes Gnade Raum und will gebeugt mich schmiegen.

5. Doch nein, ich gehe gläubig hin, ich weiß, mit Vater-Armen will er mich aus dem Jammer ziehn, erfreut und voll Erbarmen, sein ewig treues Herze bricht, ich komme, oder komme nicht: drum will ich's gläubig wagen!

6. Gerade zu dem Vater hin, mit festem Fuß ohn' Hinken! viel Tausend sich vergeblich müh'n, zur Rechten und zur Linken. Nein, Jesus zeigt mir einen Weg, der ist der schmale Kreuzes-Steg, den will ich grade wandeln.

7. Ich geh' gemeinschaftlich auch hin, o Gott! vor dich zu treten, da mich so Erd' als Himmel ziehn, Dich, Vater! anzubeten: im Himmel deiner Engel Zahl, und hier der Frommen überall, und Jesus fleht mit beiden.

8. Geduldig nur zum Vater hin, so oft er im Betrüben mir will den süßen Trost entziehn, und mich im Leiden üben. Ich geh', ich sink', ich falle schier, er sieht's, er eilt, er greift nach mir und hilft: ich geh' geduldig.

9. Ich geh' getrost zum Vater hin, die Angst ist nun verschwunden, mein Geist fühlt Kraft, davon zu fliehn; wohin? in Jesu Wunden: da öffnet sich sein wallend Herz; ich werd' getrost, es weicht der Schmerz, ich geh' voll Freud' zum Vater.

Osterlied.

Marci 16, v. 2. Sie kamen zum Grabe an einem Sabbather sehr frühe, da die Sonne aufging.

Mel. Valet will ich dir geben.

917. Ich geh' zu deinem Grabe, du großer Siegesfürst, weil ich die Hoffnung habe, daß du mir zeigen wirst, wie man kann fröhlich sterben, und fröhlich auferstehn, wie mit den Himmels-Erben in's Land des Lebens gehn.

2. Du ruhest in der Erde und hast sie eingeweiht, wenn ich begraben werde, daß sich mein Herz nicht scheut, auch in den Staub zu legen, was Staub und Asch' vermehrt, weil dir doch allerwegen die Erde zugehört.

3. Du schläfst in deinem Grabe, daß ich auch meine Ruh' an diesem Orte habe, drückst mir die Augen zu, drum soll mir gar nicht grauen, wenn mein Gesicht vergeht, ich werde dennoch schauen, der mir zur Seite steht.

4. Dein Grab war wohl versiegelt, du brichst es doch entzwei, wenn mich der Tod verriegelt, so bin ich dennoch frei; du wirst den Stein schon rücken, der auch mein Grab bedeckt, da werd' ich dich erblicken, der mich vom Tode weckt.

5. Du fährest in die Höhe und zeigtest mir die Bahn, wohin ich endlich gehe, wo ich dich finden kann; dort ist es sicher wohnen und lauter Glanz um dich, da warten Himmelskronen in deiner Hand auf mich.

6. O meines Lebens Leben, o meines Todes Tod, ich will mich dir ergeben in meiner letzten Noth, und meine Ruhstatt machen in deiner Liebe Gruft, da werd' ich einst erwachen, wenn deine Stimme ruft.

7. Du wirst den Oelberg zeigen, wo man gen Himmel fährt, da werd' ich fröhlich steigen, bis daß ich eingekehrt in Salems Frie-

densħütten, wo du, mit Palmen nah' dem, welcher treu gestritten; ach, wär' ich nur schon da! *Benjamin Schmolck.*

Vom Glauben.

Ebräer 11, v. 6. Wer zu Gott kommen will, der muß glauben, daß er sey, und denen, die ihn suchen, ein Vergelter seyn werde.

Mel. Herr Jesu Christ, mein's Lebens Licht.

918. Ich glaub' an einen Gott, der heißt: Gott Vater, Sohn und heil'ger Geist; der schuf aus Nichts die ganze Welt, die er noch wunderbar erhält.

2. Der Mensch war Gottes Ebenbild, mit Weisheit, Lieb' und Kraft erfüllt: der Fall hat Sünd' und Tod gebracht und uns zu Satans Bild gemacht.

3. Dies jammert' Gott von Ewigkeit, gab seinen Sohn uns in der Zeit, der Gott und Mensch heißt: Jesus Christ, und aller Menschen Heiland ist.

4. Denn er nahm auf sich unsre Noth, erlös'te uns durch Kreuz und Tod von Sünden, Tod- und Höllenpein, daß wir versöhnt und selig seyn.

5. Der heil'ge Geist beut Jedermann durchs Wort den wahren Glauben an und wirkt ihn, wo kein Widerstand, wird selbst des Lebens Unterpfand.

6 Wer Buße thut, an Christum gläubt, fromm lebt und bis ans Ende bleibt, ist Gottes Kind, Gott selbst ist sein, stirbt selig, geht zum Himmel ein.

7. Hingegen, wer da widerstrebt, in Sünd' und ohne Buß' fortlebt, ist Satans Kind, das Gott nicht ehrt; stirbt so, daß er zur Hölle fährt.

8. Hilf, o Herr Jesu! hilf du mir und schenk' den wahren Glauben mir, so werde ich von Sünden rein und hier und dort recht selig seyn. *Christoph Starcke.*

Von der christlichen Kirche.

1 Petri 2, v. 6. Siehe da, ich lege einen auserwählten köstlichen Eckstein in Zion; und wer an ihn glaubet, der soll nicht zu Schanden werden.

Mel. Es ist gewißlich an der Zeit.

919. Ich glaube, Christi Kirche sey ein heilig Reich der Gnaden, wo diese ist, ist auch dabei ein Trost in Seelenschaden. Aus ihres Haupt's Versöhnungsblut fließt dieser Glieder größtes Gut: Vergebung aller Sünden.

2. Ihr Ablaßbrief ist Gottes Schrift, das theu're Wort des Lebens. Was Menschenmacht für Ablaß stift't' heißt Lügen, ist vergebens. Hier gilt kein Ansehn unsers Thuns, man zahlt auch nichts, Gott schenkt es uns, weil Jesus g'nug bezahlet.

3. Und außer solcher Christenheit vergiebt Gott keine Sünden; es kann auch Niemand Seligkeit, als nur in Jesu, finden. Verflucht bleibt, wer an Jesu Christ nicht ein lebendig Gliedmaaß ist, durch Glauben eingepflanzet.

4. Hier will uns Gott der Sünden Schuld nicht einmal nur vergeben, Gott schenkt uns seine Vaterhuld durch unser ganzes Leben; so oft man Gott im Glauben sucht und seine Missethat verflucht, so oft will Gott verzeihen.

5. O, wenn mein Herz daran gedenkt, daß Gott auch denen Seinen alltägliche Vergebung schenkt, pflegt es gerührt zu weinen. Fleuch, Satan, lüge mir nur nicht! denn Jesus, mein Erbarmer, richt't die auf, die da gefallen.

6. Dies ist der rechte Arzt, der eilt all' Augenblick' und Stunden, daß er uns die Gebrechen heilt durch seine heil'ge Wunden. Der Herr heilt ja, so oft man weint, die so zerbroch'nen Herzens seynd, und lindert ihre Schmerzen.

7. Er richt't auf, was zerschlagen ist; er find't uns auf den Wegen; der Samariter Jesus Christ befiehlt, uns zu verpflegen; er sieht, wo wir gefallen seyn, es jammert ihn, gießt Oel und Wein in unsrer Seele Wunden.

8. Ja, er versäumet keine Stund', er sucht verlor'ne Schaafe, sein heil'ges Blut heilt, was verwund't, denn er trug unsre Strafe; er ist's, der Kranke wart't und wacht, er pflegt, was schwach ist und verschmacht't, und dies Gott Lob! noch täglich.

9. Er stellt sich uns nicht mürrisch vor, er will erzürnt nicht sprechen; er will ein schon zerstoßen Rohr nicht ganz und gar zerbrechen; er ist's, der, wenn ein Döchtlein glimmt, das letzte Tröpflein Oel nicht nimmt, daß es verlöschen sollte.

10. In seines Blutes theurem Saft ist stets Arz'nei zu finden; es hat die allerbeste Kraft zur Reinigung von Sünden. Kein Trank, bezahlt mit vielem Gold, ist also stärkend, werth und hold, als dieses Blut für Sünder.

11. Bin ich an Leib und Seele krank, wenn Satans Pfeile blitzen, so ist dies Blut mein Kühlungstrank, es wird im Kampf mir nützen. Wenn mich kein Labsal laben kann,

beut dieses Blut mir Stärkung an, auch in den Todesnöthen.

12. Denn für die Schuld der ganzen Welt ist dieses Blut vergossen. In uns'rem armen Sünden-Zelt ist Keiner ausgeschlossen; es ist für alle Krankheit gut, so daß es all'zeit Wunder thut an allerlei Naturen.

13. Kommt denn, ihr Sünder! Jesus hat nicht einmal nur gerufen; die Wächter steh'n an Christi Statt noch jetzt auf ihren Stufen. Laßt euch versöhnen heut' mit Gott! er ruft zu retten euch vom Tod', er rufet allen Sündern.

14. Mein Jesus ruft noch allezeit und ruft auch seine Hasser: nun alle, die ihr durstig seyd, kommt her zum Lebenswasser, trinkt, trinkt umsonst und trinkt euch satt: ich komme, Jesu! ich bin matt, du wollest mich erquicken.

M. Philipp Friedrich Hiller.

Vom ewigen Leben.

2 Corinther 4, v. 13. Dieweil wir aber denselbigen Geist des Glaubens haben, (nachdem geschrieben *) stehet: Ich glaube, darum rede ich) so glauben wir auch, darum so reden wir auch.
*) Psalm 116, v. 10.

Mel. Es ist gewißlich an der Zeit.

920. Ich glaube, darum rede ich von einem bessern Leben, der heil'ge Geist versichert mich, daß Gott es wolle geben. Da hört der bittre Thränenlauf, die Furcht, der Streit, die Trübsal auf, da ist des Elends Ende.

2. Da wird man nach der Armuth reich und nach dem Spott geehret, wo kein Verfolgen, keine Seuch', kein Feind, kein Tod mehr währet. Da wird das Kreuz erst liebliebsüß, und was man hier nur Glauben hieß, wird dort ein Schauen werden.

3. Da wird das Wort des Trost's erfüllt, daß sich der Christen Trauern in Freude einst verkehrt und stillt, und die wird ewig dauern. Denn alles Leiden dieser Zeit ist doch nicht werth der Herrlichkeit, die an uns soll erscheinen.

4. Da haben wir Zufriedenheit, die noch kein Ohr entzücket; da schauen wir die Herrlichkeit, die noch kein Aug' erblicket; da ist die Freude ohne Schmerz, die noch in keines Menschen Herz in dieser Zeit gekommen.

5. Da ist, was Gott bereitet hat, die in Geduld ihn lieben: da wird man ohne Arbeit satt; man freut sich ohn' Betrüben; da hat man Reichthum ohne Pein; man liebt, wo keine Hasser seyn; man ist vergnügt ohn' Wechsel.

6. Da ist Lust ohne Eitelkeit, Licht ohne finstre Schranken, die höchste Ehre ohne Neid, Gesundheit ohn' Erkranken, ein herrlich Wesen ohn' Verdruß, ein Lebensanfang ohne Schluß. Das schenk' mir, Vater! Amen.

M. Philipp Friedrich Hiller.

Von der Gemeinschaft der Heiligen.

Epheser 4, v. 15. 16. Lasset uns aber rechtschaffen seyn in der Liebe, und wachsen in allen Stücken an dem, der das Haupt ist, Christus; aus welchem der ganze Leib zusammen gefüget, und ein Glied am andern hanget, durch alle Gelenke; dadurch eines dem andern Handreichung thut, nach dem Werk eines jeglichen Gliedes in seiner Maaße, und machet, daß der Leib wächset zu seiner selbst Besserung, und das Alles in der Liebe.

Mel. Es ist gewißlich an der Zeit.

921. Ich glaube, daß die Heiligen Gemeinschaft mit sich haben, weil sie in Einer Gnade stehn und Eines Geistes Gaben. So viel hier wahre Glieder seyn, die haben alles Gut gemein und alle Himmelsschätze.

2. So lang' wir zwar in dieser Zeit als Erdengäste wohnen, bleibt der gewohnte Unterschied der Stände und Personen, das theils noch arm-, veracht't- und klein-, theils reich-, geehrt- und höher-Seyn wird noch nicht aufgehoben.

3. Doch in der neuen Kreatur ist Keiner klein noch größer; wir haben einen Christum nur, den einigen Erlöser, das Licht, das Heil, den Morgenstern. Wort, Tauf' und Nachtmahl unsers Herrn ist Allen gleich geschenket.

4. Da ist kein Knecht noch Freier mehr, da sind sie alle Kinder; der Reichthum macht hier keine Ehr', die Armuth keinen Sünder; Gott sieht hier nicht Personen an, indem der Reiche arm seyn kann, der Arme reich an Gnaden.

5. Die Sonne der Gerechtigkeit will Allen Gnade geben, der Geist giebt Allen allezeit, als Gottes Athem, Leben, weil uns der Vater Alle liebt, so wie der Himmel uns umgiebt; wir haben gleiche Güter

6. Ein Himmel, eine Seligkeit, ein Vorbild und ein Hoffen, ein Recht, ein Vaterherz im Leid, ein Segen steht uns offen; uns führt ein Weg dem Himmel zu, wir hoffen Alle eine Ruh' allein durch einen Glauben.

7. Wir haben Alle überdies Gemeinschaft an dem Leiden, am Kreuz, an der Bekümmerniß, an Spott und Traurigkeiten; wir

tragen, doch nicht ohne Ruhm, all'zeit das Sterben Jesu um an dem geplagten Leibe.

8. Wir leiden mit, wir ziehen an ein herzliches Erbarmen und wenn das Herz nichts weiter kann, so seufzt es für die Armen. Denn solch ein Glied, das nicht empfind't, wenn andre Glieder schmerzhaft sind, das hat gewiß kein Leben.

9. So trägt ein Glied des andern Last um seines Hauptes willen; wer seiner Brüder Lasten faßt, lernt das Gesetz erfüllen, wo Christus uns zum Vorbild geht. Dies königlich' Gebot besteht in einem Wörtlein: „Liebe."

10. Des Heilands süßer Liebesreiz dringt also alle Frommen, der aus Erbarmen unser Kreuz für uns auf sich genommen, daß meine Armuth seine Noth, mein Kreuz sein Kreuz, mein Tod sein Tod, mein Spott sein Spott ist worden.

11. Wie ist der Heilige so groß, der mir hier vorgegangen, mit dem ich als ein Kreuzgenoss' Gemeinschaft soll erlangen. Bedenk', mein Herze! wer es ist, es ist der Heiland Jesus Christ, der Sohn des Allerhöchsten.

12. Ich will mich der Gemeinschaft nicht der Heiligen entziehen; wenn meine Brüder Noth anficht, so will ich sie nicht fliehen. Hab' ich Gemeinschaft an dem Leid, so laß mich an der Herrlichkeit auch einst Gemeinschaft haben! M. Phil. Fried. Hiller.

Vom heiligen Geist.

1 Corinther 12, v. 11. Dies Alles wirket derselbige einige Geist, und theilet einem Jeglichen seines zu, nachdem er will.

Mel. Es ist gewißlich an der Zeit.

922. Ich glaube, heilig-werther Geist, ich will es auch bekennen: daß du mit Sohn und Vater seyst der wahre Gott zu nennen, den Beiden auch im Ruhm, im Reich, im Wesen, Werk und Ehre gleich, gleich ewig, gleich allmächtig.

2. Du bist von gleicher Majestät, Gott! der als Herr der Thronen vom Vater und dem Sohn ausgeht, die dritte der Personen. Nur du kannst einig und allein ein wahrer, sich'rer Tröster seyn der zagenden Gewissen.

3. Nur du giebst uns ein fröhlich Herz und friedsames Gewissen; dein Salböl lindert allen Schmerz und heilet, was zerrissen. Du Geist giebst Zeugniß unserm Geist', daß er unwidersprechlich preis't, wir seyen Gottes Kinder.

4. So oft wir in des Lebens Lauf als schwache Kinder fehlen, so hilfst du uns'rer Schwachheit auf und seufzst in unsern Seelen; ja, wenn man auch nicht beten kann, Herr! so vertritt bei Gott uns dann dein unaussprechlich Seufzen.

5. Und so beweisest du dich stets, o Gott! an uns Erlös'ten als Geist der Gnaden, des Gebets durch Schreien und durch Trösten; als Geist von Christo, unserm Herrn, daß ich in Jesu rufen lern': Ach, Abba, lieber Vater!

6. Dein wundersüßer Herzenstrost ist wahrhaft und beständig, und, wenn der Tod an's Herze stoßt, doch ewig und lebendig. Du lehrst uns, wie der Vater sey so groß, so überschwenglich treu, so reich an Huld und Gnade;

7. Der Gnade, da wir nicht aus uns (wir sind vom Sünderorden), noch durch Verdienste unsers Thuns gerecht und selig worden, indem es lauter Gnade ist, die wir in unserm Jesu Christ durch Glauben uns ergriffen.

8. Damit wir durch die Kraft des Blut's aus Jesu, dem Gerechten, des unaussprechlich großen Gut's auch theilhaft werden möchten: so heiligst, so erleuchtest du und willst den Glauben immerzu selbst in den Herzen wirken.

9. Du bist das rechte Freudenöl, die Salbung aus der Höhe, die lehrt uns Alles ohne Fehl, wie man zum Himmel gehe, wie Jesus Christus uns verheißt, er wolle uns von seinem Geist, als Hoherpriester, geben.

10. Wer an ihn glaubt, derselbe soll, wie er spricht, es genießen, daß ihm vom Leibe Ströme voll lebend'gen Wassers fließen. Herr! gieb, daß sich dein Geist ergießt und unser Herze überfließt von Glauben und von Liebe.

11. Nur du mußt unser Lehrer seyn und unser rechter Meister, du leitest in die Wahrheit ein, allweiser Geist der Geister! Der Heiland giebt dich mir gar gern, daß ich durch dich ihn meinen Herrn und meinen Gott kann nennen.

12. Durch dich nur lern' ich meinen Geist und and're Geister prüfen, du forschest, was ein Mensch nicht weiß, auch selbst der Gottheit Tiefen; vom Himmel kommst und lehrest du, und führst uns wieder himmelzu. Du lehrest uns inwendig.

13. Du heiligst uns zum Christenthum, als zum gesalbten Orden, durch dich sind,

zu des Vaters Ruhm wir Christi Glieder werden; der ist nicht sein, wo du nicht bleibst; die du, o Geist des Höchsten! treibst, nur die sind Gottes Kinder.

14. Haßt uns die Welt, weil Gott uns liebt, so tröstest du von innen, und wenn uns alle Welt betrübt, erfreuest du die Sinnen. Denkt, Christen! daß ihr selig seyd, indem der Geist der Herrlichkeit im Leiden euch zurufet.

15. Du bist's, den unsrer Zuversicht Gott noch zum Siegel gönnet; kennt uns die Welt an diesem nicht, genug, daß Gott uns kennet. Versiegle denn nach deinem Bund' in mir auch diesen festen Grund: der Herre kennt die Seinen.

16. Du bist mir ein unschätzbar Pfand zum unverwelkten Erbe, sowohl in diesem Thränenland', als wenn ich endlich sterbe. Versich're mir im Tod' mein Heil, versiegle mir auch meinen Theil, den ich im Himmel habe.

M. Philipp Friedrich Hiller.

Vom Glauben.

Apostel-Gesch. 8, v. 37. Glaubest du von ganzem Herzen, so mag's wohl seyn.

Mel. O Gott, du frommer Gott.

923. Ich glaube, lieber Herr; hilf, hilf mir vom Unglauben! du bist der Weinstock zwar, ich aber leer an Trauben, weil ich, dein' Rebe, fest nicht immer an dir hing; drum ist die Kraft so schwach, drum ist die Frucht gering.

2. Ich glaube, lieber Herr; doch ach, was frommt der Glaube, der dich nicht ganz umfaßt, der nicht vom Erdenstaube, von Fleischeslust und Welt auf immer los sich reißt? Was ist der Glaube, fehlt ihm Leben, Kraft und Geist?

3. Ich glaube, lieber Herr; und dennoch muß ich zittern! mein Glaub' ist noch nicht echt; o möchtest du erschüttern dies kalte, träge Herz, das noch in Sünden todt, nicht liebend rastlos wirkt, nicht übt dein erst Gebot!

4. Ich glaube, lieber Herr! gieb meinem Glauben Leben! durch Liebe thätig, muß er rastlos weiter streben in Herzensheiligung, im Wandel vor der Welt; der Glaub' ist echt, der fest im Glück und Unglück hält.

5. Ich glaube, lieber Herr! gieb Freudigkeit dem Glauben. Die Welt, mein Fleisch und Blut, die wollen mir ihn rauben! hilf, der ein glimmend Docht erlöschen läßet nicht, ein schon zerstoßnes Rohr nicht ganz und gar zerbricht!

6. Ich glaube, lieber Herr! gieb meinem Glauben Stärke, daß stets geschickt ich sey zu jedem guten Werke! wer Sünde läßt, der glaubt; der glaubt, wer Wohlthat übt; wer Seelen rettet, glaubt; der glaubt, der Feinde liebt!

7. Herr, Herr! von dir allein kommt alle gute Gabe; den Glauben schenke mir, durch den ich Alles habe! laß mich in Noth und Tod recht freudig dir vertrau'n; dann bin ich selig hier; dort führst du mich zum Schau'n.

Karl August Döring.

Alle Hülfe kommt von Gott.

Psalm 124, v. 8. Unsere Hülfe stehet im Namen des Herrn, der Himmel und Erde gemacht hat.

Mel. Allein Gott in der Höh' sey Ehr'.

924. Ich glaube nur allein an dich, Gott, Vater aller Väter! mein Glaub' auf Jesum gründet sich auf ihn, du Gott der Götter! ja wenn mir auch das Herze bricht, ist er allein die Zuversicht, allein der Trost des Herzens.

2. Verdienst und Ruhm ist ganz dahin auf meinem Sündenpfade. Ich bin ja Alles, was ich bin, allein von deiner Gnade; ich suche auch zu aller Zeit nichts weit'res als Barmherzigkeit bei Gott nur zu erlangen.

3. Du hilfst allein, du kannst es nur, Herr Himmels und der Erden! es kann uns keine Kreatur ohn' dich zur Hülfe werden. Der Heiligste muß Sünder seyn, der größte Mensch ist hier zu klein; du hilfst allein aus Nöthen.

4. Wenn auch durch Mittel was geschicht, daß ich die Hülfe sehe, so thun es doch die Mittel nicht: du thust es in der Höhe. Und weil ja deiner Macht Nichts gleicht, kannst du durch Mittel gleich so leicht, als wie durch Wunder helfen.

5. Du bist's der alle Hülfe thut, die auf der Welt geschiehet. Du bist das ewig höchste Gut, das Alles kann und siehet. Das ist dein Name: Herr allein, weil Menschen nichts als Menschen seyn und Heidengötter Götzen.

6. Du bist ein Brunn der Gütigkeit, ein Abgrund reiner Triebe; die Quelle der Zufriedenheit, das Meer der lautern Liebe, wo aller Liebe Ueberfluß entspringen und sich sammeln muß, ja du bist selbst die Liebe.

M. Philipp Friedrich Hiller.

Nach verrichtetem Gebet.

1 Joh. 5, v. 15. So wir wissen, daß er uns höret, was wir bitten; so wissen wir, daß wir die Bitte haben, die wir von ihm gebeten haben.

Mel. Wer nur den lieben Gott läßt walten.

925. Ich hab' durch mein Gebet und Flehen, o großer Gott! dich jetzt verehrt, ich glaub's gewiß, du hast's gesehen und meine Bitte schon erhört; drum, liebe Seele, bleib' in Ruh': dein Jesus setzt das Amen zu.

2. Nun laß frei Gott den Vater sorgen und glaub', was er dir heut' nicht giebt, das giebt er dir wahrhaftig morgen, du weißt, wie brünstig er dich liebt; drum, liebe Seele, bleib' in Ruh': dein Jesus setzt das Amen zu.

3. Ja, Jesu, du wirst mich vertreten mit deinen Wunden, Kreuz und Blut; und was ich wo nicht recht gebeten, durch deine Fürsprach' machen gut; drum, liebe Seele, bleib' in Ruh': dein Jesus setzt das Amen zu.

M. Arnold Heinrich Sahme.

Reich in Gott und volle Gnüge.

1 Mose 33, v. 11. Nimm doch den Segen von mir an, den ich dir zugebracht habe; denn Gott hat mir's bescheret, und ich habe Alles genug.

In eigener Melodie.

926. Ich hab' genug: mein Herr ist Jesus Christ, ich weiß von Keinem mehr; wer nur sein Knecht und treuer Diener ist, der darf nicht sorgen sehr. Ich will ganz meinem Gott anhangen und nicht mehr nach der Welt verlangen; ich hab' genug.

2. Ich hab' genug! ich bin der Sorgen los und kränke nicht das Herz, ich bin vergnügt und sitz' in Gottes Schooß, der lindert allen Schmerz: ich sorge nicht mehr für mein Leben, der Höchste kann mir Alles geben: ich hab' genug.

3. Ich hab' genug! Gott, der die Vögel speis't und alle Welt ernährt, Gott, der das Gras, die Blumen wachsen heißt und ihnen Schmuck beschert, der wird auch meinen Leib ernähren, Nahrung und Kleider mir bescheren: ich hab' genug.

4. Ich hab' genug! besitz' ich schon nicht Geld, mir ist es dennoch gleich; ich habe Gott und bin schon auf der Welt in allen Stücken reich; denn Jesus ist mein Schatz und Krone, der mir den Himmel giebt zum Lohne; ich hab' genug.

5. Ich hab' genug; beschert mir Gott ein Kleid und läßt mir's wohl ergehn so ist es gut; kommt aber auch die Zeit, daß ich entblößt soll stehn: die Blöße muß mich nicht erschrecken, mein Gott will Leib und Seele decken. Ich hab' genug.

6. Ich hab' genug! mein treuer Vater sieht, er siehet immer scharf auf mich sein Kind, auf das, was mein Gemüth, was Seel' und Leib bedarf. Drum lass' ich Gott den Vater sorgen, bekümmre mich gar nicht um morgen: heut' hab' ich g'nug.

7. Ich hab' genug und sorge für den Geist, das Andre fällt mir zu, nur Gottes Reich, was Jesus suchen heißt, das giebt mir wahre Ruh'; ich trachte nur des Vaters Willen in Kraft des Geistes zu erfüllen; drum hab' ich g'nug.

8. Ich hab' genug! ich lieg' an Jesu Brust und Gottes Vaterherz, was will ich mehr? das giebt mir Wonn' und Lust, durchsüßet meinen Schmerz, den Himmel hab' ich schon auf Erden, was will in jener Welt noch werden? Hier hab' ich g'nug.

Von der Liebe zu Jesu.

Psalm 119, v. 123. Meine Augen sehnen sich nach deinem Heil und nach dem Wort deiner Gerechtigkeit.

Mel. Mach's mit mir, Gott, nach deiner Güt'.

927. Ich habe, Jesu, dich in Noth gesuchet und gefunden. Du hast mir Freiheit für den Tod gezeigt in deinen Wunden. Du nimmst die Buße gnädig an und reiß'st mich von der Sünden-Bahn.

2. Mein einiges Verlangen ist, mein Jesu! dich zu lieben, der du mein Trost und Leben bist in Freud' und in Betrüben. Ich bitte, laß mich nur allein mit dir recht fest vereinigt seyn.

3. O liebster Jesu! stärke mich und dieses mein Verlangen, je mehr und mehr dich inniglich mit Liebe zu umfangen. Tilg' alle Lieb' der Welt in mir, ja nimm mich mir und gieb mich dir!

4. Laß allezeit erhöret seyn mein Wünschen, Flehen, Bitten. Denn deine reiche Hand allein kann Segen auf mich schütten. Drum gieb, was du, o Segensfürst! als gut für mich erkennen wirst.

Des Christen Testament.

Philipper 1, v. 23. Ich habe Lust abzuscheiden, und bei Christo zu seyn.

Mel. Herzlich thut mich verlangen.

928. Ich habe Lust zu scheiden, mein Sinn geht aus der Welt. Ich sehne mich mit Freuden nach Zions Heimaths-

feld. Weil aber keine Stunde zum Abschied ist benennt, so hört aus meinem Munde mein letztes Testament!

2. Gott Vater! meine Seele bescheid' ich deiner Hand. Führ' sie aus dieser Höhle in's rechte Vaterland. Du hast sie mir gegeben, so nimm sie wieder hin, daß ich im Tod und Leben nur Dein alleine bin.

3. Was werd' ich, Jesu, finden, das dir gefallen kann? ach! nimm du meine Sünden als ein Vermächtniß an; wirf sie in deine Wunden, in's rothe Meer hinein, so hab' ich Heil gefunden und schlafe selig ein.

4. Dir, o du Geist der Stärke, lass' ich den letzten Blick. Wenn Todesangst ich merke, so sieh' auf mich zurück. Ach, schrei' in meinem Herzen, wenn ich kein Glied mehr rühr', und stell' in meinen Schmerzen mir nichts als Jesum für.

5. Ihr Engel, nehmt die Thränen von meinen Wangen an. Ich weiß, daß euer Sehnen sonst nichts erfreuen kan̄. Wenn Leib und Seele scheiden tragt mich in Abrah'ms Schooß, so bin ich voller Freuden und aller Thränen los.

6. Euch aber, meine Lieben, die ihr mich dann beweint, euch hab' ich was verschrieben: Gott, euren besten Freund. Drum nehmt den letzten Segen. Es wird gewiß gescheh'n, daß wir auf Zions Wegen einander wiederseh'n.

7. Zuletzt sey dir, o Erde, mein blasser Leib vermacht, damit dir wieder werde was du mir zugebracht. Mach' ihn zu Asch' und Staube, bis Gottes Stimme ruft; denn dieses sagt mein Glaube: er bleibt nicht in der Gruft.

8. Das ist mein letzter Wille. Gott drück' das Siegel drauf. Nun wart' ich in der Stille, bis daß ich meinen Lauf durch Christi Tod vollende: So geh' ich freudig hin und weiß, daß ich ohn' Ende des Him̄els Erbe bin.

Benjamin Schmolck.

Der Grund unserer Seligkeit.

Joh. 1, v. 41. Wir haben den Messias gefunden.

Mel. Wer nur den lieben Gott läßt walten.

929. Ich habe nun den Grund gefunden, der meinen Anker *) ewig hält: wo anders, als in Jesu Wunden? da lag er vor der Zeit der Welt: den Grund, der unbeweglich steht, wenn Erd' und Himmel untergeht.

*) der Hoffnung. Ebräer 6, v. 19.

2. Es ist das ewige Erbarmen, das alles Denken übersteigt; es sind die offnen Liebesarmen deß, der sich zu dem Sünder neigt, dem allemal das Herze bricht, wir kommen oder kommen nicht.

3. Wir sollen nicht verloren werden; Gott will, uns soll geholfen seyn: deßwegen kam sein Sohn auf Erden und nahm hernach den Himmel ein; deßwegen klopft er für und für so stark an unsers Herzens Thür.

4. O Abgrund, *) welcher alle Sünden durch Christi Tod verschlungen hat! das heißt, die Wunde recht verbinden; hier findet kein Verdammen statt, weil Christi Blut beständig schreit: **) Barmherzigkeit! Barmherzigkeit! *) der unendlichen Gottes-Liebe. **) Ebräer 12, v. 24.

5. Darein will ich mich gläubig senken, dem will ich mich getrost vertrau'n, und wenn mich meine Sünden kränken, nur bald nach Gottes Herzen schau'n; da findet sich zu aller Zeit unendliche Barmherzigkeit.

6. Wird alles And're weggerissen, was Seel' und Leib erquicken kann; darf ich von keinem Troste wissen und scheine völlig ausgethan; *) ist die Errettung noch so weit: mir bleibet doch Barmherzigkeit.

*) aus Gottes Andenken. Jes. 49, v. 14.

7. Beginnt das Irdische zu drücken, ja, häuft sich Kummer und Verdruß, daß ich mich noch in vielen Stücken mit eitlen Dingen mühen muß; werd' ich dadurch oft sehr zerstreut, so hoff' ich doch Barmherzigkeit.

8. Muß ich an meinen besten Werken, darinnen ich gewandelt bin, viel Unvollkommenheit bemerken, so fällt wohl alles Rühmen hin. Doch ist auch dieser Trost bereit: ich hoffe auf Barmherzigkeit.

9. Es gehe mir nach dessen Willen, bei dem so viel Erbarmen ist; er wolle selbst mein Herze stillen, damit es dies nur nicht vergißt: So stehet es in Lieb' und Leid, in, durch und auf Barmherzigkeit.

10. Bei diesem Grunde will ich bleiben, so lange mich die Erde trägt. Das will ich denken, thun und treiben, so lange sich mein Herz noch regt. So sing' ich einst in Ewigkeit: o Abgrund der Barmherzigkeit!

Joh. Andreas Rothe.

Ergebung in Gottes Willen.

Lucä 1, v. 38. Mir geschehe, wie du gesagt hast!

Mel. Was mein Gott will, gescheh' all'zeit.

930. Ich hab' in Gottes Herz und Sinn mein Herz und Sinn ergeben:

was böse scheint, ist mir Gewinn, der Tod selbst ist mein Leben; ich bin ein Sohn deß, der den Thron des Himmels aufgezogen. Ob er gleich schlägt und Kreuz auflegt, bleibt doch sein Herz gewogen.

2. Das kann mir fehlen nimmermehr: mein Vater muß mich lieben; wenn er mich auch gleich wirft in's Meer, so will er mich nur üben und mein Gemüth' in seiner Güt' gewöhnen fest zu stehen; halt' ich dann Stand, weiß seine Hand mich wieder zu erhöhen.

3. Ich bin ja von mir selber nicht entsprungen, noch formiret; mein Gott ist's, der mich zugericht't, an Leib und Seel' gezieret, der Seelen Sitz mit Sinn und Witz, den Leib mit Fleisch und Beinen: wer so viel thut, deß Herz und Muth, kann's nimmer böse meinen.

4. Woher sollt' ich den Aufenthalt auf dieser Erd' erlangen? ich wäre längstens todt und kalt, wo mich nicht Gott umfangen mit seinem Arm, der Alles warm, gesund und fröhlich machet; was er nicht hält, das bricht und fällt; was er erfreut, das lachet.

5. Zudem ist Weisheit und Verstand bei ihm ohn' alle Maaßen; Zeit, Ort und Stund' ist ihm bekannt, zu thun und auch zu lassen: er weiß wann Freud', er weiß, wann Leid uns seinen Kindern diene, und was er thut, ist Alles gut, ob's noch so traurig schiene.

6. Du denkest zwar: wenn du nicht hast, was Fleisch und Blut begehret, als sey mit einer großen Last dein Glück und Heil beschweret, hast spät und früh viel Sorg' und Müh' zu deinem Wunsch zu kommen, und denkest nicht, daß, was geschicht, gescheh' zu deinem Frommen.

7. Fürwahr, der dich erschaffen hat und ihm zur Ehr' erbauet, der hat schon längst in seinem Rath ersehen und beschauet aus wahrer Treu', was dienlich sey dir und den Deinen allen. Laß ihm doch zu, daß er nur thu' nach seinem Wohlgefallen.

8. Wenn's Gott gefällt, so kann's nicht seyn, es wird dich letzt erfreuen; was du jetzt nennest Kreuz und Pein, wird dir zum Trost gedeihen; wart' in Geduld, die Gnad' und Huld wird sich doch endlich finden. All' Angst und Qual wird auf einmal gleich wie ein Dampf verschwinden.

9. Das Feld kann ohne Ungestüm ja keine Früchte tragen; so fällt auch Menschen-Wohlfahrt um bei lauter guten Tagen, die Aloe bringt bitt'res Weh', macht gleichwohl rothe Wangen; so muß ein Herz durch Angst und Schmerz zu seinem Heil gelangen.

10. Ei nun, mein Gott! so fall' ich dir getrost in deine Hände; nimm mich und mach' du es mit mir bis an mein letztes Ende, wie du wohl weißt, daß meinem Geist dadurch sein Nutz entstehe, und deine Ehr' je mehr und mehr sich in ihr selbst erhöhe.

11. Willst du mir geben Sonnenschein, so nehm' ich's an mit Freuden, soll's aber Kreuz und Unglück seyn, will ich's geduldig leiden; soll mir allhier des Lebens Thür noch ferner offen stehen: wie du mich führst und führen wirst, so will ich gern mitgehen.

12. Soll ich denn auch des Todes Weg und finstre Straße reisen, wohlan! so tret' ich Bahn und Steg, den mir dein' Augen weisen; du bist mein Hirt, der Alles wird zu solchem Ende kehren, daß ich einmal in deinem Saal dich ewig möge ehren.

Paul Gerhardt.

In Krankheit und Trübsal.

Hiob 2, v. 10. Haben wir Gutes empfangen von Gott, und sollten das Böse nicht auch annehmen?

Mel. Nun ruhen alle Wälder.

931. Ich hab' in guten Stunden des Lebens Glück empfunden und Freuden ohne Zahl. So will ich denn gelassen mich auch im Leiden fassen; welch Leben hat nicht seine Qual?

2. Ja, Herr! ich bin ein Sünder; und stets strafst du gelinder, als es der Mensch verdient. Will ich, beschwert mit Schulden, kein zeitlich Weh' erdulden, das doch zu meinem Besten dient?

3. Dir will ich mich ergeben, nicht meine Ruh', mein Leben mehr lieben, als den Herrn. Dir, Gott! will ich vertrauen und nicht auf Menschen bauen; du hilfst und du errettest gern.

4. Laß du mich Gnade finden, mich alle meine Sünden erkennen und bereu'n. Jetzt hat mein Geist noch Kräfte; sein Heil laß mein Geschäfte, dein Wort mir Trost und Leben seyn.

5. Wenn ich in Christo sterbe, bin ich des Himmels Erbe; was schreckt mich Grab und Tod? Auch auf des Todes Pfade vertrau' ich deiner Gnade; du, Herr! bist bei mir in der Noth.

6. Ich will dem Kummer wehren, Gott durch Geduld verehren, im Glauben zu ihm

flehn. Ich will den Tod bedenken. Der Herr wird alles lenken; und was mir gut ist, wird geschehn. Chr. Fürchtegott Gellert.

Tägliche Vorbereitung zum Tode.

Sirach 40, v. 1. 2. Es ist ein elend, jammerlich Ding um aller Menschen Leben, von Mutterleibe an, bis sie in die Erde begraben werden, die unser aller Mutter ist. Da ist immer Sorge, Furcht, Hoffnung, und zuletzt der Tod.

In eigener Melodie.

932. Ich hab' mein' Sach' Gott heimgestellt, er mach's mit mir, wie's ihm gefällt. Soll ich allhier noch länger leb'n, nicht widerstreb'n: sein'm Will'n thu' ich mich ganz ergeb'n.

2. Mein' Zeit und Stund' ist, wann Gott will; ich schreib' ihm nicht vor Maaß noch Ziel, es sind gezählt all' Härlein mein, beid' groß und klein, fällt keines ohn' den Willen sein.

3. Es ist allhier ein Jammerthal, Angst, Noth und Trübsal überall, des Bleibens ist ein' kleine Zeit, voll Müh' und Leid, und wer's bedenkt, ist imm'r im Streit.

4. Was ist der Mensch? ein Erdenkloß. Auf Erden kommt er nackt und bloß, bringt nichts mit sich auf diese Welt, kein Gut noch Geld, nimmt nichts mit sich, wenn er hinfällt.

5. Es hilft kein Reichthum, Geld noch Gut, kein' Kunst, kein' Gunst noch stolzer Muth; vor'm Tod kein Kraut gewachsen ist, mein frommer Christ! All's, was da lebet, sterblich ist.

6. Heut' sind wir frisch, gesund und stark, todt liegen morgen wir im Sarg', heut' blüh'n wir wie die Rosen roth, bald krank und todt! ist allenthalben Müh' und Noth.

7. Man trägt Eins nach dem Andern hin, wohl aus den Aug'n und aus dem Sinn, die Welt vergisset uns'rer bald, jung oder alt, auch uns'rer Ehren mannigfalt.

8. Ach Herr! lehr' uns bedenken wohl, daß wir sind sterblich allzumal, auch wir allein kein Bleibens han, müss'n All' davon, gelehrt, reich, jung, alt oder schön.

9. Das macht die Sünd', o treuer Gott! dadurch ist komm'n der bittre Tod, der nimt und frißt all' Menschenkind, wie er sie find't, fragt nicht, weß Stand's und Ehr'n sie sind.

10. Ich hab' hier wenig gute Tag', mein täglich Brot ist Müh' und Plag'. Wenn mein Gott will, so will ich mit hinfahr'n in Fried', Sterb'n ist Gewinn und schad't mir nicht.

11. Und ob mich schon mein' Sünd' anficht, will dennoch ich verzagen nicht, ich weiß, daß mein getreuer Gott für mich in Tod sein'n lieben Sohn gegeben hat.

12. Derselbe, mein Herr Jesus Christ, für meine Sünd' gestorben ist und auferstanden mir zu gut, der Hölle Glut gelöscht mit seinem theuren Blut.

13. Dem leb' und sterb' ich allezeit, von ihm der Tod mich nimmer scheid't, ich leb' od'r sterb', so bin ich sein, er ist allein der ein'ge Trost und Helfer mein.

14. Das ist mein Trost zu aller Zeit, in allem Kreuz und Traurigkeit; ich weiß, daß ich am jüngsten Tag ohn' alle Klag' werd' auferstehn aus meinem Grab.

15. Mein lieber, frommer, treuer Gott all' mein' Gebein' bewahren thut, da wird nicht Ein's vom Leibe mein, groß oder klein, umkommen noch verloren seyn.

16. Mein'n lieben Gott von Angesicht werd' ich anschau'n, dran zweifl' ich nicht, in ew'ger Freud' und Herrlichkeit, die mir bereit't. Ihm sey Lob, Preis in Ewigkeit!

17. O Jesu Christe, Gottes Sohn! der du für mich hast g'nug gethan; ach, schleuß mich in die Wunden dein, Du bist allein der ein'ge Trost und Helfer mein.

18. Amen! mein lieber frommer Gott! bescher' uns All'n ein'n sel'gen Tod; hilf, daß wir mögen allzugleich bald in dein Reich kommen und bleiben seliglich.

D. Joh. Pappus.

Vom Tode des Christen.

Psalm 31, v. 16. Meine Zeit stehet in deinen Händen.

Mel. Herzlich thut mich verlangen.

933. Ich hab' mich Gott ergeben, dem liebsten Vater mein, hier ist kein ew'ges Leben, es muß geschieden seyn, der Tod kann mir nicht schaden, er ist nur mein Gewinn, in Gottes Fried' und Gnaden fahr' ich mit Freud' dahin.

2. Mein Weg geht jetzt vorüber; o Welt! was acht' ich dein; der Himmel ist mir lieber, da muß ich trachten ein, mich nicht mit Sünd' beladen, weil ich wegfertig bin, in Gottes Fried' und Gnaden fahr' ich mit Freud' dahin.

3. Ach, sel'ge Freud' und Wonne hat mir der Herr bereit't, da Christus ist die Sonne, Leben und Seligkeit; was kann mir denn nun schaden, weil ich bei Christo bin? in

Gottes Fried' und Gnaden fahr' ich mit Freud' dahin.

4. Gesegn' euch Gott, ihr Meinen, ihr Liebsten allzumal! um mich sollt ihr nicht weinen, ich weiß von keiner Qual. Den Herren Jesum Christum laßt nicht aus eurem Sinn! in Gottes Fried' und Gnaden fahr' ich mit Freud' dahin.

Joh. Siegfried? — Joh. Leon? —

Die verborgene Herrlichkeit der Gläubigen.

Weisheit Sal. 3, v. 9. 10. Seine Heiligen sind in Gnaden und Barmherzigkeit, und er hat ein Aufsehen auf seine Auserwählten. Aber die Gottlosen werden gestraft werden.

Mel. Vater unser im Himmelreich.

934. Ich hab' oft bei mir selbst gedacht, wenn ich den Lauf der Welt betrachtet, ob auch das Leben dieser Erd' uns gut sey und des Wünschens werth, und ob nicht der viel besser thu', der sich fein zeitig legt zur Ruh'?

2. Denn, Lieber! denk' und sage mir: was für ein Stand ist wohl allhier, dem nicht sein' Angst, sein Schmerz und Weh' alltäglich über'm Haupte steh'? Ist auch ein Ort des Kummers frei, der ohne Klag' und Thränen sey?

3. Sieh' unsers ganzen Lebens Lauf: ist auch ein Tag von Jugend auf, der nicht sein' eigne Qual und Plag' auf seinem Rücken mit sich trag'? Ist nicht die Freude, die uns stillt, auch selbst mit Jammer angefüllt?

4. Hat Einer Glück und gute Zeit, hilf Gott! wie tobt und zürnt der Neid! Hat Einer Ehr' und große Würd', ach! mit was großer Last und Bürd' ist, der vor Andern wird geehrt, vor Andern auch dabei beschwert.

5. Ist Einer heute guten Muth's, ergötzt und freut sich seines Gut's; eh' er's vermeint, fährt sein Gewinn zusammt dem guten Muthe hin: wie plötzlich kommt ein Ungestüm und wirft die großen Güter üm!

6. Bist du denn fromm und fleuchst die Welt und liebst Gott mehr als Gold und Geld; so wird dein Ruhm, dein Schmuck und Kron' in aller Welt zu Spott und Hohn; denn, wer der Welt nicht heucheln kann, den sieht sie ganz für albern an.

7. Nun ist es wahr, es steht uns hier die Trübsal täglich vor der Thür und find't ein Jeder überall des Kreuzes Noth und bittre Gall'. Sollt' aber drum der Christen Licht gar nichts mehr seyn, das glaub' ich nicht.

8. Ein Christ, der nur an Christo klebt und stets im Geist und Glauben lebt, dem kann kein Unglück, keine Pein im ganzen Leben schädlich seyn; geht's ihm nicht all'zeit, wie es soll, so ist ihm dennoch all'zeit wohl.

9. Hat er nicht Gold, so hat er Gott, fragt nichts nach böser Leute Spott; verwirft mit Freuden und verlacht der Welt verkehrten Stolz und Pracht: sein' Ehr' ist Hoffnung und Geduld, sein' Hoheit ist des Höchsten Huld.

10. Es weiß ein Christ und bleibt dabei, daß Gott sein Freund und Vater sey; er schick' ihm schwer und bittres Leid, hier ist nichts, das uns von ihm scheid't; je mehr Gott schlägt, je mehr Gott liebt, bleibt fromm, ob er uns gleich betrübt.

11. Laß Alles fallen, wie es fällt; wer Christi Lieb' im Herzen hält, der ist ein Held und bleibet stehn, wenn Erd' und Himmel untergehn; und wenn ihn alle Welt verläßt, hält Gottes Wort ihn dennoch fest.

12. Des Höchsten Wort dämpft alles Leid und kehrt's in lauter Lust und Freud', es nimmt dem Unglück alles Gift, daß, ob's uns gleich verfolgt und trifft, es dennoch unser Herze nie in allzu großes Trauren zieh'.

13. Ei nun! so mäß'ge deine Klag', ist gleich das Leben voller Plag', ist's dennoch an der Christen Theil auch voller Gottes Schutz und Heil. Wer Gott vertraut und Christum ehrt, der bleibt im Kreuz auch unversehrt.

14. Gleich wie das Gold durch's Feuer geht und in dem Ofen wohl besteht; so bleibt ein Christ durch Gottes Gnad' im Elends-Ofen ohne Schad'; ein Kind bleibt seines Vaters Kind, ob's gleich des Vaters Zucht empfind't.

15. Drum, liebes Herz! sey ohne Scheu und sieh' auf deines Vaters Treu': empfind'st du hier auch seine Ruth', er meint's nicht bös', er ist dir gut; gieb dich getrost in seine Händ', es nimmt zuletzt ein gutes End'.

16. Leb' immerhin, so lang' er will: ist's Leben schwer, so sey du still; es geht zuletzt in Freuden aus; im Himmel ist ein schönes Haus, da, wer nach Christo hier gestrebt, mit Christi Engeln ewig lebt.

Paul Gerhardt.

Von der Rechtfertigung.

Römer 4, v. 7. Selig sind die, welchen ihre Ungerechtigkeiten vergeben sind und welchen ihre Sünden bedeckt sind.

Mel. Es ist gewißlich an der Zeit.

935. Ich hab', o Herr mein Gott! durch mich dich zwar erzürnen können; wie aber ich versöhne dich, weiß ich nicht auszusinnen. Dies weiß ich, daß dein liebes Kind, an dem man nichts Sündhaftes find't, ist mein Erlöser worden.

2. Vom Himmel ist er williglich zu uns hernieder kommen und hat aus großer Lieb' an sich mein Fleisch und Blut genommen, daß er mich Schwachen heilen möcht' und wiederum zum Opfer brächt', was dich zum Zorn bewogen.

3. Dich hat ein Mensch zum Zorn bewegt, dich muß ein Mensch versöhnen; drum ward auf deinen Sohn gelegt, was billig uns verhöhnen und quälen sollt' in Ewigkeit. Nun diese große Gütigkeit giebt mir Trost, Heil und Leben.

4. Ja, dies ist meine Zuversicht, dies ist mein ganz Vertrauen; willst du der Sünden halber nicht mich, großer Gott! anschauen, so siehe mich in Gnaden an, weil g'nug für mich dein Sohn gethan und meine Schuld bezahlet.

5. Nimm wahr, o Vater, deinen Sohn, sey gnädig deinem Knechte; kraft seines Leidens meiner schon', straf' nicht nach strengem Rechte. Wenn du siehst seiner Nägel Maal', so laß doch meiner Sünden Zahl darin verborgen bleiben.

6. Schau' an sein theures, heil'ges Blut, für mich am Kreuz vergossen, das meinen Sünden ist zu gut, so mildiglich geflossen. Weil dich das Fleisch erzürnet hat, so laß dich auch das Fleisch zur Gnad' hinwiederum bewegen.

7. Groß ist es, was ich oft und viel durch Missethat verschuldet. Jedoch ich nicht verzagen will, weil Christus hat erduldet gehorsamlich den bittern Tod und mir dadurch, o treuer Gott! die Seligkeit erworben.

8. Groß ist mein' Ungerechtigkeit, die deinen Zorn erwecket; sein' Unschuld aber ist das Kleid damit sie wird bedecket. Kein Mensch so große Sünde find't, die nicht in Christi Tod verschwind't, der unser Bruder worden.

9. Wer ist so sehr in aller Welt mit Sündenschuld beladen, dem Christus, unser Lösegeld, nicht hilft von allem Schaden. Zwar groß ist meine Missethat, noch größer aber Gottes Gnad', in Christo mir erworben.

10. Ja, wenn man legte Christi Pein und aller Menschen Sünden in gleiche Waageschaalen ein; so würde sich befinden ein solcher großer Unterscheid, als zwischen Nacht und Tageszeit, als zwischen Höll' und Himmel.

11. Darum, o gnadenreicher Gott! deß Gnad' nicht auszugründen, durch deines Sohnes Blut und Tod vergieb mir meine Sünden. Laß durch sein' Unschuld meine Schuld, durch sein' Geduld mein' Ungeduld ganz ausgetilget werden.

12. Laß seine Demuth allezeit vor Hoffart mich beschützen, laß wider meinen Haß und Neid mir seine Sanftmuth nützen. Er sey mir All's, was ich bedarf, so wird kein Urtheil seyn so scharf, das mich verdammen möchte.

Johann Heermann.

Vorschmack des Himmels.

Offenbarung Joh. 21, v. 1. Ich sahe einen neuen Himmel und eine neue Erde.

Mel. Nun preiset alle Gottes Barmherzigkeit.

936. Ich hab' von ferne, Herr! deinen Thron erblickt und hätte gerne mein Herz vorausgeschickt, und hätte gern mein müdes Leben, Schöpfer der Geister, dir hingegeben!

2. Das wär so prächtig, was ich im Geist geseh'n! Du bist allmächtig; drum ist dein Licht so schön! Könnt' ich an diesen heilen Thronen doch schon von heute an ewig wohnen!

3. Nur ich bin sündig, der Erde noch geneigt; das hat mir bündig dein heil'ger Geist gezeigt. Ich bin noch nicht genug gereinigt, noch nicht ganz innig mit dir vereinigt!

4. Doch bin ich fröhlich, daß mich kein Bann erschreckt; ich bin schon selig, seitdem ich das entdeckt. Ich will mich noch im Leiden üben und dich zeitlebens inbrünstig lieben.

5. Ich bin zufrieden, daß ich die Stadt geseh'n; und ohn' Ermüden will ich ihr näher geh'n; und ihre heilen, gold'nen Gassen lebenslang nicht aus den Augen lassen.

D. Johann Timotheus Hermes.

Gottes Gefallen, mein Gefallen.

Ebräer 13, v. 21. Gott mache euch fertig in allem guten Werk, zu thun seinen Willen.

Mel. Wer nur den lieben Gott läßt walten.

937. Ich halte Gott in Allem stille, er liebet mich in Freud' und

Schmerz, wie gut ist Gottes Vater-Wille! wie freundlich sein holdselig's Herz! er ist mein Hort und meine Zier; was Gott gefällt, gefällt auch mir.

2. Mein Gott weiß Alles wohl zu machen, er ist der ewig treue Freund; er läßt mich nach dem Weinen lachen; was er nur thut, ist wohl gemeint; sein Lieben währet für und für: was Gott gefällt, gefällt auch mir.

3. Sein Wille bleibet mein Vergnügen, so lang' ich leb' auf dieser Welt; was kann mein eigner Wille tügen*), der das nicht will, was Gott gefällt? ich denk' an meine Christ-Gebühr; was Gott gefällt, gefällt auch mir.

*) taugen.

4. Er will und wird mich ewig lieben; er weiß, was Seelen nützlich sey; er hat mich in sein' Hand geschrieben mit lauterm Golde seiner Treu'. Weg, eigner Wille! weg mit dir! was Gott gefällt, gefällt auch mir.

5. Gott will, daß mir geholfen werde, er will der Seelen Seligkeit: drum reiß' ich mich von dieser Erde durch wahre Gott-Gelassenheit. Sein Will' geschehe dort und hier: was Gott gefällt, gefällt auch mir.

Lorenz Wilhelm Crantz.

Vom demüthigen Glauben an Jesum.

Matthäi 8, v. 8. Herr! ich bin nicht werth, daß du unter mein Dach gehest.

Mel. Herr Jesu Christ, mein's Lebens Licht.

938. Ich halte meinem Jesu still: er kann mir helfen, wenn er will. Er sprach kein Wort, das nicht geschah. Wenn er gebeut, so steht es da.

2. Sein Nam' ist eine Gottes-Kraft, die allen Menschen Heil verschafft. Sobald der Glaub' den Namen nennt, hat alles Uebel gleich ein End';

3. Der Glaube, der die Kraft versteht, die aus von Christo Jesu geht, und hält der Gnade sich nicht werth, daß Jesus in sein Haus einkehrt;

4. Der wahre Herzensdemuth übt und seinen Nächsten treulich liebt, der stets mit Hülfe bei ihm weilt, und bettelnd hin zu Jesu eilt;

5. Ein solcher Glaub' kann Wunder thun. Ja, alles wird in einem Nun erfüllt, gewährt, und ihm erlaubt, wie er gebeten und geglaubt.

6. Herr Jesu! ach, verlaß mich nicht! stärk' meines Glaubens Zuversicht durch deines Jesus-Namens Macht, bis du mich heim zu dir gebracht.

Chr. K. Ludw. v. Pfeil.

Vom Glauben, wenn uns Gott dunkle Wege führt.

Psalm 23, v. 4. Und ob ich schon wanderte im finstern Thal, fürchte ich kein Unglück; denn Du bist bei mir, dein Stecken und Stab trösten mich.

Mel. Nun ruhen alle Wälder.

939. Ich harr' am finstern Tage, wiegt gleich auf seiner Waage mir Gott viel Lasten zu. Es führt der Weg zum Glücke durch widrige Geschicke, durch Müh' und Streit der Weg zur Ruh'.

2. Nicht Gottes Weg' ergründen, sich kindlich d'rein zu finden, das ist der Christen Kunst; und wenn wir diese lernen, uns nicht von ihm entfernen, so ruhen wir in seiner Gunst.

3. Er schlägt nicht, um zu schlagen: nur Zucht sind unsre Plagen, dem Herzen zum Gewinn. Wenn wir den Weg nicht sehen, an seiner Hand nur gehen, das führt zum Vaterlande hin.

4. O Christ! thu's ihm zu Ehren, wag' nicht, das zu erklären, was sich nicht fassen läßt. Wirf ihm dich in die Hände, erwarte still das Ende, sey in der Hoffnung felsenfest!

Johann Gottfried Schöner.

Gott schützt die Seinen.

(Ein Reiselied.)

Psalm 121, v. 1. Ich hebe meine Augen auf zu den Bergen, von welchen mir Hülfe kommt.

Mel. Wo Gott zum Haus nicht giebt sein' Gunst.

940. Ich heb' mein' Augen sehnlich auf und seh' die Berge hoch hinauf, wann mir mein Gott vom Himmels-Thron mit seiner Hülf' zu statten komm'.

2. Mein' Hülfe kömmt mir von dem Herrn; er hilft uns ja von Herzen gern, Himmel und Erd' hat er gemacht, er hält über uns Hut und Wacht.

3. Er führet dich auf rechter Bahn, wird deinen Fuß nicht gleiten lahn, setz' nur auf Gott dein' Zuversicht; der dich behütet, schläfet nicht.

4. Der treue Hüter Israel bewachet dir dein'n Leib und Seel'; er schläft nicht, weder Tag noch Nacht, wird auch nicht müde von der Wacht.

5. Vor allem Unfall gnädiglich der fromme Gott behütet dich, unter dem Schatten seiner Gnad' bist du gesichert früh und spat.

6. Der Sonne Hitz', des Mondes

Schein dir sollen nicht beschwerlich seyn, Gott wendet alle Trübsal schwer zu deinem Nutz und seiner Ehr'.

7. Kein Uebels muß begegnen dir; des Herren Schutz ist gut dafür. In Gnad' bewahrt er deine Seel' vor allem Leid und Ungefäll.

8. Der Herr dein'n Ausgang stets bewahr', zu Weg und Steg gesund dich spar', bring' dich nach Haus' in sein'm Geleit, von nun an bis in Ewigkeit. D. Cornel. Becker.

Hoffnung im Kreuz.

Klagel. Jer. 3, v. 26. Es ist ein köstliches Ding, geduldig seyn und auf die Hülfe des Herrn hoffen.

Mel. Wer nur den lieben Gott läßt walten.

941. Ich hoff' auf dich in allen Nöthen, mein Gott, weil du so gnädig bist, ich weiß, daß du mich nicht wirst tödten, obgleich mein Herz voll Jammers ist. Bricht gleich des Trübsals Nacht herein, wollst du doch meine Sonne seyn.

2. Bisweilen stehst du zwar von ferne, wenn mich das Kreuz am härtsten drückt, doch hilfst du mir von Herzen gerne, ich werde bald darauf erquickt. Du bist allein mein Helfers-Mann, wenn mich sonst Niemand retten kann.

3. Ich will dafür ein Opfer bringen, mein frohes Herz ist der Altar, ich will von deiner Güte singen, ich opfre mich dir ganz und gar, Gebet und Seufzer steigen auf, du sendest Trost und Hülfe drauf.

4. Ich rühme deine Güt' und Treue, daß du so wohl an mir gethan; gieb, daß ich stets in dir mich freue und nimm dich meiner ferner an. Getreuer Gott, erhöre mich! mein Herze hofft allein auf dich.

Von der Hoffnung auf Gottes Gnade.

1 Petri 1, v. 13. Setzet eure Hoffnung ganz auf die Gnade, die euch angeboten wird durch die Offenbarung Jesu Christi.

Mel. Herr Christ, der ein'ge Gott's-Sohn.

942. Ich hoffe nur auf Gnade, auf Gnade ganz allein. Nicht-hoffen, das ist Schade; falsch hoffen ist nur Schein. In Jesu darf ich hoffen, da steht mir Gnade offen, da senk' ich mich hinein.

2. Die Sünde kann mich quälen; doch Jesus tilget sie. Die Gnade sagt der Seelen: sieh', Jesus ist allhie! auf diesen kannst du hoffen; die Wunden stehn dir offen und du wirst heil durch sie.

3. Das Kreuz kann mich noch drücken, weil ich im Kreuze bin; der Tod kann mich bestricken: doch dies ist auch Gewinn. In Jesu darf ich hoffen, der Himmel steht mir offen, die Gnade bringt mich hin.

4. So preis' ich Jesu Gnade, auf der mein Hoffen ruht, zwar auf dem Pilgrimspfade, doch mit getrostem Muth; dort wird erfüllt das Ganze, wenn man in Zions Glanze ihm ewig Ehre thut.

M. Philipp Friedrich Hiller.

Von der Liebe Jesu.

Joh. 11, v. 3. Herr! siehe, den du lieb hast, der liegt krank.

Mel. Herr Christ, der ein'ge Gott's-Sohn.

943. Ich kenne deine Liebe, mein Heiland! mir zum Trost; ich weiß, wie sie dich triebe, daß du dein Blut vergoss'st; auf diese kann ich sterben, ich fürchte kein Verderben, noch daß du mich verstoß'st.

2. Wenn Herz und Augen brechen, bist du des Lebens Licht; du brichst auch dein Versprechen und deine Liebe nicht. Der mir in Liebe diente und mich mit Gott versühnte, befreit auch vom Gericht.

3. Er liebt! Verstummt mein Beten im letzten Athemzug, so ist mir sein Vertreten beim Vater ganz genug, ja in den Sterbensnöthen wird sein Blut mich vertreten, das er gen Himmel trug. Ebr. 9, v. 12.

4. O Liebe, Wunderliebe! ich hänge mich an dich; und wenn ich einst zerstiebe, erweckst du dennoch mich. Liebst du uns schon auf Erden, was wird's im Himmel werden? du liebst ja ewiglich.

5. Hast du mir dies gegeben, daß mich die Liebe freut; mach' auch in diesem Leben mich zu dem Lied bereit, das man in jenem übet: dem Lamm, das uns geliebet, sey Macht und Herrlichkeit!

M. Philipp Friedrich Hiller.

Vom heiligen Abendmahl.

Jeremia 50, v. 5. Kommt und lasset uns zum Herrn fügen mit einem ewigen Bunde, deß nimmermehr vergessen werden soll.

Mel. An Wasserflüssen Babylon.

944. Ich komme, Herr, und suche dich, mühselig und beladen. Gott, mein Erbarmer, würd'ge mich des Wunders deiner Gnaden! Ich liege hier vor deinem Thron, Sohn Gottes und des Menschen Sohn! mich deiner zu getrösten. Ich fühle meine Sündenmüh', ich suche Ruh', und finde sie im Glauben der Erlös'ten.

2. Dich bet' ich zuversichtlich an, du bist das Heil der Sünder; du hast die Handschrift abgethan und wir sind Gottes Kinder. Ich denk' an deines Leidens Macht, und an dein Wort: „Es ist vollbracht!" Du hast mein Heil verdienet. Du hast für mich dich dargestellt: Gott war in dir und hat die Welt in dir mit sich versühnet.

3. So freue dich, mein Herz, in mir! er tilget deine Sünden und läßt an seiner Tafel hier dich Gnad' um Gnade finden. Du rufst und er erhört dich schon, spricht liebreich: „Sey getrost, mein Sohn! die Sünd' ist dir vergeben, du bist in meinen Tod getauft, du wirst dem, der dich hat erkauft, von ganzem Herzen leben.

4. Dein ist das Glück der Seligkeit; bewahr' es hier im Glauben und laß durch keine Sicherheit dir deine Krone rauben. Sieh', ich vereine mich mit dir; ich bin der Weinstock, bleib' an mir: so wirst du Früchte bringen. Ich helfe dir, ich stärke dich und durch die Liebe gegen mich wird dir der Sieg gelingen."

5. Ja, Herr, mein Glück ist dein Gebot; ich will es treu erfüllen und bitte dich durch deinen Tod um Kraft zu meinem Willen. Laß mich von nun an würdig seyn, mein ganzes Herz dir, Herr, zu weih'n und deinen Tod zu preisen. Laß mich den Ernst der Heiligung durch eine wahre Besserung mir und der Welt beweisen.

Christian Fürchtegott Gellert.

Verschiedene Bitten.

Philipper 4, v. 6. In allen Dingen lasset eure Bitte im Gebet und Flehen mit Danksagung vor Gott kund werden.

Mel. Herr Jesu Christ, mein's Lebens Licht.

945. Ich komme vor dein Angesicht; verwirf, o Gott, mein Flehen nicht; vergieb mir alle meine Schuld, du Gott der Gnade und Geduld!

2. Schaff' du ein reines Herz in mir, ein Herz voll Lieb' und Furcht zu dir, ein Herz voll Demuth, Preis und Dank, ein ruhig Herz mein Lebenlang.

3. Sey mein Beschützer in Gefahr! ich harre deiner immerdar. Ist wohl ein Uebel, das mich schreckt, wenn deine Rechte mich bedeckt?

4. Ich bin ja, Herr, in deiner Hand! von dir empfing ich den Verstand; erhalt' ihn mir, o Herr, mein Hort! und stärk' ihn durch dein göttlich Wort.

5. Laß, deines Namens mich zu freu'n, ihn stets vor meinen Augen seyn. Laß, meines Glaubens mich zu freu'n, ihn stets durch Liebe thätig seyn.

6. Das ist mein Glück, was du mich lehrst; das sey mein Glück, daß ich zuerst nach deinem Reiche tracht' und treu in allen meinen Pflichten sey.

7. Ich bin zu schwach aus eigner Kraft zum Siege meiner Leidenschaft; du aber ziehst mit Kraft mich an, daß ich den Sieg erlangen kann.

8. Gieb von den Gütern dieser Welt mir, Herr, so viel als dir gefällt; gieb deinem Knecht ein mäßig Theil, zu seinem Fleiße Glück und Heil.

9. Schenkt deine Hand mir Ueberfluß, so laß mich mäßig im Genuß und, dürft'ge Brüder zu erfreu'n, mich einen frohen Geber seyn.

10. Gieb mir Gesundheit und verleih', daß ich sie nütz' und dankbar sey und nie aus Liebe gegen sie mich zaghaft einer Pflicht entzieh'.

11. Erwecke mir stets einen Freund, der's treu mit meiner Wohlfahrt meint, mit mir in deiner Furcht sich übt, mir Rath und Trost und Beispiel giebt.

12. Bestimmst du mir ein länger's Ziel und werden meiner Tage viel, so laß, Gott, meine Zuversicht, verlaß mich auch im Alter nicht!

13. Und wird sich einst mein Ende nah'n, so nimm dich meiner herzlich an und sey durch Christum, deinen Sohn, mein Schirm, mein Schild und großer Lohn!

Christian Fürchtegott Gellert.

Vom heiligen Abendmahl.

Jesaia 65, v. 13. Siehe, meine Knechte sollen essen, ihr aber sollt hungern; siehe, meine Knechte sollen trinken, ihr aber sollt dürsten; siehe, meine Knechte sollen fröhlich seyn, ihr aber sollt zu Schanden werden.

Mel. Es ist gewißlich an der Zeit.

946. Ich komm' jetzt als ein armer Gast, o Herr! zu deinem Tische, den du für mich bereitet hast, daß ich mein Herz erfrische; wenn mich der Seelen-Hunger nagt, wenn mich der Durst des Geistes plagt, bis ich den Schweiß abwische.

2. Nun sprichst du, Seelenbischof! dort: ich bin das Brot zum Leben. Dies Brot treibt auch den Hunger fort, den sonst nichts mag aufheben. Ich bin der Trank; wer glaubt an mich, dem wird der Durst nicht ewiglich im Herzen Qualen geben.

3. Drum führe mich, o treuer Hirt! auf deine Himmelsauen, bis meine Seel' erquikket wird, wenn du sie lässest schauen die Ströme deiner Gütigkeit, die du für Alle hast bereit't, so deiner Hut vertrauen.

4. Ich armes Schäflein suche dich auf deiner grünen Weide; dein Lebensmanna speise mich zum Trost in allem Leide; es tränke mich dein theures Blut, auf daß mich ja kein falsches Gut von deiner Liebe scheide.

5. Gleichwie des Hirsches mattes Herz nach frischem Wasser schreiet, so schreiet auch mein Seelenschmerz: ach! laß mich seyn befreiet von meiner schweren Sündenpein, ach schenk' den Lebenstrank mir ein, dann bin ich benedeiet.

6. Vor Allem aber wirk' in mir ein' ungefärbte Reue, daß ich, zu sündigen vor dir, mit ganzem Ernst mich scheue; zieh' mir den Rock des Glaubens an, der dein Verdienst ergreifen kann, damit mein Herz sich freue.

7. Entzünd' in mir der Andacht Brunst, daß ich die Welt verlasse und deine Treue, Gnad' und Gunst in dieser Speise fasse; daß durch dein Lieben Lieb' in mir zu meinem Nächsten wachs' herfür und ich fort Niemand hasse.

8. Ach! führe mich nur selbst von mir, bei mir ist nichts denn Sterben. Nimm aber mich, o Herr! zu dir, bei dir ist kein Verderben. In mir ist lauter Höllenpein, in dir ist nichts denn Seligseyn mit allen Himmelserben.

9. Erneure mich, Herr, sey mein Stab! gieb mir des Geistes Gaben; laß mich die Sünde legen ab, die mich einst pflegt' zu laben; regiere meinen trägen Sinn, daß er die Lüste werfe hin, die er sonst pflegt' zu haben.

10. So komm nun, o mein Seelenschatz! dich kann ich nimmer missen, mein Herze giebt dir Raum und Platz und will von Keinem wissen, als nur von dir, dem Bräutigam! dieweil du mich am Kreuzesstamm aus Noth und Tod gerissen.

11. O lieber Heiland! habe Dank für deine Süßigkeiten. Ich fühl' der Sehnsucht heißen Drang, und wart' auf jene Zeiten, in welchen du, o Lebensfürst! mich sammt den Auserwählten wirst zur Himmelstafel leiten.

M. Justus Sieber.

Vom heiligen Abendmahl.

Offenbar. Joh. 19, v. 9. Selig sind, die zu dem Abendmahl des Lammes berufen sind.

Mel. Nun ruhen alle Wälder.

947. Ich komm' jetzt eingeladen zu deinen großen Gnaden, mein Heiland Jesu Christ! doch scheu' ich mich zu treten vor meinen Gott, zu beten, von Sünd' das Herz beflecket ist.

2. Ich bin ein armer Sünder, wie alle Menschenkinder, gestehe meine Schuld, und weil ich ausgeschritten, so hilf, o Jesu, bitten, damit ich wieder Gnade find'.

3. Ich will nun wiederkehren; hilf allem Unfall wehren, vergieb mir alle Schuld! Du bist für mich gestorben, hast mir das Heil erworben: drum habe Herr mit mir Geduld.

4. In deine blut'gen Wunden hab' ich mich nun gefunden und bin dadurch getröst't. Hilf mir in deinem Namen, o Jesu! sprich das Amen: Du Sünder bist durch mich erlös't!

5. Drauf will ich nun empfangen mit gläubigem Verlangen den wahren Leib und Blut, so für mich ist gegeben; hilf, daß mir's sey das Leben und meiner Seele höchstes Gut.

Vom Gebet.

Ps. 141, v. 2. Mein Gebet müsse vor dir taugen, wie ein Rauchopfer, meiner Hände Aufheben, wie ein Abendopfer.

Mel. Wie groß ist des Allmächt'gen Güte.

948. Ich komm' in Demuth hergetreten, mein Jesu! vor dein Angesicht; ach, großer Meister, lehr' mich beten, mach' kräftig, was mein Mund jetzt spricht. Laß mein Gebet durch deine Wunden zum Vaterherzen Gottes geh'n, so hat mein Flehen Gnad' gefunden, so wird dabei ein Amen steh'n.

M. Arnold Heinrich Sahme.

Vom heiligen Abendmahl.

Sprüche Sal. 9, v. 5. Kommt, zehret von meinem Brot, und trinket des Weines, den ich schenke.

Mel. Wer nur den lieben Gott läßt walten.

949. Ich komm' zu deinem Abendmahle, weil meine Seele hungrig ist, der du wohnst in dem Freudensaale und meiner Seelen Speise bist. Mein Jesu, laß dein Fleisch und Blut seyn meiner Seele höchstes Gut!

2. Gieb, daß ich würdiglich erscheine bei deiner Himmels-Tafel hier; daß meine Seele nur alleine mit ihrer Andacht sey bei dir. Mein Jesu, laß dein Fleisch rc.

3. Unwürdig bin ich zwar zu nennen, weil ich in Sünden mich verirrt; doch wirst du noch dein Schäflein kennen, du bist ja mein getreuer Hirt! Mein Jesu, laß dein Fleisch und Blut seyn meiner Seele höchstes Gut!

4. Gieb, daß die Sünde ich verfluche, als meiner Seele Tod und Gift; daß ich mein Leben untersuche, daß mich nicht dein Gerichte trifft: Mein Jesu, laß dein Fleisch 2c.

5. Dein Herz ist stets voll von Verlangen und brennt von sehnlicher Begier, die armen Sünder zu umfangen, drum komm' ich Sünder auch zu dir. Mein Jesu, laß dein Fleisch 2c.

6. Mühselig bin ich und beladen mit einer schweren Sündenlast: doch nimm mich Sünder an zu Gnaden und speise mich als deinen Gast. Mein Jesu, laß dein Fleisch 2c.

7. Du wirst ein solches Herze finden, das dir zu deinen Füßen fällt, das da beweinet seine Sünden, doch sich an dein Verdienst auch hält. Mein Jesu, laß dein Fleisch 2c.

8. Ich kann dein Abendmahl wohl nennen nur deiner Liebe Testament: denn, ach! hier kann ich recht erkennen, wie sehr dein Herz vor Liebe brennt. Mein Jesu, laß dein Fleisch 2c.

9. Es ist das Hauptgut aller Güter und unsers Glaubens Band und Grund, die Himmelsstärke der Gemüther, die Hoffnung und der Gnaden-Bund. Mein Jesu, laß dein Fleisch 2c. —

10. Du kannst den schwachen Glauben stärken, mein Heiland, durch dein Liebesmahl. Wenn sich bei mir läßt Schwachheit merken, so bist du mir ein stärkend Mahl. Mein Jesu, laß dein Fleisch 2c. — —

11. Der Leib, den du für mich gegeben, das Blut, das du vergossen hast, giebt meiner Seele Kraft und Leben und meinem Herzen Ruh' und Rast. Mein Jesu, laß dein Fleisch 2c. — —

12. Wie süß und lieblich ist die Speise, die du mir hast in meinen Mund gelegt so wunderbarer Weise. Nun ist mein krankes Herz gesund. Mein Jesu, laß dein Fleisch 2c. —

13. Ich bin erneuert und erquicket, mit Fried' und Freud' im Geist erfüllt, ich bin als eine Braut geschmücket und trage meines Heilands Bild: Mein Jesu, laß dein Fleisch 2c. — —

14. Ich bin mit dir nun ganz vereinet, du lebst in mir und ich in dir, drum meine Seele nicht mehr weinet, es lacht nun lauter Lust bei ihr: Mein Jesu, laß dein Fleisch 2c.

15. Wer ist, der mich nun will verdammen? der mich gerecht macht, der ist hie! ich fürchte nicht der Hölle Flammen, mit Jesu ich zum Himmel zieh'. Mein Jesu, laß dein Fleisch 2c.

16. Kommt gleich der Tod auf mich gedrungen, so bin ich dennoch wohl vergnügt, weil der, so längst den Tod verschlungen, mir mitten in dem Herzen liegt: Mein Jesu, laß dein Fleisch 2c. — —

17. Drum ist nun aller Schmerz verschwunden, nachdem mein Herz die Süßigkeit der Liebe Jesu hat empfunden, die mir versüßet alles Leid: Mein Jesu, laß dein Fleisch 2c.

18. Nun ist mein Herz ein Wohnhaus worden der heiligen Dreieinigkeit, nun steh' ich in der Engel Orden und lebe ewiglich erfreut. Mein Jesu, laß dein Fleisch und Blut seyn meiner Seele höchstes Gut!

M. Friedrich Christian Heyder.

Von der Treue gegen Jesum.

1 Mose 32, v. 26. Ich lasse dich nicht, du segnest mich denn.

In eigener Melodie.

950. Ich lass' dich nicht! du mußt mein Jesus bleiben. Will rauhe Noth, Welt, Höll' und Tod mich aus der festen Burg der Treue treiben: nur her! ich halte mich, mein starker Held, an dich. Hör', was mein Herze spricht: du mußt mein Jesus bleiben! ich lass' dich nicht! :,:

2. Ich lass' dich nicht, du allerhöchste Liebe! wenn Zweifel sich setzt wider mich; ich weiß, wie dich der Liebe Flamme triebe; du trugest Schuld und Pein. Sollt' ich verurtheilt seyn an jenem Weltgericht? du allerhöchste Liebe, ich lass' dich nicht! :,:

3. Ich lass' dich nicht, du süße Seelenstärke! die mich erlabt, mit Kraft begabt, wenn ich in mir des Glaubens Schwachheit merke. Macht Krankheit gleich den Leib durch Schmerzensnächte schwach, so spricht die Seele doch: du süße Seelenstärke, ich lass' dich nicht! :,:

4. Ich lass' dich nicht, du Hülf' in allen Nöthen! leg' Joch auf Joch, ich hoffe doch, auch wenn es scheint, als wolltest du mich tödten. Mach's wie du willst mit mir, ich weiche

weiche nicht von dir. Verbirg auch dein Gesicht, du Hülf' in allen Nöthen: ich lass' dich nicht! :,:

5. Ich lass' dich nicht; sollt' ich den Segen lassen? nein, Jesu, nein! du bleibest mein; dich halt' ich noch, wenn ich nichts mehr kann fassen. Nach kurzer Nächte Lauf geht mir der Segen auf von dir, dem Segenslicht; sollt' ich den Segen lassen? ich lass' dich nicht! :,:

6. Ich lass' dich nicht; führ' mich nach deinem Willen; ich folge nach durch Wohl und Ach, dein weiser Schluß kann allen Kummer stillen. Dir, Jesu! hang' ich an, und achte keine Bahn, wo Dorn und Distel sticht, führ' mich nach deinem Willen, ich lass' dich nicht. :,:

7. Ich lass' dich nicht, auch in dem Schooß der Freude; denn wenn ich mich seh' ohne dich, so ist die Lust mir eine Wermuths-Weide. Mir graut vor ihrer Kost, wenn nicht von deinem Trost mein Herz durchsüßet spricht, auch in dem Schooß der Freude: ich lass' dich nicht. :,:

8. Ich lass' dich nicht, was will die Hölle schrecken? Herr, ich bin dein, weß könnt' ich seyn, als dein mein Gott? du wirst mich schützend decken, mich reiniget dein Blut; was drohet denn mit Glut ihr zürnendes Gesicht? was will die Hölle schrecken? ich lass' dich nicht. :,:

9. Ich lass' dich nicht mein Gott, mein Herr, mein Leben; mich reißt das Grab von dir nicht ab, der in den Tod du dich für mich gegeben. Du starbst aus Liebe mir; ich sag's in Liebe dir, auch wenn mein Herze bricht; mein Gott, mein Herr, mein Leben! ich lass' dich nicht. :,:

Wolfgang Christoph Deßler.

Von der Treue gegen Jesum.

Ruth 1, v. 16: Rede mir nicht drein, daß ich dich verlassen sollte und von dir umkehren. Wo du hingehest, da will ich auch hingehen; wo du bleibest, da bleibe ich auch.

In eigener Melodie.

951. Ich lass' ihn nicht, der sich gelassen um mein verscherztes Heil herab. Er, der mich einmal wollt' umfassen, muß meine seyn bis in das Grab. Ob mir die Welt gleich viel verspricht, zu brechen meiner Liebe Pflicht; ich lass' ihn nicht! :,:

2. Ich lass' ihn nicht; der mich erworben, den werb' ich mir; ich sein, er mein. Der für mich ist am Kreuz gestorben, deß will ich auch im Sterben seyn; was schreckst du, Höllenangesicht? was lockest du, du Weltgedicht? ich lass' ihn nicht! :,:

3. Ich lass' ihn nicht, der mich nicht lässet, aus dessen Namen Heil mir blüht, der voller Inbrunst mich umfasset, der fasset wieder mein Gemüth. Was alle Herrlichkeit aussticht, das ist sein süßes Gottheits-Licht: ich lass' ihn nicht! :,:

4. Ich lass' ihn nicht; mich mag verlassen der ganzen Erde Pracht und Macht; der meine Seele nicht kann hassen, den nehm' ich mit ~~zur~~ Todesnacht; er nimmt mich wieder zu dem Licht, das in dem Himmel neu anbricht: ich lass' ihn nicht! :,:

5. Ich lass' ihn nicht, in Freud' und Leiden, er habe denn gesegnet mich; und müßt' ich drüber von hier scheiden, mein Glaube zieht ihn doch an sich. Obgleich die Kraft mir ganz gebricht und gar vergehet mein Gesicht: ich lass' ihn nicht! :,:

6. Ich lass' ihn nicht, wenn ich im Leben auch Alles, Alles lassen soll; zu ihm nur will ich mich erheben, es mag mir gehen, wie es woll'; und ob auch Alles wankt und bricht, so ist mein Sinn auf ihn gericht't: ich lass' ihn nicht! :,:

7. Ich lass' ihn nicht; kommt nur, ihr Plagen, stellt meinen Glauben auf die Prob'; mein Kreuz ist sein, er hilft's mir tragen, so sing' ich ihm dafür ein Lob. Er bleibet meines Herzens Licht, obgleich die Unglücksnacht anbricht: ich lass' ihn nicht! :,:

8. Ich lass' ihn nicht; was willst du, Sünde, du liegst im tiefen Meer versenkt; trotz, daß sich Satan unterwinde zu rauben, was mir ist geschenkt! Dein Stachel, Tod! mich nimmer sticht, weil Jesus mir im Herzen liegt: ich lass' ihn nicht! :,:

Johann Ludwig Faber.

Vom Leben in Christo.

Galater 2, v. 20. Was ich jetzt lebe im Fleisch, das lebe ich im Glauben des Sohnes Gottes, der mich geliebet hat, und sich selbst für mich dargegeben.

Mel. Valet will ich dir geben.

952. Ich leb' in Gottes Sohne, und dieser lebt in mir. Mein Geist schwebt dort am Throne, sein Geist umgiebt mich hier, zwar über Luft und Sterne erhob einst Jesus sich; doch ist er drum nicht ferne, sieht, hört und schützet mich.

2. Mein Zeug' ist in der Höhe! da lebt er und vertritt bei Gott mich, wenn ich flehe,

und theilt mir Gnade mit. Doch ist er in mir Schwachen auch der, der für mich kämpft und wenn die Lüst' erwachen sie glücklich in mir dämpft.

3. Mein Leib und meine Seele sind Christi Eigenthum. Deß rühm' ich mich und wähle mir keinen größern Ruhm. Ich fühle seine Triebe sehr lebhaft oft in mir. Er liebt mich, und ich liebe mit Inbrunst ihn dafür.

4. Was mir sein Tod erworben, das reicht sein Geist mir dar; mit ihm bin ich gestorben der Welt, mir selber gar. Mit ihm, der seine Treue mir sterbend noch entdeckt, bin ich zugleich aufs neue zum Leben auferweckt.

5. Dies Leben hier, im Glauben an Christum meinen Herrn, kann mir der Tod nicht rauben. So lebend sterb' ich gern. Hinweg, du Fürst der Sünde, der mir mein Heil entreißt! in mir, als Gottes Kinde, wohnt Christus und sein Geist.

6. Weg, Eitelkeit! weg, Sorgen! was acht' ich Ruhm, was Spott! mein Leben ist verborgen mit Christo zwar in Gott; doch wird, nach Zeit und Jahren, sich seine Herrlichkeit an mir auch offenbaren in der Vollkommenheit.

7. Jetzt ist noch nicht erschienen, was ich einst werden soll; hier soll ich ihm nur dienen getreu und glaubensvoll; doch dort soll ich zum Lohne mich freudig zu ihm nah'n, und der gerechten Krone aus seiner Hand empfah'n.

8. Drum handl' ich bloß auf Erden nach dem, was Gott gefällt. Um himmlisch einst zu werden, entsag' ich hier der Welt. Das, was ich mir erkoren, das bleibt, wenn sie vergeht; mich rührt kein Glück des Thoren, der meinen Glauben schmäht.

9. Im freudenvollen Himmel, da ist mein Bürger-Recht. In diesem Erdgetümmel bin ich nur Gast und Knecht; zum Guten, das ich thue, zwar schwach und doch voll Kraft: dort ist der Heimath Ruhe, hier Müh' und Pilgrimschaft.

10. Wie herrlich wird dort oben nicht dann mein Wandel seyn, wenn ich, zu Ihm erhoben, ganz sein bin, und Er mein. Da werd' ich ewig leben mit Ihm, (Er selbst verspricht's!) und jauchzend ihn umschweben, den Urquell alles Licht's.

Die Ruhe im Grabe.

Psalm 4, v. 9. Ich liege und schlafe ganz mit Frieden; denn allein du, Herr, hilfest mir, daß ich sicher wohne.

Mel. Wer nur den lieben Gott läßt walten.

953. Ich lieg' und schlafe ganz in Frieden, wenn einst mein Stündlein kommen ist; was mich gedrückt, beschwert hienieden, das Alles dann mein Herz vergißt: ich lieg' und schlafe fröhlich ein, um droben bei dem Herrn zu seyn.

2. Ich lieg' und schlafe ganz in Frieden, mir ist das Grab nicht schauerlich; ich bleibe nicht von dem geschieden, der durch sein Blut erkaufte mich; in Grabesnacht ist er mein Licht; auf ihn baut meine Zuversicht.

3. Ich lieg' und schlafe ganz in Frieden, wie laut auch Stürme mich umwehn. Das höchste Glück ist mir beschieden, kein Sterblicher kann es verstehn: der Himmel ist mir aufgethan, ich schau' und bete Jesum an.

4. Ich lieg' und schlafe ganz in Frieden, wie süß wird doch die Ruhe seyn dem Herzen, das sich oft hienieden gemüh't, der Ruhe sich zu freu'n; dem, der gehofft und sich gesehnt, deß Aug' im Stillen oft gethränt.

5. Wann lieg' und schlafe ich in Frieden? wann holst du mich, mein Jesus, heim? — wann schließt sich mir die Welt hienieden, dies Thränenthal? — Nicht länger säum' zu führen mich zu dir hinan, wo ich nur Ruhe finden kann! E. C. G. Langbecker.

Lob- und Danklied.

Psalm 30, v. 2. 3. Ich preise dich, Herr, denn du hast mich erhöhet und lässest meine Feinde sich nicht über mich freuen. Herr, mein Gott, da ich schrie zu dir, machtest du mich gesund.

Mel. Aus meines Herzens Grunde.

954. Ich preise dich und singe, Herr! deine Wunder-Gnad', die mir so große Dinge bisher erwiesen hat; denn das ist meine Pflicht in meinem ganzen Leben, dir Lob und Dank zu geben: mehr hab' und kann ich nicht.

2. Du hast mein Herz erhöhet aus mancher tiefen Noth; den aber, der da gehet und suchet meinen Tod und thut mir Herzleid an, den hast du weggeschlagen, so daß er meiner Plagen sich nicht erfreuen kann.

3. Herr, mein Gott! da ich Kranker vom Bette zu dir schrei', da ward dein Heil mein Anker, du standst mir treulich bei. Da Andre fuhren hin zur finstern Todes-Höhle, da hieltst du meine Seele und mich noch, wie ich bin.

4. Ihr Heiligen! lobsinget und danket eurem Herrn, der, wenn die Noth herdringet, bald hört und herzlich gern uns Gnad' und Hülfe giebt; rühmt den, deß Hand uns träget, und, wenn er uns ja schläget, nicht allzusehr betrübt.

5. Gott hat ja Vater-Hände und strafet mit Geduld; sein Zorn nimmt bald ein Ende, sein Herz ist voller Huld und gönnt uns lauter Gut's. Den Abend währt das Weinen, des Morgens macht das Scheinen der Sonn' uns gutes Muth's.

6. Ich sprach zur guten Stunde, da mir's noch wohl erging: ich steh' auf festem Grunde, acht' alles Kreuz gering; ich werde nimmermehr, das weiß ich, niederliegen; denn Gott, der kann nicht trügen, der liebt mich gar zu sehr.

7. Als aber dein Gesichte, ach Gott! sich von mir wandt', da ward mein Trost zu nichte, da lag mein Heldenstand. Es war mir angst und bang', ich führte schwere Klagen mit Zittern und mit Zagen: Herr mein Gott, wie so lang'!

8. Hast du dir vorgenommen, mein ew'ger Feind zu seyn, was werden dir denn frommen die ausgedorrten Bein', und der elende Staub, zu welchem in der Erden der Leib wird, wenn wir werden des blassen Todes Raub?

9. So lang' ich's Leben habe, lobsing' ich deiner Ehr'; dort aber in dem Grabe gedenk' ich dein nicht mehr. Drum eil' und hilf mir auf und gieb mir Kraft zum Leben, dafür will ich dir geben mein's ganzen Lebens Lauf.

10. Nun wohl, ich bin erhöret. Mein Seufzen ist erfüllt; mein Kreuz ist umgekehret; mein Herzleid ist gestillt; mein Grämen hat ein End': es sind von meinem Herzen der bittern Sorgen Schmerzen durch dich, Herr! abgewend't.

11. Du hast mit mir gehandelt noch besser als ich will. Mein Klagen ist verwandelt in eines Reigens Spiel, und für das Trauerkleid, in dem ich vor gestöhnet, da hast du mich gekrönet mit süßer Lust und Freud'.

12. Auf daß zu deiner Ehre mein' Ehre sich erhüb', und nimmer stille wäre, bis daß ich deine Lieb' und ungezählte Zahl der großen Wunderdinge mit ew'gen Freuden singe im güld'nen Himmelssaal.

Paul Gerhardt.

Von der Erhaltung im Gnadenstande.

Psalm 17, v. 6. Ich rufe zu dir, daß du, Gott, wollest mich erhören; neige deine Ohren zu mir, höre meine Rede.

In eigener Melodie.

955. Ich ruf' zu dir, Herr Jesu Christ! ich bitt': erhör' mein Klagen, verleih' mir Gnad' zu dieser Frist, laß mich doch nicht verzagen; den rechten Glauben, Herr! ich mein', den wollest du mir geben, dir zu leben, mein'm Nächsten nutz zu seyn, dein Wort zu halten eben.

2. Ich bitt' noch mehr, o Herre Gott! du kannst es mir wohl geben, daß ich nicht wieder werd' zum Spott, die Hoffnung gieb daneben, voraus wenn ich muß hie davon, daß ich dir mög' vertrauen und nicht bauen auf all mein eigen Thun, sonst wird's mich ewig reuen.

3. Verleih', daß ich aus Herzensgrund den Feinden mög' vergeben, verzeih' mir auch zu dieser Stund', schaff' mir ein neues Leben: dein Wort mein' Speis' laß allweg' seyn, damit mein' Seel' zu nähren, mich zu wehren, wenn Unglück geht daher, das mich bald möcht' abkehren.

4. Laß mich kein' Lust noch Furcht von dir in dieser Welt abwenden, beständig seyn an's End' gieb mir, du hast's allein in Händen; und wem du's giebst, der hat's umsonst, es mag Niemand erwerben noch ererben durch Werke deine Gnad', die uns errett't vom Sterben.

5. Ich lieg' im Streit und widerstreb', hilf, o Herr Christ! dem Schwachen, durch deine Gnad' allein ich leb', du kannst mich stärker machen. Kommt nun Anfechtung her, so wehr', daß sie mich nicht umstoße. Du kannst machen, daß mir's nicht bring' Gefahr; ich weiß, du wirst's nicht lassen.

Unbekannter Verfasser, um 1533.

Von der Nachfolge Christi.

Matthäi 9, v. 9. Jesus sahe einen Menschen am Zoll sitzen, der hieß Matthäus, und sprach zu ihm: Folge mir. Und er stand auf und folgete ihm.

Mel. Wer nur den lieben Gott läßt walten.

956. Ich schäme mich vor meinen Sünden, doch Jesus schämt sich meiner nicht; er geht mir nach, er will mich finden; wenn auch der Satan widerspricht, so stellt er seine Gnade für und ruft beweglich: Folge mir!

2. Soll ich das Wort nicht gelten lassen? Denn was er sagt, das muß geschehn; ich

darf ihn nur im Glauben fassen, so kann ich Trost und Hülfe sehn; er ist in Allem gut dafür, indem er saget: Folge mir!

3. Er hat das Heil für mich erworben, er hat die Schulden gut gemacht; für meinen Tod ist er gestorben und Alles hat er selbst vollbracht; er ist mein Licht und geht voran, daß ich gehorsam folgen kann.

4. Die Welt ist auf dem breiten Wege, der endlich in's Verderben fällt; drum weicht sie von dem schmalen Stege, darauf man Gott und g'nug erhält. Inzwischen hab' ich nichts an ihr, ich höre Jesum: Folge mir!

5 Er hat den Weg zuvor betreten, er hat zuvörderst Gott geliebt; er sparte nichts in seinem Beten, er war in keiner Noth betrübt; drum stellt er sein Exempel für und ruft beständig: Folge mir!

6. Nun fürcht' ich weder Tod noch Sünde, sein Wille ist mir schon bekannt; er geht mir nach, wie einem Kinde, da bleib' ich stets an seiner Hand; ich folg' in solcher Zuversicht, doch mein Vermögen thut es nicht.

7. Ich will mein Amt getreu verrichten, ich will im Dienste wacker seyn; will mich die Welt dabei vernichten, so geb' ich mich geduldig drein; mein Bleiben ist doch nicht allhier, mein Jesus rufet: Folge mir!

8. Ich werde schon die Wege finden auch in der finstern Todesbahn; da wird er mich getrost entbinden, daß ich ihm selig folgen kann. Ach Jesu, komm! ich sterbe dir, nur sag' auch künftig: Folge mir!

M. Christ. Weise.

Abendlied.

Micha 7, v. 8. So ich im Finstern sitze, so ist doch der Herr mein Licht.

Mel. Herzlich thut mich verlangen.

957. Ich seh' das Licht verschwinden, die dunkle Nacht bricht ein; ach Gott, laß meine Sünden zugleich verschwunden seyn; streich' sie aus deinem Buche, das mich zum Schuldner macht und rette mich vom Fluche, der mir war zugedacht.

2. Wenn Blut und Lüste schäumen, so zähme meinen Geist, daß er sich auch im Träumen aus Satans Netze reißt. Hilf für mein Bestes sorgen, verändre meinen Sinn, und schaffe, daß ich morgen ein neu Geschöpfe bin.

3. Wenn heut' mein Ziel der Jahre, mein letzter Abend ist, wohl mir, wenn ich nur fahre, wo du, mein Vater bist! Doch soll ich länger leben, so laß den festen Schluß mir stets vor Augen schweben, daß ich einst sterben muß.

M. Zeiske.

Jesus in Gethsemane.

Lucä 22, v. 39. 40. Jesus ging hinaus nach seiner Gewohnheit an den Oelberg. Es folgeten ihm aber seine Jünger nach an denselbigen Ort. Und als er dahin kam, sprach er zu ihnen: Betet, auf daß ihr nicht in Anfechtung fallet!

Mel. Nun ruhen alle Wälder.

958. Ich sehe dich mit Beten dort an den Oelberg treten, Herr! der Gebet erhört. Bin ich zur Andacht träge, so hilf, daß ich erwäge, was mich ein solcher Anblick lehrt.

2. Er lehrt mich deinen Willen. Mich dringt, ihn zu erfüllen dein Beispiel, dein Gebot. Sprich du bei allem Schmerze mir auch das Wort in's Herze: wer betet, fällt in keine Noth.

3. Du kennst mein Unvermögen, doch hast du mir dagegen den Beistand zugedacht, der meinem schwachen Beten durch Helfen, durch Vertreten zu Gott den freien Zutritt macht.

4. Ja selbst dein Blut, dein Sterben muß mir den Geist erwerben, durch den ich Abba schrei'. O, laß mich einst auch merken, wie durch sein inn'res Stärken mein letzter Seufzer kräftig sey.

5. Ich weiß, in deinem Namen ist Alles Ja und Amen; Gott hört den, der ihn ehrt; du hast für mich gerungen, für mich ist dir's gelungen; ich selber ward in dir erhört.

6. Und dies macht meinem Herzen den Tag der Angst und Schmerzen zum Heils- und Gnadentag. Gieb, daß mir diesen Glauben nicht Welt, noch Teufel rauben, nicht Furcht noch Zweifel schwächen mag.

7. Was will ich mehr? ich sehe dich, Mittler! in der Höhe; da betest du für mich. Wohl: hierauf will ich schauen; so geh' ich voll Vertrauen zum Vater, der erhört durch dich.

8. Nun Vater! so erhöre zu deines Namens Ehre durch deinen lieben Sohn; schau', dieser mein Vertreter, der allergrößte Beter, erscheint mit mir vor deinem Thron.

9. Dich aber, mein Erbarmer! dich, Jesu! bitt' ich Armer: laß mich für deine Pein, für alle deine Leiden, die Quelle meiner Freuden, hier und einst ewig dankbar seyn!

Johann Ludwig Schlosser.

Gebet unter langwährenden Leiden.

Psalm 85, v. 7. 8. Willst du uns denn nicht wieder erquicken, daß sich dein Volk über dich freuen möge? Herr, erzeige uns deine Gnade, und hilf uns.

Mel. O Gott, du frommer Gott.

959. Ich sehe lauter Noth und keiner Hülf entgegen; drum will ich desto mehr mich auf das Beten legen: so greif' ich meinem Gott ins Vaterherz hinein, das wird dadurch bewegt und mein Schmerz ist auch sein.

2. Ich geh' im Dunkeln hier und kann den Weg nicht sehen, viel weniger, wie mir es künftig werd' ergehen; drum halt' ich mich an den, der Alles übersieht, an seine mir schon lang' bekannte Treu' und Güt'.

3. Ich weiß mir keinen Rath noch Hülfe auszudenken; drum halt' ich mich an dem, der alle Herzen lenken und aller Kreatur mit Macht gebieten kann; da treff' ich Rath und Hülf' allein beisammen an.

4. Ich weiß mir keinen Trost, auf den ich könnt' vertrauen; auf Menschen-Tröstungen läßt sich nicht sicher bauen; dahero halt' ich mich nur stets in einem-fort an Gottes, meines Herrn, wahrhaftes, liebes Wort.

5. Ich weiß nicht, muß ich nicht zuletzt noch gar mein Leben in dieser Leidensprob', in diesem Kreuz aufgeben; deßwegen halt' ich mich auch auf die Ewigkeit, die alles Leid ersetzt, all' Augenblick' bereit.

6. Ich bin und bleib' des Herrn, und also mag es gehen, wie es auch immer will; es kann mir nichts geschehen, das mir in jener Welt nicht höchst erfreulich wär'. Drum sing' ich auch im Kreuz: Gott sey Lob, Preis und Ehr'! Joh. Jakob v. Moser.

Danklied.

Psalm 34, v. 2. Ich will den Herrn loben allezeit; sein Lob soll immerdar in meinem Munde seyn.

Mel. Lobt Gott, ihr Christen allzugleich.

960. Ich singe dir mit Herz und Mund, Herr, meines Herzens Lust! ich sing' und mach' der Erde kund, was mir von dir bewußt. :,:

2. Ich weiß, daß du der Brunn der Gnad' und ew'ge Quelle seyst, daraus uns Allen früh und spat viel Heil und Segen fleußt. :,:

3. Was sind wir doch? was haben wir auf dieser ganzen Erd', das uns, o Vater! nicht von dir allein gegeben werd'? :,:

4. Wer hat das schöne Himmelszelt hoch über uns gesetzt? wer ist es, der uns unser Feld mit Thau und Regen netzt? :,:

5. Wer wärmet uns in Kält' und Frost? wer schützt uns vor dem Wind? wer macht es, daß man Oel und Most zu seinen Zeiten find't? :,:

6. Wer giebt uns Leben und Geblüt? wer hält mit seiner Hand den gold'nen, werthen, edlen Fried' in unsrem Vaterland? :,:

7. Ach Herr, mein Gott! das kommt von dir; du, du mußt Alles thun! du hältst die Wacht an unsrer Thür und läss'st uns sicher ruh'n. :,:

8. Du nährest uns von Jahr zu Jahr, bleibst immer fromm und treu und stehst uns, wenn wir in Gefahr gerathen, treulich bei. :,:

9. Du strafst uns Sünder mit Geduld und schlägst nicht allzusehr, ja endlich nimmst du unsre Schuld und wirfst sie in das Meer. :,:

10. Wenn unser Herze seufzt und schreit, wirst du gar bald erweicht und giebst uns, was uns hoch erfreut und dir zur Ehr' gereicht. :,:

11. Du zählst, wie oft ein Christe wein' und was sein Kummer sey. Kein' Zähr' und Thränlein ist so klein, du hebst und legst es bei. :,:

12. Du füllst des Lebens Mängel aus mit dem, was ewig steht, und führst uns in des Himmels Haus, wenn uns die Erd' entgeht. :,:

13. Wohlauf, mein Herze! sing' und spring' und habe guten Muth, dein Gott, der Ursprung aller Ding', ist selbst und bleibt dein Gut. :,:

14. Er ist dein Schatz, dein Erb' und Theil, dein Glanz und Freudenlicht, dein Schirm und Schild, dein' Hülf' und Heil, schafft Rath und läßt dich nicht. :,:

15. Was kränkst du dich in deinem Sinn und grämst dich Tag und Nacht? Nimm deine Sorg' und wirf sie hin auf den, der dich gemacht. :,:

16. Hat er dich nicht von Jugend auf versorget und ernährt? Wie manchen schweren Unglückslauf hat er zurückgekehrt. :,:

17. Er hat noch niemals was verseh'n in seinem Regiment: nein, was er thut und läßt gescheh'n, das nimmt ein gutes End'. :,:

18. Ei nun! so laß ihn ferner thun und red' ihm nichts darein: so wirst du hier in Frieden ruhn und ewig fröhlich seyn. :,:

Paul Gerhardt.

Weihnachtslied.

Lucä 2, v. 12. Das habt zum Zeichen: ihr werdet finden das Kind in Windeln gewickelt und in einer Krippe liegend.

Mel. Es ist gewißlich an der Zeit.

961. Ich steh' an deiner Krippe hier, o Jesulein, mein Leben! ich stehe, bring' und schenke dir, was du mir hast gegeben. Nimm hin, es ist mein Geist und Sinn, Herz, Seel' und Muth, nimm Alles hin und laß dir's wohlgefallen.

2. Du hast mit deiner Lieb' erfüllt mein' Adern und Geblüte; dein schöner Glanz, dein süßes Bild liegt mir stets im Gemüthe, und wie mag auch es anders seyn? Wie könnt' ich dich, mein Jesulein! aus meinem Herzen lassen?

3. Da ich noch nicht geboren war, da bist du mir geboren und hast mich dir zu eigen gar, eh' ich dich kannt', erkoren; eh' ich durch deine Hand gemacht, da hast du bei dir selbst bedacht, wie du mein wolltest werden.

4. Ich lag in tiefer Todesnacht, du wurdest meine Sonne, die Sonne, die mir zugebracht Licht, Leben, Freud' und Wonne. O Sonne, die das werthe Licht des Glaubens in mir angericht't, wie schön sind deine Strahlen!

5. Ich sehe dich mit Freuden an und kann mich nicht satt sehen, und weil ich nun nicht weiter kann, so thu' ich, was geschehen. O daß mein Sinn ein Abgrund wär', und meine Seel' ein weites Meer, daß ich dich möchte fassen!

6. Vergönne mir, o Jesulein! daß ich im Geiste küsse dein Mündlein, das den süßen Wein, auch Milch und Honigflüsse weit übertrifft in seiner Kraft, es ist voll Labsal, Stärk' und Saft, der Mark und Bein erquicket.

7. Wenn oft mein Herz im Leibe weint und keinen Trost kann finden, da ruft mir's zu: Ich bin dein Freund, ich tilge deine Sünden. Was trauerst du, mein Fleisch und Bein! du sollst ja guter Dinge seyn, ich zahle deine Schulden. —

8. Wo nehm' ich Weisheit und Verstand, mit Lobe zu erhöhen die Aeuglein, die so unverwandt nach mir gerichtet stehen? Der volle Mond ist schön und klar, schön ist der gold'nen Sterne Schaar; dies' Aeuglein sind viel schöner.

9. O daß doch so ein lieber Stern soll in der Krippe liegen! für edle Kinder großer Herrn gehören güld'ne Wiegen. Ach, Heu und Stroh sind viel zu schlecht; Sammt, Seide, Purpur wären recht, dies Kindlein drauf zu legen.

10. Nehmt weg das Stroh, nehmt weg das Heu, ich will mir Blumen holen, daß meines Heilands Lager sey auf Rosen und Violen, mit Tulpen, Nelken, Rosmarin aus schönen Gärten will ich ihn von oben her bestreuen.

11. Zur Seite will ich hier und dar viel weiße Lilien stecken, die sollen seiner Aeuglein Paar im Schlafe sanft bedecken; doch liebt vielleicht das dürre Gras dies Kindlein mehr als Alles das, was ich hier nenn' und denke.

12. Du fragest nicht nach Lust der Welt noch nach des Leibes Freuden, du hast dich bei uns eingestellt, an unsrer Statt zu leiden, suchst meiner Seele Herrlichkeit durch dein selbst eig'nes Herzeleid, das will ich dir nicht wehren.

13. Eins aber hoff' ich, wirst du mir, mein Heiland! nicht versagen, daß ich dich möge für und für in meinem Herzen tragen. So laß mich doch dein Kripplein seyn, komm! komm und lege bei mir ein dich und all' deine Freuden!

14. Zwar sollt' ich denken, wie gering ich dich bewirthen werde, du bist der Schöpfer aller Ding', ich bin nur Staub und Erde; doch bist du ein so lieber Gast, daß Du noch nie verschmähet hast den, der dich gerne siehet.

Paul Gerhardt.

Vom Tode.

Sirach 37, v. 28. Ein Jeglicher hat eine bestimmte Zeit zu leben.

Mel. Wer nur den lieben Gott läßt walten.

962. Ich steh' mit einem Fuß im Grabe; es ist um einen Schritt gethan, so leg' ich meine Hütte abe, die nichts als Schwachheit heißen kann; drum sey mir stets ein Wort bewußt: gedenke, daß du sterben mußt.

2. Dem Menschen ist ein Ziel gesetzet, und da wird auch nichts anders draus. Wenn man am sichersten sich schätzet, so ist der Le-

bensseiger aus. Drum schreib', Herr! stets in meine Brust: gedenke, daß du sterben mußt.

3. Wie Mancher ist vorangegangen! Wer weiß, wann ich ihm folgen muß. Der Tod giebt oft den frischen Wangen ganz unverhofft den kalten Kuß. Drum weg, mein Herz, mit eit'ler Lust: gedenke, daß du sterben mußt.

4. Wohlan, so will ich täglich sterben, daß ich nicht ewig sterben muß. Ein Kluger fliehet das Verderben und machet diesen festen Schluß: O Mensch! in Allem, was du thust, gedenke, daß du sterben mußt.

Benjamin Schmolck.

Vom Tode und Auferstehen.

Joh. 11, v. 26. Wer da lebet und glaubet an mich, der wird nimmermehr sterben.

Mel. Wie wohl ist mir, o Freund der Seelen.

963. Ich sterbe nicht, trotz Tod und Grabe, worein mein Glaube muthig sieht. Das Haupt, an dem ich Antheil habe, lebt ewig; warum nicht sein Glied? der Tod ist in den Sieg verschlungen, da der, der seine Macht bezwungen, dem Starken seinen Harnisch nahm; da er, mein Bürge, mir zur Freude, mit unaussprechlich reicher Beute, aus seinem Grabe wiederkam.

2. Mein Jesu! dessen Blut und Sterben der Grund von meiner Hoffnung ist, der du, den Segen zu erwerben, ein Fluch am Kreuz geworden bist, ich bin mit dir längst auferstanden, da du mich von den schnöden Banden der Sünden-Sklaverei befrei't und das Vermögen mir gegeben, in dir, zu deinem Preis, zu leben in heiliger Gerechtigkeit.

3. Seitdem mein Geist in deinen Wunden den Frieden, den du mir verschafft, und deine Vater-Huld gefunden, geh' ich mit dir aus Kraft in Kraft. Ich übe mich, bei meinem Wallen, dir, meinem König zu gefallen. Ich lebe nicht, du lebst in mir. Was ich, da ich für mich nichts taige, zum göttlich frommen Wandel brauche, find' ich im reichen Maaß in dir.

4. Geht es durch manchen Kampf der Leiden: so scheint auch in der Trauernacht dein Licht des Trostes und der Freuden, das mich belebt und munter macht. Wenn Schmerz und Qual den Leib verzehret, wenn sich die Zahl der Stunden mehret, die für das Fleisch so ängstlich sind, ja wenn nun gar die letzte schläget: bleibt doch mein Glaube unbeweget, der, Lebensfürst! auf dich sich gründ't.

5. Ich sterbe nicht, auch da ich scheide. Der Tod, den du für mich geschmeckt, zeigt mir sich auf der schönen Seite. Was Wunder, daß er mich nicht schreckt? Er legt die abgematt'ten Glieder zur längst-gewünschten Ruhe nieder; dein Kind entschläft in deinem Schooß. Der Geist, der dir sich hingegeben, dringt durch und fängt an recht zu leben, von Band' und Kerker ewig los.

6. Er kommt, nachdem du ihm gerufen, zu dir in Zions Heiligthum und bringt zu deines Thrones Stufen dir Dank und Ehr' und Preis und Ruhm. Nun singt er mit den Seraphinen: dem Lamm, dem alle Himmel dienen, das mich durch Blut von Schuld befrei't, das sich für mich zu Tod' geliebet und Alles mir zum Erbtheil giebet, sey Kraft und Macht in Ewigkeit!

Andreas Rehberger.

Vorbereitung zum Tode.

1 Corinther 15, v. 31. Bei unserm Ruhm, den ich habe in Christo Jesu unserm Herrn, ich sterbe täglich.

Mel. Wer nur den lieben Gott läßt walten.

964. Ich sterbe täglich und mein Leben eilt immerfort zum Grabe hin. Wer kann mir einen Bürgen geben, ob ich noch morgen lebend bin? Die Zeit geht hin, der Tod kommt her, ach, wer nur immer fertig wär'!

2. Ein Mensch, der sich mit Sünden träget, ist immer reif zu Sarg und Grab: der Apfel, der den Wurm schon heget, fällt endlich unversehens ab. Der alte Bund schließt Keinen aus, mein Leib ist auch ein Todten-Haus.

3. Es schickt der Tod nicht immer Boten, er kommet oft unangemeld't, und fordert uns in's Land der Todten; wohl dem! der Haus und Herz bestellt; denn ew'ges Glück und Unglück hängt nur an einem Augenblick.

4. Herr aller Herren! Tod und Leben hast du allein in deiner Hand, wie lange du mir Frist gegeben, das ist und bleibt mir unbekannt; hilf, daß ich jeden Seigerschlag an meinen Abschied denken mag.

5. Es kann vor Abend anders werden, als es am Morgen mit mir war; den einen Fuß hab' ich auf Erden, den andern auf der

Todten-Bahr'; ein kleiner Schritt ist nur dahin, wo ich der Würmer Speise bin.

6. Ein einz'ger Schlag kann alles enden, wenn Fall und Tod beisammen seyn, doch schlage nur mit Vater-Händen und schließ' in Christi Tod mich ein, daß, wenn der Leib zu Boden fällt, die Seel' an Jesu Kreuz sich hält.

7. Vielleicht kann ich kein Wort mehr sagen, wenn Auge, Mund und Ohr sich schleußt; drum bet' ich bei gesunden Tagen: Herr! ich befehl' dir meinen Geist. Verschließen meine Lippen sich, so schreie Jesu Blut für mich.

8. Kann ich die Meinen nicht mehr segnen, so segne du sie mehr als ich. Wenn lauter Thränen um mich regnen, o Tröster! so erbarme dich und lasse der Verlass'nen Schrei'n durch deinen Trost erhörlich seyn.

9. Dringt mir der letzte Stoß zum Herzen, so schließe mir den Himmel auf; verkürze mir die Todesschmerzen und hole mich zu dir hinauf; so wird mein Abschied keine Pein, zwar eilig, dennoch selig seyn.

Benjamin Schmolck.

Von der Himmelfahrt Christi.

Apost. Geschichte 3, v. 21. Jesus Christus muß den Himmel einnehmen, bis auf die Zeit, da herwiedergebracht werde Alles, was Gott geredet hat durch den Mund aller seiner heiligen Propheten, von der Welt an.

Mel. Es ist das Heil uns kommen her.

965. Ich stimme Gottes Worten bei, die deutlich offenbaren, mein auferstand'ner Jesus sey gen Himmel aufgefahren. Er brach durch alle Todesnacht, hat das Gefängniß selbst mit Pracht gefangen weggeführet.

2. Kein Fürstenthum war dir zu groß, du hast es ausgezogen, und die Gewaltigen sind bloß an Waffen, Pfeil und Bogen, die du zur off'nen Schau selbst trugst, die du durch dich, weil du sie schlugst, selbst zum Triumph gemachet.

3. Du nahmst für uns den Himmel ein, vor Gott, zum Trost der Deinen, als Hoherpriester stets zu seyn, als Mittler zu erscheinen, der unaufhörlich für uns bitt't, zu dem wir, weil er uns vertritt, mit frohem Glauben treten.

4. Mein Heiland, durch die Himmelfahrt empfingst du alle Gaben; was auch von dir abtrünnig ward, sollt' jetzt doch Gaben haben. Nun rufen wir getrost zu dir: ach Mittler Jesu! gieb auch mir vom Himmel Gnadengaben!

5. Ach, gieb mir, auch mit dir im Geist zum Himmel einzudringen, laß mich nach dem, was himmlisch heißt, aus allen Kräften ringen. Hier ist ein Kampf- und Leidens-Platz, dort soll mein Bürgerrecht, mein Schatz, mein Herze ewig bleiben.

6. Laß sich an Wollust, Ruhm und Geld mein Herze niemals hängen, noch sich die Liebe dieser Welt in deine Liebe mengen. Dir lauf' ich nach; ach ziehe mich, mein Haupt! ach laß mich ewiglich mit dir vereinigt bleiben!

M. Philipp Friedrich Hiller.

Vom Vertrauen auf Gott.

Sirach 2, v. 6. Vertraue Gott, so wird er dir aushelfen; richte deine Wege und hoffe auf ihn.

Mel. Nun danket alle Gott.

966. Ich trau' allein auf Gott und bau' auf seine Güte. Er läßt in Ewigkeit kein ihm verpflicht't Gemüthe. Bei Gott verharr' ich stets, er prüfe, wie er will; ich weiß, daß er wie Freund erscheint aufs beste Ziel.

2. Ich trau' allein auf Gott; ich weiß, daß Menschen trügen. Er ist die Wahrheit selbst, der Menschen Wort' sind Lügen, ich wag' es bloß auf Gott, der meine Feinde schlägt und durch ein Winken nur, was schreckt, zu Boden legt.

3. Ich hange nur an Gott, und lass' ihn einzig walten; er kann in Angst und Noth gesegnet mich erhalten. Ich weiche nicht von Gott, er reicht mir seine Hand und hält mich, wenn die Welt vergeht, in festem Stand'.

4. Ach Gott, du wahrer Gott, der nie sein Wort gebrochen, du hast ausdrücklich mir ganz ohne Falsch versprochen, daß, wer in seiner Noth Erhörung bei dir sucht und Zuflucht zu dir nimmt, nicht suche sonder Frucht;

5. Daß, wer durch deinen Sohn dich wollt' um was belangen, unfehlbar Solches sollt', dafern es gut, empfangen. Dein Sohn verspricht uns selbst, daß dein Herz offen steht dem, der in Demuth dir mit Reu' entgegengeht.

6. Ich bitt' aus Herzensgrund, Herr, laß mir nicht den Glauben, wenn nun die Noth anbricht, aus meinem Herzen rauben; gieb, daß ich auf dich hoff', und wenn der

böse Tag vor meinem Blick' erscheint, ich nicht aus Mißtrau'n zag'.

7. Gieb, daß ich dich, mein Herr, wie auch den Nächsten, liebe; daß ich mich lebenslang in Glaubensfrüchten übe. Mein Leben sey allein verpflichtet deiner Ehr'. Herr, zeige mir die Bahn, zu geh'n nach reiner Lehr'.

8. Ach Gott! du bist mein Schild, du kannst und willst mich schützen; erschein' ich gleich jetzt hier und muß im Elend sitzen, verlaß mich nicht, mein Gott, da mich so große Noth erschreckt mit Fluch und Höll', mit Angst, Spott, Schmach und Tod.

9. Du hast auf meinem Haupt gezählet alle Haare, drum gieb nicht zu, daß ich hin in's Verderben fahre. Dir ist mein Leid bewußt, du einzig bist mein Heil; schieb' deinen Trost nicht auf, Zeit ist's, mein Jesu, eil'!

10. Mein Jesu! komm, ach komm! mir wird von Herzen bange, die Noth nimmt überhand, wie bleibst du doch so lange? du bist's, der helfen will, du bist's, der helfen kann, du bist's, der helfen muß; dich, Jesu! ruf' ich an.

Vom Vertrauen auf Gott.

Psalm 2, v. 12. Wohl allen, die auf ihn trauen.

Mel. Wer nur den lieben Gott läßt walten.

967. Ich trau' auf Gott in allen Sachen; denn wer wollt' sonst mein Helfer seyn? ach, Niemand hilft dem armen Schwachen; denn nur mein Gott, der thut's allein: drum seh' ich auch in meiner Noth zuförderst auf den lieben Gott.

2. Und muß ich gleich zu trüben Zeiten was dulden, ei, was ist's denn nun? ich will es herzlich gerne leiden, Gott wird mir keinen Schaden thun: drum seh' ich auch in meiner Noth zuförderst auf den lieben Gott.

3. Er hat mir ja so oft versprochen, daß er mein Helfer wollte seyn, ich weiß, er hält's mir ungebrochen, sein Wort trifft sonsten richtig ein: drum seh' ich auch in meiner Noth zuförderst auf den lieben Gott.

4. Läßt Gott die Vögel nicht verderben, ei nun, so glaub' ich steif und fest, daß er mich auch nicht Hungers sterben, noch sonst in Noth verderben läßt: drum seh' ich auch in meiner Noth zuförderst auf den lieben Gott.

5. Wohlan, ich will beständig bleiben bei Gott in Noth und Todesqual, von Gott soll mich kein Unglück treiben; drum sag' ich ein für allemal: ich seh' in aller meiner Noth zuförderst auf den lieben Gott.

Vom Vertrauen auf Gott.

Psalm 118, v. 8. Es ist gut auf den Herrn vertrauen, und sich nicht verlassen auf Menschen.

Mel. Wer nur den lieben Gott läßt walten.

968. Ich trau' auf Gott in allen Sachen und laß es gehen, wie es geht; er kann es doch am Besten machen, obgleich mein Herze traurig steht. Mir geh' es, wie es Gott gefällt: es sey ihm Alles heimgestellt.

2. Ich trau' auf Gott im Unglücke und wenn der Himmel trübe scheint; wenn ich mich nur in Gott erquicke und mein Geist sich mit ihm vereint, mag alle Fluth zu Haufe gehn und über meinem Haupte stehn.

3. Ich trau' auf Gott, wenn meine Feinde mich schmähen und verfolgen oft. Hab' ich nur meinen Gott zum Freunde, so zeigt er mir wohl unverhofft, wie mich sein starker Schutz erhält, wenn mir der Feinde List nachstellt.

4. Ich trau' auf Gott, wenn ich verachtet muß leben in der bösen Welt; indeß mein Geist nur dahin trachtet, wo Jesus lebt, da er bestellt mir Ehre, Ruhm und volle Freud' nach ausgestandner Traurigkeit.

5. Ich trau' auf Gott, wenn mein Vermögen abnimmt und wird gering und klein: so will ich meine Sorge legen auf Jesum, der uns hilft allein; wenn ich nur reich in Gott stets bin, so hab' ich g'nug in meinem Sinn.

6. Ich trau' auf Gott, so lang' ich lebe, Gott ist mein Heil und Zuversicht, an dem ich unzertrennlich klebe; ich lass' ihn nun und ewig nicht. Das soll mein steter Vorsatz seyn: ich traue meinem Gott allein.

7. Ich trau' auf Gott, will etwa wanken mein Lebensschifflein, wenn der Tod mir winket, daß ich muß erkranken, hilft Jesus doch in aller Noth und giebet mir auf kurzes Leid den Himmel und die ew'ge Freud'. M. Johann Christoph Arnschwanger.

Das Wallen des Christen.

2 Corinther 5, v. 6. Wir sind aber getrost allezeit, und wissen, daß, dieweil wir im Leibe wohnen, so wallen wir dem Herrn.

Mel. Wenn mein Stündlein vorhanden ist.

969. Ich walle meiner Heimath zu, nach Salems stillen Höhen. Nur dort kann ich in sichrer Ruh mein Heil

vollendet sehen. Dort geht, nach wohl vollbrachtem Lauf, für mich das Licht des Lebens auf und schenket ew'ge Wonne.

2. Doch ach! wie traurig ist die Bahn, die mich zum Himmel leitet? Ich treffe nichts als Kummer an, der meinen Geist bestreitet. Hier schreckt der Feind, dort nagt der Schmerz, da quälet mich mein eignes Herz; ach! wer kann hier mich retten?

3. Thust du es nicht mit deiner Macht, unendlicher Erbarmer! wo such' ich in der Kreuzesnacht denn sonsten Schutz, ich Armer? Auf Erden ist kein Rath für mich, ich irr' und laufe ohne dich auf Wegen der Verdammniß.

4. Mein Gott, mein Vater, stärke mich, daß ich stets überwinde, und die bedrängte Seele sich an deiner Seite finde. Mein Ziel und Wunsch bleibt dies allein, einst ewig dort bei dir zu seyn; wie kannst du mich verstoßen?

5. Nein, Abba! nein, das thust du nicht; dein Wort bleibt ewig stehen. Und dies heißt mich voll Zuversicht zu deinem Throne gehen. Da ruft mir dann die Gnade zu: Beladner, komm, hier find'st du Ruh'; kom gläubig, du sollst leben.

6. Wohl mir! hier, Vater! ist die Hand, halt' mich, daß meine Seele, den schmalen Weg zum Vaterland nun nimmermehr verfehle. Leit' mich nach deinem Rath allein, und bring' mich endlich hellig ein vom Glauben zu dem Schauen.

7. O wall' ich nur, mein Gott! vor dir, so kann mir Niemand schaden. Ich bin, dies zeigt dein Geist in mir, dein Erb', ein Kind der Gnaden; denn machte meines Mittlers Blut die Schulden aller Menschen gut, so bist auch du mir gnädig.

8. Bald werd' ich zu dem Schluß der Zeit und meiner Wallfahrt eilen. O welchen Schmuck der Herrlichkeit wirst du mir dann ertheilen. Ach! komm, mein Vater! hol' auch mich; dein müder Pilgrim flehet Dich auf Jesu Wort und Namen.

Christoph August Reichel.

Das Warten auf Barmherzigkeit.

Juda v. 21. Behaltet euch in der Liebe Gottes, und wartet auf die Barmherzigkeit unsers Herrn Jesu Christi, zum ewigen Leben.

Mel. Es ist gewißlich an der Zeit.

970. Ich warte auf Barmherzigkeit zum ew'gen frohen Leben. Herr Jesu, du hast uns bereit't, du hast es mir gegeben. Ich habe nichts davon verdient, doch Gottes Sohn, der uns versühnt, wird meiner sich erbarmen.

2. Macht meine Sünde mir noch Pein, so macht von allen Sünden das Blut des Sohnes Gottes rein, da kann ich Friede finden, da sieht Gott nicht mehr Sünden an; denn Jesus hat sie abgethan aus herzlichem Erbarmen.

3. Hier ist das Leben jämmerlich, in trübsalsvollen Zeiten; wir rufen oft: erbarme dich! in Leib's- und Seelenleiden; doch in dem Glauben warten wir, er giebt ein seliges dafür; sein Wille ist Erbarmen.

4. Ich warte auf Barmherzigkeit, mein Heiland, auch im Sterben; denn wer sich seines Heilands freut, der fürchtet kein Verderben. Ich sterb' auf des Erlösers Tod, und warte in der letzten Noth auf's Leben aus Erbarmen. M. Philipp Friedrich Hiller.

Vom Glauben an Christum.

Joh 11, v. 27. Herr, ja! ich glaube, daß du bist Christus, der Sohn Gottes, der in die Welt gekommen ist.

Mel. Nun lob' mein' Seel' den Herren.

971. Ich weiß, an wen ich glaube; mein Jesus ist des Glaubens Grund, bei dessen Wort ich bleibe und das bekennet Herz und Mund; Vernunft darf hier nichts sagen, sie sey auch noch so klug; wer Fleisch und Blut will fragen, der fällt in Selbstbetrug: ich folg' in Glaubenslehren der heil'gen Schrift allein; was diese mich läßt hören, muß unbetrüglich seyn.

2. Herr! stärke mir den Glauben; denn Satan trachtet Tag und Nacht, wie er dies Kleinod rauben und um mein Heil mich bringen mag; wenn deine Gnad' mich führet, so werd' ich sicher geh'n; wenn mich dein Geist regieret, wird's selig um mich steh'n. Ach! segne mein Vertrauen und bleib' mit mir vereint, so laß ich mir nicht grauen und fürchte keinen Feind.

3. Laß mich im Glauben leben, soll auch Verfolgung, Angst und Pein mich auf der Welt umgeben, so laß mich treu im Glauben seyn; im Glauben laß mich sterben, wenn sich mein Lauf beschließt und mich das Leben erben, das mir verheißen ist. Nimm mich in deine Hände bei Leb'- und Sterbenszeit, so ist des Glaubens Ende der Seelen Seligkeit.

M. Erdmann Neumeister.

Von der Auferstehung.

Johannis 11, v. 25. Ich bin die Auferstehung und das Leben.

Mel. Wenn mein Stündlein vorhanden ist.

972. Ich weiß, daß mein Erlöser lebt, das soll mir Niemand nehmen; er lebt, und was ihm widerstrebt, das muß sich endlich schämen. Er lebt fürwahr, der starke Held; sein Arm, der alle Feinde fällt, hat auch den Tod bezwungen.

2. Deß bin ich herzlich hoch erfreut und habe gar kein Scheuen vor dem, der alles Fleisch zerstreut, gleich wie der Wind die Spreuen. Nimmt er gleich mich und mein Gebein, und scharrt mich in die Gruft hinein, was kann er damit schaden?

3. Mein Heiland lebt! ob ich nun werd' in Todesstaub mich strecken, so wird er mich doch aus der Erd' hernachmals auferwecken; er wird mich reißen aus dem Grab' und aus dem Lager, da ich hab' ein Kleines ausgeschlafen.

4. Da werd' ich eben diese Haut und eben diese Glieder, die Jeder jetzo an mir schaut, auch was sich hin und wieder von Adern und Gelenken find't und meinen Leib zusammenbind't, ganz richtig wieder haben.

5. Zwar Alles, was der Mensche trägt, das Fleisch und seine Knochen, wird, wenn er sich hin sterben legt, zermalmet und zerbrochen von Maden, Motten und was mehr gehöret zu der Würmer Heer; doch soll's nicht stets so bleiben.

6. Es soll doch Alles wieder steh'n in seinem vor'gen Wesen; was niederlag, wird Gott erhöh'n; was umkam, wird genesen; was Tod und Grab hat ganz verheert und die Verwesung ausgezehrt, wird Alles wiederkommen.

7. Das hab' ich je und je geglaubt und faß' ein fest Vertrauen: ich werde den, der ewig bleibt, in meinem Fleische schauen; ja in dem Fleische, das hier stirbt, und in dem Grab' scheinbar verdirbt, darin werd' ich Gott sehen.

8. Ich selber werd' in seinem Licht ihn seh'n und mich erquicken; mein Auge wird sein Angesicht mit großer Lust erblicken; ich werd' ihn mir seh'n, mir zur Freud', und werd' ihm dienen ohne Zeit, ich selber und kein Fremder.

9. Trotz sey nun Allem, was mir will mein Herze blöde machen; wär's noch so mächtig, groß und viel, kann ich doch fröhlich lachen. Man treib' und spanne noch so hoch Sarg, Grab und Tod, so bleibet doch Gott, mein Erlöser, leben. Paul Gerhardt.

Von der Ohnmacht des menschlichen Raths ohne Gott.

Jeremia 10, v. 23. Ich weiß, Herr! daß des Menschen Thun stehet nicht in seiner Gewalt; und stehet in Niemandes Macht, wie er wandele oder seinen Gang richte.

In eigener Melodie.

973. Ich weiß, mein Gott! daß all mein Thun und Werk in deinem Willen ruh't, von dir kommt Glück und Segen, was du regierst, das geht und steht auf rechten, guten Wegen.

2. Es steht in keines Menschen Macht, daß sein Rath werd' in's Werk gebracht, und seines Gang's sich freue, des Höchsten Rath der macht's allein, daß Menschen-Rath gedeihe.

3. Oft denkt der Mensch in seinem Muth, Dies oder Jenes sey ihm gut, und ist doch weit gefehlet; oft sieht er auch für schädlich an, was Gott doch selbst erwählet.

4. So fängt auch oft ein weiser Mann ein gutes Werk mit Freuden an und bringt's doch nicht zu Stande; er baut ein Schloß und festes Haus, doch nur auf lauterm Sande.

5. Wie Mancher ist in seinem Sinn fast über Berg und Spitzen hin, und eh' er's sich versiehet, so liegt er da und hat sein Fuß vergeblich sich bemühet.

6. Drum, lieber Vater! der du Kron' und Scepter trägst, in's Himmels-Thron und aus den Wolken blitzest, vernimm mein Wort und höre mich vom Stuhle da du sitzest.

7. Verleihe mir das edle Licht, das sich von deinem Angesicht in fromme Seelen strecket, und da der rechten Weisheit Kraft durch deine Kraft erwecket.

8. Gieb mir Verstand aus deiner Höh', auf daß ich ja nicht ruh' und steh' auf meinem eignen Willen, sey du mein Freund und treuer Rath, was gut ist zu erfüllen.

9. Prüf' Alles wohl, und was mir gut, das gieb mir ein; was Fleisch und Blut erwählet, das verwehre; der höchste Zweck, das beste Theil sey deine Lieb' und Ehre!

10. Was dir gefällt, das laß auch mir, o meiner Seele Sonn' und Zier! gefallen und belieben; was dir zuwider laß mich nicht in Wort und That verüben.

11. Ist's Werk von dir, so hilf zu Glück; ist's Menschen-Thun, so treib's zurück und

ändre meine Sinnen; was du nicht wirkst pflegt von ihm selbst in Kurzem zu zerrinnen.

12. Sollt' aber dein und unser Feind an dem, was dein Herz gut gemeint, beginnen sich zu rächen, ist das mein Trost, daß seinen Zorn du leichtlich könnest brechen.

13. Tritt du zu mir und mache leicht, was mir sonst fast unmöglich deucht, und bring' zum guten Ende, was du selbst angefangen hast durch Weisheit deiner Hände.

14. Ist gleich der Anfang etwas schwer, und muß ich auch ins tiefe Meer der bittern Sorgen treten, so treib' mich nur ohn' Unterlaß zum Seufzen und zum Beten.

15. Wer fleißig betet und dir trau't, wird Alles, davor sonst ihm grau't, mit tapferm Muth bezwingen; sein Sorgenstein wird in der Eil in tausend Stücke springen.

16. Der Weg zum Guten ist fast wild, mit Dorn und Disteln angefüllt; doch wer ihn freudig gehet, kommt endlich, Herr! durch deinen Geist, wo Freud' und Wonne stehet.

17. Du bist mein Vater, ich dein Kind; was ich bei mir nicht hab' und find', hast du zu aller G'nüge, so hilf nun, daß ich meinen Stand wohl halt', und herrlich siege.

18. Dein soll seyn aller Ruhm und Ehr', ich will dein Thun je mehr und mehr aus hocherfreuter Seelen vor deinem Volk und aller Welt so lang' ich leb' erzählen.

Paul Gerhardt.

Gott ist der beste Herr.

Micha 7, v. 18. Wo ist ein solcher Gott, wie du bist, der die Sünde vergiebt?

Mel. Nun laßt uns den Leib begraben.

974. Ich weiß noch keinen bessern Herrn, was mir gefällt, das thut er gern, doch weiß ich keinen schlimmern Knecht, ich mach' ihm keine Sache recht.

2. Gott Lob! daß mir mein Herr vergiebt und mich aus seiner Gnade liebt. Gott Lob! daß er mich dulden kann, Gott Lob! er nimmt die Sünder an.

3. Drum bleib' ich stets bei diesem Herrn und das von ganzem Herzen gern, bei seinem Wort, in seinem Blut hat's meine Seele ewig gut. Ernst Gottl. Woltersdorf.

Ruhige Freude eines Gläubigen.

Lucä 22, v. 35. So oft ich euch gesandt habe ohne Beutel, ohne Tasche, und ohne Schuhe, habt ihr auch je Mangel gehabt? Sie sprachen: Nie keinen.

Mel. Nun ruhen alle Wälder.

975. Ich weiß von keinen Plagen bis diesen Tag zu sagen, die Jesus mir gemacht. Nein, alle seine Wege, je mehr ich's überlege, sind gut gemeint und wohl bedacht.

2. Er hat noch nie vergessen, mir reichlich zuzumessen, was mir zum Segen sey. Kommt auch ein trüber Morgen, so bleib' ich doch von Sorgen, von Furcht und Mißvergnügen frei.

3. Ich fürchte keine Strafe und kriege, wie im Schlafe,*) den Gnadenüberfluß. Wenn Mancher denkt, ich leide, so mehrt sich meine Freude, weil mir's zum Besten dienen muß. *) Psalm 127, v. 2.

4. Ja, es wird Wahrheit bleiben, daß, die sich dir verschreiben, o Jesu, selig seyn. Kann das die Welt nicht fassen, muß man sie fahren lassen und sich nur desto mehr erfreu'n.

5. Ach könnt' ich ohne Wanken dir unaufhörlich danken, daß du so gnädig bist! O, wie vergiebst du reichlich! dein Herz ist unvergleichlich. Ach, daß mein Herz so schläfrig ist!

6. Der Gaben ist kein Ende und deine treuen Hände sind weder müd' noch matt. Du fährest fort zu geben, zu tragen und zu heben, bis alle Noth ein Ende hat.

7. O möcht' ich's recht verstehen, auf Alles aufzusehen, was du mir schon gethan; und auch auf das zu merken, was jetzt in deinen Werken mir Glaubensstärkung werden kann.

8. Ach, schärfe meine Augen, damit sie endlich taugen, recht hell und klar zu seh'n: so seh' ich aller Orten mit güld'nen Glaubensworten die Schrift von deiner Gnade steh'n.

9. Dann lob' ich voller Freuden, und säß' ich auch im Leiden, die Größe deiner Huld. Ich dring' in deine Kammer, da seh' ich keinen Jammer. Ich glaub' in fröhlicher Geduld.

10. Mein Hoffen ist lebendig, von Jesu unabwendig und hält mich aufgericht't. Wie will ich ihn dort oben mit tausend Freuden loben; denn, weil ich glaube, fall' ich nicht.

Ernst Gottlieb Woltersdorf.

Ich wende mich zu ihm und halte mich an ihn.

Ebräer 10, v. 39. Wir aber sind nicht von denen, die da weichen und verdammet werden; sondern von denen, die da glauben und die Seele erretten.

Mel. Wer nur den lieben Gott läßt walten.

976. Ich wende mich von allen Dingen und kehre mich zu Jesu hin; ich

weiß, es wird mir wohl gelingen, ob ich gleich krank und elend bin; mein' Hoffnung ist auf ihn gericht't, ich halte ihn und lass' ihn nicht.

2. Ich will, wie Jakob, mit ihm ringen; ich bete, weil ich beten kann; ich will ihm meine Lieder bringen, ich greife es im Glauben an; ich rufe, bis sein Herze bricht, und sein Mund mir den Segen spricht.

3. Ich muß den neuen Namen haben, ich werde Ueberwinder seyn; wie wird sich da das Herz erlaben, wenn es mit Gottes Gnadenschein sich völlig wird umgeben seh'n, in seiner Kraft einher zu geh'n.

4. Er ist mein Licht und meine Sonne, er ist mein Seelenbräutigam; er bleibet meines Herzens Wonne, er ist das reine Gotteslamm; er ist mein König, ich sein Knecht, er schützet mich, und spricht mir Recht.

5. Wie sollte ich denn von ihm wanken, wenn mich das Kreuz zu Boden drückt? Nein, es soll Herz, Sinn und Gedanken, wenn er mir eine Prüfung schickt, ihm desto mehr ergeben seyn; ich liebe ihn auch in der Pein.

6. Die Hoffnung lässet mich nicht fallen, sie ist mein Anker in dem Sturm; ist mein Gebet gleich nur ein Lallen und ich ein armer Erdenwurm: so werd' ich doch von Ihm erquickt; es ist mir gut, was Er zuschickt.

7. Er ist mein Hirt und meine Weide, er ist mein Arzt und Lebenssaft; er bleibet einzig meine Freude und meiner matten Seele Kraft; er ist der Schatz, der mich ergötzt, wenn mich des Kreuzes Dorn verletzt.

8. Ich bleibe gänzlich an ihm hangen und gebe Allem gute Nacht; ich kann hinfort sonst nichts verlangen, als was mich fromm und selig macht. Wird dieser Zweck an mir erreicht, was schadet's, wenn mein Leib erbleicht?

Sam. Urlsperger.

Von der Kindschaft Gottes.

Galater 3, v. 26. Ihr seyd alle Gottes Kinder, durch den Glauben an Christum Jesum.

Mel. Allein Gott in der Höh' sey Ehr'.

977. Ich will auch nicht mehr traurig seyn, die Schwermuth ist vergebens, Gott schreibet mich zur Kindschaft ein in's theure Buch des Lebens. Was will ich mehr? was fehlt mir noch? und kränkt mich was, so weiß ich doch: Gott wird mich nicht verlassen.

2. Drum such' ich meinen größten Ruhm in Gott und seiner Liebe; er mein, und ich sein Eigenthum, was ist, das mich betrübe? er nahm mein Fleisch und Blut an sich, dagegen soll im Himmel ich ihm gleich und ähnlich werden.

3. So bleib' ich sein, so bleibt er mein, muß ich den stolzen Herzen gleich ein verachtet Lichtlein seyn, ich kann's getrost verschmerzen; ich frage nichts nach aller Welt, ich habe schon, was mir gefällt: mein Jesus ist mein Alles.

Vom Glauben.

Sirach 35, v. 21. Das Gebet der Elenden dringet durch die Wolken, und lässet nicht ab, bis es hinzu komme, und höret nicht auf, bis der Höchste drein sehe.

Mel. Werde munter, mein Gemüthe.

978. Ich will beten, Gott wird hören; denn er hat es zugesagt. Mich soll Zweifel nicht bethören und ich werde nicht verzagt, wenn er nicht zu hören scheint. Denn ich weiß wohl, wie's gemeint: es soll die Geduld sich mehren. Ich will beten, Gott wird hören.

2. Ich will beten, Gott wird geben; denn von ihm kommt Alles her. Aus der Fülle kann man heben als aus einem reichen Meer, was für Leib und Seel' ist noth. Droben lebt der reiche Gott, der hat Segen, Brot und Leben. Ich will beten, Gott wird geben.

3. Ich will beten, Gott wird schonen, wenn mich mein Gewissen quält und der Sünden Millionen mir aus seinem Schuldbuch zählt. Gott, der keinem Sünder flucht, wenn er herzlich Gnade sucht, wird mir nach Verdienst nicht lohnen. Ich will beten, Gott wird schonen.

4. Ich will beten, Gott wird stärken, wenn der Glaube wanken will. Werd' ich Unglückswetter merken, ist Gebet mein Saitenspiel. Beten und des Glaubens Kraft ist der Christen Ritterschaft. Hab' ich Gott bei meinen Werken, will ich beten, Gott wird stärken.

5. Ich will beten, Gott wird heilen; wenn der Leib die Schmerzen spürt, will ich zu dem Helfer eilen, der mit einem Wort kurirt. Wenn Hiskias fleht und schreit, wird des Lebens Kraft erneut. Sollte sich auch was verweilen; ich will beten, Gott wird heilen.

6. Ich will beten, Gott wird retten. Ich will, neigt mein Lebenslicht, in des Vaters Schooß mich retten, mit Gebet und Zu-

versicht. Wer im Sterben beten kann, ist gewiß recht wohl daran und zerreißt des Todes Ketten. Ich will beten, Gott wird retten.

M. Gottfried Gottschling.

Von der Liebe zu Jesu.

Buch der Richter 5, v. 31. Die ihn aber lieb haben, müssen seyn, wie die Sonne aufgehet in ihrer Macht.

Mel. Wie wohl ist mir, o Freund der Seelen.

979. Ich will dich immer treuer lieben, mein Heiland, gieb mir Kraft dazu! die Welt hat mich lang' umgetrieben, nun schenkst du mir die wahre Ruh', die Ruh', mit der nichts zu vergleichen, der alle Königs-Kronen weichen, die uns den Himmel offen zeigt. Ach daß ich ganz in Lieb' zerflösse für deiner Liebe Wundergröße, die alles Wissen übersteigt.

2. Wie freundlich hast du mich gezogen, wie ging mir dein Erbarmen nach! ich flohe dich, der mich bewogen, und rang nach Tod und Ungemach: du aber nahmst ohn' mein Verlangen in deiner Liebe mich gefangen, und offenbaretest dich mir, nimm, Seelen-Freund, für diese Treue mein ganzes Herz, das ich dir weihe, entreiß' mir's doch und nimm es dir.

3. O lehre mich, mich selbst vergessen, damit ich nur an dich gedenk', lehr' mich nach dir nur Alles messen, daß ich in Liebe mich versenk'! möcht' aller Tand von mir verschwinden, um dich vollkommener zu finden, du süße Lieb' und höchstes Gut! werd' ich mein Leben recht verlieren, so wirst du Kräfte in mich führen, daß ich dich lieb' mit heißer Glut.

4. Ich hange nicht an deinen Gaben, dich, Jesu, such' ich ganz allein: soll ich nichts zu genießen haben, ich will auch wohl zufrieden seyn. Vertausch' den Trieb nach Süßigkeiten mit der Begierde still zu leiden, und mach' in Allem mich getreu. Nimm hin mein Wollen, Denken, Richten, mein eigen Laufen, Wirken, Dichten, daß nichts denn du mehr übrig sey.

5. Mir ist am seligsten gerathen, wenn ich aus eigner Wahl nichts thu'; ein andrer sinn' auf große Thaten: mein Geist erblikket eine Ruh', worin er leidend das vollführet, was von des Geistes Trieben rühret, und das heißt recht in Gott gethan; o mischte sich doch in mein Lieben nichts mehr von meinen eignen Trieben, so fing' ich recht zu lieben an.

6. Getreuer Jesu, soll ich hoffen, daß meine Liebe treuer werd'; ach ja! dein Herze steht noch offen dem, welcher ernstlich Hülf begehrt. Ich flieh' zum Reichthum deiner Güte, durchleucht' mein dunkeles Gemüthe, daß ich, was du nicht selber bist, erkenn' und hass', und dämpf' und tödte: so schau' ich nach der Morgenröthe, wie hell die Sonne selber ist.

7. Auf, auf, mein Geist! nach Zions Höhen, ihr Ketten springt, ihr Bande reißt! ich sehne mich zur Ruh' zu gehen, entlaßt den g'nug ermüd'ten Geist. O hätt' ich doch nur Adler-Flügel, so würde mir zum Sternen-Hügel der kurze Lebenslauf nicht schwer! Gott mag's, wie's gut ist, mit mir halten; ich schreie stets bis zum Erkalten: ach Flügel, Flügel, Flügel her!

Vers 1—6. Johann Adam Flessa.
V. 7.—?

Von der Liebe zu Christo.

Joh. 14, v. 23. Wer mich liebet, der wird mein Wort halten; und mein Vater wird ihn lieben, und wir werden zu ihm kommen, und Wohnung bei ihm machen.

Mel. Wer nur den lieben Gott läßt walten.

980. Ich will dich lieben, meine Stärke! ich will dich lieben, meine Zier! ich will dich lieben mit dem Werke und immerwährender Begier, ich will dich lieben, schönstes Licht! bis mir das Herz im Sterben bricht.

2. Ich will dich lieben, o mein Leben! als meinen allerbesten Freund; ich will dich lieben und erheben, so lange mich dein Glanz bescheint. Ich will dich lieben, Gotteslamm! als meinen Seelen-Bräutigam.

3. Ach, daß ich dich so spät erkennet, du hochgelobte Liebe du! und dich nicht eher mein genennet, du höchstes Gut und wahre Ruh', es ist mir leid, ich bin betrübt, daß ich dich hab' so spät geliebt.

4. Ich lief verirrt und war verblendet, ich suchte dich und fand dich nicht, ich hatte mich von dir gewendet und liebte das geschaffne Licht; nun aber ist's durch dich geschehn, daß ich dich endlich hab' gesehn.

5. Ich danke dir, du wahre Sonne! daß mir dein Glanz das Licht gebracht, ich danke dir, du Himmelswonne! daß du mich froh und frei gemacht; ich danke dir, du süßer Mund, daß du mich innigst machst gesund.

6. Erhalte mich auf deinen Stegen und laß mich nicht mehr irre gehn, laß meinen

Fuß in deinen Wegen nicht straucheln oder stille stehn, erleuchte Leib und Seele ganz, du ewig starker Himmelsglanz!

7. Den Augen gieb der Buße Thränen und meinem Herzen keusche Brunst. Laß meine Seele sich gewöhnen und üben in der Liebeskunst. Laß meinen Sinn, Geist und Verstand stets seyn zu dir, mein Schatz! gewandt.

8. Ich will dich lieben, meine Wonne! dich will ich lieben, meinen Gott; ich will ohn' Lohn, du Gnadensonne, dich lieben in der größten Noth, ich will dich lieben, schönstes Licht! bis mir das Herz im Sterben bricht. Johann Scheffler (Angelus).

Danksagung für Gottes Güte und Freundlichkeit.

Psalm 34, v. 4. 5. Lasset uns mit einander seinen Namen erhöhen. Da ich den Herrn suchte, antwortete er mir und errettete mich aus aller meiner Furcht.

Mel. Kommt her zu mir, spricht Gottes Sohn.

981. Ich will erhöhen immerfort und preisen meiner Seelen Hort, ich will ihn herzlich ehren. Wer Gott liebt, stimme mit mir ein; laßt Alle, die betrübet seyn, ein Freuden-Liedlein hören.

2. Gott ist ein Gott, der reichlich tröst't. Wer ihn nur sucht, der wird erlös't; ich hab' es selbst erfahren. Sobald ein Ach im Himmel klingt, kommt Heil und was uns Freude bringt; Gott weiß uns zu bewahren.

3. Die starken Engel spät und früh zieh'n an, und machen dort und hie sich selbst zum Wall und Mauern, da weicht und fleucht die böse Rott', der Satan wird zu Hohn- und Spott, kein Unglück kann da dauern.

4. Ach, was ist das für Süßigkeit! Ach, schmecket Alle, die ihr seyd mit Sinnen wohl begabet. Kein Honig ist mehr auf der Erd' hinfort des süßen Namens werth: Gott ist's, der uns recht labet.

5. O sel'ges Herz, o sel'ges Haus, das alle Lust stößt von sich aus, und diese Lust beliebet; all' andre Schönheit wird entrückt: der aber bleibet stets geschmückt, wer sich nur Gott ergiebet.

6. Des Königs Gut, des Fürsten Geld ist Tand und bleibet in der Welt, wenn die Besitzer sterben. Wie oft verarmt ein reicher Mann! wer Gott vertraut, bleibt reich und kann die ew'gen Schätz' ererben.

7. Kommt her, ihr Kinder, hört mir zu; ich will euch zeigen, wie ihr Ruh' und Wohlfahrt könnt erjagen: ergebet euch und euren Sinn in Gottes Wohlgefallen hin an allen euren Tagen.

8. Bewahrt die Zung', habt solchen Muth, der Zank und was zum Zanken thut, nicht reget, sondern stillet. So werden eure Tage seyn mit stillem Fried' und süßem Schein des Segens überfüllet.

9. Laß ab vom Bösen, fleuch die Sünd', o Mensch, und halt' dich als ein Kind des Vaters in der Höhe. Du wirst erfahren in der That, wie's dem, der ihm gefolget hat, so herzlich wohl ergehe.

10. Den Frommen ist Gott wieder fromm und machet, daß geflossen komm' auf uns all sein Gedeihen; sein Aug' ist unser Sonnen-Licht, sein Ohr ist Tag und Nacht gericht't zu hören unser Schreien.

11. Zwar wer Gott dient muß leiden viel, doch hat sein Leiden Maaß und Ziel: Gott hilft ihm aus dem Allen. Er sorgt für alle sein' Gebein, er hebt sie auf und legt sie ein, kein Einzig's muß verfallen.

12. Gott sieht in's Herz und weiß gar wohl, was uns macht angst- und sorgenvoll; kein Thränlein fällt vergebens; er zählt sie all' und legt davor uns treulich bei im Himmels-Chor all' Ehr' des ew'gen Lebens.

Paul Gerhardt.

Vorbereitung zum Tode.

Sirach 18, v. 22. Verziehe nicht fromm zu werden und harre nicht mit der Besserung deines Lebens bis in den Tod.

Mel. Wer nur den lieben Gott läßt walten.

982. Ich will es nicht wie And're machen, die nimmer auf ihr End' bedacht; ich will bei Zeiten meine Sachen bestellen, eh' die Todesnacht mich bringet in die Ewigkeit; dann ist's zu spät; jetzt ist es Zeit.

2. Ich sehe täglich Menschen sterben und lern' daran die Nichtigkeit; sie gleichen ja dem Thon und Scherben und leben doch in Sicherheit. Ich mache jetzt den festen Schluß: heut' leb' ich, heute thu' ich Buß'.

3. Mein Vater, lehre mich bedenken, daß ich unfehlbar sterben muß, mein Herz dadurch zur Klugheit lenken, daß ich in steter Reu' und Buß' auf meines Heilands Wegen geh' und ja nicht bei den Spöttern steh'.

4. Wie sollte ich das Eitle lieben, das einem Dunst und Nebel gleicht? wie sollt' ich

mich um das betrüben, das wie die schnelle Luft hinstreicht? Fort, Eitelkeit! ich mag dich nicht, mein Herz ist nur zu Gott gericht't.

5. Ich will die Welt und mich verlassen, da ich noch auf der Erde bin, will meines Jesu Kreuz umfassen, das lehrt mich einen bessern Sinn; dies wähl' ich mir zum sichern Stab, und eil' damit zu meinem Grab'.

6. Hab' ich dann Jesum recht erkennet, ist Freundschaft unter uns gestift't, werd' ich sein Erb' und Kind genennet, was schadet mir des Todes Gift? Mein Richter ist mein treuer Rath, mein Bürg'; er hilft mit Wort und That.

7. Ich danke dir von ganzem Herzen, Herr Jesu, treuer Menschenfreund! daß du, durch so viel bittre Schmerzen, auch mich, der damals ich dein Feind, erlöset, und am Kreuzesstamm genug gethan, o Gottes Lamm!

Samuel Urlsperger.

Von der Freudigkeit des Glaubens.

Psalm 35, v. 9. Meine Seele müsse sich freuen des Herrn, und fröhlich seyn auf seine Hülfe.

Mel. Jesus, meine Zuversicht.

983. Ich will fröhlich seyn in Gott, fröhlich, fröhlich immer fröhlich; denn ich weiß in aller Noth, daß ich schon in Gott bin selig. Weil der Freuden-Quell ist mein, so kann ich wohl fröhlich seyn.

2. Aber, ach! ich Menschenkind, kann ich auch von Freude sagen, da doch die unzählig sind, die bald hier bald dort mich plagen? doch, weil Gott der Helfer mein, wohl mir! ich kann fröhlich seyn.

3. Will die Sünde quälen mich, Jesus hat sie schon gebüßet; findet Kreuz und Trübsal sich, Jesus hat auch das versüßet; ist der Sündentilger mein, wohl mir, ich kann fröhlich seyn.

4. Stürmet Satan auf mich los, will die Hölle mich verschlingen; so bin ich in Christi Schooß; daraus wird mich Niemand bringen. Ist der Schlangentreter mein, sollt' ich da nicht fröhlich seyn?

5. Hätt' ich gleich gar keinen Freund, ei, was könnte mir das schaden? wär' die ganze Welt mir feind, Jesus kann mich wohl berathen; dieser Menschenfreund ist mein; mit ihm will ich fröhlich seyn.

6. Bin ich elend und nicht reich, mangein mir die hohen Gaben, bin ich dem Geringsten gleich, und hab' nicht, was Andre haben, so ist Gott, der Reichste, mein, drum kann ich auch fröhlich seyn.

7. Daß mein Feind mich sonst beschwert und mich will zum Spotte machen, ist des Traurens gar nicht werth; ich muß seiner Thorheit lachen; denn weil Gott, die Ehre, mein, kann ich dennoch fröhlich seyn.

8. Will der Tod mich raffen hin, Gott der stillet bald sein Wüthen; ist denn Sterben mein Gewinn, ei, so bin ich wohl zufrieden, Gott, des Todes Gift, ist mein; in ihm kann ich fröhlich seyn.

9. Herz und Muth sind fröhlich nun, fröhlich, Jesu! ist die Seele; gieb daß fröhlich alles Thun dich zum Zweck und Ziel erwähle; laß mich, o mein Sonnenschein, ohne dich nicht fröhlich seyn.

10. Laß mich üben Traurigkeit, wo zu trauern sich gehöret, sonsten aber Fröhlichkeit, die sonst nichts, als Dich begehret; du bist meine Freud' allein, durch dich kann ich fröhlich seyn.

11. Laß mich fröhlich leben hier, fröhlich seyn in allem Leiden, hilf mir fröhlich sterben dir, gieb mir bald die Himmelsfreuden; so bleibst du die Freude mein, da, da will ich fröhlich seyn!

Ludämilia Elisabeth,
Gräfinn zu Schwarzburg-Rudolstadt.

Der Glaube ohne Zweifel.

Römer 4, v. 20. Abraham zweifelte nicht an der Verheißung Gottes durch Unglauben; sondern ward stark im Glauben, und gab Gott die Ehre.

Mel. des 25sten Psalms.

984. Ich will ganz und gar nicht zweifeln, in der guten Zuversicht zu dir, Jesu! trotz den Teufeln! was mein Gott will, das geschicht. Wenn die Himmel schon vergeh'n, dieses Wort bleibt ewig feste, soll die Erd' auch nicht besteh'n; mein Erlöser bleibt der Beste.

2. Laß die Elemente schmelzen von der letzten Feuershitz', laß sich durcheinander wälzen Wasser und der Berge Spitz'. Wenn mit Krachen Alles fällt, wenn aus Furcht das Volk verschmachtet: Jesus bei der Hand mich hält; wohl dem, der es nur betrachtet!

3. Du hast mir in's Herz geschrieben, allerhöchster Gottes-Sohn! daß du mich willst ewig lieben, mich, mich Asche, Staub und Thon. O du große Majestät! wer kann deine Treu' aussprechen? Nichts vor deine Liebe geht, die dein weiches Herz kann brechen.

4. Deine

4. Deine Gnad' hat angefangen dieses gute Werk in mir; daß ich freudig kann gelangen zu der schmalen Himmelsthür; du wirst mich auch lassen ein, du, der Weg, die Thür, das Leben. Alles wirst du dann mir seyn, wenn du dich mir selbst wirst geben.

5. Laß die Lampe meiner Seele, schönster Himmelsbräutigam! brennen von dem Glaubens-Oele, wenn du kommst, o Gotteslamm! in der letzten Mitternacht, da man wird Posaunen hören: Selig, wer dann munter wacht, wenn sich Alles wird verkehren.

6. Nun, ich weiß, Gott wird vollführen, was er angefangen hat. Jesus wird mich auch regieren durch des Geistes Wunderthat bis auf den Tag, wenn allein das hoch dreimal heil'ge Wesen nun wird mein Jehovah seyn: dann wird meine Seel' genesen.

Joachim Neander.

Von der Geduld und Gelassenheit.

2 Corinther 9, v. 8. Gott aber kann machen, daß allerlei Gnade unter euch reichlich sey, daß ihr in allen Dingen volle Genüge habt.

Mel. Wer nur den lieben Gott läßt walten.

985. Ich will im Sterben und im Leben mit meinem Gott zufrieden seyn; denn, was des Höchsten Hände geben, dabei ist lauter Gnadenschein. Ich bin vergnügt, wie Gott es giebt; was ihm gefällt auch mir beliebt.

2. Wenn ich nur meinen Jesum habe, so frag' ich nichts nach Gut und Geld; denn Jesus ist die beste Gabe, die meinem Herzen wohlgefällt. Weg Gold, weg Gut, weg stolze Pracht: ich habe, was mich freudig macht.

3. G'nug, wenn mir Gott Gesundheit giebet und so viel, als ich darf zur Noth. G'nug, wenn mich nur mein Heiland liebet und speiset mich mit Himmelsbrot; auch mein Gewissen rein bewahrt bis zu der Seele Himmelfahrt.

4. Wenn alles Unglück sich empöret, wenn Mangel mich verzaget macht: so weiß ich, daß mich Gott ernähret, an den ich hange Tag und Nacht; drum soll kein Elend bis in's Grab von meinem Gott mich scheiden ab.

5. Ich will mich stets zu Jesu halten in meiner ganzen Lebenszeit und meinen Gott nur lassen walten in Wohlstand und in Traurigkeit. Giebt mir Gott wenig oder viel, Zufriedenheit bleibt doch mein Ziel.

Lob- und Danklied.

Psalm 111, v. 1. Ich danke dem Herrn von ganzem Herzen im Rath der Frommen, und in der Gemeine.

Mel. Aus meines Herzens Grunde.

986. Ich will mit Danken kommen in den gemeinen Rath der rechten, wahren Frommen, die Gottes Rath und That mit süßem Lob erhöh'n; zu denen will ich treten, da soll mein Dank und Beten von ganzem Herzen geh'n.

2. Groß ist der Herr und mächtig, groß ist auch, was er macht. Wer aufmerkt und andächtig nimmt seine Werk' in Acht, hat eitel Lust daran. Was seine Weisheit setzet und ordnet, das ergötzet und ist sehr wohl gethan.

3. Sein Heil und große Güte steht fest und unbewegt. Damit auch dem Gemüthe, das uns im Herzen schlägt, dieselbe nicht entweich', hat er zum Glaubens-Zunder ein Denkmal seiner Wunder gestift't in seinem Reich.

4. Gott ist voll Gnad' und Gaben, giebt Speis' aus milder Hand, die Seinen wohl zu laben, die ihm allein bekannt; denkt stets an seinen Bund, giebt denen, die er weiden will mit dem Erb' der Heiden, all' seine Thaten kund.

5. Das Wirken seiner Hände und was er uns gebeut, das hat ein gutes Ende, bringt rechten Trost und Freud' und Wahrheit, die nicht treugt. Gott leitet seine Knechte in dem rechtschaff'nen Rechte, das sich zum Leben neigt.

6. Sein Herz läßt ihn nicht reuen, was uns sein Mund verspricht, giebt redlich und mit Treuen, was unser Unglück bricht, ist freudig, unverzagt, uns Alle zu erlösen vom Kreuz und allem Bösen, das seine Kinder plagt.

7. Sein Wort ist wohl gegründet, sein Mund ist rein und klar, wozu er sich verbindet, das macht er fest und wahr und wird ihm gar nicht schwer; sein Name, den er führet, ist heilig und gezieret mit großem Lob und Ehr'.

8. Die Furcht des Herren giebet den ersten besten Grund zur Weisheit, die Gott liebet und rühmt mit seinem Mund: o, wie klug ist der Sinn, der diesen Weg versiehet und fleißig darauf gehet, deß Lob fällt nimmer hin.

Paul Gerhardt.

Von der Buße.

Jesaia 38, v. 15. Ich werde mich scheuen alle meine Lebtage vor solcher Betrübniß meiner Seele.

Mel. Es ist gewißlich an der Zeit.

987. Ich will von meiner Missethat zum Herren mich bekehren. Du wollest selbst mir Hülf' und Rath hiezu, o Gott! bescheren, und deines guten Geistes Kraft, der neue Herzen in uns schafft, aus Gnaden mir gewähren.

2. Natürlich kann ein Mensch doch nicht sein Elend selbst empfinden; er ist, ohn' deines Geistes Licht, blind, taub und todt in Sünden; verkehrt ist Will', Verstand und Thun; des großen Jammers woll'st du nun, o Vater! mich entbinden.

3. Klopf' durch Erkenntniß bei mir an, und führ' mir's wohl zu Sinnen, was Böses ich vor dir gethan; du kannst mein Herz gewinnen, daß ich aus Kummer und Beschwer laß über meine Wangen her viel heiße Thränen rinnen.

4. Wie hast du doch an mich gewandt den Reichthum deiner Gnaden! mein Leben dank' ich deiner Hand, du hast mich überladen mit Ruh', Gesundheit, Ehr' und Brot, du machst, daß mir noch keine Noth bis hieher können schaden.

5. Du hast in Christo mich erwählt tief aus der Hölle Fluthen; daß mir es niemals hat gefehlt an irgend einem Guten; und daß ich ja dein eigen sey, hast du mich auch aus großer Treu' gestäupt mit Vatersruthen.

6. Wer giebt den Kindern, was du mir gegeben zu genießen? Schenk' aber ich Gehorsam dir? das zeuget mein Gewissen, mein Herz, in welchem nichts gesund, das tausend Sünden alle Stund' zum Abgrund hingerissen.

7. Die Thorheit meiner jungen Jahr' und alle schnöde Sachen verklagen mich zu offenbar, was soll ich Armer machen? Sie stellen, Herr! mir vor's Gesicht dein unerträglich Zorngericht, der Hölle offnen Rachen.

8. Ach! meine Greuel allzumal, schäm' ich mich zu bekennen, es ist ihr'r weder Maaß noch Zahl, ich weiß sie nicht zu nennen, und ist ihr'r keiner doch so klein, *) um welches willen nicht allein ich ewig müßte brennen.

*) Gal. 3, v. 10.

9. Bisher hab' ich in Sicherheit fast unbesorgt geschlafen, gesagt: es hat noch lange Zeit, Gott pflegt nicht bald zu strafen, er fähret nicht mit unsrer Schuld so strenge fort, es hat Geduld der Hirte mit den Schaafen.

10. Dies Alles jetzt zugleich erwacht, mein Herz will mir zerspringen; ich sehe deines Donners Macht, dein Feuer auf mich dringen; es regt sich wider mich zugleich des Satans und der Hölle Reich, die wollen mich verschlingen.

11. Die mich verfolgt, die große Noth, fährt schnell ohn' Zaum und Zügel. Wo flieh' ich hin? du Morgenroth, ertheil' mir deine Flügel, verberge mich, o fernes Meer! stürz' hoch herab, fall't auf mich her, ihr Klippen, Thürm' und Hügel!

12. Ach! nur umsonst, und könnt' ich gleich mich in den Himmel schwingen und wieder zu der Hölle Reich, mich zu verbergen, dringen. Dein Auge blickt auch dort hinein, auch dort wird meine Schande seyn vor dir, Herr! aufgedecket.

13. Herr Jesu! nimm zu dir mich ein, ich flieh' in deine Wunden, die du, o Heiland! wegen mein am Kreuze hast empfunden, als unser aller Sünden Müh' dir, o du Gotteslamm, ward hie zu tragen aufgebunden.

14. Wäsch' mich durch deinen Todesschweiß und durch dein bittres Leiden, und laß mich sauber seyn und weiß in deiner Unschuld Seiden. Von wegen deiner Kreuzeslast erquick', was du zermalmet hast, mit deines Trostes Freuden.

15. So angethan will ich mich hin vor deinen Vater machen; ich weiß, er lenket seinen Sinn und schaffet Rath mir Schwachen; er weiß, was Fleischeslust und Welt und Satan uns für Netze stellt, die uns zu stürzen wachen.

16. Wie werd' ich mich mein Lebenlang vor solcher Strafe scheuen, durch deines guten Geistes Zwang, den du mir woll'st verleihen, daß er von aller Sündenlist und dem, was dir zuwider ist, helf' ewig mich befreien.

Luise Henriette, Kurfürstinn v. Brandenburg.

Abendmahlslied.

Apost. Gesch. 2, 47. Sie nahmen die Speise, und lobeten Gott mit Freuden und einfältigem Herzen.

Mel. Auf meinen lieben Gott.

988. Ich will zu aller Stund' aus meines Herzens Grund, Gott, deine Güte preisen, die du mir thust beweisen. Ich

will mein ganzes Leben zu deinem Lob' ergeben.

2. Mein Jesu! höchstes Gut, dein Leib, dein wahres Blut ist meines Herzens Freude, mein Trost in allem Leide, weil diese deine Gaben mir Leib und Seele laben.

3. Vernunft, Witz und Verstand wird hier zu Spott und Schand'. Der Wahrheit muß man trauen, auf Gottes Wort fest bauen; was Gott spricht muß bestehen, sollt' alle Welt vergehen.

4. Hier ist das Gotteslamm, für uns am Kreuzesstamm aus lauter Lieb' gestorben, dadurch das Heil erworben; hier kannst du Gnade finden, Vergebung aller Sünden.

5. Gottlob für seine Treu', die ich noch immer neu in seinem Nachtmahl finde. Weicht, Teufel, Tod und Sünde! Gott will mir Trost und Leben hier und dort ewig geben.

D. Johann Olearius.

Vom Himmel.

Offenb. Joh. 19, v. 7. 8. Lasset uns freuen und fröhlich seyn, und ihm die Ehre geben; denn die Hochzeit des Lammes ist gekommen, und sein Weib hat sich bereitet. Und es ward ihr gegeben sich anzuthun mit reiner und schöner Seide. (Die Seide aber ist die Gerechtigkeit der Heiligen.)

Mel. Wie schön ist unsers Königs Braut.

989. Ich zieh' mich auf den Sabbath an so prächtig, wie ich immer kann; denn meine Seele ist die Braut, die ihrem Manne wird vertraut: bald kommt der Bräutigam und holt sie hin, wo sie in Ewigkeit ist Königinn.

2. O goldne Stadt, ich grüße dich: o König, sieh', ich neige mich; vor deinem königlichen Thron ist hingeworfen meine Kron'; jetzund umfanget mich die Herrlichkeit, die mir war zugedacht von Ewigkeit.

3. Von welchen Theilen fang' ich an zu schauen diesen Himmelsplan? hier ist ja Alles hoch und groß. Verwundern muß ich mich nur bloß! die ganze Stadt ist prächtig zugericht't, allhier ist Alles durch und durch voll Licht.

4. Man sehe doch, wie glänzt das Thor, wie strahlet dort die Mauer vor, ist's möglich, daß die alte Stadt mich noch so lang' behalten hat? Ei, warum kam ich nicht schon längst hieher, mein Theil zu nehmen an so großer Ehr'.

5. Ihr Engel, führet mich herum, ich bin des Königs Eigenthum, ich sing' auch Hallelujah mit und bin der Sünden gleichfalls quitt, so zeiget mir denn alle Herrlichkeit, die mir mein Bräutigam hat zubereit't. —

6. Ich leuchte wie der Sonne Glanz, darob ich mich entsetze ganz, weil ich, den andern Bürgern gleich, nun bin in meines Vaters Reich; hier strahlet eine Sonn' die andre an, die Braut ist schön mit Glanz hier angethan.

7. Stirbt hier kein Mensch an diesem Ort? wie? lebt man hier denn fort und fort? Da ruft der König von dem Thron: hier ist kein Tod, mein lieber Sohn, wer einmal lebt, der lebt in Ewigkeit, o übergroße Wonn' und Himmelsfreud'!

8. Wir singen dir, Immanuel, ach hört, wie klingt das Spiel so hell! hier ist's nichts Neues anzusehn, wie Harfen-Spieler-Chöre stehn, auch hier in diesem Himmel schwebt herum des Lammes ewig's Evangelium. —

9. Auf Tabor war es auch wohl schön, o Liebe, dich verklärt zu sehn; allein, die sel'ge Ewigkeit geht über Tabors kurze Zeit; hier wär' es recht, hier baut' ich Hütten her, wenn nicht die Stadt selbst eine Hütte wär'.

10. Auf, lasset uns noch fürder gehn, der Gassen Herrlichkeit zu sehn, vor Freuden bin ich außer mir, ob solcher schönen Pracht und Zier; sogar ist mir die Hälfte nicht gesagt von dem, was jetzo meinem Geist behagt.

11. Kommt man in diese neue Welt, in dieses schöne Himmelszelt, da sind die Thränen abgewischt, man wird an Leib und Seel' erfrischt. Mein Herz, dies ist die süße Ewigkeit, zu welcher du geschaffen in der Zeit.

12. Vielleicht ist's nur ein süßer Traum? gieb deiner Phantasie nicht Raum: nein, es ist Amen, es ist Ja! die angenehme Zeit ist da, nun geht mein Leben an vor Gott zu stehn, ich darf nicht müde seyn, nicht schlafen gehn.

13. Hier fall' ich hin vor's Lammes Thron, da lieget nochmals meine Kron', Preis, Lob, Ehr', Ruhm, Dank, Kraft und Macht sey dem erwürgten Lamm gebracht! Dies ist das Lamm, dem ich gefolget bin, so sieht es aus, mein Herz! schau' ewig hin.

Christian Anton Müller.

Zeitwechsel.

Lucä 12, v. 33. Machet euch Säckel, die nicht veralten, einen Schatz, der nimmer abnimmt im Himmel.

Mel. Seelen-Bräutigam.

990. Jeder Schritt der Zeit wallt zur Ewigkeit. Tage, kaum erst angebrochen, werden, eh' man's denkt, zu Wochen. Wohl dem, der mit Fleiß sie zu nützen weiß!

2. Flüchtig durch die Zeit schweben Freud' und Leid; wohin sind die Freudenstunden, wohin Sorg' und Schmerz entschwunden? zielt nicht Freud' und Schmerz auf Gewinn für's Herz.

3. Ob die Welt vergeht, ein Gewinn besteht: daß vor jedem Gut der Erde dieser Schatz erworben werde; dies sucht Christenfleiß als des Lebens Preis.

4. Hab' ich, halt' ich ihn, wenn die Zeiten flieh'n, diesen Schatz vor allen Schätzen, den nicht Raub noch Rost verletzen; mehr als alles Gold, das die Erde zollt?

5. Schatz vom ew'gen Werth; Schatz, von Gott geehrt, ach, zu oft durch Lust und Sorgen vor des Menschen Blick verborgen; sey du mein Gewinn! sonst fahr' Alles hin!

6. Wohl mir, bist du mein! weh' mir, darb' ich dein! werd' im heil'gen Gottvereine alle Tage mehr der Meine! so eilt meine Zeit froh zur Ewigkeit. *Karl Bernh. Garve.*

Dank und Hingabe für die Erlösung.

Titum 2, v. 14. Christus hat sich selbst für uns gegeben, auf daß er uns erlösete von aller Ungerechtigkeit, und reinigte ihm selbst ein Volk zum Eigenthum, das fleißig wäre zu guten Werken.

Mel. Wie wohl ist mir, o Freund der Seelen.

991. Jehovah! dessen Ruhm und Ehre kein Seraph g'nug besingen kann, wohl mir, daß ich dir angehöre! ich weiß, was du an mir gethan. Ich weiß, du hast mich dir erwählet und deinen Kindern zugezählet; ich weiß, du liebst mich väterlich. Ich kenne dich, an den ich glaube. Wer ist's, der mir das Vorrecht raube, ganz dein zu seyn? ich hoff' auf dich.

2. Mein Freund, der du mich dir erworben, und mich mit Blut erkaufet hast, ich war in Sünden hingestorben, mich quält' und drückte Schuldenlast. Doch wolltest du, ich sollte leben: du hast für mich dich hingegeben zum Bürgen, der mich losgekauft. Was ich verdienet und verschuldet, hast du an meiner Statt erduldet; ich bin auf deinen Tod getauft.

3. Wie groß, o Herr! ist dein Erbarmen, daß mir zu gut' dein Herz dir brach! wie treu und zärtlich ging mir armen, verlornen Kind' die Liebe nach! ich sollte, Heiland! deine Freude, ich sollte deines Blutes Beute und deiner Gnade Denkmal seyn. Du legtest mir es kräftig nahe; und da ich schmachtend auf dich sahe: wie nahmst du mich so liebreich ein!

4. Dank, tausend Dank für deine Treue! wo ist ein solcher Gott, wie du? bei jedem Schritt schwört auf das Neue der Glaube dir Gehorsam zu. Ich mag sonst keinem Andern leben; nur dir sey was ich bin, ergeben. Du bist mein Gott, und ich bin dein. Da ich für mich nichts Eignes habe: schenkst du dich selbst mir ganz zur Gabe. Sagt, Himmel! könnt' ich reicher seyn?

5. Wie bin ich doch so wohl berathen! ich nichts, du Alles, du mein Theil. Was Trübsal heißt, kann mir nicht schaden; du machest Alles mir zum Heil. Ich liege still in deinen Händen; nun magst du, was du willst zusenden. Bekümm're, schlage, tödte mich, doch bist du der, der sich nie läugnet, mein Gott, dem sich der Glaube eignet, mein lieber Gott: ich hoff' auf dich.

6. Du hast die Anzahl meiner Tage mit weiser Liebe abgezählt, und eines jeden Lust und Plage, so, wie für mich sich's schickt gewählt. Wie? ist mein Ziel so bald erreichet? bin ich der Prüfung, die mich beuget, so unvermuthet schnell entrückt? erhöhtes Lamm! welch reicher Segen! der mich um deines Blutes wegen so bald, so schön, so herrlich schmückt. *Andreas Rehberger.*

Vor einer Trauung.

Psalm 128, v. 5 6. Der Herr wird dich segnen aus Zion, daß du sehest das Glück Jerusalems dein Lebenlang, und sehest deiner Kinder Kinder. Friede über Israel.

Mel. Dir, dir, Jehovah! will ich singen.

992. Jehovah! Gott in Glanz und Ehre, im loberfüllten Himmel wohnest du. Vernimm den Dank, und freundlich höre auch unsern schwachen Lobgesängen zu! Umströmt mit Gut, von deiner Huld gerührt, anbeten wir dich, der uns liebreich führt.

2. O, diese Welt — an milden Gnaden wird sie in deinem Eingebornen reich, erblickt mit Lust nur Vaterthaten an allen Enden, allen Völkern gleich, erstaunt, wie du im Sohn die Liebe bist. Dich rühmet wer im Sohn gesegnet ist.

3. Du Liebe liebst: O, pflanze Allen gleich heilige, gleich sanfte Regung ein! sieh' unter uns mit Wohlgefallen verbund'ne Menschenherzen glücklich seyn. Dich preise, wer im heil'gen Liebesband vor dir sich freut, dich preise jedes Land.

4. Ein Paar, vereint zu keuscher Ehe, nah't zum Altar um deinen Segen sich; es liegt vor dir, damit es flehe um deine Huld; zu ihm, Herr, nahe dich! dich ehrende, nur dir geweihte Lieb' beseelest du: Herr, deinen Segen gieb!

5. Den, der in Edens Lustgefilde aus deinem Munde reich auf Adam floß noch vor beflecktem Ebenbilde; den immerdar der Frommen Eh' genoß: den dort gesprochnen Segen gieb uns heut'! Uns hat dein Sohn am Kreuz vom Fluch befreit.

6. Wir denken der Verheißungsworte in deiner Schrift, dem Eh'stand beigelegt; du hältst sie, es sind deine Worte: halt' sie den hier Verlobten unbewegt. Nur heilig dir zu wandeln schwören sie; drum flehen wir: o Herr, verlaß sie nie!

7. Du höchste Macht, du längste Treue, du Erster, Letzter, herrschest immerdar. Sey unser Fels und deiner freue sich unser Herz. Was du versprichst, wird wahr. Hallelujah! Jehovah weichet nicht, sein Antlitz leuchtet unserm Angesicht.

Johann Gottfried Schöner.

Lied einer obrigkeitlichen Person.

5 Mose 16, v. 18. Richter und Amtleute sollst du dir setzen in allen deinen Thoren, die dir der Herr, dein Gott, geben wird unter deinen Stämmen, daß sie das Volk richten mit rechtem Gericht.

Mel. Auf meinen lieben Gott.

993. Jehovah, starker Gott! Herr, großer Zebaoth! dich lobet mein Gemüthe, daß deine große Güte mich wunderlich von oben zu diesem Stand' erhoben.

2. Mein Mund soll allezeit für solche Mildigkeit von deiner Gnade singen und dir ein Danklied bringen. Es soll mein ganzes Leben dir ewig seyn ergeben.

3. Laß mich ohn' Heuchelschein in diesem Stand allein der Gottesfurcht nachstreben und stets fein christlich leben; laß auch zu deinen Ehren dein Lob durch mich sich mehren.

4. Gieb, daß ich ohne Scheu, ohn' Gunst und Tyrannei mein Amt mag recht verwalten und über Glauben halten, das Recht auch Keinem beuge, gern Allen Hülf' erzeige.

5. Verleihe auch dabei, daß ja bei mir nicht sey Ansehen der Personen, dem Unrecht beizuwohnen; daß ich Recht sprech' in Gleichen den Armen wie den Reichen.

6. Hilf, daß mich kein Geschenk verblende, noch ich denk' aus Geiz Gewalt zu üben und Jemand zu betrüben: vielmehr gieb zu verstehen, dein Auge werd' es sehen.

7. Was recht ist, da gieb du Glück und Gedeihen zu; und was nicht soll geschehen, das laß zurücke gehen; was dich kann, Jesu, ehren, das nur will ich begehren.

8. Den Schutz der Engelein laß um und bei mir seyn auf allen meinen Wegen und gieb mir Gnad' und Segen, daß, was ich soll vollbringen, mir möge wohl gelingen.

9. Ach, laß zu aller Zeit Fried' und Gerechtigkeit einander freundlich küssen, auf daß die Feinde müssen mit Spott und Schand' abziehen, und ferne vor uns fliehen.

10. Hilf, daß auch gegen mich die Unterthanen sich gehorsam stets erweisen, so will ich, Herr! dich preisen und loben deinen Namen, so lang' ich lebe. Amen!

Vom himmlischen Jerusalem.

Offenb. Joh. 21, v. 10. 11. Der Engel führete mich hin im Geist auf einen großen und hohen Berg, und zeigete mir die große Stadt, das heilige Jerusalem, hernieder fahren aus dem Himmel von Gott, und hatte die Herrlichkeit Gottes.

In eigener Melodie.

994. Jerusalem, du hochgebaute Stadt, wollt' Gott, ich wär' in dir! mein sehnend Herz so groß Verlangen hat, und ist nicht mehr bei mir. Weit über Berg' und Thale, weit über blaches Feld schwingt es sich über Alle, und eilt aus dieser Welt.

2. O schöner Tag, und noch viel schön're Stund', wann wirst du kommen schier, da ich mit Lust, mit freiem Freudenmund die Seele geb' von mir in Gottes treue Hände zum auserwählten Pfand, daß sie mit Heil anlände in jenem Vaterland?

3. Im Augenblick wird sie erheben sich bis an das Firmament, wenn sie verläßt so sanft, so wunderlich die Stätt' der Element'; fährt auf Eliä Wagen mit engelischer Schaar, die sie in Händen tragen, umgeben ganz und gar.

4. O Ehrenburg, sey nun gegrüßet mir, thu' auf die Gnadenpfort'; wie große Zeit hat mich verlangt nach dir, eh' ich bin kommen fort aus jenem bösen Leben, aus jener Nichtigkeit, und mir Gott hat gegeben das Erb' der Ewigkeit.

5. Was für ein Volk, was für ein' edle Schaar kommt dort gezogen schon? was in der Welt von Auserwählten war. Ich seh' die beste Kron', die Jesus mir, der Herre, entgegen hat gesandt, da ich noch war von ferne in meinem Thränenland.

6. Propheten groß und Patriarchen hoch, auch Christen insgemein, die weiland trugen dort des Kreuzes Joch und der Tyrannen Pein, schau' ich in Ehren schweben, in Freiheit überall, mit Klarheit hell umgeben, mit sonnen-lichtem Strahl.

7. Wenn dann zuletzt ich angelanget bin im schönen Paradeis, von höchster Freud' erfüllet wird der Sinn, der Mund voll Lob und Preis. Das Hallelujah reine man singt in Heiligkeit, das Hosianna feine ohn' End' in Ewigkeit.

8. Mit Jubelklang, mit Instrumenten schon in Chören ohne Zahl, daß von dem Schall und von dem süßen Ton sich regt der Freudensaal, mit hundert tausend Zungen, mit Stimmen noch vielmehr, wie vom Anfang gesungen das himmelische Heer.

D. Johann Matthäus Meifart.

Von der heiligen Dreieinigkeit.

Jesaia 6, v. 1–4. Ich sahe den Herrn sitzen auf einem hohen und erhabenen Stuhl; und sein Saum füllete den Tempel. Seraphim standen über ihm.

In eigener Melodie.

995. Jesaia dem Propheten das geschah', daß er im Geist den Herren sitzen sah' auf einem hohen Thron' in hellem Glanz, sein's Kleides Saum den Chor erfüllte ganz. Es stunden zween Seraph bei ihm dran, sechs Flügel sah er einen jeden ha'n, mit zween verbargen sie ihr Antlitz klar, mit zween bedeckten sie die Füße gar, und mit den andern zween sie flogen frei, gen *) ander ruften sie mit großem G'schrei; Heilig ist Gott, der Herre Zebaoth! heilig ist Gott, der Herre Zebaoth! heilig ist Gott, der Herre Zebaoth! sein' Ehr' die ganze Welt erfüllet hat. Von dem G'schrei zittert Schwell' und Balken gar, das Haus auch ganz voll Rauchs und Nebel war.

*) gegen einander.

Das deutsche Sanctus von D. Martin Luther.

Bitte um getreue Freunde.

Sprüche Sal. 17, v. 17. Ein Freund liebet allezeit, und ein Bruder wird in der Noth erfunden.

Mel. Du, o schönes Weltgebäude.

996. Jesu! allerliebster Bruder! der's am Besten mit mir meint, du mein Anker, Mast und Ruder, du, mein treuster Herzensfreund, der du, ehe was geboren, dir das Menschen-Volk erkoren, auch mich armen Erdengast dir zur Lieb' ersehen hast;

2. Du bist ohne Falsch und Tücke, dein Herz weiß von keiner List; aber wenn ich nur erblicke, was hier auf der Erde ist; find' ich Alles voller Lügen; wer am besten kann betrügen, wer am schönsten heucheln kann, ist der allerbeste Mann.

3. Ach! wie untreu und verlogen ist die Liebe dieser Welt! Ist sie Jemand wohl gewogen, währt's nicht länger, als sein Geld. Wenn das Glück uns blüht und grünet, sind wir schön und wohl bedienet, kommt ein wenig Ungestüm, kehrt sich alle Freundschaft üm.

4. Treib', Herr, von mir und verhüte solchen unbeständ'gen Sinn; hätt' ich aber mein Gemüthe, weil ich auch ein Sünder bin, schon mit diesem Koth besprenget und der Falschheit nachgehänget, so erkenn' ich meine Schuld, bitt' um Gnade und Geduld.

5. Laß mir ja nicht widerfahren, was du, Herr, zur Straf' und Last denen, die mit falschen Waaren handeln, angedräuet hast, da du sprichst: du wollest scheuen und als Unflat von dir speien aller Heuchler falschen Muth, der Gut's vorgiebt und nicht thut.

6. Gieb mir ein beständig's Herze gegen alle meine Freund' auch dann, wenn mit Kreuz und Schmerze sie von dir beleget seynd, daß ich ihrer mich nicht schäme, sondern mich nach dir bequeme, der du, da wir arm und bloß, uns gesetzt in deinen Schooß.

7. Gieb mir auch nach deinem Willen einen Freund, an dessen Treu' ich mein Herze möge stillen, da mein Mund sich ohne Scheu öffnen und erklären möge, da ich Alles abelege, (nach dem Maaße, das mir g'nügt) was mir auf dem Herzen liegt.

8. Laß mich Davids Glück erleben, gieb mir einen Jonathan, der sein Herz mir möge geben, der auch, wenn nun Jedermann mir nichts Gutes mehr will gönnen, sich nicht lasse von mir trennen, sondern fest in Wohl und Weh, als ein Felsen, bei mir steh'.

9. Herr, ich bitte dich, erwähle mir aus aller Menschenmeng' eine fromme, heil'ge Seele, die an dir fein kleb' und häng', auch

nach deinem Sinn und Geiste mir stets Trost und Hülfe leiste, Trost, der in der Noth besteht, Hülfe, die von Herzen geht.

10. Wenn die Zung' und Mund nur liebet, ist die Liebe schlecht bestellt; wer nur gute Worte giebet und den Haß im Herzen hält; wen der Eigennutz regieret, und wenn's Bienlein nichts mehr führet, alsdann gehet nach der Thür, ei, der bleibe fern von mir!

11. Hab' ich Schwachheit und Gebrechen, Herr! so lenke meinen Freund, mich in Güte zu besprechen und nicht als ein Löw' und Feind. Wer mich freundlich weiß zu schlagen, ist als der in Freudentagen reichlich auf mein Haupt mir gießt Balsam, der am Jordan fließt.

12. O wie groß ist meine Habe, o wie köstlich ist mein Gut, Jesu, wenn mit dieser Gabe deine Hand mein'n Willen thut, daß mich meines Freundes Treue und beständig's Herz erfreue. Wer dich fürchtet, liebt und ehrt, dem ist solcher Schatz beschert.

13. Gute Freunde sind wie Stäbe, da der Menschen Gang sich hält, daß der schwache Fuß sich hebe, wenn der Leib zu Boden fällt. Wehe dem, der nicht zu Frommen solches Stabes weiß zu kommen; der hat einen schweren Lauf; wenn er fällt, wer hilft ihm auf?

14. Nun Herr! laß dir's wohlgefallen, bleib' mein Freund bis in mein Grab: bleib' mein Freund und unter Allen mein getreuster, stärkster Stab. Wenn du dich mir wirst verbinden, wird sich schon ein Herze finden, das, durch deinen Geist gerührt, mir was Gutes gönnen wird.

Paul Gerhardt.

Seligkeit in Christo.

Römer 5, v. 10. Wir werden selig durch sein Leben, so wir nun versöhnet sind.

Mel. Meinen Jesum lass' ich nicht.

997. Jesu! Alles bist du mir; ewig soll mein Herz dich lieben. Seligkeit ist es schon hier, sich in deiner Liebe üben. O was fühlt erst dann der Christ, wenn er ewig dich genießt!

2. Dich zu kennen sey mein Ruhm, meine Weisheit, mein Vergnügen. Darf ich, als dein Eigenthum, dir im Geist zu Füßen liegen: o so bin ich froh und reich; meinem Glück ist keines gleich.

3. Ja, du bist und bleibest mein! Amen! und ich bin der (die) Deine! Ewig, ewig will ich's seyn! Tand ist Alles, wie's auch scheine. Wer dich recht genießen kann, giebt mit Freuden Alles dran.

4. Dich im Herzen, lebt sich's gut; still und willig kann man leiden; dich im Herzen, das giebt Muth, ruhig, freudig einst zu scheiden; und dann nach der Prüfungszeit führst du uns zur Herrlichkeit.

Fräulein M. C. v. Silberrad.

Hunger und Durst nach Jesu.

Matth. 5, v. 6. Selig sind, die da hungert und dürstet nach der Gerechtigkeit; denn sie sollen satt werden.

Mel. Gottes Sohn ist kommen.

998. Jesu, Brot des Lebens! laß mich nicht vergebens nach dir Hunger tragen, höre meine Klagen, hör' mein Seufzen, Aechzen, fleh' nach Trost mich lechzen.

2. In der Jammer-Höhle weiß die arme Seele, wenn sie kraftlos lieget und mit Feinden krieget, sich mit nichts zu laben, wünscht nur dich zu haben.

3. Du bist meine Speise auf der Pilgrims-Reise, eine Kraft der Schwachen, kannst mich fröhlich machen, Durst und Hunger stillen, mich mit Trost erfüllen.

4. O du Seelen-Weide! Brunnen aller Freude! Manna frommer Herzen! Labsal meiner Schmerzen! stille mein Verlangen, laß mich dich umfangen.

5. Ich will dich genießen, in mein Herze schließen, mich dir einverleiben, Du sollst in mir bleiben; so werd' ich im Sterben himmlisch Leben erben.

6. Nun hab' ich empfangen Jesum, mein Verlangen; er ist eingekehret, hat mir Heil gewähret; er hat mich gelabet und mit Trost begabet.

7. Ich bin höchst vergnüget; denn mein Jesus lieget mir in meinem Herzen: alle Sünden-Schmerzen haben sich verloren, ich bin neu geboren.

8. Jesus ist mein Leben, ich bin ihm ergeben, er wird mich regieren und zum Himmel führen: mich mit Wonne speisen; da will ich ihn preisen.

M. Zacharias Herrmann.

Von den Pflichten eines Christen gegen seine Feinde.

Matth. 5, v. 44. Bittet für die, so euch beleidigen und verfolgen.

Mel. Schmücke dich, o liebe Seele!

999. Jesu! da du mich bekehret, hast du mich auch dies gelehret, meinen Feinden zu vergeben, für ihr geist- und

leiblich Leben und ihr übrig's Wohlergehen, inniglich zu dir zu flehen, auch mich immer mehr zu üben, sie von Herzensgrund zu lieben.

2. Es ist deine Gnaden-Gabe, die ich von Natur nicht habe: und wenn ich nicht fleißig wache, reget sich leicht Zorn und Rache; wenigstens muß ich oft klagen, daß ich nicht von Lieb' kann sagen; ja, ich könnt's geschehen lassen, wenn was träfe, die mich hassen.

3. Nun, laß auch in diesen Dingen deinen Geist mich weiter bringen, meine Schuld muß mich erwecken, ihre Schulden zuzudekken. Ja du wollest ihrer schonen, ihnen nicht nach Werken lohnen, und auch dort in jenen Welten meinetwegen nichts vergelten;

4. Sondern noch in diesem Leben Gnade zur Bekehrung geben, daß sie deinen Geist empfangen und Barmherzigkeit erlangen. Dies wird Haß in Freundschaft wandeln und sie lehren liebreich handeln. O, wann werden meine Feinde, Gottes und auch meine Freunde?

Johann Jakob Moser.

Vom Leiden Jesu.

Jesaia 53, v. 5. Die Strafe liegt auf ihm, auf daß wir Friede hätten, und durch seine Wunden sind wir geheilet.

In eigener Melodie.
(Sonst: Jesu Leiden, Pein und Tod.)

1000. Jesu deine Passion will ich jetzt bedenken; wollest mir vom Himmelsthron Geist und Andacht schenken. In dem Bilde jetzt erschein', Jesu, meinem Herzen, wie du, unser Heil zu seyn, littest große Schmerzen.

2. Meine Seele sehen mag deine Angst und Bande, Speichel, Schläge, Hohn und Schmach, deine Kreuzesschande, deine Geißel-, Dornenkron'-, Speer- und Nägel-Wunden, deinen Tod, o Gottes-Sohn, und den Leib voll Schrunden.

3. Doch laß mich ja nicht allein deine Marter sehen; laß mich auch die Ursach' fein und die Frucht verstehen. Ach! die Ursach' war auch ich, ich und meine Sünde; diese hat gemartert dich, nicht das Heid'n-Gesinde.

4. Jesu, lehr' bedenken mich dies mit Buß' und Reue. Hilf, daß ich mit Sünden dich martre nicht auf's Neue. Sollt' ich dazu haben Lust, und nicht wollen meiden, was Gott selber büßen mußt' mit so großem Leiden?

5. Wenn mir meine Sünde will machen heiß die Hölle; Jesu, mein Gewissen still', dich in's Mittel stelle, dich und deine Passion laß mich gläubig fassen; liebst du mich, o Gottes-Sohn, wie kann Gott mich hassen?

6. Gieb auch, Jesu, daß ich gern dir das Kreuz nachtrage, daß ich Demuth von dir lern' und Geduld in Plage, daß ich dir geb' Lieb' um Lieb'. Indeß laß dies Lallen, (bessern Dank ich dorten geb') Jesu, dir gefallen!

Siegmund v. Birken (Betulius.)

Vom Leiden Jesu.

1 Petri 2, v. 24. Durch Jesu Wunden seyd ihr heil geworden.

Mel. Freu' dich sehr, o meine Seele.

1001. Jesu deine tiefe Wunden, deine Qual und bitt'rer Tod geben mir zu allen Stunden Trost in Leib's- und Seelennoth. Fällt mir etwas Arges ein, denk' ich gleich an deine Pein, die erlaubet meinem Herzen mit der Sünde nicht zu scherzen.

2. Will sich denn in Wollust weiden mein verderbtes Fleisch und Blut; so gedenk' ich an dein Leiden, bald wird Alles wieder gut. Kommt der Satan und setzt mir heftig zu, halt' ich ihm für deine Gnad' und Gnadenzeichen, bald muß er von dannen weichen.

3. Will die Welt mein Herze führen auf die breite Wollustbahn, da nichts ist als Jubiliren, alsdann schau' ich emsig an deiner Marter Centnerlast, die du ausgestanden hast; so kann ich in Andacht bleiben, alle böse Lust vertreiben.

4. Ja, für Alles, was mich kränket, geben deine Wunden Kraft; wenn mein Herz hinein sich senket, krieg' ich neuen Lebenssaft. Deines Trostes Süßigkeit wend't in mir das bittre Leid, der du mir das Heil erworben, da du bist für mich gestorben.

5. Auf dich setz' ich mein Vertrauen, du bist meine Zuversicht, dein Tod hat den Tod zerhauen, daß er mich kann tödten nicht; daß ich an dir habe Theil, bringet mir Trost, Schutz und Heil; deine Gnade wird mir geben Auferstehung, Licht und Leben.

6. Hab' ich dich in meinem Herzen, du Brunn aller Gütigkeit: so empfind' ich keine Schmerzen auch im letzten Kampf und Streit. Ich verberge mich in dich; wer kann da verletzen mich? Wer sich legt in deine Wunden, der hat glücklich überwunden.

Johann Heermann.

Bußgebet.

Matthäi 18, v. 11. Des Menschen Sohn ist gekommen, selig zu machen, das verloren ist.

In eigener Melodie.

1002. Jesu! der du meine Seele hast durch deinen bittern Tod aus des Teufels finstrer Höhle und der schweren Sündennoth kräftiglich herausgerissen, und mich solches lassen wissen durch dein angenehmes Wort; sey doch jetzt, o Gott, mein Hort!

2. Treulich hast du ja gesuchet die verlornen Schäfelein, als sie liefen ganz verfluchet in den Höllenpfuhl hinein; ja, du Satans-Ueberwinder! hast die hochbetrübten Sünder so gerufen zu der Buß', daß ich billig kommen muß.

3. Ach, ich bin ein Kind der Sünden! ach, ich irre weit und breit! Es ist nichts an mir zu finden, als nur Ungerechtigkeit; all mein Dichten, all mein Trachten heißet: unsern Gott verachten; böslich leb' ich ganz und gar und sehr gottlos immerdar.

4. Herr, ich muß es ja bekennen, daß nichts Gutes wohnt in mir; das zwar, was wir Wollen nennen, halt' ich meiner Seelen für; aber Fleisch und Blut zu zwingen und das Gute zu vollbringen folget gar nicht, wie es soll; was ich nicht will, thu' ich wohl.

5. Aber, Herr, ich kann nicht wissen meiner Fehler Meng' allein; mein Gemüth ist ganz zerrissen durch der Sünden Schmerz und Pein, und mein Herz ist matt von Sorgen; ach, vergieb mir, was verborgen; rechne nicht die Missethat, die dich, Herr, erzürnet hat.

6. Jesu, du hast weggenommen meine Schulden durch dein Blut, laß es, o Erlöser! kommen meiner Seligkeit zu gut; und dieweil du so zerschlagen, hast die Sünd' am Kreuz getragen, ei, so sprich mich endlich frei, daß ich ganz dein eigen sey.

7. Weil mich auch der Hölle Schrecken und des Satans Grimmigkeit vielmals pflegen aufzuwecken und zu führen in den Streit, daß ich schier muß unterliegen; ach, so hilf, Herr Jesu, siegen, o du, meine Zuversicht, laß mich ja verzagen nicht!

8. Deine rothgefärbten Wunden, deine Nägel, Kron' und Grab, deine Schenkel, festgebunden, wenden alle Plagen ab. Deine Pein und blut'ges Schwitzen, deine Striemen, Schläg' und Ritzen, deine Marter, Angst und Stich', o Herr Jesu, trösten mich.

9. Wenn ich vor Gericht soll treten, da man nicht entfliehen kann, ach, so wollest du mich retten und dich meiner nehmen an. Du, Herr, kannst allein es wehren, daß ich nicht den Fluch darf hören: „Ihr, zu meiner linken Hand, seyd von mir noch nie erkannt!"

10. Du ergründest meine Schmerzen, du erkennest meine Pein; es ist nichts in meinem Herzen, als dein bitt'rer Tod allein. Dies mein Herz, mit Leid vermenget, das dein theures Blut besprenget, so am Kreuz vergossen ist, geb' ich dir, Herr Jesu Christ!

11. Nun ich weiß, du wirst mir stillen mein Gewissen, das mich plagt; es wird deine Treu' erfüllen, was du selber hast gesagt: daß auf dieser weiten Erden Keiner soll verloren werden, sondern ewig leben soll, wenn er nur ist glaubensvoll.

12. Herr! ich glaube, hilf mir Schwachen, laß mich ja verzagen nicht; du nur kannst mich stärker machen, wenn mich Sünd' und Tod anficht. Deiner Güte will ich trauen, bis ich fröhlich werde schauen dich, Herr Jesu, nach dem Streit' in der frohen Ewigkeit.

Johann Rist.

Von der Auferstehung Jesu.

Philipper 3, v. 10. 11. Zu erkennen ihn und die Kraft seiner Auferstehung, und die Gemeinschaft seiner Leiden, daß ich seinem Tode ähnlich werde; damit ich entgegen komme, zur Auferstehung der Todten.

Mel. Gott des Himmels und der Erden.

1003. Jesu, der du Thor und Riegel der Verdammniß aufgemacht, und im Grabe Stein und Siegel hast so viel als nichts geacht't, mache doch mein Herze frei, daß es nicht verschlossen sey.

2. Hebe weg die schweren Steine, welche kein Mensch heben kann, daß mir nichts unmöglich scheine, was du hast für uns gethan; bis ich Alles recht und wohl glaube, was ich glauben soll.

3. Thomas mag im Zweifel stehen und Cleophas*) traurig seyn, mir laß alle Furcht vergehen, reiß' auch allen Zweifel ein; und in einer jeden Noth bleibe du mein Herr und Gott.

*) Luc. 24, v. 18.

4. Tod und Teufel sind bezwungen, theile nun den Sieg mit mir: und wie du bist durchgedrungen, also nimm mich auch zu dir, daß ich aus des Satans Macht werde ganz zu Gott gebracht.

5. In mir selbst bin ich erstorben, wecke mich, mein Heiland! auf, und der Geist,

den du erworben, führe täglich meinen Lauf, daß ich auf der guten Bahn fang' ein neues Leben an.

6. Künftig wird die Zeit erscheinen, da wir selber auferstehn, und zu dir mit Fleisch und Beinen werden aus dem Grabe gehn.*) Ach! verleih', daß dieser Tag ewig mich erfreuen mag. *) 1 Cor. 15, v. 53.

7. Bringe denn die armen Glieder, die jetzt krank und elend sind, aus dem Schooß der Erde wieder, und verkläre mich dein Kind; daß ich in des Vaters Reich werde deinem Leibe gleich.

8. Zeige mir da Händ' und Füße, welche Thomas hat gesehn, daß ich sie mit Demuth küsse, weil es hier nicht ist geschehn; und hernach von Sünden frei, ewig dein Gefährte sey. Kaspar Neumann.

Das Unkraut unter dem Weizen.

Matth. 13, v. 27. 28. Herr, hast du nicht guten Saamen auf deinen Acker gesäet? Woher hat er denn das Unkraut? Er sprach zu ihnen: Das hat der Feind gethan.

Mel. Mache dich, mein Geist, bereit.

1004. Jesu! dessen gute Hand guten Saamen säet, siehe! wie die Welt, dein Land, so voll Unkraut stehet; überall, ohne Zahl ist es aufgeschossen mit den guten Sprossen.

2. Ach, das hat der Feind gethan, da die Leute schliefen, da sie nicht zum Ackermann um Gedeihen riefen. Was ist nun jetzt zu thun? soll es von der Erden ausgerottet werden?

3. Sollen deine Knechte nicht diesem Unkraut wehren, weil es fast an Raum gebricht deinen guten Aehren; die sogar in Gefahr, wenn das Unkraut bliebe, daß es sie vertriebe.

4. Nein, noch nicht! spricht unser Herr: Lasset Beides stehen! denn ihr möchtet ungefähr nicht, was gut ist, sehen; und ein klein Hälmelein ist mehr werth zu retten, als das Unkraut jäten.

5. Meine Hand soll ungeacht't dieses Unkraut's Menge, trotz des Satans List und Macht, mitten im Gedränge das, was gut, in der Hut dennoch wohl erhalten und darüber walten.

6. Bös' und Gute sollen gleich mit einander stehen, nicht, als ob in meinem Reich, Böses könn' bestehen, und auch nicht das Gericht Sündern nach der Schwere zu verkünden wäre;

7. Nicht, als wenn die Obrigkeit auch nicht strafen sollte, wenn man Laster ungescheut vor ihr treiben wollte; nur daß sie Unkraut nie guten Saamen nenne, gut für bös' erkenne;

8. Sondern, weil ich dies Geschlecht mit Verschonen trage, will ich auch nicht, daß ein Knecht mit dem Schwert drein schlage; auf daß er hin und her nicht mehr Gut's verderbe, als er mir erwerbe.

9. Endlich, wenn die Wartzeit aus, wird die Ernte kommen. Da will ich in's Vaters Haus sammeln meine Frommen, und in ein Bündelein alles Unkraut fassen und verbrennen lassen.

Christian Karl Ludwig v. Pfeil.

Jesus, mein Führer.

Joh. 10, v. 4. Wenn er seine Schaafe hat ausgelassen, gehet er vor ihnen hin, und die Schaafe folgen ihm nach; denn sie kennen seine Stimme.

Mel. Seelen-Bräutigam.

1005. Jesu! du allein sollst mein Führer seyn, zeige mir selbst deine Wege, deiner Wahrheit schmale Stege; deiner Wahrheit Grund ist dein Wort und Bund.

2. Gründe, Herr! dabei, stete Furcht und Scheu in mir und in meiner Seelen deinen Weg nicht zu verfehlen; deine Furcht bewahr' mich vor der Gefahr!

3. Weil du kommen bist, was verirret ist wiederum zurecht zu führen und kein Schäflein zu verlieren, darum fleht dein Knecht: führe mich zurecht!

4. Guter, treuer Hirt! ich bin ganz verirrt; ein verloren Schaaf auf Erden, führe mich zu deinen Heerden, führe mich dahin, wo ich bei dir bin.

Christian Karl Ludwig v. Pfeil.

Der Zuflucht nehmende Glaube.

Psalm 119, v. 94. Ich bin dein, hilf mir.

Mel. Seelen-Bräutigam.

1006. Jesu, du allein sollst mein Helfer seyn. Alles ist mit mir verdorben, ich bin blind, kalt und erstorben, lieg' in meinem Blut ohne Kraft und Muth.

2. Jesu, du allein kannst mein Helfer seyn. Du bist starker Gott und König, Feindes Macht ist dir zu wenig, deines Blutes Kraft hat sie weggeschafft.

3. Jesu, du allein wirst mein Helfer seyn. Ich will warten, beten, ringen: dein Rath weiß mich durchzubringen. Dir geb' ich mich hin, Herr, so wie ich bin.

4. Jesu, du allein willst mein Helfer seyn: denn du hast mir's fest versprochen und dein Wort noch nie gebrochen. Schweig', Unglaube, schweig'! Jesus hilft mir gleich.

5. Jesu, du allein mußt mein Helfer seyn. Das will deines Namens Ehre und ich schreie: Jesu, höre! bis in's kühle Grab läßt mein Herz nicht ab.

Friedrich August Weihe.

Vom Herrscher-Amte Jesu.

Johannis 19, v. 14. Sehet, das ist euer König!

Mel. Alle Menschen müssen sterben.

1007. Jesu, du bist Allen gütig: König! kehre ein bei mir, komm voll Gnaden, komm sanftmüthig; denn mein Herz ergiebt sich dir, laß sich alle Unruh' stillen in Begierden und im Willen; laß des Leibes Hütte rein, die Vernunft gefangen seyn.

2. Du bist arm zu uns gekommen, mach' mich arm in meinem Geist; du hast Sünder aufgenommen, daß es recht Erbarmen heißt; laß nach dir dem Lebensfürsten mich recht hungern, herzlich dürsten; mach' mein Herz in Buße weich, und in dir auch ewig reich.

3. Komme zu mir, du Gerechter! schenke mir Gerechtigkeit, war ich vormals ein Verächter, schenk' mir nun dein Ehrenkleid. Du bist uns ja zur Genesung, uns zur Heil'gung, zur Erlösung, ja uns zur Gerechtigkeit, und auch mir von Gott bereit't.

4. Sohn des Höchsten laß dich küssen: Friedenskönig! komm herzu; komm, gieb mir auch im Gewissen Frieden, Freude, Trost und Ruh', Frieden, der da ewig währet, Ruhe, die kein Feind mehr störet; laß mein Herze sanft und rein, niedrig und erbarmend seyn.

5. Du kannst meiner Seele rathen; Gnadenkönig! komm zu mir und erfülle mich mit Gnaden noch in diesem Leben hier, bis du mich nach diesen Zeiten dort erfüllst mit Herrlichkeiten. Nimm indessen, was ich bin, nur zu deinen Gnaden hin.

6. Herr! ich schwör' zu deinen Fahnen, ach, beherrsch' durch deinen Geist mich als deinen Unterthanen, der ein Kind der Gnade heißt, richt' dein Reich, das Frieden führet, wo Gerechtigkeit regieret, was den Geist erfreuen kann, selbst in meiner Seele an.

M. Philipp Friedrich Hiller.

Jesus, unser Friede.

Johannis 14, v. 27. Den Frieden lasse ich euch, meinen Frieden gebe ich euch. Nicht gebe ich euch, wie die Welt giebt. Euer Herz erschrecke nicht und fürchte sich nicht.

Mel. Alles ist an Gottes Segen.

1008. Jesu, du bist unser Friede, der zu deinem Krippenliede schon den Engeln Ursach gab! und noch, eh' du abgeschieden, ließ'st du deinen Jüngern Frieden, brachtest Frieden aus dem Grab;

2. Frieden für versöhnte Sünder, Frieden für die Gottes-Kinder; Frieden über die Vernunft, Frieden mitten in dem Kriege, Frieden bis zum vollen Siege bei des Heilands Wiederkunft.

3. Wenn die Knechte ihrer Sünden nirgends können Frieden finden, findet ihn der Glaube doch, der sucht Gnad' und findet Frieden; also geht er ohn' Ermüden unter Christi sanftem Joch.

4. Treuer Heiland, laß mich diesen im Gewissen auch genießen. Gieb du ihn und laß ihn mir; will mich Welt und Satan schrecken und die Sünden-Angst erwecken, such' ich Frieden nur bei dir.

5. Deinen Frieden laß mich trösten, daß du endlich die Erlös'ten lässest nach der Arbeit ruhn. Werd' ich einst hier weggenommen, laß mich dort zum Frieden kommen. O! wie sanft wird solches thun!

M. Philipp Friedrich Hiller.

Bei der Taufhandlung.

Lucä 18, v. 17. Wer nicht das Reich Gottes nimmt als ein Kind, der wird nicht hinein kommen.

Mel. Jesu, deine Passion.

1009. Jesu, du hast uns erkauft und für uns gelitten. Wir, auf deinen Tod getauft, nah'n zu dir mit Bitten: nimm dies neugeborne Kind auf in deine Gnade, mach' es frei von Tod und Sünd' in dem Wasserbade.

2. Eltern, Pathen, Freunde fleh'n für sein Heil zum Throne; höre gnädig dieses Fleh'n, Vater, in dem Sohne! Laß uns bei der Taufe hier dankbar daran denken: Allen willst du einst bei dir Himmelsfreuden schenken.

Johann Gottfried Schöner.

Von dem Verlangen nach Jesu.

Lucä 4, v. 42. Das Volk suchte ihn, und kamen zu ihm und hielten ihn auf, daß er nicht von ihnen ginge.

Mel. Herr, ich habe mißgehandelt.

1010. Jesu, du mein liebstes Leben, meiner Seele Bräutigam, der du bist für mich gegeben an des bittern Kreuzes Stamm, jetzt will ich mit süßen Weisen dich von ganzer Seele preisen.

2. Du bist Gott, der uns gegeben Seel' und Leib, auch Ehr' und Gut, der du unser Leib und Leben schützest durch der Engel Hut; drum auch dir allein zu Ehren soll mein Mund sich lassen hören.

3. Jesu, Paradies der Freuden, das mein Geist mit Schmerzen sucht; o du starker Trost im Leiden, o du frische Lebensfrucht; alles Trauren, alles Leiden wendest du in lauter Freuden.

4. Komm, ach komm, du Trost der Heiden, komm, mein Jesu, stärke mich; komm, erquicke mich mit Freuden; komm und hilf mir gnädiglich; komm, mein Wunsch, mein ganzes Hoffen; komm, mein Herze steht dir offen.

5. Jesu, richte mein Beginnen; Jesu, bleibe stets bei mir; Jesu, zähme mir die Sinnen; Jesu, sey nur mein Begier; Jesu, sey mir in Gedanken; Jesu, lasse mich nicht wanken.

6. Jesu, laß mich selig enden meine kurzen Lebensjahr', trage mich auf deinen Händen, halte bei mir in Gefahr; freudig will ich dich umfassen, wenn ich soll die Welt verlassen. Nach: Johann Rist.

Von der Begierde nach Christo.

Lucä 19, v. 3. Er begehrete Jesum zu sehen.

Mel. Jesu, der du meine Seele.

1011. Jesu, du Sohn Davids, höre, was der arme Sünder spricht: ich weiß ja aus deiner Lehre, du verschmäh'st mein Flehen nicht, du bist in der Menschen Orden aller Menschen Mittler worden; ach, erbarme dich nur mein, du kannst sonst nicht Mittler seyn.

2. Du bist ja für mich gestorben und hast mich mit Gott versühnt, für mich alles Heil erworben, mir des Vaters Gunst verdient; du hast selbst dein Blut, dein Leben mir zum Lösegeld gegeben; ach, so sey, o Herr, dein Blut meine Lust, mein höchstes Gut.

3. Ich will stets auf dich nur blicken, wie du an dem Kreuze hingst, mit der Sünd' auf deinem Rücken und für mich die Gnad' empfingst. Ach so ström' in allen Stunden Gnade, Gnad' aus deinen Wunden. Mir soll nichts im Herzen seyn, als nur deine Kreuzespein.

4. Wäre nur mein Auge helle, deine Lieb' am Kreuz zu seh'n; nun ich hör', o Lichtes-Quelle, doch nicht auf zu dir zu fleh'n; ich will, will mich was bedräuen, desto mehr, wie Jakob schreien*): Herr, ich lasse dich doch nicht, gieb, ach gieb mir Rath und Licht!

*) 1 Mos. 32, v. 26.

5. Sollt' ich kein Gehör denn finden? stehst du nicht bei mir auch still? rufst und fragst du, wie den Blinden, nicht auch mich jetzt, was ich will? Ja, drum sag' ich auch mit Flehen, Herr! ich will so gerne sehen, seh'n und schmecken, wie du bist, wie von Gnad' du überfließ'st.

6. Laß nun auch dein Machtwort siegen und sprich: „Du sollst sehend seyn; laß dir nur an mir genügen und an meiner Gnad' allein. Kannst du beim Gefühl der Sünden nicht die Gnade froh empfinden, glaube nur und nimm dies an, was ich schon für dich gethan!“

7. Herr, ich will; ach hilf mir Schwachen! Glauben ist dein Werk allein. Du, du kannst mich stärker machen, du sollst mir mein Alles seyn, Alles wirken, Alles geben, mich erleuchten, mich beleben; mich verlanget nur nach dir und dich wieder nur nach mir.

8. Scheine mir, o Gnadensonne, wenn was Finstres mich befällt; mache mir zur Freud' und Wonne, was dein Name in sich hält. Ich will mich von eitlen Dingen, wie ein Adler, aufwärts schwingen, wo du Sonn' und Schild mir bist und wo meine Zuflucht ist.

9. Ich begehr' nichts hier im Leben, was doch nur vergänglich heißt; nein, du wollst dich selbst mir geben, deine Gnade, deinen Geist; Gnade zum Erlaß der Sünden, Geist und Kraft zum Ueberwinden und, nach wohl vollbrachtem Streit, dort das Reich der Herrlichkeit.

10. Ja, du reichst, zum Gnadenlohne für des kurzen Lebens Treu', mir dort schon die Ehrenkrone; mache nur mein Herze frei, sich nun stets dahin zu schicken und nur auf das Ziel zu blicken. Jeder Punkt in dieser Zeit geh' nur in die Ewigkeit.

11. Alles leg' ich dir zu Füßen und mich selbst an's Kreuze hin; laß dein Blut stets auf mich fließen, der ich ja dein eigen bin. Du hast dich für mich gegeben, ich will dir allein nur leben. Du bist mein und ich bin dein, ich will keines Andern seyn.

12. Höre doch noch eine Bitte, die der arme Sünder thut. Nimm mich bei dem letzten Schritte ganz besonders in die Hut. Halte mich, laß mich nicht fallen, laß dein Wort in's Herze schallen, daß ich fest im Glauben steh' und zur Ruh' in Frieden geh'.

Bekenntniß eines Christen bei dem Gefühl seines Elends.

Matthäi 9, v. 27. Du Sohn Davids, erbarme dich unser!

Mel. Alle Menschen müssen sterben.

1012. Jesu, du Sohn Davids, höre, was mein Herze fleht und schreit; rette deines Namens Ehre; hilf mir durch zur Seligkeit. Laß mich ja nicht unterliegen; hilf die Feinde selbst besiegen. Ohne dich muß ich vergehn, wo du nicht willst bei mir stehn.

2. Ach, errette meine Seele, halt' den finstern Kräften ein. Spür' ich gleich ein Tröpflein Oele, dringt doch bald der Feind herein und will Licht und Kraft mir rauben. Ach, Herr! stärke mir den Glauben; steure Satans List und Macht, nimm mich wie dein Aug' in Acht.

3. Da der Feind mich will zertreten und ich gänzlich kraftlos bin, so laß mich nur stärker beten; stärke meinen blöden Sinn, um an dir nicht zu verzagen. Ich kann nicht den Feind verjagen, der mit Tod und Mord mir dräut; drum, Herr, führe du den Streit.

4. O Herr! gieße deine Liebe recht in meinem Herzen aus, mache dadurch heiße Triebe wahrer Gegenliebe draus. Laß mich doch dein Herze kennen und das Mein' in Liebe brennen, daß es deiner Lieb' und Treu' noch recht brünstig dankbar sey.

5. Ja, es sey mein ganzes Leben lauter Lieb' und Dankbarkeit, Seel' und Leib sey dir ergeben und zu deinem Ruhm geweiht. O, hilf einmal anzuheben, dir recht lauter nachzuleben; daß mich nur die Liebe dringt und dir willig Opfer bringt.

6. Eile, mir zu helfen, eile, meine Zeit ist bald vorbei. Eile, daß nicht bei der Weile mir der Tod erschrecklich sey. Nimm hinweg das sichre Wesen, laß den Glauben recht genesen; nimm hinweg, was lau und kalt, und entzünde du mich bald.

7. Laß mich nicht im Glauben wanken, steur' auch falscher Zuversicht und dem schädlichen Gedanken: mein Herr kommt noch lange nicht. Laß mich stets die Lampen schmücken, laß mir nicht das Ziel verrücken; halt' in jeder Stund' und Zeit mich zum Abschied wohl bereit.

8. Laß bald früh mich alle Morgen mit Gebet und Wachsamkeit stets für frisches Oele sorgen; und laß mich auch allezeit nur nach deinem Worte bleiben, laß es recht in Kraft bekleiben; dadurch gieb mehr Oel und Licht, das durch alles Finst're bricht.

9. So laß mich hier bis zum Grabe eine kluge Jungfrau seyn, die das rechte Brautherz habe, wie sie immer, aus und ein, dir gefall', entgegen gehe, und ja nimmer schläfrig stehe. O nein! jede Stund' und Zeit sey zum Brautschmuck nur geweiht.

10. Herr, umgürte meine Lenden und gieb Treu' und helles Licht, um recht selig zu vollenden; Herr, ich lasse dich doch nicht. Nichts soll in und um mir schallen, als was dir nur kann gefallen. Eil', o Herr! mit meinem Schmuck, bis du sprichst: Es ist genug.

Karl Heinrich v. Bogatzky.

Von der Barmherzigkeit Christi.

Jesaia 60, v. 10. In meiner Gnade erbarme ich mich über dich.

Mel. Meine Armuth macht mich schreien.

1013. Jesu, du trugst mit uns Armen schon Erbarmen, eh' die Welt gegründet ward, und da du im Fleisch erschienen zum Versühnen, hast du das geoffenbart.

2. Du hast unsre vielen Plagen selbst getragen, machtest uns vom Elend frei, hast das Himmelreich gepredigt; hast erledigt von des Teufels Tyrannei.

3. Du hast selbst dich hingegeben uns zum Leben, wurdest wie ein Lamm geschlacht't; hast, da du von Todesbanden auferstanden, uns das Leben wiederbracht.

4. Das heißt herzliches Erbarmen zu uns Armen; ja, es währt noch deine Huld; wenn du wirst vom Kreis der Erden Richter werden, rechnest du nicht unsre Schuld.

5. Jetzt in meinen Glaubenstagen darf ich sagen, ich hab' auch Barmherzigkeit, mir ist meine Schuld vergeben und ein Leben mir in Jesu zubereit't.

6. Nun, so gieb mir, mein Erbarmer! daß ich Armer dir kann recht entgegen seh'n und aus meines Grabes Kammer, frei von Jammer, einst zum Leben aufersteh'n.

M. Philipp Friedrich Hiller.

Jesus, der gute Hirte.

Johannis 10, v. 27. Meine Schaafe hören meine Stimme, und ich kenne sie, und sie folgen mir.

Mel. Jesu, der du meine Seele.

1014. Jesu, frommer Menschen-Heerden guter und getreuer Hirt, laß mich auch dein Schäflein werden, das dein Stab und Stimme führt; ach, du hast aus Lieb' dein Leben für die Schaafe hingegeben, und du gabst es auch für mich; laß mich wieder lieben dich.

2. Heerden ihren Hirten lieben, und ein Hirt liebt seine Heerd', laß uns auch so Liebe üben, du im Himmel, ich auf Erd'. Schallet deine Lieb' hernieder, soll dir meine schallen wieder; wenn du rufst: Ich liebe dich! ruft mein Herz: Dich liebe ich!

3. Schaafe ihren Hirten kennen, dem sie auch sind wohl bekannt; laß mich auch nach dir nur rennen, wie du kamst zu mir gerannt, da des Höllen-Wolfes Rachen eine Beut' aus mir wollt' machen; riefest du: ich kenne dich! rief ich auch: dich kenne ich!

4. Heerden ihren Hirten hören, folgen seiner Stimm' allein; Hirten auch zur Heerd' sich kehren, wenn sie rufen Groß' und Klein'; laß mich hören, wenn du schreiest, laß mich laufen, wenn du dräuest, laß mich horchen stets auf dich; Jesu! höre du auf mich.

5. Höre, Jesu, und erhöre meine, deines Schäfleins, Stimm'; mich auch zu dir schreien lehre, wenn sich nah't des Wolfes Grimm. Laß mein Schreien dir gefallen, deinen Trost hernieder schallen; wenn ich bete, höre mich, Jesu, sprich: ich höre dich!

6. Höre, Jesu, und erhöre, wenn ich ruf', anklopf' und schrei'; Jesu, dich nicht von mir kehre, steh' mir bald in Gnaden bei, ja, du hörst; in deinem Namen ist ja Alles Ja und Amen. Nun, ich glaub' und fühle schon deinen Trost, o Gottes Sohn!

Siegmund v. Birken (Betulius).

Von der Nachfolge Jesu.

Lucä 5, v. 11. Sie verließen Alles, und folgeten ihm nach.

Mel. Seelen-Bräutigam.

1015. Jesu! geh' voran auf der Lebensbahn; und wir wollen nicht verweilen, dir getreulich nachzueilen: führ' uns an der Hand bis in's Vaterland.

2. Soll's uns hart ergehn: laß uns feste stehn, und auch in den schwersten Tagen niemals über Lasten klagen; denn durch Trübsal hier geht der Weg zu dir.

3. Rühret eigner Schmerz irgend unser Herz, kümmert uns ein fremdes Leiden, o so gieb Geduld zu beiden; richte unsern Sinn auf das Ende hin!

4. Ordne unsern Gang, Jesu! lebenslang; führst du uns durch rauhe Wege, gieb uns auch die nöth'ge Pflege; thu' uns nach dem Lauf deine Thüre auf!

Nicolaus Ludwig v. Zinzendorf.

Der verlangende Glaube.

Psalm 119, v. 81. Meine Seele verlanget nach deinem Heil; ich hoffe auf dein Wort.

Mel. Seelen-Bräutigam.

1016. Jesu, Gottes Lamm, du mein Bräutigam! ach wann werd' ich dich so nennen und dich recht in Kraft erkennen. Meine Seele weint, weil kein Licht mir scheint.

2. Sey zu mir gekehrt! Was mein Herz begehrt, ist nur Glauben, Kraft und Leben. Mich dir ganz zum Opfer geben, ist mein Wunsch und Fleh'n: Herr, wann wird's gescheh'n?

3. Ich bin arm und krank: dies ist mein Gesang. Mein Verderben will mich tödten; hilf mir, Gott, aus meinen Nöthen, ich versinke sehr. Herr! gieb Glauben her.

4. Ja, du kannst es thun und ich kann nicht ruh'n, bis dein Geist dich mir verkläret und mir Glaubenskraft gewähret. Gieß' ihn über mich, so erkenn' ich dich.

5. Zieh' die Decke ab, zieh' mich in dein Grab, zieh' mich in dein Blut und Leben, mache mich zu deinem Reben; sprich mich los und frei, daß ich selig sey.

6. Herr, dein Wort bleibt wahr; mache mir's nur klar, daß ich seine Kraft empfinde, Furcht und Zweifel überwinde: rede mir in's Herz, so weicht Angst und Schmerz.

7. Nimm den blöden Sinn, alles Zagen hin! Heiß' mich nahe zu dir treten und mit vollem Glauben beten durch des Geistes Kraft, der den Glauben schafft.

8. Gieb mir deine Hand und des Geistes Pfand. Laß ihn kräftig in mir zeugen: ich sey ganz und gar dein eigen; dein Versöhnungs-Blut fließet mir zu gut.

9. Ach, er liebt mich noch! Seele, glaub' mir doch, glaube, mit Geschrei und Thränen, Glauben heißt, sich kindlich sehnen, wer so zu ihm schreit, wird gewiß erfreut.

10. Gott, ich harre dein: kehre bei mir ein; laß dich finden, laß dich fassen, ewig

kann ich dich nicht lassen; theurer Gottes-Sohn, ja, ich glaube schon.

11. O du, Gottes Lamm, bist mein Bräutigam. Auf dein Wort darf ich es wagen, nun mit Zuversicht zu sagen: du mein Heil und Ruhm, ich dein Eigenthum.

12. Uebelthäter weicht! mein Wunsch ist erreicht. Jesus hört Gebet und Flehen; läßt mich in sein Herze sehen; er mein Freund ist mein, ich bin ewig sein.

Friedrich August Weihe.

Kampf unter Christi Panier.

Psalm 27, v. 3. Wenn sich schon ein Heer wider mich leget, so fürchtet sich dennoch mein Herz nicht. Wenn sich Krieg wider mich erhebt, so verlasse ich mich auf ihn.

Mel. Eins ist noth! ach Herr, dies Eine.

1017. Jesu, großer Ueberwinder! wo ist solch ein Gott wie du? die Gemeine deiner Kinder läuft in ihrer Noth dir zu. Sie werden berathen, bedeckt und beschirmet, so oft sie die Bosheit der Feinde bestürmet. Da streiten sie tapfer und fürchten sich nicht, weil ihnen dein Beistand viel Siege verspricht.

2. Meine dir ergeb'ne Seele stellt sich unter dein Panier, nimmt aus deiner Seitenhöhle Gnad' und Stärke für und für. Licht, Kraft und Vermögen, Heil, Segen und Leben ist in dir, mein Heiland, mir alles gegeben. Wer dir nur vertrauet, dem stehest du bei, er findet dich allezeit mächtig und treu.

3. Herr, erweise deine Stärke: Noth und Tod bricht bei mir ein. Da ich meine Ohnmacht merke, mußt du mein Beschützer seyn. Die Schatten des Todes erschrecken mich Blöden: ich liege und schwebe in äußersten Nöthen, Tod, Sünde und Hölle, — o schreckliches Heer! — bestreitet, bestürmet und ängstet mich sehr.

4. Held, willst du mich nun verlassen? willst du dich entzieh'n, mein Licht? Nein! ich will dich gläubig fassen: einzig's Heil! ich lass' dich nicht. Du hast ja für mich auch gekämpft und gerungen, die Hölle zerstöret, den Satan bezwungen. Du tilgtest die Sünde, besiegtest den Tod, und führtest gefangen, was schrecket und droht.

5. O wo bleibt nun Angst und Schrekken? Alles flieht und ist dahin. Nichts kann mir nun Furcht erwecken, weil ich in und bei dir bin. Mein Jesu! in deinen mir offenen Wunden hab' ich die erwünschteste Freistadt gefunden! du Kraft meines Lebens, du lebest in mir; und soll ich denn scheiden, so sterb' ich in dir.

6. Ja! in dir will ich entschlafen, wenn die letzte Stunde schlägt; da nun nichts von Schuld und Strafen, Furcht und Angst in mir sich regt. An dir bleib' ich hangen im festen Vertrauen, so darf mir vor Grab und Verwesung nicht grauen. Dein Stab und dein Stecken, o mächtiger Hirt! macht, daß mir dies finstre Thal lieblicher wird.

7. Nun, der Geist ist aufgegeben, alle Noth ist ganz besiegt. Hier find' ich das wahre Leben, und ein unbegreiflich's Licht. Hier meng' ich mich unter siegprangende Chöre, und singe dem siegenden Lamme zur Ehre: Sieg, Weisheit und Stärke, Heil, Leben und Kraft, dem, der uns vollkommene Sicherheit schafft! W. M. M.

Am Fest der Erscheinung Christi.

Matth. 2, v. 11. Sie thaten ihre Schätze auf, und schenkten ihm Gold, Weihrauch und Myrrhen.

Mel. Meinen Jesum lass' ich nicht.

1018. Jesu, großer Wunderstern, der aus Jakob ist erschienen! Meine Seele will so gern dir an deinem Feste dienen; nimm doch, nimm doch gnädig an, was ich Armer schenken kann.

2. Nimm das Gold des Glaubens hin, wie ich's von dir selber habe und damit beschenket bin, so ist dir's die liebste Gabe; laß es auch bewährt und rein in dem Kreuzes-Ofen seyn.

3. Nimm den Weihrauch des Gebet's, laß denselben vor dir tügen*); Herz und Lippen sollen stets ihn zu opfern vor dir liegen. Wenn ich bete, nimm es auf und sprich Ja und Amen drauf.

*) taugen.

4. Nimm die Myrrhen bitt'rer Reu'; ach, mich schmerzet meine Sünde; aber du bist fromm und treu, daß ich Trost und Gnade finde, und nun fröhlich sprechen kann: Jesus nimmt mein Opfer an.

Morgenlied.

Psalm 36, v. 8. Wie theuer ist deine Güte, Gott, daß Menschenkinder unter dem Schatten deiner Flügel trauen.

Mel. Gott des Himmels und der Erden.

1019. Jesu Güte hat kein Ende, sie ist alle Morgen neu, das beweisen Jesu Hände, die da schaffen, (o der Treu'!) daß ich leb', doch ich nicht hier, sondern Christus lebt in mir.

2. Jesu Hände, die da sorgen, daß auf eine gute Nacht folget jetzt ein guter Morgen, da man sieht, wie Gottes Macht mich, die Meinen, Hab' und Gut hat beschützt durch Jesu Blut.

3. Jesu, dir sey Dank gegeben für die Treue deiner Händ', für die Gnade, für das Leben und was du mir zugewend't. Ach! zieh' von mir bis ins Grab diese deine Händ' nicht ab.

4. Sie sind's ja, darein gegraben steht mein Nam' mit deinem Blut, die mich selbst bereitet haben, mich gekrönt mit Himmelsgut; ja, sie sind's, die mich bis itzt stets versorget und beschützt.

5. Laß sie ferner mich umfassen, weil ich ihrer eigen bin, laß sie mich, mich sie nicht lassen: dieses ist und bleibt mein Sinn: Sünde, dir entsage ich; Jesu, dir ergeb' ich mich.

6. Nimm mich auf, in deine Hände, schließ' mich in des Vaters Herz und in deine Hut behende, in dein Leiden, Tod und Schmerz; in des höchsten Trösters Hand schließ' mich und die mir verwandt.

7. Ach! mit Segen ob mir walte, im Gebete stärke mich, in dem Glauben mich erhalte und, daß Gott gefalle ich. Laß mich deines Geistes voll, leben, leiden, sterben wohl.

8. Mach' mich los von meinen Sünden, laß mich einen gnäd'gen Gott und ein gut Gewissen finden; wend' ab Schrecken, Angst und Noth, steh' mir bei, damit ja hier nichts Verdammlich's sey an mir.

9. Sey du Alles mir in Allen, meine Hülfe, was ich thu', mein Stab, wenn ich bin gefallen; mein Schutz, wenn ich geh' zur Ruh'; meine Freude, wenn ich wach'; mein Arzt, wenn ich krank und schwach.

10. Sey mein Leben, weil ich lebe und verbleibe ja bei mir, wenn ich meinen Geist aufgebe, den ich dir befehle hier; mach' ihn alles Leides los, nimm ihn auf in deinen Schooß.

11. Ich indeß bin voll Vergnügen, halt' es für die höchste Freud', daß in deinen Armen liegen ich, die Meinen, Land und Leut'; ich leb' oder sterbe nun, ich werd' in dir, Jesu! ruh'n.

Aemilie Juliana,
Gräfinn zu Schwarzburg-Rudolstadt.

Vom Kreuz der Christen.

Psalm 10, v. 12. Stehe auf, Herr Gott, erhebe deine Hand; vergiß der Elenden nicht.

Mel. Allenthalben, wo ich gehe.

1020. Jesu, hilf mein Kreuz mir tragen, wenn in bösen Jammertagen mich der arge Feind anficht, Jesu, dann vergiß mein nicht.

2. Wenn die Feinde mich umstellen, denken gänzlich mich zu fällen, und mir Rath und That gebricht, Jesu Christ, vergiß mein nicht.

3. Will mich böse Lust verführen, so laß mir das Herze rühren das zukünftige Gericht, und vergiß, Herr! meiner nicht.

4. Kommt die Welt mit ihren Tücken und will mir das Ziel verrücken durch ihr blendend-falsches Licht, Jesu, so vergiß mich nicht.

5. Wollen auch wohl meine Freunde mir nicht anders, als die Feinde, hindern meine Lebensbahn, Jesu, nimm dich meiner an.

6. Fehlt es mir an Kraft zu beten, laß mich deinen Geist vertreten; stärke meine Zuversicht und vergiß nur meiner nicht.

7. Will auch schwach der Glaube werden und nicht tragen die Beschwerden, wenn die Drangsalshitze sticht: Jesu! so vergiß mein nicht.

8. Bin ich irgend abgewichen und hab' mich von dir geschlichen, sey zur Wiederkehr mein Licht, Jesu, und vergiß mein nicht.

9. Wenn ich gänzlich bin verlassen, und mich alle Menschen hassen, sey du meine Zuversicht, Jesu, und vergiß mein nicht.

10. Wenn ich hülflos da muß liegen in den letzten Todeszügen, wenn mein Herz im Sterben bricht, Jesu, so vergiß mein nicht.

11. Fahr' ich aus dem Weltgetümmel, nimm mich, Jesu, in den Himmel, da ich seh' dein Angesicht; Jesu Christ, vergiß mein nicht!

Vom Kampf der Christen.

2 Timotheum 2, v. 5. So Jemand auch kämpft, wird er doch nicht gekrönet, er kämpfe denn recht.

Mel. Einer ist König, Immanuel siegt.

1021. Jesu! hilf siegen, du Fürste des Lebens! sieh', wie die Finsterniß dringet herein; wie sie ihr höllisches Heer nicht vergebens mächtig aufführet, mir schädlich zu seyn; Satanas sinnet auf allerhand Ränke, wie er mich sichte, verstöre und kränke.

2. Jesu

2. Jesu! hilf siegen, der du mich erkaufet, rette, wenn Fleisch und Blut, Satan und Welt mich zu berücken ganz grimmig anlaufet, oder auch schmeichelnd sich listig verstellt. Wüthet die Sünde von außen und innen, laß mir, Herr! niemals die Hülfe zerrinnen.

3. Jesu! hilf siegen, ach! wer muß nicht klagen? Herr! mein Gebrechen ist immer vor mir. Hilf, wenn die Sünden der Jugend mich nagen, die mein Gewissen mir täglich hält für; ach! laß mich schmecken dein kräft'ges Versühnen, und dies zu meiner Demüthigung dienen.

4. Jesu! hilf siegen, wenn in mir die Sünde, Eigenlieb', Hoffart und Mißgunst sich regt; wenn ich die Last der Begierden empfinde, und sich mein tiefes Verderben darlegt; hilf, Herr, daß ich vor mir selbst mag erröthen, und durch dein Leiden mein sündlich Fleisch tödten.

5. Jesu! hilf siegen und lege gefangen in mir die Lüste des Fleisches und gieb, daß bei mir lebe des Geistes Verlangen, aufwärts sich schwingend durch heiligen Trieb; laß mich eindringen ins himmlische Wesen, bis Leib und Seele einst völlig genesen.

6. Jesu! hilf siegen, damit auch mein Wille dir, Herr! sey gänzlich zu eigen geschenkt, und ich mich stets in dein Wollen verhülle, wo sich die Seele zur Ruhe hinlenkt; laß mich mir sterben und allem dem Meinen, daß ich mich zählen kann unter die Deinen.

7. Jesu! hilf siegen in allerlei Fällen, gieb mir die Waffen des Lichtes*) zur Hand; wenn mir die höllischen Feinde nachstellen, dich mir zu rauben, o edelstes Pfand! so hilf mir Schwachen mit Allmacht und Stärke, daß ich, o Liebster! dein Daseyn vermerke. *) Röm. 13, v. 12.

8. Jesu! hilf siegen, wer mag sonst bestehen wider den listig verschmitzeten Feind? Wer mag doch dessen Versuchung entgehen, der wie ein Engel des Lichtes erscheint? Ach, Herr! wo du weichst, so muß ich ja irren, wenn mich der Schlangen List sucht zu verwirren.

9. Jesu! hilf siegen und laß mich nicht sinken; wenn sich die Kräfte der Lügen aufbläh'n und mit dem Scheine der Wahrheit sich schminken, laß mich viel heller dann deine Kraft seh'n; steh' mir zur Rechten, o König und Meister! lehre mich kämpfen und prüfen die Geister.

10. Jesu! hilf siegen im Wachen und Beten; Hüter! du schläfst ja und schlummerst nicht ein; laß dein Gebet mich unendlich vertreten, der du versprochen, mein' Fürsprach' zu seyn; wenn mich die Nacht mit Ermüdung will decken, wollst du mich, Jesu! ermuntern und wecken.

11. Jesu! hilf siegen, wenn alles verschwindet und ich mein Nichts und Verderben nur seh'; wenn kein Vermögen zu beten sich findet, wenn ich muß seyn wie ein schüchternes Reh: ach, Herr! so wollst du auch dann in der Seelen dich mit den innersten Seufzern vermählen.

12. Jesu! hilf siegen und laß mir's gelingen, daß ich das Zeichen des Sieges erlang', so will ich ewig dir Lob und Dank singen, Jesu, mein Heiland! mit frohem Gesang. Wie wird dein Name da werden gepriesen, wo du, o Held, dich so mächtig erwiesen!

13. Jesu! hilf siegen, wenn's nun kommt zum Sterben, mach' du mich würdig und stetig bereit, daß ich mich könne recht nennen dein'n Erben, dort in der Ewigkeit, hier in der Zeit. Jesu! mein Jesu, dir bleib' ich ergeben, hilf du mir siegen, mein Heil, Trost und Leben!

14. Jesu! hilf siegen, wenn ich nun soll scheiden von dieser jammer- und leidvollen Welt, wenn du mich rufest, gieb, daß ich mit Freuden mög' zu dir fahren in's himmlische Zelt! Laß mich, ach Jesu! recht ritterlich ringen, und durch den Tod in das Leben eindringen. Joh. Heinrich Schröder.

Von der Begierde zu Gott.

1 Samuelis 20, v. 4. Ich will an dir thun, was dein Herz begehret.

In eigener Melodie.

1022. Jesu, Jehovah, ich such' und verlange, mit dir alleine verbunden zu seyn; reiß' mich von allem, woran ich noch hange, setze mich in dich mein Ursprung doch ein. Zeige mir klärlich mein tiefes Verderben, Alles was dir auch zuwider seyn mag; laß mich dir leben und gänzlich mir sterben, sey du im finsteren Herzen mein Tag.

2. Stärke die Kräfte der Seele von innen, daß ich die Wirkung des Geistes empfind', nimm dir gefangen mein Reden und Sinnen, leite doch, Jesu, dein strauchelndes Kind: ich will verlieren mich wo ich mich

finde, gieb mir, mein Jesu, Vermögen dazu, gieb, daß durch deine Kraft gänzlich verschwinde, was da zerstöret die innere Ruh'.

3. O daß mein Leben mit ganzem Ernst hielte deine Gebote von Herzen all'zeit. Ach! daß mein Sinnen auf Jesum nur zielte! o, ich bin leider von dir noch gar weit! Jesu, der du mir das Leben gegeben, gieb mir noch ferner durch deine Genad', daß ich bezeige mit heiligem Leben mich ein Kind Gottes in fleißiger That.

4. Höre doch, Jesu, mein Seufzen und Klagen; such' doch, mein Hirte, dein irrendes Schaaf! lab' mich im Trauer, versüße die Plagen, wecke die Seele vom sündlichen Schlaf! wandle das Wissen in's wahre Kraft-Wesen, daß nicht von außen ich christlich nur schein', rein'ge mein Herze und laß mich genesen, daß ich in Wahrheit mich nennen mag Dein.

5. Jesu, wann wirst du mich einmal erquicken? sieh' doch, wie drückt mich die Bürde der Sünd'! soll ich nicht, Liebster, dich tröstlich erblicken? komm doch, bedrohe das Meer und den Wind. Freundlichster Jesu, ich hoff' auf Erbarmen, birg doch nicht ewig dein Antlitz vor mir. Edelster Reichthum der geistlichen Armen, füll' die nothdürftige Seele mit dir.

6. Mildester Jesu, vernimm doch mein Flehen, sieh, wie die hungrige Seele so matt; liebster Immanuel, laß es geschehen, mach' mit dem Brote des Lebens mich satt! Jenesmal sprachst du: das Volk möcht' verschmachten, wenn ich ung'gessen sie von mir ließ' geh'n; ewige Liebe, wie wollt'st du nicht achten, wenn du die Seele voll Hunger sollst seh'n!

7. Gnädigster Jesu, ich will nun bloß hangen an der Verheißung und tröstlichem Wort: welche da bitten, die sollen empfangen, wie du selbst redest, mein gütigster Hort! Ach ja, ich will dir begierig nachschreien mit der Canäin*) und lassen nicht ab, stetes Anhalten wird mich auch nicht reuen, ich lass' nicht von dir bis hin in das Grab.

*) Matth. 15, v. 22.

Verlangen nach Jesu.

Jesaia 26, v. 9. Von Herzen begehre ich deiner des Nachts, dazu mit meinem Geiste in mir wache ich frühe zu dir.

In eigener Melodie.

1023. Jesu, komm doch selbst zu mir und verbleibe für und für; komm doch, werther Seelenfreund! Liebster, den mein Herze meint.

2. Tausendmal begehr' ich dich, weil sonst nichts vergnüget mich. Tausendmal schrei' ich zu dir: Jesu, Jesu, komm zu mir!

3. Keine Lust ist in der Welt, die mein Herz zufrieden stellt. Jesu, nur dein Beimirseyn nenn' ich meine Lust allein.

4. Aller Engel Glanz und Pracht und was ihnen Freude macht, ist mir, süße Seelenfreud', ohne dich nur Herzeleid.

5. Nimm nur Alles von mir hin, ich veränd're nicht den Sinn. Du, o Jesu! mußt allein ewig meine Freude seyn.

6. Keinem Andern sag' ich zu, daß ich ihm mein Herz aufthu'; dich alleine lass' ich ein; dich alleine nenn' ich Mein.

7. Dich alleine, Gottes Sohn! heiß' ich meine Kron' und Lohn; du, für mich verwund'tes Lamm, bist allein mein Bräutigam.

8. O, so komm denn, süßes Herz, und vermind're meinen Schmerz; denn ich schrei' doch für und für: Jesu, Jesu, komm zu mir!

9. Nun, ich warte mit Geduld, bitte nur um diese Huld, daß du mir in Todespein woll'st ein süßer Jesus seyn.

D. Joh. Scheffler (Angelus).

Abendmahlslied.

Matth. 26, v. 28. Das ist mein Blut des neuen Testaments, welches vergossen wird für Viele, zur Vergebung der Sünden.

Mel. Schmücke dich, o liebe Seele.

1024. Jesu! komm in unsre Mitten! hör' der armen Sünder Bitten! höre das Gebet und Schreien um Vergeben und Verzeihen! Schau' hinein in unsre Herzen, in die Wunden, in die Schmerzen, so die Sünden uns geschlagen, die wir immer an uns tragen.

2. Bei dir ist ja lauter Gnade, davon triefen deine Pfade; Niemand, der zu dir sich wandte, seine Missethat bekannte, ist von dir hinweggegangen, ohne Gnade zu erlangen. Darum kommen, darum laufen dir die Sünder zu mit Haufen.

3. Gnade von dir anzunehmen, darf sich auch kein Heil'ger schämen; selbst die Himmel sind nicht reine vor dir: denn du bist's alleine. Darum wirst du stets von Allen, so viel Heil'ge hier noch wallen und nicht steh'n auf Hoffarts-Stufen, um Vergebung angerufen.

4. Nur den Sündern, nicht den Frommen, rufest du, zu dir zu kommen. Du bist ihrer stets gewärtig, Gnade zu ertheilen fertig; und in jedem Augenblicke blüht der armen Sünder Glücke, wenn sie sich vor dir recht beugen, ihren Glauben thätig zeigen.

5. Aber unter allen Zeiten, Stunden und Gelegenheiten, dir die Herzen auszuschütten, deine Gnade zu erbitten, und mit solcher alles Gute, kann uns keine Heils-Minute besser schicklich uns zu segnen, als die heutige, begegnen.

6. Da wir deines Tod's gedenken, sollt'st du uns nicht Alles schenken? da wir deinen Leib jetzt essen, sollt'st du etwas Gut's vergessen? da wir jetzt dein Blut genießen, laß du Segen auf uns fließen. Amen! Gott ist uns versühnet; Jesus Christus hat's verdienet! Christoph Karl Ludwig v. Pfeil.

Christus im Herzen.

Joh. 14, v. 23. Wir werden zu ihm kommen und Wohnung bei ihm machen.

Mel. Herr, ich habe mißgehandelt.

1025. Jesu, komm mit deinem Vater, komm zu mir, ich liebe dich. Komm, o treuer Seelenrather! Heil'ger Geist, erleuchte mich! laß mich, o dreieinig's Wesen! dir zur Wohnung seyn erlesen.

2. Laß mich, Jesu, deinem Worte vollen Glauben theilen zu; denn es ist die rechte Pforte zu der süßen Seelenruh'. Niemand kann den Trost ergründen, der in deinem Wort zu finden.

3. Sende nun, o Vater! sende deinen Geist von deinem Thron, der mein Herz zu dem nur wende, was dein allerliebster Sohn, dessen Wort wir angehöret, uns von deinem Willen lehret.

4. Von mir selbst kann ich's nicht fassen, mein Herz ist verfinstert ganz; ich geh' auf des Irrthums Straßen, wo nicht deines Geistes Glanz den verblend'ten Sinn regieret und zur hellen Klarheit führet.

5. Zünd' doch an die Liebes-Kerzen, und durchhitze Geist und Muth. Werther Geist! laß unsre Herzen brennen in der reinen Glut! schaff', daß deine heil'gen Flammen schlagen über uns zusammen.

6. Führe mir stets zu Gemüthe, was mir Jesus zugesagt, daß ich traue seiner Güte, wenn vielleicht der Zweifel fragt: ob auf meine Bitt' und Flehen Hülf' und Rettung werd' ergehen?

7. Es kann keine Noth mehr haben, weil mein Jesus wohnt in mir; ich genieße seine Gaben, die sein Geist mir stellet für, wenn ich ihn beständig liebe, und in seinem Wort mich übe.

8. Wer nach seinem Wort nicht lebet und ihn nicht von Herzen liebt, nur nach schnöder Wollust strebet, der muß ewig seyn betrübt; Gott wird nicht mehr in ihm wohnen, sondern ihn mit Zorn belohnen.

9. Mein Herz, du darfst nicht erschrecken; Jesus ist dein Aufenthalt; denn sein Friede wird dich decken wider aller Feind' Gewalt, die vergeblich auf dich stürmet, weil Sein Friede dich beschirmet.

10. Fahre hin mit deinem Friede, mehr als Feind*) gesinnte Welt! deiner werd' ich zeitig müde, weil dein Friede bald zerfällt; Gottes Fried' erfreut die Herzen; Welt! dein Friede bringet Schmerzen. *) feindlich.

11. Nun soll weder Angst noch Leiden, Jesu, keine Macht, noch List mich von deiner Liebe scheiden, weil dein Friede bei mir ist. Ja es sollen meine Sinnen nichts, als Jesum lieb gewinnen.

12. Jesu, der du vorgegangen durch den Tod zum Vater hin, hol' mich, der ich mit Verlangen dir zu folgen willig bin, willst du, ich will gern aufstehen und mit dir von hinnen gehen. Rudolph Friedrich v. Schultt.

Vom menschlichen Verderben.

Sacharja 13, v. 1. Zu der Zeit wird das Haus Davids und die Bürger zu Jerusalem einen freien offenen Born haben wider die Sünde und Unreinigkeit.

Mel. Herr, ich habe mißgehandelt.

1026. Jesu, Kraft der blöden Herzen, Trost in aller Bangigkeit, Labsal in den Sündenschmerzen, Arzt für alles Herzeleid, Salbe für die Todes-Wunden, die man stets voll Kraft befunden.

2. Meines Herzens Brunnen quillet lauter angebornen Wust; Mark und Adern sind erfüllet durch das Gift der bösen Lust, kein Blutstropfen ist zu finden, der nicht ist befleckt mit Sünden.

3. Ja ich stecke voller Pfeile durch den Teufel, Fleisch und Welt; eh' ich zu dem Helfer eile, werd' ich wiederum gefällt; meine Seele muß erliegen, eh' sie kann recht Athem kriegen.

4. Will ich mich zu dir erheben, wird vor Trägheit nichts daraus, wenn dein Geist in mir soll leben, jagt das wilde Fleisch ihn

aus, daß ich auch die Qual der Schulden fort nicht länger kann erdulden.

5. Drum, du Heil der kranken Sünder, Brunn, aus dem das Leben springt, Arzt für deine schwachen Kinder, dessen Kur stets wohl gelingt, du kannst Pein und Schmerzen lindern, ja den Todesstoß verhindern.

6. Komm, o Herr! und drück' in Gnaden mir dein Bild in's Herz hinein, so wird meinem alten Schaden durch dein Blut geholfen seyn; salbt dein Oel des Herzens Wunden, so bin ich denn ganz verbunden.

7. Flößest du denn meiner Seele dich, o Helfer, selber ein, so wird meines Herzens Höhle voll des neuen Lebens seyn, ja, ich will mit schönen Weisen dein Erbarmen ewig preisen. Christian Knorr v. Rosenroth.

Jesus, unser Trost im Leiden.

2 Corinth. 1, v. 4. Der uns tröstet in aller unserer Trübsal, daß wir auch trösten können, die da sind in allerlei Trübsal, mit dem Trost, damit wir getröstet werden von Gott.

Mel. Jesus, meine Zuversicht.

1027. Jesu! liebster Kreuzgenoss', treuer Freund, wenn alle fliehen, sich'rer Anker, festes Schloß, wenn sich selbst die Freund' entziehen, der beständig bei mir bleibt, den kein Unfall von mir treibt.

2. Du bist meine Zuversicht, mein Erretter, der mich schützet, meines Lebens Trost und Licht, wenn es stürmet, weht und blitzet; ich verlasse mich auf dich hier und dorten ewiglich.

3. O wie selig bin ich doch, daß ich dich, mein Heil, erkenne! komm nur immer, Liebesjoch, das ich meine Ehre nenne. Jesu, mache du mich frei von der Sünde Sclaverei.

4. Du kommst von geliebter Hand, Kreuz, das ich mit Thränen küsse, du bist mir ein sichres Pfand, das ich nicht um Alles misse, so mir stetes Zeugniß giebt, daß mich meine Liebe liebt.

5. Scheinst du mir gleich oft so schwer, daß mir deucht, ich muß erliegen, ist doch dies nicht ungefähr; Gott hilft endlich herrlich siegen, und ich trag' die Ehrenkron' desto sicherer davon.

6. Dies Geheimniß ist zu groß, die Vernunft kann es nicht fassen, nur wer in des Heilands Schooß, stille, ruhig und gelassen, als ein kleines Kindlein ruht, fühlet, was die Gnade thut.

7. Die Natur ist viel zu schwach, sie kann Keinen dieses lehren, es ist bloß des Heilands Sach', der kann seine Kraft so mehren, daß ein Christ die Kreuzesbahn mit Geduld betreten kann.

8. Herr, du kennst mein großes Nichts, ja, du siehst mein Unvermögen, darum will ich, Quell des Lichts, mich zu deinen Füßen legen; so alleine geht mein Lauf ungehemmt zu dir hinauf.

Christoph Adam Jäger v. Jägersberg.

Ruhe der Seele.

Matth. 13, v. 46. Da er eine köstliche Perle fand, ging er hin, und verkaufte Alles, was er hatte, und kaufte dieselbige.

In eigener Melodie.

1028. Jesu, meine Freude! meines Herzens Weide! Jesu, meine Zier! ach wie lang', ach lange! ist dem Herzen bange und verlangt nach dir! Gotteslamm, mein Bräutigam! außer dir soll mir auf Erden nichts sonst lieber werden.

2. Unter deinen Schirmen bin ich vor den Stürmen aller Feinde frei. Laß den Satan wittern, laß den Feind erbittern, mir steht Jesus bei. Ob es jetzt gleich kracht und blitzt, ob gleich Sünd' und Hölle schrecken, Jesus will mich decken.

3. Trotz dem alten Drachen! Trotz des Todes Rachen! Trotz der Furcht dazu! tobe, Welt! und springe, ich steh' hier und singe in ganz sichrer Ruh', Gottes Macht hält mich in Acht. Erd' und Abgrund müssen schweigen und vor ihm sich neigen.

4. Weg mit allen Schätzen! du bist mein Ergötzen, Jesu, meine Lust! weg ihr eitlen Ehren! ich mag euch nicht hören, bleibt mir unbewußt. Elend, Noth, Kreuz, Schmach und Tod soll mich, ob ich viel muß leiden, nicht von Jesu scheiden.

5. Gute Nacht, o Wesen, das die Welt erlesen; mir gefällst du nicht. Gute Nacht, ihr Sünden! bleibet weit dahinten, kommt nicht mehr ans Licht. Gute Nacht, du Stolz und Pracht! dir sey ganz, du Lasterleben! gute Nacht gegeben.

6. Weicht ihr Trauergeister! denn mein Freudenmeister Jesus tritt herein. Denen, die Gott lieben, muß auch ihr Betrüben lauter Freude seyn. Duld' ich schon hier Spott und Hohn, dennoch bleibst du auch im Leide, Jesu, meine Freude.

Johann Francke.

Freude an Jesu.

Joh. 15, v. 5. Wer in mir bleibet, und ich in ihm, der bringet viele Frucht.

In eigener Melodie.

1029. Jesu, meine Freud' und Wonne, Jesu, meines Lebens Sonne, Jesu, meine Zuversicht, Jesu, meines Lebens Licht, Jesu, Brunnquell aller Güte, Jesu, tröst' mir mein Gemüthe.

2. Jesu, du bist mir geboren und zum Heiland auserkoren, mir hast du viel Angst und Spott ausgestanden, auch den Tod mit Geduld für mich gelitten und das Leben mir erstritten.

3. Weil, o Jesu, du dein Leben willig hast dahingegeben, nur aus Lieb', o Herr! zu mir, sollt' ich fröhlich nicht in dir sterben auch aus Gegenliebe, wenn Verfolgung sich erhübe?

4. Jesus selbst ist unser Leben; der ist gleich den jungen Reben, wer, durch Gottes Geist erregt, Jesum in dem Herzen trägt, welche ihres Lebens Kräfte nehmen durch des Weinstocks Säfte.

5. Es verschwinden alle Schmerzen, wo in eines Menschen Herzen Jesus ist gezogen ein; da kann nichts als Leben seyn; reißt der Tod ihn gleich von hinnen, Leben wird er dort gewinnen.

6. Jesu, hilf mir überwinden, wenn mich drückt die Last der Sünden, wenn mich Kreuz und Unglück plagt, wenn mich mein Gewissen nagt, auf dich kann die Schuld ich legen, du bezahlst, und mir wird Segen.

7. Jesu, laß mich nicht verderben, nicht im Leiden, noch im Sterben, und wenn kommt der Tod herbei, Jesu, du mein Helfer sey: meine Seel' an meinem Ende, Jesu, nimm in deine Hände.

Matthäus Apelles v. Löwenstern.

Nach erhörtem Gebet in Anfechtungen.

Jesaia 38, v. 5. Ich habe dein Gebet gehöret, und deine Thränen gesehen.

Mel. Jesu, meine Freude.

1030. Jesu, meine Liebe, die ich oft betrübe hier in dieser Welt, dir dankt mein Gemüthe wegen deiner Güte, die mich noch erhält, die mir oft gar unverhofft hat geholfen in den Klagen, Noth, Leid, Angst und Zagen.

2. Nun will ich dran denken, wenn ich werd' in Kränken und in Aengsten seyn; wo ich werde stehen, wo ich werde gehen, will ich denken dein; ich will dir, Herr! für und für dankbar seyn in meinem Herzen, denken dieser Schmerzen.

3. Ich bat dich mit Thränen, mit Leid, Angst und Sehnen; mein Aug' und Gesicht hob ich auf und schriee, beugte meine Kniee, stand auch aufgericht't; ich ging hin und her, mein Sinn war bekümmert und voll Sorgen, durch die Nacht zum Morgen.

4. Ich, als ich nicht sahe, daß du mir so nahe, sprach in meinem Sinn: ich kann nicht mehr beten; komm, mein Heil! getreten, sonst sink' ich dahin; ja ich sink'. Ei, sprach dein Wink, halt', meinst du, daß ich nicht lebe, nicht mehr um dich schwebe?

5. Ich war noch im Glauben, den mir doch zu rauben Satan war bemüht, der die arme Seele in des Leibes Höhle vielmals nach sich zieht; ich sprach doch: ich glaube noch; glaubt' ich nicht, wollt' ich nicht beten, noch vor dich hintreten.

6. Herr, wer zu dir schreiet, seine Sünd' bereuet, dich ruft herzlich an aus getreuem Herzen, dessen große Schmerzen wirst du, Herr! alsdann, wenn er fest glaubt, dich nicht läßt, als die deinen selbst empfinden, tilgen seine Sünden.

7. Drum, o meine Liebe, die ich oft betrübe hier in dieser Welt, dir dankt mein Gemüthe wegen deiner Güte, die mich noch erhält, die mir oft gar unverhofft hat geholfen in den Klagen, Noth, Leid, Angst und Zagen.

Christoph Runge.

In Leiden und Versuchungen.

Jesaia 54, v. 7. Ich habe dich einen kleinen Augenblick verlassen; aber mit großer Barmherzigkeit will ich dich sammeln.

Mel. Meine Armuth macht mich schreien.

1031. Jesu, mein Erbarmer! höre, und dich kehre doch in Gnaden her zu mir; du erkennest meine Plage; meine Klage ist ja Nacht und Tag vor dir.

2. Sieh' wie ich im Finstern schwebe, ach! ich lebe wie verirrt im fremden Land'. Aeußerlich in Kreuz in Schmerzen, und im Herzen sind die Leiden dir bekannt.

3. Schau' die Bande, die mich drücken, und verstricken, mache mich Gefangnen los; denn ich kann mich selbst vom Bösen nicht erlösen. Ach! ich bin so schwach und bloß.

4. Des Versuchers böse Stricke, seine Tücke auf mich Armen dringen zu, daß mein Herz gar oft will wanken; in Gedanken läßt er mir auch keine Ruh'.

5. Keine Ruhe kann ich finden; meine Sünden, die mich drücken, nimm von mir: stille mein betrübtes Sehnen und die Thränen; mache mich getrost in dir.

6. Ach! mein Muth ist gar gesunken; keinen Funken find' ich oft vom Glauben mehr. Oft mein Herze wahrlich meinet und es scheinet, daß ich ganz verstoßen wär'.

7. Herr! wann willst du dich erbarmen? laß mich Armen doch nicht liegen wie ich's werth; du hast mich ja selbst gezogen und bewogen, daß ich mich zu dir gekehrt.

8. Du hast auch, mein Gott und König! mich nicht wenig deine Treue lassen seh'n: bin ich gleich nicht treu geblieben, dich zu lieben; doch bleibt deine Treue steh'n.

9. Komm und stärke meinen Glauben, den zu rauben Satan immer ist bedacht, hilf mir, daß ich voll Vertrauen möge schauen auf dich, auch in finstrer Nacht.

10. Segne kräftig meine Leiden, mich zu scheiden mehr von Sünd' und Eigenheit; mehr und inniger ergeben, dir zu leben stets in wahrer Heiligkeit.

11. Gieb Geduld, daß ich gelassen mög' umfassen meine Leiden sanft und still. Laß sich beugen alles Harte, daß ich warte wie und wann der Herr es will.

12. Da, mein Heiland, ist mein Wille, komm und stille mein gestörtes Herze dann; steh' mir bei, so kann ich stehen; laß mich sehen, was in mir die Gnade kann.

Gerhard Tersteegen.

Volle Genüge an Jesu.

Joh. 14, v. 21. Wer mich liebet, der wird von meinem Vater geliebet werden, und ich werde ihn lieben und mich ihm offenbaren.

Mel. Freu' dich sehr, o meine Seele.

1032. Jesu, meiner Freuden Freude! Jesu, meines Glaubens Licht! Jesu, meiner Seelen-Weide! Jesu, meine Zuversicht! o wie kommt dein Name mir so gewünscht und lieblich für! dein Gedächtniß, Jesu, machet, daß mein traurig Herze lachet.

2. Jesu! dich lieb' ich von Herzen, werd' auch nicht von Liebe satt; der ist frei von allen Schmerzen, der dich, liebster Jesu! hat. Du siehst in mein Herz hinein, dir kann nichts verborgen seyn: du weißt wohl, daß ich dich liebe und sonst Alles von mir schiebe.

3. Jesu, meines Lebens Sonne! Jesu, meines Herzens Lust! außer dir, o meine Wonne, ist nichts Liebers mir bewußt. Nach dir sehnt mein Inn'res sich, Jesu! komm und tröste mich; ich umfange dich im Glauben, dich soll mir kein Teufel rauben.

4. Jesu, Schutzherr der Gezwängten, Jesu, der Verlass'nen Schild; Jesu, Helfer der Bedrängten, du des Vaters Ebenbild! ich lass' Erd' und Himmel seyn, wenn nur Jesus bleibet mein, Erd' und Himmel würden Hölle, wäre Jesus nicht zur Stelle.

5. Jesus ist's, der mich kann laben, Jesus ist's, der mich erhält; werd' ich meinen Jesum haben, ei, so lass' ich alle Welt. Wenn der Tod mein Auge bricht, lass' ich dennoch Jesum nicht. Werd' ich meinen Geist aufgeben, ist er meines Lebens Leben.

6. Wird gleich Gut und Blut verschwinden, geht gleich Leib und Leben hin: kann ich meinen Jesum finden, ei, so hab' ich doch Gewinn. Jetzt schon hab' ich, Jesu! dich, Jesu, Jesu! du hast mich. Jesu! bleib' du ewig meine, ich will ewig seyn der Deine.

D. Gottfried Wilhelm Sacer.

Von den Wohlthaten Jesu.

Joh. 10, v. 11. Ich bin gekommen, daß sie das Leben und volle Genüge haben sollen.

Mel. Alle Menschen müssen sterben.

1033. Jesu, meiner Seelen Leben, meines Herzens höchste Freud', dir will ich mich ganz ergeben jetzo und in Ewigkeit. Meinen Gott will ich dich nennen und vor aller Welt bekennen, daß ich dein bin und du mein, allerliebstes Jesulein! —

2. Deine Güt' hat mich umfangen, als mich erst die Welt empfing, dir bin ich schon angehangen, als an Mutterbrust ich hing. Dein Schooß hat mich aufgenommen, wenn ich nur bin zu dir kommen. Ich bin dein und du bist mein, allerliebstes Jesulein.

3. Auf der Kindheit wilden Wegen folgte mir stets deine Güt', deines Geistes Trieb und Regen regte mir oft das Gemüth, so ich etwa ausgetreten, daß ich wieder käm' mit Beten. Ich bin dein und du bist mein, allerliebstes Jesulein.

4. Ach wie oft hat meine Jugend deine Gnadenhand gefaßt, wenn die Frömmigkeit und Tugend meinem Sinne war verhaßt.

Ach! ich wäre längst gestorben, außer dir, und längst verdorben. Ich bin dein und du bist mein, allerliebstes Jesulein.

5. Ja, in meinem ganzen Leben hat mich stets dein Licht geführt, du hast, was ich hab', gegeben, du hast meinen Lauf regiert; deine Güt', die täglich währet, hat mich immerdar ernähret. Ich bin dein und du bist mein, allerliebstes Jesulein.

6. Irr' ich, sucht mich deine Liebe; fall' ich, hilfet sie mir auf; ist es, daß ich mich betrübe, tröst't sie mich in meinem Lauf; bin ich arm, giebt sie mir Güter; haßt man mich, sie ist mein Hüter. Ich bin dein und du bist mein, allerliebstes Jesulein.

7. Schmäht man mich, ist sie mein' Ehre; trotzt man mir, ist sie mein Trutz; zweifle ich, ist sie mein' Lehre, jagt man mich, ist sie mein Schutz. Was ich jemals nur begehret, wurde, so mir's gut, gewähret. Ich bin dein und du bist mein, allerliebstes Jesulein.

8. Deiner Liebe Süßigkeiten sind in mein Herz eingeflößt, durch den Blick der Herrlichkeiten deines Himmels wird getröst't mein Gemüth in seinem Zagen; alles Kreuz hilfst du mir tragen. Du bist mein und ich bin dein, allerliebstes Jesulein.

9. Dein Geist zeiget mir das Erbe, das mir droben beigelegt. Ich weiß, wenn ich heute sterbe, wo man meine Seel' hinträgt, zu dir, Jesu, in die Freude, trotz dem, der mich von dir scheide. Ich bin dein und du bist mein, allerliebstes Jesulein.

10. Dieses Alles ist gegründet nicht auf meiner Werke Grund. Dieses, was mein Herz empfindet, thu' ich allen Menschen kund, daß es kommt aus deinem Blute, das allein kommt mir zu Gute. Ich bin dein und du bist mein, allerliebstes Jesulein.

11. Drum, ich sterbe oder lebe, bleib' ich doch dein Eigenthum; an dich ich mich ganz ergebe, du bist meiner Seelen Ruhm, meine Zuversicht und Freude, meine Süßigkeit im Leide. Ich bin dein und du bist mein, allerliebstes Jesulein.

12. Höre, Jesu! noch ein Flehen, schlag' mir diese Bitt' nicht ab. Wenn mein' Augen nicht mehr sehen, wenn ich keine Kraft mehr hab', mit dem Mund was vorzutragen, laß mich doch zuletzt noch sagen: ich bin dein und du bist mein, allerliebstes Jesulein.

M. Christian Scriver.

Vom Leiden Jesu.

Ebräer 5, v. 9: Da er ist vollendet, ist er geworden Allen, die ihm gehorsam sind, eine Ursach zur ewigen Seligkeit.

Mel. Christus, der uns selig macht.

1034. Jesu! meiner Seele Licht, Freude meiner Freuden, meines Lebens Zuversicht, nimm doch für dein Leiden diesen schlechten Dank hier an, so viel meine Seele immer nur dir bringen kann, in der Schwachheits-Höhle.

2. Ich erwäg' es hin und her, was dich doch bewogen, daß du soviel Herzbeschwer hast auf dich gezogen, daß du Angst, Gewalt und Noth, Schläge, Hohn und Banden, Lästerung und Kreuz und Tod willig ausgestanden.

3. Gottes Wohlgewogenheit, Vaterlieb' und Güte, deines Herzens Freundlichkeit, und dein treu' Gemüthe, Jesu, haben es gebracht, daß kein Mensch verzaget, wenn der Sünden Meng' und Macht das Gewissen naget.

4. O du wunderbarer Rath, den man nie ergründet, o der unerhörten That, die man nirgend findet; was der Mensch, der Erdenknecht, trotzig hat verbrochen, büßt der Herr, der doch gerecht: wir sind frei gesprochen.

5. Meine sündliche Begier hat dich so zerschlagen, diese Krankheit hab' ich dir, Jesu! aufgetragen, meine Schuld und Missethat hat dich so verbürget, bis sie dich auch endlich hat wie ein Lamm erwürget.

6. Alle Strafe, der ich war Tag und Nacht verbunden, liegt nun auf dir ganz und gar, und durch deine Wunden wird uns Fried' und Heil gebracht. Drum will mir geziemen deine starke Liebes-Macht ewiglich zu rühmen.

7. Laß doch diese Sicherheit gleichfalls mein Gewissen in der Angst, im Tod' und Streit, kräftiglich genießen; ach du meines Herzens Herz, wirf, durch deine Schmerzen, meine Schmerzen hinterwärts, fern aus meinem Herzen.

8. Und wie schnell mein Herz erschrickt über Straf' und Sünden, so schnell wird es gleich erquickt, und kann Gnade finden; Jesu! steh', ich falle dir, ganz zerknirscht in Buße und mit Besserungsbegier glaubensvoll zu Fuße.

9. Nun ich weiß, worauf ich bau' und

bei wem ich bleibe, wessen Fürsprach' ich vertrau' und an wen ich gläube, Jesu, du bist es allein, der mich hält und schützet, wenn gleich alle Höllenpein auf mich stürmt und blitzet.

10. Ich will, weil ich mit dir frei werd' im Himmel erben, Herr! in deinen Armen treu leben und auch sterben, bis man fröhlich sagen wird nach des Todes Banden: sieh', dein Bräutigam und Hirt, Jesus, ist vorhanden.

Heinrich Held.

Jesus, Alles in Allen.

Colosser 2, v. 9. In ihm wohnet die ganze Fülle der Gottheit leibhaftig.

Mel. Jesu, komm doch selbst zu mir.

1035. Jesu meiner Seelen Ruh' und mein bester Schatz dazu, Alles bist du mir allein, sollst auch ferner Alles seyn.

2. Liebet Jemand in der Welt edle Schätze, Gut und Geld, Jesus und sein theures Blut ist mir mehr, denn alles Gut.

3. Stellen meine Sünden sich öffentlich gleich wider mich; Jesus reißt aus aller Noth, tilget Teufel, Höll' und Tod.

4. Bin ich krank und ist kein Mann, der die Schwachheit heilen kann; Jesus will mein Arzt in Pein und mein treuer Helfer seyn.

5. Bin ich nackend, arm und bloß und mein Vorrath ist nicht groß, Jesus hilft zur rechten Zeit mir aus meiner Dürftigkeit.

6. Muß ich in das Elend fort, hin an einen fremden Ort: Jesus sorget selbst für mich, schützet mich ganz wunderlich.

7. Muß ich dulden Hohn und Spott wegen Gott und sein Gebot, Jesus giebt mir Kraft und Macht, daß ich allen Spott nicht acht'.

8. Hat der Bienen Honig Saft und der Zucker süße Kraft, o der treu'ste Jesus Christ tausendmal noch süßer ist.

9. Drum, o Jesu, will ich dich immer lieben stetiglich, du, o Jesu, sollst allein meiner Seelen Alles seyn. —

10. Jesu, sey mein' Speis' und Trank, Jesu, sey mein Lobgesang, Jesu, sey mein Ein und All, Jesu, sey mein Freudenschall!

11. Endlich laß, du höchstes Gut, Jesu, laß dein theures Blut, deine Wunden, deine Pein meinen Trost im Tode seyn.

Lukas Backmeister.

Vom Festhalten an Jesu.

Colosser 2, v. 7. Seyd gewurzelt und erbauet in ihm, und seyd fest im Glauben, wie ihr gelehret seyd, und seyd in demselbigen reichlich dankbar.

Mel. Du, o schönes Weltgebäude.

1036. Jesu, meiner Seelen Wonne, Jesu, meine beste Lust, Jesu, meine Freudensonne, Jesu, dir ist ja bewußt, wie ich dich so herzlich liebe und mich ohne dich betrübe; drum, o Jesu, komm zu mir und bleib' bei mir für und für.

2. Jesu, mein Hort und Erretter, Jesu, meine Zuversicht, Jesu, starker Schlangentreter, Jesu, meines Lebens Licht, wie verlanget meinem Herzen, Jesulein! nach dir mit Schmerzen! komm, ach komm, ich warte dein, komm, o liebstes Jesulein.

3. Kommst du? ja, du kommst gegangen; Jesu, du bist schon allhier, klopfest selbst und mit Verlangen stark an meine Herzens-Thür; bleib' doch nicht so draußen stehen, willst du wieder von mir gehen? Ach! ich lasse dich durchaus nicht weggeh'n von meinem Haus'.

4. Ach, wie sollte ich dich lassen, Jesu, wieder von mir gehn? meine Wohlfahrt müßt' ich hassen, wenn ich ließe dies gescheh'n. Wohne doch in meinem Herzen, so muß alle Noth und Schmerzen weichen alsobald von mir, wenn du, Jesu, bist allhier.

5. Ach, nun hab' ich endlich funden den, so meine Seele liebt, der sich hat mit mir verbunden und sich selbst für mich hingiebt. Den will ich nun fest umfassen und durchaus nicht von mir lassen, bis er mir den Segen spricht. Meinen Jesum laß' ich nicht.

6. Wohl mir, daß ich Jesum habe! o wie feste halt' ich ihn, daß er mir mein Herze labe, wenn ich krank und traurig bin; Jesum hab' ich, der mich liebet und sein Leben für mich giebet; ach! drum laß' ich Jesum nicht, wenn mir gleich das Herze bricht.

7. Muß ich Alles gleich verlassen, was ich hab' in dieser Welt, will ich doch im Herzen fassen meinen Jesum, der gefällt mir vor allen andern Schätzen, an dem ich mich kann ergötzen: er ist meine Zuversicht, meinen Jesum laß' ich nicht.

8. Ach! wer wollte Jesum lassen? Jesum laß' ich nimmermehr; Andre mögen Jesum

hassen, Jesum ich allein begehr' in den gut'n und bösen Tagen, daß er mir mein Kreuz helf' tragen. Weil er ist mein Weg und Licht, lass' ich meinen Jesum nicht. —

9. Jesus hat durch seine Wunden mich gesund gemacht und heil, daran denk' ich alle Stunden, drum ist er mein bestes Theil; denn durch seinen Tod und Sterben macht er mich zum Himmelserben und das glaub' ich sicherlich: Jesus machet selig mich.

10. O! wie sollt' ich Jesum lassen, weil er mir so wohl gethan und mich von der breiten Straßen hat geführet himmelan? Jesum will ich immer lieben in den Freuden, im Betrüben, Jesum lass' ich nicht von mir, weil ich leb' auf Erden hier.

11. Wenn die Welt mit ihren Netzen mich zu Boden fällen will und die Andern sich ergötzen an derselben Tand und Spiel, will ich meinen Jesum fassen in die Arm' und ihn nicht lassen, bis daß ich mit ihm zugleich herrschen werd' im Himmelreich.

12. Immer mögen Andre weiden sich an dieser Eitelkeit, mich soll Nichts von Jesu scheiden und der ew'gen Seligkeit, die mir Jesus hat erworben, da er für mich ist gestorben, drum, o Welt! fahr' immer hin, wenn ich nur bei Jesu bin.

13. Wenn ich nur kann Jesum haben, nach dem andern frag' ich nicht. Er kann meine Seele laben und ist meine Zuversicht; in den letzten Todeszügen, wenn ich hülflos da muß liegen und mir bricht das Augenlicht, lass' ich meinen Jesum nicht.

14. Sollt' ich meinen Jesum lassen, wer würd' in der letzten Noth, auf der finstern Todesstraßen bei mir stehen, wenn der Tod seine Grausamkeit ausübet und die Meinigen betrübet und der Teufel mich anficht? Meinen Jesum lass' ich nicht.

15. Jesum nur will ich lieb haben; denn er übertrifft das Gold und all' andre theure Gaben, so kann mir der Sündensold an der Seele gar nicht schaden, weil sie von der Sünd' entladen; wenn er gleich den Leib zerbricht, lass' ich dennoch Jesum nicht.

16. Jesus bleibet meine Freude, meines Herzens Trost und Saft, Jesus steuret allem Leide, er ist meines Lebens Kraft, meiner Augen-Lust und Sonne, meiner Seelen Schatz und Wonne. O, drum lass' ich Jesum nicht aus dem Herzen und Gesicht.

17. Jesus ist der Feinde Schrecken, Jesus ist der Hölle Zwang; drum wird er mich auferwecken durch Posaunen-Hall und Klang, da ich denn erneuert werde auferstehen von der Erde, Jesum schau'n von Angesicht; meinen Jesum lass' ich nicht.

18. Ach! wie wird mich Jesus herzen, meiner Augen Trost und Licht! alle Thränen meiner Schmerzen wischen von dem Angesicht und mit großem Jubiliren mich zur Himmelsfreud' einführen, drum so höret Alle her: Jesum lass' ich nimmermehr.

Martin Janus.

Frucht des Leidens Jesu.

Jesaia 53, v. 11. Darum, daß seine Seele gearbeitet hat, wird er seine Lust sehen und die Fülle haben.

Mel. Alle Menschen müssen sterben.

1037. Jesu, meines Lebens Leben, Jesu, meines Todes Tod, der du dich für mich gegeben in die tiefste Seelen-Noth, in das äußerste Verderben, nur daß ich nicht möchte sterben: Tausend-tausendmal sey dir, liebster Jesu! Dank dafür.

2. Du, ach du hast ausgestanden Läster-Reden, Spott und Hohn, Speichel, Schläge, Strick' und Banden, du gerechter Gottes-Sohn, mich Elenden zu erretten von des Teufels Sündenketten. Tausend-tausendmal sey dir, liebster Jesu! Dank dafür.

3. Du hast lassen wund dich schlagen und erbärmlich richten zu, um zu heilen meine Plagen und zu setzen mich in Ruh'. Ach du hast zu meinem Segen lassen dich mit Fluch belegen. Tausend-tausendmal sey dir, liebster Jesu! Dank dafür.

4. Man hat dich so hart verhöhnet, dich mit Schmach und Schimpf belegt, und mit Dornen gar gekrönet, was hat dich dazu bewegt? daß du möchtest mich ergötzen, mir die Ehrenkron' aufsetzen. Tausend-tausendmal sey dir, liebster Jesu! Dank dafür.

5. Du hast dich hart lassen schlagen, mich zu lösen von der Pein, fälschlich lassen dich anklagen, daß ich könnte sicher seyn, daß ich möchte trostreich prangen, hast du sonder Trost gehangen. Tausend-tausendmal sey dir, liebster Jesu! Dank dafür.

6. Du hast dich in Noth gestecket, hast gelitten mit Geduld, gar den herben Tod geschmecket, um zu büßen meine Schuld; daß ich würde los gezählet, hast du wollen

seyn gequälet. Tausend-tausendmal sey dir, liebster Jesu! Dank dafür.

7. Deine Demuth hat gebüßet meinen Stolz und Uebermuth, dein Tod meinen Tod versüßet; es kommt Alles mir zu gut: dein Verspotten, dein Verspeien muß zu Ehren mir gedeihen. Tausend-tausendmal sey dir, liebster Jesu! Dank dafür.

8. Nun ich danke dir von Herzen, Jesu! für gesammte Noth, für die Wunden, für die Schmerzen, für den herben, bittern Tod, für dein Zittern, für dein Zagen, für dein tausendfaches Plagen, für dein' Angst und tiefe Pein will ich ewig dankbar seyn.

Ernst Christoph Homburg.

Sicher in Jesu Armen. (Morgenlied.)

1 Mose 26, v. 24. Fürchte dich nicht, denn ich bin mit dir, und will dich segnen.

Mel. Jesu, meine Freude.

1038. Jesu! meine Stärke, deine Wunderwerke, deine Gütigkeit lobt mein armes Leben, dir bleib' ich ergeben heut' und jederzeit, daß dein Schutz mich vor dem Trutz der verdammten Höllenschaaren gnädig woll'n bewahren.

2. Schleuß mich aus Erbarmen, Jesu, in dein' Armen, nun der Tag anbricht. Eile, von den Sünden mein Herz zu entbinden, meiner Seele Licht! sieh' auf mich, ich bitte dich, rett' aus Angst und Hindernissen mein erschreckt Gewissen.

3. Wende, was betrübet, (wo es dir beliebet) heut' in Freud' und Lust, daß von Furcht und Zagen, Unglück, Kreuz und Plagen mir sey nichts bewußt. Was ich hab' ist deine Gab'; die laß vor des Feindes Wüthen deine Macht behüten.

4. Herr! der Fürst der Höllen suchet mich zu fällen, so durch List als Weh. Ach! treib' seine Tücke, List und Grimm zurücke, wo ich geh' und steh'; ich bin dein, du bleibest mein, mich wird nicht Freud', Angst und Leiden, Jesu, von dir scheiden.

5. Gieb, daß es gelinge, daß ich was vollbringe, Herr, zu deiner Ehr'; stärke mein Beginnen, leite meine Sinnen, tröste, führ' und lehr', bis ich werd' von dieser Erd', wenn mein Ruh'tag ist gekommen, zu dir aufgenommen.

M. Andreas Gryphius.

Von der Liebe zu Jesu.

Epheser 3, v. 17. Und Christum zu wohnen durch den Glauben in euren Herzen, und durch die Liebe eingewurzelt und gegründet zu werden.

Mel. Komm, o komm, du Geist des Lebens.

1039. Jesum hab' ich mir erwählet, Jesus ist mein Licht und Schein, Jesum hab' ich mir vermählet, er ist mein und ich bin sein. Jesus schützt vor List und Macht, Jesus ist mein Ruhm und Pracht.

2. Trotzet der auf seine Jugend, jener auf der Schönheit Zier: mich ergötzet dessen Tugend, der im Glanz geht Allem für; meines liebsten Jesu Schein übertrifft die Sternelein.

3. Drum erstreckt sich mein Begehren weiter als auf Jesum nicht; seine Wahrheit kann gewähren Alles, was er mir verspricht. Hab' ich ihn, so hab' ich mir, was sonst Allem gehet für.

4. Ja auf ihn ist ausgeschüttet meines ganzen Herzens Schrei'n, daß mein Mund sonst nichts mehr bittet, als nur bald bei ihm zu seyn; was er redet, was er singt, Alles nur von Jesu klingt.

5. Jesu! deine große Liebe, deinen treuen Brudersinn, welcher dich vom Himmel triebe mir zu gut auf Erden hin: dieses soll zu jeder Zeit rühmen meine Schuldigkeit.

6. Ein Gedächtniß will ich stiften und im Herzen führen auf; selbsten soll mit güld'nen Schriften dieses seyn geschrieben drauf: Jesus, Jesus soll allein meine höchste Freude seyn.

Joh. Arndt? —

Von der Liebe zu Jesu.

Joh. 14, v. 21. Wer meine Gebote hat und hält sie, der ist es, der mich liebet.

Mel. Gott des Himmels und der Erden.

1040. Jesum über Alles lieben ist die größte Seligkeit, sich in seinem Dienst zu üben, ist was Seel' und Leib erfreut, ewig bleibender Genuß, labt das Herz im Ueberfluß.

2. Gottes Liebe zu genießen kann die kurze Pilgerlast auf das Herrlichste versüßen, wenn man Jesum gläubig faßt. Dieser Mittler, Gottes Sohn, ist der Weg zu Kron' und Thron.

3. Diese Hoffnung kann ersetzen, was uns sonst am Liebsten ist. Dieses innige Ergötzen macht, daß man die Welt vergißt; dieses Erbes heller Schein hält das Auge treu und rein.

4. Jesu! öffne mir die Augen, dein Verdienst recht einzuseh'n, schenke Zungen, die was taugen deine Liebe zu erhöh'n. Liebster Heiland! liebe mich, so lieb' ich dich ewiglich.

Daß sich Jesus unser annehme.

Hosea 13, v. 5. Ich nahm mich ja deiner an in der Wüste, im dürren Lande.

Mel. Liebster Jesu, wir sind hier.

1041. Jesu, nimm dich meiner an, hilf mir meinen Lauf vollenden, führe mich auf rechter Bahn, trage mich auf deinen Händen, gieb mir deines Geistes Gaben, dich von Herzen lieb zu haben.

2. Jesu, nimm dich meiner an, wenn mich drücken meine Sünden; ach, du treuer Schmerzensmann! wenn mir will der Trost verschwinden, labe mich mit deinem Blute, laß es kommen mir zu gute.

3. Jesu, nimm dich meiner an auf den herben Trübsals-Wegen, sey mit Trost mir zugethan, Sonnenschein gieb nach dem Regen, daß aus dem betrübten Herzen weichen müssen Angst und Schmerzen.

4. Jesu, nimm dich meiner an, wenn mir meine Augen brechen, alsdann führ' mich himmelan, wenn mein Mund nicht mehr kann sprechen; laß mich in den letzten Zügen, o mein Gott! nicht hülflos liegen.

5. Jesu, nimm dich meiner an, wenn du wirst mit Feuerflammen Alle, die nicht Buß' gethan, strafen und zum Tod' verdammen: laß mich dir zur Rechten stehen und zu deiner Freud' eingehen.

Jesus, das Leben in uns.

Joh. 15, v. 5. Ich bin der Weinstock, ihr seyd die Reben.

Mel. Seelen-Bräutigam.

1042. Jesu, nimm mich dir, gieb dich selber mir: nicht nur Blicke; nein im Wesen, mir zum gründlichen Genesen. Gieb doch, weil ich dann heilig leben kann.

2. Glaub' und weiß ich's ja, daß du innigst nah'; du bist Weinstock, ich die Rebe, nur aus deinem Saft ich lebe: bei dir bleib' ich gern, find' mich doch oft fern.

3. Sammle, setze mich, einzunehmen dich; bilde mich nach deinem Herzen, mach' durch Lieben und durch Schmerzen dir zur Lust, mich rein, kindlich, [illegible]ft und klein.

4. Eines sey mein Werk, eines meine Stärk', dich anseh'n, nur dich vergnügen, stille halten deinem Fügen; du machst Alles gut, auf dich hab' ich Muth.

5. Steh' mir ferner bei, daß ich dir getreu bleib' in Lieb' und Leid auf Erden, und mir mög' zu eigen werden deines Blutes Lohn, deiner Ehren Kron'. Gerhard Tersteegen.

Verlangen nach Ruhe und Friede.

Apost. Gesch. 10, v. 36. Gott hat verkündigen lassen den Frieden durch Jesum Christum, welcher ist ein Herr über Alles.

Mel. Jesu, meine Freude.

1043. Jesu! Ruh der Seelen, laß mich nicht so quälen hier in dieser Welt; ich bin matt und müde, suche Ruh' und Friede in dem Himmelszelt; komm, ach komm, Herr Jesu! komm, führe mich aus diesem Leiden hin zu Himmelsfreuden.

2. Du hast viel gestritten, Kreuz und Noth erlitten, Jesu! Seelenfreund! laß mich nun ausrasten von den Arbeitslasten, morgen oder heut': komm, ach komm, Herr Jesu! komm, bringe mich zu Ruh' und Friede, ich bin matt und müde.

3. Was ich denk' und thue, ist nach Himmelsruhe nur allein gericht't, Alles ist nur Mühe, was auch spät und frühe von der Welt geschicht. Gottes Schein der giebt allein Fried' und Ruhe meinem Herzen, lindert Seelenschmerzen.

4. Weicht, ihr frechen Sünder! weichet, ihr Weltkinder, alle fern von mir, die ihr streitet, krieget, die ihr öfters sieget in dem Bösen hier. Himmelsfreud' ist mir bereit't, sanfte Ruh' und süßes Leben wird mir Jesus geben. Johann David Meier.

Jesus, mein Vergnügen im Kreuz.

Philipper 1, v. 29. Euch ist gegeben, um Christi willen zu thun, daß ihr nicht allein an ihn glaubet, sondern auch um seinet willen leidet.

Mel. Freu' dich sehr, o meine Seele.

1044. Jesus bleibet mein Vergnügen, der den wahren Frieden schenkt, durch ihn werd' ich endlich siegen über Alles, was mich kränkt, sind die Leiden dieser Zeit doch nicht werth der Herrlichkeit, welche dorten werden finden, die geduldig überwinden.

2. Ei, was sollt' ich mich denn grämen, wenn mir's gleich hier widrig geht? laß die Welt das Ihre nehmen, g'nug, wenn Jesus bei mir steht. Was mir außer dem gebricht, fahre hin, es hilft mir nicht. Der zur Rechten Gottes sitzet, weiß am Besten, was mir nützet.

3. Giebt mir doch Gott alle Morgen neue Lebenskraft und Stärk', so wird er ja weiter sorgen für mich, seiner Hände Werk. Denken Menschen, wie sie mich stürzen wollen listiglich: Gott, mein Hüter, wird schon wachen und ihr Thun zu Schand' machen.

4. Von dem Herrn will ich nicht lassen, es mag gehen, wie es will, wenn mich Welt und Satan hassen, hoff' ich auf ihn und bin still; ist gleich Niemand mir zur Hand, dem mein Leiden ist bekannt und dem ich es könnte klagen, ei! so will ich's Gott vortragen.

5. Muß ich auch an Babels Weiden *) meine Harfen hängen hin und kann nicht in solchen Freuden, wie wohl wünschet Herz und Sinn, zu dem Tempel Gottes geh'n, so will ich mit heißem Fleh'n doch vor Gott in Andacht treten und im Geist und Wahrheit beten. *) Psalm 137, v. 2.

6. Gott hat Alles ja in Händen; könnt' er doch durch seine Macht leichtlich solche Hülfe senden, woran nie ein Mensch gedacht; aber da sein weiser Rath anders es beschlossen hat, so dient doch auch, was betrübet, dem zum Besten, der ihn liebet.

7. Großes Ansehn, Ehr' und Glücke und was sonst der Welt gefällt, sind oft Satans Netz' und Stricke, worin er gefangen hält Die, so Christo sich entzieh'n und den Weg des Kreuzes flieh'n. Ach, Herr! solche Eitelkeiten laß mein Herze nicht verleiten.

8. Zeuch, o Jesu, meine Sinnen doch von diesem Allen ab, was da muß wie Nichts zerrinnen, und laß mir bis in mein Grab deinen Tod und Kreuzespein ein fortwährend Denkmal seyn, daran ich mich möge üben, dich im Kreuze recht zu lieben.

9. Laß mich fleißig dies bedenken, wie durch dich, Herr Jesu Christ, mehr als alle Welt kann schenken, mir bei Gott erworben ist! ach! dies stärkt Herz, Muth und Sinn, wenn ich recht gelassen bin und mitdem, was Gott beschieden, sich mein Herze stellt zufrieden.

10. Weil denn Gott der Waisen Vater und der Wittwen Richter ist, so bleibt er auch mein Berather, dem ich trau' zu jeder Frist. Wenn die Kreuzesnacht anbricht, so soll meines Glaubens Licht durch Geduld doch endlich siegen. Jesus bleibet mein Vergnügen.

Johann Heinrich Schröder.

Jesus, der Ewige.

Ebräer 13, v. 8. Jesus Christus, gestern und heute, und derselbe auch in Ewigkeit.

Mel. O du Liebe meiner Liebe.

1045. Jesus Christus gestern, heute, und auch der in Ewigkeit, welcher sich zum Priester weihte, und den Eingang uns bereit't, der soll meines Geistes Wonne, meines Glaubens Grund allein, meines Lebens wahre Sonne heute und auch ewig seyn.

2. Da ich in vergangnen Tagen blind in das Verderben lief, ließ er mir von Gnade sagen, die mich zu dem Leben rief; und ich steh' durch sein Erbarmen heute noch in seiner Huld; trug er gestern mit mir Armen, trägt er heute noch Geduld.

3. Heute bei des Satans Grimme, heute bei der Weisen Spott, heute folg' ich seiner Stimme, heute ruf' ich ihm: mein Gott! heute trag' ich ihm mit Willen auch mein Kreuz voll Hoffnung nach. Er wird ewig das erfüllen, was er in der Zeit versprach.

4. Jesu, kommt mein Tag zum Sterben, sprich mir, wie dem Schächer zu: „heute wirst du mit mir erben!" O wie selig machst uns du! bring' auch mich als eine Beute deines blut'gen Sieges ein, da wirst du mir, mehr als heute, erst der große Jesus seyn.

M. Philipp Friedrich Hiller.

Vom Leiden Jesu.

Römer 5, v. 6. Christus, da wir noch schwach waren, nach der Zeit, ist für uns Gottlose gestorben.

Mel. Liebster Jesu, wir sind hier.

1046. Jesus Christus, Gottes Lamm, ist für unsre Schuld gestorben, hat bezahlt am Kreuzesstamm und die Freiheit uns erworben: wer die Sünde wohl bereuet, wird durch Christi Tod erfreuet.

2. Gott, der selbst die Liebe ist, preiset seiner Liebe Wunder, daß sein Sohn, der Herre Christ, starb für alle Feind' und Sünder; sind wir durch dies Blut Gerechte, trifft der Zorn nicht mehr die Knechte.

3. Ja, so wir versöhnet sind, weil der Sohn sich hingegeben, so wird das erstand'ne Kind noch vielmehr uns durch sein Leben selig machen, die er Brüder heißt und seines Leibes Glieder.

4. Aber nicht alleine dies, sondern weil wir sind im Sohne, welcher selbst den Schlangenbiß heilet, daß er in uns wohne, ei, so rühmen auch wir Sünder, daß wir nun sind Gottes Kinder.

5. Hochgelobet, sagen wir, Vater! in dem Himmel oben, siehe, wie die Sünd' allhier in uns will noch immer toben. Wollest, Herr! den Geist uns geben, daß wir in dir ewig leben.

D. Joachim Justus Breithaupt.

Von der Auferstehung Jesu.

Offenb. Joh. 1, v. 18. Ich habe die Schlüssel der Hölle und des Todes.

In eigener Melodie.

1047. Jesus Christus, unser Heiland, der den Tod überwand, ist auferstanden: die Sünd' hat er gefangen. Kyrie eleison!

2. Der ohn' Sünde war geboren, trug für uns Gottes Zorn, hat uns versöhnet, daß Gott sein' Huld uns gönnet. Kyrie eleison!

3. Tod, Sünd', Teufel, Leben und Gnad', All's in Händen er hat; er kann erretten Alle, die zu ihm treten. Kyrie eleison!

D. Martin Luther.

Vom heiligen Abendmahl.

Ebräer 10, v. 12. Jesus aber, da er hat Ein Opfer für die Sünde geopfert, das ewiglich gilt, sitzet er nun zur Rechten Gottes.

In eigener Melodie.

1048. Jesus Christus, unser Heiland, der von uns den Gottes-Zorn wandt', durch das bittre Leiden sein half er uns aus der Höllen-Pein.

2. Daß wir nimmer das vergessen gab er uns sein'n Leib zu essen verborgen im Brot, so klein, und zu trinken sein Blut im Wein.

3. Wer sich zu dem Tisch' will machen, der hab' wohl Acht auf sein' Sachen; wer unwürdig hinzugeht, für das Leben den Tod empfäht.

4. Du sollst Gott, den Vater, preisen, daß er dich so wohl thut speisen und für deine Missethat in den Tod sein'n Sohn g'geben hat.

5. Du sollst glauben und nicht wanken, daß es sey ein' Speis' der Kranken, deren Herz von Sünden schwer und vor Angst ist betrübet sehr.

6. Solch' groß' Gnad' und Barmherzigkeit sucht ein Herz in großer Arbeit. Ist dir wohl, so bleib' davon, daß du nicht kriegest bösen Lohn.

7. Er spricht selber: Kommt ihr Armen! laßt mich über euch erbarmen; kein Arzt ist dem Starken noth, sein' Kunst wird an ihm gar ein Spott.

8. Hätt'st du dir was könn'n erwerben, was dürft' ich denn für dich sterben? dieser Tisch auch dir nicht gilt, so du dir selber helfen willt.

9. Glaubst du das von Herzensgrunde und bekennst es mit dem Munde, so bist du recht wohlgeschickt und die Speis' deine Seel' erquickt.

10. Die Frucht soll auch nicht ausbleiben, deinen Nächsten sollst du lieben, daß er dein genießen kann, wie dein Gott an dir hat gethan.

Johann Huß,
verbessert durch D. Mart. Luther.

Abendlied.

Psalm 119, v. 62. Zur Mitternacht stehe ich auf, dir zu danken für die Rechte deiner Gerechtigkeit.

Mel. Werde munter mein Gemüthe.

1049. Jesu, sey von mir gepriesen für die Gnade, die du heut' an mir väterlich erwiesen, ohne meine Würdigkeit; thue hiezu noch dies Gut, und laß mich in deinem Blut die Vergebung meiner Sünden bei dir auch in Gnaden finden.

2. Und weil ich will schlafen gehen, gieb mir deine Engel zu, daß sie um mein Bett herstehen, mich zu schützen in der Ruh', laß mich unter deinem Schutz wider allen Satanstrutz durch den Glauben tapfer siegen, und die Nacht fein sicher liegen.

3. Wend' auch ab durch diese Hüter von mir Schaden und Gefahr, und auch meine Haab' und Güter väterlich dazu bewahr'! nimm dich meiner gnädig an, daß mich nichts gefährden kann, laß mich deine Engelschaaren um und um fein wohl bewahren.

4. Sollte diese Nacht auch kommen dein Gerichts- und letzter Tag, Herr, so mache mit den Frommen mich auch los von aller Plag', mich zu deiner Rechten stell', und dies gute Urtheil fäll': Komm her, jetzt will ich dir geben, bei mir ewiglich zu leben.

5. Oder soll mein Lebensfaden sonst abreißen diese Nacht, alsdann habe du aus Gnaden, Jesu, auf mich gute Acht. Nimm mich nur im Glauben hin, wenn du willst, ich willig bin, in dir, Jesu! abzuscheiden zu den reinen Himmels-Freuden.

6. Ist es aber auch dein Wille, daß ich heute leben soll, so laß mich fein sanft und stille schlafen und ausruhen wohl, auch am Morgen früh aufsteh'n und an meine Arbeit geh'n, die du mir hast aufgetragen hier in meinen Lebens-Tagen.

7. Hierauf geh' ich hin zu Bette, schlafe, Jesu, auf dein Wort, kleb' an dir, als eine Klette, schlafend, wachend, o mein Hort! denn ich glaube recht und wohl, daß es dabei bleiben soll, daß du uns willst selig machen, ob wir schlafen oder wachen.

Sterbe-Seufzer.

Psalm 31, v. 6. In deine Hände befehle ich meinen Geist; du hast mich erlöset, Herr, du treuer Gott.

Mel. Ringe recht, wenn Gottes Gnade.

1050. Jesus, der für mich gelitten und mir wider Höll' und Tod einen ew'gen Sieg erstritten, steh' mir bei in Todesnoth!

2. Laß im Tode deine Wunden meinem Glauben offen steh'n, und in meinen letzten Stunden mich darin gezeichnet seh'n.

3. Laß die Seitenwunden-Höhle meine Zuflucht nur allein und im Sterben meiner Seele sich're Burg und Festung seyn.

4. In die durchgegrab'nen Hände, Herr! befehl' ich meinen Geist. Nimm mich auf am letzten Ende, du, der mein Erlöser heißt!

Christoph Karl Ludwig v. Pfeil.

Adventslied.

Lucä 19, v. 38. Gelobet sey, der da kommt, ein König, in dem Namen des Herrn!

Mel. O du Liebe meiner Liebe.

1051. Jesus gestern, Jesus heute, Jesus, Jesus immerdar, Jesus stets derselbe Jesus, auch im neuen Kirchenjahr'; Jesus der, von welchem zeuget aller der Propheten Mund; Jesus war und ist und bleibet unser ew'ger Glaubensgrund.

2. Jesus aller Väter Hoffen, er, auf welchen alle Schrift, die von Christo spricht und zeuget, ganz allein zusammentrifft, so, daß auch die Schrifterfüllung hinfort ja an Niemand mehr, wenn es nicht an ihm geschehen, zu erfüllen möglich wär'.

3. Dieser Jesus, der in Armuth und in Niedrigkeit erschien, der in seiner Stadt als König ohne Prangen einzuziehn, und dazu ein Eselsfüllen zu erwählen sich nicht scheut', dieser ist's, an den zu glauben sich mein ganzes Herz erfreut.

4. Dieser Jesus, dessen Augen Alles allenthalben seh'n, dieser, welchem alle Dinge zu Befehl und Willen steh'n, dessen Recht zum Königreiche Niemand mehr bezweifeln kann; dieser kommt auch mir ein König, diesem Herrn gehör' ich an.

5. Dieser Herr ist ein Gerechter und ein Helfer in der Noth; dieser Helfer hilft im Leben und auch endlich in dem Tod'. Jesus schenkt den Ungerechten selber die Gerechtigkeit, und für die befleckten Kleider seiner Unschuld weißes Kleid.

6. Hosianna Davids Sohne, dem Gesegneten des Herrn! dem in vollem Licht und Klarheit aufgegangen Jakobs Stern. Heil und Glück und Sieg und Segen sey mit diesem heil'gen Christ, der im Namen unsers Gottes zu uns Menschen kommen ist.

7. Hosianna in der Höhe, Lob im Himmel vor dem Thron! Macht und Herrlichkeit und Ehre Gottes eingebornem Sohn! Hosianna! auf der Erden, ruf' ihm aller Odem zu; Hosianna! dem, der kommet; meine Seele, ruf' auch du!

Christoph Karl Ludwig v. Pfeil.

Vom Tode Jesu.

Joh. 19, v. 30. Jesus neigte das Haupt und verschied.

Mel. Jesus, meine Zuversicht.

1052. Jesus hat das Haupt geneigt und den Geist von sich gegeben. Damit hat er angezeigt, daß ich mein Haupt darf erheben, weil er Alles nun vollbracht, was uns Sünder selig macht.

2. Vor dem Vater neigt er sich und spricht: ja! zu dessen Willen, daß er für die Welt und mich seinen Zorn mit Blut ließ stillen; und mein Glaube denket hier: Jesus neigt sein Haupt zu mir.

3. Dir sey Dank, gesalbtes Haupt, das sich in den Tod gegeben. Mit dir starb, wer an dich glaubt, wer da glaubt, wird mit dir leben. Mein Herz richt't sich auf zu dir; neige du dich stets zu mir!

M. Philipp Friedrich Hiller.

Nur Jesus.

1 Corinth. 6, v. 17. Wer aber dem Herrn anhanget, der ist Ein Geist mit ihm.

Mel. Komm, o komm, du Geist des Lebens.

1053. Jesus, Jesus, nichts als Jesus soll mein Wunsch seyn und mein Ziel! jetzund mach' ich ein Verbündniß, daß ich will, was Jesus will. Denn mein Herz, mit ihm erfüllt, rufet nun: Herr, wie du willt!

2. Einer ist es, dem ich lebe, den ich liebe früh und spat; Jesus ist es, dem ich gebe, was er mir gegeben hat; ich bin in dein Blut verhüllt; führe mich, Herr, wie du willt.

3. Scheinet was, es sey mein Glücke, und ist doch zuwider dir, ach! so nimm es bald zurücke, Jesu! gieb, was nützet mir; gieb dich mir, Herr Jesu, mild! nimm mich dir, Herr, wie du willt;

4. Und vollbringe deinen Willen in, durch und an mir, mein Gott! deinen Willen laß erfüllen mich im Leben, Freud' und Noth, sterben als dein Ebenbild, Herr, wann, wo und wie du willt.

5. Sey auch, Jesu, stets gepriesen, daß du dich und viel dazu hast geschenkt und mir erwiesen, daß ich fröhlich singe nu: Es geschehe mir, mein Schild! wie du willt! Herr, wie du willt!

Ludämilia Elisabeth,
Gräfinn von Schwarzburg-Rudolstadt.

Jesus über Alles.

Johannis 12, v. 36. Glaubet an das Licht, dieweil ihr es habt; auf daß ihr des Lichtes Kinder seyd.

In eigener Melodie.

1054. Jesus ist das schönste Licht, Jesus ist des Vaters Freude, so er aus sich selber spricht, er ist meine Lust und Weide, Jesus ist die süße Kraft, die mit Liebe mich entzündet, da mein Herz alleine findet, was mir Ruh' und Freude schafft.

2. Jesus ist die Lieblichkeit und der Seele Freude worden, er verzehret alles Leid, er erleuchtet seinen Orden. Jesus ist mein Freudenspiel, ich bin ganz in ihm entzündet, weil man Alles in ihm findet, was man wünscht und was man will.

3. Jesus wird von mir gesucht, Jesus wird von mir begehret. Alles, alles sey verflucht, was mich in dem Suchen störet; sagt mir nichts von Lust und Welt; sagt mir nichts von guten Tagen; wollt ihr aber ja was sagen, sagt wie Jesus mir gefällt.

4. Jesu, Jesu! meine Ruh'! Jesu, Jesu! laß dich finden, Jesu, magst du mich doch nu mit den Liebes-Seilen binden. Jesum such' ich nur allein, Jesus soll mich nur besitzen. Laßt die Höllen-Kräfte blitzen, kann ich nur in Jesu seyn.

5. Nenne mich nur deine Braut, nenne mich nur deine Taube*), mache dir mich recht vertraut, mache, daß ich an dich glaube; Jesu, Jesu! nimm mich auf, ich will dein alleine heißen, mich von allen Dingen reißen, so verhindern meinen Lauf.

*) Hoh. Lied 2, v. 14.

6. Sage nicht, o Kreatur! daß ich dir noch sey verbunden, nun ich hab' die reine Spur meines Bräutigams gefunden. Was von dir noch an mir klebt, soll in mir nicht immer bleiben, Jesus wird es schon vertreiben, wenn er mich in sich erhebt.

7. Ihr Gespielen, saget mir, wo ich finde, den ich meine? Ach, wer bringet mich zu dir? Saget ihm, ich sey nun seine; sagt, ich sey in ihm entbrannt und mit Liebes-Macht durchdrungen, saget ihm, wie ich gerungen, da ich seinen Zug erkannt.

8. Doch ich will ihn selber seh'n, ich muß Jesum selber sprechen, und ich weiß es wird gescheh'n, es wird ihm sein Herze brechen; denn ich will nicht eher ruh'n, bis ich Jesum kann umfassen, bis er sich wird sehen lassen und mir meinen Willen thun.

9. Oft hast du mich angeblickt und gelabt mit deinen Gaben; doch bin ich nicht g'nug erquickt, ach, ich muß dich selber haben. Jesu, brich in mir herfür; Jesu, werde mir zur Sonne! Jesu, Jesu! meine Wonne, Jesu, ach! ergieb dich mir.

D. Christian Friedrich Richter.

Jesus, der Kern der Schrift.

Joh 5, v 39. Suchet in der Schrift, denn ihr meinet, ihr habt das ewige Leben darinnen, und sie ist's, die von mir zeuget.

Mel. Jesu, komm doch selbst zu mir.

1055. Jesus ist der Kern der Schrift, weil auf Ihn zusammen trifft, was vom alt- und neuen Bund je im Buche Gottes stund.

2. Moses, der vom Anfang schrieb, zeugt von ihm durch Gottes Trieb; der Propheten ganzer Chor singt uns diesen König vor.

3. Davids süßer Harfenton klingt von seinem Herrn und Sohn. Auch der Tempel war sein Bild, den die Herrlichkeit erfüllt'.

4. Die Gesandten, die er gab, legten nur dies Zeugniß ab: Jesus Christus, Gottes Sohn, an dem Kreuz und auf dem Thron.

5. Gott sey Dank für dies sein Buch; außer diesem trifft der Fluch; in der Qual bereut man dort die Verschuldung an dem Wort.

6. Jesu, schreibe dich allein durch dein Wort dem Herzen ein, bis wir dich von Angesicht schauen ohne Schrift, im Licht.

M. Philipp Friedrich Hiller.

Der schönste Name.

Philipper 2, v 9. Gott hat ihm einen Namen gegeben, der über alle Namen ist.

Mel. Jesus, meine Zuversicht.

1056. Jesus ist der schönste Nam' aller, die vom Himmel kommen, huldreich, prächtig, tugendsam, den Gott selber angenommen. Seiner großen Lieblichkeit gleicht kein Name weit und breit.

2. Jesus ist das Heil der Welt, meine Arznei für die Sünden. Jesus ist mein starker Held, unsre Feind' zu überwinden. Wo nur Jesus wird gehört, wird der Teufel bald zerstört.

3. Jesus ist der Freudenwein, der Gesundheit giebt und Leben; Jesus hilft von aller Pein, die den Menschen kann umgeben. Bringe Jesum nur ins Herz, so verliert sich aller Schmerz.

4. Jesus ist mein ew'ger Schatz und ein Abgrund alles Guten. Jesus ist ein Freudenplatz voller süßer Himmelsfluthen. Jesus ist ein kühler Thau, der erfrischt des Herzens Au.

5. Jesus ist der süße Bronn, der die Seelen all' erquicket. Jesus ist die ew'ge Sonn', deren Strahl uns ganz entzücket. Willst du froh und freudig seyn, laß ihn nur zu dir hinein.

6. Jesus ist der liebste Ton, den mir alle Welt kann singen; ja ich bin im Himmel schon, wenn ich Jesum hör' erklingen; Jesus ist mein's Herzens Freud', meine ew'ge Seligkeit.

7. Jesus ist mein Himmelsbrot, das mir schmeckt, wie ich's begehre; er erhält mich vor dem Tod, stärkt mich, daß ich ewig währe, Honig ist er mir im Mund, Balsam, wenn ich bin verwund't.

8. Jesus ist der Lebensbaum, voller edler Tugendfrüchte. Wenn er find't im Herzen Raum, wird das Unkraut ganz zu nichte, alles Gift und Unheil weicht, das sein Schatten nur erreicht.

9. Jesus ist das höchste Gut in dem Himmel und auf Erden, Jesu Name macht mir Muth, daß ich nicht kann traurig werden. Jesu Name soll allein mir der liebste Name seyn.

D. Joh. Scheffler (Angelus).

Jesum verloren, Alles verloren; Jesum gefunden, Alles gefunden.

Lucä 2, v. 44. 45. 46. Sie suchten ihn unter den Gefreundten und Bekannten, und da sie ihn nicht fanden, gingen sie wiederum gen Jerusalem, und suchten ihn. Und es begab sich nach dreien Tagen, fanden sie ihn im Tempel sitzend mitten unter den Lehrern.

Mel. Seelen-Bräutigam.

1057. Jesus ist ein Kind. Man verliert's geschwind an den Wegen, an den Straßen, wo man's aus der Acht gelassen, wo man sorglos ist um den heil'gen Christ.

2. Wo man mit ihm zwar zur Kirch' und Altar, nach des Fest's Gewohnheit käme, aber nicht nach Haus' ihn nähme; mit ihm ging man hin, und heim ohne ihn.

3. Der verliert ihn leicht, der sich nicht entzeucht von Gesellschaft eitler Leute, wo man sich zu viel zerstreute, bald von Allem spricht, nur von Jesu nicht.

4. Wer nur einen Tag bleiben kann und mag, ohne Jesum selbst zu sehen, wird wohl ein'ge Tage gehen, bis er wiederfind't das verlorne Kind.

5. Wo ist er hinaus? ruft die Seele aus, unter schmerzlicher Bereuung der begangenen Zerstreuung; sagt, wo ich das Kind Jesum wiederfind'?

6. Such's am rechten Ort', such's in Gottes Wort; such's im Thun und im Erfüllen seines ew'gen Vaters Willen, in dem Amt und Stand, wozu er dich sandt'.

7. Such' es treu und stät, wie Maria thät, in des Herzens innerm Tempel; und das nimm dir zum Exempel, wie des Vaters Lieb' das Kind Jesus trieb.

8. Du kannst ihn nicht so suchen, nicht so froh seiner seyn, als er mit Schmerzen dich sucht; doch, geht dir's von Herzen, spricht er: suchst du mich? siehe, hier bin ich!

9. Warum hast du mir das gethan? dafür, daß ich durch mein Blut und Wunden dich gesucht und dich gefunden, nimmst du mein nicht wahr und verlierst mich gar?

10. Jesu! hilf, daß ich nie verliere dich; oder so ich dich verlöre, alsobald zurücke kehre, und dich suche bald, find' und feste halt'.

Christoph Karl Ludwig v. Pfeil.

Inniges Halten an Jesu.

Jeremia 15, v. 19. Also spricht der Herr: Wo du dich zu mir hältst, so will ich mich zu dir halten.

Mel. Ach! was soll ich Sünder machen?

1058. Jesus ist mein Freuden-Leben, Jesus ist mein' Lebens-Kron', Jesus ist mein Gnadenthron, ihm nur will ich mich ergeben, mich erhält sein theures Blut, Jesus ist mein höchstes Gut.

2. Ohne Jesum muß ich sterben, ohne seiner Gnaden Schein hab' ich lauter Höllen-Pein; Leib und Seele muß verderben, nur sein Tod mir helfen thut, Jesus ist mein höchstes Gut.

3. Hab'

3. Hab' ich dieses Gut im Herzen, ei, so hab' ich Alles wohl, was ich ewig haben soll, das mir lindert alle Schmerzen, das mir machet Herzens-Muth: Jesus ist mein höchstes Gut.

4. Also will ich mich verlassen auf den Herren Jesum Christ, wider alle Teufels-List, wenn mich Welt und Menschen hassen, wenn mich schreckt der Hölle Glut; Jesus ist mein höchstes Gut.

5. Niemand kann mir Rettung senden, ohne Christ der Gideon, Gottes eingeborner Sohn, welcher sich wird zu mir wenden mit der Engelschaar und Hut; Jesus ist mein höchstes Gut.

6. Nun, laß deine Macht mich merken, hilf dem Sohne deiner Magd, wenn mich Furcht und Schrecken nagt, woll'st du deinen Knecht auch stärken, gieb mir deines Geistes Muth; Jesus ist mein höchstes Gut.

7. Ein Gelübd' will ich dir geben, dein getreuer Knecht zu seyn, dir am Wort zu dienen rein, gieb mir auch ein heilig Leben, gieb mir deines Geistes Muth: Jesus ist mein höchstes Gut.

8. So will ich mit Freuden bleiben in dem Hause deiner Ehr', gerne hüten deine Thür und mich gänzlich dir verschreiben, dir soll dienen Geist und Blut; Jesus ist mein höchstes Gut.

M. Matthäus Büttner.

Vom Kampf der Christen.

Psalm 18, v. 40. Du kannst mich rüsten mit Stärke zum Streit; du kannst unter mich werfen, die sich wider mich setzen.

Mel. Jesu, komm doch selbst zu mir.

1059. Jesus ist mein Freudenlicht, wenn er hell in mir anbricht; meiner Seelen Ruhestatt, wenn sie keine Kraft mehr hat.

2. Jesus ist mein starker Held; wenn der Teufel mich anfällt und die Sünde groß sich macht, ich ihr Trotzen gar nicht acht'.

3. Jesus ist mein fester Sieg wider Satans List und Krieg; er ist meine starke Wehr wider das verdammte Heer.

4. Ach, mein Jesu, laß mich dir seyn verpfändet für und für, laß mich Armen dir allein in der Lieb' ergeben seyn.

5. Alle, die ihr Jesum sucht, kommt, genießet seine Frucht, die da Geist und Seel' erquickt; euch damit zum Sieg' anschickt.

6. Herzens-Jesu, Sieges-Fürst, meine Seele nach dir dürst't, alle Feind' in mir besieg', daß ich nicht im Kampf erlieg'.

7. Nach dem Siegen nimm mich auf zu dem auserwählten Hauf', da du mir den Gnadenlohn geben wirst, o Gottes-Sohn.

8. Auf, ihr Ueberwinder! seht, Jesus euch entgegen geht, um für wenig Schmach und Hohn euch zu geb'n die Ehrenkron'.

9. Hallelujah! Gloria! auf, des Herren Tag ist nah', wachet, haltet euch bereit! jetzt kommt die Erquickungszeit.

Trostgesang.

Psalm 126, v. 5. 6. Die mit Thränen säen, werden mit Freuden ernten. Sie gehen hin und weinen, und tragen edlen Saamen, und kommen mit Freuden und bringen ihre Garben.

Mel. Jesu, meine Freude.

1060. Jesus ist mein Leben, ihm bleib' ich ergeben, fest bis in den Tod; seine treue Güte stillet mein Gemüthe, in der größten Noth; Jesus litt, ich leide mit, bis, wo er verklärt regieret, mein Geist triumphiret.

2. Jesus wischt den Seinen, die mit ihm hier weinen, einst die Thränen ab; die mit Jesu sterben, werden mit ihm erben, sinkt der Leib in's Grab; ihre Kron', der Siegeslohn, ist, wo Gott die Engel loben, ihnen aufgehoben.

3. Die mit Thränen säen, wenn die Stürme wehen, die der Feind erweckt, werden dort mit Freuden ernten nach dem Leiden, wo kein Tod mehr schreckt. Nach der Müh', die sie allhie duiden, wird sie Gott ergötzen, mit den Himmelsschätzen.

4. O ihr frommen Seelen, die ihr euch mit Quälen bringet durch die Welt, die ihr öfters weinet, daß kein Trost erscheinet, wenn euch Kreuz befällt; denket doch, bei diesem Joch, an das e[illegible]g-frohe Leben, das euch Gott wird geben.

5. Wenn die Sünden schrecken, wird uns Gnade decken, und des Heilands Blut. Er hat für die Schulden liebreich wollen dulden, er starb uns zu gut. Kämpfen wir auch mit ihm hier, so wird er auch für uns kämpfen, und die Sünde dämpfen.

6. Seyd denn treu ihr Herzen, bei des Kreuzes Schmerzen, treu bis an das End'; Jesus wird euch trösten, welcher der Erlös'ten Kreuz zum Besten wend't. Duldet nun, ihr sollt auch ruh'n; bald läßt er euch, nach dem Weinen, seine Sonne scheinen.

7. Nun, Herr Jesu! stärke mich zu deinem Werke, du gingst, starker Held, auf der Bahn der Leiden, hin zum Thron der Freu-

den, hin zur bessern Welt; sey bei mir, ich folge dir in den Tod, kein banges Leiden soll mich von dir scheiden.

Innige Verbindung mit Jesu.

Galater 2, v. 20. Ich lebe; aber doch nun nicht ich, sondern Christus lebt in mir.

Mel. Ach! was soll ich Sünder machen?

1061. Jesus ist und bleibt mein Leben, Jesus ist mein Eigenthum, meines Herzens größter Ruhm. Jesu hab' ich mich ergeben, er ist meines Lebens Licht; meinen Jesum lass' ich nicht.

2. Jesum hab' ich eingesenket tief in meines Herzens Schrein! Jesus ist und bleibet mein. Stets mein Herz an Jesum denket, Alles ist auf ihn gericht't; meinen Jesum lass' ich nicht.

3. Nichts ist mir auf dieser Erden lieber als das Jesulein, lieb soll mir mein Jesus seyn, bis ich werd' zu Asche werden, weil mir strahlt das Lebenslicht: meinen Jesum lass' ich nicht.

4. Will mich gleich die Welt bethören, daß ich Jesum lassen soll; bleibt mein Herz doch Jesusvoll. Jesum will ich stets verehren, er ist meines Lebens Licht: meinen Jesum lass' ich nicht.

5. Laß die Welt und Teufel wüthen, Jesus ist mein bester Freund, der es all'zeit treulich meint: Jesus wird mich wohl behüten, auf ihn ist mein Trost gericht't; meinen Jesum lass' ich nicht.

6. Jesum hab' ich mir erwählet, Jesus soll mein Beistand seyn, wenn die schwere Sündenpein mein geängstet Herze quälet. Drum mein Herz mit Freuden spricht: meinen Jesum lass' ich nicht.

7. Mich soll nichts von Jesu scheiden, nicht Sünd', Teufel, Höll' und Tod, nicht die allergrößte Noth. Er ist mein in Kreuz und Leiden, wenn mich Sünd' und Tod anficht: meinen Jesum lass' ich nicht.

8. Sollt' auch gleich die Welt zerspalten und zu Grund' und Trümmern geh'n, will ich dennoch feste steh'n und bei meinem Jesu halten. Er ist meine Zuversicht: meinen Jesum lass' ich nicht.

9. Wenn mir gleich die Augen brechen, das Gehöre gar verschwind't und die Todesangst sich find't; wenn die Zung' nichts mehr kann sprechen und der Lebensfaden bricht, lass' ich meinen Jesum nicht.

10. Muß ich gleich die Welt verlassen, ist doch meines Lebens Zier Jesus um und neben mir auf den finstern Todesstraßen. Er ist meines Lebens Licht! meinen Jesum lass' ich nicht.

Nicolaus Gerlach.

Ein Ostergesang.

Apost. Gesch. 3, v. 26. Euch zuvörderst hat Gott auferwecket sein Kind Jesum, und hat ihn zu euch gesandt, euch zu segnen, daß ein Jeglicher sich bekehre von seiner Bosheit.

Mel. Jesus, meine Zuversicht.

1062. Jesus lebt! frohlockend sing' ich dem Herrn aus voller Seele. Auf zu seiner Klarheit dring' mein Gesang aus Grabeshöhle; denn aus ihr ein Engel spricht: Jesus lebt! drum zag' ich nicht.

2. Jesus lebt! er ist bei mir, wohin ich auch möge gehen; tröstet, labt mich für und für, läßt mich Himmelswonne sehen; wenn mein Herz in Nächten bebt, denk' ich froh: mein Jesus lebt!

3. Jesus lebt! ich bin versöhnt, meine Schuld hat er genommen. Sein Verdienst mich droben krönt in der Schaar der sel'gen Frommen. Jesus lebt! drum leb' auch ich: jauchze Herz! auf, freue dich!

4. Jesus lebt! was zittre ich vor des Todes bangen Schrecken? zwar ins Grab legt man auch mich, doch mich kann's nicht ewig decken. Jesus lebt! er rufet mich aus dem Grabe einst zu sich.

5. Jesus lebt! o Himmelswort, wie so reich kannst du mich laben! Seh' ich, traurend, fort und fort manchen frommen Freund begraben, mich dann tröstend nur erhebt, daß ich weiß: mein Jesus lebt!

6. Jesus lebt! so ruft mir zu, Freunde, in der letzten Stunde; bringt mir doch Nichts süß're Ruh', als die schöne Himmelskunde. Glaub' ich, wenn das Herz mir bricht, Jesus lebt, dann sterb' ich nicht!

E. C. G. Langbecker.

Osterlied.

Römer 8, v. 11. So nun der Geist deß, der Jesum von den Todten auferwecket hat, in euch wohnet, so wird auch derselbige, der Christum von den Todten auferwecket hat, eure sterbliche Leiber lebendig machen, um deß willen, daß sein Geist in euch wohnet.

Mel. Jesus, meine Zuversicht.

1063. Jesus lebt! mit ihm auch ich, Tod! wo sind nun deine Schrecken? Jesus lebt und wird auch mich von dem Tode auferwecken. Er verklärt mich in sein Licht; dies ist meine Zuversicht.

2. Jesus lebt! ihm ist das Reich über alle Welt gegeben; mit ihm werd' auch ich

zugleich ewig herrschen, ewig leben, Gott erfüllt, was er verspricht; dies ist meine Zuversicht.

3. Jesus lebt! wer nun verzagt, lästert ihn und Gottes Ehre, Gnade hat er zugesagt, daß der Sünder sich bekehre. Gott verstößt in Christo nicht; dies ist meine Zuversicht.

4. Jesus lebt! sein Heil ist mein, sein sey auch mein ganzes Leben; reines Herzens will ich seyn und den Lüsten widerstreben. Er verläßt den Schwachen nicht; dies ist meine Zuversicht.

5. Jesus lebt! ich bin gewiß, nichts soll mich von Jesu scheiden, keine Macht der Finsterniß, keine Herrlichkeit, kein Leiden; er giebt Kraft zu jeder Pflicht; dies ist meine Zuversicht.

6. Jesus lebt! nun ist der Tod mir ein Eingang in das Leben; welchen Trost in Todesnoth wird das meiner Seele geben, wenn sie gläubig zu ihm spricht: Herr, Herr, meine Zuversicht! Chr. Fürchtegott Gellert.

Osterlied.

Apost. Gesch. 2, v. 32. Diesen Jesum hat Gott auferwecket, deß sind wir Alle Zeugen.

Mel. Jesus, meine Zuversicht.

1064. Jesus lebt, so leb' ich auch, denn sein Leben ist mein Leben; er hat mir den ersten Hauch hier zu leben selbst gegeben; nimmt er den nun wieder hin, ei so leb' ich doch durch ihn.

2. Jesus lebt! ich bin sein Glied schon in meiner Taufe worden; weil sein Wesen in mir blüht, schreib' ich mich zum Christen-Orden, ich bin göttlicher Natur, lebe doch in Jesu nur.

3. Jesus lebt! mein Glaube spricht's, der mich fest mit ihm verbindet; außer diesem hab' ich nichts, wo mein Herz das Leben findet; Er ist Kraft und Saft in mir, lebet in mir für und für.

4. Jesus lebt; drum weg, o Welt! weil bei dir mehr Tod als Leben; welchem deine Lust gefällt, hat des Himmels sich begeben; der lebt recht, der, wenn er stirbt, Jesu Leben dort erwirbt.

5. Jesus lebt; nun komm, o Tod! mich in Jesu Schooß zu setzen; dorten wird mich keine Noth, wo mein Jesus lebt, verletzen; Jesus lebt, so fahr' ich hin, wo ich ewig leb' und bin. Benjamin Schmolck.

Osterlied.

Römer 14, v. 9. Dazu ist Christus gestorben und auferstanden und wieder lebendig geworden, daß er über Todte und Lebendige Herr sey.

Mel. Komm, o komm, du Geist des Lebens.

1065. Jesus lebt zu meinem Besten; lebt für Alle, lebt für mich! Seiner darf ich mich getrösten: Alles jauchzt und freuet sich; denn sein Tod und offnes Grab nimmt uns allen Kummer ab.

2. Lebt der Ueberwinder wieder; o so bin ich sündenfrei, singe meine Freudenlieder und bleib' ewig fest dabei: Jesus Christus starb für mich! Jesus Christus lebt für mich!

3. Ja, er lebt im Himmel droben und in meinem Herzen hier! Täglich spür' ich neue Proben: hier wirkt Jesu Kraft in mir! Unaussprechlich süßen Fried' theilt Er meiner Seele mit.

4. Jesus lebt! ich fühl' mit Freuden diese Wahrheit in der Brust. Trost verschafft sein Kreuz und Leiden, und sein Leben Himmelslust. Unbeschreiblich großes Heil wird durch Beides uns zu Theil.

5. Sterbend noch soll mir sein Leben meine letzte Hoffnung seyn. Muß ich meinen Geist aufgeben, nimmt das Grab die Glieder ein; werden doch, wenn Er erscheint, Beide wieder neu vereint.

6. O dann soll ich, welche Freude! ewig um und bei ihm seyn: zu der süßen Himmelsweide geht man einst mit Jauchzen ein. Hallelujah, Dank und Ehr' bringt man dort dem Sieger her! Fräulein v. Silberrad.

Christus, unsere Stärke.

Jesaia 45, v. 24. Im Herrn habe ich Gerechtigkeit und Stärke.

Mel. Jesus ist das schönste Licht.

1066. Jesus, meine Zuversicht, lässet, was er angefangen, durch des Geistes Kraft und Licht, auch ein herrlich End' erlangen; denn es ist sein Werk allein, er wird das nicht lassen liegen; ich muß neue Stärke kriegen, bis es wird vollendet seyn.

2. Zwar, da er mich hat gestärkt, stärken sich auch meine Feinde; doch, wird er bei mir gemerkt, hab' ich ihn zu meinem Freunde, so wird ihre List und Macht, die sich will auf's Neu' entspinnen, dennoch nichts an mir gewinnen, weil mein Jesus für mich wacht.

3. Gieb nur mir auch Wachsamkeit, wie auch Treu' bei neuer Gnade; Herr, nimm weg die Sicherheit, bahne du nur meine Pfade; laß die Seufzer vor sich geh'n, daß

der Feind zurücke stehe und ich immer weiter gehe; laß mich in dir feste steh'n.

4. Stürme denn, o Sündenheer, du sollst meinen Fuß nicht binden, stürme, wie ein wüthend Meer, du sollst deine Gränzen finden; deiner stolzen Wellen Flüth, die sich will in mir erregen, muß sich hier vor Jesu legen, denn er stillt des Meeres Wuth.

5. Stürmt ihr Höllenpforten ein, Jesus läßt, mit Angstbeschwerden, die mir allzu mächtig seyn, mich hier nie versuchet werden; ihr vermöget doch mein Licht durch dies Stürmen, Wüthen, Rasen, gar nicht auszublasen; Jesu Licht verlöschet nicht;

6. So wird Satan, Sünd' und Welt mir nur Oel in's Feuer gießen, und was mich hier überfällt mir zum Besten dienen müssen; denn auf Kämpfen folget Sieg, auf den Sieg zum Gnadenlohne hier Erquickung, dort die Krone, drum so fürcht' ich keinen Krieg.

7. Denn je mehr dies arge Heer sich bemüht, mich zu umringen, desto ernster, desto mehr will ich hier in Jesum dringen. Mein Erretter läßt mich nicht, denn ich bin in seinem Herzen; so ist auch in Todesschmerzen Jesus meine Zuversicht.

Karl Heinrich v. Bogatzky.

Osterlied.

Hiob 19, 25—27. Ich weiß, daß mein Erlöser lebt, und er wird mich hernach aus der Erde auferwecken; und werde darnach mit dieser meiner Haut umgeben werden, und werde in meinem Fleische Gott sehen. Denselben werde ich mir sehen, und meine Augen werden ihn schauen und kein Fremder.

In eigener Melodie.

1067. Jesus, meine Zuversicht und mein Heiland ist im Leben! dieses weiß ich, sollt' ich nicht darum mich zufrieden geben? was die lange Todesnacht mir auch für Gedanken macht.

2. Jesus, er mein Heiland, lebt, ich werd' auch das Leben schauen, seyn, wo mein Erlöser schwebt; warum sollte mir denn grauen? Lässet auch ein Haupt sein Glied, welches es nicht nach sich zieht?

3. Ich bin durch der Hoffnung Band zu genau mit ihm verbunden, meine starke Glaubenshand wird in ihm gelegt gefunden, daß mich auch kein Todesbann ewig von ihm trennen kann.

4. Ich bin Fleisch, und muß daher auch einmal zu Asche werden *), das gesteh' ich; doch wird er mich erwecken **) aus der Erden, daß ich in der Herrlichkeit um ihn seyn mög' allezeit. *) Joh. 12, v. 24. **) Joh. 6, v. 39. 40.

5. Dann wird eben diese Haut mich umgeben, wie ich's gläube; Gott wird werden angeschaut dann von mir in diesem Leibe; und in diesem Fleisch' werd' ich Jesum sehen ewiglich. 1 Corinth. 15, v. 35—38 Röm. 8, v. 10. 11. Joh. 6, v. 39. 40. (Job. 19, v. 37. Offenb. Joh. 1, v. 7.) 1 Cor. 15, v. 42—58.

6. Dieser meiner Augen Licht *) wird ihn, meinen Heiland, kennen; ich, ich selbst, kein Fremder nicht, werd' in seiner Liebe brennen; nur die Schwachheit um und an wird von mir seyn abgethan. *) Off. Joh. 22, v. 4. Psalm 17, v. 15. Matth. 5, v. 8.

7. Was hier kranket, seufzt und fleht, wird dort frisch und herrlich gehen; irdisch werd' ich ausgesä't, himmlisch werd' ich auferstehen; hier geh' ich natürlich *) ein, nachmals werd' ich geistlich seyn. *) 1 Cor. 15, v. 44.

8. Seyd getrost und hoch erfreut! Jesus trägt euch, meine Glieder! Gebt nicht Statt der Traurigkeit, sterbt ihr, Christus ruft euch wieder *), wenn die letzt' Posaun' **) erklingt, die auch durch die Gräber dringt. *) Dan. 12, v. 2. Joh. 11, v. 25. 26. Kap. 6, v. 40. 44. 54. **) Matth. 24, v. 31. Johannis 5, v. 28. 29. 1 Corinth. 15. v. 52. 1 Thess. 4, v. 16.

9. Lacht der finstern Erdenkluft, lacht des Todes und der Höllen; denn ihr sollt euch durch die Luft *) eurem Heiland zugesellen. Dann wird Schwachheit und Verdruß liegen unter eurem Fuß. *) 1 Thess. 4, v. 17. Offenb. Joh. 11, v. 12.

10. Nur, daß ihr den Geist erhebt von den Lüsten dieser Erden und euch dem schon jetzt ergebt, dem ihr beigefügt *) sollt werden. Schickt das Herze da hinein, wo ihr ewig wünscht zu seyn. *) Joh. 5, v. 21. Kap. 10, v. 28. 29. Kap. 17, v. 24. Röm. 14, v. 8. 9. 1 Thess. 4, v. 14.

Luise Henriette, Kurfürstinn v. Brandenburg.

Jesus, der Sünderfreund.

Lucä 15, v. 2. Dieser nimmt die Sünder an, und isset mit ihnen.

Mel. Jesus, meine Zuversicht.

1068. Jesus nimmt die Sünder an, saget doch dies Trostwort Allen, welche von der rechten Bahn auf verkehrten Weg verfallen. Hier ist, was sie retten kann: Jesus nimmt die Sünder an!

2. Keiner Gnade sind wir werth; doch hat er in seinem Worte eidlich sich dazu erklärt; sehet nur, die Gnadenpforte ist hier völlig aufgethan: Jesus nimmt die Sünder an.

3. Wenn ein Schaaf verloren ist, suchet es ein treuer Hirte; Jesus, der uns nie vergißt,

suchet treulich das Verirrte, daß es nicht verderben kann: Jesus nimmt die Sünder an.

4. Kommet Alle, kommet her, kommet ihr betrübten Sünder; Jesus rufet euch und er macht aus Sündern Gottes Kinder. Glaub't es doch und denkt daran: Jesus nimmt die Sünder an.

5. Ich Betrübter komme hier und bekenne meine Sünden, laß, mein Heiland, mich bei dir Gnade und Vergebung finden, daß dies Wort mich trösten kann: Jesus nimmt die Sünder an.

6. Ich bin ganz getrosten Muth's, ob die Sünden blutroth wären, müssen sie, kraft deines Blut's, sich dennoch in Schneeweiß kehren*), da ich gläubig sprechen kann: Jesus nimmt die Sünder an. *) Jes. 1, v. 18.

7. Mein Gewissen beißt mich nicht*), Moses darf mich nicht verklagen; der mich frei und ledig spricht, hat die Sünden abgetragen, daß mich Nichts verdammen kann: Jesus nimmt die Sünder an. *) Hiob 27, v. 6.

8. Jesus nimmt die Sünder an, er hat mich auch angenommen und den Himmel aufgethan, daß ich selig zu ihm kommen und auf den Trost sterben kann: Jesus nimmt die Sünder an. M. Erdmann Neumeister.

Von der Liebe Jesu.

Jesaia 57, v. 18. Da ich ihre Wege ansahe, heilete ich sie und leitete sie, und gab ihnen wieder Trost.

Mel. Jesu, meine Freude.

1069. Jesu! Sonn' im Herzen, Jesu! Freud' in Schmerzen; Jesu, Seelen-Lust! ach, wo bist du blieben in meinem Betrüben? mir ist's unbewußt. Ach kom̃ bald! mein Herz ist kalt; wärme mich mit deiner Liebe; Jesu, meine Liebe!

2. Wenn ich dich nicht finde, quälet mich die Sünde, Jesu, Seelentrost! mein Herz will verzagen; von den schweren Plagen hast du mich erlös't; drum so komm, o Jesu fromm! tröste mich mit deiner Liebe, Jesu, meine Liebe!

3. Wo ich sitz' und gehe, wo ich lieg' und stehe, sehn' ich mich nach dir; deine Gnad' und Treue, Jesu! mir verleihe immer für und für. Jesu, Freud' in Lieb' und Leid, labe mich mit deiner Liebe; Jesu, meine Liebe!

4. Nicht der schöne Him̃el, nicht das Weltgetümmel, nicht was zeitlich ist, meine Seel' beliebet; Alles mich betrübet, was nur irdisch ist. Gott allein, mein Freudenschein, wärme mich mit deiner Liebe, Jesu, meine Liebe!

5. Treuer Hirt' der Seelen, laß mich nicht so quälen in der Wüstenei; ich bin matt und müde, bringe mich zum Friede; mach' mich los und frei; mir ist bang', ach, bleib' nicht lang', wärme mich mit deiner Liebe, Jesu, meine Liebe!

6. Dort in jenem Leben, so du mir wirst geben, Jesu, meine Zier! will ich dich mit Freuden, frei von allen Leiden, loben mit Begier; Jesu, du mein' Hülf' und Ruh'! labe mich mit deiner Liebe, Jesu, meine Liebe!

Stetes Denken an Jesum.

Psalm 16, v. 8. Ich habe den Herrn allezeit vor Augen; denn er ist mir zur Rechten; darum werde ich wohl bleiben.

Mel. Alle Menschen müssen sterben ꝛc.

1070. Jesus schwebt mir in Gedanken, Jesus liegt mir stets im Sinn, von ihm will ich nim̃er wanken, weil ich hier im Leben bin; er ist meiner Augen Weide, meines Herzens höchste Freude, meiner Seelen schönste Zier, Jesum lieb' ich für und für.

2. Jesus strahlet mir im Herzen, wie der Sonne heller Schein; er vertreibt mir Angst und Schmerzen, er ist mein und ich bin sein. Drum ergreif' ich ihn mit Freuden, wenn ich soll von hinnen scheiden, er ist meines Lebens Licht, Jesum lass' ich von mir nicht.

3. Jesu habe ich geschworen, da ich von den Sünden rein und von neuem ward geboren in der heil'gen Taufe mein; ihn will ich auch treulich halten, und in Allem lassen walten, es sey Leben oder Tod, Jesus hilft aus aller Noth.

4. Jesum will ich bei mir haben, wenn ich geh' aus oder ein; seines Geistes Trost und Gaben ruh'n in meines Herzens Schrein. Ja, wenn ich zu Bette gehe, oder wiederum aufstehe, bleibt doch Jesus früh und spat meiner Seelen Schutz und Rath.

5. Jesum will ich lassen rathen, der am Besten rathen kann; er gesegne meine Thaten, die ich fröhlich fange an, daß in seinem theu'ren Namen Alles glücklich sey und Amen: so wird Alles werden gut, wenn nur Jesus Hülfe thut.

6. Jesus, meiner Jugend-Leiter und Regierer meiner Sinn', wird auch seyn mein Trostbereiter, wenn ich alt und kraftlos bin; wenn sich krümmen meine Glieder, und die liebe Sonn' geht nieder, wenn verdunkelt mein Gesicht, meinen Jesum lass' ich nicht.

7. Jesus soll in allem Leiden mein getreuer Beistand seyn; Nichts, Nichts soll mich von ihm scheiden, es soll keine Herzenspein, keine Trübsal, keine Schmerzen reißen ihn aus meinem Herzen; ob mir gleich mein Herz zerbricht, lass' ich dennoch Jesum nicht.

8. Jesu leben, Jesu sterben, Jesu einzig eigen seyn, und mit Jesu dorten erben, dies ist mein Gewinn allein; Jesu will ich seyn und bleiben, Nichts, Nichts soll von ihm mich treiben, lass' ich gleich Gut, Blut und Ehr', Jesum dennoch nimmermehr.

Jesus, unser Vorbild.

Johannis 9, v. 5. Dieweil ich bin in der Welt, bin ich das Licht der Welt.

Mel. Ach! was soll ich Sünder machen?

1071. Jesus selbst, mein Licht, mein Leben, Jesus, meiner Seele Zier, spricht: kommt her, lernt All' von mir! Jesus, dem ich mich ergeben, mein Heil und Gerechtigkeit, lehrt mich selbst die Frömmigkeit.

2. Ach, wie ist mein Herz verderbet, wie fest hält das Sündenband Leib und Seel', Sinn und Verstand. Was von Adam angeerbet, sündlich Wesen, Fleisch und Blut bleibet Fleisch, thut nimmer gut.

3. Mein Gott, hilf du mir ausrotten alles Unkraut, Haß und Neid, Hochmuth, Ungerechtigkeit; laß den Satan mein nicht spotten, mach' du mein Herz täglich neu, mach' mich aller Bosheit frei.

4. Pflanz' in mein Herz und Gemüthe deine große Freundlichkeit, die Geduld und Frömmigkeit, deine Liebe, deine Güte, Andacht, Treu' und Heiligkeit, Wahrheit und Gerechtigkeit.

5. Laß mich dir zu Ehren leben, Jesu, meines Herzens Licht, mein Trost, Heil und Zuversicht; laß mich dir allein ergeben, laß mich sterben dieser Welt, laß mich thun, was dir gefällt.

6. Führe mich auf deinen Wegen, gieb mir deinen guten Geist, der mir Hülf' und Beistand leist', laß mich deine Gnad' und Segen stets empfinden früh und spat, segne Denken, Wort und That.

7. Bis ich endlich werde kommen aus der Unvollkommenheit zu des Himmels Herrlichkeit, da ich dann mit allen Frommen deine große Gütigkeit preisen will in Ewigkeit.

D. Johann Olearius.

Neujahrslied.

Psalm 29, v. 11. Der Herr wird seinem Volke Kraft geben; der Herr wird sein Volk segnen mit Frieden.

Mel. Meinen Jesum lass' ich nicht.

1072. Jesus soll die Losung seyn, da ein neues Jahr erschienen; Jesu Name soll allein denen zum Paniere dienen, die in seinem Bunde steh'n und auf seinem Wege geh'n.

2. Jesu Name, Jesu Wort soll bei uns in Zion schallen; und so oft wir nach dem Ort, der nach ihm genannt ist, wallen, mach' seines Namens Ruhm unser Herz zum Heiligthum.

3. Unsre Wege wollen wir nun in Jesu Namen gehen; geht uns dieser Leitstern für, so wird Alles wohl bestehen und durch seinen Gnadenschein Alles voller Segen seyn.

4. Alle Sorgen, alles Leid soll sein Name uns versüßen, so wird alle Bitterkeit uns zu Honig werden müssen. Jesu Nam' sey Sonn' und Schild, welcher allen Kummer stillt. —

Benjamin Schmolck.

Aufmunterung zum Glauben.

Philipper 1, v. 9. 10. Ich bete für euch, daß eure Liebe je mehr und mehr reich werde in allerlei Erkenntniß und Erfahrung, daß ihr prüfen moget, was das Beste sey; auf daß ihr seyd lauter und unanstößig bis auf den Tag Christi.

Mel. O wie selig sind die Seelen.

1073. Jesu, süßer Hirt der Seelen, welche deine Wege wählen in wahrhafter Lieb' und Treu': laß doch alle deine Frommen zu der rechten Quelle kommen, da sie können schöpfen frei.

2. Die ihr durch die enge Pforte seyd gegangen, nach dem Worte wandelt, laßt die Losung seyn: immer treuer, immer treuer, bis das helle Liebes-Feuer in euch brenn' und nicht nur schein'.

3. Vieles Schein- und Heuchelwesen hat sich Mancher jetzt erlesen; weil er keine Kraft verlangt; denn er will die Sünde lieben, auch seyn zu der Zahl geschrieben, welche nur an Jesum hangt.

4. Aber, die ihr Beides wählet, wißt, ihr seyd gewiß gezählet zu des Richters linker Hand, allwo die Gottlosen stehen, die von Jesu müssen gehen und zur Hölle sind verbannt.

5. Aber hört, ihr schwachen Tauben, die ihr fühlet keinen Glauben, sondern lauter Sünd' und Leid, ihr seyd nicht hierzu ge-

zählet, Jesus hat euch schon erwählet, daß ihr gänzlich seine seyd.

6. Zwar ihr müsset oft noch zagen, auch wohl im Verborg'nen klagen: ach wenn ich doch glauben könnt' die Vergebung meiner Sünden! Ach, wenn ich doch möchte finden, von dem ich mich abgetrennt!

7. Aber, wollt ihr länger klagen? euch wird ja daher getragen Gnade, Glauben, Fried' und Licht; laßt euch nichts zurücke wenden, greifet zu mit beiden Händen, für euch ist es zugericht't.

8. Ihr Elenden, ihr Betrübten, glaubet, ihr seyd die Geliebten eures Jesu, der da will, daß ihr euch nicht mehr sollt schämen, sondern Gnad' um Gnade nehmen aus der süßen Liebesfüll'.

9. Nehmen wir nun solche Gnaden, kann uns auch kein Teufel schaden, Jesus, unser Schild und Schutz, weiß uns mächtiglich zu schützen, wenn auch alle Wetter blitzen, da steh'n wir dem Feind' zum Trutz.

10. Darum auf, ihr treuen Herzen, die ihr wisset, was für Schmerzen zu dem Glaubenskampf gehört, laßt euch Sünd' und Welt nicht irren, scheuet keine Leidens-Myrrhen, nachdem ihr seyd umgekehrt.

11. Lässet euch nicht träge machen, bleibet im Gebet und Wachen: denn der Bräutigam kommt bald, da wir Hallelujah singen, ihm Lob, Preis und Ehre bringen; sehet, wie sein Herze wallt!

12. Sein Herz brennet vor Verlangen, seine Braut bald zu empfangen; sollte man nicht emsig seyn, Fleisch und Welt sich zu entschlagen, Allem, Allem zu entsagen, was der Seele bringet Pein?

13. Amen, Jesu, meine Seele sehnt sich in der Leibes-Höhle bei dir ewig bald zu seyn, es ist zwar an deinen Kindern Vieles, was sie sucht, zu hindern, doch wir meinen dich allein.

14. Laß uns nun hier treulich ringen, den Unglauben zu bezwingen, bis dein Geist uns hat gemacht wie du uns hast haben wollen und wir haben wandeln sollen in der Liebe Kraft und Macht.

15. Nun, hier sind denn beide Hände, lieben will ich dich ohn' Ende, dieser Bund sey festgesetzt; Jesu, du wirst Kräfte geben hier noch in dem Jammer-Leben, bis ich werd' von dir ergötzt.

Palmsonntagslied.

Lucä 19, v. 36. 37. Da er nun hinzog, breiteten sie die Kleider auf den Weg. Und da er nahe hinzukam und zog den Oelberg herab, fing an der ganze Haufe seiner Jünger mit Freuden Gott zu loben mit lauter Stimme, über alle Thaten, die sie gesehen hatten.

Mel. Herr, ich habe mißgehandelt.

1074. Jesu, was hat dich getrieben, nach Jerusalem zu geh'n? ach, dein heiß-entflammtes Lieben lässet dich nicht stille steh'n; du gehst, daß ich werd' erhoben in's Jerusalem dort oben.

2. Laß mich wieder herzlich lieben deine Weg', o Jesu Christ! die dein Wort mir vorgeschrieben; laß nicht Feind, Gewalt, noch List mich vom Glaubenswege leiten, müßt' ich bis auf's Blut auch streiten.

3. Nahe dich zu meiner Seelen, Herr! wie zu Jerusalem, so kann mir kein Reichthum fehlen, bin ich gleich ein Bethlehem; bist du nur bei mir zugegen, so leb' ich in Salems Segen.

4. Weil du mich, wie deine Jünger, hast auch in die Welt gesandt, ach, so sey mein Herzbezwinger, daß es dir bleib' zugewandt, im Gehorsam deinen Willen, liebster Jesu! zu erfüllen.

5. Laß mich gern und willig gehen, wann und wo du sendest mich, und nicht auf den Ausgang sehen, sondern lassen walten dich, und das thun, was mir befohlen, ob mir gleich dein Rath verholen.

6. Laß mich deine Demuth preisen, nicht mit Worten, noch mit Schein; sondern in der That erweisen, daß ich, wie du, möge seyn gegen Jedermann demüthig, liebreich, milde, sanft und gütig.

7. Soll ich, Jesu, dir zu Ehren, meine Kleider ziehen aus, und um dein Gebot und Lehren gar verlassen Hof und Haus: ach, so gieb Geduld im Leiden und laß uns dies Kreuz nicht scheiden.

8. So will ich mit Freuden singen Hosianna! früh und spat; und mein Freudenopfer bringen dir mit Herzen, Mund und That; Hosianna in der Höhe! höre, Jesu, was ich flehe! Laurentius Laurenti.

Alles in Jesu.

Psalm 73, v. 25 Wenn ich nur dich habe., so frage ich nichts nach Himmel und Erde.

Mel. O du Liebe meiner Liebe.

1075. Jesu, wenn ich dich nur habe, ob mir sonst gleich All's gebricht, du bleibst meine beste Gabe, meiner Augen

Sonn' und Licht; würd' der Himmel auch auf Erden mir gegeben ohne dich, würd' ich doch nicht reicher werden, sondern nur beschweren mich.

2. Aber, wer dich kann genießen, dessen Herze lebt in Freud', du kannst allen Schmerz versüßen, du kannst wenden alles Leid; sollt' auch Leib und Seel' verschmachten, bleibst du doch mein Trost und Theil, daß ich freudig kann verachten, was die Welt hält für ihr Heil.

3. Jesu, du bleibst meine Liebe, dich hab' ich mir auserwählt; scheint der Himmel mir gleich trübe und dein Angesicht verstellt, bist du meine Gnadensonne, die mich wieder blicket an, meines Herzens Freud' und Wonne, die mich nicht betrüben kann.

4. Nun hab' ich es wohl getroffen, leb' befreit von aller Pein, der Genuß anstatt des Hoffens ist mir nun geräumet ein. Jesu Liebe mich umfanget, und, wonach ich mich gesehnt, hab' ich völlig jetzt erlanget, bleib' bei Jesu ungetrennt.

Beim Anfange des Gottesdienstes.

Apost. Gesch. 1, v. 14. Diese Alle waren stets bei einander einmüthig mit Beten und Flehen.

Mel. Liebster Jesu, wir sind hier.

1076. Jesu, wir sind kommen her, deine Süßigkeit zu schmecken, dich mit Gnaden zu uns kehr', Herz und Ohren zu erwecken, daß wir deine Himmelslehren mögen freudiglich anhören.

2. Oeffne deines Dieners Mund, gieb ihm deines Geistes Gaben, kräftiglich zu dieser Stund' uns mit Himmelsbrot zu laben. Laß uns diese Engelspeise stärken auf der Himmelsreise.

3. Dir, dem Vater und dem Geist dafür ewig Preis soll werden; gieb, daß wir nun allermeist uns von dieser eitlen Erden, mit Verlangen, Wunsch und Thränen nach dem Himmel mögen sehnen. G. M.

Christi Zukunft zum Gericht.

Offenb. Johannis 22, v. 12. Siehe, ich komme bald, und mein Lohn mit mir, zu geben einem Jeglichen, wie seine Werke seyn werden.

Mel. O du Liebe meiner Liebe.

1077. Jesu, wirst du bald erscheinen? ach! wann bricht der Tag herein, da die auserwählten Deinen in dein Licht verkläret seyn? ach! wir warten mit Verlangen auf die Ruh' nach aller Last, und die Krone zu empfangen, die du uns bereitet hast.

2. O ihr Seelen, die ihr gläubet, seyd ihm nur im Glauben treu. Ob der Tag schon außen bleibet: naht er täglich doch herbei. Flieht die Sicherheit indessen; und, was Welt und Sünden seyn, sollt ihr meiden und vergessen, zu entflieh'n der Höllen-Pein.

3. Wandelt, wandelt doch im Lichte. Flieht den Weg der Finsterniß; denn die Stunde zum Gerichte ist gewiß, und ungewiß. Jesus wird gewißlich kommen; aber wann? da hat die Zeit keine Kreatur vernommen. Darum wacht und seyd bereit!

M. Erdmann Neumeister.

Abendlied am Geburtstage.

Hosea 11, v. 3. Ich nahm Ephraim bei seinen Armen, und leitete ihn.

Mel. Aus meines Herzens Grunde.

1078. Jetzt, da das Licht der Sonne sich unserm Aug' entzieht, sing' ich mit Freud' und Wonne dir, Gott, mein Abendlied. Den Tag verdank' ich dir, an dem, als ich erwachte, ich froh und dankbar dachte: Der Herr thut wohl an mir.

2. Dein sey des Tages Ende, dein sey des Tages Nacht, an dem mich deine Hände eh'dem an's Licht gebracht; Gott, groß ist deine Treu'! Du hattest mir das Leben durch die Geburt gegeben, heut' gabst du mir's auf's Neu'.

3. Vom neuen Lebensjahre ist schon ein Tag dahin; du, Gott, zählst meine Haare, gewiß, du zählst auch ihn. Einst wirst du richterlich nach allen meinen Tagen und nach der Stunde fragen, die unbenutzt verstrich.

4. Durchstreich' mein Sündregister mit väterlicher Huld! dein Sohn, mein Hoherpriester, bezahlt auch diese Schuld. Erneure meinen Sinn, daß ich dir leb' und sterbe und nach dem Tod' ein Erbe des Himmelreiches bin.

5. Getreuer Menschenhüter, bleib' diese Nacht bei mir! Mich, meine Freund' und Güter weih' und befehl' ich dir. Ich schlafe fröhlich ein; du, Vater! wirst schon sorgen, daß ich am neuen Morgen in dir kann fröhlich seyn.

Die Gnadenzeit.

2 Corinther 6, v. 2. Sehet, jetzt ist die angenehme Zeit, jetzt ist der Tag des Heils.

Mel. Nun sich der Tag geendet hat.

1079. Jetzt ist die angenehme Zeit; jetzt ist der Tag des Heils; die

Gnade, die Gott anerbeut, gilt mir auch meines Theils.

2. Die Gnade ist annehmungswerth und unbegreiflich groß, der Sohn bracht' sie, eh' wir's begehrt, aus seines Vaters Schooß.

3. Der Undank muß ja strafbar seyn, der Gnade von sich stößt, ihm folgt mit Recht die Höllenpein und Reue ohne Trost.

4. Herr, schaff', daß deine Gnade nicht an mir vergeblich sei; wer Gnade hat, ist vom Gericht an jenem Tage frei.

5. Gieb, daß ich dich auf jeden Tag um deine Gnade fleh', und mich im Glauben trösten mag, daß ich in Gnaden steh'.

6. Kommt deine Gnade an mein Herz mit ihrer sanften Zucht, gieb, daß ich nicht die Zeit verscherz', worin sie mich besucht.

7. So oft ich bete, höre du mich von dem Gnadenthron, und setzt mir Welt und Satan zu, so hilf du mir davon.

8. Mach' mir die letzten Stunden einst zur angenehmen Zeit, und zeig' mir, wenn du nun erscheinst, dein Heil in Ewigkeit.

M. Philipp Friedrich Hiller.

Noch heute suche Gnade!

Ebräer 3, v. 15. Heute, so ihr seine Stimme hören werdet, so verstocket eure Herzen nicht.

Mel. Nun danket alle Gott.

1080. Jetzt ist die Gnadenzeit, jetzt steht der Himmel offen; jetzt hat noch Jedermann die Seligkeit zu hoffen: wer diese Zeit versäumt und sich zu Gott nicht kehrt, der schrei' Weh' über sich, wenn er zur Hölle fährt.

Abendlied.

Psalm 145, v. 20. Der Herr behütet Alle, die ihn lieben.

Mel. Was mein Gott will, gescheh' all'zeit.

1081. Jetzt komm' ich, Herr, vor deinen Thron mit loberfülltem Munde und danke dir durch deinen Sohn in dieser Abendstunde. Nimm an das Opfer, das ich dir mit meinen Lippen bringe, ach, höre gnädig, was ich dir zu deiner Ehre singe.

2. Ich preise dich, daß du mich hast in deinem Schutz geleitet und nach der schweren Tageslast die Nacht zur Ruh' bereitet; daß ich von Leibs- und Seelennoth befreiet bin geblieben, und mich durch keinen schnellen Tod dein Zorn hat aufgerieben.

3. Ich bitte dich, du woll'st die Schuld, die ich gehäuft ohn' Maaßen, nach deiner väterlichen Huld mir, deinem Kind', erlassen. Vergieb mir, was ich wider dich heut' diesen Tag begangen; sieh' an den Mittler, der für mich am Kreuze hat gehangen.

4. Breit' über mich noch ferner aus die Flügel deiner Güte und mich vor Schrekken, Furcht und Graus auch diese Nacht behüte; wo aber ich nach deinem Rath' nicht wieder sollt' aufstehen, so laß mich, Herr, durch deine Gnad' zu deiner Freud' eingehen.

5. Dir, Gott, befehl' ich Leib und Seel' zu deinen treuen Händen; du, starker Hüter Israel, kannst all mein Unglück wenden; du woll'st, was uns mag schädlich seyn, von unsrer Wohnung treiben; laß alle Christen insgemein in deiner Obhut bleiben.

6. Beschirme, was mir nach dem Blut' und Namen angehöret; wer mir sonst Gutes gönnt und thut, bleib' all'zeit unversehret. Dir sey ihr Leib, Seel', Gut und Ehr' in deinen Schutz ergeben; laß sie, mein Gott, je mehr und mehr in vollem Segen schweben.

7. Gieb mir die lieben Engel zu, die starke Heldenwache; daß sich an mich, in meiner Ruh', der böse Feind nicht mache: so will ich, wenn des Tages Schein wird wieder zu uns kehren, zu deinem Lobe freudig seyn und dich mit Dank verehren.

D. Ambrosius Lobwasser? —

Vom heiligen Abendmahl.

Joh. 7, v. 37. Wen da dürstet, der komme zu mir, und trinke.

Mel. An Wasserflüssen Babylon.

1082. Jetzt kommt, mein Gott, ein armer Gast, ein Thon zu seinem Töpfer*): den drücket hart die Sünden-Last, es ist dein Kind, mein Schöpfer, dafür gestorben ist dein Sohn, das du auch hast getaufet schon und jetzund eingeladen; zu deinem Tisch komm' ich, dein Kind, bin elend, krank, unrein und blind und nicht werth deiner Gnaden. *) Jes. 64, v. 8

2. Ich bringe aber Jesum her mit seinem Tod und Schmerzen; wie sehr für mich geblutet er, das nimm, mein Gott, zu Herzen. Ach, siehe diesen Wunder-Mann, dein Kind und meinen Jesum an und sey darum mir gnädig, du willst in ihm mein Vater seyn, in ihm bin ich dein Kind allein; sprich mich von Sünden ledig.

3. Mein Glaube siehet Jesum hier und mich zu seinen Füßen, er zeiget als ein Mensch sich mir, läßt sein Blut auf mich fließen; der Herr hängt an des Kreuzes Pfahl,

da bluten alle Wundenmaal'; auch reichen seine Hände mir seinen Leib im Brote fein, wie auch sein wahres Blut im Wein. O, wer recht danken könnte!

4. Ich höre, wie mich dünket, laut jetzt meinen Bräut'gam schreien: nimm diesen Mahlschatz, meine Braut, es soll dich nicht gereuen; iß meinen Leib und trink' mein Blut: also hast du das größte Gut, mich ganz mit meinen Leiden. Ach, eil' doch in mein Herz hinein, das jetzt und stets soll offen seyn und ruh' in meiner Seiten.

5. Ich weiß auch, daß die Engel mich, wie Mauern, stets umringen, so, daß der Satan trotziglich gar nicht hindurch kann dringen; ich habe den, der Beistand leist't, es ist der werthe heil'ge Geist, der über mir thut schweben. Nun richte, du Dreieinigkeit, mein Thun zu deiner Herrlichkeit und mir zum ew'gen Leben.

6. Dir öffn' ich auch mein Herz und Mund und was sich in mir reget! jetzt mache würdig und gesund, worein sich Jesus leget. Ach! reinige durch deine Güt' Leib, Seele, Herz, Geist und Gemüth und gieb mir, was mich zieret! mit Glauben, Liebe und Andacht laß werden dieses Werk vollbracht, so wie es sich gebühret.

7. So will ich, trauter Jesu, nun dein'n Leib und Blut empfangen: jetzt komm, mein Jesu, komme du mit Speis' und Trank gegangen. Ich will in dich, ach komm in mich! Ich schmecke auch schon, Jesu, dich; ich fühle, du bist kommen. Es weiche nun Angst, Noth und Schmerz, dein und mein Herze sind **ein** Herz, in dich bin ich genommen.

8. Ach! habe, frommer Jesu, Dank für deines Leibes Speise, für deines edlen Blutes Trank und daß ich deine heiße. Ach, zeig' auch mir zur Sterbenszeit, gleichwie ich dich gesehen heut', dein Bluten und dein Sterben. Ich weiß nun, daß du meine bist: nun ich bin dein, Herr Jesu Christ; dein Bund kann nicht verderben.

Ludämilia Elisabeth,
Gräfinn zu Schwarzburg-Rudolstadt.

Von der Himmelfahrt Christi.

Ebräer 4, v. 14. Dieweil wir denn einen großen Hohenpriester haben, Jesum, den Sohn Gottes, der gen Himmel gefahren ist; so lasset uns halten an dem Bekenntniß.

Mel. Nun danket alle Gott.

1083. Jetzund betrachten wir, daß Christus aufgefahren, mit Bitt', o höchster Gott! du wollest uns bewahren, weil wir noch unten steh'n in dieser argen Welt, da uns im Tiefen nichts als Sünd' und Noth befällt.

2. Doch ist der Weg gebahnt, der Himmel steht uns offen, nun können wir von Gott den rechten Einfluß hoffen; wer diesen Zugang kennt, deß Herz ist Freuden-voll, denn er schaut Christo nach, wie er ihm folgen soll.

3. Wer diesen Weg nicht sucht, dem ist's nicht Ernst zum Herren, der doch vor Fleisch und Blut den Himmel wird versperren*); am Glauben liegt's allein, ist der im Herzen recht, so kommt die Hülf' herab, so wird das Fleisch geschwächt. *) 1 Cor. 15, v. 50.

4. Dies ist die Fahrt für uns, den Vater bald zu finden, die Bahn der Welt zu flieh'n und zu entgeh'n den Sünden; fährt nun die Seel' hinauf, so fährt der Herr herab, und wo der Vater wohnt, geht's nie ohn' Segen ab.

5. O Herr, bleib' stets geneigt, uns freundlich aufzunehmen, wenn wir durch Christum uns zur Himmelfahrt bequemen, zeuch uns zu dir hinauf, bis wir mit reinem Muth mit dir vereinigt sind, als unserm höchsten Gut.

Christian Knorr v. Rosenroth.

Von der Berufung zur Buße.

Lucä 15, v. 20. Da er aber noch ferne von dannen war, sahe ihn sein Vater, und jammerte ihn, lief und fiel ihm um seinen Hals, und küssete ihn.

Mel. Kommt her zu mir, spricht Gottes Sohn.

1084. Ihr armen Sünder, kommt zu Hauf! kommt eilig kommt und macht euch auf, mühselig und beladen: hier öffnet sich das Jesus-Herz für alle, die in Reu' und Schmerz erkennen ihren Schaden.

2. Es heißt: er nimmt die Sünder an! drum komm, dein Jesus will und kann dich retten und umarmen. Komm weinend, komm in wahrer Buß', und fall' im Glauben ihm zu Fuß'; er wird sich dein erbarmen.

3. Ein Hirt verläßt sein Schäflein nicht; dem's in der Irr' an Hülf' gebricht, er sucht es mit Verlangen: er lässet neun und neunzig steh'n, und sie gar in den Wüsten geh'n, das Eine zu empfangen.

4. Es sucht der liebste Jesus Christ das Schäflein, das verloren ist, bis daß er's hat gefunden; so laß dich finden, liebe Seel', und flieh' in Jesu Wunden-Höhl', noch sind die Gnaden-Stunden.

5. O Jesu! deine Lieb' ist groß, ich komm' mühselig, nackt und bloß; ach! laß mich Gnade finden! ich bin ein Schaaf, das sich verirrt, ach! nimm mich auf, weil ich verwirrt im Strick und Netz der Sünden.

6. Ach! wehe mir, daß ich von dir gewichen bin zum Abgrund schier; ach! laß mich wiederkehren zu deiner Heerde, nimm mich an und mach' mich frei vom Fluch und Bann, dies ist mein Herz-Begehren.

7. Laß mich dein Schäflein ewig seyn, sey du mein treuer Hirt allein, im Leben und im Sterben; laß mich vom eit'len Weltgesind' ausgeh'n, und mich als Gottes-Kind um dich, mein Schatz! bewerben.

8. Ich will von nun an sagen ab der Sünden-Lust bis in mein Grab, und in dem neuen Leben, in wahrer Herzens-Reinigkeit dir dienen noch die kurze Zeit, die mir zum Heil gegeben.

9. Ach! nimm dein armes Täublein ein, und laß es sicher bei dir seyn, in deinen Wunden-Höhlen; bewahre mich vor Sünden-Werk, und gieb mir deines Geistes Stärk' am Leib und an der Seelen.

Laurentius Laurenti.

Vom wahren Christenthum.

2 Timotheum 2, v. 19. Es trete ab von der Ungerechtigkeit, wer den Namen Christi nennet.

Mel. Herr Jesu Christ, mein's Lebens Licht.

1085. Ihr, die ihr euch nach Christo nennt und euch zu seiner Lehr' bekennt, die ihr seyd durch sein Blut erkauft und auch auf seinen Tod getauft:

2. Führt nicht den Namen nur allein, ihr müßt auch rechte Christen seyn, wenn ihr einst wollt nach dieser Zeit eingeh'n zu Christi Herrlichkeit.

3. Wer dort mit Christo herrschen will, der muß ihm auch hier halten still in Lieb' und Leid, und geh'n die Bahn, die er gegangen ist voran.

4. Wer ewig will bei Christo seyn, der muß ihm leben hier allein, und nicht dem Satan seine Zeit aufopfern in der Eitelkeit.

5. Wer seinem Jesu sich ergiebt, ihn jederzeit von Herzen liebt, ein christlich-frommes Leben führt, der ist ein Christ, wie sich's gebührt.

6. Wer Jesum Christum recht erkennt und christlich seine Zeit anwend't, wird sanft und selig schlafen ein, im Himmel bei Gott ewig seyn.

Jakob Ritter.

Für Lehrer und Prediger.

2 Corinther 6, v. 4. In allen Dingen lasset uns beweisen als die Diener Gottes.

Mel. Nun ruhen alle Wälder.

1086. Ihr, die ihr Gott nun dienet, der euch mit ihm versühnet, beweis't euch, wer ihr seyd, im Leiden tragt geduldig, im Wandel lebt unschuldig, daß ihr Gott mehr, als Menschen scheut.

2. Im Kampf seyd heldenmüthig, seyd keusch, gerecht und gütig, dient Gott im heil'gen Geist, zeigt ungefärbte Liebe in Gottes Kraft und Triebe, und in dem Wort', das Wahrheit heißt.

3. Nehmt, als des Heilands Knechte, zum Streit für seine Rechte die Waffen in die Hand, durch Ehre und durch Schande, der Welt als Unbekannte, doch Gott und Christen wohl bekannt.

4. Scheinbar dem Tod gegeben, und siehe nun, wir leben; gezüchtigt, doch nicht todt, als traurig ob dem Leide, doch allezeit in Freude; die Freude bleibt auch in der Noth.

5. Zählt man euch zu den Armen, ihr seyd nicht zu erbarmen, ihr seyd und machet reich, ihr scheint als die Nichts haben, und habt die größten Gaben; denn was ihr habt, das bleibet euch. 2 Cor. 6, v. 8—10

6. Herr, der du mich versühnest mit deiner Kraft mir dienest, pflanz' solchen Sinn mir ein, so wart' ich dein in Treue; dir dient man ohne Reue; wo du bist wird dein Diener seyn.

M. Philipp Friedrich Hiller.

Von den Pflichten gegen Feinde.

Römer 12, v. 14. Segnet, die euch verfolgen; segnet und fluchet nicht.

Mel. Kommt her zu mir, spricht Gottes Sohn.

1087. Ihr, die ihr mich verfolgt und schmäht, hört mein inbrünstiges Gebet: Herr! segne, die mir fluchen; laß, wenn man mich verfolgt und haßt, mich dieses Joch und diese Last froh zu ertragen suchen.

2. Du hilfst uns, Herr! aus aller Noth. Wenn der Verfolger Macht mir droht, lehr' mich die Feinde segnen; und wenn mit überlegter List ein Judas mich verräth und küßt, ihm freundlich doch begegnen.

3. Die Unschuld spricht uns Trost ins Herz, sie weiß den unverdienten Schmerz zu lindern, zu versüßen. Was ist mein Trost bei Hohn und Spott? im Himmel, du, mein gnäd'ger Gott! in mir, ein froh Gewissen.

4. Trug nicht der Heiland fremde Schuld mit überschwänglicher Geduld? er schalt nicht, da er litte. Im Todeskampf, am Kreuzesstamm war er geduldig, wie ein Lamm; vergieb! war seine Bitte.

5. Sein heilig Beispiel lehre mich, Geduld zu üben, brüderlich mit Feinden umzugehen; wenn Fleisch und Blut sich in mir regt, der Stolz zur Rache mich bewegt, laß, Herr, auf dich mich sehen.

6. Nicht Haß und Feindschaft, Rache nicht! Vergeben, das ist meine Pflicht. Herr! hilf mir sie vollbringen. Verzeihen lehrt das Christenthum. Laß mir zu deines Namens Ruhm das Thun davon gelingen!

Theodor Gottlieb v. Hippel.

Vom Frieden.

Epheser 2, v. 14 Er ist unser Friede, der aus beiden Eines hat gemacht, und hat abgebrochen den Zaun, der dazwischen war, in dem, daß er durch sein Fleisch wegnahm die Feindschaft.

Mel. Ihr Kinder des Höchsten! wie steht's um rc.

1088. Ihr Kinder des Friedens, auf, auf zu dem Lamme! entzündet, erwecket die heilige Flamme! was geht ihr in Unmuth und bleibet so todt? lebt Jesus so hat es mit euch ja nicht Noth: der Eifer des Vaters ist völlig gestillet; Heil, Segen und Leben aus Jesu nun quillet; wer hungert und dürstet wird wahrlich gefüllet.

2. Drum eilet zur Quelle, wo Leben und Friede; müßt ihr auch gleich kämpfen, nur werdet nicht müde. Welt, Teufel und Sünde, die schaden euch nicht; sie sind schon durch Christum auf ewig gericht't. Ermannet die Herzen und streitet im Glauben! es mögen die Feinde gleich wüthen und schnauben; nur lasset das Kleinod euch nimmermehr rauben.

3. Ach sehet auf Jesum, den Herzog des Lebens, wie er für euch streitet, und zwar nicht vergebens. Find't ihr in euch selber kein Leben noch Kraft: er ist es, der Alles kann und in euch schafft. Drum stärket die strauchelnden Kniee und Hände, damit euch der Satan die Sinnen nicht blende, noch euere Herzen von Jesu abwende.

4. Gedenket, was sind das für herrliche Gaben, die redliche Seelen in Jesu schon haben, die mit ihm im Glauben vereiniget steh'n; und wie sie im Leben und Frieden hergeh'n! sie können, als Kinder, den Vater bald finden; Angst, Kummer und Sorgen, die müssen verschwinden, so bald sie sich innig mit Jesu verbinden.

5. Wie thöricht hingegen sind alle die Seelen, die unter dem Joche der Sünden sich quälen: sie bleiben erstorben und werden geplagt; in Unruh' und Schmerzen ihr Herze sich nagt. Und ob sie gleich ruhig und freudig sich stellen, so fühlen sie in sich die Folter der Höllen, ihr böses Gewissen wird schrecklich sie fällen.

6. Drum danket dem Vater, der euch hat gezogen zu Jesu, der euch bleibet ewig gewogen. Ach, wandelt im Frieden und jaget ihm nach! lebt Christo zu Ehren bei Leiden und Schmach; sucht immer die Quelle und stärket euch wieder; regt sich noch die Sünde, so schlagt sie bald nieder: so singet ihr fröhlich Triumph- und Lob-Lieder.

7. Nun Jesu, du Leben und Friede der Seelen! was kann uns doch fehlen, wenn wir dich erwählen? So lang' wir in dir sind, so trifft uns kein Schmerz, die Liebe, die stillet und stärket das Herz: drum tilge das Fremde, das sich will einschleichen und laß uns doch niemals vom Friedenspfad weichen, bis wir einst die Krone des Lebens erreichen.

Vom Glauben.

Ebräer 6, v. 12. Daß ihr nicht träge werdet, sondern Nachfolger derer, die durch den Glauben und Geduld ererben die Verheißungen.

Mel. Ihr Kinder des Höchsten! wie steht's um rc.

1089. Ihr Kinder des Höchsten! wie steht's mit dem Glauben? laßt euch nicht vom Teufel die Freudigkeit rauben, bleibt immer im Bunde mit Jesu fest steh'n, laßt immer Anfechtung und Trübsal hergeh'n: wer mit will zum himmlischen Zion hinwallen, der lässet sich dieses gar gerne gefallen; wer glaubet, der fleucht nicht, das merket vor Allem.

2. Ihr wisset, hier giebt es gar Vieles zu leiden. Das Haupt selber konnte das Leiden nicht meiden, doch machte ihn dieses nicht zagend noch weich; durch Leiden des Todes ging er in sein Reich. Ei, darum bedenkt doch, bedenket ihr Brüder, wie wären wir Christi Anhänger und Glieder, wenn wir nicht auch wollten in's Leiden hernieder?

3. Ei, darum, ihr Brüder! nur immer gelitten und dabei im Glauben fein muthig gestritten! scheint's selbst, daß sich Jesus als grausam verstellt; wenn Moses mit seinen Gesetzen herfällt, wenn euer Gewissen euch

selbst will verdammen; wenn Sünde und Teufel, mit helfen entflammen; so setzet die Kräfte des Glaubens zusammen.

4. Ja, laßt uns den Glaubenskampf ritterlich kämpfen. Die feurigsten Pfeile kann dieser Schild dämpfen. Entfalle nur Keinem das Herz und der Muth; es muß uns gelingen: ja, ja, es geht gut! Nur immer im Glauben gebetet, gerungen und näher und näher in Christum gedrungen; so ist es noch allen Mitstreitern gelungen.

5. Seht an die Exempel der Väter und Alten: wie haben sich diese so tapfer gehalten! Wir haben den Haufen*) der Zeugen dasteh'n, an denen wir können dies lernen und seh'n. Sie haben geglaubet, gehoffet, gelitten, gerungen, geflehet und tapfer gestritten; sie liefen den Kreuzweg mit hurtigen Schritten.

*) Hebr. 12, v. 1.

6. Und siehe, wie herrlich ist's ihnen gelungen! Jetzt jauchzen sie droben mit herrlichen Zungen. Sie sind nun vom Glauben zum Schauen gelangt; sie stehen da, wo ihr Haupt ewiglich prangt, mit Kronen der Ehren und Edelgesteinen, die Gott hat bereitet aus Thränen und Weinen. Wer sollte nicht wünschen auch da zu erscheinen?

7. Bedenket auch ferner die seligen Stunden, die ihr schon im Glauben an Jesum gefunden. Gedenket, ihr Lieben! ach denket zurück, wie manchen holdseligen, lieblichen Blick habt ihr schon im Leiden, bei thränenden Wangen, von eurem holdseligen Bruder empfangen! Ihr könnet derselben noch tausend erlangen.

8. Und ist nicht ein Gnadenblick höher zu schätzen, als aller Welt Freude und tolles Ergötzen? Ihr wisset, euch bleibet ein gnädiger Gott; die lustige Welt wird hingegen zu Spott, dieweil ihr Vergnügen nicht ewig kann währen, es muß sich in Heulen und Weinen verkehren. Wer wollte nun wohl die Weltfreude begehren?

9. Eu'r Weinen hingegen verkehrt sich in Freude, wenn ihr einst gelanget zur seligen Weide, allwo ihr dem Lamme sollt jauchzend nachgeh'n, wie's hier ist mit thränenden Augen gescheh'n. Da werdet ihr ewig in Freude verbleiben, da wird euch kein Unfall zu Trauern antreiben. O könnten wir dieses recht fassen und gläuben!

10. Ei, darum, ihr Brüder! erweckt euch zum Glauben; laßt euch nicht den Muth und die Freudigkeit rauben. Bleibt fest und beständig, seyd männlich und stark! wer weiß noch wie lange, dann liegt ihr im Sarg. Da muß doch die Ruthe des Treibers aufhören, die Stimme des Drängers*) kann auch nicht beschweren: und ihr seyd dann selig in Gnaden und Ehren.

*) d. i. „des Gesetzes Drohen und Bedrängen der Welt.“ Hiob 3, v. 18.

11. Entfallet nicht selbsten aus euerer Veste; bedenket, Beständigkeit ist hier das Beste. Drum fanget nur muthig den Glaubenskampf an: wir müssen, wir müssen doch einmal daran; wir müssen durch alle Anfechtung uns gläuben, und gläubend an Jesu stets hangen und bleiben: so kann man die Pforten der Hölle vertreiben.

12. Du aber, o Jesu! ach stärk' uns den Glauben! du siehest, wie um uns die Feinde her schnauben; des Belials Fluthen*), die rauschen mit Macht; wir müssen oft tappen in finsterer Nacht. Erbarme dich unser; vergieb uns die Sünden; du wollest die Wunden der Seelen verbinden, uns völlig bereiten, und stärken und gründen.

*) Psalm 18, v. 5.

Von der Liebe.

1 Joh. 3, v. 18. Meine Kindlein, lasset uns nicht lieben mit Worten, noch mit der Zunge, sondern mit der That und mit der Wahrheit.

In eigener Melodie.

1090. Ihr Kinder des Höchsten! wie steht's um die Liebe? wie folgt man dem wahren Vereinigungstriebe? bleibt ihr auch im Bande der Einigkeit steh'n? ist keine Zertrennung der Geister gescheh'n? Der Vater im Himmel kann Herzen erkennen, wir dürfen uns Brüder ohn' Liebe nicht nennen, die Flamme des Höchsten muß lichterloh brennen.

2. Sobald wir von oben aufs Neue geboren, so sind wir von Christo zu Brüdern erkoren. Ein Vater, ein Glaube, ein Geist, eine Tauf', ein voller zum Himmel gerichteter Lauf kann unsere Herzen vollkömmlich verbinden, wir können nichts anders, als Süßigkeit finden; Verdacht, Neid und Aergerniß müssen verschwinden.

3. Die Mutter, die droben ist, hält uns zusammen und schickt uns herunter die himmlischen Flammen. Kein Unterschied findet hier einige Statt, weil Demuth die Herzen vereiniget hat. Wo Eigenheit, Zank und Haß können regieren, da kann man den

Funken der Liebe nicht spüren, noch in dem Chor himmlischer Thronen ihn führen.

4. Die Zions-Gesellschaft verläßt die Verwandten, setzt Brüder am Höchsten vor allen Bekannten. Wer noch ist bezaubert von Liebe der Welt und sich in der Falschheit zum Bruder verstellt, den kann sie unmöglich als Bruder annehmen, er müßt' sich denn völlig zur Buße bequemen. Sie darf sich des redlichen Sinnes nicht schämen.

5. Seht aber, wie selig wir haben erwählet, die wir sind zum Segen der Brüder gezählet! wir sind die erkaufete seligste Schaar. Ach, lobet den Vater denn kurz: Er ist's gar. Singt ihm mit vereinigtem Herzen und Munde, ohn' Loben und Lieben vergeh' keine Stunde, wir steh'n vor dem Herren als Einer im Bunde.

6. Was ich bin, mein Bruder, das bist du auch worden, wir Beide sind Erben des Himmels geworden. Ein Jeder mit Allen zum Vaterland dringt, die Kirche nach einem stets kämpfet und ringt. Wir müssen bereit seyn, für Brüder zu sterben, wie Jesus uns auch so gemacht hat zu Erben. Ein Glied fühlt und leidet des andern Verderben.

7. Ach laßt uns einander erinnern und führen, daß wir nicht die Krone des Lebens verlieren, und müssen wir kämpfen auch gar bis aufs Blut, so steh'n wir vereinigt auf unserer Hut. Das Schreien der Kinder wird wahrlich erhöret, durch völlige Eintracht wird Satan zerstöret. Wer ist, der verbundenen Geistern was wehret?

8. Drum lasset uns lieben und freuen von Herzen, versüßen einander die Leiden und Schmerzen; dringt kräftig, ihr Geister, in Eines hinein, vermehret die Strahlen vom göttlichen Schein. Das lässet der Vater sich herzlich gefallen, im Loben kann auch sein Ruhm herrlich erschallen, wenn Kinder, von Liebe entzündet, nur lallen.

9. In jener Welt wird es noch besser hergehen; da wird vor dem Vater die Brüderschaft stehen in heiligem Feuer, in seligster Brunst, die ziehet zusammen des Königes Gunst. Ach, drücket zusammen die Herzen und Hände und bittet, daß Zion er Hülfe bald sende; so kennet die Liebe nicht Anfang noch Ende.

Christian Andreas Bernstein.

Christus an die Gemeinden.

Offenb. Joh. 2, v. 8. Das saget der Erste und der Letzte, der todt war, und ist lebendig geworden.

Mel. Von Gott will ich nicht lassen.

1091. Ihr Menschen, Bös' und Fromme! die Stimme Christi schallt: Thut Buße, sieh', ich komme! bei wem die Liebe kalt, der hat noch Zeit, am Licht sie wieder anzuzünden; läßt er sich anders finden, so bleibt sein Leuchter nicht.

Offenb. Joh. 2, v. 5.

2. Ich komme dir, o merke! dir komm' ich nahe nun. Du hast nicht mehr viel Werke hinführo Zeit zu thun: bekehre dich nun jetzt! es ist auf Werk' und Lehren, die meinen Plan verkehren mein flammend Schwert gewetzt. Offenb. Joh. 2, v. 16.

3. Mein Volk, das auf der Erde noch trägt so manche Last, hör'! bis ich da seyn werde, behalte, was du hast. Verlier' nichts! ich bin nah'. Es ist zu thun um wenig, so ist dein Haupt dein König, so bin ich vollends da. Offenb. Joh 2, v. 25.

4. Ich werde da seyn, ehe die Schläfer aufgewacht; ich komme von der Höhe, gleichwie ein Dieb bei Nacht und mache meine Stund', in welcher ich zu kommen mir endlich vorgenommen, den S[illegible]ern nicht ganz kund. Offenb. Joh. 3, v. 3.

5. Ich werde nicht verweilen, nunmehro komm' ich bald; das zeigt der Zukunft Eilen: drum, was du hast, behalt'! Bewahre deinen Schatz, daß nicht ein And'rer käme, dir deine Krone nähme und tret' in deinen Platz. Offenb. Joh. 3, v. 11.

6. Jetzt bin ich nahe kommen: ich stehe vor der Thür; wer hat's in Acht genommen und merket mich dafür? Wer hört's! nun klopf' ich an. Wer ist des Herrn gewärtig, zum Abendmahle fertig? Nur eilend aufgethan! Offenb. Joh. 3, v. 20

7. Nun siehe, komm' ich schnelle! ja, plötzlich bin ich hier. Mein Lohn ist auf der Stelle für Jeglichen mit mir. Er spricht: ich komme nu! es kommt nichts mehr dazwischen; das soll uns dann erfrischen. Ja, Amen! komm herzu!

Offenb. Joh. 22, v. 7. 12. 20.

Christoph Karl Ludwig v. Pfeil.

Trostlied für Waisen.

Psalm 10, v. 14 Du siehest ja, denn du schauest das Elend und den Jammer, es stehet in deinen Händen; die Armen befehlen es dir, du bist der Waisen Helfer.

Mel. O Gott, du frommer Gott!

1092. Ihr Waisen! weinet nicht; wie könnt ihr euch nicht fassen?

verlasset euch auf Gott, der wird euch nicht verlassen; sind gleich die Eltern todt, so lebet dennoch Gott. Weil aber Gott noch lebt, so habt ihr keine Noth.

2. Gott ist und bleibet stets ein Vater aller Waisen, der will sie insgesammt ernähren, kleiden, speisen; demselben trauet nur, er nimmt sich eurer an, seht, er ist euer Schutz, und euer Helfersmann.

3. Gott ist ein reicher Gott, er wird euch wohl versorgen, er weiß ja eure Noth, sie ist ihm nicht verborgen: ob ihr schon wenig habt, ist auch der Vorrath klein, so will für's Künftige Gott der Versorger seyn.

4. Habt einen guten Muth, Gott hat es ja verheißen, er woll' Verlassene aus ihrer Trübsal reißen; das Wort geht euch auch an, ihr werdet es schon seh'n, wie es an euch auch wird in die Erfüllung geh'n.

5. Ja, glaubet, bleibet fromm und geht auf Gottes Wegen, erwartet mit Geduld den euch verheiß'nen Segen; und weichet nicht von Gott, vertraut ihm allezeit, so werd't ihr glücklich seyn, in Zeit und Ewigkeit.

Der Schächer am Kreuz.

Lucä 23, v. 42. Herr, gedenke an mich, wenn du in dein Reich kommst.

Mel. Nun ruhen alle Wälder.

1093. Im allerhöchsten Grade fand jener Schächer Gnade, da er noch Buße that, noch glaubte, noch bekannte und, den die Welt verbannte, als Herrn des Reichs der Himmel bat.

2. Das ist die Wundersache! daß Jesus selig mache, wer vorher Sünder war; doch dient das nicht zum Grunde, daß man die letzte Stunde zum Beten, Buß' und Glauben spar'.

3. Zur Warnung soll mir's dienen, die Gnade ist erschienen; mit Gnade scherzt man nicht. Hing nicht der and're Schächer am Kreuz auch als Verbrecher, starb aber hin auf sein Gericht?

4. Wie gut ist frühe Buße und zu des Heilands Fuße um sein Erbarmen fleh'n; im Glauben Herr ihn nennen, im Leben ihn bekennen, im Leiden auf sein Leiden seh'n!

5. Ich preise dein Erbarmen, Herr Jesu, der mich Armen in seine Gnade nahm; erhalte mich hierinnen und nimm mich einst von hinnen zu dir, wohin der Schächer kam.

6. So lang' ich noch soll leben, laß mir die Gnade geben, was keine Welt mir giebt; auf Gnade laß mich sterben, aus Gnaden laß mich erben; gedenke, daß du mich geliebt.

M. Philipp Friedrich Hiller.

Christus, der Anfang und das Ende.

Offenbar. Joh. 1, v. 8. Ich bin das A und das O, der Anfang und das Ende, spricht der Herr, der da ist, und der da war, und der da kommt, der Allmächtige.

Mel. Wie schön leucht't uns der Morgenstern.

1094. Im Anfang warest du, das Wort, dadurch Gott Alles brachte fort, der Nichts ohn' dich erschaffen. Du bist das Ende, dies beweist; ich komme bald! dein Wort beschleußt; wer will den Trost wegraffen? Herr Christ! du bist nur alleine, den ich meine in den Nöthen, von dir zeugen die Propheten.

2. Du bist der Grund der Seligkeit; denn eh' der Weltgrund war bereit't, bin ich in dir erwählet. Gelobet sey des Vaters Rath, der dir so wohl gefallen hat, daß du mich mit-gezählet. Zeuch, Herr, noch mehr mein Gemüthe deiner Güte zu verschreiben: treu bis in den Tod zu bleiben.

3. Du, Gott und Mensch, bist A und O, der ist und war; deß bin ich froh, daß du auch bald wirst kommen. Herr Jesu, Amen! komm nur bald, der Namen-Christen Lieb' ist kalt, der Glaub' hat abgenommen. Rath, Kraft, sieghaft, mein Vertreter und Erretter, Hülfe sende, o du Anfang und das Ende!

Joachim Neander.

Gott schützt.

Psalm 31, v. 21. Du verbirgest sie heimlich bei dir vor Jedermanns Trotz; du verdeckest sie in der Hütte vor den zänkischen Zungen.

Mel. Gott will's machen, daß die Sachen.

1095. Im Bewahren vor Gefahren zeigst du Gott dich wunderbar. Das bestärket; wer es merket. Die Erfahrung macht es wahr.

2. Gott sieht ferne, wie so gerne unser Feind uns stürzen will. Doch sein Sorgen hilft verborgen, und macht seine Kinder still.

3. Wie viel Nöthen, die auch tödten, steh'n wir bloß! Gott eilt herzu. Du bist Retter; Gott der Götter, wie mit Flügeln deckest du!

4. Du alleine schütz'st die Deinen, wenn sie auch durch Wasser geh'n; du alleine schütz'st die Deinen, wenn sie auch im Feuer steh'n.

5. Danket alle, jauchzt mit Schalle, ihr, die ihr erlöset seyd. Uns behüte seine Güte, denn sie währt in Ewigkeit.

M. Philipp Friedrich Hiller.

Weihnachtslied.

Lucä 2, v. 7. Sie gebar ihren ersten Sohn, und wickelte ihn in Windeln, und legte ihn in eine Krippe, denn sie hatten sonst keinen Raum in der Herberge.

Mel. In dich hab' ich gehoffet, Herr.

1096. Im finstern Stall, o Wunder groß! des Vaters Kind liegt arm und bloß, der ew'ge Fürst des Lebens. O göttlich's Wort! o Himmels-Pfort'! das thust du nicht vergebens.

2. Weil du so dürftig kommst herein, räumst du das Himmelreich uns ein, da wir die Fülle haben, dein' Armuth macht, daß uns wird bracht der Reichthum edler Gaben.

3. O Menschenkinder! freuet euch, dies arme Kindlein macht euch reich, es bringt euch von der Erden zur Himmelsfreud', die euch bereit't und ewiglich soll werden.

4. Drum laßt die Herzen wacker seyn, und mit den lieben Engelein die Stimm' also erschallen: Gott, dir sey Ehr', bei uns sich mehr' dein Fried' und Wohlgefallen.

5. Du aber, zartes Jesulein, kehr' auch bei uns zur Herberg' ein, erleucht' uns das Gemüthe, daß Glaub' und Lieb' ein Jeder üb'; Herr! gieb's durch deine Güte.

D. Bernhard v. Derschau.

Vom Gebet.

Matthäi 21, v. 22. Alles, was ihr bittet im Gebet, so ihr glaubet, so werdet ihr's empfangen.

Mel. Wach' auf, mein Herz, und singe.

1097. Im Glauben und Vertrauen in's Herz des Vaters schauen, recht kindlich zu ihm treten, das heißt: erhörlich beten.

2. Die Zuversicht der Kinder erlangen schnöde Sünder durch seines Sohnes Liebe, durch seines Geistes Triebe.

3. Im Kleid des Erstgebornen erscheinen die Verlornen, und nehmen seinetwegen vom Vater allen Segen.

4. Der Geist, der Abba schreiet und der von Furcht befreiet, lehrt sie des Glaubens Sitten, ein unaussprechlich's Bitten.

5. Da wird des Mittlers Gnade viel größer, als ihr Schade. Mehr, als sie je verlangen, hat er für sie empfangen.

6. Wenn Jesus auch nicht bäte, noch sie so stark verträte: Gott selbst, der sie gezogen, ist ihnen wohlgewogen.

7. Der Vater kann nicht hassen, die seinen Sohn umfassen. Mit väterlichen Trieben muß er sie zärtlich lieben.

8. Er sieht's, wenn sie von weiten sich zum Gebet bereiten, er nahet sich zum Hören und thut, was sie begehren.

9. Eh' sie noch rufend lallen, läßt er schon Antwort schallen. Die Hülfe wird gesendet, eh' sie ihr Fleh'n vollendet.

10. Was sie noch denken sollen, eh' sie's begehren wollen, ist schon von ihm beschlossen und ihnen zugeflossen.

11. Da sie noch sicher schliefen und gar nicht zu ihm riefen, da sprach er schon: Hier bin ich, und auf Erbarmen sinn' ich!

12. Daß sie sich ihm entdecken, geschicht durch sein Erwecken. Wie sollte nicht ihr Flehen bald in Erfüllung gehen?

13. Sein göttliches Vermögen hat Millionen Segen, je mehr wir nehmen wollen, je mehr wir nehmen sollen.

14. Der es im Ernst befohlen, die Gaben abzuholen, der kann uns Nichts versagen, wenn wir's im Glauben wagen.

15. Er will uns durch's Verheißen aus allem Zweifel reißen. Die Wahrheit kann nicht lügen; die Treue kann nicht trügen.

16. Ein Wort, das er gesprochen, wird nimmermehr gebrochen. Selbst seines Namens Ehre verlangt, daß er uns höre.

17. Es ist uns freigelassen, ihn mit Gewalt zu fassen, sein Wort vor ihn zu bringen und auf die That zu dringen.

18. Wenn Er sich anders stellet, weiß man, was ihm gefället. Er wird kein Ohr verstopfen, man soll nur stärker klopfen.

19. Wie Bettler stehen bleiben und unverschämt betreiben, warum sie angesprochen und an die Thüre pochen:

20. So sollen wir es wagen an sein Herz anzuschlagen; getrost und freudig beten, nicht von der Stelle treten.

21. Wenn lauter Nein erscheinet, ist lauter Ja gemeinet. Wo der Verzug am Größten, da wird die Hülf' am Besten.

22. Sind wir nun erst empfänglich, so thut er überschwänglich mehr, als wir denken können, mehr, als wir selbst uns gönnen.

23. Drum laßt uns gläubig bitten; kein Zweifel sey gelitten. Wir fleh'n in Jesu Namen; sein Wort und Nam' ist Amen.

24. Wir seh'n im Geist die Gaben, die wir gebeten haben, von jetzt bis zum Vollenden vor Augen und in Händen.

25. Und

25. Und wenn wir Berge wüßten, die wir versetzen müßten: sie werden, wenn wir beten, bald aus dem Wege treten.

26. Ja, das Gebet im Glauben läßt sich kein Amen rauben. Es wird in allen Sachen uns Alles möglich machen.

Ernst Gottlieb Woltersdorf.

Vom Leben in Christo.

Römer 6, v. 11. Haltet euch dafür, daß ihr der Sünde gestorben seyd, und lebet Gotte in Christo Jesu unserm Herrn.

Mel. Es ist gewißlich an der Zeit.

1098. Immanuel! der du der Welt zum Heil in's Fleisch gekommen, und durch dein theures Lösegeld die Sünde weggenommen, auch mich gehst du besonders an, mich, der ich gläubig rühmen kann: du hast auch mich geliebet.

2. Ich, Adamskind, war geistig todt; ich sollt' auch ewig sterben. Dir brach das Herz bei meiner Noth. Mir Leben zu erwerben, wirst du für mich am Kreuz ein Fluch, thust durch dein Opfer für mich g'nug, und stirbst um meinetwillen.

3. Du hast mich, da du mich erkauft, zum Eigenthum erwählet. Ich bin auf deinen Tod getauft und zu der Schaar gezählet, die in dem schönen, weißen Kleid' der ewigen Gerechtigkeit vor deinen Augen pranget.

4. Noch ehe mich der eitle Tand der Lust der Welt betrogen, hat deine gute Liebeshand mich ganz zu dir gezogen. Dir hab' ich bald mein Herz gebracht und deine Huld und Gottesmacht hat es dir treu bewahret.

5. Mein Herr! mein Gott! so schenk' ich dir mich jeden Tag auf's Neue: mein Ein und Alles bist du mir, mein Schatz, deß ich mich freue. Ich such' in keinem andern Heil; ich will von keinem andern Theil, als deiner Gnade wissen.

6. Die ist und bleibt mein Element, in dem ich leb' und schwebe. Je mehr mein Glaube dich erkennt; je mehr ich mich bestrebe, das, was ich noch im Fleische bin, mit einem kindlich-frommen Sinn dir, Gottes Sohn, zu leben.

7. Ich lebe nicht. Du lebst in mir und wirkst in meinem Herzen! ich finde Ruh' und Lust bei dir bei allen Prüfungsschmerzen. Da mir dein Geist das Zeugniß giebt, daß mich, sein Kind, dein Abba liebt: wie wohl bin ich berathen!

8. So geh' ich auf der schmalen Bahn getrost aus Glaub' in Glauben. Mein Hirt, der sich nicht leugnen kann, läßt sich sein Schaaf nicht rauben. Du bringst in mir dein Werk zu Stand' und führst mich durch ins Vaterland. Komm bald, komm, Jesu! Amen.

Andreas Rehberger.

Gottes Güte und des Menschen verderbtes Herz.

Römer 11, v. 22. Darum schaue die Güte und den Ernst Gottes: den Ernst an denen, die gefallen sind, die Güte aber an dir, so ferne du an der Güte bleibest; sonst wirst du auch abgehauen werden.

In eigener Melodie.

1099. Immanuel! deß Güte nicht zu zählen, der Kranken Arzt, der Blöden Heil! verborgner Gott, du Trost betrübter Seelen, der geistlich Armen Herzenstheil! Da du, Jesu, selber wohnest, neigst auf ihr Geschrei dein Ohr, und mit viel Geduld verschonest das zerbrochne Glaubens-Rohr.

2. Ach, siehe doch die Höllenangst der Schmerzen, die so viel Seufzer aus mir zwingt; ach, steure doch, Herr! meinem eignen Herzen, aus dem der böse Quell entspringt, der mir will dein Wort vernichten; ach, Herr! laß es ihm nicht zu; laß mich nicht den Satan sichten, meinen Glauben stärke du!

3. Ich kämpf', ich schrei', ich ängst'ge mich, ich bete und bin erbärmlich zugericht't; und wenn ich gleich mit Weinen vor dich trete, so trau' ich doch mir selber nicht, ob denn dies, warum ich klage, mir auch wohl zu Herzen geht, weil des bösen Zweifels Plage aus mir, leider! selbst entsteht.

4. Mein Beten ist voll zweifelnder Gedanken, wenn gleich dein Wort und Trost erschallt, so ist und bleibt mein Glaube doch voll Wanken, mein Herze scheinet todt und kalt; es ist voller Angst und Zagen und ganz in sich selbst verirrt, ich kann kaum mich selbst vertragen, so gar ist mein Sinn verwirrt.

5. Die Wunder, die ich vormals selbst gepriesen, die du von Anfang hast gethan und die du mir insonderheit erwiesen, seh' ich wie jener Blinde an, der die Menschen sah' als Bäume *), ja ich halt' sie kaum für dein; und es ist als ob mir's träume, daß sie je geschehen seyn.

*) Marci 8, v. 24.

6. Wenn ich mein Herz mit deinem Wort

will stillen, und halte mit viel Thränen mir die süße Schrift von deines Vaters Willen und meines Jesu Leiden für, ist's als ob ich Mährlein hörte, finde keinen Glaubenssaft; was vorher mein Herze nährte, giebt mir jetzund keine Kraft.

7. Wie kann ich doch dem bösen Herzen trauen, das auch dein Wort mir niederreißt, den Grund, darauf ich soll mein Hoffen bauen, und mich an Allem zweifeln heißt; das ich muß zum Beten zwingen, und kann's, mitten im Geschrei, leider! doch nicht dahin bringen, daß es ohne Zweifel sey.

8. Erforsche doch, erfahre, wie ich's meine, durchsuche doch mein böses Herz und prüfe mich, mein Gott! warum ich weine, ob dies wahrhaftig sey mein Schmerz, daß mein Glaubensdocht so wanket, daß mein Herz so läulicht ist und dir nicht mit Andacht danket, ob du mir mein Alles bist?

9. Find'st du denn noch bei mir den rechten Willen, daß mein Herz um den Glauben schrei't, so laß sich doch das Ungewitter stillen, das in mir regt den Zweifel-Streit. Ist mein Glaube klein und schmächtig, bin ich elend, blind und bloß, so sey deine Gnade mächtig und in meiner Schwachheit groß.

10. Sollt' aber, ach! mein Glaube seyn verblichen, hat sich vielleicht mein Herz der Welt, die mir mit ihrem Fürsten nachgeschlichen, und denen Thoren zugesellt, die an einen Gott nicht glauben — ach! so änd're meinen Sinn, laß mich, Jesu! dir nicht rauben, mich, der ich dein eigen bin.

11. Du kannst ja, Gott! die Todten auferwecken, wie sollt' dir denn unmöglich seyn des Glaubens Licht auch wieder anzustecken, und ein neu Herz zu geben ein, das sich wieder zu dir kehre treulich, ohne Heuchelei, ohne Zweifelmuth dich ehre, und sich lasse deiner Treu'.

12. Du kannst, mein Heil! und mußt mein Zagen enden, dein' eigne Ehre will's von dir, ich bin ja dein und steh' in deinen Händen, was hilft dein schmerzlich's Leiden mir, wenn du mich wollt'st fallen lassen, weil ich Glaubenskranker nicht dich getrost und fest kann fassen, weil mein Herze mit mir ficht.

13. Zwar hab' ich's wohl mit Trägheit und mit Sünden schon längst, o Gott! verdient, daß ich jetzt weder Trost noch Glauben kann empfinden. Ach, aber ach! erbarme dich! Jesu, hilf dem Unvermögen. Ich will! wenn ich aber, ach! dir mein Herz, recht vor soll legen, auch mein Wollen ist sehr schwach.

14. Ach, stärke Herr! das Wollen und das Können, und gieb mir den gewissen Geist, daß ich mich wieder freudig dein kann nennen und glauben, wie dein Wort mich heißt. Kann ich dich nicht feste halten, desto fester halt' du mich; laß mein Herz nicht ganz erkalten, bis mein Glaub' erholet sich!

15. Trotz meines Herzens zweifelnden Gedanken, trotz meinem bösen Fleisch und Blut, das mich so quält und macht mich immer wanken, daß mein Gemüthe nimmer ruh't, sollst du doch mein Jesus bleiben, ich will beten und an dich, Herr! wie schwach es ist, doch gläuben, ist mein Herz gleich wider mich.

16. Kann ich gleich nicht so wie ich wünsche siegen und fall' aus Schwachheit bald zurück, so will ich doch mit Gott nicht unterliegen. Ach, Jesu! gieb mir einen Blick, wie du dort dem Petrus gabest, der schon ganz gefallen war, daß du meine Seele labest und entreißest der Gefahr.

17. Nur zürne nicht mit deinem schwachen Kinde, und habe, Herr! mit mir Geduld, und rechne mir, was sich in mir befinde, nicht zur Verdammniß und zur Schuld. Laß die Schwachheit mir nicht schaden, weil du kein Verdienst begehrst, sondern doch nur bloß aus Gnaden uns die Seligkeit gewährst.

18. Ach! aber ach! ist's möglich ist's dein Wille, so laß den Kelch doch von mir geh'n, und mache mich von der Versuchung stille, und laß mich wieder feste steh'n und mit ängstlichen Gedanken in dem Glauben, den mein Mund frei bekennet, nicht so wanken; mach', o Arzt! mein Herz gesund.

Henriette Katharine v. Gersdorf.

Von der Gnade und Liebe Gottes.

Psalm 4, v. 4. Erkennet doch, daß der Herr seine Heiligen wunderlich führet; der Herr höret, wenn ich ihn anrufe.

Mel. Wie wohl ist mir, o Freund der Seelen.

1100. Immanuel ist selbst mein Führer in meinem ganzen Pilgrims-Lauf. Er, als mein Hirt und mein Regierer, hat mich zum Kind' genommen auf, o wundervolle Gottes-Liebe, die ewig wallt in heißem Triebe! heißt mich sein Theil und lieblich Loos. Ach, möchte meine Seele eilen, bei keinem Dinge sich verweilen, dahin, wo Jesus Alles ist.

2. Ich muß mich mehr zum Worte hal-

ten. Gemeinschaft, Liebe und Gebet, das läßt das Herze nicht erkalten, wenn's gleich durch Fluth und Flammen geht. Gott höret es mit Wohlgefallen, wenn Kinder in der Einfalt lallen; er merkt als Vater bald darauf. Sein Herze bricht, die Liebe strömet Erhörung, Gnad' und Friede tönet zugleich in's Herz mit vollem Lauf.

3. Ein Gott, desgleichen nicht gefunden, erbarmungsvoll er zu mir kömmt, nimmt an sich Fleisch, empfindet Wunden, dadurch er Gottes Eifer dämmt, daß seine Feinde Kinder werden, sein Volk und Schaafe seiner Heerden, will selbst ihr Gott und Vater seyn; und das hat ihn noch nicht gereuet, sein Herz der Lieb' sich hoch erfreuet, wenn's Jemand faßt und senkt sich drein.

4. Die Seel', die dieses gläubig übet, erfährt oft schnell in einem Blick, wie hoch ihr Freund und Lamm sie liebet, und zieht sie sich nicht selbst zurück, so hört sie seine Bächlein rauschen, Gerechtigkeit für Sünde tauschen; daraus erwächst ein großer Strom und dieser wird wie Meereswellen. Der Friede Gottes wird sie stellen voll Freuden vor des Lammes Thron.

5. Nun, dies ist uns mit Blut erworben; ein Gott-Mensch, welcher Jesus heißt, als er am Kreuzesholz gestorben, aus Fluch und Zorn und Höll' uns reißt. Ach, wie soll ich mich doch anstellen: ach, hätt' ich Thränen gleich den Wellen, zu netzen seine Nägelmaal'! ach, könnt' ich ihn doch recht viel lieben, weil er die ew'ge Noth vertrieben. O, lobt' und liebt' ich ohne Zahl!

6. Ach, eilt' ich doch mit muntern Sprüngen recht eifrig in das rothe Meer! wie würd' ich da noch lieblich singen: mein Lamm, dir sey Lob, Preis und Ehr'! ach, nähm' ich doch die ganze Fülle, sie machte meine Seele stille und heilte mich bis auf den Grund. Ach, Heiland! gieb des Geistes Gnade, zu eilen nach dem blut'gen Bade, zu bleiben bis zur letzten Stund'.

7. Dann komm' ich schneeweiß ohne Flekken, gewaschen wie ein zartes Lamm. Er selbst, der Herr, wird mich erwecken, wie sein Leib aus dem Grabe kam. Ich werd' mit allen Geister-Chören sein gnadenvolles: Komm! anhören; komm, geh' zur ew'gen Freude ein! Nun sollst du ohne Noth und Leiden in meinem Schooß und Herzen weiden, nun bist du mehr denn engelrein.

Katharine Amalie Dorothee v. Schlegel.

Der treue Glaube.

Römer 8, v. 35. Wer will uns scheiden von der Liebe Gottes? Trübsal oder Angst? oder Verfolgung? oder Hunger? oder Blöße? oder Fährlichkeit? oder Schwert?

Mel. Dir, dir, Jehovah! will ich singen.

1101. Immanuel, mein Licht und Leben! der Glaube hält an dich sich unverrückt. Mein Herz, das dir sich ganz ergeben, wird nirgend sonst, als nur in dir erquickt; in dir, mein Freund! der du so zärtlich liebst, und deinem Kind' mehr, als es bittet, giebst.

2. Da ich mir selbst nicht rathen konnte, zog deine Hand aus Liebe mich zu dir. Du schenktest in dem Gnadenbunde, den du gestift't, mit Einem Alles mir, und brachtest mich nach freier Gnadenwahl zu der von dir erkauften Erbenzahl.

3. Wie wohl ist mir in deinen Wunden! wie selig ruht der Christ in deinem Schooß! seitdem du dich mit ihm verbunden, hat er in dir das herrlich-schönste Loos. Mit jedem Tag wird die Erfahrung neu, daß dir recht gut im Glauben dienen sey.

4. Nun soll mich nichts mehr von dir treiben; ich schwör' es dir, mein Heiland, täglich zu: dein bin ich, Herr! dein will ich bleiben; des Herzens Wunsch bist einzig, Jesu! du. Du hast den Geist, der nur nach dir sich sehnt, einmal an dich und an dein Herz gewöhnt.

5. Und wenn sich auch auf allen Seiten so mancher Kampf von inn'n und außen find't; wenn die mir zugemess'nen Leiden nur Traurigkeit und keine Freude sind; ja wenn sich selbst dein Angesicht vor mir nicht selten birgt: so bleib' ich doch an dir.

6. Müßt' ich's auf eigne Kräfte wagen, so wär' ich wohl schon längst getrennt von dir. Doch wohl mir! ich darf nicht verzagen. Allmächtiger! du sorgest selbst dafür, und hieltest mich in meinem Prüfungsstand mit Gottesmacht bei meiner rechten Hand.

7. Ja deine Hand ist's, die mich leitet. Du führest mich auf einer ebnen Bahn, auf der dein Segen mich begleitet; den ich dir nie genug verdanken kann. Durch Angst und Noth bei einem jeden Schritt geht deine Huld und Vatertreue mit.

8. So leb' ich ohne bange Sorgen; und ist dein Rath gleich noch so wunderbar, bleibt hier so Manches mir verborgen: so weiß ich doch, der Ausgang macht es klar,

das, was der Herr mit seinen Kindern thut, ist allezeit für sie unendlich gut.

9. Ich lege mich in deine Hände. Trotz dem, das mich aus ihnen reißen kann. Bin ich an meiner Wallfahrt Ende: so nimmst du mich zuletzt mit Ehren an und bringst den Geist zur stolzen Ruhe hin, wo ich bei dir in deinem Hause bin.

Andreas Rehberger.

Von der Freudigkeit des Glaubens.

1 Thessalonicher 5, v. 16. Seyd allezeit fröhlich.

Mel. O wie selig sind die Seelen.

1102. Immer fröhlich, immer fröhlich, ich bin auf der Welt schon selig, habe schon den Himmel hier; andre nagen ihre Herzen durch die schweren Sorgenschmerzen, mir kommt gar nichts Traurig's für.

2. Bin ich krank — nur ungekränket! der stäupt mich, der an mich denket, Gott mein Vater, ich sein Kind. Lazarum, den Jesus liebte, manche Trübsal auch betrübte; dies nur Liebesschläge sind.

3. So viel' Jahr' war ich genesen, bin gesund und frisch gewesen, sollt' ich einen kranken Tag nicht von meinem Gott annehmen? Kann ich mich zur Lust bequemen, warum nicht zur Liebesplag'?

4. Wird von manchen Lästerzungen manches Spottlied mir gesungen, bin ich darum traurig nicht; mein Gewissen heißt sie schweigen, kann mir gutes Zeugniß zeigen, so die Lästerzunge richt't.

5. Alle Welt mag mich verlassen, Gott der weiß mich so zu fassen, daß ich mächtig und getrost Allem, Allem kann absagen und nicht achten Spott und Plagen, noch was sonsten auf mich stoßt.

6. Drum getrost, nur frisch gewaget; der mich jetzo höhnt und plaget, wird's die Länge treiben nicht. Jesus ist es, der mich stärket, der es siehet, der es merket, der schon kommet zum Gericht.

7. Alsdann kommt ihr Lästerzungen, ist es euch allhier gelungen, so verdammet mich dann auch. Ich steh' als ein Held im Glauben, euer Wüthen, euer Schnauben acht' ich nur für Dampf und Rauch.

8. Wenn ihr lästert, will ich flehen, wenn ihr scheltet, will ich stehen vor des Allerhöchsten Thron und vor ihm mein Herz ausschütten, ob vielleicht ich könnt' verbitten euern sonst verdienten Lohn.

9. Ja, wenn gleich auf allen Seiten sich erreget Krieg und Streiten, doch noch fröhlich, unverzagt; wenn das Schiff beginnt zu krachen, eilt mein Jesus aufzuwachen; nur im Glauben frisch gewagt!

10. Wüthet auch der Höllenrachen, mich, den Sünder, blöd' zu machen, bleib' ich dennoch wohlgemuth. Schau' ich Jesu Blut und Wunden bald ist Satans Macht verschwunden, und ich habe frohen Muth.

11. Sterben mir die Anverwandten, Eltern, Freunde und Bekannten, bleibt die Freud' doch unversehrt; der sie gab, hat sie genommen, darum sey bei allen Frommen Gottes Name hoch geehrt.

12. Ich hab's ja nicht ändern wollen und sie Jesu gönnen sollen, der viel höher sie geliebt. Er nahm sie vom Weltgetümmel, und nun ihnen in dem Himmel das verborg'ne Manna giebt.

13. Muß ich um das Meine kommen, wird mir zeitlich Gut genommen, doch kein Sorgen mich verzehrt, und was sorg' ich: um das Meine? Gott, dem höchsten Gut alleine, was ich habe, zugehört.

14. Er hat mir die Sünd' verziehen; er hat, was er mir geliehen, wieder von mir weggethan, und die Last mir abgenommen, daß ich eher zu ihm kommen und gen Himmel steigen kann.

M. Magnus Daniel Omeis.

Von der Freude in Gott.

Sacharja 10, v. 7. Ihre Kinder sollen es sehen und sich freuen, daß ihr Herz am Herrn fröhlich sey.

Mel. Meinen Jesum laß ich nicht.

1103. Immer fröhlich, nicht betrübt! obgleich unter Kreuz und Plagen; hab' ich Jesum, der mich liebt, ach! so darf ich nicht verzagen; nehmt mir alle Freude hier, nur mein Jesus bleibet mir!

2. Erd' und Himmel acht' ich nicht, sollt' ich Jesum da nicht finden; Er allein giebt Trost und Licht, bei ihm muß die Nacht verschwinden; es mag noch so trübe seyn, nimmt mir Niemand seinen Schein.

3. Halt' ich ihn, so hab' ich ihn, auf ihn kann ich Felsen bauen; Rosen blühen, wo vorhin Dorn und Disteln war'n zu schauen; unter seinem Schutz allein schlaf' ich ohne Sorgen ein.

4. O so kann ich fröhlich seyn, Christus bleibt mein Schatz auf Erden; komm' ich dann zum Himmel ein, ei! so wird's erfüllet werden; leb' und sterb' ich ihm allein, bleib' ich ewig doch auch sein.

Benj. Schm—ck.

Von Gottes gnädiger Fürsorge.

2 Samuelis 15, v. 26. Siehe, hie bin ich; er mache es mit mir, wie es ihm wohlgefällt.

In eigener Melodie.

Oder, wenn die eingeklammerten Wörter mitgesungen werden:

Nun ruhen alle Wälder.

1104. In allen meinen Thaten lass' ich den Höchsten rathen, der Alles kann und hat; er muß zu allen Dingen, soll's anders wohl gelingen, selbst geben (guten) Rath und That.

2. Nichts ist es spät und frühe um alle meine Mühe, mein Sorgen ist umsonst; er mag's mit meinen Sachen nach seinem Willen machen, ich stell's in seine (Vater-) Gunst.

3. Es kann mir nichts geschehen, als was er hat ersehen, und was mir selig ist; ich nehm' es, wie er's giebet, was ihm von mir beliebet, das hab' ich (willig) auch erkies't.

4. Ich traue seiner Gnaden, die mich vor allem Schaden, vor allem Uebel schützt; leb' ich nach seinen Sätzen, so wird mich nichts verletzen, nichts fehlen, was mir (ewig) nützt.

5. Er wolle meiner Sünden durch Christum mich entbinden, durchstreichen meine Schuld, er wird auf mein Verbrechen nicht stracks ein Urtheil sprechen, und haben noch (mit mir) Geduld.

6. Leg' ich mich späte nieder, erwach' ich frühe wieder, lieg' oder zieh' ich fort, in Schwachheit und in Banden, und was mir stößt zu Handen, so tröstet mich sein (süßes) Wort.

7. Hat er es denn beschlossen, so will ich unverdrossen an mein Verhängniß geh'n; kein Unfall unter allen wird mir zu harte fallen, ich will ihn (freudig) übersteh'n.

8. Ihm hab' ich mich ergeben zu sterben und zu leben, sobald er's mir gebeut; es sey heut' oder morgen, dafür lass' ich ihn sorgen, er weiß (gar wohl) die rechte Zeit.

9. So sey nun, Seele! seine, und traue dem alleine, der dich erschaffen hat; es gehe wie es gehe, dein Vater in der Höhe, (der) weiß (zu) allen Sachen Rath.

D. Paul Flemming.

Christliche Lebensregeln.

Philipper 4, v. 8. Weiter, lieben Brüder, was wahrhaftig ist, was ehrbar, was gerecht, was keusch, was lieblich, was wohl lautet, ist etwa eine Tugend, ist etwa ein Lob, dem denket nach.

Mel. Gott des Himmels und der Erden.

1105. In dem Leben hier auf Erden ist doch nichts als Eitelkeit; bös' Exempel, viel Beschwerden, Plage, Klage, Müh' und Streit, Kummer, Sorgen, Angst und Noth, Krankheit und zuletzt der Tod.

2. O so denke drauf im Herzen, frommer Christ! mit allem Fleiß, wie du solche Noth und Schmerzen brechen kannst mit Müh' und Schweiß. Laß aus deinem Herzen nicht diesen treuen Unterricht.

3. Habe deine Lust am Herren, laß ihn seyn dein höchstes Gut! er ist nah' und nicht so ferne, einzusprechen Trost und Muth; seine Gnad' und starke Hand gehet durch das ganze Land.

4. Augen-Lust und schnöde Freude, Ueppigkeit, als Wust und Koth, vor den Augen Gottes meide, willst du seyn befrei't vom Tod': deinen Leib, das Faß der Ehr'n, sollst du nimmermehr versehr'n.

5. Nun so sorg' vor Andern allen, daß du suchest Gott allein mit dem Glauben zu gefallen, voller Lieb' ohn' argen Schein. Beichte deine Sünd' und Schuld, so bekömmst du Gottes Huld.

6. Nimmermehr geh' falsch im Handeln, noch im Reden, noch im Thun; willst du vor dem Herren wandeln, dermaleinst auch selig ruh'n, liebe Wahrheit, Recht und Zucht, als des Geistes rechte Frucht.

7. Eit'le Ehr' und Pracht verachte, Demuth, Lieb' und Niedrigkeit, nach dem Himmel ernstlich trachte; trag' geduldig Kreuz und Leid. Gott thut Keinem ja mehr an, als was er ertragen kann.

8. Stets an's Ende hier gedenke, und an Christi Kreuz und Tod, in sein' Leiden dich versenke: also kommst du aus der Noth, von der Pein und bösen Zeit zur gewünschten Seligkeit.

David Böhm.

Von der Auferstehung der Todten.

1 Corinther 15, v. 41. 42. Eine andere Klarheit hat die Sonne, eine andere Klarheit hat der Mond, eine andere Klarheit haben die Sterne; denn ein Stern übertrifft den andern nach der Klarheit. Also auch die Auferstehung der Todten.

Mel. Jesu, deine Passion.

1106. In der sel'gen Ewigkeit sind verschied'ne Stufen derer, die Gott aus der Zeit zu sich heimgerufen. Alle geh'n in Klarheit ein, Alle sind im Frieden und sind, wie der Sterne Schein, dennoch unterschieden.

2. Eine große Schaar ist hier, die aus Trübsal kommen, Märtyrer und die vom Thier nicht sein Maal*) genommen; Ueberwinder gehn hervor, welche Palmen tragen,

ja man hört den vollen Chor seine Harfen schlagen. *) Offenb Joh 14, v. 11.

3. Da entsteht kein Zank noch Streit, welcher ist der Größte? denn kein Hochmuth und kein Neid reizet die Erlöste. Gottes Heil singt Alles da, nied'rer oder höher; und dem Thron sind Alle nah', sind ein Theil schon näher.

4. Herr, dies glaub' ich deinem Wort. O wie soll mich's treiben, um so einen sel'gen Ort, dir getreu zu bleiben. Wird mir nur der Wunsch erfüllt, einst vor dir zu stehen: stelle mich, wohin du willt, laß mich dich nur sehen. M. Philipp Friedrich Hiller.

Von Gottes gnädigem Schutze.

Psalm 31, v. 1—6. Herr, auf dich traue ich; laß mich nimmermehr zu Schanden werden: errette mich durch deine Gerechtigkeit. Neige deine Ohren zu mir, eilend hilf mir. Sey mir ein starker Fels und eine Burg, daß du mir helfest 2c.

In eigener Melodie.

1107. In dich hab' ich gehoffet, Herr! hilf, daß ich nicht zu Schanden werd', noch ewiglich zu Spotte! das bitt' ich dich, erhalte mich in deiner Treu', Herr Gotte!

2. Dein gnädig Ohr neig' her zu mir, erhör' mein' Bitt', thu' dich herfür, eil' bald mich zu erretten; in Angst und Weh', ich lieg' od'r steh', hilf mir aus meinen Nöthen.

3. Mein Gott und Schirmer! steh' mir bei, sey mir ein' Burg, darin ich frei und ritterlich mög' streiten wid'r meine Feind', der'n gar viel seynd bei mir auf beiden Seiten.

4. Du bist mein Fels, mein' Stärk', mein Hort, mein Schild, mein' Kraft, (sagt mir dein Wort) mein' Hülf', mein Heil, mein Leben, mein starker Gott in aller Noth; wer mag dir widerstreben?

5. Mich hat die Welt mit Trug gericht't mit Lügen und mit falsch' Gedicht', viel Netz' und heimlich'n Stricken. Herr! nimm mein wahr in dies'r Gefahr, b'hüt' mich vor falschen Tücken.

6. Herr! meinen Geist befehl' ich dir; mein Gott, mein Gott! weich' nicht von mir, nimm mich in deine Hände. O wahrer Gott, aus aller Noth hilf mir am letzten Ende.

7. Glori, Lob, Ehr' und Herrlichkeit sey dir, Gott Vat'r und Sohn! bereit't, dem heil'gen Geist mit Namen! die göttlich' Kraft mach' uns sieghaft durch Jesum Christum. Amen. Adam Reißner.

Abendlied.

Psalm 50, v. 23. Wer Dank opfert, der preiset mich, und da ist der Weg, daß ich ihm zeige das Heil Gottes.

Mel. O Christe, Morgensterne.

1108. In dieser Abendstunde erheb' ich meine Stimm' und lob' aus Herzensgrunde Gott mit dem Seraphim, o Herr! mein Lied vernimm.

2. Du hast ganz abgewendet Noth und Gefährlichkeit, und dich zu mir gewendet in dieser bösen Zeit, die voller Angst und Neid.

3. Die Sünd' hast du vergeben, die Strafen abgelenkt, und deinen reichen Segen mir völlig eingeschenkt, gespeis't mich und getränkt.

4. Mich und mein' Hausgenossen, sammt meinem Hab' und Gut, hast du ganz unverdrossen genommen in dein' Hut, o reiche Liebesfluth!

5. Die Arbeit meiner Hände hast du befördert heut', daß sie gebracht zum Ende mit großer Nutzbarkeit, drum ich dein Lob ausbreit'.

6. Ich gebe dir die Ehre, o treuer Herr und Gott! hilf, daß ich sie vermehre in Freud' und aller Noth, auch endlich in dem Tod.

7. Ich rühme deine Gaben, ich bitte ferner dich, wollst Leib und Seele laben, des Satans Macht zerbrich, so schlaf' ich sicherlich.

8. Dein starker Arm mich decke, wenn ich entschlafen bin, daß mich kein Unfall schrecke, noch etwas meinen Sinn zum Bösen neige hin.

9. Hilf, daß ich wohl erwäge, was doch der Schlaf andeut't; wenn ich mich niederlege, ist mir mein Bett all'zeit des Grabes Aehnlichkeit.

10. Da sterb' ich gleichsam abe, da hör' und seh' ich nicht, da ruh' ich wie im Grabe, weiß nicht, was dann geschicht, bis daß der Tag anbricht.

11. Bald steh' ich auf mit Freuden empfinde neue Kraft, und schmeck' in meinem Leiden des Gottes-Wortes Saft, der Trost und Friede schafft.

12. Also werd' ich in Wonne dann lieblich schauen an dich, Jesu! meine Sonne. Denn du für Jedermann, für mich auch g'nug gethan.

13. Darum ob ich gleich sterbe am letzten

Stündelein, danach ich nicht verderbe, zur Ruhe geh' ich ein, befreit von aller Pein.

14. Eh' ich von hinnen fahre, bitt' ich, o frommer Gott, mich väterlich bewahre vor bösem schnellen Tod, hilf mir in aller Noth.

15. So bet' ich alle Stunden in meinem Lobgedicht, und leb' in Christi Wunden; alsdann mir nichts gebricht, o Herzenszuversicht!

16. Zu singen Lob und Ehre dir, Herr! bin ich bereit, den schwachen Glauben mehre, daß ich nach dieser Zeit mit dir eingeh' zur Freud'.

Konrad Hubert.

Von der Wachsamkeit.

Matth. 25, v. 13 Wachet, denn ihr wisset weder Tag noch Stunde, in welcher des Menschen Sohn kommen wird.

Mel. Mach's mit mir, Gott, nach deiner Güt'.

1109. In dieser letzt'n betrübten Zeit heißt uns der Heiland wachen und uns zu seiner Herrlichkeit bereit und fertig machen; wenn er so oft mit Nachdruck spricht: „Ich komme bald, drum schlafet nicht!"

2. Erhaltet in den Lampen Oel, und stärket euren Glauben, laßt ja der theu'r erkauften Seel' den Hoffnungsgrund nicht rauben. Der Grund ist Christus und sein Blut, d'rauf unsre Seligkeit beruht.

Von der Freude in Gott.

Apost. Gesch. 2, v. 28. Du hast mir kund gethan die Wege des Lebens, du wirst mich erfüllen mit Freuden vor deinem Angesichte.

In eigener Melodie.

1110. In dir ist Freude in allem Leide! o du süßer Jesu Christ! durch dich wir haben himmlische Gaben, der du wahrer Heiland bist. Hilfest von Schanden, rettest von Banden. Wer dir vertrauet, hat wohl gebauet, wird ewig bleiben, Hallelujah! zu deiner Güte steht unser G'müthe, an dir wir kleben im Tod und Leben. Nichts kann uns scheiden, Hallelujah.

2. Wenn wir dich haben, kann uns nicht schaden Teufel, Sünde, Welt und Tod. Du hast's in Händen, kannst Alles wenden, wie nur heißen mag die Noth. Drum wir dich ehren, dein Lob vermehren mit hellem Schalle, freuen uns Alle in dieser Stunde, Hallelujah! wir jubiliren und triumphiren, lieben und loben dein' Macht dort oben mit Herz und Munde. Hallelujah.

Johann Lindemann.

Berufslied.

Ebräer 6, v. 3. Das wollen wir thun, so es anders Gott zulässet.

Mel. Es ist das Heil uns kommen her.

1111. In Gottes Namen fang' ich an, was mir zu thun gebühret. Mit Gott wird Alles wohl gethan und glücklich ausgeführet. Was man in Gottes Namen thut, ist allenthalben recht und gut, und muß uns auch gedeihen.

2. Gott ist's, der das Vermögen schafft, das Gute zu vollbringen. Er giebt uns Segen, Muth und Kraft, und läßt das Werk gelingen; daß uns ein reicher Zug entsteht, und dergestalt zur Nahrung geht, daß wir die Fülle haben.

3. Wer erst nach Gottes Reiche tracht't und bleibt auf seinen Wegen, der wird gar leichtlich reich gemacht durch Gottes milden Segen: da wird der Fromme voll und satt daß er von seiner Arbeit hat, auch Armen Brot zu geben.

4. Gott ist der Frommen Schild und Lohn; er krönet sie mit Gnaden. Der bösen Welt Haß, Neid und Hohn kann ihnen gar nicht schaden. Gott decket sie mit seiner Hand, er segnet ihre Stadt, ihr Land, und füllet sie mit Freuden.

5. Drum komm, Herr Jesu! stärke mich, hilf mir in meinen Werken; laß du mit deiner Gnade dich bei meiner Arbeit merken. Gieb dein Gedeihen selbst dazu, daß ich in Allem, was ich thu', ererbe deinen Segen.

6. Regiere mich durch deinen Geist, den Müßiggang zu meiden, daß das, was du mich schaffen heißt, gescheh' mit lauter Freuden; auf daß ich dir mit aller Treu' auf dein Gebot gehorsam sey und meinen Nächsten liebe.

7. Nun, Jesu! komm, und bleib' bei mir! die Werke meiner Hände befehl' ich, liebster Heiland! dir; hilf, daß ich sie vollende zu deines Namens Herrlichkeit, und gieb, daß ich zur Abendzeit erwünschten Lohn empfange.

M. Sal. Liscov. (Liscovius).

Von der Wiedergeburt.

Joh. 3, v. 3. Es sey denn, daß Jemand von neuem geboren werde, kann er das Reich Gottes nicht sehen.

Mel. Es ist das Heil uns kommen her.

1112. In Gottes Reich geht Niemand ein, er sey denn neu geboren; sonst ist er, bei dem besten Schein, nach Seel' und Leib verloren. Was fleischliche

Geburt verderbt, in der man nichts als Sünd' ererbt, das muß Gott selbst verbessern.

2. Soll man mit diesem höchsten Gut in der Gemeinschaft leben, muß er ein andres Herz und Muth und neue Kräfte geben. Was da vor ihm alleine gilt, das ist sein göttlich's Ebenbild, wenn's in uns aufgerichtet.

3. Ach, Vater der Barmherzigkeit! was Jesus hat erworben zu unserm Heil und Seligkeit, indem er ist gestorben, ja, da er auferstanden ist, so, daß du nun versöhnet bist: das laß auch uns genießen.

4. Dein guter Geist gebär' uns neu, er änd're die Gemüther, mach' uns vom Sündendienste frei, schenk' uns die Himmelsgüter. Ist's in der Taufe gleich gescheh'n, so haben wir's nachher verseh'n und solchen Bund gebrochen:

5. Weshalb du abermal durchs Wort ihn wollest ganz erneuern, indem aufs Neu', o Gnadenhort! wir dieses Wort betheuern: hinführo nicht so obenhin, und niemals mit ein'm leichten Sinn vor dir, o Herr, zu wandeln.

6. Nimm uns, o Vater, wieder an, ob wir gleich schnöde Sünder, die nie, was du gewollt, gethan. Wir werden dennoch Kinder, so du auf geistlich' Art uns zeugst und unser Herz zum Guten neigst im Glauben und in Liebe.

7. Wir wollen das, was du uns giebst, hinführo fester halten; du höchster Gott, der du uns liebst, sollst einig ob uns walten; damit die göttliche Natur und eine neue Kreatur in uns und bei uns bleibe.

8. Alsdann wird deine Vaterhuld uns allezeit bedecken. Dann darf uns keine Sündenschuld und keine Strafe schrecken; des Himmels Erbschaft überdies, dieweil die Kindschaft ganz gewiß, wird uns zur Freud' erfolgen. Konrad Gebhard Stübner.

Abendlied.

Psalm 91, v. 9. Der Herr ist deine Zuversicht, der Höchste ist deine Zuflucht.

Mel. Nun sich der Tag geendet hat.

1113. In Jesu Namen, der mir heut' mein Heil, mein Alles gar, mein Schutz und meine Sicherheit, mein Trost und Leben war,

2. Leg' ich mich nun mit Zuversicht ins Bett zu meiner Ruh'; in ihm, der ist und bleibt mein Licht, schließ' ich die Augen zu.

3. Mich schrecket keine finstre Nacht, nichts ist mir fürchterlich! mein Jesus ist bei mir und wacht und deckt und schützet mich.

4. In Jesu Namen schlaf' ich ein und ruhe sanft in ihm, und wach' ich auf in seinem Schein, so bin ich noch bei ihm.

Christ. Karl Ludwig v. Pfeil.

Reiselied.

1 Mose 28, v. 15. Siehe, ich bin mit dir, und will dich behüten, wo du hinziehest, und will dich wieder herbringen in dies Land.

Mel. Herr Jesu Christ, mein's Lebens Licht.

1114. In Jesu Namen reis' ich aus, der selbst aus seines Vaters Haus, als aus dem höchsten Freudensaal, ist kommen in dies Jammerthal.

2. Was man in Jesu Namen thut, das macht uns freudig Herz und Muth, es muß in ihm gerathen wohl und seines Segens werden voll.

3. Du, Jesu, richtest meinen Fuß, daß nichts von dir mich wenden muß. Du führst mich aus und wieder ein, durch dich wird Alles heilsam seyn.

4. Befiehl den Engeln, daß sie mich auf allen Wegen sicherlich begleiten, und durch ihre Wach' abwenden alles Ungemach.

5. Treib' unsre Sachen glücklich fort, und bringe mich selbst an den Ort, wo ich will diesmal reisen hin: lenk' aller frommen Christen Sinn,

6. Daß sie mich willig nehmen an, wenn ich nicht weiter reisen kann. Zu solchen Leuten führe mich, die fromm sind und recht lieben dich.

7. Vor Straßenräubern mich bewahr', vor Wassers-Noth und Krieg's-Gefahr, vor wilden Thieren, Fall und Brand, behüte mich vor Sünd' und Schand'.

8. In deine Händ' ergeb' ich dir Leib, Seel', und was sonst ist bei mir, an allen Orten, nah' und weit, bei Jedermann, zu jeder Zeit.

9. Behüt' in Gnaden Weib und Kind, Blutsfreunde, Haus, Hof, Vieh, Gesind' und was ich mehr verlassen hab', allda wend' alles Unglück ab.

10. Und wenn ich glücklich dann vollbracht, was zu vollbringen ich gedacht, so führe mich selbst in mein Haus, wie du mich hast geführet aus.

11. Und laß mich finden unversehrt, was du aus Gnaden mir verehrt, für solchen Schutz und stark Geleit, o Gott, dank' ich in Ewigkeit. Johann Heermann.

Reiselied und Reisepaß.

2 Mose 33, v. 15. Wo nicht dein Angesicht gehet, so führe uns nicht von dannen hinauf.

Mel. Herr Jesu Christ, mein's Lebens Licht.

1115. In Jesu Namen reis' ich fort an den mir vorgesetzten Ort; der Paß muß gut und gültig seyn bis in die Ewigkeit hinein.

2. Ich zieh' die Reisekleider an: und bin ich denn so angethan, so seh' ich, ob auch meiner Seel' noch was zur Reise-Rüstung fehl'?

3. Mein Wanderrock und Reisekleid ist Jesu Blutgerechtigkeit; sein Wort und Geist zeigt mir auch an den Weg, drauf man nicht irren kann.

4. Das Posthorn bläs't und rufet mir, auf! deines Bleibens ist nicht hier! ich fahre fort. Schnell bin ich weit. Schnell fährt dahin die Lebenszeit.

5. So manche Stund' mein Weg beträgt; so viel ich Meilen hingelegt, so viel gedenk' ich immerhin, daß ich dem Ende näher bin.

6. Kehr' ich in eine Herberg' ein, so lass' ich mir's ein Merkmal seyn an einem jeden Ort aufs Neu', daß ich ein Gast auf Erden sey.

7. Wenn's auf dem Weg' zu mancher Frist vor Räubern auch nicht sicher ist, so ruf' ich meinen Jesum an, daß Satan mich nicht rauben kann.

8. Hält öfters Rad und Wagen nicht, so daß bald Dies, bald Jenes bricht, so stell' ich die Gebrechen mir von meiner ird'nen Hütte für.

9. Bei jedem heitern Sonnenschein fällt mir das Licht der Bibel ein. Das übertrifft auch in der Nacht weit aller Sterne Glanz und Pracht.

10. Wenn Ungewitter oft entsteht, wenn Alles stürmet, tobt und weht, so geht der Sturm an mir vorbei und mich bedecket Jesu Treu'.

11. Wenn ich vor großem tiefen Schnee nun weder Bahn noch Weg mehr seh', so freu' ich mich, daß Jesus Christ mein Weg zum Himmel selber ist.

12. Der Schnee, des Feldes Sterbekleid, mahnt mich an meine Sterblichkeit; die, wie der Schnee vom Sonnenschein, dort ewig wird zerschmolzen seyn.

13. Wenn durch die von des Nebels Duft verschwärzte und verdickte Luft ein sanfter Strahl der Sonne blickt, der innig Aug' und Herz erquickt,

14. So lob' ich Jesu Namens Macht und Licht, wodurch die trübe Nacht, der Nebel, der mein Herz umfing und mich verfinsterte, verging.

15. Käm' ich auch sonsten hier und dar in Lebens- oder Leib'sgefahr, so weiß ich, daß ich Christo leb', dem ich auch sterbend mich ergeb'.

16. Ein jeder Baum erinnert mich an's Holz des Lebens innerlich, ein jedes Wasser an die Quell' vom Strom des Lebens klar und hell.

17. Kommt ungefähr ein Hochgericht mir unterweges zu Gesicht, so denk' ich, wie es dem erging, der für mich an dem Holze hing.

18. Hör' ich die Vögel in der Luft, wie Alles da zusammen ruft, so stimm' ich ihrem Lobgeschrei mit Amen! Hallelujah! bei.

19. Seh' ich in einem Waldrevier ein wildes und verlauf'nes Thier, o, denk' ich, so lief ich verirrt, bis daß mich fand der gute Hirt.

20. An diesen denk' ich je und je, so oft ich Schäferhürden seh' und bitt' ihn, daß er liebevoll mich heim zum Schaafstall bringen woll'.

Christoph Karl Ludwig v. Pfeil.

Morgengesang.

1 Mose 28, v. 15. Ich will dich nicht lassen, bis daß ich thue Alles, was ich dir geredet habe.

Mel. Lobt Gott ihr Christen allzugleich.

1116. In Jesu Namen steh' ich auf vom Bette meiner Ruh' und setz' den bald vollend'ten Lauf fort meiner Heimath zu. :,:

2. Sein Lob soll diesen Morgen früh in meinem Munde seyn. Ihm beug' ich dankend meine Knie': mein Heil ist er allein. :,:

3. Es ist kein Leben und kein Licht, es ist kein Trost, kein Heil in einem andern Namen nicht: mein Jesus ist mein Theil. :,:

4. Ich thue, was ich immer thu'; ich esse, trinke, red', geh', stehe, wache oder ruh', les', singe oder bet'; :,:

5. Es sey so groß und auch so klein, es mag seyn, was es ist, so thu' ich Alles nur allein im Namen Jesu Christ. :,:

6. Was ich in diesem Namen nicht thun mag und kann allhier, das nicht geziemet seinem Licht, sey fern zu thun von mir! :,:

7. Da denk' ich: kann ich dieses auch

im Namen Jesu thun? war dies auch ehedem sein Brauch, und billigt er es nun? :,:

8. Kann zu der Lust des Fleisches ich auch sagen: nun wohlan! in Jesu Namen will ich dich ersätt'gen: komm heran? :,:

9. Zur Welt, wenn sie spricht: mache mit! in Jesu Namen, ja? O nein! bei jedem solchen Schritt sey mir ein Grauen nah! :,:

10. Das hieße Jesu Namen nicht geehret, nein! geschmäh't. Denn es ist was darin geschicht, als ob er's selber thät'. :,:

11. So komme Jesu Name denn so lang' ich hier noch bin, auf Erden Odem schöpfen kann mir nie aus meinem Sinn! :,:

12. Er leuchte mir auf meiner Bahn in Allem was ich thu', und wo ich geh' und steh' voran bis hin zu meiner Ruh'! :,:

Christoph Karl Ludwig v. Pfeil.

Vom Namen Jesu.

Maleachi 1, v. 11. Vom Aufgang der Sonne bis zum Niedergang soll mein Name herrlich werden.

Mel. Herzlich thut mich verlangen.

1117. In meines Herzens Grunde dein Nam', Herr Christ! allein funkelt all' Zeit und Stunde, drauf kann ich fröhlich seyn. Erschein' mir in dem Bilde zum Trost in meiner Noth, wie du, Herr Christ! so milde dich hast geblut't zu Tod'.

2. In meines Herzens Grunde dein Nam', Herr Christ! allein funkelt all' Zeit und Stunde, drauf kann ich fröhlich seyn. Wenn Alles um mich trübe, ganz schwarz und finster ist, laß schimmern deine Liebe in mir, o Jesu Christ!

3. In meines Herzens Grunde, dein Nam', Herr Christ! allein funkelt all' Zeit und Stunde, drauf kann ich fröhlich seyn; den will ich auch behalten in meines Herzens Schrein, bis ich einst werd' erkalten und in dir schlafen ein.

4. In meines Herzens Grunde, dein Nam', Herr Christ! allein funkelt all' Zeit und Stunde; drauf kann ich fröhlich seyn. In meiner Seele leuchte, dein Jesus-Nam' und Glut, mich durch und durch befeuchte dein theu'res heil'ges Blut.

5. In meines Herzens Grunde, dein Nam', Herr Christ! allein funkelt all' Zeit und Stunde; drauf kann ich fröhlich seyn. So magst du, Welt, gleich toben und trozzen wie du willt, ich weiß, daß Einer oben, deß Nam' ist Sonn' und Schild.

6. In meines Herzens Grunde, dein Nam', Herr Christ! allein funkelt all' Zeit und Stunde; drauf kann ich fröhlich seyn. Die Sonne laß mir scheinen, deck' mit dem Schild' mich zu, so bleib' ich auch im Weinen und Stürmen in der Ruh'.

7. In meines Herzens Grunde, dein Nam', Herr Christ! allein funkelt all' Zeit und Stunde; drauf kann ich fröhlich seyn. Aus deinem Namen strahlen Heil, Leben, Kraft und Glanz, die meine Seel' bemalen mit Jesus-Farben ganz.

8. In meines Herzens Grunde, dein Nam', Herr Christ! allein funkelt all' Zeit und Stunde, drauf kann ich fröhlich seyn. Wenn in mir will entstehen Angst, Schrekken, Furcht und Scheu, laß eiligst mir aufgehen, dein'n Jesus-Namen neu.

9. In meines Herzens Grunde, dein Nam', Herr Christ! allein funkelt all' Zeit und Stunde, drauf kann ich fröhlich seyn. Trotz, Teufel, Sünd', Tod, Hölle daß ihr mich tastet an; hier ist an meiner Stelle, der euch es wehren kann.

10. In meines Herzens Grunde, dein Nam', Herr Christ! allein funkelt all' Zeit und Stunde, drauf kann ich fröhlich seyn. Ach, Vater! meiner schone, mein Herz zu Fuß dir fällt, sich bloß zu deinem Sohne und seinem Namen hält.

11. In meines Herzens Grunde, dein Nam', Herr Christ! allein funkelt all' Zeit und Stunde, drauf kann ich fröhlich seyn. Nun, Jesu, es soll glänzen, dein Nam' in meiner Brust, bis du dies wirst ergänzen und ich erwach' mit Lust.

12. In meines Herzens Grunde, dein Nam', Herr Christ! allein funkelt all' Zeit und Stunde, drauf kann ich fröhlich seyn. Erschein' mir in dem Bilde, zum Trost in meiner Noth, wie du, Herr Christ! so milde dich hast geblut't zu Tod'.

M. Johann Kaspar Schade.

Gebet in Noth.

Psalm 77, v. 3. In der Zeit meiner Noth suche ich den Herrn; meine Hand ist des Nachts ausgereckt und lässet nicht ab; denn meine Seele will sich nicht trösten lassen.

Mel. Befiehl du deine Wege.

1118. In tiefen Aengsten schreien wir dich, Erbarmer! an, dich, der allein befreien, allein erhören kann. Hast du denn ganz verborgen dein Vaterangesicht? kommt uns in finstern Sorgen nicht mehr ein Strahl von Licht?

2. Die Noth von so viel Seiten beraubt uns aller Ruh; wir seh'n der Kinder Leiden mit wundem Herzen zu: die Hülfe im Gedränge, wonach das Auge thränt, verzieht sich in die Länge und ist noch nicht ersehnt.

3. Wir fallen, müd' im Herzen, Nachts auf die Lagerstatt und träumen, was mit Schmerzen uns Tag's gefoltert hat; erwachen wir, so beben wir vor der neuen Last. Wie qualvoll ist dies Leben, Herr! wir erliegen fast.

4. Willst du noch länger schweigen zu unserm Kummerstand, nicht uns Verlass'nen zeigen die Allmacht deiner Hand? Laß endlich dich bewegen! errette uns mit Ruhm. Kehr' doch den Fluch in Segen, das Leid in Freude um.

5. Verdienten wir als Sünder die Noth — ach, so vergieb! hab' uns und unsre Kinder doch auch in Christo lieb! Gieb uns, daß wir dich ehren, den Sinn, der dir gefällt. Du wollst uns doch erhören, Erbarmer aller Welt. Johann Gottfried Schöner.

In Kriegesnoth.

2 Maccab. 8, v. 18. Wir verlassen uns auf den allmächtigen Gott, welcher kann in einem Augenblick nicht allein die, so jetzt wider uns ziehen, sondern auch die ganze Welt zu Boden schlagen.

Mel. Auf meinen lieben Gott.

1119. In unsrer Kriegesnoth trau'n wir allein auf Gott, er wird uns nicht verlassen, ob uns die Feind' schon hassen, er kann die Feinde schlagen, die denken uns zu plagen.

2. Sind schon der Feinde viel, hab'n sie doch all' ihr Ziel, wie weit sie sollen kommen, daß sie Nichts thun den Frommen; mehr sind auf unsrer Seiten, als die wider uns streiten.

3. Wird schon der Feinde Macht von ihnen groß geacht't, daß sie sich drauf verlassen und trotzen ohne Maßen; Gott kann gar bald sie dämpfen, daß sie aufhör'n zu kämpfen.

4. Berathschlagen sie sich wider uns festiglich, Gott kann ihr'n Rath aufdecken, die Feinde all' erschrecken, daß ihre falsche Tücke gar müsse gehn zurücke.

5. Sind schon die Feinde nah, Gott ist viel näher da mit seinen Himmelsheeren, Gott kann den Feinden wehren, daß sie zurücke weichen, oder werden zu Leichen.

6. O du, Herr Jesu Christ! der du ein Fried'fürst bist, beschere wieder Friede, wir sind des Krieges müde! treib' den Krieg aus dem Lande, gieb Glück zu allem Stande.

7. Laß auch an allem Ort dein selig machend Wort ganz unverfälscht erklingen und dir allein lobsingen, so woll'n wir deinen Namen mit Freuden preisen. Amen.

Trost beim Gefühl des Sündenelends.

Psalm 103. v. 10. Er handelt nicht mit uns nach unsern Sünden, und vergilt uns nicht nach unserer Missethat.

Mel. O Gott, du frommer Gott.

1120. Ist deiner Sünde viel, ist schrecklich groß der Schaden, damit dein' arme Seel' beschweret und beladen, schau' an den größten Arzt, der helfen will und kann, der seine Güt' und Treu' noch gönnet Jedermann.

2. Hast du es hundert- und noch tausendmal versehen, so kehre doch bei Zeit zu Gott, laß nicht geschehen, daß deine Schuldenlast dir raube Gottes Huld: wer nur noch Buße thut, dem schenkt Gott alle Schuld.

3. Verzage nicht, dein Gott will sich selbst dein erbarmen, komm bald, vertraue dich nur seinen Vaterarmen; doch laß von Sünden ab, daß nicht des Satans Tück' dich stürz' zum Höllen-Grund in diesem Augenblick.

4. Komm, folge deinem Gott: sein Wort kann dir nicht lügen. Laß ja die böse Welt dich weiter nicht betrügen: kehr' um, thu' wahre Buß', komm, du verlor'ner Sohn, dein Vater wartet dein, schenkt dir des Himmels Thron. D. Joh. Olearius.

Beim Verzuge göttlicher Hülfe.

Psalm 94, v. 14. Der Herr wird sein Volk nicht verstoßen, noch sein Erbe verlassen.

Mel. Was Gott thut, das ist wohl gethan.

1121. Ist denn der Herr der Herrlichkeit nicht mehr mein Schutz auf Erden? soll ich in meiner Traurigkeit ganz unterdrücket werden? ist Gott von mir gewichen hier? O! sollt' ich dieses gläuben! wo wollt' ich Aermster bleiben?

2. Mich hat ja Gott von Jugend auf mit seiner Gnad' erhalten; ich hab' in meinem Lebenslauf allein Gott lassen walten; es hat auch Gott in aller Noth mein Kreuz mir helfen tragen. Das kann ich Armer sagen.

3. Wie sollt' denn Gott, mein treuer

Hort, jetzt seyn von mir gegangen? das glaub' ich nie, mich tröst't sein Wort; er träget heiß Verlangen mit Trost und Rath bald in der That mir hier zur Hülf' zu kommen. Gott hilfet allen Frommen.

4. Getreu ist Gott und fromm der Herr; er hilft und kann auch retten, er wendet Noth und auch Beschwer, er höret unser Beten. Gott ist gerecht, ganz fromm und schlecht*); ich will von ihm nicht lassen, er wird mich auch nicht hassen. *) redlich.

5. Sollt' Gott, der sonsten helfen kann, nicht Hülfe mir auch senden? er nimmt sich ja der Frommen an, Gott hilft an allen Enden. Das Aug' des Herrn sieht nah' und fern, wird auch dein Elend schauen: er hilft, die ihm vertrauen.

6. Weil Gott denn Alles sehen kann und ihm nichts ist verborgen, wird er sich meiner nehmen an, ja enden meine Sorgen; mich wird und kann der treue Mann nicht länger lassen schweben in so betrübtem Leben.

7. Mir wird der Herr der Herrlichkeit auch seine Gnad' erzeigen, er wird mich nach der schweren Zeit gar bald allhier befreien; der Herr und Hirt mich ewig wird mit Lust und auch mit Freuden dort einst sehr herrlich weiden. D. Aeg. Strauch.

Ermunterung verzagter Herzen zum Glauben.

Jesaia 35, v. 4. Saget den verzagten Herzen: Seyd getrost, fürchtet euch nicht! Sehet, euer Gott, der kommt zur Rache; Gott, der da vergilt, kommt und wird euch helfen.

Mel. O wie selig seyd ihr doch, ihr Frommen.

1122. Ist denn keine Gnade mehr vorhanden? wird denn nun mein Bitten ganz zu Schanden? bin ich verloren? hat mich Gott zum Zorngefäß erkoren?

2. Seele, schweig' mit solcherlei Gedanken! setze du der Gnade keine Schranken. Er bleibt die Liebe. Nein, sein Herz hat keine bösen Triebe!

3. Furcht und Zweifel steigt aus deinem Herzen. Warum machst du dir vergeb'ne Schmerzen und fällst durch Kummer nur noch tiefer in den finstern Schlummer?

4. Du bist gottlos und so voller Sünden, daß wohl kaum ein ärg'rer Mensch zu finden. Nun, laß es gelten. Dein Verderben magst du heftig schelten.

5. Ist denn aber nicht ein Blut geflossen? ward dies Blut für Heilige vergossen? ach nein, für Sünder, für die ganze Schaar der Satanskinder. Römer 5, v. 8—10.

6. Freilich kannst du deine Schuld nicht zählen; wird sie aber in der Handschrift fehlen, die Gott zerrissen, als sein Sohn die Schuld bezahlen müssen? Col. 2, v. 14.

7. Nein, kein Heller ist zurück geblieben. Deine Quittung hat er unterschrieben. Durch Christi Wunden ist, wie Nebel, aller Fluch verschwunden.

Jesaia 44, v. 22. Kap. 43, v. 25.

8. Stehst du gleich mit deiner Schuld im Bloßen: dein Erbarmer hat dich nicht verstoßen. Dein ängstlich Dürsten ist ein Gnadenzug des Lebensfürsten.

Matth. 5, v. 6.

9. Hätte dich dein Gott dahin gegeben: o so würdest du ganz sicher leben, dein Heil verachten und nach nied'rer Sinnenlust nur trachten.

10. Nun hingegen fühlst du deinen Schaden, suchst mit Schmerzen den Genuß der Gnaden und willst nicht sterben, denn es reu't und drückt dich dein Verderben.

11. Das sind Zeichen deines Gnadenstandes, ja, du bist ein Kind des Vaterlandes, das ewig bleibet, das den Sündern Jesu Tod verschreibet.

12. Denke nicht mehr: ach, was soll ich machen? Längst gemacht sind deiner Seele Sachen durch Jesu Thaten. Laß dein Machen! dir ist schon gerathen.

Römer 10, v. 6—8.

13. Lobe lieber seine Gnad' und Treue. Freue dich! daß er sich deiner freue.*) Durch stilles Harren mußt du dich in seine Huld verscharren.**)

*) Jesaia 29, v. 18. 19. **) Jesaia 30, v. 15.

14. Kannst du nichts, so bleib' nur vor ihm liegen,*) seines Blutes Kraft wird endlich siegen. Und durch den Glauben wirst du Lahmer noch das Kleinod rauben.**)

*) Psalm 34, v. 6. **) Jesaia 33, v. 23.

15. Ach, er sieht und weiß, wie dir zu Muthe; denn du liegst und kannst aus deinem Blute dich nicht erheben. Höre nur! Er ruft dir: du sollst leben. Hes. 16, v. 6.

16. Große Sünder macht er zu Gerechten.*) Zähle dich getrost zu Gottes Knechten, und zwar noch heute; denn du bist schon seine sel'ge Beute. *) Römer 4, v. 5.

17. Brennt die Hölle gleich in deinem Herzen: sie erlischt durch Jesu Blut und Schmerzen. Er führt hinunter, macht dich wieder fröhlich, frei und munter.

1 Sam. 2, v. 6.

18. So vergiß denn deine Klagelieder, *) etze dich bei seinem Kreuze nieder: sein Blut u trinken und in seinen Frieden zu versinken.

*) Phil. 4, v. 7. Psalm 30, v. 6—12.

Ernst Gottlieb Woltersdorf.

Trostlied für verzagte Sünder.

Könige 1, v. 3. Ist denn nun kein Gott in Israel?

Mel. O wie selig seyd ihr doch, ihr Frommen.

1123. Ist denn nun kein Jesus mehr vorhanden? wird vielleicht des Vaters Wort zu Schanden? soll Alles sterben? hat denn Gott Gefallen am Verderben?

2. Nein, wahrhaftig, nein, die sich'ren Sünder sind aus eig'ner Schuld des Todes Kinder. Sie wollen sterben. Ja, sie schaffen selber ihr Verderben.

3. O des Jammers! daß die Welt verdirbet, da der Herr am Kreuze für sie stirbet. O schnödes Sterben: man verdirbt und dürfte nicht verderben.

4. Soll denn Jesus keinen Lohn erlangen? ist er darum von dem Thron gegangen, umsonst zu sterben? willst du seine Arbeit so verderben?

5. Soll er denn vergeblich seufzen, flehen? soll er seine Lust an dir nicht sehen? er sieht dich sterben und sein Herz bejammert dein Verderben.

6. Höre Jesum, der für dich gelitten, höre, wie sein Schweiß und Blut dich bitten: was willst du sterben? Sünder, warum liebst du dein Verderben?

7. Laß dich doch durch meine Noth erretten; fleuch einmal mit Ernst die Sündenketten! du sollst nicht sterben: darum trug ich selber dein Verderben.

8. Auf! erkenne deine schweren Sünden. Komm zu mir, du sollst Vergebung finden. Mein Fluch und Sterben rettet dich auf ewig vom Verderben.

9. Komm hinein in meine tiefen Wunden: da wird große Seligkeit gefunden. Mein süßes Sterben tilget auch den Schatten vom Verderben.

10. Willst du aber meinen Geist verjagen, höre, so wird dich mein Blut verklagen, so mehrt mein Sterben, harter Mensch, dein ewiges Verderben.

11. Denk', wie wird mein Blut um Rache schreien, und dich ewiglich vermaledeien! du wirst im Sterben ohne alle Gnade ganz verderben.

12. Abels Blut kann durch die Wolken dringen: was wird Gottes Blut für Rache bringen? ein ew'ges Sterben, und ein unaussprechliches Verderben.

13. Komm, ach komm mein Schaaf, mich jammert deiner! sieh' mein Leiden an, gedenke meiner! und laß mein Sterben nicht an deiner Seele so verderben.

14. Du bist ja mein Lohn und meine Beute. O wie gerne hätt' ich dich noch heute! dein schuld'ges Sterben durch mein Elend gänzlich zu verderben.

15. Uebergieb dich meiner Macht und Gnade, so vergeht dein ganzer Seelenschade, so wird mein Sterben den Verderber selbst an dir verderben.

16. Nun so höret's, alle Menschenkinder: mich verlanget nach dem Heil der Sünder; mich kränkt ihr Sterben. Wehe denen, die sich selbst verderben!

Ernst Gottlieb Woltersdorf.

Von der Liebe zu Gott, zu uns selbst und zu unserm Nächsten.

1 Johannis 4, v. 8. Wer nicht lieb hat, der kennet Gott nicht; denn Gott ist die Liebe.

Mel. Herr Jesu Christ, mein's Lebens Licht.

1124. Ist Gott die Liebe wesentlich, so muß der Mensch im Bilde sich darstellen in dem Leben hier auch voller Liebe für und für.

2. Liebt Gott, so mußt du lieben auch, denn dieses ist der Liebe Brauch. Giebt er sich dir in Liebes-Trieb, kehr' du es um, dich wieder gieb!

3. Er, als das höchste Gut, ist werth, daß ihm werd' Seel' und Geist verehrt, und das, was in uns sich bewegt, werd' in der Liebe dargelegt.

4. Selbstlieb' ist zwar uns auch erlaubt, wo sie Gott seine Ehr' nicht raubt. Willst du dich lieben, o so merk', Mensch, liebe dich als Gottes Werk.

5. Such' nicht, was Fleisch und Blut gelüst't, weil dieses falsche Liebe ist; schreib' Alles Gott, dir gar nichts zu; so liebst du recht und bleibst in Ruh'.

6. Den Nächsten liebe gleich wie dich, und suche sein Heil inniglich; leg' allen Haß und Feindschaft ab und beug' den Eigensinn in's Grab.

7. Such' deinen Nutzen nie so sehr, des Nächsten Nutzen such' vielmehr; leucht' ihm in guten Werken für, daß er's Bös' lass' und folge dir.

8. Was du nicht willst, daß dir gescheh', damit thu' auch nicht Andern weh. Den Armen halt so gut als dich, auf daß er nicht beschwere sich.

9. Sey Jedem liebreich zugethan und nimm dich sein in Nöthen an. Dein Seufzen sey für Niemand still; dies ist die Liebe, die Gott will.

10. Du find'st sie nicht in deiner Kraft, drum glaub' an Jesum, der sie schafft, der lehret, wie man lieben soll, weil er selbst ist der Liebe voll.

11. Er nimmt weg, was dich hindern kann, und zieht mit neuer Kraft dich an; vom Himmel fließt herab auf dich, was du nicht hast, ganz mildiglich.

12. Dann wird dir bleiben keine Last, weil Jesum du im Herzen hast; Gott ist in dir, du bist sein Haus, nichts fließt von dir als Liebe aus. Georg Michael Weiler.

Von den Früchten des Glaubens.

Römer 8, v. 31—39. Ist Gott für uns, wer mag wider uns seyn? rc.

Mel. Valet will ich dir geben.

1125. Ist Gott für mich, so trete gleich Alles wider mich, so oft ich sing' und bete, weicht Alles hinter sich; hab' ich das Haupt zum Freunde und bin geliebt von Gott, was kann mir thun der Feinde und Widersacher Rott'?

2. Nun weiß und glaub' ich feste, ich rühm's auch ohne Scheu, daß Gott, der Höchst' und Beste, mein Freund und Vater sey, und daß in allen Fällen er mir zur Rechten steh', und dämpfe Sturm und Wellen und was mir bringet Weh'.

3. Der Grund, da ich mich gründe, ist Christus und sein Blut; das machet, daß ich finde das ew'ge, wahre Gut. An mir und meinem Leben ist nichts auf dieser Erd'; was Christus mir gegeben, das ist der Liebe werth.

4. Mein Jesus ist mein' Ehre, mein Glanz und helles Licht; wenn Der nicht in mir wäre, so dürft' und könnt' ich nicht vor Gottes Augen stehen und vor dem strengen Sitz; ich müßte gleich vergehen, wie Wachs in Feuershitz'.

5. Mein Jesus hat gelöschet, was mit sich bringt den Tod, er ist's, der rein mich wäschet, macht schneeweiß, was ist roth *). In ihm kann ich mich freuen, hab' einen Heldenmuth, darf kein Gerichte scheuen, wie sonst ein Sünder thut. *) Jes. 1, v. 18.

6. Nichts, nichts kann mich verdammen, nichts nimmet mir mein Herz; die Höll' und ihre Flammen, die sind mir nur ein Scherz; kein Urtheil mich erschrecket, kein Unheil mich betrübt, weil mich mit Flügeln decket mein Heiland, der mich liebt.

7. Sein Geist wohnt mir im Herzen, regieret meinen Sinn, vertreibt mir Sorg' und Schmerzen, nimmt allen Kummer hin, giebt Segen und Gedeihen dem, was er in mir schafft, hilft mir das Abba schreien aus aller meiner Kraft.

8. Und wenn an meinem Orte sich Furcht und Schrecken find't, so seufz't und spricht er Worte, die unaussprechlich sind zwar mir und meinem Munde, Gott aber wohl bewußt, der an des Herzensgrunde ersiehet seine Lust.

9. Sein Geist spricht meinem Geiste manch süßes Trostwort zu, wie Gott dem Hülfe leiste, der bei ihm suchet Ruh', und wie er hab' erbauet ein' edle, neue Stadt, da Aug' und Herze schauet, was es gegläubet hat.

10. Da ist mein Theil und Erbe mir prächtig zugericht't, wenn ich gleich fall' und sterbe, fällt doch mein Himmel nicht. Muß ich auch gleich hier feuchten mit Thränen meine Zeit, mein Jesus und sein Leuchten durchsüßet alles Leid.

11. Wer sich mit ihm verbindet, den Satan flieht und haßt, der wird verfolgt und findet ein' harte, schwere Last zu leiden und zu tragen, geräth in Hohn und Spott, das Kreuz und alle Plagen, die sind sein täglich's Brot.

12. Das ist mir nicht verborgen, doch bin ich unverzagt, Gott will ich lassen sorgen, dem ich mich zugesagt. Es koste Leib und Leben und Alles, was ich hab'; an dir will ich fest kleben und nimmer lassen ab.

13. Die Welt, die mag zerbrechen, du bleibst mir ewiglich; kein Brennen, Hauen, Stechen soll trennen mich und dich, kein Hunger und kein Dürsten, kein' Armuth, keine Pein, kein Zorn des großen Fürsten soll mir ein' Hind'rung seyn.

14. Kein Engel, keine Freuden, kein Thron, kein' Herrlichkeit, kein Lieben und kein Leiden, kein' Angst, kein Herzeleid, was man nur kann erdenken, es sey klein oder groß, der Keines soll mich lenken aus deinem Arm und Schooß.

15. Mein Herze geht in Springen und kann nicht traurig seyn, ist voller Freud' und

Singen, sieht lauter Sonnenschein. Die Sonne, die mir lachet, ist mein Herr Jesus Christ, das, was mich singend machet ist, was im Himmel ist. *Paul Gerhardt.*

Von der Freudigkeit des Glaubens.

Psalm 18, v. 30. 31. Mit dir kann ich Kriegsvolk zerschmeißen, und mit meinem Gott über die Mauer springen. Gottes Wege sind ohne Wandel, die Reden des Herrn sind durchläutert; Er ist ein Schild Allen, die ihm vertrauen.

Mel. Es ist gewißlich an der Zeit.

1126. Ist Gott für uns in aller Pein, in allem Kreuz und Leiden, wer kann uns da zuwider seyn? wer mag uns von ihm scheiden? Ist Gott für uns in Angst und Noth, so kann nicht Teufel, Höll' noch Tod, auch sonst kein Feind uns schaden.

2. Ist Gott für uns, so können wir verrichten große Thaten; denn er ist bei uns für und für, und weiß uns wohl zu rathen; wir können Kriegesvolk, mit Gott besiegen, daß es noch mit Spott und Schande uns muß weichen.

3. Ist Gott für uns, so kann die Macht der Stolzen nicht bestehen, sie werden alle umgebracht und müssen schnell vergehen; wenn dieser Gott nur will allein bei uns und unser Helfer seyn, so ist uns wohl geholfen.

4. Ist Gott für uns, so dürfen sich die Feind' nicht an uns wagen, er kann sie alle mächtiglich gar bald zu Boden schlagen, Gott kennet seine Kinder wohl und weiß wohl, wann er helfen soll den Schaafen seiner Weide.

5. Ist Gott für uns, wie er denn ist bei uns aus lauter Gnaden, was kann uns dann Betrug und List, Haß, Neid und Feindschaft schaden? Gott ist so stark, daß Roß und Mann er auch mit einem Wörtlein kann gar leicht zu Boden fällen.

6. Ist Gott mit uns, so wird er wohl für seine Lehre kämpfen, und wird wohl wissen, wie er soll, die uns verfolgen, dämpfen. Er schickt es oft so wunderlich, daß die Verfolger selber sich zu ihm bekehren müssen.

7. Ist Gott für uns, so sind zugleich die Engel uns zur Seiten, die uns in diesem Jammerreich beschützen und begleiten, durch sie wird, wenn es Gott gefällt, in einem Augenblick gefällt die ganze Macht der Feinde.

8. Ist Gott für uns, so muß die Welt und Fleischeslust erliegen, da man mit Gott das Feld behält, und nur mit ihm kann siegen. Der Teufel selbst kann nicht bestehn; er muß beschämet von uns gehn, und kann kein Haar uns krümmen.

9. Ist Gott für uns, was kann der Grimm des Todes uns dann schrecken? Es wird des Auferweckers Stimm' vom Tod' uns auferwecken zur Himmelsfreud' und Seligkeit, da wir in alle Ewigkeit bei Gott verbleiben sollen.

10. Drum soll uns auch zu keiner Zeit, weil Gott für uns, nichts scheiden von seiner Liebe, gar kein Streit, kein Kummer, Schmerz und Leiden, kein Krieg, kein Schwert, kein Hohn und Spott soll uns und unsern lieben Gott in Ewigkeiten trennen.

Zur Pestzeit.

Psalm 91, v. 1. 2. 3. Wer unter dem Schirm des Höchsten sitzet, und unter dem Schatten des Allmächtigen bleibet, der spricht zu dem Herrn: Meine Zuversicht und meine Burg, mein Gott, auf den ich hoffe. Denn er errettet mich vom Strick des Jägers, und von der schädlichen Pestilenz.

Mel. Nun ruhen alle Wälder.

1127. Ist, Jesu, es dein Wille, halt' ich geduldig stille, wenn ich soll schlafen geh'n, und fall' an meinem Ende gar gern in deine Hände, du wirst schon gnädig mir beisteh'n.

2. Wann meine Blutes-Freunde sind meiner Krankheit Feinde, und ihnen ich ein' Scheu, wenn sich da findet Keiner, der sich erbarmet meiner, so steh' mir, liebster Jesu, bei.

3. Wenn Tod und Höll' mich plagen, und mein Gewissen nagen, so gieb mir Trost und Kraft, und laß mich daran denken, welch reichen Trost kann schenken mir deiner heil'gen Wunden Saft.

4. Von himmlischen Gedanken laß ja mein Herz nicht wanken, und wenn es soll gescheh'n, daß mein Verstand sollt' weichen, will ich doch mit dem Zeichen des Lamm's zu meinem Grabe geh'n.

5. Dich, Jesum, will ich haben, du, Jesus, sollst mich laben; mein' Augen, Herz und Mund, die kann mir Jesus füllen, und meine Schmerzen stillen, in meiner letzten Todes-Stund'.

6. Ich freu' mich Gott zu sehen, um seinen Thron zu stehen; o angenehmer Tod! wie wirst du mich erquicken, und in den

Himmel schicken zu dem dreiein'gen großen Gott.

7. In was für tausend Freuden wird wenden sich mein Leiden, wenn ich werd' bei dir seyn! ach Jesu, liebster Bruder, bring' mich doch bald an's Ruder, daß ich schiff' hurtig himmelein.

M. Johann Kaspar Schade? —

Himmlisches Jerusalem.

Offenb. Joh. 21, v. 2. 3. Ich sahe die heilige Stadt, das neue Jerusalem, von Gott aus dem Himmel herabfahren, zubereitet als eine geschmückte Braut ihrem Manne. Und hörete eine große Stimme von dem Stuhl, die sprach: Siehe da, eine Hütte Gottes bei den Menschen.

Mel. Wie schön leucht't uns der Morgenstern.

1128. Ist's, oder ist mein Geist entzückt? Mein Auge hat jetzt was erblickt, ich seh' den Himmel offen. Ich sehe Gottes Königsthron, zur Rechten Jesum, Gottes Sohn, auf den wir Alle hoffen. Singet, klinget, spielt auf scharfen Davidsharfen, jauchzt von Herzen! Jesus stillet alle Schmerzen.

2. Ich seh', er machet Alles neu, die Braut fährt zu ihm ohne Scheu in reiner, schöner Seide; die Kleider sind mit Gold gestickt, der Bräut'gam hat sie selbst geschmückt mit theurem Halsgeschmeide. Meister! Geister, Cherubinen, Seraphinen wünschen Glücke. Du, du giebst ihr Gnadenblicke.

3. Der Braut ist nichts als Freud' bewußt, Gott hat an ihrer Schönheit Lust, sie glänzet wie die Sonne; man führt sie in den Brautpallast, in's Friedenshaus zur stolzen Rast zu ihres Königs Wonne. Klagen, Zagen, Sonnenhitze, Donner, Blitze sind verschwunden, Gottes Lamm hat überwunden.

4. Gott hat sie aus dem Strom erfrischt, der Augen Thränen abgewischt, Gott kommt bei ihr zu wohnen. Er will ihr Gott, sie sein Volk seyn, selbst bei ihr gehen aus und ein: wie reichlich kann Gott lohnen! Trauet, schauet Gottes Güte, Gottes Hütte bei den Kindern, Gott wohnt bei bekehrten Sündern.

5. Wie heilig ist die neue Stadt, die Gott und Lamm zum Tempel hat, zum Grunde die zwölf Boten; gar nichts Gemeines geht hinein; wer greuelt, muß verbannet seyn, sein Theil ist bei den Todten. Reine, feine Edelsteine sind gemeine, ihr Licht flimmert, wie ein heller Jaspis schimmert.

6. Die Stadt bedarf der Sonne nicht, nicht unsers Mondes blasses Licht; das Lamm ist ihre Sonne. Ihr leuchtet Gottes Herrlichkeit; die Heiden wandeln weit und breit bei dieses Lichtes Wonne. Ihre Thüre, ihre Pforte dieser Orte stehet offen; da ist keine Nacht zu hoffen.

7. Von Gottes Stuhle quillt ein Fluß, der mitten auf der Straße muß das Holz des Lebens*) wässern; die Frucht des Baum's, der zwölffach trägt, und jedes Blättchen, das er hegt, soll die Gesundheit bessern. Schlechte, Knechte, Herren, Fürsten, alle dürsten nach der Quelle, sie fließt recht krystallenhelle.

*) Offenb. Joh. 2, v. 7.

8. Wie herrlich ist die neue Welt, die Gott den Frommen vorbehält, kein Mensch kann sie erwerben. O Jesu, Herr der Herrlichkeit, du hast die Stätt' auch mir bereit't, hilf sie mir auch ererben! Weise, preise ihre Kräfte, ihr Geschäfte mir Elenden. Laß mich auf den Anblick enden.

D. Ahasverus Fritsch?

Auch in der Trübsal lobe ich Gott.

1 Petri 4, v. 16. Leidet er aber als ein Christ, so schäme er sich nicht; er ehre aber Gott in solchem Fall.

Mel. Warum sollt' ich mich denn grämen?

1129. Kann man Gott in Trübsal loben? Ja, o ja! er ist nah', wenn auch Stürme toben. Gottes Wort dringt tief zu Herzen; wenn er spricht: Weine nicht, das vertreibt die Schmerzen.

2. Rechne, Seele, nur das Gute bei der Last, was du hast an des Heilands Blute; dies wirst du nicht können messen und zugleich froh und reich jener Last vergessen.

3. Das ist Gottes Wunderweise, er erfreut auch im Leid, daß man ihn nur preise. Ist's bei Menschen unerträglich; Gottes Kraft, die es schafft, macht's den Christen möglich.

4. Mir genügt an Gottes Gnade; hab' ich die, so ist hie mir kein Leiden Schade. Thränen, macht mein Herz nicht trübe! Mein Gemüth lernt ein Lied: mein Gott, du bist Liebe.

5. Herr, wer ist doch deines Gleichen! Schlägst du zu, so läss'st du doch nicht von dir weichen. Du giebst dennoch Trost die Fülle. Kommt ein Schmerz, lobt das Herz dich doch in der Stille.

M. Philipp Friedrich Hiller.

Bitte

Bitte um wahre Seelenruhe.

Sacharja 1, v. 3. Kehret euch zu mir, spricht der Herr Zebaoth; so will ich mich zu euch kehren, spricht der Herr Zebaoth.

Mel. Herr! ich habe mißgehandelt.

1130. Kehre doch nun einmal wieder, liebe Seel'! und suche Ruh': lege alle Sorgen nieder und gedenke, wie doch du deinem Gott in Tod und Leben willst zu eigen dich ergeben.

2. Du hast ja genug gesehen alles Eitle in der Welt; es wird dorten nichts bestehen, was dir hier so wohlgefällt: all' dein' Freude, all' dein Lachen wird dir eitel Herzleid machen.

3. Ei, so laß doch Alles fahren, was so nichts und flüchtig ist: suche dich mit dem zu paaren, deß du schon ganz eigen bist, der durch seinen Tod und Sterben dich erlöset vom Verderben.

4. O Herr Jesu, meine Liebe! nimm du mich doch wieder an; gieb, daß ich mich recht betrübe, wenn ich dich nicht lieben kann; laß mein Sinnen und mein Dichten nur allein zu dir sich richten.

5. Bleib' du mir in meinem Herzen sey du meine Lieb' und Lust; so in Freuden wie in Schmerzen drücke mich an deine Brust. Küsse mich mit deinem Munde in der letzten Todesstunde.

6. Hab' ich es gleich oft versehen und mich abgewandt von dir; so wirst du mich nicht verschmähen, wenn ich vor der Gnadenthür mich dir lege zu den Füßen und Buß'thränen lasse fließen.

7. Ich bekenne meine Sünde, ich beklage meine Zeit. Ach! wie mancher Tag und Stunde ist vollbracht in Eitelkeit! Nun ich soll dir Rechnung geben, wie geführt ich hab' mein Leben:

8. Ach! sey gnädig und verschone, geh' nicht mit mir in's Gericht, sondern mir aus Gnaden lohne, und was Gutes mir gebricht, wollest du durch dich ersetzen und mich als dein eigen schätzen.

9. Ich bin dein und will es bleiben: Herze, Seele, Muth und Sinn soll kein Leid noch Freud' abtreiben; nimm mich gnädig zu dir hin, laß mich in der Liebe sterben und das Himmelreich ererben.

Andreas Heinrich Buchholz.

Alles sey Gott heimgestellt.

Psalm 25, v. 3. Keiner wird zu Schanden, der deiner harret.

In eigener Melodie.

1131. Keinen hat Gott verlassen, der ihm vertraut all'zeit und ob ihn gleich Viel hassen, geschieht ihm doch kein Leid. Gott will die Seinen schützen, zuletzt erheben hoch und geben, was ihn'n nützet, hier zeitlich und auch dort.

2. Allein ich's Gott heimstelle, er mach's, wie's ihm gefällt, zu Nutz mein'r armen Seele; in dieser argen Welt ist doch nur Kreuz und Leiden und muß auch also seyn; denn die zeitlichen Freuden bringen uns ew'ge Pein.

3. Treulich will ich Gott bitten und nehmen zum Beistand in allen meinen Nöthen, ihm beß'r als mir bekannt. Um G'duld will ich stets bitten in all'n Anliegen mein, er wird mich wohl behüten und mein Nothhelfer seyn.

4. All's Glück und Unglücke, das komt allein von Gott, ich weiche nicht zurücke; ich fleh' in meiner Noth. Wie könnt' er mich denn hassen, der treu' Nothhelfer mein? ja, wenn die Noth am größten, so will er bei mir seyn.

5. Reichthum und alle Schätze, was sonst der Welt gefällt, drauf ich mein'n Sinn nicht setze, das bleibet in der Welt. Ein'n Schatz hab' ich im Himmel, der Jesus Christus heißt, ist über alle Schätze, schenkt uns den heil'gen Geist.

6. Ich hab' ihn eingeschlossen in meines Herzens Schrein; sein Blut hat er vergossen für mich arm's Würmelein, mich damit zu erlösen von ew'ger Angst und Pein. Wie könnt' auf dieser Erden doch größ're Liebe seyn?

7. Nun sollt' ich mich erzeigen dankbar für solche Gnad'; ich geb' mich Gott zu eigen mit Allem, was ich hab'. Wie er's mit mir will machen, sey ihm All's heimgestellt; ich b'fehl' ihm all' mein' Sachen, er mach's, wie's ihm gefällt.

8. Amen! nun will ich schließen dies schlechte Liedelein. Herr! durch dein Blutvergießen laß mich dein Erbe seyn. So hab' ich All's auf Erden, was mich erfreuet schon; im Himmel soll mir werden die ew'ge Gnadenkron'. Unbekannter Dichter, um 1640.

Von der Rechtfertigung.

Römer 4, v. 6. Nach welcher Weise auch David saget, daß die Seligkeit sey allein des Menschen, welchem Gott zurechnet die Gerechtigkeit, ohne Zuthun der Werke.

Mel. Herr Jesu Christ, mein's Lebens Licht.

1132. Kein Mensch wird durch Verdienst gerecht, wir bleiben stets unnütze Knecht'; Herr Jesu, dein Verdienst allein, erwirbt uns, daß wir selig seyn.

2. Jedoch steht Gottes Will' da klar, und die Gebot' sind offenbar, drum man nach aller Möglichkeit darnach muß leben allezeit.

3. Weil aber in dem Jammerthal die Sünd' uns anklebt ohne Zahl, so gieb, o Herr, uns deinen Geist, der uns Stärk', Kraft und Beistand leist'.

Liebe und Gerechtigkeit gegen den Nächsten.

Matthäi 7, v. 12. Alles nun, das ihr wollet, daß euch die Leute thun sollen, das thut ihr ihnen. Das ist das Gesetz und die Propheten.

Mel. Freu' dich sehr, o meine Seele.

1133. Kinder, die ihr Christi Glieder und nach Gottes Bilde seyd, übet gegen eure Brüder christliche Gerechtigkeit; meint es mit dem Nächsten gut, wie ihr wollt, daß man euch thut: diese Lehre, so zu leben, hat der Heiland uns gegeben.

2. Dient einander mit den Gaben, welche Gott in euch gelegt; denn den Baum will Gott nicht haben, welcher keine Früchte trägt. Helft einander aus dem Kreuz, sonder Eigennutz und Geiz. Gebt und rathet, und gedenket, daß euch Alles Gott geschenket.

3. Ohne Falsch, gleichwie die Tauben, sucht einander beizusteh'n; und aus ungefärbtem Glauben lasset eure Werke geh'n. Habt Vertrauen unter euch, seyd am Sinn einander gleich, haltet an der Liebe feste, denkt und hoffet stets das Beste.

4. Lasset über euch nicht schreien, daß ihr unversöhnlich seyd, seyd begierig zum Verzeihen, langsam zu der Bitterkeit; sprecht den Nächsten freundlich an, hat er was nicht recht gethan, und gewinnet sein Gemüthe selbst mit Freundlichkeit und Güte.

5. Lasset uns nicht übel sprechen, wenn wir And'rer Mängel seh'n; denkt, wir haben auch Gebrechen, die uns wieder können schmäh'n. Höret, was der Heiland spricht: richtet und verdammet nicht, daß wir nicht noch hier auf Erden selbst vor Gott verwerflich werden.

6. Gönnt einander alles Gute, segnet, und verfluchet nicht; Christus hat mit seinem Blute Ein' Erlösung aufgericht't, und Ein Vater giebt uns Brot; unsre Zeit beschließt der Tod, und Ein Himmel ist dort oben den Gerechten aufgehoben.

7. Höchster! schmück' uns mit dem Kleide heiliger Gerechtigkeit; mach' uns zu der ew'gen Freude, zu des Lammes Mahl bereit; mach' uns hier und dort gerecht; sprich einst: du getreuer Knecht, komm, ich will dich hier ergötzen und dich über Viele setzen.

Konrad Hubert? —

Gebet und Wachsamkeit.

Lucä 21, v. 36. So seyd nun wacker allezeit und betet, daß ihr würdig werden moget zu entfliehen diesem Allen, das geschehen soll, und zu stehen vor des Menschen Sohn.

Mel. Werde munter, mein Gemüthe.

1134. Kinder Gottes, laßt uns beten; denn der Herr befiehlt es uns, und sein Geist will uns vertreten bei der Schwachheit unsers Thuns. Fleh'n nur zwei nach seinem Sinn, ist er selbst doch mitten in, und es soll gewiß das Flehen niemals unerhört geschehen.

2. Jesu, stärke uns den Glauben; Vater, gieb uns Christi Geist. Laß uns nicht des Wort's berauben, das ein Wort des Lebens heißt. In dem Kämpfen gieb Geduld, in dem Welt-Haß deine Huld, in Versuchung Schild und Waffen und Erlösung in den Strafen.

3. Wächst schon Noth und Drangsal täglich, mach' uns nur vom Argen frei, und die Hoffnung unbeweglich, daß der Himmel unser sey. Laß nur unsre Kleider rein in dem Blut des Lammes seyn, daß wir uns gewürdigt sehen, vor des Menschen Sohn zu stehen.

M. Philipp Friedrich Hiller.

Die Gnaden-Ordnung.

Galater 6, v. 16. Wie viel nach dieser Regel einhergehen, über die sey Friede und Barmherzigkeit und über den Israel Gottes.

Mel. Ringe recht, wenn Gottes Gnade.

1135. Kinder, lernt die Ordnung fassen, die zum Seligwerden führt; dem muß man sich überlassen, der die ganze Welt regiert. Ebräer 1, v. 3.

2. Höret auf zu widerstreben, gebt euch eurem Heiland hin; so giebt er euch Geist und Leben und verändert euren Sinn.

3. Selber könnt ihr gar nichts machen, denn ihr seyd zum Guten todt. Jesus führt

die Seelensachen: er allein hilft aus der Noth.

4. Bittet ihn um wahre Reue, bittet ihn um Glaubenskraft; so geschieht's, daß seine Treue neue Herzen in euch schafft.

Von der Reue.

5. Sucht Erkenntniß eurer Sünden, forscht des bösen Herzens Grund, lernt die Greuel in euch finden; da ist Alles ungesund! Matth. 9, v. 12. Jes. 1, v. 6.

6. Jesus wird es euch entdecken; bittet ihn, der Alles kann. Alsdann schauet ihr mit Schrecken euren Seelenjammer an.

7. So wird bald vor euren Augen euer Wandel, Thun und Sinn sündlich seyn und gar nichts taugen; so fällt aller Ruhm dahin.

8. So vergeht der kalte Schlummer und die wilde Sicherheit. Furcht und Schaam und tiefer Kummer weinet um die Seligkeit.

9. Das von Gott gewirkte Trauern reißt von aller Sünde los. Und wie lange muß es dauern? Bis zur Ruh' in Jesu Schooß.

10. Fühlt ihr euch nur recht verloren, daß ihr Höllenkinder seyd, o so wird der Trieb geboren, der nach nichts, als Gnade schrei't.

Vom Glauben.

11. Und als solche kranke Sünder sucht der Gnade Licht und Spur, werdet rechte Glaubenskinder! denn der Glaube rettet nur.

12. Glauben heißt: die Gnad' erkennen, die den Sünder selig macht, Jesum meinen Heiland nennen, der auch mir das Heil gebracht.

13. Glauben heißt: nach Gnade dürsten, wenn man Zorn verdienet hat; denn das Blut des Lebensfürsten macht uns selig, reich und satt.

14. Glauben heißt: den Heiland nehmen, den uns Gott vom Himmel giebt; sich vor ihm nicht knechtisch schämen, weil er ja die Sünder liebt.

15. Glauben heißt: der Gnade trauen, die uns Jesu Wort verspricht. Da verschwindet Furcht und Grauen durch das süße Glaubenslicht.

16. Ja, der Glaube tilgt die Sünden, wäscht sie ab durch Christi Blut, und läßt uns Vergebung finden *). Alles macht der Glaube gut. *) Apost. Gesch. 10, v. 43

17. Darum glaubt, und fleht um Glauben, bis ihr fest versichert seyd, Satan könn' euch nicht mehr rauben; ihr habt Gnad' und Seligkeit.

Vom neuen Herzen.

18. Dann wird ohne viel Beschwerden euer blindes, todtes Herz brünstig, fromm und heilig werden, und befreit vom Sündenschmerz.

19. Was vorher unmöglich scheinet, was man nicht erzwingen kann: das wird leichter, als man meinet, zieht man nur erst Jesum an.

Schluß.

20. Diese Ordnung lernt verstehen. Kinder, kehrt sie ja nicht um! So wird Alles selig gehen, Kraft gewinnt das Christenthum.

Ernst Gottlieb Woltersdorf.

Wahre und falsche Liebe der Eltern gegen die Kinder.

Epheser 6, v. 4. Ihr Väter, reizet eure Kinder nicht zum Zorn; sondern ziehet sie auf in der Zucht und Vermahnung zum Herrn.

Mel. Herr! ich habe mißgehandelt.

1136. Kinder sind des Höchsten Gabe, Leibes-Frucht ist ein Geschenk. Kinder sind die beste Habe, Eltern! seyd deß eingedenk; es sey euer ganz Bemühen, sie zum Guten zu erziehen.

2. Lasset ächte Liebe spüren gegen dieses edle Pfand, sucht sie klüglich zu regieren, führt sie gleichsam an der Hand hin zu dem, der sie gegeben; sorget, daß sie ewig leben.

3. Laßt auch Ernst dabei vermerken, denkt, ach denkt an eure Pflicht, wenn sich Bosheit will verstärken, so vergeßt der Strafe nicht; denkt aus Liebe an kein Schonen, Gott wird euch dies wohl belohnen.

4. Liebe kann gar leichtlich schaden, hier zu wenig, dort zu viel; wohl dem, der sich recht kann rathen und der Neigung steckt ein Ziel; zieht die Kinder, daß sie lieben und das Leben fruchtsam üben.

5. Dieses muß auch Liebe heißen, wenn man ihren Willen bricht; wer sich will stets willig weisen, der verderbt und bessert nicht; ja sogar bei kleinen Dingen muß man ihren Willen zwingen.

6. Aber man muß, leider! sehen öftermals das Gegentheil; Bosheit lässet man geschehen, man fragt nichts nach ihrem Heil; auch bei denen gröbsten Sünden läßt man sich noch gütig finden.

7. Kinder haben keine Tugend, kommt Verstand wohl vor der Zeit? so entschuldigt man der Jugend größeste Verwegenheit;

sieht man sie was Böses machen, so pflegt man wohl gar zu lachen.

8. Weg, du Mißgeburt der Liebe! welche sich bei Vielen zeigt; weg, ihr falschen Liebestriebe! woraus lauter Böses steigt. Falsche Liebe muß hier weichen, wenn ihr wollt das Ziel erreichen.

9. Ja, für eurer Kinder Leben sollt ihr, Eltern! — glaubt es doch — Rechenschaft vor Christo geben, was verzieht ihr sie nun noch? Wollt ihr wegen fremder Sünden harte Strafe dort empfinden?

10. Eli hat den Hals gebrochen wegen übler Kinderzucht; o wie hat sie Gott gerochen! o wie Viele sind verflucht; welche, wenn sie sollen strafen, denen gleich sind, die da schlafen.

11. Wie, ach! wie wollt ihr bestehen, ihr, die ihr ein Gleiches thut? euch kann es nicht anders gehen, weil der Fluch schon auf euch ruht! ach, wie werdet ihr einst weinen, wenn der Richter wird erscheinen!

12. Zieh' doch aller Eltern Herzen, Herr! von solcher Liebe ab, daß sie nicht ihr Heil verscherzen; gieb, daß sie bis in ihr Grab dir zu Ehren dahin denken, sie vom Bösen abzulenken. C. F. S.

Von Christo dem ewigen Könige.

Offenb. Johannis 19, v. 16 Und hat einen Namen geschrieben auf seinem Kleide und auf seiner Hüfte also: Ein König aller Könige, und ein Herr aller Herren.

Mel. Schmücke dich, o liebe Seele.

1137. König, dem kein König gleichet, dessen Ruhm kein Mund erreichet, dem als Gott, das Reich gebühret, der als Mensch das Scepter führet, dem das Recht gehört zum Throne, als des Vaters ew'gem Sohne, den so viel Vollkommenheiten krönen, zieren und begleiten.

2. Himmel, Wasser, Luft und Erde, nebst der ungezählten Heerde der Geschöpfe in den Feldern, in den Seen, in den Wäldern sind, Herr über Tod und Leben! dir zum Eigenthum gegeben. Thiere, Menschen, Geister scheuen, Menschen-Sohn dein mächtig Dräuen.

3. In des Gnadenreiches Gränzen sieht man dich am Schönsten glänzen, wie viel tausend treue Seelen, dich zu ihrem Haupt erwählen, die durch's Scepter deines Mundes, nach dem Recht des Gnadenbundes, sich von dir regieren lassen: und wie du, das Unrecht hassen.

4. In dem Reiche deiner Ehren, kann man stets dich loben hören; von dem himmlischen Geschlechte, von der Menge deiner Knechte, die dort ohne Furcht und Grauen dein verklärtes Antlitz schauen, die dich unermüdet preisen und dir Ehr' und Dienst erweisen.

5. O Monarch in dreien Reichen! dir ist Niemand zu vergleichen, an dem Ueberfluß der Schätze, an der Ordnung der Gesetze, an Vortrefflichkeit der Gaben, welche deine Bürger haben; du beschützest deine Freunde, du bezwingest deine Feinde.

6. Herrsche auch in meinem Herzen über Zorn, Furcht, Lust und Schmerzen; laß mich deinen Schutz genießen, laß mich dich im Glauben küssen, ehren, fürchten, loben, lieben und mich im Gehorsam üben; daß ich einst nach Kampf und Leiden mit dir theile deine Freuden. D. Joh. Jakob Rambach.

Vom heiligen Geiste.

Sacharja 12, v. 10. Ueber das Haus Davids und über die Bürger zu Jerusalem will ich ausgießen den Geist der Gnaden und des Gebets.

Mel. Hüter, wird die Nacht der Sünden.

1138. Komm, ach komm, du Geist des Herren! einzukehren hier in meines Herzens Haus; und was drinnen dir zuwider, reiße nieder und vertreibe es daraus.

2. Komm vom Vater und vom Sohne, von dem Throne deiner hohen Herrlichkeit zu mir in die dunklen Höhlen meiner Seelen, die so nach dem Lichte schreit.

3. Denn du weißt, o mein Erbarmer! daß ich Armer ganz und gar verlassen bin, wenn ich dich nicht bei mir habe; theure Gabe! gieb dich selbst mir zum Gewinn.

4. Komm mit allen deinen Gaben, um zu haben in mir deine sanfte Ruh', gieb mir Weisheit und Verständniß, Rath, Erkenntniß, Kraft und reine Furcht dazu.

5. Bringe auch in mir zum Lichte deine Früchte: Liebe, Friede, Freudigkeit, Gütigkeit, Geduld im Leiden, reine Freuden, Glauben, Sanftmuth und Keuschheit.

6. Lehre mich, o Geist der Wahrheit! sanfte Klarheit, komm und bilde mich nach dir. Salbe mich, o edles Oele! meine Seele schmücke mit der schönsten Zier.

7. O du angenehmes Brausen sanftes Sausen, reiner Geist und Lebenswind laß mich, o geliebtes Wehen, wohl durchgehen, reines Feuer mich entzünd'.

8. Taufe, o du Geistes=Taufe! und ersäufe meinen alten Menschen gar; mach' den neuen recht lebendig und beständig, heilig, züchtig, rein und klar.

Vom Lobe Gottes.

Sirach 39, v. 20. 21. Danket ihm und lobet ihn mit Singen und Klingen, und sprechet also im Danken: Alle Werke des Herrn sind sehr gut, und was er gebietet, das geschiehet zu rechter Zeit.

Mel. Preis, Lob, Ehr', Ruhm, Dank, Kraft rc.

1139. Komm, beug' dich tief, mein Herz und Sinn! vor's Lammes Thron im Staub' darnieder, leg' dich zu seinen Füßen hin und wiederhole deine Lieder. Erkenne, wie du selbst aus dir nichts bist, wie Gott in dir und Allen Alles ist.

2. Wo hätt'st du einen Funken Kraft, wenn du sie nicht erlangt von oben? Wer hat dir so viel Ruh' verschafft vor deiner Feinde List und Toben? Wer stillte wohl das Brausen dieses Meer's, und wer bezwang die Macht des Höllenheer's?

3. Wer hat dich von dem Strick' befreit? aus dem Verderben dich gerissen? Wer krönt dich mit Barmherzigkeit und läßt dich seine Rechte wissen? Bist du es nicht, du unerschöpfter Quell? der täglich noch auf uns fließt stark und hell?

4. Hat uns nicht deine Hand gefaßt und wider aller Menschen Hoffen gebracht aus aller Sündenlast, daß wir das Ziel der Ruh' getroffen und reichen Fried' vor Feinden um uns her genießen, stets von Furcht und Zweifel leer?

5. Was zwischen uns sich setzen wollt', hat deine Kraft bald ausgetrieben, du bleibest deinem Tempel hold, daß bis hieher dein Bau ist blieben, daß feste steht des Sohnes Herrlichkeit, die dir in uns der Vater hat bereit't.

6. Du überschüttest uns mit Lieb' und reinigest Herz, Muth und Sinnen, daß wir durch deines Geistes Trieb dich stets in uns mehr lieb gewinnen; du drückst dem Geist der Reinheit Siegel auf, daß nicht die Sünde störe unsern Lauf.

7. So nimm dafür zum Opfer hin uns selbst, mit Allem, was wir haben. Nimm Geist, Seel', Leib, Herz, Muth und Sinn zum Eigenthum statt and'rer Gaben; bereite dir ein Lob selbst aus dem Mund' der Säuglinge, mach' deinen Namen kund.

8. Sind wir doch nichts in uns oh'n' dich; was haben wir oh'n' deine Werke? Dir, dir gebühret ewiglich Macht, Weisheit, Ehre, Kraft und Stärke, Gott und dem Lamm, das uns erkaufet hat, wird Lob gesagt in unsrer Vaterstadt. — Gottfried Arnold.

Adventslied.

Psalm 40, v. 8. Siehe, ich komme, im Buch ist von mir geschrieben.

Mel. Nun komm der Heiden Heiland.

1140. Komm, du Heiden Heiland, an, der den Himmel aufgethan und auf Erden Friede bringt, daß man Hosianna singt.

2. Komm und kehre bei uns ein, du sollst unser König seyn. Unsre Herzen sind dein Thron, Gottes und Maria's Sohn.

3. Gott im Fleisch geoffenbart, doch nicht nach des Fleisches Art, sondern über die Vernunft, durch des Geistes Ueberkunft.

4. Mensch, zu aller Menschen Heil, an dir nehmen Alle Theil, denn du bist der ganzen Welt als der Heiland vorgestellt.

5. Gott mit uns, Immanuel, den ich innig mir erwähl', du kommst in dies Thränen-Thal, sey willkommen tausendmal.

6. Herz und Kirche steh'n bereit und wir werfen Zweig und Kleid unter deine Füße hin; eile, bei uns einzuzieh'n.

7. Wir empfangen deinen Gruß durch der Liebe heißen Kuß und wir schwören, dir allein im Gehorsam treu zu seyn.

8. Glaube, Lieb' und Hoffnung sind dir zu Ehren angezünd't, diese Fackeln tragen wir deiner hohen Ankunft für.

9. Nimm uns auf in deinen Schooß, mach' uns von den Banden los, welche das Gewissen trägt und uns Satan angelegt.

10. Baue unter uns dein Reich, mach' uns dir im Wandel gleich, tödt' in uns des Fleisches Kraft, daß der Geist viel Früchte schafft.

11. Pflanz' uns deine Demuth ein, laß uns voller Sanftmuth seyn. Legst du eine Last uns auf, leg' auch deinen Segen drauf.

12. Endlich, o du Lebensfürst! wenn du wiederkommen wirst, will ich Hosianna schrei'n, das wird Hallelujah seyn.

Benjamin Schmolck.

Pfingstlied.

Hesekiel 34, v. 26. Ich will sie und alle meine Hügel umher segnen, und auf sie regnen lassen zu rechter Zeit; das sollen gnädige Regen seyn.

Mel. Herr! ich habe mißgehandelt.

1141. Komm, du sanfter Gnadenregen; komm, du Geist der Herrlichkeit; komm, du Segen aller Segen, mache du mich selbst bereit, dich mit wartendem Verlangen hier begierig zu empfangen.

2. Fülle mich mit deinen Gaben. Ach! komm selbst zu mir herein! denn ich muß dich selber haben, laß mich deine Wohnung seyn. Laß in deinem Licht mich sehen, und aus Kraft in Kräfte gehen.

3. So kann ich den Herrn erkennen, der mein Gottversöhner ist, und ihn freudig Heiland nennen, meinen Herrn und meinen Christ; ja, so darf ich Abba beten, und als Kind zum Vater treten.

Friedrich August Weihe.

Adventslied.

Jesaia 48, v. 15. Ich, ja, Ich habe es gesagt, ich habe ihn gerufen; ich will ihn auch kommen lassen, und sein Weg soll ihm gelingen.

Mel. Meinen Jesum lass' ich nicht.

1142. Komm, du werthes Lösegeld, dessen alle Heiden hoffen: komm, o Heiland aller Welt, Thor' und Thüren stehen offen; komm in göttlich hoher Zier, komm, wir warten mit Begier.

2. Zeuch auch in mein Herz hinein, o du großer Ehrenkönig, laß mich deine Wohnung seyn! Bin ich, armer Mensch zu wenig, ei so soll mein Reichthum seyn, wenn du bei mir ziehest ein.

3. Nimm mein Hosianna an mit den Sieges-Palmenzweigen! so viel ich nur immer kann, will ich Ehre dir erzeigen und im Glauben dein Verdienst mir zueignen zum Gewinnst.

4. Hosianna Davids Sohn'! ach Herr, hilf, laß wohl gelingen, laß dein Scepter, Reich und Kron' uns viel Heil und Segen bringen, daß in Ewigkeit besteh': Hosianna in der Höh'!

M. Joh. Gottfried Olearius.

Vom Reiche Gottes.

Psalm 96, v. 10. Saget unter den Heiden, daß der Herr König sey, und habe sein Reich, so weit die Welt ist, bereitet, daß es bleiben soll, und richtet die Völker recht.

Mel. Alle Menschen müssen sterben.

1143. Komme, du dreieinig's Wesen! laß uns deinen Tempel seyn, den du dir zur Ruh' erlesen, zieh' in diese Wohnung ein; komm, entzünde in den Herzen der Erkenntniß reine Kerzen und des Glaubens himmlisch Licht, das in Liebesstrahlen bricht.

2. Mach' uns in der Hoffnung sehnlich, in der Demuth Jesu gleich, in Geduld dem Mittler ähnlich, in dem Beten andachtsreich, in der Treu' unüberwindlich, in der Gottesfurcht recht kindlich, bilde uns, dein Eigenthum, nur zu unsers Königs Ruhm.

3. Ziehe uns aus dem Getümmel, wie den Lot aus Sodoma, unser Herze sey im Himmel; denn auch unser Schatz ist da. Laß sich unsern Sinn gewöhnen nach der Herrlichkeit zu sehnen; denn dein auserwählt Geschlecht hat des Himmels Bürgerrecht.

4. Gott der Allmacht! du, du führest auch dein Reich in dieser Welt; wo du mit Gewalt regierest, wo dein Wort dies Rund erhält, schütze deine Reichsgenossen, die du in die Huld geschlossen; sey bei aller Feinde Trutz deiner Kirche Schild und Schutz.

5. Bleibe täglich bei den Deinen, du versprachst es, Jesu Christ! bis das Ende wird erscheinen, da du unser Schutz-Gott bist. Laß dein Kirchlein auf der Erden nicht zu einer Waise werden; weil ja ohne dich allein Niemand kann ihr Vater seyn.

6. Unser Herrscher, unser König! lasse Alles insgemein deinem Namen unterthänig und denselben herrlich seyn. Alle, die im Himmel leben, sollen deinen Ruhm erheben: All'zeit Mehrer deines Reichs! du nur hast allein nichts Gleich's.

7. Wenn ein junges Kind kaum lallen und ein Säugling Abba! kann, richt' ein Lob, dir zu gefallen, doch aus ihrem Munde an; daß du kannst den Arm zerbrechen derer, die sich gerne rächen, ja, vertilge bald den Feind, der uns zu vertilgen meint.

M. Philipp Friedrich Hiller.

Vom Kommen zu Jesu.

Sirach 51, v. 31. 32. Kommt zu mir in die Schule, und was euch fehlet, das könnet ihr hier lernen.

Mel. Freu' dich sehr, o meine Seele.

1144. Kommet, kommet, ruft das Leben, kommet Alle her zu mir, die von Müh' und Last umgeben! hier ist Rath und Trost dafür; nehmet über euch mein Joch: Sanftmuth, Demuth lernet doch, so wird eure Seele leben, welches ich euch werde geben.

2. Ich bin Einer von den'n Allen, ich komm zu dir auf dein Wort, das mein Herze höret schallen; ach! sey meiner Seelen Hort.

Nimm mich auf; du rufest mich; laß mich nicht, ich halte dich, bis du mich mit deinen Blicken wirst an Leib und Seel' erquicken.

3. Ach! erquicke meine Seele, die voll Furcht und Schrecken ist; ich bin in der Schwermuthshöhle; eile zu mir, Jesu Christ! zieh' mich, zieh' mich zu dir hin, weil ich unvermögend bin; laß dein Brünnlein auf mich fließen, mich dein Heil und Gut genießen.

4. Meine Seele hat geirret, nimm du meine Sünden weg; ich bin noch gar sehr verwirret, zeige du mir deinen Steg; öffne mir dein Liebes-Herz, heile damit meinen Schmerz; laß mich deinen Geist regieren, und in alle Wahrheit führen.

5. Dein Joch will ich auf mich nehmen, das dem Fleische widersteht, und mich zu dem Kampf bequemen, bis die Sünde untergeht; führe mich in deine Schul', setze mich in deinen Stuhl, Demuth, Sanftmüth mich zu lehren, und mein Herz dazu zu kehren.

6. Hast du mich dann aufgenommen, so wird meine arme Seel' in dir zu der Ruhe kommen, wie die Taube in der Höhl'; denn dein Joch ist sanft und gut, deine Last bricht keinen Muth; wer dich hat, der hat das Leben, das du ihm zum Lohn gegeben.

7. Also laß mich zu dir fliehen, in dein offnes Jesus-Herz; laß mich weiter nicht bemühen, tröste mich für meinen Schmerz; lege auf, doch trage mit; Demuth, Sanftmuth mich behüt', und soll ich dein Kreuz empfinden laß mich in dir Ruhe finden.

M. Johann Christoph Schwedler.

Vom heiligen Geiste.

Joh. 14, v. 26. Der Tröster, der heilige Geist, welchen mein Vater senden wird in meinem Namen, derselbige wird es euch Alles lehren, und euch erinnern Alles deß, das ich euch gesagt habe.

Mel. O Ursprung des Lebens.

1145. Komm, Geist der Genaden! komm, Geist des Gebet's! komm, heile den Schaden: in deiner Hand steht's. Nur du kannst ergründen den Abgrund der Sünden und was in dem menschlichen Herzen versteckt. Ja, dir sind die Tiefen der Gottheit entdeckt.

2. Dein kräftiges Zeugen dringt Sündern ins Herz, sie müssen sich beugen in Reue und Schmerz: ein mächtiges Sehnen, begleitet mit Thränen quillt aus dem geängsteten Herzen herfür, nur: Gnade, nur Gnade! schrei't ihre Begier.

3. Du führst sie zur Weide, zur seligen Fluth; Immanuels Seite quillt Wasser und Blut; darinnen sie finden Vergebung der Sünden, Gerechtigkeit, Stärke, unendliches Heil wird ihnen bei dieser Blutquelle zu Theil.

4. Hier find't das Verdienen und Zahlen nicht Statt; nein, es ist erschienen die freie Genad'; umsonst soll man haben die herrlichsten Gaben. Ihr Elende! esset und trinket euch satt; laßt euer Herz leben in freier Genad'.

5. Den Heiland nur schauen, nichts außer ihm thun, auf Gnade nur bauen, in Gnade nur ruh'n; ist's Schäfleins Geschäfte, das giebet ihm Kräfte, in welchen es munter durchs Jammerthal reis't; doch Alles dies wirkst du, lebendiger Geist!

6. Dein ewiges Bleiben giebt ewigen Trost; dein seliges Treiben die süßeste Kost. O Tröster in Nöthen! dein kräftig Vertreten hilft unserer Schwachheit recht mütterlich auf, versüßt uns des Lebens mühseligen Lauf.

7. Sieh'! wie sich dein Lieben noch ferner erweis't. Wir werden getrieben im kindlichen Geist, das Abba zu schreien, uns seiner zu freuen; auch kommt uns bei blödem, erschrockenem Muth dein ganz unaussprechliches Seufzen zu gut.

8. Komm, heiliges Oele, balsamische Kraft! durchdringe die Seele mit himmlischem Saft: im Glauben zu leben, in Liebe zu schweben, in Hoffnung des ewigen Lebens zu steh'n und fröhlich durch Trübsal zum Vater zu geh'n.

9. Da wird die Verklärung im höchsten Grad' steh'n und unsre Verehrung vollkommen gescheh'n, wenn du auf dem Throne, nebst Vater und Sohne, dich mit uns im völligen Lichte vereinst und in uns mit ewiger Liebe erscheinst.

Johann Ludwig Konrad Allendorf.

Pfingstlied.

Römer 8, v. 9. Ihr aber seyd nicht fleischlich, sondern geistlich, so anders Gottes Geist in euch wohnet. Wer aber Christi Geist nicht hat, der ist nicht sein.

In eigener Melodie.

1146. Komm, Gott, Schöpfer, heiliger Geist, besuch' das Herz der Menschen dein, mit Gnaden sie füll', wie du weißt, daß dein Geschöpf soll vor dir seyn.

2. Denn du, der Tröster, bist genannt,

des Allerhöchsten Gabe theu'r, sein' geistlich' Salb' an uns gewandt, des Lebens Brunnen, Lieb' und Feu'r.

3. Du bist mit Gaben mannigfalt, der Finger Gottes rechter Hand, des Vaters Wort giebst du gar bald mit Zungen frei in alle Land'.

4. Zünd' uns ein Licht an im Verstand, gieb uns ins Herz der Liebe Brunst; des Fleisches Schwachheit, dir bekannt, stärk' all'zeit durch dein' Kraft und Geist.

5. Des Feindes List treib' von uns fern, den Frieden schaff' in uns, dein' Gnad', daß wir dein'm Leiten folgen gern und meiden unsrer Seele Schad'.

6. Den Vater uns wohl kennen lehr' und Jesum Christum, seinen Sohn, daß wir auch geben gleiche Ehr', dir, beider Geist in einem Thron'.

7. Gott, unser Vater, sey all'zeit aus Herzensgrund' von uns gepreis't; Lob sey, Herr Jesu, dir bereit't mit Gott, dem werthen heil'gen Geist. D. Martin Luther.

Nach dem Latein. Veni creator Spiritus.

Pfingstlied.

Apost. Gesch. 10, v. 45. 46. Die Gläubigen aus der Beschneidung, die mit Petro gekommen waren, entsetzten sich, daß auch auf die Heiden die Gabe des heiligen Geistes ausgegossen ward. Denn sie höreten, daß sie mit Zungen redeten und Gott hoch priesen.

In eigener Melodie.

1147. Komm, heiliger Geist! erfüll' die Herzen deiner Gläubigen, und entzünd' in ihnen das Feuer deiner göttlichen Liebe; der du durch Mannigfaltigkeit der Zungen die Völker der ganzen Welt versammelt hast in Einigkeit des Glaubens. Hallelujah, Hallelujah!

Uebersetzung des Hymnus: Veni, sancte Spiritus, von Herm. Contractus.

Pfingstlied.

Apost. Gesch. 2, v. 4. Sie wurden alle voll des heiligen Geistes und fingen an zu predigen mit andern Zungen, nach dem der Geist ihnen gab auszusprechen.

In eigener Melodie.

1148. Komm, heiliger Geist, Herre Gott! erfüll' mit deiner Gnaden Gut deiner Gläubigen Herz, Muth und Sinn, dein' brünstig' Lieb' entzünd' in ihn'n. O Herr! durch deines Lichtes Glanz zu dem Glauben versammelt hast das Volk aus aller Welt Zungen; das sey dir, Herr, zum Lob gesungen. Hallelujah, Hallelujah!

2. Du heiliges Licht, edler Hort! laß leuchten uns das Lebenswort und lehr' uns Gott recht erkennen, von Herzen Vater ihn nennen. O Herr! behüt' vor fremder Lehr', daß wir nicht Meister suchen mehr denn Jesum Christ mit rechtem Glauben und ihm aus ganzer Macht vertrauen. Hallelujah, Hallelujah!

3. Du heilige Brunst, süßer Trost! nun hilf uns fröhlich und getrost in deinem Dienst beständig bleiben, die Trübsal uns nicht abtreiben. O Herr! durch dein' Kraft uns bereit' und stärk' des Fleisches Blödigkeit, daß wir hier ritterlich ringen, durch Tod und Leben zu dir dringen. Hallelujah, Hallelujah!

Durch D. Martin Luther verbessert; nach einer alten deutschen Bearbeitung der latein. Sequenz: Veni sancte Spiritus, et emitto coelitus.

Abendmahlslied.

Johannis 6, v. 54. Wer mein Fleisch isset und trinket mein Blut, der hat das ewige Leben.

Mel. Fahre fort, :,: Zion, fahre fort.

1149. Komm herein, :,: Haupt der Deinen, komm herein! sprich den Frieden deines Mundes über uns: wir harren dein. Komm, du Stifter unsres Bundes, halte selbst mit deiner Glieder Zahl Abendmahl. :,:

2. Weihe selbst, :,: weih' und brich dein Lebensbrot uns zum innern Geistesleben; daß du opfernd in den Tod deinen Leib für uns gegeben. Stärk' uns, daß der Geist, vom Weltsinn frei, himmlisch sey. :,:

3. Lebensfürst! :,: komm, aus deiner Segensfluth unsern Seelendurst zu stillen, daß dein heil'ges Opferblut willig floß um unsertwillen, geb' uns Kraft, dir bis in's Grab hinein treu zu seyn. :,:

4. Er will's thun. :,: Spürt ihr seinen Segenstritt? Freundlich nah't er unserm Kreise, bringt uns Himmelsgüter mit, Lebenstrank und Lebensspeise. Seht, wie seine Hand euch Segen strömt! Kommt und nehmt! :,: Karl Bernhard Garve.

Pfingstgesang.

1 Johannis 5, v. 6. Der Geist ist es, der da zeuget, daß Geist Wahrheit ist.

Mel. Komm, o komm, du Geist des Lebens.

1150. Komm hernieder, Geist der Liebe und entzünde mein Gemüth, wecke in mir heil'ge Triebe, laß mich schmekken deine Güt'; Geist des Herrn, kehr' dich zu mir und beleb' mich für und für.

2. Ach, wo soll ich Frieden finden; du bist ja nur friedensvoll; und die Welt liegt tief in Sünden, darum ich sie fliehen soll: nur auf deinen lichten Höh'n wird der Frieden mich umweh'n.

3. Dunkel wär's in meiner Seele, Furcht erfüllte meinen Sinn, und in düst'rer Sündenhöhle sänke ich verzweifelnd hin; wenn in mir nicht deine Kraft, Geist des Höchsten, Leben schafft.

4. Finster wär' des Lichtes Quelle, die aus Jesu Herzen fließt, machtest du sie mir nicht helle; doch wer sie durch dich genießt, den umstrahlt der Himmel schon; er erblickt der Wahrheit Thron.

5. Was kann mich auf Erden drücken, wohnst du, Geist des Herrn! in mir. Deine Kraft wird mich erquicken, und mich trösten, duld' ich hier. Was ist, das mir schaden kann, geh' ich deine lichte Bahn.

6. Arm bin ich, ich kann nichts schaffen; du thust, was ich Gutes thu'. Meine Kräfte bald erschlaffen, müde schließt das Herz sich zu: Kräfte kannst du, Geist, verleih'n, meinem Thun giebst du Gedeih'n.

7. Wandle ich des Todes Straßen, seufze ich in Todesnoth, wirst du Geist, mich nicht verlassen, und versüßen meinen Tod. Zu der Engel Lobgesang führst du mich — dort tönt dir Dank. E. C. G. Langbecker.

Verlangen nach der Zukunft Christi.

1 Petri 5, v. 4. So werdet ihr, wenn erscheinen wird der Erzhirte, die unverwelkliche Krone der Ehren empfangen.

Mel. Freu' dich sehr, o meine Seele.

1151. Komm, Herr Jesu! laß mich sehen endlich deinen Freudentag; komm, komm, laß es doch geschehen, daß sich endet alle Plag'. Sieh' doch deine Glieder an; was wird ihnen angethan! Komm doch, sieh' die Angst der Armen, laß dich ihrer noch erbarmen!

2. Gieb Geduld in allem Leiden, tröste das betrübte Herz. Laß kein Leid von dir mich scheiden, lindre du Noth, Angst und Schmerz. Denk' an deine Gütigkeit, sey zu helfen stets bereit deinem Kinde, das oft zaget, wenn es so viel Trübsal plaget.

3. Komm, Herr Jesu! laß mich sehen den erwünschten Freudentag. Laß dir's doch zu Herzen gehen, höre meine Jammerklag', du siehst ja, was mich betrübt, wie oft ich in Kreuz geübt. Komm doch, hilf aus allen Leiden, nimm mich auf zu deinen Freuden!

D. Johann Olearius.

Berufslied.

Lucä 5, v. 1—11. Es begab sich aber, da sich das Volk zu ihm drang, zu hören das Wort Gottes; und er stand am See Genezareth ꝛc.

Mel. Wer nur den lieben Gott läßt walten.

1152. Komm Jesu in mein Schiff getreten, mit dir kommt aller Segen her, ich wende mich zu dir mit Beten, mein ausgeworf'nes Netz ist leer, bis daß dein Wort es heiliget, wie dort am See Genezareth.

2. Das Volk drang sich dein Wort zu hören: drum laß mich auch begierig seyn nach deinen süßen Himmelslehren; so stellt sich auch der Segen ein, wenn man nach deinem Reiche tracht't so wird man auch wohl reich gemacht.

3. Die Fischer wuschen ihre Netze; ach wasche mein Gewissen rein, das ist viel mehr als alle Schätze, die übel sonst erworben seyn. Ein gut Gewissen machet leicht, was uns wie Zentner-Lasten däucht.

4. Du heiß'st das Schiff vom Lande führen; wer dich mit Andacht hören will, muß von dem Eitlen sich verlieren; denn bei der Welt verhört man viel. Was irdisch heißt, muß hinten an, daß man den Himmel finden kann.

5. Das Schiff wird dir zum Predigtstuhle; so macht dein gnadenreiches Wort auch selbst das Meer zur Himmelsschule; du bindest dich an keinen Ort, wo zwei und drei versammelt seyn, da trittst du gnädig mitten ein.

6. Du hörest einen Petrum klagen, die Arbeit sey umsonst gethan; so möcht' ich oft in Kummer sagen, wenn ich nichts Gutes schaffen kann. Wie mancher Tag, wie manche Nacht, wird oft in Kummer zugebracht.

7. Du heiß'st ihn auf die Höhe fahren und einen Zug im Netze thun; bald muß dein Wort sich offenbaren und lauter Segen auf ihm ruh'n: das Netze wird von Ueberfluß, so daß es gar zerreißen muß.

8. Ich will auf dieses Wort vertrauen, und werf' in deinem Namen aus; laß mich auch einen Segen schauen, erfülle reichlich Herz und Haus und schreib' mir so viel Wohlthat an, als ich für mich ertragen kann.

9. Laß mich mit meinem Nächsten theilen, wie Petrus den Gesellen winkt; so wird man mir zur Hülfe eilen, wenn auch mein Nahrungs-Schifflein sinkt. Der Geiz sucht Alles nur für sich: vor diesem Greu'l behüte mich!

10. Und bist du einmal eingekehret, so weiche nimmermehr von mir, denn was ein Petrus hier begehret, begehr' ich, Jesu nicht von dir; er heißt dich geh'n und fürchtet sich, ich aber bitt' und halte dich.

11. Ach, segne die du hier auf Erden zu Menschenfischern hast gemacht, laß ihren Zug sehr reichlich werden, und sey mit ihnen Tag und Nacht: so zieh'n sie uns zu dir empor und aus dem Sünden-Schlamm hervor.

12. Zuletzt führ' auch mein Schiff zu Lande und bei des Himmels Ufer an, daß ich an diesem sichern Strande mit Freuden Anker werfen kann; dann lass' ich alles Ungemach und folge dir, mein Jesu, nach.

Benjamin Schmolck.

Vorbereitung zur Ewigkeit.

2 Petri 3, v. 11. 12. So nun das Alles soll zergehen, wie sollt ihr denn geschickt seyn mit heiligem Wandel und gottseligem Wesen, daß ihr wartet und eilet zu der Zukunft des Tages des Herrn.

Mel. Alle Menschen müssen sterben.

1153. Komm, mein Heiland, doch bei Zeiten, mich zur frohen Ewigkeit täglich besser zu bereiten, ja, ein' jede Stund' und Zeit sey an jenem alten Bunde eine Zubereitungsstunde, daß ich hier in wahrer Treu' stets bereit und fertig sey.

2. Treib' den schädlichen Gedanken: mein Herr kommt noch lange nicht, — gänzlich aus; laß mich nicht wanken; hilf, daß meines Glaubens Licht, stets mit Oel versehen, brenne, daß ich keine Schlafsucht kenne. Schlafen auch die Klugen ein, laß mich dennoch wachsam seyn.

3. Hilf, daß ich mich alle Tage dessen, was an meinem Schmuck mich verhindert, ganz verschlage. O des Säumens sey genug! Nein, nun muß ich eilen, eilen und mit nichts mich mehr verweilen. Aller Rest von meiner Zeit sey nur deinem Schmuck geweiht.

4. Ach, schon viel zu viel versäumet! o es werde doch forthin nicht mein Leben mehr verträumet. Ach, daß ich mir zum Gewinn stets in Wort und Beten bliebe, und damit den Feind vertriebe und die Macht der Finsterniß; mache mich doch bald gewiß!

5. Eil', o Herr, mir beizustehen, denn es ist ja hohe Zeit; laß kein Stündlein mehr vergehen, da ich nicht zur Ewigkeit mich geschmückt und wachsam halte und ja niemals mehr erkalte; doch laß auch nichts Laues ein: laß mich immer brünstig seyn.

6. Ach, daß doch die heiße Liebe nur zu dir, mein Bräutigam, mich hier immer dräng' und triebe; daß die Lieb', o Gotteslamm, sich nur ganz an dich gewöhne und sich, Herr, nach dir nur sehne. Alles geh' auf meiner Bahn unverrückt nur himmelan.

7. Gieb ein Herz, dich stets zu loben, das sich recht zum Himmel schickt, da uns ja von dir dort oben lauter Gnad' und Lieb' erquickt. Drum laß von mir, weil wir wallen, nichts als Lieb' und Lob erschallen; ja, kein Stündlein geh' vorbei, da ich nicht voll Lobes sey.

8. Hilf, daß ich mit jedem Tage immer als aufs Neu' erweckt und bald früh' nach dir nur frage, nach dem Ziel recht ausgestreckt und ganz unverrücket laufe, stündlich frisches Oel mir kaufe; stündlich wacker, froh und frei und auf ewig treu dir sey.

9. O! daß keine Zeit verlaufe, ja, kein Stündlein, da ich nicht weislich meine Zeit erkaufe! sey du selbst mein Lebenslicht. O, würd' ich doch stets erfunden, wie ich in den letzten Stunden will von dir erfunden seyn! halte doch der Trägheit ein!

10. Laß mich stets die Lampe schmücken, auch dir stets entgegen geh'n, laß mir nichts das Ziel verrücken; nein, nach dir mich umzuseh'n, wenn du kommst, sey mein Geschäfte, dazu gieb mir Geisteskräfte! So nimm mich nach meinem Lauf wohl geschmückt in Frieden auf!

Karl Heinrich v. Bogatzky.

Vom heiligen Abendmahl.

1 Corinth. 11, v. 26. So oft ihr von diesem Brot esset und von diesem Kelch trinket, sollt ihr des Herrn Tod verkündigen, bis daß er kommt.

Mel. Schmücke dich, o liebe Seele.

1154. Komm, mein Herz! in Jesu Leiden deinen Hunger satt zu weiden. Stille hier dein sehnlich Dürsten in dem Blut des Lebensfürsten. Daß ich einen Heiland habe, und in seinem Heil mich labe, und in sein Verdienst mich kleide: das ist meines Herzens Freude.

2. Zwar hab' ich ihn alle Tage, wenn ich in sein Blut mich wage. Er ist auf der Himmelsreise täglich mein Getränk und Speise. Daß ich einen Heiland habe, bleibt mein Alles bis zum Grabe; und ich mag nichts Anders wissen, als sein Leiden zu genießen.

3. Dennoch will ich mit Verlangen auch sein Abendmahl empfangen; hier darf Seel' und Leib ihn essen, und so kann ich's nicht vergessen: daß ich einen Heiland habe, der am Kreuz und in dem Grabe, wie sein Wort mir sagt und schreibet, mein Erlöser war und bleibet.

4. Weil der Unglaub' uns besessen, kann man nichts so leicht vergessen, als den Tilger unsrer Sünden. Ja, auch mir will's oft verschwinden: daß ich einen Heiland habe! Und dann weiß ich keine Gabe zur Versöhnung darzubringen, meine Schuld muß mich verschlingen.

5. Ach, wie werd' ich da so müde! wie entweicht der süße Friede! Sünd' und Welt kann mich verwunden, wenn mir dieses Licht entschwunden: daß ich einen Heiland habe, der mit seinem Hirtenstabe sanft und mild und voll Vergeben, mir nichts ist als Heil und Leben.

6. O ich Sünder, ich Verdammter, und von Sündern Abgestammter! was wollt' ich vom Troste wissen, wäre dieses weggerissen: daß ich einen Heiland habe, dessen Blut mich Sünder labe. Besser wär' es, nie geboren, als dies theure Wort verloren!

7. Sey gesegnet, ew'ge Liebe, daß du mir aus treuem Triebe, da das Mißtrau'n mich vergiftet, solch ein Denkmal selbst gestiftet: daß ich einen Heiland habe, der den Gang zum Kreuz und Grabe, ja den Sprung in's Todes Rachen gern gethan, mich los zu machen.

8. Heil'ges Brot, sey mir gesegnet! weil Er mir mit dir begegnet, dessen Leichnam voller Wunden die Erlösung ausgefunden. Daß ich einen Heiland habe, der erblaßt und todt im Grabe auch für meine Schuld gelegen: will ich schmecken und erwägen!

9. Heil'ger Wein, sey mir gesegnet! denn wie Christi Blut geregnet zur Vergebung aller Sünden, das will ich in dir empfinden. Daß ich einen Heiland habe, der die dürre Seele labe: wie kann mir das fremde dünken? hab' ich doch sein Blut zu trinken.

10. Er befiehlt's, mich satt zu essen; meines Jammers zu vergessen: er gebeut's, mich satt zu trinken, ganz in Freude zu versinken: daß ich einen Heiland habe, der sich selbst zum Opfer gabe, ja, sein Opfer, mir zum Leben, mir zur Speis', zum Trank gegeben.

11. Gott! was brauch' ich mehr zu wissen? ja, was will ich mehr genießen? Wer kann nun mein Heil ermessen? werd' ich das nur nie vergessen: daß ich einen Heiland habe! ich bin frei vom Tod' und Grabe. Wenn mich Sünd' und Hölle schrecken, so wird mich mein Heiland decken.

12. Ja, mein Heiland, den ich nehme, weil ich mich nicht knechtisch schäme! Nehmet hin! so rufst du Allen. Darum soll es laut erschallen: daß ich einen Heiland habe, und an ihm mich muthig labe. Trotz den Feinden, die mich hassen, will ich mich nicht stören lassen.

13. Will hinfort mich etwas quälen, oder wird mir etwas fehlen, oder wird die Kraft zerrinnen: so will ich mich auch besinnen, daß ich einen Jesus habe, der vom Kripplein bis zum Grabe, bis zum Thron, wo man ihn ehret, mir, dem Sünder, zugehöret.

Ernst Gottlieb Woltersdorf.

Psalm 22, v. 27. Hohel. 5, v. 1. Jes. 55, v. 1.

Pfingstlied.

Römer 8, v. 15. Ihr habt nicht einen knechtlichen Geist empfangen, daß ihr euch abermal fürchten müßtet; sondern ihr habt einen kindlichen Geist empfangen, durch welchen wir rufen: Abba, lieber Vater!

In eigener Melodie.

1155. Komm, o komm, du Geist des Lebens! wahrer Gott von Ewigkeit; deine Kraft sey nicht vergebens, sie erfüll' uns jederzeit; so wird Geist und Licht und Schein in dem dunkeln Herzen seyn.

2. Gieb in unser Herz und Sinnen Weisheit, Rath, Verstand und Zucht, daß wir anders nichts beginnen, als was nur dein Wille sucht; dein Erkenntniß werde groß und mach' uns vom Irrthum los.

3. Zeige, Herr! die Wohlfahrtsstege; das, was hinter uns gethan, räume ferner aus dem Wege, schlecht und recht sey um und an; wirke Reu' an Sünden Statt, wenn der Fuß gestrauchelt hat.

4. Laß uns stets dein Zeugniß fühlen, daß wir Gottes Kinder sind, die auf ihn alleine zielen, wenn sich Noth und Drangsal find't; denn des Vaters liebe Ruth' ist uns allewege gut.

5. Reiz' uns, daß wir zu ihm treten, frei mit aller Freudigkeit; seufz' auch in uns, wenn wir beten, und vertritt uns allezeit:

so wird unsre Bitt' erhört und die Zuversicht vermehrt.

6. Wird uns auch nach Troste bange, daß das Herz oft rufen muß: ach, mein Gott, mein Gott! wie lange? Ei, so mache den Beschluß; sprich der Seele tröstlich zu und gieb Muth, Geduld und Ruh'.

7. O, du Geist der Kraft und Stärke, du gewisser, neuer Geist! förd're in uns deine Werke, wenn der Satan Macht beweis't; schenk' uns Waffen in dem Krieg', und erhalt' in uns den Sieg.

8. Herr! bewahr' auch unsern Glauben, daß kein Teufel, Tod, noch Spott uns denselben möge rauben, du bist unser Schutz und Gott; sagt das Fleisch gleich immer: Nein! laß dein Wort gewisser seyn.

9. Wenn wir endlich sollen sterben, so versichre uns je mehr, als des Himmelreiches Erben, jener Herrlichkeit und Ehr', die uns unser Gott erkies't und nicht auszusprechen ist.

Verfasser unbekannt.

Von der christlichen Gelassenheit.

Ebräer 12, v. 11. Alle Züchtigung aber, wenn sie da ist, dünket sie uns nicht Freude, sondern Traurigkeit zu seyn: aber darnach wird sie geben eine friedsame Frucht der Gerechtigkeit denen, die dadurch geübt sind.

Mel. Es ist gewißlich an der Zeit.

1156. Komm, Seele! geh' in Gott zur Ruh', entsage deinem Willen; Vernunft, schließ' hier die Augen zu, laß dich den Glauben stillen; ergreife die Zufriedenheit, es stehet alle deine Zeit in Gottes Vater-Händen.

2. Wo Jesus geht, da folge nach, wie und wohin er führet; weil dich gewiß kein Ungemach, wenn er nicht will, berühret; ohn' ihn geschiehet dir kein Leid: es stehet deine Leidenszeit allein in seinen Händen.

3. Gesetzt, er stellet dich einmal auf ziemlich hohe Stufen; es trifft dich Leiden ohne Zahl, er läßt vergebens rufen; es scheint, die Hülfe sey sehr weit: nur unverzagt! die Rettungszeit steht auch in seinen Händen.

4. Du bleibest doch sein liebes Kind; gesetzt, daß Aug' und Wangen nicht leichtlich ohne Thränen sind, weil alle Lust vergangen, und dich gar selten etwas freut: denn eben auch die Thränen-Zeit steht bloß in seinen Händen.

5. Die Zeiten werden schrecklich schwer, das Fleisch fängt an zu fragen: wo nehm' ich meine Nothdurft her; weil alle Leute klagen? ach, bleib' bei der Vergnüglichkeit: es steht ja die Versorgungszeit auch bloß in seinen Händen.

6. Du siehest auf dein Christenthum, und bist noch sehr zurücke; du liebest heimlich Lust und Ruhm, und merkst viel andre Tücke; dein Herz ist noch gar schlecht verneut: sey nur getreu; die Wachsthums-Zeit steht auch in Gottes Händen.

7. Du mußt gar oft mit Fleisch und Blut, ja Welt und Teufel kämpfen; es fällt dir schwer die Sündenglut, die sie erweckt, zu dämpfen; ach geh' nur freudig an den Streit: du siegest; denn die Sieges-Zeit steht nun in Gottes Händen.

8. Verlanget dich auf deiner Hut; und wird dir manchmal bange; sinkt und entfället Herz und Muth, währt dir der Streit zu lange; getrost! die Krone liegt bereit; es stehet auch die Krönungszeit in Gottes Vaterhänden.

9. Verbleibet dir dein Todestag und Sterbens-Art verborgen, du weißt nicht, wo er kommen mag; nur weg mit allen Sorgen! g'nug, daß dir Gott die Hände beut, und also auch die Sterbenszeit darinnen sicher stehet.

10. Nun, du Regierer meiner Zeit! gieb nur Geduld und Stärke bei meiner Unvollkommenheit, bis daß ich dort recht merke, wenn dich mein Angesicht erfreut, wie sicher alle meine Zeit in deiner Hand gestanden.

Johann Andreas Roth.

Vom Leiden unseres Heilandes.

Galater 6, v. 14. Es sey aber ferne von mir rühmen, denn allein von dem Kreuz unsers Herrn Jesu Christi, durch welchen mir die Welt gekreuziget ist, und ich der Welt.

Mel. Herzlich thut mich verlangen.

1157. Komm, Seele, Jesu Leiden soll meine Tröstung seyn, daran will ich mich weiden, da senk' ich mich hinein. Ich will sonst gar nichts wissen, als meinen Jesum Christ, und lieber Alles missen, als daß mein Herz ihn mißt.

2. Mein Heiland ist gegangen ins Elend mir zu gut, verrathen und gefangen, gegeißelt bis auf's Blut; geschlagen und verhöhnet, verspeiet und verlacht, mit Dornen gar gekrönet und dann ans Kreuz gebracht.

3. Die Hände sind durchgraben mit Nägeln, auch die Füß', und Galle soll ihn laben, als wär' es Honig-süß: da hing er

ausgedehnet, die Zunge klebt am Gaum; der sich nach mir gesehnet, der stirbt am Kreuzesbaum.

4. Dies weißt du, meine Seele, komm, eile Jesu zu; in seiner Wundenhöhle ist meine Rast und Ruh': sein Sterben ist mein Leben, sein' Angst erwirbt mir Lust; vom Kreuz will ich ihn heben und schließen in die Brust.

5. Er hat für mich bezahlet die Schuld, so ich gemacht, sein theures Blut durchmalet die Handschrift; meine Nacht ist nun in Licht verkehret durch meines Heilands Tod: weil ihn der Tod versehret, entgeh' ich aller Noth.

6. Wenn du dies nicht bedächtest, mein Herz, so wärst du Stein, wenn du nicht Andacht brächtest, würd'st du nicht lebend seyn. Verlasse dich im Glauben auf deinen Jesum Christ, den soll dir nicht entrauben All's was zuwider ist.

7. Du aber, o mein Leben, mein Jesu! gieb mir Kraft, im Geist an dir zu kleben und deines Blutes Saft im Herzen wohl zu schmecken; erhalte mich, mein Held, vor Tod und Teufels Schrecken vor Sünden und der Welt.

8. Ich will ja sonst nichts wissen, als dich, dein Kreuz und Pein: die Seele bleibt geflissen, in dir gelebrt zu seyn, mein Herz wird angetrieben in Jesu Gnad' und Gunst; dich, Jesu, herzlich lieben ist meine beste Kunst.

M. Heinrich Elmenhorst.

Von der Liebe Jesu.

Lucä 10, v. 39. Maria setzte sich zu Jesu Füßen und hörete seiner Rede zu.

Mel. Wer nur den lieben Gott läßt walten.

1158. Komm, setz' dich mit Maria nieder zu deines Jesu Füßen hin! stimm' deine Dank- und Lobe-Lieder, als seine Braut und Dienerinn, für Alles, was er dir gethan, aus allen Seelenkräften an.

2. Sprich: Herzens-Jesu! dein Erbarmen zieht dich vom höchsten Thron' herab, uns Sünder hülfreich zu umarmen, in Fleisch und Blut, Noth, Tod und Grab: o unerhörte Liebesglut, durchdringe mir Geist, Seel' und Muth!

3. Die Liebe hat dich mir erkoren zu meinem Heil von Ewigkeit: aus Liebe bist du mir geboren zum höchsten Trost hier in der Zeit; du lebst und stirbest mir zu gut, mir fließet dein Erlösungs-Blut.

4. Aus deinem Lieben ist mir kommen mein ganzes Wesen, Leib und Seel'. Du hast zum Kind' mich angenommen, ja gar mich dir, Immanuel! bereits als eine liebe Braut in meiner Taufe angetraut.

5. Nun, Heiland! laß mich dir nicht rauben! dein heil'ger Geist versiegle mich; und stärke täglich meinen Glauben, o zieh' mich ganz und gar in dich! und pflanze mich — dein Eigenthum — zu deines Namens Preis und Ruhm!

Joh. Ludwig Konrad Allendorf.

Adventslied.

Jesaia 60, v. 3. Die Heiden werden in deinem Licht wandeln, und die Könige im Glanz, der über dir aufgehet.

Mel. Ach! was soll ich Sünder machen?

1159. Kommst du? kommst du? Licht der Heiden! Ja, du kommst und säumest nicht, weil du weißt, was uns gebricht; o du starker Trost im Leiden! Jesu, meines Herzens Thür steht dir offen: komm zu mir!

2. Ja, du bist bereits zugegen, du Welt-Heiland, Jungfrau'n-Sohn! meine Sinnen spüren schon deinen gnadenvollen Segen, deine Wunder-Seelenkraft, deine Frücht' und Herzenssaft.

3. Adle mich durch deine Liebe, Jesu, nimm mein Flehen hin, schaffe, daß mein Geist und Sinn sich in deinem Lieben übe: sonst zu lieben dich, mein Licht, steht in meinen Kräften nicht.

4. Jesu, rege mein Gemüthe, Jesu, öffne mir den Mund, daß dich meines Herzens Grund innig preise für die Güte, die du mir, o Seelengast! lebenslang erwiesen hast.

5. Laß durch deines Geistes Gaben, Liebe, Glauben und Geduld, durch Bereuung meiner Schuld, mich zu dir seyn hocherhaben; alsdann will ich singen dir Hosianna! für und für.

Ernst Christoph Homburg.

Weihnachtslied.

Römer 5, v. 15. Denn so an Eines Sünde viel gestorben sind; so ist vielmehr Gottes Gnade und Gabe vielen reichlich wiederfahren, durch die Gnade des einigen Menschen, Jesu Christi.

Mel. Lobe den Herren, den mächtigen König rc.

1160. Kommst du nun, Jesu! vom Himmel herunter auf Erden, sollen nun Himmel und Erde vereiniget werden? Ewiger Gott, kann dich mein Jammer und Noth bringen zu Menschen-Geberden?

2. Was ich in Adam und Eva durch Sterben verloren, hast du mir, Jesu! durch Leben und Leiden erkoren; gütiger Gott! alle mein Jammer und Noth endet sich, da du geboren.

3. Teufel, Tod, Hölle, die zürnen und halten zusammen, wollen mich Sünder verschlingen und gänzlich verdammen; mächtiger Gott! ende den Jammer und Noth, tilge die höllischen Flammen!

4. Gieb mir, o Jesu! nur heilige, gute Gedanken, halte die Glieder des Leibes in heiligen Schranken. Heiliger Gott! laß mich nach deinem Gebot herzlich im Glauben dir danken.

5. Führe mich endlich, o Jesu! ins ewige Leben, welches du Allen, die glauben, versprochen zu geben; da ich bei Gott ohne Noth, Jammer und Tod ewig in Freuden kann schweben.

M. Kaspar Friedrich Nachtenhöfer.

Vom Tode.

Psalm 90, v. 5. 6. Du lässest sie dahin fahren wie einen Strom, und sind wie ein Schlaf; gleichwie ein Gras, das doch bald welk wird, das da frühe blühet und bald welk wird, und des Abends abgehauen wird und verdorret.

Mel. Es ist gewißlich an der Zeit.

1161. Komm, Sterblicher! betrachte mich, du lebst, ich lebt' auf Erden. Was du jetzt bist, das war auch ich; was ich bin, wirst du werden; du mußt hernach, ich bin vorhin, gedenke nicht in deinem Sinn, daß du nicht dürfest sterben.

2. Bereite dich, stirb ab der Welt, denk' an die letzten Stunden, wenn man den Tod verächtlich hält, wird er sehr oft gefunden. Es ist die Reihe heut' an mir; wer weiß, vielleicht gilt's morgen dir, ja wohl noch diesen Abend.

3. Sprich nicht: ich bin noch gar zu jung, ich kann noch lange leben; ach nein, du bist schon alt genung, den Geist von dir zu geben. Es ist gar bald um dich gethan; es sieht der Tod kein Alter an, wie magst du anders denken.

4. Ach ja, es ist wohl klagenswerth, es ist wohl zu beweinen, daß Mancher nicht sein Heil begehrt, daß mancher Mensch darf meinen, er sterbe nicht in seiner Blüth', da er doch viel' Exempel sieht, wie junge Leute sterben.

5. So oft du athmest muß ein Theil des Lebens von dir wehen, und du verlachst des Todes Pfeil, jetzt wirst du müssen gehen. Du hältst dein Grab auf tausend Schritt, und hast dazu kaum einen Tritt, den Tod trägst du im Busen.

6. Sprich nicht: ich bin frisch und gesund, mir schmeckt auch noch das Essen; ach! es wird wohl jetzt diese Stund' dein Sarg dir abgemessen; es schneidet dir der schnelle Tod ja täglich in die Hand das Brot: bereite dich zum Sterben!

7. Dein Leben ist ein Rauch, ein Schaum, ein Wachs, ein Schnee, ein Schatten, ein Thau, ein Laub, ein leerer Traum, ein Grab auf dürren Matten, wenn man's am Wenigsten bedacht, so heißt es wohl: zu guter Nacht; ich bin nun hier gewesen!

8. Indem du lebest, lebe so, daß du kannst selig sterben: du weißt nicht: wann, wie, oder wo, der Tod um dich wird werben. Ach denk', ach denke doch zurück! ein Zug, ein kleiner Augenblick führt dich in Ewigkeiten.

9. Du seyst dann fertig oder nicht, so mußt du gleichwohl wandern, wenn deines Lebens Ziel einbricht: es geht dir wie den Andern. Drum laß dir's eine Warnung seyn, dein Aufersteh'n wird überein mit deinem Sterben kommen.

10. Ach, denke nicht: es hat nicht Noth, ich will mich schon bekehren, wenn mir die Krankheit zeigt den Tod; Gott wird mich wohl erhören: wer weiß, ob du zur Krankheit kommst, ob du nicht schnell ein Ende nimmst? wer hilft alsdann dir Armen?

11. Zudem, wer sich in Sünden freut und doch auf Gnade bauet, der wird mit Unbarmherzigkeit der Hölle anvertrauet: drum lerne sterben, eh' du stirbst, damit du ewig nicht verdirbst, wenn Gott die Welt wird richten.

12. Zum Tode mache dich geschickt, gedenk' in allen Dingen: werd' ich hierüber hingerückt, sollt' mir es auch gelingen? wie, könnt' ich jetzt zu Grabe geh'n? wie, könnt' ich jetzt vor Gott besteh'n? So wird dein Tod zum Leben.

13. So wirst du, wenn mit Feldgeschrei der große Gott wird kommen, von allem Sterben los und frei, seyn ewig aufgenommen. Bereite dich, auf daß dein Tod beschließe deine Pein und Noth. O Mensch! gedenk' an's Ende! D. Gottfr. Wilh. Sacer.

Am Schlusse des Jahres.

Psalm 103, v. 3. Rühmet seinen heiligen Namen; es freue sich das Herz derer, die den Herrn suchen.

Mel. Herzliebster Jesu, was hast du verbrochen?

1162. Kommt, Christen, kommt, und laßt uns Gott Lob singen! kommt, laßt uns ihm des Dankes Opfer bringen! Ihm, unserm Gott, von dem wir alle Gaben empfangen haben.

2. Ja, Herr! du bist es werth, daß wir dich loben, du warst uns Gott und gabest uns von oben das, was uns hier zum glücklich-frohen Leben noth war zu geben.

3. Das ganze Jahr war uns ein Jahr der Gnade. Doch blieben Viele auf dem Lasterpfade und wollten dich durch Besserung nicht ehren, sich nicht bekehren.

4. Du trugst den Sünder, Vater, mit Verschonen, verzogest noch, ihm nach Verdienst zu lohnen. Sonst hättest du in Sünden, zum Verderben, ihn lassen sterben.

5. O, laß ihn, Herr, laß Ein Jahr ihn noch stehen! vielleicht wird er mit Schaam noch in sich gehen, vielleicht läßt er durch Güte sich gewinnen, wird sich besinnen.

6. Ja, guter Gott, laß alle deine Kinder, die Gläubigen und auch Die, die noch Sünder; laß Alle sie das künft'ge Jahr auf Erden gesegnet werden.

7. Sey mit uns, wie du warst mit unsern Vätern; verlaß uns nicht, sey gnädig allen Betern, und wer dich sucht in des Erlösers Namen: zu dem sprich: Amen!

Christian Gottlieb Frohberger.

Herzliche Einladung der Kinder zu Jesu.

2 Mose 12, v. 24. Halte diese Weise für dich und deine Kinder ewiglich.

Mel. Ringe recht, wenn Gottes Gnade.

1163. Kommt doch, o ihr lieben Kinder! kommt, und zaudert länger nicht; fragt doch nach dem Freund der Sünder, sucht einmal sein Angesicht.

2. Schau't die ausgestreckten Armen, blickt ihm in sein Herz hinein; seh't, wie wallt es von Erbarmen! Welche Glut kann stärker seyn?

3. Ach, wie ruft die ew'ge Liebe! ach, wie wünscht der Schmerzensmann, daß kein Lämmlein außen bliebe, weil er's sonst nicht retten kann!

4. Sagt, wann wollt ihr euch bekehren? ach, wann wollt ihr selig seyn? und wann bringen Jesu Lehren endlich noch in's Herz hinein?

5. Wollt ihr euch nicht bald bequemen, das am Kreuz erwürgte Lamm euch zum Heiland anzunehmen, ja zum Seelenbräutigam?

6. Hört: ihr seyd des Lammes Beute; drum vergoß er Schweiß und Blut. Kommt doch bald, ach kommt noch heute! kommt, so habt ihr's ewig gut!

7. Ach, wer wollte nun nicht kommen? Gottes Lamm, da hast du mich! Du hast mir das Herz genommen; meine Seele suchet dich.

8. Dir will ich mich ganz verschreiben! suche mich und nimm mich hin; dein zu seyn und dein zu bleiben, sehnet sich mein ganzer Sinn.

9. Oeffne deine tiefe Wunden, die der Sünder Freistadt sind; so hast du dein Schaaf gefunden, so bin ich ein sel'ges Kind.

Ernst Gottlieb Woltersdorf.

Zuruf Jesu an die Menschen.

Matthäi 11, v. 28. Kommt her zu mir Alle, die ihr mühselig und beladen seyd, Ich will euch erquicken.

In eigener Melodie.

1164. Kommt her zu mir! spricht Gottes Sohn, All', die ihr seyd beschweret nun, mit Sünden hart beladen. Ihr Jungen, Alten, Frau und Mann! ich will euch geben, was ich kann, will heilen euern Schaden.

2. Mein Joch ist süß, mein' Bürd' gering, wer mir's nachträgt in dem Geding'*), der Höll' wird er entweichen; ich will ihm selber helfen trag'n, mit meiner Hülf' wird er erjag'n das ew'ge Himmelreiche.

*) Bedingung.

3. Was ich gethan und g'litten hie in meinem Leben spät und früh, das sollt ihr auch erfüllen: was ihr gedenkt, ja red't und thut, das wird euch Alles recht und gut, wenn's g'schieht nach Gottes Willen.

4. Gern wollt' die Welt auch selig seyn, wenn nur nicht wär' die schwere Pein, die alle Christen leiden; so mag es doch nicht anders seyn, darum ergeb' sich nur darein, wer ewig Pein will meiden.

5. All' Kreatur bezeuget das, was lebt im Wasser, Laub und Gras, sein Leiden

kann's nicht meiden. Wer denn in Gottes Nam'n nicht will, zuletzt muß er des Teufels Ziel mit schwer'm Gewissen leiden.

6. Heut' ist der Mensch schön, jung und roth, sieh'! morgen ist er krank, gar todt; wie schnell muß er oft sterben. Gleichwie die Blumen auf dem Feld', also muß auch die schnöde Welt in einem Nu verderben.

7. Die Welt erzittert ob dem Tod; wenn Einer liegt in letzter Noth, dann will er fromm erst werden. Schafft Einer dies, der And're das, sein'r armen Seel' er ganz vergaß, dieweil er lebt' auf Erden.

8. Und wenn er nimmer leben mag, so hebt er an ein' große Klag', will sich erst Gott ergeben; ich fürcht' fürwahr die göttlich' Gnad', die er all'zeit verspottet hat, wird schwerlich ob ihm schweben.

9. Dem Reichen hilft doch nicht sein Gut, dem Jungen nicht sein stolzer Muth, er muß aus diesem Maien*); weñ Einer hätt' die ganze Welt, Silber und Gold und alles Geld, so muß er an den Reihen.

*) lustiges Weltleben.

10. Dem G'lehrten hilft doch nicht sein' Kunst, die weltlich' Pracht ist gar umsonst, wir müssen Alle sterben. Wer sich in Christo nicht bereit't, weil er lebt in der Gnadenzeit, muß ewiglich verderben.

11. Höret und merkt, ihr lieben Kind', die jetzo Gott ergeben sind, laßt euch die Müh' nicht reuen, halt't stets am heil'gen Gotteswort', das ist eu'r Trost und höchster Hort, Gott wird euch schon erfreuen.

12. Nicht Uebel ihr um Uebel gebt; schau't, daß ihr hier unschuldig lebt; laßt euch die Welt nur äffen. Gebt Gott die Rach' und alle Ehr', den engen Steg geht immer her, Gott wird die Welt schon strafen.

13. Wenn's ginge nach des Fleisches Muth, in Gunst, Gesundheit, großem Gut', würd't ihr gar bald erkalten. Darum schickt Gott die Trübsal her, damit das Fleisch gezüchtigt werd', zur ew'gen Freud' erhalten.

14. Ist das Kreuz bitter auch und schwer, gedenkt: wie heiß die Hölle wär', dahin die Welt thut rennen; mit Leib und Seel' muß Leiden seyn, ohn' Unterlaß die ew'ge Pein und mag doch nicht verbrennen.

15. Ihr aber werd't nach dieser Zeit mit Christo hab'n die ew'ge Freud'; dahin sollt ihr gedenken. Es lebt kein Mann, der aussprech'n kann die Glorie und den ew'gen Lohn, den uns der Herr wird schenken.

16. Und was der ew'ge, güt'ge Gott in seinem Wort' versprochen hat, geschwor'n bei seinem Namen, das hält und giebt er g'wiß fürwahr; der helf' uns zu der Engelschaar durch Jesum Christum. Amen!

Unbekannter Dichter; um 1530.

Jesus auf dem Wege zu seinem Leiden.

Luca 18, v. 35—38. Es geschahe aber, da er nahe zu Jericho kam, saß ein Blinder am Wege und bettelte. Da er aber hörete das Volk, das durchhin ging, forschete er, was das wäre. Da verkündigten sie ihm, Jesus von Nazareth ginge vorüber. Und er rief und sprach: Jesu, du Sohn Davids, erbarme dich meiner.

Mel. Zion klagt mit Angst und Schmerzen.

1165. Kommt, ihr Blinden, kommt am Wege, Jesus will vorüber geh'n! kommt, verlaßt die Lasterstege, daß ihr wieder möget seh'n; rufet: Herr, erbarme dich über alle Welt und mich! so wird Jesus euch umarmen und sich eurer Noth erbarmen.

2. Niemand find't an Jesu Leiden Theil, wer nicht zu ihm geht hin und die Sünde will vermeiden, die den Tod hat zum Gewinn. Denke nicht bei Frevelthat, daß die Sünde dir nicht schad't; nein! du hast den Tod verdienet, ob dich Jesus gleich versühnet.

3. Meinet nicht, ihr Höllenkinder, daß dies Leiden euch angeht, so lang' ihr als freche Sünder in dem Sündenstande steht; zwar nimmt er die Sünder an, aber die die Lasterbahn fliehen und ihr Heil mit Schmerzen suchen mit zerknirschtem Herzen.

4. Niemand tröste sich vergebens bei dem Sündendienst und Greu'l, daß ihm hilft der Fürst des Lebens und daß er von Sünden heil'; willst du frei seyn von der Noth, so verlaß den Sündenkoth; denn so ist die Schuld vergeben und kannst deines Glaubens leben.

5. Ach, Herr Jesu, laß dein Leiden einmal in die Kraft ergeh'n, daß uns nicht die Sünden scheiden, Gottes Angesicht zu seh'n; gieb des heil'gen Geistes Kraft, daß in uns werd' abgeschafft Alles, was uns kann verderben, durch dein Leiden, Blut und Sterben.

6. Schenke den betrübten Seelen Leben und Gerechtigkeit, die in deine Wundenhöhlen fliehen zu der bösen Zeit. Mache sehend, was noch blind und mit Reu' sich zu dir find't, daß wir dankbar deinen Namen für dein Leiden preisen! Amen!

Laurentius Laurenti.

Pflich-

Pflichten der Kinder gegen die Eltern.

Luc. 2, v. 52. Jesus nahm zu an Weisheit, Alter und Gnade bei Gott und den Menschen.

Mel. Alles ist an Gottes Segen.

1166. Kommt, ihr Kinder dieser Erden! wollt ihr einst beglücket werden; ei, so kommt und hört mir zu! ich will euch von Weisheit sagen, die euch bringt bei euren Tagen Leben, Segen, Glück und Ruh'.

2. Folgt den Eltern, dienet ihnen, ehrt sie mit Wort, That und Mienen, schätzt sie aller Liebe werth: das wird euch das Leben bringen, Alles wird euch wohl gelingen, wie es euer Herz begehrt.

3. Nehmt zum Muster eurer Seelen Joseph, Jakob, Samuelen, die die Eltern hoch geliebt. Seht, wie diesen werthen Frommen alles Glück und Heil gekommen, das allein der Herr nur giebt.

4. Joseph kam zum Stuhl der Ehren, Jakob ward zu zweien Heeren, Samuel blieb auserwählt; also darf den frommen Kindern gar nichts ihren Segen hindern; denn ihr Wohl bleibt ungezählt.

5. Und am Meisten unter allen soll euch Christi Rath gefallen, der fromm und gehorsam war; Alter, Weisheit, Huld und Gnade folgten seinem frommen Pfade, Gott war mit ihm immerdar.

6. Eltern-Segen bauet Häuser, bringt den Kindern Palmen-Reiser, machet groß, was schlecht und klein. Eltern-Segen dämpft das Wehe, führt die Kinder hin zur Höhe und zum Ehren-Tempel hin.

7. Also geht es nicht den Frechen, die der Eltern Ehre schwächen; solche trifft nur Fluch und Bann; Unglück folget ihren Tritten und auf allen ihren Schritten schreckt sie, was sie schrecken kann.

8. Eli böse Kinder finden Noth und Tod für ihre Sünden, Esau kommt zum Segen nicht; Ham muß nichts als Fluch ererben, Absalom so schmählich sterben, durch ein plötzliches Gericht.

9. Augen, die der Eltern spotten, pflegt der Rabe auszurotten, wo am Bach ihr Körper liegt: Herzen, die der Treu' vergessen, muß der junge Adler fressen, der ihr Fleisch zum Raube kriegt.

10. Aber frommer Kinder Segen ist mit Centnern nicht zu wägen; ihnen bleibt der Höchste hold. Kommt nicht hier das lange Leben, so wird's dort der Heiland geben, wo er selbst ihr Lohn und Sold.

M. Christian Schumann.

Von der wahren Weisheit.

Weisheit Sal. 9, v. 10. Sende sie (die Weisheit) herab von deinem heiligen Himmel und aus dem Thron deiner Herrlichkeit; sende sie, daß sie bei mir sey und mit mir arbeite, daß ich erkenne, was dir wohl gefalle.

Mel. Freu' dich sehr, o meine Seele.

1167. Kommt, ihr Menschen! laßt euch lehren, kommt und lernet allzumal, welche die sind, die gehören in der rechten Weisen Zahl, und die billig Jedermann als verständig siehet an, obgleich Viele sie verletzen und ihr Thun für Thorheit schätzen.

2. Weise sind, die selbst sich kennen, wie so gar verderbt sie sind; die sich selber Thoren nennen und befinden, wie so blind beides, Wille und Verstand, weil sie sich von Gott gewandt; die sich ihrer Thorheit schämen und zur Buße sich bequemen.

3. Weise sind, die Christum wissen durch des Geistes Glaubenslicht und ihn als die Weisheit küssen, der es nie an Licht gebricht; die die Weisheit dieser Welt und was sonst die Welt hoch hält, fahren lassen aus den Sinnen, um nur Christum zu gewinnen.

4. Weise sind, die Gott stets flehen um den Geist, der weise macht; die nach dessen Leitung gehen und darauf stets haben Acht: denn die Gottes Geist nicht lehrt, bleiben thöricht und verkehrt, ob sie gleich von Geistes-Sachen können kluge Worte machen.

5. Weise sind, die sich erwählen Gottes Wort zum Prüfestein, damit sie nicht mögen fehlen, zu erkennen Kraft und Schein. Wer will den betrügen leicht, der von Gottes Wort nicht weicht, das, wenn Alles auch vergehet, ohn' Aufhören doch bestehet?

6. Weise sind, die das nicht suchen, was nicht ewig währen mag und die kurze Lust verfluchen, die da bringt ein langes Ach; die nicht lieben in der Welt Ehre, Wollust, Gut und Geld, sondern Allem dem absagen, weil es doch nur mehrt die Plagen.

7. Weise sind, die Gott erwählen als ihr höchst und bestes Theil, und sich nicht vergeblich quälen, weil doch ohne Gott kein Heil. Die sich ihn zum Ziel gesetzt, die sonst nichts, als er ergötzt und ihm zu gefallen trachten, die kann man recht weise achten.

8. Weise sind, die sich nicht schämen, sondern deren Sinn sich lenkt, Christi Kreuz auf sich zu nehmen, den man selbst ans Kreuz gehenkt. Christi Kreuz bringt lauter

Licht, das verdunkelt ewig nicht: wer recht weise denkt zu werden, liebe Christi Kreuz auf Erden.

9. Weise sind und voll-Verstandes, die, so lang' sie wallen hier, ihres rechten Vaterlandes mit entzündeter Begier sind und bleiben eingedenk und nicht mit der großen Meng' Andrer sich hier feste setzen, sondern sich als Pilgrim' schätzen.

10. Herr, deß Weisheit zu erreichen Keinem möglich hier auf Erd'; hilf, daß dieser Weisheit Zeichen ich aus Gnaden fähig werd'. Gieb, daß ich mich selbst recht kenn', Christum meine Weisheit nenn', dich um deinen Geist stets flehe und vom Worte nie abgehe;

11. Daß ich alles Eitle hasse und nur immer dich erwähl', Christi Schmach und Kreuz auffasse und stets meine Tage zähl'. Vater, hilf! sammt deinem Sohn und dem Geist von deinem Thron, daß ich möge hier auf Erden doch so klug und weise werden.

Johann Anastasius Freylinghausen.

Ermunterung zur Bruderliebe.

1 Joh. 2, v. 9. 10. Wer da saget, er sey im Lichte, und hasset seinen Bruder, der ist noch in Finsterniß. Wer seinen Bruder liebet, der bleibet im Lichte, und ist kein Aergerniß bei ihm.

Mel. Wunderbarer König.

1168. Kommt ins Reich der Liebe, o ihr Gottes-Kinder! ihr mit ihm versöhnte Sünder! lernt von eurem Lamme eure Brüder lieben und euch recht darinnen üben. Folgt dem Herrn. Fraget gern, was nach Jesu fraget; wenn's auch fällt und klaget. 1 Joh. 3, v. 16. Gal. 6, v. 1 2.

2. Sünde zu vergeben und auch zu vergessen, das hat Keiner so besessen, als der Freund der Sünder, der mit eignem Blute seinen Feinden selbst zu gute alle Schuld (o der Huld!) ewiglich begraben, völlig aufgehaben.

3. Wirft der Feind der Seelen zwischen eure Herzen Streit und Haß, Verdacht und Schmerzen: o so seyd nicht stille, wartet nicht so lange, bis zum Sonnenuntergange. Tödtet bald die Gewalt aller Zwistigkeiten, die den Fall bereiten. Epheser 4, v. 26. 27.

4. Bleibt nicht so beständig auf dem eignen Rechte. Werdet gern der Andern Knechte. Denn die süße Liebe deckt der Sünden Menge, duldet ohne Maaß und Länge. Liebt euch sehr. Liebet mehr. Nährt das Liebesfeuer alle Tage treuer.

Eph. 4, v 31. 32. Matth. 18, v. 21 22. 1 Petri 4, v. 8. 1 Corinth 9, v. 20. 1 Petri 1, v. 23.

5. Soll das Reich des Sohnes voll von großen Heerden fest und reich gesegnet werden: o so laßt uns lieben und in Liebe brennen. Jesu, hilf, daß wir es können! Satan wehrt; denn das Schwert fest verbundner Liebe schlägt ihm tiefe Hiebe.

6. Abba, lieber Vater! Sohn und Geist der Gnaden! heile allen unsern Schaden. Falschheit, Schein und Tücke, Stolz und Eigenliebe kreuzige durch deine Triebe. Satans Macht wird verlacht, wenn wir dich nur kennen und in Liebe brennen.

Ernst Gottlieb Wöltersdorf.

Gesang für Kinder.

Epheser 3, v. 14—16. Ich beuge meine Kniee gegen den Vater unsers Herrn Jesu Christi, der der rechte Vater ist über Alles, was da Kinder heißet im Himmel und auf Erden, daß er euch Kraft gebe nach dem Reichthum seiner Herrlichkeit, stark zu werden durch seinen Geist an dem inwendigen Menschen.

Mel. Nun ruhen alle Wälder.

1169. Kommt, Kinder, anzubeten! laßt uns zum Vater treten, der Aller Vater heißt. Er ist's, der uns das Leben und seinen Sohn gegeben; er schenk' uns auch den heil'gen Geist.

2. Es mangelt unsrer Jugend an Weisheit und an Tugend, wir kennen Jesum nicht; erleucht' uns, dir zum Preise; Herr! mach' uns klug und weise durch deines guten Geistes Licht.

3. Lehr' uns den Heiland kennen; gieb, daß, wenn wir ihn nennen, sich unser Herz erfreu'! hilf, daß wir an ihn glauben und ihm gehorsam bleiben; mach' unser Herz ihm recht getreu.

4. Präg' alle heil'gen Lehren, die wir vom Lehrer hören, tief in die Herzen ein; gieb, daß wir sie zum Segen behalten und erwägen; laß uns des Wortes Thäter seyn.

5. Vermehr' in uns die Triebe zum Beten und zur Liebe, zu Fleiß und Folgsamkeit; mach' Unvernunft und Laster uns täglich mehr verhaßter; werth mach' uns, was dein Wort gebeut.

6. Wir sind schon jetzt als Kinder vor dir, Gott! große Sünder: ach geh' nicht in's Gericht! Gott sey uns gnädig, schenke uns unsre Schuld, gedenke der vielen Jugend-Sünden nicht.

7. Wir sind noch unerfahren, uns reißt in jungen Jahren der Sünde Reiz oft hin; laß uns die Lust der Sünde, daß sie uns-

nicht entzünde, wie tödtend Gift der Schlange flieh'n.

8. Herr, laß zu allen Zeiten uns deine Gnade leiten auf guter, ebner Bahn; führ' uns in früher Jugend durch Gottesfurcht und Tugend zum ewig sel'gen Leben an.

Ehrenfried Lieblch.

Aufmunterung für die Pilger nach dem himmlischen Jerusalem.

Philipper 3, v. 13. 14. Ich vergesse, was dahinten ist, und strecke mich zu dem, das da vorn ist; und jage nach dem vorgesteckten Ziel, nach dem Kleinod, welches vorhält die himmlische Berufung Gottes in Christo Jesu.

Mel. Von Gott will ich nicht lassen.

1170. Kommt, Kinder! laßt uns gehen, der Abend kommt herbei, es ist gefährlich stehen in dieser Wüstenei: kommt, stärket euren Muth, zur Ewigkeit zu wandern, von einer Kraft zur andern, es ist das Ende gut.

2. Es soll uns nicht gereuen der schmale Pilgrimspfad, wir kennen ja den Treuen, der uns gerufen hat: Kommt, folgt und trauet dem; ein Jeder sein Gesichte mit ganzer Wendung richte fest nach Jerusalem.

3. Der Ausgang, der geschehen, ist uns fürwahr nicht leid, es soll noch besser gehen zur Abgeschiedenheit: nein, Kinder! seyd nicht bang', verachtet tausend Welten, ihr Locken und ihr Schelten, und geht nur euren Gang.

4. Geht's der Natur entgegen, so geht's gerad' und fein; die Fleisch und Sinne pflegen, noch schlechte Pilger seyn. Verlaßt die Kreatur und was euch sonst will binden, laßt gar euch selbst dahinten, es geht durch's Sterben nur.

5. Man muß wie Pilger wandeln, frei bloß und wahrlich leer; viel sammeln, halten, handeln macht unsern Gang nur schwer. Wer will, der trag' sich todt: wir reisen abgeschieden, mit Wenigem zufrieden, was man gebraucht zur Noth.

6. Schmückt euer Herz auf's Beste, sonst weder Leib noch Haus; wir sind hier fremde Gäste und ziehen bald hinaus. Gemach bringt Ungemach, ein Pilger muß sich schikken, sich dulden und sich bücken den kurzen Pilgrims-Tag.

7. Laßt uns nicht viel besehen das Kinderspiel am Weg'; durch Säumen und durch Stehen wird man verstrickt und träg'. Es geht uns gar nichts an, nur fort, nur fort gerungen, durch Alles durchgedrungen! es ist gar bald gethan.

8. Ist gleich der Weg sehr enge, so einsam, krumm und schlecht, der Dornen wohl in Menge und manches Kreuze trägt. Es ist doch nur ein Weg, laßt seyn, wir gehen weiter, wir folgen unserm Leiter und brechen durchs Gehäg'.

9. Was wir hier hör'n und sehen, das hör'n und sehn wir kaum: wir lassen's da und gehen, es irret uns kein Traum. Wir geh'n in's Ew'ge ein, mit Gott muß unser Handel, im Himmel unser Wandel und Herz und Alles seyn.

10. Wir wandeln eingekehret, veracht't und unbekannt, man siehet, kennt und höret uns kaum im fremden Land': und höret man uns ja, so höret man uns singen von all' den großen Dingen, die auf uns warten da.

11. Kommt, Kinder! laßt uns gehen; der Vater gehet mit, er selbst will bei uns stehen in jedem sauren Tritt: er will uns machen Muth, mit süßen Sonnenblicken uns locken und erquicken; ach, ja, wir haben's gut.

12. Ein Jeder munter eile, wir sind vom Ziel noch fern, schau't auf die Feuersäule, die Gegenwart des Herrn. Das Aug' nur eingekehrt, da uns die Liebe winket und dem, der folgt und sinket, den wahren Ausgang lehrt.

13. Des süßen Lammes Wesen wird uns da eingedrückt, man kann's am Wandel lesen, wie kindlich, wie gebückt, wie sanft, gerad' und still die Lämmer vor sich sehen und ohne Zaudern gehen so, wie ihr Führer will.

14. Kommt, laßt uns munter wandern, wir gehen Hand in Hand, Ein's freuet sich am Andern in diesem wilden Land'. Kommt, laßt uns kindlich seyn, uns auf dem Weg' nicht streiten: die Engel uns begleiten als unsre Brüderlein.

15. Sollt' wo ein Schwacher fallen, so greif' der Stärkre zu, man trag', man helfe Allen, man pflanze Fried' und Ruh': kommt, bindet fester an, ein Jeder sey der Kleinste, doch auch wohl gar der Reinste auf unsrer Pilgerbahn.

16. Kommt, laßt uns munter wandern, der Weg kürzt immer ab, ein Tag der folgt dem andern, bald fällt das Fleisch in's Grab, nur noch ein wenig Muth, ach, noch um

Vieles treuer, vor allen Dingen freier gewandt zum ew'gen Gut!

17. Es wird nicht lang' mehr währen, halt't noch ein Wenig aus, es wird nicht lang' mehr währen, so kommen wir nach Hauf', da wird man ewig ruh'n: wenn wir mit allen Frommen dahin zum Vater kommen: wie wohl, wie wohl wird's thun!

18. Drauf wollen wir es wagen, es ist wohl wagenswerth, und gründlich dem absagen, was aufhält und beschwert: Welt, du bist uns zu klein; wir gehn durch Jesu Leiten hin in die Ewigkeiten; es soll nur Jesus seyn!

19. O Freund, den wir erlesen, o allvergnügend Gut! o ewig-bleibend Wesen, wie reizest du den Muth! wir freuen uns in dir, du unsre Wonn' und Leben, worin wir ewig schweben, du unsre ganze Zier!

Gerhard Tersteegen.

Von der Seligkeit der Kinder Gottes.

Matthäi 5, v. 1—12. Da Jesus aber das Volk sahe, ging er auf einen Berg und setzte sich, und seine Jünger traten zu ihm; und er that seinen Mund auf, lehrete sie und sprach: Selig sind, die da geistlich arm sind; denn das Himmelreich ist ihr'. rc.

Mel. Freu' dich sehr, o meine Seele.

1171. Kommt, laßt euch den Herren lehren, kommt und lernet allzumal, welche die sind, die gehören in die rechte Christenzahl; die bekennen mit dem Mund', glauben fest von Herzensgrund und bemühen sich daneben Gut's zu thun, so lang' sie leben.

2. Selig sind die Demuth haben, und sind all'zeit arm im Geist, rühmen sich gar keiner Gaben, daß Gott werd' allein gepreis't, danken dem auch für und für; denn das Himmelreich ist ihr. Gott wird dort zu Ehren setzen, die sich selbst gering hier schätzen.

3. Selig sind, die Leide tragen, da sich göttlich Trauern find't, die beseufzen und beklagen ihr' und and'rer Leute Sünd'; die deshalben traurig gehn, oft vor Gott mit Thränen stehn, diese sollen noch auf Erden und dann dort getröstet werden.

4. Selig sind die frommen Herzen, da man Sanftmuth spüren kann; welche Hohn und Trotz verschmerzen, weichen gerne Jedermann; die nicht suchen eigne Rach' und befehlen Gott die Sach', diese will der Herr so schützen, daß sie noch das Land besitzen

5. Selig sind, die sehnlich streben nach Gerechtigkeit und Treu', daß in ihrem Thun und Leben kein' Gewalt noch Unrecht sey; die da lieben gleich und recht, sind aufrichtig, fromm und schlecht*), Geiz, Betrug und Unrecht hassen, die wird Gott satt werden lassen.

*) Hiob 1, v. 1.

6. Selig sind, die aus Erbarmen sich annehmen fremder Noth, sind mitleidig mit den Armen, bitten treulich für sie Gott; die behülflich sind mit Rath, auch, wo möglich, mit der That, werden wieder Hülf' empfangen und Barmherzigkeit erlangen.

7. Selig sind, die funden werden reines Herzens jederzeit, die im Werk', Wort und Geberden lieben Zucht und Heiligkeit. Diese, welchen nicht gefällt die unreine Lust der Welt, sondern sie mit Ernst vermeiden, werden schauen Gott mit Freuden.

8. Selig sind, die Friede machen und drauf seh'n ohn' Unterlaß, daß man mög' in allen Sachen fliehen Hader, Streit und Haß, die da stiften Fried' und Ruh', rathen allerseits dazu, sich des Friedens selbst befleißen, werden Gottes Kinder heißen.

9. Selig sind, die müssen dulden Schmach, Verfolgung, Angst und Pein, da sie es doch nicht verschulden und gerecht erfunden seyn: ob des Kreuzes gleich ist viel, setzet Gott doch Maaß und Ziel, und hernach wird er's belohnen ewig mit den Ehrenkronen.

10. Herr! regier' zu allen Zeiten meinen Wandel auf der Erd', daß ich solcher Seligkeiten hier aus Gnaden fähig werd'. Gieb, daß ich mich acht' gering, meine Klag' oft vor dich bring'; Sanftmuth auch an Feinden übe, die Gerechtigkeit stets liebe;

11. Daß ich Armen helf' und diene, immer hab' ein reines Herz; die in Unfried' steh'n, versühne, dir anhang' in Freud' und Schmerz. Vater! hilf von deinem Thron', daß ich glaub' an deinen Sohn, und durch deines Geistes Stärke mich befleiße guter Werke.

Joh. Heermann;
verbessert durch David Denicke.

Am Schlusse des Jahres.

Psalm 75, v. 2. Wir danken dir, Gott, wir danken dir und verkündigen deine Wunder, daß dein Name so nahe ist.

Mel. Vom Himmel hoch da komm' ich her.

1172. Kommt, laßt uns preisen Gottes Treu', die an uns alle Morgen neu; als welcher es so wohl gemacht, daß wir dies Jahr zu Ende bracht.

2. Gelobet sey zu dieser Zeit der Vater der Barmherzigkeit; er hat viel Gut's an uns gethan, kein Mensch ihm das verdanken kann.

3. Ach Herr, laß alle Missethat, die deinen Zorn gereizet hat, mit dem beschloss'nen Jahr' zugleich seyn hingelegt in's Gnadenreich.

4. Sieh' ferner auf uns insgesammt, auf Kirch', Schul' und Regentenamt, laß Krieg, Pest, Feu'r und andre Pein von unsern Gränzen ferne seyn.

5. Dein Segen unser Feld anblick', dein' Hülfe Seel' und Leib erquick', dein Schutz begleit' uns überall, daß uns kein Böses überfall'.

6. Bekehre, was in Sünden steckt' und tröste, was der Satan schreckt; nimm dich verfolgter Christen an, reich' Brod und Kleid dem armen Mann'.

7. Laß bei uns in dem neuen Jahr' stets seyn der lieben Engel Schaar, und wenn die alte Welt verfällt, führ' uns in's neue Himmelszelt.

D. Joh. Christian Adami.

Lob- und Danklied.

Psalm 108, v. 4. 5. Ich will dir danken, Herr, unter den Völkern, ich will dir lobsingen unter den Leuten. Denn deine Gnade reichet, so weit der Himmel ist, und deine Wahrheit, so weit die Wolken gehen.

Mel. Herr Gott, dich loben alle wir.

1173. Kommt, Menschenkinder, rühmt und preis't Gott Vater, Sohn und heil'gen Geist, die allerhöchste Majestät, vor welcher Augen ihr jetzt steht.

2. Ihr Lippen, hebet freudig an, die Zunge folge, was sie kann, Verstand und Wille stimmen ein, das Herz soll nicht entfernet seyn.

3. Er ist es, ja er ist es werth, der König Himmels und der Erd', daß nicht ein Tag vorüber geh', da man nicht dankbar vor ihm steh'.

4. Dies ist der Engel edles Amt, die Gottes Feuer angeflammt, und wollen wir einst Engel seyn, so schicken wir uns bald darein.

5. Die Welt, die gar im Argen liegt *) und uns durch ihren Schein betrügt, hält zwar von Gottes Lob nicht viel, weil eigen Lob ihr eitles Ziel. *) 1 Joh 5, v 19

6. Wir selbst, die wir in Sünden geh'n, wenn uns nicht treibt des Geistes Weh'n, vergessen Gottes Ruhm gar sehr; der Klage-Lieder hört man mehr.

7. Denn unser unvergnügtes Herz macht ohne Noth sich manchen Schmerz und denkt indeß gar wenig dran, was Gott ihm hat zu gut gethan.

8. Doch, Herr! es soll nun besser gehn, weil Mund und Augen offen stehn; im Schmuck des Glaubens opfern wir des Herzens Dank, o Vater, dir.

9. Nimm an den schwachen Preis und Ruhm von deinem Volk und Eigenthum, hör' unserm Lied' in Gnaden zu, du treuer Gott und Vater du!

10. Als Schöpfer sollst du seyn gepreis't, so lange man uns Menschen heißt. Du giebst das Leben, nährst uns wohl und machst uns deines Segens voll.

11. Herr Jesu, Heiland aller Welt! vor dir man billig niederfällt, denn was dein Blut an uns gethan, ist mehr als man verdanken kann.

12. Dein Ruhm soll auch unendlich seyn, o Geist! der bei uns kehret ein: wie deine uns erzeigte Treu', dein Trieb ist alle Morgen neu.

13. Nimm an das Lob in dieser Zeit, o heiligste Dreieinigkeit! verschmähe nicht das arme Lied und schenk' uns Segen, Heil und Fried'.

14. Wann kommt die Zeit, wann kommt der Tag, da man, befreit von aller Plag', dir tausend Hallelujah bringt und Heilig, Heilig, Heilig singt?

D. Valentin Ernst Löscher.

Pfingstlied.

Johannis 15, v. 26. Wenn aber der Tröster kommen wird, welchen ich euch senden werde vom Vater, der Geist der Wahrheit, der vom Vater ausgehet; der wird zeugen von mir.

Mel. Von Gott will ich nicht lassen.

1174. Komm, Tröster! komm hernieder vom hohen Himmelsthron' auf Christi Freund' und Brüder, komm eilig, komm und wohn' im Herzen allermeist, mit deinem Licht' und Gaben und Freudenöl zu laben, komm, werther heil'ger Geist!

2. Du bist ein Trost der Frommen, gieß' aus dein heil'ges Oel und laß es zu mir kommen, daß sich mein Herz und Seel' erfreuen inniglich; komm, Tröster! zu erquicken die Seelen, die sich bücken im Geist' demüthiglich.

3. Laß allen Trost verschwinden, den mir die Welt verspricht bei ihrem Dienst der

Sünden, der mich doch tröstet nicht. Was Jesus mir anpreis't, dem will ich feste gläuben; du sollst mein Tröster bleiben, du, o Gott, heil'ger Geist!

4. Du kannst mein Herz erfreuen und kräftig rüsten aus, ja ganz und gar erneuen mein armes Herzenshaus; drum komm, mein schönster Gast! und bleib' im Tod' und Leben als Tröster mir ergeben, bis mein Gesicht erblaßt.

5. Der du als Gott ausgehest vom Vater und dem Sohn und mich im Geist erhöhest zu Gottes Stuhl und Thron, kehr' gnädig bei mir ein und lehr' mich Jesum kennen, ihn meinen Herren nennen mit Wahrheit, nicht zum Schein.

6. Du kommst ja von dem Vater, den meine Seele liebt, drum sey auch mein Berather; wenn mich die Welt betrübt, so komm und tröste mich, und stärk' im Kreuz und Leiden mein Herz mit vielen Freuden, daß es erquicke sich.

7. Ja, zeug' in meinem Herzen von Jesu ganz allein, von seinem Tod' und Schmerzen und seiner Wahrheit Schein; daß ich, ganz überzeugt, kein Bild in meiner Seelen, als Jesum mög' erwählen, bis sich mein Herz ihm gleicht.

8. Leit' mich mit deinem Finger, o Geist von Gottes Thron! und sey mein Herz-Bezwinger, daß mich kein' Schmach noch Hohn, kein' Trübsal, keine Noth von meinem Jesu scheide, im Kreuz sey meine Freude, mein Trost bis in den Tod. Laurentius Laurenti.

Pfingstlied.

Apost. Gesch. 2, v. 18. Auf meine Knechte und auf meine Mägde will ich in denselbigen Tagen von meinem Geist ausgießen, und sie sollen weissagen.

Mel. Nun danket alle Gott.

1175. Kommt, Seelen, dieser Tag muß heilig seyn besungen, sprecht Gottes Thaten aus mit neuerweckten Zungen; heut hat der werthe Geist viel Helden ausgerüst't: so betet, daß er auch die Herzen hier begrüßt.

2. Ach ja! du ew'ger Geist, du Tröster aller Frommen, wir warten, daß du mög'st zu uns mit Segen kommen; dein sind wir durch die Tauf', durch's Wort und Predigtamt, die Geistesfrüchte schenk' uns reichlich allesammt.

3. Du edler Liebes-Geist! laß deine Liebesflammen durch Herz und Seele ziehn und füge sie zusammen. Bei Christi Liebesflamm' willst du geschäftig seyn; ach, präge Christi Sinn uns Allen kräftig ein.

4. Wir sind an Christi Leib zu Gliedern auserkoren, durch deine Gnadenkraft in Christo neu geboren, ach! schaffe, wie du bist, an Gaben mancherlei, daß Jeder seines Orts ein lebend Gliedmaaß sey.

5. Uns lehret Christi Tisch Fried' und Gemeinschaft haben und dazu dienen die von dir empfangnen Gaben. Wenn nun der alte Feind uns listig trennen will, so wehre ihm und mach' uns friedsam, fromm und still.

6. Was unserm Wissen fehlt, das hier nur Stückwerk bleibet, was unsern Willen lockt und zum Verderben treibet, das lasse, großes Licht, durch deinen Glanz vergehn und uns in Gottes Kraft getrost und gläubig stehn.

7. Wen Gottes Geist beseelt, wen Gottes Wort erreget und wer die Erstlinge von seiner Gnade träget, der stimme mit uns ein und preise Gottes Treu'; sie ist an diesem Fest und alle Morgen neu.

D. Valentin Ernst Löscher.

Von der Gottheit Jesu Christi.

Colosser 1, v. 15. 16. Christus ist das Ebenbild des unsichtbaren Gottes, der Erstgeborne vor allen Kreaturen. Denn durch ihn ist Alles geschaffen, das im Himmel und auf Erden ist, das Sichtbare und Unsichtbare; beides die Thronen und Herrschaften, und Fürstenthümer und Obrigkeiten; es ist Alles durch ihn und zu ihm geschaffen.

Mel. Nun lob' mein' Seel' den Herren.

1176. Kommt, Seelen! und beschauet des ew'gen Sohnes Herrlichkeit; eh' Gott die Welt gebauet, so war Er schon vor aller Zeit: Gott selbst hat ihn gezeuget, er ist des Vaters Bild, vor dem sich Alles beuget, was Erd' und Himmel füllt, er ist des Himmels Krone, des Vaters Freudenfüll', der sich in diesem Sohne am Liebsten sehen will.

2. Der Vater hat sein Wesen von Ewigkeit ihm mitgetheilt, und ihn dazu erlesen, daß er den Biß der Schlange heilt'; in ihm hat sich ergossen der Gottheit Glanz und Pracht, durch ihn ist ausgeflossen das Licht in uns're Nacht, er ist die Lebenssonne, die keine Flecken kennt, und die mit Kraft und Wonne die Finsternisse trennt.

3. Es wohnt in seiner Hütten des wahren Gottes Nam' und Zier, des Vaters Art und Sitten sieht man ganz ausgedrükket hier: vor Grundlegung der Erden war

er in seinem Schooß; er sprach, so mußte werden der große Erdenkloß, der Kreaturen Orden schließt diesen Sohn nicht ein, sie sind durch ihn geworden, er mußt' ihr Schöpfer seyn.

4. Er träget alle Dinge durch sein allmächtig, kräftig Wort; was groß ist und geringe geht nur durch seinen Willen fort, sein weiser Schluß regieret die unterworf'ne Welt, weil er das Ruder führet, geschieht, was ihm gefällt; wird er die Stimm' erheben, so wird Grab, Meer und Luft die Todten wiedergeben, die er zum Leben ruft.

5. Ihm läßt Gott Ehr' erzeigen, die keinem Fremden zugehört, vor ihm muß man sich beugen, so oft man seinen Namen hört, der Himmel wirft sich nieder vor seinem hohen Thron, der Seraphinen Lieder erheben diesen Sohn. Wer nicht auf dieser Erden auf ihn allein vertraut, der kann nicht selig werden, der hat auf Sand gebaut.

6. Dir sey Lob, Preis und Ehre, erhab'ner Heiland, großer Gott! beschäme und bekehre die stolze und verweg'ne Rott', die deine Krone raubet und frech mit Füßen tritt, die deinem Wort' nicht glaubet, theil' ihnen Gnade mit, dich gläubig zu erkennen; laß die, so dich erkannt, in deiner Liebe brennen, dein Ruhm füll' jedes Land.

D. Joh. Jakob Rambach.

Vom Gebet.

Epheser 6, v. 18. Betet stets in allem Anliegen, mit Bitten und Flehen im Geist, und wachet dazu in allem Anhalten und Flehen für alle Heiligen.

Mel. Jesu, meine Freude.

1177. Kommt *) und laßt uns beten! oft vor Gott zu treten, ist der Christen Pflicht. Ruft! der Gott der Ehren wird als Vater hören; ruft mit Zuversicht! Naht zum Herrn, er sieht es gern, wenn die Kinder vor ihn treten; kommt und laßt uns beten! *) Psalm 95, v. 6.

2. Betet, daß die Heerde nicht zerstreuet werde, die an Jesu hält. Betet für die Freunde, betet für die Feinde, für die ganze Welt. Trotzt das Heer des Satans sehr, so trotzt seinem kühnen Schnauben mit Gebet und Glauben.

3. Jesus hat befohlen, betend das zu holen, was uns nützlich ist; bete gläubig, kindlich; bet' im Geist*), und mündlich! bete stets, o Christ! Lauf Gott an**); er will und kann deine Seele herrlich schmücken und den Leib beglücken.

*) Joh. 4, v. 24. **) Psalm 34, v. 6.

4. Geh' in deine Kammer, klag' ihm deinen Jammer, der dich zaghaft macht; Gott hat auf die Seinen allzeit, wenn sie weinen, als ihr Hüter, Acht. Gottes Herz fühlt unsern Schmerz; er kann es nicht lang' ertragen, daß wir jammernd klagen.

5. Scheint er auf dein Beten fern von dir zu treten, hört er dich nicht bald; will er auf dein Schreien dich nicht bald erfreuen: so thu' ihm*) Gewalt. Sprich: mein Hort, hier ist dein Wort: „ruf! ich will dir Hülf' erweisen und du sollst**) mich preisen."

*) Matth. 11, v. 12. **) Psalm 50, v. 15.

6. Dank sey deiner Güte, du hast meine Bitte, Herr! noch nie verschmäh't. Dies giebt mir im Leide Hoffnung, Trost und Freude. Gott erhört*) Gebet. Glaubt' ich nicht mit Zuversicht: Gott erfüllet mein Verlangen; wär' ich längst vergangen.

*) Psalm 65, v. 3. **) Psalm 119, v. 92.

7. Wenn ich zu ihm fliehe, wenn ich vor ihm knice, naht er sich zu mir. Wenn die Thränentropfen an sein Herze klopfen, spricht er; „ich bin hier! was dir fehlt und was dich quält, deine Leiden, deine Sorgen sind mir nicht verborgen."

8. Jesu, heil'ger Beter! der für Missethäter noch am Kreuze bat; bitt' auch auf dem Throne, daß Gott den verschone, der gesündigt hat! Du allein kannst Mittler seyn, du kannst alle Gnad' erbitten; denn du hast gelitten.

Ehrenfried Liebich.

Weihnachtslied.

Ebräer 2, v. 14. Nachdem nun die Kinder Fleisch und Blut haben, ist Er es gleichermaaßen theilhaftig geworden, auf daß er durch den Tod die Macht nehme dem, der des Todes Gewalt hatte, das ist, dem Teufel.

In eigener Melodie.

1178. Kommt und laßt uns Christum ehren, Herz und Sinnen zu ihm kehren, singet fröhlich, laßt euch hören, werthes Volk der Christenheit!

2. Sünd' und Hölle mag sich grämen, Tod und Teufel mag sich schämen; wir, die unser Heil annehmen, werfen allen Kummer hin.

3. Sehet, was Gott hat gegeben: seinen Sohn zum ew'gen Leben; dieser kann und will uns heben aus dem Leid in's Himmels Freud'.

4. Seine Seel' ist uns gewogen, Lieb' und Gunst hat ihn gezogen, uns, die Satanas betrogen, zu besuchen aus der Höh'.

5. Jakobs Stern ist aufgegangen, stillt das sehnliche Verlangen, bricht den Kopf der alten Schlangen und zerstört das Höllen-Reich.

6. Unser Kerker, da wir saßen, wo die Sünden ohne Maaßen uns das Herze schier zerfraßen, ist entzwei, und wir sind frei.

7. O gebenedei'te Stunde, da wir das von Herzens-Grunde glauben und mit unserm Munde danken dir, o Jesulein!

8. Schönstes Kindlein in dem Stalle! sey uns freundlich, bring' uns Alle dahin, wo mit süßem Schalle dich der Engel Heer erhöht!

Paul Gerhardt.

Zum grünen Donnerstage.

Joh. 13, v. 14. 15. So nun ich, euer Herr und Meister, euch die Füße gewaschen habe; so sollt ihr auch euch unter einander die Füße waschen. Ein Beispiel habe ich euch gegeben, daß ihr thut, wie ich euch gethan habe.

Mel. Herr und Aelt'ster deiner Kreuzgemeine.

1179. Kommt und seht des Heilands Scheidescenen, wie sein Herz voll Inbrunst wallt! Seht ihn an! der Liebe stilles Sehnen hüllt den Herrn in Knechtsgestalt. Ihn, den ehrfurchtsvoll die Himmel grüßen, beugt die Liebe zu der Jünger Füßen. Sinkt mit tiefgerührtem Sinn, sinkt vor seiner Liebe hin!

2. Ja, er liebt die Seinen bis an's Ende, wüßte sie gern Alle rein, streckt zu ihnen aus die heil'gen Hände, reinigt sie, sein Volk zu seyn. Herr und Meister, du, an den ich glaube, wasch' auch mich von jedem Erdenstaube: und an Lieb' und Demuth reich mach' mein Herz dem deinen gleich.

Karl Bernhard Garve.

Osterlied.

Römer 6, v. 8. Sind wir aber mit Christo gestorben, so glauben wir, daß wir auch mit ihm leben werden.

Mel. Allein Gott in der Höh' sey Ehr'.

1180. Kommt wieder aus der finstern Gruft, ihr Gott-ergebnen Sinnen; schöpft neuen Muth und frische Luft, blickt hin nach Zions Zinnen; denn Jesus, der im Grabe lag, hat, als ein Held, am dritten Tag' des Todes Reich besieget.

2. Auf, danket ihm mit Herz und Mund m Tage seiner Freuden; er hat den ew'gen Gnaden-Bund gegründet durch sein Leiden, er hat dem Tod entwandt die Macht, das Leben aber wiederbracht und unvergänglich Wesen.

3. Nun tritt, was Christo ähnlich ist, in Glaubenskraft zusammen: weil Christus auferstanden ist, wer will sein Volk verdammen? Hier ist der Mann, der überwand, und nach zerriss'nem Todes-Band zur Rechten Gottes sitzet.

4. Du vielgeplagtes Christen-Heer, vergiß, was drückt und naget; und häuft es sich auch mehr und mehr, nur frisch auf den gewaget, der durch des Grabes Siegel brach, und zu dem Tode mächtig sprach: wo ist nunmehr dein Stachel?

5. Doch Christi Sieg ist gut dafür, der lehrt uns überwinden und öffnet Riegel, Schloß und Thür, trotz Teufel, Höll' und Sünden; mit diesem großen Sieges-Mann ist alles kurz und gut gethan; wo bleibt dein Sieg, o Hölle?

6. Zum Siegel solcher Seligkeit giebt uns der Herr zu essen die Speise der Unsterblichkeit, die Niemand soll vergessen, der Lebenssaft uns heilsam tränkt, den das erwürgte Lamm uns schenkt. O edler Ostersegen!

7. Gott, unserm Gott, sey Lob und Dank, der uns den Sieg gegeben, der, weil in Todesnacht er sank, hat wiederbracht das Leben. Der Sieg ist unser; Jesus lebt, der uns zur Herrlichkeit erhebt; Gott sey dafür gelobet!

D. Valentin Ernst Löscher.

Geduldiges Warten und Vertrauen auf Gottes Hülfe.

Jesaia 28, v. 29. Sein Rath ist wunderbarlich, und führet es herrlich hinaus.

Mel. Du Geist des Herrn, der du von Gott.

1181. Kommt Zeit, kommt Rath, ja nicht nur Rath allein: die Hülfe selbst, wenn sie wird nöthig seyn, wird ebenfalls gewiß nicht außen bleiben, wenn wir den Geist aus Gott uns lassen treiben.

2. Gott hat bereits, eh' er die Welt gemacht, für unser Heil gesorget und bedacht, wie Alles soll zu unserm Besten gehen; so wird es auch, und anders nicht, geschehen.

3. Was geb' ich mir denn für vergeb'ne Müh'? was sorge ich und ängst' mich allzufrüh? wie leicht kann Gott, weit über alles Denken, was ich besorg', auf andre Weise lenken!

4. Wo bleibt alsdann die so verdorb'ne Zeit? was bringet sie für Frucht in Ewig-

keit? hätt' ich denn nicht was Bessers schaffen können? Gott gönnt mir Ruh'; ich will sie mir nicht gönnen?

5. Geht's auch nicht so, wie ich mir vorgestellt: bin ich denn der, so Erd' und Himmel hält? und kann ich denn, daß es in meinen Sachen nach Wunsche geh', mit meinen Sorgen machen?

6. Ja, klügl' ich auch, wie mir zu helfen, aus, und Gott will nicht, so wird doch nichts daraus: giebt er dazu nicht gleichfalls das Gedeihen, kann's mich in Zeit und Ewigkeit gereuen.

7. Bin ich sein Kind und steh' in seiner Gnad'; so steht er mir für Leib's- und Seelenschad': ja selbst, was mir zu schaden hat geschienen, muß wenigstens mir dort zum Besten dienen.

8. Bring' ich indeß die Zeit mit Beten zu, so bleibt nicht nur Herz und Gemüth in Ruh': nein! ich zieh' auch dadurch die Hülf' im Glauben herbei, die mir die Sorgen würden rauben.

Johann Jakob v. Moser.

Trost im Leiden.

2 Corinther 12, v. 10. Ich bin gutes Muthes in Schwachheiten, in Schmachen, in Nöthen, in Verfolgungen, in Aengsten um Christi willen. Denn wenn ich schwach bin, so bin ich stark.

Mel. Was mein Gott will, gescheh' all'zeit.

1182. Kreuzvolles Herz! was zagest du? Krönt dich die Welt mit Plagen; halt' dich an Gott, so find'st du Ruh': hier darfst du nicht mehr zagen. Rührt dich ein Schmerz, Gott hat ein Herz recht väterlich im Lieben, ja er ist treu und hat dabei in's Herze dich geschrieben.

2. Sieh' nicht auf das, was dich betrübt, schau' nur auf Gottes Willen. Trink' aus den Kelch, den er dir giebt, trag' alles Kreuz im Stillen. Obgleich es scheint, er sey dein Feind und habe kein Erbarmen; fürwahr! sein Herz ist voller Schmerz, fall' ihm nur in die Armen.

3. Reiß' dich aus aller Ungeduld, und höre auf zu klagen. Es ist dein Gott voll Lieb' und Huld, er weiß, was du kannst tragen. Halt' ihm nur hier sein Wort stets für, er wird dich all'zeit trösten. Wer Gott nur hat, find't Rath und That, wenn gleich die Noth am größten.

4. Ach, wohl dem Menschen, der allhier auf seinen Gott kann trauen! Legt uns die Welt gleich Dornen für, läßt er doch Rosen schauen. Drum zage nicht, wenn dein Gott spricht: du sollst dein Kreuz umfassen. Bleib' Gott getreu; so bleibt's dabei: Sein Herz wird dich nicht lassen!

Benjamin Schmolck.

Die Litanei.

Daniel 9, v. 19. Ach Herr, höre! ach Herr, sey gnädig! ach Herr, merke auf und thue es, und verziehe nicht, um dein selbst willen, mein Gott; denn deine Stadt und dein Volk ist nach deinem Namen genennet.

In eigener Melodie.

1183. Kyrie, eleison!
Christe, eleison!
Kyrie, eleison!
Christe, erhöre uns!
Herr Gott, Vater im Himmel,
Erbarm' dich über uns!
Herr Gott Sohn, der Welt Heiland,
Erbarm' dich über uns!
Herr Gott, heiliger Geist
Erbarm' dich über uns!
Sey uns gnädig!
Verschon' uns, lieber Herre Gott!
Sey uns gnädig!
Hilf uns, lieber Herre Gott!
Vor allen Sünden,
Vor allem Irrthum,
Vor allem Uebel,
Vor des Teufels Trug und List,
Vor bösem, schnellem Tod,
Vor Pestilenz und theurer Zeit,
Vor Krieg und Blutvergießen,
Vor Aufruhr und Zwietracht,
Vor Feu'r- und Wassers-Noth,
Vor Hagel und Ungewitter,
Vor dem ewigen Tod
Behüt' uns, lieber Herre Gott!
Durch deine heilige Geburt,
Durch deinen Todeskampf und blutigen Schweiß,
Durch dein Kreuz und Tod,
Durch dein heiliges Aufersteh'n und Himmelfahrt,
In unserer letzten Noth,
Am jüngsten Gericht,
Hilf uns lieber Herre Gott!
Wir armen Sünder bitten,
Du wollest uns erhören, lieber Herre Gott!
Und deine heilige christliche Kirche regieren und führen,
Alle Bischöfe, Pfarrherren und Kirchendie-

ner im heilsamen Wort und heiligen Leben erhalten,
Allen Rotten und Aergernissen wehren,
Alle Irrige und Verführte wiederbringen,
Den Satan unter unsre Füße treten,
Treue Arbeiter in deine Ernte senden,
Deinen Geist und Kraft zum Worte geben,
Allen Betrübten und Blöden helfen und sie trösten,
Erhör' uns lieber Herre Gott!
Allen christlichen Königen, und Fürsten Fried' und Eintracht geben;
Unserm König steten Sieg wider deine Feinde gönnen,
Unsern Landesherrn mit allen seinen Gewaltigen leiten und schützen,
Unsern Rath, Schul' und Gemeine segnen und behüten,
Erhör' uns lieber Herre Gott!
Allen, so in Noth und Gefahr sind, mit Hülf' erscheinen,
Allen Schwangern und Säugern fröhliche Frucht und Gedeihen geben,
Aller Kinder und Kranken pflegen und warten,
Alle unschuldig Gefangene los und ledig lassen,
Alle Wittwen und Waisen vertheidigen und versorgen,
Aller Menschen dich erbarmen,
Unsern Feinden, Verfolgern und Lästerern vergeben und sie bekehren,
Die Früchte auf dem Lande segnen und bewahren,
Und uns gnädiglich erhören:
Erhör' uns lieber Herre Gott!
O Jesu Christe, Gottes Sohn!
Erhör' uns, lieber Herre Gott!
O du Gotteslamm! das der Welt Sünde trägt,
Erbarm' dich über uns!
O du Gotteslamm! das der Welt Sünde trägt,
Erbarm' dich über uns!
O du Gotteslamm! das der Welt Sünde trägt,
Verleih' uns steten Fried'!
Christe, erhöre uns!
Kyrie, eleison!
Christe, eleison!
Kyrie, eleison! *)
Amen.

D. Martin Luther, aus dem Lateinisch. ü.

*) Herr, erbarme dich!

Von der heiligen Dreieinigkeit.

2 Mose 34, v. 6. Herr, Herr Gott, barmherzig und gnädig, und geduldig, und von großer Gnade und Treue.

In eigener Melodie.

1184. Kyrie, Gott Vater in Ewigkeit! groß ist dein' Barmherzigkeit, aller Ding' ein Schöpfer und Regierer: Eleison!

2. Christe, aller Welt Trost, uns Sünder allein du hast erlös't, o Jesu, Gottes Sohn! unser Mittler bist du in dem höchsten Thron, zu dir schreien wir aus Herzens-Begier: Eleison!

3. Kyrie, Gott heiliger Geist! tröst', stärk' uns im Glauben allermeist, daß wir am letzten End' fröhlich abscheiden aus diesem Elend: Eleison!

Johann Spangenberg? — aus dem Lateinischen übersetzt.

Trost der Sündenvergebung im Tode.

Römer 5, v. 21. Gleichwie die Sünde geherrschet hat zum Tode, also auch herrsche die Gnade durch die Gerechtigkeit zum ewigen Leben, durch Jesum Christ, unsern Herrn.

Mel. Mein Heiland nimmt die Sünder an.

1185. Lamm! das der ganzen Welt zu gut am Kreuz geschmachtet und gestorben und durch sein heilig's Gottesblut Gerechtigkeit und Heil erworben, Erlöser! der den Zorn gestillt, der so, daß es für Alle gilt, des Todes Bitterkeit geschmecket und den der Vater auferwecket, nun hat der schnöd'ste Sündenknecht durch dich zum Leben volles Recht. :,:

2. Nun darf die ganze Sünderschaft zu dir, dem Stuhl der Gnaden, eilen. Durch deines Bluts und Lebens Kraft kannst du den tiefsten Schaden heilen. Was richten und verdammen kann, hast du auf ewig abgethan. So Mancher hat in deinen Wunden bereits die sichre Freistadt funden. Wie? sollte denn nur mir allein der Weg dazu verschlossen seyn? :,:

3. Du siehst, wie mich mein Elend drückt; du weißt, ich kann mir selbst nicht rathen. Wie Manchen hast du schon erquickt, der arm, mühselig und beladen nach deiner Gnade sich gesehnt! ach siehe, wie mein Auge thränt, wie ich nach deinem Heil verlange und wie dem Geist um Trost sehr bange. Du hast ja stets ein zärtlich's Herz! Erbarmer! rührt dich nicht mein Schmerz? :,:

4. Ich lieg' und winsle hier vor dir. Ach! merk' auf das Geschrei des Armen. Hilf, Herr! und offenbar' an mir, wie überschwänglich dein Erbarmen. Du hast ja mich auch los-gekauft. Ich bin auf deinen Tod getauft. Auf! rette deines Leidens Ehre. Bezeug', daß ich auch dir gehöre und rufe mir aus Gnaden zu: Auch du sollst leben, ja, auch du! :,:

5. Nun, Heiland! du hast selbst es mir bei deinem Leben zugeschworen: (und dies bleibt ewig fest bei dir) wer an dich glaubt, wird nicht verloren! ich stimme bei. So, wie ich bin, geb' ich auf dies dein Wort mich hin; dein Geist lehrt mich's von Herzen glauben und so kann nichts den Trost mir rauben: Ich soll von allen Sünden rein, gerecht und ewig selig seyn. :,:

6. Bin ich vom größten Uebel frei, wird mir das Siegel aufgedrücket, daß alle Schuld vergeben sey, bin ich mit deinem Blut geschmücket; prang' ich nun in dem schönen Kleid der ewigen Gerechtigkeit: ei nun, so sind die andern Plagen, die ich noch fühle, leicht zu tragen. Das längste Leiden dieser Zeit ist nicht werth jener Herrlichkeit. :,:

7. Begnadigt und mit Sieg gekrönt hilfst du mir aus zum Reich der Ehren. Am Tag', der alle Welt versöhnt, läßt du mich eben dieses hören, was sterbend dort dein Mund verhieß: Heut bist bei mir im Paradies: wie sanft, wie ruhig kann ich scheiden, da ich am Ende noch mit Freuden zum Preis der Gnade rühmen kann: Mein Heiland nimmt mich Sünder an! :,:

Andreas Rehberger.

Der auf die Erlösung Jesu sich gründende Glaubensmuth im Leben und Sterben.

Johannis 10, v. 28 Ich gebe ihnen das ewige Leben, und sie werden nimmermehr umkommen, und Niemand wird sie mir aus meiner Hand reißen.

Mel. Mein Jesu, dem die Seraphinen.

1186. Lamm! das die Schuld der Sünder träget und sich für sie zu Tod' geliebt; du hast ein Lösegeld erleget, das mir auch volle Freiheit giebt; du hast vom Fluch mich losgezählet, du bist mein Herr, du nimmst mich an, hast mich zu deinem Volk' gethan, das du zum Eigenthum erwählet.

2. Dies ist der Grund von meinem Glauben, dir, Jesu! dir gehör' ich an, dir, dem kein Feind die Schaafe rauben und aus den Händen reißen kann. Hierin in den durchbohrten Händen schriebst du auch meinen Namen ein, du sagst es mir: Kind, du bist mein, ich schütze dich bis zum Vollenden.

3. Dies ist mir nicht umsonst gesaget, dies ist der Schild, der mich bedeckt; wenn mich mein eignes Herz verklaget, wenn des Gesetzes Dräu'n mich schreckt, wenn mich selbst Satans Pfeile quälen, Herr! so beruf' ich mich auf dich, dein Gottesblut entsündigt mich; da dies mich wäscht, was kann mir fehlen?

4. Herr! ich bin dein, dies zeigt dem Herzen ein Licht, das auch im Finstern scheint, wenn unter dem Gefühl der Schmerzen das Aug' in Trauerstunden weint. Ich weiß, du kannst mich doch nicht hassen, du kränktest sonst selbst deinen Ruhm; nein, nein, du kannst dein Eigenthum, auch wenn du züchtigst, nicht verlassen.

5. Fühl' ich die Schwachheit bei dem Wallen, mein Hort! so lehn' ich mich auf dich, dein Arm bewahrt mich vor dem Fallen, und wenn ich strauchle, hältst du mich. Dein Herz, dem ich so nahe liege, bleibt unverändert treu gesinnt; es sorgt für mich, es krönt dein Kind bei jedem Kampf mit neuem Siege.

6. Hilf, Herr! vor Allem jetzt am Ende, nun geht es an den letzten Streit. Greift zu, ihr treuen Jesushände, führt aus und ein zur Herrlichkeit! Kraft, Rede und Gehör verschwinden; doch, Jesu! ruft dein Geist in mir: Herr, meinen Geist befehl' ich dir! Nimm ihn und laß ihn Gnade finden.

7. Gedenke in den letzten Stunden: er ist ja dein, er kost't dein Blut. Schließ' ihn in deine off'nen Wunden, er ist dein theures, werthes Gut. Sprich zu dem Vater: diese Seele hab' ich erlöset, sie ist mein; nun soll sie ewig bei mir seyn; sie ist es, die ich mir erwähle!

Andreas Rehberger.

Für Lehrer und Erzieher.

1 Corinther 4, v. 2. Nun suchet man nicht mehr an den Haushaltern, denn daß sie treu erfunden werden.

Mel. Jesu, meine Freude.

1187. Lamm! du bist erschienen, nur um uns zu dienen; unser Licht zu seyn, daß die, so dich kennen, gläubig Heiland nennen, sich dir wieder weih'n; dir, dem Herrn, geb' ich nun gern meinen Leib und alle Glieder hin zum Opfer wieder.

2. O wie herzentzückend und mit Gnade

schmückend lohnst du diesen Dienst! du verlangst nur Treue, daß sich Jedes freue: darum, Herr! erschienst du als Knecht, um uns gerecht, uns die geistlich Arm- und Schwachen, durch dein Blut zu machen.

3. Herr, wird mir dein Lieben recht in's Herz geschrieben, das geheimnißvoll und doch klar den Seelen, die sich dir vermählen: o! wie wird so wohl meinem Geist, der, Herr, dich preis't; ja du wirst mir als Versöhner alle Tage schöner.

4. Die nur heißen Lehrer, die zugleich Verehrer deines Kreuzes sind, alles andre Wissen läßt in Finsternissen und am Herzen blind. O welch Leid zu unsrer Zeit ist nicht schon daraus entstanden fast in allen Landen!

5. Doch du wirst einst kommen, Richter, nicht den Frommen, sondern denen nur, welche sich bestreben, ohne dich zu leben, flieh'n der Wahrheit Spur; die erschreckt und die erweckt dein Gericht zur ew'gen Schande, nicht zum Ruhestande.

6. Hoch erfreut den Deinen wirst du, Herr! erscheinen, ihnen bringt der Tag nie geseh'ne Freuden, Rettung von dem Leiden, das auf ihnen lag; dein Gericht erschreckt sie nicht, ihnen wird nur Heil verkündigt; du hast sie entsündigt.

7. Auf dem Lebens-Pfade bleib' mir diese Gnade täglich im Gesicht: sie lehr' mich recht handeln, und vor dir nur wandeln; das ist Christen-Pflicht. Weil die Kraft dein Blut uns schafft, so will ich dies gläubig fassen, bis ich werd' erblassen.

Christian Friedrich Förster.

Abendlied am Freitage.

2 Samuelis 22, v. 3. Gott ist mein Hort, auf den ich traue, mein Schild und Horn meines Heils, mein Schutz und meine Zuflucht, mein Heiland.

Mel. Die Nacht ist vor der Thür'.

1188. Lamm Gottes, schaue mich vor deinem Kreuze liegen, mein mattes Herz will sich in deine Wunden schmiegen; ach, öffne diese Kluft der Seelen, die da ruft!

2. Geschlag'ner Fels*), nim̃ itzt dein Täublein in die Ritzen; das Blut, das du geschwitzt, laß mir auch heute nützen, daß es die Schulden löscht und mich von Sünden wäscht. *) 2 Mose 17, v. 6 Hohel. 2, v 14.

3. Zerbrich in dieser Nacht die Macht der Finsternisse, daß ich bei deiner Wacht die Augen fröhlich schließe. Dein Dornkranz stelle mir ein sanftes Kissen für.

4. Leg' mir den Purpur zu, gefärbt mit deinem Blute, daß er bei meiner Ruh' mir thue viel zu gute; vor deiner schönen Pracht entflieht die Sündennacht.

5. Breit' über meinen Schlaf die ausgestreckten Arme, damit dein armes Schaaf an deiner Brust erwarme, dein' offne Seite müss' mir seyn ein Paradies.

6. Laß Heil und Gnade mir aus deinen Wunden fließen, und deine Lippen hier zur guten Nacht mich küssen, weil mich nach dir nur dürst't, o du mein Lebensfürst!

7. Kein Teufel soll mich hier von deinem Kreuze reißen, ich will es mein Panier und meine Freistadt heißen: wo dieses Zeichen steckt, da bin ich wohl bedeckt.

8. So schlaf' ich ruhig ein auf dein Verdienst und Leiden, es kann mich keine Pein von deiner Liebe scheiden; aus Liebe wünsch' ich mir zu sterben gar mit dir.

Benjamin Schmolck.

Vom Tode.

Sirach 22, v. 11. Man soll nicht so sehr trauren über den Todten, denn er ist zur Ruhe gekommen.

Mel. Freu' dich sehr, o meine Seele.

1189. Lasset ab, ihr meine Lieben, lasset ab von Traurigkeit, was wollt ihr euch mehr betrüben? weil ihr deß versichert seyd, daß ich alle Qual und Noth überwunden und bei Gott mit den Auserwählten schwebe, voller Freud' und ewig lebe.

2. Derer Tod soll man beklagen, die dort in der Höllenpein müssen leiden alle Plagen, so nur zu erdenken seyn. Die Gott aber nimmt zu sich in den Himmel, gleich wie mich, und mit lauter Wonne tränket, wer ist, der darob sich kränket?

3. In des Herren Jesu Wunden hab' ich mich geschlossen ein, da ich Alles reichlich funden, wodurch ich kann selig seyn. Er ist die Gerechtigkeit, die vor Gott gilt jederzeit. Wer dieselb' ergreift im Glauben, dem kann Nichts den Himmel rauben. — —

4. Niemand sag', ich sey umkommen, ob ich gleich gestorben bin; mein Gott hat mich hingenommen, Sterben ist jetzt mein Gewinn. Vor dem Unglück hat er mich hingerafft so väterlich. Jetzt kann mich kein' Trübsal pressen, alle Angst ist nun vergessen.

5. Denn der Leib schläft in der Kammer

ohne Sorgen, sanft und wohl, und verschläft den großen Jammer, dessen jetzt die Welt ist voll. Meine Seele schauet an den, der nichts als lieben kann, der auf seinen Schooß mich setzet und mit höchster Freud' ergötzet.

6. In der Welt ist nichts zu finden, nichts als Theurung, Angst und Streit, und was mehr die großen Sünden bringen für Beschwerlichkeit. Sonderlich kommt noch ein Schwert, das der Christen Herz durchfährt. O viel besser, selig sterben, als durch diesen Zwang verderben.

7. Solcher Noth bin ich entgangen, nichts ist, das mich ängsten kann. Fried' und Freud' hat mich umfangen, kein Feind kann mich greifen an; ich bin sicher ewiglich in des Herren Hand, der mich ihm zum Eigenthum erworben, da er ist am Kreuz gestorben.

8. Euch wird, meine liebsten Freunde, die ihr weilet in der Welt, schützen wider alle Feinde Gottes Sohn, der starke Held. Seyd und bleibt ihm nur getreu, seine Gnad' ist täglich neu; wer Betrübte will betrüben, der muß wie die Spreu zerstieben.

9. Nun will ich euch dem befehlen, der sich euern Vater neñt, der die Thränen pflegt zu zählen, dem sein Herz vor Liebe brennt, der wird euch in eurem Leid trösten und zu seiner Zeit an den Ort, wo ich bin, führen und mit höchster Klarheit zieren.

10. Da wird uns der Tod nicht scheiden, der uns jetzt geschieden hat; Gott selbst wird alsdann uns weiden, und erfreu'n in seiner Stadt. Ewig, ewig werden wir in dem Paradies allhier mit einander jubiliren, und ein selig Leben führen.

Johann Heermann.

Jesus, der Kinderfreund.

Marci 10, v. 14. Lasset die Kindlein zu mir kommen, und wehret ihnen nicht; denn solcher ist das Reich Gottes.

Mel. Von Gott will ich nicht lassen.

1190. Lasset die Kindlein kommen zu mir! spricht Gottes Sohn, sie sind mein' Freud' und Wonne, ich bin ihr Schild und Kron'; auch für die Kinderlein, daß sie nicht werd'n verloren, bin ich ein Kind geboren, drum sie mein eigen seyn.

2. Der Herr gar freundlich küsset und herzt die Kinderlein, bezeugt mit Worten süße, der Himmel ihr' soll seyn; dieweil sein theures Blut, das aus sein'n heil'gen Wunden am Kreuzesstamm geronnen, auch ihnen kommt zu gut.

3. Drum nach Christi Verlangen bringet die Kinder her, damit sie Gnad' erlangen, es ihnen Niemand wehr', führt sie nur Christo zu, er will sich ihr'r erbarmen, legt sie in seine Armen, darin sie finden Ruh'.

4. Ob sie gleich zeitlich sterben, ihr' Seele Gott gefällt, denn sie sind Gottes Erben, lassen die schnöde Welt, sie sind frei all'r Gefahr und dürfen hier nicht leiden, sie loben Gott mit Freuden dort bei der Engel Schaar.

D. Cornelius Becker? —

Freude über die Taufe.

Galater 3, v. 27. Denn wie viel euer getauft sind, die haben Christum angezogen.

Mel. Alle Menschen müssen sterben.

1191. Lasset mich voll Freuden sprechen: ich bin ein getaufter Christ, der bei menschlichen Gebrechen dennoch ein Kind Gottes ist! Was sind alle Schätze nütze, da ich einen Schatz besitze, der mir alles Heil gebracht und mich ewig selig macht?

2. Keine Sünde macht mir bange: Ich bin ein getaufter Christ! denn ich weiß gewiß, so lange dieser Trost im Herzen ist, kann ich mich von Angst der Sünden, Jesu, durch dein Blut entbinden, weil das theure Wasserbad mich damit besprenget hat.

3. Satan, laß dir dieses sagen: ich bin ein getaufter Christ! und damit kann ich dich schlagen, ob du noch so grausam bist. Da ich bin zur Taufe kommen, ist dir alle Macht genommen, und von deiner Tyrannei machet Gottes Bund mich frei.

4. Freudig sag' ich, wenn ich sterbe: ich bin ein getaufter Christ! denn das bringet mich zum Erbe, das im Himmel droben ist; lieg' ich gleich im Todesstaube, so versichert mir der Glaube, daß mir auch der Taufe Kraft Leib und Leben wieder schafft.

5. Nun, so soll ein solcher Segen mir ein Trost des Lebens seyn. Muß ich mich zu Grabe legen, schlaf' ich auch auf solchen ein; ob mir Herz und Augen brechen, soll die Seele dennoch sprechen: ich bin ein getaufter Christ, der nun ewig selig ist!

M. Erdmann Neumeister.

Osterlied.

Römer 4, v. 24. 25. Wir glauben an den, der unsern Herrn Jesum auferwecket hat von den Todten; welcher ist um unserer Sünde willen dahin gegeben, und um unserer Gerechtigkeit willen auferwecket.

In eigener Melodie.

1192. Lasset uns den Herren preisen, o ihr Christen, überall! Kommet, laßt uns Dank erweisen unserm Gott mit süßem Schall. Er ist frei von Todesbanden, Simson, der vom Himmel kam, und der Löw' aus Juda's Stamm; Jesus Christus ist erstanden, nun ist hin der lange Streit: Freue dich, o Christenheit!

2. Christus selbst hat überwunden des ergrimmten Todes Macht. Der in Tüchern lag gebunden, hat die Schlange umgebracht; Satans Reich ist ganz verheeret, Christus hat es nach der Ruh' ausgetilget und dazu Belial sein Schloß zerstöret, daß wir haben frei Geleit: Freue dich, o Christenheit!

3. Warest du, o Held, gestorben? Warest du in's Grab gelegt? Ei, du bleibest unverdorben; da sich nur die Erd' erregt, bist du aus der Erde kommen, hast das Leben und die Macht aus der Gruft herwieder bracht und des Todes Raub genommen, schenkest uns die Seligkeit: Freue dich, o Christenheit!

4. Tod! wo sind nun deine Waffen? Hölle! wo ist dein Triumph? Satan konnte gar nichts schaffen, seine Pfeile wurden stumpf. Christus ist sein Gift gewesen, ja der Hölle Seuch' und Pest*); Welt und Sünde liegen fest und wir Menschen sind genesen nur durch seinen tapfern Streit: Freue dich, o Christenheit! *) Hos. 13, v. 14.

5. Gott der heilet unsre Plagen, wenn wir nirgends Hülfe seh'n, lässet ihn nach dreien Tagen lebend wieder aufersteh'n; darum muß ich dankbar werden, und mein Herz ist freudenvoll, weil der Herr nicht sehen soll die Verwesung in der Erden, noch der Hölle Einsamkeit: Freue dich, o Christenheit!

6. Er ist aus der Angst gerissen und mit Ehren angethan; wer ist, der sein Leben wissen und die Läng' ausreden kann? Christus ist der Eckstein worden. Gott, das ist von dir gescheh'n, wie wir jetzt vor Augen seh'n, wir sind aus der Sünder Orden hingerissen durch den Streit: Freue dich, o Christenheit! —

7. Herr! dies sind die edlen Früchte, die dein' Auferstehung giebt, daß wir treten vor Gerichte mit dem Herzen, das dich liebt; Herr! das sind die schönen Gaben: Gnad' und Leben, Freud' und Sieg, Trost und Friede nach dem Krieg; o, die sollen kräftig laben Leib und Seel' in allem Leid: Freue dich, o Christenheit!

8. Weil nach diesem Fried'n ich dürste, wie nach Wasser, Tag und Nacht, den du, großer Siegesfürste! aus dem Kampf' hast wiederbracht; ei, so theil' jetzt aus die Beute, wie der starke Simson that, als er überwunden hatt'. Laß dich rühmen alle Leute, daß geendigt sey der Streit: Freue dich, o Christenheit!

9. Gieb, Herr Jesu! deine Gnade, daß wir stets mit Reue seh'n, wie so groß sey unser Schade, daß wir dir gleich aufersteh'n. Brich hervor in unsern Herzen, überwinde Sünde, Tod, Teufel, Welt und Höllennoth, dämpf' in uns die Angst und Schmerzen sammt der Seelentraurigkeit: Freue dich, o Christenheit!

10. Meinen Leib wird man begraben, aber gleichwohl ewig nicht; bald werd' ich das Leben haben, wenn das letzte Weltgericht alle Gräber wird aufdecken, und der Engel Feldgeschrei zeigen, was vorhanden sey; dann wird mich mein Gott aufwecken und beschließen all' mein Leid: Freue dich, o Christenheit!

11. Drum so werden meine Glieder, die jetzt Staub und Asche seyn, unverweslich leben wieder, und erlangen solchen Schein, dessen Gleichen hier auf Erden ninmermehr zu finden ist. Ja, mein Leib, Herr Jesu Christ! soll dem deinen ähnlich werden, voller Pracht und Herrlichkeit: Freue dich, o Christenheit! Johann Rist.

Vom Lobe Gottes.

Psalm 72, v. 18. 19. Gelobet sey Gott, der Herr, der Gott Israel, der allein Wunder thut; und gelobet sey sein herrlicher Name ewiglich; und alle Lande müssen seiner Ehre voll werden, Amen! Amen!

In eigener Melodie.

1193. Lasset uns den Herren preisen und vermehren :,: seinen Ruhm, stimmet an die süßen Weisen, die ihr seyd sein :,: Eigenthum. Ewig währet sein Erbarmen, ewig will er uns umarmen mit der süßen Liebeshuld, nicht gedenken unsrer Schuld. Preiset ewig :,: seinen Namen, die ihr seyd von Adams Saamen. Rühmet ewig seine Werke, gebet ihm Lob, :,: Ehr' und Stärke!

2. Ehe noch ein Mensch geboren, hat er uns zu :,: vor erkannt und in Christo auserkoren, seine Huld uns :,: zugewandt. Selbst der Himmel und die Erden müssen

uns zu Dienste werden, weil wir durch sein liebstes Kind seine Kinder worden sind. Ewig solche :,: Gnade währet, die er uns in ihm bescheret. Ewig wollen wir uns üben, über Alles :,: ihn zu lieben.

3. Ja, wir wollen nun mit Freuden zu dem lieben :,: Vater geh'n und in seiner Liebe weiden, wie die thun, so :,: vor ihm steh'n, heilig, heilig, heilig! singen; Hallelujah! soll erklingen unserm Gotte und dem Lamm', unserm holden Bräutigam; lasset seinen :,: Ruhm erschallen und erzählt sein Werk vor Allen, daß er ewig uns erwählet, und zu seinem :,: Volk gezählet.

4. Lernet euren Jesus kennen, der euch theu'r er= :,: kaufet hat; lernet ihn fein lieblich nennen euren Bruder, :,: Freund und Rath, euren starken Held im Streiten, eure Lust in Fröhlichkeiten; euren Trost und euer Heil, euer allerbestes Theil. Ewig solche :,: Güte währet, die euch durch ihn widerfähret. Ewig soll das Lob erklingen, das wir ihm zu :,: Ehren singen.

5. Tretet nur getrost zum Throne, da der Gnaden= :,: stuhl zu seh'n. Es kann euch von Gottes Sohne nichts als Lieb' und :,: Huld gescheh'n, er erwartet mit Verlangen, bis er könne uns umfangen und das allerhöchste Gut uns mittheilen durch sein Blut. Große Gnad' ist :,: da zu finden; er will sich mit uns verbinden, und soll niemals etwas können uns von seiner :,: Liebe trennen.

6. Er hat nunmehr selbst die Fülle seiner Gottheit :,: aufgethan und es ist sein ernster Wille, daß nun komme :,: Jedermann. Keiner soll sich hiebei schämen, sondern Gnad' um Gnade nehmen; wer ein hungrig Herze hat, wird aus seiner Fülle satt. Ewig solche :,: Fülle währet, die uns so viel Gut's bescheret; Wonne, die uns ewig tränket, wird uns daraus :,: eingeschenket.

7. Nun, du Liebster! unser Lallen, damit wir dir :,: dankbar seyn, laß dir gnädig wohlgefallen, bis wir Alle :,: insgemein ewig deine Gütigkeiten mit gesammtem Lob ausbreiten, da wir werden Gloria singen und Hallelujah. Preis, Ehr', Ruhm, Dank, :,: Macht und Stärke, und was rühmet seine Werke, werde unserm Gott gegeben. Laßt uns ihm zu :,: Ehren leben!

Christian Jakob Koitsch.

Nach dem Unterrichte.

Jakobi 1, v. 21. Darum so leget ab alle Unsauberkeit und alle Bosheit, und nehmet das Wort an mit Sanftmuth, das in euch gepflanzet ist, welches kann eure Seelen selig machen.

Mel. Herr! ich habe mißgehandelt.

1194. Lasset uns den Höchsten ehren, daß er uns jetzt unterricht't und gezeigt in schönen Lehren, welches unsre Christenpflicht. Jeder sprech' zu tausend Malen: Herr! wie kann ich's dir bezahlen?

2. Was wir thun und lassen sollen, ist uns deutlich angezeigt, doch du kennst das schwache Wollen, und wie Fleisch und Blut geneigt, selbst nach eigner Lust zu leben, und dir stets zu widerstreben.

3. Ach! drum gieb, daß, nebst dem Wissen, Werk und That sich immer find'; laß uns treulich seyn beflissen, stets zu fliehen Schand' und Sünd'; laß uns leben so auf Erden, daß wir ewig selig werden.

M. Arnold Heinrich Sahme.

Unzertrennlich mit Jesu.

Johannis 11, v. 16. Lasset uns mitziehen, daß wir mit ihm sterben.

Mel. Sollt' ich meinem Gott nicht singen?

1195. Lasset uns mit Jesu ziehen, seinem Vorbild folgen nach, in der Welt der Welt entfliehen auf der Bahn, die er uns brach, immer fort zum Himmel reisen, irdisch noch, doch himmlisch seyn, glauben recht und leben fein, in der Lieb' den Glauben weisen: treuer Jesu, bleib' bei mir! gehe vor, ich folge dir.

2. Lasset uns mit Jesu leiden, seinem Vorbild werden gleich. Nach dem Leiden folgen Freuden, Armuth hier macht dorten reich. Thränen=Saat die machet lachen, Hoffnung tröstet mit Geduld; es kann leichtlich Gottes Huld aus dem Regen Sonne machen: Jesu! hier leid' ich mit dir, dort theil' deine Freud' mit mir.

3. Lasset uns mit Jesu sterben, sein Tod uns vom andern Tod*) rettet und vom Seel'-Verderben, von der ewiglichen Noth. Laßt uns tödten, weil wir leben, unser Fleisch, dem sterben ab: so wird er uns aus dem Grab' in des Himmels Leben heben. Jesu! sterb' ich, sterb' ich dir, daß ich lebe für und für.

*) Offenb. Joh 2, v. 11.

4. Lasset uns mit Jesu leben! weil er auferstanden ist, muß das Grab uns wiedergeben. Jesu! unser Haupt du bist, wir sind deines Leibes Glieder, wo du lebst, da le=

ben wir. Ach, erkenn' uns für und für, trauter Freund! für deine Brüder. Jesu! dir ich lebe hier, dorten ewig auch bei dir.

Siegmund von Birken (Betulius).

Das Wort vom Kreuz.

1 Corinth. 1, v. 18. Das Wort vom Kreuz ist eine Thorheit denen, die verloren werden; uns aber, die wir selig werden, ist's eine Gottes-Kraft.

Mel. Herzliebster Jesu! was hast du verbrochen?

1196. Laß deinen Geist mich stets, mein Heiland, lehren, dir treu zu folgen, nur auf dich zu hören; das Wort vom Kreuz mir tief ins Herz zu prägen, zu meinem Segen.

2. Nie sey es eine Thorheit mir, wie Vielen, die dich verachten, nur nach Eitlem zielen; dein Wort nicht kennen und dein treues Lieben; die dich betrüben.

3. Mir sey es eine Gottes-Kraft zum Leben, die Richtschnur mir, von deiner Hand gegeben: die höchste Weisheit, die nur ist zu finden und zu ergründen:

4. Damit dies Wort vom Kreuz im Tod' und Leben die matten Kräfte möge froh erheben, und ich den Kampf des Glaubens hier bestehe, dort siegreich gehe.

5. Doch ihr, die ihr das Wort vom Kreuz nicht kennet, weil euer Herz in eitler Lust noch brennet, verlasset doch den breiten Weg der Sünden, dies Wort zu finden.

6. Der Herr ist treu, er will so gern euch retten: das Wort vom Kreuz zerbricht der Sünde Ketten; das Wort vom Kreuz hat er auch euch gegeben zum ew'gen Leben.

7. O lernt es fassen, fleht zum Herrn um Gnade, er öffnet euch das Herz auf eurem Pfade, er läßt im Wort euch seine Lieb' erblicken; will euch erquicken.

8. Das Wort vom Kreuz führt euch zu Jesu Herzen, es bringt euch Frieden, tilget eure Schmerzen, euch stehn in ihm des Himmels Pforten offen; könnt Gnade hoffen.

9. O Jesu, öffne aller Sünder Herzen, daß sie ihr Heil durch Thorheit nicht verscherzen und nicht an ihren Seelen sey vergebens dies Wort des Lebens.

10. Mach' es zum Schwert, das Mark und Bein zerschneidet, daß an der Sünd' ihr Herz sich nicht mehr weidet und sie den Weg zum Abgrund ernst verfluchen: dich, Jesu, suchen.

11. Doch, Herr, auch mir, der ich durch deine Gnade dies Wort vom Kreuz ergriff, auf meinem Pfade, wollst Kraft du schenken, daß ich treu es halte, bis ich erkalte.

12. Dann werde ich mit allen deinen Frommen zu deiner Herrlichkeit, Herr Jesu, kommen. Dort wird das Herz im Glanz der Cherubinen, dir ewig dienen.

E. C. G. Langbecker.

Gebet.

Jesaia 65, v. 24. Ehe sie rufen, will Ich antworten; wenn sie noch reden, will Ich hören.

Mel. Nun danket alle Gott.

1197. Laß dich, Herr Jesu Christ! durch mein Gebet bewegen; komm in mein Herz und Haus und bringe mir den Segen. Nichts richten Müh' und Kunst ohn' deine Hülfe aus; wo du mit Gnaden bist, kommt Segen in das Haus.

Joh. Heermann.

Christlicher Sinn.

1 Johannis 2, v. 17. Die Welt vergeht mit ihrer Lust; wer aber den Willen Gottes thut, der bleibet in Ewigkeit.

Mel. Du bist ja, Jesu, meine Freude.

1198. Laß, Herr, mich jederzeit betrachten, daß du mein Theil mir dort bestimmt. So kann ich leicht den Tand verachten, den sich die Welt als Ihres nimmt. Dort sind die schätzbar-edlen Gaben, die dir dein Blut gekostet haben. O hab' ich die, so tausch' ich nicht, so viel mir auch die Welt verspricht.

2. Mein Haus und Wohnplatz ist im Himmel, wo mich die volle Ruh' erquickt. Laß seyn, daß in dem Weltgetümmel mich manches Kreuz und Leiden drückt; es dienet mir, auf jene Freuden mich immer besser zu bereiten, und flößt mir nur mehr Sehnsucht ein, bald in dem Vaterland' zu seyn.

3. Mach' du mich nur durch deine Gnade in meinen Christenpflichten treu; damit ich auf dem lichten Pfade in deiner Nachfolg' eifrig sey. Ermuntre mich durch jene Krone, die du zum reichsten Gnadenlohne in deinem Haus' mir beigelegt, wenn sich die Trägheit bei mir regt.

4. So eile ich denn mit Verlangen zur Wohnung deiner Ruhe hin. Wann soll ich dich, o Freund! umfangen? dort, wo ich ewig bei dir bin! Hier wird mir in der Fremde bange; verzieh', mein Heil! doch

nicht

nicht mehr lange. Ich höre, wie die Antwort schallt: Sey ruhig! ja, ich komme bald.

Andreas Rehberger.

Bitte um Beständigkeit im Wort und Glauben.

Römer 6, v. 16. Wisset ihr nicht, welchem ihr euch begebet zu Knechten in Gehorsam, deß Knechte seyd ihr, dem ihr gehorsam seyd, es sey der Sünde zum Tode, oder dem Gehorsam zur Gerechtigkeit.

Mel. Herzlich thut mich verlangen.

1199. Laß mich dein seyn und bleiben, du treuer Gott und Herr, von dir laß mich Nichts treiben, halt' mich bei reiner Lehr'; Herr! laß mich nur nicht wanken, gieb mir Beständigkeit, dafür will ich dir danken in alle Ewigkeit.

2. O Jesu Christ, mein Leben, mein Heil und ein'ger Trost, dir thu' ich mich ergeben, du hast mich theu'r erlös't mit deinem Blutvergießen, mit großem Weh' und Leid, laß mich dies auch genießen zu meiner Seligkeit.

3. O heil'ger Geist mein Tröster, mein Licht und theures Pfand, laß mich Christ mein'n Erlöser, den ich im Glaub'n erkannt, bis an mein End' bekennen; stärk' mich in meiner Noth, von dir laß mich Nichts trennen, gieb mir ein'n sel'gen Tod.

Vers 1. D. Nicolaus Selnecker.
Vers 2. und 3. Zusätze eines Unbekannten.

Tägliche Buße.

Jeremia 3, v. 13. Erkenne deine Missethat, daß du wider den Herrn, deinen Gott, gesündiget hast.

Mel. Jesus, meine Zuversicht.

1200. Laß mich, Herr! in wahrer Reu' täglich mehr die Sünd' erkennen und in reiner Glaubenstreu' dich auch meinen Heiland nennen; laß mich immer arm und klein, aber auch recht kindlich seyn.

2. Nimm hinweg die Dunkelheit, gieb mir hellen, festen Glauben; gieb mir rechte Lauterkeit; laß mich dir den Ruhm nicht rauben: denn das Gut' ist nicht von mir; aller Ruhm gebührt nur dir.

3. Hilf mir, daß ich meinen Sinn täglich ändre und erneure, und durch deinen Kreuzgewinn täglich einen Bußtag feire, hilf durch deine Todes-Noth mir auch gläubig durch den Tod.

Karl Heinrich v. Bogatzky.

Christlicher Sinn.

Psalm 119, v. 29. 30. Wende von mir den falschen Weg, und gönne mir dein Gesetz. Ich habe den Weg der Wahrheit erwählet; deine Rechte habe ich vor mich gestellet.

Mel. Dir, dir, Jehovah! will ich singen.

1201. Laß mich, o Herr, in allen Dingen auf deinen Willen sehn und dir mich weihn; gieb selbst das Wollen und Vollbringen und laß mein Herz dir ganz geheiligt seyn. Nimm meinen Leib und Geist zum Opfer hin; dein, Herr, ist Alles, was ich hab' und bin.

2. Gieb meinem Glauben Muth und Stärke; laß ihn durch Menschenliebe thätig seyn, daß man an seinen Früchten merke, er sey kein eitler Traum und falscher Schein. Er stärke mich in meiner Wanderschaft, und gebe mir zum Kampf und Siege Kraft.

3. Laß mich, so lang' ich hier soll leben, auch an dem bösen Tage seyn vergnügt, und deinem Willen mich ergeben, der mir zum Besten Alles weislich fügt. Gieb Furcht und Demuth, wenn du mich beglückst; Geduld, und Trost, wenn du mir Trübsal schickst.

4. Ach, hilf mir beten, wachen, ringen, so will ich einst, wenn ich den Lauf vollbracht, dir ewig Dank und Ehre bringen, dir, der du Alles hast so wohl gemacht. Dann werd' ich heilig rein, ganz dir geweiht, dein Lob verkündigen in Ewigkeit.

Georg Joachim Zollikofer.

Vom Worte Gottes.

Psalm 119, v. 49. Gedenke deinem Knechte an dein Wort, auf welches du mich lassest hoffen.

Mel. Nun danket alle Gott.

1202. Laß mich, o treuer Gott! dein liebes Schäflein bleiben, laß mich von deiner Heerd' ja nimmermehr vertreiben; gieb mir zu aller Zeit das werthe Lebenswort, das meine Seel' erquickt und bringt zur Himmels-Pfort'.

2. Gieb, daß auch mein Verstand und Sinn nicht mögen wanken, erhalte mich allein in deines Wortes Schranken, verleihe mir im Kreuz und Tod Beständigkeit, daß ich dich loben mög' in alle Ewigkeit.

D. Johann Olearius.

Vom Leiden Jesu.

Ebräer 12, v. 3. Gedenket an den, der ein solches Widersprechen von den Sündern wider sich erduldet hat.

Mel. Die Tugend wird durch's Kreuz geübet.

1203. Laß mir die Feier deiner Leiden, o großer Mittler! heilig seyn, sie lehre mich die Sünde meiden und dir mein ganzes Leben weih'n, dir, der so ruhig und entschlossen für mich die schwersten Leiden trug, und dessen Herz so unverdrossen für mich auch noch im Tode schlug.

2. Ach, in den stillsten meiner Stunden will ich nach deinem Kreuze seh'n und dich, o Herr! für deine Wunden mit Dank und

Liebe stets erhöh'n, will tief gerührt die Huld ermessen, womit dein Herz die Welt umfaßt, und nie undankbar das vergessen, was du für mich erduldet hast.

3. Mir sollen diese Feierzeiten der größten Liebe heilig seyn, ich will dich an dein Kreuz begleiten, und, was dir mißfällt, standhaft scheu'n. Dein Leiden sey mein höchster Segen, dein Tod mein seligster Gewinn, mein Herz schlägt dir voll Dank entgegen, weil ich durch dich erlöset bin.

4. Bleibt mir auf ewig werth und theuer, Gethsemane und Golgatha, ihr Oerter, wo die Welt die Feier der allergrößten Liebe sah; nach euch will ich voll Andacht schauen, wo mein Erlöser litt und starb, und hoffnungsvoll auf den vertrauen, der mir die Seligkeit erwarb.

D. Christoph Georg Ludwig Meister.

Am Sterbebette zu singen.

Matth. 24, v. 13. Wer aber beharret bis ans Ende, der wird selig.

Mel. Die Tugend wird durch's Kreuz geübet.

1204. Laß mir, wenn meine Augen brechen, Herr, deinen Frieden fühlbar seyn; komm, deinen Trost mir zuzusprechen und segne mein' Gebeine ein; reich' mir die blutbefloss'nen Armen, darin ich Gnad' und Friede fand, und trag' mich vollends mit Erbarmen sanft zu dir heim in's Vaterland.

Festhalten an Jesu.

Lucä 22, v. 28. 29. Ihr aber seyd es, die ihr beharret habt bei mir in meinen Anfechtungen. Und ich will euch das Reich bescheiden, wie mir's mein Vater beschieden hat.

Mel. Jesu, meines Lebens Leben.

1205. Laß, o Jesu! mir auf Erden meinen Ruf und Gnadenwahl alle Tage fester werden, daß ich mit der Deinen Zahl, die ihr schönes Erbtheil können ewig unverwelklich nennen, bis zu dir, durch Gottes Macht, werd' im Glauben durchgebracht.

2. Bei dir, Jesu! will ich bleiben; halte selbst dein schwaches Kind, bis durch's sel'ge an dich Gläuben Seel' und Leib geheiligt sind; alle Noth will ich dir klagen, Alles dir in's Herze sagen, bis du endest meinen Lauf: und dann hört mein Weinen auf.

Vers 1. Christian Gregor.
Vers 2. Heinrich Loskiel.

Weihnachtslied.

Matth. 20, v. 28. Des Menschen Sohn ist nicht gekommen, daß er ihm dienen lasse, sondern daß er diene und gebe sein Leben zu einer Erlösung für Viele.

In eigener Melodie.

1206. Laßt uns Alle fröhlich seyn, preisen Gott den Herren, der sein liebstes Söhnelein uns selbst thut verehren.

2. Er kommt in das Jammerthal, wird ein Knecht auf Erden, damit wir im Himmelssaal große Herren werden.

3. Er wird arm, wir werden reich: ist das nicht ein Wunder? drum lobt Gott im Himmelreich all'zeit, wie jetzunder!

4. O Herr Christ! nim unsrer wahr durch dein'n heil'gen Namen, gieb uns ein gut neues Jahr. Wer's begehrt, sprech': Amen!

Urbanus Langhans.

Der Grund unsrer Seligkeit.

1 Corinther 3, v. 11. Einen andern Grund kann zwar Niemand legen, außer dem, der gelegt ist, welcher ist Jesus Christus.

Mel. Herr Christ, der ein'ge Gott's-Sohn.

1207. Laßt uns mit Ernst betrachten den Grund der Seligkeit, und überaus groß achten den, der uns hat befreit von Sünden, Tod und Höllen, der sterbend auch zu fällen den Satan war bereit.

2. Der Jesus war genennet, als er empfangen ist, der wird von uns bekennet, daß er sey Jesus Christ; der macht uns frei von Sünden, und läßt die Seel' empfinden viel Trost zu jeder Frist.

3. Es sollte Christus heißen der Heiland aller Welt, und Satans Reich zerreißen bald als ein tapfrer Held, das Höllenschloß zerstören, dadurch den Himmel mehren und thun, was ihm gefällt.

4. Es sollte Jesus wehren der Sünd' und Missethat, Gerechtigkeit bescheren, und, als des Vaters Rath, im Sieg den Tod verschlingen, auch Alles wiederbringen, was man verloren hat.

5. Von Gott ist ihm gegeben das Scepter in die Hand, sein Königreich daneben, daß er in solchem Stand uns geistig soll regieren, und durch sein Leiden führen in's wahre Freudenland.

6. Er ist von Gott erkoren zum Hohenpriesterthum; er selbst hat es beschworen, daß er mit großem Ruhm ein solches Amt bedienen und ewiglich soll grünen, als Sarons schönste Blum'

7. Er wird auch Herr genennet, dem Alles unterthan; wodurch man frei bekennet, daß er ohn' eitlen Wahn auch Gott sey nach dem Wesen, durch den wir bloß genesen auf dieser Leidens-Bahn.

8. Dort muß die Schrift bezeugen, daß er Jehovah heißt, dem alle Knie' sich beugen, den alle Welt hoch preis't, ja dem von allen Zungen wird Ehr' und Dank gesungen, so weit die Sonne kreis't.

9. Sein Stuhl muß ewig dauern, sein Scepter stehet fest, sammt Zions starken Mauern; er ist auf's Allerbest' mit Freudenöl gezieret; hoch ist er aufgeführet, der nicht sein Volk verläßt.

10. Ist Gott nun offenbaret im Fleisch, so gläuben wir, daß der, so uns bewahret und segnet für und für, sey Gott und Mensch zu nennen. Es lässet sich nicht trennen der Gott und Mensch allhier.

11. Durch Jesum ist bereitet die ganze Welt, er hat den Himmel ausgebreitet, es ist durch seinen Rath der Engel Heer erschaffen, ein Heer, das ohne Waffen oft große Wunder that.

12. Er, Jesus kann erwecken die Todten kräftiglich, er weiß ein Ziel zu stecken dem starken Wütherich; er prüfet Herz und Nieren, will in den Himmel führen, die selbst verleugnen sich.

13. Laßt uns zusammentreten, des Allerhöchsten Sohn in Demuth anzubeten; denn ihm ist ja die Kron' der Ehr' und Macht gegeben. Gieb, Herr! nach diesem Leben auch uns den Gnadenlohn. Johann Rist.

Freudiger Dank für die Erlösung.

Jesaia 12, v. 4. 5. Danket dem Herrn, prediget seinen Namen, machet kund unter den Völkern sein Thun, verkündiget, wie sein Name so hoch ist. Lobsinget dem Herrn, denn er hat sich herrlich bewiesen; solches sey kund in allen Landen.

Mel. Wach' auf, mein Herz, und singe.

1208. Laßt uns mit süßen Weisen die Güte Gottes preisen und unsers Vaters Segen recht dankbarlich erwägen.

2. Den allerärmsten Sündern erbeut er sich als Kindern, hat ihnen Heil und Frieden in seinem Sohn beschieden.

3. Auf dem lag alle Sünde von jedem Menschenkinde; den Tod, den wir verschuldet, hat unser Bürg' erduldet.

4. Dies lasset uns bedenken, wenn uns die Sünden kränken: daß er aufs Höchste liebet, der seinen Sohn uns giebet.

5. Ist dies vollkommne Lieben uns tief ins Herz geschrieben, so lernt man auf ihn schauen mit kindlichem Vertrauen.

6. Sollt' er uns was versagen, wenn wir ihm gläubig klagen, was wir allhier für Gaben zum Leben nöthig haben?

7. Ach gieb uns und vermehre, o Vater! dir zur Ehre, was wir vor Allem wählen: den Schatz für unsre Seelen.!

8. Wird diese Bitt' erfüllet, so ist das Herz gestillet; wir können hier und droben dich froh und dankbar loben.

Johann Michael Dilherr? —

Treue im Wort und Glauben.

Matth. 26, v. 35 Und wenn ich mit dir sterben müßte, so will ich dich nicht verleugnen.

Mel. O wie selig seyd ihr doch, ihr Frommen.

1209. Laßt uns treu zu Christi Fahne schwören, seines Wort's und Geistes Stimme hören. Trotz alles Spottes stehn sein Geist und Wort wie Berge Gottes.

2. Könnt' es uns die ganze Welt vergüten, wenn wir untreu seinen Dienst verriethen? mit leeren Schaalen wird sie den verscherzten Kern bezahlen.

3. Nichts soll uns von seiner Liebe scheiden. Seine Hand giebt Beides, Freud' und Leiden. Mit seinem Worte zieh'n wir sicher bis zur Lebenspforte.

4. Amen, ja; er weiß an seinen Schaaren stets sein Licht und Recht zu offenbaren. Durch alle Zeiten will er uns voll Gnad' und Wahrheit leiten.

5. Herr, ich weiß, daß dich dein Wort nicht reue, du hältst fest ob deiner alten Treue. Bis zum Erkalten gieb auch mir, mich fest an dich zu halten.

Karl Bernhard Garve.

Von der Verleugnung der Welt.

Lucä 14, v. 33 Wer nicht absaget Allem, das er hat, kann nicht mein Jünger seyn.

Mel. Nun lob' mein Seel' den Herren.

1210. Laß uns doch nicht begehren, o liebste Seel'! in dieser Zeit das, was dich kann beschweren, ja hindern an der Seligkeit. Was will man Ehre suchen, die doch vergänglich ist, auch wohl gar zu verfluchen, als welch' in kurzer Frist uns grausamlich läßt fallen in Trübsal, Angst und Pein. Drum suchen wir vor Allem, bei Gott geehrt zu seyn.

2. Was kann uns Wollust nützen, o

werthe Seel', in dieser Welt? was kann uns Reichthum schützen, wenn sich der Tod zu uns gesellt? Die rechte Lust ist droben, wo mein Herr Jesus wohnt, den alle Zungen loben, der uns so reich belohnt, daß wir gekrönet werden im hohen Himmelssaal; ach! eilt doch von der Erden zu seinem Hochzeitsmahl.

3. Was Pracht, was fröhlich's Leben? was Reichthum, Ehr' und Herrlichkeit? Nur Jesus kann uns geben, was uns an Leib und Seel' erfreut. In Jesu sich ergötzen, bleibt ewig süß und gut, sein Reich für Alles schätzen, erquicket Geist und Muth. In Jesu Reichthum haben, in Jesu seyn geehrt, kann uns ohn' Ende laben, wie er uns selbst gelehrt.

4. In Jesu hab' ich Güter, in Jesu hab' ich Lieb' und Lust, wie dir, du Menschenhüter! ist mehr denn allzuwohl bewußt. Laß mich die Welt verachten: das kränkt mich nicht ein Haar; ich will nach Ehren trachten, die frei sind von Gefahr: laß mich die Welt nur hassen, ich will mit Lieb' und Treu' nur meinen Jesum fassen, so bleib' ich sorgenfrei.

5. Die Welt mag mich verfluchen, ist doch mein Segen Jesus Christ, in Jesu kann ich suchen und finden was mir nützlich ist; laß mich die Welt nur setzen in Angst und Traurigkeit, mein Jesus kann ergötzen mein Herz zu aller Zeit; und sollt' ich schon hier sterben noch mehr als tausendmal, kann ich doch nicht verderben, dort rührt uns keine Qual.

6. Das aber kann ich zeugen, das kann ich rühmen Tag und Nacht, daß mir mein Gott zu eigen sein Königreich hab' zugedacht. Ihr Sterblichen auf Erden! lebt wohl in dieser Welt. Ich soll gekrönet werden, mir ist ein Reich bestellt; ich soll mit Gott regieren, den Erd' und Himmel preist, ich soll ein Leben führen, das unvergänglich heißt.

7. O Jesu, meine Freude! wann kommt die liebe Zeit heran, daß ich von hinnen scheide, daß ich dich herzlich lieben kann? Wann werd' ich doch gezieret mit Kleidern weiß und hell? wann werd' ich aufgeführet zu dir? Ach laß mich schnell, Herr! gold'ne Kronen tragen, die unvergänglich sind; dann werd' ich dir behagen als dein herzliebes Kind.

Johann Joseph Beck.

Der Trost eines sterbenden Christen.

2 Corinther 4, v. 10. Wir tragen um allezeit das Sterben des Herrn Jesu an unserm Leibe, auf daß auch das Leben des Herrn Jesu an unserm Leibe offenbar werde.

Mel. Alle Menschen müssen sterben.

1211. Lebensfürst! dem die Gemeine fröhlich Hallelujah singt! wohl mir! ich bin auch der Deine, dem dein Tod das Leben bringt, den du je und je geliebet; du warst bis zum Tod betrübet, nur daß ich vom Tode frei, Gottes Kind und Erbe sey.

2. Ewig preis' ich diese Liebe, Lamm! vor deinem hohen Thron. Ewig rühm' ich jene Triebe, da der Vater selbst den Sohn für den Feind dahin gegeben, dem er nunmehr Heil und Leben statt verdienter Strafe schenkt und sein stets in Gnaden denkt.

3. Du bist von des Todes Banden, Haupt und Held! nun wieder los. Herrlich bist du auferstanden. O wie ist dein Sieg so groß! er kann von des Todes Ketten Jeden lösen und erretten, der im Glauben zu dir naht und dich fleht um Huld und Gnad'.

4. Ich bin auch mit dieser Gnade, Heiland! als dein Glied beschenkt. Du hast mich, in jenem Bade, deinem Tode eingesenkt. Und ich soll auch auferstehen, und mit dir in's Leben gehen. Also stirbt und lebt in dir, theures Haupt, der Geist in mir.

5. Darum muß der Leib der Sünde immer mehr zum Grabe gehn, und in deinem Gnadenkinde stets der neue Mensch aufstehn und im neuen Wesen leben. Dieses hast du mir gegeben. Ich nahm, dir sey Dank dafür! täglich neue Kraft aus dir.

6. Führst du mich durch manche Leiden, wohl, so stirbt der alte Trieb, und du willst mich zubereiten, daß das Herz in Glaub' und Lieb' immer besser in dir lebe und nach jenem Kleinod strebe, das du dort in jener Welt meiner Hoffnung vorgestellt.

7. Endlich schlägt die letzte Stunde und dein Rath führt mein Gebein, nach dein Schluß vom alten Bunde, in das Haus der Todten ein. Doch da ist mir kein Verderben: vielmehr hör' ich auf zu sterben, und das Leben hebt nun an, das kein Tod mehr enden kann.

8. Sinkt nur hin, ihr matten Glieder! Jesus mein Erlöser lebt; seine Macht bringt Alles wieder, was man hier im Staub begräbt. Er stellt euch an jenem Tage frei

von aller Noth und Plage, herrlich, unverweslich dar: Das ist je gewißlich wahr!
W. M. M.

Osterlied.

1 Corinth. 15, v. 57. Gott aber sey Dank, der uns den Sieg gegeben hat durch unsern Herrn Jesum Christum.

Mel. Heut' triumphiret Gottes Sohn.

1212. Lebt Christus, was bin ich betrübt? ich weiß, daß er mich herzlich liebt. Hallelujah, Hallelujah! Wenn mir gleich alle Welt stürb' ab, g'nug, daß ich Christum bei mir hab'. Hallelujah, Hallelujah!

2. Mein Jesus lebt und schützet mich, darum, mein Herz, freu' all'zeit dich. Hallelujah, Hallelujah! Ob sich erhebt der Bösen Rott', sey gutes Muth's, nur ihrer spott'. Hallelujah, Hallelujah!

3. Lebt doch mein Jesus in der Höh', trotz dem, der mir entgegen steh'. Hallelujah, Hallelujah! Er kann dem Feind begegnen so, daß er der List wird nimmer froh. Hallelujah, Hallelujah!

4. Ich seh' auch nicht, warum ich sollt' betrüben mich, wenn ich gleich wollt'. Hallelujah, Hallelujah! Weil Jesus lebt, an den ich glaub', wer ist, der mir das Leben raub'? Hallelujah, Hallelujah!

5. Er macht ja durch sein Aufersteh'n, daß ich zum Himmel kann eingeh'n. Hallelujah, Hallelujah! Kein' Sünd', kein Tod im Weg' mehr seyn, die Straße hält er frei und rein. Hallelujah, Hallelujah!

6. Mein Glaub' an Jesum tilgt die Sünd', Gott liebet mich recht als sein Kind. Hallelujah, Hallelujah! Ist Gott versöhnt und nun mein Freund, laß toben Welt und alle Feind'. Hallelujah, Hallelujah!

7. O Tod! vor dir fürcht' ich mich nicht, dein' Macht die Bösen nur anficht. Hallelujah, Hallelujah! Mein Leben, Jesus, dich bezwingt und mich durch dich gen Himmel bringt. Hallelujah, Hallelujah!

8. Wenn ich Trost, Hülf' und Gnad' begehr', mein Jesu! mir dasselb' gewähr'. Hallelujah, Hallelujah! Ich glaub' an dich, stärk' meinen Geist, daß du vom Tod' erstanden seyst. Hallelujah, Hallelujah!

9. So werd' ich nimmer seyn verlor'n, so wahr, als du ein Mensch gebor'n. Hallelujah, Hallelujah! Wer an dich glaubt und zweifelt nicht, der kommet ja nicht ins Gericht. Hallelujah, Hallelujah!

10. Ich glaub' an dich, Herr Jesu Christ! daß du für mich getödtet bist, Hallelujah, Hallelujah! und auferstanden mir zu gut, daß du mich haltest stets in Hut. Hallelujah, Hallelujah!

11. Wie könnt' ich denn verloren seyn? es ist unmöglich, nein, ach nein! Hallelujah, Hallelujah! Gott Lob! der starke Jesus lebt; mit ihm lebt, wer im Glauben schwebt. Hallelujah, Hallelujah!

12. Ich leb' und werd' in Ewigkeit mit Jesu leben, o der Freud'! Hallelujah, Hallelujah! deß habe Dank, du Lebenshort! Hab' Dank, o Jesu, hier und dort. Hallelujah, Hallelujah! M. Joh. Kaspar Schade.

Von der Nachfolge Christi.

Epheser 5, v. 1. 2. So seyd nun Gottes Nachfolger, als die lieben Kinder, und wandelt in der Liebe, gleichwie Christus uns hat geliebet und sich selbst dargegeben für uns, zur Gabe und Opfer, Gott zu einem süßen Geruch.

Mel. O wie selig seyd ihr doch, ihr Frommen.

1213. Lebt, ihr Christen, so allhier auf Erden, daß ihr Christo möget ähnlich werden, der aus dem Leiden ging zum Vater in das Reich der Freuden.

2. Seht auf die mit eifrigem Verlangen, die ihm nach und euch sind vorgegangen, schaut an ihr Leben, wie sie euch dazu ein Beispiel geben.

3. So vollführet eures Herzogs Lehren, folgt ihm, wo ihr ihm wollt angehören, entsagt dem allen, was dem Fleisch, der Welt noch kann gefallen.

4. Opfert euch ihm auf und eure Glieder, fallet unter'm Kreuze vor ihm nieder; im Kreuzesorden seyd ihr seine Knecht' und Ritter worden.

5. Haltet euch an ihn, da ihr müßt streiten, bleibt beständig, er steht euch zur Seiten; er hilft euch ringen, giebt euch Kraft, den Sieg davon zu bringen.

6. Er wird euch, wenn ihr von hier müßt scheiden, statt der Noth, mit seiner Ruh' bekleiden; ihr habt zu hoffen, was von Niemand hier wird angetroffen.

7. Nur daß ihr im Glauben hier recht kämpfet, und die Sünden, euren Feind, stets dämpfet, der euch mit Haufen und mit großem Sturm pflegt anzulaufen.

8. Wer nun glücklich diesen Kampf geendet und den schweren Pilgerlauf vollendet, dem wird die Krone der Gerechtigkeit geschenkt zum Lohne.

9. Die bleibt ihm vom Herren beigeleget, der sein Bildniß ihm in's Herz geprä get, er wird ihn leiten zu dem Brunnen aller Seligkeiten.

10. Also lohnt der Richter allen denen, die ihn lieben und sich nach ihm sehnen; er kennt die Seinen, die d'rauf warten, daß er mög' erscheinen.

Die willig ertragene Trübsal, bei Betrachtung der ewigen Herrlichkeit.

Römer 8, v. 17. Sind wir denn Kinder, so sind wir auch Erben, nämlich Gottes Erben, und Miterben Christi; so wir anders mit leiden, auf daß wir auch mit zur Herrlichkeit erhoben werden.

Mel. Mein Jesu, dem die Seraphinen.

1214. Leg' auf, o Vater, deinem Kinde, was dir gefällt und was ihm frommt. Weht zu, ihr schwülen Kreuzeswinde; ich weiß doch wohl, woher ihr kommt; ich weiß wohin ihr mich auch führet. Ihr kommt aus einer lieben Hand; ihr führet in's gelobte Land, wo aller Jammer sich verlieret.

2. O welch ein Glanz, welch eine Wonne erhebet sich in jenem Licht! ihm weicht das reinste Gold der Sonne; ihm gleicht der Sterne Silber nicht. Der Vorschmack, den wir hier empfinden, läßt uns in großer Anmuth ruh'n. Ach! kann nun das der Glaube thun; was wird man nicht im Schauen finden?

3. Da ist ein Anfang ohne Ende, ein nimmer unterbroch'nes Heil. Da reichen meines Jesu Hände das ewige, das beste Theil. Daselbst wird mich ein Lied entzükken, das noch kein sterblich Ohr gehört: und das, was selbst die Engel nährt, wird meinen freien Geist erquicken.

4. Sind dieses nun die güld'nen Zeiten? ist das das unermess'ne Wohl, zu welchem ich, nach kurzem Leiden, nach leichter Trübsal wandern soll? warum sollt' ich mich nicht bequemen, die Last, die nicht so lang' beschwert, als dort die Lust des Himmels währt, ganz ungezwungen aufzunehmen?

5. Ach ja, du hilfst mir selber tragen, mein Jesu, was mich drücken will. Dein Beispiel mindert meine Klagen; dein Trost macht meine Seele still. Dein Geist, der in dem matten Herzen und mitten in dem herben Streit ein zuversichtlich's Abba schreit, versüßet auch die größten Schmerzen.

6. Und siehe da, hier ist der Bote, der mich aus allem Jammer ruft. Mein Herz erlanget in dem Tode, nach bangem Drucke wieder Luft. Nur hin, was sichtbar ist auf Erden! ich suche, was unsichtbar heißt und den vom Leiden müden Geist dort ewig läßt getröstet werden. Georg Christoph Munz.

Vom ewigen Leben.

1 Corinther 2, v. 9. Das kein Auge gesehen hat, und kein Ohr gehört hat, und in keines Menschen Herz gekommen ist, das Gott bereitet hat denen, die ihn lieben.

Mel. Jesu, meines Lebens Leben.

1215. Lerne, Seele, schon auf Erden, ehe du im Himmel bist, selig denken, selig werden, schmecke Lust, die himmlisch ist. Schwing' dich dankend zu dem Throne, wo den Vater mit dem Sohne, wo auch Gott den heil'gen Geist aller Engel Loblied preis't.

2. Sieh' mit unverwandtem Blicke in das Heiligste hinein; unaussprechlich ist das Glücke, hier schon bei dem Herrn zu seyn; Welt und Eitelkeit verachten, Gott erkennen, Gott betrachten, ist dem Christen in der Zeit eine große Seligkeit.

3. O wie herrlich, o wie prächtig ist der Bau der neuen Stadt! Göttlich-weise, göttlich-mächtig ist, der sie gegründet hat. Hier wohnt Gott, der Gott der Ehren, dessen Ruf die Himmel hören, ewig ist der Jehovah seinem Volk mit Freude nah.

4. Cherubinen, Seraphinen, Fürstenthümer, Obrigkeit sind bereit dem Herrn zu dienen so, wie es sein Blick gebeut. Aller Auserwählten Lieder schallen durch die Himmel wieder, lieblich wie der Harfen Klang: Alles tönt vom Lobgesang.

5. Hier jauchzt dem erwürgten Lamme seine ganze Christenheit, daß es an des Kreuzes Stamme für sie starb zur Seligkeit; hier vor Jesu hohem Stuhle ist der Weisheit hohe Schule; hier wird das im Schauen klar, was im Glauben dunkel war.

6. Hier vergilt Gott seinen Freunden! er selbst ist ihr großer Lohn, hier schreckt keine Furcht vor Feinden; Leid und Schmerzen fliehn davon. Hier vor Gott ist Lust die Fülle, hier herrscht ewig sanfte Stille, Lieb' und Friede küssen sich in dem Himmel ewiglich.

7. Bleib', o bleib' mir unvergeßlich, wonnevolle Seligkeit! o wie groß, wie unermeßlich zeigt sich mir der Unterscheid; leicht sind in der Welt die Leiden, groß sind dort

des Himmels Freuden, kurz währt hier mein Pilgerlauf, jene Wonne hört nicht auf.

8. Selig bin ich schon im Hoffen, meine Kron' erblick' ich schon, mein Geist sieht den Himmel offen, prächtig glänzet Jesu Thron. Werd' ich Pilger auf der Erden nicht bald völlig selig werden? Herzlich, Heiland! freu' ich mich auf den Himmel und auf dich.

Ehrenfried Lieblich.

Christus, das Licht.

Joh. 8, v. 12. Ich bin das Licht der Welt, wer mir nachfolget, der wird nicht wandeln in Finsterniß, sondern wird das Licht des Lebens haben.

Mel. O ihr auserwählten Kinder.

1216. Licht, das in die Welt gekommen, komm und mehre deinen Schein; bis wir, öder Nacht entnommen, Alle Lichteskinder seyn! Komm, verkläre Gottes Ehre, bis durch aller Erde Gränzen deiner Gnade Strahlen glänzen!

2. Nacht hält unsern Geist umfangen, eh' in ihm dein Segenslicht hell und wärmend aufgegangen, das auch Todesschatten bricht. Heil und Wonne strahlt die Sonne, wenn wir dich erscheinen sehen, heller Aufgang aus den Höhen!

3. Nichts als Segen, nichts als Segen schau'n wir, wenn dein Tag regiert, auf der Erde Pilgerwegen, wo die Hand des Herrn uns führt. Tröstlich malen deine Strahlen, auch wenn Wolken uns umzogen, deines Bundes Friedensbogen.

4. Du warst unsers Fußes Leuchte nnd ein Licht auf unserm Pfad, das der Sorgen Nacht verscheuchte, wo der Fuß des Glaubens trat. Unsre Tritte, unsre Schritte wirst du fernerhin begleiten und zur letzten Heimath leiten.

5. Laß uns, Herr, im Lichte wandeln, das du uns noch gönnen willst; lehr' uns, hell im Lichte handeln, weil du uns mit Licht erfüllst. Hilf die Flecken uns entdekken, die sich in des Herzens Falten uns so gern verborgen halten.

6. Hilf uns vor der Wölfe Schaaren, die im Schaafsgewande geh'n, Hürd' und Heerde wohl bewahren; hilf uns Feind' und Schlingen seh'n! Deine Klarheit, Gottes Wahrheit müsse sie von dannen schrecken, sich mit ihrer Nacht zu decken!

7. Laß uns keinen falschen Glauben, keinen Wahn noch Heuchelschein deiner Strahlen Klarheit rauben, Nichts ihr reines Licht entweih'n! Was wir sinnen und beginnen, komm mit deinem Strahl zu läutern und den Kleinmuth aufzuheitern!

8. Nur aus deinen lautern Flammen, Sonne der Gerechtigkeit, soll des Leuchters Feuer stammen, den der Geist des Herrn uns leiht. Immer freier soll sein Feuer dir zur Ehre durch die Zeiten seine Strahlen hell verbreiten.

9. Du vollende deine Kriege mit der Macht der Finsterniß; nimm ihr bald im letzten Siege, was ihr Scepter an sich riß! Leuchte heller, siege schneller, bis die Nacht am Tage schwindet, den dein Morgenroth verkündet!

Karl Bernhard Garve.

Sonntagslied.

Jesaia 2, v. 5. Lasset uns wandeln im Licht des Herrn.

Mel. Meinen Jesum lass' ich nicht.

1217. Licht vom Licht! erleuchte mich bei dem neuen Tageslichte: Gnadensonne, stelle dich vor mein muntres Angesichte; wohne mir mit Glanze bei, daß mein Sabbath fröhlich sey.

2. Brunnquell aller Süßigkeit! laß mir deine Ströme fließen, mache Mund und Herz bereit, dich in Andacht recht zu küssen. Streu' das Wort mit Segen ein, laß es hundertfältig seyn.

3. Zünde selbst das Opfer an, das auf meinen Lippen lieget. Sey mir Weisheit, Licht und Bahn, daß kein Irrthum mich betrüget und kein fremdes Feuer brennt, welches dein Altar nicht kennt.

4. Laß mich heut' und allezeit: Heilig, heilig, heilig! singen und mich in die Ewigkeit mit des Geistes Flügeln schwingen. Gieb mir einen Vorschmack ein, wie es mag im Himmel seyn.

5. Ruh' in mir und ich in dir, bau' ein Paradies im Herzen. Offenbare dich doch mir und geuß meiner Andacht Kerzen immer neues Oele zu, o du Liebesflamme du!

6. Dieser Tag sey dir geweiht, weg mit allen Eitelkeiten! ich will deiner Herrlichkeit einen Tempel zubereiten, Nichts sonst wollen, Nichts sonst thun, als in deiner Liebe ruh'n.

7. Du bist mehr als Salomon, laß mich deine Weisheit hören, ich will deinen Gnadenthron mit gebeugten Knieen ehren, bis mir deine Sonne lacht und den schönsten Sonntag macht.

Benjamin Schmolck.

Nächstenliebe.

1. Johannis 3, v. 16. Daran haben wir erkannt die Liebe, daß er sein Leben für uns gelassen hat, und wir sollen auch das Leben für die Brüder lassen.

Mel. O wie selig seyd ihr doch, ihr Frommen.

1218. Liebe, du an's Kreuz für uns erhöhte, Liebe, die für ihre Mörder flehte, durch deine Flammen schmelz' in Liebe Herz und Herz zusammen!

2. Ja, durch deine göttlich-reine Liebe, weih', o Herr, der Deinen zart'ste Triebe, daß unsre Herzen liebend Schmach und Kreuz wie du verschmerzen.

3. Könnten wir uns froh die Deinen nennen, und von Widrigkeit und Haß entbrennen? lehr' uns vergeben, Herr! ist Dein Verzeih'n nicht unser Leben?

4. Laß von dir uns wahre Sanftmuth lernen, uns von deiner Demuth nie entfernen: laß unsern Seelen nie die Leuchte deines Wandels fehlen!

5. Du Versöhner, mach' auch uns versöhnlich, Dulder, mach' uns dir im Dulden ähnlich; daß Wort und Thaten wahren Dank für deine Huld verrathen.

6. Du Erbarmer, lehr' auch uns Erbarmen, lehr' uns Mildigkeit, du Freund der Armen, o lehr' uns eilen, brüderlich der Brüder Noth zu theilen!

7. Lehr' uns, auch der Feinde Bestes suchen; lehr' uns segnen, die uns schmäh'n und fluchen, mit deiner Milde: o gestalt' uns dir zum Ebenbilde!

8. Menschenfreund, wer kann genug dich preisen? was wir je mit mildem Sinn erweisen an deinen Brüdern, willst du, als dir selbst geschehn, erwidern.

9. Eig'nes Gute lehr' uns gern vergessen, wenn wir deine Güt' und Huld ermessen, vor deren Höhen Stolz und eigen Thun in Schaam vergehen.

10. Alles, was wir thun in unserm Kreise, sey ein Echo deiner Huldbeweise. Denn, o wir Armen! Herr, was sind wir ohne dein Erbarmen? Karl Bernh. Garve.

Von der Liebe.

1 Joh. 4, v. 19. Lasset uns ihn lieben; denn er hat uns erst geliebet.

Mel. Komm, o komm, du Geist des Lebens.

1219. Liebe, die du mich zum Bilde deiner Gottheit hast gemacht; Liebe, die du mich so milde nach dem Fall mit Heil bedacht: Liebe, dir ergeb' ich mich, dein zu bleiben ewiglich.

2. Liebe, die du mich erkoren, eh' als ich erschaffen war; Liebe, die du Mensch geboren und mir gleich wardst ganz und gar; Liebe, dir rc.

3. Liebe, die für mich gelitten und gestorben in der Zeit; Liebe, die mir hat erstritten ew'ge Lust und Seligkeit; Liebe, dir rc.

4. Liebe, die du Kraft und Leben, Licht und Wahrheit, Geist und Wort; Liebe, die sich bloß gegeben mir zum Heil und Seelenhort; Liebe, dir rc.

5. Liebe, die mich hat gebunden an ihr Joch mit Leib und Sinn; Liebe, die mich überwunden und mein Herz hat ganz dahin; Liebe, dir rc.

6. Liebe, die mich ewig liebet, die für meine Seele litt; Liebe, die das Lös'geld giebet und mich kräftiglich vertritt; Liebe, dir rc.

7. Liebe, die mich wird erwecken aus dem Grab der Sterblichkeit; Liebe, die mich wird umstecken mit dem Laub der Herrlichkeit; Liebe, dir ergeb' ich mich, dein zu bleiben ewiglich.

D. Johann Scheffler (Angelus).

Von der Liebe unsers Heilandes.

Matth. 12, 20. Das zerstoßene Rohr wird er nicht zerbrechen, und das glimmende Docht wird er nicht auslöschen, bis daß er ausführe das Gericht zum Siege.

Mel. Freu' dich sehr, o meine Seele.

1220. Liebe, die nicht auszusprechen! Jesus hebt, was schwach, empor. Seine Hand will nicht zerbrechen das zerstoßne Glaubensrohr. Seine Huld verschmähet nicht meines Glaubens schwaches Licht, das nur einem Döchtlein gleichet, das kaum glimmt und fast erbleichet.

2. Ob ich gleich mit Petro sinke, beut mir Jesus doch die Hand, giebt mir süße Liebeswinke, stärket meinen schwachen Stand. Wie ein Vaterherz gesinnt gegen sein noch kleines Kind: so trägt Er auch mit Erbarmen schwache Kinder auf den Armen.

3. Beut mein Hirte nicht den Rücken seinem schwachen Schaafe an? kranke Seelen zu erquicken, tritt er auf die Todesbahn. Selbst die höchste Kraft verschmacht't, da er ruft: es ist vollbracht! daß ich Schwacher möge siegen in den letzten Todeszügen.

4. Jesu, Stärk' und Kraft der Schwachen! stärke mich; denn ich bin schwach.

Du, du kannst mich stärker machen, höre doch mein seufzend Ach! Hebe du das schwache Rohr meines Glaubens selbst empor, daß es bei dem Sturm der Winde Schutz an deiner Seite finde.

5. Feuchte mit dem Gnaden-Oele meines Glaubens Döchtlein an, das nur glimt in meiner Seele auf der dunkeln Todesbahn. Stehe mir, o Allmacht! bei, daß ich stark in Schwachheit sey, daß ich dich, bis ich erkalte, fest mit schwachen Händen halte.

Adventslied.

Sacharja 9, v. 9. Siehe, dein König kommt zu dir, ein Gerechter und ein Helfer.

In eigener Melodie.

1221. Liebes Herz, bedenke doch deines Jesu große Güte, richte dich jetzt freudig auf, und erwecke dein Gemüthe; Jesus kommt dir als ein König, der sich deinen Helfer nennt und sich durch das Wort dir also selbst zu deinem Heil verpfänd't.

2. Als ein Helfer dir zu gut ist er in die Welt gekommen, als ein Helfer ist er auch in den Himmel aufgenommen. Als ein Helfer herrscht er jetzo unter uns im Gnaden-Reich; als ein Helfer wird er kommen, und uns selbst ihm machen gleich.

3. Da er sich nun Helfer nennt, und zwar nicht im bloßen Namen, sondern zeiget's in der That, was er saget, das ist Amen, was bekümmerst du dich ofte, suchest Hülfe hie und da? der sich deinen Helfer nennet, ist dir allenthalben nah'.

4. Er will helfen allezeit; was dich drückt, darfst du ihm klagen: stößt dir Noth und Mangel zu, du darfst's ihm nur kindlich sagen. Du hast einen solchen Helfer, der von Ewigkeit dich liebt, der die Noth auch selbst erfahren, und im Leiden sich geübt.

5. Ja, er will es nicht allein, sondern nimmt es so zu Herzen, daß er dich nicht lassen kann, wenn du schrei'st in deinen Schmerzen; er spricht: es bricht mir mein Herze, daß ich mich erbarmen muß; und dann giebt er zur Versich'rung einen süßen Gnaden-Kuß.

6. Nun, mein Jesu! weil du dich selbsten unsern Helfer nennest und zu deinem Herzen uns freien Zutritt herzlich gönnest; so komm' ich und falle nieder hier vor deinem Gnaden-Thron; du kannst dich ja nicht verleugnen, hilf mir, großer Gottes-Sohn!

7. Hilf mir allzeit ritterlich ringen in den Glaubens-Kämpfen; hilf mir auch mein Fleisch und Blut durch dein Kreuz und Leiden dämpfen! hilf, daß ich mög' überwinden, wie du überwunden hast; hilf mir endlich selig sterben, und ablegen alle Last.

8. So will ich dich, meinen Gott, stets als einen Helfer preisen; ich will auch durch deine Gnad' hier schon in der That erweisen, daß ich einen Helfer habe, der da herrscht in aller Welt, und auf welchen ganz alleine meine Hoffnung bleibt gestellt.

9. Hallelujah! Dank sey Gott, der uns diese Gnad' erzeiget, und auf uns, sein armes Volk, seine Huld so reichlich neiget, daß er seinen Sohn uns schenket, der uns nicht verlassen kann. Amen, Amen! Hallelujah! singe mit mir Jedermann.

Christian Jakob Koitsch.

Von der Buße und Bekehrung.

Jesaia 55, v. 7. Der Gottlose lasse von seinem Wege, und der Uebelthäter seine Gedanken, und bekehre sich zum Herrn, so wird er sich seiner erbarmen; und zu unserm Gott, denn bei ihm ist viel Vergebung.

Mel. Alle Menschen müssen sterben.

1222. Liebster Gott! vergieb die Sünde, streich' sie aus mit Christi Blut, daß ich wieder Gnade finde und ergreife frischen Muth. Jesus hat ja müssen sterben; ei, so laß mich nicht verderben; was wir durch den Fall verdient, hat er wieder ausgesühnt.

2. Ach! ich habe bald mit Werken, bald mit Worten dich betrübt; doch so kann mich wieder stärken, daß dein Sohn uns herzlich liebt; leider! hab' ich in den Schranken meines Lebens mit Gedanken mich vergriffen hier und dort; doch so tröstet mich dein Wort.

3. Alle Sünder, die nur kommen, hast du ja, o frommer Gott! so gar tröstlich aufgenommen; ei, so wird mich auch der Tod nicht verschlingen. Ach Herr! treibe, daß ich in der Gnade bleibe und mit Gott versöhnet bin. Christi Tod ist mein Gewinn.

4. Drum so seufz' ich im Vertrauen: Jesu, nimm dich meiner an, laß mich auf dich gläubig bauen, weil mir Keiner helfen kann ohne deine große Güte; Herr, ach stärke mein Gemüthe, daß ich einst, zu seiner Zeit, bei dir leb' in Ewigkeit.

Vom Tode.

Prediger Sal. 9, v. 12. Auch weiß der Mensch seine Zeit nicht; sondern wie die Fische gefangen werden mit einem schädlichen Hamen, und wie die Vögel mit einem Strick gefangen werden, so werden auch die Menschen berückt zur bösen Zeit, wenn sie plötzlich über sie fällt.

Mel. Freu' dich sehr, o meine Seele.

1223. Liebster Gott! wann werd' ich sterben? meine Zeit läuft immerhin; und des alten Adams Erben, unter denen ich auch bin, haben das zum Vatertheil, daß sie eine kleine Weil' arm und elend sind auf Erden, und dann selber Erde werden.

2. Ich will zwar mich auch nicht widern zu beschließen meine Zeit, trag' ich doch in allen Gliedern Saamen von der Sterblichkeit; geht doch immer da und dort Einer nach dem Andern fort, und schon Mancher liegt im Grabe, den ich wohl gekennet habe.

3. Aber, Gott! was werd' ich denken, wenn es wird an's Sterben gehn? wo wird man den Leib hinsenken, wie wird's um die Seele stehn? ach viel Kummer fällt mir ein! wessen wird mein Vorrath seyn? und wo werden meine Lieben nach einander hin verstieben?

4. Doch was darf es dieser Sorgen? soll ich nicht zu Jesu gehn? lieber heute noch als morgen; denn mein Fleisch wird auferstehn. Ich verzeih' es gern der Welt, daß sie Alles hier behält, und bescheide meinen Erben einen Gott, der nicht kann sterben.

5. Herrscher über Tod und Leben! mach' einmal mein Ende gut, lehre mich den Geist aufgeben mit recht wohl gefaßtem Muth; hilf, daß ich ein ehrlich Grab neben frommen Christen hab', und auch endlich in der Erde nimmermehr zu Schanden werde.

Kaspar Neumann.

Verlangen nach der Gemeinschaft mit Jesu.

Joh. 15, v. 4. Bleibet in mir, und ich in euch. Gleichwie der Rebe kann keine Frucht bringen von ihm selber, er bleibe denn am Weinstock, also auch ihr nicht, ihr bleibet denn in mir.

Mel. Mache dich, mein Geist, bereit.

1224. Liebster Heiland! nahe dich, meinen Geist berühre, und aus Allem kräftiglich mich in dich einführe; daß ich dich inniglich mög' in Liebe fassen, Alles Andre lassen.

2. Sammle den zerstreuten Sinn, treuer Hirt der Seelen! denn wenn ich in dir nicht bin, muß mein Geist sich quälen; Kreatur ängstet nur; du allein kannst geben Ruhe, Freud' und Leben.

3. Mache mich von Allem frei, gründlich abgeschieden; daß ich eingekehret sey stets in deinem Frieden; kindlich rein, sanft und klein, dich in Unschuld sehe, in dir leb' und stehe.

4. Menschenfreund, Immanuel! dich mit mir vermähle; o du sanfter Liebesquell! salbe Geist und Seele; daß mein Will' sanft und still, ohne Widerstreben dir sich mag ergeben.

5. Jedermann hat seine Lüst und sein Zeitvertreiben; mir sey Eines nur bewußt, Herr! in dir zu bleiben. Alles soll folgen wohl, wenn ich mich nur übe in dem Weg der Liebe.

6. Kreaturen, bleibet fern und was sonst kann stören! Jesu! ich will schweigen gern und dich in mir hören: schaffe du wahre Ruh', wirke nach Gefallen, halt' mich still in Allem.

7. Was noch flüchtig, sammle du; was noch stolz ist, beuge; was verwirret, bring' zur Ruh'; was noch hart, erweiche, daß in mir nichts hinfür lebe noch erscheine, als mein Freund alleine.

Gerhard Tersteegen.

Am Geburtstage.

Jesaia 46, v. 4. Ich will euch tragen bis ins Alter und bis ihr grau werdet.

Mel. Meinen Jesum lass' ich nicht.

1225. Liebster Jesu! hier bin ich. Soll ich ein neu Jahr anschreiten, ach! ich thu's nicht ohne dich, lasse deine Hand mich leiten, die ich küsse, lieb' und preis', daß sie mich geführt mit Fleiß.

2. Führ' nur weiter, ich geh' nach und dank' dir mit frohem Munde, daß ich hab' erlebt den Tag und die rechte Freudenstunde, da du, der du mich gemacht, mich gesund zur Welt gebracht.

3. Gerne rühm' ich noch dabei, daß kein Augenblick verflossen, darin nicht die Jesustreu' ich hätt' allzumal genossen, sie geschmeckt und auf mein Fleh'n sie gehört, gefühlt, geseh'n.

4. Zum Geschenk will ich dafür, Jesu! dir mich eigen geben: nimm nur Alles hin von mir, mein Herz, Seele, Leib und Leben, Alles, Alles, was ist mein, soll, mein Jesu! deine seyn.

5. Ueber Alles herrsche du, in dein Blut es stets verhülle, schenk' ihm Hülfe, Schutz

und Ruh' und was will dein guter Wille; mein Aug' stehet unverwandt auf dein' milde Jesus-Hand.

6. Von der will ich seyn bewahrt, von der, weil sie mir gewogen, will ich nach der Weis' und Art, wie sie selbst will, seyn gezogen, gieb nur, weil ich lebe hier, daß ich willig folge dir.

7. Halt' mich fest mit deiner Hand, an dir will ich einzig hangen und, bei jetzt vergnügtem Stand, dies mein neues Jahr anfangen; führst du, wie bishero, mich, wird mein Leben preisen dich.

Bibel-Lied.

Vor Lesung derselben.

Johannis 17, v. 17. Heilige sie in deiner Wahrheit, dein Wort ist die Wahrheit.

Mel. Liebster Jesu, wir sind hier 2c.

1226. Liebster Jesu, ich will dich jetzt in deinem Worte hören. Wirf doch Alles hinter mich, was mir kann die Andacht stören: laß mich lesen, forschen, merken und daraus den Glauben stärken.

2. Gieb mir deinen guten Geist, der in alle Wahrheit leitet, daß er mich recht unterweis't, wie man deine Worte deutet. Oeffne mir die blöden Sinnen, laß mich Licht und Kraft gewinnen.

3. Was ich lese, laß mir auch in dem Herzen fest bekleiben, und durch täglichen Gebrauch immer neue Früchte treiben. Gieb, daß ich nach diesem Lichte mich im ganzen Leben richte.

4. Fluch und Segen zeigst du mir in dem aufgeschlag'nen Buche, hilf nur, daß ich mit Begier jenen flieh' und diesen suche, und, wenn ich von hinnen gehe, dort in Deinem Buche stehe.

5. Rede, Herr! ich bin bereit dich ganz willig anzuhören. Laß des Wortes Süßigkeit meinen Hunger stets vermehren, bis ich dich gefunden habe und die Seele reichlich labe.

Benjamin Schmolck.

Von der Kraft unsers Herrn Jesu.

Lucä 5, v. 17. Die Kraft des Herrn ging von ihm, und half Jedermann.

Mel. Jesu, der du meine Seele.

1227. Liebster Jesu, in den Tagen deiner Niedrigkeit allhier hörte man zum Volk dich sagen: es geht eine Kraft von mir. Laß auch deine Kraft ausfließen und sich deinen Geist ergießen, da du in der Herrlichkeit nun regierest weit und breit.

2. Denn dir ist in deine Hände nun gegeben alle Macht: bis an aller Welten Ende wird dein Name hoch geacht't. Alles muß sich vor dir neigen und was hoch ist, muß sich beugen: selbst der letzte Feind auch muß endlich unter deinen Fuß.

3. Darum kannst du Allen rathen, deine Kraft ist nie zu klein, es bezeugen's deine Thaten, die uns aufgeschrieben seyn. Ja, du bist deswegen kommen, weil du dir hast vorgenommen, aller Menschen Heil zu seyn und zu retten Groß und Klein.

4. Hier, mein Arzt, steh' auch ich Armer, krank am Geiste, blind und bloß; rette mich, o mein Erbarmer! mache mich von Sünden los und von den so vielen Tücken, die mein armes Herz bestricken; ach, laß deinen süßen Mund zu mir sprechen: Sey gesund!

5. Siehe, meine Seele rühret deinen Saum im Glauben an,*) wartet, bis sie endlich spüret, was du hast an ihr gethan: an dein Wort will ich mich halten und indeß dich lassen walten: leugnen kannst du dich doch nicht, da dein Wort mir Heil verspricht.

*) Matth. 9, v. 20.

6. Amen! du wirst mich erhören, daß ich durch dich werde rein, und zu mir dein Antlitz kehren, daß ich könne fröhlich seyn: so will ich aus Herzens Grunde deine Güte mit dem Munde rühmen hier zu dieser Zeit bis zur frohen Ewigkeit.

Adventslied.

Matthäi 12, v. 18. Siehe, das ist mein Knecht, den ich erwählet habe, und mein Liebster, an dem meine Seele Wohlgefallen hat; ich will meinen Geist auf ihn legen, und er soll den Heiden das Gericht verkündigen.

Mel. Du, o schönes Weltgebäude.

1228. Liebster Jesu! sey willkommen hier in dieser bösen Welt, da du nicht wirst angenommen, da man dich verächtlich hält, ich, ich will dich nicht verscherzen, wohne nur in meinem Herzen. Du bist mein und ich bin dein, allerliebstes Jesulein!

2. Zwar du kommst zu uns nicht prächtig, aber ich bin schon vergnügt, du bist dennoch reich und mächtig, hast mir Alles zugefügt, was mich Sünder, was mich Schwachen kann gerecht und selig machen. Du bist mein und ich bin dein, allerliebstes Jesulein!

3. Dein so armes Kummer-Leben soll mein Reichthum all'zeit seyn; nun ich bis dir

ganz ergeben, und vertraue dir allein, daß du mir in jenem Leben wirst die Ehren-Krone geben. Du bist mein und ich bin dein, allerliebstes Jesulein!

4. Will dich alle Welt gleich meiden, dennoch find' ich mich zu dir, dich und mich soll Niemand scheiden, sondern ich will für und für unverrückt an dir bekleiben, todt und lebend dein verbleiben. Du bist mein und ich bin dein, allerliebstes Jesulein!

5. Deine Schmach und deine Schande, so dir diese Welt anthut, dienet mir zum höchsten Pfande und versichert meinem Muth, daß du mir in jenem Leben wirst die Ehren-Krone geben. Du bist mein und ich bin dein, allerliebstes Jesulein!

6. Nun, mein Herze steht dir offen, zeuch, mein Heiland! bei mir ein, laß mich nicht vergeblich hoffen; laß mich nur dein eigen seyn; tilge du all' mein Verbrechen, so kann ich stets fröhlich sprechen: Du bist mein und ich bin dein, allerliebstes Jesulein!

M. Samuel Großer.

Adventslied.

Joh. 1, v. 12. Wie viele ihn aber aufnahmen, denen gab er Macht, Gottes Kinder zu werden, die an seinen Namen glauben.

Mel. Herr! ich habe mißgehandelt.

1229. Liebster Jesu, sey willkommen, kehr' in meinem Herzen ein, du hast von uns weggenommen Sünde, Tod und Höllenpein, hast dich tief herabgelassen, o! wer könnte dich wohl hassen?

2. Völlig können wir nicht danken für das theure Liebespfand: Jesu, hilf, daß wir nicht wanken und entfallen deiner Hand. Jesu, hilf, daß treu wir bleiben und uns ewig dir verschreiben.

3. Nichts ist auf der ganzen Erden, das mit deiner Liebeshuld, Jesu, kann verglichen werden; du bezahlest alle Schuld, du bist uns zu gut geboren, zu erlösen, was verloren.

4. Zu erlösen, was verloren, bist du in die Welt gesandt; Jesu, du bist Mensch geboren, damit nicht das Sündenband möchte unsre Seele plagen und wir also gar verzagen.

5. Ei, was sollten wir verzagen? er ist unser Schutz und Schild, er ist's, der die großen Plagen und des Vaters Eifer stillt; Jesus treibet alle Schmerzen aus dem tiefgekränkten Herzen.

6. Richte künftig aller Orten, liebster Jesu, Freuden an; stärke uns mit solchen Worten, daß kein Feind uns schaden kann; gieb, daß wir zu allen Zeiten deine große Lieb' ausbreiten.

M. Erdmann Neumeister.

Bei der Taufe eines Kindes.

Luc. 18, v. 16. Jesus rief sie zu sich und sprach: Lasset die Kindlein zu mir kommen und wehret ihnen nicht; denn solcher ist das Reich Gottes.

Mel. Liebster Jesu, wir sind hier, dich rc.

1230. Liebster Jesu, wir sind hier, deinem Worte nachzuleben; dieses Kindlein kommt zu dir, weil du den Befehl gegeben, daß man sie zu dir hinführe: denn das Himmelreich ist ihre.

2. Ja, es schallet allermeist dieses Wort in unsern Ohren: Wer durch Wasser und durch Geist nicht zuvor ist neu geboren, wird von dir nicht aufgenommen und in Gottes Reich nicht kommen.

3. Darum eilen wir zu dir, nimm dies Pfand von unsern Armen; tritt mit deinem Geist herfür und erzeige dein Erbarmen, daß dein Kind es hier auf Erden und im Himmel möge werden.

4. Wasch' es, Jesu, durch dein Blut, von den angeerbten Flecken, laß es bald nach dieser Fluth deiner Liebe Flügel decken; schenk' ihm deiner Unschuld Seide, daß es ganz in dich sich kleide.

5. Hirte, nimm dein Schäflein an; Haupt, mach' es zu deinem Gliede; Himmelsweg, zeig' ihm die Bahn; Friedefürst, schenk' du ihm Friede; Weinstock, hilf, daß diese Rebe stets im Glauben dich umgebe.

6. Nun, wir legen an dein Herz, was von Herzen ist gegangen; führ' die Seufzer himmelwärts und erfülle das Verlangen: ja, den Namen, den wir geben, schreib' in's Lebensbuch zum Leben.

Benjamin Schmolck.

Vom Worte Gottes.

Apost. Gesch. 10, v. 33. Nun sind wir Alle hier gegenwärtig vor Gott, zu hören Alles, was dir von Gott befohlen ist.

In eigener Melodie.

1231. Liebster Jesu! wir sind hier, dich und dein Wort anzuhören, lenke Sinnen und Begier auf die süßen Himmelslehren, daß die Herzen von der Erden ganz zu dir gezogen werden.

2. Unser Wissen und Verstand ist mit Finsterniß umhüllet, wo nicht deines Geistes Hand uns mit hellem Licht erfüllet;

Gutes denken, thun und dichten wollst du selbst in uns verrichten.

3. O du Glanz der Herrlichkeit! Licht vom Licht, aus Gott geboren! mach' uns allesammt bereit, öffne Herzen, Mund und Ohren; unser Bitten, Flehn und Singen laß, Herr Jesu! wohl gelingen.

Lic. Tobias Clausnitzer.

Von der Buße.

Lucä 15, v. 18. 19. Ich will mich aufmachen und zu meinem Vater gehen und zu ihm sagen: Vater, ich habe gesündiget in den Himmel und vor dir; und bin hinfort nicht mehr werth, daß ich dein Sohn heiße.

Mel. Christus, der uns selig macht.

1232. Liebster Vater! ich, dein Kind, komm' zu dir geeilet, weil ich sonsten Niemand find', der mich Armen heilet. Meine Wunden sind sehr groß, groß sind meine Sünden, mach' mich von denselben los, laß mich Gnade finden.

2. Du bist Vater! ja, mit Recht, und hast Vater-Sitten, ei, so hab' ich Kindes-Recht und darf kühnlich bitten: denn den Kindern steht es frei, Väter anzuflehen: Vater, deine Vatertreu' laß mich Armen sehen.

3. Liebster Vater! willst du dich Vater lassen nennen; ei, so mußt du lassen mich Vater-Sinn erkennen: denn das wäre doch zu hart, bloßen Namen führen und nicht thun nach Vatersart, was sich will gebühren.

4. Nun, so nimm dich meiner an, wie die Väter pflegen: meine Buß- und Thränen-Bahn laß dich doch bewegen; meine Sünden bringen Schmerz, die ich hab' begangen: ach, du liebstes Vater-Herz! laß mich Gnad' erlangen.

5. Hast du doch in deinem Wort Gnade mir versprochen; laß mich an die Gnaden-Pfort' nicht vergebens pochen: laß der matten Seufzer Ton durch die Wolken dringen, und von deinem Himmels-Thron mir die Gnade bringen.

6. Ich lass' doch nicht eher ab, bis du mir gewähret Gnade, die ich von dir hab' inniglich begehret; segne mich, ich lasse dich eher nicht, ich hange, wie die Klett' am Kleid', bis ich Gnad' von dir erlange.

7. Du bist Gott und heißest gut, weil du Gutthat übest, und gleichwie ein Vater thut, deine Kinder liebest. Dieser Gutthat laß mich auch, Vater-Herz! genießen, laß auf mich nach deinem Brauch deine Gnade fließen.

8. Ach! verzeih' mir, ach, vergieb, was ich mißgehandelt, weil ich nach dem Sünden-Trieb öftermals gewandelt. Meine Sünden ich versenk', Herr! in deine Wunden. Ach, derselben nicht gedenk', laß sie seyn verschwunden.

9. Klagt mich mein Gewissen an, und will mich verdammen, will der Sünde dunkle Bahn dich zur Rach' entflammen! ei, so denke mit Geduld, daß ich Staub und Aschen, und daß mich von meiner Schuld hab' dein Blut gewaschen.

Christ. Titius.

Abendgebet nach dem Gebet Jesu.

Matthäi 6, v. 6. Wenn du aber betest, so gehe in dein Kämmerlein, und schließe die Thür zu, und bete zu deinem Vater im Verborgenen; und dein Vater, der in das Verborgene siehet, wird dir's vergelten öffentlich.

Mel. Liebster Jesu, wir sind hier.

1233. Liebster Vater, soll es seyn, daß ich heut' an diesem Tage letztmals mit Gebet erschein', und dir meine Noth vortrage, ach, so richte meine Sinnen nach den hohen Himmelszinnen.

2. Tausend-, ja viel tausendmal sey, o Vater! hoch gepriesen, daß in deiner Kinder Zahl du mir eine Stell' gewiesen, daß ich dich hab' lernen kennen, und in Christo Vater nennen.

3. Heilig, heilig, heilig sey deines hohen Namens Ehre, deine Güter mancherlei, deine Kraft und wahre Lehre; dort will ich dich ewig loben, wenn ich bin zu dir erhoben.

4. Dein Reich hast du auch zu mir hier in Gnaden lassen kommen, und berufen mich zu dir, auch des Satans Macht genommen; Jesus hat mir Heil und Frieden durch sein Blut und Tod beschieden.

5. Darum wart' ich mit Begier ganz getrost auf's Reich der Ehren, nichts durchaus ist mehr allhier, das mich soll davon abkehren, komm, o König! laß erscheinen, was ich hoff' und all' die Deinen.

6. Deinem Willen werd' ich mich ganz zu einem Opfer geben, hab' ich hier nicht völliglich nach demselben können leben, so werd' ich doch dort erfüllen mit den Engeln deinen Willen.

7. Täglich Brot und mancherlei, was zu meinem Stand' gehöret, hast du, Vater! mild und treu mir Zeitlebens auch bescheret; nun du Himmelsbrot willst geben, lass' ich gern dies arme Leben.

8. Bleiben gleich die Meinen hier, die mich länger möchten sehen, so weiß ich, daß nur bei dir steh'ihr Weh' und Wohlergehen; ich befehle deiner Güte, was mir lieget im Gemüthe.

9. Nun, o Vater! laß du mir alle Schulden seyn vergeben, daß ich frei und rein zu dir fahr' aus diesem Sündenleben; Jesus hat mir Gnad' erworben, mit ihm ist die Schuld gestorben.

10. So vergeb' ich auch gar leicht, wie du, Vater! mir verheißen, aller Zorn und Rache weicht, ich will lauter Lieb' erweisen, weil du, Gott! selbst viel erlassen, will und darf ich Niemand hassen.

11. Rückt der letzte Kampf herzu, tobet heftig Sünd' und Hölle, daß sie mir die Himmelsruh' raub' und meinen Glauben fälle, so steh' du auf meiner Seiten, die Versuchung zu bestreiten.

12. Mach' mich alles Uebels los, mach' der Sünden-Noth ein Ende, ich ergebe ganz und bloß mich in deine Vaterhände, wollest mich von allem Bösen, wie du weißt und kannst, erlösen.

13. An dem Allen zweifl' ich nicht, denn du bist der Himmelskönig; zu dir steht mein' Zuversicht, Welt und Höll' ist dir zu wenig; deine Kraft wird ewig stehen, deine Herrschaft nie vergehen.

Veit Ludwig v. Seckendorf.

Lob dem Heilande.

Lucä 1, v. 74. 75. Daß wir, erlöset aus der Hand unserer Feinde, ihm dieneten ohne Furcht unser Lebenlang, in Heiligkeit und Gerechtigkeit, die ihm gefällig ist.

Mel. Lobe den Herren, den mächtigen König rc.

1234. Lobe den Heiland, den göttlichen König der Ehren! meine begnadigte Seele, das ist mein Begehren: wache recht auf, laß deiner Freude den Lauf, laß es die ganze Welt hören.

2. Lobe den Heiland, der deine Versöhnung bereitet, der dich zum Brunnen der heiligen Wunden geleitet; aus wie viel Noth half dir sein blutiger Tod, der Lebensflügel gebreitet!

3. Lobe den Heiland, der gnädig und herrlich regieret, der dich zur Buße, zum Glauben, zum Leben geführet, der in der Welt dir doch den Glauben erhält; wie treu hast du ihn verspüret!

4. Lobe den Heiland, der deinen Stand himmlisch gesegnet, der von dem Kreuze mit Strömen des Blutes geregnet. Denke daran, was an dir Jesus gethan, der dir als Bruder begegnet.

5. Lobe den Heiland, was in mir ist, lobe den Namen! was Christi Odem hat, lobe mit Abrahams Saamen. Ist er dein Licht, o so bekümmre dich nicht! sprich millionenmal: Amen!

Ernst Gottlieb Woltersdorf.

Dem Mittler unserer Seligkeit Lob und Ehre!

Ebr. 9, v. 12. Christus ist durch sein eigenes Blut Einmal in das Heilige eingegangen, und hat eine ewige Erlösung erfunden.

Mel. Lobe den Herren, den mächtigen König rc.

1235. Lobe den Heiland, o Seele, den Heiland der Sünder! lobet ihn alle, ihr Adams erlösete Kinder! Singet mit Pracht dem, der euch selig gemacht, dem Starken, dem Ueberwinder!

2. Lobe den Priester, den Höchsten, der selber gestorben, der durch sein Opfer die ew'ge Versöhnung erworben! lobe sein Blut, es macht auf immerdar gut, was durch die Sünde verdorben.

3. Lobe den großen, den lieblichen Friedenspropheten; seine Verkündigung labt und erquicket in Nöthen. Was er verheißt, ist Wahrheit, Leben und Geist, kann alle Traurigkeit tödten.

4. Lobe den Fürsten des Lebens, den mächtigen König! fürchte die Feinde nicht, sie sind ihm alle zu wenig. Du hast es gut; sing' ihm mit fröhlichem Muth, sey ihm mit Lust unterthänig.

5. Lobe den Heiland und werde nicht müde zu loben. Laß Welt, laß Sünde, laß Teufel und Zweifel nur toben. Kurz ist die Zeit; nicht mehr dein Abschied ist weit: dann singst und rühmest du droben.

Ernst Gottlieb Woltersdorf.

Loblied am Feste der heiligen Dreieinigkeit.

Epheser 1, v. 3. Gelobet sey Gott und der Vater unsers Herrn Jesu Christi, der uns gesegnet hat mit allerlei geistlichem Segen in himmlischen Gütern durch Christum.

Mel. Lobe den Herren, den mächtigen König rc.

1236. Lobe den Herren, den ewigen Vater dort oben! Auf! meine Seele, mit Beten und Danken und Loben. Er ist dein Gott, Schöpfer und Helfer in Noth: schaue die herrlichsten Proben!

2. Lobe den Herren, den Mächtigen, Weisen und Treuen, in dessen Namen sich

Himmel und Erde erfreuen, der auch dich trägt, mütterlich leitet und pflegt; komm, dich ihm gänzlich zu weihen.

3. Lobe den Herren, den Sohn, die gekreuzigte Liebe! Lobe, erhebe und sing' ihm aus feurigem Triebe, den, der dort starb, und dich mit Blute erwarb, daß er dein Eigenthum bliebe.

4. Lobe den Herren, der Sünde bezahlet und schenket; der seiner Kinder beständig im Besten gedenket; dein ist sein Blut! er ist dein ewiges Gut, das dich belebet und lenket.

5. Lobe den Herren, den Geist, der dich lehret und treibet! der dir in Noth und Tod Tröster und Fürsprecher bleibet; er macht's allein, daß du so selig kannst seyn, daß dein Herz festiglich gläubet.

6. Lobe den Herren, den Geber unzähliger Gaben, die dich im Reiche der Gnad' und der Herrlichkeit laben! Bitte fein viel, setze dem Loben kein Ziel, so wirst du nehmen und haben.

Friedrich August Weihe.

Vom Lobe Gottes.

Ps. 98, v. 4—6. Jauchzet dem Herrn alle Welt; singet, rühmet und lobet; lobet den Herrn mit Harfen, mit Harfen und mit Psalmen, mit Trompeten und Posaunen; jauchzet vor dem Herrn, dem Könige.

In eigener Melodie.

1237. Lobe den Herren, den mächtigen König der Ehren, meine geliebete Seele! das ist mein Begehren. Kommet zu Hauf, Psalter und Harfe wach' auf! lasset die Musikam hören.

2. Lobe den Herren, der Alles so herrlich regieret, der dich auf Adelers Fittigen sicher geführet, der dich erhält, wie es dir selber gefällt; hast du nicht dieses verspüret?

3. Lobe den Herren, der künstlich und fein dich bereitet, der dir Gesundheit verliehen, dich freundlich geleitet; in wie viel Noth hat nicht der gnädige Gott über dir Flügel gebreitet!

4. Lobe den Herren, der deinen Stand sichtbar gesegnet, der aus dem Himmel mit Strömen der Liebe geregnet; denke daran, was der Allmächtige kann, der dir mit Liebe begegnet.

5. Lobe den Herren! was in mir ist, lobe den Namen! Alles, was Odem hat, lobe mit Abrahams Saamen. Er ist dein Licht, Seele! vergiß es ja nicht! lobende schließe mit Amen!

Joachim Neander.

Vom Lobe Gottes.

Psalm 146, v. 1—10. Halleluja! Lobe den Herrn, meine Seele! rc.

In eigener Melodie.

1238. Lobe den Herren, o meine Seele! ich will ihn loben bis in Tod; weil ich noch Stunden auf Erden zähle, will ich lobsingen meinem Gott; der Leib und Seel' gegeben hat, werde gepriesen früh und spat! Hallelujah, Hallelujah!

2. Fürsten sind Menschen, vom Weib' geboren, und kehren um zu ihrem Staub; ihre Anschläge sind auch verloren, wenn nun das Grab nimmt seinen Raub; weil dann kein Mensch uns helfen kann, rufe man Gott um Hülfe an; Hallelujah, Hallelujah!

3. Selig, ja selig ist der zu nennen, deß Hülfe der Gott Jakob ist, welcher vom Glauben sich Nichts läßt trennen, und hofft getrost auf Jesum Christ. Wer diesen Herrn zum Beistand hat, am Besten findet Rath und That; Hallelujah, Hallelujah!

4. Dieser hat Himmel, Meer und die Erden, und was darinnen ist, gemacht. Alles muß pünktlich erfüllet werden, was er uns einmal zugedacht. Er ist's, der Herrscher aller Welt, welcher uns ewig Glauben hält. Hallelujah, Hallelujah!

5. Zeigen sich welche, die Unrecht leiden: er ist's, der ihnen Recht verschafft. Hungrigen will er zur Speis' bescheiden, was ihnen dient zur Lebenskraft. Die hart Gebundnen macht er frei, und seine Gnad' ist mancherlei. Hallelujah, Hallelujah!

6. Sehende Augen giebt er den Blinden, erhebt, die tief gebeuget gehn. Wo er kann einige Fromme finden, die läßt er seine Liebe sehn. Sein' Aufsicht ist des Fremden Trutz: Wittwen und Waisen hält er Schutz. Hallelujah, Hallelujah!

7. Aber der Gottesvergess'nen Tritte kehrt er mit starker Hand zurück; daß sie nur machen verkehrte Schritte, und fallen selbst in ihren Strick; der Herr ist König ewiglich; Zion! dein Gott sorgt stets für dich. Hallelujah, Hallelujah!

8. Rühmet, ihr Menschen, den hohen Namen deß, der so große Wunder thut. Alles, was Odem hat, rufe Amen! und bringe Lob mit frohem Muth. Ihr Kinder Gottes, lobt und preis't Vater und Sohn und heil'gen Geist. Hallelujah, Hallelujah!

Johann Daniel Herrnschmidt.

Lob dem Geiste Gottes.

Psalm 33, v. 6. Der Himmel ist durch das Wort des Herrn gemacht und alle sein Heer durch den Geist seines Mundes.

Mel. Lobe den Herren, den mächtigen rc.

1239. Lobe den Tröster, den Geist, den wir göttlich verehren! Seele, Gesalbte! lobsing' ihm, das ist mein Begehren. Kläre dich auf! laß seinem Triebe den Lauf; laß David's Harfenspiel hören.

2. Lobe den Tröster, der deine Bekehrung bereitet, der dich bestrafet, gelehret, zu Jesu geleitet. Nach Angst und Noth hat der wahrhaftige Gott in dir den Frieden verbreitet.

3. Lobe den Tröster, der selbst deine Seele regieret, der dich im Wege des Wortes zur Seligkeit führet; der dich erhält, wie es dem Vater gefällt. Hast du die Zucht nicht verspüret?

4. Lobe den Tröster, der oft deine Dürre gesegnet, wenn er mit Strömen lebendigen Wassers geregnet. Denke daran, wie dir auf ebener Bahn sein sanftes Sausen begegnet. Psalm 143, v. 10. 1 Kön. 19, v. 11 12.

5. Lobe den Tröster, was in mir ist, lobe den Namen! was seinen Odem *) hat, lobe mit Abrahams Saamen. Bleibt er dein, Licht, o so vergissest du nicht dein Hallelujah, dein Amen. *) Joh 20, v. 22. Jes. 57, v. 15. 16.

Ernst Gottlieb Woltersdorf.

Osterlied.

2 Korinther 4, v. 14. Wir wissen, daß der, so den Herrn Jesum hat auferwecket, wird uns auch auferwecken durch Jesum, und wird uns darstellen sammt euch.

Mel. Jesus, meine Zuversicht.

1240. Lobe Gott, o Christenheit! dein Erlöser triumphiret, Jesus sieget nach dem Streit', den er herrlich ausgeführet, er durchbricht die Todesnacht und steht auf mit großer Macht.

2. Nun wird unser Bürge frei. Dies ist ein gewisses Zeichen, daß die Schuld bezahlet sey, Tod und Teufel muß nun weichen; Jesus hat uns frei gemacht und uns die Versöhnung bracht.

3. Ach, Erlöser! Dank sey dir, daß du unsern Feind bezwungen und auch durch des Grabes Thür eigenmächtig durchgedrungen; nun erkennt die ganze Welt dich, o großer Siegesheld!

4. Wälze doch den schweren Stein ab von meiner Sündenhöhle, laß mich mit dir Sieger seyn, und befreie meine Seele, daß ich mit dir aufersteh' und dir froh entgegengeh'.

5. Schrecke selbst die schwarze Schaar, die um meine Seele wachet; ich bin frei von der Gefahr, die mir ihre Tücke machet, wenn ein Strahl von deinem Licht meine Finsterniß durchbricht.

6. Nun, mein Jesu! du bist mein, ich will auch der Deine bleiben; fühl' ich einstens Todespein, so wirst du die Angst vertreiben; ist mein Herze nur bei dir, so ist deines auch bei mir.

7. Jesus lebt und ich durch ihn! nun kann mich der Tod nicht schrecken; Jesus wird mich zu sich zieh'n und am jüngsten Tag', erwecken; sein Triumph ist uns bereit't, lobe Gott, o Christenheit!

M. Adam Gottfried Thebesius.

Morgenlied.

Psalm 104, v. 33. Ich will dem Herrn singen mein Lebenlang, und meinen Gott loben, so lange ich bin.

In eigener Melodie.
(Sonst: Gott, der du für uns deinen Sohn.)

1241. Lobet den Herren Alle, die ihn ehren, laßt uns mit Freuden seinem Namen singen und Preis und Dank zu seinem Altar bringen. Lobet den Herren!

2. Der unser Leben, das er uns gegeben, in dieser Nacht so väterlich bedecket und aus dem Schlaf uns fröhlich auferwecket. Lobet den Herren!

3. Daß unsre Sinnen wir noch brauchen können und Händ' und Füße, Zung' und Lippen regen, das haben wir zu danken seinem Segen. Lobet den Herren!

4. Daß Feuersflammen uns nicht allzusammen mit unsern Häusern unversehns gefressen, das macht, daß wir in seinem Schooß gesessen. Lobet den Herren!

5. Daß Dieb' und Räuber unser Gut und Leiber nicht angetast't und grausamlich verletzet, dawider hat sein Engel sich gesetzet. Lobet den Herren!

6. O treuer Hüter, Brunnquell aller Güter! ach, laß doch ferner über unser Leben bei Tag und Nacht dein' Huld und Güte schweben. Lobet den Herren!

7. Gieb, daß wir heute, Herr! durch dein Geleite auf unsern Wegen unverhindert gehen und überall in deiner Gnade stehen. Lobet den Herren!

8. Treib' unsern Willen, dein Wort zu erfüllen, lehr' uns verrichten heilige Geschäfte

schäfte und wo wir schwach sind, da gieb du uns Kräfte. Lobet den Herren!

9. Richt' unsre Herzen, daß wir ja nicht scherzen mit deinen Strafen, sondern fromm zu werden, vor deiner Zukunft uns bemüh'n auf Erden. Lobet den Herren!

10. Herr! du wirst kommen und all' deine Frommen, die sich bekehren, gnädig dahin bringen, da alle Engel ewig, ewig singen: lobet den Herren!

Paul Gerhardt.

Vom Lobe Gottes.

1 Chronica 30, v. 10. 11. Gelobet seyst du Herr, Gott Israels, unsers Vaters, ewiglich! Dir gebühret die Majestat und Gewalt, Herrlichkeit, Sieg und Dank. Denn Alles, was im Himmel und auf Erden ist, das ist Dein. Dein ist das Reich, und du bist erhöhet über Alles zum Obersten.

Mel. Lobe den Herren, den mächtigen 2c.

1242. Lobet den Herren, den mächtigen König der Ehren, lobet den Namen des Herren, das ist sein Begehren; tretet heran, singet und stimmet mit an, des Höchsten Lob zu vermehren.

2. Lobet den Herren, der Sinn und Gedanken regieret, daß man die Kräfte der himmlischen Weisheit verspüret, die uns erhält in der gefährlichen Welt, daß uns kein Böses verführet.

3. Lobet den Herren, der uns sein Wort reichlich geschenket, der uns, wenn Unglück verfolget und Herzeleid kränket, Seel' und Gemüth' aus überschwänglicher Güt' kräftig mit Troste bedenket.

4. Lobet den Herren, der große Barmherzigkeit übet, der, wenn wir Menschen mit Sünden ihn heftig betrübet, in Gnad' und Huld, wenn wir bereuen die Schuld, willig und gerne vergiebet.

5. Lobet den Herren, der Nahrung dem Leibe bescheret, giebet Gesundheit, Schutz, Beistand und Hülfe gewähret; ja viel Gefahr, eh' wir es werden gewahr, von uns in Gnaden abkehret.

6. Lobet den Herren, der unser Thun sichtbar gesegnet, auf uns vom Himmel mit Strömen der Güte geregnet; denket stets d'ran, was er uns Gutes gethan, und ihm mit Lobe begegnet!

7. Lobet den Herren, der, wenn wir im Glauben versterben, uns aus beständiger Liebe nicht läßet verderben, und nach dem Tod, als ein grundgütiger Gott, macht zu des Himmelreichs Erben.

8. Drum lob't den Herren und seinen hochheiligen Namen, Alles, was Athem hat, müsse mit Abrahams Saamen das höchste Gut herzlich, aus dankbarem Muth, preisen ohn' Unterlaß. Amen. D. v. M. z. S.

Tischlied.

Psalm 147, v. 7—11. Singet um einander dem Herrn mit Danken, und lobet unsern Gott mit Harfen; der den Himmel mit Wolken verdecket, und giebt Regen auf Erden; der Gras auf Bergen wachsen lässet; der dem Viehe sein Futter giebet, den jungen Raben, die ihn anrufen. Er hat nicht Lust an der Stärke des Rosses, noch Gefallen an Jemandes Beinen. Der Herr hat Gefallen an denen, die ihn fürchten, und auf seine Güte hoffen.

In eigener Melodie.

1243. Lobet den Herren, :,: denn er ist sehr freundlich: es ist sehr köstlich, unsern Gott zu loben; :,: sein Lob ist schön und lieblich anzuhören. Lobet den Herren! :,:

2. Singt geg'n einander :,: dem Herren mit Danken, lobt ihn mit Harfen unsern Gott, den Werthen; :,: denn er ist mächtig und von großen Kräften. Lobet den Herren! :,:

3. Er kann den Himmel :,: mit Wolken bedecken, er giebt den Regen, wenn er will, auf Erden; :,: er läßt Gras wachsen hoch auf dürren Bergen. Lobet den Herren! :,:

4. Der allem Fleische :,: giebet seine Speise, dem Vieh sein Futter väterlicher Weise, :,: den jungen Raben, wenn sie ihn anrufen. Lobet den Herren! :,:

5. Er hat ja nicht Lust :,: an der Stärk' des Rosses, noch Wohlgefallen an Jemandes Beinen; :,: ihm g'fall'n alleine, die auf ihn vertrauen. Lobet den Herren! :,:

6. Danket dem Herren, :,: Schöpfer aller Dinge! der Brunn des Lebens thut aus ihm entspringen :,: gar hoch vom Himmel her aus seinem Herzen. Lobet den Herren! :,:

7. O Jesu Christe, :,: Sohn des Allerhöchsten! gieb du die Gnade allen frommen Christen, :,: daß sie dein'n Namen ewig preisen. Amen! Lobet den Herren! :,:

Verfasser unbekannt; vor 1580.

Adventslied.

Joh. 3, v. 17. Gott hat seinen Sohn nicht gesandt in die Welt, daß er die Welt richte; sondern daß die Welt durch ihn selig werde.

Mel. Vom Himmel hoch da komm' ich her.

1244. Lob sey dem allerhöchsten Gott! der unser sich erbarmet hat, gesandt sein'n allerliebsten Sohn, aus ihm gebor'n, im höchsten Thron.

2. Auf daß er unser Heiland würd', uns frei macht' von der Sündenbürd' und durch sein' Gnade und Wahrheit führte zur ewigen Klarheit.

3. O große Gnad' und Gütigkeit, o tiefe Lieb' und Mildigkeit! Gott thut ein Werk, das ihm kein Mann und auch kein Eng'l verdanken kann.

4. Der Schöpfer aller Kreatur nimmt an sich unsere Natur, verachtet nicht ein armes Weib, zu werden Mensch in ihrem Leib.

5. Des Vaters Wort von Ewigkeit wird Fleisch in aller Reinigkeit, das A und O, Anfang und End' giebt sich für uns in groß Elend.

6. Was ist der Mensch, was ist sein Thun, daß Gott für ihn giebt seinen Sohn? was darf unser das höchste Gut, daß es so unserthalben thut?

7. O weh' dem Volk, das dich veracht't, der Gnad' sich nicht theilhaftig macht, nicht hören will des Sohnes Stimm'! denn auf ihm bleibet Gottes Grimm.

8. O Mensch, wie daß du's nicht verstehst und dein'm König entgegen gehst, der zu dir ganz demüthig kommt und sich so treulich dein annimmt!

9. Ei, nimm ihn heut' mit Freuden an, bereit' ihm deines Herzens Bahn, auf daß er komm' in dein Gemüth und du genießest seine Güt'.

10. Unterwirf ihm deine Vernunft in dieser gnadenreich'n Zukunft, untergieb seiner Herrlichkeit die Werk' deiner Gerechtigkeit.

11. Wo du dies thust, so ist er dein, bewahrt dich vor der Höllen Pein; wo nicht, so sieh' dich eben für; denn er schließt dir die Himmelsthür.

12. Sein' erste Zukunft in die Welt ist in sanftmüthiger Gestalt; die and're wird erschrecklich seyn, den Gottlosen zu großer Pein.

13. Die aber jetzt in Christo stehn, die werden dann zur Freud' eingehn, besitzen da der Engel Chör', daß sie kein Uebel mehr berühr'.

14. Dem Vater in dem höchsten Thron sammt seinem eingebornen Sohn, dem heil'gen Geist in gleicher Weis', sey ewiglich Dank, Ehr' und Preis!

Michael Weiß.

Osterlied.

Lucä 24, v. 46. 47. Also ist es geschrieben, und also mußte Christus leiden und auferstehen von den Todten am dritten Tage; und predigen lassen in seinem Namen Buße und Vergebung der Sünden unter allen Völkern.

Mel. Wachet auf! ruft uns, die Stimme.

1245. Lobt den Höchsten, Jesus lebet! erlöste Menschen, o erhebet des Welterlösers Majestät! hört's, betrübte Sünder, gebet der Freude Raum: denn Jesus lebet; Gott hat ihn aus dem Staub erhöht. O Seele, dein Gesang erschalle ihm zu Dank, ihm zur Ehre! dich, großer Held, erhebt die Welt, weil deine Hand den Sieg behält.

2. Jesu Jünger, wehrt dem Leide. Lobsinget ihm und nehmt voll Freude am Siege Theil, den er erstritt. Seyd ihr gleich des Grabes Kinder, er ist des Todes Ueberwinder, er herrscht, der für euch starb und litt. Was wollt ihr traurig seyn? getrost könnt ihr euch freu'n! Jesus lebet in Ewigkeit; zu aller Zeit bleibt er zur Hülfe uns bereit.

3. Nun verzagt auch nicht, Verbrecher! Gott ist euch nun kein strenger Rächer, wenn ihr die Schuld mit Ernst bereu't. Durch des Todes Ueberwinder ist er dem reuerfüllten Sünder ein Vater der Barmherzigkeit. Er nimmt ihn liebreich auf, mit Kraft zum Glaubenslauf ihn zu segnen. Preis sey der Huld, die unsre Schuld vertilgt und trägt uns mit Geduld!

4. Tod, wo sind nun deine Schrecken? nicht ewig wird das Grab uns decken, verwes't der Leib gleich in der Gruft. Einst wird er zum bessern Leben sich aus des Todes Staub erheben, wenn Jesus dem Entschlafnen ruft. Dann wird des Todes Feld zu einer regen Welt. Alles lebet, so wie verneut zur Frühlingszeit sich Alles regt und Alles freut.

5. O Erstand'ner! welch ein Segen erwartet uns, wenn wir auf Wegen einhergehn, die dein Fuß betrat! unerforschte Seligkeiten, die ewig währen, sind die Beuten, die uns dein Sieg erkämpfet hat. Einst sind sie unser Theil; einst krönet uns das Heil deines Lebens. Gelobt sey Gott! auch noch im Tod ist er und bleibet unser Gott.

M. Christoph Christian Sturm.

Weihnachtslied.

Jesaia 11, v. 1. 2. Es wird eine Ruthe aufgehen von dem Stamm Isai, und ein Zweig aus seiner Wurzel Frucht bringen; auf welchem wird ruhen der Geist des Herrn, der Geist der Weisheit und des Verstandes, der Geist des Raths und der Stärke, der Geist der Erkenntniß und der Furcht des Herrn.

In eigener Melodie.

1246. Lobt Gott, ihr Christen allzugleich! in seinem höchsten Thron, der heut' aufschließt sein Himmelreich und schenkt uns seinen Sohn. :,:

2. Er kommt aus seines Vaters Schooß und wird ein Kindlein klein, er liegt dort elend, nackt und bloß in einem Krippelein. :,:

3. Er äußert sich all' sein'r Gewalt, wird niedrig und gering und nimmt an sich ein's Knechts Gestalt, der Schöpfer aller Ding'. :,:

4. Er liegt an seiner Mutter Brust, ihr' Milch ist seine Speis', an dem die Engel sehn ihr' Lust; denn er ist Davids Reis, :,:

5. Das aus sein'm Stamm entsprießen sollt' in dieser letzten Zeit, durch welchen Gott aufrichten wollt' sein Reich, die Christenheit. :,:

6. Er wechselt mit uns wunderlich, Fleisch und Blut nimmt er an und giebt uns in sein's Vaters Reich die klare Gottheit dran. :,:

7. Er wird ein Knecht, und ich ein Herr: das mag ein Wechsel seyn! wie könnt' es doch seyn freundlicher, das Herzens-Jesulein! :,:

8. Heut' schließt er wieder auf die Thür zum schönen Paradeis; der Cherub steht nicht mehr dafür: Gott sey Lob, Ehr' und Preis! :,: Johann Heermann.

Vom Lobe Gottes.

Psalm 117, v. 1. 2. Lobet den Herrn, alle Heiden; preiset ihn, alle Völker. Denn seine Gnade und Wahrheit waltet über uns in Ewigkeit. Hallelujah!

Mel. Wer Gott vertrau't, hat wohl gebau't.

1247. Lobt Gott mit Schall, ihr Heiden all', ihr Völker preis't den Herren! :,: Sein' Gnad' und Gunst walt't über uns, er hilft von Herzen gerne. :,: Was er verspricht, das trüget nicht, sein Wort wird ewig bleiben, mit frohem Mund', von Herzensgrund sing'n wir zu allen Zeiten Hallelujah! mit Freuden. D. Cornel. Becker.

Tischlied.

Psalm 104, v. 28. Wenn du ihnen giebst, so sammlen sie; wenn du deine Hand aufthust, so werden sie mit Gut gesättiget.

Mel. Herzliebster Jesu! was hast du verbrochen?

1248. Lobt und erhöht des großen Gottes Güte, die uns erzeigt sein väterlich Gemüthe, indem er reichlich unsern Tisch besetzet und uns ergötzet.

2. Wie sollte das nicht unsre Hoffnung mehren, weil er uns pflegt so treulich zu ernähren, daß wir nach Wunsch auch von ihm werden haben des Geistes Gaben,

3. Die uns im Glauben feste werden gründen, das Herz mit Liebe gegen ihn entzünden, die Seel' in Andacht durch Gebet und Singen hinaufwärts schwingen;

4. Den Trieb zum Guten in uns kräftig stärken, und uns erfüllen mit viel Geistes-Werken, daß, ohne Heucheln, wir der Krank'n und Armen uns stets erbarmen:

5. Daß wir in Unschuld unsern Wandel führen, mit Treu' und Demuth alle Thaten zieren, zugleich der Welt-Lust und dem Fleisch absterben, als Gottes Erben,

6. Und so ein'n Vorschmack seiner Ruh' genießen, bis wir in Christo unser Leben schließen und dann aus Gnaden zu ihm aufgenommen zur Freude kommen,

7. Die er bereitet denen, so ihn lieben, die er uns selbst hat durch sein Blut verschrieben; darauf wir einzig und alleine bauen und fest vertrauen.

8. Nun ihm, sammt Vater und dem heil'gen Geiste, dem Gott, dem alle Welt den Dienst stets leiste, sey jetzt und ewig Lob und Dank gesungen mit Herz und Zungen.

Nicolaus Ludwig v. Zinzendorf.

Von der Nachfolge Jesu.

Matthäi 7, v. 14. Die Pforte ist enge und der Weg ist schmal, der zum Leben führet; und wenige sind ihrer, die ihn finden.

Mel. Der lieben Sonne Licht und Pracht.

1249. Mach' doch den engen Lebens-Weg, den du, o Lieb'! betreten, und deinen schmalen Kreuzes-Steg, dein Ringen, Wachen, Beten, mir mehr und mehr bekannt, damit an deiner Hand ich hurtig, sonder Fleisches-Ruh', stets eile meiner Heimath zu.

2. Ja, laß mich, als ein Kind des Lichts, die Finsterniß besiegen: die arme Welt hat wahrlich! nichts, das mich hier kann vergnügen. Drum ziehe mich, o Lamm! mein holder Bräutigam! daß ich dir, Lämmlein! stets nachgeh', nicht stehe, noch zurücke seh'.

3. Laß deines reinen Lichtes Strahl die Dunkelheit vertreiben, und mich bei deiner kleinen Zahl der wahren Jünger bleiben, dir folgen bis zum Kreuz, aus einem heil'gen

Reiz, der dir dein Herze selbst abzwingt und mich zum höchsten Reichthum bringt.

4. Wie groß wird meine Freude seyn, wenn ich dir treu geblieben, und weder Schmach noch Kreuzes-Pein mich hat zurück getrieben; ja, wenn ich ungestört nur deine Stimm' gehört, und, da es nicht an Leitern fehlt, dich mir zum Führer nur erwählt.

5. Wohlan! so sey es denn gewagt, ich wähle deine Dornen, das, was dein treuer Mund gesagt, soll mich hinfort anspornen. Man kommt durch Spott und Hohn allein zur Himmels-Kron'. O sanftes Joch! o leichte Last! wohl dem, der dich getrost umfaßt.

Ulrich Bogislaus v. Bonin.

Gebet um Wachsamkeit.

Marci 13, v. 33. Sehet zu, wachet und betet; denn ihr wisset nicht, wann es Zeit ist.

In eigener Melodie.

1250. Mache dich, mein Geist, bereit; wache, fleh' und bete, daß dich nicht die böse Zeit unverhofft betrete; denn es ist Satans List über viele Frommen zur Versuchung kommen.

2. Aber wache erst recht auf von dem Sündenschlafe; denn es folget bald darauf eine lange Strafe, und die Noth sammt dem Tod' möchte dich in Sünden unvermuthet finden.

3. Wache auf! sonst kann dich nicht unser Herr erleuchten; wache, sonsten wird sein Licht dir noch ferne däuchten; denn Gott will für die Füll' seiner Gnadengaben offne Augen haben.

4. Wache, daß dich Satans List nicht im Schlaf' antreffe, weil er sonst behende ist, daß er dich beäffe; und Gott giebt, die er liebt, oft in seine Strafen, wenn sie sicher schlafen.

5. Wache, daß dich nicht die Welt durch Gewalt bezwinge, oder, wenn sie sich verstellt, wieder an sich bringe. Wach' und sieh', damit nie viel von falschen Brüdern unter deinen Gliedern.

6. Wache dazu auch für dich, für dein Fleisch und Herze, damit es nicht liederlich Gottes Gnad' verscherze, denn es ist voller List und kann sich bald heucheln und in Hoffart schmeicheln.

7. Bete aber auch dabei mitten in dem Wachen; denn der Herre muß dich frei von dem Allen machen, was dich drückt und bestrickt, daß du schläfrig bleibest und sein Werk nicht treibest.

8. Ja, er will gebeten seyn; wenn er was soll geben; er verlanget unser Schrei'n, wenn wir wollen leben und durch ihn unsern Sinn, Feind, Welt, Fleisch und Sünden kräftig überwinden.

9. Doch wohl gut, es muß uns schon Alles glücklich gehen, wenn wir ihn durch seinen Sohn im Gebet anflehen; denn er will uns mit Füll' seiner Gunst beschütten, wenn wir gläubig bitten.

10. Drum so laßt uns immerdar wachen, flehen, beten, weil die Angst, Noth und Gefahr immer näher treten; denn die Zeit ist nicht weit, da uns Gott wird richten und die Welt vernichten.

D. Johann Burchard Freystein.

Das mit Gott befriedigte Herz.

Psalm 73, v. 28. Das ist meine Freude, daß ich mich zu Gott halte, und meine Zuversicht setze auf den Herrn Herrn, daß ich verkündige alles dein Thun.

Mel. Freu' dich sehr, o meine Seele.

1251. Mach' es, Gott! nach deinem Willen, Alles, wie es dir gefällt; gieb nur, daß mein Herz im Stillen dich für seine Freude hält; auf dich will ich Felsen bau'n, laß mich nur dein Antlitz schau'n; es soll auf der ganzen Erden nichts sonst mein Vergnügen werden.

2. Ach, wie wohl kann sich ergötzen eine Seele, die dich liebt! lacht die Welt bei todten Schätzen, ich bin darum nicht betrübt; ist nur Gott mein Trost, mein Licht, acht' ich alles Andre nicht: bei dir kann ich alle Gaben, auch ein fröhlich Herze haben.

3. Treu bist du in deinem Lieben; hab' ich nur dein Herz und Hand, kann mich keine Noth betrüben, rühret mich kein Uebelstand; es wird mir die Last zur Lust. Trägst du mich an deiner Brust, so kann ich bei Thränen a)en, Christi Kreuz zu Palmen machen.

4. Mag doch alles Unglück toben, es ist mir stets wohl bei dir. Ruh' und Friede kommt von oben, ja, dein Schild ist über mir; nach der trüben Wolken Lauf geht die Sonne wieder auf; edler Saamen heißt das Weinen, bis die Ernte wird erscheinen.

5. O, mein Gott! laß deine Güte hier mein stetes Labsal seyn, richte selbsten mein Gemüthe nur nach deinem Gnaden-Schein! Ehre g'nug, wenn ich bei dir Kind und Erbe heiße hier. Recht zu deinem Himmel haben, ei! das kann die Hoffnung laben.

6. Trag' mich durch des Geistes Flügel stets zum wahren Lichte hin; Christi Wandel sey mein Spiegel; hab' ich den in meinem Sinn, mag die Welt gleich untergeh'n, es bleibt doch mein Glaube steh'n; Rosen ohne Dornen müssen in dem Himmel mich umschließen.

Benjamin Schmolck.

Das Gott ergebene Herz.

1 Samuelis 3, v. 18. Es ist der Herr; er thue, was ihm wohlgefallt.

Mel. Es ist gewißlich an der Zeit.

1252. Mach's, lieber Gott! wie dir's gefällt in allen meinen Sachen: die Hoffnung ist auf dich gestellt, du wirst's am Besten machen. Ich seh' auf deine rechte Hand, dabei ist mir der Trost bekannt, daß sie kann Alles ändern.

2. Will's vor der Welt unmöglich stehn, deswegen unverzaget! was Gott will, das muß doch geschehn: Wohl dem, der's auf ihn waget! Der Höchste kann im Augenblick durch seine Hand ein Ungelück in Glück und Heil verwandeln.

3. Zwar fällt mir oft ein Zweifel vor, der dies und das will sprechen; doch wirst du das zerstoßne Rohr nicht vollends gar zerbrechen; den Docht des Glaubens, der nur glimmt und bloß von dir noch Kräfte nimmt, wirst du nicht gar verlöschen.

4. Gieb nur Geduld und stärke mich, wenn ich in Schwachheit leide. Ich halte mich allein an dich, und das ist meine Freude. Die Welt sey Welt und bleibe Welt; du bist der Schatz, der mir gefällt, da ist mein ganzes Herze.

5. Wenn du mich schlägst, so dank' ich dir und will die Ruthe küssen. Denn in dem Kreuze läßt du mir dein Vaterherze wissen, das wallt vor Liebe gegen mich. Du sprichst: mein Kind! ich werde dich nicht lassen noch versäumen.

6. Das tröstet meinen blöden Muth, daß ich mich wenig kränke. Du machst doch Alles endlich gut und besser als ich denke. Wer weiß, wie nah die Freudenzeit, da mir mein Herzenswunsch gedeiht und ich im Segen lebe.

7. Drum weiche Sorg' und Traurigkeit, ich bin in Gott zufrieden. Gott hat mir schon zu rechter Zeit mein Theil und Heil beschieden. Ist mir's zur Zeit noch unbekannt, so kann's des Höchsten rechte Hand doch bald und fröhlich ändern.

M. Erdmann Neumeister.

Williges Sterben.

Josua 23, v. 14. Siehe, ich gehe heute dahin, wie alle Welt.

In eigener Melodie.

1253. Mach's mit mir, Gott! nach deiner Güt', hilf mir in meinem Leiden; was ich dich bitt' versag' mir nicht; wenn sich mein' Seel' soll scheiden, so nimm sie, Herr! in deine Händ', ist Alles gut, wenn gut das End'.

2. Gern will ich folgen, lieber Herr! du wirst mich nicht verderben; denn du bist ja von mir nicht fern, ob ich gleich hier muß sterben und lassen meine lieben Freund', die's herzlich gut mit mir gemeint.

3. Ruh't doch der Leib sanft in der Erd', die Seel' sich zu dir schwinget, in deine Händ' sie unversehrt durch Tod in's Leben dringet. Hier ist doch nur ein Jammerthal, Angst, Noth und Trübsal überall.

4. Höll', Teufel, Tod, die Welt und Sünd' mir nicht mehr mögen schaden, bei dir, o Herr! ich Rettung find', ich tröst' mich deiner Gnaden; dein eigner Sohn aus Lieb' und Huld für mich bezahlet alle Schuld.

5. Warum sollt' ich denn traurig seyn, da ich so wohl bestehe, bekleid't mit Christi Unschuld fein, wie eine Braut hergehe. Gehab' dich wohl, du schnöde Welt! Bei Gott zu leben mir gefällt.

Joh. Herm. Schein.

Adventslied.

Psalm 24, v. 7. Machet die Thore weit und die Thüren in der Welt hoch, daß der König der Ehren einziehe.

Mel. Unser Herrscher, unser König.

1254. Macht euch weit auf, o ihr Thore und ihr Thüren in der Welt! macht euch fertig, o ihr Chore, denn jetzt kommt der Siegesheld: stimmet an und laßt euch hören; er ist da, der Fürst der Ehren.

2. Wer ist dieser Ehrenkönig? wer ist dieser Siegesheld, welchem Alles unterthänig und sich zu Gebote stellt? Er, der Herr, ist groß und prächtig und im Streite stark und mächtig.

3. Macht euch weit und hoch, ihr Thüren, und ihr Thore öffnet euch, daß der König kann einführen seine Herrschaft in sein Reich, welche über Alles gehet und auch ewiglich bestehet.

4. Wer ist denn der Held der Ehre? Er, der Herre Zebaoth, Herrscher aller Himmelsheere; er, der König, unser Gott

wird in lauter Lust und Freuden seine Auserwählten weiden.

Adventslied.

Psalm 68, v. 5. Singet Gott, lobsinget seinem Namen; machet Bahn dem, der da sanft herfähret; er heißet Herr, und freuet euch vor ihm.

In eigener Melodie.

1255. Macht hoch die Thür, die Thore weit, es kommt der Herr der Herrlichkeit, ein König aller Königreich', ein Heiland aller Welt zugleich, der Heil und Leben mit sich bringt; deshalben jauchzt, mit Freuden singt: gelobet sey mein Gott, mein Schöpfer reich an Gnad'!

2. Er ist gerecht, ein Helfer werth, Sanftmuth und Huld ist sein Gefährt', sein' Königskron' ist Heiligkeit; sein Scepter ist Barmherzigkeit. All' unsre Noth zum End' er bringt, deshalben jauchzt, mit Freuden singt: gelobet sey mein Gott, mein Heiland groß von That!

3. O wohl dem Land', o wohl der Stadt, die diesen König bei sich hat. Wohl allen Herzen insgemein, wo dieser König ziehet ein; er ist die rechte Lebenssonn', bringt mit sich lauter Freud' und Wonn'. Gelobet sey mein Gott, mein Tröster früh und spat.

4. Macht hoch die Thür, die Thore weit, eu'r Herz zum Tempel sey bereit; die Früchte der Gottseligkeit stellt auf mit Andacht, Lust und Freud; so kommt der König auch zu euch, bringt Heil und Leben euch zugleich. Gelobet sey mein Gott; voll Rath, voll That, voll Gnad'.

5. Komm, o mein Heiland, Jesu Christ! des Herzens Thür dir offen ist. Ach, zieh' mit deiner Gnade ein! dein' Freundlichkeit auch uns erschein', dein heil'ger Geist uns führ' und leit' den Weg zur ew'gen Seligkeit. O Heiland, dir, o Herr! sey ewig Preis und Ehr'.

Georg Weissel.

Nur mit Ihm!

Joh. 15, v. 5. Ohne mich könnet ihr nichts thun.

Mel. Es ist gewißlich an der Zeit.

1256. Man kann nichts ohne Jesum thun, wer auch was Gut's will üben; die Sünde läßt das Herz nicht ruhn, so kann es Gott nicht lieben. Herr Jesu! gieb mir deine Kraft, daß ich nicht ohne Frucht und Saft wie Reben muß verdorren.

2. Man kann nicht ohne Jesum seyn, daß man ein Leben habe; das Leben ist in ihm allein und das ist Gottes Gabe. Herr Jesu! daß mir nicht der Tod hernach noch mit dem ew'gen droht, sey du mein ewig Leben.

3. Man kann nichts ohne Jesum sehn, wer sonst ein Licht will wissen; man weiß nicht, wo man hin soll gehn und tappt in Finsternissen. Herr Jesu! sey du nur mein Licht, daß ich im Tod und Leben nicht muß in dem Finstern bleiben.

4. Man kann nicht ohne Jesum gehn, wer will zum Vater kommen; man wird von Gott nicht angesehn und wird nicht angenommen. Sey du mein Weg, Herr Jesu Christ! der du nun bei dem Vater bist und uns auch zu ihm führest.

5. Kurz, ohne Jesum ist kein Heil, auf das wir könnten sterben; hat nicht an ihm der Glaube Theil, so stürzt man ins Verderben. Ich sterbe, Jesu! nur auf dich; du hast die Kraft, du weckest mich, daß ich dein Heil kann sehen.

M. Ph. Fr. Hiller.

Lob- und Danklied.

Psalm 65, v. 2. Gott, man lobet dich in der Stille zu Zion, und dir bezahlet man Gelübde.

Mel. Nun lob' mein' Seel' den Herren.

1257. Man lobt dich in der Stille, du hocherhabner Zions-Gott! des Rühmens ist die Fülle vor dir, du starker Zebaoth! du bist doch Herr auf Erden, der Frommen Zuversicht, in Trübsal und Beschwerden läßt du die Deinen nicht. Drum soll dich stündlich ehren mein Mund vor Jedermann und deinen Ruhm vermehren, so lang' er lallen kann.

2. Es müssen, Herr! sich freuen von ganzer Seel' und jauchzen schnell, die unaufhörlich schreien: gelobt sey der Gott Israel! sein Name werd' gepriesen, der große Wunder thut und der auch mir erwiesen das, was mir nütz' und gut. Nun, das ist meine Freude, daß ich an ihm stets kleb' und niemals von ihm scheide, so lang' ich leb' und schweb'.

3. Herr! du hast deinen Namen sehr herrlich in der Welt gemacht; denn als die Schwachen kamen, hast du gar bald an sie gedacht. Du hast mir Gnad' erzeiget, nun wie vergelt' ich's dir? Ach! bleibe mir geneiget, so will ich für und für den Kelch des Heils erheben und preisen weit und breit dich, Herr mein Gott! im Leben und dort in Ewigkeit.

Ueber den Verfasser dieses Liedes siehe hinten unter den Nachträgen.

Das gute Theil.

Lucä 10, v. 42. Maria hat das gute Theil erwählet, das soll nicht von ihr genommen werden.

In eigener Melodie.

1258. Maria hat das beste Theil erwählet, weil sie den Herren Jesum liebt und ihren Geist in Licht und Wahrheit übt; o selig, wer sich so mit ihm vermählet, daß, wenn er seine Schönheit kennt, er voll Verlangen auch nach Jesu brennt.

2. Gewiß, Er ist das beste Theil im Leben, wo er nicht ist, ist nichts als Pein; er ist der Friede-Fürst, er ist's allein, in dem das Herz sich kann zufrieden geben; drum, wer sein Herz mit ihm vermählt, der hat gewiß das beste Theil erwählt.

3. Was hilft dir's, daß dein Leib sich wohl befindet? was hilft dir's, wenn du Alles hast? was ist hier Freud' und Lust? des Geistes Last, die noch dazu mit dieser Welt verschwindet. Was hilft dir's, wenn du sie genieß'st, wenn Jesus nicht die Lust der Seele ist.

4. Ist aber er dein Theil, dein Freund der Seelen, und hast du seine Kraft geschmeckt, die Süßigkeit, die er im Geist erweckt; so mag dem Leibe nach dir Alles fehlen; dein Alles wird er dennoch seyn, dein Labsal in der Noth, dein Licht in Pein.

5. Drum bleibt's dabei, Maria bleibt vergnüget, wenn Alles durch und drüber geht, wenn über sie nur kalter Nordwind weht; genug, daß sie zu Jesu Füßen lieget, und weil sie sich mit ihm vermählt, hat sie gewiß das beste Theil erwählt.

D. Christian Friedrich Richter.

Dank und Liebe dem Heilande.

Colosser 3, v. 15. Der Friede Gottes regiere in euren Herzen, zu welchem ihr auch berufen seyd in Einem Leibe; und seyd dankbar.

Mel. Herr und Aelt'ster deiner Kreuzgemeine.

1259. Marter Gottes! wer kann dein vergessen, der in dir sein Wohlseyn find't: unser Herze wünscht sich unterdessen stets noch mehr zum Dank entzünd't. Unsre Seele soll sich daran nähren, unsre Ohren nie was Liebers hören; alle Tage kommt er mir schöner in dem Bilde für.

2. Tausend Dank! du unser treues Herze! Leib und Geist bet't drüber an, daß du unter Martern, Angst und Schmerze hast genug für uns gethan! Laß dich jedes um so heißer lieben, als es noch im Glauben sich muß üben, bis es einst als deine Braut dich von Angesichte schaut!

3. Meine kranke und bedürft'ge Seele eilet deinen Wunden zu. Da, da findet sie die sichre Höhle, wo ihr fließen Labsal, Fried' und Ruh'. Auf dein Kreuz laß, Herr, mich gläubig sehen; laß dein Marterbild stets vor mir stehen; so geht mir bis in mein Grab nichts von deinem Frieden ab.

4. Die wir uns allhier beisammen finden, schlagen unsre Hände ein, uns auf deine Marter zu verbinden, dir auf ewig treu zu seyn; und zum Zeichen, daß dies Lobgetöne deinem Herzen angenehm und schöne, sage Amen und zugleich: Friede, Friede sey mit euch!

Christian Renatus v. Zinzendorf.

Vom Gebet.

Joh. 14, v. 13. Was ihr bitten werdet in meinem Namen, das will ich thun, auf daß der Vater geehret werde in dem Sohne.

Mel. Vater unser im Himmelreich.

1260. Mein Abba kommt vor deinen Thron zu dir, o Vater! durch den Sohn, der mir das Wort in Mund gelegt und mein Gebet stets vor dich trägt. Ich ruf' in Jesu Namen an, bis mir dein Herz wird aufgethan.

2. In Jesu Namen steh' ich hier, mein Gott! vor deiner Gnaden-Thür. So hat mich Jesus unterricht't, der zweimal „wahrlich, wahrlich!" spricht, wenn ich in diesem Namen schrei', daß mein Gebet erhöret sey.

3. In Jesu Namen heb' ich an, weil ich nichts Größers nennen kann, da dir das Vater-Herze bricht, sobald mein Mund den Namen spricht! Denn er erinnert dich allzeit der väterlichen Gütigkeit.

4. In Jesu Namen fahr' ich fort, und dieses ist mein Losungs-Wort, daß, wenn vor Angst mein Mund gleich schweigt, dir dennoch dieser Name zeigt, daß auch des Herzens Angst allein ein stark Gebet kann vor dir seyn.

5. In Jesu Namen schließ' ich ein, was mir kann gut und selig seyn. In diesem Worte steckt die Kraft, daran so Leib als Seele haft't. Wenn ich damit gewaffnet bin, so nehm' ich Gnad' um Gnade hin.

6. In Jesu Namen schwing' ich mich ganz himmelan, zunächst an dich. Er bindet mir die Flügel an, daß ich die Wolken brechen kann, und mein Gebet, sobald es klingt, zu dir in dein Gedächtniß dringt.

7. In Jesu Namen halt' ich dir die mir geschenkte Kindschaft für. Bist du der Vater, ich das Kind, so geht kein Seufzer in den Wind. Sobald dein Geist im Herzen schrei't, gedenkst du der Barmherzigkeit.

8. In Jesu Namen stell' ich dir des Sohnes Tod und Wunden für. Sein Blut schrei't mehr als Abels Blut, gießt Oel in meiner Andacht Glut. Ja, gäbest du mir kein Gehör, so wär' er auch nicht Jesus mehr.

9. In Jesu Namen trag' ich schon den Vorschmack deiner Gunst davon. Eh' ich noch beten will und kann, so hörst du schon mein Schreien an. Eh' ich auch rufe, Herr! zu dir, so kommt die Antwort schon zu mir.

10. In Jesu Namen halt' ich an, bis ich Erhörung finden kann. Verbirg dich nur, Herr! wie du willt: so lange Jesu Wort was gilt, so lange bleibst du auch mein Freund, obgleich dein Ohr verschlossen scheint.

11. In Jesu Namen schließ' ich drauf der angefangnen Seufzer Lauf. Mein Bitten wird ein Nehmen seyn und ein vollkommner Freudenschein. Denn dieses Wort betrügt mich nicht, weil Jesu Namen: Amen! spricht.

Benjamin Schmolck.

Vom Namen Jesu.

Psalm 9, v. 3. Ich freue mich und bin fröhlich in dir, und lobe deinen Namen, du Allerhöchster.

Mel. Nun ruhen alle Wälder.

1261. Mein Alles, was ich liebe, mein Alles, was ich übe, sey mein Herr Jesus Christ, weil ich in Ihm besitze, was einer Seele nütze, was einem Menschen schätzbar ist.

2. Das Herz kann nichts ergründen, das nicht in ihm zu finden, da wird es satt und voll. Denn dies ist Gottes Wille, daß alle Gottes-Fülle in Ihm leibhaftig wohnen soll.*)

*) Col. 2, v. 9.

3. Ich wünsche und begehre ohn' Jesum keiner Ehre und keines andern Lichts, von Weisheit, von Ergötzen, von Herrlichkeit und Schätzen begehr' ich ohne Jesum nichts.

4. Nur Er soll mir auf Erden zur Kunst und Weisheit werden, zum Leitstern in der Zeit, zum Schatz, der ewig währe, zur Herrlichkeit und Ehre, zum Himmel und zur Seligkeit.

5. Wird einst die Seele scheiden, daß sie aus diesem Leiden in Salems Hütten tritt, bring' ich zum Schmuck, zur Krone sonst nichts vor Gottes Throne, als meines Jesu Namen mit.

6. Wenn ich das Weltgetümmel, die Erde und den Himmel (nur Jesum nicht) verlier', so kann ich im Erkalten das Beste doch behalten; an diesem Schatz genüget mir.

7. Denn dieser Nam' ist besser und unbegreiflich größer, als Erd' und Himmel seyn; es ist in diesem Namen die Seligkeit beisammen, er schließt den rechten Himmel ein.

8. Er ist ein ewig Gosen*), ein Paradies voll Rosen, voll Lieblichkeit und Lust; ein Gnadenstuhl der Armen, voll herzlichem Erbarmen; und Höher's ist mir Nichts bewußt.

*) 1 Mose 47, v. 6.

9. Ihr Sel'gen ohne Mängel, ihr lichte Gottes-Engel, ihr habt dies selbst bezeugt, ihm jauchzen alle Geister, es sind vor ihrem Meister der Auserwählten Kniee gebeugt.

10. Durch Ihn hat Gott an Allen aus Liebe Wohlgefallen, nur Er bleibt unser Ruhm; der Liebe Wundertiefen sind ganz in ihm begriffen; er ist das rechte Heiligthum.

11. Er ist's, in dem Gott wohnet, in Jesu Namen thronet selbst die Dreieinigkeit. Er ist des Himmels Pforte, er ist mit einem Worte ein Himmel voll Zufriedenheit.

12. Ihm will ich mich ergeben, in diesem Namen leben und in Ihm gläubig seyn, in Ihm nur herzlich lieben, Geduld in Ihm nur üben, in Jesu bet' ich auch allein.

13. Ich will in Jesu sterben, ich will in Jesu erben, in Jesu aufersteh'n, in Ihm gen Himmel fahren und mit den sel'gen Schaaren in seinem Licht Ihn ewig seh'n.

14. Weil ich zu allen Stunden durch Ihn mit Gott verbunden bei Gott und in Gott bin, so sey in Jesu Namen auch dieses Lied nun Amen. Mein Heiland! nimm mich bald dahin.

M. Philipp Friedrich Hiller.

Armuth des Geistes findet Alles in Jesu.

Offenb. Joh. 21, v. 6. Ich will dem Durstigen geben von dem Brunnen des lebendigen Wassers umsonst.

In eigener Melodie.

1262. Meine Armuth macht mich schreien zu dem Treuen, der mich segnet und macht reich. Jesu, du bist's, den ich meine, da ich weine, damit ich dein Herz erweich'.

2. Ach, wo nehm' ich her die Kräfte zum Geschäfte, dazu ich verbunden bin? Herr, mein armes Herz erfreue, und erneue den zerstreuten Geist und Sinn.

3. Sieh', es eilt zu deiner Quelle meine Seele, von dem Durst geplagt und matt, du kannst die Begierde stillen und mich füllen, daß ich werd' erfreut und satt.

4. Treibe ferne, die mich hindern, du kannst mindern der Versuchung starke Kraft, laß nichts meinen Glauben schwächen, dich zu sprechen, so empfind' ich deine Kraft.

5. Eil' mit ausgespannten Armen zu mir Armen, drücke mich an deine Brust, du erkennst mein tiefes Sehnen und die Thränen, Jesu, meines Herzens Lust!

6. Du bleibst ewig meine Freude, auch im Leide, wenn mich Angst und Kummer plagt, denn du bist der Auserkorne, das Verlorne hast du nimmer weggejagt.

7. O du meines Herzens Sonne, Trost und Wonne, voller Gnad' und Gütigkeit. Ach, mein Gott, was soll ich sagen? Mein Behagen bleibest du in Ewigkeit.

D. Christian Friedrich Richter.

Fester Grund der Hoffnung.

Ebräer 10, v. 23. Lasset uns halten an dem Bekenntniß der Hoffnung und nicht wanken; denn er ist treu, der sie verheißen hat.

Mel. Meinen Jesum laß' ich nicht.

1263. Meine Hoffnung läßt mich nicht, Alles mag mich sonst verlassen; ruht mein Herz in Gott und spricht: ich will ihn getrost umfassen, ach, so hab' ich Trost und Heil; Jesus ist der Seele Theil.

2. O wie eitel ist die Welt! tief in Weh' läßt sie uns schweben; aber wer's mit Jesu hält, ihm allein nur denkt zu leben, den nährt seiner Gnade Thau, auf der bangen Lebensau'.

3. Zweifel tödten nur das Herz; fromme Herzen müssen hoffen. Der mich schlägt mit Angst und Schmerz, läßt mir auch den Himmel offen. Ist Gott meine Zuversicht, trotz dem, der ihm widerspricht.

4. Zähren sind die Jammer-Saat, ich muß mich mit Thränen salben; nur getrost, der Dornenpfad geht zum Himmel allenthalben. Ein gelass'nes Herze schweigt, bis der Sturm die Sonne zeigt. —

5. Schweige demnach, Ungeduld! schwere Sorgen sind nur Plagen. Hast du deines Gottes Huld, ei, so darfst du nicht verzagen. Ruhe nur und hoff' auf ihn; nach dem Trauern folgt Gewinn.

6. Hoffnung, o du fester Grund! ach, so laß mich nimmer sinken, und wenn mein erblaßter Mund soll des Todes Wermuth trinken, stelle dann zum Troste mir nichts als meinen Jesum für.

Benjamin Schmolck.

Grund der Hoffnung in Gott.

Psalm 62, v. 9. Hoffet auf ihn allezeit, lieben Leute, schüttet euer Herz vor ihm aus; Gott ist unsere Zuversicht.

In eigener Melodie.

1264. Meine Hoffnung stehet feste auf den lebendigen Gott. Er ist mir der Allerbeste, der mir beisteht in der Noth; er allein soll es seyn, den ich nur von Herzen mein'.

2. Sagt mir, wer kann doch vertrauen auf ein schwaches Menschenkind? wer kann feste Schlösser bauen in die Luft und in den Wind? Es vergeht, nichts besteht, was ihr auf der Erde seht.

3. Aber Gottes Güte währet immer und in Ewigkeit; Vieh und Menschen er ernähret durch erwünschte Jahreszeit; Alles hat seine Gnad' dargereichet früh und spat.

4. Giebet er nicht Alles reichlich und mit großem Ueberfluß? Seine Lieb' ist unbegreiflich, wie ein starker Wasserguß; Luft und Erd' uns ernährt, wenn es Gottes Gunst begehrt.

5. Danket nun dem großen Schöpfer, danket ihm durch seinen Sohn, der Allmächt'ge ist der Töpfer *), wir, die Schwachen, sind der Thon. Groß von Rath, stark von That ist, der uns erhalten hat.

*) Jesaia 64, v. 8.

Joachim Neander.

Von der freudigen Hoffnung.

2 Corinth. 3, v. 12. Dieweil wir nun solche Hoffnung haben, brauchen wir großer Freudigkeit.

In eigener Melodie.

1265. Meine Hoffnung steht auf Gott, Gott, mein Heiland, mein Erretter, Stiller aller Kreuzeswetter steht bei mir bis in den Tod, meine Hoffnung steht auf Gott. :,:

2. Meine Hoffnung steht auf Gott, der mir Leib und Seel' gegeben und mich durch mein ganzes Leben hat erhalten in der Noth. Meine Hoffnung steht auf Gott. :,:

3. Meine Hoffnung steht auf Gott, Gott mein Heiland hilft mir Armen, kann und will sich mein erbarmen, steht mir bei bis in den Tod. Meine Hoffnung steht auf Gott. :,:

4. Meine Hoffnung steht auf Gott, Hoffnung läßt mich nicht verderben, Hoffnung läßt mich selig sterben, giebt mich nicht dem ew'gen Tod. Meine Hoffnung steht auf Gott. :,:

Fürbitte für Kinder.

Jesaia 54, v. 13. Alle deine Kinder gelehret vom Herrn, und großen Frieden deinen Kindern.

Mel. In Christo gelebt.

1266. Mein einziges Gut! mein Leben und Muth, mein Alles ist dein, und siehst du was Fremdes, mach' mich davon rein!

2. Ein jegliches Kind, das sich hier befind't, ist dir ja geweiht; du hast auch schon Manches auf's beste bereit't.

3. Du Kinderfreund du, wir trauen dir's zu, daß sie noch einmal dich werden erfreuen in größerer Zahl.

4. Ein jegliches Reis, das wird ja mit Fleiß in's Erdreich gesetzt, und Keines davon wird geringe geschätzt.

5. Ein Schritt ist gethan: ihr Kinder, wohlan! ihr seyd auf der Spur, es ist schon die rechte, behaltet sie nur.

6. O! daß man euch hör', dem Heiland zur Ehr', daß euer Begehr auf ihn geh' und seine holdselige Lehr'!

7. Nun, Herr! das sey wahr: die unmünd'ge Schaar von deiner Gemein' soll deine seyn ewiglich, deine, nur dein!

Erdmuthe Dorothee v. Zinzendorf.

Von der Liebe zu Jesu.

Weisheit Sal. 3, v. 9. Die treu sind in der Liebe, läßt er ihm nicht nehmen.

Mel. Meinen Jesum lass' ich nicht; weil rc.

1267. Meinen Jesum lass' ich nicht, ach, was wollt' ich Besser's haben? Ruhe, Freude, Trost und Licht ist in seinem Schooß begraben; Alles, was Vergnügen giebt, hab' ich, weil mich Jesus liebt.

2. Er ist mein und ich bin sein, Liebe hat uns so verbunden, er ist auch mein Trost allein; nur in seinen heil'gen Wunden, auf ihn bau' ich felsenfest, voller Hoffnung, die nicht läßt.

3. Ohne Jesum würde mir nur die Welt zur Hölle werden, hab' ich ihn, so zeigt er mir oft den Himmel auf der Erden; hungert mich, so setzt er mir Brot wie lauter Manna für.

4. Eine Stunde, da man ihn recht in's Herze sucht zu schließen, giebt den seligsten Gewinn, Gnad' und Friede zu genießen; ein zu ihm erhob'ner Blick bringt viel tausend Lust zurück.

5. O wie wird mein Kreuz so klein! hilft er's mir doch selber tragen, richtet es zum Besten ein; er will auch nicht immer schlagen. Nach der Ruthe kommt die Huld, er begehret nur Geduld.

6. Führt er mich gleich wunderlich, rechts und links, durch Freud' und Schmerzen; er hat dennoch über mich immer etwas Gut's im Herzen. Ja, er führt die Wunderbahn nirgends hin, als himmelan.

7. Von der treuen Jesus-Hand offenbart sich lauter Liebe, nichts beruht auf Unbestand bei dem treuen Liebestriebe; Jesus, immer einerlei, ist und bleibet ewig treu.

8. Blinde Welt! such' immerhin eitlen Tand auf dieser Erden; außer Jesu soll mein Sinn niemals recht vergnüget werden. Also bleibt's bei dieser Pflicht: meinen Jesum lass' ich nicht!

Benjamin Schmolck.

Festhalten an Jesum.

Psalm 73, v. 23 Dennoch bleibe ich stets an dir; denn du hältst mich bei meiner rechten Hand.

Mel. Meinen Jesum lass' ich nicht; weil rc.

1268. Meinen Jesum lass' ich nicht, denn er ist allein mein Leben; wer ihn hat, dem nichts gebricht, er kann sich zufrieden geben, er gerath' in was für Noth, wär's auch Satan, Sünd' und Tod.

2. Meinen Jesum lass' ich nicht, weil kein bess'rer Freund auf Erden; denn er, Jesus, unser Licht eilt in allerlei Beschwerden mir getreulich an die Seit', liebt mich bis in Ewigkeit.

3. Meinen Jesum lass' ich nicht, wenn mich alle Menschen hassen, wenn der Feinde Macht einbricht und mich denket so zu fassen, daß ich gleich soll untergeh'n, bleibt mir seine Rettung steh'n.

4. Meinen Jesum lass' ich nicht, wenn mich meine Sünden quälen; wenn mein Herz und Satan spricht: sie sind groß und nicht zu zählen; spricht er: zage nicht, mein Kind! ich, ich tilg' all' deine Sünd'.

5. Meinen Jesum lass' ich nicht, wenn mir bricht in letzten Zügen meiner schwachen

Augen Licht, da erst, da hilft er mir siegen. Ja, in's letzte Welt-Gericht lässet er mich kommen nicht.

6. Meinen Jesum lass' ich nicht; denn er wird auch mich nicht lassen: dieses glaub' ich, anders nicht, und er wird mich nimmer hassen, darum sprech' ich: ihn, mein Licht, meinen Jesum lass' ich nicht. Georg Linzner.

Von der Liebe zu Jesu.

Colosser 2, v. 3. In welchem verborgen liegen alle Schätze der Weisheit und der Erkenntniß.

Mel. Meinen Jesum lass' ich nicht; weil &c.

1269. Meinen Jesum lass' ich nicht! der Entschluß soll niemals wanken. Jesus ist der Sinnen Licht, Jesus liegt mir in Gedanken. Jesus ist's bei Tag und Nacht, der mein Herz zufrieden macht.

2. Jesus ist mein Wunsch und Wort, Jesum hab' ich in dem Munde. Jesum trag' ich fort und fort auch in meines Herzens Grunde. Sucht die Seele Trost und Heil, so ist Jesus auch ihr Theil.

3. Jesus ist das höchste Gut, wo man keinen Mangel klaget. Jesus machet, daß mein Muth nichts nach Erd' und Himmel fraget. Eitle Schätze, fahret hin, weil ich reich in Jesu bin.

4. Jesus ist mein Herr und Gott, der mir alles Gut's bescheret. Jesus ist mein Himmels-Brot, welches meine Seele nähret. Jesus ist's auch, der sie tränkt und sich selbst zur Quelle schenkt.

5. Jesus ist mein Sonnenschein, wo man lauter Freude spüret. Jesus ist der Edelstein, der mich Gott-gefällig zieret. Jesus ist mein Feierkleid und mein Schmuck der Herrlichkeit.

6. Heiß' ich dir ein Sündenknecht, Satan! schweig, du Widersacher. Jesus machet mich gerecht, der ist auch mein Seligmacher, und zum Trotze sag' ich dir: schweig, du hast kein Theil an mir!

7. Jesus soll **mein** Jesus seyn. Jesus soll mein Alles bleiben. Jesu, Jesu ganz allein soll sich Seel' und Leib verschreiben. Beide, Mund und Herze spricht's: außer Jesu mag ich nichts. M. Erdmann Neumeister.

Nach dem heiligen Abendmahle.

Ebräer 12, v. 24. Ihr seyd gekommen zu dem Mittler des neuen Testaments Jesu, und zu dem Blut der Besprengung, das da besser redet, denn Abels.

Mel. Meinen Jesum lass' ich nicht; weil &c.

1270. Meinen Jesum lass' ich nicht, meine Seel' ist nun genesen; selig ist das heut'ge Licht, da ich Jesu Gast gewesen. Drum ruft jetzt mein Herz und spricht: meinen Jesum lass' ich nicht.

2. Meinen Jesum lass' ich nicht, weil er mich so innig liebet und sich in mein Herze flicht, ja sich mir zu eigen giebet und sich ewig mir verspricht: meinen Jesum lass' ich nicht.

3. Herr! dein Leib und theures Blut, Jesu! das ich jetzt genossen, stärkt mich und macht Alles gut, daß ich hinfort nicht verstoßen bin von Gottes Angesicht: meinen Jesum lass' ich nicht.

4. Wohl mir, daß mich nichts mehr drückt; ach! wie wohl ist mir geschehen! Meine Seel' ist ganz entzückt, weil ich, Jesu! dich gesehen. Jesu, meine Zuversicht! dich, mein Jesu, lass' ich nicht.

5. Moses donnert nun nicht mehr, für mich ist's Gesetz erfüllet; Jesus, Gott des Vaters Ehr', hat den großen Zorn gestillet und das Werk mit Blut geschlicht't: meinen Jesum lass' ich nicht.

6. Dich, Lamm Gottes, lass' ich nicht, meine Sünden trägt dein Rücken; was dein treues Herz dir bricht, das, das sollt' mich, Armen, drücken: Drum, wenn mich die Sünd' anficht, lass' ich dich, Lamm Gottes! nicht.

7. Meinen Jesum lass' ich nicht, er ist nun mein Bruder worden. Trotz daß Welt und Satan spricht: ich sey noch in ihrem Orden. Nein, mein Jesus ist das Licht; dich, mein Bruder! lass' ich nicht.

8. Mein Gewissen, stille dich, deine Handschrift ist durchstrichen; Jesus, der so jämmerlich, martervoll am Kreuz erblichen, der vertritt mich vor Gericht: meinen Jesum lass' ich nicht.

9. Kommt, ihr Teufel, sprecht mir Hohn, fragt: ob ich sey Gottes Erbe? Freilich, Jesus, Gottes Sohn, bleibt mein Erbtheil, wenn ich sterbe. Trotz! wer mir dies Gut abspricht; meinen Jesum lass' ich nicht.

10. Tod! dein Stachel ist entzwei, Christus ist zum Gift*) dir worden; von dir bin ich ewig frei, bin nicht mehr in deinem Orden. Trotz! daß mich dein Stachel sticht, weil ich Jesum lasse nicht. *) Hosea 13, v. 14.

11. Hölle! schweig', denn deine Glut ist für mich ganz ausgelöschet; Jesus ist es, dessen Blut mich ganz rein von Sünden wäschet und mich frei vom Feuer spricht: meinen Jesum lass' ich nicht.

12. Jesus ist und bleibet mein, er hat

sich mit mir verlobet wie ein Bräutigam, ich bin sein; ob der Feind voll Grimm auch tobet, weiß ich, daß mir nichts geschicht, weil ich Jesum lasse nicht.

13. Laß mich auch, mein Jesu! nicht, wenn es mit mir kommt zum Ende; wenn mir Sinn und Herze bricht, Jesu, nimm in deine Hände meinen Geist, mein Lebenslicht! ach, mein Jesu! laß mich nicht.

14. Und deß bin ich auch gewiß, weil mein Jesus mir verheißen, aus des Todes Finsterniß mich mit starker Hand zu reißen. Drum mein Herze gläubig spricht: Amen! Jesum lass' ich nicht.

D. Johann Friedrich Mayer.

Unerschütterliche Treue dem Heilande.

Römer 8, v. 39. Weder Hohes noch Tiefes, noch keine andere Kreatur, mag uns scheiden von der Liebe Gottes, die in Christo Jesu ist, unserm Herrn.

In eigener Melodie.

1271. Meinen Jesum lass' ich nicht; weil er sich für mich gegeben, so erfordert meine Pflicht, als ein Glied an ihm zu kleben. Er ist meines Lebens Licht. Meinen Jesum lass' ich nicht.

2. Jesum lass' ich ewig nicht, weil ich soll auf Erden leben. Ihm hab' ich voll Zuversicht, was ich bin und hab', ergeben. Alles ist auf ihn gericht't. Meinen Jesum lass' ich nicht.

3. Laß vergehen das Gesicht, Hören, Schmecken, Fühlen weichen; laß das letzte Tageslicht mich auf dieser Welt erreichen; wenn der Lebensfaden bricht, meinen Jesum lass' ich nicht.

4. Ich werd' ihn auch lassen nicht, wenn ich nun dahin gelanget, wo vor seinem Angesicht aller Frommen Glaube pranget; mich erfreut sein Angesicht. Meinen Jesum lass' ich nicht.

5. Nicht nach Welt, nach Himmel nicht meine Seele wünscht und sehnet, Jesum sucht sie und sein Licht, der mich hat mit Gott versöhnet, mich befreiet vom Gericht. Meinen Jesum lass' ich nicht.

6. Jesum lass' ich nicht von mir, geh' ihm ewig an der Seiten, Christus läßt mich für und für zu dem Lebens-Bächlein leiten. Selig, der mit mir so spricht: meinen Jesum lass' ich nicht.

M. Christian Keymann.

Von der Freudigkeit im Glauben.

Jeremia 1, v. 5. Ich kannte dich, ehe denn ich dich in Mutterleibe bereitete, und sonderte dich aus, ehe denn du von der Mutter geboren wurdest.

Mel. Jesus, meine Zuversicht.

1272. Mein Erlöser kennet mich, er weiß alle meine Leiden; drum, o Seel', ermuntre dich, läß dich deinen Hirten weiden; er ist's, der sein Schäflein kennt und bei seinem Namen nennt.

2. Du, Herr Jesu, nimmst ja Theil an dem, was die Deinen kränket; du besorgest stets ihr Heil, wenn der Feind auf Böses denket; plagt Saul dein Volk heftiglich, rufst du: was verfolgst du mich? *)

*) Apost. Gesch. 9, v. 4.

3. Das ist deiner Liebe Kraft, die dich so mit uns verbindet, daß kein Schmerz je an uns haft't, den dein Herz nicht mit empfindet; du, Herr! läßt uns nicht allein, wir sind Bein von deinem Bein.

4. Lob sey, Jesu! deiner Macht, die uns ist zum Trost gerathen; wenn mein Geist in Sorgen wacht, so gedenk' ich deiner Thaten und was deine Treue kann, die sich stets nimmt meiner an.

5. Du wirst, Jesu! ferner noch mich in meiner Noth erkennen, daß ich unter deinem Joch meinen Heiland dich kann nennen. Leichtere mir deine Last, wie du selbst verheißen hast.

6. Mache meinen Glauben fest, die Verheißung recht zu fassen; so darf ich der Leiden Rest mich nicht weiter schrecken lassen; denn durch Leiden gehen wir zu der Herrlichkeit mit dir.

7. Führe mich nach deinem Rath; du, du sollst mein Auge bleiben, bis ich finde in der That, was wir unsichtbar hier gläuben; daß ich einst nach dieser Zeit schaue deine Herrlichkeit.

Morgenlied.

Psalm 9, v. 2. 3. Ich danke dem Herrn von ganzem Herzen, und erzähle alle deine Wunder. Ich freue mich und bin fröhlich in dir, und lobe deinen Namen; du Allerhöchster.

Mel. Ich dank' dir schon durch deinen Sohn.

1273. Mein erst Gefühl sey Preis und Dank, erhebe Gott, o Seele! der Herr hört deinen Lobgesang, lobsing' ihm, meine Seele.

2. Mich selbst zu schützen ohne Macht, lag ich und schlief in Frieden; wer schafft die Sicherheit der Nacht und Ruhe für die Müden?

3. Wer wacht, wenn ich von mir nichts weiß, mein Leben zu bewahren? wer stärkt mein Blut in seinem Fleiß, und schützt mich vor Gefahren?

4. Wer lehrt dem Auge seine Pflicht, sich sicher zu bedecken? wer ruft dem Tag und seinem Licht, uns wieder aufzuwecken?

5. Du bist es, Gott und Herr der Welt, und dein ist unser Leben. Du bist es, der es uns erhält und mir's jetzt neu gegeben.

6. Gelobet seyst du, Gott der Macht! gelobt sey deine Treue, daß ich nach einer sanften Nacht mich dieses Tag's erfreue.

7. Laß deinen Segen auf mir ruh'n, mich deine Wege wallen, und lehre du mich selber thun nach deinem Wohlgefallen.

8. Nimm meines Lebens gnädig wahr! auf dich hofft meine Seele; sey mir ein Retter in Gefahr, ein Vater, wenn ich fehle.

9. Gieb mir ein Herz voll Zuversicht, erfüllt mit Lieb' und Ruhe, ein weises Herz, das seine Pflicht erkenn' und willig thue:

10. Daß ich, als ein getreuer Knecht, nach deinem Reiche strebe, gottselig, züchtig und gerecht durch deine Gnade lebe;

11. Daß ich, dem Nächsten beizusteh'n, nie Fleiß und Arbeit scheue; mich gern an And'rer Wohlergeh'n und ihrem Glauben freue;

12. Daß ich das Glück der Lebenszeit in deiner Furcht genieße, und meinen Lauf mit Freudigkeit in Jesu sanft beschließe.

Christian Fürchtegott Gellert.

Der Lobgesang Mariä.

Lucä 1, v. 45. 46. Selig bist du, die du geglaubet hast; denn es wird vollendet werden, was dir gesagt ist von dem Herrn. Und Maria sprach: rc.

In eigener Melodie.

1274. Meine Seel' erhebt den Herren, und mein Geist freuet sich Gottes meines Heilandes.

2. Denn er hat seine elende Magd angesehen; siehe, von nun an werden mich selig preisen alle Kindes-Kind.

3. Denn er hat große Ding' an mir gethan, der da mächtig ist und deß Name heilig ist.

4. Und seine Barmherzigkeit währet immer für und für bei denen, die ihn fürchten.

5. Er übet Gewalt mit seinem Arm und zerstreut die hoffärtig sind in ihres Herzens Sinn.

6. Er stößet die Gewaltigen vom Stuhl und erhebet die Niedrigen.

7. Die Hungrigen füllet er mit Gütern, und lässet die Reichen leer.

8. Er denket der Barmherzigkeit und hilft seinem Diener Israel auf.

9. Wie er gered't hat unsern Vätern, Abraham und seinem Saamen ewiglich.

10. Lob und Preis sey Gott dem Vater und dem Sohn und dem heiligen Geiste.

11. Wie es war im Anfang, jetzt und immerdar, und von Ewigkeit zu Ewigkeit. Amen.

Jesu Liebe zu uns, und unsere Liebe zu ihm.

1 Petri 1, v. 18. 19. Wisset, daß ihr nicht mit vergänglichem Silber oder Golde erlöset seyd von eurem eiteln Wandel nach väterlicher Weise; sondern mit dem theuren Blute Christi, als eines unschuldigen und unbefleckten Lammes.

Mel. Liebster Jesu, wir sind hier.

1275. Meine Seel', ermuntre dich, deines Jesu Lieb' bedenke, wie er für dich giebet sich, darauf deine Andacht lenke, ach, erwäg' die große Treue und dich deines Jesu freue.

2. Sieh', der wahre Gottes-Sohn ist für dich an's Kreuz gehänget, sein Haupt trägt die Dornenkron', sein Leib ist mit Blut besprenget, er läßt sich für dich verwunden, wo ist größ're Lieb' gefunden?

3. Du, du solltest große Pein ewig leiden in der Hölle und von Gott verstoßen seyn, wegen vieler Sündenfälle. Aber Jesus trägt die Sünden und läßt dich Genade finden.

4. Durch sein Leiden ist gestillt deines Gottes Zorn und Rache; er hat das Gesetz erfüllt, gut gemacht die böse Sache; Sünde, Teufel, Tod umschränket und den Himmel dir geschenket.

5. Was zu thun, o liebes Herz! wie sollst du dich recht anstellen? Jesu Leiden ist kein Scherz, seine Liebe kein Verstellen. Denke drauf, was dir oblieget gegen den, der für dich sieget.

6. Ich kann nimmer, nimmermehr das Geringste nur vergelten; er verbind't mich allzusehr, meine Trägheit muß ich schelten, daß ich ihn so schlecht geliebet und wohl gar mit Sünd' betrübet.

7. Was geschehen, soll nun nicht hinfort mehr von mir geschehen, mein Schluß sey nun fest gericht't, einen andern Weg zu gehen, darauf ich nur Jesum suche und, was ihn betrübt, verfluche.

8. Weg, ihr Sünden, weg von mir, euch kann ich an mir nicht leiden, euretwegen muß ich hier und dort seyn von dem geschieden, ohne welchen ist kein Leben, keine Gnade, kein Vergeben.

9. Du, mein Jesu, du mein Heil, dir will ich mich ganz verschreiben, daß ich dir, als meinem Theil, ewig will getreu verbleiben; dir zu leben, dir zu leiden, dir zu sterben, dir zu meiden.*)

*) die sündliche Lust.

10. Du, mein Jesu, sollst es seyn, den ich mir zum Zweck gesetzet; wie du mein, so will ich dein bleiben stets und unverletzet. Was du liebest, will ich lieben, und was dich, soll mich betrüben.

11. Was du willst, das sey mein Will', dein Wort meines Herzens Spiegel; wenn du schlägest, halt' ich still, dein Geist bleibt mein Pfand und Siegel, daß ich soll den Himmel erben; darauf kann ich fröhlich sterben.

12. Nun, so bleibt es fest dabei: Jesus soll es seyn und bleiben, dem ich lebe, deß ich sey, Nichts soll mich von Jesu treiben; du wirst, Jesu, mich nicht lassen, ewig will ich dich umfassen.

13. Ist bereits schon jetzo hier solche Freud' und Ruh' zu finden, wenn im Glauben wir mit dir uns, mein Jesu, recht verbinden; schenkst du schon so viel auf Erden, ei, was will im Himmel werden?

14. Was für Lust und Süßigkeit, was für Freud' und Jubiliren, was für Ruhe nach dem Streit, was für Ehre wird uns zieren? Ewig, ewig werd' ich loben, wenn ich ganz zu Gott erhoben.

15. Ach! ich freu' mich alle Stund' auf dies freudenvolle Leben, danke dir mit Herz und Mund, du, o Jesu! hast's gegeben; nur im Glauben laß mich's halten, deinen Geist in mir stets walten.

M. Johann Kaspar Schade.

Geduld und Hoffnung im Leiden.

Psalm 62, v. 2. 3. Meine Seele ist stille zu Gott, der mir hilft. Denn Er ist mein Hort, meine Hülfe, mein Schutz, daß mich kein Fall stürzen wird, wie groß er ist.

Mel. Alle Menschen müssen sterben.

1276. Meine Seel' ist in der Stille, tröstet sich des Höchsten Kraft, dessen Rath und heil'ger Wille mir bald Rath und Hülfe schafft, der mehr kann, als alle Götter, ist mein Hort, mein Heil, mein Retter, daß kein Fall mich stürzen kann, tret' er noch so heftig an.

2. Meine Hasser, hört, wie lange stellt ihr alle Einem nach? ihr macht meinem Herzen bange, mir zur Ehr' und euch zur Schmach, geh't wie mit zerriss'nen Mauern und mit Wänden, die nicht dauern, mit mir um und seyd bedacht, wie ich werde todt gemacht.

3. Ja, fürwahr dies Ein'ge denken die, so mir zuwider seynd, wie sie mir mein Leben senken dahin, wo kein Licht mehr scheint. Darum geht ihr Mund auf's Lügen und das Herz auf lauter Trügen: gute Wort' und falsche Tück' ist ihr bestes Meisterstück.

4. Dennoch bleib' ich ungeschrecket und mein Geist ist unverzagt in dem Gotte, der mich decket, wenn die arge Welt mich plagt; auf den harret meine Seele, da ist Trost, den ich erwähle, da ist Schutz, der mir gefällt, und Errettung, die mich hält.

5. Nimmer, nimmer werd' ich fallen, nimmer werd' ich untergeh'n, denn hier ist, der mich vor Allen, die mich drücken, kann erhöh'n; bei dem ist mein Heil, mein' Ehre, meine Stärke, meine Wehre. Meine Freud' und Zuversicht ist nur stets auf Gott gericht't.

6. Hoffet all'zeit, lieben Leute, hoffet all'zeit stark auf ihn, kommt die Hülfe nicht bald heute, falle doch der Muth nicht hin, sondern schüttet aus dem Herzen eures Herzens Sorg' und Schmerzen, legt sie vor sein Angesicht, traut ihm fest und zweifelt nicht.

7. Gott kann alles Unglück enden, wird's auch herzlich gerne thun denen, die sich zu ihm wenden und auf seiner Güte ruh'n. Aber Menschenhülf' ist nichtig, ihr Vermögen ist nicht tüchtig, wäre es gleich noch so groß, uns zu machen frei und los.

8. Große Leute, große Thoren prangen sehr und sind doch Koth; füllen Sinnen, Augen, Ohren: kommt's zur That, so sind sie todt; will man ihres Thuns und Sachen eine Prob' und Rechnung machen, nach dem Ausschlag des Gewichts, sind sie weniger denn Nichts.

9. Laßt sie fahren, lieben Kinder, da ist schlechter Vortheil bei; habt vor Allem, was die Sünder frechlich treiben, Furcht und Scheu: laßt euch Eitelkeit nicht fangen, nach dem Nicht'gen nicht verlangen: käm' auch Gut und Reichthum an, ei so hängt das Herz nicht dran.

10. Wo das Herz am Besten stehe, lehrt am Besten Gottes Wort aus der güld'nen Himmelshöhe, denn da hör' ich fort und fort, daß er groß und reich von Kräften, rein und heilig in Geschäften, gütig dem, der Gutes thut; nun, der sey mein schönstes Gut.

Paul Gerhardt.

Ruhige Ergebung in Gottes Willen.

Psalm 46, v. 11. Seid stille und erkennet, daß Ich Gott bin.

Mel. Jesu, meine Freude.

1277. Meine Seel' ist stille zu Gott, dessen Wille mir zu helfen steht; mein Herz ist vergnüget mit dem, wie's Gott füget, nimmt an, wie es geht, geht es nur zum Himmel zu und bleibt Jesus ungeschieden, so bin ich zufrieden.

2. Meine Seele hanget an dir, und verlanget, Gott! bei dir zu seyn aller Ort und Zeiten, und mag Keinen leiden, der ihr redet ein von der Welt, Ehr', Lust und Geld; wonach so Viel' sind beflissen, mag sie gar nichts wissen.

3. Nein, ach nein! nur Einer, sagt sie, und sonst Keiner wird von mir geliebt, Jesus, der Getreue, in dem ich mich freue, sich mir ganz ergiebt. Er allein, er soll es seyn, dem ich wieder mich ergebe und ihm einzig lebe.

4. Gottes Güt' erwäge, und dich gläubig lege sanft in seinen Schooß; lerne ihm vertrauen, so wirst du bald schauen, wie die Ruh' so groß, die da fleußt aus stillem Geist. Wer sich weiß in Gott zu schicken, den kann er erquicken.

5. Meine Seele harret, und sich ganz verscharret tief in Jesu Brust, sie wird stark durch Hoffen, was sie je betroffen, träget sie mit Lust; fasset sich ganz männiglich durch Geduld und Glauben feste, kommt am End' das Beste.

6. Amen! es geschiehet, wer zu Jesu fliehet, wird es recht erfahr'n, wie Gott seinen Kindern pflegt das Kreuz zu mindern, und das Glück zu spar'n bis zu End', alsdann sich wend't das zuerst gekost'te Leiden; dann geh'n an die Freuden.

M. Johann Kaspar Schade.

Vom Tode.

4 Mose 23, v. 10. Meine Seele müsse sterben des Todes der Gerechten, und mein Ende werde wie dieser Ende.

Mel. Freu' dich sehr, o meine Seele.

1278. Meine Seele müsse sterben der Gerechten Tod allein, und, da Sünder einst verderben, mein Schluß Jener Ende seyn, deren Geist ist wohlgeschickt und ihr Abschied höchst beglückt, welche fähig sind, im Sterben, jenes Leben zu ererben.

2. Drum laß mich bereits auf Erden unter der Gerechten Schaar, treuer Gott! erfunden werden; heilige mich ganz und gar, daß ich meine Lebenszeit in der wahren Heiligkeit durch des Glaubens Kraft vollbringe, und der Wunsch mir auch gelinge.

3. Dann komm' ich zu den Gerechten, welche dort vollendet sind, und steh' unter Gottes Knechten als sein auserwähltes Kind, frei von aller Sündlichkeit, die mich drückt zu dieser Zeit, und kann, ohne Furcht und Grauen, in Gerechtigkeit Gott schauen.

M. J. G. Fiedler.

Vom Frieden Gottes.

2 Thessal. 3, v. 16. Er aber, der Herr des Friedens, gebe euch Friede allenthalben und auf allerlei Weise.

Mel. Jesus, meine Zuversicht.

1279. Meine Seele senket sich hin in Gottes Herz und Hände, und erwartet ruhiglich seiner Wege Ziel und Ende, liegt sein stille, nackt und bloß in des liebsten Vaters Schooß.

2. Meine Seele sorget nicht, ist mit Allem wohl zufrieden; was der eigne Wille spricht, ist zum Tode schon beschieden; was die Ungeduld erregt, ist in Christi Grab gelegt.

3. Meine Seele sorget nicht, will vielmehr an nichts gedenken, was gleich spitzen Dornen sticht und den Frieden nur kann kränken. Sorgen kommt dem Schöpfer zu; meine Seele sucht nur Ruh'.

4. Meine Seele grämt sich nicht, liebt hingegen Gott im Leiden; Kummer, der das Herze bricht, trifft und ängstet nur die Heiden. Wer Gott in dem Schooße liegt, bleibt in aller Noth vergnügt.

5. Meine Seele klaget nicht; denn sie weiß von keinen Nöthen, hängt an Gottes Angesicht auch alsdann, wenn er will tödten; wo sich Fleisch und Blut beklagt, wird das Freudenlicht verjagt.

6. Meine Seel' ist still zu Gott, und die Zunge bleibt gebunden; also hab' ich allen Spott, alle Schmerzen überwunden, bin gleich wie ein stilles Meer, voll von Gottes Preis und Ehr'. Johann Joseph Winckler.

Lobgesang.

5 Mos. 32, v. 3. 4. Ich will den Namen des Herrn preisen. Gebt unserm Gott allein die Ehre. Er ist ein Fels; seine Werke sind unsträflich; denn Alles, was er thut, das ist recht.

Mel. Werde munter, mein Gemüthe.

1280. Meine Seele soll erheben Gottes große Gütigkeit, und ich will, in meinem Leben, meinen Heiland hoch erfreut preisen und ihm dankbar seyn; denn er einig und allein pfleget die betrübten Armen anzusehen mit Erbarmen.

2. Sind wir gleich schlecht und geringe, Gott nimmt doch sich unser an. Ach, wie große Wunder-Dinge hat er schon an uns gethan! uns erschaffen und erlöst, auch erhalten und getröst't, daß wir seine gute Gaben ewiglich zu rühmen haben.

3. Und zwar läßt er seine Güte noch jetzund nicht von uns seyn; sein erbarmendes Gemüthe will uns immerdar erfreu'n. Wer ihn fürchtet, liebt und ehrt, da wird seine Gunst vermehrt und er läßt bei frommen Leuten seine Gnade sich ausbreiten.

4. Gottes unerschöpfte Treue spricht uns alle Morgen zu und besuchet uns aufs Neue, schauet, was ein Jeder thu'; giebet, was uns Gutes fehlt, dämpfet, was uns plagt und quält, und wenn Kreuz und Trübsal blitzen, läßt er uns im Schooße sitzen.

5. Die Gewalt und Hoffart treiben, stößt er in den Höllen-Pfuhl; die da fromm und niedrig bleiben, setzt er auf den Ehrenstuhl, macht die Hungrigen stets satt, läßt die Reichen leer und matt und hilft allen seinen Frommen, wenn die Bösen gar umkommen.

6. Nun, o Vater! laß den Deinen solche deine Gütigkeit immer für und für erscheinen: hilf der armen Christenheit und besuche wohl gemeint, als der allertreu'ste Freund, uns mit deinen Gnadenschätzen, daß wir uns in dir ergötzen.

M. Salomon Liscov (Liscovius).

Vom Leben in Christo.

1 Thessalonicher 5, v. 10. Christus ist für uns gestorben, auf daß, wir wachen oder schlafen, wir zugleich mit ihm leben sollen.

Mel. Warum sollt' ich mich denn grämen?

1281. Meines Herzens reinste Freude ist nur die, daß ich nie mich von Jesu scheide, daß ich ihn durch Glauben ehre, jederzeit, hoch erfreut, seine Stimme höre.

2. Freundlich ruft er alle Müden und erfüllt, sanft und mild, ihren Geist mit Frieden; seine Last ist leicht zu tragen, er macht Bahn, geht voran, stärkt uns, wenn wir zagen.

3. Ja, er kennt die Leidensstunden; größern Schmerz, als sein Herz, hat kein Herz empfunden, darum blickt, wenn seiner Brüder Einer weint, unser Freund mitleidsvoll hernieder.

4. Will das Herz vor Jammer brechen, ach! er trägt und verpflegt uns in unsern Schwächen; selig, wer in bösen Zeiten in Gefahr immerdar sich von ihm läßt leiten.

5. Jesu, treu'ster Freund von Allen! mit dir will, froh und still, ich durch's Leben wallen; auch der Tod kann mich nicht schrekken, Lebensfürst! ja du wirst einst mich auferwecken.

Samuel Gottlieb Bürde.

In Jesu ist die beste Freude.

Matthäi 13, v. 44. Das Himmelreich ist gleich einem verborgenen Schatz im Acker, welchen ein Mensch fand, und verbarg ihn, und ging hin vor Freuden über denselbigen, und verkaufte Alles, was er hatte, und kaufte den Acker.

Mel. Komm, o komm du Geist des Lebens.

1282. Meines Lebens beste Freude ist der Himmel, Gottes Thron; meiner Seelen Trost und Weide ist mein Jesus, Gottes Sohn; was mein Herze recht erfreut, ist in jener Herrlichkeit.

2. Andre mögen sich erquicken an den Gütern dieser Welt, ich will nach dem Himmel blicken und zu Jesu seyn gesellt! denn der Erde Gut vergeht, Jesus und sein Reich besteht.

3. Reicher kann ich nirgend werden, als ich schon in Jesu bin, alle Schätze dieser Erden sind ein schnöder Angstgewinn; Jesus ist das rechte Gut, das der Seele sanfte thut.

4. Glänzet gleich das Weltgepränge, ist es lieblich anzuseh'n, währt es doch nicht in die Länge und ist bald damit geschehn; plötzlich pfleget aus zu seyn dieses Lebens Glanz und Schein.

5. Aber dort des Himmels Gaben, die mein Jesus inne hat, können Herz und Seele laben, machen ewig reich und satt, es vergeht zu keiner Zeit jenes Lebens Herrlichkeit.

6. Einen Tag bei Jesu sitzen, ist viel besser als die Welt tausend Jahr in Freude nützen. Aber ewig seyn gesellt zu des Herren rechter Hand, bleibt ein auserwählter Stand.

7. Essen,

7. Essen, Trinken, Tanzen, Springen labet meine Seele nicht; aber nach dem Himmel ringen und auf Jesum seyn gericht't, ist der Seele schönste Zier, geht auch aller Freude für.

8. Ach! so gönne mir die Freude, Jesu, die dein Himmel hegt, sey du selber meine Weide, die mich hier und dort verpflegt; und, bei dir recht froh zu seyn, nimm mich in den Himmel ein.

M. Salomon Liscov (Liscovius).

Freude nach dem Leide.

Lucä 6, v. 21. Selig seyd ihr, die ihr hier weinet; denn ihr werdet lachen.

Mel. Freu' dich sehr, o meine Seele.

1283. Meine Sorgen, Angst und Plagen laufen mit der Zeit zu End', alles Seufzen, alles Klagen, das der Herr alleine kennt, wird Gott Lob! nicht ewig seyn, nach dem Regen wird ein Schein vieler tausend Sonnenblicken meinen matten Geist erquicken.

2. Meine Saat, die ich gesäet, wird zur Freude wachsen aus, wenn die Dornen abgemähet, so trägt man die Frucht nach Haus', wenn ein Wetter ist vorbei, wird der Himmel wieder frei, nach dem Kämpfen, nach dem Streiten kommen die Erquickungs-Zeiten.

3. Wenn man Rosen will abbrechen, muß man leiden in der Still', daß uns auch die Dornen stechen, es geht Alles, wie Gott will. Er hat uns ein Ziel gezeigt, was man nur im Kampf erreicht; will man hier das Kleinod finden, so muß man erst überwinden.

4. Unser Weg geht nach den Sternen, der mit Kreuzen ist besetzt; hier muß man sich nicht entfernen, ob er gleich mit Blut benetzt. Zu dem Schloß der Ewigkeit kommt kein Mensch hin ohne Streit; die in Salems Mauern wohnen, zeigen ihre Dornenkronen.

5. Es sind wahrlich alle Frommen, die des Himmels Klarheit sehn, aus viel Trübsal hergekommen; darum siehet man sie stehn vor des Lammes Stuhl und Thron prangend in der Ehrenkron' und mit Palmen ausgezieret, weil sie glücklich triumphiret.

6. Gottes Ordnung stehet feste und bleibt ewig unverrückt; seine Freund' und Hochzeitsgäste werden nach dem Streit beglückt; Israel behält den Sieg nach geführtem Kampf und Krieg; Canaan wird nicht gefunden, wo man nicht hat überwunden.

7. Darum trage deine Ketten, meine Seel'! und dulde dich, Gott wird dich gewiß erretten, das Gewitter leget sich; nach dem Blitz und Donnerschlag folgt ein angenehmer Tag, auf den Abend folgt der Morgen, und die Freude nach den Sorgen.

Unbekannter Dichter, um 1700 bis 1708. —

Gebet in Todesnoth.

Psalm 25, v. 17. 18. Die Angst meines Herzens ist groß; führe mich aus meinen Nöthen. Siehe an meinen Jammer und Elend, und vergieb mir alle meine Sünde.

Mel. Christus, der ist mein Leben.

1284. Mein ewiger Erbarmer, du Vater der Geduld! es wartet hier ein Armer auf die versprochne Huld.

2. Ich bin von den Erlös'ten; du kannst im Tod' allein, du Gott des Trostes! trösten, ach, so erbarm' dich mein!

3. Wie die erkrankten Kinder ein Vater noch umarmt, so zeige auch mir Sünder, wie sehr dich mein erbarmt.

4. Gedenk', was du geschrieben, ich halte dich dabei: daß dein erbarmend Lieben groß und unendlich sey.

5. Gedenk' an deine Gnade, daß dein Sohn Jesus Christ auch für mich arme Made *) ein Mensch selbst worden ist.

*) Hiob 25, v. 6.

6. Gedenk', was du gegeben! du gabst von deinem Thron, auf daß wir durch ihn leben, den eingebornen Sohn.

7. Wer an ihn glaubt auf Erden soll nicht verloren seyn, nein, er soll selig werden und geht zum Leben ein.

8. Du wirst auch mir erlauben, was du der Welt geschenkt. Ich komme, durch den Glauben in Jesum eingesenkt.

9. Ich bring' vor deine Augen sonst nichts als Jesum mit, der kann zum Mittler taugen, der mich mit Blut vertritt.

10. Den hast du mir gegeben; gedenke nur an ihn und laß mich durch ihn leben, und deinem Zorn entflieh'n.

11. Er hat auf sich geladen, was mich erschrecken kann; nimm mich in ihm zu Gnaden und ihn zum Bürgen an.

12. Gedenk' um seinetwillen im Besten auch an mich; laß deinen Zorn sich stillen; dein Sohn versöhnte dich.

13. Mein Vater! ich befehle dir Alles, was ich bin, nimm deines Kindes Seele zu allen Gnaden hin.

14. Laß mich als deinen Erben im Leben, Kreuz und Pein, im Kämpfen und im Sterben in deiner Gnade seyn.

15. Halt', weil ich hier noch schwebe, mir dein Erbarmen für; thu', wenn ich nicht mehr lebe, Barmherzigkeit an mir.

16. Nicht zwar um meinetwegen; ich selbsten bin verflucht*), nein, weil mein Herz den Segen in Jesu Christo sucht.

*) 5 Mose 27, v. 26.

17. Du wirst's in ihm erfüllen, du hörest dieses Fleh'n um Jesu Christi willen; ja, ja, es wird gescheh'n! M. Ph. Fried. Hiller.

Osterlied.

Hosea 13, v. 14. Ich will sie erlösen aus der Hölle, und vom Tode erretten. Tod, ich will dir ein Gift seyn; Hölle, ich will dir eine Pestilenz seyn.

Mel. Herr Christ, der ein'ge Gott's-Sohn.

1285. Mein Fels hat überwunden der Hölle ganzes Heer, der Drache liegt gebunden; die Sünde kann nicht mehr mich durchs Gesetz verdammen; denn alle Zornes-Flammen hat Jesus ausgelöscht.

2. Auf denn, mein Herz, und bringe dem Heiland Dank davor, vertreib' die Furcht und schwinge im Glauben dich empor. Wirf des Gewissens Nagen, dein Sorgen und dein Zagen in Christi leeres Grab.

3. Ist Jesus auferstanden, mit Herrlichkeit geschmückt, so bist du ja den Banden des Todes mit entrückt. Kein Fluch ist übrig blieben, die Quittung ist geschrieben, daß Alles sey bezahlt.

4. Ach, willst du noch nicht glauben, du ungewisser Geist? Welch'r Teufel kann dir rauben, was Jesus dir verheißt? der Licht, Kraft, Fried' und Leben geneigt ist dir zu geben, als seines Sieges Frucht.

5. Wohlan denn, Fürst des Lebens! ich bring' dir, was ich hab'; ich matte mich vergebens bei meinen Wunden ab. Ich kann sie nicht verbinden; soll ich Genesung finden, du mußt sie rühren an.

6. Gieb meinem Glauben Klarheit, zu sehn, Herr Jesu Christ! daß du Weg, Leben, Wahrheit, daß du mir Alles bist. Die finstern Wolken theile der Zweifelung und heile des Glaubens dürre Hand.

7. Laß mich nicht länger wanken gleich einem Rohr im Wind, besänft'ge die Gedanken, die voller Unruh' sind. Du bist der Stuhl der Gnaden; wer mühsam und beladen, den rufst du ja zu dir.

8. Ich will nicht mehr vergeblich bei mir mich halten auf; ich finde nichts erheblich, zu hemmen meinen Lauf zu deinen offnen Armen, die ganz dein frei Erbarmen mit Freuden mir aufthut.

9. Ich darf dem Abgrund pochen auf deine Macht und Treu'. Die Riegel sind zerbrochen, die Fesseln sind entzwei; des Werk-Bunds Donnerkeile, des Satans Feuerpfeile zermalmt mein Glaubensschild. —

10. Hast du den Tod bezwungen, bezwing' ihn auch in mir. Wo du bist durchgedrungen, da laß mich folgen dir. Erfülle mein Verlangen und laß den Kopf der Schlangen in mir zertreten seyn.

11. Den Götzen Eigenliebe, das schnöde Seelen-Gift zerstör' in mir und giebe, daß alle Fleisches-Trift*), die dich ans Kreuz geheftet, ganz möge seyn entkräftet durch deines Kreuzes Kraft. *) Weide.

12. Lebst du, laß mich auch leben als Glied an deinem Leib, daß ich gleich einem Reben an dir, dem Weinstock, bleib'. Gieb Geistes-Kraft zur Nahrung; gieb Stärke zur Bewahrung der Pflanzung deiner Hand.

13. Leb' in mir als Prophete und leit' mich in dein Licht, als Priester mich vertrete. Mein Thun und Lassen richt', um deinen Königs-Willen vollkommen zu erfüllen. Leb', Christe, leb' in mir.

D. Friedrich Adolph Lampe.

Von der Gemeinschaft mit Christo.

1 Johannis 1, v. 3. Was wir gesehen und gehöret haben, das verkündigen wir euch, auf daß auch ihr mit uns Gemeinschaft habt, und unsere Gemeinschaft sey mit dem Vater und mit seinem Sohne, Jesu Christo.

Mel. Kommt her zu mir, spricht Gottes Sohn.

1286. Mein Freund ist mein und ich bin sein; wir haben Freud' und Leid gemein, wie nah sind wir verbunden! der Vater gab ihn selbst mir hin und mich ihm wieder zum Gewinn; ich bin in seinen Wunden.

2. Mein ist er, da die Zeit erfüllt, daß er, in unser Fleisch verhüllt, mir wird ein Kind geboren; mein ist er, da er sich mit Blut bald unter das Gesetze thut, zum Bräut'gam mir erkoren.

3. Mein ist er mit Gerechtigkeit, mein ist sein' Unschuld, als mein Kleid, mein ist sein ganzes Leben; mein ist sein' Angst und Todesnoth, als wär' ich selber in den Tod zur Strafe hingegeben.

4. Mein ist sein Grab, sein Aufersteh'n, weil Haupt und Glied zusammengeh'n, ich bin mit ihm erstanden. Mein ist sein' Auffahrt in die Höh', da ich schon oben mit ihm steh', ganz frei von allen Banden.

5. Mein ist sein ganzes Himmelreich, sein Geist, sein Vater selbst zugleich, sein Herz ist ganz mein eigen; was ich nur immer wünschen kann, das treff' ich bei ihm Alles an; dies kann ich nicht verschweigen.

6. O! wie so selig bin ich hier, wie herrlich ist doch meine Zier! kein Engel mag mir gleichen. Ich bin auf ewig seine Braut, mein Wohl, das Niemand überschaut, wird nun kein End' erreichen.

7. Ist er nun aber gänzlich mein, so ist auch Alles wieder sein; sein ist mein ganzes Leben; sein ist zuvörderst meine Schuld, die trug er, da ihn Gottes Huld zum Bürgen mir gegeben.

8. Sein ist mein Elend, Pein und Schmerz; und dringt ein Leiden in mein Herz, er fühlet meine Schmerzen. Sein ist nun was ich hab' und bin, ich gebe mich ihm gänzlich hin, er wohn' und herrsch' im Herzen.

9. Ach ja, mein Bräutigam, mein Schatz, ach! nimm in meinem Herzen Platz, es sey dir ganz ergeben. Wo du nicht bist, ist lauter Pein; drum nimm, ach! nimm es gänzlich ein, dann find' ich Ruh' und Leben.

10. Ach, laß mir doch kein Plätzchen frei, was nicht von dir belebet sey, regieret und versüßet. Das Eig'ne bringt nur Lust und Last; was du hingegen inne hast, da wird kein Gut vermisset.

11. Bist du, mein Freund! mir, wie ich will, zu meiner Seelen Hüll' und Füll' geschenket und gegeben; so muß ich ja auch wieder hin nach deinem Willen, Wink und Sinn nur als der Deine leben.

12. So zeuch, ach! zeuch mich nur nach dir, und wohn' und wirk' allein in mir, ich will nichts Fremdes leiden; da trifft mein Wahlspruch ewig ein: mein Freund ist mein, und ich bin sein, es soll kein Tod uns scheiden.

Karl Heinrich v. Bogatzky.

Vom göttlichen Frieden.

Römer 5, v. 1. Nun wir denn sind gerecht geworden durch den Glauben, so haben wir Friede mit Gott, durch unsern Herrn Jesum Christ.

Mel. Mein Salomo, dein freundliches rc.

1287. Mein Friedensfürst! du hast mich aufgenommen, als ich gebeugt mit Flehen zu dir kam und nur durch dich zu Gott die Zuflucht nahm; du bist zum Heil und nicht zum Richten kommen. Wer zu dir kommt, den stößest du nicht aus; du lockest selbst die Sünder in dein Haus.

2. Du hast ja selbst mein Elend mir entdecket; du hast mich auch von Selbstgerechtigkeit, von Selbstbetrug, von Sündenlust befreit, auch Glaubensdurst und Hunger mir erwecket; du hast zugleich den neuen Sinn geschenkt, der nur allein dir zu gefallen denkt.

3. Dies Alles ist nun nicht mein eignes Leben, das die Natur mir etwa geben kann; du hast es selbst durch deinen Geist gethan; drum kann mir dies ein sich'res Zeugniß geben, daß ich in dir ein Kind des Vaters sey, von aller Sündenschuld und Strafe frei.

4. Der Vater hat mich selbst zu dir gezogen, als das Gesetz mir geistig hell und klar zu deinem Kreuz ein steter Treiber war.*) Ich weiß wohl, wie ich mich vorher betrogen, da ich in bloßer äußrer Uebung stand und dennoch keine Seelenruhe fand.

*) Galater 3, v. 24.

5. Nun aber kann ich ja mit Demuth sagen, daß ich in dir gerecht und ruhig bin, es fiel die Last bei deinem Kreuze hin, als ich dich meine Sünde sahe tragen; die Sünd' ist weg und das Gesetz erfüllt, und ich in deinen Schmuck und Heil verhüllt.

6. Der Vater sieht mich nun in deinem Kleide, wie er mich sich in deiner schönen Pracht als des Geliebten angenehm gemacht*); du, du allein bist seiner Augen Weide, und dafür sieht er keine Sünd' an mir; dein Schmuck, dein Blut bedeckt sie für und für.

*) Epheser 1, v. 6.

7. Ich weiß vor Gott auch sonst Nichts aufzubringen, ich will zum Ruhm nur deine Kreuzespein und durch dein Blut allein nur selig seyn. O! laß mich stets in dich noch besser dringen. Ich glaube zwar, doch schreckt mich noch der Tod; Gesetz und Sünde macht mir auch noch Noth.

8. Drum laß mich stets, mein Lamm! in deinen Wunden, an deinem Kreuz, in deinem Tode ruh'n und ja nicht mehr in meinem eignen Thun. Ich müsse stets allein in dir erfunden, mich unverrückt in dir gerecht nur schau'n, und friedensvoll auf dein Verdienst nur bau'n.

9. Ich müsse dies stets gläubig besser üben, es müsse dies mein Hauptgeschäft allein, des Geistes Weid' und Element nur seyn; mir werd' am Kreuz noch mehr dein heißes Lieben, dein Fried' und deiner Weisheit Schätze klar; damit dein Fried' auch Herz und Sinn bewahr'.

10. O, laß nicht zu, von dir mehr auszuschweifen, o! stärke mich, wie ich so sehnlich fleh', auf daß mein Herz gewiß und feste steh'. O, laß mich stets dich besser noch ergreifen, daß ich auch einst getrost im Tode sey, in Frieden fahr' und mich der Heimfahrt freu'. Karl Heinr. v. Bogatzky.

Vom Lobe Gottes.

Psalm 111, v. 2. 3. Groß sind die Werke des Herrn; wer ihrer achtet, der hat eitel Lust daran. Was er ordnet, das ist löblich und herrlich; und seine Gerechtigkeit bleibet ewiglich.

Mel. Es ist das Heil uns kommen her.

1288. Mein ganzes Herze soll mit Dank den Allerhöchsten ehren, man soll des Höchsten Lobgesang im Rath der Frommen hören. Ich will in die Gemeine gehn und sie mit vielen Bitten flehn, daß sie dem Herren danke.

2. Groß und erhöhet ist der Herr, groß sind des Herren Thaten; sie sind und bleiben lieblicher, als Menschen-Thun und Rathen. Wenn man's bedenkt, so findet man, daß Alles, was der Herr gethan, groß sey und hoch zu loben.

3. Sein ganzes Reich ist Majestät, sein Thun ist lauter Ehre. Wenn Alles in der Welt vergeht, so bleibet diese Lehre: Gott ist gerecht und sein Gericht erfreut der Frommen Angesicht; sein Recht ist hoch zu ehren.

4. Er hat ein Denkmal aufgericht't von seinen Wunderthaten; es jammert ihn, sein Herze bricht, wenn wir in Noth gerathen. Wer sich mit Furcht an ihn ergiebt, der wird gespeiset und geliebt; des Herren Bund währt ewig.

5. Man sagt von seiner Werke Kraft dem Volk, das Er erkoren. Das Erb' der blinden Heidenschaft ist Israel geschworen; was er mit seinen Händen thut, ist Alles wahr, gerecht und gut. Gelobet sey sein Name!

6. Was er befiehlt, ist Sicherheit und bleibet ewig stehen; er thut's in treuer Heiligkeit; drum kann es nicht vergehen. Der Herr befreit sein Eigenthum; sein Bund hat ewig Preis und Ruhm; sein Nam' ist hehr und heilig.

7. Wer ihn verehrt und kindlich scheut, der wird zur Weisheit kommen; dem sichern Volk wird vor der Zeit Verstand und Witz genommen; wer Dieses merkt und Jenes thut, dem bleibt und wächst sein kluger Muth. Des Herren Lob steht ewig.

Christian Ludwig Edeling.

Von der Begierde zu Gott.

Psalm 25, v. 15. 16. Meine Augen sehen stets zu dem Herrn; denn er wird meinen Fuß aus dem Netze ziehen. Wende dich zu mir und sey mir gnädig.

Mel. Mein Jesu, dem die Seraphinen.

1289. Mein Geist, o Herr! nach dir sich sehnet, nach dir, der du ihm Alles bist, mein Herz sich hoffend auf dich lehnet, o Fels, der bleibet, wie er ist. Laß mich mit Schanden nicht bestehen, damit mein Feind nicht freue sich; vielmehr laß den, der wider dich sich setzt, mit Schanden ...te gehen.

2. Denn Keiner ist zu Schanden worden, von Anfang bis auf diese Stund', der sich gefunden in dem Orden der Gläubigen von Herzensgrund; du hast noch Keinen je verlassen, der dich zu seinem Gott erwählt; es hat ihm nie ein Gut gefehlt; doch wehe denen, die dich hassen!

3. Drum woll'st du deinen Weg mir zeigen, den Weg, der mich zum Leben führt; zu deinen Steigen woll'st du neigen mein Herz, das deine Kraft gerührt: laß meinen Fuß ja nimmer wanken von Wahrheit und Gerechtigkeit, von Unschuld und Gottseligkeit, dafür will ich dir immer danken.

4. Gedenk', o Herr! an dein Erbarmen, das weder End' noch Anfang kennt; ach, schau' in Gnaden auf mich Armen, der sich nach deinem Namen nennt; gedenke nicht der Kindheit Sünden und was die Jugend hat verschuld't, hab' aber, Herr! mit mir Geduld und laß für Recht mich Gnade finden.

5. Der Herr ist gut, ja selbst die Güte; er ist von Herzen treu und fromm, leutselig, sanft ist sein Gemüthe, drum spricht er zu dem Sünder: komm! und leitet ihn auf seinen Wegen, die voller Ruh' und Sicherheit; wer elend ist, sich dessen freut, für den bei Gott ist lauter Segen.

6. Ach ja, des Herren Weg ist richtig, und Wahrheit, Gnade ist sein Pfad; wer fromm ist und zum Glauben tüchtig, erfährt

es wohl recht mit der That; der Unglaub' ist nur nicht zufrieden, der Eigenwill' sieht mürrisch aus, Gott halte, wie er wolle, Haus; drum ist er auch von ihm geschieden.

7. Ach, siehe nicht an mein Verbrechen! bitt' ich nochmals aus Herzensgrund, laß es dein strenges Recht nicht rächen, gedenke doch an deinen Bund und was du bei dir selbst geschworen, daß der, der sich von Sünden kehrt und seinen Fuß vom Unrecht wehrt, mit nichten solle seyn verloren.

8. Wer fromm ist und den Herren scheuet, dem zeiget er den besten Weg, sein Geist wird immerdar erfreuet, er wandelt auf dem Friedenssteg; der Segen kommt auf seinen Saamen; des Herrn Geheimniß wird ihm kund, der Geist eröffnet seinen Mund, zu offenbar'n des Herren Namen.

9. Zwar legt des Feindes List viel Netze dem, der nur Gott erwählet hat; er suchet, wie er ihn verletze und Schaden thue früh und spat; Gott aber wachet für die Seinen, giebt sie dem Feinde nimmer Preis, weil er sie wohl zu schützen weiß; er läßt sie nicht vergeblich weinen.

10. Drum will ich auch zu dir mich wenden, wenn elend ich und einsam bin. Du wirst mir Hülf' aus Zion senden und trösten den gebeugten Sinn, ja führe mich aus meinen Nöthen, vergiß, vergiß die Missethat, die dich so hoch betrübet hat, daß ich davor nicht darf erröthen.

11. Noch Eins, Herr! will ich von dir bitten: bewahre mich durch deine Macht; will Gift und Gall' der Feind ausschütten, so hab' auf meine Seele Acht, laß schlecht und recht *) sie stets behüten, sey gnädig deinem Israel und rette deines Volkes Seel' von aller seiner Feinde Wüthen.

*) Psalm 25, v. 21.

12. Ehr' sey dem Vater, der regieret von Ewigkeit zu Ewigkeit, sammt seinem Sohne, der uns führet aus allem Jammer dieser Zeit; der Geist, der Tröster, der uns lehret und unsern Geist mit Liebe nährt, sey gleichfalls von uns hoch geehrt; sein Lob werd' immerdar vermehret.

Joh. Anastasius Freylinghausen.

Uebergabe des Herzens an Gott.

Sprüche Sal. 23, v. 26. Gieb mir, mein Sohn, dein Herz, und laß deinen Augen meine Wege wohl gefallen.

Mel. Nun sich der Tag geendet hat.

1290. Mein Gott, das Herz ich bringe dir zur Gabe und Geschenk; du forderst dieses ja von mir, deß bin ich eingedenk.

2. „Gieb mir, mein Sohn, dein Herz!" sprichst du, das ist mir lieb und werth; du findest anders auch nicht Ruh' im Himmel und auf Erd'."

3. Nun du, mein Vater, nimm es an, mein Herz, veracht' es nicht, ich geb's, so gut ich's geben kann, kehr' zu mir dein Gesicht.

4. Zwar ist es voller Sündenwust und voller Eitelkeit, des Guten aber unbewußt, und wahrer Frömmigkeit.

5. Doch aber steht es nun in Reu', erkennt sein'n Uebelstand, und träget jetzo vor dem Scheu, daran's zuvor Lust fand.

6. Hier fällt und liegt es dir zu Fuß', und schreit: nur schlage zu! zerknirsch', o Vater! daß ich Buß' rechtschaffen vor dir thu'.

7. Zermalme meine Härtigkeit, mach' mürbe meinen Sinn, daß ich in Seufzen, Reu' und Leid und Thränen ganz zerrinn'.

8. Sodann nimm mich, mein Jesu Christ, tauch' mich tief in dein Blut; ich glaub', daß du gekreuzigt bist der Welt und mir zu gut.

9. Stärk' mein' sonst schwache Glaubenshand, zu fassen auf dein Blut als der Vergebung Unterpfand, das Alles machet gut.

10. Schenk' mir, nach deiner Jesus-Huld, Gerechtigkeit und Heil, und nimm auf dich mein' Sündenschuld und meiner Strafe Theil.

11. In dich wollst du mich kleiden ein, dein' Unschuld ziehen an, daß ich, von allen Sünden rein, vor Gott bestehen kann.

12. Gott, heil'ger Geist! nimm du auch mich in die Gemeinschaft ein, ergieß' um Jesu willen dich tief in mein Herz hinein.

13. Dein göttlich Licht schütt' in mich aus und Glut der reinen Lieb', lösch' Finsterniß, Haß, Falschheit aus, schenk' mir stets deinen Trieb.

14. Hilf daß ich sey von Herzen treu im Glauben meinem Gott, daß mich im Guten nicht mach' scheu der Welt List, Macht und Spott.

15. Hilf daß ich sey von Herzen fest im Hoffen und Geduld, daß, wenn du mich nur nicht verläßt, mich tröste deine Huld.

16. Hilf daß ich sey von Herzen rein im Lieben und erweis', daß nicht mein Thun sey Augenschein, durch's Werk zu deinem Preis'.

17. Hilf daß ich sey von Herzen schlecht *), aufrichtig, ohn' Betrug, daß meine Wort' und Werke recht, und Niemand schelt' ohn' Fug. *) Hiob 1, v. 1.

18. Hilf daß ich sey von Herzen klein, und Demuth, Sanftmuth halt', daß ich von aller Weltlieb' rein, vom Fall' aufstehe bald.

19. Hilf daß ich sey von Herzen fromm, ohn' alle Heuchelei, damit mein ganzes Christenthum dir wohlgefällig sey.

20. Nimm gar, o Gott! zum Tempel ein mein Herz hier in der Zeit, ja, laß es auch dein Wohnhaus seyn in jener Ewigkeit.

21. Dir geb' ich's ganz zu eigen hin, brauch's wozu dir's gefällt, ich weiß, daß ich der Deine bin, der Deine, nicht der Welt.

22. Drum soll sie nun und nimmermehr dies richten aus bei mir (sie lock' und droh' auch noch so sehr), daß ich soll dienen ihr.

23. In Ewigkeit geschieht das nicht, du falsche Teufelsbraut, gar wenig mich, Gott Lob! ansicht dein' glänzend' Schlangenhaut.

24. Weg Welt! weg Sünd'! dir geb' ich nicht mein Herz, nur, Jesu! dir ist dies Geschenke zugericht't, behalt' es für und für.

M. Johann Kaspar Schade.

Von der seligen Ewigkeit.

Offenb. Joh. 7, v. 13—17. Wer sind diese mit weißen Kleidern angethan? und woher sind sie gekommen? 2c.

Mel. Mach's mit mir, Gott, nach deiner Güt'.

1291. Mein Gott, dein heilig Bibelbuch schreibt viel vom jüngsten Tage; doch weiß ich keinen schönern Spruch, als dort des Aelt'sten Frage: von wannen kommen die heran, mit weißen Kleidern angethan?

2. Die Antwort ist darauf bereit: sie sind aus Trübsal kommen und haben das schneeweiße Kleid der Unschuld angenommen, weil sie von aller Missethat des Lammes Blut gewaschen hat.

3. Auf dieses theure, werthe Wort will ich im Glauben trauen, und wenn die Auserwählten dort dich einstens werden schauen, so will ich gleichfalls auferstehn und auch in weißen Kleidern gehn.

4. Es hat mir ja von Jugend auf an Trübsal nicht gefehlet, der bösen Welt verkehrter Lauf hat mich genug gequälet und ob mein Stand gleich christlich ist, so drückt mich doch oft Trug und List.

5. Je mehr mein Herz zu Gott sich hält, je mehr sind meiner Feinde, das Fleisch, der Satan und die Welt sind niemals meine Freunde; die Sünde schleicht mir täglich nach, der Geist ist stark, das Fleisch ist schwach.

6. Doch bin ich von mir selbst nicht gut, denn das bekenn' ich, leider! So wasch' ich doch in Christi Blut im Glauben meine Kleider, das machet mich so hell und rein, daß ich kann ewig selig seyn.

7. Da will ich dir bei Tag und Nacht vor deinem Throne dienen und ewig, trotz des Todes Macht! in deinem Tempel grünen, weil der, so auf dem Stuhle sitzt, in seiner Wohnung mich beschützt.

8. Alsdann wird mich in Ewigkeit kein Durst noch Hunger plagen, da werd' ich auch zu keiner Zeit der Sonnenhitze klagen, wenn mich das Lamm gleich als ein Hirt zum Brunn des Lebens leiten wird.

9. Muß ich indessen oft und viel im Christenstande weinen, so halt' ich dir im Kreuze still; die Zeit wird bald erscheinen, da du mir, o mein Lebensfürst! die Thränen selbst abwischen wirst.

Johann Kohlroß?
Johann Jakob Schumann?

Für einen Handwerksmann.

Psalm 128, v. 2. Du wirst dich nähren deiner Hände Arbeit; wohl dir, du hast es gut.

Mel. Wer nur den lieben Gott läßt walten.

1292. Mein Gott! die Arbeit meiner Hände fang' ich in deinem Namen an; gieb, daß ich sie also vollende, damit sie dir gefallen kann, und stehe du mir gnädig bei, daß mein Beruf gesegnet sey.

2. Laß Alles wohl von Statten gehen, stärk' mich bei meinem sauren Schweiß und gieb mir selber zu verstehen, wo ich mir nicht zu rathen weiß; verhüte Schaden und Gefahr durch deiner lieben Engel Schaar.

3. Gieb mir Gesundheit, Kraft und Stärke, Vernunft, Geduld, Geschicklichkeit, und wenn ich deine Güte merke, daß mich dein Segen hat erfreut, so lenke meinen Geist und Sinn, daß ich nicht übermüthig bin.

4. Verleihe mir ein christlich Leben und laß mich nicht der Wucherei, der List und Trügerei bestreben, damit dein Fluch nicht auf mir sey, der Alles, was du mir beschert, zur Strafe wiederum verzehrt.

5. Beschere mir ein fromm Gesinde, das fleißig, treu und redlich ist und gieb, daß ich in mir befinde, daß du ihr Gott und Schöp-

fer bist, und daß du über meine Schuld auch bist voll Langmuth und Geduld.

6. Laß weder Neider, Herr! noch Feinde mir je nach meiner Nahrung stehn, und mir beständig gute Freunde mit Rath und That entgegen gehn; denn Aller Herzen und Verstand hast du, mein Gott! in deiner Hand.

7. Ist denn mein Lebenstag verloschen, ach! so bestelle selbst mein Haus und theile mir den Gnaden-Groschen *) bei deinen Auserwählten aus, daß ich von meiner Arbeit ruh'. Mein lieber Gott! sprich Ja! dazu. H.

*) Matth. 20, v. 9.

Von der Ewigkeit.

Ebräer 11, v. 16. Nun aber begehren sie eines Besseren, nämlich: eines Himmlischen; darum schämet sich Gott ihrer nicht, zu heißen ihr Gott; denn er hat ihnen eine Stadt zubereitet.

Mel. O Gott, du frommer Gott.

1293. Mein Gott! die arme Welt hat lauter eitle Dinge; ich aber bin ein Christ, dem ist das zu geringe: drum mache du mich los vom Joche dieser Zeit und führe meinen Stand zu deiner Ewigkeit.

2. Laß mich ums Zeitliche nichts Sündliches begehen; denn was man hier gewinnt, das kann doch nicht bestehen. Die Hölle währet lang, das Irdische geht ein, und wer hier böse bleibt, wird dort verloren seyn.

3. Wenn wir betrübet sind, so zeig' du uns die Krone, die unverwelklich ist, gieb sie zum Gnaden-Lohne, wenn meine Trübsal aus: denn Leiden ist wohl schwer, doch sie wird ewig seyn. Ach! wer schon bei dir wär'!

4. Schreib' auf mein finstres Grab: hier ist des Himmels Pforte! und thue mir auch denn nach deinem eignen Worte. Ich will gern schlafen geh'n, nur bringe mich dahin, wo ich nicht sterben darf und stets bei Jesu bin.

5. Ja, Herr! ich gebe mich in deine Vater-Hände: denn deine Lieb' und Treu' hat nimmermehr ein Ende. Beschleuß du, wenn es Zeit, recht selig meinen Lauf, so höret auch mein Heil in Ewigkeit nicht auf.

Kaspar Neumann.

Morgenlied am Sonntage.

Prediger Sal. 4, v. 17. Bewahre deinen Fuß, wenn du zum Hause Gottes gehest, und komme, daß du hörest.

Mel. Herr Jesu Christ, mein's Lebens Licht.

1294. Mein Gott, die Sonne geht herfür, sey du die Sonne selbst in mir, die Sonne der Gerechtigkeit; vertreib' der Sünden Dunkelheit.

2. Mein erstes Opfer ist dein Ruhm, mein Herz ist selbst dein Eigenthum. Ach, kehre gnädig bei mir ein, du mußt dir selbst den Tempel weih'n.

3. Gieb, daß ich meinen Fuß bewahr', eh' ich mit deiner Kirchenschaar hinauf zum Hause Gottes geh', daß ich da heilig vor dir steh'.

4. Bereite mir Herz, Mund und Hand und gieb mir Weisheit und Verstand, daß ich dein Wort mit Andacht hör', zu deines großen Namens Ehr'.

5. Schreib' Alles fest in meinen Sinn, daß ich nicht nur ein Hörer bin; verleih' mir deine Kraft dabei, daß ich zugleich ein Thäter sey.

6. Hilf, daß ich diesen ganzen Tag mit Leib und Seele feiern mag; bewahr' mich vor der argen Welt, die deinen Sabbath sündlich hält.

7. So geh' ich denn mit Freuden hin, wo ich bei dir zu Hause bin, mein Herz ist willig und bereit, o heilige Dreieinigkeit!

Benjamin Schmolck.

Abendlied am Sonntage.

Psalm 91, v. 10. Es wird dir kein Uebels begegnen, und keine Plage wird zu deiner Hütte sich nahen.

Mel. Herr Jesu Christ, mein's Lebens Licht.

1295. Mein Gott! die Sonne geht zur Ruh', komm, drücke mir die Augen zu; laß mich zuvor dein Antlitz seh'n und höre meines Herzens Fleh'n.

2. Dein Schäflein kommt in deinen Schooß; ach! mach' es aller Sünden los; ist dieser Tag nicht recht vollbracht, dein Sohn hat Alles gut gemacht.

3. Nimm du sein Blut für meine Schuld, erneure deine Vater-Huld und nimm dein Kind zu Gnaden an, daß ich fein sanfte ruhen kann.

4. Du bist der Wächter Israel, bewahre Beides, Leib und Seel'; sey mein und auch der Meinen Schutz, dem Satanas zur Wehr', zum Trutz.

5. Und störet etwas meine Ruh', so ruf' mir deine Worte zu, die heute mich so wohl erquickt, so werd' ich träumend auch entzückt.

6. Des Schlafes Bruder ist der Tod, doch hat es mit mir keine Noth; ich leb' und sterbe dir allein, so schlaf' ich sanft und selig ein.

7. Schließ' dich, o Herzens-Tempel! zu, denn Gott hat in mir seine Ruh'; die Ueberschrift steht an der Thür: Gott Vater, Sohn und Geist ist hier!

Benjamin Schmolck.

Von der christlichen Freude.

2 Corinth. 13, v. 11. Zuletzt, lieben Brüder, freuet euch, seyd vollkommen, tröstet euch, habt einerlei Sinn, seyd friedsam; so wird Gott der Liebe und des Friedens mit euch seyn.

Mel. Wer nur den lieben Gott läßt walten.

1296. Mein Gott, dir ist's ja nicht zuwider, wenn unsre Seele fröhlich ist; wenn unser Mund durch Freudenlieder so manche Traurigkeit versüßt: dein Geist ist ja ein Freudengeist, der uns in dir uns freuen heißt.

2. Erweck' in mir dergleichen Freude, die nur aus deiner Gnade quillt: sey meiner Seele Trost und Weide, dadurch sich aller Kummer stillt, und gieb mir immer frohen Muth, wenn gleich das Kreuz mir wehe thut.

3. Das Weltkind suchet sein Ergötzen in Thorheit und in Eitelkeit. Es freuet sich bei großen Schätzen, die nur ein Raub der flücht'gen Zeit. Es findet seine Lust daran, wenn es viel Ehre haben kann.

4. Doch das giebt Christen kein Vergnügen, drum laß es ferne von mir seyn; die eitle Lust kann nur betrügen, auf Lachen stellt sich Trauern ein; wer aber sich in dir erfreut, find't dauerhafte Fröhlichkeit.

5. Sollt' ich mich über dich nicht freuen? du bist mein Schatz und höchstes Gut! Du giebst mir Segen und Gedeihen und deckest mich mit deiner Hut; so hab' ich Ehr' genug bei dir. Ich bin dein Kind, was fehlet mir?

6. So sey denn dieses meine Freude, daß ich zu dir mich halten kann, daß ich die schnöde Weltlust meide, der eitle Seelen zugethan. Dein Wort sey meines Herzens Lust, dadurch ergötze meine Brust.

7. Laß mich an Jesum stets gedenken, so werd' ich all'zeit fröhlich seyn; er kann mein Herz mit Wonne tränken und schenkt mir Freudenbecher ein; so geh' ich scheinbar traurig hin, im Herzen ich stets fröhlich bin.

8. So werd' ich einen Vorschmack haben von jener süßen Himmelslust. Da wirst du mich ohn' Ende laben, wo mir kein Leid und Schmerz bewußt. Führ' mich in deinen Himmel ein, da wird der Freuden Fülle seyn.

Benjamin Schmolck.

Sonntagslied.

Psalm 122, v. 1. Ich freue mich deß, das mir geredet ist, daß wir werden ins Haus des Herrn gehen.

Mel. Wer nur den lieben Gott läßt walten.

1297. Mein Gott! du hast mich eingeladen, ich komme vor dein Angesicht. Ach! wohne, Herr, bei mir in Gnaden und gieb mir deines Geistes Licht; zieh' Herz und Mund allein zu dir, und sey der Lehrer selbst in mir.

2. Hier ist der Ort den du erwählet, hier trifft man dein Gedächtniß an; die Wunder werden hier erzählet, die dein Geheimniß aufgethan; hier ist dein Feuer und dein Heerd*) und Alles, was mein Herz begehrt.

*) Jesaia 31, v. 9. 10.

3. Ach gieb mir himmlische Gedanken, weil ich schon hier im Himmel bin; laß mich nicht in der Andacht wanken und lege dich in meinen Sinn; nimm die Vernunft gefangen hier, und öff'ne mir die Glaubensthür.

4. Mein Jesu, laß es wohl gelingen, du Wort des Vaters! laß dein Wort in mir die rechten Früchte bringen, und streu' es auf den guten Ort; mein Herze sey das rechte Feld, in das der gute Saame fällt.

5. Gesegne Pflanzen und Begießen, und gieb den Lehrern deine Kraft, daß sie das Wort zu theilen wissen wie es am Besten Nutzen schafft; gieb nur das rechte Himmelsbrot, und tröst' uns wieder in der Noth.

6. Wohlan, so rede, Herr! wir hören, und laß uns keine Hinderniss' in der gefaßten Andacht stören; denn dieses ist einmal gewiß: wer dein Wort hört und glaubt an dich, der schmeckt den Tod nicht ewiglich.

Benjamin Schmolck.

Um Kraft zum christlichen Leben.

Philipper 1, v. 6. Ich bin desselbigen in guter Zuversicht, daß, der in euch angefangen hat das gute Werk, der wird's auch vollführen, bis an den Tag Jesu Christi.

Mel. Wer nur den lieben Gott läßt walten.

1298. Mein Gott, du weißt am Allerbesten das, was mir gut und nützlich sey, hinweg mit allen Menschenfesten, weg mit dem eigenen Gebäu! Gieb, Herr! daß ich auf dich nur bau' und dir alleine ganz vertrau'.

2. Reiß' Alles weg aus meiner Seelen, was dich nicht sucht und deine Ehr', ja wollte es sich auch verhehlen, so prüfe selbst je mehr und mehr mein' innere Beschaffenheit, und gieb mir Herzens-Redlichkeit;

3. Daß ich kann in der Wahrheit sprechen: du bist mein Abba, Licht und Heil, du heilest alle mein' Gebrechen und schenkest mir an Christo Theil; du bist mein allerbester Freund, der's all'zeit herzlich mit mir meint.

4. Denn kann ich dich nur Abba nennen, o Abgrund der Barmherzigkeit, so muß mir Alles nützen können, was man sonst heißet Kreuz und Leid; denn auch das Bitt're süße ist, wenn du, o Gott, im Herzen bist.

5. Drum gieb, daß ich recht kindlich gläube, und nur fein frisch und unverzagt, jedoch in Demuth mir zuschreibe, was mir dein heilig's Wort zusagt. Dein Geist erkläre meinem Geist, was deine Vatertreue heißt.

6. Du unerschaff'nes, höchstes Wesen hast vor der Welt an mich gedacht, und da ich gar noch nicht gewesen, den liebevollen Schluß gemacht, daß ich in Christo dein soll seyn, und frei von aller Höllenpein.

7. Dein Kind, mein Jesus hat vollendet, was du beschlossen vor der Zeit, hat Schuld und Strafen abgewendet und mir geschenkt die Seligkeit. Dein Geist, der mir dies macht bekannt, ist alles dessen Unterpfand.

8. Ich weiß nicht, was ich sonst soll sagen von deiner Treu', die ich verspürt, da du mich hast in meinen Tagen bis hieher wunderbar geführt. Ja dort bei dir in Ewigkeit ist mir das Beste noch bereit't.

9. Nun, Herr! ich falle dir zu Füßen und bitt', o allerhöchstes Gut! laß mich wie Wachs doch ganz zerfließen in dieser deiner Liebesglut. Ach! gieb daß eine Gegentreu' doch stets in meiner Seele sey.

10. Und weil ich auf so viele Weise, mein Vater! bin dein Eigenthum, so gieb, daß ich auch dir zum Preise und deines großen Namens Ruhm stets diene in Gerechtigkeit und dir beliebter Heiligkeit.

11. Du mußt das Gute selbst vollbringen in Worten, Werken und Verstand, drum reiche mir in allen Dingen aus Gnaden deine Vaterhand; denn hier gilt nicht, wer laufen *) kann; bloß kommt's auf dein Erbarmen an.

*) Römer 9, v. 16.

12. Legst du was auf, so hilf's auch tragen, gieb mir Geduld in Leidenszeit; in guten wie in bösen Tagen sey du mein Trost, mein Rath und Freud'. Gieb Demuth, Einfalt, Lieb' und Zucht; was falsch und doch ist, sey verflucht.

13. Nun Amen! es sey fest beschlossen; nur, daß des heil'gen Geistes Kraft bleib' über mich stets ausgegossen, als welche alles Gute schafft: so bleibt's in Ewigkeit dabei, daß du mein und ich deine sey.

Lic. Israel Clauder.

Vom Worte Gottes.

5 Mose 6, v. 6. 7. Diese Worte, die ich dir heute gebiete, sollst du zu Herzen nehmen; und sollst sie deinen Kindern schärfen, und davon reden, wenn du in deinem Hause sitzest, oder auf dem Wege gehest, wenn du dich niederlegest oder aufstehest.

Mel. Jesus, meine Zuversicht.

1299. Mein Gott! gieb mir deinen Geist, der in alle Wahrheit leitet, daß er recht mich unterweis't, was dein Wort mir angedeutet, gieb auch diesem Saamen Kraft, daß er gute Früchte schafft.

2. Schreib' dies Wort in meinen Sinn; was ich lese, laß mich gläuben und was ich gelehret bin, lasse fest in mir bekleiben, daß kein Irrthum mich bethört und kein Seelengift verkehrt.

3. Gieb, daß ich vor aller Welt dieses theure Wort bekenne, was mir drinnen vorgestellt, meine größte Weisheit nenne; daß mein Herz auch in der That sich daraus gebessert hat.

4. Sey durch dieses Wort mein Licht, daß ich heilig vor dir wandle, nach der vorgeschriebnen Pflicht auch nach allen Kräften handle und mit Ernste mich bemüh', daß ich, was es strafet, flieh'.

5. Dieses Wort sey auch mein Trost, wenn mich Noth und Kummer drücket und die Welt auf mich erbost, daß mein Geist sich draus erquicket; ja, laß es in Todespein auch mein letztes Labsal seyn.

Benjamin Schmolck.

Vom göttlichen Willen und Wohlgefallen.

Epheser 1, v. 9. Gott hat uns wissen lassen das Geheimniß seines Willens, nach seinem Wohlgefallen; und hat dasselbe hervorgebracht durch ihn.

Mel. Wer nur den lieben Gott läßt walten.

1300. Mein Gott! gieb Wollen und Vollbringen, du Vater aller Gütigkeit! und mache mich vor allen Dingen durch deinen guten Geist bereit, daß meinem Herzen nur gefällt, was mir dein Wille vorgestellt.

2. Du hast mir deinen guten Willen in deinem Wort' genug erklärt; ach könnt' ich

ihn nur recht erfüllen, so wär' ich deiner Gnade werth; nun aber fehlt mir gar noch viel, ich bin noch weit vom rechten Ziel.

3. Mein Eigenwille steht im Wege, daß ich nicht will, was dir gefällt, indem ich das zu wollen pflege, was Welt und Fleisch für rathsam hält; des Menschen Wille bleibt verkehrt, was schädlich ist, er oft begehrt.

4. Dein Wille, Vater! aber lenket mich allezeit zum Guten hin: denn wo der Mensch nicht hingedenket, da leitest du doch unsern Sinn und lässest uns zuletzte sehn, daß es zum Besten sey geschehn.

5. Gieb, daß mein Wille deinem Willen sich kindlich unterwerfen kann, und kann ich Alles nicht erfüllen, so nimm den guten Willen an, und habe du aus großer Huld mit meiner Schwachheit noch Geduld.

6. Willst du, daß mir die Sonne scheine, so laß mir's auch gefällig seyn; willst du, daß mir der Himmel weine, so schicke mich gelassen drein; soll ich zum Kreuz und Grabe gehn, so laß mich auch zufrieden stehn.

7. Mein Jesus ist mir vorgegangen, der deinen Willen gerne that; will ich nun mit dem Namen prangen, den er mir selbst gegeben hat, so muß ich auch darauf beruh'n und willig deinen Willen thun.

8. Laß mich im Leben und im Sterben nach deines Willens Leitung gehn und diesen Trost im Glauben erben, dein Wille werde feste stehn; du willst ja meine Seligkeit, so mache mich dazu bereit. Benj. Schmolck.

Vom Gebet.

Lucä 11, v. 10. Wer da bittet, der nimmt; und wer da suchet, der findet; und wer da anklopfet, dem wird aufgethan.

Mel. Wer nur den lieben Gott läßt walten.

1301. Mein Gott! ich klopf' an deine Pforte, mit Seufzen, Fleh'n und Bitten an; ich halte mich an deine Worte: „klopft an, so wird euch aufgethan!" Ach, öffne mir die Gnadenthür, in Jesu Namen steh' ich hier.

2. Wer kann was von sich selber haben, das nicht von dir den Ursprung hat? du bist der Geber aller Gaben, bei dir ist immer Rath und That; du bist der Brunn der immer quillt, du bist das Gut, das immer gilt.

3. Drum komm' ich auch mit meinem Beten, das herzlich und voll Glauben ist; der mich heißt freudig vor dich treten, ist mein Erlöser Jesus Christ; und der in mir das Abba schreit, ist, Herr! dein Geist der Freudigkeit.

4. Gieb, Vater! gieb nach deinem Willen, was deinem Kinde nöthig ist! nur du kannst mein Verlangen stillen, weil du die Segensquelle bist. Doch gieb, o Geber! allermeist, was mich dem Sündendienst entreißt.

5. Verleih' Beständigkeit im Glauben, laß meine Liebe innig seyn, will Satan mir das Kleinod rauben, so halt' mit der Versuchung ein, damit mein schwaches Fleisch und Blut dem Feinde nicht den Willen thut.

6. Erweck' in mir ein gut Gewissen, das weder Welt noch Teufel scheut, wenn Züchtigungen folgen müssen, so schick' sie in der Gnadenzeit; durchstreich' die Schuld mit Jesu Blut und mach' das Böse wieder gut.

7. Vom Kreuze darf ich wohl nicht bitten, daß es mich ganz verschonen soll; mein Heiland hat ja selbst gelitten; sein Kreuz trag' ich auch freudenvoll; doch wird Geduld mir nöthig seyn, die wollest du mir, Herr! verleih'n.

8. Das Andre wird sich alles fügen, ich mag nun arm seyn oder reich; an deiner Huld lass' ich mir gnügen; die macht mir Glück und Unglück gleich; trifft auch das Glück nicht häufig ein, so laß mich doch zufrieden seyn.

9. Wenn ich dich bitt' um langes Leben, gieb, daß ich christlich leben mag, laß mir den Tod vor Augen schweben und des Gerichtes großen Tag, damit mein Ausgang aus der Welt den Seligen mich zugesellt.

10. O Gott! was soll ich mehr begehren? du weißt schon was ich haben muß; du wirst mir, was mir nützt, gewähren; denn Jesus macht den frohen Schluß; ich soll in seinem Namen fleh'n, so werde, was mir nützt, gescheh'n. Benjamin Schmolck.

In Kreuz und Anfechtung.

Sirach 2, v. 4. 5. Alles, was dir widerfähret, das leide, und sey geduldig in allerlei Trübsal. Denn gleichwie das Gold durchs Feuer, also werden die, so Gott gefallen, durchs Feuer der Trübsal bewähret.

Mel. Herzliebster Jesu! was hast du verbrochen?

1302. Mein Gott! ich schwebe hier auf wilden Wellen und kann mein Herze nicht zufrieden stellen, ach, lehre mich die Eitelkeit verachten und nach dir trachten.

2. Das ist der beste Rath, mein Herz zu stillen, wenn du es willst mit deinem Geist erfüllen; machst du mich zum Gefäße deiner Gnaden, was kann mir schaden?

3. Zwar Furcht von außen droht auf allen Seiten, inwendig fehlt es nicht an manchem Streiten; doch kann ich, weil ich Jesum nicht will lassen, ein Herze fassen.

4. Schwer wird's ja freilich der verwöhnten Seelen, für Welt und Gut Gott einig zu erwählen; doch Jesus hilft und wird mich ferner stärken zu guten Werken.

5. Ach! Sünde, Sünde hat mich oft geschieden von Jesu und gekränkt den Seelenfrieden; drum schreibe dein Gesetz tief ins Gemüthe, du ew'ge Güte!

6. Ach, mehre diesen Sinn, mein Gott! von oben, gieb Muth und Kräfte, dich dafür zu loben; ich bin genug geschützt, getröst't, begabet: wenn Jesus labet.

D. Valentin Ernst Löscher.

Beim Verzuge göttlicher Hülfe.

Joh. 2, v. 4. Meine Stunde ist noch nicht gekommen.

Mel. Wer nur den lieben Gott läßt walten.

1303. Mein Gott! ich wart' auf deine Stunde, die jetzt noch nicht gekommen ist. Ich habe diesen Trost zum Grunde, daß du voll Raths und Hülfe bist. Dein Wort wird endlich doch erfüllt, die Stunde komme, wann du willt.

2. Ich bin, mein Gott! in deinen Händen, mach's nur mit mir, wie dir's gefällt. Ich will zu dir allein mich wenden; es sey dir Alles heimgestellt. Die Hülfe kommt allein von dir, mein bester Helfer! hilf du mir.

3. Wenn Furcht und Hoffnung in mir streiten, heißt mich der Glaube stille seyn: ich sehe deine Hand von weiten, die wird mir Trost und Kraft verleihn; ich werde — Herr! es wird geschehn — noch Lust an deiner Gnade sehn.

4. Wie Jakob geh' ich dir entgegen, mein Glaube ringt und kämpft mit dir; ich lass' dich nicht, gieb mir den Segen,*) dein Segen ruh' und bleib' auf mir; dein Segen ist's, der mir die Nacht zur schönen Morgenröthe macht. *) 1 Mose 32, v. 26.

5. Nur deiner Allmacht will ich trauen, die allen Kummer ändern kann. Auf dein Wort will ich Felsen bauen, du hast gesagt: ruf' mich an! Ich hoffe nun, ich rufe nun; du wirst nach deinem Worte thun.

6. Beleg' mich, wie du willst, mit Schmerzen: war Jesus doch der Schmerzens-Mann, und diesem geht mein Schmerz zu Herzen, ich weiß, daß er's nicht lassen kann; ihm bricht sein Herz, sein Mund verspricht: „Ich lass' dich nicht!" Ach, laß mich nicht!

Benjamin Schmolck.

Vom Glauben.

Jeremia 5, v. 3. Herr, deine Augen sehen nach dem Glauben.

Mel. Wer nur den lieben Gott läßt walten.

1304. Mein Gott! ich weiß, daß ohne Glauben kein Mensch dir wohlgefallen kann; drum laß mir Nichts das Kleinod rauben und zünd' ein Licht im Herzen an durch deines Wortes theure Kraft, zu wahrer Glaubens-Wissenschaft.

2. Hast du in meiner Taufe Bade die Funken in mein Herz gelegt; so gieb durch deines Geistes Gnade, daß diese Glut sich stets bewegt; gieß' immer neues Oel darein, so wird mein Glaube kräftig seyn.

3. Mein Glaube heißet dich bekennen Gott Vater, Sohn und heil'ger Geist! doch liegt es nicht am bloßen Nennen; ich muß dir, der du also heißt, auch lebenslang zu Dienste steh'n und deinen Namen stets erhöh'n.

4. Gieb, daß ich dich mit Herz und Munde auch in der That bekennen kann, und lege selbst dein Wort zum Grunde, in welchem du mir kund gethan was Glauben ohne Heuchelei und Wissen mit Gewissen sey.

5. Laß mich allein auf Jesum schauen, der meines Glaubens Anfang ist, und dem Vollender feste trauen, daß er sein Werk in mir beschließt; in seine Wunden muß allein des Glaubens Loos geworfen seyn.

6. Will Kreuz und Angst den Glauben schwächen, so woll'st du das zerstoß'ne Rohr nicht lassen ganz und gar zerbrechen; o heb' es wiederum empor! mein glimmend Docht, das noch so klein, laß dennoch unauslöschlich seyn.

7. Sobald mein Glaube will erkalten, so lasse mich an deine Macht Barmherzigkeit und Wahrheit halten; nehm' ich nur diese wohl in Acht, so wird mein Glaube nicht vergeh'n, nein! wie auf einem Felsen steh'n.

8. Weil ich ein ander Leben glaube, so richte meinen Sinn dahin, daß ich nicht in dem Erdenstaube mit Eitelkeit verwickelt

bin; vielmehr im Glauben dahin geh', wo ich einmal im Glauben steh'.

9. Und endlich gieb des Glaubens Ende, das ist der Seelen Seligkeit, wenn ich den Kampf und Lauf vollende nach überstand'ner Leidenszeit; indessen bleibt der Schluß bei mir: im Glauben leb' und sterb' ich dir!

Benjamin Schmolck.

Tägliche Sterbensgedanken.

Prediger Salomo 12, v. 7. Der Staub muß wieder zu der Erde kommen, wie er gewesen ist, und der Geist wieder zu Gott, der ihn gegeben hat.

Mel. Wer nur den lieben Gott läßt walten.

1305. Mein Gott! ich weiß wohl, daß ich sterbe; ich bin ein Mensch, der bald vergeht, und finde hier kein solches Erbe, das ewig in der Welt besteht: drum zeige mir in Gnaden an, wie ich recht selig sterben kann.

2. Mein Gott! ich weiß nicht, wann ich sterbe; kein Augenblick geht sicher hin; wie bald zerbricht doch eine Scherbe! die Blume kann sehr leicht verblüh'n. Drum mache mich nur stets bereit hier in der Zeit zur Ewigkeit.

3. Mein Gott! ich weiß nicht, wie ich sterbe, dieweil der Tod viel Wege hält; dem Einen wird das Scheiden herbe, wenn sonst ein And'rer sanfte fällt. Doch, wie du willst, gieb daß dabei mein End' in dir, nur selig sey.

4. Mein Gott! ich weiß nicht, wo ich sterbe, und welcher Sand mein Grab bedeckt; doch wenn ich dieses nur erwerbe, daß deine Hand mich auferweckt; so nehm' ich leicht ein Plätzchen ein, die Erd' ist allenthalben dein.

5. Nun liebster Gott! wenn ich einst sterbe, so nimm du meinen Geist zu dir, auf daß ich dort mit Christo erbe; und hab' ich den im Grabe hier, so gilt mir's gleich und geht mir wohl, wann, wo und wie ich sterben soll.

Benjamin Schmolck.

Vor dem Lesen des göttlichen Wortes.

2 Petri 1, v. 19. Wir haben ein festes, prophetisches Wort, und ihr thut wohl, daß ihr darauf achtet, als auf ein Licht, das da scheinet in einem dunkeln Ort, bis der Tag anbreche und der Morgenstern aufgehe in euren Herzen.

Mel. O Gott, du frommer Gott.

1306. Mein Gott! ich will anjetzt dein heil'ges Wort erwägen; ach, gieb doch gnädiglich mir hierzu deinen Segen, damit ich dein Gebot darinnen recht versteh' und aus der Finsterniß zum Licht des Lebens geh'.

2. Ich bin blind von Natur durch angeerbte Sünden und kann nicht von mir selbst den Weg zum Himmel finden; jedoch dein Wort ist mir ein Leitstern in der Nacht, daß ich durch dessen Glanz entgeh' der Todesmacht.

3. Drum gieb mir deinen Geist, der mich zum Lichte führe und mein verfinstert Herz mit wahrer Tugend ziere, daß Glauben, Hoffnung, Lieb' im vollen Wachsthum sey, und meine Gottesfurcht bleib' ohne Heuchelei.

4. Verleihe, daß ich das, was Gott zuwider, hasse, das Gute aber auch zu thun nicht unterlasse; denn wer ein Hörer nur, und nicht ein Thäter ist, dem hilft das Wissen nichts, der ist kein wahrer Christ.

5. So hilf nun, treuer Gott, daß ich dein Wort recht höre, zeuch du mein Herz nach dir, daß nichts die Andacht störe; lenk' alle Sinnen jetzt nur bloß auf dich allein, daß ich kann nach der Zeit ein Himmelserbe seyn.

Johann Wilhelm Winne.

Ehre und Anbetung dem Sohne Gottes.

Philipper 2, v. 11. Alle Zungen sollen bekennen, daß Jesus Christus der Herr sey, zur Ehre Gottes des Vaters.

Mel. Nun lob' mein' Seel' den Herren.

1307. Mein Gott ist mein Erlöser! die Himmel tragen seinen Thron. Wo ist ein Name größer, als Gottes eingeborner Sohn? Gott hat zu seiner Rechten ihn siegreich hingeführt! sagt künftigen Geschlechten vom Herrn, der sie regiert, er ist seit Ewigkeiten geheimnißvoll gezeugt! ihm in die Ewigkeiten wird jedes Knie gebeugt!

2. Beweise deiner Stärke, o Gott und Heiland, Jesu Christ! sind alle Schöpfungswerke, was irgend lebt und webt und ist. Die Werke, die wir sehen, trägt dein allmächtigs Wort; in dir — in dir bestehen sie jetzt und immerfort. Hier zeigt es sich an Proben, wie herrlich groß du seyst. Gedrungen, dich zu loben, fühlt sich des Christen Geist.

3. Du wirst für Uebertreter, für freche Feinde von Natur, als Schöpfer auch noch Retter; so liebet Gott, der Höchste nur. Dort am verfluchten Holze, wo man nie Fromme sah, mißkennt dich zwar der Stolze;

mein Glaube sieht auch da den göttlichen Erlöser; nie rühmt er mehr von dir, fast kennt er dich nie größer, nie mehr als Gott wie hier. . . ,

4. Schon lang' singt die Gemeinde von deinem Kreuzestode froh, siegt gegen ihre Feinde; wer schützt und wer erhebt sie so? wer hat den kleinen Saamen vor Untergang bewacht und den verschmähten Namen in alle Welt gebracht? Nur deinem Regimente verdankt es jene Schaar, ihn jeder preis't am Ende, der Gott und Mittler war.

5. Wohlan, durchs ganze Leben soll dies mein Hauptgeschäfte seyn, den Namen zu erheben, deß Mensch und Engel sich erfreu'n. Mit Danken will ich sagen, was du an mir gethan; wie treu du mich getragen und nahmst mich liebreich an. Sey nur bei Sturm und Wetter mir, was du Allen bist, du, Gott, Herr und Erretter, und ich dein Freund und Christ.

6. Erst wenn der Geist, vom Lallen des schwachen Kinderlobs entfernt, dir besser zu gefallen, der Auserwählten Lieder lernt; wenn Alles vor dem Throne von deiner Größe singt, und Jeder seine Krone zu deinen Füßen bringt; dann wird der Spötter schweigen und mir — ach, doch auch mir? dein Glanz sich völlig zeigen. Gott! Hallelujah dir!

Johann Gottfried Schöner.

Gott unser Alles.

1 Corinther 15, v. 28. Wenn aber Alles ihm unterthan seyn wird, alsdann wird auch der Sohn selbst unterthan seyn dem, der ihm Alles unterthan hat, auf daß Gott sey Alles in Allen.

Mel. Wer nur den lieben Gott läßt walten.

1308. Mein Gott, mein Alles über Alles! in aller Noth, zu aller Zeit; ich fürchte mich nun keines Falles; denn du, mein Gott! bist stets bereit, mir wider Alles beizustehn, mit Allem an die Hand zu gehn.

2. Du bist mein Alles in dem Worte, wo Alles Ja und Amen heißt. Hier zeigst du mir die Lebenspforte; hier giebest du mir deinen Geist: so weiß ich Alles, als ein Christ, daß du in Allem Alles bist.

3. Du bist mein Alles in dem Werke, ich leb' und web' und bin in dir; von deiner Allmacht hab' ich Stärke, aus dir quillt alles Heil herfür. Ich wäre nichts und weniger, wenn nicht mein Gott mir Alles wär'.

4. Du bist mein Alles in der Liebe, die gegen mich dein Herze bricht; wer mir die ganze Welt verschriebe, dem gäb' ich deine Liebe nicht. Denn Alles, was mein Herze denkt, hat deine Liebe mir geschenkt.

5. Du bist mein Alles in dem Kreuze, ob ich gleich aller Plagen Ziel. Wenn mich der Satan, wie den Weizen, im Jammer-Siebe sichten will; so hast du Alles vorgesehn und lässest mir kein Leid geschehn.

6. Du bist mein Alles in dem Grabe, wenn ich zu Staube worden bin. G'nug, daß ich dich, mein Gott! nur habe, so heiß' ich Sterben mein Gewinn: und geh' ich denn zum Himmel ein, wirst du, mein Gott! mir Alles seyn.

Benjamin Schmolck.

Ergebung in den Willen Gottes.

Ebräer 10, v. 36 Geduld aber ist euch noth, auf daß ihr den Willen Gottes thut und die Verheißung empfanget.

Mel. O Gott, du frommer Gott.

1309. Mein Gott! mein Wille müss' in deinen guten Willen stets eingesenket seyn und sich in solchem stillen, weil du allein verstehst, was nütz' und schädlich ist, die Allmacht auch zugleich und Liebe selber bist.

2. Wenn ich daher etwas auch noch so sehr begehre, du aber siehest ein, daß es mir schädlich wäre; so werde nichts daraus, so halt' es mir zurück, schien' es im Leiblichen auch gleich mein größtes Glück.

3. Hingegen lasse mich auch keinen Zweifel tragen, du werdest das, was gut, mir jemals, Herr! versagen, und mehr thun, als ich bitt', ja mehr als ich versteh'; ob ich in dieser Zeit es gleich nicht deutlich seh'.

4. Nur laß mich dir nicht Zeit, nicht Ziel noch Maaß vorschreiben, laß mich im Glauben stets und in Geduld verbleiben, bis dein' Hülfs-Stunde kommt, verzög' sie noch so lang', und würd' auch Fleisch und Blut es oft recht schwer und bang'.

5. In solcher Fassung müss' all' mein Gebet und Flehen, so oft ich vor dich komm', in deinem Geist geschehen: so werde ich gewiß dort in der Ewigkeit von jedem Seufzerlein mit einer Frucht erfreut.

Johann Jakob v. Moser.

Morgenlied.

Psalm 119, v. 148. Ich wache frühe auf, daß ich rede von deinem Wort.

Mel. Wer nur den lieben Gott läßt walten.

1310. Mein Gott! nun ist es wieder Morgen, die Nacht vollendet ihren Lauf; nun wachen alle meine Sorgen auf einmal mit mir wieder auf, die Ruh' ist aus, der Schlaf dahin und ich seh' wieder, wo ich bin.

2. Ich bin noch immer auf der Erde, wo jeder Tag sein Ende hat; wo ich nur immer älter werde, und häufe Sünd' und Missethat. O Gott! von dessen Brot ich zehr', wenn ich dir doch was nütze wär'!

3. Ohn' Zweifel steh'st du mich aufstehen, regier' mich auch in dieser Welt; ich weiß nicht, wie mir's heut' wird gehen, mach' Alles so wie dir's gefällt; schließ' mich in deine Vorsicht ein: Dein will ich todt und lebend seyn.

4. Vergieb mir, Vater! meine Sünden, die ich mit aus dem Bette bring' und laß mich vor dir Gnade finden; erhöre, was ich bet' und sing'. Denn wenn ich gut bei dir nur steh', so acht' ich gar nicht, wie es geh'.

5. Hilf du in allen Sachen rathen; denn ich bin selber mir nicht klug; behüte mich vor Missethaten, vor böser Menschen List und Trug. Laß mich den Tag wohl fangen an und Gutes schaffen, wo ich kann.

6. Behüte mir mein Leib und Leben, Verwandte, Freunde, Hab' und Gut, und woll'st mir deinen Segen geben, wenn meine Hand das Ihre thut. Hilf, daß ich Alles wohl verricht'. Du wirst es thun, ich zweifle nicht.

Kaspar Neumann.

Von der christlichen Kirche.

Epheser 4, v. 11. 12. Er hat etliche zu Aposteln gesetzt, etliche aber zu Propheten, etliche zu Evangelisten, etliche zu Hirten und Lehrern; daß die Heiligen zugerichtet werden zum Werk des Amts, dadurch der Leib Christi erbauet werde.

Mel. Allein Gott in der Höh' sey Ehr'.

1311. Mein Gott! obgleich dein weiser Rath nach Adams Fall uns Sündern das Paradies verschlossen hat; so gabst du deinen Kindern doch wiederum ein Paradies aus Vaterhuld, und solches hieß: der Garten deiner Kirche.

2. Der Kirche Grund soll Jesus seyn, der liebte die Gemeine; und, daß sie unbefleckt und rein ihm dargestellt erscheine, hat er, mein Gott, durch eignes Blut sich als sein Eigenthum und Gut die Kirche selbst erworben.*)

*) Apost. Gesch. 20, v. 28.

3. Er sandt' hiezu sein reines Wort und der Apostel Lehre an jedes Volk, an jeden Ort, daß alle Welt es höre. Wo nun die Gnadenmittel sind, wo man sie rein und lauter find't: da ist die wahre Kirche.

4. Zwar stellt sich mancher Heuchler ein als Unkraut bei dem Saamen. Er ist ein Christ, doch nur zum Schein, trägt ohne Kraft den Namen, ist nur der sichtbar'n Kirche Glied; doch ist ein großer Unterschied der unsichtbaren Kirche.

5. Denn da muß man in Werk und That den Christennamen weisen. Das Wort, das uns berufen hat, muß man durch Werke preisen. Wer Gottes Wahrheit lauter lehrt, durch Buße, Glauben, Leben ehrt, liebt Gott und seine Kirche.

6. Die Kirche heißt ein Himmelreich, ein Tempel, ein Gebäude, ist einem großen Akker gleich, giebt uns die Seelenweide. Sie ist der Leib, der Herr ihr Haupt; der ist sein Glied, der an ihn glaubt und gute Früchte bringet.

7. Ach Gott! erhalt' uns auf dem Grund', darauf du uns erbauet. Ach Jesu! stärke du den Bund, der dich mit uns vertrauet. Ach, heil'ger Geist! sey hoch gepreis't! wir sind durch dich Ein Leib und Geist in deiner Kirche worden.

8. Gieb Lehrer, welche stets dein Wort der Kirche lauter lehren. Gieb Hörer, die auch immerfort vollbringen, was sie hören. Ach, wehre selbst der Ketzerei! ach, steure du der Heuchelei und allen Kirchenfeinden.

9. Doch müssen hier noch Feinde seyn, womit die Kirche streitet; so führ' uns in den Himmel ein, den Jesus uns bereitet. Triumph, Lob, Ehre, Preis und Macht sey dort dem Lamm und Gott gebracht; Triumph! da siegt die Kirche.

Von der christlichen Barmherzigkeit.

1 Petri 3, v. 8. 9. Endlich aber seyd allesammt gleich gesinnet, mitleidig, brüderlich, barmherzig, freundlich. Vergeltet nicht Böses mit Bösem, oder Scheltwort mit Scheltwort; sondern dagegen segnet und wisset, daß ihr dazu berufen seyd, daß ihr den Segen beerbet.

Mel. Was mein Gott will, gescheh' all'zeit.

1312. Mein Gott und Vater! gieb du mir, so lang' ich leb' auf Erden, daß ich mag christlich für und für durch dich erneuert werden, und daß dein Geist mir Beistand leist', damit zu allen Zeiten so Zung' als Mund von Herzens-Grund' dein hohes Lob ausbreiten.

2. Ach, Vater aller Gütigkeit! laß Liebe mich erweisen dem Nächsten, wie dein Wort gebeut, daß er dich möge preisen; laß mich all'zeit Barmherzigkeit in meinem Leben

üben, auch die mir feind ohn' Ursach' seynd von Herzensgrunde lieben.

3. Gieb, daß ja weder Hand noch Mund den armen Nächsten kränke. Ach! lenk' mein Herz zu deinem Bund, damit ich stets bedenke, daß Jedem hier auch wird von dir mit gleichem Maaß gemessen, wie er gethan an Jedermann: dies laß mich nicht vergessen.

4. Gieb auch, daß ich Barmherzigkeit von dir in mir empfinde; weil mir dein Mund die Gnad' anbeut, zur Tilgung meiner Sünde; so wird kein Leid in Ewigkeit von dir mich können treiben und deine Treu' wird immer neu, ja ewig bei mir bleiben.

D. Johann Olearius.

Von der Gottesfurcht.

Sirach 1, v. 33. 34. Die Furcht des Herrn ist die rechte Weisheit und Zucht, und der Glaube und Geduld gefallen Gott wohl. Siehe zu, daß deine Gottesfurcht nicht Heuchelei sey, und diene ihm nicht mit falschem Herzen.

Mel. Wer nur den lieben Gott läßt walten.

1313. Mein Gott! weil ich in meinem Leben dich stets vor Augen haben soll, so wollst du mir ein Herze geben, das deiner Furcht und Liebe voll; denn Beides muß beisammen geh'n, soll unser Christenthum besteh'n.

2. Laß deine Furcht bei Thun und Denken den Anfang aller Weisheit seyn und mich auf solche Wege lenken, die alles Irrthums mich befrei'n; denn wer dich fürchtet in der That, der meidet auch der Thorheit Pfad.

3. Der Geist, den du mir hast gegeben, ist ja ein Geist der Furcht des Herrn; laß mich nach seinem Triebe leben, daß ich dich herzlich fürchten lern'; doch muß die Furcht auch kindlich seyn, soll er in mir das Abba! schrei'n.

4. Gieb, daß ich stets zu Herzen nehme, daß du allgegenwärtig bist, und das zu thun mich hüt' und schäme, was, Herr! vor dir ein Greuel ist; ja deine Furcht bewahre mich vor allen Sünden wider dich.

5. Laß mich vor deinem Zorn erbeben, und wirke wahre Buß' in mir; laß immerdar in Furcht mich leben, daß ich die Gnade nicht verlier', die meiner in der Missethat mit Langmuth oft verschonet hat.

6. Erhalt' in mir ein gut Gewissen, das weder Welt noch Teufel scheut, und wehre allen Hindernissen, und meines Fleisches Blödigkeit, daß keine Menschenfurcht mich schreck', und ein verzagtes Herz entdeck'.

7. Hilf, daß ich immer also wandle, daß deine Furcht mein Leitstern sey, daß ich auch nie im Finstern handle, in bloßem Schein und Heuchelei; du siehst ja in das Herz hinein, Nichts kann vor dir verborgen seyn.

8. Ach! laß mich keine Trübsal scheuen; durch Kreuz und Widerwärtigkeit muß wahre Gottesfurcht gedeihen, die krönet uns zu rechter Zeit; drum gieb mir einen tapfern Sinn, wenn ich in Furcht und Hoffnung bin.

9. Ach, gieb mir stets mit Furcht und Zittern zu schaffen meine Seligkeit*)! laß nie mich deinen Geist erbittern durch Eigensinn und Sicherheit, und stelle mir die Hölle für, daß ich den Himmel nicht verlier'. *) Phil. 2, 12.

10. In deiner Furcht laß mich auch sterben, so fürcht' ich weder Tod noch Grab; da werd' ich die Verheißung erben, die mir dein Wort aus Gnaden gab. Die Gottesfurcht bringt Segen ein, ihr Lohn wird eine Krone seyn.

Benjamin Schmolck.

Von Gottes weisen und unerforschlichen Führungen.

Jesaia 55, v. 8. 9. Meine Gedanken sind nicht eure Gedanken, und eure Wege sind nicht meine Wege, spricht der Herr: sondern, so viel der Himmel höher ist, denn die Erde; so sind auch meine Wege höher, denn eure Wege, und meine Gedanken, denn eure Gedanken.

Mel. Wer nur den lieben Gott läßt walten.

1314. Mein Gott! wie bist du so verborgen, wie ist dein Rath so wunderbar; was helfen alle meine Sorgen! du hast gesorget, eh' ich war. Mein Gott und Vater! führe mich nur selig, ob gleich wunderlich.

2. Man kann dich nicht von vorne sehen, wir blicken dir nur hinten nach; was du bestimmt, das muß geschehen bei unserm Glück und Ungemach. Mein Gott und Vater! führe mich nur selig, ob gleich wunderlich.

3. Herr! wer kann deinen Rath ergründen? dir bleibt allein der Weisheit Preis. Du kannst viel tausend Wege finden, wo die Vernunft nicht einen weiß. Mein Gott und Vater! führe mich nur selig, ob gleich wunderlich.

4. Dein' allerheiligste Gedanken sind himmelweit von Menschenwahn; drum leite mich in deine Schranken und führe mich auf rechter Bahn! Mein Gott und Vater! führe mich nur selig, ob gleich wunderlich.

5. Dir will ich mich ganz überlassen mit Allem, was ich hab' und bin. Ich werfe, was ich nicht kann fassen, auf deine Macht

und Weisheit hin. Mein Gott und Vater! führe mich nur selig, ob gleich wunderlich.

6. Hilf, daß ich nie mich von dir kehre in Glück und Unglück, Freud' und Leid. Schick' Alles, Herr! zu deiner Ehre und meiner Seelen Seligkeit. Mein Gott und Vater! führe mich nur selig, ob gleich wunderlich.

Salomo Franck.

Abendlied.

Psalm 17, v. 15. Ich will schauen dein Antlitz in Gerechtigkeit; ich will satt werden, wenn ich erwache nach deinem Bilde.

Mel. Von Gott will ich nicht lassen.

1315. Mein Gott, wie soll ich singen von deiner großen Güt', was für ein Opfer bringen aus fröhlichem Gemüth', daß du so bist bedacht, für all' mein Heil zu sorgen und mir zum frohen Morgen hast Hoffnung hier gemacht?

2. Was ist doch dieses Leben, als eine Abendzeit, mit Finsterniß umgeben, mit eitel Müh' und Streit? ja, lauter Dunkelheit, darin wir sind gegangen, in stetigem Verlangen, zu enden in der Zeit.

3. Du aber läßt mich wissen, daß noch ein Morgen sey, der einst mir werd' ersprießen, zu rühmen deine Treu', da Jesus Sonne ist, der mir zu gute lebet und sich mit Wonn' erhebet, zu schaffen neue Frist.

4. Der wird den Glanz erstrecken in mein verschlossen Grab und mächtig mich erwecken, wenn ich geschlafen hab', damit ich geh' herfür, ihm freudig zu begegnen und dann von seinem Segnen die milden Strahlen spür'.

5. Da werd ich seyn umgeben mit dieser meiner Haut, die ich in diesem Leben so elend hab' geschaut; doch wird ein Ehrenkleid er, seinem gleich, draus machen, daß nimmer darf verlachen ein Feind noch schnöder Neid.

6. Mein Leib wird seinem Leibe verkläret ähnlich seyn, so daß er ewig bleibe bei sonnengleichem Schein, und meinem blöden Aug' wird solche Gnad' geschehen, daß es Gott selbst zu sehen in neuen Kräften taug'.

7. Drauf will ich denn nun grüßen den schönen Morgenschein, der soll mir das versüßen, was mir wird herbe seyn im Abend dieser Zeit. Denn ich weiß, meine Sonne, die mir die wahre Wonne auf morgen hat bereit't.

8. Soll ich denn irgend sitzen hier in der Dunkelheit, wo Trübsalswetter blitzen, so ist's nur in der Zeit, die nicht lang' währen mag, bald wird das Licht aufgehen, das mich wird lassen sehen die Freiheit von der Plag'.

9. Ach, möcht' es nur bald kommen, ach, wär' es doch schon da, daß ich mit allen Frommen käm' der Erlösung nah! Doch still, gedulde nur, er wird nicht lang' verweilen, der Glaub' sieht ihn schon eilen und merket seine Spur.

10. Indessen geh' ich schlafen so lang' auf sein Geheiß. Er wird schon mit mir schaffen, wie er mein Bestes weiß, daß ich mag ruhig seyn nach allen Abend-Sorgen, bis mit dem frohen Morgen er endlich tritt herein.

Vom Leben in Christo.

Johannis 17, v. 26. Ich habe ihnen deinen Namen kund gethan und will ihnen kund thun, auf daß die Liebe, damit du mich liebest, sey in ihnen und ich in ihnen.

Mel. Herr Jesu Christ, mein's Lebens Licht.

1316. Mein Heiland! bleib', ach bleib' in mir; des Herzens Lust steht nur zu dir; denn außer dir lass' ich nichts ein: du sollst mein Ein und Alles seyn.

2. Ich bin und bleib' in dir allein; ich will sonst keines Andern seyn; ich denk' an nichts mit größ'rer Lust als nur an dich, wie dir bewußt.

3. Dein Name ist mir süß und lieb, weil ihn dein Geist in's Herz mir schrieb; ach, mach' ihn mir nur immerdar recht lieblich, kräftig, hell und klar.

4. Ich weiß von keinem andern Heil, als was in ihm mir wird zu Theil. Ich will nur durch dein Blut allein gerecht und rein und selig seyn.

5. Ich bin mit deinem Blut erkauft, auf deinen Namen auch getauft, da trat ich in den Bund mit dir, der währet ewig für und für.

6. Die Seele hänget nur an dir, und deine Recht' erhält in mir den Sieg in allem Kampf und Streit, du führst mich durch zur Herrlichkeit.

7. Drum seufz' ich immer mit Begier: erhalte meine Seel' in dir. Ja, halte sie in deiner Hand recht feste bis in's Vaterland.

8. O salbe mich mit deinem Sinn, daß ich auch, was ich heiße, bin; und pflanz' in mir zu deinem Ruhm das wahr' und ernste Christenthum.

Karl Heinrich v. Bogatzky.

Der

Der kindliche Sinn.
(Für Kinder.)

Matthäi 18, v. 3. Wahrlich, ich sage euch: es sey denn, daß ihr euch umkehret und werdet wie die Kinder, so werdet ihr nicht in das Himmelreich kommen.

Mel. Herr Jesu Christ, mein's Lebens Licht.

1317. Mein Heiland, du hast uns gelehrt: wer nicht von Herzen umgekehrt, recht niedrig wird und Kindlein gleich, der kommt nicht in das Himmelreich.

2. So laß uns Kinder kindlich seyn. An Jahren sind wir jung und klein; die Unart aber wächset groß und reißt uns Arme von dir los.

3. O Jesu, nimm uns wieder hin; gieb uns den sel'gen Kindersinn: daß wir in deinen Armen ruhn und nicht nach unserm Willen thun.

4. Mach' uns voll süßer Zuversicht zur Gnade, die dein Wort verspricht. Dein Blut macht alle Sünden gut; lehr' uns den Glauben an dein Blut.

5. Du schenkst umsonst und ohne Geld das ganze Heil der ganzen Welt, wie man den Kindern, die man liebt, umsonst die Gaben alle giebt.

6. Was hat und thut, was giebt ein Kind, dadurch es Lieb' und Huld gewinnt? Ach nichts, als daß es Tag und Nacht den Eltern Müh' und Arbeit macht.

7. So liebst du uns so wunderbar; dein Wort, dein Blut bezeugt es klar. Drum mache uns in deinem Schooß doch aller Furcht und Zweifel los.

8. Ein Kindlein seyn, das selbst nichts thut, das gern in seiner Wiege ruht, und bald in Nöthen kindlich schreit: das ist der Weg zur Seligkeit.

9. So leg' uns in dein Herz hinein und laß uns da verschlossen seyn. In deinen Wunden schaff' uns Ruh' und dein Erbarmen deck' uns zu.

10. Den Eigenwillen brich entzwei; mach' uns von Trotz und Tücken frei. Regier' uns selbst mit deiner Hand, und trag' uns bis in's Vaterland.

11. Ein Kind bleibt niemals gern allein, es muß bei seiner Mutter seyn; es hänget sich fest an sie an: so mach' uns auch dir zugethan.

12. Ein Kind weiß sonst von keiner Lust, als nur von seiner Mutter Brust. Die ist sein Schatz, sein Paradies: Nichts in der Welt ist ihm so süß.

13. Herr! mache doch dein theures Blut uns auch so süß und köstlich gut; so fluchen wir dem Bösewicht, so reizt die Lust der Welt uns nicht.

14. Wie niedrig und wie treu gesinnt, wie sanft, wie freundlich ist ein Kind! Mit solcher Demuth zieh' uns an, mit Liebe gegen Jedermann.

15. Geht Sorgen, Stolz und Heuchelei; wißt, daß auch ich ein Kindlein sey; mein Heiland ist's, der Tag und Nacht für mein Gedeih'n als Mutter wacht.

Ernst Gottlieb Woltersdorf.

Wie Jesus die Seinen bewahret.

Johannis 17, v. 12. Dieweil ich bei ihnen war in der Welt, erhielt ich sie in deinem Namen. Die du mir gegeben hast, die habe ich bewahret.

Mel. Wer nur den lieben Gott läßt walten.

1318. Mein Heiland! es ist deine Sache, daß du die Deinigen bewahrst und deine Treue gegen Schwache, die in der Welt sind, offenbarst. Das giebt mir Muth; ich glaube nun, du bist getreu, du wirst es thun.

2. Ich kann wohl selber mich verlieren, mich selig machen kann ich nicht; du mußt allein zu Gott mich führen, sonst komm' ich ewig nicht zum Licht. So führ' mich denn; ich glaube nun, du bist getreu, du wirst es thun.

3. Bewahre mich vor allen Stricken, die Satan und die Welt mir legt; bewahr' mich vor geheimen Tücken, wenn meine eig'ne Lust sich regt; dies schreckt mich oft, doch glaub' ich nun, du bist getreu, du wirst es thun.

4. Den Glauben stärk' bei Satans Pfeilen, die Liebe bei dem Haß der Welt. Scheint dein Erscheinen zu verweilen, gieb, daß die Hoffnung Probe hält. Bewahre mich, dein bin ich nun; du bist getreu, du wirst es thun.

5. Ich weiß, daß du noch jetzt die Deinen und mich beim Vater auch vertrittst, und, bis du herrlich wirst erscheinen, als der getreue Priester bitt'st. Da schaut man dich und betet an; du bist getreu, du hast's gethan.

M. Philipp Friedrich Hiller.

Sehnsucht nach der himmlischen Heimath.

Jeremia 31, v. 2. Israel zieht hin zu seiner Ruhe.

Mel. Wie wohl ist mir, o Freund der Seelen.

1319. Mein Heiland, hab' ich Gnade funden? o ja, dein Geist bezeugt es mir. Wie gut ruht sich's in deinen Wunden, wie wohl ist mir, mein Freund! bei dir. Da ich mich gläubig in dich hülle, nehm' ich aus deiner reichen Fülle stets Gnad' um Gnade freudig hin. Ganz unbegreiflich großer Segen, daß ich, mein Heiland! deinetwegen ein Kind des guten Abba bin.

2. Hat er zum Kind mich angenommen, so schließt dies Recht auch dieses ein: ich soll einmal nach Hause kommen und dort mit dir sein Erbe seyn. Dort hast du mir die Stadt bereitet, wo man bei dir in Frieden weidet, wo du, o Lamm! der Tempel bist. Dort ist die Krone beigeleget, die der verklärte Geist einst träget, wenn Kampf und Lauf vollendet ist.

3. Herr! schärfe meine Glaubensblicke und mache mich dir recht getreu, daß mir ja Nichts mein Ziel verrücke und ich beständig wachsam sey. Es geht der Weg durch rauhe Wüsten, wo sich so manche Feinde rüsten. Ach! weißt du doch, wie schwach ich bin; laß mich ja nicht alleine gehen, gieb Kraft und Muth zum Widerstehen und führ' an deiner Hand mich hin.

4. So zieh' ich fröhlich meine Straße, wenn du, mein Führer! bei mir bist. Du bist's, auf den ich mich verlasse, da in mir kein Vermögen ist. Wenn deine Gnade mich begleitet, wenn mich dein Geist und Auge leitet, so irrt mein Fuß gewißlich nicht; so nah' ich mit gewissen Schritten den stillen, sel'gen Friedenshütten, dem schönen Salem dort im Licht.

5. Ich weiß, du wirst mein Flehen hören, es lieget dir ja selbst daran, daß ich mit jenen reinen Chören dein ewig's Lob besingen kann. Indeß sey hier schon, auf dem Wege, auf welchem deine treue Pflege mir tausendfaches Heil verschafft, mein Werk, worin ich stets mich übe, dein Ruhm, du ewig-gute Liebe! dir sey Lob, Ehre, Preis und Kraft.

6. Geht es auf meiner Pilgerreise gleich oft durch manches dunkle Thal. Fühl' ich, so lang' ich sterblich heiße, von inn- und außen manche Qual: ei nun, du weißt in allen Sachen es immer so mit mir zu machen, wie es für mich am Besten ist. Geht es durch rauhe Dornenhecken, so soll mich doch kein Unfall schrecken, wenn du mir, Herr, nur gnädig bist.

7. Wie lange wird es denn auch währen, so endigt sich der Prüfungsstand, so kann kein Leid mich mehr beschweren in dem gelobten Vaterland. O Herzens-Heiland! welch Entzücken kann hier schon meine Brust erquicken, wenn sie ein kleiner Vorschmack rührt! Was wird nicht erst der Geist empfinden, wenn er, befreit von Schmerz und Sünden, dort ewig mit dir triumphirt!

Andreas Reyberger.

Vom Leben in Christo.

Epheser 2, v. 4. 5. Gott, der da reich ist von Barmherzigkeit, durch seine große Liebe, damit er uns geliebet hat, da wir todt waren in den Sünden, hat er uns sammt Christo lebendig gemacht.

Mel. Dir, dir, Jehovah! will ich singen.

1320. Mein Heiland ist nun ganz mein eigen mit seiner ganzen Füll' und Seligkeit, wie seine süßen Worte zeigen; er ist nun mir zu geben stets bereit. Er hat von Gaben Herz und Hände voll, als der nach Gottes Rath stets geben soll.

2. Er hat, da er zu Gott gegangen, ja auch für uns das ganze Erb' und Theil und alle Gaben schon empfangen. Nun bietet er den ganzen Himmel feil und schüttet auch in unser Herz und Haus die Gaben fort und fort recht reichlich aus.

3. Er selbst ist meine höchste Gabe und mit ihm ist nun alles Andre mein, was ich nur immer nöthig habe, er macht mir seine Güter ganz gemein. Er tritt an mein' und ich an seine Statt, so bleibt er mein mit Allem, was er hat.

4. Er ist mir ja zum Licht und Leben, zur Weisheit, wie auch zur Gerechtigkeit, zum Gnadenstuhl von Gott gegeben, er ist mein Fried' in allem Kampf und Streit und füllt mein Herz mit Gnadenkräften an, wodurch ich Alles bald besiegen kann.

5. Ich bin mit ihm genau verbunden, ja gar ein Geist und auch sein Fleisch und Bein; mein festes Schloß sind seine Wunden, sein Blut macht mich von allen Sünden rein; sein Geist salbt mich mit täglich neuer Kraft, die in mir Wollen und Vollbringen schafft.

6. Wie mag mich da ein Mangel quälen, da er, der Lebensquell, selbst in mir ist? wie muß es nicht dem Feinde fehlen bei aller angewandten Macht und List, da ich sein Glied, sein Bund'sgenosse bin! Er giebt sich mir zum Schatz und zum Gewinn.

7. Er heißt und ist nun große Freude, er ist mein Freund, mein Haupt, mein Bräutigam. Er ist mein Hirt und auch die Weide, mein Himmelsbrot, mein rechtes Oster-

lamm. Wie selig bin ich schon in dieser Zeit, und o wie selig dort in Ewigkeit!

8. Er wird und kann mich nimmer lassen, ich lieg' ihm ja in seinem Herz und Sinn; er wird mich und ich ihn umfassen, er giebt mich nimmermehr dem Tode hin. Nein, nein! da greift er desto fester zu und führt mich selber durch den Tod zur Ruh'.

9. Er ist ja mir, ich ihm verschrieben, der Bund mit ihm muß ewig feste steh'n; er ist bisher mir treu geblieben, er wird mit mir auch durch den Tod noch geh'n. Nichts soll zu schwer mir seyn; es bleibt dabei: mein Heiland hält mich fest, und ist getreu.

10. Wie sollte der im Tode weichen, der sich im Leben so mit mir bemüht? Nein, er wird Hand und Herz mir reichen, da meine Seel' im Tod' auch dahin flieht; sein Herz soll da mein sanftes Bettlein seyn, darinnen schlaf' ich einmal friedlich ein.

Karl Heinrich v. Bogatzky.

Von den Pflichten eines wahren Christen.

Johannis 8, v. 31 32. So ihr bleiben werdet an meiner Rede, so seyd ihr meine rechten Jünger; und werdet die Wahrheit erkennen, und die Wahrheit wird euch frei machen.

Mel. Wer nur den lieben Gott läßt walten.

1321. Mein Heiland! laß mich in dir bleiben und nie aus dir dem Weinstock geh'n, daß ich nur könne recht bekleiben und auch in stetem Wachsthum steh'n, daß meine Frucht in wahrer Treu' doch alle Tage reicher sey.

2. Ich soll und will mich nicht begnügen mit einer kleinen Fruchtbarkeit; drum laß mich stets an dir nur liegen, und schneide doch die Eigenheit, die wilden Reben weislich aus, so kommt gewiß mehr Frucht heraus.

3. Ich kann mich selbst nicht weiter bringen, ich weiß, ich kann nichts ohne dich; allein in dir soll's mir gelingen, du regest und belebest mich; da deine Kraft mich immer treibt, wenn nur mein Geist in dir verbleibt.

4. Drum laß das Wort nur stets erschallen und gleichsam meine Losung seyn: bleib', bleib' in mir, sonst wirst du fallen! es nehme dies mich also ein, daß ich in dir auch steh' und geh' ganz unverrückt, und innig fleh'.

5. Ja, schränke mich von allen Seiten nur immer enger in dich ein; laß mich nur stets dein Auge leiten, dein Leben soll mein Vorbild seyn; dein Wort mein Licht und fester Stab, und meine Ruh' dein Tod und Grab.

6. Da bin ich recht in deinen Händen, und ruh' in deines Willens Rath; da wirst du schon dein Werk vollenden; denn, was dein Kind vonnöthen hat, das weißest du und giebst es auch, es ist ja dies dein Vaterbrauch.

7. Drum sey die Sorge meiner Seele dir nur recht kindlich heimgestellt. Ich lieg' in deiner Wunden-Höhle, da hab' ich Schutz vor Sünd' und Welt, ja Hüll' und Fülle, Stärk' und Kraft, die immer alles Gute schafft.

8. Ich will, dein Geist soll mich nur treiben, ich will nur bloß dein Werkzeug seyn; mein Herz soll deine Werkstätt' bleiben; so soll in dir, in dir allein mein Tagewerk zu Ende geh'n und in der Rechnung wohl besteh'n.

Karl Heinrich v. Bogatzky.

Jesus nimmt die Sünder an.

Lucä 19, v. 10. Des Menschen Sohn ist gekommen, zu suchen und selig zu machen, das verloren ist.

In eigener Melodie.

1322. Mein Heiland nimmt die Sünder an, die unter ihrer Last der Sünden kein Mensch, kein Engel trösten kann, die nirgend Ruh' und Rettung finden, den'n selbst die weite Welt zu klein, die sich und Gott ein Greuel seyn; den'n Moses schon den Stab gebrochen und sie der Hölle zugesprochen, wird diese Freistadt aufgethan: mein Heiland nimmt die Sünder an. :,:

2. Sein mehr als mütterliches Herz trieb ihn von seinem Thron auf Erden, ihn drang der Sünder Noth und Schmerz, an ihrer Statt ein Fluch zu werden; er senkte sich in ihre Noth und schmeckte den verdienten Tod; nun, da er denn sein eigen Leben zur theuern Zahlung hingegeben und seinem Vater g'nug gethan, so heißt's: er nimmt die Sünder an. :,:

3. Nun ist sein aufgethaner Schooß ein sichres Schloß gejagter Seelen, er spricht sie von dem Urtheil los und tilget bald ihr ängstlich Quälen. Es wird ihr ganzes Sündenheer ins unergründlich tiefe Meer von seinem reinen Blut versenket; der Geist, der ihnen wird geschenket, schwingt über sie die Gnadenfahn': mein Heiland nimmt die Sünder an. :,:

4. So bringt er sie dem Vater hin in seinen blutbefloss'nen Armen; das neiget

denn den Vatersinn zu lauter ewigem Erbarmen; er nimmt sie auf an Kindes-Statt; ja, Alles, was er ist und hat, wird ihnen eigen übergeben und selbst die Thür zum ew'gen Leben wird ihnen fröhlich aufgethan; mein Heiland nimmt die Sünder an. :,:

5. O, solltest du sein Herze sehn, wie sich's nach armen Sündern sehnet, sowohl wenn sie noch irre gehn, als wenn ihr Auge vor ihm thränet! Wie streckt er sich nach Zöllnern aus, wie eilt er in Zachäi Haus, wie sanft stillt er der Magdalenen den milden Fluß erpreßter Thränen und denkt nicht, was sie sonst gethan! mein Heiland nimmt die Sünder an. :,:

6. Wie freundlich blickt er Petrum an, ob er gleich noch so tief gefallen! Nun dies hat er nicht nur gethan, da er auf Erden mußte wallen; nein, er ist immer einerlei, gerecht und fromm und ewig treu; und wie er unter Schmach und Leiden, so ist er auf dem Thron der Freuden den Sündern liebreich zugethan; mein Heiland nimmt die Sünder an. :,:

7. So komme denn, wer Sünder heißt und wen sein Sünden-Greu'l betrübet, zu dem, der Keinen von sich weis't, der sich gebeugt zu ihm begiebet. Wie? willst du dir im Lichte stehn und ohne Noth verloren gehn? willst du der Sünde länger dienen, da dein Erlöser nun erschienen? o nein, verlaß die Sünden-Bahn; mein Heiland nimt die Sünder an. :,:

8. Komm nur mühselig und gebückt; komm nur, so gut du weißt zu kommen; wenn gleich die Last dich niederdrückt, du wirst auch kriechend angenommen; sieh', wie sein Herz dir offen steht und wie er dir entgegen geht! wie lang' hat er mit vielem Flehen sich brünstig nach dir umgesehen! so komm denn, armer Wurm, heran: mein Heiland nimmt die Sünder an. :,:

9. Sprich nicht: ich hab's zu arg gemacht, ich hab' die Güter seiner Gnaden zu lang' und schändlich durchgebracht, er hat mich oft umsonst geladen. Wofern du's nur jetzt redlich meinst und deinen Fall mit Ernst beweinst, so soll ihm nichts die Hände binden und du sollst dennoch Gnade finden; er hilft, wenn sonst nichts helfen kann; mein Heiland nimmt die Sünder an. :,:

10. Doch sprich auch nicht: es ist noch Zeit, ich muß erst diese Lust genießen, Gott wird ja eben nicht gleich heut' die offnen Gnaden-Pforten schließen. Nein, weil er ruft, so höre du und greif' mit beiden Händen zu; wer seiner Seele Heil verträumet, der hat die Gnadenzeit versäumet; ihm wird hernach nicht aufgethan; heut' komm, heut' nimmt dich Jesus an. :,:

11. Ach, zieh' uns selbsten recht zu dir, holdselig-süßer Freund der Sünder! erfüll' mit sehnender Begier auch uns und alle Adams-Kinder. Zeig' uns bei unserm Seelenschmerz dein aufgespalt'nes Liebesherz; und wenn wir unser Elend sehen, so laß uns ja nicht stille stehen, bis daß ein Jeder sagen kann: Gott Lob! auch mich nimmt Jesus an. :,:

Leopold Franz Friedrich Lehr.

In Anfechtung.

Jeremia 17, v. 17. Sey du mir nur nicht schrecklich, meine Zuversicht in der Noth.

Mel. O Gott, du frommer Gott.

1323. Mein Heiland! weiche nicht, du kennest meine Schmerzen; zu dir, Herr, wenden sich viel tausend, tausend Herzen in ihrer Angst und Noth, und du erquickest sie, giebst ihnen Trost und Ruh' und weichst von ihnen nie.

2. Auch ich, Herr! komm' zu dir, von Nacht so bang' umgeben; mein Aug' ist thränenvoll, mein Herz fühlt Angst und Beben; wohin, wohin soll ich, mein Heiland! ohne dich? Eil', eil' und hilf mir doch, sonst, ach! versinke ich.

3. Ich bat dich, Herr! um Ruh' nach vielem Kampf' und Sehnen; doch du versagest mir den Frieden, giebst mir Thränen und einen solchen Schmerz, der tief das Herz durchdringt, der meine Wange bleicht, den Fuß mit Nacht umringt.

4. O welch ein schwerer Kampf! wie soll ich ihn bestehen? Denn meine Kraft ist schwach, ich fühl's, ich muß vergehen, wenn du nicht Helfer bist, wenn du nicht bleibst mein Hort: drum sprich, mein Heiland! doch mir nur ein Trosteswort.

5. Sieh', ich bedarf's so sehr, dein Weg ist mir verborgen. In Nacht umfass' ich dich; ich sehe keinen Morgen, der meinen bangen Kampf in Siegeslust verklärt, der mir, so hoch entzückt, die süße Ruh' gewährt.

6. Doch darum weich' ich nicht; ich kann dich nicht verlassen. Wirf mich, wohin du willst, dich werd' ich doch umfassen! Und würd' auch schwerer noch und größer meine Pein, so werd' ich dennoch stets, Herr, Herr! der Deine seyn.

E. C. G. Langbecker.

Christus, unser höchstes Gut.

Matth. 6, v. 21. Wo euer Schatz ist, da ist auch euer Herz.

Mel. Es ist das Heil uns kommen her.

1324. Mein Herz, du mußt im Himmel seyn, dein Schatz ist ja dort oben. Was hier ist, halte nicht für dein, dort ist es aufgehoben. Was nützt ein Schatz, den Rost verzehrt? nur der Schatz ist des Suchens werth, den man im Himmel sammelt.

2. Der wird geschenkt und nicht verdient, kein Mensch mag ihn erwerben. Nur Jesus, der mit Gott versühnt, läßt uns den Himmel erben. Für Herzen ist kein besser Gut als das, was Gottes Sohn mit Blut erkauft und beigeleget.

3. Das ist ein Schatz, der sicher bleibt; wir haben ihn im Glauben. Da ist kein Feind, der uns vertreibt; kein Dieb, der ihn kann rauben, kein Tod, der Schatz und Herzen scheid't. Der Schatz währt in die Ewigkeit, so lang' die Herzen währen.

4. Mach', Jesu! mir den Schatz recht groß und lehr' mein Herz d'ran hangen, und neben diesem Himmelsloos kein irdisches verlangen: alsdann ist Sterben mein Gewinn. Mein Herz, wenn ich einst droben bin, soll für den Schatz dir danken.

M. Philipp Friedrich Hiller.

Sonntagslied.

Tobia 4, v. 20. Danke allezeit Gott, und bete, daß er dich regiere und du in alle deinem Vornehmen seinem Worte folgest.

Mel. Nun danket alle Gott.

1325. Mein Herze! danke Gott, und preise seinen Namen; er giebt dir Himmelsbrot, und streuet seinen Saamen in deinen Acker ein, der Acker ist bereit, er wird auch Kraft verleih'n zu rechter Fruchbarkeit.

2. Behalte nur das Wort in einem guten Herzen, und tröste dich hinfort in allen Kreuzesschmerzen, daß du den Schatz nun hast, der reich und fröhlich macht, daß man bei aller Last auch unter Dornen lacht.

3. Geh' nur getrost dahin mit diesem Wanderstabe; ergötze deinen Sinn mit dieser Himmelsgabe, erinnere dich oft, was Jesus zu dir sprach, sein Wort stillt unverhofft des Kreuzes Ungemach.

4. Auf dieses Wort kannst du nun leben und auch sterben, es giebt der Seele Ruh' und warnet vor Verderben; es ist dein Weg, dein Licht; gehst du auf dieser Bahn, so irret dein Fuß nicht, so gehst du himmelan.

5. O Jesu! laß in mir dies theure Wort bekleiben; mein Herze soll hinfür an diesem Worte bleiben, bis du im Himmel dort, du theurer Lebensfürst! noch gar ein ander Wort mit mir einst reden wirst.

Benjamin Schmolck.

Bußlied.

Apostel-Geschichte 17, v. 30. 31. Gott hat die Zeit der Unwissenheit übersehen; nun aber gebietet er allen Menschen an allen Enden, Buße zu thun; darum, daß er einen Tag gesetzet hat, auf welchem er richten will den Kreis des Erdbodens mit Gerechtigkeit durch einen Mann, in welchem er's beschlossen hat, und Jedermann vorhält den Glauben, nachdem er ihn hat von den Todten auferwecket.

Mel. Wer nur den lieben Gott läßt walten.

1326. Mein Herze! denk' an deine Buße, da noch die Gnaden-Stimme ruft! ach falle Gott noch heut' zu Fuße, eh' dich umschließt des Todes Gruft; denn in der letzten Todespein kann Beß'rung oft unmöglich seyn.

2. Drum höre doch das Wort der Gnaden, das dort Jerusalem verwarf, damit dein Herze nicht den Schaden erst allzu spät erfahren darf, der mitten in dem Sündenschlaf die so verstockten Sünder traf.

3. Gott läßt's am Rufen gar nicht fehlen; ach Sünder, Sünder, beßre dich! hier kannst du Fluch und Segen wählen; Gott selber zeuget dies von sich, es jammre ihn die große Noth, er wolle nicht des Sünders Tod.

4. Was wollen wir denn mehr begehren, das Gott nicht schon an uns gethan? Gott kann bei keinem Höhern schwören; ach, seht den Liebeseifer an! er weckt uns aus der Sündenruh' und schwört noch einen Eid dazu.

5. Wo wir den Reichthum nun verachten, den uns des Höchsten Gnade zeigt, so mögen wir hernach verschmachten, wenn diese Gnade von uns weicht, und wenn kein Brunn des Trostes quillt, der unsre matten Seelen stillt.

6. Die Gnadenthüre steht zwar offen, so lange es noch heute heißt; der Sünder kann noch Gnade hoffen, wenn er dem Geiste Folge leist't und noch ein gläubig Abba spricht, wenn schon der Lebensfaden bricht.

7. So theuer ist der Trost verpfändet, darauf der Grund zum Himmel steht; doch, wenn sich Gottes Herze wendet, und wenn

der Fluch einmal ergeht, dann wird die schöne Gnadenzeit am Ort der Qual zu spät bereut.

8. Ach, traue auf die letzten Stunden und auf die späte Buße nicht! hat gleich der Schächer Gnade funden, da er sein: Herr! im Glauben spricht: ach, wie so bald ist es gescheh'n, daß Andre diesen Weg verseh'n!

9. Wir können uns nicht selbst bekehren, sind auch nicht stets dazu geschickt; Gott muß uns selbst die Kraft gewähren, die uns aus dem Verderben rückt; und kommt's auf unser Wirken an, so bleiben wir wohl ausgethan*). *) ausgeschlossen.

10. Wenn wir die Herzensthür verstopfen, wenn wir den Gnadenruf verschmäh'n: so mögen wir vergeblich klopfen; so kann es endlich wohl gescheh'n, daß Gott sein Herze von uns wend't und uns als Feinde auch nicht kennt.

11. O wehe uns, wenn Gott gewichen! wie wüste sieht es um uns aus! da kommt der Feind mit allen Flüchen und gehet in des Herzens Haus; da wird der Sünder ganz verstockt, wenn gleich des Rufers Stimme lockt.

12. Mein Herze! folge Gottes Stimme, und gehe in den Herzensgrund, eh' dich der Herr in seinem Grimme, weil du das schöne Gnadenpfund so leicht und liederlich veracht't, zu einem wüsten Lande macht.

M. Gottlob Adolph.

Die Erwählung des besten Theils.

Marci 10, v. 28. Siehe, wir haben Alles verlassen, und sind dir nachgefolget.

Mel. Wer nur den lieben Gott läßt walten.

1327. Mein Herze! laß dich Jesum leiten, auf, auf! der Weg geht himmelan. Reiß' dich von allen Eitelkeiten, in die man sich verwickeln kann. Auf dieser Welt ist doch kein Heil; halt' du dich an das beste Theil.

2. Es ist dein Kleinod nur dort oben, laß Herz und Schatz beisammen seyn. Ein Geist, der sich zu Gott erhoben, nimmt auch schon hier den Himmel ein. Auf dieser Welt ist doch kein Heil, verlange du das beste Theil.

3. O, was für Lust wird dich umschließen, nachdem du alle Last besiegt! so laß dich nicht den Weg verdrießen, obgleich er voller Dornen liegt. Mit aller Welt ist doch kein Heil; Maria wählt das beste Theil.

4. Ergreif' die Krone, die im Himmel rechtschaffnen Kämpfern beigelegt. Fleuch über alles Weltgetümmel! Ein Christ, der Christi Namen trägt, liebt außer Christo auch kein Heil: drum wähle dir das beste Theil.

Benjamin Schmolck.

Alles in Jesu.

Ebräer 1, v. 3. Welcher (Christus), sintemal er ist der Glanz seiner Herrlichkeit, und das Ebenbild seines Wesens, und träget alle Dinge mit seinem kräftigen Wort.

Mel. Es ist gewißlich an der Zeit.

1328. Mein Herzens-Jesu! meine Lust, an dem ich mich vergnüge, der ich an deiner Liebes-Brust mit meinem Herzen liege; mein Mund hat dir ein Lob bereit't, weil ich von deiner Freundlichkeit so großes Labsal kriege.

2. Mein wallend Herz ist gegen dich mit heißer Lieb' entzündet; es singt, es springt, es freuet sich, so oft es dich empfindet, so oft es dich im Glauben küßt, der du dem Herzen Alles bist, das dich im Glauben findet.

3. Du bist mein wunderbares Licht, durch welches ich erblicke mit aufgedecktem Angesicht, daran ich mich erquicke. Nimm hin mein Herz, erfüll' es ganz, o wahres Licht! durch deinen Glanz und weiche nicht zurücke.

4. Du bist mein sich'rer Himmelsweg; durch dich steht Alles offen. Wer dich versteht, der hat den Steg zur Seligkeit getroffen; ach, laß mich, liebstes Heil! hinfür doch ja den Himmel außer dir auf keinem Wege hoffen.

5. Du bist die Wahrheit; dich allein hab' ich mir auserlesen, denn ohne dich ist Tand und Schein, in dir ist Kraft und Wesen. Ach! mach' mein Herz doch völlig frei, daß es nur dir ergeben sey, durch den es kann genesen.

6. Du bist mein Leben, deine Kraft soll mich allein regieren; dein Geist, der Alles in mir schafft, kann Leib und Seele rühren, daß ich voll Geist und Leben bin; mein Jesu, laß mich nun forthin das Leben nicht verlieren.

7. Du bist mein süßes Himmelsbrot, des Vaters höchste Gabe, damit ich mich in Hungersnoth, als einer Stärkung, labe. O Brot, das Kraft und Leben giebt, gieb, daß ich, was der Welt beliebt, zur Nahrung niemals habe.

8. Du bist mein Trank, und deine Frucht ist meiner Seele süße; wer von dir trinkt,

derselbe sucht, daß er dich stets genieße. O Quell'! nach der mein Herze schreit, gieb, daß der Strom der Süßigkeit sich ganz in mich ergieße.

9. Du bist mein allerschönstes Kleid, mein Zierrath, mein Geschmeide; du schmückst mich mit Gerechtigkeit gleich als mit reiner Seide; ach gieb, daß ich die schnöde Pracht, damit die Welt sich herrlich macht, als einen Unflat meide.

10. Du bist mein Schloß und sich'res Haus, da ich in Freiheit sitze, da treibet mich kein Feind heraus, da sticht mich keine Hitze. Ach! laß mich, liebstes Jesulein! all'zeit in dir erfunden seyn, daß deine Huld mich schütze.

11. Du bist mein treuer Seelenhirt, und selber auch die Weide; du hast mich, da ich war verirrt, geholt mit großer Freude. Ach! nimm dein Schäflein nun in Acht, damit es weder List noch Macht von deiner Heerde scheide.

12. Du bist mein holder Bräutigam, dich will ich stets umfassen; mein Hoherpriester und mein Lamm, das sich hat schlachten lassen; mein König, der mich ganz besitzt, der mich mit seiner Allmacht schützt, wenn mich viel' Feinde hassen.

13. Du bist mein auserkorner Freund, der mir mein Herz beweget; mein Bruder, der es treulich meint, die Mutter, die mich pfleget; mein Arzt, wenn ich verwundet bin, mein Balsam, meine Wärterinn, die mich in Schwachheit träget.

14. Du bist mein starker Held im Streit, mein Panzer, Schild und Bogen, mein Tröster in der Traurigkeit, mein Schiff in Wasserwogen; mein Anker, wenn ein Sturm entsteht, mein sichrer Compaß und Magnet, der mich noch nie betrogen.

15. Du bist mein Leitstern und mein Licht, wenn ich im Finstern gehe; mein Reichthum, wenn es mir gebricht; in Tiefen meine Höhe; mein Honig, wenn's mir bitter schmeckt; mein festes Dach, das mich bedeckt, wenn ich im Regen stehe. — —

16. Was soll ich, Schönster! wohl von dir noch weiter sagen können? ich will dich, meine Liebsbegier, mein Ein und Alles nennen; denn was ich will, das bist du mir; ach, laß mein Herze für und für in deiner Liebe brennen!

D. Johann Christian Lange.

Bei dem Tode und Begräbniß eines Kindes.

Weisheit Sal. 4, v. 14. Seine Seele gefällt Gott; darum eilet er mit ihm aus dem bösen Leben.

Mel. An Wasserflüssen Babylon.

1329. Mein Herzens-Vater, weinst du noch, und du, die mich geboren? was grämt ihr euch? was macht ihr doch? ich bin ja unverloren. Ach! sollt't ihr sehen, wie mir's geht und wie mich der so hoch erhöht, der selbst so hoch erhoben, ich weiß, ihr würdet anders thun und meiner Seele süßes Ruh'n mit eurem Munde loben.

2. Der saure Kampf, den ich dort hab' in eurer Welt empfunden, der ist durch Gottes Gnad' und Gab' nun glücklich überwunden. Es ging mir, wie es pflegt zu gehn all denen, die bei Christo stehn und von der Welt sich scheiden. Wer Christo folgt, der muß mit ihm das Kreuz und alles Ungestüm auf seinen Wegen leiden.

3. Nun bin ich durch, Gott Lob und Dank! hier kommt ein ander Leben; hier wird mir, was mein Lebenlang ich nicht gesehn, gegeben. Ein ganzer Himmel voller Licht, ein Licht, davon mein Angesicht so schön wird als die Sonne. Hier ist ein ew'ges Freudenmeer, wohin ich nur die Augen kehr', ist Alles voller Wonne.

4. Nun lobt, ihr Menschen, wie ihr wollt, des Erdenlebens Güte; was ist darinnen, das mir sollt' jetzt neigen mein Gemüthe? was ist das Beste, das ihr liebt? was giebt die Erde, wenn sie giebt, als Angst und bittre Schmerzen? was ist das güld'ne Gut und Geld? was bringt der Schein, die Pracht der Welt, als Kummer euren Herzen?

5. Was ist der großen Leute Gunst, als Zunder großen Neides? was ist das Wissen vieler Kunst, als Ursprung vieles Leides? denn wer viel weiß, der grämt sich viel und welcher And're lehren will, muß leiden und viel tragen. Seht Alles an, Ruhm, Lob und Ehr', habt Freud' und Lust, was habt ihr mehr, als endlich Weh' und Klagen?

6. Nichts ist so schön und wohl bestellt, da man hier wohl auf stehe; drum nimmt Gott, was ihm wohlgefällt, bei Zeiten in die Höhe und setzet es in seinen Schooß; da ist es alles Kummers los, darf nicht, wie ihr, sich kränken, die ihr oft denket,

wie doch wohl Dies oder Jenes werden soll, und könnet's nicht erdenken.

7. Wer selig stirbt, der schließet zu die schwarzen Jammerthore; hingegen schwingt er sich zur Ruh' im güld'nen Engelchore, legt Aschen weg, kriegt Freuden-Oel, zeucht aus das Fleisch und schmückt die Seel' in reiner, weißer Seiden. Er läßt die Erd' und nimmet ein die Lust, da Christi Schäfelein in lauter Rosen weiden.

8. So geht, ihr Liebsten, euch doch schlecht *) dahin, in Gottes Willen. Sein Rath ist gut, sein Thun ist recht; er wird wohl wieder stillen die Schmerzen, so er euch gemacht, und hiermit sey euch gute Nacht von eurem Kind' gegönnet. Es kommt die Zeit, da mich und euch verein'gen wird in seinem Reich, der euch und mich jetzt trennet.

*) mit einfältigem Herzen.

9. Da will ich eure Treu' und Müh' und was ihr eurem Kranken erwiesen habt, im Himmel hie, sobald ihr kommt, verdanken. Ich will erzählen, wie ihr habt euch selbst betrübt und mich gelabt, vor Christo und vor Allen, und für den heißen Thränenfluß will ich, mit mehr als einem Kuß, um euren Hals euch fallen.

Paul Gerhardt.

Weihnachtslied.

Galater 4, v. 4, 5. Da aber die Zeit erfüllet ward, sandte Gott seinen Sohn; geboren von einem Weibe, und unter das Gesetz gethan, auf daß er die, so unter dem Gesetz waren, erlösete, daß wir die Kindschaft empfingen.

Mel. Ermuntre dich, mein schwacher Geist.

1330. Mein Herze, schwinge dich empor, sey froh und guter Dinge, auf! mit dem schönen Engel-Chor, ermuntre dich und singe, weil Gottes eingeborner Sohn von seinem hohen Himmels-Thron zu dir und allen Frommen heut' ist auf Erden kommen.

2. O frommer Heiland, Jesu Christ! wie hoch ist doch zu schätzen, daß du gering und niedrig bist, wie herrlich kann ergötzen die Demuth, so du bei dir hast! Willkommen, du sanftmüth'ger Gast und Trost betrübter Sünder, des Todes Ueberwinder!

3. Daß du, o theurer Seelenfürst! hast Fleisch an dich genommen, geringer als ein Engel wirst, das ist von Liebe kommen. Du wirst dort in dem Ehrenreich uns machen deinen Engeln gleich. Du kommst zu uns auf Erden, auf daß wir himmlisch werden.

4. Du wirst ein Gast auf dieser Welt und führst ein dürft'ges Leben; hierdurch ist nun das reiche Zeit des Himmels uns gegeben. Du wirst geboren in der Nacht, auf daß uns werde Licht gebracht; durch dich sind wir gerissen aus dicken Finsternissen.

5. Im harten Winter kommest du, bringst uns des Himmels Lenzen; du suchst im dunklen Stalle Ruh', damit wir möchten glänzen und ewig in der Ruhe seyn; in Windeln wickelt man dich ein, daß du uns möchtest retten von schweren Todesketten.

6. Du weinst in deinen Windelein, auf daß wir ewig lachen; du bist der Größt', und wirst doch klein, uns Alle groß zu machen; o Heiland, o du Gnadenthron! du bist ja Gottes lieber Sohn, du kommst zu uns auf Erden, willst unser Bruder werden.

7. Du bist ein Herr und wirst ein Knecht, uns ewig zu befreien; reich bist du und wirst arm und schlecht, uns Reichthum zu verleihen; du trägst geduldig alles Leid; o gieb, daß ich auch jederzeit, wenn mich die Noth wird plagen, dein Kreuz dir mög' nachtragen.

8. O du barmherzig's Jesulein! gieb, daß ich mich des Armen, wo ich ihm kann behülflich seyn, von Herzen mög' erbarmen; gieb Sanftmuth, gieb Bescheidenheit, gieb christliche Leutseligkeit, laß mich den Nächsten lieben, auch wahre Demuth üben.

9. O, reicher Heiland! schenke mir, was mir kann ewig nützen; o starker Herr! ich hang' an dir, du kannst und willst mich schützen. Wenn alle Menschen ferne stehn, auch wenn mir wird die Seel' ausgehn, willst du den Tod bezwingen; dir will ich ewig singen.

D. Gottfried Wilhelm Sacer.

Stillseyn und Hoffen.

Jacobi 5, v. 7. So seyd nun geduldig, lieben Brüder, bis auf die Zukunft des Herrn. Siehe, ein Ackermann wartet auf die köstliche Frucht der Erde, und ist geduldig darüber, bis er empfange den Morgenregen und Abendregen.

Mel. Nun ruhen alle Wälder.

1331. Mein Herz! gieb dich zufrieden, und bleibe ganz geschieden von Sorge, Furcht und Gram: die Noth, die dich jetzt drücket, hat Gott dir zugeschikket; sey still, wie Jesus, Gottes Lamm.

2. Mit Sorgen und mit Zagen, mit unmuthsvollem Klagen häufst du nur deine Pein; durch Stillseyn und Hoffen wird, was dich jetzt betroffen, erträglich, sanft und lieblich seyn.

3. Kann's doch nicht ewig währen; oft hat Gott unsre Zähren, eh' man's meint, abgewischt; wenn's bei uns hieß: wie lange wird mir so angst und bange! so hat er Leib und Seel' erfrischt.

4. Gott pflegt es so zu machen; nach Weinen schafft er Lachen, nach Regen Sonnen-Schein; nach rauhen Winter-Tagen muß uns der Lenz behagen, Er führt in Höll' und Himmel ein.

5. Indeß ist abgemessen die Last, die uns soll pressen, auf daß wir werden klein. Was aber nicht zu tragen, darf sich nicht an uns wagen, und sollt's auch noch so wenig seyn.

6. Denn es sind Liebes-Schläge, wenn ich es recht erwäge, womit er uns belegt; nicht Schwerter, sondern Ruthen sind's, damit Gott zum Guten die Seinen züchtiget und schlägt.

7. Er will uns dadurch ziehen zu Kindern, die da fliehen das, was ihm nicht behagt, er will das Fleisch nur schwächen, den Eigenwillen brechen, die Lust ertödten, die uns plagt.

8. Er will uns dadurch lehren, wie wir ihn sollen ehren mit Glauben und Geduld; und, sollt' er auch in Nöthen uns lassen gar ertödten, uns doch getrösten seiner Huld.

9. Denn, was will uns auch scheiden von Gott und seinen Freuden, dazu er uns erseh'n? man lebe oder sterbe, so bleibet uns das Erbe des Himmels ewiglich doch steh'n.

10. Ist Christus unser Leben, so muß uns, seinen Reben, der Tod seyn ein Gewinn. Er mag die Leibes-Höhle zerbrechen, doch die Seele schwingt froh sich auf zum Himmel hin.

11. Drum gieb dich ganz zufrieden, mein Herz, und bleib' geschieden von Sorge, Furcht und Gram. Vielleicht wird Gott bald senden, die dich auf ihren Händen hintragen zu dem Bräutigam.

Johann Anastasius Freylinghausen.

Der triumphirende Glaube.

Jesaia 41, v. 14. Fürchte dich nicht, du Würmlein Jakob, ihr armer Haufe Israel! Ich helfe dir, spricht der Herr, und dein Erlöser, der Heilige in Israel.

Mel. Der lieben Sonne Licht und Pracht.

1332. Mein Herz ist dennoch wohlgemuth, es gehe, wie es gehe; bei dir, mein Heil, geht's immer gut, dein Wille, Herr! geschehe. Wohl mir, ich bin dein Knecht, du heilig, gut, gerecht; so leite mich nach deinem Sinn, ich gebe mich dir gänzlich hin.

2. Mein Herz ist dennoch wohlgemuth, die Sünde mag nur schrecken, mich wäscht das theure Jesusblut. Die Gnade soll mich decken. Sie kann und will allein mein Trost und Retter seyn, ich hange mich mit Wärme dran und fasse sie, so gut ich kann.

3. Mein Herz ist dennoch wohlgemuth, bin ich gleich voll Gebrechen, mein Heiland, der's verheißt und thut, braucht nur ein Wort zu sprechen; gleich richte ich mich auf und komme in den Lauf. Dann geht's durch sein Erbarmen fort. Er selber thut's, sein Geist und Wort.

4. Mein Herz ist dennoch wohlgemuth; mag das Gesetz auch fluchen. Mich überschwemmt die Gnadenfluth. Ich will nur Jesum suchen, der spricht vom Fluch mich los, setzt mich auf seinen Schooß; er nimmt mich zärtlich zu sich ein und macht mich mehr als engelrein.

5. Mein Herz ist dennoch wohlgemuth; die Feinde mögen toben, Welt, Sünde und die Höllenbrut, ich bin wohl aufgehoben in Jesu treuer Hand. Was er mir zugewandt, das ist ein Schatz, den Nichts zerfrißt, den raubt mir keine Macht noch List.

6. Mein Herz ist dennoch wohlgemuth, drückt gleich mich Noth und Leiden. G'nug, daß mein Herz in Jesu ruht; was will mich von ihm scheiden, Verfolgung Angst und Noth? der längst besiegte Tod? Nein, Alles gehe, wie es will; ich fliehe nicht, ich halte still.

7. Mein Herz ist dennoch wohlgemuth; soll ich noch heute sterben; getrost, ich sterb' auf Christi Blut und muß den Himmel erben. Mein Freund hilft aus der Noth. Nun tödtet mich kein Tod; wo Christus ist, da komm' ich hin, weil ich wahrhaftig in ihm bin.

Friedrich August Weihe.

Freudiger Muth eines Gläubigen.

1 Joh. 3, v. 21. Ihr Lieben, so uns unser Herz nicht verdammet, so haben wir eine Freudigkeit zu Gott.

Mel. Der lieben Sonne Licht und Pracht.

1333. Mein Herz ist dennoch wohlgemuth und freut sich deiner Gnaden, o Lamm, daß du im Schweiß und Blut die Schuld auf dich geladen. Mein Elend schreckt mich zwar, doch nicht auf immerdar. Denn was mich drückt und niederschlägt, hast du dir selber aufgelegt.

2. Ach, tausendmal verdank' ich's dir, daß du für mich gestorben und ewige Vergebung mir, ja mir, umsonst erworben. Dein Blut bezahlt die Schuld; der Vater hat Geduld. Und da mich Bosheit nicht befleckt, so wird die Schwachheit zugedeckt.

3. So bleib' ich dennoch, wer ich bin, ein Kind der ew'gen Liebe. Denn es regieren meinen Sinn des guten Geistes Triebe. Und weil denn dieser Geist mein Pfand und Siegel heißt, so bleib' ich ohne Furcht dabei, daß ich des Lebens Erbe sey.

4. Ich warte, wenn es finster wird, bis meine Sonne scheinet. Da seh' ich, daß mein guter Hirt es niemals böse meinet. Da weichet Furcht und Noth; das Abba steigt zu Gott. Ich trinke wieder Freudenwein und schau' in Jesu Herz hinein.

5. Wohlan, so will ich nimmermehr verjagten Träumen glauben. Ihr Zweifel, schreckt mich nicht so sehr: ihr sollt mir doch nicht rauben, was Christi Liebesmacht mir einmal zugedacht. Ich sing' in stillem Glaubensmuth: getrost! zuletzt wird Alles gut.

6. Gelobet sey mein Gott und Herr! denn, wenn ich ihm nur traue, wird's alle Tage herrlicher, bis ich ihn droben schaue. Es gehe, wie es kann. Ich kenne meinen Mann, der mich getrost und fröhlich macht auch in der größten Trübsals-Nacht.

7. Die eitle Welt muß traurig seyn, so oft sie sich besinnet. Wer Jesum kennt, der hat allein, was nimmermehr zerrinnet. Ihr, die ihr ihn verehrt und seine Stimme hört, erfreut euch seiner allezeit und jauchzet ihm in Ewigkeit!

Ernst Gottlieb Woltersdorf.

Von der Liebe zum Worte Gottes.

Psalm 119, v. 103. Dein Wort ist meinem Munde süßer, denn Honig.

Mel. Valet will ich dir geben.

1334. Mein Herz ist schon gewöhnet an Jesu süßes Wort, daß es darnach sich sehnet zu aller Zeit und Ort. Das Beste auf der Erden schmeckt an sich selbst mir nicht, es muß erst lieblich werden durch das, was Jesus spricht.

2. Wenn ich vom Schlaf' aufstehe, such' ich dein Wort herfür, und wenn ich schlafen gehe, so nehm' ich's auch mit mir. Mir ekelt am Besuche, der nur die Zeit verkürzt, und auch an einem Buche, das nicht sein Wort gewürzt.

3. Im Trinken und im Essen, im Umgang und allein, bleibt mir es unvergessen, es muß mein Honig seyn; wenn ich was Bitt'res nehme und wenn die Seele krank, versüß' ich es mit deme, daß Jesus Galle trank.

4. Herr! läß'st du mich erkranken, sey dein Wort meine Ruh', aus dem sprich in Gedanken durch deinen Geist mir zu; und unter deinen Worten geh' mir die Seele aus. Wie herrlich süß wird's dorten in deines Vaters Haus!

M. Philipp Friedrich Hiller.

Vertrauen zu Gott und Ergebung in seinen Willen.

Jacobi 1, v. 2. 3. Achtet es eitel Freude, wenn ihr in mancherlei Anfechtungen fallet, und wisset, daß euer Glaube, so er rechtschaffen ist, Geduld wirket.

Mel. Von Gott will ich nicht lassen.

1335. Mein Herz! sey wohl zufrieden, stell' doch dein Trauern ein; was willst du gleich ermüden und so verzaget seyn, wenn dich ein Unglück drückt? Laß dir es doch in Allem mit Freuden wohlgefallen, wie Gott es mit dir schickt.

2. Gott sucht durch Kreuz und Plagen dein Bestes allezeit, du weißt, bei guten Tagen find't sich oft Sicherheit, du wirst voll Sündenlust, hängst an den Eitelkeiten, die dir den Weg bereiten, worauf du fallen mußt.

3. Wenn aber je zuweilen ein Kreuz beschweret dich, pflegst du zu Gott zu eilen, dein Geist ermuntert sich, dein Beten hat mehr Kraft; du lernest Gott vertrauen, geduldig auf ihn bauen, bis Er dir Hülfe schafft.

4. Drum sey doch gutes Muthes, mein Herz! in deiner Noth, weil dadurch so viel Gutes dir thut der fromme Gott! Dem klage deine Pein, vor Ungeduld dich hüte und hoff' auf seine Güte, so wirst du glücklich seyn.

5. Laß deinen Gott nur walten, sey still und murre nicht; sollt' er dich nicht erhalten? er weiß, was dir gebricht, er ist und bleibt getreu und weis' und groß von Thaten; sollt' er dich nicht berathen? Getrost! Gott steht dir bei.

6. Und ob er lang' ausbliebe, so warte mit Geduld, es wartet seine Liebe auch dein mit großer Huld; je länger währt das Leid,

je besser es sich endet; denn, wenn Gott Hülfe sendet, wirst du nur mehr erfreut.

7. Darum sollst du nicht sorgen in langer Noth und Pein, vielleicht kann dir schon morgen nach Wunsch geholfen seyn; Gott ist niemals so nah', als wenn die Noth sich mehret, wenn Menschenrath aufhöret, ist seine Hülfe da.

8. Wer Gott in allen Dingen getrost und gläubig ehrt, dem wird es nie mißlingen, der wird von Gott erhört; denn, wenn er ihn verließ', müßt' ja sein Wort betrügen; allein Gott kann nicht lügen: d'rum hilft er auch gewiß.

9. Nie ist es noch geschehen, daß ein geplagter Christ, wenn er auf Gott gesehen, zu Schanden worden ist; gewiß ist, daß sich Gott nicht unsern Vater nennte, wenn er nicht helfen könnte noch wollte in der Noth.

10. Mein Herz von diesem allen nimm Trost in deiner Noth, hat Kreuz dich überfallen, o darum nicht stracks Tod. Dein Vater kann und will Rath schaffen allen Plagen, willst du's auf ihn nur wagen und ihm nur halten still.

11. Nun Gott, was du beschlossen, daß mir begegnen soll; das trag' ich unverdrossen und bin der Hoffnung voll, du wirst nach deiner Gnad', Geduld und Trost verleihen, zuletzt mich auch erfreuen durch Hülfe, Werk und That.

12. Du wollest mich nur stärken in meiner Blödigkeit, ja, laß mich christlich merken des Kreuzes Nutzbarkeit, und daß desselben Pein, wie sehr sie auch betrübet, doch Jedem, der dich liebet, ersprießlich müsse seyn.

13. Weil ich dich auch soll preisen für Kreuz und Ungemach, dies aber zu erweisen ich, leider! viel zu schwach; so gieb, Herr! daß ich dort, in jenen Himmelsfreuden, für alles Weh' und Leiden dich preise fort und fort.

Christoph Gensch v. Breitenau.

Von Christo, unserm ewigen Hohenpriester.

Ebräer 9, v. 11—15. Christus aber ist gekommen, daß er sey ein Hoherpriester der zukünftigen Güter, durch eine größere und vollkommenere Hütte, die nicht mit der Hand gemacht ist, das ist, die nicht also gebauet ist ꝛc.

Mel. Dir, dir Jehovah! will ich singen.

1336. Mein Hoherpriester jener Güter und Herr! du Herrscher über Gottes Haus; du, unser Pfleger, unser Hüter, ach! schütte deine Gaben reichlich aus, die du für uns als unser Bürg' empfingst, da du ins Heiligste zum Vater gingst.

2. Du hast da die Erlösung funden, die ewig währt und ganz vollkommen ist, so mach', in deinem Blut und Wunden mich rein und frei von Satans Macht und List, daß ich, von allen todten Werken frei, dein treuer Knecht, dein Kind und Erbe sey.

3. Entstand ein äußres, reines Wesen durch jener Thiere schlechtes Opferblut; *) so muß ich ja vielmehr genesen durch deines reinen Blutes rothe Flut. Dein Blut giebt Reinigkeit und Lebenssaft, die dir zu dienen Alles in mir schafft. *) Ebr. 9, v. 13. 14.

4. Wer will an Gnad' und Kraft verzagen, da du den Geist so theu'r mit Blut erwarbst? wer will wohl über Mangel klagen, da du, mein reicher Herr und Heiland! starbst, der mir mit Blut durch heißen Liebestrieb sich selbst im Testament zum Schatz verschrieb.

5. O! da sind Schätze, Güter, Gaben, o! da ist ja für Jeden Kraft genug. O! möcht' ich größern Glauben haben, so folgte wohl auch größre Besserung. O, lebt' ich recht allein von deinem Blut, *) als wie von meinem eignen Hab' und Gut!

*) Joh. 6, v. 54.

6. O ja, mein Element, mein Leben sey unverrückt in deinem Blut allein, darinnen will ich leben, schweben und stets damit vor Gott besprenget seyn, wie dort, nach jener alten Bundesart, das ganze Volk mit Blut besprenget ward.

7. Man mußt' es da auf Alles sprengen, sogar auf Gottes Hausgeräth und Buch; die Schuld will sich in Alles mengen, der Gottesdienst wird selber uns zum Fluch, wenn das, was uns dabei noch stets befleckt, mit deinem Opferblut nicht wird bedeckt.

8. Dein Blut soll Alles drum besprengen; und da du dort für mich vor Gott erscheinst: Laß keine Schuld das Herz beengen, weil du es doch so treulich mit mir meinst, ja immerdar dort meine Sache treibst und wohl nichts selbst aufs Neu' ins Schuldbuch schreibst.

9. Die Sünd' ist einmal *) weggenommen, so muß sie ewig von mir ferne seyn; laß mich stets Fried' und Kraft bekommen, mein Herzog! hilf mir stündlich aus und ein, ich warte auch auf dich zur Seligkeit; o halt' in jeder Stunde mich bereit.

*) Ebräer 9, v. 28.

Karl Heinrich v. Bogatzky.

Freudiges Nahen zum Gnadenthrone Jesu Christi.

Ebräer 10, v. 22. 23. So lasset uns hinzu gehen mit wahrhaftigem Herzen, in völligem Glauben, besprenget in unsern Herzen, und los von dem bösen Gewissen, und gewaschen am Leibe mit reinem Wasser; und lasset uns halten an dem Bekenntniß der Hoffnung, und nicht wanken; denn er ist treu, der sie verheißen hat.

In eigener Melodie.

1337. Mein Jesu, dem die Seraphinen im Glanz der höchsten Majestät selbst mit bedecktem Antlitz dienen, wenn dein Befehl an sie ergeht; wie sollten blöde Fleisches-Augen, die der verhaßten Sünden Nacht mit ihrem Schatten trüb' gemacht, dein helles Licht zu schauen taugen?

2. Doch gönne meinen Glaubensblicken den Eingang in dein Heiligthum, und laß mich deine Gnad' erquicken zu meinem Heil und deinem Ruhm; reich' deinen Scepter meiner Seele, die sich wie Esther vor dir neigt und dir als deine Braut sich zeigt; sprich: ja, du bist's, die ich erwähle.

3. Sey gnädig, Jesu! voller Güte dem Herzen, das nach Gnade lechzt, hör' wie die Zung' in dem Gemüthe: Gott sey mir Armen gnädig! ächzt. Ich weiß, du kannst mich nicht verstoßen, wie könntest du ungnädig seyn mir, den dein Blut von Schuld und Pein erlös't, da es so reich geflossen?

4. Ich fall' in deine Gnaden-Hände und bitte mit dem Glaubens-Kuß, gerechter König! wende, wende die Gnade zu der Herzensbuß'; ich bin gerecht durch deine Wunden, und nichts Verdammlich's ist an mir*); bin aber ich versöhnt mit dir, so bleib' ich auch mit dir verbunden. *) Römer 8, v. 1.

5. Ach, laß mich deine Weisheit leiten, und nimm ihr Licht nicht von mir weg, stell' deine Gnade mir zur Seiten, daß ich auf dir beliebtem Steg beständig bis an's Ende wandle, damit ich auch zu dieser Zeit in Lieb' und Herzens-Freudigkeit nach deinem Wort' und Willen hand'le.

6. Reich' mir die Waffen aus der Höhe*) und stärke mich durch deine Macht, daß ich im Glauben sieg' und stehe, wenn Stärk' und List der Feinde wacht; so wird dein Gnadenreich auf Erden, das uns zu deiner Ehre führt und endlich gar mit Kronen ziert, auch in mir ausgebreitet werden.

*) Epheser 6, v. 10.—17.

7. Ja, ja, mein Herz will dich umfassen; erwähl' es, Herr! zu deinem Thron; hast du aus Lieb' ehmals verlassen des Himmels Pracht und deine Kron', so würd'ge auch mein Herz, o Leben! und laß es deinen Himmel seyn, bis du, wenn dieser Bau fällt ein, mich wirst in deinen Himmel heben.

8. Ich steig' hinauf zu dir im Glauben, steig' du in Lieb' herab zu mir; laß mir Nichts diese Freude rauben, erfülle mich nur ganz mit dir. Ich will dich fürchten, lieben, ehren, so lang' in mir das Herz sich regt, und wenn dasselb' auch nicht mehr schlägt, so soll doch noch die Liebe währen.

Wolfgang Christoph Deßler.

Von der Liebe zu Jesu.

Johannis 21, v. 17. Herr, du weißest alle Dinge; du weißest, daß ich dich lieb habe.

Mel. Was Gott thut, das ist wohlgethan.

1338. Mein Jesu, der du Alles weißt, du weißt, daß ich dich liebe, und daß mein dir ergebner Geist empfindlich sich betrübe, wenn Herz und Hand nicht so bewandt, daß ich dich könne lieben, wie mir ist vorgeschrieben.

2. Du fragest wohl: „hast du mich lieb?" ich muß es auch bekennen und diesen allgemeinen Trieb mein ander Leben nennen; allein wie schwach folg' ich dir nach! ich bin in meinen Tritten oft gar zu sehr geglitten.

3. Du forschest ferner nach bei mir, ob ich dich lieber habe, als andre Menschen neben mir, da du mir manche Gabe vor ihnen giebst, und mich so liebst, daß du vor Andern allen mir solltest wohlgefallen.

4. Ach! zünde mich doch selbsten an, du allerreinste Liebe! damit ich g'nug dich lieben kann aus einem solchen Triebe, der ewig brennt und das nicht kennt, was fremdes Feuer heißet und nur von Außen gleißet.

5. Du gehst voran, o laß mich doch in deinen Wegen bleiben, leg' immer auf des Kreuzes Joch, die Liebe soll mich treiben, auch in der Pein dir treu zu seyn, und sollt' ich's auch erweisen, dich durch den Tod zu preisen.

6. Es lebet Niemand, der nicht stirbt; nur deine süße Liebe macht, daß man sterbend nicht verdirbt; vor diesem starken Triebe weicht selbst der Tod und alle Noth, dein Jünger kann nicht sterben*), er muß das Leben erben.

*) Joh. 12, v. 25. Cap. 21, v. 22. 23.

7. Und wenn ich dich auch endlich hier nicht g'nug vermag zu lieben, so bleibet doch im Himmel mir die Sättigung verschrieben.

Ich weiß es schon, vor deinem Thron wird sonsten nichts getrieben, als Loben, Danken, Lieben.

Benjamin Schmolck.

Der Blick in jene Herrlichkeit versüßt uns den Tod.

1 Corinther 13, v. 12. Wir sehen jetzt durch einen Spiegel in einem dunkeln Wort; dann aber von Angesicht zu Angesicht. Jetzt erkenne ich's stückweise; dann aber werde ich's erkennen, gleichwie ich erkannt bin.

Mel. Die Tugend wird durch's Kreuz geübet.

1339. Mein Jesu, der du mir durch Leiden ein Erbtheil in dem Licht verschafft, gieb durch den Vorschmack jener Freuden mir zu dem Kämpfen Muth und Kraft. Erleuchte meine Glaubensaugen, daß sie schon in der Sterblichkeit in etwas das zu sehen taugen, was dein Verdienst mir dort bereit't.

2. Ermuntre mich durch jene Krone, die du mir dorten beigelegt: damit ich meiner ja nicht schone, so oft das Sündenfleisch sich regt. Sucht mich der Schein der Welt zu blenden: ach, so erinnre mich daran, daß ich in deinen treuen Händen was ungleich Größer's finden kann.

3. Zeig' mir beständig in der Höhe, wenn ich in meinem Pilgerstand hier weinend durch die Wüste gehe, mein Salem und gelobtes Land, und lehre mich, wie alles Leiden, das mich hier beuget und beschwert, der überwichtig vollen Freuden in jener Herrlichkeit nicht werth.

4. Wenn ich dem Ziel einst näher rücke, das meiner Hoffnung Sehnsucht stillt; so schärfe doppelt meine Blicke und zeige mir dein Marterbild. Laß mich in meinen letzten Stunden erblicken, wie dein Haupt sich neigt: so wird mir in den offnen Wunden das offne Paradies gezeigt.

5. Hier seh' ich dich in einem Spiegel, hier giebt dein Wort mir sattsam Licht. Dort (davon ist dein Geist das Siegel), dort seh' ich dich von Angesicht. Dort find' ich bei den Engel-Chören den ewig frohen Aufenthalt; dort kann kein Leid die Wonne stören: ach komm, Herr Jesu! komm nur bald.

Andreas Rehberger.

Vorsätze eines Gläubigen bei der Betrachtung der Leiden Jesu.

1 Petri 4, v. 14. Selig seyd ihr, wenn ihr geschmähet werdet über dem Namen Christi; denn der Geist, der ein Geist der Herrlichkeit und Gottes ist, ruhet auf euch.

Mel. Nun sich der Tag geendet hat.

1340. Mein Jesu, Heiland, mildes Herz! in deiner Leidenspein, in deinem Leibs- und Seelenschmerz sollst du mein Jesus seyn.

2. Ich nahe mich zu deinem Kreuz und schau' es gläubig an, weil du hier für uns allerseits gebüßt und g'nug gethan.

3. Ach nimm mich, treuer Seelenfreund! in die Gemeinschaft ein; dein Leiden war so gut gemeint, es soll auch meines seyn.

4. Zwar du allein, du Schmerzensmann! bist's, der die Kelter trat;*) kein Mensch, kein reiner Engel kann betreten diesen Pfad.

*) Jesaia 63, v. 3

5. Doch schenkst du uns die Leidenskraft und dein erworb'nes Gut. Du giebst, was Heil und Leben schafft, durch dein vergoßnes Blut.

6. Soll denn mein Herz nicht dir zum Ruhm ein Theil der Noth ausstehn? soll ich im wahren Christenthum mit dir nicht leidend gehn?

7. Ja, höchster Schatz! ich geh' als Christ in's Leiden willig hin; was Fleisch und Blut zuwider ist, das werde mein Gewinn.

8. Mein alter Mensch soll, Herr! hinfort mit dir gekreuzigt stehn; ich will den rauhen Kreuzesweg mit dir, mein Jesu! gehn.

9. So überwind' ich Fleisch und Blut, so nimmt die Sünde ab, wenn man dem Adam wehe thut und kränkt ihn bis in's Grab.

10. Ich mache mich insonderheit, o Jesu! mehr und mehr zu leiden fertig und bereit für deines Namens Ehr'.

11. Ach, sollt' ich, dein erlös'tes Glied, für dich, mein höchstes Haupt! viel auszustehn nicht seyn bemüht? Der thut's, wer an dich glaubt.

12. Ich glaube, hilf der Schwachheit auf und schenke Freudigkeit, daß ich im ganzen Lebenslauf nicht scheue Schmach und Leid.

13. Nimm, Jesu! mich, den du geliebt, in die Gemeinschaft ein, die dein hochtheures Leiden giebt; laß mich stets um dich seyn!

D. Valentin Ernst Löscher.

Vom heiligen Abendmahl.

Apost. Geschichte 2, v. 42. Sie blieben aber beständig in der Apostel Lehre, und in der Gemeinschaft und im Brotbrechen.

In eigener Melodie.

Und: Erquicke mich, du Heil der Sünder.

1341. Mein Jesu, hier sind deine Brüder, die Liebe aneinander hält, sie haben sich, als deine Glieder, das Brot zu brechen, eingestellt und wollen dein Gedächtniß preisen, wie du im Nachtmahl hast geheißen.

2. Und darum rufen wir zusammen, erweck' in uns den rechten Trieb, daß wir durch deines Geistes Flammen, im Glauben, Hoffen, Furcht und Lieb' und in Gewißheit vor dir stehen, und dieses hohe Werk begehen.

3. Wir sprechen das, was du gesprochen, wir brechen ungesäuert Brot, gleichwie du deinen Leib gebrochen, und denken, Herr! an deinen Tod; so laß uns denn für uns're Sünden desselben Kraft in uns empfinden.

4. Denn unser Geist will diese Stunde mit Leib und Blut gespeiset seyn: drum nehmen wir mit unserm Munde sowohl gesegnet Brot als Wein, damit wir es zum Pfande haben und unsern schwachen Glauben laben.

5. Und weil wir deinen Leib genießen, weil uns dein Blut Genesung giebt, so können wir gewißlich schließen, daß jeder, der von uns dich liebt, an dir und deinem werthen Leibe in Ewigkeit vereinigt bleibe.

6. Wie wir von Einem Brote essen, und Eins mit deinem Leibe sind, so laß uns nimmermehr vergessen, was uns jetzt unter uns verbind't, daß wir uns inniglich vereinen, daß wir Ein Leib in Lieb' erscheinen.

7. Ja! liebster Jesu, weil wir leben, so sind und leben wir in dir, weil wir uns einmal dir ergeben und mit so herzlicher Begier die Gaben, welche von dir fließen, mit deinem Leib und Blut genießen.

8. Wir können dich auch recht bekennen durch dieses theure Liebesmahl vor denen, die sich nach dir nennen, daß wir in deiner Brüder Zahl und deine rechten Jünger bleiben, wenn wir uns mit einander lieben.

9. Wir können uns desgleichen freuen, daß du, o großer Liebesfürst! mit uns das Abendmahl erneuen, in deinem Reich' es halten wirst; denn du kannst uns bei diesen Werken mit Glauben, Lieb' und Hoffnung stärken.

Von der Freudigkeit des Glaubens.

Ebräer 4, v. 16. Lasset uns hinzu treten mit Freudigkeit zu dem Gnadenstuhl, auf daß wir Barmherzigkeit empfangen und Gnade finden, auf die Zeit, wenn uns Hülfe noth seyn wird.

Mel. O Gott, du frommer Gott.

1342. Mein Jesu! komm mit mir zu mein- und deinem Vater; versöhne mich mit ihm, sey Helfer und Berather; ich halte mich an dich, auf dich ich einig seh', weil ich schon weiß, wie ich mit dir, mein Jesu! steh'.

2. Mein Vater, sieh', ich komm' in meinen Sündenschmerzen und greif' mit gläub'ger Hand nach deinem Vaterherzen, das ist erbarmungsvoll; ich weiß, auf meine Buß' durch Jesu Blut dein Herz unfehlbar brechen muß.

3. Es kann nicht anders seyn, dein Kind hat dich versühnet mit dem, was es für mich gelitten und verdienet; du siehest seine Angst, Schweiß, Tod und Seitenstich und hörest, wie noch schreit das Jesusblut für mich.

4. Ach Vater, laß mich doch um Jesu willen leben; du hast ja selber ihn zum Lösegeld mir gegeben; ich stelle ihn für mich; schau' diesen Schmerzensmann in seiner Heiligkeit für mich, den Sünder, an.

5. Er ist mein Eigenthum, es sind, um mich zu laben, ihm seine Händ' und Füß', sein Herz und Seit' durchgegraben; sein Leiden das ist mein, und sein Blut, Tod und Pein; es ist, Gott Lob und Dank! der ganze Jesus mein.

6. Er hat beständig mich bis in den Tod geliebet, liebt mich noch, und zum Pfand sein'n Leib und Blut mir giebet; er liebet immerdar und bittet stets für mich; es ist schon ausgemacht: du mußt erbarmen dich.

7. An deiner Vaters-Gnad' und Jesu Blut ich hange; ich weiß, daß ich erlös't Vergebung nun erlange; ich warte nur auf Gnad'; ach, Herr, verleih' sie mir; dein Blut ergreife ich; gieb Gnade für und für.

Jesus, mein Alles.

Colosser 1, v. 17. Jesus ist vor Allen, und es bestehet Alles in ihm.

Mel. Christus, der ist mein Leben.

1343. Mein Jesus ist mein Leben, mein Theil und mein Gewinn; drum will ich ihn erheben, weil ich im Leben bin.

2. Er ist die höchste Gabe, die mir mein Abba giebt, und wenn ich ihn nur habe, so bin ich unbetrübt.

3. Wenn er in meiner Seelen mit Gnaden wohnt und ruht, so kann mir's niemals fehlen an irgend einem Gut.

4. Er heilet meine Wunden mit seinem Oel und Wein, und macht von allen Sünden in seinem Blut mich rein.

5. Er ist mein Trank und Speise, mein

Licht in Dunkelheit, mein Leitsmann auf der Reise, mein Sieg in Krieg und Streit.

6. Mein König und mein Hirte, mein Priester und Altar, mein Opfer, meine Zierde; er ist mein Alles gar.

7. Was ich nur kann verlangen, hab' ich in ihm allein gefunden und empfangen; drum kann ich fröhlich seyn.

Wie sich ein gläubiger Christ des sterbenden Jesu letzte Worte zu Nutze macht.

Römer 14, v. 8. Wir leben oder wir sterben, so sind wir des Herrn.

Mel. Herzliebster Jesu, was hast du verbrochen?

1344. Mein Jesus kommt, mein Sterben ist vorhanden, ich werde frei von dieses Lebens Banden, wie soll ich aber wohl und selig sterben, dein Reich ererben?

2. Wie du, mein Jesu! bist am Kreuz gestorben und hast dadurch das Leben uns erworben, so laß auf deinen Tod mich auch abscheiden zu deinen Freuden.

3. Und was du noch zuletzt hast ausgesprochen und deines Vaters Herz damit gebrochen, das will ich dir, indem die Augen brechen, getrost nachsprechen.

4. Vergieb, o Vater! Denen, die mich hassen, die wider mich Neid, Eifer ausgelassen, vergieb doch, weil die Feinde nicht verstehen, was sie begehen.

5. Vergieb auch mir, o Vater! alle Sünde und was ich jetzt noch Böses in mir finde, ich bin vom Fleisch und Blut oft übereilet, von dir getheilet.

6. Ich habe Herz und Seele, Leib und Leben in meinem Testament dir übergeben, du wirst die Meinen heute und auch morgen hier wohl versorgen.

7. Ich übergebe sie, Herr! deinen Händen, du wirst von ihnen Sünd' und Schande wenden; du wirst, o Vater! diesen meinen Willen aus Gnad' erfüllen.

8. Drauf wende ich mein Herz von dieser Erden, dein Paradies soll mir zu eigen werden, in's schöne Paradies, da werd' ich heute eingehn zur Freude.

9. Ach, Jesu! zeige mir jetzt deine Güte, gieb ein zum Himmel dringendes Gemüthe, daß ich ergreife dort zum Gnadenlohne die schöne Krone.

10. Zwar Höll' und Teufel fangen an zu quälen und streben mir nach meiner armen Seelen, weil ich dein Wort in dieser Sünden-Hütten hab' überschritten.

11. Ich aber will die Seufzer tiefer fassen: mein Gott! mein Gott! du wirst mich nicht verlassen, dieweil du selbst von Gott verlassen gingest und mich umfingest.

12. Mein Herze dürstet nach dir und ich ächze, ich seufze nach dem Himmel, ach! ich lechze nach dir, nach dir, mit großem Durst, ich Armer, du mein Erbarmer!

13. Ach! laß mich nicht in meiner Noth versinken, laß mich die Kraft aus deinen Wunden trinken, ich dürste wie ein Hirsch, laß dich erblicken, mich zu erquicken.

14. Jetzt kommt der Trost, mein Herz hat sich gelabet; O Jesu! mit dein'm Blut bin ich begabet. Es ist vollbracht, was übrig ist gewesen; ich bin genesen.

15. Nun ist vollbracht mein Leiden, Kreuz und Jammer; mein schwacher Leib schläft sanft in seiner Kammer und wartet nur, bis Jesus diese Glieder mir giebet wieder.

16. Ich gebe dir den Geist in deine Hände, o Jesu! gieb du mir ein sel'ges Ende; ich bleibe dein, ich sterb' in deinem Namen; sprich Jesu: Amen. M. Michael Hunold.

Osterlied.

Lucä 24, v. 5. 6. Was sucht ihr den Lebendigen bei den Todten? Er ist nicht hier; er ist auferstanden.

Mel. Wer nur den lieben Gott läßt walten.

1345. Mein Jesus lebt! was soll ich sterben? hier steht mein Haupt und triumphirt, so muß ich ja das Leben erben, weil Noth und Tod die Macht verliert; kein Trauerbild erschreckt mich mehr; mein Jesus lebt, das Grab ist leer!

2. Mein Jesus siegt, drum liegt zu Füßen, was mir das Leben rauben kann; der Tod wird völlig weichen müssen, mir wird der Satan unterthan, der Höllen Abgrund selber bebt, denn überall schallt's: Jesus lebt!

3. Mein Jesus lebt, das Grab ist offen, so geh' ich freudig in die Gruft, hier kann ich auch im Tode hoffen, daß mich sein Wort in's Leben ruft; wie süße schallt die Stimme hier: „Ich leb' und ihr lebt auch in mir.“*)

*) Joh. 14, v. 19.

4. Mein Jesus also bleibt mein Leben, er lebt in meinem Herzen hier; und soll ich hier mein Leben geben, kommt mir der Tod nicht schrecklich für, weil er mich in den Himmel hebt, so wahr als Jesus ist und lebt.

Benjamin Schmolck.

Jesus nimmt die Sünder an.

Hesekiel 34, v. 16. Ich will das Verlorne wieder suchen, und das Verirrte wieder bringen, und das Verwundete verbinden, und des Schwachen warten.

Mel. Nun sich der Tag geendet hat.

1346. Mein Jesus nimmt die Sünder an, die Sünder allerseits; die Sünder auf der breiten Bahn, den Schächer noch am Kreuz.

2. So lang' es nur noch heißet: Heut'! so lang' nimmt Jesus an. Auch mich, ja mich insonderheit, mich nimmt er heut' noch an.

3. Er suchet das verlorne Schaaf mit Sorgfalt überall, daß es nicht in den Todesschlaf der Sünden ewig fall'.

4. Er find't und nimmt es auf sogleich, trägt's auf den Achseln heim, spricht zu den Engeln: Freuet euch! mein Schäflein trag' ich heim.

5. Der Himmel freuet sich und lacht, es jauchzt der Engel Schaar, so oft ein Schäflein heimgebracht, so jauchzt der Engel Schaar. Christoph Karl Ludwig v. Pfeil.

Von der Nachfolge Jesu Christi.

Johannis 13, v. 37. Herr, warum kann ich dir diesmal nicht folgen? Ich will mein Leben für dich lassen.

Mel. O Gott, du frommer Gott.

1347. Mein Jesus rufet mich und heißt mich mit ihm ziehen, durch Arbeit und durch Kreuz mich mit ihm zu bemühen; ach ja! ich ziehe mit; mein Jesu! geh' voran, daß ich durch deine Kraft dir freudig folgen kann.

2. Mein Jesus ziehet hin, zu leiden und zu sterben, und mir durch seinen Tod das Leben zu erwerben; wohlan, ich sterbe mit auf dein Verdienst und Tod; ach Jesu! hilf du mir aus meiner letzten Noth.

3. Auf, auf! ihr Christen, auf! laßt uns gesammt mitziehen; der Herr geht uns voran, was wollen wir denn fliehen? er lebt, stirbt; folget nach, weicht nicht von seinem Tritt! wo er bleibt, bleibet auch, ja lebt und sterbet mit. M. Joh. Christoph Schwedler.

Die beiden Wege.

Matthäi 7, v. 13. 14. Gehet ein durch die enge Pforte; denn die Pforte ist weit, und der Weg ist breit, der zur Verdammniß abführet; und ihrer sind viel, die darauf wandeln. Und die Pforte ist enge, und der Weg ist schmal, der zum Leben führet; und wenig ist ihrer, die ihn finden.

Mel. Brich an, du schönes Tageslicht!

1348. Mein Jesus spricht: der Weg ist schmal, der uns in jenes Leben führet, und deren wenig an der Zahl, die man auf solchem Pfade spüret; laß mich, mein Gott! bei denen steh'n, die mit der kleinen Heerde geh'n.

2. Mein Jesus macht mir offenbar, die Lebens-Pforte sey sehr enge; so reiche mir nun Kräfte dar, daß ich mich bücke, schmieg' und dränge, und mache mich von Sünden frei, damit der Eingang leichte sey.

3. Sagt Jesu Mund: der Weg ist breit, der Viele zur Verdammniß leitet, und zeigt er mir die Pforte weit, durch die man in die Hölle schreitet; ach! so bewahre meinen Fuß, daß er den Abgrund scheuen muß.

4. Sieht Jesu Auge ihrer Viel' auf diesem breiten Wege gehen, so lasse mich ein ander Ziel in meinem Wandel vor mir sehen. Mein Jesus sey mir Pfort' und Bahn, daß ich den Himmel finden kann.

5. Die Menge mag zur Hölle geh'n, erhalt' mich bei dem kleinen Haufen, so darf ich nicht in Sorgen steh'n, wenn Andre zum Verderben laufen; es führt der schmale Weg mich hin, wo ich in Zions Thoren bin.

Benjamin Schmolck.

Von der Liebe zu Jesu.

Hiob 22, v. 26. 27. Dann wirst du deine Lust haben an dem Allmächtigen, und dein Antlitz zu Gott aufheben. So wirst du ihn bitten, und er wird dich hören; und wirst deine Gelübde bezahlen.

Mel. Wie schön leucht't uns der Morgenstern.

1349. Mein Jesu! süße Seelenlust! mir ist Nichts außer dir bewußt, wenn du mein Herz erquickest; dieweil du so holdselig bist, daß man auch seiner selbst vergißt, wenn du uns Gnade schickest; daß ich herzlich aus dem Triebe deiner Liebe von der Erde ganz zu dir gezogen werde.

2. Was hatt' ich doch für Trost und Licht, als ich dein treues Angesicht, mein Jesu! noch nicht kannte! wie blind und thöricht ging ich hin, da mein verkehrter Fleisches-Sinn von Weltbegierden brannte! bis mir von dir Licht und Leben ward gegeben, dich zu kennen, herzlich gegen dich zu brennen.

3. Die arme Welt hat zwar den Schein, als wär' ihr schlechtes Fröhlichseyn ein herrliches Vergnügen; allein wie eilend geht's vorbei! da sieht man, daß es Blendwerk sey, wodurch wir uns betrügen. Drum muß Jesus mit den Schätzen mich ergötzen, die bestehen, wenn die Weltlust muß vergehen.

4. Wer

4. Wer Jesum fest im Glauben hält, der hat die Kraft der andern Welt hier allbereit zu schmecken. Pflegt Jesus gleich zu mancher Zeit bei großer Herzenstraurigkeit sein Antlitz zu verdecken, ist doch sein Joch sanft und feiner, als wenn Einer auf dem Bette dieser Welt zu schlafen hätte.

5. So weiß ich auch aus deinem Wort, daß du dich, liebster Seelenhort! nicht ewiglich verhüllest; du thust vor mir die Augen zu, auf daß mit desto größ'rer Ruh' du mich hernach erfüllest, wenn ich treulich als ein Rebe an dir klebe auch im Leide, nicht nur in der süßen Freude.

6. Deshalben soll mich keine Noth, mein Jesu! wär' es auch der Tod, von deinem Dienst abschrecken. Ich weiß, daß mich dein Herze liebt: darum so geh' ich unbetrübt mit dir durch Dorn'n und Hecken. Plage, schlage; ich bin stille, ist's dein Wille mich zu kränken, du wirst meiner doch gedenken.

7. Und sollt' ich auch, mein Hort! in dir mein süßes Manna nicht allhier in dieser Zeit empfinden; so will ich doch zufrieden seyn und werde deinen Gnadenschein in jenem Leben finden, da man stets kann, sich zu laben, Jesum haben, stets erblicken und ihn in die Arme drücken.

8. Allein, du holder Menschen-Sohn! ich kenne deine Liebe schon, wenn uns die Dornen stechen: dein Herz, das mich in Trauern setzt und sich verschließt, muß doch zuletzt vor lauter Liebe brechen; drum füllt und quillt in mein Herze nach dem Schmerze deine Süße,*) die ich noch allhier genieße.

*) Süßigkeit.

9. Du salbest mich mit Freuden-Oel, so daß sich öfters Leib und Seel' recht inniglich erfreuen; ich weiß wohl, daß du mich betrübst, ich weiß auch, was du Denen giebst, die sich davor nicht scheuen. Drum gieb den Trieb, unabwendig und beständig treu zu bleiben und recht fest an dich zu gläuben.

10. Der Glaub' ist eine starke Hand und hält dich, als ein festes Band; ach, stärke meinen Glauben! Im Glauben kann dich Niemand mir, im Glauben kann mich Niemand dir, o starker Jesu! rauben; weil ich fröhlich Welt und Drachen kann verlachen und die Sünden durch den Glauben überwinden.

D. Johann Christian Lange.

Wie Gott will, ist mein Ziel.

Marci 14, v. 36. Nicht was Ich will, sondern was Du willst.

Mel. O Gott, du frommer Gott.

1350. Mein Jesu! wie du willt, so laß mich all'zeit wollen; wenn Trübsal, Angst und Leid mich hier betreffen sollen, so gieb, daß allezeit dein Wille werd' erfüllt, ich leb' und sterbe dir; mein Jesu, wie du willt!

2. Mein Jesu, wie du willt! soll mich Verfolgung plagen, so lasse nur mein Herz im Glauben nicht verzagen; es geh' mir, wie es geh', wenn nur dein Wort noch gilt, so leid' ich alle Noth; mein Jesu, wie du willt!

3. Mein Jesu, wie du willt! soll ich in Armuth leben, so mach' hingegen du die Seele reich, daneben gieb, daß dein Wort mir nur den Hunger all'zeit stillt, und nimm sonst Alles hin; mein Jesu, wie du willt!

4. Mein Jesu, wie du willt! soll ich auf Dornen gehen, so laß mir hier und da auch eine Rose stehen; war doch dein Weg hier auch mit Dornen angefüllt; drum führ' mich immerhin, mein Jesu! wie du willt.

5. Mein Jesu, wie du willt! soll ich in Thränen schwimmen, so laß mein Fünklein Trost nicht ganz und gar verglimmen. Hast du doch selbst geweint; drum, wenn's nicht anders gilt, so wein' ich auch mit dir. Mein Jesu, wie du willt!

6. Mein Jesu, wie du willt! soll ich verspottet werden, es geht den Frommen ja nicht anders auf der Erden; drum wenn mich auch die Welt als einen Frömler schilt, so hör' ich's willig an: mein Jesu, wie du willt!

7. Mein Jesu, wie du willt! will mich ein Jeder neiden, so laß mich als dein Kind nur fein geduldig leiden; hast du doch manche Noth bei mir bisher gestillt; drum lege ferner auf: mein Jesu, wie du willt.

8. Mein Jesu, wie du willt! nimmt mir der Tod die Meinen, so laß mich, als ein Christ, mit Maaßen sie beweinen: sie sind ja, Herr, bei dir mit Freuden angefüllt, drum hole mich nur nach! mein Jesu, wie du willt!

9. Mein Jesu, wie du willt! willst du mit Krankheit schlagen, so laß auch dieses Kreuz mich ganz geduldig tragen, du bist mein bester Arzt, der alle Schmerzen stillt,

dein bin ich frisch und krank; mein Jesu, wie du willt!

10. Mein Jesu, wie du willt! soll ich auch endlich sterben, ich weiß, du läßt mich auch im Sterben nicht verderben, wenn meine Seele sich in deine Wunden hüllt; drum, soll's gestorben seyn, mein Jesu! wie du willt!

11. Mein Jesu, wie du willt, so bin ich auch zufrieden; hast du mir Lieb' und Leid, Noth oder Tod beschieden, so nehm' ich's auf dein Wort, dein Wille werd' erfüllt; drum sag' ich noch einmal: mein Jesu, wie du willt!

Benjamin Schmolck.

Vom wahren und falschen Christenthum.

1 Johannis 4, v. 1—3. Ihr Lieben, glaubet nicht einem jeglichen Geist, sondern prüfet die Geister, ob sie von Gott sind, denn es sind viele falsche Propheten ausgegangen in die Welt. rc.

Mel. Versöhnter Vater, der du bist ein Brunn.

1351. Mein! ist des wahren Glaubens Sprach'; der falsche aber spricht's nur nach, drum mag ein Jeder wohl zusehen, daß er sich nicht mög' hintergehen, daß es nicht Schein, nicht Heuchelei, vielmehr Geist, Kraft und Wahrheit sey.

2. So lang' ich: mein Gott! sagen kann; so komme, was da woll', heran; denn hab' ich Gott auf meiner Seiten, kann ich getrost und freudig streiten. Am Ende siegt doch all'zeit Gott; der stärkste Feind wird da zu Spott.

3. Noch weiter geht's, wenn Gottes Geist mich selbst: mein Vater! sagen heißt. Kein Menschen-Sinn ist je zu finden, der diesen Abgrund könnt' ergründen: ein Gottes-Kind jetzt in der Zeit; ein Gottes-Erb' in Ewigkeit!

4. So auch, wenn meine Schuld mich drückt, wie werd' ich durch und durch erquickt, wenn ich zu Gottes Sohn darf sagen: mein Lamm! du hast sie ja getragen und abgethan; sie ist nun dein, und deine Heiligkeit ist mein.

5. Noch größer aber wird die Freud' und überwindet alles Leid, wenn's heißt: mein Haupt! und meine Brüder! Du bist das Haupt, wir sind die Glieder und machen Einen Leib mit dir; da nähm' ich nicht die Welt dafür.

6. Wer weiß, daß er bekehret ist, daß er drauf hat durch Jesum Christ Vergebung seiner Sünd' bekommen, und sey zu Gnaden angenommen: dem drückt der Geist ein Siegel drauf, schickt er ein: Mein! gen Himmel auf.

7. Wo aber Jenes sich nicht find't und man ist nach der Welt gesinnt; so ist's nur nachgeschwatzt und Lügen, womit sich jetzo Viel' betrügen; dort aber wird es heißen: nein! der Fluch, der Zorn, die Höll' ist mein.

Johann Jakob v. Moser.

Adventslied.

Römer 9, v. 5. Christus kommt her aus den Vätern nach dem Fleisch, der da ist Gott über Alles, gelobet in Ewigkeit! Amen.

Mel. Nun lob' mein' Seel' den Herren.

1352. Mein König! den die Liebe herab zu mir in's Elend zieht; mit wundervollem Triebe bist du stets um mein Heil bemüht. Du willst nicht, daß ich sterbe, dich jammert meine Noth; damit ich nicht verderbe, erwählst du Schmach und Tod, verläßt des Himmels Freuden, nimmst an dich Fleisch und Blut, nur um recht viel zu leiden der Welt und mir zu gut.

2. O segensvolle Zeiten, wo ich mich dran erinnern kann. Du kommst! mit tausend Freuden stimm' ich mein Hosianna an! dir sing' ich meine Psalmen; mit frohem Geist und Sinn streu' ich dir auch die Palmen des Glaubens freudig hin. Herr! höre nur mein Lallen, du wollst es nicht verschmäh'n. Eil', laß es dir gefallen, mich gnädig anzuseh'n!

3. Erhab'ner Ehren-König! komm, zieh' in meinem Herzen ein. Die ganze Welt, wie wenig wird sie in meinen Augen seyn, wenn du mit deinem Segen, mein Helfer, zu mir eilst; von deiner Liebe wegen mir Rath und Trost ertheilst; wenn die erfreute Seele in deiner Liebe ruht, und du, den ich erwähle, stärkst mir dazu den Muth!

4. Ganz sey es dir ergeben, dies Herz, das stets nach dir sich sehnt. Für dich nur soll es leben; und immer mehr der Welt entwöhnt, sey dies nur sein Vergnügen, recht still, o Seelenfreund, in deinem Schooß zu liegen und, fest mit dir vereint, im Glauben nie zu wanken. Auch, wenn dies Herz einst bricht, halt' ich dich in Gedanken und lass' dich ewig nicht.

5. Wohl mir! du kommst gegangen. Sieh' her, ich öff'ne Thor und Thür. Mit brünstigem Verlangen erwartet dich mein Geist allhier. Es wallt dir schon entgegen die Seele, die dich liebt, und die in deinen Wegen sich gern und kindlich übt. Vor dir

werf' ich mich nieder und bete gläubig an, weil ich durch dich nun wieder voll Freuden jauchzen kann.

6. O wenn ich dich nur habe, Immanuel! was fehlt mir dann? dann acht' ich keine Gabe, die Erd' und Himmel geben kann. Dann bin ich hoch erhoben, zugleich geehrt und reich, Kind Gottes hier und droben, den reinen Engeln gleich. Dann ist des Himmels Wonne und jene Krone mein. Ein Strahl von dieser Sonne verdunkelt jeden Schein.

7. Hilf, Herr! laß wohlgelingen. Hilf, Helfer! meiner Schwachheit auf. Gieb Wollen und Vollbringen, und förd're selbsten meinen Lauf: daß ich nur dir gefalle, o meiner Seele Glück! und kindlich vor dir walle in jedem Augenblick, daß ich dir unterthänig und stets gehorsam sey. Ja, Herr, mein Gott, mein König! dir schwör' ich ew'ge Treu'.

8. Wenn du dereinst erscheinest, umgeben mit der Engel-Schaar, und dann dein Volk vereinest, das dir schon hier ergeben war; dann blick' ich voller Freuden auf dich, mein König, hin, mich kann nichts von dir scheiden, weil ich der (die) Deine bin. Nichts ist, das mich erschrecket, weil dein Verdienst mich schützt: der Herr ist's, der mich decket, der auf den Wolken sitzt!

Fräulein M. E. v. Silberrad.

Gelassenheit im Kreuz.

Ebräer 12, v. 6. Welchen der Herr lieb hat, den züchtiget er; er stäupet aber einen jeglichen Sohn, den er aufnimmt.

Mel. Wer nur den lieben Gott läßt walten.

1353. Mein Kreuze liegt auf Jesu Rücken; ach, soll mir das nicht tröstlich seyn? so wird es mich nicht ganz erdrücken; er theilet es so weislich ein, daß er die größte Hälfte trägt, und auf mich nur die kleinste legt.

2. Mein Kreuze kommt aus seinen Händen, weil er es selbst bereitet hat: ein Freund wird mir nichts Böses senden, der mir sein Herz gewidmet hat; aus diesem Brunnen quillet mir nur lauter Seligkeit herfür.

3. Er hat mein Kreuze längst geschmecket und weiß, wie mir's ums Herze ist; er hat ihm auch das Ziel gestecket, daß es nicht weiter um sich frißt; und wenn er Wunden zugefügt, der Balsam auch daneben liegt.

4. Mein Kreuz ist auch das rechte Zeichen, das ich als Jesu Jünger führ'; ist das nicht Ehre, Christo gleichen? der Welt ist's Schmach, mir eine Zier; mir stimmen alle Christen bei, daß es der Gläub'gen Zeichen sey.

5. Was Gottes Sohn nicht hat verschmähet, das wird mir keine Schande seyn; er hat die Dornen selbst gesäet, davon ernt' ich die Rosen ein; er trank den Gallentrank zuvor, daß er die Bitterkeit verlor.

6. Der Hirte zeichnet bei der Heerde die Schäflein, die er zärtlich liebt; wenn ich nun auch gezeichnet werde, indem er mir sein Kreuze giebt, so bild' ich mir gewißlich ein, ich muß von ihm geliebet seyn.

7. Die größten Heiligen auf Erden hat er mit Leiden groß gemacht; sie wuchsen unter den Beschwerden und wurden Palmen gleich geacht't, die unter keiner Last vergehn und auch gedrückt im Flore stehn.

8. Das Kreuz ist von dem Lebensbaume, die Frucht wird mir nicht bitter seyn; ich bild' es mir, doch nicht im Traume, als eine Jakobsleiter ein; durch's Kreuze steigt man himmelan; zur Freude geht die Leidensbahn.

9. Das Kreuz halt' ich, so lang' ich lebe, als ein sehr großes Heiligthum, das ich um alle Welt nicht gebe; in Christo ist's mein schönster Ruhm; sterb' ich, so stellt man dies Panier alsdann auf meinem Grabe für.

10. Gekreuzigter! der du mein Kreuze durch dein Kreuz auch geheiligt hast; gieb, daß mich keine Lust je reize, die mir das Kreuze macht zur Last; ach! gieb mir heilige Geduld, ich habe ja viel größ're Schuld.

11. Mein Kreuz und dein Kreuz sind verbunden so, daß sie Niemand trennen kann; so seh' ich immer deine Wunden in allen meinen Leiden an; alsdann wird aller Schmerz versüßt, wenn nur ein Kreuz das andre küßt.

12. Mein Kreuz wird mir noch Rosen tragen, ich warte nur der rechten Zeit, da will ich alsdann fröhlich sagen: nun gute Nacht, du bittres Leid! weil ich aus allem Ach und Weh in's Allerheiligste dort geh'.

Benjamin Schmolck.

Dieses Leben ist ein Pilgrimsleben.

1 Chronica 30, v. 15. Wir sind Fremdlinge und Gäste vor dir, wie unsere Väter alle. Unser Leben auf Erden ist wie ein Schatten, und ist kein Aufhalten.

Mel. Ich bin ja, Herr, in deiner Macht.

1354. Mein Leben ist ein Pilgrimsstand; ich reise nach dem Vaterland, nach dem Jerusalem, das droben Gott selbst als eine feste Stadt auf's Bundesblut gegründet hat. Da werd' ich meinen Gott stets loben. Mein Leben ist ein Pilgrimsstand, ich reise nach dem Vaterland.

2. So schnell ich Land und Stadt verlass', so schnell läuft meines Lebens Glas, und was vorbei ist, kommt nicht wieder; ich eile zu der Ewigkeit. Herr Jesu! mach' mich nur bereit, eröffne meine Augenlieder, daß ich, was zeitlich ist, veracht' und nur nach dem, was ewig, tracht'.

3. Kein Reisen ist ohn' Ungemach, der Lebensweg hat auch sein Ach! Man wandelt nicht auf weichen Rosen. Der Steg ist eng', der Feinde Viel', die mich abreißen von dem Ziel'. Ich muß mich oft an Dornen stoßen; ich muß durch dürre Wüsten geh'n und kann selbst keinen Ausweg seh'n.

4. Der Sonnenglanz mir oft gebricht der Sonne, die ihr Gnadenlicht in unverfälschte Herzen strahlet; Wind, Regen stürmen auf mich zu, mein matter Geist find't nirgend Ruh'. Doch alle Müh' ist schon bezahlet, wenn ich das gold'ne Himmelsthor mir stell' in Glaub' und Hoffnung vor.

5. Israels Hüter, Jesus Christ! der du ein Pilgrim worden bist, da du mein Fleisch hast angenommen, zeig' mir im Worte deinen Tritt. Laß mich bei einem jeden Schritt zu deinem Heil stets näher kommen. Mein Leben flieht, ach, eile du zu mir mit deinem Trost herzu.

6. Durch deinen Geist mich heilig leit', gieb in Geduld Beständigkeit; vor Straucheln meinen Fuß beschütze. Ich falle stündlich; hilf mir auf, zieh' mich, damit ich dir nachlauf'; sey mir ein Schirm in Trübsalshitze; laß deinen süßen Gnadenschein in Finsterniß nie ferne seyn.

7. Wenn mir mein Herz, o Gnadenfüll'! vor Durst nach dir verschmachten will, so laß mich dich zum Labsal finden; und schließ' ich meine Augen zu, so bring' mich zu der wahren Ruh', da Streit und alle Müh' verschwinden. Laß mich ja seyn, in Abrah'ms Schooß, dein Liebling und dein Hausgenoss'.

8. Bin ich in diesem Mesechsland' *) der blinden Welt schon unbekannt; dort sind die Freunde, die mich kennen, dort werd' ich mit der Himmelsschaar dir jauchzend dienen immerdar und in der reinsten Liebe brennen. Mein Bräutigam, komm, bleib' nicht lang'; in Kedars *) Hütten wird mir bang'.

*) Psalm 120, v. 5.

D. Fr. Adolph Lampe.

Weihnachtslied.

Jesaia 9, v. 6. Er heißet Wunderbar, Rath, Kraft, Held, Ewig-Vater, Friedefürst.

Mel. Lobt Gott ihr Christen allzugleich.

1355. Mein Leib und Seele freuet sich, und was betrübet war, mein Jesu! denn ich habe dich und du heiß'st Wunderbar. :,:

2. Du bist's, der alles Kreuz und Leid, und was mich sonst beschwert, in süße Lust und Seligkeit recht wunderbar verkehrt. :,:

3. Nach deinem Rathe leit'st du mich, daß ich nicht gleiten kann, und nimmst mich endlich ewiglich zu Gnad' und Ehren an. :,:

4. Mich Schwachen stärket deine Kraft, und wenn die böse Welt viel Trübsal zu bestreiten schafft, bist du mein starker Held. :,:

5. Ach! meinem Herzen fehlet nichts, das überschüttet ist mit Freuden deines Angesichts; weil du mein Vater bist. :,:

6. Die Sündenschuld verdammt mich nicht, du bist mein Friedefürst, der du mich endlich durch dein Licht mit Freuden krönen wirst. :,:

7. Wir loben dich, o Gottessohn und wahres Menschenkind! bis wir dereinst vor deinem Thron voll Lust beisammen sind. :,:

M. Erdmann Neumeister.

Von der Fürsorge Gottes.

Nehemia 13, v. 31. Gedenke meiner, mein Gott, im Besten.

Mel. Wer nur den lieben Gott läßt walten.

1356. Mein lieber Gott! gedenke meiner im Besten jetzt und allezeit! denn außer dir ist nirgend Einer, der mich mit Rath und Trost erfreut. Dein Wort macht mich voll Zuversicht und sagt mir, du vergißt mich nicht.

2. Gedenke meiner, wenn ich höre dein süßes Evangelium, und mache mir die Himmelslehre zu Saft und Kraft im Christenthum, daß so dein Saame wohl gelingt und tausendfache Früchte bringt.

3. Gedenke meiner, wenn ich bete, und merkest du mit Gnaden drauf, weil ich in Christo vor dich trete, so schließ' dein Vaterherze auf. Doch gieb mir nichts, als das allein, was mir kann gut und selig seyn.

4. Gedenke meiner, wenn ich falle, und wirf mich nicht im Zorne hin; weil ich, wie

andre Menschen alle, im Fleische schwach und blöde bin; so fördre meinen Gang und Stand durch Kraft und Stärke deiner Hand.

5. Gedenke meiner, wenn ich leide; wen had ich sonst, als dich allein, der bei der Menschen Haß und Neide mein Freund und Tröster könnte seyn? Und had' ich dich, so lacht mein Muth, wenn Welt und Teufel böse thut.

6. Gedenke meiner auch in Allem, woran ich nicht gedenken kann, und blicke mich mit Wohlgefallen in meinem ganzen Leben an! Denn giebst du mir, was dir gefällt, so ist's um mich recht gut bestellt.

7. Gedenke meiner, wenn ich sterbe und wenn mich alle Welt vergißt; versetze mich in jenes Erde, wo du mein Theil und Leben bist; denn bleibst du nicht im Himmel mein, so wollt' ich nie gedoren seyn.

8. Ich will mich über nichts betrüben. In deine Hände hast du mich zum Heil und Segen angeschrieben: drum steht die Hoffnung bloß auf dich, ich glaude fest und ungekränkt, daß Gott im Besten meiner denkt.

M. Erdmann Neumeister.

Vom Lobe Gottes.

Psalm 145, v. 21. Mein Mund soll des Herrn Lob sagen, und alles Fleisch lobe seinen heiligen Namen immer und ewiglich.

Mel. Helft mir Gott's Güte preisen.

1357. Mein Mund soll fröhlich preisen, mein Herz soll früh und spat dem Herren Ehr' erweisen, der uns geschaffen hat, dem willig jederzeit sein Lob und Ruhm bei Allen ganz herrlich soll erschallen in aller Christenheit.

2. Sein Nam' an jedem Orte ist heilig und bekannt, mit seinem Geist und Worte erleucht't er Leut' und Land, erneuert uns im Geist, macht uns aus armen Sündern zu sel'gen Gottes-Kindern, den Himmelsweg er weis't.

3. Kein Mensch das Leben hätte, könnt' auch nicht selig seyn, wenn's seine Kraft nicht thäte; sein ist die Ehr' allein; wer nicht aus seiner Gnad' von Neuem wird geboren, muß ewig seyn verloren, kein Theil am Himmel hat.

4. Erhalt' mich, Herr! im Glauben, daß ich an deinem Leib, am Weinstock, wie die Trauben, fruchtbar und fest bekleib'; mein Herz, Sinn und Gemüth erneu're und regiere, mein' Zunge selbst auch führe, also zu singen mit:

5. Ehr' sey dem Vater oben im allerhöchsten Thron! Ehr' sey mit Dank und Loben sein'm allerliebsten Sohn! Ehr' sey zu aller Zeit dem heil'gen Geist gesungen in allem Volk und Zungen, heut' und in Ewigkeit!

Georg Weißel.

Himmlischer Genuß Jesu im Glauben.

Jesaia 48, v. 17. 18. Ich bin der Herr, dein Gott, der dich lehrt, was nützlich ist, und leitet dich auf dem Wege, den du gehest. O daß du auf meine Gebote merktest, so würde dein Friede seyn, wie ein Wasserstrom, und deine Gerechtigkeit wie Meereswellen.

In eigener Melodie.

1358. Mein Salomo! dein freundliches Regieren stillt alles Weh, das meinen Geist beschwert, wenn sich zu dir mein blödes Herze kehrt, so läßt sich bald dein Friedensgeist verspüren: dein Gnadenblick zerschmelzet meinen Sinn, und nimmt die Furcht und Unruh' von mir hin.

2. Gewiß, mein Freund giebt solche edle Gaben, die alle Welt mir nicht verschaffen kann: schau' an die Welt, schau' ihren Reichthum an, er kann ja nicht die müden Seelen laben, mein Jesus kann's, er thut's im Ueberfluß, wenn alle Welt zurücke stehen muß.

3. O süßer Freund, wie wohl ist dem Gemüthe, das im Gesetz sich so ermüdet hat und nun zu dir, dem Seelen-Leben, naht, und schmeckt in dir die süße Wunder-Güte, die alle Angst, die alle Noth verschlingt und unsern Geist zur sanften Ruhe bringt.

4. Gewiß, mein Freund, wenn deine Liebes-Zeichen mein armes Herz so mildiglich durchgehn, so kann in mir ein reines Licht entstehn, durch das ich kann das Vaterherz erreichen, in dem man nichts als nur Vergebung spürt, da eine Gnaden-Fluth die and're rührt.

5. Je mehr das Herz sich zu dem Vater kehret, je mehr es Kraft und Seligkeit genießt: daß es dabei der Eitelkeit vergißt, die sonst den Geist gedämpfet und beschweret; je mehr das Herz den guten Vater schmeckt, je mehr wird es zur Heiligkeit erweckt.

6. Der Gnaden-Quell, der in die Seele fließet, der wird in ihr ein Brunn des Lebens seyn, der in das Meer des Lebens fließt hinein, und Lebens-Ströme wieder von sich gießet: behält in dir dies Wasser seinen Lauf, so geht in dir die Frucht des Geistes auf.

7. Wenn sich in dir des Herren Klarheit spiegelt, die Freundlichkeit aus seinem Angesicht, so wird dadurch das Leben angericht't: die Heimlichkeit der Weisheit aufgesiegelt, ja selbst dein Herz in solches Bild verklärt, und alle Kraft der Sünden abgekehrt.

8. Was dem Gesetz unmöglich war zu geben, das dringt alsdann die Gnade selbst herfür: sie wirket Lust zur Heiligkeit in dir und ändert nach und nach dein ganzes Leben: indem sie dich aus Kraft in Kräfte führt und mit Geduld und Langmuth dich regiert.

9. Es müsse doch mein Herz nur Christum schauen! besuche mich, mein Aufgang aus der Höh'! daß ich das Licht in deinem Lichte seh'. und könne schlechterdings der Gnade trauen, kein Fehler sey so groß und schwer in mir, der mich von solchem Blick der Liebe führ'.

10. Wenn meine Schuld mich vor dir niederschläget, und deinen Geist der Kindschaft in mir dämpft, wenn das Gesetz mit meinem Glauben kämpft und lauter Angst und Furcht in mir erreget: so laß mich doch dein Vaterherze seh'n, und neue Kraft und Zuversicht entsteh'n.

11. So ruh' ich nun, mein Heil! in deinen Armen, du selbst sollst mir mein ew'ger Friede seyn, ich hülle mich in deine Gnade ein, mein Element ist ewig dein Erbarmen: und weil du mir mein Ein und Alles bist, so ist's genug, wenn dich mein Geist genießt.

D. Christian Friedr. Richter.

Trost im Tode.

Johannis 16, v. 5—15. Nun aber gehe ich hin zu dem, der mich gesandt hat; rc.

Mel. Wer nur den lieben Gott läßt walten.

1359. Mein Sterben ist ein Gang zum Leben, ein Gang dahin, woher ich bin. Die Welt mag vor dem Tod erbeben: mich schreckt er nicht; ich weiß, wohin, ich weiß, daß er mich dahin bring', wohin mein Heiland sterbend ging.

2. Ich weiß, daß Gott auch mir zu Liebe den Sohn in diese Welt gesandt; daß ich auch nicht zurücke bliebe, zurücke von dem Vaterland, das ohne Jesum nimmermehr mein Vaterland geworden wär'.

3. Er, weiß ich, hat durch Blut und Wunden, durch schweren Todeskampf die Bahn, die Wege zu dem Leben funden; er ging auch selber mir voran und sandte mir den heil'gen Geist, der auch im Tod' ein Tröster heißt.

4. Wer will den Trost im Tod mir rauben, den dieses Trösters Mund mir spricht? er selbst versiegelt meinen Glauben; so komm' ich gar nicht in's Gericht. Er zieht mir an das Ehrenkleid der Unschuld und Gerechtigkeit.

5. Des Satans Recht ist ganz vernichtet. Mein Lebensrecht ist offenbar. Der Fürst der Welt wird nun gerichtet und mit ihm, was ihm dienstbar war. Für mich ist lauter Seligkeit von Jesu Christo dort bereit't.

6. Was wir davon hienieden wissen, ist wenig, und doch läßt der Geist uns einen Vorschmack oft genießen von dem, was noch zukünftig heißt; er nimmt's aus Jesu reicher Füll' und reicht es dar, wie Jesus will.

7. So laß dir denn an meinem Ende, Herr! meinen Geist befohlen seyn; nimm, Jesu! mich in deine Hände! sprich, heil'ger Geist! den Trost mir ein: daß ich so wahr zum Vater geh', als Jesus ihm zur Rechten steh'.

Christoph Karl Ludwig v. Pfeil.

Der Kreuzestod Jesu.

1 Corinther 1, v. 23. 24. Wir aber predigen den gekreuzigten Christum, den Juden ein Aergerniß und den Griechen eine Thorheit. Denen aber, die berufen sind, beides Juden und Griechen, predigen wir Christum, göttliche Kraft und göttliche Weisheit.

Mel. Nun bitten wir den heiligen Geist.

1360. Mein Trost und Anker in aller Noth ist, o Gottes Lamm, dein Kreuz und Tod. Denn du trugst die Sünden der ganzen Erde, daß ich und alle Welt selig werde, durch dein Verdienst.

2. So weit hat's Liebe zu mir gebracht, die den Schöpfer selbst zum Opfer macht: daß er seine Seele, sein Leid und Leben mit tausend Schmerzen dahin gegeben für meine Schuld.

3. So lang' ich dieses noch glauben kann, seh' ich ihn mit tausend Freuden an. Bin ich gleich ein Sünder: er ist mein Heiland! er liebt mich heute noch so, wie weiland. Hallelujah! —

4. Mein Herz erstaunet ob dieser Huld. Tief beschämt von aller meiner Schuld fang' ich an zu weinen und hinzufallen: gnädiger König! dein Lob soll schallen in aller Welt!

5. Kein Mensch beschreibt es nach Würdigkeit; das aber ist eine sel'ge Zeit, wenn

dein Strom der Liebe sich so ergießet, daß mein Herz deiner im Geist genießet, o Freudenmeer!

6. Wer's nicht erfahren, der glaubt es nicht, was für Lust von deinem Angesicht in die Seele quillet, wenn man dich schmecket, wenn dein Erbarmen uns ganz bedecket und selig macht.

7. Ich will von nun an nichts anders seh'n, als nur, was am Kreuz für mich gescheh'n. Das ist meine Freude, mein Heil und Leben. Denn meine Sünden sind mir vergeben durch Christi Blut *)!

*) Apostel-Geschichte 20. v. 28.

8. Das beste Bild steht auf Golgatha. Herz und Augen bleibt doch immer da, schaut den Mann der Schmerzen, vom Haupt zum Fuße. Freuet euch ewig der schweren Buße, die Jesus that. —

9. Verkündigt werde, o Herr! dein Tod! rühmen will ich deine Leidensnoth, bis du selbst erscheinest; nichts will ich wissen, als daß dein Tod mich herausgerissen aus aller Furcht. Psalm 34, v. 3.

10. In diesem Glauben behalte mich! so hab' ich g'nug hier und ewiglich. Dir sey Hallelujah, Preis, Dank und Ehre für deine Wunden und für die Lehre von deinem Kreuz.

Ernst Gottlieb Woltersdorf.

Das Vater-Unser.

1 Corinther 8, v. 6. So haben wir doch nur Einen Gott, den Vater, von welchem alle Dinge sind, und wir in ihm; und Einen Herrn, Jesum Christ, durch welchen alle Dinge sind, und wir durch ihn.

Mel. O Gott, du frommer Gott.

1361. Mein Vater! aber auch all meiner andern Brüder, die deine Kinder sind und Jesu Christi Glieder; der du im Himmel bist und Alles wohl regierst, die Deinen wunderlich, doch all'zeit selig führst.

2. Geheiligt werd' dein Nam' im Himmel und auf Erden! er müss' auch über uns stets hoch gepriesen werden! Gieb, daß doch Kein's von uns dir mehr zur Schande leb', noch auch ein Aergerniß durch Wort und Wandel geb'.

3. Dein Reich vermehre sich im Himmel und auf Erden! es müsse auch in uns und durch uns größer werden! Bring', die noch draußen sind, in Gnaden auch herbei, daß der Erwählten Zahl viel Millionen sey.

4. Dein Wille müss' von uns so willig auf der Erden, wie in dem Himmel stets genau vollzogen werden in Freud' und auch in Leid. Nimm allen Eigensinn und allen Eigenwill' durch Jesu Tod dahin.

5. Gieb du uns unser Brot! Bewahre uns vor Sorgen, die dir mißfällig sind, nur auf den andern Morgen. Gieb du für Leib und Seel' uns selber jeden Tag, wie deine Vater-Treu' es gut befinden mag.

6. Vergieb durch Jesu Blut uns unsre Schuld und Sünden, so wie wir gegen die uns werden lassen finden, die uns beleidigen. Mach' unser Herz so gut, daß es mit Lieb' und Lust den Feinden Gutes thut.

7. Laß die Versuchungen ein solches End' gewinnen, daß es erträglich sey. Laß eig'ne Kraft zerrinnen; der Glaub' an Jesum Christ sey nur in diesem Krieg stets unsre Waff' und Wehr; so fehlt's uns nicht am Sieg.

8. Du wollst uns von der Sünd' und allem and'ren Bösen schon jetzo immer mehr und endlich ganz erlösen; wenn, nach bewies'ner Treu', einmal ein sel'ger Tod ein End' auf ewig macht an aller unsrer Noth.

9. Nun, Vater! höre uns um Jesu Christi willen. Wie solltest du nicht gern uns unsre Bitt' erfüllen? denn dein ist ja das Reich, die Kraft, die Herrlichkeit. Ja, Amen! es sey so dort und in dieser Zeit.

Johann Jakob v. Moser.

Lob Gottes für geistliche Gaben.

Psalm 71, v. 22. 23 So danke ich dir auch mit Psalterspiel für deine Treue, mein Gott; ich lobsinge dir auf der Harfe, du Heiliger in Israel. Meine Lippen und meine Seele, die du erlöset hast, sind fröhlich und lobsingen dir.

Mel. Auf meinen lieben Gott.

1362. Mein Vater! deine Gnad', die du mir früh und spat so reichlich hast erwiesen, die sey von mir gepriesen; jetzt und zu allen Zeiten will ich dein Lob ausbreiten.

2. Auf, auf, mein Herz! empor, hinauf zum Engelchor sollst du dich eiligst schwingen und mit demselben singen: Lob, Preis, Macht, Kraft und Stärke dem Herrn so großer Werke!

3. Wenn Er durch seine Kraft in uns selbst wirkt und schafft, daß wir den Vater können von Herzen Abba nennen, so muß auf dieser Erden uns schon der Himmel werden.

4. O süßer Jesu-Christ, der du mein Reichthum bist: dich hab' ich treu erfunden in schweren Kreuzesstunden; mich hast du oft erquicket, wenn mich die Last gedrücket.

5. Du gabest mir den Sieg und Waffen in dem Krieg, auch Kräfte, recht zu kämpfen; halfst mir die Feinde dämpfen, und durch Kraft deines Blutes bin ich recht guten Muthes.

6. Wer Christi Blut ergreift, dem wird auch dargereicht Vergebung seiner Sünden, die sind nicht mehr zu finden; ihm aber wird gegeben Trost, Friede, Freud' und Leben.

7. Allein das Herz muß seyn aufrichtig, redlich, rein; es muß die Sünde hassen und alle Lüste lassen; muß Jesum einzig fassen, sich und die Welt verlassen.*)

*) Matth. 16, v. 24.

8. Drum, Seele! wenn du nun in allem deinem Thun im Licht vor Gott wirst wandeln und christgebührend handeln, so wird dir noch auf Erden viel Gut's geschenket werden,

9. Viel Gnade, Kraft und Stärk' in allem deinem Werk'; er wird sich dir verbinden, sich gnädig lassen finden; wirst du nur in ihm bleiben, dich ihm zum Dienst verschreiben.

10. Es wird dich seine Huld täglich von aller Schuld und innerm Greu'l der Sünden befreien und entbinden; denn wo die Sünd' vergeben, da ist Geist, Kraft und Leben.

11. Und dafür preiset dich, mein Jesu! inniglich, zu aller Zeit und Stunde, die schwache Zung' im Munde. Gelobet sey dein Namen von mir und Allen! Amen.

Lobpreisung der göttlichen Führungen.

Psalm 73, v. 24. Du leitest mich nach deinem Rath und nimmst mich endlich mit Ehren an.

Mel. Nun ruhen alle Wälder.

1363. Mein Vater! deine Gnade hat meines Lebens Pfade bisher so wohl gelenkt; dein Kind, geliebt, getragen, muß dir zur Ehre sagen: die Fülle Gut's hast du geschenkt!

2. Wenn ich auf Alles blicke, wie du zum wahren Glücke mich wunderbar geführt; mich von der Welt erwählet und zu der Schaar gezählet, die deines Geistes Kraft regiert:

3. So bet' ich an im Staube; so stärkt sich dran mein Glaube, den du in mir erweckt. So preis't dich mein Gemüthe für deine reiche Güte, die mich von Jugend auf bedeckt.

4. Wie unaussprechlich selig, schon hier gerecht und fröhlich in Jesu machst du mich! Wollt' mich ein Kummer plagen, so durft' ich's dir nur klagen: und meine Thränen stillten sich.

5. Oft hat in stillen Stunden mein Herz mit Lust empfunden, daß Gott mir nahe war. Da konnt' ich, auch verlassen, mich noch im Leiden fassen; ich bebte nicht in der Gefahr.

6. Wußt' ich auf rauhen Wegen, bei meinem Unvermögen, in banger Dunkelheit, dich oft nicht zu ergründen und keinen Weg zu finden; lag mir dein Wort zum Licht bereit.

7. Das nehm' ich in die Hände, harr' deiner bis ans Ende von deinem Friedens-Plan. Mag wie du willst es gehen, der Trost bleibt sicher stehen: du nimmst mich einst mit Ehren an!

8. Gieb nur, so lang' ich walle, daß ich dir, Herr! gefalle; nimm ganz mein Herz dir hin! Dir treulich anzuhangen sey täglich mein Verlangen, bis ich bei dir im Himmel bin. Fräulein M. E. v. Silberrad.

Die den Traurigen zu Zion geöffneten reichen Quellen des Trostes.

Psalm 94, v. 19. Ich hatte viel Bekümmerniß in meinem Herzen; aber deine Tröstungen ergötzten meine Seele.

Mel. Mein Jesu, dem die Seraphinen.

1364. Mein Vater! der du meine Tage von Ewigkeit genau bestimmt, wann kommt denn der, da meine Klage ein längst gewünschtes Ende nimmt? der Weg, den deine Hand mich führet, ist gut, er geht ja himmelan; doch ach! er ist auch eine Bahn, auf der so manche Noth mich rühret.

2. Du läßt in meinen Prüfungsjahren, die mir so voller Mühe sind, mich viel' und große Angst erfahren, bei der mir Kraft und Muth verschwind't. Ich bin bei überhäuften Plagen ein Mensch, der traurig Leide trägt; und ist ein Kreuz bei Seit' gelegt, so kommt ein neues zu ertragen.

3. Ach! höre doch mein ängstlich Flehen, Herr, hab' auf meine Thränen Acht! wann soll ich deine Hülfe sehen? wann endigt sich die Kummernacht? mir wird im fremden Lande bange, durch welches längst mein mü-

der Fuß mit sauern Tritten wandern muß. Wie lange? Vater! ach, wie lange?

4. Wie lange? — doch mein Glaube lehret: nicht länger, als es gut für mich. Indeß, wenn sich mein Jammer mehret, so mehrt auch deine Tröstung sich. Das blöde Fleisch will unterliegen; doch deiner Hände starke Kraft, die in den Schwachen Wunder schafft, hilft meinem Geist noch immer siegen.

5. Dein Wort ist meines Herzens Freude; hier treff' ich frische Quellen an, aus denen ich bei allem Leide des Trostes Wasser schöpfen kann. Hier setze ich mich betend nieder; hier stillet sich mein Thränenbach und kommt ein neues Ungemach: so hol' ich hier mein Labsal wieder.

6. Dein Geist giebt Zeugniß meinem Herzen, ich sey dein Erbe und dein Kind. Welch reicher Trost! der alle Schmerzen und alles Trauren überwind't. Wenn Alles noch so widrig schiene und noch so unerträglich hieß'; so macht dein Geist mich doch gewiß, daß Alles mir zum Besten diene.

7. Dein Geist zeigt mir dort in der Höhe ein unbegreiflich ewig's Glück. Wenn ich nun auf dem Kampfplatz stehe, so reizt und stärkt mich dieser Blick. Dein Sohn, mein Freund, steht mir zur Seiten, mein Heiland, welcher für mich starb, und hilft um das, was er erwarb, um jene Krone muthig streiten.

8. Er ist es, der mein Leid versüßet, er ist mein Theil, mein Trost, mein Licht; auch da sich nun mein Kämpfen schließet, verläßt mich seine Treue nicht. Nun wird die Angst in Lust verkehret; nun wird mein Sterben mein Gewinn; nun komm' ich in die Hütten hin, wo Nichts mehr meine Wonne störet.

Andreas Rehberger.

Von der Liebe und Gnade Gottes in Christo Jesu.

Colosser 1, v. 22. 23. Nun aber hat Er euch versöhnet mit dem Leibe seines Fleisches, durch den Tod, auf daß er euch darstellete heilig und unsträflich, und ohne Tadel vor ihm selbst; so ihr anders bleibet im Glauben gegründet und fest, und unbeweglich von der Hoffnung des Evangelii. rc.

Mel. Dir, dir, Jehovah! will ich singen.

1365. Mein Vater! dir sey hier auf Erden, ja dort noch ewig Dank, Preis, Ehr' und Kraft, daß wir aus Gnaden selig werden, daß deine Gnade selber Alles schafft, daß du gar kein Verdienst von uns begehrst und nur durch Christum alles Heil gewährst.

2. Lob sey dir, daß du von uns Armen gar nichts verlangst, nein, uns nur Alles giebst; daß du dich Aller willst erbarmen, weil du uns All' in deinem Sohne liebst, da dir dein Sohn für Alle g'nug gethan; daß deine Huld nun Allen helfen kann.

3. O laß mich recht im Glauben leben, und ganz allein auf deine Gnade trau'n; laß Christum stets vor Augen schweben, laß mich allein auf sein Verdienst nur bau'n, daß ich mich stets mit ihm nun angethan, gerecht, geschmückt, geliebet sehen kann.

4. Reiß', Herr! aus meinem bösen Herzen all', auch die feinste Selbstgerechtigkeit, daß es in Jesu Todesschmerzen allein nur finde Ruh' und Sicherheit. Es müsse stets in seinem Blut allein mein Element, mein einzig Labsal seyn.

5. Wenn sich in mir die Sünde reget, so muß ich stets im Glauben auf ihn seh'n, wie meine Sünd' auf ihn geleget, und wie dafür durch ihn genug gescheh'n, wie er auch diese Sünde hat versühnt und alle Gnad' und Kraft mir schon verdient.

6. Mein Auge müss' in Einfalt bleiben, ganz unverrückt nur auf sein Kreuz zu schau'n; es müsse mich nichts von ihm treiben, ich müsse stets auf seine Kraft nur trau'n und nur an ihm ein grüner Rebe seyn; so dringt in mich stets Geist und Leben ein.

7. Ich müsse stets in seinen Händen sein Werkzeug und zu Allem willig seyn, mich so zu kehren und zu wenden, wie mir es kann zu meinem Heil gedeih'n, daß sich mein Geist durch eig'ne Wirksamkeit nicht mehr verwirret, hindert und zerstreut.

8. Ich müsse stets in mir verzagen und nie aus ihm, als meiner Feste,*) geh'n, ich müss' ihn betend Alles fragen und nach dem Wink' ihm bald zu Dienste steh'n: laß nur mein Auge stets auf Eines seh'n und Alles dir zum Ruhm' durch ihn gescheh'n.

*) Joel 3, v. 21.

9. Ich müsse gar nicht ängstlich sorgen, was künftig noch zu thun, zu leiden sey; du sorgest selbst für jeden Morgen und forderst nur für gegenwärtig Treu'; kommt Zeit, kommt Rath: du weißest, was gebricht; bin ich nur treu, dein Herz versagt mir's nicht. —

10. Drum mache selbst mich treu und stille, daß ich von Augenblick zu Augenblick nur Alles nehm' aus Christi Fülle und mich nur stets zur treuen Folge schick'. O fang' ich jetzo treu zu seyn recht an und fahre fort, so seh' ich, was Gott kann.

11. Du thust gewiß, was du verheißen, weil ja kein Wort vergeblich stehen kann: du kanust und wirst aus Allem reißen, du zeigest deine Treu' noch deutlich an. Dein Wort steht da, ich halte dich dabei, gieb mir nur Treu', du bleibst mir ewig treu.

Karl Heinrich v. Bogatzky.

Vom lebendigen Glauben.

Galater 3, v. 11. Der Gerechte wird seines Glaubens leben.

Mel. Nun laßt uns den Leib begraben.

1366. Mein Vater! sieh' mich gnädig an, ob ich oft kaum nur seufzen kann und noch so schwach und elend bin; ach, nimm die Schwachheit von mir hin.

2. Hilf mir zur rechten Glaubenskraft, die Trost und Frieden in mir schafft: daß ich in Christo froh und frei und auch getrost im Tode sey.

3. Ich weiß, du forderst nichts von mir als Glauben; o! drum geht allhier mein Bitten Tag und Nacht dahin, bis ich recht fest im Glauben bin.

4. Hilf, daß der Glaube stets sich übt, Gehör auch deinem Worte giebt. Ein jedes Wörtlein stärke mich; denn jedes Wort verbindet dich.

5. Ein jedes ist in Christo Ja und Amen; wenn ich zu dir nah' und halte dir dasselbe vor: so neigst du mir gewiß dein Ohr.

6. Du kannst dein Wort bei meinem Fleh'n um Jesu willen nicht verschmäh'n; ich komm' und halte dich dabei, denn du verbleibest ewig treu.

7. Ich komme nun, so gut ich kann; nimm mich in Christo auf und an. Ich komme nicht für mich allein, dein Sohn tritt ja mit mir herein.

8. Du wiesest ihn mir selber an und zogest mich zu ihm heran, so bring' ich nun auch nichts vor dich als deinen Sohn; ach, höre mich!

9. Nimm diesen Bürg' und Mittler an, der auch für mich genug gethan. Sieh' an sein Blut, das Lösegeld, die Zahlung für die ganze Welt.

10. Dies Blut bezahlt' auch meine Schuld und brachte deine Vaterhuld, die nun die Schuld, so abgethan, nicht doppelt von mir fordern kann.

11. Ich weiß, daß du selbst meine Last auf dieses Lamm geworfen hast; die Strafe lag auf ihm allein, daß wir im Frieden können seyn.

12. Dies Alles hast du, Herr! gethan, damit ich völlig glauben kann und ohne bange Furcht und Pein im Glauben soll recht ruhig seyn.

13. Nun drückt Gesetz und Sündenschmerz nicht mehr mein sonst beklemmtes Herz, weil Christi Blut die Last wegnahm, da ich im Glauben zu ihm kam.

14. Drum laß mich in der Freiheit steh'n und stets im Glaubens-Harnisch geh'n: daß mein Gewissen, leicht und frei, vor aller Last bewahret sey.

15. Ist doch mein Bürge auferweckt und nicht mehr mit der Last bedeckt; so bin auch ich von ihr befreit und nun gesetzt zur Seligkeit.

16. Gesetz macht mir nun nicht mehr Schmerz; die Gnade macht ein leichtes Herz. Herr! laß es auch in Todespein recht leichte, licht und fröhlich seyn.

Karl Heinrich v. Bogatzky.

Berufslied.

5 Mose 28, v. 8. Der Herr wird gebieten dem Segen, daß er mit dir sey in deinem Keller und in Allem, das du vornimmst.

Mel. Wer nur den lieben Gott läßt walten.

1367. Mein Werk will ich mit Gott anfangen und meinem Herren Jesu Christ, bei dem ist Hülfe zu erlangen, weil er der rechte Helfer ist. Ich sage: Jesus hat's verricht't; drum lass' ich meinen Jesum nicht.

2. Von Jesu will ich niemals wanken, der mich geliebet hat vorhin; ihm soll mein Herze all'zeit danken, daß ich in seiner Gnade bin; auf ihn sey stets mein Herz gericht't: ich lasse meinen Jesum nicht.

3. Mein Jesus will bei mir stets walten, weil ich bei ihm in Gnaden steh'; ich lass' ihn nicht, ich will ihn halten in aller Noth und allem Weh; denn er bleibt meine Zuversicht; ich lasse meinen Jesum nicht. —

4. Scheint's gleich, als läg' ich ganz darnieder, werd' ich doch dadurch nicht verzagt; in Jesu krieg' ich Hülfe wieder, drum

sey es auch mit ihm gewagt; obgleich mich manche Noth ansicht, so lass' ich meinen Jesum nicht.

5. Der Teufel soll mich nicht erschrecken, stellt er sich wider mich gleich ein; mein Jesus wird den Schild ausstrecken, darunter werd' ich sicher seyn. Drum jetzt mein Herze freudig spricht: ich lasse meinen Jesum nicht.

6. Die Welt muß endlich doch vergehen mit aller ihrer Herrlichkeit; Nichts ist, das ewig kann bestehen, als was mein Jesus hat bereit't; wenn Himmel, Erd' und Alles bricht, lass' ich doch meinen Jesum nicht.

7. Der Tod soll bei mir in dem Sterben auch nicht behalten Oberhand. Mein Jesus läßt mich nicht verderben, drum hab' ich ein gewisses Pfand, so mir sein kräftig Wort verspricht; ich lasse meinen Jesum nicht.

8. Ich lass' ihn nicht in meinem Leben; dort werd' ich ewig bei ihm stehn, an ihm wie eine Klette kleben, da wird mein Mund sein Lob erhöhn. Alsdann seh' ich sein Angesicht mit Freuden und in vollem Licht.

9. Da will ich Dank und Preis ihm bringen; ich will vor Gottes höchstem Thron das Heilig! Heilig! Heilig! singen dem größten Fürst und Königs-Sohn in seinem Fried- und Freudenlicht; ich lasse meinen Jesum nicht.

D. Michael Walther? —

Pflichten gegen Christum.

Matthäi 27, v. 22. Was soll ich denn machen mit Jesu, von dem gesagt wird, er sei Christus?

Mel. Jesus, meine Zuversicht.

1368. Mensch! verachte Christum nicht, kannst ohn' ihn nicht Rettung finden; er, dein einzig Heil, dein Licht, er allein vergiebt die Sünden; doch er hält auch einst Gericht: Mensch, verachte Christum nicht!

2. Blöder! scheue Christum nicht, komm getrost, betrübter Sünder! fasse Muth und Zuversicht zu dem Heil verlorner Kinder. Traue dem, was Gott verspricht; Blöder! scheue Christum nicht.

3. Christ! verlasse Christum nicht. Er, der alle Schuld vergeben, giebt auch zu der schwersten Pflicht Lust und Muth und Kraft und Leben; ihn, der alle Ketten bricht, Christ! verlasse Christum nicht.

Karl August Döring.

Von dem Gesetze des Herrn.

5 Mose 5, v. 29. Ach, daß sie ein solches Herz hätten, mich zu fürchten und zu halten alle meine Gebote ihr Lebenlang, auf daß es ihnen wohl ginge, und ihren Kindern ewiglich.

Mel. Dies sind die heil'gen zehn Gebot'.

1369. Mensch! willt du leben seliglich und bei Gott bleiben ewiglich, sollt du halten die zehn Gebot', die uns gebeut unser Gott. Kyrieleis!

2. Dein Gott und Herr allein bin ich, kein ander Gott soll irren dich; mir trauen soll das Herze dein, mein eigen Reich sollt du seyn. Kyrieleis!

3. Du sollt mein'n Namen ehren schon und in der Noth mich rufen an; du sollt heil'gen den Sabbathtag, daß ich in dir wirken mag. Kyrieleis!

4. Dem Vater und der Mutter dein sollt du nach mir gehorsam seyn; Niemand tödten noch zornig seyn und deine Eh' halten rein. Kyrieleis!

5. Du sollt ein'm Andern stehlen nicht, auf Niemand falsches Zeugniß richt', dein's Nächsten Weib auch nicht begehr' und all sein's Gut's gern entbehr'. Kyrieleis!

Durch: D. Martin Luther verbessert.

Die ganze Lehre von Christo.

1 Joh. 5, v. 13. Solches habe ich euch geschrieben, die ihr glaubet an den Namen des Sohnes Gottes, auf daß ihr wisset, daß ihr das ewige Leben habet, und daß ihr glaubet an den Namen des Sohnes Gottes.

Mel. Nun danket alle Gott.

1370. Merk' auf, o liebe Seel'! mit Gottesfurcht betrachte, wer dein Erlöser sey, und es gering nicht achte, als wenn's nicht nöthig wär', zu wissen die Person, die Jesus Christus heißt, der ein'ge Gnadenthron.

2. Denn ja kein and'rer Nam' dem Menschen ist gegeben, darin man selig werd', darin man könne leben. Darum bemühe dich, damit du lernest wohl, was man nach Gottes Wort von Christo glauben soll.

3. Sein Name Jesus ist; denn er sollt' selig machen sein Volk von Missethat, er sollt' dem großen Drachen zertreten seinen Kopf,*) zerstören seine Werk', vertilgen seine Macht, zerbrechen seine Stärk'.

*) 1 Mose 3, v. 15. Offenb. Joh. 12, v. 9.

4. Weil ihn gesalbet hat sein Gott mit Freudenöle, mit seinem Geist ohn' Maaß, am Leib und an der Seele, und mit dem

Geist der Kraft und Weisheit ausgerüst't: wird er genennet auch Messias oder Christ.

5. Sehr groß die Sünde war, die Adam hat begangen, weil Gott unendlich ist, den er durch List der Schlangen gar hoch beleidigt hat; drum mußt' unendlich seyn, der dich erlösen sollt' von Höllenangst und Pein.

6. Nun aber war kein Mensch auf dieser Welt zu finden, der Gott versöhnen konnt' und der die Kraft der Sünden wegnehmen konnt' von dir; es war um dich gethan; kein Mensch, kein Engel konnt' sich deiner nehmen an.

7. Darum ist Gottes Sohn vom Himmelsthron gekommen und hat aus lauter Gnad' und Lieb' an sich genommen den Saamen Abrahams*); er ist ein Menschenkind, in Allem worden dir ganz gleich, doch ohne Sünd'. *) Hebr. 2, v. 16.

8. O Wunder! Gottes Sohn ein Sohn ist der Jungfrauen; (dies Wunder lüstet auch die Engel anzuschauen*) des Königs Davids Sohn ist doch auch Davids Herr, dem alle Kreatur muß bringen Preis und Ehr'. *) 1 Petri 1, v. 12.

9. Zwar zwei Naturen man in Christo muß bekennen, die unauflöslich gar und nimmer sind zu trennen; doch ist nur Ein' Person, Ein Christus, welcher ist der hochgelobte Gott*) nun und zu aller Frist.

*) Römer 9, v. 5.

10. G'nug, aber Niemand kann die tiefe Demuth preisen, die Christus, unser Herr, im Fleische that beweisen; er hielt es nicht für Raub, gleich seyn dem höchsten Gott,*) statt Ehre nahm er an Verachtung, Hohn und Spott. *) Phil. 2, v. 6.

11. Er äußerte sich selbst und ward ganz an Geberden erfunden als ein Mensch, der nur ist Staub und Erden; er niedrigte sich selbst, ward endlich wie ein Lamm zur Schlachtbank hingeführt und starb am Kreuzesstamm.

12. Darum hat ihn auch Gott erhöht und ihm gegeben den Stuhl der Majestät; wer darf sich nun erheben mit Trotzen wider ihn? er herrschet mächtiglich; es müssen Aller Kniee vor ihm jetzt beugen sich.

13. Es muß, was Zungen hat, in aller Welt bekennen, daß Jesus Christus sey der große Herr zu nennen; es muß ihm Teufel, Höll' und Welt gehorsam seyn und sich zu seinem Dienst mit Zittern stellen ein.

14. So mußte Gottes Ehr' im Himmel und auf Erden und seine Freundlichkeit geoffenbaret werden. So mußte Gottes Sohn ausstehen Noth und Leid und also gehen ein zu seiner Herrlichkeit.

15. Ja sieh', so viel hatt' es gekostet, dich vom Bösen und aus dem tiefen Schlamm der Sünden zu erlösen; fürwahr, es mußte groß seyn die Gefahr und Noth, um welcher willen Gott sein Kind gab in den Tod.

16. Deswegen sollst du nun die Liebe täglich preisen, die Gott an dich gewandt, und mit der That beweisen, daß dankbar sey dein Herz, damit die große Treu' des höchsten Gottes nicht an dir verloren sey.

17. Du sollst dem frommen Gott von Herzensgrund' vertrauen, mit Lieb' ihm hangen an, auf seine Wege schauen; du sollst des Fleisches Lust auch dämpfen jederzeit und stets auf Christi Blut zu sterben seyn bereit.

18. Gott Vater! gieb, daß ich dich kindlich wieder liebe; Herr Jesu! gieb, daß ich dich nimmermehr betrübe; Gott heil'ger Geist! verleih', daß ich in Heiligkeit dir diene williglich die ganze Lebenszeit.

Von der Nachfolge Jesu.

Matthäi 19, v. 21. Willst du vollkommen seyn, so gehe hin, verkaufe was du hast, und gieb's den Armen, so wirst du einen Schatz im Himmel haben; und komm, und folge mir nach.

Mel. Herr Christ, der ein'ge Gott's-Sohn.

1371. Merk't auf, ihr Menschenkinder! denn Jesus rufet euch; er rufet euch, ihr Sünder! er ruft euch in sein Reich; er ruft mit treuem Munde, er ruft zu aller Stunde; wohl dem, der Jesu folgt!

2. Ich folge seinem Worte, das meine Seele rührt; ich folg' ihm bis zur Pforte, die in den Himmel führt; ich folge meinem Heile; und, daß ich freudig eile, so zieh' mich, Jesu! selbst.

3. Ich folge dir im Glauben; und, daß mir dieses Gut kein Teufel möge rauben, so gieb mir freien Muth, dadurch ich sieghaft kämpfe und alle Feinde dämpfe, die mir zuwider sind.

4. Ich folge dir in Liebe; Nichts auf der Erden ist, das mir noch lieber bliebe, als du, Herr Jesu Christ! ich werd' es auch nicht achten, ob Seel' und Leib verschmachten, wenn du mein Theil verbleibst.

5. Ich folge dir im Leide, in Trübsal, Angst und Schmach; es folgt doch lauter

Freude mir auf dem Fuße nach; ja, die wirst du mir geben; ist's nicht in diesem Leben, so wird's in jenem seyn.

6. Ich weiß, mein Fleisch ist träge und will nicht gerne d'ran; drum zieh' mich auf dem Wege mit Geistes-Kräften an, bis ich den Lauf vollende und also dessen Ende mir ewig selig sey.

M. Erdmann Neumeister.

Vertrauen zu Gott.

Ebräer 13, v. 5. Er (Gott) hat gesagt: Ich will dich nicht verlassen noch versäumen.

Mel. Von Gott will ich nicht lassen.

1372. Mich kann Gott nicht verlassen, mein Gott verläßt mich nicht, wenn ich kein'n Trost kann fassen, ist er mein' Zuversicht. Daß Gott mich nicht verläßt, das hab' ich oft erfahren in meinen Kinderjahren, drum halt' ich an ihm fest.

2. Er ist voll Gnad' und Stärke; wer sich auf ihn verläßt, betrachtend seine Werke, der ist genug getröst't; denn seiner Gnaden Licht erquicket unsre Herzen in Aengsten, Kämpfen, Schmerzen, mit froher Zuversicht.

3. Mich kann auch nicht verlassen Jesus, der theure Mann. Wer ihn nur lernet fassen, deß nimmt er gern sich an, erquicket Herz und Muth mit seinen Liebes-Gaben, in Ohnmacht ihn zu laben, mit seinem theuren Blut.

4. Willst du dich ihm ergeben, du findest in ihm Ruh'; er macht dir süß das Leben, drum gehe grade zu, ergreif' sein theures Blut; will dich der Satan schrecken, so wird Er dich bedecken vor aller Feinde Wuth.

5. Mich kann auch nicht verlassen des Herren werther Geist; ich will die Sünde hassen und thun was er mich heißt; so wird mich seine Güt' mit Vater-Händen leiten und hier mit Himmelsfreuden erquicken mein Gemüth.

6. Er selbst wird durch sein Leben ertödten meinen Tod, und volle Kraft mir geben, zu dulden Schmach und Spott. In Allem, was ich thu', soll er mich stets regieren und endlich mit sich führen zur Freud' und sel'gen Ruh'.

Von der Nachfolge Christi.

Johannis 12, v. 26. Wer mir dienen will, der folge mir nach; und wo ich bin, da soll mein Diener auch seyn. Und wer mir dienen wird, den wird mein Vater ehren.

Mel. Mach's mit mir, Gott, nach deiner Güt'.

1373. Mir nach! spricht Christus, unser Held, mir nach! ihr Christen alle; verleugnet euch, verlaßt die Welt, folgt meinem Ruf' und Schalle, nehmt euer Kreuz und Ungemach auf euch, folgt meinem Wandel nach.

2. Ich bin das Licht, ich leucht' euch für mit heilgem Tugendleben. Wer zu mir kommt und folget mir, darf nicht im Finstern schweben. Ich bin der Weg, ich weise wohl, wie man wahrhaftig wandeln soll.

3. Mein Herz ist voll Demüthigkeit, voll Liebe meine Seele. Mein Mund der fleußt zu jeder Zeit von süßem Sanftmuthsöle; mein Geist, Gemüthe, Kraft und Sinn ist Gott ergeben, schaut auf ihn.

4. Ich zeig' euch das, was schädlich ist, zu fliehen und zu meiden, und euer Herz von arger List zu rein'gen und zu scheiden; ich bin der Seelen Fels und Hort und führ' euch zu der Himmelspfort'.

5. Fällt's euch zu schwer, ich geh' voran, ich steh' euch an der Seite; ich kämpfe selbst, ich brech' die Bahn, bin Alles in dem Streite. Ein böser Knecht, der still darf steh'n, wenn er den Feldherrn sieht angeh'n.

6. Wer seine Seel' zu finden meint, wird sie ohn' mich verlieren; wer sie in mir verlieren scheint, wird sie in Gott einführen. Wer nicht sein Kreuz nimmt und folgt mir, ist mein nicht werth und meiner Zier.*)

*) Matth. 10, v. 38. 39.

7. So laßt uns denn dem lieben Herrn mit Leib und Seel' nachgehen, und wohlgemuth, getrost und gern bei ihm im Leiden stehen; denn wer nicht kämpft, trägt auch die Kron' des ew'gen Lebens nicht davon.

D. Joh. Scheffler (Angelus).

Adventslied.

Lucä 3, v. 4–6. Es ist eine Stimme eines Predigers in der Wüste: Bereitet den Weg des Herrn und machet seine Steige richtig. rc.

Mel. Von Gott will ich nicht lassen.

1374. Mit Ernst, ihr Menschenkinder, das Herz in euch bestellt, damit das Heil der Sünder, der große Wunder-Held, den Gott aus Gnad' allein der Welt zum Licht und Leben gesendet und gegeben, bei Allen kehre ein.

2. Bereitet doch fein tüchtig den Weg dem großen Gast, macht seine Steige richtig, laßt Alles, was er haßt; macht alle Bahnen recht, das Thal laßt seyn erhöhet; macht niedrig was hoch stehet, was krumm ist, gleich und schlecht.*)

*) gerade.

3. Ein Herz, das Demuth übet, bei Gott am höchsten steht; ein Herz, das Hochmuth

liebet, mit Angst zu Grunde geht; ein Herz, das richtig ist und folget Gottes Leiten, das kann sich recht bereiten, zu dem kommt Jesus Christ.

4. Ach! mache du mich Armen in dieser Gnadenzeit, aus Güte und Erbarmen, Herr Jesu! selbst bereit. Zieh' in mein Herz hinein vom Stall und von der Krippen, so werden Herz und Lippen dir ewig dankbar seyn.

Valentin Thilo.

Freudigkeit im Sterben.

Lucä 2, v. 29—32. Herr, nun lässest du deinen Diener im Frieden fahren, wie du gesagt hast; denn meine Augen haben deinen Heiland gesehen, welchen du bereitet hast vor allen Völkern, ein Licht zu erleuchten die Heiden, und zum Preise deines Volks Israel.

In eigener Melodie.

1375. Mit Fried' und Freud' ich fahr' dahin in Gottes Willen, getrost ist mir mein Herz und Sinn, sanft und stille, wie Gott mir verheißen hat; der Tod ist mein Schlaf worden.

2. Das macht Christus, wahr'r Gottes Sohn, der treue Heiland, den du mich, Herr! hast sehen lan und machst bekannt, daß er sey das Leb'n und Heil in Noth und auch im Sterben.

3. Den hast du Allen vorgestellt mit großen Gnaden, zu seinem Reich die ganze Welt heißen laden, durch dein theuer heilsam Wort, an allem Ort erschollen.

4. Er ist das Heil und sel'ge Licht wohl für die Heiden, zu 'rleuchten, die dich kennen nicht, und zu weiden; er ist dein's Volk's Israel der Preis, Ehr', Freud' und Wonne.

D. Martin Luther.

Morgenlied.

1 Timotheum 2, v. 1. So ermahne ich nun, daß man vor allen Dingen zuerst thue Bitte, Gebet, Fürbitte und Danksagung für alle Menschen.

Mel. Aus meines Herzens Grunde.

Danksagung.

1376. Mit Gott will ich's anfangen, sein Name sey gepreis't, nachdem die Nacht vergangen und nun der Tag sich weis't. Hör' auf, mein Herz! zu ruh'n, erkenne Gottes Güte und richte dein Gemüthe, viel Gutes heut' zu thun.

Bitte.

2. Herr! dir ist nicht verborgen, daß wir noch Sünder sind, und daß man alle Morgen auf Erden Kummer find't: drum halt' mein Herze rein, wend' alle mein Verderben; und sollt' ich heute sterben, so laß es selig seyn.

Gebet.

3. Was selig ist und nütze, gieb mir von deinem Thron, Gott Vater! mich beschütze; regier' mich, Gott der Sohn! stärk' mich, Gott heil'ger Geist! Herr, segne und behüte, laß leuchten deine Güte; gieb Frieden allermeist!

Fürbitte.

4. Ja, Vater! der du Allen die Sonne scheinen läßt, dein' Gnad' und Wohlgefallen steht alle Tage fest. Erbarme dich auch heut' der Frommen und der Bösen, hilf allesammt erlösen jetzt und in Ewigkeit!

Kaspar Neumann.

Kirchenlied am Neujahrstag.

Micha 6, v. 9. Wer deinen Namen fürchtet, dem wird es gelingen.

Mel. Erschienen ist der herrlich' Tag.

1377. Mit jedem neuen Jahre neu, verehrenswerth und heilig sey dein Name uns, o Jesu Christ! der Freude aller Himmel ist. Hallelujah!

2. Heil, unbeschreiblich großes Heil ward Sterblichen durch dich zu Theil. Von Sündenliebe, Sündenschuld hilft, Jesu Christ! uns deine Huld. Hallelujah!

3. Zehntausendfach ertönet heut' dein Name in der Christenheit. Wer ist's, der dich im Glauben kennt, und dich nicht freudig: Heiland! nennt? Hallelujah!

4. Steig' aus dem Herzen froh empor, Lobpreisung! in sein offnes Ohr. Weg Undank, Zweifel, Fürchten fern! er hört uns, liebt uns, hilft uns gern. Hallelujah!

5. Wie dich der Engel früh genannt, o Jesu! bist du allbekannt. Dein Blick ist Huld, dein Hauch ist Kraft; dein Finger heilt, dein Wort erschafft. Hallelujah!

6. Von jedem Druck und jedem Joch befreitest du, errett'st du noch. Wer ist in aller Welt dir gleich? so weise, mächtig, gnadenreich? Hallelujah!

7. Zu jeder Zeit, an jedem Ort ist Kraft und Huld und Heil dein Wort; und deine Wahrheit, deine Treu' erscheint uns jede Stunde neu. Hallelujah!

8. Wie beten wir, ach! wie dich an, der selig machen will und kann. Erbarmer aller Sünder, dir frohlocken, glauben, singen wir. Hallelujah!

Joh. Kaspar Lavater.

Osterlied.

Johannis 20, v. 1. An der Sabbather einem kommt Maria Magdalena frühe, da es noch finster war, zum Grabe, und siehet, daß der Stein vom Grabe hinweg war.

Mel. Alle Menschen müssen sterben.

1378. Mit Maria Magdalene, mit den Jüngern geht zum Grab'! weint des Dank's, der Liebe Thräne in die Felsengruft hinab! Allen, die nach ihm nun weinen, wird der Lebensfürst erscheinen; Jesus Christus, gestern, heut' und derselb' in Ewigkeit.

2. Wird dein Herz von Sehnsucht brennen, ist er dir auch innig nah', wird auch dich beim Namen nennen, wie Marien dort geschah. Was am Kreuz' für dich geschehen, lern' an Christi Gruft verstehen! Christi tiefe Grabesruh' weht dir seinen Frieden zu.

Karl August Döring.

Vom Tode und Sterben.

1 Corinther 15, v. 30 Und was stehen wir alle Stunden in der Gefahr?

In eigener Melodie.

1379. Mitten wir im Leben sind mit dem Tod umfangen; wen such'n wir, der Hülfe thu', daß wir Gnad' erlangen? Das bist du, Herr! alleine. Uns reuet unsre Missethat, die dich, Herr! erzürnet hat. Heiliger Herre Gott! Heiliger starker Gott! Heiliger, barmherziger Heiland! du ewiger Gott! laß uns nicht versinken in des bittern Todes Noth. Kyrie, eleison!

2. Mitten in dem Tod anficht uns der Hölle Rachen. Wer will uns aus solcher Noth frei und ledig machen? Das thust du, Herr! alleine. Es jammert dein' Barmherzigkeit unsre Sünd' und großes Leid. Heiliger Herre Gott! Heiliger starker Gott! Heiliger, barmherziger Heiland! du ewiger Gott! laß uns nicht verzagen vor der tiefen Höllen-Glut. Kyrie, eleison!

3. Mitten in der Höllenangst unsre Sünd' uns treiben; wo soll'n wir denn fliehen hin, da wir mögen bleiben? Zu dir, Herr Christ! alleine. Vergossen ist dein theures Blut, das g'nug für die Sünde thut. Heiliger Herre Gott! Heiliger starker Gott! Heiliger, barmherziger Heiland! du ewiger Gott! laß uns nicht entfallen von des rechten Glaubens Trost. Kyrie, eleison!

D. Martin Luther,
nach einer alten Uebersetzung der Antiphone: Media vita in morte sumus.

Freude an Christo.

Psalm 104, v. 34. Ich freue mich des Herrn.

Mel. Jesu, meine Freude.

1380. Möchtest du dich freuen? Außer Ihm, dem Treuen, giebt es keine Lust! Christus nur hat Freude! Ist nach langem Leide dir noch nicht bewußt, daß dein Herz in sich nur Schmerz, und allein in Seiner Gabe reinen Frieden habe?

2. Sieh', die Wolken jagen, hoch vom Sturm getragen, durch den Himmel fern; aber droben schimmert ewig unzertrümmert Gottes Morgenstern. Kennst ihn du? In stiller Ruh' siehet er aus seinen Höhen Nachtgewölk' verwehen.

3. Bist du losgekettet, von dir selbst errettet, und dem Retter treu: dann nur magst du sagen, daß in deinen Tagen edle Freude sey. Sich'rer Muth, der Sünde thut, hüpft auf einer morschen Schwelle über'm Schlund der Hölle.

4. O daß du entbrenntest und im Geist erkenntest Jesu Freundlichkeit; und, wenn du Ihn liebest, Ihm zur Seite bliebest! Dann, am Ziel der Zeit, sprächest Du mit süßer Ruh': „Herr, mein Hirt! Quell aller Freuden, Niemand soll uns scheiden!"

Albert Knapp.

Von der Majestät und Herrlichkeit Gottes.

1 Timoth. 1, v. 17. Aber Gott, dem ewigen Könige, dem Unvergänglichen, und Unsichtbaren, und allein Weisen, sey Ehre und Preis in Ewigkeit! Amen.

Mel. Du unvergleichlich's Gut.

1381. Monarche aller Ding', dem alle Seraphinen voll Ehrerbietigkeit und tiefster Demuth dienen: laß dein erhab'nes Angesicht zu meiner Armuth seyn gericht't.

2. Du bist die Majestät der höchsten Majestäten. Vor deinem Glanze muß all' Glanz und Pracht erröthen; doch bitt' ich, zürne nicht mit mir, daß ich, der Staub, mich nah' zu dir.

3. O, du Vollkommenheit, hast zwar nicht deines Gleichen, doch darf drum nicht vor dir das Unvollkomm'ne weichen; denn du, vollkomm'ner Vater! du rufst deinen schwachen Kindern zu:

4. Kommt Alle her zu mir! laßt euch nur Nichts erschrecken; ich will die Majestät mit Vater-Liebe decken. Drum komm' ich auch an meinem Theil, von dir zu singen, schönstes Heil!

5. Du bist das A und O, der Anfang und das Ende; hilf, daß mein Herz zu dir, dem Anfang, sich stets wende und ich in Allem, was ich thu', in dir, als meinem Ende, ruh'.

6. Du bist das große Licht; dein Licht geht niemals unter; der kleinste Strahl von dir macht Leib und Seele munter. O, daß in deiner Heiterkeit erstürbe meine Dunkelheit! *)

*) d. h. meine Blindheit durch dein Gnadenlicht von mir weggenommen würde.

7. Du bist die Liebe selbst, die lauter Liebe quillet, die aller Engel Herz mit Lust und Lieb' erfüllet. O Lieb', ergieß' dich auch in mich, daß ich als Liebe schmecke dich.

8. Du bist die Lebenskraft, durch die sich Alles reget, was sich zum Guten nur in ein'ger Art beweget; o, daß dein Leben meinen Tod verschlänge ganz, sammt aller Noth.

9. Du bist das höchste Gut, nur Du bist gut zu nennen, o, laß mich außer dir kein ander Gut erkennen! mach' aber meinen Sinn und Muth durch dich und dein Erbarmen gut.

10. So soll mein Alles dich mit Ruhm und Preis erheben, ja, ich will selbst mich dir zum ganzen Opfer geben; und du wirst auch mit Lust in mir dein Bild erblicken für und für.

11. Ehr' sey dir, großer Gott! du Herr der Himmelsheere! es jauchzen ewig dir der Sel'gen Jubelchöre. Ich jauchze mit schon auf der Erd', bis ich ein Himmelserbe werd'.

Johann Anastasius Freylinghausen.

Morgenlied.

1 Johannis 1, v. 6. 7. So wir sagen, daß wir Gemeinschaft mit ihm haben und wandeln in Finsterniß; so lügen wir, und thun nicht die Wahrheit. So wir aber im Lichte wandeln, wie Er im Lichte ist; so haben wir Gemeinschaft unter einander, und das Blut Jesu Christi, seines Sohnes, macht uns rein von aller Sünde.

In eigener Melodie.

1382. Morgenglanz der Ewigkeit, Licht vom unerschöpften Lichte! schick' uns diese Morgenzeit deine Strahlen zu Gesichte und vertreib' durch deine Macht unsre Nacht.

2. Die bewölkte Finsterniß müsse deinem Glanz entfliehen, die durch Adams Apfelbiß über uns sich mußte ziehen, daß wir, Herr! durch deinen Schein selig seyn.

3. Deiner Güte Morgenthau fall' auf unser matt Gewissen, laß die dürre Lebensau' lauter süßen Trost genießen, und erquick' uns, deine Schaar, immerdar.

4. Gieb, daß deiner Liebe Glut unsre kalten Werke tödte, und erweck' uns Herz und Muth bei entstand'ner Morgenröthe, daß wir, eh' wir gar vergeh'n, recht aufsteh'n.

5. Laß uns ja das Sündenkleid durch des Bundes Blut vermeiden, daß uns die Gerechtigkeit möge wie ein Rock bekleiden, und wir so vor aller Pein sicher seyn.

6. Ach, du Aufgang aus der Höh'! gieb, daß auch am jüngsten Tage unser Leichnam aufersteh', und entfernt von aller Plage sich auf jener Freudenbahn freuen kann.

7. Leucht' uns selbst in jene Welt, du verklärte Gnadensonne! führ' uns durch das Thränenfeld in das Land der süßen Wonne, da die Lust, die uns erhöht, nie vergeht.

Christian Knorr v. Rosenroth.

Geduld und Freudigkeit im Leiden.

Jacobi 5, v. 10. 11. Nehmet, meine lieben Brüder, zum Exempel des Leidens und der Geduld, die Propheten, die zu euch geredet haben in dem Namen des Herrn. Siehe, wir preisen selig, die erduldet haben. Die Geduld Hiobs habt ihr gehöret, und das Ende des Herrn habt ihr gesehen; denn der Herr ist barmherzig und ein Erbarmer.

Mel. Alle Menschen müssen sterben.

1383. Muthig, muthig! bald errungen ist das Ziel von jeder Pein; bald ist jeder Schmerz verschlungen von der Freude, frei zu seyn, frei von Leiden und Gefahren! von der Freude, zu erfahren: unaussprechlich zärtlich liebt er, der uns im Leiden übt.

2. Ich will harren, hoffen, schweigen; mein Erbarmer ist mir nah'! will mich tiefanbetend neigen, wo ich leide: Gott ist da! Im Verborg'nen, wo ich weine, ist von meinen Thränen keine dem, der mich in Schwachheit stärkt, meinem Vater unbemerkt.

3. Deine Vateraugen blicken Gnad' und Trost auf mich herab; diese Lasten, die mich drücken, nimmst du, Vater! bald mir ab. Stärke bis zum letzten Tage mich, daß ich sie willig trage, wenn mein Herz verschmachten will, rufe: Kind! sey froh und still.

4. Jesus Christus trug im Staube duldend aller Leiden Last. Mich auch stärke Muth und Glaube, der die Ewigkeit umfaßt. Gott, mein Vater, sieht mein Leiden; Gott,

Gott, mein Vater, sieht die Freuden, die mein Leiden mir erzeugt, wenn mein Glaube duldend schweigt.

5. Fließt, ihr fließt vor Gott, ihr Thränen! Gott, Gott zählt euch alle — fließt! er, er weiß, daß all' mein Sehnen nur auf ihn gerichtet ist! er, er schlägt mir diese Wunden, zählt und wiegt des Leidens Stunden. Wer, wer kann mein stilles Fleh'n mehr vernehmen, mehr versteh'n?

6. Jeder Tag der Erde Leiden, welch ein Segen für mein Herz! Welche Saat von tausend Freuden jeder still gelitt'ne Schmerz! Ich will leiden, will nicht klagen, was mein Gott mir auflegt, tragen. Still, mein Herz! der Vater trägt, was er seinem Kind' auflegt.

7. Keine Leiden, keine Schmerzen drängen mich, o Gott, von dir! Du bist in den tiefsten Schmerzen unaussprechlich nahe mir, reinig'st mich durch heiße Leiden zum Genuß der reinsten Freuden; lenkest, reißest meinen Sinn ganz zu deinem Herzen hin.

8. Bald, bald kommt die letzte Stunde! meiner Thränen letzte bald; bald verschwindet Schmerz und Wunde; und der Gnade Stimme schallt: „sey erlöst von allen Banden! überstanden, überstanden! ewig frei von jeder Pein wirst du satt an Freuden seyn.

Johann Kaspar Lavater.

Verlangen nach Gott.

Psalm 25, v. 1—22. (v. 20.) Bewahre meine Seele und errette mich; laß mich nicht zu Schanden werden, denn ich traue auf dich.

Mel. Herr Jesu Christ, mein's Lebens Licht.

1384. Nach dir, o Herr! verlanget mich, du bist mein Trost, ich hoff' auf dich, ich hoff' und bin der Zuversicht, du werdest mich beschämen nicht.

2. Der wird zu Schanden, der dich schänd't und sein Gemüthe von dir wend't; der aber, der sich dir ergiebt und dich recht liebt, bleibt unbetrübt.

3. Herr! nimm dich meiner Seele an und führe sie die rechte Bahn, laß deine Wahrheit leuchten mir im Steige, der uns bringt zu dir.

4. Denn du bist ja mein ein'ges Licht, sonst weiß ich keinen Helfer nicht. Ich harre dein bei Tag und Nacht. Was ist's, das dich so säumend macht?

5. Ach, wende, Herr! dein' Augen ab von dem, was ich gesündigt hab', und denk' nicht an den Sündenlauf, den ich geführt von Jugend auf.

6. Gedenk', o meines Lebens Hort! an deine Güt'; o süßes Wort! mit dem dein Herz zu trösten pflegt das, was sich dir zu Füßen legt.

7. Der Herr ist fromm und herzlich gut dem, der sich prüft und Buße thut; wer seinen Bund und Zeugniß hält, der wird erhalten, wenn er fällt.

8. Ein Herz, das Gott von Herzen scheut, das wird in seinem Leid erfreut und wenn die Noth am tiefsten steht, so wird sein Kreuz zur Wonn' erhöht.

9. Nun, Herr! ich bin dir wohl bekannt, mein Geist, der schwebt in deiner Hand, du siehst, wie meine Seele thränt und sich nach deiner Hülfe sehnt.

10. Die Angst, so mir mein Herze bringt und daraus so viel Seufzer zwingt, ist groß; Du aber bist der Mann, dem nichts zu groß entstehen kann.

11. Drum sieht mein Auge stets nach dir und trägt dir mein Begehren für. Ach laß doch, wie du pflegst zu thun, dein Aug' auf meinen Augen ruhn.

12. Wenn ich dein darf, so wende nicht von mir dein Aug' und Angesicht, laß deiner Antwort Gegenschein mit meinem Beten stimmen ein.

13. Die Welt ist falsch, du bist mein Freund, der's treulich und von Herzen meint; der Menschen Gunst steht nur im Mund', du aber liebst von Herzensgrund'.

14. Zerreiß' die Netz', heb' auf die Strick' und brich des Feindes List und Tück'; und wenn mein Unglück ist vorbei, so gieb, daß ich auch dankbar sey.

15. Laß mich in deiner Furcht bestehn, fein schlecht und recht stets einhergehn, gieb mir die Einfalt, die dich ehrt und lieber duldet, als beschwert.

16. Regier' und führe mich zu dir, auch and're Christen neben mir: nimm, was dir mißfällt, von uns hin, gieb neue Herzen, neuen Sinn.

17. Wasch' ab all unsern Sündenkoth, erlös' aus aller Angst und Noth, und führ' uns bald mit Gnaden ein zum ew'gen Fried'- und Freudenschein.

Paul Gerhardt.

Von der seligen Ewigkeit.

Jacobi 1, v. 12. Selig ist der Mann, der die Anfechtung erduldet; denn, nachdem er bewähret ist, wird er die Krone des Lebens empfangen, welche Gott verheißen hat denen, die ihn lieb haben.

Mel. Wer nur den lieben Gott läßt walten.

1385. Nach einer Prüfung kurzer Tage erwartet uns die Ewigkeit. Dort, dort verwandelt sich die Klage in göttliche Zufriedenheit. Hier übt die Tugend ihren Fleiß, und jene Welt reicht ihr den Preis.

2. Wahr ist's, der Fromme schmeckt auf Erden schon manchen sel'gen Augenblick; doch alle Freuden, die ihm werden, sind ihm ein unvollkommnes Glück. Er bleibt ein Mensch, und seine Ruh' nimmt in der Seele ab und zu.

3. Bald stören ihn des Körpers Schmerzen, bald das Geräusche dieser Welt; bald kämpft in seinem eignen Herzen ein Feind, der öfter siegt als fällt; bald sinkt er durch des Nächsten Schuld in Kummer und in Ungeduld.

4. Hier, wo die Tugend öfters leidet, das Laster öfters glücklich ist; wo man den Glücklichen beneidet, und des Bekümmerten vergißt; hier kann der Mensch nie frei von Pein, nie frei von eigner Schwachheit seyn.

5. Hier such' ich nur, dort werd' ich's finden; dort werd' ich heilig und verklärt des Glaubens ganzen Werth empfinden, den unaussprechlich großen Werth; den Gott der Liebe werd' ich seh'n, ihn lieben, ewig ihn erhöh'n.

6. Da wird des Vaters heil'ger Wille mein Will' und meine Wohlfahrt seyn; und lieblich Wesen, Heil und Fülle am Throne Gottes mich erfreun. Dann läßt Gewinn stets auf Gewinn mich fühlen, daß ich ewig bin.

7. Da werd' ich das im Licht erkennen, was ich auf Erden dunkel sah', das wunderbar und heilig nennen, was unerforschlich hier geschah', da denkt mein Geist mit Preis und Dank die Schickung im Zusammenhang.

8. Da werd' ich zu dem Throne dringen, wo Gott, mein Heil, sich offenbart; ein Heilig, Heilig, Heilig! singen dem Lamme, das erwürget ward; wo Cherubim und Seraphim und alle Himmel jauchzen ihm.

9. Da werd' ich in der Engel Schaaren mich ihnen gleich und heilig sehn, das nie gestörte Glück erfahren, mit Frommen stets fromm umzugehn. Da wird durch jeden Augenblick ihr Heil mein Heil, mein Glück ihr Glück.

10. Da werd' ich dem den Dank bezahlen, der Gottes Weg mich gehen hieß, und ihn zu Millionenmalen noch segnen, daß er mir ihn wies; da find' ich in des Höchsten Hand den Freund, den ich auf Erden fand.

11. Da ruft (o möchte Gott es geben!) vielleicht auch mir ein Sel'ger zu: Heil sey dir! denn du hast mein Leben, die Seele mir gerettet, du! O Gott, wie muß das Glück erfreu'n, der Retter einer Seele seyn!

12. Was seyd ihr Leiden dieser Erden doch gegen jene Herrlichkeit, die offenbart an uns soll werden von Ewigkeit zu Ewigkeit! wie nichts, wie gar nichts gegen sie ist doch ein Augenblick voll Müh!

Christian Fürchtegott Gellert.

Weihnachtslied.

Lucä 2, v. 15. Lasset uns nun gehen gen Bethlehem, und die Geschichte sehen, die da geschehen ist, die uns der Herr kund gethan hat.

Mel. O du Liebe meiner Liebe.

1386. Nah't heran zur armen Krippe, seh't, hier liegt der Gottessohn! Ihn besang mit froher Lippe alter Seher Hoffnung schon. Heiland! nennt den Neugebornen freudenvoll der Engel Heer. Darum jauchzet, ihr Verlornen; und ihr Sünder, zagt nicht mehr!

2. Nicht erschien der Herr im Wetter; hier im Kindlein ist er nah'; und der längst verheiß'ne Retter, Hallelujah! er ist da. Sollt' euch nicht das Kindlein rühren? Denn durch kindliches Gefühl euch zu Gott zurückzuführen, das ist seines Kommens Ziel.

3. Kommt, ihn liebend zu empfahen, hoher Gottesliebe Pfand! Liebend will er euch sich nahen, aus der Liebe Schooß gesandt; will euch euren Stamm verbrüdern durch den neuen Bund'sverein, euch, als Eines Leibes Gliedern, Herz und Haupt und Leben seyn.

4. Sinkt hinab, ihr stolzen Höhen! steigt, ihr niedern Thäler, steigt! staunt, das Himmelskind zu sehen, bis zur Kripp' hinabgeneigt. Ausgeleert vom Thronenglanze, krönt sich gern des Höchsten Sohn mit der Lieb' und Demuth Kranze: Lieb' und Demuth sey sein Lohn.

5. Vater, der den Sohn gegeben, Dank und Hallelujah dir! der du kannst mit uns

zu leben, Sohn! nimm Preis und Dank dafür. Gott mit uns! voll Gnad' und Wahrheit, führ' uns deiner Liebe Bahn, und mit deines Geistes Klarheit leucht' uns fröhlich himmelan. Karl Bernhard Garve.

Trost der Sündenvergebung.

Epheser 4, v. 7. Einem Jeglichen aber unter uns ist gegeben die Gnade nach dem Maaß der Gabe Christi.

Mel. Es ist das Heil uns kommen her.

1387. Nehmt gläubig an, was Gott verleiht, des Himmelreiches Gaben; ihr sollt vom Herrn der Herrlichkeit Licht, Liebe, Leben haben! Ja, über Alle reich ist er; je ärmer ihr, je reicher er; wer bittet, soll empfangen.

2. Nehmt's dankbar an, wenn Gott verzeiht; hat er es doch verheißen. Längst war die Gnade schon bereit, der Schuld euch zu entreißen. Heil dem, der sich zu flehn nicht schämt! so flehet denn um Gnade! Nehmt von Christo sel'gen Frieden!

3. Nehmt willig an, was Gott euch beut, ihr, die ihr weint auf Erden! O, wenn nur Er das Herz erfreut: was sind der Zeit Beschwerden? sind eurer Leiden noch so viel, Gott setzet ihnen Maaß und Ziel, schenkt Freuden auch ohn' Ende.

4. Nehmt muthvoll an, was Gott euch beut, ihr, die ihr kämpft mit Sünden; er ist es, der das Herz erneut, er hilft euch überwinden. Er nimmt das Böse, das euch quält; er giebt das Gute, das euch fehlt, in ihm seyd ihr vollkommen!

5. Nehmt sterbend einst die Seligkeit, in Christo ew'ges Leben! zu Erben will in Ewigkeit euch seine Gnad' erheben. Dort strömt die Füll' aus Gottes Meer, dort fließen keine Thränen mehr, dort stillt sich jede Klage. Karl August Doring.

Gebet.

Matthäi 9, v. 5. Stehe auf und wandle.

Mel. Es ist das Heil uns kommen her.

1388. Nicht Gränzen, Herr! hat deine Macht, nicht deine Güte Schranken. Du sprichst: es sey! und Tag wird Nacht, gesund ein Heer von Kranken. Vertrauen nur, sonst willst du nichts, ein Machtblick deines Angesichts vertilgt das tiefste Elend.

2. Sprich nur Ein Wort! so hab' ich Muth, so hab' ich Kraft zu wandeln; durch Glauben an dich werd' ich gut, wird's leicht mir, fromm zu handeln. Vertrauen nur, sonst willst du nichts, o Quell der Wahrheit und des Lichts! o stärke mein Vertrauen. Johann Kaspar Lavater.

Der Sieg des Glaubens.

1 Joh. 5, v. 5. Wer ist aber, der die Welt überwindet, ohne der da glaubet, daß Jesus Gottes Sohn ist?

Mel. Alle Menschen müssen sterben.

1389. Nicht nur streiten, überwinden muß, wer nach der Krone ringt. Ernstvoll ist der Kampf der Sünden; nur der treue Kämpfer singt an dem Ziele Siegeslieder; er nur schaut mit Wonne nieder auf des heißen Streit's Gefahr, in der seine Seele war.

2. Jesus Christus! überwunden haben deine Märtyrer; banger waren jene Stunden ihres Kampfs; sie stritten mehr, als ich jemals streiten werde: denn dein Heiligthum, die Erde, die erlöste Erde ruht, trieft nicht mehr von Menschenblut.

3. Ueberwunden, überwunden hast du, Herr der Herrlichkeit! Todesschweiß und Blut und Wunden, ew'ger Tod, das war dein Streit! Ganz hast du den Kelch getrunken; aber ohne Muth versunken unter'm ewigen Gericht bist du, großer Mittler, nicht.

4. Wer kann sein Geheimniß fassen? wer? wie hoch er sich auch schwang. Gott, sein Gott hat ihn verlassen, als er mit dem Tode rang. Dennoch war Triumph sein Ende. Eil', mein Geist, in Gottes Hände! rief er, rief schon in der Nacht seines Tod's: es ist vollbracht!

5. Was sind meine kurze Leiden gegen die, die Christus litt! und was gegen jene Freuden, die mir Christi Tod erstritt! und doch folg' ich dir mit Beben? — Durchzudringen in dein Leben, gieb mir, der du für mich strittst, für mich unaussprechlich littst! Friedrich Gottlieb Klopstock.

Jesus bei uns im Leben und im Tode.

Psalm 91, v. 15. Ich bin bei ihm in der Noth.

Mel. Herr Jesu Christ, mein's Lebens Licht.

1390. Nichts Besser's ist auf dieser Welt, Nichts meinem Herzen mehr gefällt, als wenn ich meinen Jesum hab' und mit ihm meine Seele lab'.

2. Ohn' Jesum ist mein Herze matt, ohn' ihn mein Geist kein' Ruh' mehr hat, all' meine Sinne sind betrübt und auf der Welt mir nichts beliebt.

3. Wenn ich gleich hätte alles Gut, das Vielen machet hohen Muth, und hätte meinen Jesum nicht, so wär's so viel, als hätt' ich's nicht.

4. Wer Jesum nicht hat in der Noth, wer Jesum nicht hat in dem Tod, der lebt und stirbet ohne Gott, wird ewiglich zu Hohn und Spott.

5. Wenn Jesus aber bei mir ist, wenn ich ihn hab' zu aller Frist, wenn sein Verdienst mir wird zu Theil, so hat mein Herze Trost und Heil.

6. Wenn Jesus mich im Wort anblickt, so wird mein' arme Seel' erquickt, wenn er mir giebt sein'n Leib und Blut, so wird mir wieder wohl zu Muth'.

7. Mit Jesu wird das größte Leid verkehrt in lauter Wonn' und Freud'; Jesus vertreibt der Schwermuth Pein und machet mich von Sünden rein.

8. Auf Jesum sich mein Glaube gründ't, in ihm bin ich ein selig Kind; mit Jesu ich recht beten kann, daß Gott mich nimmt zu Gnaden an.

9. Durch Jesum ich gesegnet werd', so lang' ich leb' auf dieser Erd'. Es geh', wie wunderlich es geh', mit ihm auch ich im Kreuz besteh'.

10. Jesus, der wunder-starke Held, den bösen Feind zu Boden fällt und schafft mir vor ihm Sicherheit hier und in alle Ewigkeit.

11. Ja, wenn's mit mir zum Sterben kommt: sich Jesus meiner wohl annimmt; mein' Seel' führt er ins Himmelreich und bringt ins Grab zur Ruh' die Leich'.

12. Am jüngsten Tag, wenn ich erwach', wird er ausführen meine Sach', bei dem Gericht vertreten mich und zu sich nehmen ewiglich.

13. Da werd' ich ewig bei ihm seyn, ihn loben mit den Engelein und mit der auserwählten Schaar sein Antlitz schauen immerdar.

14. Ach Jesu! ja nicht von mir weich', daß mich der Satan nicht erschleich'! O Jesu! nimm dich meiner an, damit ich selig werden kann.

15. Wenn mir der Feind die Sünd' aufdeckt und mit der Höllen-Strafe schreckt; so biet' du ihm, o Jesu! Trutz; laß deine Wunden seyn mein Schutz.

16. In deine Wunden schließ' mich ein, daß ich durch dich kann sicher seyn, und wenn ich nicht mehr reden kann, so nimm den letzten Seufzer an.

17. Wenn meine Ohren nicht mehr hör'n, so laß den heil'gen Geist mich lehr'n, wenn meine Augen sehen nicht, so bleib, o Jesu! du mein Licht.

18. Jesu! an meinem letzten End' nimm meine Seel' in deine Händ'. Laß mich seyn deines Trostes voll, so ist mir hier und dorten wohl.

Für Wittwen und Waisen.

Psalm 146, v. 8. 9. Der Herr richtet auf, die niedergeschlagen sind; der Herr liebet die Gerechten. Der Herr behütet die Fremdlinge und Waisen und erhält die Wittwen.

Mel. Freu' dich sehr, o meine Seele.

1391. Nichts Betrübter's ist auf Erden, nichts kann so zu Herzen geh'n, als wenn arme Wittwen werden, wenn verlass'ne Waisen stehn, ohne Vater, ohne Muth, ohne Freunde, ohne Gut; Wittwen sind verlass'ne Frauen, wer thut auf die Waisen schauen?

2. Wo die Zäune sind zerlücket, Jedermann hinübersteigt, auch ein Kind die Früchte pflücket, da die Aeste sind gebeugt. Wo die Mauern sind gespalt't, da find't sich der Feind gar bald; wem der Schirm und Schatten weichet, den die Hitze bald erreichet.

3. Also müssen stets die Armen leiden unter Ungemach, ihrer Wen'ge sich erbarmen, Wittwen schreien Weh' und Ach über den, der sie oft preßt und in Nöthen stecken läßt. Waisen müssen sich oft schmiegen, Andern unter Füßen liegen.

4. Also muß es hier ergehen in der Welt auch mir und dir; Waisen müssen traurig stehen, Wittwen müssen leiden hier; denn wie könnte Gott sonst mein und der Deinen Vater seyn? Sonsten wäre Gott nicht Richter und der Waisen Sache Schlichter.

5. Zwar der armen Wittwen Thränen fließen wohl in Drang und Schmerz, dennoch ihre Seufzer stöhnen bis in Gottes Vaterherz, schreien über solchen Mann, der die Wittwen ängsten kann, bis der höchste Gott das endet und den Wittwen Hülfe sendet.

6. Wittwen sind in Gottes Armen, Waisen sind in Gottes Schooß, ihrer will er sich erbarmen, wär' die Noth auch noch so groß; ein solch ungerechter Mann tastet Gottes Augen an, der die armen Waisen drücket und der Wittwen Herz bestricket.

7. Wenn sie bleiben in den Schranken, darin Gott sie hat gestellt, und von seiner Treu' nicht wanken, weil er sich zu ihnen hält, sollen sie im Himmelsschloß werden alles Kummers los, da soll nicht mehr wie auf Erden, Wittwennoth gehöret werden.

M. Michael Hunold.

Christliche Zufriedenheit.

1 Timotheum 6, v. 6. Es ist aber ein großer Gewinn, wer gottselig ist und lässet ihm genügen.

In eigener Melodie.

1392. Nicht so traurig, nicht so sehr, meine Seele! sey betrübt, daß dir Gott Glück, Gut und Ehr' nicht so viel wie Andern giebt; nimm fürlieb mit deinem Gott: hast du Gott, so hat's nicht Noth.

2. Du, wie jedes Menschenkind, hast kein Recht in dieser Welt; Alle, die geschaffen sind, sind nur Gäst' im fremden Zelt: Gott ist Herr in seinem Haus', wie er will, so theilt er aus.

3. Bist du doch darum nicht hier, daß die Erd' du haben sollt; schau' den Himmel über dir: da, da ist dein edles Gold, da ist Ehre, da ist Freud', Freud' ohn' End', Ehr' ohne Neid.

4. Der ist thöricht, der sich kränkt um ein' Hand voll Eitelkeit, wenn ihm Gott dagegen schenkt Schätze der Beständigkeit; bleibt der Centner dein Gewinn, fahr' der Heller immer hin!

5. Schaue alle Güter an, die dein Herz für Güter hält, Keines mit dir gehen kann, wenn du gehest aus der Welt; Alles bleibet hinter dir, wenn du trittst in's Grabes Thür;

6. Aber, was die Seele nährt, Gottes Huld und Christi Blut, wird von keiner Zeit verzehrt, ist und bleibet all'zeit gut. Erdengut zerfällt und bricht, Seelengut das schwindet nicht.

7. Ach, wie bist du doch so blind und im Denken unbedacht! Augen hast du, Menschenkind! und hast doch noch nie betracht't deiner Augen helles Glas: siehe, welch ein Schatz ist das!

8. Zähle deine Finger her, und der andern Glieder Zahl, Keins ist, das dir unwerth wär', ehrst und liebst sie allzumal, Keines gäbst du weg um Gold, wenn man dir's abnehmen wollt'.

9. Nun, so gehe in den Grund deines Herzens, das dich lehrt, wie viel Gutes alle Stund' dir von oben wird beschert; du hast mehr als Sand am Meer, und willst doch noch immer mehr.

10. Wüßte der im Himmel lebt, daß dir's wäre nütz' und gut, wonach so begierlich strebt dein verblend'tes Fleisch und Blut, würde seine Frömmigkeit dich nicht lassen unerfreut.

11. Gott ist deiner Liebe voll und von ganzem Herzen treu; wenn du wünschest, prüft er wohl, wie dein Wunsch beschaffen sey; ist dir's gut, so geht er's ein, ist's dein Schade, spricht er: nein!

12. Unterdessen trägt sein Geist dir in deines Herzens Haus Manna, das die Engel speis't, ziert und schmückt es herrlich aus; ja er wählet dir zum Heil dich zu seinem Gut und Theil.

13. Ei, so richte dich empor, du betrübtes Angesicht! laß dein Seufzen, nimm hervor deines Glaubens Freudenlicht, das behalt', wenn dich die Nacht deines Kummers traurig macht.

14. Setze als ein Himmelssohn deinem Willen Maaß und Ziel, rühre stets vor Gottes Thron deines Dankes Saitenspiel, weil dir schon gegeben ist viel mehr als du würdig bist.

15. Führe deinen Lebenslauf all'zeit Gottes eingedenk; wie es kommt nimm Alles auf als ein wohl-bedacht Geschenk, geht dir's widrig, laß es gehn: Gott im Himmel bleibt dir stehn!

Paul Gerhardt.

Von den Gnadenwohlthaten Gottes.

Römer 8, v. 1. So ist nun nichts Verdammliches an denen, die in Christo Jesu sind, die nicht nach dem Fleisch wandeln, sondern nach dem Geist.

Mel. Freu' dich sehr, o meine Seele.

1393. Nichts Verdammlich's ist an denen, die in Christo Jesu sind; darum stille die Fluth der Thränen, die aus deinen Augen rinnt. Weintest du gleich tausend Jahr', ei! so würdest du fürwahr für die kleinste deiner Sünden dadurch doch kein Mittel finden.

2. Schaue nur nach Christi Blute; dieses, dieses macht dich rein: das soll, bei zerknirschtem Muthe, dein erquickend Labsal seyn. Er ruft selber: Komm herzu, daß dein Glaube sich zur Ruh' hier in meine Wunden lege und dich Nichts verdammen möge.

3. Was soll dich verdammen können? Gott ist hier und macht gerecht. Ist wohl eine Schuld zu nennen, welche der gerechte Knecht, Jesus Christus nicht gebüßt? Wie er Aller Heiland ist, also bleibet er alleine auch insonderheit der deine.

4. Sein Verdienst ist dir gegeben in dem Evangelio; seine Gnade, Heil und Leben machen hier die Seele froh, hier schließt Jesu Herz sich auf; drum vertraue fest darauf, daß an dir, hast du gleich Sünden, nichts Verdammliches zu finden.

5. Schon im heil'gen Wasserbade hat dich sein Verdienst geschmückt, und das Zeichen seiner Gnade, Gottes Bild dir eingedrückt. Nunmehr bist du Gottes Kind, drum sey immer treu gesinnt; denn Gott wird — hast du gleich Sünden — nichts Verdammlich's an dir finden.

6. Sein Verdienst wird dir geschenket, da sein wahrer Leib dich speis't und sein wahres Blut dich tränket. Was sich hier für Liebe weis't, spricht sogar kein Engel aus. Darum folgt gewiß daraus, daß an dir und deinen Sünden nichts Verdammliches zu finden.

7. Nun getrost! auf solchen Glauben leb' und sterb' ich als ein Christ. Ihn soll mir kein Teufel rauben, ob er noch so grausam ist. Nichts Verdammlich's ist an mir, denn mein Heiland, mein Panier, spricht mich frei von jenen Flammen, so daß nichts mich kann verdammen.

8. O mein liebster Jesu! leiste, leiste Kraft nach deiner Treu', daß mein Wandel nach dem Geiste, und nicht nach dem Fleische sey. Also steh' ich allemal sicher in der Gnadenwahl, und ich fass' den Trost zusammen: Nichts kann mich in dir verdammen.

In einer schweren Stunde.

Psalm 6, v. 3. Herr, sey mir gnädig, denn ich bin schwach.

Mel. O du Liebe meiner Liebe.

1394. Nicht verschmachten, nicht versinken laß uns, Vater, der uns kennt. Vater! ach, du darfst nur winken und das Elend hat ein End'. Ach! in unsre Nächte sende einen Strahl nur deines Lichts! halten uns nicht deine Hände, wir sind Ohnmacht; wir sind Nichts.

2. Muthlos sind wir, wenn nicht neue Gnade von dir niederfließt. Glauben gieb, daß deine Treue immerdar dieselbe ist! Laß uns deine Kraft erringen, neuen Muth von dir erflehn, Alles glaubensvoll durchdringen, glauben, bis wir Spuren*) sehn.

*) deiner Gnade.

3. Auch ein Funken ist dir theuer; du zerbrichst kein welkes Rohr.*) Hauch' den Funken an zum Feuer, richt' das welke Rohr empor! Nur um einen Hauch von Stärke, flehen wir, aus deinem Mund, daß das Herz dich, Vater! merke; mach', o Vater, dich uns kund!

*) Matth. 12, v. 20.

Johann Kaspar Lavater.

Von der Annahme tiefgebeugter Sünder.

Römer 5, v. 20. Wo aber die Sünde mächtig geworden ist, da ist doch die Gnade viel mächtiger geworden.

Mel. Seelen-Bräutigam.

1395. Nimmst du mich noch an? treuer Heiland, kann nach so langem Widerstreben deine Liebe noch vergeben, was ich frech gethan? Nimmst du mich noch an?

2. „Ich erbarme mich;" so erklärst du dich; „darum ist mein Blut geflossen, Keiner wird hinaus gestoßen, komm und beuge dich; ich erbarme mich."

3. Ach, ich bin's nicht werth! — Wie dein Wort mich lehrt, hilfst du willig und mit Ehre dem, der noch so elend wäre, wenn er sich bekehrt. Ach, ich bin's nicht werth.

4. Freilich fiel ich tief, träumte und verschlief meine schönsten Gnadenstunden, machte dem Gewissen Wunden, taub, wenn man mich rief, freilich fiel ich tief;

5. Aber du bist treu, machst von Banden frei, die mich ins Verderben ziehen; ich von selbst kann nicht entfliehen; du gebierst mich neu. Jesu, du bist treu.

6. Wär' die Noth auch groß: Krank', Arm', Blind' und Bloß', Alle heilst du, die du findest; der, mit dem du dich verbindest, wird von Sünden los, wär' die Noth auch groß.

7. Wie die Schuld auch drückt, schwer, daß man erschrickt, wird sie doch von dir vergeben und hier, wie in jenem Leben, nichts mehr aufgerückt von der Schuld, die drückt.

8. Trost und Freude nahm, wer je zu dir kam; wer sich dir zu Füßen leget, wird, wenn er sein Glück erwäget, schnöder Weltlust gram. Heil, wer zu dir kam!.

9. Wir bewundern dich, o, wie preiset sich dein barmherziges Verfahren gegen die,

se Feinde waren;*) ja, es trifft auch mich; wir bewundern dich. *) Röm. 5, v. 8

10. Kommt, Verlorne, her! zaudert doch nicht mehr! wollt ihr Trost und Frieden missen? Nichts von dem Erlöser wissen? Euer Heil ist er! kommt, Verlorne, her!

11. Großer Sünderfreund! bricht mein Herz und weint heiß um Gnade; so erprobe sie an mir zu neuem Lobe. Ich, mit dir vereint, dank' dir, Sünderfreund!

Johann Gottfried Schöner.

Bei allgemeiner Noth.

Esra 8, v. 22. Die Hand unsers Gottes ist zum Besten über Alle, die ihn suchen.

Mel. Vater unser im Himmelreich.

1396. Nimm von uns, Herr, du treuer Gott! die schwere Straf' und große Noth, die wir mit Sünden ohne Zahl verdienet haben allzumal. Behüt' vor Krieg und theurer Zeit, vor Seuchen, Feu'r und großem Leid!

2. Erbarm' dich deiner bösen Knecht', wir bitten Gnad' und nicht das Recht; denn so du, Herr! den rechten Lohn uns geben wollt'st nach unserm Thun: so müßt' die ganze Welt vergehn und könnt' kein Mensch vor dir bestehn.

3. Ach, Herr Gott! durch die Treue dein mit Trost und Rettung uns erschein', beweis' an uns dein' große Gnad', und straf' uns nicht auf frischer That, wohn' uns mit deiner Güte bei; dein Zorn und Grimm fern von uns sey.

4. Warum willst du so zornig seyn über uns arme Würmelein? weißt du doch wohl, Erlöser werth! daß wir nichts sind als Staub und Erd'; es ist ja vor dein'm Angesicht verborgen unsre Schwachheit nicht.

5. Die Sünd' hat uns verderbet sehr, der Teufel plagt uns noch viel mehr, die Welt, auch unser Fleisch und Blut, uns allezeit verführen thut, solch Elend kennst du, Herr! allein, ach laß es dir befohlen seyn!

6. Gedenk' an dein's Sohn's bittern Tod, sieh' an sein' heil'ge Wunden roth, die sind ja für die ganze Welt die Zahlung und das Lösegeld, deß trösten wir uns allezeit und hoffen auf Barmherzigkeit.

7. Leit' uns mit deiner rechten Hand und segne unsre Stadt und Land, gieb uns all'zeit dein heil'ges Wort, behüt' vor's Teufels List und Mord, verleih' ein sel'ges Stündelein, auf daß wir ewig bei dir seyn.

Martin Moller.

Glaubenskraft wider alles Zagen.

Jesaia 54, v. 10. Es sollen wohl Berge weichen und Hügel hinfallen; aber meine Gnade soll nicht von dir weichen, und der Bund meines Friedens soll nicht hinfallen, spricht der Herr, dein Erbarmer.

Mel. Herr Jesu Christ, ich weiß gar wohl.

1397. Noch dennoch mußt du drum nicht ganz in Traurigkeit versinken, Gott wird des süßen Trostes Glanz schon wieder lassen blinken. Steh' in Geduld, wart' in der Still' und laß Gott machen, wie er will; Er kann's nicht böse machen.

2. Ist denn dies unser erstes Mal, daß wir betrübet werden? wir haben ja viel Angst und Qual bisher gehabt auf Erden! Wir sind wohl mehr so hoch gekränkt und doch hat Gott uns drauf geschenkt ein Stündlein voller Freuden.

3. Es ist auch Gottes Meinung nicht, wenn er uns Unglück sendet, als sollte drum sein Angesicht ganz von uns seyn gewendet; nein, sondern dieses ist sein Rath, daß der, so ihn verlassen hat, durch's Unglück wiederkehre.

4. Denn das ist unsers Fleisches Muth, wenn wir in Freuden leben, daß wir dann unserm höchsten Gut am ersten Urlaub geben; wir sind von Erd' und halten werth viel mehr, was hier ist auf der Erd', als was im Himmel wohnet.

5. Drum fährt uns Gott durch unsern Sinn und läßt uns Weh' geschehen, er nimt oft, was uns lieb, dahin, damit wir aufwärts sehen und uns zu seiner Güt' und Macht, die wir bisher nicht groß geacht't, als Kinder wieder finden.

6. Thun wir nun das, ist er bereit, uns wieder anzunehmen, macht aus dem Leide lauter Freud' und Lachen aus dem Grämen; und ist ihm das gar schlechte Kunst: wen er umfängt mit Lieb' und Gunst, dem ist geschwind geholfen.

7. Drum falle du, betrübtes Heer! in Demuth vor ihm nieder, sprich: Herr! wir geben dir die Ehr', ach! nimm uns Sünder wieder in deine Gnade, reiß' die Last, die du uns aufgeleget hast, hinweg, heil' unsern Schaden!

8. Denn Gnade gehet doch vor Recht, Zorn muß der Liebe weichen, wenn wir erliegen, muß uns schlecht*) Gott sein Erbarmen reichen; dies ist die Hand, die uns erhält, wo wir die lassen, bricht und fällt all unser Thun in Haufen. *) gewiß.

9. Auf Gottes Liebe mußt du stehn und dich nicht lassen fällen, wenn auch der Himmel ein wollt' gehn und alle Welt zerschellen. Gott hat uns Gnade zugesagt, sein Wort ist klar: wer sich drauf wagt, dem kann es nimmer fehlen.

10. So darfst du auch an seiner Kraft gar keinen Zweifel haben. Wer ist's, der alle Dinge schafft? wer theilt aus alle Gaben? Gott thut's und der ist auch der Mann, der Rath und Mittel finden kann; wenn Jedermann verzaget.

11. Däucht dir die Hülf' unmöglich seyn, so sollst du gleichwohl wissen: Gott räumt uns dieses nimmer ein, daß er sich lass' einschließen in unsers Sinnes Blödigkeit, sein Arm ist frei, thut jederzeit viel mehr, als wir verstehen.

12. Was ist sein ganzes werthes Reich, als lauter Wundersachen? Er hilft und bau't, wenn wir uns gleich deß gar kein' Hoffnung machen, und das ist seines Namens Ruhm, den du, wenn du sein Heiligthum willst sehen, ihm mußt geben.

Paul Gerhardt.

Pfingstlied.

Apost. Gesch. 19, v. 2. Habt ihr den heiligen Geist empfangen, da ihr gläubig geworden seyd?

In eigener Melodie.

1398. Nun bitten wir den heiligen Geist um den rechten Glauben allermeist, daß er uns behüte an unserm Ende, wenn wir heimfahr'n aus diesem Elende. Kyrieleis!

2. Du werthes Licht! gieb uns deinen Schein; lehr' uns Jesum Christum erkennen allein; daß wir an ihm bleiben, dem treuen Heiland, der uns g'bracht hat zu dem rechten Vaterland. Kyrieleis!

3. Du süße Lieb'! schenk' uns deine Gunst, laß uns empfinden der Liebe Brunst, daß wir uns von Herzen einander lieben und in Fried'n auf einem Sinne bleiben. Kyrieleis!

4. Du höchster Tröster in aller Noth! hilf, daß wir nicht fürchten Sch[illegible]nd' noch Tod, daß in uns die Sinne nicht gar verzagen, wenn der Feind das Leben wird verklagen. Kyrieleis!

Ein altes Lied, durch
D. Martin Luther verbessert.
Vers 1. Original.

Zum Schluß des Gottesdienstes.

1 Thessalonicher 5, v. 23. Er aber, der Gott des Friedens, heilige euch durch und durch, und euer Geist ganz, sammt Seele und Leib, müsse behalten werden unsträflich auf die Zukunft unsers Herrn Jesu Christi.

Mel. Nun danket alle Gott.

1399. Nun bittet alle Gott, mit Herz und Mund und Händen, daß er uns seinen Geist vom Himmel wolle senden, der bei uns sey und bleib', nach seinem theuren Wort, schon jetzt und allezeit, hier und an jedem Ort.

2. Nun bittet alle Gott, daß er uns Sünder schone, daß er uns gnädig sey in Jesu, seinem Sohne; daß er an seine Kirch' in mildem Segen denk' und uns einst einen Platz bei seinen Engeln schenk'.

3. Ach ja, Herr! lehre uns, so sind wir recht gelehret. Ach, Herr! bekehre uns, so sind wir recht bekehret. Ach Heiland! heile uns, so sind wir ewig heil, dein Blut sey unser Trost, dein Geist sey unser Theil.

4. Es segne uns der Herr, der Urquell aller Güter, Israels Arzt und Hort, sey unser Hort und Hüter. Es leuchte über uns sein Gnaden-Angesicht, sein Friede sey auf uns in Ewigkeit gericht't!

Abendlied am Sonntage.

Psalm 149, v. 5. 6. Die Heiligen sollen fröhlich seyn, und preisen und rühmen auf ihren Lagern, ihr Mund soll Gott erhoben.

Mel. Nun sich der Tag geendet hat.

1400. Nun bricht die finstre Nacht herein, des Tages Glanz ist todt; jedoch, mein Herz! schlaf' noch nicht ein, geh', sprich zuvor mit Gott.

2. O Gott! du großer Herr der Welt! den Niemand sehen kann, du siehst ja mich in deinem Zelt, hör' auch mein Seufzen an.

3. Der Tag, den ich nunmehr vollbracht, der war besonders dein: drum hätt' er auch bis in die Nacht mir sollen heilig sein.

4. Vielleicht ist dieses nicht geschehn; denn ich bin Fleisch und Blut, und pfleg' es öfters zu versehn, ist gleich der Wille gut.

5. Nun such' ich deinen Gnadenthron; sieh' unsre Schuld nicht an und denke, daß dein lieber Sohn für uns genug gethan.

6. Schreib' Alles, was man heut' gelehrt, in unsre Herzen ein, und lasse die, so es gehört, dir auch gehorsam seyn.

7. Erhalte ferner noch dein Wort, und thu' uns immer wohl; damit man stets an diesem Ort Gott diene, wie man soll.

8. Indessen such' ich meine Ruh'; o Vater! steh' mir bei und gieb mir deinen Engel zu, daß er mein Wächter sey.

9. Gieb Allen eine gute Nacht, die heute recht gelebt, und bess're den, der unbedacht hat wider Gott gestrebt.

10. Wofern dir auch mein Thun gefällt, so hilf mir morgen auf, daß ich noch ferner in der Welt vollbringe meinen Lauf.

11. Und endlich führe, wenn es Zeit, mich in den Himmel ein, da wird in deiner Herrlichkeit mein Sabbath ewig seyn.

Kaspar Neumann.

Lob- und Danklied.

Sirach 50, v. 24 — 26. Nun danket Alle Gott, der große Dinge thut an allen Enden, der uns von Mutterleibe an lebendig erhält und thut uns alles Gutes. rc.

In eigener Melodie.

1401. Nun danket Alle Gott mit Herzen, Mund' und Händen, der große Dinge thut an uns und allen Enden; der uns von Mutterleib' und Kindesbeinen an unzählig viel zu gut, und noch jetzo gethan.

2. Der ewig-reiche Gott woll' uns bei unserm Leben ein immer fröhlich's Herz und edlen Frieden geben, und uns in seiner Gnad' erhalten fort und fort, und uns aus aller Noth erlösen hier und dort.

3. Lob, Ehr' und Preis sey Gott, dem Vater und dem Sohne und auch dem heil'gen Geist im hohen Himmelsthrone! dem dreieinigen Gott, als der im Anfang war, und ist und bleiben wird jetzund und immerdar!

M. Martin Rinkart.

Lob- und Danklied.

Psalm 136, v. 3 4. Danket dem Herrn aller Herren, denn seine Güte währet ewiglich; der große Wunder thut allein.

Mel. Lobt Gott, ihr Christen allzugleich.

1402. Nun danket All' und bringet Ehr', ihr Menschen in der Welt! Gott', dessen Lob der Engel Heer im Himmel stets vermeld't. :,:

2. Ermuntert euch und singt mit Schall Gott', unserm höchsten Gut, der seine Wunder überall und große Dinge thut! :,:

3. Der uns von Mutterleibe an frisch und gesund erhält, und, wo kein Mensch mehr helfen kann, sich selbst zum Helfer stellt; :,:

4. Der, ob wir ihn gleich hoch betrübt, doch bleibet gutes Muth's, die Straf' erläßt, die Schuld vergiebt und thut uns alles Gut's. :,:

5. Er gebe uns ein fröhlich's Herz, erfrische Geist und Sinn, und werf' all' Sorg', Furcht, Angst und Schmerz in's Meeres Tiefe hin. :,:

6. Er lasse seinen Frieden ruh'n in Israelis Land, er gebe Glück zu unserm Thun und Heil zu allem Stand'! :,:

7. Er lasse seine Lieb' und Güt' um, bei und mit uns geh'n; was aber ängstet und bemüht, gar ferne von uns steh'n. :,:

8. So lange dieses Leben währt, sey er stets unser Heil, und wenn wir scheiden von der Erd', verbleib' er unser Theil. :,:

9. Er drücke, wenn das Herze bricht, uns unsre Augen zu, und zeig' uns drauf sein Angesicht dort in der ew'gen Ruh'. :,:

Paul Gerhardt.

Von der Zukunft Christi in's Fleisch.

1 Joh. 4, v. 15. Welcher nun bekennet, daß Jesus Gottes Sohn ist, in dem bleibet Gott, und Er in Gott.

Mel. Nun komm der Heiden Heiland.

1403. Nun, du Heiland aller Welt! du hast dich schon eingestellt; laß mein Herz dein Wohnhaus seyn; komm, mein Heiland, komm herein!

2. Der du Jesus heißt und bist, der von Gott gesalbte Christ; laß mich in dir selig seyn; komm, mein Jesu komm herein!

3. Sprich, o Herr! frei deinen Knecht; mache mich in dir gerecht. Laß mir Nichts verdammlich seyn, komm, Gerechter, komm herein!

4. Wo nehm' ich sonst Kräfte her? Herr! die Waffen mir gewähr'; siehe, wie die Feinde dräu'n, komm, mein Held, ach komm herein!

5. Dämpf' in mir des Fleisches Wahn, daß nichts Sündlich's herrschen kann. Flöße Geist und Kraft mir ein; komm, o Heil'gung, komm herein!

6. Führ' in mir das Regiment und vertreib' den Feind behend'. Dein Thron soll mein Herze seyn; komm, mein König, komm herein!

7. Nimm dir, wo ich auch nur bin, Sinnen, Kräft' und Glieder hin, laß sie deine Waffen seyn; komm, mein Feldherr, komm herein!

8. Ich, dein unverständig Kind, bin für's Himmelreich noch blind. Ach! die Finster-

niß dringt ein; komm, mein Licht, ach komm herein!

9. Ich bin auch hier ohne dich gänzlich todt, belebe mich; ich kann sonst nicht lebend seyn; komm, mein Leben, komm herein.

10. Bringe mich in dir zur Ruh'; laß doch nichts den Feinden zu, die nur Friedensstörer seyn; komm, mein Frieden, komm herein!

11. Heile mich, ich bin verwund't; mach' im Glauben mich gesund; laß dein Blut die Arz'nei seyn; komm, mein Arzt, ach komm herein!

12. Heile mich von innen aus, treib' das Todes-Gift heraus; laß Nichts heimlich wieder ein; komm, mein Seelenarzt, herein!

13. Ach, du Helfer in der Noth, hilf auch mir in Noth und Tod. Ich weiß weder aus noch ein; komm, mein Helfer, komm herein!

14. O du längst erwünschtes Lamm bist allein mein Bräutigam; ich kann ohne dich nicht seyn; komm, mein Bräut'gam, komm herein!

15. Hilf, daß nichts mehr in der Welt, außer dir, mir wohlgefällt; laß nur Alles nichts mir seyn; komm, mein Alles, komm herein!

16. Nun, ich lasse doch nicht ab; nein, ich schrei', bis in mein Grab. Ach! laß meine Seufzer ein; komm auf ewig, komm herein!

Karl Heinrich v. Bogatzky.

Pfingstlied.

Johannis 14, v. 16. 17. Ich will den Vater bitten, und er soll euch einen andern Tröster geben, daß er bei euch bleibe ewiglich, den Geist der Wahrheit, welchen die Welt nicht kann empfangen; denn sie siehet ihn nicht und kennet ihn nicht. Ihr aber kennet ihn, denn er bleibet bei euch, und wird in euch seyn.

Mel. Nun lob' mein' Seel' den Herren.

1404. Nun freut euch all' ihr Frommen! und euren Gott von Herzen preis't, der zu euch lässet kommen aus Gnaden den heiligen Geist, der euch so will regieren, wie es Gott wohlgefällt, den Weg zum Himmel führen aus dieser bösen Welt, mit Troste euch beispringen in Trübsal, Angst und Noth, zuletzt zum Himmel bringen durch einen sanften Tod.

2. Ich trage auch Verlangen, dich, o du großer Himmels-Gast! in mein Herz zu empfangen; drum komm, wie du versprochen hast; regiere so mein Leben, daß es ganz möge seyn der Gottesfurcht ergeben. Gieb meinem Herzen ein, daß ich in reiner Lehre verharre jederzeit, und täglich mich bekehre zu Gott durch Reu' und Leid.

3. Mit deiner Weisheit Gaben erfülle meinen blöden Sinn; laß deinen Trost mich laben, wenn ich betrübt und traurig bin; gieb mir auch Kraft und Stärke, wenn ich muß in den Streit; viel Lieb's- und Tugendwerke laß mich thun jederzeit: hilf, daß zuletzt mein Leben, auf Jesu Tod und Pein, ich selig mag aufgeben und geh'n zum Himmel ein.

Von der Himmelfahrt Jesu Christi.

Epheser 4, v. 8. Er ist aufgefahren in die Höhe, und hat das Gefängniß gefangen geführt, und hat den Menschen Gaben gegeben.

Mel. Herr Jesu Christ, dich zu uns wend'.

1405. Nun freu't euch, Gottes Kinder all', der Herr fährt auf mit großem Schall; lobsinget ihm, lobsinget ihm, lobsinget ihm mit lauter Stimm'!

2. Die Engel und all' Himmelsheer' erzeigen Christo göttlich' Ehr' und jauchzen ihm mit frohem Schall; das thun die lieben Engel all'.

3. Daß unser Heiland Jesus Christ, wahr'r Gottes-Sohn, Mensch worden ist, deß freuen sich die Engel sehr, und gönnen uns gern solche Ehr'.

4. Der Herr hat uns die Stätt' bereit't, da wir soll'n bleib'n in Ewigkeit, lobsinget ihm, lobsinget ihm, lobsinget ihm mit lauter Stimm'!

5. Wir sind Erben im Himmelreich, wir sind den lieben Engeln gleich, das seh'n die lieben Engel gern und danken mit uns Gott dem Herrn.

6. Es hat mit uns nun keine Noth, weil Satan, Sünd', der ew'ge Tod all'sammt zu Schanden worden sind durch Gottes und Mariens Kind.

7. Den heil'gen Geist send't er herab, auf daß er unsre Herzen lab' und tröst' uns durch das göttlich' Wort, und uns behüt' vor's Teufels Mord.

8. Also baut er die Christenheit zur ew'gen Freud' und Seligkeit; allein der Glaub' an Jesum Christ die recht' Erkenntniß Gottes ist.

9. Der heil'ge Geist den Glauben stärkt, Geduld und Hoffnung in uns wirkt, erleucht't und macht die Herzen fest, und uns in Trübsal nicht verläßt.

10. Was uns die göttlich' Majestät am heil'gen Kreuz erworben hat, das theilet aus der heil'ge Geist, darum er unser Lehrer heißt.

11. Der Vater hat den Sohn gesandt; der Sohn wird anders nicht erkannt ohn' durch den heil'gen Geist allein, der muß die Herzen machen rein.

12. So manche schöne Gottesgab' bringt uns der heil'ge Geist herab, und uns vor'm Satan wohl verwahrt, solch's schafft des Herren Himmelfahrt.

13. So danket nun dem lieben Herrn und lobet ihn von Herzen gern, lobsinget mit der Engel Chör', daß man es in dem Himmel hör'.

14. Gott Vater in der Ewigkeit! es sagt dir deine Christenheit groß' Ehr' und Dank mit höchstem Fleiß', zu allen Zeiten Lob und Preis.

15. Herr Jesu Christe, Gottes Sohn! gewaltig, herrlich, prächtig, schön, es dankt dir deine Christenheit von nun an bis in Ewigkeit.

16. O heil'ger Geist, du wahrer Gott! der du uns tröst'st in aller Noth; wir rühmen dich, wir loben dich und sagen dir Dank ewiglich.

D. Erasmus Alber (Alberus).

Der ganze Rath Gottes von unserer Seligkeit.

1 Timotheum 2, v. 4—6 Gott will, daß allen Menschen geholfen werde und zur Erkenntniß der Wahrheit kommen. Denn es ist Ein Gott, und Ein Mittler zwischen Gott und den Menschen, nämlich der Mensch Christus Jesus, der sich selbst gegeben hat für alle zur Erlösung, daß solches zu seiner Zeit geprediget würde.

In eigener Melodie.

1406. Nun freut euch, lieben Christen=g'mein! und laßt uns fröhlich springen, daß wir getrost und all' in Ein mit Lust und Liebe singen, was Gott an uns gewendet hat, und seine süße Wunderthat; ja theu'r hat er's erworben.

2. Dem Teufel ich gefangen lag, im Tod war ich verloren, mein' Sünd' mich quälte Nacht und Tag, darin ich war geboren, ich fiel auch immer tiefer drein, es war kein Gut's am Leben mein, die Sünd' hatt' mich besessen.

3. Mein' guten Werk' die galten nicht, es war mit ihn'n verdorben, der frei' Will' haßte Gott's Gericht, er war zum Gut'n erstorben; die Angst mich zu verzweifeln trieb, da nichts denn Sterben bei mir blieb, zur Hölle mußt' ich sinken.

4. Da jammert' Gott in Ewigkeit mein Elend üb'r die Maaßen, er dacht' an sein' Barmherzigkeit, er wollt' mir helfen lassen, er wandt' zu mir sein Vaterherz, es war bei ihm fürwahr kein Scherz, er ließ's sein Bestes kosten.

5. Er sprach zu seinem lieben Sohn: die Zeit ist hie zu 'rbarmen, fahr' hin, mein's Herzens werthe Kron', und sey das Heil der Armen und hilf ihn'n aus der Sündennoth, erwürg' für sie den bittern Tod, und laß sie mit dir leben.

6. Der Sohn dem Vater g'horsam ward, er kam zu mir auf Erden, von einer Jungfrau rein und zart, er wollt' mein Bruder werden; gar heimlich führt er sein' Gewalt, er ging in meiner armen G'stalt, den Teufel wollt' er fahen. Philipper 2, v. 6. 7. 8.

7. Er sprach zu mir: halt' dich an mich, es soll dir jetzt gelingen, ich geb' mich selber ganz für dich, da will ich für dich ringen; denn ich bin dein und du bist mein, und wo ich bleib', da sollst du seyn, uns soll der Feind nicht scheiden.

8. Vergießen wird er mir mein Blut, dazu mein Leben rauben, das leid' ich Alles dir zu gut, das halt' mit festem Glauben, den Tod verschlingt das Leben mein, mein' Unschuld trägt die Sünde dein, da bist du selig worden.

9. Gen Himmel zu dem Vater mein fahr' ich aus diesem Leben: da will ich seyn der Meister dein, den Geist will ich dir geben, der dich in Trübsal trösten soll und lehren mich erkennen wohl, und in der Wahrheit leiten.

10. Was ich gethan hab' und gelehrt, das sollst du thun und lehren, damit das Reich Gott's werd' gemehrt zu Lob und seinen Ehren: und hüt' dich vor der Menschen G'satz, davon verdirbt der edle Schatz; das lass' ich dir zuletzte.

D. Martin Luther.

Zum Beschluß des Gottesdienstes.

Sirach 50, v. 23. Da beteten sie abermal und nahmen den Segen an von dem Höchsten.

Mel. Liebster Jesu, wir sind hier.

1407. Nun Gott Lob! es ist vollbracht Singen, Beten, Lehren, Hören; Gott hat Alles wohlgemacht, drum laßt uns sein Lob vermehren, unser Gott sey hoch gepreiset, daß er uns so herrlich speiset.

2. Weil der Gottesdienst ist aus, uns auch mitgetheilt der Segen: so gehn wir

mit Freud' nach Haus', wandeln fein auf Gottes Wegen; Gottes Geist uns ferner leite und uns Alle wohl bereite.

3. Unsern Ausgang segne, Gott! unsern Eingang gleichermaaßen; segne unser täglich Brot, segne unser Thun und Lassen, segne uns mit sel'gem Sterben und mach' uns zu Himmelserben! M. Hartmann Schenck.

Nach der Taufe eines Kindes.

Psalm 112, v. 2. Das Geschlecht der Frommen wird gesegnet seyn.

Mel. Liebster Jesu, wir sind hier.

1408. Nun Gott Lob! es ist vollbracht und der Bund mit Gott geschlossen; was uns rein und selig macht, ist auf dieses Kind geflossen; Jesus hat es eingesegnet und mit Himmelsthau beregnet.

2. O du dreimal selig's Kind! vom Dreieinigen geliebet, dem der Vater sich verbind't, dem der Sohn das Leben giebet, dem der Geist ist eingeflossen und der Himmel aufgeschlossen.

3. O, was könnte größer seyn, als: die Kindschaft Gottes haben? dieser helle Gnadenschein übersteiget alle Gaben, dieses ist des Himmels Spiegel, dieses ist des Lebens Siegel.

4. O wie rein und o wie schön! hat dich Christi Blut gebadet! Kan also kein Schmuck bestehn, wenn dich Gott zur Hochzeit ladet. Adam ist in dir ertränket, Christus in dich eingesenket.

5. Nun so denk' an diesen Bund, weil du einen Odem hegest, daß auf einen festen Grund du stets deinen Glauben legest. Wer sich läßt auf Jesum taufen, muß in Jesu Wegen laufen.

6. Laß es aus dem Herzen nicht, was du jetzt dem Herrn versprochen; folge nicht dem Bösewicht, sonsten wird der Bund gebrochen, tritt durch Christi Kraft mit Füßen ihn sammt seinen Hindernissen. Römer 16, v 20.

7. Werde fromm und wachse groß, werde deiner Eltern Freude, und dein jetzt erlangtes Loos tröste dich in allem Leide; deine Taufe sey die Thüre, welche dich zum Himmel führe. Benjamin Schmolck.

Von der Gerechtigkeit in Christo.

Sacharja 3, v. 4. Siehe, ich habe deine Sünde von dir genommen, und habe dich mit Feierkleidern angezogen.

Mel. In Christo gelebt.

1409. Nun hab' ich mein Kleid!*) mein Herz ist erfreut: denn nichts ist so schön. Ach, helft mir doch den, der's gegeben, erhöh'n!

*) Jes. 61, v. 10.

2. Mein Elend war groß: ich lag nackt und bloß im eigenen Blut.*) Ihn jammert's. Wie ist doch der Heiland so gut!

*) Hesekiel 16, v. 6.

3. Er sahe mich an, der treueste Mann. Was liegest du da? ich schenk' dir das Leben! das Leben? ach ja!

4. Ich lebe: allein, wie werd' ich nun rein? Faß' fröhlichen Muth; ich wasche dich mit meinem eigenen Blut.

1 Joh. 1, v. 7. Offenb. Joh. 1, v. 5.

5. Mit Blut? o mein Lamm! treibt dich auch die Flamm' der Liebe so weit? Ja wohl! und ich werde dir selber zum Kleid'.

6. Zum Kleid? o mein Licht! das glaub' ich fast nicht. Doch Alles geschicht: ich glaube es, was mir die Wahrheit verspricht.

7. Es ist schon gescheh'n: könn't ihr es nicht sehn? o herrliche Zier! gewißlich die Sonne die schämt sich vor mir.

8. Dem Quell alles Lichts, dem gleichet ja nichts. Er ist es allein, und vor ihm verdunkelt der helleste Schein.

9. War Salomo's Pracht auf's Höchste gebracht; behält doch die Blum'*) im Felde vor all' seiner Schönheit den Ruhm.

*) Matthäi 6, v. 29.

10. Doch siehe dich um: kann wohl eine Blum' so wunderschön seyn, als der mich bekleidet, mein Heiland? ach nein!

11. Es blinket der Schnee: die Augen thun weh vom glänzenden Licht; doch meines Kleid's Schönheit begreifet man nicht.

12. Die Engel sind schön, die vor dem Herrn steh'n; ihr Kleid ist wie Licht: allein meine Klarheit erreichen sie nicht.

13. Wem bin ich denn gleich im himmlischen Reich'? dem Königes-Sohn, dem Bräut'gam der Seelen im göttlichen Thron'.

1 Joh. 3, v. 2.

14. Ich scheue mich nicht beim schärfsten Gericht; denn in meinem Kleid' bin ich meinem Richter ein' ewige Freud'.

15. Der Teufel entflieht, sobald er mich sieht; er liebet die Nacht; ihn schreckt meines Kleides hellleuchtende Pracht.

16. Die Engel sind da: sie bleiben mir nah'*) und dienen mir gern; sie seh'n mich bekleidet mit Christo, dem Herrn.

*) Psalm 91, v. 11. Ebräer 1, v. 14.

17. Nun acht' ich nicht mehr die weltliche Ehr', sie ist mir ein Tand; denn ich bin mit Christo dem Herren verwandt.

18. Sey innig gepreist, Gott heiliger Geist, daß du mich gelehrt, wie freundlich sich Jesus zu Stäubelein kehrt!

Esther Grünbeck und Maria Spangenberg.

Der selige Ueberwinder.

Off. Joh. 3, v. 5. Wer überwindet, der soll mit weißen Kleidern angelegt werden; und ich werde seinen Namen nicht austilgen aus dem Buche des Lebens, und ich will seinen Namen bekennen vor meinem Vater und vor seinen Engeln.

Mel. Christus, der ist mein Leben.

1410. Nun hab' ich überwunden, zu guter Nacht, o Welt! Ich zieh' durch Christi Wunden in's rechte Siegeszelt.

2. Die Bande sind zerrissen, die mir die Welt gelegt, und das liegt mir zu Füßen, was Noth und Schmerz erregt.

3. Die Wahlstatt ist gefärbet mit meines Jesu Blut, der Alles mir erwerbet, was meiner Seele gut.

4. Hier ist die Siegeskrone, die meinen Scheitel deckt und die zu einem Lohne des Glaubens aufgesteckt.

5. Den Rock von weißer Seide legt mir mein Jesus an, wo ich auf Zions Weide die Rosen brechen kann.

6. Mein Name steht geschrieben im Buch der Seligkeit, da ist er nun geblieben, trotz aller Feinde Neid.

7. Hier löscht ihn keine Sünde und auch der Tod nicht aus; da wo ich Jesum finde, da ist mein Vaterhaus.

8. Schreibt er doch meinen Namen vor Gott und Engeln an, daß ich vom Thränensaamen mit Freuden ernten kann.

9. Beweint mich nicht, ihr Lieben! ich sterbe Gott, nicht euch. Was wollt ihr euch betrüben? Ich bin in Gottes Reich.

10. Gedenkt an euren Vater und folgt ihm selig nach, ihr habt Gott zum Berather, was seufzt ihr Weh' und Ach!

11. Nun gute Nacht, du Erde! du Himmel sey gegrüßt, wo ich getröstet werde mit dem, was ewig ist.

12. Laßt mir die Grabschrift hauen: hier schlief ein Pilger ein, der mußt' in Zions Auen ein guter Bürger seyn.

Benjamin Schmolck.

Vom lebendigen Glauben.

1 Thessal. 3, v. 12. Euch aber vermehre der Herr, und lasse die Liebe völlig werden unter einander und gegen Jedermann.

Mel. Mein Vater zeuge mich.

1411. Nun, Herr! du wirst mich schon recht seliglich vollenden, weil du doch A und O, so End' als Anfang bist; du wirst in allem Kampf zuletzt auch Hülfe senden; da ja des Glaubens Sieg dein Werk allein nur ist.

2. Laß sich den Glauben nur beständig an dir weiden, damit er durch das Gut' in dir recht kräftig sey und täglich stärker werd', auch einmal beim Verscheiden getrost und feste steh'; du, Herr! bist ja getreu.

3. Drum mache deine Treu' auch mich, bis an mein Ende, dir recht getreu und fromm, laß keinen Feind herein. O Herr! nimm meinen Geist in deine starken Hände, und laß mein End' in dir in vollem Frieden seyn.

Karl Heinrich v. Bogatzky.

Adventslied.

Sacharja 2, v. 10. Freue dich und sey fröhlich, du Tochter Zion; denn siehe, ich komme, und will bei dir wohnen, spricht der Herr.

Mel. Von Gott will ich nicht lassen.

1412. Nun jauchzet all', ihr Frommen, in dieser Gnadenzeit, weil unser Heil ist kommen, der Herr der Herrlichkeit; zwar nicht in stolzer Pracht, doch mächtig zu verheeren und gänzlich zu zerstören des Teufels Reich und Macht.

2. Er kommt zu uns geritten auf einem Eselein und stellt sich in die Mitten für uns zum Opfer ein; er bringt kein zeitlich Gut; er will allein erwerben durch seinen Tod und Sterben, was ewig währen thut.

3. Kein Scepter, keine Krone sucht er auf dieser Welt: im hohen Himmelsthrone ist ihm sein Reich bestellt. Er will hier seine Macht und Majestät verhüllen, bis er des Vaters Willen im Leiden hat vollbracht.

4. Ihr großen Potentaten, nehmt diesen König an, wenn ihr euch wollet rathen und gehn die rechte Bahn, die zu dem Himmel führt. Sonst, wo ihr ihn verachtet und nur nach Hoheit trachtet, euch Gottes Zorn berührt.

5. Ihr Armen und Elenden in dieser bösen Zeit, die ihr an allen Enden müßt haben Angst und Leid, seyd dennoch wohlgemuth! laßt eure Lieder klingen und thut dem König singen; der ist das höchste Gut.

6. Er wird nun bald erscheinen in seiner Herrlichkeit und alles Klagen, Weinen verwandeln in Freud'. Er ist's, der helfen kann: halt't eure Lampen fertig und seyd stets sein gewärtig: Er ist schon auf der Bahn!

M. Michael Schirmer.

Daß Jesus in unseren Versammlungen seyn möge.

Matth. 18, v. 20. Wo zwei oder drei versammelt sind in meinem Namen, da bin ich mitten unter ihnen.

Mel. Nun nimm mein Herz und Alles ꝛc.

1413. Nun, Jesu, komm! O Herr! wir warten dein, damit wir nicht umsonst beisammen seyn. O süßes Licht! verschmäh' uns Arme nicht. Wir wissen keine Freude, als dich, du Seelenweide!

2. O komm herein, du Seelen-Bräutigam! komm, Hirte! komm, ja komm, erwürgtes Lamm! Des Geistes Kraft, die lauter Segen schafft, ergreife uns zusammen und schenk' uns heil'ge Flammen.

3. Du hast gesagt, wer bittet, der empfängt: wir glauben, daß dein Herz daran gedenkt. Drum bitten wir vor deiner Gnadenthür. Wir suchen, laß uns finden, du Helfer von den Sünden!

4. Wir lassen dich, du treuer Jesu! nicht, bis uns dein Mund den vollen Segen spricht, wir klopfen an, so gut ein Jeder kann. Herr! laß dein Herz erbitten und sey in unsrer Mitten.

5. Wir sinken, Jesu! hin vor deinen Thron. Da liegen wir, du reicher Gottes-Sohn! wir haben Nichts, sind Kinder des Gerichts, die doch, was du verheißen, im Glauben an sich reißen.

6. Wir rufen dich, o Jesu! insgesammt: gieb Feuer uns, das in dem Herzen flammt! du Lebensbrot vertreibest ja den Tod. So wollest du dein Leben dem todten Herzen geben.

7. Wir fassen, Herr! dich selbst bei deinem Wort und lassen dich nicht ohne Segen fort. Wir liegen da bis zum Hallelujah, wir halten an mit Bitten, bis du wirst Segen schütten.

8. Wir tragen dir vereinte Seufzer vor. Ach, öffne uns dein gnadenreiches Ohr. Wo sich dein Geist im Herzen nicht beweis't, ist alles Thun verloren: wir sind in Sünd' geboren.

9. So komm denn nun! ach bleib' nicht ferne steh'n. Du kannst ja nicht vor uns vorüber geh'n. Nein, Jesu, nein! das kann unmöglich seyn: du mußt uns recht begegnen und unsre Seelen segnen.

10. Komm, faß uns an, verdopple deine Kraft. Ach, wären wir doch ganz hinweggerafft! hinweg von hier, hinauf, o Lamm! zu dir, hinein in deine Wunden! Herr! gieb uns sel'ge Stunden!

Ernst Gottlieb Woltersdorf.

Abendlied.

Psalm 141, v. 8. Auf dich, Herr, Herr, sehen meine Augen; ich traue auf dich, verstoße meine Seele nicht.

In eigener Melodie.

1414. Nun, ihr matten Glieder! leget euch zur Ruh'; schöpfet Kräfte wieder, Auge! schließ' dich zu; weichet Sorgen, weichet Schmerzen: Christus wohnt in meinem Herzen.

2. Dieser Tag sich endet; ende, Kummer, dich! mein Herr Jesus wendet Alles sicherlich; seine Wacht ist aufgeführet, daß kein Schaden mich berühret.

3. Mein Herz mit den Sinnen, mein Geist und Verstand, alles mein Beginnen sey in deiner Hand; Alles, Alles dahin strebe, wie es seinem Schöpfer lebe.

4. Gottes Wort stets ziere unsre Kirch' und Schul', und das Recht regiere Rath und Richterstuhl; Fried' und Glück in allen Ständen bitten wir von Gottes Händen.

5. Herr, laß deinen Segen ruhen an dem Ort', der in deinen Wegen hilft den Kindern fort, laß uns deine Rechte lehren, und dich, unsern Vater, ehren.

6. Aber ich erkenne, Vater! meine Schuld, was ich thu' und nenne, außer deiner Huld, Alles an der Sünde klebet und dir, mein Gott, widerstrebet.

7. Ach, laß Gnade finden mich vor deinem Thron, und vergieb die Sünden, die dein lieber Sohn, der vom Himmel ist gekommen, hat von uns auf sich genommen.

8. Da sein Leib getragen sie an's Kreuz hinan, darum wirst du sagen: sie seyn abgethan; weil ich will im Glauben leben, wirst du meine Schuld vergeben.

9. Nun ich lieg' und schlafe, ruh' in meinem Gott, fürchte keine Strafe; er weiß meine Noth; seine starken Helden stehen und auf meine Wohnung sehen.

D. Johann Maukisch.

Charfreitagslied.

Lucä 23, v. 45 46. Und die Sonne verlor ihren Schein; und der Vorhang des Tempels zerriß mitten entzwei. Und Jesus rief laut und sprach: Vater, ich befehle meinen Geist in deine Hände. Und als er das gesaget, verschied er.

Mel. Ich hab' mein' Sach' Gott heimgestellt.

1415. Nun ist es Alles wohlgemacht, weil Jesus ruft: es ist vollbracht! Er neigt sein Haupt, o Mensch! und stirbt, der dir erwirbt das Leben, das niemals verdirbt.

2. Erschrecklich, daß der Herr erbleicht der Herrlichkeit, dem Niemand gleicht, der Lebensfürst; die Erde kracht und es wird Nacht, weil Gottes Sohn wird umgebracht.

3. Die Sonn' verlieret ihren Schein, des Tempels Vorhang reißet ein, der Heil'gen Gräber öffnen sich ganz wunderlich, sie stehen auf ganz sichtbarlich.

4. Weil denn die Kreatur sich regt, so werd', o Mensch! hiedurch bewegt; zerreißt ein Fels und du wirst nicht durch dies Gericht bewogen, daß dein Herze bricht?

5. Du bist die Schuld; nimm dies in Acht, daß Jesus ist an's Kreuz gebracht, ja, gar zum Tod und in das Grab, weil er aufgab den Geist und mit Geschrei schied ab.

6. Drum folge Jesu nach in's Grab und stirb dem Greu'l der Sünden ab, gehst du nicht mit ihm in den Tod vom Sündenkoth; so mußt du fühlen Höllennoth.

7. Ach, Vater! ach, dein ein'ger Sohn erbleicht am Kreuz' mit Schmach und Hohn; nun dies geschieht für meine Schuld; drum hab' Geduld und zeig' in Jesu Gnad' und Huld.

8. Ich will mit ihm zu Grabe gehn, und, wo die Unschuld bleibet, sehn; ja, ich will ganz begraben seyn, im Tod allein mit ihm und selig schlafen ein.

9. Ertödt', o Jesu! selbst in mir das, was noch widerstehet dir, den alten Menschen, daß ich streb' und mich erheb' gen Himmel, und dir, Jesu, leb'.

10. Sollt' ich den Sünden-Unflath noch mehr hegen? Nein, dies schwere Joch sey abgelegt, es hat mir lang' gemachet bang', nun weiß ich, daß ich Gnad' empfang'.

11. Ich will nun abgestorben seyn der Sünd' und leben dir allein; es hat dein Tod das Leben mir gebracht herfür und aufgethan die Himmels-Thür.

12. O Jesu Christe! stärke mich in meinem Vorsatz kräftiglich; laß mich den Kampf so setzen fort nach deinem Wort, daß ich die Kron' erlange dort.

13. So will ich dich, Herr Jesu Christ! daß du für mich gestorben bist, von Herzen preisen in der Zeit, und nach dem Streit in Freud' und Wonn' in Ewigkeit.

Laurentius Laurenti.

Am Anfange des Kirchenjahrs.

Maleachi 3, v. 1. Bald wird kommen zu seinem Tempel der Herr, den ihr suchet, und der Engel des Bundes, deß ihr begehret. Siehe, er kommt, spricht der Herr Zebaoth.

Mel. Erschienen ist der herrlich' Tag.

1416. Nun kommt das neue Kirchen-Jahr, deß freuet sich die Christen-Schaar, dein König kommt; drum freue dich, du werthes Zion, ewiglich; Hallelujah!

2. Wir hören auch das Gnadenwort von Anfang immer fort und fort, das uns den Weg zum Leben weis't: Gott sey für seine Gnad' gepreis't. Hallelujah!

3. Gott! was uns deine Wahrheit lehrt, die unsern Glauben stets vermehrt, das laß bekleiben, daß wir dir Lob und Preis singen für und für. Hallelujah!

D. Johann Olearius.

Adventslied.

Haggai 2, v. 8. Ja, alle Heiden will ich bewegen. Da soll dann kommen aller Heiden Trost.

In eigener Melodie.

1417. Nun komm der Heiden Heiland! der Jungfrauen Kind erkannt, daß sich wundert alle Welt, Gott solch' Geburt ihm bestellt.

2. Nicht von Mann'sblut, noch vom Fleisch, allein von dem heil'gen Geist ist Gott's Wort worden ein Mensch und blüht ein' Frucht Weibes-Fleisch.

3. Der Jungfrau'n Leib schwanger ward, doch bleibt Keuschheit rein bewahrt, leucht't hervor manch' Tugend schon, Gott da war in seinem Thron.

4. Er ging aus der Kammer sein, dem kön'glichen Saal so rein, Gott von Art und Mensch ein Held, sein'n Weg er zu laufen eilt.

5. Sein Lauf kam vom Vater her und kehrt wieder zum Vater, fuhr hinunter zu der Höll' und wieder zu Gottes Stuhl.

6. Der du bist dem Vater gleich, führ' hinaus den Sieg im Fleisch, daß dein' ewig' Gott's-Gewalt in uns das krank' Fleisch enthalt'.

7. Dein' Krippe glänzt hell und klar, die Nacht giebt ein neu Licht dar, Dunkel muß nicht kommen drein, der Glaub' bleibt immer im Schein.

8. Lob sey Gott dem Vater g'than, Lob

sey Gott sein'm ein'gen Sohn, Lob sey Gott dem heil'gen Geist immer und in Ewigkeit!

D. Martin Luther.
Nach dem Lat. Veni, redemptor gentium, v. Ambrosius.

Begräbnißlied.

1 Mose 3, v. 19. Du bist Erde, und sollst zu Erde werden!

In eigener Melodie.

Gemeine.

1418. Nun laßt uns den Leib begraben, daran wir kein'n Zweifel haben, er wird am jüngsten Tag aufstehn und unverweslich hervorgehn.

Chor.

Begrabet mich nun immerhin, da ich so lang' verwahret bin, bis Gott, mein treuer Seelenhirt, mich wieder auferwecken wird.

Gemeine.

2. Erd' ist er und von der Erden, wird auch zur Erd' wieder werden, und von der Erd' wieder aufstehn, wenn Gottes Posaun' wird angehn.

Chor.

Dies ist die Saat, von Gott gesä't, der Staub, so künftig aufersteht. Zwar irdisch wird er ausgestreut, doch blüht er auf zur Herrlichkeit.

Gemeine.

3. Sein' Seele lebt ewig in Gott, der sie allhier aus lauter Gnad' von aller Sünd' und Missethat durch seinen Sohn erlöset hat.

Chor.

Mein Leib wird hier der Würmer Spott, die Seele lebt bei meinem Gott, der durch sein's Todes Bitterkeit sie hat erlös't zur Seligkeit.

Gemeine.

4. Sein Jammer, Trübsal und Elend ist kommen zu ein'm sel'gen End'. Er hat getragen Christi Joch, ist gestorben und lebet noch.

Chor.

Was hier die Trübsal hat verletzt, wird nun mit Himmelslust ersetzt; die Welt ist doch ein Jammerthal, dort ist der rechte Freudensaal.

Gemeine.

5. Die Seele lebt ohn' alle Klag', der Leib schläft bis zum jüngsten Tag, an welchem Gott ihn verklären und ew'ger Freud' wird gewähren.

Chor.

Wenn alle Welt durch's Feu'r zerbricht, und Gott wird halten sein Gericht; so wird mein Leib verkläret steh'n und in das Himmelreich eingeh'n.

Gemeine.

6. Hier ist er in Angst gewesen, dort aber wird er genesen, in ewiger Freud' und Wonne leuchten, wie die helle Sonne.

Chor.

Wie manche Widerwärtigkeit betraf mich in der Lebenszeit: nun aber ist mir nichts bewußt, denn ewigliche Himmelslust.

Gemeine.

7. Nun lassen wir ihn hier schlafen und gehn All' heim unsre Straßen, schicken uns auch mit allem Fleiß, denn der Tod kommt uns gleicher Weis'.

Chor.

So laßt mich nun in meiner Ruh' und geht nach euren Häusern zu, ein Jeder denke Nacht und Tag, wie er auch selig werden mag.

Gemeine.

8. Das helf' uns Christus, unser Trost, der uns durch sein Blut hat erlös't von's Teufels G'walt und ew'ger Pein; ihm sey Lob, Preis und Ehr' allein! Mich. Weiß.

Chor von Georg Neumark.

Neujahrslied.

2 Samuelis 7, v. 18. Wer bin ich, Herr, Herr, und was ist mein Haus, daß du mich bis hieher gebracht hast?

Mel. Wach' auf, mein Herz! und singe.

1419. Nun laßt uns geh'n und treten mit Singen und mit Beten zum Herrn, der unserm Leben bis hieher Kraft gegeben.

2. Wir geh'n dahin und wandern von einem Jahr zum andern; wir leben und gedeihen vom alten bis zum neuen;

3. Durch so viel Angst und Plagen, durch Zittern und durch Zagen, durch Krieg und große Schrecken, die alle Welt bedecken.

4. Denn wie von treuen Müttern in schweren Ungewittern die Kindlein hier auf Erden mit Fleiß bewahret werden:

5. Also auch, und nicht minder, läßt Gott uns, seine Kinder, wenn Noth und Trübsal blitzen, in seinem Schooße sitzen.

6. Ach, Hüter unsers Lebens! fürwahr, es ist vergebens mit unserm Thun und Machen, wo nicht dein' Augen wachen.

7. Gelobt sey deine Treue, die alle Morgen neue; Lob sey den starken Händen, die alles Herz'leid wenden.

8. Laß

8. Laß ferner dich erbitten, o Vater! und bleib' mitten in unserm Kreuz und Leiden ein Brunnen unsrer Freuden.

9. Gieb mir und allen Denen, die sich von Herzen sehnen nach dir und deiner Hulde, ein Herz, das sich gedulde.

10. Schließ' zu die Jammer-Pforten und laß an allen Orten, auf so viel Blutvergießen, die Friedensströme fließen.

11. Sprich deinen milden Segen zu allen unsern Wegen, laß Großen und auch Kleinen die Gnaden-Sonne scheinen.

12. Sey der Verlass'nen Vater, der Irrenden Berather; der Unversorgten Gabe, der Armen Gut und Habe.

13. Hilf gnädig allen Kranken; gieb fröhliche Gedanken den hochbetrübten Seelen, die sich mit Schwermuth quälen.

14. Und endlich, was das Meiste, füll' uns mit deinem Geiste, der uns hier herrlich ziere und dort zum Himmel führe.

15. Dies Alles woll'st du geben, o meines Lebens Leben! mir und der Christen Schaare zum sel'gen neuen Jahre.

Paul Gerhardt.

Lob- und Danklied.

Lucä 12, v. 30. Euer Vater weiß wohl, daß ihr deß bedürfet.

Mel. Wach' auf, mein Herz, und singe.

1420. Nun laßt uns Gott dem Herren Dank sagen und ihn ehren von wegen seiner Gaben, die wir empfangen haben.

2. Den Leib, die Seel', das Leben hat er allein uns geben, dieselben zu bewahren, thut er gar nichtes sparen.

3. Nahrung giebt er dem Leibe, die Seele muß auch bleiben, wiewohl tödtliche Wunden sind kommen von den Sünden.

4. Ein Arzt ist uns gegeben, der selber ist das Leben; Christus, für uns gestorben, hat uns das Heil erworben.

5. Sein Wort, sein' Tauf', sein Nachtmahl dient wider allen Unfall; der heil'ge Geist im Glauben lehrt uns darauf vertrauen.

6. Durch ihn ist uns vergeben die Sünd', geschenkt das Leben; im Himmel soll'n wir haben, o Gott! wie große Gaben!

7. Wir bitten deine Güte, woll'st uns hinfort behüten, die Großen mit den Kleinen, du kannst's nicht böse meinen.

8. Erhalt' uns in der Wahrheit, gieb ewigliche Freiheit, zu preisen deinen Namen durch Jesum Christum, Amen.

M. Ludwig Helmbold.

Abendlied.

2 Samuelis 22, v. 31. Gottes Wege sind ohne Wandel, des Herrn Rede ist durchläutert; er ist ein Schild Allen, die ihm vertrauen.

Mel. Dir, dir, Jehovah! will ich singen.

1421. Nun laß uns, Herr! im Wort entschlafen, das du uns jetzo noch zuletzt gelehrt, und reiche dadurch Wehr und Waffen, so wird die Ruh' in dir durch nichts gestört. O, laß den Schlaf, doch nicht den Schlaf allein, vielmehr dein Wort auch uns zur Stärkung seyn.

2. Erhör' uns auch in Jesu Namen, was wir den ganzen Tag, wie jetzt, gefleht; sprich du nur selber in uns Amen, dieweil es uns oft schwer von Herzen geht. Bind' alle Seufzer in ein Bündlein ein, und laß es uns ein sanftes Kissen seyn.

3. Dir sey, da uns dein Sohn vertreten, dies Abendopfer lieblich von Geruch. Schreib' jedes Wort, so wir gebeten, zum Angedenken vor dich auf dein Buch, daß dir es stets so als vor Augen steh' und gar kein Seufzerlein verloren geh'.

4. Nun stelle dich uns, deinen Schaafen, zu unserm Hirt und Hüter selber ein, und laß uns betend sanft entschlafen, auch unser Herz bei dir im Schlafe seyn. So laß dein Wort und unser Fleh'n und Schrei'n das Letzt', und morgen auch das Erste seyn.

Karl Heinrich v. Bogatzky.

Lob- und Danklied.

Psalm 103, v. 1—21. Lobe den Herrn, meine Seele, und was in mir ist, seinen heiligen Namen. Lobe den Herrn, meine Seele, und vergiß nicht, was er dir Gutes gethan hat. rc.

In eigener Melodie.

1422. Nun lob', mein' Seel', den Herren! was in mir ist den Namen sein. Sein' Wohlthat thut er mehren; vergiß es nicht, o Herze mein! hat dir dein' Sünd' vergeben und heilt dein' Schwachheit groß, errett't dein armes Leben, nimmt dich in seinen Schooß; mit reichem Trost beschüttet, verjüngt dem Adler gleich. Der Kön'g schafft Recht, behütet, die leid'n in seinem Reich.

2. Er hat uns wissen lassen sein heil'ges Recht und sein Gericht, dazu sein' Güt' ohn' Maaßen; es fehlt an sein'r Erbarmung nicht; sein'n Zorn läßt er bald fahren, straft

nicht nach unsrer Schuld; die Gnad' thut er nicht sparen, dem Blöden ist er hold, sein' Güt' ist hoch erhaben ob den'n, die fürchten ihn; so fern der Ost vom Abend, ist unsre Sünd' dahin.

3. Wie sich ein Vat'r erbarmet üb'r seine junge Kinderlein; so thut der Herr uns Armen, wenn wir ihn kindlich fürchten rein. Er kennt das arm' Gemächte, Gott weiß, wir sind nur Staub, gleichwie das Gras zu rechnen, ein' Blum' und fall'ndes Laub; der Wind nur drüber wehet, so ist sie nimmer da. Also der Mensch vergehet, sein End' — das ist ihm nah'.

4. Die Gottes-Gnad' alleine steht fest und bleibt in Ewigkeit bei seiner lieb'n Gemeine; die stets in seiner Furcht bereit, die seinen Bund behalten. Er herrscht im Himmelreich. Ihr starken Engel waltet sein's Lob's, und dient zugleich dem großen Herrn zu Ehren und treibt sein heil'ges Wort! mein' Seel' soll auch vermehren sein Lob an allem Ort.

5. Sey Lob und Preis mit Ehren Gott Vater, Sohn und heil'gem Geist, der woll' in uns vermehren, was er aus Gnaden uns verheißt, daß wir ihm fest vertrauen, uns ganz verlass'n auf ihn, von Herzen auf ihn bauen, daß unsr Herz, Muth und Sinn ihm kindlich mög' anhangen; drauf singen wir zur Stund': Amen! wir werd'n's erlangen, glaub'n wir aus Herzens-Grund.

D. Johann Graumann (Poliander).
Vers 5. ein Zusatz eines Unbekannten um 1600.

Loblied.

Römer 15, v. 10. 11. Freuet euch, ihr Heiden, mit seinem Volk. Und abermal: Lobet den Herrn, alle Heiden, und preiset ihn, alle Völker.

Mel. Nun danket alle Gott.

1423. Nun lobet, lobet Gott den Herren alle Heiden, ihr Völker allzumal, lobsinget ihm mit Freuden; ihr Völker, singet ihm Lob, Preis je mehr und mehr, erhebet seinen Ruhm und seines Namens Ehr'.

2. Denn seine Güt' ist groß, und seine Wahrheit währet und bleibet ewiglich ganz fest und unversehret, und waltet über uns in alle Ewigkeit; drum sey ihm Lob und Preis, Dank, Ruhm und Ehr' bereit't.

Michael Müller.

Das Gott wohlgefällige Opfer.

Lucä 12, v. 34. Denn wo euer Schatz ist, da wird auch euer Herz seyn.

In eigener Melodie.

1424. Nun nimm mein Herz und Alles, was ich bin, von mir zu dir, herzliebster Jesu! hin: ich will nur Dein mit Leib und Seele seyn, mein Reden, Thun und Dichten nach deinem Willen richten. — —

2. Du aber sollst auch wieder meine seyn, und ganz und gar geh'n in mein Herz hinein; sollst seyn mein Gott und Trost in aller Noth, sollst mich dir einverleiben, und ewig Meine bleiben.

D. Johann Scheffler (Angelus).

Loblied.

Psalm 145, v. 6. 7. Daß man solle reden von deinen herrlichen Thaten, und daß man erzähle deine Herrlichkeit; daß man preise deine große Güte, und deine Gerechtigkeit rühme.

In eigener Melodie.

1425. Nun preiset Alle Gottes Barmherzigkeit! lob' ihn mit Schalle, wertheste Christenheit! er läßt dich freundlich zu sich laden: freue dich, Israel! seiner Gnaden. :,:

2. Der Herr regieret über die ganze Welt, was sich nur rühret, ihm auch zu Fuße fällt. Viel tausend Engel um ihn schweben, Psalter und Harfe ihm Ehre geben. :,:

3. Wohlauf, ihr Heiden! lasset das Trauern seyn! auf grünen Weiden stellet euch willig ein, da läßt er uns sein Wort verkünden, machet uns ledig von unsern Sünden. :,:

4. Er giebet Speise reichlich und überall, nach Vater-Weise sättigt er allzumal; er giebet früh und späten Regen, füllet uns Alle mit seinem Segen. :,:

5. Drum Preis und Ehre Gottes Barmherzigkeit! sein Lob vermehre, wertheste Christenheit! uns soll hinfort kein Unfall schaden, freue dich, Israel! seiner Gnaden. :,:

Matthäus Apelles v. Löwenstern.

Abendlied.

Psalm 63, v. 8. 9. Du bist mein Helfer, und unter dem Schatten deiner Flügel rühme ich. Meine Seele hanget dir an; deine rechte Hand erhält mich.

In eigener Melodie.

1426. Nun ruhen alle Wälder, Vieh, Menschen, Städt' und Felder; es schläft die ganze Welt; ihr aber, meine Sinnen! auf, auf! ihr sollt beginnen, was eurem Schöpfer wohlgefällt.

2. Wo bist du Sonn' geblieben? die Nacht hat dich vertrieben, die Nacht, des Tages Feind; fahr' hin! ein' andre Sonne, mein Jesus, meine Wonne, gar hell in meinem Herzen scheint.

3. Der Tag ist nun vergangen, die gold'nen Sternlein prangen am blauen Himmelssaal; also werd' ich auch stehen, wenn mich wird heißen gehen mein Gott aus diesem Jammerthal.

4. Der Leib eilt nun zur Ruhe, legt ab das Kleid und Schuhe, das Bild der Sterblichkeit; die zieh' ich aus; dagegen wird Christus mir anlegen den Rock der Ehr' und Herrlichkeit.

5. Das Haupt, die Füß' und Hände sind froh, daß nun zum Ende die Arbeit kommen sey; Herz! freu' dich: du sollst werden vom Elend dieser Erden und von der Sünden Arbeit frei.

6. Nun geht, ihr matten Glieder! geht hin und legt euch nieder, der Betten ihr begehrt. Es kommen Stund' und Zeiten, da man euch wird bereiten zur Ruh' ein Bettlein in der Erd'.

7. Mein' Augen steh'n verdrossen, im Nu sind sie geschlossen, wo bleibt dann Leib und Seel'? Nimm sie zu deinen Gnaden, sey gut für allen Schaden, du Aug' und Wächter Israel!

8. Breit' aus die Flügel beide, o Jesu, meine Freude! und nimm dein Küchlein ein; will Satan mich verschlingen, so laß die Englein singen: Dies Kind soll unverletzet seyn!

9. Auch euch, ihr meine Lieben! soll heute nicht betrüben ein Unfall noch Gefahr; Gott lass' euch selig schlafen, stell' euch die gold'nen Waffen um's Bett' und seiner Engel Schaar!

Paul Gerhardt

Abendlied.

Psalm 121, v. 7. Der Herr behüte dich vor allem Uebel; er behüte deine Seele.

In eigener Melodie.

1427. Nun sich der Tag geendet hat, und keine Sonn' mehr scheint, schläft Alles, was sich abgematt't und was zuvor geweint.

2. Nur du, mein Gott! hast keine Rast, du schläfst noch schlummerst nicht, die Finsterniß ist dir verhaßt, weil du bist selbst das Licht.

3. Gedenke, Herr! doch auch an mich in dieser finstern Nacht, und schenke mir genädiglich den Schirm von deiner Wacht.

4. Wend' ab des Satans Tyrannei durch deiner Engel Schaar; so bin ich aller Sorgen frei, so bringt mir nichts Gefahr.

5. Zwar fühl' ich wohl der Sünden Schuld, die mich bei dir klagt an; doch aber deines Sohnes Huld hat g'nug für mich gethan.

6. Den setz' ich dir zum Bürgen ein, wenn ich muß vor's Gericht; ich kann ja nicht verloren seyn in solcher Zuversicht.

7. Drauf thu' ich meine Augen zu und schlafe fröhlich ein: mein Gott wacht jetzt in meiner Ruh', wer wollte traurig seyn?

8. Weicht, nichtige Gedanken! hin, wo ihr habt euren Lauf; ich baue jetzt in meinem Sinn Gott einen Tempel auf.

9. Soll diese Nacht die letzte seyn in diesem Jammerthal, so führ' mich, Herr! im Himmel ein zur auserwählten Zahl.

10. Und also leb' und sterb' ich dir, du starker Zebaoth! im Tod und Leben hilfst du mir aus aller Angst und Noth.

D. Johann Friedrich Hertzog, um 1670.

Morgenlied.

1 Thessalonicher 5, v. 5. Ihr seyd allzumal Kinder des Lichts und Kinder des Tages; wir sind nicht von der Nacht noch von der Finsterniß.

Mel. Nun sich der Tag geendet hat.

1428. Nun sich die Nacht geendet hat, die Finsterniß zertheilt, wacht Alles, so den Abend spat zu seiner Ruh' geeilt.

2. So wacht nun auf, ihr Sinnen, wacht! legt allen Schlaf bei Seit', zum Lobe Gottes seyd bedacht; denn es ist Dankes-Zeit.

3. Und du, des Leibes edler Gast! du theure Seele du, die du so sanft geruhet hast, dank' Gott für deine Ruh'.

4. Wie soll ich dir, du Seelenlicht! zur G'nüge dankbar seyn? mein Leib und Seel' ist dir verpflicht't, und ich bin ewig dein.

5. Dir geb' ich, Jesu! diese Gab' zu einem Unterpfand, dieweil ich sie empfangen hab' von deiner Liebeshand.

6. Und diese deine Liebeshand hat heut' bei mir gewacht, auch allen Schaden abgewandt in dieser finstern Nacht.

7. In deinen Armen schlief ich ein, drum konnte Satan nicht mit seiner List mir schädlich seyn, die er auf mich gericht't.

8. Vor Feuer und vor Wassersnoth hat mich, Herr! deine Güt', vor einem bösen schnellen Tod, heut' diese Nacht behüt't.

9. Hab' Dank, o Jesu! habe Dank für deine Lieb' und Treu'; hilf, daß ich dir mein Lebelang von Herzen dankbar sey.

10. Gedenke, Herr! auch heut' an mich an diesem ganzen Tag, und wende von mir gnädiglich Noth, Jammer, Angst und Plag'.

11. Erhör' o Jesu! meine Bitt', nimm meine Seufzer an, laß alle meine Tritt' und Schritt' heut' geh'n auf rechter Bahn.

12. Ach laß, o Jesu! keine Sünd' mich diesen Tag begeh'n, sonst möcht' ich armes Sünden-Kind nicht wohl bei dir besteh'n.

13. Wend' meine Augen gnädig ab von dieser Eitelkeit, damit bis an mein finst'res Grab ich alles Böse meid'.

14. Gieb deinen Segen diesen Tag zu meinem Werk und That, damit ich selig sagen mag: wohl dem, der Jesum hat!

15. Wohl dem, der Jesum bei sich führt, schließt ihn in's Herz hinein: so ist sein ganzes Thun geziert, und er kann selig seyn.

16. Nun dann, so fang' ich meine Werk' in Jesu Namen an, er geb' mir seines Geistes Stärk', daß ich sie enden kann.

Joh. Friedrich Möckel, gegen 1691.

Gläubige und anhaltende Einladung des Herrn Jesu ins Herz.

1 Joh. 5, v. 20. Wir wissen aber, daß der Sohn Gottes gekommen ist, und hat uns einen Sinn gegeben, daß wir erkennen den Wahrhaftigen und sind in dem Wahrhaftigen, in seinem Sohne Jesu Christo. Dieser ist der wahrhaftige Gott und das ewige Leben.

Mel. Jesu, komm doch selbst zu mir.

1429. Nun, so bleibt es fest dabei, daß ich Jesu eigen sey. Welt und Sünde, fahret hin, weil ich schon versprochen bin.

2. Jesus ist mein höchstes Gut; denn er gab sein theures Blut auch für mich verlornes Kind, daß mein Glaube Gnade find'.

3. Herr! ich hang' allein an dir. Nimm nur Alles selbst von mir, was dir nicht gefällig ist, weil du doch mein Alles bist.

4. Meine Seele sehnet sich, Gottes Lamm! sie suchet dich; ja, sie fragt allein nach dir. O mein Hirte! komm zu mir.

5. Sie verlangt kein ander Heil; du bist doch ihr bestes Theil. And're Quellen weiß sie nicht. Nein, sie sucht dein Angesicht.

6. Freilich bin ich deß nicht werth, was mein Herz und Mund begehrt; müßte billig ganz allein, ewiglich verlassen seyn.

7. Doch, weil du so gnädig bist, weil dein Blut vergossen ist, weil dein Mund so viel verspricht, werd' ich fröhlich aufgericht't.

8. Jesu! laß mich nicht allein; denn ich kann nicht selig seyn, ja, wo will ich Armer hin, wenn ich ohne Jesum bin?

9. Nun, so komm, du Seelenfreund! der es niemals böse meint. Meine Seele wünscht allein deiner Hände Werk zu seyn.

10. Bringe mich in deinen Lauf; decke mir mein Elend auf; reiß' mich von der Sünde los; mache meinen Glauben groß.

11. Jesu! sieh', ich liege da, warte auf dein Hephata.*) Ich bin unrein, blind und todt, kann auch Nichts in meiner Noth.

*) thue dich auf! Marci 7, v. 34.

12. Lamm! du nimmst mich, wie ich bin, gern in deine Hände hin, machst, daß mich die Sünde reu't, schmückst mich mit Gerechtigkeit.

13. Nun, ich strecke mich nach dir; Jakobs Glaube zeiget mir, wie man heftig mit dir ringt, bis man dich zum Segen dringt.

14. Herr! ich fasse dich mit Macht; würd' ich auch zum Schweiß gebracht, du kommst doch von mir nicht los, bis du sprichst: dein Glaub' ist groß!

15. Meine Thränen, mein Geschrei lassen dich nicht so vorbei. Wenn ich auch nicht weinen kann, seh' ich dich doch sehnlich an. Psalm 34, v. 6.

16. Eher lass' ich dich nicht hin, bis ich ganz versichert bin; bis ich weiß: dein Blut ist mein und ich soll errettet seyn.

17. Amen, ja du hörest mich und ich Armer lobe dich. Ja, zum Voraus will ich schrei'n: Jesus wird mein Helfer seyn!

Ernst Gottlieb Woltersdorf.

Bitte um einen gesegneten Aus- und Eingang.

Psalm 121, v. 8. Der Herr behüte deinen Ausgang und Eingang von nun an bis in Ewigkeit.

Mel. Meinen Jesum lass' ich nicht.

1430. Nun, so gehe mit mir aus, Jesu, meine süße Liebe. Komm in meines Herzens Haus, daß mich keine Noth betrübe; denn ich weiß, wo du nur bist, daß daselbst der Himmel ist.

2. Leite mich an deiner Hand, deine mehr als blöde Taube; mache mich mit dir bekannt, daß mein Herz dir völlig glaube:

du seyst ganz und ewig mein, und auch ich sey wieder dein.

3. Sprich durch's Wort mit meinem Geist, laß mich kindlich mit dir sprechen. Alles, was mich von dir reißt, wollst du hemmen, hindern, brechen. Störe Feindes-List und Macht, nimm dein armes Kind in Acht.

4. Laß mich keinen Schritt und Tritt, ohne dich, mein Heiland! gehen; gehe aller Orten mit, höre stets mein sehnlich Flehen. Bist du nur mein Gott und Freund; sey die ganze Welt mir feind.

5. Geh' auch wieder mit mir ein, bleibe, Jesu! wo ich bleibe. Eins laß immer bei mir seyn, daß dein Freudengeist mich treibe; so bin ich dein Eigenthum, und du meine Kraft, mein Ruhm. Friedr. August Weihe.

Neujahrslied.

Psalm 36, v. 11. Breite deine Güte über die, die dich kennen, und deine Gerechtigkeit über die Frommen.

Mel. Vater unser im Himmelreich.

1431. Nun treten wir in's neue Jahr; Herr Jesu! rett' uns aus Gefahr. Wend' ab, in dieser bösen Zeit, Krieg, Theurung, Pest und alles Leid. Wir bitten: laß dir insgemein die drei Hauptständ' befohlen seyn.

2. Gieb uns dein Wort und Sakrament im Lande bis an unser End'. Bekrön' das Jahr mit deiner Güt', und uns mit Segen überschütt'. Daß solches Amen sey und wahr, von Herzen wünscht der Christen Schaar. D. Georg Werner.

In Pestzeiten.

Jeremia 2, v. 19. Es ist deiner Bosheit Schuld, daß du so gestäupet wirst, und deines Ungehorsams, daß du so gestraft wirst. Also mußt du inne werden und erfahren, was es für Jammer und Herzeleid bringt, den Herrn, deinen Gott, verlassen und ihn nicht fürchten, spricht der Herr Herr Zebaoth.

Mel. Wer nur den lieben Gott läßt walten.

1432. Nun wachen Gottes Straf-Gerichte bei überhäuften Sünden auf, nun werden plötzlich Viel' zunichte und schließen ihren Lebens-Lauf. Ach, zürne nicht, Herr Jesu Christ! der du im Zorn auch gnädig bist.

2. Du sprachst ja selbst: ich bin geduldig, und will nicht zürnen für und für, wenn man sich giebt der Sünden schuldig, und reuig sie gesteht vor mir; — denk' an dein Wort, Herr Jesu Christ! der du der Mund der Wahrheit bist.

3. Wir folgen, wie du uns gerathen, und sagen ohne Heuchel-Schein, daß unsre schwere Missethaten, wie Sand am Meer, unzählbar seyn. Ach Gnad'! ach Gnad'! Herr Jesu Christ! der du der rechte Heiland bist.

4. Vor Reue will das Herze brechen, die Augen weinen bitterlich, der Mund kann nicht viel Worte sprechen, der schwache Geist betrübet sich. Ach! tröst' uns doch, Herr Jesu Christ! der du der rechte Tröster bist.

5. Laß uns durch deinen Angst-Schweiß finden in aller Noth den Freuden-Muth, und mach' uns rein von unsern Sünden mit deinem heil'gen theu'ren Blut; vergieb die Schuld, Herr Jesu Christ! der du der Sünden Tilger bist.

6. Erlaß die wohlverdienten Strafen, raff' uns im Zorn nicht aus der Welt, damit wir nicht im Tod' entschlafen, wenn schleunig unser Leib zerfällt. Erhalt' uns doch, Herr Jesu Christ! der du der Fürst des Lebens bist.

7. Wir bitten dich durch deine Wunden, durch deine Marter, Noth und Pein: ach! laß doch unsre Lebensstunden nicht plötzlich abgekürzet seyn; gieb Raum zur Buß', Herr Jesu Christ! der du von großer Langmuth bist.

8. Laß, Herr! des Uebels dich gereuen, das uns schon hart getroffen hat, hör' unser Winseln, Klagen, Schreien, sey gnädig der betrübten Stadt, und thu' uns wohl, Herr Jesu Christ, dieweil du unser Vater*) bist.

*) Jesaia 9, v. 6.

9. Laß unsre Seelen vor dir leben und theuer seyn bei dir geacht't; so wollen wir dein Lob erheben und rühmen deine Treu' und Macht. Erhör' uns doch, Herr Jesu Christ! dieweil du unser Bruder bist. Christoph Porsch.

Seliges Nun beim heiligen Abendmahl.

Johannis 6, v. 48 — 50. Ich bin das Brot des Lebens. Eure Väter haben Manna gegessen in der Wüste, und sind gestorben. Dies ist das Brot, das vom Himmel kommt, auf daß, wer davon isset, nicht sterbe.

Mel. Mach's mit mir, Gott, nach deiner Güt'.

1433. Nun weiß ich's, nun ist Jesus mein! von ihm hab' ich's vernommen. Nun ist er in mein Herz hinein, darin zu wohnen, kommen. In diesem meinem Herzens-Saal' hält er mit mir das Abendmahl.

2. Nun ist mir Heil, Barmherzigkeit und Gnade widerfahren; nun wird er seine

Herrlichkeit in mir auch offenbaren. Nun wird er zeigen, daß er treu und mein Erlöser worden sey.

3. Nun leb' ich, doch nun nicht mehr ich, Er lebt in meiner Seele. Nun hab' ich ihn; nun hat er mich, und alle meine Fehle. Nun ist — er steht mir selbst dafür — gar nichts Verdammlich's mehr an mir.

4. Nun hab' ich Gott in ihm erkannt, und darf ihn Vater nennen; ja er, der vielmehr mich erkannt, will mich als Kind erkennen. Von Sünd' und vom Gesetze los, sitz' ich dem Vater nun im Schooß.

5. Nun will und kann ich nach dem Sinn des Fleisches nimmer leben, noch meine Glieder fernerhin zum Sündendienst ergeben. Was an mir ist, das lebt und dient nun dem allein, der mich versühnt.

6. Nun will ich auch mit ihm zugleich gern leben, leiden, sterben; und dann mit ihm das Himmelreich, das er ererbt, ererben. Ich ruf' ihn an zum letzten End': Herr! nimm mich nun in deine Händ'!

Christoph Karl Ludwig v. Pfeil.

Freudigkeit über die Sündenvergebung.

Römer 15, v. 13. Gott aber der Hoffnung erfülle euch mit aller Freude und Frieden im Glauben, daß ihr völlige Hoffnung habt durch die Kraft des heiligen Geistes.

Mel. Wer nur den lieben Gott läßt walten.

1434. Nun will ich erst recht fröhlich leben, nicht als ein Weltkind, als ein Christ, weil alle Sünde mir vergeben und jetzt nicht mehr verdammlich ist; ich weiß und glaube, Jesu Blut macht Alles, auch mein Leben gut.

2. Nun kann ich erst geduldig leiden, denn es ist keine Strafe mehr; es lehrt mich nur, die Sünde meiden und läutert mich zu Gottes Ehr'. Ich weiß und glaube, Jesu Blut macht Alles, auch mein Leiden gut.

3. Nun werd' ich auch mit Fried' und Freuden aus dieser Eitelkeit und Zeit, wann und wie's Gott gefällt, abscheiden, in eine frohe Ewigkeit. Ich weiß und glaube, Jesu Blut macht Alles, auch mein Ende gut.

Johann Jakob v. Moser.

Danklied nach der Pest.

Psalm 116, v. 8. Du hast meine Seele aus dem Tode gerissen, mein Auge von den Thränen, meinen Fuß vom Gleiten. Ich will wandeln vor dem Herrn im Lande der Lebendigen.

Mel. An Wasserflüssen Babylon.

1435. Nun wollen wir dir Lob und Preis, Gott, unser Helfer, bringen. Dir wollen wir mit bestem Fleiß, mit Herz und Mund lobsingen. Du hast uns in der Sterbensnoth so treu beschützet, daß der Tod uns nicht dahin gerissen. Pflicht ist es, daß wir Lebenslang, Allgütigster! dir dafür Dank von Herzen sagen müssen.

2. Wir waren, Höchster! überall mit Todesfurcht umgeben; wir sahen der Geplagten Qual, und Sterbende voll Beben. Der Tod riß täglich Viel' in's Grab. Die Noth nahm zu, die Menschen ab; die Heilkunst war vergebens. Nichts trieb des Würgers Macht zurück; auch uns schien jeder Augenblick der letzte unsers Lebens.

3. Zu dir, Gott! unserm Retter, schrie'n der Deinen bange Herzen; und du hast gnädig uns verzieh'n; du sahest unsre Schmerzen. Erbarmungsvoll hat deine Hand das Uebel von uns abgewandt, nach Sünden nicht gelohnet. Preis dir, o Gott! wir leben noch! groß war die Noth, schwer unser Joch; noch größer du, der lohnet!

4. Preis sey dir, Gott im höchsten Thron! für deine Vatergüte. Preis singt dir, Mittler, Gottes Sohn! mein Mund, Herz und Gemüthe. Preis dir, o Tröster, heil'ger Geist! in Ewigkeit seyst du gepreis't, Gott! der uns hat erhöret. Nun zeigst du uns, wer stets sich fest auf dich, den Mächtigen, verläßt, dem werde Trost gewähret.

5. O laß uns künftig, güt'ger Gott! die Sünde dankbar fliehen; durch Strafen, durch Gefahr und Noth willst du uns zu dir ziehen. Wohlan, mein Herz, der Sünde Lauf hör' in dir künftig völlig auf! o thu' des Heil'gen Willen! Vielleicht möcht' er nicht mehr verzeih'n. Heil dir! er wird dir Kraft verleih'n, den Vorsatz zu erfüllen!

Vom Kreuz der Christen.

Apost. Gesch. 20, v. 23. 24. Bande und Trübsal warten meiner daselbst. Aber ich achte derer Keines, ich halte mein Leben auch nicht selbst theuer, auf daß ich vollende meinen Lauf mit Freuden.

Mel. Nur frisch hinein! es wird ꝛc.

1436. Nur frisch hinan die saure Kreuzesbahn; vertrau' dem Herrn, er wird dir Kräfte senden. Was zagest du? kann denn dein Kreuz nicht wenden der Herr, der Sturm und Meer gebieten kann? — Nur frisch hinan.

2. Betrübter Christ! der du in Schwermuth bist, ermuntre dich und deine schwache Sinnen; das schwere Kreuz wird doch ein-

mal zerrinnen gleich einem Fluß, der dir zum Beispiel ist, betrübter Christ!

3. Der Himmelsheld hat einen Weg bestellt, den Niemand weiß. Eh' sein Volk sollte sinken, muß selbst das Meer auf dieses Helden Winken zur Mauer seyn, er herrscht im Fluthenfeld, der Himmelsheld.

4. Die Tapferkeit ist jederzeit bereit, durch Kreuz und Schmach und durch empörte Wellen zu dringen durch; kein Sturmwind kann sie fällen; sie hält uns fest in steter Sicherheit, die Tapferkeit.

5. Ein Kriegesmann muß tapfer halten an, es steht nicht wohl, wenn Krieger wollen fliehen, weil sie das End' des Krieges nicht ersehen. Ein Christ ist auch, der tapfer kämpfen kann, ein Kriegesmann.

6. Der Kampf hört auf, wenn hier dein Pilgerlauf das Ziel erreicht; was einmal angefangen, das nimmt ein End'. Der Herr ist vorgegangen, du folge nach und tritt nur tapfer drauf, es höret auf.

7. Die Kreuzespein wird ja nicht ewig seyn, es ist ein Kelch, der seinen Boden zeiget; man sieht den Grund, wenn Alles ausgeneiget. Drum laß dir einen Trank des Lebens seyn die Kreuzespein.

8. Die große Noth zerbricht doch einst der Tod. Hindurch, hindurch! und folge deinem Führer, dein Jesus ist der Erd- und Meer-Regierer, der schreitet durch und tritt für dich in Koth die Kreuzesnoth.

9. Er ist dein Hirt, der dich nicht lassen wird, er wird sein Schaaf auf seinen Achseln tragen, es wartet schon auf dich der Engel Wagen zum sichern Schutz, und ob du dich verirrt, er ist dein Hirt.

10. Auf, schwacher Sinn! wirf allen Kummer hin und schicke dich die Tiefe zu durchwaten. Kommt schon ein Sturm, dein Jesus wird dir rathen und helfen aus; der Tod ist dein Gewinn; auf, schwacher Sinn!

11. Der Christenstand ist hier also bewandt, es muß ein Kreuz das andre Kreuze jagen. So ging es dem, der unser Kreuz getragen am Kreuzesstamm, es ist ein hoher Stand — der Christenstand.

12. Wer wandeln soll, muß oftmals traurensvoll durch Berg' und Thal und tiefe Gründe dringen, so muß ein Christ auch nach dem Himmel ringen und leiden viel; der geht oft mühevoll, wer wandeln soll.

13. Ach mein Herr Christ! wenn du nur bei mir bist, so will ich auch mein Leben willig enden; zu dir, mein Gott, will ich mich gänzlich wenden, und tragen, was mir auferleget ist, ach mein Herr Christ!

Michael Kongehl.

Neujahrslied.

Psalm 121, v. 2. Meine Hülfe kommt vom Herrn, der Himmel und Erde gemacht hat.

Mel. Wer nur den lieben Gott läßt walten.

1437. Nur Jesus, nichts als Jesus heißet die Losung auf das neue Jahr; worauf sich Herz und Mund befleißet, ist Jesus, Jesus ganz und gar. Kommt mir von nun an etwas ein, soll's Jesus, Jesus, Jesus seyn.

2. Den Anfang muß nur Jesus machen, mit Jesu fahr' ich fröhlich fort, und schließ' ich was von meinen Sachen, bleibt Jesus auch das letzte Wort. In allen Dingen kommet mir nur Jesus, Jesus, Jesus für.

3. Wenn ich in meinem Bette liege, so soll nur Jesus bei mir steh'n; sobald ich mich daraus verfüge, muß Jesus wieder mit mir geh'n. Das ist die Kost, die mir beliebt, die Jesus, Jesus, Jesus giebt.

4. Will ich vor meinen Vater treten, so schick' ich Jesum stets zuvor, der soll für mich und mit mir beten, so find' ich ein geneigtes Ohr. Wie wallet die Barmherzigkeit, wenn Jesus, Jesus, Jesus schreit.

5. Wenn ich des Höchsten Wort betrachte, so brauch' ich Jesum als mein Licht; sonst irr' ich drinnen als bei Nachte, und sehe seine Wunder nicht. Alsdann wird erst die Kraft erreicht, wenn Jesus, Jesus, Jesus leucht't.

6. Ich kann in Sünden nicht vergehen, da Jesus kräftig mich vertritt; sein Blut wird immer für mich flehen, so werde ich des Fluches quitt. Der Gnaden-Quell ist nie verstopft, wenn Jesus, Jesus, Jesus klopft.

7. Komm ich zu seinem Liebesmahle, so ist nur Jesus selbst mein Gruß, und Alles, was ich ihm da zahle, ist ein lieb'voller Gnaden-Kuß. Ach ja! was fällt mir da sonst zu, als Jesu! Jesu, Jesu! du?

8. Will sich ein Kreuze zu mir finden, — im Namen Jesu komm' es her, ich will es bald auf Jesum binden, so wird es mir nicht gar zu schwer; wo ich nicht länger tragen kann, trägt Jesus, Jesus, Jesus dann.

9. Laßt alle Teufel auf mich rasen, o! Jesus, Jesus ist mein Schutz. Laßt alle Feinde Lärmen blasen, mit Jesu biet' ich

ihnen Trutz. Den allergrößten Sturm und Graus hält Jesus, Jesus, Jesus aus.

10. Wie könnte mir vor Krankheit grauen, weil ich von meinem Jesu weiß? ich will mich seiner Kur vertrauen, er wartet mein mit höchstem Fleiß; die Arzenei für alle Pein giebt Jesus, Jesus, Jesus ein.

11. Ich will mit lauter Jauchzen sterben; denn Jesus, Jesus ist mit mir. Der Tod kann nichts an mir verderben, mein Jesus ist mir gut dafür. Das heißt im Tode recht gelebt, wo Jesus, Jesus, Jesus schwebt.

12. Drauf will ich sanft und süße schlafen, bis mich mein Jesus wieder ruft, so eil' ich denn mit seinen Schaafen, voll Freuden zu ihm aus der Gruft: mein guter Morgen soll allein, o Jesu! Jesu! Jesu! seyn.

13. Und wenn ich mit der schönen Krone vor ihm geschmücket werde steh'n, da soll's erst recht in vollem Tone nur Jesus! nichts als Jesus! geh'n, wenn aller Himmel Himmel klingt und Jesus! Jesus! Jesus! singt.

Johann Mentzer.

Abendlied.

Psalm 139, v. 3. Ich gehe oder liege, so bist du um mich, und siehest alle meine Wege.

Mel. Sollt' es gleich bisweilen scheinen.

1438. Nur in Jesu Blut und Wunden hab' ich wahre Ruh' gefunden. Diese sollen auch allein heut mein Ruhebette seyn.

2. Tag's umgiebt mich sein Erbarmen. Nachts ruh' ich in seinen Armen. Jesu! ja, in deiner Hut schläft's sich sicher, wohl und gut.

Christoph Karl Ludwig v. Pfeil.

Ermunterung zur Treue.

Psalm 101, v. 6. Meine Augen sehen nach den Treuen im Lande, daß sie bei mir wohnen.

Mel. Der Tag ist hin, mein Jesu.

1439. Nur treu! nur treu! so wird der Herr beistehen und es zuletzt doch Alles herrlich gehen, so hart und lang' der Kampf auch immer währt. Je größ're Treu', je mehr wird Gott geehrt.

2. Nur treu! nur treu! auf Treue warten Kronen, womit ihr Gott in Ewigkeit will lohnen; doch nur alsdann, wenn man in aller Noth getreu geblieben ist bis in den Tod.

3. Nur treu! nur treu! wo käm' sonst von den Gaben, die wir als Knecht' von Gott empfangen haben, der Wucher her, wonach so scharfe Frag' geschehen wird an jenem großem Tag?*)

*) Matth 25, v. 27.

4. Nur treu! nur treu! bleibt man nicht in den Waffen, so ist man hin, weil unsre Feind' nicht schlafen: und trifft der Feind in Sicherheit uns an, ist's um den Sieg, den wir gehabt, gethan.

5. Nur treu! nur treu! nur wer in allen Proben beherzt besteht, ist erst mit Recht zu loben; wär' keine Prob', wie würde offenbar, wer schwach, wer stark, wer treu, wer untreu war?

6. Nur treu! nur treu! die Kraft wird uns gegeben; die nur allein? die Treue auch darneben; doch muß man sie gebrauchen: wer dies thut, siegt allemal; doch kostet's auch wohl Blut.

7. Getreuer Gott! wie deine Lieb' und Treue alltäglich sich an uns beweis't auf's Neue: so gieb, daß ich auch alle Tag' auf's Neu' dir treu und treu und immer treuer sey.

Johann Jakob v. Moser.

Vom Gebet in schweren Anfechtungen.

Psalm 28, v. 2. Höre die Stimme meines Flehens, wenn ich zu dir schreie, wenn ich meine Hände aufhebe zu deinem heiligen Chor.

Mel. Auf meinen lieben Gott.

1440. O allerhöchster Gott! ich schweb' in großer Noth, ich fürchte, meine Sünden, die sich bei mir befinden, die werden dir verwehren, mein Beten zu erhören.

2. Ach, warum bet' ich nicht in fester Zuversicht? Du willst ja nicht das Flehen der Elenden verschmähen, du lockst sie ja mit Beten vor deinen Thron zu treten.

3. Wer nur die Kühnheit hat und freudig dir sich naht, sein Herz da auszuleeren und Etwas zu begehren, der soll von deinen Gaben, so viel ihm nützet, haben.

4. Darum verzeihe mir, daß ich, o Höchster! dir durch sündliche Gedanken und hin und wieder Wanken nicht jederzeit getrauet und fest auf dich gebauet.

5. Gieb du mir Zuversicht, daß, wenn mir was gebricht, ich, Herr! vor dir nicht minder, als wie die lieben Kinder die Eltern um was bitten, mein Herz auch mög' ausschütten.

6. Ach, mach' mich endlich frei von Plagen mancherlei, und führe meine Seele, aus ihrer Leibeshöhle, nach überstand'nem Leiden zu deinen Himmelsfreuden.

D. Cornelius Becker? —

Morgenlied.

Psalm 43, v. 3. Sende dein Licht und deine Wahrheit, daß sie mich leiten.

Melodie des 5ten Psalms.

1441. O allerhöchster Menschenhüter, du unbegreiflich höchstes Gut! ich will dir opfern Herz und Muth; stimmt an mit mir, gedenkt der Güter, all' ihr Gemüther!

2. Herr, deiner Kraft ich nur zuschreibe, daß ich noch Odem schöpfen kann, du nimmst dich gnädig meiner an; du Vaterherz! mich nicht vertreibe, heut bei mir bleibe.

3. Israels Gott! da ist mein Wille, der sich dir willig untergiebt, dich über Alles gerne liebt; das ist mein Wunsch in früher Stille, o Gnadenfülle!

4. Dein Angesicht mich heilig leite, dein Auge kräftig auf mich seh'; ich reise, sitz', geh' oder steh'; mich zu der Ewigkeit bereite, Herr! mich begleite.

5. Laß Seel' und Leib, so du gegeben, stets seyn in deiner Furcht bereit, als Waffen der Gerechtigkeit, auch in dem Tod dir anzukleben, o Seelenleben!

6. Gesegne mich auf meinen Wegen, mein Thun und Lassen lenke du, in Unruh' bleibe meine Ruh', bis ich zuletzt mich werde legen in Fried' und Segen.

Joachim Neander.

Osterlied.

Ebräer 13, v. 20. 21. Gott aber des Friedens, der von den Todten ausgeführet hat den großen Hirten der Schaafe, durch das Blut des ewigen Testaments, unsern Herrn Jesum; der mache euch fertig in allem guten Werk, zu thun seinen Willen, und schaffe in euch, was vor ihm gefällig ist, durch Jesum Christum; welchem sey Ehre von Ewigkeit zu Ewigkeit! Amen.

Mel. Was Gott thut, das ist wohlgethan.

1442. O auferstand'ner Siegesfürst, du Leben aller Leben! heut' bringst du Friede, da du wirst zur Freude uns gegeben: vor bracht' die Noth dich in den Tod, jetzt bist du auferstanden und frei von Todesbanden.

2. Ach, unsre Sündenlust und Schuld ließ dich in Fesseln fallen; du gabest dich aus großer Huld zum Kreuze für uns Alle; nun sind wir frei von Sklaverei, darinnen wir gefangen, weil du hervorgegangen.

3. Nun geht uns fröhlich wieder auf die rechte Gnadensonne; die vor erstarb in ihrem Lauf, giebt Strahlen neuer Wonne; jetzt ist die Seel' mit Freudenöl von dir gesalbet worden und steht im neuen Orden.

4. Die Kraft von deiner Majestät bricht selbst durch Grab und Steine; dein Sieg ist's, der uns mit erhöht zum rechten Gnadenscheine. Des Todes Wuth, der Hölle Glut hat alle Macht verloren, und wir sind neu geboren.

5. O, daß wir diesen theuren Sieg lebendig möchten kennen, und unser Herz bei diesem Krieg im Glauben möchte brennen! denn anders nicht kann dieses Licht uns in das Leben führen, wo wir nicht Glauben spüren.

6. So brich denn selbst durch unser Herz, o Jesu, Fürst der Ehren! und laß vorher die Glaubenskerz' sich in uns Schwachen mehren; daß wir in dir die offne Thür zur ew'gen Ruhe finden, und auferstehn'n von Sünden.

7. Ach hilf, daß wir zur rechten Zeit zu dir, o Jesu, kommen mit Spezerei von Reu' und Leid, die aus dem Grund' genommen, daß wir in Eil' zu deinem Heil im wahren Glauben laufen, durch Buße Gnade kaufen.

8. Vertreib' den Schlaf der Sicherheit, daß wir bei frühem Morgen zu suchen dich stets seyn bereit, wenn du dich gleich verborgen, und weichen ab vom Sündengrab; weil du hervorgebrochen und unsern Feind gerochen.

9. Laß uns doch mit dir aufersteh'n, wir liegen noch im Grabe und können noch das Licht nicht seh'n; die Kraft von deiner Gabe, die deine Macht uns mitgebracht, führ' uns heraus zum Leben, daß wir fest an dir kleben.

10. Es liegen tausend Hüter hier, die unser Herz berennen, daß wir aus dieser Grabesthür nicht zu dir kommen können; der Sünden Nacht hält selbst die Wacht; die Welt mit ihren Schätzen fängt an es zu besetzen.

11. Ehr', Wollust, Sorge, Neid und Geld schiebt vor die stärksten Riegel; der Pharisäer dieser Welt drückt selbst darauf das Siegel; wer wälzet ab von diesem Grab den schweren Stein der Sünden, den wir in uns empfinden?

12. Herr Jesu, du bist es allein, du kannst die Fesseln lösen, darin wir eingewickelt seyn, die Tücher zu dem Bösen; wälz' ab den Stein und führ' uns ein zum Reiche deiner Gnaden, daß uns die Feind' nicht schaden.

13. Erscheine uns mit deiner Güt', wenn wir in Buße weinen, und laß uns deinen

theuren Fried' zum ersten Anblick scheinen; so können wir, o Held! mit dir die rechten Ostern feiern, und uns in dir erneuern.

14. Ach, laß das wahre Aufersteh'n auch uns in uns erfahren, und aus den todten Gräbern geh'n, daß wir den Schatz bewahren, das theure Pfand, das deine Hand zum Siegen uns gegeben; so geh'n wir ein zum Leben. Just. Henning Böhmer.

Weihnachtslied.

Sacharja 2, v. 11. Du sollst erfahren, daß mich der Herr Zebaoth zu dir gesandt hat.

Mel. Willkommen edles Knäbelein.

1443. O binde, liebstes Jesulein, wie dieses dein Gebrauch, dich selber dieses Fest mir ein, ich schenke mich dir auch. Komm, nimm mich dir zu eigen hin, zum Lobe deiner Liebe, ach! gieb mir deinen Kindessinn, daß ich dich nicht betrübe.

2. Wie liebreich, freundlich, hold und mild bist du, o schönstes Kind! Ach! leucht' in mich, bis daß dein Bild in mir Gestalt gewinnt. Ach! werde doch in mir auf's Neu' durch deinen Geist geboren, damit ich dir recht ähnlich sey; so werd' ich nicht verloren.

3. Versüße doch, o mein Herr Christ! durch deine Freundlichkeit, was noch so bitter in uns ist, gieb Frieden für den Streit, daß wir, dir holdem Kindlein gleich, einander uns ergeben, und in dir, als im Himmelreich, einander liebend leben.

4. Du ziehst mit Fried' und Freuden ein; es ist nur deine Lust, in Herzens-Lieb' um uns zu seyn; auch mir sey nichts bewußt, als nur die Lust an dir, mein Heil! ich will mich dir verschreiben; erhalte mich zu deinem Theil, dir ewig treu zu bleiben.

Karl Heinrich v. Bogatzky.

Vom Troste des ewigen Lebens

Offenbarung Joh. 5, v. 9. Du (Herr Jesu, Lamm Gottes) hast uns Gott erkauft mit deinem Blute aus allerlei Geschlecht, und Volk und Heiden.

Mel. Mein Salomo, dein freundliches Regieren.

1444. O blutend Lamm! wie wohl wird dem Gemüthe, das im Genuß der süßen Wunden ist, das alles Leid und alle Noth vergißt, weil deine Huld, weil deine Jesusgüte es durch und durch mit Friedensfluthen labt, und statt des Fluchs mit Heil und Kraft begabt.

2. O holdes Lamm! nun kann ich wieder leben, du nimmst die Schuld und Strafen über dich, du zahlest selbst das Lösegeld für mich, da man am Kreuz dich unter'm Fluch sieht schweben. O schöner Tausch! o unergründ'te Treu': du stirbst für mich, ich werd' auf ewig frei.

3. O süßes Lamm! wie wohl wird meinem Herzen, da es die Frucht der großen Zahlung spürt, da mich dein Geist aus dem Gerichte führt und meinem Geist, statt wohlverdienter Schmerzen, wie du auch mich bis in den Tod geliebt, auf's Süßeste das wahre Zeugniß giebt!

4. O theures Lamm! nun schwindet aller Kummer, mein Geist wird froh, er nimmt das Siegel an, das mir in Noth und Tod durchhelfen kann. Mein Jammer flieht, nun weichet aller Schlummer, dein Liebesgeist durchdringet Mark und Bein und nimmt mein Herz mit allen Kräften ein.

5. O treues Lamm! nun lern' ich mich recht schämen, nun werd' ich erst auf's Seligste gebeugt, da mir dein Vater selbst das Scepter neigt, da ich als Kind darf Gnad' um Gnade nehmen. O Seligkeit! daß deine Liebesmacht mich armen Staub zu solchem Heil gebracht!

6. O stilles Lamm! dein theurer Gnadenwille sey stets mein Ziel, mein wahres Element. Sey du das Gut, das mein Herz einig kennt. Wirk' selbst in mir die rechte Geistesstille. Ich folge dir auf dieser Friedensbahn, leg' du mir nur dein süßes Joch recht an.

7. O starkes Lamm! führ' du des Geistes Kriege, geh' du voran, sey Alles in dem Streit, so schmeckt mein Geist des Sieges Süßigkeit; so sink' ich nicht; und wenn ich unterliege, reichst du mir bald die Jesushände dar, und führst mich, dir zum Preis, aus der Gefahr.

8. O betend Lamm! wenn ich um Gnade schreie, laß dein Geschrei mir täglich fruchtbar seyn; nimm meinen Geist mit solcher Sehnsucht ein, die forthin nichts als dein Genuß erfreue. Gewöhne mich an deine Gnadenthür', und unterred' dich oft, mein Lamm! mit mir.

9. O wachend Lamm! lehr' mich anhaltend wachen, wenn List und Macht der Feinde rege ist. O Weisheitsquell! der du allwissend bist; ich überlass' dir gänzlich alle Sachen; hab' du auf mich von inn- und außen Acht. Wohl mir, daß mich dein Gnadenaug' bewacht!

10. O herrschend Lamm! beherrsche meine Kräfte, und nimm mich dir zum ganzen Opfer hin; dein liebend Herz regiere meinen Sinn; dir trauen, sey mein tägliches Geschäfte. Mach' mir die Erd' und ihren Tand zu Koth, sey stets mein Trost und Zuflucht in der Noth.

11. O siegend Lamm! wenn Sorgen, Angst und Schrecken mich in's Gedräng' von inn- und außen bringt; sey mein Panier, mit dem es mir gelingt. In Finsterniß verbleib' mein Stab und Stecken. Theil' mir fein oft viel süße Beute aus: so wächst mein Muth in jedem Kampf und Strauß.

12. O liebes Lamm! wer mag dein Lieben fassen? wie sanft läßt sich's in deinen Armen ruh'n! du nährest mich, ich darf nichts dazu thun; ich darf mich nur von dir recht lieben lassen. Drück' mich fein fest an deine Jesusbrust; du bleibst mein Theil, ich deines Herzens Lust.

13. O schönes Lamm! dem nichts auf Erden gleichet, laß mir dein Bild tief eingepräget seyn; nimm mich nur ganz mit dessen Schönheit ein, daß, wenn ich einst mein letztes Ziel erreichet, mein letzter Blick auf dich, mein Lämmlein! geh', bis ich dich dort in voller Klarheit seh'.

14. O großes Lamm! wie werd' ich dich umfassen, wenn du dich dort in jener Zionsstadt, die in der Welt nicht ihres Gleichen hat, zum ersten Mal wirst von mir sehen lassen! o, köstlich Lamm! da deine Herrlichkeit mich ewiglich in süßer Ruh' erfreut!

Von den Gnadenmitteln.

1 Corinth. 1, v. 21. Dieweil die Welt durch ihre Weisheit Gott in seiner Weisheit nicht erkannte, gefiel es Gott wohl, durch thörichte Predigt selig zu machen die, so daran glauben.

Mel. Es ist das Heil uns kommen her.

1445. Ob Menschen klug und weise seyn, es hoch dadurch zu bringen; ob ihr Verstand schon ungemein in weltgesinn'ten Dingen; so sagt doch ein erleucht'ter Christ: die rechte wahre Klugheit ist die Klugheit der Gerechten.

2. Wer nur auf Gottes Gnade sieht und sucht darin zu stehen; wer sich im Glauben stets bemüht, den Weg mit Lust zu gehen, den Christus uns im Worte weis't; ein solcher Lebenswandel heißt die Klugheit der Gerechten.

3. Laß alle Klugheit dieser Welt sich insgesammt verbinden; sie macht ein Herz, das Gott mißfällt, dennoch nicht rein von Sünden: dies große Werk dagegen thut, durch Christi Jesu theures Blut, die Klugheit der Gerechten.

4. Wer ist so klug, daß er vermag dem Tode zu entfliehen? ja, wer erkennet welcher Tag ihn wird zur Grube ziehen? dies macht, daß er in Aengsten bleibt; doch Tod und Todesfurcht vertreibt die Klugheit der Gerechten.

5. Wie denkt die Klugheit dieser Zeit so schlecht an Tod und Sterben? wie schlecht sucht sie die Ewigkeit der Sel'gen zu ererben? Viel größern Trost, viel bessern Rath und ein gewissers Erbtheil hat die Klugheit der Gerechten.

6. Gott! mache mich gerecht und klug nach deiner großen Güte, damit ich mich vor Selbstbetrug bei Welt und Fleische hüte und setze, nach vollbrachtem Lauf, mir dort in jenem Leben auf die Krone der Gerechten.

M. Erdmann Neumeister.

Himmlischer Sinn.

2 Corinther 4, v. 18. Denn was sichtbar ist, das ist zeitlich; was aber unsichtbar ist, das ist ewig.

Mel. Ich dank' dir schon durch deinen Sohn.

1446. O Christ, erhebe Herz und Sinn! was hängst du an der Erden? hinauf, schwing' dich zum Himmel hin; ein Christ muß himmlisch werden.

2. Was bist du in der Welt? ein Gast, ein Fremdling und ein Wandrer! Wenn du kurz hausgehalten hast, so erbt dein Gut ein And'rer.

3. Was hat die Welt, was beut sie an? nur Tand und eitle Dinge. Wer einen Himmel hoffen kann, der schätzt die Welt geringe.

4. Wer Gott erkennt, kann der wohl noch den Sinn auf's Niedre lenken? nur wer an Gott denkt, denket hoch; so müssen Christen denken.

5. Sieh', Christ, nie sorgend unter dich, wenn dich die Leiden drücken; sieh' gläubig in die Höh' und sprich: der Herr wird mich erquicken.

6. Der Christen hohes Bürgerrecht ist dort im Vaterlande. Der Christ, der irdisch denkt, denkt schlecht und unter seinem Stande.

7. Dort ist das rechte Canaan, wo Lebensströme fließen. Blick' oft hinauf! der Anblick kann den Leidenskelch versüßen.

8. Dort oben ist des Friedens Haus. Gott theilt zum Gnadenlohne den Ueberwindern Kronen aus; kämpf' auch um Ruh' und Krone!

9. Dort singen Engelchör' aus Pflicht von Gott und seinen Werken. Freund Gottes, sehnest du dich nicht, dies Loblied zu verstärken?

10. Dort wohnet die Dreieinigkeit mit Licht und Glanz umgeben. Dort lebt Gott ewig; werd' erfreut! wo Gott lebt, sollst du leben!

11. Dort herrscht dein Heiland, Jesus Christ! der Tilger deiner Sünden; mit dem, durch den du selig bist, muß sich dein Herz verbinden.

12. Hilf, Heiland! daß ich für und für den Geist so hoch erhebe; und daß ich jetzt und ewig dir gehöre, denke, lebe.

Ehrenfried Liebich.

Jesus büßet unser Verschulden.

2 Corinth. 5, v. 21. Gott hat den, der von keiner Sünde wußte, für uns zur Sünde gemacht, auf daß wir würden in ihm die Gerechtigkeit, die vor Gott gilt.

Mel. Herzliebster Jesu, was hast du verbrochen?

1447. O daß ich könnte Thränen g'nug vergießen, ihr Augen, lasset eure Quellen fließen, auch du, mein Herze, sey nicht gleich dem Steine; ach weine, weine!

2. Der dir zu gut ist in die Welt geboren, der deine Seele hat zur Braut erkoren, der nichts verwirket, wie wir armen Kinder, stirbt als ein Sünder.

3. Für die Verdammten leidet der Gerechte, der fromme Herr stirbt für die bösen Knechte, für die Befleckten muß so schwere Plagen der Reine tragen.

4. Schau', welch ein Mensch ist, Sünder! dein Erlöser, sein blutig's Leiden rührt von dir, du Böser! Für dich wird Jesus in den Tod gegeben; du, du sollst leben!

5. Dein freches Haupt ist nur auf Stolz beflissen, dafür sein Haupt wird jämmerlich zerrissen. Dein Auge sündigt, seines wird verhüllet, mit Blut erfüllet.

6. Daß du nicht ewig Schande möchtest tragen, läßt er sich schimpflich in's Gesichte schlagen. Weil dich zum Oeftern eitler Ruhm erfreuet, wird er verspeiet.

7. Dein Ohr läßt oft sich von der Welt bethören, sein's muß der Juden: Kreuz'ge, kreuz'ge! hören. Was deine Zunge Böses, hat verschuldet, hat er erduldet.

8. Mit starken Tränken will dein Mund sich laben, der kranke Heiland kann nicht Wasser haben. Man bietet Gall' und Essig an im Schwamme dem frommen Lamme.

9. Weil dich aus Hochmuth Sammt und Atlas kleiden, muß der Herr Jesus Blöß' und Armuth leiden: weil du im Himmel sollst Genade finden, läßt er sich binden.

10. Du wirst befreit vom ew'gen Kreuz und Plagen, drum muß sein Kreuze dein Erlöser tragen. Daß ihm die Händ' und Füße sind durchstochen, hast du verbrochen.

11. Mit einem Speere wird sein Herz zerspaltet, weil dir, Ruchlosen, Herz und Sinn erkaltet. Sein Leib ist Eiter, Wunden, Striemen, Beulen, dich wohl zu heilen.

12. Für alle Sünde, die du je begangen, hat dein Herr Christus schmählich da gehangen; daß dir geholfen werde bestermaaßen, ward er verlassen.

13. Auf daß du ewig kannst das Leben erben, mußt' er am Kreuze so erbärmlich sterben. Auf daß dir möge Raum im Himmel werden, kehrt er zur Erden.

14. O werth'ster Jesu! laß mir's geh'n zu Herzen, wie du mich liebest; gieb durch deine Schmerzen, daß ich mög' alle Fleisches-Lüste dämpfen, hilf selbst mir kämpfen.

15. Der du zur Ruh' in's Grab dich hast gewendet, als mein' Erlösung gänzlich war vollendet: gieb Ruhe, wenn man mich, nach meinen Tagen, in's Grab wird tragen.

16. Gieb süße Ruhe durch dein bittres Leiden, nimm auf mein' Seele in die Himmels-Freuden, dieselben hast du, Heiland! mir erworben, weil du gestorben.

D. Gottfried Wilhelm Sacer.

Lob- und Danklied.

Sirach 43, v. 32 — 34. Lobet und preiset den Herren, so hoch ihr vermöget; er ist doch noch höher. Preiset ihn aus allen Kräften, und lasset nicht ab; noch werdet ihr es nicht erreichen.

In eigener Melodie.

1448. O daß ich tausend Zungen hätte und einen tausendfachen Mund! so stimmt' ich damit um die Wette von allertiefstem Herzensgrund ein Loblied nach dem andern an von dem, was Gott an mir gethan.

2. O daß doch meine Stimme schallte bis dahin, wo die Sonne steht! o daß mein Blut mit Jauchzen wallte, so lang' es noch im

Laufe geht; ach, wär' ein jeder Puls ein Dank, und jeder Odem ein Gesang!

3. Was schweigt ihr denn, ihr meine Kräfte? auf, auf, braucht allen euren Fleiß und stehet munter im Geschäfte, zu Gottes meines Herren Preis; mein Leib und Seele schicke dich und lobe Gott herzinniglich.

4. Ihr grünen Blätter in den Wäldern! bewegt und regt euch doch mit mir; ihr schwanken Gräschen in den Feldern, ihr Blumen! laßt doch eure Zier zu Gottes Ruhm belebet seyn und stimmet lieblich mit mir ein.

5. Ach Alles, Alles was ein Leben und einen Odem in sich hat, soll sich mir zum Gehülfen geben; denn mein Vermögen ist zu matt, die großen Wunder zu erhöh'n, die allenthalben um mich steh'n.

6. Dir sey, o allerliebster Vater! unendlich Lob für Seel' und Leib! Lob sey dir, mildester Berather! für allen edlen Zeitvertreib *), den du mir in der ganzen Welt zu meinem Nutzen hast bestellt.

*) bei Betrachtung der Werke des Herrn.

7. Mein treuster Jesu! sey gepriesen, daß dein erbarmungvolles Herz sich mir so hülfreich hat erwiesen, und mich durch Blut und Todesschmerz, von aller Teufel Grausamkeit zu deinem Eigenthum befreit.

8. Auch dir sey ewig Ruhm und Ehre, o heiligwerther Gottes-Geist! für deines Trostes süße Lehre, die mich ein Kind des Lebens heißt. Ach! wo was Gut's von mir geschicht, das wirket nur dein göttlich Licht.

9. Wer überströmet mich mit Segen? bist du es nicht? o reicher Gott! wer schüzzet mich auf meinen Wegen? du bist es Herr Gott Zebaoth! du trägst mit meiner Sündenschuld unsäglich gnädige Geduld.

10. Vor andern küss' ich deine Ruthe, die du mir aufgebunden hast. Wie viel thut sie mir doch zu Gute! und ist mir eine sanfte Last; sie macht mich fromm und zeugt dabei, daß ich dir lieb und theuer sey.

11. Ich hab' es ja mein' Lebetage schon so manch liebes Mal gespürt, daß du mich, unter vieler Plage, getreulich hast hindurch geführt; denn in der größesten Gefahr wurd' ich dein Trostlicht stets gewahr.

12. Wie sollt' ich nun nicht voller Freuden in deinem steten Lobe steh'n? wie sollt' ich auch im tiefsten Leiden nicht triumphirend einhergeh'n? ja, fiele auch der Himmel ein, so will ich doch nicht traurig seyn.

13. Drum reiß' ich mich jetzt aus der Höhle der schnöden Eitelkeiten los und rufe mit erhöhter Seele: mein Gott! du bist sehr hoch und groß. Kraft, Ruhm, Preis, Dank und Herrlichkeit gehört dir jetzt und allezeit!

14. Ich will von deiner Güte singen, so lange sich die Zunge regt; ich will dir Freudenopfer bringen, so lange sich mein Herz bewegt; ja, wenn der Mund wird kraftlos seyn, so stimm' ich doch mit Seufzen ein.

15. Ach! nimm dies arme Lob auf Erden, mein Gott! in allen Gnaden hin; im Himmel soll es besser werden, wenn ich bei dir verkläret bin; da sing' ich dir im höhern Chor viel tausend Hallelujah vor.

Johann Mentzer.

Vom geistlichen Sinn und Wandel.

1 Petri 1, v. 15. Nach dem, der euch berufen hat und heilig ist, seyd auch ihr heilig in allem eurem Wandel.

Mel. Die Tugend wird durchs Kreuz geübet.

1449. O daß wir täglich recht bedächten, was uns zum Heil und Frieden dient! o daß wir dem ganz leben möchten, der uns mit seinem Blut versühnt! o daß ein jedes Herz entbrennte zu Dank und Liebe gegen ihn; o daß er uns erfüllen könnte durchaus mit seinem Geist und Sinn!

2. Herr Jesu, thu', nach deiner Gnade, mehr als wir bitten und versteh'n; gieb, daß wir deine Lebenspfade in Einfalt und mit Freuden geh'n, nach deinem Wort und nach den Sitten des Hauses Gottes, der Gemein'; zu dem End' bleib' in unsrer Mitten und laß kein Herz dir ferne seyn.

3. Nimm, Jesu! dir zum Lohn der Schmerzen, zum theu'r erworbnen Blutgewinn, nun ohne Ausnahm' unsre Herzen von Neuem und auf ewig hin, und laß durch's Heil aus deinen Wunden und deinem bittern Todesgang uns, die du dir so hoch verbunden, gesegnet bleiben lebenslang.

Am Feste Epiphanias.

Jesaia 60, v. 6. Sie werden aus Saba alle kommen, Gold und Weihrauch bringen und des Herrn Lob verkündigen.

Mel. Sollt' es gleich bisweilen scheinen.

1450. O der Ehre, die wir haben! da uns Gott die größten Gaben, seinen Sohn und seine Gnad' in ihm frei gegeben hat.

2. Kommt, ihr Menschen, kommt von ferne, kommt und gehet nach dem Sterne, fraget, wo der König ist, der da heißet Jesus Christ.

3. Geht ihm wieder eure Herzen, bleibt ihm treu in Angst und Schmerzen, ruft ihn an, daß dieses drei Weihrauch, Gold und Myrrhen sey.

4. Nun, wir opfern dir, o König! ist das Opfer dir zu wenig und zu schlecht, so lege du, was uns fehlet, selbst hinzu.

Gabriel Wimmer.

Pfingstlied.

2 Corinth. 5, v. 5. Der uns aber zu demselbigen bereitet, das ist Gott, der uns das Pfand, den Geist, gegeben hat.

Mel. Freu' dich sehr, o meine Seele.

1451. O du allersüß'ste Freude! o du allerschönstes Licht! der du uns in Lieb' und Leide unbesuchet lässest nicht; Geist des Höchsten! höchster Fürst! der du hältst und halten wirst ohn' Aufhören alle Dinge, höre, höre, was ich singe.

2. Du bist ja die beste Gabe, die ein Mensch nur nennen kann; wenn ich dich erwünsch' und habe, geb' ich alles Wünschen dran. Ach! ergieb dich! komm zu mir in mein Herze, das du dir, da ich in die Welt geboren, selbst zum Tempel auserkoren.

3. Du wirst aus des Himmels Throne wie ein Regen ausgeschütt't, bringst vom Vater und vom Sohne nichts als lauter Segen mit. Laß doch, o du werther Gast! Gottes Segen, den du hast und verwalt'st nach deinem Willen, mich an Leib und Seele füllen.

4. Du bist weis' und voll Verstandes, was geheim ist, ist dir kund; zählst den Staub des kleinsten Sandes, gründ'st des tiefen Meeres Grund. Nun, du weißt auch Zweifels-frei, wie verderbt und blind ich sey, drum gieb Weisheit und vor Allen, wie ich möge Gott gefallen.

5. Du bist heilig, läss'st dich finden, wo man rein und sauber ist; fliehst hingegen Schand' und Sünden; wie die Tauben rein du bist. Mache mich, o Gnadenquell! durch dein Waschen rein und hell; laß mich fliehen, was du fliehest, gieb mir, was du gerne siehest.

6. Du bist, wie ein Schäflein pfleget, frommen Herzens, sanften Muths, bleibst im Lieben unbeweget, thust uns Bösen alles Gut's. Ach verleih'! und gieb mir auch diesen edlen Sinn und Brauch, daß ich Freund' und Feinde liebe, Keinen, den du liebst, betrübe.

7. Mein Hort! ich bin wohl zufrieden, wenn du mich nur nicht verstöß'st; bleib' ich von dir ungeschieden, ei, so bin ich g'nug getröst't. Laß mich seyn dein Eigenthum; ich versprech' hinwiederum, hier und dort all mein Vermögen dir zu Ehren anzulegen.

8. Ich entsage alle deme, was dir deinen Ruhm benimmt; ich will, daß mein Herz annehme nur allein, was von dir kömmt; was der Satan will und sucht, will ich halten als verflucht, ich will seinen schnöden Wegen mich mit Ernst zuwider legen.

9. Nur allein, daß du mich stärkest und mir treulich stehest bei; hilf, mein Helfer! wo du merkest, daß mir Hülfe nöthig sey; brich des bösen Fleisches Sinn, nimm den alten Willen hin, mach' ihn allerdinges neue, daß mein Gott sich meiner freue.

10. Sey mein Retter, halt' mich eben; wenn ich sinke, sey mein Stab; wenn ich sterbe, sey mein Leben; wenn ich liege, sey mein Grab; wenn ich wieder aufersteh', ei, so hilf mir, daß ich geh' hin, da du in ew'gen Freuden wirst dein' Auserwählten weiden.

Paul Gerhardt.

Vom christlichen Leben.

Galater 5, v. 25. So wir im Geist leben, so lasset uns auch im Geist wandeln.

Mel. Freu' dich sehr, o meine Seele.

1452. O du allertiefste Liebe, die in Christo Jesu ist, in der ich mich stetig übe, die mein Herze nicht vergißt, schenke mir doch deine Kron', deine Perle, o mein Lohn! drück' es doch in meine Seele, die ich dir nun ganz befehle.

2. O du allersüß'ste Liebe, ich bin zwar unrein vor dir, daß ich mich drum stets betrübe und mich schäme selbst vor mir; aber du, mein Herr und Gott! ach, zerbrich durch deinen Tod, was die arme Seel' beflecket und sie ins Verderben stecket.

3. Führe meiner Seele Dürsten doch durch deinen Tod und Graus, o du Fürst der Siegesfürsten! zu dem Triumphiren aus. O mein Gott! Herr Zebaoth! schlage doch in deinem Tod ganz den alten Menschen nieder, daß der neue lebe wieder

4. Bist du doch in mir erschienen, ei, so bleib' doch auch in mir; ich will dir ja völlig dienen und dein bleiben für und für. Fasse mich doch ganz in dich, halt' mich in dir festiglich, daß ich nicht von dir kann weichen, laß mich dieses Heil erreichen.

5. Du bist mir ganz auserlesen, o du meiner Seele Gut; Jesu, ach, dein himmlisch Wesen sey mein Brot; mein Trank dein Blut. Tränk' aus deinem Brünnelein meine Seel', und führe ein deine Lieb' in mein Verlangen, laß mich seyn in dir gefangen.

6. Adam ist von dir gewichen, und ich auch in ihm zugleich; drum ist auch dein Bild verblichen; ich bin todt am Himmelreich; nun so weck' es durch dein Wort in mir wieder auf, mein Hort! gieb du wieder Geist und Leben, ich will dir mich wiedergeben.

7. Es hat ja all' deinen Fromen zugesagt dein treuer Mund, daß du willst zu ihnen kommen, wohnen in des Herzens Grund; ja dein süßer Mund verheißt denen deinen guten Geist, die in deinen heil'gen Hütten suchen dich und darum bitten.

8. Nun ich führ' in die Zusage meiner Seele Hunger ein; dies Wort soll mein' Lebetage mein Brot in dem Hunger seyn; ach, vermehre du in mir meinen Hunger stets nach dir; stärke mich, o süße Liebe, in des Geistes Kraft und Triebe.

9. Weck' in dir mich auf zum Leben, daß ich deine Süßigkeit möge schmecken und erheben meinen Geist aus dieser Zeit. Bleibe doch durch deine Kraft selbst in mir. Ach! gieb doch Saft, edler Weinstock, deinen Reben; ohne dich kann ich nicht leben.

10. O du allersüß'ste Liebe, durch die Liebe bitt' ich dich, die des Vaters Zorn vertriebe, und aus Liebe nahm auf sich; ach! ertödt' auch meinen Zorn, mach' mich gänzlich neu gebor'n durch dieselbe große Liebe, daß ich mich im Lieben übe.

11. Führe dich in meinen Willen, und mich auch in deinen ein; laß dein Herz mein Herze stillen, laß mein Herz in deinem seyn. Dein Gehorsam sey in mir, mein Gehorsam sey in dir; daß ich dir noch auf der Erden möge ganz gehorsam werden.

12. Was soll ich mich hier noch quälen und der Welt anhängig seyn? nimm das Dürsten meiner Seelen doch in deine Wunden ein, in die Wunden, da dein Blut ausquoll und des Zornes Glut in der süßen Liebe dämmte und den Grimm der Hölle hemmte.

13. Still' in deiner offnen Seiten, daraus Blut und Wasser rann, meinen Hunger jederzeiten, nimm, o Fels! dein Täublein an; wirf mich ganz und gar darein; ich bin dein, sey du auch mein; labe mich in deinem Leben, laß mich fest an dir nur kleben.

14. Edler Weinstock, dem ich diene, gieb doch deinem Reben Saft, daß ich in dir wachs' und grüne, aus dir ziehe meine Kraft; bring' durch deine Kraft in mir eine rechte Kraft herfür! Ach! laß mich viel Früchte bringen, nach des Vaters Segen ringen.

15. Dich will ich mir auserwählen, denn du bist mein süßes Licht, leuchte meiner armen Seelen; du weiß'st, daß es ihr gebricht, weil dies Fleisch und Blut, Herr Christ! ihr ein finstrer Kerker ist; führe sie auf rechter Straße, daß sie falsche Wege hasse.

16. Triff mein Herz mit deinem Hammer, führe mich, o Jesu! du, durch des Todes dunkle Kammer ein in deinen Tod und Ruh', daß mein Leib am jüngsten Tag in dir auferstehen mag, auf dein Wort, aus deinem Sterben, und dein ew'ges Leben erben.

17. Lehre du mich Alles halten, was du von mir forderst nun; ich will dich nur lassen walten, sey mein Wissen, Will' und Thun. Ach, mein Leiter! laß doch mich nirgends gehen ohne dich; denn ich hab' mich deinem Namen ganz und gar ergeben. Amen.

Osterlied.

1 Corinther 15, v. 3—5. Ich habe euch zuvörderst gegeben, welches ich auch empfangen habe, daß Christus gestorben sey für unsere Sünde, nach der Schrift; und daß er begraben sey, und daß er auferstanden sey am dritten Tage nach der Schrift; und daß er gesehen worden ist von Kephas, darnach von den Zwölfen.

Mel. Herr Gott, dich loben alle wir.

1453. O du, der einst im Grabe lag, Herr! heilig sey uns dieser Tag; an diesem Tage gingest du verklärt aus deiner Todes-Ruh'.

2. Du zeigtest dich der Jünger Schaar, die andachtsvoll versammlet war; wie war sie vor Erstaunen bleich, da du sprachst: Friede sey mit Euch!

3. Wie unaussprechlich war entzückt die Schaar, die näher dich erblickt! o möchten, Jesu! wir uns dein gleich deinen Jüngern herzlich freu'n!

4. Du lebst, und lebst für uns und bist auch unser, unser Jesus Christ, du siehst und hörst uns, singen wir, und unser Loblied dringt zu dir.

5. Und von dem Himmel rufest du im Geist auch unsern Herzen zu: ihr Kindlein!

Friede sey mit euch; auch euer ist mein himmlisch Reich!

6. Vergäßen wir nur deiner nicht, nur Lust wär' uns die schwerste Pflicht. Du lebst für uns; o glaubten wir! wir lebten und wir stürben dir.

7. Wie gerne hörten wir dein Wort! wie schritten wir im Guten fort! wie froh, wie andachtsvoll wie rein würd' unser Herz und Leben seyn!

8. Wie aufmerksam vernähmen wir heut' jeden Unterricht von dir! wie unerträglich wär' uns heut', was unsern Geist von dir zerstreut!

9. Drum send' uns, Jesu! deinen Geist, der stets an dich uns denken heißt, sey immer nah' uns, Jesu Christ! der du vom Tod' erstanden bist.

Johann Kaspar Lavater.

Vom Tode und Sterben.

Joh. 8, v. 51. Wahrlich, wahrlich, ich sage euch: so Jemand mein Wort wird halten, der wird den Tod nicht sehen ewiglich.

Mel. O Gott, du frommer Gott!

1454. O du dreiein'ger Gott, den ich mir auserlesen, gedenk' an deine Güt', die vor der Welt gewesen, und sey mir Sünder doch, o Gott, stets gnädig hier, daß ich recht christlich leb' und sterbe sanft in dir.

2. Ich lege Leib und Seel', o Gott! in deine Hände; ach! lehre du mich stets gedenken an mein Ende; auch sterben, eh' ich sterb', und hören alle Stund': Mensch! du mußt sterben auch, so ist der alte Bund.

3. Wie Jesus mir zu gut gestorben, wie geboren, so glaub' ich gar gewiß, ich werd' nicht seyn verloren; weck' mich nur zeitig auf, daß ich bereitet sey, wie du mich haben willst, wenn mein End' kommt herbei.

4. Ich traue deiner Treu'; durch Jesu Blutvergießen, und will auch weder Zeit noch Ort zum Tod' ausschließen! Komm, wann, wie, wo du willst, nur daß ich selig sterb', durch Jesu Blut und Tod das Himmelreich ererb'.

5. So lang' allhier ich leb' und wenn ich werd' einschlafen, geb' ich, Gott Vater! dir das, was du hast erschaffen; Gott Sohn! was du erlös't, das geb' ich wieder dir; Gott heil'ger Geist! was du geheiligt, nim von mir.

6. Mein Jesus komme mir stets vor in seinem Leiden; und sage: daß mich nichts, nichts, nichts von ihm soll scheiden; er halt' mich in der Hand, wo ich gezeichnet ein und rufe stets: ich soll nicht, nicht verloren seyn.

7. Vor Sünden, Höll' und Tod und vor des Satans Schrecken mein Jesus stelle sich, er lass' sein Blut mich decken und sey ein Vorschmack mir der ew'gen Seligkeit, daß ich vor Freud' nicht fühl' des Todes Bitterkeit.

8. Das, was ich hinterlass', versorge, schütz' und liebe, und gieb daß mich im Tod nichts hindre und betrübe, erhalt' mich bei Verstand und einem frischen Muth, daß mitten im Gebet ich sterb' auf Jesu Blut.

9. Nun geb' ich meinen Geist nochmals in deine Hände, und warte bis du kommst, mit einem sel'gen Ende, daß du mir nach dem Tod drückst selbst die Augen zu, und bis zum jüngsten Tag schenkst eine sanfte Ruh'.

10. Ich weiß, durch's Lammes Blut werd' ich schon überwinden, und einen gnäd'gen Gott im Tod' und Leben finden; ich halte mich an Gott und meines Jesu Blut, ich weiß, Gott macht es schon mit meinem Ende gut.

11. Ich sage: Amen! drauf in meines Jesu Namen, es sage gleichfalls auch der Herre mein Gott: Amen! ach, sage: ja! zu mir, dreiein'ger Gott! komm du; ach sage: sey getrost, mein Kind! ich komme nu.

Aemilie Juliane.
Gräfinn zu Schwarzburg-Rudolstadt.

Vom heiligen Geiste.

Jesaia 57, v. 16. Es soll von meinem Angesicht ein Geist weben, und ich will Odem machen.

Mel. Laßt uns alle fröhlich seyn.

1455. O du Geist der Herrlichkeit, Geist der Kraft und Liebe! gönn' uns jetzt und allezeit deine sel'gen Triebe.

2. Sünder sind es zwar nicht werth, daß sie dich verlangen. Doch wer dein im Ernst begehrt, soll dein Licht empfangen.

3. Denn des heil'gen Lammes Blut ist für uns geflossen. Darum wirst du, höchstes Gut! reichlich ausgegossen.

4. Da dein Volk versammelt war, mit Gebet und Flehen: hat man an der ganzen Schaar deine Kraft gesehen.

5. Gläubig, fröhlich und entbrannt, und im Geist verbunden, machten sie der Welt bekannt, was ihr Herz empfunden.

6. Was der Vater uns gethan, was der Sohn errungen, und des sel'gen Lebens Bahn, ward durch sie besungen.

7. Flamm'

7. Flamm' uns auch so brünstig an, fülle uns mit Segen: daß ein Jeder fühlen kann, du, Herr, seyst zugegen.

8. Reden, Schweigen, Bitten, Fleh'n, ja, des Herzens Denken laß in deiner Kraft gescheh'n und nach deinem Lenken.

9. Laß des eignen Geistes Kraft ganz zu Schanden werden. Denn, was diese in uns schafft, macht uns nur Beschwerden.

10. Stiller Geist, du sanftes Weh'n! deiner harrt der Glaube, Zuversicht, im kindlich Fleh'n, niedrig, als im Staube.

11. Mach' uns deines Heils gewiß, wie dein Volk begehret; frei von aller Finsterniß, in dein Bild verkläret.

12. Beten wir, so rufe du unsers Vaters Namen. Sprich dem Herzen göttlich zu, sprich in uns das Amen.
Römer 8, v. 15. 16.

13. Flamm' des Himmels! zünd' uns an, daß die Liebe brenne: daß dein Volk für Einen Mann muthig streiten könne.

14. So wird unser Herz und Sinn dir die Ehre geben. So bringst du uns Alle hin, wo wir ewig leben.

15. Hallelujah, Preis sey dir! Preis dem Vater droben, und den Heiland wollen wir ohn' Aufhören loben.

Ernst Gottlieb Woltersdorf.

Die für uns in den Tod gehende Liebe.

Jesaia 63, v. 9. Er erlösete sie, darum, daß er sie liebete.

In eigener Melodie.

1456. O du Liebe meiner Liebe, du erwünschte Seligkeit, die du dich aus höchstem Triebe in das jammervolle Leid deines Leidens, mir zu gute, als ein Schlachtschaaf eingestellt und bezahlt mit deinem Blute alle Missethat der Welt!

2. Liebe, die mit Schweiß und Thränen an dem Oelberg sich betrübt; Liebe, die mit Blut und Sehnen unaufhörlich fest geliebt; Liebe, die mit allem Willen Gottes Zorn und Eifer trägt; den, so Niemand konnte stillen, hat dein Sterben hingelegt.

3. Liebe, die mit starkem Herzen alle Schmach und Hohn gehört; Liebe, die mit Angst und Schmerzen nicht der strengste Tod versehrt; Liebe, die sich liebend zeiget, als sich Kraft und Athem end't; Liebe, die sich liebend neiget, als sich Leib und Seele trennt!

4. Liebe, die mit ihren Armen mich zuletzt umfangen wollt'; Liebe, die aus Liebs-erbarmen mich zuletzt in höchster Huld ihrem Vater überlassen, die selbst starb und für mich bat, daß mich nicht der Zorn sollt' fassen, weil mich ihr Verdienst vertrat!

5. Liebe, die mit so viel Wunden gegen mich, als seine Braut, unauflöslich sich verbunden und auf ewig anvertraut: Liebe! laß auch meine Schmerzen, meines Lebens Jammerpein in dem blutverwund'ten Herzen sanft in dir gestillet seyn.

6. Liebe, die für mich gestorben und ein immerwährend Gut an dem Kreuzesholz erworben, ach! wie denk' ich an dein Blut; ach, wie dank' ich deinen Wunden, du verwund'te Liebe du! wenn ich in den letzten Stunden sanft in deinen Armen ruh'.

7. Liebe, die sich todt gekränket und für mein erkalt'tes Herz in ein kühles Grab gesenket, ach! wie dank' ich deinem Schmerz! habe Dank, daß du gestorben daß ich ewig leben kann, und der Seelen Heil erworben; nimm mich, liebster Jesu! an.

Unbekannter Verfasser.

Loblied.

Psalm 8, v. 5. Was ist der Mensch, daß du seiner gedenkest, und des Menschen Kind, daß du dich seiner annimmst?

Mel. Wie schön leucht't uns der Morgenstern.

1457. O du, mein Gott, ich preise dich! mein theures Heil, erkenne mich! dein Lieben sey mein Leben! der du die weiten Himmel füllst, o Gott! der Menschen Seele willst du deine Fülle geben! Sollt' ich sündlich dies vergessen? nicht ermessen solch Erbarmen, das bereitet ist mir Armen?

2. Arm bin ich, denn ich ward als Kind des Zorns geboren; finster sind die Räume meiner Seele: Da dringt dein ew'ger Sonnenschein belebend in mein Herz hinein, da tilgst du meine Fehle; mahnest, bahnest mir die Pfade sel'ger Gnade, hilfst mir wallen nach des Himmels lichten Hallen.

3. Was ist des Menschen Kind vor dir? der Sünder ohne Ruhm und Zier, Herr! daß du sein gedenkest? — Du liebst ihn, weil du göttlich liebst, du giebst ihm, weil du göttlich giebst, schenkst, weil du göttlich schenkest. Kein Sold, kein Gold aller Welten kann's vergelten, noch erwerben; — dafür mußte Jesus sterben.

Albert Knapp.

Von der Versöhnung durch Christum.

Psalm 49, v. 8. 9. Kann doch ein Bruder Niemand erlösen, noch Gott Jemand versöhnen; denn es kostet zu viel, ihre Seele zu erlösen, daß er's muß lassen anstehen ewiglich.

Mel. Herr Jesu Christ, mein's Lebens Licht.

1458. O du mein Mittler und mein Gott! ich danke dir für deinen Tod, der mir des Himmels Seligkeit und hier Gewissensruh' verleiht.

2. Ach, wüßt' ich deine Gottheit nicht, dann zagt' ich ewig im Gericht, dann würde meines Todes Pein mich nicht vom Untergang befrei'n.

3. Wärst du der Wahrheit Märtyrer, wärst du nicht Gott, o Leidender! so würd' ich nicht von Sünden rein, nicht durch dein Blut begnadigt seyn.

4. Ich weiß es, Jesu! du bist Gott, versöhnend ist für mich dein Tod; und dieses Trostes Sicherheit versichert mich der Seligkeit.

5. Nun nehm' der Feind mir Alles hin! Das Glück, daß ich versöhnet bin, ist meiner Seele höchstes Gut und macht mir auch im Tode Muth.

6. Wenn des Gesetzes Fluch mir droht, dann zeigt mir dein Versöhnungstod, daß du am Kreuz der Sünden Last und meinen Fluch getragen hast.

7. Und ist die Abschieds-Stunde da, dann blick' ich hin nach Golgatha; der Trost, daß ich begnadigt bin, macht mir das Sterben zum Gewinn.

8. Einst, wenn mich aus der finstern Gruft dein Wort zum neuen Leben ruft, dann seh' ich dich, mein Herr und Gott! mein Ruhm ist ewig dann dein Tod.

M. Christoph Christian Sturm.

Daß uns Christus von den Sündenbanden erlösen möge.

Micha 2, v. 13. Es wird ein Durchbrecher vor ihnen herauf fahren, sie werden durchbrechen, und zum Thor aus- und einziehen; und ihr König (Jesus Christus) wird vor ihnen her gehen, und der Herr vorne an.

In eigener Melodie.

1459. O Durchbrecher aller Bande! der du immer bei uns bist, bei Dem Schaden, Spott und Schande lauter Lust und Himmel ist; übe ferner dies Gerichte wider unsern Adamssinn, bis uns dein so treu Gesichte führet aus dem Kerker hin.

2. Ist's doch deines Vaters Wille, daß du endest dieses Werk, hiezu wohnt in dir die Fülle aller Weisheit, Lieb' und Stärk', daß du nichts von dem verlierest, was er dir geschenket hat, und es von dem Treiben *) führest zu der süßen Ruhestatt.

*) Jesaia 9, v. 4.

3. Ach! so mußt du uns vollenden, willst und kannst ja anders nicht; denn wir sind in deinen Händen, dein Herz ist auf uns gericht't; ob wir wohl vor allen Leuten als gefangen sind geacht't, weil des Kreuzes Niedrigkeiten uns veracht't und schnöd' gemacht.

4. Schau' doch aber unsre Ketten, da wir mit der Kreatur seufzen, ringen, schreien, beten um Erlösung von Natur, von dem Dienst der Eitelkeiten, der uns noch so harte drückt, ungeacht't der Geist in Zeiten sich auf etwas Besser's schickt.

5. Ach! erheb' die matten Kräfte, sich einmal zu reißen los, und durch alle Weltgeschäfte durchgebrochen stehen bloß. Weg mit Menschenfurcht und Zagen, weich', Vernunft-Bedenklichkeit, fort mit Scheu vor Schmach und Plagen, weg des Fleisches Zärtlichkeit!

6. Herr! zermalme und zerstöre alle Macht der Finsterniß; denn der preis't nicht deine Ehre, den die Sünd' zum Tode riß. Heb' uns aus dem Staub der Sünden, wirf die Lust der Welt hinaus; laß uns sel'ge Freiheit finden in des ew'gen Vaters Haus'.

7. Wir verlangen keine Ruhe für das Fleisch in Ewigkeit, wie du's nöthig find'st so thue noch vor unsrer Abschiedszeit; aber unser Geist der bindet dich im Glauben, läßt dich nicht, bis er die Erlösung findet, da ihm Zeit und Maaß gebricht.

8. Herrscher, herrsche! Sieger, siege! König brauch' dein Regiment, führe deines Reiches Kriege, mach' der Sklaverei ein End'; laß doch aus der Grub' die Seelen, durch des neuen Bundes Blut *); laß uns länger nicht so quälen, denn du meinst's mit uns ja gut.

*) Sacharia 9, v. 11.

9. Haben wir uns selbst gefangen in Lust und Gefälligkeit, ach! so laß uns nicht stets hangen in dem Tod der Eitelkeit; denn die Last treibt uns zu rufen, Alle schreien wir dich an: zeig' doch nur die ersten Stufen der gebrochnen Freiheitsbahn!

10. Ach! wie theu'r sind wir erworben, nicht der Menschen Knecht zu seyn. Drum, so wahr du bist gestorben, mußt du uns auch machen rein, rein und frei und ganz voll-

kommen, nach dem besten Bild gebild't, der hat Gnad' um Gnad' genommen, wer aus deiner Füll' sich füllt.

11. Liebe, zieh' uns in dein Sterben, laß mit dir gekreuzigt seyn was dein Reich nicht kann ererben, führ' in's Paradies uns ein. Doch, wohlan! du wirst nicht säumen, wo nur wir nicht lässig seyn; werden wir doch als wie träumen,*) wenn die Freiheit bricht herein. *) Psalm 126, v. 1.

Gottfried Arnold.

Bußlied.

Psalm 51, v. 11. Verbirg dein Antlitz von meinen Sünden, und tilge alle meine Missethat.

Mel. Freu' dich sehr, o meine Seele.

1460. O du Schöpfer aller Dinge! höre, höre mein Gebet, das ich jetzo vor dich bringe, weil mein Herz in Aengsten steht. Meine Sünden ängsten mich, darum komm' ich auch vor dich und bekenne meine Sünden; ach, Herr! laß mich Gnade finden.

2. Weil du heißest Alle kommen, die beladen sind, zu dir, bin ich auch nicht ausgenommen, noch gewiesen von der Thür deiner Gnade; sondern du willst und wirst mich noch dazu von den Sünden, die mich drükken, ganz entbinden und erquicken.

3. Dein Wort bleibet ungebrochen, das du einmal hast gered't; nun hast du, o Gott! gesprochen: „Such' mein Antlitz im Gebet!" darum komm' ich auch vor dich und dein Antlitz, ach! laß mich bei dir Trost und Gnade finden; sprich mich los von meinen Sünden.

4. Sieh' die Handschrift, die ich gebe hier in deine Händ', o Gott! denn du sprichst: „So wahr ich lebe, ich will nicht des Sünders Tod; sondern daß er sich bekehr' von den Sünden und begehr' ewiglich mit mir zu leben, so will ich ihm All's vergeben."

5. Nun wohlan! du wirst nicht lügen, ich halt' mich an deine Wort'; will darauf in Demuth biegen meine Knie' an diesem Ort, und bekenne meine Sünd': ich bin das verlorne Kind, das, vom Teufel oft verblendet, deine Güter hat verschwendet.

6. Weiter will ich nichts mehr sagen und allein an meine Brust mit dem armen Zöllner schlagen: Gott! es ist dir wohl bewußt, daß ich hab' gesündigt dir; aber sey doch gnädig mir; ich fall' dir in deine Arme, ach, Herr! meiner dich erbarme.

7. Ich verleugne nicht die Sünden, ich verleugne nicht die Schuld; aber laß mich Gnade finden, trage, Herr! mit mir Geduld; Alles, was ich schuldig bin, will ich zahlen: nimm nur hin die Bezahlung meines Bürgen, der sich ließ für mich erwürgen.

8. Nun, o Vater aller Gnaden! siehe Dessen Leiden an: denn er hat ersetzt den Schaden und für mich genug gethan; durch ihn bin ich ganz erlös't, dessen ich mich jetzo tröst', weil in seinen tiefen Wunden ich nun Freud' und Ruh' gefunden.

9. Ich will auch hierauf genießen Christi wahren Leib und Blut, meiner Seele und Gewissen zur Erquickung und zu gut'. Gieb, daß würdig ich genieß', Jesu! dich und schmeck' wie süß und wie freundlich du bist denen, die nach dir sich herzlich sehnen.

Lic. Johann Heinrich Calisius.

Sehnsucht nach dem Himmel.

Offenb. Joh. 21, v. 27. Und wird nicht hinein gehen irgend ein Gemeines, und das da Greuel thut und Lügen; sondern die geschrieben sind in dem lebendigen Buch des Lammes.

Mel. Sollt' ich meinem Gott nicht singen?

1461. Oeffne mir die Perlenthoren, o du Schmuck der Himmelsstadt, Licht vom Licht zum Licht erkoren, eh' die Welt den Anfang hatt'. Eile, Liebster, heimzuführen meine Seele, deine Braut, die du dir hast anvertraut. Laß mich diese Klarheit zieren, wo mich keine Sündennacht mehr betrübt und traurig macht.

2. Ich lieg' schon in deinen Armen durch den Glauben festgeschränkt, und durch deiner Lieb' Erbarmen wird mir Freude eingeschenkt, die nach Himmelsmanna schmecket, das du in der Ewigkeit meiner Seele hast bereit't. Aber diese Lust erwecket Durst, den nichts, mein Gott, als du, sättiget in voller Ruh'.

3. Es verlanget mich, zu sehen ohne Decke dein Gesicht, und von Sünden frei zu stehen, reines Lamm! in deinem Licht; doch ich will dir nichts vorschreiben, und mein Himmel ist schon hier: wirst du, meiner Seele Zier, nur mit mir vereinigt bleiben; denn wie sollt' doch ohne dich Himmelslust vergnügen mich?

4. Du bist meiner Seelen Wonne, wenn mich Angst betrüben will, mein Herz nennt dich seine Sonne, und das Sorgenmeer wird still, wenn mir deine Blicke lachen, deren liebevollter Strahl trennet alle Noth

und Qual; du kannst mich vergnüget machen, in dir hab' ich Himmelsfreud', außer dir Verdruß und Leid.

5. Laß mich, Baum des Lebens! bleiben an dir einen grünen Zweig, der, wenn ihn hier Stürme treiben, stärker werd' und höher steig', auch im Glauben Früchte bringe; und versetz' mich nach der Zeit in das Feld der Ewigkeit, da ich mich in dir verjünge, wenn des Leibes welkes Laub wieder grünt aus seinem Staub.

6. Gieß' indessen in die Seele deinen süßen Lebenssaft, Leben! dem ich mich vermähle, und laß deiner Liebe Kraft mich ganz gnadenvoll erlaben; bleibe mein, ich bleibe dein, dein will ich auf ewig seyn. Dich, mein Jesu! will ich haben, Erd' und Himmel acht' ich nicht ohne dich, mein Trost und Licht!

Wolfgang Christoph Deßler.

Das Evangelium der Liebe.

1 Johannis 3, v. 1. Sehet, welch eine Liebe hat uns der Vater erzeiget, daß wir Gottes Kinder sollen heißen!

Mel. Es ist das Heil uns kommen her.

1462. O Freudenbotschaft! unser Gott ist Vater, wir sind Kinder. O Freudenbotschaft! unser Gott begnadigt uns, die Sünder. In unsern Staub, auf unser Grab kamst du, Barmherzigkeit! herab vom Himmel, Jesus Christus!

2. Nicht donnernd, wie auf Sina einst, nicht mit des Zornes Blicken; nein, Liebe, Liebe! du erscheinst, uns göttlich zu erquicken. Den Sünderschaaren rufest du: „ich bin die Liebe, liebet!" zu; „ich leb' und ihr sollt leben!"

3. O, süßes Evangelium! wir beten an im Staube: Herr! deine Huld ist unser Ruhm, dein Leben unser Glaube. Wer, Christe! wer, als du allein, soll ewig unsre Hoffnung seyn, und ewig unsre Liebe?

Vom Gebet.

Matthäi 18, v. 19. Wo zween unter euch Eins werden auf Erden, warum es ist, daß sie bitten wollen, das soll ihnen widerfahren von meinem Vater im Himmel.

Mel. Mein Freund zerschmelzt ꝛc.

1463. O Freudigkeit! die wir zu Christo haben; wenn wir um was nach seinem Willen fleh'n, so hört er uns und giebt uns alle Gaben, die nur sein Rath uns heilsam auserseh'n; die Bitte wird uns gleich gewährt, weil jeder Seufzer bald in Christi Herze fährt.

2. Ich weiß, daß ich die ausgebetne Gabe nicht allererst nach langer Zeit empfah', nein, Christi Wort zeigt, daß ich bald sie habe, sobald ich fleh', sobald ist sie auch da. Und ob Er's zu verbergen pflegt, so wird es mir doch stets zum Erbtheil beigelegt.

3. Kein Seufzer ist verloren aufzugeben; für jeden wird ein Kleinod dort bestimmt, ein jeder holt aus Christo Kraft und Leben, es bleibt dabei, wer gläubig fleht, der nimmt. O möcht' uns dieses kräftig zieh'n, mit Seufzen hier zu ihm ohn' Unterlaß zu flieh'n!

4. Nun, weil du denn so willig bist zu geben, du Brunnquell aller Lieb' und Gütigkeit! so bitt' ich auch um Gnade, Licht und Leben, um Buß' und wahre Glaubenssicherheit, um Fried' und Freud' und was mir fehlt, um Lieb', als die mich hier zu deinen Jüngern wählt.

5. Du forderst ja die Lieb' und alles Gute, drum bitte ich es erst, mein Gott! von dir, mein Glaube schwimm' in deinem theuren Blute, da brech' in mir der Liebe Flam' herfür; daß ich dein Lieben schmecken kann, das treibe mich zur Lieb' auch gegen Jedermann.

6. Du wollst auch mich aus Allem mächtig reißen, was mich versucht und mich verhindern kann; du hast es mir ja oft und viel verheißen; o zünde mir nur dein Erkenntniß an; ja mache licht die Finsterniß, und mich in meinem Gang in Noth und Tod gewiß.

7. Dies Alles sind nur lauter solche Gaben, die ich nach deinem Willen bitten kann; du freust dich ja, wenn ich will solche haben, wie nähmest du denn nicht mein Flehen an? Hört denn kein zartes Mutterherz, wenn's Kind um Arznei schreit bei seinem herben Schmerz?

8. Ja, Amen, ja, es soll also geschehen, weil du mich ja dies selber bitten heiß'st; ich will noch Lust an deiner Hülfe sehen, ich bete ja zu dir durch deinen Geist. Du giebest mehr, als ich begehr'. O, daß ich doch stets selbst ein Mensch des Betens wär'!

Karl Heinrich v. Bogatzky.

Weihnachtslied.

Tit. 2, v. 11—14. Denn es ist erschienen die heilsame Gnade Gottes allen Menschen; und züchtiget uns, daß wir sollen verleugnen das ungöttliche Wesen, und die weltlichen Lüste, und züchtig, gerecht und gottselig leben in dieser Welt; ꝛc.

Mel. Gelobet seyst du, Jesu Christ!

1464. O Gnade, die mir heut' erscheint, welche mich mit Gott vereint, da du, o liebster Jesu Christ! für uns Menschen geboren bist. Hallelujah!

2. Ach, wie hoch sind wir doch geliebt, daß Gott dich den Sohn hingiebt! o, wär' ich doch ganz Dankbarkeit an diesem Fest, das dir geweiht! Hallelujah!

3. Die Huld, so du an mir beweis'st, stimmt zum Lobe meinen Geist, ja sie erfreut mich inniglich; denn reich bin ich, o Herr! durch dich. Hallelujah!

4. Hier fühl' ich einen hohen Trieb, der heißt: hab' die Welt nicht lieb; ein evangelisch-neuer Sinn ist von der Gnade mein Gewinn. Hallelujah!

5. Mein Heiland! nun ich fleh' zu dir! komm mit deinem Geist zu mir und mach' aus mir zu deinem Ruhm ein dir geweih'tes Eigenthum! Hallelujah!

6. Darum sinkt auch mein froher Sinn jetzt vor deiner Krippe hin; hier ist, o allerliebster Schatz! für mich ein angenehmer Platz. Hallelujah!

7. Mein' ganze künft'ge Lebenszeit sey dir, Herr! zum Dank geweiht! denn darum nur machst du mich rein: ich soll der Sünden Knecht nicht seyn. Hallelujah!

8. Ach, und den vollen Heils-Genuß schenkst du mir am Lebensschluß; dann wirst du ewig froh gepreis't, ich sing' dir, Vater, Sohn und Geist! Hallelujah!

Christian Friedrich Förster.

Von der Sündenvergebung.

Lucä 7, v. 48. Dir sind deine Sünden vergeben.

Mel. Wie schön leucht't uns der Morgenstern.

1465. O Gnade, sey mir täglich neu, die ich durch meines Jesu Treu' zum Trost erfahren habe! er sprach zu mir, da ich d'rum bat: „all' deine Schuld und Missethat hab' ich verscharrt im Grabe; was ich für dich hab' erlitten und erstritten, bringt dir Leben; deine Sünd' ist dir vergeben!"

Christian Gregor.

Von den Engeln.

Psalm 34, v. 8. Der Engel des Herrn lagert sich um die her, so ihn fürchten, und hilft ihnen aus.

Mel. Es ist das Heil uns kommen her.

1466. O Gott, der du aus Herzensgrund die Menschenkinder liebest, und als ein Vater alle Stund' uns sehr viel Gutes giebest; wir danken dir, daß deine Treu' bei uns ist alle Morgen neu, in unserm ganzen Leben.

2. Wir preisen dich insonderheit, daß du der Engel Schaaren zu deinem Lobe hast bereit't, auch uns mit zu bewahren, daß unser Fuß an keinen Stein, wenn wir auf unsern Wegen seyn, sich stoße und verletze.

3. Was ist der Mensch, o Vater! doch, daß du sein so gedenkest, und ihm dazu so reichlich noch die große Gnade schenkest, daß er die Himmelsgeister hat, wenn er nur geht auf rechtem Pfad, zu seinem Schutz und Hütern.

4. Herr! diese große Freundlichkeit und wunderbare Güte erheischet von uns allezeit ein dankbares Gemüthe; darum, o Gott, so rühmen wir die große Lieb' und danken dir für solche hohe Gnade.

5. Es hat der starken Helden Kraft gestanden uns zur Seiten; sonst wären wir schon hingerafft zu diesen bösen Zeiten; die Kirche und die Polizei, ein Jeder auch für sich d be ist gnädiglich erhalten.

6. Ach Herr, laß uns durch deine Gnad' in deiner Furcht verbleiben, und ja nicht selbst durch Uebelthat die Engel von uns treiben; gieb, daß wir rein und heilig seyn, demüthig und ohn' Heuchelschein dem Nächsten gerne dienen.

7. Gieb auch, daß wir der Engel Amt ausrichten dir zu Ehren, und deine Wunder allesammt ausbreiten und vermehren: wie du uns in der ganzen Welt und deinem Wort hast vorgestellt, voll Weisheit, Macht und Güte.

8. Und wie du durch die Engel hast aus Noth uns oft geführet, so daß uns manche schwere Last und Plage nicht berühret; so thu' es ferner noch hinfort, befiehl, daß sie an allem Ort um uns sich stets herlagern.

9. Laß deine Kirch' und unser Land der Engel Schutz empfinden, daß Fried' und Heil in allem Stand ein Jeder möge finden. Laß sie des Teufels Mord und List, und was sein Reich und Anhang ist, durch deine Kraft zerstören.

10. Zuletzt laß sie an unserm End' hinweg den Satan jagen, und unsre Seel' in deine Händ', in Abrahams Schooß tragen, da Alles, Herr! dein Lob erklingt und: Heilig, Heilig, Heilig! singt, ohn' einiges Aufhören.

D. Justus Gesenius.

Bei großer Nässe.

Hiob 37, v. 12. Er kehret die Wolken, wo er hin will, daß sie schaffen Alles, was er ihnen gebietet, auf dem Erdboden.

Mel. Wo Gott, der Herr, nicht bei uns hält.

1467. O Gott! der du das Firmament mit Wolken thust bedecken, der du ingleichen kannst behend das Sonnenlicht erwecken: halt' doch mit vielem Regen ein und gieb uns wieder Sonnenschein, daß unser Land sich freue.

2. Die Felder trauern weit und breit, die Früchte leiden Schaden, weil sie von vieler Feuchtigkeit und Nässe sind beladen; dein Segen, Herr! den du gezeigt uns Armen, sich zur Erde neigt und will fast gar verschwinden.

3. Das machet unsre Missethat und ganz verkehrtes Leben, so deinen Zorn entzündet hat, daß wir in Nöthen schweben; wir müssen zeigen unsre Schuld; weil wir die Buße nicht gewollt, so muß der Himmel weinen.

4. Doch denke wieder an die Treu', die du uns hast versprochen, und wohne uns in Gnaden bei, die wir dich kindlich suchen. Wie hält so hart sich dieser Zeit dein Herz und sanfte Freundlichkeit? du bist ja unser Vater.

5. Gieb uns von deinem Himmelssaal dein klares Licht und Sonne, und laß uns wieder überall empfinden Freud' und Wonne, daß alle Welt bekenne frei, daß außer dir kein Segen sey im Himmel und auf Erden.

Unbekannter Dichter.

Von der Heiligung des Menschen.

1 Corinth. 1, v. 8. Welcher (Gott) auch wird euch fest behalten bis ans Ende, daß ihr unsträflich seyd auf den Tag unsers Herrn Jesu Christi.

Mel. Es ist gewißlich an der Zeit.

1468. O Gott des Friedens! heil'ge mir den Geist sammt Leib und Seele, daß mir der Eingang einst zu dir und deiner Ruh' nicht fehle; daß Jesus Christus mich alsdann untadelig erfinden kann, wenn er, der Herr, wird kommen.

2. Du hast ja einen neuen Geist bereits in mich gegeben; so lasse, wie dein Wort mich heißt, mich auch im Geiste leben: so müsse meine Seele rein, so müss' mein Leib ein Tempel seyn und Gott zum Dienst geheiligt.

3. O selig, die unsträflich sind, wenn Jesus wird erscheinen, und durch und durch geheiligt find't die ihm erkauften Seinen; wenn Alles ihm an uns gefällt und er sieht, daß wir in der Welt, wie er war, auch gewesen.

4. Ich weiß, o Gott! die Heiligung ist mir nicht im Vermögen; doch hab' ich die Versicherung aus deinem Wort dagegen. Dir, Gott des Friedens! trau' ich nun; du bist getreu, du wirst es thun, daß ich dein Thun einst rühme.

M. Philipp Friedrich Hiller.

Gebet.

1 Könige 3, v. 5. Bitte, was ich dir geben soll.

In eigener Melodie.

1469. O Gott, du frommer Gott! du Brunnquell aller Gaben, ohn' den nichts ist, was ist, von dem wir Alles haben: gesunden Leib gieb mir, und daß in solchem Leib' ein' unverletzte Seel' und rein Gewissen bleib'.

2. Gieb, daß ich thu' mit Fleiß, was mir zu thun gebühret, wozu mich dein Befehl in meinem Stande führet. Gieb, daß ich's thue bald, zu der Zeit, da ich soll, und wenn ich's thu', so gieb, daß es gerathe wohl.

3. Hilf, daß ich rede stets, womit ich kann bestehen; laß kein unnützes Wort aus meinem Munde gehen, und wenn in meinem Amt ich reden soll und muß, so gieb den Worten Kraft und Nachdruck, ohn' Verdruß.

4. Find't sich Gefährlichkeit, so laß mich nicht verzagen, gieb einen Heldenmuth, das Kreuz hilf selber tragen. Gieb, daß ich meine Feind' mit Sanftmuth überwind', und wenn ich Rath's bedarf, auch guten Rath erfind'.

5. Laß mich mit Jedermann in Fried' und Freundschaft leben, so weit es christlich ist*). Willst du mir etwas geben an Reichthum, Gut und Geld, so gieb auch dies dabei, daß von unrechtem Gut nichts untermenget sey. *) Römer 12, v. 18.

6. Soll ich auf dieser Welt mein Leben höher bringen, durch manchen sauren Tritt hindurch in's Alter dringen, so gieb Geduld, vor Sünd' und Schanden mich bewahr', auf daß ich tragen mag mit Ehren graues Haar.

7. Laß mich an meinem End' auf Christi Tod abscheiden; die Seele nimm zu dir hinauf zu deinen Freuden; dem Leib ein Räum-

lein gönn' bei frommer Christen Grab, auf daß er seine Ruh' an ihrer Seite hab'.

8. Wenn du die Todten wirst an jenem Tag erwecken, so thu' auch deine Hand zu meinem Grab' ausstrecken; laß hören deine Stimm', und meinen Leib weck' auf, und führ' ihn schön verklärt zum auserwählten Hauf.

Johann Heermann.

Beim Anfange des Gottesdienstes.

Lucä 8, v. 21. Meine Mutter und meine Brüder sind diese, die Gottes Wort hören und thun.

Mel. Herr Gott, dich loben alle wir.

1470. O Gott, du höchster Gnadenhort! verleih', daß uns dein gnädig Wort durch's Ohr allzeit zu Herzen dring', und seine Kraft an uns vollbring'.

2. Der wahre Glaube ist die Kraft, der Heil durch Jesum Christum schafft, die Liebe ist der helle Schein, daß wir des Herren Jünger seyn.

3. Verschaffe bei uns lieber Herr, daß wir durch deinen Geist noch mehr in der Erkenntniß nehmen zu, und endlich bei dir finden Ruh'.

Konrad Hubert.

Von Gottes Wesen und Eigenschaften.

Römer 11, (v. 33—36.) v. 36. Denn von ihm, und durch ihn, und in (zu) ihm sind alle Dinge. Ihm sey Ehre in Ewigkeit. Amen.

In eigener Melodie.

1471. O Gott, du Tiefe sonder Grund, wie kann ich dich zur G'nüge kennen? du große Höh', wie soll mein Mund dich nach den Eigenschaften nennen? du bist ein unbegreiflich Meer, ich senke mich in dein Erbarmen, mein Herz ist rechter Weisheit leer, umfasse mich mit deinen Armen; ich stellte dich zwar mir und Andern gerne für, doch werd' ich meine Schwachheit innen: weil Alles, was du bist, ohn' End' und Anfang ist, verlier' ich drüber alle Sinnen.

2. O Ursprung aller Ewigkeit, die niemals mit dir angefangen, du warst vor aller Welt und Zeit und eh' die Schöpfung angegangen; an dir ist unaussprechlich Viel und was du hast, wird nicht geendet, dein hohes Alter hat kein Ziel, das deiner Jahre Lauf vollendet; Veränd'rung trifft dich nicht, dieweil dir Nichts gebricht; du bist ein unaufhörlich Leben: was lebet und sich regt, das wird von dir bewegt, du hast ihm dazu Kraft gegeben.

3. Es rührt von deiner Allmacht her, aus welcher alle Ding' entstanden; kein Einziges kommt ungefähr, wärst du nicht, so wär' Nichts vorhanden; was unser Aug' und Ohr begrüßt, wovon wir wissen oder lesen, was sichtbar und unsichtbar ist, das Alles hat von dir sein Wesen. Du thust, was du beschleußt; und was unmöglich heißt, ist das Geringste deiner Werke; du bist nur dir bekannt, dein göttlicher Verstand und Weisheit gleichet deiner Stärke.

4. Der Himmel ist dein Thron und Sitz und du regierest noch auf Erden, vor dir muß aller Menschenwitz als Unvernunft beschämet werden; worauf man die Gedanken stellt, ist dir entdeckt und unverborgen, was Finsterniß umschlossen hält, das siehst du, wie am hellen Morgen; du wohnst in einem Licht, das hat kein Dunkles nicht, noch mit dem Schatten was Gemeines; kein König ist dir gleich, dein allgewaltig Reich ist oben und hier unten Eines.

5. Du einiger und wahrer Gott, du Herrscher aller Himmels-Schaaren, die Götter sind vor dir ein Spott, die Teufel scheuen dein Verfahren; vor dir erbebt der Engel Chor, sie schlagen Aug' und Antlitz nieder, so schrecklich kommst du ihnen vor und davon schallen ihre Lieder. Die Kreatur erstarrt vor deiner Gegenwart, damit ist alle Welt erfüllet und dieses Aeuß're weis't, unwandelbarer Geist! ein Bild, worin du dich verhüllet.

6. Dich schließen keine Gränzen ein, und wenn gleich tausend Welten wären, so wären sie für dich zu klein und nur wie Zeichen deiner Ehren; du reichest, Herr! unendlich weit und übersteigest alle Sterne, dein Name, Lob und Herrlichkeit erreichet eine solche Ferne, die Niemand denken kann; dich betet Alles an und muß sich unterthänigst bücken, und wer in Zuversicht dir seine Noth bericht't, dem hilfest du mit deinen Blicken.

7. Bei dir ist weiser Rath die That, gerechtes Recht in dem Gerichte, Vollkommenheit im höchsten Grad, Geduld vor deinem Angesichte, Barmherzigkeit und große Treu', viel Gnad' und unermess'ne Liebe wird alle Morgen bei uns neu: so handelst du aus eig'nem Triebe, ein jeder Augenblick ist deiner Wohlthat Stück, darin wir deiner Huld genießen: dies Alles, was wir seyn, muß immer und allein aus dir, als einem Brunnen, fließen.

8. O Vater, welcher Alles zeugt, du allerhöchstes Gut und Güte, von dem es zu uns abwärts steigt, du giebst uns des Gedeihens Blüthe und den Geschöpfen Unterhalt, nach eines jeden Art und Weise; dein Segen macht sie wohlgestalt't, du füllest sie mit Freud' und Speise; bist keines Menschen Feind und deine Sonne scheint so über Fromm' als Ungerechte; dein milder Regen fällt, in dieser ganzen Welt, auf alle Völker und Geschlechte.

9. Vermag dir Jemand auch dafür mit Mund und Herzen recht zu danken? In keinem Tempel wohnst du hier, dein Dienst hat nicht gewisse Schranken; was Menschen für dich aufgebaut, darin wird deiner nicht gepfleget, du liebest den, der dir vertraut und sich zu deinen Füßen leget; was er dir leisten soll, das thut ihm selber wohl; denn du bedarfst nicht seiner Gaben, statt dessen wendest du ihm Heil und Leben zu, und kannst von Niemand etwas haben.

10. Du lohnst noch dem, der dich verehrt, und bist ein Feuer deiner Feinde, das ihre Seel' und Leib verzehrt, dagegen labst du deine Freunde. Dein Lob vermelden immerdar die Cherubim und Seraphinen, wo dir der Aelt'sten graue Schaar in Demuth auf den Knieen dienen; denn dein ist Kraft und Ruhm, das Reich und Heiligthum, du, den mein Geist entzückend preiset; bei dir ist Majestät, die über Alles geht und heilig, heilig, heilig heißet. Ernst Lange.

Vom wahren Glauben.

2 Thessalonicher 3, v. 2. Der Glaube ist nicht Jedermanns Ding.

Mel. Es ist gewißlich an der Zeit.

1472. O Gottes Sohn, Herr Jesu Christ! daß man recht könne glauben, nicht Jedermannes Ding es ist, auch standhaft zu verbleiben; drum hilf du mir von oben her, den wahren Glauben mir gewähr', und daß ich drin verharre.

2. Lehr' du und unterweise mich, daß ich den Vater kenne; daß ich, o liebster Jesu! dich den Sohn des Höchsten nenne, daß ich auch ehr' den heil'gen Geist, zugleich gelobet und gepreis't in dem dreiein'gen Wesen.

3. Laß mich vom großen Gnadenheil die wahr' Erkenntniß finden, wie der nur habe an dir Theil dem du vergiebst die Sünden. Hilf, daß ich's such', wie mir gebührt, du bist der Weg, der recht mich führt, die Wahrheit und das Leben.

4. Gieb, daß ich traue deinem Wort, es wohl in's Herze fasse; daß sich mein Glaube immerfort auf dein Verdienst verlasse; daß zur Gerechtigkeit mir werd', wenn ich von Sünden bin beschwert, mein lebendiger Glaube.

5. Den Glauben, Herr! laß trösten sich des Blut's, so du vergossen; auf daß in deinen Wunden ich bleib' all'zeit eingeschlossen und durch den Glauben auch die Welt, und was dieselb' am Höchsten hält, für Erdenstaub nur achte.

6. Wär' auch mein Glaub' wie Senfkorn klein, und daß man ihn kaum merke, woll'st du doch in mir mächtig seyn, daß deine Gnad' mich stärke, die das zerbrochne Rohr nicht bricht, das glimmend' Docht auch vollends nicht auslöschet in dem Schwachen.

7. Hilf, daß ich stets sorgfältig sey, den Glauben zu behalten, ein gut Gewissen auch dabei, und daß ich so mög' walten, daß ich sey lauter jederzeit, ohn' Anstoß, mit Gerechtigkeit erfüllt und ihren Früchten.

8. Herr! durch den Glauben wohn' in mir, laß ihn sich immer stärken, daß er sey fruchtbar für und für und reich an guten Werken; daß er sey thätig durch die Lieb', mit Freuden und Geduld sich üb', dem Nächsten stets zu dienen.

9. Insonderheit gieb mir die Kraft, daß vollends bei dem Ende ich üb' die gute Ritterschaft, zu dir allein mich wende in meiner letzten Stund' und Noth, des Glaubens End', durch deinen Tod die Seligkeit erlange.

10. Herr Jesu! der du angezünd't das Fünklein in mir Schwachen, das sich von Glauben in mir find't; du woll'st es stärker machen; was du gefangen an, vollführ' bis an das End', daß dort bei dir auf Glauben folg' das Schauen. David Denicke.

Erntelied.

Apostel-Geschichte 14, v. 17. Gott hat sich selbst nicht unbezeuget gelassen, hat uns viel Gutes gethan, und vom Himmel Regen und fruchtbare Zeiten gegeben, unsere Herzen erfüllet mit Speise und Freude.

Mel. Wer nur den lieben Gott läßt walten.

1473. O Gott! es steht dein milder Segen in unsern Feldern herrlich schön; wir sollten's billig All' erwägen, die Wohlthat dankbarlich erhöh'n; du lockest dadurch Jedermann zur Buß' und frommen Leben an.

2. Allein, wer folget diesem Triebe? wo ist die wahre Dankbarkeit? man steckt in Welt- und Fleischesliebe, in Sünde, Schand' und Sicherheit, so, daß dein Segensüberfluß uns bloß zur Wollust dienen muß.

3. Ach, Wunder! daß du nicht durch Strafe uns, wie viel ander Volk erschreckst; und aus dem tiefen Sündenschlafe durch Hunger, Krieg und Pest uns weckst; das machet deine Gütigkeit; die schonet unsrer noch zur Zeit.

4. O Gott! bekehr' uns große Sünder, vergieb uns unsre schwere Schuld; erbarm' dich deiner armen Kinder, und habe noch mit uns Geduld. Wirk' in uns kräftig durch dein Wort und treib' die Lust zur Sünde fort.

5. Ach! segne ferner deine Gaben, die jetzund in dem Felde steh'n; laß uns gut Erntewetter haben, und alle Noth vorüber geh'n, gieb, lieber Gott! daß Jedermann die Früchte völlig ernten kann.

6. Hilf, daß wir sie auch recht genießen und sie in Fried' und Ruh' verzehr'n, den Armen auch von unsern Bissen aus Lieb' und Mildigkeit ernähr'n. Verhüte bei uns allezeit den Mißbrauch deiner Gütigkeit.

7. Und also laß uns künftig leben, wie uns dein Will' im Worte lehrt; daß wir dir Dank und Ehre geben, und sich dein Segen täglich mehrt. Führ' endlich uns auch in's gemein in deine Himmelsscheuren ein.

M. Gottfried Hoffmann.

Morgenlied.

Psalm 66, v. 8. 9. Lobet, ihr Völker, unsern Gott! lasset seinen Ruhm weit erschallen; der unsere Seelen im Leben behält, und lässet unsere Füße nicht gleiten.

Mel. Aus meines Herzens Grunde. rc.

1474. O Gott ich thu' dir danken, daß du durch deine Güt' mich hast vor's Teufels Wanken in dieser Nacht behüt't, also daß er mich hat kein müssen lassen schlafen, und mir mit seinen Waffen nicht können schädlich seyn.

2. Beschütze mich auch heute vor großer Angst und Noth, vor gottvergess'nen Leuten, vor einem schnellen Tod, vor Sünden und vor Schand', vor Wunden und vor Schlägen, vor ungerechtem Segen, vor Wasser und vor Brand.

3. An meinem Geist mich stärke so wie auch an dem Leib, daß ich mein's Amtes Werke mit allen Freuden treib', und thu' nach meiner Pflicht, so viel als mir befohlen, bis daß du mich wirst holen zu deinem hellen Licht.

4. Mein G'sichte mir verleihe bis an mein letztes End' und gnädig benedeie die Arbeit meiner Händ', damit ich auch was hab' für mich in schweren Zeiten, und davon armen Leuten kann geben eine Gab'.

5. Vor Allem mich regiere mit deinem Gnadengeist, daß ich mein Denken führe im Himmel allermeist und ja nicht etwa gar sey mit dem Geiz besessen und schändlich mög' vergessen des lieben Himmels klar.

6. Erhalt' mir Geist und Leben, so lang' es dir gefällt, und thu' mir, Herr! nur geben den Schatz in jener Welt: so gilt mir Alles gleich und bin es wohl zufrieden, ob ich schon nicht hienieden bin vor den Menschen reich.

7. O Herr! hilf mir vollenden die saure Lebenszeit, thu' mir dein' Hülfe senden und sey nicht allzuweit, wenn ich heim schlafen geh', auf daß ich friedlich fahre und mit der Christen Schaare zum Leben auferstehe'.

Bartholomäus Ringwaldt.

Danklied am Geburtstage.

Sirach 51, v. 15 — 17. Ich lobe deinen Namen ohne Unterlaß, und ich preise und danke dir; denn mein Gebet ist erhöret, und du hast mich errettet aus dem Verderben und von allem Uebel. Darum will ich dir, Herr, danken, und loben, und deinen Namen preisen.

Mel. Wie schön leucht't uns der Morgenstern.

1475. O Gott, umströmt vom Engelpreis! mein Herz, von Dankgefühlen heiß, möcht' hoch dein Lob erheben! Herr, meine Jahre nehmen zu; mein Vater und mein Gott bist du noch, wie durch's ganze Leben. Neue, treue Wunderthaten auf den Pfaden, die ich walle, zeigen deine Führung alle.

2. Die Liebe liebt unwandelbar, reicht zum Genuß sich selber dar, bereitet gerne Freuden: sie war mir allenthalben nah', auch dann, wenn sie mein Aug' nicht sah', am nächsten in dem Leiden, half mir; Dank ihr! sie erbarmte sich, umarmte mich den Schwachen, half mir durch in allen Sachen.

3. Die Welt ist wie ein Labyrinth,*) den Weg durch ihr Gewirre find' ich bloß durch deine Leitung: was ich davon nicht gleich versteh', ist doch, so bald ich's näher seh', von wichtiger Bedeutung. Dein Rath geht g'rad; wo ich klage, fast verzage, alles Schwere löst sich auf zu deiner Ehre.

*) Irrsaal.

4. Erfahrung macht den Glauben fest; wenn man mich fragt: weß ich mich tröst'? so nenn' ich deinen Namen. Ich eil' in dieses sich're Schloß; du machst an mir, schon immer groß, stets größer deinen Namen! Muthig geh' ich meine Straße und verlasse mich auf's Neue ganz auf deine Vatertreue.

5. Weil du mein Gott und Heiland bleibst, mich recht durch Wohlthun zu dir treibst und wirst der Huld nicht müde; ach, so durchglüh' mein Herz und gieb, daß ich dich kindlich wieder lieb', aus Dank für alle Güte. Brünstig, heilig will ich streben durch mein Leben dich zu ehren; diesen Eifer wollst du mehren.

6. Mein Weg sey nur ein Weg zu dir; zu deinem Himmel wall' ich hier; nicht hier, dort wohnt der Friede. O dann, wenn ich dich näher hab', seh' hinter mir Sünd', Tod und Grab, stimm' ich zum Jubelliede froher Geister! tief mich beugend, dir bezeugend Dank und Ehre, schließ' ich mich an ihre Chöre!

Johann Gottfried Schöner.

Tisch- und Erntelied.

Psalm 104, v. 13. 14. 24. Du feuchtest die Berge von oben her; du machest das Land voll Früchte, die du schaffest. Du lässest Gras wachsen für das Vieh, und Saat zu Nutz den Menschen, daß du Brot aus der Erde bringest. Herr, wie sind deine Werke so groß und viel? Du hast sie alle weislich geordnet, und die Erde ist voll deiner Güter.

Mel. Wer nur den lieben Gott läßt walten.

1476. O Gott! von dem wir Alles haben, die Welt ist ein sehr großes Haus; du aber theilest deine Gaben recht wie ein Vater drinnen aus. Dein Segen macht uns Alle reich: ach, lieber Gott! wer ist dir gleich?

2. Wer kann die Menschen alle zählen, die heut' bei dir zu Tische gehn? doch muß die Nothdurft Keinem fehlen; denn du weißt Allen vorzustehn und schaffest, daß ein jedes Land sein Brot bekommt aus deiner Hand.

3. Du machst, daß man auf Hoffnung säet und endlich auch die Frucht genießt; der Wind, der durch die Felder wehet, die Wolke, so das Land begießt, des Himmels Thau, der Sonne Strahl sind deine Diener überall.

4. Und also wächst des Menschen Speise, der Acker selbst wird ihm zu Brot; es mehret sich vielfält'ger Weise, was Anfangs schien als wär' es todt, bis in der Ernte Jung und Alt erlanget seinen Unterhalt.

5. Nun, Herr! was soll man erst bedenken? der Wunder hier sind gar zu viel'. So viel als du, kann Niemand schenken, und dein Erbarmen hat kein Ziel; denn immer wird uns mehr beschert, als wir zusammen Alle werth.

6. Wir wollen's auch keinmal vergessen, was uns dein Segen träget ein. Ein jeder Bissen, den wir essen, soll deines Namens Denkmal seyn, und Herz und Mund soll lebenslang für unsre Nahrung sagen Dank.

Kaspar Neumann.

Pfingstlied.

Psalm 51, v. 12—14. Schaffe in mir, Gott, ein reines Herz, und gieb mir einen neuen gewissen Geist. Verwirf mich nicht von deinem Angesicht, und nimm deinen heiligen Geist nicht von mir. Tröste mich wieder mit deiner Hülfe, und der freudige Geist enthalte mich.

Mel. Wer nur den lieben Gott läßt walten.

1477. O großer Gott, du reines Wesen, der du die reinen Herzen dir zur steten Wohnung auserlesen! ach, schaff' ein reines Herz in mir, ein Herz, das von der argen Welt sich rein und unbefleckt erhält.

2. Vor Allem mache mein Gemüthe durch ungefärbte Buße rein, und laß es, Herr! durch deine Güte und Christi Blut gewaschen seyn. Dann mache mich zur Reinigkeit des Lebens fertig und bereit.

3. Regiere mich nach deinem Geiste, der mein getreuer Beistand sey und mir erwünschte Hülfe leiste! Gott! stehe mir in Gnaden bei und gieb mir einen solchen Geist, der neu, gewiß und willig heißt.

4. Doch, weil ich meine Schwachheit merke, mein Vater! so verwirf mich nicht, und stoß' mich, wegen meiner Werke, ja nicht von deinem Angesicht. Laß mich hier in der Gnade stehn, und dort in deinen Himmel gehn.

5. Nimm deinen Geist, den Geist der Liebe, ja nun und nimmermehr von mir, und leite mich durch seine Triebe, durch seinen Beistand für und für. Ja, führe du mich durch die Zeit hin zu der sel'gen Ewigkeit.

Gebet für die Obrigkeit.

Matthäi 22, v. 21. So gebet dem Kaiser, was des Kaisers ist, und Gotte, was Gottes ist.

Mel. Es ist gewißlich an der Zeit.

1478. O großer Gott von Güt' und Gnad'! von dem der Stand und Orden der Obrigkeit nach deinem Rath ist eingesetzet worden, und der du ihn, als dein Gestift, bestätigt hast in heil'ger Schrift, in deinem wahren Worte.

2. Ich bitt' dich für die Obrigkeit, als unter der wir leben in Schirm und Schutz zu dieser Zeit, ihr deinen Geist zu geben, der sie in Glaubenskraft erhalt', daß sie davon sich nicht sobald abwendig machen lasse.

3. Frisch- und gesunden Leib gieb ihr; hilf, daß sie möge führen ein löblich Regiment allhier; laß sie auch sonsten spüren, Herr! deine Hülf und große Güt', die sie an Leib und Seel' behüt', und fülle sie mit Segen;

4. Daß unter ihrem Regiment wir guten Frieden spüren, der nimmermehr sich von uns wend'; damit wir können führen geruhiglich, zu aller Zeit, das Leben in Gottseligkeit zur Ehre deines Namens.

5. Beschirme sie mit deinem Schutz, daß ihr nicht schaden können, mit aller Macht, Gewalt und Trutz, die, so ihr Uebels gönnen und ihrem Amt zuwider seyn. Herr! treib' die Leute kräftig ein mit ihren bösen Tücken.

6. Gieb mir ein recht gehorsam Herz, ja allen Unterthanen, daß Jedermann ohn' allen Scherz, wie du uns läßt vermahnen, die Obrigkeit im höchsten Stand, und die, so von ihr sind gesandt, in allen Ehren halte.

7. Hilf, daß ich geb' von Herzen gern, und zwar bei Zeit und richtig, was ich hier meinem Oberherr'n mich seh' zu geben pflichtig; gleichwie es auch dein Wort gebeut und sagt: Gebt, was ihr schuldig seyd, Schoß, dem der Schoß gebühret.

8. Behüt' uns aber, höchstes Gut! vor denen, die entbrennen gar leicht in ihrem frechen Muth und selbst in's Unglück rennen, durch Aufruhr und durch Meuterei, und, wie klein auch das Fünklein sey, gleich d'raus ein Feuer machen.

9. Bekehre du doch solche Leut' und hilf vor allen Dingen, daß wir dir, Gott! zu aller Zeit die Ehr' am Ersten bringen, und dann der Obrigkeit nach dir, bis daß dein Arm uns Alle führ' zu deinem Reich und Erbe.

Zum ersten Advent, so wie auch zum Palmsonntage.

Matthäi 21, (v. 1—9.) v. 9. Das Volk aber, das vorging und nachfolgete, schrie und sprach: Hosianna, dem Sohne Davids; gelobet sey, der da kommt in dem Namen des Herrn! Hosianna in der Höhe!

Mel. Es ist das Heil uns kommen her.

1479. O großer König, Jesu Christ! nimm Dank für deine Liebe, daß du vom Himmel kommen bist; ich komm' mit frohem Triebe auch heute wiederum zu dir, du sprichst ja selber: kommt zu mir, mühselig und beladen!

2. Ach! deine Liebe ist so groß, wer kann sie wohl umfassen? du kommst aus deines Vaters Schooß, liebst Sünder, die dich hassen; du kommst in's Leiden, in den Tod, du machst mich frei von Sünden-Noth, wohl mir der großen Gnade!

3. Drum ziehest du in Salem ein, so wie es war verheißen. Du Heiland! sollst mein König seyn, dich, dich nur will ich preisen; vor deinem Scepter beug' ich mich, ich bete an als König dich; dir will ich ewig dienen.

4. Als Hoherpriester giebst du dich zum Opfer für die Sünder; ach, daran hält mein Glaube sich, darauf will ich mich gründen hier meine ganze Lebenszeit; und sterb' ich, so bist du bereit, mich heim zu dir zu holen.

5. Du bist zugleich auch der Prophet, von dem das Heil zu hoffen! in deiner theu'ren Lehre steht der Weg zum Himmel offen. Ach, liebster Heiland! sey gepreis't, auf diesen Weg führt mich dein Geist, wie könnt' ich da noch irren?

6. Als ein Gerechter kommst du auch, du schenkst mir geistlich Armen Gerechtigkeit nach deinem Brauch; ein Helfer voll Erbarmen bist du, o Heiland! Jesu Christ! mein Herz das solches nicht vergißt, sucht täglich deine Hülfe.

7. Denn, macht mir nun die Sünde Schmerz, so dringe ich mit Flehen in dein mir offnes Jesus-Herz, da kann ich freudig sehen, wie du mich, großer Heiland! liebst und täglich mir aus Gnaden giebst Gerechtigkeit und Stärke.

8. Was schadet mir der Feinde Grimm? du, König! schlägst sie alle; wenn ich mit demuthsvoller Stimm' nur bittend niederfalle vor dir, der du sie hast bekriegt; so weiß ich's, daß mein Glaube siegt, weil deine Kraft mich stärket.

9. Und höre ich zu dieser Zeit oft sehr verkehrte Lehren; ja, macht es mir viel Schmerz und Leid, daß man Dich nicht will hören; so flehe ich nur mehr zu dir: ich bitte, daß ich nie verlier' dich, Jesu! meine Freude.

10. So folg' ich dir, mein Heiland! nach im Leben hier auf Erden, und sey es auch durch Spott und Schmach, weil mir das Seligwerden doch über alles And're geht; so höre, wenn mein Herze fleht: Herr! mach' mich ewig selig.

11. Hilf daß ich auch den Kindersinn von deinen Jüngern lerne; du sprachst zu ihnen: gehet hin! sie geh'n von Herzen gerne; so folgsam laß mich auch dir seyn, der Eigensinn macht mir nur Pein, weil er dir widerstrebet.

12. Nun bitte ich, Herr Jesu! dich: laß deinen Geist mich treiben, versiegle du mit diesem mich, so kann ich selig bleiben; so wird in diesem Gnadenjahr an mir auch die Verheißung wahr: Nichts kann von dir mich reißen.

13. Drum ist dies mein beständig Fleh'n, bei allen Lebensschritten: Herr Jesu! laß mich dich bald seh'n, erhöre dies mein Bitten; mein Tod wird ja ein Einzug seyn zur Freude, welche ewig mein; ach! gieb sie bald mir. Amen! Christian Friedr. Förster.

Seligkeit in Christo.

Joh. 17, v. 3. Das ist aber das ewige Leben, daß sie dich, daß du allein wahrer Gott bist, und den du gesandt hast, Jesum Christum, erkennen.

Mel. O Gott, du frommer Gott!

1480. O große Seligkeit, wenn man den Heiland kennet; wenn ihn die Seel' ihr Theil, ihr Ein und Alles nennet! Versöhnung ist ihr Grund; des Lammes Blut ihr Kleid; sie schmecket Fried' und Ruh', sie spüret Lust und Freud'.

2. Sie kann in Zuversicht zu Gottes Throne treten und als ein liebes Kind vor ihrem Vater beten; ihr Heiland nimmt ihr Herz zu seiner Wohnung ein und sie muß Gottes Ruh' und heil'ger Tempel seyn.

3. Es wird aus Jesu Füll' ihr stündlich Kraft gegeben zu einem lautern Sinn, zu einem neuen Leben; sehr zärtlich ist der Trieb, womit ihr Bräut'gam liebt, der sie mit viel Geduld in seinen Wegen übt.

4. Ihr Hirte pfleget sie auch mächtig zu bewahren, daß ihr kein Schad' und Leid kann irgend widerfahren; sie bleibt als Siegerinn auf ihrem Kampfplatz steh'n und kann recht im Triumph zur ew'gen Ruh' eingeh'n.

5. Dies Alles hast du, Lamm! mit deinem Blut erworben; da du aus Liebe bist am Kreuz für mich gestorben; daher ich auch mein Heil nicht besser fassen kann, als wenn mein Auge dich am Kreuze schauet an.

6. Da bist du wunderschön in deinem Blut und Wunden, daß selbst des Vaters Aug' nichts Schöner's je gefunden, was ihn so tief gerührt und ihm sein Herz durchglüht, daß er die Sünder nun nicht mehr als Schuldner sieht.

7. Auch mir, als Sünder, kann von dir, o Lamm! auf Erden nichts so ausnehmend schön zum Trost gezeiget werden, als wenn dein Wort dich mir das Heil der ganzen Welt am Kreuz, im Blut und Tod vor meine Augen stellt.

8. Das ziehet in die Höh', das richtet auf die Müden; das bringet Heil und Kraft, den wahren Seelenfrieden; das machet recht getrost; das giebt den stärksten Trieb; da hat man dich, o Lamm! auch über Alles lieb.

9. Da siehet man die Thür zum Vaterherzen offen; da kann man ohne Furcht das Allerbeste hoffen; das, das versüßet auch die Leiden dieser Zeit und führet friedensvoll zur frohen Ewigkeit.

10. Drum höre doch, mein Lamm! was ich hierbei noch flehe, daß ich dich unverrückt an deinem Kreuze sehe, daß ich mich ganz versöhnt, gerecht und selig schau', und so mein ganzes Heil auf freie Gnade bau'.

11. Laß Leib und Seele doch in diesem Glauben leben, daß du dich selbst für mich hast in den Tod gegeben! Nichts schmecke meiner Seel', Nichts labe meinen Muth, als dein verwund'ter Leib, dein theures Jesus-Blut.

12. Ja, gieb dich so, mein Lamm! mir immer zu genießen und laß dadurch in mich stets neues Leben fließen. Mein Lamm! ich lass' dich nicht; denn du sollst doch allein in deinem Blut und Tod mein ewig Leben seyn.

Neujahrslied.

Psalm 126, v. 3. Der Herr hat Großes an uns gethan; deß sind wir fröhlich.

Mel. Nun preiset alle Gottes Barmherzigkeit.

1481. O Haupt am Leibe der sel'gen Gliederschaft! daß jed's bekleibe, schenkst du ihm deine Kraft, und wendst an dessen Auferziehung die größte Sorge und viel Bemühung.

2. Wir steh'n verwundert, wenn wir zu-

rücke seh'n, und sind ermuntert, dich innig zu erhöh'n; doch wissen wir kaum, wo wir sollen Worte hernehmen, so gern wir wollen.

3. Sey denn gepriesen für das vergangne Jahr: was du erwiesen, das ist uns offenbar; die Gnadenwunder und die Proben reizen uns billig dich hoch zu loben.

4. Durch Beides sind wir dir näher zugerückt, und haben von dir auch wieder Gnad' erblickt, daß wir dir noch vielmehr vertrauen und mit mehr Kindlichkeit auf dich bauen.

5. Wir treten heute mit dir in's Neujahr ein; wir, deine Leute und selige Gemein' erinnern uns auch unsrer Brüder, Schwestern und Kinder und aller Glieder.

6. Laß alle Glieder in Einem Sinne steh'n, mit Lieb' als Brüder dir kindlich nachzugeh'n; der Eindruck deiner Todesschmerzen sey stets ein Feuer in unserm Herzen.

7. Was angezündet durch deiner Wunder Glut, und was sich gründet auf deinen Tod und Blut: das müsse keine lieb're Lehren, als von der Marter des Lammes hören.

8. O Liebe! rege dich ferner dieses Jahr: mach' deine Wege und Willen Allen klar; und ruf' herzu viel Arbeitsleute, die dir einst bringen gewisse Beute.

9. Dieselben Orte, wo deine Wandrer seyn mit deinem Worte, um Saamen auszustreu'n: die segne und behüte Alle, daß nichts vom Saamen daneben falle.

10. Der Feinde Wüthen ist hier und da sehr groß; wollst uns behüten in deinem Arm und Schooß! wir haben wohl bisher gesehen, unser Herr läßt uns kein Leid geschehen.

11. Mach' uns nur Alle zu deinen Schäfelein! wir sind im Stalle, wo alles Dein soll seyn, und wollen's zuversichtlich glauben, daß Kein's davon wird zurücke bleiben.

12. Auf alle Weise laß deine Gnade weh'n, und dir zum Preise jedweden Tritt gescheh'n; und halte uns in jedem Lande Alle zusammen in Einem Bande.

13. Der Kinderhaufe erwachse dir zur Zier, die Kraft der Taufe zieh' jedes hin zu dir! auch laß in allen unsern Häusern sich deine Gnade durchgängig äußern.

14. Du, unser Leben! ach wär' ein jedes Haus dir ganz ergeben, und du gingst ein und aus, daß sich dein Herz bei uns erfreute: hör' uns und mache den Anfang heute!

Nicolaus Ludwig v. Zinzendorf.

Vom Leiden Christi.

Jesaia 50, v. 6. Ich hielt meinen Rücken dar denen, die mich schlugen, und meine Wangen denen, die mich rauften; mein Angesicht verbarg ich nicht vor Schmach und Speichel.

Mel. Herzlich thut mich verlangen.

1482. O Haupt voll Blut und Wunden, voll Schmerz und voller Hohn! o Haupt zum Spott gebunden mit einer Dornenkron', o Haupt, sonst schön gezieret mit höchster Ehr' und Zier, jetzt aber höchst schimpfiret: gegrüßet seyst du mir!

2. Du edles Angesichte, davor sonst schrickt und scheut das große Weltgewichte,*) wie bist du so bespeit! wie bist du so erbleichet; wer hat dein Augenlicht, dem sonst kein Licht mehr gleichet, so schändlich zugericht't?

*) Ebräer 1, v. 10—12 Jes. 40, v. 12.

3. Die Farbe deiner Wangen, der rothen Lippen Pracht ist hin und ganz vergangen; des blassen Todes Macht hat Alles hingenommen, hat Alles hingerafft, und daher bist du kommen von deines Leibes Kraft.

4. Nun, was du Herr erduldet, ist Alles meine Last; ich hab' es selbst verschuldet, was du getragen hast; schau' her, hier steh' ich Armer, der Zorn verdienet hat; gieb mir, o mein Erbarmer! den Anblick deiner Gnad'.

5. Erkenne mich, mein Hüter; mein Hirte, nimm mich an; von dir, Quell aller Güter, ist mir viel Gut's gethan; dein Mund hat mich gelabet mit Milch und süßer Kost; dein Geist hat mich begabet mit mancher Himmelslust.

6. Ich will hier bei dir stehen, verachte mich doch nicht; von dir will ich nicht gehen, wenn dir dein Herze bricht, wenn dein Haupt wird erblassen im letzten Todesstoß, alsdann will ich dich fassen in meinen Arm und Schooß.

7. Es dient zu meinen Freuden und thut mir herzlich wohl, wenn ich in deinem Leiden, mein Heil! mich finden soll; ach, möcht' ich, o mein Leben! an deinem Kreuze hier mein Leben von mir geben, wie wohl geschähe mir!

8. Ich danke dir von Herzen, o Jesu! liebster Freund, für deine Todesschmerzen, da du's so gut gemeint; ach gieb, daß ich mich halte zu dir und deiner Treu', und wenn ich einst erkalte, in dir mein Ende sey.

9. Wenn ich einmal soll scheiden, so scheide nicht von mir; wenn ich den Tod soll leiden, so tritt du dann herfür; wenn mir am Allerbängsten wird um das Herze seyn, so

reiß' mich aus den Aengsten kraft deiner Angst und Pein.

10. Erscheine mir zum Schilde, zum Trost in meinem Tod', und laß mich seh'n dein Bilde in deiner Kreuzesnoth. Da will ich nach dir blicken, da will ich glaubensvoll dich fest an mein Herz drücken. Wer so stirbt, der stirbt wohl!

Paul Gerhardt; nach dem Latein. des heil. Bernhard: Salve caput cruentatum.

Von der heiligen Dreieinigkeit.

2 Corinther 13, v. 13. Die Gnade unsers Herrn Jesu Christi, und die Liebe Gottes, und die Gemeinschaft des heiligen Geistes, sey mit euch allen! Amen.

Mel. Es ist das Heil uns kommen her.

1483. O heilige Dreieinigkeit! voll Majestät und Ehren, wie kann doch deine Christenheit dein Lob genug vermehren? du bist sehr hoch und wundersam, ganz unbegreiflich ist dein Nam', dein Wesen unerforschlich.

2. Wir danken dir, daß deine Gnad', auch weil wir hier noch leben, in deinem Worte so viel hat uns offenbar gegeben; daß du bist wahrer Gott und heißt: Gott Vater, Sohn und heil'ger Geist, dreifaltig und doch einig.

3. O Vater! aller Dinge Quell und Ursprung, sey gepreiset für alle Wunder, die so hell uns deine Macht erweiset. Du, Vater! hast vor aller Zeit den ein'gen Sohn von Ewigkeit, dein Ebenbild gezeuget.

4. Du hast gemacht den Erdenkreis nach deinem Wohlgefallen, uns Menschen drauf zu deinem Preis, daß wir dein Lob erschallen. Auch wird durch deines Mundes Wort dies Alles immer fort und fort erhalten und regieret.

5. Drum steh', o Vater! ferner bei uns deinen armen Kindern, und alle Schulden uns verzeih', uns als bußfert'gen Sündern; aus unsern Nöthen mannigfalt errette uns und hilf uns bald, wie du uns hast versprochen.

6. O Jesu Christe! Gottes Sohn, von Ewigkeit geboren, uns Menschen auch im Himmelsthron zum Mittler auserkoren: durch dich geschicht, was nur geschicht, o wahrer Gott, o wahres Licht vom wahren Gott und Lichte!

7. Du bist des Vaters Ebenbild, und doch vom Himmel kommen; als eben war die Zeit erfüllt, hast du Fleisch angenommen, hast uns erworben Gottes Huld, bezahlet unsre Sünd' und Schuld durch dein unschuldig Leiden.

8. Nun sitzest du zur rechten Hand des Vaters hoch erhoben, beherrschest alle Leut' und Land und dämpfst der Feinde Toben. Hilf uns, o wahrer Mensch und Gott! wir wollen dir für deinen Tod und alle Wohlthat dankeu.

9. O heil'ger Geist! du werthe Kron', Erleuchter unsrer Sinnen, der du vom Vater und dem Sohn ausgehest ohn' Beginnen: Du bist allmächtig und ohn' End', der Vater und der Sohn dich send't, im Glauben uns zu leiten.

10. Herr! du gebierest durch die Tauf' uns wiederum auf's Neue, und nachher nimmst du uns auch auf, wenn du giebst wahre Reue; durch dich wird unsre Hoffnung fest, und wenn uns alle Welt verläßt, bleibst du bei uns im Herzen.

11. Wir bitten dich demüthiglich, daß es ja mög' durchdringen, was wir für Seufzer oft vor dich in unsrer Noth vorbringen, und wenn die letzte Stund' da ist, so hilf, daß wir auf Jesum Christ getrost und selig sterben.

12. Gott Vater, Sohn und heil'ger Geist! für alle Gnad' und Güte sey immerdar von uns gepreis't mit freudigem Gemüthe. Des Himmels Heer dein Lob erklingt und heilig, heilig, heilig! singt; das thun wir auch auf Erden.

D. Justus Gesenius.

Morgenlied.

Sirach 36, v. 19. Erhöre, Herr, das Gebet derer, die dich anrufen nach dem Segen Aarons (4 Mose 6, v. 24—26.) über dein Volk, auf daß alle, so auf Erden wohnen, erkennen, daß du, Herr, der ewige Gott bist.

Mel. Herr Jesu Christ, dich zu uns wend'.

1484. O heilige Dreifaltigkeit! o hochgelobte Einigkeit! Gott Vater, Sohn und heil'ger Geist, heut' diesen Tag mir Beistand leist'.

2. Mein' Seel', Leib, Ehr' und Gut bewahr', daß mir kein Böses widerfahr' und mich der Satan nicht verletz', noch mich in Schand' und Schaden setz'.

3. Des Vaters Macht mich heut' anblick'; des Sohnes Weisheit mich erquick'! des heil'gen Geistes Glanz und Schein erleucht' mein's finstern Herzens Schrein!

4. Mein Schöpfer! steh' mir kräftig bei; o mein Erlöser! hilf mir frei; o Tröster werth! weich' nicht von mir, mein Herz mit werthen Gaben zier'.

5. Herr! segne und behüte mich; erleuchte mich, Herr! gnädiglich. Herr! heb' auf mich dein Angesicht, und deinen Frieden auf mich richt'!

D. Justus Gesenius.

Pfingstlied.

Römer 8, v. 26. Der Geist hilft unserer Schwachheit auf.

Mel. Wie schön leucht't uns der Morgenstern.

1485. O heil'ger Geist, kehr' bei uns ein und laß uns deine Wohnung seyn, o komm, du Herzenssonne! du Himmels-Licht! laß deinen Schein bei uns und in uns kräftig seyn, zu steter Freud' und Wonne. Sonne, Wonne, himmlisch Leben willst du geben, wenn wir beten; zu dir kommen wir getreten.

2. Du Quell', draus alle Weisheit fleußt, die sich in fromme Seelen geußt, laß deinen Trost uns hören, daß wir in Glaubenseinigkeit auch können aller Christenheit dein wahres Zeugniß lehren. Höre, lehre, daß wir können Herz und Sinnen dir ergeben, dir zum Lob' und uns zum Leben.

3. Steh' uns stets bei mit deinem Rath und führ' uns selbst den rechten Pfad, die wir den Weg nicht wissen; gieb uns Beständigkeit, daß wir getreu dir bleiben für und für, wenn wir nun leiden müssen. Schaue, baue, was zerrissen und geflissen dich zu schauen, und auf deinen Trost zu bauen.

4. Laß uns dein' edle Balsamskraft empfinden und zur Ritterschaft dadurch gestärket werden, auf daß wir unter deinem Schutz begegnen aller Feinde Trutz mit freudigen Geberden; laß dich reichlich auf uns nieder, daß wir wieder Trost empfinden, alles Unglück überwinden.

5. O starker Fels und Lebenshort! laß uns dein himmelsüßes Wort in unsern Herzen brennen, daß wir uns mögen nimmermehr von deiner weisheitsreichen Lehr' und deiner Liebe trennen. Fließe, gieße deine Güte ins Gemüthe, daß wir können Christum unsern Heiland nennen.

6. Du süßer Himmelsthau, laß dich in unsre Herzen kräftiglich und schenk' uns deine Liebe, daß unser Sinn verbunden sey dem Nächsten stets mit Liebestreu' und sich darinnen übe; kein Neid, kein Streit dich betrübe, Fried' und Liebe müssen schweben, Fried' und Freude wirst du geben.

7. Gieb, daß in reiner Heiligkeit wir führen unsre Lebenszeit, sey unsers Geistes Stärke; daß uns hinfort sey unbewußt die Eitelkeit, des Fleisches Lust und seine todten Werke. Rühre, führe unsre Sinnen und Beginnen von der Erden, daß wir Himmelserben werden. M. Michael Schirmer.

Pfingstlied.

1 Johannis 4, v. 13. Daran erkennen wir, daß wir in ihm bleiben und er in uns, daß er uns von seinem Geist gegeben hat.

In eigener Melodie.

1486. O heiliger Geist! o heiliger Gott! du Tröster werth in aller Noth! du bist gesandt von's Himmels Thron von Gott dem Vater und dem Sohn; o heiliger Geist! o heiliger Gott!

2. O heiliger Geist! o heiliger Gott! gieb uns die Lieb' zu deinem Wort! zünd' an in uns der Liebe Flamm', darnach zu lieben allesammt. O heiliger Geist! o heiliger Gott!

3. O heiliger Geist! o heiliger Gott! mehr' unsern Glauben immerfort! an Christum Niemand glauben kann, es sey denn durch dein' Hülf' gethan. O heiliger Geist! o heiliger Gott!

4. O heiliger Geist! o heiliger Gott! erleucht' uns durch dein göttlich Wort! lehr' uns den Vater kennen schon, dazu auch seinen lieben Sohn. O heiliger Geist! o heiliger Gott!

5. O heiliger Geist! o heiliger Gott! du zeigst die Thür zur Himmelspfort'; laß uns hier kämpfen ritterlich und zu dir dringen seliglich. O heiliger Geist! o heiliger Gott!

6. O heiliger Geist! o heiliger Gott! verlass' uns nicht in Noth und Tod; wir sagen dir Lob, Ehr' und Dank jetzund und unser Lebenlang. O heiliger Geist! o heiliger Gott! Barthold Helder? —

Vom Tode und Sterben.

Psalm 116, v. 3. 4. Stricke des Todes hatten mich umfangen, und Angst der Hölle hatte mich getroffen; ich kam in Jammer und Noth. Aber ich rief an den Namen des Herrn: O Herr, errette meine Seele!

Mel.. Vater unser im Himmelreich.

1487. O Herre Gott! in meiner Noth ruf' ich zu dir, du hilfest mir; mein Leib und Seel' ich dir befehl' in deine Händ'; dein'n Engel send', der mich bewahr', wenn ich hinfahr' aus dieser Welt, so dir's gefällt.

2. O Jesu Christ! gestorben bist am Kreuzesstamm, du Gotteslamm! dein' Wunden roth in aller Noth, dein theures Blut kommt mir zu gut, dein Leid'n und Sterb'n macht mich zum Erb'n in deinem Reich, den Engeln gleich.

3. O heil'ger Geist! der Tröster heißt; an meinem End' dein'n Trost mir send', verlaß mich nicht, wenn mich anficht des Teufels G'walt, des Todes G'stalt; nach deinem Wort, du höchster Hort! wollst du mir geb'n das ew'ge Leb'n.

D. Nicolaus Selnecker.

Bitte um gute Witterung zum Gedeihen der Früchte.

Psalm 65, v. 10. 11. Du suchest das Land heim, und wasserst es, und machest es sehr reich. Gottes Brünnlein hat Wassers die Fülle. Du lässest ihr Getreide wohl gerathen, denn also bauest du das Land. Du tränkest seine Furchen, und feuchtest sein Gepflügtes; mit Regen machst du es weich, und segnest sein Gewächs.

Mel. Wo Gott, der Herr, nicht bei uns hält.

1488. O Herr Gott! der du deiner Schaar hast zugesagt auf Erden, daß sie von dir soll immerdar im Kreuz getröstet werden, dazu auch unser täglich Brot, sammt Rettung aus der Angst und Noth, gar reichlich überkommen:

2. Gieb reine Luft, warm'n Sonnenschein, gieb Thau und fruchtbar'n Regen, damit die Früchte wachsen fein durch deinen milden Segen, die hier zu Lande früh und spat der Ackersmann geworfen hat, auf dein Wort, in die Erde.

3. Ohn' dich ist alle unsre Kunst, Fleiß, Arbeit und Vermögen vergebens, wo du deine Gunst nicht geben wirst zum Pflügen, und allen Saamen wecken auf, daß er wohl reif' und seinen Lauf mit gutem G'winn erlange.

4. Herr, straf' uns nicht in deinem Zorn, gedenk' an deine Güte; den Weinstock und das liebe Korn uns gnädiglich behüte vor Hagel, Sturmwind, Frost und Schlag, vor Mehlthau, und was schaden mag den Früchten insgemeine.

5. Vor großer Dürre uns bewahr', vergieb uns unsre Sünde, damit nicht etwa mit Gefahr das Wetter was entzünde. Halt' auch das Erdreich nicht zu naß, auf daß wir mögen Scheun' und Faß durch deinen Segen füllen.

6. Gieb gnädig, was uns deine Hand jetzt thut gar reichlich weisen, und thu' damit im ganzen Land all' Kreaturen speisen: so wird dich loben Groß und Klein, die Alten und die Kinderlein, und was auf Erden lebet.

7. Wir trauen dir, o Herre Gott! dein' Gnade laß uns walten; du weißt gar wohl, was uns ist noth, hast lange hausgehalten und wirst noch ferner so regier'n, daß man wird deinen Segen spür'n und deinen Namen preisen.

Bartholomäus Ringwald.

Bußlied.

Psalm 25, v. 6. 7. Gedenke, Herr, an deine Barmherzigkeit und an deine Güte, die von der Welt her gewesen ist. Gedenke nicht der Sünden meiner Jugend und meiner Uebertretung; gedenke aber meiner nach deiner Barmherzigkeit, um deiner Güte willen.

Mel. Jesus, meine Zuversicht.

1489. O Herr! habe Acht auf mich, daß ich nicht verloren gehe; hab' ich einst gekostet dich heiße Müh' und bitt'res Wehe, wär' es um so größ're Pein, doch verloren einst zu seyn!

2. Lange durch ein weites Feld bin ich trostlos hingegangen; öde blieb die ganze Welt, ungestillet mein Verlangen; keiner Freude ward ich froh, jede kam und jede floh!

3. Jesu! du gedachtest mein, als ich deiner nicht gedachte; längst verworfen würd' ich seyn, wenn nicht dein Erbarmen wachte; tröstlich hat mich's angeschaut; dies Erbarmen preis' ich laut!

4. Wußt' ich doch von Anfang nie meine Kniee dir zu beugen; — hart ist eines Sünders Knie, lieber hüpft es in dem Reigen; ach, wie leicht im eitlen Sinn hüpft ein Mensch zur Hölle hin!

5. Wenn ich oft in stiller Nacht prüfend in mein Herz gesehen, ward an's Beten wohl gedacht, doch es wollte nicht geschehen; wenn zu Gott ein Träumer ruft, ist's wie Schall in leere Luft.

6. Du hast Beten mich gelehrt, Alles dir an's Herz zu legen; wenn ich mich zu dir gekehrt, kamst du freundlich mir entgegen; war auch Schmerz und Buße da: dennoch warest du mir nah'.

7. Eingeprägt ist in dies Herz, daß mich nur dein Blut versühne, daß aus deinem Todesschmerz Himmelslust und Leben grüne; o wie schwindet alle Last, wenn der Glaube dies umfaßt!

8. O wie wird das Herz so weit, überströmt mit sanften Freuden, wenn der Herr der Herrlichkeit ihm verkläret deine Leiden; wie die Gottesgabe frei von Gesetzeswerken sey!

9. Wie du Alles abgethan, ausgerichtet ganz alleine, was kein Mensch verdienen kann,

kann, ob er's noch so redlich meine; — ja, dies Evangelium sey mein Trost, mein höchster Ruhm!

10. Herr! ich frage: bin ich dein? bin ich dein von ganzer Seele? bin ich lauter, keusch und rein, während ich von dir erzähle? — Ach, wie treibt mein falsches Herz oft mit Sünd' und Gnade Scherz!

11. Leicht ja mag ein lau Gemüth auch um deine Wege wissen, wenn's auf breiter Straße zieht und dein Liebesband zerrissen; — laß mich, Herr! ich flehe dich, also nicht betrügen mich!

12. Leicht ja mag verfloss'ner Zeit Lichts-Erfahrung uns bethören, daß wir heut' in Sicherheit uns von deinem Lichte kehren; laß mich, Herr! ich flehe dich, also nicht betrügen mich!

13. Flehend neig' ich dieses Haupt, reuig liegt mein Geist im Staube; hab' ich gestern dir geglaubt, gieb, daß ich auch heute glaube! Ewig treu und ewig dein, laß, Herr! meine Losung seyn!

14. Jesus! habe Acht auf mich! Wo ich sitze, wo ich stehe, will ich also flehen dich, schauend in die Himmelshöhe; — bring' mich durch zum ew'gen Licht! Du vermagst's, — ich kann es nicht!

Albert Knapp.

Die betenden Kinder.

Matth. 18, v. 5. Wer ein solches Kind aufnimmt in meinem Namen, der nimmt mich auf.

Mel. Laßt uns Alle fröhlich seyn.

1490. O Herr Jesu, komm herein! sieh, wir armen Kinder wöllen gerne selig seyn; aber wir sind Sünder.

2. Blind und elend, nackt und bloß, todt von Adams Falle, klein und doch an Bosheit groß: ach, so sind wir Alle.

3. O Lamm Gottes, Gottes Sohn! da sind wir zusammen. Sieh' herab von deinem Thron; gieb uns Herzensflammen.

4. Sieh', wir fallen Alle hin, vor dir anzubeten und mit tiefgebeugtem Sinn an dein Herz zu treten.

5. Schlage, Jesu, schlage zu! brich uns unsre Herzen. Laß uns keine falsche Ruh'. Wirke Reu' und Schmerzen.

6. O wie sicher, träg' und kalt mußt du uns noch finden! ach wir bitten: weck' uns bald; zeig' uns unsre Sünden.

7. Thu' uns doch die Augen auf, daß wir uns erkennen und in Furcht mit schnellem Lauf von der Sünd' uns trennen.

8. Unsre böse Lust ist groß, Jesu, uns zur Schande. Reiß' uns selbst die Herzen los, ach, zerreiß' die Bande.

9. Leichtsinn, Wildheit, Ueppigkeit, Faulheit, Stolz und Tücke hält uns schon so lange Zeit, Herr! von dir zurücke.

10. Ach so nimm uns selber hin, nimm das alte Leben. Denn wir können unsern Sinn dir nicht selber geben.

11. O wie traurig sieht es aus, Jesu, mit uns Allen! wir sind ganz von dir heraus, tief in Noth *) gefallen.

*) In den Unflath der Sünden: Ps. 69, v. 15.

12. Unsrer Taufe Seligkeit ist uns weggenommen; und wir sind durch Sicherheit in den Fluch gekommen.

13. O so tauch' uns wieder ein, uns getaufte Kinder. Denn wir sind doch einmal dein, Heiland aller Sünder! —

14. Ja, Herr, tauch' uns in dein Blut gnädiglich hinunter. So wird Alles wieder gut, selig, rein und munter.

15. O du Heiland aller Welt! gieb uns Geist und Glauben, Glauben, der dich faßt und hält, mag auch Satan schnauben.

16. Gieb uns unsre Herzen voll, voll von deinen Gaben: denn dein Häuflein kann und soll Gut's die Fülle haben.

Jeremia 31, v. 14.

17. O du süßes Osterlamm! bring' uns auf die Weide. O du Seelen-Bräutigam! schenk' uns deine Freude.

18. Schaff' in uns durch deinen Geist, Jesu! neue Herzen, die mit dem, was Sünde heißt, nun durchaus nicht scherzen.

19. Laß uns deine heil'ge Schmach gern und fröhlich tragen, bis wir Alle dir hernach ewig Ehre sagen.

20. Halt' uns nur, o halt' uns, Herr, nicht von dir zu wanken. Gieb uns Treu' je mehr und mehr. Heil' uns, als die Kranken.

21. O wie herrlich wird es seyn, wenn die Lämmerheerden dich dort oben weiß und rein fröhlich loben werden!

Offenb. Joh. 7, v. 9—17.

Ernst Gottlieb Woltersdorf.

Am Abendmahls-Tage.

Psalm 23, v. 5. Du bereitest vor mir einen Tisch gegen meine Feinde, du salbst mein Haupt mit Oele, und schenkest mir voll ein.

Mel. Es ist das Heil uns kommen her.

1491. O Herr, mein Heil, wie preis' ich dich für deiner Gnaden Menge? mein dankbar Herz ermuntert sich und singt dir Lobgesänge; doch ach, zu schwach ist mein Gesang: was du mir thust kann lebenslang ich nie genug erheben.

2. O Gnade, die ich heut' genoß! ich durfte zu dir nahen! o welchen Segen, reich und groß, dich selbst durft' ich empfahen. Dein Leib und Blut erquickte mich; dies Wort: „Ich gab es hin für dich!" belebte meine Seele.

3. Mir war's als stündst du vor mir da mit den verklärten Wunden, wie einst vom Grab' die Schaar dich sah. Was da mein Herz empfunden — o wer beschreibt's? ich hörte dich, als sprächst du Frieden über mich, mir Frieden in die Seele!

4. Mit Thomas sank ich vor dir hin, dich gläubig zu umfassen; mein Herr! mein Gott! welch ein Gewinn! ich kann, ich darf dich fassen; du lebst! ich seh' dich; du, der starb, der Gnad' und Leben mir erwarb, du bist's, mein Heil! mein Retter!

5. Ein Freudenstrom durchdringt die Brust, bei deinem Wiederleben! Herr, du bist meines Herzens Lust, dir bleib' ich stets ergeben. Mach' mich in deinem Dienste treu, daß Nichts so lieb wie Du mir sey und Du nur in mir lebest.

6. Mein Glaube werde stark durch dich, die Liebe fest gegründet. Dein Wort und Geist begleite mich, wodurch man überwindet. Herr! deinen Frieden lasse mir, die Hoffnung, die ich hab' in dir, werd' alle Tage fester.

7. Erfreut in dir, gestärkt durch dich, hilf du mir, Herr! stets siegen und gieb, daß ich geduldig mich in Alles möge fügen. Sey auch noch sterbend einst mit mir, nimm den erlös'ten Geist zu dir und laß mich mit dir leben.

Fräulein M. E. v. Silberrad.

Die heilsame Oeffnung des Verstandes, die heilige Schrift zu verstehen.

Lucä 24, v. 45. Da öffnete er ihnen das Verständniß, daß sie die Schrift verstanden.

Mel. Eins ist noth! ach Herr, dies Eine.

1492. O Herr öffne meine Augen, laß mich doch dein Wort versteh'n, weil sie von Natur nicht taugen, deine Wunder einzuseh'n, ach öffne mir klärlich die herrlichen Schätze, daß ich mich an deinem Wort herrlich ergötze, befreie von Blindheit den dunkelen Sinn, und führe zum Lichte des Wortes mich hin.

2. Mache meine inn're Sinnen von der Decke Mosis frei, daß sie einzuseh'n beginnen, wie dein Wort so herrlich sey; ach! daß ich die köstlichen Güter verstände, ach! daß ich die köstliche Perle doch fände, die heimlich im Worte der Seligkeit liegt, die den, der sie findet, so herrlich vergnügt!

3. Du bist Jesu in dem Worte selbst die Perle, selbst das Licht, wenn dein Glanz aus Zions Pforte, durch dies Wort, in mir anbricht. Ach! möcht' ich dich, Jesu, doch in der Schrift sehen, so würde der Morgenstern in mir aufgehen; wie lange soll dieser vortreffliche Schein der Seele im Finstern verborgen noch seyn?

4. Ach! so öffne doch die Quelle, die aus deinem Worte fließt, die sich lieblich klar und helle aus dem Paradies' ergießt. Ach! konntest du ehmals die Jünger erwecken, die Wunder des Wortes im Geiste zu schmecken, so schenke mir, Jesu, doch eben das Licht, weil mir's noch am innern Verständniß gebricht.

5. Jesu, laß es mir gelingen, daß ich deines Wortes Lust heute möge noch besingen, lege mich an deine Brust, so kann ich die herrlichen göttlichen Lehren aus deinem Wort innerlich immerdar hören; bis daß ich dereinst, mit verkläretem Sinn, in Zion im Lichte der Herrlichkeit bin.

Gottlieb August Aßmann.

Bei großer Nässe.

Lucä 8, v. 25. Er gebietet dem Wind und dem Wasser, und sie sind ihm gehorsam.

Mel. Wenn wir in höchsten Nöthen seyn.

1493. O Herrscher in des Himmels Zelt! was ist es doch, das unser Feld und was es uns hervorgebracht, so ungestalt't und traurig macht?

2. Nichts anders, Herr! als daß die Schaar der Menschen sich so ganz und gar bis in den tiefsten Grund verkehrt und täglich ihre Schuld vermehrt.

3. Die, so als Gottes Eigenthum stets preisen sollten Gottes Ruhm und lieben seines Wortes Kraft, sind gleich der blinden Heidenschaft.

4. Drum wird uns auch der Himmel blind, des Firmamentes Glanz verschwind't; wir warten, wenn der Tag anbricht, auf's Tages Licht, doch kommt es nicht.

5. Man zankt noch immer fort und fort, es bleibet Krieg an allem Ort, in allen Winkeln Haß und Neid, in allen Ständen Streitigkeit.

6. Drum strecken auch all' Element' hier wider uns aus ihre Händ'; Angst kommt uns aus der Tief' und See, Angst kommet aus der Luft und Höh'.

7. Es ist ein' hochbetrübte Zeit, man plagt und jagt die armen Leut', eh' als es Zeit, zur Grube zu und gönnet ihnen keine Ruh'.

8. Drum trauert auch der Freudenquell, die Sonn', und scheint uns nicht so hell, die Wolken gießen allzumal die Thränen ohne Maaß und Zahl.

9. Ach! wein' auch du, o Menschenkind! und traure über deine Sünd', halt' doch mit deinen Lastern ein und mache dich zur Buße rein.

10. Fall' auf die Knie, fall' in die Arm' des Herrn, daß sich sein Herz erbarm' und der so wohl verdienten Rach' in Gnaden bald ein Ende mach'.

11. Er ist ja fromm und bleibet fromm, begehrt nichts mehr, als daß man komm' und mit geneigter Furcht und Scheu ihn bitt' um Gnad' und Vatertreu'.

12. Ach Vater! Vater! höre doch und lös' uns aus dem Sündenjoch, und zieh' uns aus der Welt herfür und kehr' uns selbsten ganz zu dir.

13. Erweiche unsern harten Muth und mach' uns Böse fromm und gut; wen du bekehrst, der wird bekehrt, und wer dich hört, der wird erhört.

14. Laß deine Augen freundlich seyn und nimm mit gnäd'gem Ohre ein das Angstgeschrei, das von der Erd' aus unsern Herzen zu dir fährt.

15. Reiß' weg das schwarze Zorngewand, erquicke uns und unser Land und der so schönen Früchte Kranz mit süßem, warmen Sonnenglanz.

16. Verleih' uns bis zu unserm Tod alltäglich unser liebes Brot, und dermaleinst nach dieser Zeit das süße Brot der Ewigkeit.

Paul Gerhardt.

Von der Nachfolge Jesu Christi.

Matthäi 16, v. 24. Will mir Jemand nachfolgen, der verleugne sich selbst, und nehme sein Kreuz auf sich, und folge mir.

Mel. Es ist gewißlich an der Zeit.

1494. O Herr! vor dem die Engel sich in tiefster Demuth bücken, ich wollt' auch herzlich gerne mich, dich anzubeten, schicken: laß hier mein Herz erniedrigt seyn, daß ich nicht darf gebücket seyn dort in der Angst der Hölle.

2. Ich werf' mich dir zu Füßen hin, ich fleh' zu deiner Liebe, ach, beuge doch den stolzen Sinn, laß deines Geistes Triebe in meinem Herzen allezeit zur Demuth und zur Niedrigkeit mich, o mein Jesu, leiten.

3. Laß mich recht in mein Nichts eingeh'n und aller Ding' vergessen, auf dein Exempel aber seh'n, daß ich nicht werd' besessen von Lieb' der Welt und Kreatur, und also stets in deiner Spur den Lebenswandel führe.

4. Du wollest mich dir machen gleich und deinem heil'gen Leben, damit ich, an der Seele reich, könn' heil'ge Früchte geben, mit Glaub', Lieb', Demuth sey erfüllt, und also hier in deinem Bild stets lebe und einst sterbe.

Des Herrn Vorgang. (Missionslied.)

Jesaia 49, v. 22. So spricht der Herr, Herr: Siehe, ich will meine Hand zu den Heiden aufheben, und zu den Völkern mein Panier aufwerfen, so werden sie deine Söhne in den Armen herzu bringen, und deine Töchter auf den Achseln herzu tragen.

Mel. Valet will ich dir geben.

1495. O Herr! zum Heil erschienen der allerärmsten Welt, der du von Cherubinen zu Sündern dich gesellt; den sie mit frechem Stolze verhöhnt für seine Huld, als du am dürren Holze versöhntest ihre Schuld:

2. Daß uns ein Vater würde, gingst du vom Vater aus, nahmst auf dich unsre Bürde und bautest uns ein Haus; von Westen und von Süden, von Morgen ohne Zahl, sind Gäste nun beschieden zu deinem Abendmahl.

3. Im schönen Hochzeitkleide, von allen Flecken rein, führst du zu deiner Freude die Völkerschaaren ein; und welchen nichts verkündigt, kein Heil verheißen war, die bringen nun entsündigt dir Preis und Ehre dar.

4. Du hast dem ärmsten Sklaven, wo heiß die Sonne glüht, wie deinen andern Schaafen zu Liebe dich gemüht, und selbst den öden Norden, den ew'ges Eis bedrückt

zu deines Himmels Pforten erbarmend hin-gerückt.

5. Drum kann nicht Friede werden, bis deine Liebe siegt, bis dieser Kreis der Erden zu deinen Füßen liegt; bis du im neuen Leben die ausgesöhnte Welt dem, der sie dir gegeben, vor's Angesicht gestellt.

6. Und siehe, tausend Fürsten mit Völkern ohne Licht, stehn in der Nacht und dürsten nach deinem Angesicht; auch sie hast du gegraben in deinen Priesterschild, am Borne sie zu laben, der dir vom Herzen quillt.

7. So sprich dein göttlich Werde! laß deinen Odem weh'n, daß auf der finstern Erde die Todten aufersteh'n; daß, wo man Teufeln fröhnet und vor den Götzen kniet, ein willig Volk, versöhnet, zu deinem Tempel zieht.

8. Bald wird die Stunde schlagen, so scheiden wir von hier, dein Wort hinaus zu tragen und dienen unter dir; wo du vorangeschritten, da soll es Keinem grau'n, zu folgen deinen Tritten und himmelwärts zu schau'n!

9. Wer dich in deinen Wunden, in deiner Lieb' erkannt, der hat geweihte Stunden mit dir im Fremdlingsland, der wächst im heil'gen Werke und erntet selig ein, und seines Lebens Stärke wirst du, o Jesu! seyn.

Albert Knapp.

Von der Liebe und Barmherzigkeit gegen den Nächsten.

Matthäi 18, v. 33. Solltest du denn dich nicht auch erbarmen über deinen Mitknecht, wie ich mich über dich erbarmet habe?

Mel. Es ist gewißlich an der Zeit.

1496. O himmlische Barmherzigkeit, die Jesus uns anpreiset! ach, wer ist doch zu dieser Zeit, der sich getreu erweiset; der, gleichwie Gott der Vater ist, barmherzig ist zu jeder Frist, und das aus Herzens-Grunde?

2. Daß Gott barmherzig, spricht der Mund, und wer ist, der's nicht gläubet? Allein, macht Gott dies also kund, daß er zur Nachfolg' treibet: so ist verschlossen Herz und Ohr, es wankt der Glaube, wie ein Rohr, weil man's unmöglich achtet.

3. Von Gott will man Barmherzigkeit in seinem ganzen Leben; ja, daß sie möge weit und breit sich über uns erheben; allein soll man Barmherzigkeit am Nächsten thun, wie Gott gebeut, so finden sich nur wenig.

4. Ach denke, daß der Höchste dir Barmherzigkeit erzeiget, daß dich die Güte überführ' und du auch seyst geneiget, zu geben dem, der dürftig ist und gar ein Glied von Jesu Christ; das ist des Herren Wille.

5. Es wird ein grausames Gericht dort über den ergehen, der dieses hat erkannt im Licht und läßt es nicht geschehen; das Wissen, es entschuldigt nicht; man muß ausüben, was Gott spricht, dies ist die rechte Liebe.

6. Wie mancher Reicher stößet aus und weis't von Thür und Pforten die Armen, die vor seinem Haus' die Noth mit vielen Worten ausschütten, daß ein Felsenstein darüber sollt' mitleidig seyn; allein, man will's nicht hören.

7. Ach! laß mein Herz barmherzig seyn und nach Vermögen geben, aus wahrer Liebe, nicht zum Schein, wenn ihre Stimm' erheben die Armen in der Hungersnoth, daß sie an meinem Stücklein Brot, o Jesu, sich erfreuen.

8. Du giebst Barmherzigkeit ohn' End' mir Armen auf der Erden, so laß auch wieder Herz und Händ' mit freundlichen Geberden austheilen, was du mir beschert, daß auch der Arme werd' ernährt durch den bescherten Segen.

9. Ist unbarmherzig gleich die Welt und hat ihr Herz verschlossen, so laß mich thun, was dir gefällt und helfen unverdrossen; laß mich dem Vater ähnlich seyn, der überflüssig schenket ein Barmherzigkeit und Güte.

10. Ja, Vater, gieb mir solchen Sinn, daß ich von deinen Gaben, die du mir giebst, recht willig bin, die Dürftigen zu laben; laß mich nach deinem Ebenbild seyn liebreich, gütig, sanft und mild; dies bitt' ich herzlich; Amen.

Laurentius Laurenti.

Ruhm der Treue Gottes.

Psalm 40, v. 11. Von deinem Heil rede ich, ich verhehle deine Güte und Treue nicht vor der großen Gemeine.

Mel. Meinen Jesum laß' ich nicht.

1497. O ich fühle Dank und Preis, stille Freudenthränen rinnen. Wahrlich, Gott, dein Lieben weiß alle Herzen zu gewinnen. Könnten wir nicht kummerfrei täglich sehn: du bist getreu?

2. Alle Wege die du gehst, alle Werke, die du schaffest, wenn du beugest und erhöh'st, wenn du segnest oder strafest; Alles

predigt einerlei, nur den Ruhm: du bist getreu!

3. Ich, der Menschenkinder Eins, oft beschämt von meinen Schwächen, weiß vom Anfang meines Seyns all' die Huld nicht auszusprechen, der ich mich bis heute freu'; ich bezeug's: du bist getreu!

4. Liebend hast du mich gehegt, hast mit ausgesuchter Gnade dein bedürft'ges Kind gepflegt: fand ich nicht auf jedem Pfade immer reich und immer neu den Beweis: Gott ist getreu!?

5. Deine Weisheit kehrte mir tausendfache Noth zum Besten; ach, wie vielmal halfst du mir, sagtest mir ein Wort zum Trösten! war ein Leiden kaum vorbei, sah' ich noch: du bist getreu.

6. Ja, du bliebst gerecht und fromm selbst auf meinen Sünden-Wegen, riefst mir immer zärtlich: „komm!" trugst Vergebung mir entgegen. Ach, gern gäb' ich sündenfrei tausend Dank dir; du bist treu.

7. Jesu, du erbarmungsreich, eingedenk der Todesschmerzen, suchst mich, guten Hirten gleich, ziehst mein Herz zu deinem Herzen. Sieh', ich nah' mit Schaam und Reu', und bekenn': du bist getreu!

8. Laß mich nicht von deiner Hand, mache dich mir immer lieber! hilf mir aus dem Thränenstand in das Vaterland hinüber; dann rühm' ich mit Dankgeschrei, ewiglich: du bist getreu! Johann Gottfried Schöner.

Weihnachtslied.

1 Mose 5, v. 29. Dieser wird uns trösten in unserer Mühe und Arbeit auf Erden.

In eigener Melodie.

1498. O Jesu Christ! dein Kripplein ist mein Paradies, da meine Seele weidet; hier ist der Ort, hier liegt das Wort mit unserm Fleisch persönlich angekleidet.

2. Dem Meer und Wind gehorsam sind, giebt sich zum Dienst und wird ein Knecht der Sünder. Du Gottes-Sohn wirst Erd' und Thon, gering und schwach, wie wir und unsre Kinder.

3. Du höchstes Gut hebst unser Blut in deinen Thron hoch über alle Höhen; du ew'ge Kraft machst Brüderschaft mit uns, die wir wie Rauch und Dampf vergehen.

4. Was will uns nun zuwider thun der Seelen-Feind mit allem Gift und Gallen? was wirft er mir und Andern für, daß Adam ist und wir mit ihm gefallen?

5. Schweig, arger Feind! da sitzt mein Freund, mein Fleisch und Blut hoch in dem Himmel droben; was dir gefällt, das hat der Held aus Jakobs Stamm zu großer Ehr' erhoben.

6. Sein Licht und Heil macht Alles heil, der Himmelsschatz bringt allen Schaden wieder. Der Freuden Quell, Immanuel schlägt Teufel, Höll' und all ihr Reich danieder.

7. Drum, frommer Christ! wer du auch bist, sey gutes Muths und laß dich Nichts betrüben. Weil Gottes Kind dich ihm verbind't, so kann's nicht anders seyn, Gott muß dich lieben.

8. Gedenke doch, wie herrlich hoch er über allen Jammer dich geführet! Der Engel Heer ist selbst nicht mehr, als eben du mit Seligkeit gezieret.

9. Du stehest ja vor Augen da dein Fleisch und Blut die Luft und Wolken lenken; was will doch sich (ich frage dich) erheben, dich in Angst und Furcht zu senken?

10. Dein blöder Sinn geht oft dahin, ruft Ach und Weh, läßt allen Trost verschwinden; komm her und richt' dein Angesicht zum Kripplein Christi, da, da wirst du's finden.

11. Wirst du geplagt, sey unverzagt! dein Bruder wird dein Bitten nicht verschmähen. Sein Herz ist weich und gnadenreich, kann unser Leid nicht ohne Thränen sehen.

12. Tritt zu ihm zu, such' Hülf' und Ruh', er wird's schon machen, daß du ihm wirst danken; er weiß und kennt, was schmerzt und brennt, versteht wohl, wie zu Muthe sey dem Kranken.

13. Denn eben drum hat er den Grimm des Kreuzes auch am Leibe wollen tragen, daß seine Pein ihm möchte seyn ein' unverrückt' Erinn'rung unsrer Plagen.

14. Mit einem Wort: er ist die Pfort' zu dieses und des andern Lebens Freuden; er macht behend' ein sel'ges End' an alle dem, was fromme Christen leiden.

15. Laß aller Welt ihr Gut und Geld und siehe nur, daß dieser Schatz dir bleibe; wer den hier fest hält und nicht läßt, den ehrt und krönt er dort an Seel' und Leibe.

Paul Gerhardt.

Bußlied.

Psalm 51, v. 3. 4. Gott, sey mir gnädig nach deiner Güte, und tilge meine Sünden nach deiner großen Barmherzigkeit; wasche mich wohl von meiner Missethat, und reinige mich von meiner Sünde.

Mel. Herr Jesu Christ, ich weiß gar wohl.

1499. O Jesu Christ! du höchstes Gut, du Brunnquell aller Gnaden! sieh' doch, wie ich in meinem Muth mit Sünden bin beladen und in mir hab' der Pfeile viel, die im Gewissen ohne Ziel mich armen Sünder drücken.

2. Erbarm' dich mein in solcher Last, nimm sie von meinem Herzen, dieweil du sie gebüßet hast am Holz mit Todesschmerzen; auf daß ich nicht vor großem Weh' in meinen Sünden untergeh', noch ewiglich verzage.

3. Fürwahr, wenn mir das kommet ein, was ich mein' Tag' begangen: so fällt mir auf das Herz ein Stein und bin mit Furcht umfangen; ja, ich weiß weder aus noch ein und müßte ganz verloren seyn, wenn ich dein Wort nicht hätte.

4. Allein dein heilsam Wort das macht mit seinem süßen Singen, daß mir das Herze wieder lacht und fast beginnt zu springen, dieweil es alle Gnad' verheißt denen, so mit zerknirschtem Geist zu dir, o Jesu, kommen.

5. Und weil ich denn in meinem Sinn, wie ich zuvor geklaget, auch ein betrübter Sünder bin, den sein Gewissen naget, und gerne möcht' im Blute dein von Sünden losgesprochen seyn, wie David und Manasse.

6. So komm' ich denn zu dir allhie in meiner Noth geschritten, um, Jesu, mit gebeugtem Knie von Herzen dich zu bitten: verzeihe mir's doch gnädiglich, was ich mein' Tage wider dich auf Erden hab' begangen.

7. O Herr, mein Gott! vergieb mir's doch um deines Namens willen, laß sich in mir das schwere Joch der Uebertretung stillen, daß sich mein Herz zufrieden geb' und dir hinfort zu Ehren leb' in kindlichem Gehorsam.

8. Stärk' mich mit deinem Freudengeist, heil' mich durch deine Wunden, wasch' mich mit deinem Todesschweiß in meinen letzten Stunden, und nimm mich denn, wann dir's gefällt, im wahren Glauben aus der Welt, zu deinen Auserwählten;

9. Auf daß ich in der ew'gen Freud' mit Sing'n und Jubiliren preis' ewig deine Herrlichkeit mit Sing'n und Triumphiren. Erhör' mein' Bitt' nach deinem Wort, nimm auf dein Kind, du treuer Hort! durch Jesum Christum, Amen. Barth. Ringwaldt.

Vers 9. Zusatz eines Unbekannten.

Fürbitte für Unbekehrte.

Jakobi 5, v. 19. 20. So Jemand unter euch irren würde von der Wahrheit und Jemand bekehrete ihn: der soll wissen, daß, wer den Sünder bekehret hat von dem Irrthum seines Weges, der hat einer Seele vom Tode geholfen, und wird bedecken die Menge der Sünden.

Mel. Herr Jesu Christ, mein's Lebens Licht.

1500. O Jesu Christe, wahres Licht! erleuchte die dich kennen nicht, und bringe sie zu deiner Heerd', daß ihre Seel' auch selig werd'.

2. Erfüll' mit deinem Gnadenschein die in Irrthum verführet seyn; auch die, so heimlich fichtet an in ihrem Sinn ein falscher Wahn.

3. Und was sich sonst verirret hat von dir, das suche du mit Gnad' und ihr verwund't Gewissen heil'; laß sie am Himmel haben Theil.

4. Den Tauben öffne das Gehör, die Stummen richtig reden lehr', die nicht bekennen wollen frei, was ihres Herzens Glaube sey.

5. Erleuchte die da sind verblend't, bring' her, die sich von uns getrennt; versammle, die zerstreuet gehn, mach' feste, die im Zweifel stehn.

6. So werden sie mit uns zugleich, auf Erden und im Himmelreich, hier zeitlich und dort ewiglich für solche Gnade preisen dich. Johann Heermann.

Von der Liebe zu Christo,

Joh. 14, v. 15. Liebet ihr mich, so haltet meine Gebote.

Mel. Ich ruf' zu dir, Herr Jesu Christ.

1501. O Jesu Christ! mein schönstes Licht, der du in deiner Seelen so hoch mich liebst, daß ich es nicht aussprechen kann, noch zählen; gieb, daß mein Herz dich wiederum mit Lieb' und mit Verlangen mög' umfangen und als dein Eigenthum nur einzig an dir hangen.

2. Gieb, daß sonst Nichts in meiner Seel' als deine Liebe wohne, gieb, daß ich deine Lieb' erwähl' als meinen Schatz und Krone. Stoß' Alles aus, nimm Alles hin, was mich und dich will trennen und nicht gönnen, daß all mein Thun und Sinn in deiner Liebe brennen.

3. Wie freundlich, selig, süß und schön ist, Jesu! deine Liebe, wo diese wohnt, kann Nichts entstehn, das meinen Geist betrübe. Drum laß nichts anders denken mich, nichts sehen, fühlen, hören, lieben, ehren, als deine Lieb' und dich, der du sie kannst vermehren.

4. O, daß ich dieses hohe Gut möcht' ewiglich besitzen! o, daß doch diese edle Glut ohn' End' mich möcht' erhitzen! Ach, hilf mir wachen Tag und Nacht und diesen Schatz bewahren vor den Schaaren, die wider uns mit Macht aus Satans Reiche fahren.

5. Mein Heiland! du bist mir zu Lieb' in Noth und Tod gegangen und hast am Kreuz gleich einem Dieb und Mörder da gehangen, verhöhnt, verspeit und sehr verwund't; ach! laß mich deine Wunden alle Stunden, mit Lieb' im Herzensgrund auch reizen und verwunden.

6. Dein Blut, das dir vergossen ward, ist köstlich, gut und reine; mein Herz hingegen böser Art und hart gleich einem Steine. Ach! laß doch deines Blutes Kraft mein hartes Herze zwingen, wohl durchdringen und diesen Lebenssaft mir deine Liebe bringen.

7. O! daß mein Herze offen stünd' und fleißig möcht' auffangen die Tropfen Bluts, die meine Sünd' im Garten dir abdrangen! Ach, daß sich meiner Augen Brunn aufthät' und mit viel Stöhnen heiße Thränen vergösse, wie die thun, die sich in Liebe sehnen.

8. O! daß ich wie ein kleines Kind mit Weinen dir nachginge so lange, bis dein Herz entzünd't, bis mich dein Arm umfinge, und deine Seel' in mein Gemüth, in voller süßer Liebe, sich erhübe und also deiner Güt' ich stets vereinigt bliebe.

9. Ach zieh', mein Bräut'gam, mich nach dir, so lauf' ich mit den Füßen; ich lauf' und will dich mit Begier in meinem Herzen küssen; ich will aus deines Mundes Zier den süßen Trost empfinden, der die Sünden und alles Unglück hier kann leichte überwinden.

10. Mein Trost, mein Schatz, mein Licht, mein Heil, mein höchstes Gut, mein Leben! ach, nimm mich auf zu deinem Theil, dir hab' ich mich ergeben! Denn außer dir ist lauter Pein, ich find' hier überalle nichts als Galle, nichts kann mir tröstlich seyn, nichts ist, das mir gefalle.

11. Du aber bist die rechte Ruh', in dir ist Fried' und Freude: gieb, Jesu, gieb, daß immerzu mein Herz in dir sich weide; sey meine Flamm' und brenn' in mir; mein Balsam! wollest eilen, lindern, heilen den Jammer, der allhier mich seufzen macht und heulen.

12. Was ist, o Schönster! das ich nicht an deiner Liebe habe? sie ist mein Stern und Sonnenlicht, mein Quell, da ich mich labe; mein süßer Wein, mein Himmels-Brot, mein Kleid vor Gottes Throne, meine Krone, mein Schutz in aller Noth, mein Haus, darin ich wohne.

13. Ach! liebste Lieb', wenn du entweichst, was hilft's mir, seyn geboren? wenn du mir deine Lieb' entzeuchst, ist all mein Gut verloren: so gieb, daß ich dich, meinen Gast, wohl such' und bester Maaßen möge fassen, und wenn ich dich gefaßt, in Ewigkeit nicht lassen.

14. Du hast mich je und je geliebt und auch nach dir gezogen; eh' ich noch etwas Gut's geübt, warst du mir schon gewogen. Ach! laß doch ferner, edler Hort! mich deine Liebe leiten und begleiten, daß sie mir immerfort beisteh' auf allen Seiten.

15. Laß meinen Stand, darin ich steh', Herr! deine Liebe zieren und wo ich etwa irre geh', alsbald zurechte führen; laß sie mich all'zeit guten Rath und gute Werke lehren, steuren, wehren der Sünd' und nach der That bald wieder mich bekehren.

16. Laß sie seyn meine Freud' im Leid, in Schwachheit mein Vermögen und, wenn ich, nach vollbrachter Zeit, mich soll zur Ruhe legen, alsdann laß deine Liebestreu', Herr Jesu! mir beistehen, Trost zuwehen, daß ich getrost und frei mög' in dein Reich eingehen.

Paul Gerhardt.

Zueignung des Leidens Christi zum seligen Sterben.

Lucä 23, v. 43. Wahrlich, ich sage dir: heute wirst du mit mir im Paradiese seyn.

In eigener Melodie.

Bekannt unter dem Titel: Herr Jesu Christ, mein's Lebens Licht.

1502. O Jesu Christ! mein's Lebens Licht, mein Hort, mein Trost, mein' Zuversicht! auf Erden bin ich nur ein Gast, und drückt mich sehr der Sünden Last.

2. Ich hab' vor mir ein' schwere Reis' zu dir ins himmlisch' Paradeis; da ist mein rechtes Vaterland, daran du dein Blut hast gewandt.

3. Zur Reis' ist mir mein Herz sehr matt, der Leib gar wenig Kräfte hat; allein mein' Seele schreit in mir: Herr, hol' mich heim, nimm mich zu dir!

4. Drum stärk' mich durch das Leiden dein in meiner letzten Todespein, dein Blutschweiß tröst' mich und erquick', mach' mich frei durch dein' Band' und Strick'.

5. Dein Backenstreich und Ruthen frisch der Sünden Striemen mir abwisch', dein Hohn und Spott, dein Dornen-Kron' laß seyn mein Ehr', mein Freud' und Wonn'.

6. Dein Durst und Gallentrank mich lab', wenn ich sonst keine Stärkung hab'; dein Angstgeschrei komm' mir zu gut, bewahr' mich vor der Hölle Glut. —

7. Wenn mein Mund nicht kann reden frei, dein Geist in meinem Herzen schrei'. Hilf, daß mein' Seel' den Himmel find', wenn meine Augen werden blind.

8. Dein letztes Wort laß seyn mein Licht, wenn mir der Tod das Herze bricht: behüte mich vor Ungeberd', wenn ich mein Haupt nun neigen werd'.

9. Dein Kreuz laß seyn mein'n Wanderstab, mein' Ruh' und Rast dein heil'ges Grab; die reinen Grabetücher dein laß meine Sterbekleider seyn.

10. Laß mich durch deine Nägelmaal' erblicken meine Gnadenwahl; durch deine aufgespalt'ne Seit' mein' arme Seele heimgeleit'.

11. Auf deinen Abschied, Herr! ich trau', darauf mein' letzte Heimfahrt bau'. Thu' mir die Himmelsthür weit auf, wenn ich beschließ' mein's Lebens Lauf.

12. Am jüngsten Tag erweck' mein'n Leib, hilf, daß ich dir zur Rechten bleib', daß mich nicht treffe dein Gericht, welch's das erschrecklich' Urtheil spricht.

13. Alsdann mein'n Leib erneure ganz, daß er leucht' wie der Sonne Glanz, und ähnlich sey dein'm klaren Leib, auch gleich den lieben Engeln bleib'.

14. Wie werd' ich dann so fröhlich seyn, werd' singen mit den Engelein, und mit der Auserwählten Schaar dein Antlitz schauen immerdar! Martin Behemb (Bohemus).

Vom heiligen Abendmahl.

Psalm 22, v. 27. Die Elenden sollen essen, daß sie satt werden; und die nach dem Herrn fragen, werden ihn preisen; euer Herz soll ewiglich leben.

Mel. Herr Jesu Christ, mein's Lebens Licht.

1503. O Jesu, du mein Bräutigam! der du aus Lieb' am Kreuzesstamm für mich den Tod gelitten hast, genommen weg der Sünden Last:

2. Ich komm' zu deinem Abendmahl, verderbt durch manchen Sündenfall; ich bin krank, unrein, arm und bloß, ach, Herr, mein Gott, mich nicht verstoß'.

3. Du bist der Arzt, du bist das Licht, du bist der Herr, dem Nichts gebricht; du bist der Brunn der Heiligkeit, du bist das rechte Hochzeitkleid.

4. Darum, Herr Jesu! bitt' ich dich in meiner Schwachheit: heile mich! was unrein ist, das mache rein durch deinen hellen Gnadenschein.

5. Erleuchte mein verfinstert Herz, zünd' an die schöne Glaubenskerz'. In Reichthum meine Armuth kehr' und meinem Fleische steur' und wehr;

6. Daß ich das rechte Himmelsbrot, dich, Jesu! wahrer Mensch und Gott, mit solcher Ehrerbietung nehm', wie mir es heilsam, dir genehm.

7. Lösch' alle Laster aus in mir, mein Herz mit Glaub' und Liebe zier', und was sonst ist von Tugend mehr, das pflanz' in mich zu deiner Ehr'.

8. Gieb, was mir nützt an Seel' und Leib; was schädlich ist, fern von mir treib'. Komm in mein Herz, laß mich mit dir vereinigt bleiben für und für.

9. Hilf, daß durch dieses Mahles Kraft das Bös' in mir werd' abgeschafft, erlassen alle Sünd' und Schuld, erlangt des Vaters Lieb' und Huld.

10. Vertreibe alle meine Feind', die sichtbar und unsichtbar seynd. Den guten Vorsatz, den ich führ', durch deinen Geist mach' fest in mir.

11. Mein Leben, Sitten, Sinn und Pflicht nach deinem heil'gen Willen richt'. Ach, laß mich meine Tag' in Ruh' und Friede christlich bringen zu;

12. Bis du mich, o du Lebensfürst! einst in den Himmel nehmen wirst, daß ich bei dir dort ewiglich an deiner Tafel freue mich. Johann Heermann.

Vom Tode und Sterben.

Römer 14, v. 7. Unser Keiner lebt ihm selber, und Keiner stirbt ihm selber.

Mel. Herr Jesu Christ, mein's Lebens Licht.

1504. O Jesu, Gottes Lämmelein! ich leb' od'r sterb', so bin ich dein; ich bitt', laß mich mit dir zugleich ein Erbe seyn in deinem Reich.

2. Denn was wär' sonst dein' Sterbensnoth, so viele Striem'n und Wunden roth, wenn ich nicht auch der Seligkeit genießen sollt' in Ewigkeit!

3. Warum hätt'st du dein'n Leib und Leb'n im Grab verschloss'n und aufgegeb'n, wenn nicht mein Tod durch deinen Tod verjagt sollt' werd'n? du treuer Gott!

4. Darum, o Jesu! steh' mir bei, gewissen Trost und Hülf' verleih'; verlaß nicht den, Herr Jesu Christ! der mit dein'm Blut gewaschen ist.

5. In Frieden laß mich schlafen ein und in dir haben Ruh' allein; ein selig's Ende mir bescher', dein Antlitz laß mich sehn, o Herr!

6. Ich bitt' durch's bittre Leiden dein, laß dies mein letztes Wünschen seyn: so will ich loben allezeit dich, o Herr Gott! in Ewigkeit. Martin Moller.

Bei Einführung eines Lehrers.

Ebräer 13, v. 17. Gehorchet euren Lehrern und folget ihnen; denn sie wachen über eure Seelen, als die da Rechenschaft dafür geben sollen; auf daß sie das mit Freuden thun und nicht mit Seufzen, denn das ist euch nicht gut.

Mel. Wie schön leucht't uns der Morgenstern.

1505. O Jesu, Herr der Herrlichkeit! du König deiner Christenheit! du Hirte deiner Heerden! du siehst auf die erlös'te Welt; regierst sie, wie es dir gefällt, sorgst, daß sie selig werden. Von dir sind wir auch erwählet, zugezählet den Erlös'ten, die du segnen willst und trösten.

2. Wohl deinem Volk, daß du es liebst, nach deinem Sinn ihm Hirten giebst, die es zum Himmel führen, und die voll Eifer, Geist und Kraft, voll göttlich-tiefer Wissenschaft das Herz der Sünder rühren. Treue Hirten laß den Seelen niemals fehlen und die Heerden mit den Hirten selig werden.

3. Wir nehmen hier von deiner Hand den Lehrer, den du uns gesandt. Herr! segne sein Geschäfte. Die Seelen, die sich ihm vertrau'n, durch Lehr' und Leben zu erbau'n, gieb Weisheit ihm und Kräfte. Lehr' ihn, hilf ihm thun und leiden, dulden, streiten, beten, wachen; selig sich und uns zu machen.

4. Herr! deinen Geist laß auf ihm ruhn; laß ihn sein Amt mit Freuden thun; Nichts sey, das ihn betrübe! wenn er uns deine Wahrheit lehrt, gieb uns ein Herz, das folgsam hört, ein Herz voll treuer Liebe. Lehrer, Hörer laß in Freundschaft und Gemeinschaft, feste stehen, und den Weg zum Himmel gehen.

5. Wenn einst dein großer Tag erscheint, laß unsern Lehrer, unsern Freund, uns dir entgegen führen! du giebst ihm unter seine Hand die Seelen als ein Unterpfand; laß keine ihn verlieren! Jesu! hilf du, beut die Hände, daß am Ende Hirt und Heerde treu vor dir erfunden werde.

6. Sey uns gesegnet, Knecht des Herrn! der kommt im Namen unsers Herrn, in Jesu Christi Namen! o Hirte, nimm uns bei der Hand! führ' uns zum ew'gen Vaterland! Gott mit dir Amen, Amen; mit dir gehn wir durch die Leiden dieser Zeiten zu dem Leben, das uns unser Gott will geben. Joh. Daniel Karl Bickel.

Vom Namen Jesu.

Sprüche Sal. 18, v. 10. Der Name des Herrn ist ein festes Schloß; der Gerechte läuft dahin und wird beschirmet.

Mel. Nun danket alle Gott.

1506. O Jesu, höchster Schatz, ein Schatz, darin ich finde Schutz wider alles Kreuz, Schutz wider alle Sünde. O süßer Nam'! in dir ist alle Süßigkeit, in dir ist aller Trost, in dir ist alle Freud'.

2. Ach! was mag lieblicher, als Jesus, Jesus, klingen? wenn dieser Name klingt, möcht' ich vor Freuden springen; wie kann ich traurig seyn, weil Jesus heißt so viel, als Heiland, als ein Held, der selig machen will!

3. Ohn' diesen Namen will und wünsch' ich Nichts zu haben, wie denn ohn' ihn auch nichts sind alle Schätz' und Gaben, kein Gut ohn' ihn ist gut, ohn' ihn ist All's umsonst, all' Ehr' und Herrlichkeit und alle Kunst und Gunst.

4. Mit diesem Jesus-Nam'n, als mit der schönsten Krone, soll prangen meine Seel' hoch vor des Herren Throne; das wirst du geben mir, o mein Herr Jesu Christ! du hast mir's zugesagt, der du wahrhaftig bist.

Von der Liebe zu Jesu.

Lucä 7, v. 47. Ihr sind viel Sünden vergeben, denn sie hat viel geliebet.

Mel. Wie schön leucht't uns der Morgenstern.

1507. O Jesu, Jesu, Gottes Sohn! mein Bruder und mein Gnadenthron! mein Schatz, mein Freud' und Wonne! du weißt es, daß ich rede wahr, vor dir ist Alles sonnenklar und klarer als die Sonne; herzlich lieb' ich mit Gefallen dich vor Allen; nichts auf Erden kann und mag mir lieber werden.

2. Das ist mein Schmerz, das kränket mich, daß ich nicht g'nug kann lieben dich, wie ich dich lieben wollte; ich werd' von Tag' zu Tag' entzünd't, je mehr ich lieb', je mehr ich find', daß ich dich lieben sollte; von dir laß mir deine Güte in's Gemüthe lieblich fließen, so wird sich die Lieb' ergießen.

3. Durch deine Kraft treff' ich das Ziel, daß ich, so viel ich soll und will, dich all'zeit lieben könne; nichts auf der ganzen, weiten Welt, Pracht, Wollust, Ehre, Freud' und Geld, wenn ich es recht besinne, kann mich ohn' dich g'nugsam laben; ich muß haben reine Liebe, die tröst't, wen ich mich betrübe.

4. Denn wer dich liebt, den liebest du, schaff'st seinem Herzen Fried' und Ruh', erfreuest sein Gewissen; es geh' ihm, wie es woll', auf Erd', wenn ihn gleich ganz das Kreuz verzehrt, soll er doch dein genießen im Glück; ewig nach dem Leide, große Freude wird er finden; alles Trauern muß verschwinden.

5. Kein Ohr es jemals hat gehört, kein Mensch gesehen, noch gelehrt, es kann's Niemand beschreiben: was denen dort für Herrlichkeit bei dir und von dir ist bereit't, die in der Liebe bleiben; gründlich läßt sich nicht erreichen noch vergleichen den Weltschätzen das, was uns dort wird ergötzen.

6. Drum lass' ich billig dies allein, o Jesu! meine Freude seyn, daß ich dich herzlich liebe; daß ich in dem, was dir gefällt und mir dein klares Wort vermeld't aus Liebe mich stets übe, bis ich endlich werd' abscheiden und mit Freuden zu dir kommen, aller Trübsal ganz entnommen.

7. Da werd' ich deine Süßigkeit, die jetzt berühmt ist weit und breit, in reiner Liebe schmecken; und seh'n dein lieblich Angesicht mit unverwandtem Augenlicht ohn' alle Furcht und Schrecken; reichlich werd' ich seyn erquicket und geschmücket vor dein'm Throne mit der schönen Himmelskrone.

Johann Heermann.

Vom Namen Jesu.

Joel 3, v. 5 Und soll geschehen, wer den Namen des Herrn anrufen wird, der soll errettet werden.

Mel. Herr Jesu Christ, mein's Lebens Licht.

1508. O Jesu! liebstes Jesulein, du bist mein Schatz und Trost allein, ich kann doch gar aussprechen nicht die Freude, die dein Nam' anricht't.

2. Wenn ich vor deinen Vater tret' und in dem Namen Jesu bet', und klag' ihm meine große Noth, so hilft er mir, der fromme Gott.

3. Denk' ich an dich in Kreuz und Leid, so schmeck' ich deine Süßigkeit. Sobald mein Mund nur nennet dich, all' Angst und Trübsal lindert sich.

4. Der Satan sucht bei Tag und Nacht mein' arme Seele, will mit Macht sie stürzen in sein höllisch Reich, daß ich an Qual ihm werde gleich.

5. Sobald ich aber nennen thu' den Namen Jesu, hab' ich Ruh'; er weiß, daß du ihm hast zerstört sein Raubschloß und dein Reich vermehrt.

6. In diesem Namen werf' ich aus mein Netze, so kommt mir zu Haus' dein Segen und mein Stücklein Brot, und macht mich satt in Hungersnoth.

7. All' Arbeit gehet hie und dort in Jesu Namen glücklich fort. Der Name Jesu öffnet mir und Jedermann die Himmelsthür.

8. Wenn ich werd' in der letzten Noth mit Sünde, Teufel, Höll' und Tod zu kämpfen haben, soll allein mein Trost der Name Jesu seyn.

9. Kein ander Wörtlein soll der Mund vorbringen in der letzten Stund', als: Jesu! Jesu! hilf du mir, nimm meine Seele auf zu dir.

10. Und wenn ich nicht mehr reden kann, soll doch mein Herze denken dran, dein Name wird im letzten Streit durchsüßen alle Bitterkeit.

11. Ja, mein Geist wird durch deine Hand geführet ins gelobte Land, da Milch und Honig innen fließt und alle Freude sich ergießt.

12. Wie herzlich sehn' ich mich dahin; ich weiß, daß ich von Denen bin, für welche du, Herr Jesu Christ! am Kreuz getödtet worden bist.

13. Indeß, mein Heiland, bitt' ich dich, weil ich noch hier aufhalte mich, schreib' dei-

nen Namen in mein Herz, so wird erträglich aller Schmerz;

14. Bis ich von dieser Welt abscheid' und komm' in deine Herrlichkeit, da ich dich mit der Engelschaar will lieben, loben immerdar.

Johann Arndt.

Morgenlied.

Sprüche Sal. 4, v. 11. Ich will dich den Weg der Weisheit führen, ich will dich auf rechter Bahn leiten.

Mel. Ich dank' dir schon durch deinen Sohn.

1509. O Jesu, meines Lebens Licht, nun ist die Nacht vergangen: mein Geistes-Aug' zu dir sich richt't, dein'n Anblick zu empfangen.

2. Du hast, da ich nicht sorgen konnt', mich vor Gefahr bedecket; und auch, vor Andern, mich gesund nun aus dem Schlaf erwecket.

3. Mein Leben schenkst du mir auf's Neu'; es sey auch dir verschrieben; mit neuem Ernst, mit neuer Treu' dich diesen Tag zu lieben.

4. Dir, Jesu! ich mich ganz befehl', im Geist dich mir verkläre; dein Werkzeug nur sey meine Seel', den Leib bewahr' und nähre.

5. Durchdring' mit deinem Lebenssaft Herz, Sinne und Gedanken; bekleide mich mit deiner Kraft, in Proben nicht zu wanken.

6. Mein treuer Hirte! sey mir nah', steh' immer mir zur Seiten: und, wenn ich irre, wollst du ja mich wieder zu dir leiten.

7. Drück' deine Gegenwart mir ein, bewahr' mich eingekehret; daß ich dein eigen möge seyn, in Allem ungestöret.

8. Sey du alleine meine Lust, mein Schatz, mein Trost und Leben; kein andres Theil sey mir bewußt; dir bleib' ich ganz ergeben.

9. Mein Denken, Reden und mein Thun nach deinem Willen lenke; zum Gehen, Stehen, Wirken, Ruhn mir stets, was noth ist, schenke.

10. Zeig' mir in jedem Augenblick, wie ich dir soll gefallen; zeuch mich vom Bösen stets zurück; regiere mich in Allem.

11. Es sey mein Wille gänzlich dir in deine Macht ergeben; laß mich abhängig für und für und dir gelassen leben.

12. Laß mich mit Kraft und williglich mir selbst und Allem sterben; zerstör' du selber völliglich mein sündliches Verderben.

13. Gieb, daß ich meinen Wandel führ' im Geist, in deinem Lichte, und als ein Fremdling lebe hier vor deinem Angesichte.

14. Nimm hin, o reine Liebesglut! mein Alles dir alleine; sey du nur, o vergnügend Gut! mein Höchstes, das ich meine.

15. Ach, halt' mich fest mit deiner Hand, daß ich nicht fall' noch weiche; zeuch weiter durch der Liebe Band, bis ich mein Ziel erreiche.

Gerhard Tersteegen.

Vom heiligen Abendmahl.

Psalm 34, v 9. Schmecket und sehet, wie freundlich der Herr ist.

Mel. Wach' auf, mein Herz, und singe.

1510. O Jesu, meine Wonne, du meiner Seele Sonne, du Freundlichster auf Erden, laß mich dir dankbar werden.

2. Wie kann ich g'nugsam schätzen dies himmelsüß' Ergötzen und diese theure Gaben, die mich gestärket haben?

3. Wie soll ich dir verdanken, o Herr! daß du mich Kranken gespeiset und getränket, ja, selbst dich mir geschenket?

4. Ich lobe dich von Herzen für alle deine Schmerzen, für deine Schläg' und Wunden, die du so viel empfunden.

5. Dir dank' ich für dein Leiden, den Ursprung meiner Freuden: dir dank' ich für dein Sehnen und heiß vergoss'ne Thränen.

6. Dir dank' ich für dein Lieben, das standhaft ist geblieben; dir dank' ich für dein Sterben, das mich dein Reich läßt erben.

7. Jetzt schmecket mein Gemüthe dein' übergroße Güte; dies theure Pfand der Gnaden stillt allen meinen Schaden.

8. Herr! laß mich nicht vergessen, daß du mir zugemessen die kräft'ge Himmelsspeise, wofür mein Herz dich preise.

9. Du wollest ja die Sünde, so ich annoch empfinde, aus meinem Fleische treiben und kräftig in mir bleiben.

10. Nun bin ich losgezählet von Sünden und vermählet mit dir, mein liebstes Leben! was kannst du Werther's geben?

11. Laß, Schönster! meine Seele doch stets in dieser Höhle des Leibes mit Verlangen an deiner Liebe hangen.

12. Laß mich die Sünde meiden, laß mich geduldig leiden, laß mich mit Andacht beten und von der Welt abtreten.

13. Im Handeln, Wandeln, Essen laß nimmer mich vergessen, wie trefflich ich beglücket und himmlisch bin erquicket.

14. Nun kann ich nicht verderben, drauf will ich selig sterben und fröhlich auferstehen, o Jesu! dich zu sehen.

Johann Rist.

Von der Verklärung Christi.

Matth. 17, (v. 1—9) v. 2. Er ward verkläret vor ihnen, und sein Angesicht leuchtete wie die Sonne, und seine Kleider wurden weiß, als ein Licht.

Mel. Nun lob' mein' Seel' den Herren.

1511. O Jesu! meine Wonne! ich schaue jetzt nach Thabor hin, da seh' ich dich als Sonne. Ich falle mit gebeugtem Sinn vor dir, mein Heiland! nieder, der du so herrlich bist; ich sing' dir frohe Lieder, weil dies ein Vorschmack ist von jenem frohen Leben, das du, o Gottes Sohn! mir einstens auch wirst geben vor deiner Gottheit Thron.

2. Verklär' dich meinem Herzen, o Heiland! stets durch deinen Geist, und fühl' ich meine Schmerzen, so sey er's, der mich zu dir weis't. Hilf, daß ich hier auf Erden im Geist auf Thabor bin, und fühle ich Beschwerden, so schau' ich zu dir hin; da kann ich dich recht sehen, wie du so herrlich bist, und alles das verstehen, was dort geschehen ist.

3. Du sprichst von deinem Leiden zu zwei vollendet Seligen; nun, dies gewährt mir Freuden, o allerliebster Heiland! wenn werd' ich doch dahin kommen, wo man von dir nur spricht und wo die Schaar der Frommen dich schaut von Angesicht; wo man im weißen Kleide das neue Lied dir singt? O, welche Seelenweide, die mich schon jetzt durchdringt!

4. Dich deckte eine Wolke, glorwürdigster Erlöser! ganz, du zeigst dich deinem Volke auch einst in deines Himels Glanz. Da sind, zu unsrer Freude, die Hütten schon gebaut, o, welche Seelenweide genießt dann deine Braut! weil selbst von deinem Throne der Strom des Lebens fließt und weil die Lebenskrone der Schmuck der Deinen ist.

5. Da glänzen deine Wunden, so herrlich, wie dein ganzer Leib. O, welche Gnadenstunden, weil ich auf ewig nah' dir bleib'. Sie leuchten uns als Sonne bei jenem Abendmahl, ach! welche Himmelswonne! Hier schau'n wir unsre Wahl aus deinen Wunden blitzen; drum singt die frohe Schaar, die dich im Glanz sieht sitzen: du Lamm, du bist es gar!

6. Ich werde zum Erquicken dich, o dreiein'ger Gott! selbst seh'n; ich werd' die Schaar erblicken dort auf dem Berge Zion steh'n. Da ist kein Leid zu spüren; das Alte ist dahin, man wird die Harfe rühren mit hocherfreutem Sinn. Wir sind frei vom Verderben; o welche große Treu'! da wird man auch nicht sterben, denn du machst Alles neu.

7. So sehe ich im Leben auf dich, mein Heiland! ganz allein. Wird mich der Tod umgeben, so wirst du da auch bei mir seyn. Dann will ich dich recht drücken, o Herr! an meine Brust, du wirst den Ausgang schmücken schon hier mit Himmelslust, die Bahn ist mir gebrochen, der Weg ist aufgemacht, weil du einst hast gesprochen am Kreuz: „es ist vollbracht.“

8. Bereite mich aus Gnaden, o Gott! zu dieser Seligkeit, tilg' allen Sündenschaden und das damit verbundne Leid; laß mich das Wort recht hören, das mich dein Sohn gelehrt, bis dort bei jenen Chören mein Mund ihn ewig ehrt. Nimm mich in deine Hände, Gott Vater, Sohn und Geist, daß mir an meinem Ende der Tod ein Heimgang heißt.

Christian Friedr. Forster.

Von der Buße.

Römer 5, v. 16. Das Urtheil ist gekommen aus einer Sünde zur Verdammniß; die Gabe aber hilft auch aus vielen Sünden zur Gerechtigkeit.

Mel. Durch Adams Fall ist ganz verderbt.

1512. O Jesu! meine Zuversicht, mein Heiland und mein Leben, verstoß' mich armen Sünder nicht, für den du dich gegeben. Gedenke an dein Blut und Tod, und an dein schmerzlich Sterben; ach, hilf mir von der Sündennoth und schrecklichem Verderben.

2. Du weißt ja selbst, was für ein Wust, und wie viel tausend Sünden von der verderbten Adamslust sich in mir Armen finden. Da reget sich die Eigenheit, Hoffart und Wollust, Liebe, verkehrter Will' und Eitelkeit, und andre Sündentriebe.

3. Des Satans Reich tobt selbst in mir und schwächt der Seele Kräfte, das Fleisch verhindert für und für die göttlichen Geschäfte. Mein Ohr ist taub, die Zunge stumm, mein Auge kann nicht sehen, Verstand und Urtheil sind zu dumm, das Gute zu verstehen.

4. Ja, Herr! wie kann ich Armer doch den Jammer meiner Seelen, das Elend in dem Sünden-Joch und alle Noth erzählen? ich kenne mich ja selber nicht, und habe von dem Allen fast kein Erkenntniß und kein Licht; so tief bin ich gefallen.

5. O treuer Gott, was fang' ich an bei so verderbtem Wesen? ist denn nichts, das mir helfen kann? wie soll ich doch genesen? „Thu' Buße!" rufst du mir zwar zu, „und glaube meinem Worte; so öffnet sich zu deiner Ruh' die rechte Gnadenpforte."

6. Allein wo ist in mir die Kraft, dies Beides auszuführen? wo nicht dein Geist, der Alles schafft, mein Herze selbst will rühren, so bleibt es todt, vermag gar nicht in Buße zu zerrinnen; noch wen'ger kann es Zuversicht zu deiner Huld gewinnen.

7. Drum stehe du mir selber bei, du Urquell aller Gnaden! und mach' mein armes Herze frei von diesem Todesschaden. Ach, Herr! verleih', daß ich durch dich mich selbsten recht verstehe, und in das Elend, welches mich verderbet, tief einsehe.

8. Zerschmelze du mein hartes Herz, daß es wie Wachs zerfließe, und in wahrhafter Reu' und Schmerz die Thränenfluth vergieße. Ach! mach' es durch den Glauben rein und gieb gerechte Werke; ja, kehre du selbst bei mir ein, o meiner Seele Stärke.

9. Zerstör' in mir der Hölle Reich, tritt Satans Macht darnieder, und zucket er das Schwert auch gleich, so stärke meine Glieder; ertödt' und zähm' das böse Fleisch, die sündlichen Begierden; mach' aber mich recht rein und keusch und voller Glaubens-Zierden.

10. Zerbrich die schnöde Eigenheit und meinen bösen Willen, und laß mich, was dein Wort gebeut, durch deinen Geist erfüllen; eröffne Ohren und den Mund, gieb deines Worts Verständniß, und thu' mir deine Wahrheit kund zu meiner Selbsterkenntniß.

11. Gieb deine Furcht in meine Brust, das Gute auszuüben, und laß mich dich mit Herzenslust getreu und ewig lieben; laß mich in Demuth, Mäßigkeit, Geduld und Sanftmuth prangen, und schmück' mein Herze allezeit mit heiligem Verlangen.

12. O, Vater! hilf, denn meine Kraft kann dieses nicht erringen; du aber bist's, der in uns schafft das Wollen und Vollbringen. Ach, stärke mich, o treuer Gott, durch deine Macht in Gnaden, daß Sünde, Welt, und Höllenrott' mir niemals könne schaden.

13. O Jesu, theurer Gottes-Sohn! gedenke an mich Armen, du bist der ein'ge Gnadenthron, ach, gönn' mir dein Erbarmen; und weil ich ganz erstorben bin, das Gute zu vollführen, so wollst du selbst mein Herz und Sinn durch deinen Geist regieren.

14. O heil'ger Geist! mein Trost und Hort, du Geist voll Kraft und Stärke, führ' mich in deiner Wahrheit fort, schaff' in mir deine Werke. Laß deinen Frieden in mir seyn und schreib' den neuen Namen, den Niemand kennt, der Seele ein, um Jesu willen. Amen!

Das göttliche Werk des wahren lebendigen Glaubens im Herzen.

Matthäi 8, v. 7. Ich will kommen und ihn gesund machen.

Mel. Was Gott thut, das ist wohlgethan.

1513. O Jesu, schaue meinen Schmerz, zerbrich die Jammerkette, ich schreie in dein Jesus-Herz, ach daß ich Glauben hätte! Drum öffne mir die Gnaden-Thür, und laß mir in dem Dunkeln des Glaubens Flämmlein funkeln.

2. Ich seufze über meine Pein, ich fühle mein Verderben; wann wird mir doch geholfen seyn, wer rettet mich vom Sterben? ach, gieb mir doch ja heute noch in dieser dunkeln Höhle den Glauben in die Seele.

3. Du weißest, Jesu! wie ich bin, wie ich so gar nichts habe; drum lege doch in meinen Sinn die reiche Glaubens-Gabe. Ich selbst kann nicht dies edle Licht in meinem Geist entzünden; drum laß bei dir mich's finden.

4. Gieb mir ein Fünklein Glaubenslicht, ich bitte dich mit Thränen, so darf ich voller Zuversicht nach deinem Heil mich sehnen; Herr! so du willt, so wird gestillt mit reinem Glaubensöle dies Lechzen meiner Seele.

5. Sprich nur ein Wort, so wird mein Ach im Glauben sich verlieren, komm unter meines Herzens Dach, der Glaube soll dich führen; was mir gebricht, soll dieses Licht mit seinem Glanz ersetzen, daß du mich werth wirst schätzen.

6. Ja, gieb mir, Jesu! in der Zeit die lichten Glaubens-Flammen, so wird mich in der Ewigkeit kein Zorn, noch Fluch verdammen; ach, mehre doch so lange noch den Glauben in den Frommen, bis wir zum Schauen kommen. Gottl. August Astmann.

Die göttliche Gewißheit eines Christen von der Gnade Gottes und seiner Seligkeit.

Psalm 25, v. 18. Siehe an meinen Jammer und Elend, und vergieb mir alle meine Sünde.

Mel. Es kostet viel ein Christ zu seyn.

1514. O Jesu! schaue meine Pein, versichre doch nur bald mein Herz auf Erden, daß du, o Herr! mir gnädig wollest seyn, und daß ich durch dich selig solle werden; ach, bringe doch der blöden Seele bei, was Gnade sey.

2. Ich merke wohl den innern Trieb, der nach der Seligkeit sich ängstlich sehnet; du weiß'st, mir ist die Gnade heimlich lieb, dieweil mein Geist nach seiner Ruhe stöhnet; doch regt sich stärker Furcht und Zweifel-Muth in Fleisch und Blut.

3. Ich fühle des Gesetzes Macht und sehe wohl die heiße Zornes-Flamme, weil mein Gewissen jetzt ist aufgewacht, so deucht mir, daß mich dein Gericht verdamme. Ach, möchte doch der Gnade sanfter Schein mir tröstlich seyn.

4. So ringet, Jesu! jetzt mein Geist, und will durch deines Himmels enge Pforte. Ach, zeige mir, mein Hirt! was Gnade heißt, gieb mir den Lebenstrost aus deinem Worte; ach, laß mich sehn dein Gnaden-Angesicht, dein süßes Licht.

5. Versich're mich der Seligkeit, die du durch Blut an deinem Kreuz erworben, was hilft mir sonst die längste Lebenszeit? mein Thun bleibt ohne sie doch ganz verdorben; sprich meiner armen Seele tröstlich zu, gieb Herzens-Ruh'.

6. Laß mich gewiß seyn deiner Huld und überzeuge mich von deiner Gnade, vergieb mir, Herr! die schwere Sündenschuld, weil ich dein sanftes Joch nun auf mich lade. Versiegle mir in dieser Gnadenzeit die Seligkeit.

Gottlieb August Aßmann.

Morgenlied.

2 Corinther 6, v. 16. Ihr aber seyd der Tempel des lebendigen Gottes, wie denn Gott spricht: Ich will in ihnen wohnen, und in ihnen wandeln, und will ihr Gott seyn, und sie sollen mein Volk seyn.

Mel. O Gott, du frommer Gott.

1515. O Jesu, süßes Licht! nun ist die Nacht vergangen, nun hat dein Gnadenglanz auf's Neue mich umfangen; nun ist, was an mir ist, vom Schlafe aufgeweckt, und hat nun in Begier zu dir sich ausgestreckt.

2. Was soll ich dir denn nun, mein Gott! für Opfer schenken? Ich will mich ganz und gar in deine Gnad' einsenken, mit Leib, mit Seel' und Geist, heut' diesen ganzen Tag: das soll mein Opfer seyn, weil ich sonst nichts vermag.

3. Drum siehe da, mein Gott! da hast du meine Seele, sie sey dein Eigenthum, mit ihr dich heut' vermähle in deiner Liebeskraft; da hast du meinen Geist, darinnen wollst du dich verklären allermeist.

4. Da sey denn auch mein Leib zum Tempel dir ergeben, zur Wohnung und zum Haus'; ach, allerliebstes Leben! ach! wohn', ach! leb' in mir, beweg' und rege mich, so hat Geist, Seel' und Leib mit dir vereinigt sich.

5. Dem Leibe hab' ich jetzt die Kleider angeleget; laß meiner Seele seyn dein Bildniß eingepräget im goldnen Glaubensschmuck, in der Gerechtigkeit, so allen Seelen ist das rechte Ehrenkleid.

6. Mein Jesu! schmücke mich mit Weisheit und mit Liebe, mit Keuschheit und Geduld, durch deines Geistes Triebe; auch mit der Demuth mich vor allem kleide an, so bin ich wohlgeschmückt und köstlich angethan.

7. Bleib' du mir diesen Tag stets vor den Augen schweben, laß dein' Allgegenwart mich wie die Luft umgeben; auf daß mein ganzes Thun durch Herz, durch Sinn und Mund dich lobe inniglich, mein Gott! zu aller Stund'.

8. Ach! segne, was ich thu' und rede und gedenke; durch deines Geistes Kraft es also führ' und lenke, daß Alles nur gescheh' zu deines Namens Ruhm, und daß ich unverrückt verbleib' dein Eigenthum.

D. Joachim Lange.

Vom heiligen Abendmahl.

Psalm 111, v. 5. Er gedenket ewiglich an seinen Bund.

Mel. Wach' auf, mein Herz, und singe.

1516. O Jesu, treuer Hirte, du suchest das Verirrte, du liebest arme Sünder, wie deine lieben Kinder.

2. Ich hatte mich verirret, in Sünden ganz verwirret; doch hast du mich gefunden und tröstlich losgebunden.

3. Den Sünden abzukommen, hast du mich aufgenommen, und wie ein Vater pfleget, auf deinen Schooß geleget.

4. Hab' ich dich gleich betrübet, hast du mich doch geliebet, mir meine Schuld geschenket und mich mit Trost getränket.

5. O Jesu, wahres Leben, du hast dich mir gegeben und in mein Herz gesetzet, auch Seel' und Muth ergötzet.

6. Mit deinem Fleisch und Blute, dem höchsten Gnadengute, hast du mich jetzt genähret und meinen Tod verzehret.

7. Des Teufels Heer erschricket, weil du

mich selbst erquicket und meine Sündenwunden so kräftig hast verbunden.

8. Nun werd' ich nicht verloren; denn ich bin neu geboren, der Himmel steht mir offen: nun hab' ich Heil zu hoffen.

9. O Jesu, sey gepreiset, daß du mich so gespeiset, daß ich für mein Verderben nun soll das Leben erben.

10. Ich danke dir und bitte, regiere meine Schritte, daß ich von deinen Wegen mich niemals möge regen.

11. Durch deinen Geist mich führe, daß ich dich nicht verliere, daß ich mich dir zu Liebe in guten Werken übe.

12. Hilf, daß mich diese Speise zu dir gen Himmel weise, daß ich an deinem Leibe ein Gliedmaaß ewig bleibe.

M. Salomon Liscov (Liscovius).

Vom Leben in Christo.

Philemon v. 6. Daß dein Glaube, den wir mit einander haben, in dir kräftig werde, durch Erkenntniß alles des Guten, das ihr habt in Christo Jesu.

Mel. Valet will ich dir geben.

1517. O Jesu, wie viel Gutes hat unser Glaub' in dir! das Lös'geld deines Blutes, das theure, gilt auch mir. Des Vaters Liebeswille schenkt in dir alles Heil; aus deiner Gnadenfülle nehm' ich auch meinen Theil.

2. Ich Sünder suche Frieden, mein Friede bist nur du; wünsch' Ruhe im Ermüden, und du bist meine Ruh'; will wahre Weisheit haben, du bist dazu gemacht; verlange Geistesgaben, du hast sie uns gebracht.

3. Möcht' ich recht können beten, so bitt' ich nur auf dich; bedarf ich ein Vertreten, du bittest selbst für mich. Will ich ein ewig Leben, du mußt mir solches seyn; der Vater will nichts geben, als nur in dir allein.

4. So will ich dich denn ehren, da du mir Alles bist. Ich will den Ruhm vermehren, deß Jesus würdig ist. Ich will dir Opfer bringen, da bin ich, nimm mich hin. Ich will dein Lob besingen, wenn ich im Himmel bin.

M. Philipp Friedrich Hiller.

Jesus und die Seinen in unzertrennlicher Liebe und Treue.

1 Petri 2, v. 5. Und auch ihr, als die lebendigen Steine, bauet euch zum geistlichen Hause, und zum heiligen Priesterthum, zu opfern geistliche Opfer, die Gott angenehm sind durch Jesum Christum.

Mel. O ihr auserwählten Kinder.

1518. O ihr auserwählten Seelen, die ihr unter Jesu Hut in geringen Leibeshöhlen sanft in seiner Gnade ruht: wollt ihr schweigen, oder zeugen? wißt ihr nicht, was euch gebühret, die sein Geist ihm zugeführet?

2. Danket seinem großen Namen, betet ihn im Staube an; und sein ganzes Volk sprech' Amen, das in ihm sich freuen kann; Er und seine Gnad' alleine ist der Grund zu dem Gebäude der Gemeine, seiner Freude.

3. Drum so gründe dich auf Gnade, Bau des Herrn, der auf ihm ruht! mache deine Mauern grade, deine Pfosten spreng' mit Blut, Jesu Beulen, die uns heilen, haben uns das Herz genommen, drauf sind wir zusammen kommen.

4. Jesu! ein'ger Mensch in Gnaden, Herz voll Liebe, Friedefürst! wie hat dich bei unserm Schaden doch nach unserm Heil gedürst't! nun so segne und begegne Jedem, der sich hier befindet, wo sich All's auf Gnade gründet. —

5. Sey du stets mit unserm Bunde! laß uns leuchten als ein Licht, das du in der Abendstunde auf dem Leuchter zugericht't! unser Wille bleibe stille; unser Mund und Hand vollende die Geschäfte deiner Hände.

6. Uns wird noch manch Stündlein schlagen: so der Herr will, immer her! Jesu Schmach ist leicht zu tragen; selbst gemachte trägt sich schwer. Wir sind Christen, die sich rüsten, mit dem Herrn der Herrlichkeiten dort zu prangen, hier zu streiten.

7. Nun wohlan, ihr lieben Brüder, ihr kennt Jesum, er ist gut; er ist Haupt und wir sind Glieder, theu'r erkaufet durch sein Blut. Wer da gläubet und bekleibet, kann sich unter Beil und Sägen, wie ins Bette, niederlegen.

V. 1. 3—7. Nicolaus Ludwig v. Zinzendorf.
Vers 2. Christian Gregor.

Bußlied.

Lucä 18, v. 13. Gott sey mir Sünder gnädig!

Mel. An Wasserflüssen Babylon.

1519. O König! dessen Majestät weit über Alles steiget, dem Erd' und Meer zu Dienste steht, vor dem die Welt sich neiget! Der Himmel ist dein helles Kleid, du bist voll Macht und Herrlichkeit, sehr groß und wunderthätig, ich armer Wurm vermag nichts mehr, als daß ich ruf' zu deiner Ehr': Gott sey mir Sünder gnädig!

2. Hier steh' ich, wie der Zöllner that, beschämet und von ferne, ich suche deine

Hülf' und Gnad', o Herr! von Herzen gerne; doch weil ich voller Fehler bin, und wo ich mich nur wende hin, beschmutzet und unflätig, so schlag' ich nieder mein Gesicht vor dir, du reines Himmelslicht! Gott sey mir Sünder gnädig!

3. Die Schulden, der ich mir bewußt, durchängsten mein Gewissen, drum schlag' ich reuig an die Brust und will von Herzen büßen. Ich bin, o Vater! gar nicht werth, daß ich noch wandle auf der Erd'; doch, weil du winkst, so bet' ich, mit ganz zerknirschtem, bangem Geist, der gleichwohl dich noch Abba heißt: Gott sey mir Sünder gnädig!

4. Mein Abba, schaue Jesum an, den Gnadenthron der Sünder, der für die Welt genug gethan, durch den wir Gottes Kinder im gläubigen Vertrauen sind, der ist's, bei dem ich Ruhe find', sein Herz ist ja gutthätig. Ich fasse ihn und lass' ihn nicht, bis Gottes Herz mitleidig bricht. Gott sey mir Sünder gnädig!

5. Regiere doch mein Herz und Sinn in diesem ganzen Leben, du bist mein Gott, und was ich bin bleibt ewig dir ergeben. Ach! heilige mich ganz und gar, laß meinen Glauben immerdar seyn durch die Liebe thätig; und will es nicht fort, wie es soll, so ruf' ich, wie mein Herz ist voll: Gott sey mir Sünder gnädig!

6. Mein Leben und mein Sterben ruht allein auf deiner Gnade, mir geh' es gleich bös' oder gut, gieb nur, das es nicht schade. Kommt dann das letzte Stündlein an, so sey mir auf der Todesbahn, mein Jesu, selbst beiräthig; und wenn ich nicht mehr sprechen kann, so nimm den letzten Seufzer an: Gott sey mir Sünder gnädig!

D. Valentin Ernst Löscher.

Von der Gnade und Liebe Gottes.

1 Petri 5, v. 10. 11. Der Gott aber aller Gnade, der uns berufen hat zu seiner ewigen Herrlichkeit in Christo Jesu, derselbige wird euch, die ihr eine kleine Zeit leidet, vollbereiten, stärken, kräftigen, gründen. Demselbigen sey Ehre und Macht, von Ewigkeit zu Ewigkeit. Amen.

Mel. Wer nur den lieben Gott läßt walten.

1520. O könnt' ich dich nach Würden loben und deines Namens Ruhm erhöh'n, Immanuel! wie die dort oben, die dein verklärtes Antlitz seh'n; doch dein so süßer Jesus-Sinn nimmt auch der Kinder Lallen hin.

2. Du bist des Herzens wahre Freude, der Seele süßes Heil und Licht. O, sey auch meine Lust und Weide, mein höchster Trost und Zuversicht! mein Herze schreiet heut zu dir: o Jesu, Jesu, sey es mir!

3. Dein Lieben hat mich auserkoren, ich glaub', du hast mich dir erwählt und, eh' ich in die Welt geboren, der frommen Heerde zugezählt. Dein Blut und herbe Todespein wäscht mich von allen Sünden rein.

4. Du holder Freund! bist mir gewogen und bleibst's in alle Ewigkeit. Du hast mich selber angezogen und mich mit deinem Schmuck bekleid't. Mein Brot dein Fleisch, mein Trank dein Blut; du bist mein ewig Hab' und Gut.

5. Gieb, daß ich stets von Herzen glaube, laß mich im Lieben brennend seyn; gewöhne mich, als deine Taube, an dich, mein Herzens-Freund! allein. Vermischtes Thun, unreine Sucht sey ewiglich von mir verflucht.

6. Dein Vaterarm wird mich nicht lassen, dein Mutterherz bewahret mich; durch deine Kraft will ich dich fassen, ich lehne mich, mein Freund! auf dich; so geht es durch die Wüste fort nach Kanaan, dem lieben Ort.

7. So läßt sich's gut durch Mara*) wallen, wenn du, mein Hirte! bei mir bist. Der Himmel läßt mir Manna fallen, mein Wasser aus dem Felsen fließt, das mich an Leib und Seel' erquickt, wenn Tageslast und Hitze drückt.

*) 2 Mose 15, v. 23.

8. Was sollte mir nun mangeln können? ich habe ihn und seine Füll'. Die Welt mag hundert tausend nennen und sich bereichern, wie sie will; ein kleiner Wind, ein Todesfall macht plötzlich ihre Freude all'.

9. Hingegen ich bin wohl vergnüget mit Einem, der mir Alles ist; das wahre Gut, so nimmer trüget, das ist mein Heiland Jesus Christ, der mich hier uberall begleit't mit Güte und Barmherzigkeit.

10. Wir bleiben ewig ungeschieden, es trennet uns auch nicht der Tod, der führet mich zum vollen Frieden, zu meinem Freund, aus aller Noth, zu meinem auserkornen Lamm, zu meinem Hirt und Bräutigam.

Johann Ludwig Konrad Allendorf.

Vom Begräbniß Jesu.

Matthäi 12, v. 40. Gleichwie Jonas war drei Tage und drei Nächte in des Wallfisches Bauch; also wird des Menschen Sohn drei Tage und drei Nächte mitten in der Erde seyn.

Mel. Der Tag ist hin; mein Jesu, bei mir bleibe.

1521. O Lamm! das meine Schuldenlast getragen und als ein Fluch ist

ist an das Kreuz geschlagen, nun nimmt man dich vor Abends noch herab und trägt dich hin in Josephs neues Grab.

2. O tröstlich Bild! o gnadenvolles Zeichen! das aber nur der Glaube kann erreichen; der Fluch ist weg, die Erde ist nun rein, zum Zeugniß deß mußt'st du begraben seyn.

3. Nun glaub' und weiß ich, daß du bist gestorben, daß du den Tod geschmeckt und mir erworben Gerechtigkeit, daß ich bestehen kann vor Gott, und daß die Sünde abgethan.

4. Die Schrift kount' nicht an dir gebrochen werden, drum mußt' dein Leib auch ruhen in der Erden; was Daniel *) und Jonas **) vorgebild't, seh' ich nun ganz, mein Heil! an dir erfüllt.

*) Dan. 6. **) Matth. 12, v. 40.

5. Du bist das Weizenkorn, das man verscharret, doch wenn man nur drei Tage hat geharret, wird man dich aus dem Grabe auferstehn und tausendfache Früchte bringen seh'n.

6. Indeß ist dein Begräbniß selbst ein Siegel der Unschuld, und der ganzen Welt ein Spiegel, in welchem mit Verwund'rung Jedermann die Pforte zur Erhöhung sehen kann.

7. Ich darf nun nicht vor meinem Grab' erschrecken, da du, mein Heil! dich in das Grab läßt strecken; dein Grab macht mein's zur süßen Lagerstätt', zum Schlafgemach, zum stillen Ruhebett'.

8. Mein Heiland! ich bin mit dir schon begraben, als Seel' und Leib die Tauf' empfangen haben, die Taufe, die auf deinen Tod gescheh'n; nun laß mich auch mit dir stets aufersteh'n!

Johann Anastasius Freylinghausen.

Vom Leiden Jesu.

Apost. Gesch. 8, v. 32. Er ist wie ein Schaaf zur Schlachtung geführet, und still wie ein Lamm vor seinem Scheerer, also hat er nicht aufgethan seinen Mund.

In eigener Melodie.

1522. O Lamm Gottes unschuldig, am Stamm' des Kreuzes g'schlachtet, all'zeit erfunden g'duldig, wiewohl du warst verachtet; all' Sünd' hast du getragen, sonst müßten wir verzagen: erbarm' dich uns'r, o Jesu! Jesu!

2. O Lamm Gottes unschuldig ꝛc. erbarm' dich uns'r, o Jesu! Jesu!

3. O Lamm Gottes unschuldig ꝛc. gieb uns dein'n Fried'n, o Jesu! Jesu!

Nicolaus Decius; nach dem Latein. Agnus Dei, qui tollis peccata mundi etc.

Zusatz.

2. Von Herzen wir dir danken, daß du so große Treue gethan hast an uns Kranken; gieb uns ein' sel'ge Reue, daß wir die Sünde meiden, zu Ehren deinem Leiden: erbarm' dich uns'r, o Jesu! Jesu!

3. Stärk' in uns das Vertrauen durch dein Blut, Tod und Wunden. Laß uns darauf fest bauen in unsren letzten Stunden und hilf uns selig sterben, daß wir den Himmel erben: gieb uns dein'n Fried'n, o Jesu! Jesu!

Weihnachtslied.

Jesaia 64, v. 1—4. Ach daß du den Himmel zerrissest und führest herab, daß die Berge vor dir zerflössen ꝛc.

Mel. Mein Freund zerschmelzt ꝛc.

1523. O Liebe! die den Himmel hat zerrissen, die sich zu mir ins Elend niederließ, was für ein Trieb hat dich bewegen müssen, der dich zu mir ins Jammerthal verwies? Die Liebe hat es selbst gethan, sie schaut als Mutter mich in meinem Jammer an.

2. Die Liebe ist so groß in deinem Herzen, daß du für mich das größte Wunder thust; die Liebe macht dir meinetwegen Schmerzen, daß mir zu gut du unter Dornen ruhst. O unerhörter Liebesgrad, der selbst des Vaters Wort ins Fleisch gesendet hat!

3. Die Liebe ist mein Anverwandter worden, mein Bruder ist selbst die Barmherzigkeit; die Gottheit selbst lebt nun in meinem Orden, die Ewigkeit vermählt sich mit der Zeit. Das Leben selbst ist Mensch gebor'n, der Glanz der Herrlichkeit, das Licht, das wir verlor'n.

4. In ihm wird nun die Menschheit ausgesöhnet, die Reinigkeit der Seelen wiederbracht, sie wird als Braut der Gottheit nun gekrönet, da sie der Himmel selbst so angelacht; die Menschheit wird nun ganz erneut und als ein reiner Thron der Gottheit eingeweiht.

5. Die Weisheit spielt nun wieder auf der Erden*), dadurch das Paradies im Menschen grünt; nun können wir aus Gott geboren werden, weil die Geburt des Herrn uns dazu dient; die neugeborne Seele spürt, daß

sie ein andrer Geist **) aus ihrem Ursprung rührt. *) Spr. 8, v. 31. **) der heil'ge Geist.

6. Kein Elend kann nun unserm Herzen schaden, Immanuel ist bei uns in der Noth. Ich gehe nur zu ihm, dem Quell der Gnaden, so dient mir selbst das Elend und der Tod; der Jammer hängt mir zwar noch an, der mir in Christo doch nicht schädlich werden kann.

7. Die Sünde kann mich auch nicht mehr verdammen, dieweil sie selbst durch ihn verdammet ist; was schaden nun der Seele ihre Flammen, weil Christi Blut und Wasser auf mich fließt? Immanuel löscht ihren Trieb, er läßt die Seele nicht, er hat sie viel zu lieb.

8. Ich habe nun ein ewig Leben funden; viel Reichthum, Ehr' und Wonne schenkt er mir; ich bin mit ihm, er ist mit mir verbunden, den ich in mir mit Liebeswirkung spür'; ich bin vergnügt und ganz gestillt, weil mich der laut're Strom aus seiner Lieb' erfüllt.

9. Auf, auf, mein Geist! vergiß die Trauerlieder, erfreue dich in seiner Liebesmacht, des Himmels Kraft und Glanz bestrahlt dich wieder und der Verlust ist völlig wiederbracht. O ewig, ewig wohl ist mir, daß ich in Christo nun ein Wohlgefallen spür'! D. Christian Friedrich Richter.

Die Hirtenliebe Jesu zu seinen Schaafen.

Jesaia 65, v. 2. Ich recke meine Hände aus den ganzen Tag zu einem ungehorsamen Volk, das seinen Gedanken nachwandelt auf einem Wege, der nicht gut ist.

Mel. Ach alles, was Himmel und Erde ꝛc.

1524. O Liebe, die sterbend am Kreuze gehangen! wie wallet, wie brennet dein heißes Verlangen! Wonach denn? nach unsrer so billigen Strafe? O nein! nach dem seligen Leben der Schaafe.

2. Die nicht nach dir fragten, die Nichts von dir hielten, die keine Begierde zur Seligkeit fühlten: die weißt du aus Liebe so mächtig zu lenken, daß sie nun mit Eifer an's Suchen gedenken.

3. Das ist noch zu wenig, o Abgrund der Liebe! oft zeigt deine Gnade so plötzliche Triebe, daß Manche dich finden und deiner genießen, noch ehe sie recht von dem Suchen was wissen.

4. Wie Viele sind sicher, vom Sündenwein trunken und ganz im vereitelten Wesen versunken! Dein Geist aber weiß sie so schnell zu entzünden, daß sie deine Gegenwart kräftig empfinden.

5. Zu denen, die deinen errettenden Namen mit Bitten zu suchen noch nimmermehr kamen, zu denen, Herr, kannst du dich doch nicht entbrechen: Hier bin ich! und wieder: Hier bin ich! zu sprechen.

6. Du siehst es, wie viele von Kleinen und Großen sich eifrig bemühen, dich von sich zu stoßen. Und doch, wenn sie meinen, du seyst nun vertrieben; so rufst du: Hier bin ich! o laßt euch doch lieben!

7. O Liebe! was seh' ich: du reckest die Hände vom Morgen zum Abend, vom Anfang zum Ende, den ganzen Tag freundlich, die Leute zu locken, die sich mit empörenden Herzen verstocken.

8. Sie laufen, nach ihren Gedanken zu handeln, im Wege, der nimmermehr gut ist, zu wandeln. Du aber bestrebst dich, sie Alle zu fassen. Es ist dir nicht möglich, sie laufen zu lassen.

9. So wie du am Kreuz deine Arme gestrecket und sie zu den Enden der Erde gerecket: so stehst du noch heute am Herzen der Sünder und rufst wie die Mütter: O kommt doch, ihr Kinder!

10. Seht, Sünder! wie Jesus sich innerlich sehnet; seht, wie sich sein Liebesarm äußerlich dehnet! Nicht Eine Hand, Beide sind zu euch gestrecket. O werdet doch einmal zum Leben erwecket!

11. Ach zünde, erwecke, ergreife, bekehre, o Liebesmacht! die ich im Staube verehre; errette doch deine betrogene Schaaren, die sicher und häufig in's Höllenreich fahren.

12. Ach, laß noch an Großen, o laß auch an Kleinen unzählige Proben der Liebe erscheinen! Gieb, daß sie dich suchen, hilf, daß sie dich finden, und laß sie dein Lieben in Ewigkeit binden!

13. O Liebe! nun hab' ich noch etwas zu sagen: du liebest so heftig, die nicht nach dir fragen; ach, denk' ich: wie mußt du denn die wohl umfangen, die nach deiner Liebe mit Kummer verlangen!

14. Das will ich mir selber und Allen erzählen, die dich zum Erretter der Seelen erwählen; das will ich den Blöden mit Liebeserstaunen in ihre so schüchternen Herzen posaunen.

15. Herr! kannst du die Bosheit der Feinde verschmerzen; so wirst du wahrhaftig den strauchelnden Herzen unzählige Fehler

mit Freuden erlassen und sie mit den blutigen Armen umfassen.

16. O Tiefe der Liebe! du bist mir zu wichtig. Mein Singen und Sagen ist mehr als zu nichtig. Ich will mich nur ganz in dein Lieben versenken, und will mich dir ewig zum Eigenthum schenken.

Ernst Gottlieb Wolkersdorf.

Das gesegnete Stilleseyn.

Jesaia 32, v. 17. Der Gerechtigkeit Frucht wird Friede seyn, und der Gerechtigkeit Nutzen wird ewige Stille und Sicherheit seyn.

Mel. Wer nur den lieben Gott läßt walten.

1525. O mache, Gott! vor dir mich stille; in mir, um mich ist viel Geräusch. Ach, mich umdrängt der Schmerzen Fülle, mich treibt umher mein eigen Fleisch. Lebt' ich nur still vor dir als Kind, wüßt' ich nicht mehr, was Schmerzen sind.

2. O mache, Gott! zu dir mich stille; wohin sonst flöh' ich, als zu dir? du giebst schon in des Leibes Hülle gern Frieden uns — gieb ihn auch mir! zu dir, o Vater! flüchtet sich dein Kind und hofft getrost auf dich.

3. O mache, Gott! in dir mich stille; in dieser Welt hab' ich nur Angst, bei dir ist Freud' und Fried' die Fülle, den Frieden du auch mir errangst. Leb' ich in dir, mit dir vereint: so fürcht' ich keinen, keinen Feind.

4. Erhalte mich in deiner Stille, die deine Huld in's Herz mir gab; es ist und bleibt dein treuer Wille, mich zu bewahren bis an's Grab. Zur ew'gen Stille führst du ein; da werd' ich recht geborgen seyn.

Karl August Döring.

Lob- und Danklied.

Offenb. Joh. 4, v. 8. Sie hatten keine Ruhe Tag und Nacht und sprachen: Heilig, heilig, heilig ist Gott, der Herr, der Allmächtige, der da war, und der da ist, und der da kommt.

Mel. Wachet auf! ruft uns die Stimme.

1526. O Majestät, wir fallen nieder! zwar du bedarfst nicht unsrer Lieder, uns ziemt und nützt dein Lob so sehr. Zu deinem Lob' sind wir geboren, so theu'r erkauft, so hoch erkoren: o Seligkeit, dir geben Ehr'! Zu deinem Lobe nur ist alle Kreatur. Selig's Wesen! wir kommen dann und beten an, in Geist und Wahrheit sey's gethan.

2. Die Seraphim und Cherubinen dir Tag und Nacht mit Ehrfurcht dienen, der Engel Schaaren ohne Zahl, die höchsten Geister, die dich kennen, dich heilig, heilig, heilig! nennen, sie fallen nieder allzumal, ihr Seligseyn bist du, dir schreibt man Alles zu; Amen, Amen! auch wir sind dein und stimmen ein: du, Gott! bist unser Herr allein.

3. Die Aeltesten vor deinem Throne gebeugt dir opfern ihre Krone; der Erstlinge erwählte Schaar sammt den unzählbar vielen Frommen, die dort in weißen Kleidern kommen, anbetend sprechen: Dein ist gar Macht, Weisheit, Herrlichkeit, Lob, Ehr', Dank, Kraft all'zeit, Amen, Amen! auch wir sind dein und stimmen ein: du, Gott! bist unser Herr allein.

4. Sie loben deine Thaten prächtig, daß du so groß, so gut, so mächtig, höchst-selig, würdig aller Ehr'; daß eitel Weisheit, Lieb' und Treue in allen deinen Wegen seye; ihr Amen sagt unendlich mehr. Ihr Lob zu wenig ist; dein Lob du selber bist. Amen, Amen! auch wir sind dein und stimmen ein: du, Gott! bist unser Herr allein.

5. Durch deinen Willen muß bestehen, was wir durch dich geschaffen sehen, dein Werk ist groß und wunderbar. Von Allen du gelobt mußt werden im Himmel, Meer und auf der Erden; es stellt von deiner Pracht was dar; dein Lob ist eingeprägt in Allem, was sich regt. Amen, Amen! auch wir sind dein und stimmen ein: du, Gott! bist unser Herr allein.

6. Die unter allen Nationen von deinen Freunden hier noch wohnen, erheben dich, du selig's Gut! dich höchst Vollkommnen sie bekennen und ihren Gott und Heiland nennen, der sie erkauft durch Lammes-Blut, ihr allgenügend Theil, ihr Trost, ihr ganzes Heil! Amen, Amen! auch wir sind dein und stimmen ein: du, Gott! bist unser Herr allein.

7. Du wollst dich selbst in uns verklären, daß wir dich würdiglich verehren und unser Herz, dein Heiligthum, mit einer Herrlichkeit erfüllet, durch deine Nähe tief gestillet, zerfließ' in deiner Gottheit Ruhm; dich, liebenswürdig's Gut! erhebe Geist und Muth. Amen, Amen! Hallelujah! Hallelujah! der Herr ist groß und gut und nah'.

Von den göttlichen Eigenschaften.

Jesaia 44, v. 8. Ist auch ein Gott außer mir? Es ist kein Hort, ich weiß ja keinen.

Mel. Es woll' uns Gott genädig seyn.

1527. O meine Seel'! erhebe dich, mit Andacht zu betrachten, wie Gott hat offenbaret sich, und wie man ihn soll achten, daß er der Allerhöchste ist im Himmel und auf Erden, und soll gerühmt zu jeder Frist, auch angerufen werden, als Ursprung aller Dinge.

2. Gott! du bist einig für und für, nichts sind der Heiden Götter, kein Heil und Trost ist außer dir, kein Helfer noch Erretter. Laß mich, o Herr! auf dich allein von ganzem Herzen trauen, dir inniglich ergeben seyn, auf Niemand anders bauen, dir, Gott! allein anhangen.

3. O Herr, mein Gott! du bist ein Geist und theilest bei uns allen an Gaben aus, was geistlich heißt, nach deinem Wohlgefallen. Laß mich stets geistlich seyn gesinnt, daß, wenn ich vor dich trete, ich deine Kraft in mir empfind' und dadurch dich anbete im Geist und in der Wahrheit.

4. Du bist, o Gott! von Ewigkeit, ohn' Anfang und ohn' Ende. Gieb, daß mein Herz von aller Freud' des Zeitlichen sich wende, auf daß ich möge immerdar drum bitten und drauf denken, weil Alles hier ist wandelbar, daß du mir wollest schenken das unvergänglich' Erbe.

5. O Gott! du bist an jedem Ort' und gar nicht zu ermessen; ob Einer hier ist oder dort, ist er dir nicht vergessen. Laß mich nicht zweifeln, wo ich sey, du könn'st dich mein annehmen, auch was ich thu', laß mich dabei des Bösen vor dir schämen und überall dich fürchten.

6. Unendlich ist, Herr! deine Macht zu retten, die dich lieben, und wenn der Gottlos' dich veracht't, die Rache auch zu üben. Gieb, daß sich deiner Allmacht Schutz fort über mich erstrecke, mich auch nicht Menschengrimm und Trutz, nur deine Straf' erschrecke; du tödtest Leib und Seele!

Matth. 10, v. 28.

7. Voll höchster Weisheit bist du, Gott! kann Niemand sie ergründen, wie groß und schwer auch ist die Noth, weißt du doch Rath zu finden; gieb, daß ich dir stets traue zu, auf dich werf' meine Sorgen, auch Uebels weder denk' noch thu', weil du siehst in's Verborgen' und prüfest Herz und Nieren.

8. Gott, du bist heilig und gerecht, du kannst die Sünd' nicht leiden; wer sagen will, er sey dein Knecht, der muß das Böse meiden. Gieb, daß ich mich zu jeder Zeit der Heiligkeit befleiße, nachjage der Gerechtigkeit, auch dein Gericht gut heiße, ob ich's schon nicht begreife.

9. Du bist sehr gnädig, fromm und gut; wo sich bekehrt der Sünder, erbarmst dich, wie ein Vater thut, von Herzen deiner Kinder. Herr! laß von deiner Lieb' und Gnad' mich all'weg' Trost bekommen, von mir auch meine Missethat so fern seyn hingenommen, als Morgen ist vom Abend.

10. Gott! deine Wahrheit stets besteht, und wohl dem, der dir gläubet. Der Himmel und die Erd' vergeht, dein Wort, Herr! ewig bleibet. Gieb, daß ich fürchte dein Gericht und Alles, was du dräuest, auch hoffe, was dein Wort verspricht, daß du's mir gern verleihest. Hoffnung wird nicht zu Schanden.

11. Allselig bist du, Gott! und frei, du thust, was dir beliebet; du bist ein milder Herr dabei, der reichlich Gutes giebet. Laß mich mit dem zufrieden seyn, was ist dein heil'ger Wille. Gieb auch, daß ich von dir allein und deiner Gnaden-Fülle erwarte All's in Allem.

12. Gott! wenn ich dich so kenn' und ehr', dein Wort zum Grunde setze, kann ich mich drob erfreuen mehr, als über alle Schätze, bis ich dort, o du wahres Licht ohn' Fallen dich werd' nennen, von Angesicht zu Angesicht anschauen und erkennen, und ohn' Aufhören loben.

13. Gott Vater, Sohn und heil'ger Geist der du auch willst auf Erden von mir und Allen seyn gepreis't, laß deinen Ruhm groß werden! Verleih' mir Gnade, Kraft und Stärk', daß ich zu allen Zeiten, Herr! deinen Namen und dein Werk könn' mehr und mehr ausbreiten, so lang' ich hab' das Leben.

David Denicke.

Von der Gnadenordnung zum Seligwerden.

Apost. Gesch. 15, v. 11. Wir glauben durch die Gnade des Herrn Jesu Christi selig zu werden.

Mel. Nun laßt uns den Leib begraben.

1528. O Mensch, der selig werden will halt' deinem Seligmacher still und schrei': Erbarmer, nimm mich hin, wo ich in mir verloren bin.

2. Ich lieg' in Sünden blind und todt entdecke mir die Seelennoth. Zerbrich und

Herz und mach' es klein: so werd' ich arm und elend seyn.

3. Nimm weg die falsche Frömmigkeit, das eigne Thun, die Sicherheit, und mache mir die Lust der Welt mit aller Sünde recht vergällt.

4. Weil ich mir gar nicht helfen kann, so denk' ich dich im Glauben an. Ich tauche mich tief in dein Blut: so bin ich bald gerecht und gut.

5. Eh' werd' ich nicht recht fromm und rein, ich muß zuvor recht selig seyn: drum sende mir durch deine Huld Vergebung aller meiner Schuld.

6. Mein Arzt, nimm meine Krankheit an. Ich komme zu dir, wie ich bin, nicht als ein frommer, lieber Knecht; nein, ganz verderbt und ungerecht.

7. Schenkst du mir Gnad' und Herz dazu: so werd' ich bald lebendig seyn. Wenn mir dein Blut Vergebung schafft: so wird mein Herz voll Geisteskraft.

Ernst Gottlieb Woltersdorf.

Das wohl bedachte Ende.

Sirach 7, v. 40. Was du thust, so bedenke das Ende, so wirst du nimmermehr Uebels thun.

Mel. Herzlich thut mich verlangen.

1529. O Mensch, gedenk' an's Ende, willst du nicht Uebels thun. Der Tod bringt oft behende das allerletzte Nun; in einem Augenblicke kommt ewig Wohl und Weh, drum denke wohl zurücke, eh' dein Ende geh.

2. O Mensch, gedenk' an's Ende, wer weiß, ob nicht noch heut' der Tod sich zu dir wende? drum mache dich bereit, wenn du sollst Rechnung geben von dem, was du gethan, damit dein eigen Leben dich nicht verklagen kann.

3. O Mensch, gedenk' an's Ende, steh' von den Sünden ab, gib dich in Gottes Hände und fürchte nicht das Grab. Der Tod, die Sünden, halt dich an Christi Blut: stirbst du in Jesu Wunden, so ist dein Ende gut.

Benjamin Schmolck.

Vom Worte Gottes.

Luk. 8, v. 15. Das aber auf dem guten Lande, sind die das Wort hören und behalten in einem feinen, guten Herzen, und bringen Frucht in Geduld.

Mel. Es ist das Heil uns kommen her.

1530. O Mensch, wie ist dein Herz bestellt? hab' Achtung auf dein Leben; was trägt für Frucht dein Herzensfeld? sind's Dornen oder Reben? denn aus der Frucht kennt man die Saat, auch wer das Land besäet hat, Gott oder der Verderber.

2. Ist nun dein Herz dem Wege gleich und einer Nebenstraßen, da auf dem breiten Lasterweg die Vögel Alles fraßen, (ach prüfe dich, es ist kein Scherz!) ist so bewandt dein armes Herz, so hast du zu beklagen.

3. Denn, ist der Saame weggerafft, vertreten und gefressen, so hast du keine Glaubenskraft, noch Seelenbrod zu essen. Fällt der an's Ohr der Saame nur und nicht ins Herz, so ist die Spur zum Leben ganz vertreten.

4. Ist auch dein Herze felsenhart, verhärtet durch die Sünden: so ist der Saame schlecht verwahrt auf solchen Felsengründen. Ein Felsenherz hat keinen Saft, drum hat der Saame keine Kraft zu bewurzeln und zu wachsen.

5. So lang' noch nicht zerbrochen dein Herz und vom Gesetz zerschlagen durch wahre Buße, Reu' und Schmerz, so kann's keine Früchte tragen. Bedenk' es wohl und thue Buß', glaub' fest und falle Gott zu Fuß, so ist dein Herz bereitet.

6. Oft ist das Herz auch dornenvoll, mit Sorgen angefüllet, [illegible] Reichthum wohl, da wird der Saame verhüllet; ja, er erstickt ganz und gar und wird nicht einmal offenbar; das ist wohl zu beklagen.

7. So geht es, wenn man nur um Geld und Reichthum ist bemühet, und nach der Wollust dieser Welt mit Aug' und Herzen siehet: da kann kein Gottes Saame [illegible], wo man der Wollust nicht wird satt, der Saame muß ersticken.

8. Doch ist, Gott Lob! noch gutes Land auf dieser Welt zu finden, das Gott dem Herrn allein bekannt: da in des Herzens Gründen der Saame, den Gott ausgesät, wohl hundertfältig Früchte trägt: das sind die rechten Herzen.

9. Wer Ohren hat, der höre doch und prüfe sich ohn' Heucheln, dieweil es heute heißet noch; dem muß sich Keiner schmeicheln. Die Zeit vergeht, das Ende naht; jetzt auf dem guten Land die Saat [illegible] die rechte Zeit [illegible].

10. Herr Jesu! laß mein Herze sein zerknirschet und zerschlagen, damit der Saame dring' hinein und laß ihn Früchte

Von den göttlichen Eigenschaften.

Jesaia 44, v. 8. Ist auch ein Gott außer mir? Es ist kein Hort, ich weiß ja keinen.

Mel. Es woll' uns Gott genädig seyn.

1527. O meine Seel'! erhebe dich, mit Andacht zu betrachten, wie Gott hat offenbaret sich, und wie man ihn soll achten, daß er der Allerhöchste ist im Himmel und auf Erden, und soll gerühmt zu jeder Frist, auch angerufen werden, als Ursprung aller Dinge.

2. Gott! du bist einig für und für, nichts sind der Heiden Götter, kein Heil und Trost ist außer dir, kein Helfer noch Erretter. Laß mich, o Herr! auf dich allein von ganzem Herzen trauen, dir inniglich ergeben seyn, auf Niemand anders bauen, dir, Gott! allein anhangen.

3. O Herr, mein Gott! du bist ein Geist und theilest bei uns allen an Gaben aus, was geistlich heißt, nach deinem Wohlgefallen. Laß mich stets geistlich seyn gesinnt, daß, wenn ich vor dich trete, ich deine Kraft in mir empfind' und dadurch dich anbete im Geist und in der Wahrheit.

4. Du bist, o Gott! von Ewigkeit, ohn' Anfang und ohn' Ende. Gieb, daß mein Herz von aller Freud' des Zeitlichen sich wende, auf daß ich möge immerdar drum bitten und drauf denken, weil Alles hier ist wandelbar, daß du mir wollest schenken das unvergänglich' Erbe.

5. O Gott! du bist an jedem Ort' und gar nicht zu ermessen; ob Einer hier ist oder dort, ist er dir nicht vergessen. Laß mich nicht zweifeln, wo ich sey, du könn'st dich mein annehmen, auch was ich thu', laß mich dabei des Bösen vor dir schämen und überall dich fürchten.

6. Unendlich ist, Herr! deine Macht zu retten, die dich lieben, und wenn der Gottlos' dich veracht't, die Rache auch zu üben. Gieb, daß sich deiner Allmacht Schutz fort über mich erstrecke, mich auch nicht Menschengrimm und Trutz, nur deine Straf' erschrecke; du tödtest Leib und Seele!
Matth. 10, v. 28.

7. Voll höchster Weisheit bist du, Gott! kann Niemand sie ergründen, wie groß und schwer auch ist die Noth, weißt du doch Rath zu finden; gieb, daß ich dir stets traue zu, auf dich werf' meine Sorgen, auch Uebels weder denk' noch thu', weil du siehst in's Verborgen' und prüfest Herz und Nieren.

8. Gott, du bist heilig und gerecht, du kannst die Sünd' nicht leiden; wer sagen will, er sey dein Knecht, der muß das Böse meiden. Gieb, daß ich mich zu jeder Zeit der Heiligkeit befleiße, nachjage der Gerechtigkeit, auch dein Gericht gut heiße, ob ich's schon nicht begreife.

9. Du bist sehr gnädig, fromm und gut; wo sich bekehrt der Sünder, erbarmst dich, wie ein Vater thut, von Herzen deiner Kinder. Herr! laß von deiner Lieb' und Gnad' mich all'weg' Trost bekommen, von mir auch meine Missethat so fern seyn hingenommen, als Morgen ist vom Abend.

10. Gott! deine Wahrheit stets besteht, und wohl dem, der dir gläubet. Der Himmel und die Erd' vergeht, dein Wort, Herr! ewig bleibet. Gieb, daß ich fürchte dein Gericht und Alles, was du dräuest, auch hoffe, was dein Wort verspricht, daß du's mir gern verleihest. Hoffnung wird nicht zu Schanden.

11. Allselig bist du, Gott! und frei, du thust, was dir beliebet; du bist ein milder Herr dabei, der reichlich Gutes giebet. Laß mich mit dem zufrieden seyn, was ist dein heil'ger Wille. Gieb auch, daß ich von dir allein und deiner Gnaden-Fülle erwarte All's in Allem.

12. Gott! wenn ich dich so kenn' und ehr', dein Wort zum Grunde setze, kann ich mich drob erfreuen mehr, als über alle Schätze, bis ich dort, o du wahres Licht! ohn' Lallen dich werd' nennen, von Angesicht zu Angesicht anschauen und erkennen, und ohn' Aufhören loben.

13. Gott Vater, Sohn und heil'ger Geist! der du auch willst auf Erden von mir und Allen seyn gepreis't, laß deinen Ruhm groß werden! Verleih' mir Gnade, Kraft und Stärk', daß ich zu allen Zeiten, Herr! deinen Namen und dein Werk könn' mehr und mehr ausbreiten, so lang' ich hab' das Leben.

David Denicke.

Von der Gnadenordnung zum Seligwerden.

Apost. Gesch. 15, v. 11. Wir glauben durch die Gnade des Herrn Jesu Christi selig zu werden.

Mel. Nun laßt uns den Leib begraben.

1528. O Mensch, der selig werden will, halt' deinem Seligmacher still und schrei': Erbarmer, nimm mich hin, weil ich in mir verloren bin.

2. Ich lieg' in Sünden blind und todt; entdecke mir die Seelennoth. Zerbrich mein

Herz und mach' es klein: so werd' ich arm und elend seyn.

3. Nimm weg die falsche Frömmigkeit, das eigne Thun, die Sicherheit, und mache mir die Lust der Welt mit aller Sünde recht vergällt.

4. Weil ich mir gar nicht helfen kann, so schrei' ich dich um Glauben an. Ach, tauche mich tief in dein Blut: so bin ich bald gerecht und gut.

5. Eh' werd' ich nicht recht fromm und rein; ich muß zuvor recht selig seyn: drum schenke mir durch deine Huld Vergebung aller meiner Schuld.

6. Mein Arzt, nimm meine Krankheit hin. Ich komme zu dir, wie ich bin; nicht als ein frommer, lieber Knecht; nein, ganz verderbt und ungerecht.

7. Schenkst du mir Gnad' ins Herz hinein: so werd' ich bald lebendig seyn. Wenn mir dein Blut Vergebung schafft: so wird mein Herz voll Gotteskraft.

Ernst Gottlieb Wolteredorf.

Das wohl bedachte Ende.

Sirach 7, v. 40. Was du thust, so bedenke das Ende, so wirst du nimmermehr Uebels thun.

Mel. Herzlich thut mich verlangen.

1529. O Mensch, gedenk' an's Ende, willst du nicht Uebels thun, der Tod bringt oft behende das allerletzte Nun; an einem Augenblicke hängt ewig Wohl und Weh, drum denke wohl zurücke, wohin dein Ende geh'.

2. O Mensch, gedenk' an's Ende, wer weiß, ob nicht noch heut' der Tod sich zu dir wende? drum mache dich bereit, wenn du sollst Rechnung geben von dem, was du gethan, damit dein eigen Leben dich nicht verklagen kann.

3. O Mensch, gedenk' an's Ende, stirb stets den Sünden ab, gieb dich in Gottes Hände und fürchte nicht das Grab. Sey fertig alle Stunden, halt' dich an Christi Blut; stirbst du in Jesu Wunden, so ist dein Ende gut.

Benjamin Schmolck.

Vom Worte Gottes.

Lucä 8, v. 15. Das aber auf dem guten Lande, sind die das Wort hören und behalten in einem feinen, guten Herzen, und bringen Frucht in Geduld.

Mel. Es ist das Heil uns kommen her.

1530. O Mensch, wie ist dein Herz bestellt? hab' Achtung auf dein Leben; was trägt für Frucht dein Herzensfeld? sind's Dornen oder Reben? denn aus der Frucht kennt man die Saat, auch wer das Land besäet hat, Gott oder der Verderber.

2. Ist nun dein Herz dem Wege gleich und einer Nebenstraßen, da auf dem breiten Lastersteig die Vögel Alles fraßen, (ach prüfe dich, es ist kein Scherz!) ist so bewandt dein armes Herz, so bist du zu beklagen.

3. Denn, ist der Saame weggerafft, vertreten und gefressen, so hast du keine Glaubenskraft, noch Seelenspeis' zu essen. Fällt dir ins Ohr der Saame nur und nicht ins Herz, so ist die Spur zum Leben ganz vertreten.

4. Ist auch dein Herze felsenhart, verhärtet durch die Sünden: so ist der Saame schlecht verwahrt auf solchen Felsengründen. Ein Felsenstein hat keinen Saft, drum hat der Saame keine Kraft zu sprießen und zu wachsen.

5. So lang' noch nicht zerknirscht dein Herz und vom Gesetz zerschlagen durch wahre Buße, Reu' und Schmerz, so kann's nicht Früchte tragen. Bedenk' es wohl und thue Buß', glaub' fest und falle Gott zu Fuß', so ist dein Herz genesen.

6. Oft ist das Herz auch dornenvoll, mit Sorgen angefüllet; oft lebet es im Reichthum wohl; da wird der Saam' verhüllet; ja, er erstickt ganz und gar und wird nicht einmal offenbar; das ist wohl zu beklagen.

7. So geht es, wenn man nur um Geld und Reichthum ist bemühet, und nach der Wollust dieser Welt mit Aug' und Herzen siehet; da kann kein Gutes finden Statt, wo man der Wollust nicht wird satt, der Saame muß ersticken.

8. Doch ist, Gott Lob! noch gutes Land auf dieser Welt zu finden, das Gott dem Herrn allein bekannt: da in des Herzens Gründen der Saame, den Gott eingelegt, wohl hundertfältig Früchte trägt; das sind die rechten Herzen.

9. Wer Ohren hat, der höre doch und prüfe sich ohn' Heucheln, dieweil es heute heißet noch; hier muß sich Keiner schmeicheln. Die Zeit vergeht, das Ende nah't; fällt auf kein gutes Land die Saat, so mußt du ewig sterben.

10. Herr Jesu! laß mein Herze seyn zerknirschet und zerschlagen, damit der Saame dring' hinein und laß ihn Früchte

tragen, die mir im Himmel folgen nach, da ich sie finde tausendfach: das wünsch' ich mit Verlangen. Laurentius Laurenti.

Von der Ergebung in Gottes Willen.

Matthäi 6, v. 10. Dein Wille geschehe auf Erden wie im Himmel.

Mel. Was Gott thut, das ist wohlgethan.

1531. O reicher Gott von Gütigkeit, von Gnade und Erbarmen, wie groß ist deine Freundlichkeit bei allen geistlich Armen! Mein Herz ist still und spricht: dein Will', o Vater in der Höhe! dein Will' allein geschehe.

2. Laß leuchten mir dein Angesicht in meinem dunkeln Herzen, da deines theuren Wortes Licht zerstreuet alle Schmerzen, und öffne mir die schöne Thür der Gnaden und der Wahrheit, in lauter froher Klarheit.

3. Ach, selig und gar heilig ist, wer hiezu kann gelangen, daß du, o Mittler Jesu Christ! den Willen nimmst gefangen und bringst den Sinn zum Vater hin, versöhnt mit deinem Blute: da schmeckt man alles Gute.

4. Denn Gott ist nicht ein Menschenkind, was Böses zu erwählen; der beste Mensch ist oftmals blind und kann gar leichtlich fehlen; wer aber sich ganz lediglich vergnügt in Gottes Wegen, der findet lauter Segen.

5. Drum schaff' in mir, o heil'ger Geist! den wahren Sinn des Sohnes, und gieb mir, der du Tröster heißt, die Einfalt deines Thrones; daß ich ja frei vom Wollen sey, und mich dir übergebe, daß dein Will' in mir lebe.

6. Zerbrich, o Gott! des Teufels List, der immer will verhindern, daß nicht, was auch dein Rathschluß ist, erscheine deinen Kindern. Vertreib' den Feind, der's böse meint, laß an das Licht nie kommen, was er zufügt den Frommen.

7. Wenn aber deines Friedens Schein nun zeiget deinen Willen, so wollest du, ohn' alle Pein, auch allen Zweifel stillen. Versiegle du in tiefster Ruh' all' Innigkeit der Seelen; dein Wille sey mein Wählen.

D. Joachim Justus Breithaupt.

Vom Worte Gottes.

2 Timoth. 3, v. 15—17. Weil du von Kind auf die heilige Schrift weißest, kann dich dieselbige unterweisen zur Seligkeit, durch den Glauben an Christo Jesu. Denn alle Schrift von Gott eingegeben ist nütze zur Lehre, zur Strafe, zur Besserung, zur Züchtigung in der Gerechtigkeit; daß ein Mensch Gottes sey vollkommen, zu allem guten Werk geschickt.

Mel. Es ist das Heil uns kommen her.

1532. O Seele! welche Seligkeit ist dir allhier auf Erden von deinem Schöpfer zubereit't, da er dir kund läßt werden sein theures Wort voll Lebenssaft, das eine wahre Gotteskraft und Leben mit sich führet.

2. Gleichwie auf grüner Aue sich ein hungrig Schäflein füllet und seinen Durst gar ämsiglich an frischem Wasser stillet, so kann dein Wort, Herr! allezeit mit Heil, Trost und Zufriedenheit mir meine Seel' erquicken.

3. Denn was ich suche, find' ich dort; und was mir noth zu haben, zeigt mir dein seligmachend Wort; das kann mich kräftig laben. Dein edles Wort begreift in sich, was tröstet und erfreuet mich im Leben und im Sterben.

4. Aus deinem honigsüßen Wort lern' ich dich selbst erkennen, und Jesum meinen treuen Hort, mein Licht und Leben nennen. Ja, dieses Wort zeigt mir den Geist, des Erbes Pfand, das du verheißt, uns Sterblichen zu geben.

5. Will gleich mich Sünde, Höll' und Tod und Welt und Teufel schrecken; so kann dein Wort in solcher Noth gewissen Trost erwecken: denn Christus ist, so zeigt die Schrift, der Höllen Pest, des Todes Gift *), der Alles überwunden. *) Hosea 13, v. 14.

6. Wenn mir die Welt viel Trübsal macht, wenn mich Gefahr'n umgeben; quält mich Verfolgung Tag und Nacht, muß ich im Kummer leben; kommt Krankheit, Schmerz und selbst der Tod: so kann dein Wort, o treuer Gott, mich immer kräftig trösten.

7. Dein Wort ist meines Lebens Licht, das lehrt mich richtig gehen, und bei der Sünder Rotte nicht in ihrem Rathe stehen. Dein Wort giebt meiner Seele Kraft, es ist das Holz, deß Lebenssaft uns Lieb' und Glauben schenket.

8. Drum laß mir, Herr! dies edle Wort nicht aus dem Herzen reißen. Ja, laß es, Jesu! fort und fort mein Trost und Labsal heißen. Erhalte mir es klar und rein; denn ohne dessen Glanz und Schein ist all' mein Thun verloren.

9. Gieb, daß ich auf dies Wort stets acht' mit Denken und mit Sinnen, und davon rede Tag und Nacht. Laß mich Nichts liebgewinnen, als diese deine Süßigkeit; es soll in Schmerzen, Angst und Leid mein Trost und Stärke bleiben.

10. Ja, laß mich, kommt der Tod herbei, dies Wort von Jesu hören, daß er mein' Auferstehung sey: dann laß mich zu dir

kehren und freudig sterben, weil er spricht: „die sterben nun und ewig nicht, die feste an mich glauben."

Das Gebet der Kinder, als eine Macht aus dem Munde der Unmündigen.

Psalm 8, v. 3. Aus dem Munde der jungen Kinder und Säuglinge hast du eine Macht zugerichtet, um deiner Feinde willen.

Mel. Nun preiset Alle Gottes Barmherzigkeit.

1533. O sel'ge Stunde, da man mit Kindern fleht! aus ihrem Munde dringt starkes Heilsgebet. Mein Gott versprach vor langen Zeiten, sich eine Macht daraus zu bereiten.

2. Ihr großen Sünder, schämt euch der Kleinen nicht; bringt doch die Kinder vor Jesu Angesicht und lernt mit ihnen brünstig beten. Lernet auch für sie zum Helfer treten.

3. O Kind von oben! hilf deiner Kinderschaar, daß sie dich loben, dich, der ein Kindlein war. Ach, laß dir das Geschrei von Allen mächtig und tief in die Ohren schallen,

4. Herr! laß ihr Singen, das Hosianna heißt, gen Himmel dringen und salb' es durch den Geist: damit der Feind, der Fürst der Rache, nichts, als sich selber zu Schanden mache.

5. Der Mund der Kleinen, die noch nicht mündig sind, des Säuglings Weinen, das Gottes Geist entzünd't, ihr lallendes, gebrochnes Stammeln soll uns noch mächtige Segen sammeln.

6. O Gotteslämmlein! nimm unsre Kinder hin. Gieb Geistesflämmlein in ihrer Aller Sinn. Laß sie und uns zu dir entbrennen, bis dich die Jungen und Alten kennen.

Ernst Gottlieb Woltersdorf.

Vom Kreuz der Christen.

2 Timotheum 2, v. 12. Dulden wir, so werden wir mit herrschen.

Mel. Mein Freund zerschmelzt aus Lieb'.

1534. O stilles Lamm! du hast für mich gelitten und warest doch ganz heilig, ohne Schuld; dadurch ist mir mein Seelenheil erstritten, du bist auch mir ein Spiegel der Geduld. O laß mich, deinem Vorbild gleich, auch recht geduldig seyn, so geh' ich in dein Reich.

2. Der schmale Weg, den wir zum Himmel gehen, geht durch Geduld, durch Trübsal, Kampf und Noth; drum laß mich doch den Kreuzesweg verstehen und führe stets das böse Fleisch in Tod. Nimm doch von mir die Zärtlichkeit und gieb mir rechten Ernst in allem Kampf und Streit.

3. Ich soll dein Kreuz ja täglich auf mich nehmen, o, gieb mir nun dazu auch wahre Treu', daß ich mich deiner Schmach nicht möge schämen, und also auch dein rechter Jünger sey, der jeden Tag sein Kreuze trägt, das dein so weiser Rath ihm selbst hat auferlegt.

4. Ein jeder Tag hat hier sein' eigne Plage, ein jedes Glied sein' eigne Kreuzeslast; wenn ich dein Kreuz nur immer willig trage, das du zum Heil für mich bestimmet hast, so trag' ich nichts zu lang' und viel, du setzest aller Last ihr rechtes Maaß und Ziel.

5. Es darf da nichts mich allzu lästig drücken, es drücket nur das böse Fleisch und Blut; der Geist hingegen kann sich da erquicken; so thut dein Kreuz uns täglich viel zu gut, es macht von vieler Hind'rung frei, daß unser Geist dadurch im besten Wachsthum sey.

6. Wenn wir dein Kreuz nur fein geduldig tragen, so trägt es uns in Gottes Herz hinein; flieht man das Kreuz als lauter Last und Plagen, so macht man sich nur größre Last und Pein; das Fleisch wird stark und schwächt den Geist, — o wohl uns, wenn man trägt, was du uns tragen heißt!

7. So hilf mir nun, daß ich mich stündlich leide*) und ja nicht mehr aus deiner Schule geh'; gieb nur Geduld und stete Glaubensweide, daß ich im Kampf gestärkt und männlich steh', und dann verwandle alles Leid, schon hier, besonders dort, in lauter Herrlichkeit.

*) 2 Timoth. 3, v. 3.

Karl Heinrich v. Bogatzky.

Vom christlichen Sinn und Wandel.

Philipper 3, v. 12. Nicht daß ich's schon ergriffen habe, oder schon vollkommen sey; ich jage ihm aber nach, ob ich's auch ergreifen möchte, nachdem ich von Christo Jesu ergriffen bin.

Mel. Herzlich thut mich verlangen.

1535. O süßer, hoher Glaube, nicht ewig zu vergehn! der Leib nur ist vom Staube, die Seele wird bestehn. Gott laß mich's nie vergessen; der heil'gen Hoffnung voll laß täglich mich ermessen, was ich einst werden soll.

2. Sollt' ich nach Reichthum trachten? nie komm' es in mein Herz; nach Ehr' und Wollust schmachten? das bringt nur Reu'

und Schmerz. Hienieden schon auf Erden soll meine Seele rein, ein Tempel Gottes werden, ganz ihm geheiligt seyn.

3. Hier ungetrübte Freuden, sind nicht der Christen Loos; doch ist in ihrem Leiden des Herrn Erbarmen groß. Wir leiden nicht vergebens und schau'n von ferne schon die Wonne jenes Lebens, der Sieger Gnadenlohn.

4. Getrost, mein Geist! ermüde in deinem Kampfe nicht! dich stärket Gottes Friede mit Kraft und Zuversicht. Ermuntre dich und streite, des Sieges Lohn ist nah'; getrost, vielleicht noch heute des Kampfes Ende da!

Von der Wiedergeburt.

2 Corinth. 6, v. 17. 18. Darum gehet aus von ihnen und sondert euch ab, spricht der Herr, und rühret kein Unreines an; so will ich euch annehmen und euer Vater seyn, und ihr sollt meine Söhne und Töchter seyn, spricht der allmächtige Herr.

Mel. Die Tugend wird durch's Kreuz geübet.

1536. O süßer Stand, o selig's Leben, das aus der wahren Einfalt quillt, wenn sich ein Herz Gott so ergeben, daß Christi Sinn es ganz erfüllt; wenn sich der Geist nach Christi Bilde im Licht und Recht hat aufgericht't, und unter solchem klaren Schilde durch alle falsche Höhen bricht!

2. Was Andern schön und lieblich scheinet, ist solchem Herzen Kinderspiel; was Mancher für unschuldig meinet, ist solchem Herzen schon zu viel; warum? es gilt der Welt absagen; hier heißt's: rührt kein Unreines an! Das Kleinod läßt sich nicht erjagen, es sey denn Alles abgethan.

3. Die Himmels-Kost schmeckt viel zu süße dem Herzen, das in Jesu lebt, die Braut bewahrt Haupt, Händ' und Füße, und wo ihr etwas noch anklebt, das zu dem Glanz der Welt gehöret, das ist ihr lauter Höllenpein, und wo sie recht in Gott einkehret, da macht sie sich von Allem rein.

4. Die Einfalt Christi schließt die Seele vor allem Weltgetümmel zu, da sucht sie in der dunklen Höhle, in Horeb, Gott und ihre Ruh'; wenn sich das Heuchel-Volk in Lüsten der Welt und ihrer Eitelkeit, auch wohl bei gutem Schein, will brüsten, fühlt jene harten Kampf und Streit.

5. Die Einfalt weiß von keiner Zierde, als die im Blute Christi liegt; die reine himmlische Begierde hat solche Thorheit schon besiegt; an einem reinen Gottes-Kinde glänzt Gottes Name schön und rein, wie könnt' es denn vom eitlen Winde der Welt noch eingenommen seyn?

6. Von Sorgen, Noth und allen Plagen, damit die Welt sich selbst anficht, von Neid, damit sich Andre tragen, weiß Christi Sinn und Einfalt nicht; den Schatz, den sie im Herzen heget, behält sie wider allen Neid; ist Jemand, der Lust dazu träget, das macht ihr lauter Herzensfreud'.

7. O schönes Bild, ein Herz zu schauen, das sich mit Christi Einfalt schmückt! Geht hin, ihr thörichten Jungfrauen! harrt nur, bis euch die Nacht berückt. Was sind die Lampen sonder Oele? Schein' ohn' Einfalt und Christi Sinn; sucht doch was Besser's für die Seele und gebt der Welt das Ihre hin!

8. Ach, Jesu! drücke meinem Herzen den Sinn der lautern Einfalt ein; reiß' aus, obschon mit tausend Schmerzen, der Welt ihr Wesen, Tand und Schein; des alten Drachen Bild und Zeichen trag' ich nicht mehr; drum laß mich nur der Einfalt Zier und Schmuck erreichen: das ist die neue Kreatur.

Johann Joseph Winckler.

Worte des scheidenden Jesu.

Matthäi 28, v. 18—20. Mir ist gegeben alle Gewalt im Himmel und auf Erden. Darum gehet hin und lehret alle Völker, und taufet sie im Namen des Vaters, und des Sohnes, und des heiligen Geistes; und lehret sie halten Alles, was ich euch befohlen habe.

Mel. Nun danket alle Gott.

1537. O süßes Gnadenwort, das Jesu Mund läßt fließen, das sich durch jeden Ort der Erde soll ergießen: Geht hin in alle Welt und predigt, Gott zum Ruhm, weil's ihm also gefällt, das Evangelium!

2. Dies ist die Friedensstimm' und Botschaft vieler Freuden, die ohn' Gesetzes-Grimm an Juden und an Heiden erschallet in der Zeit, und noch im Herzen schallt: ach, wär' es doch bereit, dem Ruf zu folgen bald!

3. Gott ist noch jetzt getreu, er ruft und macht hienieden das Herz von Sünden frei und schenkt ihm seinen Frieden. Allein der Mensch verstößt den Rath der Seligkeit und sündiget getrost auf Gnad' in Sicherheit.

4. Mein Herz! ach denke nach, erwäg' die große Gnade! steh' auf, dieweil es Tag, daß dir die Nacht nicht schade, die etwa

bald einbricht. Es ist der bösen Welt ein schreckliches Gericht für ihren Trotz bestellt.

5. Gott läßt die Gnadenstimm' von Neuem heut erschallen: darum, mein Herz! vernimm, was Gottes Wohlgefallen; das Evangelium gebieret dich ganz neu; drum komme wiederum zu Gott in wahrer Reu'.

6. Wer glaubet, wer getauft und fest im Glauben bleibet, dem hilft's, daß er erkauft. Doch wer nur Blendwerk treibet mit seinem Christenthum, der kann nicht selig seyn. Er wird verdammet, kommt in ew'ge Höllenpein.

7. Ach! möcht' die böse Welt doch dieses einmal fassen und das, was Gott mißfällt, von ganzem Herzen hassen: als Wollust, Augenlust und diesen falschen Wahn, daß man bei Sündenwust doch selig werden kann.

8. Hinweg, verdammter Schein! der du das Herz verführest und nichts als Weh und Pein und Höllenangst gebierest: bei dem, der Sünde thut, kann Glaube nicht bestehn. Wo Gott im Herzen ruht, muß Sünd' und Nacht vergehn.

9. O Jesu! leite mich in meinem ganzen Leben; laß meine Seele sich zu dir allein erheben: daß sie im Geiste schon zu dir gen Himmel fährt; bis sie vor deinem Thron dich ewig preis't und ehrt.

Laurentius Laurenti.

Trostlied.

Lucä 7, v. 13. Da der Herr die Wittwe sahe, jammerte ihn derselbigen, und sprach zu ihr: Weine nicht.

Mel. Herr Jesu Christ, mein's Lebens Licht.

1538. O süßes Wort, das Jesus spricht zur armen Wittwe: weine nicht! Es kommt mir nie aus meinem Sinn, zumal wenn ich betrübet bin.

2. Es wird gered't nicht in das Ohr leis', sondern unter freiem Thor, laut, daß es hö- ret Jedermann und sich hierüber freuen kann.

3. Er redet's aber zu der Zeit, da Tod und Leben war im Streit, drum soll es auch erquicken mich in Tod und Leben kräftiglich.

4. Wenn Noth und Armuth mich ansicht, spricht doch mein Jesus: weine nicht! Gott ist dein Vater, trau' nur ihm, erhört er doch der Raben Stimm'.

5. Bin ich sehr kraftlos, krank und schwach und ist nichts da, denn Weh' und Ach, so tröst't mich Jesus noch und spricht: ich bin dein Arzt, drum weine nicht!

6. Raubt mir der Feind mein Gut und Hab', daß ich muß fort mit einem Stab, sagt Jesus wieder: weine nicht! denk', was dem frommen Job geschicht.

7. Vertreibt mich des Verfolgers Hand, gönnt er mir keinen Sitz im Land': ruft Jesus in mein Herz und spricht: dein ist der Himmel, weine nicht!

8. Wenn um mich Band' und Ketten seynd, ich habe Feind' und falsche Freund', spricht Jesus: weine nicht, und glaub', dir kann nicht schaden Asch' und Staub.

9. Reißt mir der Tod das Liebste hin, sagt Jesus: weine nicht, ich bin, der's wiedergiebt; gedenke dran, was ich zu Nain hab' gethan.

10. Muß ich selbst ringen mit dem Tod, ist Jesus da, ruft in der Noth: ich bin das Leben, weine nicht! wer an mich glaubt, wird nicht gericht't.

11. O süßes Wort, das Jesus spricht in allen Nöthen: weine nicht! Ach, klinge stets in meinem Sinn, so fähret alles Trauren hin!

D. Johann Höfel.

Von der Sündenvergebung.

Röm. 6, v. 22 Nun ihr aber seyd von der Sünde frei und Gottes Knechte geworden; habt ihr eure Frucht, daß ihr heilig werdet, das Ende aber das ewige Leben.

Mel. Der lieben Sonne Licht und Pracht.

1539. O Tage wahrer Seligkeit, o freudenvolles Leben, wenn uns in dieser Gnadenzeit die Sünden sind vergeben, die Jesus hat gebüßt, und wenn man das genießt, was er uns, da er uns versühnt, für Leib und Seele hat verdient!

2. Der Gottesfried', das höchste Gut bekümmerter Gewissen, kommt da, wie eine Segensfluth sich in das Herz zu gießen, dem Gnade, Trost und Heil so reichlich wird zu Theil, daß selbiges mit Jesu Christ schon hier als wie im Himmel ist.

3. Wie aber, daß auch Schaam und Schmerz noch bei der Freud' erscheinet, und daß ein solch begnadigt Herz hienieden oft noch weinet? Ei, weil man nie vergißt, wer man gewesen ist, und daß die uns geschenkte Gnad' ihm Blut und Tod gekostet hat.

4. Dies macht, daß man nie anders kann, es ist der Gnade eigen: man nimmt sie auf den Knieen an und freuet sich mit Beugen; denn Alles, was man hat, ist Gnad' und bleibet Gnad' um so viel mehr, weil er drum starb und Missethätern sie erwarb.

5. Ach! unser Glück ist in der That nicht g'nugsam auszusprechen; denn wen sein Blut entsündigt hat, dem heilt's auch die Gebrechen, die Jeder an sich trägt, bis er zur Ruh' sich legt: ja sein Verdienst und Tod und Blut kommt selbst im Tod uns noch zu gut.

6. Das ist auch unser Heimgeleit' zu den vollend'ten Schaaren, worauf wir in der Gnadenzeit schon zubereitet waren; und dort wird der Gemein' ihr ew'ges Loblied seyn: Preis sey dem Lamm, für uns geschlacht't; sein Blut hat uns gerecht gemacht!

Christian Gregor.

Vom Tode und Begräbniß Jesu.

Joh. 12, v. 24. Es sey denn, daß das Weizenkorn in die Erde falle und ersterbe, so bleibt es allein; wo es aber erstirbt, so bringt es viele Früchte.

In eigener Melodie.

1540. O Traurigkeit! o Herzeleid! ist das nicht zu beklagen? Gott, des Vaters einig's Kind, wird in's Grab getragen.

2. O große Noth! der Herr ist todt! am Kreuz ist er gestorben, hat dadurch das Himmelreich uns aus Lieb' erworben.

3. O Menschenkind! nur deine Sünd' hat dieses angerichtet; da du durch die Missethat warest ganz vernichtet.

4. Dein Bräutigam, das Gotteslamm liegt hier mit Blut beflossen: welches er ganz mildiglich hat für dich vergossen.

5. O süßer Mund, o Glaubensgrund! wie bist du so zerschlagen! Alles, was auf Erden lebt, muß dich ja beklagen.

6. O lieblich's Bild, schön, zart und mild: du Söhnlein der Jungfrauen! Niemand kann dein heißes Blut ohne Reu' anschauen.

7. O selig ist zu jeder Frist, der dieses recht bedenket: wie der Herr der Herrlichkeit wird ins Grab gesenket.

8. O Jesu, du mein' Hülf' und Ruh', ich bitte dich mit Thränen: hilf, daß ich mich bis ins Grab nach dir möge sehnen.

Johann Rist.

Vom Tode und Sterben.

Apost. Gesch. 7, v. 55. Siehe, ich sehe den Himmel offen, und des Menschen Sohn zur Rechten Gottes stehen.

Mel. Was Gott thut, das ist wohlgethan.

1541. O treuer Jesu, der du bist mein Hirte, Trost und Leben, mein bester Freund zu jeder Frist, dem ich mich ganz ergeben; ich bitte dich ganz inniglich, laß mich doch nicht verderben, wann kommt die Zeit zum Sterben.

2. Steh' mir am letzten Ende bei, und hilf mir überwinden; mach' mich von meinen Schulden frei und sprich mich los von Sünden; in aller Noth sey mir dein Tod und unverschuld'tes Leiden ein Anblick großer Freuden.

3. Erscheine mir zur selben Zeit mit deinen off'nen Wunden, die du, auf daß ich sey befreit, aus lauter Lieb' empfunden; dein theures Blut komm' mir zu gut und labe meine Seele in ihrer matten Höhle.

4. Und wenn ich nicht mehr sprechen kann, noch meinen Mund bewegen, so nimm die schwachen Seufzer an, die sich im Herzen regen! Laß für und für gar süß in mir den Namen Jesus schallen, wenn mir's Gehör entfallen.

5. Daneben bitt' ich, treuer Gott! du woll'st mich ganz umfassen und ja nicht in derselben Noth aus deinen Armen lassen; ach, möcht' ich doch auch heute noch die theure Gunst ererben, in deinem Schooß zu sterben!

6. Ei nun, so komm zu deinem Lamm, mein Hirte, Trost und Leben, mein bester Freund und Bräutigam, dem ich mich ganz ergeben! komm bald zu mir, nimm mich mit dir aus diesem See der Leiden in's Reich der ew'gen Freuden!

D. Johann Scheffler (Angelus).

Die selige Erkenntniß Christi des Heilandes.

Jesaia 29, v. 18. 19. Zu derselbigen Zeit werden die Tauben hören die Worte des Buchs, und die Augen der Blinden werden aus dem Dunkel und Finsterniß sehen, und die Elenden werden wieder Freude haben am Herrn, und die Armen unter den Menschen werden fröhlich seyn in dem Heiligen Israels.

Mel. Nun sich der Tag geendet hat.

1542. O treues Jesus-Angesicht, ach lehre meinem Geist das Beste, was ihm noch gebricht, was dein' Erkenntniß heißt.

2. Nimm dir Verstand und Willen hin; ich fühle meinen Schmerz, wie ich im finstern Schatten bin; drum zeige mir dein Herz.

3. Was ist mir denn, was fehlt mir noch? die beste Seelenlust, die leichte Last, das Jesus-Joch, ist mir noch nicht bewußt.

4. Ich wandle noch im finstern Thal,

mir mangelt Jesu Schein, mein Leben ist mir lauter Qual, ich kann nicht fröhlich seyn.

5. Drum, süßer Jesu, guter Hirt, ich schreie ängstiglich, bis mich dein Glanz erleuchten wird, ach, offenbare dich!

6. Ach, mache dich mir bald bekannt in deiner Jesus-Treu', weil du dein Blut an mich gewandt, daß ich dein Schäflein sey.

7. Ja, Herr! der du so lieb und gut, o hilf noch diesen Tag, daß ich dein Herz, dein Jesus-Blut im Herzen fühlen mag.

8. Und weil ich hier in meinem Lauf noch muß im Dunkeln gehn, so hilf mir bald zu dir hinauf, dich ewig anzusehn.

Gottlieb August Astmann.

Gebet in Todesnoth.

Offenb. Joh. 3, v. 11. Siehe, ich komme bald. Halte was du hast, daß Niemand deine Krone nehme.

Mel. Herr Jesu Christ, mein's Lebens Licht.

1543. O Ueberwinder, Jesus Christ! der du versucht in Allem bist, den Kampf für uns am Kreuz begannst, uns Licht und Trost im Tod gewannst;

2. Der du dich in der Marter-Last nach Ruh' und Sieg gesehnet hast, in Hitz' und Durst verschmachtet bist, um Hülfe laut zum Vater schriest;

3. Der du erblaßt als Leiche hingst, dem Geiste nach zum Vater gingst, mit Sieg vom Tode auferstand'st, die Herrlichkeit im Himmel fand'st:

4. Gönn' einst mir einen Gnadenblick, wenn in dem letzten Augenblick mich Sterbenden die Kraft verläßt und Todesangst mein Herz zerpreßt!

5. Wenn mich die Sündenschuld erschreckt, mit Qual ich Müder bin bedeckt und seufze: Herr! erbarme dich, so eile du und tröste mich.

6. Und kann ich nicht mehr zu dir fleh'n, kann keinen Zuspruch mehr versteh'n, lieg' taub und ohne Sinnen da: bleib' du dem schwachen Geiste nah'.

7. Wenn kalter Schweiß vom Haupte strömt, der Schmerz mir alle Kräfte lähmt, die Zunge an dem Gaumen klebt, der Tod durch alle Glieder bebt;

8. Das matte Aug' gebrochen starrt, ein Odem auf den andern harrt, das müde Blut nur stockend schleicht, die letzte Lebensspur entweicht:

9. Da sieh' mich mit Erbarmen an, weil Niemand sich erbarmen kann! Bringt sein Geschrei ein Freund vor dich, ach, so erhöre ihn für mich.

10. Du, der den Tod für mich erlitt, der mich so kräftiglich vertritt, bring' mich nach deiner Liebesmacht durch diese grausenvolle Nacht!

11. Den Geist, der sich vom Leibe trennt und nur nach dir, nach dir sich sehnt, im Todesthal den Weg nicht weiß, hol' zu dir in der Engel Kreis.

12. Das Recht, an mir hast du allein, todt und lebendig bin ich dein. O stärk' mein Herz, das an dich glaubt! wo ist ein Tod, der dir mich raubt?

Johann Gottfried Schöne

Von dem Verlangen nach Jesu.

Johannis 4, v. 14. 15 Wer des Wassers trinken wird, das ich ihm gebe, den wird ewiglich nicht dürsten; sondern das Wasser, das ich ihm geben werde, das wird in ihm ein Brunnen des Wassers werden, das in das ewige Leben quillet. Spricht das Weib zu ihm: Herr, gieb mir dasselbige Wasser, auf daß mich nicht dürste.

In eigener Melodie.

1544. O Ursprung des Lebens, o ewiges Licht! da Niemand vergebens sucht, was ihm gebricht; lebendige Quelle, so lauter und helle sich aus seinem heiligen Tempel ergießt und in die begierigen Seelen einfließt:

2. Du sprichst: wer begehret zu trinken von mir, was ewiglich nähret, der komme! allhier sind himmlische Gaben, die süßiglich laben; er trete im Glauben zur Quelle heran: hier ist, was ihn ewig beseligen kann!

3. Hier komm' ich, mein Hirte! mich dürstet nach dir; o Liebster! bewirthe dein Schäflein allhier. Du kannst dein Versprechen mir Armen nicht brechen, du siehest, wie elend und dürftig ich bin, auch giebst du die Gaben aus Gnaden nur hin.

4. Du süße Fluth! labest Geist, Seele und Muth, und wen du begabest, find't ewiges Gut. Wenn man dich genießet, wird Alles versüßet, es jauchzet, es singet, es springet das Herz, es weichet zurücke der traurige Schmerz.

5. Drum gieb mir zu trinken, wie's dein Wort verheißt, laß gänzlich versinken den sehnenden Geist im Meer deiner Liebe. Laß heilige Triebe mich immerfort treiben zum Himmlischen hin, es werde mein Herze ganz trunken darin.

6. Wenn du auch vom Leiden was schenkest mir ein, so gieb, dir mit Freuden gehorsam zu seyn. Denn alle die, welche mit trin-

ken vom Kelche, den du hast getrunken im Leiden allhier, die werden dort ewig sich freuen mit dir.

7. Drum laß mich auch werden, mein Jesu! erquickt da, wo deine Heerden kein Leiden mehr drückt, wo Freude die Fülle, wo liebliche Stille, wo Wonne, wo Jauchzen, wo Herrlichkeit wohnt, wo heiliges Leben wird gnädig belohnt. Chr. Jak. Koitsch.

(O Vater aller Frommen! geheiligt ꝛc. siehe No. 769. Vers 4.)

Bußlied.

Psalm 32, v. 5. Darum bekenne ich dir meine Sünde, und verhehle meine Missethat nicht. Ich sprach: ich will dem Herrn meine Uebertretung bekennen. Da vergabest du mir die Missethat meiner Sünde.

Mel. Aus tiefer Noth schrei' ich zu dir.

1545. O Vater der Barmherzigkeit, ich falle dir zu Fuße, verstoß' nicht den, der zu dir schreit und thut noch endlich Buße. Was ich begangen wider dich, verzeih' mir Alles gnädiglich durch deine große Güte.

2. Durch deiner Allmacht Wunderthat nimm von mir, was mich quälet; durch deine Weisheit schaffe Rath, worinnen mir's sonst fehlet. Gieb Willen, Mittel, Kräft' und Stärk', daß ich mit dir all' meine Werk' anfange und vollende.

3. O Jesu Christe! der du hast am Kreuze für mich Armen getragen aller Sünden Last, wollst meiner dich erbarmen! O wahrer Gott! o Davids Sohn! erbarm' dich mein und mein verschon', sieh' an mein kläglich's Rufen.

4. Laß deiner Wunden theures Blut, dein' Todespein und Sterben mir kommen kräftiglich zu gut; ach, laß mich nicht verderben, bitt' du den Vater, daß er mir im Zorn nicht lohne nach Gebühr, wie ich es hab' verschuldet.

5. O heil'ger Geist! du wahres Licht, Regierer der Gedanken, wenn mich der Sünden Lust anficht, laß mich von dir nicht wanken; verleih', daß nun und nimmermehr Begierd' nach Wollust, Geld und Ehr' in meinem Herzen herrsche.

6. Und wenn mein Stündlein kommen ist, so hilf mir treulich kämpfen, daß ich des Satans Trutz und List durch Christi Sieg mag dämpfen; auf daß mir Krankheit, Angst und Noth, und dann der letzte Feind, der Tod, nur sey die Thür zum Leben. David Denicke.

Das Gebet des Herrn.

Matthäi 6, v. 7—9. Wenn ihr betet, sollt ihr nicht viel plappern, wie die Heiden; denn sie meinen, sie werden erhöret, wenn sie viel Worte machen. Darum sollt ihr euch ihnen nicht gleichen. Euer Vater weiß, was ihr bedürfet, ehe denn ihr ihn bittet. Darum sollt ihr also beten: ꝛc.

Mel. Nun bitten wir den heiligen Geist.

1546. O Vater, der du im Himmel bist, dessen Lieb' und Macht unendlich ist, Vater aller Kinder, die dein Herz kennen und in dem Sohne dich Vater nennen: wir schrei'n zu dir!

2. Dein Name werde der Welt bekannt! mach' ihn groß und herrlich dem Verstand, süß' dem ganzen Herzen; in Lehr' und Leben, hilf uns dir, Vater! die Ehre geben: gieb uns dein Wort!

3. Dein Reich der Gnaden und Herrlichkeit komme zu uns, herrsche weit und breit; deinen Geist zum Worte wollst du uns geben, damit wir glauben und göttlich leben, schon hier, und dort!

4. Dein guter, gnädiger Will' und Rath, den der Himmel stets erfüllet hat, müss' auch so auf Erden mit Lust geschehen und aller böse Rath untergehen in aller Welt!

5. O Vater, dem man vertrauen mag! gieb uns unser Brot auf jeden Tag. Gieb' es uns auch heute. Doch bei den Gaben laß uns Erkenntniß des Gebers haben, mit Lob und Dank!

6. Zwar unwerth sind wir so vieler Huld! ach! vergieb uns unsrer Sünden Schuld alle Tage reichlich; wer kann sonst leben? Wir aber wollen auch dem vergeben, der uns betrübt.

7. Schenkst du uns Gnade, so gieb auch Kraft, der Versuchung, die der Arge schafft, gläubig zu begegnen, daß Welt und Sünde bei allem Anfall uns nicht entzünde: laß uns den Sieg!

8. Erlös' uns endlich, bis in den Tod, von dem Bösewicht, von aller Noth, auch vom Sündenübel, einst froh zu sagen: er hat mich durch Alles durchgetragen; es ist vollbracht!

9. Dein ist das Reich, du regierst allein; alle Kraft, Allmächtiger! ist dein, Herrlichkeit und Ehre wird dir gegeben. Durch alle Zeiten, in's ew'ge Leben, bist du's allein.

10. Wir sagen Amen, es soll geschehn! Unsre Bitten sind dir gern gesehn. Sie sind schon erhöret. Du hast's befohlen, uns dein Zusagen nur abzuholen. Ja, Amen, Ja!

Ernst Gottlieb Woltersdorf.

Vom Gebet.

Joh. 9, v. 31. Wir wissen aber, daß Gott die Sünder nicht höret; sondern so Jemand gottesfürchtig ist und thut seinen Willen, den höret er.

Mel. O Gott, du frommer Gott.

1547. O Vater, der du mich zum Kinde angenommen, laß meine Bitte jetzt vor deine Ohren kommen, und weil du nicht nur mein, auch unser Vater bist: so bitt' ich mit für den, der mir der Nächste ist.

2. Für Eltern, Obrigkeit, für Prediger und Lehrer, für Freunde, für die Welt, für deines Sohns Verehrer. Du bist der höchste Gott, der Himmel ist dein Haus, dir ist kein Ding zu schwer, du hilfst allmächtig aus.

3. Dich, Vater, Sohn und Geist begehr' ich recht zu kennen, und gläubig, dir zum Ruhm, dich meinen Gott zu nennen. Ist mir der Taufe Schatz durch Satans List geraubt, gieb, daß mein Herz zerknirscht sich wieder selig glaubt.

4. Und wenn du mich bekehrt, so wollst du deinen Willen durch deine Kraft in mir nach Himmelsart erfüllen. Ist so mein Geist versorgt, so sieh' auch auf die Noth, die meinen Leib bedrängt, und gieb mir täglich Brot.

5. Verseh' ich oft und viel, ach so vergieb die Schulden, und laß mich eben so des Nächsten Fehler dulden. Gieb meiner Seele Kraft, steh' mir in Allem bei: daß des Versuchers List an mir vergebens sey.

6. Hilf täglich aus der Noth; bereite mich zum Sterben: so werd' ich ganz erlös't die Seligkeit ererben. Ich such' es nur bei dir. Du herrschest doch allein. Du hast allein die Kraft, und aller Ruhm ist dein.

7. Auf dein Verheißungswort, in Jesu Blut und Namen und durch des Geistes Kraft spricht Herz und Zunge: Amen. Ja, Amen, ja gewiß, fürwahr, es wird gescheh'n. Wer deinem Worte glaubt, der wird's mit Augen seh'n. E. G. Woltersdorf.

Von der heiligen Dreieinigkeit.

2 Thessalonicher 2, v. 16. 17. Er aber, unser Herr Jesus Christus, und Gott und unser Vater, der uns hat geliebet und gegeben einen ewigen Trost und eine gute Hoffnung durch Gnade, der ermahne eure Herzen, und stärke euch in allerlei Lehre und gutem Werk.

Mel. O Lamm Gottes, unschuldig rc.

1548. O Vater der Gemeine, hold deinen lieben Kindern! sie sind durch Christum deine; was kann ihr Wohlseyn hindern? dein Rufen, dein Erwählen gedeih' in allen Seelen. Erfreu' dich uns'r, o Vater! Vater!

2. Herr, groß von Heilsgedanken, von Rath, Kraft, Licht und Leben: Freund! ewig ohne Wanken; wer kann dich g'nug erheben? Wohl uns, daß wir dich kennen, uns dein, dich unser nennen! verlaß uns nimm'r, o Jesu! Jesu!

3. Du Geist aus Gottes Munde! o wirke selbst in Allen, die wir in Einem Bunde des Glaubens Wege wallen: bis Geist, Sinn und Geberden dir ganz geheiligt werden; dein Frieden uns umfah', o Tröster! Karl Bernhard Garve.

Von der heiligen Dreieinigkeit.

Offenb. Joh. 1, v. 4. Gnade sey mit euch, und Friede von dem, der da ist, und der da war, und der da kommt.

Mel. Allein Gott in der Höh' sey Ehr'.

1549. O Vater, Gott von Ewigkeit, der Gottheit wahre Quelle! dich ehrt die ganze Christenheit; denn deines Thrones Stelle ist herrlich, voller Majestät, daß billig dir zum Dienste steht der Himmel sammt der Erde.

2. Als Vater hast du deinen Sohn von Ewigkeit gezeuget, daß sich vor seiner Gottheit Thron der Chor der Engel neiget; als Vater hast du diese Welt und Alles an das Licht gestellt, auch väterlich erhalten.

3. Drum bleib' noch ferner zugethan als Vater deinen Kindern, und nimm dich uns'rer Wohlfahrt an, hilf allen armen Sündern, daß sie von deiner Mildigkeit, zur guten und zur bösen Zeit, Trost, Schutz und Nahrung haben.

4. Gott Sohn, des Vaters Ebenbild! von Ewigkeit geboren, und endlich, da die Zeit erfüllt, als Mittler auserkoren; wahrhaft'ger Gott und Mensch zugleich, der du der Welt dein Himmelreich durch deinen Tod erworben:

5. Als Gott besitzest du den Thron zu deines Vaters Rechten, uns wider allen Neid und Hohn des Teufels zu verfechten. Ach, hilf uns durch dein theures Blut, daß uns dein Vater bleibe gut und ewiglich gewogen.

6. O heil'ger Geist, du werther Gast! der Frommen Schatz und Krone! der du den Ausgang ewig hast vom Vater und vom

Sohne, du süßer Tröster, treu'ster Freund, der du die Deinen wohlgemeint in alle Wahrheit leitest!

7. Komm, wahrer Gott! mit deiner Kraft zu deinen Auserwählten, gieb uns den rechten Lebenssaft und tröste die Gequälten; bleib' unser Schutz und Zuversicht, der Seelen Schatz und Freudenlicht, und unsers Geistes Leben.

8. O heilige Dreieinigkeit! Jehovah der Heerschaaren! der du dich deiner Christenheit hast wollen offenbaren, daß du mit deinem Namen heißt: Gott Vater, Sohn und heil'ger Geist; wir danken dir mit Freuden.

9. Denn wer dich, Gott, recht weiß und kennt, der hat das wahre Leben, und wer von deiner Liebe brennt, den kannst du bald erheben, daß er nach dieser trüben Zeit, im Licht der frohen Ewigkeit, dich wesentlich kann schauen. M. Salom. Liscov (Liscovius).

Von der Treue und Liebe Jesu Christi.

Psalm 31, v. 4. Um deines Namens willen wollest du mich leiten und führen.

Mel. Wie wohl ist mir, o Freund der Seelen.

1550. O Vaterherz, o Licht, o Leben, o treuer Hirt, Immanuel! dir bin ich einmal übergeben, dir, dir gehöret Leib und Seel'; ich will mich nicht mehr selber führen, der Vater soll das Kind regieren: so geh' nun mit uns aus und ein und leite mich nach allen Tritten; ich geh' (ach hör', o Herr, mein Bitten) ohn' dich nicht einen Schritt allein.

2. Was kann dein schwaches Kind vorbringen? ich weiß mir gar in Keinem Rath: drum sey in groß- und kleinen Dingen mir immer selber Rath und That; du willst dich meiner gar nicht schämen, ich mag dich ja zu Allem nehmen, du willst mir selber Alles seyn; so sollst du denn in allen Sachen den Anfang und das Ende machen, dann stellt sich lauter Segen ein.

3. Du leitest mich, ich kann nicht gleiten, dein Wort muß ewig feste stehn; du sprichst: dein Auge soll' mich leiten, dein Angesicht soll' vor mir gehn; ja deine Güt' und dein Erbarmen soll' mich umfangen und umarmen; o, daß ich nun recht kindlich sey, bei Allem gläubig zu dir flehe und stets auf deinen Wink nur sehe, so spür' ich täglich neue Treu'.

4. O, daß ich auch im Kleinsten merke auf deine Weisheit, Güt' und Treu', damit ich mich im Glauben stärke, dich lieb' und lob' und ruhig sey und deine Weisheit lasse walten, stets Ordnung, Maaß und Ziel zu halten; denn lauf' ich vor, so lauf' ich an. Drum mach' im Besten mich gelassen, Nichts ohne dich mir anzumaßen; was du mir thust, ist wohlgethan.

5. Du weißt allein die besten Weiden, auch das, was an mir Schaden übt; drum laß dein Schäflein Alles meiden, was ihm nicht gute Nahrung giebt. Ach! daß ich nicht mehr von dir irre, noch durch Zerstreuung mich verliere, auch nicht im allerbesten Schein. Ach, halte meine Seele feste, hab' Acht auf mich auf's Allerbeste und halte der Versuchung ein!

6. Du wollst ohn' Unterlaß mich treiben zum Wachen, Ringen, Flehn und Schrei'n; laß mir dein Wort im Herzen bleiben und in mir Geist und Leben seyn; laß deinen Zuruf stets erschallen, mit Furcht und als vor dir zu wallen, laß mich stets eingekehret seyn. Vermehr' in mir dein inn'res Leben, dir unaufhörlich Frucht zu geben, und laß nichts lau und träge seyn.

7. O, daß ich mich in nichts verweilte, was mir hat Zeit und Kraft verzehrt. O, daß ich stets zum Himmel eilte: mein Held! umgürte du dein Schwert und brich durch alle Hindernisse, ja, laß nach deinem Wort die Füße hinfort gewisse Tritte thun; laß mich in allem Wort und Werken auf deines Geistes Trieb nur merken und nie in eignem Willen ruhn.

8. Ach! mach' einmal mich treu und stille, daß ich dir immer folgen kann; nur dein, nur dein vollkommner Wille sey hier mein Schranken, Lauf und Bahn. Laß mich nichts mehr für mich verlangen; ja, laß mir Nichts am Herzen hangen, als deines großen Namens Ruhm; der sey allein mein Ziel auf Erden, ach! laß mir's nie verrücket werden, denn ich bin ja dein Eigenthum.

9. Laß mich in dir den Vater preisen, wie er die Liebe selber ist, laß deinen Geist mir klärlich weisen, wie du von ihm geschenkt mir bist. Ach, offenbare deine Liebe und wirke doch die heißen Triebe der reinen Gegenlieb' in mir. Durchdringe dadurch Herz und Sinnen, daß ich hinfort mein ganz Beginnen in deiner Lieb' und Lob nur führ'.

10. Ich sehne mich, nur dir zu leben, der du mein Herr und Bräut'gam bist.

Was dir sich nicht will ganz ergeben und was nicht deines Willens ist, das strafe bald in dem Gewissen; laß Blut und Wasser auf mich fließen und tilge, was nicht lauter heißt. Laß nur dein Lob zur Lust mir werden, und dann das Heil der armen Heerden nach einer reinen Lieb' im Geist.

11. So lob' und lieb' ich in der Stille und lieg' als Kind in deinem Schooß, das Schäflein trinkt aus deiner Fülle; die Braut ist aller Sorgen los. Sie sorget nur allein in Allen, dir, ihrem Bräut'gam, zu gefallen; sie schmückt und hält sich dir bereit. Ach! zieh' mich, zieh' mich weit von hinnen, was du nicht bist, laß ganz zerrinnen, o reiner Glanz der Ewigkeit!

Karl Heinrich v. Bogatzky.

Alles von Gott.

Philipper 4, v. 19. Mein Gott aber erfülle alle eure Nothdurft, nach seinem Reichthum in der Herrlichkeit, in Christo Jesu.

Mel. O Gott, du frommer Gott.

1551. O Vater unser Gott, bei dem wir alle Gaben und was uns nützlich ist, allein zu suchen haben: o sieh erbarmend mich in meiner Schwachheit an, weil ich, so wie ich will, dir nicht vertrauen kann.

2. Ich glaube zwar an dich, doch nur mit schwachem Glauben. Oft will die Zweifelsucht mir alle Hoffnung rauben. Wer macht das Herz gewiß, als du, o Herr! allein? Laß deine Hülfe doch von mir nicht ferne seyn.

3. O reiche du mir selbst aus Gnaden deine Hände. Hilf meiner Schwachheit auf, daß sich mein Kummer ende. Ist schon, dem Senfkorn gleich, mein Glaube noch sehr klein, so laß ihn doch bei mir in stetem Wachsthum seyn.

4. Gieb, daß die Zuversicht in meinem Geist sich mehre, daß du mein Vater seyst und ich dir angehöre, daß alle meine Schuld von dir vergeben sey, damit mein Herz sich dein als seines Gottes freu'.

5. Mach' diese Zuversicht in mir, o Gott! so kräftig, daß ich mein Lebelang in deinem Dienst geschäftig und stets beflissen sey, zu thun, was dir gefällt, so hab' ich, Gott! in dir den Himmel auf der Welt.

6. Mein Heiland, der du einst für deine Jünger batest, und wenn sie wankten auch beim Vater sie vertratest: o unterstütz' auch jetzt mein sehnliches Gebet und schenke Glaubenskraft dem, der dich darum fleht.

7. In deiner Mittlershand ist Heil und aller Seegen. Herr! unterstütze mich auf allen meinen Wegen, daß ich des Glaubens Ziel, der Seelen Seligkeit erlange und dich preis' in alle Ewigkeit.

Vom Gebet.

Johannis 4, v. 24. Gott ist ein Geist, und die ihn anbeten, die müssen ihn im Geist und in der Wahrheit anbeten.

Mel. Es ist das Heil uns kommen her.

1552. O Vater, unser Gott! es ist unmöglich auszugründen, wie du recht anzurufen bist, Vernunft kann's gar nicht finden, deßhalben gieß', wie du verheißt, selbst über uns aus deinen Geist der Gnad' und des Gebetes;

2. Daß er mit Seufzen kräftiglich uns mög' bei dir vertreten; so oft wir kommen, Herr! vor dich, zu danken und zu beten, laß nicht nur plappern unsern Mund, hilf, daß zu dir aus Herzensgrund, o großer Gott! wir rufen.

3. Zieh' unser Herz zu dir hinauf im Beten und im Singen, und thu' uns auch die Lippen auf, ein Opfer dir zu bringen, das dir gefalle, wenn allda das Herz ist mit den Lippen nah' und nicht von dir entfernet.

4. Im Geist und Wahrheit laß zu dir das Herz uns immer richten, mit Andacht beten für und für, ohn' fremdes Denk'n und Dichten. Gieb uns des Glaubens Zuversicht, daß, was wir bitten, zweifeln nicht durch Christum zu erhalten.

5. Hilf, daß wir keine Zeit noch Maaß im Beten dir vorschreiben, anhalten ohne Unterlaß: bei dem allein zu bleiben, was ist dein Will'; was deine Ehr' und unsre Wohlfahrt mehr und mehr befördert hier und ewig.

6. Laß uns im Herzen und Gemüth auf unsre Werk' nicht bauen; auf deine unaussprechlich' Güt' laß einzig uns vertrauen; ob wir es gleich nicht würdig seyn, wollst du, aus lauter Gnad' allein, uns doch die Bitt' gewähren.

7. Du Vater! weiß'st was uns gebricht, weil wir noch sind im Leben; es ist dir auch verborgen nicht, in was Gefahr wir schweben. Um Beistand flehen wir dich an, dein Vaterherze uns nicht kann verlassen, deine Kinder.

8. Wir haben ja die Freudigkeit in Jesu Christ empfangen; der Gnadenstuhl ist da

bereit, daß wir die Hülf' erlangen; drum laß hier und an allem End' uns stets aufheben heil'ge Händ', zu dir gen Himmel schreien.

9. Dein Nam', o Gott! geheiligt werd', dein Reich laß zu uns kommen, dein Will' geschehe auch auf Erd', gieb Fried', Brot, Nutz und Frommen; all' unsre Sünden uns verzeih'; steh' uns in der Versuchung bei, erlös' uns von dem Uebel.

10. Dies Alles, Vater! werde wahr, du wollest es erfüllen; erhör' und hilf uns immerdar, um Jesu Christi willen; denn dein, o Herr! ist allezeit, von Ewigkeit zu Ewigkeit, das Reich, die Macht, die Ehre!

Johann Arndt? —

Vom Gebet.

Psalm 34, v. 18. Wenn die Gerechten schreien, so höret der Herr und errettet sie aus aller ihrer Noth.

Mel. Dir, dir Jehovah! will ich singen.

1553. O was vermag der Frommen Flehen, wird's nur mit Ernst vor unsern Gott gebracht, und sollt' ein Wunder auch geschehen: so hoch wird unser Flehn vor ihm geacht't! Denn, wer nur kann im Glauben ernstlich schrei'n, dem muß auch was unmöglich, möglich seyn.

2. Wie sollt' uns Gott nicht was gewähren? sein Wort ist da, er hat es zugesagt, wir hören ihn es auch beschwören, wer ist doch der, den noch ein Zweifel plagt? Es kann kein Seufzer unerhöret seyn, es fiele sonst der Himmel eher ein.

3. Gott kann, Gott will, Gott muß erhören, weil er die Allmacht, Lieb' und Wahrheit ist; er thut ja, was wir nur begehren, wie, Seele? daß du noch im Zweifel bist! O geh', im Glauben ernstlich nur zu flehn, so wirst du Wunder über Wunder sehn.

4. Will sich die Noth wie Berge stämmen, scheint Alles völlig mit dir aus zu seyn; so laß nur dein Gebet nichts hemmen, es fällt gewiß der höchste Berg noch ein. Kein Feind ist hier so stark, der dich versucht, er muß doch durch's Gebet noch in die Flucht.

5. Der Satan muß bald von uns fliehen, sobald wir uns zum lieben Vater nah'n, weil wir den Vater zu uns ziehen, der seinen Feind nicht bei uns leiden kann; da sind wir bei dem Vater ohn' Gefahr, und sicher vor der ganzen Höllenschaar.

6. Wie kann man da so ruhig leben, wenn man vor Gottes Gnadenthron nur liegt! kein Feind kann sich dahin erheben, wo sich das Herz vor Jesu Füßen schmiegt. Mein König läßt die Feinde nicht herein, da wir bei ihm in seiner Kammer seyn.

7. Die Sünd' ist nie so hoch gestiegen, dein Herz kann nie so arg und böse seyn, du wirst in Allem betend siegen, Gebet hält auch der stärksten Reizung ein, weil Gott den, der nur wacht und betet, hält, daß er, ob er versucht wird, doch nicht fällt.

8. Komm nur, dein Herz recht auszuschütten, du bittest niemals doch von Gott zu viel; denn er hat Lust zu großen Bitten, weil seine Liebe reichlich geben will, mehr als wir bitten und als wir verstehn, um seinen großen Reichthum zu erhöhn.

9. Ein großer Herr giebt große Gaben, die seiner Majestät recht würdig seyn, drum könen wir das Größte haben. Ach! schränkten wir uns nur nicht selber ein. Hat er uns doch das Größte schon geschenkt, da er den Sohn für uns in Tod versenkt.

10. Er öffnet ja die ganze Fülle, gebeut auch selbst, den Mund weit aufzuthun, daß Jeder seinen Mangel stille; o möcht' ich stets in diesem Worte ruhn! O! betet' ich recht gläubig, viel und oft; so kriegt' ich mehr, als ich zuvor gehofft.

11. Gott ist ja reich an Gnad' und Gaben für uns, die wir nur zu ihm flehn und schrei'n; was nur sein Schatz mag in sich haben, das ist ja jetzo schon mehr mein als sein, weil er es schon im Sohn an uns verschenkt und uns nicht wieder wegzunehmen denkt.

12. Es soll, eh' man noch ruft, geschehen, daß unser Gott uns schon erhören will. Kannst du gleich nicht die Hülfe sehen; so setze du ihm doch nicht Maaß und Ziel. Nur harr', er ist, ob er verzieht, doch nah', und dann steht seine Hülfe doppelt da.

13. Im Himmel wird es erst recht tagen, da werden wir uns recht erhöret sehn; da wird Gott zu uns Allen sagen: hier habt ihr alles eu'r Gebet und Flehn. Was ihr dort sä'tet, erntet nun hier ein, die Ernte soll ganz unaussprechlich seyn!

K. H. v. Bogatzky.

Von der göttlichen Erleuchtung.

Jacobi 3, v. 17. Die Weisheit aber von oben her, ist aufs Erste keusch, darnach friedsam, gelinde, lasset ihr sagen, voll Barmherzigkeit und guter Früchte, unpartheiisch, ohne Heuchelei.

Mel. O Gott, du frommer Gott.

1554. O Weisheit aus der Höh', gieb du mir zu erkennen bei meinem Unverstand, was Weisheit sey zu nennen;

nen; vor Allem aber gieb, daß ich dich recht verehr', aus deines Geistes Kraft, nach deines Sohnes Lehr'.

2. Ich leb' im Christenthum, laß mich doch christlich leben; auf deines Sohnes Pfad nach reiner Tugend streben, weil ich dir zugesagt: ich wollte deinen Will'n, nach meiner Taufe Bund, genau durch dich erfüll'n.

3. Die Lehr' entspringt von dir, sey du mein rechter Lehrer. Bist du der Weisheit Quell, so sey auch ihr Vermehrer. Was hilft mir mein Bemüh'n, mein Lesen, mein Studir'n, willst du mich nicht dadurch zum wahren Glauben führ'n?

4. Mein Denken und mein Wort, mein Thun und auch mein Lassen regiere ganz nach dir: soll ich was Weiters fassen, so gieb, daß dir's allein zu Lob und Ruhm gelang', wie ich's in deinem Sohn und dir allein anfang'.

5. Sink' ich unachtsamlich in Schwachheitssünden nieder, so richte bald mich auf durch deine Hülfe wieder; daß ich mich stets auf dich, mit offnem Angesicht, und nimmer weg von dir auf diese Weltbahn richt'.

6. Dein theures Pfand, mein Geist, mein' Ehre, Gut und Leben, sey dir, o Herr! allein in deinen Schutz gegeben. Mein Höchster! was ich bin, werf' ich in deine Händ', wie du mein Anfang bist, so bleib' auch stets mein End'.

Christian Knorr v. Rosenroth.

Zum ersten Advent.

Röm. 13, v. 11—14. Weil wir solches wissen, nämlich die Zeit, daß die Stunde da ist, aufzustehen vom Schlaf; sintemal unser Heil jetzt näher ist, denn da wir's glaubten, rc.

Mel. Wachet auf! ruft uns die Stimme.

1555. O welch angenehmen Frieden hast du, Herr Jesu! mir beschieden, da du mich einst hast aufgeweckt! Noch rufst du die geistlich Todten, drum sendest du noch immer Boten, die nicht der Haß der Welt erschreckt. Dies thust du, Herr! auch heut, dir sing' ich hocherfreut: Hallelujah! Am Kirchen-Jahr singt deine Schaar dir, Jesu! der da ist und war.

2. Heiland, sey mir immer nahe; du bist's, von dem ich Licht empfahe, wenn mich die Nacht der Sünde drückt. Ach! verscheuche sie auch heute, an diesem Tag des Heils, der Freude, und meine Seele wird entzückt. O! was empfind' ich hier! ich schaue hin zu dir, mein Herr Jesu! Blut-Bräutigam, du Gottes-Lamm! ich fühle deine Liebesflamm'.

3. Diese Liebe giebt mir Stärke auch zur Vollbringung guter Werke, ich bin durch dich, Herr Jesu Christ! Kind des Lichts, gezeugt von oben, mit Wort und Wandel dich zu loben, zu zeugen, daß du, Herr, es bist, der mich so brünstig liebt und mir auch Kräfte giebt, dir zu leben. Dich, meinen Herrn, bitt' ich nun gern, je mehr ich arm mich kennen lern'.

4. Zu dir, meinem höchsten Gute, fleh' ich: bespreng' mit deinem Blute mein Herz, ich weih' es dir zum Haus. Regen sich des Fleisches Triebe, so tilg' durch deine Gottes-Liebe sogleich dieselben in mir aus; dein Geist sey Unterpfand von meinem Gnadenstand, liebster Jesu! bis mir das Licht einst dort anbricht, wenn ich dich schau' von Angesicht.

Christian Friedrich Förster.

Von der Taufe.

1 Joh. 5, v. 8. Drei sind, die da zeugen auf Erden: der Geist, und das Wasser, und das Blut; und die drei sind beisammen.

Mel. Christ unser Herr zum Jordan kam.

1556. O welch ein unvergleichlich's Gut giebst du, Herr, deinen Kindern! das Wasser und zugleich dein Blut verehrest du den Sündern. Drei Dinge sind, welch' allermeist auf Erden Zeugniß geben: das Blut, das Wasser und der Geist, die können uns erheben zu deinem Freuden-Leben.

2. Dies Sakrament ist selbst durch dich geheiligt und beschlossen, daß, wie du, Herr! bist sichtbarlich mit Wasser ganz begossen im Jordan durch Johannis Hand: so soll auch uns rein machen dein heilig's Blut, das theure Pfand, das lauter Himmelssachen kann wirken in uns Schwachen.

3. Du hast uns durch dies Sakrament der Kirche einverleibet, also, daß man uns Christen nennt, und in dein Buch jetzt schreibet. Dies Wasserbad hat uns im Wort auch rein gemacht von Sünden; dein guter Geist, der will hinfort die Herzen recht entzünden und Lieb' in ihnen gründen.

4. Wir sind, Herr! in dein Gnadenreich durch diesen Bund gesetzet, der uns an Leib und Seel' zugleich recht inniglich ergötzet. Du hast uns durch dies reine Bad so trefflich schön bekleidet, daß auch hinfort von bei-

ner Gnad' uns selbst der Tod nicht scheidet, noch Alles, was uns neidet.

5. Aus Höllenkindern sind wir schon der Gnade Kinder worden; dies ist der Christen schönste Kron' und Schmuck in ihrem Orden, ja Christus selber und sein Blut, sein Tod und Sieg daneben ist nunmehr unser eig'nes Gut, das er uns hat gegeben, mit ihm dadurch zu leben.

6. Er hat uns auch das Kindesrecht der Seligkeit geschenket, durch solches ist die Sünde schlecht*) in's tiefe Meer versenket. Nichts können Teufel, Hölle, Tod, die uns stets widerstunden: weil Jesus Christus alle Noth sammt ihnen überwunden. Nun ist das Heil gefunden. *) ganz.

7. Herr! laß uns doch, den Reben gleich, auch gute Früchte bringen, und aus der Welt nach deinem Reich im Glauben eifrig ringen; laß uns durch wahre Reu' und Buß' auch täglich mit dir sterben, demnach der alte Adam muß bis auf den Grund verderben, soll man dein Reich ererben.

8. Hilf, daß wir diesen Gnadenbund der Taufe nie vergessen, und laß kein fremdes Herz noch Mund zu schmäh'n ihn sich vermessen. Die Taufe muß, in Angst und Pein, ja, wenn wir gehn von hinnen, Herr! unser Trost und Freude seyn; das heißt: der Welt entrinnen, den Himmel zu gewinnen.

Johann Rist.

Vom Tode und Sterben.

Hiob 16, v. 22. Aber die bestimmten Jahre sind gekommen, und ich gehe hin des Weges, den ich nicht wieder kommen werde.

Mel. Nun ruhen alle Wälder.

1557. O Welt! ich muß dich lassen, ich fahr' dahin mein' Straßen ins ew'ge Vaterland; mein'n Geist will ich aufgeben, dazu mein'n Leib und Leben setzen in Gottes gnäd'ge Hand.

2. Mein' Zeit ist nun vollendet, der Tod das Leben endet, Sterben ist mein Gewinn; kein Bleiben ist auf Erden, das Ew'ge muß mir werden; mit Fried' und Freud' fahr' ich dahin.

3. Ob mich gleich hat betrogen die Welt, von Gott gezogen durch Schand' und Büberei, will ich doch nicht verzagen, sondern mit Glauben sagen, daß mir mein' Sünd' vergeben sey.

4. Auf Gott steht mein Vertrauen, sein Antlitz will ich schauen wahrlich durch Jesum Christ, der für mich ist gestorben, des Vaters Huld erworben, mein Mittler er auch worden ist.

5. Die Sünd' mag mir nicht schaden, erlös't bin ich aus Gnaden umsonst durch Christi Blut. Kein Werk kommt mir zu frommen, so will ich zu ihm kommen allein durch wahren Glauben gut.

6. Ich bin ein unnütz Knechte, mein Thun ist viel zu schlechte, denn daß ich ihm bezahl' damit das ew'ge Leben; umsonst will er's mir geben, und nicht nach meinem Dienst und Wahl.

7. Drauf will ich fröhlich sterben, das Himmelreich ererben, wie er's mir hat bereit't; hier mag ich nicht mehr bleiben, der Tod wird mich vertreiben, mein' Seele sich vom Leibe scheid't.

8. Damit fahr' ich von hinnen; o Welt mög'st dich besinnen, denn du mußt auch hernach; wollst dich zu Gott bekehren und von ihm Gnad' begehren, im Glauben sey du auch nicht schwach.

9. Die Zeit ist schon vorhanden; hör auf von Sünd' und Schanden und richt' dich auf die Bahn mit Beten und mit Wachen, sonst alle ird'sche Sachen sollst du gutwillig fahren lahn.

10. Das schenk' ich dir am Ende; wohlan zu Gott dich wende, zu ihm steht mein Begier. Hüt' dich vor Pein und Schmerzen, nimm mein'n Abschied zu Herzen, mein' Bleibens ist jetzt nicht mehr hier.

D. Johann Heß.

Vom Leiden Jesu Christi.

Klagel. Jer. 1, v. 12. Euch sage ich allen, die ihr vorüber gehet: Schauet doch und sehet, ob irgend ein Schmerz sey, wie mein Schmerz, der mich getroffen hat.

Mel. Nun ruhen alle Wälder.

1558. O Welt! sieh' hier dein Leben am Stamm des Kreuzes schweben, dein Heil sinkt in den Tod: der große Fürst der Ehren läßt willig sich beschweren mit Schlägen, Hohn und großem Spott.

2. Tritt her und schau' mit Fleiße, sein Leib ist ganz mit Schweiße des Blutes überfüllt; aus seinem edlen Herzen, vor unerschöpften Schmerzen, ein Seufzer nach dem andern quillt.

3. Wer hat dich so geschlagen, mein Heil! und dich mit Plagen so übel zugericht't? du bist ja nicht ein Sünder, wie wir und

unsre Kinder, von Missethaten weißt du nicht.

4. Ich, ich und meine Sünden, die sich wie Körnlein finden des Sandes an dem Meer, die haben dir erreget das Elend, das dich schläget, und das betrübte Marterheer.

5. Ich bin's, ich sollte büßen an Händen und an Füßen gebunden in der Höll'; die Geißeln und die Banden, und was du ausgestanden, das hat verdienet meine Seel'.

6. Du nimmst auf deinen Rücken die Lasten, die mich drücken viel schwerer als ein Stein. Du wirst ein Fluch *), dagegen verehrst du mir den Segen, dein Schmerzen muß mein Labsal seyn.

*) Gal. 3, v. 13.

7. Du setzest dich zum Bürgen, ja lässest dich erwürgen für mich und meine Schuld; mir lässest du dich krönen mit Dornen, die dich höhnen, und leidest Alles mit Geduld.

8. Du springst in's Todes Rachen, mich frei und los zu machen von solchem Ungeheu'r; mein Sterben nimmst du abe, vergräbst es in dem Grabe. O unerhörtes Liebesfeu'r!

9. Ich bin, mein Heil! verbunden all' Augenblick' und Stunden dir überhoch und sehr; was Leib und Seel' vermögen, das soll ich billig legen all'zeit zu deinem Dienst und Ehr'.

10. Nun ich kann nicht viel geben in diesem armen Leben; Eins aber will ich thun: es soll dein Tod und Leiden, bis Leib und Seele scheiden, mir stets in meinem Herzen ruh'n.

11. Ich will's vor Augen setzen, mich stets daran ergötzen, ich sey auch wo ich sey; es soll mir seyn ein Spiegel der Unschuld und ein Siegel der Lieb' und unverfälschten Treu'.

12. Wie heftig unsre Sünden den frommen Gott entzünden, wie weit die Strafen geh'n, wie scharf der Sünde Ruthen, wie grausam ihre Fluthen, will ich aus deinem Leiden seh'n.

13. Ich will daraus studiren, wie ich mein Herz soll zieren mit stillem, sanftem Muth, und wie ich die soll lieben, die mich so sehr betrüben mit Werken, so die Bosheit thut.

14. Wenn böse Zungen stechen, mir Glimpf und Namen brechen, so will ich zähmen mich; das Unrecht will ich dulden, dem Nächsten seine Schulden verzeihen gern und williglich.

15. Ich will an's Kreuz mich schlagen mit dir und dem absagen, was meinem Fleisch' gelüst't; was deine Augen hassen, das will ich fliehn und lassen, so viel mir immer möglich ist.

16. Dein Seufzen und dein Stöhnen und die viel tausend Thränen, die dir geflossen zu, die sollen mich am Ende in deinen Schooß und Hände begleiten zu der ew'gen Ruh'.

Paul Gerhardt.

Abendlied am Trinitatisfeste.

Philipper 4, v. 20. Dem Gott aber und unserm Vater sey Ehre von Ewigkeit zu Ewigkeit! Amen.

Mel. Herr Jesu Christ, mein's Lebens Licht.

1559. O werthes Licht der Christenheit! o heilige Dreieinigkeit! weil jetzt die Sonne von uns weicht, durch dein Licht unser Herz erleucht'.

2. Am Morgen frühe danken wir, des Abends beten wir zu dir, und unser armer Lobgesang dich rühmet unser Lebenlang.

3. Lob, Ehr' und Dank sey dir erweis't, Gott Vater, Sohn und heil'ger Geist! du wahrer, du dreiein'ger Gott! tröst' unser Herz in aller Noth.

Matthäus Apelles v. Löwenstern.

Von der ewigen Seligkeit.

Offenb. Joh. 21, v. 4. Gott wird abwischen alle Thränen von ihren Augen; und der Tod wird nicht mehr seyn, noch Leid, noch Geschrei, noch Schmerzen wird mehr seyn; denn das Erste ist vergangen.

Mel. Jesu, der du meine Seele.

1560. O wie fröhlich, o wie selig werden wir im Himmel seyn; droben ernten wir unzählig unsre Freudengarben ein; gehen wir hier hin und weinen, dorten wird die Sonne scheinen; dort ist Tag und keine Nacht, dort, wo man nach Thränen lacht.

2. Es ist doch um dieses Leben nur ein jämmerliches Thun, und die Noth, die uns umgeben, lässet uns gar selten ruh'n; von dem Abend bis zum Morgen kämpfen wir mit lauter Sorgen, und die überhäufte Noth heißet unser täglich Brot.

3. Ach! wer wollte sich nicht sehnen, dort in Zion bald zu steh'n, und aus diesem Thal der Thränen an den Freudenort zu geh'n, wo das Kreuze sich in Palmen, unser Klagelied in Psalmen, unsre Last in Lust verkehrt und das Jauchzen ewig währt!

4. Da wird unser Aug' erblicken, was ganz unvergleichlich ist, da wird unsern Mund

erquicken, was aus Gottes Herzen fließt; da wird unser Ohr nur hören, was die Freude kann vermehren; da empfindet unser Herz lauter Labsal ohne Schmerz.

5. O, wie werden wir so schöne bei der Klarheit Gottes seyn! wie wird uns das Lobgetöne seiner Engelschaar'n erfreu'n! wie wird unsre Krone glänzen bei so vielen Siegeskränzen! wie wird unser Kleid so rein, heller als die Sonne seyn!

6. Manna wird uns dorten thauen, wo Gott selbst den Tisch gedeckt, auf den immer grünen Auen, die kein Gifthauch mehr befleckt. Wonne wird wie Ströme fließen*), und wir werden mit den Füßen nur auf lauter Rosen geh'n, die in Edens Garten steh'n. *) Psalm 36, v. 9.

7. Ach, wann werd' ich dahin kommen, daß ich Gottes Antlitz schau'? werd' ich nicht bald aufgenommen in den schönen Himmelsbau, dessen Grund den Perlen gleichet, dessen Glanz die Sonne weichet, dessen wundervolle Pracht alles Gold beschämet macht?

8. Nun, so stille mein Verlangen, o du großer Lebensfürst! laß mich bald dahin gelangen, wo du mich recht trösten wirst. Unterdessen laß auf Erden schon mein Herze himmlisch werden, bis mein Loos in jener Welt auf das Allerschönste fällt.

Benjamin Schmolk.

Am ersten Kommunions-Tage.

1 Corinth. 6, v. 20. Ihr seyd theuer erkauft. Darum so preiset Gott an eurem Leibe und in eurem Geiste, welche sind Gottes.

Mel. Wie schön leucht't uns der Morgenstern.

1561. O wie ich heut' so selig bin! auf meine Kniee sink' ich hin, seh' auf mit heitern Blicken, heb' freude-bebend meine Hand zum Königsthron ins Vaterland, den Dank dir auszudrücken; Jesus Christus! dein Erbarmen hat mich Armen hingenommen; mich, ein Kind, heißt du willkommen.

2. Der Festtag meiner Jugend naht; durch deines Todes Wunderthat willst du die Seele trösten. Ich nehm' ein ächtes Himmelsgut, zum erstenmal dein Fleisch und Blut, im Kreise der Erlös'ten. Darf ich, darf ich glauben? nehmen Gnad' in Strömen? mich Elenden trägst du auf durchbohrten Händen!

3. Du neigst mit Huld dein Angesicht und schämst dich meiner Jugend nicht in deinem Gottesglanze. Du, der zur Rechten Gottes lebt, den Scepter über Welten hebt, besorgst mich zarte Pflanze; willst mich herzlich, jung an Jahren, treu bewahren, dich bemühen, mich dem Himmel zu erziehen.

4. Du hältst mich deiner Hülfe werth, und ich hab' dich so oft entehrt; ich schäm' mich, das zu wissen. Wer bin ich sterblich's Sündenkind, daß ich den Zugang offen find' zu meines Mittlers Füßen? Allem meinem Sündenschaden willst du rathen, willst ihn heilen: ach, das läßt mich zu dir eilen.

5. Ich komme, sieh', noch wund und krank, und doch im Blick auf dich voll Dank; „sey rein!"*) hör' ich dich rufen. Wie ewig fest bestätigt dies dein Fleisch und Blut, das ich genieß'! An deines Thrones Stufen bitt' ich kindlich: hilf mir täglich unbeweglich an dir bleiben, schenk' mir deines Geistes Treiben. *) Marci 1, v. 41.

6. Dein sey der Jugend Frühlingszeit; laß deines Namens Herrlichkeit sich schon am Kinde spiegeln. Mein Erdenleben sey ganz dein, der Bund mit dir soll ewig seyn; du wollst ihn recht versiegeln. Weich' ich, zieh' mich gleich zurücke — Gnadenblicke gieb mir Schwachen, die mich fester, treuer machen.

7. Dich, der die Liebe hoch erprobt, sich heut' mit mir als Gott verlobt, dich möcht' ich würdig preisen. Du forderst mich zum Eigenthum: o ewig, ewig sey's mein Ruhm, als Dein mich zu beweisen. Welchen Segen bringt die Ehre: „ich gehöre Jesus Christus!" Alles und in Allem Christus!

8. Ach, Christen wüthen wider dich, sie schämen ihres Jesu sich, und ich, ich rühm' mich deiner. O stärk' mich, daß ich dich bekenn', daß meine Lieb' in Thaten brenn', und schäm' dich einst nicht meiner. Nur dich halt' ich; mag man loben, oder toben und mich schelten: Jesus soll mir Alles gelten!

9. Im Geist, wenn ich dein Nachtmahl halt', von Angesicht — wer weiß, wie bald? — komm' ich mit dir zusammen: Dein erster Königsblick auf mich, mein erster Wunderblick auf dich, was werden die entflammen! Welche Freude, wenn ich's denke! — Heiland! schenke Ernst den Seelen, welche deinen Himmel wählen!

Johann Gottfried Schöner.

Vom rechten Gebrauch des Gesetzes.

Mose 30, v. 19. Ich nehme Himmel und Erde heute über euch zu Zeugen. Ich habe euch Leben und Tod, Segen und Fluch vorgelegt, daß du das Leben erwählest, und du und dein Saame leben mögest.

Mel. Hüter! wird die Nacht der Sünden.

562. O wie ist das Wort und Lehre, so ich höre, Herr! aus deinem Mund, so rein! deiner Heiligkeit Befehle geh'n der Seele bis zum tiefsten Grund inein.

2. In den bloßen äußern Werken ist zu nerken, was den Schein nur geben kann; iber damit deinen Willen zu erfüllen, wird ioch lang' nicht g'nug gethan.

3. Selbst des Herzens tiefstes Dichten nuß sich richten, wie es dein Gesetz befiehlt. einer Augen Blitze finden da schon Sünen, wo das Herz in Lüsten spielt.

4. Böse Werke nicht nur lassen, sondern hassen, lautet an uns dein Geheiß; daß man diesem nachzuleben sich bestreben soll mit aller Lust und Fleiß.

5. Wenn nun gleich die frömmsten Seelen hier noch fehlen, bleibt der Vorsatz dennoch rein, daß sie deinem Willen wollen, wie sie sollen, unverrückt gehorsam seyn.

6. Das Gesetze lässet sehen und verstehen unsere Verdorbenheit, daß wir suchen ohn' Verweilen uns zu heilen durch des Sohn's Gerechtigkeit.

7. Jesu! siehe, mein Vermögen ist gelegen nur an deiner Gnad' allein; dadurch kann ich ohne Zweifel trotz dem Teufel schon gerecht und selig seyn.

8. Laß mich finden Heil und Gnade, daß ich g'rade richte meinen Lauf zu dir. In den Wegen des Gebotes meines Gottes leite meinen Gang allhier.

Vom seligen Leben in Christo.

2 Corinth. 5, v. 7. Wir wandeln im Glauben und nicht im Schauen.

Mel. O wie selig seyd ihr doch, ihr Frommen.

1563. O wie leb' im Glauben ich so fröhlich! o wie werd' im Schau'n ich einst so selig! in Christi Wunden fühl' ich täglich mehr mein Herz gesunden!

2. Könnt' ich, könnt' ich würdig es besingen, welche Wonn' in Christo die empfingen, die, ihm ergeben, nur allein in seiner Gnade leben!

3. Kommt ihr Sünder, kommt ihr Missethäter! naht getrost zum gnädigsten Vertreter! kommt doch ihr Armen; euer Element sey das Erbarmen!

4. Unermess'ne Gnade darf ich preisen; ja, so will sie Jedem sich erweisen. Ich kann's bezeugen, seit ich ihr mich ganz ergab zu eigen.

5. Mich hat sie vom tiefsten Fall erhoben. O, auch ihr sollt jauchzend bald sie loben, wenn ihr, entronnen dieser Welt, im Herrn das Heil genommen!

6. Säumt doch nicht! Ach, wollt ihr euch besinnen? könnt ihr doch Licht, Leben, Lust gewinnen. Ihr habt nicht Frieden, bis ihn euch der Friedefürst beschieden.

Karl August Döring.

Heilsame Betrachtung des Todes, des Gerichts und der Ewigkeit.

2 Corinth. 5, v. 10. Wir müssen Alle offenbar werden vor dem Richterstuhl Christi, auf daß ein Jeglicher empfange, nachdem er gehandelt hat bei Leibes Leben, es sey gut oder böse.

Mel. O wie selig seyd ihr doch, ihr Frommen.

1564. O wie mögen wir doch unser Leben so der Welt und ihrer Lust ergeben, und uns selbst scheiden von der Frommen Ruh' und ihren Freuden?

2. Müssen wir nicht auch nach kurzen Jahren zu den Todten in die Grube fahren? Es wird geschehen, daß ein Jeder seinen Lohn wird sehen.

3. Wenn die Welt ihr Ende nun genommen und der Richter wird vom Himmel kommen; der wird entdecken Alles, was wir meinten zu verstecken.

4. O, was wird er für ein Urtheil fällen, wenn er unser Thun wird vor sich stellen? wenn er wird finden, wie wir hier gelebt in lauter Sünden?

5. O, Herr Christe! wollest meiner schonen, und mir Sünder nach Verdienst nicht lohnen. Ich will verlassen alle Welt und ihre Lüste hassen.

6. Forthin soll mein Leben, dir zu Ehren, nimmer sich von deinem Wort abkehren; dein will ich bleiben, keine Welt soll mehr von dir mich treiben.

7. Deine Gnadenthür steht Allen offen, die auf dich in ihrem Leben hoffen; die ohn' dich sterben, müssen dort mit Leib und Seel' verderben.

8. Darum schließ' ich mich in deine Wunden, da ich meinen Sünden Rath gefunden; dein Kreuz und Leiden führe mich zu wahren Himmelsfreuden.

Heinrich Albert.

Von der Seligkeit der Gläubigen.

Römer 6, v. 23. Die Gabe Gottes ist das ewige Leben, in Christo Jesu, unserm Herrn.

Mel. O wie selig seyd ihr doch ꝛc. die ihr durch ꝛc.

1565. O wie selig seyd ihr doch, ihr Frommen, die ihr bis zu Jesu hingekommen, die Welt nicht achtet, arm und gläubig nach der Gnade trachtet!

2. Sagt, wo sind die Schulden eurer Sünden? Laßt sie suchen! Niemand wird sie finden. Sie sind vergeben. Ihr seyd rein durch Jesu Blut und Leben. Jer. 50, v. 10.

3. Satan kann euch nun nicht mehr verklagen; Moses darf von keinem Anspruch sagen; und im Gewissen ist die Handschrift durch das Kreuz zerrissen. Kol. 2 v. 14.

4. Muß der Richter sonst den Stab zerbrechen, kann er euch doch nicht das Urtheil sprechen. Ja, alle Zeugen müssen hier auf ewig stille schweigen.

5. Laßt die Sünden bis zum Himmel schreien! Jesu redend Blut kann doch befreien. Auch stumme Sünden müssen durch dies Blutgeschrei verschwinden.

6. Laßt den Fluch vom Berge Sina schallen! kann er doch in euer Herz nicht fallen. Kein Blitz und Wetter schrecket euch, denn Jesus ist Erretter.

7. Rach' und Strafe darf euch nicht mehr drücken; Jesus lud sie selbst auf seinen Rükken. Die ganzen Plagen trug der Herr, und hat sie weggetragen.

8. Furcht und Angst mag Satans Knechte schrecken; g'nug, daß euch die Flügel Jesu decken. Wenn And're beben, könnt ihr schlafen und in Frieden leben. Psalm 4, v. 9.

9. Laßt die Welt sich ohne Gott betrüben! laßt sich grämen, die die Erde lieben. Ihr könnet lachen und euch heil'ge Freudentage machen. Psalm 126, v. 2. Phil. 4, v. 4.

10. Müßt ihr auch als Fröhliche noch trauern; es ist gut, und wird nicht lange dauern. Ja, auch im Dunkeln muß euch Jesu Kreuz und Name funkeln.
2 Cor. 6, v. 10.

11. Müßt ihr gleich noch hier die Sünde fühlen: sie verdammt nicht mehr; wen schreckt ihr Wühlen? Ihr schlagt sie nieder, und so singt ihr täglich Siegeslieder.
Röm. 8, v. 1. Psalm 118, v. 15.

12. Noth und Leiden können euch nicht schaden! Zeichen sind sie, daß der Herr in Gnaden an euch gedenke, und euch immer näher zu sich lenke. Ebräer 12, v. 6.

13. Elend sind, die keine Hoffnung haben! aber ihr erwartet ew'ge Gaben. Ein wahres Hoffen hat noch nie vor'm Ziel vorbei getroffen.
1 Thessal. 4, v. 13. Röm. 5, v 3—5.

14. Selbst der Tod kann euren Muth nicht schrecken. Sterbt ihr — Jesus wird euch wieder wecken; des Todes Schatten tödtet nicht, er löst und kühlt die Matten.

15. Mag doch Andre vor dem Grabe grauen: ihr könnt fröhlich in die Grube schauen. Da ist die Kammer, da vergräbt sich Sünde, Kampf und Jammer.
Jes. 26, v. 19, 20.

16. Laßt auch den Posaunenton erschallen: euch wird dennoch nicht das Herz entfallen! Ihr werdet wachen und euch fröhlich aus dem Grabe machen.

17. Was Gericht? Ihr werdet nicht gerichtet; ganz und ewig ist die Schuld vernichtet. Ihr sollt euch setzen, wenn er wird das Schwert zur Rache wetzen.
Offenb. Joh. 2, v. 26—29.

18. Keine Hölle kann euch mehr verdammen; Jesu Blut löscht ew'ge Feuersflammen. Was Fegefeuer? Jesu Lösegeld war viel zu theuer!

19. Laßt zuletzt die ganze Welt verbrennen; keine Glut kann euch und Jesum trennen. Die neue Erde ist der Hürdenplatz für seine Heerde. Offenb. Joh. 21, v. 1. ꝛc.

20. Hallelujah sey dem Lamm gesungen, daß es uns durch sein Verdienst gelungen! Sein Blut und Wunden haben ewige Erlösung funden.

21. Greif nicht zu, du sich'rer Selbstgerechter! es gilt nicht beharrliche Verächter; nein, Jesu Schaafe. Dich ergreift und frißt die ew'ge Strafe.

22. Auf, laß dich die große Gnade lokken! höre auf, dich selber zu verstocken. So kannst du kommen und wirst auch zu Gnaden angenommen. Ernst Gottl. Woltersdorf.

Begräbnißlied.

Offenb. Joh. 14, v. 13. Selig sind die Todten, die in dem Herrn sterben, von nun an. Ja, der Geist spricht, daß sie ruhen von ihrer Arbeit; denn ihre Werke folgen ihnen nach.

In eigener Melodie.

Gemeine.

1566. O wie selig seyd ihr doch, ihr Frommen, die ihr durch den Tod zu Gott gekommen! ihr seyd entgangen aller Noth, die uns noch hält gefangen.

Chor.

Ja, höchst-selig sind wir, liebe Brüder, unser Mund ist voller Freudenlieder; doch was wir schauen, wird Gott euch gar bald auch anvertrauen.

Gemeine.

2. Muß man hier doch wie im Kerker leben, da nur Sorge, Furcht und Schrecken schweben: was wir hier kennen, ist nur Müh' und Herzeleid zu nennen.

Chor.

O ihr Lieben, seyd doch ja zufrieden, wünscht nicht Freude, weil ihr seyd hienieden; laßt euern Willen sich nur sanft in Gottes Gnade stillen.

Gemeine.

3. Ihr hingegen ruht in eurer Kammer, sicher und befreit von allem Jammer, kein Kreuz noch Leiden ist euch hinderlich an euren Freuden.

Chor.

Aber gleichwohl mußten wir auch kämpfen, da in uns war Sünd' und Tod zu dämpfen. Was euch jetzt quälet, daran hat es uns auch nicht gefehlet.

Gemeine.

4. Christus wischet ab all' eure Thränen, habt das schon, wonach wir uns erst sehnen, euch wird gesungen, was durch keines Menschen Ohr gedrungen.

Chor.

Duldet euch nur fort bei euren Thränen, bleibt getreu, euch himmelan zu sehnen: eu'r jetz'ges Leiden ist der Saame zu den künft'gen Freuden.

Gemeine.

5. Ach! wer wollte denn nicht gerne sterben und den Himmel für die Welt ererben? wer wöllt' hier bleiben, sich den Jammer länger lassen treiben?

Chor.

Freilich ist hier gut bei Christo leben, doch könnt ihr euch in Geduld ergeben: all euer Streiten lohnet Christus hier mit Herrlichkeiten.

Gemeine.

6. Komm, o Christe, komm, uns auszuspannen, lös' uns auf und führ' uns bald von dannen; bei dir, o Sonne, ist der Frommen Seelen Freud' und Wonne.

Chor.

Ach, ihr theuren Seelen, eure Kronen, eure Palmen, eure goldnen Thronen sind schon bereitet; schafft nur, daß ihr recht zum Siege streitet.

Beide Chöre.

7. Nun wir wollen beiderseits dann loben Gottes Lamm, das uns in Gott erhoben: ein ew'ges Leben ist uns, beiderseits gewiß gegeben.

8. Lobt, ihr Menschen, lobt, ihr Himmelschöre! gebt dem höchsten Gott allein die Ehre, die Ewigkeiten werden unsers Gottes Lob ausbreiten. M. Simon Dach.

Chor und v. 7. u. 8. Jak. Baumgarten.

Herrliches Wissen der Christen.

1 Corinth. 2, v. 4. Mein Wort und meine Predigt war nicht in vernünftigen Reden menschlicher Weisheit, sondern in Beweisung des Geistes und der Kraft.

Mel. Freu' dich sehr, o meine Seele.

1567. Prange, Welt! mit deinem Wissen, das du jetzt so hoch gebracht, ich kann deine Weisheit missen, die mehr Welt als Himmel acht't. Meines Jesu Kreuz und Pein soll mein liebstes Wissen seyn: weiß ich das in wahrem Glauben, wer will mir den Himmel rauben?

2. Andre mögen Weisheit nennen, was hier in die Augen fällt; ob sie den schon nicht erkennen, dessen Weisheit Alles hält: mir soll Christi Tod und Pein meine Kunst und Weisheit seyn; das Geheimniß seiner Liebe ist's, wo ich mein Wissen übe.

3. Schärft, ihr Menschen! eure Sinnen nur in List und Eitelkeit; sucht nur Ehre zu gewinnen bei den Großen dieser Zeit: ich nur denke jener Schmach meines Jesu ernstlich nach; weil es Christen nicht geziemet, daß man sich des Eitlen rühmet.

4. Ich will Andern gerne gönnen, wenn sie hurtig und geschickt große Schätze sammeln können, und wenn ihnen Alles glückt; denn mein Reichthum, Glück und Theil ist der armen Sünder Heil; dies kann ich in Jesu finden und die Welt so überwinden.

5. Ei, so komm, mein werthes Leben! komm und unterweise mich: dir will ich mich ganz ergeben, daß ich sonst nichts weiß als dich; allerliebste Wissenschaft! ach, beweise deine Kraft! daß ich einzig dir anhange und nichts, als nur dich verlange.

6. Weiß ich keinen Trost auf Erden, klagt mich mein Gewissen an; will mir angst und bange werden, ist nichts, das mir helfen kann; drückt mich des Gesetzes Joch: so erinnre du mich doch, daß, da du für mich gestorben, du mir Gnad' und Heil erworben.

7. Jesu! pflanze dieses Wissen täglich tiefer in mein Herz; sey mein Licht in Fin-

sternissen, sey mein Trost im Todesschmerz. Laß mir deinen Tod und Pein immer im Gemüthe seyn, daß es glaubensvoll bedenket, wie du mir dich selbst geschenket.

8. Endlich, wenn des Todes Grauen alles Wissen von mir treibt, so laß mich den Trost noch schauen, der mir einst auf ewig bleibt: Jesu Leiden, Kreuz und Pein soll mein letztes Wissen seyn. Jesu! hilf mir das vollbringen, so will ich dir Lob dort singen.

Johann Job.

Die Seligkeit derer, die Gottes Wort hören und bewahren.

Jeremia 23, v. 29. Ist mein Wort nicht wie ein Feuer, spricht der Herr, und wie ein Hammer, der Felsen zerschmeißt?

Mel. Schmücke dich, o liebe Seele.

1568. Prediger der süßen Lehre, die ich mit Erstaunen höre! Großer Arzt der Menschenkinder, du Evangelist der Sünder und Prophet des neuen Bundes! laß die Worte deines Mundes, deine Stimme an die Heerden mir zu Geist und Leben werden!

2. Deine beiden Testamente mache mir zum Elemente. Sende deines Geistes Treiben, mir dein Wort in's Herz zu schreiben; denn es ist auf alle Weise meiner Seele beste Speise. Wer kann sonst vom ew'gen Leben meinem Herzen Nachricht geben?

3. Herr, dein Wort ist mir ein Hammer, schlägt und zeigt den Seelenjammer. Es erquickt mich, wie der Regen, leuchtet mir auf allen Wegen, stärket meines Geistes Kräfte, schmeckt wie Milch und Honigsäfte, ist ein Stab für matte Glieder und ein Schwert dem Feind zuwider.

4. Diesem Worte will ich trauen und darauf beständig schauen; sonst ist doch kein Licht vorhanden. Fremde Lehre macht zu Schanden; aber dein Gesetz und Gnade leitet mich im rechten Pfade. Herr! mein Glauben und mein Lieben hat den Grund: „es steht geschrieben."

5. Lehre mich dein Wort betrachten, mit Begierde darauf achten. Lehre mich's im Geist verstehen; laß es mir zu Herzen gehen. Mache, daß ich's fröhlich glaube, mir den Zweifel nie erlaube, daß ich's mit Gehorsam ehre und sonst keine Stimme höre.

6. Laß dein Wort mich kräftig laben; fest es in der Seele haben, deine Wahrheit nicht zerrütten, keine Kraft davon verschütten, fest an der Verheißung bleiben, die Gebote willig treiben, keinen Schritt vom Worte weichen, deines Weges Ziel erreichen.

7. Was die Welt bekennt und lehret, was mein Herz erdenkt und ehret, was der böse Geist erdichtet, wird von Gottes Wort gerichtet. Weg, mit euch, ihr falschen Geister! mir ist g'nug an Einem Meister! Wißt, daß euch der Fluch*) verzehret, wenn ihr selbst auch Engel wäret!

*) Gal. 1, v. 6—9.

8. Selig, selig sind die Seelen, die sich sonst kein Licht erwählen, als allein das Wort des Lebens. Diese glauben nicht vergebens, weil sie Gottes Rath*) ergründen und sein Herz im Worte finden. O, ein unschätzbares Wissen! andre Weisheit kann ich missen.

*) Psalm 119, v. 6. 105.

9. Licht und Kraft und Muth und Freude, wahrer Trost im tiefsten Leide, Schutz vor allerlei Gefahren und ein ewiges Bewahren: das sind dieses Wortes Früchte. Alles Andre wird zunichte. Alles Andre muß vergehen; Gottes Wort bleibt ewig stehen.

Ernst Gottlieb Woltersdorf.

Osterlied.

2 Timoth. 1, v. 10. Jesus Christus hat dem Tode die Macht genommen, und das Leben und ein unvergängliches Wesen ans Licht gebracht, durch das Evangelium.

In eigener Melodie.

1569. Preis dem Todesüberwinder! sieh', er starb auf Golgatha! Preis dem Heiligen der Sünder! Preis ihm und Hallelujah! sieh', er starb auf Golgatha; singt, des neuen Bundes Kinder! aus dem Grab' eilt er empor! singet ihm im höhern Chor!

2. Laßt des Dankes Harfe klingen, daß die Seele freudig bebt! laßt uns, laßt uns mächtig singen dem, der starb und ewig lebt, daß das Herz vor Wonne bebt! Preis und Ehre laßt uns bringen dem, der starb und ewig lebt! dem, der starb und ewig lebt!

3. Du, der uns nun nicht verdammet, wie erhebt dein Lob den Geist! durch die Ewigkeit entflammet rühmt er, dankt er, jauchzt, entreißt dieser Welt sich; denn er preis't dich, der ihn nun nicht verdammet, weil du starbst und auferstandst, Gottmensch! weil du überwandst.

4. Da in Morgendämmerungen noch verhüllt die Erde schwieg; da zu tiefen Anbetungen Gottes Engel niederstieg, aber jetzt noch betend schwieg: da erstandest du; schnell

sangen aller Himmel Chöre dir, Todesüberwinder! dir.

5. Bei den Todten ihn zu finden, ging sie hin, wo Christus schlief; ach, was mußte sie empfinden, als er sanft: Maria! rief; und als sie: Rabbuni! rief. Herr! einst werd' auch ich dich finden, wo dein Gott ist und mein Gott, ruft mich nur zu dir der Tod.

6. Wenn ich aus dem Grabe gehe, wenn mein Staub Verklärung ist; wenn ich, Herr, dein Antlitz sehe, dich, mein Mittler, Jesu Christ! dich, Verklärter! wie du bist; o dann, wenn ich auferstehe, hab' ich, du der Sünder Heil! ganz an deinem Leben Theil.

7. Jetzt, da ich an dich nur glaube, seh' ich dunkel nur und fern, ich, der Wanderer im Staube, dich, die Herrlichkeit des Herrn! dich, die Herrlichkeit des Herrn! dennoch, wenn ich innig glaube, wenn ich dürste, strömt mir Ruh' deines Tod's und Leben zu.

8. Gerne will ich hier noch wallen, Herr! so lange du es willst; kommen will ich, niederfallen, fleh'n, daß du dich mir enthüllst und mein Herz mit Kraft erfüllst, dein hochheilig Lob zu lallen. Selig war stets, wen dein Lob, Ewiger! zu dir erhob.

9. Da hinauf die Engel wallten, in den mächtigern Gesang lauter ihre Harfen schallten, da ihr Lob zum Throne drang, daß davon der Thron erklang, daß die Himmel wiederhallten: da, da hattest du's vollbracht; da warst du vom Tod' erwacht.

10. Singt dem Herrn, singt ihm nun Psalmen! Jesus Christus hat gesiegt. Streu't dem Ueberwinder Palmen, die ihr bang' und weinend schwiegt, als er starb. Er hat gesiegt! Zu der Himmel höhern Psalmen, zu der Ueberwinder Chor steig', o Lied des Lamm's! empor.

11. Ueberwunden, überwunden hat der Herr der Herrlichkeit! sieh', er schlummerte nur Stunden in des Grabes Dunkelheit! und da überwand er weit. Und da glänzten seine Wunden, bluteten, Hallelujah! nun nicht mehr auf Golgatha.

12. Hügel um den Todten Gottes, warum zittert ihr, zu flieh'n? Felsen um den Todten Gottes, warum bebet ihr um ihn? Warum stürzt ihr donnernd hin? Hüter um den Todten Gottes! warum sankt ihr, als ihr floh't? warum sankt ihr hin, wie todt?

13. Diesen deinen ersten Zeugen folgten andre Zeugen nach. Konnten deine Boten schweigen, da der Feinde Fluch und Schmach, da der Felsen Donner sprach? Nichts vermochte sie zu beugen; nichts der Boten Heldenmuth; starben sie, so sprach ihr Blut.

Friedrich Gottlieb Klopstock.

Zur Todtenfeier.

Weisheit Salom. 3, v. 1. Der Gerechten Seelen sind in Gottes Hand, und keine Qual rühret sie an.

Mel. Herr Gott, dich loben wir.

1570. Preis dir in Ewigkeit, Quell der Unsterblichkeit! Du wardst für uns in's Grab gestreckt, vom Vater siegreich auferweckt, und herrschest nun auf seinem Thron als Gottes und des Menschen Sohn! Dir beugt der Geister Schaar das Knie, mit heil'gem Beben singen sie: Heilig ist unser Gott! allmächtig, heilig, Gott! der seyn wird, war und ist, Gott und Gott Jesus Christ!

2. Vom Staube, in der Geister Chor, steigt unser Lob dir auch empor! Du gingst durch deinen Tod voran zur Herrlichkeit! — wie strahlt die Bahn! — Und wo du bist, soll einst, wer dein, Erbarmer! ewig bei dir seyn. O großes Wort voll Zuversicht: wer siegt, vergeht im Tode nicht! Du weckst ihn auf, o Gottesheld! und giebst im Eden deiner Welt vom Lebensbaum ihm Leben dann, das ihm kein Tod mehr rauben kann!

3. Viel' sind der Unsern, Viele schon vorangeeilt zu deinem Thron! Sie duldeten, sie kämpften hier im Staube heiß und schwer wie wir; von Schwachheit nicht, von Schuld nicht frei, im Dunkel oft, doch dir getreu! Nun strahlen sie im Siegerkranz, auf deinem Thron, in deinem Glanz, und singen dir, nicht Sünder mehr, Preis, Ehre mit der Himmel Heer, daß du sie durch des Todes Nacht zu deiner Herrlichkeit gebracht!

4. Für jede schwere Prüfung hier stürzt ihre heiße Thräne dir! sie legen mit gebeugtem Sinn die Kronen dir zu Füßen hin und beten tief in Demuth an dich, Führer ihrer Glaubensbahn! Wir wallen, Gott! am Grabe noch, belastet mit der Schwachheit Joch, und schauen, ach! aus dieser Zeit zu selten in die Ewigkeit. O laß uns, Gott! im Traume nicht; dem Sünder zeige das Gericht; dem Kämpfer, wenn die Kraft ihm sinkt, wie dort am Ziel die Krone winkt, wie hoch bei dir, von dir belohnt, wer überwand, im Himmel thront! Amen.

Gottlieb Jahr.

Danklied.

1 Chronika 30, v. 13. Nun, unser Gott, wir danken dir, und rühmen den Namen deiner Herrlichkeit.

Mel. Lobe den Herren, den mächtigen König 2c.

1571. Preise den Ewigen, Seele! in freudigen Chören; Harfen erschallet, den Namen Jehovahs zu ehren. Sein ist das Reich, mächtig und gnädig zugleich will unsre Wohlfahrt er mehren.

2. Einst, als wir gingen verlassen umher und mit Weinen, sah' er die Thränen und ließ uns so freundlich erscheinen Hülf' in der Noth; denn auf sein mächt'ges Gebot stillte die Lieb' unser Weinen.

3. Darum ertönen denn heute in jubelnden Chören Lieder des Dankes, den gnädigen Helfer zu ehren. Laut schlägt das Herz, Freude und Lust wird der Schmerz, wenn seine Stimme wir hören.

4. Laßt unser Leben dem Ew'gen zum Dankopfer werden! Treu ihm zu bleiben, so lange wir wallen auf Erden, giebt Er nur Kraft; Er nur allein uns verschafft Frieden in Noth und Beschwerden.

E. C. G. Langbecker.

Am Fest der heiligen Dreieinigkeit.

Psalm 98, v. 2 3. Der Herr lässet sein Heil verkündigen, vor den Völkern lässet er seine Gerechtigkeit offenbaren. Er gedenket an seine Gnade und Wahrheit dem Hause Israel; aller Welt Ende sehen das Heil unsers Gottes.

Mel. Komm, heiliger Geist, Herre Gott.

1572. Preis, Ehr' und Andacht opfern wir Gott, unserm Gott, Jehovah! dir. Laut soll durch uns dein Ruhm erschallen; o laß dein Lob dir wohlgefallen. Dir soll die Kehle Psalmen weih'n, das Herz soll dir ein Loblied seyn; doch o! kein Engelpsalm beschriebe, was du uns bist, du Gott der Liebe! Hallelujah! Hallelujah!

2. Dich, Gott und Vater, preisen wir. Du schufest, du erhältst uns dir, schirmst uns mit milden Vaterarmen; schonst uns voll Lieb' und voll Erbarmen, labst unsers Lebens Pilgerzeit; rufst uns empor zur Ewigkeit und segnest uns auf allen Wegen in Freud' und Leid mit Vatersegen. Hallelujah! Hallelujah!

3. Preis, Ehr' und Dank dir, Gottes Sohn! du kamst aus deinem Himmelsthron, für uns ein ewig Heil zu gründen, uns zu befrei'n vom Fluch der Sünden. Dein Tod verschlang den ew'gen Tod. Dein Sieg reißt uns aus Sünd' und Noth; dein Stab ist deines Volkes Freude, dein Wort ihm Kraft und Himmelsweide. Hallelujah! Hallelujah!

4. Preis, Ehr' und Dank dir, heil'ger Geist! du kamst: nun sind wir nie verwais't. Pfand Gottes, wahres Seelenleben! o was ist uns mit dir gegeben! sey, milder Tröster! nie uns fern; durchdring' uns mit der Kraft des Herrn! hilf uns in allen Erdenkreisen getreu bis in den Tod ihn preisen. Hallelujah! Hallelujah!

5. Gieb, Herr! den unser Loblied preist, Gott Vater, Sohn und heil'ger Geist! daß jedes Volk und Land der Erde voll deines Ruhms und Friedens werde! O selig, dreimal selig ist das Volk, deß Hirt und Gott du bist. Jehovah! deinem großen Namen sey Dank und Preis auf ewig! Amen. Hallelujah! Hallelujah!

Karl Bernhard Garve.

Osterlied.

Römer 6, v. 4. Gleichwie Christus ist auferwecket von den Todten, durch die Herrlichkeit des Vaters, also sollen auch wir in einem neuen Leben wandeln.

Mel. Freu' dich sehr, o meine Seele.

1573. Preiset Gott in allen Landen, jauchze, du erlös'te Schaar! Denn der Herr ist auferstanden, der für uns gestorben war. Herr! du hast durch deine Macht das Erlösungswerk vollbracht, du bist aus der Angst gerissen, daß wir ew'ge Ruh' genießen.

2. Denn du hast die Gruft verlassen, da der Sabbath war vorbei; daß wir wohl zu Herzen fassen, wie der Tod der Frommen sey Ruhe nach vollbrachtem Lauf; dann schließt du die Gräber auf, und wenn sie daraus erstanden, ist ein Sabbath noch vorhanden.

3. Muß ich gleich von hinnen fahren, schadet mir der Tod doch nicht; deine Macht wird mich bewahren, und du bleibst mein Lebenslicht. Sterben ist nur mein Gewinn, also fahr' ich freudig hin; ew'ges Leben sollen haben, die mit Christo sind begraben.

4. Laß mich heut' und alle Tage durch dich geistlich aufersteh'n, daß ich nicht Gefallen trage mit der bösen Welt zu geh'n, sondern trachte immer zu, einzugeh'n zu deiner Ruh'; daß mein Leben sich verneue und ich mich in dir erfreue.

5. Jesus mein Erlöser lebet, welches ich gewißlich weiß. Gebet, ihr Erlös'te! gebet

seinem Namen Dank und Preis; kommet her zu seiner Gruft, hört die Stimme, die da ruft: Jesus unser Haupt lebt wieder! durch ihn leben alle Glieder!

Pfingstlied.

Matth. 10, v. 20. Ihr seyd es nicht, die da reden, sondern eures Vaters Geist ist es, der durch euch redet.

Mel. Ein' feste Burg ist unser Gott.

1574. Preis hall' an diesem Freuden-Fest! mit neu beflammten Zungen, die Gottes Geist nicht schweigen läßt, werd' ihm sein Lob gesungen! In heil'ger Schauer Weh'n kam aus des Himmels Höh'n der Geist des Herrn herab, den Gott uns wiedergab. Preis ihm von tausend Zungen!

2. Preis dir, der du, o Gottes Sohn! zum Vater hingegangen, und für uns auf dem Gnadenthron der Gaben Füll' empfangen! Des neuen Bundes Pfand, dein Geist, durch dich gesandt, der Geist und Leben schafft, durchhaucht mit Gotteskraft die werdende Gemeine.

3. Preis dir! du rüstest selbst und weih'st Herolde deines Bundes, und taufest sie mit deinem Geist und Feuer deines Mundes. In jeder Sprache schallt mit himmlischer Gewalt dein Evangelium, und wird nicht wieder stumm, bis dir die Völker dienen.

4. Preis dir, der Gnad' und Heil erstritt für alle Stämm' auf Erden! Sieh', Parther *), Meder, Elamit will durch dich selig werden, schon fleht das Mohrenland mit aufgehob'ner Hand. Die fernsten Inseln fleh'n, und Friedensboten geh'n bis an den Rand der Erde. *) Apost. Gesch. 2, v. 8 9.

5. Und durch die Herzen dringt es ein, das Wort des ew'gen Lebens, der Sünder dürstet, rein zu seyn und dürstet nicht vergebens. Rein durch das heil'ge Bad wallt er den Lebenspfad auf seines Heilands Spur als neue Kreatur, in Kraft der Geistestaufe.

6. Herbei, ihr Schaaren, theu'r erkauft aus allen Nationen! Er, der mit Geist und Feuer tauft, wählt, hier in Kraft zu wohnen. Die Kirche, Gottes Haus, währt alle Zeiten aus. Wenn gleich der Sturmwind stürmt und Fluth auf Fluth sich thürmt, fest steht des Herrn Gemeine.

7. Gieß', Hölle, deine Schaaren aus, der Kirche Macht zu brechen! ihr Feinde, droht mit Qual und Graus, der Zeugen Muth zu schwächen! ihr Muth ist Heidenmuth und siegreich ist ihr Blut. Des Kreuzes Fahn' und Wort zieht hin von Ort zu Ort, bis alle Welt ihm huldigt.

8. Auf, schöpferischer Geist des Herrn, auf! weihe Gottes Erde, daß sie aufs Neu' ein heller Stern in seinem Himmel werde! der ew'gen Sonne Strahl beblüme Berg und Thal; und bald sey jeder Kreis von Gottes Ernten weiß. Hilf, Herr! laß wohl gelingen! Karl Bernhard Garve.

Von der heiligen Dreieinigkeit.

Psalm 113, v. 2. Gelobet sey des Herrn Name, von nun an bis in Ewigkeit.

Mel. Gelobet seyst du, Jesu Christ.

1575. Preis ihm! er schuf und er erhält seine wundervolle Welt. Du sprachst: da wurden, Herr! auch wir; wir leben und wir sterben dir! Hallelujah!

2. Preis ihm! er liebt von Ewigkeit, wird ein Mensch, stirbt in der Zeit; erlös't, erlös't hast du uns dir! Dir leben und dir sterben wir. Hallelujah!

3. Preis ihm! er führt des Himmels Bahn, führt den schmalen Weg hinan! Geheiliget hast du uns dir; dir leben und dir sterben wir. Hallelujah!

4. Sing', Psalter! Freudenthränen fließt! Heilig, heilig, heilig ist Gott, unser Gott! Jehovah, dir, dir leben und dir sterben wir. Hallelujah! Friedrich Gottlieb Klopstock.

Lob- und Danklied.

Offenb. Joh. 7, v. 10. Heil sey dem, der auf dem Stuhl sitzet, unserm Gott und dem Lamm.

In eigener Melodie.

1576. Preis, Lob, Ehr', Ruhm, Dank, Kraft und Macht sey dem erwürgten Lamm gesungen, das uns zu seinem Reich gebracht und theu'r erkauft aus allen Zungen; in ihm sind wir zur Seligkeit bedacht*), eh' noch der Grund der ganzen Welt gemacht. *) erwählt.

2. Wie heilig, heilig, heilig ist der Herr der Herren und Heerschaaren, der uns geliebt in Jesu Christ, da wir noch seine Feinde waren, und seinen Sohn zu eigen uns geschenkt, sein Herz der Lieb'*) in unser Herz versenkt. *) sein liebevolles Herz.

3. Im Weinstock Jesu stehen wir gepfropft und ganz mit Gott vereinet; dies ist die höchste Wonn' und Zier, (obschon der Unglaub' es verneinet) dadurch der Geist den

Lebensquell stets trinkt, die Seel' in Gottes Liebesmeer versinkt.

4. Ihr sieben Fackeln vor dem Thron des Lamm's*), ihr Himmelsfreuden-Geister, erhebt mit Jauchzen Gottes Sohn, der unser König, Hirt und Meister; lobt ihn mit uns gesammt in Ewigkeit, sein's Namens Ruhm erschalle weit und breit.

*) Offenb. Joh. 4, v. 5.

5. Ihm, der da lebt in Ewigkeit, sey Lob, Ehr', Preis und Dank gesungen von seiner Braut, der Christenheit; ihn loben Menschund Engel-Zungen, es jauchze ihm der Himmel Himmelsheer, und was das Wort je ausgesprochen mehr.*)

*) d. h. erschaffen hat. Joh 1, v. 3.

6. Die hochgelobte Majestät der heil'gen Einheit sey erhoben, die in sich selber wohnt und steht, sie müssen alle Dinge loben. In ihr besteht das Freudenlebenslicht, vor dessen Blick die düstre Welt zerbricht.*)

*) 2 Petri 3.

7. Deß Stadt, die schönste Zion, ist mit Edelstein und Perlenthoren erbaut zum Lobe Jesu Christ für uns, die Er sich auserkoren; wir jauchzen dir mit Dank, Lob, Preis und Ruhm; o Freud'! o Lust! o Licht! o Lebensblum'!

Osterlied.

Offenb. Joh. 1, v. 5. Jesus Christus ist der treue Zeuge, und Erstgeborne von den Todten, und ein Fürst der Könige auf Erden; der uns geliebet hat, und gewaschen von den Sünden mit seinem Blut.

Mel. Wachet auf! ruft uns die Stimme.

1577. Preis sey Christo, der erstanden! Aus den zersprengten Todesbanden tritt siegverkläret Gottes Sohn. Durch der Himmel weite Bogen rauscht Jubelklang gleich Stromeswogen, und Friede glänzt um Gottes Thron. Preis dem, der ewig liebt, der Allen Leben giebt, Jesu Christo, und unserm Gott! des Todes Noth ist aufgelöst in Morgenroth!

2. Du, dem Alles unterthänig, bist unser Priester nun und König von Ewigkeit zu Ewigkeit! Lieblich ist dein Loos gefallen, und deinen Auserwählten allen ist gleiche Herrlichkeit bereit't. Du stellst auf dem Altar dein Blut für Alle dar zur Versöhnung; wir sollen rein, auf ewig dein, ein Priestervolk und Fürsten seyn.

3. Einst mit deinem Lebensstabe weckst du die Deinen aus dem Grabe, und führst sie in des Himmels Licht. Dort schau'n wir in ew'ger Wonne dich selbst, Herr Jesu! Gnadensonne, von Angesicht zu Angesicht. Den Leib wird deine Hand im neuen Vaterland' neu verklären! Dann sind wir frei durch deine Treu'; du auf dem Thron machst Alles neu!

4. O Erstandner! sieh' hernieder auf deine Sünder, deine Brüder, die noch im Erdenthale stehn! Komm, Geliebter! uns entgegen, daß wir uns völlig freuen mögen, und laß uns deine Klarheit sehn! Heil Allen, die mit dir schon auferstanden hier durch den Glauben! Hier sind sie schon dem Tod' entflohn'! Stärk' uns den Glauben, Gottes Sohn!

Albert Knapp

Weihnachtslied.

2 Könige 7, v. 9. Dieser Tag ist ein Tag guter Botschaft.

Mel. Wachet auf! ruft uns die Stimme.

1578. Preis't den Herrn, ihr Völker alle! lobt Gott mit frohem Jubelschalle! sein Tag des Heils, er bricht hervor. Gott erfüllt sein Wort der Wahrheit; am Himmel strahlt Jehovah's Klarheit, und feiernd jauchzt der Engel Chor: Gott in der Höh' sey Ehr' von seiner Himmel Heer! Fried' und Ruhe, o Erdkreis, dir! Erlösung dir, o Mensch, aus deinem Jammer hier!

2. Hört's und jauchzt in ihre Chöre! erschienen ist zu Gottes Ehre das Heil des Herrn! sein Christ ist da! dem der Engel Knie sich beuget, das Licht vom Licht, aus Gott gezeuget, des Höchsten Sohn! Hallelujah! Auf den so lang' zuvor gehofft der Väter Chor, als dein Heiland und starker Held kam Er, o Welt, dir heut aus seiner Himmel Zelt.

3. Auf nun! laßt uns eilend gehen, den Glanz des Ewigen zu sehen, gen Bethleh'm mit der Hirten Schaar! Doch, o staunt! im Stroh des Stalles liegt hier ein weinend Kind, das Alles, was ist, erfüllet wunderbar! O glaubt und betet an, der solche That gethan! Freud' ohn' Ende ward uns und Wonn' in Gottes Sohn, der kam, ein Kind, von seinem Thron!

4. Seligmacher der Verlornen, so nannt' entzückt den Neugebornen vor seiner Kunft der Engel schon! Und es ist zum Seligwerden nicht in den Himmeln noch auf Erden in Anderm Heil, als in dem Sohn! Kein andrer Name ist, als Jesus, Jesus Christ, uns gegeben! in ihm allein, dem Sohne sein, will uns der Höchste Vater seyn!

5. Gnade bringt er, Heil und Gnade; des Ewigen, des Richters Gnade dem ganzen menschlichen Geschlecht! Was kein Mensch uns kann erwerben, durch Leiden schafft er's uns und Sterben, vor Gott macht uns sein Thun gerecht! Die Zeit der Furcht und Nacht, sie ist mit ihm vollbracht! Gottes Klarheit, wie strahlt ihr Licht, der Liebe Licht aus Jesu Christi Angesicht!

6. Ja, frohlockt, verzagte Sünder! wir sind nun Gottes liebe Kinder, zu ihm voll froher Zuversicht! Ob empört auch Meere wallen, ob Berge weichen, Hügel fallen, der Bund Jehovah's weicht uns nicht! der Sohn ist unser Pfand! durch Christum uns verwandt, innigst nahe, kann ewig nun er nimmer ruh'n, uns unaussprechlich wohlzuthun.

7. O wer kann die Wunder zählen, die du zum Heile unsrer Seelen, Erbarmender, an uns gethan! o die feiern keine Lieder! von Dank durchdrungen fall'n wir nieder und beten dich mit Thränen an! dich, unser ewig's Heil! Herr, unser bestes Theil! Quell der Liebe! ach dein, nur dein woll'n ganz wir seyn! o laß es uns auf ewig seyn.

Gottlieb Jähr.

Von der Liebe zu Jesu.

1 Chronika 30, v. 17. Ich weiß, mein Gott, daß du das Herz prüfest, und Aufrichtigkeit ist dir angenehm.

Mel. O wie selig sind die Seelen.

1579. Prüfe, Herr! wie ich dich liebe, und ob alle Geistestriebe nur auf dich, mein Heiland! geh'n; ob mein Herz dich also kennet, daß es gleich vor Liebe brennet, wenn die Augen nach dir seh'n?

2. Du hast mich zwar längst gezogen, auch zur Gegenlieb' bewogen, als dein Trost mich ganz erfüllt. Ja, als ich nicht treu geblieben, bliebst du doch getreu im Lieben, bis dein Blut mein Herz gestillt.

3. Wenn ich aber mich ansehe, und um Selbst-Erkenntniß flehe, werde ich oft tief gebeugt; denn da find' ich tausend Sachen, die mir Noth und Kummer machen, die mir deine Treue zeigt.

4. Drum eil' ich zu deiner Quelle; Herr! ich geh' nicht aus der Stelle, gieb mir erst ein neues Pfand, daß ich noch dein Kind und Erbe und höchstselig, wenn ich sterbe: reiche mir drauf Mund und Hand.

5. Also kriegt mein Glaube Kräfte, holt sich neue Lebenssäfte, hebt sein Haupt mit Lust empor. Dadurch wird der Feind geschwächet, wenn dein Blut sich an ihm rächet; so brech' ich mit Kraft hervor.

6. So kann ich dich, Jesu! lieben, ja ich werde angetrieben, dir nur auf dein Herz zu seh'n. Will dann Moses mich erschrecken: faß' ich dich, mein Stab und Stecken, und bleib' also siegreich steh'n.

7. Dann verschlingt dein Lieb's-Beginnen, was zuvor die matten Siñen durch des Feindes List zerstreut, und mein Suchen, Denken, Trachten geht nun hin, nur das zu achten, was des Vaters Herz erfreut.

8. Da wird Herz und Herz verbunden; denn ich schwing' durch Jesu Wunden mich in Gottes Herz hinein. Da verschwindet falsches Lieben, und ich werde nur getrieben, Christi eigen stets zu seyn.

Heinrich Ernst, Graf zu Stolberg-Wernigerode.

Von der Liebe zu Jesu.

Psalm 26, v. 2. Prüfe mich, Herr, und versuche mich, läutere meine Nieren und mein Herz.

Mel. Meine Hoffnung steht auf Gott.

1580. Prüf', Herr Jesu! meinen Sinn und erfahre, wie ich's meine, ob ich Dein zu seyn nur scheine oder ob ich's wirklich bin, ob mein Mund zu dir nur fleht, oder ob's von Herzen geht.

2. Ach! es macht mir bittern Schmerz, daß ich dich so oft noch kränke, dein so wenig noch gedenke, dir nicht weihe ganz mein Herz, daß die eitle Lust der Welt mir nicht selten noch gefällt.

3. Hilf mir, Herr! aus dieser Noth, daß ich selbst mich recht erkenne, stets nach dir in Sehnsucht brenne, Leben find' in deinem Tod und von Lüg' und Heuchelei ganz und gar geschieden sey.

4. Gieb mir, Herr! ein treu Gemüth, das zu dir allein sich kehret, dich in tiefster Andacht höret, nur für dich in Liebe glüht und nichts Anders kann und weiß, als nur deines Namens Preis! Gustav Friedr. Ludw. Knak.

Aufrichtung eines niedergeschlagenen Herzens durch den Glauben.

Psalm 147, v. 3. Er heilet die zerbrochenes Herzens sind, und verbindet ihre Schmerzen.

Mel. Jesu, meine Freude.

1581. Quälende Gedanken, Zweifeln, Fürchten, Wanken hört doch einmal auf! Laßt mich Jesum schauen, seiner Gnade trauen; hemmt mir nicht den

Lauf. Christi Blut macht Alles gut; und was ich verschuldet habe, liegt in seinem Grabe.

2. Freilich bin ich schnöde, unrein, wüst' und öde, aller Sünden voll. Aber mein Erbarmer, dessen Blut ich Armer gläubig schöpfen soll, locket mich so stark zu sich, daß ich's endlich fröhlich wage und ihm Alles klage.

3. Weil ich denn die Sünde tief gebeugt empfinde, die mein Herz beweint: weil ich sie verfluche und nichts Ander's suche, als den Seelenfreund; so bin ich ganz sicherlich schon mit dessen Blut bedecket, der mein Herz erwecket.

4. Nicht vollkommne Frommen, Sünder sollen kommen, Sünder nimmt er an. Die sich gottlos sehen und um Gnade flehen, die sind wohl daran; wer die Kraft, die Gutes schafft, gar nicht in sich selbst erblicket, der wird hier erquicket.

5. Nun, so will ich's wagen ganz getrost zu sagen: Jesu Blut ist mein. Gnad' hab' ich gefunden; meines Lammes Wunden lassen mich hinein. Christi Huld hat meine Schuld, meine Furcht und Tod verschlungen. Ihm sey Lob gesungen!

6. Weg, verworr'ner Zweifel! Weg, verlogner Teufel! störe mich nicht mehr. Zeit zu dunklem Grämen mag ich mir nicht nehmen. Jesus liebt mich sehr. Tag und Nacht bin ich bedacht, mich im Glauben recht zu üben. So kann ich ihn lieben.

Ernst Gottlieb Woltersdorf.

Warnung vor unnöthiger Sorge und Qual.

Luc. 12, v. 26—31. So ihr denn das Geringste nicht vermöget, warum sorget ihr für das Andere? &c.

Mel. Freu' dich sehr, o meine Seele.

1582. Quäle nie dein Herz mit Sorgen, Gottes Kind! nein, sorge nicht, frage nicht, was ess' ich morgen? höre, was dein Heiland spricht: es genügt, daß jeder Tag habe seine eig'ne Plag'; und was hilft doch Sorg' und Grämen? dadurch wirst du auch nichts nehmen.

2. Quäle nie dein Herz mit Fragen, auf die keine Antwort kommt; Vorwitz sollst du dir versagen, der dem Herzen niemals frommt! Wisse: der regiert die Welt, der sie schuf und sie erhält! auch in schauervollen Nächten schirmt er treulich die Gerechten.

3. Quäle nie dein Herz mit Hasse, ob der Feind auch Unrecht thut! Alle Rachsucht hass', und lasse aller Leidenschaften Wuth! gleichend Gott, thu' wohl dem Feind! wandl' ihn um in deinen Freund! Sanftmuth, Demuth mußt du lieben! lerne sie von Jesu üben!

4. Quäle nie mit Eigenwillen deine Seel' in dieser Welt, den kann selber Gott nicht stillen, der zu fest an Wünschen hält! Wehe, wer mit starrem Sinn fährt durch's Erdendunkel hin! Unsers Vaters in der Höhe, Gottes Wille nur geschehe!

5. Quäle nie mit Furcht und Zagen, Christ, dein Herz! Mit Zuversicht sollst du noch zu hoffen wagen, wo dir hinschwand Trost und Licht! Gott ist ein Allmächtiger! Wahrlich, dem ist nichts zu schwer, der die Stern' am Himmel führet, der die ganze Welt regieret.

Karl August Döring.

Süßer Trost in Jesu, beim Gefühl eigner Schwäche und Sündhaftigkeit.

Psalm 138, v. 7. Wenn ich mitten in der Angst wandele, so erquickest du mich.

Mel. Jesu, meine Freude.

1583. Quält mich Angst im Herzen, fühl' ich Gram und Schmerzen, gleich bin ich bei dir, falle vor dir nieder, und du hilfst mir wieder, schenkst Erquickung mir; Traurigkeit und alles Leid muß mich alsobald verlassen, kann ich dich nur fassen.

2. Du bist meine Wonne, meines Herzens Sonne, Jesu, du mein Licht. Ohne deine Liebe ist mir Alles trübe, Frieden find' ich nicht. Du, nur du bist meine Ruh'; wenn mich deine Flügel decken, kann mich Nichts erschrecken.

3. Hast du nicht dein Leben auch für mich gegeben in den bittern Tod? ließ'st du dich nicht binden auch für meine Sünden? o mein Herr und Gott! floß dein Blut nicht mir zu gut, gleichwie allen Adamskindern, allen armen Sündern?

4. Ach! ich muß mich schämen, all' das Heil zu nehmen, das du mir bereit't; in der Hölle Schlünden müßte man mich finden bis in Ewigkeit; Schmerz und Qual ohn' Maaß und Zahl müßt' ich immerdar empfinden wegen meiner Sünden.

5. O wie viel Erbarmen hast du mit mir armen, schlechten Würmelein! Statt mich zu verfluchen, kommst du, mich zu suchen in den Wüstenei'n, dahin ich von dir entwich; lässest dich als meinen Bürgen williglich erwürgen.

6. Fleuch nun, Welt, von hinnen! denn mein ganzes Sinnen ist auf Ihn gewandt, der an meiner Stelle alles Weh' der Hölle freudig überstand. Er allein soll Alles seyn; Jesus ist der Schönst' und Beste, Jesum halt' ich feste.

7. Mag der Satan toben — meine Freud' ist droben, selig, ungetrübt. Weder Glück noch Leiden soll von ihm mich scheiden, der sich todt geliebt. Dich, o Lamm! am Kreuzesstamm, deinen süßen Jesusnamen preis' ich ewig; Amen.

Gustav Friedr. Ludwig Knak.

Pfingstlied.

Epheser 1, v. 14. Welcher ist das Pfand unseres Erbes zu unserer Erlösung, daß wir sein Eigenthum würden, zu Lobe seiner Herrlichkeit.

Mel. Alle Menschen müssen sterben.

1584. Quell des Lebens! heil'ge Gabe, du, der Seelen Licht und Trost, Erntesegen, aus dem Grabe unsres Bürgen aufgesproßt, uns gesandt vom Himmelsthrone, vom erhöhten Menschensohne, Geist der Kraft und Herrlichkeit, mache dir mein Herz bereit.

2. Einst auch hielt man Erntefeste vor dem Herrn in Kanaan, brachte von der Flur das Beste, was der Schnitter eingethan; aber nach dem Freudentage kehrte doch zurück die Klage, denn kein Himmel wurde klar, wo der Geist der Knechtschaft war.

3. Nun erst ist das Fest erschienen, da man selig ernten kann, seit des Menschensohns Versühnen aufgelöset unsern Bann. Sieh', du kommst nach seinem Leiden, Geist der Kindschaft, Geist der Freuden! Was Er blutend uns erstritt, Alles, Alles bringst du mit!

4. Einst bist du herabgefahren als ein Sturmwind aus den Höh'n, ließest dich in wunderbaren Feuerzungen herrlich seh'n; aber jetzo weh'st du stille ohne Zeichen, ohne Hülle, auf der Erde nah' und fern, als ein Athemzug des Herrn.

5. Ihn, den armen Nazarener, der gering auf Erden ging, ihn, den Mittler und Versöhner, der am Kreuz die Welt umfing, allen Herzen zu verklären; ihn, den großen Gott der Ehren, dessen Herz von Liebe flammt, groß zu machen, ist dein Amt.

6. Ja, du nimmst es von dem Seinen, wenn du Lebensworte sprichst, wenn du bald durch Fleh'n und Weinen, bald durch Psalmen Herzen brichst. Du bist seines Wesens Spiegel, seiner Werk' und Worte Siegel, Zeuge, daß er lebt und liebt, Zeuge, daß er Leben giebt.

7. Ja, dein Strafen und Erschüttern, das des Lebens Grund erregt, das wie Strahlen aus Gewittern stolze Geister niederschlägt, mahnet, Ihm das Herz zu geben; und dein gnadenvolles Weben richtet in dem Glaubenslauf matte Kniee tröstend auf.

8. Was die Welt nicht kann erlangen, was kein eitles Auge sieht, soll von dir ein Herz empfangen, das die Lust der Erde flieht: Frieden, von dem Kreuze quillend, Frieden, alle Klagen stillend, hellen Blick in Gottes Rath, Frucht aus Jesu blut'ger Saat.

9. Was die Welt uns nie gelehret, lehrest du den Glauben thun: beten, bis der Herr erhöret, und in stiller Hoffnung ruh'n; fleht die Seele bang' und schwächlich, ach, dann seufzest unaussprechlich du durch alle Himmel hin, — und Er kennet deinen Sinn.

10. Was kein Mensch, kein Manneswille, keine Kraft der Welt vermag, wirkst du mühelos und stille, Geist des Herrn! am Gnadentag; Buße giebst du, Glauben, Liebe, Sanftmuth, Demuth, keusche Triebe; ach, wer ändert, reinigt sich, bleibt beim Heiland, ohne dich?

11. O du Pfand des neuen Bundes, Geist des Vaters, mild und rein, heil'ger Othem seines Mundes, zieh' in unsre Herzen ein! Leib und Seele, Haupt und Glieder kehren aus dem Tode wieder, wo sich deine Gotteskraft einen Sitz und Tempel schafft.

12. O wer innig möchte dürsten und zum Gnadenthrone geh'n, würde bald vom Lebensfürsten dich, du höchstes Gut! erfleh'n. Selig, wer von dir geleitet sich auf Christi Tag bereitet, wer dich, wenn sein Stündlein schlägt, unbetrübt im Herzen trägt.

13. Droben soll wie Gottes Sonne leuchten Christi Jüngerschaar; o wer sehnt sich nach der Wonne in dem großen Jubeljahr? — Lehr' uns, Herr! der Welt entrinnen, halt' in Jesu Herz und Sinnen, zeig' uns hier im Glauben Ihn, stell' uns dort zum Schauen hin!

Albert Knapp.

Festhalten an Jesu.

Offenb. Joh. 2, v. 25. Doch, was ihr habt, das haltet, bis daß ich komme.

Mel. Der du alle Kreuzes-Plagen.

1585. Quell des Lebens, Herr der Dinge, werth, daß man von dir nur singe; Ursprung der Zufriedenheit, Ursach aller Seligkeit, deines Vaters Wohlgefallen, Jesu! du mein wahres Heil: dich zu lieben, sey mein Wallen, deine Liebe sey mein Theil.

2. Höher ist doch Nichts zu nennen, als dich in der Kraft zu kennen, als dein Opfer für die Schuld, als der Reichthum deiner Huld. Herr, laß mich dein Licht durchdringen; nimm Verstand und Willen hin, dir erwünschte Frucht zu bringen, weil ich dein Erkaufter bin.

3. Haupt, laß mich nur dir anhangen, dein Befehl sey mein Verlangen. Es sey mir die süße Lust deines Ruhmes nur bewußt. Muß ich hier gleich Alles meiden, was dir nicht gefällig ist: ist's doch ein vergnügtes Scheiden, weil du mehr als Alles bist.

4. Welch ein Lohn nach kurzem Streiten ist das Ziel der Herrlichkeiten, die, wenn Welt und Zeit vergeh'n, in's Unendliche besteh'n! dann wird man in Klarheit schauen das, was hier durch's Dunkle blickt. Lehr' mich der Verheißung trauen, bis mich der Besitz erquickt.

Der gehorsame Sinn.

1 Samuelis 3, v. 9. Rede, Herr, denn dein Knecht höret.

Mel. Freu' dich sehr, o meine Seele.

1586. Rede, Herr! denn dein Knecht höret; deine Stimm' in deinem Wort ist mein Lehrer, der mich lehret, und mein Licht zur Himmels-Pfort; ich erkenne weder mich, von mir selbst, noch Jesu! dich, darum wollest du mich lehren, dich zu kennen und zu ehren.

2. Sollte sich ein Irrlicht finden und mein Leiter wollen seyn, ach! so laß es bald verschwinden, bei des Wortes hellem Schein. Reizet mich mein Fleisch und Blut, und die Welt mit eitlem Gut, so laß deinen Geist mich treiben, auf der ebnen Bahn zu bleiben.

3. Rede, Herr! denn dein Knecht höret, was ich thun und lassen soll; laß mich bleiben ungestöret deiner reinen Liebe voll; dein Gesetz sey meine Schnur, deine Liebe meine Spur, daß ich dich und mich und Alle liebe so, daß dir's gefalle.

4. Laß mich hören Freud' und Wonne, wenn mein Herz in Aengsten ist, sey im Finstern meine Sonne, der du mein Erlöser bist: und dein Evangelium sey mein Theil, mein Trost und Ruhm; laß mich das, o Gott der Ehren! in der letzten Noth noch hören.

Gabriel Wimmer.

Der Herr redet; der Knecht höret und folgt.

Joh. 6, v. 63. Die Worte, die Ich rede, die sind Geist und sind Leben.

Mel. Werde munter, mein Gemüthe.

1587. Rede, Herr! denn dein Knecht höret, Herz und Ohr ist aufgethan. Was mich deine Stimme lehret, nimmt mein Geist begierig an. Gieb' mir deinen Willen ein, ich will gern dein Schüler seyn. Rühre mich in deiner Lehre, daß ich wie ein Jünger höre.

2. Rede, Herr! durch deine Schriften in des Herzens Grund hinein; laß mich hier auf Zions Triften unter deinen Schaafen seyn. Diese Weide macht mich satt, wenn die Seele schwach und matt, daß ich neue Kräfte kriege, wie ein Adler aufwärts fliege.

3. Rede, Herr! durch mein Gewissen, weck' es doch mit Schrecken auf; reiß' mich aus den Finsternissen, hemme meinen Sündenlauf; wenn sich das Gewissen regt, wird die Bosheit abgelegt. Weck' es auf, damit es kämpfe und die bösen Lüste dämpfe.

4. Rede, Herr! und gieb uns Allen deinen guten Geist dabei, der, wenn uns dein Wort entfallen, unser treuer Lehrer sey. Dieser macht das Herz gewiß und erinnert alles dies, was dein theures Wort zusaget, wenn das Herz im Zweifel fraget.

5. Rede, Herr! und laß uns hören, daß dein Volk in Frieden sey; wider Alle, die ihn stören, steh' uns, Vater! kräftig bei; sprich uns Muth und Leben ein, wenn wir in Bedrängniß seyn. Laß uns Freud' und Wonne hören, wenn sich Welt und Höll' empören.

6. Rede, Herr! ich habe ferner mit der Welt nichts mehr zu thun; ihre Reden sind wie Dörner, ach! wer kann auf solchen ruh'n? dein Wort ist, was trostreich klingt, und voll Kraft ins Herze dringt. Weg, was unsre Ruhe störet! Rede, Herr! denn dein Knecht höret.

Das beseligende Wort Jesu.

Joh. 7, v. 16. 17. Meine Lehre ist nicht mein, sondern deß, der mich gesandt hat. So Jemand will deß Willen thun, der wird inne werden, ob diese Lehre von Gott sey, oder ob ich von mir selbst rede.

Mel. Freu' dich sehr, o meine Seele.

1588. Rede, liebster Jesus, rede, denn dein Kind giebt Acht darauf; stärke mich, denn ich bin blöde, daß ich meinen Lebenslauf dir zur Ehre setze fort, ach, laß

laß stets dein heilig Wort in mein Herz seyn eingeschlossen, dir zu folgen unverdrossen.

2. Ach, wer wollte dich nicht hören? dich, du liebster Menschenfreund! sind doch deine Wort' und Lehren alle herzlich wohl gemeint. Sie vertreiben alles Leid, selbst des Todes Bitterkeit muß vor deinen Worten weichen, Nichts ist ihnen zu vergleichen.

3. Deine Worte sind der Stecken, woran ich mich halten kann, wenn der Teufel mich will schrecken auf der schmalen Lebensbahn; sie, sie führen ohne Qual mich selbst durch des Todes Thal, sind mein Schirm und meine Stütze unter aller Kreuzeshitze.

4. Jesu, dein Wort soll mich laben, deine trost-erfüllte Lehr' will ich in mein Herz eingraben. Ach, nimm sie doch nimmermehr von mir weg in dieser Zeit, bis ich in der Ewigkeit werde kommen zu den Ehren, dich, o Jesu! selbst zu hören.

5. Unterdeß vernimm mein Flehen, liebster Jesu! höre mich. Laß bei dir mich feste stehen; so will ich dich ewiglich preisen mit Herz, Sinn und Mund, ich will dir zu jeder Stund' Ehr' und Dank in Demuth bringen und dein hohes Lob besingen.

Anna Sophie,
Landgräfinn von Hessen-Darmstadt.

Von der Gnadenwahl.

Epheser 1, v. 4. Wie er uns denn erwählet hat durch denselbigen, ehe der Welt Grund geleget war, daß wir sollten seyn heilig und unsträflich vor ihm in der Liebe.

Mel. Sollt' ich meinem Gott nicht singen?

1589. Regt euch, alle meine Kräfte, stimmt zum Lobe Gottes ein; denn das köstlichste Geschäfte muß der Ruhm der Gnade seyn. Gott sey Lob, der mich erwählet, eh' die Welt gegründet war, und mich seiner sel'gen Schaar aus Erbarmung zugezählet; was damals geschehen ist, das geschah in Jesu Christ.

2. Gar nichts war an mir zu finden, das erwählungswürdig schien; denn Gott sah' mich in den Sünden, eh' ich drin geboren bin. Aber in dem Sohn' der Liebe machte Gott mich angenehm, und erwählte mich in dem. Wunderreiche Gnadentriebe! Alles, was nun in mir ist, danke Gott in Jesu Christ.

M. Philipp Friedrich Hiller.

Von dem Gnadenreiche Jesu Christi.

Lucä 17, v. 20, 21. Das Reich Gottes kommt nicht mit äußerlichen Geberden; man wird auch nicht sagen: Siehe hier oder da ist es. Denn sehet, das Reich Gottes ist inwendig in euch.

Mel. Fahre fort, :,: Zion rc.

1590. Reich des Herrn! :,: brich hervor in vollem Tag! Deiner Strahlen Macht erhelle, was in Todesschatten lag! Wolk' und Zweifelsnebel fälle; sende Licht und Wärme nah' und fern, Reich des Herrn! :,:

2. Siege bald! :,: komm, das kalte Reich der Nacht aller Enden zu zerstören! sieh', es sammelt seine Macht: doch wer kann den Sieg dir wehren? Denn die Sonne der Gerechtigkeit führt den Streit. :,:

3. Gottes Held! :,: mit der Gnade Sieg'sgewalt schlage Feind an Feind darnieder! bring' in deine Herrschaft bald alles Abgefall'ne wieder! dann umarmen Freud' und Friede sich ewiglich. :,:

4. Ueberall :,: laß bis an der Welten Rand, laß durch jeden Kreis der Erden deinen Namen hell erkannt, deine Kraft verherrlicht werden; bis du, als der Völker Friedefürst, herrschen wirst! :,:

5. Menschenhuld :,: klopft in deiner milden Brust. Unter Menschenkindern wohnen, das ist deines Herzens Lust. Nimm, o nimm die Nationen, nimm zum Wohnsitz alle Länder ein! Sie sind Dein. :,:

6. Aber ihr, :,: die der König ausgesandt, geh't voran in alle Zonen! bahn't die Weg' und mach't bekannt unter allen Nationen, wie die Gnade, wo der Herr regiert, triumphir't! :,:

7. Welch ein Herr! :,: Ihm zu dienen, welch ein Stand! Wenn wir seines Dienstes pflegen, lohnt er unsrer schwachen Hand armes Werk mit reichem Segen. Wallen wir, so wallt sein Friede mit Schritt vor Schritt. :,:

8. Kommt herbei, :,: frohe Zeiten, säumet nicht! daß der Herr sich offenbare als der Völker Recht und Licht! Kommt, daß alle Welt erfahre, wie die Menschenheerd' ihr großer Hirt weiden wird! :,:

Karl Bernhard Garve.

Vom Trost der Christen.

Jesaia 38, v. 17. Siehe, um Trost war mir sehr bange; Du aber hast dich meiner Seele herzlich angenommen, daß sie nicht verdürbe; denn du wirfst alle meine Sünden hinter dich zurück.

Mel. Wachet auf! ruft uns die Stimme.

1591. Reiß' dich los, mein Geist, von Sorgen! die finstre Nacht hat heilen Morgen, hat ew'g's Licht im Hinterhalt; denn so spricht, der wahrhaft zeuget: Ich komme! du, den Elend beuget, vernimm's und jauchz', ich komme bald; ich und mit mir mein Lohn! schau', dich erwartet schon deine Krone; halt' aus im Streit! kurz ist die Zeit! wer glaubt, der überwindet weit.

2. Zuruf, der mich ganz beseelet! mein Heiland lebt! weg, was mich quälet! denn wo er ist, da soll ich seyn. Mir die Stätte zu bereiten, schmeckt' er des Todes Bitterkeiten, nahm er das Reich als Sieger ein. Von seinem Tempel her fließt, welch ein Gnadenmeer! auf mich nieder. Er ist mein Hort, hold, wie sein Wort, und Seligmacher fort und fort.

3. Dies wüßt' ich und sollte beben, zu schwach, vom Staube mich zu heben, zu dem mich Kummer niederreißt? Nein, das Haupt liebt seine Glieder, der Bruder schämt sich nicht der Brüder; groß ist, was Jesus uns verheißt, was er schon hier erfüllt. Die Thräne, die jetzt quillt, Last und Prüfung flieht schnell vorbei; doch seine Treu' ist, wie er selbst, stets einerlei.

4. Streue denn nur noch mit Weinen die edle Saat; Gott kennt die Seinen; für Ewigkeiten säest du. Nach des rauhen Winters Wüthen erscheinen holde Frühlingsblüthen, eilt bald die Erntezeit herzu. Dann geht der Christ hervor, hebt froh sein Haupt empor: Hosianna! dem auf dem Thron, ihm, Davids Sohn, der Seinen Schild und großer Lohn!

5. Dann, dann wirf in eine Waage, was nun dich drückt, die ganze Plage der sauren Pilgerschaft hinein: und was wird dann alle Plage der Pilgerschaft, was aller Tage ertragne Last und Hitze seyn? Ein leichter herber Rauch, von dem die Spur sich auch schnell verlieret; den Tropfen Leid der bittern Zeit verschlingt das Meer der Seligkeit.

6. Tag voll himmlischem Entzücken, mit nassen, sehnsuchtsvollen Blicken zög' ich dich gern schon heut' herbei. Doch noch soll ich Fesseln tragen, noch oft vielleicht im Stillen klagen, wie schwer der Leib des Todes sey. Getrost! zu deinem Glück bringt jeder Augenblick, Geist! dich näher, bald heißt es: ja! das Grab ist da! der Bräut'gam kommt! Hallelujah!

Heinrich Julius Tode.

Gegen die Schwermuth.

Sirach 2, v. 11. 12. Wer ist jemals zu Schanden geworden, der auf ihn gehoffet hat? Wer ist jemals verlassen, der in der Furcht Gottes geblieben ist?

Mel. Herzlich thut mich verlangen.

1592. Reiß' durch, gekränkte Seele! reiß' durch, und traure nicht, lauf' aus der Schwermuths-Höhle; Gott weiß, was dir gebricht. Es ist mein Wohlergehen gewißlich noch nicht reif, indessen bleib' ich stehen, die Hoffnung halt' ich steif.

2. Der Höchste wird's wohl machen, was will ich, Mensch, denn thun? Auf Gott besteh'n die Sachen, in ihm will ich beruh'n; Gott hab' ich mich ergeben, der wird mein Helfer seyn; auf mein betrübtes Leben folgt froher Sonnenschein.

3. Bald wird mir Hülfe werden, was soll der feige Muth? Nach Mühen und Beschwerden wird Alles wieder gut. Dann werd' ich fröhlich singen: auf Gott hab' ich gebau't, drum mußt' es mir gelingen; wohl dem, der Gott vertrau't!

4. Wohl dem, der seine Sorgen in Gottes Hände legt; sein Rath ist uns verborgen, wenn uns ein Unfall schlägt. Wenn's donnert und wenn's blitzet und wenn das Wetter tobt, so werden wir beschützet: der Herr sey hochgelobt!

5. Ich weiß wohl, wie im Zagen mein Herz so oft gesteckt; wenn ich von Angst und Plagen so mächtig ward erschreckt; doch ließ mir Hülf' gedeihen der fromme, treue Gott, und hat des Satans Dräuen gemacht zu Schand' und Spott.

6. Jetzt wird es auch geschehen, ich bin zwar hochbetrübt, bald werd' ich fröhlich sehen, wie mich der Herr geliebt, wann dies mein großes Leiden, die Zentner-schwere Pein wird von mir müssen scheiden und weggenommen seyn.

7. Auf, Sinnen! die ihr zaget, weg, weg, Melancholei! wenn mich ein Unfall plaget, macht Gott mich wieder frei; muß ich mich jetzt gleich bücken: kommt frischer, freier Muth! Der Höchste wird es schicken, daß mir die Trübsal gut.

D. Gottfried Wilhelm Sacer.

Von der christlichen Kirche und ihren Widersachern.

Apost. Gesch. 4, v. 29. 30. Und nun, Herr, siehe an ihr Dräuen, und gieb deinen Knechten mit aller Freudigkeit zu reden dein Wort, und strecke deine Hand aus, daß Gesundheit und Zeichen und Wunder geschehen, durch den Namen deines heiligen Kindes Jesu.

Mel. Wenn wir in höchsten Nöthen seyn.

1593. Rett', o Herr Jesu, rett' dein' Ehr', das Seufzen deiner Kirche hör'; der Feind' Anschläg' und Macht zerstör', die jetzt verfolgen deine Lehr'.

2. Groß ist ihr' List, ihr Trutz und Macht; sie fahren hoch daher mit Pracht. All' unsre Hoffnung wird verlacht. Wir sind bei ihnen nichts geacht't.

3. Vergieb uns unsre Missethat. Vertilg' uns nicht, erzeige Gnad'. Auf! auf! erweise mit der That, es gelte wider dich kein Rath.

4. Steh' deinem kleinen Häuflein bei, aus Gnaden Fried' und Ruh' verleih'; laß Jedermann erkennen frei, daß hier die rechte Kirche sey.

5. Laß sehn, daß du seyst unser Gott, der unsre Feinde macht zu Spott, wirft ihre Hoffart in den Koth und hilft den Seinen aus der Noth. Johann Heermann.

Vom geistlichen Kampf und Sieg.

Lucä 13, v. 24. Ringet darnach, daß ihr durch die enge Pforte eingehet; denn Viele werden, das sage ich euch, darnach trachten, wie sie hinein kommen, und werden's nicht thun können.

In eigener Melodie.

1594. Ringe recht, wenn Gottes Gnade dich nun ziehet und bekehrt, daß dein Geist sich recht entlade von der Last, die ihn beschwert.

2. Ringe, denn die Pfort' ist enge, und der Lebensweg ist schmal; hier bleibt Alles im Gedränge, was nicht zielt zum Himmelssaal.

3. Kämpfe bis auf's Blut und Leben, dring' hinein in Gottes Reich; will der Satan widerstreben, werde weder matt noch weich.

4. Ringe, daß dein Eifer glühe und die erste Liebe dich von der ganzen Welt abziehe, halbe Liebe hält nicht Stich.

5. Ringe mit Gebet und Schreien, halte damit feurig an, laß dich keine Zeit gereuen, wär's auch Tag und Nacht gethan.

6. Hast du nun die Perl' errungen, denke ja nicht, daß du nun alles Böse hast bezwungen, das uns Schaden pflegt zu thun.

7. Nimm mit Furcht ja deiner Seele, deines Heils mit Zittern wahr, hier in dieser Leibeshöhle stehst du täglich in Gefahr.

8. Halt' ja deine Krone feste, halte männlich, was du hast; recht beharren ist das Beste, Rückfall ist ein böser Gast.

9. Laß dein Auge ja nicht gaffen nach der schnöden Eitelkeit; bleibe Tag und Nacht in Waffen, fliehe Träg- und Sicherheit.

10. Laß dem Fleische nicht den Willen, gieb der Lust den Zügel nicht; willst du die Begierden stillen, so verlöscht das Gnadenlicht.

11. Fleisches-Freiheit macht die Seele kalt und sicher, frech und stolz; frißt hinweg des Glaubens Oele, läßt nichts als ein faules Holz.

12. Wahre Treu' führt mit der Sünde bis in's Grab beständig Krieg, richtet sich nach keinem Winde, sucht in jedem Kampf den Sieg.

13. Wahre Treu' liebt Christi Wege, steht beherzt auf ihrer Hut, weiß von keiner Wollustpflege, hält sich selber nichts zu gut.

14. Wahre Treu' hat viel zu weinen, spricht zum Lachen: du bist toll*); weil es, wenn Gott wird erscheinen, lauter Heulen werden soll.**) *) Pred. 2, 2. **) Luca 6, 25.

15. Wahre Treu' kommt dem Getümmel dieser Welt niemals zu nah'; ist ihr Schatz doch in dem Himmel, drum ist auch ihr Herz allda.

16. Dies bedenket wohl, ihr Streiter! streitet recht, und fürchtet euch; geh't doch alle Tage weiter, bis ihr kommt in's Himmelreich.

17. Denk't bei jedem Augenblicke, ob's vielleicht der letzte sey; bring't die Lampen in's Geschicke, hol't stets neues Oel herbei.

18. Liegt nicht alle Welt im Bösen? steht nicht Sodom in der Glut? Seele, wer soll dich erlösen? Eilen, eilen ist hier gut.

19. Eile, wo du dich erretten, und nicht mit verderben willt; mach' dich los von allen Ketten, flieh', wie ein gejagtes Wild.

20. Lauf' der Welt doch aus den Händen, dring' in's stille Zoar*) ein; eile, daß du mög'st vollenden, mache dich von Allem rein.

*) 1 Mose 19, v. 22.

21. Laß dir Nichts am Herzen kleben, flieh' vor dem verborg'nen Bann, such' in Gott geheim zu leben, daß dich Nichts beflecken kann.

22. Eile, zähle Tag' und Stunden, bis dein Bräut'gam hüpft und springt, und

wenn du nun überwunden, dich zum Schauen Gottes bringt.

23. Eile, lauf' ihm doch entgegen, sprich: mein Licht, ich bin bereit nun mein Hüttlein abzulegen, mich dürst't nach der Ewigkeit.

Johann Joseph Winkler.

Vom heiligen Abendmahl.

Psalm 51, v. 17. Herr, thue meine Lippen auf, daß mein Mund deinen Ruhm verkündige.

Mel. Jesus, meine Zuversicht.

1595. Rühme, Seele! dein Gesang triumphire, rühme, singe! gieb ihm Flügel, daß dein Dank bis zum Throne Gottes dringe! in der Engel jauchzend Chor hebe sich dein Lied empor.

2. Meine Sünden drohten mir schon mit meinem Untergange; ich erbebte, Gott, vor dir, und um Trost war mir so bange; Ewigkeit, Gesetz und Grab schreckten mich, doch Gott vergab.

3. In der feierlichsten Nacht rang für sündige Geschlechte Jesus Christ, zum Fluch gemacht, daß der Richter schonen möchte; und der feierlichsten Nacht hat der Richter jetzt gedacht.

4. Sey getrost! vergeben sind, wenn du glaubest, deine Sünden; ewig bist du Gottes Kind. Wer vermag das zu empfinden? welche Seligkeit und Ruh'! Gott, wo ist ein Gott wie du?

5. Ich empfing ihr göttlich Pfand, seinen Leib, für mich gegeben, und sein Blut, ich nahm's und fand in dem Blute Heil und Leben. Preis der feierlichsten Nacht! ewig werde dein gedacht!

6. Auserwählter, Mittler, Freund, Ursprung aller meiner Freuden, du hast mich mit dir vereint, Nichts soll je dich von mir scheiden; ewig, ewig bist du mein; ewig, ewig bin ich dein.

7. Ich, entzückt an deiner Brust, will auf deine Stimme merken. Hohe, himmelvolle Lust flammt mich an zu großen Werken. Glaub' an Gott und Heiligkeit sey mein Schmuck und Feierkleid.

8. Ich, ein Pilgrim, strecke mich nach dem Kleinod an dem Ziele; sicher, daß ich bald durch dich Gottes Seligkeiten fühle da, wo stets dein Lob erschallt. Komm, Herr Jesu, komm doch bald!

D. Johann Andreas Cramer.

Vom geistlichen Kampf und Sieg.

Epheser 6, v. 16. 17. Vor allen Dingen aber ergreifet den Schild des Glaubens, mit welchem ihr auslöschen könnet alle feurige Pfeile des Bösewichts. Und nehmet den Helm des Heils, und das Schwert des Geistes, welches ist das Wort Gottes.

Mel. Wachet auf! ruft uns die Stimme.

1596. Rüstet euch, ihr Christenleute! die Feinde suchen euch zur Beute; ja, Satan selbst hat eu'r begehrt. Wapnet euch mit Gottes Worte und kämpfet frisch an jedem Orte, damit ihr bleibet unversehrt. Ist euch der Feind zu schnell? hier ist Immanuel. Hosianna! Der Starke fällt durch diesen Held, und wir behalten mit das Feld.

2. Reinigt euch von euren Lüsten; besieget sie, die ihr seyd Christen, und stehet in des Herren Kraft. Stärket euch in Jesu Namen, daß ihr nicht strauchelt wie die Lahmen. Wo ist des Glaubens Eigenschaft? Wer hier ermüden will, der schaue auf das Ziel! da ist Freude. Wohlan, so seyd zum Kampf bereit; so krönet euch die Ewigkeit.

3. Streitet recht die wen'gen Jahre, eh' ihr kommt auf die Todtenbahre; kurz, kurz ist unser Lebenslauf. Wenn Gott wird die Todten wecken, und Christus wird die Welt erschrecken, so stehen wir mit Freuden auf. Gott Lob! wir sind versöhnt. Daß uns die Welt verhöhnt, währt nicht lange; und Gottes Sohn hat längstens schon uns beigelegt die Ehrenkron'.

4. Jesu, stärke deine Kinder, und mach' aus denen Ueberwinder, die du erkauft mit deinem Blut. Schaff' in uns ein neues Leben, daß wir uns stets zu dir erheben, wenn uns entfallen will der Muth. Gieß' aus auf uns den Geist, dadurch die Liebe fleußt in die Herzen; so halten wir getreu an dir im Tod und Leben für und für.

Wilhelm Erasmus Arends? —

Das Wallen im Glauben nach der ewigen Ruhe.

Ebräer 4, v. 1. So lasset uns nun fürchten, daß wir die Verheißung, einzukommen zu seiner Ruhe, nicht versäumen, und unser Keiner dahinten bleibe.

Mel. Herr, ich habe mißgehandelt.

1597. Ruhe hat uns Gott verheißen, Ruhe, die da ewig währt. Da wir hier durch Wüsten reisen, wo uns Gott den Glauben lehrt, soll uns die Verheißung treiben, daß wir nicht dahinten bleiben.

2. Lehr' mich, Herr, im Glauben wallen, nur nach deiner Führung gehn, stehen, wenn schon And're fallen, hoffen, wenn noch nichts zu sehn. Denn die dein Wort angenommen, läss'st du, Gott, zur Ruhe komen.

3. Will der Weg mir lange werden, zeige mir das nahe Land; ist das Streiten voll Beschwerden, stärke mir zum Sieg die Hand. Dahin, wo ich ausgegangen, laß mein Fleisch nicht mehr verlangen.

4. Laß mich nicht von Ruhe träumen, wo mein Geist doch keine hat; die nicht glauben, die versäumen ihren Theil an jener Stadt; und in dieser Erden-Wüste sind die Gräber ihrer Lüste.*)

*) 4 Mose 11, v. 34.

5. Was ich denke, was ich thue unter meiner Pilgrimslast, Alles geh' auf deine Ruhe, die du uns verheißen hast, daß ich auf Verheißung sterbe und das Loos des Glaubens erbe.

M. Philipp Friedrich Hiller.

Von der seligen Ruhe in Jesu.

Psalm 132, v. 14. Dies ist meine Ruhe ewiglich, hier will ich wohnen, denn es gefällt mir wohl.

Mel. Seele, was ist Schöner's wohl.

1598. Ruhe ist das beste Gut, das man haben kann; Stille und ein guter Muth steiget himmelan; die suche du. Hier und dort ist keine Ruh', als bei Gott: ihm eile zu, Gott ist die Ruh'.

2. Ruhe sucht ein jedes Ding, allermeist ein Christ; mein Herz, nach derselben ring', wo du immer bist; such' Ruh', such' Ruh', hier und dort ist keine Ruh', als bei Gott: ihm eile zu, Gott ist die Ruh'.

3. Ruhe giebet nicht die Welt, ihre Freud' und Pracht; nicht giebt Ruhe Gut und Geld, Lust, Ehr', Gunst und Macht, reicht keines zu. Hier und dort ist keine Ruh', als bei Gott: ihm eile zu, Gott ist die Ruh'. —

4. Ruhe geben kann allein Jesus, Gottes Sohn, der uns Alle ladet ein vor des Himmels Thron, zur wahren Ruh': Hier und dort ist keine Ruh', als bei Gott: ihm eile zu, Gott ist die Ruh'.

5. „Ruhe, wer sie finden will, komme nur zu Mir. Hast du gleich des Leidens viel, Ich kann's lindern dir und geben Ruh'." Hier und dort ist keine Ruh', als bei Gott: ihm eile zu, Gott ist die Ruh'.

6. Ruhe schenkt er Allen gleich, die beladen sind. Klein' und Große, Arm' und Reich', Mann, Weib oder Kind find't bei ihm Ruh'. Hier und dort ist keine Ruh', als bei Gott: ihm eile zu, Gott ist die Ruh'.

7. Ruhe schmecket denen wohl, die schwer sind gedrückt, und mühselig, schmerzenvoll, daß sie, fast erstickt, gern fänden Ruh'. Hier und dort ist keine Ruh', als bei Gott: ihm eile zu, Gott ist die Ruh'.

8. Ruh', aus lauter Gnad', verspricht Jesu treuer Mund, sein so freundlich Angesicht aus des Herzens Grund lockt All' herzu. Hier und dort ist keine Ruh', als bei Gott: ihm eile zu, Gott ist die Ruh'.

9. Ruhe sogar williglich Jesus bietet an: ich will euch erquicken, ich, der's am Besten kann, ich selbst die Ruh'. Hier und dort ist keine Ruh', als bei Gott: ihm eile zu, Gott ist die Ruh'.

10. Ruhe labet und erquickt süßiglich ein Herz, das da drückt und fast erstickt Kummer, Kreuz und Schmerz, das schrei't: ach Ruh'! Hier und dort ist keine Ruh', als bei Gott: ihm eile zu, Gott ist die Ruh'.

11. Ruhe kommt aus Glauben her, der nur Jesum hält; Jesus machet leicht, was schwer, richtet auf, was fällt; sein Geist bringt Ruh'. Hier und dort ist keine Ruh', als bei Gott: ihm eile zu, Gott ist die Ruh'.

12. Ruhe find' ich allermeist, wo Gehorsam blüht, ein in Gott versenkter Geist macht ein still Gemüth und Seelenruh'. Hier und dort ist keine Ruh', als bei Gott: ihm eile zu, Gott ist die Ruh'.

13. Ruhe wächset aus Geduld und Zufriedenheit, die in Gottes Zorn und Huld, und in Lieb' und Leid sich giebt zur Ruh'. Hier und dort ist keine Ruh', als bei Gott: ihm eile zu, Gott ist die Ruh'.

14. Ruhe hat, wer williglich Christi sanftes Joch hingebücket nimmt auf sich, ist es lieblich doch und schaffet Ruh'. Hier und dort ist keine Ruh', als bei Gott: ihm eile zu, Gott ist die Ruh'.

15. Ruhe den erst recht ergötzt, der ein Schüler ist und sich zu den Füßen setzt seines Herren Christ, und lernt die Ruh'. Hier und dort ist keine Ruh', als bei Gott: ihm eile zu, Gott ist die Ruh'.

16. Ruhe nirgends lieber bleibt, als wo Demuth ziert. Was zur Niedrigkeit fein treibt und herunter führt, giebt wahre Ruh'. Hier und dort ist keine Ruh', als bei Gott: ihm eile zu, Gott ist die Ruh'.

17. Ruhe springet aus der Quell', wo die Liebe fleußt, ist das Herze klar und hell,

sanft und still der Geist, da strömt die Ruh': Hier und dort ist keine Ruh', als bei Gott: ihm eile zu, Gott ist die Ruh'.

18. Ruhe, noch mit Einem Wort, soll sie ewig seyn, willst du ruhen hier und dort, dring' zu Jesu ein, Er ist die Ruh'. Hier und dort ist keine Ruh', als bei Gott: ihm eile zu, Gott ist die Ruh'.

M. Johann Kaspar Schade.

Beruhigung in Christo.

Johannis 16, v. 33. Solches habe ich mit euch geredet, daß ihr in mir Frieden habet.

Mel. Jesu, meine Freude.

1599. Ruhe meines Geistes, Herr! mein stärkstes, meistes Wünschen bist nur du. Laß mich sonst Nichts täuschen: mitten in Geräuschen eil' ich Jesu zu. Himmelwärts mit Aug' und Herz unverwandt auf dich zu blicken, setzt uns in Entzücken.

2. Schon vom süßen Namen wird in deinem Saamen Lust und Wonne reg'. Heiland heißt du! eile, helfe, bess're, heile, tröste, stärke, leg' deine Lieb' in mich und gieb, daß ich's Ruhm und Freude nenne, wenn ich dich erkenne.

3. Niemand kann mich retten und bei Gott vertreten, Niemand gilt als du; denn du trugst die Strafe für verlorne Schaafe, gingst dem Himmel zu. Niemand starb — und Niemand warb so mit Ernst um meine Seele, als du, Freund der Seele!

4. Dank und tiefe Reue flößt mir deine Treue, deine Liebe ein. Sie muß, wenn ich zage, über Sünden klage, meine Zuflucht seyn. Sehnsuchtsvoll und immer soll meine Seele auf dich hoffen: ja, dein Thron steht offen!

5. Was wir wünschen mögen, allen wahren Segen giebst du willig her. Weg ist aller Schade, Gnade strömt auf Gnade aus dem vollen Meer. Nichts entbehrt, der dich verehrt. Herr! du kannst mit Wonne tränken über Menschen-Denken!

6. Dir wird, als dem Sohne, Alles auf dem Throne zu bewirken leicht. Was ist's, das mich fälle? Sünde, Tod und Hölle, selbst der Satan weicht! Du erfüllst mein Herz und stillst mein Verlangen — hast in Händen, Alles gut zu wenden.

7. Ruhe für die Müden, süßen Seelenfrieden und Gerechtigkeit, Heiligung und Stärke, Kraft zum guten Werke, Sieg im härt'sten Streit, Treue, Muth und jedes Gut, sanften Tod und himmlisch Leben: Alles willst du geben.

8. Welche Länge, Breite, Höhe, Tiefe, Weite dessen, was du bist! Ganz kann Niemand sehen, ganz kein Herz verstehen, was bereitet ist. Nach der Zeit, in Ewigkeit wird man selig zu dir dringen, Hallelujah singen!

9. Freuden wird man schmecken, deinen Glanz entdecken, frei von Schmerz und Noth. O, Erlöser! treibe mich nur, daß ich bleibe treu bis in den Tod! Dann wirst du in bess'rer Ruh', nach so manchem Kampf und Siegen, ewig mein Vergnügen.

Johann Gottfried Schöner.

Zu Dankfesten der Kirche.

Psalm 46, v. 5. 6. Dennoch soll die Stadt Gottes fein lustig bleiben mit ihren Brünnlein, da die heiligen Wohnungen des Höchsten sind. Gott ist bei ihr darinnen, darum wird sie wohl bleiben; Gott hilft ihr früh.

Mel. Herr Gott, dich loben wir.

1600. Ruhm, Ehr' und Lobgesang dir, Gott! und heißer Dank von deiner Braut, der Christenheit, die dein sich heut mit Inbrunst freut! Anbetend denkt sie's, fühlt sie's tief: du warst's, der sie in's Leben rief! der fort und fort auf dieser Welt sie sammelt, kräftigt und erhält, du bist's, Gott, Jesus Christ! der du der Eckstein bist der Kirch', auf dich erbaut! auf den allein sie traut! Gegründet fest auf deinen Tod, steht sie, bewahrt in jeder Noth, wie Fels im Meer und wanket nicht! Dein Wort ist ihre Zuversicht! dein Lebensbrot ihr höchstes Gut, dein Blut giebt ihren Gliedern Muth, mit Höll' und Welt durch alle Zeit zu streiten ihres Königs Streit! Und ob auch manche Last sie drückt, von deinem Geist durchströmt, erquickt, strebt sie, trotz aller Schmach im Flor, ein schattenreicher Baum empor!

2. So hast du, Gott! von Anfang an, als dein sie herrlich kund gethan! Wie klein, wie schwach sie oftmals war, wie sehr auch ihrer Feinde Schaar stets tobte wider dich und sie mit List, Gewalt und arger Müh'; doch steht sie unbewegt noch heut' kühn da, und überwindet weit durch dich, o Herr, daß Gottes Kraft ihr täglich neue Siege schafft!

3. Drum, wie auch wieder frech erbost die Höll' uns droht, wir stehn getrost auf dich vertrauend, Gottes Sohn! und bieten allen Teufeln Hohn! Laß sie uns schmähen noch

so sehr, dich rauben sie uns nimmermehr! denn du bist Gott! in Ewigkeit ist dein die Kraft und Herrlichkeit!

4. Ja, starker Gott! verlaß uns nicht; bleib', Christus! unsre Zuversicht. Die irren auf des Todes Bahn, nimm, Herr! dich ihrer Schwachheit an. Gieß' auf uns Alle deinen Geist, der dich durch Lieb' und Demuth preis't, der Welt und ihrer Lust entsagt, für dich Gut, Ehr' und Leben wagt! So stehn wir fest, so gehn wir fort von Sieg zu Sieg mit deinem Wort! Amen.

Gottlieb Jahr.

Am Charfreitage.

Johannis 3, v. 14. 15. Wie Moses in der Wüste eine Schlange erhöhet hat, also muß des Menschen Sohn erhöhet werden, auf daß Alle, die an ihn glauben, nicht verloren werden, sondern das ewige Leben haben.

Mel. O Ewigkeit! du Donnerwort.

1601. Ruhm, Ehr' und Preis und Lobgesang, Gott, Mittler, dir! und heißer Dank, daß du für uns gestorben! Du thatst, was kein Erschaffner kann! dich beten alle Engel an! durch dich Gott neu erworben, bringt, lieberfüllt, der Deinen Schaar dir ihre Thränen-Opfer dar.

2. Mit herzlicher Barmherzigkeit hast du dich uns, uns Gott geweih't, Erbarmer, reich an Gnaden! du gingst — wer faßt den Liebesrath! — in das Gericht an unsrer Statt. Mit unsrer Schuld beladen lagst du, von Gottes Zorn geschreckt, dort in des Oelbergs Staub gestreckt.

3. Was wir verdient, so schreckensvoll, daß blut'ger Angstschweiß dir entquoll, ganz hast du's da empfunden! Für uns, ach! standst du, Gottes Sohn, verlästert vor des Heiden Thron, gegeißelt und gebunden, verklagt, gerichtet, Richter! Gott! zum Tod' verdammt, zum Kreuzestod.

4. Still duldend gingst du, trugest du dein Marterholz der Richtstatt zu. Voll Hohn, voll Qual, voll Wunden hingst du, für uns Anathema*), in Finsterniß auf Golgatha; im Graun der trübsten Stunden verlassen, Gott! von deinem Gott, im Todeskampfe! Gott von Gott.

*) ein Fluch. Gal. 3, v. 13

5. So strittst du, Ewiger! in Nacht, bis unser Heil du ganz vollbracht, da kam, da kam das Ende. Eil' auf, mein Geist! riefst du, zu Gott! Vollbracht war's, dich umfing der Tod; und in des Vaters Hände flog durch der Engel Feierchor dein Geist, versöhnt, zum Thron empor!

6. O unser Mittler, wer kann hier auf Erden würdig danken dir für dein unendlich Lieben, das dich aus deiner Himmels-Höh' in solches Leid erniedrigte, an's Kreuz, ins Grab getrieben? Du, du hast viel an uns gethan: wir beten dich im Staube an.

7. Ja Preis, Anbetung, heißer Dank dir, der in unser Weh versank, der trug die Schuld der Sünder, für uns geopfert, litt und starb und unser ew'ges Heil erwarb. Gott, Retter deiner Kinder! von Ewigkeit zu Ewigkeit sey unser Leben dir geweih't!

Gottlieb Jahr.

Trost aus Jesu Leiden.

2 Corinth. 5, v. 19. Gott war in Christo, und versöhnte die Welt mit ihm selber, und rechnete ihnen ihre Sünde nicht zu, und hat unter uns aufgerichtet das Wort von der Versöhnung.

Mel. Jesu, meine Freude.

1602. Ruh' und sichre Freuden giebt mir, Herr, dein Leiden, deines Todes Pein. Wenn mein Geist bedenket, was dein Tod mir schenket, könnt' ich trostlos seyn? Jesu, du bleibst meine Ruh'; bei dir find' ich Trost und Freude auch im größten Leide.

2. Meine Angst zu dämpfen, hast du wollen kämpfen und verlassen seyn. Um mich zu erneuen und mich Gott zu weihen, litt'st du Schmach und Pein. Gottes Huld will meine Schuld, wenn ich sie bereu', erlassen. Muth kann ich nun fassen.

3. Ja, was wär' ich Armer, gabst du, mein Erbarmer, dich nicht hin für mich? Bange Furcht und Schrecken würden mich bedecken, kennt' ich, Herr, nicht dich. Doch dein Blut floß mir zu gut, floß zur Tilgung meiner Sünden, Gnade noch zu finden.

4. Kränkt mich meine Sünde, eil' ich hin und finde Trost auf Golgatha. Hier hast du dein Leben für mich hingegeben, hingst verlassen da als ein Spott der Welt, da Gott mit sich selbst die Welt versöhnte und mit Gnaden krönte.

5. Ja, du wolltest sterben, Heil uns zu erwerben, unser Trost zu seyn; stiegst ins Grab hernieder, um uns, deine Brüder, ewig zu erfreu'n. O, möcht' ich, mein Jesu! dich doch von Herzen wieder lieben und stets Gutes üben!

6. Herr, da du dein Leben für mich hingegeben, schlag' ich an die Brust. Heiland, ich bereue die verletzte Treue, jede böse Lust.

Dir allein will ich mich weih'n: denn du bist für mich gestorben, hast mir Gnad' erworben.

7. Segne mein Bestreben, dir allein zu leben; gieb mir deinen Sinn. O, was kann mir fehlen, Retter meiner Seelen, wenn ich treu dir bin! du wirst mich, ich hoff' auf dich, einst gewiß von allem Bösen dir zum Ruhm erlösen.

8. So wird mir dein Leiden Quelle wahrer Freuden und zur Tugend Reiz. Ja, so oft ich wanke, stärkt mich der Gedanke, Heiland! an dein Kreuz. Folg' ich dir nur treulich hier: o so werd' ich selig sterben und dein Reich ererben.

M. Johann Friedrich Mudre.

Das Wort Gottes, der herrlichste Schatz auf Erden.

Psalm 119, v. 111. Deine Zeugnisse sind mein ewiges Erbe; denn sie sind meines Herzens Wonne.

Mel. Liebster Jesu! wir sind hier.

1603. Sagt, was hat die weite Welt, das dem Worte Gottes gleichet? was sind Ehre, Lust und Geld? Rauch der in den Wind entweichet. Doch, wenn Erd' und Himmel stürzen; Nichts kann Gottes Wort verkürzen.

2. Dich erreicht kein Erdenpreis, theures Wort, von Gott gegeben! Größer's hat kein Himmelskreis. Du, o Wort, bist Geist und Leben, Trost der Armen, Kraft der Schwachen, kannst auf ewig selig machen.

3. Lebenswort, was giebt wie du Licht und Weisheit, Heil und Gnade? in Bedrängniß Seelenruh', Muth auf bangem Dornenpfade? Was kein Menschenwitz ergründet, wird in dir uns hell verkündet.

4. Wort voll Gotteskraft, durch dich wird das Herz sich aufgeschlossen und ein Feld eröffnet sich, wo dem Himmel Ernten sprossen. Keiner Weisheit kann gelingen, was du hilfst in Kraft vollbringen.

5. Selig, die an Gottes Wort Geist und Herz so gern erquicken, und vom Baum, der nie verdorrt, Blätter der Gesundheit pflücken und in seinen Bergwerksgründen immer neue Schätze finden.

6. Lehre mich, du Geist des Herrn! Gottes Wort vor Allem lieben, und in deinem Lichte gern mich nach seiner Vorschrift üben: daß er all mein Thun regiere, daß es mich zum Himmel führe. Karl Bernh. Garve.

Lied am Himmelfahrtstage.

Lucä 24, v. 50—52. Er führete sie aber hinaus bis gen Bethanien, und hob die Hände auf und segnete sie. Und es geschahe, da er sie segnete, schied er von ihnen, und fuhr auf gen Himmel. Sie aber beteten ihn an.

Mel. Lobe den Herren, den mächtigen König 2c.

1604. Sammle, Gemeine des Herrn, dich zu freudigen Chören; siehe, dein König erhebt sich zum Throne der Ehren: jauchze, o Welt! mit ihm zum Himmelsgezelt wirst du frohlockend einst kehren.

2. Bande des Todes, nun können sie dich nicht mehr schrecken; Er, der Gekrönte, der Heilige will dich bedecken! Sünde und Grab sinken zur Tiefe hinab; Nichts kann dir Grauen erwecken.

3. Lasset das Trauren, ihr Frommen! und schauet mit Freuden heute gen Himmel; dort wird euch der Heiland einst weiden: auf denn zum Streit! droben sind Kronen bereit, euch zu versüßen die Leiden.

4. Darum erhob sich der Heiland, als Sieger gekrönet, daß er die Seinen, die oft man auf Erden verhöhnet, in seinem Reich mache an Ehren sich gleich; heiß er nach ihnen sich sehnet.

5. Er hat geöffnet des Himmels hell leuchtende Hallen, Strahlen der Gnade herab auf die Gläubigen fallen. Himmlische Lust giebt er der Gläubigen Brust, ob sie in Thränen auch wallen.

6. Göttlicher Heiland! du hast uns zum Leben erhoben. Dich hier im Staube mit Thränen der Freude zu loben, sey unser Dank; töne, o Siegesgesang! mächtiger schallst du dort oben! C. C. G. Langbecker.

Das Trachten nach der Seligkeit.

1 Petri 1, v. 17. Sintemal ihr den zum Vater anrufet, der ohne Ansehn der Person richtet nach eines jeglichen Werk; so führet euren Wandel, so lange ihr hier wallet, mit Furcht.

Mel. Alle Menschen müssen sterben.

1605. Schaffet, daß ihr selig werdet, ihr, die ihr wollt selig seyn, euch zwar christlich hier geberdet, doch davon tragt bloßen Schein. Denket, wenn der Herr wird kommen, hier zu richten Bös' und Frommen, daß ihr schafft mit Furcht allein, wie ihr möget selig seyn.

2. Schafft mit großer Furcht und Zittern, o ihr Sünder allzumal, wenn der jüngste Tag wird wittern, daß ihr dann der Höllenqual mit erfreu'ter Seel' entgehet, nicht

zur Linken Jesu stehet; schafft mit Furcht hier insgemein, daß ihr dann mögt selig seyn.

3. Schaffet, daß ihr selig werdet, traut nicht eurem Fleisch und Blut, das sich heilig hier geberdet und thut euch doch nimmer gut; flieht das falsche Christenleben, bleibt an Jesu Leben kleben, dem folgt; schafft hier insgemein, daß ihr möget selig seyn.

4. O Herr! der du durch dein Leiden uns von Sünd' erlöset hast, laß uns nicht seyn abgeschieden von dir, Anker, Steu'r und Mast! Wir zwar kleben stets an Sünden; aber laß uns Gnade finden, deine treue Lieb' allein schaffe, daß wir selig seyn.

Francisca Barbara Reiß.

Vom geistlichen Kampf.

1 Mose 19, v. 17. Errette deine Seele, und siehe nicht hinter dich; auch stehe nicht in dieser ganzen Gegend. Auf dem Berge errette dich, daß du nicht umkommest.

Mel. Meinen Jesum lass' ich nicht.

1606. Schaffet eure Seligkeit allezeit mit Furcht und Zittern; mein Gott! mache uns bereit, daß mit heiligem Erschüttern dies Wort als ein Donnerschlag unsre Herzen rühren mag.

2. Schaffet eure Seligkeit! ach, das ist das Allerbeste, dieses bleibt uns nach der Zeit; sind wir hier doch fremde Gäste: werden eilend weggerafft, wenn man noch so Vieles schafft.

3. Schaffet eure Seligkeit! o, es sind nicht leichte Werke; o, es ist ein harter Streit, und man brauchet Gottes Stärke, eh' man Fleisch und Blut bezwingt und zum rechten Leben dringt.

4. Schaffet eure Seligkeit! ach, da geht's durch Furcht und Schrecken, eh' der Geist sein Abba schrei't; immer muß der Herr uns wecken durch die heil'ge Gottes-Scheu, daß das Herz nicht sicher sey.

5. Schaffet eure Seligkeit! Ist das auch von uns geschehen? ach, es fehlet gar noch weit; was für Mängel wird man sehen! o, wie ruchlos ist der Sinn; o, wie sicher geht man hin!

6. Schaffet eure Seligkeit! hartes Herz! zerfließ' in Thränen wegen deiner Sicherheit, und sey heute unter denen, die in ihrer Sündenpein recht zerknirschten Geistes seyn.

7. Schaffet eure Seligkeit! ach, ich denk' an meinen Bürgen, der mich von der Schuld befrei't und sich selber ließ erwürgen; ach, Gott Lob! an diesem Heil hat mein Glaube auch sein Theil.

8. Schaffet eure Seligkeit! Jesu! hilf mir selber ringen, meine Trägheit ist mir leid, laß mich beßre Früchte bringen, daß ich meine Christen-Bahn selig einst vollenden kann.

M. Gottlob Adolph.

Von dem Ringen nach der Seligkeit.

Philipper 2, v. 12. Schaffet, daß ihr selig werdet mit Furcht und Zittern.

Mel. Freu dich sehr, o meine Seele.

1607. Schaffet, schaffet, Menschen-Kinder! schaffet eure Seligkeit; bauet nicht, wie freche Sünder, nur auf gegenwärt'ge Zeit, sondern schauet über euch, ringet nach dem Himmelreich und bemühet euch auf Erden, wie ihr möget selig werden.

2. Daß nun dieses mag geschehen, müßt ihr nicht nach Fleisch und Blut und desselben Neigung gehen; sondern, was Gott will und thut, das muß einig und allein eures Lebens Richtschnur seyn: es mag Fleisch und Blut in Allen übel oder wohl gefallen.

3. Ihr habt Ursach, zu bekennen, daß in euch noch Sünde steckt, daß ihr Fleisch vom Fleisch zu nennen, daß euch lauter Elend deckt, und daß Gottes Gnaden-Kraft nur allein das Gute schafft; ja, daß außer seiner Gnade in euch nichts denn Seelen-Schade.

4. Selig, wer im Glauben kämpfet; selig, wer im Kampf besteht und die Sünden in sich dämpfet, selig, wer die Welt verschmäht! Unter Christi Kreuzes-Schmach jaget man dem Frieden nach; wer den Himmel will ererben, muß zuvor mit Christo sterben.

5. Werdet ihr nicht treulich ringen, sondern träg' und lässig seyn eure Neigung zu bezwingen, so bricht eure Hoffnung ein; ohne tapfern Streit und Krieg folget niemals rechter Sieg; wahren Siegern wird die Krone beigelegt zum Gnadenlohne.

6. Mit der Welt sich lustig machen findet nicht bei Christen Statt; sündlich Reden, üppig Lachen schwächt den Geist und macht ihn matt. Ach! bei Christi Kreuzes-Fahn' geht es wahrlich niemals an, daß man noch mit frechem Herzen sicher wolle thun und scherzen.

7. Furcht muß man vor Gott stets tragen; denn er kann mit Leib und Seel' uns zur Hölle niederschlagen; er ist's, der des Geistes Oel und, nachdem es ihm beliebt, Wollen und Vollbringen giebt. O, so laßt zu ihm uns gehen, ihn um Gnade anzuflehen.

8. Und dann schlagt die Sündenglieder, welche Adam in euch regt, in den Kreuzes-Tod danieder, bis ihm seine Macht gelegt. Hauet Händ' und Füße ab; was euch ärgert, senkt in's Grab, und denkt stets an Jesu Worte: „gehet ein zur engen Pforte!"

9. Zittern will ich vor der Sünde und dabei auf Jesum seh'n, bis ich seinen Beistand finde, in der Gnade zu besteh'n. Ach, mein Heiland! geh' doch nicht mit mir Armen in's Gericht; gieb mir deines Geistes Waffen, meine Seligkeit zu schaffen.

10. Amen, es geschehe! Amen! Gott versiegle dies in mir, auf daß ich in Jesu Namen so den Glaubens-Kampf ausführ'. Er, er gebe Kraft und Stärk' und regiere selbst das Werk, daß ich wache, bete, ringe und also zum Himmel dringe.

Ludwig Andreas Gotter.

Gebet.

Psalm 51, v. 12. Schaffe in mir, Gott, ein reines Herz, und gieb mir einen neuen, gewissen Geist.

Mel. Ich dank' dir schon durch deinen Sohn.

1608. Schaff' in mir, Gott! ein reines Herz, du Quell der reinsten Triebe; wen Sünd' befleckt, der fühlet Schmerz, freut sich nicht deiner Liebe.

2. Drum gieb mir einen neuen Geist, der vor der Sünde fliehet, durch Selbstverleugnung, Herr! dich preis't, auf deinen Beistand siehet.

3. Verwirf mich, o mein Jesu! nicht, schenk' mir dein Wohlgefallen; gieb Kraft, wenn mir's an Kraft gebricht, den Glaubensweg zu wallen.

4. Auch nimm nicht deinen heil'gen Geist aus meinem dunklen Herzen; er ist's, der mich zum Himmel weist in meinen Sündenschmerzen.

5. Mit deiner Hülfe tröste mich bei meinem Thun und Treiben; im Glauben lehn' ich mich auf dich: Herr! du wirst treu mir bleiben.

6. Und so erhalte denn in mir den Geist des Lichts, der Freude; er öffne mir des Himmels Thür, wenn von der Erd' ich scheide.

E. C. G. Langbecker.

Ueber Psalm 51, v. 12—14.

Matth. 5, v. 8. Selig sind, die reines Herzens sind, denn sie werden Gott schauen.

Mel. Es ist gewißlich an der Zeit.

1609. Schaff' in mir, Gott! ein reines Herz, mein Herz ist ganz verderbet; es fühlt von Sünden großen Schmerz, die ihm sind angeerbet und die es noch thut ohne Scheu, ach! mache, daß es wieder sey, wie du es hast erschaffen.

2. Gieb mir auch einen neuen Geist, der, wie du, sey gesinnet; der stets dir anhangt allermeist und, was du willst, beginnet. Gieb, daß er hasse Fleisch und Blut, den Glauben üb' in sanftem Muth, Zucht, Demuth, Hoffnung, Liebe.

3. Verwirf von deinem Angesicht, ob ich es gleich verdienet, mich, allerliebster Vater! nicht, weil Jesus mich versühnet; laß nimmer, nimmer, nimmermehr mich fallen, als dein Kind, so sehr, daß du es von dir werfest.

4. Dein'n heil'gen Geist nimm nicht von mir, den bösen Geist vertreibe, daß ich, als nie entführt von dir, stets Deine sey und bleibe; beherrsche du Herz, Sinn und Muth durch deinen Geist, so ist es gut im Leben und im Sterben.

5. Mit deiner Hülfe tröste mich, hilf und vergieb die Sünden; und sucht dann meine Seele dich, so laß dich von ihr finden und dein Verdienst, Herr Jesu Christ! darinnen Trost und Leben ist, trotz Sünde, Tod und Teufel!

6. Dein heil'ger Geist erhalt' mich doch mit seinem Freuden-Oele, damit nicht der Verzweiflung Joch verderbe meine Seele; sey du mein Freund, o Herr! allein, ach! laß mich ganz dein eigen seyn und führe mich zur Freude.

Ludämilia Elisabeth,
Gräfinn zu Schwarzburg-Rudolstadt.

Ohne Jesum nicht zu leben.

Marci 10, v. 21. Eines fehlet dir: Gehe hin, verkaufe Alles, was du hast, und gieb's den Armen, so wirst du einen Schatz im Himmel haben; und komm, folge mir nach, und nimm das Kreuz auf dich.

Mel. Valet will ich dir geben.

1610. Schatz über alle Schätze, o Jesu! liebster Schatz, an dem ich mich ergötze, hier hab' ich einen Platz in meinem treuen Herzen dir, Schönster! zugetheilt, weil du mit deinen Schmerzen mir meinen Schmerz geheilt.

2. Ach, Freude meiner Freuden! du wahres Himmelsbrot, damit ich mich kann weiden, das meine Seelennoth ganz kräftiglich kann stillen und mich in Leidenszeit erfreulich überfüllen mit Trost und Süßigkeit;

3. Laß, Liebster! mich anblicken dein freundlich Angesicht, mein Herze zu erquik-

ken; komm, komm, mein Freudenlicht! denn ohne dich zu leben ist lauter Herzeleid; vor deinen Augen schweben ist wahre Seligkeit.

4. O reiche Lebensquelle! o Jesu, süße Ruh'! du treuer Kreuzgeselle, schlag' nach Belieben zu; ich will geduldig leiden, es soll mich keine Pein von deiner Liebe scheiden, noch mir beschwerlich seyn.

5. Mein Herze bleibt ergeben dir immer für und für, zu sterben und zu leben, und will vielmehr mit dir im tiefsten Feuer schwitzen als, Jesu! ohne dich im Paradiese sitzen, veracht't und jämmerlich.

6. O Herrlichkeit der Erden, dich mag und will ich nicht, mein Geist will himmlisch werden und ist dahin gericht't, wo Jesus wird geschauet; da sehn' ich mich hinein, wo Jesus Hütten bauet, denn dort ist's gut zu seyn.

7. Nun, Jesu, mein Vergnügen! komm, hole mich zu dir, in deinem Schooß' zu liegen; komm, meiner Seele Zier! und setze mich aus Gnaden in deine Freudenstadt; so kann mir Niemand schaden, so bin ich reich und satt. M. Salom. Liscov (Liscovius).

Der Entschlafenen Vorbild. (Missionsl.)

Ebräer 13, v. 7. Gedenket an eure Lehrer, die euch das Wort Gottes gesagt haben, welcher Ende schauet an, und folget ihrem Glauben nach.

Mel. Warum sollt' ich mich denn grämen?

1611. Schaut das Ende treuer Zeugen, wenn ihr Haupt siegumlaubt darf zum Tod sich neigen; schauet, wie sie fröhlich scheiden himmelan! Solche Bahn lehrt für Christum leiden.

2. In des Oceanes Buchten, an dem Strand, in dem Sand, in der Berge Schluchten, ferne wo die Löwen brüllen, fern im Schnee nord'scher Höh' schlummern ihre Hüllen.

3. Gift'ger Hauch und schwüle Lüfte, heiße Müh' spät und früh, gruben ihnen Grüfte; manche Blum' ist hingesunken, bald verblüht; schnell verglüht edle Lebensfunken.

4. Hier in einsam stillen Klausen, wo kein Freund sie beweint, dort im Meeresbrausen; hier in frommer Brüder Mitte, sanft umweht vom Gebet sinkt die morsche Hütte.

5. Aber sieh' das Auge schimmern! sieh' im Blick Himmelsglück, Heldenwonne flimmern! Also stirbt, wer selig endet, wem vom Thron Gottes Sohn Engel zugesendet.

6. Abgestreift ist von dem Herzen Tand und Welt; Ruhm und Geld ließen sich verschmerzen. — Eines nur ist treu geblieben, ew'ges Gut, heil'ge Glut: Jesus und sein Lieben.

7. Eines haben sie gefunden, Eins erstrebt, Eins erlebt, Einem sich verbunden: Ihm zu leben, Ihm zu sterben, auszuziehn und für ihn Seelen anzuwerben.

8. Und der Saame ward gestreuet; insgeheim treibt der Keim und die Saat gedeihet. O ein selig stilles Hoffen, wenn der Mai kam herbei, wenn die Himmel troffen!

9. Wenn nach langen Winterproben Seelen sich, Herr! für dich frühlingshaft erhoben: wenn sie sich der Sünd' entrangen, rein und frei, mild und treu sich in dir umschlangen:

10. Dann im Geist der heil'gen Seher, unumhüllt, siegerfüllt, hob der Blick sich höher, sah' dich ohne Kampf regieren, und verklärt auf der Erd' ewig triumphiren.

11. Süßer Strahl aus jener Höhe! Wonn' und Ruh' bietest du für ein kurzes Wehe; selig, die bei deinen Grüßen sanft und lind wie ein Kind ihre Augen schließen.

12. Hin, wo sich die Engel freuen, gehen sie, werden nie ihren Gang bereuen; dort umfängst du deine Kinder nach dem Streit dieser Zeit, Todes-Ueberwinder!

Albert Knapp.

Danklied für Missionarien.

Matth. 8, v. 11. Viele werden kommen vom Morgen und vom Abend, und mit Abraham, und Isaak und Jakob im Himmelreich sitzen.

Mel. Wunderbarer König.

1612. Schau' zurück, o Seele! schau' der Zeugen Reihen, die verklärt durch Gottes Treuen ehrfurchtsvoll bezeugen: wohl uns! Gnad' um Gnade, Trost auf unsres Laufes Pfade; ja, fürwahr, wunderbar hast du dich bewiesen: Herr, sey hoch gepriesen!

2. Du hast Wort gehalten! Wo vor mir auf Erden Herzen sich verbinden werden, sprach das Wort des Friedens, bin ich in der Mitte. — O, wir spürten deine Tritte, fühlten dich mächtiglich und dein Friedenswalten. Du hast Wort gehalten.

3. Sieh', ein Volk des Friedens korst du dir zu eigen, deine Kraft an ihm zu zeigen; aus der Näh' und Ferne, aus den Völkern allen sah man zu der Freistadt wallen. Liebe

band Hand- und Hand. Was sind Schmach und Schmerzen treu-verbundnen Herzen?

4. Liebe, reiche Liebe trieb dich, Heil und Segen auf den Seelenbund zu legen. Süßer Freuden Menge ließest du ihn schmecken und zu deinem Lob' erwecken. Auch das Leid mancher Zeit, jede Liebesprobe schloß sich stets mit Lobe.

5. Schön sind ihre Hütten; fest durch dein Beschirmen steh'n sie trotz den Völkerstürmen. Auch der Strom des Argen brach an ihren Wällen. Was könnt' ihre Mauern fällen? Gottes Wehr rund umher, drinnen heil'ge Sitten schützten ihre Hütten.

6. Und wer rühmt die Kräfte, die zu Gotteswerken deine Priester weih'n und stärken? Wie sie voller Freude den empfang'nen Segen dir zur Ehr' auf Wucher legen; dein Verzeih'n, dein Erfreu'n, jeden Trost im Herzen auch bei bitt'ren Schmerzen.

7. Und wer preis't die Segen, die so mächtig quollen und weit über's Ufer schwollen? Bis in weite Fernen strömen sie voll Milde, tränken Gottes Saatgefilde; und voll Dank schöpft' und trank mancher Schwerbedrückte, was sein Herz erquickte.

8. Heiden steh'n und staunen. Laut in fremden Zungen wird dein neues Lob gesungen. Wie in Todtenbeine drang der Ruf der Boten, und es regten sich die Todten. Geist des Herrn war nicht fern, wo der Ruf erschollen. Preis dem Wundervollen!

9. Sieh', all' unsre Zeiten bilden sich zum Reigen tief-erstaunter Segenszeugen, und in ihrem Chore singt mit Einem Munde jeder Tag und jede Stunde: Groß von Rath, groß von That hast du dich bewiesen. Herr, sey hoch gepriesen!

10. Heb', o hebe ferner deine heil'gen Hände, reich an Segen, bis ans Ende über die Gemeinen, die sich festlich freuen und den alten Bund erneuen. Mit Gesang wall' ihr Gang froh in deinem Bunde bis zur letzten Stunde!

11. Bäche voller G'nüge, die dir mild entfließen, laß sich immer neu ergießen! laß sie unversieglich Herz an Herz erquicken, bis wir dich, die Quell', erblicken! fort und fort werden dort deine Ströme wallen, unsre Psalmen schallen.

12. Gieb den Glaubens-Augen, hell empor zu sehen, wo der Sieger Palmen wehen, wo sich Engelschaaren ihre Geister mengen unter Jubel Lobgesängen; deren Text endlos wächst, um, ohn' aufzuhören, deinen Ruhm zu mehren.

Karl Bernhard Garve.

Der treuste Freund.

Jesaia 43, v. 1. 2. Fürchte dich nicht, denn ich habe dich erlöset; ich habe dich bei deinem Namen gerufen; du bist mein. Denn so du durch's Wasser gehest, will ich bei dir seyn, daß dich die Ströme nicht sollen ersäufen; und so du in's Feuer gehest, sollst du nicht brennen, und die Flamme soll dich nicht anzünden.

Mel. Herzlich thut mich verlangen.

1613. Schenk', Herr! mir deine Liebe, verlaß mich Armen nicht. Wer ist, der treuer bliebe, als du, mein Trost und Licht? In dir und deiner Gnade fühl' ich so fröhlich mich; ich geh' die dunklen Pfade getrost, ich trau' auf dich.

2. Hat sich in Nacht gehüllet auch meine Lebenszeit, und ist mein Herz erfüllet mit Schmerz und Traurigkeit: so kann ich dennoch blicken mit Freuden hin zu dir; einst seh' ich voll Entzücken dich, Helfer! meine Zier.

3. Ich fasse deine Hände, ich lasse nicht von dir; ob ich kein Glück hier fände, — bleibst du, mein Heiland! mir, so hab' ich dennoch Freude, auch selbst in Schmerz und Leid; mir strahlt des Himmels Weide, die deine Gnad' verleih't.

4. Drum, treu'ster Freund der Seele! verlaß, verlaß mich nicht. Was ist's, das ich erwähle? Ein Glück, das schnell zerbricht. Nichts kann den Weg versüßen, der hier durch Dornen geht: du lässest mich genießen die Lust, die fest besteht.

5. Dir klag' ich meinen Jammer, von allen Menschen fern; in meiner stillen Kammer, da weilst du, Jesu! gern; da zählst du meine Thränen, da liegt mein Herz vor dir, mit Freude, Schmerz und Sehnen: erbarmend hilfst du mir.

6. Wie wird mir dann so helle die Nacht, die mich bedeckt! die dunkle Trübsalswelle mich Schwachen nicht erschreckt. Dein Arm hält mich umschlungen, dein Wort spricht Muth mir zu; bald hab' ich ausgerungen. Du reichst mir Trost und Ruh'!

E. C. G. Langbecker.

Wiegenlied.

Psalm 144, v. 3. Herr, was ist der Mensch, daß du dich seiner so annimmst? und des Menschen Kind, daß du ihn so achtest?

Mel. Herr Gott! dich loben alle wir.

1614. Schlaf' sanft und wohl, schlaf' liebes Kind! weil ja die Engel bei dir sind; sie sehen Gottes Angesicht; sie wachen hier und schlummern nicht.

2. Du schläfst und liegest weich dabei; dein Heiland lag auf Stroh und Heu im finstern Stall, auf Holz und Stein; du liegst in deinem Wiegelein.

3. Dir störet Niemand Schlaf und Ruh', ihm setzten tausend Feinde zu; du lebst ohn' einigen Verlust, da er das Elend leiden mußt'.

4. Gott schenke Kraft dir und Gedeih'n, er segne dich und mach' dich rein, fromm und an deiner Seele reich, an Weisheit deinem Jesu gleich.

5. Gott fülle dich mit Gnad' und Licht, das durch dich Andern wohl geschicht; und werd' ein Baum, der Schatten giebt, du Pflänzlein Gottes, das er liebt.

6. Gott ist ein wahrer Kinderfreund, er schützt auch dich vor jedem Feind, der liebe Heiland, Jesus Christ, der Kinder segnet, herzt und küßt. — —

7. Sey, wie das traute Jesus-Kind gerecht, getreu und fromm gesinnt! Dies Kindlein ging die Tugendbahn und war den Eltern unterthan.

8. Dein Gott verkläre für und für sein liebes Jesus-Kind in dir, daß deine Seel' erkennt und faßt, was du am Kindlein Jesu hast.

9. Was Jesus ist und heißt und thut, das ist und thut er dir zu gut. Dein großes Elend macht allein, daß er ein Kind, wie du, mußt' seyn.

10. Wer es mit diesem Kinde hält, für den nur ist das Reich bestellt; der nimmt, er sey klein oder groß, mit ihm dort gleiches Erb' und Loos.

11. Wie bald vergeht des Lebens Zeit und bringt uns nah' der Ewigkeit! es ist noch um ein kleines Nun, und um den letzten Schlaf zu thun.

12. Bald weckt uns der Posaunen Ton, wir sehen Christum auf dem Thron und bei ihm, wer hier in Gefahr, verachtet, arm und elend war.

13. Schlaf', liebes Kind, schlaf' unbetrübt, wenn Gott Verstand und Jahre giebt, so wachs' im Geiste Tag und Nacht, bis Gott dich ewig selig macht.

Johann Christoph Ruben.

Beim Anschlagen der Betglocke.

Marci 13, v. 33. Sehet zu, wachet und betet; denn ihr wisset nicht, wenn es Zeit ist.

Mel. Christus, der uns selig macht.

1615. Schlage, Jesu! an mein Herz, rühre mein Gewissen, damit aus dem Sündenschmerz heiße Thränen fließen. Blicke mich, wie Petrum, an, daß ich in mich schlage, daß ich stets gedenke dran, und doch nicht verzage.

2. Weck' mich durch der Glocke Ton aus dem Schlaf' der Sünden; laß, o Herr! vor deinem Thron mich Erbarmung finden und nimm mich zu Gnaden auf; meinen Glauben stärke, daß mein ganzer Lebenslauf sey voll Tugendwerke.

3. Dein Blut sey mein Lebenssaft und mein Trost im Leiden, meiner Seele Heil und Kraft; so sterb' ich mit Freuden: in der Stunde letzter Noth woll'st du mein gedenken und ein sel'ges End' im Tod mir, o Jesu! schenken.

Veit Ludwig Megander.

Vom heiligen Abendmahl.

Offenb. Joh. 19, v. 8. Es ward ihr gegeben, sich anzuthun mit reiner und schöner Seide. Die Seide aber ist die Gerechtigkeit der Heiligen.

In eigener Melodie.

1616. Schmücke dich, o liebe Seele! laß die dunkle Sündenhöhle, komm an's helle Licht gegangen, fange herrlich an zu prangen, denn der Herr, voll Heil und Gnaden, will dich jetzt zu Gaste laden; der den Himmel kann verwalten, will jetzt Herberg' in dir halten.

2. Eile, wie Verlobte pflegen, deinem Bräutigam entgegen, der da mit dem Gnadenhammer *) klopft an deine Herzenskammer; öffn' ihm bald des Geistes Pforten, red' ihn an mit schönen Worten: Herr, dich gläubig zu genießen, laß mich deiner nicht mehr missen.

*) Jer. 23, v. 29.

3. Zwar in Kaufung theurer Waaren pflegt man sonst kein Geld zu sparen; aber du willst für die Gaben deiner Huld kein Geld nicht haben, weil in allen Bergwerksgründen kein solch Kleinod ist zu finden, das die blutgefüllten Schaalen und dies Manna kann bezahlen.

4. Ach, wie hungert mein Gemüthe, Menschenfreund! nach deiner Güte. Ach, wie pfleg' ich oft mit Thränen mich nach dieser Kost zu sehnen; ach wie pfleget mich zu dürsten nach dem Trank des Lebensfürsten; wünsche stets, daß mein Gebeine sich durch Gott mit Gott vereine.

5. Beides, Freude und auch Zittern lässet sich in mir jetzt wittern; das Geheimniß dieser Speise und die unerforschte Weise machen, daß ich früh vermerke, Herr! die Größe deiner Werke. Ist auch wohl ein Mensch zu finden, der dein' Allmacht kann ergründen?

6. Nein, Vernunft, die muß hier weichen, kann dies Wunder nicht erreichen, daß dies Brot nie wird verzehret, ob es gleich viel tausend nähret; und daß mit dem Saft der Reben uns wird Christi Blut gegeben. O, der großen Heimlichkeiten, die nur Gottes Geist kann deuten!

7. Jesu, meines Lebens Sonne, Jesu, meine Freud' und Wonne, Jesu, du mein ganz Beginnen, Lebensquell und Licht der Sinnen, hier fall' ich zu deinen Füßen: laß mich würdiglich genießen dieser deiner Himmelsspeise, mir zum Heil und dir zum Preise.

8. Herr! es hat dein treues Lieben dich vom Himm'l herab getrieben, daß du willig hast dein Leben in den Tod für mich gegeben und dazu ganz unverdrossen, Herr! dein Blut für uns vergossen, das uns jetzt kann kräftig tränken, deiner Liebe zu gedenken.

9. Jesu, wahres Brot des Lebens! hilf, daß ich doch nicht vergebens, oder mir vielleicht zum Schaden, sey zu deinem Tisch geladen; laß mich durch dies Seelenessen deine Liebe recht ermessen, daß ich auch, wie jetzt auf Erden, mög' ein Gast im Himmel werden.

Johann Franck.

Der Weg zum Heil.

Römer 5, v. 18. Wie nun durch Eines Sünde die Verdammniß über alle Menschen gekommen ist, also ist auch durch Eines Gerechtigkeit die Rechtfertigung des Lebens über alle Menschen gekommen.

Mel. Jesu, der du meine Seele.

1617. Schöpfer aller Menschenkinder! großer Richter aller Welt! sieh', hier wird ein armer Sünder vor dein streng Gericht gestellt, der in Sünden ist geboren, der dein Ebenbild verloren, der mit Sünden sich befleckt, der in tiefen Schulden steckt.

2. Mein Gewissen, das mich quälet, deine Strafgerechtigkeit, dein Gesetz, das nichts verfehlet, nebst dem Satan, stehn bereit, meine Seele zu verklagen, ich weiß nichts darauf zu sagen; denn ein Zeuge giebt sich an, der geseh'n, was ich gethan.

3. Wehe mir, ich muß verderben, sehe nichts als Höll' und Pein. „Frecher Sünder! du mußt sterben!" — wird mein strenges Urtheil seyn. Es erzittert meine Seele vor des Abgrunds offner Höhle, wer hilft mir, in dieser Noth, wer errettet mich vom Tod'?

4. Doch, Gott Lob! die Furcht verschwindet, weil sich mir ein Mittler zeigt, weil sich ein Vertreter findet, vor dem der Verkläger schweigt. O beglückte, theure Stunden! Gottes Sohn hat seine Wunden und sein blutig Lösegeld meinem Richter dargestellt.

5. Richter! siehe meinen Bürgen, siehe die Bezahlung an; dieser ließ für mich sich würgen, dieser hat genug gethan, Er hat dein Gesetz erfüllet, Er hat deinen Zorn gestillet. Herr! ich glaube, steh' mir bei; sprich von Straf' und Schuld mich frei.

6. Ach, was hör' ich? Gnade, Gnade, Gnade schallet in mein Ohr; ach, mich Sündenwurm und Made *) hebt ein sanfter Zug empor; Gott spricht: „Sünder! du sollst leben, deine Schuld ist dir vergeben, sey getrost, mein lieber Sohn! komm zu meinem Gnadenthron."

*) Hiob 25, v. 6.

7. Seht, wie sich der Abgrund schließet! seht, wie sich der Himmel freut, da das Blut des Lammes fließet, da mich die Gerechtigkeit des vollkommnen Mittlers decket. Wer ist, der mich ferner schrecket? wer ist, der sich an mich wagt, und dein Himmelskind verklagt?

8. Richter! der mich losgesprochen, Vater! der mich zärtlich liebt; Mittler! der, was ich verbrochen und geraubt, Gott wiedergiebt; Geist! der mir den Glauben schenket, mich in Jesu Wunden senket; Gott der Gnade! dir sey Ruhm und mein Herz dein Eigenthum.

9. Laß mich nun die Sünde hassen, die das Herz mit Angst beschwert; laß mich Alles unterlassen, was den theuren Frieden stört! Rein'ge täglich mein Gewissen, laß mich eifrig seyn beflissen, mit Verleugnung dieser Welt, das zu thun, was dir gefällt!

D. Johann Jakob Rambach.

Erbauliche Anwendung des christlichen Glaubens.

Epheser 2, v. 10. Wir sind sein Werk, geschaffen in Christo Jesu zu guten Werken, zu welchen Gott uns zuvor bereitet hat, daß wir darinnen wandeln sollen.

Mel. Meinen Jesum lass' ich nicht.

1618. Schöpfer dieser ganzen Welt! Erd' und Himmel, deine Werke, die dein Wort schuf und erhält, zeigen g'nugsam deine Stärke; alles dies hat deine Macht nur aus Nichts hervorgebracht.

2. Alle Kreatur ist gut; gieb, daß ich den Mißbrauch meide und mein sündlich Fleisch und Blut nimmermehr an ihnen weide. Das Geschöpfe weiset mich, großer Schöpfer! nur auf dich.

3. Ich bin deiner Hände Werk, Leib und Seel' ist dein Geschenke. Gieb, daß ich es fleißig merk' und mit Dank daran gedenke; daß ich deiner Macht vertrau' und noch ferner auf dich bau'.

4. Web' und leb' ich nur in dir, werd' ich dir zu Ehren leben; du wirst auch noch ferner mir meines Lebens Nothdurft geben. Ich verlasse mich auf dich: sorge hier und dort für mich.

5. Gottes und Marien Sohn, Priester, König und Prophete! Mittler du und Gnadenthron, der am Kreuze sich erhöhte: gieb, daß dich mein Glaube kennt und dich meinen Jesum nennt.

6. Du, mein süßer Jesu! bist **mir** geboren, **mir** gestorben, was in Adam ich vermißt, hast du wiederum erworben. Gieb mir Kraft, daß ich forthin auch dein Eigenthum stets bin.

7. Alles Heil kommt nur von dir, Heiland aller armen Sünder! dein Tod war die Lebensthür, du des Todes Ueberwinder; laß auch deines Leidens Pein mein Verdienst im Glauben seyn.

8. Tod und Hölle sind durch dich, großer Sieger! überwunden, und durch diesen Sieg hab' ich Ruh' im Tod' und Grab' gefunden: durch dich werd' ich aufersteh'n und getrost zum Richter geh'n.

9. Geist vom Vater und vom Sohn! leuchte mir mit deinem Scheine; stärke mich vor Gottes Thron, wenn mein schwacher Glauben kleine. Sprich mir selbst das Abba für, seufze, heil'ger Geist! in mir.

10. Gieb, daß ich ein wahres Glied in der Kirche Christi heiße, daß Niemand mein Herz bezieht, noch den Tempel hier zerreiße, welchen du, o werther Gast! dir allein gebauet hast.

11. Tröste mich bei meiner Reu' mit Vergebung meiner Sünde; stehe mir mit Seufzen bei, daß für Recht ich Gnade finde; wenn mir aller Trost zerrinnt, zeige, daß ich Gottes Kind.

12. Laß mich auch nach dieser Zeit auf ein ander Leben hoffen, bis des Glaubens Freudigkeit auch im Schauen eingetroffen, und was mir mein Glaube weis't, dorten lauter Amen heißt.

Benjamin Schmolck.

Jugendlied.

2 Timoth. 2, v. 22. Fliehe die Lüste der Jugend; jage aber nach der Gerechtigkeit, dem Glauben, der Liebe, dem Frieden, mit Allen, die den Herrn anrufen von reinem Herzen.

Mel. Jesu, meine Freude.

1619. Schöpfer meines Lebens! laß mich nicht vergebens auf der Erde seyn! Gieße deine Liebe, deines Geistes Triebe in mein Herz hinein, daß dein Bild so rein und mild, schöner stets bei deiner Pflege an mir leuchten möge.

2. Einmal nur erblühet, ach! und bald entfliehet meine Frühlingszeit. Sorglos sie verträumen und dein Heil versäumen, bringt viel bitt'res Leid; wirst du nicht mein Lebenslicht, werd ich dir nicht neu geboren, ist sie mir verloren.

3. Dir allein zu leben und mit dir zu streben nach der Heiligung; Thorheit zu verlassen, Sündenlust zu hassen, bin ich nie zu jung. Mache dies mir recht gewiß, eh' ich um verlorne Tage einst vergeblich klage.

4. Dort, in deinen Höhen werden Viele stehen, schön wie Himmelsglanz, die hier Kinder waren und in frühen Jahren dir sich weihten ganz; drum sind sie nun auch so früh zu der Schaar der sel'gen Frommen und zu dir gekommen.

5. Jesu! Freund der Sünder, der auch für die Kinder einst auf Erden kam, — o wie sanft und stille war dein Herz und Wille, allem Bösen gram! Herr! auch wir, wir sollen dir nach Gedanken und Geberden gleich gestaltet werden.

6. Selig, wer dich liebet! selig, wer sich übet, Gottes Kind zu seyn! Diese heil'gen Triebe gieß' durch deine Liebe unsern Herzen ein, daß dein Bild, so rein und mild, dort im schönen Himmelssaale ewig an uns strahle!

Albert Knapp.

Vom geistlichen Kampf.

Epheser 6, v. 12. 13. Wir haben nicht mit Fleisch und Blut zu kämpfen, sondern mit Fürsten und Gewaltigen, nämlich mit den Herren der Welt, die in der Finsterniß dieser Welt herrschen, mit den bösen Geistern unter dem Himmel. Um deß willen, so ergreifet den Harnisch Gottes, auf daß ihr an dem bösen Tage Widerstand thun, und Alles wohl ausrichten und das Feld behalten möget.

Mel. Freu' dich sehr, o meine Seele.

1620. Schütte deines Lichtes Strahlen, o mein Heiland! über mich;

laß sie mein Gemüth bemalen mit der Klarheit mächtiglich und vertreib' durch Heiterkeit in mir alle Dunkelheit, daß ich möge vor dir stehen und dein Gnadenlicht ansehen.

2. Hemme in mir das Zerstreuen meiner Sinne; deine Kraft kann mich leicht davon befreien; ach, wann wird mir Hülf' geschafft? Stehe mir im Kampfe bei, daß ich Ueberwinder sey, weil sich die Versuchungsstunden haben mächtig eingefunden.

3. Tödte in mir alle Lüste und Begierden, die all'zeit mich bestreiten, Herr! und rüste selbst zum Siege mich im Streit, daß dein Friede spät und früh in dem Herzen kräftig blüh' und mein Mund zu allen Zeiten möge deinen Ruhm ausbreiten.

4. Herr! gebiet' den starken Winden, dem Gewitter und dem Meer, so muß sich die Stille finden, ob sie wüthen noch so sehr. Lasse deiner Wahrheit Schein als ein helles Licht mir seyn, denn sonst bleib' ich schnöde Erde, wenn ich nicht erleuchtet werde.

5. Laß von oben auf mich fließen deiner Gnade Süßigkeit und den matten Geist genießen deinen Himmelsthau all'zeit. Gieß' in deine dürre Erd' Lebensströme, daß ich werd' fruchtbar, und vor allen Dingen dir mög' gute Früchte bringen.

6. Ach, so heb' durch deine Güte mein gepreßtes Herz empor, ziehe nach dir mein Gemüthe, öffne ihm des Himmels Thor, daß es göttlich werd' erfreut und flieh' alle Eitelkeit, an gar nichts mehr zu gedenken, was nicht kann zum Himmel lenken.

7. Reiße weg aus meinem Herzen allen Trost der Kreatur, denn der lindert nicht die Schmerzen, zeigt mir auch nicht deine Spur; die Begierde brennt in mir, o mein Heiland! nur nach dir; laß mich, wenn ich dich gefunden, ewig mit dir seyn verbunden.

Johann Christian Nehring.

Von der Vergebung der Sünden.

Matthäi 18, v. 27. Da jammerte den Herrn desselbigen Knechts, und ließ ihn los, und die Schuld erließ er ihm auch.

Mel. O Durchbrecher aller Bande.

1621. Schuld und Strafe sind erlassen; Gott erbarmt sich über mich; dies Wort darf ich Sünder fassen und mein Glaube freuet sich. Lobe Gott, befrei'te Seele! diese Gabe ist gar groß, seine gnädigen Befehle machen mich von Ketten los.

2. Meine Rechnung ist vollendet, weil ein reicher Bürge kam, der sein theures Blut verwendet und die Zahlung auf sich nahm; nicht ein Heller blieb mir stehen; Millionen sind gebüßt. O, wie wäre mir geschehen, wenn ich selber büßen müßt'!

3. O, wie hat der Schulden Menge mich in tausend Noth gebracht! wie hat mir des Königs Strenge ob der Sünden bang' gemacht! Aber Gott ließ sich erbitten, da ich ihm den Fußfall that, weil mein Bürge in der Mitten selber für den Schuldner bat.

4. Nunmehr darf ich wieder leben, kein Verklagen ficht mich an; Alles hat mir Gott vergeben, Alles Jesus abgethan. Darauf kann ich froh erblassen; meine Seele tröstet sich, Schuld und Strafe sind erlassen, Gott erbarmt sich über mich.

M. Philipp Friedrich Hiller.

Von den Engeln.

2 Mose 32, v. 34. Siehe, mein Engel soll vor dir hergehen.

Mel. Werde munter, mein Gemüthe.

1622. Schutzgott! dessen starke Rechte Zuflucht, Schirm und Schatten giebt, der das menschliche Geschlechte wie ein treuer Vater liebt, der in dieser großen Welt Alles, was er schuf, erhält, der als Herr der Engelschaaren Alles kann und will bewahren:

2. Viele heil'ge Seraphinen singen dir ein Heilig für; zehnmal hunderttausend dienen, viele tausend jauchzen dir. Was bekannt und unbekannt, ist ein Werk von deiner Hand. Die Herrschaften und die Thronen*) loben dich in lichten Kronen.

*) Coloss. 1, v. 16.

3. Herr! was sind wir, daß du Engel uns zu unsern Wächtern giebst? Menschen sind wir, voller Mängel, Menschen, die du dennoch liebst. Engel, die dich all'zeit seh'n, sollen uns zu Diensten steh'n; Engel hüten uns als Kinder, heil'ge Engel schützen Sünder.

4. Engel sind's, die nach den Proben*) nun beständig Gutes thun, die dich unaufhörlich loben, die in deinem Himmel ruh'n, die gehorsam, keusch und rein, die der Menschen Freunde seyn, die ihr Antlitz ohne Flecken doch vor dir in Demuth decken.

*) d. i. nachdem sie treu sind erfunden worden.

5. Heere, welche die bewachen, die dich fürchten, großer Gott! die ein schrecklich Lager*) machen gegen aller Feinde Rott'; diese seh'n in deinem Licht, Vater! stets dein Angesicht; Diener, die zu deinen Füßen dir in Ehrfurcht dienen müssen.

*) Ps. 34, v. 8.

6. Gott

6. Gott der Engel, Herr der Helden! ach, was sind wir Menschen doch, daß wir so viel vor dir gelten? o wie hältst du uns so hoch! Deine Engel dienen uns, sind die Zeugen unsers Thuns. Laß uns auch mit diesen Chören ewig dich im Himmel ehren.

Trost und Aufrichtung in großen Anfechtungen.

1 Johannis 3, v. 19. 20. Daran erkennen wir, daß wir aus der Wahrheit sind, und können unser Herz vor ihm stillen, daß, so uns unser Herz verdammet, daß Gott größer ist, denn unser Herz und erkennet alle Dinge.

Mel. Alle Menschen müssen sterben.

1623. Schweiget bange Zweifel, schweiget, mein Erbarmer ist getreu, und sein Geist in mir bezeuget, daß ich ihm versöhnet sey. Mir dröh'n nicht der Hölle Flammen, und will mich mein Herz verdammen, dennoch täuscht mich nicht sein Schmerz: Gott ist größer als mein Herz.

2. Er, der das Verlangen kennet, kennt auch mich und weiß allein, wie dies Herz von Sehnsucht brennet, ganz sich seinem Dienst zu weih'n, schaut den Kummer meiner Seele, der mich beugt, so oft ich fehle, und nicht meiner Zweifel Wahn, meinen Glauben sieht er an.

3. Und wie nie sein Urtheil wanket, wankt auch nie sein ew'ger Rath; rühmet Christen, danket, danket! groß ist was er an uns that. Uns, den Sündern, den Verlornen, gab er seinen Eingebornen; wahrlich, Alles, Alles giebt der, der seinen Sohn uns giebt.

4. Mir ist auch sein Sohn gegeben, durch den Glauben ist er mein. Ja, ich weiß, ich werde leben und in ihm einst selig seyn. Mich sah Gott von seinem Throne, mich erwählt' er in dem Sohne, eh' noch seiner Allmacht Ruf mich und alle Wesen schuf.

5. Wer will den nun noch verklagen, den Gott selber auserwählt? wer den zu verdammen wagen, den er zu den Seinen zählt? Hier ist Gott, in dessen Schutze ich der Macht der Hölle trutze. War ich schon ein Sündenknecht, er, mein Gott, spricht mich gerecht.

6. Theuer bin ich ihm erworben; wohl mir! hier ist Jesus Christ, er, der auch für mich gestorben, auch für mich erstanden ist, nun zur Rechten Gottes sitzet, auf mich sieht, mich mächtig schützet, mich vertritt, mich nie verstößt, mich aus aller Noth erlös't.

7. Trotz der Welt und ihres Spottes; trotz der Höll' und ihrer Wuth! mir bleibt doch die Liebe Gottes, und hält mich in treuer Hut. Was will je von dir mich scheiden? Nein, ich werd' in allen Leiden mehr als bloß geduldig seyn, mich vor Gott auch ihrer freu'n.

8. Laßt denn rauhe Wetter stürmen; Alles um mich her sey Nacht! Gott, mein Gott wird mich beschirmen, der für meine Wohlfahrt wacht. Wenn ich lang' auch hülflos bliebe, leitet mich doch seine Liebe durch die Nacht (drum fürcht' ich nichts) in die Wohnungen des Lichts.

9. Würd' ich auch bedroht, geschrecket, unterdrücket und gequält, auf die Folterbank gestrecket, viel gemartert und entseelt; herbe würd' es zwar mir dünken, doch ließ ich den Muth nicht sinken; der, der seinen Sohn mir gab, zieht die Hand nicht von mir ab.

10. Zwar ich weiß auch, es bethöre Reichthum leicht das Herz zum Geiz. Blendend ist der Glanz der Ehre, süß der Wollust falscher Reiz. Schlüpfrig sind des Glückes Pfade, schmeichelnd ist der Hohen Gnade, stolzes Lob führt leicht von Gott und noch leichter bittrer Spott.

11. Dennoch weiß ich: Schmerz und Freuden, Tod und Leben, Lob und Schmach werden mich von Gott nicht scheiden; Gott ist stark, bin ich auch schwach. Gunst der Großen, Haß der Feinde, Ueberredungen der Freunde, Nichts erschüttert meine Treu', Gottes Liebe steht mir bei.

12. Lauern schon auf allen Seiten stets Versuchungen auf mich, wechselt schon der Lauf der Zeiten, ängstet stets mein Herze sich; nicht des Herzens bange Zweifel, nicht Verleumdung, Höll' und Teufel, nicht der Frevler roher Scherz wenden von mir Gottes Herz.

13. Ich behart' in meinem Glauben, Nichts, wenn es auch Alles raubt, kann mir Gottes Liebe rauben; drum erheb' ich froh mein Haupt. G'nug, daß meiner der gedenket, der mir seinen Sohn geschenket und mich nimmermehr verläßt; dieser Fels bleibt ewig fest.

D. Johann Adolph Schlegel.

Von der Freudigkeit des Glaubens.

Colosser 2, v. 13. 14. Er hat uns geschenket alle Sünden, und ausgetilget die Handschrift, so wider uns war, welche durch Satzungen entstand und uns entgegen war; und hat sie aus dem Mittel gethan, und an das Kreuz geheftet.

Mel. Auf, hinauf zu deiner Freude.

1624. Schwing' dich auf, o meine Seele! steig' aus deinem

Staub empor; flieh' aus deiner finstern Höhle: dein Licht bricht mit Glanz hervor, dein süßes Heil, das dir lauter Freude bringet und mit Lust entgegen singet: Gott ist dein Theil!

2. Bist du gleich beschwert mit Sünden, mit Verdammniß überdeckt: Gnade, Gnade ist zu finden wider das, was dich erschreckt. Hier ist der Held, der die Sünde überwunden durch sein Blut und bittre Wunden: sie ist gefäll't.

3. Alles, Alles ist besieget, was dir die Verdammniß droht. Christi Leiden überwieget alle Sünden, Angst und Noth; der Tod ist todt; drum so laß dein Herz erklingen und vor Freuden immer singen: versöhnt ist Gott!

4. Dadurch wirst du überwinden, kleid' dich nur in Christum ein; durch Beschauung deiner Sünden geht nicht auf der Gnadenschein. Er ist das Licht, dran sich muß das Auge weiden, d'raus entsteht der Glanz der Freuden und sonsten nicht.

5. Mosis Strahlen *) sind zum Schrecken, die uns unsere Gestalt, unser sündlich Herz aufdecken, wie es gegen Gott so kalt. Er treibt das Herz mit Bedrohen und Verfluchen **), Christum, unser Heil zu suchen in Reu' und Schmerz.

*) 2 Cor. 3, v. 7. **) 5 Mose 27, v. 26.

6. Diesen zieh' denn an im Glauben, leer' dich von dir selber aus; sein Verdienst laß dir nicht rauben, so vergehet Furcht und Graus. Er ist der Mann, der dein Herz weiß zu erquicken und den Stein, der dich mag drücken, bald heben kann.

Von der Freudigkeit des Glaubens.

Ebräer 10, v. 35. Werfet euer Vertrauen nicht weg, welches eine große Belohnung hat.

Mel. Christus, der uns selig macht.

1625. Schwing' dich auf zu deinem Gott, du betrübte Seele; warum liegst du, Gott zum Spott, in der Schwermuths-Höhle? Merkst du nicht des Satans List? er will durch sein Kämpfen deinen Trost, den Jesus Christ dir erworben, dämpfen.

2. Schüttle deinen Kopf und sprich: flieh, du alte Schlange; was erneu'rst du deinen Stich, machst mir angst und bange? Ist dir doch der Kopf zerknickt, und ich bin durch's Leiden meines Heiland's dir entrückt in den Saal der Freuden.

3. Wirfst du mir die Sünden für? wo hat Gott befohlen, daß mein Urtheil ich bei dir über mich soll holen? Wer hat dir die Macht geschenkt, Andre zu verdammen, der du selbst doch liegst versenkt in den Höllenflammen?

4. Hab' ich was nicht recht gethan, ist mir's leid von Herzen, da hingegen nehm' ich an Christi Blut und Schmerzen; denn das ist die Ranzion *) meiner Missethaten: bring' ich dies vor Gottes Thron, ist mir wohl gerathen.

*) Das Lösegeld.

5. Christi Unschuld ist mein Ruhm, sein Recht meine Krone, sein Verdienst mein Eigenthum, darin ich frei wohne, als in einem festen Schloß, das kein Feind kann fällen, brächt' er gleich davor Geschoß und Gefahr der Höllen.

6. Stürme Teufel, und du Tod, was könnt ihr mir schaden? deckt mich doch in meiner Noth Gott mit seiner Gnaden, der Gott, der mir seinen Sohn selbst verehrt aus Liebe, daß der ew'ge Spott und Hohn mich dort nicht betrübe.

7. Schrei', du tolle Welt, es sey Gott mir nicht gewogen; es ist lauter Täuscherei und im Grund' erlogen; wäre Gott mir gram und feind, würd' er seine Gaben, die mein eigen worden seynd, wohl behalten haben.

8. Denn was ist im Himmelszelt, was im tiefen Meere, was ist Gutes in der Welt, das mir nicht gut wäre? Für wen brennt das Sternenlicht? wozu ist gegeben Luft und Wasser? dient es nicht mir und meinem Leben?

9. Wem wird doch das Erdreich naß von dem Thau und Regen? Wem ergrünet Laub und Gras? Wem erfüllt der Segen Berg und Thäler, Feld und Wald? Wahrlich, mir zur Freude, daß ich meinen Aufenthalt' hab' und Lebensweide.

10. Meine Seele lebt in mir durch die süßen Lehren, so die Christen mit Begier alle Tage hören. Gott eröffnet früh und spat meinen Geist und Sinnen, daß sie seines Geistes Gnad' in sich ziehen können.

11. Was sind der Propheten Wort' und Apostel Schreiben, als ein Licht am dunkeln Ort, Fackeln, die vertreiben meines Herzens Finsterniß und in Glaubenssachen mein Gewissen fein gewiß und recht gründfest machen.

12. Nun, auf diesen heil'gen Grund bau' ich mein Gemüthe, sehe, wie der Höllenbund zwar dawider wüthe; gleichwohl muß er

lassen steh'n, was Gott aufgerichtet; aber schändlich muß vergeh'n, was er selber dichtet.

13. Ich bin Gottes, Gott ist mein; wer ist, der uns scheide? Dringt das liebe Kreuz herein mit dem bittern Leide; laß eindringen; kommt es ja von geliebten Händen, bricht und liegt vernichtet da, wenn es Gott will enden.

14. Kinder, die der Vater soll zieh'n zu allem Guten, die gerathen selten wohl ohne Zucht und Ruthen; bin ich denn nun Gottes Kind, warum will ich fliehen, wenn er mich von meiner Sünd' auf was Gut's will ziehen?

15. Es ist herzlich gut gemeint mit der Christen Plagen. Wer hier zeitlich wohl geweint, darf nicht ewig klagen; sondern hat vollkommen Lust dort in Christi Garten (dem er einig recht bewußt), endlich zu erwarten.

16. Gottes Kinder säen zwar traurig und mit Thränen; aber endlich kommt das Jahr, danach sie sich sehnen. Denn es kommt die Erntezeit, da sie Garben machen: da wird all' ihr Gram und Leid lauter Freud' und Lachen.

17. Ei, so faß, o Christenherz, alle deine Schmerzen, wirf sie fröhlich hinterwärts, laß des Trostes Kerzen dich entzünden mehr und mehr; gieb dem großen Namen deines Gottes Preis und Ehr'. Er wird heißen: Amen!

Paul Gerhardt.

Des Herren Liebe und Erbarmen.

Jesaia 63, v. 7. 8. Ich will der Güte des Herrn gedenken und des Lobes des Herrn in allem, das uns der Herr gethan hat, und des großen Gutes an dem Hause Israel, das er ihnen gethan hat durch seine Barmherzigkeit und große Güte. Denn er sprach: Sie sind ja mein Volk, Kinder, die nicht falsch sind. Darum war er ihr Heiland.

Mel. Lobe den Herren, den mächtigen König rc.

1626. Schwinge dich aufwärts, o Seele! in jubelnder Freude, schmücke dich würdig mit lieblichem, festlichem Kleide; bleibe nicht fern, nahe dich jauchzend dem Herrn, daß sich dein Aug' an ihm weide.

2. Fühle, wie freundlich, wie gnädig, wie reich an Erbarmen er dich stets leitet mit mächtig beschützenden Armen; wie er dich liebt, wie er dir Himmlisches giebt, daß nicht dein Herz mög' verarmen.

3. Größere Liebe, als Mütter für säugende Kleinen, trägt Er im Herzen für dich, dem es oftmals will scheinen, als wollt' er nicht lassen dir leuchten sein Licht, wollte nicht stillen dein Weinen.

4. Liebe, nur Liebe allein ist sein Thun und sein Walten; kannst du in Nächten des Kummers nur stille ihm halten, dann ist er da, ist dir mit Tröstungen nah', scheuchet die Trauergestalten.

5. Darum in Treue und Liebe bei ihm zu verbleiben, und unser Leben und Lieben ihm ganz zu verschreiben, das bringet Heil; ist dir dies worden zu Theil, wird dich kein Kummer mehr treiben.

6. Zwar, o mein Heiland, vermag dies die Welt nicht zu fassen, sie will den trügenden Schimmer der Erde nicht lassen; sie will allem nur sich des Irdischen freu'n, das doch so bald muß erblassen.

7. Dennoch sollst du meinem Herzen das Einige bleiben; dich will ich lieben so innig, Nichts, Nichts soll mich treiben, — Heiland! von dir; immer mit neuer Begier will ich dein Eigenthum bleiben.

8. Bis ich denn endlich dich werde in höheren Chören, mit vielen Engeln und Seraphim, würdiger ehren. O dann, mein Dank, wirst du zum Siegesgesang, welchen nicht Sünden mehr stören.

C. L. G. Langbecker.

Vom Gebet.

Joh. 15, v. 7. So ihr in mir bleibet und meine Worte in euch bleiben, werdet ihr bitten, was ihr wollet, und es wird euch widerfahren.

Mel. Jesus, meine Zuversicht.

1627. Seele, freu' dich, du darfst nun in dem Namen Jesu beten. Er heißt selbst dich solches thun und als Kind zum Vater treten. Fasse ihn bei seinem Wort, glaube, bete, danke fort.

2. O, der fühlt schon ein Gericht, wer nicht darf zum Vater gehen! In der Hölle darf man nicht um ein Tröpflein Wasser flehen; wer nicht glaubet an den Sohn, hat kein Recht zum Gnadenthron.

3. Was in dir gebetet ist, kann der Vater nicht versagen, weil du, Jesu! bei ihm bist, und ihn in dein Buch getragen. Ja, du legst dein Fürwort ein, weil du unser und wir dein.

4. Jesu! dafür danke ich, daß ich darf mein Herz ausschütten, und um alles Heil

für mich drin- und meinen Vater bitten. Bring' mich zu dir, wo ich dann statt des Flehens loben kann.

M. Philipp Friedrich Hiller.

Vom Leiden Jesu.

Ebräer 13, v. 13 So lasset uns nun zu ihm hinaus gehen außer dem Lager, und seine Schmach tragen.

Mel. Meinen Jesum lass' ich nicht.

1628. Seele geh' nach Golgatha, setz' dich unter Jesu Kreuze und bedenke, was dich da für ein Trieb zur Buße reize; willst du unempfindlich seyn, o so bist du mehr als Stein.

2. Schaue doch das Jammerbild zwischen Erd' und Himmel hangen, wie das Blut mit Strömen quillt, daß ihm alle Kraft vergangen; ach, der übergroßen Noth! es ist gar mein Jesus todt.

3. O Lamm Gottes, ohne Schuld, alles das hatt' ich verschuldet, und du hast, aus großer Huld, Pein und Tod für mich erduldet; daß wir nicht verloren geh'n, läß'st du dich an's Kreuz erhöh'n.

4. Unbeflecktes Gotteslamm! ich verehre deine Liebe; schaue von des Kreuzes Stam̄, wie ich mich um dich betrübe! dein im Blute wallend Herz setzet mich in tausend Schmerz.

5. Ich kann, Heiland! nimmermehr diese Plagen dir vergelten, du verbindest mich zu sehr; alle Güter, tausend Welten, Alles wäre nicht genung, nur für deinen Gallentrunk.

6. Nun, ich weiß noch was für dich: ich will dir mein Herze geben: dieses soll beständiglich unter deinem Kreuze leben; wie du mein, so will ich dein lebend, leidend, sterbend seyn.

7. Laß dein Herz mir offen steh'n, mach' mich rein von aller Sünde; darum will ich all'zeit fleh'n, wenn ich Kreuz und Noth empfinde; wie ein Hirsch nach Wasser dürst't, bis du mich erquicken wirst.

8. Kreuzige mein Fleisch und Blut, lehre mich die Welt verschmähen, laß mich dich, du höchstes Gut! immer vor den Augen sehen, führ' in allem Kreuze mich wunderlich, nur seliglich.

9. Endlich laß mich meine Noth auch geduldig überwinden, nirgend sonst wird mich der Tod, als in deinen Wunden finden. Wen du dadurch heil gemacht, spricht getrost: es ist vollbracht! Benjamin Schmolck.

Vom heiligen Abendmahl.

1 Corinth. 11, v. 27. Welcher nun unwürdig von diesem Brot isset, oder von dem Kelch des Herrn trinket, der ist schuldig an dem Leibe und Blute des Herrn.

Mel. Schmücke dich, o liebe Seele.

1629. Seele, hast du wohl erwogen, wie dich Gott zu sich gezogen? Seele, kannst du ganz ermessen, wie du treulos Den vergessen, der sich huldreich dir verbunden, um zu heilen deine Wunden? Ach, wie Viel hast du verbrochen, seit er einst dich rein gesprochen?

2. Du gehörest zu den Neunen,*) die nicht vor dem Herrn erscheinen, von dem Aussatz zwar gereinigt, bleibst du doch ihm nicht vereinigt! O zurück, ihn fest umfassend, ihn nie wieder so verlassend! er erhebt dich aus dem Staube, rettet dich; drum glaube! glaube!

*) Luca 17, v. 17.

3. Halte Jesum im Gedächtniß! hat er doch, dir zum Vermächtniß, sich in jenen Tod gegeben, der dein Heil ist und dein Leben! Sprich nur: Jesu, ja, ich bleibe dein fortan mit Seel' und Leibe! ewig sollen Freud' und Leiden mich von dir nicht wieder scheiden!

4. Herr, mein Heiland, Trost und Leben, Weinstock aller guten Reben! welche Seelenseligkeiten willst du mir auch jetzt bereiten! meine Unruh' willst du stillen, mich mit Kraft und Muth erfüllen, mit der Seele Trank und Speise, mir zur Stärkung, dir zum Preise!

5. Der vom Himmel du gekommen, Fleisch und Blut einst angenommen, daß du möchtest schon auf Erden meines Geistes Nahrung werden: o, wie bist du freundlich, milde, schau' ich dich im Kreuzesbilde; laß mich deine Liebe schmecken, neue Lieb' in mir zu wecken.

6. In der Fülle deiner Freuden soll sich meine Seele weiden; Muth und Kraft im Kampf mit Sünden kann in deinem Mahl ich finden. O, wie fühl' ich selig's Leben tief mein ganzes Herz durchbeben! Ist in dunkeln Erdengründen solch ein Himmel schon zu finden?

7. Könnt' ich innig doch dir danken, möcht' ich niemals wieder wanken! hilf mir, daß mich nimmer, nimmer blende schnöder Lüste Schimmer; daß ich, fest mit dir verbündet, und auf dich, den Fels gegründet, ganz mich in dein Bild gestalte, treu und fest an dir mich halte.

8. Dich nur hab' ich mir erkoren! wär' ich nur erst neu geboren! möcht' ich stets zu dir nur eilen, dessen Wunden Alles heilen! daß dein Geist mich immer führte, Denken, Reden, Thun regierte! o wie würd' ich deinen Willen viel vollkommner dann erfüllen.

9. Heut' auch komm mit deinem Segen tröstend, stärkend mir entgegen. Führ' auf steiler Himmelsleiter heut' mich eine Stufe weiter! stärke meine Glaubenshände, daß ich treu sey bis ans Ende. Unser Bund soll ewig währen; ewig wirst du mich verklären.

Karl August Döring.

Palmsonntagslied.

(Matth. 21, v. 1—9.)

Lucä 18, v. 31—33. Er nahm aber zu sich die Zwölfe und sprach zu ihnen: Sehet, wir gehen hinauf gen Jerusalem, und es wird Alles vollendet werden, das geschrieben ist durch die Propheten von des Menschen Sohn. Denn er wird überantwortet werden den Heiden, und er wird verspottet und geschmähet und verspeiet werden; und sie werden ihn geißeln und tödten; und am dritten Tage wird er wieder auferstehen.

Mel. Jesu, deine Passion.

1630. Seele, mach' dich eilig auf, Jesum zu begleiten gen Jerusalem hinauf, tritt ihm an die Seiten. In der Andacht folg' ihm nach zu dem bittern Leiden, bis du aus dem Ungemach zu ihm wirst abscheiden.

2. Seele, siehe! Gottes Lamm gehet zu dem Leiden, deiner Seele Bräutigam, als zu Hochzeitsfreuden! Geh't, ihr Töchter von Zion, Jesum zu empfangen, sehet ihn in seiner Kron' unter Dornen prangen.

3. Du ziehst als ein König ein, wirst auch so empfangen; aber Bande warten dein, man ist voll Verlangen, dir statt Ehre — Hohn und Spott, Jesu Christ! zu geben, bis du durch den Kreuzestod schließen wirst dein Leben.

4. Das Kreuz ist der Königsthron, drauf wird man dich setzen; man wird mit der Dornenkron' dir das Haupt verletzen. Jesu! dein Reich auf der Welt ist nur lauter Leiden, so ist es von dir bestellt bis zum letzten Scheiden.

5. Du wirst, Herr der Herrlichkeit! an dem Kreuze sterben, mir des Himmels Seligkeit dadurch zu erwerben. Aber ach! wie herrlich glänzt deine Kron' der Freuden, die dein siegreich Haupt bekränzt, nach vollbrachten Leiden.

6. Darum tritt getrost hinzu! es muß dir gelingen; nach der stillen Grabesruh' wirst du Freude bringen. Tritt nur auf die Todesbahn; die gestreuten Palmen zeigen dir den Sieg schon an aus den Osterpsalmen.

7. Laß mich diese Leidenszeit fruchtbarlich bedenken, mich mit Herzensreu' und Leid meiner Sünde kränken! Ach, dein Leiden tröste mich bei so vielem Jammer, bis nach allem Leiden ich geh' zur Ruhekammer.

Abraham Klesel.

Von der erbarmenden Liebe Gottes und Christi.

Jeremia 31, v. 3. Ich habe dich je und je geliebet, darum habe ich dich zu mir gezogen, aus lauter Güte.

In eigener Melodie.

1631. Seelen-Bräutigam, Jesu, Gotteslamm! habe Dank für deine Liebe, die mich zieht aus reinem Triebe von dem Sünden-Schlamm, Jesu, Gotteslamm!

2. Deine Liebesglut stärket Muth und Blut; wenn du freundlich mich anblickest und an deine Brust mich drückest, macht mich wohlgemuth deine Liebesglut.

3. Wahrer Mensch und Gott! Trost in Noth und Tod! du bist darum Mensch geboren, zu ersetzen, was verloren, durch dein Blut so roth, wahrer Mensch und Gott!

4. Meines Glaubens Licht laß verlöschen nicht, salbe mich mit Freudenöle, daß hinfort in meiner Seele ja verlösche nicht meines Glaubens Licht.

5. So werd' ich in dir bleiben für und für, deine Liebe will ich ehren und in dir dein Lob vermehren, weil ich für und für bleiben werd' in dir.

6. Held aus Davids Stamm! deine Liebesflamm' mich ernähre und verwehre, daß die Welt mich nicht versehre, ob sie mir gleich gram; Held aus Davids Stamm!

7. Großer Friedefürst! wie hast du gedürst't nach der Menschen Heil und Leben und dich in den Tod gegeben, wie du riefst: mich dürst't! großer Friedefürst!

8. Deinen Frieden gieb aus so großer Lieb' uns, den Deinen, die dich kennen und nach dir sich Christen nennen, denen du bist lieb, deinen Frieden gieb!

9. Wer der Welt abstirbt, emsig sich bewirbt um den lebendigen Glauben, der wird bald empfindlich schauen, daß Niemand verdirbt, der der Welt abstirbt.

10. Nun ergreif' ich dich, du mein ganzes Ich! ich will nimmermehr dich lassen, sondern gläubig dich umfassen, weil im Glauben ich nun ergreife dich.

11. Wenn ich weinen muß, wird dein Thränenfluß nun den meinen auch begleiten und zu deinen Wunden leiten, daß mein Thränenfluß sich bald stillen muß.

12. Wenn ich mich aufs Neu' wiederum erfreu', freuest du dich auch zugleiche, bis ich dort in deinem Reiche ewiglich aufs Neu' mich mit dir erfreu'.

13. Hier durch Spott und Hohn, dort die Ehrenkron'; hier im Hoffen und im Glauben, dort im Haben und im Schauen; denn die Ehrenkron' folgt auf Spott und Hohn.

14. Jesu, hilf, daß ich allhier ritterlich Alles durch dich überwinde und in deinem Sieg empfinde, wie so ritterlich du gekämpft für mich.

15. Du, mein Preis und Ruhm, werthe Saronsblum'! in mir soll nun nichts erschallen, als was dir nur kann gefallen, werthe Saronsblum', du mein Preis und Ruhm.

Adam Drese.

Aufmunterung gegen die finstern Sorgen.

Psalm 127, v. 2. Es ist umsonst, daß ihr frühe aufstehet und hernach lange sitzet, und esset euer Brot mit Sorgen; denn seinen Freunden giebt er es schlafend.

Mel. Seele, was ist Schöner's wohl.

1632. Seele, ruh' in jeder Nacht still in Gottes Schooß! was dir so viel Kummer macht, ist dein Denken bloß. Er sorgt ja noch, weiß ja Alles, was er thut; scheint es bös', es ist dir gut; o trau' ihm doch.

2. Sag', erzwingst du ein Geschick, wenn du Ihm nicht traust? Ach, weil du mit trübem Blick wenig überschaust, so schau' hinauf! Er, dein Gott von Ewigkeit, lenkt durch alle Himmel weit der Dinge Lauf.

3. Arm war einst der reichste Herr, der nur Gutes that. Ach, nichts Eignes hatte er, keine Lagerstatt nur für sein Haupt. Er, des Vaters Huld gewiß, hat sich durch die Finsterniß hinausgeglaubt.

4. Droben lebt er stark und reich, führt die Seinen nach. „Ich bin alle Tag' bei euch!" Der dies ernstlich sprach, bei dir ist er. Gottes Gnad' und Kindesrecht hat sein gläubiges Geschlecht. Was willst du mehr?

5. Vater, dem ich, was ich bin, in die Hände leg': nimm den kummerhaften Sinn aus dem Herzen weg! Ich halte dich! Wird der Glaube wieder schwach, läßt der Trost bald wieder nach, so halt' du mich!

6. Du, der seinen Sohn mir gab, mache mir's gewiß, welchen Werth im Sohn' ich hab'; mich erfülle dies mit Zuversicht. Wenn du diesen Trost mir reichst, nicht von deinem Kinde weichst; so zag' ich nicht.

7. Trauen und gehorsam seyn, ist der Kinder Art. Beides präg' mir täglich ein. Scheint ein Weg mir hart: ich bleib' ja Kind, greif' nach deiner Vaterhand, denk', du bist im Prüfungsstand mir treu gesinnt.

8. Mache mich nur dir recht treu und der Hoffnung voll, daß ich sünd- und sorgenfrei einst dich loben soll. Ich eile fort, freu' mich auf den Tag des Lichts, Erdenleiden sind dann Nichts; — o wär' ich dort!

Johann Gottfried Schöner.

Von der Ruhe und Freude in Gott.

Tobiä 3, v. 22. Das weiß ich aber fürwahr: Wer Gott dienet, der wird nach der Anfechtung getröstet und aus der Trübsal erlöset, und nach der Züchtigung findet er Gnade.

Mel. Jesu, meine Freude.

1633. Seele, sey zufrieden! was dir Gott beschieden, das ist Alles gut; treib' aus deinem Herzen Ungeduld und Schmerzen, fasse frischen Muth. Ist die Noth dein täglich Brot; mußt du weinen mehr als lachen: Gott wird's doch wohl machen.

2. Bringt der Feinde Menge Alles in's Gedränge, was die Wahrheit liebt; will man deinen Glauben aus dem Herzen rauben: sey nur unbetrübt. Stellt man dir viel Elend für, drohet dir des Feindes Rachen: Gott wird's doch wohl machen.

3. Scheint der Himmel trübe und der Menschen Liebe stirbet ganz dahin: kommt das Unglücke fast all' Augenblicke und quält deinen Sinn: nur Geduld! des Himmels Huld sieht auf alle deine Sachen: Gott wird's doch wohl machen.

4. Ungeduld und Grämen kann das Leid nicht nehmen, macht nur größern Schmerz. Wer sich widersetzet, wird nur mehr verletzet, drum Geduld, mein Herz! wirf, mein Sinn! die Sorgen hin; drücket gleich die Last den Schwachen: Gott wird's doch wohl machen.

5. Wer ein Christ will heißen, muß sich auch befleißen, Alles auszustehn; mag auch

Alles wittern, Erd' und Himmel zittern, ja zu Grunde gehn: der steht fest, den Gott nicht läßt; drum laß alle Wetter krachen: Gott wird's doch wohl machen.

6. Auf die Wasserwogen folgt ein Regenbogen und die Sonne blickt, so muß auf das Weinen lauter Freude scheinen, die das Herz erquickt. Laß es seyn, wenn Angst und Pein mit dir schlafen, mit dir wachen: Gott wird's doch wohl machen.

7. Kronen sollen tragen, die des Kreuzes Plagen in Geduld besiegt, fröhlich ausgehalten und Gott lassen walten; das macht recht vergnügt: drum nimm dir, o Seele! für, alles Unglück zu verlachen: Gott wird's doch wohl machen.

8. Nun so soll's verbleiben: ich will mich verschreiben, Gott getreu zu seyn; Beides, Tod und Leben, bleibet ihm ergeben; ich bin sein, er mein: denn mein Ziel ist: wie Gott will; drum sag' ich in allen Sachen: Gott wird's doch wohl machen.

Benjamin Schmolck.

Von der rechten, Gott wohlgefälligen Sorge eines Christen.

Matthäi 6, v. 33. Trachtet am Ersten nach dem Reiche Gottes und nach seiner Gerechtigkeit, so wird euch solches Alles zufallen.

Mel. Jesus, meine Zuversicht.

1634. Seele, was ermüd'st du dich in den Dingen dieser Erden, die doch bald verzehren sich und zu lauter Nichtes werden? Suche Jesum und sein Licht, alles And're hilft dir nicht.

2. Sammle den zerstreuten Sinn, laß ihn sich zu Gott aufschwingen, richt' ihn stets zum Himmel hin, laß ihn in die Gnad' eindringen. Suche Jesum und sein Licht, alles And're hilft dir nicht.

3. Du verlangst oft süße Ruh', dein betrübtes Herz zu laben; eil' zum Lebensquell hinzu, da kannst du sie reichlich haben. Suche Jesum und sein Licht, alles And're hilft dir nicht.

4. Fliehe die unsel'ge Pein, die das finst're Reich gebieret, laß nur den dein Labsal seyn, der zur Glaubensfreude führet. Suche Jesum und sein Licht, alles And're hilft dir nicht.

5. Ach, es ist ja schlecht genug, daß du sonst die Zeit verdorben mit nichtswürdigem Gesuch, dabei du fast bist erstorben. Suche Jesum und sein Licht, alles And're hilft dir nicht.

6. Geh' einfältig stets einher, laß dir nicht das Ziel verrücken, Gott kann aus dem Liebesmeer dich, den Kranken, wohl erquicken. Suche Jesum und sein Licht, alles And're hilft dir nicht.

7. Weiß'st du nicht, daß diese Welt ein ganz ander Wesen heget, als dem Höchsten wohlgefällt und sein Wort dir vorgeleget? Suche Jesum und sein Licht, alles And're hilft dir nicht.

8. Du bist ja ein Hauch aus Gott und aus seinem Geist geboren, darum liege nicht im Koth; bist du nicht zum Reich erkoren? Suche Jesum und sein Licht, alles And're hilft dir nicht.

9. Schwinge dich fein oft im Geist über alle Himmelshöhen; laß, was dich zur Erde reißt, weit von dir entfernet stehen. Suche Jesum und sein Licht, alles And're hilft dir nicht.

10. Nahe dich dem lautern Strom, der vom Thron des Lammes fließet, auf die, so da keusch und fromm, sich in reichem Maaß ergießet. Suche Jesum und sein Licht, alles And're hilft dir nicht.

11. Laß dir seine Majestät immerdar vor Augen schweben, laß mit innigem Gebet sich dein Herz zu ihm erheben. Suche Jesum und sein Licht, alles And're hilft dir nicht.

12. Sey im Uebrigen ganz still, du wirst schon zum Ziel gelangen, glaube, daß sein Liebeswill' stillen werde dein Verlangen. Drum such' Jesum und sein Licht, alles And're hilft dir nicht.

D. Jakob Gabriel Wolf.

Von der Geduld.

Jacobi 1, v. 4. Die Geduld aber soll feste bleiben bis ans Ende, auf daß ihr seyd vollkommen und ganz, und keinen Mangel habet.

Mel. Warum sollt' ich mich denn grämen?

1635. Seele, willst du dich noch kränken? Jesus spricht: meine nicht; ich will dein gedenken. Denke du an seinen Namen, der ist süß und gewiß lauter Ja und Amen.

2. Ist denn nicht an jedem Morgen seine Treu' bei dir neu? er wird ferner sorgen; hat er dich bisher erhalten, o so wird er, der Hirt auch noch ferner walten.

3. Weißt du doch, was er für Plagen, was für Noth, auch den Tod er für dich getragen; sollte der dich jetzo hassen, der sein Blut dir zu gut häufig fließen lassen.

4. Schaue doch durch seine Wunden in

sein Herz; deinen Schmerz hat er schon empfunden. Traue seinen treuen Händen; was dir schwer, das wird er dir zum Besten wenden. —

5. Laß ihn stäupen, laß ihn schlagen; Fleisch und Blut thut nicht gut ohne Kreuz und Plagen; Feuer muß die Erze scheiden; daß ein Christ lauter ist, wirket Noth und Leiden.

6. Was dein Jesus selbst getragen, ist ja dir eine Zier, du mußt es nur wagen; wer mit ihm auf Dornen gehet, findet dort einen Ort, der voll Rosen stehet.

7. Mußt du hier: wie lange? fragen; warte nur, Gottes Uhr wird schon einmal schlagen; und alsdann wirst du empfinden, daß das Leid dieser Zeit ewig muß verschwinden.

8. Suche durch Geduld und Hoffen stark zu seyn; schick' dich drein, bis dein Ziel getroffen; es wird einst die Angstfluth schwinden und du dort einen Port*) voller Ruhe finden. *) einen Hafen. Benjamin Schmolck.

Von der hohen Bestimmung und Würde des Menschen.

2 Thessal. 2, v. 13. 14 Wir aber sollen Gott danken allezeit um euch, geliebte Brüder von dem Herrn, daß euch Gott erwählet hat von Anfang zur Seligkeit, in der Heiligung des Geistes, und im Glauben der Wahrheit; darein er euch berufen hat durch unser Evangelium, zum herrlichen Eigenthum unsers Herrn Jesu Christi.

Mel. Lobe den Herren, den mächtigen König 2c.

1636. Seele, wohlauf! des Unendlichen Gnade zu loben, die dich zur Würde des ewigen Lebens erhoben! herrlich und groß ist schon hienieden dein Loos, größer und herrlicher droben.

2. Preis der erbarmenden Huld, die mit heiligem Munde dich, die verlorne berief zu dem göttlichen Bunde! Alles vergeht: Bund des Erhabenen steht ewig auf ewigem Grunde.

3. Kannst du hienieden der Hoffnungen Ende nicht sehen; dennoch umglänzen dich Strahlen aus himmlischen Höhen: daß du mit Muth wählest für flüchtiges Gut Schätze, die nimmer vergehen.

4. Freue dich, Seele! du darfst um ein elendes Leben auch im Gedräng' und im finsteren Thale nicht beben, mehr denn Ersatz will dir mit himmlischem Schatz Gott, der Verherrlicher, geben.

5. Jauchzt, o ihr Erben des Himmels, in heiliger Feier! Gottes Verheißungen lüften den hüllenden Schleier; welch Paradies, das er den Treuen verhieß! jauchzet dem großen Erneuer!

6. Singt um einander dem Herrn, o ihr himmlischen Chöre, rühmet am Throne, der Engel unzählige Heere! singet sein Lob, der euch zu Engeln erhob! feiert des Ewigen Ehre!

7. Rühmet nicht minder, ihr Hochbenedei'ten auf Erden! ähnlich den Engeln, ja, ähnlich Ihm selber zu werden, seyd ihr ersehn. Ehre sey Gott in den Höh'n, Ehre hienieden auf Erden! Karl Bernh. Gärve.

Am Schlusse des Jahres.

1 Chronica 18, v. 27. Was du, Herr, segnest, das ist gesegnet ewiglich.

Mel. Liebster Jesu, wir sind hier.

1637. Segnet uns zu guter Letzt auch noch dieses Jahres Ende! segnet künftig! segnet jetzt! o ihr theuren Jesus-Hände! segnet, daß an Leib und Seele Niemand etwas Gutes fehle.

2. Helft, so wir gefallen sind, helft uns wieder aufzustehen! lehrt uns munter und geschwind in den Wegen Jesu gehen; daß an Weisheit, Gnad' und Segen wir auch täglich wachsen mögen.

3. Ja, versiegelt dieses noch, o ihr treuen Jesus-Hände! am Beschluß des Jahres doch, daß wir alle bis an's Ende Glauben immer fester fassen, nichts von ihm uns trennen lassen. Christoph Karl Ludwig v. Pfeil.

Weihnachtslied.

1 Joh. 3, v. 5. Ihr wisset, daß Er ist erschienen, auf daß er unsere Sünden wegnehme, und ist keine Sünde in ihm.

Mel. Lobt Gott, ihr Christen allzugleich.

1638. Seht auf, ihr Menschen! Gottes Sohn wird heut' ein Menschenkind; seht auf! er kommt vom Himmelsthron, zu büßen eure Sünd'. :,:

2. Singt, singt, ihr Engel; euer Gott will heut mein Bruder seyn: und wär' ich aller Welt ein Spott, so ist er dennoch mein. :,:

3. Ihr Himmel, euer König wird anjetzt ein armer Knecht, im Stalle liegt mein Seelenhirt, zu hüten sein Geschlecht :,:

4. Ach, siehe! wie der helle Schein dort in den Lüften glänzt; kein Engel mag im Himmel seyn, die Lust ist hier ergänzt. :,:

5. Hier ist, hier ist Immanuel, der Weihnachts-Gast will seyn, dich liebt mein ganzer Geist und Seel', Schatz, komm, ach komm herein. :,:

6. Komm, heil'ges Kind, komm, süßer Zweig der Wurzel Isai; komm, führ' mich auf den sel'gen Steig, hier ist doch lauter Müh'. :,:

7. Du neugebornes Gotteskind, du Saamen Abrahä, weil ich dich in der Krippen find', verschwindet all mein Weh'. :,:

8. Du allerschönstes Menschenkind, du Licht der finstern Welt; wer feste sich mit dir verbind't, acht't weder Gold noch Geld. :,:

9. Nun, Jesulein, mein Fleisch und Blut, verbinde mich und dich, du bist allein mein höchstes Gut, dich lieb' ich ewiglich. :,:

D. Christoph Sonntag.

Von der Zukunft Christi ins Fleisch.

Jesaia 40, v. 9. Siehe, da ist euer Gott.

Mel. O große Seligkeit, die allen rc.

1639. Seht, da ist euer Gott! Immanuel der Liebe! die Macht der süßen Triebe hüllt ihn in eure Noth, den Herrn, den starken Gott! er wird gleich ärmsten Kindern, verbrüdert sich mit Sündern: der Glanz der Herrlichkeit steht da, mit Fleisch beklei'dt! sey tausendmal willkommen! hast du an dich genommen, mein Bruder, Fleisch und Blut, der Welt und mir zu gut.

2. Seht, da ist euer Gott! der Mittler ist erschienen, der aller Welt will dienen; sein Leben, Leiden, Tod verschlinget alle Noth. Nun muß die Gnade walten so über Jung'n als Alten. Er geht Niemand vorbei. Er macht sie Alle frei von Sünd', Tod, Teufel, Hölle; er ist die Lebensquelle, die strömet ewig Heil. Er ist das beste Theil.

3. Seht, da ist euer Gott! das Heil der ganzen Erden! wer will, kann selig werden: da steht der Friedensbot', der große Mensch und Gott! sein Herze dürst't nach Allen, die noch so tief gefallen: sein Ruf schallt weit und breit: kommt, kommt zur Seligkeit, ei, warum wollt ihr sterben und ohne Noth verderben? der Himmel steht euch auf! eilt, eilt mit schnellem Lauf.

4. Seht, da ist euer Gott! der König aller Ehren! er will das Herz bekehren. Er hebt die Zentner-Noth, er heißt Herr Zebaoth. Den Todten kann er Leben, den Blinden Augen geben: ihr hart Gebundene! ihr seyd Verwundete! ihr Tauben und ihr Lahmen, hofft nur auf seinen Namen! die Noth sey, wie sie sey, er macht wahrhaftig frei.

5. Seht, da ist euer Gott! da ist auch Gottes Fülle: schöpft nur in süßer Stille das Heil für alle Noth. O gnadenvoller Gott! was ist der Mensch, die Made! *) daß du mit ew'ger Gnade ihn krönest und erfreu'st, und dir zum Tempel weih'st! in dem du selbst willst thronen und ewig in ihm wohnen; die große Herrlichkeit ist Sündern zubereit't.

*) Hiob 25, v. 6.

6. Seht, da ist euer Gott! der Bräutigam der Seelen: die sich mit ihm vermählen, erfahren in der Noth als Freund, als Herr und Gott. Nun, Jesulein, mein Alles! du ein'ger Trost des Falles! so nimm mich gänzlich hin, dein bin ich, wie ich bin; dein Geist mich stets regiere, bis ich dort jubilire: mein Freund ist weiß und roth! Seht da! das ist mein Gott.

Johann Ludwig Konrad Allendorf.

Osterlied.

Psalm 118, v. 16. Die Rechte des Herrn ist erhöhet; die Rechte des Herrn behält den Sieg.

Mel. Gott des Himmels und der Erden.

1640. Seht! der Sieger reißt die Bande, Tod und Grab hält Jesum nicht! eile zum gelobten Lande, wo Er durch den Felsen bricht. Seele, eil', betracht' den Sieg: Freuden bringt dir dieser Sieg!

2. Auf, und singe! wirf den Kummer hin in das verlass'ne Grab! Jesus kommt vom Todesschlummer und wischt deine Thränen ab. Lebt er, so gedenkt er dein; solltest du nicht fröhlich seyn?

3. Wie allmächtig wälzt er Steine, trotz den Feinden, von der Thür: hoffe nur, er wälzt auch deine endlich weg, schenkt Trost dafür. Dir zu Lieb', dir wohl zu thun, lebet, sorgt und herrscht er nun!

4. Vom Gewissen flieht die Sünde, Jesu Tod und Aufersteh'n gelten nun vor Gott als Gründe, gnädig auf dich hin zu seh'n. Jesus lebt, nimmt Sünder an; fasse dies und glaube dran!

5. Brich durch Alles! brich mit Stärke, die dir Jesu Leben giebt, durch des Fleisches todte Werke! Liebe, wie's dem Herrn beliebt, übe Fleiß! ring' Tag und Nacht; es gelingt aus seiner Macht!

6. O ihr Fesseln, springt in Stücken, laßt mein Herz zu Jesu hin! laßt mich zu den Höhen blicken, wo ich einst sein Bürger bin; selig ist, wer danach strebt, selig, wer in Jesu lebt! Joh. Gottfried Schöner.

Weihnachtslied.

Jesaia 9, v. 6. Denn uns ist ein Kind geboren, ein Sohn ist uns gegeben, welches Herrschaft ist auf seiner Schulter; und er heißet: Wunderbar, Rath, Kraft, Held, Ewig-Vater, Friedefurst.

Mel. O wie selig sind die Seelen.

1641. Seht, uns ist ein Kind geboren, uns, die wir das Gut verloren, das man Kindschaft Gottes heißt.*) Seht, uns ist ein Sohn gegeben, der den Weg zum Gnadenleben, zum versöhnten Vater weis't. *) Jes. 1, v. 2.

2. Anfangs scheint er zwar geringe, weil er sich mit Fleiß der Dinge dieser Welt entäußert hat*); aber seiner Schultern Stärke träget**) auch die größten Werke und wird niemals schwach und matt.

*) Phil. 2, v. 7. **) Hebr. 1, v. 3.

3. Alles, was ich immer finde an dem wunderbaren Kinde, ist so hoch und wundervoll, daß ich fast nicht kann erachten, welches ich zuerst betrachten und zuerst bewundern soll. Richter 13, v. 18.

4. In ihm wohnt Verstand zu rathen, und es sind unzähl'ge Thaten weislich durch ihn ausgeführt. Er hat Alles angegeben*), was wir seh'n in Lüften schweben, was im tiefen Meer sich rührt. *) Sprüch. 8, v. 22.

5. Sein Befehl muß gleich geschehen und im Werk vor Augen stehen*); darum wird er Kraft genannt. Wer des Glaubens Schwachheit merket, wird in reichem Maaß gestärket durch desselben Allmachtshand.

*) Psalm 33, v. 9

6. Kommt der Feind uns anzugreifen, will das Fleisch die Stürme häufen, ist er uns zum Held*) gemacht. Unter seiner Fahne streiten hat gewiß zu allen Zeiten so viel Sieg als Ruhm gebracht.

*) Psalm 24, v. 8.

7. Er allein kann Ruhe schaffen; dieses Friedefürsten Waffen folget Heil und Segen nach. Wo sie siegreich durchgedrungen, wird der Streit und Krieg verschlungen*), der den stillen Frieden brach.

*) Jes. 9, v. 5.

8. Das unruhige Gewissen, welches Mosis Stab*) zerrissen und mit seinem Fluch verletzt, wird von Seinem Troste stille, und der unzufried'ne Wille in vergnügte Ruh' gesetzt. — *) das Gesetz.

9. Die Vernunft kann es nicht fassen; aber denen, die sich lassen durch dies vatergleiche Kind nach dem Geiste neu gebären*), wird Erfahrung auch erklären, wie man es als Vater find't. *) Joh. 3, v. 3. 5.

10. Nun, du Sohn, der uns geschenket, Herrscher! der die Himmel lenket, aller Wunder Zierd' und Kron', Rath und Kraft und Feindbezwinger, Ewig-Vater, Friedebringer, der Bedrängten Gnadenthron:

11. Mache mich zu Gottes Kinde, herrsch' in mir, wirf aus die Sünde, steh' mir bei mit Rath und Kraft; hilf mir meine Feinde zwingen, so will ich die Hand besingen, die mir wieder Ruhe schafft.

D. Johann-Jakob Rambach.

Der wunderbare Rath Gottes.

Jesaia 28, v. 29. Solches geschieht auch vom Herrn Zebaoth; denn sein Rath ist wunderbarlich und führet es herrlich hinaus.

Mel. Nun danket Alle Gott.

1642. Sein Rath ist wunderbar: Gott führt durch Freud' und Schmerzen und meint, o Mensch, dein Heil doch jedesmal von Herzen; sein dunkler Segensweg sieht wunderseltsam aus, und dennoch führt er ihn aufs Herrlichste hinaus.

2. Sein Rath ist wunderbar; er bleibet oft verborgen, das lehrt uns stille seyn, verbietet uns das Sorgen; wir müssen da nur recht wie kleine Kinder thun, die voller Zuversicht im Schooß der Mutter ruh'n.

3. Sein Rath ist wunderbar, er will als Herr regieren. Das Kind soll sich nicht selbst, der Vater will es führen. Das Kind versieht es leicht; drum führt des Vaters Hand, die kann nie was versehn, die trägt ins Vaterland.

4. Sein Rath ist wunderbar; im Schlagen und im Heilen. Wir gehn doch überall an seinen Liebesseilen; das Leiden dieser Zeit ist nur ein menschlich Joch, Gott trägt zur Hülfe mit; er schlägt — und liebet doch.

5. Sein Rath ist wunderbar; er schlägt die liebsten Kinder. Er träget mit Geduld die allerfrechsten Sünder. Er holet sie herum*) in dieser Gnadenzeit, und offenbaret sich in der Barmherzigkeit. *) Hiob 33, v. 30.

6. Sein Rath ist wunderbar, im Nehmen und im Geben. Er mißt uns unser

Theil selbst zu in diesem Leben. Er nimmt's auch wieder hin und bleibet doch gerecht. So zeigt er, er sey Herr, und ich nichts mehr als Knecht.

7. Sein Rath ist wunderbar; er gehet dunkle Wege, und dennoch sind sie gut, wenn ich sie überlege. Es mußte grade so, wenn mein Heil sollt' bestehn; es mußte das geschehn zu meinem Wohlergehn.

8. Sein Rath ist wunderbar; er weiß ihn zu erfüllen. Er unterdrückt und bricht den bösen Eigenwillen, der schadet mir zu viel. Darum ist Gott so treu und bricht den Eigensinn und macht mich davon frei.

9. Sein Rath ist wunderbar; Gott bleibet doch die Liebe. Er führet immer so, daß er den Glauben übe. Er gehet selbst voran, er stärket unsern Muth, er bleibet ewig treu, er meint es herzlich gut.

10. Dein Rath ist wunderbar, o Gott von Kraft und Stärke! es preiset dich mein Herz, dich preisen alle Werke. Du machst doch Alles wohl; ach, laß es bald gescheh'n! laß mich von deinem Rath den guten Ausgang seh'n.

Die Seligkeit der Kinder Gottes.

1 Petri 3, v. 13. 14. Wer ist, der euch schaden könnte, so ihr dem Guten nachkommt? Und ob ihr auch leidet um der Gerechtigkeit willen, so seyd ihr doch selig.

Mel. Lobe den Herren, den mächtigen König 2c.

1643. Selige Seelen, die treu bei dem ewiglich Treuen Sein sich im Glauben getrösten, in Kraft sich erfreuen! fröhlich im Herrn dienen und dulden sie gern, ohne die Lasten zu scheuen.

2. Was ist die Erde mit ihren vergänglichen Schätzen? Seelen voll himmlischen Hungers und Durstes zu letzen, sind sie zu klein; göttliche Güter allein können uns dauernd ergötzen.

3. Was ist die Erde mit ihren vergänglichen Plagen? Seelen voll himmlischen Muthes danieder zu schlagen, sind sie zu klein, um wie der Meister zu seyn, läßt sich auch Kümmerniß tragen.

4. Selige Lasten, die er auf die Seinigen leget, der sie mit Armen der Gnade beschützet und pfleget; Trübsal und Schmach tragen wir muthig ihm nach; muthig, weil Liebe sie träget.

5. Selige Seelen, die freudig und ritterlich ringen, um zu den herrlichen Kronen am Ziele zu dringen; froh und bereit, auch wenn am Ende der Zeit Gottes Posaunen erklingen.

6. Selige Seelen, die glaubend und liebend vollenden und die Vergeltung empfah'n aus des Heilandes Händen; eilet herbei, laßt uns ihm willig und treu Herzen und Glieder verpfänden! Karl Bernhard Garve.

Seligkeit demüthiger Christen.

Matth. 5, v. 3. Selig sind, die da geistlich arm sind, denn das Himmelreich ist ihr.

Mel. Freu' dich sehr, o meine Seele.

1644. Selig, selig sind die Seelen, die in Geistesarmuth stehn, die ihr Elend nicht verhehlen und sich ganz verlassen sehn, die von ihrer Schuld gedrückt, die des Richters Ernst erblickt, und bei heißen Thränengüssen, nichts von Trost und Gnade wissen.

2. Menschen, die den Mangel kennen, der durch Adam auf uns kam, die sich blind und unrein nennen, lieblos, todt, verkehrt und lahm, denen alles Gute fehlt und die solch ein Anblick quält; die sich selbst herunter setzen, aller Gnade unwerth schätzen;

3. Die auch, beim Genuß der Gnade, immer klein und niedrig sind, die ihr tiefer Seelenschade und der Geist oft neu entzünd't; deren Auge offen bleibt, die der Geist der Demuth treibt; die selbst nichts, nein, alle Gaben bloß in Christi Wunden haben:

4. Euch mag Moses schrecklich dräuen: Jesus heißt euch selig seyn. Seelen, hört, ihr sollt euch freuen. Jesus hebt den Sorgenstein. Schuld und Straf' hat er gebüßt. Weil er arm geworden ist, will er euch das ew'ge Leben und recht volle G'nüge geben.

5. Euer ist das Reich der Himmel, ob gleich Tod und Hölle schreckt. Mitten in dem Weltgetümmel bleibt ihr doch mit Heil bedeckt. Arme Seelen, sorget nicht! was sein süßer Mund verspricht, kann kein Feind und Teufel rauben, ihm, dem Herrn, ist gut zu glauben.

6. Oeffnet nur des Herzens Kammer, seht's mit offnen Augen an. Schlägt euch des Gesetzes Hammer,*) hier ist, der euch heilen kann; der zugleich verspricht und giebt, der nur arme Sünder liebt, der in unserm Menschen-Orden uns zu gut ist arm geworden.

*) Jeremia 23, v. 29.

7. Freilich, muß das viel bedeuten, gleich ein ganzes Himmelreich, und das so ganz

armen Leuten: was ist dieser Gnade gleich? Nichts, gar nichts in aller Welt! Weil's ihm aber so gefällt, sollen wir uns furchtsam schämen, oder nicht viel lieber nehmen?

8. Nein, ihr schüchterne Gemüther! greift mit beiden Händen zu. Nehmt, ergreift die reichen Güter, Heil, Gerechtigkeit und Ruh'! Eßt und trinkt euch stark und satt bei dem, der die Fülle hat. Nennet euch die reichen Armen in dem ewigen Erbarmen.

9. Selig sollt ihr seyn und bleiben, wenn der Reiche darben muß. Dies kann hier kein Weltkind gläuben: ihr habt Nichts und Ueberfluß; nichts, das in die Augen fällt und dem Diebeshand nachstellt; Ueberfluß in allen Sachen, die vergnügt und selig machen.

10. Selig, herrlich sollt ihr werden in dem Reich der Herrlichkeit, dort auf jener neuen Erden. Auf! vergesset Noth und Leid! Was in Gott verborgen war, wird dort groß und offenbar, dort, wo wir den König sehen, wo nur Arme um ihn stehen.

Friedrich August Weihe.

Das selige Sterben.

Jesaia 60, v. 20. Deine Sonne wird nicht mehr untergehen, noch dein Mond den Schein verlieren; denn der Herr wird dein ewiges Licht seyn, und die Tage deines Leides sollen ein Ende haben.

Mel. Wachet auf! ruft uns die Stimme.

1645. Selig sind des Himmels Erben, die Todten, die in Christo sterben, sie gehen ein zur Herrlichkeit. Nach den letzten Augenblicken des Todesschlummers folgt Entzücken und Wonne der Unsterblichkeit. Im Frieden ruhen sie von aller Sorg' und Müh'; Lob dem Höchsten! vor seinen Thron, zu seinem Sohn begleiten ihre Werke sie.

2. Dank, Anbetung, Preis und Ehre, Macht, Weisheit, Herrlichkeit und Ehre sey dir, Versöhner, Jesu Christ! Ihr, der Ueberwinder Chöre, bringt Dank, Anbetung Preis und Ehre dem Lamme, das geopfert ist! Er sank wie wir in's Grab, wischt unsre Thränen ab, alle Thränen! Er hat's vollbracht! Nicht Tag, nicht Nacht wird an des Lammes Throne seyn.

3. Nicht der Mond, nicht mehr die Sonne scheint uns alsdann! Er ist uns Sonne, der Sohn, die Herrlichkeit des Herrn! Heil, nach dem wir weinend rangen, nun bist du, Heil! uns aufgegangen nicht mehr im Dunklen, nicht von fern! Nun weinen wir nicht mehr; das Alt' ist nun nicht mehr! Hallelujah! Er sank hinab wie wir in's Grab, er ging zu Gott; wir folgen ihm!

Friedrich Gottlieb Klopstock.

Beim Anfange des Gottesdienstes.

Judä v. 20. Erbauet euch auf euren allerheiligsten Glauben, durch den heiligen Geist, und betet.

Mel. Liebster Jesu! wir sind hier.

1646. Sende, Vater! deinen Geist, da ich vor dein Antlitz trete, daß, wie du mich selber heißt, ich im Geist und Wahrheit bete. Lehre mich dich recht erkennen und dich Abba, Vater! nennen.

2. Süßer Jesu! hilf du mir, daß ich bet' in deinem Namen! daß, was Gott verheißt in dir, mir auch werde Ja und Amen. Sprich für mich und laß mich sehen dich zur Rechten Gottes stehen.

3. Heil'ger Geist! erleuchte mich und entzünde mein Verlangen, daß ich Gottes Huld durch dich voller Inbrunst mög' empfangen. Brich die Trägheit; zeuch die Sinnen aus der Welt zu dir von hinnen.

4. Heilige Dreieinigkeit, Ursprung aller guten Gaben! laß mich wahre Freudigkeit und im Herzen Zeugniß haben, daß du stets nach deinem Willen wollest meine Bitt' erfüllen.

Johann Hermann Schrader.

Bei einer Trauung.

Tobiä 8, v. 18. Und nun, Herr, gieb ihnen, daß sie dich allezeit loben für solche Gnade, und dir allezeit Preis und Lob opfern, daß andere Leute an ihnen erkennen, daß du allein Gott bist in aller Welt.

Mel. Lobe den Herren, den mächtigen König.

1647. Senke, o Vater! herab deinen göttlichen Frieden auf diese Herzen, die du für einander beschieden; gieb ihnen Heil, laß ihnen werden zu Theil Gnad' und Erbarmen hienieden.

2. Leite und führe sie, Heiland! auf ebenen Wegen, laß ihre Herzen in Treue und Liebe sich regen; scheuche zurück Untreu' und böses Geschick; gieb ihnen himmlischen Segen!

3. Herr! du bist weise, du schenkest nicht immer uns Freuden; um uns zu bilden, zu ziehen nach dir, schickst du Leiden, beugst unsern Sinn, trübest den reichsten Gewinn; doch nicht — um von uns zu scheiden.

4. Hast du für sie denn der Leiden auch manche erkoren, damit sie würden für dich

und den Himmel geboren. Dann, Herr! gieb Kraft, du bist's allein, der sie schafft; laß sie nicht gehen verloren.

5. So werden Freuden und Leiden mit Segen sie krönen, und sie dir danken, o Heiland! am Ziel einst mit Thränen, daß du erhört, daß du aus Gnaden gewährt, was wir erflehten mit Sehnen.

E. C. G. Langbecker.

Lied bei einer Einsegnung.

2 Petri 3, v. 18. Wachset aber in der Gnade und Erkenntniß unsers Herrn und Heilandes Jesu Christi. Demselbigen sey Ehre nun und zu ewigen Zeiten! Amen.

Mel. Mach's mit mir, Gott! nach deiner Güt'.

1648. Senk', Jesu! dich auf uns herab, sieh' unsres Herzens Sehnen; wir Schwache wanken ohne Stab, wir irr'n umher mit Thränen; blick' unsre Schwachheit gnädig an und laß uns deinen Geist empfah'n.

2. So heiß verlangt das Herz nach dir, um ewig dein zu bleiben; uns öffnet sich des Lebens Thür, laß Nichts von dir uns treiben; sey du der Seele Speis' und Trank, ohn' dich sind elend wir und krank.

3. Versammelt sind wir, Jesu! hier, den Taufbund neu zu schließen; laß doch auf uns herab von dir die Gnadenströme fließen. Herr! segne, was der Mund verspricht, und stärk' uns, wenn's an Kraft gebricht.

4. Der Lebensweg ist voll Gefahr, wir müssen ringen, kämpfen. Geschäftig ist der Feinde Schaar, in uns dein Heil zu dämpfen; doch nur allein durch deine Kraft wir üben gute Ritterschaft.

5. Vor uns, in Dunkel eingehüllt, seh'n wir des Lebens Stege. Oft scheint der Freude Strahl nicht mild herab auf Glaubenswege; dem Frommen tagt die Kummersnacht oft erst, wenn hier sein Lauf vollbracht.

6. Wär' auch die Trübsal unser Loos, doch wollen wir nicht wanken; in Leiden wird der Glaube groß, das Leid führt die Gedanken zum Herrn, der als ein treuer Hirt die Seinen nie verlassen wird.

7. Herr! segne uns, wir lassen dich nicht wieder von uns ziehen. Bei dir allein erhebet sich das Herz, wenn Freuden fliehen. Wenn Trost und Hülfe uns gebricht, bist du doch treu und wankest nicht.

E. C. G. Langbecker.

Gesang, wenn man in die Kirche gehen will.

Ebräer 10, v. 25. Nicht verlassen unsere Versammlung, wie etliche pflegen, sondern unter einander ermahnen, und das so viel mehr, so viel ihr sehet, daß sich der Tag nahet.

Mel. Nun danket Alle Gott.

1649. Seyd stille, Sinn und Geist, und euch in Gott ergötzet, heut' ist der Ruhetag, den er selbst eingesetzet. Er will in stiller Furcht und Lieb' geehret seyn, wofern er soll bei uns in Gnaden kehren ein.

2. Heut' ist der Tag des Heils, des Herren Wort zu hören, heut' ist es rechte Zeit, ihn öffentlich zu ehren: wer dieses unterläßt, muthwillig bleibt davon, verdient nicht, daß er sey des großen Gottes Sohn.

3. Ich will in Gottes Haus mit seinen Kindern gehen, ich will in reinem Schmuck vor seinem Altar stehen, mein Herz soll höchst vergnügt in seinem Willen ruh'n, der Leib soll nichts, als Noth- und Liebeswerke thun.

4. Komm heute in mein Herz, du König aller Frommen! laß mit dir Segen, Heil und Seelenfrieden kommen. Die Sonne deiner Gnad' kehr' heute bei mir ein, so wird dann dieser Tag ein rechter Sonntag seyn.

D. Ernst Valentin Löscher.

Gebet.

Daniel 10, v. 19. Fürchte dich nicht, du lieber Mann; Friede sey mit dir! und sey getrost, sey getrost!

Mel. Wachet auf! ruft uns die Stimme.

1650. Sey du mir nur immer freundlich, wenn wirklich oder nur vermeintlich mir Dies und Jenes schwer seyn wollt'; und laß mich stets inne werden, daß du mein höchster Trost auf Erden, mein Schatz, mein Frieden und mein Gold! Herr Jesu! mache mich recht kind-gewöhnt an dich, und verleihe mir einen Hang, der lebenslang das Herz nach dir erhalte krank!

Christian Gregor.

Weihnachtslied.

Psalm 2, v. 7. 8. Du bist mein Sohn, heute habe ich dich gezeuget; heische von mir, so will ich dir die Heiden zum Erbe geben und der Welt Ende zum Eigenthum.

Mel. Ach! was soll ich Sünder machen?

1651. Seyd zufrieden, liebe Brüder! denn des Vaters Wort und Licht, das er aus sich selber spricht, bringet das Verlorne wieder, und in unser Fleisch und Bein kleidet sich die Liebe ein.

2. Höret, wie der Engel Orden in den Lüften sich erfreun und wir ganz erstaunet

seyn, daß das Wort ist Fleisch geworden, daß man Gottes liebstes Kind unter Adams Kindern find't.

3. Der die Himmel aufgeführet und der Erde Grund gelegt, der die Kreaturen trägt, wurde auch wie wir formiret, und der alle Ding' erfüllt, wird in Windeln eingehüllt.

4. Werde auch in uns geboren und erleuchte du uns ganz, o du durchgebroch'ner Glanz! und dein Bild, das wir verloren, kehre wieder bei uns ein, daß wir Kinder Gottes seyn.

5. Uns verlangt auf dieser Erden, durch der Liebe Wunderkraft, zu des Lichtes Bürgerschaft *) wiederum gebracht zu werden, daß uns unser Vaterland künftig wieder sey bekannt.

*) Colosser 1, v. 13.

6. Wir verehren diese Liebe, die sich nun mit uns vereint, o wie lauter, süßer Freund! branntest du in diesem Triebe, da du uns an Licht und Pracht deinen Engeln gleich gemacht!

7. Nun dein paradiesisch *) Leben dringet wieder in uns vor, und der Wille geht empor, deinen Namen zu erheben; wir genießen deiner Ruh', o wie selig sind wir nu!

*) das göttliche Ebenbild.

D. Christian Friedrich Richter.

Vom heiligen Geiste.

2 Corinther 1, v. 21. 22. Gott ist es aber, der uns befestiget sammt euch in Christum, und uns gesalbet und versiegelt, und in unsere Herzen das Pfand, den Geist gegeben hat.

Mel. In Christo gelebt.

1652. Sey ewig gepreis't, Gott heiliger Geist! der Athem und Kraft zum Leben im Glauben an Jesum, verschafft.

2. Wir kannten ihn nicht, bis daß uns dein Licht im Herzen erschien, und unsere Augen hinlenkte auf ihn.

3. Du bracht'st uns ihm nah', und gleich stand er da voll Gnade und Güt', in der Gestalt wie er den Tod für uns litt.

4. Die nahm uns das Herz; sein blutiger Schmerz drang in uns hinein, und machte zerschmolzene Herzen aus Stein.

5. Wir opfern dir Dank mit Lob und Gesang; ach heil'ge uns ihm, daß Geist, Leib und Seele ihn preise und rühm'.

6. Wir wären nun gern dem leidenden Herrn zur Ehre und Zier, hier unter dem heiligen Kreuzespanier.

7. Du gabst uns ein Herz zum Manne voll Schmerz; ein Herz, das entbrennt, so oft man ihm seinen Immanuel nennt.

8. Erhalt' uns nun so, arm, gläubig und froh; und jeder Gedank' sey hungrig nach Jesu, und durstig und krank.

Nicol. Ludw. v. Zinzendorf Vers 1. 7. 8.
Christian Gregor — 2. u. 5.
Joh. Friedr. Cammerhof — 3. 4. 6.

Osterlied.

1 Corinther 15, v. 55 Der Tod ist verschlungen in den Sieg. Tod, wo ist dein Stachel? Hölle, wo ist dein Sieg?

Mel. Es ist das Heil uns kommen her.

1653. Sey fröhlich Alles weit und breit, was vormals war verloren, weil heut' der Herr der Herrlichkeit, den Gott selbst hat erkoren zum Sündenbüßer, der sein Blut am Kreuz vergossen, uns zu gut vom Tod' ist auferstanden.

2. Wie schön hast du durch deine Macht, du wilder Feind des Lebens! den Lebensfürsten umgebracht! dein Stachel ist vergebens durch ihn geschossen, schnöder Feind! du hättest wahrlich wohl gemeint, er würd' im Staube bleiben.

3. Nein, nein, er trägt sein Haupt empor, ist mächtig durchgedrungen, durch deine Bande, durch dein Thor, ja, hat im Sieg verschlungen dich selbst, daß wer an ihn nur gläubt, von dir jetzt ein Gespötte treibt und spricht: wo ist dein Stachel?

4. Denn deine Macht, die ist dahin und kann nicht Schaden bringen, all' denen, die sich mit dem Sinn zu diesem Fürsten schwingen, der fröhlich spricht: Ich leb' und ihr sollt mit mir leben für und für, weil ich es euch erworben.

5. Der Tod hat keine Kräfte mehr, ihr dürfet ihn nicht scheuen; ich bin sein Siegesfürst und Herr, deß sollt ihr euch erfreuen. Dazu so bin ich euer Haupt, drum werdet ihr, wenn ihr mir glaubt, als Glieder mit mir leben.

6. Der Hölle Sieg, der ist auch mein, ich habe sie zerstöret; es darf nicht fürchten ihre Pein, wer mich und mein Wort höret, und weil des Teufels Macht und List gedämpft, sein Kopf zertreten ist, mag er mir auch nicht schaden.

7. Nun, Gott sey Dank, der uns den Sieg durch Jesum hat gegeben, der uns den Frieden für den Krieg und für den Tod das Leben erworben, der die Sünd' und

Tod, Welt, Teufel, Höll' und was in Noth uns stürzet, überwunden!

Paul Gerhardt.

Von der Treue bis in den Tod.

Offenb. Joh. 2, v. 10. Sey getreu bis an den Tod, so will ich dir die Krone des Lebens geben.

Mel. Meinen Jesum lass' ich nicht.

1654. Sey getreu bis in den Tod, strebst du nach der Lebenskrone; brich getrost durch alle Noth, greif' nach dem verheiß'nen Lohne, der aus Gnaden dir bestimmt, wenn dein Lauf ein Ende nimmt.

2. Es wird Niemand dort gekrönt, der nicht tapfer hier gestritten; wer hier von der Welt verhöhnt, Schmach und Ungemach erlitten, der bekommt dort einen Kranz heller als der Sonne Glanz.

3. Steht dir dieses Kleinod an, werde nicht im Kämpfen müde; nur auf Christi Leidensbahn kommt man zum erwünschten Friede, und es bringt nur Schweiß und Fleiß den verheißnen Ehrenpreis.

4. Hast du einmal in der Welt unter Christi Fahn' geschworen, ach! so räume nicht das Feld, sonsten geht der Sieg verloren; kämpfe, bis der Feind erlegt, und dein Arm die Palmen trägt.

5. Es ist aller Christen Pflicht, Glauben und Gewissen halten; laß von deiner Treue nicht, bis dein Herze wird erkalten; deine Kron' ist schon bereit't in der süßen Ewigkeit.

Benjamin Schmolck.

Aufmunterung zur Treue.

Römer 8, v. 18. Ich halte es dafür, daß dieser Zeit Leiden der Herrlichkeit nicht werth sey, die an uns soll geoffenbaret werden.

Mel. Freu' dich sehr, o meine Seele.

1655. Sey getreu in deinem Leiden, lasse dich kein Ungemach von der Liebe Jesu scheiden, murre nicht mit Weh' und Ach! Denke, wie er manche Zeit dir zu helfen war bereit, da du ihm dein Herz verschlossen, ob ihn das nicht hab' verdrossen. *)

*) betrübet.

2. Sey getreu in deinem Glauben, baue deiner Seelen Grund nicht auf zweifelhafte Schrauben: sage den gewissen Bund, so geschlossen in der Tauf', deinem Gott nicht wieder auf; fange an ein besser Leben, deinem Gott zum Dienst ergeben.

3. Sey getreu in deiner Liebe gegen Gott, der dich geliebt; an dem Nächsten Gutes übe, ob er dich gleich hat betrübt; denke, wie dein Heiland that, als er für die Feinde bat, so mußt du verzeihen eben, soll Gott anders dir vergeben.

4. Sey getreu in deinem Hoffen, hilft Gott gleich nicht, wie du willt, er hat bald ein Mittel troffen, daß dein Wünschen wird erfüllt; hoffe fest, Gott ist schon hier, sein Herz bricht in Lieb' zu dir; hoffe nur, Gott ist vorhanden, Hoffnung macht dich nicht zu Schanden.

5. Sey getreu in Todesnöthen, fechte frisch den letzten Streit, sollt' dich gleich der Herr auch tödten, das ist ja das letzte Leid. Wer da recht mit Jesu ringt, und wie Jakob ihn bezwingt, der gewißlich ihm obsieget und die Lebenskrone krieget.

6. Sey getreu bis an das Ende, halte treu im Kampfe aus, leidest du gleich harte Stände, geht es gleich durch Schmerz und Graus; ist das Leiden dieser Zeit doch nicht werth der Herrlichkeit, so dir wird dein Jesus geben dort in jenem Freudenleben.

7. Ei, wohlan, so will ich leiden, glauben, lieben, hoffen fest, und getreu seyn bis zum Scheiden, weil mein Jesus nicht verläßt den, der ihn beständig liebt und im Kreuz sich ihm ergiebt. Ihm befehl' ich meine Sachen, Jesus wird's zuletzt wohl machen.

M. Benjamin Prätorius; durch Joh. Kaspar Schade die Verse zweckmäßig versetzt, einige ganz weggelassen und der 7. hinzugethan.

Freudigkeit in Leidenstagen.

2 Corinther 1, v. 7. Wir wissen, daß, wie ihr des Leidens theilhaftig seyd, so werdet ihr auch des Trostes theilhaftig seyn.

Mel. Hüter, wird die Nacht der Sünden.

1656. Sey getrost bei trüben Tagen, dulde Plagen; armes Herz! verzage nicht: Gott kann Last in Lust verkehren, Gott will hören, setz' auf Gott die Zuversicht.

2. Alles Kreuz wird endlich scheiden, dulde Leiden; auf den Sturm folgt Sonnenschein. Sollte denn dein Gott dich hassen und verlassen? leide nur die kurze Pein.

3. Gold wird durch die Glut bewähret und verkläret; Kreuz bewährt des Glaubens Gold: Gott erprobet seine Lieben durch Betrüben, Gott ist den Gebeugten hold.

4. Er zerbricht des Kreuzes Ketten, er kann retten; rufe nur, geplagtes Herz! Gottes Huld wird dich erfreuen nach dem Schreien; Freude folgt auf Leid und Schmerz!

Von der Beständigkeit im Guten.

Hiob 27, v. 5. 6. Bis daß mein Ende kommt, will ich nicht weichen von meiner Frömmigkeit; von meiner Gerechtigkeit, die ich habe, will ich nicht lassen.

Mel. Was mein Gott will, gescheh' all'zeit.

1657. Sey Gott getreu, halt' seinen Bund, o Mensch! in deinem Leben, leg' diesen Stein zum ersten Grund, bleib' ihm allein ergeben; denk' an den Kauf in deiner Tauf', da er sich dir verschrieben bei einem Eid, in Ewigkeit als Vater dich zu lieben.

2. Sey Gott getreu: der Kreuzes-Wind darf dich von ihm nicht kehren, ist er dein Vater, du sein Kind, was willst du mehr begehren? Dies höchste Gut macht rechten Muth; kann seine Huld dir werden, nichts Besser's ist, mein lieber Christ, im Himmel und auf Erden.

3. Sey Gott getreu von Jugend auf, laß dich kein' Lust noch Leiden in deinem ganzen Lebenslauf von seiner Liebe scheiden; sein' alte Treu' wird täglich neu, sein Wort steht nicht auf Schrauben, was er verspricht das bricht er nicht, das sollst du kühnlich glauben.

4. Sey Gott getreu in deinem Stand, darein er dich gesetzet. Wenn er dich hält mit seiner Hand, wer ist, der dich verletzet? wer seine Gnad' zur Brustwehr hat, kein Teufel kann ihm schaden. Wen dies Panier beschützet hier, dem bleibet wohlgerathen.

5. Sey Gott getreu, sein liebes Wort standhaftig zu bekennen, steh' fest darauf an allem Ort, laß dich davon nicht trennen: was diese Welt in Armen hält, muß Alles doch vergehen; sein liebes Wort bleibt immerfort ohn' alles Wanken stehen.

6. Sey Gott getreu, als welcher sich läßt treu und gnädig finden: streit' unter ihm nur ritterlich, laß über dich den Sünden ja wider Pflicht den Zügel nicht. Wär' ja der Fall geschehen, so sey bereit, durch Buß' bei Zeit nur wieder aufzustehen.

7. Sey Gott getreu bis in den Tod und laß dich nichts abwenden. Er wird und kann in aller Noth dir treuen Beistand senden; und käm' auch gleich das höll'sche Reich mit aller Macht gedrungen, wollt' auf dich zu, o glaube du, so bleibst du unbezwungen.

8. Wirst du Gott also bleiben treu, wird er sich dir erweisen, daß er dein lieber Vater sey, wie er dir hat verheißen, und eine Kron', zum Gnaden-Lohn, im Himmel dir aufsetzen, da wirst du dich dort ewiglich in seiner Treu' ergötzen. Michael Franck.

Lob- und Danklied.

1 Könige 18, v. 39. Da das alles Volk sahe, fiel es auf sein Angesicht und sprach: der Herr ist Gott! der Herr ist Gott!

Mel. Es ist das Heil uns kommen her.

1658. Sey Lob und Ehr' dem höchsten Gut, dem Vater aller Güte, dem Gott, der alle Wunder thut, dem Gott, der mein Gemüthe mit seinem reichen Trost erfüllt, dem Gott, der allen Jammer stillt. Gebt unserm Gott die Ehre!

2. Es danken dir die Himmelsheer', o Herrscher aller Thronen! und die auf Erden, Luft und Meer in deinem Schatten wohnen, die preisen deine Schöpfersmacht, die Alles also wohl bedacht. Gebt unserm Gott die Ehre!

3. Was unser Gott geschaffen hat, das will er auch erhalten; darüber will er früh und spat mit seiner Gnade walten. In seinem ganzen Königreich ist Alles recht, ist Alles gleich. Gebt unserm Gott die Ehre!

4. Ich rief dem Herrn in meiner Noth; ach Gott, vernimm mein Schreien! Da half mein Helfer mir vom Tod und ließ mir Trost gedeihen. Drum dank', ach Gott! drum dank' ich dir, ach danket, danket Gott mit mir; gebt unserm Gott die Ehre!

5. Der Herr ist noch und nimmer nicht von seinem Volk geschieden; er bleibet ihre Zuversicht, ihr Segen, Heil und Frieden. Mit Mutterhänden leitet er die Seinen stetig hin und her. Gebt unserm Gott die Ehre!

6. Wenn Trost und Hülf' ermangeln muß, die alle Welt erzeiget; so kommt und hilft mit Ueberfluß der Schöpfer selbst und neiget die Vateraugen denen zu, die sonsten nirgends finden Ruh'. Gebt unserm Gott die Ehre!

7. Ich will dich all mein Lebenlang, o Gott! von nun an ehren; man soll, o Gott! dein'n Lobgesang an allen Orten hören; mein ganzes Herz ermuntre sich; mein Geist und Leib, erfreue dich! Gebt unserm Gott die Ehre!

8. Ihr, die ihr Christi Namen nennt, gebt unserm Gott die Ehre! Ihr, die ihr Gottes Macht bekennt, gebt unserm Gott die Ehre! die falschen Götzen macht zu

Spott;

Spott; der Herr ist Gott! der Herr ist Gott! gebt unserm Gott die Ehre!

9. So kommet vor sein Angesicht mit jauchzenvollem Springen, bezahlt ihm die gelobte Pflicht und laßt uns fröhlich singen: Gott hat es Alles wohl bedacht und Alles, Alles recht gemacht. Gebt unserm Gott die Ehre!

Lic. Johann Jakob Schütz.

Weihnachtslied.

1 Mose 49, v. 10. Es wird das Scepter von Juda nicht entwendet werden, noch ein Meister von seinen Füßen, bis daß der Held komme; und demselbigen werden die Völker anhangen.

Mel. Lobt Gott, ihr Christen allzugleich!

1659. Sey mir gegrüßt, du Heil der Welt! willkommen seyst du mir! du kommst aus Davids Stamm, ein Held, und dafür dank' ich dir. :,:

2. Den Jakob einst im Geiste sah, den Abraham gegrüßt, der lang' gewünschte Tag ist da, nun du erschienen bist. :,:

3. Seht, Christen! euer Heil erscheint; den ihr in Windeln seht, der im Gefühl der Armuth weint, ist Gott der Majestät. :,:

4. Daß uns des Himmels Reichthum schmück', wird er ein Kind wie wir, ein wahres Kind; für dieses Glück, o Schöpfer! danken wir. :,:

5. Den unsre Missethat verschloß, den Himmel öffnest du: Herr! deine Freundlichkeit ist groß; mein Lied, mein Psalm bist du. :,:

6. Ein Denkmal deiner Freundlichkeit hast du, Herr! aufgestellt, hast gnädig uns vom Fluch befrei't, gesegnet deine Welt. :,:

7. Hört, Feinde! unser Jubellied, Immanuel ist hier, der Zweig aus Davids Stamme blüht, die Sonne geht herfür! :,:

8. Die Schatten fliehn, die Nacht wird hell, auch Heiden glänzt der Stern, lobt, Christen, den Immanuel, ihr Völker, lobt den Herrn! :,:

9. Mensch! mach' dich auf und werde Licht, der Tag des Heils erscheint; leb' länger in der Sünde nicht, und werde Gottes Freund! :,:

10. Fall' nieder, komm und bet' ihn an, den Friedefürst, den Held; was Gott an seinem Volk gethan, verkündige der Welt! :,:

11. Durch alle Himmel schall' sein Ruhm, sing' ihm von deinem Heil! der Fried' ist unser Eigenthum und Gott selbst unser Theil!

M. Christoph Christian Sturm.

Vom Leiden Jesu.

Jeremia 17, v. 14. Heile du mich, Herr, so werde ich heil; hilf du mir, so ist mir geholfen; denn Du bist mein Ruhm.

Mel. Freu' dich sehr, o meine Seele!

1660. Sey mir tausendmal gegrüßet, der mich je und je geliebt; Jesu, der du selbst gebüßet das, womit ich dich betrübt. Ach! wie ist mir doch so wohl, wenn ich knie'n und liegen soll an dem Kreuze, da du stirbest und um meine Seele wirbest!

2. Ich umfange, herz' und küsse der gekränkten Wunden Zahl und die purpurrothen Flüsse deiner Füß' und Nägelmaal'; o, wer kann doch, schönster Fürst! den so hoch nach uns gedürst't, deinen Durst und Lieb'sverlangen völlig fassen und umfangen? *)

*) begreifen.

3. Heile mich, o Heil der Seelen! wo ich krank und traurig bin; nimm die Schmerzen, die mich quälen und den ganzen Schaden hin, den mir Adams Fall gebracht und ich selber mir gemacht; wird, o Arzt! dein Blut mich netzen, wird sich all' mein Jammer setzen.

4. Schreibe deine blut'gen Wunden mir, Herr! in das Herz hinein, daß sie mögen alle Stunden bei mir unvergessen seyn; du bist doch mein schönstes Gut, da mein ganzes Herze ruht, laß mich stets zu deinen Füßen deiner Lieb' und Gunst genießen.

5. Diese Füße will ich halten so fest, als ich immer kann; schaue meiner Hände Falten und mich selbsten freundlich an von dem hohen Kreuzesbaum, und gieb meiner Bitte Raum, sprich: laß all dein Trauren schwinden, ich, ich tilg' all' deine Sünden.

Paul Gerhardt.

Erhöhung Christi.

Ebräer 2, v. 7. 8. Du hast ihn eine kleine Zeit der Engel mangeln lassen; mit Preis und Ehre hast du ihn gekrönet, und hast ihn gesetzt über die Werke deiner Hände; alles hast du unterthan zu seinen Füßen.

Mel. Alle Menschen müssen sterben.

1661. Siegesfürste, Ehrenkönig, höchst verklärte Majestät! alle Himmel sind zu wenig, du bist drüber hoch erhöht; sollt' ich nicht zu Fuße fallen, und mein Herz vor Freude wallen, wenn mein Glaubensaug' betracht't deine Herrlichkeit und Macht?

2. Seh' ich dich gen Himmel fahren, seh' ich dich zur Rechten da; seh' ich, wie der Engel Schaaren alle rufen: Gloria! sollt'

ich nicht zu Fuße fallen, und mein Herz vor Freude wallen, da der Himmel jubilirt, weil mein König triumphirt?

3. Weit und breit, du Himmelssonne! deine Klarheit sich ergeußt und mit neuem Glanz und Wonne alle Himmelsgeister speis't; prächtig wirst du eingenommen, freudig heißt man dich willkommen! schau', ich armes Kindlein hier schrei' auch Hosianna! dir.

4. Sollt' ich deinen Kelch nicht trinken, da ich deine Glorie seh'? sollt' mein Muth noch wollen sinken, da ich deine Macht versteh'? Meinem König will ich trauen, nicht vor Welt und Teufel grauen; nur in Jesu Namen mich beugen hier und ewiglich.

5. Geist und Kraft nun überfließen; drum wirk' in mir kräftiglich, bis zum Schemel deiner Füßen alle Feinde legen sich. Aus Zion den Scepter sende weit und breit bis zum Welt-Ende. Mache dir auf Erden Bahn, alle Herzen unterthan.

6. Du kannst Alles aller Orten nun erfüll'n und nahe seyn; meines armen Herzens Pforten stell' ich offen: komm herein! Komm, du König aller Ehren! du mußt auch bei mir einkehren; ewig in mir leb' und wohn', als in deinem Himmelsthron!

7. Deine Auffahrt bringt mir eben Gott und Himmel innig nah'; lehr' mich nur im Geiste leben, als vor deinen Augen da; fremd der Welt, der Zeit, den Sinnen, bei dir abgeschieden drinnen in das Himmelreich versetzt, da mich Jesus nur ergötzt.

Gerhard Tersteegen.

Vom Leiden Jesu.

1 Petri 2, v. 24. Welcher unsere Sünden selbst geopfert hat an seinem Leibe auf dem Holz, auf daß wir, der Sünde abgestorben, der Gerechtigkeit leben, durch welches Wunden ihr seyd heil geworden.

Mel. O Gott, du frommer Gott!

1662. Sieh' an, o Mensch! wie Gott und Mensch ans Kreuz geschlagen, durch dessen Macht sonst wird die ganze Welt getragen; der aller Menschen Schaar den Born des Lebens schenkt, ist durstig, wird für dich mit Galle selbst getränkt.

2. Der alle Kreatur auf seiner Erde heget, hat nicht, wo er vor Angst sein heilig Haupt hinleget; der allein heilig ist, der Alles geben kann, wird bloß, ja als ein Fluch, ans Kreuz geheftet an.

3. Der Kron' und Scepter giebt, trägt eine Dornenkrone, hängt unter Mördern da mit Schand' und großem Hohne; das Labsal leidet Noth, weil ihm selbst Trost gebricht; der Lebensfürst erblaßt im Tod, kein Wort mehr spricht.

4. Darum gedenk', o Mensch! welch unaussprechlich Leiden empfindet Gottes Sohn, und lern' die Sünde meiden; merk' und glaub' festiglich, daß Christus dir zu gut vergossen mildiglich sein werthes, theures Blut.

D. Johann Olearius.

Jesu Kommen in der letzten Stunde.

Offenb. Joh. 22, v. 20. Es spricht, der solches zeuget: Ja, ich komme bald. Amen. Ja, komm, Herr Jesu!

Mel. Jesu deine Passion.

1663. Siehe Herr! du kommest bald, komm, Herr Jesu! Amen. Komm, die Glieder werden kalt, denk' an deinen Namen; denke, daß du Jesus heißt, uns zum Heil erkoren, daß du auch mein Heiland seyst und ich nicht verloren.

2. Ach! du hast im Fleische schon sehr für uns gebeten: solltest du vor Gottes Thron jetzt mich nicht vertreten? jetzt, da Sünde, Höll' und Tod meine Seele schrekken, da mir Schmerz und Todes-Noth so viel Angst erwecken?

3. Ach! mein Glaube siehet dich an dem Kreuze hangen, wie du stirbest auch für mich, Heil mir zu erlangen; ja vielmehr noch, wie du sitz'st auf des Himmels Throne, wie du mich mit Fürsprach' schütz'st und mir reichst die Krone.

4. Meine Schuld ist abgethan, Alles ist vergeben, du siehst mich genädig an, ich soll mit dir leben; ach! du reichst mir schon die Hand, mich zu dir zu ziehen, soll ich nicht dem Erdentand williglich entfliehen?

5. Komm, mein auserwähltes Kind! hör' ich dich mir rufen; schau', was hier für Schätze sind, steig' des Himmels Stufen; heute sollst du seyn mit mir in dem Paradeise; komm! jetzund geb' ich auch dir, was ich theu'r verheiße.

6. O der großen Herrlichkeit, die ich schauen werde! o ein Blick, der mich erfreut; weg, du eitle Erde! schaut, die Engel warten schon, wie es Gott befohlen, mich alsbald vor seinen Thron selig heimzuholen.

7. Jesu! ach, wie soll ich's dir jemals wohl verdanken? Jesu! ach, laß nicht von

mir meinen Glauben wanken; Jesu! ach, ich lass' dich nicht; wenn im letzten Schmerze mir mein Herze vollends bricht, sey dein Herz mein Herze!

M. Adam Gottfried Thebesius.

Vom Leiden Jesu.

Jesaia 52, v. 13. Siehe, mein Knecht wird weislich thun, und wird erhöhet und sehr hoch erhaben seyn.

Mel. Christus, der uns selig macht.

1664. Siehe, mein getreuer Knecht der wird weislich handeln; ohne Tadel schlecht und recht auf der Erde wandeln; sein getreuer, frommer Sinn wird in Einfalt gehen; aber dennoch wird man ihn an das Kreuz erhöhen.

2. Hoch am Kreuze wird mein Sohn große Marter leiden, und Viel' werden ihn mit Hohn, als ein Scheusal, meiden. Aber also wird sein Blut auf viel' Heiden fließen und das ew'ge, wahre Gut in ihr Herze gießen.

3. Kön'ge werden ihren Mund gegen ihn zuhalten und aus inner'm Herzensgrund' ihre Hände falten. Das verblend'te, taube Heer wird ihn seh'n und hören und mit Lust zu seiner Ehr' ihren Glauben mehren.

4. Aber da, wo Gottes Licht reichlich wird gespüret, hält man sich doch nimmer nicht, wie es sich gebühret. Denn, wer glaubt im Judenland' unsern Predigt-Worten? Wem wird Gottes Arm bekannt in Israels Orten?

5. Niemand will fast seinen Preis ihm hier lassen werden; denn er schießt auf wie ein Reis aus der dürren Erden; krank, verdorret, ungestalt't, voller Blut und Schmerzen! daher scheut ihn Jung und Alt mit entfremd'ten Herzen.

6. Ei, was hat er denn gethan? was sind seine Schulden, daß er da vor Jedermann solche Schmach muß dulden? Hat er etwa Gott betrübt bei gesunden Tagen, daß er ihm anjetzo giebt seinen Lohn und Plagen?

7. Nein, fürwahr, wahrhaftig nein! er ist ohne Sünden; sondern, was der Mensch für Pein billig sollt' empfinden, was für Krankheit, Angst und Weh' uns mit Recht gebühret; das ist's, was ihn in die Höh' an das Kreuz geführet.

8. Daß ihn Gott so heftig schlägt, thut er unsertwillen; daß Er solche Bürden trägt, damit will er stillen Gottes Zorn und großen Grimm, daß wir Friede haben durch sein Leiden, und in ihm Leib und Seele laben.

9. Wir sind's, die wir in der Irr', wie die Schaafe, gingen und noch stets zur Höllenthür wie die Thoren dringen; aber Gott, der fromm und treu, nimmt, was wir verdienen, und legt's seinem Sohne bei, der muß uns versühnen.

10. Nun er thut es herzlich gern: ach, des frommen Herzen! Er nimmt an den Zorn des Herrn mit viel tausend Schmerzen und ist all'zeit voll Geduld, läßt kein Wörtlein hören wider die, so ohne Schuld ihn so hoch beschweren.

11. Wie ein Lämmlein sich dahin läßt zur Schlachtbank leiten, und hat in dem frommen Sinn gar kein Widerstreiten, läßt sich handeln, wie man will, fangen, binden, zähmen und dazu in großer Still' auch das Leben nehmen:

12. Also läßt auch Gottes Lamm ohne Widersprechen sich sein Herz am Kreuzesstamm unsertwegen brechen. Er sinkt in den Tod hinab, den er selbst doch bindet, weil er sterbend Tod und Grab mächtig überwindet.

13. Er wird aus der Angst und Qual endlich ausgerissen, tritt den Feinden allzumal ihren Kopf mit Füßen. Wer will seines Lebens Läng' immerdar umschränken? Seiner Jahr' und Tage Meng' ist nicht auszudenken.

14. Doch ist er wahrhaftig hier für sein Volk gestorben und hat völlig mir und dir Heil und Gnad' erworben, kommt auch in das Grab hinein, herrlich eingehüllet, wie die, so mit Reichthum seyn in der Welt erfüllet.

15. Er wird, wie ein böser Mann, vor der Welt geplaget, da er doch noch nie gethan, auch noch nie gesaget, was da bös' und unrecht wär'; er hat nie betrogen, nie verletzet Gottes Ehr', sein Mund nie gelogen.

16. Ach, er ist für fremde Sünd' in den Tod gegeben, auf daß du, o Menschenkind! durch ihn möchtest leben, daß er mehrte sein Geschlecht, den gerechten Saamen, der Gott dient' und Opfer brächt' seinem heil'gen Namen.

17. Denn das ist sein' höchste Freud' und des Vaters Wille, daß den Erdkreis weit und breit sein' Erkenntniß fülle; damit der gerechte Knecht, der vollkommne Sühner,

gläubig mache und gerecht alle Sündendiener.

18. Große Menge wird ihm Gott zur Verehrung schenken darum, daß er sich mit Spott für uns lassen kränken, da er denen gleich geschätzt, die schwer übertreten, und für die, so ihn verletzt, selbst bei Gott gebeten. Paul Gerhardt.

Vom Gebet.

Jesaia 55, v. 6. Suchet den Herrn, weil er zu finden ist; rufet ihn an, weil er nahe ist.

In eigener Melodie.

1665. Sieh', hier bin ich, Ehren-König! liege da vor deinem Thron; schwache Thränen, kindlich Sehnen bring' ich dir, du Menschen-Sohn! laß dich finden, laß dich finden von mir, der ich Asch' und Thon.*) *) 1 Mose 18, v. 27.

2. Sieh' doch auf mich, Herr! ich bitt' dich, lenke mich nach deinem Sinn; dich alleine ich nur meine, dein erkauftes Erb' ich bin; laß dich finden, laß dich finden, gieb dich mir und nimm mich hin.

3. Ich begehre nichts, o Herre! als nur deine freie Gnad', die du giebest, den du liebest und der dich liebt in der That; laß dich finden, laß dich finden; der hat Alles, der dich hat.

4. Himmels-Sonne! Seelen-Wonne! unbeflecktes Gottes-Lamm! in der Höhle meine Seele suchet dich, o Bräutigam! laß dich finden, laß dich finden, starker Held aus Davids Stamm!

5. Hör', wie kläglich, wie beweglich dir die Seele Seufzer bringt! wie demüthig und wehmüthig deines Kindes Stimme klingt! laß dich finden, laß dich finden; denn mein Herze zu dir dringt.

6. Dieser Zeiten Eitelkeiten, Reichthum, Wollust, Ehr' und Freud', sind nur Schmerzen meinem Herzen, welches sucht die Ewigkeit; laß dich finden, laß dich finden, großer Gott! ich bin bereit. Joachim Neander.

Vom heiligen Abendmahl.

Jesaia 12, v. 3. Ihr werdet mit Freuden Wasser schöpfen aus dem Heilsbrunnen.

Mel. Wachet auf! ruft uns die Stimme.

1666. Sieh' uns, deine Gäste, nahen, das Mahl der Liebe zu empfahen, das Himmelskraft den Seelen reicht! Volle G'nüg' und ew'ge Leben willst du kraft deiner Lieb' uns geben, der keine Lieb' auf Erden gleicht. Gabst du nicht uns zu gut dahin dein Fleisch und Blut? Du Erbarmer! Dank, Dank sey dir, o Jesu, hier und einst beim Himmelsmahl dafür.

2. Hoffnungsvoll, auf deinen Wegen, gehn wir der Herrlichkeit entgegen, die du uns dort bereitet hast. Und, in Kraft der Geistesspeise, trägt Jeder gern zu deinem Preise dein sanftes Joch, die leichte Last. So führ' uns deine Hand bis in das Vaterland. Dort versammelt uns allzumal im Hochzeitsaal das große Himmels-Abendmahl. Karl Bernhard Garve.

Vom Gnadenstande.

Jesaia 54, v. 17. Das ist das Erbe der Knechte des Herrn und ihre Gerechtigkeit von mir, spricht der Herr.

Mel. Valet will ich dir geben.

1667. Sie jauchzet doch mit Freuden die heil'ge Gottesstadt, die sich durch Jesu Leiden vor nichts zu fürchten hat; denn Gott ist bei ihr drinnen: das weiß sie sicherlich. Der Zweifel muß zerrinnen; die Furcht verlieret sich. Psalm 46, v. 5. 6.

2. Laß Andre wankend fragen, ob Gott ihr Vater sey? Ein Christ kann muthig sagen und schwören noch dabei: ich habe Gnade funden, die Seligkeit ist mein, und durch des Lammes Wunden geh' ich zum Himmel ein. Jes. 45, v. 23. 24.

3. Ein wahrer Christ ist selig, der Christum recht erkennt, der seine Schuld unzählig und sich verloren nennt; der alles herzlich hasset, was sonst dem Fleisch gefällt; der Jesum gläubig fasset und über Alles hält.

4. Ja, selig sind die Christen, die ohne Falsch besteh'n. O daß es alle wüßten, die noch zur Hölle geh'n! Wer ist so reich und prächtig, so schön, vergnügt und satt, so fröhlich, stark und mächtig, als der den Glauben hat?

5. Schon hier in diesem Leben grünt seine Seligkeit; was wird's im Himmel geben? da kommt die Erntezeit. Da schmeckt sein Herz vollkommen, was hier im Vorschmack war, und ist mit allen Frommen im ew'gen Jubeljahr.

6. Behalte, Welt! das Deine, du arme, blinde Welt! der Glaube bleibt das Meine, der Christi Blut behält! Wenn alle Reichen darben, wenn Fürsten betteln geh'n,

will ich mit Freudengarben in Zions Thoren steh'n. Ps. 49, v. 17. 21. Luc. 16, v. 24. Psalm 34, v. 10. 11.

Ernst Gottlieb Woltersdorf.

Beim Anfange des Gottesdienstes.

Matthäi 28, v. 20. Siehe, ich bin bei euch alle Tage, bis an der Welt Ende.

Mel. Alle Menschen müssen sterben.

1668. Sind in deinem heil'gen Namen, Jesu Christe! wir vereint: sprich zu unserm Flehn dein Amen, sey mit uns, du treuster Freund! sind's auch Zwei nur, sey der Dritte! tritt dann ein in unsre Mitte; selig, wen der Heiland grüßt! Friede deiner Näh' entfließt.

2. Herr, blas' an die Todtenbeine! hauche Geist du ihnen ein! lebt mit dir man im Vereine, wird man hier schon himmlisch seyn. Der sich still vor dir versammelt, auf dich horcht und vor dir stammelt, selig, wen dein Geist regiert und wer deine Nähe spürt.

Karl August Döring.

Zum Osterfeste.

Matthäi 28, v. 5. 6. Fürchtet euch nicht; ich weiß, daß ihr Jesum den Gekreuzigten suchet. Er ist nicht hier; er ist auferstanden, wie er gesagt hat. Kommt her und sehet die Stätte, da der Herr gelegen hat.

Mel. Wachet auf! ruft uns die Stimme.

1669. Singt, frohlockt, erlös'te Chöre! der starb am Kreuze, Gott sey Ehre! vom Tod erstanden ist der Held! der uns hat versöhnt, er lebet! Schall', daß der Erde Grund erbebet, du Wort des Heils, durch alle Welt! stimmt laut, der Engel Reih'n, in unsre Jubel ein! Hört's, ihr Todten! Hervor, hervor aus Grabes Thor drang Jesus Christ zum Licht empor!

2. Nein, er war uns nicht verloren, der Retter, den uns Gott erkoren, der Sünder ein'ge Zuversicht! Ob, vom schweren Streit ermattet, ihn auch des Todes Nacht umschattet, doch schaut er die Verwesung nicht! Nur ruhen wollt' er gehn, als Sieger aufzustehn, und allmächtig Unsterblichkeit und Herrlichkeit zu schaffen neu in Ewigkeit!

3. Still in Dämm'rung schwieg die Erde, da klang der neuen Schöpfung: „Werde!" da scholl des neuen Bund's Gesang! Bebend zitterten die Hügel, zersplitternd sprang des Grabes Riegel, und, als der Fürst des Lebens, schwang der Herr voll Heil und Macht sich aus des Todes Nacht! Halleluja! nun Herrscher ganz! im Siegerkranz, umblitzt von seiner Wunden Glanz!

4. Singt nun, singt dem Ueberwinder! jauchzt festlich ihm, des Lebens Kinder! und bringt ihm Preis und Ehre dar! schaut der Auferstehung Sonne, wie strahlt, erhellt von ihrer Wonne, nun dort sein Kreuz, sein Blutaltar! Sein Werk, es ist gekrönt! In Ewigkeit versöhnt nun sein Opfer, für voll und werth von Gott erklärt, wer seines Todes Heil begehrt.

5. Satans Thron ist nun gestürzet, des Abgrunds Riesenmacht verkürzet, wir fürchten keines Feindes Hohn! ob auch noch die Sünd' uns schreckte, ist Gott doch hie, der Auferweckte, der nimmer uns verdammt, der Sohn! Die Macht, die Herrschaft ist des Siegers Jesu Christ! In ihm stehet auf Felsengrund nun Gottes Bund mit uns, des Richters Friedensbund!

6. Sein, der sich für uns gegeben, sind wir im Tode, wie im Leben! Nichts scheidet uns von Jesu Christ! Mag der Leib auch in der Erden, mag er zu Staub und Asche werden, wir bleiben deß, der unser ist. Auch unsres Grabes Nacht durchdringt einst sein: Erwacht! und wir leben! o Seligkeit! voll Herrlichkeit uns sein zu freu'n in Ewigkeit!

7. O Gott, Tilger unsrer Sünden, wer kann, ach wer das Heil ergründen, das siegend du an's Licht gebracht? Staunend stehen wir und blicken auf unser Erbtheil voll Entzücken und bringen dir Preis, Ehr' und Macht; dir, dir, der auferstand und siegreich überwand! Gottversöhner! erworben dir hast du uns hier! dir leben und dir sterben wir!

Gottlieb Jahr.

Siegeslied an meinem Grabe.

1 Corinther 15, v. 26. Der letzte Feind, der aufgehoben wird, ist der Tod.

Mel. Mein Vater! zeuge mich, dein Kind. rc.

1670. Singt Sieg! singt lauter Sieg an meines Grabes Stelle! der allerletzte Feind liegt überwunden da! Wo ist dein Stachel? Tod! wo ist dein Sieg? o Hölle! Singt meiner Leiche nach: Triumph! Victoria!

2. Hier war ein harter Streit. Wie vielmal lag ich unter! Die rechte Hand des Herrn erhielt und hob mich auf, gab mich nicht in die Macht des Feind's; allein jetzunder sind alle Feinde todt! Vollendet ist mein Lauf!

3. Durch Jesu Christi Sieg und blutiges Erkaufen hab' ich in ihm durch ihn den

höchsten Sieg vollbracht. Die Feinde sind erlegt; da liegen sie bei Haufen, und ganz geschlagen ist nun ihre große Macht!

4. Hallelujah! sein Tod ist meines Todes Ende. Hier ist nichts Sterbliches, als nur mein Staub zu seh'n! der Geist ist schon hinauf; in die durchgrab'nen Hände nahm ihn der Mittler ein. Wie wohl ist ihm gescheh'n!

Christoph Karl Ludwig v. Pfeil.

Die Fußstapfen der Wahrheit.

Johannis 18, v. 37. 38. Ich bin dazu geboren und in die Welt gekommen, daß ich die Wahrheit zeugen soll. Wer aus der Wahrheit ist, der höret meine Stimme. Spricht Pilatus zu ihm: was ist Wahrheit? Und da er das gesagt, ging er wieder hinaus zu den Juden, und spricht zu ihnen: ich finde keine Schuld an ihm.

Mel. Wer nur den lieben Gott läßt walten.

1671. So freudig darf mein Jesus sagen: wer kann mich einer Sünde zeih'n? es mögen's alle Feinde wagen, und tausend Lästerungen spei'n, so zeiget doch die Unschuld frei, daß er die Wahrheit selber sey.

2. Man stellet wohl viel falsche Zeugen, gerechter Jesu! wider dich; allein sie müssen endlich schweigen; die Lügen halten doch nicht Stich. Was du gesagt, das trifft auch ein: dein Wort muß Ja und Amen seyn.

3. Es mag Pilatus immer fragen: was in der Welt die Wahrheit ist; man mag dich auf die Backen schlagen, wenn du der Wahrheit Zeuge bist: die Sonne scheint doch immer klar, was wahr ist, bleibet ewig wahr.

4. Du leidest um der Wahrheit willen und hattest Uebles nicht gethan, was du gered't, wirst du erfüllen, kommt es auf Blut und Leben an. Du scheuest nicht die ärgste Noth, gehst mit der Wahrheit in den Tod.

5. Laß mich die Wahrheit auch bekennen ohn' Unterschied vor Freund und Feind. Der ist kein wahrer Christ zu nennen, der es nicht treulich mit dir meint. Im Herzen muß der Glaube rein, im Munde das Bekenntniß seyn.

6. Wer mit den Lippen dich bekennet, und dich verleugnet mit der That, der hat sich schon von dir getrennet, weil er nur Schein für Wesen hat. Bekenn' ich dich, so gieb dabei, daß auch mein Leben lauter sey.

7. Dein Wort wird ewig wahr verbleiben, und diese Wahrheit laß in mir bis in den Tod versiegelt bleiben. Bekenn' ich dich vor Menschen hier, bekennst du mich, o Gottes Sohn! auch einst vor deines Vaters Thron.

Benjamin Schmolck.

Tiefe der verborgenen Wege Gottes.

Römer 11, v. 33—35. Wie gar unbegreiflich sind seine Gerichte, und unerforschlich seine Wege! Denn wer hat des Herrn Sinn erkannt? Oder, wer ist sein Rathgeber gewesen? Oder, wer hat ihm etwas zuvor gegeben, das ihm werde wieder vergolten?

Mel. Jehovah ist mein Licht und Gnadensonne.

1672. So führst du doch recht selig, Herr! die Deinen, ja selig und doch meistens wunderlich! wie könntest du es böse mit uns meinen, da deine Treu' nicht kann verleugnen sich? Die Wege sind oft krumm *) und doch gerad', darauf du läßt die Kinder zu dir geh'n, da pflegt es wunderseltsam auszuseh'n; doch triumphirt zuletzt dein hoher Rath.

*) unseren Gedanken nach.

2. Dein Geist hängt nie an menschlichen Gesetzen, so die Vernunft und gute Meinung stellt. Den Zweifelsknoten kann dein Schwert verletzen und lösen auf, nachdem es dir gefällt. Du reißest wohl die stärksten Band' entzwei; was sich entgegensetzt, muß sinken hin; ein Wort bricht oft den allerhärt'sten Sinn, dann geht dein Fuß auch durch Umwege frei.

3. Was unsre Klugheit will zusammenfügen, theilt dein Verstand in Ost- und Westen aus; was Mancher unter Joch und Last will biegen, hebt deine Hand frei zu im Sternen-Haus. Die Welt zerreißt, und du verknüpfst in Kraft; sie bricht, du bau'st; sie baut, du reißest ein; ihr Glanz muß dir ein dunkler Schatten seyn. Dein Geist bei Todten Kraft und Leben schafft.

4. Will die Vernunft was fromm und selig preisen, so hast du's schon aus deinem Buch gethan; wem aber Niemand will dies Zeugniß weisen, den führst du in der Still' selbst himmelan. Den Tisch der Pharisäer läss'st du steh'n und speisest mit den Sündern *), sprichst sie frei. Wer weiß, was öfters deine Absicht sey? Wer kann der tiefsten Weisheit Abgrund seh'n?

*) Matth. 9, v. 10. 11. Lucä 15, v. 2 3.

5. Was Alles ist, gilt Nichts in deinen Augen? Was Nichts ist, hast du, großer Herr! recht lieb; der Worte Pracht und Ruhm mag dir nicht taugen, du giebst die Kraft und Nachdruck durch den Trieb. *) Die besten Werke bringen dir kein Lob, sie

sind versteckt, der Blinde geht vorbei; wer Augen hat, sieht sie doch nie so frei; die Sachen sind zu klar, der Sinn zu grob.

*) des heiligen Geistes.

6. O Herrscher! sey von uns gebenedeiet, der du uns tödtest und lebendig machst. Wenn uns dein Geist der Weisheit Schatz verleihet, so seh'n wir erst, wie wohl du für uns wachst. Die Weisheit spielt bei uns, wir spielen mit*); bei uns zu wohnen ist dir lauter Lust, die reget sich in deiner Vaterbrust, und leitet uns mit zartem Kinderschritt.

*) d. i. Christus wirket bei uns, was seinem Vater angenehm ist, und wir wirken mit nach Sprüch. Sal. 8, v. 30. 31.

7. Bald scheinst du hart und streng uns anzugreifen, bald fährest du mit uns ganz säuberlich. Geschieht's, daß unser Sinn sucht auszuschweifen, so weis't die Zucht uns wieder hin auf dich. Da geh'n wir denn mit blöden Augen hin; du küssest uns; wir sagen Bess'rung zu. Drauf schenkt dein Geist dem Herzen wieder Ruh' und hält im Zaum den ausgeschweiften Sinn.

8. Du kennst, o Vater! wohl das schwache Wesen, die Ohnmacht und der Sinnen Unverstand; man kann uns fast an unsrer Stirn ablesen, wie es um schwache Kinder sey bewandt. Drum greifst du zu und hältst und trägest sie, brauchst Vaterrecht und zeigest Muttertreu'; wo Niemand meint, daß Etwas deine sey, da hegst du selbst dein Schäflein je und je.

9. Also gehst du nicht die gemeinen Wege, dein Fuß wird selten öffentlich gesehn, damit du sieh'st, was sich im Herzen rege, wenn du in Dunkelheit mit uns willst gehn. Das Widerspiel legt sich vor Augen dar von dem, was du in deinem Sinne hast. Wer meint, er hab' den Vorsatz recht gefaßt, der wird am End' ein Anders noch gewahr.

10. O Auge! das nicht Trug und Heucheln leidet, gieb mir der Klugheit scharfen Unterscheid, dadurch Natur von Gnade wird entscheidet, das eigne Licht von deiner Heiterkeit. Laß doch mein Herz dich niemals meistern nicht; brich ganz entzwei den Willen, der sich liebt; erweck' die Lust, die sich nur dir ergiebt und tadelt nie dein heimliches Gericht.

11. Will etwa die Vernunft dir widersprechen und schüttelt ihren Kopf zu deinem Weg, so wollst du die Befest'gung*) niederbrechen, daß ihre Höh' sich nur bei Zeiten leg', kein fremdes Feuer sich in mir entzünd', das ich vor dich in Thorheit bringen möcht', und dir wohl gar so zu gefallen dächt'! Ach! selig, wer dein Licht ergreift und find't!

*) 2 Cor. 10, v. 4. 5.

12. So ziehe mich denn recht nach deinem Willen, und trag' und heb' und führ' dein armes Kind! Dein inn'res Zeugniß*) soll den Zweifel stillen; dein Geist die Furcht und Lüste überwind'. Du bist mein Alles, denn dein Sohn ist mein. Dein Geist reg' sich ganz kräftiglich in mir; ich brenne nur nach dir in Lieb's-Begier. Wie oft erquickt mich deiner Klarheit Schein!

*) Römer 8, v. 15. 16.

13. Drum muß die Kreatur mir immer dienen, kein Engel schämt nun der Gemeinschaft sich; die Geister, die vor dir vollendet grünen,*) sind meine Brüder und erwarten mich. Wie oft erquicket meinen Geist ein Herz, das dich und mich und alle Christen liebt! Ist's möglich, daß mich etwas noch betrübt? Komm, Freudenquell! weich' ewig aller Schmerz!

*) Ebräer 12, v. 22. 23.

M. Gottfried Arnold.

Nach dem Gottesdienst.

1 Könige 8, v. 61. Euer Herz sey rechtschaffen mit dem Herrn unserm Gott, zu wandeln in seinen Sitten und zu halten seine Gebote, wie es heute gehet.

Mel. Nun nimm mein Herz, und Alles.

1673. So geht nun hin, ein Jeder kehre heim und hungre recht nach Jesu Honigseim; geht seufzend fort, verschüttet nicht das Wort. Was euer Herz erfahren, das laßt euch recht bewahren.

2. O sey uns selbst, Herr Jesu! was du bist, die höchste Lust, die unaussprechlich ist; das höchste Gut, darin die Seele ruht; der Brunnquell aller Freuden, wo wir beständig weiden.

3. Wir gehen weg, doch nicht aus deiner Hand. Dein Auge sey auf jeden Tritt gewandt! Zieh' uns und mich, Herr Jesu! ganz in dich, daß wir dein Manna essen, und allen Tand vergessen.

4. Hallelujah! gelobt sey unser Herr! in seinem Dienst wird's täglich herrlicher. Je mehr man nimmt, je mehr ist schon bestimmt. Das soll uns ewig dringen, ihm Preis und Ruhm zu singen.

Ernst Gottlieb Woltersdorf.

Vom Tode und Sterben.

Hiob 5, v. 26. Du wirst im Alter zu Grabe kommen, wie Garben eingeführet werden zu seiner Zeit.

Mel. Herzlich thut mich verlangen.

1674. So hab' ich nun vollendet den schweren Lebenslauf, mich ganz zu Gott gewendet und geh' jetzt himmelauf; sehr matt bin ich von Thränen, mein Herz ist schwach von Noth, von Seufzen und von Stöhnen, drum komm, o lieber Tod!

2. In allen meinen Jahren, von zarter Jugend an, hab' ich es wohl erfahren, wie schwer die Himmels-Bahn. Ich bin auf keinen Rosen gegangen jederzeit, wie etwa die Gottlosen in stolzer Sicherheit.

3. Was ist der Menschen Leben? wenn sie aufs Allerbest' sich können hier erheben, so ist es Müh' gewest; ja nichts, denn eitel Sorgen, nur lauter Gram und Noth den Abend wie den Morgen; drum ist man lieber todt.

4. Wie oft hab' ich geklaget gleich einem Wandersmann, und nach der Ruh' gefraget: wann komm' ich himmelan? werd' ich noch lange gehen auf eitler Erde Tand? Ach, werd' ich nicht bald sehen das rechte Vaterland?

5. Gott Lob! nun soll es werden, nun ist die Stund' herbei, daß ich von dieser Erden soll werden los und frei; nun hab' ich ausgeklaget; ich hab' in meinem Streit mich ritterlich gewaget; die Kron' ist mir bereit't.

6. O Liebsten, laßt das Weinen, es ist ja ohne Noth; Gott eilet mit den Seinen durch einen sel'gen Tod, eh' noch viel Trübsal kommen; Gott weiß, sie drohen schon. Wohl dem, der nun gekommen zum schönen Himmelsthron!

7. Wenn ihr euch könnt bedenken, wenn ihr mich lieben wollt, so dürft ihr euch nicht kränken ob diesem Todes-Sold. In diesem Weltgebäude hab' ich euch ja geliebt: drum gönnt mir doch die Freude, die mir mein Heiland giebt.

8. Wir werden seyn verbunden ohn' alle Noth und Leid, nach wenig Zeit und Stunden, dort in der Ewigkeit. Da wird uns Gott verneuen, da werden wir uns auch recht miteinander freuen nach himmlischem Gebrauch.

9. Nun muß ich von euch scheiden; ihr Freunde, gute Nacht! zur Himmelslust und Freuden. Ihr Liebsten seyd bedacht, wie ihr mich wollet finden im schönen Paradeis, das Eitle überwinden. Nun gute Nacht! ich reis'.

Joachim Pauli.

Nach dem Gottesdienste.

Hesekiel 34, v. 31. Ja, ihr Menschen sollt die Heerde meiner Weide seyn, und Ich will euer Gott seyn, spricht der Herr Herr.

Mel. Herzliebster Jesu, was hast du verbrochen?

1675. So hast du denn, o Jesu! treuer Hirte, geführet uns, als Schäflein und Verirrte, auf grüner Au', da unsern armen Seelen nun Nichts kann fehlen.

2. Du hast zum frischen Wasser uns geleitet, die Seel' erquickt, das Herz mit Trost geweidet, hast uns in Furcht und Kummer lassen stillen, um Deinetwillen.

3. Ist's nun, daß wir nach deinem Wohlgefallen durchs Thal des Kreuz's und Todes müssen wallen, so dürfen wir nicht fürchten Satans Tücke, noch Ungelücke.

4. Trotzt uns der Feind und macht uns weh und bange, schlägt uns das Herz, der Mund klagt: ach, wie lange! Hier ist dein Trost-Stab, der da uns Erlös'ten kann wieder trösten.

5. Mit Freudenöl du unsre Häupter tränkest, mit Gnaden-Gaben uns auch wohl beschenkest: was dürr' und lechzend ist, willst du erquicken und nicht ersticken.

6. Barmherzigkeit und Gutes willst du geben, so lange wir in deinem Hause leben; dort aber uns an deine Tafel setzen, himmlisch ergötzen.

D. Gotthilf Meisner.

Gebet um ein stilles Herz.

1 Petri 3, v. 4. Sondern der verborgene Mensch des Herzens unverrückt, mit sanftem und stillem Geiste, das ist köstlich vor Gott.

In eigener Melodie.

1676. Sohn des Vaters, Herr der Ehren! Eines woll'st du mir gewähren, Eins, das mir vor Allem fehlt: daß aus deiner Gnadenfülle milde Ruhe, sanfte Stille in das laute Herz mir quille, das sich stets mit Eitlem quält.

2. Du ja trachtest aller Orten uns mit deinen Liebesworten überschwänglich zu erfreu'n; aber von dem lauten Toben, das von unten sich erhoben, kann der milde Laut von oben nicht in unsre Herzen ein.

3. Wie Maria dir zu Füßen will ich sitzen und genießen, was dein Mund von

Liebe spricht; Eitelkeit und Eigenwille, Leib und Seele, schweiget stille! Komm, o Seelenfreund! erfülle mich mit deinem heil'gen Licht!

Albert Knapp.

Von der festen Hoffnung, durch die Gnade in Jesu Christo selig zu werden.

Titum 3, v. 7. 8. Auf daß wir durch desselbigen Gnade gerecht und Erben seyn des ewigen Lebens, nach der Hoffnung; das ist je gewißlich wahr.

Mel. Kommt her zu mir, spricht Gottes Sohn.

1677. So hoff' ich denn mit festem Muth auf Gottes Gnad' und Christi Blut, ich hoff' ein ewig Leben; Gott ist ein Vater, der verzeiht, hat mir das Recht zur Seligkeit in seinem Sohn gegeben.

2. Herr! welch ein unaussprechlich Heil, an dir, an deiner Gnade Theil, Theil an dem Himmel haben, im Herzen durch den Glauben rein, dich lieben und versichert seyn von deines Geistes Gaben!

3. Dein Wort, das Wort der Seligkeit, wirkt göttliche Zufriedenheit, wenn wir es treu bewahren; es spricht uns Trost im Elend zu, versüßet uns des Lebens Ruh' und stärkt uns in Gefahren.

4. Erhalte mir, o Herr, mein Hort! den Glauben an dein göttlich Wort, um deines Namens willen, laß ihn mein Licht auf Erden seyn, ihn täglich mehr mein Herz erfreu'n und mich mit Trost erfüllen!

Christian Fürchtegott Gellert.

Von der Liebe gegen den Nächsten.

1 Johannis 4, v. 20. 21. So Jemand spricht: ich liebe Gott, und hasset seinen Bruder, der ist ein Lügner; denn wer seinen Bruder nicht liebet, den er siehet, wie kann er Gott lieben, den er nicht siehet? Und dies Gebot haben wir von ihm, daß wer Gott liebet, daß der auch seinen Bruder liebe.

Mel. Mach's mit mir, Gott, nach deiner Güt'.

1678. So Jemand spricht: ich liebe Gott, und haßt doch seine Brüder, der treibt mit Gottes Wahrheit Spott und reißt sie ganz danieder, Gott ist die Lieb' und will, daß ich den Nächsten liebe, gleich als mich.

2. Wer dieser Erde Güter hat und sieht die Brüder leiden, und macht den Hungrigen nicht satt, läßt Nackende nicht kleiden, der ist ein Feind der ersten Pflicht und hat die Liebe Gottes nicht.

3. Wer seines Nächsten Ehre schmäht und gern sie schmähen höret; sich freut, wenn sich ein Feind vergeht, und nichts zum Besten kehret, nicht dem Verleumder widerspricht: der liebt auch seinen Bruder nicht.

4. Wer zwar mit Rath, mit Trost und Schutz den Nächsten unterstützet, doch nur aus Stolz und Eigennutz, aus Weichlichkeit ihm nützet, nicht aus Gehorsam, nicht aus Pflicht: der liebt auch seinen Bruder nicht.

5. Wer harret, bis, ihn anzuflehn, ein Dürft'ger erst erscheinet, nicht eilt, dem Frommen beizustehn, der im Verborgnen weinet, nicht gütig forscht, ob's ihm gebricht: der liebt auch seinen Nächsten nicht!

6. Wer Andre, wenn er sie beschirmt, mit Härt' und Vorwurf quälet, und ohne Nachsicht straft und stürmt, sobald sein Nächster fehlet: wie bleibt bei seinem Ungestüm die Liebe Gottes wohl in ihm?

7. Wer für der Armen Heil und Zucht mit Rath und That nicht wachet, dem Uebel nicht zu wehren sucht, das oft sie dürftig machet, nur sorglos ihnen Gaben giebt: der hat sie wenig noch geliebt.

8. Wahr ist es, du vermagst es nicht, stets durch die That zu lieben. Doch bist du nur geneigt, die Pflicht getreulich auszuüben und wünschest dir die Kraft dazu und sorgst dafür: so liebest du.

9. Ermattet dieser Trieb in dir, so such' ihn zu beleben. Sprich oft: Gott ist die Lieb', und mir hat er sein Bild gegeben. Denk' oft: Gott, was ich bin, ist dein; sollt' ich, gleich dir, nicht gütig seyn?

10. Wir haben einen Gott und Herrn, sind eines Leibes Glieder; drum diene deinem Nächsten gern, denn wir sind alle Brüder. Gott schuf die Welt nicht bloß für mich; mein Nächster ist sein Kind, wie ich.

11. Ein Heil ist unser Aller Gut. Ich sollte Brüder hassen, die Gott durch seines Sohnes Blut so hoch erkaufen lassen? Daß Gott mich schuf und mich versühnt, hab' ich dies mehr, als sie, verdient?

12. Du schenkst mir täglich so viel Schuld, du, Herr von meinen Tagen! ich aber sollte nicht Geduld mit meinen Brüdern tragen? dem nicht verzeihn, dem du vergiebst, und den nicht lieben, den du liebst?

13. Was ich den Frommen hier gethan, dem Kleinsten auch von diesen, das sieht er, mein Erlöser, an, als hätt' ich's ihm erwiesen. Und ich, ich sollt' ein Mensch noch seyn, und Gott in Brüdern nicht erfreun?

14. Ein unbarmherziges Gericht*) wird

über den ergehen, der nicht barmherzig ist und nicht die rettet, die ihn flehen. Drum gieb mir, Gott! durch deinen Geist ein Herz, das dich durch Liebe preis't!

*) Jakobi 2, v. 13.

Christian Fürchtegott Gellert.

Am Schluß der Woche.

Tobiä 13, v. 5. Sehet, was Gott an uns gethan hat. Mit Furcht und Zittern lobet ihn in seinen Werken, und preiset den, der ewiglich herrschet.

Mel. Wer nur den lieben Gott läßt walten.

1679. So ist die Woche nun geschlossen; doch, treuer Gott! dein Herze nicht: wie sich dein Segensquell ergossen, so bin ich noch der Zuversicht, daß er sich weiter hin ergießt und unaufhörlich auf mich fließt.

2. Ich preise dich mit Hand und Munde, ich lobe dich, so hoch ich kann; ich rühme dich von Herzensgrunde für Alles, was du mir gethan, und weiß, daß dir durch Jesum Christ mein Dank ein süßer Weihrauch ist.

3. Hat mich bei meinen Wochentagen das liebe Kreuz auch mit besucht, so giebst du auch die Kraft zu tragen; zudem, es ist voll Heil und Frucht durch deine Lieb', o Herr! zu mir, und darum dank' ich dir dafür.

4. Nur Etwas bitt' ich über Alles; ach, du versagst mir solches nicht: gedenke keines Sündenfalles, weil mich mein Jesus aufgericht't, mein Jesus, der die Missethat auf ewig schon gebüßet hat.

5. Dein Schwur ist ja noch nicht gebrochen, du brichst ihn nicht in Ewigkeit; da du dem Sünder hast versprochen: daß er, wenn ihm die Sünde leid, nicht sterben, sondern gnadenvoll wie ein Gerechter leben soll.

6. Mein Glaube hält an diesem Segen und will also den Wochenschluß vergnügt und froh zurücke legen, da mich der Trost ergötzen muß: daß ich ja soll in Christo sein, und schon in Hoffnung selig seyn.

7. Doch, da mein Leben zugenommen, so bin ich auch der Ewigkeit um eine Woche näher kommen, und warte nun der letzten Zeit, da du die Stunde hast bestimmt, die mich zu dir in Himmel nimmt.

8. Und wenn ich morgen früh auf's Neue den Sonntag wieder sehen kann, so blickt die Sonne deiner Treue mich auch mit neuen Gnaden an; du theilst in deinem Wort und Haus' den allerbesten Segen aus.

9. So will ich das im Voraus preisen, was du mir künft'ge Woche giebst; du wirst es in der That erweisen, daß du mich je und immer liebst und leitest mich nach deinem Rath, bis Leid und Zeit ein Ende hat.

M. Erdmann Neumeister.

Stundenlied.

Matthäi 26, v. 41. Wachet und betet, daß ihr nicht in Anfechtung fallet. Der Geist ist willig, aber das Fleisch ist schwach.

Mel. Sollt' es gleich bisweilen scheinen.

1680. So ist nun von meinen Stunden eine wiederum verschwunden; wie ist sie wohl zugebracht? Seele, wie hast du gewacht?

2. Herr, vergieb mir mein Versäumen, laß mich doch nicht ferner träumen; laß kein Stündlein mehr dahin, da ich nicht recht wacker bin.

3. O bedenke, was vergangen, führe selbst, was angefangen, daß auch diese Stund' aufs Neu' ein' Erweckung in mir sey.

4. Laß mein Werk mir mehr gelingen, um viel besser zuzubringen, was mir noch von Stund' und Zeit deine Gnad' und Kraft verleiht.

5. Hilf, daß ich mit Herz und Munde dies' und jene Lebensstunde in dir recht viel Gutes thu'; treibe stündlich mich dazu.

6. O! würd' ich zu allen Stunden nur in deinem Dienst erfunden. Zeig' in dieser Stund' auch an, wie ich dir sie widmen kann.

7. Gieb mir Fleiß, weil ich hier walle, daß ich dir recht wohl gefalle; diese eine Sorg' und Lust sey mir stündlich nur bewußt.

8. Laß mich keine Zeit verschwenden; hilf auf's Beste sie verwenden, und auf ewig durch mein Fleh'n alle Stunden etwas sä'n.

9. O, daß dies' und alle Stunden ewig würden dort gefunden! o, würd' jeder Punkt der Zeit nur dem Himmel recht geweiht!

10. Schickt' ich doch zum Heimfahrtstage mich mit jedem Glockenschlage! schlag' und sag' ich mir auch an, daß die letzte schlagen kann?

11. Halte dies' und jede Stunde mich in deinem Gnadenbunde, und in Wachsamkeit und Treu', daß die letzt' auch selig sey.

Karl Heinrich v. Bogatzky.

Von Gottes Erhaltung und Vorsorge.

1 Mose 8, v. 22. So lange die Erde stehet, soll nicht aufhören Saamen und Ernte, Frost und Hitze, Sommer und Winter, Tag und Nacht.

Mel. Es ist das Heil uns kommen her.

1681. „So lang', als Erd' und Sonne steh'n, soll fortgeh'n Saat und Ernte!" Gott sprach es, als sein Wink die See'n der Schreckensfluth entfernte. Und fest steht, was sein Wort versprach, ihm rühmen's Ewigkeiten nach, das hallt dies Jahr ihm wieder.

2. Von oben, wo der Ew'ge thront mit heil'gem Königsstabe, wo Er, des Lichtes Vater, wohnt, kommt alle gute Gabe; nie hört der Gnadensonne Lauf, nie hört sein Born zu strömen auf. Preis seinem Vatersegen!

3. Er krönt das Jahr mit seinem Gut, er läßt die Scheuren füllen; und Feld und Berg und Garten thut nur seines Wohlthuns Willen. Die Wolke regnet, donnert, schnei't, wie ihr sein Segenswink gebeut. Wohl uns des großen Gebers!

4. Er giebt mit milder Gotteshand; und wenn die Au'n erstarben, läßt seiner Huld verwahrtes Pfand doch seine Welt nicht darben: und wenn in Leichenhüllen nun die müden Saatgefilde ruh'n, nährt er uns Kraft und Leben.

5. Er giebt, mit weisem Gottesmaaß, mehr jetzo, jetzo minder; nie aber, nein, noch nie vergaß der Vater seine Kinder. Er, der so gern uns Gutes thut, er weiß, was heilsam ist und gut. Preis seiner Vatertreue!

6. Wißt, unser großer Geber liebt, die ihm an Milde gleichen und, was er überflüssig giebt, gern armen Brüdern reichen. Als Darlehn, das ihm wuchern soll, füllt er des Vorraths Räume voll. Preis Ihm, dem Gott der Liebe!

7. Ja, bringt ihm Preis im Heiligthum an seinen Dankaltären! laßt Haus und Tisch den edlen Ruhm der Gottesgüte mehren! Ihm bleib' in reiner Dankbarkeit Geist, Seel' und Leib zum Ruhm geweiht, und jeder Tag des Lebens! Karl Bernhard Garve.

Die Kirche Christi.

Matthäi 16, v. 16. 18. Du bist Christus, des lebendigen Gottes Sohn. — Auf diesen Felsen will ich bauen meine Gemeine, und die Pforten der Hölle sollen sie nicht überwältigen.

Mel. Ein' feste Burg ist unser Gott.

1682. So lange Christus, Christus ist, wird seine Kirche dauern. Nicht Menschenwitz, noch Macht und List zerstören ihre Mauern. Der starke Gottes-Sohn hoch auf des Vaters Thron, der bleibt ihr Schutz und Hort; vor seinem Geist und Wort flieh'n alle Höllenmächte.

2. Preis dir, o Kirchenoberhaupt! noch währet deine Gnade. So lang' an dich die Kirche glaubt, verderbet sie kein Schade. Dank dir, Herr Jesu Christ! daß du noch bei ihr bist, dein Licht und Recht ihr gönnst, sie noch zu segnen brennst. Wohl uns des Segensfürsten!

3. Mit deinem Wort, mit deinem Blut, das unauflöslich bindet, hast du ihr Haus, trotz Sturm und Fluth, auf Felsengrund gegründet. Die Kirche wähltest du zum Sitze deiner Ruh': du schmücktest sie mit Heil, gabst ihr zum Erb' und Theil die reichen Himmelsgüter.

4. O sey und bleib' ihr Schutz und Hort zur Weltversuchungsstunde.*) Es schall' in ihr dein Kreuzeswort mit Kraft aus aller Munde. Erhalte dir zum Ruhm auch unser Heiligthum! sein Leuchter wanke nicht, rein brenne dir sein Licht, bis Erd' und Himmel sinken.

*) Offenb. Joh. 3, v. 10.

Karl Bernhard Garve.

Freudige Zuversicht.

Psalm 119, v. 93. 94. Ich will deine Befehle nimmermehr vergessen; denn du erquickest mich damit. Ich bin dein, hilf mir.

Mel. Christus, der ist mein Leben.

1683. So lang' ich hier noch walle, soll dies mein Seufzer seyn: ich sprech' bei jedem Falle: Herr! hilf mir, ich bin dein.

2. Wenn ich am Morgen wache und schlafe Abends ein, befehl' ich Gott die Sache: Herr! hilf mir, ich bin dein.

3. Geh' ich an die Geschäfte, bitt' ich, daß sie gedeih'n, ihn um Verstand und Kräfte: Herr! hilf mir, ich bin dein.

4. Will sich mein Fleisch vergehen, betrogen von dem Schein, so halt' ich an mit Flehen: Herr! hilf mir, ich bin dein.

5. Wenn mich die Sünden kränken, so kann ich noch allein an den Versöhner denken: Herr! hilf mir, ich bin dein.

6. Fühl' ich mich schwach im Beten, und ist mein Glaube klein, soll mich sein Geist vertreten: Herr! hilf mir, ich bin dein.

7. Wenn ich in Leidenstagen bei seiner Ruthe wein', so will ich kindlich sagen: Herr! hilf mir, ich bin dein.

8. Will Satan mich berauben, und macht die Welt mir Pein, ruf' ich getrost im Glauben: Herr! hilf mir, ich bin dein.

9. Macht auch mein Herz mir Grauen: der Herr sey nicht mehr mein, so seufz' ich voll Vertrauen: Herr! hilf mir, ich bin dein.

10. In meinen letzten Stunden schätz' ich mich heil und rein durch meines Heilands Wunden: er hilft mir, ich bin sein.

M. Philipp Friedrich Hiller.

Von der Herrlichkeit der Kirche Christi.

4 Mose 14, v. 21. So wahr, als ich lebe, so soll alle Welt der Herrlichkeit des Herrn voll werden.

Mel. Herr Jesu Christ, mein's Lebens Licht.

1684. So lange Jesus bleibt der Herr, wird's alle Tage herrlicher; so war's, so ist's, so wird es seyn bei seiner Blut- und Kreuzgemein'.

2. Es bleibt bei dem bekannten Wort, von Zeit zu Zeit, von Ort zu Ort: Christi Blut und Gerechtigkeit bleibt seiner Kirche Herrlichkeit!

3. Wir sagen Ja mit Herz und Mund; o Lamm! dein Blut ist unser Grund, der fest und unbeweglich steht, wenn Erd' und Himmel untergeht.

4. Du bist und bleibest unser Herr, der Leitstern deiner Wanderer, der Kirche theures Oberhaupt, woran ein jedes Herze glaubt.

5. Dein Geist, der Geist der Herrlichkeit, mit dem der Vater dich geweiht, der ruht nun auch auf der Gemein' und lehrt uns deine Zeugen seyn.

6. Denkt man daran, so weiß man nicht, wie einem recht dabei geschicht, steht nur so da und sieht dir zu, und denkt: Gekreuzigter, nur du!

7. Mach' deine Boten herrlicher, Lamm! dir und deinem Volk zur Ehr', und gieb mit uns an deinem Heil der ganzen Welt aus Gnaden Theil!

Nikolaus Ludwig v. Zinzendorf.

Vom Worte Gottes.

2 Petri 1, v. 20. 21. Das sollt ihr für das Erste wissen, daß keine Weissagung in der Schrift geschiehet aus eigener Auslegung. Denn es ist noch nie eine Weissagung aus menschlichem Willen hervorgebracht, sondern die heiligen Menschen Gottes haben geredet, getrieben von dem heiligen Geist.

Mel. O Gott, du frommer Gott!

1685. Soll dein verderbtes Herz zur Heiligung genesen, Christ! so versäume nicht, das Wort des Herrn zu lesen; bedenke, daß dies Wort das Heil der ganzen Welt, den Rath der Seligkeit, den Geist aus Gott enthält.

2. Merk' auf, als ob dir Gott, dein Gott gerufen hätte; merk' auf, als ob er selbst zu dir vom Himmel red'te! So lies; mit Ehrfurcht lies, mit Lust und mit Vertrau'n, und mit dem frommen Ernst, in Gott dich zu erbau'n.

3. Sprich fromm: o Gott! vor dem ich meine Hände falte, gieb, daß ich dein Gebot für **dein** Wort ewig halte, und laß mich deinen Rath empfindungsvoll versteh'n, die Wunder am Gesetz, am Wort vom Kreuze seh'n!

4. Er, aller Wahrheit Gott, kann dich nicht irren lassen. Lies, Christ! sein heil'ges Buch, lies oft; du wirst es fassen, so viel dein Heil verlangt. Gott ist's, der Weisheit giebt, wenn man sie redlich sucht und aus Gewissen liebt.

5. Lies, frei von Leidenschaft und ledig von Geschäften, und sammle deinen Geist mit allen seinen Kräften. Der beste Theil des Tag's, des Morgens Heiterkeit, und dann der Tag des Herrn, der sey der Schrift geweiht.

6. Rührt dich ein starker Spruch, so ruf' ihn, dir zum Glücke, des Tag's oft in dein Herz im Stillen oft zurücke; empfinde seinen Geist, und stärke dich durch ihn zum wahren Edelmuth, das Gute zu vollzieh'n.

7. Um tugendhaft zu seyn, dazu sind wir auf Erden. Thu', was die Schrift gebeut, dann wirst du inne werden, die Lehre sey von Gott, die dir verkündigt ist, und dann das Wort versteh'n, dem du gehorsam bist.

8. Spricht sie geheimnißvoll, so laß dich dies nicht schrecken. Ein endlicher Verstand kann Gott nie ganz entdecken; Gott bleibt unendlich hoch. Wenn er sich dir erklärt, so glaube, was er spricht, nicht was dein Witz begehrt.

9. Sich seines schwachen Lichts bei Gottes Licht nicht schämen, ist Ruhm; und die Vernunft alsdann gefangen nehmen, wenn Gott sich offenbart, ist der Geschöpfe Pflicht; und weise Demuth ist's, das glauben, was Gott spricht.

10. Drum laß dich, frommer Christ! durch keine Zweifel kränken. Hier bist du, Kind! doch dort wird Gott mehr Licht dir schenken. Dort wächst mit deinem Glück dein Licht in Ewigkeit: dort ist die Zeit des Schau'ns, und hier des Glaubens Zeit.

11. Verehre stets die Schrift; und siehst du Dunkelheiten, so laß dich deinen Freund, der mehr als du sieht, leiten. Ein forschender Verstand, der sich der Schrift geweiht, ein angefochtnes Herz hebt manche Dunkelheit.

12. Halt' fest an Gottes Wort; es ist dein Glück auf Erden, und wird, so wahr Gott ist, dein Glück im Himmel werden. Verachte christlich groß des Bibelfeindes Spott; die Lehre, die er schmäht, bleibt doch das Wort aus Gott.

Christian Fürchtegott Gellert.

In Kreuz und Anfechtung.

Jesaia 54, v. 8. Ich habe mein Angesicht im Augenblick des Zorns ein wenig von dir verborgen; aber mit ewiger Gnade will ich mich deiner erbarmen, spricht der Herr, dein Erlöser.

Mel. Lobe den Herren, den mächtigen König 2c.

1686. Soll ich denn, Jesu, mein Leben in Trauren beschließen? soll ich denn stündlich die Wangen mit Thränen begießen? Willst du denn nicht, Jesu, mein Leben und Licht! lassen mich Freude genießen?

2. Ich will, was zeitlich ist, gerne und willig verlassen, wandeln mit Jesu, dem Heiland, die himmlischen Straßen; ewige Ruh' fühlet mein Herze ja nu, weil ich dich, Jesu, kann fassen.

3. Ist doch dies zeitliche, flüchtig' und nichtige Leben immer mit Krieg und Streit häufig und stündlich umgeben; hier ist kein' Ruh', Jesu! dir fliehe ich zu, schenk' mir das ewige Leben.

4. Schaue, wie Thränen und Seufzen mein Herze abnagen, wie ich muß dulden und leiden viel Schmerzen und Plagen. Laß mich in Noth, bitt' ich dich, mächtiger Gott! ja nicht ungläubig verzagen.

5. Fahr' hin, du falsche Welt! fahr' hin, du zeitliches Leben, nunmehro werd' ich bei Jesu dort ewiglich schweben. Freue dich nu, meine Seel'! weil du hast Ruh', dazu das ewige Leben.

Beim Verzuge göttlicher Hülfe.

Ebräer 10, v. 37. 38. Denn noch über eine kleine Weile, so wird kommen, der da kommen soll, und nicht verziehen. Der Gerechte aber wird des Glaubens leben. Wer aber weichen wird, an dem wird meine Seele keinen Gefallen haben.

In eigener Melodie.

1687. Sollt' es gleich bisweilen scheinen, als verließe Gott die Seinen, o, so glaub' und weiß ich dies, Gott hilft endlich noch gewiß.

2. Hülfe, die er aufgeschoben, hat er drum nicht aufgehoben; hilft er nicht zu jeder Frist, hilft er doch, wenn's nöthig ist.

3. Gleich wie Väter nicht bald geben, wonach ihre Kinder streben, so hält Gott auch Maaß und Ziel; er giebt wem und wann er will.

4. Seiner kann ich mich getrösten, wenn die Noth am allergrößten; er ist gegen mich, sein Kind, mehr als väterlich gesinnt.

5. Trotz dem Teufel! Trotz dem Drachen! ich kann ihre Macht verlachen; Trotz dem schweren Kreuzes-Joch! Gott, mein Vater, lebet noch.

6. Trotz des bittern Todes Zähnen! Trotz der Welt und allen Denen, die mir sind ohn' Ursach' feind! Gott im Himmel ist mein Freund.

7. Laß die Welt nur immer neiden; will sie mich nicht länger leiden; ei so frag' ich nichts danach: Gott ist Richter meiner Sach'.

8. Will sie gleich mich von sich treiben, muß mir doch der Himmel bleiben; wenn ich nur den Himmel krieg', hab' ich Alles zur Genüg'.

9. Welt, ich will dich gerne lassen, was du liebest, will ich hassen; deine Güter bringen Noth: lasse mir nur meinen Gott!

10. Ach, Herr! wenn ich dich nur habe, sag' ich allem Andern abe, legt man mich gleich in das Grab, g'nug, Herr! wenn ich dich nur hab'.

Christoph Titius.

Der treue Zeuge Jesu.

2 Timoth. 4, v 2. Predige das Wort, halte an, es sey zu rechter Zeit oder zur Unzeit; strafe, drohe, ermahne mit aller Geduld und Lehre.

Mel. Zeuch meinen Geist, triff meine Sinnen.

1688. Sollt' ich, aus Furcht vor Menschenkindern, des Geistes Trieb in mir verhindern und nicht, bei so viel Heuchelschein, ein treuer Zeuge Gottes seyn?

2. Sollt' ich des Höchsten Wort verschweigen und nicht dem Hause Jakob*) zeigen, wie schändlich sich's vor Gott verstellt, darum, weil's Menschen nicht gefällt?

*) der Kirche.

3. Sollt' ich den falschen Christen heucheln und der gottlosen Rotte schmeicheln um eine Hand voll zeitlich Korn, um zu entgeh'n der Menschen Zorn?

4. Sollt' ich die Bösen selig preisen, die weder Licht noch Glauben weisen, um derer Gunst und Liebeswind, die doch nur Feinde Gottes sind?

5. Sollt' ich die Gottes Kinder nennen, die weder Gott noch Christum kennen, die bei der Wahrheit hellem Schein so arg als blinde Heiden seyn?

6. Wer sind sie denn, die mich verlassen und mich als ein Feg'opfer hassen? Wer sind sie, die so zorniglich ihr Herz verbittern gegen mich?

7. Es sind nur Menschen, die mit Sünden und losen Stricken sich verbinden, ein Nichts, ein Gras, ein schnödes Heu, ein Dampf und leicht geschätzte Spreu.

8. So hoch sie sind in ihren Sinnen, so werden sie doch endlich innen, daß all ihr Thun zur Hölle fährt und nur auf kurze Zeit hier währt.

9. Wer bin ich denn, den sie verschmähen? ist's denn auf mich nur angesehen? ist's Gott nicht, der mich reden heißt, und treibt mich nicht sein werther Geist?

10. Weß ist das Amt, das ich hier trage? wer fordert's, daß ich's ihnen sage? Ist's nicht des großen Gottes Mund, der thut durch mich sich ihnen kund?

11. Ei, sollt' mein Gott mich nicht auch schützen, wenn sie mit Wüthen auf mich blitzen? sollt' dessen Huld in aller Pein mir nicht ein süßes Labsal seyn?

12. Du kennst mich ja, du Menschenhüter! daß mir's nicht um die schnöden Güter zu thun, noch um die Gunst der Welt, die Manchen so gefangen hält.

13. Die Liebe Christi, die mich dringet, die ist's, die mich im Geiste zwinget, mit Rufen, Locken, Bitten, Flehn, der Menschen Seelen nachzugehn.

14. Darüber will ich gerne leiden, kein Kreuz noch Spott der Bösen meiden; sey du mir nur bei Hohn und Spott nicht schrecklich*), du getreuer Gott!

*) Jeremia 17, v. 17.

15. Hier ist mein Blut, mein armes Leben! soll ich's bei deinem Wort hingeben; ja, Herr, dein Will' gescheh' an mir! bring' nur dadurch viel Gut's herfür.

16. Ich weiß, dein Wort wird endlich siegen, das finstre Reich muß unten liegen, den Sieg wird man in kurzem seh'n, sollt's auch durch Märt'rerblut gescheh'n.

17. Ach stärke mich doch auch, mein Retter! damit durch alle Trübsals-Wetter mein Zeugniß fest und freudig sey. Es ist gewagt; Gott steh' mir bei!

Johann Joseph Winckler.

Von der erbarmenden, ewigen Liebe Gottes.

Epheser 5, v. 19. 20. Singet und spielet dem Herrn in eurem Herzen; und saget Dank allezeit für Alles Gott und dem Vater, in dem Namen unsers Herrn Jesu Christi.

In eigener Melodie.

1689. Sollt' ich meinem Gott nicht singen? sollt' ich ihm nicht dankbar seyn? denn ich seh' in allen Dingen, wie so gut Er's mit mir mein'. Ist's doch nichts als lauter Lieben, das sein treues Herze regt, das ohn' Ende hebt und trägt, die in seinem Dienst sich üben. Alles Ding währt seine Zeit, Gottes Lieb' in Ewigkeit.

2. Wie ein Adler sein Gefieder über seine Jungen streckt, also hat auch hin und wieder mich des Höchsten Arm bedeckt, alsobald im Mutterleibe, da er mir mein Wesen gab und das Leben, das ich hab' und noch diese Stunde treibe. Alles Ding währt seine Zeit, Gottes Lieb' in Ewigkeit.

3. Sein Sohn ist ihm nicht zu theuer; nein, er giebt ihn für mich hin, daß er mich vom ew'gen Feuer durch sein theures Blut gewinn'. O du unergründ'ter Brunnen! wie will doch mein schwacher Geist, ob er sich gleich hoch befleißt, deine Tief' ergründen können? Alles Ding währt seine Zeit, Gottes Lieb' in Ewigkeit.

4. Seinen Geist, den edlen Führer, giebt er mir in seinem Wort, daß er werde mein Regierer durch die Welt zur Himmelspfort'; daß er mir mein Herz erfülle mit dem hellen Glaubenslicht, das des Todes Macht zerbricht und die Hölle*) selbst macht stille. Alles Ding währt seine Zeit, Gottes Lieb' in Ewigkeit.

*) Des Satans Anklagen und Schrecken im Gewissen.

5. Meiner Seele Wohlergehen hat er ja recht wohl bedacht; will dem Leibe Noth zustehen, nimmt er's gleichfalls wohl in Acht. Wenn mein Können, mein Vermögen, nichts vermag, nichts helfen kann, kommt mein Gott, und hebt mir an sein Vermögen beizulegen. Alles Ding währt seine Zeit, Gottes Lieb' in Ewigkeit.

6. Himmel, Meer und ihre Heere hat er mir zum Dienst bestellt; wo ich nur mein Aug' hinkehre, find' ich, was mich nährt und hält. Thiere, Kräuter und Getreide in den Gründen, in der Höh', in den Büschen, in der See, überall ist meine Weide. Alles Ding währt seine Zeit, Gottes Lieb' in Ewigkeit.

7. Wenn ich schlafe, wacht sein Sorgen und ermuntert mein Gemüth, daß ich alle liebe Morgen schaue neue Lieb' und Güt'. Wäre mein Gott nicht gewesen, hätte mich sein Angesicht nicht geleitet, wär' ich nicht aus so mancher Angst genesen. Alles Ding währt seine Zeit, Gottes Lieb' in Ewigkeit.

8. Wie so manche schwere Plage wird vom Satan hergeführt, die mich doch mein Lebetage niemals noch bisher berührt! Gottes Engel, den er sendet, hat das Böse, das der Feind anzurichten war gemeint, in die Ferne weg gewendet. Alles Ding währt seine Zeit, Gottes Lieb' in Ewigkeit.

9. Wie ein Vater seinem Kinde sein Herz niemals ganz entzeucht, ob es gleich bisweilen Sünde thut und aus der Bahne weicht: also hält auch mein Verbrechen mir mein frommer Gott zu gut, will mein Fehlen mit der Ruth' und nicht mit dem Schwerte rächen. Alles Ding währt seine Zeit, Gottes Lieb' in Ewigkeit.

10. Seine Strafen, seine Schläge, ob sie gleich mir bitter seynd, dennoch, wenn ich's recht erwäge, sind es Zeichen, daß mein Freund, der mich liebet, mein gedenke und mich von der schnöden Welt, die mich hart gefangen hält, durch das Kreuze zu sich lenke. Alles Ding währt seine Zeit, Gottes Lieb' in Ewigkeit.

11. Das weiß ich fürwahr und lasse mir's nicht aus dem Sinne gehn, Christenkreuz hat seine Maaße und muß endlich stille stehn. Wenn der Winter ausgeschneiet, tritt der schöne Sommer ein: also wird auch nach der Pein, wer's erwarten kann, erfreuet. Alles Ding währt seine Zeit, Gottes Lieb' in Ewigkeit.

12. Weil denn weder Ziel noch Ende sich in Gottes Liebe find't; ei! so heb' ich meine Hände zu dir, Vater! als dein Kind, bitte: wollst mir Gnade geben, dich aus aller meiner Macht zu umfangen Tag und Nacht, hier in meinem ganzen Leben; bis ich dich, nach dieser Zeit, lieb' und lob' in Ewigkeit! Paul Gerhardt.

Vom Vertrauen auf Gott.

Psalm 71, v. 1. Herr, ich traue auf dich; laß mich nimmermehr zu Schanden werden.

Mel. Ach! was soll ich Sünder machen?

1690. Sollt' ich meinem Gott nicht trauen, der mich liebt so väterlich, der so herzlich sorgt für mich? sollt' ich auf den Fels nicht bauen, der mir ewig bleibet fest, der die Seinen nicht verläßt?

2. Er weiß Alles, was mich drücket, mein Anliegen, meine Noth, er steht mir bei bis zum Tod; er weiß, was mein Herz erquicket, seine Lieb' und Vatertreu' bleibt mir jetzt und ewig neu.

3. Der die Vögel all' ernähret, der die Blumen, Laub und Gras kleidet schön ohn' Unterlaß, der uns alles Gut's bescheret, sollte der verlassen mich? nein, ich trau' ihm sicherlich.

4. Wenn nach seinem Reich ich trachte, wenn durch sein' Gerechtigkeit ich find' meine Seligkeit, wenn ich Geld und Gut verachte, segnet mein Gott früh' und spat Wort und Werke, Rath und That.

5. Ei, so bleib' der andre Morgen; das, was noch zukünftig ist, irrt mich nicht: ich bin ein Christ, ich lass' meinen Gott versorgen Alles, weil doch aller Zeit ihre Sorg' ist schon bereit't.

6. Gott sey Lob, der mich erfreuet, daß ich glaube festiglich: Gott, mein Vater, sorgt für mich. Gott Lob! der den Trost erneuet, daß ich weiß, Gott liebet mich; Gott versorgt mich ewiglich. D. Joh. Olearius.

Göttliche Antwort auf das Lied: Ich bin ja, Herr! in deiner Macht rc.

Psalm 31, v. 5. 6. Du bist meine Stärke. In deine Hände befehle ich meinen Geist; du hast mich erlöset, Herr, du treuer Gott.

Mel. Ich bin ja, Herr! in deiner Macht.

1691. So recht, mein Kind, ergieb dich mir; das Leben gab ich anfangs dir, bis hierher hab' ich's auch erhalten. Ich bin's, der dir den Odem giebt, und wenn es mir einmal beliebt, wird auch dein siecher Leib erkalten, doch wann du sollst seyn ausgespannt, das steht allein in meiner Hand.

2. Ja ich bin's, der dich retten kann, ich nehm' die letzten Seufzer an, so die gepreßte Brust läßt fliegen; wenn aller Sinne Kraft gebricht, so fehlt doch meine Hülfe nicht. Ich, ich, Jehovah, kann nicht lügen, ich komme meinen Worten nach all'zeit und auch beim letzten Ach!

3. Getrost mein Kind, und leide dich, setz' deine Hoffnung ganz auf mich, das Alles kann uns doch nicht trennen. Nimmt schon die Kraft von außen ab, und siehst du nichts als Tod und Grab, dein Geist wird doch nicht sterben können. Was ficht dich

Sünd' und Satan an? Ich bin's der dich erretten kann.

4. Hörst du gleich der Posaunen Ton, und siehst du den Gerichtstag schon, getrost, laß dich's doch nicht erschrecken; hier wird mein Leiden und Geduld, dort meines Vaters Gnad' und Huld dich mit dem Schild der Gnade decken. Ich hab' der Hölle Macht geschwächt, im Himmel ist dein Bürgerrecht.

5. Ja, ja, ich Gott, des Todes Tod, ich helfe dir aus dieser Noth, wo alle Hülfe sonst verschwunden; denn freilich hilft kein Geld noch Gut, ja durch vergoss'nes Bruderblut wird keine Rettung je gefunden. Doch, wer mich ruft im Glauben an, da hat die Höll' kein' Macht daran.

6. Recht so, an dem, der mir vertraut und nur auf mich im Glauben schaut, kann Satan auch kein Antheil suchen. Ich bin's, der Missethat vergiebt dem, welcher mich von Herzen liebt und alle Sünden will verfluchen. Ich löse des Gesetzes Bann und nehme mich der Meinen an.

7. Getrost, mein Kind! mein theures Blut kommt freilich dir auch mit zu gut, wenn du nur meiner recht begehrest; ach! fürcht' dich vor dem Satan nicht, ihn drükket selbst das Zorngericht, darunter du nicht mehr gehörest; er bleibt von mir verflucht, verbannt; dich schützet meine Gnadenhand.

8. Wohlan, suchst du in mir dein Heil, so sollst du, als mein wahres Theil, in meinem Schooße ruhig sitzen; hier lache aller Angst und Noth, es mag Gesetz, Höll' oder Tod auf dich herdonnern oder blitzen: verbleibst du nur im Leben mein, im Tod wirst du kein's Fremden seyn.

Ernst Gottfried Spener.

Von der Buße.

Hesekiel 33, v. 11. So wahr, als ich lebe, spricht der Herr Herr, ich habe keinen Gefallen am Tode des Gottlosen, sondern daß sich der Gottlose bekehre von seinem Wesen und lebe. So bekehret euch doch nun von eurem bösen Wesen.

Mel. Vater unser im Himmelreich.

1692. So wahr ich lebe, spricht dein Gott, mir ist nicht lieb des Sünders Tod, vielmehr ist dies mein Wunsch und Will', daß er von Sünden halte still, von seiner Bosheit kehre sich und lebe mit mir ewiglich.

2. Dies Wort bedenk', o Menschenkind, verzweifle nicht in deiner Sünd'! Hier findest du Trost, Heil und Gnad', die Gott dir zugesaget hat, und zwar durch einen theuren Eid. O selig! dem die Sünd' ist leid.

3. Doch hüte dich vor Sicherheit, denk' nicht: „es ist noch lange Zeit, ich will erst fröhlich seyn auf Erd', und wenn ich lebensmüde werd', alsdann will ich bekehren mich, Gott wird wohl mein erbarmen sich."

4. Wahr ist's, Gott ist zwar stets bereit dem Sünder mit Barmherzigkeit; doch wer auf Gnade sündigt hin, fährt fort in seinem bösen Sinn und seiner Seele selbst nicht schont, der wird mit Ungnad' abgelohnt.

5. Gnad' hat dir zugesaget Gott von wegen Christi Blut und Tod; doch sagen hat er nicht gewollt, ob du bis morgen leben sollt: daß du mußt sterben, ist dir kund, verborgen ist die Todesstund'.

6. Heut' lebst du, heut' bekehre dich, eh' morgen kommt, kann's ändern sich. Wer heut' ist frisch, gesund und roth, ist morgen krank, ja wohl gar todt. So du nun stirbest ohne Buß', dein Leib und Seel' dort brennen muß.

7. Hilf, o Herr Jesu! hilf du mir, daß ich jetzt komme bald zu dir und Buße thu' den Augenblick, eh' mich der schnelle Tod hinrück'; auf daß ich heut' und jederzeit zu meiner Heimfahrt sey bereit.

Johann Heermann.

Von der Hoffnung des ewigen Lebens.

Tobiä 2, v. 17. 18. Wir warten auf ein Leben, welches Gott geben wird denen, so im Glauben stark und fest bleiben vor ihm.

Mel. Nun laßt uns den Leib begraben.

1693. So weiß ich nun, Gott Lob! wohin? wenn ich nicht mehr im Leibe bin; mein Heiland nahm den Himmel ein, da soll auch meine Seele seyn.

2. Du machst ja doch, verherrlicht Haupt! die Seele selig, die da glaubt. Du wardst ein Mensch, gleichwie wir sind, und durch dich bin ich Gottes Kind.

3. Du warst im Tod dem Tod ein Gift*), und hast ein Testament gestift't, worin du mich auch wohl bedacht und mir ein ewig Erb' vermacht.

*) Hos. 13, v. 14.

4. Dein Wiederleben gilt auch mir; ich bin auch auferweckt sammt dir; aus Gnaden bin ich auch zuletzt in's Himmlische sammt dir versetzt.

5. So hab' ich denn, zum ganzen Heil, an deiner Himmelfahrt auch Theil; und da der

der Weg nun offen ist, so komm' ich dahin, wo du bist.

6. Ach, zieh' nur meinen ganzen Sinn im Glauben unverrückt dahin, daß ich bis an mein Lebensziel stets deinen Zug zum Himmel fühl'.

7. Hört endlich mein so kurzer Lauf und Müh' und Zeit und Glauben auf: laß mich im Frieden schlafen geh'n, mit meinem Leib einst aufzusteh'n.

8. Wenn die gesammte Himmelfahrt der Deinen einst sich offenbart, so führ' mich mit zur Herrlichkeit, bei dir zu bleiben alle-zeit.

M. Philipp Friedrich Hiller.

Tischlied.

Tobiä 9, v. 12 Als sie Alle Amen gesprochen hatten, setzten sie sich zu Tische; aber das Mahl und die Freude hielten sie in Gottesfurcht.

Mel. Schmücke dich, o liebe Seele.

1694. Speis' uns, o Gott! deine Kinder, tröste die betrübten Sünder, sprich den Segen zu den Gaben, die wir jetzund vor uns haben, daß sie uns zu diesem Leben Stärke, Kraft und Nahrung geben, bis wir endlich mit den Frommen zu der Himmels-Mahlzeit kommen.

Johann Heermann.

Der Versöhnungstod Jesu Christi.

1 Corinther 15, v. 3. Christus ist gestorben für unsere Sünde, nach der Schrift.

Mel. Es ist das Heil uns kommen her.

1695. Sprecht immer, Feinde Jesu! sprecht, daß Christi Tod auf Erden nicht als Versöhnungstod mit Recht kann angesehen werden. Wir glauben Gottes Worte mehr, darinnen steht die große Lehr': Er starb für unsre Sünde!

2. Nicht bloß, wie ein Apostel starb, starb Er für seine Lehre. Er starb, daß Er uns Heil erwarb, und die Versöhnung wäre. Er litt für unsre Missethat, und ist nach Gottes ew'gem Rath für uns getödtet worden.

3. Ihm ward die große Sündenschuld der Menschen übertragen, er litt dafür, litt mit Geduld in seinen Schmerzenstagen; er war das Lamm, das für die Welt sich opferte, und hergestellt verlornes Heil für Sünder.

4. Drum heißt's: wir sind versöhnt mit Gott, nicht durch sein heil'ges Leben; nein, dadurch, daß er in den Tod für uns sich dargegeben. Wer dies nun glaubt, daß Jesus Christ Gott und der Welt Versöhner ist, der hat den wahren Glauben.

5. Den Glauben, Herr! wollst du in mir bis an den Tod erhalten; in diesem Glauben laß mich hier dir leben, dir erkalten. Bekennt, Erlös'te! mit mir frei, daß Jesu Tod Versöhnung sey und daß er selig mache.

6. Nun, diesen Trost der Seligkeit soll mir kein Spötter rauben; ich will all' meine Lebenszeit an die Versöhnung glauben. Beglückt durch sie, soll sie allein im Tode meine Freude seyn, mein Trost zum ew'gen Leben.

Christian Gottlieb Frohberger.

Sehnsucht nach der immerwährenden Nähe des Herrn.

1 Joh. 2, v. 2. Christus ist die Versöhnung für unsere Sünde, nicht allein aber für die unsere, sondern auch für der ganzen Welt.

Mel. Komm, o komm, du Geist des Lebens.

1696. Ständen, Jesu! deine Wunden mir doch offen jederzeit, dächt' ich doch zu allen Stunden an dein unaussprechlich Leid, fragt' ich mich doch stets: für wen alles dieses ist geschehn!

2. O dann würd' ich voller Buße meinen Undank dir gesteh'n, immer liegen dir zu Fuße, immer dich um Gnade fleh'n, und dein süßes Wort allein würde dann mein Labsal seyn.

3. O dann blickt' ich, voller Frieden, still und selig himmelwärts; von der Sünde ganz geschieden, hätt' ich nur für dich ein Herz, und die schnöde Lust der Welt wäre völlig mir vergällt.

4. Ach, Herr Jesu! hab' Erbarmen, heil'ge, läut're mein Gemüth; halte mich in deinen Armen, bis das Erdendunkel flieht; und, nach wohl vollbrachtem Lauf, nimm zu dir mich ewig auf! G. F. L. Knak.

Gebet um Stärkung des Glaubens.

2 Chronica 16, v. 9. Des Herrn Augen schauen alle Lande, daß er stärke die, so von ganzem Herzen an ihm sind.

Mel. Alle Menschen müssen sterben.

1697. Stärke (denn oft will er wanken) meinen Glauben, Gott! an dich. O wie wird mein Herz dir danken, wie frohlocken, höre mich! Laß mich nicht an dir verzagen, immer kühn're Bitten wagen! sinkt mein Glaube, gieße du Oel dem schwachen Lichte zu!

2. Wollen Zweifel sich erheben, blendet mich des Irrthums Schein; o so laß mein Herz nicht beben, den Verstand nicht dun-

kel seyn! zeige du dein Licht mir wieder! ströme Gaben auf mich nieder! deiner Wahrheit reiner Glanz, der entwölke sie mir ganz.

3. Nur auf dein Wort, nicht auf Lehren schwacher Menschen, laß mich seh'n! Deine Stimme laß mich hören, deine Stimme recht versteh'n! Mehr als Zeugniß aller Welten laß mir, Gott! dein Zeugniß gelten. Richte meinen ganzen Sinn nur auf deine Wahrheit hin.

4. Aechten Glauben schenk' vor allen andern Gnaden, Vater! mir. Wem er fehlt, muß dir mißfallen; wer ihn hat, ist Eins mit dir. Er belebe meine Triebe, sey der Stab, die Hand der Liebe; er besiege, wie ein Held, Tod und Satan, Fleisch und Welt.

5. Glauben, wie wenn ich dich sähe, flöße mir, mein Heiland! ein, im Gefühl von deiner Nähe laß mein Herz sich täglich freu'n; Jesu! willst du dich nicht zeigen? hörst du mich? wie kannst du schweigen? Gieb mir Glauben! nahe dich meinem Geist und stärke mich.

6. Unaussprechlich schwach und flüchtig ist mein tief verderb'nes Herz; heut' ist mir die Tugend wichtig, morgen mir die Sünd' ein Scherz. Ach! wär' nur mein Glauben fester! stärk' ihn, mehr' ihn, Allerbester! Jesu! eile; stärke du! ach, sonst find' ich keine Ruh'.

Johann Kaspar Lavater.

Bitte um die göttliche Waffenrüstung.

Epheser 6, v. 14. So stehet nun, umgürtet eure Lenden mit Wahrheit, und angezogen mit dem Krebs der Gerechtigkeit.

In eigener Melodie.

1698. Starker Herzog meiner Seligkeit! rüste du mich selber aus zum Streit, daß ich, wie ein tapfrer Kriegesheld, wacker kämpfe mit der argen Welt, nimmermehr von meinem Posten gehe und dem Tode kühn ins Auge sehe.

2. Reich' mir, Herr! des Glaubens starken Schild, der mein Herz mit freud'gem Muth erfüllt; setze mir den Helm des Heils auf's Haupt, der mich aller schnöden Furcht beraubt, gieb des Geistes Schwert mir in die Hände, daß ich siegend jeden Kampf vollende.

3. Ja, verleih' mir Kraft, du höchstes Gut! daß ich kreuzige mein Fleisch und Blut; nimm dich meiner Seele gnädig an, daß der Satan mir nicht schaden kann, daß ich allen Höllentrug der Sünde, Herr! durch deine Waffen überwinde.

4. Steh' mir bei, mein König und mein Gott! daß ich dich bekenne bis zum Tod und, trotz Hohn und Schmach und jeder Pein, dein getreuer Diener möge seyn, bis du mich dereinst, aus allem Leide, zu dir aufnimmst in die ew'ge Freude!

Gustav Friedr. Ludwig Knak.

Der ernste Ruf Jesu an den Sünder.

Hosea 13, v. 9. Israel, du bringst dich in Unglück; denn dein Heil stehet allein bei Mir.

Mel. Der lieben Sonne Licht und Pracht.

1699. Steh', armer Mensch! besinne dich, du eilst in dein Verderben! das Herz bricht mir, du jammerst mich; ach! willst du ewig sterben? lebst du nicht ganz durch mich? wer nährt und schützet dich? wer sorgt für deiner Seele Glück? und doch weichst du von mir zurück!

2. Du fliehst von dem, der nach dir ruft aus lieb'entflammtem Herzen; du eilst, wohin? zur Höllenkluft! ach! sollte mich's nicht schmerzen? Ich nahm dich auf in Bund und machte dich gesund durchs Blut und Wasser in der Tauf'; du selbst tritt'st ab, giebst Alles auf.

3. O Jammer! ach! ich seh' mein Kind zum Pfuhl des Abgrunds rennen! ich wehr', ich ruf'; es ist so blind und will mich nicht erkennen. O, armer Mensch, steh' still! denk', wer dich retten will! Ich bin's, der dich so zärtlich liebt; ich bin's, den deine Noth betrübt. —

4. So wahr ich Gott und ewig bin, ich will nicht dein Verderben! o komm nur mit gebeugtem Sinn, du sollst das Leben erben! Das Lamm hat dich befrei't, darum bin ich bereit, durch deines Jesu Todespein dir alle Sünden zu verzeih'n.

5. Dahin geht meiner Knechte Rath: sie woll'n dich von den Ketten, womit dich Satan bunden hat, durch wahre Buße retten. Mein Geist kommt selbst zu dir, bringt Reu' und Leid herfür; er schenkt dir auch des Glaubens Licht, drum halte still und fliehe nicht.

6. Sieh', armer Mensch! so treu bin ich! wer kann dich reiner lieben? so komm denn bald und bess're dich, wie kannst du es verschieben? Flieh', flieh' die falsche Welt, die dich gefesselt hält! flieh', Armer, geh'

von Sodom aus und komm in deines Vaters Haus.

7. O könnte so die Erdenlust, wie ich, dein Herz vergnügen, ich gönnte dir, an ihrer Brust in Ewigkeit zu liegen. Ich bin Gott ohne dich, nur du, du jammerst mich; denn, was für jetzt dein Herz erfreut, verläßt dich in der Ewigkeit. —

8. O glaube nicht, es sey ein Joch in meinem Schooß zu liegen, komm immer her, versuch' es doch, ich will dein Herz vergnügen. Wie sanfte wirst du ruh'n, wie wohl will ich dir thun; wenn du der Sünde Abschied giebst und mich allein durch Christum liebst! —

9. Wie groß ist doch die Seligkeit, so die Gerechten schmecken! sie kann kein Tod, kein Schmerz, noch Leid, kein Feind, kein Teufel schrecken; ich bin ihr Schutz und Heil, ich bin ihr Lohn und Theil! Erfahr', es; komm, bekehre dich: dies Alles, Alles wart't auf dich!

Johann Simon Buchka.

Von der Nachfolge Jesu.

2 Timotheum 3, v. 12. Alle, die gottselig leben wollen in Christo Jesu, müssen Verfolgung leiden.

Mel. Meinen Jesum lass' ich nicht.

1700. Steil und dornig ist der Pfad, der uns zur Vollendung leitet; selig ist, wer ihn betrat, und zur Ehre Jesu streitet. Selig, wer den Lauf vollbringt und nicht kraftlos niedersinkt.

2. Ueberschwänglich ist der Lohn der bis in den Tod Getreuen, die, der Lust der Welt entfloh'n, ihrem Heiland ganz sich weihen, deren Hoffnung unverrückt nach der Siegeskrone blickt.

3. Den am Kreuz wir bluten seh'n, der hat uns den Lohn errungen, und zu seines Himmels Höh'n sich vom Staub emporgeschwungen. Sieger in der Todes-Nacht, sprach er selbst: „es ist vollbracht!"

4. Zieh', o Herr! uns hin zu dir! zieh' uns nach, die Schaar der Streiter; Sturm und Nacht umfängt uns hier, droben ist es still und heiter, jenseits, hinter Grab und Tod, strahlt des Himmels Morgenroth.

5. Auf denn, Mitgenossen! geht muthig durch die kurze Wüste! seht auf Jesum, wacht und fleht, daß Gott selbst zum Kampf' uns rüste! der im Schwachen mächtig ist, giebt uns Sieg durch Jesum Christ!

Samuel Gottlieb Bürde.

Beim Verzuge göttlicher Hülfe.

Psalm 34, v. 6. Welche ihn ansehen und anlaufen, deren Angesicht wird nicht zu Schanden.

Mel. Nun danket Alle Gott.

1701. Stell' dich, Herr! wie du willst, ich fahre fort mit Schreien in meiner Angst; du wirst mit Hülfe mich erfreuen. Du hast's ja zugesagt, drum muß es auch gescheh'n; ich will noch meine Lust an deiner Hülfe seh'n.

2. Sehr langsam kommt wohl oft, Herr Jesu! deine Stunde, es scheint, als ging' nunmehr mein Hoffen ganz zu Grunde; doch ist's gewiß, sie kommt, und kommt zur rechten Zeit, ersetzt auch den Verzug mit Freud' und Seligkeit.

3. Gott Vater! dir sey Preis hier und im Himmel oben, Gott Sohn, Herr Jesu Christ! wir wollen stets dich loben; Gott heil'ger Geist! dein Ruhm erschall' je mehr und mehr. O Herr, dreiein'ger Gott! dir sey Lob, Preis und Ehr'!

Johann Heermann.

Freude und Dank beim Gefühl der Sündenvergebung.

Jeremia 33, v. 8. Ich will sie reinigen von aller Missethat, damit sie wider mich gesündiget haben, und will ihnen vergeben alle Missethat, damit sie wider mich gesündiget und übertreten haben.

Mel. Ach, daß mir doch hier im Dunkeln.

1702. Stille Freudenthränen fließen, wenn ich, Jesu! dir zu Füßen, dich als meinen Heiland ehre, fühl', daß ich dir angehöre. Ich blick' auf zu dir, und du schwörest mir: „zage nicht, denn ich vergebe deine Schuld, so wahr ich lebe! sieh', Ich bin mit dir!"

2. Solch ein Zuspruch macht zufrieden, stärkt die Herzen im Ermüden, heißt mich alle Noth vergessen: hör' ich ja die Stimme dessen, den ein Drang der Lieb' nach Moriah trieb. Nein, du kannst mich nicht verlassen, kindlich soll ich Glauben fassen; diesen Glauben gieb!

3. Oft will mir der Muth zerrinnen; öffne mir doch alle Sinnen, deine Lieb' ganz zu erkennen, recht im Durst nach ihr zu brennen; reichlich stillst du ihn; und die zu dir flieh'n, seh'n, so oft sie wiederkommen, ihre Last neu abgenommen, sinken dankvoll hin.

4. Wenn wir alle Welt durcheilen, wer kann unser Elend heilen? Ach, du weißt es sanft zu lindern, handelst schonend, wie mit

Kindern, bist unendlich treu. Einst noch ewig frei sollen wir den Himmel erben. O, wie leicht wird so das Sterben! Dann ist Alles neu! Johann Gottfried Schöner.

Das selige Stillesenn.

Sacharja 2, v. 13. Alles Fleisch sey stille vor dem Herrn; denn er hat sich aufgemacht aus seiner heiligen Stätte.

In eigener Melodie.

1703. Stille! stille! deines Jesu Rath und Wille ist der beste, gilt allein. Wer ihm nur kann stille halten und ihn läßt in Allem walten, der kann immer ruhig seyn.

2. Stille! stille! du verkehrter Eigenwille, geh' und stirb am Kreuzesstamm; du sollst mich nicht länger plagen; Er hat dich an's Kreuz geschlagen, er, das theure Gotteslamm! Friedrich August Weihe.

Pfingstlied.

1 Corinther 12, v. 7—9. In einem Jeglichen erzeigen sich die Gaben des Geistes zum gemeinen Nutzen. Einem wird gegeben durch den Geist zu reden von der Weisheit; dem Andern wird gegeben zu reden von der Erkenntniß, nach demselbigen Geiste; einem Andern der Glaube, in demselbigen Geist. 2c.

Mel. Herr! ich habe mißgehandelt.

1704. Strahl der Gottheit, Kraft der Höhe, Geist der Gnaden, wahrer Gott! höre, wie ich Armer flehe, das zu geben, was mir noth; laß den Ausfluß deiner Gaben auch mein dürres Herze laben.

2. Glaube, Weisheit, Rath und Stärke, Furcht, Erkenntniß und Verstand, das sind deiner Gottheit Werke, dadurch wirst du uns bekannt; dadurch weißt du recht zu lehren, wie wir sollen Jesum ehren.

3. Theurer Lehrer, Gottesfinger! lehr' und schreibe deinen Sinn auch in's Herz mir, deinem Jünger; setze dich auf mich auch hin, daß ich stets von deiner Fülle reichlich lern', was sey dein Wille.

4. Laß das Feuer deiner Liebe rühren meine Zung' und Mund, daß ich noch mit heiß'rem Triebe Gottes Thaten mache kund; laß es Seel' und Herz entzünden und verzehren alle Sünden.

5. Leg' hingegen meiner Seele deine heil'ge Salbung bei, daß mein Leib auch, von dem Oele, dein geweihter Tempel sey; bleib' auch bei mir, wenn ich sterbe, daß ich Christi Reich ererbe.

6. Strahl der Gottheit, Kraft der Höhe, Geist der Gnaden, wahrer Gott! höre, wie ich Armer flehe, das zu geben, was mir noth; laß den Ausfluß deiner Gaben auch mein dürres Herze laben!

Von der Gnade in Christo Jesu.

Psalm 101, v. 1. Von Gnade und Recht will ich singen, und dir, Herr, lobsagen.

Mel. Ringe recht, wenn Gottes Gnade.

1705. Süßer Heiland! deine Gnade ist viel größer, als man denkt, wenn du einer armen Made *) deinen Sinn und Art geschenkt. *) Hiob 25, v. 6.

2. Wenn man sonst nach Grunde fragte mit bekümmertem Gemüth, und uns keine Seele sagte, wer es ist, der Seelen zieht,

3. Und auf einmal wird's gespüret, daß er Jesus Christus heißt: o wie wird das Herz gerühret, o wie rege wird der Geist!

4. Einem solchen armen Kinde, das sich für verloren hält, tief sich beuget in der Sünde, wird sein Blut zum Lösegeld.

5. Gnade strömt aus Jesu Wunden, daß man Abba sagen kann, und man steht sich von der Stunden als ein Kind der Gnade an. Anna Dober geb. Schindler.

Gebet.

1 Samuelis 1, v. 15. Ich habe mein Herz vor dem Herrn ausgeschüttet.

Mel. Meine Seele, willt du ruhn.

1706. Süßer Heiland, Gotteslamm! Herr! der du am Kreuzesstamm alle meine Schuld getragen, und für mich verspei'n und schlagen, höhnen, geißeln ließest dich: liebster Herr! erhöre mich!

2. Oeffne mir mein armes Herz, daß ich seh' voll Reu' und Schmerz, wie ich dich, der so mich liebet, dennoch immerdar betrübet, ach! und deine Freundlichkeit habe mißbraucht jederzeit.

3. Hilf, daß ich mich fest an dich klammre treu und inniglich, daß ich, Herr! durch deine Wunden möge ganz und gar gesunden und, von allem Jammer frei, einst auf ewig bei dir sey! Gust. Friedr. Ludw. Knak.

Morgenlied.

Jesaia 40, v. 31. Die auf den Herrn harren, kriegen neue Kraft, daß sie auffahren mit Flügeln, wie Adler, daß sie laufen und nicht matt werden, daß sie wandeln und nicht müde werden.

Mel. Freu' dich sehr, o meine Seele.

1707. Süßer Jesu! deiner Gnaden sag' ich Dank und deiner

Güt', daß du mich vor allem Schaden diese ganze Nacht behüt't, daß der Seelenfeind durch List mein nicht mächtig worden ist, daß ich ganz gesund aufstehe und mit Lust die Sonne sehe.

2. Wär' ich, Herr! ohn' dein Erbarmen diese Nacht geschlafen ein, o wie würde dann mir Armen manches Leid geschehen seyn! Satan und die böse Welt hätten mich schon längst gefällt; aber weil du mich beschirmet, hat ihr'r keines mich bestürmet.

3. Nun so laß, o Fels in Stürmen! Jesu, meine Zuversicht! unter deiner Gnade Schirmen, drauf mein' Hoffnung ist gericht't, mich auch ferner diesen Tag, ohn' Gefahr und ohne Klag', wohl beglückt zu Ende bringen, laß mir auch mein Werk gelingen.

4. Leib und Seel' sammt allen Sinnen, die Gedanken, Werk' und Wort', mein Thun, Lassen und Beginnen sey allein dir, treuer Hort! zu regieren heimgestellt, mach's mit mir, wie dir's gefällt; denn ich mich dir ganz ergebe, ob ich sterbe oder lebe.

5. Tilge meine schwere Sünden, Jesu! durch dein theures Blut; laß mich deine Gnad' empfinden, wenn in Angst sie noth mir thut; sey mein Reichthum, Schutz und Licht, wenn mir sonsten all's gebricht; laß in deiner Wundenhöhle seyn die Ruh'stätt' meiner Seele.

6. Laß auch deine Hülf' empfinden, die in Angst und Nöthen seyn, denen aller Trost will schwinden, gieß' dich selbst ins Herz hinein; segne einen jeden Stand, sey auch gnädig unserm Land, und laß deiner Engel Schaaren uns vor allem Leid bewahren.

7. Ach, Herr Jesu! mich regiere durch den werthen heil'gen Geist, daß ich so mein Leben führe, wie mich dein Wort unterweist, daß ich meinen Lebenslauf richte nach dem Himmel auf, und, wenn ich einst werde sterben, laß mich dann den Himmel erben!

D. Johann Lassenius.

Von der Buße.

Apost. Gesch. 3, v. 19. So thut nun Buße und bekehret euch, daß eure Sünden vertilget werden.

Mel. Freu' dich sehr, o meine Seele.

1708. Süßer Trost der matten Herzen, liebster Jesu, meine Lust! du, dem meiner Seele Schmerzen besser als mir selbst bewußt: sieh', ich liege hier vor dir, trage dir mein Elend für und die Last der schweren Sünden, die bei mir sich leider! finden.

2. Von Natur ist mein Geblüte durch die Erbsünd' angesteckt, Leib und Geist, Herz und Gemüthe ist mit Sündenwust befleckt; fast bin ich verschmachtet schon: ich vergleich' mich jenem Sohn, der dem Guten abgeschworen und sein Kindesrecht verloren.

3. Ach! mein Erbtheil ist verschwendet; ach! mich hat mein Fleisch und Blut, Satan und die Welt verblendet, ach! mir ist das schönste Gut gänzlich aus der Hand gebracht; ja, ich hab' es so gemacht, daß mir Gott ohn' alles Schonen könnte mit der Hölle lohnen.

4. Aber ach! ich falle nieder, o du Vater voller Huld! ach, erbarm' dich meiner wieder, trag' mit deinem Kind' Geduld; zieh' mich doch nicht in's Gericht; denn daselbst besteh' ich nicht; ja, da kann auf tausend Fragen ich dir nicht ein Wörtchen sagen.

5. Sieh', Herr! an die tiefen Wunden, die dein liebster Sohn empfing, als er an das Kreuz gebunden zwischen Erd' und Himmel hing. Schaue doch auf seinen Tod, seine Schmerzen, seine Noth, seine Marter, Schmach und Plagen, die er mir zu gut getragen.

6. Laß doch dieses bittre Leiden meiner Sünden Lös'geld seyn; Jesu, Brunnquell aller Freuden! tröste, stärke mein Gebein, welches sehr erschrocken ist: Herr! der du betrübet bist und dich in den Tod gegeben: rette, rette mir mein Leben.

7. Nimm mich herzbetrübten Sünder, traut'ster Jesu! wieder an, o du großer Ueberwinder, der allein nur helfen kañ: reich' mir deine Gnadenhand und zerreiß' das Sündenband; wirf, mein Jesu! meine Sünde in die tiefen Meeresgründe.

8. Wirk', mein Heiland! wahre Buße und ein neues Herz in mir, ach! ich falle dir zu Fuße: gieb doch, daß ich für und für allen Sünden widersteh' und auf deinen Wegen geh'; laß mein ganzes Thun und Leben deinem Dienste seyn ergeben.

9. Bis ich nach Verlauf der Jahre, die du mir hast zugedacht, selig aus dem Eitlen fahre, und du mich dahin gebracht, da ich dich, mein Heil! mein Licht! sehen werd' von Angesicht. O, da will ich deinen Namen ewig, ewig preisen: Amen.

Friedrich v. Derschau.

Der süße Jesusname.

Matthäi 1, v. 21. Sie wird einen Sohn gebären, deß Namen sollst du Jesus heißen; denn er wird sein Volk selig machen von ihren Sünden.

Mel. Meinen Jesum lass' ich nicht.

1709. Süßer Trost, Herr Jesu Christ! gieb mir Gnade, dich zu loben, so wie du es würdig bist; denn dein Nam' ist hoch erhoben. Ich bin unwerth, mach' mich du würdig, rein und froh dazu.

2. Du, du bist der Jakobsstern, und dein Lob wird nicht geendet, du Gesegneter des Herrn! den uns Gott aus Zion sendet. O wie süße klingt dein Nam', der mit dir vom Himmel kam!

3. Sonne der Gerechtigkeit, die im Blut ist aufgegangen, da der Hölle Dunkelheit diese Sündenwelt umfangen; es vertreibt dein Gnadenstrahl Sünden, Sorgen, Nacht und Qual.

4. Allgemeiner Trost und Heil der verlornen Adamskinder! wer da glaubt, hat an dir Theil, o Erlöser armer Sünder! Alles sammlet sich zu dir: denn du hältst uns Glauben für.

5. Jesu! dir ist gar nichts gleich; höre mich, mein Gnadenkönig! denn dir ist in deinem Reich Erd' und Himmel unterthänig, und dein Nam', den Alles ehrt, ist und bleibt anbetungswerth.

6. Jesu! sey der Bräutigam meiner theu'r erkauften Seele. Held von doppelt hohem Stamm! gieb, daß dich mein Herz erwähle. Sey du mein und laß mich dein ewig und alleine seyn!

7. Ach, erleuchte meinen Sinn, und beherrsche meine Triebe; gieb (daß ich dein eigen bin) Willen, Gnade, Kraft und Liebe; und beweis' an meinem Geist, wie dein Zug so gnädig heißt.

8. O ich traure oft und viel, daß ich nicht an dir kann hangen, daß ich nicht thu', was ich will; denn mein Fleisch nimmt mich gefangen. Blicke mich, mein Heiland! an, daß mein Herz dich lieben kann.

9. Schöpfer! schaff' in mir ein Herz, das dein Freudengeist belebe; mach' es voller Trost im Schmerz; gieb, daß es sich dir ergebe. Niemand hab' ich sonst als dich; Herr, erbarm' dich über mich!

M. Philipp Friedrich Hiller.

Alles für das Evangelium.

Römer 1, v. 16. Ich schäme mich des Evangelii von Christo nicht; denn es ist eine Kraft Gottes, die da selig machet alle, die daran glauben.

Mel. Warum sollt' ich mich denn grämen?

1710. Süß ist's, für ein ew'ges Leben Erdengut, Leib und Blut willig hinzugeben. Pilger sind wir noch hienieden; droben hat eine Stadt uns der Herr beschieden.

2. Tausend geh'n zu ihren Thoren selig ein, werden seyn ewig unverloren; auch die Herrlichkeit der Heiden findet Bahn, dringt hinan in die Stadt der Freuden.

3. Sehnend rufen sie dem Hüter: „ist die Nacht schier vollbracht? wo sind unsre Güter?" — Doch, getrost! der ew'gen Gnade Sonnenschein strahlt herein auf die finstern Pfade.

4. Unsre Brüder sind gegangen über's Meer, weit umher, haben angefangen; gute Botschaft ist verkündet, Gottes Macht hat gewacht, Feuer angezündet.

5. Gnade weht an ihren Orten; manches Herz, hart wie Erz, ist schon weich geworden; denn das Wort von Christi Leiden kann allein Mark und Bein, Leib und Seele scheiden.

6. Das muß edle Früchte tragen, das erneu't unsre Freud' in den bösen Tagen; daß man darauf möge warten, giebt uns Gott ohne Noth keinen Rosengarten.

7. Selig, wen von Welt und Sünden Christus reißt und ihn heißt, Seinen Tod verkünden: denn es ist die beste Gabe, theuer-werth, ihm beschert mit dem Wanderstabe.

8. Selig, wer im Kampf bestehet, Glauben hält und ins Feld guten Saamen säet; nach dem Weinen, nach dem Ringen wird er nun friedlich ruh'n und viel Garben bringen.

9. Jesu, süßes Licht der Seele! tritt herzu, salb' uns du mit dem Freudenöle; was du dir an uns ersehen, was du willst und befiehlst, müsse dir geschehen!

Albert Knapp.

Der Grund des Heils liegt allein in Jesu.

Apost. Gesch. 16, v. 31. Glaube an den Herrn Jesum Christum, so wirst du und dein Haus selig.

Mel. Es ist gewißlich an der Zeit.

1711. Such', wer da will, ein ander Ziel, die Seligkeit zu finden; mein Herz allein bedacht soll seyn, auf Christum sich zu gründen. Sein Wort ist wahr, sein' Werk' sind klar, sein heil'ger Mund hat Kraft und Grund, all' Feind' zu überwinden.

2. Such', wer da will, Nothhelfer viel, die uns doch nichts erworben: hier ist der Mann, der helfen kann, bei dem nie was verdorben. Uns wird das Heil durch ihn zu Theil, uns macht gerecht der treue Knecht*), der für uns ist gestorben. *) Jes. 53, v. 13.

3. Ach! sucht doch den, laßt Alles stehn, die ihr das Heil begehret, Er ist der Herr und Keiner mehr, der uns das Heil gewähret. Sucht ihn all' Stund aus Herzensgrund, sucht ihn allein, denn wohl wird seyn dem, der ihn herzlich ehret.

4. Mein's Herzens Kron', mein' Freudensonn' sollst du, Herr Jesu! bleiben. Laß mich doch nicht von deinem Licht durch Eitelkeit vertreiben. Bleib' du mein Preis, dein Wort mich speis'; bleib' du mein' Ehr', dein Wort mich lehr', an dich stets fest zu gläuben.

5. Wend' von mir nicht dein Angesicht, laß mich im Kreuz nicht zagen, weich' nicht von mir, mein' höchste Zier! hilf mir mein Leiden tragen; hilf mir zur Freud' nach diesem Leid, hilf, daß ich mag nach dieser Klag' dir ewig dort Lob sagen!

Georg Weissel.

Jesu Nähe bringt Segen.

Apost. Gesch. 4, v. 31. 32. Und da sie gebetet hatten, bewegte sich die Stätte, da sie versammlet waren, und wurden Alle des heiligen Geistes voll, und redeten das Wort Gottes mit Freudigkeit. Die Menge aber der Gläubigen war ein Herz und eine Seele.

Mel. Die Tugend wird durch's Kreuz geübet.

1712. Thau't nieder, neue Gottessegen! komm selbst, du großer Segensfürst, in dem sich Segensfreuden regen, so oft du angerufen wirst! Komm du, vor dessen Sonnenblicke das letzte Wölkchen weichen muß, daß uns dein Himmelsstrahl erquicke mit deines Friedens Vollgenuß.

2. Hier ist dein Volk: o schau' hernieder! es harrt wie eine Seel' auf dich, hebt hoffnungsvoll die Augenlieder; und alle Herzen öffnen sich. Wir fühlen's, deine Näh' hat Freuden, wie keine Lust der Welt sie schenkt. Wie sollte die von dir uns scheiden, der uns mit Himmelsbächen tränkt?

3. Um Erdenruhm, um Erdenhabe verbinde sich der Welt Verein. Wie Rauch erstirbt der Zeiten Gabe; Heil ächter Art muß ewig seyn. O hilf uns deinen Bund bewahren! welch Heilsgeheimniß macht dein Bund durch deines Geistes Offenbaren den Jüngern deiner Liebe kund!

4. O sel'ger Bund der treuen Seelen! Herr, deine Lieb' ist seine Kraft. Mit ihr müßt' aller Halt ihm fehlen. Er steht durch sie unwankelhaft. Durch sie umfaßt er Myriaden,*) getrennt durch Land und Meeresfluth; und fürchtet weder Riß noch Schaden, kein Norden, keines Südens Glut.

*) Unzählige.

5. Aus dir allein quillt sein Vermögen, all seines Thuns Gedeih'n aus dir. Verschlössest du den Born der Segen; wie dürres Gras erlechzten wir. Doch stark in deinem Kraftgeleite zieht in die Welt dein Jünger aus, schwitzt, duldet, kämpft und siegt im Streite, und kehrt in Demuth froh nach Haus'.

6. Gern sitzt indeß zu deinen Füßen, wem du ein stilles Loos gewährst, und läßt in's Herz sich wirksam fließen, was du mit Himmelsworten lehrst. Ja, was du wählest auszuspenden: dir hält er offen Herz und Sinn, und nimmt aus seines Meisters Händen des ew'gen Lebens Pfänder hin.

7. Wie Balsam trieft auf inn're Schmerzen, wie Oel und Wein dein Heilands-Wort; dein Most erfrischt die matten Herzen und treibt den Seelenschlummer fort. Dein Gnadenborn fließt frei und offen und wäscht von Flecken rein und hell; und jeder Durst darf Labung hoffen. Für Alle rinnt dein Segensquell.

Karl Bernhard Garve.

Freude am Worte Gottes.

Jeremia 15, v. 16. Indeß enthalte uns dein Wort, wenn wir's kriegen; und dasselbe dein Wort ist unsers Herzens Freude und Trost; denn wir sind ja nach deinem Namen genennet, Herr Gott Zebaoth!

Mel. Gott des Himmels und der Erden.

1713. Theures Wort aus Gottes Munde! das mir lauter Segen trägt, dich allein hab' ich zum Grunde meiner Seligkeit gelegt. In dir treff' ich Alles an, was zu Gott mich führen kann.

2. Will ich einen Vorschmack haben, welcher nach dem Himmel schmeckt, so kannst du mich herrlich laben, weil bei dir ein Tisch gedeckt, der mir Manna immer schenkt, mich mit Lebens-Wasser tränkt.

3. Du, mein Paradies auf Erden! schließ' mich stets im Glauben ein; laß mich täglich besser werden, daß dein heller Gnadenschein mir bis in die Seele dringt und die Frucht des Lebens bringt.

4. Geist der Gnaden! der im Worte mich an Gottes Herze legt, öffne mir des Himmels Pforte, daß mein Geist hier recht erwägt, was für Schätze Gottes Hand durch sein Wort ihm zugesandt.

5. Lasse mich in diesen Schranken ohne eitle Sorgen seyn. Schließe mich mit den Gedanken in ein stilles Wesen ein, daß die Welt mich gar nicht stört, wenn mein Herz dich reden hört.

6. Gieb dem Saamen einen Acker, der die Frucht nicht schuldig bleibt. Mache mir die Augen wacker; und was hier dein Finger schreibt, präge meinem Herzen ein, laß den Zweifel ferne seyn.

7. Was ich lese, laß mich merken; was du sagest, laß mich thun. Wird dein Wort den Glauben stärken, laß es nicht dabei beruhn; sondern gieb, daß auch dabei er durch Liebe thätig sey.

8. Hilf, daß alle meine Wege nur nach deiner Richtschnur gehn. Was ich hier zum Grunde lege, müsse wie ein Felsen stehn. daß mein Geist auch Rath und That in den größten Nöthen hat.

9. Laß dein Wort mir einen Spiegel in der Folge, Jesu! seyn. Drücke drauf dein Gnaden-Siegel, schließ' den Schatz im Herzen ein, daß ich fest im Glauben steh', bis ich dort zum Schauen geh'. B. Schmolck.

Zum zweiten Advent.

Röm. 15, v. 4—12. Was aber zuvor geschrieben ist, das ist uns zur Lehre geschrieben, auf daß wir durch Geduld und Trost der Schrift Hoffnung haben. ꝛc.

Mel. Wachet auf! ruft uns die Stimme.

1714. Theures Wort aus Gottes Munde, der Frommen Trost im alten Bunde, ein Stab, dem Pilger in die Hand vom dreiein'gen Gott gegeben, als einz'ger Weg zum ew'gen Leben, als Führer in das Vaterland: mein Herz sey auch ein Platz für diesen edlen Schatz; ja, ich flehe, o Lebens-Hort! mir sey dein Wort die Glaubens-Nahrung immerfort.

2. Du gabst allen deinen Heerden dies Wort, laß eines Sinn's sie werden, nach dir, du liebster Jesu Christ! O Alliebender! du weißt es, wie noth die Einigkeit des Geistes den Deinen hier auf Erden ist; sie nur schlägt Hand in Hand, sie knüpfet fest das Band wahrer Liebe; ach, offenbar' dies deiner Schaar, Herr! mache dies uns täglich klar.

3. Lamm! dein herrliches Erwerben, und dein für uns verdienstlich Sterben gewährt mir unaussprechlich Heil. O, wenn's alle Menschen wüßten, sie würden frei von eig'nen Lüsten, wenn sie daran nur nähmen Theil; drum laß dein Lösegeld doch bald der ganzen Welt kundbar werden; dann ist die Zeit voll Herrlichkeit, wo jedes Volk sich dir nur weih't.

4. Süße Hoffnung zum Beleben, voll Kraft die Herzen zu erheben, daß man dich schon im Voraus preis't: darum fleh' ich unabwendig, Herr Jesu! schenk' sie mir beständig, ja, gieb mir deinen heil'gen Geist! Er ruhe stets auf mir, daß ich ja nicht verlier' diese Gnade! so seh' ich schon, o Gottes Sohn! mein herrlich's Loos vor deinem Thron. Christian Friedrich Förster.

Zum 9ten Sonntage nach Trinitatis.

Lucä 16, v. 2. Thue Rechnung von deinem Haushalten.

Mel. O Gott, du frommer Gott!

1715. Thu' Rechnung! diese will Gott ernstlich von dir haben; thu' Rechnung, spricht der Herr, von allen deinen Gaben, thu' Rechnung, fürchte Gott! bald mußt du plötzlich fort; thu' Rechnung, denke stets an dieses ernste Wort!

2. Sprich: großer Gott! wer kann vor deinem Thron bestehen, wenn du mit deinem Knecht in dein Gericht willst gehen? Es ist in weiter Welt zu finden nicht ein Mann, der dir auf tausend nur ein Wort antworten kann.*)

*) Hiob 9, v. 3.

3. Laß Gnad' ergehn für Recht! ach, laß mich Gnade finden, mach' mich aus Gnaden los von allen meinen Sünden! Laß deines Sohnes Huld auch mein Herz machen rein; laß alle meine Schuld getilgt, vergessen seyn.

4. Laß mich in dieser Welt nur dir zu Ehren leben, und thun was dir gefällt, dir all'zeit seyn ergeben! Dein Geist regiere mich: so werd' ich wohl besteh'n und einst, durch deine Gnad', zur Himmelsfreud' eingeh'n. D. Johann Olearius.

Der erste Schritt in die Kirche.

Psalm 84, v. 2. 3. Wie lieblich sind deine Wohnungen, Herr Zebaoth! Meine Seele verlanget und sehnet sich nach den Vorhöfen des Herrn; mein Leib und Seele freuen sich in dem lebendigen Gott.

Mel. Gott des Himmels und der Erden.

1716. Thut mir auf die schöne Pforte, führet mich in Zion ein, ach!

wie wird an diesem Orte meine Seele fröhlich seyn! Hier ist Gottes Angesicht, hier ist lauter Trost und Licht.

2. Ich bin, Herr! zu dir gekommen, komme du nun auch zu mir. Wo du Wohnung hast genommen, da ist lauter Himmel hier. Zieh' doch in mein Herz hinein, laß es deinen Tempel seyn.

3. Laß in' Furcht mich vor dich treten, heil'ge du Leib, Seel' und Geist, daß mein Singen und mein Beten ein gefällig Opfer heißt. Heil'ge du, Herr! Mund und Ohr, zieh' das Herze ganz empor!

4. Mache mich zum guten Lande, wenn dein Saamkorn auf mich fällt, gieb mir Licht in dem Verstande; und was mir wird vorgestellt, präge meinem Herzen ein, laß es mir zur Frucht gedeih'n.

5. Stärk' in mir den schwachen Glauben, laß dein theures Kleinod mir nimmer aus dem Herzen rauben, halte stets dein Wort mir für, daß es mir zum Leitstern dient und zum Trost im Herzen grünt.

6. Rede, Herr, so will ich hören und dein Wille werd' erfüllt. Nichts laß meine Andacht stören, wenn der Brunn des Lebens quillt; speise mich mit Himmels-Brot, tröste mich in aller Noth.

7. Oeffne mir die grünen Auen, daß dein Lamm sich weiden kann, lasse mir dein Manna thauen, zeige mir die rechte Bahn hier in diesem Jammerthal zu des Lammes Ehren-Saal.

Benjamin Schmolck.

Abendmahlslied.

1 Corinther 11, v. 29. Denn welcher unwürdig isset und trinket, der isset und trinket ihm selber das Gericht, damit, daß er nicht unterscheidet den Leib des Herrn.

Mel. Wachet auf! ruft uns die Stimme.

1717. Tief blickst du in meine Seele, du, Herr! kennst alle meine Fehle, — sie liegen offen vor dir da; statt zu klagen, laß mich loben, und dir für alle Liebesproben anstimmen ein Hallelujah! Zu lange schon verschloß die Seele freudenlos ihre Psalmen; die Sünde war mir immerdar in Noth und Elend offenbar.

2. Aber du, o mein Befreier, bist größer, gnadenvoller, treuer als dieses Herz, das mich verdammt; was mich Jahre lang gedrücket, das wird, wenn du mich angeblicket, im Augenblick hinweggeflammt! Du willst — so bin ich frei von aller Tyrannei und Befleckung, und dankend sieht, von Lieb' entglüht, hinauf zum Himmel mein Gemüth.

3. Möcht' ich dies auf ewig fassen, und nimmer mich erschrecken lassen, als wärest du von mir entfernt! O an deiner Gottesgnade hat auf dem dunkeln Glaubenspfade noch nie der Pilger ausgelernt; in deinem Lichte nur sehn wir des Friedens Spur helle glänzen und irren nicht; mit diesem Licht erleuchte, Herr! mein Angesicht.

4. Werd' ich nun danieder sinken, des neuen Bundes Kelch zu trinken, dann steh' im Geiste du vor mir; laß mich dann nach langem Grämen das hohe Friedenswort vernehmen: „all' deine Schuld erlass' ich dir!" Dann leuchte sanft und mild dein heil'ges Todesbild in die Seele; der Lüste Reiz, Stolz, Haß und Geiz vertilge d'rin dein Blut und Kreuz.

5. Wie die Pflanze sich erhebet, wenn sie der Morgenthau belebet, werd' ich erstehen neubeseelt, werd' in seligem Verlangen dich, meinen Seelenfreund, umfangen, der gnädig sich mit mir vermählt; denn, wer dich, Herr! erkennt, deß Seel' und Geist entbrennt in der Liebe; dem ist die Welt hinfort vergällt, — du bist's, du bist's, zu dem er hält!

6. Jenes Mahls will ich gedenken, da du vom neuen Weinstock tränken dein Volk, und mit ihm trinken wirst; o was wird man dort erfahren, wenn nun nach langen Erdenjahren zu Tische sitzt der Lebensfürst! Um ihn die Seraphim, die heil'ge Schaar bei ihm ewig, ewig! Dort hoff' auch ich zu schauen dich, — dorthin, o Jesu! führe mich!

Albert Knapp.

Vom süßen Troste Gottes.

Jeremia 31, v. 13. Ich will ihr Trauren in Freude verkehren, und sie trösten, und sie erfreuen nach ihrer Betrübniß.

Mel. Meinen Jesum lass' ich nicht.

1718. Traure nicht, betrübtes Herz! steht dir doch der Himmel offen; da kannst du im größten Schmerz Trost und Freudenblicke hoffen; laß den Seufzern ihren Lauf, weißt du doch den Weg hinauf.

2. Der das Ohr gepflanzet hat, sollte der nicht selbsten hören? Nur bei Gott ist Rath und That, die Erfahrung wird dich's lehren; klopfe nur an seine Thür, deine Nothdurft stell' ihm für.

3. Bricht dein Herz, ihm bricht es auch*) und er muß sich dein erbarmen; es ist seiner Liebe Brauch, nach dem Schlagen zu

umarmen; weil dem Sohn, den er gestäupt, doch sein Herz gewogen bleibt.

*) Jeremia 31, v. 20

4. Ueberwind' ihn durch Geduld; du mußt stille seyn und hoffen, das setzt dich in seine Huld, wenn dich Kreuz und Noth betroffen; trag' es willig, mit der Zeit erntest du auch Fröhlichkeit.

5. Harre nur mit Israel, Hoffnung machet nicht zu Schanden; es ist ja noch Freudenöl für die Traurigkeit vorhanden: Gottes Wort, dein Gilead*), welches immer Balsam hat. *) Jeremia 8, v. 22.

6. Will ich Christi Jünger seyn, muß ich auch sein Kreuze tragen; und wer wollte sich nur freu'n in den angenehmen Tagen? Auch ein böser Tag stellt mir meines Gottes Güte für.

7. O, wie macht das Kreuze fromm! jagt es doch in Gottes Armen. Ist es gleich ein bittrer Strom, Gott versüßt ihn durch Erbarmen; Perlen liegen auf dem Grund; o! ein angenehmer Fund.

8. Liebes Herze! finde dich in des lieben Gottes Weise; er führt uns nur wunderlich, daß man seinen Namen preise, wenn er nach der finstern Nacht einen Tag der Wonne macht. Benjamin Schmolck.

Von dem innigen Verlangen nach Jesu.

Psalm 34, v. 11. Aber die den Herrn suchen, haben keinen Mangel an irgend einem Gute.

Mel. Eins ist noth, ach Herr! dies Eine.

1719. Traut'ster Jesu, Ehrenkönig! du mein Schatz, mein Bräutigam, edler Hort, ach nur ein wenig richt' dein Aug' auf mich, mein Lamm! Voll brünstiger Liebe mit heißem Verlangen erwartet mein Herz dich, mein Heil, zu umfangen; bereite mich, tilge die sündliche Art; o Jesu! sey inniglich mit mir gepaart.

2. Nichts, als dich, Herr! ich erwähle, rein'ge du, nach deinem Sinn, Geist und Leben, Leib und Seele; nimm mich dir ganz eigen hin. Erwecke durch deine heilbringende Gnade mein Herze, zu laufen in göttlichem Pfade; nur dieses alleine, was köstlich vor dir, schaff', o mein Herr Jesu! und wirke in mir.

3. Quell, aus dem das Leben quillet, deiner Ströme Süßigkeit sey mein Labsal, so da stillet Herzensangst und Sündenleid; unendlicher Ausfluß der göttlichen Fülle! verbinde dich mit mir in heiliger Stille, rück' alle Gedanken nur himmelwärts hin, tritt unter die Füße den irdischen Sinn.

4. In dir werd' ich ja erquicket mit der reinen Engellust, so mich deine Liebe drücket an dein Herz und deine Brust. Fried', ewige Liebe, Freud', herzlich's Erbarmen tränkt, tröstet, ergötzet und sättigt mich Armen, ein volles Meer deiner unendlichen Güt', mein Jesu! ergießt sich jetzt in mein Gemüth.

5. Liebster! hilf, daß ich auch treulich unverrückt im Glaubenslauf dieses Kleinod, das sehr heilig, still und klüglich hebe auf. Es mögen alsdann gleich die Kräfte der Höllen mit ihrem Anhange sich wider mich stellen; Geist, Macht, Kraft und Stärke legt Jesus mir bei, er selber hilft siegen und machet mich frei.

6. Lautre Wollust mich nun tränket; *) das, was mich ergötzt allein, ist in Jesu mir geschenket; könnt' auch was erwünschter seyn? Stimmt alle die Herzen zusammen im Loben! Licht, Leben, Heil, Gnade erscheinet von oben; vor Allem hebt himmelauf heilige Händ', Gott stärk' uns, o Jesu! hilf siegen ohn' End'! *) Psalm 36, v. 9.

Tranquilla Sophie Schröder geb. Wolf.

Vom Kreuz der Christen.

Jesaia 48, v. 10. 11. Siehe, ich will dich läutern, aber nicht wie Silber; sondern ich will dich auserwählt machen im Ofen des Elendes. Um meinet willen, ja um meinet willen will ich's thun, daß ich nicht gelästert werde; denn ich will meine Ehre keinem Andern lassen.

Mel. Freu' dich sehr, o meine Seele.

1720. Treuer Gott, ich muß dir klagen meines Herzens Jammerstand, ob dir wohl sind meine Plagen besser, als mir selbst, bekannt: große Schwachheit ich bei mir in Anfechtung selbst verspür', wenn der Satan allen Glauben will aus meinem Herzen rauben.

2. Du, Gott, dem Nichts ist verborgen, weißt, daß ich nichts von mir hab', nichts von allen meinen Sorgen, Alles ist, Herr, deine Gab'; was ich Gutes find' an mir, das hab' ich allein von dir, auch den Glauben mir und Allen giebst du, wie dir's mag gefallen.

3. O, mein Gott! vor den ich trete jetzt in meiner großen Noth, höre, wie ich sehnlich bete, laß mich werden nicht zu Spott, mach zunicht' des Teufels Werk', meinen schwachen Glauben stärk', daß ich nimmermehr verzage, Christum stets im Herzen trage.

4. Jesu, Brunnquell aller Gnaden, der du Niemand von dir stöß'st, der mit Schwach-

heit ist beladen, sondern deine Jünger tröst'st: sollt' ihr Glaube noch so klein wie ein kleines Senfkorn seyn, wollst du sie doch würdig schätzen, große Berge zu versetzen. *)

*) Matth. 17, v. 20.

5. Laß mich Gnade vor dir finden, der ich bin voll Traurigkeit, hilf du selbst mir überwinden, so oft ich muß in den Streit; meinen Glauben täglich mehr', deines Geistes Schwert verehr', damit ich den Feind kann schlagen, alle Pfeile von mir jagen.

6. Heil'ger Geist im Himmelsthrone, gleicher Gott von Ewigkeit mit dem Vater und dem Sohne, der Betrübten Trost und Freud'! der du in mir angezünd't, so viel sich von Glauben find't, über mich mit Gnaden walte, ferner deine Gnad' erhalte.

7. Deine Hülfe zu mir sende, o du edler Herzensgast! und das gute Werk vollende, das du angefangen hast. Blas' das kleine Fünklein auf, bis nach wohl vollbrachtem Lauf ich den Auserwählten gleiche, und des Glaubens Ziel erreiche.

8. Gott, groß über alle Götter, heilige Dreinigkeit, außer dir ist kein Erretter; tritt mir selbst zur rechten Seit', wenn der Feind die Pfeil' abdrückt, meine Schwachheit mir aufrückt, will mir allen Trost verschlingen und mich in Verzweiflung bringen.

9. Zieh' du mich aus seinen Stricken, die er mir geleget hat; laß ihm fehlen seine Tücken, drauf er sinnet früh und spat. Gieb Kraft, daß ich allen Strauß ritterlich mög' stehen aus, und so oft ich noch muß kämpfen, hilf mir meine Feinde dämpfen.

10. Reiche deinem schwachen Kinde, das auf matten Füßen steht, deine Gnadenhand geschwinde, bis die Angst vorüber geht; wie die Kindlein gängle mich, daß der Feind nicht rühme sich, er hab' ein solch Herz gefället, das auf dich sein' Hoffnung stellet.

11. Du bist meine Hülf', mein Leben, mein Fels, meine Zuversicht, dem ich Leib und Seel' ergeben: Gott, mein Gott! verzieh' doch nicht: eile, mir zu stehen bei, brich des Feindes Pfeil' entzwei, laß ihn selbst zurücke prallen und mit Schimpf zur Hölle fallen.

12. Ich will alle meine Tage rühmen deine starke Hand, daß du meine Angst und Klage hast so gnädig abgewandt. Nicht nur in der Sterblichkeit soll dein Ruhm seyn ausgebreit't; ich will's auch hernach erweisen und dort ewiglich dich preisen. J. Heermann.

Freudiges Sterben auf Jesu Verdienst.

Psalm 116, v. 15. Der Tod seiner Heiligen ist werth gehalten vor dem Herrn.

Mel. Süßer Christ, du, du bist.

1721. Treuer Gott! laß den Tod mich nicht fällen, wenn an meinem letzten End' sich nun Leib und Seele trennt, wenn mich quält die Angst der Höllen.

2. Zwar ein Theil, o mein Heil, o mein Leben! hab' ich an dem Himmel nicht; ach, ich weiß, was dein Gericht für ein Urtheil pflegt zu geben.

3. Wie sollt' ich ewiglich doch bestehen mit so vieler Missethat, wenn du wolltest ohne Gnad' in's Gerichte mit mir gehen?

4. Aber dein Kreuz und Pein stärkt die Seele, und dein Geist, das höchste Gut, weiset meinen kranken Muth in die rechte Freudenhöhle.

5. Da ist Platz, o mein Schatz! für mich Armen, da find' ich geschrieben an, was du hast für mich gethan durch dein herzliches Erbarmen.

6. Da ist mir schon die Thür aufgeschlossen zu der rechten Himmelsfreud', die du, Herr! mir hast bereit't, mir als deinem Reichsgenossen.

7. Drum will ich festiglich dir vertrauen, und mir vor dem letzten Feind, der doch nur den Körper meint, ferner gar nicht lassen grauen.

8. Nur dies gieb, höchste Lieb'! daß ich wende die Gedanken ganz allein auf dein Kreuz und Todespein, und die Wunden deiner Hände.

9. Wenn mir bricht mein Gesicht, wenn die Sinnen Nichts vom Troste mehr versteh'n, und die Kräfte ganz vergeh'n, so nimm du mich, Herr! von hinnen.

10. Auf dein Blut, höchstes Gut! will ich sterben; denn durch dies bin ich gewiß, daß ich soll das Paradies, liebster Jesu! mit dir erben. Jeremias Gerlach.

Von der christlichen Kirche.

Jeremia 1, v. 19. Wenn sie gleich wider dich streiten, sollen sie dennoch nicht wider dich siegen; denn Ich bin bei dir, spricht der Herr, daß ich dich errette.

Mel. Freu' dich sehr, o meine Seele.

1722. Treuer Hirte deiner Heerde deiner Glieder starker Schutz! sieh' doch, wie die Asch' und Erde, großer Gott! mit Grimm und Trutz tobt und wüthet wider dich; sie vermißt sich freventlich, deine Kirche zu zerstören und dein Erbtheil zu verheeren.

2. Du, Herr! bist ja unser König, wir sind dein mit Leib' und Seel'. Menschenhülf' ist ja zu wenig, wo nicht du, Immanuel! zu der Deinen Rettung wachst und dich selbst zu Felde machst, für dein wahres Wort zu kämpfen und der Feinde Wuth zu dämpfen.

3. Es gilt deines Namens Ehre, deiner Wahrheit Heiligthum, Jesu, deine Glaubenslehre, deines Leidens Kraft und Ruhm, und den Dienst, den dir allein wir zu leisten schuldig seyn. Dazu kannst du ja nicht schweigen, du mußt deine Allmacht zeigen.

4. Du verlachst der Feinde Tücke, treibst des bösen Herzens Schluß, Rath und Anschlag selbst zurücke, daß er nicht gelingen muß. Die Verfolgung hat ihr Ziel, du verhängst ihr nicht zu viel und pflegst derer nur zu spotten, die, Herr! wider dich sich rotten.

5. Stärke doch den schwachen Glauben, den, bei so betrübter Zeit, Fleisch und Satan uns zu rauben und mit Furcht und Blödigkeit uns zu schrecken sind bemüht. Deine Weisheit kennt und sieht deiner Kinder schwach Vermögen, und wird nicht zu viel auflegen.

6. Hilf den Deinen und bekehre uns'rer Feinde blindes Heer: der Verfolgung steure, wehre, daß sie uns nicht sey zu schwer. Nimm dich der Bedrängten an, leit' auch die auf rechte Bahn, die noch jetzt durch Satans Lügen sich selbst um ihr Heil betrügen.

7. Laß uns recht und redlich handeln und in Tauben-Einfalt dir ganz gelassen heilig wandeln, doch dabei uns klüglich hier schicken in die böse Zeit, und vor falscher Heiligkeit, vor der Feinde List und Wüthen uns mit Schlangenklugheit hüten.

8. Laß mit Beten und mit Wachen stets uns stehn auf unsrer Hut, dich, Herr! Alles lassen machen; denn du machest Alles gut. Jesus streitet für uns hier und vertritt uns dort bei dir, bis wir auf der neuen Erden bei ihm triumphiren werden. —

9. Herr, wir warten mit Verlangen, komm, und mach' uns nun bereit, dich mit Freuden zu empfangen, dein bedrängtes Häuflein schrei't: komm, Herr Jesu! zum Gericht, ach! verzieh' doch länger nicht, unsre Sache zu entscheiden, hol' uns heim zu deinen Freuden!

Henriette Catharine v. Gersdorf.

Bei der Confirmation der Kinder.

Ebräer 2, v. 13. Siehe da, Ich und die Kinder, welche mir Gott gegeben hat.

Mel. Liebster Jesu! wir sind hier.

1723. Treuer Hirte! wir sind hier, deiner Stimme zuzuhören, uns aus deinem Wort von dir noch mehr lassen zu belehren, auch die Kinder zuzuführen, ihren Bund zu confirmiren.

2. Dein Geist, der das Gute schafft, wolle seinen reichen Segen, Glauben, Hoffnung, Leben, Kraft dazu in die Herzen legen; und die Früchte dieser Stunden werden dort bei dir gefunden!

3. Stärke, was noch übrig ist von der Taufe Kraft und Gnade: und wie du gewachsen bist in der Gnad' von Grad zu Grade: so wollst du, zu deinen Ehren, deine Gnade stets vermehren.

4. Welche aber deinen Bund bisher haben übertreten, doch dir nun mit Herz und Mund solches haben abgebeten, die sich dir auf's Neu' ergeben: die erhalt' zum ew'gen Leben.

5. Triffst du todte Herzen an, die nach dir noch nicht verlangen, welche auf der breiten Bahn geh'n und an der Weltlust hangen: die bestraf' und lock' auf's Neue kräftiglich, nach deiner Treue.

6. Auch die Alten lasse nicht diese Handlung bloß ansehen; lehre sie, nach ihrer Pflicht, für die Kinder zu dir flehen, auch mit Worten und mit Werken sie in allem Guten stärken.

7. Gieb, daß sie sich selbst hierbei vor dir ernstlich mögen prüfen: ob? wie lang'? mit welcher Treu'? sie den Weg des Lebens liefen; oder ob sie noch in Sünden ihre Lust und Nahrung finden?

8. Damit, wenn an deinem Tag' du wirst scharfe Rechnung halten, Kein's beschämet stehen mag, sondern Junge nebst den Alten über diese Handlung droben dich mit Freuden können loben.

Joh. Jakob v. Moser.

Herzlicher Dank für das Leiden Jesu.

Psalm 107, v. 2—8. Saget, die ihr erlöset seyd durch den Herrn, die er aus der Noth erlöset hat, und die er aus den Landern zusammen gebracht hat, vom Aufgang, vom Niedergang, von Mitternacht und vom Meer &c.

Mel. Ach! was soll ich Sünder machen?

1724. Treuer Jesu, sey gepriesen für dein Leiden, deine Qual, für die Wohlthat ohne Zahl, die dein Tod uns hat erwiesen. Laß dafür in Kreuz und Pein uns, o Herr! dir dankbar seyn.

2. Liebster Jesu, Trost der Armen! daß wir nicht verloren seyn, machet einig und allein deine Gnad' und dein Erbarmen: laß dafür in Kreuz und Pein uns, o Herr! dir dankbar seyn.

3. Starker Jesu, Trotz der Höllen! du vertilgest unsre Noth; Welt und Satan, Höll' und Tod sind zu schwach, dein Volk zu fällen. Laß dafür in Kreuz und Pein uns, o Herr! dir dankbar seyn.

4. Süßer Jesu, Fürst des Lebens! die, so uns den Tod gedräut, sind durch deinen Tod zerstreut, unser Trost ist nicht vergebens. Laß dafür in Kreuz und Pein uns, o Herr! dir dankbar seyn.

5. Werthster Jesu, unsre Freude! du hast uns ein Haus bereit't in der süßen Ewigkeit nach der Welt geringem Leide. Laß dafür in Kreuz und Pein uns, o Herr! dir dankbar seyn.

Vom Worte Gottes.

Johannis 6, v. 45. Sie werden Alle von Gott gelehret seyn. Wer es nun höret vom Vater, und lernet es, der kommt zu mir.

Mel. Herr, nicht schicke deine Rache.

1725. Treuer Meister! deine Worte sind die rechte Himmelspforte; deine Lehren sind der Pfad, der uns führt zur Gottes-Stadt. O wie selig, wer dich höret, wer von dir will seyn gelehret; wer zu jeder Zeit und Stund' schau't auf deinen treuen Mund!

2. Sprich doch ein in meiner Höhle, rede doch zu meiner Seele; lehr' sie halten bis zum Tod deiner Liebe Lieb's-Gebot. Hilf, mich in dem Lieben üben und Gott über Alles lieben; meinen Nächsten, gleich wie mich, laß mich lieben inniglich.

3. Lehr' mich himmlische Geberden, laß mir deine Demuth werden; gieß' mir deine Sanftmuth ein, mach' mich klug, in Einfalt fein. Also wirst du mich entbinden, und das Herz wird Ruhe finden; also werd' ich in der Zeit seyn gelehrt zur Ewigkeit.

Zur Kriegeszeit.

2 Chronica 20, v. 12. Wir wissen nicht, was wir thun sollen, sondern unsere Augen sehen nach dir.

Mel. Singen wir aus Herzensgrund.

1726. Treuer Wächter Israel! deß sich freuet Leib und Seel', der du weißest alles Leid deiner armen Christenheit: o du Wächter! der du nicht schläfst noch schlummerst, zu uns richt' dein hülfreiches Angesicht.

2. Schau', wie große Noth und Quál trifft dein Volk jetzt überall, täglich wird der Trübsal mehr; hilf, ach! hilf, schütz' deine Lehr'; wir verderben, wir vergeh'n, nichts wir sonst vor Augen seh'n, wo du nicht bei uns wirst steh'n.

3. Hoherpriester, Jesu Christ! der du eingegangen bist in den heil'gen Ort zu Gott, durch dein Kreuz und bittern Tod, uns versöhnt mit deinem Blut, ausgelöscht der Hölle Glut, wiederbracht das höchste Gut!

4. Sitzest jetzt in's Vaters Reich, ihm an Macht und Ehren gleich, unser Mittler, Gnadenthron, seine höchste Freud' und Kron', den er in dem Herzen trägt, wie sich selbst zu lieben pflegt, dem er keine Bitt' abschlägt:

5. Kläglich schreien wir zu dir, klopfen an die Gnadenthür, wir, die du mit höchstem Ruhm dir erkauft zum Eigenthum: deines Vaters Zorn abwend', der wie lauter Feu'r jetzt brennt und schier alle Welt durchrennt.

6. Zeig' ihm deine Wunden roth, red' von deinem Kreuz und Tod; und was mehr du hast gethan, zeig' ihm unsertwegen an; sage, daß du unsre Schuld hast bezahlet in Geduld, uns erlanget Gnad' und Huld.

7. Jesu, der du Jesus heißt, als ein Jesus Hülfe leist': hilf mit deiner starken Hand, Menschenhülf' hat sich gewandt; eine Mauer um uns bau', daß dem Feinde davor grau', er mit Zittern sie anschau'.

8. Treuer Hort, Immanuel! du Beschützer meiner Seel'! Gott mit uns in aller Noth! um uns und auch in uns Gott! Gott für uns zu aller Zeit! Trotz dem, der uns thu' ein Leid, Gottes Straf' ist ihm bereit't.

9. Deines Vaters starker Arm! komm, und unser dich erbarm'; laß jetzt sehen deine Macht, drauf wir hoffen Tag und Nacht; aller Feinde Bündniß trenn', daß dich alle Welt erkenn', aller Herren Herrn dich nenn'.

10. Andre trau'n auf ihre Kraft, auf ihr Glück und Ritterschaft; deine Christen seh'n auf dich, auf dich trau'n sie festiglich, laß sie werden nicht zu Schand', bleib' ihr Helfer und Beistand, sie sind dir doch All' bekannt.

11. Gürte dein Schwert an die Seit' als ein Held und für uns streit', und zerschmettre deine Feind', so viel ihr'r auf Erden seynd, auf die Hälse tritt du ihn'n,*) leg' sie dir zum Schemel**) hin und brich ihren stolzen Sinn.

*) Josua 10, v. 24. **) Psalm 110, v. 1.

12. Du bist ja der Held und Mann, der den Kriegen steuren kann, der da Schwert und Spieß zerbricht, der die Bogen macht zu nicht', der die Wagen gar verbrennt und der Menschen Herzen wend't, daß der Krieg gewinnt ein End'.

13. Jesu, wahrer Friedefürst! der der Schlange hat zerknirscht ihren Kopf durch seinen Tod, wiederbracht den Fried' bei Gott, gieb uns Frieden gnädiglich, so wird dein Volk freuen sich, dafür preisen ewig dich.

Johann Heermann.

Trostlied in Kreuz und Leiden.

1 Corinther 1, v. 9. Gott ist treu, durch welchen ihr berufen seyd zur Gemeinschaft seines Sohnes Jesu Christi, unsers Herrn.

Mel. Freu' dich sehr, o meine Seele.

1727. Treu ist Gott! nehmt's doch zu Herzen, Menschen! die ihr jammernd klagt; hört in allen euren Schmerzen, was sein heil'ges Wort euch sagt. Er, der seine Hand euch reicht, macht der Trübsal Last euch leicht, und das Ende bitt'rer Leiden ist der Sieg, sind ew'ge Freuden.

2. Laß dir an der Gnade gnügen, die dir Gott, dein Vater, schenkt; solltest du ganz unterliegen, da er dein im Besten denkt? Er, der deine Thränen zählt, hat die beste Zeit erwählt, da er deine Klagen stillet und dein Herz mit Trost erfüllet.

3. Heben will er dich und tragen, wenn du schwach und hülflos bist; auch des grauen Alters Klagen hört er, der uns nie vergißt. Die Verheißung steht noch fest: daß Gott Fromme nicht verläßt, nicht versäumt, auf sie zu schauen, wenn sie kindlich ihm vertrauen.

4. Ach, daß es der Mensch doch glaubte! ohne seinen Willen fällt nicht ein Haar von unserm Haupte: Gott, der Herr, schützt und erhält. Nur die Sünden zwingen ihn, Rath und Trost uns zu entzieh'n. Wenn wir uns zu ihm bekehren, dann will er Gebet erhören.

5. Nun, so ruh' in seinen Händen, Seele, die du klagst und wankst. Er wird deine Leiden wenden, daß du ihm noch freudig dankst. Seiner Gnade Bund allein müsse deine Stärke seyn. Halte nur mit festem Muthe dich zu Gott, dem höchsten Gute.

6. Laß mich diese Gnad' erreichen, Herr, Herr, meine Zuversicht! wollen die Verzagten weichen: von dir weicht mein Glaube nicht. In der allergrößten Pein wirst du mein Erretter seyn; wirst mir, wenn mich Leiden kränken, deines Geistes Beistand schenken.

M. Johann Friedrich Mudre.

Abendlied.

Psalm 31, v. 24. Die Gläubigen behütet der Herr.

Mel. Meinen Jesum lass' ich nicht.

1728. Treu'ster Jesu! wache du, weil ich jetzund will einschlafen; gönn' mir und den Meinen Ruh'; bleib', o Hirte, bei uns Schaafen; schließ' die Thüre selbsten zu, treuer Jesu, wache du!

2. Treu'ster Jesu! weiche nicht; sonst wird Grauen, Furcht und Schrecken, das oft mit der Nacht einbricht, uns voll Ach und Weh erwecken; bleib' bei uns mit deinem Licht, treuer Jesu, weiche nicht!

3. Treu'ster Jesu! steh' uns bei, daß in uns der Geist und Glaube, wenn wir schlafen, wacker sey, und der Feind uns ihn nicht raube; deine Hülfe mach' uns frei; treuer Jesu, steh' uns bei!

4. Treu'ster Jesu! wenn es nu einmal mit mir kommt zum Sterben, so bring' mich zu deiner Ruh', mache mich zum Himmelserben, schließ' mir selbst die Augen zu; treu'ster Jesu, hilf mir du!

5. Treu'ster Jesu! nimm zu dir endlich mich und all' die Meinen. Wenn der Tag nun bricht herfür, da du selber wirst erscheinen: führ' uns durch des Himmels Thür, liebster Jesu, ein zu dir!

Osterlied.

Ebräer 2, v. 9. Den aber, der eine kleine Zeit der Engel gemangelt hat, sehen wir, daß es Jesus ist, durchs Leiden des Todes gekrönet mit Preis und Ehre, auf daß er von Gottes Gnaden für Alle den Tod schmeckete.

Mel. Wie schön leucht't uns der Morgenstern.

1729. Triumph, Triumph! und Lob und Dank dem, der des Todes Macht bezwang und uns, den Staub, erhöhte. Der hohe Sieger überwand. Nacht war um ihn und sie verschwand in helle Morgenröthe. Bebet! gebet, stolze Spötter! unserm Retter Preis und Ehre, glaubt an ihn und seine Lehre!

2. Heil uns! Triumph! das Grab ist leer! Fest steht es wie ein Fels im Meer, das Wort, das er gesprochen. O selig, wer sich ihm vertraut! Er hat den Tempel neu erbaut, den blinde Wuth gebrochen. Hölle! fälle nun den Sieger! Gottes Krieger, der erstanden, macht nun deinen Stolz zu Schanden.

3. Leer ist die Gruft, die ihn umgab. Sey mir gegrüßt, mein künftig Grab! du Wohnung ernster Stille! nur wenig Tage werden's seyn, o dann empfängst du mein Gebein in deiner Schatten Hülle. Freude! Freude! diese Glieder werden wieder auferstehen, meinen Heiland werd' ich sehen!

D. Daniel Schiebeler.

Osterlied.

Apost. Gesch. 3, v. 15. Aber den Fürsten des Lebens habt ihr getödtet. Den hat Gott auferwecket von den Todten, deß sind wir Zeugen.

Mel. Erschienen ist der herrlich' Tag.

1730. Triumph! Triumph! Victoria! der große Siegesheld steht da, mein auferstand'ner Jesus ruft, sammt Himmel, Erde, Meer und Luft: Victoria!

2. Der schwere Blutkampf ist vorbei, der Bürge stehet wieder frei, nun ist das schwere Werk vollbracht, der schöne Tag vertreibt die Nacht: Victoria!

3. Du tapf'rer Ueberwinder du, ich jauchze tausend Dank dir zu! es singt mein tiefster Herzensgrund, es ruft mein jubelvoller Mund: Victoria!

4. Wie schmerzlich, Jesu! war dein Krieg, wie herrlich ist nunmehr dein Sieg! Darüber freut sich alle Welt und spricht mit dir, du Wunder-Held: Victoria!

5. Nun, nun kann ich erst fröhlich seyn, nun ist die Seligkeit recht mein, du bringst sie aus dem Grabe mit, ich bin nun aller Sünden quitt: Victoria!

6. Des Vaters Zorn ist nun gestillt und des Gesetzes Fluch erfüllt *); wie väterlich ist er gesinnt! er heißet mich sein liebes Kind: Victoria!

*) Gal. 3, v. 13.

7. Ich spotte nun ganz unverzagt dem Teufel, der mich stets verklagt; ich will auf Löw'n und Ottern geh'n *) und doch unüberwindlich steh'n. Victoria!

*) Psalm 91 v. 13.

8. Dräu't gleich die Hölle Dampf und Glut, so hab' ich dennoch frischen Muth; du hast des Satans Reich zerstört und mein Gebet um Kraft erhört. Victoria!

9. Wie lieb ist mir nunmehr der Tod! das Gift ist weg, nun hat's nicht Noth; ich schlafe nur im Sterben ein, mein Grab ist wie ein Kämmerlein. Victoria!

10. Zwar trag' ich hier noch Fleisch und Blut, das mir noch manche Qual anthut; doch du hast g'nug für mich gethan, so daß ich endlich singen kann: Victoria! —

11. Ich weiß, ich weiß, daß du noch lebst und niemals ferne von mir schwebst, ich bin dein theures Eigenthum, drum schallt bei mir dein steter Ruhm: Victoria!

12. Der Himmel thut sich mir nun auf; ach, Jesu! fördre meinen Lauf; wie gern will ich zur Ruhe geh'n, daß ich kann himmlisch aufersteh'n. Victoria!

13. Mein Jesu! komm, ich bin bereit; dann sing' ich dir in Ewigkeit, bei dir, im sel'gen Himmelszelt: Triumph, Triumph, du großer Held! Victoria!

Johann Mentzer.

Ehre des Erlösers im Tode der Seinen.

Philipper 1, v. 20. Wie ich endlich warte und hoffe, daß ich in keinerlei Stück zu Schanden werde; sondern daß mit aller Freudigkeit, gleich wie sonst allezeit, also auch jetzt, Christus hoch gepriesen werde an meinem Leibe, es sey durch Leben oder durch Tod.

Mel. Alle Menschen müssen sterben.

1731. Trost im Leben, Trost im Grabe danken wir, Herr Jesu Christ, deinem Heile, das die Gabe unerhörter Liebe ist. Von dem Himmel stiegst du nieder, sahst das Elend deiner Brüder, ihre Knechtschaft, ihren Schmerz; dir, Erbarmer, brach das Herz.

2. Rath für sie hast du erfunden, Licht in ihrer Dunkelheit, überwunden, überwunden Sündennoth und Sterblichkeit; hast voran den Kampf durchstritten, alles bis zum Tod gelitten und — dich auf den Thron gesetzt, lebst, regierst und segnest jetzt.

3. Treulich nimmst du dich auf Erden der erlösten Menschen an. Selig hilfst du Allen werden; wer im Glauben will, der kann. Nur auf wohl gewählten Wegen führst du sie dem Ziel entgegen, bis ihr Geist, durch Kampf bewährt, froh im Tod' gen Himmel fährt.

4. Welche Zeugen dieser Treue schlafen friedlich hier in Ruh'! welche bringest du auf's Neue täglich diesen Todten zu! jeder Grabstein dient zum Siegel; sieh', auch unter diesem Hügel liegt manch Denkmal dir zum Ruhm, jetzo noch dein Eigenthum.

5. An des Christen Grabesstätte rührt uns sein Gedächtniß heut', deiner weisen Führung Kette, seine fromme Lebenszeit, seines Umgangs Lieb' und Frieden, seine Uebungen hienieden und sein stiller Glaubensgang, bis er hin zum Schauen drang.

6. Wir versenken seine Hülle weinend in der Erde Schooß; dort in deiner Freuden Fülle schwebt sein Geist nun kummerlos, bringt in himmlischem Gepränge ausgesuchte Lobgesänge; wir, voll Mängel noch und schwach, lallen sie im Thale nach.

7. Führ' uns auch zu jenem Ziele! hilf uns durch die Todesnacht! Deiner Marter waren viele, bis du riefst: Es ist vollbracht! Dieses Siegs, o Fürst des Lebens! trösten wir uns nicht vergebens, sind nicht bloß auf Erden dein, werden deine Erben seyn.

Johann Gottfried Schöner.

Vom heiligen Geiste.

Jesaia 51, v. 12. Ich, ich bin euer Tröster.

Mel. Brunnquell aller Güter.

1732. Tröster blöder Herzen, der die bangen Schmerzen der Betrübten stillt; der gebeugte Seelen, die sich ängstlich quälen, ganz mit Trost erfüllt: laß mich trauern hier auf Erden, aber dort getröstet werden. *)

*) Matth. 5, v. 4.

2. Wenn ich an der Sünde noch Vergnügen finde, so zerstör' die Lust; laß nach ihrem Prangen gar nicht mehr verlangen die zerschlagne Brust. Lenk' vom Trost der Kreaturen mich auf deines Trostes Spuren.

3. In vernünft'gen *) Gründen ist kein Trost zu finden, der das Elend hebt. Nur das Wort der Gnaden heilet meinen Schaden, wenn es in mir lebt. Gieb aus diesen Trostesquellen Kraft und Trost in allen Fällen.

*) die bloß von der Vernunft erdacht werden.

4. Gieß' des Vaters Liebe durch die reinsten Triebe in dem Herzen aus; *) Zeuge seiner Güte! treib' aus dem Gemüthe alle Furcht hinaus. Laß mich an des Sohnes Sterben auch mein Antheil gläubig erben.

*) Römer 5, v. 5.

5. Zeige dem Gewissen, daß der Brief zerrissen, der von Schulden sagt, *) und daß meine Sünden nirgend mehr zu finden, wenn man danach fragt. **) Laß mich die Versichrung schmecken, daß sie mich nicht weiter schrecken.

*) Colosser 2, v. 14. **) Jeremia 50, v. 20.

6. Laß im Blut der Gnaden sich mein Herze baden, wenn es dürr' und matt; laß es sich ergötzen an den theuren Schätzen, die der Himmel hat, die das Gnadenwort verheißet und der Glaube zu sich reißet. *)

*) Matthäi 11, v. 12.

7. Wenn mein Geist sich bücket, weil die Last ihn drücket, hilf der Schwachheit auf; *) stärk' die matten Kniee, unter aller Mühe, in dem Kampf und Lauf; stärke Muth, Geduld und Glauben, wenn die Feinde grimmig schnauben.

*) Römer 8, v. 26.

8. Laß mich meinen Namen bei der Frommen Saamen *) angeschrieben seyn. Ist der Tod was Herbes, mach' ihn, Pfand des Erbes! **) mir recht süß und schön. Gieb mir in dem letzten Leiden einen Vorschmack jener Freuden!

*) im Himmel, im Buche des Lebens: Lucä 10, v. 20. **) Ephes. 1, v. 14.

D. Johann Jakob Rambach.

Am Johannisfeste. (Vom süßen Troste Gottes.)

Jesaia 40, v. 1. 2. Tröstet, tröstet mein Volk, spricht euer Gott; redet mit Jerusalem freundlich und prediget ihr, daß ihre Ritterschaft ein Ende hat, denn ihre Missethat ist vergeben; denn sie hat zweifältiges empfangen von der Hand des Herrn um alle ihre Sünde.

Mel. Werde munter, mein Gemüthe.

1733. Tröstet, tröstet meine Lieben, tröstet mein Volk, spricht mein Gott; tröstet, die sich jetzt betrüben über Feindes Hohn und Spott, weil Jerusalem wohl dran, redet sie gar freundlich an; denn ihr Leiden hat ein Ende, ihre Ritterschaft ich wende.

2. Ich vergeb' all' ihre Sünden, ich tilg' ihre Missethat, ich will nicht mehr seh'n noch finden, was die Straf' erwecket hat: sie hat ja zweifältig Leid schon empfangen; ihre Freud' soll sich täglich neu vermehren, und ihr Leid in Freud' verkehren.

3. Eine Stimme läßt sich hören in der Wüste weit und breit, alle Menschen zu bekehren: macht dem Herrn den Weg bereit, machet Gott ein' ebne Bahn, alle Welt soll heben an, alle Thale zu erhöhen, daß die Berge niedrig stehen.

4. Ungleich soll nun eben werden und, was höckricht, gleich und schlecht; alle Menschen hier auf Erden sollen leben schlecht und recht; denn des Herren Herrlichkeit, offenbar zu dieser Zeit, macht, daß alles Fleisch kann sehen, wie, was Gott spricht, muß geschehen.

D. Johann Olearius.

Von

Von der Freude und Ruhe in Gott.

1 Petri 3, v. 14. 15. Fürchtet euch aber vor ihrem Trotzen nicht, und erschrecket nicht. Heiliget aber Gott den Herrn in euren Herzen.

Mel. Freu' dich sehr, o meine Seele.

1734. Trotzt, ihr Feinde! tobt und schnaubet, stürmt nur tapfer auf mich los; Nichts mir meinen Jesum raubet, ich ruh' sanft in seinem Schooß, ich bin fest in seiner Hand, uns verknüpft der Liebe Band; Trotz dem, der mich will erschrecken, weil mein Jesus mich will decken.

2. Ich bin freudig, ganz vergnüget mitten in der Leidensstund', wie mein Gott es mit mir füget; doch bleibt meinem Herzen kund, daß aus Liebe dies geschicht; ich bin freudig im Gericht, denn ich bin bei Gott in Gnaden, was will mir das Kreuz dann schaden?

3. Kommt der letzte Feind gedrungen auf mich zu mit seinem Pfeil': Jesus hat ihn schon bezwungen, er gereicht mir nur zum Heil; wie sich sehnet eine Braut, bis sie ihren Bräut'gam schaut, so seufz' ich stets mit Verlangen, meinen Jesum zu umfangen.

4. Wenn ich vor's Gericht soll treten, bin ich dennoch freudenvoll: Jesus wird mich schon vertreten; thu' ich gleich nicht, was ich soll hier in dieser Schwachheitszeit, wird doch die Vollkommenheit meines Jesu für mich gelten; Trotz dem, der mich noch darf schelten.

5. Dieses Alles kommt geflossen aus der Jesuslieb' allein, die ich bis hieher genossen; ewig werd' ich bei ihm seyn, denn die Lieb' zieht mich zu ihm, macht, daß ich das Ungestüm dieser schnöden Welt verfluche, und nur meinen Jesum suche.

Von der ewigen Himmelsfreude.

Ebräer 12, v. 22. 23. Ihr seyd gekommen zu dem Berge Zion, und zu der Stadt des lebendigen Gottes, zu dem himmlischen Jerusalem, und zu der Menge vieler tausend Engel; und zu der Gemeine der Erstgebornen, die im Himmel angeschrieben sind; und zu Gott, dem Richter über Alle, und zu den Geistern der vollkommenen Gerechten.

Mel. Alle Menschen müssen sterben.

1735. Uebergroße Himmelsfreude! wie vergnügst du meinen Geist, der in solcher Hoffnung heute sich schon überselig preis't und mit herzlichem Verlangen wartet, bis er wird gelangen in den schönen Himmelssaal zu des Lammes Abendmahl!

2. Gott leucht't hier selbst als die Sonne und gleich Sternen ohne Zahl glänzen, in der höchsten Wonne, die Propheten allzumal: der Apostel helles Scheinen macht mich froh in Mark und Beinen; ja, die ganze Christenschaar leuchtet helle, rein und klar.

3. Was für himmelsüßes Singen hört man hier im heil'gen Licht! was für Jauchzen, was für Springen! da der Chor der Engel spricht: Heilig, heilig, heilig heißet, der uns so viel Gut's beweiset, Gott der Vater sammt dem Sohn und dem Geist im Himmelsthron.

4. Was für Liebe, was für Friede herrschet hier in stiller Ruh'! da man hört dem neuen Liede mit entzücktem Ohre zu. Alles jauchzet, Alles herzet; Nichts betrübet, Nichts mehr schmerzet: Alles giebt den Frommen Lust; Nichts mehr kränket ihre Brust.

5. Jesu, dem ich mich ergeben, führe mich doch bald heraus aus dem schnöden Lasterleben in dies schöne Himmelshaus. Laß mich auch an deiner Seiten fühlen solche Himmelsfreuden, und in deiner Liebe mich einst ergötzen ewiglich.

Von Gottes unendlichem Wesen.

Psalm 139, v. 6. Solches Erkenntniß ist mir zu wunderlich und zu hoch; ich kann es nicht begreifen.

Mel. Komm, heiliger Geist, Herre Gott!

1736. Unendlicher Gott, höchstes Gut! das in sich selbst besteht und ruht, das unbegreiflich ist zu nennen, wer kann dich vollkommen kennen? Du bist ein unumschränktes Licht, von Ziel und Gränzen weißt du nicht. Dich kann kein sterblich Auge sehen *), es muß vor dir verhüllet stehen. Hallelujah, Hallelujah!

*) 1 Tim. 6, v. 16.

2. Erschaffener Geist, blöder Sinn! komm, setze dich voll Demuth hin, mit stummer Einfalt anzuhören unbegreiflich hohe Lehren. Gott ist ein unerschaffner Geist, der aller Geister Vater heißt, der Ursprung aller guten Gaben, die alle Kreaturen haben. Hallelujah, Hallelujah!

3. Dies ewige Licht ist befreit von aller Unvollkommenheit. Sein geistlich und nothwendig Wesen läßt nichts Schwaches an sich lesen; sein unerforschlicher Verstand ist Niemand, als ihm selbst, bekannt. Sein freier und gerechter Wille ist eine ew'ge Liebesfülle. Hallelujah, Hallelujah!

4. Sein herrlicher Glanz, der höchst rein, hat mit dem Schatten Nichts gemein. *)

Die höchste Einfalt**) ist zu spüren, da sich Aug' und Sinn verlieren. Legt schon die Schrift ihm Glieder bei, so macht sie diese Schilderei, in unsre Schwachheit sich zu schicken und es begreiflich auszudrücken. Hallelujah, Hallelujah! *) Jac. 1, v. 17.

**) das heißt: Gott ist ein einfaches Wesen, das aus keinen Theilen zusammengesetzt ist.

5. Kein menschlicher Leib schränkt ihn ein, ein Geist hat weder Fleisch noch Bein. Die Hand bezeichnet seine Stärke und Beschirmung seiner Werke. Sein off'nes Aug' und hörend Ohr stellt sein unendlich Wissen vor, das Alles kennt, Nichts ausgenommen. Kurz, Alles ist bei ihm vollkommen. Hallelujah, Hallelujah!

6. Vor'm Schöpfungswerk war er allein, es wird auch kein Gott nach ihm seyn. *) Obgleich der Satan viele Götzen ihm will an die Seite setzen, so ist doch ihre Göttlichkeit nur eine Mißgeburt der Zeit. Der letzte Brand wird sie verzehren**); ihn aber wird man ewig ehren. Hallelujah, Hallelujah! *) Jes. 44, v. 6. **) Jerem. 10, v. 11.

7. Der höchste Gott ist nun zugleich in seinem ein'gen Wesen reich, in welchem ewig drei Personen wunderbar vereinigt wohnen: der Vater hat vor Zeit der Welt den Sohn gezeugt und dargestellt; der heil'ge Geist geht aus von Beiden, o Wunder-Drei, voll Glanz und Freuden! Hallelujah, Hallelujah!

8. Ich bete dich an, großes Licht! mit ehrfurchtsvoller Liebespflicht; ach, laß mich arme Handvoll Erden deiner Liebe fähig werden. Mein Herz begehret nur allein mit dir vertraut, bekannt zu seyn; laß mich vor deinem Thron bald stehen und unverrückt dein Antlitz sehen! Hallelujah, Hallelujah!

D. Johann Jakob Rambach.

Ueber Epistel Jacobi 1, v. 17—21. am Sonntage Cantate.

Joh. 1, v. 18. Niemand hat Gott je gesehen; der eingeborne Sohn, der in des Vaters Schooß ist, der hat es uns verkündigt.

Mel. Herr Christ, der ein'ge Gott's-Sohn.

1737. Unendlicher, mein Glaube kennt dich als Quell des Lichts; erheb' mich aus dem Staube! du Alles und ich Nichts. O Gott, du bist voll Gnade, laß auf dem Lebenspfade mich reich an Licht stets seyn.

2. Ich fleh' um deine Gaben mit dir gelass'nem Sinn, gern möcht' ich Vieles haben, da ich so dürftig bin; thu' auf die milden Hände und segne ohne Ende mich, dein so armes Kind!

3. Ja, zeuge mich von oben, o Gott, durch deinen Geist! in Christo dich zu loben: dies ist, was du mich heißt; in ihm dich Abba! nennen, dich als die Liebe kennen, welch großes Heil für mich!

4. O Herr! in meinen Ohren schall' nur dein theures Wort! die Zeit ist ganz verloren, wo man dich, Lebenshort! nicht hört, erkennt und liebet, das Herz dir, Heiland! giebet und dir allein nur lebt.

5. Vor allen Zungen-Sünden bewahr' mich, höchstes Gut! du wollest selbst entzünden mein Herz mit heil'ger Glut; hilf, daß im Reden, Schweigen ich immer kann bezeugen: ich sey dein Eigenthum.

6. Ja, schenk' mir alle Tage Gefühl von deiner Huld; erhör' mich, wenn ich sage: vergieb mir meine Schuld! Laß, Jesu! dich genießen, laß Blut und Wasser*) fließen in mein gebeugtes Herz. *) 1 Joh. 5, v. 6.

7. Gieb Kräfte, abzulegen, was sich Unlauters regt; um deines Wortes Segen fleh' ich zu dir bewegt. Dein Geist, Herr Jesu! leite mich, bis ich einstens scheide; wie gut steht's dann um mich!

8. Nimm mich, o Geist der Gnaden! in deine Pflege hin, so leid' ich keinen Schaden an meinem Christen-Sinn. Wie groß wird seyn die Freude, wenn ich, erlös't, vom Leide, vor deinem Throne bin!

Christian Friedrich Förster.

Abendlied.

Joh. 1, v. 4. 5. In ihm war das Leben, und das Leben war das Licht der Menschen. Und das Licht scheinet in der Finsterniß, und die Finsterniß haben's nicht begriffen.

Mel. Ach! was soll ich Sünder machen?

1738. Unerschaffne Lebens-Sonne! Licht vom unerschaffnen Licht, das die Finsterniß durchbricht! gehe auf zu meiner Wonne und bestrahle meinen Sinn, da man spricht: der Tag ist hin.

2. Finster ist mein ganzes Wesen, und Egyptens dunkle Nacht, so die Höll' hervorgebracht, macht, daß ich nicht kann genesen, wo nicht deiner Klarheit Schein meine Kräfte nimmet ein.

3. Ach, drum dringet meine Seele aus der Sünden Dunkelheit hin zu deiner Heiterkeit, die ich mir zum Trost erwähle, wenn

der Finsterniß Verdruß ich mit Schmerzen leiden muß.

4. Denn die Sünde bringt uns Leiden, als die aus dem Abgrund ist, von dem, der durch seine List uns geführet in ein Scheiden von der Liebe, die so zart eh'mals sich mit uns gepaart.

5. Dein Licht aber ist das Leben, das die Todten wecket auf und befördert ihren Lauf. O was Freude kann es geben! nichts als lauter Wonne ist, wo du Licht und Leben bist.

6. Laß mich diese Freude schmecken, die so keusch und sauber macht, daß ich fremdes gar nicht acht'; reiße weg die Sündendecken, welche machen, daß dein Glanz mein Herz nicht erfüllet ganz.

7. O! daß doch der Abend käme, da es soll so lichte seyn;*) und des Geistes heller Schein uns dir machte recht bequeme, ja, was mehr, daß ich im Sinn hören möcht': die Nacht ist hin! *) Sachar. 14, v. 7.

8. Nunmehr ist der Tag erschienen, der nicht seines Gleichen hat! da der güldnen Gottes-Stadt soll zur Sonn' und Leuchte dienen das Lamm Gottes; Gloria! Auf, Triumph! der Tag ist da!

Johann Anastasius Freylinghausen.

Reiselied.

5 Mose 31, v. 8. Der Herr aber, der selbst vor euch hergehet, der wird mit dir seyn und wird die Hand nicht abthun, noch dich verlassen. Fürchte dich nicht und erschrick nicht.

Mel. Wunderbarer König.

1739. Unschätzbarer Heiland; laß mich deine Reisen tief betrachten, fröhlich preisen. Ach, die Menschenliebe konnte deinen Füßen jeden sauren Tritt versüßen. Auch für mich mühst du dich. Hochgeborner König, bin ich nicht zu wenig?

2. Nein, du liebst die Sünder, die verlornen Schaafe; du erbarmst dich ihrer Strafe. Darum bist du kommen, und mit dem Verlangen auf der Welt umher gegangen: unser Herz aus dem Schmerz, Fluch und Tod der Sünden bald heraus zu finden.

3. Hunger, Durst und Kälte, Schweiß und müde Stunden hast du oft genug empfunden. Dein Geschäft war täglich, deines Vaters Willen uns zum Heil mit Lust erfüllen, wenig ruhn, Gutes thun, beten, segnen, heilen, Unterricht ertheilen.

4. So hast du gewandelt, und auf deinen Wegen triefte jeder Tritt von Segen. Laß mich auch so reisen; laß von deinen Füßen Heil auf meine Gänge fließen. Tag und Nacht sey bedacht, über mich zu wachen, und mir Bahn zu machen. Psalm 65, v. 12.

5. Ach, wie manche Sünden pflegen uns auf Reisen ihre Tücke zu beweisen! Vielerlei Zerstreuung, irdische Gedanken, Leichtsinn, Plaudern, Scherzen, Zanken, böse Lust, fauler Wust, Müßiggang und Richten kann uns täglich sichten.

6. Selbst bei deinen Kindern, wenn sie nicht mehr wachen und sich falsche Freiheit machen, wächst so manche Wurzel, die vor dir nicht tauget, die die Kraft vom Herzen sauget. Ungefähr wird man leer; Segen wird verloren, Anstoß wird geboren.

7. Halte meine Seele fest in deinen Armen, und verschließ' sie in's Erbarmen. Führe du mich selber, Herr, so oft ich reise, unverrückt in deinem G'leise. Schütze mich väterlich, daß mich Satans Tücken nicht mit List berücken.

8. Gieb mir Herzensstille, allezeit zu beten. Lehre mich behutsam treten: daß ich ja nicht gleite, nein, auf alle Weise dich mit Wort und Wandel preise; und dazu, so wie du, mir und andern nütze, niemals müßig sitze.

9. Laß mich auf der Reise an des Schöpfers Werken des Erlösers Größe merken. Alle Kreaturen sollen mich vergnügen, weil sie mir in ihren Zügen deine Macht, deine Pracht, deiner Güte Strahlen vor die Augen malen.

10. Deines Vaters Liebe, deines Blutes Kräfte, deines Geistes Heilsgeschäfte, deiner Engel Wache sollen mich bedecken: so wird mich kein Unglück schrecken. Lob sey dir! bleib' mit mir, Herr, im sel'gen Bande, bis zum Vaterlande! Ernst Gottl. Woltersdorf.

Vom Lobe Gottes.

Psalm 8, v. 2. Herr, unser Herrscher, wie herrlich ist dein Name in allen Landen, da man dir danket im Himmel!

In eigener Melodie.

1740. Unser Herrscher, unser König, unser allerhöchstes Gut! herrlich ist dein großer Name, weil er Wunderthaten thut; löblich nah' und auch von ferne, von der Erd' bis an die Sterne.

2. Wenig sind zu diesen Zeiten, welche dich von Herzensgrund lieben, suchen und

begehren; aus der Säuglinge Mund hast du dir ein Lob bereitet, welches deine Macht ausbreitet.

3. Es ist, leider! zu beklagen, ja, wem bricht das Herze nicht, wenn man siehet so viel tausend fallen bei dem hellen Licht? Ach, wie sicher schläft der Sünder! ist es nicht ein großes Wunder?

4. Unterdessen, Herr, mein Herrscher! will ich treulich lieben dich; denn ich weiß, du treuer Vater, daß du herzlich liebest mich. Zieh' mich kräftig von der Erden, daß mein Herz mag himmlisch werden.

5. Herr! dein Nam' ist hoch gerühmet und in aller Welt bekannt; wo die warmen Sonnenstrahlen nur erleuchten ein'ges Land, da ruft Himmel, da ruft Erde: hochgelobt Jehovah werde!

6. Herr, mein Herrscher! o wie herrlich ist dein Name meiner Seel'! drum ich auch vor deinen Augen singend mich dir ganz befehl'; gieb, daß deines Kindes*) Glieder sich dir ganz ergeben wieder.

*) Jesu.

Joachim Neander.

Abendlied am Sonntage.

Psalm 115, v. 18. Wir loben den Herrn, von nun an bis in Ewigkeit. Halleluja!

Mel. Herr! ich habe mißgehandelt.

1741. Unser Sabbath geht zu Ende; kommt, vollendet seinen Lauf! Gott der Herr hat Vaterhände und sein Wohlthun hört nicht auf. Drum laßt eu'r Gebet und Singen ihm das Abend-Opfer bringen.

2. Herr! bei dem man alle Tage Rath und Hülfe finden kann, höre, was ich jetzund sage, und nimm meine Seufzer an; denn nichts Anders kann ich geben, als nur deinen Ruhm erheben.

3. Und wer wollte das verschweigen, daß Gott alle Menschen liebt? Tag und Nacht sind unsre Zeugen, wie er so viel Gutes giebt; denn mit jeder meiner Stunden ist ein Segen auch verbunden.

4. Andre Tage, von dem Morgen auch bis in die späte Nacht, wurden meist mit eitlen Sorgen und mit Arbeit zugebracht; aber der, so heut' erschienen, war bestimmet Gott zu dienen.

5. O, du Heiland aller Leute! mein Erlöser und mein Hort! wie viel Menschen hast du heute unterrichtet durch dein Wort, hier getröstet, dort ermahnet und den Weg zu Gott gebahnet!

6. Herr! ich preise deinen Namen jetzund und in Ewigkeit, daß du so viel guten Saamen in die Herzen ausgestreut: dir zum Ruhm wird er bekleiben und viel gute Früchte treiben.

7. Nunmehr geh' ich wieder schlafen und leg' allen Kummer hin; denn mich decken deine Waffen, unter deren Schutz ich bin; mag doch Welt und Hölle toben, hier bin ich gut aufgehoben.

8. Soll ich morgen auch noch leben und in deinem Dienste steh'n, nun, so wirst du Gnade geben, daß mir's ferner wohl wird geh'n: denn das glaub' ich steif und feste, Gott vertrauen ist das Beste.

Kaspar Neumann.

Sonntagslied.

Psalm 84, v. 11. Ein Tag in deinen Vorhöfen ist besser, denn sonst tausend. Ich will lieber der Thür hüten in meines Gottes Hause, denn lange wohnen in der Gottlosen Hütten.

Mel. Freu' dich sehr, o meine Seele.

1742. Unser Vater! Unsichtbarer! Gott, der Alles schafft und giebt; Naher, Guter, Ewigwahrer! der, was er erschaffen, liebt; schau' mit Vaterblicken an Alle, die zu dir sich nah'n; höre huldreich an das Stammeln Aller, die sich hier versammeln.

2. Wohl uns, wenn wir vor dich treten, kindlich unser Herz dich preis't; würdiger dich stets anbeten lehr' uns, Gott! dein guter Geist; lehr' uns deinen Willen thun und in deinem Willen ruh'n, danken dir für alle Freuden, duldend, hoffend seyn im Leiden.

3. Sey du selbst des Lehrers Lehrer! Wahrheit sey ihm Herzenslust; wecke Lernbegierd' im Hörer, frommen Ernst in jeder Brust; alte Wahrheit werd' uns neu; deine Wahrheit mach' uns frei; zeig' uns, Herr! den Weg des Lebens, nichts Gesproch'nes sey vergebens.

4. Dir gefalle Thun und Lassen, Sprechen, Schweigen, Dulden, Ruh'n; lehr' uns, was du hassest, hassen, was du liebst, mit Liebe thun; o wie selig, Herr! sind wir, ähnlichen wir täglich dir; sind wir jeden Tag dir treuer, tugendreicher, fehlerfreier.

5. Fehlt es uns an Kraft und Muthe, lehr' uns glauben: was du kannst; und vollende selbst das Gute, was du schon in uns begannst: klar und unbezweifelt sey, Herr! uns deine Kraft und Treu'; neuen Schwung dem schwachen Streben kannst du, willst du, wirst du geben.

6. Herr! du setzest uns auf Erden, daß wir weise, gut und rein, dir zur Lust erzogen werden, um uns ewig dein zu freu'n! Du, den nichts als Liebe freut, du willst Aller Seligkeit; lehr' uns, Vater! daß wir sollen das, was du willst, freudig wollen.

Johann Kaspar Lavater.

Weihnachtslied.

Johannis 1, v. 51. Von nun an werdet ihr den Himmel offen sehen, und die Engel Gottes hinauf und herab fahren auf des Menschen Sohn.

Mel. Vater unser im Himmelreich.

1743. Uns ist ein Kindlein heut' gebor'n von einer Jungfrau auserkor'n, ein wahrer Mensch und wahrer Gott, daß er uns helf' aus aller Noth, sein Nam' ist Wunderbar und Rath, durch ihn wir haben funden Gnad'.

2. Was hätt' uns Gott mehr können thun, denn daß er uns schenkt' seinen Sohn, der von uns weggenommen hat all' unsre Sünd' und Missethat, erlöst't uns von der ew'gen Pein, damit wir könnten selig seyn?

3. Freu' dich, o werthe Christenheit! und dank' es Gott in Ewigkeit; hass' aber alle Sünd' und Lust, davon du theu'r erlöset bist, sey gottesfürchtig, fromm und rein, zu Ehr'n dem Jesuskindelein!

Nach dem Latein. Parvulus nobis nascitur.

Abendlied.

Psalm 132, v. 4. 5. Ich will meine Augen nicht schlafen lassen, noch meine Augenlieder schlummern, bis ich eine Stätte finde für den Herrn.

Mel. Freu' dich sehr, o meine Seele.

1744. Unsre müden Augenlieder schließen sich jetzt schläfrig zu, und des Leibes matte Glieder grüßen schon die Abendruh'; denn die dunkle, finstre Nacht hat des hellen Tages Pracht in der tiefen See verdecket und die Sterne aufgestecket.

2. Ach! bedenk', eh' du gehst schlafen, du, o meines Leibes Gast! ob du den, der dich erschaffen, heute nicht erzürnet hast; thu', ach thu' bei Zeiten Buß', geh' und fall' ihm bald zu Fuß' und bitt' ihn, daß er aus Gnaden dich der Strafe woll' entladen.

3. Sprich: Herr, dir ist unverhohlen, daß ich diesen Tag vollbracht anders, als du mir befohlen, ja, ich habe nicht betracht't meines Lebens Ziel und Zweck, habe gleichfalls deinen Weg schändlich, o mein Gott, verlassen, bin gefolgt der Sünde Straßen.

4. Ach Herr! laß mich Gnad' erlangen, gieb mir nicht verdienten Lohn, laß mich deine Huld umfangen, sieh' an deinen lieben Sohn, der für mich genug gethan; Vater, nimm den Bürgen an, dieser hat für mich erduldet, was ich Sünder hab' verschuldet.

5. Oeffne deine Gnadenschätze, deine Engel send' herab, daß kein Unfall mich verletze, daß des Todes finstres Grab, daß das Uebel, so bei Nacht unsern Leib zu fällen tracht't, mich nicht mit dem Netz umdecke, noch ein böser Traum mich schrecke.

6. Laß mich, Herr! von dir nicht wanken, in dir schlaf' ich sanft und wohl; gieb mir heilige Gedanken, und bin ich gleich Schlafes voll, so laß doch den Geist in mir zu dir wachen für und für, bis die Morgenröth' aufgehet und man von dem Bett' aufstehet.

7. Vater droben in der Höhe! dessen Nam' uns theu'r und werth; dein Reich komm', dein Will' geschehe, unser Brot werd' uns beschert und vergieb uns unsre Schuld, schenk' uns deine Gnad' und Huld, laß uns nicht Versuchung tödten, hilf uns, Herr, aus allen Nöthen!

Joh. Franck.

Der Christ, im Geiste unter dem Kreuze seines Heilandes.

Lucä 23, v. 48. 49. Alles Volk, das dabei war und zusahe, da sie sahen, was da geschahe, schlugen sie an ihre Brust und wandten wieder um. Es standen aber alle seine Verwandten von ferne, und die Weiber, die ihm aus Galiläa waren nachgefolget, und sahen das Alles.

Mel. Jesu, komm doch selbst zu mir.

1745. Unter Jesu Kreuze steh'n und in seine Wunden sehn, ist ein Stand der Seligkeit, dessen sich der Glaube freut.

2. Nun heißt's bei dem Kreuzesstamm: siehe, das ist Gottes Lamm! und mein Glaube tröstet sich: diese Wunden sind für mich.

3. Dies ist Gottes Sohnes Blut, und es fließt auch mir zu gut. Er bat: Vater! ach vergieb! und bat dies auch mir zur Lieb'.

4. Hör' ich, wie der Schächer sprach, o so sprech' ich diesem nach: Herr! gedenke du zugleich meiner mit in deinem Reich.

5. Seh' ich, wie er überdies sich von Gott verlassen ließ: o so hofft mein Glaube fest, daß sein Gott uns nicht verläßt.

6. Hör' ich, wie er rief: mich dürst't! ruf ich aus: o Lebensfürst! mir zum Heil nahmst du den Trank. Dank sey dir, ja ewig Dank.

7. Hör' ich ihn: es ist vollbracht! nimmt mein Glaube dies in Acht, die Versöhnung sey gescheh'n, und ich darf zum Vater geh'n.

8. Wie er letzt den Geist hingiebt seinem Vater, der ihn liebt, so ist meines Glaubens Bitt': Herr! nimm meinen Geist auch mit.

9. Wenn ich sterbe, führ' mich du unter deinem Kreuz zur Ruh'; laß vor deinem Thron mich stehn und die Wunden herrlich sehn!

M. Philipp Friedrich Hiller.

Verlangen nach dem Himmel.

Jesaia 65, v. 18. Sie werden sich ewiglich freuen und fröhlich seyn über dem, das ich schaffe.

Mel. Meine Armuth macht mich schreien.

1746. Unter Lilien jener Freuden sollst du weiden, Seele, schwinge dich empor! als ein Adler fleuch behende, Jesu Hände öffnen mir das Perlenthor.

2. Laßt mich gehen, laßt mich laufen zu dem Haufen derer, die des Lammes Thron, nebst dem Chor der Seraphinen, schon bedienen mit dem reinsten Jubelton.

3. Löse, erstgeborner Bruder! doch die Ruder meines Schiffleins, laß mich ein in den sichern Friedenshafen zu den Schaafen, die der Furcht entrücket seyn.

4. Nichts soll mir am Herzen kleben, süßes Leben! was die Erde in sich hält. Sollt' ich noch in diesen Wüsten länger fristen? Nein, ich eil' in's Himmelszelt.

5. Herzens-Heiland! schenk' mir Glauben, festen Glauben, der durch Alles sieghaft dringt; nach dir sehnt sich meine Seele in der Höhle, bis sie sich von hinnen schwingt.

6. O wie bald kannst du es machen, daß mit Lachen *) unser Mund erfüllet sey! du kannst durch des Todes Thüren träumend führen, und machst uns auf einmal frei.

*) Psalm 126, v. 2.

7. Du hast Sünd' und Straf' getragen, Furcht und Zagen muß nun ferne von mir geh'n. Tod! dein Stachel liegt darnieder, meine Glieder werden fröhlich aufersteh'n.

8. Herzens-Lamm! dich will ich loben hier und droben in der zart'sten Lieb's-Begier. Du hast dich zum ew'gen Leben mir gegeben; hole mich, mein Lamm! zu dir.

Joh. Ludwig Konrad Allendorf.

Morgenlied eines Kranken.

Jacobi 5, v. 13. Leidet Jemand unter euch, der bete.

Mel. Freu' dich sehr, o meine Seele.

1747. Unter meinem Schmerz und Weinen, nach zurückgelegter Nacht, seh' ich jetzt die Sonne scheinen, die da Alles fröhlich macht. Drum will ich, so viel ich kann, diesen Tag auch fangen an mit Gebet, mit Danken, Singen und in Andacht ihn vollbringen.

2. Daß ich mich jetzt krank befinde, Herr! das ist dein Will' und Rath, welcher mir, als deinem Kinde, dieses zugeschicket hat. Nun, ich nehm' es gern auf mich, ja, ich trag' es williglich: was du pflegest aufzulegen, ist nicht ohne Gnad' und Segen.

3. Dieser Tag ist angefangen, weil mich deine Gnad' erhält; laß mich auch das End' erlangen, wenn es dir, mein Gott, gefällt. Lindre meinen Schmerz und Noth, ach, mein Vater, Herr und Gott! ach, du wollest mir beistehen, nicht von deinem Kinde gehen.

4. Doch es soll dein Will' geschehen, Herr! dein Wille nur allein. Wie du willst, so soll mir's gehen, so will ich zufrieden seyn. Ich will leben, wenn's dein Will'; auch im Sterben halt' ich still. Ich will mich zu Tod und Leben dir hiemit, mein Gott! ergeben.

5. Segne alle Arzeneien, stärke mich je mehr und mehr; laß dieselben mir gedeihen, Herr! zu deines Namens Ehr'. Hör' in Gnaden mein Gebet, wenn ich kindlich vor dich tret', daß ich dich im Glauben fasse und mich fest auf dich verlasse.

6. Soll ich enden heut' mein Leiden, daß mir besser wieder werd'; soll ich von der Welt abscheiden und verlassen diese Erd': Herr! das überlass' ich dir; wie du willst, geschehe mir; dein bin ich mit Leib und Seele, du bist's, dem ich mich befehle.

Von der Liebe Gottes in Christo Jesu.

Johannis 16, v. 27. Der Vater hat euch lieb, darum das Ihr mich liebet und glaubet, daß Ich von Gott ausgegangen bin.

Mel. Wunderbarer König.

1748. Unumschränkte Liebe! gönne blöden Augen, die sonst kaum auf Erden taugen, daß sie in die Strahlen deiner Langmuth blicken, die den Erdkreis wärmend schmücken, und zugleich, freudenreich, Bösen und den Deinen mit der Sonne scheinen. *)

*) Matth. 5, v. 45.

2. Wasser, Luft und Erde, ja, dein ganz Gebiete ist ein Schauplatz deiner Güte; deiner Langmuth Ehre wird durch neue Proben immer herrlicher erhoben. O wie weit,

o wie breit über Berg' und Hügel streckt sie ihre Flügel! *)

*) Psalm 36, v. 8. 11.

3. Was wir davon denken, was wir sagen können, ist ein Schatten nur zu nennen. Tag für Tag zu leiden, Tag für Tag zu dulden so viel Millionen Schulden, und dazu ohne Ruh' lieben für das Hassen: Herr! wer kann das fassen?

4. Du vergiebest Sünde, hörst der Sünder Flehen, wenn sie weinend vor dir stehen; deine Rechte drohet und erbarmt sich wieder, legt die Pfeile gerne nieder. Tiefen Schmerz fühlt dein Herz, wenn durch ernste Strafen du mußt Bess'rung schaffen.

*) Psalm 7, v. 14.

5. Herr! es hat noch Keiner, der zu dir gegangen, für Genade Recht *) empfangen. Wer zu deinen Füßen sich mit Thränen senket, dem wird Straf' und Schuld geschenket; unser Schmerz rührt dein Herz, und du willst der Armen gnädig dich erbarmen.

*) den gerechten Lohn seiner Sünden.

6. König! sey gepriesen, daß du so verschonest und uns nicht nach Werken lohnest, deiner Hand sey Ehre, die so wohl regieret und mit Ruhm den Scepter führet. Fahre fort, Zions Hort! Langmuth auszuüben und die Welt zu lieben.

D. Johann Jakob Rambach.

Stete Vorstellung des letzten Augenblicks.

Lucä 21, v. 34. 35. Hütet euch, daß eure Herzen nicht beschweret werden mit Fressen und Saufen, und mit Sorgen der Nahrung, und komme dieser Tag schnell über euch: denn wie ein Fallstrick wird er kommen über Alle, die auf Erden wohnen.

Mel. Jesus, meine Zuversicht.

1749. Unverhoffter Augenblick, laß mich stets an dich gedenken und bei jedem Lebensstück meinen Sinn zum Grabe lenken, daß, wenn du mich nimmst einst hin, ich bereit und fertig bin.

2. Hier ist keine Sicherheit, man ist immer reif zum Sterben; darum soll man allezeit sich nur bloß um dies bewerben, daß man, wenn das Sterben kömmt, nur ein selig Ende nimmt.

3. Nun so laß mir, großer Gott! allezeit im Herzen schweben meine letzte Todesnoth und das drauf bestimmte Leben; laß die ganze Lebenszeit mich zum Sterben seyn bereit.

4. Sarg und Bahre bilde mir, wenn ich schlafe, wenn ich wache, stets in meinem Herzen für; zeig' den Tod mir, wenn ich lache; bin ich bei der größten Lust, so mach' Sterben mir bewußt.

5. Geht mein Fuß nach Sodom zu und will Sünd' auf Sünden häufen, so laß mir im Herzen nur die Begierde bald ersäufen; bilde mir das Sterben für, und verschließ' die Sündenthür.

6. Nun, o mein Immanuel! nimm einst in den letzten Stunden, wenn ich sterbe, meine Seel' gnädig ein in deine Wunden und den Leib laß, ohne Klag', ruhen bis zum jüngsten Tag.

Benjamin Schmolck.

Das stete Aufsehen auf Jesum.

Psalm 123, v. 2. Siehe, wie die Augen der Knechte auf die Hände ihrer Herren sehen, wie die Augen der Magd auf die Hände ihrer Frauen: also sehen unsere Augen auf den Herrn unsern Gott, bis er uns gnädig werde.

Mel. Freu' dich sehr, o meine Seele.

1750. Unverwandt auf Christum sehen, bleibt der Weg zur Seligkeit; Allen, welche zu ihm flehen, ist gewisses Heil bereit't: siehet man im Herzen an, was er für die Welt gethan und man glaubt daran mit Beugen; so bekommt man es zu eigen.

2. Wenn doch alle Seelen wüßten, wie es dem so wohl ergeht; welcher in der Zahl der Christen, wahrer Glieder Jesu steht! da geht man in seinem Glück immer fort und nie zurück; man ist auf dem Lebenspfade und nimmt immer Gnad' um Gnade.

3. Aber freilich kann nichts taugen, als nur das, was Christus thut; lassen wir ihn aus den Augen, finden wir was Ander's gut: so erfahren wir gewiß, unser Licht sey Finsterniß, unser Helfen sey Verderben, unser Leben lauter Sterben.

4. Wären wir doch völlig Seine, regte sich doch keine Kraft, da der Heiland nicht alleine, was sie wirkete, geschafft! Jesu! richte unsern Sinn lediglich auf Dich nur hin, so lebt's Herz in deiner Wahrheit und das Auge wird voll Klarheit.

5. Bring' uns völlig in die Schranken, die dein Liebesrath gesetzt; weder Worte noch Gedanken werden sonst für gut geschätzt: eine arme Kreatur kann allein auf dieser Spur deines Namens Ruhm erhöhen und in deine Freud' eingehen.

Johann Andreas Rothe,
nach dem Gesangbuch der Brüdergemeine.
Barby 1778; sehr abgekürzt.

Von den Wirkungen des heiligen Geistes.

Johannis 16, v. 8. Wenn derselbe (der Tröster) kommt, der wird die Welt strafen um die Sünde, um die Gerechtigkeit, und um das Gericht.

Mel. Jesu, meine Freude.

1751. Ursprung wahrer Freuden! komm in meinem Leiden und erfreue mich; strafe meine Sünden, so daß ich mag finden, daß du kräftiglich dich mit mir, o werthe Zier! hast verbunden, daß dein Lieben ich hier mög' ausüben.

2. Laß nicht Lieb' erkalten in mir, sondern halten meines Herren Wort. Lehre mich ergründen dies Wort, laß mich finden hier an meinem Ort, werthes Licht! was mir gebricht; doch laß mich in meinen Klagen gleichwohl nicht verzagen.

3. Auch wollst du in Zeiten mich behutsam leiten alle Wahrheit ein, daß ich möge kämpfen ritterlich, und dämpfen, was mir bringet Pein! Wenn die Sünd' auf mich geschwind ihren Stachel schießt, mich stärke, daß ich Trost vermerke!

4. Wenn ich nun soll sterben und mein Fleisch verderben, da verlaß mich nicht. Tritt mir an die Seite, hilf, daß ich so streite, daß ich in's Gericht ja nicht komm', o mache fromm mich, daß ich in diesem Leben bloß mög' hiernach streben.

Christoph Runge.

Freudiger Abschied aus der Welt.

Jesaia 57, v. 1. 2. Die Gerechten werden weggeraffet vor dem Unglück, und die richtig vor sich gewandelt haben, kommen zum Frieden, und ruhen in ihren Kammern.

In eigener Melodie.

1752. Valet *) will ich dir geben, du arge, falsche Welt! dein sündlich böses Leben durchaus mir nicht gefällt. Im Himmel ist gut wohnen, hinauf steht mein Begier; da wird Gott ewig lohnen **) dem, der ihm dient allhier.

*) Abschied. **) aus Gnaden. 1 Cor. 15, 57.

2. Rath' mir nach deinem Herzen, o Jesu, Gottes Sohn! soll ich ja dulden Schmerzen, hilf mir, Herr Christ! davon, verkürz' mir alles Leiden, stärk' meinen blöden Muth; laß selig mich abscheiden, setz' mich in dein Erbgut.

3. In meines Herzens Grunde dein Nam' und Kreuz allein funkelt all'zeit und Stunde, drauf kann ich fröhlich seyn. Erschein' mir in dem Bilde zum Trost' in meiner Noth, wie du, Herr Christ! so milde dich hast geblut't zu Tod'.

4. Verbirg mein' Seel' aus Gnaden in deine off'ne Seit', rück' sie aus allem Schaden zu deiner Herrlichkeit. Der ist wohl hier gewesen, wer kommt in's Himmels Schloß; der ist ewig genesen, wer bleibt in deinem Schooß.

5. Schreib' meinen Nam'n auf's Beste in's Buch des Lebens ein, und bind' mein' Seel' fein feste in's Lebensbündelein *) der'r, die im Himmel grünen und vor dir leben frei; so will ich ewig rühmen: daß dein Herz treue sey.

*) 1 Samuel. 25, v. 29.

Valerius Herberger.

Gebet um Trost in Sündennoth.

Gebet Manasse v. 12. 13. Ach Herr, ich habe gesündiget, ja, ich habe gesündiget, und erkenne meine Missethat. Ich bitte und flehe, vergieb mir! o Herr! vergieb mir's.

Mel. Freu' dich sehr, o meine Seele.

1753. Vater! ach, laß Trost erscheinen! siehest du dein Kind denn nicht bitterlich mit Petro weinen, wie es mit Manasse *) spricht? wie es schlägt an seine Brust, wie die eitle Sündenlust wird aus Reue so verfluchet, wie es weinend Gnade suchet?

*) 2 Chronica 33, v. 12.

2. Hast du, Vater! nicht geliebet mich von aller Ewigkeit? So mich nun die Schuld betrübet, tröst' ich mich der Gnaden-Zeit. Jesu Kreuz und Dornenkron' bring' ich, Herr! vor deinen Thron; hat dein Sohn nicht das gelitten, und kann kräftig für mich bitten?

3. Zwar du bist gerecht, ich schäme mich der Ungerechtigkeit: so ich Feigen-Blätter *) nähme, meiner Werke schnödes Kleid, deckt' es doch die Blöße nicht. So du, Vater! vor Gericht Recht für Gnade läss'st ergehen: wer ist rein? wer kann bestehen?

*) 1 Mose 3, v. 7.

4. Gleichwohl sagst du zu das Leben, und willst nicht der Sünder Tod; du willst schenken und vergeben, wo verlassen dein Gebot, wo auf bös' verderbte Art, auf der breiten Höllen-Fahrt ich mich habe lassen finden in ganz ungebüßten Sünden.

5. Suche mich, dein Schäflein, wieder, du mein Gott und treuer Hirt! welches, irrig auf und nieder, Wölfen sonst zum Raube wird. Schließ' in Jesu Wunden ein das verscheuchte Täubelein, daß es Satan nicht erwische in dem wüsten Weltgebüsche.

6. Herr! ich habe zwar verzogen, bin, nach Noahs Raben *) Art, sicher hin und her geflogen, hab' die Buße lang' gespart.

Jetzt thu' ich zu dir den Tritt, bringe Reu' und Glauben mit. Herr! ich komme hoch beladen, nimm dein armes Kind zu Gnaden.

*) 1 Mose 8, v. 7.

M. Benjamin Prätorius.

Das Gebet des Herrn.

Psalm 6, v. 10. Der Herr höret mein Flehen, mein Gebet nimmt der Herr an.

Mel. Jesu, meine Freude.

1754. Vater aller Ehren! laß dein Wort uns lehren, daß dein Reich hier sey; es gescheh' dein Wille, unsern Hunger stille, mach' uns sündenfrei; gieb uns nicht dem Bösewicht; rette uns aus allem Leide und führ' uns zur Freude.

Johann Franck.

Vor der Predigt.

Sirach 6, v. 35. Höre gern Gottes Wort, und merke die guten Sprüche der Weisheit.

Mel. Jesu, meine Freude.

1755. Vater aller Gnaden! der du hast geladen uns an diesen Ort, dein Wort anzuhören, uns den Weg zu lehren zu der Himmelspfort': zu uns richt' dein Angesicht, das uns leucht' vor unsern Füßen in den Finsternissen.

2. Jesu, Trost der Sünder! sieh', wie deine Kinder kläglich nach dir sehn; blick' uns an in Gnaden, heil' den Seelenschaden, weil wir sonst vergehn: Sinn und Herz neig' himmelwärts, daß es einig bleib' ergeben, ewig dir zu leben.

3. Geist des Hochgeliebten! Tröster der Betrübten! schönster Herzensgast! komm mit deinen Gaben inniglich zu laben, was du Theures hast: Gieb jetzund in dieser Stund', daß dein Diener uns mag lehren, was uns kann bekehren.

Gebet bei langwierigem Leiden.

Jeremia 17, v. 14. Heile du mich, Herr, so werde ich heil; hilf du mir, so ist mir geholfen; denn du bist mein Ruhm.

Mel. Ach! was soll ich Sünder machen?

1756. Vater! deine Leidens-Proben währen schon so lange Zeit und die Hülfe scheint noch weit, weit entfernt und aufgeschoben. Vater, nimm dich meiner an; du weißt, was ich tragen kann.

2. Vater! stärke meinen Glauben, er ist ja dein eigen Werk; und verleihst du mir nicht Stärk', wird der Feind ihn bald mir rauben, oder er wird doch so matt, daß er keinen Nachdruck hat.

3. Laß mich dir so fest vertrauen, wie dein Himmel feste steht; laß mich, es geh', wie es geht, nur auf dich und sonst Nichts bauen; ja, fiel' auch der Himmel ein, müss' mein Glaub' noch fester seyn.

4. Unglaub' kränkt ja deine Ehre: und weil dies der Lügen-Geist schon von Adams Zeit her weiß, sucht er, ob es möglich wäre, daß er mich mit diesem Strick gleichfalls fange und berück'.

5. Laß mich nicht verdrossen werden auf dem schmalen Kreuzes-Weg, wenn der rauhe Dornen-Steg währt, so lang' ich leb' auf Erden: daß mir's nicht, wie Israel, doch zuletzt auf ewig fehl'.

6. Laß mich nie an dem verzagen, was dein Mund im Wort verspricht; und wollt' es auch lange nicht helle werden, oder tagen: so weicht alle Finsterniß endlich doch der Sonn' gewiß.

7. So wollst du mich auch bewahren, mein Erbarmer und mein Hort! daß kein ungeduldig's Wort mir jemalen mög' entfahren, und wenn ich nicht loben kann, so nimm doch mein Seufzen an.

8. So viel ich hier deinem Sohne in dem Leiden werde gleich; so viel wird in deinem Reich mir zur Freud' und Ehrenkrone. Amen! ja es bleibt dabei: mach' mich treu, so bin ich treu.

Johann Jakob v. Moser.

Gebet um zeitliche und ewige Wohlfahrt.

Marci 11, v. 24. Alles, was ihr bittet in eurem Gebet, glaubet nur, daß ihr's empfangen werdet; so wird's euch werden.

Mel. Werde munter, mein Gemüthe.

1757. Vater, dem kein Ding unmöglich, dessen Herz erbarmend ist, dessen Gnadenmeer alltäglich stromweis' auf uns überfließt: Dank sey dir in Ewigkeit, daß du mich auch in der Zeit dein Erkenntniß lernen lassen, daß kein eigner Geist mag fassen;

2. Daß du mir den Sohn der Liebe, Jesum Christum, offenbart, der aus wunderbarem Triebe mir zum Heil und Mittler ward, der mich von dem Tod' erlös't, der mich in der Sünde tröst't, der mich von dem Teufel rettet und für mich im Himmel betet.

3. Du gabst deinen Eingebornen in die größte Marter hin, mich Verdammten und Verlornen aus der größten Noth zu zieh'n. Da du ihn mit Blut getauft, hat mich sein Verdienst erkauft; daß ich ewig möchte leben, hast du ihn in Tod gegeben.

4. Vater! durch so bittre Schmerzen, durch so unerhörte Pein wollst du meinem armen Herzen gnädig und barmherzig seyn; laß sein Blut zum Lebenssaft, seine Schwachheit mir zur Kraft, und sein Sterben auf der Erden einst mein himmlisch Leben werden.

5. Schreibe alle meine Schulden nur auf sein Bezahlen hin, weil ich durch sein heilig Dulden nun mit dir versöhnet bin. Gieb, daß diesen Glaubenstrost mir kein Sturm danieder stoßt; gründe mich auf diesem Grunde bis an meine letzte Stunde.

6. Laß mich deinen Geist erleuchten, bis mein Lebensdocht verlischt, laß mich Christi Blut befeuchten, der auch Sterbende erfrischt, daß mein Geist von Tag zu Tag im Erkenntniß wachsen mag, daß ich nur in deiner Stärke Früchte bringe guter Werke.

7. Laß mich dir mein Herz ergeben, Jesum aber schenke mir; all' mein Sorgen und mein Leben glaube, diene, sterbe dir. Sey nur du allein mein Ruhm, ich sey nur dein Eigenthum. Hilf mir, deinen Gotteswillen, wie es christlich ist, erfüllen.

8. Vater! schließ' in deine Treue mich, dein Kind auf ewig ein; meinen Leib und Seele weihe, daß sie deine Wohnung seyn, gegen aller Feinde Trutz lasse deinen Gnadenschutz mich zur Ewigkeit erhalten, bis mein Herze wird erkalten.

M. Philipp Friedrich Hiller.

Vom Gebet.

Judith 9, v. 13 Allezeit hat dir gefallen der Elenden und Demüthigen Gebet.

Mel. Herr! ich habe mißgehandelt.

1758. Vater! du wohnst in der Höhe und in dem, da Demuth ist. Weil ich jetzund vor dir stehe, in dem Namen Jesu Christ, so laß dich als Vater sehen und zu dir mich kindlich flehen.

2. Lehr' uns deinen Namen kennen in des Wortes Deutlichkeit, laß mein Herz vor Andacht brennen, wenn dein süßer Trost erfreut. Hilf, daß ich auch heilig lebe, dir allein die Ehre gebe.

3. Herr! beschirme und regiere deine heilige Gemein'. Ach, erleuchte, leit' und führe uns, die wir dein Erbtheil seyn, daß wir auch dein Reich der Ehren in der Ewigkeit vermehren.

4. Laß mich deinen heil'gen Willen, welchen deine Engel thun, hier auf Erden auch erfüllen und in deiner Gnade ruhn, auch mit Glauben, Lieben, Leben all'zeit dir Gehorsam geben.

5. Gieb uns auch des Leibes Güter, Nahrung, Kleidung, Fried' und Ehr', gieb zufriedene Gemüther, segne, gieb, erhalt', vermehr'; laß das Brot mit Dank uns essen und der Armen nicht vergessen.

6. Laß mich meine Schuld bereuen, daß ich mich zu dir bekehr', laß mich deinen Trost erfreuen, wirf die Sünd' ins tiefe Meer. Hilf, daß ich versöhnlich lebe, meinem Nächsten gern vergebe.

7. Waffne mich mit deiner Stärke, wenn ich in den Kampf soll geh'n; förd're meine Glaubenswerke, daß ich kann in Angst besteh'n. Soll ich in die Kreuzesprobe, so gescheh's zu deinem Lobe.

8. Laß mich all'zeit fröhlich hoffen, daß du mein Erretter bist; halt' mir nur den Himmel offen, wenn mir angst auf Erden ist; reich' mir deine Gnadenhände und verleih' ein selig Ende.

9. Höre, Vater! was ich flehe jetzt in der Erhörungszeit, daß man deine Herrschaft sehe, deine Kraft und Herrlichkeit. Drauf sprech' ich in deinem Namen ein ganz zuversichtlich Amen!

Bußlied.

Matthäi 3, v. 8. Sehet zu, thut rechtschaffne Früchte der Buße.

Mel. Freu' dich sehr, o meine Seele.

1759. Vater! laß mich Gnade finden, tröste wieder meinen Sinn, der ich wegen meiner Sünden so betrübt und traurig bin. Siehe, mein Gott! wie ich hier jetzt vor deiner Gnadenthür mit dem Zöllner schaamroth stehe und dich um Vergebung flehe.

2. Du bist heilig, ich hingegen voller Ungerechtigkeit, muß mich bloß auf's Bitten legen und auf deine Gütigkeit setzen meine Zuversicht; denn so du, Herr! dein Gericht ließest ohne Gnad' ergehen, würd' es übel um mich stehen.

3. Aber ach! nach deiner Lehre willst du keines Sünders Tod, sondern daß er sich bekehre und frei werde seiner Noth. Dieser Trost erquicket mich, als der ich auch ängstiglich Reu' und Leid bei mir empfinde über meine schwere Sünde.

4. Denke, daß dein Sohn auf Erden drum vergossen hat sein Blut, auf daß

könne selig werden, wer im Glauben Buße thut, auch sein Kreuz und Dornenkron' bring' ich hier vor deinen Thron, seinen Tod und Blutvergießen laß mich Armen auch genießen. —

5. Großer Gott von Lieb' und Treue! laß durch Jesu Wunden doch meine späte Buß' und Reue vor dir etwas gelten noch. Denke doch nicht weiter dran, was ich habe mißgethan, laß mein armes Sündenleben mir aus Gnaden seyn vergeben.

6. Willst du nun mir armen Sünder, o mein Gott! barmherzig seyn und in die Zahl deiner Kinder wiederum mich nehmen ein, so will ich von Herzen dich dafür preisen ewiglich. Drum in Jesu Christi Namen wollst du mich erhören! Amen.

Christoph Gensch v. Breitenau.

Sehnsucht nach dem Frieden der Seele.

Psalm 119, v. 165. 166. Großen Frieden haben, die dein Gesetz lieben, und werden nicht straucheln. Herr, ich warte auf dein Heil, und thue nach deinen Geboten.

Mel. Alles ist an Gottes Segen.

1760. Vater! meine Seele kennet dich und ehrt dich gern und nennet gut und heilig dein Gebot: ewig wünscht sie, dich zu lieben, alles Gute auszuüben, Dein allein zu seyn, o Gott!

2. Ohne dich ist doch kein Friede, und die Seele quält sich müde um das Blendwerk dieser Zeit! Ihren Durst kannst du nur stillen: möchtest du sie ganz erfüllen, Gott, in Zeit und Ewigkeit!

3. Gieb, daß mir der Tand der Erde täglich ekelhafter werde; keines Wunsches ist er werth. Du, Herr! bist das Glück der Seele: gieb, daß ich nur dich erwähle, Gott, der mein Gebet erhört!

4. Friede werd' ich im Gewissen, hier den Himmel schon genießen, lieb' ich herzlich dich allein; such' ich, Vater, mehr als Allen, such' ich dir nur zu gefallen, so sind deine Freuden mein!

5. Mag die Welt mich immer hassen, kann ich Gott im Geist umfassen, und verdammt mein Herz mich nicht: o, so bin ich voller Freude; glücklicher, je mehr ich leide, bleib' ich treu nur meiner Pflicht.

6. Laß den Reiz der Eitelkeiten nie von dir mein Herz ableiten, bleibe du mein höchstes Gut! Hilf mir, den Betrug der Sünden, Vater, redlich überwinden, schenk' mir Christen-Heldenmuth!

7. Lenke du all mein Bestreben weg von hier zum bessern Leben; lehre, Herr, mich in der Zeit, mich am Ew'gen zu ergötzen, hier den Werth der Dinge schätzen wie einst in der Ewigkeit!

Johann Kaspar Lavater.

Von der christlichen Fürbitte.

2 Thessalonicher 3, v. 1. 2. Lieben Brüder, betet für uns, daß das Wort des Herrn laufe und gepriesen werde, wie bei euch, und daß wir erlöset werden von den unartigen und argen Menschen.

Mel. Alles ist an Gottes Segen.

1761. Vater! sieh' auf unsre Brüder auch von deinem Thron' hernieder, wo sie in der Drangsal sind; schütze sie in Schmach und Schanden, rette sie aus allen Banden, weil man bei dir Hülfe find't.

2. Unter ihrer Feinde Schnauben gründ' und mehre ihren Glauben, ihre Hoffnung und Geduld; halte sie in deinem Sohne, zeige ihnen jene Krone, tröste sie mit deiner Huld.

3. Stärke sie mit Lebensworten, sey ihr Licht in dunklen Orten, fülle sie mit deinem Geist; höre ihr geheimes Sehnen, zähle ihre stillen Thränen, laß sie seh'n, was du verheiß'st.

4. Laß sie deinen Ruf stets wecken, daß kein Locken oder Schrecken ihren Seelen schädlich sey. Steh' im Reden und im Schweigen, im Erdulden und im Zeugen, ihnen als Fürsprecher*) bei. *) Marci 13, v. 11.

5. Jesu, der du selbst gelitten und vor uns auf blut'gen Schritten aus der Welt zum Vater gingst: zeige ihnen von dem Throne, daß du dort die Lebenskrone auch für ihr Haupt schon empfingst.

M. Philipp Friedrich Hiller.

Vom Gebet.

Matth. 6, v. 9—13. Unser Vater in dem Himmel. Dein Name werde geheiliget. Dein Reich komme. Dein Wille geschehe auf Erden, wie im Himmel. Unser täglich Brot gieb uns heute. Und vergieb uns unsere Schulden, wie wir unsern Schuldigern vergeben. Und führe uns nicht in Versuchung, sondern erlöse uns von dem Uebel. Denn dein ist das Reich, und die Kraft und die Herrlichkeit in Ewigkeit. Amen.

In eigener Melodie.

1762. Vater unser im Himmelreich, der du uns Alle heißest gleich Brüder seyn und dich rufen an, und willst das Beten von uns han; gieb, daß nicht bet' allein der Mund, hilf, daß es geh' aus Herzensgrund.

2. Geheiligt werd' der Name dein; dein Wort bei uns hilf halten rein, daß wir auch

leben heiliglich, nach deinem Namen würdiglich; behüt' uns, Herr, vor falscher Lehr', das arm' verführte Volk bekehr'.

3. Es komm' dein Reich zu dieser Zeit und dort hernach in Ewigkeit. Der heil'ge Geist uns wohne bei mit seinen Gaben mancherlei; des Satans Zorn und groß' Gewalt zerbrich, vor ihm dein' Kirch' erhalt'.

4. Dein Will' gescheh', Herr Gott! zugleich auf Erden wie im Himmelreich; gieb uns Geduld in Leidenszeit, Gehorsam-seyn in Lieb' und Leid: wehr' und steur' allem Fleisch und Blut, das wider deinen Willen thut.

5. Gieb uns heut' unser täglich Brot; und was man darf zur Leibesnoth; behüt' uns, Herr! vor Unfried', Streit, vor Seuchen und vor theurer Zeit, daß wir in gutem Frieden steh'n, der Sorg' und Geizes müßig geh'n.

6. All' unsre Schuld vergieb uns, Herr, daß sie uns nicht betrübe mehr, wie wir auch unsern Schuldigern ihr' Schuld und Fehl' vergeben gern, zu dienen mach' uns All' bereit in rechter Lieb' und Einigkeit.

7. Führ' uns, Herr, in Versuchung nicht, wenn uns der böse Feind anficht. Zur linken und zur rechten Hand hilf uns thun starken Widerstand, im Glauben fest und wohl gerüst't und durch des heil'gen Geistes Trost.

8. Von allem Uebel uns erlös', es sind die Zeit'n und Tage bös'; erlös' uns von dem ew'gen Tod, und tröst' uns in der letzten Noth; bescher' uns auch ein sel'ges End'; nimm unsre Seel' in deine Händ'!

9. Amen! das heißt: es werde wahr! stärk' unsern Glauben immerdar, auf daß wir ja nicht zweifeln dran, was wir hiemit gebeten han; auf dein Wort, in dem Namen dein, so sprechen wir das Amen fein.

D. Martin Luther.

Von der Buße und Bekehrung.

Micha 7, v. 19. Er wird sich unser wieder erbarmen, unsere Missethat dämpfen und alle unsere Sünden in die Tiefe des Meers werfen.

Mel. Herr Jesu Christ, ich weiß gar wohl.

1763. Verbirgst du, Gott! dein Angesicht vor dem verlornen Kinde? mein weinend Herz erblickt dich nicht; uns scheidet meine Sünde. Sieh' her! mich drückt ihr hartes Joch. Komm! du bist ja mein Vater noch; ach, tritt doch nicht so ferne!

2. Mein Gott, mein Gott, errette mich aus Sündenangst und Schmerzen! ich trau' auf dich allein, auf dich, mit ganzem Kindesherzen; ich flieh' in tiefer Noth zu dir: reichst du nicht deine Hand auch mir, muß ich zum Abgrund sinken.

3. Mein Gott, mein Gott, errette mich aus hohen Trübsalswellen! laß, Vater! meine Sünden sich an dir, mein Fels! zerschellen. Du bist mein Heiland, ja du stillst den Sturm, die Meer'sfluth — ach, und willst den Sinkenden nicht fassen?

4. Mein Gott! im Staube bitt' ich dich, und trau' auf Christi Wunden: errette mich! erlös' auch mich, den Sündenfluch gebunden! Erbarme dich auch meiner Noth; du willst ja nicht des Sünders Tod; komm, mich gesund zu machen!

5. Du kommst! — und mit dir Trost und Licht, und Heil, und Fried' und Leben. Dein Mund, mein Gott und Heiland spricht: „die Sünd' ist dir vergeben!" Nun ist der Seele Schmerz gestillt; wie gut bist du! du hast erfüllt mein Sehnen und mein Hoffen.

Karl August Döring.

Fürbitte.

1 Timoth. 2, v. 2. Für die Könige und für alle Obrigkeit, auf daß wir ein ruhiges und stilles Leben führen mögen, in aller Gottseligkeit und Ehrbarkeit.

In eigener Melodie.

1764. Verleih' uns Frieden gnädiglich, Herr Gott, zu unsern Zeiten, es ist ja doch kein Andrer nicht, der für uns könne streiten, denn du, unser Gott, alleine.

2. Gieb unserm Fürsten und aller Obrigkeit Fried' und gut Regiment, daß wir unter ihnen ein geruhig's und stilles Leben führen mögen in aller Gottseligkeit und Ehrbarkeit. Amen.

D. Martin Luther.

Da pacem domine; deutsch. Vers 2. unbekannter Verfasser, schon 1573 bekannt.

Gebet um Vergebung der Sünden.

Matthäi 9, v. 2. Sey getrost, mein Sohn, deine Sünden sind dir vergeben.

Mel. Herr Jesu Christ, ich weiß gar wohl.

1765. Versöhnter Gott! sey gnädig mir, mir, dem betrübten Kinde! Vergieb mir, Herr! ich ruf' zu dir, vergieb mir jede Sünde. Sieh' nicht auf mich, sieh' Jesum an, der hat für mich genug gethan; sey mir in Christo gnädig!

2. Es ist, mein Gott! kein Fried' in mir, ich fühle mich verloren. Doch sprich

du: Friede sey mit dir! so bin ich neu geboren. Sprich mich von meinen Sünden los, mach' deine Gnade an mir groß und laß mich nicht verzagen.

3. Das Blut, das mein Herr Jesus Christ am Kreuze dort vergossen, das ist mein Trost, denn dieses ist ja auch für mich geflossen. Das halt' ich dir im Glauben für; sprich du nur nun versöhnt zu mir: du sollst Vergebung haben.

4. Das wirst du thun: du willst ja nicht den Tod der Menschenkinder. Und er, mein guter Heiland, spricht: Kommt her, beladne Sünder! kommt Alle, die ihr seyd betrübt; ich bin es, der die Sünder liebt; kommt! ich will euch erquicken!

5. Ich komme, Herr! nimm von mir hin die Menge meiner Sünden. Du weißt, wie ich bekümmert bin; laß mich Erquickung finden. Aus tiefer Noth ruf' ich zu dir; hilf, mein Erbarmer! hilf du mir und gieb der Seele Frieden!

Christian Gottlieb Frohberger.

Prüfung des wahren Glaubens.

2 Corinther 13, v. 5. Versuchet euch selbst, ob ihr im Glauben seyd; prüfet euch selbst. Oder erkennet ihr euch selbst nicht, daß Jesus Christus in euch ist?

Mel. O Gott, du frommer Gott!

1766. Versuchet euch doch selbst, ob ihr im Glauben stehet, ob Christus in euch ist, ob ihr ihm auch nachgehet in Demuth und Geduld, in Sanftmuth, Freundlichkeit, in Lieb' dem Nächsten stets zu dienen seyd bereit.

2. Der Glaube ist ein Licht im Herzen tief verborgen, bricht als ein Glanz hervor, scheint als der helle Morgen, erweiset seine Kraft, macht Christo gleich gesinn't, erneuert Herz und Muth, macht uns zu Gottes Kind.

3. Er schöpft aus Christo Heil, Gerechtigkeit und Leben, und thut in Einfalt es dem Nächsten wiedergeben; dieweil er überreich in Christo worden ist, preis't er die Gnade hoch, bekennet Jesum Christ.

4. Er hofft in Zuversicht, was Gott im Wort zusaget; drum muß der Zweifel fort, die Schwermuth wird verjaget. Sieh', wie der Glaube bringt die Hoffnung an den Tag, hält Sturm und Wetter aus, besteht in Ungemach.

5. Aus Hoffnung wächst die Lieb', weil man aus Gottes Händen nimmt alle Dinge an, nicht zürnen thut, nicht schänden; denn Alles uns zu Nutz und Besten ist gemeint, drum dringt die Liebe durch auf Freunde und auf Feind'.

6. Wir waren Gottes Feind', er giebt zum Gnadenthrone sein eingebornes Kind; er liebt uns in dem Sohne, setzt Liebe gegen Haß; wer gläubig dies erkennt, wird bald in Lieb' entzünd't, die allen Haß verbrennt.

7. Wie uns nun Gott gethan, thun wir dem Nächsten eben; droht er uns mit dem Tod', wir zeigen ihm das Leben; flucht er, so segnen wir. In Schande, Spott und Hohn ist unser bester Trost des Himmels Ehrenkron'.

8. Setzt Gott uns auf die Prob', ein schweres Kreuz zu tragen: der Glaube bringt Geduld, erleichtert alle Plagen: statt Murren, Ungeberd' wird das Gebet erweckt; weil aller Angst und Noth von Gott ein Ziel gesteckt.

9. Man lernet nur dadurch sein Elend recht verstehen wie auch des Höchsten Güt', hält an mit Bitten, Flehen; verzaget an sich selbst, erkennet sich für nichts, sucht blos in Christo Kraft, der Quelle alles Lichts;

10. Hält sich an sein Verdienst, erlanget Geist und Stärke, in solcher Zuversicht zu üben gute Werke; steht ab vom Eigensinn, flieht die Vermessenheit, hält sich in Gottesfurcht, im Glück und schwerer Zeit.

11. So prüfe dich denn wohl, ob Christus in dir lebet! Denn Christi Leben ist's, wonach der Glaube strebet; erst machet er gerecht, dann heilig, wirket Lust zu allem guten Werk'; sieh', ob du auch so thust.

12. O, Herr! so mehre doch in mir den wahren Glauben, so kann mich keine Macht der guten Werk' berauben. Wo Licht ist, geht der Schein freiwillig davon aus; du bist mein Gott und Herr, bewahr' mich als dein Haus.

Unverzagt im Unglück.

2 Corinther 4, v. 8. 9. Wir haben allenthalben Trübsal, aber wir angsten uns nicht; uns ist bange, aber wir verzagen nicht. Wir leiden Verfolgung, aber wir werden nicht verlassen. Wir werden unterdrückt, aber wir kommen nicht um.

Mel. Auf meinen lieben Gott.

1767. Verzage nicht, o Christ, der du im Unglück bist; vielmehr wirf dein Anliegen auf Gott, so kannst du siegen. Auf Gott ist gut zu trauen und gut auf ihn zu bauen.

2. Wenn Menschenhülf' und Rath kein'

Hülf hat in der That, so weiß Gott Rath den Sachen und Alles gut zu machen. Auf Gott ist gut zu trauen und gut auf ihn zu bauen.

3. Sind deine Schmerzen groß, so machet er dich los, verändert alles Leiden und zeiget dir mit Freuden, daß gut auf Gott zu trauen und gut auf ihn zu bauen.

4. In Widerwärtigkeit ist Gott von dir nicht weit. Er hilft dir treulich kämpfen und deine Feinde dämpfen. Auf Gott ist gut zu trauen und gut auf ihn zu bauen.

5. Je größer ist die Noth, je näher tritt dir Gott und läßt zu allen Zeiten die Engel dich begleiten. Auf Gott ist gut zu trauen und gut auf ihn zu bauen.

6. Hast du gleich Haß und Streit in dieser bösen Zeit und mußt dich lassen plagen, sollst du drum nicht verzagen. Auf Gott ist gut zu trauen und gut auf ihn zu bauen.

7. Betrifft dich Hohn und Spott, vertrau' allein auf Gott; der kann das Leiden stillen und dich mit Freuden füllen. Auf Gott ist gut zu trauen und gut auf ihn zu bauen.

8. Bist du in Hungersnoth, hast kaum das liebe Brot, so laß den Höchsten walten, der wird dich wohl erhalten. Auf Gott ist gut zu trauen und gut auf ihn zu bauen.

9. Es sorget der für dich, der denket dein, der sich hat jederzeit der Frommen herztreulich angenommen. Auf Gott ist gut zu trauen und gut auf ihn zu bauen.

10. Wer ist, der früh und spat auf Gott gehoffet hat, und doch in so viel Jahren nicht in der That erfahren: auf Gott ist gut zu trauen und gut auf ihn zu bauen?

11. Drum hoff' in aller Pein nur bloß auf Gott allein, der weiß von allem Bösen dich mächtig zu erlösen. Auf Gott ist gut zu trauen und gut auf ihn zu bauen.

12. Gott Vater, Sohn und Geist! der du am Besten weißt aus aller Noth zu führen, laß Jedermann verspüren, daß gut auf dich zu trauen und gut auf dich zu bauen.

Trost der christlichen Kirche gegen ihre Feinde.

Jeremia 15, v. 19. 20. Ehe du solltest zu ihnen fallen, so müssen sie eher zu dir fallen; denn ich habe dich wider dies Volk zur festen, ehernen Mauer gemacht; ob sie wider dich streiten, sollen sie dir doch nichts anhaben; denn Ich bin bei dir, daß ich dir helfe und dich errette, spricht der Herr.

Mel. Kommt her zu mir, spricht Gottes Sohn.

1768. Verzage nicht, o Häuflein klein! obschon die Feinde willens seyn dich gänzlich zu verstören, und suchen deinen Untergang, davor dir wird recht angst und bang': es wird nicht lange währen.

2. Dich tröste nur, daß deine Sach' ist Gottes, dem befiehl die Rach', laß ihn allein walten. Er wird durch seinen Gideon *), den er wohl kennt, dir helfen schon, dich und sein Wort erhalten.

*) Richter 7, v. 20.

3. So wahr Gott Gott ist und sein Wort, muß Teufel, Welt und Höllenpfort' und was ihn'n thut anhangen, endlich werden zu Hohn und Spott. Gott ist mit uns und wir mit Gott, den Sieg woll'n wir erlangen.

4. Drum sey getrost, du kleines Heer! streit' ritterlich für Gottes Ehr' und laß dir ja nicht grauen. Gott wird den Feinden nehm'n den Muth, daß sie sterben in ihrem Blut, wirst du mit Augen schauen.

5. Amen! das hilf, Herr Jesu Christ, dieweil du unser Schutzherr bist, hilf uns durch deinen Namen; so wollen wir, deine Gemein', dich loben und dir dankbar seyn, und fröhlich singen: Amen!

Gustav Adolph,
König von Schweden;
in Verse gebracht von D. Jak. Fabricius.
Vers 4. u. 5. unbekannter Verfasser;
um 1638 schon bekannt.

Trost beim Gefühl der Sünden.

Jes. 1, v. 18. Wenn eure Sünde gleich blutroth ist, soll sie doch schneeweiß werden; und wenn sie gleich ist wie Rosinfarbe, soll sie doch wie Wolle werden.

Mel. In dich hab' ich gehoffet, Herr.

1769. Verzage nicht, o Menschenkind! von wegen deiner großen Sünd', die du hier hast begangen. Wer sich zur Reu' und Buß' einfind't, nach dem trägt Gott Verlangen.

2. Ruf Jesum Christum fleißig an, denn ihm ist Alles unterthan, er hat Macht zu vergeben; er will's auch thun, dieweil er kann erwecken uns zum Leben.

3. Steh' ab von Sünd' und was Gott haßt, und halt' dich jederzeit gefaßt, wenn Jesus wird erscheinen: daß du dort seyst ein Himmels-Gast, und ewig nicht darfst weinen.

4. Gott will ja nicht des Sünders Tod; drum hat er ihn aus ew'ger Noth erkauft mit seinem Blute *); Er giebt sich dir zum Lebensbrot aus lauter treuem Muthe.

*) Apost. Geschichte 20, v. 28.

5. Wohlan, Herr Christ! so bitt' ich dich, du wollest jetzt erhören mich, und selber mich

bekehren. Soll recht bekehret werden ich, mußt du mich selber lehren.

Am Feste der Erscheinung Christi.

Jesaia 42, v. 6. 7. Ich, der Herr, habe dir gerufen mit Gerechtigkeit, und habe dich bei deiner Hand gefasset; und habe dich behütet, und habe dich zum Bund unter das Volk gegeben, zum Licht der Heiden; daß du sollst öffnen die Augen der Blinden, und die Gefangenen aus dem Gefängniß führen, und die da sitzen in Finsterniß, aus dem Kerker.

Mel. Wie schön leucht't uns der Morgenstern.

1770. Verzage, Volk der Christen, nicht! die Heiden sehen auch sein Licht und finden den Erretter. Des wahren Gottes Sohn, sein Ruhm stürzt aller Götzen Säulen um, die Bilder falscher Götter. Gott wird selbst Hirt seiner Heerde; und die Erde sieht voll Freuden Gott selbst seine Heerde weiden.

2. Der Gottheit Fülle wohnt in dir; durch dich, mein Heil, kommt Gott zu mir und schenkt mir seine Liebe. Wie dank' ich dir, wie preis' ich dich! du wirst mir gleich, ein Mensch, wie ich, daß ich nicht hülflos bliebe. Dankvoll, Herr, soll mein Gemüthe deine Güte hoch erheben! du, mein Heiland, bist mein Leben.

3. Es deckte Finsterniß die Welt, du hast die finstre Welt erhellt; deß freuen sich die Frommen. Vom Aufgang bis zum Niedergang erschallt der Völker Lobgesang, die anzubeten kommen. Wie blind, Herr! sind, die dich hassen, sich nicht lassen Gott belehren, sich zum Vater zu bekehren!

4. Ein Herz, das deine Wahrheit liebt und sich dir willig übergiebt, das kannst du nicht verschmähen. Wer seine Hoffnung auf dich setzt und sich an deinem Wort ergötzt, der soll dich selbst einst sehen. Dein Licht ist nicht bei dem Sünder; deine Kinder sind die Frommen, welche gläubig zu dir kommen.

5. Mein Glaube sey mein Dank-Altar; hier bring' ich mich zum Opfer dar dir, der Verlass'nen Tröster! ich bete dich in Demuth an; wer ist, der mich verdammen kann? ich bin ja dein Erlös'ter. Von dir strömt mir Gnadenfülle, Ruh' und Stille; Licht und Segen find' ich, Herr! auf deinen Wegen.

6. Dir will ich ewig dankbar seyn, mich gläubig deiner Liebe freu'n und immer dein gedenken. Mein Weihrauch sey Gebet und Fleh'n; hin auf dein Beispiel will ich seh'n, wenn hier mich Leiden kränken. Hab' ich wenig Gold im Leben hinzugeben: voll Erbarmen dien' ich, wie ich kann, den Armen.

7. Versichre mich durch deinen Geist, daß du für mich erhöhet seyst, den Himmel mir zu geben! Mich, bin ich meines Heils gewiß, soll keine Macht der Finsterniß abschrecken, dir zu leben. Für mich kann ich Nichts vollbringen; hilf mir ringen, Freund der Seelen! ich will deinen Ruhm erzählen.

Weihnachtslied.

Luca 2, v. 10. 11. Und der Engel sprach zu ihnen: Fürchtet euch nicht; siehe, ich verkündige euch große Freude, die allem Volk widerfahren wird; denn euch ist heute der Heiland geboren, welcher ist Christus, der Herr, in der Stadt Davids.

In eigener Melodie.

1771. Vom Himmel hoch da komm' ich her, ich bring' euch gute, neue Mähr' *), der guten Mähr' bring' ich so viel, davon ich sing'n und sagen will.

*) Nachricht.

2. Euch ist ein Kindlein heut' gebor'n, von einer Jungfrau auserkor'n; ein Kindelein so zart und fein, das soll eur' Freud' und Wonne seyn.

3. Es ist der Herr Christ, unser Gott, der will euch führ'n aus aller Noth, er will eu'r Heiland selber seyn, von allen Sünden machen rein.

4. Er bringt euch alle Seligkeit, die Gott der Vater hat bereit't, daß ihr mit uns im Himmelreich sollt leben nun und ewiglich.

5. So merket nun dies Zeichen recht, die Krippe, Windelein so schlecht, da findet ihr das Kind gelegt, das alle Welt erhält und trägt.

6. Deß laßt uns Alle fröhlich seyn, und mit den Hirten geh'n hinein, zu seh'n, was Gott uns hat beschert, mit seinem lieben Sohn verehrt.

7. Merk' auf, mein Herz! und sieh' dort hin, was liegt dort in dem Krippelein? Weß ist das schöne Kindelein? Es ist das liebe Jesulein.

8. Sey willkommen, du edler Gast! den Sünder nicht verschmähet hast, und kommst in's Elend her zu mir; wie soll ich immer danken dir?

9. Ach Herr, du Schöpfer aller Ding'! wie bist du worden so gering, daß du da liegst auf dürrem Gras, davon ein Rind und Esel fraß.

10. Und wär' die Welt vielmal so weit, von Edelstein und Gold bereit't: so wär' sie dir doch viel zu klein, zu seyn ein enges Wiegelein.

11. Der Sammet und die Seiden dein, das ist grob Heu und Windelein, darauf du, Kön'g, so groß und reich herprangst als wär's dein Himmelreich.

12. Das hat also gefallen dir, die Wahrheit anzuzeigen mir, wie aller Welt Macht, Ehr' und Gut vor dir Nichts gilt, Nichts hilft, noch thut.

13. Ach, mein herzliebes Jesulein! mach' dir ein rein sanft Bettelein, zu ruh'n in meines Herzens Schrein, daß ich nimmer vergesse dein.

14. Davon ich all'zeit fröhlich sey, zu springen, singen immer frei das rechte Susaninne schon, mit Herzenslust den süßen Ton.

15. Lob, Ehr' sey Gott im höchsten Thron, der uns schenkt seinen ein'gen Sohn! Deß freuet sich der Engel Schaar, und singen uns solch's neues Jahr. D. Martin Luther.

Weihnachtslied.

Micha 5, v. 1. Und du, Bethlehem Ephrata, die du klein bist unter den Tausenden in Juda, aus dir soll mir der kommen, der in Israel Herr sey, welches Ausgang von Anfang und von Ewigkeit her gewesen ist.

Mel. Vom Himmel hoch da komm' ich her.

1772. Vom Himmel kam der Engel Schaar, erschien den Hirten offenbar, sie sagten ihn'n: ein Kindlein zart, das liegt dort in der Krippen hart;

2. Zu Bethlehem in Davids Stadt, wie Micha das verkündigt hat; es ist der Herre Jesus Christ, der euer Aller Heiland ist.

3. Deß sollt ihr billig fröhlich seyn, daß Gott mit euch ist worden ein, er ist gebor'n eu'r Fleisch und Blut; eu'r Bruder ist das ew'ge Gut.

4. Was kann euch thun die Sünd' und Tod? ihr habt mit euch den wahren Gott; laß zürnen Teufel und die Höll', Gott's Sohn ist worden eu'r Gesell.

5. Er will und kann euch lassen nicht, setzt ihr auf ihn eur' Zuversicht; es mögen euch Viel' fechten an, dem sey Trotz, der's nicht lassen kann.

6. Zuletzt müßt ihr doch haben Recht; ihr seyd nun worden Gott's Geschlecht, deß danket Gott in Ewigkeit, geduldig, fröhlich allezeit. D. Martin Luther.

Zum zweiten Advent.

Lucä 21, v. 27. 28. Alsdann werden sie sehen des Menschen Sohn kommen in der Wolke, mit großer Kraft und Herrlichkeit. Wenn aber dieses anfängt zu geschehen, so sehet auf und hebet eure Häupter auf, darum, daß sich eure Erlösung nahet.

Mel. Herr Gott, dich loben wir.

1773. Von deiner Himmel Thron kamst du, o Gottes Sohn! aus deines Vaters Herrlichkeit ein Mensch, wie wir, in diese Zeit. Voll Liebe, reich an Gnad' und Huld, trugst du, versöhntest unsre Schuld, ein Fluch für uns am Kreuz gemacht: deß sey dir heißer Dank gebracht! Dir, Gott, die Liebe, Gott! dir Gott, Erbarmer, Gott! Versöhner, Mittler, Gott! Herr! Herr! Herr! unser Gott!

2. Doch wie du kamst, so kommst du nicht, Messias! einst zum Weltgericht. Nicht Heil geht dann, nicht Segen mehr, Feu'r glüht vor deinen Tritten her! in Trümmer stürzt der Welten All, in Nichts, vor deiner Donner Schall! Dein Kleid ist Nacht, dein Auge flammt des Richters Zorn, wenn er verdammt. So sehen dich, die auferstehn; Gott! Gott! auch deine Spötter seh'n dich dann, aus ihres Traumes Nacht zu deinem großen Tag erwacht.

3. Wie wird, o große Schaar am Thron, versammelt um den Menschensohn, wie wird euch seyn, Erstand'ne! dann, schaut ihr nun Christi Gottheit an? Wie, wenn der Himmel Jubel schweigt vor'm Richtenden! die Waage steigt! die Waage sinkt! — Verderben itzt sein Flammenschwert auf Frevler blitzt! sein Doñer nun Entscheidung spricht: ihr seyd verdammt! ihr glaubtet nicht! Wie wird dir da, Gemeine, seyn? wie dir, o meine Seele, seyn?

4. Dein Blut, du, der geopfert ist für unsre Sünden, Jesu Christ! ist unser Trost, ist Zuversicht den Deinen, Retter im Gericht! Versöhnt ist, wer sich dir geweiht, Hallelujah! in Ewigkeit! Dir danken wir, dir flehen wir: der uns erlös't, erhalt' uns dir! noch bist du Weltenrichter nicht; es strahlt noch deiner Gnade Licht! O laß uns noch in dieser Zeit, Gott! reifen für die Ewigkeit! Den Geist der Liebe, gieb uns den! gebeugt, im Glauben laß uns stehn! so sind wir dein, begnadigt hier — an deinem Tag gerecht vor dir! Amen. Gottlieb Jahr.

Bei der Trauung.

Matth. 19, v. 6. Was nun Gott zusammen gefügt hat, das soll der Mensch nicht scheiden.

Mel. Wie schön leucht't uns der Morgenstern.

1774. Von dir, du Gott der Einigkeit! ward einst der Ehe Bund geweiht; o weih' auch sie zum Segen, die hier vor deinem Angesicht bereit stehn, dir den Schwur der Pflicht vereinigt abzulegen. Laß sie, Vater, dir ergeben, einig leben, treu sich lieben und sich stets im Guten üben.

2. O du, der du so gern beglückst, so liebreich zu uns niederblickst auf allen unsern Wegen: Herr! lehre sie sich deiner freu'n, geschäftig, keusch und friedsam seyn, und ihr Beruf sey Segen. Laß sie, Vater, dir ergeben, glücklich leben, freudig sterben, und vereint den Himmel erben.

Johann Joachim Eschenburg.

Trostlied in Trübsal.

Jesaia 25, v. 9. Siehe, das ist unser Gott, auf den wir harren, und er wird uns helfen; das ist der Herr, auf den wir harren, daß wir uns freuen und fröhlich seyn in seinem Heil.

Mel. Herr Jesu Christ, mein's Lebens Licht.

1775. Von dir, o Vater! nimmt mein Herz Glück, Unglück, Freuden oder Schmerz, von dir, der nichts als lieben kann, voll Dank und voll Vertrauen an.

2. Nur du, der du allweise bist, nur du weißt, was mir heilsam ist; nur du siehst, was mir jedes Leid für Heil bringt in der Ewigkeit.

3. Ist Alles dunkel um mich her, die Seele müd' und freudenleer, bist du doch meine Zuversicht, bist in der Nacht, o Gott! mein Licht.

4. Verzag', o Herz! verzage nie, Gott legt die Last auf, Gott kennt sie; er weiß den Kummer, der dich quält, und geben kann er, was dir fehlt.

5. Wie oft, Herr! weint' ich und wie oft half deine Hand mir unverhofft! Oft jammert' ich untröstbar heut, und morgen ward ich schon erfreut.

6. Oft sah' ich keinen Ausgang mehr, dann weint' ich laut und klagte sehr, wo bist du, Gott! wie schauest du denn meinem Elend schweigend zu?

7. Dann hörtest du, o Herr! mein Flehn und eiltest bald mir beizustehn, du öffnetest die Augen mir: ich sah' mein Glück und dankte dir.

8. Sagt's Alle, die Gott je geprüft, die ihr zu ihm um Hülfe rieft; sagt's, Fromme! ob er das Gebet geduldig Leidender verschmäht?

9. Die Stunde kommt früh' oder spät, wo Dank und Freud' aus Leid entsteht, wo Pein, die Stunden nur gewährt, in Freudenjahre sich verkehrt.

10. Du erntest deiner Leiden Lohn vielleicht in diesem Leben schon, vielleicht, daß du nun ausgeweint, dir Gott mit seiner Hülf' erscheint.

11. Schau' deinen Heiland gläubig an; wenn Niemand dich erquicken kann, so schütte du in seinen Schooß dein Herz aus, seine Huld ist groß.

12. Einst hat auch er, der Menschenfreund, im Thränenthale hier geweint; auf deine Thränen giebt er Acht und dir zu helfen hat er Macht.

13. Und helfen will er, zweifle nicht! er hält getreu, was er verspricht, du sollest nicht verlassen seyn; dies laß dein sorgend Herz erfreu'n.

Johann Kaspar Lavater.

Von den Wirkungen der göttlichen Gnade.

Epheser 2, v. 7. Auf daß er erzeigete in den zukünftigen Zeiten den überschwänglichen Reichthum seiner Gnade, durch seine Güte über uns in Christo Jesu.

Mel. An Wasserflüssen Babylon.

1776. Von Gnaden bin ich, was ich bin. Die Gnade will ich rühmen. Der eigne Ruhm ist ganz dahin, wie sollt' er Sündern ziemen? Die Gnade war's, die angeklopft; daß ich mein Ohr ihr nicht verstopft, war Gnade, die mich faßte; sie drang mich, daß ich Buße that, daß ich bei Gott um Gnade bat, und meine Sünden haßte.

2. Den Glauben wirkte sie in mir an Christi Tod und Leben. Ja, Jesu! sie trieb mich zu dir, dir ganz mich zu ergeben. Sie giebt zum Beten Lust und Kraft; sie ist's, die Gutes in mir schafft; sie hilft mein Kreuz mir tragen; ich sterbe auch auf Gnade hin. Von Gnaden bin ich, was ich bin! will ich im Himmel sagen.

M. Phil. Friedr. Hiller.

Adventslied.

Matthäi 11, v. 6. Selig ist, der sich nicht an mir ärgert.

Mel. Valet will ich dir geben.

1777. Von Gnad' und Wahrheit mächtig, kommst du, Herr Jesu

Christ! doch nicht von außen prächtig, obschon du König bist und allen Königreichen, wie groß auch ihre Pracht, befehlen kannst zu weichen; noch birgst du deine Macht.

2. Du bist zu uns gekommen in der Erfüllungszeit *) und hast an dich genommen des Fleisches Niedrigkeit; damit uns werd' erwecket die herrlichste Gewalt, so hast du dich bedecket mit armer Knechtsgestalt.

*) Galater 4, v. 4.

3. Dein Ansehn wird verachtet, die Welt hält es für schlecht; und so wird noch betrachtet ein jeder deiner Knecht'. Mit Schimpf wird der belohnet von der Vernunft der Welt, bei welchem Demuth wohnet und der nach dir sich hält.

4. Dein Geist woll' uns entfernen von äußerlichem Schein; gieb, daß von dir wir lernen, von Herzen niedrig seyn. Du, Höchster! wirst geringe und heischest nicht von mir, zu lernen große Dinge, nur sanften Muth von dir.

5. Komm in des Herzens Tempel und mach' uns doch geschickt zu folgen dem Exempel, das man in dir erblickt. Sonst Alles ist vergebens, wo man nicht Demuth liebt; die Richtschnur unsers Lebens ist das, was du geübt.

6. Die Demuth ist die Kerze und überschönes Licht, wodurch uns in das Herze die Selbsterkenntniß bricht, die uns kann unterweisen, wie man die Welt verschmäht, und die uns lehret preisen des Höchsten Majestät.

7. Laß mich, o Jesu, streben nach diesem, wie du mir befohlen hast zu leben, kommt's mir gleich seltsam für. Zwar bin ich viel zu wenig, zu thun, was vor dir gilt; du, Herr, bist unser König: mach' aus mir, was du willt!

D. Gottfried Wilhelm Sacer.
(siehe unter den Nachträgen)

Festhalten an Gott.

Psalm 73, v. 26. 27. Wenn mir gleich Leib und Seele verschmachtet, so bist du doch, Gott, allezeit meines Herzens Trost und mein Theil; denn siehe, die von dir weichen, werden umkommen.

Mel. Von Gott will ich nicht lassen.

1778. Von Gott soll Nichts mich trennen, es sey auch was es sey; sein Wort will ich bekennen, ihm bleib' ich ewig treu. Mein Glaube wanket nicht, so lang' ich leb' auf Erden. Ich will kein Demas *) werden, der Bund und Glauben bricht.

*) 2 Timoth. 4, v. 10.

2. Auf Menschen-Kraft und Muthe wird's freilich nicht besteh'n. Man kann bei Fleisch und Blute leicht einen Fall begeh'n; doch daß ich Muth und Kraft in meinem Herzen habe ist eine Gnadengabe, die Christus in mir schafft.

3. Wie schrecklich ist die Sünde, nicht fest im Glauben steh'n! Wer wie ein Rohr vom Winde sich hin und her läßt weh'n, wer weiche Kleider sucht, und bei der Welt mit Heucheln sich trachtet einzuschmeicheln: der ist bei Gott verflucht.

4. O ihr verkehrte Sinnen! Gesetzt, ihr könntet gleich die ganze Welt gewinnen und würdet überreich: was hülf' dies insgesammt? Ihr würdet doch nur Schaden auf eure Seelen laden, und ewiglich verdammt.

5. Treibt immer was ihr treibet, und thut was euch gefällt; wenn mir der Himmel bleibet, was frag' ich nach der Welt? Sie drohet oder lacht, das ist mir was Geringes; ich achte keines Dinges, das mich nicht selig macht.

6. Von Herzen kann ich sagen: mich schrecket keine Noth, mich schrecken keine Plagen, mich schreckt sogar kein Tod; ich bin, mein Jesu! dein, und will im Kreuz und Leide, als wär' es Glück und Freude, treu und beständig seyn.

M. Erdmann Neumeister.

Von der Beständigkeit.

Josua 24, v. 16. Das sey ferne von uns, daß wir den Herrn verlassen und andern Göttern dienen.

In eigener Melodie.

1779. Von Gott will ich nicht lassen, denn er läßt nicht von mir, führt mich auf rechter Straßen, da ich sonst irrte sehr, er reicht mir seine Hand; den Abend wie den Morgen thut er mich wohl versorgen, wo ich auch sey im Land.

2. Wenn sich der Menschen Hulde und Wohlthat all' verkehrt, so find' ich Gott gar balde; sein' Macht und Gnad' bewährt, hilft uns aus aller Noth, errett't von Sünd' und Schanden, von Ketten und von Banden, und wenn's auch wär' der Tod.

3. Auf ihn will ich vertrauen in meiner schweren Zeit, es kann mich nicht gereuen; er wendet alles Leid, ihm sey es heimgestellt; mein Leib, mein' Seel', mein Leben sey Gott dem Herrn ergeben: er mach's, wie's ihm gefällt.

4. Es kann ihm nichts gefallen, als was mir nützlich ist; er meint's gut mit uns Al-

len, schenkt uns den Herren Christ, sein'n allerliebsten Sohn; durch ihn er uns beschehret, was Leib und Seel' ernähret: lobt ihn in's Himmels Thron.

5. Lobt ihn mit Herz und Munde, daß er uns Beides schenkt. Das ist ein' sel'ge Stunde, darin man sein gedenkt; sonst verdirbt alle Zeit, die wir zubring'n auf Erden; wir sollen selig werden und bleib'n in Ewigkeit.

6. Auch wenn die Welt vergehet mit ihrer stolzen Pracht, nicht Ehr' noch Gut bestehet, das vor war groß geacht't; wir werden nach dem Tod tief in die Erd' begraben: wenn wir geschlafen haben, will uns erwecken Gott.

7. Die Seel' bleibt unverloren, geführt in Abrams Schooß, der Leib wird neu geboren, von allen Sünden los, ganz heilig, rein und zart, ein Kind und Erb' des Herren, daran muß uns nicht irren des Teufels list'ge Art.

8. Darum, ob ich schon dulde hier Widerwärtigkeit, wie ich's auch wohl verschulde; kommt doch die Ewigkeit, ist aller Freuden voll, dieselb' ohn' ein'ges Ende, dieweil ich Christum kenne, mir widerfahren soll.

9. Das ist des Vaters Wille, der uns erschaffen hat, sein Sohn hat Gut's die Fülle erworben uns aus Gnad', und Gott der heil'ge Geist im Glauben uns regieret, zum Reich des Himmels führet: ihm sey Lob, Ehr' und Preis! M. Ludwig Helmbold.

Morgenlied.

Psalm 19, v. 15. Laß dir wohlgefallen die Rede meines Mundes, und das Gespräch meines Herzens vor dir, Herr, mein Hort und mein Erlöser.

Mel. Herr Gott, dich loben Alle wir.

1780. Vor deinen Thron tret' ich hiermit, o Gott, und dich demüthig bitt': wend' doch dein gnädig Angesicht von mir, dem armen Sünder, nicht!

2. Du hast mich, o Gott Vater mild! gemacht nach deinem Ebenbild; in dir leb', web' und schwebe ich; vergehen müßt' ich ohne dich.

3. Errettet hast du mich gar oft, ganz wunderbar und unverhofft, da nur ein Schritt, ja nur ein Haar mir zwischen Tod und Leben war.

4. Verstand und Ehr' hab' ich von dir, des Lebens Nothdurft giebst du mir, dazu auch einen treuen Freund, der's gut im Glück und Unglück meint.

5. Gott Sohn! du hast mich durch dein Blut erlöset von der Höllen-Glut, das schwer' Gesetz für mich erfüllt, dadurch des Vaters Zorn gestillt.

6. Wenn Sünd' und Satan mich anklagt und mir das Herz im Leib' verzagt, alsdann brauchst du dein Mittleramt, daß mich der Vater nicht verdammt.

7. Du bist mein' Fürsprach' allezeit, mein Heil, mein Trost und meine Freud', ich kann durch dein Verdienst allein hier ruhig und dort selig seyn.

8. Gott heil'ger Geist! du höchste Kraft, deß Gnade in mir Alles schafft, ist etwas Gut's am Leben mein, so ist es wahrlich lauter dein.

9. Dein ist's, daß ich Gott recht erkenn', ihn meinen Herrn und Vater nenn', sein wahres Wort und Sakrament behalt' auch lieb bis an mein End';

10. Daß ich fest in Anfechtung steh' und nicht in Trübsal untergeh', daß ich im Herzen Trost empfind', zuletzt mit Freuden überwind'.

11. Drum dank' ich dir mit Herz und Mund, o Gott! in dieser Morgenstund' für alle Güte, Treu' und Rath, die meine Seel' empfangen hat;

12. Und bitt', daß deine Gnadenhand bleib' über mich heut' ausgespannt; mein Amt, Gut, Ehr', Freund, Leib und Seel' in deinen Schutz ich dir befehl'.

13. Hilf, daß ich sey von Herzen fromm, damit mein ganzes Christenthum aufrichtig und rechtschaffen sey, nicht Augenschein noch Heuchelei.

14. Erlaß mir meine Sündenschuld und hab' mit deinem Knecht Geduld. Zünd' in mir Glauben an und Lieb', zu jenem Leben Hoffnung gieb!

15. Ein selig's Ende mir bescher', am jüngsten Tag erweck' mich, Herr! daß ich dich schaue ewiglich! Amen, Amen, erhöre mich! Bodo v. Hodenberg; hie und da verändert von D. Justus Gesenius.

Confirmationslied.

1 Timotheum 6, v. 13. 14. Ich gebiete dir vor Gott, der alle Dinge lebendig machet, und vor Christo Jesu, der unter Pontio Pilato bezeuget hat ein gut Bekenntniß, daß du haltest das Gebot ohne Flecken, untadelig, bis auf die Erscheinung unseres Herrn Jesu Christi.

Mel. Wachet auf! ruft uns die Stimme.

Gemeine.

1781. Vor dir, Todesüberwinder! steh'n an dem Sabbath diese Kinder, ihr Lobgesang sey dir gebracht! Freudig geh'n sie dir entgegen, weil du der Liebe reichsten Segen den Kinderseelen zugedacht. Dein Auge sieht sie hier im Jugendschmuck vor dir knie'n und beten; Herr! sie sind dein; laß ihre Reih'n dir an dein Herz geleget seyn.

Chor der Kinder.

2. Friedefürst! ich ward erkoren am ersten Tag, da ich geboren, zu deinem sel'gen Gnadenkind; du gabst mir des Himmels Gaben, weil wir nichts Gutes eigen haben und ohne dich verloren sind. O Jesu, meine Ruh'! ich greife freudig zu nach den Gaben, die du mir heut' zur Seligkeit durch dein Erbarmen hast erneu't.

3. Laß dich halten und umfassen! Ich will dich ewig nicht verlassen, verlaß auch du mich ewig nicht! Schütze mich vor Welt und Sünde und offenbare deinem Kinde dein gnadenvolles Angesicht; auf daß ich Tag für Tag in dir mich freuen mag, still und heilig, und mich dein Mund zu jeder Stund' erinnre an den Liebesbund.

4. O du Hirt erkaufter Seelen! ich muß des rechten Weg's verfehlen, wenn meine Seele von dir geht; darum gieb mir Licht und Stärke und Glaubensmuth zum guten Werke, zum Ringen, Wachen und Gebet, bis ich den Pilgerstand im ew'gen Vaterland selig ende, und du, o Sohn! der Treue Lohn mir reichst von deinem Gnadenthron!

Albert Knapp.

Vom Gericht.

Joh. 3, v. 18. Wer an ihn glaubet, der wird nicht gerichtet; wer aber nicht glaubet, der ist schon gerichtet, denn er glaubet nicht an den Namen des eingebornen Sohnes Gottes.

Mel. Herzlich lieb hab' ich dich, o Herr.

1782. Vor G'richt, Herr Jesu, steh' ich hie, beug' demuthsvoll mein's Herzens Knie und seufze mit Wehklagen: mein' große Sünd' und Missethat mich verklagt und verdammet hat; doch will ich nicht verzagen. Herr Jesu Christ, dein Blut allein macht mich von allen Sünden rein, weil ich fest glaube und dabei im Herzen habe wahre Reu'. Herr Jesu Christ, das dank' ich dir, :,: ich will mich bessern, hilf du mir!

Um treue Arbeiter in die Ernte des Herrn.

Matthäi 9, v 37 38. Die Ernte ist groß, aber wenig sind der Arbeiter Darum bittet den Herrn der Ernte, daß er Arbeiter in seine Ernte sende.

Mel. Dir, dir, Jehovah, will ich singen.

1783. Wach' auf, du Geist der ersten Zeugen, die auf der Mau'r als treue Wächter stehn, die Tag' und Nächte nimmer schweigen und die getrost dem Feind' entgegen gehn; ja, deren Schall die ganze Welt durchdringt und aller Völker Schaaren zu dir bringt.

2. O, daß dein Feu'r doch bald entbrennte! o, möcht' es doch in alle Lande gehn! Ach, Herr, gieb doch in deine Ernte viel Knechte, die in treuer Arbeit stehn. O Herr der Ernte! siehe doch darein: die Ernt' ist groß, da wenig Knechte seyn.

3. Dein Sohn hat ja mit klaren Worten uns diese Bitt' in unsern Mund gelegt. O siehe, wie an allen Orten sich deiner Kinder Herz und Sinn bewegt, dich herzinbrünstig hierum anzufleh'n; drum hör', o Herr! und sprich: Es soll geschehn!

4. Wie kannst du uns denn das versagen, was uns dein Sohn selbst deutlich bitten heißt? wie? denkst du dieses abzuschlagen, wozu du selbst uns treibst durch deinen Geist? Denn, daß wir hierum brünstig zu dir flehn, das ist allein durch deinen Geist gescheh'n.

5. So gieb dein Wort mit großen Schaaren, die in der Kraft Evangelisten seyn; laß eilend Hülf' uns widerfahren und brich in Satans Reich und Macht hinein. O breite, Herr, auf weitem Erdenkreis dein Reich bald aus, zu deines Namens Preis!

6. Ach, daß die Hülf' aus Zion käme! o, daß dein Geist so, wie dein Wort verspricht, dein Volk aus dem Gefängniß nähme! o! würd' es doch nur bald vor Abend licht. Ach, reiß', o Herr! den Himmel bald entzwei und komm herab zur Hülf' und mach' uns frei!

7. Ach, laß dein Wort recht schnelle laufen! es sey kein Ort ohn' dessen Glanz und Schein. Ach, führe bald dadurch mit Haufen der Heiden Füll' in alle Thore ein! Ja, wecke doch auch Israel bald auf und also segne deines Wortes Lauf!

8. O, bess're Zions wüste Stege; und was dein Wort im Laufe hindern kann, das räum', ach räum' aus jedem Wege. Vertilg', o Herr! den falschen Glaubenswahn, und mach' uns bald von jedem Miethling frei: daß Kirch' und Schul' ein Garten Gottes sey.

9. Laß jede hoh' und nied're Schule die Werkstatt deines guten Geistes seyn; ja, sitze du nur auf dem Stuhle und präge dich der Jugend selber ein: daß treuer Lehrer

viel und Beter seyn, die für die ganze Kirche stehn und schrei'n.

10. Du hast uns Hirten ja versprochen, die du nach deinem Herzen geben willt. Nun wird dein Wort niemals gebrochen, ein jedes Wort wird Punkt für Punkt erfüllt; drum halt' ich dieses klare Wort dir vor: ach, denke dran und neig' uns Herz und Ohr!

11. Ach, wird dein Herze nicht beweget, da du, o Gott! die Liebe selber bist und, was von Lieb' in uns sich reget, aus deinem Liebesfeu'r ein Fünklein ist? da wir in schwacher Liebe nun so flehn, was soll nicht von der Liebe Quell geschehn?

12. O Herr! wo willst du dich hinwenden? siehst du denn nicht den großen Jammer an? ach, willst du uns nicht Hülfe senden? ach, siehst du nicht, was Jesus hat gethan? ist er denn nicht der Heiland aller Welt? wie kommt es, daß der Feind so Platz behält?

13. Herr, zürne nicht, daß ich so bitte, da ich vor dir nur Staub und Asche bin. Du, als der Brunnquell aller Güte, giebst selber mir etwas von deinem Sinn, daß mich der Menschen Elend jammern kann: drum bitt' ich, Herr; o nimm mein Bitten an!

14. Du wirst wohl wissen recht zu richten, da du ja aller Welt ihr Richter bist. Laß nur dein Wort den Streit hier schlichten, wenn deine Lieb' in uns im Zweifel ist, und treib' uns ferner, dich nur anzufleh'n: es wird doch endlich noch viel mehr gescheh'n.

Karl Heinrich v. Bogatzky.

Osterlied.

Apost. Gesch. 5, v. 30. 31. Der Gott unserer Väter hat Jesum auferwecket, welchen ihr erwürget habt und an das Holz gehänget. Den hat Gott durch seine rechte Hand erhöht zu einem Fürsten und Heiland, zu geben Israel Buße und Vergebung der Sünden.

Mel. Es ist das Heil uns kommen her.

1784. Wach' auf, mein Herz, die Nacht ist hin, die Sonn' ist aufgegangen! ermuntre deinen Geist und Sinn, den Heiland zu empfangen, der heute durch des Todes Thür gebrochen aus dem Grab herfür, der ganzen Welt zur Wonne.

2. Steh' aus dem Grab der Sünden auf und such' ein neues Leben; vollführe deinen Glaubenslauf und laß dein Herz sich heben gen Himmel, da dein Jesus ist, und such' was droben, als ein Christ, der geistlich auferstanden.

3. Vergiß nun was dahinten ist, und tracht' nach dem was droben, damit dein Herz zu jeder Frist zu Jesu sey erhoben. Tritt unter dich die ganze Welt und strebe nach dem Himmelszelt, wo Jesus ist zu finden.

4. Quält dich ein schwerer Sorgenstein: dein Jesus wird ihn heben; es kann ein Christ bei Kreuzes-Pein in Freud' und Wonne leben. Wirf dein Anliegen auf den Herrn und sorge nicht: er ist nicht fern, weil er ist auferstanden.

5. Geh' mit Maria Magdalen'n und Salome zum Grabe, die früh' dahin aus Liebe geh'n mit ihrer Salbungsgabe: so wirst du sehn, daß Jesus Christ vom Tod' heut' auferstanden ist und nicht im Grab' zu finden.

6. Es hat der Löw' aus Juda Stamm heut' siegreich überwunden *), und das erwürgte Gotteslamm hat, uns zum Heil, erfunden das Leben und Gerechtigkeit, weil er, nach überstandnem Streit, die Feinde Schau getragen. *) Offenb. Joh. 5, v. 5.

7. Drum auf, mein Herz, fang' an den Streit, weil Jesus überwunden: er wird auch überwinden weit in dir, weil er gebunden der Feinde Macht, daß du aufstehst und in ein neues Leben gehst und Gott im Glauben dienest.

8. Scheu' weder Teufel, Höll' noch Tod, noch gar der Hölle Rachen; denn Jesus lebt, es hat kein' Noth, er ist noch bei den Schwachen und den Geringsten in der Welt, als ein gekrönter Siegesheld, drum wirst du überwinden.

9. Ach mein Herr Jesu, der du bist von Todten auferstanden! errett' aus Satans Macht und List und aus des Todes Banden: daß wir zusammen insgemein zum neuen Leben gehen ein, das du uns hast erworben.

10. Sey hochgelobt in dieser Zeit von allen Gottes-Kindern und ewig in der Herrlichkeit von allen Ueberwindern, die überwunden durch dein Blut; Herr Jesu, gieb uns Kraft und Muth, daß wir auch überwinden!

Laurentius Laurenti.

Morgenlied.

Psalm 89, v. 2. Ich will singen von der Gnade des Herrn ewiglich, und seine Wahrheit verkünden mit meinem Munde für und für.

In eigener Melodie.

1785. Wach' auf, mein Herz, und singe dem Schöpfer aller Dinge, dem Geber aller Güter, dem frommen Menschenhüter!

2. Heut', als die dunkeln Schatten mich ganz umgeben hatten, hat Satan mein begehret; Gott aber hat's gewehret.

3. Ja, Vater, als er suchte, wie er mir schaden möchte, lag ich in deinem Schooße, dein Flügel mich umschlosse.

4. Du sprachst: mein Kind, nun liege trotz dem, der dich betrüge; schlaf' wohl, laß dir nicht grauen, du sollst die Sonne schauen.

5. Dein Wort, das ist geschehen, ich kann die Sonne sehen: von Noth bin ich befreiet, dein Schutz hat mich erneuet.

6. Du willst ein Opfer haben; hier bring' ich meine Gaben. Mein Weihrauch, Farrn und Widder sind mein Gebet und Lieder.

7. Die wirst du nicht verschmähen, du kannst in's Herze sehen und weißt wohl, daß zur Gabe ich ja nichts Bessers habe.

8. So wollst du nun vollenden dein Werk an mir und senden, der mich an diesem Tage auf seinen Händen trage.

9. Sprich: ja! zu meinen Thaten, hilf selbst das Beste rathen; den Anfang, Mitt'l und Ende, ach Herr, zum Besten wende!

10. Mit Segen mich beschütte, mein Herz sey deine Hütte, dein Wort sey meine Speise, bis ich gen Himmel reise.

Paul Gerhardt.

Von der geistlichen Wachsamkeit.

Epheser 5, v. 14. Wache auf, der du schläfest, und stehe auf von den Todten, so wird dich Christus erleuchten.

In eigener Melodie.

1786. Wachet auf, ihr faulen Christen, bedenket, daß euch Gottes Gnad' vom tiefsten Schlaf der Sündenlüsten zum Leben auferwecket hat. Verlasset doch die finst're Gruft und höret, wenn euch Jesus ruft: wachet!

2. Wachet, denn die Sünden-Nächte entweichen vor dem hellen Licht, das Gott dem menschlichen Geschlechte im Wort und Herzen aufgericht't. Ach! wandelt doch in solchem Schein, sonst könnt ihr keine Christen seyn: wachet!

3. Wachet! ist der Geist schon willig, so ist das Fleisch doch gar zu schwach. Drum folgen wahre Christen billig dem Geist und nicht dem Fleische nach. O! theure Seelen, werdet klug und folget doch des Geistes Zug. Wachet!

4. Wachet, denn die alte Schlange sucht Tag und Nacht, mit Macht und List die Menschen in ihr Netz zu fangen, weil wenig Zeit vorhanden ist*). Ergreifet doch des Glaubens Schild und wisset, daß nicht schlafen gilt. Wachet!

*) Off. Joh. 12, v. 12.

5. Wachet, eh' die Todesstunde das unvermerkte Ziel erreicht; ihr seht ja, wie der Tod Gesunde sowohl als Kranke oft beschleicht. Die letzte Stund' ist ungewiß. Ach werthe Christen, merket dies. Wachet!

6. Wachet! daß ihr euch bereitet auf jenen großen Tag des Herrn, denn wie uns Gottes Wort bedeutet, so ist derselbe nicht mehr fern. Ach, schicket euch, vielleicht kommt heut' der erste Tag der Ewigkeit. Wachet!

7. Wachet, Jesus hat's geboten. Ach! folget seiner Wächterstimm'. Was schlafet ihr doch, wie die Todten? ermuntert euch und kehret um, bedenket doch, was euch behagt, und daß Gott mir und Allen sagt: Wachet!

Ludwig Andreas Gotter.

Vom Kampf der Christen.

Ebräer 10, v. 32. 33. Gedenket aber an die vorigen Tage, in welchen ihr, erleuchtet, erduldet habt einen großen Kampf des Leidens; zum Theil selbst durch Schmach und Trübsal ein Schauspiel geworden; zum Theil Gemeinschaft gehabt mit denen, denen es also gehet.

Mel. Freuet euch, ihr Christen, alle.

1787. Wachet auf, ihr lieben Herzen, wachet auf und tret't heran! seht, was Jesus hat gethan! Er mußt' durch viel Todesschmerzen, durch so manchen harten Streit gehen ein zur Herrlichkeit. Ach, so schickt euch auch zum Leiden, wer genießen will der Freuden; gebt euch in des Vaters Willen: er wird euren Hunger stillen.

2. Kämpfet, denn es wird geboren in dem Kreuz die Friedenskraft und die wahre Ruh' geschafft; wer nur will seyn auserkoren, dringe durch die Leidens-Nacht: so wird er dazu gebracht. Laßt uns seyn darauf beflissen: durch viel Kreuz und Leiden müssen, die gott'sfürchtig wollen leben, nach dem Reiche Gottes streben.

3. Wer dem Lamme will nachgehen, wo es hingeht allezeit, muß sich wagen in den Streit. Der wird noch in Zion stehen, der sich innig ihm ergiebt und nicht seine Seele liebt. Denn der muß die Seel' verlieren, der durch's Kreuz sich nicht läßt führen; wer sich aber wagt im Streite, wird sie tragen noch zur Beute.

4. Unsers Hauptes Vater träget Vater-Liebe gegen die, so ein wenig haben Müh' unterm Kreuz, wenn er sie schläget und der Kinder ihr Gemüth mit der Liebesruthe zieht. Er zerschlägt und reißet nieder, doch heilt er und bauet wieder; tödtet und schenkt auch das Leben denen, die sich ihm ergeben.

5. Da der Heiland war auf Erden, ging es seinen Jüngern gut; aber da der Feinde Wuth wollte gar zum Mörder werden an demselben, fürcht'ten sich die Verlass'nen ängstiglich. Endlich haben sie ihr Leben selbst mit Freuden hingegeben, die gefolget Gottes Sohne und erlangt die Märt'rerkrone.

6. Ach so laßt uns ihm nachgehen, da der Abend gehet weg, daß wir bleiben auf dem Steg; durch die letzte Wach' wir sehen schon den Blick der Morgenröth', da die Sonn' von fern aufgeht. Es fängt nun bald an zu tagen, wie die Wächter alle sagen: es werd' keine Nacht mehr kommen, wenn vollendet sind die Frommen.

7. Jesu, du hast durch dein Leiden uns geheiligt vor der Stadt!*) Nun es ist des Vaters Rath, daß wir uns zum Kreuz bereiten auf der kurzen Pilgrimsschaft; ach, so gieb uns Allen Kraft, daß wir deine Schmach mittragen und wenn uns die Feinde jagen, laß uns, Herr! nur nicht verderben, daß wir Gottes Reich ererben.

*) Ebräer 13, v. 12. 13. 1 Petri 4, v. 12. 13.

Johann Christian Nehring.

Aufmunterung, dem himmlischen Bräutigam zu begegnen.

Matthäi 25, v. 1—13. Dann wird das Himmelreich gleich seyn zehen Jungfrauen, die ihre Lampen nahmen, und gingen aus, dem Bräutigam entgegen. rc. rc.

In eigener Melodie.

1788. Wachet auf! ruft uns die Stimme der Wächter sehr hoch auf der Zinne: wach' auf, du Stadt Jerusalem! Mitternacht heißt diese Stunde; sie rufen uns mit frohem Munde: wo seyd ihr klugen Jungfrauen? Wohl auf! der Bräut'gam kömmt, steht auf, die Lampen nehmt! Hallelujah! macht euch bereit zu der Hochzeit, ihr müsset ihm entgegen geh'n!

2. Zion hört die Wächter singen, das Herz thut ihr vor Freude springen, sie wachet und steht eilend auf. Ihr Freund kömt vom Himmel prächtig, von Gnaden stark, von Wahrheit mächtig, ihr Licht wird hell, ihr Stern geht auf. Nun komm, du werthe Kron', Herr Jesu, Gottes Sohn! Hosianna! wir folgen All' zum Freudensaal und halten mit das Abendmahl.

3. Gloria sey dir gesungen, mit Menschen- und mit Engel-Zungen, mit Harfen und mit Cymbeln schön. Von zwölf Perlen sind die Thore an deiner Stadt; wir stehn im Chore der Engel, hoch um deinen Thron. Kein Aug' hat je gesehn, kein Ohr hat je gehört solche Freude; drum jauchzen wir, und singen dir das Hallelujah für und für!

D. Philipp Nicolai.

Von der geistlichen Wachsamkeit.

Marci 14, v. 37. 38. Simon, schläfest du? Vermöchtest du nicht eine Stunde mit mir zu wachen? Wachet und betet, daß ihr nicht in Versuchung fallet. Der Geist ist willig, aber das Fleisch ist schwach.

Mel. Von Gott will ich nicht lassen.

1789. Wacht auf, wacht auf, ihr Christen! die Stunde kommt herbei, die Lampen auszurüsten, man höret ein Geschrei erschallen weit und breit: du mußt dich fertig machen mit Beten und mit Wachen in dieser letzten Zeit.

2. Es rufen von den Zinnen die Wächter Gott's herab: erwacht ihr stolzen Sinnen, legt doch den Hochmuth ab und leget Demuth an; es ist wohl Zeit zu wachen, weil schon der Hölle Rachen sich weit hat aufgethan!

3. Wacht auf, wacht auf! es wüthet des stolzen Satans Heer, das nur Verderben brütet und trotzt je mehr und mehr; sein Grimm wächst immerfort, drum laßt uns fertig machen mit Beten und mit Wachen, nach Gottes Rath und Wort.

4. Wacht auf von Fleisches Lüsten, wacht ja bei Zeiten auf von Geiz, ihr Heuchelchristen! verlaßt den Sündenlauf und alle Sicherheit; nur richtet eure Sachen auf Beten und auf Wachen zur Seelen Seligkeit.

5. Erwacht, ihr trunknen Sünder, von eurem süßen Schlaf! erwacht, ihr Wollustkinder, betrachtet Gottes Straf'! Ach, wer ihr will entgeh'n, der muß in allen Sachen, mit Beten und mit Wachen, gerüst't und fertig steh'n.

6. Merkt, wie sich Alles lenket zum End' und Untergang; der Fromme wird gekränket, groß Unrecht geht im Schwang, Empörung ist gemein, ja, alle Laster blühen: drum laßt uns nicht verziehen mit Beten wach zu seyn.

7. Merkt; was für Wunderzeichen geschehen hin und her; ihr Armen und ihr Reichen, wacht auf! denn ungefähr geschiehet Solches nicht: Gott will uns munter machen zum Beten und zum Wachen, eh' er die Welt zerbricht.

8. Die Welt wird zwar zerbrochen, wie selbst der Wahrheit Mund dies Urtheil hat gesprochen; jedoch ist Niemand kund, wann und zu welcher Zeit uns solches soll betreten, drum müssen wir mit Beten und Wachen seyn bereit.

9. Wohl dem nun, der die Stimme der Wächter nimmt in Acht, durch Buß' sich von dem Grimme des Höchsten ledig macht; dem wird nach dieser Zeit das Beten und das Wachen viel Wonn' und Freude machen im Schloß der Ewigkeit.

Vielleicht nach Joachim Neander?

Von der christlichen Kirche.

Psalm 124, v. 2. 3. Wo der Herr nicht bei uns wäre, wenn die Menschen sich wider uns setzen: so verschlängen sie uns lebendig, wenn ihr Zorn über uns ergrimmete.

In eigener Melodie.

1790. Wär' Gott nicht mit uns diese Zeit, so soll Israel sagen, wär' Gott nicht mit uns diese Zeit, wir hätten müss'n verzagen, die so ein armes Häuflein sind, veracht't von so viel Menschenkind, die an uns setzen alle.

2. Auf uns so zornig ist ihr Sinn, wo Gott es hätt' zug'geben, verschlungen hätten sie uns hin mit ganzem Leib und Leben; wir wär'n, als die ein' Fluth ersäuft und über die groß Wasser läuft und mit Gewalt verschwemmet.

3. Gott Lob und Dank, der nicht zugab, daß ihr Schlund uns möcht' fangen! wie ein Vogel des Stricks kommt ab, ist unsre Seel' entgangen. Strick ist entzwei und wir sind frei, des Herren Namen steht uns bei, des Gottes Himm'ls und Erden.

D. Martin Luther.

Alles geistige Leben aus Christo, dem Quell des Lebens, geschöpft.

1 Johannis 5, v. 11. Und das ist das Zeugniß, daß uns Gott das ewige Leben hat gegeben, und solches Leben ist in seinem Sohn.

Mel. Die Tugend wird durch's Kreuz geübet.

1791. Wärst du für mich nicht Mensch geboren, so möcht' ich nie geboren seyn; denn ohne dich wär' ich verloren und müßt' hinunter in die Pein; nichts hülfe dann mein heißes Streben, nichts mir der Erden eitle Lust, bist du, Herr Jesu! nicht mein Leben, so kommt kein Fried' in meine Brust.

2. Doch hab' ich dich, du Freund der Seelen! dich, o mein König und mein Gott! kann Seel' und Leib ich dir befehlen, so fürcht' ich mich vor keiner Noth; steh' ich bei dir im Gnadenstande, wer will mich trennen dann von dir? Durst, Hunger, Schläge, Spott und Schande für dich sind dann ein Labsal mir.

3. O darum halte du mich Armen und laß mich nun und ewig nicht; versag' mir nimmer dein Erbarmen, sey du mein Hort, mein Trost und Licht. Ja, stärke meinen schwachen Glauben, du überschwänglich Liebender! und will der Feind mein Kleinod rauben, so wehre du's ihm selbst, o Herr!

Gustav Friedrich Ludwig Knak.

Anhalten im Gebet.

Psalm 34, v. 16. Die Augen des Herrn sehen auf die Gerechten, und seine Ohren auf ihr Schreien.

Mel. Die Tugend wird durch's Kreuz geübet.

1792. Wann werd' ich mich erhöret sehen? ist deine Stunde denn noch weit? wie lange soll ich harrend flehen? mein Jesu, wann erscheint die Zeit? wann wird dein Wort erfüllet werden? wann hilft mir deine Wundermacht? Du herrschest ja noch jetzt auf Erden, drum sprich: so weicht des Kummers Nacht.

2. Du, der du bist und der du warest, du wirst derselbe ewig seyn; ich weiß, wenn du dich offenbarest, so nimmt dein Heil mein Alles ein. Doch macht das Warten öfters bange, die Furcht und Zweifel nehmen Platz. Drum säum', o Jesu! nicht zu lange. Nein, mehre noch des Glaubens Schatz!

3. Ich lass' dich nicht, bis mir's gelungen, bis ich dich fröhlich preisen kann; hat Jakob weinend dich bezwungen, so nimm auch mein Verlangen an. Dein Friede müsse mich beleben als der Erhörung Unterpfand, so wird der Ausgang dich erheben: Herr! reich' mir gnädig Herz und Hand.

4. Mein Heiland! du hältst Bund und Glauben, du hast die Richtschnur mir bestimmt, die soll auch kein Verzug mir rauben. „Wer bittet, sprichst du, dieser nimmt. Ja, was ihr bittet, sollt ihr haben." O Jesu! bär' ich nur recht viel; Herr! gieb mir die verheiß'nen Gaben, bring' mich in Allem bis zum Ziel!

Warnungsstimme bei dem herannahenden Weltgericht.

Offenb Joh. 3, v. 3. So gedenke nun, wie du empfangen und gehöret hast, und halt's, und thue Buße. So du nicht wirst wachen, werde ich über dich kommen, wie ein Dieb, und wirst nicht wissen, welche Stunde ich über dich kommen werde

Mel. Mache dich, mein Geist, bereit.

1793. Warne, Jesu, warne doch vor den bösen Zeiten, daß ich, weil ich lebe noch, möge mich bereiten, stelle mir immer für Buß- und Warnungs-Zeichen, die mein Herz erweichen.

2. Du willst mein Verderben nicht, denn du liebst das Leben; schütze mich vor dem Gericht, das sich wird erheben; warnst du nicht, o mein Licht, die zerstreuten Sinnen, wie will ich entrinnen?

3. Doch wie hast du schon so oft mir in meinem Leben bald durch's Wort, bald unverhofft treuen Rath gegeben! überall ist der Schall, der mich vom Gerichte ruft zu deinem Lichte.

4. Laß mich nimmer sicher seyn, noch in Schlaf versinken, gieb mir deines Geistes Schein, wenn du pflegst zu winken: bis ich gar der Gefahr und der Noth entgehe und in Zion stehe. Gottlieb August Astmann.

Wider alle Weltsorge.

Daniel 6, v. 23. Man spürete keinen Schaden an ihm; denn er hatte seinem Gott vertraut.

In eigener Melodie.

1794. Warum betrübst du dich mein Herz, bekümmerst dich, und trägest Schmerz nur um das zeitlich' Gut? Vertrau' du deinem Herren Gott, der alle Ding' erschaffen hat.

2. Er kann und will dich lassen nicht. Er weiß ja wohl, was dir gebricht: Himmel und Erd' ist sein. Mein Vater und mein Herre Gott, der mir beisteht in aller Noth!

3. Weil du mein Gott und Vater bist, dein Kind wirst du verlassen nicht, du väterliches Herz! Ich bin ein armer Erdenkloß, auf Erden weiß ich keinen Trost.

4. Der Reich' verläßt sich auf sein Gut, ich aber will vertrau'n mein'm Gott. Ob ich gleich werd' veracht't: so weiß und glaub' ich festiglich: wer Gott vertraut, dem mangelt's nicht.

5. Elia, wer ernähret dich, da es so lange regnet nicht, in so schwer theurer Zeit? Ein' Wittwe aus Sidonier Land, zu welcher du von Gott gesandt.

6. Da er lag untr'm Wachholderbaum, ein Engel Gott's vom Himmel kam, und bracht' ihm Speis' und Trank; er ging gar einen weiten Gang, bis zu dem Berg, Horeb genannt.

7. Des Daniels Gott nicht vergaß, da er unter den Löwen saß, sein'n Engel sandt' er hin und ließ ihm Speise bringen gut durch seinen Diener Habakuk.

8. Joseph in Egypt'n verkaufet ward, von Pharao gefangen hart, um sein'r Gott'sfürchtigkeit. Gott macht' ihn zu ein'm großen Herrn, daß er konnt' Vat'r und Brüd'r ernähr'n.

9. Es ließ auch nicht der treue Gott die drei Männ'r im Feu'r-Ofen roth, sein'n Engel sandt' er hin, bewahrt sie vor des Feuers Glut und half ihnen aus aller Noth.

10. Ach Gott! du bist noch heut' so reich, als du gewesen ewiglich, mein Vertrau'n steht ganz zu dir; mach' mich an meiner Seele reich, so hab' ich g'nug hier und ew'glich.

11. Der zeitlich'n Ehr' will gern entbehr'n, woll'st nur das Ew'ge mir gewähr'n, das du erworben hast durch deinen herben bittern Tod, das bitt' ich dich, mein Herr und Gott!

12. Alles, was ist in dieser Welt, es sey Silber, Gold oder Geld, Reichthum und zeitlich Gut, das währt nur eine kleine Zeit und hilft doch nicht zur Seligkeit.

13. Ich dank' dir, Christ! o Gottes Sohn, daß du mich solch's erkennen lan, durch dein göttliches Wort: verleih' mir auch Beständigkeit zu meiner Seelen Seligkeit.

14. Lob, Ehr' und Preis sey dir gesagt für alle dein' erzeigt' Wohlthat, und bitt' demüthiglich: laß mich nicht von dein'm Angesicht verstoßen werden ewiglich.

Hans Sachs.

Trost im Leiden.

Psalm 34, v. 20. Der Gerechte muß viel leiden; aber der Herr hilft ihm aus dem Allen.

Mel. Auf meinen lieben Gott.

1795. Warum betrübst du dich und thust so ängstiglich, mein Herz, als ob dein Zagen und kläglich's Jammerklagen das Leiden könnte stillen und ändern Gottes Willen?

2. O nein, es ist gefehlt; dir ist schon zugezählt des Kreuzes Maaß und Menge; Gott hat bestimmt die Länge, wie lange seine Plagen du sollst und kannst ertragen.

3. Doch darob dich erfreu', daß dein Gott ist getreu und nicht von Herzen schläget, noch allzuviel aufleget; die Wunden will verbinden und helfen überwinden.

4. Sein allerliebster Sohn, der ew'ge Gnadenthron, hat sich um deinetwegen mit mehr denn tausend Schlägen am Kreuze lassen würgen: o, einen theuren Bürgen!

5. Er ist versucht, wie du; sein' Arbeit bringt dir Ruh', sein Sterben ist dein Leben; wirst du dich ihm ergeben, so wird sein heil'ges Büßen dir all' dein Leid versüßen.

6. Von seiner Kreuzeslast du kaum ein Spähnlein hast, mein Herz, auf dich zu nehmen: drum wollst du dich nicht schämen, noch so darüber klagen, es Jesu nachzutragen.

7. Die sündliche Begier, die annoch wohnt in dir, will in dergleichen Nöthen der fromme Vater tödten, wie sonst der Eltern Ruthe den Kindern kommt zu gute.

8. Denk' nicht, er hasse dich; Gott, der in Christo sich mit dir versöhnt erkennet, den dein Geist Vater nennet, der kann dich niemals hassen: dies mußt du gläubig fassen.

9. Nun, Jesu, liebster Hort! ich wandre willig fort durch dieses Thal der Thränen; nur ist mein Wunsch und Sehnen: laß mich nach Kreuz und Leiden bald kommen zu den Freuden.

Von der Freudigkeit des Glaubens.

2 Corinther 6, v. 10. Als die Traurigen, aber allezeit fröhlich; als die Armen, aber die doch Viele reich machen; als die Nichts inne haben, und doch Alles haben.

In eigener Melodie.

1796. Warum sollt' ich mich denn grämen? hab' ich doch Christum noch, wer will den mir nehmen? wer will mir den Himmel rauben, den mir schon Gottes Sohn beigelegt im Glauben?

2. Nackend lag ich auf dem Boden, da ich kam, da ich nahm meinen ersten Odem. Nackend werd' ich auch hinziehen, wenn ich werd' von der Erd' als ein Schatten fliehen.

3. Gut und Blut, Leib, Seel' und Leben ist nicht mein; Gott allein ist es, der's gegeben; will er's wieder zu sich kehren, nehm' er's hin, ich will ihn dennoch fröhlich ehren.

4. Schickt er mir ein Kreuz zu tragen, dringt herein Angst und Pein, sollt' ich drum verzagen? der es schickt, der wird es wenden; er weiß wohl, wie er soll all mein Unglück enden.

5. Gott hat mich bei guten Tagen oft ergötzt, sollt' ich jetzt auch nicht etwas tragen? Fromm ist Gott und schärft mit Maaßen sein Gericht; kann mich nicht ganz und gar verlassen.

6. Satan, Welt und ihre Rotten können mir nichts mehr hier thun, als meiner spotten. Laß sie spotten, laß sie lachen! Gott, mein Heil, wird in Eil' sie zu Schanden machen.

7. Unverzagt und ohne Grauen soll ein Christ, wo er ist, stets sich lassen schauen; wollt' ihn auch der Tod aufreiben, soll der Muth dennoch gut und fein stille bleiben.

8. Kann uns doch kein Tod nicht tödten, sondern reißt unsern Geist aus viel tausend Nöthen, schließt das Thor der bittern Leiden und macht Bahn, da man kann gehn zur Himmelsfreuden.

9. Allda will in süßen Schätzen ich mein Herz auf den Schmerz ewiglich ergötzen; hier ist kein recht Gut zu finden; was die Welt in sich hält, muß im Nu verschwinden.

10. Was sind dieses Lebens Güter? eine Hand voller Sand, Kummer der Gemüther. Dort, dort sind die edlen Gaben, da mein Hirt, Christus, wird mich ohn' Ende laben.

11. Herr, mein Hirt, Brunn aller Freuden! du bist mein, ich bin dein, Niemand kann uns scheiden. Ich bin dein, weil du dein Leben und dein Blut mir zu gut in den Tod gegeben.

12. Du bist mein, weil ich dich fasse und dich nicht, o mein Licht! aus dem Herzen lasse. Laß mich, laß mich hingelangen, da du mich und ich dich herzlich werd' umfangen!

Paul Gerhardt.

Von der gnädigen Fürsorge Gottes.

Matthäi 6, v. 26. Sehet die Vögel unter dem Himmel an: sie säen nicht, sie ernten nicht, sie sammlen nicht in die Scheunen, und euer himmlischer Vater nähret sie doch. Seyd ihr denn nicht viel mehr, denn sie?

Mel. Warum sollt' ich mich denn grämen?

1797. Warum willst du doch für morgen, armes Herz, immerwärts wie ein Heide sorgen? Wozu dient dein täglich Grämen, weil Gott will in der Still' sich der Noth annehmen?

2. Gott hat dir geschenkt das Leben, Seel' und Leib, darum bleib' ihm allein ergeben. Er wird ferner Alles schenken; traue fest, er verläßt nicht, die an ihn denken.

3. Sage nicht: was soll ich essen? Gott hat dir schon allhier so viel zugemessen, daß der Leib sich kann ernähren; Uebriges wird indeß Gottes Hand bescheren.

4. Es ist mehr, als Trank und Speisen, dieser Leib: darum gläub', daß Gott wird erweisen, daß er Speis' und Trank kann geben dem, der sich festiglich ihm ergiebt im Leben. Matth. 6, v. 25.

5. Sorgst du, wie du dich sollst kleiden? Jesus spricht: sorge nicht, solches thun die Heiden. Schau' die Blumen auf den Feldern, wie so schön diese steh'n, und die Bäum' in Wäldern.

6. Sorgt ein Vogel auf den Zweigen, wenn er singt, hüpft und springt, wer ihm soll anzeigen, was er essen soll und trinken? Nein, ach nein, er allein folgt des Himmels Winken.

7. Ach, der Glaube fehlt auf Erden; wär' er da, müßt' uns ja, was uns noth ist, werden. Wer Gott kann im Glauben fassen, der wird nicht, wenn's gebricht, von ihm seyn verlassen.

8. Wer Gerechtigkeit nachtrachtet und zugleich Gottes Reich über Alles achtet, der wird wahrlich nach Verlangen Speis' und Trank lebenslang, wie im Schlaf', empfangen.

9. Laß die Welt denn sich bemühen immerhin; ach, mein Sinn soll zu Jesu fliehen. Er wird geben, was mir fehlet; ob er's oft unverhofft eine Weil' verhehlet.

10. Will er prüfen meinen Glauben, und die Gab', die ich hab' mir gar lassen rauben; so muß mir's zum Besten kommen, wenn Gott mir Alles schier hat hinweggenommen.

11. Er kann Alles wiedergeben; wenn er nimmt, so bestimmt er sein Wort zum Leben; ach, wie viele fromme Seelen leben so und sind froh, ohne Sorg' und Quälen.

12. Sie befehlen Gott die Sorgen, wie er will, und sind still immer im Verborg'nen. Was Gott will, ist ihr Vergnügen, und wie's er ungefähr will mit ihnen fügen.

13. Doch kann ihnen nicht versagen Gott ihr Brot in der Noth, wenn er hört ihr Klagen. Er kommt wahrlich, sie zu trösten eh' man's meint, und erscheint, wenn die Noth am Größten.

14. Ihre Sorg' ist für die Seelen und ihr Lauf geht hinauf zu den Felsenhöhlen, zu des Herren Jesu Wunden; hier sind sie aller Müh' und der Noth entbunden.

15. Nun, Herr Jesu, meine Freude, meine Sonn', meine Wonn', meine Seelenweide! sorge nur für meine Seele, so wird mir auch allhier Nichts am Leibe fehlen.

16. Alles sey dir unverholen, was mir fehlt, was mich quält, großer Gott! befohlen; sorge du, so will ich schweigen, und vor dir, nach Gebühr, meine Kniee beugen.

17. Ich will dir mit Freuden danken fort und fort, hier und dort, und will nimmer wanken. Lob und Preis sey deinem Namen! Sey mein Theil, Hülf' und Heil, liebster Jesu! Amen. Laurentius Laurenti.

Adventslied.

1 Mose 24, v. 31. Komm herein, du Gesegneter des Herrn; warum stehst du draußen?

Mel. Werde munter mein Gemüthe.

1798. Warum willst du draußen stehen, du Gesegneter des Herrn? Laß dir, bei mir einzugehen, wohlgefallen, o mein Stern! du mein Jesu, meine Freud'! Helfer in der rechten Zeit, hilf, o Heiland, meinem Herzen von den Wunden, die mich schmerzen!

2. Meine Wunden sind der Jammer, welchen oftmals Tag und Nacht des Gesetzes starker Hamer*) mir mit seinem Schrecken macht. O! der schweren Donnerstimm', die mit Gottes Zorn und Grimm also tief in's Herze schläget, daß sich all mein Blut beweget. *) Jeremia 23, v. 29.

3. Dazu kommt des Teufels Lügen, der mir alle Gnad' absagt, als müßt' ich nun ewig liegen in der Hölle, die ihn plagt. Ja, auch was noch ärger ist, so zermartert und zerfrißt mich mein eigenes Gewissen wie mit gift'gen Schlangenbissen.

4. Will ich dann mein Elend lindern und erleichtern meine Noth bei der Welt und ihren Kindern: find' ich wieder neue Noth; da ist Trost, der mich betrübt, Freude, die mein Unglück liebt, Helfer, die mir Herzleid machen, gute Freunde, die mein lachen.

5. In der Welt ist Alles nichtig, Nichts ist, das nicht kraftlos wär'. Hab' ich Hoheit, die ist flüchtig; hab' ich Reichthum, was ist's mehr, als ein Stücklein armer Erd'? hab' ich Lust, was ist sie werth? was ist, das mich heut' erfreuet, das mich morgen nicht gereuet?

6. Aller Trost und alle Freude ruht in dir, Herr Jesu Christ! dein Erfreuen macht im Leide selbst, daß man recht fröhlich ist. Leuchte mir, o Freudenlicht! ehe noch das Herz mir bricht. Laß mich, Herr! an dir erquicken! Jesu, komm, laß dich erblicken!

7. Freu' dich, Herz, du bist erhöret, jetzo zieht er bei dir ein; sein Gang ist zu dir gekehret, laß ihn nur willkommen seyn und bereite dich ihm zu, gieb dich ganz zu seiner Ruh'; öffne dein Gemüth und Seele; klag' ihm, was dich drückt und quäle.

8. Siehst du wie sich Alles setzet, was dir vor zuwider stund? hörst du, wie er dich ergötzet mit dem holden, süßen Mund? Ei, wie läßt der große Drach' all sein Thun und Toben nach! er muß aus dem Vortheil ziehen und in seinen Abgrund fliehen.

9. Nun, du hast ein süßes Leben; alles, was du willst, ist dein; Christus, der sich dir ergeben, legt sein'n Reichthum bei dir ein. Seine Gnad' ist deine Kron', ja, du bist sein Stuhl und Thron *); er hat dich in sich geschlossen, nennt dich seinen Hausgenossen.

*) 2 Corinther 6, v. 16

10. Seines Himmels güldne Decke spannt er um dich rings herum, daß dich fort nicht mehr erschrecke deines Feindes Ungestüm. Seine Engel stellen sich dir zur Seite, wenn du dich hier willst oder dort hinwenden, tragen sie dich auf den Händen.

11. Was du Böses hast begangen, das ist Alles abgeschafft. Gottes Liebe nimmt gefangen deiner Sünden Macht und Kraft. Christi Sieg behält das Feld, und was Böses in der Welt sich will wider dich erregen, wird zu lauter Glück und Segen.

12. Alles dient zu deinem Frommen, was dir bös' und schädlich scheint, weil dich Christus angenommen und es treulich mit dir meint. Bleibst du ihm nur wieder treu, ist's gewiß und bleibt dabei, daß du mit den Engeln droben ihn dort ewig werdest loben.

Paul Gerhardt.

Selige Erkenntniß des dreieinigen Gottes.

1 Timotheum 6, v. 15. 16 Welche (Erscheinung Christi) wird zeigen zu seiner Zeit der Selige und allein Gewaltige, der König aller Könige, und Herr aller Herren; der allein Unsterblichkeit hat; der da wohnet in einem Lichte, da Niemand zukommen kann; welchen kein Mensch gesehen hat, noch sehen kann; dem sey Ehre und ewiges Reich. Amen.

Mel. Es woll' uns Gott genädig seyn.

1799. Was alle Weisheit in der Welt bei uns hier kaum kann lallen, das läßt Gott aus dem Himmelszelt in alle Welt erschallen: daß er alleine König sey, hoch über alle Götter, groß, mächtig, freundlich, fromm und treu, der Frommen Schutz und Retter, **ein** Wesen, drei Personen.

2. Gott Vater, Sohn und heil'ger Geist heißt sein hochheil'ger Name, so kennt, so nennt, so rühmt und preis't ihn der gerechte Saame, Gott Abraham, Gott Isaak, Gott Jakob, den er liebet, Herr Zebaoth, der Nacht und Tag uns alle Gaben giebet, und Wunder thut alleine.

3. Der Vater hat von Ewigkeit den Sohn, sein Bild, gezeuget; der Sohn hat in der Füll' der Zeit im Fleische sich gezeiget. Der Geist geht ohne Zeit herfür vom Vater und vom Sohne, mit beiden gleicher Ehr' und Zier, gleich ewig, gleicher Krone und ungetheilter Stärke.

4. Sieh' hin, mein Herz, das ist dein Gut, dein Schatz, dem keiner gleichet; das ist dein Freund, der Alles thut, was dir zum Heil gereichet, der dich gebaut nach seinem Bild, für deine Schuld gebüßet, der dich mit wahrem Glauben füllt und all dein Kreuz durchsüßet mit seinem heil'gen Worte.

5. Erheb' dich stetig zu ihm zu und lern' ihn recht erkennen; denn solch' Erkenntniß bringt dir Ruh' und macht die Seele brennen in reiner Liebe, die uns nährt zum ew'gen Freudenleben, da, was allhier kein Ohr gehört, Gott wird zu schauen geben den Augen seiner Kinder.

6. Weh' aber dem verstockten Heer, das sich hier selbst verblendet, Gott von sich stößt und seine Ehr' auf Kreaturen wendet; dem wird gewiß des Himmels Thür einmal verschlossen bleiben: denn wer Gott von sich treibt allhier, den wird er dort auch treiben von seinem heil'gen Throne.

7. Ei nun, so gieb, du großer Held, Gott Himmels und der Erden! daß alle Menschen in der Welt zu dir bekehret werden; erleuchte, was verblendet geht, bring' wieder, was verirret; reiß' aus, was in dem Wege steht und freventlich verwirret die Schwachen in dem Glauben.

8. Auf daß wir also allzugleich zur Himmelspforte dringen und dermaleinst in deinem Reich ohn' alles Ende singen: daß du alleine König seyst, hoch über alle Götter,

Gott Vater, Sohn und heil'ger Geist, der Frommen Schutz und Retter, ein Wesen, drei Personen. Paul Gerhardt.

Vom Vertrauen auf Gott.

Hiob 5, v. 19. Aus sechs Trübsalen wird er dich erretten, und in der siebenten wird dich kein Uebel rühren.

Mel. Du, o schönes Weltgebäude.

1800. Was betrübst du dich, mein Herze! warum grämst du dich in mir? Sage, was für Noth dich schmerze; warum ist kein Muth bei dir? Was für Unglück hat dich troffen und wo bleibt dein freudig Hoffen? wo ist deine Zuversicht, die zu Gott sonst war gericht't?

2. Denke nicht, du seyst verlassen, und Gott achte deiner nicht; seine Hände, die dich fassen, und sein gnädig Angesicht haben Acht auf deine Tritte; deine Thränen, deine Schritte, alle Trübsal, die dich quält, wird genau von Gott gezählt.

3. Geht dies nicht nach deinem Willen, ei! so geht's nach Gottes Rath, der wird doch sein Wort erfüllen, das er zugesaget hat: daß er die, so ihm vertrauen und auf seine Güte schauen, die auf seinen Wegen geh'n, nicht will lassen hülflos steh'n.

4. Ei! so laß den Kummer fahren, der die Seele nur beschwert; denke, was in so viel Jahren dir schon Gutes widerfährt. Wie viel Unglück ist vergangen! wie viel Trost hast du empfangen! und was dir oft Leid gebracht, hat Gott Alles gut gemacht.

5. Steckst du jetzo noch in Nöthen, weißt du nicht, wo aus noch ein, will dich Angst und Schrecken tödten, lebest du in Furcht und Pein wegen dessen, was geschehen, daß du es sehr oft versehen, nicht gelebt, wie du gesollt, nicht gethan, was Gott gewollt:

6. Ei! so komm und bringe Reue, komm und beichte deine Schuld; bitte Gott, daß er's verzeihe; suche seine Gnad' und Huld; unterwirf dich seinen Schlägen, so wird sich sein Zürnen legen, und nach vieler harten Pein wird Gott wieder gnädig seyn.

7. Er weiß alle deine Sachen; Alles, was dich jetzt betrübt, wird er wissen gut zu machen, denn er schläget, die er liebt. Er verlegt und wirft danieder, er erhebt und heilet wieder; Thränen, Angst und bittres Leid wandelt er in Fröhlichkeit.

8. Drum befiehl ihm deine Wege, wirf den Kummer ganz auf ihn, traue seiner Vaterpflege, laß dein Seufzen zu ihm flieh'n: rufe, weine, bete, singe, bis es ihm zu Herzen dringe, laß nicht ab, zu ihm zu fleh'n, bis dir Hülfe wird gescheh'n.

9. Sprich: mein Gott! o schau' mich Armen, schau' zugleich mein Elend an, ach, erweise dein Erbarmen, wie du vormals hast gethan; stärke meine matten Glieder, gieb mir Muth und Freude wieder, rüste mich zum Kampf und Streit, mache mich im Kreuz erfreut!

10. Laß mich nimmermehr verzagen, wehre aller Ungeduld, hilf die Kummer-Bürde tragen, tröste mich mit deiner Huld; gieb, daß ich dir treulich diene und in mir die Hoffnung grüne, daß du mir in allem Leid helfen wirst zur Herrlichkeit!

11. Da will ich mit Freuden preisen deine Güt' und Wunderthat, wie mich auf den Lebensreisen deine Hand geführet hat; da will ich mein Danklied bringen und ein Halleluja singen. O mein Jesu! rufe mich, daß ich komm' und preise dich!

12. Doch so lang' ich in der Höhle dieses Jammers leiden muß: so bewahre meine Seele und regiere meinen Fuß, daß ich nicht in Sünden falle, sondern dir zu Ehren walle und, wenn ich den Lauf vollbracht, fröhlich gebe gute Nacht.

M. Zacharias Herrmann.

Freudiger Glaube bei herannahendem Tode.

2 Corinther 5, v. 1. Wir wissen aber, so unser irdisches Haus dieser Hütte zerbrochen wird, daß wir einen Bau haben, von Gott erbauet, ein Haus nicht mit Händen gemacht, das ewig ist, im Himmel.

Mel. Wachet auf! ruft uns die Stimme.

1801. Was beweget mich zu trauern? mein Leiden wird nicht lange dauern, es währt hier einen Augenblick; schwinge dich in jene Freude, o Seele, die du trägest Leide! Laß allen Dunst der Welt zurück; wer keine Hoffnung hat, der wird von Seufzen matt und muß trauern; ein wahrer Christ hingegen ist voll Freudigkeit zu jeder Frist.

2. Mich bekümmert zwar die Sünde, die ich sowohl an mir befinde, als auch an Andern in der Welt; diese will ich stets beweinen, doch nie im Trauern trostlos scheinen, weil mein Vertrauen Jesum hält. Er, Er ist, der mich tröst't, durch ihn bin ich erlös't. Jesu, Jesu, wie wohl ist mir, wenn ich allhier durch diesen Glauben traue dir!

3. Meine Schuld ist mir vergeben, ich habe Theil an jenem Leben, das weiß und glaub' ich festiglich. Lob sey Gott, der mir geschenket die Sünden, die mein Herz gekränket, und sich erbarmet über mich. Was kann mir Satan thun? ich bin und heiße nun Kind und Erbe. Was acht' ich Hohn? die Ehrenkron' besitze ich in Hoffnung schon.

4. Meinen Jesum werd' ich sehen und ihm zu seiner Rechten stehen in vollem Glanz und hellem Licht; mir wird nicht mehr kindisch grauen, Gott, meinen Heiland, werd' ich schauen von Angesicht zu Angesicht. Bei aller Traurigkeit setzt in Zufriedenheit diese Hoffnung, die er, mein Hort, mir fort und fort betheu'rt in seinem wahren Wort.

5. Wohl mir, mich darf nicht mehr schrekken der Tod, ich kann dagegen schmecken die Kräfte der zukünft'gen Welt. Ich bin schon in Hoffnung selig, mein Glaube macht mich allzeit fröhlich, weil er das Unsichtbare hält. Getrost ist mir mein Muth, zuletzt wird Alles gut, wenn wir glauben; mein Glaube hält, was ihm gefällt, dich Jesu! und besiegt die Welt.

Von den Gnadenwirkungen des dreieinigen Gottes.

1 Corinther 6, v. 11. Ihr seyd abgewaschen, ihr seyd geheiliget, ihr seyd gerecht geworden durch den Namen des Herrn Jesu, und durch den Geist unsers Gottes.

Mel. O Gott, du frommer Gott!

1802. Was darfst du, blödes Herz, dich ängsten und so zagen, daß deine Sünden dich ohn' Unterlaß verklagen und gehn dir über's Haupt, gleich zentnerschwerer Last, so daß du keine Ruh' vor ihrer Menge hast?

2. Zwar billig mußt du dir das Sünden-Urtheil sprechen; du hast's mit Gott verderbt, vor dem ist dein Verbrechen und böser Herzensgrund entdeckt und offenbar; du hast den Tod verdient, das ist gewißlich wahr.

3. Verdammt dich nun dein Herz, so hat Gott gleichermaaßen ein theuer werthes Wort dir offenbaren lassen, daß, so gewiß und wahr als du ein Sünder bist, auch Jesus dir zu gut auf Erden kommen ist:

4. Damit er durch sein Blut die Sünder selig mache und schlichtete durch sich vor Gott die böse Sache, die uns von ihm getrennt, daß wir gerecht und rein und, wie er selber ist, durch ihn nur heilig seyn.

5. In ihm steht unser Heil, denn darum hat Gott eben den eingebornen Sohn der Welt aus Lieb' gegeben, der alle Sünden trägt, daß der, so an ihn gläubt, nun nicht gerichtet wird, und ewig selig bleibt.

6. Er bot sich selber dar, vollkommen zu erfüllen, was uns unmöglich war bei dem verderbten Willen, der etwas Gut's zu thun nicht Lust noch Kräfte hat. Er lud Gesetz und Fluch auf sich an unsrer Statt. —

7. Wir sind durch sein Verdienst nunmehr aus lauter Gnaden ohn' unser Werk gerecht so, daß nun Adams Schaden, der ganz verzweifelt bös', uns nicht mehr tödtlich ist, weil Jesus unsre Schuld durch seinen Tod gebüßt.

8. Dies ist gewißlich wahr; will mich's Gesetz beschämen, soll's dieses theure Wort mir ewig doch nicht nehmen. Ist mächtig meine Sünd' und nagt mich spät und früh, so ist die Gnade doch viel mächtiger als sie.

9. Die ruft mir Fried' und Trost, Heil, Seligkeit und Leben in Jesu Blute zu und spricht: dir ist vergeben die ganze Sündenschuld, um welche du dich kränkst, wenn du mit Reu' und Leid sie gläubig drein versenkst.

10. Mich hat dies Gottesblut*) von aller Schuld entbunden, und der Erlösungsschatz, den Jesus mir erfunden, ist ewig; und bei Gott gilt in Vollkommenheit sein Opfer immerdar mir zur Gerechtigkeit.

*) Apostel-Gesch. 20, v. 28.

11. Wohlan, ich trotze nun der Höll' und ihren Flammen; will gleich mein Herz sich selbst voll Zweifelmuth verdammen, so ist Gott, dessen Wort mir solchen Trost verspricht, viel größer als mein Herz*); er täuscht und läßt mich nicht.

*) 1 Joh. 3, v. 20.

12. Laß mich nur deinen Geist, o mein Erlöser! stärken, daß ich dir dankbar sey, daß von den todten Werken du mein Gewissen hast gereinigt durch dein Blut, und mach' noch im̃erfort mein Herze rein und gut.

13. Laß die Erlösungskraft stets siegreich in mir kämpfen, den Satan, Welt und Fleisch und alles das zu dämpfen, was meine Seel' anläuft, daß nimmermehr forthin die Sünde herrsch' in mir, der ich gestorben bin.

14. Laß den gewissen Geist auf eb'ner Bahn mich leiten und wenn, mein Jesu! du den schwachen Fuß siehst gleiten, so richt'

ihn mit Geduld verschonend wieder auf, daß nie ein schwerer Falt mich hindere im Lauf.

15. Hilf du ihn aber mir, mein Helfer, selbst vollbringen: bis, wenn zuletzt durch dich mein Kämpfen, Laufen, Ringen ans Ziel wird kommen seyn, das Kleinod, welches mir dort vorgehalten wird, du geben wirst bei dir. Henriette Katharine v. Gersdorf.

Von der Verleugnung der Welt.

1 Johannis 2, v. 15. Habt nicht lieb die Welt, noch was in der Welt ist. So Jemand die Welt lieb hat, in dem ist nicht die Liebe des Vaters.

Mel. O Gott, du frommer Gott!

1803. Was frag' ich nach der Welt und allen ihren Schätzen, wenn ich mich nur an dir, Herr Jesu! kann ergötzen? Dich hab' ich einzig mir zur Freude vorgestellt, du, du bist meine Ruh'; was frag' ich nach der Welt?

2. Die Welt ist wie ein Rauch, der in der Luft vergehet, und einem Schatten gleich, der kurze Zeit bestehet. Mein Jesus aber bleibt, wenn Alles bricht und fällt, er ist mein starker Fels; was frag' ich nach der Welt?

3. Die Welt sucht Ehr' und Ruhm bei hoch erhabnen Leuten und denkt nicht einmal dran, wie bald doch diese gleiten. Das aber, was mein Herz allein für rühmlich hält, ist Jesus nur allein. Was frag' ich nach der Welt?

4. Die Welt sucht Geld und Gut und kann nicht eher rasten, sie habe denn zuvor den Mammon in dem Kasten. Ich weiß ein besser Gut, wonach mein Herz gestellt; ist Jesus nur mein Schatz, was frag' ich nach der Welt?

5. Die Welt bekümmert sich, im Fall sie wird verachtet, als wenn man ihr mit List nach ihrer Ehre trachtet. Ich trage Christi Schmach, so lang' es ihm gefällt; wenn mich mein Heiland ehrt, was frag' ich nach der Welt?

6. Die Welt kann ihre Lust nicht hoch genug erheben, sie möchte noch dafür wohl gar den Himmel geben. Ein And'rer hält's mit ihr, der von sich selbst viel hält. Ich liebe meinen Gott; was frag' ich nach der Welt?

7. Was frag' ich nach der Welt; im Nu muß sie vergehen, ihr Ansehn kann durchaus dem Tod' nicht widerstehen, die Güter müssen fort und alle Lust zerfällt. Bleibt Jesus nur bei mir, was frag' ich nach der Welt? M. Georg Michael Pfefferkorn.

Der gläubige Christ schenkt sein Herz Gott, seinem Heilande.

Marci 12, v. 17. Gebet Gotte, was Gottes ist.

Mel. Wer nur den lieben Gott läßt walten.

1804. Was giebst du denn, o meine Seele, Gott, der dir täglich Alles giebt? was ist in deiner Leibeshöhle, das ihn vergnügt und ihm beliebt? es muß das Liebst' und Beste seyn: gieb ihm, gieb ihm das Herz allein.

2. Du mußt, was Gottes ist, Gott geben. Sag', Seele, wem gebührt das Herz? dem Teufel nicht, er haßt das Leben; wo dieser wohnt ist Höllenschmerz. Dir, dir, o Gott! dir soll allein mein Herz allzeit gewidmet seyn.

3. So nimm nun hin, was du verlangest, die Erstgeburt ohn' alle List; das Herz, damit du, Schöpfer! prangest, das dir so sauer worden ist; dir geb' ich's willig, du allein hast es bezahlt, es ist ja dein.

4. Wem sollt' ich mein Herz lieber gönnen, als dem, der mir das seine giebt? Dich kann ich meinen Heiland neñen, du hast mich bis zum Tod geliebt. Mein Herz, dein Herz, Ein Herz allein, soll dein und keines Andern seyn. M. Karl Friedrich Lochner.

Von der christlichen Gelassenheit.

Johannis 8, v. 29. Der Vater lässet mich nicht allein; denn ich thue allezeit, was ihm gefällt.

Mel. Erschienen ist der herrlich' Tag.

1805. Was Gott gefällt, mein frommes Kind, nimm fröhlich an; stürmt gleich der Wind und braus't, daß Alles kracht und bricht, so sey getrost, denn dir geschicht, was Gott gefällt.

2. Der beste Will' ist Gottes Will', auf diesem ruht man sanft und still, da gieb dich all'zeit frisch hinein, begehre nichts, als nur allein, was Gott gefällt.

3. Der klügste Sinn ist Gottes Sinn, was Menschen sinnen, fället hin, wird plötzlich kraftlos, müd und laß, thut oft, was bös', und selten das, was Gott gefällt.

4. Der frömmste Muth ist Gottes Muth, der Niemand Böses gönnt noch thut. Er segnet, wenn uns schilt und flucht die böse Welt, die nimmer sucht, was Gott gefällt.

5. Das treuste Herz ist Gottes Herz, treibt alles Unglück hinterwärts, beschirmt

und schützet Tag und Nacht den, der stets hoch und herrlich acht't, was Gott gefällt.

6. Ach, könnt' ich singen, wie ich wohl im Herzen wünsch', und wie ich soll, so wollt' ich öffnen meinen Mund und singen jetzo diese Stund', was Gott gefällt.

7. Ich wollt' erzählen seinen Rath und übergroße Wunderthat, das süße Heil, die ew'ge Kraft, die allenthalben wirkt und schafft, was Gott gefällt.

8. Er ist der Herrscher in der Höh', auf ihm steht unser Wohl und Weh'; er trägt die Welt in seiner Hand, hinwieder trägt uns See und Land, was Gott gefällt.

9. Er hält der Elemente Lauf, und damit hält er uns auch auf, giebt Sommer, Winter, Tag und Nacht, daß Alles davon lebt und lacht, was Gott gefällt.

10. Sein Heer, die Sterne, Sonn' und Mond gehn ab und zu, wie sie gewohnt; die Erd' ist fruchtbar, bringt herfür Korn, Oel und Most, Brot, Wein und Bier, was Gott gefällt.

11. Sein ist die Weisheit und Verstand, ihm ist bewußt und wohl bekannt, sowohl wer Böses thut und übt, als auch, wer Gutes thut und liebt, was Gott gefällt.

12. Sein Häuflein ist ihm lieb und werth; sobald es sich zur Sünde kehrt, so winkt er mit der Vaterruth' und locket, bis man wieder thut, was Gott gefällt.

13. Was unserm Herzen dienlich sey, das weiß sein Herz, ist fromm dabei, der Keinem jemals Gut's versagt, der Gut's gesucht und nachgejagt, was Gott gefällt.

14. Ist dem also, so mag die Welt behalten, was ihr wohlgefällt; du aber, mein Herz, halt' genehm und nimm vorlieb mit Gott und dem, was Gott gefällt.

15. Laß And're sich mit stolzem Muth erfreuen über großes Gut; du aber nimm des Kreuzes Last und sey geduldig, wenn du hast, was Gott gefällt.

16. Lebst du in Sorg' und großem Leid, hast lauter Gram und Herzeleid, o sey zufrieden, trägst du doch in diesem sauern Lebensjoch, was Gott gefällt.

17. Mußt du viel leiden hier und dort, so bleibe fest an deinem Hort; denn alle Welt und Kreatur ist unter Gott, kann Nichts als nur, was Gott gefällt.

18. Wirst du veracht't von Jedermann, höhnt dich dein Feind und spei't dich an: sey wohlgemuth, denn Jesus Christ erhöhet dich, weil in dir ist, was Gott gefällt.

19. Glaub', Hoffnung, Sanftmuth und Geduld erhalten Gottes Gnad' und Huld; die schließ' in deines Herzens Schrein, so wird dein ew'ges Erbe seyn, was Gott gefällt.

20. Dein Erb' ist in des Himmels Thron, da ist dein Scepter, Reich und Kron', da wirst du schmecken, hören, sehn, da wird ohn' Ende dir gescheh'n, was Gott gefällt.

Paul Gerhardt.

Von der Geduld und Gelassenheit.

5 Mose 32, v. 4. Er ist ein Fels; seine Werke sind unsträflich; denn Alles, was er thut, das ist recht.

In eigener Melodie.

1806. Was Gott thut, das ist wohl gethan, es bleibt gerecht sein Wille; wie er fängt meine Sachen an, will ich ihm halten stille. Er ist mein Gott, der in der Noth mich wohl weiß zu erhalten; drum lass' ich ihn nur walten.

2. Was Gott thut, das ist wohl gethan, er wird mich nicht betrügen, er führet mich auf rechter Bahn, so lass' ich mich begnügen an seiner Huld und hab' Geduld; er wird mein Unglück wenden, es steht in seinen Händen.

3. Was Gott thut, das ist wohl gethan, er wird mich wohl bedenken; er, als ein Arzt und Wundermann, wird mir nicht Gift einschenken für Arzenei; Gott ist getreu, drum will ich auf ihn bauen und seiner Güte trauen.

4. Was Gott thut, das ist wohl gethan, er ist mein Licht und Leben, der mir nichts Böses gönnen kann; ich will mich ihm ergeben in Freud' und Leid, es kommt die Zeit, da öffentlich erscheinet, wie treulich er es meinet.

5. Was Gott thut, das ist wohl gethan; muß ich den Kelch gleich schmecken, der bitter ist nach meinem Wahn, lass' ich mich doch nicht schrecken, weil doch zuletzt ich werd' ergötzt mit süßem Trost im Herzen; da weichen alle Schmerzen.

6. Was Gott thut, das ist wohl gethan, dabei will ich verbleiben; es mag mich auf die rauhe Bahn Noth, Tod und Elend treiben, so wird Gott mich ganz väterlich in seinen Armen halten: drum lass' ich ihn nur walten.

M. Samuel Rodigast.

Vom

Vom geistlichen Kampfe.

1 Könige 18, v. 21. Wie lange hinket ihr auf beiden Seiten? Ist der Herr Gott, so wandelt ihm nach; ist's aber Baal, so wandelt ihm nach.

Mel. Wer nur den lieben Gott läßt walten.

1807. Was hinket ihr, betrogne Seelen, noch immer hin auf beider Seit'? fällt's euch zu schwer, das zu erwählen, was euch des Himmels Ruf anbeut? ach, seht's mit offnen Augen an und brechet durch die schmale Bahn.

2. Bedenkt, es sind nicht Kaiserkronen, nicht Reichthum, Ehr' und Lust der Welt, womit euch Gott will ewig lohnen, wenn euer Kampf den Sieg erhält: Gott selbst ist's und die Ewigkeit voll Lust, voll Ruh', voll Seligkeit.

3. Drum gilt hier kein halbirtes Leben, Gott krönet kein getheiltes Herz; wer Jesu sich nicht recht ergeben, der macht sich selber Müh' und Schmerz und träget, zum verdienten Lohn, hier Qual und dort die Höll' davon.

4. Wer aber mit Gebet und Ringen der Welt auf ewig Abschied giebt, und den Monarchen aller Dingen von Herzen und alleine liebt, der wird der Krone werth geschätzt und auf des Königs Stuhl gesetzt.

5. Zerreißet die gelegten Schlingen, die euch in diesem schönen Lauf verhindern und zum Säumen bringen, und rafft euch heut' von Neuem auf. Auf, auf! verlaßt die falsche Ruh'; auf, auf! es geht dem Himmel zu.

6. Auf, auf! Ist dieser Weg schon enge und voller Dorn'n und rauher Stein'; bringt euch die Welt oft in's Gedränge, stellt Satan sich geharnischt ein; erhebet sich sein ganzes Reich: Immanuel ist auch bei euch.

7. Gott fordert nichts, geliebte Seelen! als daß ihr euch nur zu ihm halt't, und ohne heuchlerisch Verhehlen vor ihm die schwachen Hände falt't. Er streit't für euch, er macht euch Bahn. Trotz dem, der euch besiegen kann.

8. Die Allmacht stehet euch zur Seiten, die Weisheit hält bei euch die Wach', die Gottheit selber will euch leiten, folgt nur mit treuen Schritten nach. Wie Manchen hat nicht diese Hand schon durchgeführt in's Vaterland!

9. Nur spart es nicht auf andre Zeiten, es ist schon jetzo viel versäumt; ihr mehrt euch selbst die Schwierigkeiten, wenn ihr das süße Heut' *) verträumt. Eilt, eilet, denn die Gnadenzeit flieht zügellos zur Ewigkeit.

*) Ebräer 4, v. 7.

10. Laßt euch das Fleisch nicht träge machen, verfluchet seine Zärtlichkeit; ihr gebt euch ja um eitle Sachen in tausend Müh' und Fährlichkeit. Wie, daß ihr um das höchste Gut so faul, verzagt und sorglos thut?

11. Ach, sehet nicht das arme Leben und den geringen Hausrath an; will *) Joseph euch doch Gosen **) geben, und mehr, als Erd' und Himmel kann. Wer ist um Thon und Sand betrübt, wenn man ihm Gold und Silber giebt?

*) der himmlische. **) 1 Mose 45, v. 10. 20.

12. Eilt, faßt einander bei den Händen, seht, wie ist unser Ziel so nah'! wie bald wird unser Kampf sich enden! es steht dann unser König *) da; der führt uns ein zur stillen Ruh' und theilet uns das Kleinod zu.

*) Jesus. Leopold Franz Friedrich Lehr.

Alle Menschen sind Sünder, aber in Christo kann der Sünder Gnade finden.

Römer 3, v. 23. 24. Denn es ist hier kein Unterschied; sie sind allzumal Sünder und mangeln des Ruhms, den sie an Gott haben sollten; und werden ohne Verdienst gerecht, aus seiner Gnade, durch die Erlösung, so durch Christum Jesum geschehen ist.

Mel. Christus, der ist mein Leben.

1808. Was ist des Menschen Leben? ach, Schuld, gehäuft auf Schuld. Bei Gott ist viel Vergeben und namenlose Huld.

2. Wer dürft' in Demuth wagen und frei von Heuchelschein, zum Herzensprüfer sagen: Herr, dieser Tag war rein!

3. In Tugendstolz sich blähen, was ist's, als Tugendspott? zehn Fehle sind geschehen vor einem Werk in Gott.

4. Herr, zögen nur Gerechte zum Himmel, thatenschwer; nur fehllos-treue Knechte — dein Himmel bliebe leer.

5. Die Krüppel, Lahmen, Blinden rufst du mit mildem Ton. Sie kriechen hin und finden; ihr Plätzchen wartet schon.

6. Und ihre Schmach verhüllet der Gnade Feierkleid; und ihren Mangel füllet des Herrn Barmherzigkeit.

7. O Trost der Erdenpilger, den Christus uns erwarb, da er als Sündentilger für uns versöhnend starb!

8. O friedevoller Glaube! dein, dein bedarf mein Herz. Sonst sänk' es hin zum Raube dem hoffnungslosen Schmerz.

9. Denn, Herr, auch meiner Seele wird ihre Last zu schwer. Wer zählet meine Fehle von meiner Jugend her?

10. Tilg' aus in deinem Blute die Mängel und Verseh'n! es komm' auch mir zu gute des Opferblutes Fleh'n!

11. Mein Mittler, ja, ich glaube, ich glaube kühn an dich; und freudig aus dem Staube hebt meine Seele sich.

12. Du übersiehst das Alte. Dein bin ich, wie ich bin: Herr, nimm mich und gestalte mich ganz nach deinem Sinn!

13. O wäre dir mein Leben ein Fest der Dankbarkeit! du hast's mir neu gegeben: dir sey es, Herr, geweiht!

Karl Bernhard Garve.

Von der Nichtigkeit des irdischen Glücks.

Matthäi 6, v. 19. 20. Ihr sollt euch nicht Schätze sammeln auf Erden, da sie die Motten und der Rost fressen, und da die Diebe nachgraben und stehlen. Sammlet euch aber Schätze im Himmel, da sie weder Motten noch Rost fressen, und da die Diebe nicht nachgraben noch stehlen.

Mel. Mach's mit mir, Gott! nach deiner Güt'.

1809. Was ist die Welt, was ist ihr Glück, wenn ich es überlege? Kaum währt es einen Augenblick, es führt durch falsche Wege vom höchsten Ziel, von Gott zurück. Das ist die Welt, das ist ihr Glück!

2. Drum such' ich ihre Freude nicht; nur Gott sey meine Ruhe! Er sey mein Ziel, und dies aus Pflicht, in Allem, was ich thue. Wohl Jedem, der es mit mir spricht: Gott such' ich, andre Freude nicht!

Johann Gottfried Schöner.

Danklied.

Psalm 50, v. 14. Opfere Gott Dank, und bezahle dem Höchsten deine Gelübde.

Mel. O Gott, du frommer Gott!

1810. Was kann ich doch für Dank, o Herr! dir dafür sagen, daß du mich mit Geduld so lange Zeit getragen? da ich in mancher Sünd' und Uebertretung lag und dich, o frommer Gott! erzürnte alle Tag'.

2. Sehr große Lieb' und Gnad' erweisest du mir Armen; ich fuhr in Bosheit fort, du aber im Erbarmen: ich widerstrebte dir und schob die Buße auf; du schobest auf die Straf', daß sie nicht folgte drauf.

3. Daß ich nun bin bekehrt, hast du allein verrichtet, du hast des Satans Reich und Werk in mir vernichtet. Herr! deine Güt' und Treu', die an die Wolken reicht, hat auch mein steinern Herz zerbrochen und erweicht.

4. Selbst konnt' ich allzuviel beleid'gen dich mit Sünden, ich konnte aber nicht selbst Gnade wieder finden: selbst fallen konnte ich und in's Verderben geh'n; ich konnte selber nicht von meinem Fall aufsteh'n.

5. Du hast mich aufgericht't und mir den Weg gewiesen, den ich nun wandeln soll; dafür sey, Herr! gepriesen. Gott sey gelobt, daß ich die alte Sünde hass', und willig ohne Furcht die todten Werke lass'.

6. Damit ich aber nicht auf's Neue wieder falle, so gieb mir deinen Geist, dieweil ich hier noch walle, der meine Schwachheit stärk' und in mir mächtig sey, und mein Gemüthe stets zu deinem Dienst erneu'.

7. Ach! leit' und führe mich, so lang' ich leb' auf Erden: laß mich nicht ohne dich, durch mich, geführet werden; führ' ich mich ohne dich, so werd' ich bald verführt: wenn du mich führest selbst, thu' ich, was sich gebührt.

8. O Gott, du großer Gott, du Vater, hör' mein Flehen! o Jesu, Gottes Sohn, laß deine Kraft mich sehen! o werther heil'ger Geist, regier' mich allezeit, daß ich dir diene hier und dort in Ewigkeit!

David Denicke;
Vers 7. Joh. Heermann.

Vom Nutzen des Kreuzes.

Jesaia 28, v. 19. Anfechtung lehret aufs Wort merken.

Mel. Valet will ich dir geben.

1811. Was klagst du, mein Gemüthe, bei deinem Kreuzesjoch, da doch des Herren Güte und Liebe währet noch? der höret ja dein Schreien, der siehet all dein Leid und wird dich schon erfreuen, wenn kommt die rechte Zeit.

2. Er hat ja nie verlassen ein Herz, das ihn geliebt; Gott züchtiget mit Maaßen, und wenn er dich betrübt, so ist's zu deinem Besten, das glaube nur, gemeint, und wenn die Noth am Größten, ist er dein nächster Freund.

3. Die Trübsal wehrt den Sünden, sie flammt die Seufzer an, dann läßt Gott recht empfinden, wie sein Wort trösten kann; die Trübsal lehrt verachten, was auf der Erde ist, und nach dem Himmel trachten, wo dein Herr Jesus Christ.

4. Wer nie ein Kreuz getragen, der kann

mit keinem Recht von sich auf Erden sagen, daß er sey Christi Knecht. Man sieht im Kreuz und Leiden des Herren Jesu Bild; die Welt hält viel von Freuden, ist gottlos, frech und wild.

5. Durch Trübsal muß man dringen ins Reich der Seligkeit, wo, nach dem Kampf und Ringen, die Krone liegt bereit. Was sind doch deine Schmerzen, so du hier dulden mußt? (ach nimm es recht zu Herzen!) schau' auf die Himmelslust!

6. Laß die Verdammten ächzen, die in der Hölle seyn und stets nach Troste lechzen, von wegen großer Pein; du aber wirst noch lachen, wenn Gott dein Angesicht wird frei von Thränen machen, im schönen Himmelslicht.

7. Ich warte mit Verlangen auf diesen Freudentag, an dem ich recht umfangen den süßen Jesum mag, der mich recht wird ergötzen nach ausgestandnem Schmerz mit lauter Himmelsschätzen. Deß tröste dich, mein Herz! M. Johann Samuel Adami? —

Von der Ergebung in Gottes Willen.

1 Maccabäer 3, v. 60. Was Gott im Himmel will, das geschehe.

In eigener Melodie.

1812. Was mein Gott will, gescheh' all'zeit, sein Will' der ist der beste; zu helfen den'n er ist bereit, die an ihn glauben feste; er hilft aus Noth, der fromme Gott, und züchtiget mit Maaßen; wer Gott vertraut, fest auf ihn baut, den wird er nicht verlassen.

2. Gott ist mein Trost, mein' Zuversicht, mein' Hoffnung und mein Leben; was mein Gott will, daß mir geschicht, will ich nicht widerstreben; sein Wort ist wahr, denn all mein Haar er selber hat gezählet; er hüt't und wacht, stets für uns tracht't, auf daß uns gar nichts fehlet.

3. Drum will ich gern aus dieser Welt hinfahr'n nach Gottes Willen zu meinem Gott; wenn's ihm gefällt, will ich ihm halten stille; mein' arme Seel' ich Gott befehl' in meiner letzten Stunden. O fromer Gott! Sünd', Höll' und Tod hast du mir überwunden.

4. Noch eins, Herr! will ich bitten dich, du wirst mir's nicht versagen: wenn mich der böse Feind anficht, laß mich doch nicht verzagen; hilf, steur' und wehr', ach Gott, mein Herr, zu Ehren deinem Namen. Wer das begehrt, dem wird's gewährt, drauf sprech' ich fröhlich: Amen!

Albrecht der Jüngere, Markgraf zu Brandenburg Kulmbach.

Rechtschaffenes Wesen in Christo.

2 Petri 1, v. 10. Thut desto mehr Fleiß, euren Beruf und Erwählung fest zu machen; denn wo ihr solches thut, werdet ihr nicht straucheln.

Mel. Wer nur den lieben Gott läßt walten.

1813. Was muß ich thun, was muß ich leiden, daß ähnlich dir sey Herz und Sinn? was soll ich suchen, und was meiden, bis ich in Gott ganz selig bin? O lehre selbst mich, Herr! versteh'n, wie ich zum Himmel möge geh'n.

2. Bring' hin zum Herrn all' deine Schmerzen: von ihm entströmt dir Seligkeit! Still trage dessen Bild im Herzen, der leidend ging zur Herrlichkeit. Er, der den Seinen ging voran, er leitet dich auch himmelan!

3. Nein, was nicht Gottes Licht durchdrungen, ist Nacht, die nimmer sich verklärt. Nein, was nicht Gottes Geist bezwungen, ist Fleisch, das Seel' und Leib verzehrt.*) Des Ew'gen Licht und Geist allein kann Führer dir durch's Leben seyn.

*) Galater 5, v. 17.

4. Ach, hier im dunkeln Erdenthale gedeiht nicht jede fromme That; nur in des Himmels reinem Strahle grünt ewig frisch des Frommen Saat. Wann werd' ich, Herr! ach, wann befreit von diesem Leib der Sterblichkeit? Karl August Döring.

Am Fest der heiligen drei Könige.

Jesaia 60, v. 9. Die Inseln harren auf mich, und die Schiffe im Meer vorlängst her, daß sie deine Kinder von ferne herzu bringen, sammt ihrem Silber und Golde, dem Namen des Herrn, deines Gottes, und dem Heiligen in Israel, der dich herrlich gemacht hat.

Mel. Nun danket Alle Gott.

1814. Was soll ich, liebstes Kind! dir doch für Gaben schenken? nim hin des Glaubens Gold! dein will ich stets gedenken: vergülde doch mein Herz mit deiner Liebe Schein, so kann es würdiglich dein Haus und Tempel seyn.

2. Nimm hin das Weihrauchsfaß, dies Herz voll Liebesthränen, die sich nach deiner Glut und heil'gem Feuer sehnen; ach! nim und läutre sie, send' deinen Geist hinein, so kann es dein Altar und auch dein Opfer seyn.

3. Nimm diese Myrrhen auch, die bittern Kreuzesplagen, die du zuerst gekost't

in deines Fleisches Tagen*), so kann mit Heldenmuth in aller Schmach und Pein, wie du mein Führer bist, ich dein Nachfolger seyn. *) Ebräer 5, v. 7.

4. Nimm Alles, was ich bin und was ich kann gedenken: es ist schon Alles dein, was sollt' ich dir denn schenken? schenk' du mir, Jesu, nur dein Herz, dein'n Liebesschein, so kann ich ewiglich in dir, du in mir seyn.

Abendmahlslied.

Matthäi 27, v. 22. Pilatus sprach zu ihnen: Was soll ich denn machen mit Jesu?

Mel. Eins ist noth, ach Herr! dies Eine.

1815. Was soll ich mit Jesu machen? fragt Pilatus und die Welt, welcher Wollust, Scherz und Lachen, Jesus aber nicht gefällt. Ich will mir, wie Joseph, nachdem er gelitten, vom Kreuze den Leichnam des Herren erbitten und will dran beweisen, wozu er mir dient: daß er meine Sünden im Tode versühnt.

2. Ich will ihn in mich begraben und mich wiederum in ihn. In mir muß ich Jesum haben, ohne Jesum wär' ich hin. Ich will ihn, (so werd' ich seyn nimmer vergessen) zur Stärkung des Glaubens im Abendmahl essen. Sein Blut will ich trinken zur ewigen Kraft. Solch Mahl hat er mir testamentlich verschafft.

3. Ich will seine Liebe kosten; er ist gut, und macht mich gut. Ich will meiner Thüre Pfosten zeichnen mit dem Wunden-Blut. So wird mich der Würger nicht können berühren, durch Sterben wird Jesus zum Leben mich führen, und er, mein Erlöser, wird selber mich schön und helle gewaschen zum Himmel erhöhn. Christ. Karl Ludw. v. Pfeil.

Im Frühling.

Hohel. Sal. 2, v. 11. 12. Siehe, der Winter ist vergangen, der Regen ist weg und dahin; die Blumen sind hervor gekommen im Lande; der Lenz ist herbei gekommen und die Turteltaube läßt sich hören in unserm Lande.

Mel. Wie schön leucht't uns der Morgenstern.

1816. Was soll ich singen außer dir, wenn ich auf deiner Schöpfung Zier mit stillen Augen blicke? wenn deine Sonne mich bescheint, wenn Tief und Höhe sich vereint, daß sie mein Herz erquicke?, wenn mich lieblich deine Güte in der Blüthe, in den Halmen weckt zu Dank- und Wonnepsalmen?

2. Dein Name, Herr! allein ist's werth, daß ihn der Mensch mit Liedern ehrt und ewiglich erhöhet; wohl dem, der frohes Herzens singt und dir ein reines Opfer bringt, das vor dem Licht bestehet! Lehr' mich, Herr! dich würdig preisen, heil'ge Weisen gieb dem Munde bis zur letzten Feierstunde.

3. Hier tönt des Wanderers Gesang oft fröhlich, öfters schwach und bang', — dort ist das Land der Töne; dort strömen ew'ge Melodie'n, o Gott! durch deinen Himmel hin, dort jauchzen deine Söhne. Hehre Chöre! Ueberwinder! Gottes Kinder! lasset meinen Dank sich dort mit euch vereinen! Albert Knapp.

Das beste Gut.

Matth. 16, v. 26. Was hülfe es dem Menschen, so er die ganze Welt gewönne und nöhme doch Schaden an seiner Seele? oder was kann der Mensch geben, damit er seine Seele wieder löse?

Mel. Mach's mit mir, Gott! nach deiner Güt'.

1817. Was sorgt ihr Menschen doch so sehr für dieses arme Leben? Weshalb macht ihr das Herz euch schwer, um Güter zu erstreben? Sagt, ist nicht oft im Augenblick entflohn das schwer errung'ne Glück?

2. Ihr Menschen, wollt ihr weise seyn, greift nicht nach eitlen Schatten; ihr macht euch selbst die herbste Pein, flieht ihr des Friedens Matten. Der Erde Güter sind nur Tand; ist euch kein höh'res Gut bekannt?

3. Ein Herz, das wahrhaft weise ist, sucht Schätze zu erwerben, die ihm nicht raubt der Feinde List, die nimmer ihm verderben, die nie berührt der Sturm der Zeit, die es erfreu'n in Ewigkeit.

4. Kennt ihr den Schatz, kennt ihr das Gut, das Niemand euch kann rauben, das euch beseelt mit heit'rem Muth und kindlich frohem Glauben? Der Heiland ist's, — dem reichen Schatz macht doch in eurem Herzen Platz!

5. Ach, hätt' ich ihn, dies höchste Gut, nicht in mein Herz genommen, es wäre längst mein trüber Muth in harte Pein gekommen; er ist es, der mein Herz erquickt, wenn mich die Last des Kummers drückt.

6. So nehmt auch ihr den Heiland an und fühlt sein treues Lieben. Er heilet euren kranken Wahn; euch kann kein Kummer trüben. Er bringt ein Gut, das ewig währt, das keine Erdenmacht zerstört.

7. Habt ihr dies Gut, mißgönnt ihr nicht die stolze Pracht dem Reichen. Was euch an Leib und Seel' gebricht, wird stets der Herr euch reichen. Nehmt ihr aus seinem Ueberfluß, seyd ihr geschützt vor Ueberdruß.

E. E. G. Langbecker.

Trost aus der Taufe.

Hesekiel 16, v. 60. Ich will aber gedenken an meinen Bund, den ich mit dir gemacht habe zur Zeit deiner Jugend, und will mit dir einen ewigen Bund aufrichten.

Mel. Allein Gott in der Höh' sey Ehr'.

1818. Was zag' ich doch? mein Name ist im Himmel angeschrieben! Mich Kind, getauft auf Jesum Christ, will Gott unendlich lieben. Mein Herz sey noch so zweifelhaft: vernichten Zweifel je die Kraft, den Segen meiner Taufe?

2. Gott hat sich fest mit mir vereint, ist treu, kann nicht mehr weichen. Mir bleibt da, wo es anders scheint, mein Nam' ein sichres Zeichen. Dies Zeichen mahnt mich lebenslang, so oft ich an zu sinken fang', an meinen Bund des Friedens.

3. O ja, er hat mir diesen Bund von Jugend auf gehalten, gehalten in der Prüfungsstund'; wenn Himmel einst veralten, wenn Berge weichen, Hügel fliehn*), gedenkt er dran und hält mir ihn: ich hoff' auf seine Gnade.

*) Jesaia 54, v. 10.

4. Wie treu, auch wenn ich untreu war, umfing sie mich stets wieder, bracht' mich durch jedes Lebensjahr: ich denk's und sinke nieder, bet' an den Gott, der Wunder that, den Mittler, der mich stets vertrat, den Geist, der in mir wirkte.

5. Nein, liegen läßt er nicht sein Werk, er hilft dem kranken Kinde: ihm überlass' ich mich und stärk', noch im Gefühl der Sünde, die Glaubenszuversicht auf ihn, flieh' in die Vater-Arme hin, leg' meinen Kummer nieder.

6. Er helf' mir nur in meinem Lauf ihm leben, ihm zur Ehre! einst ruft er mich mit Namen auf (o wohl mir, wenn ich's höre!): komm, du bist auserwählt, bist mein, komm her, gesegnet geh' herein, ererb' das Reich des Vaters!

Johann Gottfried Schöner.

Das Jagen nach der Gottseligkeit.

1 Timotheum 4, v. 8. Denn die leibliche Uebung ist wenig nütze; aber die Gottseligkeit ist zu allen Dingen nütze, und hat die Verheißung dieses und des zukünftigen Lebens.

Mel. Herr! ich habe mißgehandelt.

1819. Weg mit Allem, was da scheinet irdisch klug in dieser Welt, was mich nicht mit dir vereinet, dem der Kinder Herz gefällt, welcher ist ein Gott von Machten, unbegreiflich zu betrachten.

2. Alles, was mich nicht hinführet zu dem allerhöchsten Gott, das ist nichts, ja mir gebühret dies zu nennen lauter Koth; was mich soll an Jesum binden, muß auf andern Grund sich gründen.

3. Fragst du, worin dies bestehet, das mein Herz so sehr begehrt? wenn ein Mensch in Fürchten gehet und den höchsten Schöpfer ehrt: das ist Weisheit, das sind Gaben, die nur Himmelsbürger haben.

4. Böses meiden, Gutes suchen; jagen nach Gottseligkeit, alle Lust der Welt verfluchen, die da schändet mit der Zeit: das heißt, recht Verstand zu haben, welcher Seel' und Leib kann laben.

5. Willst du dieses jetzt nicht glauben, o du falsch' berühmte Kunst! wahrlich, du wirst doch verstauben, und wo bleibt dann Menschengunst? Ach, wie bald, wie bald verschwindet, was sich nicht auf Christum gründet!

Joachim Neander.

Gegen Ungeduld.

Psalm 94, v. 12. 13. Wohl dem, den du, Herr, züchtigest, und lehrest ihn durch dein Gesetz, daß er Geduld habe, wenn's übel gehet.

Mel. Herr Jesu Christ, ich weiß gar wohl.

1820. Weg Traurigkeit, weich' Ungeduld! was soll das Jammer-Klagen? du hast ja Gottes Hand und Huld, was willst du dich selbst plagen? Gott bleibt dein Schutz, dein Licht, dein Heil, dein Trost, dein Schatz und Kraft, dein Theil und deines Herzens Freude.

2. Dein Vater ist's, der prüfet dich, wenn er sich hat verborgen; halt' ihm nur still, glaub' festiglich, er wird dich wohl versorgen; ruf' nur zu ihm: Trost, Hülf' und Rath wirst du stets finden früh und spat, dein Gott wird dich nicht lassen.

3. Gott ist bei dir, er sieht und weiß, was dich drückt und betrübet; die starke Hand behält den Preis, zu helfen; der dich liebet, vermehrt dir deine Zuversicht, daß kein Feind deines Glaubens Licht in Ewigkeit kann rauben.

4. Was dein Gott thut, das ist dir gut, er hilft den schwachen Herzen: er hält dich stets in seiner Hut, er lindert alle Schmerzen. Bist du betrübt, so denk' an Gott: so kann dir weder Schmach noch Spott und keine Noth dir schaden.

5. Sieh' doch nur, wie dein Jesus ist mit Dornen selbst gekrönet, wie ihn der Feinde Macht und List umgeben und gehöhnet! drum gieb dich nur geduldig drein, willst du sein Kind und Erbe seyn, ihm williglich zu folgen.

6. Was ist ein trüber Augenblick? ein Kleines, das dich drücket. Wie viel mehr sind der Gnadenstück', damit dich Gott erquicket! Wie ist doch alles Herzeleid so gar nichts, wenn die Ewigkeit der Himmelsfreud' dich labet.

7. Schau', wie Gott, was er hält in Hut, zu aller Zeit geprüfet; je frömmer Kind, je schärfer Ruth'; Gebet und Hoffnung übet! Die Kreuzfarb' ist die höchste Zier, die alle frommen Herzen hier in dieser Welt bezeichnet.

8. Dich beißt nun dein Gewissen nicht, weil deine Sündenplagen dein Jesus, deine Zuversicht, selbst hat für dich getragen; so bleibst du Gottes liebes Kind trotz Teufel, Welt, Höll', Tod und Sünd'. Wer ist, der dir kann schaden?

9. Drum laß dich nimmermehr kein Leid von deinem Gott abtreiben; laß Ungeduld und Traurigkeit aus deinem Herzen bleiben; laß deine Noth zu aller Zeit dich finden zum Gebet bereit, so darfst du gar nicht zagen.

10. Du bist getauft; das theure Blut, für alle Welt gegeben, ist deiner Seele höchstes Gut, dein Labsal und dein Leben. Sey nur getrost und unverzagt! wer glaubt, was ihm sein Gott zusagt, wird fröhlich überwinden.

D. Johann Olearius.

Trostlied.

Jesaia 55, v. 3. Ich will mit euch einen ewigen Bund machen, nämlich die gewissen Gnaden Davids.

Mel. Gott des Himmels und der Erden.

1821. Weicht ihr Berge, fallt ihr Hügel, Gottes Gnade weicht mir nicht, und der Friede hat dies Siegel, daß Gott seinen Bund nicht bricht. Dieses macht mich unverzagt, weil es mein Erbarmer sagt.

2. Das sind Worte für die Blöden, die sind aller Annahm' werth. Das heißt an die Herzen reden; das ist Trost, wie man begehrt. Gottes Gnade weicht dir nicht, weil es dein Erbarmer spricht.

3. Hier ist Kraft für alle Müden, die so manches Elend beugt, man find't Gnade, man hat Frieden, welcher Alles übersteigt. Mein Erbarmer! sprich mir du dies in allen Nöthen zu.

4. Wenn mich meine Sünden schmerzen und der Strafen lange Pein; ach, so rede meinem Herzen deine Huld und Frieden ein, daß du mir in Jesu Christ ewig ein Erbarmer bist.

5. Gieb mir einen starken Glauben, der dein Wort mit Freuden faßt, so kann mir der Tod nicht rauben, was du mir geschenket hast; auch die Hölle nimmt mir nicht, was mir mein Erbarmer spricht.

M. Philipp Friedrich Hiller.

Freudiger Glaube.

Philipper 4, v. 5. 6. Der Herr ist nahe, sorget nichts; sondern in allen Dingen lasset eure Bitte im Gebet und Flehen mit Danksagung vor Gott kund werden.

Mel. Jesu, meine Freude.

1822. Weicht, ihr finstern Sorgen! denn auf heut' und morgen sorgt ein and'rer Mann. Laßt mich nun mit Frieden: dem hab' ich's beschieden, der es besser kann. Schreit die Welt gleich immer: Geld! Ich will Hosianna schreien, glauben und mich freuen.

2. Gott hat zu bezahlen. Das ist ohne Prahlen mein gewisser Schatz. Alles fällt vom Himmel, sorgendem Gewimmel geb' ich keinen Platz. Sonnenschein und Fröhlichseyn, milder Thau und kühler Regen ist des Himmels Segen.

3. Hab' ich keinen Heller, weder Brot noch Teller, weder Dach noch Fach; reißen meine Kleider, sagen And're: leider! schreien Weh und Ach: sing' ich doch und glaube noch. Ich will ruhen, trinken, speisen und den Vater preisen.

4. Der die Haare zählet, dem kein Sperling fehlet, der die Raben speist: der hat mich geschaffen, der bedarf kein Schlafen, der ist nicht verreis't *). Der den Sohn so lange schon für mein Heil dahin gegeben, der ist noch am Leben.

*) 1. Könige 18, v. 27.

5. Mir den Erben schenken und sich doch bedenken, wenn's am Brote fehlt: das ist ohne Zweifel ein Gedicht vom Teufel, der die Herzen quält. Bösewicht, begreifst du's nicht? der sein Kind nicht abgeschlagen, was wird der versagen? Römer 8, v. 32.

6. Der die Seele speiset und ihr mehr erweiset, als den Werth der Welt; der mir Leib und Leben wunderbar gegeben, wun-

derbar erhält; der es kann und der's gethan; diesen traget erst zu Grabe, eh' ich Mangel habe.

7. Wenn ich ihn erkenne und ihn Abba nenne, wie sein Geist mich lehrt, so bin ich, der Sünder, in der Zahl der Kinder, die er bitten hört. Mein Gebet wird nicht verschmäht. Vater heißen, Kinder haben, das erfordert Gaben.

8. Bin ich werth geachtet, daß man den geschlachtet, der mein Bürge war; zählt sein heißes Bluten unschätzbare Fluthen mir zur Lösung dar; giebt er sich zum Fluch für mich: o, so gelt' ich ohne Kronen mehr als Millionen.

9. Der für mich gefastet, selten recht gerastet, oft mit Kummer aß; der sich arm gegeben und im ganzen Leben Eignes nicht besaß: Gottes Lamm, mein Bräutigam, untersagt mir alle Sorgen. Er sorgt heut' und morgen. Matth. 8, v. 20.
2 Kor. 8, v. 9. Luc. 9, v. 58. Matth. 6. 24—34.

10. Er hat mich erkaufet, durch sein Blut getaufet und zu sich bekehrt. Ach, wie hat sein Lieben ihn nach mir getrieben, bis ich ihn gehört! Sollt' er nun so lieblos thun? sollt' er eins von seinen Schaafen mit Verhungern strafen?

11. Nein, er wird mich kleiden, speisen, tränken, weiden, mein Versorger seyn; steht er gleich von ferne: wenn ich warten lerne, kehrt er bei mir ein. Ist es leer, so giebt er her, und nach überstandnen Proben werd' ich fröhlich loben.

12. Nun, so weicht, ihr Sorgen, denn auf heut' und morgen sorgt ein and'rer Mann. Ich will ruhig bleiben, meine Arbeit treiben, wie ich immer kann. Christi Blut stärkt meinen Muth und läßt mich in Noth und Plagen nimmermehr verzagen.

2 Thess. 3, v. 6 12

Ernst Gottlieb Woltersdorf.

Bitte um ein neues Herz.

Jeremia 32, v. 39. Ich will ihnen einerlei Herz und Wesen geben, daß sie mich fürchten sollen ihr Lebenlang; auf daß es ihnen und ihren Kindern nach ihnen wohl gehe.

Mel. Valet will ich dir geben

1823. Weil du uns bitten heißest und uns erhören willst; weil du mein Elend weißest und gerne Thränen stillst, so leg' ich ohne Beben dies Fleh'n vor deinen Thron: gieb mir ein neues Leben, o Jesu, Gottes Sohn!

2. Verklär' es meinem Herzen durch deinen heil'gen Geist, wie du mit tausend Schmerzen für mich gestorben seyst; das wird mein Eis zerschmelzen, das wird den schweren Stein von meinem Grabe wälzen und ewig mich erfreu'n.

3. Ich kann nicht überwinden, was mich verwirrt und quält; nicht selber kann ich finden, was meiner Sehnsucht fehlt; sich härmen nur und kränken und irren allerwärts, und tiefer sich versenken, das kann mein armes Herz.

4. Dann geh'n die edlen Tage wie trübe Schatten hin, weil ich in bange Klage hinabgesunken bin: dann ist mein ganzes Leben ein weites Nachtgefild', wo keine Lüfte weben, kein Lebenswasser quillt.

5. Bin darum ich geboren, du Quell der Seligkeit? Ist nicht auch mir geschworen, das Heil sey längst bereit, am Kreuze sey geschehen, was ew'ges Leben bringt? — Ja, dorthin laß mich sehen, bis das mein Herz durchdringt!

6. Führ' mich zu jenem Hügel, wo Dornen dich gekränzt, und wo der Liebe Siegel in deiner Seite glänzt, bis ich mit stillen Freuden das Wort erglauben kann: „weil Jesus wollte leiden, nimmt mich der Vater an!

7. Für mich sind seine Wunden, für mich sein Aufersteh'n; von allem Fluch entbunden, darf ich zum Himmel seh'n." — Das will ich flehend lernen auf meinem Pilgergang, dann über allen Sternen sey das mein Lobgesang. Albert Knapp.

Freude über die Hirtentreue Jesu.

Jesaia 40, v. 11. Er wird seine Heerde weiden, wie ein Hirte; er wird die Lämmer in seine Arme sammeln, und in seinem Busen tragen, und die Schaafmütter führen.

Mel. Weil die Worte Wahrheit sind.
Und: Meine Seele, willt du ruh'n.

1824. Weil ich Jesu Schäflein bin, freu' ich mich nur immerhin über meinen guten Hirten, der mich schön weiß zu bewirthen, der mich liebet, der mich kennt und bei meinem Namen nennt.

2. Unter seinem sanften Stab' geh' ich aus und ein und hab' unaussprechlich süße Weide, daß ich keinen Hunger leide; und so oft ich durstig bin, führt er mich zum Brunnquell hin.

3. Sollt' ich nun nicht fröhlich seyn, ich beglücktes Schäfelein? denn nach diesen schönen Tagen werd' ich endlich heimgetragen in des Hirten Arm und Schooß: Amen, ja, mein Glück ist groß!

Luise v. Hayn.

Osterlied.

Joh. 14, v. 19. Ihr aber sollt mich sehen; denn ich lebe, und ihr sollt auch leben.

Mel. Wir Christenleut'.

1825. Weil Jesus lebt, so ist und schwebt mein Herz in lauter Himmelslust und Freuden; *) denn nun weiß ich, daß Er auch mich wird durch den Tod zu Lebensquellen leiten.

*) Joh. 16, v. 22 Kap. 20, v. 20.

2. Das Haupt ist schon dem Grab' entflohn, die Glieder werden nicht darinnen bleiben; ob sie gleich ruhn nach ihrem Thun,*) wird doch der Herr, der lebt, den Tod vertreiben. *) Offenb. Joh. 14, v. 13.

3. Ich traure nicht, weil Jesus spricht: „Ich leb' und ihr sollt auch gewißlich leben,*) wer an mich gläubt und in mir bleibt, dem, dem will ich das ew'ge Leben geben!" **)

*) Joh. 14, v. 19. **) Joh. 6, v. 40.

4. Drum sag' ich Dank mit dem Gesang Ihm, der da lebt und will lebendig machen; weil Er gesiegt und oben liegt, kann ich den Tod und alle Furcht verlachen!

Vom süßen Troste Gottes.

Psalm 6, v. 9. Der Herr höret mein Weinen.

Mel. Mache dich, mein Geist, bereit.

1826. Weine nicht, Gott lebet noch, du betrübte Seele; drückt dich gleich ein hartes Joch in der Trauerhöhle, nur Geduld, Gottes Huld macht aus Dornen Rosen, aus Egypten Gosen.

2. Weine nicht, Gott denkt an dich, wenn dein ganz vergessen; es hat seine Treue sich dir so hoch ermessen, daß die Welt eh'r zerfällt, eh' er dich wird hassen oder gar verlassen.

3. Weine nicht, Gott siehet dich, scheint er gleich verstecket; wenn du nur geduldiglich seinen Kelch geschmecket, setzt er dir Labsal für und läßt nach dem Weinen seine Sonne scheinen.

4. Weine nicht, Gott höret dich, wenn dein Herze girret; hast du dich gleich wunderlich in der Noth verirret: ruf' ihn an, denn er kann deinen Unglückswellen ihre Gränze stellen.

5. Weine nicht, Gott liebet dich, wenn die Welt gleich hasset und so manchen Schlangenstich auf dein Herze fasset. Wen Gott liebt, Nichts betrübt; will gleich Alles krachen, Gott wird's doch wohl machen.

6. Weine nicht, Gott sorgt für dich; ei, was kann dir fehlen? was willst du dich stetiglich mit den Sorgen quälen? wirf auf ihn Alles hin; er wird deine Sachen gut und besser machen.

7. Weine nicht, Gott tröstet dich. Nach den Thränengüssen endlich wird der Kummer sich in das Grab verschließen. Durch den Tod stirbt die Noth, und wenn der erscheinet, hast du ausgeweinet.

Benjamin Schmolck.

Von der Gemeinschaft der Heiligen.

Galater 3, v. 28. Hier ist kein Jude noch Grieche, hier ist kein Knecht noch Freier, hier ist kein Mann noch Weib; denn ihr seyd allzumal Einer in Christo Jesu.

Mel. Nun preiset Alle Gottes Barmherzigkeit.

1827. Weit durch die Lande und durch die Inseln weit, ja bis zum Strande des Mittags ausgestreut, singt unser Bund in vielen Zungen Psalmen dem Meister und Huldigungen.

2. Weit ausgebreitet ist unser Streiterfeld; und mit uns streitet der starke Gotteshelds, der, siegreich bis in's Land der Todten, löst mit dem Schwerte der Hölle Knoten.

3. Ein Herr und Meister ist unser Haupt und Hort. Er prüft die Geister und braucht sie da und dort. Doch Alle, fest auf ihn verbunden, stehen vor ihm in geweihten Stunden.

4. Er Herr, wir Brüder! So ruft der ganze Bund. Er Haupt, wir Glieder! So tönt durch's Erdenrund des freien Bundes Volksgemeine. Eine nur ist es und ewig Seine.

5. Schnell einverstanden sind, die sich nimmer sah'n. Mit Geistesbanden schließt Herz an Herz sich an: weil Brüderseelen, Brüderaugen Zeichen der Seele zu lesen taugen.

6. Wo wir auch wohnen, verknüpft uns seine Hand. Durch alle Zonen reicht unser Bruderband. In ihm und seines Geistes Frieden bleiben Entfernte noch ungeschieden.

7. Grüß' euch, ihr Lieben dort über Land und See! Theil nehmt ihr drüben an unserm Wohl und Weh'! O dankt dem Herrn! in Seinen Händen ruh'n wir getrost an den Erdenenden.

8. Zieht ihr in Frieden, die ihr zu scheiden scheint; in Norden, Süden fühlt euch mit uns vereint! mit Blicken und mit Herzensflammen treffen wir immer in Ihm zusammen. Karl Bernhard Garve.

Ueber die Epistel Epheser 5, v. 1—9.
(Am Sonntage Okuli.)

Hosea 11, v. 10. Alsdann wird man dem Herrn nachfolgen.

Mel. Wenn meine Sünd' mich kränken.

1828. Welch eine hohe Ehre, Nachfolger Gottes seyn! O liebster Heiland, lehre mich dies, du kannst's allein, in dir treff' ich das Bild ja an des unsichtbaren Gottes, du hast mir's kund gethan.

2. Du thust's im Bibel-Buche, o, welches Heil für mich! zum lieblichen Geruche, zum Opfer giebst du dich Gott deinem Vater liebevoll; er nimmt mich an zum Kinde, das ihm nachfolgen soll.

3. Gott gab aus großer Liebe dich, seinen Sohn dahin, das schafft mir heil'ge Triebe und einen neuen Sinn, wenn ich auf dich Versöhner blick' und gläubig mir zueigne ein jedes Leidensstück.

4. Stolz, Wollust, Geiz, die Dinge fliehn dann aus meiner Brust, sie sind mir zu geringe, ich fühl' ja Himmelslust, und regt sich auch der Sünde Reiz, so schaue ich mit Flehen auf dein gesegnet Kreuz.

5. Erfüllt mit deiner Liebe, in deinen Tod versenkt, ergießen sich die Triebe, die du mir hast geschenkt; du, Heiland! und dein heil'ger Geist eröffnen mir die Lippen, daß Herz und Mund dich preis't.

6. Wie könnte ich da scherzen? Loblieder singt der Mund; ich rede gern von Herzen von dir, dem Glaubens-Grund, und von dem, was dein theures Blut an allen armen Sündern, an mir, dem ärmsten, thut.

7. Ich danke deinem Leiden, dadurch ich selig bin; die Quelle meiner Freuden zieht täglich meinen Sinn, daß er sich an dein Kreuze setzt, wo mich dein Blut und Wasser dann unaufhörlich netzt.

8. So folg' ich dir im Tode, du liebster Heiland! nach; mir ist er Lebensbote, wie dein Mund selber sprach. Hilf, daß es meinem Geist gelingt, daß dort mein Hallelujah bald durch den Himmel dringt.

Christian Friedrich Förster.

Von der geistlichen Wachsamkeit.

1 Petri 4, v. 17. 18. Denn es ist Zeit, daß anfange das Gericht an dem Hause Gottes. So aber zuerst an uns, was will's für ein Ende werden mit denen, die dem Evangelio Gottes nicht glauben? Und so der Gerechte kaum erhalten wird, wo will der Gottlose und Sünder erscheinen?

Mel. O Gott, du frommer Gott!

1829. Welch eine Sorg' und Furcht soll nicht bei Christen wachen, sie voll Behutsamkeit und wohlbedächtig machen! Mit Furcht und Zittern, heißt's, schafft euer Seelenheil. Wenn kaum der Fromme bleibt, wie kann's der sünd'ge Theil?

2. Der Satan geht umher und sucht uns zu verschlingen, legt tausend Netze aus in unvermerkten Dingen, die Welt verführt uns leicht, indem sie Böses thut; ja, unser ärgster Feind ist unser Fleisch und Blut.

3. Man kann so manchen Fehl unwissentlich begehen. Gott siehet auf das Herz; wer kann vor ihm bestehen? ein einzig räudig Schaaf verdirbt den ganzen Stall; wer steht, der sehe zu, daß er nicht plötzlich fall'.

4. Ihr sollt, so saget Gott, wie ich bin, heilig leben, mir eure Seelen ganz, nicht halb getheilt, ergeben; von viel Berufenen sind Wen'ge nur erwählt, viel Herr-Herr-Sager sind der Hölle zugezählt.

5. Und wird ein Frommer bös'*), so soll ihm das nicht dienen, daß er vor solcher Zeit rechtschaffen, gut geschienen; der Knecht, der das nicht thut, was er doch Gutes weiß, giebt sich durch größre Schuld auch größrer Strafe preis. *) Hes. 33, v. 12.

6. Der ersten Aeltern Fall verursacht viel Verderben; nur Christi Leiden konnt' uns neues Heil erwerben. Der Bruch der Taufe spricht dir einen Meineid zu, der Tod, der Sünden Sold, folgt oft in einem Nu.

7. Man hat genug zu thun, nur seine Seel' zu retten. Wer kann aus eigner Kraft in größre Pflichten treten? Je größer Amt und Gut und Pfund und Gaben seyn, je schwerer bilde man die Rechenschaft sich ein.

8. Die ganze erste Welt mußt' eilend untergehen: acht Seelen wurden nur von Gott gerecht ersehen; nicht zehn Gerechte sind in

Sodoms Nachbarschaft; des Saamens vierter Theil geht nur in Frucht und Kraft.

9. Es sind nur Etliche in Kanaan gegangen, auch aus den Zwölfen hat sich Judas aufgehangen; der zehnte danket nur, daß er vom Aussatz rein; ach, möchten fünfe nur von zehen thöricht seyn!

10. Des Richters Zukunft wird gleich einem Blitz geschehen; was unrein ist, darf nicht mit in den Himmel gehen; die Knechte straft der Herr, die nicht bereitet sind: drum sorge, daß er dich bereit und wachend find'.

11. Herr Gott, so oft ich dies im Ernste überlege, so seufz' ich: führe du mich doch die rechten Wege! Es stellt sich die Gefahr dem Herzen lebhaft vor; ach richte meinen Sinn in deiner Gnad' empor!

12. Ich lebe zwar getrost durch Glauben, Lieb' und Hoffen und weiß, die Gnade steht noch allen Menschen offen; und da mich deine Treu' noch tröstet und erhält, so fleh' ich desto mehr für mich und alle Welt.

13. Lenk' deine wahre Furcht in aller Menschen Herzen, laß Niemand mit der Buß' und mit dem Glauben scherzen, thu' allen Leichtsinn weg, auch die Vermessenheit, Verstockung, Heuchelei, Bosheit, Unheiligkeit.

14. Hilf siegen über das, was du schon überwunden; zerstör' des Teufels Reich, laß ihn doch seyn gebunden, laß uns mit Sorg' und Fleiß verleugnen, widerstehn, anhalten mit Gebet, entfliehen und entgehn.

15. Verleih' Geduld und Trost im Kämpfen und im Ringen; gieb, daß wir mit Bestand und Wachsamkeit durchdringen; laß uns in heil'ger Furcht und in Bereitschaft stehn, daß wir mit Freudigkeit dir stets entgegen gehn. D. Johann Reinhard Hedinger.

Trost beim herannahenden Ende.

Jesaia 41, v. 10. Fürchte dich nicht, Ich bin mit dir; weiche nicht, denn Ich bin dein Gott. Ich stärke dich, ich helfe dir auch, ich erhalte dich durch die rechte Hand meiner Gerechtigkeit.

Mel. Wie wohl ist mir, o Freund der Seelen.

1830. Welch Trostwort hör' ich von der Höhe: sey unverzagt, Ich bin der Herr! So sprichst du, Herr! vor dem ich flehe, in sanftem Vaterton zu mir. Was dringt bei schwer geword'nen Sorgen von einem bis zum andern Morgen in bange Herzen süßer ein? Ich habe in umwölkten Stunden nichts kräftiger, als dies empfunden. Sey stille, Gott wird mit dir seyn!

2. Ein Gott, so herrlich in der Liebe, im schwersten Fall so reich an Macht, so treu, wenn's auch der Mensch nicht bliebe, so wachsam in der Leidensnacht; ein Gott, deß Gnade ewig währet — wenn der sich feierlich erkläret: Ich stärke dich, ich helfe dir: so kann ich doch wohl Hoffnung fassen, ihm still mein Schicksal überlassen! Ich weiß, sein Arm wird groß an mir.

3. Du kannst nichts Wankendes verheißen; wer ist's, der je dich untreu sah? Liegt nicht in herrlichen Beweisen dein Herz vor meinen Augen da? hast du nicht weg vom lichten Throne zur Erde, die auch ich bewohne, was du am Meisten liebst, gesandt? Nun wächst mein Muth im höchsten Grade; ich hab' bei meines Gottes Gnade sogar den Sohn zum Unterpfand.

4. Drum rühmen die verlebten Tage, Herr! deinen ganzen Führungsplan. Wenn ich mit Dank zusammentrage, was Herz und Auge von dir sah'n, so hab' ich namenlose Zeichen: du kannst von mir unmöglich weichen. Nur mir befahlst du: weiche nicht! Bin ich gewichen, ach, so schenke die Schuld, zu Lieb' dem Bürgen; denke mehr an Erbarmung als Gericht.

5. Nimm in den letzten Finsternissen, so nahe am Entscheidungsgrab nicht erst dem ängstlichen Gewissen den wonnevollen Frieden ab. Laß bei so vielen äußern Leiden mir nur die innern Seligkeiten: Trost, Hoffnung und Zufriedenheit. Erhalte mich durch deine Rechte! hol' zum vollendeten Geschlechte den Geist hin in die Ewigkeit!

6. Er blicket auf die nahen Freuden mit unverwandtem Angesicht. Halbschlummernd hört er noch von Weitem: „Ich bin dein Gott, ich lass' dich nicht! nein, fürchte nichts! ich will dich segnen, dir auf der Todesbahn begegnen; dir hilft mein Sohn durch seinen Tod; zum Himmel hab' ich dich geschaffen!" O, welch ein Trost, um einzuschlafen, sanft einzuschlafen in den Tod.

Johann Gottfried Schöner.

Bitte um Weisheit und Segen bei den mannigfaltigen Berufsgeschäften.

Jakobi 1, v. 5. So aber Jemand unter euch Weisheit mangelt, der bitte von Gott, der da giebt einfältiglich Jedermann, und rücket's Niemand auf; so wird sie ihm gegeben werden.

Mel. Aus meines Herzens Grunde.

1831. Wem Weisheit fehlt, der bitte von Gott, der Weisheit hat.

Er leitet unsre Schritte durch seines Geistes Rath. Wer ruft zu ihm hinauf, dem er nicht gern gewähret, was er von ihm begehret? Er giebt's und rückt's nicht auf.

2. Gieb, Vater meiner Väter! mir einen weisen Sinn! du giebst die Uebertreter in ihrem Sinn dahin. Ich aber wünsche mir ein Herz, das dich nur liebe, gern, was du forderst, übe; das wünsch' ich mir von dir!

3. Der Leib beschwert die Seele; wie leicht verirr' ich mich, wenn ich mein Glück mir wähle, erleuchtet nicht durch dich! Durch jeden Schein verführt, begehr' ich falsche Güter, wenn, o mein treuer Hüter! mich nicht dein Rath regiert.

4. Kaum treff' ich, was auf Erden mir gut und heilsam ist. Wie kann ich selig werden, wo du mein Licht nicht bist? Seh' ich nicht stets auf dich, so geh' ich in die Irre, im Finstern, und verwirre in tausend Nezzen mich.

5. Doch du, o Herr! bist weise; was dir, mein Gott, gefällt, ist gut, und dir zum Preise bezeugt's die ganze Welt! Denn lenkt sie nicht dein Ruf zu Einem großen Ziele, zum seligsten Gefühle der Güte, die uns schuf? 1 Mose 1, v. 31. Ps. 19, v. 2—4. Ps 104, v. 24. Jes. 40, v 26. 1 Tim. 4, v 4. 5.

6. Was ich für schädlich achte, das wird doch mir, o Herr, wenn ich die Frucht betrachte, nur immer herrlicher. Dein Urtheil trüget nicht: was übel schien, wird Segen; die Nacht auf deinen Wegen ein wundervolles Licht.

7. Mein einziges Bestreben sey, was dein Rath gebeut; regierest du mein Leben, so wird es Seligkeit! von dir erwart' ich sie; wen deine Weisheit leitet, der, bester Führer! gleitet auf seinen Wegen nie!

D. Johann Andreas Cramer.

Von der christlichen Kirche.

Psalm 2, v. 1—8. Warum toben die Heiden, und die Leute reden so vergeblich? Die Könige im Lande lehnen sich auf, und die Herren rathschlagen mit einander wider den Herrn und seinen Gesalbt u. 2c.

Mel. Ein' feste Burg ist unser Gott.

1832. Wenn Christus seine Kirche schützt, so mag die Hölle wüthen; er, der zur Rechten Gottes sitzt, hat Macht ihr zu gebieten. Er ist mit Hülfe nah': wenn er gebeut, stehts da. Er schüzzet seinen Ruhm und hält das Christenthum. Mag doch die Hölle wüthen!

2. Gott sieht die Fürsten auf dem Thron sich wider ihn empören; denn den Gesalbten, seinen Sohn, den wollen sie nicht ehren. Sie schämen sich des Worts, des Heilands, unsers Horts, sein Kreuz ist selbst ihr Spott; doch ihrer lachet Gott. Sie mögen sich empören!

3. Der Frevler mag die Wahrheit schmäh'n, uns kann er sie nicht rauben. Der Unchrist mag ihr widerstehn; wir halten fest am Glauben. Gelobt sey Jesus Christ! wer hier sein Jünger ist, sein Wort von Herzen hält, dem kann die ganze Welt die Seligkeit nicht rauben.

4. Auf Christen, die ihr ihm vertraut, laßt euch kein Drohn erschrecken! der Gott, der von dem Himmel schaut, wird uns gewiß bedecken. Der Herr, der starke Gott, hält über sein Gebot, giebt uns Geduld in Nöth, und Kraft und Muth im Tod; was will uns da erschrecken?

Christian Fürchtegott Gellert.

Wie der Blick nach jenem Leben uns tröstet unter dem Elende dieser Zeit.

Offenb. Joh. 7, v. 16. 17. Sie wird nicht mehr hungern noch dürsten; es wird auch nicht auf sie fallen die Sonne, oder irgend eine Hitze. Denn das Lamm mitten im Stuhl wird sie weiden, und leiten zu den lebendigen Wasserbrunnen; und Gott wird abwischen alle Thränen von ihren Augen.

Mel. Sollt' es gleich bisweilen scheinen.

1833. Wenn das Elend dieser Erden mir will unerträglich werden, blickt mein Glaube nur dahin, wo ich nicht mehr elend bin.

2. Dort ist von erlös'ten Seelen eine Schaar, die nicht zu zählen, die vor Gottes Thron erscheint; da ist ewig ausgeweint.

3. Trifft mich hier so manche Hitze, daß ich hung're, dürste, schwitze — seufz' ich zwar und weiß dabei, daß dies Alles dort nicht sey.

4. Dort sticht uns nicht mehr die Sonne; jenes Licht giebt lauter Wonne, wo das Lämmlein weiden wird, das zu Lebenswassern führt.

5. Herz, verlangst du dich zu trösten mit der Schaar der schon Erlös'ten: o, so gieb dir jetzt die Müh', kleide nur dich auch, wie sie.

6. Merke dir auf alle Fälle, Jener Kleid ist weiß und helle; also muß auch deines rein in dem Blut des Lammes seyn.

7. Niemand wirst du dorten sehen ohne

Blut gewaschen stehen: nur im Blut von Gottes Sohn kann man stehn vor Gottes Thron.

8. Wasch' mich, Herr! in deinem Blute; denn du gabst's auch mir zu gute. Zeuch mir selbst mein Herz dahin, wo ich nicht mehr elend bin. M. Philipp Friedrich Hiller.

Von der Rechtfertigung durch Christum.

Galater 2, v. 16. Doch weil wir wissen, daß der Mensch durch des Gesetzes Werke nicht gerecht wird, sondern durch den Glauben an Jesum Christum; so glauben wir auch an Christum Jesum, auf daß wir gerecht werden durch den Glauben an Christum, und nicht durch des Gesetzes Werke; denn durch des Gesetzes Werke wird kein Fleisch gerecht.

Mel. Es ist gewißlich an der Zeit.

1834. Wenn dein herzliebster Sohn, o Gott, nicht wär' auf Erden kommen, und hätt', als ich in Sünden todt, mein Fleisch nicht angenommen, so müßt' ich armes Würmelein zur Hölle wandern in die Pein, um meiner Sünde willen.

2. Jetzt aber hab' ich Ruh' und Rast, darf nimmermehr verzagen, weil er die schwere Sündenlast für mich hat selbst getragen: er hat mit dir versöhnet mich, da er am Kreuz ließ tödten sich, auf daß ich selig werde.

3. Drum ist getrost mein Herz und Muth mit kindlichem Vertrauen; auf dies sein heil'ges, theures Blut will ich mein Hoffen bauen, das er für mich vergossen hat, gewaschen ab die Missethat, und mir das Heil erworben.

4. In seinem Blut erquick' ich mich, und komm zu dir mit Freuden, ich suche Gnad' demüthiglich, von dir soll nichts mich scheiden. Was mir erworben hat dein Sohn durch seinen Tod und Marterkron', soll mir kein Teufel rauben.

5. Nichts hilft mir die Gerechtigkeit, die vom Gesetz herrühret. Wer sich in eignem Werk erfreut, wird jämmerlich verführet; des Herren Jesu Werk allein, das macht's, daß ich kann selig seyn, der ich's im Glauben fasse. Johann Heermann.

Von der Seligkeit derer, die in Christo Jesu sind.

Jesaia 28, v. 12. So hat man Ruhe, so erquicket man die Müden, so wird man still.

Mel. Komm, o komm, du Geist des Lebens.

1835. Wenn dem Herzen nach dir banget, wenn es seine Schuld erkennt, weinend dich, o Herr! verlanget und in heißer Reue brennt: o dann sprichst du sanft ihm zu, bringst ihm Hülfe, schenkst ihm Ruh'.

2. Ja, wer sucht, der wird dich finden; wer dich bittet, der empfäht. Wer, gebeugt von seinen Sünden, schaamvoll Alles dir gesteht, nur sich gründet auf dein Blut: wohl ihm — er hat's ewig gut.

3. Herr! ach, stärke meinen Glauben, taufe mich in deinen Tod; mögen dann die Feinde schnauben, martert mein auch Schmach und Noth; dennoch bleib' ich für und für fröhlich und getrost bei dir.

4. Tief im Herzen deinen Frieden, pilgr' ich still und selig fort, bis die Kniee einst ermüden und der Leib wie Gras verdorrt: dann geh' ich aus aller Pein in die süße Heimath ein. Gustav Friedr. Ludw. Knak.

Die Auferstehung Jesu giebt uns Gewißheit, daß auch wir auferstehen werden.

1 Corinther 15, v. 22. 23. Denn gleichwie sie in Adam Alle sterben, also werden sie in Christo Alle lebendig gemacht werden. Ein Jeglicher aber in seiner Ordnung. Der Erstling Christus. Darnach die Christo angehören, wenn er kommen wird.

Mel. Wenn mein Stündlein vorhanden ist.

1836. Wenn der Gedanke mich erschreckt, daß dieser Leib aus Erde entseelt, von Erd' und Staub bedeckt, selbst Erd' und Asche werde; dann, mein Erlöser! stärke mich die Wahrheit: daß ich fest an dich, den Auferstand'nen, glaube.

2. Was würd' ich nach dem Tode seyn, den deine Macht bezwungen: wenn du mir nicht durch Todespein Unsterblichkeit errungen? Verzweifeln müßt' ich, wenn die Gruft den Leib hin in den Abgrund ruft, wo er zerfällt, zerstäubet.

3. In diesem Leben hab' ich nichts als Arbeit, Müh' und Leiden. Ein schwacher Strahl des höhern Lichts entdeckt mir ew'ge Freuden. Dein Aufersteh'n macht mich gewiß, zerstreut des Grabes Finsterniß, verheißt mir Auferstehung.

4. Du konntest durch der Gottheit Macht aus deinem Grabe gehen und aus der kurzen Todesnacht, zum Trost mir, auferstehen. Zum Siegel der Gerechtigkeit liegt nun der Stein vom Grabe weit, der Tod zu deinen Füßen.

5. „Ich lebe! Friede sey mit euch! ich leb', und ihr sollt leben! mir ist die Macht, mir ist das Reich des Vaters übergeben!"

Welch herrlich Wort! mein Herr, mein Gott! nun fürcht' ich nicht mehr Grab und Tod, ich sehe dich lebendig!

6. Ich weiß gewiß, mein Heiland lebt, auch wird er mich erwecken. Mein Leib, den er so hoch erhebt, verlacht des Todes Schrecken; erwacht, wenn seine Stimme ruft, geht herrlicher aus seiner Gruft, dem Leibe Christi ähnlich.

7. Mit diesen Augen werd' ich dich, Gott, mein Erlöser! schauen. Dann, dann wird deine Hand für mich ein Haus des Friedens bauen. Zu meiner Freude schau' ich dann dich, den ich hier nicht sehen kann, und doch von Herzen liebe.

8. Dann werd' ich deiner Huld mich freu'n, in deinem Lichte glänzen. Dann wirst du meine Weisheit seyn, mein Haupt mit Wonn' umkränzen. O Christen! heiligt euch, bedenkt, was Jesu Auferstehung schenkt! Lobsing' ihm, meine Seele!

M. Johann Friedrich Mudre.

Osterlied.

Joh. 20, v. 19. Am Abend aber desselbigen Sabbaths, da die Jünger versammelt und die Thüren verschlossen waren, aus Furcht vor den Juden, kam Jesus, und trat mitten ein, und spricht zu ihnen: Friede sey mit euch!

Mel. Herr und Aelt'ster deiner Kreuzgemeine.

1837. Wenn der Herr, der aus dem Schlaf erwachte, seinen heil'gen Friedensgruß in die Kreise seiner Lieben brachte, welche Stunden voll Genuß! möcht' auch uns in diesen Segenstagen öfters solch ein Himmelsstündlein schlagen, und sein holdes Friedenswehn uns mit Gotteskraft durchgehn!

2. Thränen, die ihm Lieb' und Sehnsucht weinen, trocknet er mit milder Hand. Freundlich naht er, wandelnd zu den Seinen, setzt ihr Herz in freud'gen Brand; freundlich läßt er sich zum Bleiben bitten, gehet ein zu unsern Friedenshütten, reicht sein Lebensbrot uns dar; und ihn kennt der Seinen Schaar.

3. Oder prüfend tritt er vor die Seele: „hast du, sprich, hast du mich lieb?" Wer verdeckt ihm Schwächen oder Fehle? wer den tiefst verborgnen Trieb? Selig, wessen Herz durch ihn entzündet, lautre Lieb' in Wort und Werk verkündet, und zum Glaubenssieg geübt, ohne Sehen glaubt und liebt!

4. Selig, wen der Herr bei seinem Namen mit der Himmelsstimme nennt; wer, wenn bange Glaubensnächte kamen, frohbeschämt ihn wieder kennt. Stammelnd wird er jetzt zu seinen Füßen ihn mit neuer Glaubenswonne grüßen und entbrannt für ihn, für ihn froh durch Tod und Leben ziehn.

5. Dank sey dir, du Herr und Gott der Deinen, bis an's Ende fühlbar nah'. Noch kannst du dem Geist in Kraft erscheinen, daß er jauchzt: der Herr ist da! kannst mit deinem Hauche neu beleben und den Geist aus Gott uns wiedergeben. Komm in deines Geistes Kraft, komm und mach' uns Jesushaft!

Karl Bernhard Garve.

Gott hilft gewiß zur rechten Zeit.

Psalm 85, v. 10. Doch ist ja seine Hülfe nahe denen, die ihn fürchten.

Mel. Alle Menschen müssen sterben.

1838. Wenn die Noth aufs Höchste kommen, pfleget Gott nicht weit zu seyn; wenn uns aller Rath benommen, findet er sich bei uns ein. Er versüßet unsre Schmerzen und erquickt die matten Herzen, denn der höchste Vater thut nichts, als was uns nütz' und gut.

2. Dieses hab' ich auch empfunden, wie du, Herr, am Besten weißt. Aller Trost war fast verschwunden meinem hochbetrübten Geist; Sorgen, Schwermuth, Angst und Klage häuften sich mit jedem Tage, ja, die Herz- und Seelennoth machten mich lebendig todt.

3. Meine Kraft lag ganz danieder unter solcher schweren Last, meine kranken Augenlider hatten weder Ruh' noch Rast. Was mir lieb und werth vor Allen, konnte mir nicht mehr gefallen, kein Vergnügen kannt' ich nicht, ja, ich scheute gar das Licht.

4. Was mich noch am Meisten quälte, war, o allerschönstes Gut, daß mir deine Hülfe fehlte; denn mein sehr verzagter Muth wollte keinen Trost annehmen, sich zum Beten nicht bequemen; scheiden wollte zwar mein Sinn, doch bedacht' ich nicht, wohin?

5. Ach, wie wär' es mir ergangen, wo mich nicht, Herr, deine Macht mit dem Gnadenarm umfangen und aus meiner Noth gebracht! daß ich deiner so vergessen, hast du mir nicht beigemessen, dein Gesicht davon gewandt und mir Rettung zugesandt.

6. Herr, du hast mir nun das Leben, nach der bangen Kreuzeslast, ja dich selbst, mein Gott! gegeben, da du mich erledigt hast; denn ein Leben, das voll Quälen, ohne Ruh'

und Trost der Seelen: ja, was mehr ist, ohne Gott, ist viel ärger als der Tod.

7. Nun sollt' ich ein Opfer bringen, daß du mir so wohl gethan; welch ein Danklied kann ich singen, das vor dir bestehen kann? doch erfordert deine Güte nur ein dankbares Gemüthe, und das soll auch dir allein ewiglich gewidmet seyn.

8. Wenn ein Kreuz mich treffen sollte, stößt mir künftig Leiden zu, daß mein Herz verzagen wollte: ach, so setze mich in Ruh', daß mein Glaube nicht erkalte, sich an dein Wort feste halte; ich werf' alle Sorg' auf dich: denn ich weiß, du sorgst für mich.

9. Laß mich traurige Gedanken nicht mehr ängsten, o Herr Christ! denn dies macht den Glauben wanken, dieses kommt von Satans List. Gieb, daß ich in diesem Leben mich an dem, was du gegeben, stets erfreu' und daß dabei meine Lust nicht sündlich sey.

10. Allen Kummer von mir wende, der doch nie was Gutes schafft; deinen heil'gen Geist mir sende, daß ich durch desselben Kraft ein getrostes Herz gewinne und mit munt'rem Muth und Sinne dir, o Gott der Freudigkeit! stets zu dienen sey bereit.

Der Wohlstand wahrer Christen.

Ebräer 11, v. 25. 26. Und erwählete viel lieber mit dem Volk Gottes Ungemach zu leiden, denn die zeitliche Ergötzung der Sünde zu haben; und achtete die Schmach Christi für größern Reichthum, denn die Schätze Egyptens; denn er sahe an die Belohnung.

Mel. Ringe recht, wenn Gottes Gnade.

1839. Wenn doch alle Seelen wüßten, Jesu! daß du freundlich bist, und der Zustand wahrer Christen unaussprechlich selig ist!

2. Ach, wie würden sie mit Freuden aus der Weltgemeinschaft geh'n und bei deinem Blut und Leiden fest und unbeweglich steh'n!

Ernst Gottlieb Woltersdorf.

Von wahrer Nächstenliebe.

1 Korinther 13, v. 1 — 13. Wenn ich mit Menschen- und mit Engelzungen redete, und hätte der Liebe nicht; so wäre ich ein tönendes Erz, oder eine klingende Schelle. rc.

Mel. Nun danket Alle Gott.

1840. Wenn einer alle Kunst und alle Weisheit hätte, wenn er mit Menschen- und mit Engelzungen red'te, hätt' aber sonst dabei der wahren Liebe nicht, so wäre doch vor Gott damit nichts ausgericht't.

2. Er wäre wie ein Erz, das zwar sehr helle klinget, sonst aber keine Frucht und keinen Nutzen bringet. Es wär' ein solcher Mensch ein solcher guter Christ, wie eine Schell', an der kein Geist noch Leben ist.

3. Wenn er weissagen könnt' und hätte allen Glauben, daß er auch Wunderwerk' an Bergen, Blinden, Tauben erwies', und hätte doch der wahren Liebe nicht, so wäre abermals damit nichts ausgericht't.

4. Wenn Einer auch sein' Hab' und alles Gut den Armen hingäbe, aber es nicht thäte aus Erbarmen, wenn er sich brennen ließ' und hätte nicht dabei der Liebe, sag' ich doch, daß es nichts nütze sey.

5. Die Lieb' ist sanftmuthsvoll, langmüthig und gelinde, sehr freundlich Jedermann, stets fertig und geschwinde in Nöthen beizusteh'n; die Liebe eifert nicht, die Liebe siehet zu, daß Keinem Leid geschicht.

6. Die Liebe ist nicht stolz, die Liebe hasset Keinen, sucht ihren Nutzen nicht, sie rathet den Gemeinen; die Liebe zürnet nicht; die Lieb' hilft Jedermann und wendet Schaden ab, wo sie nur immer kann.

7. Die Liebe ist betrübt, wenn unrecht wird gerichtet und freuet sich, wenn man der Wahrheit fest beipflichtet; die Liebe dekket auch des Nächsten Mängel zu, verträget Alles gern und liebet Fried' und Ruh'.

8. Ohn' Argwohn glaubet sie das Beste nur von Allen; sie hoffet Besserung, wenn Jemand ist gefallen in Sünd' und Missethat; hat sie gleich keine Schuld, so leidet sie dennoch, was möglich, mit Geduld.

9. Wenn dort die Wissenschaft einmal wird ganz aufhören, so wird die Liebe doch sich fort und fort vermehren: wenn Glaub' und Hoffnung auch vergehet mit der Zeit, so bleibet doch die Lieb' in alle Ewigkeit.

10. Herr Jesu, der du bist ein Vorbild wahrer Liebe, verleihe, daß auch ich am Nächsten Liebe übe; gieb, daß ich allezeit von Herzen Jedermann zu dienen sey bereit, wo ich nur immer kann.

Lukas Backmeister.

Gott will nicht den Tod des Sünders.

Hesekiel 18, v 23 Meinest du, daß ich Gefallen habe am Tode des Gottlosen, spricht der Herr, Herr, und nicht vielmehr, daß er sich bekehre von seinem Wesen und lebe?

Mel. Gott des Himmels und der Erden.

1841. Wenn ein Gläubiger gefallen, so giebt oft der Satan ein: du, der Schlimmste unter Allen, mußt nun gar verloren seyn; deine Sünde ist zu schwer, du find'st keine Gnade mehr.

2. Nein; das ist vom Geist der Lügen; Gott hat einen Eid gethan: daß der Sünder Gnade kriegen und das Leben haben kann. Nur Bekehrung fordert Gott; aber er will nicht den Tod.

3. Welch ein Reichthum hoher Gnaden! hört's, ihr Sünder, glaubt es nur; ihr seyd nicht nur eingeladen, Gott betheu'rt's mit einem Schwur. Das muß in der tiefsten Pein unsrer Seelen Anker seyn.

4. Herr! ich bin im Fleisch auf Erden; Petrus fiel — und wer bin ich? ich kann noch gefället werden; fiel' ich, bitte auch für mich; nach dem Weinen sprich mir du bald auch wieder Frieden zu.

5. Würde auf dem Krankenbette mir das Herz von Aengsten wund; gieb nur, daß dein Eid mich rette, davon wird mein Herz gesund. Mach' mein Herz der Freude voll, daß der Sünder leben soll.

M. Philipp Friedrich Hiller.

Von der Auferstehung der Todten.

1 Thessal 4, v. 16. Denn er selbst, der Herr, wird mit einem Feldgeschrei und Stimme des Erzengels, und mit der Posaune Gottes hernieder kommen vom Himmel, und die Todten in Christo werden auferstehen zuerst.

Mel. Wenn mein Stündlein vorhanden ist.

1842. Wenn, Herr! einst die Posaune ruft: kommt wieder, Menschenkinder! und ich erstaunt aus meiner Gruft unsterblich, nicht mehr Sünder, in voller Klarheit aufersteh' und, welch ein Blick! mich selber seh', dann jauchz' ich, daß ich lebe.

2. Den Leib, den hier die Seele trug, wird sie dort wieder tragen; dasselbe Herz, das in mir schlug, wird wieder in mir schlagen. Seyd! schallt die Stimme — und wir sind; der Staub bewegt sich und empfind't, es kennt sich Leib und Seele.

3. Wie wird mir, dem Erwachten, seyn! welch himmlisches Entzücken, wenn Leib und Seele sich erfreu'n und sich verklärt erblicken! Zwar beb' ich! doch zum letztenmal, wenn ich das schreckenvolle Thal des Todes übersehe.

4. Dann find' ich, welch ein Jubel! den, der mir dies Heil erworben; mit diesen Augen werd' ich sehn den, der für mich gestorben; den, welcher für mich auferstand, voll Herrlichkeit zur rechten Hand des Vaters. Hallelujah!

5. Ich weiß, daß dein Wort Wahrheit ist, trotz alles frechen Spottes. Vernunft*)! weit höher als du bist, ist mir der Friede Gottes und der bewahrt mir Herz und Sinn; ich werd' einst wieder, was ich bin; ich sterb' und steh', ich lebe. *) Phil. 4, v. 7.

6. Dies Leben ist ein langer Tod. Ein unbeflecktes Erbe ist dort mein Theil nach Müh' und Noth; ich lebe, wenn ich sterbe. Ich werde seyn, wo Jesus Christ, der Todten Erstgeborner ist, und hinfort nimmer sterben.

7. Grabt den entseelten Leib nur ein, Staub waren seine Glieder; Staub sollen sie im Grabe seyn, doch bald erwach' ich wieder. Gesä't werd' ich, um aufzublühn, das todte Feld wird wieder grün zu tausendfält'gen Früchten.

8. Im himmlisch-seligen Vertrau'n, einst fröhlich aufzustehen, laß mich, Erlöser, ohne Grau'n den Weg des Todes gehen. Es zeige mir ein sanfter Tod, so wie ein schönes Abendroth, von fern den schönen Morgen.

Theodor Gottlieb v. Hippel.

Von der Freudigkeit des Glaubens.

Epheser 2, v. 5. 6. Da wir todt waren in den Sünden, hat er uns sammt Christo lebendig gemacht (denn aus Gnaden seyd ihr selig geworden), und hat uns sammt ihm auferwecket und sammt ihm in das himmlische Wesen gesetzt, in Christo Jesu.

Mel. Wer nur den lieben Gott läßt walten.

1843. Wenn ich betracht' mein sündlich's Wesen, und daß ich doch in Gnaden bin und wiederum in Gott genesen, so freuet sich Herz, Muth und Sinn, und spricht: mein Jesus hat's verricht't: ich lasse meinen Jesum nicht.

2. Von Jesu will ich nimmer wanken, der mich geleitet hat vorhin und dem ich's einzig hab' zu danken, daß ich jetzund in Gnaden bin; daher ihm Mund und Herz verspricht: ich lasse meinen Jesum nicht.

3. Ich lass' ihn nicht, ich will ihn halten, es geh' mir drüber, wie es geh'; ich lasse meinen Jesum walten, bei dem ich in Genaden steh'; was mir auch ewig drum geschicht, ich lasse meinen Jesum nicht.

4. Er läßt mich nicht, sollt' ich ihn lassen? O nein, mein Jesus bleibet mein; ich will ihn immer stärker fassen und schließen in mein Herz hinein, im Glauben wird es zugericht't, im Glauben lass' ich Jesum nicht.

5. Der Satan meint mich zu erreichen, die Welt kommt auf mich zugerennt, und

dieses ist ein rechtes Zeichen, daran man einen Christen kennt; ich aber bin ihm hoch verpflicht't, ich lasse meinen Jesum nicht.

6. Man mag mich hier und da vertreiben, ich weiß schon einen sichern Ort, da man mich wohl muß lassen bleiben, das ist mein Jesus und sein Wort. Mein Alles ist auf ihn gericht't, ich lasse meinen Jesum nicht.

7. Kommt's gleich mit mir gar bis an's Leben, weil ja die Welt nur Bosheit übt: mein Jesus wird mir's wiedergeben, den meine ganze Seele liebt. Ich leb' und sterb' auf den Bericht: ich lasse meinen Jesum nicht.

8. Der Tod soll über mich im Sterben auch nicht behalten Oberhand; mein Jesus läßt mich nicht verderben, deß hab' ich ein gewisses Pfand: so mir sein heilsam Wort verspricht; ich lasse meinen Jesum nicht.

9. Die Welt muß endlich auch vergehen mit aller ihrer Herrlichkeit; nichts ist, das ewig kann bestehen, als was uns Jesus hat bereit't. Wenn Himmel, Erd' und Alles bricht, laß' ich doch meinen Jesum nicht.

10. Schlägt mich die Sünd' schon oftmals nieder, daß mein Gewissen fast verzagt, hilft Jesus doch und stärkt mich wieder, er hält, was er mir zugesagt: drum, wenn mich gleich mein' Sünd' anficht, doch laß' ich meinen Jesum nicht.

11. Der jüngste Tag kann mich nicht schrecken, ich dring' vom Tod' zum Leben ein, mein Jesus will mich auferwecken, daß ich bei ihm soll ewig seyn; an jenem großen Weltgericht, da laß' ich meinen Jesum nicht.

12. Ich laß' ihn nicht in jenem Leben, dort will ich ihm zur Seite steh'n, will ewig, ewig an ihm kleben, und nimmermehr von Jesu geh'n, da will ich sehn sein Angesicht und meinen Jesum lassen nicht.

13. Da will ich Hallelujah singen und Amen in dem höchsten Ton, will Ruhm, Dank, Preis und Ehre bringen und ew'ges Lob vor Gottes Thron, will wandeln dort in seinem Licht und meinen Jesum lassen nicht.

Erasmus Finx (gen. Francisci).

Vom Gesetz des Herrn.

Pred. Sal. 12, v. 13. 14. Lasset uns die Hauptsumme aller Lehre hören: Fürchte Gott, und halte seine Gebote; denn das gehöret allen Menschen zu. Denn Gott wird alle Werke vor Gericht bringen, das verborgen ist, es sey gut oder böse.

Mel. Erschienen ist der herrlich' Tag.

1844. Wenn ich die heil'gen zehn Gebot' betrachte, die du selbst, o Gott! gegeben hast, erschreck' ich sehr, daß ich dich oft erzürnt, o Herr! Kyrieleis.

2. Ich hab' die Kreatur weit mehr geliebt, als deiner Gottheit Ehr', dich nicht gefürcht't, dir nicht vertraut, auf mich und Menschen nur gebaut! Kyrieleis.

3. Ich habe deines Namens Bund vergeblich oft geführt im Mund', in Herzensandacht nie betracht't, Herr, deine Weisheit, Güt' und Macht! Kyrieleis.

4. Den Sabbath hab' ich zugebracht in Ueppigkeit, und schlecht geacht't dein heil'ges Wort, auch nicht gepreis't, was du von Wohlthat mir erweis't. Kyrieleis.

5. Ich habe nicht geehrt all'zeit die Eltern sammt der Obrigkeit, noch ihre Treu' mit Dank erkannt, viel weniger mit will'ger Hand! Kyrieleis.

6. Ich hab' den Nächsten nicht geliebt, vielmehr geneidet und betrübt; oft hob ich Zank und Hader an, dadurch ich ihm viel Leid gethan. Kyrieleis.

7. Ich hab' unreine Lust gesucht, anstatt der Heiligkeit und Zucht, daneben auch in Trank und Speis' hintangesetzet Maaß und Weis'. Kyrieleis.

8. Ich hab' mein Amt nicht so verricht't, gleichwie's erfordert meine Pflicht; mit Unrecht Gut an mich gebracht, den Armen hülfreich nicht bedacht. Kyrieleis.

9. Den Läst'rer hab' ich gern gehört, zum Besten aber Nichts gekehrt, mich nicht beflissen jederzeit der Wahrheit und Aufrichtigkeit. Kyrieleis.

10. Ich hab' durch falschen Schein und List begehrt, was meines Nächsten ist, was sich an Gütern bei ihm find't, sein Amt, sein Haus, Vieh und Gesind'. Kyrieleis.

11. O eifriger, o starker Gott! wer dich veracht't und dein Gebot, deß Lohn ist Zorn und Ungenad', bis in den dritt- und vierten Grad. Kyrieleis.

12. Der aber hat in tausend Glied hier zu erwarten Gnad' und Fried': der dich, Herr! liebt, und dein Gesetz hält über alle Lust und Schätz'! Kyrieleis.

13. Ein solcher Vorsatz ist nicht hier, nichts Gutes, leider! wohnt in mir; ich habe nicht darnach gefragt, was du gedroht und zugesagt. Kyrieleis.

14. Mein Dichten ist von Jugend auf sehr bös' im ganzen Lebenslauf, denn ich ganz von der Scheitel bin, verderbt bis auf die Fußsohl' hin. Kyrieleis.

15. Wie nun ein Brunn sein Wasser quillt, so hat mein Herz auch angefüllt mein Thun und Lassen allzumal mit Sünd' und Laster ohne Zahl. Kyrieleis.

16. Wer merkt auch wohl, wie oft er fehlt, bis sein Gewissen ihn drum quält? Sollt' ich antworten vor Gericht, ich könnt' auf tausend eines nicht. Kyrieleis.

17. Ach, Vater! sieh' mein Elend an, verzeihe mir, was ich gethan, nimm weg durch deine Güt' und Huld die schwere Straf', die ich verschuld't. Kyrieleis.

18. Gedenk', daß dein Sohn, Jesus Christ, ein Fluch am Holz geworden ist für mich und meine Missethat, die er auf sich genommen hat. Kyrieleis.

19. Der neue Bund ist da gestift't, nach welchem mich kein Fluch mehr trifft, er bringt mir Gnad' und macht dabei, daß ich vom Sündendienst bin frei. Kyrieleis.

20. Weil ich denn bin in Christo nun geschaffen, gute Werk' zu thun, so gieb mir deines Geistes Kraft, der in uns alles Gute schafft. Kyrieleis.

21. Daß ich nach deinem Willen leb', der Sündenlust stets widerstreb', und danach ringe fort und fort, daß ich eingeh' zur engen Pfort'. Kyrieleis. David Denicke.

Der selige Tod.

Weish. Sal. 4, v. 10. Denn er gefällt Gott wohl, und ist ihm lieb, und wird weggenommen aus dem Leben unter den Sündern.

Mel. O du Liebe meiner Liebe.

1845. Wenn ich einst entschlafen werde und zu meinen Vätern gehn, will ich von der armen Erde friedlich auf zum Himmel sehn; zu des Vaterhauses Thoren schwingt der Pilgrim sich empor; — Nichts ist in der Welt verloren, wenn ich Jesum nicht verlor.

2. Wer versöhnt zur Himmelshöhe seinen Blick erheben kann, ohne Zittern, ohne Wehe, — o, der ist ein sel'ger Mann! Wem der Geist das Zeugniß giebet: unter Freuden, unter Schmerz hast du Gottes Sohn geliebet, — o, das ist ein sel'ges Herz!

3. Also möcht' ich einst erblassen, und im letzten Kampfe nun als des Vaters Kind gelassen auf dem Todtenbette ruhn; ausgetilget meine Fehle, neugeboren durch den Herrn, Jesum Christum in der Seele, über mir den Morgenstern!

4. In der angenehmen *) Stunde will ich, Herr! dich suchen gehn; laß in deinem Friedensbunde du mich unverrücklich stehn! Heute sey mir ein Versöhner, heute Leben mir und Ruh', täglich theurer, täglich schöner, — für das And're sorgest Du!

*) 2 Corinther 6, v. 2. Albert Knapp.

Das Wort des Herrn.

Psalm 119, v. 43. Nimm ja nicht von meinem Munde das Wort der Wahrheit; denn ich hoffe auf deine Rechte.

Mel. Alle Menschen müssen sterben.

1846. Wenn ich, Herr, dein Wort nicht hätte, ging' ich tief betrübt einher, säh' auf jeder Lebensstätte nur des Kummers dunkles Heer, fände nirgend Ruh' hienieden, würde bald im Kampf ermüden; vor der Sehnsucht heißem Blick läg' zertrümmert jedes Glück.

2. Nur dein Wort allein ist Leben und schließt mir den Himmel auf; kräftig kann es mich erheben, geht durch Nacht der Pilgerlauf. Eine Sonne, die mir lachet, wenn mich sonst nichts fröhlich machet, strahlt so hell aus deinem Wort, giebt mir Licht am dunklen Ort.

3. Nie durchsuche ich vergebens diesen großen Himmelsschatz; er zeigt mir das Glück des Lebens, zeigt im Kampf mir einen Platz, auf dem sicher und geborgen ich begrüß' den bängsten Morgen; auf dem ich voll Gottvertrau'n kann getrost die Hülfe schau'n.

4. Aus ihm spricht zu meinem Herzen göttlich groß der Menschenfreund, der bei den geheimsten Schmerzen mir so labend süß erscheint; der mit innigem Erbarmen eilt, mich treulich zu umarmen, der mein Ein und Alles ist und der nimmer mein vergißt.

5. Wenn die bange Nacht der Sünden grauenvoll das Herz erfüllt, läßt der Himmelsschatz mich finden Tröstung, die die Seele stillt. Wenn ich zittre, wenn ich zage, wenn in großem Leid ich klage, tönt aus ihm voll Zuversicht: Glaube fest, verzage nicht.

6. Drücken Armuth mich und Schmerzen, werd' von Allen ich verkannt, duld' ich es mit stillem Herzen, denn, den Menschen unbekannt, steht im Innern mir geschrieben, Herr, dein Wort! — was könnt' mich trüben? — es hebt über Raum und Zeit und giebt wahre Freudigkeit.

7. Herr, nimm Alles, nur raub' nimmer mir dein Wort aus meinem Sinn. Bleicht des Glückes nicht'ger Schimmer, giebt es

himmlischen Gewinn: in des letzten Kampfes Stunden hält es mich mit dir verbunden, reißt vom Irdischen mich los und führt mich in deinen Schooß!

E. E. G. Langbecker.

Vom seligen Leben in Christo.

2 Corinther 4, v. 7. Wir haben aber solchen Schatz in irdischen Gefäßen, auf daß die überschwängliche Kraft sey Gottes, und nicht von uns.

Mel. Es ist gewißlich an der Zeit.

1847. Wenn ich, Herr Jesu, habe dich, was frag' ich nach dem Himmel? wie könnte doch vergnügen mich das schnöde Weltgetümmel? wenn mir gleich Leib und Seel' verschmacht't und mich umfängt des Todes Nacht, so bist du doch mein Leben.

2. Wie wohl muß doch dem Menschen seyn, der Jesum trägt vergraben in seines Herzens Kämmerlein; der wird die Fülle haben, es wird ihm nicht an einem Theil mehr mangeln, weil er Schirm und Heil in Jesu Liebe findet.

3. Der Heiland wird ihm jederzeit erzeigen Heil und Segen, er wird mit seiner Gütigkeit von diesen Jammerwegen ihn führen zu dem Himmel zu, und mit erwünschter Seelenruh' in Ewigkeit erquicken.

4. So lasset nun die arge Welt in ihrer Bosheit wüthen, es wird uns unser Siegesheld mit seinem Schutz behüten. Uns kann der Tod in Ewigkeit nichts thun, und ob er noch so weit aufsperrte seinen Rachen.

5. Was schadet nun der Höllengeist? laßt ihn nur Netze stellen, es kann ihn der, der Jesus heißt, mit Einem Wörtlein fällen. Was schadet nun der Hölle Macht, und ob sie gleich auch Tag und Nacht noch eins so schrecklich brennte?

6. Wer Jesum Christum bei sich hat, der hat in allen Schmerzen die beste Hülf', den besten Rath. Wer Jesum hat im Herzen, hat starken Trost und Himmelsfreud' auch in dem größten Herzeleid, und lebet, wenn er stirbet.

7. Ohn' dich kann mir, Herr Jesu Christ, nichts Angenehmes werden, weil sonst kein Trost zu finden ist im Himmel und auf Erden, als nur bei dir; darum will ich dich all'zeit halten festiglich und nimmermehr verlassen.

Von der Wichtigkeit des Eides.

4 Mose 30, v. 3. Wenn Jemand dem Herrn ein Gelübde thut, oder einen Eid schwöret, daß er seine Seele verbindet: der soll sein Wort nicht schwächen, sondern Alles thun, wie es zu seinem Munde ist ausgegangen.

Item: Matthäi 5, v. 33—37. Du sollst keinen falschen Eid thun, und sollst Gott deinen Eid halten. rc.

Mel. O Ewigkeit, du Donnerwort.

1848. Wenn ich, Herr! schwörend vor dir steh', dir feierlich ins Antlitz seh', die Hand zum Himmel hebe; wenn ich dich, Gott, zum Zeugen ruf', zum Rächer dich, der mich erschuf, durch den ich bin und lebe: dann sey von Trug und Heuchelei mein Herz und meine Zunge frei.

2. Wenn Frevler da auch Gott noch schmäh'n, mit Lügen frech noch vor ihm stehn, dann laß mein Herz erschrecken! Weh' dem, der Gott und Gottes Macht zum Siegel seiner Bosheit macht, sie vor der Welt zu decken. Herz! schau' den Gott mit Zittern an, der Leib und Seel' verderben kann.

3. Frech ist die Zunge, die noch spricht: „Gott siehet's nicht! Gott achtet's nicht." So lästern Spötterrotten. Ja, Gottes Langmuth ist bekannt; er lähmt nicht jede falsche Hand, doch läßt Er sich nicht spotten: zum Strafen hat Gott lang' noch Zeit, zum Strafen in der Ewigkeit.

4. Doch folgt dem Frevler überall die Straf' und des Gewissens Qual schon hier in diesem Leben. Wie elend würd' ich dann nicht seyn, dem Fluch und der Verdammung Pein von mir selbst übergeben! Wie könnt' ich froh, wie mit Vertrau'n, nach falschem Schwur, den Himmel schau'n?

5. Ich kann zwar Menschen hintergehn, du aber siehst, was sie nicht sehn, das Innerste der Seelen. Kein Wort spricht ja ein falscher Mund, dir, Herzenskenner, ist es kund. Was kann ich dir verhehlen? du bringst den Gräuel an das Licht und fürchterlich ist dein Gericht!

6. Nein! Ehre nicht, nicht Macht und Geld, nicht Gunst und Schutz der ganzen Welt soll mich so weit bethören. Ich geb' um aller Welt Gewinn nicht Gott und meinen Himmel hin: und was nützt falsches Schwören? denn alles unrecht' Gut zerrinnt, das Meineid und Betrug gewinnt.

7. Gott! lehr' du mich bei jedem Eid, aus Furcht vor deiner Heiligkeit, die Wahr-

heit pünktlich sprechen. Beschwör' ich heilig Amt und Pflicht, so laß mich auch im Kleinsten nicht die theure Zusag' brechen. Wer fälschlich schwört, kommt ins Gericht, der Redliche, der Fromme nicht.

Der 121ste Psalm.

Psalm 77, v. 4. Wenn ich betrübt bin, so denke ich an Gott; wenn mein Herz in Aengsten ist, so rede ich.

In eigener Melodie.

1849. Wenn ich in Angst und Noth mein' Augen heb' empor zu deinen Bergen, Herr! mit Seufzen und mit Flehen, so reichst du mir dein Ohr, daß ich nicht darf betrübt von deinem Antlitz gehen.

2. Mein Schutz und Hülfe kommt, o treuer Gott! von dir, der du das Firmament und Erdreich hast gegründet; kein Mensch kann helfen mir; vor deinem Gnadenthron allein man Rettung findet.

3. Du schaffest, daß mein Fuß mir nicht entgleiten kann, du leitest selber mich auf allen meinen Wegen, und zeigest mir die Bahn, wenn mir die Welt, der Tod und Teufel Stricke legen.

4. Du Hüter Israel, du schläfst noch schlummerst nicht, dein' Augen Tag und Nacht ob denen offen bleiben, die sich in deiner Pflicht zur Kreuz-Fahn' durch dein Blut, o Jesu! lassen schreiben.

5. Der Herr behüte mich vor allem Unglück; besonders meine Seel' er väterlich bewahre vor's Teufels List und Tück', auf daß hinfürder mir kein Uebel widerfahre.

6. Herr! segne meinen Tritt, wo ich geh' aus und ein, und was ich red' und thu', laß Alles wohlgelingen und dir befohlen seyn; so kann ich meinen Lauf hier seliglich vollbringen.

7. Und wenn ich aus der Welt nach deinem Willen geh', so hilf, daß ich in dir fein sanft von hinnen scheide und fröhlich aufersteh'; dann führe mich hinauf in deine Wonn' und Freude.

Matthäus Apelles v. Löwenstern.

In Krankheit.

Psalm 41, v. 4. Der Herr wird ihn erquicken auf seinem Siechbette; du hilfst ihm von aller seiner Krankheit.

Mel. Christus, der ist mein Leben.

1850. Wenn ich mich im Erkranken zu Bette legen muß, so leg' ich in Gedanken dir, Jesu! mich zu Fuß.

2. Herr! bet' ich, ist's dein Wille, so hilf und heile du; wo nicht, so schweig' ich stille, du führst mich himmelzu.

3. Das Blut aus deinen Wunden wäscht meine Seele rein; dies laß in letzten Stunden mir noch zur Labung seyn.

4. Laß mir nur deine Gnade, daran genüget mir; der Bund im Wasserbade giebt mir ein Recht zu dir.

5. Da lieg' ich als ein Sünder, und nehm' an dir doch Theil, denn du bist der Erfinder*) von unserm ew'gen Heil.

*) Ebräer 9, v. 12.

6. Den Geist, der uns lehrt beten und Glauben in uns schafft, den laß auch mich vertreten, der geb' mir Glaubenskraft.

7. Ist mir denn nun vergeben, so geh' ich Alles ein, läss'st du mich hier nicht leben, so wird's dort besser seyn.

8. Heilt dein Wort nicht die Glieder, so heilt's die Seele doch; die geb' ich dir jetzt wieder; ich sterb' und lebe noch.

9. Dein Wort vom Auferstehen sey mir wie Honigseim; dein Ruf wird einst geschehen: Steh' auf, und gehe heim!

M. Philipp Friedrich Hiller.

Die Herrlichkeit Gottes in der Schöpfung.

Jesaia 40, v. 26. Hebet eure Augen in die Höhe, und sehet! Wer hat solche Dinge geschaffen, und führet ihr Heer bei der Zahl heraus; der sie alle mit Namen rufet? Sein Vermögen und starke Kraft ist so groß, daß nicht an Einem fehlen kann.

Mel. Es ist das Heil uns kommen her.

1851. Wenn ich, o Schöpfer, deine Macht, die Weisheit deiner Wege, die Liebe, die für Alle wacht, anbetend überlege; so weiß ich von Bewund'rung voll nicht, wie ich dich erheben soll, mein Gott, mein Herr, mein Vater.

2. Mein Auge sieht, wohin es blickt, die Wunder deiner Werke; der Himmel, prächtig ausgeschmückt, preis't dich, du Gott der Stärke. Wer hat die Sonn' an ihm erhöht? wer kleidet sie mit Majestät? wer ruft dem Heer der Sterne?

3. Wer weis't dem Winde seinen Lauf? wer heißt die Himmel regnen? wer schließt den Schooß der Erde auf, mit Vorrath uns zu segnen? O Gott der Macht und Herrlichkeit, Gott! deine Güte reicht so weit, als nur die Wolken gehen.

4. Dich predigt Sonnenschein und Sturm, dich preis't der Sand am Meere. Bringt, ruft auch der geringste Wurm, bringt mei-

nem Schöpfer Ehre! Mich, ruft der Baum in seiner Pracht, mich, ruft die Saat, hat Gott gemacht: bringt unserm Schöpfer Ehre.

5. Der Mensch, ein Leib, den deine Hand so wunderbar bereitet; der Mensch, ein Geist, den sein Verstand *) dich zu erkennen leitet; der Mensch, der Schöpfung Ruhm und Preis, ist sich ein täglicher Beweis von deiner Güt' und Größe.

*) Spr. Sal. 9, v. 10 Kap. 14. v. 6. Sirach 33, v. 3. Epheser 5, v. 17.

6. Erheb' ihn ewig, o mein Geist, erhebe seinen Namen; Gott, unser Vater, sey gepreis't, und alle Welt sag': Amen! und alle Welt ehr' Gott den Herrn, und hoff' auf ihn und dien' ihm gern; wer wollte Gott nicht dienen?

Christian Fürchtegott Gellert.

Von der Erscheinung Christi in seiner Herrlichkeit.

Matthäi 26, v. 64. Von nun an wird's geschehen, daß ihr sehen werdet des Menschen Sohn sitzen zur Rechten der Kraft (Gottes), und kommen in den Wolken des Himmels.

Mel. O Durchbrecher aller Bande.

1852. Wenn ich sehe Wolken steigen, daß ein Donnerwetter kracht; seh' ich sie zwar an als Zeugen von des Schöpfers großer Macht: denn er ist der Gott der Ehren, der im Himmel Donner schafft, und er will uns Ehrfurcht lehren gegen seine Gotteskraft;

2. Doch ich denk' auch, solches Alles gab der Vater seinem Sohn, und die Herrschaft dieses Balles *) führt Er auf des Vaters Thron. Er bricht einst in einer Wolke als der Bösen Rächer ein, doch dem theu'r erkauften Volke wird er ein Erlöser seyn.

*) der Erde.

3. Nicht genug ist's, Gott erkennen als den Bauherrn der Natur; die den Namen Christi nennen, folgen einer höhern Spur. Jenes mag ein Heid' zwar wissen, daß Gott Herr des Himmels ist: aber auch den Sohn zu küssen *), weiß kein Mensch, als nur ein Christ.

*) Psalm 2, v. 12.

4. Herr, ich liebe dein Erscheinen, komm und bring' mich auch dahin, wo ich in der Zahl der Deinen von dir weiß gekleidet bin. Ist's schon selig hier auf Erden, wenn man glaubt, daß du uns liebst; o, wie wird's im Himmel werden, wenn du dich zu schauen giebst!

M. Philipp Friedrich Hiller.

Beim Tode kleiner Kinder.

Weish. Sal. 4, v. 11 — 13 Und wird hingerückt, daß die Bosheit seinen Verstand nicht verkehre, noch falsche Lehre seine Seele betrüge. Denn die bösen Exempel verführen und verderben einem das Gute, und die reizende Lust verkehret unschuldige Herzen. Er ist bald vollkommen geworden, und hat viele Jahre erfüllet.

Mel. Nun ruhen alle Wälder.

1853. Wenn kleine Himmelserben in ihrer Unschuld sterben, so büßt man sie nicht ein; sie werden nur dort oben vom Vater aufgehoben, damit sie unverloren seyn.

2. Sie sind ja in der Taufe zu ihrem Christenlaufe, Herr Jesu! dir geweiht. Sie sind bei Gott in Gnaden; was sollt' es ihnen schaden, wenn er nun über sie gebeut?

3. Um hier nichts einzubüßen, stets an das Kämpfen müssen; gar leicht verloren geh'n, das Sterben schwerer machen, sind wahrlich keine Sachen, nach welchen kluge Leute steh'n.

4. Ist einer alt an Jahren: hat er oft viel erfahren, das ihn noch heute kränkt und unter so viel Stunden kaum etliche gefunden, daran er mit Vergnügen denkt.

5. Zwar, wer in seiner Jugend den Weg zur wahren Tugend durch Jesum Christum find't und sich den heil'gen Glauben hat niemals lassen rauben, der lebt und stirbt — ein glücklich Kind.

6. Allein, wo sind die Kleinen, die jetzund so erscheinen, wie sie das Wasserbad vor Gottes Augen stellte und die die Welt nicht fällte, ja wohl noch jetzt im Garne hat?

7. Sich Jesu zu verschreiben und in der Welt zu bleiben, und doch nicht von ihm seyn, erfordert größ're Kräfte, als menschliche Geschäfte: die muß alleine Gott verleih'n.

8. Wie leichtlich geht bei Kindern von uns erwachs'nen Sündern das fremde Feuer an! o Freude, wenn wir wissen, daß wir sie nicht einbüßen, daß sie kein Tod mehr tödten kann.

9. O, wohl auch diesem Kinde; es stirbt nicht zu geschwinde: zieh' hin, du liebes Kind! du gehest ja nur schlafen und bleibest bei den Schaafen, die ewig unsers Jesu sind.

Johann Andreas Rothe.

Vom Leiden und Sterben Jesu Christi.

Philipper 2, v. 8. Er niedrigte sich selbst und ward gehorsam bis zum Tode, ja zum Tode am Kreuz.

In eigener Melodie.
Sonst: Hilf Gott, daß mir's gelinge.

1854. Wenn meine Sünd'n mich kränken, o mein Herr Jesu

Christ, so laß mich wohl bedenken, wie du gestorben bist, und alle meine Schuldenlast am Stamm des heil'gen Kreuzes auf dich genommen hast.

2. O Wunder ohne Maaßen! wenn man's betrachtet recht, es hat sich martern lassen der Herr für seine Knecht': es hat sich selbst der wahre Gott für mich verlornen Menschen gegeben in den Tod.

3. Was kann mir denn nun schaden der Sünden große Zahl? ich bin bei Gott in Gnaden, die Schuld ist allzumal bezahlt durch Christi theures Blut, daß ich nicht mehr darf fürchten der Hölle Qual und Glut.

4. Drum sag' ich dir von Herzen, jetzt und mein Lebenlang, für deine Pein und Schmerzen, o Jesu! Lob und Dank, für deine Noth und Angstgeschrei, für dein unschuldig Sterben, für deine Lieb' und Treu'.

5. Herr, laß dein bitter Leiden mich reizen für und für, mit allem Ernst zu meiden die sündliche Begier, daß mir nie komme aus dem Sinn, wie viel es dich gekostet, daß ich erlöset bin.

6. Mein Kreuz und meine Plagen, soll's auch seyn Schmach und Spott, hilf mir geduldig tragen. Gieb, o mein Herr und Gott, daß ich verleugne diese Welt und folge dem Exempel, das du mir vorgestellt.

7. Laß mich an Andern üben, was du an mir gethan und meinen Nächsten lieben, gern dienen Jedermann ohn' Eigennutz und Heuchelschein und, wie du mir erwiesen, aus reiner Lieb' allein.

8. Laß endlich deine Wunden mich trösten kräftiglich in meinen letzten Stunden und deß versichern mich, weil ich auf dein Verdienst nur trau', du werdest mich annehmen, daß ich dich ewig schau'.

D. Justus Gesenius.

Vom Tode und Sterben.

1 Könige 19, v. 4. So nimm nun, Herr, meine Seele.

In eigener Melodie.

1855. Wenn mein Stündlein vorhanden ist und ich soll fahr'n mein' Straße, so g'leit du mich, Herr Jesu Christ! mit Hülf' mich nicht verlasse; mein' Seel' an meinem letzten End' befehl' ich, Herr, in deine Händ', du wirst sie wohl bewahren.

2. Mein' Sünd' mich werden kränken sehr, mein G'wissen wird mich nagen, denn ihr'r sind viel, wie Sand am Meer; doch will ich nicht verzagen, gedenk'n will ich an deinen Tod; — Herr Jesu, deine Wunden roth, die werden mich erhalten.

3. Ich bin ein Glied an deinem Leib, deß tröst' ich mich von Herzen; von dir ich ungeschieden bleib' in Todesnoth und Schmerzen; wenn ich gleich sterb', so sterb' ich dir; ein ew'ges Leben hast du mir durch deinen Tod erworben.

4. Weil du vom Tod' erstanden bist, werd' ich im Grab' nicht bleiben, mein höchster Trost dein' Auffahrt ist, Tod'sfurcht kannst du vertreiben; denn, wo du bist, da komm' ich hin, daß ich stets bei dir leb' und bin, drum fahr' ich hin mit Freuden.

5. So fahr' ich hin zu Jesu Christ, mein' Arm' will ich ausstrecken; so schlaf' ich ein und ruhe fein, kein Mensch kann mich aufwecken, denn Jesus Christus, Gottes Sohn, der wird die Himmelsthür aufthun, mich führ'n zum ew'gen Leben.

Nicolaus Hermann,
nach dem Lateinischen des Augustinus: Turbabor, sed non perturbabor.

Vom jüngsten Gericht.

Matthäi 16, v. 27. Denn es wird je geschehen, daß des Menschen Sohn komme in der Herrlichkeit seines Vaters, mit seinen Engeln; und alsdann wird er einem Jeglichen vergelten nach seinen Werken.

Mel. Herr Gott, dich loben wir.

1856. Wenn, Richter aller Welt, der Schöpfung Bau zerfällt, wenn Erd' und Meer und Himmel flieht, und der Planet in Flammen glüht, wenn sich hoch, wo die Sonne schwebt, dein Thron, dein lichter Thron erhebt; wenn mit bedecktem Angesicht der Seraph laut wie Donner spricht: Preis ihm, des Menschen Sohn! Er kommt, mit ihm sein Lohn! Heil, o Gerechter dir! dem Sünder Fluch und Hohn! Wenn dich alsdann die Welten sehn, schön, wie der Glanz des Himmels schön, auf deiner Stirn Gerechtigkeit, gefesselt unter dir die Zeit, zu deiner Rechten Licht und Heil, zur Linken der Verworf'nen Theil; wenn sie dich sehn, Unendlicher, und deinen Donner um dich her; wenn Gräber lebendes Gebein, die Meere Menschen von sich spei'n: wenn aus des Staub's und Moders Nacht der Völker große Schaar erwacht, hier Tausende das Haupt erhöh'n, im Richter ihren Freund zu seh'n, Verzweiflung dort und Grimm und Wuth auf Millionen Stirnen ruht;

2. Wenn dann auch mich aus meiner

Gruft die schmetternde Posaune ruft, sich Haut um, mein Gebeine webt und dieser Staub von Neuem lebt, und, in die Luft empor gerückt, des Richters strenge Stirn erblickt, die Augen, welche Blitze streu'n: wie wird mir dann zu Muthe seyn?

3. Ach hörte, du des Ew'gen Sohn, auch ich den segnend frohen Ton: du brachtest, wenn ich hungrig war, mir Hungrigen Erquickung dar; du hast mich Durstigen getränkt, mir Nackenden dein Kleid geschenkt; nahmst dich des Gast's, des Kranken an, hast mir Gefang'nen wohl gethan. O, lächle du, des Ew'gen Sohn, alsdann auch mir durch diesen Ton ein ganzes Meer von Heil und Ruh', das ganze Glück des Himmels zu! dann hebe sich durch's Perlenthor mein Geist zu jener Stadt empor, wo Gold der Schmuck der Gassen ist, und du, o Lamm, die Leuchte bist. Amen. Johann Gotthilf Füller.

Von der Gemeinschaft der Gläubigen in der Liebe.

Johannis 13, v. 34. 35. Ein neu Gebot gebe ich euch, daß ihr euch unter einander liebet, wie ich euch geliebet habe, auf daß auch ihr einander lieb habet. Dabei wird Jedermann erkennen, daß ihr meine Jünger seyd, so ihr Liebe unter einander habt.

Mel. Behalt', Egypten, deine Krone.

1857. Wenn Seelen sich zusammenfinden, in denen du, Herr Jesu! lebst, die sich auf deinen Tod verbinden, und die du selber trägst und hebst, die du mit deinem Geist erfüllst und ihres Herzens Jammer stillst — wo Christenseelen sich begegnen, da gilt's nur lieben, bitten, segnen.

2. Und wenn sie sich auch nie gesehen, und leiblich nimmer sich gekannt; doch können sie sich bald verstehen an jenem sel'gen Liebesband, das innig alle die umschlingt, die dein allmächt'ger Hauch durchdringt, die du erweckt vom Sündenschlafe, gezählt hast unter deine Schaafe.

3. Das ist ein köstlich frohes Grüßen, wo Jeder freudig dich bekennt; das ist ein inniges Umschließen, wo jede Brust vor Liebe brennt: da öffnen sich die Seelen gleich, da redet man vom Himmelreich, vom eig'nen Elend, eig'nen Sünden, von deiner Gnade tiefen Gründen.

4. Da geht der Mund von Allem über, wovon das Herz erfüllet ist, und Alle sehnen sich hinüber dahin, wo du, Herr Jesu! bist. Da fühlt man deine Gegenwart, und Jedem wirst du offenbart; da schmeckt man recht den sel'gen Frieden, der all' den Deinen ist beschieden.

5. Ach, mein Herr Jesu! halt' mich feste in solchem himmlischen Verein; denn das ist ja das Schönst' und Beste, in dir, o Herr! verbunden seyn. O, mach' mich fromm und rein und klar, daß ich verbleib' in deiner Schaar und wie ein ächter, treuer Rebe in dir, Herr Christ! auf ewig lebe.

Gustav Friedrich Ludwig Knak.

In Kreuz und Noth.

2 Chronika 20, v. 6—18. Herr, unsrer Väter Gott, bist du nicht Gott im Himmel und Herrscher in allen Königreichen der Heiden? Und in deiner Hand ist Kraft und Macht; und ist Niemand, der wider dich stehen möge 2c.

In eigener Melodie.

1858. Wenn wir in höchsten Nöthen seyn und wissen nicht, wo aus noch ein und finden weder Hülf' noch Rath, ob wir gleich sorgen früh und spat:

2. So ist dies unser Trost allein, daß wir zusammen insgemein anrufen dich, o treuer Gott! um Rettung aus der Angst und Noth;

3. Und heben unser Aug' und Herz zu dir in wahrer Reu' und Schmerz, und suchen der Sünd' Vergebung und aller Strafen Linderung,

4. Die du verheißest gnädiglich Allen, die darum bitten dich, im Namen dein's Sohn's Jesu Christ, der unser Heil und Fürsprech'r ist.

5. Drum kommen wir, o Herre Gott, und klagen dir all' unsre Noth; weil wir jetzt stehn verlassen gar in großer Trübsal und Gefahr.

6. Sieh' nicht an unsre Sünde groß, sprich uns derselb'n aus Gnaden los, steh' uns in unserm Elend bei, mach' uns von allen Plagen frei:

7. Auf daß von Herzen können wir nachmals mit Freuden danken dir, gehorsam seyn nach deinem Wort, dich all'zeit preisen hier und dort. D. Paul Eberus, geb. 1516.

nach dem Latein. des Joachim Camerarius: In tenebris nostrae et densa caligine mentis.

Vom wahren und falschen Christenthum.

Jacobi 1, v. 26. 27. So aber sich Jemand unter euch läßt dünken, er diene Gott, und hält seine Zunge nicht im Zaum, sondern verführet sein Herz; deß Gottesdienst ist eitel. Ein reiner und unbefleckter Gottesdienst vor Gott dem Vater ist der: die Waisen und Wittwen in ihrer Trübsal besuchen, und sich von der Welt unbefleckt behalten.

Mel. Mach's mit mir, Gott! nach deiner Güt'.

1859. Wenn zu dem wahren Christenthum nichts mehr als dies

gehörte, daß man Gott in dem Heiligthum manchmal mit Christen ehrte; so würde gar nichts leichter seyn, als sich dem Christenthum zu weih'n.

2. Allein es fordert von uns mehr, besteht in höhern Pflichten, und diese muß, so will's der Herr, ein Christ auch treu verrichten. Er muß bekehrt, von Sünden rein und nicht mehr Freund der Sünde seyn.

3. Wer dies nicht ist, ist auch kein Christ, nennt ihn die Welt gleich Christe, denn wer noch Freund der Sünde ist und liebt noch Fleischeslüste, wer noch mit Vorsatz sünd'gen kann, der, der gehört nicht Christo an.

4. Die Christen lieben ihren Herrn, der sie zuerst geliebet; von ihnen wird mit Lust und gern das Christenthum geübet. Ein jeglicher Befehl von Gott ist ihnen heiliges Gebot.

5. Sie lieben Gott und Jesum Christ und lieben alle Brüder, sie schelten den, der ihr Feind ist, wenn er gleich schilt, nicht wieder; denn nach dem Beispiel ihres Herrn vergeben sie auch Feinden gern.

6. Das theure Evangelium, das uns zum Heil gegeben, regiert ihr ganzes Christenthum und lehrt sie weise leben. Es leitet sie bei Lust und Schmerz, und Freude fühlt dabei ihr Herz.

7. So wandeln sie gehorsam hin nach Gottes Wohlgefallen. Sie leitet stets der fromme Sinn: auf Erden so zu wallen, daß nach der Vorbereitungszeit ihr Theil sey Himmelsseligkeit.

8. Gott! laß ein solches Christenthum doch allgemeiner werden; verbreite es zu deinem Ruhm bald auf der ganzen Erden. Ja, Jeder der erlöset ist, der werd' ein wahrer, sel'ger Christ. Christian Gottlieb Frohberger.

In Trübsal und Verfolgung.

Lucä 21, v. 19. Fasset eure Seelen mit Geduld.

Mel. Gott will's machen, daß die Sachen.

1860. Wenn zu Zeiten schwere Leiden, wären sie auch unverschuld't, auf dir liegen — willst du siegen: faß' die Seele in Geduld.

2. Bet'st du kindlich, und nicht stündlich hört des guten Vaters Huld; will dein Ringen nicht gelingen: faß' die Seele in Geduld.

3. Hast du Plagen zu ertragen durch verkehrter Menschen Schuld; trag', und übe nur die Liebe: faß' die Seele in Geduld.

4. Sieh', noch schwerer trug dein Lehrer und dein Heiland fremde Schuld; lern' so schweigen, still dich beugen: faß' die Seele in Geduld.

5. Die sich fügen seinen Zügen, ähnlich ihm im Marterstand, will er lohnen: seine Kronen tragen sie im Vaterland.

Johann Gottfried Schöner.

Zum vierten Adventssonntage.

Johannis 1, v. (19—28) 22. Was bist du denn? daß wir Antwort geben denen, die uns gesandt haben. Was sagst du von dir selbst?

Mel. Wie wohl ist mir, o Freund der Seelen.

1861. Wer bin ich? welche nöth'ge Frage, die ich, o Heiland! an mich thu'; hilf, daß ich mir die Wahrheit sage, bewahre mich vor falscher Ruh'! Das ist es, was ich Klugheit nenne, wenn ich mich selbst und dich recht kenne, der du mein Gott und Heiland bist; drum gieb mir deinen Geist auch heute, der mich in alle Wahrheit leite, weil sonst mein Thun vergebens ist.

2. Wenn ich mich von Natur betrachte, so bin ich durch und durch verderbt; weil Adams Fall es dahin brachte, daß mir die Sünde angeerbt, so ist dein Bild, o Gott, verloren, und ich bin Fleisch vom Fleisch geboren; die Sünde trennt nun mich und dich; der Friede mangelt meinem Herzen, das eigne Thun macht mir nur Schmerzen: drum sehne ich nach Troste mich.

3. Dies ist der Mangel, den ich finde, wenn ich mich von Natur betracht'; doch dieser weicht auch sehr geschwinde, denn du hast mich mit Heil bedacht. Zu dir, o Heiland! darf ich kommen, du hast mich willig angenommen zu deinem Kind', o welch ein Ruhm! ich ruhe sanft in deinen Armen; es sieht dein Vater voll Erbarmen auf mich, als auf sein Eigenthum.

4. Den Glauben, der mein Herz erneuet, hast du, o Heiland, mir geschenkt; ich bin dadurch sehr hoch erfreuet und in dein ganzes Heil versenkt, das du erwarbst durch deine Leiden. Nun bin ich voll von Seligkeiten und frei von aller Sündenschuld; Gerechtigkeit ist mir beschieden, ich ruhe sanft in deinem Frieden, o Jesu, welche große Huld!

5. Es spricht dein Geist in meinem Herzen das Abba recht beweglich aus. Dies

macht mich frei von Angst und Schmerzen, hingegen bin ich Gottes Haus*). Dein Geist, o Gott, erhält das Leben, das er mir selber hat gegeben in meiner dir geweihten Brust. Es ist das Pfand von jenem Erbe**); ich komme einstens, wenn ich sterbe, dahin, wo lauter Himmelslust.

*) Ebr. 3, v. 6. **) Eph. 1, v. 13. 14.

6. Das ist es, was ich frei bekenne zu deinem Preis, Herr Jesu Christ! daß ich mich ein Kind Gottes nenne, das unaussprechlich selig ist. Dies will ich immer ohne Fragen, wo ich nur kann, auch Andern sagen, was, Herr! aus deiner Gnade fließt. Soll ich darum Verfolgung leiden, Nichts kann mich von der Liebe scheiden, die schon mein Geist in dir genießt.

7. Und so verhalten sich die Seelen, in denen du bist offenbar. Johannes kann es nicht verhehlen der abgesandten Priesterschaar; er spricht: ich muß den Weg bereiten dem, der nach mir wird herrlich weiden die Seelen, weil sie **seine** sind; ich mache Bahn ihm zu den Herzen: ach! nehmt ihn auf mit Reu' und Schmerzen und bleibet nicht mit Vorsatz blind!

8. Ja, dieses ist zu allen Zeiten der treuen Lehrer große Pflicht, daß sie die Herzen dir bereiten durch einen treuen Unterricht von unserm tiefen Seelenschaden und von den angenehmen Gnaden, die du erwarbst, Herr Jesu Christ! Hier schaue ich zwar meine Blöße, doch, Herr! zugleich auch deine Größe, der du Gott über Alles bist*).

*) Röm. 9, v. 5.

9. Ach, habe Dank für allen Segen aus deinem Lebensunterricht. Noch will ich mich auf's Bitten legen, gieb mir besonders recht dein Licht zu diesem mir so nahen Feste, und mache du auf's Allerbeste mein Herz empfänglich zu dem Heil und zu der rechten Weihnachtsfreude; ach, gieb sie, Heiland! mir schon heute, denn du bist ja mein einzig Theil.

10. Nun laß mich dieses Fest begehen im Vollgenuß der Seligkeit. Es sey mein Herz mit stillem Flehen dir, Heiland! festlich jetzt geweiht. Komm, Schönster! komm und in mir wohne, der du von deiner Gottheit Throne hernieder kamst in alles Leid; ich will dich in mein Herze schließen, laß, liebster Heiland! dich genießen jetzt und in alle Ewigkeit. Christian Friedrich Förster.

Lauf nach dem himmlischen Kleinod.

1 Corinther 9, v. 24. Wisset ihr nicht, daß die, so in den Schranken laufen, die laufen Alle; aber Einer erlanget das Kleinod? Laufet nun also, daß ihr es ergreifet.

Mel. Du, o schönes Weltgebäude.

1862. Wer das Kleinod will erlangen, der muß laufen, was er kann; wer die Krone will empfangen, der muß kämpfen, als ein Mann. Dazu muß er sich in Zeiten auf das Beste zubereiten, alles And're lassen geh'n, was ihm kann im Wege steh'n.

2. Herzens-Jesu! deine Güte steckt mir auch ein Kleinod für, das entzückt mir mein Gemüthe durch den Reichthum seiner Zier. O, wie glänzt die schöne Krone von dem hohen Ehrenthrone, die du in der Herrlichkeit deinen Streitern hast bereit't!

3. Mich verlangt von ganzem Herzen, auch nicht weit davon zu seyn; ja, ich ziele recht mit Schmerzen auf den freudenvollen Schein; doch das Laufen thut mir bange, und der Kampf währt fast zu lange; der geschminkte Erdenwust nimmt mir öfters alle Lust.

4. Mein verderbter Eigenwille hat bald dies bald das zu thun, hält im Laufen vielmals stille und will in dem Streite ruh'n. Satan macht mich auch oft mürbe, daß mir fast der Sieg verdürbe, wo mir deine treue Kraft nicht gewünschte Hülfe schafft.

5. Drum, mein Jesu! steh' mir Armen in so großer Schwachheit bei; laß dich meine Noth erbarmen; mache mich von Allem frei, was mir will mein Ziel verrücken; komm, mich selbst recht zuzuschicken; gieb mir Kraft und Freudigkeit, förd're meinen Lauf im Streit.

6. Es verlohnt sich wohl der Mühe, ob mir's gleichwohl sauer wird, wenn ich mich der Welt entziehe, die mich stets zurücke führt; denn der Treue Gnadenkrone ist mir über-g'nug zum Lohne; wirst du nur mein Beistand seyn, so ist sie in Kurzem mein.

Johann Mentzer.

Von der Nachfolge Jesu.

Marci 8, v. 34. 35. Wer mir will nachfolgen, der verleugne sich selbst, und nehme sein Kreuz auf sich, und folge mir nach. Denn wer sein Leben will behalten, der wird's verlieren; und wer sein Leben verlieret um meinet und des Evangelii willen, der wird's behalten.

Mel. Herr, nicht schicke deine Rache.

1863. Wer da will zu Jesu kommen und von ihm seyn aufgenommen, der verleugne sich nur bald und sey ja nicht lau und kalt, sondern nehme Kreuz und Leiden auf sich und folg' ihm mit Freuden, ob es gleich dem Fleisch und Blut schmer. : und sehr wehe thut.

2. Höret, was uns Jesus saget: wer nicht Alles um mich waget, Vater, Mutter, Weib und Kind, Bruder, Schwester und Gesind', ja, dazu sein eigen Leben nicht will mir zum Opfer geben, dulden, was ihm widerfährt, der ist mein gewiß nicht werth.

3. Und wer nicht sein Kreuz erträget, noch nach Erd' und Himmel fräget, mir nicht folget in der Pein, der kann nicht mein Jünger seyn; sondern bleibet ausgeschlossen von den wahren Reichsgenossen, denen dorten ist bereit't Himmel und die Seligkeit.

4. Was dünkt dich hierbei, mein Herze! und wie ist dir bei dem Schmerze, den du zu erfahren hast hier bei Jesu leichter Last? Doch, wer will zum Leben gehen, lasse Alles liegen, stehen, eile nur zu Jesu zu, um zu finden wahre Ruh'.

5. Gute Nacht, ihr eitlen Dinge! denn ich achte euch geringe, ob ihr große Namen habt und Viel' tausendfältig labt. Gute Nacht, ihr meine Freunde! die ihr werdet meine Feinde und mich führen wollt' von Gott, dem so starken Zebaoth.

6. Sey willkommen, liebes Kreuze, ich will, ob mich Niemand reize, dich annehmen herzlich gern, es sey nahe oder fern, will die Welt ich ernstlich lassen, dabei in Geduld mich fassen und zwar Alles in der Still', es mag kommen, wie es will.

7. Und so folge ich im Segen Jesu nach auf seinen Wegen zu der schönen Gottes-Stadt, wie er mir befohlen hat hier in seinem klaren Worte: „Geht ein durch die enge Pforte, dadurch man mit Aengsten dringt und zur Himmelshöh' sich schwingt."

8. Christe Jesu! wer dich kennet, Wahrheit, Weg und Leben nennet, der führt diesen Christenstaat und trifft diesen Lebenspfad. Ach! du wollest dich erbarmen, dich verklären in mir Armen, daß ich alle Augenblick' so zu leben mich anschick'.

9. Ach, sey du doch selbst mein Führer, mein Geleitsmann und Regierer, daß ich unter'm Sturm und Wind stets den schmalen Weg hier find'. Laß mich gehn in Liebesseilen, daß ich sicher könne eilen aus der bösen argen Welt hin zum schönen Himmelszelt!

Abendlied.

Psalm 36, v. 6—8. Herr, deine Güte reichet, so weit der Himmel ist, und deine Wahrheit, so weit die Wolken gehen. Deine Gerechtigkeit stehet wie die Berge Gottes, und dein Recht wie große Tiefe. Herr, du hilfst beide, Menschen und Vieh. Wie theuer ist deine Güte, Gott, daß Menschenkinder unter dem Schatten deiner Flügel trauen!

In eigener Melodie.

1864. Werde munter, mein Gemüthe, und ihr Sinnen, geht herfür, daß ihr preiset Gottes Güte, die er hat gethan an mir, da er mich den ganzen Tag in so mancher schweren Plag' hat erhalten und ergötzet, daß mich Satan nicht verletzet.

2. Lob und Dank sey dir gesungen, Vater der Barmherzigkeit! daß mir heut' mein Werk gelungen, daß du mich vor allem Leid und vor Sünden mancher Art so getreulich hast bewahrt, auch die Feind' hinweg getrieben, daß ich unbeschädigt blieben.

3. Keine Klugheit kann ausrechnen deine Güt' und Wunderthat, ja kein Redner kann aussprechen, was dein' Huld erwiesen hat; deiner Wohlthat ist zu viel, sie hat weder Maaß noch Ziel, ja, du hast mich so geführet, daß kein Unfall mich berühret.

4. Dieser Tag ist nun vergangen, die betrübte Nacht bricht an; es ist hin der Sonne Prangen, so uns All' erfreuen kann. Stehe mir, o Vater, bei, daß dein Glanz stets vor mir sey und mein ganzes Herz erhitze, ob ich gleich im Finstern sitze.

5. Herr, verzeihe mir aus Gnaden alle Sünd' und Missethat, die mein armes Herz beladen und so gar vergiftet hat, daß auch Satan durch sein Spiel mich zur Hölle stürzen will. Da kannst du alleine retten: strafe nicht mein Uebertreten!

6. Bin ich gleich von dir gewichen, stell' ich mich doch wieder ein; hat uns doch dein Sohn verglichen durch sein' Angst und Todespein. Ich verleugne nicht die Schuld, aber deine Gnad' und Huld ist viel größer, als die Sünde, die ich stets in mir befinde.

7. O du Licht der frommen Seelen, o du Glanz der Herrlichkeit! dir will ich mich ganz befehlen diese Nacht und allezeit. Bleibe doch, mein Gott, bei mir, weil es nunmehr dunkel schier; da ich mich so sehr betrübe, tröste mich mit deiner Liebe!

8. Schütze mich vor's Teufels Netzen, vor der Macht der Finsterniß, die mir oft des Nachts zusetzen und erzeugen Kümmerniß; laß mich dich, o wahres Licht! nimmer-

mehr verlieren nicht. Wenn ich dich nur hab' im Herzen, fühl' ich nicht der Seele Schmerzen.

9. Wenn mein' Augen schon sich schließen und ermüdet schlafen ein, soll mein Herz dennoch geflissen und auf dich gerichtet seyn. Meiner Seele mit Begier träume stets, o Gott, von dir, daß sie fest an dir bekleibe und auch schlafend dir verbleibe.

10. Laß mich diese Nacht empfinden eine sanft' und süße Ruh', alles Uebel laß verschwinden, decke mich mit Segen zu; Leib und Seele, Muth und Blut, all' die Meinen, Haab' und Gut, Freunde, Feind' und Hausgenossen sind in deinen Schutz geschlossen.

11. Ach, bewahre mich vor Schrecken, schütze mich vor Ueberfall; laß mich Krankheit nicht aufwecken, treibe weg des Krieges Schall, wend' ab Feu'r- und Wassersnoth, Pestilenz und schnellen Tod; laß mich nicht in Sünden sterben, noch an Leib und Seel' verderben.

12. O, du großer Gott, erhöre, was dein Kind gebeten hat; Jesu! den ich stets begehre, bleibe ja mein Schutz und Rath und mein Hort; du werther Geist, der du Freund und Tröster heißt, höre doch mein sehnlich Flehen; Amen, ja es soll geschehen!

Johann Rist.

Der wahre Glaube erzeugt Liebe und hält Gottes Wort.

1 Johannis 2, v. 4. 5. Wer da saget: Ich kenne ihn, und hält seine Gebote nicht, der ist ein Lügner, und in solchem ist keine Wahrheit. Wer aber sein Wort hält, in solchem ist wahrlich die Liebe Gottes vollkommen. Daran erkennen wir, daß wir in Ihm sind.

Mel. Mach's mit mir, Gott! nach deiner Güt'.

1865. Wer Gottes Wort nicht hält, und spricht: ich kenne Gott — der lüget; in Solchem ist die Wahrheit nicht, die durch den Glauben sieget. Wer aber sein Wort glaubt und hält, der ist von Gott, nicht von der Welt.

2. Der Glaube, den sein Wort erzeugt, muß auch die Liebe zeugen. Je höher dein Erkenntniß steigt, je mehr wird diese steigen. Der Glaub' erleuchtet nicht allein, er stärkt das Herz und macht es rein.

3. Durch Jesum rein von Missethat, sind wir nun Gottes Kinder; wer solche Hoffnung zu ihm hat, der flieht den Koth der Sünder, folgt Christi Beispiel, als ein Christ, und reinigt sich, wie Er rein ist.

4. Alsdann bin ich Gott angenehm, wenn ich Gehorsam übe; wer die Gebote hält, in dem ist wahrlich Gottes Liebe. Ein täglich thätig Christenthum, das ist des Glaubens Frucht und Ruhm.

5. Der bleibt in Gott und Gott in ihm, wer in der Liebe bleibet. Die Lieb' ist's, die die Cherubim, Gott zu gehorchen, treibet. Gott ist die Lieb'; an seinem Heil hat ohne Liebe Niemand Theil.

Christian Fürchtegott Gellert.

Von der Mildthätigkeit.

2 Corinther 9, v. 6. Wer da kärglich säet, der wird auch kärglich ernten; und wer da säet im Segen, der wird auch ernten im Segen.

Mel. Kommt her zu mir! spricht rc.

1866. Wer Gott und seinen Nächsten liebt, und wer den Dürftgen gerne giebt, der soll es dort genießen. Sein Thun vergleicht sich einer Saat, die ihre Ernt'*) im Himmel hat, da Freuden auf sie fließen.

*) Gal. 6, v. 8.

2. Hier säet man den Saamen aus, dort baut uns Gott ein festes Haus, drein wir die Garben legen*); hier wird der Acker zugericht't, dort bringet man die Frucht an's Licht, die voller Heil und Segen.

*) Psalm 126, v. 6.

3. Wer hier den Saamen reichlich streut der wird auch reichlich dort erfreut, und erntet mit Vergnügen:*) Wer aber kärglich sich erzeigt, und sich nicht gern zum Armen neigt, der wird auch wenig kriegen.

*) Psalm 112, v. 9.

4. Mein Gott, ich weiß, daß unsre That gar kein Verdienst zwar in sich hat; doch weil du, dir zum Preise, so viel Vergeltung drauf gelegt, so gieb, daß weil die Welt mich trägt,*) ich dienstbar mich erweise.**)

*) Weil ich lebe. **) Andern gern diene.

Vom lebendigen Vertrauen auf Gott.

Psalm 28, v. 7. Der Herr ist meine Stärke und mein Schild, auf ihn hoffet mein Herz, und mir ist geholfen; und mein Herz ist fröhlich, und ich will ihm danken mit meinem Liede.

In eigener Melodie.

Oder: Was mein Gott will, gescheh' all'zeit rc., (wenn nämlich die drei Wiederholungszeichen weggelassen werden.)

1867. Wer Gott vertraut, hat wohl gebaut im Himmel und auf Erden, :,: wer sich verläßt auf Jesum Christ, dem muß der Himmel werden; :,: darum auf dich all' Hoffnung ich im Glauben fest will setzen; Herr Jesu Christ, mein Trost du bist in Todesnoth und Schmerzen! :,:

2. Und wenn's gleich wär' dem Teufel sehr und aller Welt zuwider, :,: dennoch so bist du, Jesu Christ! der sie All' schlägt danieder. :,: Und wenn ich dich nur hab' um

mich mit deinem Geist und Gnaden, so kann fürwahr mir ganz und gar nicht Tod noch Teufel schaden. :,:

3. Dein tröst' ich mich ganz sicherlich, denn du kannst mir wohl geben, :,: was mir ist noth, du treuer Gott! in dies'm und jenem Leben. :,: Gieb wahre Reu', mein Herz erneu', errette Leib und Seele. Ach höre, Herr, dies mein Begehr und laß mein' Bitt' nicht fehlen! :,: Verfasser unbekannt. Gegen 1598.

Jesus unser Schutz und treuer Beistand.

Ebräer 13, v. 6. Der Herr ist mein Helfer; und will mich nicht fürchten.

In eigener Melodie.
Und: Das wahre Christenthum.

1868. Wer Jesum bei sich hat, kann feste stehen, wird auf dem Unglücksmeer nicht untergehen; wer Jesum bei sich hat, was kann dem schaden? Sein Herz ist überall mit Trost beladen.

2. Wer Jesum bei sich hat, der hat den Himmel, wünscht zu verlassen nur das Weltgetümmel; wer Jesum bei sich hat, der lebt vergnüget mit dem, was Gottes Gnad' ihm zugefüget.

3. Wer Jesum bei sich hat, der mag nicht haben die Eitelkeit der Welt und ihre Gaben; wer Jesum bei sich hat, hat g'nug auf Erden, und mag in Ewigkeit nicht reicher werden.

4. Wer Jesum bei sich hat, kann sicher reisen, Er wird ihm schon den Weg zum Himmel weisen: wer Jesum bei sich hat in höchsten Nöthen, den kann kein Teufel und kein Mörder tödten.

5. Wer Jesum bei sich hat, ist wohl beschützet, wenn's heftig donnert und erschrecklich blitzet; wer Jesum bei sich hat, darf nicht erschrecken, wenn seine Sünd' ihm Furcht und Angst erwecken.

6. Wer Jesum bei sich hat, darf nicht verzagen, und kann den Teufel auch leicht von sich jagen: wer Jesum bei sich hat, wird nicht verderben, wer Jesum bei sich hat, kann fröhlich sterben. Christ. Friedr. Connow.

In Gefahr zur See.

Marci 4, (v. 35—41.) v. 39. 40. Und er stand auf und bedrohete den Wind, und sprach zu dem Meer: Schweig' und verstumme! Und der Wind legte sich, und ward eine große Stille. Und er sprach zu ihnen: Wie seyd ihr so furchtsam? Wie, daß ihr keinen Glauben habt?

Mel. An Wasserflüssen Babylon.

1869. Wer ist es, der die Segel lenkt und der das Schiff regieret? der Pharao' in's Meer versenkt und Mosen durchgeführet? Ich bin's, der allerhöchste Gott, der groß' und starke Zebaoth, der auch an allen Enden so wunderbarlich helfen kann, daß in der Noth sich Jedermann getrost zu Mir darf wenden.

2. Ich spreche nur den Wellen zu, wenn sie so grausam wüthen, daß sie sich legen schnell zur Ruh'; Ich kann der Fluth gebieten. Drum fürchte dich kein Härlein mehr, betrübte Seel'! ob noch so sehr die wilden Wogen steigen. Bedenk' es nur in deinem Sinn, ob Ich der große Gott nicht bin, vor dem die Winde schweigen.

3. Gedenk' an Meine Jünger nur, wie voller Angst sie schrieen, als Ich mit ihnen überfuhr; sie lagen auf den Knieen und riefen: Meister, hilf uns bald! Und als Ich nun zwang die Gewalt der hocherhob'nen Wellen: da hüpft' ihr Herz, sie dankten Mir. Ein Gleiches will Ich thun an dir, kein Wetter soll dich fällen.

4. Sollt' endlich ja das Schiff sogar in Stück' und Trümmer gehen, so will Ich mitten in Gefahr doch kräftig bei dir stehen; Ich will dich retten aus dem Meer, wie Ich den Jonas wieder her an's Land gebracht mit Freuden. Es geh' auch, wie es immer woll': erinn're dich, daß Nichts dich soll von Meiner Liebe scheiden! Heinrich Held.

Jesus, unser höchstes Gut.

Ebräer 1, v. 9. Du hast geliebet die Gerechtigkeit, und gehasset die Ungerechtigkeit; darum hat dich, o Gott, gesalbet dein Gott mit dem Oel der Freuden, über deine Genossen.

Mel. Seelen-Bräutigam.

1870. Wer ist wohl, wie du? Jesu, süße Ruh! Unter Vielen auserkoren, Leben derer, die verloren, und ihr Licht dazu, Jesu, süße Ruh!

2. Leben! das den Tod, mich aus aller Noth zu erlösen, hat geschmecket, meine Schulden zugedecket und mich aus der Noth hat geführt zu Gott!

3. Glanz der Herrlichkeit! du bist vor der Zeit zum Erlöser uns geschenket und in unser Fleisch versenket, in der Füll' der Zeit, Glanz der Herrlichkeit!

4. Großer Siegesheld! Tod, Sünd', Höll' und Welt, alle Kraft des großen Drachen hast du woll'n zu Schanden machen, durch das Lösegeld deines Bluts, o Held!

5. Höchste Majestät, König und Prophet! deinen Scepter will ich küssen, ich will sitzen

dir zu Füßen, wie Maria thät, höchste Majestät!

6. Laß mich deinen Ruhm, als dein Eigenthum, durch des Geistes Licht erkennen, stets in deiner Liebe brennen, als dein Eigenthum, allerschönster Ruhm!

7. Zieh' mich ganz in dich, daß vor Liebe ich ganz zerrinne und zerschmelze und auf dich mein Elend wälze, das stets drücket mich; zieh' mich ganz in dich!

8. Deiner Sanftmuth Schild, deiner Demuth Bild mir anlege, in mich präge, daß kein Zorn noch Stolz sich rege; vor dir sonst nichts gilt, als dein eignes Bild.

9. Steure meinem Sinn, der zur Welt will hin, daß ich nicht mög' von dir wanken, sondern bleiben in den Schranken, sey du mein Gewinn, gieb mir deinen Sinn!

10. Wecke mich recht auf, daß ich meinen Lauf unverrückt zu dir fortsetze, und mich nicht in seinem Netze Satan halte auf; förd're meinen Lauf.

11. Deines Geistes Trieb in die Seele gieb, daß ich wachen mög' und beten, freudig vor dein Antlitz treten; ungefärbte Lieb' in die Seele gieb!

12. Wenn der Wellen Macht in der trüben Nacht will des Herzens Schifflein dekken, woll'st du deine Hand ausstrecken; habe auf mich Acht, Hüter! in der Nacht.

13. Einen Heldenmuth, der da Gut und Blut gern um deinetwillen lasse und des Fleisches Lüste hasse, gieb mir, höchstes Gut! durch dein theures Blut.

14. Soll's zum Sterben geh'n, wollst du mir beisteh'n, mich durch's Todesthal begleiten und zur Herrlichkeit bereiten, daß ich einst mag seh'n mich zur Rechten steh'n!

Johann Anastasius Freylinghausen.

Von Gottes mächtigem Schutze.

Psalm 66, v. 3. 4. Wie wunderlich sind deine Werke! Es wird deinen Feinden fehlen vor deiner großen Macht. Alles Land bete dich an, und lobsinge dir, lobsinge deinem Namen. Sela.

Mel. Valet will ich dir geben.

1871. Wer kann dein Thun begreifen? Herr, du bist hoch und hehr. Wenn Menschen Sünden häufen, wird deine Strafe schwer; du richtest ein Zerstören auf deiner Erde an; du bist's auch, der ihm wehren und Kriegen steuern kann.

2. Wenn Menschen Trotz dir bieten, so legst du Ehre ein, und wenn sie noch mehr wüthen, wirst du gerüstet seyn. Seyd stille und erkennet, Er sey der starke Gott; sein Eifer, wenn er brennet, macht alle Macht zu Spott.

3. Die Kirche muß gewinnen — ihr Feinde, merkt es doch — denn Gott ist bei ihr drinnen, und darum bleibt sie noch. Dem gläubigen Geschlechte hilft dieses Wort im Krieg: „hie Schwert des Herrn!" die Rechte des Herrn behält den Sieg.

M. Philipp Friedrich Hiller.

Von Gottes gnädiger Fürsorge und Erhaltung.

Sirach 11, v. 21—23. Vertraue du Gott, und bleibe in deinem Beruf; denn es ist dem Herrn gar leicht, einen Armen reich zu machen. Gott segnet den Frommen ihre Güter, und wenn die Zeit kommt, gedeihen sie bald.

In eigener Melodie.

1872. Wer nur den lieben Gott läßt walten und hoffet auf ihn allezeit, den wird er wunderlich erhalten in allem Kreuz und Traurigkeit. Wer Gott, dem Allerhöchsten, traut, der hat auf keinen Sand gebaut.

2. Was helfen uns die schweren Sorgen? was hilft uns unser Weh' und Ach? was hilft es, daß wir alle Morgen beseufzen unser Ungemach? Wir machen unser Kreuz und Leid nur größer durch die Traurigkeit.

3. Man halte nur ein wenig stille und sey doch in sich selbst vergnügt, wie unsers Gottes gnäd'ger Wille, wie sein' Allwissenheit es fügt. Gott, der uns ihm hat auserwählt, der weiß auch gar wohl, was uns fehlt.

4. Er kennt die rechten Freudenstunden, er weiß wohl, wann es nützlich sey; wenn er uns nur hat treu erfunden und merket keine Heuchelei: so kommt Gott, eh' wir's uns verseh'n, und lässet uns viel Gut's gescheh'n.

5. Denk' nicht in deiner Drangsalshitze, daß du von Gott verlassen seyst, und daß der Gott im Schooße sitze, der sich mit stetem Glücke speist. Die Folgezeit verändert viel und setzet Jeglichem sein Ziel.

6. Es sind ja Gott' sehr schlechte Sachen und ist dem Höchsten Alles gleich, den Reichen klein und arm zu machen, den Armen aber groß und reich; Gott ist der rechte Wundermann, der bald erhöh'n, bald stürzen kann.

7. Sing', bet' und geh' auf Gottes Wegen, verricht' das Deine nur getreu und

trau' des Himmels reichem Segen: so wird er bei dir werden neu; denn, welcher seine Zuversicht auf Gott setzt, den verläßt er nicht.

Georg Neumark.

Vom Leben in Christo.

2 Petri 3, v. 17. Verwahret euch, daß ihr nicht durch Irrthum der ruchlosen Leute sammt ihnen verführet werdet, und entfallet aus eurer eigenen Festung.

Mel. Gott des Himmels und der Erden.

1873. Wer, o Jesu, deine Wunden stets für seine Ruhstätt' hält, hat den größten Schatz gefunden; er verachtet diese Welt, ihm ist Sterben eine Lust, weil ihm Himmelsfreud' bewußt.

2. Nicht des Satans wüste Schrecken, noch die große Stärk' und List, kann ihm eine Furcht erwecken, ob sie noch so grausam ist. Christi Leiden ist sein Schutz, bietet allen Feinden Trutz.

3. Nicht des frechen Todes Dräuen kann ihn bringen in Gefahr, er darf seinen Grimm nicht scheuen, darf getrost seyn immerdar. Was dem Bösen Furcht einjagt, dies erwart't er unverzagt.

4. Nimmer kommt ihm aus dem Herzen sein Erlöser; sein Gesicht ist auf Seine schweren Schmerzen und das bittre Kreuz gericht't. Jesu Wunden und sein Blut macht ihm einen Heldenmuth.

5. Hierin will ich ewig bleiben, spricht er; es soll keine Noth mich aus Jesu Wunden treiben, hier kann nichts der bleiche Tod, hier ist keine Sorg' und Qual, sondern Freuden ohne Zahl.

6. Christe! laß auch deine Wunden mir Trost, Hülf' und Rettung seyn in den letzten Todesstunden wider allen Schmerz und Pein. Wer dein theures Blut auffaßt, dem ist Sterben keine Last.

M. Simon Dach.

Pfingstlied.

Römer 5, v. 5. Die Liebe Gottes ist ausgegossen in unser Herz durch den heiligen Geist, welcher uns gegeben ist.

Mel. Komm, heiliger Geist, Herre Gott!

1874. Wer recht die Pfingsten feiern will, der werd' in seinem Herzen still. Ruh', Friede, Lieb' und Einigkeit sind Zeichen einer solchen Zeit, worin der heil'ge Geist regiert; der ist es, der zur Andacht führt, er kann kein Weltgetümmel leiden, wer jene liebt, muß dieses meiden und Gott allein gehorsam seyn.

2. Sein Tempel ist da aufgericht't, da dient man ihm nach rechter Pflicht, da giebt er Klugheit und Verstand, da wird der Sprachen Grund erkannt, der Zungen Feuer-Eifer glimmt, er zeigt, was Niemand sonst vernimmt, schenkt das Vermögen, auszusprechen, was der Vernunft, dem Witz der Frechen und aller List zu mächtig ist.

3. Nun, dieses ist der Geist aus Gott, der Frommen Trost, der Bösen Spott. Die sich der Sünden Lust entzieh'n und Buße thun, empfangen ihn. Auf wem er ruhet, der wird rein, er geht zu keinem Stolzen ein, verleiht der Demuth reiche Gaben, der geistlich Arme soll sie haben, denn sein Gebet wird nicht verschmäht.

4. Er ist der Othem und der Wind, der Seelen anbläs't und entzünd't, der von des Herren Munde webt, und was erstorben ist, belebt. Er ist ein Wort, das neu gebiert, deß Deutung man im Werke*) spürt, ein Zeugniß, das zum Glauben treibet und das Gesetz in's Herze schreibet, daß Jedermann es wissen kann.

*) Joh. 7, v. 17.

5. Er ist die Kraft, die Alles regt, ein Strahl, der durch die Felsen schlägt, ein heller Glanz, der uns erleucht't, ein Licht, dem Nacht und Schatten weicht, ein Lehrer, der auf's Gute bringt, ein Helfer, welcher Stärke bringt, ein Rath, der uns zurechte weiset, ein Labsal, das mit Gnade speiset und den erquickt, den Elend drückt.

6. Er ist der Ausfluß aus der Höh', der Weisheit unerschöpfte See, ein Wasser, das vom Unrecht wäscht, ein Quell, der Durst und Sehnsucht löscht, ein Brunnen, welcher ewig quillt und das Gemüth mit Gütern füllt; ein Vorrath und verheißner Segen, ein Himmelsthau, ein milder Regen, der das erzieht, was grünt und blüht.

7. Er ist ein Oel, deß Lauterkeit zu Königen und Priestern weiht, die Salbung, die uns mitgetheilt, die Wunden und Verderbniß heilt; ein Abgrund, d'rin die Weisheit steckt, die sich dem innern Aug' entdeckt, wogegen Kunst und menschlich Wissen der Thorheit ähnlich werden müssen: sie machet frei von Heuchelei.

8. Du theurer Geist und höchster Schatz! sey unser Beistand und Ersatz, an den sich das Vertrauen hält, wenn uns Versuchung überfällt; vermehr' in uns die Zuversicht, wehr' aller Furcht, verlaß uns nicht, daß

wir in Noth nicht unterliegen, vielmehr beherzt den Tod besiegen, wenn uns die Zeit das Ende dräu't.

Ernst Lange.

Seligkeit des Glaubens.

Joh. 17, v. 8. Denn die Worte, die du mir gegeben hast, habe ich ihnen gegeben, und sie haben's angenommen und erkannt wahrhaftig, daß ich von dir ausgegangen bin, und glauben, daß du mich gesandt hast.

Mel. Es ist gewißlich an der Zeit.

1875. Wer sich an deine Wahrheit hält, in deinen Sinn eindringet, zu dir sich über Zeit und Welt, Gott aller Welten! schwinget, in Jesu Christo dich erkennt, dich Jesu Christi Vater nennt, ist unaussprechlich selig.

2. Wer glaubt, daß Jesus Christus kam von dir, vom Himmel, nieder, auf sich des Staubes Bürde nahm, an sich der Menschen Glieder; war schwach wie wir und stark wie Gott, verfolgt, gekreuzigt, sterbend, todt, und aus der Gruft erstanden;

3. Und dann zum Thron der Herrlichkeit von dir empor gehoben — wer dieses Glaubens ganz sich freut: wie hoch wird er dich loben! wer Jahre, Tage, Stunden zählt, bis, als der Richter aller Welt, wird Christus wiederkommen;

4. Wer Alles dies von Herzen glaubt: auf Jesum Christum schauet; auf ihn, als seinen Herrn, sein Haupt, mit froher Einfalt trauet; von ihm nur Heil erwartet — und ihn innig preis't mit Herz und Mund, ist weise, rein und selig!

5. Ihn schreckt nicht Krankheit, Tod und Grab, Gericht nicht und Verwesung; Er, der sich hin dem Tode gab, ist Trost ihm, Kraft, Erlösung. An den geschlossen, Eins mit dem, weiß er, ich bin Gott angenehm, ihm lieb wie Jesu Christo.

Johann Kaspar Lavater.

Vom Glauben an Jesum Christum.

Römer 10, v. 11. Wer an ihn glaubet, wird nicht zu Schanden werden.

Mel. Lobe den Herren, den mächtigen König rc.

1876. Wer sich dem Heiland mit brennendem Herzen ergeben, ihm sich voll Freude geweihet auf Sterben und Leben: der ist getrost, ob's um ihn stürmet und tos't, wollte die Erd' auch erbeben.

2. Freudig und ohne gleich schwankendem Rohre zu zittern, steht er und trotzet im Glauben den stärksten Gewittern; Schmerzen und Noth, Hölle, Welt, Satan und Tod, nichts ihn vermag zu erschüttern.

3. Doch, warum sollt' er auch ängstlich sich fürchten und grämen, da ihm ja nichts den gekreuzigten Heiland kann nehmen? Hat er nur ihn, der für die Sünder erschien, wer will ihn dann noch beschämen?

4. Wollte der Teufel mit trüglichen Ehren ihm winken, läßt der Herr Jesus die Krone des Lebens ihm blinken; beut ihm die Welt irdische Freuden und Geld, bringt sie ihn doch nicht zum Sinken.

5. Wer nur erst einmal den seligen Frieden empfunden, der uns erblüht aus des Heilandes Marter und Wunden; wer ihn geseh'n bluten auf Golgatha's Höh'n, bleibt ihm auf ewig verbunden.

6. Wer es nur glaubt, daß auch seine Schuld Jesus getragen, daß er an's Kreuz auch für ihn sich ließ williglich schlagen; wer es bedenkt, was ihm der Heiland geschenkt, wird nach nichts Anderm mehr fragen.

7. Alles sein Lieben und Hoffen und Glauben und Denken wird sich allein auf den einzigen Jesus nur lenken; Nichts in der Welt ist, was ihm besser gefällt, als sich in Ihn zu versenken.

8. Mag ihn die Welt auch verspotten und schmählich verlachen, kann sie ihn doch nicht verzagt und voll Traurigkeit machen; Christus ist sein, Christus vertreibt alle Pein, Christus ist stark in dem Schwachen.

9. Nahet dann endlich sein Stündlein, von hinnen zu gehen, o, so wird Christus im Tode zur Seite ihm stehen; selig und rein wird er bei Jesu dann seyn und ihn von Angesicht sehen.

10. Darum, o Seele! vergiß nicht, den Heiland zu loben, der dich der Höll' und Verdammniß aus Gnaden enthoben; laß ihn nicht los, bis er in's himmlische Schloß einst dich berufet dort oben!

G. F. L. Knak.

Bekenntniß der Gläubigen, daß sie in Christo selig sind.

Colosser 1, v. 13. 14. Welcher uns errettet hat von der Obrigkeit der Finsterniß, und hat uns versetzet in das Reich seines lieben Sohnes; an welchem wir haben die Erlösung durch sein Blut; nämlich die Vergebung der Sünden.

Mel. Valet will ich dir geben.

1877. Wer singt denn so mit Freuden im hohen süßen Ton? Ein Schaaf von Jesu Weiden bekennt und rühmt den Sohn; ein Sünder, der aus Gnaden als ganz bekehrt erscheint, nachdem er seinen Schaden gefühlet und beweint.

2. Wohl mir, in Jesu Wunden, da hab' ich's ewig gut, da hab' ich Ruhe funden, die mir so sanfte thut, daß ich hier ewig bleibe. Und was ich täglich thu', ja denke, red' und schreibe, das geht auf Jesum zu.

3. Hier bin ich ewig selig, hier hab' ich ewig satt; die Güter sind unzählig, die hier mein Glaube hat; die Sünden sind vergeben, ich bin gerecht gemacht und aus dem Tod ins Leben durchs Blut hindurch gebracht.

4. Wer kann mir weiter schaden? die Schuld ist abgethan. Ich bin bei Gott in Gnaden, der Zorn geht mich nichts an; der Fluch ist auch verschwunden, Verdammung trifft mich nicht; ich bin in Jesu Wunden: da werd' ich nicht gericht't.

5. Er fordert nichts, als Glauben. Wer wahren Glauben hat, genießt das Blut der Trauben und wird von Herzen satt. Mein Geist wird voller Freuden, wenn er zur Quelle dringt: hier darf er ewig weiden, wo Lebenswasser springt.

6. Ich kann mir selbst nicht rathen; das Gift ist angeerbt, und meine beste Thaten sind durch und durch verderbt. Gott Lob! ich darf so kommen, so elend, wie ich bin, so werd' ich angenommen. Er nimmt den Jammer hin.

7. Und wenn auch mein Verbrechen mich etwas niederschlägt: will er sich doch nicht rächen; sein Zorn ist bald gelegt. Doch, wie? er zürnt ja nimmer, so lang' ich gläubig bin. Sein holder Gnadenschimmer weicht niemals von mir hin.

8. Ach, wären meine Augen nur stets auf ihn gewandt! Daß sie so wenig taugen, bringt manchen finstern Stand. Doch laß die Wolken kommen, Trotz sey der Finsterniß: Er wird mir nicht genommen, sein Heil bleibt mir gewiß.

9. Auch wenn ich ihn nicht schmecke, erhalt' ich doch Genuß; wenn ich mich nur erwecke, zum reichen Ueberfluß des Wortes hinzueilen, zum Evangelio: da läßt sich's gut verweilen; da werd' ich still und froh.

10. Drum lieb' ich ihn mit Freuden und sag' es aller Welt; will gerne thun und leiden, was seinem Sinn gefällt: denn wem so viel vergeben, als Jesus mir gethan, der kann nicht anders leben, er läuft die Liebesbahn.

11. Kommt her, ihr Menschenkinder! hier hat man's ewig gut. Kommt her, ihr armen Sünder! hier quillt das reiche Blut. Vergebung aller Sünden und Kraft zur Heiligkeit sollt ihr im Blute finden: kommt, Alles ist bereit! Ernst Gottlieb Woltersdorf.

Der 91ste Psalm.

(Ein Trostlied zur Pestzeit.)

Psalm 91, v. 7. Ob Tausend fallen zu deiner Seite, und Zehntausend zu deiner Rechten; so wird es doch dich nicht treffen.

Mel. An Wasserflüssen Babylon.

1878. Wer unterm Schirm des Höchsten sitzt, der ist sehr wohl bedecket; wenn Alles donnert, kracht und blitzt, bleibt sein Herz ungeschrecket; er spricht zum Herrn, du bist mein Licht, mein' Hoffnung, meine Zuversicht, mein Thurm und starke Feste; du rettest mich von's Jägers Strick und treibst des Todes Netz zurück und schützest mich auf's Beste.

2. Frisch auf, mein Herz! Gott stärket dich mit Kraft auf allen Seiten; schau' her, wie seine Flügel sich ganz über dich ausbreiten; sein Schirm umfängt und deckt dich gar, sein Schild fängt auf, was hier und dar von Pfeilen fliegt und tobet. Der Schild ist Gottes wahres Wort; der Schirm ist, was der wahre Hort versprochen und gelobet.

3. Wenn dich die schwarze Nacht umgiebt, kannst du fein sicher schlafen; des Tages bleibst du unbetrübt von deines Feindes Waffen. Die Seuche, die im Finstern schleicht und des Mittages umher kreucht, wird von dir abgeführet. Und wenn gleich Tausend fallen hier, und Zehentausend hart bei dir, bleibst du doch unberühret.

4. Hingegen wirst du Lust und Freud' an deinen Feinden sehen, wenn ihnen alles Herzeleid vom Höchsten wird geschehen; wer Gott verläßt, wird wiederum verlassen und mit großem Grimm zu seiner Zeit geschlagen. Du aber, der du bleibst bei Gott, find'st Gnad' und darfst in keiner Noth ohn' Hülf' und Trost verzagen.

5. Kein Uebels wird zu deiner Hütt' eingehn und dir begegnen; Gott wird all' deine Tritt' und Schritt' auf deinen Wegen segnen; denn er hat seiner Engelschaar befohlen, daß sie vor Gefahr dich ganz genau bewahren, daß dein Fuß möge sicher seyn, und nicht vielleicht an einen Stein zu deinem Schaden fahren.

6. Du wirst auf wilden Löwen stehn, und treten auf die Drachen, du wirst ihr Gift und scharfe Zähn' in deinem Sinn verlachen. Das macht's, daß Gott will bei dir

seyn, der spricht: Mein Knecht begehret mein, so will ich ihm beispringen; er kennet meines Namens Zier, drum will ich ihm auch nach Begier mein' Hülf' und Rettung bringen.

7. Er ruft mich an, so will ich ihn ganz gnädiglich erhören; wenn sein Feind auf ihn aus will ziehn, so will ich stehn und wehren. Ich will ihn reißen aus dem Tod und, nach erlittner Angst und Noth, mit großer Ehr' ergötzen; ich will ihn machen lebenssatt und, wenn er g'nug gelebet hat, in's ew'ge Heil versetzen. Paul Gerhardt.

Freudigkeit zu sterben.

2 Könige 2, v. 11. 12. Und da sie mit einander gingen, und er redete, siehe, da kam ein feuriger Wagen mit feurigen Rossen, und scheideten die beiden von einander; und Elia fuhr also im Wetter gen Himmel. Elisa aber sahe es und schrie: Mein Vater, mein Vater! Wagen Israels und seine Reiter! Und sahe ihn nicht mehr.

Mel. Wer nur den lieben Gott läßt walten.

1879. Wer weiß, wie bald Gott seinen Wagen und das Geleit und Engel schickt, die mich gen Himmel sollen tragen; vielleicht werd' ich schnell hingerückt. Herr Jesu! ich bin lebend dein; ich werd' es auch im Himmel seyn.

2. Zwar bin ich noch ein armer Sünder, ich fehle täglich ohne Zahl; doch bin ich in der Zahl der Kinder nach Gottes freier Gnadenwahl. Herr Jesu! ich bin lebend dein; ich werd' es auch im Himmel seyn.

3. Mein Jesus hat für meine Sünden dem Vater schon genug gethan, daher läßt er mich Gnade finden, und ich nehm' solche gläubig an. Herr Jesu! ich bin lebend dein; ich werd' es auch im Himmel seyn.

4. Mein Leiden geht im Tod zu Ende; der Leib kommt in das Grab zur Ruh, die Seel' in meines Jesu Hände: drum schließ' ich gern die Augen zu. Herr Jesu! ich bin lebend dein; ich werd' es auch im Himmel seyn.

5. Mein Haupt*) ist auf dem Weg gegangen, durch Kreuz und Tod und Grab in's Reich; das Glied wird auch zu ihm gelangen, es lebt und herrscht mit ihm zugleich. Herr Jesu! ich bin lebend dein; ich werd' es auch im Himmel seyn.

*) Christus.

6. Ich bin und bleib' in Jesu Wunden; ich hab' und will nichts Eig'nes mehr, nachdem ich Jesum hab' gefunden; der Tod kom' also immer her. Herr Jesu! ich bin lebend dein; ich werd' es auch im Himmel seyn.

7. Wird eine Braut denn auch erschrecken, wenn sie den Hochzeitswagen sieht? Wird er nicht ihren Geist erwecken? Erfreut sich nicht all ihr Gemüth? so soll's, so wird's bei mir auch seyn. Mein Jesu! ich bleib' ewig dein.

8. Wird auch ein Kind sich wohl betrüben, daß es soll heim zum Vater geh'n, wenn sie sich herzlich, zärtlich lieben, wenn es soll in sein Erb' einsteh'n? Mein Vater! dich verlangt nach mir, und ich sehn' gleichfalls mich nach dir! Johann Jakob v. Moser.

Tägliche Bereitschaft zu einem seligen Ende.

Sirach 18, v. 26. Denn es kann vor Abends wohl anders werden, weder es am Morgen war; und solches Alles geschiehet bald vor Gott.

In eigener Melodie.

1880. Wer weiß, wie nahe mir mein Ende? Hingeht die Zeit, herkommt der Tod. Ach, wie geschwinde und behende kann kommen meine Todesnoth! Mein Gott, :,: ich bitt' durch Christi Blut, mach's nur mit meinem Ende gut.

2. Es kann vor Nachts leicht anders werden, als es am frühen Morgen war; denn weil ich leb' auf dieser Erden, leb' ich in steter Tod'sgefahr. Mein Gott, :,: ich bitt' durch Christi Blut, mach's nur mit meinem Ende gut.

3. Herr, lehr' mich stets mein End' bedenken, und wenn ich einstens sterben muß, die Seel' in Jesu Wunden senken und ja nicht sparen meine Buß'. Mein Gott, :,: ich bitt' durch Christi Blut, mach's nur mit meinem Ende gut.

4. Laß mich bei Zeit mein Haus bestellen, daß ich bereit sey für und für und sage stets in allen Fällen: Herr, wie du willst, so schick's mit mir. Mein Gott, :,: ich bitt' durch Christi Blut, mach's nur mit meinem Ende gut.

5. Mach' mir stets honigsüß den Himmel und gallenbitter diese Welt; gieb, daß mir in dem Weltgetümmel die Ewigkeit sey vorgestellt. Mein Gott, :,: ich bitt' durch Christi Blut, mach's nur mit meinem Ende gut.

6. Ach, Vater! deck' all' meine Sünde mit dem Verdienste Christi zu, darein ich mich fest gläubig winde: das giebt mir recht erwünschte Ruh'. Mein Gott, :,: ich bitt' durch Christi Blut, mach's nur mit meinem Ende gut.

7. Ich weiß, in Jesu Blut und Wunden hab' ich mir recht und wohl gebett't; da

find'

find' ich Trost in Todesstunden und Alles, was ich gerne hätt'. Mein Gott, :,: ich bitt' durch Christi Blut, mach's nur mit meinem Ende gut.

8. Nichts ist, das mich von Jesu scheide, Nichts, es sey Leben oder Tod; ich leg' die Hand in seine Seite*) und sage: mein Herr und mein Gott! Mein Gott, :,: ich bitt' durch Christi Blut, mach's nur mit meinem Ende gut. *) Joh. 20, v. 27. 28.

9. Ich habe Jesum angezogen schon längst in meiner heil'gen Tauf', du bist mir auch daher gewogen, hast mich zum Kind genommen auf. Mein Gott, :,: ich bitt' durch Christi Blut, mach's nur mit meinem Ende gut.

10. Ich habe Jesu Fleisch gegessen, ich hab' sein Blut getrunken hier; nun kann er meiner nicht vergessen, ich bleib' in ihm und er in mir*). Mein Gott, :,: ich bitt' durch Christi Blut, mach's nur mit meinem Ende gut. *) Joh. 6, v. 56.

11. So komm' mein End' heut' oder morgen, ich weiß, daß mir's mit Jesu glückt; ich bin und bleib' in deinen Sorgen, mit Jesu Blut schön ausgeschmückt. Mein Gott, :,: ich bitt' durch Christi Blut, mach's nur mit meinem Ende gut.

12. Ich leb' indeß mit ihm vergnüget und sterb' ohn' alle Kümmerniß; mir g'nüget, wie mein Gott es füget, ich glaub' und bin deß ganz gewiß: Mein Gott, :,: durch Jesu Christi Blut machst du's mit meinem Ende gut.

Aemilie Juliane,
Gräfinn zu Schwarzburg-Rudolstadt.

Von der Liebe, die in Christo Jesu ist.

Jesaia 43, v. 4. Weil du so werth bist vor meinen Augen geachtet, mußt du auch herrlich seyn, und ich habe dich lieb.

Mel. Wer nur den lieben Gott läßt walten.

1881. Wer will mich von der Liebe scheiden, die nur allein in Jesu ist? Und sollt' ich Alles drüber leiden, was hier zu leiden ist erkies't; so bleib' ich immer unbetrübt: mein Trost ist, daß mich Jesus liebt.

2. Mein Jesus hat sich mir verschrieben; die Handschrift ist mit Blut gemacht. Die Liebe selbst hat ihn getrieben, daß er sein Leben nicht geacht't; so leb' ich immer unbetrübt: mein Heil ist, daß mich Jesus liebt.

3. Will mir die Welt ein Netze stellen; mein Jesus hat ein Liebesband. Will mich der Feind zu Boden fällen; mein Jesus hält mich bei der Hand; so leid' ich immer unbetrübt: mein Schutz ist, daß mich Jesus liebt.

4. Ein And'rer mag sich Schätze graben; in Jesu Liebe bin ich reich. Wer wollt' ein solches Gut nicht haben, dem Nichts auf dieser Erde gleich! So geh' ich immer unbetrübt: mein Schatz ist, daß mich Jesus liebt.

5. O du getreue Jesus-Liebe, mein Heil und Theil, mein Schatz und Schutz! erhalt' mich nur in solchem Triebe, so biet' ich allen Feinden Trutz, so sterb' ich endlich unbetrübt: mein Trost ist, daß mich Jesus liebt.

Benjamin Schmolck.

Mit Christo ist uns Alles geschenkt.

Römer 8, v. 32. Wie sollte er uns mit Ihm nicht Alles schenken?

Mel. Wer nur den lieben Gott läßt walten.

1882. Wer wollte denn nun Gott nicht trauen, der sich so hoch verpfändet hat? Er läßt uns mit Erstaunen schauen, daß er uns liebet in der That und sendet uns von seinem Thron den eingebornen, liebsten Sohn.

2. O unaussprechliches Geschenke! wer ist wohl solcher Gnade werth, daß seiner Gott also gedenke, und ihm ein solches Pfand beschert? Hör' Erde, Himmel! höre an, was hat der Herr an uns gethan!

3. Was ist doch alles Gold dagegen? Man mag hier Perl' und Edelstein und Alles auf die Waage legen, was auf der Welt mag köstlich seyn; man trifft doch nirgends etwas an, das diesem Pfande gleichen kann.

4. Ein einzig-Tröpflein seines Blutes, wenn es auf unsre Herzen fällt, erzeigt uns tausendmal mehr Gutes, als alle Schätze dieser Welt. Wer seine Wunden finden kann, der trifft ein wahres Opfer an.

5. O Schatz vor allen andern Schätzen, der uns zugleich den Himmel giebt, was könnt' uns nun in Zweifel setzen, daß uns Gott nicht von Herzen liebt? Wer Jesum hat und Jesum hält, schmeckt schon den Himmel auf der Welt.

6. Uns ist des Vaters Herz gewogen; weil Jesus unser Heiland ist, so wird uns nichts von ihm entzogen, und wenn uns alle Welt vergißt, ist Gott doch, der an uns gedenkt, weil er uns seinen Sohn geschenkt.

7. Mein Herze, laß dir nur genügen, ob du gleich manchen Mangel hast; in Christo

wirst du Alles kriegen, wenn ihn dein Glaube nur umfaßt; bringst du den Sohn vor Gottes Thron, du trägst, was du begehrst, davon.

8. Bitt' Alles nur in seinem Namen, berufe dich auf dieses Pfand, so wird dein Abba lauter Amen! was du geglaubt, giebt seine Hand; der Vater, der den Sohn dir gab, schlägt dir in Christo gar nichts ab.

Benjamin Schmolck.

Offener Himmel durch Jesum im Tode und Sterben.

Apost. Gesch. 7, v. 55. Als er aber voll heiligen Geistes war, sahe er auf gen Himmel, und sahe die Herrlichkeit Gottes, und Jesum stehen zur Rechten Gottes, und sprach: Siehe, ich sehe den Himmel offen, und des Menschen Sohn zur Rechten Gottes stehen.

Mel. Ringe recht, wenn Gottes Gnade.

1883. Wessen Glauben, Lieben, Hoffen nur auf Jesu Wunden steht, der sieht auch den Himmel offen, wenn's mit ihm zum Sterben geht;

2. Der sieht Jesum voll Erbarmen huldreich ihm entgegen nah'n, ihn mit ausgestreckten Armen zu umfassen, zu empfah'n;

3. Dessen Leben nimmt kein Ende, ihm schad't weder Grab noch Stein, und er haucht in Jesu Hände den erlös'ten Geist hinein.

Christoph Karl Ludwig v. Pfeil.

Festlied.

Hosea 7, v. 5. Heute ist unsers Königs Fest.

Mel. Wie schön leucht't uns der Morgenstern.

1884. Weß ist das Fest? zu wem empor schallt der Gemeine heil'ger Chor mit frohen Feierliedern? Es gilt des großen Königs Ruhm, dem Priester in dem Heiligthum, dem Haupt von vielen Gliedern! Droben loben ihn, den Meister, reine Geister, aber Sünder preisen ihn als Gottes Kinder.

2. „Wenn ich dereinst erhöhet bin, will ich sie Alle zu mir zieh'n!“ so hat sein Mund gesprochen; o süßes Licht, o sel'ges Wort, das geht durch Erd' und Himmel fort, der Tag ist angebrochen! Zeuget! beuget euch, ihr Höhen, Inseln, Seen, Länder, Meere; Kinder Gottes, bringt Ihm Ehre!

3. Es thut's ein Tag dem andern kund, es tönt aus tausendfachem Mund das Wort von seinem Lichte; und wendet sich ein Sonnenjahr, so glänzen auf dem Dankaltar viel neue Lebensfrüchte: neue, treue Schwestern, Brüder, Christi Glieder, Hörer, Lehrer, seines Reiches Ruhm und Mehrer!

4. Und Saaten, für den Sohn gesä't, viel Liebesgaben, viel Gebet, viel Wunder seiner Gnade; und Hoffnung, wo nicht Hoffnung schien, in dürren Wüsten frisches Grün und neu gebahnte Pfade; Hosianna Davids Sohne auf dem Throne! sieggekrönet jauchzt sein Volk, das er versöhnet!

5. Fest steht in Ewigkeit dein Thron! so singen wir, o Gottes Sohn, am Tage deiner Ehren; weit streckst du von des Vaters Haus das Scepter deines Reiches aus, und Niemand wird dir's wehren! Machtvoll, prachtvoll, unabwendlich wird doch endlich, Herr! den Deinen ganz dein hoher Rath erscheinen!

6. Nicht Macht und Weisheit dieser Welt, nicht, was dem klugen Fleisch gefällt: das hast du nicht erkoren; dein Lebenswort, dein Geist und Blut, das ist's, was alle Wunder thut, was dir uns neu geboren; helle Quelle ew'ger Wahrheit, gieße Klarheit, Kraft und Milde in des Todes Nachtgefilde!

7. „Ich komme bald!“ — so zeugest du; o komm' und weck' aus todter Ruh', die noch dein Heil nicht kennen! daß Alle gläubig aufersteh'n, dem Bräutigam entgegen geh'n, daß alle Lampen brennen. Faß' uns! laß uns treue Hände bis zum Ende vor dir heben, bis du kommst, den Lohn zu geben!

Albert Knapp.

Von der Liebe Jesu Christi.

Galater 1, v. 4. Der sich selbst für unsere Sünden gegeben hat, daß er uns errettete von dieser gegenwärtigen argen Welt, nach dem Willen Gottes und unsers Vaters.

Mel. Nun sich der Tag geendet hat.

1885. Wie bist du mir so innig gut, mein Hoherpriester du! Wie theu'r und kräftig ist dein Blut! Es setzt mich stets in Ruh.

2. Wenn mein Gewissen zagen will vor meiner Sünden Schuld, so macht dein Blut mich wieder still, setzt mich bei Gott in Huld.

3. Es giebet dem bedrängten Sinn Freimüthigkeit zu dir; daß ich in dir zufrieden bin, wie arm ich bin in mir.

4. Hab' ich gestrauchelt hie und da und will verzagen fast, so spür' ich dein Versöhnblut nah, das nimmt mir meine Last.

5. Es stillet meinen tiefen Schmerz durch-

seine Balsamkraft: es stillet mein gestörtes Herz und neuen Glauben schafft.

6. Da senkt sich denn mein blöder Sinn in deine Wunden ein; da ich denn ganz vertraulich bin: mein Gott, wie kann es seyn?

7. Ich hab' vergessen meine Sünd', als wär' sie nie gescheh'n; du sprichst: lieg' still in mir, mein Kind! du mußt auf dich nicht seh'n.

8. Wie kann es seyn? ich sag' es noch; Herr! ist's auch nicht Betrug? ich großer Sünder hab' ja doch verdienet deinen Fluch.

9. Nein, Jesu! du betrügest nicht; dein Geist mir Zeugniß giebt; dein Blut mir Gnad' und Fried' verspricht, ich werd' umsonst geliebt.

10. So will auch ich, Herr! lieben dich, mein Gott, mein Trost, mein Theil! ich will nicht denken mehr an mich; in dir ist all mein Heil.

11. Weg Sünde! bleib' mir unbewußt; kommt dieses Blut ins Herz, so stirbet alle Sündenlust, der Sinn geht himmelwärts.

12. O nein, ich will und kann nicht mehr, mein Freund! betrüben dich: dein Herz verbind't mich allzusehr; ach bind' mich ewiglich!

13. Zeuch mich in dein versöhnend Herz, mein Jesu! tief hinein; laß es in aller Noth und Schmerz mein Schloß und Zuflucht seyn.

14. Kommt, groß' und kleine Sünder! doch, die ihr mühselig seyd; dies liebend' Herz steht offen noch, das euch von Sünd' befreit.

Gerhard Terstegen.

Trostlied.

Psalm 27, v. 14. Harre des Herrn; sey getrost und unverzagt, und harre des Herrn.

Mel. Nun preiset Alle Gottes Barmherzigkeit.

1886. Wie bist du Seele in mir so gar betrübt? Dein Heiland lebet, der dich so treulich liebt, ergieb dich gänzlich seinem Willen, er kann alleine dein Trauern stillen.

2. Bist du in Nöthen: ach, harre nur auf Gott, ihm dich vertraue in Leib's- und Seelennoth; der vormals Herzensangst gewendet, der ist es, der jetzt noch Hülfe sendet.

3. Bist du auf Erden nicht hoch- und werthgeschätzt, mußt du viel dulden was Seel' und Leib verletzt: gedenke, wer dem Höchsten trauet, hat auf den festesten Grund gebauet.

4. Bist du in Jesu, in deinem Heiland reich, kein Kaiser, König ist diesem Reichthum gleich; hast du nicht, was dich hier ergötzet, g'nug, wenn der Himmel dir dies ersetzet.

5. Sey doch zufrieden, o du betrübte Seel'! wirf auf den Herren, was dich auch immer quäl'; wer ist jemals zu Schanden worden, der sich ergeben des Kreuzes-Orden.

6. Drum, liebe Seele, wirf alles Trauren hin, geduldig leide, nichts kränke deinen Sinn: ergieb dich hier nur Gottes Willen, dort wird dich Jesus mit Freud' erfüllen.

Tobias Tzeutschner.

Beim Grabe eines Lehrers.

Daniel 12, v. 3. Die Lehrer aber werden leuchten wie des Himmels Glanz; und die, so Viele zur Gerechtigkeit weisen, wie die Sterne immer und ewiglich.

Mel. Ich hab' mein' Sach' Gott heimgestellt.

1887. Wie Blumen welkt das Leben hin *), wie Schatten, die vorüberziehn **); was heiß in Liebe wir umfaßt, ist schnell erblaßt: des Todes Arm hält nimmer Rast.

*) 1 Petri 1, v. 24. **) Hiob 14, v. 2.

2. Auch er, um den das Auge weint, der uns zum Segen einst vereint', sank durch des Todes strenge Macht in Grabesnacht; sein Tagewerk hat er vollbracht.

3. Die Kindlein, die er hier gelehrt, wie man den lieben Heiland ehrt: sie steh'n verlassen, schau'n empor zum Engelchor; dort weilt er, den ihr Herz erkor.

4. Auch wir, wir trauern, klagen sehr: der Lehrer, ach, er ist nicht mehr! wir seh'n nicht mehr sein Angesicht im Erdenlicht; sein Glaubenswort erquickt uns nicht.

5. Hoch über Sternen ging sein Lauf zu seinem Heiland sanft hinauf. Dort singt er Preis vor Gottes Thron; die Sternenkron' schmückt ihn, als ew'ger Gnadenlohn.

6. Laßt uns im Glauben an den Herrn auch wirken, kämpfen, dulden gern: dann wird auch uns zum Gnadenlohn die Siegeskron'; dann seh'n wir ihn vor Gottes Thron.

E. E. G. Langbecker.

Am Schluß der Woche.

Hiob 14, v. 16. Du hast schon meine Gänge gezählet; aber du wollest ja nicht Acht haben auf meine Sünde.

Mel. Ach! was soll ich Sünder machen?

1888. Wieder eine Woche weiter, näher hin zur Ewigkeit. Ach, wie eilt der Strom der Zeit! Heiland! bin ich auch bereit'ter, mit dir aus der Welt zu gehn und dein Angesicht zu sehn?

2. Lehre mich von Herzen glauben; gieb mir einen Heldenmuth; wasche mich mit deinem Blut; laß dein Schäflein dir nicht rauben; zieh' mich dir viel stärker nach; halt' mich arm und rein und wach.

3. Amen, du bist doch mein Leben, und ich bin dein Eigenthum; dir sey Lob und Preis und Ruhm! Ewig will ich dich erheben, sammt dem Vater und dem Geist, der mein Tröster ist und heißt.

Friedrich August Weihe.

Jesus, der treue Hirte seiner Heerde.

1 Petri 2, v 25. Denn ihr waret wie die irrenden Schaafe; aber ihr seyd nun bekehret zu dem Hirten und Bischof eurer Seelen.

Mel. Ringe recht, wenn Gottes Gnade.

1889. Wie ein Hirt dein Volk zu weiden, ließest du dich mild herab. Reich an Segen, reich an Freuden, weidet uns dein Hirtenstab.

2. O wie könnt' ein Mund erzählen, was du deiner Heerde bist? Welch ein Gutes kann uns fehlen? unser Hirt ist Jesus Christ.

3. Kann Gefahr und Noth uns schrecken? ist nicht Kraft in deinem Arm? uns ermannt dein Stab und Stecken und vertreibet Angst und Harm.

4. Hieß' uns Wund' und Siechthum zagen? wer giebt Trost und süße Ruh', wer kann pflegen, heben, tragen, wer hat Heilungskraft wie du?

5. Nimm, o nimm dich deiner Heerde, großer Hirt, auch meiner an! und durch jeden Kreis der Erde weitre sich dem Hirtenplan!

Karl Bernhard Garve.

Gesang am Pfingstmorgen.

Apost. Gesch. 2, v. 1—4. Und als der Tag der Pfingsten erfüllet war, waren sie alle einmüthig bei einander. rc.

Mel. Wie schön leucht't uns der Morgenstern.

1890. Wie feierlich, wie hoch, wie hehr steigt jetzt herab vom Sternenheer die goldne Morgenröthe! Sie führet einen Tag herbei, wo Christenherzen froh und frei frohlocken im Gebete. — Wo die Engel vor dem Throne Lob dem Sohne jauchzend singen, sel'ge Schaaren Jubel bringen.

2. Ein Fest hat sich zu uns gekehrt, an dem der Herr den Geist beschert', den Geist voll Kraft und Leben; der aus der dunklen Erdennacht die sünd'ge Welt zum Licht gebracht und sie dem Herrn gegeben, daß er ewig ihren Schaden heil' aus Gnaden und sie tröste, sie vom Sündenjoch erlös'te.

3. Wie sehr getröstet, wie entzückt zum Heiland heut' das Auge blickt, der so viel Gnad' gegeben! Ach könnte doch mein schwacher Mund des Geistes Thaten machen kund, recht hoch den Herrn erheben! Doch ich lalle auf der Erde, droben werde ich ihn preisen schöner einst mit Engelweisen.

4. Nimm meinem Herzen nicht hinweg den heil'gen Geist, der mich den Steg zum ew'gen Leben leitet. Stärk' mich, beschütz' mich vor der Welt, die all' den Deinen Netze stellt und Untergang bereitet; daß ich, Jesu, dich empfinde, mir nicht schwinde jener Frieden, trifft Versuchung mich hienieden.

5. Bist du bei mir, dann zag' ich nicht, froh wendet sich mein Angesicht zu deinen heil'gen Höhen. Unüberwindlich steh' ich da; dein Geist ist meinem Herzen nah' in bangen Trübsalswehen. Und ich preise, wie in Freuden, so in Leiden deine Liebe, opfre stets dir Dankestriebe.

6. Einst führst du mich zu dir hinauf, hab' ich vollendet meinen Lauf, hab' ich hier treu gekämpfet. Dein Geist versüßet mir den Tod; quält Sünde mich in letzter Noth: der Hölle Reich er dämpfet. Und ich schwinge jubilirend, triumphirend mich von hinnen, Himmelsfreuden zu gewinnen.

E. C. G. Langbecker.

Von der Flüchtigkeit unserer Lebenszeit.

Psalm 39, v. 5. Aber Herr, lehre doch mich, daß es ein Ende mit mir haben muß, und mein Leben ein Ziel hat, und ich davon muß.

Mel. Ich hab' mein' Sach' Gott heimgestellt.

1891. Wie fleucht dahin der Menschen Zeit, wie eilet man zur Ewigkeit, wie Wenig' denken an die Stund', von Herzensgrund, wie schweigt hiervon der träge Mund!

2. Das Leben ist gleich einem Traum, ein nichteswerther Wasserschaum; im Augenblick es bald vergeht und nicht besteht, gleichwie ihr dieses täglich seht.

3. Nur du, Jehovah! bleibest mir das, was du bist; ich traue dir. Laß Berg' und Hügel fallen hin, mir ist's Gewinn, wenn ich allein bei Jesu bin.

4. So lang' ich in der Hütte wohn', so lehre mich, o Gottes Sohn! gieb, daß ich

zähle meine Tag' und munter wach', daß, eh' ich sterb', ich sterben mag.

5. Was hilft die Welt in letzter Noth, Lust, Ehr' und Reichthum in dem Tod? O Mensch, du läufst dem Schatten zu, bedenk' es nu, du kommst sonst nicht zur wahren Ruh'.

6. Weg Eitelkeit, weg Thorenlust! mir ist das höchste Gut bewußt, das such' ich nur, das bleibet mir; o mein Begier, Herr Jesu, zieh' mein Herz nach dir!

7. Was wird da seyn, wenn ich dich seh' und bald vor deinem Throne steh'? Du unterdessen lehre mich, daß stetig ich mit klugem Herzen suche dich! Joachim Neander.

Hoffnung des neuen Lebens.

Jesaia 35, v. 10. Die Erlöseten des Herrn werden wiederkommen, und gen Zion kommen mit Jauchzen; ewige Freude wird über ihrem Haupte seyn; Freude und Wonne werden sie ergreifen, und Schmerz und Seufzen wird weg müssen.

Mel. Nun ruhen alle Wälder.

1892. Wie freu' ich mich mit Beben, bis einst das volle Leben in meinem Geist beginnt, wenn vor der Liebe Sehnen das Todeseis in Thränen, die Nacht in ew'gem Tag zerrinnt!

2. Wenn ich nach langen Mühen aus dem Gefängniß fliehen, in Freiheit wandern kann; wenn ihr so golden blinket und mir herüber winket, ihr Berg' und Thäler Kanaan!

3. O welche schöne Reise, auf der mich Himmelsspeise und Himmelstrank erquickt; wo mich ein Freund geleitet, die Hand mir überbreitet, daß keine Sonnengluth mich drückt!

4. Mein Freund ist nun gekommen, er hat mich hingenommen und ganz sich mir geschenkt; viel Wonne, Licht und Frieden hat er mir zubeschieden und meinen Pfad zu sich gelenkt.

5. Er wusch den Leib mir reine, am Abend dann alleine wäscht er die Füße mir; zwar kann ich nur mich schämen, doch darf ich mich nicht grämen; — mit Freuden, spricht er, thu' ich's dir!

6. Er zeigt mir alle Wege, am steilen Felsenstege trägt er so sicher mich; und daß beim Niederschauen dem Kind' nicht möge grauen, heißt er mich schauen nur auf sich.

7. Zwar mag ich leicht mich ritzen an scharfen Dornenspitzen, die mir entgegenstehn; doch wenn ich ihn nur fasse und seine Hand nicht lasse, muß es mit Freuden fürder gehn.

8. Oft, wenn ich mich verirrte, rief mir mein treuer Hirte in tiefer Mitternacht; und kam ich nur mit Reue, so hat der Ewigtreue der Sünde nimmermehr gedacht.

9. Er hat mir oft erzählet, wie man ihn einst gequälet und an das Kreuz gebracht, wie seine Freunde flohen, und wie mit frechem Drohen die Feinde seiner Pein gelacht.

10. Er hat für mich gelitten, er hat für mich gestritten, für mich ist er erblaßt, für mich sein Herz durchstoßen, für mich sein Blut geflossen, und meine Schuld war seine Last.

11. O möcht' ich diesen Einen umfangen, und sonst Keinen, der mich so hoch geliebt! der mich so hoch geachtet, den ich so tief verachtet und bitterlich zum Tod betrübt.

12. Er hält sein Herz mir offen, — ich soll nur kindlich hoffen und glaubend auf ihn sehn; wenn ich's auf ihn nur wage, so soll es alle Tage von Klarheit in die Klarheit gehn.

13. Herr Jesu! dieses Leben wollst du mir Armen geben; drauf will ich dir vertrau'n, bis ich, nach deinem Bilde erwachend, dir in's milde Versöhnerauge werde schau'n!

Albert Knapp.

Durch Leiden zu Freuden.

Matthäi 25, v. 34. Kommt her, ihr Gesegneten meines Vaters, ererbet das Reich, das euch bereitet ist von Anbeginn der Welt.

Mel. Herr Jesu Christ, ich weiß gar wohl.

1893. Wie froh wird meine Seele seyn, wenn Jesus wird einst sagen: Kommt, ihr Gesegneten herein, befreit von allen Plagen, kommt, erbet meines Vaters Reich, das er bereitet hat für euch, eh' er die Welt erschaffen.

2. Mit was für Freuden werd' ich geh'n zum Freunde meiner Seelen! ich werde ihm zur Rechten steh'n, mich wird kein Feind mehr quälen; das auserwählte Gotteslamm, mein Schönster und mein Bräutigam wird mich zur Hochzeit führen.

3. Der Vorschmack muß mich schon allhier im Gnadenreiche laben, im Himmel soll ich für und für das Brot des Lebens haben; die Lebens-Brünnlein sollen dort auf Leib und Seele fort und fort aus seiner Fülle fließen.

4. Gesegnet bin ich durch sein Blut, das er für mich vergossen; dies Blut macht al-

len Schaden gut bei seinen Reichsgenossen; Er hat getilget alle Schuld, darum läßt Gott mir alle Huld so reichlich widerfahren.

5. Gott ist mein Vater, ich sein Kind, drum kann ich nicht verderben; die Güter, die erworben sind, soll ich im Himmel erben: ich ehre Christi Ehrenkleid, die unschätzbare Seligkeit, die hier kein Auge sehet.

6. Gott hat von Anbeginn der Welt dies Erbtheil mir bereitet; ihm gleichet weder Gold noch Geld, das oft zur Hölle leitet: dies Erbtheil bleibet ewig mein; so lange Gott wird ewig seyn, so lange soll ich's haben.

7. Darum, mein Herz! verzage nicht in deinem Kreuz und Leiden: dein Jesus ist dein Trost und Licht, Nichts kann von ihm dich scheiden; das kurze Leid, das dich beschwert, ist jener Herrlichkeit nicht werth, zu welcher du sollst kommen.

8. Da wirst du Gott von Angesicht zu Angesichte sehen; wie wohl wird dir bei diesem Licht in Ewigkeit geschehen! du wirst befreit von aller Pein, gesegnet in dem Herren seyn, und ewiglich dich freuen.

M. Johann Jänichen.

Von der Himmelfahrt Jesu Christi.

Apost. Gesch. 2, v. 34 — 36. Der Herr hat gesagt zu meinem Herrn: Setze dich zu meiner Rechten, bis daß ich deine Feinde lege zum Schemel deiner Füße. So wisse nun das ganze Haus Israel gewiß, daß Gott diesen Jesum, den ihr gekreuziget habt, zu einem Herrn und Christ gemacht hat.

Mel. Herr Gott, dich loben wir.

1894. Wie Gott belohnt, belohn' o Vater! deinen Sohn; so rief, der ganze Himmel rief, als Jesus Christ am Kreuz entschlief. Es hatte Gott der Himmel Fleh'n und seines Sohnes Tod geseh'n; zu Gott schwingt sich der Sohn empor, ihm jauchzt der Engel feiernd Chor: Mittler! Vollender! Gott! Heiligster! welchen Tod starbst du auf Golgatha! du siegst, Hallelujah! Hallelujah! Hallelujah! Du stirbst nicht mehr auf Golgatha! Entzückt sah'n ihm die Jünger nach! jetzt trug er nicht der Sünder Schmach; ein schimmerndes Gewölke kam, floß hin vor seinen Fuß und nahm den Strahlenvollen ihrem Blick, und Wonn' und Thränen wurd' ihr Blick! Verschwunden in der Himmel Fern' ist nun die Herrlichkeit des Herrn; doch werden sie am Thron einst fleh'n und Jesum Christum wieder seh'n. Thut weit des Himmels Pforten auf! der Sieger schwingt zum Thron sich auf! Erhöht, erhöhet Salems Thor! der Ueberwinder steigt empor! Steht still ihr Stern' in eurem Lauf! zu Gott, zu Gott steigt er hinauf! Staub sind ihm Sterne; Finsterniß vor dem, der uns der Sünd' entriß! Sein Blick ist Huld, Licht sein Gewand und Allmacht seine rechte Hand! Heil ist sein Werk, Barmherzigkeit sein Thun, sein Lohn Unsterblichkeit!

2. Wir freu'n uns seines großen Lohns, freu'n uns des Vaters und des Sohns! Den eine Sterbliche gebar, der ist's, der seyn wird und der war; der Bürge für uns im Gericht, wenn unser Herz im Tode bricht!

3. Du unser Gott und unser Herr! wer kann dir würdig danken? wer von Allen, die du dir erschufst, zu jenem Leben riefst und rufst? Dank dir, ach Dank und Preis und Ruhm sey dir in deinem Heiligthum, der für uns starb, der auferstand! Hallelujah! der überwand, zu Gott ging, Gott zur Recht'n erhöht, versöhnt, wer um Versöhnung fleht. Amen.

Friedrich Gottlieb Klopstock.

Gott führt wunderlich, doch seliglich.

Psalm 143, v. 8. Thue mir kund den Weg, darauf ich gehen soll; denn mich verlanget nach dir.

Mel. Es ist das Heil uns kommen her.

1895. Wie Gott mich führt, so will ich geh'n, ohn' alles eigne Wählen; geschieht, was er mir ausersehn, wird's mir an Keinem fehlen: wie er mich führt, so geh' ich mit und folge willig Schritt vor Schritt in kindlichem Vertrauen.

2. Wie Gott mich führt, so bin ich still und folge seinem Leiten; obgleich im Fleisch der Eigenwill' will öfters widerstreiten. Wie Gott mich führt, bin ich bereit in Zeit und auch in Ewigkeit stets seinen Schluß zu ehren.

3. Wie Gott mich führt, bin ich vergnügt, ich ruh' in seinen Händen; wie er es schickt und mit mir fügt, wie er es auch mag wenden, sey ihm hiermit ganz heimgestellt, er mache, wie es ihm gefällt, zum Leben oder Sterben.

4. Wie Gott mich führt, so geb' ich mich in seinen Vaterwillen; scheint's der Vernunft gleich wunderlich, sein Rath wird doch erfüllen, was er in Liebe hat bedacht, eh' er mich an das Licht gebracht; ich bin ja nicht mein eigen.

5. Wie Gott mich führt, so bleib' ich treu im Glauben, Hoffen, Leiden. Steht

er mit seiner Kraft mir bei, was will mich von ihm scheiden? ich fasse in Geduld mich fest: was Gott mir widerfahren läßt, muß mir zum Besten dienen.

6. Wie Gott mich führt, so will ich geh'n, es geh' durch Dorn und Hecken, kann ich's auch anfangs nicht verstehn; doch einst wird er's aufdecken, wie er nach seinem Vaterrath mich treu und wohl geführet hat: dies sey mein Glaubensanker.

Lampertus Gedicke.

Glauben, leiden, hoffen, warten, leben und sterben nach Gottes Willen.

1 Chronica 20, v. 13. Der Herr thue, was ihm gefällt.

Mel. Wer nur den lieben Gott läßt walten.

1896. Wie Gott will! also will ich sagen; wie Gott will, also ist mein Ziel; was sollt' ich mich mit Sorgen plagen? sie helfen nichts und schaden viel; zudem bin ich nicht selber mein, drum soll ich Gott gelassen seyn.

2. Wie Gott will! also will ich gläuben; sein Wort betrügt mich nimmermehr; das will ich mir in's Herze schreiben, so ist es nie vom Troste leer; wer Gottes Wort zum Labsal hat, den machet keine Trübsal matt.

3. Wie Gott will! also will ich leiden, denn ohne Leiden ist kein Christ; ich will mich dessen gern bescheiden, g'nug, daß mich Gottes Liebe küßt; so daß der bittre Kelch zuletzt mit süßer Freude mich ergötzt.

4. Wie Gott will! also will ich hoffen; wer weiß, wo noch mein Glücke lacht; sein treues Auge stehet offen, das über mich mit Segen wacht und den erwünschten Ort schon sieht, wo mein beständig Wohlseyn blüht.

5. Wie Gott will! also will ich warten; denn Rosen bricht man mit der Zeit; Gott führt mich endlich in den Garten, wo seine Gnade mich erfreut und wo mein Wunsch, den ich gethan, sich in Vergnügung weiden kann.

6. Wie Gott will! also will ich leben, so muß das Leben ruhig seyn; will er mir auf der Welt nichts geben: ei nun! so bleibt der Himmel mein; ja, bleibet Gott nur mein Gewinn, so fahr' auch Welt und Himmel hin.

7. Wie Gott will! also will ich sterben; denn, wenn man mich zu Grabe trägt, werd' ich die Krone dort ererben, die er mir ewig beigelegt; so kommt der Tod, wo, wann und wie, mir nicht zu spät und nicht zu früh.

8. Wie Gott will! sag' ich stets mit Freuden, wie Gott will! glaub' ich auf sein Wort; wie Gott will! trag' ich alles Leiden; wie Gott will! hoff' ich immerfort; wie Gott will! wart' und leb' ich still und sterb' auch endlich, wie Gott will.

M. Erdmann Neumeister.

Von der Güte Gottes.

Psalm 57, v. 11. Deine Güte ist so weit der Himmel ist, und deine Wahrheit, so weit die Wolken gehen.

Mel. des 113. Psalms.

1897. Wie groß ist des Allmächt'gen Güte! ist der ein Mensch, den sie nicht rührt, der mit verhärtetem Gemüthe den Dank erstickt, der ihm gebührt? Nein, seine Liebe zu ermessen sey ewig meine größte Pflicht. Der Herr hat mein noch nie vergessen, vergiß, mein Herz! auch seiner nicht.

2. Wer hat mich wunderbar bereitet? der Gott, der meiner nicht bedarf. Wer hat mit Langmuth mich geleitet? Er, dessen Rath ich oft verwarf. Wer stärkt den Frieden im Gewissen? wer giebt dem Geiste neue Kraft? wer läßt mich so viel Gut's genießen? Ist's nicht sein Arm, der Alles schafft?

3. Schau', o mein Geist, in jenes Leben, zu welchem du erschaffen bist, wo du, mit Herrlichkeit umgeben, Gott ewig seh'n wirst, wie er ist. Du hast ein Recht zu diesen Freuden; durch Gottes Güte sind sie dein. Sieh', darum mußte Christus leiden, damit du könntest selig seyn.

4. Und diesen Gott sollt' ich nicht ehren, und seine Güte nicht versteh'n? er sollte rufen, ich nicht hören, den Weg, den er mir zeigt, nicht geh'n? Sein Will' ist mir ins Herz geschrieben, sein Wort bestärkt ihn ewiglich. Gott soll ich über Alles lieben und meinen Nächsten gleich als mich.

5. Dies ist mein Dank, dies ist sein Wille. Ich soll vollkommen seyn, wie er. So lang' ich dies Gebot erfülle, stell' ich sein Bildniß in mir her. Lebt seine Lieb' in meiner Seele, so treibt sie mich zu jeder Pflicht, und ob ich schon aus Schwachheit fehle, herrscht doch in mir die Sünde nicht.

6. O Gott, laß deine Güt' und Liebe mir immerdar vor Augen seyn. Sie stärk'

in mir die guten Triebe, mein ganzes Leben dir zu weihn. Sie tröste mich zur Zeit der Schmerzen, sie leite mich zur Zeit des Glücks, und sie besieg' in meinem Herzen die Furcht des letzten Augenblicks.

Christian Fürchtegott Gellert.

Heilsame Betrachtung des Leidens Jesu.

Ebräer 2, v. 10. Es ziemete dem, um deß willen alle Dinge sind, und durch den alle Dinge sind, der da viele Kinder hat zur Herrlichkeit geführet, daß er den Herzog ihrer Seligkeit durch Leiden vollkommen machte.

Mel. Herzliebster Jesu, was hast du verbrochen?

1898. Wie grundlos sind die Tiefen deiner Liebe! wie heiß, wie zärtlich, Jesu, deine Triebe! kein Mutterherz gleicht deinem treuen Herzen, du Mann der Schmerzen!

2. Was ist der Mensch, daß du sein so gedenkest? für ihn dich selbst so tief in's Elend senkest? Fiel nicht schon Adam und, in seinem Falle, mit ihm wir Alle?

3. Kaum reizet ihn der Vater aller Lügen, so wanket er; läßt willig sich betrügen und will, von Stolz berauscht, sogar in Sünden die Gottheit finden.

4. Verdient Verachtung göttlicher Gesetze, verdient Verschwendung unschätzbarer Schätze, verdient ein selbstgemachter böser Schade des Richters Gnade?

5. Was zieht dich denn, Erlöser! auf die Erde? was schadet dir's, wenn ich verdammet werde? Du bleibest doch, wenn ich gleich Strafe leide, des Vaters Freude.

6. Höchstselig herrschest du auf deinem Stuhle, wenn Satans Schaaren schon im Feuerpfuhle durch neue Schuld sich neue Straf' erwerben und ewig sterben.

7. Verehrt beschämt den weisen Rath, ihr Christen! den anzuschau'n die Engel selbst gelüsten*); bewundert doch in dem Erlösungswerke der Liebe Stärke! *) 1 Petr. 1, 12.

8. Der ew'ge König von der Allmacht Throne, der trägt zum Schimpf nun eine Dornenkrone; der wird verlästert, den im Himmel oben die Engel loben.

9. Des Höchsten Sohn büßt für die Menschenkinder, der Heilige bezahlet für die Sünder; der Lebens-Fürst und aller Bosheit Rächer stirbt bei dem Schächer.

10. Kann dein Verstand so hohe Gnadenzeichen, so große Wunder seiner Lieb' erreichen? Thüt er nicht mehr, uns Erde zu erhöhen, als wir verstehen?

11. Herr, lehre selbst mich deine Huld erkennen, im rechten Glauben meinen Herrn dich nennen! erbarme dich, und heile meinen Schaden, du Brunn der Gnaden!

12. Ich bin verderbt vom Fuße bis zum Scheitel; mein Herz ist trotzig, widerspenstig, eitel; mein bestes Thun ist mangelhaft und sündlich; so fehl' ich stündlich.

13. Ich flieh', o Herr! zu deinen Liebesarmen; ich such' und bitte nichts, als dein Erbarmen. Verstoß' den nicht, der seine Sünden hasset und dich umfasset.

14. Was machst du, Feind! mir Christi Huld verdächtig? Schweig! seine Kraft ist in den Schwachen mächtig. Er selbst macht den gerecht, der an ihn gläubet und in ihm bleibet.

15. Zeuch mich, verwund'tes Lamm! zu deinem Kreuze, damit dein Blut die Seele dring' und reize, dich, den Erwerber aller guten Gaben, recht lieb zu haben.

16. Dir, Jesu, leb' ich! dir will ich auch sterben! Laß den nur nicht, den du versöhnt, verderben! O, hilf mir jetzt und in den letzten Stunden durch deine Wunden!

D. Johann Adolph Schlegel.

Die Vergnügsamkeit in Gott.

Matthäi 6, v. 31. 32. Darum sollt ihr nicht sorgen und sogen: Was werden wir essen? Was werden wir trinken? Womit werden wir uns kleiden? Nach solchem allen trachten die Heiden. Denn euer himmlischer Vater weiß, daß ihr deß alles bedürfet.

Mel. Wie wohl ist mir, o Freund der Seelen!

1899. Wie gut ist's doch, in Gottes Armen als ein noch schwaches Kindlein ruhn, und an der Liebes-Brust erwarmen ohn' alle Furcht und ängstlich Thun! O Seele! laß dein banges Sorgen, der heute lebt, der lebt auch morgen; sein Herz ist immer gleich gesinnt: Gott ist ein Freund, getreu im Lieben, er hat mit Blute sich verschrieben; wohl dir, wenn so dein Herz ihn find't!

2. Wie thöricht ist's, als blinde Heiden der schnöden Sorg' ergeben seyn! du kannst ja solchen Kummer meiden: dring' nur in Gottes Herz hinein. Da wird das Sorgen sich verlieren; du wirst die sanfte Stille spüren, wenn Christi Liebe sich verklärt, die schon von Ewigkeit geglühet und sich um unser Heil bemühet und die auch ewig, ewig währt.

3. Was sorget man doch für sein Leben? was sorget man für Speis' und Trank? das

Erste hat dir Gott gegeben, das Andre folget ohne Zwang. Der uns mit Christi Rock bekleidet und keine Seelen-Blöße leidet, hat auch an unsern Leib gedacht und seine Decke ihm beschieden; drum bleibe ruhig und im Frieden, weil Gottes Treue für dich wacht.

4. Ja, lerne doch, du Kind der Liebe! von unvernünft'ger Kreatur; sieh' auf des Schöpfers Allmachts-Triebe, merk' auf die gnadenvolle Spur. Ein Vöglein, welches Gott ernähret, das nichts von Sorg' und Müh' erfähret, beschämt dich, weil es Gott vertraut: ist's möglich, daß dein Glaube wanket und Gott nicht unaufhörlich danket für das, was er von ferne schaut?

5. Wirf deinen Blick auf grüne Auen, da kannst du, gottergebnes Herz! ein Bild der Lieb' und Allmacht schauen; drum wächst auch Alles himmelwärts. Hier blühen Rosen unter Dornen, um dich zum Glauben anzuspornen, dort ein beliebtes Tausendschön nebst andern Blumen vieler Arten, die auf des Himmels Einfluß warten und bloß durch Gott so herrlich stehn.

6. Ihr Schöpfer hat sie so gezieret, daß ihre Anmuth uns anlacht und Salomo den Preis verlieret in seiner ungemeinen Pracht. Thut dies nun Gott an einer Blume, so stehet fest zu seinem Ruhme: er ist's, der dein Begehren stillt; du hast den schönsten Schmuck ererbet, da Gott dich selbst mit Blute färbet und dich in Christi Purpur hüllt.

7. Die Dinge dieses kurzen Lebens sind doch nicht vieler Sorge werth; dein Lauf'n und Rennen*) ist vergebens, nur Eins ist noth, wie Christus lehrt. Wie Mancher quälet sein Gemüthe, da doch des treuen Vaters Güte schon selber auf sein Wohlseyn denkt und das, was ihm unmöglich scheinet, eh' man's gehoffet und gemeinet, zum höchsterwünschten Ende lenkt. *) Röm 9, v. 16.

8. So ruh' denn ohne Sorg' und Grämen noch ferner in der Liebe Schooß; o Seele! laß es dir nicht nehmen, vielmehr sey dies dein bestes Loos: Gott hat in Christo mich erwählet und meine Seufzer all' gezählet; er ist's, der meine Schritte mißt, der selbst mein Leiden abgewogen und dessen Führung nie betrogen, der meiner ewig nicht vergißt.

Ulrich Bogislaus v. Bonin.

Von der Glückseligkeit derer, die zur Heerde Christi gehören.

Sirach 18, v. 13. 14. Er straft und züchtigt, er lehrt und pflegt, wie ein Hirte seiner Heerde. Er erbarmt sich aller, die sich ziehen lassen und fleißig Gottes Wort hören.

Mel. Mein Freund zerschmelzt rc

1900. Wie herrlich ist's, ein Schäflein Christi werden und in der Huld des treusten Hirten steh'n! Kein höh'rer Stand ist auf der ganzen Erden, als unverrückt dem Lamme nachzugeh'n*). Was alle Welt nicht geben kann, das trifft ein solches Schaaf bei seinem Hirten an. *) Offb. 14, v. 4.

2. Hier findet es die angenehmsten Auen; hier wird ihm stets ein frischer Quell entdeckt. Kein Auge kann die Gaben überschauen, die es allhier in reicher Menge schmeckt. Hier wird ein Leben mitgetheilt, das unaufhörlich ist und nie vorüber eilt.

3. Wie läßt sich's da so froh und ruhig sterben, wenn hier das Schaaf im Schooß des Hirten liegt! Es darf sich nicht vor Höll' und Tod entfärben, sein treuer Hirt hat Höll' und Tod besiegt. Büßt gleich der Leib die Regung ein, so wird die Seele doch kein Raub des Moders seyn.

4. Das Schäflein bleibt in seines Hirten Händen, wenn gleich vor Zorn Welt, Höll' und Abgrund schnaubt. Es wird es ihm kein wilder Wolf entwenden, weil der allmächtig ist, an den es glaubt. Es kommt nicht um in Ewigkeit und wird im Todesthal von Furcht und Fall befreit.

5. Wer leben will und gute Tage sehen, der wende sich zu dieses Hirten Stab. Hier wird sein Fuß auf süßer Weide gehen, da ihm die Welt vorhin nur Träber*) gab. Hier wird nichts Gutes je vermißt, dieweil der Hirt ein Herr der Schätze Gottes ist. *) Luc. 15, v. 16.

6. Doch ist dies nur der Vorschmack größ'rer Freuden, es folget noch die lange Ewigkeit; da wird das Lamm die Seinen herrlich weiden, wo der krystall'ne Strom*) das Wasser beut. Da sieht man erst recht klar und frei, wie schön und auserwählt ein Schäflein Christi sey. *) Offenb. 22, v. 1.

D. Johann Jakob Rambach.

Der Fürst des Lebens.

1 Corinther 15, v. 25. Er muß aber herrschen, bis daß er alle seine Feinde unter seine Füße lege.

Mel. Die Tugend wird durch's Kreuz geübet.

1901. Wie herrlich sitzest du dort oben auf deinem Throne, Jesu

Christ! wo du, hoch über Feindestoben, ein Priester und ein König bist! Unzählbar, wie der Sand am Meere, stehn Myriaden Engel da, und bringen dir durch alle Chöre ein feierndes Hallelujah!

2. Da stehn mit ihnen Gottes Kinder, versöhnt durch deinen Todesgang, und Sieger, weil Ein Ueberwinder für sie hinauf gen Himmel drang; da wölbt sich ein smaragdner Bogen zum Gnadenzeichen um den Thron, daß Zorn und Tod hinab gezogen, daß Gott uns liebt in seinem Sohn.

3. Du schauest hin durch alle Sonnen allmächtig mit dem Herrscherblick; und sieh', es strahlen heil'ge Wonnen aus allen Welten dir zurück; denn Seligkeit ist's, dir zu dienen, ein Bürger deines Reichs zu seyn; seit du als Lamm im Thron erschienen, sind aller Himmel Himmel dein.

4. Auf diese Welt, wo du gelegen erwürgt im stillen Felsengrab, da schaust du mit dem treusten Segen, mit zärtlichstem Gefühl herab; hier brachtest du ein Volk zusammen, als Herzog auf der Kreuzesbahn, und fachest seine Liebesflammen mit göttlicher Erbarmung an.

5. Weitum zerstreuet in Gemeinden wallt noch dein Heerdlein durch die Welt, noch baut der Glaube deinen Freunden mit Abraham ein Wanderzelt; doch überblickst du, was dir lebet, was himmlisch ist, mit Einem Mal, und deines Geistes Odem webet fortschaffend durch das Erdenthal.

6. Noch liegt die Nacht auf Nationen, sie wissen nicht von deinem Heil; noch fehlen viele Millionen zu deines Erbes vollem Theil. Was ist's? — mit blödem Auge sehen **wir** große Nacht und wenig Tag, indeß **dein** Arm in jenen Höhen schon tausend Sonnen rüsten mag!

7. Was hier beginnt, ist dort vollendet vor deinem Auge; rein und klar siehst du die Völker schon gewendet zu deinem himmlischen Altar; siehst schon den Bundestempel offen, daran wir hier in Armuth bau'n, siehst schon, indeß wir säend hoffen, die volle Ernt' auf Gottes Au'n.

8. O du, vor dessen Feuerblicken der Himmel und die Erde flieht, bedarfst du, Herr! ein Schwert zu zücken, dir zu erkämpfen dein Gebiet? — Du Lebensquell der Kreaturen! welch ein Geringes ist es dir, zu schmücken abgestorbne Fluren mit ew'gen Lebens Frühlingszier!

9. Welch ein Geringes, Bahn zu brechen, wo jetzt ein ungehob'ner Bann! zu schaffen, daß an Lebensbächen das Heer der Wüste trinken kann! zu walten, daß den Kampf der Erde noch heut ein Siegestag bescheint, daß triumphirend Eine Heerde um Einen Hirten sich vereint!

10. Gestorben scheinest du den Sündern, die taumelnd zum Verderben zieh'n; lebendig bist du deinen Kindern, die unter deine Flügel flieh'n; Triumph des Lebens ist's: dir leben und deines Lebens Zeuge seyn; — o du, der Wollen uns gegeben, laß das Vollbringen auch gedeih'n!

11. Halt' uns an deiner Hand und gründe uns fest hinein in dich und tief, daß unser Mund und Herz verkünde, wir seyen dein lebend'ger Brief, geschrieben an der Heiden Fülle, des Geistes und der Liebe voll: „daß jeder Sünder ohne Hülle, Herr! deine Klarheit schauen soll!" Albert Knapp.

Christi Wille, mein Wille.

Johannis 10, v. 16. Sie werden meine Stimme hören, und wird Eine Heerde und Ein Hirte werden.

Mel. Was Gott thut, das ist wohlgethan.

1902. Wie Jesus will, so soll es seyn, sein Wille bleibt der beste, in aller Angst in aller Pein steht meine Hoffnung feste. Es fehlet nicht, was er verspricht; was auch zu hart geschienen, muß doch zum Besten dienen.

2. Wo Jesus will, hier oder dort, mag er mir Hülf' ertheilen. Er ist's, der durch ein einig's Wort kann aller Orten heilen. So hier und da, ist Hülf' uns nah'. Die kann er leichtlich schenken, wo wir es nicht gedenken.

3. Was Jesus will, ist immer gut. Kann ich's nicht bald verstehen; doch glaub' ich feste: was er thut, dient mir zum Wohlergehen. Ob's böse scheint, ist's gut gemeint. Werd' ich auch leiden müssen, er kann mir's wohl versüßen.

4. Wann Jesus will, ist's gute Zeit, es läßt sich nicht erzwingen. Es ist die Stunde doch nicht weit, die mir wird Hülfe bringen. Ist's heute nicht — wenn's nur geschicht! Gott weiß in solchen Fällen den Seiger wohl zu stellen.

5. Drum wie, wo, was und wann er will, das soll mir auch gefallen; und wär' des Leidens noch so viel, ich weiß, er hilft

uns Allen. Was hier gebricht, fehlt dorten nicht, dort werden einst die Frommen zur Himmelstafel kommen.

Bei der Beerdigung eines ungetauften Kindes.

2 Samuelis 12, v. 23. Nun es aber todt ist, was soll ich fasten? Kann ich es auch wiederum holen? Ich werde wohl zu ihm fahren, es kommt aber nicht wieder zu mir.

Mel. Wer nur den lieben Gott läßt walten.

1903. Wie kann sich unser Herze grämen? Gott beut uns etwas Liebes an und will es gleichwohl wieder nehmen, eh' es noch einmal seufzen kann, vielleicht weil es in jener Stadt die Seufzer nicht vonnöthen hat.

2. Gott läßt sich gern von uns beschenken, allein er sieht die Armuth an; d'rum muß er uns mit was bedenken, das man zur Gabe liefern kann. Er giebt ein Kind, das wird geliebt, wenn man es fröhlich wieder giebt.

3. Er giebt ein Kind in diesem Leben, da soll es schwach und dürftig seyn. Wenn wir es bald zurücke geben, so geht es bald zum Leben ein: da Jesus und der Freudengeist die Kinder zu ihm kommen heißt.

4. Wiewohl bei diesem Wunderlaufe probiret Gott den Glaubensgrund. Das Kind ist todt, wo bleibt die Taufe? wo bleibt der neue Gnadenbund? Allein das machet Jesus gut, der hier am liebsten Wunder thut.

5. Die Taufe wirket durch den Glauben, der Glaube durch des Geistes Kraft. Wer will uns nun die Gnade rauben, wenn Gott verborg'ne Mittel schafft? Er ist getreu, und in der Noth ist weder Geist noch Glauben todt.

6. Johannes ward im Mutterleibe von seinem Jesu schon besucht. Was fehlt nun einem Christenweibe? Sie träget Jesum und die Frucht; sie giebt sich ganz in Gottes Sohn, drum kriegt der Satan nichts davon.

7. Als wir das Nachtmahl jüngst empfingen, da zog der Heiland bei uns ein; der läßt sich keinen Feind verdringen, wir sollen Gottes Tempel seyn; und der das Werk an uns beginnt, der heiligt auch das zarte Kind.

8. Wir müssen nun die Klagen sparen und sagen, gleich wie David spricht: wir denken wohl dahin zu fahren, zurück zu uns kommt dieses*) nicht; auf Erden bleibt es ungenannt, doch ist sein Name Gott bekannt.

*) Kind. M. Gottfried Hoffmann.

Am 3ten Adventssonntage.

Matthäi 11, v. 4. 5. Gehet hin und saget Johanni wieder, was ihr sehet und höret: die Blinden sehen, und die Lahmen gehen, die Aussätzigen werden rein und die Tauben hören, die Todten stehen auf, und den Armen wird das Evangelium gepredigt.

Mel. Wie wohl ist mir, o Freund der Seelen.

1904. Wie köstlich, Herr, ist diese Gabe: ein durch die Gnade festes Herz; ach, wenn ich dies, o Heiland! habe, so bin ich frei von Angst und Schmerz; und weil ich heute daran denke, so gieb du mir doch dies Geschenke, das mich so wie ein Anker hält, in Lebens- und in Leidens-Stunden, bei dir, o Gott! und deinen Wunden, denn du bist ja das Heil der Welt.

2. Soll nun mein Herz recht feste werden, so mache es auch recht geschwind ganz frei von Banden und Beschwerden, mit welchen es die Sünde bind't. So darf ich auch nicht Andre schicken, ich kann dich, Heiland! selbst erblicken als den, der mir nur Gnade giebt. Ich darf auch nicht: wer bist du? fragen, ich höre dich zu mir gleich sagen: ich bin dein Heiland, der dich liebt.

3. Du zeigst in deinen Wunderwerken mir deine Gottheit deutlich an; hier ist viel Großes zu bemerken; denn das, was du dort hast gethan an Blinden, Tauben, Lahmen, Kranken, das bringt mich gleich auf die Gedanken: so arm bin ich an meinem Geist; drum laß du mich auch Heilung finden, laß diesen Jammer recht verschwinden, du, der du Arzt der Seelen heißt.

4. Laß meine Augen doch recht sehen, Herr Jesu, deine Herrlichkeit; laß meine Ohren recht verstehen dein Lebenswort hier in der Zeit und gieb mir Kraft, dir nachzugehen. Ach, Herr, vernimm mein gläubig Flehen, mach' mich vom Sünden-Aussatz rein; besprenge mich mit deinem Blute, erfülle mich mit frohem Muthe, so wird mein Herz recht feste seyn.

5. So ist, o Heiland! dein Erbarmen im ganzen Leben nur mein Ruhm; du predigst mir, dem geistlich Armen, dein herrlich Evangelium; das ist es, was mir Freude schenket und mich in alles Heil versenket, das du erwarbst, o Gottes Sohn. So kann ich hier schon selig leben; einst wirst du mir aus Gnaden geben die Krone, deiner Freunde Lohn.

6. Bin ich nun so durch dich genesen, erfüllt mich deine Gotteskraft, so ist's in meinem Thun zu lesen, was deine Liebe hat geschafft. Nun muß der Wankelmuth verschwinden, bei dir ist Gnade nur zu finden und diese macht das Herz recht fest, mein Element ist Gnade, Gnade. Ich fleh' auf meinem Lebenspfade: hilf, Gott! daß sie mich nicht verläßt.

7. Dich nun so aus Erfahrung kennen, daß du der Christus Gottes bist, in deiner Liebe stets zu brennen, daß mein Herz deiner nie vergißt: dies macht allein das Herz recht feste, es ist zugleich das Allerbeste, das ich auch Andern sagen kann. Wenn sie mich etwas Anders lehren, so rühm' ich frei zu deinen Ehren: so wohl hat Jesus mir gethan.

8. Die Gnade wünscht man in der Stille auch Jedem, der dich hat erkannt; denn dieses war Johannis Wille, als er die Jünger hat gesandt; sie sollen dich nun selber sehen und aus Erfahrung das verstehen, was ihnen er einst deutlich wies; da er es ja vor dir bekannte und frei das Gotteslamm dich nannte, das für uns selbst das Leben ließ.

9. Nun mache du in Todesstunden mein Herz recht feste und geschickt, daß es nur hin auf deine Wunden mit hocherfreuter Seele blickt; so mag der Tod mein' Augen brechen, mein gläubig Herz wird immer sprechen: du bist's, Herr, der mich nie verläßt; bis ich dich einst, o Heiland, sehe und dort vor deinem Throne stehe; dann wird mein Herz durch's Schauen fest.

Christian Friedrich Förster.

Dank für Jesu Erbarmen.

Sirach 51, v. 37. Freuet euch der Barmherzigkeit Gottes, und schämet euch seines Lobens nicht.

In eigener Melodie.

1905. Wie preis' ich, o mein Herr Jesu! dich für dein Erbarmen doch würdiglich, für dein unsägliches Dulden und Tragen, für deine Schmerzen, für deine Plagen, für deinen Tod?

2. Ich bin so elend, so krank und schwach, voll schwerer Sünden, voll Angst und Schmach, mit Missethaten und Fluch umgeben; nichts Gutes find' ich an meinem Leben, ach! nichts als Schuld.

3. Die ew'ge Verdammniß wäre mein Lohn, den trüg' ich mit völligem Recht davon. Ich bin's nicht werth, daß ich wandl' auf Erden, verbannt und verstoßen müßt' ich werden in Pein und Noth.

4. Da jammerte mein dich, o Herr Christ! wie ich, gefangen durch's Teufels List, in öder Wüste, so ganz verlassen, allein und auf des Verderbens Straßen mich trieb umher.

5. Ja, mein Herr Jesu! du kamst zu mir, verließest all' deine Macht und Zier, nahmst Knechtsgestalt an, thatst nichts als lieben, denn Liebe nur hat dich zu uns getrieben vom Himmelsthron.

6. Für mich Armen gingst du in's Elend hinein und trugst unschuldig des Sünders Pein; du ließest dich verhöhnen und schlagen, und öffnetest nicht den Mund zu klagen, so wie ein Lamm.

7. Statt meiner wardst du vor Gericht geführt, zum Spott mit der Dornenkrone geziert; mit dem Kreuzesholz auf dem wunden Rücken, voll Gnad' und Vergebung in deinen Blicken, gingst du einher.

8. Du ließest dich kreuzigen, Herr! für mich, daß ich könnte selig seyn ewiglich; die Hände wurden dir blutig durchgraben, die doch nur zu segnen wußten, zu laben und wohlzuthun.

9. Und endlich bist du mit meiner Last in unaussprechlichem Schmerz erblaßt, hast mich erlöset von meinen Sünden, vom ew'gen Tod, von der Hölle Schlünden und vom Gericht.

10. Da steh' ich Armer nun thränenvoll und weiß nicht, wie ich dir danken soll; ach! höre mein Seufzen und stilles Flehen und hilf, daß ich einzig nur dir nachgehen und folgen mag.

11. Ja, du sollst mein Herr und mein König seyn, auf dich will ich trauen, auf dich allein; dir will ich alle mein Leid erzählen, mit Leib und Seele mich dir befehlen in deine Hand.

12. Dich will ich preisen bei Nacht und Tag, wo ich nur gehen und stehen mag; dir will ich weih'n all' meine Gedanken, mit Lieb' und Sehnsucht dich ganz umranken in Ewigkeit.

13. Ach, mein Herr Jesu! erfüll' mein Herz mit heißem, bitterem Sündenschmerz, und stärke mich durch dein Sterben und Leiden, daß ich die fleischliche Lust kann meiden mit festem Muth.

14. Und wenn dereinst sich mein Stündlein naht, und ich habe beschlossen des Lebens Pfad: ach, hebe mich dann über Grab und Scheiden in deine ewigen Himmelsfreuden, du, mein Herr Christ!

Gustav Friedrich Ludwig Knak.

Von Gottes gnädiger Fürsorge.

1 Mose 39, v. 5. Es war eitel Segen des Herrn in Allem, was er hatte, zu Hause und zu Felde.

Mel. Was Gott thut, das ist wohlgethan.

1906. Wie reich an Segen strömest du, du Brunnquell alles Lebens! Es naht, was Odem hat, hinzu, und Niemand naht vergebens. Drum wollen wir getrost von dir, du milder Vater, nehmen du kannst uns nicht beschämen.

2. Zwar nie hat menschlicher Verstand mit dir zu Rath gesessen. Wer hätte je mit Kinderhand dein Maaß dir zugemessen? O miß uns du, was recht ist, zu! stets wird den Ewigweisen der Zeiten Folge preisen.

3. Dein Segen, deine Gnade reicht so weit die Himmel gehen. Nichts ist was deiner Liebe gleicht, auch wo wir nichts verstehen. Ist deine Hand wie abgewandt und unserm Blick verborgen: du wirst gewisser sorgen.

4. Den Zweck, zu dem du uns erschufst, kann nur dein Geist uns lehren. Das Ziel, wohin du uns berufst, steht über allen Sphären. Du kannst allein und sollst es seyn, dem wir uns übergeben: führ' uns durch Tod und Leben!

5. Was wahrhaft froh und selig macht: beut Allen deine Gnade! Lust, Reichthum, Wohlseyn, Ehr' und Pracht wär' oft der Seelen Schade; zieh' Herz und Sinn zum Kleinod hin, das unvergänglich winket, wenn Alles sonst versinket.

6. Wie Schatten flieht die Lebenszeit. Was sind all' ihre Freuden? was gegen jene Herrlichkeit der Erde kurze Leiden? Du, der die Welt im Gang' erhält, wirst durch die Fluth der Zeiten mit sicherm Schritt uns leiten.

7. Du hast in deinem großen Plan auch mich, auch mich erlesen. Von meiner Mutter Leibe an bist du mein Gott gewesen. Wie väterlich erzogst du mich mit Ernst und milder Schonung, mit Straf' und mit Belohnung.

8. Wer bin ich, daß du mein gedacht, des Schwachen, Mängelvollen? ja, desto mehr hast du gewacht, mich sorgsam bilden wollen. Die Zuversicht beschämst du nicht, die flehend dir begegnet: sie wird mit Kraft gesegnet.

9. Drum halt' ich mich getrost zu dir. Nichts soll von dir mich scheiden. Bin ich allein: du bist bei mir, in Freuden wie im Leiden. Gieb, daß ich treu und muthig sey, mein Loos nach deinem Willen in Segen zu erfüllen!

10. Sey du mir nur in jeder Zeit das Licht auf meinen Wegen, die Rüstung wider Sünd' und Leid, der Born, der Geistessegen! Dann weiß ich dir gewiß schon hier, mein Vater, statt der Klagen, nur Lob und Dank zu sagen.

11. O würde dir unwandelbar verdienter Dank gesungen! Schon preis't dich der Verklärten Schaar mit neubeflammten Zungen! Mit ihnen preis't dereinst mein Geist, sinkt mit-anbetend nieder, und jauchzt dir Jubellieder.

Karl Bernhard Garve.

Vom gesegneten Lesen des göttlichen Wortes.

Apost. Gesch. 8, (v. 26—39) v. 30. Verstehest du auch, was du liesest?

Mel. Valet will ich dir geben.

1907. Wie Schaafe fröhlich weiden, so weidet sich mein Geist: das Wort les' ich mit Freuden, das mich mit Manna speis't. Kann ich es oft nicht hören, weil ich gebunden bin: Herr, so wollst du mich lehren! erleuchte meinen Sinn!

2. Wie Jener auf dem Wagen von dem Lamm Gottes las, so laß mich lesend fragen: glaub' und versteh' ich das? Wie durch's Gespräch im Wege der Jünger Herz entbrannt': so mach' auch meines rege durch himmlischen Verstand.

3. Laß deines Wortes Kräfte mich immer mehr erfreu'n; laß es mein Hauptgeschäfte in allen Zeiten seyn, dein Wort zu wiederholen. So wird's auf's Neue süß, sowohl was Gott befohlen, als was er mir verhieß.

Ernst Gottlieb Woltersdorf.

Vom Ehestande.

Marci 10, v. 6—9. Von Anfang der Kreatur hat sie Gott geschaffen ein Männlein und ein Fräulein. Darum wird der Mensch seinen Vater und Mutter lassen, und wird seinem Weibe anhangen, und werden seyn die Zwei Ein Fleisch. So sind sie nun nicht zwei, sondern Ein Fleisch. Was denn Gott zusammen gefüget hat, soll der Mensch nicht scheiden.

Mel. Wie schön leucht't uns der Morgenstern.

1908. Wie schön ist's doch, Herr Jesu Christ, im Stande, da dein

Segen ist, im Stande heil'ger Ehe; wie steigt und neigt sich deine Gab', und alles Gut so mild herab aus deiner heil'gen Höhe, wenn sich an dich fleißig halten Jung' und Alten, die im Orden eines Lebens einig worden.

2. Wenn Mann und Weib sich wohl begehn*) und unverrückt beisammen stehn im Bande reiner Treue, da geht das Glück in vollem Lauf, da sieht man, wie der Engel Hauf' im Himmel selbst sich freue. Kein Sturm, kein Wurm, kann zerschlagen und zernagen, was Gott giebet dem Paar, das in ihm sich liebet. *) vertragen. Sir. 25, v. 2.

3. Vor Allem giebt er seine Gnad', in deren Schooß er früh und spat sein' Hochgeliebten heget; da streckt sein Arm sich täglich aus, da faßt er uns und unser Haus gleich, als ein Vater pfleget; da muß ein Fuß nach dem andern gehn und wandern, bis sie kommen in das Zelt und Sitz der Frommen.

4. Der Mann wird einem Baume gleich, an Aesten schön, an Zweigen reich; das Weib gleich einem Reben*), der seine Träublein trägt und nährt, und sich je mehr und mehr vermehrt mit Früchten, die da leben. Wohl dir, o Zier, Mannes-Wonne, Hausessonne, Ehren-Krone, Gott denkt dein bei seinem Throne. *) Psalm 128, v. 3.

5. Dich, dich hat er ihm auserkor'n, daß aus dir werd' herausgebor'n das Volk, das sein Reich bauet; sein Wunderwerk geht immerfort, und seines Mundes starkes Wort macht, daß sein Auge schauet schöne Söhne und die Tocken*), die den Rocken**) fein abspinnen und mit Kunst die Zeit gewinnen.

*) Töchter — Sirach 7, v. 27. **) Spr. 31, v. 20 — 22.

6. Sey gutes Muths, wir sind es nicht, die diesen Orden aufgericht't: es ist Gott, unser Vater; der hat uns je und je geliebt und bleibt, wenn unsre Sorg' uns trübt, der beste Freund und Rather; Anfang, Ausgang aller Sachen, die zu machen wir gedenken, wird er wohl und weislich lenken.

7. Zwar bleibt's nicht aus, es kommt ja wohl ein Stündlein da man leidensvoll die Thränen lässet fließen; jedennoch, wer sich in Geduld ergiebt, deß Leid wird Gottes Huld in großen Freuden schließen. Sitze, schwitze nur ein wenig, unser König wird behende machen, daß die Angst sich wende.

8. Wohl her, mein König! nah' herzu: gieb Rath im Kreuz, in Nöthen Ruh', in Aengsten Trost und Freude. Deß sollst du haben Ruhm und Preis; wir wollen singen bester Weis', und danken alle Beide, bis wir bei dir, deinen Willen zu erfüllen, deinen Namen ewig loben werden. Amen!

Paul Gerhardt.

Sonntagslied.

Colosser 3, v. 16. Lasset das Wort Christi unter euch reichlich wohnen in aller Weisheit; lehret und vermahnet euch selbst mit Psalmen und Lobgesängen und geistlichen, lieblichen Liedern; und singet dem Herrn in eurem Herzen.

Mel. Wer nur den lieben Gott läßt walten.

1909. Wie schön ist's nicht an einem Orte, wo Licht und Recht im Schwange geht; wie schön, wo man aus Gottes Worte den Weg zum Leben recht versteht! O, daß man doch so schlecht bedenkt, was Gott für Gnad' und Ehre schenkt!

2. Kommt, Christen! laßt uns niederfallen: die Steine schrei'n, wofern ihr schweigt; Gott läßt sein Wort noch bei uns schallen, das uns den Weg zum Leben zeigt; dankt ihm, der uns so manches Fest, so manchen Sonntag feiern läßt.

3. Nun, Herr! wir ehren deinen Namen, wir rühmen deine Freundlichkeit. Wie reichlich hast du deinen Saamen auf diesen Akker ausgestreut! Dein Wort ist nun nicht mehr so rar, gleichwie es unsern Vätern war.

4. Bleib', treuer Hirt! bei deiner Heerde; steh', Vater! deinen Kindern bei, daß unser Haus nicht wüste werde; daß deine Gnade bei uns sey. Scheint uns dein Licht auch noch so schön, wie plötzlich kann es nicht vergeh'n?

5. Hilf, daß wir dich noch ferner hören, laß deiner Rede freien Lauf. Nichts müss' uns in der Andacht stören, thu' die verschloss'nen Herzen auf, und lehre uns durch Wort und Geist, was wahre Buß' und Glauben heißt.

6. Gieb, daß wir auch dein Wort bewahren, und laß uns nicht vergeßlich seyn; gieb, daß wir seine Kraft erfahren, und nicht nur immer: Herr, Herr! schrei'n; mach' uns dem besten Acker gleich, und stets an guten Früchten reich.

7. Bekehre selbst die falschen Beter, die Herzen, die noch hart und blind, die Hörer, welche keine Thäter, die Thäter, die nur Heuchler sind: daß Allen deines Wortes Kraft ein neues Herz und Leben schafft.

8. Gedenk', o Herr! der armen Seelen, die nichts von unsrer Freude seh'n und jetzt vielleicht in bangen Höhlen um Freiheit des Gewissens fleh'n. Bring' uns und sie in jene Welt, wo man dort ewig Sabbath hält!

Chr. Samuel Ulber.

Von der innigen Verbindung einer Seele mit Christo.

Offenb. Joh. 22, v. 16. 17. Ich bin die Wurzel des Geschlechts Davids, ein heller Morgenstern. Und der Geist und die Braut sprechen: Komm! — Und wer es höret, der spreche: Komm! — Und wen dürstet, der komme; und wer da will, der nehme das Wasser des Lebens umsonst.

In eigener Melodie.

1910. Wie schön leucht't uns der Morgenstern, voll Gnad' und Wahrheit von dem Herrn, die süße Wurzel Jesse! Du, Davids Sohn aus Jakobs Stamm, mein König und mein Bräutigam, hast mir mein Herz besessen. Lieblich, freundlich, schön und herrlich, groß und ehrlich, reich von Gaben, hoch und sehr prächtig erhaben.

2. Du meines Herzens werthe Kron', wahr'r Gottes und Marien Sohn, des Himmels großer König. Mit Freuden rühm' ich deine Ehr', dein's heil'gen Wortes süße Lehr' ist über Milch und Honig. Herzlich will ich dich drum preisen und erweisen, daß man merke in mir deines Geistes Stärke.

3. Geuß' sehr tief in mein Herz hinein, o du, mein Herr und Gott allein, die Flamme deiner Liebe: daß ich beständig in dir bleib', und mich kein Unfall von dir treib', nichts kränke noch betrübe. In dir laß mir ohn' Aufhören sich vermehren Lieb' und Freude, daß der Tod uns selbst nicht scheide.

4. Von Gott kommt mir ein Freudenlicht, wenn du mit deinem Angesicht mich gnädig thust anblicken. O Jesu, du mein höchstes Gut, dein Wort, dein Geist, dein Leib und Blut mich innerlich erquicken. Tröst' mich freundlich, hilf mir Armen, mit Erbarmen, hilf in Gnaden; auf dein Wort komm' ich geladen.

5. Gott Vater, o, mein starker Held! du hast mich ewig vor der Welt in deinem Sohn geliebet. Dein Sohn hat mich sich selbst vertraut, er ist mein Schatz, ich seine Braut, kein Unfall mich betrübet. Eya! Eya! himmlisch Leben wird er geben mir dort oben; ewig soll mein Herz ihn loben.

6 Singt unserm Gott recht oft und viel, und laßt andächtig Saitenspiel ganz freudenreich erschallen dem allerliebsten Jesulein, dem wunderschönen Bräut'gam mein zu Ehren und Gefallen. Singet, springet, jubiliret, triumphiret, dankt dem Herren! Groß ist der König der Ehren.

7. Wie bin ich doch so herzlich froh, daß mein Schatz ist das A und O, der Anfang und das Ende! Er wird mich auch zu seinem Preis aufnehmen in das Paradeis, deß klopf' ich in die Hände. Amen! Amen! Komm, du schöne Freudenkrone, bleib' nicht lange! deiner wart' ich mit Verlangen.

D. Philipp Nicolai.

Nach dem Braunschweigsch. Gesangbuch von 1735.

Von dem gesegneten, fleißigen Gebrauch des göttlichen Wortes.

5 Mose 11, v. 18. 19. So fasset nun diese Worte zu Herzen und in eure Seele, und bindet sie zum Zeichen auf eure Hand, daß sie ein Denkmal vor euren Augen seyn. Und lehret sie eure Kinder, daß du davon redest, wenn du in deinem Hause sitzest, oder auf dem Wege gehest, wenn du dich niederlegest, und wenn du aufstehest.

Mel. Es ist das Heil uns kommen her.

1911. Wie selig ist das Volk des Herrn, weil er sie selber lehret; wie sagt er uns so herzlich gern, was man mit Freuden höret! Gesetz und Evangelium erzählt uns seines Namens Ruhm und leuchtet unsern Wegen.

2. Wie manches Volk, wie manches Land liegt noch in Finsternissen, die das, was Gott an uns gewandt, nicht hören und nicht wissen. So danke doch, wer danken kann, und bete den mit Jauchzen an, der uns sein Licht gegeben.

3. Erwache, Volk, und schlafe nicht, die Wohlthat ist zu theuer. Verächter frißt das Zorngericht und straft mit ew'gem Feuer. Wer seine Seele retten will, der sey begierig, sanft und still und lerne gleich den Kindern. Matth. 18, v. 3.

4. Wer Ohren hat, der höre zu; die Augen lehret lesen und laßt dem Herzen keine Ruh', bis alles blinde Wesen, wie Schatten vor dem Licht, entflieht, ja, bis der Glaube Jesum sieht und seine Gnade schmecket. Psalm 34, v. 9.

5. Wer so das Wort zu Herzen faßt und seine Seele weidet, dem wird die Sündenlust zur Last, daß er sie flieht und meidet. Er kennt und sucht das höchste Gut, und was er selber glaubt und thut, das lehrt er seine Kinder.

6. Er schärft es ihren Seelen ein; sein Mund fließt davon über; ihm wird des Wortes Gnadenschein je länger desto lieber. Sowohl wenn er in Ruhe sitzt, als wenn er bei der Arbeit schwitzt, ist Jesus seine Rede.

7. Des Abends, wenn er schlafen geht, des Morgens, wenn er wachet, ist sein Gespräch und sein Gebet von dem, was Jesus machet. Das singt er seinem Hause vor und öffnet ihm mit Lust das Ohr, zu hören und zu lernen.

8. So bleibt ihm Jesu Wort bekannt, davon der Glaube lebet. Es wird ein Zeichen an der Hand, das stets vor Augen schwebet: ein Wort, das unvergessen bleibt, wie das, was man am Thore schreibt und an des Hauses Pfosten.

9. Mein Abba! schenke solchen Sinn und recht gesunden Glauben mir, der ich sonst so träge bin, das Himmelreich zu rauben. Ach schütte deinen Segen aus, daß durch dein Wort mein ganzes Haus im Glauben selig werde!

Matth. 11, v. 12. Apostelg. 16, v. 31. Joh. 4, v. 53.

Ernst Gottlieb Woltersdorf.

Zum 21sten Sonntage nach Trinitatis.

Johannis 4, (v. 47—54.) v. 49. Herr, komm hinab, ehe denn mein Kind stirbt.

Mel. Die Nacht ist vor der Thür.

1912. Wie selig ist die Noth, die uns zu Christo jaget! Wenn Krankheit und der Tod uns an dem Herzen naget, so weiß man keinen Rath, als den, den Jesus hat.

2. Zu dir, o Heiland! kam des Königischen Herze, das ganz in Thränen schwamm bei seines Sohnes Schmerze; weil dieser in Gefahr des blassen Todes war.

3. Wer weiß, ob er nicht noch ein Heide wär' geblieben, wenn ihn des Kreuzes Joch jetzt nicht zu dir getrieben? Des Sohnes Krankheit macht', daß er an dich gedacht'.

4. O Jesu, laß mich auch mein Kreuze lieb gewinnen. Es ist dein alter Brauch: du machest unsre Sinnen nur darum traurensvoll, daß man dich suchen soll.

5. Dort war der Glaube klein, der Mann will Zeichen sehen und meint, es kann allein durch deine Hand geschehen, da doch ein Wort schon gilt, wenn du nur helfen willt.

6. O laß mich deiner Macht in aller Noth vertrauen! Was die Vernunft verlacht, das muß der Glaube schauen, der weiß, daß dir allein nichts kann unmöglich seyn.

7. Der Königische läßt den Zweifel endlich schwinden, und glaubet nun mehr fest, den Sohn gesund zu finden. Er geht im Glauben hin, und dein Wort stärket ihn.

8. Laß mich auch deinen Geist je mehr und mehr entzünden, und was ein Fünklein heißt, wie eine Flamme finden. Ja, stell' das schwache Rohr wie einen Baum empor.

9. Dort muß der Knechte Mund des Vaters Kraft bezeugen, der Sohn ist nun gesund. Der Vater will nicht schweigen, und macht ein Wunder draus: Er glaubt, und auch sein Haus.

10. Herr, wenn ich gläubig bin, so laß mich andre stärken, und mein Vertrauen blüh'n aus deinen Wunderwerken; auch keine Stunde fehlt, die du zur Hülf' erwählt.

11. Indessen lasse mich mein Kreuz geduldig tragen, es weiset mich auf dich, und wird nicht immer plagen. Wer leidet, kann allein ein Mann im Glauben seyn.

Benjamin Schmolck.

Bei der Taufe eines Kindes.

Titum 3, v. 5—7. Nicht um der Werke willen der Gerechtigkeit, die wir gethan hatten, sondern nach seiner Barmherzigkeit machte er uns selig, durch das Bad der Wiedergeburt und Erneuerung des heiligen Geistes. rc.

Mel. Nun danket Alle Gott.

1913. Wie selig ist dies Kind! Gott hat es neu geboren. Es ist nun Gottes Kind, es soll nicht seyn verloren; des Mittlers ganz Verdienst ist durch die Taufe sein; es ist durch Christi Blut von allen Sünden rein.

2. Geheiligt ist es nun, gereinigt von der Sünde und aufgenommen selbst zu einem Gotteskinde. Das Himmelreich ist sein, das Christus uns erwarb, als er für uns gelebt und für uns Sünder starb.

3. Denn, wer getaufet wird, ist selig schon auf Erden; doch wer getauft nicht glaubt, soll einst verdammet werden: so lehrt der Stifter selbst, der stets die Wahrheit sprach. O denkt, Getaufte! denkt still dieser Lehre nach.

4. Du aber, guter Gott! erhalt' in deiner Gnade das dir geweihte Kind, und laß es einst die Pfade des wahren Christenthums mit frommer Treue gehn, so wird es unverrückt in deiner Gnade stehn.

5. Laß es den Bund, mit dir errichtet, heilig halten, laß du den Glauben nie im Her-

Herzen ganz erkalten! Ja, lehr' uns Alle, Herr, getaufte Christen seyn; so bist du unser Gott und wir sind alle dein.

Christian Gottlieb Frobberger.

Vom christlichen Leben.

Römer 10, v. 10. Denn so man von Herzen glaubet, so wird man gerecht; und so man mit dem Munde bekennet, so wird man selig.

Mel. Wer nur den lieben Gott läßt walten.

1914. Wie selig kann ein Christ hier leben, wenn er sich gänzlich Gott ergiebt und sich bemüht nach dem zu streben, was Gott, der höchste Vater, giebt; der kann in aller Angst und Pein mit seinem Gott vergnüget seyn.

2. Er weiß von keinen Welt-Gedanken, er weiß von keiner eitlen Lust. Er bleibet stets in diesen Schranken und machet sich sonst nichts bewußt: Gott liebet ihn nach seinem Rath, an dem er sein Gefallen hat.

3. Ach Gott! du kennest meinen Willen, du prüfest und erforschest mich; was dir gefällt, will ich erfüllen, denn meine Seele liebet dich; und was mich nur allein vergnügt, ist Jesus, der den Tod besiegt.

4. An diesen hab' ich mich ergeben durch meine ganze Lebenszeit; dem will ich bloß zu Ehren leben: drum bin ich immerdar bereit, zu thun, was dieser Heiland will; was ihm gefällt, das ist mein Ziel.

5. Die Welt mag ihre Lust behalten, die doch nur Furcht und Hoffnung ist; ich lasse Gott und Jesum walten, so weichet Furcht und Satans List; was Welt-Gesinnte fröhlich macht, das hat mein Herze schon veracht't.

6. In Jesu kann ich Freude spüren, an ihm nur hab' ich meine Lust. Sollt' ich sonst allen Trost verlieren, so bleibt mir Jesus doch bewußt, der hier in meinem Herzen wohnt und mich mit Freud' und Lust belohnt.

7. Der hat mich je und je geliebet: drum kann ich recht zufrieden seyn; kein Kreuze macht mich nun betrübet, Gott redet Trost dem Herzen ein: bei diesem treff' ich reichlich an, was sich mein Herz nur wünschen kann.

8. Hiernächst befehl' ich meine Wege dem Herrn, der mich so wohl regiert; ihm überlass' ich Tritt und Stege, bis mich der Weg zum Himmel führt: auf diesen soll in aller Pein mein Herz allein gerichtet seyn.

9. Gott Lob! der Wunsch ist eingetroffen, Gott ist und bleibt mein höchstes Ziel; auf ihn will ich beständig hoffen: also geschiehet, was Gott will. Er machet Alles gut und wohl, daß ich ihm ewig danken soll.

10. Wohlan! ich bin in deinen Händen, Gott! führe mich, wie dir's gefällt; du kannst die Noth am Besten wenden, drum führe bald mich aus der Welt. Dort geht das rechte Leben an, da ich mich ewig freuen kann.

M. Johann Christoph Schwedler.

Wichtigkeit des katechetischen Unterrichts.

Lucä 2, v. 46. 47. Es begab sich nach dreien Tagen, fanden sie ihn im Tempel sitzen mitten unter den Lehrern, daß er ihnen zuhörte und sie fragte. Und alle, die ihm zuhörten, verwunderten sich seines Verstandes und seiner Antwort.

Mel. Christus, der ist mein Leben.

1915. Wie selig sind die Kleinen, die man noch lehren kann! Ihr Großen mögt's beweinen: die Schul' ist zugethan. Hos. 4, v. 6.

2. Laßt ihr euch nicht mehr fragen, und fraget selber nicht: wer wird euch Antwort sagen? wo bleibt der Unterricht?
Psalm 22, v. 27.

3. Sich nicht mehr weisen lassen, schon Alles selbst versteh'n, Zucht und Bestrafung hassen: heißt das nicht untergeh'n?

4. Kommt, Lämmer! kommt und höret von früh bis in die Nacht, was Gott vom Himmel lehret, was klug und selig macht.

5. Die Weisen bleiben Thoren, wenn sie das nicht versteh'n; die Großen geh'n verloren, wenn sie den Weg nicht geh'n.

6. Die Milch, die euch hier labet, schmeckt Patriarchen gut*); der Honig, den ihr habet, erfrischt der Helden Blut**).

*) Ps. 119, v. 131. Joh. 8, v. 56. 1 Petr. 2, v. 2.
**) Ps. 119, v. 103. 1 Sam. 14, v. 29.

7. Laßt nur die Blinden, Todten nach ihrem Willen thun; ihr lernt aus den Geboten in Gottes Willen ruh'n.

8. Laßt Pharisäer prahlen. Ihr lernet Sünder seyn.*) Wenn sie gerecht sich malen, sagt Mosis Spiegel: Nein.

*) 1 Tim. 1, 15.

9. Er weiset euch von ferne das wundgeschlag'ne Lamm.*) Ihr geht und wascht euch gerne im Blut vom Sündenschlamm.

*) Gal. 3, v. 21.

10. Ihr lernt den Glauben singen. Ihr ruft das Abba laut, und sprecht in allen Dingen mit eurem Gott vertraut.

11. Ihr zieht die weißen Kleider mit Freuden wieder an; den Taufschmuck, den man leider! so bald verlieren kann.
Gal. 3, v. 27.

12. Ihr eßt verborg'nes Manna, trinkt von der Felsenfluth, und lernt das Hosianna. Wohl euch, ihr habt es gut!

Joh. 6, v. 48—55. 1 Cor. 10, v. 4. Matth. 21, v. 15. 16.

Ernst Gottlieb Woltersdorf.

Adventslied.

Matthäi 21, v. 5. Saget der Tochter Zion: siehe, dein König kommt zu dir sanftmüthig, und reitet auf einem Esel und auf einem Füllen der lastbaren Eselinn.

Mel. Valet will ich dir geben.

1916. Wie soll ich dich empfangen und wie begegn' ich dir? o aller Welt Verlangen! o meiner Seele Zier! O Jesu, Jesu! setze mir selbst die Fackel bei, damit, was dich ergötze, mir kund und wissend sey.

2. Dein Zion streut dir Palmen und grüne Zweige hin, und ich will dir in Psalmen ermuntern meinen Sinn; mein Herze soll dir grünen in stetem Lob und Preis, und deinem Namen dienen, so gut es kann und weiß.

3. Was hast du unterlassen zu meinem Trost und Freud', als Leib und Seele saßen in ihrem größten Leid? Als mir das Reich genommen, da Fried' und Freude lacht: da bist du, mein Heil, kommen, und hast mich groß gemacht.

4. Ich lag in schweren Banden, du kommst und machst mich los; ich stand in Spott und Schanden, du kommst und machst mich groß und hebst mich hoch zu Ehren und schenkst mir großes Gut, das sich nicht läßt verzehren, wie irdisch' Reichthum thut.

5. Nichts, Nichts hat dich getrieben zu mir, vom Himmelszelt, als das geliebte Lieben, womit du alle Welt in ihren tausend Plagen und großen Jammerlast, die kein Mensch kann aussagen, so fest umfangen hast.

6. Das schreib' dir in dein Herze, du hochbetrübtes Heer, bei welchem Gram und Schmerze sich häuft je mehr und mehr. Seyd unverzagt, ihr habet die Hülfe vor der Thür; der eure Herzen labet und tröstet, steht allhier.

7. Ihr dürft euch nicht bemühen, noch sorgen Tag und Nacht, wie ihr ihn wollet ziehen mit eures Armes Macht. Er kommt, er kommt mit Willen, ist voller Lieb' und Lust, all' Angst und Noth zu stillen, die ihm an euch bewußt.

8. Auch dürft ihr nicht erschrecken vor eurer Sünden Schuld; nein, Jesus will sie decken mit seiner Lieb' und Huld. Er kommt, er kommt den Sündern zu Trost und wahrem Heil, schafft, daß bei Gottes Kindern verbleib' ihr Erb' und Theil.

9. Was fragt ihr nach dem Schreien der Feind' und ihrer Tück'? Der Herr wird sie zerstreuen in einem Augenblick. Er kommt, er kommt ein König, dem wahrlich alle Feind' auf Erden viel zu wenig zum Widerstande seynd.

10. Er kommt zum Weltgerichte, zum Fluch dem, der ihn flucht; mit Gnad' und süßem Lichte dem, der ihn liebt und sucht. Ach! komm, ach komm, o Sonne! und hol' uns allzumal zum ew'gen Licht und Wonne, in deinen Freudensaal.

Paul Gerhardt.

Zustand der Christenheit.

Philipper 3, v. 18. Denn Viele wandeln, von welchen ich euch oft gesagt habe, nun aber sage ich auch mit Weinen, die Feinde des Kreuzes Christi.

Mel. Freu' dich sehr, o meine Seele.

1917. Wie so wenig giebt's der Seelen, Herr, mein König, Jesu Christ! die zum Freunde dich erwählen, denen du ihr Alles bist, deren Aug' auf dich nur schaut, deren Herz nur dir vertraut, die mit heißen Liebesthränen immer nur nach dir sich sehnen!

2. An der Welt und ihren Freuden hängt der Meisten ganzer Sinn; auf des Teufels gift'gen Weiden, wo der Tod ist ihr Gewinn, auf der breiten Sündenbahn wandeln sie in ihrem Wahn, müh'n sich ab mit eitlen Dingen, mögen nicht gen Himmel dringen.

3. Ach, wenn sie es doch nur wüßten, welch ein treuer Herr du sey'st, und wie selig alle Christen, deren Herz und Mund dich preis't; kennten sie den Frieden nur, den man fühlt auf deiner Spur: o, sie würden sich nicht schämen, Gnade von dir anzunehmen.

4. Reuig würden sie dir nahen, dich um dein Erbarmen fleh'n, voller Inbrunst dich umfahen und nicht wieder von dir geh'n; an dein Kreuz und bittres Leid dächten sie dann allezeit, möchten von nichts Anderm wissen, könnten nimmermehr dich missen.

5. Ja, wo du fehlst, ist es trübe, kalt und elend, öd' und todt, ohne dich giebt's keine Liebe, außer dir ist nichts als Noth, nichts als Schmerzen, Angst und Pein, nichts als eitler, leerer Schein; ohne dich

giebt's keine Treue, nichts, das wahrhaft uns erfreue.

6. Doch, wer dich, o Herr! gefunden, dir am treuen Herzen ruht und, geheilt durch deine Wunden, freudig deinen Willen thut: der ist selig, Herr! schon hier; und gelangt er einst zu dir, wird er ewig bei dir leben und in steter Freude schweben.

7. O, so laß mich nimmer wanken einen Schritt von dir, Herr Christ! daß ich ganz dich mög' umranken, denken dein zu jeder Frist. Komm in's arme Herz hinein, süßer Freund! und mach' mich rein, daß ich ganz der Sünd' absterbe und den Himmel einst ererbe! Gustav Friedrich Ludwig Knak.

Wie Jesus den Verirrten nachgeht und die Sünder zur Buße rufet.

Lucä 5, v. 31. 32. Die Gesunden bedürfen des Arztes nicht, sondern die Kranken; ich bin gekommen zu rufen den Sündern zur Buße, und nicht den Gerechten.

Mel. Von Gott will ich nicht lassen.

1918. Wie treu, mein guter Hirte, gehst du dem Sünder nach, der sich von dir verirrte, der elend, krank und schwach in sein Verderben läuft, wenn deine Hand den Armen nicht selber aus Erbarmen, eh' er versinkt, ergreift.

2. Wie tröstlich ist die Stimme, die alle Sünder lockt! Ach, sprächest du im Grimme: weicht, die ihr euch verstockt, weicht, Sünder, weicht von mir, ich will euch nicht erkennen! — wer wollt' es Unrecht nennen? wer bist du, wer sind wir?

3. Doch heißt dein Ruf uns kommen; und merken wir nicht drauf, ob wir ihn schon vernommen, so suchst du selbst uns auf. Dein Herz, o Heiland, brennt, daß doch das Schaaf zur Heerde zurück geführet werde, davon es sich getrennt.

4. Nimmt nun der freche Sünder den Gnadenruf nicht an; so bist du viel gelinder, als man es denken kann; sein Ziel verlängerst du, er kann noch Gnade hoffen, der Zugang steht ihm offen, er eile nur herzu.

5. Erretter unsrer Seelen! mein Hirt, mein treuster Freund! was sollt' ich es verhehlen? du hast es wohl gemeint. Ich war auf meiner Flucht ein Raub der schnöden Lüste, doch du hast in der Wüste mich gnädig heimgesucht.

6. Dein Wort schallt noch im Herzen, das mich zur Buße rief, als ich, zu deinen Schmerzen, den Weg zur Hölle lief: wie gnädig zogst du mich von diesem breiten Wege durch Kreuz zum schmalen Stege! mein Hirt, ich preise dich.

7. Ach, daß ich deiner Liebe nur immer folgsam wär', nicht oft zurücke bliebe, an Lieb' und Eifer leer; nicht, wie viel du gethan, mir oft entfallen ließe: daß ich ja mehr genieße, als ich verdanken kann.

8. Nun, Jesu, ich beklage den bösen Unverstand und daß ich meine Tage so übel angewandt. Verstoß' den Sünder nicht! mich reu't und schmerzt mein Schade; verwandle deine Gnade nicht in ein Zorngericht.

9. Für uns gemacht zum Fluche*), gabst du dein Leben dar, daß so dein Eifer suche, was ganz verdorben war. Ja, Nam' und That erweis't, daß du, Herr, nicht vergebens das rechte Brot des Lebens, der Sünder Heiland seyst. *) Gal. 3, 13.

10. Das laß mich herzlich gläuben, doch gieb mir selber Kraft, dem Heile treu zu bleiben, das mir dein Tod verschafft, und wie ich glaubensvoll aus deinem Ueberflusse zum wirklichen Genusse stets Gnade schöpfen soll.

11. Doch sollt' ich mich aufs Neue bald hie, bald dort vergehn, so laß mich deine Treue, mein Hirte! dennoch sehn; erweck' und führe mich, daß Nichts von dir mich wende, so preis' ich ohne Ende als meinen Hirten dich. M. Gottlob Adolph, verbessert von Georg Joachim Zollikofer.

Adventslied.

Jesaia 63, v. 4. Das Jahr, die Meinen zu erlösen, ist gekommen.

Mel. O du Liebe meiner Liebe.

1919. Wie vergnüget Gott die Frommen durch sein theuerwerthes Wort! Christus ist wahrhaftig kommen, als der Menschen Trost und Hort. Alle Feinde sind verstöret, Freud' und Friede stellt sich ein; denn wer in die Welt gehöret*), kann bei Christo selig seyn. Joh. 1, v. 9.

2. Christus Jesus heißt der Name, der hat Alles gut gethan, Gott, und auch des Weibes Saame — Gott, daß er nicht trügen kann, auch ein Mensch, daß er die Sünder auf den letzten Richter-Tag, als verwandte Menschenkinder, seiner Hülfe trösten mag.

3. Ach, was soll mich denn verhindern? Jesus neigt sich zu mir her; wenn ich unter allen Sündern auch der allergrößte wär'. Wo die Sünde mächtig scheinet, wird das

Schrecken doch veracht't, Jesus, der es treulich meinet, hat in Allem größ're Macht.

4. Nun, mein Herz, was willst du klagen? Jesus kommet in die Welt, er will nach den Sündern fragen, denen sein Verdienst gefällt. Fühlst du etwas im Gewissen, ach so mache dich heran; so wirst du bekennen müssen, wie das Wort erfreuen kann.

5. Ja, Gott sagt's, ich muß es gläuben, dessen Wort ist gut dafür. Jesus kommt, da will ich bleiben, denn er bleibet auch bei mir. Fühl' ich ferner Noth und Sünde, fall' ich in des Todes Nacht; g'nug, daß ich den Trost empfinde, daß mich Jesus selig macht.

6. Ich mag leben oder sterben, so bin ich in Gnaden satt, denn wie kann ein Mensch verderben, welcher Jesum bei sich hat? Satan! zähle meine Sünden, aber zähl' auch Christi Blut! kannst du den nicht überwinden, nun, so wächst mir auch der Muth.

M. Christian Weise.

In Krankheit.

Johannis 11, v. 4. Die Krankheit ist nicht zum Tode, sondern zur Ehre Gottes, daß der Sohn Gottes dadurch geehret werde.

Mel. Ach! Jesu, meiner Seelen Freude.

1920. Wie wenig wird in guten Stunden, Gott, deine Vaterhuld empfunden! wie leicht vergißt es unser Herz, dir, Vater, wenn wir nie erkranken, für der Gesundheit Glück zu danken: drum sendest du uns weislich Schmerz.

2. Bei eignem Schmerz in dunklen Tagen lehrst du uns And're willig tragen, geduldig, sanft und liebreich seyn. Du lehrst uns durch der Krankheit Leiden die Eitelkeit der Erdenfreuden und unsre Sünden still bereu'n.

3. Dann denken wir erst deinem Segen und deiner Vorsicht weisen Wegen, darauf dein Rath uns führet, nach. Wir lernen dann, Gott, zu dir treten, mit Andacht, Ernst und Eifer beten: sey unsre Stärke: wir sind schwach!

4. Ja, mein Erbarmer, wenn ich leide, sey meine Stärke, meine Freude, mach' Krankheit selbst mir zum Gewinn. Zeuch mein und aller Kranken Herzen durch jede Noth und alle Schmerzen zu deiner Liebe, zu dir hin!

5. Laß meine Hoffnung niemals wanken, Gott der Gesunden, Gott der Kranken; stärk' jedes Herz, das du betrübst. Du kannst die Leidenden nicht hassen, kannst, die dich suchen, nicht verlassen; du züchtigst uns, weil du uns liebst.

6. An dich soll sich mein Glaube halten; laß meine Liebe nie erkalten, ich sey gesund, ich bleibe krank: so kann kein Schmerz den Geist ermüden, so bin ich immerdar zufrieden, so ist mein Herz stets voll von Dank.

7. Soll ich nicht mehr, mein Gott, genesen; dein Wille, Bestes aller Wesen! dein Vaterwille soll gescheh'n. Ich weiß nicht, was ich soll erwählen; ich will mich deiner Huld befehlen und auf den Ausgang ruhig seh'n.

8. Und willst du mir Gesundheit schenken, so laß mich oft an Alles denken, was ich auf meinem Bett empfand; ach, an die Kürze meiner Tage, ans Ziel von jeder Noth und Plage und an mein himmlisch Vaterland.

9. Wie thöricht wär' es, wollt' ich dessen, wenn du Gesundheit schenkst, vergessen! stets bin ich doch dem Tode nah'. O Vater meines Lebens, schenke mir Weisheit, daß ich stets bedenke: vielleicht ist jetzt mein Ende da.

10. Hilf mir auf meinen Heiland schauen, ihm willig folgen, ihm vertrauen, krank und gesund ihm ähnlich seyn. Du magst Gesundheit, Krankheit, Leben alsdann mir nehmen oder geben: so darf ich deiner Huld mich freu'n.

Johann Kaspar Lavater.

Vom Schifflein Christi.

Matthäi 8, v. 23—27. Und er trat in das Schiff, und seine Jünger folgten ihm. Und siehe, da erhob sich ein groß Ungestüm im Meer, also, daß auch das Schifflein mit Wellen bedeckt ward; und Er schlief. rc.

Mel. Herzlich thut mich verlangen.

1921. Wie wird dein Schiff von Stürmen, o Herr! so hart bedrängt! wie sich die Wasser thürmen, die Woge drüber hängt! Herr, hilf! es geht zu Grunde, wenn nicht dein Auge wacht. Ein Wort aus deinem Munde zähmt aller Stürme Macht.

2. O, schließt sich, uns zu prüfen, dein Aug', als schliefest du: da schnellt durch Höh'n und Tiefen die Fahrt uns ohne Ruh'. Wenn Bord und Steuer schwanken, wie schwankt so leicht der Muth! doch, o! des Herrn Gedanken sind immer, immer gut.

3. Auf, auf, o Herr! behüte dein Schifflein in der Noth. Hilf, hilf nach deiner Güte und sprich dein Machtgebot. Getrost! wir steh'n und hoffen; du schläfst und schlummerst nicht. Dein Auge, klar und offen, giebt volle Zuversicht.

4. Ob wild die Fluthen toben, wild brause Sturm und Meer; schweb' unten bald, bald oben des Schiffleins Flug umher: groß sind die Wasserwogen, unendlich größer Du. Dein Wort hat nie getrogen: es ruft uns Glauben zu.

5. Du kannst uns nicht versäumen; du weißt die rechte Zeit. Und soll das Meer noch schäumen; wohl uns! du bist nicht weit. Gieb nur zuweilen Stille, die uns den Muth erneut; und aus der Gnadenfülle werd' unser Herz erfreut!

Karl Bernhard Garve.

Das selige Wiedersehen.

1 Johannis 3, v. 2. Meine Lieben, wir sind nun Gottes Kinder, und ist noch nicht erschienen, was wir seyn werden. Wir wissen aber, wenn es erscheinen wird, daß wir ihm gleich seyn werden; denn wir werden ihn sehen, wie er ist.

In eigener Melodie.

1922. Wie wird mir seyn, wenn ich dich, Jesu, sehe in deiner göttlich hohen Majestät; wenn ich verklärt vor deinem Throne stehe, die Ewigkeit mich Staunenden umweht? Wie wird mir seyn? o Herr! ich fass' es nicht, nur Thränen rinnen von dem Angesicht.

2. Wie wird mir seyn, wenn deines Hauptes Strahlen mein Haupt umleuchten, das dem Grab' entschwand, und wenn im Himmelsglanz sich vor mir malen die Freuden, die kein sterblich Herz empfand? Wie wird mir seyn? O welche Seligkeit empfind' ich, denk' ich dieser frohen Zeit!

3. Wie wird mir seyn, wenn Engelharfen tönen, und sanft ich ruh' in des Erlösers Schooß; wenn dann geweint sind alle meine Thränen, und ich nun ganz von Erdenfesseln los? wie wird mir seyn, o du, mein Herr, mein Gott! wenn nicht mehr schrecken Sünde, Höll' und Tod?

4. Wie wird mir seyn, wenn ich sie wiedersehe die Theuren alle, die ich hier geliebt; wenn ich mit ihnen in des Heilands Nähe lobsingend weil', von Trennung nie getrübt? Wie wird mir seyn? O Freuden ohne Zahl, ihr strömet Licht in's dunkle Todesthal.

5. Ja, unaussprechlich sind die sel'gen Freuden, die dort der Herr mir einst bereiten wird. Drum will ich harren, stille seyn und leiden, bis mich nach kurzem Streit der treue Hirt aus Gnaden führt zum ew'gen Frieden ein; mein Herr, mein Gott! wie wird alsdann mir seyn?

E. C. G. Langbecker.

Zum Trinitatisfeste.

Johannis 3, v. 1—15. Es war aber ein Mensch unter den Pharisäern, mit Namen Nicodemus, ein Oberster unter den Juden; der kam zu Jesu bei der Nacht, und sprach zu ihm: Meister, wir wissen, daß du bist ein Lehrer von Gott gekommen; denn Niemand kann die Zeichen thun, die du thust, es sey denn Gott mit ihm. etc.

Mel. Was Gott thut, das ist wohlgethan.

1923. Wie wohl ist doch ein Mensch daran, der Jesum sucht und findet! Wer zu dem Lichte kommen kann, der wird auch selbst entzündet, obgleich die Nacht es dunkel macht; doch müssen seine Sinnen hier Licht und Glanz gewinnen.

2. Ich will, o Jesu! auch zu dir mit Nicodemus kommen; es hat die Finsterniß bei mir gewaltig zugenommen. Entzieh' mir nicht dein Gnadenlicht, laß es Verstand und Willen mit seinem Glanz erfüllen.

3. Du bist ein Meister in der That, ein Lehrer, dessen gleichen kein Mensch noch je gesehen hat von solchen Wunderzeichen; wer dich gehört, wie du gelehrt, der hat sogleich vernommen: du bist von Gott gekommen.

4. Zwar ist die Lehre für mich schwer, die mir dein Mund gegeben; du sagst, daß Niemand tüchtig wär' in Gottes Reich zu leben, der nicht ganz neu geboren sey aus Wasser und dem Geiste, und dir Gehorsam leiste.

5. Ich muß mich wahrlich selbsten hier der großen Thorheit schämen; doch wirst du die Vernunft in mir durch's Wort gefangen nehmen. Hör' ich doch auch des Windes Hauch; doch hab' ich nicht vernommen, woher, wohin er kommen.

6. Drum laß den Vorwitz ferne seyn in den Geheimnißsachen: ich will, geht's der Vernunft schwer ein, doch keine Zweifel machen. Versteh' ich nicht, wie das geschicht, g'nug, daß es muß geschehen, weil du es ausersehen.

7. Bin ich ein solches Gnadenkind in meiner Taufe worden, weil Geist und Wasser Zeugen sind von meinem Christenorden; so laß auch mich beständiglich dem Geiste hier ergeben, und nicht dem Fleische, leben.

8. Laß mich von dem, was irdisch heißt, zum Himmlischen stets wenden, und gieb mir deinen Gnadengeist, das Gute zu vollenden; ja, führe mich; man wird durch dich im Himmel eingenommen, weil du vom Himmel kommen.

9. Wie Moses in der Wüste hat das Schlangenbild erhöhet; so siehet man dich in der That da, wo dein Kreuze stehet. Kein Glaubensblick kommt hier zurück, der nicht in deinen Wunden Trost, Heil und Leben funden.

10. O, laß mir dieses Gnadenbild stets vor den Augen schweben, weil sonst kein Mittler bei Gott gilt. Du schenkst allein das Leben, du bleibst erhöht; wer bei dir steht, soll auch erhöhet werden zum Himmel von der Erden.

Benjamin Schmolck.

Süßer Genuß des Seelenfriedens.

Hiob 34, v. 29 Wenn Er Frieden giebt, wer will verdammen?

In eigener Melodie.

1924. Wie wohl ist mir, o Freund der Seelen, wenn ich in deiner Liebe ruh'. Ich steige aus der Schwermuths-Höhlen und eile deinen Armen zu. Da muß die Nacht des Traurens scheiden, wenn mit so angenehmen Freuden die Liebe strahlt aus deiner Brust. Hier ist mein Himmel schon auf Erden; wer wollte nicht vergnüget werden, der in dir suchet Ruh' und Lust?

2. Die Welt mag schmähen oder preisen, es sey also, ich trau' ihr nicht, wenn sie mir gleich will Lieb' erweisen, bei einem freundlichen Gesicht. In dir vergnügt sich meine Seele, du bist mein Freund, den ich erwähle, du bleibst mein Freund, wenn Freundschaft weicht. Der Welthaß kann mich doch nicht fällen, weil in den stärksten Unglückswellen mir deine Treu' den Anker reicht.

3. Will mich des Mosis Eifer drücken, blitzt auf mich des Gesetzes Weh', droht Straf' und Hölle meinem Rücken, so steig' ich gläubig in die Höh' und flieh' in deine Seiten-Wunden; da hab' ich schon den Ort gefunden, wo mich kein Fluchstrahl treffen kann. Tritt Alles wider mich zusammen: du bist mein Heil, wer will verdammen? die Liebe nimmt sich meiner an.

4. Führst du mich in die Kreuzes-Wüsten: ich folg' und lehne mich auf dich; du nährest aus den Wolken-Brüsten und labest aus dem Felsen mich. Ich tra[illegible] [illegible]inen Wunderwegen, sie enden sich in [illegible] und Segen; genug, wenn ich dich bei [illegible] hab'. Ich weiß, wen du willst herrlich [illegible]en und über Sonn' und Sterne führen, [illegible] führest du zuvor hinab.

5. Der Tod mag Andern finster [illegible]nen; mir nicht, weil Seele, Herz und [illegible] in dir, der du verlässest Keinen, o al[illegible] Leben! ruht. Wen kann des We[illegible] End' erschrecken, wenn er aus mörderv[illegible] Hecken gelanget in die Sicherheit? M[illegible] Licht! so will auch ich mit Freuden aus [illegible]er finstern Wildniß scheiden zu deiner [illegible] der Ewigkeit.

6. Wie ist mir dann, o Freund [illegible] Seelen! so wohl, wenn ich mich lehn' [illegible] dich; mich kann Welt, Noth und Tod [illegible] quälen, weil du, mein Gott! vergnü[illegible] mich. Laß solche Ruh' in dem Gemüthe, [illegible] deiner unumschränkten Güte, des [illegible]mels süßen Vorschmack seyn. Weg [illegible] allen Schmeicheleien! Nichts kann [illegible] Jesus, mich erfreuen. O reicher Tr[illegible] mein Freund ist mein.

Wolfg. Christoph [illegible].

Von der Liebe zu Jesu und der [illegible] im heiligen Geist.

Römer 8, v. 24. 25 Denn wir sind [illegible] selig, doch in der Hoffnung; die Hoffnung [illegible], die man siehet, ist nicht Hoffnung; denn [illegible] kann man deß hoffen, das man siehet? So [illegible] aber deß hoffen, das wir nicht sehen; so [illegible] wir sein durch Geduld.

Mel. Der Tag ist hin, mein Jesu bei [illegible].

1925. Wie wohl ist mir, wen[illegible] an dich gedenke und mei[illegible] Seel' in deine Wunden senke! o Jesu! [illegible] bei dir bin ich vergnügt, so oft mein Ge[illegible] durch dich die Welt besiegt.

2. Wie wohl ist mir, wenn ich [illegible] nach dir sehne und meinen Geist zu dir [illegible] gewöhne, wenn ich mit dir genau [illegible]einigt bin und reiße mich von mir zu dir [illegible] hin!

3. Wie wohl ist mir, wenn ich dein Kreuz umfasse und Alles, was du hassest, [illegible] hasse! ach, führe mich auf dieser schmalen Bahn noch ferner fort, wie du bisher [illegible]han!

4. Wie wohl ist mir, so oft ich [illegible] dir bete und als ein Kind vor deine [illegible]theit trete! bring' mich nur ganz zu der Zufriedenheit, da mich nichts mehr, als du allein, erfreut.

5. Wie wohl ist mir, wenn [illegible] die Welt verachtet, und wenn mein He[illegible] nach ihrer Gunst nicht trachtet! ach, [illegible] so

su, völlig mein, so wird mir sonst
t ehr gefällig seyn.
e wohl wird mir auch in dem Tode
Denn also komm' ich von der eitlen Er-
will ich denn in weißen Kleidern stehn
nermehr aus deinem Frieden gehn.

Philipp Balthasar Sinold,
annt v. Schütz. (Amadeus Creutzberg)

Osterlied.

t 28, v. 8. 9. Und da sie gingen, seinen
n zu verkündigen; siehe, da begegnete
esus und sprach: Seyd gegrüßet! Und
n zu ihm, und griffen an seine Füße,
en vor ihm nieder.

l. Herr Gott! dich loben Alle wir.

19[illegible]. Willkommen, auferstand'ner Held,
Herr Jesu, der du hast ge-
rch deinen Tod des Todes Macht
ttes Gnade wiederbracht.

Willkommen, siegend Seelenheil! mit
'angten Beute Theil; schreib' unter
Siegesfahn' mich, deinen theu'r Er-
an.

Du bist des Allerhöchsten Sohn, der
r Heil und Gnadenthron; wer zu
mt und Gnade sucht, erhält dein'
ehungsfrucht.

Herr Jesu, deine Siegesfreud' erquicke
allem Leid! Gieb, daß ich jetzt auf-
it dir von Sünd' und böser Lust-

Mach' mich auch, wenn kommt meine
um süßen Einschlaf wohl bereit; und
dein heilsam Aufersteh'n laß froh mich
m Grabe geh'n.

So lang' du aber hier mich läßt, ver-
dir aufs Allerbest' mich, dein ersiegtes
thum, zu deines großen Namens

H. B.

Weihnachtslied.

52, v. 10. Der Herr hat sein Volk getrö-
und Jerusalem erlöset; der Herr hat geoffen-
t seinen heiligen Arm, vor den Augen aller
en; daß aller Welt Ende siehet das Heil
es Gottes.

In eigener Melodie.

19[illegible]7. Wir Christenleut' hab'n jetzo
Freud', weil uns zu Trost
s Sohn ist Mensch geboren, hat uns
t; wer sich deß tröst't und glaubet fest,
icht werden verloren.

Ein' Wunder-Freud'! Gott selbst
heut' von Maria ein wahrer Mensch
en. Ein' Jungfrau zart sein' Mutter
ward, von Gott dem Herren selbst dazu
erkoren.

3. Die Sünd' macht Leid; Christus
bringt Freud', weil er zu uns in diese Welt
ist kommen. Mit uns ist Gott nun in der
Noth! wer ist, der uns als Christen kann
verdammen?

4. Drum sag' ich Dank mit dem Gesang
Christo dem Herrn, der uns zu gut Mensch
worden, daß wir durch ihn nun All' los seyn
der Sündenlast und unträglichen Bürden.

5. Halleluja! gelobt sey Gott! singen
wir All' aus unsers Herzens Grunde: denn
Gott hat heut' gemacht solch' Freud', der
wir vergessen soll'n zu keiner Stunde.

M. Kaspar Füger? (Fugger).

Vom Worte Gottes und von der christlichen Kirche.

Ebräer 4, v. 12. Denn das Wort Gottes ist lebendig und kräftig, und schärfer denn kein zweischneidiges Schwert, und durchdringet, bis daß
es scheidet Seele und Geist, auch Mark und
Bein, und ist ein Richter der Gedanken und
Sinne des Herzens.

Mel. Ich dank' dir, Gott! für all' Wohlthat.

1928. Wir danken dir, Gott, für und
für, daß du dein Wort auch
diesem Ort mit hellem Schein erhalten rein,
und bitten dich, laß sicherlich je mehr und
mehr die rechte Lehr' ausbreiten sich zu deiner Ehr'.

2. Der Schatz ist theu'r, drum wehr' und
steu'r der Feinde Trutz, halt' selber Schutz,
daß sie, mit List und Mord gerüst't, dies
schöne Licht auslöschen nicht. Laß ihren
Rath, der früh und spat läuft wider uns,
nicht finden statt.

3. Gieb solche Leut', die ungescheut uns
zeigen an die rechte Bahn, die du bereit't
zur Seligkeit; mit deinem Geist ihn'n Hülfe
leist', daß nicht mit Macht werd' hergebracht
des alten Greuels finstre Nacht;

4. Darinnen nicht ein Fünklein Licht, in
Angst und Leid, von Trost und Freud'. Dein
Wort allein kann tröstlich seyn, dasselb' er-
halt' bei Jung' und Alt' bis an das End',
und stürz' behend, der uns raubt Wort und
Sakrament!

Johann Heermann.

Vom Leiden Jesu.

Sirach 29, v. 20. Vergiß nicht der Wohlthat deines Bürgen.

Mel. Herr Jesu Christ, wahr'r Mensch und Gott.

1929. Wir danken dir, Herr Jesu
Christ, daß du für uns ge-

8. Laß mich von dem, was irdisch heißt, zum Himmlischen stets wenden, und gieb mir deinen Gnadengeist, das Gute zu vollenden; ja, führe mich; man wird durch dich im Himmel eingenommen, weil du vom Himmel kommen.

9. Wie Moses in der Wüste hat das Schlangenbild erhöhet; so stehet man dich in der That da, wo dein Kreuze stehet. Kein Glaubensblick kommt hier zurück, der nicht in deinen Wunden Trost, Heil und Leben funden.

10. O, laß mir dieses Gnadenbild stets vor den Augen schweben, weil sonst kein Mittler bei Gott gilt. Du schenkst allein das Leben, du bleibst erhöht; wer bei dir steht, soll auch erhöhet werden zum Himmel von der Erden. Benjamin Schmolck.

Süßer Genuß des Seelenfriedens.

Hiob 34, v. 29. Wenn Er Frieden giebt, wer will verdammen?

In eigener Melodie.

1924. Wie wohl ist mir, o Freund der Seelen, wenn ich in deiner Liebe ruh'. Ich steige aus der Schwermuths-Höhlen und eile deinen Armen zu. Da muß die Nacht des Traurens scheiden, wenn mit so angenehmen Freuden die Liebe strahlt aus deiner Brust. Hier ist mein Himmel schon auf Erden; wer wollte nicht vergnüget werden, der in dir suchet Ruh' und Lust?

2. Die Welt mag schmähen oder preisen, es sey also, ich trau' ihr nicht, wenn sie mir gleich will Lieb' erweisen, bei einem freundlichen Gesicht. In dir vergnügt sich meine Seele, du bist mein Freund, den ich erwähle, du bleibst mein Freund, wenn Freundschaft weicht. Der Welthaß kann mich doch nicht fällen, weil in den stärksten Unglückswellen mir deine Treu' den Anker reicht.

3. Will mich des Mosis Eifer drücken, blitzt auf mich des Gesetzes Weh', droht Straf' und Hölle meinem Rücken, so steig' ich gläubig in die Höh' und flieh' in deine Seiten-Wunden; da hab' ich schon den Ort gefunden, wo mich kein Fluchstrahl treffen kann. Tritt Alles wider mich zusammen: du bist mein Heil, wer will verdammen? die Liebe nimmt sich meiner an.

4. Führst du mich in die Kreuzes-Wüsten: ich folg' und lehne mich auf dich; du nährest aus den Wolken-Brüsten und labest aus dem Felsen mich. Ich traue deinen Wunderwegen, sie enden sich in Lieb' und Segen; genug, wenn ich dich bei mir hab'. Ich weiß, wen du willst herrlich zieren und über Sonn' und Sterne führen, den führest du zuvor hinab.

5. Der Tod mag Andern finster scheinen; mir nicht, weil Seele, Herz und Muth in dir, der du verlässest Keinen, o allerliebstes Leben! ruht. Wen kann des Weges End' erschrecken, wenn er aus mördervollen Hekken gelanget in die Sicherheit? Mein Licht! so will auch ich mit Freuden aus dieser finstern Wildniß scheiden zu deiner Ruh' der Ewigkeit.

6. Wie ist mir dann, o Freund der Seelen! so wohl, wenn ich mich lehn' auf dich; mich kann Welt, Noth und Tod nicht quälen, weil du, mein Gott! vergnügest mich. Laß solche Ruh' in dem Gemüthe, nach deiner unumschränkten Güte, des Himmels süßen Vorschmack seyn. Weg Welt, mit allen Schmeicheleien! Nichts kann, als Jesus, mich erfreuen. O reicher Trost! mein Freund ist mein. Wolfg. Christoph Deßler.

Von der Liebe zu Jesu und der Freude im heiligen Geist.

Römer 8, v. 24. 25. Denn wir sind wohl selig, doch in der Hoffnung; die Hoffnung aber, die man siehet, ist nicht Hoffnung; denn wie kann man deß hoffen, das man siehet? So wir aber deß hoffen, das wir nicht sehen; so warten wir sein durch Geduld.

Mel. Der Tag ist hin, mein Jesu bei mir bleibe.

1925. Wie wohl ist mir, wenn ich an dich gedenke und meine Seel' in deine Wunden senke! o Jesu! nur bei dir bin ich vergnügt, so oft mein Geist durch dich die Welt besiegt.

2. Wie wohl ist mir, wenn ich mich nach dir sehne und meinen Geist zu dir allein gewöhne, wenn ich mit dir genau vereinigt bin und reiße mich von mir zu dir stets hin!

3. Wie wohl ist mir, wenn ich dein Kreuz umfasse und Alles, was du hassest, herzlich hasse! ach, führe mich auf dieser schmalen Bahn noch ferner fort, wie du bisher gethan!

4. Wie wohl ist mir, so oft ich zu dir bete und als ein Kind vor deine Gottheit trete! bring' mich nur ganz zu der Zufriedenheit, da mich nichts mehr, als du allein, erfreut.

5. Wie wohl ist mir, wenn mich die Welt verachtet, und wenn mein Herz nach ihrer Gunst nicht trachtet! ach, drum so

sey, o Jesu, völlig mein, so wird mir sonst Nichts mehr gefällig seyn.

6. Wie wohl wird mir auch in dem Tode werden! denn also komm' ich von der eitlen Erden; da will ich denn in weißen Kleidern stehn und nimmermehr aus deinem Frieden gehn.

Philipp Balthasar Sinold, genannt v. Schütz. (Amadeus Creutzberg)

Osterlied.

Matthäi 28, v. 8. 9. Und da sie gingen, seinen Jüngern zu verkündigen; siehe, da begegnete ihnen Jesus und sprach: Seyd gegrüßet! Und sie traten zu ihm, und griffen an seine Füße, und fielen vor ihm nieder.

Mel. Herr Gott! dich loben Alle wir.

1926. Willkommen, auferstand'ner Held, Herr Jesu, der du hast gefällt durch deinen Tod des Todes Macht und Gottes Gnade wiederbracht.

2. Willkommen, siegend Seelenheil! mit der verlangten Beute Theil; schreib' unter deiner Siegesfahn' mich, deinen theu'r Erlös'ten, an.

3. Du bist des Allerhöchsten Sohn, der Sünder Heil und Gnadenthron; wer zu dir kommt und Gnade sucht, erhält dein' Auferstehungsfrucht.

4. Herr Jesu, deine Siegesfreud' erquicke mich in allem Leid! Gieb, daß ich jetzt aufsteh' mit dir von Sünd' und böser Lustbegier.

5. Mach' mich auch, wenn kommt meine Zeit, zum süßen Einschlaf wohl bereit; und durch dein heilsam Aufersteh'n laß froh mich aus dem Grabe geh'n.

6. So lang' du aber hier mich läßt, verbinde dir auf's Allerbest' mich, dein ersiegtes Eigenthum, zu deines großen Namens Ruhm.

H. B.

Weihnachtslied.

Jesaia 52, 9. 10. Der Herr hat sein Volk getröstet, und Jerusalem erlöset; der Herr hat geoffenbaret seinen heiligen Arm, vor den Augen aller Heiden; daß aller Welt Ende stehet das Heil unsers Gottes.

In eigener Melodie.

1927. Wir Christenleut' hab'n jetzo Freud', weil uns zu Trost Gott's Sohn ist Mensch geboren, hat uns erlös't; wer sich deß tröst't und glaubet fest, soll nicht werden verloren.

2. Ein' Wunder-Freud'! Gott selbst wird heut' von Maria ein wahrer Mensch geboren. Ein' Jungfrau zart sein' Mutter ward; von Gott dem Herren selbst dazu erkoren.

3. Die Sünd' macht Leid; Christus bringt Freud', weil er zu uns in diese Welt ist kommen. Mit uns ist Gott nun in der Noth! wer ist, der uns als Christen kann verdammen?

4. Drum sag' ich Dank mit dem Gesang Christo dem Herrn, der uns zu gut Mensch worden, daß wir durch ihn nun All' los seyn der Sündenlast und unträglichen Bürden.

5. Halleluja! gelobt sey Gott! singen wir All' aus unsers Herzens Grunde: denn Gott hat heut' gemacht solch' Freud', der wir vergessen soll'n zu keiner Stunde.

M. Kaspar Füger? (Fugger).

Vom Worte Gottes und von der christlichen Kirche.

Ebräer 4, v. 12. Denn das Wort Gottes ist lebendig und kräftig, und schärfer denn kein zweischneidiges Schwert, und durchdringet, bis daß es scheidet Seele und Geist, auch Mark und Bein, und ist ein Richter der Gedanken und Sinne des Herzens.

Mel. Ich dank' dir, Gott! für all' Wohlthat.

1928. Wir danken dir, Gott, für und für, daß du dein Wort auch diesem Ort mit hellem Schein erhalten rein, und bitten dich, laß sicherlich je mehr und mehr die rechte Lehr' ausbreiten sich zu deiner Ehr'.

2. Der Schatz ist theu'r; drum wehr' und steu'r der Feinde Trutz, halt' selber Schutz, daß sie, mit List und Mord gerüst't, dies schöne Licht auslöschen nicht. Laß ihren Rath, der früh und spat läuft wider uns, nicht finden statt.

3. Gieb solche Leut', die ungescheut uns zeigen an die rechte Bahn, die du bereit't zur Seligkeit; mit deinem Geist ihn'n Hülfe leist', daß nicht mit Macht werd' hergebracht des alten Greuels finstre Nacht;

4. Darinnen nicht ein Fünklein Licht, in Angst und Leid, von Trost und Freud'. Dein Wort allein kann tröstlich seyn, dasselb' erhalt' bei Jung' und Alt' bis an das End', und stürz' behend, der uns raubt Wort und Sakrament!

Johann Heermann.

Vom Leiden Jesu.

Sirach 29, v. 20. Vergiß nicht der Wohlthat deines Bürgen.

Mel. Herr Jesu Christ, wahr'r Mensch und Gott.

1929. Wir danken dir, Herr Jesu Christ, daß du für uns gestorben bist und hast uns durch dein theures Blut gemacht vor Gott gerecht und gut.

2. Wir bitten dich, wahr'r Mensch und Gott, durch dein' heilig' fünf Wunden roth, erlös' uns von dem ew'gen Tod und tröst' uns in der letzten Noth.

3. Behüt' uns auch vor Sünd' und Schand', reich' uns deine allmächt'ge Hand, daß wir im Kreuz geduldig seyn, uns trösten deiner schweren Pein;

4. Und schöpfen d'raus die Zuversicht, daß du uns werd'st verlassen nicht, sondern ganz treulich bei uns steh'n, bis wir durch's Kreuz in's Leben geh'n.

M. Christoph Fischer.

Von der Himmelfahrt Jesu.

Apost. Gesch. 1, v. 11. Dieser Jesus, welcher von euch ist aufgenommen gen Himmel, wird kommen, wie ihr ihn gesehen habt gen Himmel fahren.

Mel. Erschienen ist der herrlich' Tag.

1930. Wir danken dir, Herr Jesu Christ, daß du gen Himm'l gefahren bist, o starker Gott, Immanuel! stärk' uns an Leib, stärk' uns an Seel'. Hallelujah!

2. Nun freut euch, alle Christenheit, und singt und springt ohn' alles Leid. Gott Lob und Dank im höchsten Thron! unser Bruder ist Gottes Sohn. Hallelujah!

3. Gen Himm'l ist er gefahren hoch und ist doch bei uns allzeit noch; sein' Macht und G'walt unendlich ist, wahr'r Gott und Mensch zu aller Frist. Hallelujah!

4. Ueber all' Himmel sich erhebt, über all' Engel mächtig schwebt, über all' Menschen er regiert und alle Kreaturen führt. Hallelujah!

5. Zur Rechten Gott's des Vaters groß hat er all' Macht ohn' alle Maaß, all' Dinge sind ihm unterthan, Gottes und der Maria Sohn'. Hallelujah!

6. All' Teufel, Welt, Sünd', Höll' und Tod, er Alles überwunden hat. Trotz', wer da will, es liegt nichts d'ran, den Sieg muß er doch all'zeit han. Hallelujah!

7. Wohl dem, der ihm vertrauen thut und hat in ihm nur frischen Muth; Welt, wie du willst, wer fragt nach dir? nach Christo stehet uns'r Begier. Hallelujah!

8. Er ist der Herr und unser Trost, der uns durch sein Blut hat erlöst, das G'fängniß er gefangen hat, daß uns der bitt're Tod nicht schad't. Hallelujah!

9. Wir freuen uns aus Herzensgrund und singen fröhlich mit dem Mund: unser Bruder, Fleisch, Bein und Blut ist unser allerhöchstes Gut. Hallelujah!

10. Durch ihn der Himmel unser ist; hilf uns, o Bruder Jesu Christ! daß wir nur fest vertrau'n auf dich, und durch dich leben ewiglich. Hallelujah!

11. Amen, Amen, Herr Jesu Christ! der du gen Himmel g'fahren bist, erhalt' uns, Herr! bei reiner Lehr', des Teufels Trug und Listen wehr'. Hallelujah!

12. Komm, lieber Herr! komm, es ist Zeit zum letzt'n Gericht in Herrlichkeit; führ' uns aus diesem Jammerthal in deinen ew'gen Himmelssaal. Hallelujah!

13. Amen singen wir noch einmal; wir sehnen uns nach's Himmels Saal, da wir mit deinen Engelein das Amen wollen singen fein. Hallelujah!

Osterlied.

2 Corinther 2, 14. Gott sey gedankt, der uns allezeit Sieg giebt in Christo.

Mel. Erschienen ist der herrlich' Tag.

1931. Wir danken dir, Herr Jesu Christ, daß du vom Tod' erstanden bist und hast dem Tod zerstört sein' Macht, und uns das Leben wiederbracht. Hallelujah!

2. Wir bitten dich durch deine Gnad', nimm von uns unsre Missethat und hilf uns durch die Güte dein, daß wir dein' treue Diener seyn. Hallelujah!

3. Gott Vater in dem höchsten Thron, sammt seinem eingebornen Sohn, dem heil'gen Geist in gleicher Weis' in Ewigkeit sey Lob und Preis. Hallelujah!

Vom Worte Gottes.

Psalm 68, v. 12. Der Herr giebt das Wort mit großen Schaaren Evangelisten.

Mel. Herr Jesu Christ, mein's Lebens Licht.

1932. Wir danken dir, Herr, insgemein für deines lieben Wortes Schein, damit du uns hast angeblickt und unser mattes Herz erquickt.

2. Wir saßen in des Todes Thal, sehr tief gefangen allzumal; Dank hab' du, liebstes Jesulein, daß wir durch dich erlöset seyn.

3. Hilf, daß dein Licht erleuchten mag bis an den lieben jüngsten Tag und wir auch wandeln jederzeit den rechten Weg zur Seligkeit.

4. Du wahrer Mensch und Gottes-Sohn, du König aller Ehren schon, Niemand

von uns verdienet hat solch eine Lieb' und große Gnad'!

5. Dein guter Geist uns immer führ', daß wir von Herzen dienen dir; du weißt, du großer Menschenfreund, daß wir so unvermögend seynd.

6. Nimm an zum Opfer deiner Ehr' die Herzens-Seufzer, lieber Herr, damit wir arme Menschen dich mit Andacht rühmen stetiglich.

M. Petrus Hagius.

Von der ewigen Himmelsfreude.

Jesaia 51, v. 11. Ewige Freude wird auf ihrem Haupte seyn; Wonne und Freude werden sie ergreifen, aber Trauren und Seufzen wird von ihnen fliehen.

In eigener Melodie.

1933. Wird das nicht Freude seyn, nach gläubigem Vertrauen dort selbst den Heiland schauen in unserm Fleisch und Bein, mit seinen holden Blicken und Worten uns erquicken: wird das nicht Freude seyn?

2. Wird das nicht Freude seyn, wenn, was der Tod entnommen, uns wird entgegen kommen und jauchzend holen ein, wenn man wird froh umfassen, was thränend man verlassen; wird das nicht Freude seyn?

3. Wird das nicht Freude seyn, sehn unter'n Füßen liegen, womit man hier muß kriegen, Gott dienen engelrein, von Schmerzen, Leid, Verdrießen nicht das Geringste wissen; wird das nicht Freude seyn?

4. Wird das nicht Freude seyn, was unaussprechlich hören, des Höchsten Lob vermehren, mit Engeln stimmen ein, wenn sie mit süßem Klingen ihr dreimal Heilig singen; wird das nicht Freude seyn?

5. O das wird Freude seyn! weg Güter dieser Erden, ihr Ehren voll Beschwerden, ihr Freuden auf den Schein! Gehabt euch wohl, ihr Lieben! muß ich euch jetzt betrüben, denkt: dort wird Freude seyn!

Hans Christoph v. Schweinitz.

Von der ewigen Himmelsfreude.

Jesaia 66, v. 14. Ihr werdet es sehen, und euer Herz wird sich freuen.

Mel. Holdselig's Gottes-Lamm rc.

Oder: Wird das nicht Freude seyn, nach gläubigem rc. (wenn nämlich die Wiederholungszeichen weggelassen werden.)

1934. Wird das nicht Freude seyn, nach glaubensvollem Flehen dort Jesum selber sehen in seinem Glanz und Schein, da wir in süßer Wonne selbst leuchten wie die Sonne? Wird das nicht Freude seyn? :,:

2. Wird das nicht Freude seyn, wenn, was wir hier noch hoffen, dort nun ist eingetroffen, und jedes Seufzerlein, das hier zum Himmel dringet, dort reichen Wucher bringet? Wird das nicht Freude seyn? :,:

3. Wird das nicht Freude seyn, nach unserm Thränensäen, dort Freudenhalmen mähen? Was erntet man dort ein, wenn Seufzer und Beschwerden und Thränen Garben werden! Wird das nicht Freude seyn? :,:

4. Wird das nicht Freude seyn, wenn wir nach Kampf und Ringen dort uns're Kronen bringen, woran, so manche Pein und Schmach uns hier verdunkelt, so mancher Demant funkelt? Wird das nicht Freude seyn? :,:

5. Wird das nicht Freude seyn, nach Arbeit, Müh' und Leiden in süßer Ruh' sich weiden an unserm Lämmelein? Bei Müdigkeit der Füße ist ja die Ruh' sehr süße. Wird das nicht Freude seyn? :,:

6. Wird das nicht Freude seyn, wenn, was vorangegangen, uns dort wird bald umfangen und sich mit uns erfreu'n? Bei ungestörten Freuden nie von einander scheiden: wird das nicht Freude seyn? :,:

7. Wird das nicht Freude seyn, von bittern Thränengüssen und Schmerzen nichts mehr wissen; nein, lauter Freudenwein im Reiche Gottes trinken, im Gnaden-Meer versinken: wird das nicht Freude seyn? :,:

8. Wird das nicht Freude seyn, stellt sich in unsre Sinnen auf jenen Himmelszinnen stets andre Freude ein, da wir in obern Chören, was unaussprechlich, hören; wird das nicht Freude seyn? :,:

9. Wird das nicht Freude seyn, dort unsre Palmen bringen und mit den Engeln singen? Wer stimmt nicht bald mit ein? dem Lamm zu Füßen fallen, sein süßes Lob erschallen: wird das nicht Freude seyn? :,:

10. Wird das nicht Freude seyn, für kurze Trauerstunden ein ewig Wohl gefunden, ganz frei von Streit und Pein; was uns hier will bekriegen, sehn unter'n Füßen liegen: wird das nicht Freude seyn? :,:

11. Wird das nicht Freude seyn, wenn nach den Pilgrimstagen mein Herr wird zu mir sagen: „du treuer Knecht, geh' ein zu deines Herren Freude!" O Herrlichkeit! o Weide! Wird das nicht Freude seyn? :,:

12. Ja, das wird Freude seyn; Herr, laß dies Freudenleben mir stets Erweckung geben, mich dir allein zu weih'n; laß stets, mich aufzuschwingen, die Wort' in's Herz mir dringen: dort, dort wird Freude seyn! :,:

13. Wird dort nun Freude seyn: so laß mich willig leiden und alle Weltlust meiden; Nichts dring' in's Herz hinein. Nein, zieh' nur Herz und Sinnen zu dir recht weit von hinnen. Da, da wird Freude seyn! :,:

14. Ei, wird's nicht Freude seyn, wenn wir dort Alles erben? Versüß', o Herr! mein Sterben durch einen hellen Schein und Vorschmack jener Freuden, um fröhlich abzuscheiden, denn dort wird Freude seyn: ei, das wird Freude seyn!

Karl Heinrich v. Bogatzky.

Von der Vergebung der Sünden.

Lucä 5, v. 20. Mensch, deine Sünden sind dir vergeben.

Mel. Von Gott will ich nicht lassen.

1935. Wird mir das Angedenken der alten Sünden neu, bin ich, weil sie mich kränken, auch in dem Beten scheu, so macht das Wort mir Muth: die Sünden sind vergeben; Gott sagt dir: du sollst leben; für dich red't Christi Blut.

2. Da seh' ich erst die Größe der Gnad' des Vaters an und wie in meiner Blöße sein Sohn mich decken kann; da bin ich ungekränkt, da wein' ich erst vor Freuden, daß mich der Sohn will kleiden, der Vater Schulden schenkt.

3. O, denk' ich, welche Gnade, der ich gewürdigt bin! ich gehe ganz gerade zu meinem Vater hin, und seines Sohnes Geist lehrt mich das Abba sprechen. Gott wird ja nicht erst rächen, was schon verziehen heißt.

4. Herr! sag' es meinem Herzen, damit es nie vergißt, es lasse sich nicht scherzen, wenn uns vergeben ist. Der Vater will auf's Neu', daß ich Gehorsam übe, daß ich die Brüder liebe, für Gnade dankbar sey.

5. Auch auf dem Sterbebette sey Trost mir deine Huld; wenn ich noch Sorgen hätte von wegen mancher Schuld und wenn mein Herz gedächt': auf Sünden folgen Flammen, so bleibt's: wer will verdammen? Gott macht mich selbst gerecht.

M. Philipp Friedrich Hiller.

Vom Vertrauen auf Gott.

Weisheit 12, v. 13. Es ist außer dir kein Gott, der du sorgest für Alle.

Mel. Auf meinen lieben Gott &c.

1936. Wirf alle deine Noth auf deinen Herrn und Gott, der wird dich alle Morgen mit seiner Macht versorgen, und wenn dich schon Viel hassen, in deiner Noth nicht lassen.

2. Ich folge deinem Wort, mein Gott, mein Herr, mein Hort! und will dich lassen machen in allen meinen Sachen. Ich lass' stets dich, Gott! walten, du wirst mich schon erhalten.

3. Versorge Leib und Seel', du, mein Immanuel! hilf mir aus meinen Leiden zu deinen Himmelsfreuden, und läß mich mit den Frommen zur Himmelsruhe kommen!

M. Johann Christoph Schwedler.

Trostlied.

Josua 1, v. 5. 6. Ich will dich nicht verlassen, noch von dir weichen. Sey getrost und unverzagt.

Mel. Es kostet viel ein Christ zu seyn.

1937. Wirf alle Sorgen hinter dich, mein Herz, und sey in deinem Gott zufrieden, sey still: denn er bekümmert wahrlich sich um Alles, was dir nöthig ist hienieden; wie willst du denn in eitler Müh' und Pein je ruhig seyn?

2. Wohlan! sey gutes Muth's im Herrn, vertrau' dich gänzlich seinen Vaterhänden. Er ist mit seiner Hülfe ja nicht fern, er wird bald reichen Segen dir zuwenden. Such' ihn, wenn es an etwas dir gebricht; und sorge nicht!

3. Ach, trachte nur mit Ernst danach, daß du mit ihm dich mög'st genau verbinden, und werde ja im Glauben nur nicht schwach, so wird das And're sich schon richtig finden; er ist und bleibt dein Vater und dein Gott in aller Noth.

4. Er läßt an keinem Guten nicht ein frommes Herz betrübten Mangel leiden; wenn ihm allhier an etwas es gebricht, erquickt und stärkt er es mit Speis' und Freuden; zum frischen Wasser führet er es hin, und tränkt es drin.

5. Kehr' dich zu ihm, er rufet dir; er spricht: wie könnt' ich dich, mein Kind, verlassen? mein Herz bewegt vor Lieb' sich so in mir, daß ich dich muß mit Gnad' und Huld umfassen: drum Seele, dring' getrost zu ihm hinein; du bist ja sein.

6. Der Himmel und die Erd' ist dein, die schenkt er dir in Christo, meine Seele! so nimm in heil'ger Glaubenskraft sie ein, und denke nicht, daß dir noch etwas fehle. Bleib' nur bei Gott, so bleibest du zugleich auch ewig reich.

D. Jakob Gabriel Wolf.

Weihnachtslied.

Matthäi 3, v. 17. Dies ist mein lieber Sohn, an welchem ich Wohlgefallen habe.

Mel. Vom Himmel hoch da komm' ich her.

1938. Wir feiern jetzt ein Freudenfest, das unsern Mund nicht schweigen läßt. Ihr Christen! stimmt ein Loblied an zum Preise deß, was Gott gethan.

2. Er schenkt uns seinen lieben Sohn zum allgemeinen Gnadenthron. Verehret die Barmherzigkeit mit demuthsvoller Dankbarkeit!

3. Laßt unsre Herzen fröhlich seyn, es stellet sich der Mittler ein, der uns mit Gott versöhnet hat, er bringt uns Segen, Heil und Gnad'.

4. Huldreicher Gott! wir preisen dich und deinen Sohn herzinniglich. Gott heil'ger Geist! mach' uns bereit zu stetem Preis in Ewigkeit.

Der christliche Glaube.

Epheser 4, v. 5. 6. Ein Herr, Ein Glaube, Eine Taufe, Ein Gott und Vater unser Aller, der da ist über euch Alle, und durch euch Alle, und in euch Allen.

In eigener Melodie.

1939. Wir glauben All' an einen Gott, Schöpfer Himmels und der Erden, der sich zum Vater g'geben hat, daß wir seine Kinder werden. Er will uns all'zeit ernähren, Leib und Seel' auch wohl bewahren; allem Unfall will er wehren, kein Leid soll uns widerfahren; er sorget für uns, hüt't und wacht, es steht Alles in seiner Macht.

2. Wir glauben auch an Jesum Christ, seinen Sohn und unsern Herren, der ewig bei dem Vater ist, gleicher Gott von Macht und Ehren; von Maria, der Jungfrauen, ist ein wahrer Mensch geboren, durch den heil'gen Geist im Glauben, für uns, die wir war'n verloren, am Kreuz' gestorben, und vom Tod wied'r auferstanden ist durch Gott.

3. Wir glauben an den heil'gen Geist, Gott mit Vater und dem Sohne, der aller Blöden Tröster heißt, uns mit Gaben zieret schöne, die ganze Christenheit auf Erden hält in Einem Sinn' gar eben; hier all' Sünd' vergeben werden; das Fleisch soll uns wieder leben; nach diesem Elend ist bereit't uns ein Leben in Ewigkeit. Amen!

D. Martin Luther; Uebersetzung des Nicäischen Symbolums: Credo in unum Deum, Patrem etc.

Von der Wiederkunft Christi.

Matthäi 25, v. 31. 32. Wenn aber des Menschen Sohn kommen wird in seiner Herrlichkeit, und alle heilige Engel mit ihm, dann wird er sitzen auf dem Stuhl seiner Herrlichkeit; und werden vor ihm alle Völker versammlet werden; und er wird sie von einander scheiden, gleich als ein Hirte die Schaafe von den Böcken scheidet.

Mel. Es ist gewißlich an der Zeit.

1940. Wir glauben an dich, Jesu Christ, und an dein Wiederkommen; wenn voll die Zahl der Sünder ist und voll die Zahl der Frommen! Auf hellen Wolken strahlst du dann, daß dich kein Aug' ertragen kann des Bösewichts und Heuchlers.

2. Mit aller deiner Engel Heer kommst du zur Erde wieder! die Erde bebt! es dampft das Meer und Sterne stürzen nieder! Da stehst du, Richter aller Welt! um dich ein Heer, das Niemand zählt, der auferstandnen Todten!

3. Und jede That und jedes Wort der Kleinen und der Großen, aus jeder Zeit, aus jedem Ort wird vor dir aufgeschlossen; wird dargelegt in helles Licht; und Alles wägt dein scharf Gericht im Angesicht der Welten.

4. Vor dir entflieht die Dunkelheit, und jede Nacht wird helle; und Wahrheit und Gerechtigkeit tritt an des Unrechts Stelle; die Wahrheit Gottes spricht durch dich und Alles, Alles zeiget sich, wie's ist und war und seyn wird.

5. O Jammer dann dem Bösewicht, und Freude dann dem Treuen; wenn Straf' und Lob dein Urtheil spricht, das nie dich wird gereuen! O, Allgerechter! möchten wir nie dein vergessen, rein vor dir des Lebens Pfade wandeln! Joh. Kaspar Lavater.

Glauben ohne Schauen.

Johannis 20, v. 29. Selig sind, die nicht sehen und doch glauben.

Mel. Wer nur den lieben Gott läßt walten.

1941. Wir glauben, ob wir's schon nicht sehen; denn Gott kann überschwänglich thun mehr als wir bitten und verstehen. Auf sein'm Wort kann das Herz beruh'n, man fragt nicht: wie kann's möglich seyn? Man glaubt, Gott kann's und thut's allein.

2. Wer hat gebeten und verstanden, daß Gott den Sohn uns geben wollt', und da er in der Welt vorhanden, daß er am Kreuze sterben sollt'? Doch ist's gescheh'n, Gott hat's gethan, der überschwänglich geben kann.

3. Dem Schächer ward noch mehr geschenket, als er verlangte und verstund. Wenn noch ein Sünder oft gedenket: o, nur nicht in den Höllenschlund! so zeigt Gott, wie er Großes thu', und giebt den Himmel noch dazu.

4. Mein Gott! ich bitte nur um Gnade, die da in Christo Jesu ist; begreif' ich's nicht im höchsten Grade, so weiß ich, daß du mächtig bist. Es wird noch mehr an uns gescheh'n, als wir jetzt bitten und versteh'n.

5. Kann ich auf Erden schon nicht fassen, was wir im Himmel werden seyn, will ich dich, Vater! walten lassen; du machst es gut, und kannst's allein. Nur dir sey Ehre allezeit von nun an bis in Ewigkeit.

M. Philipp Friedrich Hiller.

Von den Namen unseres Herrn und Heilandes.

Psalm 72, v. 17. Sein Name wird ewiglich bleiben; so lange die Sonne währet, wird sein Name auf die Nachkommen reichen; und werden durch denselben gesegnet seyn; alle Heiden werden ihn preisen.

Mel. Danket dem Herren, denn er ist 2c.

1942. Wir haben stets an Jesu Namen Freude, und jeder giebt uns Trost und Stärk' und Weide.
Ebräer 13, v. 15.

2. Sein Volk hat an ihm einen treuen Führer*), und weis' und mächt'gen König**) und Regierer***).
*) Ps. 23, v. 3. **) 1 Timoth. 6, v. 15.
***) Offenb. Joh. 11, v. 15.

3. Er ist ein Fels*), und welcher auf ihm stehet, der steht auch fest, wenn Alles untergehet.
*) Matth. 16, v. 18 1 Cor. 10, v. 4.

4. Ein Eckstein*), der beim Bau zum Grunde lieget, auf welchen Alles wird zusamm'n gefüget.
*) Apost. Gesch. 4, v. 11. 12.
Ephes. 2, v. 20—22.

5. Ein Herzog*), dem sein Volk getrost nachziehet, vor dessen Blick das Heer der Feinde fliehet.
*) Josua 5, v. 14. 15 Ebräer 2, v. 10.

6. Kein Hoherpriester*) gleichet unserm Lieben: ihm sind die Seelen in sein Herz geschrieben. *) Ebräer 7, v. 23—28.

7. Er ist der ein'ge Meister*), der uns lehret, und als Prophet uns Gottes Sinn erkläret.
*) Matth. 23, v. 8. 10. Cap. 22, v. 16.

8. Er heißet Rath*); und wenn wir ihn nur hören, so wird uns weder Welt noch Fleisch bethören.
*) Jes. 9, v. 6. Cap. 11, v. 2.

9. O Kraft*)! du lässest Schwache nie erliegen; du Held**) siegst immerdar in deinen Kriegen.
*) Jes. 9, v. 6. Cap. 11, v. 2.
2 Cor. 12, v. 9.
**) 1 Mose 49, v. 10. Ps. 89, v. 20.

10. Als Ewigvater*) wirst du hochgepriesen; als Friedensfürsten**) hast du dich bewiesen.
*) Jes. 9, v. 6. **) Col. 1, v. 20.

11. Herr*), gegen den sich keine Macht darf sperren: dein Will' ist unser Glück; wohl uns des Herren!
*) Philipper 2, v. 10. 11.

12. O Kind*)! in dem wir Gottes Klarheit sehen: mit dir ist dennoch kindlich umzugehen.
*) Jes. 9, v. 6. Luc. 2, v. 27—34.

13. Du heißest Wunderbar*); wer kann dich fassen? kein Mensch begreift dein Denken, Thun und Lassen.
*) Richter 13, v. 18. Jes. 9, v. 6.

14. O Leben*)! ohne das kein Ding bestehet; o Weg! d'rauf auch ein Thor nicht irre gehet.
*) Joh. 1, v. 4. 1 Joh. 1, v. 2.

15. O Wahrheit*), der man sicherlich vertrauet; o Licht**)! bei dem man auch im Dunkeln schauet.
*) Joh. 14, v. 6. **) Joh. 8, v. 12.

16. O Wort*)! die Welt entstand durch deinen Othem; und noch bis jetzt belebest**) du die Todten.
*) Joh 1, v. 1—3 **) Joh. 5, v. 24. 25.

17. Du bist der Welt, der ganzen Welt*) Erlöser, ohn' Unterschied, wer frömmer oder böser. *) 1 Timoth. 2, v. 6.

18 Was Wunder, daß dein Volk dich Heiland*) nennet; da jedes dich als seinen Heiland kennet. *) 1 Timoth. 4, v. 10.

19. Fürsprecher*)! fahre fort für uns zu beten- und uns bei deinem Vater zu vertreten. *) 1 Joh. 2, v. 1.

20. O Gnadenstuhl*)! wie selig anzuschauen! ach mehr' in uns das freudige Vertrauen. *) Röm. 3, v. 25. Ebräer 4, v. 16.

21. O Gotteslamm*)! für uns dahin gegeben: du bist durch deinen Tod nun unser Leben. *) Joh. 1, v. 29. 1 Petri 1, v. 18. 19.

22. O Bräut'gam*)! wo ist deine Braut zu finden? ein jedes Herz, gewaschen von den Sünden,

*) Matth. 9, v. 15. Joh. 3, v. 28. 29. Matth. 25, v. 5. 6.

23. Das Gnad' und Friede fand in deinen Wunden, gehört zur Braut*), mit der du dich verbunden.

*) Hosea 2, v. 19. 20. Offenb. 22, v. 17.

24. Du hast, o Hirt*)! das Zeugniß, gut zu weiden, und deine Heerde darf nicht Hunger leiden.

*) Psalm 23. Joh. 10, v. 1—16. v. 27—29.

25. O Lebensbrot*)! zur Nahrung uns gegeben: wer dich genießt, der hat das ew'ge Leben. *) Joh. 6, v. 48—51.

26. Was kann, wie du, den Durst der Seele stillen? Quell*), bis ins ew'ge Leben reich zu quillen. *) Joh. 4, v. 10—14.

27. O Weinstock*)! laß uns Reben an dir bleiben, und gieb uns täglich Saft, daß wir bekleiben. *) Joh. 15, v. 1—6.

28. Du unser Alles*)! wie wir's froh erfahren: komm, dich uns immer mehr zu offenbaren; *) Colosser 3, 11.

29. Und segne*) uns mit allen deinen Namen bis an der Tag' ihr End' und ewig! Amen. *) Ps. 129, v. 8. 1 Chronika 18, v. 27.

Nic. Ludwig v. Zinzendorf.

Bitte um guten Wind.

Amos 4, v. 13. Siehe, Er ist's, der die Berge macht, den Wind schaffet, und zeiget dem Menschen, was er reden soll. Er macht die Morgenröthe und die Finsterniß; er tritt auf den Höhen der Erde; er heißt Herr, Gott Zebaoth.

Mel. Herzlich thut mich verlangen.

1943. Wir heben unsre Augen zu dir, o Gott! allein; kein Rath kann sonsten taugen, wirst du nicht um uns seyn. Der Wind liegt gänzlich stille, wir können nirgend fort; uns hilft nicht Müh' noch Wille, noch Kunst an unsern Port.

2. Herr! der du auf den Winden und ihren Flügeln fährst und ihren Lauf kannst binden, so oft du es begehrst; ja, der du sie läßt kommen aus ihrer Heimlichkeit, die noch kein Mensch vernommen: steh' auch von uns nicht weit!

3. Du wirst dich nicht abkehren von unserm heißen Flehn; wie Knecht' auf ihren Herren in Noth und Armuth sehn, wie Mägd' auf ihre Frauen in ihrer Sorg' und Noth allein nach Rettung schauen: so sehn wir auch auf Gott.

4. Herr, Herr! ach, sey uns gnädig, die Kraft und Macht ist dein; laß nicht die Segel ledig; gieb guten Wind hinein, der uns den Richtsteig zeige zugleich, so nah' als weit. Herr! fördre diese Reise durch deine Gütigkeit!

Heinrich Held.

An einem allgemeinen Bußtage.

Baruch 2, v. 19. 20. Herr unser Gott, wir liegen vor dir mit unserm Gebet; nicht von wegen der Gerechtigkeit unserer Väter und unserer Könige, sondern von wegen deiner Barmherzigkeit.

Mel. Wer nur den lieben Gott läßt walten.

1944. Wir liegen hier zu deinen Füßen, ach Herr, von großer Güt' und Treu'! und fühlen leider im Gewissen, wie sehr dein Zorn entbrennet sey. Das Maaß der Sünden ist erfüllt. Ach! weh' uns, wenn du strafen willt!

2. Du bist gerecht, wir lauter Sünder: wie wollen wir vor dir besteh'n? Wir sind die ungerath'nen Kinder, die nur auf Höllen-Wegen geh'n. Kein Wunder, wenn uns Pest und Schwert und Hunger längstens aufgezehrt.

3. Doch, Vater! denk' an deinen Namen, gedenk' an deinen lieben Sohn. Dein Wort heißt immer Ja und Amen, dein Eidschwur zeuget selbst davon. Du willst der Sünder Tod ja nicht. Ach, geh' nicht mit uns in's Gericht!

4. Wir liegen vor dir in dem Staube, und unser Herz ist ganz zerknirscht, nur tröstet uns allein der Glaube, daß du dich noch erbarmen wirst. Ach, hast du noch ein Vaterherz, so siehe doch auf unsern Schmerz.

5. Der Mittler steht ja in der Mitten, wir schau'n zu seinen Wunden auf; Er hat für unsre Schuld gelitten, und leistet dir die Zahlung d'rauf. Verbirgst du deinen Gnadenschein, so muß sein Blut verloren seyn.

6. Das theure Blut von deinem Sohne schrei't für uns um Barmherzigkeit. Schau' doch von deinem Gnadenthrone, und denke noch der alten Zeit, da du auch Gnade hast erzeigt, dein Herz dem Sünder zugeneigt.

7. Ach, laß die wohlverdiente Strafe nicht über unsre Häupter geh'n, daß wir nicht, als verlorne Schaafe, von deiner Huld verlassen steh'n. Ach, sammle uns in deinen Schooß und mach' uns aller Plagen los.

8. Steck' ein das Schwert, das uns will fressen, den Würger laß vorübergeh'n. Gieb

deinen Kindern Brot zu essen, laß keine solche Zeit entsteh'n, daß man dein Wort uns theuer macht, und unser Herz dabei verschmacht't.

9. Gieb Fried' im Land' und im Gewissen, gesunde Luft, wohlfeile Zeit, laß Lieb' und Treu' sich stetig küssen, und förd're die Gerechtigkeit. Krön' unser Feld mit deinem Gut, nimm Kirch' und Haus in deine Hut.

10. So wollen wir dir Opfer bringen, und deine seyn mit Leib und Seel'. Es soll dein Lob gen Himmel dringen, und dein erlöstes Israel wird in der Hütte Jakobs schrei'n: der Herr soll mein Gott ewig seyn!

Benjamin Schmolck.

Vor dem Genuß des heiligen Abendmahls.

Joh. 6, v. 53. Werdet ihr nicht essen das Fleisch des Menschen Sohnes, und trinken sein Blut, so habt ihr kein Leben in euch.

Mel. Ich dank' dir schon durch deinen Sohn.

1945. Wir liegen, Jesu, höchstes Gut, allhier zu deinen Füßen, und wollen deinen Leib und Blut im Brot und Wein genießen.

2. So nimm nun weg die schwere Schuld, die das Gewissen drücket, daß unser Herz durch deine Huld werd' inniglich erquicket.

3. Laß uns hinfort dein eigen seyn, auf deinen Wegen wallen, so soll dein Nam' und Ruhm allein im Mund' und Herzen schallen.

Vom doppelten Beruf eines Christen.

Sirach 11, v. 20. Bleibe in Gottes Wort und übe dich darinnen, und beharre in deinem Beruf; und laß dich nicht irren, wie die Gottlosen nach Gut trachten.

Mel. Wer nur den lieben Gott läßt walten.

1946. Wir Menschen leben auf der Erden in diesem oder jenem Stand; doch sollen wir auch selig werden und haben noch ein Vaterland: drum ist für Jeden, wer es sey, Beruf und Arbeit zweierlei.

2. Das Aeußere, darin wir stehen, ist auch von Gott so eingesetzt; wird es nach seinem Wort versehen, bleibt das Gewissen unverletzt, arbeitet man nach Gottes Sinn: so dienet man ihm auch darin.

3. Auch ist an Jesu Gnad' und Segen, bei allem unsern äußern Thun, uns einzig und allein gelegen: wir mögen schaffen oder ruh'n, wir essen, trinken, schlafen ein, so soll's in Jesu Namen seyn.

4. Man muß es auch nicht so verfehlen, daß alle Zeit nur darauf geh'; sonst nimmt man Schaden an der Seelen, und zeitlich's Gut bringt ew'ges Weh'. Was hilft's, gewänn' ich auch die Welt, wenn Gott mich einst zur Linken stellt?

5. Der himmlische Beruf ergehet an uns durch's Evangelium. Wer's glaubt und sich dazu verstehet, der ist nun Jesu Eigenthum: dies ist das Hauptwerk, das er treibt, daran er bis an's Ende bleibt.

6. Lernt man nun Jesum besser kennen, erfährt man seine Gnad' und Macht, wird auch das Herz je mehr entbrennen. Nur er, sonst nichts, wird groß geacht't: man sehnt sich nach dem End' der Zeit, und freut sich auf die Ewigkeit.

7. Dies ist das wichtigste Geschäfte, so man nur immer treiben kann. Wer klug ist, wend't die besten Kräfte und seine liebste Zeit daran: er fördert auch an seinem Theil gern Jesu Reich und Andrer Heil.

Johann Jakob v. Moser.

Von Jesu, dessen Namen und Aemtern.

Römer 5, v. 17. Denn so um des Einigen Sünde willen der Tod geherrschet hat durch den Einen; vielmehr werden die, so da empfangen die Fülle der Gnade und der Gabe zur Gerechtigkeit, herrschen im Leben, durch den Einen, Jesum Christ.

Mel. Es ist das Heil uns kommen her.

1947. Wir Menschen sind in Adam schon gefallen und verdorben, dadurch wir den gerechten Lohn des Todes uns erworben; das macht, daß man uns Sünder nennt, die sich aus eigner Schuld getrennt von Gott, dem wahren Leben.

2. Dies ist der Name, der uns macht vor Gott zu Spott und Schande, der uns um unsern Schmuck gebracht, gelegt in Strick und Bande, mit Fluch und Finsterniß bedeckt, und uns mit Tod und Hölle schreckt; o jammervoller Name!

3. Niemand war in der ganzen Welt, der uns durch seinen Namen befreien könnt', als nur der Held, der, als des Weibes Saamen, sich bei uns in der Füll' der Zeit aus der verborg'nen Ewigkeit im Fleisch' hat eingestellet.

4. Sein Name heißet Jesus Christ, von Gott selbst so genennet, der mir und dir, und wer es ist, dies große Heil gegönnet. Ach, nimm es ungesäumet an, es freue sich, wer immer kann, des friedenvollen Namens!

5. Dies ist der Name, der uns bringt vor Gott aufs Neu' zu Ehren, der, wie das Chor der Engel singt, uns Freude kann bescheren, der uns in Fried' und Freiheit setzt, mit Gnad' und Gaben uns ergötzt und in den Himmel hebet.

6. Denn Jesus ist's, der unsre Schuld, sammt aller Straf' und Plagen — o unerhörte Lieb' und Huld! — hat willig wollen tragen. Er war gerecht und ließ doch sich zur Sünde machen, daß du dich in ihm gerecht kannst nennen.

7. So heißt er denn nicht Jesus nur, er ist auch, was er heißet, indem er unsere Natur aus allem Jammer reißet. Die That stimmt mit dem Namen ein, er heißt und will auch Heiland seyn, er heißt und ist auch Jesus.

8. Er ist der rechte Josua, der uns zur Ruhe bringet; er, als der Priester, ist nun da, dem Alles wohl gelinget, daß er des Herren Tempel baut, an welchem man ihn selber schaut als Grund und Eckstein liegen.

9. Drum ist in keinem Andern Heil, ist auch kein Nam' gegeben, darin wir könnten nehmen Theil an Seligkeit und Leben; nur Jesus ist derselbe Mann, der uns das Leben schenken kann: gelobet sey sein Name!

10. O Name, werde doch in mir durch Gottes Geist verkläret; weil, was verborgen liegt in dir, kein menschlich Herz erfähret: denn die Vernunft begreift es nicht; ohn' Gottes Glanz und Gnadenlicht bleibt es unaufgeschlossen.

11. Laß mich empfinden deine Kraft und innre Süßigkeiten; und was dein Name Gutes schafft, laß sich in mir ausbreiten: so wird der Sünden Noth gewehrt, so wird die Last in Lust verkehrt, so bin ich selig, Amen.

Johann Anastasius Freylinghausen.

Vom Worte Gottes.

Ebräer 1, v. 1. 2. Nachdem vor Zeiten Gott manchmal und mancherlei Weise geredet hat zu den Vätern durch die Propheten; hat er am letzten in diesen Tagen zu uns geredet durch den Sohn, welchen er gesetzt hat zum Erben über Alles, durch welchen er auch die Welt gemacht hat.

Mel. Es ist das Heil uns kommen her.

1948. Wir Menschen sind zu dem, o Gott, was geistlich ist, untüchtig; dein Wesen, Wille und Gebot ist viel zu hoch und wichtig: wir wissen's und verstehen's nicht, wo uns dein göttlich Wort und Licht den Weg zu dir nicht weiset.

2. D'rum sind vor Zeiten ausgesandt Propheten, deine Knechte, daß durch dieselben würd' bekannt dein heil'ger Will' und Rechte. Zum letzten ist dein ein'ger Sohn, o Vater! von des Himmels Thron selbst kommen, uns zu lehren.

3. Für solches Heil sey, Herr, gepreist, laß uns dabei verbleiben und gieb uns deinen heil'gen Geist, daß wir dem Worte gläuben, dasselb' annehmen jederzeit mit Sanftmuth, Ehre, Lieb' und Freud', als Gottes, nicht der Menschen.

4. Hilf, daß der losen Spötter Hauf' uns nicht vom Wort abwende, denn ihr Gespött', sammt ihnen, d'rauf mit Schrecken nimmt ein Ende. Gieb du selbst deinem Worte Kraft, daß deine Lehre in uns haft', auch reichlich in uns wohne.

5. Oeffn' uns die Ohren und das Herz, daß wir dein Wort recht fassen, in Lieb' und Leid, in Freud' und Schmerz es aus der Acht nicht lassen; daß wir nicht Hörer nur allein des Wortes, sondern Thäter seyn, Frucht hundertfältig bringen.

6. Am Weg' der Saame wird sofort vom Teufel hingenommen; in Fels und Steinen kann das Wort die Wurzel nicht bekommen; der Saam', so in die Dornen fällt, von Sorg' und Wollust dieser Welt verdirbet und erstickt.

7. Ach hilf, Herr, daß wir werden gleich dem guten, fruchtbar'n Lande, und seyn an guten Werken reich in unser'm Amt und Stande, viel Früchte bringen in Geduld, bewahren deine Lehr' und Huld in feinem, guten Herzen.

8. Laß uns, so lang' wir leben hier, den Weg der Sünder meiden; gieb, daß wir halten fest an dir, in Anfechtung und Leiden. Rott' aus die Dornen allzumal, hilf uns die Weltsorg' überall und böse Lüste dämpfen.

9. Dein Wort, o Herr, laß allweg' seyn die Leuchte unsern Füßen, erhalt' es bei uns klar und rein; hilf, daß wir d'raus genießen Kraft, Rath und Trost in aller Noth, daß wir im Leben und im Tod beständig darauf bauen.

10. Gott, Vater, laß zu deiner Ehr' dein Wort sich weit ausbreiten! Hilf, Jesu, daß uns deine Lehr' erleuchten mög' und leiten! O heil'ger Geist, dein göttlich Wort laß in uns wirken fort und fort Glaub', Lieb', Geduld und Hoffnung.

David Denicke.

Weihnachtslied.

Lucä 10, v. 23. 24. Selig sind die Augen, die da sehen, das ihr sehet. Denn ich sage euch: Viele Propheten und Könige wollten sehen, das ihr sehet, und haben es nicht gesehen; und hören, das ihr höret, und haben es nicht gehöret.

Mel. Erschienen ist der herrlich' Tag.

1949. Wir singen dir, Immanuel! du Lebensfürst und Gnaden-quell, du Himmelsblum' und Morgenstern, du Jungfrau'n Sohn, Herr aller Herrn. Hallelujah!

2. Wir singen dir in deinem Heer' aus aller Kraft Lob, Preis und Ehr', daß du, o längst gewünschter Gast, dich nunmehr eingestellet hast. Hallelujah!

3. Von Anfang, da die Welt gemacht, hat so manch Herz nach dir getracht't, dich hat gehofft so lange Jahr' der Väter und Propheten Schaar. Hallelujah!

4. Vor andern hat dein hoch begehrt der Hirt' und König deiner Heerd', der Mann, der dir so wohl gefiel, wenn er dir sang auf Saitenspiel. Hallelujah!

5. Ach, daß der Herr aus Zion käm' und unsre Bande von uns nähm'! Ach, daß die Hülfe bräch' herein, so würde Jacob fröhlich seyn. Hallelujah!

6. Nun bist du hier, da liegest du, hältst in dem Kripplein deine Ruh'; bist klein, und machst doch Alles groß, bekleid'st die Welt und kommst doch bloß. Hallelujah!

7. Du kehrst in fremder Hausung ein, und sind doch alle Himmel dein, trinkst Milch aus eines Menschen Brust, und bist doch aller Engel Lust. Hallelujah!

8. Du hast dem Meer sein Ziel gesteckt und wirst mit Windeln zugedeckt, bist Gott, und liegst auf Heu und Stroh; wirst Mensch, und bist doch A und O. Hallelujah!

9. Du bist der Ursprung aller Freud', und duldest so viel Herzeleid; bist aller Heiden Trost und Licht, suchst selber Trost und find'st ihn nicht. Hallelujah!

10. Du bist der süß'ste Menschenfreund, doch sind dir so viel Menschen feind; Herodis Herz hält dich für Greu'l und bist doch nichts, als lauter Heil. Hallelujah!

11. Ich aber, dein geringster Knecht, ich sag' es frei und mein' es recht: ich liebe dich, doch nicht so viel, als ich dich gerne lieben will. Hallelujah!

12. Der Will' ist da, die Kraft ist klein, doch wird dir nicht zuwider seyn mein armes Herz, und was es kann, wirst du in Gnaden nehmen an. Hallelujah!

13. Hast du doch selbst dich schwach gemacht, erwähltest, was die Welt veracht't, warst arm und dürftig, nahmst fürlieb, da wo der Mangel dich hintrieb. Hallelujah!

14. Du schliefst ja auf der Erde Schooß, so war dein Kripplein auch nicht groß; der Stall, das Heu, das dich umfing, war alles schlecht und sehr gering. Hallelujah!

15. Darum so hab' ich guten Muth, du wirst auch halten mich für gut. O Jesulein, dein frommer Sinn macht, daß ich so voll Trostes bin. Hallelujah!

16. Bin ich gleich sünd- und lastervoll, hab' ich gelebt nicht, wie ich soll; ei, kommst du doch deswegen her, daß sich der Sünder zu dir kehr'. Hallelujah!

17. Hätt' ich nicht auf mir Sündenschuld, hätt' ich kein'n Theil an deiner Huld; vergeblich wärst du mir gebor'n, wenn ich nicht wär' in Gottes Zorn. Hallelujah!

18. So faß' ich dich nun ohne Scheu, du machst mich alles Jammers frei. Du trägst den Zorn, du würgst den Tod, verkehrst in Freud' all' Angst und Noth. Hallelujah!

19. Du bist mein Haupt, hinwiederum bin ich dein Glied und Eigenthum, und will, so viel dein Geist mir giebt, stets dienen dir, wie dir's beliebt. Hallelujah!

20. Ich will dein Hallelujah hier mit Freuden singen für und für, und dort in deinem Ehren-Saal soll's schallen ohne Zeit und Zahl. Hallelujah!

Paul Gerhard.

Sehnsucht nach der Zukunft Christi.

1 Thessal. 1, v. 10. Und zu warten seines Sohnes vom Himmel, welchen er auferwecket hat von den Todten, Jesum, der uns von dem zukünftigen Zorn erlöset hat.

Mel. Was Gott thut, das ist wohlgethan.

1950. Wir warten dein, o Gottes Sohn, und lieben dein Erscheinen; wir wissen dich auf deinem Thron und nennen uns die Deinen. Wer an dich glaubt, erhebt sein Haupt und siehet dir entgegen; du kommst uns ja zum Segen.

2. Wir warten deiner mit Geduld in unsern Leidenstagen. Wir trösten uns, daß du die Schuld am Kreuz hast abgetragen; so können wir nun gern mit dir uns auch zum Kreuz bequemen, bis du es weg wirst nehmen.

3. Wir warten dein, du hast uns ja das Herz schon hingenommen. Du bist uns zwar im Geiste nah', doch sollst du sichtbar kommen, da willst uns du bei dir auch Ruh', bei dir auch Freude geben, bei dir ein herrlich's Leben.

4. Wir warten dein, du kommst gewiß; die Zeit ist bald vergangen. Wir freuen uns

uns schon über dies, was sehnlich wir verlangen. Was wird gescheh'n, wenn wir dich seh'n, wenn du uns heim wirst bringen, wenn wir dir ewig singen?

M. Philipp Friedrich Hiller.

Trostlied für verzagte, aber dabei reuige Sünder.

Psalm 130, v. 7. 8. Bei dem Herrn ist die Gnade, und viel Erlösung bei ihm, und Er wird Israel erlösen aus allen seinen Sünden.

Mel. Herzlich thut mich verlangen.

1951. Wißt ihr kein Herz zu fassen? habt ihr nicht Glaubensmuth, getrost euch zu verlassen auf Christi Kreuz und Blut! ist Angst und Furcht und Zagen in eurer Seel' erwacht? könnt ihr die Schuld nicht tragen? quält sie euch Tag und Nacht?

2. O hört es, Menschenkinder! hör' es, du weite Welt! Rath ist für jeden Sünder, der reu'voll niederfällt, der mit gebeugtem Herzen vor Christo liegt im Staub; gebüßt hat Er die Schmerzen, für uns des Todes Raub.

3. Erfuhr es nicht der Schächer dort an des Kreuzes Stamm? er starb als ein Verbrecher; für ihn starb Gottes Lamm. Er glaubte und bekannte vor Allen Ihn, den Herrn; als er zum Herrn sich wandte, verzieh der Herr ihm gern.

4. O Menschen, Sünder, Alle, erkennet eure Schuld! steht auf vom tiefen Falle, sinkt in den Arm der Huld! durch den ist Heil erworben, der einst im Fleisch erschien, am Kreuz für euch gestorben; getrost vertraut auf ihn.

5. Fallt vor ihm hin und weinet, bereu't, was ihr gethan, und fleht, bis er erscheinet! er nimmt die Sünder an. Kühn dürft ihr auf ihn hoffen; drum euch zu ihm gewandt! noch stehn die Arme offen, am Kreuz einst ausgespannt.

Karl August Döring.

Nur bei Christo ist Ruhe und Rettung zu finden.

Sacharja 13, v. 6—9. Was sind das für Wunden in deinen Händen? rc.

Mel. Herzliebster Jesu! was hast du verbrochen?

1952. Wo find' ich Ruhe, wenn der Sünde Schmerzen umher mich treiben, nagen tief im Herzen? Wo wird für mich die Linderung gefunden? In Christi Wunden!

2. Wo flieh' ich hin, wenn Trübsal, Noth und Plage, wie Nacht, verdunkeln meine Lebenstage? Wohin, wohin in harten Prüfungsstunden? In Christi Wunden!

3. Wie rett' ich mich, wenn meine Feinde toben? wenn Schaar auf Schaar sich wider mich erhoben? Wie wird des Hasses Drang in mir gebunden? In Christi Wunden!

4. Wo find' ich Schutz, wenn mich Verführer reizen, wenn in mir wilde Lüste sich durchkreuzen? Wo kann mein Herz erstarken und gesunden? In Christi Wunden!

5. Wohin, ach! fliehet, wer zurückgesunken, auf's Neue von dem Taumelkelch getrunken, wenn Welt und Fleisch ihn wieder überwunden? Zu Christi Wunden!

6. Was tröstet mich, wenn aller Trost mir fehlet, wenn Kleinmuth, Zweifel meine Seele quälet, wenn Licht und freud'ges Glauben ihr entschwunden? Nur Christi Wunden!

7. Wer hilft, wenn mit dem letzten Feind ich kriege? wer hilft, daß ich im Todeskampfe siege? Ich weiß mir keine Freistadt zu erkunden, als Christi Wunden!

8. Und wenn ich vor dem Richterstuhl muß stehen, wer hilft mir dann die Seligkeit erflehen? Dort rettet nichts, als die verklärten Wunden, als Christi Wunden!

Karl August Döring.

Zuflucht des Sünders zu Christo.

Römer 10, v. 4. Christus ist des Gesetzes Ende, wer an den glaubt, der ist gerecht.

Mel. Durch Adams Fall ist ganz verderbt.

1953. Wo fliehst du, armer Sünder, hin? wie ist dir nun zu rathen? du sprichst: „weil ich beladen bin mit tausend Missethaten, so wird mich doch dies schwere Joch bis in die Hölle drücken.“ Sey gutes Muth's, viel tausend Gut's soll dich mit Trost erquicken!

2. Wer hofft in Gott und dem vertraut, darf nimmermehr verzagen. Er hat auf einen Fels gebaut, den kann kein Sturm zerschlagen; will Sünd' und Noth, will Höll' und Tod ihn zur Verzweiflung treiben, so steh' er fest, denn Jesus läßt ihn ohne Trost nicht bleiben.

3. Wie könnte doch der liebe Gott das in sein Herze bringen, daß wir in unsrer Seelen-Noth so hülflos untergingen? Er ist ja schon durch seinen Sohn versöhnet mit uns Armen: wenn wir auf den im Glauben sehn, so muß sich Gott erbarmen.

4. Drum, Sünder! drückt dich deine Schuld, so falle Gott zu Füße: es folgt ge-

wisse Gnad' und Huld auf wahre Reu' und Buße: des Glaubens Kraft, die Alles schafft, weiß Gottes Herz zu fassen; dasselbe bricht und kann dich nicht zu Schanden werden lassen.

5. So tröste dich, erlös'ter Christ! wie groß auch sey dein Schade: obgleich die Sünde mächtig ist, viel mächt'ger ist die Gnade: denn Christi Blut macht Alles gut; was er damit erworben, mißt dir Gott zu, als wärest du, wie Christus selbst, gestorben. M. Erdmann Neumeister.

Von der christlichen Kirche.

Psalm 124, v. 6—8. Gelobet sey der Herr, daß er uns nicht giebt zum Raube in ihre Zähne. Unsere Seele ist entronnen, wie ein Vogel dem Strick des Voglers; der Strick ist zerrissen, und wir sind los. Unsere Hülfe stehet im Namen des Herrn, der Himmel und Erde gemacht hat.

In eigener Melodie.

1954. Wo Gott, der Herr, nicht bei uns hält, wenn unsre Feinde toben, und unsrer Sach' er nicht zufällt, im Himmel hoch dort oben; wo er Israels Schutz nicht ist und selber bricht der Feinde List: so ist's mit uns verloren.

2. Was Menschenkraft und Witz anfäht, soll billig uns nicht schrecken; Er sitzet an der höchsten Stätt', der wird ihr'n Rath aufdecken. Wenn sie's auf's Klügste greifen an, so geht doch Gott ein' and're Bahn, es steht in seinen Händen.

3. Sie wüthen fast und fahren her, als wollten sie uns fressen, zu würgen steht all' ihr Begehr, Gott ist bei ihn'n vergessen. Wie Meereswellen einhergeh'n, nach Leib und Leben sie uns steh'n, deß wird sich Gott erbarmen!

4. Sie stellen uns wie Ketzern nach, nach unserm Blut sie trachten; noch rühmen sie sich Christen auch, die Gott allein groß achten. Ach Gott! der theure Name dein muß ihrer Schalkheit Deckel seyn, du wirst einmal aufwachen.

5. Aufsperren sie den Rachen weit, und wollen uns verschlingen. Lob und Dank sey Gott allezeit, es wird ihn'n nicht gelingen. Er wird ihr'n Strick zerreißen gar und stürzen ihre falsche Lahr'*), sie werden's Gott nicht wehren.

*) Lehre.

6. Ach, Herr Gott! wie reich tröstest du, die gänzlich sind verlassen! die Gnadenthür steht nimmer zu. Vernunft kann das nicht fassen. Sie spricht: es ist nun All's verlor'n, da doch das Kreuz hat neu gebor'n, die deiner Hülfe warten.

7. Die Feind' sind all' in deiner Hand, dazu all' ihr' Gedanken; ihr' Anschläg' sind dir wohl bekannt; hilf nur, daß wir nicht wanken. Vernunft wider den Glauben ficht, auf's Künft'ge will sie trauen nicht, da du wirst selber trösten.

8. Den Himmel und den Kreis der Erd'n hast du, Herr Gott! gegründet; dein Licht laß hier uns helle werd'n, das Herz laß seyn entzündet in rechter Lieb', im Glauben rein bis an das End' beständig seyn; die Welt laß immer murren. D. Justus Jonas.

Von der Fürsorge Gottes.

Psalm 127, v. 1—5. Wo der Herr nicht das Haus bauet, so arbeiten umsonst, die daran bauen rc.

In eigener Melodie.

1955. Wo Gott zum Haus' nicht giebt sein' Gunst, arbeitet Jedermann umsonst; wo Gott die Stadt nicht selbst bewacht, so ist umsonst der Wächter Wacht.

2. Vergebens, daß ihr früh' aufsteht, dazu mit Sorgen schlafen geht und eßt eu'r Brot mit Ungemach; denn, wem's Gott gönnt, giebt er's im Schlaf.

3. Nun sind sein' Erben uns're Kind, die uns von ihm gegeben sind; gleich wie die Pfeil' in's Starken Hand, so ist die Jugend Gott bekannt.

4. Es soll und muß dem g'schehen wohl, der dieser hat sein'n Köcher voll*); sie werden nicht zu Schand' und Spott; vor ihrem Feind bewahrt sie Gott.

*) der viel wohlgerathene Kinder hat.

5. Ehr' sey dem Vater und dem Sohn, samt heil'gem Geist in Einem Thron, welch's ihm also auch sey bereit't von nun an bis in Ewigkeit. Johann Kohlros.

Von der Beständigkeit im Glauben.

Johannis 6, v. 68 69. Herr, wohin sollen wir gehen? Du hast Worte des ewigen Lebens; und wir haben geglaubet und erkannt, daß Du bist Christus, der Sohn des lebendigen Gottes.

Mel. Aus tiefer Noth schrei' ich zu dir.

1956. Wohin, mein Heiland! soll ich geh'n, seitdem ich dich gefunden? auf wessen Hülfe soll ich seh'n, seit du dich mir verbunden? Was anders kann mein Herz erfreu'n, als Du, mein Jesu, ganz allein und deines Lebens Worte?

2. Ich war betrübt und schwach und arm, da wardst du meine Sonne; ich war versenkt in Schmerz und Harm — du füllest mich mit Wonne; ich war ein Rohr,

das bald zerbricht — da wurdest du mein Fels und Licht, mein Freund und mein Erlöser.

3. Du sahst mich an in meiner Noth und kamst voll Huld und Segen; du zeigtest mir dein Morgenroth, zogst mich zu Gottes Wegen; du stiegst für mich zur Erd' herab, nahmst mir der Knechtschaft Fesseln ab und starbst für mich am Kreuze!

4. Was ist nun alle Pracht der Welt mit ihrem Schmuck und Ruhme, der doch vergeht und bald zerfällt, gleichwie des Grases Blume? Mir winkt ein and'rer Schmuck und Ruhm, der ist und bleibt mein Eigenthum, heut', gestern und auf ewig.

5. Du bist's, Herr Jesu! reich und treu, voll Herrlichkeit und Gnaden; Du machst mich alles Kummers frei, heilst mich von allem Schaden; Du weckst mich von den Todten auf, führst selbst mich aus der Gruft herauf und schenkst mir neues Leben.

6. Du sprichst so mild und sanft zu mir, vergiebst mir meine Sünde, eröffnest mir des Himmels Thür, machst mich zu Gottes Kinde, drückst mich an deine Liebesbrust und tränkst mich stets mit Fried' und Lust und stillst des Jammers Thränen.

7. Nun wein' ich Dankesthränen dir und will sie ewig weinen; dein bleiben will ich für und für, mich ganz mit dir vereinen; dir folg' ich gern und willig nach, nicht Freud' und Leid, nicht Ehr' und Schmach soll je von dir mich scheiden.

8. O, gieb mir deines Geistes Kraft, sey meines Lebens Leben; sey du's, der in mir Alles schafft: dir hab' ich mich ergeben; gieb deine Lieb' in meinen Sinn, sey du mein Hoffen und Gewinn und meiner Schwachheit Stärke!

9. Wenn's draußen dann auch stürmt und kracht und mich der Feind will fassen: so weiß ich, daß dein Auge wacht, du kannst mich nicht verlassen! Wie sollt' ich nun noch traurig seyn? Du bist ja mein, und ich bin dein — und ohne dich verloren!

Gustav Friedrich Ludwig Knak.

Der reuige Sünder eilet zu Christo.

Ebräer 4, v. 15. 16: Denn wir haben nicht einen Hohenpriester, der nicht könnte Mitleiden haben mit unserer Schwachheit; sondern der versucht ist allenthalben gleich wie wir, doch ohne Sünde. Darum lasset uns hinzu treten mit Freudigkeit zu dem Gnadenstuhl, auf daß wir Barmherzigkeit empfangen und Gnade finden, auf die Zeit, wenn uns Hülfe noth seyn wird.

Mel. Auf meinen lieben Gott.

1957. Wohin, mein Herz! wohin? da ich so elend bin! Ich will nach Zion gehen, selbst da vor Gott zu stehen. Ach! werden meine Sünden mich auch wohl dorten finden?

2. Ja wohl, die Schuld ist bloß und meine Bürde groß, die ich nach Zion trage, daß ich gar billig klage: Gott werde so viel Schulden mit nichten für sich dulden.

3. Jedoch getrost mein Sinn! wo ging der Zöllner hin, als ihn die Sünde drückte, und er vor Gott sich bückte? Ist er nicht auch mit Beten zum Tempel eingetreten?

4. So mache dich nur auf und geh' mit vollem Lauf dem Vater in die Armen, er wird sich dein erbarmen, er hört auf jener Stätte der Traurigen Gebete.

5. Dort ist der Stuhl gesetzt, der uns mit Trost ergötzt, besprengt mit Christi Blute, den Traurigen zu gute, die sich mit Reu' und Thränen nach der Vergebung sehnen!

6. Dort ist der Gnadenquell, ach eile! eile schnell, wie sonst die Hirsche dürsten, zu deinem Gnadenfürsten; er hat ein Wort voll Leben: die Sünden sind vergeben!

7. Ach! bring' ihm doch ein Herz voll Angst und voller Schmerz; die Opfer sind's vor Allen, die ihm allein gefallen: wenn Geist und Seele schmachten, will er sie nicht verachten.

8. Dort ist der Sünder-Freund, der es so treulich meint: bist du nun irre gangen, er wartet mit Verlangen; er suchet, laß dich finden; er heilt, laß dich verbinden.

9. Es freut schon Jesus sich, daß er sein Schäflein, dich, wird auf die Achseln legen und dich auf guten Wegen zu seiner Heerde bringen, die wird vor Freuden springen.

10. Der Tisch ist auch bereit't, wo du die Süßigkeit im Brot und Wein wirst schmekken; er will die Tafel decken und dir, zu Trost und Leben, sich selbst zur Köste geben.

11. Ei nun, so walle fort, dein Jesus wartet dort; sobald du ihn wirst sehen, darfst du fünf Worte flehen: Gott sey mir Sünder gnädig! das macht von Sünden ledig.

Benjamin Schmolck.

Vom Gebet.

1 Johannis 3, v. 22. Was wir bitten, werden wir von ihm nehmen, denn wir halten seine Gebote, und thun, was vor ihm gefällig ist.

Mel. Nun danket Alle Gott.

1958. Wohlauf, mein Herz, zu Gott dein' Andacht fröhlich bringe, daß dein Wunsch und Gebet durch alle Wolken dringe, weil dich Gott beten heißt, weil dich sein lieber Sohn so freudig treten heißt vor seinen Gnadenthron.

2. Dein Vater ist's, der dir befohlen hat zu beten; dein Bruder*) ist's, der dich vor ihn getrost heißt treten; der werthe Tröster ist's, der dir die Wort' giebt ein: drum muß auch dein Gebet gewiß erhöret seyn.

*) Ebräer 2, v. 11.

3. Da siehst du Gottes Herz, das dir Nichts kann versagen; sein Mund, sein theures Wort vertreibt ja alles Zagen; was dir unmöglich deucht, kann seine Vaterhand noch geben, die von dir so viel Noth abgewandt.

4. Komm nur, komm freudig her in Jesu Christi Namen; sprich: lieber Vater! hilf, ich bin dein Kind; sprich: Amen! ich weiß, es wird geschehn, du wirst mich lassen nicht, du wirst, du willst, du kannst thun, was dein Wort verspricht. D. Joh. Olearius.

Zum Palmsonntage.

Sacharja 4, v. 7. Er soll aufführen den ersten Stein, daß man rufen wird: Glück zu! Glück zu!

Mel. Nun danket Alle Gott.

1959. Wohlauf zur Freud' und Lust, ihr Gläubigen und Fromen! des Herren Einzugsfest, sein Krönungstag ist kommen, Glück zu! dem Könige, der seinen Einzug hält, Glück zu! dem Könige, dem Herrscher aller Welt.

2. Gelobet sey der Herr, gelobet sey sein Name, des Herrn Gesegneter, der wahre Weibessaame, und der verheißene Messias, unser Herr; ein wahrer Mensch und Gott, ein Friedefürst ist er!

3. Die Heiden wird der Herr den wahren Frieden lehren, man wird nicht schlagen mehr, nicht schaden noch versehren, und seine Herrschaft wird nun seyn von einem Meer bis an das andere. Ihm sey Lob, Preis und Ehr'!

4. Wohlauf, des Satans Stuhl und Reich muß untergehen, und unsers Königs Reich muß ewiglich bestehen. Ach jauchze, freue dich, du Tochter Zion! sehr; dein König kommt zu dir, gieb ihm doch ja Gehör!

5. Betrübtes Zion, sieh', dein König läßt dir sagen: o Tochter, halte ein zu trauern und zu klagen; dein König kommt zu dir, dein Bräutigam und Freund, ach richte nur auf ihn dein Auge, das da weint.

6. Auf, auf zur Freud' und Lust, ihr Gläubigen und Frommen, des Herren Einzugsfest, sein Krönungstag ist kommen, Glück zu! dem Könige, der seinen Einzug hält, Glück zu! dem Könige, dem Herrscher aller Welt.

Von der Ehrfurcht und von dem Vertrauen gegen Gott.

Psalm 112, v. 1—10. Wohl dem, der den Herrn fürchtet, der große Lust hat zu seinen Geboten. rc.

Mel. Werde munter, mein Gemüthe.

1960. Wohl dem, der den Herren scheuet und sich fürcht't vor seinem Gott; selig, der sich herzlich freuet, zu erfüllen sein Gebot. Wer den Höchsten liebt und ehrt, wird erfahren, wie sich mehrt Alles, was in seinem Leben ihm vom Himmel ist gegeben.

2. Seine Kinder werden stehen wie die Rosen in der Blüth', sein Geschlecht wird einhergehen voller Gnad' und Gottes Güt', und was diesen Leib erhält, wird der Herrscher aller Welt reichlich und mit vollen Händen ihnen in die Häuser senden.

3. Das gerechte Thun der Frommen steht gewiß und wanket nicht; sollt' auch gleich ein Wetter kommen, bleibt doch Gott, der Herr, ihr Licht, tröstet, stärket, schützt und wacht, daß nach ausgestand'ner Nacht und nach hochbetrübtem Weinen Freud' und Sonne wieder scheinen.

4. Gottes Gnade, Huld, Erbarmen bleibt den Frommen immer fest. Wohl dem, der die Noth der Armen sich zu Herzen gehen läßt und mit Liebe Gutes thut; den wird Gott, das höchste Gut, gnädiglich in seinen Armen, als ein lieber Vater warmen.

5. Wenn die schwarzen Wolken blitzen, vor dem Donner in der Luft wird er ohne Sorgen sitzen, wie ein Täublein in der Kluft; er wird bleiben ewiglich, auch wird sein Gedächtniß sich hie und da auf alle Seiten, wie die edlen Zweig', ausbreiten.

6. Wenn das Unglück will ankommen, das die rohen Sünder plagt, bleibt der Muth ihm unbenommen und das Herze unverzagt; unverzagt, ohn' Angst und Pein bleibt das Herze, das sich fein seinem Gott und Herrn ergiebet und die, so verlassen, liebet.

7. Wer Betrübte gern erfreuet, wird vom Höchsten hoch ergötzt; was die milde Hand ausstreuet, wird vom Himmel wohl ersetzt. Wer viel giebt, erlanget viel: was sein Herze wünscht und will, das wird Gott mit gutem Willen schon zu rechter Zeit erfüllen.

8. Aber seines Feindes Freude wird er untergraben seh'n: er, der Feind, vor großem Neide, wird zerbeißen seine Zähn'. Er wird knirschen und mit Grimm solches Glück mißgönnen ihm, und doch damit gar nichts wehren, sondern sich nur selbst verzehren.

Paul Gerhardt.

Vom Gebet.

Matthäi 7, v. 11. So denn ihr, die ihr doch arg seyd, könnet dennoch euren Kindern gute Gaben geben; wie vielmehr wird euer Vater im Himmel Gutes geben denen, die ihn bitten?

Mel. Herr Jesu Christ, mein's Lebens Licht.

1961. Wohl dem, der fest im Glauben steht und in dem Namen Jesu fleht, denn wahrlich, wahrlich, es geschicht, was ihm des Herren Mund verspricht.

2. Doch müssen's Gottes Kinder seyn, die ohne Trug und Heuchelschein zu ihm aufheben heil'ge Händ'; zu solchen er sein Antlitz wend't.

3. Wenn zu dem Vater schreit ein Kind, so höret drauf sein Ohr geschwind; wenn's ihn anspricht in Hungersnoth, versagt er ihm ja nicht das Brot.

4. Ein Vater giebet keinen Stein, wenn seine Kinder hungrig seyn nach Brot, noch tragen sie davon für Fische Schlang' und Skorpion*). *) Luc. 11, v. 11. 12.

5. Also, wer Gott zum Vater hat, der wird erhöret in der That; die*) Sünder aber hört er nicht, er kehrt von ihn'n sein Angesicht. *) unbußfertigen

6. Nur der, der von der Sünd' abtritt und stellet Jesum in die Mitt', der schmekket seiner Bitte Frucht; er findet, was er hat gesucht.

7. Drum bet' und fleh' aus Herzens Grund im Geist und nicht nur mit dem Mund, in Glaubenskraft und Zuversicht um Alles, woran dir's gebricht.

8. Du aber, Jesu, lehre mich zum Vater beten würdiglich, damit ich dadurch früh' und spat in dir erlange Gnad' um Gnad'.

Laurentius Laurenti.

Vom leiblichen und geistlichen Wohl der Frommen.

Johannis 15, v. 15. Euch aber habe ich gesagt, daß ihr Freunde seyd; denn Alles, was ich habe von meinem Vater gehöret, habe ich euch kund gethan.

Mel. Mach's mit mir, Gott! nach deiner Güt'.

1962. Wohl dem, der Gott zum Freunde hat, und ihn vor Allem liebet; der findet bei ihm Trost und Rath, wenn ihn die Welt betrübet; denn Menschengunst fällt wie ein Blatt: wohl dem, der Gott zum Freunde hat!

2. Wohl dem, der herzlich ist vergnügt mit dem, was Gott bescheret, und Unglück mit Geduld besiegt, wenn solches ihn beschweret; er nimmt es an, wie Gott es fügt: wohl dem, der herzlich ist vergnügt.

3. Wohl dem, der fest sich hält an Gott, wenn falsche Zungen stechen, und wenn Verachtung, Hohn und Spott ihm Glimpf und Namen brechen. Gott wird schon finden diese Rott': wohl dem, der fest sich hält an Gott.

4. Wohl dem, der in der Demuth bleibt, und flieht die Prahlereien der Welt, die ihre Thorheit treibt mit Pracht und Schmeicheleien. Den Stolz und Hochmuth Gott zerstäubt: wohl dem, der in der Demuth bleibt.

5. Wohl dem, der nach dem Himmel tracht't und täglich danach ringet und, ob er d'rüber wird verlacht, beständig dennoch singet: Gott ist mein Trost, wenn All's verschmacht't! wohl dem, der nach dem Himmel tracht't.

6. Wohl dem, der Jesum herzlich sucht! wenn ihn die Sünden drücken und Moses im Gesetz ihm flucht, so kann er sich nun schmücken mit Christi Blut und Glaubens-Frucht: wohl dem, der Jesum herzlich sucht!

7. Wohl dem, der Jesum feste hält und tröst't sich seiner Wunden; wenn ihm der Tod sein End' anmeld't und er sein Ziel gefunden, so sey ihm dies zuletzt gestellt: wohl dem, der Jesum feste hält.

8. Nun, Jesu! du, du bleibest mein im Leben und im Sterben; dein Blut und bitt're Todespein läßt mich den Himmel erben. Dies ist und bleibt mein Trost allein. Nun, Jesu! du, du bleibest mein!

M. Christian Gerber.

Reiselied.

Psalm 48, v. 15. Daß dieser Gott sey unser Gott immer und ewiglich. Er führet uns wie die Jugend.

Mel. Mach's mit mir, Gott! nach deiner Güt'.

1963. Wohl dem, der Gott zum Führer hat auf allen seinen Reisen; er ist ihm selber Rath und That und wird den Weg ihm weisen, den Weg, den er erwählen soll; denn er ist ja erbarmungsvoll.

2. Er wird vor, mit und bei ihm seyn und Mund und Weisheit geben; er giebt zu Allem sein Gedeih'n und wird die Steine heben, die da und dort zur Hind'rung sind. Warum? er ist sein liebes Kind.

3. Der Vater wird ja fort und fort noch alle liebe Morgen von einem bis zum andern Ort für mich, sein Kind, wohl sorgen; er hebt, er trägt und hilft mir aus bis in sein neu erbautes Haus.

4. Herr, geh' mir vor, ich folge dir; laß deinen Weg mich wissen; ich seh' auf dich, o! winke mir und laß mich richtig schließen, um deinen Wink recht zu verstehn und stets nach solchem Wink zu gehn.

5. Ja, leite mich nun aus und ein auf allen meinen Wegen, laß alle Hind'rung — Förd'rung seyn und lauter Heil und Segen, so führ' in Allem mich zur Ruh' und unverrückt dem Himmel zu.

6. Es gehe dann nur immerhin durch Sturm und krause Wellen, wenn ich in deinem Schifflein bin, wird mich kein Sturmwind fällen, weil du mein Steu'rmann selber bist und weil dein Geist mein Führer ist.

7. Geht's gut, laß nichts Vermess'nes ein; geht's schlecht, vertreib' das Zagen; hilfst du, laß dies nur Stärkung seyn, im Glauben mehr zu wagen; doch gieb bei Glaubensfreudigkeit auch kindliche Gelassenheit.

8. So führe mich nur unverrückt recht mitten durch zum Ziele, dabei mein Herz nach Zion blickt, wenn ich das Fleisch noch fühle; so geh' die ganze Pilgrimszeit zu lauter froher Ewigkeit.

Karl Heinrich v. Bogatzky.

Vom süßen Troste Gottes.

Psalm 146, v. 5. Wohl dem, deß Hülfe der Gott Jakobs ist, deß Hoffnung auf den Herrn, seinen Gott, stehet.

Mel. Nun danket Alle Gott.

1964. Wohl dem, der Jakobs Gott zum Helfer sich erwählet, der, was sein Herze kränkt, voll Hoffnung ihm erzählet, der seine Zuversicht fest auf den Herren stellt, der alle Hülfe thut und ewig Glauben hält.

2. Unmöglich ist's, daß den sein' Hoffnung kann betrügen, der Gottes Wahrheit traut, die nimmermehr kann lügen. Der Herr ist gut und fromm, und was sein Wort verspricht, das folget in der That gewiß und fehlet nicht.

3. Wie gut ist's auf den Herrn und nicht auf Menschen bauen! wie eitel, schwach und falsch, wie schnöd' ist das Vertrauen, so sich auf Fleisch verläßt und auf ein Menschenkind, denn auch die Mächtigsten auf Erden sterblich sind.

4. Die sich mit ihrer Noth zu ihren Füßen legen, die müssen Zeugen seyn, wie nichtig ihr Vermögen, wie wandelbar ihr Seyn und ihrer Hoheit Pracht, wie mancher Unglücksfall ihr Können schaamroth macht.

5. Weit sichrer ist mein Trost: ich weiß, an wen ich glaube; trotz daß die größte Noth mir solch Vertrauen raube zu dem, der ewig bleibt, dem rechten Wundermann, dem keine Noth zu groß, der helfen will und kann.

6. In ihm ist meine Seel' in höchster Ruh' und Stille, sein' Hand ist unverkürzt; sein gnadenvoller Wille ist unverändert gut, unendlich seine Kraft, die stets von Alters her hat Hülf' und Rath geschafft.

7. Drum halt' ich mich zu Gott und das ist meine Freude, wenn mein erquicktes Herz nach überstand'nem Leide sich seiner Wohlthat rühmt und ihm mit ganzem Fleiß ein Danklied singen kann, zu seines Namens Preis.

8. Laß du mich nur, mein Gott, dein Lob hier zu erhöhen nicht faul und träge seyn, wie du nie auf mein Flehen zu merken müde wirst und stets, von Kindheit an, so überschwänglich viel an mir hast Gut's gethan.

9. Gieb, daß ich ferner noch an dir fest hangen bleibe, daß weder Glück noch Noth mich von der Bahn abtreibe, die dein Gebot mir weist: gieb neuen Geist und Kraft, zu üben immerdar hier gute Ritterschaft;

10. Daß ich, was übel ist, nicht für mein Wohlseyn achte, noch Fleisch für meinen Arm*), daß ich nach Nichts sonst trachte, als was du selber bist. Ach! nimm, mein Gott, mich mir, entreiße mich der Welt und zieh' mich ganz nach dir. *) Jerem. 17, 5.

11. Laß mich in allem Kreuz und auch im Tode schmecken, wie freundlich du mir bist; laß mich die Schuld nicht schrecken, die Jesus schmerzlich g'nug schon längst an meiner Statt gebüßt und dir, mein Gott, durch sich bezahlet hat.

12. Laß seine Wunden mir alsdann an meinem Ende ein sichres Freischloß seyn, da-

hin mein Geist sich wende, wenn mich mein Herz verdammt, wenn Satan noch zuletzt mich zu berücken sucht und grimmig an mich setzt:

13. Daß, wie ich Jesu hier mich ganz zu eigen gebe, dort, wo er herrscht und lebt, ich ewig mit ihm lebe als sein erkauftes Gut und treue, werthe Braut, die in der Schwachheit hier er sich schon hat vertraut:

14. Daß an dein Freudenort, worin die Sel'gen wohnen, auch ich dich, meinen Gott, in allen drei Personen in deinem klaren Licht vollkommen kennen kann, und mit der Engelschaar ein Danklied stimmen an.

Henriette Katharine v. Gersdorf.

Von der Liebe zu Jesu und zu seinem Worte.

Weisheit 16, v. 26. Dein Wort erhält die, so an dich glauben.

Mel. Herzlich thut mich verlangen.

1965. Wohl dem, der Jesum liebet und dessen Himmelswort; der wird niemals betrübet von's Teufels Höllenmord. Wo Jesus sich befindet, da stehet Alles wohl; wer sich auf Jesum gründet, der lebet lebensvoll.

2. Bist du vielleicht verirret vom rechten Lebensport, hat dich die Welt verwirret: komm, hier ist Gottes Wort; das wird dir klärlich weisen die rechte Tugendbahn, darauf du müssest reisen, wenn du willst himmelan.

3. Bist du vielleicht betrübet, ja wirst du fort und fort in Kreuz und Noth geübet: komm, hier ist Gottes Wort; dies wird dich schon erquicken, daß, wenn gleich Höll' und Welt dich wollten unterdrücken, du doch behältst das Feld.

4. Hast du dich lassen blenden, so daß bald hier, bald dort du tappest an den Wänden: komm, hier ist Gottes Wort; dies machet, daß die Blinden sich zu dem rechten Steg hinwieder können finden von ihrem Irreweg.

5. Wirst du auch gleich geführet durch den stockfinstern Ort, da sonst der Tod regieret: komm, hier ist Gottes Wort, dies ist der Stab und Stecken, mit diesem kannst du dich vor's Teufels List und Schrecken beschützen mächtiglich.

6. Hilf, Jesu, daß ich liebe dein seligmachend Wort, daß ich mich stets d'rin übe; hilf, liebster Seelenhort, daß ich's in meinem Herzen bewahr' durch deine Huld, damit in Kreuzesschmerzen es Frucht trag' in Geduld.

Anna Sophie.
Landgräfinn zu Hessen-Darmstadt.

Trostlied für fromme Eheleute.

Psalm 128, v. 1—6. Wohl dem, der den Herrn fürchtet, und auf seinen Wegen gehet. rc.

Mel. Ich heb' mein' Augen sehnlich auf.
Und: Wo Gott zum Hauf' nicht giebt sein' Gunst.

1966. Wohl dem, der in Gottesfurcht steht und auch auf seinen Wegen geht: dein' eigne Hand dich nähren soll, so lebst du recht und geht dir wohl.

2. Dein Weib wird in dein'm Hause seyn, wie ein Reben voll Trauben fein, und dein' Kinder um deinen Tisch wie Oel-Pflanzen gesund und frisch.

3. Sieh', so reich Segen hangt dem an, wo in Gottesfurcht lebt ein Mann; von ihm läßt der alt' Fluch und Zorn, den Menschenkindern angebor'n.

4. Aus Zion wird Gott segnen dich, daß du wirst schauen stetiglich das Glück der Stadt Jerusalem, vor Gott in Gnaden angenehm.

5. Fristen wird er das Leben dein, und mit Güte stets bei dir seyn, daß du wirst sehen Kindes-Kind, und daß Israel Friede find't.

D. Martin Luther.

Vom Vertrauen auf Gott.

Psalm 37, v. 40 Der Herr wird ihnen beistehen, und wird sie erretten; er wird sie von den Gottlosen erretten, und ihnen helfen; denn sie trauen auf ihn.

Mel. Mach's mit mir, Gott! nach deiner Güt'.

1967. Wohl dem, der sich auf seinen Gott recht kindlich kann verlassen; den mag gleich Sünde, Höll' und Tod und alle Teufel hassen, so bleibt er dennoch wohl vergnügt, wenn er nur Gott zum Freunde kriegt.

2. Die böse Welt mag immerhin mich hier und da befeinden, kann sich nur mein Gemüth und Sinn mit meinem Gott befreunden, frag' ich doch nicht nach ihrem Haß; ist Gott mein Freund, wer thut mir was?

3. Und ob ich gleich darüber oft viel Unglück leiden müssen: so hat Gott gleichwohl unverhofft mich wieder h'rausgerissen. Da lernt' ich erst, daß Gott allein der Menschen bester Freund muß seyn.

4. Ja, wenn gleich meiner Sünden Schuld sich häuft in mir zusammen, wenn sie

mir abspricht, Gottes Huld, und will gleich hier verdammen: so fürcht' ich doch dieselben nie, denn Gott, mein Freund, vertilget sie.

5. Dahero Trotz dem Höllenheer, Trotz auch dem Todesrachen, Trotz aller Welt; mich kann nicht mehr ihr Pochen traurig machen. Gott ist mein Freund, mein Schutz und Rath. Wohl dem, der Gott zum Freunde hat!

Lic. Johann Christoph Ruben.

Vom christlichen Wandel.

Psalm 1, v. 1—6. Wohl dem, der nicht wandelt im Rath der Gottlosen, noch tritt auf den Weg der Sünder, noch sitzet, da die Spötter sitzen 2c.

Mel. Werde munter, mein Gemüthe.

1968. Wohl dem Menschen, der nicht wandelt in gottloser Leute Rath; wohl dem, der nicht unrecht handelt, noch tritt auf der Sünder Pfad; der der Spötter-Freundschaft fleucht und von ihren Sesseln weicht; der hingegen liebt' und ehret, was uns Gott vom Himmel lehret!

2. Wohl dem, der mit Lust und Freude das Gesetz des Höchsten treibt und hier, als auf süßer Weide, Tag und Nacht beständig bleibt; dessen Segen wächst und blüht, wie ein Palmbaum, den man sieht bei den Flüssen an den Seiten seine frischen Zweig' ausbreiten.

3. Also, sag' ich, wird auch grünen, wer in Gottes Wort sich übt; Luft und Erde wird ihm dienen, bis er reife Früchte giebt; seine Blätter werden alt und doch niemals ungestalt't. Gott giebt Glück zu seinen Thaten, was er macht, muß wohl gerathen.

4. Aber wen die Sünd' erfreuet, mit dem geht's viel anders zu; er wird wie die Spreu zerstreuet von dem Wind im schnellen Nu. Wo der Herr sein Häuflein richt't, da bleibt kein Gottloser nicht. Summa: Gott liebt alle Frommen; wer da bös' ist, muß umkommen.

Paul Gerhardt.

Das glückliche Haus.

Lucä 19, v. 5—9. (v. 9.) Heute ist diesem Hause Heil widerfahren.

Mel. Wo Gott zum Haus' nicht giebt sein' Gunst.

1969. Wohl einem Haus', da Jesus Christ allein das All in Allem ist. Ja, wenn er nicht darinnen wär', wie elend wär's, wie arm und leer!

2. Wohl, wenn sich Mann und Weib und Kind in Einem Glaubenssinn verbind't, zu dienen ihrem Herrn und Gott, nach seinem Willen und Gebot!

3. Wohl, wenn ein solches Haus der Welt ein Vorbild vor die Augen stellt, daß ohne Gottesdienst im Geist das äuß're Werk Nichts ist und heißt!

4. Wohl, wenn das Räuchwerk und Gebet beständig in die Höhe geht, und man nichts treibet fort und fort, als Gottes Wort, als Gottes Wort!

5. Wohl, wenn im äußerlichen Stand mit fleißiger, getreuer Hand ein Jegliches nach seiner Art im Glauben seine Hut bewahrt!

6. Wohl, wenn die Eltern gläubig seyn, versäumen ihre Kinderlein auch nicht an ihrem ew'gen Glück, so bleibet ihrer Kein's zurück!

7. Wohl solchem Haus'! denn es gedeiht; die Eltern werden hoch erfreut; und denen Kindern sieht man's an, wie Gott die Seinen segnen kann.

8. So mach' ich denn zu dieser Stund' sammt meinem Hause diesen Bund: wenn alles Volk vom Herrn abwich*), doch dienen wir ihm ewiglich.

*) Jos. 24, v. 15.

Christoph Karl Ludwig v. Pfeil.

Trauungslied.

Tobia 7, v. 15. Der Gott Abrahams, der Gott Isaaks und der Gott Jakobs sey mit euch, und helfe euch zusammen, und gebe seinen Segen reichlich über euch.

Mel. O Gott, du frommer Gott!

1970. Wohl euch, ihr habt es gut, die Gottes Hand verbindet, wenn Glaub' und Liebe sich, nebst Hoffnung bei euch findet! Gott spricht durch seinen Knecht das Wort des Bundes aus; sein Segen bauet euch ein sichres, festes Haus.

2. Wohl dir, du hast es gut, o Mann von Treu' und Ehren! du wirst, nach Gottes Wort, durch Arbeit dich ernähren, geliebter Bräutigam! nur bleibe fromm und treu, damit des Herren Huld und Segen bei dir sey.

3. Wohl dir, du hast es gut! dein Stand ist Gott beliebet, o Schwester, liebe Braut! nimm an, was Gott dir giebet: du wirst ein Weinstock seyn um deines Mannes Haus, dein Saame breite sich in tausend Zweigen aus.

4. Wohl euch, ihr habt es gut, ihr gottergebnen Beide! Gott überschütte euch mit Segen, Heil und Freude, Gott schenk' euch Leibesfrucht und zieh' sie in die Höh' als Zweige um den Tisch, als Früchte keuscher Eh'.

5. Wohl euch, ihr habt es gut, der Herr will bei euch bleiben und euren Namen in das Buch des Lebens schreiben: die Kirche Christi soll durch euch erbauet stehn, gedenkt daran, so folgt euch alles Wohlergehn.

D. Valentin Ernst Löscher.

Blicke in jenes Leben.

Offenb. 21, v. 7. Wer überwindet, der wird es Alles ererben; und Ich werde sein Gott seyn, und er wird mein Sohn seyn.

Mel. O wie selig seyd ihr doch, ihr Frommen.

1971. Wohl! ich kann die Bande niederlegen. Sel'ge Geister, kommt mir doch entgegen, die ihr im Frieden schon vor mir aus dieser Welt geschieden!

2. Wunderbar verklärtes Angesichte! Wiederschein vom allerhell'sten Lichte! durch diese Blicke schlägt ein Glanz von Gottes Strahl zurücke.

3. Ach! wie funkeln dort die Sternenkronen, welches Schimmern mächt'ger Engel-Thronen. Von diesen Chören kann ich schon das dreimal Heilig hören.

4. Hohes Lied der starken Siegestöne! Himmels-Pracht, mit der ich mich bekröne! Ich bin erquicket, und vom Strom der Freudenfluth entzücket.

5. Ach! so bald mich Lebensbäche tränken, hör' ich auf an Tod und Welt zu denken. Wen sie berühren, kann der Qual Gedächtniß leicht verlieren.

6. Quelle, Meer und Abgrund reinster Lüste! wenn ein Mensch dein frohes Wallen wüßte, möcht' er in Zähren aufgelöst und hier zu seyn begehren.

7. Majestät! der Ehrfurcht heil'ges Schrecken heißet mich mein blödes Auge decken, die mich erschüttert, daß mein Geist bei vollem Jauchzen zittert.

8. Regung, Glut und Andacht wird erwecket, wenn das Lamm die Wundenmaal' entdecket. Ihr Zungen, schweiget, weil die Wonne unaussprechlich steiget!

D. Johann Valentin Pietsch.

Freudigkeit im Sterben.

Weish. Sal. 4, v. 7. Der Gerechte, ob er gleich zu zeitlich stirbt, ist er doch in der Ruhe.

Mel. Es ist gewißlich an der Zeit.

1972. Wohl mir, ich geh' zur Ruhe hin; mein Glaube hat gewonnen! durch dich, erhöhter Heiland! bin ich allem Zorn entronnen. Dir bring' ich Lob und Dank dafür: wie groß, wie reich war auch an mir dein göttliches Erbarmen!

2. Einst lebt' ich elend ohne dich, so lang' ich dich nicht kannte. Herr! meiner Sünden schäm' ich mich, beseufze ihre Bande; doch deine treue Liebe wich nie ganz, sie drang mit Macht in mich, ich mußte zu dir fliehen.

3. Da nahmst du mich mit Sanftmuth an, bereit, die Schuld zu schenken; was ich von Jugend auf gethan, willst du nicht mehr gedenken. Ein Sünderfreund, der so verzeiht, so tröstet und so ganz befreit, hat nirgend seines Gleichen.

4. So darf ich denn, von dir erlöst, nur dir mich überlassen und, sonst von allem Trost entblößt, die Hoffnung sicher fassen: in jener Welt erzeigst du mir noch mehr und herrlicher als hier Barmherzigkeit und Güte.

5. In dieser süßen Hoffnung bloß besieg' ich alles Grauen: warum? — dich, Mittler! hoch und groß, darf ich begnadigt schauen. Du kommst, du kommst, ich zage nicht: du bleibst ja einst auch im Gericht als Richter noch Erlöser.

6. Drum schließ' ich sanft die Augen zu, befehl' dir meine Seele: die nimmst und die bewahrest du; ach, diese theure Seele, um die du selbst am Kreuze rangst in Martern und in Todesangst, kannst nimmer du verlassen.

Johann Gottfried Schöner.

Seligkeit der Kinder Gottes in diesem Leben.

Psalm 32, v. 1. Wohl dem, dem die Uebertretungen vergeben sind, dem die Sünde bedecket ist.

Mel. Alle Menschen müssen sterben.

1973. Wohl mir! Jesu Christi Wunden haben mich nun frei gemacht. Ach, wie hart war ich gebunden! ach, wie finster war die Nacht, die mein Herz mit Sorgen quälte, da mir Gott und Alles fehlte. Sündenschuld und Seelennoth machte mich lebendig todt.

2. Wohl mir, wohl mir! meine Ketten sind entzwei, und ich bin los. Christi seliges Erretten macht mir Muth und Freude groß. Ach, wie tief lag ich gefangen! nun bin ich herausgegangen, und das süße Tageslicht strahlt in's Herz und Angesicht.

3. Wohl mir! alle meine Sünden seh' ich durch des Lammes Blut weichen, sinken und verschwinden; mein vor Gott erschrockner Muth, steigt getrost aus seinem Staube, schöpfet Lust und singt: ich glaube! Angst

und Schulden sind dahin, weil ich arm und gläubig bin. Matth 5, v. 3. 6.

4. Wohl mir! ich kann ruhig schlafen, und mein Herz ist sorgenfrei: denn ich fürchte keine Strafen. Ja, nun weiß ich, was es sey: Gottes Gnade zu genießen und mit freudigem Gewissen frei und fröhlich aufzustehn, sicher aus- und einzugehn.

5. Wohl mir! denn ich trink' und esse, als des Vaters Kind und Gast. Ich bin selig, ich vergesse meiner Noth, der Seelenlast. Und wenn ich der Arbeit warte: so verschwindet mir das Harte. Der sich für mich kreuz'gen ließ, macht mir Alles leicht und süß.

6. Wohl mir! denn der Hölle Flammen sind durch Christi Blut erstickt. Wer will mich hinfort verdammen, da mich Jesus angeblickt? denn ich hab' in seinen Wunden ewige Erlösung funden. Diese bleibt mir allezeit; diese gilt in Ewigkeit.

Ernst Gottlieb Woltersdorf.

Abendmahlslied.

Sirach 24, v. 25—29. Kommt her zu mir, Alle, die ihr meiner begehret, und sättigt euch von meinen Früchten. Meine Predigt ist süßer, denn Honig, und meine Gabe süßer, denn Honigseim. Wer von mir isset, den hungert immer nach mir, und wer von mir trinkt, den dürstet immer nach mir.

Mel. Herr! ich habe mißgehandelt.

1974. Wohl mir: Jesus, meine Freude, ladet mich zu seinem Mahl. Auf, mein Herz, und dich bereite, eile zu dem Kirchen-Saal! laß dein'n Eifer nicht erkalten, Jesus will das Nachtmahl halten.

2. Auf, mein Herz! in freud'gem Springen eile deinem Jesu zu! auf, dir soll es jetzt gelingen: hier ist wahre Seelenruh'; Ruhe sollst du, frei von Sünden, bei des Herren Nachtmahl finden.

3. Ach, indem sein Herz bestreitet Noth und Tod mit gleicher Macht, hat er dir den Tisch bereitet, und aus reiner Lieb' bedacht, wie er sich mit dir mög' letzen, dich zu seinem Erben setzen.

4. Hier hast du das Brot, das Leben, hier hast du den heil'gen Leib, den er in den Tod gegeben dir zu gute, daß er bleib' deine Kost und, meine Seele! dich hinfort kein Hunger quäle.

5. Siehst du, was da kommt geronnen? wie mit rechtem Lebenssaft fließen fünf frei offne Bronnen? Jesu, deiner Liebe Kraft allen Armen hierher winket, spricht: Ihr Lieben alle, trinket!

6. Hungrig komm' auch ich nach Gnaden, durstig nach Barmherzigkeit, der (die) ich gleichfalls bin geladen zu des Lammes Hochzeitfreud'! Himmlisch Manna mich ergötzet, Jesu Blut die Seel' benetzet.

7. Gott geb', daß ich dieses Schenken Christi Leib's und Blut's allhier nehm' zu seinem Angedenken und betrachte für und für, wie sein Leib, am Kreuz entblößet, und sein Blut mich hat erlöset.

8. Nun will ich mit Dank und Ehren meines Jesu, weil ich bin, Lieb' und Huld mit Lob vermehren; mein durch ihn erneu'rter Sinn soll in Jesu sich erfreuen: Gott wird dazu Gnad' verleihen.

M. Paul Weber.

Von dem Frieden mit Gott.

2 Corinther 5, v. 17. 18. Ist Jemand in Christo, so ist er eine neue Kreatur; das Alte ist vergangen, siehe, es ist Alles neu geworden. Aber das Alles von Gott, der uns mit ihm selber versöhnet hat durch Jesum Christum, und das Amt gegeben, das die Versöhnung prediget.

Mel. Eins ist noth, ach Herr! dies Eine.

1975. Wohl, recht wohl ist meiner Seele, denn ich bin versöhnt mit Gott! Wenn ich kummervoll mich quäle, tröste mich des Mittlers Tod! Er hat ja die Strafen der Sünde getragen, drum darf ich nicht zittern noch angstvoll verzagen. Ich fühle den Frieden, den er uns erwarb, als er dort am Holze als Friedefürst starb.

2. Ja, ich weiß, ich habe Friede; denn als ich aus tiefer Noth, und von bangem Seufzen müde, kläglich rief, sprach er, mein Gott: Sey ruhig, es sind dir die Sünden vergeben, ich will nicht dein Elend, ich wünsche dein Leben! Sey ruhig und wisse: nie war ich dein Feind; jetzt bin ich dir Vater, versöhnt und dein Freund.

3. Gott als seinen Vater kennen, Gnade haben, lieben ihn und sich sein Kind dürfen nennen, das giebt Ruhe, frohen Sinn. Da lebt man zufrieden, ist selig auf Erden und freut sich und hoffet noch sel'ger zu werden. Man lebet in Friede, lebt freudig dem Herrn, erduldet die Leiden und stirbet auch gern.

4. Herr, so lang' ich leben werde, sey dein Friede auch mein Theil, es ist hier ja auf der Erde Himmelsvorschmack, Gottesheil! Bewahre, mein Heiland! mich gnädig vor Sünden, so werd' ich stets Frieden im Her-

zen empfinden. Ach, laß es, Versöhner, ach laß es nicht zu, daß ich dich verliere und mit dir die Ruh'. Christian Gottlieb Frohberger.

Von der Gnade Gottes in Christo Jesu.

Psalm 103, v. 3. 4. Der dir alle deine Sünden vergiebt, und heilet alle deine Gebrechen, der dein Leben vom Verderben erlöset, der dich krönet mit Gnade und Barmherzigkeit.

Mel. Wie schön leucht't uns der Morgenstern.

1976. Wo ist ein solcher Gott wie du? Du schaffst den Müden süße Ruh', Ruh', die nicht zu ergründen. Ein Abgrund der Barmherzigkeit verschlingt ein Meer voll Herzeleid; du, Herr, vergiebst die Sünden. Jesu, du, du läßt dich würgen als den Bürgen, aller Sünden mich auf ewig zu entbinden.

2. Herr, unsere Gerechtigkeit! wie hoch wird dessen Geist erfreut, der dich im Glauben kennet! Du bist sein Schmuck, die Gottespracht, die ihn vollkommen schöne macht, die ihm das Herz entbrennet. Laß mich ewig, Himmelssonne, Seelenwonne! dich genießen und in deinem Lob zerfließen.

3. Holdselig süßer Friedefürst, wie hat dich nach dem Heil gedürst't der abgewichnen Kinder! Du stellest dich als Mittler dar, verbindest, was getrennet war, Gott und verdammte Sünder. Freude! Beide werden Eines! ungemeines Werk der Güte! Jesu, du bist unser Friede.

4. O süßes Lamm, dein treuer Sinn nimmt Schuld und Strafe von mir hin; sie liegt auf deinem Rücken. Du blutest an des Kreuzes Pfahl, da muß dich unerhörte Qual nach Leib und Seele drücken. Diese süße Fluth der Gnaden heilt den Schaden; durch die Wunden hab' ich Heil und Frieden funden.

5. Mitleidender Immanuel! es ist mein Leben, Leib und Seel' voll Mängel und Gebrechen; doch ist dein Herz auch voller Gnad', willst weder Sünd' noch Missethat am armen Staube rächen. Deine reine Mutterliebe fühlt die Triebe, hier im Leben täglich reichlich zu vergeben.

6. Die Gnade führt das Regiment, sie macht der Sclaverei ein End', besiegt Gesetz und Sünden; drum, willst du frei und fröhlich seyn, laß Jesum und die Gnade ein, so kannst du überwinden: Seelen-Quälen, Sündenkräfte, Nachtgeschäfte und deßgleichen muß der starken Gnade weichen.

7. Gieb, Jesu, Blut und Wasser her und nimm dadurch je mehr und mehr die Schlacken recht herunter. Du hast mich dir, Immanuel! gar theu'r erkauft mit Leib' und Seel', zum Preise deiner Wunden. Kleiner, reiner muß ich werden noch auf Erden, bis ich droben dich kann ohne Sünden loben.

Johann Ludwig Konrad Allendorf.

Jesus, der gute Hirte.

Johannis 10, v. 12—16. (v. 15.) Ich lasse mein Leben für die Schaafe.

Mel. Wie wohl ist mir, o Freund der Seelen.

1977. Wo ist wohl ein so treuer Hirte, wie du mein Heiland Jesu Christ? Du suchest nicht nur das Verirrte, verbindest, was verwundet ist; ach nein, du hast dein theures Leben für deine Schaafe hingegeben und hast uns so mit Gott versöhnt; wer kann die große Liebe fassen? du hast dein Leben selbst gelassen und mich dadurch mit Heil gekrönt!

2. Du ließest dich, den Hirten, schlagen; die Heerde wurde da zerstreut: doch, nach vollend'ten Leidenstagen, ward auch der Gnadenruf erneut; nun rief man Alles auf die Weide, die, Heiland! dort aus deiner Seite, aus deinen heil'gen Wunden fließt. Hier ist das Labsal für die Schmerzen, der Balsam für die kranken Herzen, die Ruh' für den, der irre ist.

3. Auch mich hast du gesucht, gefunden und selbst zu deinem Volk gebracht; nun heile mich durch deine Wunden, wenn mir die Sünde Schmerzen macht; hilf, daß dein Geist mich immer leite, er führe mich stets auf die Weide, die in dem Wort des Lebens ist; hier ist die angenehme Aue, wo ich die rechte Nahrung schaue und wo das Lebenswasser fließt.

4. Dringt nun der Wolf mit seinen Klauen auf mich, den Deinen, wüthend zu: vor diesem darf mir auch nicht grauen, weil ich in deinem Schooße ruh'; ich darf des Geistes Schwert nur ziehen, so muß derselbe von mir fliehen; du, Heiland! machst von ihm mich frei; du hast ihn in die Flucht geschlagen, drum darf er sich an mich nicht wagen, weil ich zu dir nach Hülfe schrei'.

5. Laß keinen Miethling mich verführen; weil du mein guter Hirte bist, so kann ich bald den Irrthum spüren und das, was dir zuwider ist; du kennest mich ja als den Deinen; ich kenne dich auch als den Meinen;

o Kenntniß, die so innig ist; wie wir in deinem Worte lesen, daß du nach deinem eignen Wesen ein Gott mit deinem Vater bist.

6. Denn es ist Alles das nun Meine, was du, o Heiland! mir erwarbst, und ich bin ewig auch der Deine, weil du für mich am Kreuze starbst; ich bleib' ein Schaaf von deiner Heerde, das durch dich hier schon auf der Erde die Freude jenes Lebens hat; denn ich bin ganz mit dir verbunden; ich fühl' in meinen Lebensstunden die Freude jener neuen Stadt.

7. Ja, du wirst in den künft'gen Zeiten noch allgemein als Hirt' verehrt; da wirst du recht die Völker weiden, weil man dort keinen Frevel lehrt; denn du wirst selbst die Tenne fegen*), das Unkraut hin in's Feuer legen, damit dein Saame Platz erhält, daß er kann recht dir Früchte geben zur Nahrung und zum Seelenleben, weil er auf guten Acker fällt.

*) Matth. 3, v. 12.

8. Und endlich giebst du deinen Schaafen auch dort die ew'ge Seligkeit; weil wir in dir, dem Herrn, entschlafen, so ist sie Jedem schon bereit't, der dich als seinen Heiland kannte, und der in Liebe recht entbrannte zu dir, der du uns erst geliebt. Da werden wir recht lieblich singen, daß es wird durch die Himmel dringen, weil deine Hand uns Kronen giebt.

Christian Friedr. Förster.

Nichts, als Jesus der Gekreuzigte.

1 Korinther 1, v. 31. Wer sich rühmet, der rühme sich des Herrn.

In eigener Melodie.

1978. Wollt ihr wissen, was mein Preis? wollt ihr lernen, was ich weiß? wollt ihr seh'n mein Eigenthum? wollt ihr hören, was mein Ruhm? Jesus, der Gekreuzigte!

2. Was ist meines Glaubens Grund? wer stärkt und erweckt den Mund? wer trägt meine Straf' und Schuld? wer schafft mir des Vaters Huld? Jesus, der Gekreuzigte!

3. Wer ist meines Lebens Kraft? wer ist meines Geistes Saft? wer macht fromm mich und gerecht? wer macht mich zu Gottes Knecht? Jesus, der Gekreuzigte!

4. Wer ist meines Leidens Trost? wer schützt, wenn der Feind erboßt? wer erquickt mein mattes Herz? wer verhindert meinen Schmerz? Jesus, der Gekreuzigte!

5. Wer ist meines Todes Tod? wer hilft in der letzten Noth? wer versetzt mich in sein Reich? wer macht mich den Engeln gleich? Jesus, der Gekreuzigte!

6. Und so wißt ihr, was ich weiß; ihr wißt meinen Zweck und Preis; glaubt, lebt, duld't, sterbt — aber wem? (so sind wir recht angenehm) Jesu, dem Gekreuzigten!

M. Johann Christoph Schwedler.

Lob der göttlichen Barmherzigkeit.

Psalm 103, v. 13. Wie sich ein Vater über Kinder erbarmet, so erbarmet sich der Herr über die, so ihn fürchten.

Mel. Alle Menschen müssen sterben.

1979. Womit soll ich dich wohl loben? mächtiger Herr Zebaoth! sende mir dazu von oben deines Geistes Kraft, mein Gott! denn ich kann mit Nichts erreichen deine Gnad' und Wunderzeichen. Tausend, tausendmal sey dir, großer König, Dank dafür.

2. Herr! entzünde mein Gemüthe, daß ich deine Wundermacht, deine Gnade, Treu' und Güte stets erhebe Tag und Nacht. Denn von deinen Gnadengüssen Leib und Seele zeugen müssen. Tausend, tausendmal sey dir, großer König, Dank dafür.

3. Denk' ich nur der Sündengassen, drauf ich häufte Schuld auf Schuld, so möcht' ich vor Schaam erblassen vor der Langmuth und Geduld, womit du, o Gott, mich Armen hast getragen mit Erbarmen. Tausend, tausendmal sey dir, großer König, Dank dafür.

4. Ach ja! wenn ich überlege, mit welch'r Lieb' und Gütigkeit du durch so viel Wunderwege mich geführt die Lebenszeit: so weiß ich kein Ziel zu finden, noch den Grund hier zu ergründen. Tausend, tausendmal sey dir, großer König, Dank dafür.

5. Du, Herr! bist mir nachgelaufen, mich zu reißen aus der Glut. Denn, da mit der Sünder Haufen ich nur suchte irdisch Gut, hießest du auf dies mehr achten, wonach man zuerst soll trachten. Tausend, tausendmal sey dir, großer König, Dank dafür.

6. O, wie hast du meine Seele stets gesucht zu dir zu zieh'n, daß ich aus der Sündenhöhle möchte zu den Wunden flieh'n, die mich ausgesöhnet haben, und mir Kraft zum Leben gaben! Tausend, tausendmal sey dir, großer König, Dank dafür.

7. Ja, Herr! lauter Gnad' und Wahrheit ist vor deinem Angesicht; du, du trittst hervor in Klarheit, in Gerechtigkeit, Gericht, daß man soll aus deinen Werken deine

üt' und Allmacht merken. Tausend, tausendmal sey dir, großer König, Dank dafür.

8. Wie du setzest jedem Dinge Zeit, Zahl, Maaß, Gewicht und Ziel, damit Keinem zu geringe möcht' geschehen, noch zu viel, so hab' ich auf tausend Weisen deine Weisheit auch zu preisen. Tausend, tausendmal sey dir, großer König, Dank dafür.

9. Bald mit Lieben, bald mit Leiden kamst du, Herr, mein Gott! zu mir, nur mein Herze zu bereiten, sich ganz zu ergeben dir, daß mein gänzliches Verlangen möcht' an deinem Willen hangen. Tausend, tausendmal sey dir, großer König, Dank dafür.

10. Wie ein Vater nimmt und giebet, nachdem's Kindern nützlich ist; so hast du mich auch geliebet, Herr, mein Gott! zu jeder Frist, und dich meiner angenommen, wenn's auch gleich auf's Höchste kommen. Tausend, tausendmal sey dir, großer König, Dank dafür.

11. Mich hast du auf Adlersflügeln oft getragen väterlich, in den Thälern, auf den Hügeln, wunderbar errettet mich. Wenn schien Alles zu zerrinnen, ward doch deiner Hülf' ich innen. Tausend, tausendmal sey dir, großer König, Dank dafür.

12. Fielen tausend mir zur Seiten, und zur Rechten zehnmal mehr, ließest du mich doch begleiten durch der Engel starkes Heer, daß den Nöthen, die mich drangen, ich jedennoch bin entgangen. Tausend, tausendmal sey dir, großer König, Dank dafür.

13. Vater! du hast mir erzeiget lauter Gnad' und Gütigkeit, und du hast zu mir geneiget, Jesu! deine Freundlichkeit, und durch dich, o Geist der Gnaden! werd' ich stets noch eingeladen. Tausend, tausendmal sey dir, großer König, Dank dafür.

14. Tausendmal sey dir gesungen, Herr, mein Gott! Preis, Lob und Dank, daß es mir bisher gelungen; ach, laß meines Lebens Gang ferner doch durch Jesu Leiten nur geh'n in die Ewigkeiten. Da will ich, Herr! für und für, ewig, ewig danken dir.

Ludwig Andreas Gotter.

Durch Dunkel zum Licht.

2 Corinther 4, v. 6. Denn Gott, der da hieß das Licht aus der Finsterniß hervor leuchten; der hat einen hellen Schein in unsere Herzen gegeben, daß durch uns entstände die Erleuchtung von der Erkenntniß der Klarheit Gottes in dem Angesichte Jesu Christi.

Mel. Wachet auf! ruft uns die Stimme.

1980. Wo noch schwermuthsvoll und blöde des Wandrers Aug' auf weiter Oede durch Nacht und Todesschatten irrt, da wird unter Palmenhainen die Stadt des Friedens einst erscheinen, die Gottes Sohn erbauen wird. Von schimmerndem Saphir legt er die Gründe hier; Thor und Fenster stehn allzumal hell wie Krystall und wie Rubinen, ohne Zahl.

2. Da will er als König wohnen und seiner Bürger Millionen sind um ihn her, verklärt im Herrn: wandellosen Gottesfrieden hat ihnen seine Huld beschieden, Drang und Gewalt sind ewig fern; denn durch Gerechtigkeit ist dieses Volk bereit't; kein Verderben auf dunkler Bahn kann hier sich nah'n, — der Herr wird sein Geschlecht umfah'n!

3. Fraget nicht: wann wird's geschehen? — der seine Stunden sich ersehen, schafft eilends dies zu seiner Zeit; Boten schickt er in die Runde, daß sie den Völkern bringen Kunde und sammeln, was verirrt, zerstreut; nun gilts mit Freuden thun sein Werk und nimmer ruh'n bis zur Ernte; weiß ist das Feld! — weit ist die Welt, und allgemein das Lösegeld.

4. Daß der Friedensfürst sich freue, daß seines Tempels Bau gedeihe, gehn Zeugen über Land und Meer; Jesus rief sie nicht vergebens, sie pilgern mit dem Wort des Lebens bei armen Brüdern weit umher; im heißen Sonnenbrand arbeitet ihre Hand, sä't und hoffet, weil, der's verhieß, einst doch gewiß einerntet, wo er pflanzen ließ.

5. Und er läßt sie Früchte blicken, — mit Freudenthränen, mit Entzücken zieh'n seine Erstlinge heran, heben aus dem Weltgetümmel Herz, Haupt und Hände froh zum Himmel und preisen was der Herr gethan; da steht wohl manche Au' im hellen Morgenthau lieblich prangend; da schweigt der Schmerz, da jauchzt das Herz mit neuen Brüdern himmelwärts.

6. Aber in den tiefsten Tiefen die Boten seines Heils zu prüfen, heißt er auch harren, dulden, fleh'n; läßt sie Sturm und Wogen fassen, läßt hungern, dürsten und erblassen und sieglos auch vom Kampfplatz gehn, daß einst nach allem Weh' die Welt verwundrund seh' auf Sein Walten, wie Er's bedacht und durch die Nacht zum lichten Morgen durchgebracht.

7. Das bewahrt vor Gram und Klagen; wenn Viele spotten, flieh'n und zagen, so laßt uns ohne Wandel steh'n! Selig, wer

für Christum streitet, ausharret, baut und Bahn bereitet! Der wird in seinen Tempel geh'n! Es nahet Gottes Sohn, mit ihm sein Heil und Lohn allen Frommen; er schreibet dann zum Segen an, was Lieb' und Einfalt ihm gethan.

8. Ewig wird dein Ruhm erschallen, wenn du nach diesen Proben allen dein Volk auf Erden sammeln wirst; denn was aus dem Tod geboren, bleibt ewig fest und unverloren: das war dein Weg, o Lebensfürst! So blick' auf deine Welt! dein Arm ist's, der sie hält; — komm und segne, was im Gebet jetzt vor dir steht und was noch in der Irre geht! Albert Knapp.

Das Wort des Evangeliums.

2 Corinther 1, v. 20. Denn alle Gottes Verheißungen sind Ja in ihm, und sind Amen in ihm, Gott zu Lobe durch uns.

Mel. Jesu, meine Freude.

1981. Wort des höchsten Mundes, Engel meines Bundes, Jesu, unser Ruhm! bald, da wir gefallen, ließest du erschallen Evangelium: eine Kraft, die Glauben schafft, eine Botschaft, die zum Leben uns von dir gegeben.

2. Was dein Wohlgefallen vor der Zeit uns Allen fest bestimmet hat, was die Opferschatten längst verkündigt hatten, die vollführt dein Rath; was die Schrift verspricht, das trifft Alles ein in Jesu Namen und ist Ja und Amen.

3. Alles ist vollendet; Jesu Gnade wendet allen Zorn und Schuld. Jesus ist gestorben, Jesus hat erworben alle Gnad' und Huld; auch ist dies fürwahr gewiß: Jesus lebt in Preis und Ehre. Ach, erwünschte Lehre!

4. Uns in Sünden Todten machen Jesu Boten dieses Leben kund; lieblich sind die Füße*) und die Lehren süße, theuer ist der Bund. Aller Welt ist nun vermeld't durch der guten Botschaft Lehre, daß man sich bekehre.

*) Jesaia 52, v. 7.

5. Kommt, zerknirschte Herzen, die in bitt'ren Schmerzen das Gesetz zerschlug, kommt zu dessen Gnaden, der für euch beladen alle Schmerzen trug. Jesu Blut stärkt euren Muth: Gott ist hier, der euch geliebet, und die Schuld vergiebet.

6. Dieser Grund bestehet: wenn die Welt vergehet, fällt er doch nicht ein. Darauf will ich bauen; so soll mein Vertrauen evangelisch seyn; auch will ich nun würdiglich dieser Kraft, die mir gegeben, evangelisch leben.

7. Jesu! deine Stärke schaffet diese Werke; stehe du mir bei. Nichts kann mich nun scheiden, hilf denn daß mein Leiden evangelisch sey. Laß auch mich einmal auf dich als ein Kind, mit dir zu erben, evangelisch sterben! M. Heinrich Cornelius Hecker.

Bußlied.

Jesaia 45, v. 22. Wendet euch zu Mir, so werdet ihr selig, aller Welt Ende; denn Ich bin Gott, und keiner mehr.

Mel. Auf meinen lieben Gott.

1982. Wo soll ich fliehen hin, weil ich beschweret bin mit vielen großen Sünden? wo kann ich Rettung finden? Wenn alle Welt herkäme, mein' Angst sie nicht wegnähme.

2. O Jesu, voller Gnad', auf dein Gebot und Rath kommt mein betrübt Gemüthe zu deiner großen Güte; laß du auf mein Gewissen ein Gnadentröpflein fließen.

3. Ich, dein betrübtes Kind, werf' alle meine Sünd', so viel ihr'r in mir stecken und mich so heftig schrecken, in deine tiefe Wunden, da ich stets Heil gefunden.

4. Durch dein unschuldig's Blut, die schöne rothe Fluth, wasch' ab all' meine Sünde, mit Trost mein Herz verbinde und ihr'r nicht mehr gedenke, ins Meer sie tief versenke!

5. Du bist es, der mich tröst't, weil du mich selbst erlös't; was ich gesündigt habe, hast du verscharrt im Grabe; da hast du es verschlossen, da wird's auch bleiben müssen.

6. Ist meine Bosheit groß, so werd' ich ihr'r doch los, wenn ich dein Blut auffasse und mich darauf verlasse. Wer sich zu dir nur findet, all' Angst ihm bald verschwindet.

7. Mir mangelt zwar sehr viel; doch, was ich haben will, ist Alles mir zu gute erlangt mit deinem Blute, damit ich überwinde Tod, Teufel, Höll' und Sünde.

8. Und wenn des Satans Heer mir ganz entgegen wär', darf ich doch nicht verzagen: mit dir kann ich sie schlagen, dein Blut darf ich nur zeigen, so muß ihr Trotz bald schweigen.

9. Dein Blut, der edle Saft, hat solche Stärk' und Kraft, daß dieses Blut alleine die ganze Welt kann reine, ja, gar aus Teufels Rachen frei, los und selig machen.

10. Darum allein auf dich, Herr Christ, verlaß' ich mich; jetzt kann ich nicht verderben, dein Reich muß ich ererben; denn du hast mir's erworben, da du für mich gestorben.

11. Führ' auch mein Herz und Sinn durch deinen Geist dahin, daß ich mög' Alles meiden, was mich und dich kann scheiden, und ich an deinem Leibe ein Gliedmaaß ewig bleibe. Johann Heermann.

Zu Jesu hin!

Jesaia 43, v. 11. 12. Ich, ich bin der Herr, und ist außer mir kein Heiland. Ich habe es verkündiget, und habe auch geholfen.

Mel. Aus tiefer Noth schrei' ich zu dir.

1983. Wo soll ich hin, wer hilfet mir? wer führet mich zum Leben? zu Niemand, Herr! als nur zu dir, will ich mich hinbegeben; du bist's, der das Verlorne sucht, du segnest das, so war verflucht: hilf, Jesu, dem Elenden!

2. Herr! meine Sünden ängst'gen mich, des Todes Leib*) mich plaget; o Lebens-Gott, erbarme dich, vergieb mir, was mich naget; du weißt es wohl, was mir gebricht; ich bin entfernt von deinem Licht: hilf, Jesu, dem Betrübten! *) Röm. 7, v. 24.

3. Du sprichst: ich soll mich fürchten nicht; du rufst: Ich bin das Leben! drum ist mein Trost auf dich gericht't, du kannst mir Gnade geben. Im Tode kannst du bei mir steh'n, in Noth als Herzog vor mir geh'n: hilf, Jesu, dem Zerknirschten!

4. Bist du der Arzt, der Kranke trägt? auf dich will ich mich legen; bist du der Hirt, der Schwache pflegt? erquicke mich mit Segen! ich bin gefährlich krank und schwach, heil' und verbind', hör' an die Klag': hilf, Jesu, dem Zerschlag'nen!

5. Ich thue nicht, Herr! was ich soll, wie kann es doch bestehen? Es drücket mich, das weißt du wohl; wie wird es endlich gehen? Elender ich! wer wird mich doch erlösen von des Todes Joch? Ich danke Gott durch Christum! Joachim Neander.

Der Mensch am Scheidewege.

Joh. 14, v. 6. Ich bin der Weg, und die Wahrheit und das Leben; Niemand kommt zum Vater, denn durch mich.

Mel. Nun sich der Tag geendet hat.

1984. Wo soll ich hin? wo aus und an? Hier ist ein Scheideweg. Da seh' ich eine breite Bahn, und einen schmalen Steg.

2. Hier ruft die Welt: komm, hier ist gut, und lauter Lust zu geh'n! Ja, folge nur, spricht Fleisch und Blut, es wird dir wohlgescheh'n!

3. Sie kommen, sie umringen mich, und ziehen mich schon fort. Was aber seh', was höre ich? Wer ruft, wer winkt mir dort?

4. Am schmalen Weg steht, der als Lamm für mich geschlachtet ist, geopfert an des Kreuzes Stamm, mein Heiland, Jesus Christ.

5. Der ruft mir: fliehe! rette dich! du gehst der Hölle zu! Herr! ruf' ich, unterweise mich; sey du mein Führer, du!

6. Herr! zeige du mir selbst den Weg, darauf ich wandeln soll! Ich folge dir; ist gleich der Steg schmal, eng und trübsalvoll:

7. So ist er doch die rechte Bahn zur ew'gen Lebensthür. Ich folge dir, du gehst voran. Zeuch uns, so laufen wir!

Christoph Karl Ludwig v. Pfeil.

Daß Jesus bei uns bleiben möge.

Lucä 24, v. 28. 29. Er stellete sich, als wollte er weiter gehen. Und sie nöthigten ihn und sprachen: Bleibe bei uns, denn es will Abend werden, und der Tag hat sich geneiget. Und er ging hinein, bei ihnen zu bleiben.

Mel. Christe, der du bist Tag und Licht.

1985. Wo willst du hin, weil's Abend ist, o liebster Pilgrim, Jesu Christ? komm, laß mich so glückselig seyn und kehr' in meinem Herzen ein.

2. Laß dich erbitten, liebster Freund! dieweil es ist so gut gemeint; du weißt, daß du zu aller Frist ein herzens-lieber Gast mir bist.

3. Es hat der Tag sich sehr geneigt, die Nacht sich schon von ferne zeigt: drum wollest du, o wahres Licht! mich Armen ja verlassen nicht.

4. Erleuchte mich, daß ich die Bahn zum Himmel sicher finden kann, damit die dunkle Sündennacht mich nicht verführt, noch irre macht.

5. Zuvörderst in der letzten Noth hilf mir durch einen sanften Tod. Herr Jesu! bleib', ich halt' dich fest; ich weiß, daß du mich nicht verläßt.

Vom christlichen Wandel.

1 Thessalon. 2, v. 11. 12. Wie ihr denn wisset, daß wir, als ein Vater seine Kinder, einen Jeglichen unter euch ermahnet und getröstet, und bezeuget haben, daß ihr wandeln solltet würdiglich vor Gott, der euch berufen hat zu seinem Reich und zu seiner Herrlichkeit.

Mel. Gott des Himmels und der Erden.

1986. Würdiglich vor Gott zu wandeln, das ist der Berufnen

Pflicht; die dem Ruf zuwider handeln, achten Gott und Gnade nicht; denn Gott ruft und macht bereit für sein Reich und Herrlichkeit.

2. Gott, ich konnt' es nicht verdienen, daß dein Ruf an mich gescheh'n und das Machtwort vom Versühnen mir zu Herzen sollte geh'n; deine Gnade rief schon mir, eh' ich's hörte noch, zu dir.

3. In dein Reich bin ich gerufen, wo dein Sohn die Herrschaft hat; dieser führt von Stuf' zu Stufen bis in jene Gottesstadt. Das ist unbegreiflich groß, das ist ja ein lieblich Loos.

4. Wer will Gottes Reich verscherzen, ist der Hölle zweimal werth. O, mir liege stets im Herzen, was der Herr von mir begehrt: daß ich als sein Unterthan würdig vor ihm wandeln kann.

5. Wird mein Wandel hier beschlossen, Herr! so führe aus der Zeit mich als deinen Reichsgenossen auch in deine Herrlichkeit. Da, da wandelt man im Licht, stets vor deinem Angesicht.

M. Philipp Friedr. Hiller.

Die Wunderwege Gottes.

Offenb. Joh. 15, v. 3. 4. Groß und wundersam sind deine Werke, Herr, allmächtiger Gott; gerecht und wahrhaftig sind deine Wege, du König der Heiligen! Wer soll dich nicht fürchten, Herr, und deinen Namen preisen? denn du bist allein heilig.

Mel. O wie selig sind die Seelen.

1987. Wunderanfang! herrlich's Ende! wo die wunderweisen Hände Gottes führen ein und aus; wunderweislich ist sein Rathen, wunderherrlich seine Thaten, und du sprichst: wo will's hinaus?

2. Denke doch: es muß so gehen, was Gott weislich heißt, geschehen, ihm und dir zur Herrlichkeit; ob der Anfang seltsam scheinet, ist das End' doch gut gemeinet; Friede folget nach dem Streit.

3. Gottes Weg ist in den Flüssen und in großen Wassergüssen, und du spürst nicht seinen Fuß; so auch in dem Meer der Sorgen hält Gott seinen Pfad verborgen, daß man nach ihm suchen muß.

4. In den unerforschten Gründen, wo nur tiefer Schlamm zu finden, im Angst-Kreuz- und Todesmeer sieht man oft die Christen schwimmen und in tiefster Noth sich krümmen, als ob's schon verloren wär'.

5. Kein Besinnen kann ersinnen, wo man könne Hülf' gewinnen, die Vernunft ist hier zu blind; ihre halb-gebrochne Augen nicht in das Verborg'ne taugen, weil sie allzu blöde sind.

6. Weil Gott im Verborg'nen wohnet und sein Reich im Glauben thronet, da man glaubt, ob man nicht sieht; bleibt unnütze unser Sorgen; wer nicht trauen will auf morgen, dem auch keine Hülfe blüht.

7. Gott muß man in allen Sachen, weil er Alles wohl kann machen, End' und Anfang geben frei; er wird, was er angefangen, lassen so ein End' erlangen, daß es wunderherrlich sey.

8. Gehet er mit dir im Schrecken durch die Dornen, durch die Hecken, über Stock und über Stein, Berg' und Thal und Felsenklüften, Feuer, Wasser und in Lüften, und was mehr kann schrecklich seyn:

9. So laß dir doch nimmer grauen, lerne deinem Gott vertrauen, sey getrost und gutes Muth's. Er, fürwahr! er wird es führen, daß du's wirst am Ende spüren, wie er dir thut lauter Gut's.

10. Du wirst an den Fingern zählen und nicht vor der Welt verhehlen, was die blinde Welt nicht kennt. Er wird dir dein Kreuz versüßen, daß du wirst bekennen müssen: Wunderanfang! herrlich's End'!

Lic. Heinr. Arnold Stockfleth.

Weihnachtslied.

1 Timoth. 3, v. 16. Kündlich groß ist das gottselige Geheimniß: Gott ist geoffenbaret im Fleisch.

Mel. Singen wir aus Herzensgrund.

1988. Wunderbarer Gnadenthron, Gottes und Marien Sohn, Gott und Mensch, ein kleines Kind, das man in der Krippe find't, großer Held von Ewigkeit, dessen Macht und Herrlichkeit rühmt die ganze Christenheit!

2. Du bist arm, und machst zugleich uns an Leib und Seele reich; du wirst klein, du großer Gott! und machst Höll' und Tod zu Spott. Aller Welt wird offenbar, ja auch deiner Feinde Schaar, daß du, Gott, bist wunderbar.

3. Laß mir deine Güt' und Treu' täglich werden immer neu. Gott, mein Gott, verlaß mich nicht, wenn mich Noth und Tod anficht: laß mich deine Herrlichkeit, deine Wundergütigkeit schauen in der Ewigkeit.

D. Johann Olearius.

Man hat ihn, wo man um ihn weinet.

Joh. 20, v. 15. Weib, was weinest du? Wen suchest du?

Mel. Alles ist an Gottes Segen.

1989. Wunderbarer Herr, die Deinen fühlen dich auch bei dem Wei-

Weinen, daß du ihnen nahe bist; Thränen wirkst und siehst und zählest, und dem Volk, das du erwählest, Zeit und Maaß der Thränen missst.

2. Dir sey Dank, daß du noch Segen willst auf meine Thränen legen; denn ich wein' nicht um die Welt. Dieser willst du mich entwöhnen, da hat auch ein Esau Thränen*), der den Segen nicht erhält. *) Ebr. 12, v. 17.

3. Mach' dich mir je mehr je lieber; denn ein Aug' geht köstlich über, wenn das Herz von Liebe voll. Tröst' mich, wie die Magdalene, daß ich einst dich ohne Thräne in dem Leben sehen soll. M. Ph. Friedr. Hiller.

Vom Lobe Gottes.

Psalm 96, v. 7—9. Ihr Völker, bringet her dem Herrn, bringet her dem Herrn Ehre und Macht, bringet her dem Herrn die Ehre seinem Namen, bringet Geschenke, und kommet in seine Vorhöfe, betet an den Herrn im heiligen Schmuck; es fürchte ihn alle Welt.

In eigener Melodie.

1990. Wunderbarer König, Herrscher von uns Allen, laß dir unser Lob gefallen. Deines Vaters Güte hast du lassen triefen, ob wir schon von dir wegliefen. Hilf uns noch, stärk' uns doch, laß die Zunge singen, laß die Stimme klingen!

2. Himmel! lobe prächtig deines Schöpfers Thaten, mehr als aller Menschen Staaten*). Großes Licht der Sonne, schieße deine Strahlen, die das große Rund bemalen; lobet gern, Mond und Stern', seyd bereit zu ehren einen solchen Herren!

*) Pracht und Herrlichkeit.

3. O, du meine Seele, singe fröhlich, singe! singe deine Glaubenslieder; was den Odem holet jauchze, preise, klinge; wirf dich in den Staub danieder! Er ist Gott, Zebaoth! Er nur ist zu loben hier und ewig droben.

4. Hallelujah bringe, wer den Herren kennet, wer den Herren Jesum liebet. Hallelujah singe, welcher Christum nennet, sich von Herzen ihm ergiebet. O wohl dir, gläube mir, endlich wirst du droben ohne Sünd' ihn loben. Joachim Neander.

Von der unergründlichen Liebe Gottes.

Jeremia 33, v. 9. Das soll mir ein fröhlicher Name, Ruhm und Preis seyn unter allen Heiden auf Erden, wenn sie hören werden alles das Gute, das ich ihnen thue. Und werden sich verwundern und entsetzen über alle dem Guten und über alle dem Frieden, den ich ihnen geben will.

Mel. Lobe den Herren, den mächtigen König.

1991. Wunder der göttlichen Liebe! ihr seyd nicht zu zählen; will man die größten nur einzeln zu preisen erwählen: wird man gebeugt; weil auch das Kleinste bezeugt, daß wir Nichts fassen, nur fehlen.

2. Lauter Erretten, Vergeben, Bedecken, Verschonen, ein nicht begreiflich's Verhalten, ein göttlich's Belohnen, Wahrheit und Treu' wird uns all' Augenblick' neu, und die Vollendung zeigt Kronen.

3. Herrschende Liebe! weil Jesus den Vater versöhnet; Kummer und Schaden muß weichen besieget, verhöhnet. Segen und Heil ist deren seligstes Theil, die er an's Glauben gewöhnet.

4. Jesu, mein Mittler! o Liebe, dir bleib' ich ergeben; bleibe mein Ein und mein Alles, mein ewiges Leben, bis ich zuletzt, wenn mich das Schauen ergötzt, dich kann vollkommen erheben!

Thränen einer betenden Seele.

Psalm 56, v. 9. Zähle meine Flucht, fasse meine Thränen in deinen Sack; ohne Zweifel du zählest sie.

Mel. Jesu, meine Freude.

1992. Zähle meine Thränen! sättige mein Sehnen, höre mein Geschrei. Laß die Seufzer steigen, laß den Geist bezeugen, daß es Amen sey. Seelennoth drückt mich, o Gott! Ich muß mich verdammt erkennen, darf mich Dein nicht nennen.

2. Sieh', wie ich mich krümme und im Elend schwimme, gnadenvolles Lamm! ach, wie bin ich schnöde, kalt, beschämt und blöde, ja mir selber gram. Wollen lügt und Laufen trügt. Es liegt Alles am Erbarmen. Helfer, hilf mir Armen! Römer 9, v. 16

3. Herr, du hast's verheißen. Ich will's zu mir reißen. Du erhörest mich. Denn du willst auf Bitten reichen Segen schütten. Dabei halt' ich dich. Amen, ja. Hallelujah! Will auch nicht die Sonne scheinen, glaub' ich doch mit Weinen. Marci 9, v. 24.

4. Ich will's Andern sagen, daß du meine Klagen gnädig angehört. Ich will allen Seelen hoch erfreut erzählen, was du mir gewährt. Und so wird mein Herr und Hirt auch an mir in seinen Heerden hochgelobet werden. Ernst Gottlieb Woltersdorf.

Weihnachtslied.

Luc. 2, v. 17. 18. Da sie es (das Jesuskind) aber gesehen hatten, breiteten sie das Wort aus, welches zu ihnen von diesem Kinde gesagt war. Und alle, vor die es kam, wunderten sich der Rede, die ihnen die Hirten gesagt hatten.

Mel. Liebster Jesu! wir sind hier.

1993. Zartes Kind, doch großer Gott, den die Seraphim anbeten,

Herr des Himmels, Zebaoth! kommst du in die Welt getreten? Wer kann preisen deine Güte, daß du annimmst mein Geblüte?

2. Davids Herr und Davids Sohn*)! ich kann dich mein Bruder nennen; Abrah'ms Schild und großer Lohn! keine Hölle kann mich brennen; ja, kein Teufel kann mich plagen, Gott, mein Held! du kannst sie schlagen. *) Matth. 22, v. 45.

3. Höllenfürst! verstecke dich: Gott und ich sind nah' befreundet; Jakobs Saame segnet mich, den du giftig angefeindet. Teufel! ihr müßt alle fliehen, Gott wird nun zu Felde ziehen.

4. Hilf mir doch auch, liebstes Kind! wenn mich meine Sünden plagen; wenn mir aller Trost verschwind't und die Seele will verzagen: lindre du dann meine Schmerzen und gieb Trost dem matten Herzen.

5. Endlich, wenn der Tod einbricht und die Glieder mir erkalten, wenn ich mich besinne nicht, laß mich dieses feste halten: weil du, Gott! bist Mensch geboren, werd' ich bleiben unverloren. D. Joach. Weickhmann.

Sonntagslied.

Joh. 14, v. 8—10. Herr, zeige uns den Vater, so genüget uns. Jesus spricht zu ihm: So lange bin ich bei euch, und du kennest mich nicht? Philippe, wer mich siehet, der siehet den Vater. Wie sprichst du denn: zeige uns den Vater? Glaubest du nicht, daß ich im Vater, und der Vater in mir ist?

Mel. Schmücke dich, o liebe Seele.

1994. Zeige dich uns ohne Hülle! ström' auf uns der Gnade Fülle, daß an diesem Gottestage unser Herz der Welt entsage! daß, o du, der starb, vom Bösen uns Gefall'ne zu erlösen, daß die glaubende Gemeine mit dem Vater sich vereine.

2. O, daß frei von Erdebürden und der Sünde Lasten würden unsre Seelen! unser Wille sanft, wie diese Sabbathstille! daß in deines Himmels Höhen wir von fern den Anfang sähen jenes Lichts, das dann verkläret, wenn der Sabbath ewig währet.

3. Was ich strahlen seh' am Throne, ist es nicht der Sieger Krone? was ich über'm Grab' einst höre, sind's nicht Ueberwinder-Chöre? Feiernd tragen sie die Palmen. Ihr Triumph erschallt mit Psalmen. Herr! du selber wollst mich weihen diesem Sabbath deiner Treuen.

4. Decke meiner Blöße Schande mit dem festlichen Gewande deiner Unschuld, daß am Tage deines Mahls ich froh es wage, dort zu wandeln, wo voll Gnaden deine Schaar du eingeladen; wo nicht mehr die Streiter ringen, wo sie Siegeslieder singen!

Friedrich Gottlieb Klopstock.

Pfingstlied.

Hesekiel 36, v. 26. Ich will euch ein neues Herz und einen neuen Geist in euch geben; und will das steinerne Herz aus eurem Fleisch wegnehmen und euch ein fleischernes Herz geben.

Mel. Von Gott will ich nicht lassen.

1995. Zeuch ein zu deinen Thoren, sey meines Herzens Gast, der du, da ich geboren, mich neu geboren hast, o hochgeliebter Geist des Vaters und des Sohnes, mit Beiden gleichen Thrones, mit Beiden gleich gepreis't!

2. Zieh' ein, laß mich empfinden und schmecken deine Kraft, die Kraft, die uns von Sünden Hülf' und Errettung schafft. Entsünd'ge meinen Sinn, daß ich mit reinem Geiste dir Ehr' und Dienste leiste, die ich dir schuldig bin.

3. Ich war ein wilder Reben*), du hast mich gut gemacht; der Tod durchdrang mein Leben, du hast ihn umgebracht und in der Tauf erstickt, als wie in einer Fluthe, mit dessen Tod' und Blute, der uns im Tod' erquickt. *) Röm. 11, v. 17. 24.

4. Du bist das heil'ge Oele, damit gesalbet ist mein Leib und meine Seele, dem Herren Jesu Christ zum wahren Eigenthum, zum Priester und Propheten, zum König, den in Nöthen Gott schützt vom Heiligthum.

5. Du bist ein Geist, der lehret, wie man recht beten soll — dein Beten wird erhöret, dein Singen klinget wohl: es steigt zum Himmel an, es steigt und läßt nicht abe, bis der geholfen habe, der Allen helfen kann.

6. Du bist ein Geist der Freuden, von Trauern hältst du nicht, erleuchtest uns im Leiden mit deines Trostes Licht. Ach ja, wie manchesmal hast du mit süßen Worten mir aufgethan die Pforten zum güld'nen Himmelssaal!

7. Du bist ein Geist der Liebe, ein Freund der Freundlichkeit, willst nicht, daß uns betrübe Zorn, Zank, Haß, Neid und Streit. Der Feindschaft bist du feind, willst, daß durch Liebesflammen sich wieder thun zusammen, die voller Zwietracht seynd.

8. Du, Herr! hast selbst in Händen die ganze weite Welt, kannst Menschenherzen wenden, wie dir es wohlgefällt: so gieb doch deine Gnad' zum Fried' und Liebesbanden, verknüpf' in allen Landen, was sich getrennet hat.

9. Ach! edle Friedensquelle, schließ' deinen Abgrund auf, und gieb dem Frieden schnelle hier wieder seinen Lauf; halt' ein die große Fluth, die Fluth, die eingerissen, so daß man siehet fließen wie Wasser Menschenblut.

10. O laß dein Volk erkennen die Vielheit seiner Sünd', auch Gottes Grimm so brennen, daß er bei uns entzünd' den ernsten, bittern Schmerz und Buße, die bereuet, deß sich zuerst erfreuet ein weltergebnes Herz.

11. Auf Buße folgt der Gnaden, auf Reu' der Freuden Blick; sich bessern heilt den Schaden, fromm werden bringet Glück. Herr! thu's zu deiner Ehr', erweich' Stahl und Steine, auf daß das Herze weine, der Böse sich bekehr'.

12. Erhebe dich und steure dem Herzeleid auf Erd', bring' wieder und erneure die Wohlfahrt deiner Heerd'! Laß blühen, wie zuvorn, die Länder, so verheeret, die Kirchen, so zerstöret durch Krieg und Feuerszorn.

13. Beschirm' die Polizeien, bau' unsers Fürsten Thron, daß sie und wir gedeihen, schmück', als mit einer Kron', die Alten mit Verstand; mit Frömmigkeit die Jugend, mit Gottesfurcht und Tugend das Volk im ganzen Land'.

14. Erfülle die Gemüther mit reiner Glaubenszier, die Häuser und die Güter mit Segen für und für. Vertreib' den bösen Geist, der dir sich widersetzet und, was dein Herz ergötzet, aus unsern Herzen reißt.

15. Gieb Freudigkeit und Stärke, zu stehen in dem Streit, den Satans Reich und Werke uns täglich anerbeut. Hilf kämpfen ritterlich, damit wir überwinden, und ja zum Dienst der Sünden kein Christ ergebe sich.

16. Richt' unser ganzes Leben allzeit nach deinem Sinn, und wenn wir's sollen geben in's Todes Hände hin, wenn's mit uns hie wird aus, so hilf uns fröhlich sterben, und nach dem Tod ererben des ew'gen Lebens Haus!

Paul Gerhardt

Zuruf frommer Eltern an ihr sterbendes Kind.

Baruch 4, v. 23. Ich habe euch ziehen lassen mit Trauren und Weinen: Gott aber wird euch mir wiedergeben mit Wonne und Freude ewiglich.

Mel. Ich hab' genug, mein Herr ist Jesus Christ.

1996. Zeuch hin, mein Kind! denn Gott selbst fordert dich aus dieser argen Welt. Ich leide zwar, dein Tod betrübet mich: doch weil es Gott gefällt, so unterlass' ich alles Klagen und will mit stillem Geiste sagen: Zeuch hin, mein Kind!

2. Zeuch hin, mein Kind! der Schöpfer hat dich mir nur in der Welt gelieh'n. Die Zeit ist weg, darum befiehlt er dir jetzt wieder fortzuzieh'n. Zeuch hin! Gott hat es so versehen: was dieser will, das muß geschehen! Zeuch hin, mein Kind!

3. Zeuch hin, mein Kind! im Himmel findest du, was dir die Welt versagt: denn nur bei Gott ist wahrer Trost und Ruh', da wird kein Schmerz erfragt. Hier müssen wir in Aengsten schweben, dort kannst du ewig fröhlich leben. Zeuch hin, mein Kind!

4. Zeuch hin, mein Kind! wir folgen Alle nach, so bald es Gott befiehlt. Du eilest fort, eh' dein Herz Ungemach in spätern Jahren fühlt. Wer lange lebt, steckt lang' in Leide. Wer frühe stirbt, kommt bald zur Freude. Zeuch hin, mein Kind!

5. Zeuch hin, mein Kind! die Engel warten schon auf deinen frommen Geist. Du siehest auch, wie Gottes lieber Sohn dir schon die Krone weis't. Nun wohl! dein Seelchen ist entbunden, du hast im Herren überwunden. Zeuch hin, mein Kind!

M. Gottfried Hoffmann.

Adventslied.

Jesaia 62, v. 11. Siehe, der Herr lässet sich hören bis an der Welt Ende. Saget der Tochter Zion: Siehe, dein Heil kommt; siehe, sein Lohn ist bei ihm, und seine Vergeltung ist vor ihm.

Mel. Wie schön leucht't uns der Morgenstern.

1997. Zeuch, Jesu! in die Herzen ein; du kommst, du sollst gelobet seyn; denn du bist Herr der Herzen. In Sanftmuth pflegst du einzuzieh'n, da muß die Furcht des Todes flieh'n und aller Sünden Schmerzen. Leben geben; Gnad' ertheilen; Wunden heilen tödtlich Kranken ist dein Thun, das wir dir danken.

2. Zeuch, Jesu! in die Herzen ein, lehr' uns das Hosianna schrei'n und dein Erscheinen lieben. Das ganze Herz beherrsche du, es rufe dir mit Wonne zu in Heils-begier'gen Trieben. Neue Treue wirk' in Allen; laß erschallen: unserm König ist nun Alles unterthänig!

M. Philipp Friedrich Hiller.

Der Christ, ein Pilgrim; sein Ziel die ewige Ruhe.

Ebräer 4, v. 11. So lasset uns nun Fleiß thun, einzukommen zu dieser Ruhe, auf daß nicht Jemand falle in dasselbige Exempel des Unglaubens.

Mel. Es ist gewißlich an der Zeit

1998. Zeuch Israel, zu deiner Ruh', dein Erbtheil ist dort oben; dein

Jesus schwöret dir es zu, es sey dir aufgehoben. Er gehet selber gar voran und bricht die rauhe Pilger-Bahn: zeuch, Israel, in Frieden.

2. Wir folgen dir, du Gottes-Heer! als wahre Streitgenossen; der Glaube fürchtet sich nicht mehr, die Lieb' ist unverdrossen. So stehen wir für Einen Mann; ein Jeder ringe, was er kann, das Kleinod zu erlangen.

3. Wir sehn auf dich, du A und O! mit unverwandten Blicken. Dein Daseyn macht uns immer froh, dein Wort kann uns erquicken. Dein Kreuz ist unser Sieg's-Panier; wir schwören gern, und folgen dir durch diese öde Wüsten.

4. Der Teufel sucht mit arger List das Kleinod uns zu rauben. Wer nicht beständig wacker ist, der kommt um seinen Glauben. So lange nur des Geistes Schwert uns nicht aus unsrer Hand entfährt, sind wir unüberwindlich.

5. Die Welt legt uns bald hie bald da oft unvermerkte Schlingen, des Fleisches Regung ist auch nah' und will uns gern bezwingen; jedoch Gebet und Wachsamkeit macht sieghaft und beherzt im Streit, und läßt uns nicht erliegen.

6. Die Krone bleibt uns im Gesicht, die dort die Sieger tragen; und darum scheuen wir auch nicht Tod, Ungemach und Plagen. Es hat ja unser Sieges-Held uns nicht für diese Welt bestellt; wir sind nur für den Himmel.

7. Man drückt uns, wir verzagen nicht; man schilt uns, und wir segnen; wir müssen auch nach unsrer Pflicht den Feinden sanft begegnen. Wir sind der Welt hier unbekannt, und haben doch ein Vaterland. Gott kennt uns als die Seinen.

8. Wen noch ein Bann gefangen hält, wer Jesu Kreuz noch fliehet; wer noch durch Furcht vor dieser Welt am fremden Joche ziehet; wer an den Pflug die Hand gelegt*), und doch verbotne Lust noch hegt, der ist kein wahrer Streiter. *) Luc 9, v. 62.

9. Wir aber geben ganz um ganz*), verleugnen alle Sachen, die uns den schönen Sieges-Kranz noch könnten streitig machen; und unsre Seele glaubet fest: was man hier darum fahren läßt, ist nicht werth jenes Erbes. *) Christus gab sich ganz für uns, wir geben uns ganz für Ihn.

10. Die Kraft dazu liegt nicht in uns, wir sind gar bald verloren. Zur Quelle alles unsers Thuns ist uns das Lamm erkoren; das Lamm, das Alles schon vollbracht, und unsre Sache gut gemacht, — dem ist es zu verdanken.

11. Drum soll es unsre Losung seyn: wir nichts, und Jesus Alles. Ihm räumen wir die Ehre ein, dem Troste unsres Falles. Er segne ferner unsern Lauf und nehme unsre Seelen auf, wenn wir nun ausgestritten.

Pastor Hense.

Himmelfahrtslied.

Hohel. Sal. 1, v. 4. Ziehe mich dir nach, so laufen wir.

Mel. Ach Gott und Herr!

1999. Zeuch uns nach dir, so laufen wir mit herzlichem Verlangen hin, da du bist, o Jesu Christ, aus dieser Welt gegangen.

2. Zeuch uns nach dir in Lieb's-Begier, ach! reiß' uns doch von hinnen, so dürfen wir nicht länger hier den Kummer-Faden spinnen.

3. Zeuch uns nach dir, Herr Christ! und führ' uns deine Himmelsstege, wir irr'n sonst leicht und sind verscheucht vom rechten Lebenswege.

4. Zeuch uns nach dir, so folgen wir dir nach in deinen Himmel, daß uns nicht mehr allhier beschwer' das böse Weltgetümmel.

5. Zeuch uns nach dir nun für und für und gieb, daß wir nachfahren dir in dein Reich und mach' uns gleich den auserwählten Schaaren!

Vom Vertrauen auf Gott.

Jesaia 54, v. 4. Fürchte dich nicht, denn du sollst nicht zu Schanden werden; werde nicht blöde, denn du sollst nicht zu Spott werden.

Mel. Werde munter, mein Gemüthe.

2000. Zion! gieb dich nur zufrieden, Gott ist noch bei dir darin, du bist nicht von ihm geschieden, er hat einen Vater-Sinn. Wenn er straft, so liebt er auch, dies ist Gottes steter Brauch; Zion, lerne dies bedenken, warum willst du dich so kränken?

2. Treiben dich die Meereswellen in der wilden, tiefen See; wollen sie dich gar zerschellen, daß du rufest Ach und Weh! schweigt dein Heiland still dazu, gleich als schlafend in der Ruh': Zion! laß dich nicht bewegen, bald wird Sturm und Fluth sich legen. *)

*) Matth. 8, v. 24—26.

3. Berg' und Felsen mögen weichen, ob sie noch so feste steh'n, ja, die ganze Welt desgleichen möchte gar auch untergeh'n: dennoch hat es keine Noth in dem Leben und im Tod'; Zion! du mußt ja nicht wanken aus den vorgeschrieb'nen*) Schranken.

*) Jes. 30, v. 21. 1 Cor. 9, v. 24. 25.

4. Müssen schon allhier die Thränen oft dein Trank und Speise seyn: stimmt dein Seufzen und dein Stöhnen auch mit deinen Liedern ein; kränkt der Neid dir Herz und Muth, kommst du hier um Haab' und Gut: Zion! laß dir doch nicht grauen, du sollst Gottes Hülfe schauen.

5. Droht man dir mit Schmach und Banden, mit viel Qual und Herzeleid: dennoch wirst du nicht zu Schanden, denk' nur an die Ewigkeit; sey getrost und wohlgemuth, denn der Herr ist's, der es thut: Zion! auf Gott mußt du merken, der wird dich in Schwachheit stärken.

6. Freue dich: es kommt das Ende und der Abend schon herbei; gieb dich nur in Gottes Hände, der macht dich von Allem frei. Für die Trübsal, Spott und Hohn giebt er dir die Freudenkron'! Zion! Gott, dein Schutz wird wachen, und die Welt zu Schanden machen.

7. Hallelujah! deine Wonne bricht anjetzt mit Macht herfür, denn die schöne Gnadensonne, Jesus Christus, nah't zu dir, giebt dir einen Freudengruß und den rechten Friedenskuß: Zion! wo ist nun dein Klagen? Jetzt kannst du von Freuden sagen.

8. Freuet euch, ihr Himmels-Erben! freuet euch mit Zion hier! Die vor Jammer wollten sterben, sollen leben für und für; dort ist nicht mehr Angst und Qual in dem schönen Himmelssaal. Zion! wer will dich nun scheiden von dem Lamm und ew'gen Freuden?

Joachim Pauli.

Trostlied in Kreuz und Anfechtung.

Jesaia 49, v. 14—16. Zion aber spricht: der Herr hat mich verlassen, der Herr hat meiner vergessen. Kann auch ein Weib ihres Kindleins vergessen, daß sie sich nicht erbarme üb'r den Sohn ihres Leibes? Und ob sie desselbigen vergaße, so will ich doch deiner nicht vergessen. Siehe, in die Hände habe ich dich gezeichnet.

In eigener Melodie.

2001. Zion klagt mit Angst und Schmerzen, Zion, Gottes werthe Stadt, die er trägt in seinem Herzen, die er sich erwählet hat. Ach! spricht sie, wie hat mein Gott mich verlassen in der Noth und läßt mich so harte pressen! Meiner hat er ganz vergessen.

2. Der Gott, der mir hat versprochen seinen Beistand jederzeit, der läßt sich vergebens suchen jetzt in meiner Traurigkeit. Ach, will er denn für und für so gar grausam zürnen mir? kann und will er sich der Armen jetzt nicht, wie vorhin, erbarmen?

3. Zion! o du Vielgeliebte! sprach zu ihr des Herren Mund, zwar du bist jetzt die Betrübte, Seel' und Geist ist dir verwund't; doch stell' alles Trauern ein; wo mag eine Mutter seyn, die ihr eigen Kind kann hassen und aus ihrer Sorge lassen?

4. Ja, wenn du gleich möchtest finden einen solchen Muttersinn, da die Liebe kann verschwinden, so bleib' ich doch, der ich bin. Meine Treu' bleibt stetig dir, Zion, o du meine Zier! du hast mir mein Herz besessen, deiner kann ich nicht vergessen.

5. Laß dich nicht den Satan blenden, der sonst nichts als schrecken kann; siehe, hier in meinen Händen hab' ich dich geschrieben an. Wie mag es denn anders seyn? Ich muß ja gedenken dein; deine Mauern will ich bauen und dich fort und fort anschauen.

6. Du bist stets mir vor den Augen, du liegst mir in meinem Schooß, wie die Kindlein, die noch saugen; meine Treu' zu dir ist groß. Dich und mich kann keine Zeit, keine Noth, Gefahr und Streit, ja der Satan selbst nicht scheiden. Bleib' getreu in allem Leiden!

Johann Heermann.

Betrachtung des Leidens Jesu.

Lucä 23, v. 33. 34. Und als sie kamen an die Stätte, die da heißet Schädelstätte, kreuzigten sie ihn daselbst, und die Uebelthäter mit ihm, einen zur Rechten, und einen zur Linken. Jesus aber sprach: Vater, vergieb ihnen; denn sie wissen nicht, was sie thun.

Mel. An Wasserflüssen Babylon.

2002. Zu deinem Kreuze trete ich, dein Leiden zu bedenken; ein tiefes Weh' durchdringet mich, wollst, Herr! mir Gnade schenken. Ich fühle meiner Sünden Schuld, seh' dich mit göttlicher Geduld ertragen herbe Schmerzen. Mein Heiland! deine Lieb' ist groß, dein Sterben macht von Sünden los die schwer belad'nen Herzen.

2. Ja, ich bin Ursach' deiner Pein, ich sollte Schmerz empfinden; fern von der Gnade mildem Schein nicht Trost, nicht Rettung finden: du suchtest mich, ich floh' von dir, dein Liebesruf ertönte mir; mich

konnt' er nicht erreichen. Die Welt mit trügerischem Glanz schlang um mich ihren Zauberkranz, der Hölle Siegeszeichen.

3. Zu deinen Füßen lieg' ich hier, dein Kreuz will ich umfassen. Ich will — mein Heiland! schenk' es mir — dich nimmermehr verlassen. Du sollst, bei allem meinen Thun, mir unverrückt im Herzen ruh'n; dich, Herr, will ich erheben! Nicht soll die Welt mit ihrer Lust verdrängen dich aus meiner Brust: dir will ich ewig leben.

4. Ach! stärke meinen schwachen Muth, ich muß noch ferner kämpfen. Laß nicht der Liebe heiße Glut sich in dem Herzen dämpfen. Durch deine Schmach, durch deinen Tod gieb Kräfte mir in Kampfesnoth, die Welt zu überwinden. Du weißt, das Fleisch ist träg' und schwach, es giebt dem Reiz der Sünde nach, und muß dann Schmerz empfinden.

5. Herr! du reichst mir die Süßigkeit von jenes Lebens Freuden. Sey hoch gelobt in Ewigkeit für alle deine Leiden; für deine Treue, deine Huld, für deine göttliche Geduld, mit der du mich geliebet. Ein höh'rer Dank, o Gottes Sohn! durchströmt mein Herz vor deinem Thron, wo keine Schuld mich trübet. E. C. G. Langbecker.

Weihnachtslied.

Lucä 9, v. 58. Des Menschen Sohn hat nicht, da er sein Haupt hinlege.

Mel. Ermuntre dich, mein schwacher Geist.

2003. Zu deiner Krippen eile ich in meines Herzens Nöthen. O zartes Kindlein! schau' auf mich und hör' mein brünst'ges Beten. In dir wird meiner Seele Heil; du bist das ewig wahre Theil, das uns von Gott verliehen, uns aus der Noth zu ziehen.

2. Ach wie entblößet seh' ich dich, du Kind, dem Engel dienen! durch deine Armuth darf ich mich, zu nahen dir, erkühnen. Du kommst zu dulden Schmerz und Leid, damit, wenn Furcht und Traurigkeit mich will zu Boden drücken, du könntest mich erquicken.

3. Wer faßt des Vaters heil'gen Rath, wer könnte ihn ergründen? der Sünder soll des Himmels Pfad in Jesu Christo finden: darum der Himmel sich verklärt, es tönt herab, — o Sünder, hört: — „den Menschen Wohlgefallen, die noch im Irrthum wallen!"

4. O Kindlein, welcher Frieden quillt aus deinem zarten Herzen! ein süßes Wehe mich erfüllt mit Wonn' in meinen Schmerzen: drum eil' ich zu dir, Jesu, hin, bring' dir zum Opfer meinen Sinn statt Gold und Spezereien; komm, Herr, mich zu erfreuen!

5. Verlasse deinen öden Stall; zieh' ein in meine Seele; ob ich gleich strauchle überall, sie dennoch dir erwähle und weihe sie zum Tempel ein, in dem dein heller Gnadenschein die Finsterniß vertreibe, sein Glanz mir ewig bleibe.

6. Kommt dann mein Tod, seh' ich den Stern, den Weisen einst erschienen; er führet mich zu dir, dem Herrn, dem Cherublnen dienen. Dich, der auf Erden arm und bloß, schau' ich dort mächtig, stark und groß; dann strahlen meinem Herzen die ew'gen Weihnachtskerzen. E. C. G. Langbecker.

Sehnsucht nach dem Himmel.

Philipper 3, v. 20. Unser Wandel aber ist im Himmel, von dannen wir auch warten des Heilandes Jesu Christi, des Herrn.

Mel. Mein Jesu, dem die Seraphinen.

2004. Zu dir erheb' ich meine Sinnen, Herr Jesu! stärke meinen Geist, der mich zur hohen Himmelszinnen der Auserwählten Wohnung weis't; ich lass' jetzund das Eitle liegen, mich soll hinfort die stolze Welt, und was da ihrer Lust gefällt, sammt ihrer Pracht nicht mehr vergnügen.

2. Seh' ich dies große Weltgebäude und aller Häuser Zierrath an, so ist es eine kurze Freude, die uns ihr Ansehn geben kann. Die Zeit reißt alle hohe Mauern, sie mögen noch so köstlich seyn, und alle Marmorsäulen ein, Nichts kann auf Erden ewig dauern.

3. Die Welt mag ihre Schlösser loben, ich lobe ihr Gepränge nicht; mein Lust- und Wohnhaus ist dort oben; dort ist mein Herze hingericht't. Jerusalem, du Burg der Frommen, du Gottes Stadt, wär' ich in dir, so würd' ich, was mich für und für erfreuet, reichlich überkommen.

4. O unerhörte Herrlichkeiten, die dort an deinen Wänden stehn! mich deucht, ich kann jetzt schon von Weiten die Klarheit deiner Mauern sehn; das Glas der Fenster sind Rubinen, die Thore Perlen und Saphir; das Gold muß überflüssig dir zur Schönheit deiner Dächer dienen.

5. Dort wünsch' ich mir allein zu leben, und will mich nun der Eitelkeit und aller

Weltlust ganz begeben. Wo bleibt die lang' gewünschte Zeit, da ich die Seele Gottes Händen mit Freuden überliefern kann? Komm, Tod, ich scheu' mich nicht, komm an! du mußt mir doch mein Leben enden.

6. Du mußt mich doch zum Himmel führen, wo mein geliebter Heiland ist, wo stetes Wohlseyn ist zu spüren, und du, o grimm'ger Tod, nicht bist. Was kann mir hier dein Stachel schaden? werd' ich von deiner Hand gefällt, so leb' ich dort, in jener Welt, bei meinem liebsten Gott in Gnaden.

7. Mein trauter Jesus, mein Verlangen, wird meine Seel' in seine Hand nach meinem Tode schon empfangen. O wunderschönes Vaterland! Jerusalem, du stehst mir offen; Herr Jesu, nimm mich nur hinein, bei dir wünsch' ich allein zu seyn, auf deine Zukunft will ich hoffen.

Johann George Albinus.

Glaubenszutritt zum Gnadenthron.

Joh. 6, v. 37. Alles, was mir mein Vater giebt, das kommt zu mir; und wer zu mir kommt, den werde ich nicht hinaus stoßen.

Mel. Herzlich lieb hab' ich dich, o Herr.

2005. Zu dir, Herr Jesu! komme ich, nachdem du mich so süßiglich zu dir hast heißen kommen. Mich drücket meiner Sünden Last, sie läßt mir keine Ruh' noch Rast; würd' sie mir nicht genommen, so müßt' darunter ich vergeh'n, ich könnte nicht vor Gott besteh'n, vor dem die Himmel selbst nicht rein, ich müßt' ein Kind des Todes seyn. Herr Jesu Christ! mein Trost und Licht, :,: erquicke mich und laß mich nicht!

2. Der Sünden Joch ist mir zu schwer, es drückt mein Herze allzu sehr: du, Herr! wollst es zerbrechen. Gedenke, daß du diese Last darum für mich getragen hast, damit nicht möchte rächen der Vater, was ich hab' verschuld't; vielmehr, daß seine Gnad' und Huld mir Armen wieder würd' zu Theil; mach' mich durch deine Wunden heil, Herr Jesu Christ! und für mich bitt', :,: wenn Satan wider mich auftritt.

3. Zu dir steht meine Zuversicht; ich weiß von keinem Helfer nicht ohn' dich, o Arzt der Sünder! All' andre Helfer sind zu schlecht, du bist allein vor Gott gerecht, des Todes Ueberwinder, die Freistadt und der sich're Ort, das feste Schloß, der Schild und Hort; der Mittler und der Gnadenthron, des Vaters Herz und lieber Sohn. Herr Jesu Christ! das glaube ich, :,: ach! stärk' in solchem Glauben mich!

4. Hinfort will ich nun jederzeit auf mich zu nehmen seyn bereit dein Joch, die sanfte Bürde. Darunter find' ich Fried' und Ruh', ich wachs' und nehm' im Guten zu; und ob ich dabei würde aus Schwachheit, die dir ist bekannt, ermüden, würd' doch deine Hand mir immer wieder helfen auf, um zu vollenden meinen Lauf. Herr Jesu Christ! durch dich allein :,: kann ich hier und dort selig seyn.

Joh. Anastasius Freylinghausen.

Bei dem Herrn ist Gnade und Vergebung.

Psalm 130, v. 4. 5. Denn bei dir ist die Vergebung, daß man dich fürchte. Ich harre des Herrn, meine Seele harret und ich hoffe auf sein Wort.

Mel. Dir, dir, Jehovah! will ich singen.

2006. Zu dir ist meine Seele stille, mein Herr, mein Gott! auf den mein Glaube blickt. Aus deiner Gnade reicher Fülle fließt mir der Trost, der meinen Geist erquickt. Da alle Welt nicht rathen, helfen kann, treff ich bei dir, was mich beruhigt, an.

2. Dir ist mein Seufzen nicht verborgen, du weißt, wonach das arme Herz sich sehnt. Du siehst, wie unter bangen Sorgen voll Kümmerniß das Auge zu dir thränt. Dies liegt mir an: ich möchte gerne rein und durch dein Blut, o Lamm! entsündigt seyn.

3. Ich dank' es ewig deiner Gnade, die mich gesucht, die mich vom Schlaf erweckt, die mir, wie tief mein inn'rer Schade, durch deinen Geist recht deutlich aufgedeckt, und die zugleich, da mich mein Elend beugt, mir Hülf' und Rath in deinen Wunden zeigt.

4. Die sind doch auch für mich geschlagen. Wer Sünder heißt, den geht der Heiland an, der alle Schulden abgetragen, und für die Welt auf ewig g'nug gethan. Du rufst auch mich zu deinem Kreuze hin. Ich wag's auf's Wort, und komme, wie ich bin.

5. Mein Hoffnungsgrund ist dein Erbarmen. Ich weiß, dein Herz neigt gerne sich zu mir. Versöhner, Freund der Geistlich-Armen! wer zu dir kommt, den stöß'st du nicht von dir. Dies hast du ja an Keinem noch gethan. Ich bin gewiß, an mir fängst du's nicht an.

6. Nein, Jesu! du hast Lust zum Leben. Du rufst mir zu: getrost, Sohn! du bist mein. Was du gesündigt, ist vergeben, nun soll an dir Nichts mehr verdammlich seyn.

Ich schenke dir mein reines Unschuldskleid, und schmücke dich mit meiner Heiligkeit.

7. So hab' ich Gnad' bei dir gefunden? Ja, Herr! dein Geist bezeugt es meinem Geist, der, aller seiner Last entbunden, mit Dank und Ruhm aus allen Kräften preis't, wie wohl ihm ist, da deine Jesusmacht ihn unverdient zum Kindschaftsrecht gebracht.

8. Muß ich noch was am Fleische leiden, so duld' ich es mit still-gelass'nem Muth. Kann mich doch Nichts mehr von dir scheiden, von dir, in dem mein Glaube sicher ruht. Der Schmerz sey groß: ich bleibe doch gesetzt, weil mich der Trost: „ich habe Gnad'!" ergötzt.

9. Der ist's, der in den letzten Stunden zum letzten Kampf mich stark und muthig macht. Da du den Tod längst überwunden und dorten mir mein Erbe zugedacht, so schlaf' ich sanft auf deinen Zuruf ein: „du bist gerecht; nun sollst du herrlich seyn!"

Andreas Rehberger.

Abendmahlslied.

1 Corinther 10, v. 16. Der gesegnete Kelch, welchen wir segnen, ist der nicht die Gemeinschaft des Bluts Christi? das Brot, das wir brechen, ist das nicht die Gemeinschaft des Leibes Christi?

Mel. Herzlich thut mich verlangen.

2007. Zu dir will ich mich nahen, du treuer Jesu mein! will innig dich umfahen und ganz dein eigen seyn; ja, dein will ich gedenken, in deinen Todesschmerz wehmuthgebeugt versenken mein armes, schwaches Herz.

2. Ach! wenn ich dich nicht hätte und deinen bittren Tod: wer bräche dann die Kette von meiner Sündennoth? Wer führte mich zurücke, mit treuer Liebeshand und sel'gem Gottesblicke, von des Verderbens Rand?

3. Wen rührten meine Thränen und meine Angst und Pein, und ach! in meinem Sehnen, wer würde bei mir seyn? wem sollt' ich wohl vertrauen das stille Seelenleid, auf wessen Hülfe bauen — wenn du mir wärest weit?

4. Dich aber seh' ich schweben für mich am Kreuzesstamm; du starbst ja für mein Leben, o heil'ges Gotteslamm! Mit meiner Schuld beladen, verspottet und verhöhnt, hast, Jesu! voller Gnaden, du Gott mit mir versöhnt!

5. Wohin soll ich nun gehen vor deiner Liebe Meer? Ich kann sie nicht verstehen; sie ist zu hoch und hehr. Zu deinen Füßen fallen und fleh'n zu dir hinan, im Glauben mit dir wallen — ist Alles was ich kann.

6. O bleibe mir zur Seite und stärke meinen Fuß, und meine Wege leite mit deinem Heilandsgruß; von deiner Huld umfangen, an deiner Gotteshand, voll seligem Verlangen schau' ich in's Heimathsland!

Gustav Friedrich Ludwig Knak.

Zur Saatzeit.

2 Corinther 9, v. 10. Der aber Saamen reichet dem Säemann, der wird je auch das Brot reichen zur Speise, und wird vermehren euren Saamen, und wachsen lassen das Gewächs eurer Gerechtigkeit.

Mel. Wer nur den lieben Gott läßt walten.

2008. Zufrieden streu' ich diesen Saamen in das gepflügte Erdreich hin, und thu' es, Herr! in deinem Namen ich, der ich nichts als Erde bin; ach! laß mein Werk gesegnet seyn, schließ' es in deinen Machtschutz ein.

2. Du, Gott! weißt was für Ungelücke, was ihm für Wetter schaden kann; man spürt nicht immer Sonnenblicke, es meld't sich Sturm und Hagel an; heut' kommet Hitze, morgen Wind, die oftmals scharf und schädlich sind.—

3. Hier kann ein Wurm das Korn bezwingen, bald blitzt es von des Himmels Haus; mag ich gleich meine Furchen düngen, geht doch die Saat zuweilen aus. Korn, Hafer, Gerste, Waizen, Lein geräth oft nicht und bleibet klein.

4. So stehts, mein Vater! um die Früchte, wenn deine Hand nicht Segen schenkt; der Schweiß von meinem Angesichte wird vielmals mit der Saat vermengt; doch ist mein Sorgen Tag und Nacht umsonst, wenn nicht dein Auge wacht.

5. Da nun mein Sorgen, Pflügen, Eggen dem Acker nicht die Früchte bringt, ist es, o Herr! an dir gelegen, daß meine Arbeit wohl gelingt. Wohlan, so thu' ich was ich kann; du aber nimm dich meiner an!

6. Laß doch mein Seufzen vor dich kommen, das unter freiem Himmel schallt; wie du dich meiner angenommen, ob ich nun jung bin oder alt: so stehe mir noch ferner bei, daß mein Beruf gesegnet sey.

7. Behüte doch die edlen Gaben, die meine Hand von dir erhält; Gott Lob! daß wir die Saat noch haben, die in das milde Erdreich fällt. Ach, Vater! laß sie wohl aufgehn, laß sie in vollem Segen stehn.

8. Wend' gnädig ab, was sie kann kränken, und gieb uns ein gesegnet Land: so wollen wir mit Freuden denken an deine milde Vaterhand, wenn Vorrath unsre Scheunen füllt und unser groß Verlangen stillt.

9. Frost, Regen, Dürre, Mehlthau, Fluthen und was sonst unsre Früchte schlägt, sind freilich oft sehr scharfe Ruthen und hemmen was das Erdreich trägt; treib' von uns was das Land verheert, und gieb, was Leib und Seel' ernährt!

10. Doch will ich dir das nicht vorschreiben, Herr Zebaoth! was mich ergötzt; du wirst uns doch gewogen bleiben durch Christum, der uns das ersetzt, was jener Fluch*) uns hat gebracht, als Adam Gottes Wort veracht't.

*) 1 Mose 3, v. 17.

11. Wenn Andre ihrem Kopfe trauen, so trau' ich deinem Vatersinn; wenn sie auf Aberglauben bauen, so weiß ich, daß ich sicherer bin. Gott! meine Zeit steht nur bei dir; was dir beliebt, das giebst du mir.

12. So geh' ich denn in deinem Namen auf dem Gepflügten hin und her. Sprich, Herr! dazu dein kräftig Amen! und meine Bitte mir gewähr'; mach' mich zu solchem Ackersmann, der sich in dein Herz finden kann.

13. Laß mich zu einem Erdreich werden, das nichts als Glaubensfrüchte trägt; spürt man Frost, Hitze und Beschwerden, wird mir ein Hauskreuz auferlegt, so führe mich nach deinem Rath zu frommer gottgelass'ner That.

14. Willst du mit Thau die Furchen tränken und geben was mein Heil vermehrt; willst du uns gute Nahrung schenken und wenden, was die Ernte stört: so soll mein Mund bei Tag und Nacht dich preisen für der Felder Pracht.

15. Sollt' aber, was wir doch nicht hoffen, ein Sturm auf unsre Aecker weh'n; sollt' Mißwachs auch, der uns getroffen, die Saat verkümmern, die wir sä'n: so gieb, nach deiner Gnad' und Huld, Trost, Rath und christliche Geduld.

16. Nun kann ich nichts als dies noch sagen: Herr! wie du willst, so schick's mit mir; du wirst die Sorgen ferner tragen, wie du bezeugt hast für und für; bis nach der Saat- und Thränenzeit folgt jene Ernt' der Seligkeit.

Der Ruf Jesu und seiner Knechte zur himmlischen Hochzeit.

Matthäi 22, v. 9. Gehet hin auf die Straßen und ladet zur Hochzeit, wen ihr findet.

Mel. Wachet auf! ruft uns die Stimme.

2009. Zuletzt! durch den Mund der Gnaden kommt Alle! liebreich eingeladen, kommt zu der Mahlzeit unsres Herrn. Sünder! hört's aus seinem Munde, er ruft noch in der eilften*) Stunde; o! kommt noch heut', er hilft so gern, er bietet euch zum Kleid seine Gerechtigkeit! der Erbarmer. O eilt ihm zu, bei ihm ist Ruh'. Ja, Seligkeit schenkst, Herr! nur du.

*) Matthäi 20, v. 6.

2. Doch, die hier dein Wort verachten, die werden zitternd einst verschmachten vor dir, als Richter auf dem Thron; Herr! laß uns zur Rechten stehen, laß deine Herrlichkeit uns sehen, wir sind ja auch dein Schmerzenslohn.. Dein heil'ges Blut, dein Tod rett' uns von Sündennoth; du, Erbarmer! schenkst uns schon hier, und dann mit dir die wahre Freude für und für.

Das trostvolle Zuletzt.

Psalm 37, v. 35—37. Ich habe gesehen einen Gottlosen, der war trotzig, und breitete sich aus, und grünete wie ein Lorbeerbaum. Da man vorüber ging, siehe, da war er dahin; ich fragte nach ihm, da ward er nirgend gefunden. Bleibe fromm und halte dich recht; denn solchem wird's zuletzt wohl gehen.

In eigener Melodie.

2010. Zuletzt geht's wohl dem, der gerecht auf Erden, durch Christi Blut, und Gottes Erbe war. Es kommt zuletzt das angenehme Jahr, der Tag des Heils, an dem wir fröhlich werden.

2. Zuletzt giebt Gott, wonach wir uns gesehnet, wenn Glaub' und Lieb' im Kreuz bewähret ist und man Geduld an unsrer Stirne lies't, wenn wir genug sind von der Welt verhöhnet.

3. Zuletzt reicht man den Siegern ihre Kronen, und führet sie vom Feld in's Vaterland, allwo bereit der Sel'gen Ruhestand, dadurch der Fürst den Kampf pflegt zu belohnen.

4. Zuletzt macht Gott das Wasser selbst zu Weine, der herrlich ist und alle Gäst' erfreut, im Glauben stärkt die neuen Hochzeits-Leut'; da sieht man denn wie gut er's allzeit meine. —

5. Zuletzt und nicht zuerst nimmt Gott die Seinen in's Paradies, in's Lebens-Lie-

des Reich, und machet sie den Engeln Gottes gleich; vorher läßt er sie erst genug ausweinen.

6. Zuletzt, merk's wohl! und halte nur fein stille, o liebes Herz! dem, der dich erst betrübt, und dich dabei doch wahrlich herzlich liebt; gedenke nur: es ist so Gottes Wille.

Prüfung am Abend.

1 Corinther 10, v. 12 Wer sich läßt dünken, er stehe, mag wohl zusehen, daß er nicht falle.

Mel. Ich ruf' zu dir, Herr Jesu Christ.

2011. Zum andern Leben wall' ich hin; ist's auch zum ew'gen Leben? daß, wenn ich einst gestorben bin, mich Engel sanft umschweben, und mich zu Gottes Heiligthum auf ihren goldnen Schwingen freudig bringen, dort meines Mittlers Ruhm in Ewigkeit zu singen?

2. Den Himmel füllt so hehr und mild die Nacht mit tausend Sternen; — sieh' von der Ewigkeit ein Bild und ihren lichten Fernen! Ach, dort ist wohl ein großes Feld für tausend Seligkeiten! Wer kann deuten, was Gott nach dieser Welt den Seinen mag bereiten?

3. Ja, meine Seele kann dich nicht, du höchstes Gut! ermessen; und doch wirst du im Tageslicht so oft von ihr vergessen; wie vor der Wolk' ein Stern erblaßt, verhüllt der Welt Getümmel und Gewimmel und eitler Sorgen Last den hellen Blick zum Himmel.

4. Und offen steht er immerdar! Viel sonnenhelle Nächte, viel Tage winken mild und klar dem irdischen Geschlechte, hinauf zu schau'n, hinauf zu geh'n, und eilig, ohne Säumen, ohne Träumen sich Hütten zu ersehn in jenen ew'gen Räumen.

5. O, sieh' zur Erde nicht hinab, wenn Himmel dich umgeben! die Erde giebt dir nur ein Grab, im Himmel wohnt das Leben; von dort bist du, mein Geist! entstammt, und dorthin sollst du kehren, dich verklären: drum hat ein Christusamt der große Herr der Ehren.

6. Wer sich zur großen Schaar gesellt, kommt nicht zu seinen Heerden; der Heiland war nicht von der Welt und wird es nimmer werden. Hier stehe still und schau' hinein in deines Herzens Tiefe, denk' und prüfe: wo würd' ich heute seyn, wenn er zum Tod mich riefe?

7. Hab' ich gehöret, als er rief und mich vom Schlaf' erweckte? Blieb ich getreu, wenn oft so tief mein Herz Sein Lieben schmeckte? Schau', diese Rechenschaft im Licht gieb ihm vor seinem Throne; deck' und schone dein altes Leben nicht, sonst kommst du um die Krone.

8. Dem Glauben glänzt die Krone nur! gut ist's, die zu erlangen und, wenn die Welt zur Hölle fuhr, vor Gottes Stuhl zu prangen. Gedenke dran: durch Christi Tod aus Sünd' und Angst gerissen sich zu wissen, giebt in der letzten Noth ein sanftes Sterbekissen!

9. Gedenke dran, damit die Zeit nicht spurlos dir enteile, damit dich für die Ewigkeit dein Mittler stärk' und heile; mit ihm gelebt, ist wohl gelebt! — Das wird in Kurzem droben sich erproben, wenn man den Leib begräbt und sich der Geist erhoben.

Albert Knapp.

Christus, unser Arzt.

2 Mose 15, v. 26. Ich bin der Herr, dein Arzt.

Mel. Befiehl du deine Wege.

2012. Zum Arzte hin, ihr Sünder! er heißet Jesus Christ! Nur er hilft, Menschenkinder! er, der die Liebe ist. Er kann in Kümmernissen der beste Tröster seyn; kann Gram und Schmerz versüßen, und helfen und erfreu'n.

2. Bekümmern euch die Sünden: getrost! nicht zu betrübt! ihr könnt Vergebung finden; Er ist's, der Sünder liebt. Kommt! Er wird euch erquicken, mit Seelenruh' erfreu'n; euch segnen und beglücken, und euch Versöhner seyn.

3. Leid't eure ird'sche Hütte und fühlt ihr Krankheits-Schmerz, kommt glaubensvoll mit Bitte zu ihm, reich ist sein Herz. Er kann die Krankheit heben, kann Helfer, Retter seyn, kann neue Kräfte geben und selbst vom Tod befrei'n.

4. So half er einst auf Erden, so hilft er immerfort. Wenn Kranke besser werden, geschieht es auf sein Wort. Er will's! — und Schmerzen weichen und Todeskummer flieht; es soll sich Beßrung zeigen! — und was er will, geschieht.

5. Drum laßt uns ihm vertrauen; von ihm kommt's Wohlergehn! auf ihn nur laßt uns bauen, von ihm nur Hülfe flehn. Er wird sein Wort erfüllen und wird in aller

Noth den Schmerz und Kummer stillen; denn er ist Arzt und Gott.

Christian Gottlieb Frohberger.

Vom göttlichen Ebenbilde.

Epheser 4, v. 24. Ziehet den neuen Menschen an, der nach Gott geschaffen ist, in rechtschaffener Gerechtigkeit und Heiligkeit.

Mel. O Gott, du frommer Gott!

2013. Zum Bilde Gottes war der erste Mensch formiret, und auf das Herrlichste von seinem Gott gezieret; sein Schmuck und seine Zierd' war die Gerechtigkeit, und seine hohe Würd' war lauter Heiligkeit.

2. Er konnte seinen Gott ganz völliglich erkennen, und aus des Herzens Grund ihn seinen Vater nennen, des Schöpfers guten Will'n, sein Wort und sein Geheiß konnt' er mit Lust erfüll'n zu Gottes hohem Preis.

3. Der Leib viel schöner war, als Jemand kann aussprechen; er war frei von dem Tod, von Krankheit und Gebrechen; der Thiere großes Heer, was fliegt gen Himmel an, wie auch die Fisch' im Meer, ihm waren unterthan.

4. Durch Ungehorsam ist dies Ebenbild verloren, die Erbsünd' aber wird uns Allen angeboren; all' Menschenkinder nun, so viel ihr'r immer seyn, vor Gott mit ihrem Thun sind eitel und unrein.

5. Mein Gott, ich bitte dich, dem alten Menschen steure; im Geiste mein's Gemüths rechtschaffen mich erneure, damit mein ganzes Leb'n ohn' alle Heuchelei, zu deinem Dienst ergeb'n und unbeflecket sey.

D. Johann Jakob Rambach.

Vom Leiden Jesu.

Römer 8, v. 34. Wer will verdammen? Christus ist hier, der gestorben ist.

Mel. Herr Jesu Christ, mein's Lebens Licht.

2014. Zum Kreuze will hinauf ich schau'n, von dem mir Lebenskräfte thau'n; ich dring' im Glauben recht hinzu; bei dir nur, Jesu! find' ich Ruh'.

2. Du heiligtest dich selbst für mich; dein Leib, die Seele senkte sich in Höllenangst, in Todespein, mein Trost, mein ewig Heil zu seyn.

3. Du gingst für mich auch ins Gericht, du läßt mich im Verderben nicht. Mein Element, mein höchstes Gut ist darum einzig, Herr! dein Blut.

4. Es ist das ew'ge Lösegeld für Sünd' und Schuld der ganzen Welt. Es macht auch mich von Sünden frei, macht Herz und Seele rein und neu.

Karl August Döring.

Berufslied.

1 Mose 3, v. 19. Im Schweiß deines Angesichts sollst du dein Brot essen, bis daß du wieder zur Erde werdest, davon du genommen bist.

Mel. Nun sich der Tag geendet hat.

2015. Zur Arbeit winkt mir mein Beruf. Du, dessen Güte mir die Kräft' in Seel' und Gliedern schuf: begonnen sey mit dir!

2. O stärke mich zu munterm Fleiß, gieb Lust und Kraft dazu! zum Nutzen mir und dir zum Preis gedeihe, was ich thu'!

3. Herr, ohne dich ist kein Gedeih'n, vergeblich Müh' und Schweiß. Laß deinen Segen mit mir seyn! dann wuchert mir mein Fleiß.

4. Gefahr für Leib und Seele droht der träge Müßiggang. Zur Arbeit rief uns dein Gebot aus Gnade, nicht aus Zwang.

5. Auch reiße mich kein falscher Trieb zur Regsamkeit dahin! wenn ich vor dir ein Schuldner blieb', was nützt der Welt Gewinn?

6. O daß, vom Joch der Trägheit frei, mein Fleiß auch Andern gern zum Nutzen, nie zum Schaden sey! wir dienen Einem Herrn.

7. Kein Raum sey schnöder Weichlichkeit in meinem Thun vergönnt, die immer Müh' und Lasten scheut, und nur nach Freuden rennt!

8. Vergrüb' ich als ein fauler Knecht dein mir geleih'nes Pfand — o Herr, du forderst einst dein Recht vom Darlehn deiner Hand.

9. Mein Fleiß sey auch im Kleinen treu, mein Werk in Gott gethan; daß dermaleinst ich fähig sey, auch Größer's zu empfah'n!

Karl Bernhard Garve.

Von der Bestimmung des Menschen.

1 Thessal. 5, v. 9. Gott hat uns nicht gesetzt zum Zorn, sondern die Seligkeit zu besitzen, durch unsern Herrn Jesum Christum.

Mel. Es kostet viel ein Christ zu seyn.

2016. Zur Seligkeit berufst du mich, Herr Jesu! welch ein Ruf zu hohen Freuden! denn der allein versetzt mich seliglich in die Verdienste deiner ganzen Leiden. Du bist es ja, der mir dieselben reicht, drum wird mir's leicht.

2. Ich soll, weil du voran mir gingst, dir, Jesu! ähnlich seyn schon hier auf Erden; dies ist es ja, warum am Kreuz du hingst: dein heilig Leben soll mein Muster werden, dein Opfer-Tod ist's, der die Kraft mir reicht, so wird mir's leicht.

3. Ich fühl's, wenn ich recht auf dich seh', wie viel dazu gehört, nur dir zu leben; doch wenn ich auch um Gnade zu dir fleh', so wird dieselbe reichlich mir gegeben. Der Blick auf dich, von dem mein Herz nie weicht, macht Alles leicht.

4. Durch deinen Geist, Herr Jesu Christ! wirst du mir deine Liebe stets verklären, damit sie ja nur nie mein Herz vergißt; was Anders könnte mir sonst Kraft gewähren? Er ist es ja, der mir das Erbe zeigt und Kräfte reicht. 1 Joh. 4, v. 9 10.

5. Ich steh' bei deinem Kreuze da und seh' auf dich, den Dulder meiner Sünden. O theures Lamm! du bist mir innig nah', wie viel thust du, um nur mein Heil zu gründen! Sieh' hin, mein Herz! sieh' auf dies hohe Ziel und liebe viel.

Ebräer 12, v. 1. 2.

6. Heil' mich durch deine Wunden nur! erfülle mich mit deiner Gottesliebe! Dann offenbart die neue Kreatur ihr Leben auch durch neue heil'ge Triebe. Drum lebe ich so gern zu deiner Ehr', mir wird's nicht schwer. 1 Joh. 1, v. 7.

7. Und regt sich auch der Sünde Reiz, ich fleh' zu dir, dem Bischof meiner Seelen; ich schaue nur auf dein gesegnet Kreuz, wie könnte mich da noch Versuchung quälen? O, wie erquickt, wie labt dein Tod und Schmerz mein armes Herz!

8. Herr, nimm du mich in deine Hand und laß mich volle G'nüge hier genießen! Ach leite mich bis hin ins Vaterland und laß mich froh den Lebenslauf beschließen; so rufe ich, wenn's hohe Ziel erreicht: es ward mir leicht! Christian Friedrich Förster.

Zum zweiten Osterfesttage.

Lucä 24, v 13—15 Und siehe, zween aus ihnen gingen an demselbigen Tage in einen Flecken, der war von Jerusalem sechzig Feldweges weit, deß Name heißet Emmahus. Und sie redeten mit einander von allen diesen Geschichten. Und es geschahe, da sie so redeten und befragten sich mit einander, nahete Jesus zu ihnen, und wandelte mit ihnen.

Mel. Jesu, meines Lebens Leben.

2017. Zween Jünger gehn mit Sehnen über Feld nach Emmahus, ihre Augen sind voll Thränen, ihre Seele voll Verdruß; man hört ihre Klageworte; doch es ist von ihrem Orte unser Jesus gar nicht weit und vertreibt die Traurigkeit.

2. Ach, es gehn noch manche Herzen ihrem stillen Kummer nach, sie bejammern ihre Schmerzen, ihre Noth und Ungemach. Manches wandert gar alleine, daß es nur zur G'nüge weine; doch mein Jesus ist dabei, fragt, was man so traurig sey?

3. Wenn zwei Seelen sich besprechen, so ist er der dritte Mann, er bemerket die Gebrechen, redet, was uns trösten kann. Denn er kann uns nicht versäumen, wie wir glaubenslos oft träumen. Er hat Alles im Gesicht, seine Treu' verläßt uns nicht.

4. Jesus ist mir nachgegangen, wenn ich meiner Eitelkeit und der Sünde nachgehangen; o, der unglücksel'gen Zeit, die man dergestalt verloren! Doch er hat mich neu geboren, Jesus hat an mich gedacht und das Schäflein wiederbracht.

5. Hat sich eine Noth gefunden, so ließ er mich nicht allein: Jesus stellt zur rechten Stunden sich mit seinem Beistand ein. Wenn ich mich bei ihm beschwere gleich als ob er ferne wäre, o so ist er mehr als nah' und mit seiner Hülfe da.

6. Treuster Freund von allen Freunden! bleibe ferner noch bei mir. Kommt die Welt mich anzufeinden, ach, so sey du auch allhier. Will der Teufel auf mich blitzen, wollst du trösten und beschützen; komm, in meinem Geist zu ruhn, was du willst, das will ich thun.

7. Bin ich traurig und betrübet, so gieb nur in meinen Sinn, daß mich deine Seele liebet und daß ich der Deine bin. Laß dein Wort mich feste gründen, laß es auch mein Herz entzünden, daß es voller Liebe brennt, und dich immer besser kennt.

8. Tröst' auch andre fromme Seelen, wenn sie tief in Kummer stehn, wenn sie in verborg'nen Höhlen, Kammern, Feld und Wäldern gehn, ihrem Kummer nachzusinnen, daß sie satt sich weinen können: so sprich ihrer Seele zu: liebes Kind! was trauerst du?

9. Kannst du bei der Welt nicht weilen, ach! so nimm mich auch mit dir, laß mich deine Freuden theilen, sey und bleibe stets bei mir. Bleibe doch in unsrer Mitten, wie dich deine Kinder bitten. Dank sey dir o lieber Gast, daß du mich getröstet hast!

M. Johann Neunherz.

Von der göttlichen Fürsorge.

Sprüche Sal. 30, v. 7—9. Zweierlei bitte ich von dir, die wollest du mir nicht weigern, ehe denn ich sterbe: Abgötterei und Lügen laß ferne von mir seyn; Armuth und Reichthum gieb mir nicht; laß mich aber mein beschiedenes Theil Speise dahin nehmen. Ich möchte sonst, wo ich zu satt würde, verleugnen und sagen: Wer ist der Herr? Oder, wo ich zu arm würde, möchte ich stehlen, und mich an dem Namen meines Gottes vergreifen.

Mel. Singen wir aus Herzensgrund.

2018. Zweierlei bitt' ich von dir, zweierlei trag' ich dir für, dir, der Alles reichlich giebt, was uns dient und dir beliebt: gieb mein Bitten, das du weißt, eh' ich sterb' und sich mein Geist aus des Leibes Banden reißt!

2. Gieb, daß ferne von mir sey Lügen und Abgötterei; Armuth, das die Maaße bricht, und groß Reichthum gieb mir nicht; allzu arm und allzu reich ist nicht gut, stürzt Beides gleich unsre Seel' in's Sündenreich.

3. Laß mich aber, o mein Heil! nehmen mein bescheiden Theil, und beschere mir zur Noth hier mein täglich Bißlein Brot. Ein klein wenig, da der Muth und ein gut Gewissen ruht, ist fürwahr ein großes Gut.

4. Sonsten möcht' im Ueberfluß ich empfinden Ueberdruß, dich verleugnen, dir zum Spott fragen: wer ist Herr und Gott? Denn das Herz ist Frechheit voll, weiß oft nicht, wenn ihm ist wohl, wie es sich erheben soll.

5. Wiederum, wenn's stehet bloß und die Armuth wird zu groß, wird es untreu, stiehlt und stellt nach des Nächsten Gut und Geld, thut Gewalt, braucht Ränk' und List, ist mit Unrecht ausgerüst't, fraget nicht, was christlich ist.

6. Ach, mein Gott, mein Schatz, mein Licht! dieses Beides ziemt mir nicht. Beides schändet deine Ehr', Beides stürzt in's Höllenmeer; drum so gieb mir Füll' und Hüll', nicht zu wenig, nicht zu viel: dafür ich dir danken will.

Paul Gerhardt.

Gottes Zusagungen und Drohungen sind wahrhaftig.

Galater 6, v. 7—9. Irret euch nicht, Gott lässet sich nicht spotten. Denn was der Mensch säet, das wird er ernten. Wer auf sein Fleisch säet, der wird von dem Fleisch das Verderben ernten, wer aber auf den Geist säet, der wird von dem Geist das ewige Leben ernten. Lasset uns aber Gutes thun und nicht müde werden, denn zu seiner Zeit werden wir auch ernten ohne Aufhören.

Mel. Mache dich, mein Geist, bereit.

2019. Zweifle nicht! was Gott zusagt, wird er ewig halten: über den, der nach ihm fragt, will er segnend walten. Auf ihn bau', ihm vertrau'; lern' in bängsten Nöthen gläubig zu ihm beten.

2. Welch ein unaussprechlich Heil läßt er dir verkünden! ja, das allerhöchste Theil sollst du bei ihm finden. Hör' sein Wort, fort und fort ruft es: Gnad' und Frieden! bringt es Licht hienieden.

3. Aber, wo der Herr versprach, sein Gericht zu halten, kommt er seinem Wort auch nach, läßt nicht Gnade walten*). Sein Gericht säumet nicht, gleich wie Sturmeswogen kommt es hergezogen! *) Ebr. 10, 30. 31.

4. Hör' es, Frevler! bebe du, zittre vor den Sünden! Fliehe, flieh', des Herzens Ruh' wirst du nirgend finden: Angst und Weh', in der Näh', foltern dich und schrecken: ach! wer mag dich decken?

5. Nur, wenn du zu Jesu eilst, arm und ganz zerschlagen; wenn du trauernd bei ihm weilst, nimmt er weg die Plagen. Deine Noth, deinen Tod kann er dann nicht sehen, eilt dir beizustehen.

6. Ja, so komm, Herr Jesu Christ, Jesu! komm, wir flehen. Allen du ein Helfer bist, laß dein Heil uns sehen. Komme bald, Herr! und halt' dein Gericht auf Erden, laß uns selig werden.

7. Doch eh' dein Tag kommen ist, bleibe bei uns Allen deine Gnade, Jesu Christ! laß uns treu dir wallen. Stets zu dir rufen wir, trauend deinem Namen: komm, Herr Jesu! Amen.

E. C. G. Langbecker.

Schlußlied.

Joh. 15, v. 16. Ihr habt mich nicht erwählet, sondern Ich habe euch erwählet, und gesetzt, daß ihr hingehet und Frucht bringet, und eure Frucht bleibe; auf daß, so ihr den Vater bittet in meinem Namen, daß er es euch gebe.

Mel. Nun danket Alle Gott.

2020. Zwölf Jünger wähltest du, Herr Jesu! hier auf Erden, um Zeugen dir zu seyn und aller Welt auf Erden: wie du gelebt, gelehrt, gelitten, für uns starbst, erstand'st, gen Himmel fuhrst, das Leben uns erwarbst.

2. Herr Jesu! zähle uns aus Gnaden zu den Deinen! „Kommt Alle her!" sprichst du, „denn ich verstoße Keinen, der sich beladen fühlt mit seiner Sünden Noth und glaubt: daß ihm zum Heil ich starb den Kreuzestod!"

3. Laß ja, Herr Jesu! nicht die Zuversicht uns rauben: daß du der Heiland bist! Komm, stärke unsern Glauben! hilf, daß durch Wort und That wir preisen deine Wahl; nimm uns aus Gnaden auf in deiner Jünger Zahl.

4. Dort, wo Hallelujah und Jauchzen, Jubiliren durch alle Himmel dringt und ew'ges Triumphiren — da laß uns stimmen ein: schenk' uns auch einen Platz in deinem großen Reich, du höchster Seelenschatz!

Erklärung fremder und anderer unbekannter Worte, welche in dem geistlichen Liederschatze vorkommen.

A.

A und O sind der erste und letzte Buchstab in dem griechischen Alphabet. Unser Heiland nennt sich also, Offenb. Joh. 1, v. 8. Cap. 21; v. 6. zum Zeugniß: Er sey der Anfänger und Vollender alles dessen, was zu unserm Heil erfordert wird, in dem Alles zusammengefaßt ist, was wir wissen und haben müssen, wenn wir wollen selig werden. Siehe Col. 1, v. 19. folg. Hebr. 12, v. 2.

Abba ist ein altes syrisches Wort, welches soviel als Vater bedeutet und besonders von Kindern gebraucht wurde, wenn sie ihr zärtliches oder auch zuversichtliches Herz gegen ihre Väter ausdrücken wollten. S. Marci 13, v. 36. Römer 8, v. 15. Gal. 4, v. 6.

Abrahams Schooß ist die Benennung des Ortes der ewigen Seligkeit überhaupt und aus den Sitten der Morgenländer zu erklären, wo der liebste Gast bei Tische dem Schooße des Wirthes am nächsten lag.

Aergern heißt so viel als zum Unglauben, zur Abgötterei oder zur Sünde reizen und sich reizen lassen.

Amen ist ein hebräisches Wort und heißt so viel als wahr, gewiß seyn; s. Jes. 63, v. 16. Daher wird es auch insgemein zum Beschluß der Gebete und Lieder gesetzt, zum Zeichen: man glaube von Herzen, das, was man dem Herrn vorgetragen hat, sey erhöret und werde geschehen. Unser Heiland wird auch **Amen**, der treue Zeuge, genannt, Off. Joh. 3, v. 14. wegen der unfehlbaren Gewißheit und Wahrheit aller seiner Worte und Verheißungen.

B.

Belial bedeutet im Hebräischen etwas, das zu nichts nütze, sondern vielmehr schädlich und verderblich ist; daher wird der Teufel in der heil. Schrift mit diesem Namen belegt, s. 2 Cor. 6, v. 15.; und die, welche ihm anhangen, heißen Belials Kinder; 5 Mose 13, v. 13.

Benedeien kommt aus dem Lateinischen und bedeutet so viel als: segnen.

Bethel ist ein hebräisches Wort und heißt: Gottes-Haus. S. 1 Mose 28, v. 19.

Bethlehem ist die Geburtsstadt unsers Herrn und bedeutet nach dem Hebräischen ein Brothaus.

Brast heißt so viel als Beklemmung, Noth, Unruhe; eine Menge schlechter Dinge.

Buße thun, büßen. Durch diese Worte wird nicht etwa eine durch erduldete Strafen, Angst oder Unruhe Gott zu leistende Genugthuung und etwas Verdienstliches von Seiten des Menschen angezeigt. Die evangelische Kirche meint, im Gegensatze gegen die päpstliche Irrlehre, auch in ihren Liedern durch Buße thun und Büßen nichts anderes, als überhaupt sich durch Gottes Gnade wahrhaftig bekehren oder herzliche Reue und Leid haben über die begangene Sünde und das tiefe Verderben, worin wir außer Christo liegen; bisweilen, wie in dem Liede: „Ach Gott und Herr!" v. 4. bedeutet **büßen** so viel als die väterliche Strafe und Züchtigung gern ertragen, die Gott zuweilen wahrhaftig sich bekehrenden Sündern zu ihrem und Anderer Bestem aufzulegen für nöthig findet.

C.

Cherub, Cherubim, Cherubinen sind hebräische Namen der Engel, womit entweder ihre Stärke oder auch ihre Behendigkeit angezeigt wird.

Compaß ist das Instrument, dessen sich die Schiffsleute auf der See bedienen, den Weg, den sie reisen wollen, zu treffen, und heißt daher in den Liedern so viel als ein Wegweiser, oder eine Anweisung, den Weg zum Leben zu finden, und darauf fortgeleitet zu werden.

E.

Egypten, ein bekanntes Land, worin ehemals Israel in schwerer Dienstbarkeit gelegen und sich doch, nachdem es herausgeführt worden, wiederum danach gesehnet. Im bildlichen Verstande wird die Welt mit ihren betrüglichen Gütern und Lüsten dadurch bezeichnet.

Einfältig ist in der Sprache der heil. Schrift so viel als redlich, ohne Falsch. Matth. 6, v. 22.

Eleison, Eleis ist ein griechisches Wort und heißt so viel als: erbarme dich, sey gnädig!

Element bedeutet in dem Liede: Mein Salomo rc. v. 11. und überhaupt im christlich-bildlichen Sinne dasjenige, worin ein wahrhaft gläubiger Christ seine Erquickung findet und außer welchem er eben so wenig leben kann, als ein Fisch außer dem Element des Wassers, oder ein Vogel, wenn er der Luft entbehren soll.

Evangelium ist ein griechisches Wort und bedeutet so viel als eine gute Nachricht, die feierlich bekannt-gemacht wird; auch die Geschichte unseres Herrn Jesu und seine Lehre, wegen ihres für uns Menschen so sehr erfreulichen Inhaltes.

F.

Firmament kommt aus dem Lateinischen her und bedeutet den Himmel, welcher im 1. Buch Mose im 1. Cap. v. 6. eine Veste genannt wird.

Fleisch bezeichnet oft in der heil. Schrift und in den Liedern den Menschen besonders nach seiner schwachen, sinnlichen, verderbten Natur, dem **Geiste** entgegengesetzt. S. Römer 8, v. 1.

Floriren ist ein lateinisches Wort und heißt so viel als in der Blüthe stehen, prangen, herrlich seyn.

Formiren ist auch ein lateinisches Wort und bedeutet so viel als: schaffen, hervorbringen, gestalten.

G.

Glimpf ist ein altdeutsches Wort und bezeichnet etwa so viel als Fug und Recht; Gebühr; Ehre.

Gloria, Glorie ist ein lateinisches Wort und bedeutet so viel als Preis, Ruhm und Ehre.

Gnadenstuhl bezeichnet ursprünglich den Deckel der Bundeslade mit den Cherubim als Thron des Gottes Israel; dann aber wird es, und so auch in den Liedern, bisweilen von Christo als dem Geber göttlicher Gnade gebraucht; s. Ebr. 4, v. 16.; Römer 3, v. 25.

Goel wurde bei den Hebräern der nächste Blutsverwandte genannt, der nach dem Gesetz verbunden war, sich der Seinen bei allerlei Noth und Unglücksfällen anzunehmen; daher denn dieser Name unserm Heilande, wie in den Liedern, also auch in der heil. Schrift beigelegt wird, als der eben darum unser Fleisch an sich genommen, damit Er uns desto gesegneter zu Hülfe kommen könne.

H.

Hallelujah, ein hebräisches Wort, heißt: lobet den Herrn.

Han ist eine alte Form für haben.

Heimsuchen wird sowohl von Wohlthaten, welche man von Gott empfängt als auch von Strafen, die er zuschickt, gebraucht.

Hoherpriester war im A. T. der Oberste unter allen Priestern, als ein Nachfolger Aarons. Sein Hauptgeschäft war am Versöhnungsfeste in das Allerheiligste zu gehen und das Blut der Sühnopfer gegen den Deckel der Bundeslade zu sprengen. Die jüdischen Hohenpriester waren aber nur Vorbilder auf unsern rechten, wahren Hohenpriester und Versöhner Christum, der, nachdem er mit unserer Sünde beladen, sich selbst ohne allen Wandel durch den heiligen Geist Gott geopfert, durch sein eigenes Blut in das Allerheiligste des Himmels eingegangen ist, und eine ewige Erlösung für Alle, die an ihn glauben, erfunden hat. Siehe Ebr. 9. v. 12—14.

Hort ist so viel als hoher Ort, Fels, Vestung, Zuflucht; s. Ps. 18, v. 2.

Hosianna, ist eine aus Ps. 118, v. 25. genommene hebräische Redensart, welche so viel heißt, als: ach hilf, hilf doch!

J.

Jehovah ist der Name, welcher Gottes Wesen im Hebräischen auf eine ganz besondere Art ausdrückt, indem es Den, der da war, ist und seyn wird, den allein Beständigen, Ewigen bedeutet und daher Niemanden, als dem wahrhaftigen und einigen Gott beigelegt wird.

Immanuel ist der Name unsres Heilandes, der ihm schon Jes. 7, v. 14. gegeben worden und heißt so viel als: Gott mit uns.

Israel wird oft im bildlichen Verstande gebraucht und bedeutet sowohl die Gemeine Gottes überhaupt als auch ein jedes glaubiges Glied derselben.

K.

Kedar's Hütten bedeutet so viel als: die Zelte eines vom Kedar, Sohne des Ismael, abgeleiteten Stammes arabischer Nomaden; in den Liedern bezeichnet Kedar die einem Kinde Gottes unangenehme und lästige Welt, aus welcher es sich zum baldigen Anschauen Gottes und seines Heilandes sehnt. S. Psalm 120, v. 5.

Ketzer ist der Name eines vom wahren Glauben abtrünnigen Menschen. S. Tit. 3, v. 10.

Köste ist so viel als Kost, Speise.

Krebs bedeutet eigentlich einen Panzer, Brustharnisch, mit übereinander gehenden Schilden, und wird bildlich von einem Theile der geistlichen Waffenrüstung gebraucht: Ephes. 6, v. 14.; 1 Thessal. 5, v. 8.

Kyrie eleison und abgekürzt: Kyrieleis, ist Griechisch und bedeutet: Herr, erbarme dich.

L.

Lan ist eine alte Form für Lassen.

Leitstern ist so viel als Wegweiser und Führer.

Libanon ist das schönste Gebirge im gelobten Lande.

Litaney ist ein griechisches Wort und bedeutet: ein herzlich-demüthiges Gebet. Daher dasjenige Lied, darinnen wir die Noth der ganzen Christenheit und aller Stände dem lieben Gott beweglich vortragen, dieser Namen besonders führt.

Losung bedeutet ein gewisses, verabredetes Wort oder Zeichen, eine Sache zu erkennen. Richt. 20, 38.

M.

Märtyrer heißen alle diejenigen, die als standhafte Bekenner des Glaubens an Jesum den Gekreuzigten Verfolgung, Martern und Tod ertrugen.

Magnet ist ein harter Stein, oder vielmehr eine aus Eisen und Stein bestehende Materie, welche die Kraft hat, Eisen an sich zu ziehen und zu halten. Es wird daher in den Liedern Christus und was sonst die Herzen der Menschen an sich ziehen soll, darunter verstanden.

Mammon ist ein syrisches Wort und bedeutet: Reichthum, Vermögen. Unser Heiland sagt Matthäi 6, v. 24.: man könne nicht Gott dienen und dem Mammon; stellet also den wahren Gott dem Mammon entgegen, weil die Menschen so gern mit den zeitlichen Gütern Abgötterei treiben und ihr Herz daran hangen.

Man oder Manna war das Himmelsbrot, womit Gott die Kinder Israels in der Wüste speiste, 2 Mos. 16, v. 15. Es bildete Jesum vor, das Brot des Lebens, Joh. 6, v. 48., ingleichen die durch ihn erworbenen Heilsgüter und selbst das ewige Leben. Offenb. Joh. 2, v. 17.

Mara war der Ort, wo die Israeliten, nach ihrem Auszug aus Egypten, wegen des bitteren Wassers was sie daselbst antrafen, murreten, und bedeutet in Liedern so viel als Trübsal.

Melancholie bedeutet so viel als Trübsinn, Schwermuth; es ist ein griechisches Wort.

Monarch ist ein griechisches Wort und bedeutet einen Fürsten oder Beherrscher, der eine uneingeschränkte Gewalt hat und das Regiment allein führet; daher es von Gott im eigentlichsten Sinne gebraucht wird.

N.

Nieren heißen bisweilen die Begierden und Empfindungen des Menschen.

Nord heißt soviel als Mitternacht.

O.

Obliegen ist öfters so viel als überwinden, den Sieg davon tragen.

Ophir war das Land, daraus man zur Zeit des Königs Salomo viel Gold holte, welches von großer Kostbarkeit war.

Ost heißt so viel als Morgen oder die Gegend, wo die Sonne aufzugehen pflegt.

P.

Panier ist eine Fahne oder Siegeszeichen: 2 Mos. 17, v. 15.

Paradies heißt der schöne und angenehme Garten, worin Gott den Menschen nach der Schöpfung setzte und wird in den Liedern meistens gebraucht von dem Freudenhimmel, wo die Gläubigen bei ihrem Gott und Heiland ewig erquickt werden sollen.

Passah heißt so viel als Rettung, Verschonung der Israeliten in Egypten; Opfer für diese Verschonung; Fest zum Andenken an diese Verschonung, d. i. Osterfest.

Patriarchen bedeutet so viel als Erzväter oder Stammältern der Israeliten.

Port heißt ein Hafen oder ein Ort, wo die Schiffe einlaufen und mehr Sicherheit haben als auf dem ungestümen Meer.

Potentaten bedeutet so viel als Machthaber, Regenten.

Prophet bezeichnet einen, der zukünftige Dinge vorhersagt, einen Seher, aber zugleich auch bei den Juden einen Religionslehrer.

Psalm heißt jedes Lied zur Ehre Gottes.

Psalter bezeichnet ein musicalisches Instrument bei den Juden.

Purpur ist eine rothe, kostbare Farbe, welche vor Zeiten nur Könige und Kaiser tragen durften. Es wird daher dieser Ausdruck in den Liedern insgemein von dem theuren Blute Christi und der durch Sein Blut uns erworbenen Gerechtigkeit gebraucht.

Q.

Quitt ist so viel als frei, los von einer Sache.

Quittiren heißt so viel als bestätigen, daß die Schuld bezahlt sey und der Gläubiger an den Schuldner nichts mehr zu fordern habe.

R.

Ranzion bedeutet in unserer Sprache so viel als das Lösgeld, das für einen Gefangenen bezahlt wird, ihn loszukaufen.

Ritterschaft, Jes. 40, v. 2., bedeutet in der heiligen Schrift so viel als Streit und mühsame Arbeit im Streit.

S.

Salem eine Stadt im gelobten Lande, die den Namen vom Frieden führte und wo Melchisedech König war, 1 Mose 14, v. 18. Daher unser Heiland, der durch diesen vorgebildet wird, gleichfalls der König von Salem genannt wird; s. Ebr. 7, v. 1. 2. Auch die himmlischen Friedenswohnungen führen den Namen Salems in den Liedern.

Sanct ist ein lateinisches Wort und heißt im Deutschen so viel als: heilig.

Saphir bezeichnet einen durchsichtigen, himmelblauen Edelstein.

Saronsblume ist eine aus dem Hohenliede Salomonis Cap. 2, v. 1. genommene Redensart, womit unser Heiland angezeigt wird. Saron war im gelobten Lande eine der angenehmsten Gegenden, die ihrer schönen Blumen wegen vor andern berühmt war.

Scepter ist ein lateinisches Wort und bedeutet einen Regimentsstab; daher, den Scepter führen, so viel heißt als: regieren, herrschen, das Regiment führen; und, den Scepter von sich legen, wird von Christi Erniedrigung gebraucht.

Schier ist so viel als bald.

Schlecht heißt in der heiligen Schrift und in den Liedern oft so viel als gerade, ehrlich, rechtschaffen; Hiob 1, v. 1. Das Schlecht und Recht ist so viel als: Redlichkeit.

Schnöde ist so viel als gering, verächtlich.

Secte ist eine Parthei von Menschen, die einer gewissen, besondern, hauptsächlich von der Landesreligion sich scheidenden, Religion zugethan sind.

Seraphim ist der Name der Engel, Jes. 6, v. 2., und soll nach dem Hebräischen ihren brennenden Eifer, Gott zu verehren und zu verherrlichen, anzeigen.

Sion, s. Zion.

Süd heißt so viel als Mittag.

Susaninne ist ein Wort, dessen man sich bedienet, die Kinder einzuschläfern, und wird in dem Liede: „Vom Himmel hoch, da komm' ich her," gebraucht, das Vergnugen anzuzeigen, welches ein gläubiger Christ genießt, wenn der Heiland dessen Herz zu seiner Ruhestatte erwählt.

T.

Testament heißt 1) eine Verordnung, Willenserklarung; 2) ein Bund, Contract; 3) eine Religionsverfassung.

Triumph bedeutet ein Siegesgepränge, dergleichen angestellt zu werden pflegt, wenn Könige und Fürsten ihre Feinde überwunden. Daher

Triumphiren so viel heißt als ein solches Siegesgepränge halten und die Feinde, zum Zeichen ihrer Ueberwindung, öffentlich aufführen, oder auch sonst auf eine außerordentliche Art seine Freude über etwas zu erkennen geben.

V.

Valet ist ein Abschiedswort.

Valet geben bedeutet so viel als: sich gänzlich von Etwas scheiden.

Victoria ist ein lateinisches Wort und bedeutet so viel als: Sieg.

W.

Wandel heißt so viel als Lebensart; insgemein bedeutet es eine Veränderung im guten und bösen Verstande; oft ist es auch so viel als Fehler und Gebrechen; s. Ebr. 9, v. 14.

Warten steht bisweilen für erwarten.

Wermuth ist ein bitteres Kraut und bedeutet bildlich so viel als Unglück, Verderben, Druck und Unrecht.

West heißt so viel als Abend oder die Gegend, wo die Sonne unterzugehen pflegt.

Z.

Zebaoth, Herr oder Gott Zebaoth ist ein Name, der dem einigen und wahrhaftigen Gott sehr oft in der Schrift beigelegt wird und bedeutet so viel als Gott der Heere oder Heerschaaren, worunter man die Engel und alle übrige Kreaturen zu verstehen hat. S. Ps. 103, v. 21.; Apost. Gesch. 7, v. 24.

Zerlücket bedeutet so viel als zerfallen, zerbrochen.

Zinne bezeichnet die Spitze eines Thurms, einer Mauer oder eines hohen Gebäudes.

Zion, Zions Hügel, bedeutet insgemein in den Liedern die christliche Kirche, worin der Herr seine Wohnung haben will, wie ehemals die jüdischen Könige in der Burg Zion. Zuweilen bedeutet es auch den Himmel und dessen Herrlichkeit.

Zoar war der Ort, wohin ehemals Lot, bei dem Untergange Sodoms, seine Zuflucht nahm und wo er erhalten wurde. Daher es von Christo und der Sicherheit, welche die Gläubigen in seinen Wunden finden, gebraucht wird.

Lebens-

Lebensgeschichtliche Nachrichten über die Liederdichter, welche im geistlichen Liederschatze angeführt werden.

A.

A. B. L., unbekannt in einem Langensalzer Gesangbuch kommt Nr. 527. mit diesen Buchstaben vor.

Adami, Dr. Joh. Christian, geb. zu Luckau in der Lausitz 1662, war General-Superintendent der Nieder-Lausitz; Assessor des Fürstl. Konsistoriums u. Pastor primarius zu Lübben, starb am 21. Mai 1715. Außer mehren Schriften gab er heraus: „Güldene Äpffel in silbernen Schalen, oder Gottgeheiligte Betrachtungen des hohen Liedes Salomonis ꝛc." Leipzig 1708, in welchem hinter jeder Betrachtung ein kurzes Lied stehet; doch findet man auch einige Lieder von ihm zerstreut in den Gesangbüchern.

Adami, Joh. Samuel, als Schriftsteller Misander genannt, geb. zu Dresden 1638, besuchte die dortige Kreuzschule und dann die Universit. Leipzig. Nach vollendetem Studium wurde er Regens bei der Kreuzschule seiner Vaterstadt; dann in Wittenberg Magister und Substitut zu Rabenau; 1672 Pastor zu Pretzschendorf in der Diöces Freyberg; die Pest, welche 1680 hier schrecklich wüthete, raffte ihm fast alle seine Kirchkinder hinweg; er allein genoß einer festen Gesundheit, und rühmte sich, daß er in 59 Jahren nicht eine Stunde krank gewesen sei. Nachdem er 51 Jahre im Schul- u. Predigtamte zugebracht, entschlief er 1713 im 75sten Lebensjahre. Er hinterließ viele von ihm verfaßte Schriften.

Adolph, M. Gottlob, geb. am 30. Oktober 1685 zu Niederwiese, wo sein Vater, Christoph Adolph, Diakonus war. Sein Vater unterrichtete ihn bis zu seinem 12. Jahre, nach dem Tode desselben, 1697, besuchte er das Gymnasium zu Zittau, unter dem Rektor Weise; ging 1701, 16 Jahre alt, auf die Universität Leipzig; wurde 1705 Magister. Er ging als Informator nach Lauterbach in das Haus des Generals, Baron v. Reibnitz; nach 7 Jahren, 1713, wurde er Kollaborator der Schule zu Hirschberg; 1720 Pastor in Großhennersdorf bei Zittau; 1726 Diakon. zu Hirschberg und endlich Archidiakonus und Senior. Als er am 1. August 1745, am 7. Sonntage nach Trinitatis, die Nachmittagspredigt hielt, ward er beim Eingange derselben, auf der Kanzel vom Blitz getroffen, der ihn sogleich tödtete. Er hatte zu dieser Predigt eine besondere Freudigkeit, und eilte an diesem Sonntage schon früher, als gewöhnlich zur Kirche. Seine drei geistl. Lieder stehen sowohl in den Schlesischen als auch in andern Gesangbüchern.

Aemilie Juliane, Gräfin zu Schwarzburg-Rudolstadt, eine Tochter Albert Friedrichs, Grafen zu Barby, ward geb. am 19. August 1637; vermählte sich mit Albrecht Anton, Grafen zu Schwarzburg-Rudolstadt am 7. Juni 1665 und starb den 2. Dezember 1706, alt 69 Jahre. Sie war eine sehr fromme, gelehrte und durch ihre geistl. Schriften allgemein geschätzte Frau. Ihre geistl. Lieder erschienen unter dem Titel: „Der Freundin des Lammes geistl. Brautschmuck ꝛc." Rudolstadt 1714; noch vollständiger aber in einer zweiten Ausgabe: „Der Freundin des Lammes täglicher Umgang mit Gott," Rudolstadt 1742 in 8. in zwei Theilen.

Ahl, Johann Georg, Rathsherr zu Mühlhausen, starb 1707.

Alber, Dr. Erasmus, (Alberus) geb. zu .... in der Wetterau, wo sein Vater, Tilemann Alberus, damals Schulmeister war. Er besuchte die Schule zu Nidda, ging dann nach Wittenberg, hörte fleißig Luthern und wurde sein Freund; kam 1525 an die Schule zu Ursel, befand sich 1527 zu Heldenbergen bei dem Ritter Konrad v. Hakstein, führte die evangelische Lehre in dem Ländchen Dreyeichen ein, war daselbst Prediger zu Götzenhain u. Sprendenlingen; ward kurze Zeit Hofprediger beim Kurfürsten Joachim II. zu Brandenburg; wurde 1541 Prediger zu Neubrandenburg; 1542 Prediger zu Baden in der Wetterau unweit Friedberg; erhielt 1543 unter Luthers Vorsitz zu Wittenberg die theologische Doktorwürde; wurde 1545 Prediger zu Babenhausen im Hanau-Lichtenbergischen, machte sich hier verdient um Kirche und Schule; erhielt seinen Abschied und wurde hierauf 1548 (1549) Prediger zu Magdeburg; wegen seines Widerspruchs gegen das Interim mußte er seine Stelle niederlegen; lebte hierauf 1552 u. 1553 zu Hamburg in der Stille, bis er in dem letzten Jahre seines Lebens General-Superintendent in Neubrandenburg im Mecklenburgischen wurde; er starb am 5. Mai 1553.

Albert, Heinrich, geb. am 28. Juni 1604 zu Lobenstein im Voigtlande, studirte zu Leipzig die Rechte, trieb aber besonders die Musik und brachte es in Dresden zu einer großen Vollkommenheit darin. Er ging 1626 nach Königsberg in Preußen; erhielt daselbst 1631 die Stelle eines Organisten am Dom; wurde der vertraute Freund Simon Dachs und mit ihm ein ausgezeichneter Dichter, eben so auch ein vortrefflicher Componist seiner Zeit, der nicht nur seine, sondern auch seiner Freunde Lieder in Musik setzte. Er starb am 6. Oktober 1668, im 65. Jahre. Er gab außer andern musikalischen Werken: „Poetisch-musikalische Lustwäldlein," Königsb. 1653 in Folio, und Leipzig 1657 in 8. heraus, welches eine Sammlung geistlicher Lieder verschiedener Verfasser enthält, und welche Lieder er in Musik setzte; in diesem Werke sind auch seine eigenen Gesänge.

Albinus, Johann Georg, geb. am 6. März 1624 zu Unterneißa bei Weißenfels, wo sein Vater, M. Zacharius Albinus, Pfarrer, hernach zu Stuhlburgwerben Pastor und Adjunktus war. Er studirte zu Leipzig, wurde 1653 Rektor an der Domschule zu Naumburg, 1657 Pfarrer zu St. Othmar in der Vorstadt daselbst. Kam 1651 in die fruchtbringende Gesellschaft unter dem Namen des Blühenden; starb am 25. Mai 1679, alt 55 Jahre. Seine Lieder stehen in M. Joh. Bernh. Lieblers Leben Albinus, Naumb. 1728 in 8. und in seinem „geharnischten Kriegesheld," Leipzig 1675.

Albrecht der Jüngere, Markgraf zu Brandenburg-Kulmbach, geb. zu Onolzbach (Anspach) am 28. März 1522; führte 1544 Krieg gegen Frankreich; verband sich 1550 mit den Kurfürsten Moritz von Sachsen, Joachim von Brandenburg und Herzog Heinrich von Braunschweig, half Magdeburg und 1552 die Stadt Nürnberg belagern; wurde vom Kaiser Karl V. in die Acht erklärt und seiner Länder und Leute beraubt. Er floh nach Frankreich; als er sich von da, unter Kaiserl. Geleit nach Regensburg begab, um einen Vergleich zwischen ihm und seinen Feinden zu treffen, starb er bei seinem Schwager, dem Markgrafen Karl von Baden am 8. Januar 1557 zu Pforzheim, wo er auch begraben wurde. So rauh und kriegerisch er auch gewesen ist, so hat er doch sein Pferd nie ohne Gebet bestiegen, und stets gesagt:

„Wer starker ist als dieser Mann, (Christus)
Der komm und thu' ein Leid mir an!“

Allendorf, Johann Ludwig Konrad, geb. am 9. Februar 1693 zu Josbach bei Marburg; war anfänglich lutherischer Prediger zu Cöthen, dann Pastor u. Konsistorialrath zu Wernigerode, endlich Pastor zu St. Ulrich in Halle und des dortigen Gymnasiums Scholarch. Er starb am 5. Juni 1774 alt 81 Jahre. Er war ein ausgezeichneter Gelehrter, dabei ein fleißiger, sehr frommer und bescheidener Mann, der in der Stille viel Gutes that. Er gab in den Jahren 1720, als Hofprediger in Cöthen, kleine Sammlungen von Liedern in längl. 16. heraus, die den Namen der Cöthnischen erhielten, welche nach und nach immer mehr anwuchsen, und 1744 zu Halle in zwei Theilen, 1768 und 1776 in drei Theilen erschienen. Er selbst lieferte zu dieser Sammlung ungefähr 140 Lieder.

Altenburg, M. Michael, geb. 1583 zu Tröchtelborn in Thüringen; wurde 1608 Pastor zu Ilversgehoven bei Erfurt; 1610 zu Tröchtelborn; 1621 zu Sömmerda an St. Bonifaz; 1637 Diakonus an der Augustinerkirche in Erfurt, endlich 1638 Pastor zu St. Andreas daselbst. Die Drangsale des dreißigjährigen Krieges lasteten schwer auf ihm, und er war oft genöthigt wegen Durchzüge u. Plünderung feindlicher Truppen, mit Hintenansetzung seines Eigenthums, zu flüchten. Seine 12 geistl. Lieder finden sich in seinen „Christl. lieblichen und andächtigen Kirchen- und Hausgesängen,“ 2 Theile, Erfurt 1620 in 4. und 1635 in 8. Lange Zeit hielt man ihn für den Verfasser des Liedes Nr. 1768.; nach neueren Forschungen gehört es dem großen Könige von Schweden, Gustav Adolph an, siehe dessen Leben, und es ist wahrscheinlich, daß Altenburg nur die Melod. zu diesem Liede aufsetzte. Starb am 12. Februar 1640.

Angelus, siehe Scheffler.

Anna Sophia, Landgräfin zu Hessen-Darmstadt, geb. am 17. Dezember 1638 zu Marpurg, eine Tochter Georgs II., Landgrafen zu Hessen-Darmstadt, wurde 1656 Pröbstin zu Quedlinburg; 1678 Coadjutorin; 1680 Äbtissin daselbst, und starb als solche am 13. Dezember 1683. Sie hatte viele Sprachkenntnisse, und war in der heiligen Schrift und in den Kirchenvätern sehr erfahren. Sie gab heraus: „Der treue Seelenfreund Christus Jesus,“ Jena 1650 und Frankfurt und Leipzig 1675 in 8., in welchem Buche 32 geistl. Lieder von ihr enthalten sind.

Anton Ulrich, Herzog zu Braunschweig u. Lüneburg, geb. am 4. Oktober 1633 zu Hitzacker im Lüneburgischen, studirte 1650 zu Helmstädt, war erstlich Bischof zu Halberstadt, dann Statthalter des Dekanats im Stifte Straßburg; trat mit seinem Bruder **Rudolph August** bis an dessen Tod 1704 die Regierung seines Landes gemeinschaftlich, dann aber allein an; stiftete zu Wolfenbüttel eine Ritterakademie, trat unter dem Namen: „der Siegprangende“ in die fruchtbringende Gesellschaft; nahm 1710, politischer Ursachen willen, zu Bamberg die römisch-katholische Religion an, doch ließ er sich auf seinem Sterbebette von Evangelischen Predigern in seinem letzten Stündlein Trost zusprechen, und starb zu Salzthalum am 27. März 1714, 81 Jahr alt. Die meisten seiner Lieder kamen unter dem Titel: „Christfürstliches Davids-Harfenspiel,“ Nürnberg 1667 in 8. und Wolfenbüttel 1670 in 8. heraus.

Arends, Wilhelm Erasmus, war zuerst Informator des frommen Kindes, Christlieb Leberecht v. Exter; nachher Pastor zu Crottorf im Fürstenthum Halberstadt; starb 1721 als Pastor zu St. Petri und Pauli in Halberstadt. Außer 2 Liedern in Freylinghausens Gesangbuch wird ihm, in dem vom Graf. Christian Ernst zu Wernigerode herrührenden Verzeichniß der Liederdichter dieses Gesangbuchs das Lied: „Rüstet euch ihr Christenleute rc.“ zugeschrieben.

Arndt, Johann, ein Gottesgelehrter, welcher nicht nur durch seine geistreichen Schriften, namentlich durch sein „wahres Christenthum,“ sondern auch durch sein ungeheuchelt frommes Leben viel Segen stiftete, ward geb. am 27. Dezb. 1555 zu Ballenstädt im Anhaltischen, wo sein Vater, Jakob Arndt, Prediger war, den er schon in seinem zehnten Jahre durch den Tod verlor. Er besuchte die Schulen zu Aschersleben, Halberstadt und Magdeburg, wollte sich der Medizin widmen; eine überstandene schwere Krankheit veranlaßte ihn sich der Theologie zu widmen, die er im Jahre 1576 auf der Universität Helmstädt studirte; dann ging er nach Wittenberg, Basel und Straßburg. Im Jahre 1582 ward er als Lehrer an die Schule zu Ballenstädt berufen, wurde zu Paderborn 1583 Prediger; 1590 ward er Prediger an der St. Nikolaikirche zu Quedlinburg, dann 1599 Prediger an der St. Martinskirche zu Braunschweig; 1608 Pastor zu St. Andreas in Eisleben und Assessor des Konsistoriums daselbst, endlich 1611 General-Superintendent zu Zelle und starb am 11. Mai 1621, alt 65 Jahre.

Arnold, Gottfried, geb. am 5. September 1665 (1666) zu Annaberg in Meißen, wo sein Vater der 6te Lehrer der Stadtschule war. Er besuchte anfangs das Gymnasium zu Gera; 1685 die Universität Wittenberg, wurde dort 1686 Magister; 1693 Hofmeister bei dem Stiftshauptmann v. Stammen zu Quedlinburg; 1697 ordentlicher Professor der Geschichte zu Gießen; legte 1698 dieses Amt nieder und begab sich nach Quedlinburg; erhielt 1700 die Hofpredigerstelle bei der verwittweten Herzogin von Sachsen-Eisenach zu Altstädt; ward 1705 Inspektor und Pastor zu Werben; 1707 Inspektor und Pastor an der St. Jakobskirche zu Perleberg in der Priegnitz und zugleich Königl. Preuß. Historiograph. Als am 20. Mai 1714 Werber während seiner Predigt in die Kirche drangen, um einige junge Leute wegzunehmen, ward er von diesem schrecklichen Verfahren heftig ergriffen, fiel in ein hitziges Fieber und starb 10 Tage darauf. Er gab viele Schriften heraus, in folgenden befinden sich seine geistl. Lieder, 130 an der Zahl: „Göttliche Liebesfunken, aus dem großen Feuer der Liebe Gottes in Chr. Jesu entsprungen und gesammelt,“ 1697. — „Geheimniß der göttlichen Sophia oder Weisheit,“ Leipzig 1700 in 8., diesem Werke sind angehängt: „Poetische Lob- und Liebes-Sprüche von der ewigen Weisheit, nach Anleitung des Hohenliedes Salomonis, und Neue göttliche Liebes-Funken und ausbrechende Liebes-Flammen.“ — „Jesus und die Seele,“ Frankfurt 1701. — „Das eheliche und unverehelichte Leben der ersten Christen,“ Frankf. 1702 in 8. — „Consilia und responsa theologica, oder gottesgelehrte Rathschläge rc. nebenst neuen geistlichen Gedichten der Weisheit, Garten-Gewächs genannt,“ 1705.

Arnschwanger, M. Johann Christoph, geb. am 28. Dezember 1625 zu Nürnberg, wo sein Vater, Georg Arnschwanger, Handelsmann war. Er besuchte das St. Ägidiengymnasium daselbst; 1644 die Universität Altdorf und 1647 die Hochschule zu Jena, wo er Magister wurde; ging 1648 nach Leipzig und bald darauf nach Helmstädt. Auf einer Reise von Leipzig nach Hamburg wurde ihm alle seine Habe von räuberischen Soldaten genommen, und er langte, kaum das Leben rettend, ganz arm in Hamburg an. Er ward 1651 in seiner Vaterstadt Generalvikarius; 1652 Diakonus zu St. Ägidien; 1654 Frühprediger zu St. Walpurg; 1659 Diakonus zu St. Lorenz; 1679 Senior und 1690 dispositor oder Schaffer (Hauptpastor) an der St. Lorenzkirche daselbst. Er starb am 10. Dezember 1696, alt 71 Jahr; war Mitglied der fruchtbringenden Gesellschaft unter dem Namen des Unschuldigen. Er gab heraus: „Lieder und Gesänge," Nürnberg 1659 und 1711 in 8., in denen sich in 2 Theilen 40 Lieder befinden. — „Heilige und christliche Psalmen," Nürnberg 1680, in dieser sind 150 Lieder enthalten. Aus diesen beiden Sammlungen sind seine Lieder in die Gesangbücher übergegangen.

Asseburg, Rosamunde Juliane von der, ein adliches Fräulein, geb. 1672; sie war wegen ihrer Erscheinungen, die sie hatte, zur Zeit sehr bekannt; rühmte sich sonderlich drei Hauptvisionen gehabt zu haben, welche in der lutherischen Kirche zu vielen Streitigkeiten Veranlassung gaben. Dr. Petersen hat hierüber, 1691, umständliche Nachricht gegeben.

Assig, Hans v., am 20. März 1650 zu Breslau geb., ging, nachdem er seine akademisch. Studien zu Breslau u. Leipzig vollendet hatte in Schwedische Kriegesdienste; dann aber, als Hauptmann, in die Dienste des Kurfürsten zu Brandenburg, u. starb am 5. August 1694 als Kurbrandenburgischer Hauptmann, Burglehns- u. Kammeramts-Direktor in Schwiebus. In seinen gesammelten Schriften, Breslau 1719 in 8., stehen seine geistl. Oden und Lieder. Nr. 385. verfertigte er zur Einweihung der Kirche zu Schwiebus.

Astmann, Gottlieb August, ein Sohn des Joh. Paul Astmann, Predigers an der St. Nikolaikirche zu Berlin. Er ward geb. zu Berlin am 14. November 1696; studirte 1713 zu Halle und Jena; ward 1721 Hospitalprediger zu St. Gertraud in Berlin, und starb 1745. Seine geistl. Lieder gab er unter dem Titel heraus: „Gesammelte und aufgehobene Glüende Andachts-Kohlen 2c." Berlin 1727 in kl. 8. Er hatte die Gewohnheit, jedesmal nach der Predigt ein Lied mitzutheilen, welches sich auf seinen Vortrag bezog, und diese Lieder sind in obigem Werkchen, auf Verlangen, von ihm herausgegeben worden.

B.

Bachof v. Echt, Ludwig Heinrich, Freiherr, geb. zu Gotha am 16. März 1725, wo sein Vater, Joh. Friedr. 2c., Kaiserl. Reichshofrath, Fürstl. Sächsisch. Geheimerath und Kanzler war. Er studirte von 1742 bis 1745 zu Leipzig, wurde Ritter vom Dannebrog, Königl. Dänischer Geh. Rath, Kammerherr und Gesandter zu Madrid, Regensburg und Dresden, lebte zuletzt auf seinen Gütern zu Dobitschen unweit Altenburg, und starb daselbst am 16. Mai 1792. Seine Lieder erschienen, ohne seinen Namen, unter dem Titel: „Versuch in geistl. Oden und Liedern," Altenburg 1774.

Backmeister (Bacmeister), Lukas. Drei Mecklenburgische Gottesgelehrte führten diesen Namen, nämlich Großvater, Vater u. Sohn (1608, 1638 1679), von welchen der mittlere der Liederdichter ist. Er war geb. am 2. November 1578 und starb als Superintend. zu Güstrow am 2. Oktober 1638. Siehe Hymnologische Forschungen von Dr. Gottlieb Mohnike, Stralsund 1831, Theil 1. S. 30.

B. A. L., ist unbekannt; in einem Langensalzer Gesangbuch steht Nr. 527. mit diesen Buchstaben.

Baumgarten, Jakob, geb. am 30. August 1668 zu Wolmirstädt im Magdeburgischen, wo sein Vater, Paul Nikolaus Baumgarten, Bürger, Schlächter und Brauer war. Er besuchte die Schule seiner Vaterstadt, dann das Gymnasium zu Magdeburg und zu Quedlinburg, bezog 1688 die Universität Leipzig, kehrte nach ein und einem halben Jahre nach Quedlinburg zurück, genoß dort des lehrreichen Umgangs des berühmten Scriver; ging 1691 nach Erfurt, hörte dort Breithaupt und Franke, begab sich mit ihnen nach Halle, wurde dort 1697 Inspektor des Königl. Pädagogiums, und 1700 Adjunktus der theologisch. Fakultät. Er wurde hierauf 1701 Pastor zu Wolmirstädt; 1713 Garnisonprediger in Berlin; 1714 am 28. April ward er von einem heftigen Blutsturz befallen, er bat um einen Adjunktus, und dies gab zu seiner Vokation als Prediger bei den Friedrichswerderschen und Dorotheenstädtischen Gemeinen in Berlin Veranlassung, in welche er 1717 eingeführt wurde. Sein Tod erfolgte am 29. Juni 1722.

Beck, Joh. Joseph, ein Rechtsgelehrter in Straßburg, gab heraus: „Sichtbare Eitelkeit und unsichtbare Herrlichkeit," Hamburg 1671 in 12. — „Geistliches Echo, oder ruf- und gegenrufender Widerhall," Straßburg 1660 in 8., in welchem 27 Lieder enthalten sind.

Becker, Dr. Cornelius, zu Leipzig am 24. Oktober 1561 geb., studirte in seiner Vaterstadt, und erhielt hier die Magisterwürde; ward 1588 Lehrer an der St. Thomasschule daselbst, und erhielt in demselben Jahre das Diakonat zu Rochlitz. Im Jahre 1592 kehrte er nach Leipzig zurück, wurde daselbst Diakonus, 1594 Pastor an der St. Nikolaikirche, und 1599 Doktor u. Professor der Theologie. Er starb am 25. Mai 1604, alt 43 Jahre. Drei Jahre vor seinem Tode setzte er die Psalmen Davids gesangsweise, und gab sie zu Leipzig 1602 heraus; ibi 1620 in 12., Halle 1626 in 8., Dresden 1661 in Fol., Saalfeld 1688 in 12.

Behemb, Martin, (Bohemus, Böhme) geb. am 16. September 1557 zu Lauban, wo sein Vater Stadthauptmann war. Er wurde 1581 Bakkalaureus der Schule seiner Vaterstadt; dann Diakonus, und 1586 Pastor primarius daselbst, und starb am 5. Februar 1622, alt 64 Jahre. Seine 300 geistl. Lieder befinden sich in dem von ihm herausgegebenen Werke: „Tres Centuriae Precationum Rhythmicarum, oder Dreihundert andächtige Reim-Gebethe oder Lieder; Erstes Hundert erschien Lauban 1606; das zweite ibi 1608; das dritte ibi 1614 in 12., und ist mehremale wieder aufgelegt worden. (Siehe Langbeckers Deutsch-Evangelisches Kirchenlied, Berlin 1830, Seite 219.)

Bernstein, Christian Andreas, geb. zu Domnitz im Saalkreise, wo sein Vater, Daniel Bernstein, Prediger war. Anfangs war er Informator in dem Königl. Pädagogium zu Glaucha bei Halle; 1699 Pastor adjunktus seines Vaters zu Domnitz und starb am 18. Oktober 1699. Von ihm stehen 6 Lieder in Freylinghausens Gesangbuch.

Bickel, Joh. Daniel Karl, geb. am 24. Juni 1737 zu Altenweilnau; seit 1792 Konsistorialrath und Superintendent zu Nassau-Usingen, starb als solcher am 28. Juni 1809. Von ihm sind nur 2 Lieder bekannt: „Gott der du Herzenskenner bist 2c.," und Nr. 1505. Er sammelte und gab 1779 das Nassau-Usingische Gesangbuch heraus.

Bienemann, Dr. Kaspar (Melissander), geb. zu Nürnberg 1540; studirte zu Jena und Tübingen; trieb besonders die griechische Sprache, so daß er als Dolmetscher, auf Befehl des Kaisers Maximilian II., nach Griechenland geschickt wurde, wo er auch seinen deutschen Namen in den griechischen Melissander umwandelte. Anfangs war er Professor publikus zu Lauingen, dann Abt zu Bahr und Generalsuperintendent zu Pfalz-Neuburg, welche Stelle er schwerer Verfolgungen wegen verlassen mußte. Er ging nach Jena, erhielt hier die philosophische Adjunktur und 1571 die theologische Doktorwürde; hierauf berief ihn der Herzog Johann Wilhelm als Informator der beiden Prinzen, Friedrich Wilhelm und Johannes, nach Sachsen-Weiwar; diese Stelle mußte er aber 1573, da man ihn des Flacianismus beschuldigte, niederlegen. Im Jahre 1578 kam er als Generalsuperintendent nach Altenburg, wo er am 12. September 1591 verstarb. Er gab heraus: „Reimgebete u. Symbola durchlaucht. Personen,“ Erfurt 1589. „Beicht- und Communionbüchlein.“ — „Ein Traktätlein von Eidschwüren.“ — „Trostbüchlein in hohen geistl. Anfechtungen.“ — In seinen Reimgebeten sind 5 Lieder enthalten, die er in den Jahren 1573 und 1574, zur Zeit, als er wegen falscher Lehre verfolgt wurde, verfaßte, zu diesen gehört auch Nr. 816.

Birken, Siegmund v. (Betulius), ward geb. am 25. April 1626 zu Wildenstein unweit Eger in Bohmen, wo sein Vater, Dan. Birken, Pfarrer war. In der zartesten Kindheit mußte er mit seinem Vater, der Religion wegen, fliehen; er kam nach Nürnberg, besuchte dort das Ägidien-Gymnasium und ging 1643 auf die Universität Jena, um dort die Rechte zu studiren, die er aber, auf den Wunsch seines Vaters, mit der Theologie vertauschte. Durch Harsdörfer, der ihn wegen seiner poetischen Gaben liebte, kam er 1644 in den Blumenorden, unter dem Namen Florian, und 1658 in die fruchtbringende Gesellschaft. Im Jahre 1645 ward er Hofmeister bei den Herzögen Anton Ulrich u. Ferdinand Albrecht zu Wolfenbüttel; dann Informator einer Mecklenburgischen Prinzessin zu Danneberg. Durch ein gut aufgeführtes Schauspiel in Nürnberg erhielt er 1654 vom Kaiser Ferdinand III. den Adel und eine goldene Kette mit dem Bilde des Kaisers; 1679 wurde er in die Akademie der Recuperatorum zu Padua aufgenommen. Er war auch Kaiserl. Hof- und Pfalzgraf und gekrönter Poet, und starb am 12. Juli 1681 zu Nürnberg, alt 55 Jahre. Aus folgenden Werken sind 52 Lieder von ihm in die Gesangbücher übergegangen: „Geistlicher Weihrauch,“ Nürnberg 1652 in 12. — „Passions Andachten in der Dilherischen Charwoche,“ ibi 1653 in 12. — „Andächtige Gotteslieder,“ Nördlingen 1658 in 12.

Bischof, Melchior, eines Schuhmachers Sohn von Pößneck im Voigtlande, geb. am 20. Mai 1547; er war anfangs Schulmeister zu Rudolstadt, und wurde endlich 1599 General-Superintendent zu Coburg, wo er am 19. Dezember 1614 starb, alt 67 Jahre. Man findet gewöhnlich nur fünf Lieder von ihm in den Gesangbüchern.

Blumberg, Dr. Christian Gotthilf, geb. am 24. Dezember 1664 zu Ophausen in Thüringen, wo sein Vater, M. Friedrich Blumberg, Pastor war. Er war anfangs Feldprediger, dann Pastor zu Bernsdorf, dann Diakon. zu Chemnitz, wurde hierauf zum Pastorat nach Radeberg berufen, und kam endlich als Superintendent nach Zwickau, wo er am 8. Januar 1736 starb. Er gab 1703 das Zwickauer Gesangbuch heraus, in welchem verschiedene Lieder von ihm stehen.

Böhm, Dav., geb. am 2. April 1605 zu Bernstadt in Schlesien; wurde Pastor zu Vielgut, einem an der Weyda gelegenen Dorfe; 1630 erster Hofprediger beim Herzog von Münsterberg; 1638 Pastor, Konsistorialassessor und Senior in seiner Vaterstadt. Er starb am 9. Februar 1657, alt 52 Jahre. Er verfertigte 9 Lieder, welche sich zerstreut in den älteren Schlesischen Gesangbüchern finden.

Böhmer, Dr. Just Henning, geb. am 29. Januar 1674 zu Hannover, ging 1693 auf die Universität Jena; 1696 nach Rinteln und 1697 nach Halle; wurde dann Hofmeister bei einem Grafen v. Waldeck; 1701 Professor Juris extraordinarius zu Halle; 1704 Doktor der Rechte; 1715 Kaiserl. Hof- und Pfalzgraf und Königl. Preuß. Hofrath; 1719 Königl. Preuß. Geh. Rath; 1731 Direktor der Universität und Vicepräses der Fakultät der Rechte; 1743 Regierungskanzler des Herzogthums Magdeburg, Professor Juris primarius. Er starb am 23. August 1749, alt 75 Jahre, und war ein ausgezeichneter Rechtsgelehrter. Ihm werden 21 Lieder zugeschrieben, von welchen 3 in Freylinghausens Gesangbuch und 18 in Ad. Struensee's Trauerreden u. Gedächtnißpredigten, Halle 1756, im Anhange stehen, die aber, nach den Anfängen zu urtheilen, älteren Verfassern zuzugehören scheinen.

Böhmer, Maria Magdalena, eine Schwester des berühmten Rechtsgelehrten Dr. Just Henning Böhmer, lebte unverheirathet in Hannover, und starb daselbst 1743 oder 1744. Zwei Lieder, von ihr gedichtet, stehen in Freylinghausens Gesangbuch.

Bogatzky, Karl Heinrich v., geb. am 7. September 1690 zu Jankowe in Nieder-Schlesien. Sein Vater, Joh. Adam v. Bogatzky, war Kaiserl. Oberstlieuten., seine Mutter eine geborne v. Kalkreuth. Von 1713 bis 1715 studirte er in Jena und von 1715 bis 1716 in Halle die Rechte, verließ aber solche und widmete sich ebendaselbst von 1716 bis 1718 der Theologie. Von 1746 lebte er als Privatmann in Halle, nachdem er vorher seine Güter zum Besten des dasigen Waisenhauses verkauft hatte. Er starb zu Glaucha bei Halle am 15. Juni 1774 im 84. Lebensjahre. Wegen seiner ungeheuchelten Frömmigkeit und seiner Gewissenhaftigkeit, verbunden mit einem sanften Charakter, genoß er überall Liebe und Achtung. Er schrieb sein Leben selbst, und außer diesem viele erbauliche Werke, welche bis heute noch Segen stiften. Seine Lieder erschienen unter dem Titel: „Die Übung der Gottseligkeit in allerlei geistl. Liedern,“ Halle 1749, 1750 u. 1775, letztere Ausgabe enthält 411 Lieder.

Bonin, Ulrich Bogislaus v., wurde am 28. September 1682 zu Cartzin, zwei Meilen von Cöslin in Hinter-Pommern geb.; sein Vater Christoph Ulrich rc., war Kurfürstl. Brandenburg. Kammerrath und Amtshauptmann zu Bublitz. Er kam 1696 nach Stolpe auf die dortige Schule, und da sein Vater 1700 starb, schickten ihn seine Anverwandten nach Berlin in die Kadetten-Anstalt; seine Aufnahme aber ward durch viele Umstände verhindert, er wurde deshalb Korporal bei dem Dönhofschen Regiment und ging in dieser Eigenschaft 1701 nach Königsberg, um dort der Krönung Friedrichs des 3., Kurfürsten von Brandenburg mit beizuwohnen. Im Jahre 1704 war er Fähnrich, ging 1705 mit dem Regiment nach der Mosel, wohnte alsdann der Belagerung der Stadt Hagenau bei. Im Jahre 1706 ging er abermals mit nach den Niederlanden, war bei der Eroberung der festen Stadt Dendermonde und der Festung Ath. Durch die Bekanntschaft mit einem frommen Studenten, Namens Gorinus, ward er zum wahren Glauben erweckt, und zwar durch das Lesen von „August Herrmann Frankens Bußpredigten“ und durch „Joh. Bunians Reise eines Christen nach der seligen Ewigkeit.“ Im Jahre 1708 war er bei der Belagerung der Stadt Rossel; 1709 bei der Belagerung der Stadt Dornick; endlich verließ er 1710 den Kriegesdienst und begab sich nach Halle, wo er Theologie zu studiren anfing. Durch die Bekanntschaft des Grafen v. Reuß zu Kösteritz des 24., nahm er die Hofmeisterstelle bei dem jungen Grafen v. Reuß zu Ebersdorf dem 29. an. Im Jahre 1715 ging er mit dem jungen Grafen nach Halle; im Jahre 1719 verließen sie die Universität, und gingen nach Holland, Frankreich, und dann zurück nach Ebersdorf. Im Jahre 1720 vermählte sich v. **Bonin** mit einem Fräulein v. Geusau; sie hatte wenig gesunder Tage sich zu erfreuen, was ihm, bei seiner zärtlichen Liebe zu ihr, viel Schmerzen verursachte, bis sie ihm 1732 in die Ewigkeit voranging; er verheirathete sich zum zweitenmale mit einem Fräulein v. Wegein, und starb am 9. Januar 1752, im 60. Jahre seines Alters. Seine geistl. Lieder gab er unter dem Titel: „Theophili Pomerani Gottgeheiligte Poesien, auch Freuden- und Trauergedichte," Graitz 1727 in 8. heraus; auch in seinen erbaulichen Schriften, Leipzig 1760 in 12. befinden sich viele Lieder.

Brau, Christian Ludwig, geb. in der Brüdergemeine im Jahre 1740, studirte im Seminar zu Barby Theologie, und ward in der Brüdergemeine hie u. da Informator, und war auch Musikus, er starb 1770, alt 30 Jahre. Seine Lieder finden sich im Brüdergesangbuche.

Breitenau, Christoph Gensch v., Erbherr auf Grünhoff in der Grafschaft Oldenburg, ein sehr frommer und gelehrter Mann, geb. am 12. August 1638 zu Naumburg, wo sein Vater, Christoph Gensch, Kurfürstl. Sächsischer Amtmann zu Zeitz war. Er besuchte die Landschule Pforta und die Schule zu Naumburg; begab sich 1655 auf die Universität Leipzig, um die Rechte zu studiren; wurde dann Hofmeister des Herzogs Rudolph Friedrich zu Schleswig-Holstein-Norburg; 1667 Hofrath des Herzogs Joach. Ernst zu Ploen; 1678 Rath bei dem Konige Christian V. in Dänemark; wurde 1681 geadelt und erhielt den Namen v. Breitenau; 1682 ward er Kanzler in der Grafschaft Oldenburg; 1693 Konferenzrath u. Staatsminister; 1694 Landdrost im Budjadinger Land; 1700 erhob ihn König Friedrich IV. zum Geh. Rath, und 1701 zum Ritter von Dannebrog. Er starb, nachdem er in seinen letzten Jahren privatisirt hatte, zu Lübeck am 11. Jan. 1732, alt 93 Jahre. Er machte sich um die Stadt Ploen nicht nur durch Gründung einer Schule, welche noch besteht, verdient, sondern er veranstaltete auch für dieselbe die Herausgabe eines vorzüglichen Gesangbuchs, das 1674 erschien, und welches er mit mehr als zwanzig von ihm geänderten und neu verfaßten Liedern beschenkte, die im Register mit einem doppelten Sternchen bezeichnet sind.

Breithaupt, Dr. Joachim Justus, ein frommer, durch viele Schriften berühmter Gottesgelehrter, geb. im Februar 1658 zu Nordheim im Braunschweigischen, wo sein Vater, M. Christian Breithaupt, Pastor und Superintendent war. Er studirte 1676 zu Helmstädt; ward 1680 Konrektor zu Wolfenbüttel; da die Pest die meisten Schüler aus Wolfenbüttel vertrieb, so ging er nach Kiel, seine Studien dort fortzusetzen, und von da zum Dr. Spener nach Frankfurt; wurde 1685 Professor der Beredsamkeit in Kiel, in demselben Jahre Hofprediger und Konsistorialrath zu Meinungen; 1687 Professor der Theologie, Senior des Ministeriums und Pastor an der Predigerkirche zu Erfurt, auch Doktor der Theologie zu Kiel; 1691 Professor der Theologie, Domprediger und Konsistorialrath, auch Direktor des theologischen Seminars zu Halle; 1705 Propst und Prälat zu U. L. Frauen, Generalsuperintendent in Magdeburg, Inspektor des Saalkreises und Abt des Klosters Bergen; starb am 16. März 1732, alt 75 Jahre. Seine Lieder stehen in Freylinghausens Gesangbuch.

Bruhn, M. David, geb. am 30. Septemb. 1727 zu Memel, wo sein Vater Kaufmann und Mitglied des Magistrats war. In seinem 16. Jahre besuchte er die Universität Königsberg, u. 1747 die Hochschule zu Halle, wo er in das Haus des berühmten Baumgarten kam, der ihm seine bedeutende Bibliothek zur Aufsicht anvertraute; 1750 wurde er daselbst Magister, und in demselben Jahre Konrektor am Köllnischen Gymnasium zu Berlin; 1752 ward er Prediger bei dem Königl. Kadetten-Korps; 1754 dritter; 1756 zweiter Prediger bei der St. Marienkirche daselbst. Vier Jahre vor seinem Tode, 1778, überfiel ihn auf der Kanzel eine solche Gedankenschwäche, daß er seinen Vortrag abbrechen mußte. Er konnte ein ganzes Jahr nicht wieder predigen; doch übernahm er sein Amt wieder, konnte aber, seiner Schwäche wegen, nur dann und wann predigen. Endlich starb er am 27. April 1782, alt 54 Jahre. Außer sieben Liedern, welche er veränderte, verfertigte er vier neue zu den „Liedern für den öffentlichen Gottesdienst," Berlin 1765 in 8.

Buchholz, M. Andr. Heinrich, geb. am 25. November 1607 zu Schöningen im Braunschweigischen, wo sein Vater, M. Joach. Buchholz, Pastor und Superintendent war. Er besuchte die Schulen zu Magdeburg und Herford; ging 1627 auf die Universität Wittenberg; erhielt 1630 die Magisterwürde; wurde 1632 Konrektor zu Hameln; 1637 Rektor am Gymnasium zu Lemgo; 1641 Professor der Philosophie und der Dichtkunst zu Rinteln, dann außerordentl. Professor der Theologie; 1647 zu Braunschweig Coadjutor der dasigen Kirchen; 1663 Oberhofprediger, Superintend. u. Inspektor der dortigen Schulen. Er starb am 20. May 1671, alt 64 Jahre. Er schrieb die zur Zeit viel gelesenen Romane: „Herkules und Valiska," und „Herkules und Herkuladisla," in welchen mehre Lieder und Gedichte vorkommen; — den „teutschen Psalter," Rinteln 1640 in 12., eine Übersetzung der Davidischen Psalme. — „Teutsche Poemata," Braunschw. 1651 in 12. — „Christliche gottselige Hausandachten," Braunschw. 1663 in 12. Aus diesen Werken sind seine Lieder in die Gesangbücher übergegangen.

Buchka, Joh. Simon, geb. am 27. April 1705 zu Arzberg, einem Marktflecken in Franken, wo sein Vater ein Weber war. Er mußte täglich dreiviertel Stunden weit zu einem Prediger, Brandt, in die Schule gehen; in späteren Jahren besuchte er die Schulen zu Wonsiedel und Gera, dann die Universitäten Jena und Leipzig. Hierauf kam er auf das Pädagogium zu Magdeburg, lehrte in der Klosterbergschen Schule Mathematik, Philosophie und Poesie, hatte hier das Unglück, durch eine heftige Ausdehnung das Netz zu zerreißen, und da sich die Eingeweide verschränkt hatten, so konnte er nur durch eine Operation gerettet werden. Er kam 1734 als Konrektor an das Gymnasium zu Hof im Voigtlande, erhielt 1739 die dasige Tropenprädikatur, und 1745 die Freitagspredigerstelle. Er starb am 25. März 1752. In seinen früheren Jahren schrieb er ein Gedicht: „Muffel, oder der neue Heilige," in welchem er einige fromme Personen lächerlich machte, was er denn in späteren Jahren in seinen evangel. Bußthränen herzlich bereut hat. Er war ein sehr beliebter Dichter, dessen Gedichte nach seinem Tode von seinem Freunde Johann Michael Purucker unter dem Titel: „Auserlesene Gedichte," Hof u. Bayreuth 1755 in 8. herausgegeben wurden, aus welchem auch Nr. 1699., dessen Original anfängt: „Steh' Ephraim, besinne dich."

Bürde, Samuel Gottlieb, geb. zu Breslau am 7. Dezember 1753, war erst Königl. Preuß. Kammersekretair, dann Hofrath u. Kanzleidirektor; starb in Breslau am 28. April 1831. Seine Lieder gab er heraus unter dem Titel: „Geistliche Poesien," Breslau 1787; sie enthalten 33 Lieder. In seinen vermischten Gedichten, Breslau 1789, finden sich ebenfalls einige Lieder. Er gab auch eine Sammlung von Liedern und Singstücken, Halberstadt 1794, heraus. Aus diesen Sammlungen gingen seine Lieder in die Gesangbücher über.

Büttner, M. Matthäus, geb. 1617, war Pfarrer zu Friedersdorf, und zuletzt Pastor zu Baruth in der Oberlausitz; er starb 1676, alt 59 Jahre.

Busch, Peter, geb. am 15. November 1682 zu Lübeck, wo sein Vater, Nikol. Busch, Handelsmann war. Er besuchte die Schule in Lüneburg, von 1701 bis 1706 die Universität Leipzig; ging 1709 nach Helmstädt und wurde als Kollegiat in das Kloster Riddagshausen aufgenommen; 1718 wurde er Prediger zu Osleben; 1721 Prediger an der Kreuzkirche zu Hannover, und starb am 3. Mai 1744, alt 62 Jahr. Er gab 1719 den Niedersächsischen Liederkern zu Braunschweig und Hildesheim heraus, welcher, nachdem er im Stifte Hildesheim beim öffentlichen Gottesdienste eingeführt worden war, auch unter dem Titel: „Vollständiges Hildesheim. Gesangbuch" erschien. Dann gab er heraus: „Edle Früchte des Leidens Jesu," Hannover 1732 in 4., und: „Evangel. Lieder-Theologie," 1737. In diesen Werken befinden sich seine 31 Lieder zerstreut.

C.

Calisius, Lic. Joh. Heinrich, geb. zu Wohlau in Schlesien; sein Vater, Adam Calisius, war Doktor der Medizin und Würtemberg. Leibmedikus zu Stuttgard. Er besuchte die Schule zu Wohlau, hierauf die Universitaten Leipzig und Straßburg. Zuerst wurde er Archidiakonus zu Göppingen, dann Limpurgischer Hofprediger, Consistorialassessor, Pastor und Senior zu Sulzbach, auch Licentiat in der theologischen Fakultät und Mitglied der fruchtbringenden Gesellschaft unter dem Namen des Besinnenden; er starb 1698, alt 65 Jahre. Seine „Andächtige Hauskirche," welche 77, nach Andern 64 geistl. Lieder enthält, die von M. Veit Fischer in Musik gesetzt worden sind, erschien Nürnberg 1676.

Cammerhof, Joh. Friedrich, ein Gottesgelehrter, Prediger und Bischof der erneuerten Brüderkirche, starb 1751 in Bethlehem in Amerika. Seine Lieder findet man in den Brüdergesangbüchern.

Canitz, Friedr. Rudolph Ludwig v., ein ausgezeichneter Dichter seiner Zeit, aus einem alten adelichen Geschlechte, geb. am 27. November 1654 zu Berlin, studirte 1671 zu Leiden u. 1673 zu Leipzig; ging 1675 nach Berlin; in demselben Jahre nach Italien, Frankreich, England und Holland; ward bei der Rückkunft Kammerjunker zu Berlin; 1677 u. 1678 folgte er dem Pommerschen Feldzuge; ging 1679 mit dem Hof nach Preußen, erhielt vom Kurfürsten die Amtshauptmannschaft der Ämter Zossen und Trebbin; wurde als Hof- und Legationsrath an die Kurfürstl. Höfe am Rhein geschickt, und da er hier mit Glück wirkte, verlieh ihm der Kurfürst die Amtshauptmannschaften Mühlendorf u. Müllenbeck; er ging als Gesandter nach Cöln, nach Nieder-Sachsen, Wien und Ungarn; 1688 wurde er zum Geh. Rath, 1697 zum wirkl. Geh. Rath und 1698 vom Kaiser Leopold in den Freiherrnstand erhoben; versahe noch mehre Gesandtschaften, erhielt 1689 den Johanniterorden, und starb am 11. August 1699 zu Berlin, wo sein Leichnam in der St. Marienkirche beigesetzt wurde. Seine Gedichte wurden zuerst vom Prof. Joachim Lange in Halle, nach dem Tode des Verfassers, und ohne seinen Namen, unter dem Titel: „Neben-Stunden unterschiedener Gedichte," Berlin 1700, herausgegeben. Spaterhin erschienen durch Joh. Ulrich v. König v. Canitz sammtliche Gedichte, Leipzig und Berlin 1727, und mehre Auflagen. Nr. 957. gehört auch dem v. Canitz und nicht Zeiske.

C. F. S., unbekannt; es findet sich in dem von Joh. Friedr. Burg herausgegebenen Evangel. Gesangbuche für die Königl. Preuß. Schlesische Lande, Breslau 1757, Nr. 1136. (des L. S.) mit diesen Buchstaben unterzeichnet.

Chiomusus, siehe Schneesing.

C. K. unbekannt; im Alt-Märkisch- u. Priegnitzschen, neu-eingerichteten Gesangbuche rc. Salzwedel 1780, befindet sich Nr. 514. (des. L. S.) mit diesen Buchstaben unterzeichnet.

Clauder, Lic. Israel, geb. am 20. April 1670 zu Delitsch in Meißen, wo sein Vater, Dr. Jakob Clauder, Superintendent war. Er besuchte das Gymnasium zu Merseburg; 1689 die Universität Leipzig; wurde 1693 daselbst Magister; 1694 erhielt er die Aufsicht über den zu Gießen studirenden mittlern Sohn des Dr. Spener; ging mit demselben nach Berlin und von da 1696 nach Liefland; auf der Reise dahin überfiel sie, im August auf der Ostsee ein heftiger Sturm, während desselben dichtete er, da er in der Nacht nicht schlafen konnte, Nr. 1298. Nachdem der junge Spener zu Lindenhof unweit Riga gestorben war, kehrte er nach Deutschland zurück; wurde 1697 Pastor im Hospital zum heiligen Geist in Halberstadt; 1698 Inspektor und Hofprediger zu Darmstadt; 1706 Pastor primarius zu Derenburg; 1708 Pastor an der St. Paulskirche zu Halberstadt, und 1718 Superintendent, Konsistorialrath und Pastor primarius zu Bielefeld; starb am 24. Novbr. 1721, alt 51 Jahr.

Clausnitzer, Lic. Tobias, geb. zu Thum bei Annaberg 1619 (wie Hörner in den Nachrichten von den Liederdichtern des Augsburgischen Gesangbuchs, Schwabach 1775, angiebt). Er besuchte die Schulen zu Freyberg und Breslau, ging 1642 nach Leipzig, wurde 1643 daselbst Magister; 1644 Feldprediger bei dem Schwedischen General Dyglaß; 1649 Stadtpfarrer und Inspektor des gemeinschaftlichen Amts Bargstein und Weyden in der Oberpfalz. Er starb am 7. Mai 1684, alt 65 Jahre.

Connow, Christian Friedrich, geb. im Jahre 1612 zu Brandenburg, studirte zu Wittenberg; wurde 1632 Rektor zu Pritzwalk; 1638 Direktor der Schule zu Tangermünde, und starb an der Pest 1682. Er war gekrönter Dichter und von ihm ist vorhanden: „Evangel. Herzens-Flamme, oder Lieder auf die Sonn- u. Festtage," Jena 1692 in 8., und „Himmelflammendes Jesus-Lob zur Verschmahung der Welt," Wittenberg 1704 in 8.

Cramer, Dr. Joh. Andreas, geb. am 29. Januar 1723 zu Jöstädt (Georgenstadt) im Erzgebirge, wo sein Vater Prediger war, und bei geringem Einkommen viele Kinder durch strenge Lebensordnung und Sparsamkeit erhalten mußte. Den ersten Unterricht erhielt er von seinem Vater und auf der Fürstenschule zu Grimma; im Jahre 1742 ging er unter sehr durftigen Umständen nach Leipzig, wo er sich der Theologie widmete; 1745 wurde er Magister; 1748 Pfarrer zu Crellwitz, einem Dorfe zwischen Magdeburg und Halle, 1750 Oberhofprediger zu Quedlinburg, 1764 Hofprediger zu Kopenhagen, 1765 Professor der Theologie und Assessor des Königl. Konsistoriums daselbst; 1771 kam er als Superintendent nach Lübeck; 1774 erhielt er den Ruf als Professor der Theologie nach Kiel; 1784 wurde er Prokanzler der Universität, und stiftete eine besondere Professoren-Wittwenkasse und ein Schullehrer-Seminarium. Sein kräftiger Körper erlag endlich seiner unermüdeten Thätigkeit, indem eine asthmatische Krankheit am 12. Juni 1788 seinem Leben ein Ende machte. Er gab das „neue Schleswig-Holsteinische Gesangbuch," Altona 1780 heraus, in welchem viele zur Zeit noch ungedruckte Lieder von demselben stehen; dann aber finden sich seine Lieder in seinen „poetischen Übersetzungen der Psalmen," 4 Theile, Leipzig 1762 bis 1764 in gr. 8. — ferner in seinen „evangelischen Nachahmungen der Psalmen Davids und anderer geistl. Lieder," Kopenhagen 1769, und endlich in seinen „sämmtlichen Gedichten," Leipzig 1782 u. 1783 in 8.

Cramer, Mauritius, geb. 27. Februar 1646 zu Ammerswort bei Meldorf, wo sein Vater, Matthias Cramer, ein Bauersmann war. Er besuchte die latein. Schule zu Meldorf; 1666 bis 1669 die Universität Jena; wurde 1670 Diakonus zu Marne im Süderdithmarschen u. 1679 Pastor daselbst. Er starb am 22. Juni 1702, alt 56 Jahre. Er gab heraus: „Heilige Andachten, bestehend in etlichen geistl. Liedern," Glückstadt 1683 in 8.

Crantz, Lorenz Wilhelm, geb. am 6. (9.) November 1674 zu Marktbreit in Franken, wo sein Vater, Josua Crantz, im Rathe Senior u. Konsistorialassessor war. Er wurde 1693 Pfarrer zu Rotenbau u. Fuchstadt in dem Ochsenfurter Gau gelegen; erhielt 1694 die Pfarre zu Frühstockheim, wozu 1702 noch die nahe gelegene Pfarre Rüdelsen kam; endlich ward er Pastor zu Babenhausen und Konsistorialassessor zu Hanau. Er starb am 16. Mai 1742, 68 Jahre alt. Er gab auf Veranlassung der verwittweten Frau Gräfin zu Hanau, Charlotte Wilhelmine geborne Herzogin zu Sachsen, ein „Wittwen-Gebet-Buch," Hanau 1717 in 8. heraus, welches Wittwen- und andere Lieder enthält. Drei Lieder von ihm finden sich in dem 1721 von Meuschen herausgegebenen Hanauer Gesangbuch.

Crasselius, Bartholomäus, geb. zu Glaucha im Meißnischen, war ein Schüler Aug. Hermann Franke's und lutherischer Prediger zu Düsseldorf. Er starb zu Halle am 8. Septemb. 1724, in einem Alter von 73 Jahren. Er verfaßte mehrere Schriften, und von seinen erbaulichen und geistreichen Liedern stehen 9 in Freylinghausens Gesangbuche.

Creutzberger, siehe Sienold.

D.

Dach, M. Simon, geb. am 29. Juli 1605 zu Memel, wo sein Vater beim dortigen Gericht Dolmetscher der Lithauisch. Sprache war. Er wurde sehr sorfaltig erzogen, besuchte die Schule seiner Vaterstadt, und ging in seinem 14. Jahre nach Königsberg; dann nach Wittenberg, wo er die Stadtschule besuchte. Von da begab er sich nach Magdeburg, um hier einen festeren Grund in seinen Schulstudien zu legen; flüchtete aber, der Kriegesunruhen wegen, nach Lüneburg, Hamburg und zu Wasser nach Danzig. Auf der Hochschule zu Königsberg fing er nun an Theologie u. Philosophie zu studiren; er predigte u. disputirte hier oft, und erwarb sich bedeutende Gönner; wurde 1636 Konrektor der Domschule, widmete sich ganz der Dichtkunst und wurde bald ein Muster in derselben für ganz Preußen. Besonders ermunternd für ihn war die Freundschaft mit Robertin, der ihm auch 1639 zur Professur der Dichtkunst bei der Universität in Königsberg verhalf. Er ward 1640 Magister der Philosophie; 1644, beim ersten Jubiläum der Universität Königsberg, führte Dach ein Drama auf, durch welches er die Gunst des großen Kurfürsten Friedrich Wilhelm erhielt. Er ward 5 Mal Dekanus und 1656 im Winter Rektor Magnifikus. Starb am 15. April 1659, des Nachts nach 1 Uhr, im 54. Jahre. Das vollständige Verzeichniß, sowohl seiner deutschen als lateinischen Oden und Lieder, aus den Papieren des Prof. Arlet in Breslau mitgetheilt, findet sich im 9. u. 10. Bande des „Neuen Büchersaals der schönen Wissenschaften u. Künste," Leipzig 1750 u. 1751. Die geistl. Lieder, deren Anzahl sich nach diesem Verzeichniß auf mehr als 150 beläuft, kamen fast alle bei besonderen Veranlassungen, vorzüglich bei Sterbefällen angesehener und dem Verfasser befreundeter Personen, zum Vorschein. Eine Auswahl seiner vorzüglichst. bis zum Jahre 1649 erschienenen geistl. Lieder theilt Heinrich Albert in seinen Arien, Königsberg 1640—1650, mit; die später verfertigten sind in den Königsbergischen Gesangbüchern vom Jahr 1650, 1655, u. 1657, am vollständigsten in dem Preuß. neu verbessert-vollständigen Gesangbuche, Königsberg 1690 in 8. zu finden. — Unter dem Titel: „Simon Dach und seine Freunde als Kirchenliederdichter," Tübingen 1828, gab August Gebauer Dachs Lieder heraus.

Darnmann, M. Fried. Conrad, geb. am 19. Juli 1710 zu Quedlinburg, war Senior, Superintendent, Pastor und Schulinspektor zu Brandenburg a. d. Havel, starb 1782. Er gab 1763 das „Brandenburgische Gesangbuch" heraus, in welchem sich von ihm Lieder befinden. Auch erschienen von ihm: „Gesammelte und zum Theil neuverfertigte Lieder," Brandenburg 1771 in 8.

Decius, Nikolaus, lebte ums Jahr 1524, war anfangs Mönch, hernach Propst im Kloster Steterburg im Fürstenthum Wolfenbüttel; wurde dann, nachdem er zum evangelischen Glauben sich bekannt hatte, ein Schul-Kollege in Braunschweig an der St. Katharinen- und Ägidien-Schule, und hierauf nach Stettin in Pommern zum Prediger berufen, welchem Amte er nur kurze Zeit vorstand, weil er daselbst an Gift gestorben. Er war ein geschickter Harfenspieler und setzte zu seinen Gesängen selbst die Melodieen.

Denicke, David, ein sehr gottesfürchtiger Mann, geb. am 31. Jan. 1603 zu Zittau, wo sein Vater, Barthol. Denicke, Stadtrichter u Rathsherr war. Er besuchte das dasige Gymnasium, ging 1619 auf die Hochschule nach Wittenberg; 1621 nach Jena, und dann nach Königsberg in Pr. In den Jahren 1625 — 1627 machte er eine gelehrte Reise nach Holland, England und Frankreich; wurde 1629 Hofmeister bei dem Herzog Georg zu Braunschweig und Lüneburg; 1639 Abt des Stifts Bursfeld; 1640 Hofrath und 1642 Konsistorial- und Klosterrath zu Hannover; starb am 1. April 1680, alt 78 Jahre. Er nahm Antheil an der Herausgabe des Hannöverschen Gesangbuches, Lüneburg 1659; doch läßt sich nicht bestimmen, wie viel von seinen eigenen Liedern in demselben enthalten sind; gewöhnlich giebt man 20 an, doch können es leicht noch mehre sein.

Derschau, Dr. Bernhard, auch Dirschau genannt, geb. am 17. Juli 1591 zu Königsberg in Preußen, studirte acht Jahre in Deutschland, wurde am 3. August 1619 Doktor der Theologie; 1621 Pastor primarius in der Altstadt zu Königsberg, nachher Beisitzer des Samländischen Konsistoriums, und starb am 13. März 1639. Seine geistl. Lieder findet man in den verschiedenen Preuß. Gesangbüchern.

Derschau, Friedrich v., Preußischer Tribunalrath und Ober-Bürgermeister der Altstadt Königsberg, ward geb. am 1. März 1644 u. starb am 10. April 1713.

Deßler, Wolfgang Christoph, geb. am 11. Februar 1660 zu Nürnberg, wo sein Vater, Nikolaus Deßler, Juwelier war. Anfangs erlernte er das Geschäft seines Vaters, doch seine Schwächlichkeit bewog ihn, dasselbe zu verlassen und die Spitalschule seiner Vaterstadt zu besuchen, um sich auf das Studium vorzubereiten. Er ging alsdann nach Altdorf, seiner Kränklichkeit wegen aber bald wieder nach Nürnberg zurück, und wollte nach seiner Herstellung nach Straßburg gehen; allein seine Schwächlichkeit hinderte ihn daran. Er machte in Nürnberg die Bekanntschaft des berühmten Erasmus Francisci, der ihn unterwies und dem er bei Herausgabe seiner Werke hülfreiche Hand leistete. Da er in den lebenden Sprachen sehr geübt war, so las er nicht nur Korrekturen für die Druckereien, sondern übersetzte auch viele Bücher aus fremden Sprachen. Im Jahre 1705 wurde er Konrektor bei der Schule zum heiligen Geist; ein Schlagfluß hinderte ihn zwei Jahre hindurch, der Schule vorzustehen, dabei litt er an Steinschmerzen, und fünf Jahre vor seinem Ende bekam er ein Geschwür auf der Brust, welches ihn dem Tode sehr nahe brachte; eine Geschwulst am Schenkel half ihm jedoch von diesem Übel, doch litt er bis zu seinem Ende heftige Schmerzen, bei denen seine christliche Geduld und Ergebung sich herrlich bewährten. Er starb am 11. März 1722, 62 Jahr alt. Von ihm erschien: „Himmlische Seelenlust ꝛc.“ Nürnberg 1692, und 1726, in welchem 36 Lieder stehen. — „Seel-erfrischende ꝛc. Blut- und Liebes-Rosen ꝛc., mit einer Vorrede von Dr. Marperger,“ 2te Aufl. Nürnberg 1723; in diesem Werke befinden sich 20 Passionsgesänge.

Dielitz, Dr. Johann Gottlieb Ludwig Karl, geb. zu Berlin am 22. November 1781, und lebt gegenwärtig als Doktor der Philosophie und privatisirender Gelehrter daselbst. Er gab unter andern Werken, das Berlinische Wochenblatt zum Besten der Wadzeck-Anstalt, mehre Jahre, heraus, in welchem Nr. 381. zuerst abgedruckt wurde; es findet sich nach dieser Zeit wieder mitgetheilt in seinen „Stimmen der Natur und der Offenbarung,“ Berlin 1829.

Dilherr, Johann Michael, geb. am 14. Oktob. 1604 zu Themar im Hennebergischen, wo sein Vater, Joh. Dilherr, Rath der Fränkisch. Ritterschaft des Orts Röhn und Werra, und Fürstl. Sächsischer Regierungs-Advokat zu Meinungen war. Da seine Mutter ihn schon in zarter Jugend für das Studium der Theologie bestimmt hatte, so besuchte er 1617 das Gymnasium zu Schleusingen; 1623 die Universität Leipzig, wo er sich kümmerlich durchbringen mußte; dann die Hochschulen Wittenberg und Altdorf; ging darauf 1629 nach Jena, ward 1631 Professor der Beredsamkeit; 1635 Professor der Geschichte und der Dichtkunst, und 1640 außerordentlicher Prof. der Theologie; 1642 Professor der Theologie u. Philosophie, und 1646 Oberprediger bei der St. Sebaldskirche, Direktor des Ägidien-Gymnasiums, auch Inspektor der Stadtbibliothek und der Alumnen. Kaiser Leopold schenkte ihm 1658, wegen eines lateinischen Gedichts, eine goldene Kette. Er starb am 8. April 1669, alt 65 Jahre. Er war ein sehr wohlthätiger und bescheidener Mann, der viele Erbauungsschriften hinterließ, in welchen sich zum Theil seine geistlichen Lieder befinden, besonders hier bemerkenswerth sind: „Der Irdischen Menschen himmlische Engelfreude,“ Nürnberg 1653 in 8. — „Geistreiche Andachtsarien,“ Nürnberg 1692 in 4. ꝛc.

Dober, Anna, geb. **Schindler**, war aus Mähren gebürtig, und eine eifrige Anhängerin der Brüdergemeine und treue Lebensgefährtin des Bischofs der Brüderkirche Leonhard Dober.

Döring, Karl August, geb. am 22. Januar 1783 zu Markhalvensleben im Magdeburgisch., ward 1810 Archidiakonus zu Eisleben; 1816 Prediger zu Elberfelde, wo er gegenwärtig noch lebt. Er gab heraus: „Christliches Hausgesangbuch,“ Elberfeld 1821, 2te Aufl. ibi 1825; zweiter Theil ibi 1830.

Drese, Adam, geb. um 1630, war erst beim Herzoge Bernhard zu Weimar Sekretair und Kapellmeister, nach dessen Tode lebte er einige Zeit als Privatmann in Jena, von wo er als Kapellmeister nach Arnstadt kam, und starb 1718 in hohem Alter. Er war in seinen früheren Jahren mit ganzer Seele den Vergnügungen der Welt ergeben gewesen und hatte viel Üppigkeit getrieben; durch das Lesen von Dr. Speners Schriften wurde er aber 1680 so mächtig ergriffen, daß er in sich ging und sich von ganzem Herzen zum Herrn bekehrte. Er hielt in seinem Hause Erbauungsstunden, in welchen seine eigenen Lieder zuerst gesungen wurden, ehe sie noch in die Gesangbücher kamen.

Dürr, Ehrenfried, ein um die Grafschaft Mannsfeld sehr verdienter Gottesgelehrter, geb. als Zwilling am 29. Septemb. 1650 zu Mühlau im Voigtlande. Er wurde zuerst Konrektor in Magdeburg, dann Diakonus in Mannsfeld, endlich Generalsuperintendent und Präses des Konsistoriums zu Eisleben. Starb am 6. November, nach Andern, am 15. Oktob. 1715. Im Mannsfeld. Gesangbuche, Eisleben 1721, stehen von ihm 2 Lieder.

D. v. M. z. S., unbekannt; in dem vollständ. und vermehrt. Leipzig Gesangb. von Karl Gottlob Hofmann, Leipzig 1753, kommt Nr. 1242. (des L. S.) mit obigen Buchstaben bezeichnet vor.

E.

Eberus (Eber), Dr. Paul, geb. am 8. November 1511 zu Kitzingen in Franken, besuchte 1523 die Schule in Anspach und hatte das Unglück, als sein Bruder ihn von da, wegen einer Kränklichkeit, nach Hause holte, vom Pferde zu fallen, wodurch seine Gesundheit auf immer zerrüttet ward. Er besuchte 1525 die Lorenz-Schule zu Nürnberg, bezog 1531 die Universität Wittenberg, wo er 1536 Magister, 1537 Adjunkt der philosoph. Fakultät, 1544 Professor der Philosophie, 1556 Professor der hebräischen Sprache, 1558 Generalsuperintend. u. Professor der Theologie, 1559 Doktor derselben wurde. Nach dem Tode Bugenhagens, ward er Pastor und Superintend. zu Wittenberg. Er starb am 10. Dezember 1569, alt 58 Jahr.

Edeling, Christian Ludwig, geb. zu Löbegün im Saalkreise, war zuerst Informator des Grafen Nikol. Ludwig v. Zinzendorf, dann Inspektor und Pastor primarius zu Schwanbeck bei Halberstadt. Er starb 1742. Seine Lieder befinden sich nur in Manuscript, und 10 derselben stehen in Freylinghausens Gesangbuch.

Edelmann, M. Gottfried, geb. am 20. Dezember 1660 zu Marggliſſa, wo sein Vater, Mauritius Edelmann, Amtmann war. Er besuchte die Schule zu Zittau, unter dem Rektor Weise, ging 1681 nach Leipzig, wo er Magister wurde, ward hierauf Pfarrer zu Holzkirch in der Lausitz; 1693 Pfarrer in Geilsdorf bei Lauban, 1696 Diakonus und 1707 Pastor primarius zu Lauban. Er starb daselbst 1727. Er hat verschiedene Schriften herausgegeben und viele erbauliche Lieder gedichtet; die in verschiedenen Gesangbüchern anzutreffen sind.

Elmenhorst, M. Heinrich, geb. am 19. Oktober 1632 zu Parchim im Mecklenburgischen, studirte zu Leipzig, wo er 1653 Magister wurde; ward 1660 Diakonus an der St. Katharinenkirche zu Hamburg; 1673 Archidiakonus und 1696 Pastor am Hospital zu St. Hiob daselbst; er starb am 21. Mai 1704, alt 72 Jahr. Seine geistl. Lieder, von denen die erste Sammlung zu Hamburg 1681 in 8. erschien, gab er vollständig daselbst 1685 in 8. heraus. Mit neuen vermehrt erschien sie durch den Prediger N. C. Jauch veranstaltet, zu Lüneburg 1700 in 8.

Eschenburg, Dr. Joh. Joachim, geb. am 1. Dezember 1743 zu Hamburg, wo sein Vater ein Kaufmann war. Er besuchte zuerst das Johanneum in Hamburg, hierauf bezog er die Universität Leipzig, dann begab er sich nach Göttingen, kam durch den Abt Jerusalem nach Braunschweig, und ward dort nach Zacharias Tod Prof. am Carolinum. Drei Jahre vor seinem Tode feierte er sein 50jähriges Amtsjubiläum, und starb als Geh. Justizrath und Canonicus des Cyriacusstiftes in Braunschweig, am 29. Febr. 1820. Von ihm sind 15 geistl. Lieder bekannt, welche sich zerstreut in dem „Zollikoferschen Gesangbuche,“ Leipzig 1766, und andern neuen Gesangbüchern finden.

Ettmüller, Joh. Erhard, war Königl. Preuß. Kommissionsrath und Registrator zu Königsberg in Preußen; er starb 1717. Seine Lieder stehen zum Theil in dem „singenden Christ,“ Königsberg 1730, zum Theil auch in andern Königsberg. Gesangbüchern.

F.

Faber, Johann Ludwig, ein gekrönter Dichter, geb. zu Nürnberg 1635, wohin seine Mutter der Kriegesunruhen wegen von Herspruck, wo sein Vater, Sigm. Faber, Prediger war, sich geflüchtet hatte. Er besuchte zuerst die Schule zu Herspruck, dann das Gymnasium zu Nürnberg, ging auf die Universitäten Altdorf, Tübingen u. Heidelberg; wurde 1657 Konrektor bei der Schule zu Öttingen; 1664 Rektor daselbst; 1666 Rektor zu Herspruck; erhielt 1669 den poetischen Lorbeerkranz; wurde 1670 Lehrer bei dem Ägidien-Gymnasium zu Nürnberg; starb als solcher in großer Armuth am 28. November 1678, und hinterließ 7 Kinder. Er war Mitglied des Pegnesischen Blumenordens, unter dem Namen Fernando, und seine Devise hieß: „Unter des Kreuzes Hammerschlag.“ Seine geistl. Lieder stehen in Müllers geistlich. Erquickstunden Poetischen Andacht-Klang.

Fabricius, Dr. Jakob, geb. am. 19. Juli 1593 zu Cöslin von geringen und armen Eltern; er studirte zu Rostock, und wurde vom Rathe zu Cöslin zu Schuldiensten befördert. Der Herzog von Pommern erwählte ihn hierauf zu seinem Hofprediger; 1625 ward er zu Greifswald Doktor der Theologie; verwaltete bei dem großen König Gustav Adolph von Schweden das Amt eines Feldsuperintendenten, und war zugleich des Königs Beichtvater, bis zur Lützener Schlacht 1632 am 6. November, in welcher, wie bekannt, Gustaph Adolph blieb. Nach dessen Tode wurde er nicht nur Generalsuperintend., sondern auch Pastor an der Hauptkirche zu Stettin und zugleich Professor der Theologie daselbst. Er starb am 11. August 1654, nachdem ihn 4 Tage vorher der Schlag auf der Kanzel gerührt hatte. Das Lied Nr. 1768. diktirte ihm der König Gustag Adolph von Schweden in Prosa, mit dem Wunsche, es in Verse zu bringen; wie denn Fabricius dies selbst zu einem Zeitgenossen, dem Prof. d. Rechte zu Leipz., Dr. Joh. Born, im Beisein des Dr. Hülsemanns, erzählt. Siehe Hymnologische Forschungen von Dr. Gottlieb Mohnicke, 2. Theil, Stralsund 1832, S. 84.

Falckner, Justus, aus Zwickau gebürtig, wurde zu Anfange des 18ten Jahrhunderts evangelischer Prediger zu Neu-York und Albanien in Amerika.

Febre, Samuel Benjamin, geb. am 14. Januar 1704 zu Zehren bei Meißen, wo sein Vater Pfarrer war. Er besuchte die Schule zu Chemnitz und dann die Universität Leipzig; wurde 1727 zu Wittenberg Magister, ließ sich in Dresden examiniren, war zehn Jahre hindurch Informator, wurde 1738 Pastor zu Rathendorf in der Rochlitzer Ephorie, und 1742 Oberpfarrer zu Burgstädt in der Diöces Penig. Er war ein Schüler von Bengel und Crusius, und schrieb: „Einige Lieder über die wichtigsten Materien aus der Offenbar. Johannis,“ Altenb. 1753.

Fiedler, M. J. G.; im Danzig. Gesangb. von 1782 stehet Nr. 1278. (des L. S.) mit diesem Namen. Er war zur Zeit Superintendent in Cöldiz.

Finx, Erasmus, genannt Francisci, aus einem adelichen Geschlecht zu Lübeck geb. am 19. November 1627; sein Vater war Rath bei dem Herzoge von Braunschweig und einigen Reichsständen, und hieß Franciscus Finx, welchen Taufnamen der Sohn in den Geschlechtsnamen verwandelte. In seiner Jugend hatte er das Unglück an einem doppelten Beinbruch zu leiden, weshalb er kein öffentliches Amt annahm, ungeachtet er die Rechte auf verschiedenen Universitäten studirt hatte. Er begab sich von Lübeck nach Nürnberg; beschäftigte sich mit Bücherschreiben, wurde 1688 von Heinrich Friedrich, Grafen zu Hohenlohe und Gleichen, zum Rath ernannt, und starb, als ein eifriger Bekenner des Herrn, zu Nürnberg am 20. Dezemb. 1694. Er gab eine Menge Schriften heraus; vorzüglich in folgenden findet man seine Lieder zerstreut: „Geistliche Goldkammer,“ Nürnberg 1675 in 8. — „Die Krone, oder völlige Ausführung seellabender Ruhestunden,“ Leipzig 1680. „Ehr- u. freudenreiches Wohl der Ewigkeit rc.“ „Letzte Rechenschaft aller Menschen,“ Nürnberg 1681 in 8.

Fischer, M. Christoph, (oder wie er sich schrieb Vischer) geb. zu Joachimsthal, wurde 1544 Pastor zu U. L. Frauen in Jüterbog; kam auf Melanchthons Empfehlung 1555 als Stiftspfarrer und Superintendent nach Schmalkalden in der Grafschaft Henneberg; schaffte hier die Überreste des Pabstthums ab, und machte sich um Kirche und Schule sehr verdient. Er wurde 1571 Pastor und Generalsuperintendent zu Meinungen; 1574 Pastor, Hofprediger und Superintendent adjunktus zu Zelle; 1577 Pastor primarius an der St. Martinskiche zu Halberstadt und 1583 Fürstl. Lüneburgischer Generalsuperintendent u. Hofprediger zu Zelle, wo er am 22. Juni 1600 starb. Er hinterließ viele Schriften, aber nur das eine Lied Nr. 1929.

Flemming, Dr. Paul, geb. am 5. Oktober 1609 zu Hartenstein im Erzgebirge, wo sein Vater, Abraham Flemming, damals Schullehrer war. Er besuchte die Fürstenschule zu Meißen, ging nach Leipzig und widmete sich der Arzneikunst; floh, der Kriegesunruhen wegen, 1633 nach Holstein; ging mit einer Gesandtschaft, welche Herzog Friedrich III. im Begriff war an seinen Schwager, den Czar Michael Fedorowitsch, zu schicken, nach Moskau, von wo er 1634 glücklich nach Holstein zurückkehrte. Seinem Lande Handelsvortheile zu verschaffen, schickte der Herzog eine glänzende Gesandtschaft nach Persien; Flemming entschloß sich diese Reise mit zu unternehmen. Er ging mit derselben am 27. Okt. 1635 unter Segel und kam am 3. August 1637 in Ispahan an; verweilte 3 Monate daselbst, und kehrte auf einem anderen Wege über Moskau, zurück. In Reval verlobte er sich mit der Tochter eines angesehenen Kaufmanns, und um sich in Hamburg als praktischer Arzt niederzulassen, promovirte er in Leiden. Kaum war er aber in Hamburg angekommen, so ereilte ihn daselbst der Tod am 7. April 1640. Das Lied Nr. 1104., welches er auf der Reise nach Persien gedichtet und zu dem er auch eine Melodie gesetzt, findet sich in seinen „Geistl. u. weltlichen Poematas,“ Jena 1642 in 8.

Flessa, Johann Adam, geb. 1694 auf der Goldmühle, 3 Stunden von Bayreuth, wo sein Vater Müller war. Er wurde 1723 Professor am Gymnasium zu Bayreuth; 1730 Hofdiakonus; 1731 Konsistorialassessor daselbst, kam 1741 als Professor und Direktor des Gymnasiums nach Altona, und starb als Generalsuperintendent des Herzogthums Schleswig, zu Oldenburg am 11. Oktober 1776, alt 82 Jahre. Ob aber dieser Flessa der wahre Autor von Nr. 979. ist, muß dahin gestellt bleiben. Christian Gregor giebt in dem schriftlichen Verzeichniß der Liederdichter des Brüdergesangbuches von 1778 ihn bei diesem Liede ohne Vornamen an, und diesen Angaben ist man hier gefolgt. Auch im geistl. Liedersegen von D. G. S. (Schöber), Lobenstein 1769, steht dieser Name, nebst M. Traug. Im. Jerichovius über diesem Liede.

Flitner, Johann, geb. am 1. November 1618 zu Suhl (Sula) im Hennebergischen, wo sein Vater Besitzer eines Eisenbergwerks war, dabei auch einen Handel mit Eisenwaaren, Gewehren und Wein trieb. Er besuchte zuerst die Schule seiner Vaterstadt, ging 1633 auf das Gymnasium zu Schleusingen; 1637 auf die Universität Wittenberg und bald darauf nach Jena um sich der Theologie zu widmen. Von Jena begab er sich nach Leipzig und von da nach Rostock; wurde hierauf 1644 Kantor zu Grimmen und bald darauf, 1646, Diakonus daselbst. Im Jahre 1659 sahe er sich, der Kriegesunruhen wegen, genöthigt, mit seiner Familie nach Stralsund zu flüchten, ging aber 1660, nachdem der Friede zurückgekehrt war, wieder nach Grimmen. Durch den Tod seines Kollegen, des Pastors und Präpositus, M. J. Wicke (Viccius), gerieth er in viele Verdrießlichkeiten, da man den Sohn des zweiten Superintendenten Dr. Abraham Battus, gegen übliche Gewohnheit, in die erledigte Stelle des Pastorats einschob. Als derselbe 1673 am 9. Oktober gestorben war, bekam interimistisch Flitner die Präpositurgeschäfte, welche er bis 1675 verwaltete. Auch hier ward ihm so manche Schwierigkeit bereitet, so daß sein Verlangen, bei Christo daheim zu sein, in einem Vertheidigungsschreiben an Dr. Tabbert sich aussprach. Zu einem neuen Kollegen erhielt er an obengedachtem 9. Oktober 1673 den Rektor zu Wolgast, M. Christian Wangerin, aber auch ihn verlor er schon wieder am 1. September 1676. Die erneuerten Kriegesunruhen, in den Jahren 1675 und 1676, zwangen ihn wiederum seine Gemeine zu verlassen und nach Stralsund zu fliehen. Die weiße Ruhr, welche zur Zeit viele Opfer forderte, nahm auch ihn hier am 7. Jan. 1678 hinweg, in einem Alter von 58 Jahren, 8 Wochen und 6 Tagen. Sein Leichnam wurde nach Grimmen gebracht und dort in der Kirche vor dem Altar eingesenkt. Seine Bibliothek und Manuscripte wurden, bei der Belagerung von Stralsund im Jahre 1678, eine Beute des Feuers. Seine geistlichen Lieder befinden sich in seinem Werke: „Suscitabulum musicum, das ist Musikalisches Weckerlein, welches in sich begreift allerhand schöne, newe u. Geistreiche Buß- Beicht- Abendmahls- Dank- Morgen- Tisch- Abend- Himmels- Hollen- und andere andächtige Lieder rc.“ Greifswald 1661 in 8. (Siehe „Hymnologische Forschungen von D. Mohnike,“ Stralf. 1831, 2. Theil ibi 1832, und daselbst S. 3.)

Förster, Christian Friederich, geb. am 10. Oktober 1769 in Gera, wo sein Vater ein Schuhmacher war, welchem Handwerke er sich auch widmete; zur Zeit des Osterfestes im Jahre 1783 ward er durch die Kraft des Geistes Gottes in seinem Innern erleuchtet, und erhielt mit der Erkenntniß der Wahrheit zugleich auch die Gabe der Dichtkunst. Bereits im Jahre 1810 befand sich derselbe als Schuhmacher im Hause der Brüdergemeine zu Kleinwelke; da er aber in den letzten Jahren seines Lebens sehr kränklich war, so ward er zu anderen häuslichen Geschäften daselbst angestellt, bis er endlich am 27. Oktober 1829 in Kleinwelke im Herrn entschlief, alt 59 Jahre. Seine geistl. Lieder gab der Mettenprediger zu Gera, Karl Friedrich Uhelandt heraus, sie erschienen unter dem Titel: „Christliche Lieder über die jährlichen Sonn- und Festtags-Evangelien,“ Gera 1800, zweite Aufl. mit einem Anhange von acht Passions-Liedern vermehrt, Neudietendorf 1804. — Dann: „Geistliche Gesänge auf die christlichen Feste des Jahres,“ Nürnberg 1803; sie konnen als zweiter Theil der christl. Lieder angesehen werden.

Förtsch, Basilius, geb. zu Roßlau in Thüringen, war anfangs Informator bei den Kindern des Altenburg. Kammerraths von Kormsdorf; dann Rektor zu Kahle bei Jena; hierauf 1613 Pastor zu Gumperda unweit Kahle; starb im Jahre 1619. Er gab eine Liedersammlung, unter dem Titel: „Geistliche Wasserquelle,“ Halle 1606 in 8. heraus, welche nach mehreren Auflagen, auch ohne seinen Namen, sehr bekannt geworden ist; in dieser Sammlung befinden sich auch seine eigenen Lieder.

Franck, Johann, geboren am 1. Juni 1618 zu Guben in der Niederlausitz, studirte zu Cottbus, Stettin, Thorn u. Königsberg die Rechte, und trieb als Lieblingsstudium die Poesie. Im Jahre 1648 wurde er zu Guben Rathsherr, 1661 Bürgermeister und 1670 Landesältester, in welcher Eigenschaft er am 18. Juni 1677, alt 59 Jahr starb. Seine geistl. Lieder, welche zu den besten seiner Zeit gehoren, und die sich auf 110, unter denen 53 Psalmlieder, belaufen, erschienen in seiner „Vaterunser-Harfe“ 1646, und in seinem „Geistlichen Sion,“ 1674 in 8.

Franck, Michael, geb. am 16. März 1609 zu Schleusingen, wo sein Vater, Sebastian Franck, Handelsmann und des untern Raths oder gemeiner Stadtvormund war. Er besuchte anfangs das Gymnasium seiner Vaterstadt, um sich dem Studium zu widmen, war aber durch den Tod seines Vaters gezwungen im 13. Jahre seines Alters die Schule zu verlassen und in Coburg die Bäcker-Profession zu erlernen. Er wurde 1628 in Schleusingen Bürger und Bäckermeister. Der Krieg raubte ihm jedoch sein Vermögen; er ging 1640 mit Frau und Kindern nach Coburg und wurde daselbst 1644 Lehrer der 6ten u. 7ten Klasse in der Stadtschule. Durch seine poetischen Arbeiten kam er mit den ersten Dichtern seiner Zeit in Verbindung und Joh. Rist krönte ihn mit dem poetischen Lorbeerkranz und nahm ihn in den Elb-Schwanenorden auf. Starb am 24. September 1667, alt 58 Jahre. Er gab heraus: „Geistl. Harfenspiel,“ Coburg 1657 in 4., in welchem sich 36 Lieder befinden.

Fränck, Salomon, geb. am 6. März 1659 zu Weimar, wo er Ober-Konsistorialsekretair war; er starb den 11. Juni 1725. Seine geistl. Lieder, fast 300 an der Zahl, gehoren zu den besseren seiner Zeit, und erschienen zum Theil einzeln, dann aber gesammelt unter dem Titel: „Salom. Fränckens Geist- und weltliche Poesien,“ Jena 1711 in 8., zweiter Theil ebend. 1716 in 8.

Franck, M. Sebastian, geb. am 18. Januar 1606 zu Schleusingen, zeigte bei einem schwächlichen Körper große Geistesgaben, daher er schon frühe in das Gymnasium seiner Vaterstadt geschickt wurde. Er ging 1625 auf die Universität Straßburg, 1626 nach Leipzig; nachdem er in Breslau und andern Orten Informator gewesen war, ließ er sich zu Jena zum Magister in der philosophischen Fakultät befördern, unterrichtete bis 1632 zu Roßdorf, ward dann Inspektor des Gymnasiums zu Schleusingen; hierauf Pastor zu Lautersbach im Stifte Fuldn. Der Kriegesunruhen wegen ward er gezwungen, diese Stelle plötzlich und mit Lebensgefahr zu verlassen, und unter drückenden Kriegobeschwerden, unter Hunger und Pest eine geraume Zeit in Roßdorf und Uhrspringen zuzubringen. Er wurde 1636 zum Pfarrer nach Gerode und Platz in Franken berufen, blieb hier 17 Jahre u. hatte mit vielen Drangsalen zu kämpfen, bis er 1653 das Pastorat zu Zelle und Weipoldshausen und 1660 das Diakonat in Schweinfurt erhielt, wo der Herr ihn dann am 12. April 1668 zur himmlischen Freude rief. Er war nicht nur ein guter Dichter, sondern auch ein geschickter Musiker, und wir verdanken ihm 3 geistliche Lieder, welche sich im Coburger Gesangbuche von 1655 und in anderen finden.

Francke, Dr. August Hermann; dieser ausgezeichnete Gottesgelehrte und Stifter des Waisenhauses und des Königl. Pädagogiums zu Halle, wurde geb. am 12. März 1663 zu Lübeck, wo sein Vater, Joh. Francke, Doktor der Rechte und Syndikus bei dem Domkapitel war. Er verließ schon im 3ten Jahre mit seinen Eltern die Vaterstadt und kam nach Gotha, wo sein Vater Hof- und Justizrath bei Herzog Ernst dem Frommen wurde. Nachdem er hier das Gymnasium besucht hatte, zeigte er schon im 14ten Jahre solche Fähigkeiten, daß man ihn für reif zur Universität hielt. Er blieb aber noch bis 1679 auf dem Gymnasium zu Gotha, ging dann nach Erfurt, Kiel und Leipzig, trieb dort die Theologie und alte Sprachen, promovirte 1681, und stiftete eine Gesellschaft von Freunden, die mit ihm dem Studium der heiligen Schrift eifrigst oblagen (Collegium philobiblicum). Er ging nun nach Wittenberg und Lüneburg, hielt sich hierauf 2 Monat in Dresden auf, und genoß hier des Umganges mit Dr. Spener. Nachdem er nach Leipzig zurückgekehrt war, hielt er daselbst praktische Vorlesungen über die heilige Schrift, die vielen Beifall fanden. Er wurde verfolgt, ging 1690 nach Erfurt, wo seine Predigten selbst von Katholiken zahlreich besucht wurden: dieß gab Ursach, daß er Befehl erhielt, binnen 24 Stunden die Stadt zu verlassen, was unter vielen Thränen seiner Gemeine geschah. Ihm waren mehre Einladungen geworden; er ging aber nach Halle, wo eben die Universität errichtet war, und ihm die Professur der orientalischen Sprachen, späterhin die der Theologie, übertragen wurde. Mit dieser erhielt er auch das Pastorat in der Vorstadt Glaucha, die denn nun der Ort seiner frommen Stiftungen wurde. Er fing den Bau des Waisenhauses am 13. Juni 1698 an, und ward derselbe im nächsten Jahre vollendet. Er erhielt 1714 das Pastorat an der St. Ulrichskirche in Halle; seine Geschäfte, die sich von Jahr zu Jahr mehreten, machten es nöthig, daß er zur Erhaltung seiner Gesundheit 1717 eine Reise durch Thüringen, Hessen, Franken und Schwaben machte. Doch untergrub endlich eine Zurückhaltung des Urins und eine lähmende Gicht, zu welcher sich die rothe Frieseln gesellten, seine Gesundheit so sehr, daß der fromme, von aller Andächtelei freie, glaubensvolle Lehrer und Wohlthater am 8. Juni 1727 in die ewige Freude seines Herrn u. Heilandes einging. Er wurde 64 Jahr alt, und hinterließ viele erbauliche Schriften, die noch heute mit großem Segen gelesen werden. Er dichtete drei Lieder, von denen Nr. 658. in seiner „Anweisung zum Beten," Halle 1694, vorkommt. Sein Leben siehe: A. H. Francke von Dr. H. E. F. Guerike, Halle 1827.

Freder, M. Johann, der vorzüglichste unter den niedersächsischen Liederdichtern, der seine Lieder ursprünglich in plattdeutscher Sprache schrieb, war geboren am 29. August 1510 zu Cöslin in Pommern, studirte zu Wittenberg, wurde hier Magister und ein Hausfreund Luthers; kam 1537 als Konrektor nach Hamburg an die Johannisschule; wurde 1540 Pastor an der Kathedralkirche und Lektor Theologiä sekundarius daselbst; 1547 Superintendent und Pastor primarius zu Stralsund; 1549 Professor zu Greifswalde und Superintendent der Insel Rügen, wo er des Interims wegen viel Streitigkeiten bekam, und diese Stelle verlassen mußte; er starb als Pastor und Superintendent zu Wismar am 25. Januar 1562. Unter seinem Namen findet man in den Gesangbüchern 8 Lieder.

Freylinghausen, Johann Anastasius, geb. am 11. Dezember 1670 zu Gandersheim im Furstenthum Wolfenbüttel, wo sein Vater Bürgermeister war. Er besuchte in seinem 12. Jahre die Schule zu Eimbeck, studirte zu Jena, Erfurt u. Halle; wurde 1696 Pastor adjunctus zu Glaucha bei Halle, Franckens Gehülfe; 1715 Pastor adjunct. an der St. Ulrichskirche zu Halle; half hierauf das Pädagogium regium errichten, ward 1723 Direktor adjunctus des Waisenhauses. Im Jahre 1727 nach Franckens Tode ward er dessen Nachfolger im Pastorat zu St. Ulrich und im Direktorat des Waisenhauses und des Padagogiums; er starb am 12. Februar 1739, 69 Jahre alt. Er hat sich durch die Herausgabe eines Gesangbuches: „Kern alter und neuer Lieder auch die Noten unbekannter Melodien in sich enthaltend rc.," um den Kirchengesang sehr verdient gemacht. Der erste Theil erschien 1704, der zweite 1714, beide Theile wurden sehr oft wieder aufgelegt, und endlich durch G. A. Franken vereiniget. Von Freylinghausen befinden sich 43 neue und 3 verbesserte darin.

Freystein, Dr. Johann Burchard; von seinem Leben ist nur bekannt, daß er Hof- und Justizrath in Dresden gewesen und um 1720 verstorben sei. In Hardenbergs Liederverzeichniß werden ihm 6 Lieder zugeschrieben, von welchen Nr. 1250. bei einer besonderen Gelegenheit in Quedlinburg verfaßt worden sein soll.

Fritsch, Dr. Ahasverus, geb. am 16. Dezember 1629 zu Mücheln, einem Städtchen unter dem Amte Freiburg in Thüringen, wo sein Vater, Andreas Fritsch, Bürgermeister war. Er studirte von 1643 auf dem Gymnasium zu Halle; besuchte 1650 die Universität Jena, wo er kümmerlich sich durchbringen mußte; wurde 1657 zu Rudolstadt Informator bei dem jungen Grafen Albrecht Anton; 1661 Hofrath und zu Jena Doktor der Rechte; 1669 Kaiserlich. Pfalzgraf; 1679 Kanzleidirektor und Konsistorial-Präsident und endlich 1682 Kanzler. Er starb am 24. August 1701 am Podagra, alt 72 Jahr, und hinterließ den Ruf eines rechtschaffenen, frommen u. tüchtigen Staatsmannes. Seine Lieder, von denen es ungewiß ist, ob er sie alle verfaßte, stehen in seinen zwei Liedersammlungen, welche unter dem Titel: „Hundert und ein und zwanzig neue himmelsüße Jesus-Lieder," zuerst 1668 in 12. und: „Himmelslust u. Welt-Unlust," Jena 1670 in 8. erschienen.

Frohberger, Christian Gottlieb, geb. am 27. Juli 1742 zu Wehlen bei Pirna, wo sein Vater Bürger und Schuhmacher war. Er besuchte die Schulen zu Dresden u. Sorau, dann die Hochschulen zu Halle und Leipzig, und wurde Pfarrer zu Rennersdorf bei Herrnhut; starb ..... Er gab heraus: „Geistliche Lieder nach bekannten Kirchenmelodieen," Leipzig 1782 in 8.; es sind 75 Gesange. — „Biblisch. Christenthumsunterricht, nebst Gebeten und Liedern für Schulkinder," Zittau und Leipzig 1795, in welchem 12 Lieder sich befinden.

Füger, M. Kaspar (oft auch Fugger geschrieben), geb. zu Dresden, wo er zuerst der dritte Lehrer, dann Konrektor an der Kreuzschule u. endlich Diakonus war. Er starb am 24. Juli 1617. Wir besitzen nur Nr. 1927. von ihm.

Füller, Johann Gotthilf, geb. am 5. Dezember 1738 zu Tauchardt bei Eckartsberga, wurde am 17. Januar 1764 dritter Lehrer an der Klosterschule zu Rosleben und starb am 24. Januar 1766; außer Nr. 1856. und dem Liede: „Dein war ich eh' der Sonne Pracht," welche in Niemeyers Gesangbuch stehen, hat er noch einige andere Lieder und Poesien verfertigt, welche nach seinem Tode ein Freund erhalten.

Funk, Gottfried Benedict, geb. am 29. November 1734 zu Hartenstein in der Grafschaft Schönburg, wo sein Vater Diakonus war. Bis zu seinem 13. Jahre im Hause seines Vaters erzogen, kam er alsdann auf die Schule zu Freiburg, um Theologie zu studiren; manche Bedenklichkeiten aber hinderten ihn daran und auf Anrathen J. A. Cramers ging er 1755 nach Leipzig, um sich dem Studium der Rechte zu widmen. Im folgenden Jahre rief ihn aber Cramer als Erzieher in seine Familie, von dort zurück, und versprach ihm Anleitung zum Studium der Theologie zu geben. Bei Cramer blieb er 13 Jahre, und erfreute sich in dieser Zeit des Umganges mit Klopstock, der ihn zur geistlichen Liederdichtung aufmunterte. Im Jahre 1769 nahm er eine Lehrerstelle an der Domschule in Magdeburg an, an welcher er 1772 Rektor wurde; 1785 wurde er zum Konsistorialrath ernannt; er hatte Bedenken diese Würde anzunehmen, weil er fürchtete sie würde ihn hindern, seinen Schülern das zu sein, was er ihnen bisher gewesen; dennoch aber mußte er sich zu solcher Annahme bequemen. Er starb endlich am 18. Juni 1814 zu Magdeburg tief betrauert von Allen, welche seine Verdienste als Schulmann kannten. Seine geistlichen Lieder stehen gesammelt in den nach seinem Tode herausgekommenen Schriften, leider mit manchen Veränderungen.

G.

Garve, Karl Bernhard, ein reich begabter Liederdichter unserer Zeit, ward geboren bei Hannover am 24. Januar 1763; sein Vater, ein Königl. Beamter, übergab ihn den Bildungsanstalten der evangelisch. Brüdergemeine, und er ward, nach Vollendung seiner Studien an mehren Orten in derselben Prediger, namentlich vom Jahre 1810 bis 1816 in Berlin. Gegenwärtig lebt derselbe in Neusalz an der Oder. Seine geistl. Lieder erschienen unter dem Titel: „Christliche Gesänge," Görlitz 1825, und sind darin 303 Lieder. — Eine zweite Sammlung unter dem Titel: „Brüdergesänge, der evangelischen Brüdergemeine gewidmet," Gnadau 1827, enthält 65 Lieder.

Gedicke, Lampertus, geb. am 6. Januar 1683 zu Gardelegen in der Altmark, wo sein Vater, Christian Gedicke, Superintendent war. Er besuchte zuerst die Schule seiner Vaterstadt und die zu Fürstenwalde, dann das Friedrichs-Werdersche Gymnasium zu Berlin, und ging 1701 auf die Universität Halle. Sein Fleiß, verbunden mit einer aufrichtigen Frömmigkeit, machten ihn dem Baron von Canstein daselbst bekannt, welcher veranlaßte, daß er im dortigen Waisenhause unterrichten konnte. Nach vollendeten Studien verschaffte ihm der Propst Porst zu Berlin die Hofmeisterstelle im Hause des Freiherrn v. Löben daselbst; durch welche er 1709 die Vokation zum Prediger bei dem damaligen Garde-Regiment erhielt, mit welchem er nach Brabant ging; 1713 wurde er vom Könige zum Feldprediger bei dem Wartenslebenschen Regiment ernannt, wobei ihm die Stelle eines ordentlichen Garnisonpredigers in Berlin ertheilt wurde. Er wohnte 1715 dem Pommerschen Feldzuge und der Belagerung von Stralsund bei; erhielt 1717 die Vokation als Feldprobst und Inspektor aller Garnison- u. Feldprediger, und starb als solcher am 21. Februar 1735. Seine beiden Lieder: „Wie Gott mich führt so will ich gehn," und „Entbinde mich mein Gott ꝛc." kamen durch das neu-vermehrte geistreiche Gesangbuch ꝛc. Berlin in obl. zum kirchlichen Gebrauch.

Geier, Dr. Martin, geb. am 24. (14.) April 1614 zu Leipzig, wo sein Vater, gleiches Namens, Handelsmann war. Er besuchte, nach erhaltenem Privatunterricht, 1621 die St. Nikolaischule seiner Vaterstadt; 1625 die Schule zu Torgau; 1628 die Universität Leipzig; wurde 1629 Baccalaureus in der philosophischen Fakultät; ging 1631 auf die Universität Straßburg, wegen des Todes seines Vaters 1632 nach Leipzig zurück, und wurde daselbst 1633 Magister. Er begab sich 1637 auf die Universität Wittenberg um seine Studien zu vollenden; wurde hierauf 1639 Professor der hebräischen Sprache zu Leipzig; 1643 Diakonus, 1657 Archidiakonus an der dasigen St. Thomaskiche; 1658 Doktor und Professor der Theologie, und 1661 Pastor und Superintendent daselbst, auch Kanonikus zu Zeitz. Er kam endlich 1665 als Oberhofprediger und Beichtvater des Kurfürsten Johann Georg II. und Kirchenrath nach Dresden. Starb zu Freiberg am 12. Septemb. 1680, indem er sein Amt verwaltete, am Schlagfluß, nachdem er sich ein seliges Ende gewünscht hatte. Als man ihm mit Arzeneien zu Hülfe kommen wollte, seufzete er: Störet mich nicht, meine Seele ist schon bei Gott. Auf Kurfürstl. Verordnung gab er ein Gesangbuch heraus: „Vorrath von alten und neuen 1520 Christl. Gesängen," Dresden 1673 in 4. — Dann: „Todes-Gedanken," Dresden 1681 u. 1715 in 12., in welchen seine Lieder sich befinden.

Gellert, Christian Fürchtegott, ein frommer, durch manche Körperleiden oft schwer geprüfter und durch seine Schriften allgemein geliebter Dichter, ward geb. am 4. Juli 1715 zu Haynichen im Erzgebirge, wo sein Vater, Christian Gellert, 50 Jahre hindurch Prediger war. Er besuchte 5 Jahre die Fürstenschule zu Meissen, ging 1734 nach Leipzig um sich der Theologie zu widmen; da es seinem Vater an Mitteln gebrach, rief er ihn nach 4 Jahren zurück, und nun fing er an mit vieler Ängstlichkeit sich auf die Kanzel zu wagen, und brachte einige Jahre mit Unterweisung junger Leute zu. Im Jahre 1741 ging er mit seiner Schwester Sohn nach Leipzig; seine Kränklichkeit hinderte ihn an einer weiten und ausgebreiteten Gelehrsamkeit, daher er denn vorzog sich dem Unterricht der akademischen Jugend zu widmen. Im Jahre 1744 erhielt er die Freiheit auf der Akademie öffentlich zu lehren; 1751 wurde er außerordentlicher Professor der Philosophie; im Jahre 1761 sollte er ein erledigtes öffentliches Lehramt der Philosophie annehmen, allein seiner Kränklichkeit wegen mußte er es ablehnen. Er starb endlich, seinen Herrn und Heiland auch noch im Tode bekennend, am 13. Dezember 1769, alt 54 Jahre. Seine geistlichen Oden und Lieder erschienen in Leipzig 1757, und sind 54 an der Zahl.

Gerber, M. Christian, geb. 1660 zu Görniß unweit Borna im Leipziger Kreise, wo sein Vater, Christian Martin Gerber, 50 Jahre Prediger gewesen. Er besuchte die Schule zu Zeitz; studirte 1679 auf der Universität Leipzig; wurde 1684 zu Wittenberg Magister, 1685 Pastor zu Rothschönberg, 1690 Pastor zu Lockwitz in der Dresdener Inspektion, wo ihm 1710 sein Sohn adjungirt wurde. Er starb am 25. Mai 1731 und gab heraus: „Unerkannte Sünden der Welt, unerkannte Wohlthaten Gottes, unerk. Wohlthaten des Kur-Fürstenthums Sachsen," zwei Theile, Dresden und Leipzig 1717. — „Historie der Wiedergebornen in Sachsen und Historie der Kirchenceremonieen in Sachsen," Dresden und Leipzig 1732. — „Christl. Hausmusik," Dresden 1698 in 8., in welcher Nr. 1962. sich befindet.

Gerhardt, Paul, seit Luther einer der vorzüglichsten Liederdichter der evangelischen Kirche, ward geb. im Jahre 1606 oder 1607 zu Gräfenhainchen in Chursachsen, wo sein Vater, Christian Gerhardt, Bürgermeister war. Von seiner Erziehung und Bildung ist uns leider nichts aufbehalten worden, nur erst in seinem 44sten Lebensjahre (1651) finden wir ihn als Kandidaten des Predigtamtes zu Berlin; von hier ward er 1651 als Probst nach Mittenwalde berufen, wo er sich 1654 mit der Tochter des Kammergerichtsadvokaten Berthold zu Berlin, Anne Maria, bei welchem er früher Hauslehrer war, verheirathete. Im Jahre 1657 nahm er das ihm übertragene Diakonat zu St. Nikolai in Berlin an: wo ihn leider harte Prüfungen erwarteten, indem er es seinem Gewissen entgegen hielt, das vom Kurfürsten Friedrich Wilhelm dem Großen erlassene Edict, welches den gehässigen Streitigkeiten zwischen den Lutherischen u.

Reformirten, die oft mit Bitterkeit von den Kanzeln herab ertönten, ein Ende machte, durch Unterzeichnung eines Reverses anzunehmen. Er wurde deshalb 1666 seines Amtes entsetzt; jedoch auf Bitten vieler Gewerke und endlich der Landstände 1667 wieder eingesetzt, welches er aber nicht annahm, weil er sein Gewissen dadurch gefährdet hielt. Nicht nur seine Gemeine sondern auch der Herzog Christian zu Merseburg, beeilten sich den frommen treuen Lehrer zu unterhalten, bis er endlich 1669, nach vielen Unannehmlichkeiten wegen der ihm angewiesenen Wohnung, in Lübben das Archidiakonat antrat, wo er am 7. Juni 1676 selig entschlief. Seine geistl. Lieder, 120 an der Zahl, erschienen mit Melodien versehen zuerst zu Berlin 1666 und 1667 in Fol. in zehn Dutzenden vom Kantor u. Musikdirektor an der Marien- und Nikolaikirche Joh. Georg Ebeling; dann zu Frankfurt a. d. O. 1667 in ganz kleinem Formate; dann zu Stettin 1669 in 8.; hierauf zu Berlin 1676 in klein. Format; dann zu Nürnberg 1681, zweite Auflage 1683, von Konrad Feuerlein; hierauf zu Eisleben 1700 in 12.; dann zu Zerbst 1707, von Dr. Joh. Heinrich Feustking, in 12.; dann eine Auswahl aus seinen Liedern und einige Nachrichten von seinem Leben, vom Dr. Franz Tiedemann, Bürgermeister in Bremen, Bremen 1817, 2te Aufl. 1827; dann zu Wittenberg 1821, in kl. 8.; wieder aufgelegt zu Berlin 1827, in 12.; und endlich zu Leipzig 1825, von Dr. Müller. Siehe Paul Gerhardt nach seinem Leben und Wirken rc. von Ernst Gottlieb Roth, Leipzig 1829.

Gerlach, Jerem., geb. am 7. (27.) Januar 1625 zu Schreibersdorf im Fürstenthum Schweidnitz, wo sein Vater, Christoph Gerlach, Pastor war. Er verlor denselben schon in seinem 8ten Jahre, und war deshalb genöthigt sich kümmerlich durchzubringen, indem er durch freien Unterricht und Tisch zu Goldberg und Falkenhayn endlich dahin kam, daß er das Gymnasium zu Maria Magdalena in Breslau besuchen konnte. Er ging hierauf nach Wittenberg, blieb dort 2 Jahre, weil seine Mittel nicht hinreichen wollten; begab sich dann nach Frankfurt a. d. Od., um hier, sobald sich Unterstützung gefunden haben würde, seine Studien fortzusetzen. Durch Joh. Heermann, Prediger zu Köben, ward er nach Kratschen empfohlen, wo der Pfarrer gestorben war, um dort das Gnadenjahr der Wittwe durch Predigen zu verrichten. Der treue Gott fügte es, daß er dem Herrn Alexander von Stosch so gut gefiel, daß er ihm die Vokation zur Pfarre nach Katschka zuschickte, zu der er denn 1647 in Breslau ordinirt wurde. Die Kriegesunruhen, verbunden mit der durch Gewalt veränderten kirchlichen Angelegenheiten, zwangen ihn, diese Stelle zu verlassen, worauf er bald von der Bürgerschaft zu Reisen in Großpolen zu ihrem Lehrer nach Saborova berufen wurde. Er kam endlich als Prediger nach Reisen, aber auch hier konnte er nur ein viertel Jahr bleiben, da die beständigen Kriegsunruhen und eine Feuersbrunst in Lissa, die ihm Haus und Bücher geraubt, ihn zum Abzug zwangen. Lange mußte er sich sehr kümmerlich durchhelfen, bis Johann v. Schlichting ihn zum Pastor nach Schlichtingsheim berief. Drei Jahre vor seinem Ende wurde er Senior, und hatte neun Jahre hindurch wenig gesunde Stunden; dennoch verrichtete er sein Amt mit vieler Treue. Kurz vor seinem Ende ließ er sich von den Chorknaben sein selbst verfertigtes Lied: „Treuer Gott! laß den Tod rc.“ Nr. 1721. nebst dem Liede: „Christus, der ist im Leben,“ vorsingen, und starb am 13. Februar 1672, alt 47 Jahre.

Gerlach, Nikolaus, ist unbekannt; schon in einem Lüneburgischen Gesangbuche von 1695 und in vielen andern befindet sich Nr. 1061.

Gersdorf, Henriette Katharine, Freyfrau v., geb. Freyin v. Friesen, Großmutter, mütterlicher Seite, des Grafen Nikol. Ludw. v. Zinzendorf, geb. am 6. Okt. 1648 zu Sulzbach; ward vermählt an den Geh. Rathsdirektor u. Landvoigt zu Dresden, Nikol. Freiherrn v. Gersdorf. Sie war eine sehr fromme, wissenschaftlich gebildete Frau, und ihr frommes Beispiel wirkte schon früh auf ihren Enkel, den Grafen v. Zinzendorf; sie starb am 5. März 1726 zu Groß-Hennersdorf in der Lausitz. Ihre geistl. Lieder, welche schon vorher einzeln bekannt geworden waren, erschienen unter dem Titel: „Geistreiche Lieder und poetische Betrachtungen der sel. Fr. Geh. Rathsdirektorin und Landvoigtin, weil. Frauen Henrietten Frey-Frauen v. Gersdorf, geb. Freyin v. Friesen,“ Halle 1729.

Gesenius, Dr. Justus. geb. am 6. Juli 1601 zu Eßbeck im Hannöverschen Amte Lauenstein, wo sein Vater, Joachim Gesenius, Pastor war. Er besuchte die Schule zu Hildesheim, ging dann 1617 auf die Universität Helmstädt, hierauf 1626 nach Jena, wo er die Magisterwürde erhielt. Er ward 1629 Pastor zu St. Magni in Braunschweig; 1636 Hofprediger in Hildesheim; 1643 Doktor der Theologie zu Helmstädt; 1648 Oberhofprediger, Kirchen- und Konsistorialrath zu Hannover, und auch Generalsuperintendent des Fürstenthums Calenberg. Er starb am 18. September 1671 zu Hannover. Er und sein Freund, David Denicke, besorgten gemeinschaftlich ein Hannöversches Gesangbuch (1647), in welchem sie ihre eigenen Lieder mit aufnahmen, die aber, weil sie in einem Geiste arbeiteten, oft schwer von einander zu unterscheiden sind.

G. M., ist unbekannt; in dem Evangelisch. Zion oder im vollständ. u. vermehrt. Niederlausitzsch. Gesangb. rc., Lübben 1774, befindet sich Nr. 1076. (des L. G.) mit diesen Buchstaben.

Gotter, Ludwig Andreas, geb. am 26. Mai 1661 zu Gotha, wo sein Vater, Joh. Christian Gotter, Oberhofprediger und erster Superintendent war. Er war anfangs Geh. Sekretair und zuletzt Hof- und Assistenzrath zum Friedenstein in Gotha, und starb am 19. September 1735, alt 74 Jahre. Eine vollständige Sammlung seiner Lieder, 231 an der Zahl, befindet sich im Manuscript auf der hochgräflichen Bibliothek zu Wernigerode, und zeichnen sich durch Herzlichkeit und Salbung aus, wie er denn selbst ein christlicher, frommer Mann war.

Gottschling, M. Gottfried, war um 1712 Senior und Deutscher Pastor in Medczibor, einem Schlesischen Städtchen im Fürstenthum Öls, an der Polnischen Grenze; starb 1723. Er gab seine Lieder unter dem Titel: „Balsam aus Gilead vor die Mitgenossen am Trübsal,“ Leipzig 1720, heraus.

Graf, Simon, geb. 1603 zu Schäßburg in Siebenbürgen; wurde erst Feldprediger; dann 1634 Pfarrer zu Schandau an der Böhmisch. Gränze, und starb am 25. März 1659, alt 56 Jahre. Seine ihm zugeschriebenen Lieder stehen in seinem „Geistl. edel. Herzpulver,“ Leipzig 1632 in 8.

Gramlich, Joh. Andreas, (häufig auch Grämlich geschrieben) geb. am 1. Juli 1690 zu Stuttgart, wurde nach einer Reise in Sachsen, Holland und Frankreich zuerst Hofkaplan, dann Hofprediger in Stuttgart. Sein Leben ist reich an Unglücksfällen, durch welche ihn der Herr heimsuchte. Als 8jähriger Knabe kam er durch einen Wolkenbruch mit seiner Mutter in solche Wassersnoth, daß er sich kaum aus den Fluthen retten konnte; durch den Muthwillen anderer Knaben bekam er eine Bohne ins Ohr, die nur dadurch, daß sie aus dem Ohre ausgewachsen, mit Lebensgefahr wieder von ihm gebracht wurde; als Student bekam er im Munde ein großes Gewächs, daß er beinahe daran erstickt wäre, welches nur durch ein schmerzliches Ausbrennen wieder fortgeschafft werden konnte, er that in diesem Zustande ein Gelübde, nach glücklich überstandener Kur, seinen Mund zum Lobe des Herrn besonders zu gebrauchen; als Lehrer im Kloster Bebenhausen im Würtembergisch., stürzte er zweimal mit einem Pferde von einem steilen Berge herab, wo er halb todt liegen blieb; als Reisender fiel er bei Lüttich mitten in den Fluß, und wurde kaum noch gerettet; bei seinem Aufenthalt in Paris bekam er ein so heftiges Fieber, daß man alle Hoffnung zu seiner Genesung aufgab: dennoch half ihm der Herr durch alle Gefahren glücklich hindurch, und brauchte ihn bis zum Jahre 1728 in seinem Weinberge, in welchem er treu arbeitete. Er starb am 7. April 1728, alt 38 Jahre. Seine Lieder stehen in seinen „40 Betrachtungen von Christi Leiden und Tod, auf die 40 Tage in den Fasten," Stuttgart 1727 in 8.

Graumann, Dr. Johann (Poliander), auch oft Gramann geschrieben, geb. am 5. Juli 1487 zu Neustadt in Baiern, studirte zu Leipzig, wurde dort Magister, Baccalaureus der Theologie und Subrektor. Er war 1519 Amanuensis beim Dr. Eck, war bei der angestellten Disputation zwischen demselben und Doktor Luther in Leipzig zugegen, bei welcher Gelegenheit er von der evangelischen Wahrheit überzeugt wurde; daher er den Dr. Eck verließ und Luthern folgte. Bald darauf ging er als Doktor der Theologie, auf Luthers Empfehlung, nach Preußen, wurde Pfarrer bei der Altstädt'schen Kirche in Königsberg, half hier im Verein mit Joh. Brismann und Paul Speratus die Reformation einführen, und starb, vom Schlage gerührt, am 29. April 1541. Seine geistlichen Lieder fanden solchen Beifall, daß man ihn den Preußischen Orpheus nannte.

Gregor, Christian, geb. am 1. Januar 1723 zu Diersdorf in Schlesien, nachdem 14 Tage vorher sein Vater gestorben war. Seine Mutter, eine sehr fromme Frau, erzog ihn unter Gebet und Flehen zum Herrn, weshalb er denn schon frühe, in seinem 7. Jahre die Wirkungen der Gnade an seinem Herzen spürte. In seinem 9. Jahre verlor er seine Mutter, er wurde hierauf von dem dasigen Gutsbesitzer, dem Herrn v. Pfeil, zur ferneren Erziehung und Versorgung in das Haus genommen, wo er viel Gutes genoß. Im Jahre 1736 ward er, um sich dem Schulfache zu widmen, in eine gute Dorfschule gebracht, wo er zugleich seine Neigung zur Musik befriedigen konnte. Er kam endlich 1742 zur Brüdergemeine, wo er viele Jahre hindurch Organist und Musikdirektor in Herrnhut war. Im Jahre 1767 wurde er Presbyter der Brüderkirche, auch Mitglied der Unitäts-Direktion, machte verschiedene Reisen nach England, Amerika u. s. w., und starb 1801 am 6. November zu Barthelsdorf, alt 78 Jahr. Er gab ein „Gesangbuch zum Gebrauch der Brüdergemeine," Barby 1778, heraus, in welchem sich seine Lieder befinden. Er schrieb auch zu diesem Gesangbuche ein Choralbuch, Barby, neu aufgelegt 1799.

Groß, Dr. Johann, (Major) geb. am 26. Dezember 1564 zu Reinstädt bei Orlamünde, in welchem Dorfe sein Vater Richter war, besuchte die Schule zu Weimar, dann zu Orlamünde, und ging nach Jahresfrist wieder nach Weimar; 1581 begab er sich nach Berlin; 1582 nach Kolberg in Pommern, und 1583 nach Hof in die Schule. Im Jahre 1584 ging er auf die Universität Jena, und von da nach Wittenberg; wurde 1592 Diakonus zu Weimar, 1605 Pastor und Superintendent zu Jena, endlich 1611 Professor und 1612 Doktor der Theologie daselbst. Er starb am 4. Januar 1654, alt 90 Jahr.

Großer, M. Samuel, geb. am 8. Februar 1664 zu Paschkerwitz, wo sein Vater, gleiches Namens, Prediger war. Er besuchte die Gymnasien zu Brieg, Breslau und Zittau, ging dann auf die Hochschule in Leipzig, wurde daselbst 1683 Magister; erhielt 1690 das Konrektorat an der Nikolaischule daselbst; ging 1691 als Rektor nach Altenburg, dann 1695 als Rektor nach Görlitz in der Oberlausitz, wurde 1712 Mitglied der Königl. Akademie zu Berlin, und starb in Görlitz als Emeritus am 24. Juni 1736, alt 72 Jahre. Er zeichnete sich ganz besonders als Schulmann aus, hielt streng auf wahrhafte Frommigkeit und erzog 2347 Schüler. Seine geistl. Lieder stehen in seiner „Bet- und Sing-Schule, für die studirende Jugend," Leipzig u. Görlitz 1707 in 8. — „Beicht- u. Abendmahls-Andachten," Görlitz 1732, und endlich in seiner „Christl. Vorbereitung zur Reise aus der Welt gen Himmel," Wittenberg 1730.

Grünbeck, Esther, geb. Stavroffsky und zuletzt verehelichte David Kirchhof, ward geb. zu Frankfurt am Main von Israelitischen Eltern, und wurde eine treue Bekennerin ihres Heilandes, den sie erst in reiferen Jahren, als den im alten Bunde verheißenen Messias, glaubensvoll umfaßte. Sie lebte lange Zeit in der Brüdergemeine und starb endlich 1796 in Zeist in Holland.

Grünwald, M. Martin, ward geb. am 26. April 1664 zu Zittau, wo er ein Schüler des berühmten Christian Weise war. Er studirte zu Leipzig und Wittenberg; wurde 1688 Magister; 1690 Konrektor zu Budissin; 1699 erster Katechet in Zittau; 1710 Diakonus, und 1716 Archidiakonus an der St. Petri- und Paulskirche daselbst; er starb, im 52. Jahre seines Alters, am 2. April 1716. Seine Lieder befinden sich in seinen Werken, namentlich: in dem „Budissinisch. Schulgesangbuche." — In seinem „Bußfertigen Sünder," Görlitz 1707 in 12.; — in der „andächtigen Hausmutter," Görlitz 1703 in 12.; — in seiner „andächtigen Seelenbraut," 1687 in 12.; 1703, mit P. Gerhardt's Sonn- u. Festtagsliedern vermehrt, wieder aufgelegt ꝛc.

Gryphius, M. Andreas, geb. am 2. Oktober 1616 zu Groß-Glogau, er wurde nicht nur zum Poeten gekrönt, sondern auch in den Adelstand erhoben; machte bedeutende Reisen durch Holland, Frankreich und Italien, und wurde 1647 Landschafts-Syndikus im Fürstenthum Glogau, und Mitglied der fruchtbringenden Gesellschaft unter dem Namen des Unsterblichen. Er hat sich große Verdienste um die Deutsche Dichtkunst erworben, und starb in der Versammlung der Glogauschen Landstände, den 16. Juli 1664 am Schlagflusse. Er schrieb: „Freuden- u. Trauerspiele, auch Oden und Sonette," Leipzig 1663 in 8. — Dann: „Gedichte," Breslau 1698 in 8. in diesen Werken befinden sich 64 Lieder.

Günther, Cyriakus, geb. 1650 zu Goldbach ohnweit Gotha, starb als dritter Lehrer am Gymnasium zu Gotha im Oktober 1704, alt 55 Jahre. Seine Lieder, mehr als 30, befinden sich im Manuscript und sind 10 von denselben in das Freylinghausensche Gesangb. aufgenommen worden.

Gustav Adolph, König von Schweden, geb. am 9. Dezember 1594, blieb in der denkwürdigen Schlacht bei Lützen am 6. November 1632; alt 37 Jahre 10 Monat 27 Tage. Dieser große König, der das, was einst Luther durch Gebet und Flehen der Kirche Christi glaubensvoll errang, durch sein siegbaftes Schwert zu erhalten strebte, theilte das Lied Nr. 1768 seinem Beichtvater, dem Dr. Jak. Fabricius in Prosa mit, welcher es denn, auf des Königs Verlangen, in die 3 bekannten Verse brachte, die so des Königs Lieblingslied wurden. Siehe hierüber, außer älteren Werken, die schätzbaren Hymnologischen Forschungen des Dr. Gottlieb Mohnicke, 2. Band, Stralsund 1832, S. 57—78. Heut, wo der Verfasser dieses schreibt, begeht das protestant. Deutschland, so wie die Schwedische Nation den 200jährigen Gedächtnißtag des Todes dieses großen Monarchen; drum mag es dem Verfasser erlaubt sein, diesem großen Glaubenshelden seinen Dank, der sich in Thränen der Wehmuth hüllt, hier darzubringen. Sein Tod für die evangelische Wahrheit, sei auch den fernsten Geschlechtern eine dringende Mahnung: treu zu halten an der reinen Lehre Jesu Christi, unsers hochgelobten Heilandes, und wie er, dem die Erde eine glänzende Konigskrone bot, dennoch alles für Schaden achtete gegen die überschwängliche Erkenntniß Gottes in Christo Jesu, so wollen auch wir das Zeitliche dahinten lassen u. unsere Hand ausstrecken nach einem Gute, das in Noth und Tod uns bleibet, und das selbst die Pforten der Hölle nicht vermögen zu rauben.

H.

H., ist unbekannt; in dem allgem. und vollständigen Evangelischen Gesangbuche für die Konigl. Preuß. Schlesische Lande 2c. von Joh. Friedr. Burg. Breslau 1757, kommt No. 1292 (des L. S.) mit diesem Buchstaben vor.

H. B., unbekannt; No. 1926 befindet sich mit diesen Buchstaben in dem heiligen Lippen- und Herzens-Opfer einer gläubigen Seele: oder vollständ. Gesang-Buch 2c. von Dr. Laurent. David Bollhagen. Alten-Stettin 1790.

Händel, Dr. Gottfried, zu Heilsbrunn geb., in Anspach aber von seinem fünften Jahre erzogen. Schon in seinem 16. Jahre ward er zu Altdorf Magister, und als er 21 Jahr alt war ordentlicher Professor der Philosophie. Hierauf wurde er Licentiat der theologischen Fakultät, und dann 1693 Dekan zu Wasserthrüdingen; 1695 General-Superintendent, Oberhof- und Stiftsprediger, Kirchen- und Konsistorialrath, wie auch Beichtrath des Markgrafen von Anspach, wo er wegen des Beichtwesens in große Verdrießlichkeit gerieth.

Hagius, Petrus, aus dem Hennebergischen gebürtig, war ein guter lateinischer Poet, und 1602 Rektor auf dem Kneiphof zu Königsberg in Preußen, und Gräfl. Erbachischer Rath und Amtmann in Breuberg, wo er am 31. Aug. 1620 starb.

Hancke, Martin, 1633 in der Gegend von Breslau geb., war erst Professor am Gymnasium zu Gotha, dann Professor, und endlich Rektor des Elisabeth-Gymnasiums zu Breslau; starb am 24. April 1709. Er gab heraus: „16 Lieder von der Ewigkeit." Frankf. a. d. O. 1690; desgleichen: „Deutsche Lieder," 1698.

Haßlocher, Johann Adam, geb. am 24. September 1645 zu Speyer, wo sein Vater, Johann Georg Haßlocher, Rathsherr und Oberhospitalpfleger war. Er besuchte 7 Jahre das Gymnasium seiner Vaterstadt; ging dann 1664 nach Straßburg: machte eine gelehrte Reise nach Holland, Preußen und Dänemark und kehrte 1670 nach seiner Heimath zurück. Er erhielt hierauf das Diakonat zu St. Johannes in Kronweissenburg; dann das Pastorat zu St. Michaelis daselbst; 1675 kam er als Pastor der Augustinerkirche nach Speyer, und wurde 1689 Nassau-Saarbrückischer Superintendent, Konsistorialrath und Hofprediger zu Weilburg. Er starb am 9. Juli 1726, alt 81 Jahre. Seine geistl. Lieder, 25 an der Zahl, waren früher ohne Wissen des Verfassers, einzeln gedruckt, dann aber gab sie, nach des Verfassers Tode, der Hofprediger Philipp Kasimir Schlosser, unter dem Titel: „Zeugnisse der Liebe zur Gottseligkeit," Wetzlar 1727 in 8. heraus.

Hayn, Luise von, geb. am 22. May 1724 in der Gegend von Frankfurt a. M., war eine reich begabte Liederdichterin in der evangelischen Brüdergemeine, und lebte in Herrnhut. Ihre Lieder findet man in den Brüdergesangbüchern.

Hecker, M. Heinrich Cornelius, 1699 zu Hamburg geb., wo sein Vater, Jakob Hecker, Hauptmann der dasigen Stadtmiliz war; studirte zu Leipzig, wurde dort 1721 Magister; 1726 Pastor und Adjunktus zu Meuselwitz unweit Altenburg, und starb daselbst 1743 (1750). Wir haben von ihm 91 geistl. Lieder, welche in seiner Seckendorfischen Handpostille stehen, in welcher die evangelischen Glaubenslehren aus allen Sonn- und Festtags-Evangeliis 2c. erläutert und bewiesen 2c. werden 2c. Leipzig 1730 in 8. In dieser Postille befindet sich nämlich bei jeder Predigt ein Lied von ihm.

Hedinger, Dr. Joh. Reinhard, geb. am 7. Septbr. 1664 zu Stuttgart, stammte aus dem alten und edelen Geschlechte der Heidinger, und war schon frühe als Knabe ausgezeichnet durch Frömmigkeit und hohe Geistesgaben. Nach vollendeten Studien, machte er als Reiseprediger des Herzog Joh. Friedrich von Würtemberg eine Reise durch Frankreich, Deutschland, Holland, England, Schweden und Dänemark und mußte mit demselben 1688 in Frankreich Arrest halten. Er wurde, nach seiner Zurückkunft, 1692 bei dem Administrator, Herzog Friedrich Karl, Feldprediger, machte als solcher drei Feldzüge mit; wurde hierauf Professor juris naturae et gentium, und Pastor zu Gießen, dann 1698 bei dem Herzog Eberhard Ludwig von Würtemberg Hofprediger und Konsistorialrath zu Stuttgart, wo er am 28. Dezbr. 1704, alt 40 Jahre, starb. Er gab das Würtembergische Gesangbuch unter dem Titel: „Andächtiger Herzens-Klang in dem Heiligthume Gottes," Stuttgart 1713 heraus, in welchem sich von ihm 15 Lieder finden.

Heermann, Johann, ein sehr frommer, in der Schule der Leiden vielfältig geprüfter Prediger und zugleich einer der vorzüglichsten Liederdichter der evangel. Kirche, war geb. am 11. Oktober 1585 in dem kleinen Städtchen Rauden im Fürstenthum Wohlau, wo sein Vater ein armer Kürschner war. Bei einer heftigen Krankheit in seiner zarten Kindheit, that Heermanns Mutter das Gelübde daß, wenn Gott ihr diesen Sohn zum zweiten Male schenken würde, sie ihn zum Studiren halten wolle, auch wenn sie das Geld dazu erbetteln solle; der Herr erhörte ihr Gebet. Er besuchte zuerst die Schule in Rauden, dann in Wohlau; ein viertägiges Fieber überfiel ihn hier, und er mußte wieder zu seinen Eltern zurückkehren. Durch den Kantor Balthasar Thilo zu Fraustadt kam er in diese Stadt u. in das Haus des frommen Valerius Herberger, wo er trefflich versorgt war. Im Jahr 1603 zog er auf das Gymnasium zu St. Elisabeth in Breslau; 1604 ging er nach Brieg auf das dortige Gymnasium; 1608 am 8. Oktober ward er zu Brieg von Caspar Cunrad zum Dichter gekrönt. Im Jahre 1609 ging er mit den Söhnen seines Patrons, Wenzel's v. Rothkirch, über Leipzig und Jena nach Straßburg; eine Augenkrankheit nöthigte ihn 1610 in sein Vaterland zurückzukehren; kaum bei den lieben Seinen angelangt, wird er, von der Reise sehr angegriffen, krank, auch seine Mutter findet er am Fieber leidend. Bald, nachdem er wieder hergestellt, berief man ihn zum Kaplan in Köben, er trat sein Amt 1611 an; noch in demselben Jahre ward er dort zum Pfarramte befördert; verheirathete sich 1612, verliert aber 1617 seine Gattin durch den Tod, was ihn in große Trauer setzte. Im Jahre 1618 verband er sich zum 2ten Male mit Anna Teichmann, welche ihm Kinder gebar, und ihn, da er von jetzt an heftiger von Krankheiten heimgesucht wurde, wie er denn sich keines recht gesunden Tages in seinem Leben zu erfreuen hatte, liebreich pflegte. Zu seinen Leiden gesellten sich Pest und die Schrecken des dreißigjährigen Krieges, welche seinen Zustand noch mehr verschlimmerten. Er war genöthigt 1638 Köben zu verlassen und sich nach Lissa zu begeben, um dort ruhiger zu leben. Durch den Abfall seines geliebten Sohnes Samuel vom evangelischen Glauben, der jedoch bald wieder von seinem Irrthum zurückkehrte, und durch manches andere Kreuz wurde Heermann immer mehr reif, einzugehen in seines Herrn Freude, und der Herr nahm diesen frommen Hirten und treuen Arbeiter in seinem Weinberge am 27. Februar 1647, alt 62 Jahre, in seine Herrlichkeit. Seine Lieder sind zum Theil in folgenden Werken enthalten: Devoti Musica Cordis oder Haus- und Herzmusik, 1630 in 12.; dann Leipzig 1636, 1644 und 1663, und Breslau 1650 in 12. — Sonntags- und Festevangelia. Leigzig 1636 und Breslau 1650 in 12.; aber auch viele in verschiedenen älteren Gesangbüchern zerstreut.

Heinrich, Ernst, Graf zu Stollberg-Wernigerode, geb. am 7. Dezember 1716, succedirte den 5. Oktobr. 1771, ward Ritter des Königl. Dänisch. Dannebrog- und de l'Union parfaite Ordens, und Domherr zu Halberstadt, wo er am 24. Oktobr. 1778 starb. Er ließ drucken: „Der Ernst im Christenthum;" dann „Betrachtungen der sonn- und festtäglichen Evangelien in Liedern," Wernigerode 1750 in 12. Von diesen Liedern haben die meisten ihn selbst zum Verfasser.

Held, Lic. Heinr, geb. zu Guhrau in Schlesien, wo er 1643 Licentiat der Rechte und Praktikus war. Sein Todestag ist unbekannt. Neumeister de poet. germ. P. 48. führt seinen Vortrab teutscher Gedichte, Frankfurt an d. O. 1643. 8., und seine Poetische Lust und Unlust an. Nach Rambach, s. dessen Anthol. Christl. Gesänge, 2. Band, Altona und Leipzig 1817, Seite 399. schreibt, daß vor dem Jahre 1661 er keines von Held's Liedern in den Gesangbüchern gefunden.

Helder, Bartholomäus, in Gotha geb., wo sein Vater, M. Joh. Helder, Superintendent gewesen; er war zuerst Schulmeister zu Frimar bei Gotha, dann Pastor zu Remstädt, wo er am 28. Oktober 1635 starb. Man sagt von seinen Liedern, daß sie eigentlich sein Vater verfaßt, er aber sie nur herausgegeben habe.

Helmbold, M. Ludwig, geb. am 21. Januar (nach And. 13.) 1532 zu Mühlhausen in Thüringen, studirte zu Leigzig und Erfurt, wurde am letzten Orte Baccalaureus; dann zwei Jahr Lehrer an der Schule zu Mühlhausen, ging hierauf wieder nach Erfurt, wurde dort 1554 Magister und 1561 Konrektor an der Augustiner-Schule, auch erster Assessor der philosophischen Fakultät und Professor publikus. Im Jahre 1570 legte er seine Ämter nieder und wurde 1571 Rektor zu Mühlhausen, 1572 Diakonus und endlich 1586 Pastor und Superintendent. Auf dem Reichstage zu Augsburg, 1566, erhielt er vom Kaiser Maximilian II. den poetischen Lorbeerkranz. Er starb am 12. April 1598, 67 Jahre alt. Seine „Geistl. Lieder über etliche Psalmen" erschienen zuerst 1572; jedoch die bekanntesten derselben befinden sich meistens unter den 30 geistl. Liedern auf die Festtage, welche Joach. v. Burck 1594 herausgab.

Hense, Pastor in Fischbeck; seine Lieder stehen als Anhang zu der Sammlung neuer Lieder von alt-evangelischem Inhalt 2c. von F. A. Weihe, Minden 1782, dritte Aufl., und haben den Titel: „Zeben erbauliche Lieder zum Haus- und Privat-Gebrauch" dem Druck überlassen: 2. Aufl., Preußisch Minden 1769.

Herberger, Valerius, dieser fromme, durch seine geistreichen Schriften noch heut allgemein geschätzte Gottesgelehrte, war am 21. April 1562 zu Fraustadt in Polen geb., wo sein Vater, Martin Herberger, Kürschner war, der bei seinem Handwerke auch als gefeierter Fechter und deutscher Poet geliebt wurde. Den ersten Unterricht erhielt er von seinem Vater, und kam dann in die Schule zu Fräustadt; nicht lange hernach starb sein Vater. Seine Mutter gerieth dadurch in drückende Nahrungssorgen; jedoch ihr Glaube und ihr festes Vertrauen zum Herrn half ihr in allen ihren Nöthen. Die Schwester seiner Mutter nahm ihn in seinem 10. Jahre zu sich, wo er denn auch von einem Freunde seines Vaters liebreich unterstützt wurde. Er wurde zum Schuhmacher bestimmt; doch der Pastor Arnold, der die Fähigkeiten des Knaben kannte, vermogte es durch seine kräftigen Worte daß er sich dem Studium widmete. Er wurde nun von seinem Pathen, dem Pastor Arnold auf die Schule zu Freistadt gebracht. Nach drei Jahren ging er, auf Anrathen seiner Lehrer und mit einem ansehnlichen Geschenk versehen, nach Frankfurt a. d. Oder, von hier begab er sich am 20. Junius 1582 nach Leipzig, er blieb hier 2 Jahre, fand liebreiche Unterstützungen, und ward als Famulus in das Haus des Doktors der Medizin, Michael Bahrdt genommen. Nach vollendeten Studien wurde er vom Rathe zu Fraustadt zum untersten Lehrer der Schule berufen. Hier übte er sich im Predigen und erhielt bald den Ruf eines salbungsreichen Lehrers. Nachdem er 6 Jahre daselbst im Schuldienst zugebracht hatte, bekam er hier das Predigtamt; dann die Vokation zum Pastorat an der Kirche zum Kripplein Christi, und hielt 1599 am Neujahrstage seine Antrittspredigt. Als 1613 die Pest nach Fraustadt kam, brachte er die Seinen in Sicherheit, er aber blieb tröstend und rathend bei seiner Gemeine. Die Schrecken des dreißigjährigen Krieges, welche auch Fraustadt erschütterten, vermehrten seinen Glauben und trieben ihn, immer enger und enger sich an seinen Herrn und Heiland anzuschließen, der ihn denn auch nicht verließ, sondern kräftig aufrecht erhielt zum Troste und Segen seiner Gemeine. Im Jahre 1623, als er den Sonntag darauf vom Gichtbrüchigen im Evangelium, predigen wollte, rührte ihn ein Schlagfluß; dies hinderte ihn aber nicht die Kanzel zu betreten. Nach Ostern des Jahres 1626 wurde er von einem hitzigen Fieber befallen, welches eine Schwäche zurückließ, die täglich zunahm. Am 21. Febr. 1627 am Sonntage Invocabit, nachdem er die Predigt gehalten hatte rührte ihn zum zweiten Male der Schlag, dennoch eilte er zur Kirche und hielt über 1. Mosis 18: „Ach siehe, ich habe mich unterwunden mit dem Herrn zu reden 2c." eine Leichenpredigt, welches seine letzte war, denn eine tödtliche Krankheit legte ihn auf das Lager, auf welchem er 12 Wochen hindurch mit christlicher Geduld sein letztes Stündlein erwartete. Der Herr nahm den treuen Hirten seiner Heerde am 18. May 1627 zu sich in die ewigen Freuden, nachdem er ein Alter von 65 Jahren 3 Wochen u. 5 Tagen erreicht hatte. Wir besitzen nur Nr. 1752. (des L. S.) von ihm, welches im Anhange seiner Trauerlieder, 3 Theil. 1615 in 4. stehet. Er dichtete es zur Zeit der Pest 1613.

Hermann, Nikolaus, ein frommer Kantor und Schulmann in Joachimsthal an der voigtländischen Grenze; er lebte zur Zeit des berühmten M. Joh. Mathesius, der sein vertrauter Freund war, und dessen Predigten er häufig in fromme Gesänge brachte. Mathesius giebt ihm das Zeugniß, daß er viele gute Choräle und deutsche Lieder gemacht habe. Er litt sehr am Podagra und starb am 3. Mai 1561. Seine Lieder erschienen zum Theil unter dem Titel: „Evangelien-Gesänge," Leipzig 1560; zum Theil auch in seinen „Historien von der Sündfluth 2c." Wittenberg 1562; Leipzig 1584 u. 1593.

Her.

Hermes, Dr. Joh. Timotheus, geb. zu Petznick in Pommern am ...... 1738. Zuerst Feldprediger des von Krockowischen Dragonerregiments, dann Pastor primarius und Inspektor zu Pleß, hierauf Prediger an der Marien-Magdalenenkirche, Professor und Inspektor des Realgymnasiums zu Breslau; 1775 Probst zum heil. Geist, Pastor der Hauptkirche zu St. Bernhardin und Beisitzer des Konsistoriums; er starb zu Breslau am 24. Juli 1821 als Doktor der Theologie, Königl. Superintendent, Inspektor der Bresl. evangel. Kirchen und Schulen, Pastor primarius an der Elisabeth-Kirche. Außer mehren Romanen, in welchen einige seiner geistl. Lieder vorkommen, gab er heraus: „Lieder für die besten bekannten Kirchenmelodien," Breslau 1800; es sind 112 Gesänge.

Herrmann, M. Zacharias, geb. am 3. Oktbr. 1643 zu Namßlau, im Fürstenth. Breslau, wo sein Vater, Elias Herrmann, Administrator über die Namßlauischen Burglehnsgüter war. Schon im 4. Jahre besuchte er die Schule, kam 1656 nach Breslau in das Gymnasium zu Maria-Magdalena, ging 1664 auf die Universität zu Jena. Nach fünf Jahren kehrte er in das elterliche Haus zurück, wurde aber bald durch besondere göttliche Fügung, einstimmig zum Prediger in Lissa gewählet, und trat sein Amt 1669 dort an. Nachdem er 12 Jahre das Diakonat verwaltet hatte, wurde er Pastor und Inspektor daselbst. Viel hatte der treue Seelsorger in seinem, 33 Jahre hindurch, geführten Amte zu tragen gehabt, Kriegesdrangsale und zuletzt eine schreckliche Feuersbrunst in Lissa hatten ihm fast nichts übrig gelassen; ja selbst die Pest, welche bald darauf folgte, raubte ihm Gattin, Kind und Hausgesinde, dennoch überwand er Alles durch des Herrn Gnade, mit stiller christlicher Geduld. Als er in seiner letzten Krankheit, es war gerade die Adventszeit, dem Tode sehr nahe war, ließ er sich auf einen Stuhl bringen indem er sprach: „Man muß dem ankommenden gnadenreichen Adventskönige entgegen eilen, und wenn es möglich, auch stehend sein Leben beschließen." Da er nicht mehr reden konnte las man ihm seine eigenen Jesusseufzer vor, die er mit vieler Bewegung anhörte, und starb am 10. Dezbr. 1716, alt 73 Jahr. Er schrieb: „Frommer Christen seufzende Seele und singender Mund in Gebeten und Liedern," Breslau und Leipzig 1722. obl.

Herrnschmidt, Dr. Joh. Daniel, geb. am 11. April 1675 zu Bopfingen in Schwaben, wo sein Vater, Georg Adam Herrnschmidt, Diakonus, dann aber Pastor war. Er ging auf die Schule zu Nördlingen und 1696 auf die Universität Altdorf; erhielt hier die Magisterwürde; begab sich hierauf nach Halle, wurde 1701 daselbst Adjunktus in der philosophischen Fakultät. Im Jahre 1702 erhielt er das Pastorat in seiner Vaterstadt, nachdem er vorher einige Monat Adjunktus daselbst gewesen war; kam 1712 als Superintendent und Konsistorialrath nach Nassau-Idstein; wurde hierauf 1715 Doktor der Theologie in Halle und Pastor zu Glaucha; er starb daselbst am 5. Febr. 1723, alt 48 Jahre. In Freylinghausens Gesangbuch stehen von ihm 17 Lieder.

Herzog, Dr. Johann, dieser fromme Rechtsgelehrte wurde geb. am 5. Juni 1647 zu Dresden, wo sein Vater, M. Joh. Herzog, Diakonus bei der Kirche zum heiligen Kreuz war. Er besuchte die dasige Schule, bekam dann eine freie Stelle in der Fürstenschule zu Meißen, und ging schon 1666 auf die Universität Wittenberg. Nachdem er hier Theologie studirt hatte, ergriff er hier 1668 das Studium der Rechte, und disputirte zu öftern, verfertigte auch in dieser Zeit (1670) das Lied 1427. (des L. S.). Er begab sich 1671 als Hofmeister zu dem General-Lieutenant v. Arnimb nach Pretzsch, kehrte aber nach einem halben Jahre mit den beiden Söhnen des Generals nach Wittenberg zurück, und blieb bis 1674 daselbst. Er sollte jetzt mit seinen Zöglingen eine Reise antreten, allein er schlug es aus, ging nach Dresden um sich hier häuslich niederzulassen. Er wurde 1678 Doktor der Rechte in Jena, verheirathete sich 1679, und starb am 21. März 1699, alt 51 Jahre 9 Monate. Er war nicht nur ein entschieden frommer Mann, sondern auch ausgezeichnet in seinem Fache als Rechtsgelehrter. Nichts konnte ihn mehr beugen, als wenn er Unrecht sahe, und nahm sich des Unrechtleidenden mit seltener Aufopferung an. Nur das oben angeführte eine Lied besitzen wir von ihm, es wurde erst um 1680 öffentlich bekannt.

Heß, Dr. Johann, geb. am 23. September 1490 zu Nürnberg, wo sein Vater Kaufmann war. Er studirte zu Zwickau, Leipzig und Wittenberg, wurde am letzteren Orte 1511 Doktor der Philosophie und ging nach Schlesien; war 1513 Sekretair des Bischofs Joh. Thurso, dann Erzieher des jungen Prinzen Joachim von Münsterberg-Oels. Machte eine Reise nach Italien, wurde 1519 zu Bologna Subdiakonus, zu Ferrara Doktor der Theologie und 1520 Diakonus zu Rom. Der Bischof Thurso, sein Gönner, ließ ihn zum Priester weihen, machte ihn zum Kanonikus in Neiße, Brieg und an der Kreuzkirche in Breslau. Er las am 8. Juli 1520 seine erste Messe; wurde nach kurzer Zeit Prediger bei der Domkirche in Breslau; machte eine Reise nach Nürnberg, bekannte sich zur Reformation, worauf Luther ihm schrieb: „Ich freue mich, daß Du ein Evangelist geworden bist, der Herr mehre Dich und stärke Deinen Dienst zur Erfüllung Deines Glaubens und der Deinigen, welche Dich hören." Der Magistrat zu Breslau berief ihn zum Pfarrer bei Maria Magdalena, wo er denn sehr viel zur Einführung der Reformation in Breslau beitrug. Er starb am 6. Januar 1547 mit den Worten: „Ave Domine Jesu Christi."

Heyder, M. Friedrich Christian, geb. am 30. August 1677 zu Merseburg, wo sein Vater, M. Christian Heyder, zur Zeit Stiftsdiakonus und Hofkapellan, nachher aber Pastor zu Zörbig war. Im letztgenannten Orte ward Fr. Chr. Heyder 1699 Diakonus; 1702 Substitut seines Vaters, und folgte demselben, nach dessen Tode 1706 als Pastor.

Hiller, M. Philipp Friedrich, geb. den 6. Januar zu Mühlhausen an der Enz, wo sein Vater, M. Joh. Jak. Hiller, Pfarrer war. Er verlor seinen Vater sehr früh, und kam 1713 nach einer Flucht vor den Franzosen, in das Kloster Denkendorf unter die Aufsicht des berühmten Bengels; 1716 nach Maulbronn; 1719 in das Stipendium zu Tübingen; 1720 wurde er Magister; 1724 auf drei Jahre Vikarius in Breitach; 1727 ging er nach Hause, unterrichtete seinen Bruder; 1729 wurde er Informator zu Nürnberg bei dem Marktvorsteher v. Müller; ging 1731 wieder nach seiner Vaterstadt, und wurde bald darauf Vikarius in Heßgen; 1732 Pfarrer in Neckargröningen; 1736 Pfarrer zu Mühlhausen, endlich 1748 am 11. Juni Pfarrer zu Steinheim bei Heidenheim, wo er nach drei Jahren seine Stimme verlor, die er nicht wieder erhalten konnte. Er wurde 70 Jahr alt, und starb am 24. April 1769 am Schlage, welcher die linke Seite getroffen hatte. Seine Lieder, mehr als 1000, sind der Mehrzahl nach kraftvoll und oft ergreifend, und finden sich in folgenden Werken: Joh. Arnds Paradies-Gärtlein geistreicher Gebete in Liedern, Tübingen 1744, 1764, 1785 in 8. — Gottgeheiligte Morgenstunden ic. ebend. 1748 in 8. — Gedächtniß-Reimen der evangelischen Geschichten, ebend. 1752 in 8. Leben Jesu Christi in gebundener Schreibart, 2 Theile, ebend. 1752 in 8. — Gedächtniß-Reimen der Bücher des Neuen Testaments, ebend. 1753 in 8. — Poetischer Versuch von der Reibe der Vorbilder im Alten Testament, ebend. 1739 in 8. — Geistl. Liederkästlein zum Lobe Gottes, Stuttgart 1764 in 8. — Beiträge zur Anbetung Gottes im Geist und in der Wahrheit rc. ebendas. 1785 in 8.

Hippel, Theodor Gottlieb v., geb. am 31. Januar 1741 zu Gerdauen in Ostpreußen, starb am 23. April 1796 als Geh. Kriegesrath und erster Bürgermeister zu Königsberg in Preußen. Er gab 1772 zu Berlin bei Haude und Spener, anonym, seine geistl. Lieder, 32 an der Zahl, heraus. Anfangs wurden sie, nach Heerwagens Litteratur-Geschichte der evangel. Kirchenlieder rc. Neustadt an der Aisch 1792, Theil 1. S. 245, dem Dr. Joh. Gotthilf Lindner zugeschrieben, bis Hippels Freund, der Erzbischof v. Borowski, in der Schrift: Über das Autorschicksal des Verfassers des Buches über die Ehe rc., den Irrthum aufdeckte. Seine Lieder sind zuerst im Bremischen Dom-Gesangbuche aufgenommen worden.

Hodenberg, Bodo v., Marschall bei dem Herzoge Christian Ludwig zu Braunschweig-Lüneburg, zuletzt Landdrost zu Osterode.

Höfel, Dr. Johann, geb. am 24. Juni 1600 zu Uffenheim in Franken, wo sein Vater, Friedr. Höfel, Fürstl. Brandenb. Voigt war. Er besuchte 1614 die Schulen zu Nürnberg u. 1616 die zu Coburg; ging 1620 nach Gießen, 1622 nach Jena und 1624 nach Straßburg; wurde 1628 in Jena Doktor der Rechte und nachher Rathskonsulent in Schweinfurt, welches Amt er 50 Jahre verwaltete, indem er 1678 sein 50jähriges Amts-Jubiläum feierte. Er ließ für arme, kranke Leute auf dem Kirchhofe ein eigenes Haus bauen; hielt täglich seine Betstunde, und ließ keinen Glockenschlag vorbei gehen, ohne den Herrn um eine sel'ge Stunde anzurufen. Schon 18 Jahre vor seinem Tode hatte er sich seinen Sarg machen lassen, und 3 Stund. vor seinem Ende schrieb er an einen Freund: Jetzt wäre es in seiner Lebens-Uhr am letzten Körnlein. Er starb am 8. Dezember 1683. Seine Lieder stehen in seinem „historischen Gesangbuche," Schleusingen 1681 in 8.

Hoffmann, M. Gottfried, geb. am 5. Dezember 1658 zu Lemberg in Schlesien, wo sein Vater ein Brauer war; unter vielen Anfechtungen der Papisten erzogen ihn seine Eltern bis ins achte Jahr; als sie sich, der Religion wegen, genöthigt sahen, sich nach Sachsen zu begeben, besuchte er die Schule zu Lauban, und 1681 die zu Zittau. Er ging dann 1685 nach Leipzig, ward hier 1688 Magister; noch im selbigen Jahre wurde er als Konrektor nach Lauban berufen, wo er 1695 auch Rektor ward, und endlich zum Rektor nach Zittau, an die Stelle des berühmten M. Christian Weise. Er starb, nachdem er kurz zuvor mit seinen Schülern das heil. Abendmahl genossen hatte, plötzlich am 1. Oktober 1712. Er gab viel Schriften heraus und dichtete 17 Lieder, welche in den Gesangbüchern zerstreut gefunden werden.

Hojer, Konrad, ein gekrönter Dichter und Subprior zu Mellenbeck um das Jahr 1612.

Homburg, Ernst Christoph, ein gottesfürchtiger Jurist, geb. 1605 zu Mühla, einem Dorfe bei Eisenach, war Gerichtsaktuarius und Rechtsconsulent zu Naumburg, von 1648 Mitglied der fruchtbringenden Gesellschaft unter dem Namen des Keuschen; er starb am 2. Juni 1681, alt 76 Jahre. Seine geistlichen Lieder erschienen in 2 Theilen zu Jena 1659 und ihre Zahl beläuft sich auf 148. Seine Andachtsglut wurde besonders durch ein sehr drückendes Hauskreuz erhalten, und die meisten seiner Gesänge entstanden in Stunden schwerer Prüfungen.

Hubert, Konrad, oft auch Humbertus genannt, ein alter Lutherischer Prediger, welcher 1542 Diakonus zu St. Thomas in Straßburg war, und zwar der zweite Lutherische Prediger in dieser Stadt. Starb, nachdem er 44 Jahre im Lehramte gestanden hatte, in hohem Alter.

Hubrig, Jerem., aus Schlesien gebürt.; war um 1730 Katechet bei der Kirche und Schule zu Wigandsthal, einer Grenzgemeine in der Oberlausitz.

Hübner, M. Johann, ein sehr berühmter Schulmann und als Verfasser der „Biblischen Historien," noch heute unter uns in gesegnetem Andenken, ward geb. am 17. März 1668 zu Tyrgau, nahe bei Zittau; besuchte die Schule zu Zittau; ging dann nach Leipzig; wurde daselbst Magister; 1694 Rektor zu Merseburg; 1711 Rektor des Johannei zu Hamburg, und starb am 21. Mai 1731. Er gab heraus: „Des frommen Thomas von Kempis Todes-Betrachtungen — nunmehro zur Erinnerung der Sterblichkeit durch Joh. Hübnern in gebundener Rede verfasset rc." Leipzig 1712 in 8. 5te Auflage, in welcher sich auch geistl. Lieder befinden.

Hunold, M. Michael, geb. am 25. Oktob. 1621 zu Leißnig in Kursachsen, wo sein Vater Stadtmusikus war. Der Kriegesunruhen wegen mußte er sich bei seinem Studium in Altenburg, Leipzig und Jena sehr kümmerlich durchhelfen, bis er Rektor zu Rochlitz und 1649 Diakonus, endlich Archidiakonus zu St. Kunigunden daselbst und 1656 Baccalaureus der Theologie wurde. Er stand seinem Amte 22 Jahre mit vieler Treue vor, hatte aber auch viel zu leiden, indem er vom Gliederweh und von Steinschmerzen sehr hart geplagt war. Dennoch aber blieb sein Glaube getrost, und seine Hand hielt fest an des Herrn Gnade; er seufzte in seinen größten Schmerzen: Mein himmlischer Vater meint es ja nicht böse mit mir, sondern legt mir diese Last zu meinem Besten auf. Ich will ihm vertrauen: er wird die Sache schon zu einem Ende bringen, und es so machen, daß er im Himmel und auf Erden Ehre davon habe. Er ist und bleibet doch der alte, liebe Gott, der mir für ein Quentchen Schmerzen und zeitliche Trübsal viel tausend Zentner Trost und Freude schenken wird. Ihm will ich leben, ihm will ich leiden, ihm will ich sterben. Amen! — Im Jahre 1672 nahm endlich der Herr diesen treuen Diener zu sich in die ewige Freude. Seine geistl. Lieder, 16 an der Zahl, sind erst nach seinem Tode bekannt geworden, namentlich durch P. C. Hilscher's Sterbekunst, Dresden 1716 in 8.

Huß, Joh., geb. am 6. Juli 1373 zu Hussenietz, einem Dorfe im Prachiner Kreise in Böhmen, wo seine Eltern arme, geringe Leute waren, von denen er aber mit großer Sorgfalt erzogen wurde. Er besuchte die Schulen in Prag und erwarb sich als Informator und Famulus daselbst seinen Unterhalt, besonders da er seinen Vater frühe verloren hatte. Er wurde 1393 Baccalaureus und einige Jahre später Magister; 1400 ernannte man ihn zum Prediger bei der Bethlehemskapelle zu Prag und zugleich zum Beichtvater des Königs Wenceslaus; dann wurde er 1401 Dekanus der theologisch. Fakultät, und 1409 Rektor derselben. Durch Wiclefs Schriften wurde er immer mehr zur Erkenntniß der Wahrheit geführt; er verkündigte sie von der Kanzel und eiferte gegen die Laster der Geistlichkeit. Er wurde wiederholt angeklagt und ihm das Predigen untersagt; er floh nach seinem Geburtsorte um hier die erkannte Wahrheit zu lehren; man belegte ihn mit dem Bannfluch, und endlich wurde er durch den Kaiser Sigismund auf die

Kirchenversammlung nach Costnitz beschieden, und ihm dorthin sicheres Geleit versprochen. Er reisete am 15. Oktober 1414 dahin ab, wurde überall vom Volke mit großer Liebe empfangen, und kam am 3. Novbr. in Costnitz an. Am 28. Novbr. wurde er, statt von der Kirchenversammlung vernommen zu werden, vor die Versammlung des Pabstes und der Kardinäle gefordert. Nach geschehenem Verhör belegte man ihn mit harter und schwerer Gefangenschaft, und da die Väter des Konsiliums einmal seinen Tod durch gegenseitige Schwüre beschlossen hatten, so wurde er, ohne ihm einen Vertheidiger zu verstatten, am 6. Juli 1415 zur Richtstätte geführt und dort nebst seinen Schriften verbrannt. Noch in den Flammen sang er glaubensfreudig Psalmen und wich nicht von der erkannten Wahrheit.

J.

Jäger v. Jägersberg, Christoph Adam, Gräflich Stolberg-Wernigerod. Hofmeister, war am 23. Januar 1684 (alten Styls) geboren, und hatte in seinem Leben viele Proben der erbarmenden Liebe Gottes aufzuweisen, besonders, daß er ihn aus seinem natürlichen Verderben herausgerissen, zu dem Quell der Gnade geleitet und ihn von seinen Sünden durch das theure Verdienst Jesu Christi gereiniget, und schon hier ihm gezeiget hatte, welche Seligkeit droben bereitet ist, denen, die den Herrn lieben. In den letzten 5 Jahren seines Lebens konnte er wegen Schwäche der Glieder und häufiger Kolikschmerzen nicht aus dem Hause gehen, auch nahmen seine Geisteskräfte je mehr und mehr ab, bis er vom 1. September 1759 an nicht mehr das Bette verlassen konnte. Dennoch blieb er unverrückt im starken Glauben bei seinem Herrn und seufzete, zum Ernst im Christenthum ermahnend: Es ist wichtig; die Zeit ist kurz; es ist bald geschehen; es muß keines dahinten bleiben; es wird ein schönes Häuflein zusammenkommen. Am 4. September 1759 verloren sich nach und nach seine Sinne, bis er endlich am 5. September frühe halb 3 Uhr seinen Geist in die Hände seines Erlösers gab, alt 75 Jahre 7 Monat und 3 Tage. Seine Lieder, 26 an der Zahl, befinden sich in der neuen Sammlung geistlicher Lieder, Wernigerode 1752.

Jänichen, M. Johann, geb. 1659 zu Camenz in der Oberlausitz, war Rektor des Stadtgymnasiums zu Halle in Sachsen und starb als solcher 1731. Fünf Lieder sind von ihm bekannt, von welchen drei in seiner „Gründlichen Anleitung zur poetischen Elocution ꝛc.“ Leipzig 1706, stehen; Nr. 1893. (des L. S.) findet man im Hallischen Stadtgesangbuche von 1713.

Jahr, Georg Heinrich Gottlieb, geb. am 30 Januar 1801 zu Neudietendorf bei Gotha; zur Zeit der Abfassung seiner Lieder, in den Jahren 1823 bis 1830, Lehrer an einer Erziehungsanstalt der Evangelischen Brüdergemeine zu Neuwied am Rhein; lebt gegenwärtig (1832) als Mediziner in Bonn. Von ihm erschienen: „Geistl. Lieder und Gedichte, 1. Band, zum Besten der Anstalten in Overdyk und Düsselthal,“ Düsselthal u. Elberfeld 1830.

Janus, Martin, lebte zu Anfang des 30jährigen Krieges, und war Kantor zu Sorau in der Niederlausitz, dann Rektor zu Sagan, hierauf Pastor in Eckersdorf bei Sorau, von wo er von den Katholiken vertrieben wurde. Er kam nun als Kantor (nach Wetzel als Pastor) nach Öhlau im Fürstenthum Brieg, wo er 1678 starb.

J. C. St., unbekannt; im geistl. Lieder-Segen von D. G. S., Lobenstein 1769, kommt Nr. 505. (des L. S.) mit diesen Buchstaben vor.

J. E. D., unbekannt; in einigen älteren Gesangbüchern findet man Nr. 735. (des L. S.) mit diesen Buchstaben.

Ingolstetter, Andreas, war 1633 in Nürnberg geboren und machte, durch seine vortrefflichen Geistesanlagen, in der Schule bedeutende Fortschritte, besonders in den Sprachen, hatte dabei auch vortreffliche Gaben zur Dichtkunst, wie überhaupt zu den Künsten und Wissenschaften. Er widmete sich dem Handelsstande, erwarb sich dadurch ein bedeutendes Vermögen und wurde von dem Herzoge zu Würtemberg zum Rath ernannt. Zugleich war er in Nürnberg Marktvorsteher, führte einen starken Briefwechsel mit den vorzüglichsten Gelehrten, und kam 1672 in den Pegnesischen Blumenorden, unter dem Namen Poliander. Er starb am 6. Juni 1711, alt 78 Jahr und seine Lieder stehen in dem Poetischen Nachklang der Müllerschen Erquickstunden, Nürnberg 1673 in 8., auch im Nürnbergischen Gesangbuche.

Job, Johannes, geb. am 2. Februar 1664 zu Frankfurt am Main, wurde 1711 Rathsherr; 1712 Syndikus und 1732 Baumeister zu Leipzig. Starb am 5. Februar 1736, alt 72 Jahre. Fünf Lieder stehen von ihm in Freylinghausens Gesangbuch.

Jonas, Dr. Justus, auch Jodokus Jonas genannt, geb. am 5. Juni 1493 zu Nordhausen, wo sein Vater Bürgermeister war. Der Herr erhielt ihn auf wunderbare Weise, denn in seiner Kindheit verschluckte er eine Zwiebel, welche man seinem Vater auf eine Pestbeule gelegt hatte, ohne daß es ihm schadlich wurde. Er besuchte zuerst die Schule zu Nordhausen, ging dann nach Erfurt, trieb dort die schönen Wissenschaften; machte, um Erasmus Rotterdam kennen zu lernen, eine Reise zu ihm: beschäftigte sich hierauf fleißig mit der Philosophie, so daß er Magister in derselben wurde; doch besonders aber lag er dem Studium der Rechte ob, in welcher Wissenschaft er Licentiat wurde. Als die reine Lehre durch Luther je mehr und mehr sich verbreitete, verließ er die Rechte und gab sich ganz der Theologie hin. Als Luther 1521 nach Worms ging wurde Jonas von ihm zum Begleiter erwählt; hier lernte ihn der Kurfürst Friedrich der Weise kennen, ernannte ihn zum Probst des Kollegiums zu Allerheiligen in Wittenberg, und übertrug ihm zugleich die Professur des kanonischen Rechts. Luther fand an ihm einen treuen Gehülfen, und war mit Melanchthon auf dem Reichstage zu Augsburg, wo er der reinen Lehre wichtige Dienste leistete. Er versahe 1536 die Stelle eines Evangelischen Lehrers in Naumburg; unterschrieb die Schmalkaldischen Artikel; wurde 1541 zum Pfarrer und Superintendent in Halle erwählt, wo er aber 1546 vertrieben wurde. Er reisete nun mit Luther (1546) nach Eisleben, war bei seinem Tode gegenwärtig und hielt ihm die Leichenpredigt. Er wurde 1551 Hofprediger und Superintendent bei dem Herzog Johann Ernst zu Coburg; 1553 Superintendent und Inspektor der Fränkischen Kirchen zu Eisfeld, wo er am 9. Oktober 1555 starb, alt 63 Jahre. (S. Langbecker's deutsch evangelisches Kirchenlied, Berlin 1830 Seite 107.)

K.

Kellner von Zinnendorf, Johann Wilhelm, geb. am 15. Januar 1665 zu Ackendorf, wo sein Vater, Matthias Kellner v. Zinnendorf, Schulmeister war; und aus dem alten schwäbischen Geschlecht der Kellner v. Zinnendorf abstammte. Er besuchte die Schule zu Quedlinburg; 1688 die Universität zu Leipzig; wurde Feldprediger bei dem Kursächsischen Generalfeldmarschall von Schöningen, ging als Generalstabs-Prediger mit dem Könige Friedrich August von Polen nach Ungarn. Erhielt 1696 das Pastorat zu Kießlingswalde in der Oberlausitz, wo er 1709 seines Amtes entsetzt wurde, weil er das Tanzen als ein sündliches Vergnügen untersagte. Er privatisirte nun in Halle; kaufte sich das Rittergut Obergurk; wurde Königl. Preuß. Hofrath und Pfänner zu Halle, starb im November 1738, alt 74 Jahre.

Keßler, Dr. Andreas, geb. am 17. Juli 1595 zu Coburg, wo sein Vater ein Schneider war; er besuchte die Schule zu Coburg, kam 1609 in das Pädagogium Casimirianum daselbst; bezog 1614 die Universität Jena, wo er 1619 Magister wurde. Von hier begab er sich nach Wittenberg, erhielt daselbst 1621 die Adjunktur der philosophischen Fakultät, wurde 1623 Professor der Logik und Inspektor der Alumnen zu Coburg; 1625 Superintendent zu Eisfeld; 1627 Doktor der Theologie zu Jena; 1633 Superintendent und Direktor des Gymnasiums zu Schweinfurt, endlich 1635 General-Superintendent, Konsistorialrath, Pastor und Scholarch des Gymnasiums zu Coburg, wo er am 15. Mai 1643, alt 48 Jahre starb, nachdem ihn ein Jahr zuvor der Schlag gerührt hatte. Mehre Lieder von ihm stehen in den älteren Coburger Gesangbüchern.

Keßler, M. Jeremias, ist unbekannt; in Burg's Breslauischem Gesangbuche stehen unter seinem Namen 4 Lieder.

Keymann, M. Christian, geb. am 27. Februar 1607 zu Pancratz in Böhmen, wo sein Vater, Zacharias Keymann, Pfarrer war. Er ging in das Gymnasium zu Zittau, und 1627 auf die Universität Wittenberg, wurde dort 1634 Magister, und in demselben Jahre Konrektor, so wie 1638 Rektor in Zittau. Starb am 13. Januar 1662, alt 55 Jahre. Seine Lieder finden sich zerstreut in den Gesangbüchern.

Kindermann, M. Balthasar, geb. zu Zittau 1636, studirte zu Wittenberg, wo er im 21 Jahre Magister und von dem berühmten Dichter Joh. Rist zum Poeten gekrönt wurde. Er ward 1659 Konrektor der Saldrischen Schule zu Brandenburg; 1664 daselbst Rektor; 1667 Diakonus an der Johanniskirche in Magdeburg, 1672 Pastor an der Ulrichskirche und zuletzt Assessor des geistlichen Gerichts, Scholarch und Senior des Ministeriums daselbst. Starb am 12. Februar 1706, alt 70 Jahre.

Kirsch, Georg Friedrich, war 1770 Pastor in Tilschendorf im Voigtlande. Er gab verschiedene Erbauungsschriften heraus, in welchen seine geistl. Lieder enthalten sind. Nr. 304. befindet sich im „Geistlich. Lieder-Segen von D. G. S. (Schöber),“ Lobenstein 1769, dritte Auflage.

Kleiner, Gottfried, geb. zu Rudelsdorf in Schlesien, kam als Knabe von 7 Jahren in die Schulen zu Salzbrunn, Harpersdorf und Lauban, bezog die Universität Leipzig um dort Theologie zu studiren. Er ging von Leipzig nach Hirschberg, Großwaldiß und Friedersdorf, wo er in adelichen Familien viel Wohlthaten genoß; erhielt 1723 die Pfarre Seifersdorf, und 1742 das Pastorat zu Freyburg. Er verfaßte 130 Lieder, welche sich in folgenden Werken finden: „Garten-Lust im Winter,“ Hirschberg 1732 in 4. — „Evangelische Zions-Stimme am Sabbath,“ Leipzig und Liegnitz 1739 in obl.

Kiesel, Abraham, geb. am 7. November 1635 zu Fraustadt, sein Vater war Pfarrer zu Röhrsdorf; seine Mutter aber hielt sich zur Zeit ihrer Entbindung, der Kriegsunruhen wegen, in Fraustadt auf. Er besuchte zuerst das Gymnasium zu St. Elisabeth in Breslau, ging 1655 auf die Universität Königsberg; die schwere Verantwortlichkeit, welche mit dem Predigtamte verbunden ist, ließ ihn die Jurisprudenz erwählen, dennoch führte ihn die Hand des Herrn zur Theologie. Er wurde 1660 Pastor in Ulbersdorf bei Fraustadt; 1670 Prediger in Zedlitz bei Steinau; 1674 Prediger in Dribitz. Hier ernannte man ihn zum Assessor und Proto-Notar der Groß-Polnisch. Evangelischen Synode, und 1680 trug man ihm das Primariat in Jauer an. Viel hatte er hier mit inneren und äußeren Anfechtungen zu kämpfen, die er aber durch eifriges, gläubiges Gebet in der Kraft des Herrn überwand. Am 18. Juni 1694 rührte ihn der Schlag auf der Kanzel, dennoch lebte er noch 8 Jahre. Am 4 Adventssonntage 1701 legte er seine letzte Predigt ab und wurde bald todt von der Kanzel getragen. Starb am 13. April 1702. Außer vielen andern Schriften verfertigte er auf alle Sonn- und Festtage geistliche Lieder, welche unter dem Titel erschienen. „Vergiß mein nicht, oder Jesus-süße Andachten,“ Jauer 1688.

Klopstock, Friedrich Gottlieb, geb. am 2. Juli 1724 zu Quedlinburg, wo sein Vater Kommissionsrath war. Er besuchte das Gymnasium zu Quedlinburg, kam in seinem 16. Jahre in die Schulpforte bei Naumburg; studirte 1745 in Jena Theologie; ein Jahr darauf in Leipzig; ging 1748 nach Langensalza. Die ersten Gesange seines Messias wurden mit solchem Beifall aufgenommen, daß er durch den Minister v. Bernsdorf eine Pension vom König Friedrich von Dänemark erhielt; auch vom Markgrafen von Baden erhielt er ein Jahrgehalt, und blieb bis zur Entlassung des Ministers Bernsdorf in Kopenhagen; dann ging er nach Hamburg als Königlich Dänischer Legationsrath und Baden-Durlachischer Hofrath. Er verheirathete sich 1754 mit Magaretha Moller, eines Hamburgischen Kaufmanns Tochter, und nach deren Tode mit einem Fräulein von Windem. Er starb zu Hamburg am 14. März 1803 und ward zu Ottensen bei Altona an der Seite seiner ersten Gattin begraben. Seine „geistl. Lieder“ sind in 2 Theilen, Kopenhagen 1758 und 1769, herausgekommen.

Knak, Gustav Friedr. Ludwig, geb. am 12. Juli 1806 zu Berlin, wo sein Vater Justizkommissarius war. Nach seines Vaters Tode, 1819, begab er sich zu seiner Mutter Bruder, dem Probste **Straube** zu Mittenwalde (Verfasser des herrlichen Gedichts auf Paul Gerhardt, siehe das Leben Paul Gerhardts von Roth, Leipzig 1829, S. 101.), von welchem er in der Religion und den Wissenschaften unterrichtet wurde. Hierauf besuchte er das Friedrich Wilhelms-Gymnasium zu Berlin, und bezog 1826 die Universität daselbst. Nach vollendeten Studien führte ihn der Herr als Lehrer nach Königs-Wusterhausen, er verblieb daselbst bis 1832, wo er sich genöthigt sahe die Stelle aufzugeben, und lebt gegenwärtig in Berlin, harrend, wohin der Herr ihn senden werde. Seine geistl. Lieder erschienen unter dem Titel: „Simon Johanna, hast du mich lieb? — Geistl. Lieder und Sonette, mit 6 Melodien von C. S.“ (Carl Straube, Sohn des oben genannten Probstes Straube). Berlin 1820. Nr. 1580. 1583. 1696. 1698 1706 1791. 1835. 1857. 1876. 1905. 1917. (des L. S.) sind hier zum erstenmale abgedruckt.

Knapp, Albert, geb am 25. Juli 1798, gegenwärtig Predig. zu Kirchheim unter Teck im Würtembergisch. Seine Freunde veranstalteten in 2 Banden und 5 Abtheil. eine Samml. seiner Poesien unter dem Titel: „Christl. Gedichte von A. K.“ Basel 1829, aus welchem Werke die Lieder in den geistlichen Liederschatz genommen wurden. Ferner gab er in Verbindung mit mehren Andern ein christliches Taschenbuch auf das Jahr 1833 heraus, unter dem Titel: „Christoterpe,“ Tübingen bei Osiander, in welchem sich von ihm vier nach dem Bedürfniß der Zeit überarbeitete Lieder von Dr. Philipp Nikolai finden.

Knorr v. Rosenroth, Christian, geb. am 15. Juli 1636 zu Alt-Rauden, einem Dorfe im Fürstenthum Liegnitz, wo sein Vater, Abraham

v. Rosenroth, Pastor war, und dessen Vorfahren mit ihm und seinen Nachkommen vom Kaiser Maximilian I. in den Adelstand und vom Kaiser Leopold in den Freiherrnstand erhoben wurden. Der junge Rosenroth studirte zu Stettin, Leipzig und Wittenberg Chemie und die orientalischen Sprachen; erhielt zu Leipzig die Magisterwürde; reiste darauf nach Holland, Frankreich und England; wurde 1668 Geh. Rath und Kanzleidirektor bei dem Pfalzgrafen Christian August zu Sulzbach, und starb daselbst am 8. Mai 1689 (nach dem Kirchenbuche in Sulzbach), an einem dreitägigen Fieber. Er hatte vorzüglich in der Medizin, Chemie, Theologie, Cabbala, Philosophie 2c. vorzügliche Kenntnisse. Seine Lieder stehen in seinem „Neuen Helicon mit seinen Neun Musen d. i. geistliche Sittenlieder," Nürnberg 1684, längl. 12., und ihre Zahl beträgt 75.

Kohlros, Johann, ein Kirchenlehrer zu Basel, zur Zeit der Reformation, vielleicht mit Joh. Rhodanthracius eine Person. Starb 1558.

Koitsch, Christian Jakob, ward in Meißen geb. Von 1700 bis 1705 Inspektor des Königl. Pädagogiums zu Glaucha bei Halle; dann Rektor und Professor des Gymnasiums zu Elbingen in Preußen. Er starb 1735. In Freylinghausens Gesangbuche stehen von ihm 11 Lieder, zu denen er sich selbst an seinen ehemaligen Schüler, den Superintendenten Lau in Wernigerode, als Verfasser bekannte.

Kongehl, Michael, geb. am 9. März 1646 zu Königsberg in Preußen, war Kurbrandenburgischer Sekretair und zuletzt Bürgermeister im Kneiphof daselbst. Er war Mitglied des Pegnesischen Blumenordens unter dem Namen Prutenio, und starb zu Königsberg am 1. November 1710, alt 64 Jahr. Seine geistl. Lieder findet man in seinem „Wiederlebenden u. triumphirenden Todestod," Königsberg 1676 in 4. In seinem „Immergrünenden Cypressenhain," Danzig 1694 in 8.; vorzüglich aber in seiner „Belustigung bei der Unlust aus allerhand geistl. und weltlichen Gedicht-Arten," Stettin 1683 in 8.

Krause, Johann Gottfried, geb. am 29. Juni 1685 zu Greußen, einem Schwarzburg. Städtchen in Thüringen, wo sein Vater, M. Gottfr. Krause, Rektor war. Seinen ersten Unterricht erhielt er theils von seinem Vater, theils in der Schule zu Langensalza; ging 1703 nach Weißenfels, um das Augusteum zu besuchen; 1704 auf die Hochschule zu Leipzig und 1707 nach Jena. Hierauf kehrte er nach seiner Heimath zurück, und war 4 Jahre hindurch Informator bei den Söhnen des Geh. Raths und Oberhofmarschalls v. Brühl zu Weißenfels und dann in gleicher Eigenschaft bei dem Generalmajor v. Häßler. Im Jahre 1717 wurde er Subdiakonus an der Stadtkirche zu Weißenfels; 1721 Pastor primarius und Superintend. zu Dahme; 1722 Fürstl. Sachsenquerfurtischer Kirchenrath; 1746 wurde er General-Superintendent im Markgrafthum Niederlausitz, starb aber ehe er von Dahme wegzog am 25. September 1746 plötzlich an einem Schlagfluß. Seine Lieder erschienen unter dem Titel: „Poetische Blumen bei Freuden- und Trauerfällen," Langensalze 1716 in 8. Ferner: „Kantaten über die Evangelia," unter dem Titel: „Das Heilig, Heilig, Heilig, in dem Heiligthum Gottes," Sondershausen 1722.

Krause, M. Jonathan, geb. am 5 April 1701 zu Hirschberg, wo sein Vater, Christian Krause, Bürger und Tuchmacher zugleich auch Oberältester des Gewerks und Glöckner bei der Evangelischen Kirche vor Hirschberg war. Anfänglich wurde er privatim unterrichtet, bis 1708 die Stadt eine Evangel. Kirche und Schule bekam; 1716 besuchte er das St. Elisabethgymnasium zu Breslau, und begab sich 1718 nach Leipzig um Theologie zu studiren. Er ging 1723 nach Wittenberg, wurde dort Magister, machte mit einem jungen Herrn v. Birkens einige Reisen, worauf er 1726 wieder nach Schlesien kam, und 5 Jahre Hofmeister bei den Kindern des Freiherrn v. Nostitz auf Polgsen im Wohlauischen wurde. Durch Nikol. Siegmund v. Reder erhielt er 1723 am 24. Juli den Ruf nach Probsthayn im Liegnitzschen als Diakonus; 1739 am 11. März ward er einstimmig zum Pastor an der Ober-Pfarrkirche zu St. Petri und Paul in Liegnitz erwählt; 1741 am 5. September zum Superintendenten und Assessor des Konsistoriums des Fürstenthums Liegnitz ernannt. Er gab, außer anderen Schriften heraus: „Die besungene Gnade und Wahrheit in Christo Jesu, in heiligen Liedern über alle Sonn- und Festtags-Evangelien und Episteln," Lauban 1739.

Krummacher, Dr. Friedrich Adolph, geb. am 13. Juli 1767 zu Tecklenburg, wo sein Vater, Friedr. Jak. Krummacher, Hoffiskal, Bürgermeister und Advokat war. Er studirte in Lingen und Halle; war von 1790—94 Konrekt. an dem Gymnas. zu Hamm; von 1794—1801 Rektor des Gymnas. zu Meurs; wurde 1801 Doktor u. Prof. der Theol. an der Univers. zu Duisburg; 1807 Pfarr. zu Kettwig a. d. Ruhr, dann Landessuperint., erster Konsistorialr. u. Oberpred. an der Schloßkirche in Anhalt-Bernburg, welche Stelle er bis 1824 bekleidete. Von dieser Zeit an ist er Pastor an der St. Ansgarii-Kirche zu Bremen.

Kunth, M. Joh. Siegmund, geb. am 3. Oktober 1700 zu Liegnitz, besuchte die dasige Schule, begab sich nach Breslau auf das Gymnasium St. Elisabeth, von wo er 1723 auf die Universität Jena und 1726 nach Leipzig ging. Er erhielt 1730 ein Lehramt zu Pölzig im Altenburgischen, kam 1737 als Pastor und Inspektor der Kirchen und Schulen nach Löwen im Fürstenthum Brieg, und wurde 1743 Pastor und Superintendent zu Baruth in der Oberlausitz, wo er 1779 starb. Sein Lied Nr. 507. (des L. S.) wurde zuerst durch die Sammlung der Cothnischen Lieder, 1733, bekannt, und ist aus dieser in sehr viele Gesangbücher übergegangen. Außer diesem Liede gab er „Drei Weihnachtslieder- und Katechismuspredigten," Breslau 1740, heraus.

L.

Lackmann, Peter, war anfangs Pastor zu Weningen im Sachs-Lauenburgischen, hernach, 1695, Pastor primarius und Inspektor der Schule zu Oldenburg im Holsteinischen; er starb im Oktober 1713. Viele seiner Lieder werden mit Unrecht dem Diakonus zu Colmar Johannes Langemar oder seinem Sohne Adam Heinr. Lackmann zugeschrieben.

Lampe, Dr. Friedrich Adolph, geb. am 19. Februar 1683 zu Detmold in der Grafschaft Lippe, wo sein Vater, Heinrich Lampe, zur Zeit Prediger war. Er studirte zu Bremen, Franecker und Utrecht; wurde 1703 Prediger zu Wees im Clevischen, 1706 Prediger zu Duisburg; 1709 zweiter und 1719 erster Prediger in Bremen; 1720 Professor der Theologie und Prediger zu Utrecht, erhielt 1726 die theologische Doktorwürde und die Professur der Kirchengeschichte. Er kam 1727 wieder nach Bremen, und zwar als Pastor zu St. Anscharii und Professor der Theologie. Starb am Blutsturz den 8. December 1729, und gab heraus: „Ein Bündlein 26 gottseeliger Gesänge," Bremen 1726, vermehrt unter dem Titel: „30 geistliche Lieder, sammt Anhang einiger Poetischen Gedanken," Bremen 1731. Seine Gesänge erschienen von neuem aufgelegt, Elberfeld 1830.

Langbecker, Emanuel Christian Gottlieb, geb. am 31. August 1792 zu Berlin, wo er gegenwärtig noch lebt. Seine geistl. Lieder befinden sich in den beiden Sammlungen seiner Gedichte, welche, Berlin 1824 und 1829, erschienen. Früher schon wären einige derselben in dem Berliner Wochenblatt abgedruckt, welches von Dr. K. Dieliz zum Besten der Wadzeck-Anstalt daselbst herausgegeben wurde. Nr. 75. 106. 513 v. 7 u. 8. 1196. 1887 v. 3. und 2019. erscheinen hier zum ersten Male. Er schrieb auch: „Das deutsch-evangelische Kirchenlied," Berlin 1830 in 8.

Lange, Ernst, geb. zu Danzig 1650, und starb als Rathsverwandter 1727, alt 77 Jahre. Er gab heraus: „CL. Psalmen, auf die bei den evangel. Gemeinen üblichen Melodeyen, nach der heutigen Poesie in deutsche Reime gebracht," Danzig 1713 in 8.; dann: „LXI. Gottgeheiligte Stunden," ibi 1711 in 8.; doch befinden sich von demselben noch 7 Lieder in Freylinghausens Gesangbuch, welche nicht in den angeführten Sammlungen stehen.

Lange, Dr. Joachim, geb. am 26. Oktober 1670 zu Gardelegen in der Altmark, wo sein Vater, Mauritius Lange, Rathsverwandter und Senior des Rathskollegiums war. Von 1687—89 besuchte er das Gymnasium zu Quedlinburg, ging nach Magdeburg und auf die Universität Leipzig, wo er der Stubengesell des berühmten Francke und hernach Thomasens Hauslehrer war. Mit Francke ging er 1690 nach Erfurt, hielt sich in Halle einige Zeit auf und wurde Hauslehrer bei dem Geheim. Rath v. Caniz in Berlin. Zu Halle erhielt er 1695 die Magisterwürde, 1696 das Konrektorat zu Cöslin in Hinterpommern, 1697 das Rektorat am Friedrichs-Werderschen Gymnasium zu Berlin, und 1699 das Pastorat auf der Friedrichsstadt daselbst. Als Adjunkt des Abtes Breithaupt kam er als Professor der Theologie nach Halle, erhielt hier 1717 die Doktorwürde in der Theologie, wurde Senior der theologischen Fakultät und erster Professor, zugleich auch Direktor des theologischen Seminariums daselbst. Starb am 7. Mai 1744, alt 74 Jahre. Nur zwei Lieder, nämlich Nr. 1515. (des L. S.), und „Herr wenn wirst du Zion bauen ꝛc." sind von ihm bekannt. Er schrieb seinen Lebenslauf selbst, Halle 1744.

Lange, Dr. Joh. Christian, geb. am 25. Dezember 1669 zu Leipzig, wo sein Vater, M. Joh. Lange, Consulent und Advokat war. Bis zum 16. Jahre wurde er privatim unterrichtet, kam dann auf das Gymnasium zu Zittau, und ging 1687 nach Leipzig zurück, um Philosophie und Philologie zu studiren. Er wurde durch seinen Fleiß und seine guten Anlagen schon 1688 Baccalaureus und 1689 Magister. Jetzt ging er zum Studium der Theologie über, besuchte das Kollegium philobiblicum und übte sich im Predigen. Er ging hierauf nach Lüneburg, wo er in Dr. Petersens Haus freundliche Aufnahme fand. Hier unterrichtete er dessen Sohn und einen jungen Grafen von Waldeck, und blieb einige Jahre in diesem Verhältniß. Nachdem er eine Reise nach Hamburg, Lübeck, Eutin u. a. Sädten gemacht hatte, kehrte er 1694 nach seiner Vaterstadt zurück. Er machte auf einer Reise nach Dresden die Bekanntschaft mit Dr. Spener, dessen Freund er wurde; ging nach Gießen, erhielt dort 1697 die Professur in der Moral, und 1716 den Ruf als Superintendent und Hofprediger des Fürsten Georg August von Nassau-Idstein, wurde auch Doktor der Theologie. Starb zu Idstein am 16. Dezemb. 1756, alt 87 Jahre. In dem Werke: Die Kraft der Christl. Religion in den letzten Stunden sterbender Gerechten, Hildburghausen 1768, werden ihm 17 Lieder zugeschrieben.

Langhans, Urbanus, war aus Schneeberg gebürtig, wo er anfangs Kantor und 1554 Diakonus zu Glaucha im Schönburgischen war, und dann als Diakonus nach Schneeberg kam.

Lassenius, Dr. Joh., dieser fromme, durch seine Erbauungsschriften allgemein geachtete Gottesgelehrte ward am 26. April 1636 zu Waldau in Pommern geboren, wo sein Vater zur Zeit Pastor war. Er besuchte die Schulen zu Stolpe, Danzig und Stettin, ging dann auf die Universität Rostock, und hierauf als Hofmeister mit einem jungen Manne aus Danzig nach Holland, Frankreich und England. Nach dieser Reise wurde er Hofmeister zweier Prinzen, mit welchen er, außer genannten Ländern, auch Italien, Spanien und Portugal besuchte. Nachdem er zurückgekehrt war, setzte er seine Studien auf den vornehmsten Universitäten Deutschlands fort. Durch einige Streitschriften gegen die Papisten reizte er diese; auf der Straße bei Nürnberg wird er von ihnen gefangen genommen, aus einem Kloster in das andere geschleppt und neun Tage in einer Grube fest verwahrt. Endlich schickten ihn die Jesuiten nach Ungarn und an die türkische Gränze; doch der Herr, den er unter allen diesen Drangsalen und Schmahungen treu bekannte, öffnete ihm eine Bahn, aus den Handen seiner Feinde zu entrinnen, und ließ ihn glücklich bei den Seinen anlangen. Er wurde nun 1666 Montagsprediger und Rektor zu Itzehoe; 1669 Hofprediger und Probst bei dem Grafen v. Ranzau zu Brennstädt; 1675 Prediger bei der Deutschen Gemeine in Kopenhagen, und 1676 Hofprediger, Konsistorialassessor, Doktor u. Professor der Theologie und Pastor zu St. Petri in Kopenhagen, wo er am 29. August 1692 starb. Von seinen Liedern stehen 15 in dem von ihm herausgegebenen Kopenhagener Gesangbuche: „Lobsingende Andacht, mit D. Joh. Lassenii Vorrede," Kopenhagen 1686, spatere Aufl. 1692 ꝛc.; dann die meisten in seinem „Biblischen Weyhrauch zum süßen Geruch gottseliger Andachten," Kopenhag. 1687, zweite Aufl. 1689 in 12.

Lau, Samuel, ein frommer Gottesgelehrter, ward geb. am 12. Oktober 1703 zu Neukirch bei Elbingen; besuchte das Gymnasium zu Elbingen unter dem Rektor Koitsch; ward frühe zum wahren Glauben erweckt und ging auf die Hochschulen zu Halle und Jena. Er wurde 1728 zum Informator in dem Hause des regierenden Grafen und Herrn zu Stollberg-Wernigerode angenommen, und sodann 1731 dessen Hofprediger, Konsistorialrath und 1743 Superintendent daselbst. Er starb an einem auszehrenden Fieber am 14. November 1746, alt 43 Jahre. Seine Lieder stehen theils in der Sammlung der „Cöthnischen Lieder," theils in dem „Wernigeroder Gesangbuche" von 1735 u. 1746 in 8., auch in der neuen „Wernigerodischen Sammlung," 1752.

Laurenti, Laurentius, geb. am 8. Juni 1660 zu Husum im Holsteinschen, wo sein Vater ein angesehener Bürger und großer Liebhaber der Musik war; er studirte auf der Schule seiner Vaterstadt und dann auf der Universität Kiel; im Jahr 1684 wurde er Kantor und Musikdirektor an der Domkirche zu Bremen. Er starb am 29. Mai 1722, nachdem er kurz zuvor seine Stelle bei genannter Kirche niedergelegt hatte. Seine Lieder, 126 an der Zahl, unter denen viele von hoher Salbung und trefflichen Gaben zeugen, erschienen unter dem Titel: „Evangelica Melodica, das ist: Geistl. Lieder und Lobgesänge nach dem Sinn der ordentlichen Sonn- und Festtags-Evangelien ꝛc. eingerichtet ꝛc. von L. L., directore der Music an der Königl. Dom- und Haupt-Kirchen in Bremen," Bremen 1700 in 12.

Lavater, Johann Kaspar, geb. am 15. November 1741 zu Zürich, wo er unter Bodmer und Breitinger studirte, ließ sich im Jahre 1761 zum Predigtamte weihen, machte 1763 mit seinen Freunden Felix Heß und Heinrich Füßli eine gelehrte Reise. Unter Posessor Sulzers Aufsicht gingen sie nach Berlin, wo sich Lavater einige Zeit bei Spalding aufhielt und seinen Geist und Styl bildete. Nach seiner Zurückkunft ward er Prediger an der Waisenkirche zu Zürich; 1778 wurde er Diakonus und 1786 Pfarrer bei St. Peter daselbst. Er starb am 2. Januar 1801 an den Folgen eines bei der Wiedereroberung Zürichs von einem französischen Soldaten erhaltenen Schusses. Seine zahlreichen Lieder, ungefähr 700, erschienen zuerst in verschiedenen Zeitschriften, dann unter dem Titel: „Hundert christliche Lieder," Zürich 1776; „zweites Hundert," 1780; ferner: „Neue Sammlung geistl. Lieder in Reimen," Zürich 1782, und endlich: „Poesien," 2 Theile, den Freunden des Verfassers gewidmet, Leipzig 1781 u. 1782.

Lehr, Leopold Franz Friedr., ein frommer, vom Geiste Gottes tief durchdrungener Lehrer, welcher nicht nur selbst das thätige Christenthum mit Strenge übte, sondern es auch bei andern zu befördern strebte, ward geb. am 3. September 1709 zu Kronenberg bei Frankfurt a. Main, wo sein Vater, Joh. Jakob Lehr, Fürstl. Nassau-Idsteinischer Kammerrath und zuletzt Hofrath war. Er besuchte das Gymnasium zu Idstein bis 1727; ging 1729 auf die Universität Jena; 1730 nach Halle, wo er Pastor Freylinghausens Kinder informirte. Im Jahre 1731 wurde er Informator der jungen Prinzessin zu Cothen, und endlich 1740 Diakonus bei der lutherischen Gemeine daselbst. Er starb zu Magdeburg bei seinem Schwiegervater am 26. Januar 1744, alt 35 Jahre. Man sehe: „Lehr's Leben und Lieder von G. C. Giese," Leipzig u. Görlitz 1746 in 8.; ferner erschienen seine Lieder in Nürnberg 1751, am vollstandigsten aber mit den anderen Poesien des Verfassers unter dem Titel: „Himmlisches Vergnügen in Gott und Christo von Sam. Helmich zusammengetragen," Halle 1757; es sind 28 Lieder in dieser Samml.

Leo oder **Leon**, Johann, soll aus der Gegend von Modena gebürtig gewesen sein, war um 1607 Pfarrer zu Wölfis, einem Dorfe in Thüringen, unweit Obrdruf. Seine Lieder stehen zerstreut in den Gesangbüchern.

Liebich, Ehrenfried, ein vorzüglicher Liederdichter seiner Zeit, geb. am 13. Juni 1713 zu Probsthayn, einem Dorfe im Liegnitzischen, wo sein Vater ein Müller war. Da er anfänglich zu diesem Geschäft angehalten worden war, so kam er erst im 16. Jahr in die lateinische Schule nach Schweidnitz; dann 1732 auf das Gymnasium zu St. Elisabeth in Breslau; 1738 auf die Universität zu Leipzig. Im Jahre 1740 verließ er dieselbe und beschäftigte sich mit Unterweisung der Jugend; 1742 wurde er Pfarrer zu Lomnitz u. Erdmannsdorf, und starb am 23. Dezember 1780 im 67. Jahre seines Alters. Seine „geistl. Lieder und Oden" erschienen, 1r Theil Hirschberg und Leipzig 1768, 2te Ausgabe 1773; der 2te Theil Liegnitz 1774 in 8.

Lindemann, Johann, ein Abkömmling aus Luthers Familie von Seiten seiner Mutter, welche eine geborne Lindemann war. Er war von 1580 bis 1630, in welchem Jahre er starb, also 50 Jahre Kantor in Gotha, und seine Lieder finden sich in den Gesangbüchern zerstreut.

Linzner, Georg, geb. zu Camenz i. d. Oberlausitz, war Studiosus der Theologie, und um 1680 Privatlehrer oder Schulmeister zu Breslau. Er gab heraus: „Der sterbende Christ, oder christliche Zubereitung zum Tode," Jena 1691.

Liscov, M. Salom. (Liscovius), geb. am 25. Oktober 1640 zu Niemitzsch in der Niederlausitz, wo sein Vater, Joh. Liscov, Prediger war. Er studirte zu Wittenberg, wurde dort Magister, und als Dichter gekrönt; kam 1664 als Pfarrer nach Otterwisch, unter der Inspektion Grimma, und dann 1685 als Diakonus nach Wurzen, wo er am 5. Dezember 1689 starb. Er gab verschiedene Erbauungsschriften heraus, in welchen seine Lieder zerstreut zu finden sind. Die meisten und besten stehen in seinem Werke: „Des christlichen Frauenzimmers Tugendspiegel," Leipzig 1672 in 12.

Lobwasser, Dr. Ambrosius, geb. am 4. April 1515 zu Schneeberg, wo sein Vater Bergmann war. Er studirte zu Leipzig, wurde dort Magister, reiste nach Frankreich und den Niederlanden, wurde alsdann Rath des Burggrafen zu Meißen; hielt sich 5 Jahre in Italien auf; wurde zu Bologna Doktor der Rechte, kam wieder nach Leipzig und ward hierauf zu Königsberg in Preußen Professor der Rechte und Herzogl. Preußischer Rath. Starb am 27. November 1585, alt 70 Jahr. Er übersetzte die Psalmen Davids, und gab solche zuerst 1573 heraus.

Lochner, M. Karl Friedrich, geb am 2. April 1634 zu Nürnberg, wo sein Vater, Friedr. Lochner, Registrator bei der Kanzlei war. Er besuchte 1652 das Gymnasium zu Breslau; 1653 die Universität Altdorf; 1654 die Hochschule zu Rostock, wo er Magister wurde. Er machte eine Reise durch Ober- u. Niedersachsen; wurde 1658 Vikarius in der Vorstadt Wohrd zu Nürnberg, 1659 ein gleiches zu Fürth und 1663 Pfarrer daselbst. Er war Mitglied des Pegnesischen Blumenordens unter dem Namen Periander der Andere, wurde durch Sigismund v. Birken zum Dichter gekrönt, und starb am 26. Februar 1697. Er gab heraus „Das seltene Alter," und seine Lieder stehen in Heinrich Müller's poetischem Andachtsklang.

Löscher, Dr. Valentin Ernst, geb. am 29. (28.) Dezember 1673 zu Sondershausen, wo sein Vater, Dr. Kaspar Löscher, Superintendent war. Er besuchte die Schule zu Zwickau; ging 1690 auf die Universitat Wittenberg, wurde daselbst 1692 Magister und 1695 Adjunktus der philosophisch. Fakultät; 1696 besuchte er die Universitat Jena; reisete nach Holland und Dänemark; wurde 1698 Pastor primar. und Superintendent zu Jüterbock im Querfurtischen; 1700 Doktor der Theologie zu Wittenberg; 1701 Superintendent zu Delitsch; 1707 Professor der Theologie zu Wittenberg; endlich 1709 Superintendent u. Assessor des Konsistoriums zu Dresden. Im Jahre 1748 am 1. Advents-Sonntage feierte er sein Amtsjubiläum und starb am 12. (8.) Februar 1749, alt 75 Jahre. Seine geistl. Lieder verfertigte er, wenn er sich in betrübenden Umständen befand, und sind dieselben in folgenden Werken erschienen: „Edle Andachts-Früchte," Frankfurt 1701 in 8.; zweite Ausgabe, Coburg 1711 in 8. — „Evangel. Zehenden gottgeheiligter Amts-Sorgen," Theil 1—6. Magdeburg 1704 bis 1710, in 8. — „Dreifache Andachts-Übungen," Dresden 1713. — „Beitrag zur Evangel. Jubelfreude," Dresden 1717 in 8. — „Gott gewidmete Proben, die Fähigkeit zum Dienst des Amtes Christi &c." Dresd. 1719 in 8. — „Übung der Gottseligkeit, eine Postille," Dresden 1720 in 4. — „Jubellieder am anderen Jubiläo der Augsp. Konfession," Dresd. 1730 in 8. — Er gab auch 1704 das Delitzsche Gesangbuch „Räuchwerk der Heiligen" heraus, welches aber Theophil. Reibestahl, Pfarrer zu Radefeld bei Leipzig, gesammelt hatte.

Löwenstern, Matthäus Apelles v., geb. am 20. April 1594 zu Neustadt im Fürstenthum Oppeln, wo sein Vater ein Sattler war; der Herr bereitete ihm den Weg zu seinem Fortkommen durch die Musik; er wurde 1625 Fürstl. Bernstädtischer Rentmeister und Musikdirektor; dann 1626 Präsident der Fürstl. Schule zu Bernstadt; ferner 1631 Rath und Sekretair bei dem Kaiser Ferdinand II u. III., welcher letztere ihn in den Adelstand erhob. Der Herzog Karl Friedrich zu

Münsterberg-Oels ernannte ihn zum Staatsräthe, in welcher Eigenschaft er am 11. April 1648 starb. Er dichtete 30 Lieder, welche mit der Überschrift: „Symbola oder Gedenksprüche Herz. Karl Friedrich zu Münsterberg 2c. auch andern erlauchten Personen zusammt noch etlichen geistlich. Oden," vor dem alten Breslauischen Gesangbuche: „Vollständige Kirchen- u. Hausmusik 2c. Breslau, ohne Jahr, stehen; auch sind sie unter dem Titel: „Frühlings-Meyen" von J. D. Major in Kiel 1678 aufs neue herausgegeben.

Loskiel, Heinrich, ist unbekannt. Es findet sich in dem handschriftlichen Verzeichniß von Christian Gregor über die Liederverfasser des Brüdergesangbuches, Barby 1778, der 2te Vers von Nr. 1205. (des L. S.) unter diesem Namen.

Ludämilia Elisabeth, Gräfin zu Schwarzburg-Rudolstadt; sie war ausgezeichnet durch außerordentliche Geistesgaben verbunden mit einem frommen Herzen, und ward geboren am 7. April 1640, trieb mit besonderem Fleiße die deutsche Poesie, hatte aber auch in der lateinischen Sprache vortreffliche Kenntnisse. Leider starb sie als verlobte Braut ihres Vetters des Grafen Christian Wilhelm von Schwarzburg-Sondershausen, mit ihrer Schwester Christiane Magdalene an einem Tage, nämlich am 12. März 1672, alt 32 Jahre. Ihre Lieder, 215 an der Zahl, erschienen nach ihrem Tode unter dem Titel: „Die Stimme der Freundin," Rudolstadt 1687 in 8.

Luise Henriette, Kurfürstin von Brandenburg, diese fromme Fürstin war geb. am 17. November 1627 im Haag, und älteste Prinzessin Tochter Heinrich Friedrichs, Prinzen von Oranien, Erbstatthalters von Holland. Frühe zeichnete sich dieselbe durch ihren Geist und durch wahre Frömmigkeit aus, und wurde so würdig eine Gemahlin des großen Kurfürsten, Friedrich Wilhelms zu sein, mit welchem sie sich am 27. November 1646 vermählte. Ungeachtet ihres hohen Fürstl. Standes, war sie selbst gegen ihre geringsten Diener herablassend, und gegen Arme besonders freigebig. Ein schönes Denkmal stiftete sie sich durch die Gründung eines Waisenhauses in Oranienburg, und die Kirche feiert ihr Andenken beim Gesange von vier Liedern, welche sie verfaßte, und von welchen zwei, nämlich Nr. 987 und 1067. (des L. S.), noch heute mit vielem Segen im Heiligthume erschallen. Sie starb am 8. Juni 1667, alt 40 Jahre. Ihre Lieder befinden sich in dem auf ihren Befehl, von Christoph Runge herausgegebenen Gesangbuche, Berlin 1653. Siehe Langbeckers Gedichte, 2. Theil; Berlin 1829, S. 243.

Luther, Dr. Martin, der große Reformator, war geb. am 10. November 1483 zu Eisleben; sein Vater war ein Bergmann oder Schieferhauer. Es erwarb der junge Luther 1497 sein Brot als ein Currendeschüler zu Magdeburg u. Eisenach mit Singen vor den Thüren; wurde von der Frau des Kotta in ihr Haus genommen, und dort verpflegt; bezog 1502 die Universität in Erfurt, las dort fleißig die Bibel; ging in das dasige Augustiner Kloster; wurde 1507 Priester; 1508 Professor der Philosophie zu Wittenberg; erhielt nach einer Reise nach Rom 1512 die theologische Doktorwürde. Am 31. Oktober 1517 schlug er 95 Theses wider den Ablaß an die Schloßkirche zu Wittenberg; Luther wurde 1518 auf den Reichstag zu Augsburg berufen; bei seiner Rückkunft lernte er Melanchthon kennen. Im Jahre 1521 wurde Luther nach Worms berufen, bewies mit großer Freimüthigkeit dort seine Lehre; bei seiner Heimreise wurde er gefangen nach der Wartburg gebracht, wo er das neue Testament und die Psalmen übersetzte. In Wittenberg entstanden Unruhen, Luther eilte nach Wittenberg. Im Jahr 1530 wurde ein Reichstag zu Augsburg ausgeschrieben, wo die evangelische Parthei dem Kaiser ihr Glaubensbekenntniß überreichte, welches Melanchthon ausgearbeitet hatte und die „Augsburgische Confession" genannt wird. Im Jahre 1525 verheirathet sich Luther mit dem Fräulein Katharina v. Bora, und starb am 18. Februar 1546 in der Nacht 2 Uhr. Seine großen Verdienste um den Kirchengesang sind allgemein anerkannt, und drei Jahrhunderte hindurch wurden seine Lieder (37) in der Kirche mit großem Segen angestimmt.

M.

Mathesius, M. Johann, geb. am 24. Juni 1504 zu Rochlitz im Meißnischen, wo sein Vater, Wolfgang Mathesius, Rathsverwandter war. Er besuchte die Schule seiner Vaterstadt und die in Mittweida, dann das Gymnasium zu Nürnberg, wo er durch Singen vor den Thüren seinen Unterhalt sich erwarb, ging hierauf auf die Universität zu Ingolstadt. Leider war er, wegen großer Armuth genöthigt, dieselbe zu verlassen und nach München zu gehen, wo er durch Unterrichten sich forthelfen mußte. Nach einiger Zeit wurde er Informator bei einer adelichen Frau auf dem Schlosse Odilshausen, wo ihm, 1526, Luthers Buch von guten Werken und die beiden Bücher vom heiligen Abendmahl in die Hände kamen, durch welche er zur Erkenntniß der evangelischen Wahrheit gebracht wurde. Er ging 1729 nach Wittenberg, hörte fleißig Luthern, welcher ihn an seinen Tisch nahm; wurde hierauf Informator in Altenburg; 1532 Rektor in Joachimsthal, 1531 Diakonus und 1545 Pastor daselbst. Am 8. Oktober 1565 rührte ihn der Schlag auf der Kanzel, als er gerade über das Evangelium von der Wittwe zu Nain predigte, und starb wenige Stunden nachher. Er hatte einst mit großer innerer Anfechtung zu kämpfen, so daß er an Gottes Barmherzigkeit zweifelte, in dieser Zeit dichtete er das Lied Nr. 172. (des L. S.)

Maukisch, Dr. Johann, geb. am 14. August 1617 zu Freyberg in Meißen, studirte und promovirte in Leipzig, ward hierauf Professor der Theologie, Prediger bei der Dreifaltigkeitskirche, in Danzig und daselbst Senior des Ministeriums. Starb am 8. Juni 1669. Seine 34 Lieder, welche größtentheils sich auf die Sonn- u. Festtage beziehen, erschienen zuerst in dem Danziger Gesangbuche jener Zeit.

Mayer, Dr. Joh. Friedrich, geb. am 6. Dezember 1650 zu Leipzig, wo sein Vater, Joh. Ulrich Mayer, Doktor der Theologie und Pastor an der St. Thomaskirche war. Er studirte in seiner Vaterstadt, erhielt hier im 17. Jahre die Magisterwürde: ging nach Straßburg; wurde 1672 Sonnabendsprediger zu Leipzig; 1673 Superintendent zu Leißnig; 1674 Doktor der Theologie zu Leipzig: 1670 Superintendent zu Grimma; 1684 Professor der Theologie zu Wittenberg, und Probst an der Schloßkirche daselbst; kam 1686 als Pastor an St. Jakob nach Hamburg, wurde zugleich auch Professor honorarius zu Kiel; 1691 Oberkirchenrath in den schwedisch-deutschen Provinzen; 1698 Oberkirchenrath der Aebtissin zu Quedlinburg; 1699 Kaiserl. Hof- und Pfalzgraf, endlich 1701 Generalsuperintendent über Pommern und Rügen, Präsident des Konsistoriums, erster Professor der Theologie und Prokanzler zu Greifswalde, auch Pastor an der St. Nikolaikirche daselbst. Kurz vor seinem Tode besuchten ihn Friedrich IV. von Dänemark und Friedrich August, König von Polen. Kriegesunruhen wegen mußte er sich nach Stettin begeben, wo er am 30 März 1712 an der Brustwassersucht starb, alt 62 Jahre. Seine beiden Lieder Nr. 1270. (des L. S.) und: Auf, auf, mein Geist ermuntre dich rc. finden sich in älteren Gesangbüchern.

Megander, Veit Ludwig, war erst Königl. Dänischer Regimentsquartiermeister, nachher Herzogl. Sächsischer Sekretair, starb 1709.

Meier, Joh. David, war Senior in Schwäbisch Halle. Siehe sein Gesangbuch. „Geistliche Seelenfreude rc. von einem Davidschen Musikfreunde rc.“ Ulm 1692, S. 246. Weil in einigen Gesangbüchern unter Nr. 1043. (des L. S.) A. F. stehet, schreibt man es gewöhnlich Ahasv. Fritsch zu, welche Meinung auch Dr. Bengel hat. Siehe Haug's Liederdichter des Würtemberg. Gesangbuches, Stuttgart 1780. S. 42.

Meisner, Dr. Gotthilf, geb. am 13. Novbr. 1618 zu Wittenberg, ein Sohn des Dr. Balth. Meisner daselbst. Er war anfangs Adjunktus der theologischen Fakultät in Wittenberg, dann Pastor und Superintendent zu Jessen, und zuletzt Pastor zu Großenhayn, wo er am 3. August 1690 starb. In dem Küstrinischen Gesangbuche von 1692 und in dem Berliner von 1707 befinden sich von ihm mehre Lieder.

Meister, Dr. Christoph Georg Ludwig, geb. am 12. August 1738 zu Halle an der Saale, war zuerst Anhalt-Bernburg. Konsistorial-Assessor und Prediger zu Waldau und Altenburg bei Bernburg; wurde 1774 Prediger bei der reformirten Gemeine in Duisburg, zugleich auch Doktor und Professor der Theologie. Seit 1784 Prediger an der Marienkirche und Professor der Theologie an dem akademischen Gymnasium, seit 1796 Primarius an genannter Kirche und 1802 Rektor perpetuus des Gymnasiums zu Bremen, wo er am 26. Jan. 1811 starb. Seine ersten religiosen Lieder, 160 an der Zahl, erschienen in den anonym von ihm herausgegebenen „Empfindungen über Gegenstände der Religion, Natur und Freundschaft,“ Quedlinburg 1766; dann auch in der Wochenschrift: „der Andächtige,“ Halle 1773 ff., welche er im Vereine mit Feddersen und Sturm erscheinen ließ, und in einer Sammlung: „Lieder für Christen,“ Essen 1781, verbesserte Ausgabe, Bremen 1790 rc.

Melissander, siehe Bienemann.

Mentzer, Johann, geb. 1658 zu Jahma in der Oberlausitz, starb als Pfarrer zu Kemnitz bei Bernstadt in der Oberlausitz. Er verfaßte einige dreißig Lieder, welche in dem von ihm 1726 herausgegebenen „Evangelischen Psalter von zehn Seiten, oder Reibersdorfer Gesangbuch“ zu finden sind.

Meyfart, Dr. Joh. Matthäus, geb. am 9. November 1590 zu Wallwinkel in Thüringen, einem Dorfe zwischen Waltershausen und Gotha, wo sein Vater, Michael Meyfart, Prediger war. Er besuchte die Schule zu Gotha, studirte zu Jena und Wittenberg, wurde Baccalaureus in der Philosophischen Fakultät; im 21. Jahre Magister; kam 1617 als Professor an das Gymnasium zu Coburg und wurde daselbst 1623 Direktor. Am 14. Dezbr. 1624 erhielt er zu Jena die Würde eines Doktors der Theologie; ward 1632 Professor der Theologie in Erfurt; 1636 Pastor an der Predigerkirche daselbst, und starb am 26. Januar 1642. Er dichtete drei Lieder, welche sich in ältern Gesangbüchern finden.

Möckel, Joh. Friedrich, geb. am 16. Jan. 1661 zu Kulmbach, wo sein Vater, Joh. Möckel, Goldschmid war. Auch er sollte sich diesem Geschäft widmen, doch seine große Neigung zum Studiren änderten des Vaters Entschluß. Er besuchte die Schule seiner Vaterstadt; ging 1681 auf die Universität Jena, mußte aber selbige bald verlassen, da die Pest daselbst heftig zu grassiren anfing. Er wurde nun bei dem Herrn v. Redwitz Schloßprediger zu Trisenort; 1685 Schloßprediger bei dem Herrn v. Künßberg zu Hayn; 1619 Pfarrer zu Neuhaus; welches dem Herrn v. Crailsheim gehörte; endlich 1693 Pfarrer bei dem Herrn v. Egloffstein zu Steppach und Limpach, unter der Superintendentur Neustadt an der Aisch. Starb am 19. April 1729, alt 68 Jahr. Nr. 1428 verfertigte er 1691 der verwittweten Frau v. Künßberg, als er Schloßprediger zu Hayn war, wie dies ein Brief von seiner Hand bezeuget. Dieses Lied wurde zuerst abgedruckt in dem, bei Hertel in Bayreuth zur Zeit herausgekommenen und von Printz edirten Gesangbuche.

Moller, Martin, (Möller) am 10. November 1547 zu Kropstädt bei Wittenberg geb., wo sein Vater, Dionysius Moller, ein Bauersmann u. Maurer war. Er besuchte die Stadtschule zu Wittenberg, von 1566 an das Gymnasium zu Görlitz; wurde 1568 Kantor zu Lemberg in Schlesien; dann 1572 Pfarrer zu Kesselsdorf; in eben diesem Jahre Diakonus zu Lemberg; 1695 Pastor zu Sprottau, endlich 1600 Pastor primarius zu Görlitz. Ein Jahr vor seinem Ende erblindete er, doch ließ er sich nicht abhalten zu predigen; er starb den 2. März 1606 an Steinschmerzen, alt 59 Jahre. Seine Lieder stehen in den Werken: „Meditationes Sanctorum Patrum,“ Görlitz 1592 in 8. — „Mauuale de praeparatione ad mortem,“ Görlitz 1612 in 8.

Moser, Johann Jakob v., aus dem Geschlechte der Moser v. Filseck, welches im Herzogthum Würtemberg seit 300 Jahren ansäßig gewesen, ward geb. am 18. Januar 1701 zu Stuttgart. Er bekleidete zuerst eine Lehrerstelle der Rechte zu Tübingen, wurde vom König von Dänemark zum Etatsrath ernannt, und starb am 30. September 1785. Seine geistl. Lieder erschienen in 2 Bänden, Stuttgart 1766 u. 1767; der Verfasser schrieb sie im Gefängniß, in der Festung Hohentwiel, mit der Spitze einer Lichtscheere in die weiße Wand, da ihm Schreibmaterialien versagt waren.

Mudre, M. Johann Friedrich, geb. zu Lübben in der Niederlausitz am 26. Dezember 1736, wo sein Vater, Christoph Mudre, Bürger, Garn- und Zwilligweber war. Er studirte von 1757 bis 1767 zu Leipzig; wurde 1771 Pastor zu Bubendorf bei Borna; dann 1773 Pastor zu Mittelsaida bei Freyberg, wo er seit 1807 als Pastor emeritus lebte; er starb am 30. Mai 1810. Seine Lieder, 99 an der Zahl, erschienen unter dem Titel: „Geistliche Lieder und Gedichte,“ Friedrichsstadt-Dresden 1770.

Mühlmann, Lic. Johann, geb. am 28. Juli 1573 zu Pegau; studirte in der Fürstenschule zu Pforta; dann zu Leipzig u. Jena; wurde 1598 Sonnabendsprediger an der Thomaskirche zu Leipzig; 1599 Diakonus an der Wenzelskirche zu Naumburg; 1604 Pastor zu Laucha; 1605 Archidiakonus zu St. Nikolai in Leipzig; 1607 Professor der Theologie; 1612 Licentiat und starb 1613 am 14. November, 48 Jahre alt.

Müller, Christian (Christoph) Anton, war Pfarrer in Leuwarden; Nr. 989. (des L. S.) findet sich in der Nachlese des Wernigerodischen Gesangbuchs von 1756, und dann in vielen anderen Gesangbüchern.

Müller, Dr. Heinrich, ein frommer und geistreicher Gottesgelehrter, dessen Erbauungsschriften noch heut mit vielem Segen gelesen werden, ward geb. am 18. Oktober 1631 zu Lübeck, sein Vater, Peter Müller, war Kaufmann in Rostock. Schon in seinem 13. Jahre bezog er, bei sehr schwacher Leibeskonstitution, die Universität Rostock, wo er in den orientalischen Sprachen und in den philosophischen Wissenschaften einen guten Grund legte; ging dann nach Greifswalde, Leipzig und Wittenberg; in seinem 17 Jahre wurde er zu Rostock Magister: 1653. in seinem 22. Jahre, Archidiakonus an der Marienkirche daselbst; 1660 promovirte er zu Helmstädt in doctorem Theologiae; 1662 wurde er Superintendent und Pastor zu St. Marien in Hamburg und erhielt in eben diesem Jahre zu Rostock die Prof. in der griech. Sprache u. auch das Pastorat bei der Marienkirche daselbst; 1671 ward er Superintendent und starb am 17. Septemb. 1675, alt 44 Jahre. Vor seinem Tode sagte er, er habe sich keines einzigen fröhlichen Tages in der Welt zu erfreuen gehabt. Seine geistl. Lieder findet man zum Theil im Anhange seiner geistl. „Seelen-Musik,“ Rostock 1659 in 12. u. Frankfurt 1668; zum Theil auch in seiner „Creutz-Buß- und Bet-Schule ꝛc.“ Frankfurt und Rostock 1661; zum viertenmahl in Druck gegeben ibi 1674.

Müller, Michael war Kandidat des Predigtamtes und Informator bei einem Herrn v. Gaysberg auf Schaubeck bei Bottwar im Würtenbergischen, wurde geb. 1673 zu Blankenburg am Harz, und starb 1704. Er gab heraus: „Psälmen Davids, nach mehrentheils bekannten Gesangmelodieen reimweise übersetzt,“ Stuttgart 1700 in 8.

Münter, Dr. Balthasar, geb. am 24. März 1735 zu Lübeck; studirte zu Jena, wo er die Magisterwürde erhielt; kam als Hofprediger nach Gotha, und dann als erster Prediger der deutschen Petrigemeine nach Kopenhagen; wurde Doktor der Theologie, und starb am 5. Oktober 1793, alt 58 Jahr. Er war ein Mann von großer Beredsamkeit und vielen schönen Geistesgaben; von seinen Liedern, welche sich bis auf 100 belaufen, erschienen einige, 1771, zuerst in seinen Predigtentwürfen, dann in einer Sammlung von 50 Liedern, Kopenhagen 1772, zweite Auflage in zwei Theilen, Leipzig 1773 und 1774. Sein Leben schrieb sein Sohn Dr. Friedrich Münter, Kopenhagen 1794.

Munz, Georg Christoph, Superintend. zu Gräfenthal in Franken; 24 Lieder stehen von ihm in den Evangl. Sterbe- und Todespsalmen ꝛc. 2 Sammlungen, Nürnberg 1764—65, zweite Aufl. in 3 Sammlungen, ibi 1770—71.

N.

Nachtenhöfer, M. Kaspar Friedrich, geb. am 5. März 1624 zu Halle in Sachsen, wo sein Vater, Kaspar Nachtenhöfer, Doktor und Juris Praktikus war. Er besuchte die Schulen zu Zeitz, Altenburg und Coburg; ging dann 1647 auf die Universität Leipzig, wo er Magister wurde; ward hierauf 1651 Diakonus; 1655 Pastor und Adjunkt zu Meder; 1671 Pastor zum heiligen Kreuz und Diakonus zu St. Moritz in Coburg; dann an eben dieser Kirche Vesperprediger und endlich Subsenior und Dienstagsprediger. Er starb am 23. November 1685 an Hypochondrie. Seine Lieder stehen im Coburger Gesangbuche von 1684 u. 1693 mit seinem Namen bezeichnet.

Neander, Christoph Friedrich, geb. 1723 (1724) am 26. Dezember auf dem Pastorat Ekau in Kurland, war anfangs Pastor zu Pilten in Liefland, nachher Pastor zu Gränzhof und 1775 Probst des Dobblenischen Kreises in Kurland. Er starb am 21. Juli 1802. Seine Lieder unter denen sich 41 neue, (die anderen sind Umarbeitungen älterer Gesänge) erschienen zuerst Riga und Leipzig 1766, 1772 und 1774 in zwei Sammlungen.

Neander, Joachim, (eigentl. Neumann) ein reformirter Gottesgelehrter und der Erste, welcher sich in der deutsch-reformirten Kirche in der geistl. Liederpoesie mit Ruhm hervorthat, geb. zu Bremen 1610; zuerst Rektor in Düsseldorf; 1679 Prediger zu St. Martin in Bremen; starb daselbst am 31. Mai 1680. Seine Lieder erschienen unter dem Titel: „J. N. Glaub- u. Liebesübungen, aufgemuntert durch einfältige Bundes-Lieder und Dank-Psalmen ꝛc.“ Bremen 1680 in 8., Wesel 1692 in 8., Frankfurt 1712, Thurnau 1716, Amsterd. 1725, Büdingen 1730. Auch Tersteegen gab sie in Verbindung mit andern Liedern zu Solingen heraus. Dr. Ph. Jak. Spener schätzte diese Lieder sehr.

Nehring, Joh. Christian, geb. zu Gotha; anfänglich Rektor zu Essen in Westphalen; dann Inspektor des Waisenhauses zu Halle; hierauf Pfarrer zu Nauendorf am Petersberge; endlich 1716 Pfarrer zu Morl bei Halle. Er starb 1736. Seine Lieder sind im Manuscript vorhanden; einige stehen in Freylinghausens Gesangbuch.

Neumann, Kaspar, geb. am 14. Sept. 1648 zu Breslau, wo sein Vater Raths-Steuereinnehmer war; er sollte anfänglich ein Apotheker werden, widmete sich jedoch, nach dem Tode seines Vaters, dem Studium. Er besuchte das Maria Magdalena Gymnasium in Breslau; bezog 1667 die Universität Jena; wurde 1673 Reiseprediger bei dem Herzog Christian zu Eisenberg; 1676 Hofprediger in Altenburg. Im Jahre 1678 kam er als Diakonus an der Maria Magdalena Kirche nach Breslau; dann 1689 ward er Pastor und Konsistorial-Assessor, und endlich 1697 Pastor an der Hauptkirche zu St. Elisabeth, Inspektor der dasigen Kirchen und Schulen und Professor der Theologie bei beiden Gymnasien, auch 1706 Mitglied der Königl. Gesellschaft der Wissenschaften. Er starb am 27. Januar 1715, alt 66 Jahre. Er war ein, in hoher Achtung stehender Gelehrter, dabei wegen seines frommen und sanften Sinnes selbst bei anderen Glaubensverwandten sehr beliebter Mann. Seine Lieder, 39 an der Zahl, kamen als Anhang zu seinem „Kern aller Gebete,“ Berlin 1737 in 12. heraus, sind aber außerdem noch sehr oft aufgelegt worden.

Neumark, Georg, geb. am 16. März 1621 zu Mühlhausen in Thüringen, ging auf das Gymnasium zu Schleusingen, wurde Fürstl. Sächsischer geheim. Archivsekretair, Bibliothekar und Kaiserl. Hof- und Pfalzgraf zu Weimar. Man nahm ihn 1653 unter dem Namen des Sprossenden in die fruchtbringende Gesellschaft auf; starb am 8. Juli 1681 zu Weimar, alt 60 Jahre. Er gab heraus: „Fortgepflanzter musikalisch-poetischer Lustwald,“ Jena 1657, welches eine vermehrte Ausgabe seines „Poetischen und musikalischen Lustwäldchens,“ Hamburg 1652, ist. „Geistl. Arien,“ Weimar 1675, aus diesen Werken kamen mehre seiner Lieder zum kirchlichen Gebrauch.

Neumeister, Erdmann, geb. am 12. Mai 1671 zu Uchteritz bei Weißenfels, wo sein Vater 1716 als Schulmeister verstarb; er studirte 4 Jahre auf der Fürstenschule Pforte und hernach 6 Jahre auf der Universität Leipzig, wo er auch die Magisterwürde erhielt. Er wurde 1697 Pastor substitutus zu Bibra in Thüringen 1698 Pastor u. Adjunkt. der Eckartsbergisch. Superintendentur; 1704 Hofdiakonus und hernach Hofprediger zu Weißenfels; 1706 gräfl. Promnitzischer Oberhofprediger, Superintendent, Konsistorialrath und Pastor zu Sorau; endlich 1715 Pastor zu St. Jakob und Scholarch zu Hamburg. Er feierte am 30. Juni 1747 sein 50jährig. Amtsjubiläum, dabei er 13 Kinder und 50 Kindeskinder erlebte, und starb zu Hamburg am 18. August 1756, im 86. Jahre. Er verfaßte viele Schriften u. dichtete nahe an 700 Lieder, welche unter folgenden Titeln erschienen: „Der Zugang zum Gnadenstuhl Jesu Christo ꝛc.“ Weißenfels 1705, 1707 in längl. 12. „Fünffache Kirchen-Andachten ꝛc.“ herausgegeben von G. T. (Gottfr. Tilgner) Leipzig 1717 in 8. — „Evangelischer Nachtrag, d. i. Neue geistr. Gesänge über die ordentl. Sonn- u. Festtags-Evangelia ꝛc.“ Hamb. 1718, 1726; zweiter Theil 1729 in 8.

Neunherz, M. Joh., geb. am 16 August 1653 zu Schmiedeberg, wo sein Vater, gleiches Namens, Kaufmann war. Er besuchte die Schulen zu Lauban u. 1670 das Gymnasium zu St. Magdalena in Breslau; ging 1673 nach Leipzig, wo er 1674 Baccalaureus und 1676 Magister wurde. Zu Ende des Jahres 1678 wurde er Pastor substitutus zu Lauban, und 1681 im Febr. Pastor zu Kießlingswalde. Im Jahre 1696 wurde er Pastor zu Geibsdorf bei Lauban; 1706 Diakonus an der Pfarrkirche und zugleich Prediger an der neuen Kirche zum Kreuz Christi in Lauban, und endlich 1709 Pastor primarius und Senior des Ministeriums der evangelischen Gemeine zu Hirschberg. Starb daselbst 1737. Er gab heraus: „Evangelische Sabbaths-Freude," Zittau 1690 in 12. — „Evangelische Herz-Ermunterung oder Musikal. Text auf die Sonn- und Festtage," Leipzig 1701 in 12., und „Andachten über die Sonn- und Festtags-Evangelien" rc.

Neuß, Dr. Heinrich Georg, geb. am 11. März 1654 zu Elbingerode auf dem Harz, wo sein Vater, Andr. Neuß, Chirurgus war. Im Jahre 1683 wurde er Konrektor; 1684 Rektor zu Blankenburg; 1690 Stadtprediger in Wolfenbüttel; 1692 des Herzogs zu Braunschweig, Rudolph August's Reiseprediger; 1696 Superintendent der Asseburgischen Inspektion zu Remlingen, und in eben dem Jahre Superintendent, Konsistorialrath und Ephorus der Schule zu Wernigerode; starb am 30. September 1716, 62 Jahre alt. Seine Lieder erschienen unter dem Titel: „Hebopfer zum Bau der Hütte Gottes," Lüneburg 1692 in 12.

Nicolai, Dr. Philipp, geb. am 10. August 1556 zu Mengeringhausen in der Grafschaft Waldeck, wo sein Vater, Dietrich Nicolai, Prediger war. Er besuchte die vornehmsten deutschen Universitäten; ward 1576 Prediger zu Mengeringhausen; 1583 Prediger im Kloster Hardeck; 1586 Hausprediger zu Cölln am Rhein; 1587 Hofprediger des Grafen Waldeck zu Wildungen; 1594 Doktor der Theologie zu Wittenberg; 1596 Pastor zu Unna in Westphalen, und 1601 Pastor und Senior zu St. Katharinen in Hamburg, wo er am 26. Oktober 1608 im 52. Jahre starb. Von ihm erschienen verschiedene Werke, unter andern: „Freudenspiegel des ewigen Lebens," Frankfurt 1599 und 1607 in 4., aus welchem Buche 4 Lieder in die Gesangbücher übergegangen sind.

Niemeyer, Dr. Aug. Hermann, geb. am 1. September 1754 zu Halle im Saalkreise, wo sein Vater Archidiakonus war. Er besuchte das Pädagogium zu Halle, und studirte auch auf der dasigen Universitat Theologie; wurde 1780 bei derselben außerordentlicher Professor der Theologie und Inspektor des theologischen Seminariums; 1784 ordentlicher Professor und Aufseher des Königl. Pädagogiums; 1785 Mitdirektor desselben und zugleich auch des hallischen Waisenhauses; 1787 Direktor des pädagogischen Seminars; 1792 Konsistorialrath; 1794 Doktor der Theologie; 1800 Direktor des Almosenkollegiums; 1804 wirklicher Ober-Konsistorialrath und Mitglied des berlinischen Oberschulkollegiums; 1808 Mitglied der Reichsstände im Konigreich Westphalen, Kanzler und Rektor perpetuus der Universitat Halle. Er verlor dieses Amt 1813 durch Napoleon; als aber 1814 die Universität wieder hergestellt wurde, ward auch er wieder eingesetzt. Er wurde 1816 Konsistorialrath und auswartiges Mitglied des Konsistoriums zu Magdeburg; feierte am 18. April 1827 sein Jubilaum als akademischer Dozent, und starb am 7. Juli 1828. Sein Leben schrieb Dr. Joh. Heinrich Fritsch, Halle 1828. Seine Lieder findet man in folgenden Werken: „Timotheus, zur Erweckung und Beförderung der Andacht nachdenkender Christen," 2. Aufl. Leipzig 1789, im dritten Theile 20 Lieder. — „Auswahl einiger vorzüglichen neueren geistlichen Lieder, zum Privatgebrauch," Halle 1782. Zu dieser Sammlung von 67 Liedern, unter welchen 3 von seiner Arbeit und 5 geänderte vorkommen, gab er 1786 noch eine zweite Sammlung von 73 Liedern, unter gleichem Titel heraus, in welcher 20 eigene und 8 umgearbeitete von ihm stehen. — „Gesangb. für höhere Schulen und Erziehungsanstalten," Halle 1785 in 8; darin 50 Lieder von demselben. — Endlich: „Religiöse Gedichte," Halle u. Berlin 1814.

O.

Oertel, ... war Kursächsischer Gesandschafts-Kanzellist in Regensburg, Nr. 773 stehet im geistlichen Liedersegen von D. G. S., (Schöber) Lobenstein 1769 mit diesem Namen.

Oesterreicher, Georg, von seinem Leben ist nur bekannt, daß er 33 Jahre Kantor und Kollaborator an der Schule zu Windsheim war, und 57 Jahr alt verstorben ist. Er gab 28 Katechismusgesange, unter dem Titel: „Kantor-Büchlein," Rothenburg an der Tauber 1615 in 8. heraus.

Olearis, Dr. Johann, geb. am 17. September 1611 zu Halle, wo sein Vater, gleiches Namens, Pastor und Superintendent war. Besuchte das Gymnasium zu Merseburg und Halle, und dann die Universität Wittenberg; wurde Superintendent zu Querfurt, darauf Hofprediger u. Beichtvater des Herzogs August zu Sachsen-Halle; erhielt zu Wittenberg die Doktorwürde, u. wurde endlich Oberhofprediger, Kirchenrath und Generalsuperintendent zu Weißenfels, wo er am 14. April 1684 starb, alt 72 Jahre. Seine Lieder stehen in seinem „evangelischen Gedenkring bei der geistl. Gedenkkunst," 3te Aufl. Leipzig 1677 in 8., und in seiner „geistl. Singekunst oder ordentlich verfassetem vollständigem Gesangbuch, Leipzig 1671.

Olearius, M. Joh. Gottfried, geb. am 25. (28.) Septbr. 1635 zu Halle, wo sein Vater, Gottfried Olearius, zur Zeit Pastor an der St. Ulrichskirche war, studirte zuerst auf dem Gymnasium seiner Vaterstadt, ging 1653 auf die Universität Leipzig, wurde daselbst 1656 Magister; machte gelehrte Reisen nach Straßburg, Tübingen, Heidelberg, Marburg und Jena; wurde 1658 Adjunktus an U. L. Frauenkirche zu Halle, 1662 Diakonus, 1685 Pastor an dieser Kirche zugleich Inspektor des Saalkreises; kam 1688 als Pastor primarius, Superintendent, Konsistorialrath und Ephorus des Gymnasiums nach Arnstadt; verlor im Alter sein Gesicht, war 52 Jahre im Amte und starb am 21. (20) Mai 1711. Er schrieb: „Primitiae poetica oder geistlicher teutscher Lieder Erstlinge," Halle 1664 in 8. — „Geistl. Singe-Lust, vormals in blühender Jugend Gott zu Ehren angefangen rc." Arnstadt 1697 in langl. 12.

Olischer, M. Joh. Balthasar, ward geb. 1685 zu Reichenbach im Voigtlande, wurde 1708 Pfarrer zu Karlsfeld; 1715 Diakonus und 1720 Pastor in seiner Vaterstadt; starb ....

Olpius, M. Johann Christoph, ist unbekannt.

Omeis, M. Magnus Daniel, geb. am 6. September 1646, am Magnustage in Nürnberg, wo sein Vater, Joh. Heinrich Omeis, Diakonus an der St. Sebalduskirche war. Er besuchte das Aegydien-Gymnasium seiner Vaterstadt, ging 1664 auf die Universität Altdorf, wurde 1667 daselbst Magister, erhielt den poetischen Lorbeerkranz und wurde in den Pegnitzorden unter dem Namen Damon aufgenommen. Er ging 1668 nach Straßburg und dann nach Wien, wo er den Sohn des Brandenburgischen Residenten, Andreas Neumann, unterrichtete. Nach drei Jahren (1672) reisete er durch Mähren und Böhmen nach Hause, wurde hierauf 1674 Professor der Beredsamkeit in Altdorf; 1677 Professor der Moral, Comes palatinus und Präses des Pegnitzordens. Er erhielt 1699 die Professur in der Dichtkunst, die Inspektion über die Nürnbergischen Alumnen, und starb am 22. November 1708, im 63. Jahre. Er gab heraus: „Geistl. Gedichte und Liederblumen,“ Nürnberg 1706; auch in des Poetischen Andachts-Klanges der geistl. Erquickstunden von H. Müller finden sich geistliche Lieder von ihm.

P.

Pappus, Dr. Joh., geb. am 16. Jan. 1549 zu Lindau am Bodensee, wo sein Vater, Hieron. Pappus, Bürgermeister war. Nachdem er die Schule seiner Vaterstadt besucht hatte, ging er 1562 auf die Universität zu Straßburg, 1564 auf die Hochschule in Tübingen, wo er schon im 15. Jahre seines Alters Magister wurde. Hierauf erhielt er 1566 den Ruf als Informator der beiden jungen Grafen Wolfgang und Friedrich Melchior v. Falkenstein; ging aber im folgenden Jahre, auf den Wunsch seines Vaters, wieder nach Straßburg, wo er die Theologie mit großem Fleiße studirte; wurde 1569 Diakonus zu Reichenau (oder nach Wetzel: Reichenwill); 1570 Professor der hebräischen Sprache und zugleich Prediger in Straßburg; 1571 Magister zu Basel; 1573 Doktor der Theologie zu Straßburg; 1575 Kanonikus; 1578 Pastor am Münster und Professor der Theologie daselbst; 1587 Präsident des Kirchenconvents in Straßburg, und starb am 13. Juli 1610, alt 61 Jahre. Ihm war vom Herrn ein außerordentlich starkes Gedächtniß gegeben, und pflegte gewöhnlich in die Stammbücher zu schreiben: AD fIneM sI qVIs se parat ILLe sapIt. (Weise ist der, welcher sich zu seinem Ende zubereitet) In diesem Denkspruch findet sich, auf eine merkwürdige Weise, sein Todesjahr 1610. Nr. 932. (des L. S.) stehet schon, nach Rambach, in dem Neu Katechismus Gesangbüchlein durch D. Wolderum, Hamburg 1598, doch unter seinem Namen erschien dieses Lied viel später in den Gesangbüchern.

Pauli, Joachim, (nicht Johann, wie ihn einige nennen) ist unbekannt, soll nach dem Brandenburgischen Gesangbuche von 1763 Prediger bei Berlin gewesen sein. Seine Lieder kommen auch zuerst in den Berliner Gesangbüchern vor. (Praxis pietatis melica etc. von Crüger 1664 u. a.)

Paulmann, Johann Ludwig, geb. am 24. November 1728 zu Verwolda im Braunschweigischen; ward erst 1759 Prediger in dem Pfarrdorfe Olper vor Braunschweig; dann 1767 Pastor an der Brüdernkirche in Braunschweig. Er starb daselbst am 28. Dezember 1807. Außer einer kleinen Sammlung von Liedern nach dem Inhalte einiger Kanzelvorträge, Braunschweig u. Hildesheim 1776, gab er eine „Neue Sammlung geistl. Lieder,“ Braunschweig 1790, heraus. Früher schon waren einige Lieder in dem „Neuen Braunschw. Gesangbuche 1779,“ an dessen Herausgabe er Antheil hatte, erschienen.

Pfefferkorn, M. Georg Michael, geb. 1646 zu Iffta im Herzogthum Eisenach, in welchem Dorfe sein Vater 58 Jahr Prediger war. Er ging in die Schulen zu Creuzburg und Gotha, dann auf die Universität Jena, wo er 1666 Magister wurde. Ging nach Altenburg, war Informator der Söhne des Dr. Schelhasen, hierauf Lehrer am Gymnas. daselbst; und dann Informat. bei den drei jüngsten Prinzen des Herzogs Ernst des Frommen zu Gotha. Er wurde 1676 Pastor u. Adjunkt. zu Friemar, und 1682 Pastor u. Superintendent, wie auch Konsistorial-Assessor zu Tonna. Starb am 3. März 1732, alt 86 Jahr. Er war gekrönter Dichter und schrieb in seiner Jugend: „Poetische und philologische Fest- und Wochenlust.“ Altenburg 1667 in 8.

Pfeil, Christoph Karl Ludwig v.; (nicht Christian, wie in Richters biograph. Lexikon der Liederdichter und nach demselben auch hier unter einigen Liedern steht), Reichsfrei und Kammerherr, Königl. Preuß. Minister u. Gesandter bei dem fränkischen u. schwäbischen Kreise, geb. 1712 zu Grünstadt im Leiningischen, gest. am 14. Februar 1784 zu Deufstetten bei Dinkelsbühl. Er war ein sehr frommer und erfahrner Christ. Seine Lieder erschienen unter dem Titel: „Evangelischer Lieder-Psalter,“ Stuttgart 1747. — „Lieder über die Offenbarung Johannis,“ Tübingen 1753. Er erreichte ein Alter von 72 Jahren und 25 Tagen.

Pietsch, Dr. Joh. Valentin, geb. 1690 zu Königsberg in Preußen, wo er Königl. Preuß. Hofrath und Leibmedikus, Doktor der Medizin und der Dichtkunst, ordentlicher Professor und Ober-Land-Physikus war. Starb am 29. Juli 1733, alt 43 Jahr. Seine 13 Lieder findet man in seinen gesammelten poetischen Schriften, die mit Gottsched's Vorrede zuerst 1725 in 8. erschienen. Später wurden dieselben herausgegeben unter dem Titel: „Des Herrn J. V. P. gebundene Schriften rc. ans Licht gestellt von J. G. Bock,“ Königsberg 1740 in gr. 8.

Poliander, siehe Graumann.

Porsch, Christoph, war in Elbingen gebor., daselbst Prediger und starb 1714. Nach Hardenbergs schriftl. Nachrichten ist er Verfasser von Nr. 1432. (des L. S.)

Prätorius, M. Benjamin, war aus Weißenfels gebürtig, und Pastor substitutus zu Groß-Lissa bei Dölitzsch, wurde 1661 von Theodor Gerurius zum Dichter gekrönt, lebte noch 1668, und schrieb: „Jauchzendes Libanon .... an achtzig Geistlichen Liedern rc.“ Leipzig 1659 und 1668 in 8. Zu seinen Liedern verfertigte der Kantor zu Dölitzsch, Christoph Schulz, die Melodieen.

Prätorius, (Scultetus oder Schulze) Christoph, von seinem Leben ist nur so viel bekannt, daß er Advokat in Stendal gewesen, und nach Wetzels Analect. hymnic. Band. 2. Stück 5. S. 611, das unter Nr. 219. (des L. S.) aufgeführte Lied gedichtet habe.

Pressovius, Christian, wurde 1691 Pastor zu Germendorf und Bubero in der Inspektion Zehdenick, und gab heraus: „Neue christliche Gesänge über die Evangelien,“ Neu-Rupp. 1719.

R.

Rambach, Dr. Johann Jakob, ein ausgezeichneter, frommer, arbeitsamer Gottesgelehrter u. salbungsreicher Liederdichter, ward gebor. am 24. Februar 1693 zu Halle im Magdeburgischen, wo sein Vater ein Bürger und Tischler war. Er sollte sich diesem Handwerke auch widmen, war auch schon zwei Jahre dazu angehalten; doch der Herr ließ es geschehen, daß er sich den Fuß verrenkte und lange Zeit krank darniederlag. Dadurch wurde der Entschluß in ihm rege sich dem Studium der Theologie zu widmen. Er besuchte in dieser Absicht von 1708 bis 1712 die dortige Schule des Waisenhauses und hernach die Universität daselbst; half zu Dalwitz, unweit Berlin, an der von Michaelis veranstalteten neuen Ausgabe der hebräischen Bibel arbeiten. Setzte 1719 seine Studien zu Jena fort; hielt von 1720 an als Magister einige Vorlesungen; wurde 1723 Adjunkt der theologischen Fakultät zu Halle und Inspektor am Waisenhause; 1726 Doktor und außerordentlicher, und 1727 ordentlicher Professor der Theologie daselbst. Im Jahre 1731 kam er als erster Professor der Theologie, Superintendent und Assessor des Konsistoriums nach Gießen, und starb am 19. April 1735, alt 42 Jahre, an einem hitzigen Fieber. Seine Lieder sind in folgenden Sammlungen enthalten: „J. J. Rambachs Geistliche Poesien rc." Halle 1720 in 8. 2te Aufl. Leipzig und Giessen 1735 in 8. — „J. J. R. Poetische Festgedanken von den höchsten Wohlthaten Gottes rc. Mit einem Anhange anderer geistlicher Lieder rc." Jena 1723; 2te Aufl. ibi 1727 in 8. „Geistliches Haus-Gesangbuch rc. ausgefertigt von D. J. J. R." Frankfurt und Leipzig 1735 in 8. In den, nach seinem Tode herausgekommenen geistl. Gedichten, Jena 1740, sind nicht alle seine Lieder enthalten.

Rehberger, Andreas, geb. am 18. Nov. 1716 zu Nürnberg, wo sein Vater, Joh. Rehberger, Senior bei St. Sebald war. Er ging zuerst in das Aegidien-Gymnasium seiner Vaterstadt, dann 1734 auf die Universität Altdorf. Mit einem seiner Schulfreunde, dem Dr. und Prof. Theolog. Dietelmair, begab er sich nach Halle; kehrte 1739 zurück, wurde 1740 Mittags-Prediger beim heiligen Kreuz; 1746 Pfarrer zu St Jobst; 1761 Antistes und Prediger bei St. Jakob, in welchem Amte er schnell am 16. May 1769 starb. Er war ein geistreicher Mann, und seine Predigten wurden allgemein hochgeschätzt, und blieben nicht ohne sichtbaren Segen. In den „Evangelischen Sterbe- u. Todespsalmen." 1. Aufl. in 2 Samml. Nürnberg 1764 — 1765 in 8; 2. Aufl. in 3 Sammlungen, ibi 1770 — 1771, sind seine Lieder, 131 an der Zahl, mit A. R. bezeichnet.

Reichel, Christoph August, geb. am 4. Juli 1715 zu Großreuth bei Nürnberg, war 1748 Rektor bei der Schule zu St. Sebald; dann 1756 Diakonus bei der Kirche zu St. Sebald; 1770 Prediger bei der St. Aegidienkirche zu Nürnberg, und starb am 10. Febr. 1774. Von ihm stehen 30 Lieder in den Evangel. Sterbe- und Todespsalmen rc., Nürnberg 1764—1765; 2. Aufl. in 3 Sammlungen, ibi 1770 — 1771.

Reimann, Georg, aus Lemberg in Schlesien gebürtig, war Doktor der Rechte und des Kaisers Matthias Rath; starb 1615. Als Liederdichter ist er durch drei Lieder, welche im Koburger Gesangbuch von 1660 stehen, bekannt, welche anfangen: Aus Lieb läßt Gott der Christenheit (s. Nr. 171.) — O Freude über Freude wir hab'n erlebt die Zeit rc. — Wir singen all mit Freuden-Schall vom Krieg und Sieg des Herrn rc.

Reißner, Adam, geb. 1471, ein Schüler des berühmten Dr. Johann Reuchlin, von dem er besonders die hebräische und griechische Sprache erlernte. Er war Geheimschreiber des berühmten Georg v. Freundsberg, früher Erzieher der Söhne desselben, die sich unter den Kaiserl. Hauptleuten des Fußvolks auszeichneten. Er begleitete 1527 das Kaiserl. Heer unter Karls v. Bourbon und des alten Freundsberg Führung auf dem welthistorischen Zuge nach Rom. Er focht, wie alle Kriegesbeamte, auch im Gliede der Landesknechte, und hinterließ über die Ereignisse der Jahre 1526 - 30, namentlich über die Einnahme von Rom, wichtige Memoiren, welche er unter dem Titel herausgab: „Historie der Herren Grafen Georg u. Kaspar v. Freundsberg," und die im letzten Viertel des 16. Jahrhunderts erschienen. Auf seinen Taufnamen machte er sich folgendes Symbolum:

Was lebt, das stirbt, durch Adams Noth;
Was stirbt, das lebt, durch Christi Tod.

Er starb zu Frankfurt a. M, im hohen Alter.

Reitz, Franziska Barbara, geb. am 7. Juni 1715 zu Marktbreit in Franken, wo ihr Vater, M. Joh. Adam Leonhard Reitz, Stadtprediger und Konsistorial-Assessor war. Sie war von Kindheit an kränklich und gebrechlich, jedoch von trefflichen Geistesgaben und in der heiligen Schrift sehr erfahren. Zu ihrer Lieblings-Beschäftigung gehörte die Dichtkunst; sie verfertigte viele geistl. Lieder, welche in der Amtsjubelfreude ihres Vaters, Rothenburg an der Tauber 1752 in 4., angezeigt werden. Sie starb zu Sommershausen 1785, alt 70 Jahr.

Richter, Dr. Christian Friedrich, geb. 1676 zu Sorau in der Niederlausitz. Dieser wahrhaft fromme vom Geiste des Herrn tief durchdrungene Arzt studirte außer der Medizin, als seinem Hauptstudium, auch die Theologie zu Halle, und wurde praktischer Arzt am Waisenhause daselbst. In Gemeinschaft mit seinem Bruder, Dr. Christian Sigismund Richter, Med. Prakt. in Halle, verfertigte er die Arzeneien, welche noch heute unter dem Namen der hallischen allgemein bekannt sind, und durch welche dem Waisenhause manch Scherflein zufloß. Leider brachte dieser reich begabte Mann sein Leben nur auf 35 Jahr; denn er starb am 5. Oktober 1711. Seine geistlichen Lieder erschienen seit 1698 einzeln in den Gesangbüchern; nach seinem Tode aber gesammelt in seinen „erbaulichen Betrachtungen über den Ursprung und Adel der Seele," Halle 1718 in 8.; wieder aufgelegt zu Grätz 1731 und 1739; Wittenberg 1760 in 8. Es befinden sich im Anhange dieses Werkes 33 Gedichte u. Lieder von ihm.

Ringwaldt, Bartholomäus, ein treuer Lehrer, welcher 1531 geb. wurde, gegen das Jahr 1556 Pfarrer zu Langfeld in der Mark Brandenb., unter dem zum Johanniterorden gehörigen Amte Sonnenburg war, und noch am Ende des 16. Jahrhunderts lebte, da er sich in einem Hochzeitgedicht von 1595 einen Greis in weißen Haaren nennt. Der Rektor des Berlinischen Gymnasiums, Joh. Jakob Wippel, schrieb das Leben dieses Märkischen Predigers, Berlin 1751 in 4. Von ihm erschienen: „Handbüchlein geistreicher Lieder," Nürnberg 1598 in 12.; auch „Beschreibung des Zustandes im Himmel und der Höllen" rc. Hamburg 1591 in 12. und 1597 in 8.; in diesen Werken befinden sich seine geistlichen Lieder.

Rinkart, M. Martin, geb. am 23. April 1586 zu Eilenburg, wo sein Vater, Georg Rinkart, ein Böttcher war. Er besuchte die Schule seiner Vaterstadt und ging 1601 auf die Universität Leipzig; hier verschaffte er sich Unterhalt durch seine musikalische Fertigkeit, welche er dem Kantor Georg Uhlemann in Eilenburg verdankte; 1610 erhielt er das Kantorat an der St. Nikolaikirche in Eisleben, vertauschte aber dieses Amt 1611 mit dem Diakonat an demselben Orte; 1613 ward er zum Pfarramte in Erdeborn im Mansfeldischen berufen; 1617 machte er eine Reise nach seiner Vaterstadt: hier trug man ihm das erledigte Archidiakonat freiwillig an. Durch Krieg, Pest, Theurung und Hungersnoth wurde der fromme Seelsorger gar hart geprüft, bis ihn der Herr, am 8. Dezbr 1649, im 64. Jahre seines Lebens, in seine ewige Herrlichkeit nahm. Siehe „M. Martin Rinkart nach seinem äußern Leben u. Wirken v. Louis Plato," Leipz. 1830.

Rist, Johann, ein sehr fruchtbarer und zu seiner Zeit ausgezeichneter Liederdichter der evangelischen Kirche, wurde am 8. März 1607 zu Ottensen, einem hart an die Stadt Altona gränzenden Dorfe, geb., wo sein Vater, Kasp. Rist, Pastor war. Noch ehe er geboren ward, bestimmte man ihn zum Studium der Theologie. Er wurde auf die Schule in Hamburg gebracht, besuchte späterhin auch das Gymnasium in Bremen; studirte dann zu Rinteln, Rostock, Utrecht und Leiden neben der Theologie auch die Mathematik und Medizin; 1635 berief man ihn zum Prediger in dem an der Elbe liegenden Holsteinisch. Flecken Wedel; er wurde 1644 Kaiserl. Hof- und Pfalzgraf, gekrönter Poet und Herzogl. Mecklenburg. Kirchenrath; 1647 Mitglied der fruchtbringenden Gesellschaft, unter dem Namen des „Rüstigen". Kaiser Ferdinand III. erhob ihn 1653 in den Adelstand; 1660 stiftete er den Elb-Schwanenorden, in welchem er sich bald „Daphnis" bald „Palatin" nannte. Er starb am 31. August 1667, alt 60 Jahre; er dichtete 658 Lieder, welche in folgenden Werken enthalten sind: „Himmlische Lieder," gedruckt zu Lüneburg bei den Sternen 1644 und 1652, in 8. „Passions-Andachten," Hamburg 1648, 1654 u. 1664 in 8. — „Neuer himmlischen Lieder sonderbahres Buch," Lüneb. 1651. — „Sabbathische Seelen-Lust," Lüneburg 1651 in 8. — „Frommer und gottseel. Christen altägl. Haus-Musik oder Musical. Andachten," gedr. Lüneb. 1654 in 8. — „Musikalische Fest-Andachten," Lüneburg 1655 in 8. — „Musikalische Catechismus-Andachten," Lüneb. 1656 in 8. — „Musikalische Kreuz-Trost-Lob- und Dank-Schule," Lüneb. 1659 in 8. — „Musikalisches Seelen-Paradies," 1. Theil, Lüneb. 1660 in 8.; ebend. 1662 in 8.

Ritter, Jakob, geb. am 29. Mai 1627, starb am 14. August 1669 als Fürstl. Sächs. Magdeburgischer Sekretair zu Halle. Er gab heraus eine „Uebersetzung von D. Daniel Sennerts christl. Lebens- und seligen Sterbekunst," Leipzig 1666 in 12.

Rodigast, M. Samuel, geb. am 19. Oktober 1649 in dem Dorfe Gröben in Thüringen, kam 1661 auf die Schule nach Weimar, ging 1668 auf die Universität Jena, wurde 1671 daselbst Magister, las Kollegien und disputirte 16 Mal, wurde 1676 Adjunkt der philosophischen Fakultät; erhielt 1680 das Konrektorat und 1698 das Rektorat am Gymnasium zum grauen Kloster in Berlin, wo er in diesem Amte am 19. März 1708 starb. Er liegt in der Klosterkirche begraben, und sein Denkstein befindet sich in der Kirche beim Altare. Nr. 1806. (des L. S.) dichtete er 1675 seinem kranken Freunde, dem Kantor Severius Gastorius zu Jena, zum Trost, der dann zu demselben die herrliche Melodie verfertigte.

Röding, Joh. Heinrich, geb. zu Hamburg am 20. Novemb. 1732; durch eigenen Fleiß gelangte er, ohne Unterricht, zur Kenntniß von Sprachen und Wissenschaften; wurde 1768 Lehrer an der Jakobsschule zu Hamburg und starb am 28. Dezember 1800. Er gab heraus: „Lieder über den Katechismus, nebst Gebeten für Kinder," Hamburg 1772, neue Aufl. unter dem Titel: „Geistliche Lieder und Gebete für Kinder, zum Gebrauch in den Schulen," ebend. 1774, und dann zum 4ten mal aufgel. 1797. — „Die Leidensgeschichte Jesu, mit untermengten Betrachtungen und Liedern ꝛc.," ebend. 1773. — „Geistl. Lieder," ebend. 1784; in dieser Sammlung sind 31 Lieder aus der zuerst angezeigten Schrift mit Verbesserungen wieder abgedruckt. Seiner Lieder sind mehr als 100 an der Zahl.

Rothe, Joh. Andreas, geb. am 12. Mai 1688 zu Lissa, einem Dorfe unweit Görlitz, wo sein Vater, M. Ägidius Rothe, Pfarrer war. Er besuchte das Gymnasium Magdalenäum in Breslau; ging 1708 auf die Universität Leipzig; ward 1712 unter die Zahl der Kandidaten aufgenommen, und 1722 von dem Grafen v. Zinzendorf zum Pastor in Berthelsdorf berufen; 1737 wurde er Pastor zu Hermsdorf bei Görlitz; 1739 Adjunktus und 1742 Pastor zu Thomendorf. Der Graf v. Zinzendorf giebt ihm das Zeugniß, daß er Wenige seines Gleichen in der geistlichen Beredsamkeit gehabt. Er gab einige zwanzig kleinere theologische Schriften heraus, in welchen zum Theil seine Lieder, 45 an der Zahl, befindlich sind.

Ruben, Johann Christoph, war Licentiat der Rechte und Amtmann zu Burgemünde im Hessen-Darmstädtischen. Von ihm stehen 7 Lieder in Freylinghausens Gesangbuch. Er gab 1712 eine Sammlung geistlicher Gedichte, unter dem Titel: „Frühlings-Blumen aus der geistlichen Erde" in Druck, aus welchem Werke J. J. Rambach einige Lieder in sein Haus-Gesangbuch aufnahm.

Runge, Christoph, dieser vielfältig hart geprüfte und im Feuer der Trübsal bewährte Mann, wurde 1619 geb. und war Besitzer einer Buchdruckerei in Berlin. Durch Krieg, Pest u. andere schwere Bedrängnisse, namentlich dadurch, daß er schon frühe seine Gattin und seine sämmtlichen acht Kinder, von denen vier an einem Tage begraben wurden, verlor, wurde der rechtschaffene Mann in drückende Umstände versetzt, dennoch aber half ihm der Herr, zu dem allein seine Hoffnung stand, hindurch, so daß er nicht im Unglück unterging. Er gab 1644 zuerst das, in der Folge seit 1658 mit dem Musikdirektor Crüger gemeinschaftlich besorgte, Gesangbuch, unter dem Titel: „Praxis pietatis melica," heraus. Von diesem Gesangbuche erlebte er noch 1679 die zwanzigste Auflage. Er starb ungefähr 1680. Seine eigenen Lieder, über 50 an der Zahl, befinden sich in diesem Gesangbuche und sind in den älteren Ausgaben mit einem Sternchen bezeichnet.

Ruopp, M. Joh. Friedrich, zuerst Prediger zu Gottesweiler bei Straßburg, dann Adjunktus der theologischen Fakultat zu Halle und Inspektor der Königl. Freitische; starb am 26. Mai 1708. Von ihm stehen 7 Lieder in Freylinghausens Gesangbuch.

Rutilius, Martin, des Dr. Luther Amanuensis, ward geb. zu Düben in Kursachsen 1550, wo sein Vater Prediger war. Er studirte zu Wittenberg und Jena; erhielt 1575 das Pastorat in Teutleben; ward 1586 Diakonus zu Weimar, und endlich daselbst Archidiakonus. Er starb am 18. Januar 1618, alt 67 Jahr.

S.

Sacer, Dr. Gottfried Wilhelm, geb. zu Naumburg am 11. Juli 1635, wo sein Vater, Andreas Sacer, Oberbürgermeister war. Er besuchte die Schule seiner Vaterstadt; ging 1649 auf die Fürstenschule Pforta; 1653 bis 1657 auf die Universität Jena. Er wurde dann 2 Jahre Sekretair bei dem Kurbrandenburgischen Geh. Rath und Direktor der Kriegeskanzlei v. Platen zu Berlin; dann Hofmeister in den beiden adelichen Häusern v. Pohlen und v. Bünau; hierauf Regimentssekretair, und nach einiger Zeit Fähndrich unter dem Obersten v. Mollisen in Lüneburg; ging dann auf die Universität Kiel, um daselbst zu promoviren, nahm alsdann eine Hofmeisterstelle bei einem Holsteinisch. Edelmann an; machte 1667 bis 1670 eine Reise nach Holland und Dänemark; kam nach seiner Rückkehr als Hofgerichts- und Kanzleiadvokat ordinar. nach Braunschweig; erhielt 1671 die Würde eines Doktors der Rechte zu Kiel; wurde 1683 Kammer- und Amtsadvokat zu Wolfenbüttel, und endlich 1690 Kammerconsulent daselbst. Er starb am 8. September 1699, alt 64 Jahre. Er zeichnete sich aus durch seine strenge Gewissenhaftigkeit, und diente oft seinen Clienten umsonst, dabei war er ein vortrefflicher Dichter seiner Zeit, welchen auch der poetische Lorbeerkranz zierte. Seine geistl. Lieder gab sein Schwiegersohn, der General-Superintendent Georg Nitzsch zu Gotha heraus, unter dem Titel: „Geistliche liebliche Lieder," Gotha 1714 in obl. Einige gab er schon bei seinem Leben, 1661, heraus unter dem Titel: „Der Bluttriefende, Singende u. Triumphirende Jesus."

Sachs, Hans, wurde zur Zeit der Pest, am 5. Novbr. 1494 zu Nürnberg geb., wo sein Vater Schneider war. Er erhielt eine sorgfaltige Erziehung, besuchte die Lateinische Schule, doch ein hitziges Fieber störte ihn hier in seinem Fleiße. Im 15. Jahre mußte er das Schuhmacherhandwerk erlernen; seine vorzügliche Gabe zur Dichtkunst brachte ihn unter die Meistersänger, wo ein Leinweber, Leonhard Nunnenbeck, sein Lehrer wurde. Er machte hierauf eine Reise durch die vorzüglichsten Städte Baierns und am Rhein, nicht nur als Schuhmacher, sondern auch als Meistersänger. Als er sich 1514 zu München aufhielt, wagte er es zum ersten Mal zu dichten, und widmete seine Erstlinge dem Lobe Gottes. Auf Erinnerung seines Vaters kehrte er 1516 wieder nach Hause zurück, machte als Schuhmacher sein Meisterstück und verheirathete sich 1519 mit Kunigunden Creutzerin. Er trieb sein Handwerk mit Fleiß und vielem Segen; doch scheint er in der letzten Zeit seines Lebens in eben nicht günstigen Umständen gelebt zu haben. Als Greis von 60 Jahren verlor er seine Gattin, verheirathete sich aber 1561 wieder mit Barbara Harscherin. Er litt zuletzt an so großer Schwäche, daß er nicht mehr arbeiten konnte, bis er endlich am 25. Januar 1576 starb, alt 81 Jahr.

Sahme, M. Arnold Heinrich, geb. am 11. Juni 1676 zu Königsberg in Preußen, wo sein Vater, Heinr. Sahme, ältester Gerichtsassessor der Altstadt war; besuchte die altstädtische Schule und hernach die Hochschule seiner Vaterstadt; wurde 1700 Magister; 1708 am 1. Pfingstfeiertage als Diakonus der Löbenicht'schen Kirche eingeführt; 1721 Konsistorialrath und 1726 Mitglied der Königl. Gesellschaft der Wissenschaften zu Berlin. Im Jahre 1727 wurde er vom Schlage gerührt und starb am 26. April 1734, alt 58 Jahr. Seine Lieder stehen zum Theil in seinem glossirten Gesangbuch, Königsberg 1752 in 8.

Sannom, Joh. Friedrich, ein achtjähriger Knabe zu Offenbach, von welchem daselbst eine gedruckte Sammlung seiner Lieder erschien. D. G. Schöber nennt ihn in seinem geistl. Lieder-Segen, Lobenstein 1769 bei dem Liede: Herr Jesu Christ, mein Leben ꝛc. Diltey, wie denn der erstere Name wohl nur ein angenommener ist.

Schade, M. Johann Kaspar, ein für das thätige Christenthum und für die Unterweisung der Jugend seiner Zeit sehr eifriger Prediger, ward geb. am 13. Januar 1666 zu Kühndorf im Hennebergischen; war 1685 auf der Universität zu Leipzig des berühmten A. H. Frankens Stubengesell und drei Jahre darauf Magister zu Wittenberg; 1691 kam er als Diakonus an der St. Nikolaikirche nach Berlin, wo er als solcher am 25. Juli 1698 starb, alt 32 Jahr. Wegen seiner großen Gewissenhaftigkeit bei Ertheilung der Absolution im Beichtstuhle zog er sich viele Feinde zu; weshalb denn, am Abend seines Begräbnißtages, sein Grab muthwillig zerstört wurde. Seine Lieder, 41 an der Zahl, unter welchen auch viele ältere umgearbeitete gefunden werden, erschienen unter dem Titel: „Fasciculus Cantiouum, d. i. zusammengetragene geistliche Lieder eines in In Christo Seeligen Lehrers und Seelen-Hirtens ꝛc.“ Cüstrin, ohne Jahr, in 12.

Schalling, Martin, geb. am 21. April 1532 zu Straßburg; nachdem er 1550 zu Wittenberg studirt hatte, wurde er Prediger zu Regensburg, dann Pastor zu Vilßeck, einem Marktflecken in der Oberpfalz, und hierauf Diakonus und Superintendent zu Amberg. Weil er die Concordienformel nicht unterschreiben wollte, wurde er in Verhaft genommen und seines Amtes entsetzt; durch diese Absetzung erhielt er die Predigerstelle an der Marienkirche zu Nürnberg, wo er am 29. Dezember 1608 starb, nachdem er 50 Jahre im Ministerio gestanden.

Schamelius, Joh. Martin, dieser fromme, gewissenhafte Gottesgelehrte war am 5. Juni 1668 zu Meuselwitz im Fürstenth. Altenburg geb., wo sein Vater, Martin Schamelius, Pastor war. Er besuchte die Schulen zu Naumburg u. Merseburg, und bezog die Hochschulen zu Leipzig und Halle. Nach einer kleinen Reise erhielt er 1703 das Diakonat an der Wenzelskirche in Naumburg, 1708 aber, nach dem Tode des Dr. Joh. Pretten, wurde er Pastor primarius an genannter Kirche und zugleich Scholarch daselbst. Bei einem Brande in Naumburg verlor er seine bedeutende Bibliothek, und starb 1742, am dritten Osterfeiertag. Ihm hatte der Herr vorzügliche Geistesgaben verliehen, namentl. ein getreues Gedächtniß, verbunden mit einem schönen Vortrage; doch vor allen ward ihm der Herr gnädig durch die Gabe des Gebets; er betete eifrig und war gewohnt schon frühe aufzustehen, damit er in seinem Gebete nicht gestört würde. Besonders flehte er mit großer Inbrunst wenn er predigen sollte, und der Herr, der sich zu einem jeden Beter neigt, wenn er glaubensvoll zu beten versteht, gab ihm, dem Geiste und Körper nach, was noth that. Nie trachtete er nach hohen Würden, sondern sagte: von großen Aemtern ist der Weg in den Himmel allemal schwerer. Um die Geschichte des Kirchenliedes hat er sich besonders verdient gemacht durch die Herausgabe des Naumburgisch. Gesangbuches, 1712; 1720 erschien die 11. Aufl. desselben unter dem Titel: „Naumburg. glossirtes Gesangb., nebst einer kurzgefaßten Historie der Liederverfasser;“ hieraus entstand, Leipzig 1737, der evangel. Lieder-Commentarius. — Er schrieb ferner: „Vindiciae Cantionum d. i. Rettung und Beantwortung unterschiedener schwerscheinender Stellen der Kirchen-Gesänge,“ 3 Theile, Jena (Leipzig) 1719.

Scheffler, Dr. Johann (Angelus), geb. 1624 zu Breslau, studirte die Medizin und erhielt in derselben die Doktorwürde. Er war fürstlich Würtemberg-Oelsischer Leibarzt, wurde durch Weigels und Schwenkfelds Schriften für die mystische Theologie gewonnen, verließ obige Bedienung und ging 1653 zur römisch-katholischen Kirche über, nachdem er sich von einem spanischen Mystiker, Johannes ab Angelis, dessen Schriften er mit Liebe las, den Namen Johann Angelus gab. Er wurde nun Bischöflich Breslauischer Rath und Priester, hielt sich vorzüglich im Jesuitenkloster zu Breslau auf, und starb darin am 9. Juli 1677. Die meisten und besten seiner Lieder verfaßte er als Protestant, und gab sie unter dem Titel: „Heilige Seelen-Lust, oder Geistl. Hirtenlieder der in ihren Jesum verliebten Psyche, gesungen von Joh. Angelo Silesio ꝛc.“ Breslaw 1657 in 8., mit einem 5ten Theil vermehrt 1668, heraus. Nachmals erschienen sie unter dem Titel: „Geistliche Hirtenlieder,“ 1703 in 12., sie enthalten 205 Lieder.

Schein, Joh. Hermann, einer der berühmtesten Tonkünstler seiner Zeit, geb. um das Jahr 1587 zu Grünhayn bei Zwickau, war erst Kapellmeister zu Weimar, hernach Kantor und Musikdirektor zu Leipzig; starb 1630 daselbst. Er gab Waldlieder, Hirtenlieder, Geistl. Oden ꝛc. heraus. Auch sammelte er ein Gesangbuch: „Cantional Oder Gesangbuch Augspurgischer Confession ꝛc.“ 1627 kl. 8., neue Aufl. 1645; späterhin von Vopelius 1682 verbessert herausgegeben.

Scheitt (Scheidt), Dr. Christian Ludwig, war nach Hardenbergs biographischem Verzeichniß der Liederdichter, Hofrath und Bibliothekar zu Hannover; das unter Nr. 168. mitgetheilte Lied wird ihm in dem Verz. der Liederverfasser des Hallisch. Gesangbuchs, in den Hall. Anzeigen von 1757 und von Schöber in der 3ten Aufl. seines Lieder-Segens, Lobenstein 1769, zugeschrieben. Ohne Grund giebt Wetzel in seinen Analect. Bd. 1. St. 3. S. 39, Joh. Gangolf Wilhelm Forstmann an.

Schenk, M. Hartmann, geb. am 7. April 1634 in Ruhla bei Eisenach, wo sein Vater, gleiches Namens, Handelsmann war. Er besuchte die Schule seines Geburtsortes, dann das Gymnasium zu Eisenach und das zu Coburg. Ging hierauf 1656 auf die Universität Helmstädt und wegen der Pest 1657 nach Jena; wo er 1659 die

Magisterwürde erhielt. Wurde 1662 Pfarrer zu Bibra im Hennebergischen, und 1669 Diakonus zu Ostheim und Pastor zu Völkershausen, wo er am 2. May 1681 starb; alt 47 Jahr. Er schrieb: „Güldene Betkunst,“ Nürnberg 1677 in 8.

Schernack, M. Michael, (nicht Scharnack) geboren 1622 zu Treuenbriezen, starb 1675 als Prediger zu Wittenberg. Er schrieb: „Siebenfache Welt- und Himmels-Capelle, darein gesungen werden Welt- und Himmels-Lieder, Wittenberg 1674 in 12.

Schiebeler, Dr. Daniel, geb. am 25. März 1741 in Hamburg. Nachdem er die Schule und das Gymnasium seiner Vaterstadt besucht hatte, begab er sich 1763 nach Göttingen und 1765 nach Leipzig, erhielt hier 1768 die juristische Doktorwürde. Er wurde hierauf in demselben Jahre bei dem Domkapitel zu Hamburg als Kanonikus gewählt, und starb an der Auszehrung am 19. August 1771. Von ihm erschienen: „Auserlesene Gedichte,“ herausgegeben von J. J. Eschenburg, Hamburg 1773 in kl. 8., in welchem sich 11 geistliche Lieder befinden.

Schirmer, M. Michael, geb. 1606 zu Leipzig; war anfangs Rektor zu Freyberg, dann Pfarrer zu Striegnitz an der Mulde. Ward hierauf am 21. April 1636 als Subrektor bei dem grauen Kloster zu Berlin eingeführt; hielt 1638 ein Actum Oratorium de motibus bellicis; wurde 1643 Conrektor daselbst; veranstaltete 1653 am 22sten März auf dem berlinischen Rathhause ein drama scenicum ex lib. I Aeneidos, wozu er ein lateinisches Programm drucken ließ; ward in den letzten Jahren seines Lebens von einer Gemüthskrankheit befallen und starb am 4. Mai 1673, alt 67 Jahre. Er gab „biblische Lieder,“ Berlin 1650 in 8. heraus; in welchen er sich seines ausgestandenen vielen Kreuzes wegen, den deutschen Hiob nannte.

Schlegel, Dr. Joh. Adolph, geb. am 17. September 1721 in der Stadt Meißen, wo sein Vater, Dr. Joh. Friedr. Schlegel, Königl. Polnischer Kurfürstl. Sächsischer Appellationsrath war. Bis zum 14ten Jahre wurde er im Hause seines Vaters unterrichtet; besuchte von 1735 bis 1741 die Schule Pforta; von 1741 bis 1746 die Universität Leipzig. Nach vollendetem Studium übernahm er eine Hauslehrerstelle bei der adelichen Jugend des Oberaufsehers Pflugk zu Strehla in Kursachsen; gab aber nach 2 und einem halben Jahre die Stelle wieder auf, da der Tod seines Vaters ihn dazu nöthigte. Er wurde hierauf 1751 Diakonus u. außerordentl. Schulkollege an der Landschule Pforta; 1754 lutherischer Prof. der Theologie und Metaphysik an dem Gesammtgymnasium zu Zerbst und Pastor primarius an der dasigen Dreifaltigkeitskirche; 1759 Pastor an der Martinskirche zu Hannover; 1775 Konsistorialrath, Specialsuperintend. der Neustadt, Hännöversch. Inspektion, und Pastor primarius der Neustadt Hannover; 1782 Generalsuperintendent zu Hoya; 1787 Generalsuperint. des Fürstenthums Calenberg, als solcher starb er am 10 September 1793 an einem Gallenfieber, alt 72 Jahre. Seine geistl. Lieder erschienen in drei Sammlungen zu Leipzig 1766, 1769 und 1772 in 8.

Schlegel, Katharine Amalie Dorothee v., war Stiftsdame in Cöthen und wurde am 22 Oktober 1697 geb.; starb .... Von ihr findet man 9 Lieder in der Sammlung der Cöthnischen Lieder. Halle 1776.

Schlicht, Levin Johann, geb. am 23. Oktober 1861 zu Calbe an der Mulde, wo sein Vater, Matthias Schlicht, Archidiakonus war. Sein Vater ertheilte ihm den ersten Unterricht, und da er gute Anlagen hatte, brachte er es in den alten Sprachen sehr weit. Ging 1699 auf die Hochschule zu Halle; erhielt 1700 eine Lehrerstelle am Königl. Pädagogium daselbst; 1708 einen Ruf nach Brandenburg als Rektor der Salderschen Schule; wurde 1714 Katechet und Diakonus daselbst, in demselben Jahre Pfarrer zu Parei, vierzehn Tage darauf Pastor zu Minden, darauf Direktor des Gymnasiums zu Hildburghausen und nach sieben Monaten Prediger bei der St. Georgenkirche zu Berlin, welches Amt er 1717 antrat. Er starb daselbst am Schlagfluß den 10. Jan. 1723. Siehe Langbeckers Geschichte der St. Georgenkirche zu Berlin, Berlin 1827, S. 56.

Schlipalius, M. Joh. Christian, Prediger an der Kreuzkirche zu Dresden um 1760.

Schlosser, M. Johann Ludwig, geb. 1702 zu St. Goar in Hessen, wurde 1733 als dritter Diakonus bei der St. Katharinenkirche in Hamburg gewählt, und starb als Hauptpastor derselben und als Scholarch zu Hamburg 1754. Von diesem gelehrten und geistreichen Prediger sind 4 Lieder vorhanden, welche sich in seinem Entwurf heiliger Wahrheiten, welche nach Anleitung der Sonn- und Festtags Evangelien rc. 1746 öffentlich vorgetragen rc. Hamburg in 8. am Schluß befinden.

Schmidt, Joh. Eusebius, geb. zu Hohenfeld in Thüringen, ein Freund u. Schüler Aug. Herm. Franckens, kam 1697 als Pastor nach Siebleben bei Gotha, wo er 1745 starb; alt 76 Jahr. In Freylinghausens Gesangbuch stehen von ihm 42 Lieder.

Schmolck, Benjamin, geb. am 21. Dezbr. 1672 zu Brauchitschdorf im Fürstenthum Liegnitz, wo sein Vater, Martin Schmolck, 47 Jahr hindurch Pastor und Senior war. Er besuchte die Schule zu Lauban, ging dann 1693 auf die Universität Leipzig, und blieb daselbst 5 Jahr. Bei seiner Rückkehr nach Brauchitschdorf wurde er 1701 seinem Vater als Gehülfe im Amte gegeben; kam hierauf nach Schweidnitz, wurde 1702 Diakonus, 1707 Archidiakonus, 1712 Senior des Ministeriums, endlich 1714 Pastor primarius und Inspektor der Kirchen und Schulen daselbst. Am Sonntage Lätare 1730 rührte ihn der Schlag an der rechten Seite und verlor hernach sein Gesicht. Starb am 12. Febr. 1737, alt 64 Jahr, 8 Wochen und 10 Tage. Er war ein hochbegabter, frommer und durch Leiden mancher Art geprüfter Gottesgelehrter, dessen vortreffliche Lieder Tausende erhoben und trösteten. Sie erschienen unter folgenden Titeln: „Heilige Flammen der himmlisch gesinnten Seele,“ Striegau 1704, 1705, 1706. Leipzig 1727. — „Lustiger Sabbath in der Stille zu Zion,“ Jauer 1712, 1714 und Leipzig 1730. — „Das in gebundenen Seufzern mit Gott verbundene andächtige Herz,“ Breslau und Liegnitz 1715, 1719 und 1727. — „Schmuck und Asche eines andächtigen Herzens rc.,“ ebend. 1716, 1717, 1728. — „Geistl. Wanderstab des Sionitischen Pilgrims,“ Schweidnitz und Jauer 1718. Leipzig 1726. — „Heilige Andachtsflammen eines andächtigen Christen über alle sonn- und festtäglichen Evangelien,“ Budissin 1712. — „Freudenöl in Traurigkeit, oder Klag- u. Trost-Lieder,“ Breslau und Liegnitz 1720. — „Saitenspiel des Herzens am Tage des Herrn,“ ebend. 1720. — „Andächtiger Herzen Betaltar,“ Hirschberg 1720. — „Schöne Kleider für einen betrübten Geist,“ Breslau und Liegnitz 1723, 1739. — „Mara und Manna, oder neue Sammlung von Kreuz- Trost- Klag- und Freudenliedern,“ Breslau 1726, 1737. — „Heiliger Schauplatz der Liebe bei dem Kreuze und Grabe Jesu,“ Liegnitz 1730, 1732. — „Bochim und Elim, oder neue Sammlung von Trauer- und Trostliedern,“ ebend. 1731. — „Der geistl. Kirchengefährte, oder Gebete und Lieder rc.,“ Schweidnitz 1732. — „Kleine Harfe von zweimal zehn Seiten,“ ebend. 1732. — „Klage und Reigen rc.,“ Breslau und Leipzig. „Andächtiges Sela der glaubigen Seelen ꝛc.," Breslau 1734. — „Rosen unter den Dornen ꝛc.," ebend. 1735.

Schmuck, Dr. Vincentius, geb. am 17. Oktober 1565 zu Schmalkalden, wo sein Vater, Michael Schmuck, Buchdrucker und Rathsherr war. Er besuchte die Schule seiner Vaterstadt, dann die zu Schleusingen, ging 1583 auf die Universität Leipzig, erhielt hier 1586 die Magisterwürde. Wurde 1591 Assessor der philosophischen Fakultät und Konrektor der Nikolaischule zu Leipzig, 1592 erhielt er das Diakonat bei der dasigen St. Nikolaikirche; 1604 das Pastorat an eben derselben Kirche, 1606 daselbst die Doktorwürde in der Theologie; wurde endlich 1617 Superintend. u. Prof. der Theologie in Leipzig, und auch Kanonikus zu Zeitz und Decembir zu Meißen. Starb am 1. Febr. 1628, alt 63 Jahr. Der 4. Vers des Liedes Nr. 769. (des L. S.) findet sich in dem Coburgischen Gesangbuche von 1660.

Schmucker, Kaspar, geb. zu Redwitz im Bayreuthischen, lebte ums Jahr 1578.

Schneegaß, M. Cyriacus, war Pfarrer u. Superintendentur-Adjunktus zu Friedrichrode im Gothaischen, und starb am 23. Oktober 1597. Er schrieb ein Werk: „Isagogen Musices," Erfurt 1590 in 8., aus dieser Schrift sind einige geistliche Lieder in die Gesangbücher aufgenommen worden.

Schneesing, Johann (Chiomusus), ein frommer, geleheter, im Unterrichten der Jugend fleißiger Mann und vortrefflicher Maler; lebte um das Jahr 1522 und war erst Vikarius zu Gotha, dann Pfarrer in Frimar unweit Gotha, starb 1597.

Schöner, Johann Gottfried, geb. am 15. April 1749 zu Rygheim bei Schweinfurt, wo sein Vater Pfarrer war, der ihn anfänglich selbst unterrichtete; kam 1759 nach Königsberg in Franken auf die Schule; 1760 auf das Gymnasium zu Schweinfurt; 1767 bezog er die Universität Leipzig und 1769 die Hochschule zu Erlangen. Wurde 1770 zu Bayersdorf im Bayreuthischen, beim Kammerrath Redlich Privatlehrer u. 1772 Hofmeister bei dem Hrn. v. Winkler in Nürnberg; 1773 Festungsprediger in der dasigen Margarethenkapelle; 1776 am 22. Juli Diakonus an der Marienkirche und 1783 Diakonus an der Hauptkirche zu St. Lorenz. Im Jahre 1799 wurde er auf der linken Seite von einem beschwerlichen Nervenzittern befallen, welches seine Amtsverrichtungen sehr erschwerte; seine Leiden nahmen immer mehr zu, und nur durch Hülfe einer Maschine, durch welche das Papier festgehalten wurde, konnte er die zitternde Hand zum Schreiben brauchen; dennoch verwaltete er sein Amt, obgleich mit der größten Anstrengung bis 1817, wo er dasselbe niederlegte. Endlich erbarmte sich der Herr des treuen Arbeiters in seinem Weinberge; er nahm ihn nach schwerem Kampfe am 28. Juni 1818, Nachmittags 3½ Uhr zu sich in die ewige Freude. Er erreichte ein Alter von 69 Jahr., 2 Monat., 13 Tag. Siehe: „Leichenrede des Herrn Joh. Gottfried Schöners ꝛc." nebst einem Theil seiner Lebensgeschichte von ihm selbst verabfaßt ꝛc. Nürnberg 1818. Seine salbungsreichen Lieder erschienen unter den Titeln: „Einige vermischte geistliche Gedichte," Nürnberg 1775 in 8. — „Einige Lieder zur Erbauung," ebend. 1776 in 8. — „Vermischte geistl. Lieder und Gedichte," ebend. 1798 in 8. — „Kurze Gebete, Lieder und Verse für Kinder zur frühen und gesegneten Unterhaltung ihrer Andacht," Nürnberg 1786 in 8. — Dann: „Vollständige Sammlung der geistl. Lieder und Gedichte ꝛc." Nürnberg 1810.

Schrader, Joh. Hermann, geb. am 9. Jan. 1684 zu Hamburg, wurde der Kronprinzessin v. Dänemark, Charlotte Amalie, Informator zu Kopenhagen, hierauf Pastor zu Oldeslohe in Wagrien; und 1726 Konsistorialrath, Probst und Hauptpastor zu Tondern. Starb am 21. Oktober 1737, alt 53 Jahr. Er gab 1731 das bekannte Tonderische Gesangbuch heraus, in welches er 23 Lieder von sich aufnahm.

Schröder, Joh. Heinrich, geb. 1666 zu Hallerspringe, im Fürstenthum Calenberg, war ein Schüler August Hermann Franck's. Er wurde 1696 Pastor zu Merseburg bei Wolmirstädt im Magdeburgischen, und starb, nach Karstens Nachrichten von den Liederdichtern des Züllichau'schen Gesangbuchs, Berlin 1824, im Jahre 1699; nach Andern 1714, und nach der Allgem. Kirchenzeitung, Maiheft 1829, im Jahre 1728. Von ihm stehen 5 Lieder in Freylinghausens Gesangbuch.

Schröder, Tranquilla Sophia, geb. Wolf, war die Ehegattin des vorstehenden J. H. Schröder, verheirathete sich 1694 an denselben und starb bald nach ihrer Verheirathung. Von ihr stehen 2 Lieder in Freylinghausens Gesangbuch.

Schröer, Christoph Traugott, geb. am 23. März 1727 zu Ulbersdorf bei Goldberg in Schlesien, wo sein Vater, Friedrich Schröer, Prediger war. Er besuchte die Schule zu Lauban und 1746 die Universität Leipzig, wo er Gellerts Schüler war. Unterrichtete 11 Jahre die Jugend und erhielt 1760 das Diakonat zu Schmiedeberg in Schlesien; 1768 das Pastorat und wurde 1789 Primarius daselbst. Von ihm erschienen: „Betrachtungen und Lieder über die wichtigsten evangelischen Wahrheiten, nach Anleitung des Katechismus Lutheri, der Passionsgeschichte und der Haustafel," Bunzlau 1770.

Schubart, Christian Friedrich Daniel, geb. am 26. März 1739 zu Ober-Sontheim in der Grafschaft Limpurg; studirte zu Erlangen, wurde dort Magister, und predigte mit vielem Beifall; wurde 1768 Organist und Musikdirektor zu Ludwigsburg. Satire und andere Thorheiten brachten ihn um seinen Dienst und endlich 1777 auf die Festung Hohen-Asperg, blieb dort bis 1787, und wurde nach seiner Befreiung Hof- und Theaterdichter zu Stuttgart; starb am 10. Oktbr. 1791. Sein Leben erschien von ihm selbst im Kerker aufgesetzt, 1. Band, Stuttg. 1791, 2. Band von seinem Sohne, ebend. 1792. Seine Gedichte, worunter auch seine geistl. Lieder, kamen in 2 Bänden, Stuttgart 1785 und 1786, heraus; dann in 12. zu Frankfurt a. M. 1825 in 3 Bändchen. Seine Sterbelieder hatte er zu wiederholten Malen drucken lassen, z. B. zu Ulm 1767 ꝛc.

Schütz, Lic. Joh. Jakob, geb. am 7. Septbr. 1640 zu Frankfurt a. M., wo er beider Rechte Licentiat, Advocatus ordinarius und verschiedener Reichsstände Rath gewesen war. Er war ein inniger Freund Speners, verfaßte wirklich Nr. 1658 und starb am 22. May 1690, alt 50 Jahr.

Schultt, Rudolph Friedrich v., wurde 1699 Landgräflicher Regierungsrath zu Darmstadt; starb .... Von ihm stehen 3 Lieder in Freylinghausens Gesangbuch.

Schumann, M. Christian, geb. am 15. Februar 1678 zu Osterfeld, wo sein Vater Bürger und Kramer war. Er wurde durch den frühen Tod seines Vaters in drückende Armuth versetzt, so daß er mit 14 Groschen nach Leipzig auf die Thomasschule ging, welche er nachhero, durch glaubiges Vertrauen zum Herren u. durch seine Sparsamkeit in seinem 19. Jahre mit 14 Thalern verließ. Er wurde 1701 Student, blieb 12 Jahre auf der Universität und gab, weil er in den Sprachen sehr geübt war, anderen Studenten Unterricht. In seinem 40. Jahre erhielt er erst ein Amt; er kam nämlich zuerst nach Deschwitz und 1736 als Pastor nach Pötewitz, im Stifte Naumburg-Zeitz, wo er 1744 starb. Von ihm sind mehre Liedersammlungen, zum Theil unter seinem wirklichen, zum Theil unter dem angenommenen Namen Rischitani Munschani erschienen, als „Eines auf den Engel Gottes wartenden Elia heil. Zeitvertreib in der Wittwe Hause zu Zarpath, anstatt einer neuen Liederprobe gesammelt," Naumburg 1721 in 12. — „Das in seinem Cabinet dem Herrn ein neues Lied singende Davidsherz, oder Gottgeheiligte Liederprobe,“ Eisenberg 1724 in 12. — „Neues Lied im Tabinet. Sechs Oeffnungen.“ ibi 1727 in 12. ꝛc.

Schumann, Joh. Jakob, ist zur Zeit noch unbekannt. Im Evangel Gesangbuche für die Königl. Preuß. Schlesis. Lande von Joh. Fr. Burg, Breslau 1757 stehet unter Nr. 1291 J. J. S., welche Buchstaben andere Gesangbücher durch Joh. Jakob Schumann erklären. Ist dies vielleicht eine Verwechselung mit Joh. Michael Schumann, oder mit dem vorhergehenden Christian Schumann? — Oft findet sich auch Kohlros als Verfasser dieses Liedes angegeben.

Schumann, M. Joh. Michael, geb. 1666 zu Weißenfels, studirte in Halle, wurde dort Magister, hierauf 1692 Diakonus zu Mücheln; 1694 Pastor substitutus zu St. Moritz in Halle, dann Diakonus, 1709 Pastor an dieser Kirche und Aufseher des Gymnasiums, endlich 1719 Kirchenrath, Pastor und Superintendent in Weißenfels, wo er sich durch die Herausgabe des Weißenfelsisch. Gesangbuchs, 1723, sehr verdient machte. Seine eigenen Lieder, ungefähr 30, stehen in diesem Gesangbuche, doch waren sie schon bereits in seiner Sonntags-Freude, Halle 1710 in 8., abgedruckt. Starb am 21. Juni 1741.

Schwedler, M. Joh. Christoph, geb. am 21. Dezember 1672 zu Krobsdorf in Schlesien, wo sein Vater Schultheiß war. Er besuchte 1689 das Gymnasium zu Zittau und 1695 die Universität Leipzig, wo er die Magisterwürde erhielt; 1698 wurde er zu Niederwiese in der Niederlausitz Diakonus, nachdem er vorher Substitut gewesen war, und endlich Pastor und Frühprediger daselbst. Starb am 12. Januar 1730 am Schlagflusse; alt 57 Jahr. Theils in seinen Schriften, theils in den Gesangbüchern finden sich von ihm 18 Lieder.

Schweinitz, Hans Christoph v., geb. 1645 zu Rudelsdorf im Fürstenthum Schweidnitz, war Landesältester im Görlitzischen Kreise; Königl. Poln. und Kursächsis. Rath und Kammerherr, Erbherr auf Friedersdorf, Leube ꝛc., und starb 1722. Das Lied: Wird das nicht Freude seyn ꝛc. verfaßte er auf den Tod seiner ersten Gemahlin, Theodore v. Festenberg, und der Diakonus Christoph Adolph zu Niederwiese setzte die rührende Melodie zu dem Liede, mit welcher es in öffentlichen Gebrauch gekommen.

Scriver, M. Christian, ein durch Lehre und Leben ausgezeichneter und durch seine Erbauungsschriften allgemein geschätzter Gottesgelehrter, geb. am 2. Januar 1629 zu Rendsburg in Holstein, wo sein Vater, gleiches Namens, Kaufmann war. In seinem ersten Lebensjahre verlor er seinen Vater an der Pest, auch seine Mutter lag an derselben, als sie den Knaben säugte, krank danieder. Der Herr aber schützte sie u. ihn. Seine Mutter verheirathete sich wieder mit dem Probst zu Rendsburg, Gerh. Kuhlmann, der den jungen Scr. sehr liebte, aber auch diesen Gefährten nahm der Tod bald wieder von seiner Mutter Seite. Er besuchte zuerst die Schule seiner Vaterstadt und die zu Lübeck, ging 1647 auf die Universität Rostock, wurde daselbst 1649 Magister; hierauf Informator der Söhne des Joachim Radebands auf Segeberg; 1653 Diakonus zu Stendal in der Altmark; 1667 Pastor an der St. Jakobskirche zu Magdeburg, 1685 daselbst Senior und Assessor des geistl. Gerichts, wie auch Inspektor der Schulen. Im Jahre 1690 berief ihn die Prinzessin Anna Dorothea, Aebtissin zu Quedlinburg, zu ihrem Hofprediger und Kirchenrath; er starb daselbst am 5. April 1693, alt 64 Jahr.

Seckendorf, Veit Ludwig v., geb am 20. Dezember 1626 zu Herzogen-Aurach, einem Bambergischen Städtchen unweit Nürnberg, wo sein Vater, Joachim v. Seckendorf, Fürstl. Bamberg. Stallmeister und Amtmann war. Wegen der damaligen Kriegesunruhen mußte der junge v. Seckendorf sich bald zu Coburg, bald zu Mühlhausen und zu Erfurt aufhalten; ungeachtet dieses unstäten Lebens brachte er es durch anhaltenden Fleiß schon in seinem 10. Jahre in der Lateinischen, Griechischen, Französischen und Hebräischen Sprache zu einer bedeutenden Fertigkeit. Herzog Ernst der Fromme nahm ihn an seinen Hof nach Coburg, wo er mit zweien Prinzen von Wittenberg unterrichtet wurde. Er bezog 16 Jahre alt die Universität Straßburg; hielt sich hierauf am Hessen-Darmstädtischen Hofe auf. Als er einst nach Gotha kam, machte ihn der Herzog zum Kammerjunker, zum Hof- und Kirchenrath und endlich zum geheimen Rath und Oberdirektor der Regierung, des Konsistoriums und der Kammer. Aus besonderen Gründen nahm er 1664 zu Zeitz die Stelle eines geheimen Raths, Kanzlers und Präsidenten des Stiftskonsistoriums an. Nach dem Tode Herzog Moritzens von Sachsen-Naumburg wurde er geheimer Rath zu Eisenach, hier fand er Ruhe zur Verfertigung gelehrter Schriften. Endlich berief ihn der Kurfürst zu Brandenburg zum geheimen Rath und Kanzler der Universität Halle, wo er am 18. Dezember 1692 starb. Er war als Mensch und Christ gleich hochgeachtet, und hinterließ 7 Lieder, von denen 5 gewiß sein Eigenthum sind.

Seidel, Joh Friedrich, (nicht Christian) geb. am 5. Juli 1749 zu Treuenbriezen, wo sein Vater Bürger und Schuhmacher war. Er besuchte bis zum 13. Jahre die Schule seiner Vaterstadt, ging dann nach Berlin, um die Handlung zu erlernen. Hier beschäftigte er sich in freien Abendstunden mit Anfertigung von geistlichen Liedern; schon als Knabe von 11 bis 12 Jahren verfaßte er Gesänge. Sein Lehrherr, erfreut über dieses Talent, erließ ihm das sechste Lehrjahr und munterte ihn auf, sich dem Studium zu widmen, welches mit Gottes Hülfe auch gelang, indem derselbe durch diese Lieder den Ober-Konsistorialrath Spalding und den Prediger, nachherigen Ober-Konsistorialrath Woltersdorf, für seinen Lehrling gewann, so daß sie seine Wohlthäter wurden. Auf Empfehlung des ersteren an den Ober-Konsistorialrath Büsching, der ihn väterlich aufnahm, besuchte er nun das graue Kloster zu Berlin, bezog 1772 die Universität Halle; nachdem er dieselbe 1775 verlassen hatte, nahm er eine Hofmeisterstelle an, und gründete hierauf 1779 in Berlin eine Privatschule. Sein väterlicher Lehrer Büsching schlug ihm nach einigen Jahren eine erledigte Lehrerstelle am Berlinischen Gymnasium vor, die er annahm und 1782 eingeführt wurde. Nachdem er mit vielem Segen 41 Jahr als Lehrer und Prorektor des genannten Gymnasiums gewirkt hatte, ward er auf sein Verlangen in den Ruhestand versetzt, und lebt gegenwärtig in hohem Alter, bei voller Körper- und Geisteskraft zur Freude seiner zahlreichen Schüler, die ihn aufrichtig lieben, in bescheidener Ruhe u. heiterem Frieden, in welchem ihn der Herr noch recht lange erhalten möge. Seine geistl Lieder erschienen mit seinen übrigen Gedichten zu Berlin 1810; 2te Aufl. nebst 18 Melodieen von dem Königl. Kapellmeister Ludw. Seidel, zu Berlin, Posen u. Bromberg 1830.

Selnecker, Dr. Nikolaus, ein frommer, vielgeprüfter Gottesgelehrter und ein vertrauter Freund Melanchthons, geb. am 6. Dezbr. 1532 zu Hersbruck unweit Nürnberg, ward 1554 Magister auf der Hochschule zu Wittenberg; 1558 Hofprediger zu Dresden; 1561 Professor der Theologie zu Jena; 1568 Professor der Theologie, Superintendent und Pastor zu St. Thomä in Leipzig; 1570 Hofprediger und General-Superintendent zu Wolfenbüttel, und Doktor der Theologie zu Wittenberg; 1577 wieder Prof., Superint. und Pastor in Leipzig, wo er in den calvinischen Unruhen 1589 ab- und 1591 wieder eingesetzt wurde. Starb zu Leipzig am 24. May 1592, alt 62 Jahre

Viele seiner Lieder stehen in dem von ihm herausgegebenen Gesangbuche oder christliche Psalmen, Leipzig 1537 in 4.

Senfft zu Pilsach, Ludwig Rudolph v.; geb. 1681 zu Pilsach, wo sein Vater Ernst v. Senfft, Geh. Rath und Oberkonsistorial-Präsident zu Dresden war. Er hatte die Rechte studirt und machte verschiedene Reisen, ward 1706 Königl. Polnischer und Kursächsischer Hof-, Justiz- und Legationsrath, auch Domprobst zu Naumburg. Starb am 21. September 1718, an der Auszehrung, alt 37 Jahre. Nr. 767. (des L. S.) verfertigte er 1715.

Send, Christian Ludwig, geb. am 3. Januar 1744 zu Einhausen im Sachsen-Meinungischen; seit 1776 Pastor zu Wichtlinghausen.

Sieber, M. Justus, geb. am 7. März 1628 zu Eimbeck im Fürstenthum Grubenhogen, wo sein Vater Advokat war. Er studirte zu Helmstädt und Leipzig, erhielt an Simon Grafs Stelle das Pastorat zu Schandau im Meißnischen; erwarb sich durch sein Werk: „Poetisirende Jugend" den poetischen Lorbeerkranz und starb am 23. Januar 1695, alt 67 Jahre. Er schrieb: „Geistl. Oden und Lieder," Pirna 1685, auch gab er heraus: „Allerhand Gedichte," Dresden 1658. Er setzte sich selbst folgende Grabschrift:

Mein Leib gehört ins Grab, die Seel in Gottes Hand,
Drum hat mein Heiland auch sein Blut an mich gewandt.
Drauf laß mich so mein Gott, nach deinem Willen sterben,
So werd' ich dort gewiß das Himmelreich ererben.

Siegfrid, Joh. geb. am 20. Febr. 1564, wurde Pastor u. Superintendent zu Schleiz und starb am 9. Oktober 1637. In J. Clauderi Psalmodia, Cent. I. Altd. 1627, wird Nr. 933. (des L. S.) ihm bestimmt zugeschrieben.

Silberrad, Fräulein M. E. v., ist unbekannt; sie soll Herausgeberin sein der „Biblisch. Denksprüche mit Anwendungen in Versen auf alle Tage im Jahre, sammt Morgen- und Abend-Gebeten auf alle Wochentage und etlichen Liedern," Nürnberg 1793.

Sinold, Philipp Balthasar, genannt v. Schütz (Amadeus Creutzberg), geb. am 5. Mai 1657 auf dem Darmstädtischen Schlosse Königsberg, unweit Gießen. Er studirte zu Jena; diente in Italien unter der Guarde in Florenz, hielt sich eine Zeit in Leipzig auf, um hier die Ausgaben einiger Bücher zu besorgen; wurde 1704 Rath und Hofmeister der Grafen v. Reuß zu Köstritz, und Lehndirecktor; 1705 Hofmeister der verwittweten Herzogin von Sachsen-Merseburg zu Forst in der Niederlausitz; 1711 Regierungsrath zu Bernstadt in Schlesien; 1718 Präsident beim Grafen v. Hohenloh-Pfeddelbach, und 1727 Gräfl. Solmischer Geh. Rath zu Laubach, wo er am 6. März 1742, alt 85 Jahre, starb. Seine Erbauungsschriften, die zur Beförderung eines thätigen Christenthums viel beitrugen, gab er unter den angenommenen Namen Ludwig Ernst von Feramond und Amadeus Creutzberg heraus. Seine geistl. Lieder (72) findet man in seinen: „Amadeus Creutzbergs geistliche u. andere erbauliche Poesien, Lieder, Sonette u. Epigrammata," Nürnberg 1720 in 8.; doch waren mehre schon früher bekannt geworden.

Sonntag, Dr. Christoph, geb. am 28. Januar 1654 zu Weida im Voigtlande, studirte zu Schulpforta und Jena, wurde 1674 daselbst Magister; hierauf bei den Grafen von Ronnov und Biberstein Hofmeister, dann 1675 Pfarrer zu Oppurg; 1685 Pastor u. Superintend. zu Schleusingen; 1690 Professor der Theologie, Primarius und Stadtpfarrer zu Altdorf, wie auch Doktor der Theologie in Jena; 1699 Professor der griechischen Sprache, welche er wie seine Muttersprache inne hatte. Er starb am 6. Juli 1717, alt 63 Jahre.

Spangenberg, Johannes (Herdesianus), wurde geb. 1484 zu Hardegsen im Herzogthum Calenberg, daher sein Beiname, ward 1520 Rektor zu Nordhausen, bekannte sich zur Reformation, dann 1523 Rektor zu Stollberg; 1524 der erste evangelische Prediger zu Nordhausen, 1546 erster Generalsuperintendent zu Eisleben, wo er am 13. Juni 1550 gestorben ist. Er gab 1545 zu Nordhausen ein Gesangbuch in Folio heraus, und außer diesem viele andere Erbauungsschriften.

Spangenberg, Maria, verwittwete Immig, lebte 1728 zu Herrnhut und verheirathete sich mit dem treuen Gehülfen des Grafen N. L. v. Zinzendorf, dem Bischof der Brüdergemeine Aug. Gottlieb Spangenberg, und starb 1751 in Herrnhut. Ihre Lieder findet man in dem Brüdergesangbuche.

Spener, Ernst Gottfried, der jüngste Sohn des berühmten Gottesgelehrten Dr. Philipp Jakob Spener. Er war Königl. Preuß. Oberauditeur, und der Weltlust ganz und gar ergeben, weshalb denn der fromme Vater oft zum Herrn flehete, ihn lieber frühe von der Welt zu nehmen und ihn selig zu machen. Der Herr erhörte das fromme Gebet, er fiel in eine tödtliche Krankheit und bekehrte sich zur Freude und zum Dank des Vaters, auf dem Sterbebette. Er starb 1716 und hatte sich selbst die Geschichte vom verlornen Sohne zum Leichentexte gewählt.

Spener, Dr. Philipp Jakob, dieser wahrhaft fromme, durch hohe Geistesgaben und christliche Demuth ausgezeichnete Gottesgelehrte wurde am 13. Jan. 1635 zu Rappoltsweiler im Oberelsaß geboren, wo sein Vater, Joh. Wilhelm Spener, Rath und Registrator war. In seiner Kindheit wurde er von der Gräfin von Rappoltstein in ihr Haus genommen und von ihr selbst in der Religion unterrichtet, wo, durch das fromme Beispiel der Gräfin, er einen unauslöschlichen Eindruck von den göttlichen Wahrheiten in sein jugendliches Herz erhielt. Er besuchte 1650 das Gymnasium zu Colmar; 1651 die Universität Straßburg, wo er 1653 Magister wurde; informirte hierauf zwei Prinzen aus dem Hause Pfalz, besuchte dann Basel, Freyberg, Genf u. Tübingen, kehrte nach einer Reise von Lyon nach Straßburg zurück, erhielt 1663 daselbst die zweite Freipredigerstelle, 1664 die theologische Doktorwürde; kam 1666 als Pastor und Senior nach Frankfurt a. M.; fing 1670 seine Collegia pietatis an, die ihm viel Verdruß verursachten; wurde 1686 Kursächsischer Hofprediger, Beichtvater und Kirchenrath zu Dresden; durch seine christlich bescheidene Freimüthigkeit fiel er in Ungnade beim Fürsten. Er erhielt hierauf 1691 den Ruf als Konsistorialrath, Probst, Inspektor und Pastor primarius zu St. Nikolai in Berlin, wo er am 5. Febr. 1705, alt 70 Jahre, starb. Allgemein bekannt sind seine großen Verdienste um die Kirche Christi und hochgeachtet seine vielen Schriften; seine geistl. Lieder, 11 an der Zahl, erschienen 1710 unter dem Titel: „Frommer Christen erfreuliche Himmelslust."

Speratus, Dr. Paul, aus dem Schwabischen Geschlecht der v. Spretten, a Rutilis genannt. Er wurde am 13. (17.) Dezemb. 1484 geb., hielt sich lange Zeit in Paris auf, besuchte die Italienischen Akademien, lehrte zu Augsburg, Würzburg, Salzburg und Wien die Theologie, weil er an letztem Orte in der St. Stephanskirche öffentlich die reine Lehre des Evangeliums vortrug, wurde er ins Gefängniß geworfen. Er kam 1523 nach Wittenberg, lernte Luthern kennen, dieser empfahl ihn an den Herzog Albrecht in Preußen, welcher ihn 1524 zum Hofprediger und dann zum Bischof zu Liebmühl im Pomesanischen Kreise ernannte. Mit Joh. Brismann und Joh. Poliander (Graumann) legte er in

Preußen den ersten Grund zur evangel. Wahrheit; er starb am 17. Sept. 1554, alt 70 Jahre.

Stach, Matthäus, aus Mähren gebürtig, kam in seinen jüngeren Jahren zur Brüdergemeine nach Herrnhut, und wurde 1733 einer der ersten Heidenboten in Grönland, woselbst ihn der Herr mit großem Segen gebraucht hat, bis er 1771 nach Bethabara in Nord-Carolina kam. Seine Lieder stehen im Brüdergesangbuche.

Starck, Joh. Friedrich, geb. am 10. Oktober 1680 zu Hildesheim, wo sein Vater Stadtfähndrich und auch Bürger zu Frankfurt a. M. war. Er ging auf das Gymnasium zu Hildesheim, und 1702 auf die Universität Gießen; reisete 1709 nach Genf und wurde daselbst deutscher Nachmittagsprediger. Er machte nach zwei Jahren eine Reise nach Frankreich, wurde in der französischen Sprache so geübt, daß er sie wie seine Muttersprache redete. Er kam 1715 als Prediger nach Sachsenhausen, hierauf nach Frankfurt a. M., wo er 1723 Sonntagsnachmittags- und dann Montagsprediger bei den Barfüßern wurde; 1729 bis 1735 ward er Donnerstagsprediger bei der Hospitalkirche zum heiligen Geist, 1742 an eben der Kirche Sonntagsprediger und von der Niederländisch-Lutherischen Gemeine zu ihrem Prediger erwählt und zum Konsistorialrath ernannt. Er stand seinem Amte mit großer Treue vor und starb am 17. Juli 1756, im 76. Jahre. Er dichtete gegen tausend Lieder, die in verschiedenen seiner Erbauungsschriften, namentlich in seinem „Täglichen Handbuch in gesunden und kranken Tagen," Frankfurt 1728 in 8., erschienen. Nach seinem Tode gab sein Sohn, Joh. Jak. Starck, von ihm eine Sammlung von Liedern, unter dem Titel: „J. F. St. Sämmtliche noch nie gedruckte Lieder," Frankfurt a. M. 1767 in 8. heraus.

Stegmann, Dr. Josua, geb. 1588 zu Sulzfeld in Franken, wo sein Vater, M. Ambros. Stegmann, Pfarrer, zuletzt zu Eckartsberg Superintendent war. Er studirte zu Leipzig, und erhielt daselbst die Magisterwürde; ward 1617 Pastor u. Superintendent zu Stadthagen und Doktor der Theologie zu Wittenberg; 1621 Professor primarius der Theologie bei der Akademie zu Rinteln und Hessen-Schaumburgischer Superintendent. Starb am 3. August 1632, alt 44 Jahre. Seine Lieder stehen in seinen „Erneuerten Herzensseufzern, darinnen Zeit-Gebetlein, auf die bevorstehend betrübte Krieges-Theurung- u. Sterbenszeiten gerichtet, benebenst Morgen- und Abendsegen, Beicht-, Communion- u. anderen Gebetlein," Lüneburg 1630, 1633, 1638 u. 1663.

Steuerlein, Joh., ein gekrönter Dichter, geb. am 5. Juli 1546 zu Schmalkalden, wo sein Vater, Kaspar Steuerlein, erster evangel. Pastor war. Anfangs war er Stadtschreiber zu Wasungen, dann Regierungssekretair zu Meinungen und endlich Stadtschultheiß daselbst. Er starb am 5. Mai 1613, alt 67 Jahre.

Stockfleth, Lic. Heinrich Arnold, geb. am 17. April 1643 in Alfeld im Hannöverschen, er studirte zu Altdorf, wurde Pfarrer zu Eckquerhofen im Bayreuthischen; 1668 Pfarrer und Dekanus zu Bayersdorf; 1679 Superintendent zu Neustadt an der Aisch, endlich Markgr. Brandenb. Kirchenrath, Oberhofprediger und General-Superintendent, Direktor des Gymnasiums zu Bayreuth, wo er am 8. August 1708, alt 66 Jahr, starb. Er war Mitglied des Pegnitzordens, unter dem Namen: Dorus, und 2 Lieder von ihm stehen in den geistlichen Erquickstunden 2c. Heinrich Müllers 2c. poetischem Andacht-Klang, Nürnberg 1691 in 8., 2. Aufl.

Stockmann, M. Ernst, geb. am 18. April 1634 zu Lützen, wo sein Vater, M. Paul Stockmann, Pastor und Senior des Ministeriums war. Er studirte zu Jena, wurde 1658 daselbst Magister, hierauf Pfarrer zu Bayer-Naumburg in der Grafschaft Mansfeld, 1682 Superintendent zu Allstädt, einem Weimarschen Städtchen, 1691 Konsistorialassessor zu Eisenach, 1709 Sachsen-Weimarischer Ober-Konsistorial- und Kirchenrath. Starb am 28. April 1712, und gab heraus: „Poetische madrigalische Schriftlust, Leipzig 1701 in 8.

Stoll, Johann, zuerst Kantor zu Reichenbach; dann 1591 zu Zwickau, und endlich 1604 Kapellmeister zu Weimar. Von dem Liede Nr. 224. (des L. S.) scheint er wohl nur Componist zu sein.

Strauch, Dr. Aegidius, Rektor und Professor der Theologie am Gymnasium zu Danzig, wie auch Pastor an der Dreifaltigkeitskirche daselbst, starb 1682.

Stübner, Konrad Gebhard, gab als Kandidat des Predigtamtes heraus: „Billige Eröffnung christlicher Lippen zur Verkündigung göttlichen Ruhms," Nürnb. 1727, welches hundert Sprüche aus der heiligen Schrift, in gebundenen Zeilen verfasset, enthält. In Rambachs Hausgesangb. befinden sich aus diesem Buche 5 Lieder.

Sturm, M. Christoph Christian, geb. am 25. Januar 1740 zu Augsburg, wo sein Vater, Joh. Jakob Sturm, ein Rechtsgelehrter und Aktuarius bei den Magistratsgerichten war. Er besuchte zuerst das Gymnasium seiner Vaterstadt, ging 1760 nach Jena, wurde dort 1761 Magister, ging in eben diesem Jahre nach Halle, ward hier Kollege des Königl. Pädagogiums; 1765 Konrektor zu Sorau in der Niederlausitz; 1767 vierter Prediger an der Marktkirche in Halle, in eben diesem Jahre dritter Diakonus. Wurde 1769 zweiter Prediger an der heil. Geistkirche zu Magdeburg; 1778 Hauptpastor an der St. Petrikirche und Scholarch. Er wurde kränklich; und 1782 an einer heftigen Brustentzündung todtkrank; starb am Blutsturze den 26. August 1786 zu Hamburg, im 47. Jahre seines Lebens. Er gab heraus: „Lieder für das Herz," Frankfurt und Leipzig 1767 in 8. (mit neuem Titel, Nürnberg 1787) — „Gebete und Lieder für Kinder," Halle 1771, vermehrte Aufl. 1773 und 1776. — „Sammlung geistlicher Gesänge über die Werke Gottes in der Natur," Halle 1774. „Gesangbuch für Kinder von reiferm Alter," Halle 1777. — „Lieder und Kirchengesänge," Hamburg 1780. — „Gesangbuch für Gartenfreunde und Liebhaber der Natur," Hamburg 1781 2c. Sein Leben schrieb J. F. Feddersen, Hamburg 1786.

Sucro, Christian, aus Magdeburg, unter diesem Namen steht im geistl. Liedersegen von D. G. S. (Schöber) Lobenstein 1769 das Lied Nr. 368 (des L. S.); wer derselbe gewesen, ist unbekannt. Eine Verwechselung der Vornamen: Georg Wilhelm mit Christian kann hier darum nicht statt finden, weil der bekannte Liederdichter Georg Wilhelm Sucro erst am 2. November. 1758 zu Magdeburg geboren wurde, mithin er obiges Lied in seinem 11. Jahre verfaßt haben müßte, was man wohl nicht gut annehmen kann. Vielleicht ist es Christoph Sucro, geb. am 23. Jan. 1683 zu Rathenau, studirte zu Halle und Leipzig, kam 1708 als Lehrer an die Schule zu Kloster Bergen, ward 1714 Feldprediger beim Arnimschen Regiment, 1718 Ober-Pfarrer und Inspektor zu Königsberg in der Neumark, und 1722 nach dem Tode seines Schwiegervaters, Namens Winkler, zweiter Prediger am Dom zu Magdeburg und zugleich Konsistorialrath; starb ....

T.

Tapp, oder Tappius, Jakob, (nicht Joh.) war um das Jahr 1620 Superintendent zu Schöningen, unweit Helmstädt. Nach Einigen hat er das ganze Lied Nr. 244. (des L. S.) gedichtet.

Teller, Dr. Abraham, geb. am 17. Jan. 1609 zu Wurzen, wo sein Vater, Rom. Teller, Kürschner war, studirte zu Schulpforte und Leipzig, wurde 1631 Magister und fing an Kollegia zu lesen; ward hierauf in Leipzig Rektor der Thyinasschule und 1636 Sonnabendsprediger zu St. Nikolai; 1637 Subdiakon. zu St. Thomä; 1643 Diakonus an derselben Kirche; 1645 Licentiat der Theologie; kam in eben dem Jahre wieder an die Nikolaikirche als Archidiakonus; wurde 1657 Pastor an der Thomaskirche; 1658 Doktor der Theologie und starb am 5. November 1658. Seine Worte, deren er sich beim Aus- und Eingehen bediente, waren:

Exitus in Iesu est introitusque meo:
Exitus in Iesu fit reditusque meo.

d. i.

Mit Jesu geh' ich aus, mit Jesu geh' ich ein,
Es soll mit Jesu stets mein Aus- und Eingang sein.

Seine 12 Lieder, welche sämmtlich akrostichisch, gab sein Sohn, Dr. Romanus Teller, zu Leipzig 1681 heraus.

Tersteegen, Gerhard, geb. am 27. Novbr. 1697 zu Mörs in Westphalen, lernte in einer lateinischen Schule die alten Sprachen, selbst die hebräische, trat 15 Jahr alt bei einem Kaufmann in die Lehre, wo er 4 Jahr verblieb, hierauf wählte er das Bandmachen und starb am 3. April 1769 zu Mühlheim an der Ruhr. Von seinen Liedern, 111 an der Zahl, findet man einige im Herrnhuter-Gesangbuche vom Jahre 1731; dann aber auch gesammelt unter dem Titel „Geistliches Blumengärtlein inniger Seelen," 6. Ausgabe, Solingen 1757 in 12., die 12. Ausgabe, Frankfurt und Leipzig 1818; die 13. Aufl. Elberfeld 1826 in 12.

Thebesius, M. Adam, geb. am 6. Dezbr. 1596 zu Seifersdorf bei Dresden; war Pastor zu St. Petri und Pauli in Liegnitz, und starb daselbst am 12. Dezbr. 1652. Er wurde bekannt wegen der Art zu predigen, die von ihm Methodus Thebesiana genannt worden. Als Liederdichter machte er sich nur durch Nr. 406. (des L. S.) bekannt, welches Lied man in vielen älteren Gesangbüchern findet.

Thilo, M. Valentin, es giebt zwei Liederdichter gleiches Namens, deren Lieder oft miteinander verwechselt werden, von welchen der ältere am 2. Jan. 1579 zu Zinten in Preußen geb. wurde; 1603 Pfarrer der Stadt Preuß. Eilau und zuletzt Diakonus der Altstädtschen Kirche in Königsberg war. Wurde 1607 Magister und starb am 23. Septbr. 1620.

Thilo, Valentin, der jüngere, ein Sohn des vorigen, geb. am 19. April 1607 zu Königsberg, studirte in seiner Vaterstadt, machte eine Reise nach Holland, wurde 1634 zu Königsberg Magister und in demselben Jahre Professor der Redekunst, zugleich Senior des dasigen philosophischen Kollegiums und Königl. Poln. Geheim-Sekretair. Starb am 27. Juli 1662, alt 55 Jahr. Von diesem jüngern Thilo ist das Lied Nr. 1374. (des L. S.)

Titius, Christoph, (auch Tietze genannt) geb. am 24. May 1641 zu Wilkau im Fürstenthum Breslau, wo sein Vater, gleiches Namens, Prediger war. Er besuchte zuerst die Schule zu Bernstadt, dann das Gymnasium zu St. Magdalenen in Breslau, von 1660 das Ägidien-Gymnasium zu Nürnberg, und dann die Universitäten zu Altdorf und Jena. Wurde hierauf 1666 Pfarrer zu Laubenzeddel in Franken; 1671 Pastor zu Henfenfeld bei Nürnberg; 1685 Diakonus zu Herspruck; 1701 Archidiakonus und dann Pastor daselbst. Starb am 21. Febr. 1703 am Stein und dem Podagra. Er schrieb: „Morgen-, Abend-, Catechismus- und Tisch-, Buß- und Communion-, Lob- und Fest-, Klag- und Trost-, Wetter-, Grab- und Himmelslieder," Nürnberg 1701 in 24.; es sind 52 Lieder. Als Student gab er heraus: „Sündenschmerzen, Trost im Herzen, Todtenkerzen," Nürnberg 1664 in 12., und dann: „Himmelreise, Seelenspeise, Engelweise, ibi 1670 in 12.

Tode, Heinrich Julius, geb. am 30. May 1733 zu Zollenspieker in den Vierlanden unweit Hamburg, wo sein Vater, Joh. Dietrich Tode, Elb- und Landzoll-Verwalter war. Er verlor seinen Vater, der 9 unversorgte Kinder hinterließ, schon frühe, weshalb er mit großen Hindernissen und manchem Mangel bei seinem Studium zu kämpfen hatte. Kam 1754 auf das Gymnasium zu Hamburg, ging 1757 auf die Universität Göttingen; hier machte er seine ersten Versuche in der Poesie, welche mit großem Beifall aufgenommen wurden; 1761 wurde er adjungirter Prediger zu Prietzier in der Wittenburgischen Präpositur, bald darauf wirklicher Prediger. Erhielt 1783 den Ruf als Präpositus des Wittenburgischen Kreises, wurde hierauf Superintendent und endlich Konsistorialrath, Hofprediger und Domprobst in Schwerin, wo er am 30. Dezbr. 1797 starb. Von ihm erschienen: „Christliche Lieder," Hamburg und Lüneburg 1771 in 8.

Tollmann, Gottfried, von seinem Leben ist wenig bekannt, er war in Lauban geboren, wurde Pfarrer zu Leube bei Görlitz um das Jahr 1723. Das Lied Nr. 345. (des L. S.) stehet im Reibersdorfer Gesangbuch von 1726 unter seinem Namen.

Trost, Joh. Kaspar, war Regierungs-Advokat und Organist an der Martinskirche zu Halberstadt. Nr. 784. (des L. S.) wird oft auch M. Johann Schindler zugeschrieben, jedoch ohne hinreichenden Grund.

Tscherning, Andreas, geb. am 18. Novbr. 1611 zu Bunzlau in Schlesien, ein Landsmann, Freund und glücklicher Nachahmer des berühmten Martin Opitz, war 1644 Professor der Dichtkunst zu Rostock, und starb als solcher am 27. September 1659. Er gab heraus: „Deutscher Gedichte Frühling," Breslau 1642, und „Vortrab des Sommers deutscher Gedichte," Rostock 1655.

Tzeutschner, (Zeutschner) Tobias, aus Neurode in der Grafschaft Glaz in Schlesien gebürtig, war erst Organist, dann Rathsherr in Öls, hierauf 1649 Organist in Breslau, zuerst zu St. Bernhardin, dann aber bei St. Maria-Magdalen; starb daselbst am 15. Septbr. 1675, und hat mehre Lieder in dem alten Berl. Gesangbuche: „Vollständige Kirchen- und Haus-Musik," Breslau, ohne Jahr.

U.

Ulber, Christian Samuel, geb. am 26. August 1714 zu Landshut in Schlesien, wo sein Vater, Heinr. Ulber, Prediger u. Senior bei der Gnadenkirche war. Er besuchte die Schule seiner Vaterstadt, dann von 1732—35 die Universität Jena; wurde 1738 Pastor zu Heinersdorf im Fürstenthum Liegnitz; 1740 Diakonus, 1741 Archidiak. u. Senior des Ministeriums zu Landshut. An M. Erdm. Neumeisters Stelle kam er 1757 als Pastor zu St. Jakob nach Hamburg, wo er 1770 zum Senior des Ministeriums ernannt wurde, welche Würde er, wegen seiner Schwächlichkeit ablehnte. Er wurde 1754 zum Ehrenmitglied der deutschen Gesellschaft zu Königsberg ernannt, und die Universität Wittenberg ertheilte ihm 1767 den poetischen Lorbeerkranz. Er starb am 28. August 1776, 62 Jahre alt. Von ihm erschien: „Die Gott bittenden und lobenden Stimmen der Andacht an Sonn- Fest- und Passionstagen in heiligen Liedern gesammelt," Hamburg 1763 in 8., 2te Aufl. 1764 in 8. Diese Sammlung enthält 91 Lieder.

Unger, Christian Friedrich, geb. 1731 zu Nordhausen, war 1766 Hofmeister bei dem Legationsrath Hinüber in Hannover, dann 1770 Prediger zu Münster bei Ebsdorf im Lüneburgisch., kam 1781 als Prediger nach Bergen bei Zelle, starb 4 Wochen nach Antritt des Amtes, im Novemb. 1781, alt 50 Jahre. Neun Lieder von ihm kamen zuerst in das Lüneburg. Gesangb., bei dessen Herausgabe 1767 er noch Kandidat des Predigtamtes und Hauslehrer in Hannover war. Er ließ auch einen „Versuch einiger poetischer Aufsätze," Hannover 1770, drucken.

Urlsperger, Samuel, geb. am 31. August 1685 zu Kirchheim unter Teck im Würtemberg., wurde 1714 zu Stuttgart Hofkapellan, und in demselb. Jahre Hofprediger u. Konsistorialrath daselbst, 1720 Superintendent zu Herrenberg und 1722 Pastor zu St. Annen in Augsburg, er feierte 1763 sein Amts- u. Ehejubiläum und starb am 20. April 1772. In dem von ihm herausgegebenen Werke: „Der Kranken Gesundheit und der Sterbenden Leben zc." Stuttgart 1722 in 8. befinden sich seine Lieder.

W.

Walther, M. Johann, Kurfürstl. Sächs. Kapellmeister, ein vertrauter Freund Dr. Martin Luthers, mit dem er manche Stunde mit Singen zugebracht, lebte bis 1547 zu Torgau, und nach der Zeit da Herzog Moritz die Kurwürde erhalten hatte, zu Dresden; er lebte noch 1564.

Walther, Dr. Michael, geb. am 6. April 1593 zu Nürnberg, wo sein Vater Kaufmann war. Er sollte, nach dem Wunsche der Mutter, auch die Handlung erlernen, da sein Vater ihm schon frühe gestorben war, allein ein Freund suchte die Mutter zu bereden, ihren Sohn dem Studium zu widmen. Er begab sich nach Wittenberg um dort die Medizin zu studiren, allein seiner Mutter Wunsch zu erfüllen, vertauschte er dieselbe mit der Theologie. Er vollendete seine Studien zu Gießen und Jena, wurde bei letzterer Universität Adjunkt der philosoph. Fakultät, und von der verwittw. Herzogin Elisabeth zu Braunschweig, die sich in Helmstädt aufhielt, zum Hofprediger ernannt, mit welchem Amte er die Prof. in der Theol. daselbst erhielt. Nach dem Tode der Herzogin berief ihn der Graf v. Ostfriesland zum Hofprediger u. Generalsuperint. nach Aurich, und 1642 erhielt er vom Herzog zu Braunschweig-Lüneburg die Generalsuperintendentur zu Zelle, wo er am 9. Febr. 1662 starb. Er hatte viel Verfolgungen von den Papisten zu erdulden, und ertrug alle Schmähungen derselben mit christlicher Sanftmuth, war treu und fleißig in seinem Amte und wandte die Zeit seiner Muße an, um nützliche Schriften zu verfassen, wie wir denn von ihm manch herrliches Lied besitzen.

Weber, M. Jeremias, geb. am 23. September 1600 zu Leipzig, studirte daselbst u. zu Wittenberg, wurde 1626 in Leipzig Sonnabendsprediger zu St. Thomas, 1631 Subdiakonus, 1633 mittler Diakonus, 1639 Archidiakonus an derselben Kirche, und 1640 außerord. Professor der Theologie. Er starb am 13. (19.) März 1643 und gab 1638 das Leipziger Gesangbuch mit einer Vorrede heraus.

Wegelin, M. Josua, war anfangs Pfarrer zum heiligen Geist in Augsburg, und dann Pfarrer und Senior zu Presburg in Ungarn ums Jahr 1640. Er schrieb „Gebete und Lieder," 1660 in 12., aus welchen viele in die Gesangbücher übergegangen sind.

Weickhmann, Dr. Joachim, geb. am 29. September 1662 zu Danzig; wurde 1686 Magister legens in Wittenberg; 1691 Pastor in Schmiedeberg im sächs. Kurkreise; 1693 Probst in Kemberg, doch ehe er sich noch dahin begab, Konsistorialrath, Oberhofprediger, Superintendent und Pastor an der St. Bartholomäi-Kirche in Zerbst; kam 1704 als Senior Ministerii und Pastor der Marienkirche nach seiner Vaterstadt, wo er am 15. März 1736 starb. Seine Lieder finden sich in verschiedenen Gesangbüchern.

Weihe, Friedrich August, geb. am 19. May 1721 zu Hardorf im Halberstädtischen, wo sein Vater Prediger war; studirte zu Halle und wurde im 21. Jahre Feldprediger, zur Zeit des zweiten schlesischen Krieges. Nach 8 Jahren erhielt er das Pastorat in Gohfeld im Fürstenthum Minden, wo er am 15 Dezbr. 1771 starb. Er war ein sehr frommer und gewissenhafter Seelsorger; seine Lieder, welche einen echt christlichen Geist in sich fassen, sind ihrer Länge wegen nicht alle zum kirchlichen Gebrauch geeignet, und erschienen unter dem Titel: „Sammlung neuer Lieder von alt-evangelischem Inhalt, zum Bau des Reichs Gottes." Corbach 1762, 2. Aufl. Hof 1772 in 8., 3. Aufl. Minden 1782. Außer diesen befinden sich noch als Anhang seiner beiden Sammlungen „erbaulicher Briefe," Minden 1774 und 1776 von ihm geistliche Lieder.

Weiler, Georg Michael, war 1720 Pastor zu Essen in Westphalen, und gab heraus: „Geistliche Pilgrimslieder," Essen zc.

W. M. M., unbekannt; in den Evangel. Sterbe- und Todespsalmen zc." 1. Samml. Nürnberg 1764, 2. Samml. 1765; 2. Aufl. in 3 Samml. ibi 1770 und 1771 stehen unter diesen Buchstaben verschiedene Lieder.

Weingärtner, Sigismund, von seinem Leben ist nur so viel bekannt, daß er zu Anfange des 17. Jahrhunderts Prediger in oder bei Heilbronn gewesen ist.

Weise, M. Christian, geb. am 30. April 1642 zu Zittau, wo sein Vater, Elias Weise, 40 Jahre lang an der dortigen Schule als Lehrer stand; studirte zu Leipzig; wurde 1663 Magister; 1668 Sekretair bei dem Grafen v. Leiningen; 1670 Professor der Beredsamkeit, der Dichtkunst zc. an dem Gymnasium zu Zittau, endlich 1678 an eben diesem Gymnasium Rektor; starb am 21 Oktbr. 1708, alt 66 Jahr, als Emeritus. Seine Lieder sind in folgenden Werken enthalten: „Tugend-Lieder," Budissin 1719 in 8. — „Trost- und Sterb-Andachten," ebend. 1720 in 8. — „Buß- und Zeit-Andachten," ebend. 1720 in 8.

Weiß, Michael, Pfarrer zu Landskron und Fulneck in Böhmen, ein Zeitgenosse Luthers und ein standhafter Bekenner der evangelischen Wahrheit unter den sogenannten Böhmischen Brüdern. Er übersetzte viele Lieder aus dem Böhmischen ins Deutsche, und gab solche in einem besondern Gesangbuche heraus, Jungbunzel 1531, welches sehr oft wieder aufgelegt wurde. Ausgaben, welche Joh. Horn verbesserte, erschienen 1544, 1560, 1561 zc.

Weissel, Georg, geboren 1590 zu Domnau in Preußen, war zuerst drei Jahre Rektor der Schule zu Friedland auf Natangen; wurde am 3. Advents-Sonntage 1623 von D. Behm als der erste Pfarrer bei der in diesem Jahre neu erbauten Roßgärtschen Kirche in Königsberg eingeführt, und starb daselbst am 1. Aug. 1635. Er war der vorzüglichste unter den alten Preußischen Liederdichtern vor Simon Dach, und seine Lieder finden sich in den ältern Preußischen Gesangbüchern.

Wenigk, (Wenicke) Joh. Ernst, war Pastor zu Eitsdorf im Hennebergischen; seit 1732 Pastor zu Cobstedt und Grabsleben; er gab heraus: „Hilaria sacra, oder heilige Sonntags-Lust der Kinder Gottes," Arnstadt 1731, in welchem 68 Lieder und auch Nr. 897. (des L. S.) stehen.

Werner, Dr. Georg, geb. 1607 zu Bopfingen in Schwaben, war Assessor des Wolfenbüttelschen Hofgerichts, Doktor und Professor der Rechte zu Helmstadt, wo er als solcher 26 Jahre mit vielem Beifall lehrte. Starb am 28. Septbr. 1671, alt 64 Jahr, und gab heraus: „Hundert Psalmen Davids, nach evangelischen Kirchen-Melodien zu singen," Königsberg 1638 in 8. Einige seiner Lieder stehen nicht in diesem Werke, sondern in verschiedenen Gesangbüchern zerstreut.

Wetzel, Joh. Kaspar, geb. am 22. Februar 1691 zu Meinungen, wo sein Vater, Joh. Michael Wetzel, ein Schuhmacher war, dessen Handwerk auch er zu lernen angefangen, allein da ihm Gott vorzügliche Geistesgaben geschenkt, so verließ er dies Handwerk und ging, im Vertrauen auf Gott, da seine Eltern sehr arm waren, auf die Schule seiner Vaterstadt; setzte seine Studien auf dem Gymnasium zu Schleusingen von 1708 bis 1711 fort, und begab sich alsdann auf die Hochschulen zu Jena und Halle, wo er sich der Theologie widmete. Nach Vollendung seiner Studien unterrichtete er in verschiedenen Häusern, und machte 1718 als Sekretair des Kur-Mainzischen Raths und Residenten zu Nürnberg, Georg Christoph v. Wolker, eine Reise nach Italien. Nach seiner Rückkehr berief ihn 1721 der Herzog Anton Ulrich als Erzieher nach Amsterdam; wurde 1726 der verwittweten Herzogin Elisabeth Sophie zu Sachsen-Meinungen Kabinets- und nach einigen Jahren Hofprediger; 1727 aber Diakonus und Mittagsprediger zu Römhild; starb am 6. August 1735, alt 64 Jahr. Nicht nur um das Studium der Liedergeschichte hat er sich durch sein Werk: „Hymnopoeographia oder historische Lebensbeschreibung der berühmtesten Liederdichter,“ 4 Theile, Herrnstadt 1719—1728 in 8.; und durch seine „Analecta hymnica, die merkwürdige Nachlese zur Lieder-Historie,“ 1. Band, Gotha 1752, 2. Band ibi 1753 verdient gemacht, sondern auch durch 50 Lieder, welche er den drei ersten Theilen seiner historischen Lebensbeschreibungen, unter dem Titel: „Andachtsfrüchte“ beifügte. Sie erschienen auch unter dem Titel: „Heilige Andachtsfrüchte in 5 Lieder-Opfern,“ Coburg 1718, 1721 und 1722 in 12. für sich bestehend.

Weydenheim, Joh., ist unbekannt; ihm wird das Lied Nr. 743. (des L. S.) in den meisten Gesangbüchern, eben so auch in Heerwagens Litteratur-Geschichte der evangel. Kirchenlieder, 1. Theil, Neustadt an der Aisch 1792, und in Richters Biographischem Lexikon der geistlichen Liederdichter, Leipzig 1804, zugeschrieben.

Wiegner, Abraham, geb. zu Pegau; anfänglich sächs. Feldprediger, dann Pfarrer zu Auligk, und zuletzt Oberpfarrer zu Wigandsthal in der Oberlausitz. Er gab 57 Lieder unter dem Titel: „Nöthige Freitags-Arbeit,“ Leipzig 1724, heraus, welche 1733 nochmals mit dem veränderten Titel: „Lied des Lammes oder Passions-Geschichte,“ zu Lauban erschien.

Wilhelm II., Herzog zu Sachsen-Weimar, geboren am 11. April 1598 zu Altenburg, als Zwilling mit einem todtgebornen Prinzen. Er war nicht nur ein berühmter Held des 30jährigen Krieges, sondern auch ein Freund und Kenner der Musik und der Mathematik. Er baute 1651 die Wilhelmsburg und 1658 die schöne Schloßkirche zu Weimar, auch fing man unter seiner Regierung in seinem Lande die Kirchenvisitationen an. Er stiftete 1618 zu Weimar die fruchtbringende Gesellschaft, in welcher er der Schmackhafte hieß, und starb am 17. May 1662, alt 64 Jahr. Er dichtete verschiedene geistliche Lieder, und nicht nur Nr. 781., sondern auch Nr. 608. (des L. S.) Gott der Frieden hat gegeben 2c.

Wilhelmi, Dr. Joh. Christian, war Kurfürstlich Hessischer Regierungs-Advokat und Stadt-Syndikus zu Gießen. Es werden ihm 6 Gesänge zugeschrieben. In dem Eisenach'schen Gesangbuche von 1722, welches seine Lieder enthält, stehet Nr. 646. (des L. S.) anonym.

Wimmer, Gabriel, geb. am 29. Oktober 1671 zu Sagan in Schlesien, war 1679 Pfarrer zu Alten-Mörbitz unter der Diöces Borna. Dem frommen Lehrer hatte der Herr, um ihn im Feuerofen der Trübsal zu läutern, manches Kreuz aufgelegt; im Monat März des Jahres 1716 lagen von ihm 6 Kinder an den Blattern hart danieder, von denen das jüngste dieser bösartigen Krankheit erlag. Der fromme Dulder verfertigte in dieser Zeit der Anfechtung sich und seinen Hausgenossen zum Trost ein Lied von der Geduld, welches er seinen gebundenen Grabschriften in allgemeinen Fällen 2c., Ronneburg 1723 in 4., anhängte. Starb am 14. März 1745 zu Alten-Mörbitz, alt 73 Jahre, 19 Wochen, 3 Tage, nachdem er 48 Jahre mit Treue in dem Weinberge des Herren gearbeitet hatte. Nach seinem Tode erschien von ihm: „Ausführliche Lieder-Erklärung,“ Altenburg 1749 in 4 Quartbänden. Seine ungefähr 70 Lieder gab er 1736 unter dem Titel heraus: „Das Lob Gottes in seinem Hause,“ welches seiner Lieder-Erklärung wieder beigefügt ist.

Winckler, Joh. Joseph, geb. am 23. Dezbr. 1670 zu Luckau in Meißen, war erst Nachmittagsprediger an der St. Peterskirche zu Magdeburg, hierauf Feldprediger, als welcher er nach den Niederlanden und nach Italien ging; wurde dann Diakonus an der Domkirche zu Magdeburg; 1703 Inspektor des Holzkreises; 1714 Oberdomprediger zu Magdeburg und 1716 Königl. Preuß. Konsistorialrath. Starb am 11. August 1722, alt 52 Jahr. Von ihm sind 10 vortreffliche Lieder vorhanden, von denen einige schon 1703 im Anhange zu J. H. Neuß Heb-Opfer stehen; sämmtliche 10 Lieder aber findet man in Freylinghausens Gesangbuche.

Winne, Joh. Wilhelm, geb. 1667 zu Buttstädt, war Kantor zu Eisleben, gab das Mansfeldsche Gesangbuch, Eisleben 1721, heraus, in welchem sich von ihm 4 Lieder finden.

Wolder, Dr. Theodor, geb. am 23. Dezbr. 1628 zu Königsberg in Preußen, wo er Professor der Rechte bei der dortigen Universität und Ober-Tribunalrath, wie auch Assessor des Sambl. Konsistoriums war, starb am 6. Jan. 1672.

Wolf, Dr. Jakob Gabriel, geb. 1684 zu Greifswalde; Königl. Preuß. Hofrath und Professor Juris ordinarius in Halle, starb am 6. August 1754, alt 71 Jahr. In Freylinghausens Gesangbuch stehen von ihm 19 Lieder.

Woltersdorf, Ernst Gottlieb, ein von dem Geiste Gottes tief durchdrungener und reich begabter Liederdichter, geb. am 31. May 1725 zu Friedrichsfelde bei Berlin, wo sein Vater, Gabr. Luk. Woltersdorf, damals, nachher aber zu Berlin an der St. Georgenkirche, Prediger war. Er besuchte das Berl. Gymnasium zum grauen Kloster, bezog bis 1744 die Universität Halle, wurde Hauslehrer beim Prediger Stilke zu Zerrenthin bei Stettin; 1746 rief ihn die Gräfinn v. Promnitz nach Drehna, um daselbst des Sonntags Nachmittags vor ihr zu predigen und Erbauungsstunden zu halten. Er erhielt 1748 die zweite Predigerstelle zu Bunzlau, wo er 1754 ein Waisenhaus stiftete, und starb am 17. Dezbr. 1761, alt 36 Jahr. Seine Lieder, 212 an der Zahl, erschienen seit 1748 in einzelnen Drucken; gesammelt gab sie der Verf. 1750 u. 1751 in 2 Bändchen zu Jauer unter dem Titel: „Evangel. Psalmen,“ heraus. In einer vollständigen Sammlung vereinigt erschienen sie unter dem Titel: „E. G. W. sämmtl. neue Lieder oder evangel. Psalmen 2c.,“ Berlin 1767; nochmals wieder aufgelegt, Berlin 1802 vom Kirchenrath Dr. H. D. Hermes.

Z.

Zehner, Dr. Samuel, geb. am 4. Mai 1594 zu Suhla, wo sein Vater, Joachim Zehner, Pastor u. Diakonus, hernach aber im Hennebergischen Generalsuperintend. war. Er besuchte das Gymnasium zu Schleusingen und setzte seine Studien auf den Universitäten Leipzig, Wittenberg, Jena, Marpurg und Gießen fort; wurde 1619 Diakonus; 1624 Archidiakonus zu Meinungen; 1632 Adjunkt. der Superintendentur zu Schleusingen, und 1634 Pastor, Superintend., Konsistorialrath u. Ephorus des Gymnasiums daselbst. Er starb, nachdem er vorher die Doktorwürde zu Erfurt erhalten hatte, am 27. April 1635.

Zeiske, M., i. J. 1748 Rektor zu Lübben; Nr. 957. (des L. S.) stehet in dem Evangel. Zion oder Privileg., vollständ. u. verm. Niederlausitzschen Gesangbuch 2c. Lübben 1774, mit Unrecht unter diesem Namen, da solches Lied dem Freiherrn v. Canitz gehört, und ist in dem angeführten Gesangb. der zweite als erster, der erste als zweiter Vers gestellt. Man bittet demnach unter Nr. 957. den Namen Zeiske auszustreichen und v. Canitz darunter zu setzen.

Ziegler, Dr. Kaspar, geb. am 13. (21.) September 1621 zu Leipzig; in seinem 14. Jahre that er einen Fall, durch welchen sein Kopf so litt, daß man glaubte er würde zum Studiren unfähig sein. Dennoch gab ihm Gott ausgezeichnete Gaben in der Mathematik und Dichtkunst, so daß er der erste war, der den Deutschen die Madrigalgedichte bekannt machte. Er war auch zugleich ein tüchtiger Musiker und gründete in Leipzig das Collegium Gellianum. Anfangs studirte er Theologie, in seinem 32sten Jahre aber die Rechte; wurde Professor der Rechte, Appellationsrath und Konsistorialdirektor in Wittenberg. Kurz vor seinem Ende fiel er die Treppe hinab und brach das rechte Bein; hiezu gesellten sich heftige Steinschmerzen, die seinem Leben am 17. April 1690 ein Ende machten. Bei seiner Oeffnung fand man 15 ziemlich große Steine. Sein Symbolum war: Prout religio suggerebat, d. i. So weit es die Religion gestattet. Seine Jesus-Lieder, 20 an der Zahl, erschienen zu Leipzig 1648.

Zihn, M. Joh. Friedrich, geb. am 7. September 1650 zu Suhla im Hennebergischen, studirte zu Leipzig, erhielt 1675 zu Wittenberg die Magisterwürde, 1679 das Rektorat an der Schule zu Suhla, 1690 das Subdiakonat und 1708 das Archidiakonat daselbst. Er starb am 16. Januar 1719 im 69. Jahre. Fünf sehr schöne Lieder erschienen von ihm zuerst in dem Schleusingischen Gesangb., welches unter dem Titel heraus kam: „Der himmlischen Freude zeitlicher Vorschmack, bestehend im Lobe Gottes: oder neu-verfertigt. Gesang-Buch,“ Schleusingen 1692 in längl. 12.

Zinzendorf, Christian Renatus, Graf u. Herr v. Zinzendorf und Pottendorf, einziger Sohn des Nikolaus Ludwig v. Zinzendorf, geb. am 19. Septemb. 1727, war ein treuer Gehülfe seines Vaters und seines Schwagers Joh. v. Wattwille. Er ward 1749 zu einem Presbyter ordiniret und diente der Brüdergemeine bis 1752, in welchem Jahre er am 28. Mai zu London starb. Seine Lieder stehen in den Gesangbüchern der Evangel. Brüdergemeine.

Zinzendorf, Erdmuthe Dorothee Gräfin v., geb. Gräfin Reuß, aus dem Hause Ebersdorf, eine Schwester des damals regier. Grafen Heinrich des XXIX., sie wurde geb. am 7. Novemb. 1700, vermählte sich 1722 mit dem Grafen v. Zinzendorf, dem Stifter der Brüdergemeine, war eine ausgezeichnete Frau im Dienste des Herrn und starb am 19. Juni 1756. Eine nicht unbedeutende Anzahl Lieder finden sich von ihr in den Brüdergesangbüchern.

Zinzendorf und Pottendorf, Nikolaus Ludwig Graf v., geb. am 26. Mai 1700 zu Dresden, wo sein Vater, Georg Ludwig v. Zinzendorf, Kursächs. Geheimerrath und Kammerherr war, und am 9. Juli 1700 starb, weshalb er von seiner Großmutter, Henriette Katharina, Freifrau v. Gersdorf (siehe d. Artik.), bis ins 10. Jahr, sehr sorgfältig erzogen wurde. Hierauf kam er unter Aufsicht des Prof. Francke in das Königl. Pädagogium zu Halle und bezog nach 6 Jahren die Universität. Er ging 1716 nach Wittenberg, wo er sich dem geistl. Stande widmete. Im Jahre 1719 reisete er nach dem Haag, Paris und England, wurde 1721 Hof- u. Justizrath in Dresden, hielt aber dabei Collegia pietatis und predigte neben seinen Geschäften. Mit Genehmigung des Königs begab er sich auf sein Gut Bertholdsdorf in der Oberlausitz; jetzt war er damit beschäftigt die alte Kirchenzucht und die ächt evangelische Lehre zu erneuern. Er ging 1731 nach Dänemark, erhielt hier nach der Königl. Krönung den Orden von Dannebrog, den er aber bald wieder zurücksandte. Auf sein Ansuchen erhielt er vom Dresdner Hofe seine Entlassung, und nun lebte er von 1732 zu Bertholdsdorf und Herrnhut; doch machte er viele Reisen, indem er seine Güter seiner Gemahlin überließ. Er trat 1736 förmlich in die Gemeinschaft der Mährischen Brüder, und suchte seine Lehre überall auszubreiten. Nachdem er aus allen Kursächsischen Landen das Consilium abeundi bekommen hatte, ging er nach Berlin sich zum Bischof ordiniren zu lassen. Auf Königl. Befehl wurde er von den Pröbsten Rolf u. Reinbeck examinirt; 1739 am 20. Mai von dem Preuß. Oberhofprediger und ältesten Bischof der Unität der Böhmisch-Mährischen Brüder, Dan. Ernst Jablonsky, auf dessen Zimmer zum Bischof wirklich ordiniret. Als solcher machte er nach den entferntesten Gegenden Reisen, seine Lehransichten zu verbreiten; kam 1738 nach Berlin zurück, reiste aber in eben diesem Jahre wieder ab nach Amerika. Auf dieser Reise übersetzte er das Neue Testament; er kehrte nach Verlauf von 16 Wochen zurück, berief 1740 eine Synode nach Gotha, welche sich aber auf Befehl des Herzogs trennen mußte. Im Jahre 1741 ging er nach Genf und in eben dem Jahre wieder nach Amerika, wo er sich zum Pastor in Philadelphia bestellen ließ. Unter dem Namen eines Herrn v. Wachau ging er 1743 nach Rußland, fand aber keine Aufnahme daselbst, man nahm ihn sogar in Verhaft u. ließ ihn über die Grenze bringen; dennoch erkaltete sein frommer Eifer nicht. Er kam 1757 durch die Schweiz nach Tübingen, aber auch hier ward er nicht aufgenommen. Nach einem so bewegten Leben, in welchem er nicht von der allmächtigen Hand seines Herrn ließ, starb er am 9. Mai 1760 zu Herrenhut, wo er am 16ten unter großem Zulauf von Fremden feierlich begraben wurde. Seine vielen Lieder stehen größtentheils in den von ihm herausgegebenen „Liedersammlungen der Brüdergemeinen,“ Herrnhut 1731, erste Aufl. Leipzig 1725 rc.

Zollikofer, Georg Joachim, geb. am 5. August 1730 zu St. Gallen in der Schweiz, wo sein Vater, Dav. Ant. Zollikofer, Rechtsgelehrter war; Er besuchte das Gymnasium daselbst, ging nach Frankfurt a. M., machte hier die Bekanntschaft eines jungen Buchhändlers, den er auf einer Reise nach den Niederlanden begleitete; kehrte 1753 in sein Vaterland zurück, machte eine zweite Reise im Bremer Gebiet und nach Monsheim in der Pfalz zu einem Herrn von la Roche, wo er seine erste Gattin, Susanna Regina le Roy, aus Berlin gebürtig, kennen lernte. Er nahm 1758 den Ruf nach Leipzig als deutsch-reformirter Prediger an, wurde einer der ersten Kanzelredner, schrieb viele Erbauungsschriften und starb am 22. Jan. 1788, alt 58 Jahre. Er gab 1766 für seine Gemeine ein neues Gesangb. heraus, in welchem sich unter mehren von ihm verbesserten Liedern, auch einige neue befinden.

Zwick, Dr. Joh., ein frommer u. gelehrter Theologe, geb. zu Costnitz, studirte zu Basel u. Freyburg die Rechte und erhielt zu Bologna die juristische Doktorwürde; ging aber zur Theologie über und wurde zu Reutlingen Pfarrer, da er der evangel. Lehre von ganzem Herzen zugethan war, wurde seinem frommen Eifer von den Papisten bald Einhalt gethan; er ging wieder nach Costnitz, wurde 1525 daselbst Predig. u. starb 1542. Er wohnte dem theolog. Convent zu Wittenberg 1526 bei. Ihm werden 8 Lieder zugeschrieben.

Spruch-Register

nach alphabetischer Ordnung mit Anführung der Bibelstelle und der Nummer des Liedes.

A.

Spruch	Bibelstelle	Nr.
Aber den Fürsten des	Apostelg. 3, 15.	1730.
Aber der Gerechte, ob	Weish. Sal. 4, 7.	1972.
Aber die bestimmten Jahre	Hiob 16, 22.	1557.
Aber die den Herrn suchen,	Ps. 34, 11.	1719.
Aber du Gottesmensch,	1 Tim. 6, 11.	846.
Aber der Herr wollte ihn	Jes. 53, 10.	406.
Aber Gott dem ewigen	1 Tim. 1, 17.	1381.
Aber Herr, lehre doch mich,	Ps. 39, 5.	1891.
Aber in dem Allen	Röm. 8, 37.	217.
Aber ohne Glauben ist es	Ebr. 11, 6.	802.
Aber, was mir Gewinn war,	Phil. 3, 7.	7.
Abraham zweifelte nicht	Röm. 4, 20.	984.
Ach, daß du den Himmel	Jes. 64, 1—4.	1523.
Ach, daß ich hören sollte,	Ps. 85, 9.	13.
Ach, daß sie ein solches	5 Mos. 5, 29.	1369.
Ach Herr, höre! ach Herr,	Dan. 9, 19.	1183.
Ach, Herr! ich habe ges.	Man. 12. 13.	1753.
Ach, Herr! unsere	Jer. 14, 7. 8.	399.
Achte nicht gering die	Ebr. 12, 5.	603.
Achtet es eitel Freude,	Jac. 1, 2. 3.	1335.
Alle deine Kinder gelehret	Jes. 54, 13.	1266.
Alle, die gottselig leben	2 Tim. 3, 12.	1700.
Alle, die wir in Jesum	Röm. 6, 3.	881.
Alle Dinge sind möglich	Marc. 9, 23.	807.
Alle eure Sorge werfet	1 Petri 5, 7.	391.
Alle gute Gabe und alle	Jac. 1, 17.	400.
Alle Kreatur Gottes ist	1 Tim. 4, 4. 5.	769.
Aller Augen warten	Ps. 145, 15. 16.	518.
Aller Welt Ende siehet	Jes. 52, 10.	716.
Alles Fleisch ist wie Gras,	1 Petr. 1, 24.	418.
Alles Fleisch sey stille vor	Sach. 2, 13.	1703.
Alles nun, das ihr	Matth. 7, 12.	1133.
Alles und in Allem Christus!	Col. 3, 11.	215.
Alles Volk, das dabei	Luc. 23, 48. 49.	1745.
Alles, was dir widerfährt,	Sir. 2, 4. 5.	1302.
Alles, was ihr bittet in	Marc. 11, 24.	1757.
Alles, was ihr bittet im	Matth. 21, 22.	1097.
Alles, was ihr thut mit	Col. 3, 17.	522.
Alles, was mir mein Vater	Joh. 6, 37.	2005.
Allezeit hat dir gefallen	Judith 9, 13.	1758.
Alle Züchtigung aber,	Ebr. 12, 11.	1156.
Alle Zungen sollen	Phil. 2, 11.	1307.
Alsdann werden sie	Luc. 21, 27. 28.	1773.
Alsdann wird der	2 Thess. 2, 8.	123.
Alsdann wird man dem	Hos. 11, 10.	1828.
Als der Tag der	Apostelg. 2, 1—4.	1890.
Als die Traurigen, aber	2 Cor. 6, 10.	1796.
Als er aber voll	Apostelg. 7, 55.	1883.
Als Jesus nahe herzu	Luc. 19, 41.	433.
Als nun Jesus wußte	Joh. 18, 4. 5.	532.
Als nun Jesus zu ihnen	Joh. 18, 6.	900.
Also hat Gott die Welt	Joh. 3, 16.	106.
Also ist es geschrieben,	Luc. 24, 46. 47.	1245.
Also ist nun hier kein	Gal. 4, 1—7. (7.)	179.
Also spricht der Herr:	Jer. 15, 19.	1058.
Also wird euch reichlich	2 Petri 1, 11.	903.
Als sie Alle Amen	Tob. 9, 12.	1694.
Am Abend aber desselbigen	Joh. 20, 19.	1837.
Amen! Lob und Ehre	Off. Joh. 7, 12.	110.
An der Sabbather einem	Joh. 20, 1.	1378.
Anfechtung lehret aufs	Jes. 28, 19.	1811.
Auch weiß der Mensch	Prd. Sal. 9, 12.	1223.
Auch wir, die wir haben	Röm. 8, 23.	458.
Auf daß an euch geprief.	2 Thess. 1, 12.	907.
Auf daß da komme die	Apostelg. 3, 20.	373.
Auf daß er erzeigete in	Ephes. 2, 7.	1776.
Auf daß er kund thäte den	Röm. 9, 23.	121.
Auf daß euer Glaube best.	1 Cor. 2, 5.	617.
Auf daß euer Glaube	1 Petr. 1, 7.	663.
Auf daß ihr seyd ohne	Phil. 2, 15.	576.
Auf daß kund würde,	Weish. S. 16, 28.	101.
Auf daß man erfahre,	Jes. 45, 6.	463.
Auf daß sie Alle Eins	Joh. 17, 21.	457.
Auf daß wir durch desselbigen	Tit. 3, 7.	1677.
Auf daß wir etwas seyn	Ephes. 1, 12.	286.
Auf dein Wort will ich das	Luc. 5, 5.	136.
Auf dich Herr, Herr sehen	Ps. 141, 8.	1414.
Auf diesen Felsen will	Matth. 16, 18.	144.
Auf meine Knechte und	Apostelg. 2, 18.	1175.
Aus dem Munde der jungen	Ps. 8, 3.	1533.
Aus der Tiefe rufe ich,	Ps. 130, 1—8.	173.
Aus Gnaden seyd ihr selig	Ephes. 2, 8.	168.
Aus sechs Trübsalen wird	Hiob 5, 19.	1890.

B.

Spruch	Bibelstelle	Nr.
Bald wird kommen zu	Mal. 3, 1.	1416.
Bande und Trübsal	Apstlg. 20, 23. 24.	1436.
Befiehl dem Herrn deine	Ps. 37, 5.	178.
Begebet euch selbst Gotte	Röm. 6, 13.	274.
Begebet eure Leiber zum	Röm. 12, 1.	269.
Behaltet in der Liebe Gottes	Judä 21.	970.
Behüte mich, wie ein Aug.	Ps. 17, 8.	772.
Bei dem Herrn ist die	Ps. 130, 7. 8.	1951.
Bei unserm Ruhm, den	1 Cor. 15, 31.	964.

Bekümmert euch nicht; Neh. 8, 10. 549.
Betet ohne Unterlaß! 1 Thess. 5, 17. 186.
Betet stets in allem Anl. Ephes. 6, 18. 1177.
Betrachte immerdar Gottes Sir. 6, 37. 796.
Bewahre deinen Fuß, Prd. Sal. 4, 17. 1294.
Bewahre meine Ps. 25, 1—22. (20.) 1384.
Bis daß mein Ende komt, Hiob 27, 5. 6. 1657.
Bis hieher hat uns der 1 Sam. 7, 12. 194.
Bist du, der da kommen Matth. 4, 3. 195.
Bittet für die, so euch Matth. 5, 44. 999.
Bittet, so werdet ihr Joh. 16, 24. 499.
Bittet, so wird euch geg. Matth. 7, 7. 197.
Bitte, was ich dir geben 1 Kön. 3, 5. 1469.
Bleibe bei uns, denn es Luc. 24, 29. 200.
Bleibe fromm und halte Ps. 37, 37. 198.
Bleibe in Gottes Wort Sir. 11, 20. 1946.
Bleibet in mir und ich in Joh. 15, 4. 1224.
Brannte nicht unser Herz Luc. 24, 32. 803.
Breite deine Güte über die, Ps. 36, 11. 1431.

C.

Christum lieb haben ist Ephes. 3, 19. 228.
Christus aber ist gek. Ebr. 9, 11—15. 1336.
Christus, da wir noch schw. Röm. 5, 6. 1046.
Christus hat für unsere 1 Petr. 3, 18. 551.
Christus hat geliebet die Eph. 5, 25. 26. 691.
Christus hat gelitten für 1 Petr. 2, 21. 410.
Christus hat sich selbst für Tit. 2, 14. 991.
Christus hat uns erlöset Gal. 3, 18. 386.
Christus ist darum für 2 Cor. 5, 15. 806.
Christus ist das Ebenb. Col. 1, 15. 16. 1176.
Christus ist die Versöhn. 1 Joh. 2, 2. 1696.
Christus ist durch sein eig. Ebr. 9, 12. 1235.
Christus ist ein Fürst der Offb. 1, 5. 275.
Christus ist eingegangen Ebr. 9, 24. 703.
Christus ist einmal geopf. Ebr. 9, 28. 625.
Christus ist für uns gest. 1 Thess. 5, 10. 1281.
Christus ist gestorben für 1 Cor. 15, 3. 1695.
Christus ist getödtet 1 Petr. 3, 18. 19. 301.
Christus ist mein Leben, Phil. 1, 21. 230.
Christus ist zur Rechten 1 Petr. 3, 22. 80.
Christus ist zur Rechten Röm. 8, 34. 333.
Christus kommt her aus Röm. 9, 5. 1352.
Christus mußte leiden Apostelg. 17, 3. 554.
Christus, ob er wohl in Phil. 2, 6. 7. 232.

D.

Da aber die Zeit erfüllet Gal. 4, 4. 5. 1330.
Da beteten sie abermal Sir. 50, 23. 1407.
Da das alles Volk sahe, 1 Kön. 18, 39. 1658.
Da der Herr die Wittwe Luc. 7, 13. 1538.
Da dieser Elende rief, hör. Ps. 34, 7. 655.
Da er aber noch ferne von Luc. 15, 20. 1084.
Da er eine köstliche Perle Matth. 13, 46. 1028.
Da er ist vollendet, ist er Ebr. 5, 9. 1034.
Da er nun hinzog, Luc. 19, 36. 37. 1074.
Da Er solches gesagt, Apostlg. 1, 9. 362.
Da es aber Gott wohlg. Gal. 1, 15. 16. 451.
Da Gott einführet den Erstg. Ebr. 1, 6. 750.
Da Gott wollte den Erben Ebr. 6, 17. 624.
Da jammerte den Herrn Matth. 18, 27. 1621.
Da ich ihre Wege ansahe, Jes. 57, 18. 1069.
Da Jesus aber das Matth. 5, 1—12. 1171.
Daniel fiel des Tages dr. Dan. 6, 10. 905.
Danke allezeit Gott, und Tob. 4, 20. 1325.
Danket dem Gott vom Ps. 136, 26. 235.
Danket dem Herrn aller Ps. 136, 3. 4. 1402.
Danket dem Herrn; denn Ps. 107, 1. 239.
Danket dem Herrn, pred. Jes. 12, 4. 5. 1208.
Danket dem Herrn und pr. Ps. 105, 1. 236.
Danket dem Herrn Zeb. Jerem. 33, 11. 558.
Danket ihm und lobet Sir. 39, 20. 21. 1139.
Danksaget dem Vater, der Col. 1, 12. 672.
Dann wird das H. Matth. 25, 1—13. 1788.
Dann wirst du deine Hiob 22, 26. 27. 1349.
Da nun Jesus den Essig Joh. 19, 30. 510.
Da öffnete er ihnen das Luc. 24, 45. 1492.
Daran erkennen wir, daß 1 Joh. 3, 24. 381.
Daran erkennen wir, 1 Joh. 3, 19. 20. 1623.
Daran erkennen wir, daß 1 Joh. 4, 13. 1486.
Daran haben wir erkant 1 Joh. 3, 16. 1218.
Daran ist erschienen die L. 1 Joh. 4, 9. 105.
Darinnen stehet die Liebe: 1 Joh. 4, 10. 376.
Darum bekenne ich dir m. Ps. 32, 5. 1545.
Darum daß seine Seele Jes. 53, 11. 1037.
Darum fleißigen wir uns 2 Cor. 5, 9. 90.
Darum gehet aus von 2 Cor. 6, 17. 18. 1536.
Darum liebt mich m. Joh. 10, 17. 18. 533.
Darum, meine Lieben, 2 Petri 3, 14. 137.
Darum preiset Gott seine Röm. 5, 8. 104.
Darum schaue die Güte Röm. 11, 22. 1099.
Darum so leget ab alle Jac. 1, 21. 1194.
Darum sollt ihr nicht Matth. 6, 31. 32. 1899.
Das aber auf dem guten Luc. 8, 15. 1530.
Das Blut Jesu Christi, 1 Joh. 1, 7. 779.
Das Dichten des menschl. 1 Mos. 8, 21. 710.
Das du säest, wird nicht 1 Cor. 15, 36. 462.
Das Fleisch gelüstet wider Gal. 5, 17. 388.
Das Gebet der Elenden Sir. 35, 21. 978.
Das Gebet der Gerechten Jac. 5, 16. 337.
Das Gebet des Glaubens Jac. 5, 15. 435.
Das Geheimniß, das verb. Col. 1, 26. 687.
Das Geschlecht der Fromen Ps. 112, 2. 1408.
Das Gesetz des Geistes, der Röm. 8, 2. 633.
Das Gesetz deines Mundes Ps. 119, 72. 264.
Das habt zum Zeichen: ihr Luc. 2, 12. 961.
Das Himmelreich ist gl. Mtth. 13, 44. 1282.
Das Jahr, die Meinen zu Jes. 63, 4. 1919.
Das ist aber das ewige L. Joh. 17, 3. 1480.
Das ist aber der Wille deß, Joh. 6, 40. 787.
Das ist das Erbe der Kn. Jes. 54, 17. 1667.
Das ist das wahrhaftige L. Joh. 1, 9. 219.
Das ist ein köstlich Ding, Ps. 92, 2. 246.
Das ist je gewißlich wahr: 2 Tim. 2, 11. 225.
Das ist je gewißlich 1 Tim. 1, 15, 16. 250.
Das ist mein Blut des Mtth. 26, 28. 1024.
Das ist meine Freude, daß Ps. 73, 28. 1251.
Das ist mein Trost in Ps. 119, 50. 798.
Das ist sein Gebot, daß 1 Joh. 3, 23. 595.
Das kein Auge gesehen hat 1 Cor. 2, 9. 1215.

Das Lamm, das erwürget	Offb. 5, 12.	208.
Das Leben ist erschienen,	1 Joh. 1, 2.	874.
Das Loos ist mir gefallen	Ps. 16, 6.	686.
Das Reich Gottes ist nicht	Röm. 14, 17.	47.
Das Reich Gottes k.	Luc. 17, 20. 21.	1590.
Das saget der Erste und der	Offb. 2, 8.	1091.
Das sey ferne von uns,	Jes. 24, 16.	1779.
Da sie aber davon redeten,	Luc. 24, 36.	52.
Da sie es aber gesehen	Luc. 2, 17. 18.	1993.
Das soll mir ein fröhl.	Jerem. 33, 9.	1991.
Das sollt ihr für das	2 Petr. 1, 20. 21.	1685.
Da sprach Jesus abermal	Joh. 20, 21.	78.
Das Urtheil ist gekommen	Röm. 5, 16.	1512.
Das Verlangen der Elend.	Ps. 10, 17.	470.
Das Volk aber,	Mtth. 21, (1 — 9) 9.	1479.
Das Volk suchte Ihn, und	Luc. 4, 42.	1010.
Das Weib schauete an,	1 Mos. 3, 6.	292.
Das Wesen dieser Welt	1 Cor. 7, 31.	74.
Das weiß ich aber fürw.	Tob. 3, 22.	1633.
Das wollen wir thun, so es	Ebr. 6, 3.	1111.
Das Wort vom Kreuz	1 Cor. 1, 18.	1196.
Das Wort ward Fleisch	Joh. 1, 14.	578.
Das zerstoßene Rohr	Matth. 12, 20.	1220.
Daß Christus in euch eine	Gal. 4, 19.	493.
Daß dein Glaube, den wir	Philm. 1, 6.	1517.
Daß dieser Gott sey unser	Ps. 48, 15.	1963.
Daß ihr nicht träge werdet,	Ebr. 6, 12.	1089.
Daß in dem Namen Jesu	Phil. 2, 10.	541.
Daß man solle reden von	Ps. 145, 6. 7.	1425.
Daß nur Christus verk	Phil 1, 18.	384.
Daß wir erlöset aus der	Luc. 1, 74, 75.	1234.
Da wir todt waren in	Eph. 2, 5. 6.	1843.
Da wurden die Jünger	Joh. 20, 20.	717.
Dazu ist Christus gestorb.	Röm. 14, 9.	1065.
Deine Güte ist so weit der	Ps. 57, 11.	1897.
Deinen Willen, mein Gott,	Ps. 40, 9.	626.
Deine Sonne wird nicht	Jes. 60, 20.	1645.
Deine Zeugnisse sind mein	Ps. 119, 111.	1603.
Dein Herz folge	Spr. Sal. 23, 17.	836.
Dein Lebelang habe Gott	Tob. 4, 6.	713.
Dein Reich komme	Matth. 6, 10.	767.
Dein Wille geschehe auf	Matth. 6, 10.	1531.
Dein Wort erhält	Weish. S. 16, 26.	1965.
Dein Wort ist meinem	Ps. 119, 103.	1334.
Dein Wort ist meines	Ps. 119, 105.	854.
Dem aber, der nicht mit	Röm. 4, 5.	296.
Dem aber, der überschw.	Eph. 3, 20. 21.	397.
Dem Gott aber und	Philip. 4, 20.	1559.
Den Demüthigen giebt	1 Petr. 5, 5.	876.
Den Frieden lasse ich euch	Joh. 14, 27.	1008.
Den Frommen gehet das	Ps. 112, 4.	494.
Den hat Gott auferw.	Apostelg. 2, 24.	226.
Denn alle Gottes-Verh.	2 Cor. 1, 20.	1981.
Denn auch Finsterniß nicht	Ps. 139, 12.	212.
Denn bei dir ist die lebend.	Ps. 36, 10.	206.
Denn bei dir ist die Verg.	Ps. 130, 4. 5.	2006.
Denn Christus ist des	Röm. 10, 4.	1953.
Denn darinnen er gelitten	Ebr. 2, 18.	254.
Denn das Wort Gottes ist	Ebr. 4, 12.	1928.
Denn der Herr Jes.	1 Cor. 11, 23—25.	103.
Denn der Vater richtet	Joh. 5, 22.	112.
Denn die leibliche Uebung	1 Tim. 4, 8.	1819.
Denn die Worte, die du	Joh. 17, 8.	1875.
Denn du hilfst dem elenden	Ps. 18, 28.	31.
Denn er gefällt	Weish. Sal. 4, 10.	1845.
Denn er selbst, der	1 Thess. 4, 16.	1842.
Denn es ist erschienen	Tit. 2, 11 — 14.	1464.
Denn es ist kein Unt.	Röm. 3, 23. 24.	1808.
Denn es ist Zeit, daß	1 Petr. 4, 17. 18.	1829.
Denn es kann vor Ab.	Sir. 18, 26.	1880.
Denn es wird je gesch.	Matth. 16, 27.	1856.
Denn gleichwie sie in	1 Cor. 15, 22. 23.	1836.
Denn Gott, der da hieß	2 Cor. 4, 6.	1980.
Denn ich weiß, daß in mir,	Röm. 7, 18.	57.
Denn ich weiß, er wird	1 Mos. 18, 19.	124.
Denn ihr waret wie die	1 Petr. 2, 25.	1889.
Dennoch bleibe ich stets an	Ps. 73, 23.	1268.
Dennoch soll die Stadt	Ps. 46, 5. 6.	1600.
Denn noch über eine	Ebr. 10, 37. 38.	1687.
Denn siehe, es ist kein	Ps. 139, 4.	107.
Denn so an Eines Sünde	Röm. 5, 15.	1160.
Denn so du mit deinem	Röm. 10, 9.	114.
Denn so man von Herzen	Röm. 10, 10.	1914.
Denn so um des Einigen	Röm. 5, 17.	1947.
Denn so wir Gott vers.	Röm. 5, 10.	223.
Denn uns ist ein Kind geb.	Jes. 9, 6.	1641.
Denn Viele wandeln, von	Phil. 3, 18.	1917.
Denn von ihm,	Röm. 11, (33—36.) 36.	1471.
Denn was sichtbar ist,	2 Cor. 4, 18.	1446.
Denn welcher unwürdig	1 Cor. 11, 29.	1717.
Denn wieviel euer getauft	Gal. 3, 27.	1191.
Denn wir haben nicht	Ebr. 4, 15. 16.	1957.
Denn wir sind Christi	Ebr. 3, 14.	15.
Denn wir sind wohl	Röm. 8, 24. 25.	1925.
Denn wir wissen, daß alle	Röm. 8, 22.	12.
Denn wo euer Schatz ist,	Luc. 12, 34.	1424.
Den Weg des Friedens	Röm. 3, 17. 18.	842.
Der aber, der eine kleine	Ebr. 2, 9.	1729.
Der aber die Herzen fors.	Röm. 8, 27.	92.
Der aber Saamen reichet	2 Cor. 9, 10.	2008.
Der das Ohr gepflanzet hat,	Ps. 94, 9.	648.
Der dich behütet, schlaft	Ps. 121, 3.	653.
Der dir alle deine Sünd.	Ps. 103, 3. 4.	1976.
Der Engel des Herrn lagert	Ps. 34, 8.	1466.
Der Engel führete	Offb. 21, 10. 11.	994.
Der Friede Gottes regiere	Col. 3, 15.	1259.
Der Geist erforschet alle	1 Cor. 2, 10.	335.
Der Geist hilft unserer	Röm. 8, 26.	1485.
Der Geist ist es, der da l.	Joh. 6, 63.	572.
Der Geist ist es, der da z.	1 Joh. 5, 6.	1150.
Der Geist und die Braut	Offb. 22, 17.	741.
Der Gerechte ist auch	Sp. Sal. 14, 32.	714.
Der Gerechte muß viel l.	Ps. 34, 20.	1795.
Der Gerechten Seelen	W. Sal. 3, 1.	1570.
Der Gerechte wird seines	Gal. 3, 11.	1366.
Der Gerechtigkeit Frucht	Jes. 32, 17.	1525.
Der gesegnete Kelch, w.	1 Cor. 10, 16.	2007.
Der Glaube ist nicht Jed.	1 Thess. 3, 2.	1472.
Der Gott aber aller	1 Petr. 5, 10. 11.	1520.
Der Gott Abrahams, der	Tob. 7, 15.	1970.

Der Gott des Friedens Röm. 16, 20. 610.
Der Gottlose lasse von sein. Jes. 55, 7. 1222.
Der Gott unserer V. Apstlg. 5, 30. 31. 1784.
Der Gott unseres Herrn Ephes. 1, 17. 402.
Der heilige Geist wird Joh. 16, 14. 731.
Der Herr aber, der selbst 5 Mos. 31, 8. 1739.
Der Herr aber ist mein Gut Ps. 16, 5. 71.
Der Herr aber richte eure 2 Thess. 3, 5. 555.
Der Herr aber thue. 2 Sam. 10, 12. 249.
Der Herr aber wird m. 2 Tim. 4, 18. 75.
Der Herr behüte deinen Ps. 121, 8. 1430.
Der Herr behüte dich vor Ps. 121, 7. 1427.
Der Herr behütet Alle, die Ps. 145, 20. 1081.
Der Herr behütet dich, der Ps. 121, 5. 804.
Der Herr gesegne euch je Ps. 115, 14. 568.
Der Herr giebt sein Wort Ps. 68, 12. 1932.
Der Herr hat des Tages Ps. 42, 9. 56.
Der Herr hat gesagt Apstlg. 2, 34—36. 1894.
Der Herr hat Großes an Ps. 126, 3. 1481.
Der Herr hat ihnen eine 2 Chr. 20, 27. 536.
Der Herr hat mich ges. Luc. 4, 18. 19. 255.
Der Herr hat sein Volk Jes. 52, 9. 10. 1927.
Der Herr, Herr, hilft mir; Jes. 50, 7. 500.
Der Herr höret mein Fleh. Ps. 6, 10. 1754.
Der Herr höret mein Weinen. Ps. 6, 9. 1826.
Der Herr ist deine Zuversicht, Ps. 91, 9. 1113.
Der Herr ist des Armen Ps. 9, 10. 11. 547.
Der Herr ist freundl. Klg. Jer. 3, 25. 540.
Der Herr ist groß und sehr Ps. 145, 3. 705.
Der Herr ist gut und fr. Ps. 25, 8. 9. 311.
Der Herr ist gütig und eine Nah. 1, 7. 152.
Der Herr ist meine St. 2 Mos. 15, 2. 643.
Der Herr ist meine Stärke Ps. 28, 7. 1867.
Der Herr ist mein Helfer; Ebr. 13, 6. 1868.
Der Herr ist mein Hirte; Ps. 23, 1. 2. 305.
Der Herr ist mein Licht und Ps. 27, 1. 642.
Der Herr ist mein Th. Klg. Jer. 3, 24. 797.
Der Herr ist nahe, sorget Phil. 4, 5. 6. 1822.
Der Herr ist Sonne und Ps. 84, 12. 349.
Der Herr ist treu, der 2 Thess. 3, 3. 646.
Der Herr ist unser Jes. 33, 22. 23. 444.
Der Herr ist wahrhaftig Luc. 24, 34. 718.
Der Herr lässet sein Heil Ps. 98, 2. 3. 1572.
Der Herr richtet auf die Ps. 146, 8. 9. 1391.
Der Herr schauet vom Ps. 14, 2. 3. 515.
Der Herr segne 4 Mos. 6, 24—26. 210.
Der Herr thue, was 1 Chron. 20, 13. 1896.
Der Herr unser Gott sey Ps. 90, 17. 261.
Der Herr wandte sich und Luc. 22, 61. 257.
Der Herr warf unser, Jes. 53, 6. 7. 453.
Der Herr weiß die Gottf. 2 Petr. 2, 9. 496.
Der Herr wird dich Ps. 128, 5. 6. 992.
Der Herr wird euch in Jes. 30, 20. 484.
Der Herr wird für euch 2 Mos. 14, 14. 213.
Der Herr wird gebieten 5 Mos. 28, 8. 1367.
Der Herr wird ihnen beist. Ps. 37, 40. 1967.
Der Herr wird ihn erquicken Ps. 41, 4. 1850.
Der Herr wird seinem Ps. 29, 11. 1072.
Der Herr wird sein Volk Ps. 91, 14. 1121.
Der Herr Zebaoth ist mit Ps. 46, 8. 448.
Der Himmel ist durch das Ps. 33, 6. 1239.
Der hinunter gefahren ist, Eph. 4, 10. 328.
Der Kerkermeister Apostelg. 16, 33. 34. 430.
Der letzte Feind, der 1 Cor. 15, 26. 1670.
Der Mensch hat seine best. Hiob 14, 5. 895.
Der Mensch prüfe aber 1 Cor. 11, 28. 775.
Der Name des Herrn Spr. S. 18, 10. 1506.
Der Segen des Herrn Spr. S. 10, 22. 93.
Derselbige wird euch, die 1 Petr. 5, 10. 97.
Der sich selbst für unsere Gal. 1, 4. 1885.
Der Staub muß wieder Pr. S. 12, 7. 1305.
Der Tod ist verschlung. 1 Cor. 15, 55. 1653.
Der Tod seiner Heiligen Ps. 116, 15. 1721.
Der Tröster, der heilige Joh. 14, 26. 1145.
Der uns aber zu demselb. 2 Cor. 5, 5. 1451.
Der uns tröstet in aller 2 Cor. 1, 4. 1027.
Der Vater hat euch lieb, Joh. 16, 27. 1748.
Der Vater lässet mich Joh. 8, 29. 1805.
Der Weg des Lebens Spr. S. 15, 24. 695.
Der wird groß und ein Luc. 1, 32. 33. 125.
Des Frommen Hoffnung Sir. 16, 13. 865.
Des Herrn Augen schauen 2 Chr. 16, 9. 1697.
Des Herrn Auge siehet Ps. 33, 18. 19. 421.
Des Herrn Wille gesch. Apstlg. 21, 14. 342.
Des Herrn Wort ist wahrh. Ps. 33, 4. 679.
Des Herzens Lust stehet zu Jes. 26, 8. 531.
Des Menschen Sohn hat Luc. 9, 58. 2003.
Des Menschen Sohn ist Mtth. 18, 11. 1002.
Des Menschen Sohn ist g. Luc. 19, 10. 1322.
Des Menschen Sohn ist n. Mtth. 20, 28. 1206.
Dich hat Gott, dein Herr, 5 Mos. 7, 6. 394.
Dich will ich preisen in der Ps. 22, 26. 161.
Die Angst meines Herz. Ps. 25, 17. 18. 1284.
Die Apostel sprachen zu d. Luc. 17, 5. 299.
Die auf den Herrn harren, Jes. 40, 31. 1707.
Die Augen des Herrn 1 Petr. 3, 12. 330.
Die Augen des Herrn sehen Ps. 34, 16. 1792.
Die da müde werden, tr. Sir. 17, 20. 885.
Die Elenden sollen essen, Ps. 22, 27. 1503.
Die Erlöseten des Herrn Jes. 35, 10. 1892.
Die Ernte ist groß, Matth. 9, 37. 38. 1783.
Die Frucht aber des Geistes Gal. 5, 22. 526.
Die Furcht des Herrn Sir. 1, 33. 34. 1313.
Die Gabe Gottes ist das Röm. 6, 23. 1565.
Die Geduld aber soll feste Jac. 1, 4. 1635.
Die Geduld unsres H. 2 Petr. 3, 15. 565.
Die Gerechten werden Jes. 57, 1. 2. 1752.
Die Gesunden bedürf. Luc. 5, 31. 32. 1918.
Die Gläubigen aus Apstlg. 10, 45. 46. 1147.
Die Gläubigen behütet der Ps. 31, 24. 1728.
Die Gnade unseres Herrn Offb. 22, 21. 347.
Die Gnade unsers Herrn 2 Cor. 13, 13. 1483.
Die göttliche Traurigkeit 2 Cor. 7, 10. 877.
Die Gottesfürchtigen tröst. Mal. 3, 16. 650.
Die Hand unsers Gottes Esra 8, 22. 1396.
Die Heiden werden in dein. Jes. 60, 3. 1159.
Die Heiligen sollen fr. Ps. 149, 5, 6. 1400.
Die Herrlichkeit des Herrn Jes. 40, 5. 553.
Die Himmel erzählen Ps. 19, 2—4. 351.
Die ihm vertrauen, die W. Sal. 3, 9. 592.

Die ihn aber lieb haben, Richt. 5, 31. 979.
Die Inseln harren auf m. Jes. 60, 9. 1814.
Die Kraft des Herrn ging Luc. 5, 17. 1227.
Die Krankheit ist nicht z. Joh. 11, 4. 1920.
Die Lehrer aber werden Dan. 12, 3. 1887.
Die Liebe Christi dringet 2 Cor. 5, 14. 562.
Die Liebe Gottes ist ausg. Röm. 5, 5. 1874.
Die mit Thränen saen, Ps. 126, 5. 6. 1060.
Die nach dem Herrn frag. Ps. 22, 27. 684.
Die Nacht ist vergangen, Röm. 13, 12. 357.
Die Opfer, die Gott gefall. Ps. 51, 19. 856.
Die Pforte ist enge und Matth. 7, 14. 1249.
Die Rechte des Herrn ist Ps. 118, 16. 1640.
Die rechte Hand des Höchst. Ps. 77, 11. 882.
Dies alles wirket derselb. 1 Cor. 12, 11. 922.
Diese alle waren stets Apostelg. 1, 14. 1076.
Diesen Jesus hat Gott Apostelg. 2, 32. 1064.
Dieser Jesus, welcher Apostelg. 1, 11. 1930.
Dieser nimmt die Sünder Luc. 15, 2. 1068.
Dieser Tag ist ein Tag 2 Kön. 7, 9. 1578.
Dieser Tag ist heilig dem Nehem. 8, 9. 698.
Dieser wird uns trösten 1 Mos. 5, 29. 1498.
Diese Worte, die ich dir 5 Mos. 6, 6. 7. 1299.
Dies Gebot haben wir 1 Joh. 4, 21. 431.
Dies ist das Brot Gottes, Joh. 6, 33. 789.
Dies ist das Wort vom Röm. 10, 8. 135.
Dies ist der Tag, den der Ps. 118, 24. 364.
Dies ist der Weg, denselb. Jes. 30, 21. 321.
Dies ist meine Ruhe Ps. 132, 14. 1598.
Dies ist mein lieber Sohn, Mtth. 3, 17. 1938.
Die Sonne weiß ihren Ps. 104, 19. 20. 319.
Die Sonne, wenn sie aufg. Sir. 43, 2. 350.
Die Stimme des Herrn Ps. 29, 3. 464.
Die Strafe liegt auf ihm, Jes. 53, 5. 1000.
Dies Verwesliche muß 1 Cor. 15, 53. 142.
Die treu sind in der Weish. S. 3, 9. 1267.
Die Völker freuen Ps. 67, (1—8) 5. 696.
Die Wege des Herrn sind Hos. 14, 10. 691.
Dieweil die Welt durch 1 Cor. 1, 21. 1445.
Dieweil ich bei ihnen war Joh. 17, 12. 1318.
Dieweil ich bin in der Welt, Joh. 9, 5. 1071.
Dieweil wir aber denselb. 2 Cor. 4, 13. 920.
Dieweil wir denn einen Ebr. 4, 14. 1083.
Dieweil wir in der Hütte 2 Cor. 5, 4. 68.
Dieweil wir nun solche 2 Cor. 3, 12. 1265.
Die Weisheit aber von Jak. 3, 17. 1554.
Die Welt vergehet mit 1 Joh. 2, 17. 1198.
Die Wolkensäule wich 2 Mos. 13, 22. 360.
Die Worte, die ich rede, Joh. 6, 63. 1587.
Die Zeit ist gekommen, Joh. 12, 23. 513.
Die Zeit meines Abschiedes 2 Tim. 4, 6. 372.
Die Zukunft des Herrn ist Jac. 5, 8. 782.
Dir, Herr! ist Niemand Jer. 10, 6. 127.
Dir sind deine Sünden Luc. 7, 48. 1465.
Doch ist ja seine Hülfe nahe Ps. 85, 10. 1838.
Doch nicht mein Wille, Luc. 22, 42. 800.
Doch, was ihr habt, Offb. Joh. 2, 25. 1585.
Doch weil wir wissen, daß Gal. 2, 16. 1834.
Drei sind, die da zeugen 1 Joh. 5, 8. 1556.
Drei sind, die da zeugen im 1 Joh. 5, 7. 288.
Du aber, gehe hin, bis Dan. 12, 13. 466.
Du bereitest vor mir einen Ps. 23, 5. 1491.
Du bist Christus, Matth. 16, 16. 18. 1682.
Du bist Erde, und sollst 1 Mos. 3, 19. 1418.
Du bist in die Höhe gef. Ps. 68, 19. 629.
Du bist meine Stärke. Ps. 31, 5. 6. 1691.
Du bist meine Zuversicht, Ps. 71, 5. 6. 365.
Du bist meine Zuversicht, m. Ps. 142, 6. 117.
Du bist mein Gott und ich Ps. 118, 28. 280.
Du bist mein Helfer und Er. Ps. 40, 18. 65.
Du bist mein Helfer und Ps. 63, 8. 9. 1426.
Du bist mein Schirm; du Ps. 32, 7. 619.
Du bist mein Sohn, heute Ps. 2, 7. 8. 1651.
Du erhörest Gebet, darum Ps. 65, 3. 616.
Du feuchtest die Ps. 104, 13. 14. 24. 1476.
Du giebst einem Könige Ps. 61, 7. 8. 332.
Du hast geliebet die Gerecht. Ebr. 1, 9. 1870.
Du hast ihn eine kleine Ebr. 2, 7. 8. 1661.
Du hast meine Seele aus Ps. 116, 8. 1435.
Du hast mir kund gethan Apstg. 2, 28. 1110.
Du hast schon meine G. Hiob 14, 16. 1888.
Du hast uns Gott erkauft Offb. 5, 9. 1444.
Du hast Worte des ewigen Joh. 6, 68. 859.
Du, Herr, bist gut und gn. Ps. 86, 5. 640.
Du, Herr, bist meine 2 Sam. 22, 29. 491.
Du hilfst uns von unsern Ps. 44, 8. 9. 766.
Du kannst mich rüsten mit Ps. 18, 40. 1059.
Du krönest das Jahr mit Ps. 65, 12. 478.
Du lässest sie dahin fahr. Ps. 90, 5. 6. 1161.
Dulden wir, so werden 2 Tim. 2, 12. 1534.
Du leitest mich nach dein. Ps. 73, 24. 1363.
Durch die herzliche B. Luc. 1, 78. 79. 436.
Durch Jesu Wunden seyd 1 Petr. 2, 24. 1001.
Durch ihn haben wir den Eph. 2, 18. 241.
Durch seine Wunden sind Jes. 53, 5. 557.
Durch welchen wir haben Eph. 3, 12. 748.
Du siehest ja, denn du sch. Ps. 10, 14. 1092.
Du Sohn Davids, erb. Matth. 9, 27. 1012.
Du sollst erfahren, daß Sach. 2, 11. 1443.
Du sollst keinen falschen Mtth. 5, 33. 411.
Du suchest das Land Ps. 65, 10. 11. 1488.
Du thust mir kund den Ps. 16, 11. 516.
Du Tochter Zion, freue Sach. 9, 9. 538.
Du verbirgest sie heimlich Ps. 31, 21. 1095.
Du wirst dich nähren deiner Ps. 128, 2. 1292.
Du wirst erfahren, daß ich Jes. 49, 23. 611.
Du wirst im Alter zu Hiob 5, 26. 1674.
Du wirst Lust haben am Jes. 58, 14. 50.

E.

Ehe denn der Glaube Gal. 3, 23. 24. 586.
Ehe du solltest zu ihnen Jer. 15, 19. 20. 1768.
Ehe sie es gewahr werden, Hiob 4, 20. 245.
Ehe sie rufen, will ich antw. Jes. 65, 24. 1197.
Ehre sey Gott in der Höhe Luc. 2, 14. 87.
Eine andere Klarh. 1 Cor. 13, 41. 42. 1106.
Einem Jeglichen aber unter Eph. 4, 7. 1387.
Einen andern Grund 1 Cor. 3, 11. 1207.
Einen Propheten, wie 5 Mos. 18, 15. 704.
Eines aber ist noth; Maria Luc. 10, 42. 459.

Es trete ab von der Ung. 2 Tim. 2, 19. 1085.
Es war aber an der Joh. 19, 41. 42. 289.
Es war aber ein Mensch Joh. 3, 1—15. 1923.
Es ward ihr gegeben, Off. Joh. 19, 8. 1616.
Es war ein Mensch, der Luc. 14, 16. 670.
Es war eitel Sorgen des 1 Mos. 39, 5. 1906.
Es waren alle Tage auf Ps. 139, 16. 84.
Es wartet Alles auf dich Ps. 104, 27. 771.
Es werden nicht Alle, die Matth. 7, 21. 422.
Es wird das Scepter 2 Mos. 49, 10. 1659.
Es wird dir kein Uebel Ps. 91, 10. 1295.
Es wird ein Durchbrecher Mich. 2, 13. 1459.
Es wird eine Ruthe aufg. Jes. 11, 1. 2. 1246.
Es wird geprediget w. Matth. 24, 14. 790.
Es ziemete dem, um deß Ebr. 2, 10. 1898.
Etliche Weiber der U. Luc. 24, 22. 23. 719.
Euch aber, die ihr meinen Mal. 4, 2. 791.
Euch aber habe ich gesagt, Joh. 15, 15. 1962.
Euch aber vermehre der 1 Thess. 3, 12. 1411.
Euch geschehe nach eurem Mtth. 9, 29. 294.
Euch ist gegeben, um Philip. 1, 29. 1044.
Euch ist heute der Heiland Luc. 2, 11. 828.
Euch säge ich allen, die Klg. Jer. 1, 12. 1558.
Euch zuvörderst hat Apostelg. 3, 26. 1062.
Euer Herz erschrecke nicht! Joh. 14, 1. 524.
Euer Herz sey rechtschaff. 1 Kön. 8, 61. 1673.
Euer himmlischer Vater Mtth. 6, 32. 67.
Euer Vater weiß, was Matth. 6, 8. 343.
Euer Vater weiß wohl, Luc. 12, 30. 1420.
Eure Traurigkeit soll in Joh. 16, 20. 46.
Ewige Freude wird über Jes. 51, 11. 1933.

F.

Fasset eure Seelen mit Luc. 21, 19. 1860.
Fliehe die Lüste der Jug. 2 Tim. 2, 22. 1619.
Freue dich nicht, meine Mich. 7, 8. 140.
Freue dich und sey fröhl., Sach. 2, 10. 1412.
Freuen und fröhlich müssen Ps. 70, 5. 487.
Freuet euch aber, daß eure Luc. 10, 20. 897.
Freuet euch, daß ihr mit 1 Petr. 4, 13. 253.
Freuet euch der Barmh. Sir. 51, 37. 1905.
Freuet euch, ihr Heid. Röm. 15, 10. 11. 1423.
Freuet euch in dem Herrn Phil. 4, 4. 21.
Friede, Friede sey mit 1 Chron. 13, 18. 543.
Fülle uns frühe mit deiner Ps. 90, 14. 454.
Fürchte den Tod nicht! Sir. 41, 5. 85.
Fürchte dich nicht; denn du Jes. 54, 4. 2000.
Fürchte dich nicht, den̄ ich 1 Mos. 26, 24. 1038.
Fürchte dich nicht, den̄ ich h. Jes. 43, 1. 2. 1613.
Fürchte dich nicht, du kleine Luc. 12, 32. 63.
Fürchte dich nicht, du lieb. Dan. 10, 19. 1650.
Fürchte dich nicht, du W. Jes. 41, 14. 1332.
Fürchte dich nicht, glaube Luc. 8, 50. 184.
Fürchte dich nicht; ich bin 1 Mos. 15, 1. 674.
Fürchte dich nicht, Ich Off. J. 1, 17. 18. 483.
Fürchte dich nicht, Ich bin Jes. 41, 10. 259.
Fürchte dich nicht, Ich bin Jes. 41, 10. 1830.
Fürchte dich nicht und Zeph. 3, 16. 17. 512.
Fürchte dich nicht vor Off. Joh. 2, 10. 158.
Fürchtet euch aber vor 1 Petr. 3, 14. 15. 1734.
Fürchtet euch nicht; ich Matth. 28, 5. 6. 1669.
Für die Könige und für 1 Tim. 2, 2. 1764.
Fürwahr! Er trug unsere Jes. 53, 4. 560.

G.

Gebet Gotte, was Gott. Marc. 12, 17. 1804.
Gedenke an Ihn in all. Spr. S. 3, 6. 247.
Gedenke deinem Knechte Ps. 119, 49. 1202.
Gedenke des Sabbatht. 2 Mos. 20, 8. 131.
Gedenke, Herr! an deine Ps. 25, 6. 7. 1489.
Gedenke meiner, mein Neh. 13, 31. 1356.
Gedenket aber an die Ebr. 10, 32. 33. 1787.
Gedenket an den, der ein Ebr. 12, 3. 1203.
Gedenket an eure Lehrer, Ebr. 13, 7. 1611.
Geduld aber ist euch noth, Ebr. 10, 36. 1309.
Gehe nicht in's Gericht mit Ps. 143, 2. 34.
Gehet eilend hin und Matth. 28, 7. 556.
Gehet ein durch die Matth. 7, 13. 14. 1348.
Gehet hin auf die Straß. Mtth. 22, 9. 2009.
Gehet hin in alle Welt, Marc. 16, 15. 777.
Gehet hin und saget Matth. 11, 4. 5. 1904.
Gehet hin und tretet auf Apstlg. 5, 20. 273.
Gehorchet euren Lehrern Ebr. 13, 17. 1505.
Gelobet sey das Reich Marc. 11, 10. 867.
Gelobet sey, der da kom̄t Luc. 19, 38. 1051.
Gelobet sey, der da kom̄t Ps. 118, 26. 482.
Gelobet sey, der da kom̄t Mtth. 21, 9. 866.
Gelobet sey der Herr, Ps. 124, 6—8. 1934.
Gelobet sey der Herr, der Luc. 1, 68. 852.
Gelobet sey der Herr tägl. Ps. 68, 20. 356.
Gelobet sey des Herrn N. Ps. 113, 2. 1575.
Gelobet sey Gott der Ps. 72, 18. 19. 1193.
Gelobet sey Gott, der mein Ps. 66, 20. 316.
Gelobet sey Gott und der 1 Petr. 1, 3. 209.
Gelobet sey Gott und der 2 Cor. 1, 3. 575.
Gelobet sey Gott und der Ephes. 1, 3. 1236.
Gelobet seyst du H. 1 Chr. 30, 10. 11. 1242.
Gesegnet ist der Mann, der Jer. 17, 7. 584.
Gieb mir einen neuen gew. Ps. 51, 12. 689.
Gieb mir, mein S. Spr. Sal. 23, 26. 1290.
Glaube an den Herrn Apstlg. 16, 31. 1711.
Glaubest du von ganzem Apstlg. 8, 37. 923.
Glaubet an das Licht, Joh. 12, 36. 1054.
Gleichwie Christus ist auf. Röm. 6, 4. 1573.
Gleichwie der Regen Jes. 55, 10. 11. 627.
Gleichwie die Sünde geh. Röm. 5, 21. 1185.
Gleichwie Jonas war Matth. 12, 40. 1521.
Gleichwie mich mein Vater Joh. 15, 9. 634.
Gleichwie wir des Leidens 2 Cor. 1, 5. 392.
Gnade sey mit Allen, die Ephes. 6, 24. 473.
Gnade sey mit euch, und Offb. 1, 4. 1549.
Gnade sey mit euch, und F. Gal. 1, 2. 82.
Gott aber der Hoffnung Röm. 15, 13. 1434.
Gott aber des Fried. Ebr. 13, 20. 21. 1442.
Gott aber kann machen, 2 Cor. 9, 8. 985.
Gott aber sey Dank, der 1 Cor. 15, 57. 1212.
Gott aber sey Dank für 2 Cor. 9, 15. 77.
Gott, der da reich ist Ephes. 2, 4. 5. 1320.
Gott, du bist mein Gott, Ps. 63, 2. 4. 656.
Gottes Barmherzigkeit Kl. Jer. 3, 23. 287.

H.

Heute ist unsers Königs Fest. Hos. 7, 5. 1884.
Heute, so ihr seine Stimme Ebr. 3, 15. 1080.
Hier ist Geduld und Off. Joh. 13, 10. 861.
Hier ist Immanuel. Jes. 8, 10. 835.
Hier ist kein Jude noch Galat. 3, 28. 1827.
Hilf deinem Volke, und Ps. 28, 9. 845.
Hilf du uns, Gott! unser Ps. 79, 9. 844.
Hilf, Herr! die Heiligen Ps. 12, 2. 28.
Höre die Stimme meines Ps. 28, 2. 1440.
Höre gern Gottes Wort, Sir. 6, 35. 1755.
Höre mein Gebet, Herr! Ps. 39, 13. 757.
Höre zu! ich will dir Tob. 6, 17. 18. 843.
Hoffet auf ihn allezeit, lieben Ps. 62, 9. 1264.
Hosianna! gelobet sey, der Joh. 12, 13. 868.
Hosianna! gelobet sey, der Marc. 11, 9. 869.
Hüte dich und sey stille; Jes. 7, 4. 902.
Hüter! ist die Nacht schier Jes. 21, 11. 870.
Hütet euch, daß eure Luc. 21, 34. 35. 1749.

J.

Ja, alle Heiden will ich bew. Hag. 2, 8. 1417.
Ja, ihr Menschen sollt die Hes. 34, 31. 1675.
Ja, im Glauben will ich Hos. 2, 20. 724.
Ja, selig sind, die Gottes Luc. 11, 28. 271.
Jauchzet dem Herrn, alle Ps. 100, 1. 2. 86.
Jauchzet dem Herrn, Ps. 98, 4 — 6. 1237.
Jauchzet Gott, alle Lande; Ps. 66, 1. 2. 872.
Jauchzet, ihr Himmel! Jes. 49, 13. 501.
Ich aber will auf den H. Mich. 7, 7. 145.
Ich aber will in dein Haus Ps. 5, 8. 440.
Ich aber will von deiner Ps. 59, 17. 238.
Ich achte es Alles für Schad. Phil. 3, 8. 48.
Ich achte es billig seyn, 2 Petr. 1, 13. 138.
Ich beschwöre euch, daß H. L. S. 3, 5. 181.
Ich bete für euch, daß Phil. 1, 9. 10. 1073.
Ich beuge meine Kn. Eph. 3, 14 — 16. 1169.
Ich bin aber der Herr, dein Hos. 13, 4. 911.
Ich bin arm und elend; der Ps. 40, 18. 683.
Ich bin bei ihm in der N. Ps. 91, 15. 1390.
Ich bin das A und das O, Offb. 1, 8. 1094.
Ich bin das Brot des Joh. 6, 48 — 50. 1433.
Ich bin das Brot des Leb. Joh. 6, 35. 681.
Ich bin das lebendige Br. Joh. 6, 51. 746.
Ich bin das Licht der W. Joh. 8, 12. 1216.
Ich bin dazu geboren Joh. 18, 37. 38. 1671.
Ich bin dein: hilf mir! Ps. 119, 94. 1006.
Ich bin dein Schild und 1 Mos. 15, 1. 884.
Ich bin der Herr, dein 2 Mos. 15, 26. 2012.
Ich bin der Herr, dein G. Jes. 41, 13. 306.
Ich bin der Herr, dein Jes. 48, 17. 18. 1358.
Ich bin der Weg, die W. Joh. 14, 6. 1984.
Ich bin der Weinstock, ihr Joh. 15, 5. 1042.
Ich bin desselbigen in guter Phil. 1, 6. 1298.
Ich bin die Auferstehung Joh. 11, 25. 972.
Ich bin die Wurzel Offb. 22, 16. 17. 1910.
Ich bin ein Gast auf E. Ps. 119, 19. 888.
Ich bin ein guter Hirte. Joh. 10, 12. 390.
Ich bin ein guter H. Joh. 10, 14. 15. 709.
Ich bin gekommen, daß sie Joh. 10, 11. 1033.
Ich bin gekommen, die Matth. 9, 13. 248.
Ich bin gewiß, daß Röm. 8, 38. 39. 893.
Ich bin gutes Muthes 2 Cor. 12, 10. 1182.
Ich bin jung gewesen und Ps. 37, 25. 380.
Ich bin mit Christo gekr. Gal. 2, 19. 841.
Ich bin wie ein verirret Ps. 119, 176. 708.
Ich bin zu gering aller 1 Mos. 32, 10. 749.
Ich bitte nicht, daß du sie Joh. 17, 15. 375.
Ich danke dem Herrn von Ps. 111, 1. 986.
Ich danke dir, daß du m. Ps. 118, 21. 265.
Ich, der Herr, habe dir Jes. 42, 6. 7. 1770.
Ich erkenne meine Missethat. Ps. 51, 5. 762.
Ich fahre auf zu meinem Joh. 20, 17. 754.
Ich freue mich des Herrn. Ps. 104, 34. 1380.
Ich freue mich deß, das Ps. 122, 1. 1297.
Ich freue mich und bin fröhl. Ps. 9, 3. 1261.
Ich gab ihnen auch meine Hes. 20, 12. 723.
Ich gebe ihnen das ewige Joh. 10, 28. 1186.
Ich gebiete dir vor 1 Tim. 6, 13. 14. 1781.
Ich gedenke an die vor. Ps. 143, 5. 6. 371.
Ich gehe hin, euch die Joh. 14, 2. 3. 398.
Ich gehe oder liege, so bist Ps. 139, 3. 1438.
Ich glaube, lieber Herr, Marc. 9, 24. 736.
Ich habe dein Gebet gehör. Jes. 38, 5. 1030.
Ich habe den Herrn allezeit Ps. 16, 8. 1070.
Ich habe den Herrn allez. Apstlg. 2, 25. 523.
Ich habe den Herrn ges. Joh. 20, 18. 722.
Ich habe dich einen kleinen Jes. 54, 7. 1031.
Ich habe dich je und je gel. Jer. 31, 3. 1631.
Ich habe die Schlüssel der Offb. 1, 18. 1047.
Ich habe dir, Gott, g. Ps. 56, 13. 14. 910.
Ich habe einen guten K. 2 Tim. 4, 7. 443.
Ich habe euch ziehen lassen Bar. 4, 23. 1996.
Ich habe euch zuvörd. 1 Cor. 15, 3 — 5. 1453.
Ich habe gelernt, bei wel. Phil. 4, 11. 14.
Ich habe gesehen ein. Ps. 37, 35 — 37. 2010.
Ich habe Gott von A. 1 Mos. 32, 30. 272.
Ich habe ihnen deinen Joh. 17, 26. 1316.
Ich habe ihnen gegeben Joh. 17, 22. 733.
Ich habe keine größere Fr. 3 Joh. 4. 889.
Ich habe kein Gefallen am Hes. 18, 32. 154.
Ich habe Lust abzuscheiden, Phil. 1, 23. 928.
Ich habe Lust an G. Röm. 7, 22. 23. 858.
Ich habe mein Angesicht im Jes. 54, 8. 1686.
Ich habe mein Herz vor 1 Sam. 1, 15. 1706.
Ich halte es dafür, daß d. Röm. 8, 18. 1655.
Ich halte mich, Herr! zu Ps. 26, 6. 7. 581.
Ich hatte viel Bekümmern. Ps. 94, 19. 1364.
Ich hebe meine Augen auf Ps. 121, 1. 940.
Ich heilige mich selbst für Joh. 17, 19. 361.
Ich hielt mich nicht dafür 1 Cor. 2, 2. 231.
Ich hielt meinen Rücken dar Jes. 50, 6. 1482.
Ich, ja, Ich habe es gesagt, Jes. 18, 15. 1142.
Ich, ich bin der Herr, Jes. 43, 11. 12. 1983.
Ich, ich bin euer Tröster. Jes. 51, 12. 1732.
Ich kannte dich, ehe denn Jerem. 1, 5. 1272.
Ich komme früh und Ps. 119, 147. 359.
Ich lasse dich nicht, du 1 Mos. 32, 26. 950.
Ich lasse mein Leben Joh. 10, 12—16. 1977.
Ich lebe; aber doch nun Gal. 2, 20. 1061.
Ich lebe und ihr sollt auch Joh. 14, 19. 326.

Spruch	Stelle	Nr.
Ich liebe, die mich	Spr. S. 8, 17. 18.	59.
Ich liege und schlafe ganz	Ps. 4, 9.	953.
Ich liege und schlafe und	Ps. 3, 6.	281.
Ich lobe deinen Nam.	Sir. 51, 15—17.	1475.
Ich muß das leiden, die	Ps. 77, 11.	621.
Ich nahm Ephraim bei	Hos. 11, 3.	1078.
Ich nahm mich ja deiner an	Hos. 13, 5.	1041.
Ich nehme Himmel und	5 Mos. 30, 19.	1562.
Ich preise dich, Herr,	Ps. 30, 2. 3.	954.
Ich recke meine Hand aus	Jes. 65, 2.	1524.
Ich rufe von ganzem	Ps. 119, 145.	41.
Ich rufe zu dir, daß du,	Ps. 17, 6.	955.
Ich sage also: daß eine ewige	Ps. 89, 3.	348.
Ich sage nichts	Apostelg. 26, 22. 23.	102.
Ich sahe den Herrn sitzen	Jes. 6, 1—4.	995.
Ich sahe die heilige	Off. Joh. 21, 2. 3.	1128.
Ich sahe einen neuen	Off. Joh. 21, 1.	936.
Ich schäme mich des Ev.	Röm. 1, 16.	1710.
Ich schätze mich selbst noch	Phil. 3, 13.	622.
Ich sprach zu dir, da du so	Hes. 16, 6.	428.
Ich suche nicht meinen	Joh. 5, 30.	155.
Ich thue meinen Mund	Ps. 119, 131.	742.
Ich vergesse, was dah.	Phil. 3, 13. 14.	1170.
Ich vertilge deine Misseth.	Jes. 44, 22.	79.
Ich wache frühe auf,	Ps. 119, 148.	1310.
Ich war todt, und siehe,	Off. J. 1, 18.	109.
Ich weiß, an welchen ich	2 Tim. 1, 12.	666.
Ich weiß, daß ich meine	2 Petr. 1, 14.	174.
Ich weiß, daß mein	Hiob 19, 25—27.	1067.
Ich weiß, Herr! daß des	Jer. 10, 23.	973.
Ich weiß, mein Gott,	1 Chron. 30, 17.	1579.
Ich weiß wohl, was ich	Jer. 29, 11.	415.
Ich werde mich scheuen	Jes. 38, 15.	987.
Ich will aber gedenken an	Hes. 16, 60.	1818.
Ich will anbeten zu deinem	Ps. 138, 2.	831.
Ich will an dir thun,	1 Sam. 20, 4.	1022.
Ich will das Verlorne	Hes. 34, 16.	1346.
Ich will deine Befehle	Ps. 119, 93. 94.	1683.
Ich will dem Durstigen	Off. Joh. 21, 6.	1262.
Ich will dem Herrn sehr	Ps. 109, 30.	904.
Ich will dem Herrn singen	Ps. 104, 33.	1241.
Ich will den Herrn loben	Ps. 34, 2.	960.
Ich will den Herrn loben,	Ps. 146, 2.	417.
Ich will den Namen	5 Mos. 32, 3. 4.	1280.
Ich will den Namen Gottes	Ps. 69, 31.	661.
Ich will den Vater	Joh. 14, 16. 17.	1404.
Ich will der Güte des	Jes. 63, 7. 8.	1626.
Ich will dich den Weg	Spr. S. 4, 11.	1509.
Ich will dich erhöhen,	Ps. 145, 1. 2.	912.
Ich will dich nicht	1 Mos. 28, 15.	1116.
Ich will dich nicht verlass.,	Jos. 1, 5. 6.	1937.
Ich will dich unterweisen	Ps. 32, 8.	759.
Ich will die müden Seelen	Jer. 31, 25.	304.
Ich will es thun, ich will	Jes. 46, 4.	139.
Ich will dir danken,	Ps. 108, 4. 5.	1173.
Ich will euch ein eintr.	Hes. 11, 19. 20.	591.
Ich will euch ein neues	Hes. 36, 26.	1995.
Ich will euch Hirten geben	Jer. 3, 15.	700.
Ich will euch tragen bis	Jes. 46, 4.	1225.
Ich will Friede geben	3 Mos. 26, 6.	4.
Ich will geben meine Ges.	Ebr. 8, 10.	793.
Ich will ihm große Menge	Jes. 53, 12.	407.
Ich will ihnen einerlei	Jer. 32, 39.	1823.
Ich will ihnen ihre Misseth.	Jer. 31, 34.	660.
Ich will ihr Abtreten wieder	Hos. 14, 5.	743.
Ich will ihr Trauren in	Jer. 31, 13.	1718.
Ich will meine Augen	Ps. 132, 4. 5.	1744.
Ich will meinen Geist in	Hes. 36, 27.	571.
Ich will mich auch	Philip. 1, 18. 19.	537.
Ich will mich aufm.	Luc. 15, 18. 19.	1232.
Ich will mich meiner	Hes. 34, 11. 12.	413.
Ich will kommen und ihn	Mtth. 8, 7.	1513.
Ich will mit euch einen ew.	Jes. 55, 3.	1821.
Ich will schaffen, daß ihre	Jes. 61, 8.	587.
Ich will schauen dein Antl.	Ps. 17, 15.	1315.
Ich will schweigen und	Ps. 39, 10.	176.
Ich will sie des Gebets um	Jer. 33, 6.	589.
Ich will sie erlösen aus	Hos. 13, 14.	1285.
Ich will sie reinigen von	Jer. 33, 8.	1702.
Ich will sie und alle m.	Hesek. 34, 26.	1141.
Ich will singen von der G.	Ps. 89, 2.	165.
Ich will singen von der Gn.	Ps. 9, 2.	1785.
Ich will verkündigen deinen	Ebr. 2, 12.	334.
Ich will Wasser gießen auf	Jes. 44, 3.	630.
Ich will zu derselbigen Zeit	Joel 3, 2.	857.
Jedermann sey unterthan	Röm. 13, 1.	83.
Jene laufen also, daß ihr	1 Cor. 9, 25.	697.
Jesus aber, da er hat ein	Ebr. 10, 12.	1048.
Jesus blieb über Nacht in	Luc. 6, 12.	437.
Jesus Christus, gestern und	Ebr. 13, 8.	1045.
Jesus Christus hat dem	2 Tim. 1, 10.	1569.
Jesus Christus ist der treue	Offb. 1, 5.	1577.
Jesus Christus ist gekom.	1 Tim. 1, 15.	577.
Jesus Christus muß den	Apstlg. 3, 21.	965.
Jesus ging hinaus n.	Luc. 22, 39. 40.	958.
Jesus ging hin ein wen.	Mtth. 26, 39.	396.
Jesus ist gesehen worden	1 Cor. 15, 6.	871.
Jesus ist umhergezogen	Apstlg. 10, 38.	729.
Jesus ist vor Allen, und es	Col. 1, 17.	1343.
Jesus nahm das B.	Mtth. 26, 26. 27.	353.
Jesus nahm zu an Weish.	Luc. 2, 52.	1166.
Jesus neigte das Haupt	Joh. 19, 30.	113.
Jesus neigte das Haupt	Joh. 19, 30.	1052.
Jesus rief sie zu sich und	Luc. 18, 16.	1230.
Jesus sahe einen Menschen	Mtth. 9, 9.	956.
Jesus sprach: Es ist vollb.	Joh 19, 30.	509.
Jesus sprach zu dem Ob.	Marc. 5, 36.	559.
Jesus sprach zu Th.	Joh. 20, 27. 28.	414.
Ihm war eine Antwort	Luc. 2, 26.	340.
Ihr aber seyd der Tempel	2 Cor. 6, 16.	1515.
Ihr aber seyd es, die	Luc. 22, 28. 29.	1205.
Ihr aber seyd nicht fleischlich	Röm. 8, 9.	1146.
Ihr aber sollt mich sehen:	Joh. 14, 19.	1825.
Ihre Kinder sollen es	Sach. 10, 7.	1103.
Ihr Erbarmer wird sie	Jes. 49, 10.	580.
Ihr habt auch nun Traur.	Joh. 16, 22.	738.
Ihr habt einen kindlichen	Röm. 8, 15.	2.
Ihr habt gesehen, wie	2 Mos. 19, 4.	420.
Ihr habt mich nicht erw.	Joh. 15, 16.	2020.
Ihr habt nicht einen	Röm. 8, 15.	1155.

Ihr habt noch nicht bis Ebr. 12, 4. 166.
Ihr Lieben, glaubet 1 Joh. 4, 1—3. 1351.
Ihr Lieben, hat uns Gott 1 Joh. 4, 11. 162.
Ihr Lieben, lasset uns 1 Joh. 4, 7. 315.
Ihr Lieben, so uns unser 1 Joh. 3, 21. 1333.
Ihr seyd abgewaschen, ihr 1 Cor. 6, 11. 1802.
Ihr seyd alle Gottes Kind. Gal. 3, 26. 977.
Ihr seyd allzumal Kinder 1 Theß. 5, 5. 1428.
Ihr seyd es nicht, die Matth. 10, 20. 1574.
Ihr seyd gekommen Ebr. 12, 22. 23. 1735.
Ihr seyd gekommen zu Ebr. 12, 24. 1270.
Ihr seyd gestorben und Col. 3, 3. 4. 498.
Ihr seyd mit Christo Col. 2, 12. 13. 298.
Ihr seyd theuer erkauft. 1 Cor. 6, 20. 1561.
Ihr sind viel Sünden verg. Luc. 7, 47. 1507.
Ihr sollt euch nicht Matth. 6, 19. 20. 1809.
Ihr sollt meinen Namen 4 Mos. 6, 27. 309.
Ihr suchet Jesum von Marc. 16, 6. 753.
Ihr Väter, reizet eure Ephes. 6, 4. 1136.
Ihr Völker, bringet her Ps. 96, 7—9. 1990.
Ihr waret ohne Christum Eph. 2, 12. 69.
Ihr waret weiland Finst. Eph. 5, 8. 702.
Ihr werdet aus Gottes 1 Petr. 1, 5. 161.
Ihr werdet mit Freuden Jes. 12, 3. 1666.
Ihr werdet's sehen und Jes. 66, 41. 1934.
Ihr wisset, daß er ist ersch. 1 Joh. 3, 5. 1638.
Ihr wisset, daß ihr bei Ebr. 10, 34. 182.
Ihr wisset die Gnade uns. 2 Cor. 8, 9. 479.
Im Anfang war das Wort Joh. 1, 1. 434.
Im Herrn habe ich Gerech. Jes. 45, 24. 1066.
Ich Schweiß deines Ang. 1 Mos. 3, 19. 2015.
In allen Dingen lasset eure Phil. 4, 6. 945.
In allen Dingen lasset uns 2 Cor. 6, 4. 1086.
In Christo Jesu gilt weder Gal. 5, 6. 295.
In deine Hande befehle ich Ps. 31, 6. 1050.
In der Welt habt ihr Joh. 16, 33. 445.
In der Zeit meiner Noth Ps. 77, 3. 1118.
Indeß enthalte uns dein Jer. 15, 16. 1713.
In einem Jeglichen 1 Cor. 12, 7—9. 1704.
In ihm war das Leben, Joh. 1, 4. 5. 1738.
In ihm wohnet die ganze Col. 2, 9. 1035.
In meiner Gnade erbarme Jes. 60, 10. 1013.
In welchem verborgen liegen Col. 2, 3. 1269.
Joseph nahm das Matth. 2, 14. 15. 813.
Irret euch nicht, Gott Gal. 6, 7—9. 2019.
Israel, du bringest dich in Hos. 13, 9. 1699.
Israel hat dennoch Gott Ps. 73, 1. 279.
Israel zieht hin zu seiner Jer. 31, 2. 1319.
Ist auch ein Gott außer Jes. 44, 8. 1527.
Ist denn nun kein Gott 2 Kön. 1, 3. 1123.
Ist Gott für uns, Röm. 8, 31—39. 1125.
Ist Jemand in Christo, 2 Cor. 5, 17. 18. 1975.
Ist mein Wort nicht wie Jer. 23, 28. 1568.
Ist nun unser Evang. 2 Cor. 4, 3. 4. 774.

K.

Kämpfe den guten 1 Tim. 6, 12. 256.
Kann doch ein Bruder Ps. 49, 8. 9. 1458.
Kehret euch zu mir, spricht Sach. 1, 3. 1130.
Keine Kreatur mag uns Röm. 8, 39. 901.
Keiner wird zu Schanden Ps. 25, 3. 1131.
Komm herein, du Ges. 1 Mos. 24, 31. 1798.
Kommt her, ihr Geseg. Mtth. 25, 34. 1893.
Kommt her und kaufet ohne Jes. 55, 1. 814.
Kommt herzu, lasset uns Ps. 95, 1. 734.
Kommt her zu mir Sir. 24, 24—29. 1974.
Kommt her zu mir Alle, Mtth. 11, 28. 1164.
Kommt, lasset uns anb. Ps. 95, 6—8. 188.
Kommt und lasset uns zum Jer. 50, 5. 944.
Kommt, wir wollen wieder Hos. 6, 1. 525.
Kommt, zehret von Spr. Sal. 9, 5. 949.
Kommt zu mir in die Sir. 51, 31. 32. 1144.
Kündlich groß ist das 1 Tim. 3, 16. 1988.

L.

Laß aber auch die Unsern Tit. 3, 14. 17.
Laß das Buch dieses Gesetzes Jos. 1, 8. 367.
Laß deine Augen offen 2 Chr. 6, 20. 385.
Laß dich's nicht wundern, Joh. 3, 7. 605.
Laß die Jahre reden und Hiob 32, 7. 6.
Laß dir gefallen, Herr, Ps. 119, 108. 115.
Laß dir's gefallen, Herr, Ps. 40, 14. 38.
Laß dir wohlgefallen die Ps. 19, 15. 1780.
Lasset das Wort Christi Col. 3, 16. 1909.
Lasset die Kindlein zu Marc. 10, 14. 1190.
Lasset euch in keinem W. Phil. 1, 28. 150.
Lasset euch nicht mit manch. Ebr. 13, 9. 827.
Lasset uns aber recht Eph. 4, 15. 16. 921.
Lasset uns aufsehen auf Ebr. 12, 2. 471.
Lasset uns dem n. Röm. 14, 19. 20. 404.
Lasset uns die H. Sp. Sal. 12, 13. 14. 1844.
Lasset uns doch den Herrn, Jer. 5, 24. 345.
Lasset uns forschen Klg. J. 3, 40. 41. 30.
Lasset uns freuen und Offb. 19, 7. 8. 989.
Lasset uns halten an dem Ebr. 10, 23. 1263.
Lasset uns hinzu treten m. Ebr. 4, 16. 1342.
Lasset uns Ihn lieben; 1 Joh. 4, 19. 1219.
Lasset uns laufen durch Ebr. 12, 1. 441.
Lasset uns mit Danken Ps. 95, 2. 3. 240.
Lasset uns mit einander Ps. 34, 4. 5. 981.
Lasset uns mitziehen, daß Joh. 11, 16. 1195.
Lasset uns nun gehen gen Luc. 2, 15. 1386.
Lasset uns wandeln im Licht Jes. 2, 5. 1217.
Laß leuchten dein Antlitz Ps. 31, 17. 853.
Laß meinen Gang gewiß Ps. 119, 133. 244.
Laß meinen Mund deines Ps. 71, 8. 387.
Laß mein Gebet vor dich Ps. 88, 3. 469.
Laß mich frühe hören deine Ps. 143, 8. 389.
Laß mich mein bescheid. Spr. S. 30, 8. 699.
Laß nicht zu Schanden Ps. 69, 7. 811.
Laß sich freuen Alle, die auf Ps. 5, 12. 424.
Legest du dich, so wirst Spr. S. 3, 24. 652.
Lehre mich thun nach Ps. 143, 10. 786.
Lehre uns bedenken, daß Ps. 90, 12. 33.
Leide dich, als ein guter 2 Tim. 2, 3. 148.
Leidet er aber als ein 1 Petr. 4, 16. 1129.
Leidet Jemand unter euch, Jac. 5, 13. 1747.
Lieben Brüder, betet 2 Theß. 3, 1. 2. 1761.
Lieben Brüder, ich erm. 1 Petr. 2, 11. 887.
Lieben Kindlein! ich schr. 1 Joh. 2, 12. 363.

Liebt ihr mich, so haltet Joh. 14, 15. 1501.
Lobe den Herrn, meine Ps. 103, 1—21. 1422.
Lobet den Herrn, alle Ps. 117, 1, 2. 1247.
Lobet den Herrn! denn Ps. 147, 1. 495.
Lobet, ihr Völker, unsern Ps. 66, 8. 9. 1474.
Lobet und preiset den Sir. 43, 32—34. 1448.

M.

Mache dich auf, werde Jes. 60, 1. 442.
Machet die Thore weit und Ps. 24. 7. 1254.
Machet euch Säckel, die Luc. 12, 33. 990.
Machet keusch eure 1 Petr. 1, 22. 23. 455.
Man singet mit Freuden Ps. 118, 15. 534.
Man soll nicht so sehr Sir. 22, 11. 1189.
Man spürete keinen Sch. Dan. 6, 23. 1794.
Maria hat das gute Theil Luc. 10, 42. 1258.
Maria setzte sich zu Jesu Luc. 10, 39. 1158.
Martha, Martha! du hast Luc. 10, 41. 252.
Meine Augen sehen nach Ps. 101, 6. 1439.
Meine Augen sehen stets Ps. 25, 15. 16. 1289.
Meine Augen sehnen sich Ps. 119, 123. 927.
Meine Gedanken sind Jes. 55, 8. 9. 1314.
Meine Hand hat Alles Jes. 66, 2. 850.
Meine Hülfe kommt vom Ps. 121, 2. 1437.
Meine Kinder, wenn es Sir. 42, 17. 18.
Meine Kindlein, lasset 1 Joh. 3, 18. 1090.
Meine Kindlein! solches 1 Joh 2, 1. 202.
Meine Lehre ist nicht Joh. 7, 16. 17. 1588.
Meine Lieben, wir sind 1 Joh. 3, 2. 1922.
Meine Mutter und meine Luc. 8, 21. 1470.
Meine Sabbathe sollt Hesek. 20, 20. 752.
Meine Schaafe hören m. Joh. 10, 27. 1014.
Meine Seele dürstet nach Ps. 42, 3. 658.
Meine Seele erhebt Luc. 1, 46—55. 477.
Meine Seele ist stille zu Ps. 62, 2. 3. 1276.
Meine Seele müsse sich fr. Ps. 35, 9. 983.
Meine Seele müsse st. 4 Mos. 23, 10. 1278.
Meine Seele verlanget Ps. 119, 81. 1016.
Meinest du, daß ich Gef. Hes. 18, 23. 1841.
Meine Stunde ist noch nicht Joh. 2, 4. 1303.
Meine Sünden gehen über Ps. 38, 5. 26.
Meine Zeit steht in deinen Ps. 31, 16. 933.
Mein Fleisch ist die rechte Joh. 6, 55. 662.
Mein Gebet müsse vor dir Ps. 141, 2. 948.
Mein Geist freuet sich des Luc. 1, 47. 429.
Mein Geist ist in mir g. Ps. 143, 4. 70.
Mein Gott aber erfülle Phil. 4, 19. 1551.
Mein Gott, gedenke mir Neh. 13, 22. 23.
Mein Herz hält dir vor dein Ps. 27, 8. 39.
Mein Herz ist bereit, G. Ps. 57, 8. 9. 260.
Mein Joch ist sanft Matth. 11, 30. 506.
Mein Leib und Seele freuen Ps. 84, 3. 671.
Mein Mund soll des H. Ps. 145, 21. 1357.
Mein Mund soll verkünd. Ps. 71, 15. 338.
Mein Vater giebt euch das Joh. 6, 32. 237.
Mein Wort und meine P. 1 Cor. 2, 4. 1567.
Mensch, deine Sünden Luc. 5, 20. 1935.
Mich hat herzlich verlang. Luc. 22, 15. 745.
Mir geschehe, wie du gef. Luc. 1, 38. 930.
Mir hast du Arbeit Jes. 43, 24. 25. 840.
Mir ist Barmherzigkeit 1 Tim. 1, 16. 636.
Mir ist gegeben Matth. 28, 18—20. 1537.
Mit dir kann ich Kr. Ps. 18, 30. 31. 1126.
Mit Einem Opfer ist Er Ebr. 10, 14. 497.
Mit uns aber ist der 2 Chron. 13, 10. 675.

N.

Nach dem der euch beruf. 1 Petr. 1, 15. 1449.
Nachdem nun die Kinder Ebr. 2, 14. 1178.
Nachdem vor Zeiten G. Ebr. 1, 1. 2. 1948.
Nach der Vorsehung G. 1 Petr. 1, 2. 644.
Nach dir, Herr, verlanget Ps. 25, 1. 55.
Nach welcher Seligkeit 1 Petr. 1, 10. 815.
Nach welcher Weise auch Röm. 4, 6. 1132.
Nahe dich zu mir, Klagl. Jer. 3, 57. 323.
Nahet euch zu Gott, so nah. Jac. 4, 8. 456.
Nehmet, meine lieben Jac. 5, 10. 11. 1383.
Neige dein Herz zu mein. Ps. 119, 36. 761.
Neiget euer Herz zu dem Jos. 24, 23. 44.
Nicht daß ich's schon ergr. Phil. 3, 12. 1535.
Nicht um der Werke w. Tit. 3, 5—7. 1913.
Nicht verlassen unsere V. Ebr. 10, 25. 1649.
Nicht was ich will, sond. Marc. 14, 36. 1350.
Niemand hat Gott je ges. Joh. 1, 18. 1737.
Niemand hat größere L. Joh. 15, 13. 284.
Niemand kann zu mir k. Joh. 6, 65. 880.
Niemand kommt zum V. Joh. 14, 6. 916.
Nimm doch den Segen 1 Mos. 3, 11. 926.
Nimm ja nicht von mein. Ps. 119, 43. 1846.
Nun aber begehren sie Ebr. 11, 16. 1293.
Nun aber gehe ich Joh. 16, 5—15. 1359.
Nun aber hat er euch Col. 1, 22. 23. 1365.
Nun aber ist Christus 1 Cor. 15, 20. 224.
Nun danket alle Sir. 50, 24—26. 1401.
Nun er aber todt ist, 2 Sam. 12, 23. 1903.
Nun er durch die Rechte Apostelg. 2, 33. 220.
Nun Herr, weß soll ich Ps. 39, 9. 665.
Nun ihr aber seyd von der Röm. 6, 22. 1539.
Nun sehe ich, daß die Sir. 34, 14. 573.
Nun sind wir alle hier Apostelg. 10, 33. 1231.
Nun suchet man nicht 1 Cor. 4, 2. 1187.
Nun, unser Gott, wir 1 Chron. 30, 13. 1571.
Nun wir denn sind ger. Röm. 5, 1. 1287.

O.

Ob Tausend fallen zu deiner Ps. 91, 7. 1878.
Oeffne mir die Augen, Ps. 119, 18. 781.
Ohne mich könnet ihr nichts Joh. 15, 5. 1256.
Opfere Gott Dank, und Ps. 5, 14. 1810.
O welch eine Tiefe des Röm. 11, 33. 598.
O wie ist die Barmherz. Sir. 17, 28. 706.

P.

Predige das Wort, halte 2 Tim. 4, 2. 1688.
Preiset mit mir den Herrn Ps. 34, 4. 126.
Pilatus sprach zu ihnen: Matth. 27, 22. 1815.
Plötzlich müssen die Leute Hiob 34, 20. 809.
Prüfe mich, Herr! und vers. Ps. 26, 2. 1580.

R.

Rede, Herr! denn dein 1 Sam. 3, 9. 1586.
Rede mir nicht drein, daß Ruth 1, 16. 951.
Richter und Amtleute 5 Mos. 16, 18. 993.
Ringet darnach, daß ihr Luc. 13, 24. 1594.
Rühmet seinen heiligen Ps. 105, 3. 1162.
Rufe mich an in der Noth, Ps. 50, 15. 175.

S.

Saget den verzagten Herz.: Jes. 35, 4. 1122.
Saget der Tochter Zion: Matth. 21, 5. 1916.
Saget, die ihr erlöset Ps. 107, 2—8. 1724.
Saget unter den Heiden, Ps. 96, 10. 1143.
Satanas hat euer beg. Luc. 22, 31. 32. 792.
Schaffe in mir, Gott! Ps. 51, 12—14. 1477.
Schaffe in mir, Gott! ein Ps. 51, 12. 1608.
Schaffet, daß ihr selig Philipp. 2, 12. 1607.
Schaue doch und erhöre Ps. 13, 45. 412.
Schmecket und sehet, wie Ps. 34, 9. 1510.
Segnet, die euch verf.; Röm. 12, 14. 1087.
Sehet darauf, daß nicht Ebr. 12, 15. 438.
Sehet, das ist euer Joh. 19, 14. 1007.
Sehet die Vögel unter Matth. 6, 26. 1797.
Sehet, jetzt ist die ang. 2 Cor. 6, 2. 1079.
Sehet, was Gott an uns Tob. 13, 5. 1679.
Sehet, welch eine Liebe hat 1 Joh. 3, 1. 1462.
Sehet, welch ein Mensch! Joh. 19, 5. 60.
Sehet zu, daß ihr nicht Matth. 18, 10. 344.
Sehet zu, thut rechtsch. Matth. 3, 8. 1759.
Sehet zu, wachet und Marc. 13, 33. 1250.
Sehet zu, wachet und Marc. 13, 33. 1615.
Seine Heiligen sind W. Sal. 3, 9. 10. 934.
Seine Seele gefällt W. Sal. 4, 14. 1329.
Sein Name wird ewiglich Ps. 72, 17. 1942.
Sein Rath ist wunderbar. Jes. 28, 29. 1181.
Selig bist du, die du Luc. 1, 45. 46. 1274.
Selig ist der Mann, der Jac. 1, 12. 1385.
Selig ist, der sich nicht Matth. 11, 6. 1777.
Selig seyd ihr, die ihr hier Luc. 6, 21. 1283.
Selig seyd ihr, wenn 1 Petr. 4, 14. 1340.
Selig sind die Augen, Luc. 10, 23. 24. 1949.
Selig sind, die da geistlich Mtth. 5, 3. 1644.
Selig sind, die da hungert Mtth. 5, 6. 998.
Selig sind, die da Leid tr. Mtth. 5, 4. 727.
Selig sind, die nicht sehen Joh. 20, 29. 1941.
Selig sind, die reines H. Mtth. 5, 8. 1609.
Selig sind die Todten, Offb. 14, 13. 1566.
Selig sind die, welchen ihre Röm. 4, 7. 935.
Selig sind, die zu dem Offb. J. 19, 9. 947.
Sende dein Licht und deine Ps. 43, 3. 1441.
Sende sie herab von W. Sal. 9, 10. 1167.
Setze mich wie ein Hohel. Sal. 8, 6. 283.
Setzet eure Hoffnung 1 Petr. 1, 13. 942.
Seyd aber Thäter des W. Jac. 1, 22. 825.
Seyd allezeit fröhlich. 1 Thess. 5, 16. 1102.
Seyd auch bereit! Denn Mtth. 24, 44. 447.
Seyd barmherzig, wie auch Luc. 6, 36. 606.
Seyd begierig nach der 1 Petr. 2, 2. 805.
Seyd fest, unbeweglich 1 Cor. 15, 58. 511.
Seyd fröhlich in Hoffn. Röm. 12, 12. 730.
Seyd gewurzelt und erbauet Col. 2, 7. 1036.
Seyd gleich den Menschen, Luc. 12, 36. 35.
Seyd ihr auch geduldig und Jac. 5, 8. 54.
Seyd ihr nun mit Christo Col. 3, 1. 303.
Seyd Niemand nichts Röm. 13, 8. 449.
Seyd stille und erkennet, Ps. 46, 1. 1277.
Sey du mir nur nicht Jerem. 17, 17. 1323.
Sey du mit mir, um d. Ps. 109, 21. 758.
Seyd unterthan aller 1 Petr. 2, 13. 14. 647.
Sey getreu bis an den Offb. J. 2, 10. 1654.
Sey getrost, mein Sohn, Mtth. 9, 2. 1765.
Sey nun wieder zufrieden, Ps. 116, 7. 899.
Sey stille dem Herrn und Ps. 37, 7. 588.
Sie beteten über sie, daß Apstlg. 8, 15. 618.
Sie blieben aber beständ. Apstlg. 2, 42. 1341.
Sie brachten auch junge Luc. 18, 15. 818.
Sie fanden das Kind in Luc. 2, 16. 146.
Sie fanden das Kindlein Mtth. 2, 11. 205.
Sie gebar ihren ersten S. Luc. 2, 7. 1096.
Sie haben ihre Kleider Offb. J. 7, 14. 221.
Sie hatten keine Ruhe Offb. Joh. 4, 8. 1526.
Siehe an meinen Jammer Ps. 25, 18. 1514.
Siehe da, ich lege einen 1 Petr. 2, 6. 819.
Siehe da, ich und die K. Ebr. 2, 13. 1723.
Siehe, da ist euer Gott. Jes. 40, 9. 1639.
Siehe, das ist Gottes Lam̃, Joh. 1, 29. 214.
Siehe, das ist mein Kn. Mtth. 12, 18. 1228.
Siehe, das ist unser Gott, Jes. 25, 9. 1775.
Siehe, deine Zeit ist 5 Mos. 31, 14. 913.
Siehe, dein Heil kommt. Jes. 62, 11. 302.
Siehe, dein König kommt Sach. 9, 9. 1221.
Siehe, dein Vater Luc. 2, 41—48. 460.
Siehe, der Herr kommt Jud. 14. 15. 329.
Siehe, der Herr lässet sich Jes. 62, 11. 1997.
Siehe, der Hüter Israel Ps. 121, 4. 810.
Siehe, der Winter H. L. S. 2, 11. 12. 1816.
Siehe, eine Jungfrau Matth. 1, 23. 452.
Siehe, Er ist's, der die Amos 4, 13. 1943.
Siehe, es kommt die Zeit, Amos 8, 11. 10.
Siehe, hie bin ich; er 2 Sam. 15, 26. 1104.
Siehe, ich bin bei euch Matth. 28, 20. 1668.
Siehe, ich bin mit dir 1 Mos. 28, 15. 1114.
Siehe, ich gehe heute dah., Jos. 23. 14. 1253.
Siehe, ich habe deine S. Sach. 3, 4. 1409.
Siehe, ich komme bald. Off. Joh. 3, 11. 1543.
Siehe, ich kom̃e bald, Off. Joh. 22, 12. 1077.
Siehe, ich komme, im Buch Ps. 40, 8. 1140.
Siehe, ich sehe den Apostelg. 7, 55. 1541.
Siehe, ich stehe vor der Off. Joh. 3, 20. 157.
Siehe, ich verkündige euch Luc. 2, 10. 550.
Siehe, ich will dich Jes. 48, 10. 11. 1720.
Siehe, ich will ein Neues Jes. 43, 19. 830.
Siehe, in die Hände habe Jes. 49, 16. 898.
Siehe, meine Knechte soll. Jes. 65, 13. 946.
Siehe, mein Engel soll 2 Mos. 32, 34. 1622.
Siehe, meine Tage sind einer Ps. 39, 6. 768.
Siehe, mein Knecht wird Jes. 52, 13. 1664.
Siehe, um Trost war mir Jes. 38, 17. 1591.
Siehe, wie die Augen der Ps. 123, 2. 1750.

Siehe, wir haben Alles Marc. 10, 28. 1327.
Sie kam aber und fiel Matth. 15, 25. 37.
Sie kamen eilend und Luc. 2, 16. 439.
Sie kamen zu dem Hofe Marc. 14, 32. 401.
Sie kamen zum Grabe Marc. 16, 2. 917.
Sie können hinfort nicht Luc. 20, 36. 914.
Sie nahmen aber Jes. Joh. 19, 16. 17. 164.
Sie nahmen die Speise Apostelg. 2, 47. 988.
Sie standen auf und betet. Joh. 8, 6. 141.
Sie suchten ihn unter Luc. 2, 44—46. 1057.
Sie thaten ihre Schätze Matth. 2, 11. 1018.
Sie verließen Alles und Luc. 3, 11. 1015.
Sie werden Alle von Gott Joh. 6, 45. 1725.
Sie werden aus Saba alle Jes. 60, 6. 1450.
Sie werden meine Stim̃e Joh. 10, 16. 1902.
Sie werden nicht zu Ps. 37, 19. 20.
Sie werden sich ewiglich Jes. 65, 18. 1746.
Sie werden sich mit einand. Hos. 1, 11. 822.
Sie wird einen Sohn Matth. 1, 21. 1709.
Sie wird nicht mehr Off. J. 7, 16. 17. 1833.
Sie wurden alle voll Apostelg. 2, 4. 1148.
Simeon nahm Jesum Luc. 2, 28. 29. 801.
Simon, schläfest du? Marc. 14, 37. 38. 1789.
Sind sie nicht allzumal Ebr. 1, 14. 764.
Sind wir aber mit Christo Röm. 6, 8. 1180.
Sind wir denn Kinder, Röm. 8, 17. 1214.
Singet dem Herrn ein Ps. 149, 1. 153.
Singet dem Herrn ein Jes. 42, 10. 475.
Singet dem Herrn und Ps. 96, 2. 341.
Singet Gott, lobsinget sein. Ps. 68, 5. 1255.
Singet löblich und lobet Sir. 39, 19. 657.
Singet um einander Ps. 147, 7—11. 1243.
Singet und spielet Ephes. 5, 19. 20. 1689.
Singet von Ihm und lob. Ps. 105, 2. 163.
Sintemal ihr den zum 1 Petr. 1, 17. 1605.
Sintemal sie alle von Ein. Ebr. 2, 11. 915.
So aber Jemand unter euch Jac. 1, 5. 1831.
So aber sich Jemand Jac. 1, 26. 27. 1859.
So behaltet nun, daß 5 Mos. 5, 32. 886.
So danke ich dir auch Ps. 71, 22. 23. 1362.
So denn ihr, die ihr arg Luc. 11, 13. 291.
So denn ihr, die ihr doch Mtth. 7, 11. 1961.
So der Herr will und wir Jac. 4, 15. 426.
So ermahne ich nun, daß 1 Tim. 2, 1. 1376.
So fasset nun diese 5 Mos. 11, 18. 19. 1911.
So finde ich in mir nun Röm. 7, 21. 22.
So gebet dem Kaiser, Matth. 22, 21. 1478.
So gedenke nun, wie du Offb. 3, 3. 1793.
So gehet denn der Mensch Ps. 104, 23. 263.
So gieb mir nun Weish. 2 Chr. 1, 10. 45.
So haben wir doch nur 1 Cor. 8, 6. 1361.
So halten wir es nun, Röm. 3, 28. 502.
So hat man Ruhe, so Jes. 28, 12. 1835.
So ich im Finstern sitze, Micha 7, 8. 957.
So Jemand auch kämpft 2 Tim. 2, 5. 1021.
So Jemand durch mich Joh. 10, 9. 707.
So Jemand spricht: 1 Joh. 4, 20. 21. 1678.
So Jemand unter euch Jac. 5, 19. 20. 1500.
So ihr bleiben werdet Joh. 8, 31. 32. 1321.
So ihr denn das G. Luc. 12, 26—31. 1582.
So ihr den Vater Etwas Joh. 16, 23. 282.
So ihr die Züchtigung Ebr. 12, 7. 267.
So ihr in mir bleibet und Joh. 15, 7. 1627.
So ihr mich von ganz. Jer. 29, 13, 14. 838.
So ist nun nichts Verdam̃l. Röm. 8, 1. 1393.
So kehret nun wieder, ihr Jer. 3, 22. 879.
So lange die Erde stehet, 1 Mos. 8, 22. 1681.
So lasset uns hinzug. Ebr. 10, 22. 23. 1337.
So lasset uns nun Fleiß Ebr. 4, 11. 1998.
So lasset uns nun fürchten Ebr. 4, 1. 1597.
So lasset uns nun nicht 1 Thess. 5, 6. 612.
So lasset uns nun opfern Ebr. 13, 15. 765.
So lasset uns nun zu ihm Ebr. 13, 13. 1628.
Solches Erkenntniß ist mir Ps. 139, 6. 1736.
Solches geschiehet auch vom Jes. 28, 29. 1642.
Solches habe ich euch 1 Joh. 5, 13. 1370.
Solches habe ich mit euch Joh. 16, 33. 1599.
Sollte aber Gott nicht Luc. 18, 7. 8. 9.
Solltest du denn dich Matth. 18, 33. 1496.
Sondern allein die, so da Jes. 38, 19. 132.
Sondern der verborgene 1 Petr. 3, 4. 1676.
So nimm doch nun, Herr! Jona 4, 3. 8.
So nimm nun, Herr! 1 Kön. 19, 4. 1855.
So nun das Alles 2 Petr. 3, 11. 12. 1153.
So nun der Geist deß, Röm. 8, 11. 1063.
So nun ich, euer Joh. 13, 14. 15. 1179.
So oft ich euch gesandt Luc. 22, 35. 975.
So oft ihr von diesem 1 Cor. 11, 26. 1154.
So seyd ihr nun Gottes Eph. 5, 1. 2. 1213.
So seyd nun geduldig, lieben Jac. 5, 7. 1331.
So seyd nun wacker allez. Luc. 21, 36. 1134.
So sey nun fleißig und Off. Joh. 3, 19. 405.
So sollst du nun wissen, 5 Mos. 7, 9. 623.
So spricht der Herr, der Jes. 44, 6. 310.
So spricht der Herr, Herr: Jes. 49, 22. 1495.
So stehet nun, umgürtet Eph. 6, 14. 1698.
So thut nun Buße Apostelg. 3, 19. 1708.
So wahr, als Ich lebe, 4 Mos. 14, 20. 1684.
So wahr, als Ich lebe, Hes. 33, 11. 1692.
So wendet allen euren 2 Petr. 1, 5. 6. 369.
So werdet ihr, wenn 1 Petr. 5, 4. 1151.
So wir aber sammt ihm Röm. 6, 5. 492.
So wir aber unsere S. 1 Joh. 1, 9. 43.
So wir glauben, daß 1 Thess. 4, 14. 669.
So wir im Geist leben, so Gal. 5, 25. 1452.
So wir sagen, daß wir 1 Joh. 1, 6. 7. 1382.
So wir wissen, daß er 1 Joh. 5, 15. 925.
Stärket die müden H. Jes. 35, 3. 4. 336.
Stehe auf, Herr Gott, Ps. 10, 12. 1020.
Stehe auf und wandle. Matth. 9, 5. 1388.
Stehet auf, lobet den H. Nehem. 9, 5. 720.
Sterben wir, so sterben Röm. 14, 8. 151.
Stricke des Todes hatt. Ps. 116, 3. 4. 1487.
Suchet den Herrn, weil er Jes. 55, 6. 1665.
Suchet in der Schrift, Joh. 5, 39. 1055.

T.

Tausend mal tausend dient. Dan. 7, 10. 755.
Thue das, so wirst du leb. Luc. 10, 28. 593.
Thue mir kund den Weg, Ps. 143, 8. 1895.

Thue Rechnung von deinem Luc. 16, 2. 1715.
Thut Buße und glaubet Marc. 1, 15. 270.
Thut desto mehr Fleiß, 2 Petr. 1, 10. 1813.
Thut gewisse Tritte mit Ebr. 12, 13. 36.
Trachtet am Ersten nach Mtth. 6, 33. 1634.
Trachtet nach dem, das dr. Col. 3, 2. 147.
Tretet auf die Wege und Jer. 6, 16. 128.
Treu ist Gott und kein 5 Mos. 32, 4. 312.
Tröstet, tröstet mein V. Jes. 40, 1. 2. 1733.

U.

Ueber das Haus Davids Sach. 12, 10. 1138.
Um deines Namens willen Ps. 31, 4. 1550.
Und Alles durch ihn vers. Col. 1, 20. 545.
Und als der Tag der Apstlg. 2, 1—4. 170.
Und alsobald war da bei Luc. 2, 13. 91.
Und als sie kamen an Luc. 23, 33. 34. 2002.
Und auch ihr als die leb. 1 Petr. 2, 5. 1518.
Und Christum zu wohnen Eph. 3, 7. 1039.
Und da acht Tage um w. Luc. 2, 21. 829.
Und da sie gebetet Apstlg. 54, 31. 32. 1712.
Und da sie gingen Matth. 28, 8. 9. 1926.
Und da sie mit ein. 2 Kön. 2, 11. 12. 1879.
Und das ist das Zeugniß, 1 Joh. 5, 11. 1791.
Und das ist die Freudigk. 1 Joh. 5. 14. 66.
Und der Engel sprach Luc. 2, 10. 11. 1771.
Und der Rauch des Offb. 8, 3—5. 189.
Und die Sonne verlor Luc. 23, 45. 46. 1415.
Und du Bethlehem Ephrata, Mich. 5, 1. 1772.
Und er stand auf und Marc. 4, 35—41. 1869.
Und er trat in ein Matth. 8, 23—27. 1921.
Und er wählte viel Ebr. 11, 25. 26. 1839.
Und hat ausgezogen die Col. 2, 15. 130.
Und hat einen Namen Off. J. 19, 16. 1137.
Und hingerückt, Weish. S. 4, 11—13. 1853.
Und ich sahe die Todten, Off. J. 20, 12. 504.
Und indem sie aßen, Marc. 14, 22. 23. 216.
Und ist in keinem And. Apostelg. 4, 12. 505.
Und nun, Herr, gieb ihnen, Tob. 8, 18. 1647.
Und nun, Herr, Apostelg. 4, 29. 30. 1593.
Und nun, Kindlein! bl. 1 Joh. 2, 28. 201.
Und ob ich schon wanderte Ps. 23, 4. 939.
Und ob wir auch schwach 2 Cor. 13, 4. 747.
Und sie brachten ihn an Marc. 15, 22. 190.
Und sie brachten Marc. 10, 13—16. 688.
Und siehe, Zween Luc. 24, 13—15. 2017.
Und soll geschehen, wer den Joel 3, 5. 1508.
Und was stehen wir alle 1 Cor. 15, 30. 1379.
Und was wir bitten, 1 Joh. 3, 22. 1958.
Und wenn ich mit dir Matth. 26, 35. 1209.
Und wird nicht hinein Off. Joh. 21, 27. 1461.
Und zu stehen des 1 Chron. 24, 30. 339.
Und zu warten seines 1 Thess. 1, 10. 1950.
Unsere Hülfe stehet im N. Ps. 124, 8. 924.
Unsere Trübsal, die zeitl. 2 Cor. 4, 17. 567.
Unser Keiner lebt ihm Röm. 14, 7. 1504.
Unser Vater in dem Matth. 6, 9—13. 1762.
Unser Wandel aber ist im Phil. 3, 20. 2004.
Uns gebühret nicht solcher Tob. 8, 5. 6. 615.
Uns hat es Gott geoffen. 1 Cor. 2, 10. 542.

V.

Vater, ich will, daß wo Joh. 17, 24. 133.
Verändert euch durch Röm. 12, 2. 81.
Verbirg dein Antlitz nicht Ps. 102, 3. 690.
Verbirg dein Antlitz von Ps. 51, 11. 1460.
Verbirgest du dein Ang. Ps. 104, 29. 53.
Vergebet wo ihr etwas Marc. 11, 25. 620.
Vergebet, so wird euch Luc. 6, 37. 89.
Vergebet, wo ihr etwas Marc. 11, 25. 620.
Vergiß meines Ges. Spr. S. 3, 1. 2. 5.
Vergiß nicht der Wohlth. Sir. 29, 20. 1929.
Vergiß mich nicht, Gott, Ps. 71, 18. 199.
Verlaß mich nicht, Herr, Ps. 38, 22. 27.
Vernimm, Herr! mein Ps. 86, 6. 7. 408.
Verstehest du auch, Apstlg. 8, 26—39. 1907.
Versuchet euch selbst, ob 2 Cor. 13, 5. 1766.
Vertraue du Gott, Sir. 11, 21—23. 1872.
Vertraue, so wird er dir Sir. 2, 6. 966.
Verwahret euch. daß ihr 2 Petr. 3, 17. 1873.
Verziehe nicht fromm zu Sir. 18, 22. 982.
Viele werden kommen Matth. 8, 11. 1612.
Vom Aufgang der Sonne Ps. 113, 3. 204.
Vom Aufgang der Sonne Mal. 1, 11. 1117.
Von Anfang der Marc. 10, 6—9. 1908.
Von deinem Heil rede ich, Ps. 40, 11. 1497.
Von der Zeit an fing Matth. 16, 21. 159.
Von diesem Jesu zeug. Apstlg. 10, 43. 693.
Von Gnade und Recht Ps. 101, 1. 1705.
Von Gottes Gnade bin 1 Cor. 15, 10. 890.
Von Herzen begehre ich Jes. 26, 9. 1023.
Von nun an werdet ihr Joh. 1, 51. 1743.
Von nun an wird's Matth. 26, 64. 1852.
Von seiner Fülle haben Joh. 1, 16. 599.
Vor allen Dingen ab. Eph. 6, 16. 17. 1596.
Vor dir wird man sich fr. Jes. 9, 3. 251.

W.

Wache auf, der du schläf. Eph. 5, 14. 1786.
Wachet, denn ihr wisset Mtth. 24, 42. 278.
Wachet, denn ihr wisset Mtth. 25, 13. 1109.
Wachet, stehet im Gl. 1 Cor. 16, 13. 227.
Wachet und betet, daß Mtth. 26, 41. 1680.
Wachset aber in der Gn. 2 Petr. 3, 18. 1648.
Wahrlich, ich sage dir: Luc. 23, 43. 1502.
Wahrlich, ich sage euch: Mtth. 18, 3. 1317.
Wahrlich, wahrlich, ich sage Joh. 8, 51. 1454.
Wandelt nur würdiglich Philip. 1, 27. 908.
Wandelt wie die Kinder Ephes. 5, 9. 476.
Wandelt würdiglich, dem Col. 1, 10. 785.
Warum toben die Heiden, Ps. 2, 1—8. 1832.
Was aber zuvor gesch. Röm. 15, 4—12. 1714.
Was betrübst du dich, Ps. 42, 12. 196.
Was betrübst du dich, meine Ps. 42, 6. 382.
Was bist du deñ? Joh. 1, (19—28.) 22. 1861.
Was du, Herr, segn. 1 Chron. 18, 27. 1637.
Was du thust, so bedenke Sir. 7, 40. 1529.
Was du wirst vornehmen, Hiob 22, 28. 812.
Was Gott im Himmel 1 Macc. 3, 60. 1812.
Was hast du aber, das du 1 Cor. 4, 7. 896.

Was hat denn dieser Ueb. Luc. 23, 22. 826.
Was hülfe es dem Matth. 16, 26. 1817.
Was ich jetzt lebe im Fl., Gal. 2, 20. 952.
Was ihr bitten werdet in Joh. 14, 13. 1260.
Was ist der Mensch, daß du Ebr. 2, 6. 875.
Was ist der Mensch, daß du Ps. 8, 5. 1457.
Was nun Gott zusam̃en Matth. 19, 6. 1774.
Was sind das für Sach. 13, 6—9. 1952.
Was soll ich denn mach. Matth. 27, 22. 1368.
Was stehet ihr und Apostelg. 1, 11. 847.
Was sucht ihr den Leb. Luc. 24, 5. 6. 1345.
Was wir gesehen und 1 Joh. 1, 3. 1286.
Weder Hohes noch Tiefes, Röm. 8, 39. 1271.
Weib, was weinest du? Joh. 20, 15. 1989.
Weil du Gott lieb warest Tob. 12, 13. 29.
Weil du so werth bist vor Jes. 43, 4. 1881.
Weil du von Kind 2 Tim. 3, 15—17. 1532.
Weil ihr denn Kinder seyd, Gal. 4, 6. 1.
Weil nun Christus im 1 Petr. 4, 1. 192.
Weil wir solches Röm. 13, 11—14. 1555.
Weine nicht! siehe, es Off. Joh. 5, 5. 832.
Weinet nicht über mich, Luc. 23, 28. 528.
Weiset meine Kinder und Jes. 45, 11. 167.
Weiter, lieben Brüder, Phil. 4, 8. 1105.
Welche bereit waren, Matth. 25, 10. 285.
Welche da leiden nach 1 Petr. 4, 19. 96.
Welche der Geist Gottes Röm. 8, 14. 596.
Welche er zuvor versehen Röm. 8, 29. 894.
Welche ich lieb habe, Off. Joh. 3, 19. 678.
Welche ihn ansehen und Ps. 34, 6. 1701.
Welchen der Herr lieb hat, Ebr. 12, 6. 1353.
Welchen Gott hat vorg. Röm. 3. 25. 88.
Welcher auch wird euch 1 Cor. 1, 8. 1468.
Welcher ist das Pfand Eph. 1, 14. 1584.
Welcher nun bekennet, 1 Joh. 4, 15. 1403.
Welcher nun unwürdig 1 Cor. 11, 27. 1629.
Welcher, sintemal er ist der Ebr. 1, 3. 1328.
Welcher unsere Sünde 1 Petr. 2, 24. 1662.
Welcher uns errettet Col. 1, 13. 14. 1877.
Welcher uns gemacht ist 1 Cor. 1, 30. 42.
Welcher uns von solchem 2 Cor. 1, 10. 819.
Welches nun auch uns 1 Petr. 3, 21. 892.
Welche werden Rechensch. 1 Petr. 4, 5. 19.
Welche wird zeigen 1 Tim. 6, 15. 16. 1799.
Wen da dürstet, der kom̃e Joh. 7, 37. 1082.
Wendet euch zu mir, so Jes. 45, 22. 1982.
Wende von mir den Ps. 119, 29. 30. 1201.
Wen dürstet, der komme Offb. 22, 17. 300.
Wenn aber Alles ihm 1 Cor. 15, 28. 1308.
Wenn aber der Tröster Joh. 15, 26. 1174.
Wenn aber des M. Mtth. 25, 31. 32. 1940.
Wenn aber dieses anfängt Luc. 21, 28. 728.
Wenn aber jener, der Joh. 16, 13. 570.
Wenn dein Wort off. Ps. 119, 130. 855.
Wenn der Herr die Gef. Ps. 126, 1. 352.
Wenn derselbe (der Tröst.) Joh. 16, 8. 1751.
Wenn die Gerechten schr. Ps. 34, 18. 1553.
Wenn du aber betest, so Matth. 6, 6. 1233.
Wenn du ihnen giebst, so Ps. 104, 28. 1248.
Wenn Er Frieden giebt, Hiob 34, 29. 1924.
Wenn er seine Schaafe Joh. 10, 4. 1005.
Wenn eure Sünde blutr. Jes. 1, 18. 1769.
Wenn ich aufwache, bin Ps. 139, 18. 129.
Wenn ich betrübt bin, so Ps. 77, 4. 1849.
Wenn ich erhöhet werde Joh. 12, 32. 788.
Wenn ich mich dir gleich Tob. 9, 2. 489.
Wenn ich mich zu Bette Ps. 63, 7. 317.
Wenn ich mit M. 1 Cor. 13, 1—13. 1840.
Wenn ich mitten in der Ps. 138, 7. 1583.
Wenn ich nur dich habe, Ps. 73, 25. 1075.
Wenn Jemand dem H. 4 Mos. 30, 3. 1848.
Wenn ihr Alles gethan Luc. 17, 10. 193.
Wenn ihr betet, sollt Mtth. 6, 7—9. 1546.
Wenn ihr betet, so Luc. 11, 2—4. 3.
Wenn ihr stille bleibet, so Jes. 30, 15. 694.
Wenn mir gleich Leib Ps. 73, 26. 27. 1778.
Wenn nun offenbaret 1 Petr. 1, 7—9. 799.
Wenn sich schon ein Heer Ps. 27, 3. 1017.
Wenn sie gleich wider dich Jer. 1, 19. 1722.
Wenn wir gleich viel sag., Sir. 43, 29. 600.
Wer aber beharret bis Matth. 24, 13. 1204.
Wer aber dem Herrn 1 Cor. 6, 17. 1053.
Wer aber durchschauet in Jac. 1, 25. 320.
Wer an ihn glaubet, der Joh. 3, 18. 1782.
Wer an ihn glaubet, wird Röm. 10, 11. 1876.
Wer an mich glaubet, der Joh. 11, 25. 111.
Wer auf sein Fleisch saet, Gal. 6, 8. 520.
Wer bin ich, Herr 1 Chron. 18, 16. 668.
Wer bin ich Herr, Herr, 2 Sam. 7, 18. 1419.
Wer da bittet, der empf. Matth. 7, 8. 860.
Wer da bittet, der nimmt, Luc. 11, 10. 1301.
Wer da glaubet und get. Marc. 16, 16. 432.
Wer da kärglich säet, der 2 Cor. 9, 6. 1866.
Wer da lebet und glaubet Joh. 11, 26. 963.
Wer Dank opfert, der Ps. 50, 23. 1108.
Wer darf denn sagen, Kl. Jer. 3, 37. 16.
Wer da saget, daß er in 1 Joh. 2, 6. 739.
Wer da saget, er sey 1 Joh. 2, 9. 10. 1168.
Wer da sagt: ich kenne 1 Joh. 2, 4. 5. 1865.
Wer das Reich Gottes Marc. 10, 15. 243.
Wer den Sohn Gottes 1 Joh. 5, 12. 183.
Wer deinen Namen fürcht. Mich. 6, 9. 1377.
Wer des Wassers trink. Joh. 4, 14. 15. 1544.
Werdet ihr in meinen 3 Mos. 26, 3. 4. 579.
Werdet ihr nicht essen das Joh. 6, 53. 1945.
Werdet voll Geistes Eph. 5, 18. 19. 377.
Wer ein solches Kind Matth. 18, 5. 1490.
Werfet euer Vertrauen Ebr. 10, 35. 1625.
Werfet von euch alle Hes. 18, 31. 837.
Wer Gottes Wort ehret, Sir. 4, 15. 711.
Wer in mir bleibet, und Joh. 15, 5. 1029.
Wer ist aber, der die Welt 1 Joh. 5, 5. 1389.
Wer ist, der euch 1 Petr. 3, 13. 14. 1643.
Wer ist der, so mit willig. Jer. 30, 21. 816.
Wer ist jemals zu Sir. 2, 11. 12. 1592.
Wer ist, wie der Herr Ps. 113, 5—7. 597.
Wer meine Gebote hat Joh. 14, 21. 1040.
Wer mein Fleisch isset und Joh. 6, 56. 403.
Wer mein Fleisch isset und Joh. 6, 54. 1149.
Wer mein Wort höret und Joh. 5, 24. 325.

Wer

Wir wissen, daß wir aus 1 Joh. 3, 14. 354.
Wir wissen nicht, was 2 Chr. 20, 12. 1726.
Wir wollen dem Herrn Jos. 24, 18. 427.
Wisset auf's Erste, daß 2 Petr. 3, 3. 4. 322.
Wisset, daß ihr nicht 1 Petri 1, 18. 19. 1257.
Wisset ihr nicht, daß die, 1 Cor. 9, 24. 1862.
Wisset ihr nicht, welchem Röm. 6, 16. 1199.
Wo aber die Sünde m. Röm. 5, 20. 1395.
Wobei soll doch erkañt 2 Mos. 33, 16. 780.
Wo der Herr nicht bei Ps. 124, 2. 3. 1790.
Wo der Herr nicht Ps. 127, 1—5. 1955.
Wo der Herr nicht die Ps. 127, 1. 851.
Wo euer Schatz ist, da Matth. 6, 21. 1324.
Wohl allen, die auf ihn Ps. 2, 12. 967.
Wohl dem, dem die Uebertr. Ps. 32, 1. 1973.
Wohl dem, den du, Ps. 94, 12, 13. 1820.
Wohl dem, der den Ps. 112, 1—10. 1960.
Wohl dem, der den Ps. 128, 1—6. 1966.
Wohl dem, deß Hülfe der Ps. 146, 5. 1964.
Wohl dem, der nicht w. Ps. 1, —6. 1968.
Wo ihr nach dem Fleisch Röm. 8, 13. 467.
Wo ist der neugeborne Matth. 2, 2. 864.
Wo ist ein solcher Gott Micha 7, 18. 974.
Wollen habe ich wohl, Röm. 7, 18. 744.
Wo nicht dein Ang. 2 Mos. 23, 15. 1115.
Wo soll ich hingehen vor Ps. 139, 7. 776.
Wo Zween unter euch Matth. 18, 19. 1463.
Wo zwei oder drei v. Matth. 18, 20. 1413.

Z.

Zacharias ward des Luc. 1, 67—79. 582.
Zähle meine Flucht, fasse Ps. 56, 9. 1992.
Ziehe mich dir nach, so Hohel. S. 1, 4. 1999.
Ziehet an den Harnisch Ephes. 6, 11. 290.
Ziehet an den Herrn Jes. Röm. 13, 14. 222.
Ziehet den neuen Mensch. Eph. 4, 24. 2013.
Zion aber spricht: Jes. 49, 14—16. 2001.
Zu derselbigen Zeit Jes. 29, 18. 19. 1542.
Zu der Zeit kam Matth. 3, 13—17. 229.
Zu der Zeit wird das Sach. 13, 1. 1026.
Zu erkennen ihn und Phil. 3, 10. 11. 1003.
Zuletzt, lieben Brüder, 2 Cor. 13, 11. 1296.
Zur Mitternacht aber Matth. 25, 6. 7. 488.
Zweierlei bitte ich Spr. S. 30, 7—9. 2018.

Biblisches Spruch-Register

nach der Folge der Bücher der heiligen Schrift, nebst Anzeige der darauf bezüglichen Lieder-Nummern.

(Die Zahl vor dem , ist das Capitel, und die nach dem : stehende Zahl die Nummer des Liedes.)

1 B. Mose 1, 14: 677; v. 27: 318; 3, 6: 292; v. 19: 2015 u. 1418; 5, 29: 1498; 8, 21: 710; v. 22: 1681; 15, 1: 674; 18, 3: 11; v. 19: 124; 19, 17: 1606; 24, 31: 1798; 26, 24: 1038; 28, 15: 1114 u. 1116; v. 17: 834; 32, 10: 749; v. 26: 950; v. 30: 272; 33, 11: 926; 39, 5: 1906; 48, 9: 423; 49, 10: 1659.

2 B. Mose 12, 24: 1163; 13, 22: 360; 14, 14: 213; 15, 2: 643; v. 26: 2012; 19, 4: 420; 20, 8: 132; 31, 13 u. 14: 379; 32, 34: 1622; 33, 15: 1115; v. 16: 780; 34, 6: 1184; v. 9: 268.

3 B. Mose 26, 3 u. 4: 579; v. 6: 4.

4 B. Mose 6, 24—26: 210; v. 27: 309; 14, 21: 1684; 23, 10: 1278.

5 B. Mose 5, 29: 1369; v. 32: 886; 6, 6 u. 7: 1299; 7, 6: 394; 11, 18 u. 19: 1911; 16, 18: 993; 18, 15: 704; 28, 8: 1367; 30, 19: 1562; 31, 8: 1739; v. 14: 913; 32, 3: 1280; v. 4: 312 u. 1806; 33, 3: 725.

B. Josua 1, 5 u. 6: 1937; v. 8: 367; 23, 14: 1253; 24, 16: 1779; v. 18: 427; v. 23: 44.

B. der Richter 5, 31: 979.

B. Ruth 1, 16: 951.

1 B. Samuelis 1, 15: 1706; 3, 9: 1586; v. 18: 1252; 7, 12: 194; 14, 6: 645; 20, 3: 808; v. 4: 1022.

2 B. Samuelis 7, 18: 1419; 10, 12: 249; 12, 23: 1903; 15, 26: 1104; 22, 3: 1188; v. 29: 491; v. 31: 1421.

1 B. d. Könige 3, 5: 1469; 8, 61: 1673; 18, 21: 1807; v. 39: 1658; 19, 4: 1855.

2 B. d. Könige 1, 3: 1123; 2, 11 u. 12: 1879; 7, 9: 1578.

1 B. d. Chronica 13, 18: 543; 18, 16: 668; 20, 13: 1896; 24, 30: 339; 30, 10 u. 11: 1242; v. 13: 1571; v. 17: 1579.

2 B. d. Chronica 1, 10: 45; 6, 20: 385; 13, 10: 675; 16, 9: 1697; 20, 6—18: 1858; v. 12: 1726.

Melodieen-Register

zum geistlichen Liederschatz, in alphabetischer Ordnung der Grund-Melodieen.

Nr. des Liedes.

Mel. 57.

Sechszeilige Daktylen. 11. 10. 11. 10. 11. 11 Sylben.

Einer ist König, Immanuel sieget 445
Christen erwarten in allerlei Fällen 217
Einer bleibt König, wenn Alles erlieget 444
Großer Immanuel, schaue von oben 701
Großer Prophete, mein Herze begehret 704
Himmelsbeherrscher, Regierer der Erden 850
Jesu! hilf siegen, du Fürste des Lebens 1021

Mel. 58.

Neunzeilige Jamben.
8. 7. 8. 7. 6. 5. 5. 6. 7 a) Sylben.
8. 7. 8. 7. 6. 6. 6. 6. 7 b) —

Ein' feste Burg ist unser Gott a) 448
Er lebt, o frohes Wort! -er lebt b) 485
Preis hall' an diesem Freuden-Fest b) 1574
So lange Christus, Christus ist b) 1682
Wenn Christus seine Kirche schützt b) 1832

Mel. 59.

Sechszeilige Jamben. 11. 10. 11. 10. 11. 11 Sylben.

Ein's Christen Herz sehnt sich nach hohen Dingen 458

Mel. 60.

Achtzeilige Trochäen und Daktylen. 8. 7. 8. 7. 12. 12. 11. 11 Sylben.

Ein's ist noth! ach Herr, dies Eine 459
Eins ist noth! wer hat dies Eine? 460
Freut euch, die in Jesu leben 541
Jesu, großer Ueberwinder 1017
O Herr, öffne meine Augen 1492
Traut'ster Jesu, Ehrenkönig! 1719
Was soll ich mit Jesu machen? 1815
Wohl, recht wohl ist meiner Seele 1975

Mel. 61. (Mel. 42, v. 2 a.)

Einst reift die Saat 462

Mel. 62.

Achtzeil. Jamb. 9. 8. 9. 8. 4. 4. 8. 8 S.

Entfernet euch, ihr matten Kräfte.
Beglückter Stand getreuer Seelen 182

Mel. 63. (Mel. 24.)

Erhalt' uns, Herr! bei deinem Wort 474
Ach bleib' bei uns, Herr Jesu Christ! 10
Der Spötter Strom reißt Viele fort 322

Mel. 64.

Sechs- u. siebenzeil. Jamb. zu gleichem Versmaaß. 6. 13. 6. 6. 6. 6 Sylb.
6. 7. 6. 6. 6. 6. 6 —

Erleucht' mich, Herr, mein Licht! 486
Das ist ein köstlich Ding 246

Mel. 65.

Achtzeil. Jamb. 8. 7. 8. 7. 8. 8. 7. 7 S.

Ermunt're dich, mein schwacher Geist 489
Also hat Gott die Welt geliebt, das merke 104
Dem Wort gieb rein in unser Herz 271
Der Herr hat Alles wohl gemacht 307
Du bist ein Mensch, das weißt du wohl 391
Du Lebensfürst, Herr Jesu Christ 416
Heut' ist der Tag der heil'gen Ruh' 831
Mein Herze, schwinge dich empor 1330
Zu deiner Krippen eile ich 2003

Mel. 66.

Sechszeil. Jamb. 9. 8. 9. 8. 9. 9 Sylb.

Erquicke mich, du Heil der Sünder.
Ach, daß wir Friede sollten hören 13
Dir will ich danken bis zum Grabe 384

Er ruft der Sonn' und schafft den Mond
S. „Gott ruft der Sonn' und schafft den Mond" unter Liedern nach der Melodie: „Es ist das Heil uns kommen her."

Mel. 67.

Fünfzeil. Jamben. 8. 8. 8. 8. 4 Sylb.

Erschienen ist der herrlich' Tag
Bring', Seele! Preis dem Höchsten dar 207
Gott lebet noch und stirbet nicht, 649
Gott Lob! die Herbstzeit zeiget sich 654
Gott Lob! die Woch' heb' ich jetzt an! 656
Gott Lob! die Woch' ist auch dahin 657
Gott Lob und Dank! es ist nunmehr 669
Herr Jesu Christ, zieh' uns dir nach 788
Mit jedem neuen Jahre neu 1377
Nun kommt das neue Kirchen-Jahr 1416
Triumph, Triumph, Victoria! 1730
Was Gott gefällt, mein frommes Kind 1805
Wenn ich die heil'gen zehn Gebot' 1844
Wir danken dir, Herr Jesu Christ, daß du gen Himm'l gefahren 1930
Wir danken dir, Herr Jesu Christ, daß du vom Tod erstanden 1931
Wir singen dir, Immanuel 1949

Mel. 68.

Vier- und achtzeil. Jamben zu gleichem Versmaaß. 12. 13. 13. 12 Sylben.
6. 6. 6. 7. 6. 7. 6. 6 —

Erweck', o Herr, mein Herz 494

Mel. 69.

Sieben- und achtzeil. Daktylen zu gleichem Versmaaß.
12. 11. 12. 11. 12. 12. 12 S.
12. 11. 12. 11. 6. 6. 12. 12 —

Es glänzet der Christen inwendiges Leben 498

Mel. 72.

Sechs- und siebenzeil. Jamben zu gleichem Versmaaß.

Nr. des Liedes.

8. 8. 9. 9. 10. 8 Sylben.
4. 4. 8. 9. 9. 10. 8 —
Es ist vollbracht, vergiß ja nicht 510

Mel. 73.
Sechszeilige Jamben.
8. 11. 10. 11. 10. 4 a) Sylben.
10. 11. 10. 11. 10. 4 b) —
Es kostet viel, ein Christ zu seyn a) 512
Bleibt, Schäflein! bleibt, verlasset nicht a) 201
Der Herr ist gut, in dessen Dienst wir steh'n b) 311
Er wird es thun, der fromme treue Gott b) 496
Es ist nicht schwer, ein Christ zu seyn a) 506
O Jesu! schaue meine Pein a) 1514
Wirf alle Sorgen hinter dich a) 1937
Zur Seligkeit berufst du mich a) 2016

Mel. 74. (Mel. 4.)
Es spricht der Unweisen Mund 515

Mel. 75. (Mel. 29.)
Neunzeilige Jamben.
Vers 1. 8. 7. 8. 7. 8. 7. 8. 7. 7 S.
— 2. — — — —
— 3. (Zeile 6 u. 8) 8. 7. 8 —
Es woll' uns Gott genädig seyn 519
Allwissender, vollkommner Geist 107
O meine Seel'! erhebe dich, 1527
Was alle Weisheit in der Welt 1799

Mel. 76.
Sechs- u. neunzeil. Troch. zu gleichem Versmaaß. 13. 8. 7. 8. 9. 6 Sylben.
3. :,: 7. 8. 7. 8. 9. 3 :,: —
Fahre fort :,: Zion, fahre fort im Licht, 521
Glaub' an Gott :,: er ist dein Gott 593
Glaube nur :,: glaub' und 595
Ich, der Herr! :,: ich Jehovah, 911
Komm herein, :,: Haupt der Deinen 1149
Reich des Herrn, :,: brich hervor 1590

Mel. 77. (Mel. 255. 275.)
Achtzeil. Troch. 8. 7. 8. 7. 7. 7. 8. 8 S.
Freu' dich sehr, o meine Seele! (Mel. des 42sten Psalms.) 535
Abermal ein Jahr verflossen 6
Ach Herr! lehre mich bedenken 33
Ach! wer schon im Himmel wäre 73
Ach! wie freu' ich mich zu sterben 76
Auf! mein Geist und mein Gemüthe 156
Besser ist kein Tag zur Buße, 185
Das walt' Gott! die Morgenröthe 260
Deine bittre Todesschmerzen 267
Denket doch, ihr Menschenkinder 278
Der du uns als Vater liebest 291
Dir befehl' ich meine Kinder 375

Nr. des Liedes.

Ein Gebot, daß wir uns freuen 449
Fließt ihr Augen, fließt von Thränen 528
Geist vom Vater und vom Sohne 573
Gott, der du aus lauter Gnaden 604
Gottes Mund hat uns verheißen 623
Gott! gieb einen milden Regen 630
Gott! mein Herze Dank dir sendet 672
Gott sey Lob! der Tag ist kommen 681
Großer Gott! wir armen Sünder 699
Gutes Denken, gutes Dichten 710
Heil'ger Vater, Gott der Stärke 732
Herr! auf dich will ich fest hoffen 737
Herr! auf Erden muß ich leiden 738
Herr des Todes, Fürst des Lebens! 753
Herr! du fährst mit Glanz und Freuden 754
Hosianna, mein Erbarmer 869
Jesu! deine tiefe Wunden 1001
Jesu! meiner Freuden Freude 1032
Jesus bleibet mein Vergnügen 1044
Kinder, die ihr Christi Glieder 1133
Kommet, kommet! ruft das Leben 1144
Komm, Herr Jesu! laß mich sehen 1151
Kommt, ihr Menschen! laßt euch lehren 1167
Kommt, laßt euch den Herren lehren 1171
Lasset ab, ihr meine Lieben 1189
Liebe, die nicht auszusprechen! 1220
Liebster Gott! wann werd' ich sterben 1223
Mach' es, Gott! nach deinem Willen 1251
Meine Seele müsse sterben 1278
Meine Sorgen, Angst und Plagen 1283
Nichts Betrübter's ist auf Erden 1391
Nichts Verdammlich's ist an denen 1393
O du allersüß'ste Freude! 1451
O du allertiefste Liebe 1452
O du Schöpfer aller Dinge! 1460
Prange, Welt! mit deinem Wissen 1567
Preiset Gott in allen Landen 1573
Quäle nie dein Herz mit Sorgen 1582
Rede, Herr! denn dein Knecht höret; deine Stimm' in ꝛc. 1586
Rede, liebster Jesu! rede 1588
Schaffet, schaffet, Menschenkinder! 1607
Schütte deines Lichtes Strahlen 1620
Selig, selig sind die Seelen 1644
Sey getreu in deinem Leiden 1655
Sey mir tausendmal gegrüßet 1660
Süßer Jesu! deiner Gnaden 1707
Süßer Trost der matten Herzen 1708
Treuer Gott! ich muß dir klagen 1720
Treuer Hirte deiner Heerde 1722
Treu ist Gott! nehmt's doch zu Herzen 1727
Trotzt, ihr Feinde! tobt und schnaubet 1734
Unser Vater! Unsichtbarer 1742
Unsre müden Augenlieder 1744
Unter meinem Schmerz und Weinen 1747
Unverwandt auf Christum sehen 1750
Vater! ach laß Trost erscheinen 1753

Vater!

Nr. des Liedes.

Mel. 93. (Mel. 18.)

Helft mir Gott's Güte preisen 734
Freu't euch, ihr Christen alle! Gott schenkt uns ꝛc. 542
Hier ist der Herr zugegen 834
Mein Mund soll fröhlich preisen 1357

Mel. 94.

Siebenzeilige Jamben. 7. 6. 7. 6. 7. 7. 6 Sylben.

Herr Christ, der ein'ge Gott's-Sohn
Ach! Vater von uns allen 67
All' Obrigkeit Gott setzet 83
Herr Gott! nun sey gepreiset 769
Herr Gott! nun sey gepriesen 770
Herr Jesu Christ mein Leben 785
Herr Jesu, Gnadensonne 791
Herr, stärke mir den Glauben 807
Ich hoffe nur auf Gnade 942
Ich kenne deine Liebe 943
Laßt uns mit Ernst betrachten 1207
Mein Fels hat überwunden 1285
Merk't auf, ihr Menschenkinder! 1371
Unendlicher, mein Glaube 1737

Mel. 95. (Mel. 24.)

Herr Gott! dich loben Alle wir 764
Dich, Vater! preis't mein Lobgesang 341
Erhebe dich, mein froher Mund 475
Erinnre dich, mein Geist erfreu't 481
Es wartet Alles, Herr! auf dich 518
Gelobet seyst du Jesu Christ, daß du der Sünder Heiland 577
Gott, dessen Hand die Welt ernährt 613
Gott Vater! der du deinen Sohn 687
Herr Christ, man dankt dir insgemein 740
Kommt, Menschenkinder! rühmt und preis't 1173
O du, der einst im Grabe lag 1453
O Gott, du höchster Gnadenhort! 1470
Schlaf' sanft und wohl, schlaf' liebes Kind 1614
Vor deinen Thron tret' ich hiermit 1780
Willkommen, auferstandner Held! 1926

Mel. 96.

Zwei und fünfzig Zeilen mit dem Schluß-Amen.

Herr Gott! dich loben wir, Herr Gott! wir ꝛc. 765
Auf Felsen liegt ihr Grund 144
Aus Gottes Throne fließt 170
Der Welten Herrscher, dir 332
Erwürgt, erwürgt ist er 497
Es war noch keine Zeit 517
Hallelujah! die Zeit 716
Preis dir in Ewigkeit 1570
Ruhm, Ehr' und Lobgesang 1600
Von deiner Himmel Thron 1773

Nr. des Liedes.

Wenn, Richter aller Welt 1856
Wie Gott belohnt, belohn' 1894

Mel. 97. (Mel. 235.)

Vier- und sechszeilige Trochäen zu gleichem Versmaaß. 15. 15. 8. 8 a) S. 8. 7. 8. 7. 8. 8 b) —

Herr! ich habe mißgehandelt a u. b) 776
Abba! Vater, von uns allen b) 3
Ach, mein Jesu! welch Verderben b) 57
Ach! was sind wir ohne Jesum? a) 69
Allen, welche nicht vergeben b) 89
Alles wird ein Ende nehmen b) 97
Angenehme Morgenblicke b) 115
Auf! die du so liegest nieder b) 140
Herr! vor dem die Erde fliehet b) 813
Hilf, Herr Jesu! laß gelingen b) (Original-Lied.) 845
Jesu! du mein liebstes Leben b) 1010
Jesu! komm mit deinem Vater b) 1025
Jesu! Kraft der blöden Herzen b) 1026
Jesu! was hat dich getrieben b) 1074
Kehre doch nun einmal wieder b) 1130
Kinder sind des Höchsten Gabe b) 1136
Komm, du sanfter Gnadenregen b) 1141
Lasset uns den Höchsten ehren b) 1194
Liebster Jesu! sey willkommen, kehr' in b) 1229
Ruhe hat uns Gott verheißen b) 1597
Strahl der Gottheit, Kraft der Höhe b) 1704
Unser Sabbath geht zu Ende b) 1741
Vater! du wohnst in der Höhe b) 1758
Weg mit allem, was da scheinet b) 1819
Wohl mir: Jesus, meine Freude b) 1974

Mel. 98. (Mel. 24.)

Herr Jesu Christ, dich zu uns wend' 781
Du, den der Himmel Loblied preis't 394
Geist Gottes, unerschaff'ner Geist 572
Nun freu't euch, Gottes Kinder all' 1405
O heilige Dreifaltigkeit! o hochgelobte 1484

Mel. 99. (Mel. 4.)

Herr Jesu Christ, ich weiß gar wohl
Ach Gott, ist noch dein Geist bei mir 22
Ach Gott, mein Leben steht bei dir 23
Ach Jesu! höre deinen Knecht 43
Allmächtiger, blick' auf uns her 99
Du Gott, der auch die Sünder liebt 405
Gott, unsre Zuflucht für und für 685
Herr Jesu Christ! ich schrei zu dir 784
Noch dennoch mußt du drum nicht ganz 1397
O Jesu Christ! du höchstes Gut. 1499
Verbirgst du, Gott! dein Angesicht 1763
Versöhnter Gott! sey gnädig mir 1765
Weg Traurigkeit, weich' Ungeduld! 1820
Wie froh wird meine Seele seyn, 1893

Mel. 140.	Nr. des Liedes.
Siebenzeil. Daktylen. 12. 12. 11. 11. 12. 12. 12 Sylben.	
Ihr Kinder des Höchsten! wie steht's um die Liebe?	1090
Ihr Kinder des Friedens, auf, auf zu dem Lamme!	1088
Ihr Kinder des Höchsten! wie steht's mit dem Glauben?	1089
Mel. 141.	
Vierzeil. Jamben. 8. 9. 9. 8 Sylben.	
Ihr Seelen! sinkt, ja, sinket hin.	
Der Herr hat viel an uns gethan	308
Mel. 142.	
Achtzeil. Jamben und Trochäen. 11. 8. 11. 8. 8. 7. 8. 7 Sylben.	
Imanuel! deß Güte nicht zu zählen.	1099
Mel. 143.	
Sechszeil. Jamben. 7. 7. 6. 7. 7. 6 S.	
In allen meinen Thaten (Original-Lied). S. Anmerkung zur Melodie-Ueberschrift obigen Liedes.	1104
Mel. 144.	
Vierzeil. Daktylen. 5. 5. 5. 11 Sylben.	
In Christo gelebt ꝛc.	
Ein's bitt' ich vom Herrn, das hätte ich gern	457
Gott heiliger Geist, sey innig gepreis't	634
Mein einziges Gut! mein Leben und Muth	1266
Nun hab' ich mein Kleid! mein Herz ist erfreut	1409
Sey ewig gepreis't, Gott heiliger Geist!	1652
Mel. 145. (Mel. 32. 5-zeil.)	
Sechszeil. Jamb. 8. 8. 7. 4. 4. 7 Sylb.	
In dich hab' ich gehoffet, Herr!	1107
Ach Gott, du unsers Lebens Licht!	16
Für alle Güte sey gepreis't	558
Gott Vater! höre unsre Bitt'	688
Im finstern Stall, o Wunder groß!	1096
Verzage nicht, o Menschenkind!	1769
Mel. 146.	
Sechszehn- u. achtzehnzeil. Daktylen u. Trochäen zu gleichem Versmaaß. 5. 5. 7. 5. 5. 7. 5. 5. 5. 5. 9. 5. 5. 5. 5. 9 Sylben. 5. 5. 7. 5. 5. 7. 5. 5. 5. 5. 5. 4. 5. 5. 5. 5. 5. 4 Sylben.	
In dir ist Freude in allem Leide	1110
Mel. 147. (Mel. 20.)	
Keinen hat Gott verlassen	1131
Mel. 148. (Mel. 24.)	
Komm, Gott, Schöpfer, heiliger Geist	1146
Mel. 149.	
Reimlose Zeilen.	
Komm, heiliger Geist! erfüll' die Herzen	1147
Mel. 150.	
Neun- u. zehnzeilige Jamben und Daktylen zu gleichem Versmaaß. V. 1 u. 3, 8. 8. 9. 8. 8. 8. 8. 9. 8 a) S. V. 2, 8. 8. 8. 8. 8. 8. 9. 9. 8 b) — 8. 8. 9. 8. 8. 8. 8. 9. 4. 4 a) — 8. 8. 8. 8. 8. 8. 9 9. 4. 4 b) —	
Komm, heiliger Geist, Herre Gott a) und b)	1148
Preis, Ehr' und Andacht opfern wir	1572
Unendlicher Gott, höchstes Gut!	1736
Wer recht die Pfingsten feiern will	1874
Mel. 151. (Mel. 85.)	
Komm, o komm, du Geist des Lebens!	1155
All mein Wünschen geht auf Gnade	82
Amen! Amen! lauter Amen	108
Dankt dem Herrn, ihr Gottesknechte	240
Dennoch will ich nicht verzagen	279
Herr! wie lange muß ich weinen?	817
Jesum hab' ich mir erwählet	1039
Jesus, Jesus, nichts als Jesus	1053
Jesus lebt zu meinem Besten	1065
Komm hernieder, Geist der Liebe	1150
Liebe, die du mich zum Bilde	1219
Meines Lebens beste Freude	1282
Stünden, Jesu! deine Wunden	1696
Wenn dem Herzen nach dir banget	1835
Mel. 152.	
Sechs- u. siebenzeilige Jamben zu gleichem Versmaaß. 8. 8. 7. 8. 8. 7 a) Sylben. 4. 4. 8. 7. 8. 8. 7 b) —	
Kommt her zu mir, spricht Gottes Sohn a)	1164
Ach Gott! gieb du uns deine Gnad' a)	17
Auf Leiden folgt die Herrlichkeit a)	150
Der Jünger Christi Zeichen ist a)	315
Du siehest, Mensch! wie fort und fort a)	425
Gott Vater! sende deinen Geist a)	689
Herr Jesu, aller Menschen Hort a)	777
Ich will erhöhen immerfort a)	981
Ihr armen Sünder, kommt zu Hauf! a)	1084
Ihr, die ihr mich verfolgt und schmäht a)	1087
Mein Freund ist mein und ich bin sein b)	1286
So hoff' ich denn mit festem Muth a)	1677
Verzage nicht, o Häuflein klein! a)	1768
Wer Gott und seinen Nächsten liebt a)	1866
Mel. 153.	
Vierzeilige Trochaen. 8. 8. 8. 7 Sylb.	
Kommt und laßt uns Christum ehren	1178

Nr. des Liedes.

Ermuntert euch, ihr Frommen 488
Für niedrig seyn auf Erden 526
Ich bin bei Gott in Gnaden 883
Ich bin der Erden müde 885
Ich geh' zu deinem Grabe 917
Ich leb' in Gottes Sohne 952
Ist Gott für mich, so trete 1125
Mein Herz ist schon gewöhnet 1334
O Herr! zum Heil erschienen 1495
O Jesu, wie viel Gutes 1517
Schatz über alle Schätze 1610
Sie jauchzet doch mit Freuden 1667
Von Gnad'- und Wahrheit mächtig 1777
Was klagst du, mein Gemüthe 1811
Weil du uns bitten heißest 1823
Wer kann dein Thun begreifen? 1871
Wer singt denn so mit Freuden? 1877
Wie Schaafe fröhlich weiden 1907
Wie soll ich dich empfangen 1916

Mel. 237.

Sechszeil. Jamben. 8. 8. 8. 8. 8. 8 S.

Vater unser im Himmelreich 1762
Ach Gott! wie manches Herzeleid 29
Christi Blut und Gerechtigkeit ist meines 222
Der Glaub' ist Gottes Werk und Gab' 298
Der Glaub' ist oft so schwach und matt 299
Des Dankes Opfer bringen wir 334
Erhöre mich, mein Herr und Gott! 480
Freiwillig gingst du deinem Schmerz 532
Herr Gott, Vater im Himmelreich! 771
Herr! weil du sprichst: „kommt her zu mir!" 814
Ich hab' oft bei mir selbst gedacht 934
Mein Abba kommt vor deinen Thron 1260
Nimm von uns, Herr! du treuer Gott 1396
Nun treten wir in's neue Jahr 1431
O Herre Gott! in meiner Noth 1487
So wahr ich lebe, spricht dein Gott 1692
Uns ist ein Kindlein heut' gebor'n 1743

Mel. 238.

Zwei ungleiche Verse.

Verleih' uns Frieden gnädiglich 1764

Mel. 239.

Sechszeilige Jamben. 8. 8. 9. 9. 8. 8 S.

Versöhnter Vater, der du bist rc.
Mein! ist des wahren Glaubens Sprach' 1351

Mel. 240. (Mel. 24.)

Vom Himmel hoch, da komm' ich her 1771
Das alte Jahr vergangen ist, wir danken 244
Das neugeborne Kindelein, das herzgeliebte 255
Dich bitt' ich, trautes Jesulein 340
Dies ist der Tag, den Gott gemacht 364
Erfreu' dich, werthe Christenheit! 472
Es sey uns gnädig Gott der Herr 514
Frohlocke, theure Christenheit! 553
Gelobet seyst du Jesu Christ, daß du der Sünder Heiland 576
Ich bin, ich lebe: Gott du bist 896
Kommt, laßt uns preisen Gottes Treu' 1172
Lob sey dem allerhöchsten Gott 1244
Vom Himmel kam der Engel Schaar 1772
Wir feiern jetzt ein Freudenfest 1938

Mel. 241. (Mel. 18.)

Von Gott will ich nicht lassen 1779
Auf, auf! ihr Reichsgenossen 125
Der Cherubinen Chöre 286
Des Jahres erster Morgen 338
Die Ernt' ist nun zu Ende 345
Du reicher Gott der Armen 421
Du Ursprung guter Triebe 431
Gewagt in Jesu Namen 587
Gott, der du bist und warest 605
Gott! du bist selbst die Liebe 615
Gott fähret auf gen Himmel 628
Gott über alle Götter 684
Herz, du mußt dich bequemen 820
Ihr Menschen, Bös' und Fromme 1091
Kommt, Kinder! laßt uns gehen 1170
Komm, Tröster! komm hernieder 1174
Lasset die Kindlein kommen 1190
Mein Gott! wie soll ich singen 1315
Mein Herz! sey wohl zufrieden 1335
Mich kann Gott nicht verlassen 1372
Mit Ernst, ihr Menschenkinder 1374
Nun jauchzet all', ihr Frommen 1412
Von Gott soll Nichts mich trennen 1778
Wacht auf, wacht auf, ihr Christen! 1789
Wie treu, mein guter Hirte 1918
Wird mir das Angedenken 1935
Zeuch ein zu deinen Thoren 1995

Mel. 242.

Vierzeilige Jamben. 7. 7. 7. 7 Sylben.

Wach' auf, mein Herz! und singe 1785
Der allem Fleische giebet 282
Der Herr, der aller Enden 305
Des Herzens Wünsch' und Klagen 337
Die Einfalt spricht von Herzen 343
Du angenehmer Morgen 387
Du kannst's nicht böse meinen 415
Gott, dir sey Lob von Allen 614
Im Glauben und Vertrauen 1097
Laßt uns mit süßen Weisen 1208
Nun laßt uns geh'n und treten 1419
Nun laßt uns Gott dem Herren 1420
O Jesu, meine Wonne, du meiner Seele 1510
O Jesu, treuer Hirte 1516

Mel.

	Nr. des Liedes.
Hör' an, mein Herz! die sieben Wort'	859
Ich hab' in Gottes Herz und Sinn	930
Jetzt komm' ich, Herr, vor deinen Thron	1081
Kreuzvolles Herz! was zagest du?	1182
Mein Gott und Vater! gieb du mir	1312
Sey Gott getreu, halt' seinen Bund	1657

Mel. 250. (Mel. 175.)

Weil die Worte Wahrheit sind

Weil ich Jesu Schäflein bin	1824

Mel. 251.

Vier- und siebenzeilige Jamben.
12. 13. 6. 13 Sylben.
6. 6. 6. 7. 6. 6. 7 —

Wenn ich in Angst und Noth	1849

Mel. 252.

Sechs- u. siebenzeil. Jamb. zu gleichem Versmaaß: 7. 6. 7. 6. 8. 13 Sylb.
7. 6. 7. 6. 8. 7. 6 —

Wenn meine Sünd' mich kränken	1854
Welch eine hohe Ehre!	1828

Mel. 253. (Mel. 4.)

Wenn mein Stündlein vorhanden ist	1855
Herr! wie du willst, so schick's mit mir	816
Ich walle meiner Heimath zu	969
Ich weiß, daß mein Erlöser lebt, das soll mir	972
Wenn der Gedanke mich erschreckt:	1836
Wenn, Herr! einst die Posaune ruft	1842

Mel. 254. (Mel. 24.)

Wenn wir in höchsten Nöthen seyn	1858
Die Liebe zeigt ohn' Heuchelei	354
Ein reines Herz, Herr! schaff' in mir	456
Gott, der des Feuers schnelle Kraft	603
Gott ist und bleibt der Wundermann	645
O Herrscher in des Himmels Zelt!	1493
Rett', o Herr Jesu! rett' dein' Ehr'	1593

Mel. 255. (Mel. 77.)

Werde munter, mein Gemüthe	1864
Bildet euch auf eure Werke	193
Christum über Alles lieben	228
Dein Geburtstag tritt von Neuem	269
Der am Kreuz ist meine Liebe	283
Gott, gieb Fried' in deinem Lande	631
Herr! es ist in meinem Leben wieder eine Nacht	757
Herr! es ist von meinem Leben wiederum ein Tag	758
Höchster Gott! in deinem Lichte	854
Hör', o Vater! unser Lallen	863
Jauchzet Gott in allen Landen!	873
Ich will beten, Gott wird hören	978
Jesu! sey von mir gepriesen	1049

	Nr. des Liedes.
Kinder Gottes, laßt uns beten	1134
Meine Seele soll erheben	1280
Rede, Herr! denn dein Knecht höret, Herz und Ohr ist 2c	1587
Schutzgott! dessen starke Rechte	1622
Tröstet, tröstet meine Lieben	1733
Vater, dem kein Ding unmöglich	1757
Warum willst du draußen stehen	1798
Wohl dem, der den Herren scheuet	1960
Wohl dem Menschen, der nicht wandelt	1968
Zion! gieb dich nur zufrieden	2000

Mel. 256.

Funfzehnzeil. Jamben. (Ohne die Wiederholungszeichen zwölfzeilig.)
4. 4. 7. :,: 4. 4. 7. :,: 4. 4. 7. 4. 4.
7 :,: a) Sylben.
4. 4. 7. :,: 4. 4. 7. :,: 4. 4. 7 4. 4.
7. 7 b) Sylben.

*) **Wer Gott vertrau't, hat wohl gebau't** a)	1867

S. Anmerk. zur Melodie-Ueberschrift obigen Liedes; welche aber dem nachfolgenden Liede nicht gilt:

Lobt Gott mit Schall, ihr Heiden all' b)	1247

*) Obige Melodie ist auch zum 264sten Liede: „Das Wort des Herrn betracht' ich gern" anzuwenden, wenn man die drei Wiederholungszeichen an Ort und Stelle hinzufügt.

Mel. 257. (Mel. 35.)

Wer Jesum bei sich hat, kann feste stehen	1868

Mel. 258. (Mel 201.)

Wer nur den lieben Gott läßt walten	1872
Ach liebster Jesu, meine Freude	48
Ach! sagt mir nichts von Gold und Schätzen	59
Ach! wenn ich dich, mein Gott! nur habe	71
Ach, wie entzückt war meine Seele	75
Also hat Gott die Welt geliebet, daß er	105
An Jesu kann ich mich erquicken	118
Auf dein Wort bin ich zu dir kommen	135
Auf ewig bin ich, Herr! der Deine	143
Auf meinen Jesum will ich sterben	151
Auf! meine Seel', und thue Buße	154
Auf, Seele! nimm die Glaubensflügel	164
Aus Gnaden soll ich selig werden	168
Befiehl dem Herren deine Wege, betrübtes	176
Befiehl dem Herren deine Wege und mache	177
Beglückter Stand, da meine Seele	181
Beglücktes Herz! was willst du haben?	183
Das Grab ist da, hier steht mein Bette	245
Das ist zu viel, betrübte Seele	252
Dein Jesus rufet dich zur Buße	270
Der beste Freund ist in dem Himmel :,:	284

Nachträge und Ergänzungen.

Nr. 158. ist von Dr. Joh. Andreas Cramer nur verändert; das Original ist von Benj. Schmolck.

Nr. 161. ist von J. L. K. Allendorf verfaßt.

Nr. 191. ist ebenfalls von J. L. K. Allendorf gedichtet worden.

Nr. 720. Dieses Lied soll von dem ungenannten Verfasser des Werks: „der siegende und lobende David, Hallelujah" seyn, wie Baumgarten dies in seinen Nachrichten von merkwürdigen Büchern, 11. Band, 64. Stück, Seite 301 und 302, angiebt. Oben genanntes Werk enthält, ohne Anzeige des Orts und der Zeit des Druckes, die Psalmen Davids in bekannte Kirchenmelodieen übersetzt; am Ende des Werkes stehet Nr. 720. als eine Zugabe abgedruckt. Dies kann jedoch keinen genügenden Grund geben, daß dieses Lied von dem Uebersetzer verfaßt worden sey.

Nr. 736. fand sich überall ohne Verfasser; in einem Lübecker Gesangbuche wird bei diesem Liede Peter Busch genannt.

Nr. 935. fängt nach dem Original an: O Herr, mein Gott! ich hab' zwar dich durch mich erzürnen können; s. Joh. Heermann's Haus- und Herzensmusik; da aber in den meisten älteren Gesangbüchern es den Anfang hat: Ich hab', o Herr, mein Gott &c., so hat man diesen hier beibehalten.

Nr. 957. ist vom Freiherrn v. Canitz verfaßt, nicht von M. Zeiske, wie in dem Niederlausitz'schen Gesangbuche, Lübben 1774, stehet, und welcher Angabe man irrthümlich gefolgt ist, da der zweite Vers als erster stehet.

Nr. 1246. hat Nikolaus Hermann zum Verfasser, nicht Joh. Heermann.

Nr. 1257. ist der Schluß eines Liedes, welches den 65. Psalm zum Inhalte hat und anfängt: Ich will den Herren loben, sein herrlich's Lob soll immerdar &c. Der Verfasser dieses Gesanges ist unbekannt; in einigen Gesangbüchern stehet Joachim Neander bei diesem Liede.

Nr. 1436. Das Original hat den Anfang: Nur frisch hinein, es wird so tief nicht seyn &c.

Nr. 1446. hat im Original den Anfang: Erheb', o Christ! dein Herz und Sinn &c.

Um noch einige erbauliche und salbungsreiche Lieder von Albert Knapp in diese Sammlung zu bringen, sahe man sich genöthigt, der alphabetischen Ordnung wegen, den Anfang folgender Gesänge ein wenig zu ändern:

Nr. 1457. hat den Anfang: Du bist mein Gott, ich preise dich &c.

Nr. 1477. ist von Dr. Joh. Olearius verfaßt.

Nr. 1489. Original: Jesus, habe Acht auf mich &c.

Nr. 1495. — Der Du zum Heil erschienen &c.

Nr. 1577. — Jesus Christus ist erstanden &c.

Nr. 1892. — Ich freue mich mit Beben &c.

Nr. 1811. ist von Dr. Joh. Christ. Adami; s. das Niederlausitz'sche Gesangbuch, Lübben 1774.

Nr. 2010. hat C. A. Bernstein zum Verfasser.

Gebete.

Um Andacht und die Gabe des Gebets.

Barmherziger, gnädiger, liebreicher Vater im Himmel! du hast mir befohlen zu beten; dein lieber Sohn hat mich's gelehret, und mit einem theuren Eid die Erhörung zugesagt; dein heiliger Geist erinnert mich oft in meinem Herzen des Gebets. Und ich weiß, daß alle gute und alle vollkommene Gaben von oben herab kommen müssen vom Vater des Lichts, und weiß auch, daß kein wahres, beständiges, gedeihliches Gut, es sey himmlisch oder irdisch, zeitlich oder ewig, ohne Gebet kann erlanget werden; weiß auch, daß es deine Ehre betrifft und meine höchste Nothdurft erfordert; weiß auch, welch ein freundlich Gespräch das Gebet ist mit dir, und wie du antwortest durch Trost und heilige Gedanken, und daß keine Hülfe und wahrer Trost ohne Gebet könne erlanget werden; habe dessen so viel Exempel der Heiligen und meines Herrn Jesu Christi. Dennoch bin ich so faul und träge zum Gebet, verlasse mich mehr auf meine Arbeit und Weisheit, denn auf deine Hülfe und Gnade. Ach! vergieb mir solche Sicherheit, Thorheit und Verachtung deiner göttlichen Verheißung. Wende von mir die schwere Strafe, die du dräuest den Verächtern deiner Gnade: daß du sie wollest wieder verachten und daß die, so einem Andern nacheilen, groß Herzeleid haben sollen; und gieb mir den Geist der Gnaden und des Gebets. Entzünde mein Herz mit inniger und brünstiger Andacht und mit dem Licht deiner Gnade. Laß mein Gebet vor dir riechen, wie das Opfer Noah; laß mich meine Hände zu dir aufheben, wie Moses; laß mein Gebet vor dir klingen, wie die Cymbeln am Kleide Aarons und wie die Harfe Davids; zünde in mir an einen heiligen Durst nach dir, wie ein Hirsch schreiet nach frischem Wasser; rühre und reinige meine unreine Lippen mit dem himmlischen Feuer, wie dem Esaia. Laß mich deine Herrlichkeit im Geist und Glauben sehen, wie Ezechiel; erhöre mich, wie Daniel; öffne mir die Augen, wie dem Diener Elisäi; laß mich mit Petro und Maria bitterlich weinen; erleuchte mein Herz, wie dem Schächer am Kreuz; laß mich die Kniee meines Herzens vor dir beugen, wie Manasse; thue mir mein Herz auf, wie der Lydia, daß ich aller zeitlichen Dinge in meinem Gebet vergesse. Ach Herr, aller Herzen Kündiger! der du Herzen und Nieren prüfest, du weißt, wie unbeständig menschliche Herzen und Gemüther sind, viel beweglicher denn Wasser, so vom Winde beweget wird. Ach! befestige meine Andacht, daß ich nicht durch so mancherlei Gedanken hin und her beweget werde. Ach! du kannst das Schifflein meines Herzens still halten, befestigen und viel besser regieren, denn ich selbst. Stehe auf, Herr! bedräue den Sturmwind und das unruhige Meer meines Herzens, daß es stille sey, in dir ruhe, dich ohne Hinderniß anschaue und mit dir vereinigt bleibe. Führe mich in die geistliche Wüsten, da ich nichts sehe noch höre von der Welt, denn dich allein, daß du mit mir allein reden mögest, daß ich dich freundlich küssen möge, und es Niemand sehe und mich höhne. Erneure mein Herz, Sinn und Gemüthe, zünde in mir an dein Licht, daß es in mir leuchte, daß mein Herz brenne und entzündet werde in deiner Liebe und Andacht. Nimm das steinerne Herz hinweg, daß ich empfinde deines Geistes Flamme, Liebe, Trost und freundliche Antwort! Ach, nimm weg durch deine Gnade Alles, was meine Andacht hindert, es sey die Welt oder meines Fleisches Wille: als Zorn, Rachgier, Ungeduld, Unglauben, Hoffart, Unversöhnlichkeit, Unbußfertigkeit. Laß deinen heiligen Geist in meinem Herzen seufzen, schreien, rufen, beten, loben, danken, zeugen und meinem Geiste Zeugniß geben der Kindschaft Gottes; laß ihn mein kaltes Herz mit seinem himmlischen Feuer entzünden, erwärmen und mich vertreten bei Gott mit unaussprechlichem Seufzen. Laß deinen heiligen Geist in mir wohnen und mich zum Tempel und Heiligthum Gottes machen, und mich erfüllen mit göttlicher Liebe, Licht, Andacht, himmlischen Gedanken, Leben, Trost, Stärke, Freude und Friede. Laß deinen heiligen Geist den Tempel meines Herzens mit dem himmlischen Weihrauch der göttlichen Andacht lieblich und wohlriechend machen. Laß uns durch deinen heiligen Geist, o Vater! mit deinem lieben Sohne Jesu Christo vereiniget werden, daß wir in ihm, durch ihn, mit ihm beten, als mit unserm Haupte. Laß uns auch durch den heiligen Geist mit allen gläubigen Herzen und der ganzen heiligen Kirche vereiniget werden, daß wir mit der ganzen Kirche, für die ganze Kirche und in der Kirche, als in deinem Heiligthum, beten und im Namen Jesu Christi erhöret werden, Amen.

Ein allgemeines Morgen-Gebet.

Es segne mich mein Gott und Vater, und wasche, heilige und reinige mich in dem Blute Jesu, durch seinen Geist, Amen.

Abba, lieber Vater! ich lobe und preise dich auch für diese Nacht, die du mich überleben, und für diesen Tag, den du mich erleben lassen. Laß das rechte göttliche, geistliche und himmlische Leben, das aus dir ist, durch den Geist der Gnaden in mir neu werden, damit nicht ich lebe, sondern Christus in mir, und ich im Glauben des Sohnes Gottes stets erneuert werde, als eine Pflanze der Gerechtigkeit zu grünen und zu blühen, dir zum Preis, und auszubrechen in lebendige und dir wohlgefällige Früchte des Geistes, meinem Nächsten zu Nutz und Dienst. Ich ergebe mich dir auf's Neue, mein Vater! mache mit mir, was dir wohlgefällt; reinige, läutere und bewähre mich, daß ich ein rechtschaffener Christ sey und zu dem Israel Gottes gehöre, über welchem ist Friede und Barmherzigkeit. Ich begehre keine Ehre, als deine Kindschaft; keinen Reichthum, als die Gerechtigkeit Jesu Christi; keine Wollust, als die gnadenreiche Beiwohnung des heiligen Geistes. Für mein Leibliches wirst du wohl sorgen, denn du hast gesagt: ich will dich nicht verlassen noch versäumen. Doch bewahre mich vor Müßiggang; laß mich arbeiten nicht aus Geiz, sondern in herzlicher Liebe gegen meinen Nächsten. Laß deine Barmherzigkeit sich ausbreiten über alle Menschen, die auf dem Erdboden wohnen, und deine Güte über alle deine Geschöpfe. Gedenke deiner Kinder, die dich kennen und in der Einigkeit des Geistes verbunden sind als lebendige Glieder an ihrem hochgebenedeieten Oberhaupte Jesu Christo. Laß unser Aller Gebet ein Gebet seyn vor dir durch Christum, in welchem du uns dir selbst angenehm gemacht hast. Sey du selbst eine ewige Vergeltung Allen denen, die mir Liebe beweisen. Meine Beleidiger siehe mit erbarmenden Augen an und vergieb ihnen, gleichwie ich ihnen von Herzen vergebe. Alle meine Anverwandten lege ich in deine Liebes-Arme. Kirchen und Schulen, Obrigkeit und Unterthanen befehle ich dir; mein Gott, ach! siehe an den elenden Zustand in allen Ständen, mache dich auf und hilf uns, daß deine Ehre gerettet und des gottlosen Wesens ein Ende werde. Hilf den Armen und Elenden, die zu dir schreien. Herr, mein Gott! verschmähe mein Gebet nicht, sondern erhöre mich um deines lieben Sohnes Jesu Christi willen. Amen! das heißet ja, ja! es soll also geschehen.

Ein allgemeines Abend-Gebet.

Es segne mich der dreieinige und ewige Gott: ja, segne du mich, mein Vater, mit himmlischen Gütern in Christo Jesu!

Ich lobe und preise deinen heiligen Namen, daß du mich erhöret und mein Gebet nicht verschmähet hast, das ich heute in der Morgenstunde gebracht habe vor dein heiliges Angesicht. Zwar ist mir deine wunderbare Güte, um meiner Schwachheit willen, noch am meisten verborgen; darum kann ich dich nicht so völlig und kräftig loben, als ich schuldig bin, ja, als ich durch deine Gnade wünsche und verlange. Doch preise ich dich mit meinen Lippen, wie du mir deine Gnade dazu reichest, für die erkannte und unerkannte Wohlthaten, bis ich dahin gelanget, da ich sie alle erkennen, ja, dich selbst von Angesicht zu Angesicht anschauen werde. So lange ich hier bin, will ich dich insonderheit preisen für das liebe Kreuz, welches du mir, als einem Jünger Christi, täglich auflegest, damit meine Seele von den Lüsten dieser Welt recht entwöhnet und zu dir gewöhnet werde. Nun ist ja auch die Last dieses Tages überwunden, und also ein Schritt nach dem andern von diesem Elend zurück geleget, und wir kommen immer näher zu unserer ewigen Herrlichkeit. Indessen hast du Geduld mit uns und vergiebest uns täglich und reichlich alle unsere Sünden: darum habe ich auch einen freien Zugang zu dir, mein Vater! in dem Blute Jesu, welches mich abgewaschen und gereiniget hat von allen meinen Sünden. Wie groß ist deine Liebe, daß du mich also aus Gnaden selig gemacht hast, mein Vater! Ich werfe deine Gnade nicht weg, ob ich wohl meine Gebrechen und Untugenden an mir erkenne; du weißt, daß es meines Herzens Wunsch und Verlangen ist, völlig davon befreiet zu werden, und daß mich darum die sterbliche Hütte am meisten drücket, weil ich mich in derselben nicht recht zu dir aufschwingen kann, noch mich völlig mit dir vereinigen, sondern immer von der Sünde, die mich anreizet, zurück gehalten werde. Doch laß mir nur diese Gnade widerfahren, mein Vater! daß mein Christenthum rechtschaffen sey bis ans Ende, und daß ich deine Gnade nicht vergeblich empfahe zu meinem täglichen Wachsthum, so genüget mir. Nim mich nun zur Ruhe, lieber Abba! denn ich lege mich in deine Arme und begebe mich unter den Schutz und Schirm deiner Flügel in gläubiger Zuversicht auf deine Gnade. Schließe du mir meine Augen zu durch deine Vaterliebe und bleibe indessen vereiniget mit meinem Geist, daß der Satan keine Macht an mir finde. Du bist ja der Hüter und Wächter Israels, der nicht schläfet noch schlummert. Du wollest nicht allein meinen Leib und Seele, und Alles, was du mir gegeben hast, gnädiglich behüten und bewahren, sondern auch aller Menschen in der Welt und aller deiner Geschöpfe, insonderheit aber aller deiner Kinder, aller meiner Mit-Brüder und Mit-Schwestern in Christo Jesu dich erbarmen, und sie auch an diesem Abend meines armen Gebets mit genießen lassen. Oeffne mir denn wieder an dem morgenden Tage meine Augen, und erfülle meinen Mund auf's Neue mit deinem Lobe, damit ich dich so lange preise und dir zu Ehren lebe, bis der Abend dieses zeitlichen Lebens, darnach ich mich herzlich sehne, heran komme, und du mich ins Grab zur Ruhe legest, und mich wiederum auferweckest an dem rechten Ruhe- und Freuden-Tage deiner Kinder, da meine Sonne ewiglich nicht untergehen wird, sondern ich in ewiger Wahrheit und Klarheit vor dir leben werde, Amen.

Tägliches Gebet eines frommen Christen, nach jedem Morgen- und Abend-Segen zu sprechen.

Psalm 50, v. 14. Opfere Gott Dank, und bezahle dem Höchsten deine Gelübde.

Ach! du lieber Herr und Gott! ich lebe, aber ich weiß nicht, wie lange? ich muß sterben, und weiß nicht, wann? du, mein himmlischer Vater, weißt es. Wohlan! soll dieses Stündlein oder dieser Tag etwa der letzte Tag (diese Nacht etwa die letzte Nacht) meines Lebens seyn, Herr! dein Wille geschehe; der ist allein der beste, nach demselben bin ich bereit im wahren Glauben an Christum, meinen Erlöser, zu leben und zu sterben. Allein, lieber Gott, gewähre mir nur diese Bitte, daß ich nicht möge plötzlich in meinen Sünden sterben und verderben. Gieb mir rechtschaffene Erkenntniß, Reue und Leid über meine begangene Sünden, und stelle sie mir noch in diesem Leben unter Augen, damit sie mir nicht am jüngsten Tage unter Augen gestellet und ich dadurch vor Engeln und Menschen zu Schanden werden möge; sondern verleihe mir so viel Zeit und Raum zur Buße, daß ich meine Uebertretung von Herzen erkennen, bekennen und derselben Vergebung und Trost aus deinem seligmachenden Wort erlangen möge.

Ach, barmherziger Vater, verlaß mich nicht! nimm ja deinen heiligen Geist nicht von mir! Mein Herz und meines Herzens Zuversicht ist dir, o Herzens-Kündiger, wohl bekannt; in derselben erhalte mich zum ewigen Leben. Laß mich sterben, wann du willst; verleihe mir nur ein vernünftiges, sanftes und seliges Ende, Amen. Herr Jesu, nim meine Seele in deine Hände und laß sie dir befohlen seyn! Amen.

Erneuerung des Taufbundes, alle Morgen und Abend zu beten.

Ich glaube an den dreieinigen Gott, Vater, Sohn und heiligen Geist, meinen lieben Gott, meinen Schöpfer, Erlöser und Tröster, auf dessen allerheiligsten Namen ich getauft bin. Ich erneure hiermit den Bund meiner heiligen Taufe, und sage von Neuem wieder ab dem Teufel und allen seinen Werken und Wesen, der gottlosen, argen Welt, meinem sündigen Fleisch und Blut; ergebe mich dir aber aufs Neue, Gott Vater, Sohn und heiligem Geiste, mit Leib und Seel' in deine Hände. Ich befehle dir meine, auch aller Mit-Christen, ja aller Menschen zeitliche und ewige Wohlfahrt. Deinem allerheiligsten Namen, du dreieiniger Gott, sey von mir und allen Menschen Lob, Preis und Dank gesagt, jetzt und in Ewigkeit, Amen.

Morgen-Gebet am Sonntage.

O du Vater des Lichts, der du das natürliche Licht dieser Welt uns scheinen lässest, sende doch auch heute und allezeit das wahrhaftige Licht, Jesum Christum, in mein Herz, und laß ihn darin leuchten und alle Finsterniß vertreiben, damit ich dich, o ewiger Gott! in deinem lieben Sohn erkenne und lieb gewinne. Siehe, ich bin durch die Sünde in der Finsterniß der Eitelkeit gefangen und verdunkelt: darum lehre du mich selber durch deinen heiligen Geist aus deinem heiligen Wort, wie ich mich zu dir bekehren und dir im Glauben gehorsam werden könne. So werde ich mich erst recht mit Lob und Dank zu dir wenden, und dir in deinem Lichte dienen und gefallen können. O Herr Jesu Christe! du Sonne der Gerechtigkeit, gehe du mir auf als ein Morgenstern und schenke mir dein Heil unter deinen Flügeln, damit mir alle Tage meines Lebens zu rechten Sonntagen werden. Lehre mich aufwachen vom Schlafe meiner natürlichen Sicherheit, und aufstehen von allen todten Werken und Gesellschaften; damit du mich, Jesu, erleuchten mögest. Du bist ja der Glanz der Herrlichkeit, ach! so laß mich nicht mir selber leben, sondern dir, der du für mich gestorben und heute wieder auferstanden bist. O brich an, du helles Licht, in meinem Herzen, und herrsche über alle deine Feinde in uns, die du in deiner Auferstehung bezwungen hast! und du, o heiliger Geist! schicke unsere Herzen heute, daß sie deine Tempel werden, darinnen du den ganzen Tag lehren könnest. Heilige alle Gedanken und Sinne, dein Wort zu fassen und zu behalten, auch dir ohne Falsch zu gehorchen und in täglicher Buße diese ganze Woche und allezeit fortzugehen. Halte selbst deinen Sabbath oder Ruhetag in uns, und habe dein Werk in unsern Herzen, daß wir dir gefällig seyn in Zeit und Ewigkeit, Amen.

Abend-Gebet am Sonntage.

Dir sey allein Preis und Lob gebracht, o heiliger Herr und Gott! der du mir heute dein Licht hast lassen helle werden und so viel Gnad' an Seel' und Leib gegönnet. Ach! bewahre du selber in meinem Herzen, was dein Geist durch dein Wort in mich gepflanzet hat, damit ich viel Früchte bringe in Geduld zum ewigen Leben. Vergieb mir Alles, worin ich deinem vollkommenen Willen nicht nachgelebet haben mag. Laß mich auch den neidischen Feind diese Nacht oder sonst nicht sichten, noch des Guten, so du mir gezeiget hast, berauben. Auch wollest du sonst aus Gnaden wachen über Alles, was du mir gegeben und in deiner heiligen Ordnung anvertrauet hast. Sey mein Licht in meiner Seele, wenn's dunkel wird, und meine Kraft bei aller Schwachheit, mein Schutz, Heil und Leben. In dein liebevolles Herz, Herr Jesu! ergebe ich mich ein, du einiges Heil meiner Seelen. Setze deinen heiligen Willen in mir doch beständig fort, und laß mich auch im Schlafe mit dir reden. Erinnere mich des gehörten Worts stetiglich, daß alle meine Sinne und Gedanken zu dir gerichtet bleiben, damit es immerfort Sonntag und ein heller Schein deines Lichts in meinem Gemüthe bleibe, der du meine einige Ruhe und Seligkeit seyn willst ewiglich. Amen, durch deinen heiligen Geist, Amen.

Morgen-Gebet am Montage.

Bei diesem Anfang der Woche rufe ich zu dir, o heiliger Vater! im Namen Jesu Christi, du wollest mein Herz, Muth und Sinn mit deinem heiligen Geist erfüllen, damit ich allein das denke, rede und thue, was du selber in mir willst und wirkest. Ach! vereinige meine Gedanken und Begierden mit dir durch die Liebe Christi, und reinige mein Gewissen durch sein Blut, damit ich in deinem heiligen Gehorsam einher gehe. Siehe, ich übergebe mich dir auf die ganze Woche, ja auf mein Lebenlang; stärke mich mit deiner Kraft, mache mich aufrichtig, dir und meinem Nächsten in Liebe zu dienen. Lehre mich wider alle Verführungen meines verderbten Herzens und böser Menschen streiten. Mache mir die Eitelkeit recht bitter, daß du mir desto süßer werdest. Hilf mir die Last dieser Woche tragen; leite mich, wie ein lieber Vater, und mache mich kindlich gehorsam. Sprich selbst deinen Segen über meine

Arbeit und gehe mir mit deiner Weisheit vor, damit ich fröhlich und getrost darinnen, aber auch gewissenhaft und treu sey. Ja, werde du selbst in mir und allen meinen Dingen Anfang, Mittel und Ende zu deinem Preis und meinem Heil, Amen.

Abend-Gebet am Montage.

Heiliger und gerechter Gott! wir sollen in täglicher Buße uns immerdar zu dir wenden, und deine Gnade also von Neuem suchen. Darum erinnere du mich selber durch den Geist deiner Zucht, worin ich etwa diesen Tag über oder sonst von dir abgewichen sey. Laß mich stets mit dem verlornen Sohn wieder zu dir nahen mit zerknirschtem Herzen, und komme mir mit deiner Erbarmung zuvor in allem meinem Elend, damit mich die Finsterniß nicht ungewaffnet überfalle. Nimm mich von Neuem auf in deine heilige Fürsorge wider alle Feinde, vornehmlich die unsichtbaren, und habe zugleich Dank für die heutige Bewahrung und Hülfe in meinem Beruf. Lehre mich erkennen, wie ich ohne dich unmöglich kann sicher bleiben, und wie du hingegen Macht genug habest, alle deine Kinder zu erleuchten und zu schützen. Das Fleisch laß in Züchten rein seyn von allen sündlichen Lüsten. Laß mich dir all das Meine anvertrauen, in deinen Namen mich einergeben, in dir sanft ruhen, und mit guten Gedanken und Begierden wieder aufwachen zu einem hellen und fröhlichen Tag deiner Gnade in Christo Jesu, meinem Herrn und Heiland, Amen.

Morgen-Gebet am Dienstage.

Getreuer Gott und Vater, dir sey Preis für alle deine Güte, daß du mich unter dem Schatten deiner Flügel hast ruhen lassen. Desto mehr laß nun auch diese künftige Zeit über mich zu deiner Liebe erwecket werden, daß ich nicht begehre zu leben, ohne nur in dir, und was ich noch lebe, bloß im Glauben deines Sohnes lebe, ja, daß Er mein wahres Licht und Leben werde. Hierzu übergebe ich mich dir ganz von Neuem zu deiner Reinigung und Regierung. Laß du den lebendigen Glauben, und dadurch Christum in meinem Herzen wohnen, daß er die Früchte des Glaubens in mir wirke, als Liebe, Hoffnung, Demuth, Sanftmuth und Geduld. Lehre mich, keine Wollust verlangen als nur deine Liebe, keine Vortheile als die Schätze deiner Gnaden, keine Ehre als deine Kindschaft, wenn ich in dir von Neuem geboren werde. Für das Zeitliche laß mich ja nicht ängstlich sorgen, denn du wirst mich nicht verlassen noch versäumen. Heilige und segne das Werk meiner Hände selbst, und neben mir auch Alle, die dich suchen. Ja, breite deine Barmherzigkeit über alle Menschen aus, und hole einen Jeden herum aus seinem Verderben, insonderheit die Feinde deiner Wahrheit. Insbesondere empfehle ich deiner Gnaden-Regierung die Meinigen, wie auch meine Obere und Vorgesetzte. Erbarme dich des allgemeinen Elendes in allen Ständen, und mache der Bosheit und Aergerniß ein Ende. Hilf auch allen Nothleidenden und sey uns Allen gnädig, daß du uns deinen Frieden gebest im Namen Jesu, Amen.

Abend-Gebet am Dienstage.

Wiewohl ich deine Güte, o himmlischer Vater! nicht völlig erkenne, die ich nur heute, geschweige mein Lebelang, genossen habe: so wollest du doch meinen schwachen Dank in Gnaden annehmen und noch dieses zu deinen vorigen unzähligen Wohlthaten hinzu thun, daß du mich in Christo gnädiglich mit meinem Lobopfer ansehest. Dir sey insonderheit Dank, daß du mir etwa heute eine Züchtigung und Demüthigung zugeschicket hast, meine Seele von der Welt abzuziehen. Du hilfst ja nun immer eine Last nach der andern überstehen, und trägest dabei viel Geduld, regierest uns auch mit vielem Verschonen. Laß uns ja deine Gnade nicht wegwerfen, noch auf Muthwillen ziehen, sondern mache uns rechtschaffen vor deinem Angesicht und prüfe, wie wir's meinen. Ja, laß uns täglich in deiner Liebe und Erkenntniß wachsen, und was versäumet ist, ersetze du selbst: Nimm uns nun in deinen Frieden ein und wirke die nöthige Zuversicht auf deine Bewahrung. Bleibe du in und bei uns, daß kein Feind einbreche. Erbarme dich aller deiner Kinder, ja aller deiner Geschöpfe, und morgen öffne uns Herz und Mund, dich dafür zu loben und in deiner Kraft einher zu gehen, bis endlich der Abend unsers Lebens kommt und dein ewiger Tag einbricht, da keine Nacht und Finsterniß ist, Amen.

Morgen-Gebet am Mittwoche.

Zu dir, o himmlischer Vater! wende ich meine erste Gedanken anjetzo und erhebe mein Herz dazu, damit ich in dir nunmehro allein leben, stehen und gehen möge. Sey du ferner meine Burg und Zuversicht, wie du es diese Nacht ja so treulich warest, dafür dich mein Gemüth preisen und anbeten müsse. Nun wache heute ferner über mich, über meine Sinne und Glieder, vornehmlich über mein Herz. Gieb mir ja eine tägliche Buße über alle meine Verderbniß und übrige Unreinigkeit. Laß mich in dir reden und wirken dein Wohlgefallen, in dir essen und trinken, regen und bewegen. Und weil du deinen Namen, o Herr! ein festes Schloß nennest, so laufe ich mit Allen, die du im Glauben deines Sohnes gerecht machest, dahin. In diesem ergebe und opfere ich dir auch Alles, was du mir geschenket hast, auch alle meine Mitglieder, sie seyen nahe oder ferne, auf daß wir allesammt dein ewig Eigenthum werden und bleiben, auch dich also, als Einer, mögen anbeten. Laß deinen Geist den ganzen Tag an uns züchtigen und arbeiten, damit wir in den Schranken deiner Gebote fortlaufen und der Feind uns nicht könne von dir trennen. Segne uns in Christo Jesu mit Allem, was dir gefällt, und gieb uns so viel Kraft und Weisheit zu dem Stand, darein du uns zu deinen Dienern gesetzet hast. Ach! zeige uns die Fußtapfen deines Sohnes, ihm treulich zu folgen; bewahre uns vor allen bösen Leuten und laß sie uns nicht schaden noch verführen. Dein guter Engel führe uns auf Weg und Steg, und hilf uns wandeln auf dem Weg zur Ewigkeit, durch Christum in dem heiligen Geist, Amen.

Abend-Gebet am Mittwoche.

Sammle, o Gott! alle meine Kräfte und Gedanken nun in dir zusammen, als in dem Brünnlein meines Lebens, damit ich dir würdiglich danken könne durch Jesum Christum, deinen Sohn, weil du mich heute so gar sonderlich begnadiget und mir beigestanden hast. Nun empfehle ich dir auch in solchem Vertrauen mein ganzes Wesen und Leben, wie auch alles andere zu deiner Verwaltung. Ja, ich fliehe wider alle meine Feinde in dein liebevolles Herz, und suche meine Befriedigung in dir allein, weil mich sonst im Himmel und auf Erden Nichts stillen und vergnügen kann. So wirke du nun allein in meinem Gemüth, damit keine andere Kraft an mir hafte, und weder böse Geister noch sonst etwas Feindseliges zu mir nahen können. Schleuß du selbst deinen Tempel, mein Herz, mit deinen feurigen Rossen und Wagen, als mit einer Ringmauer, ein, so kann ich wohl sicher ruhen und mit Allem zufrieden seyn, wie du mit mir verfahren willst. Denn ich bin einmal dein, und dein Sohn hat mich so theuer erkauft, auf daß ich zugleich mit ihm leben solle, ich wache oder schlafe. Darum lebe, schlafe und ruhe ich nicht mir, sondern dir. Das schaffe du selbst in mir durch Christum im heiligen Geist allezeit, Amen.

Morgen-Gebet am Donnerstage.

Nun segne mich ferner die ewige Liebe des Vaters in dem Blute Jesu Christi durch die Kraft des heiligen Geistes! Dank und Lob sey dir, du dreieinige ewige Gottheit, für deinen so beständigen Schutz, Rath und Trost, damit du mir noch nie entstanden bist in aller Gefahr und auch in dieser Nacht. Wie sollte ich mich nicht weiter dir allein aus ganzer Macht anvertrauen, der du so unzählige Pfänder deiner Treue mir gegeben? Ich befehle mich dir billig mit Allem, worin du mich zum Haushalter geordnet hast. Du wollest doch meines Siñens und Beginnens Anfang und Ende seyn; laß es Alles zu deinem Lob gereichen und dem Nächsten zu Dienst in deiner Liebe. Wende dagegen von mir ab die giftigen Begierden und Kräfte böser Geister und Menschen; gütige auch die Feinde vor mir, wie Esau vor Jakob, und laß mich in deinem Weinberg treulich arbeiten, als ein gehorsam Werkzeug deiner Gnade. Laß mich keine Sicherheit noch Heuchelei einnehmen. Schenke mir ein freudig Gemüth in seliger Einstimmung mit deinem Willen, und halte deine Liebe beständig über mir, daß deine Gnadensonne nicht untergehe, sondern mich von Anfang bis zu Ende regiere in Christo Jesu, meinem Herrn, Amen.

Abend-Gebet am Donnerstage.

Wo soll ich mich nun hinwenden, o Gott meines Lebens! als zu dir, da nun die Finsterniß und so manches Böse einbricht? Oeffne mir doch dein freundlich Herz in Christo Jesu, und laß mich in seiner offenen Seite ruhen. Denn ich will nun meinen Schlaf nur in deiner Liebe und Vereinigung vornehmen, damit er mir in dir gesegnet und nützlich sey. Verhüte du doch selbsten, daß mich keine falsche Kraft berühre, und zerbrich alle

Pfeile, die etwa auf mich zuschießen möchten. Laß auch den Satan mich durch keine böse Lüst reizen, sondern das Fleisch in Züchten rein seyn. Dagegen zünde deine Liebe in mir an, so kann ich die ganze Nacht mit dir im Gemüthe zu thun haben, o mein Licht und Heil, wenn gleich der Leib schläft. Deswegen versenke ich mich ganz und gar in deine Erbarmung und begehre nur in deiner Kraft zu ruhen nebst allen meinen Freunden, an denen du sowohl als an mir Armen deine Barmherzigkeit wollest groß machen in Zeit und Ewigkeit, Amen.

Morgen-Gebet am Freitage.

Du lebendiger, wahrer Gott und Schöpfer! meine Augen sollen auf dich sehen und in deinem Licht dich, du wahres Licht, an diesem Morgen suchen, der du mir näher bist, als ich selber. Du lebendige Quelle alles Segens, von dir hole ich nun ferner, was mir noth thut. Zuvor aber sage ich dir Dank aus allen meinen Kräften, in Jesu Christo durch deinen Geist, wegen deiner väterlichen Hut und Wacht in dieser vergangenen Zeit. Nimm nun mein elendes, unwerthes Herz zu einem Morgenopfer durch eben denselben Hohenpriester auf, und gieße deine Liebe darin aus durch deinen Geist, so werde ich den ganzen Tag in solcher Liebe wandeln können. Ich kann ja, wie du weißt, nicht einen Augenblick ohne dich bestehen: darum vereinige meinen Willen mit dir, daß sich nichts in und an mir ohne dich bewege, geschweige ich außer deiner Regierung etwas wirke. Was ich aber versehe, das verbessere du durch deine vollkommene Liebe und hilf mir in wahrer Buße unverrückt fortgehen, wie du es von mir verlangest. Ich entsage williglich allem Argen und überlasse mich und alles Andere deinem Regiment und heiliger Ordnung, du wirst's in Allem wohl machen und mir endlich durch alle Trübsale und Mühseligkeiten hindurch helfen in dein Himmelreich. Dir sey in Allem Ehre und Herrlichkeit gegeben, Amen.

Abend-Gebet am Freitage.

Der Abend hat uns nun überfallen, o mein lieber, frommer Gott und Vater! und wir sind allzu schwach, uns selbst zu helfen oder zu verwahren. Darum stärke du uns doch durch die Kraft des Glaubens und widerstehe allen feindlichen Mächten, die uns mit Lust oder Gewalt schaden können. Und weil uns das äußerliche Licht nun entzogen ist, so blicke uns desto mehr inwendig an mit dem ewigen Licht deiner Gnaden, damit wir in unserer Noth und Gebrechlichkeit allezeit Rath und Zuflucht bei dir suchen und finden. Kehre unser Herz und Sinn zu dir, daß wir nicht irre gehen. Hast du uns aber heute von dir abgewichen gefunden, so rufe uns wieder mit deiner heiligen züchtigenden Gnade zu dir und bringe alles Verwirrete zurecht. Erhalte uns wider alles Arge, daß wir dir zu Lobe und Dienst leben, so wollen wir rühmen in dir und nichts uns selber zuschreiben, sondern dir allein alle Ehre geben. Das wollest du uns selbst lehren und dazu alle deine Gläubige regieren, ja deine ganze Gemeine in der Welt dir befohlen seyn lassen und einem jeden Glied das Maaß seines Leidens helfen überwinden, bis es Alles vollendet werde und wir zur ewigen Ruhe kommen in Christo, deinem Sohne, der unser Friede worden ist, Amen.

Morgen-Gebet am Sonnabend.

Abba, mein lieber Vater! hilf, daß ich dich diesen Morgen und allezeit im Geist und in der Wahrheit anbete, aber auch nichts begehre, als was dein Wille ist. Erleuchte mich mit deinem heiligen Geist und reinige mein Gewissen von allen todten Werken, dir, dem lebendigen Gott, heut und allezeit zu dienen, durch das Verdienst deines Sohnes Jesu Christi. Gieb, daß ich nichts in mein Gemüth fasse, als was dir gefällt. Siehe, ich bin dein und du hast mich deinem Sohne in der Buße gegeben: setze du solche täglich in mir fort durch deinen heiligen Geist, daß ich wider alles Böse ernstlich streite und mir mein Christenthum einen rechten Ernst seyn lasse. Wende von mir ab alle unnütze und böse Worte und Werke, sey durch dein Wort ein Richter der Gedanken und der Sinnen des Herzens. Auch bewahre meinen Fuß, daß ich nicht auf verbotenen Wegen gehe. Denn du weißest, lieber Vater, wie viel Feinde um und um nach meiner Seele stehen, und wie leicht ich berücket und beflecket werde. Herr, es soll auch dein Ruhm allein seyn, wenn du meine Hülfe wider das Straucheln seyn wirst, und mein Glaube wird dadurch gestärket werden, daß ich dir ewiglich anhange und nicht von dir weiche. Ich will auch deine Wunder Andern erzählen, die du auch sowohl als mich zu dir ziehen und in

Seilen deiner Liebe leiten wollest durch den Sohn deiner Liebe in Kraft des heiligen Geistes, Amen.

Abend-Gebet am Sonnabend.

Nun sey dir, o Vater im Himmel! alle Ehre allein gegeben, daß du mich bis hieher geführet, und sowohl den Tag, als die ganze Woche vollenden lassen. Ich bekenne dir zum Preis, daß ich nicht einmal bei Leben bleiben, geschweige ruhig leben können, wo dein Aufsehen nicht meinen Odem bewahret hätte. Wer sollte sich nun einem solchen holdseligen Herrn und Vater nicht weiter anvertrauen? Ach! so ziehe all mein Innerstes nach dir, daß ich in dir und du in mir bleibest, und ich ohne dich, Herr Jesu, nichts thue, ja nicht ruhe, bis ich dich lebendig in mir wohnend und wirkend habe. O! berühre mein Herz in mir, durch wahre Bekehrung zu dir, laß deine Liebe stärker seyn als meinen Tod der Eitelkeit und als Alles in der Welt, damit ich durch dich in Allem weit überwinde, was mich anficht und beunruhiget. Lege deine Linke unter mein Haupt und befriedige Leib und Seele durch deine unverdiente Barmherzigkeit, die mir besser ist, denn das Leben. Thue mir auf deinen erbarmenden Schooß der Gnaden und bedecke mich in deinen Hütten zur bösen Zeit. Ja, wenn mir mein Feind am nähesten seyn möchte, so sey du mir doch noch viel näher und beweise, daß du der Hüter Israels bist, der nicht schläfet noch schlummert. Aber laß mich auch nicht sicher werden, sondern erwecke meinen Geist, zu dir zu seufzen und auch beim Schlaf an dir zu hangen. So soll mich Nichts von dir trennen, denn ich lasse dich nicht, du segnest denn mich und Alle, die es mit mir begehren, Amen.

Das allgemeine Kirchen-Gebet.

Allmächtiger, ewiger Gott, barmherziger Vater in Jesu Christo! wir danken dir von Herzen, daß du uns in diesem zeitlichen Leben bisher gnädiglich erhalten und durch dein Evangelium von deinem Sohne auch zu dem ewigen Leben berufen und zubereiten lässest; wie wir denn eben jetzo dein heiliges Wort in Friede und Ruhe zu dem Ende anhören können.

Wir bitten dich demüthiglich, siehe uns ferner in Gnaden an, vergieb uns unsere Sünden und Uebertretungen, und erneure uns im Geist unsers Gemüths, daß wir dir dienen in Heiligkeit und Gerechtigkeit, die dir gefällig ist.

Erhalte unter uns die Predigt deines Worts sammt dem reinen Gebrauch deiner heiligen Sakramente, und gieb treue Hirten und Lehrer, uns und unsern Nachkommen.

Steure und wehre mächtiglich allen Verführungen und Verleitungen von der Kraft der Gottseligkeit: damit also dein Name einmüthiglich, wie in der ganzen Christenheit, also auch in diesen unsern Landen geheiliget, dein Reich vermehret, und des Satans Reich mehr und mehr zerstöret werde.

Nimm dich allenthalben gnädiglich deiner Kirche an, sonderlich der verfolgten, und schaffe ihr Pfleger und Säug-Ammen an allen Herrschaften und Regenten.

Zu dem Ende laß dir, o Gott! in deinen Schutz und Gnade befohlen seyn alle christliche Potentaten. Vornehmlich aber laß deine Barmherzigkeit groß werden über unsern allertheuersten König, die Königin, den Kron-Prinzen und die Kron-Prinzessin, auch sämmtliche Königliche Prinzen und Prinzessinnen, sammt Allen, die diesem Königlichen Hause anverwandt und zugethan sind.

Setze sie bei gesundem und langem Leben zum beständigen Segen und christlichem Vorbilde deinem Volk für und für.

Sonderlich wollest du, o Herr! unserm Könige zu seiner Regierung geben und verleihen ein weises Herz, königliche Gedanken, heilsame Rathschläge, gerechte Werke, einen tapfern Muth, starken Arm, verständige und getreue Räthe zu Krieges- und Friedens-Zeiten, sieghafte Krieges-Heere, getreue Diener und gehorsame Unterthanen, damit wir noch lange Zeit unter seinem Schutz und Schirm ein ruhiges und stilles Leben führen mögen in aller Gottseligkeit und Ehrbarkeit.

Nimm auch in deinen väterlichen Schutz alle hohe und niedere Offiziere und Soldaten, bewahre sie auf ihren Wegen und Stegen; regiere ihre Herzen jederzeit, daß sie dem Eide, welchen sie so theuer geleistet, fleißig und gehorsamlich nachleben; behüte sie vor Krankheiten und ansteckenden Seuchen, und allem andern Uebel; laß sie deine väterliche

Liebe und Fürsorge dergestalt erkennen, daß ihre Dienste gereichen zu deiner Ehre, zum Schutz der Kirche und des Vaterlandes, wie auch zu ihrer zeitlichen und ewigen Wohlfahrt.

Wir befehlen dir auch alle hohe und niedere Civil-Bediente, die sowohl anderswo, als hier insonderheit, des Königes und des Vaterlandes Bestes treulich suchen und befördern.

Lehre sie Alle einmüthig dahin trachten, daß Recht und Gerechtigkeit gehandhabet, und hingegen alles unrechte Wesen durch ihren Dienst getilget werde; stehe ihnen bei mit deiner väterlichen Hülfe, daß der Sünden und Seufzer des Landes weniger und dein Segen unter uns vermehret werde.

O du Gott der Heerschaaren! ziehe allenthalben aus mit des Königes Armee und Truppen, verleihe ihnen Glück und Sieg, damit ein redlicher allgemeiner Friede erhalten werde.

Segne, liebreicher Gott! uns und alle Königliche Länder, die christliche Kinderzucht, alle ehrliche Handthierung und Nahrung zu Wasser und zu Lande. Hilf einem Jeden in seiner Noth und erbarme dich Aller, die wo zu dir schreien; behalte uns in deiner Liebe und laß uns Alles in der Welt zum Besten dienen.

Wende von uns in Gnaden ab alle wohlverdiente Landplagen: Krieg, Hunger und theure Zeiten, Feuer und Wassersnoth, Pestilenz und andere Seuchen an Menschen oder Vieh, und was wir sonst mit unsern Sünden verdient haben. Gieb gedeihliches Wetter und laß wohl gerathen die Früchte der Erden. Sey ein Heiland aller Menschen, sonderlich deiner Gläubigen.

Du heiliger Gott! bewahre uns vor Sünden und Schanden, und stehe uns bei mit deinem guten Geiste, damit wir nicht durch Uebertretungen deinen Segen verscherzen und deine gerechte Strafe uns zuziehen.

Wir erkennen, o Herr! wenn du uns nach deiner Langmuth damit verschonest, daß es nicht ist unsere Gerechtigkeit, die dich hierzu beweget: denn wir sind unnütze Knechte vor dir; sondern allein deine grundlose Barmherzigkeit; nach derselben sey uns ferner gnädig und lenke unsere Herzen auch zur Liebe gegen den Nächsten und zum Mitleiden gegen alle Nothleidende, daß wir nie vergessen, Jedermann, auch unsern Feinden Gutes zu thun, damit wir erweisen, daß wir deine Kinder seyn.

Bewahre uns vor einem bösen und schnellen Tode, und bereite uns mehr und mehr durch deinen Geist und Gnade zu einem seligen Ende.

Vornehmlich aber in der letzten Todesstunde treib' von uns den Satan mit allen seinen Anfechtungen, und vermehre uns den Glauben an deinen Sohn Jesum, daß wir überwinden alle Schrecken des Todes.

Wenn dann unsere Ohren nicht mehr hören können, so laß deinen heiligen Geist Zeugniß geben unserm Geiste, daß wir, als deine Kinder und Christi Miterben, bald sollen mit Jesu bei dir im Paradiese seyn.

Wenn auch unsere Augen nicht mehr werden sehen können, so thue unsere Glaubens-Augen auf, daß wir alsdann vor uns deinen Himmel offen sehen, und den Herrn Jesum zu seines Vaters Rechten; daß auch wir seyn sollen, wo Er ist.

Wenn auch unsere Zunge nicht mehr wird sprechen können, dann laß sonderlich deinen Geist uns vor dir vertreten mit unaussprechlichem Seufzen, und einen Jeden lehren in seinem Herzen rufen: Abba, lieber Vater! Vater! in deine Hände befehle ich meinen Geist!

Gieb also, getreuer Gott! daß wir leben in deiner Furcht, sterben in deiner Gnade, dahin fahren in deinem Friede, ruhen im Grabe unter deinem Schutz, auferstehen durch deine Kraft, und darauf ererben die selige Hoffnung, das ewige Leben, um deines lieben Sohnes willen, Jesu Christi, unsers Herrn; welchem sammt dir und dem heiligen Geiste sey Lob und Preis, Ehre und Herrlichkeit jetzt und immerdar, Amen! Amen!

Fürbitte für alle Menschen.

Gott, der du bist vormals gnädig gewesen deinem Volke, nimm jetzt an die Bitte meines Mundes, und laß auch andere fromme Christen und alle Menschen meines Gebetes genießen. Erhalte, schütze, regiere, führe und mehre, lieber Vater, den kleinen Haufen deiner christlichen Kirche, und bewahre unsere Kanzel vor falscher Lehre, unsere Schulen vor Verwüstung, unsere Gemeine vor Spaltung, unsere Versammlung vor Aergerniß und unsere Lehre vor Verfolgung. Steure den Feinden unsers Glaubens, dämpfe alle

Irrlehre und laß die Ehre deines heiligen Namens in der Welt immer je mehr und mehr ausgebreitet werden. Erleuchte die Irrenden, bekehre die Gottlosen, schone der Sünder, vergieb den Bußfertigen und mache zunichte die losen Verächter. Hilf, mein Gott, daß unsere Lehrer und Prediger allezeit seyn mögen rein und völlig in der Erkenntniß deines Wortes, geschickt im Lehren und Predigen, deutlich im Erklären, muthig im Strafen, geistreich im Trösten, nützlich im Erbauen, treu im Amt, heilig im Wandel, einig im Leben, verträglich in Allem. Segne auch ihre Arbeit und hilf, daß sie ihr Amt nicht mit Seufzen führen dürfen, sondern gieb mir und allen andern ihren Kirchkindern und Zuhörern andächtige Ohren, erleuchtete Augen, gehorsame Sinne, bußfertige Herzen, wohlthätige Hände: damit also überall und auch bei uns dein Name geheiliget, deine Kirche gebessert und dein Reich gemehret werde. Hernach so beschütze auch, du starker, allmächtiger Gott, unser bürgerlich Regiment und Gemeinwesen, und gieb allen Fürsten und Herren, Regenten und Räthen die Gottseligkeit, Weisheit, Herzhaftigkeit, die dein Geist aus deinem Worte zeuget. Laß sie seyn treu gesinnt für die allgemeine Wohlfahrt, bekümmert um deine Kirche, gnädig gegen ihre Unterthanen, verträglich mit ihren Nachbarn, siegreich wider deine und ihre Feinde. Pflanze in die Herzen aller Gewaltigen Gedanken des Friedens, hilf, daß die Edlen nach deinem Wort fragen, gieb allen Räthen heilsame Anschläge, verleihe allen Richtern die Gerechtigkeit und allen Beamten Barmherzigkeit, auf daß bei uns und überall das Böse gestraft, das Gute belohnt, dem Uebel gesteuert, was löblich ist, erhalten und ein Jeder in seinem Amte treu erfunden werde. O treuer Gott, regiere alle Unterthanen, daß sie ihre Obrigkeit lieben, ihre Herrschaft ehren, den Gesetzen folgen und, wenn es nöthig ist, Gut und Blut für dein Wort daran setzen mögen. Ja, erhalte unser ganzes Vaterland in gutem Flor, mehre seine Einwohner, segne seinen Handel, fördere seine Handthierungen, erhalte den Ackerbau, beschere dienlich Wetter und gieb zu allen Dingen dein Gedeihen. Dagegen behüte deine ganze Christenheit vor Pestilenz und ansteckenden Seuchen, vor Uneinigkeit, Unruh', Krieg und Streit; oder so wir ja mit unsern Sünden dies verdient haben, so laß doch deine Gerechten nicht gar in der Noth umkommen, sondern erhalte uns während der Pest, sättige uns in der Theurung, beschütze uns im Kriege, segne die gerechten Waffen und gieb dann bald wieder den lieben Frieden. Segne endlich auch den Hausstand und verleihe allen Hausvätern und Hausmüttern Friede in ihrer Ehe, Glück in ihrer Nahrung und Freude an ihren Kindern. Den Kindern selber gieb willigen Gehorsam, kindliche Furcht, rechtschaffene Demuth, schuldige Ehrerbietigkeit, herzliche Dankbarkeit, einfältige Liebe und Vertrauen, und laß den Segen ihrer Eltern an ihnen reichlich erfüllet werden. Beschere allen Herren und Frauen gute Dienstboten, allem Gesinde aber verleihe gesunde Gliedmaaßen, wachsame Augen, gehorsame Ohren, willfährige Herzen, verschwiegene Lippen, treue Hände und eine Seele, die sich vergnügen lässet. In Suma: laß dir alle Menschen befohlen seyn und gieb einem Jedem, was er bedarf; erhöre die Betenden, ernähre die Armen, speise die Hungrigen, tränke die Durstigen, kleide die Nackenden, begleite die Reisenden, schütze die Verjagten, erlöse die Gefangenen, tröste die Betrübten, warte der Kranken, erledige die Bedrängten, behüte die Gesunden, bewahre die Schwangern', entbinde die Gebärenden, nähre die Säugenden, pflege der Kinder, führe die Jugend, trage die Alten, hilf den Unmündigen, versorge die Waisen, vertheidige die Wittwen, heilige die Ehelosen, stärke die Schwachen, errette die Angefochtenen, wache für die Schlafenden, erbarme dich der Sterbenden und beweise deine Wunder an allen Orten. Zuletzt aber laß dir, lieber Gott, absonderlich befohlen seyn meine Angehörigen, sie mögen seyn wer und wo sie wollen, behüte sie vor allem Uebel, gieb ihnen das Gute und regiere sie mit deinem heiligen Geist. Segne meine Wohlthäter, behüte meine Freunde, vergieb meinen Feinden, verzeihe meinen Verfolgern, bekehre meine Lästerer, erleuchte meine Mißgönner, und bringe uns endlich Alle miteinander zusammen in das ewige Leben! Amen.

Kaspar Neumann.

Am Christ-Tage.

Ewiger und allmächtiger Gott! wir danken dir von ganzem Herzen, daß du also die Welt geliebet hast und deinen eingebornen Sohn gesandt, geboren von einem Weibe, der reinen Jungfrau Maria, daß wir die

Kind-

Kindschaft empfingen: wir haben es freilich nur allein zu danken deiner herzlichen Barmherzigkeit, daß uns also besuchet hat der Aufgang aus der Höhe und derselbe dein Sohn, Jesus Christus, unser Herr, eben wie die Kinder Fleisch und Blut an sich haben, dessen gleichermaaßen auch theilhaftig worden, damit er durch seinen Tod die Macht nähme dem, der des Todes Gewalt hat, das ist dem Teufel, und erlösete die, so durch Furcht des Todes im ganzen Leben Knechte seyn mußten.

Wir bitten dich herzlich, verleihe uns die Gnade, daß wir dir unser Lebenlang dafür mögen dankbar seyn, und von Tag zu Tage mehr und mehr erkennen, wie uns dein Sohn Jesus von dir sey gemacht worden zur Weisheit, Gerechtigkeit, Heiligung und Erlösung, daß wir Alles für Schaden achten gegen die überschwengliche Erkenntniß Jesu Christi. Gieb, daß wir an ihn, unsern Herrn und Heiland, aufrichtiglich glauben, uns ihm ganz und gar vertrauen und ergeben, ihm willig dienen in Heiligkeit und Gerechtigkeit, und durch ihn deine Kinder und seine Miterben seyn deiner ewigen Herrlichkeit. Ehre sey dir also stets, o Gott, in der Höhe; und Friede auf Erden und den Menschen ein Wohlgefallen. Amen.

Am Neujahrs-Tage.

Allergütigster Gott und himmlischer Vater! wir loben und preisen deinen heiligen Namen, wie für alle deine unzählige Wohlthaten, die du uns von Jugend auf an dem Leibe, wie an der Seele, so reichlich erwiesen hast: also insonderheit, daß du im letzt vergangenen Jahr uns so gnädiglich erhalten, auch dein heiliges Wort, welches unsers Herzens Trost in allen unsern Nöthen ist, so reichlich unter uns bisher wohnen lassen.

Vergieb uns aus Gnaden, um deines lieben Sohnes willen, alle unsere Sünden, womit wir im vergangenen Jahre und auch sonsten jemals deinen Zorn gereizet: und laß deine Güte und Treue mit diesem Neuen Jahre und auch forthin unter uns alle Morgen neu werden. Erneure uns allesammt im Geist unsers Gemüths, daß wir mehr und mehr ablegen den alten Menschen und anziehen den neuen Menschen, damit wir stets zunehmen in einem neuen Gehorsam, und den Fußtapfen Jesu willig folgen und nachgehen, auch durch ihn dahin kommen, da man dir singt das neue Lied in dem neuen Jerusalem, da du Alles neu machen wirst, droben in dem Himmel. Amen.

Am Char-Freitage.

Heiliger und gerechter Gott! wie können wir dir genugsam danken für die unaussprechliche Gnade: da wir durch die Sünde Alle Kinder des Zorns und auf ewig verloren waren, auch uns selbst nicht rathen oder helfen konnten aus dem großen Elende, daß du, heiliger Gott! gleichwohl eine Versöhnung für uns Sünder erfunden hast in deinem eingebornen Sohne, und denselben uns gestellt zum beständigen Gnadenthrone? Ja, du hast nicht verschonet dieses deines eingebornen Sohnes; sondern hast denselben für uns Alle dahin gegeben. Er hat an sich genommen unser armes Fleisch und Blut, damit er unsere Sünde möchte tragen in unserm Fleische. Er hat blutigen Schweiß geschwitzet in seiner größesten Todesangst, damit wir in ihm Friede, Trost und Freude erlangten. Er hat sich lassen binden, als einen Missethäter, damit wir von Sünden entbunden und frei würden. Er hat Schmach, Spott und Schande erlitten, daß wir unserer Sünden halber nie zu Schanden werden dürften. Er ist darauf zum Tode ganz unschuldig verurtheilet, damit unsere Schuld würde getilget und wir vor dir leben könnten. Er ließ seinen heiligen Leib an das Kreuz annageln, damit also die Handschrift unserer Sünden würde abgethan. Er ist an dem verfluchten Holze gar zum Fluch für uns worden, damit wir möchten werden die Gesegneten des Herrn. Er hat in Höllenangst geklagt: Mein Gott! mein Gott! warum hast du mich verlassen? daß wir nimmer verlassen würden. Endlich hat er im Tode sein Blut für uns vergossen, damit uns sein Blut reinige von allen unsern Sünden, und wir also mit dir versöhnet im Leben, Leiden und Sterben möchten versichert seyn, daß wir durch ihn ewig sollten selig werden.

Laß dann, liebster Vater! auch uns Alle zusammen in diesem deinem lieben Sohne, um seines Leidens und Sterbens willen, vor dir Gnade finden, daß auch unserer Sünden vor dir nimmermehr gedacht, und durch deines Geistes Kraft mit ihm unser alter Mensch mehr und mehr gekreuziget, auch wir darauf in ihm und durch ihn hier heilig, und dort ewig leben mögen. Hilf, daß wir uns insonderheit in der Stunde unsers Todes seines

Todes recht trösten, und alsdann voller Freuden von hinnen abscheiden mit seinen letzten Worten: Vater! in deine Hände befehle ich jetzt meinen Geist: denn du hast mich erlöset durch deinen Sohn, du getreuer Gott! Amen.

Am Oster-Tage.

Allmächtiger, ewiger und barmherziger Gott! du Vater unsers Herrn Jesu Christi! wir danken dir demüthiglich, daß du diesen deinen eingebornen Sohn um unserer Sünde willen in den Tod dahin gegeben, und um unserer Gerechtigkeit willen wieder auferwecket hast. Ja, gelobet seyst du herzinniglich, auch von uns dieses Orts, daß du nach deiner großen Barmherzigkeit uns hast wiedergeboren zu einer lebendigen Hoffnung, durch die Auferstehung Jesu Christi von den Todten, zu einem unvergänglichen, unbefleckten und unverwelklichen Erbe, das behalten wird im Himmel, uns, die wir aus Gottes Macht durch den Glauben bewahret werden zur Seligkeit! Denn da wir nun gewiß wissen, daß unser Erlöser ewiglich lebet, glauben und vertrauen wir auch deiner Verheißung, daß unsere sterbliche Leiber wieder auferwecket und dem verklärten herrlichen Leibe Christi, unsers Herrn und Heilandes, gleichförmig werden sollen.

Wir bitten dich von Herzen, da wir in Jesu Christi Tod getaufet, auch mit ihm also begraben sind, daß, gleichwie Christus auferwecket ist von den Todten durch deine Herrlichkeit, als des himmlischen Vaters, wir auch die Kraft seiner Auferstehung mehr und mehr in uns empfinden, von dem Tode der Sünden auferwecket werden und in einem neuen Leben wandeln, und also entgegen gehen der Auferstehung der Todten, da dies Verwesliche wird anziehen die Unverweslichkeit, und dies Sterbliche wird anziehen die Unsterblichkeit. Amen.

Am Himmelfahrts-Tage.

Herr Gott! himmlischer Vater! wir erheben billig deine große Güte für das menschliche Geschlecht, und loben und rühmen deine Liebe gegen uns! daß, da wir das Paradies durch die Sünde verloren in dem ersten Adam, wir durch den zweiten Adam Jesum Christum unsern Herrn wiederum haben erlanget einen Eingang und Zugang zu deinem himmlischen Reich! Ja, weil unser Heiland von der Erden aufgehoben vor seiner Jünger Augen, und auf einer Wolke in den Himmel gefahren, uns die Stätte zu bereiten, vor dir uns nun vertritt und zu deiner Rechten sitzt: so vertrauen und glauben wir seiner theuren Verheißung, daß er wiederkommen und uns zu sich nehmen wird, daß wir seyn, wo er ist, allezeit und ewiglich.

Wir bitten dich herzlich, lieber himmlischer Vater! wie er zu dir aufgefahren, als zu seinem Gott und zu unserm Gott, als zu seinem Vater und zu unserm Vater, ach! so wollest du väterlich uns durch deinen Geist stets regieren und führen, daß wir suchen, was droben ist, wo unser Heiland Christus ist, und nicht mehr so trachten nach dem, was auf Erden ist: vergieb uns aus Gnaden, um deines lieben Sohnes willen, was wir hierin bisher versehen, und lehre uns auf Erden so unsern Wandel im Himmel haben, daß wir Alle mit Freuden allezeit mögen erwarten der seligen Hoffnung und Erscheinung der Herrlichkeit des großen Gottes und unsers Heilandes Jesu Christi. Amen.

Am Pfingst-Tage.

O heiliger Gott und Vater des Lichts, der du wohnest in einem Licht, dazu Niemand kommen kann, und bei welchem nicht ist irgend eine Veränderung noch Wechsel des Lichts, von dem auch nur herkommen alle und jede gute und vollkommene Gaben: wir loben dich herzlich für die herrliche Gabe, die du den Aposteln deines lieben Sohns, an dem Tage der Pfingsten, insbesondere geschenket, da sie nach dem Befehl ihres Herrn und Meisters einmüthig beisammen waren, und im Gebet und Flehen recht gläubig warteten auf deine Verheißung. Du hast damals reichlich ausgegossen deinen Geist, daß deine große Thaten darauf aller Welt sind verkündiget, und das Evangelium von deinem lieben Sohne auch auf uns gekommen ist, die wir in unsern Vorfahren gar weit waren entfernet von den Testamenten deiner großen Verheißung: daß, wer nur den Namen Jesu Christi unsers Herrn im Glauben anrufen würde, ewig selig werden sollte. Ja, dein Sohn verspricht auch uns deinen heiligen und guten Geist, wenn wir dich, den Vater, darum herzlich bitten. Darum bitten wir dich, lieber Vater im Himmel! siehe uns nicht in uns selbsten an, sondern in deinem lieben Sohne, an welchem du Wohlgefallen hast. Reinige uns von Sünden, daß wir

Alle zusammen recht mögen wiedergeboren seyn, aus dem Wasser und Geist, und gieß' deine Liebe durch denselben deinen Geist jetzt auch in unser Aller Herzen, die uns dringe und treibe, aus Liebe zu dir und zu deinem Sohne, alles das zu meiden, was dir irgend mißfällig ist, und alles das gerne zu thun, was dir wohlgefällig ist, damit also derselbe Geist Zeugniß gebe unserm Geist, daß wir deine Kinder seyn. Amen.

Dank für die Reformation.

Ach, liebster Jesu! du Licht und Leben der Menschen, der du gekommen bist zu erleuchten alle Welt: wir sagen dir demüthig Dank, daß du nicht allein anfangs dein Licht gegeben hast, sowohl selbst, als durch deine heiligen Apostel und deren treue Nachfolger, sondern auch, nachdem durch die List des Satans die Macht der Finsterniß überhand genommen, und die Finsterniß des Papstthums in der Kirche das meiste Licht ausgelöscht hatte, dieses durch den treuen Dienst deines Knechts Lutheri und seiner Gehülfen wieder hervorgebracht hast, auch noch klarer und reiner würdest haben leuchten lassen, wo die Menschen nicht selbst ihre Finsterniß mit untergemischt und einen Tag gemacht hätten, der weder Tag noch Nacht ist. Vergieb uns doch gnädiglich, daß wir auch bis hieher für diese Wohlthat deines Lichts dir nicht rechtschaffen dankbar worden sind, sondern vielmehr mit Werken der Finsterniß unsere geringe Achtung gegen dasselbe bezeugt haben; daher du auch gerechte Ursach hast, dein Licht wiederum von uns zu nehmen, oder doch es sehr verdunkeln zu lassen, und hingegen dem Reich der Finsterniß neue Gewalt zu geben. Laß uns solche unsere Sünde herzlich und bußfertig erkennen, aber zu wahrer Besserung. Gieß' dann dein Licht wieder reich und klar in unsere Seele, daß wir deine Wohlthat in der Offenbarung deines Evangeliums recht gründlich verstehen und treulich beherzigen, auch uns ferner von aller Finsterniß, und was uns aus Babel noch anklebt, zu reinigen, und dagegen deinem Licht immer mehr Platz zu machen bemühen. Gieb uns den Irrwahn des Papstthums also zu erkennen, daß wir einen Gräuel davor haben, mit demselbigen keine Gemeinschaft pflegen, noch gar uns von ihm verführen lassen, sondern vielmehr uns gegen dessen Betrug und List mit lebendiger Erkenntniß deiner Wahrheit, die du durch deinen heiligen Geist in uns wirken wollest, waffnen und uns auf allen künftigen Kampf bei Zeiten bereiten. Lehre aber ganz besonders uns wandeln in dem Lichte, und würdiglich deinem Evangelio, in herzlicher Dankbarkeit gegen die von dir empfangene Wohlthat, und zum Preis deiner kräftigen Wahrheit. Entzieh' auch solches dein Licht nicht wiederum, oder wenn dein gerechtes Gericht solches zur Strafe der Undankbaren, die es gemißbraucht, forderte, so erhalte es doch in Seelen, die du kennest, daß sie dich lieben in Wahrheit und kindlicher Einfalt, und wenn die Zeit der Trübsal vorbei seyn wird, laß es wieder hervorbrechen und alle Menschen in solchem Lichte wandeln, bis zur vollkommenen Offenbarung deiner Herrlichkeit. Der du mit dem Vater und dem heiligen Geiste das ewige Licht bist ohne allen Wechsel, erleuchte und heilige uns durch dein Wort! Amen. Ph. J. Spener.

Vor der Beichte.

Gebet eines bußfertigen Sünders, um Vergebung seiner Sünden.

Barmherziger Gott, unerträglich ist dein Zorn, welchen du allen muthwilligen Sündern dräuest; aber unermeßlich ist deine Gnade, welche du allen bußfertigen Sündern verheißen hast. Darum rufe ich aus der Tiefe, Herr! zu dir, erhöre meine Stimme, laß mein Flehen vor dich kommen und vergieb mir alle meine Sünden. Denn du bist gnädig, barmherzig, geduldig und von großer Güte. Du hast keinen Gefallen am Tode des Gottlosen, sondern willst, daß er sich bekehre und lebe. Darum sey mir gnädig, der ich mich durch deine Gnade zu dir bekehre, und laß mich nicht sterben, sondern leben. Du willst nicht, daß Einer soll verloren werden, sondern daß sich Jedermann zur Buße kehre. Darum erbarme dich meiner, mein Gott, und vergieb mir alle meine Sünden, der ich mich in wahrer Buße von der Finsterniß zum Licht, und von der Gewalt des Satans zu dir bekehre. Handele nicht mit mir nach meinen Sünden, sondern nach dem Reichthum deiner Gnade in Christo Jesu. Sey mir gnädig nach deiner Güte, und tilge alle meine Sünden nach deiner großen Barmherzigkeit. Wasche mich wohl von meiner Missethat und reinige mich von meinen Sünden, um Jesu Christi, deines lieben Sohnes, meines Heilandes willen. So will ich deinen Namen rühmen hier in der Zeit und dort in Ewigkeit, Amen.

Beichte.

O allmächtiger Gott, barmherziger Vater! ich armer, elender Sünder bekenne dir alle meine Sünden und Missethaten, womit ich dich je beleidigt und deine gerechte Strafe zeitlich und ewig wohl verdient habe. Sie sind mir aber alle von Herzen leid und reuen mich sehr, darum bitte ich dich durch deine grundlose Barmherzigkeit und durch das heilige, unschuldige, bittere Leiden und Sterben unsers Heilandes Jesu Christi, du wollest mir armen sündhaften Menschen gnädig und barmherzig seyn, und mir solche begangene Sünden aus Gnaden vergeben, auch den heiligen Geist zur Besserung meines Lebens mildiglich verleihen. Amen.

Nach der Beichte.

Danksagung eines Bußfertigen nach erlangter Vergebung der Sünden.

Gnädiger Gott, barmherziger Vater! ich sage dir von Herzen Dank, daß du mein Gebet erhöret und mir um Christi willen alle meine Sünden vergeben hast. Nun erfahre ich in der That, daß du keinen Gefallen habest am Tode des Gottlosen, sondern wollest, daß er sich bekehre und lebe. Denn du hast meine Seele vom Tode und mein Leben vom Verderben errettet. Nun empfinde ich in der Wahrheit, daß du bist nahe Denen, die zerbrochenes Herzens sind, und hilfst Denen, die ein zerschlagen Gemüth haben. Denn da ich rief, hörtest du es und halfest mir aus meiner Noth. Nun kann ich aus eigener Erfahrung sagen, daß deine Barmherzigkeit groß sey und du dich gnädig finden lässest Denen, die sich zu dir bekehren. Nun merke ich, daß du nicht handelst mit uns nach unsern Sünden und vergiltest uns nicht nach unserer Missethat; sondern so fern der Morgen ist vom Abend, lässest du unsere Uebertretung von uns seyn; und wie sich ein Vater erbarmet über seine Kinder, so erbarmest du dich über die, so dich fürchten. Darum lobe den Herrn, meine Seele, und was in mir ist, seinen heiligen Namen. Lobe den Herrn, meine Seele, und vergiß nicht, was Er dir Gutes gethan hat, der dir alle deine Sünde vergiebet und dich krönet mit Gnade und Barmherzigkeit. Laß mich ferner Gnade finden und bereite mich durch deinen heiligen Geist, damit ich im heiligen Abendmahl würdig esse den Leib und trinke das Blut Christi, zu mehrerer Versicherung deiner Gnade und der gnädigen Vergebung meiner Sünden, um Jesu Christi, deines lieben Sohnes, meines Heilandes willen, Amen.

Gebet vor Empfahung des heiligen Abendmahls.

Herr Jesu Christe, mein getreuer Hirt und Bischof meiner Seelen! der du gesaget hast: Ich bin das Brot des Lebens, wer von Mir isset, den wird nicht hungern, und wer an mich glaubet, den wird nimmermehr dürsten: ich komme zu dir und bitte dich demüthiglich, du wollest mich durch wahren Glauben bereiten und zum würdigen Gaste machen dieser himmlischen Mahlzeit, wollest mich, dein armes Schäflein, heute weiden auf deiner grünen Auen und zum frischen Wasser des Lebens führen; du wollest meine Seele erquicken und mich auf rechter Straße führen, um deines Namens willen; du wollest mich würdig machen zu deinem Tische, und mir voll einschenken den Becher deiner Liebe und Gnade. Ich armes Schäflein komme zu deiner Weide, zum Brot des Lebens, zum lebendigen Brunnen: ach! du wahres, süßes Himmelsbrot, erwecke in mir einen geistlichen Hunger und heiligen Durst, daß ich nach dir schreie, wie ein Hirsch schreiet nach frischem Wasser. Vor allen Dingen aber gieb mir wahre herzliche Reue und Leid über meine Sünde, und lege mir an das rechte hochzeitliche Kleid des Glaubens, durch welchen ich dein heilig Verdienst ergreife und dasselbe mein schönes Kleid fest halte und bewahre, damit ich nicht ein unwürdiger Gast bin. Gieb mir ein demüthiges, versöhnliches Herz, daß ich meinen Feinden von Herzensgrund vergebe. Tilge aus meinem Herzen die Wurzel aller Bitterkeit und Feindseligkeit; pflanze dagegen in meine Seele Liebe und Barmherzigkeit, daß ich meinen Nächsten, ja alle Menschen in dir lieb habe. Ach! du wahres Osterlämmlein, sey du meine Speise, laß mich dich genießen und essen mit bittern Salzen der herzlichen Reue, und mit dem ungesäuerten Brot eines heiligen, bußfertigen Lebens. Ach! ich komme zu dir mit vieler großer Unsauberkeit beladen, ich bringe zu dir einen unreinen Leib und Seele, voller Aussatz und Gräuel: ach! reinige mich, du höchste Reinigkeit! Dein heiliger Leib, als er vom Kreuz abgenommen ward, wurde in eine reine Leinwand gewickelt: ach! wollte Gott, ich möchte dich mit so reinem Herzen aufnehmen, als es dir wohlgefällig; ach! daß ich dich mit heiliger Andacht umfangen, in meiner Liebe einwickeln, und mit den Myrrhen des zerbrochenen Herzens und Geistes salben sollte! Das Himmelsbrot mußte in einem güldenen Gefäß aufgehoben werden zum Gedächtniß in der Lade des Bundes: ach! wollte Gott, ich möchte dich in einem ganz reinen Herzen bewahren. Ach! mein Herr, du hast ja selbst gesagt: die Starken bedürfen des Arztes nicht, sondern die Kranken. Ach! ich bin krank, ich bedarf deiner, als meines himmlischen Seelen-Arztes. Du hast ja gesagt: Kommt her zu mir Alle, die ihr mühselig und beladen seyd; Ich will euch erquicken. Ach! Herr, ich komme mit vielen Sünden beladen, nimm sie von mir, erledige mich dieser großen Bürde. Ich komme als ein Unreiner: reinige mich; als ein Blinder: erleuchte mich; als ein Armer: mache mich an meiner Seele reich; als ein Verlorner: suche mich; als ein Verdammter: mache mich selig! Ach! Jesu, mein liebster Seelen-Bräutigam, führe mich von mir selbst ab, und nimm mich auf zu dir, ja in dich, denn in dir lebe ich, in mir selber sterbe ich, in dir bin ich gerecht, in mir bin ich eitel Sünde, in dir bin ich selig, in mir bin ich lauter Verdammniß. Ach! du mein himmlischer Bräutigam, komm zu mir, ich will dich führen in die Kammer meines Herzens, da will ich dich küssen, auf daß mich Niemand höhne. Bringe mir die Süßigkeit deiner Liebe, den Geruch deines seligen ewigen Lebens, den Geschmack deiner Gerechtigkeit, die Schönheit deiner Freundlichkeit, die Lieblichkeit deiner Güte, die Zierde deiner Demuth, die Frucht deiner Barmherzigkeit. Ach! mein himlischer Arzt, ich bringe zu dir eine todte Seele, mache sie lebendig, eine kranke Seele, heile sie, ein Herz, das leer ist von allen wahren gründlichen Tugenden, erfülle es mit deiner Gnade, mit deinem Geiste, mit deiner Liebe, mit deiner Sanftmuth, mit deiner Demuth, mit deiner Geduld. Ach! du wahres Brot des Lebens, speise mich ins ewige Leben, daß mich in Ewigkeit nicht hungere noch dürste; in dir habe ich volle Genüge, du bist mir Alles, bleibe ewig in mir und laß mich ewig in dir bleiben, wie du gesaget hast: Wer mein Fleisch isset und mein Blut trinket, der bleibet in mir und ich in ihm, und ich werde ihn auferwecken am jüngsten Tage, Amen.

Nach dem heiligen Abendmahl.

Danksagung nach dem heiligen Abendmahl.

Allertheuerster Heiland! groß sind deine Wunder und deine Gedanken, die du an uns beweisest. Dir ist nichts gleich, ich will sie verkündigen und davon sagen, wiewohl sie nicht zu zählen sind: denn du hast dich erniedriget, mich zu erhöhen. Du hast menschliche Natur an dich genommen, damit ich der göttlichen möge theilhaftig werden. Du hast dich gefangen nehmen und binden lassen, damit ich von den Stricken des Satans und Banden der Sünden los würde. Du hast bezahlet, was du nicht geraubet, mich von aller Schuld zu befreien. Du bist um meiner Sünde willen gestorben und um meiner Gerechtigkeit willen auferwecket. Wie kann ich dir vergelten alle deine Treue, die du mir erwiesen hast? wer kann die Breite und die Länge, die Tiefe und die Höhe deiner Liebe begreifen? Du hast es aber hieran nicht lassen genug seyn, sondern hast mich über das noch zu einem unvergänglichen Leben wiedergeboren. Du hast mich durch dein Blut gereiniget von aller Sünde. Du hast mich zum Erben und Miterben des Himmelreichs gemacht. Du hast dich mit mir vereiniget, und vermöge der Vereinigung alle erworbene Schätze mitgetheilet. Du hast mich angezogen mit den Kleidern des Heils, und mit dem Rock der Gerechtigkeit bekleidet. Und damit du nichts für dich behalten möchtest, so hast du mir gegeben deinen Leib und Blut zu mehrer Versicherung deiner Gnade und meiner geistlichen Erlösung. Darum freuet sich mein Herz und meine Seele ist fröhlich: denn was hätte ich wohl bessers begehren und was hättest du mir heilsamers geben können, als daß du mich mit deinem Leibe gespeiset und mit deinem Blute getränket hast, über aller Menschen Vernunft ganz wunderbarer Weise. Nun erfahre ich in der That, daß dein Fleisch sey die rechte Speise, und dein Blut sey der rechte Trank. Denn wie ich von dem sündlichen Fleische Adams habe den Tod, so habe ich von deinem allerheiligsten Fleische das Leben. Dadurch wird meine Seele dermaßen erquicket, daß ich mit Recht sagen kann: sey nun wieder zufrieden, meine Seele! denn der Herr thut dir Gutes. Dadurch finde ich mich nach dem inwendigen

Menschen so gestärket, daß ich, in Ansehung meiner geistlichen Feinde, unerschrocken sagen kann: der Herr ist mein Licht und mein Heil, vor wem sollte ich mich fürchten? der Herr ist meines Lebens Kraft, vor wem sollte mir grauen? Dadurch ist meiner Seele so viel Gutes widerfahren, daß ich billig sage: wie groß ist deine Güte, die du verborgen hast Denen, die dich fürchten, und erzeigest Denen, die vor den Leuten auf dich trauen. Darum erhebe den Herrn, meine Seele, und mein Geist freue sich Gottes meines Heilandes. Denn er hat große Dinge an mir gethan, der da mächtig ist und deß Name heilig ist. Danket dem Herrn, denn er ist freundlich und seine Güte währet ewiglich. Lobe den Herrn, meine Seele!

Nach der Austheilung des heiligen Abendmahls.

Barmherziger Gott und Vater! wir loben und preisen deinen heiligen Namen, und danken dir für deine unaussprechliche Güte, daß du uns unwürdige Menschen mit dem Leibe und Blute deines Sohnes Jesu Christi gespeiset und getränket hast. Ach, Herr! wir sind viel zu geringe aller Barmherzigkeit, Güte und Treue, die du an uns Menschenkindern thuest. So hilf uns denn, getreuer Gott, daß uns dieses Mahl gedeihen möge zur Stärkung unsers Glaubens gegen dich und zu brünstiger Liebe mit einander, damit wir hinfort viele Früchte des Glaubens in unserm ganzen Leben bringen. Mache uns brünstig im Geiste, fröhlich in Hoffnung, geduldig in Trübsal, und laß uns anhalten im Gebet, damit wir den guten Vorsatz, den wir durch deine Gnade gefaßt haben, durch deine Kraft nun auch ins Werk setzen und alle Anfechtungen des Teufels, der Welt und des Fleisches überwinden mögen.

Erhalte auch deine Kirche auf Erden in rechtem Glauben und wahrer Einigkeit des Geistes, und hilf uns endlich allesammt aus zu deinem himmlischen Reiche, das du uns erworben hast durch Jesum Christum, welchem sey, sammt dir und dem heiligen Geiste, Lob, Ehre, Preis und Herrlichkeit von nun an bis in Ewigkeit, Amen.

In Krankheit.

Bitte zu Christo als dem Arzt.

O heiliger, starker Gott, barmherziger Heiland, ich beuge und schuldige mich an vor dir in meiner Noth. Ich bin sündig und suche alle Schuld meines Elendes nur bei mir, wenn ich mich gleich keiner groben muthwilligen Sünden erinnere, auch Menschen mit mir zufrieden seyn sollten. Ich richte mich selbst mit Wehmuth, weil ich in allem Guten weit zurück bin, und das lange nicht bin, was ich seyn soll. Ich fühle mich leiblich und geistlich krank. Desto mehr flehe ich dich an um Gnade. Heile mich, o Heil der Seelen! wo ich krank und traurig bin; nimm die Schmerzen, die mich quälen, und den ganzen Schaden hin, den mir Adams Fall gebracht, und ich selbst mir gemacht habe. Wirst du, o Arzt, meine Seele heilen? siehe, um deinen hohen Trost und Frieden ist mir sehr bange. Du aber wollest dich meiner Seele herzlich annehmen, daß sie nicht verderbe. Ach, wirf alle meine Sünden hinter dich zurück. Reiß' mich heraus aus der Angst, aus der Sünden- Gewissens- und Todesnoth! Ist mein Herz sonst schläfrig gewesen, so erwecke es recht kräftig. Hätte ich falsche Stützen meiner Seligkeit, so entreiße sie mir alle. Nur dein Blut und Gerechtigkeit sey mein Schmuck und Ehrenkleid. Versichere mich deiner seligmachenden Gnade aufs allergewisseste, durch dein Wort und Geist und Abendmahl. Ach, laß deinen Leib und Blut die rechte Arznei seyn, wodurch ich geheilet, gesegnet, gestärket, geheiliget und tüchtig gemacht werde zum Eingang in die Herrlichkeit. Dein Leichnam, der für mich verwundet worden, mache mir Seele und Leib gesund.

Willst du mich von meinem Siechbette wieder aufrichten, so thue ein Zeichen an mir, daß es mir wohl gehe. Aber laß mich ja nicht wieder lau, irdisch gesinnt, fremde gegen dich, viel weniger untreu oder abtrünnig von dir werden. Warnung sey es für mich, daß sich Hiskias nach seiner Genesung erhob und deine Barmherzigkeit an ihm vergaß. O komm im heiligen Abendmahl zu mir und wohne durch einen festen Glauben stets in meinem armen Herzen; laß mich durch die Liebe zu dir in dich eingewurzelt und gegründet werden. Möchte ich doch deine unermeßliche Liebe besser einsehen, und mit aller Gottesfülle erfüllet werden! Ja, mein Gang müsse gewiß seyn in deinem Wort, und kein Unrecht dürfe über mich herrschen.

Willst du mich aber, du Gott der Geister und alles Fleisches, durch die jetzige Krankheit zu dir rufen, und soll mein Lauf zu Ende gehen, so beweise an mir alle deine göttliche Treue, und vollende mich durch deine herrliche Gnade. Gieb mir Freudigkeit zum Abscheiden; gieb mir Geduld zum Ausharren unter den noch eintretenden Leiden; verkürze mir dieselben, schmücke mich vollkommen zur himmlischen Hochzeit, und versiegle mich in der fröhlichen Hoffnung der herrlichen Auferstehung und des ewigen Lebens. So werde ich nicht versinken in der bittern Todesnoth, nicht verzagen, wenn mich Satan verklagen will; nicht fallen aus des rechten Glaubens Trost. In Frieden verlasse ich die Welt und gehe zum Vater und zu dir in die ewige Ruhe. Heilige meine letzten Stunden, dir zur Ehre, andern zur Erbauung und mir zum ewigen Segen. Speise und tränke mich durchs Sakrament in die siegende Kraft deines Todes hinein, daß er mein Leben sey, und führe mich dañ ein in deine Freude, wo ich dich mit allen Auserwählten in alle Ewigkeit preisen werde. Amen.

W. G. Reiz.

Hülferuf einer der Wahrheit wegen bedrängten Seele.

Ach Gott, ach Gott, o du mein Gott, du mein Gott, stehe du mir bei wider aller Welt Vernunft und Weisheit; thue du es, du mußt es thun, du allein: ist es doch nicht meine, sondern deine Sache. Stehe mir bei, du treuer, ewiger Gott! ich verlasse mich auf keinen Menschen, es ist umsonst und vergebens, es hinket Alles, was fleischlich ist und nach Fleisch schmecket. O Gott, o Gott, hörest du nicht? mein Gott, bist du todt? nein, du kannst nicht sterben, du verbirgest dich nur einen kleinen Augenblick. Ei, Gott, stehe mir bei, ich bitte dich in dem Namen deines lieben Sohnes Jesu Christi, der mein Schutz und Schirm seyn soll, ja meine feste Burg, durch Kraft und Stärkung deines heiligen Geistes. Herr, wo bleibest du? mein Gott, wo bist du? komm, komm, ich bin bereit auch mein Leben darum zu lassen, geduldig wie ein Lämmlein; denn gerecht ist die Sache und dein, so will ich mich von dir nicht absondern ewiglich, das sey beschlossen in deinem Namen. Die Welt muß mich über mein Gewissen wohl ungezwungen lassen, und wenn sie noch voller Teufel wäre, und sollte mein Leib, der doch zuvor deiner Hände Werk und Geschöpf, darüber zu Grund und Boden, ja zu Trümmern gehen, dafür aber dein Wort und Geist mir gut ist. Es ist ja auch nur um den Leib zu thun, die Seele ist dein und gehöret dir zu, und bleibet auch bei dir ewig, Amen! Gott helfe mir. Amen. D. Martin Luther.

Um Gottes Hülfe im Leiden.

Bist du nicht mein Gott und Vater? bin ich nicht dein Kind? hast du mich nicht in der Taufe angenommen und mir deine väterliche Treue in Ewigkeit versprochen? Bin ich nicht eine Seele, die mit dem theuren Blut deines eingebornen Sohnes erkauft ist? Hast du mir nicht das Siegel deines heiligen Geistes in mein Herz gedrückt, der in demselben seufzet: Abba, lieber Vater — wo soll ich denn nun mit meinem Anliegen anders hin, als zu dir? mein Gott und Vater! Du sprichst: „Ist auch ein Gott außer mir? es ist kein Hort, ich weiß ja keinen." Wohl, mein Gott, ich weiß auch keinen. Weil du denn allein mein Gott bist, so mußt du mir auch helfen! mein Herz hält dir vor dein Wort: „rufe mich an in der Noth, so will ich dich erretten; bittet, so wird euch gegeben, suchet, so werdet ihr finden, klopfet an, so wird euch aufgethan." Hierdurch hast du dich verbindlich gemacht; du mußt mir helfen: und was würde der gottlose Haufe sagen, wenn ich sollte leer abziehen müssen? Wo ist nun deine Hülfe, dein Trost, dein Schutz, wovon du so viel Rühmens in deinem Worte machst? Wie würde der Satan trotzen, wenn ich mit meinem Ruhm zu Schanden würde. Nein, ich lasse dich nicht, du segnest mich denn; ich werde nicht nachlassen zu schreien, bis du mir hilfst; ich will so lange an deiner Gnadenthür winseln, heulen, weinen, seufzen, schreien, klopfen, bis mir aufgethan wird! Solche Kühnheit, solche Gewalt, wenn sie aus einem aufrichtigen Glauben herkommt, ist Gott angenehm. Nun, ich danke dir, mein Gott, der du solche Macht den Menschen gegeben hast, daß wir uns zu dir alles Gutes versehen können, als zu unserm lieben Vater. Gepriesen sey deine väterliche Gnade immer und ewiglich!

Chr. Scriver.

Um rechte Erkenntniß der Leiden.

Ach heiliger, wunderbarer Gott, himmlischer Vater, der du uns nicht nach unserer thörichten Einbildung und Begierde, sondern nach deinem weisen Rath führest, und zu dem Leben, in das wir eingehen sollen, uns durch Leiden bereitest: lehre uns doch das Geheimniß des Kreuzes in dem Licht des Geistes so ansehen, daß wir in solcher deiner heiligen Ordnung deinen Rath preisen, über deine Weisheit uns verwundern und deiner Güte herzlich danken; lehre uns auch das wahre Kreuz, an welchem du deine Kinder erkannt haben willst, recht erkennen und es von andern Strafen und Leiden unterscheiden. Besonders wenn wir um deines Namens willen leiden sollen, gieb uns Geduld und Weisheit, daß wir uns darüber nicht beschweren, noch solchen Leidens uns schämen, und dadurch veranlassen würden, daß du uns auch vor deinem Vater verläugnetest. Dagegen gieb uns getrosten Muth, deinem Vorbild und Befehl freudig nachzufolgen, und darüber alle Verachtung, Hohn und Leiden über uns ergehen zu lassen, ja, diese deine Schmach höher zu achten, als alle Schätze und Ehren der Welt, und dir zu danken, daß du uns derselben würdigest. Und wenn du auch andere Leiden uns zuschickst, so gieb uns gläubige und beständige Geduld, daß wir alles ohne Murren aus deiner Hand aufnehmen, was du uns auflegst, und also dich eben so mit unsrer Geduld preisen, als auch der Frucht des Leidens theilhaftig werden. Wehre allen ungeduldigen Einwirkungen des Fleisches, und laß es nicht die Oberhand bekommen. Mäßige auch nach deiner hochberühmten Treue die Zeit und Art unsers Leidens also, wie du es jederzeit für deine Ehre zu unserer Seligkeit ersprießlich erachtest. Endlich führe uns dahin, wohin dein Sohn durch Leiden eingegangen ist, wo wir dann wegen aller Wohlthaten, die du auch in dem Kreuz uns erzeiget hast, mit ewigem Dank dich, treuer Vater! preisen, sammt deinem Sohn und dem heiligen Geiste. Amen.

Ph. J. Spener.

Freudigkeitsseufzer auf dem Sterbebette.

Warum sollt' ich mich vor dem Tode fürchten, habe ich doch den im Herzen, der den Tod verschlungen und zu nichte gemacht hat? was schadet mir die äußerliche Schwachheit, wenn in derselben die Kraft Jesu mächtig ist? was kann mir der Tod schaden, wenn ich den, der das ewige Leben ist, im Glauben besitze? Herr, wenn ich nur dich habe, so frage ich nichts nach Himmel und Erden; wenn mir gleich Leib und Seele verschmachtet, so bist du doch, Gott, allezeit meines Herzens Trost und mein Theil.

Chr. Scriver.

Betrachtung des Todes.

Joh. 8, v. 51. So Jemand mein Wort wird halten, der wird den Tod nicht sehen ewiglich.

Sterben müssen wir und den Tod leiden; aber das ist ein Wunder, daß, wer sich an Gottes Wort hält, soll den Tod nicht fühlen, sondern gleichwie in einem Schlaf dahin fahren und soll nun nicht mehr heißen, ich sterbe, sondern ich muß schlafen.

Aber, wer sich außer dem Wort finden läßt, der muß mit Aengsten sterben; darum das Beste ist, nicht gedisputirt, sondern gesprochen mit ganzem Herzen: Ich glaube an Jesum Christum, Gottes Sohn, mehr weiß ich nicht, will auch nicht mehr wissen.

D. Martin Luther.

Gebet eines Sterbenden.

Allmächtiger, ewiger, barmherziger Gott, der du bist ein Vater unsers lieben Herrn Jesu Christi, ich weiß, daß du alles, was du zugesagt hast, auch halten willst und kannst; du kannst nicht lügen, dein Wort ist wahrhaftig; du hast mir im Anfang deinen lieben Sohn Jesum Christum zugesaget, derselbige ist kommen und hat mich vom Teufel, Tod, Hölle und Sünde erlöset, darnach zu mehr Sicherheit hast du aus gnädigem Willen die Sakramente der heiligen Taufe und des Altars, seinen wahren Leib und Blut im Brot und Wein mir geschenket, und mir darin dargeboten Vergebung der Sünden, ewiges Leben und alle himmlischen Güter. Auf solch dein Anbieten habe ich derselben gebraucht, und im Glauben mich auf dein Wort fest verlassen und sie empfangen, weßhalb ich nun gar nicht zweifele, daß ich wohl sicher bin vor dem Teufel, Tod, Hölle und Sünde. Ist dieses meine Stunde und dein göttlicher Wille, so will ich mit Fried' und Freude auf dein Wort gern von hinnen scheiden und zu dir in deinen Schooß fahren. Amen.

D. Martin Luther.

CPSIA information can be obtained
at www.ICGtesting.com
Printed in the USA
BVHW081001220119
538361BV00016B/223/P

9 780332 351476